銅冶煉部

火銅冶煉分部

題解

劉安《淮南萬畢術》 曾青爲藥，令人不老。《御覽》九百八十八。 取曾青十斤燒之以水，灌其地，雲起如山雲矣。仝上

案：《御覽》曾青爲藥，令人不老，屬此條下，似非一術，故分輯爲兩條。孫本依《御覽》原文録成，似欠審。

白青得鐵，即化爲銅。仝上

釋慧琳《一切經音義》卷一五《大寶積經音義之五》 鎔銅。上，音容。鑠金曰鎔。鎔，消也。 鍮石。吐侯反。案：鍮石者，金之類也。精於銅，次於金。上好者與金相類，出外國也。

又卷六二《概説一切有部毗奈耶雜事律第四〇卷》 鎔銅。上，勇鍾反。《漢書》云：「猶金之在鎔，冶之所鑄也，亦云鎔鎔也，銅屑爲鎔。」《説文》：「冶器法也。從金，容聲也。」

王佐《新增格古要論》卷六《金》 和氣子者，即紅銅，又名張公，又名身子石，試有聲而落屑。色赤而性硬，火燒黑色，難打又發裂。古諺云：「金怕石頭銀怕火。」其色七青八黄九紫十赤，以赤爲足色金也。

方以智《通雅》卷二七《貨賄》 按：諸處言銀，則桂陽監之白金爲白銅明矣，是自漢之白金幣非真銀，後遂以白銅爲白金耳。白銅亦稱青銅，慶曆中，知商州皮仲容採青水青銅鑄錢，張鷟號萬選青錢曰：青者，別其非紅黄也。紅銅加鉛則黄，鉛太多則色雜近黝，鑄者煑黄之，惟有萬曆錢最好，千錢直一兩，與開元通寶制合，鑄用白銅，民間每多用之，號曰白沙。赤仄，赤銅錢也。《平準書》：鑄鍾官，赤側，赤仄也。鍾官，鑄錢官也。一當五。應劭曰：所謂子紺錢也。如淳曰：以赤銅，周郭不知作法云。何智曰：即赤銅錢，嘗見青緑古錢，其質地皆赤。應劭所云子紺，子蓋紫之訛耳，今人亦呼爲紫銅。

劉廷璣《在園雜志》卷四 偶同紫庭考青緑出處，案：《本草》有空青、曾青、緑青、扁青、石膽五條，予以法製煉之，皆可成精銅，幾能亂金也。

劉嶽雲《格物中法》卷五下《金部・銅》 白銅出雲南會理州，燒鎔鍾煉，任經多次，其白不改，此天生者。若人工以錫點造之，白銅經火色即變紅。《郦事綴紀》。

論説

黄暉《論衡校釋》卷三《物勢篇》 （傳）〔或〕曰：「天地不故生人，人偶自生。」劉先生曰：此仲任設論之辭，非所謂儒者傳書語也。「傳」當作「或」，字之誤耳。 若此，論事者何故云「天地爲鑪，萬物爲銅，陰陽爲火，造化爲工」乎？賈誼語，見《漢書》本傳。義本《莊子・大宗師》。 案陶冶者之用火爍銅燔器，故爲之也。而云天地不故生人，人偶自生耳，可謂陶冶者不故爲器而器偶自成乎？夫比不應事，未可謂喻；文不稱實，未可謂是也。

曰：「是喻人稟氣不能純一，若爍銅之下形，「形」讀作「型」。雷虚篇曰：「冶工之消鐵，以土爲形，燥則鐵下。」淮南修務篇曰：「純鈞魚腸之始下型，擊則不能斷，刺則不能入。」燔器之得火也，非謂天地生人與陶冶同也。」[興]喻，人皆引人事。「興」字於義無取，疑涉上文「與」字僞衍。 人事有體，不可斷絶。陶冶一事，有「可故作」與「不可故生」二象，不可剖截爲二。故曰「不可斷絶」。下文頭目手足，即喻此義。 以目視頭，頭不得不動；以手相足，「相」亦視也。 足不得不摇。目與頭同形，手與足同體。今夫陶冶者初埏埴作器，老子注：「埏，和也。」釋文：「埴，黏土也。」必模範爲形，「範」，「笵」之假字。説文：「笵，法也。」衆經音義二玄應曰：「以土曰型，以金曰鎔，以木曰模，以竹曰笵。一物材別也。」故作之也；燃炭生火，必調和鑪竈，故爲之也。及銅爍不能皆成，器燔不能盡善，不能故生也。

方以智《物理小識》卷七《金石類》 銅礦。銅託體鉛中、銀中，亦有不雜銀、鉛者。爐須傍通高低二孔，鉛先化，從上流，銅後化，從下出。煉託銀者，銀結於面，銅沈於下。日本方長板銅，漳人再煉取銀，而傾餅轉售是也。蒙山銅最下，宋奉新曰亦銅。以爐甘【石】或倭鉛參和爲黄銅；銅十斤，爐甘石六斤，用倭鉛四，則

紅銅六，以袁郡自風煤炭煉。以砒霜等藥制煉爲白銅；礬硝等藥制煉爲青銅；廣錫參和爲響銅，銅八，廣錫二。初質則紅而已。智按：建申初，判度支趙贊採連州白銅，鑄大錢。慶曆中，知商州皮仲客採青水青銅鑄錢。今萬曆錢有青銅白沙者，色終不變。宋公何云，烏有耶？銅鑛如薑如鍮，有銅星，入爐傍溢者，爲自然銅，亦名石髓鉛。鑄錢加倭鉛，甚至鉛六銅四，則鑄色黑而墮即碎矣。

王充《論衡》卷一二《量知篇》 銅錫未採，在衆石之間，工師鑿掘，鑪橐鑄鑠乃成器。未更鑪橐，程、王、崇文本並作「鑄橐」。宋本、朱校元本同此。名曰積石，孫詒讓曰：「積爲礦樸之名。《淮南·覽冥訓》：『金積折廉。』」積石與彼路畔之瓦、山間之礫，一實也。《說文》：「礫，小石也。」故夫穀未舂蒸曰粟，銅未鑄鑠曰積石，人未學問曰矇。《說文》：「矇，不明也。」矇者，竹木之類也。夫竹生於山，木長於林，未知所入。截竹爲筒，破以爲牒，牒，小簡也。《漢書·路温舒傳》：「取澤蒲，截以爲牒，編用寫書。」加筆墨之跡，乃成文字，大者爲經，小者爲傳記。經簡長二尺四寸。傳記長尺。斷木爲槧，《說文》：「槧，牘牒也。」《釋名·釋書契》：「槧，版之長三尺者也。」《西京雜記》：「楊雄懷鉛提槧，從諸計吏，訪殊方絶俗之語作方言。」枅之爲板，《五經文字》：「析」作「枅」訛。力加刮削，乃成奏牘。「力」字未妥。以上「加筆墨之跡乃成文字」例之，「力」字疑衍。日抄引作「加刮乃成奏牘」。《說文》：「牘，書版也。」《釋名·釋書契》：「牘，睦也，手執之以進見，所以爲恭睦也。」《漢書·東方朔傳》云：「上三千奏牘。」夫竹木，麤苴之物也，雕琢刻削，乃成爲器用。況人含天地之性，最爲貴者乎！

《太平御覽》卷八一三《珍寶部一二·銅》 〔《抱朴子》〕又曰《金簡記》云：「以五月丙子日中時鑄五石，下其銅。五石：雄黃、丹砂、雌黃、礬石、曾青也。皆鑄粉之，以金華池漆之，內太一神鼎中，下以桂薪燒之。銅成，以銅炭冶之，取牡銅以爲雄劍，取牝銅爲雌劍。帶之以入河，則蛟龍、巨魚、水神不敢進也。欲知銅之牝、牡，當令童男童女俱以水灌銅，以其在火中尚赤時也，則銅自分爲兩段，有凸起者，則牡銅也；凹陷者，則牝銅也。」

《黃帝九鼎神丹經訣》卷一五《鍊石碌法》 臣按：今合大丹不須此物，但以太一神精小丹方云，若無曾青，以崑崙石碌研沙取用。又按：《本草》石碌出空青中，相帶而生，本法謂之碌青，其味酸寒無毒，主益氣，治肝鼻，止洩利，生山陰空中，色青白。此則用畫緑色，畫工呼爲碧青，而喚空青爲緑青矣。欲替曾青而入用者，當水飛取精粹十兩，可得三兩，然以其精鍊之，同空青法。此於小丹則可，若入大丹，必不得代以他物也。

唐慎微《證類本草》卷三《玉石部上品總七十三種》 石膽：能化鐵爲銅成金銀，一名畢石，一名黑石，一名碁石，一名銅勒。生羌道山谷羌里句青山，二月庚子辛丑日採。【略】一名立制石。《唐本注》云：此物出銅處有，形似曾青，兼緑相間，味極酸苦。磨鐵作銅色，此是真者。陶云：色似瑠璃，此乃絳礬。比來亦用絳礬爲石膽，又以醋揉青礬爲之，並僞矣。真者出蒲州虞鄉縣東亭谷窟及薛集窟中，有塊如雞卵者爲真。

《圖經》曰：石膽，生羌道山谷羌里句青山，今惟信州鉛山縣有之，生於銅坑中，採得煎鍊而成。又有自然生者，尤爲珍貴。【略】蘇恭云：真者，出蒲州虞鄉縣東亭谷窟及薛集窟中，有塊如雞卵者爲真，今南方醫人多使之。又著其云：石膽最上出蒲州，大者如拳，小者如桃、栗，擊之縱横解，皆成疊文，色青，見風久則緑，擊破其中，亦青也。其次出上饒曲江銅坑間者，粒細有廉稜，如釵股米粒。《本草》注言：僞者以醋揉青礬爲之。今不然，但取麄惡石膽合消石銷溜而成。今塊大色淺，渾渾無脈理，擊之則碎，無廉稜者是也。亦有挾石者，乃削取石膽，淋溜造時投消汁中，及凝則相著也。

沈存中《筆談》：信州鉛山有苦泉，流以爲澗，挹其水熬之，則成膽礬，烹膽礬即成銅，熬膽礬，鐵釜久之亦化爲銅。

釋贊寧《東坡先生類相感志》卷一八《金玉部》 赤金：銅也。五金中惟鳴響，鍊其爲器，人或吼叱，則隨能答響，猶緊之也。

牝牡銅：凡鍊銅時，若以童男童女各一人，俱以水灌銅，銅自爲兩段。中有凸起者，牡銅；若凹陷者，爲牝銅也。

盧之頤《本草乘雅半偈》卷三 覈曰：「出蜀中及越嶲、蔚州、鄂州諸山谷。其山有銅，曾青生其陽。曾青者，銅之精也。色理頗類空青，纍累如黄連相綴，又如蚯蚓屎而方稜，色深如波斯青黛，層層而生，叩之作金聲者始真。」《造化指南》云：「空青多生金礦，曾青多生銅礦，乃石緑之得道者。禀東方之正色，修鍊點化，與三黃齊驅。」獨孤滔云：「曾青住火成膏，可結頑制砂，亦含金氣所生也。須酒醋漬煮，乃有神化，若塗鐵上，則色赤如銅。畏兔絲子。修治，勿用夾砂石，及有銅青者。每一兩，取紫背天葵、甘草、青芝，用乾濕各一鎰，細銼，入瓷鍋內，置青於中。用東流水二鎰，緩火煮五晝夜，勿令水火失時。取出，更用東流水浴過，研乳如粉用。」

戴冠《濯纓亭筆記》卷八 予幼時見人掘得古銅器，以鎔鑄他器，亦能成形，但應手破裂，扣之無聲。或云古銅入鉛，更鑄之乃不敗。蓋鉛能潤銅之燥也。

《清經世文編》卷五二《户政二七·銅·錢幣上·顧炎武〈日知録〉》 乏銅之患，前代已言之。江淹謂古劍多用銅，如昆吾、歐冶之類，皆銅也。楚子賜鄭伯金，盟曰：「無以鑄兵」，故以鑄三鐘。杜氏《注》：「古者以銅爲兵。」《漢書·食貨志》：「賈誼言，收銅勿令市以作兵器。」《韓延壽傳》：「爲東郡太守，取官銅物，候月蝕，鑄作刀、劍、鉤、鐔，放效尚方事。」古金三品：黑金是鐵，赤金是銅，黄金是金。夏后之時，九牧貢金，乃鑄鼎於荆山之下。董安於之治晉陽，公宫令舍之堂皆以鍊銅爲柱質。荆軻之擊秦王，中銅柱。而始皇收天下之兵，鑄金人十二，即銅人也。《三輔舊事》曰：「聚天下兵器，鑄銅人十二，各重二十四萬斤。漢世，在長樂宫門。」《魏志》云：「董卓壞以鑄小錢。」吴門闔閭冢，銅槨三重。秦始皇冢，亦以銅爲槨。戰國至秦，攻争紛亂，銅不充用，故以鐵足之。鑄銅既難，求鐵甚易。是故銅兵轉少，鐵兵轉多，年甚一年，歲甚一歲，漸染流遷，遂成風俗。所以鐵工比肩，而銅工銷絶。二漢之世，愈見其微。建安二十四年，魏太子鑄三寶刀、二匕首，天下百鍊之精利，而悉是鑄鐵，不能復鑄銅矣。考之於史，自漢以後，銅器絶少，惟魏明帝鑄銅人二，號曰翁仲。又鑄黄龍、鳳皇各一。而武后鑄銅爲九州鼎，用銅五十六萬七百一十二斤。唐韓滉爲鎮海軍節度，以佛寺銅鐘鑄弩牙、兵器。自此之外，寂爾無聞，止有銅馬、銅駝、銅甋之屬。昭烈入蜀，僅鑄鐵錢。而見存於今者，如真定之佛、蒲州之牛、滄州之獅，無非黑金者矣。

唐開元中，劉秩上議，曰：「夫鑄錢用不贍者，在乎銅貴，銅貴則採用者衆。夫銅，以爲兵則不如鐵，以爲器則不如漆，禁之無害。陛下何不禁於人？禁於人，則銅無所用，銅益賤，則錢之用給矣。」《舊唐書·食貨志》。文宗御紫宸殿，謂宰臣曰：「物輕錢重，如何？」楊嗣復對以當禁銅器。《文宗紀》。考禁銅之令，古人有行之者。宋孝武帝孝建三年，禁人車及酒肆器用銅。《南史》。唐玄宗開元十七年，禁私賣銅、鉛、錫及以銅爲器。代宗大曆七年，禁鑄銅器。德宗貞元九年，禁賣劍、銅器。天下有銅山，任人採取，其銅官買，除鑄鏡外，不得造鑄。憲宗元和元年，禁用銅器。各本紀。晉高祖天福三年，禁民作銅器。《通鑑》。宋高宗紹興二十八年，命取公私銅器，悉付鑄錢司，民間不輸者罪之。《宋史》本紀。然今日行之，不免更爲罔民之事，惟有銷錢、鑄錢，上下相蒙，而此日之錢，固無長存之術矣。

《南齊書·劉悛傳》：「永明八年，悛啓世祖曰：『南廣郡界蒙山下，有城名蒙城，可二頃地，有燒鑪四所。從蒙城渡水南百許步，平地掘土深二尺，得銅。有古掘銅坑，并居宅處猶存。鄧通，南安人，漢文帝賜通嚴道縣銅山鑄錢。今蒙山在青衣水南，故秦之嚴道地。蒙山去南安二百里，此必是通所鑄，甚可經略。』并獻蒙山銅一片，又銅石一片，平州鑄鐵刀一口。」上從之，遣使入蜀鑄錢。《魏書·食貨志》：「熙平二年，尚書崔亮奏：『恒農郡銅青谷有銅鑛，計一斗得銅五兩四銖。葦池谷鑛，計一斗得銅五兩。鸞帳山鑛，計一斗得銅四兩。河南郡王屋山鑛，計一斗得銅八兩。南青州苑燭山、齊州商山，並是往者銅官舊迹，既有冶利，所宜開鑄。』從之。」《舊唐書·韓洄傳》：「爲户部侍郎判度支。上言：『商州有紅崖冶出銅。又有洛源監久廢不理，請鑿山取銅，置十鑪鑄錢，而罷江、淮七監。』從之。」《册府元龜》：「元和初，鹽鐵使李巽上言：『郴州平陽、高亭兩縣界，有平陽冶及馬迹、曲木等古銅坑，約二百八十餘井，請於郴州、舊桂陽監置鑪兩所，採銅鑄錢。』」《宋史·食貨志》：「舊饒州永平監歲鑄錢六萬貫，平江南增爲七萬貫，而銅、鉛、錫常不給。轉運使張齊賢訪求得南唐承旨丁釗能，知饒、信等州山谷産銅、鉛、錫，乃便宜調民采取，且詢舊鑄法。惟永平用唐開元錢料最善，即詣闕面陳，詔增市鉛、錫、炭價。於是得銅八十一萬斤，鉛二十六萬斤，錫十六萬斤，歲鑄錢三十萬貫。」此皆前代開採之迹也。

劉廷璣《在園雜志》 空青，楊梅青也。《別録》云：「生益州山谷，及越嶲山有銅處。銅精薰則生空青，其腹中空，能化銅、鐵、鉛、錫作金。」弘景曰：「越嶲屬益州，益州諸郡無復有，恐久不採之故也。今出銅官者，色最鮮深，出始興者勿如。涼州西平郡有空青山，亦甚多。」恭曰：「出銅處兼有諸青，但空青爲難得。今出蔚州、蘭州、宣州、梓州。宣州者最好，塊段細，時有腹中空者。蔚州、蘭州者，片塊大，色極深，無空腹者。」《藏器》曰：「銅之精華，大者即空緑，小者即空青也。」宗奭曰：「真宗嘗詔取空青中有水者，久而方得。其楊梅青，信州穴山而取，極難得。」《庚辛玉册》云：「産上饒，似鍾乳者佳，大片，含紫色，有光彩。次出蜀嚴道及代北山，生金坎中，生生不已，爲青爲丹。有如拳大及卵形者，中空有水如油，治盲立效。出銅坑者亦佳。又有楊梅青、石青，皆是一體，而氣有精粗。」《造化指南》曰：「曾、空二青，乃石緑之得道者，均謂之鑛。」李時珍曰：「方家以藥塗銅物，生青刮下，僞作空青者，終是銅青，非石緑之得道者也。」劉繼莊曰：「余昔在杭，遇一滿州老人，雙目皆矇，藥不能立時奏效，有貨空青者，索價頗高，甚言其効，滿州人信之，酬以重價。將用之矣，始問之予，予曰：『此物生銅坑中，必銅精也。銅性能伐肝有餘之症，目無不愈。今公年老而症俱虚，法當用温補之品。若用此，恐無益有損。』聞余言，且信且疑，乃破青取水，先點右目，効則遂用之。一夜大痛無□，目睛爆碎，始悔不用予言，而猶賴余獲全其左目也。後用養肝滋陰之劑，將及一載，左目復明。學者不可不知也。余有一法，曰假空青，用古鏡一圓，以硇沙、砒石等分爲末，水調塗鏡背上如錢，上以甆碗覆之，埋入土中尺許，必在人走路之下。月餘取起，則鏡蝕成一窩，中包青緑水少許，用之與空青無異，何必重價購求石中之水哉？余意此石以法製煉，得銅必多，然未之試也。」

曾青：《別録》曰：「生蜀中山谷及越巂。」普曰：「生蜀郡石山，其山有銅處，曾青出其陽。青者銅之精。」弘景曰：「今銅官無曾青，惟出始興。」恭曰：「出蔚州者好，鄂州者次之。」時珍曰：「但出銅處，年古即生。形如黄連相綴，又如蚯蚓屎，方楞，色深如波斯青黛，層層而生，打之如金聲者爲真。」《造化指南》云：「曾青生銅礦中，乃石緑之得道者。」劉繼莊曰：「此物予未之見，蓋亦石青類也。」《造化指南》：「以此等爲石緑之得道者，其言怪誕，殊可笑，見之令人噴飯，而時珍亦爲此言，何邪？」

緑青即石緑，亦曰大緑。《別録》曰：「生山之陰穴中。」頌曰：「《本經》次空青條上云，生益州山谷及越巂山有銅處，此物當是生箕山之陰爾。今出韶州、信州。」時珍曰：「石緑生銅坑中，乃銅之祖氣也。今人呼爲大緑。」范成大《桂海志》云：「石緑，銅之苗也。出廣西右江有銅處。生石中，質如石者，名石緑。一種脆爛如碎土，名泥緑，品最下。」劉繼莊曰：「石緑以法製煉，每兩得銅五錢，如金。今丹家每以此誑人，不知此即取鑛法也。」

扁青即石青，一曰大青。《別録》云：「生朱崖山谷，武都朱提。」弘景曰：「朱提，音殊匙，在南海中。」普曰：「生蜀郡。」恭曰：「此即緑青也。朱崖以南及林邑、扶南舶上來者，形塊如拳大；武昌者，片塊小而色更佳；簡州、梓州者，形扁作片而色淺。」時珍曰：「蘇恭言即緑青，非也，今之石青是矣。楚、蜀諸處亦有之。而今貨石青者，有天青、大青、西夷回回青，種種不同，而回回青尤貴。《本草》所載扁青、曾青、碧青、白青，皆其類耳。」劉繼莊曰：「真老坑佛頭青，以法製煉，每兩可得真赤金二三錢，然真者不易得也。」

石膽即膽礬。《別録》云：「生秦州羌道山谷大石間，或羌里句青山。」恭曰：「此物出銅處有之。出蒲州虞鄉縣東亭谷窟及薛集窑中。」頌曰：「今惟信州鉛山縣有之。生於銅坑中，採得煎煉而成。又有自然生者，尤爲珍貴。」李時珍曰：「石膽出蒲州山穴中，鴨嘴色者爲上。出羌里者色少黑，次之，信州又次之。」沈括《筆談》載：「鉛山有苦泉，流爲澗，挹水熬之，則成膽礬。所熬之釜，久亦化爲銅也。」劉繼莊曰：「膽礬以水銀製之，成精銅，與石緑中所分者無異。若以分石緑法分之亦得，但甚少。此理予尚未究其微也。」

劉嶽雲《格物中法》卷五下《金部·銅》 凡銅供世用，出山與出爐，止有赤銅。《天工開物》。

嶽雲謹案：此爲銅之本質。

凡出銅山夾土帶石，穴鑿數丈得之，仍有礦包其外，礦狀如薑石，而有銅星，亦名銅璞，煎煉仍有銅流出，不似銀礦之爲棄物。凡銅沙在礦内，形狀不一，或大或小，或光或暗，或如鍮石，或如薑鐵。淘洗去土滓，然後入爐煎煉。《天工開物》。

嶽雲謹案：此爲銅雜質之礦。

礦之高下不等，色紫黑者謂之老鴉翎，有如火色而帶藍者爲最，每百斤可煎銅五十斤，間或最佳者，可煎至七八十斤者，謂之黄金白，然而甚罕見。銅礦多含銀，銀礦亦多含銅。《滇南礦廠圖略》。

銅礦大半係緑色，亦有夾黄拌緑色者，又有色紫黑者，有色如火藥者，又有帶藍者爲最，極佳者名黄金白。若色爲紫，金錫蠟則不貴。其黄拌緑之礦，每含穿花色之礦，提煉須用帶石。《鄙事綴紀》。

嶽雲謹案：帶石爲一種礦石，如西人所謂鈣弗之屬，凡有銅礦處多有之。

其薰蒸者爲自然銅，亦曰石髓鉛。《天工開物》。

嶽雲謹案：自然銅爲銅礦之佳者而難得。《蘇頌本草》云：「今南方醫者説自然銅有兩三體，一體大如麻黍，或多方解，纍纍相綴至如斗大者，色煌煌明爛如黄金、鍮石，入藥最上。一體成塊，大小不定，亦光明而赤。一體如薑鐵屎之類。又有如不冶而成者，形大小不定，皆出銅坑中，擊之易碎，有黄赤，有青赤，煉之乃成銅也。」又云：「今市人多以鉐石爲自然銅，燒之成青焰，如硫黄者是也。此亦有二三種，一種有殼，如禹餘糧，擊破其中，光明如鑑，色黄類鍮石也。一種青黄而有牆壁，成文如束針。一種碎理如團砂者，皆光明如銅，色多青白而少赤者，燒之皆成煙，頃刻都盡，今醫家多誤，以此爲自然銅，市中所貨往往是此。而自然銅用須火煅，此乃畏火，不必形色，只此可辨也。」以上蘇説自然銅，分別最爲明晰。今時譯西書者，正認鉐石爲自然銅，故以爲鐵硫相合之質，不知煅之，則硫去而鐵存，與蘇説適相符也。李時珍曰：「按《寶藏論》云：自然銅生曾青石緑穴中，狀如寒林草，根色紅膩，亦有牆壁。又一類似丹砂，光明堅硬，有稜，中含銅脈尤佳。又一種似木根，不紅膩，隨手碎爲粉，至爲精明，近銅之山皆有之，今俗所用自然銅皆非也。」以上時珍言。可以砭今之譯書者矣。

扁青生朱厓山谷武都朱提。《本草别録》。

綜述

《南史》卷三九《劉勔傳》 永明八年，悛啓武帝曰：「南廣郡界蒙山下，有城名蒙城，可二頃地，有燒鑪四所，高一丈，廣一丈五尺。從蒙城度水南百許步，平地掘土深二尺，得銅。又有古掘銅坑，深二丈，并居宅處猶存。鄧通，南安人，漢文帝賜通嚴道縣銅山鑄錢。今蒙山近在青衣水南，青衣左側並是故秦之嚴道地。青衣縣，文帝改名漢嘉。且蒙山去南安二百里，案此必是通所鑄處。近喚蒙山獠出，云『甚可經略』。此議若立，潤利無極。并獻蒙山銅一片，又銅石一片，平州鑄鐵刀一口。」上從之。遣使入蜀鑄錢，得千餘萬，功費多，乃止。

《魏書》卷一一〇《食貨志》 二年冬，尚書崔亮奏：「恒農郡銅青谷有銅鑛，計一斗得銅五兩四銖；葦池谷鑛，計一斗得銅五兩；鸞帳山鑛，計一斗得銅四兩；河内郡王屋山鑛，計一斗得銅八兩；南青州苑燭山、齊州商山並是往昔銅官，舊迹見在。謹按鑄錢方興，用銅處廣，既有冶利，並宜開鑄。」詔從之。自從所行之錢，民多私鑄，稍就小薄，價用彌賤。

《隋書》卷二四《食貨志》 〔開皇〕十八年，【略】是時江南人間錢少，晉王〔楊〕廣又聽於鄂州白紵山有銅礦處，錮銅鑄錢。於是詔聽置十爐鑄錢。

李吉甫《元和郡縣志》卷一八《河東道五・蔚州・飛狐縣》 三河冶舊置鑪鑄錢，至德以後廢。元和七年，中書侍郎平章事李吉甫奏：「臣訪聞飛狐縣三河冶銅山約數十里，銅鑛至多，去飛狐錢坊二十五里。兩處同用拒馬河水，以水斛銷銅，北方諸處鑄錢人工絶省，所以平日三河冶置四十鑪鑄錢，舊跡並存，事堪覆實。」

又卷三〇《江南道五・潭州長沙中都督府・長沙縣》 銅山在縣北百里楚鑄銅處。

又卷三四《劍南道三・梓州・銅山縣》 本郪縣地，有銅山。漢文帝賜鄧通蜀銅山鑄錢，此蓋其餘峰也，歷代採鑄。貞觀二十三年，置監署官，前上元三年廢監。調露元年，因廢監置銅山縣。

又卷三二《劍南道一・邛州・臨邛縣》 銅官山在縣南二里，鄧通所封，後卓王孫賈爲陶鑄之所。

又卷三三《劍南道二・雅州・滎經縣》 銅山在縣北三里，即文帝賜鄧通鑄錢之所，後以山假與卓王孫，取布千疋。其山今出銅鑛。

又卷三九《隴右道上・疊州・合川縣》 石鏡山，在縣西北四十五里。其山石皎徹，臨照莫不見其形體，故以爲名山。有銅窟，隋代採鑄，今亦填塞。

李燾《續資治通鑒長編》卷八七《真宗》 〔大中祥符九年，五月，戊申〕李溥言：「饒、池、江、杭四州錢監，每歲共鑄錢一百二十萬貫，用銅四百五十三萬斤，四監及産銅州軍見管銅共一百五十二萬一千二百餘斤。又信州陰山等處銅坑自咸平初興發，商旅競集，官場歲買五六萬斤，采取既多，其後止及二三百萬斤。望酌中定額。」上曰：「嘗記咸平中，陳恕以江南銅多，請官少市。未幾，銅礦漸少，迄今常〔若〕〔苦〕不豐。如解池鹽，景德中，所收數倍，本州亦欲少種，不逾年，雨旱，驟減舊額。是知天地所育，皆貴濟用，豈人心可料其增損耶？」

又卷一六五《仁宗》 〔慶曆八年，九月〕癸亥，三司言：「韶州天興場銅大發，歲採二十五萬斤，請置監鑄錢。」詔以爲永通監。賜名永通，在皇祐元年二月，今從本志并書。

《宋史》卷一八〇《食貨志下二》 時興元府西縣增置濟遠監。而韶州天興銅大發，歲採二十五萬斤，詔即其州置永通監。後濟遠監廢，儀州博濟監既廢復置。

曾國荃《〔光緒〕湖南通志》卷五七《食貨志三・錢法》 銅山在長沙縣北百里楚鑄鐵處。《元和志》。元和三年鹽鐵使李巽以郴州平陽銅坑二百八十餘，復置桂陽監，以兩鑪日鑄錢二十萬。《唐書・食貨志》。

湖南爲商旅輻輳之地，地多鉛、鐵，楚王馬殷鑄鉛鐵錢，與銅錢間行。商旅出境無所用之，悉易他貨，百貨流通，國日以富。《通鑑唐紀》。【略】

淳祐八年，監察御史陳魯言京城之銷金，衢信之鍮器，醴泉之樂具，皆出於錢，臨川、隆興、桂林之銅工尤多。姑以長沙一郡言之，烏山銅鑪之所六十有四，麻潭鵝羊山銅户數百餘家，錢之不壞於器物者無幾。今京邑畿甸之内一繩以法，由内及外，則鋋銷之姦知畏矣。《宋史・食貨志》。

又卷五八《食貨志四・礦廠・銅礦》 紹興三十二年，潼川、湖南、利州、廣東、浙東、廣西、江東西、福建銅冶一百九，廢者四十五。《宋史・食貨志》。

元至正十年十二月，立諸路銅冶所。《續文獻通考》。

辰州府辰溪、郴州、木州、宜章皆出銅。《明統志》。

澧州銅山在州西南四十里，相傳産銅。明永樂中，曾置冶，鍊之不成。郴州、本州、宜章皆出銅。郴州銅坑泉在州北二十里，相傳嵒旁産銅，因名。《一統志》。

《宋會要輯稿補編・銅》 銅場。凡山澤之入，銅二千一百七十四萬四千七百四十九斤。永興軍路九萬一千一百四十五斤，兩浙路七萬四千五百四十一斤，江南東路四萬六千八百二十斤，西路一百一十四斤，福建路四十四萬二千八百五十一斤，廣東路二千一百八萬八千八百一十九斤，梓州路四百五十九斤。《續會要總説》，見金字下。 元額六萬八千五百六十六斤，元年收四萬七千五百一十一斤。

《宋會要輯稿・食貨三四・坑冶雜録》 嘉定十四年七月十一日，臣僚言：「産銅之地，莫盛於東南，如括蒼之銅廓、南弄、孟春、黄渙峰、長技、殿山、爐頭山莊等處，諸暨之天富，永嘉之潮溪，信上之羅桐，浦城之因漿，尤溪之安仁、杜塘、洪面子坑五十餘所，多系銅銀共産，大場月解浄銅萬計，小場不下數千，銀各不下千兩，爲利甚博。至若雙瑞、西瑞十二岩之坑，出銀繁瀚，大定、永興等場，雖是銀鉛并産，興盛日久，澤靈不衰。又信之鉛山與處之銅廓，皆有膽水，春夏如湯，以鐵投之，銅色立變。夫以天造地設，顯畀坑冶，而屬吏貪殘，積成蠹弊。諸處檢踏官吏大爲民殃，有力之家悉從辭避，遂致坑源廢絶，礦條湮閉。間有出備工本爲官開浚，元佃之家已施工力，及自用財本起創，未享其利，而嗶徒誣脅，檢踏官吏方且如追重囚，黥配估籍，冤無所訴。此坑冶所以失陷。又照得舊來銅坑，必差廉勤官吏監轄，置立隔眼簿、遍次歷，每日書填某日有甲匠姓名幾人入坑，及採礦幾籮出坑，某日有礦幾籮下坊碓磨，某日有碓了礦末幾斤下水淘洗，某日有浄礦内幾斤上爐火平煉，然後排燒窑次二十餘日。每銅礦千觔，用柴炭數百擔，經涉火數敷足，方始請官監視上爐匣成銅。其體紅潤如煙脂，謂之山澤銅，鼓鑄無折，而鑄出新錢燦爛如金。近年既不差官，及無隔眼、遍次簿歷，檢踏官吏既加雪遇，而坑户復非土著，又不及時支給本錢，所以坑户皆無藉之徒，一聽官吏掊克。所得一半本錢，鋲銷解發之外，尚覬餘利贍養，則其淆僞可知。併乞行下泉州，一如舊日措置。每日抄轉簿歷，逐季解赴泉州稽考，以行賞罰。不許仍用白身借補冒官人下場監轄，肆爲欺弊。其有坑户陳訴檢踏利害，令所委官徑行密申泉司，庶幾上下情通，不致冤抑。其所委官銅課增羡，併乞與場官一體推賞施行。」從之。以上《寧宗會要》。

《元史》卷二七《英宗紀一》 〔至治元年十二月〕乙丑，置中瑞司。治銅五十萬斤，作壽安山寺佛像。

顧炎武《肇域志》卷三七 〔鎮安縣〕至正十七年二月壬子，賊犯七盤、藍田，命察罕帖木兒以軍會答兒麻亦兒，守陝州、潼關。二十三年六月己亥，擴廓帖木兒即將歹驢等駐兵藍田、七盤。《舊唐書・韓泗傳》：「轉户部侍郎，判度支。上言商州有紅崖冶，出銅益多，又有洛源監，久廢不理，請增工鑿山，以取銅。興洛源故監，置十爐鑄之。」

唐順之《荆川稗編》卷一一《户八・元歲課》 銅在益都者，至元十六年，撥户一千於臨朐縣七寶山等處採之。在遼陽者，至元十五年撥採木夫一千户，於錦、瑞州鷄山、巴山等處採之。在徵江者，至元二十二年，撥漏籍户於賽音山煽煉，凡一十有一所，此銅課之興革可攷者然也。

茅元儀《石民四十集》卷六三書七《代友人上執政書戊辰》 故曰：百文以上行鈔，百文以下行錢。鈔之法又專帝王，而不參天地，故胡元屢變屢塞，以高皇之威靈而終不能長行無閡兼天地，帝王而用之無弊，其惟錢乎？唐宋幅員不過今日，費用不減今日，然兩代富而今貧者，以錢法之或行或阻也。今鼓鑄之利亦明白矣，然終不能富國者，以銅之不繼也。故每爐一鑄可八萬文，一月可兩鑄歲，即虚寒暑兩月亦尚可二十鑄，今歲多不能三四鑄，其利之不盡可知也。無它，以銅不繼也。然唐宋何以繼乎？以唐宋開銅礦，一歲所采辦，足以一歲之鑄。宋元祐中，坑冶歲得銅一千四百六十萬斤，此可考也。又禁銅之它用，故銅自鑄錢之外，無敢旁費者，此法行即不事開採而銅無旁費。凡擅買銅者，俱以私鑄論，則私鑄亦易禁，不患鑄不廣也，鑄廣則息多矣。且不特此，天啓初，京師點成銅價不過八分五釐，今以銅乏，官商互爲奸，增至一錢三分，故其息愈寡，銅無它用，則價自平，尚可減於昔也。即以是准之，每爐一鑄，爲工本十一兩二錢五分，依六文准銀一分，值銀一十六兩六分六釐六毫六絲五忽，是爲息五兩四錢一分六釐六毫六絲五忽。依五文准銀一分，值銀二十兩，是爲利八兩七錢五分。今京師苦無一釐之錢，使准歷朝舊錢作一釐，則制錢作二釐，民亦樂從，如是，則每爐一歲二十鑄，可得息一千四百兩。設千爐，便得一百四十萬兩。而其本每爐存銅本八兩，鑄本三兩二錢五分，今得設處，十鑄銅本，兩鑄工本，共爲費八十六兩五錢，千爐不過八萬六千五百兩，而源源交資已及半年，可以不竭。但千爐用銅一千五百萬斤，此元祐間坑冶額也，而今鉛銅約半之，不過費其半耳。今不惟禁銅，而且民間之銅，則目下救弊尚可數倍。今姑爲千爐於京師以試之，可乎？請帑八九萬，非聖主所吝也。而期年之内，本既不費，息幾二十倍，但目下銅價高，爲息寡，且先禁用銅，數月而後可爲也。然非嚴法令，則用者不可止，藏者不肯上，官私鑄者不得滅，必行殺人藉役之令，行告賞之法，而後可。此即勵紀綱於其中矣。然欲錢之行，又必自上始。凡納官者俱以錢不以銀上之，發亦如是，則行既廣，雖十倍之可也。而亦不患銅不繼，何也？度天下所廢之銅，足以□萬爐之用也。

談遷《棗林雜俎》中集《銅冶》 海内銅山四百六十，唐鑄於陝、宣、衢、信銅冶九十六。宋鑄於諸路銅冶百三十有六，歲課至五百四十九萬貫，韶州永通一監，歲造八千萬貫。

鄂爾泰《〔雍正〕雲南通志》卷一一《課程·廠課》 媽泰白銅廠坐落見前。康熙四十四年，總督貝和諾爲題明事，年該課銀三十八兩。

青龍銅廠坐落元江府地方。

白龍、猛薩二銅廠坐落普洱府地方。

子母銅廠坐落昆陽州地方。

寨子山銅廠坐落易門縣地方。

永興等銅廠坐落寧州地方。

龍寶等銅廠坐落路南州地方。

二郎山銅廠坐落趙州地方。

銅礦箐銅廠坐落永平縣地方。

臨江等銅廠坐落順寧府地方。

白沙等銅廠坐落和曲州地方。

斐母、三元等銅廠坐落建水州地方。

金釵等銅廠坐落蒙自縣地方。

烏龍、興國二銅廠坐落宣威州地方。

者囊銅廠坐落開化府地方。

發濟銅廠坐落祿勸州地方。爲每年定額，每銅一百觔抽收課銅二十觔，收小銅九觔。

湯丹、普毛等銅廠坐落東川府地方。雍正四年，總督鄂爾泰爲欽奉上諭事題明，新歸雲南東川地方銅廠，年該課息銀一千二百兩，每銅一百觔抽收十觔。其各廠衰旺不一，或硐老山空，另開子廠，故無額課，止於總數奏銷。

孟沙銅廠坐落九龍江外地方。年該幫貼課銀一百兩，不在正額之内。

《清朝通典》卷一〇《食貨一〇》 〔乾隆〕十七年，暫停山西寶晉局七座。復於雲南東川府設鑪二十座鼓鑄，專搭兵餉。時東川產銅日盛，令就近增開新局，設鑪五十座，亦開鑄三十六卯，以備存貯。

皇上從將軍兆惠請，開局於葉爾羌城，改鑄錢文。特命户部頒發錢式，仍用紅銅，每文重二錢，形如内地制錢，較厚，文爲「乾隆通寶」，用漢字，其幕鑄葉爾羌城名，左國書，右回字。先以預備軍營之銅鑄錢五十萬，易回部舊錢銷燬更鑄，以資回衆之用。仍於各城產銅之地陸續採銅加鑄。又【略】二十六年，開西域阿克蘇城鼓鑄局，亦如葉爾羌之例，惟錢幕鑄阿克蘇城地名。仍置七品伯克二員管理採銅回户，令其歲解紅銅於阿克蘇城及烏什城、庫車城、沙雅爾城、賽哩木城、拜城、哈喇沙爾城等處，以資鼓鑄。【略】四十一年，復開雲南省鑪，并增鑪座。時雲南產銅甚多，足資鼓鑄，於東川局增十五座，曲靖府十八座。【略】又復寶黔局鑪。時滇銅豐旺，又增給廠價，採挖日富。而黔省自減鑪以後，官錢既少，市價增昂，至是撥滇銅之餘赴黔鼓鑄。復原減五鑪，移於省城。四十二年，令雲南兵餉以銀錢各半搭放。四十四年，裁雲南省鑪二十七座，以節省銅斤，撥供他省采辦。減廣西鑪四座，以滇省近年出銅較少，止存鑪十二座，其鑪役工食概給以銀。四十五年，以雲南各廠採銅竭蹶，且距省稍遠，稽察難周，諭令將大理府所設八鑪移歸省局，其東川府只留十座，餘六座并裁。

《清朝文獻通考》卷一七《錢幣考五》 又增四川寶川局爐座鑄錢，運往陝西。先是，四川於乾隆七年以寶川局銅、鉛俱係赴滇黔採買，路遠費重，奏請開採建昌地方之會理州、冕寧縣等處銅礦，是時錢局已專用川銅。十年，復開樂山縣等處銅礦，議定二八抽課外，餘銅半歸官買，以供鼓鑄。各廠歲可獲銅一百餘萬觔。至是，總督慶復會同巡撫紀山奏言：「川銅漸盛，多所盈餘，而陝省素不產銅，制錢日貴，欲籌轉移以濟民困。請於寶川局再增爐十五座，共爲三十座，歲可添錢六萬二千二百串有奇，以一半增搭本省兵餉作爲銀八錢二之數，所餘三萬一千一百串撥運至陝省搭放兵丁月餉，仍易銀歸款，實爲彼此有益。」户部議如所請，從之。

又令雲南東川府新局加卯鼓鑄。雲南巡撫郭一裕奏言：「滇省每年出銅千餘萬觔，以供鼓鑄，所獲息銀亦歲收二三十萬兩，留備一切公用，關係甚重。查迤東、迤西地方各小廠數十處，産銅不一，惟東川府之湯丹、大碌二廠歲辦獲銅七八百萬觔，較他廠尤爲緊要。近年以來，礦廠漸遠，物料加昂，前已議每百觔添給價銀四錢五分，而廠民仍爲竭蹷，應酌量調劑之法。請於東川府新局内加鑄十八卯，即令湯丹、大碌等處廠民於常額之外加辦餘銅，照廠價收買供用，歲可添錢十一萬二千二百十七串有奇，核計鑄出錢文歸還鑄本之外，將息銀增給各廠工本，以本廠銅觔加鑄之餘息，即爲該廠添補工費之不足。既不至糜費正帑，而於銅務有益。」户部議如所請，從之。

又增湖南寶南局爐座。湖南巡撫陳宏謀奏言：「桂陽州、郴州各廠礦砂加旺，歲可獲銅四五十萬觔，錢局又有存貯舊銅，其配鑄鉛錫，各廠所産亦足敷用，請再增爐十座，爲二十座，共用銅鉛錫七十八萬四千二百觔，鑄出錢文應於搭放兵餉之中，復開湖南寶南局鼓鑄。」湖南巡撫許容奏言：「長沙一帶多使小錢，不能驟禁，亟須鼓鑄大錢，以便民用。因咨商滇省，知有金釵廠銅可以賣給。請動帑銀委員採運回省，復開寶南局設爐五座，每年開鑄二十四卯，用銅鉛錫十九萬六千二百觔，鑄青錢二萬四千串，除去工價等項，實存二萬一千九十四串八百文，配給兵餉所需。鉛、錫照時價赴漢口購買。至湖南各屬山礦現議試採，俟將來旺盛之時，就近撥用。」户部議如所請，從之。尋奏定各營兵餉，以每銀百兩搭錢五串爲例，每年尚有餘錢，於省城設立官局，照依市價酌減出易。

又卷一八《錢幣考六》 〔乾隆〕四十一年，署雲貴總督覺羅圖思德等言：「滇省近年大小各廠歲獲銅一千二百三四十萬觔，除京外鼓鑄年需高銅九百餘萬觔外，其寧臺、户蒜、金釵等廠尚積存低銅五百餘萬觔，並收回一分通商一百二十餘萬觔，已足敷復爐加鑄之用。【略】查湯丹、大碌等四廠年辦蟹殼銅五百五十餘萬觔，工費不敷，每百觔加價一兩五錢。大功廠係新開，費用稍省，年辦蟹殼銅一百餘萬觔，每百觔加銀一兩二錢。此外中小各廠共計年獲銅五百七十餘萬觔，每百觔加價一兩，足敷工費。統計加價，共需銀十五萬三千餘兩，核之所鑄餘息，尚有存剩。而搭放兵餉之外，加搭各廠鹽井工本、薪食銀兩以利民用，又可無錢多價賤、餘息虧短之虞。」從之。先是，湯丹等廠積欠工本銀十二萬餘兩，九渡箐等新廠虧欠工本銀五萬六千餘兩，部議於增給銅價内以十分之八發給廠民，扣留二分以歸舊欠，分作六年扣完。又滇省解交京銅六百餘萬觔，由尋甸、東川兩路分運瀘州，其中牛馱馬載，脚價尚屬敷用。唯自威寧州至鎮雄州所屬之羅星渡，計程十站，山路崎嶇，近年馬匹稀少，俱係僱夫背運。兩夫背運一碼重一百六十觔，給脚銀二兩，往返一月，食用不敷，夫役每多逃匿。今酌議每銅一碼加增銀四錢八分，約需加脚九千餘兩，亦請於加給銅價内，每兩扣銀五分八釐零即可，如數扣增，不必另籌款項。均得旨允行。

臣等謹按：寶黔局向設爐二十座，年鑄四十六卯，額用滇銅四十八萬八千四百觔，黔銅三萬二千四百觔。嗣因黔廠産銅甚旺，續加二十三卯，迨乾隆三十五六兩年，黔省錢價平賤，鑄錢艱於銷售。又值銅廠漸衰，滇省亦以産銅不旺，減撥銅十一萬一千觔，經前撫宫兆麟、李湖先後裁去二十三卯，復裁爐五座，仍照四十六卯分鑄，至是始補足二十爐之數。嗣於四十四年滇省産銅稍少，議減貴州省額買滇銅十分之三，將該局四十六卯減鑄十卯。

〔乾隆〕四十四年，雲貴總督李侍堯言：「滇省所籌銅數只有一百九十餘萬觔，不敷各省採買，謹就三迤地勢民情悉心酌核，除省城東川府需錢較多，未便議裁外，請於大理局減去一座，只留三座。」

加以現在廣跴子廠多開礌硐，已有可望撙節籌辦，自可源源接濟。從之。至四十五年，又以各廠採銅竭蹶，且距省稍遠，稽察難周，將大理府所設八爐，遵旨移歸省局。其東川府只留十座，餘六座與廣西局爐四座一併裁撤。

《清經世文編》卷五二《户政二七・錢幣上・王太岳〈銅政議下〉》 具此五難，是以滇之銅政有捄荒無奇策之喻。雖然，荒固不可不捄，而銅固不可不辦、不可不運也。竊嘗求前人之論議，厝注得失之所由。其有已效於昔，而可試行於今日者，曰多籌息錢以益銅價也，通計有無以限買銅也，稍寬考成以舒廠困也。實給工本以廣開採也，預集雇值以集牛馬也。雲南之銅，供户、工二部，供浙、閩諸路，供本路州郡餼餉，其爲用也大矣。故銅政之要，必寬給價，給價足而後廠衆集，廠衆集，而後開採廣，廣採則銅多，銅多則用裕。前巡撫愛必達疏云：「湯丹、大水等廠開採之初，辦銅無多，迨後歲辦銅六七百萬及八九百萬，今幾三十年，課耗餘息不下數百萬金。近年礦砂漸薄，窩路日遠，近廠柴薪伐盡，炭價倍增，聚集人多，油米益貴。每年京外鼓鑄，需銅一千萬餘觔，爐民工本不敷，歲出之銅，勢必日減，洋銅既難採辦，滇銅儻復缺少，京外鼓鑄，何所取資？前巡撫劉藻，以湯丹、大碌不敷工本，兩經奏允加價，廠民感奮。大銅廠本年辦銅六十萬，大興廠夏秋雨集停止，尚有銅三百七八十萬。各廠總計，共銅一千二百餘萬，歷歲辦銅之多，無逾於此。實蒙特允，初未見有不許也。今之去昔，近者十年，遠者二十餘年，所云礶硐日遠，改採日難者，又益甚矣。而顧云發棠之請，不可數嘗者，何也？有銅本，斯有銅息，有鑄錢，斯有鑄息，故曰有益下而不損上者，不可不講也。」按乾隆十八年，東川增設新局五十座，加鑄錢二十二萬餘千，備給銅鉛工本之外，歲贏息銀四萬三千餘兩，九年之間，遂有積息四十餘萬。自是以後，雲南始有公貯之錢，而銅本不足，亦稍稍知其取給矣。二十二年，東川加半卯之鑄，歲收息銀三萬七千餘兩，以補湯丹、大水四廠工本之不足。二十五年，以東川鑄息不敷加價，又請於會城、臨安兩局，各加鑄半卯。二十八年，再請加給銅價，則又於東川新舊局冬季三月，旬加半卯。三十年，又以銅廠采獲加多，東川鑄息尚少，則又請每月每旬各加鑄半卯，並以加湯丹諸廠之銅價。而大理亦開錢局，歲獲息八千餘兩，以資大興、大銅、義都三廠之戽水採銅。先後十二年間，加鑄增局至五六而未已。滇之錢法與銅政相爲表裏，蓋已久矣。以廠民之銅鑄錢，即以鑄錢之息與廠，費不他籌，澤不泛及，而此數十廠百千萬衆，皆有以蘇困窮而謀飽煖，積其歡呼翔踴之氣。銅即不增，亦斷無減，於以維持銅政，綿衍泉流。所謂多鑄息錢以益銅本者，此也。取給之數，誠不可議減矣。諸路之所自有，與其緩急之實，不可不察也。往者江南、江西、浙江、福建、陝西、湖北、廣東、廣西、貴州九路之銅，皆買諸滇，沓至迭來，滇是以日不暇給。夫聖朝天下一家，其在諸路者與在滇之備貯，固無異也。竊見去年陝西奏開寧羌礦硐，越兩月餘，已獲現銅二千四百觔，仍有生砂，又可煉銅五六千觔，由此追鑿深入，真脈顯露，久大可期。又湖北奏開咸豐、宣恩兩縣礦廠，先後煉銅已得一萬五千餘觔，將來獲利必倍。蓋見之郵報者如此。今秦、楚開採，皆年餘矣，其獲銅也，少亦當有數萬，而採買之滇銅如故，必核其自有之數，則此二邦者，固可減買也。貴州本設二十爐，繼而減鑄二十三卯，採買滇銅亦減十萬。頃歲，又減五爐，議以銅四十四萬七千觔，歲爲常率。而滇銅仍實買三十九萬六百六十觔。至於黔銅，則減七萬。將以易且安者自予，而勞且費者予滇，非平情之論也。是故黔之採買，亦可減也。又今年陝西奏言：局銅現有二十五萬一千四百餘觔，加以商運洋銅五萬，當有三十餘萬矣，委官領買之滇銅，六十二萬六千二百觔，且當繼至。以此計之，是陝西已有銅九十餘萬，而又有新開之礦廠，產銅方未可量。此一路之採買，非惟可減，抑亦可停矣。又閩、浙、湖北及江南、江西舊買洋銅每百觔價皆十七兩五錢，而滇銅價止十一兩，較少六兩五錢，其改買宜矣。然此諸路者，其運費雜支，每銅百觔，例銷之銀亦且五六兩，合之買價，常有十六七兩，其視洋銅之價，未見大有多寡。加以各路運官貼費，自一二千至五六千，則已與洋銅等價矣。以此相權，滇銅實不如洋銅之便，則此數路者，並可停買也。誠使核其實用，則歲可減撥百數十萬，而滇銅必日裕矣。所謂通計有無以限買銅者，此也。廠欠之實，見楊文定公始籌廠務之年，後乃日加無已。逮其積欠已多，始以例請放免。其放免者，又特逃亡物故之民，而身有廠欠，受現價，採現銅，而納不及數者不與焉。是故放免嘗少，而逋欠嘗多。乾隆十六年，議以官發銅本，依經征鹽課例，以完欠分數考課。廠官墮征之罰止於奪俸，廠官尚得藉其實欠之數，以要一歲之收，於採固無害也。其後以廠欠積至十三萬，而督理之官，自監司以下，並皆逮治追償。尋以銅少，不能給諸路之採買，遂以借撥運京之額銅二百六十幾萬者，計其虛值，而議以實罰，於諸廠之官，罰金至十有四萬。尋以需銅日急，嚴責廠官，限數辦銅。其限多而獲少者，既予削奪，或乃懼罹糾劾，多報銅觔，則又以虛出通關，按治如律，罪至於死。斯誠銅廠之厄會矣。夫大小諸廠，爐户、砂丁之屬，衆至千萬，所恃以調其甘苦，時其緩急者，惟廠官耳。顧且使之進退狼狽，莫所適從，至於如此，銅政尚可望乎？由今計之，將欲慎覈名實，規圖久遠，蕲以興銅政，裨國計，則非寬廠官之考成不可。何也？近歲之法，既以歲終取其所欠結狀，而所轄之上司，又復月計而季稟之，廠官不敢復多發價，必按其納銅之多寡，一如預給之數，而後給價繼採，是誠可以杜廠欠矣。然而採銅之費，每百觔實少一兩八九錢者，顧安出乎？給之不足，則民力不支，將散而罷採，欲足給之，而欠仍無已，必不見許於上官，是又一厄也。然則今之歲有銅千百萬者，何恃乎？預借之底本與所謂接濟之油米，固所賴以贍廠民之匱乏，而通廠政之窮者也。謹按乾隆二十三年，預借湯丹廠工本銀五萬兩，以五年限完。又借大水、碌碌廠工本銀七萬五千兩，以十年限完。皆於季發銅本之外，特又加借，使廠民氣力寬舒，從容攻採，故能多得銅，以償夙逋也。三十六年，又請借發，特奉諭旨：「以從前借多扣少，廠民寬裕。今借數既少，扣數轉多，且分限三年，較前加迫，恐承領之户，畏難觀望，日後藉口遷延，更所不免。」仰見聖明如神，坐照萬里。而當時又以日久逋逃，新舊更易爲慮，不敢寬期多發，僅借兩月底本銀七萬數千兩，而以四年限完。廠民本價之外，得此補助，雖其寬裕之氣不及前借，而猶倚以支延且三四載。此預借底本之效也。又自三十四年、三十七年，先後陳請備貯油米炭薪，以資廠民。廠民乃能盡以月受銅價，雇募砂丁，而以官貸之油米，資其日用，故無惰採，斯又所謂接濟者之效也。今月扣之借本，消除且盡，獨油米之貸，當以銅價計償，而遲久未能者，猶且仍歲加積，繼此不已。萬一上官不諒，而責以逋慢，坐以虧挪，則廠官何所逃罪？是又他日無窮之禍，而爲今日之隱憂者也。前歲雲南新開七廠，條具四事。户部議曰：「爐户、砂丁，類皆貧民，不能自措工本，賴有預領官銀，資其攻採，硐硔贏絀不齊，不能絶無逃欠。若概令經放之員，依數完償，恐預留餘地，憚於給發，轉妨銅政。」信哉斯言，可謂通達大計者矣！今誠寬廠官之考成，俾得以時貸借油米，而無他日虧缺之誅。又仿二十三年預借之法，多其數而寬以歲時，則廠官無迫挾畏阻之心，而廠民有日月舒長之適，上下相樂，以畢力於礦廠，而銅政不振起，采辦不加多者，未之有也。所謂寬考成以舒廠困者，此也。小廠之開，渙散莫紀矣。求所以統一之、整齊之者，不可不亟也。竊見乾隆二十五年，前巡撫劉藻奏言：「中外鼓鑄，取給湯丹、大碌者十八九，至餘諸小廠，奇零湊集，不過十之一二。然土中求礦，衰盛靡常，自須開採新礌，預爲之計，庶幾此縮彼盈，源源不匱。今各小廠旁近之地，非無引苗，惟以開挖大礦，類須經年累月。廠民十百爲羣，通力合作，借墊之費，極爲繁鉅。幸而獲礦，煉銅輸官，乃給價甚微，不惟無利可圖，且不免於耗本，斷難竭蹶從事。」又奏云：「青龍等廠，乾隆二十四年，連閏十有三月，共獲銅四十八萬。自二十五年二月，奉旨加價，至二十六年三月初旬，亦閲十有三月，共獲銅一百餘萬。所獲餘息，加給銅價之外，實存銀二萬九千數百兩，較二十四年多息銀一萬有奇，而各廠民亦多得價銀一萬二千餘兩。感戴聖恩，洵爲惠而不費。」又三十三年，前巡撫明德奏明，言：「雲南山高脈厚，到處出産礦砂，但能經理得宜，非惟裨益銅務，而數千萬謀食窮民，亦得藉以資生。」由此觀之，小廠非無利也，誠使加以人力，穿峽成堂，則初闢之礦，入不必深，而工不必費。又其地僻人少，林木蔚萃，採伐既便，炭亦易得，較大廠攻採之費，當有事半而功倍者，尤不可不亟圖也。今廠民既皆徒手掠取，而一出於僥倖嘗試之爲，而爲廠官者，徒於坐守抽分之課，外此已無多求。是故諸小廠非無礦也，貨棄於地，莫爲惜也。又況盗賣盗鑄，其爲漏卮又不知幾何哉？小廠之銅，歲不及湯丹、大水諸大廠之十一者，實由於此。誠於廠之近邑，招徠土著之民，聯以什伍之籍，又擇其愿樸持重者爲之長，於是假之以底本，益之以油米薪炭，則渙散之衆，皆有所繫屬，久且倚爲恒業，雖驅之猶不去也。然後示以約束，董以課程，作其方振之氣，厚其已集之力，使皆穿石破峽，以求進山之礦，而無半途之廢，雖有不成者寡矣。若更開曲靖、廣西之鑄局，而以息錢加銅價，則宣威、霑益諸山之銅，不復走黔，路南、建水蒙、自諸山之銅，無復走粤，安見小廠不可轉爲大也？所謂實給工本以廣開採者，此也。滇之牛馬誠少矣，滇之所儲備又虚矣。而部局猶以待鑄爲言，移牒趣運，急於星火，殆未權於緩急之實者也。銅運之在滇境者，後先踵接，依次抵瀘，既以乙歲之銅，補甲歲之運，又將以乙歲之運，待丙歲之銅，而瀘州之旋收旋兑者，亦略不停息，則又終無儲備之日矣。夫惟寬以半歲之期會，然後瀘州有三四百萬之儲，儲之既多，則兑者方去，而運者既來，是常有餘貯也。如是而凡運官之至者，皆可以時兑發，次第啓行。在瀘既無坐守之勞，在途亦有催督之令，運何爲而遲哉？若夫籌運之法，固非可以滇少馬牛自諉也。則常竊取往籍而考之。始雲南之鑄錢運京也，由廣西府陸運以達廣南之板蜂，舟行以達粤西之百色，而後迤邐入漢。而廣西、廣南之間，經由十九廳、州、縣，各以地方遠近大小，雇牛遞運，少者數十頭，多者三五百至一千二百，並以先期給價雇募。每至夏秋，觸冒瘴霧，人牛皆病，故常畏阻不前。既又官買馬牛，製車設傳，以馬五百八十八匹，分設七驛；又以牛三百七十八頭，車三百七十八輛，分設九驛，遞供轉運。會部議改運滇銅，乃停廣西之鑄，而以江安、浙、閩及湖北、湖南、廣東之額銅，並停買歸滇運京。於是滇之征耗四百四十餘萬，悉由東川徑運永寧。其後以尋甸、威寧亦可達永寧也，乃分二百二十萬，由尋甸轉運。而東川之由昭通、鎮雄以達永寧者，尚二百二十萬。其後又以廣西停鑄之錢，合其正耗餘銅，通計一百八十九萬一千四百四十觔，並令依數解京，是爲加運之銅，亦由東川、尋甸分運。至乾隆七年，而昭通之鹽井渡始通，則東川之運銅，半由水運以抵瀘州，半由陸運以抵永寧。十年，威寧之羅星渡又通，則尋甸陸運之銅，既過威寧，又可舟行以抵瀘州矣。十四年，金沙江以迄工告，而永善、黄草坪以下之水，亦堪通運，於是東川達於昭通之銅，皆分出於鹽井、黄草坪之二水，與尋甸之運銅，並得徑抵瀘州矣。然東川、昭通之馬牛，亦非盡出所治，黔、蜀之馬與旁近郡縣之牛，蓋常居其大半。雇募之法，先由官驗馬牛，烙以火印，借以買價。每以馬一匹，借銀七兩，牛四頭，車一輛，借以六兩。比其載運，則半給官價，而扣存其半，以銷前借，扣銷既盡，則又借之，往來周旋，如環無端。故其受雇皆有熟户，領運皆有恒期，互保皆有常侶，經紀皆有定規。日月既久，官民相習，雖有空乏，而無逋逃，亦雇運之一策也。今宣威既踵此而試行之矣，使尋甸及在威寧之司運者，皆行此法，以歲領之運價，申明上官，預借運户，多買馬牛，常使供運。滇產雖乏，庶有濟乎！然猶有難焉者，諸路之採買雇運常遲也。頃歲定議滇銅，每以冬夏之杪計數分撥，大小之廠各以地之遠近、銅之多寡而撥之。採買委官遠至，東馳西逐，廢曠時月。是以今年始議得勝、日見、白羊諸遠廠之銅，皆自本廠運至下關，由大理府轉發，黔、粵之買銅者，鮮遠涉矣。而義都、青龍諸近廠，與雲南府以下之廠，猶須諸路委官就往買銅，自雇自運，咸會百色，然後登舟。主客之勢，呼應既難，又以農事，牛馬無暇，夏秋瘴盛，更多間阻，是故部牒數下，而雲南之報出境者，常慮遲也。往時臨安、路南之銅，皆運彌勒縣之竹園村，以待諸路委官之買運。其後以委官之守候歷時，爰有赴廠領運之議，然其時實以雲南缺銅，不能以時給買，非運貯竹園村之失也。誠使減諸路之採買而盡運迤西諸廠之銅，貯之雲南府，以知府綜其發運，又運臨安、路南之銅，盡貯之竹園村，以收發責之巡檢，如是，則諸路委官，至輒買運去耳，豈復有奔走曠廢之時哉？若更依仿運錢之制，以諸路陸運之價，分發緣路郡縣，各募運户，借以官本，多買馬牛，按站接運，比於置郵。夏秋盡撤馬牛，歸農停運，則人馬無瘴癘之憂，委官有安間之樂。於其暇時，又分尋甸運銅之半，由廣西、廣南達於百色，並如運錢之舊，即運京之銅，亦且加速，一舉而三善備焉矣。惟擇其可採而納焉。

《清高宗純皇帝實録》卷二二六〔乾隆九年，甲子，冬十月〕壬子，大學士鄂爾泰等奏：「京師近年以來，錢價昂貴，實由耗散多端，若不官爲查禁，設法疏通，則弊端難杜，錢亦無由充裕。謹據現在情形，公同酌議八條：一、京城内外鎔銅打造銅器鋪户，宜官爲稽查。查京城内外八旗三營地方，現有鎔銅大局六處，銅鋪四百三十二座，内貨賣已成銅器，不設爐鋪户六十八座外，設爐鋪户三百六十四座，逐日鎔化打造，京城廢銅器無幾。崇文門過税之銅，每年僅三百萬觔，斷不敷打造之用，勢必出於銷錢，應將爐座鋪户，於京城内外八旗三營地方，現在查出官房三十六處，計七百九十一間，即令伊等搬住開設，鎔銅打造。其所住房免納官租一年，以爲搬移之費，一年後照例納租。所有官房内開設各鋪户，交步軍統領等衙門，派撥官弁稽查，將每日進鋪銅觔若干，并鎔化打造出鋪銅觔若干，逐日驗明，如出數浮多，即行稟報根究。【略】」從之。

又卷三〇九〔乾隆十三年，戊辰，二月，甲申〕雲貴總督張允隨、雲南巡撫圖爾炳阿奏：「滇省新開之大雪山銅廠，自路徑開通之後，廠民雲集，嘈洞多獲，大礦月可辦銅六七八萬觔不等，較上年春夏已加倍有餘，歲可出銅百萬觔，日見旺盛。又多那一廠，礦苗深厚，月出銅五六七萬觔。」得旨：「欣悦覽之，此皆卿調劑有方也。」

又卷四八五〔乾隆二十年，乙亥，三月，庚子〕雲貴總督碩色、雲南巡撫愛必達奏：「滇省産銅，向惟東川府屬之湯丹、大水、碌碌三廠最旺，武定府屬之多那廠次之。近來湯丹等大廠硐深礦薄，多那亦産礦日少。查有多那廠附近之老保山産礦頗旺，月辦銅四萬餘觔至五萬餘觔不等。又湯丹之聚寶山新開長興硐日可煎銅六百餘觔，九龍箐之開庫硐日可煎銅千餘觔。又碌碌廠之竹箐老硐側另開新硐，礦沙成分頗佳，均應作爲子廠。」得旨：「好！」

又卷六九七〔乾隆二十八年，癸未，十月，癸丑〕雲貴總督吴達善奏：「滇省湯丹、碌碌廠採銅，上年奏準每百觔加銀四錢，該二廠每年辦銅六七百萬，約需加價銀二萬六七十兩，於本年加卯鑄息内支給外，即將前年存積餘銀四萬兩逐漸添補。查自乾隆二十七年十月，奉文加價起，至本年八月止，未滿一年，共辦獲銅七百二十餘萬觔，是將來加卯年息及前年存積餘銀必不敷加價之需，請於東川新舊二局鑪内，本年冬季每旬每鑪加鑄半卯，仍於銅本内借支鑄本。鑄出錢文，照例以一千二百文作銀一兩扣解道庫，除歸還借款及支銷經費外，計一季可獲息銀一萬一千九百餘兩，以備來年加價之需。將來每年冬季應否加鑄，届期隨宜辦理。」從之。

又卷九一一〔乾隆三十七年，壬辰，六月，庚辰〕又議準：「廣西巡撫覺羅永德疏稱，恭城縣屬回頭山、山斗岡二廠，先據調任巡撫陳輝祖以該二廠年久沙盡，題請封閉，其附近之茅塘石口子壠及潭江銅砂子壠仍留採辦。兹查石口廠每煉毛銅百觔，需砂六百五十觔，鎔浄銅五十五觔；潭江壠每煉毛銅百觔，需砂六百觔，鎔浄銅七十觔。統計二廠鎔浄銅百觔，覈資本銀一錢三分零。每銅百觔，抽課二十觔，餘銅照例官買一半，每百觔給價十三兩，其餘一半聽商運賣歸本，將抽獲二分課銅，並收買一半，餘銅照例加耗，解供鼓鑄。至運價，自廠至省，每百觔水陸給銀四錢，請照例支銷。再，各廠工費，除潭江壠應歸入包蛋廠開銷，俟查明定議。至石口廠巡攔書記，及恭城縣經管廠務，每年請酌給一半公費銀三十兩等語。臣部查與回頭山等廠成例均屬相符，應如所題辦理。」從之。

又卷九二四〔乾隆三十八年，癸巳，春正月，丁酉〕諭：據安泰等奏，今年烏什採挖紅銅兵丁三百名，俱各奮勉出力，除交正項銅觔外，多交銅五千四百觔，請將官員、兵丁議叙賞賚等語。著照所請，官員等交部議叙，兵丁等賞給一月鹽菜銀兩。

又卷一〇七七〔乾隆四十四年，己亥，二月，癸酉〕伊犁將軍伊勒圖等奏：「伊犁鑄錢，每歲由南路各回城辦銅配鑄，搭放兵餉。嗣因烏什庫存停運，葉爾羌銅並喀什噶爾舊存銅先後運到，奏明加鑄。復因加鑄銅盡，奏明委員赴哈爾海圖地方試採，現計獲銅九千一百餘觔，請每歲撥一千五百觔，交寶伊局加鑄。」報聞。

《清奏議》卷六一《籌滇省銅政疏乾隆四十年》 調著雲南巡撫臣裴宗錫謹奏，爲直陳滇省銅政實在情形，謹寘持久之計，仰祈聖鑒事：竊臣蒙恩調署滇省，於八月内到任，該省一切吏治民風，現在次第留心整飭，而各廠銅政，上關國寶，下裕民生，尤爲重務。臣於銅務素未諳習，履任三月，除遵照部行期限、數目，日夕督辦儹催外，仍親自檢查歷年題奏成案，密訪近來廠運情形。竊見京外各廠及本省歲鑄需銅一千餘萬。自乾隆三十年後，盈縮不齊，邇年以來，獲銅較多，約計每年有一千二百餘萬。皆仰賴皇上深仁遠被，經畫多方。節年部臣及歷任撫臣所以講求調劑、稽核之法，亦益加詳密，是以獲銅之多，斯爲較旺。然而工價之多寡，本息之盈虧，廠欠之名去實存，通商之弊多利少。臣悉心體察，所見既真，若復因循掩飾，弗籌久計，則不惟現在獲銅之數難以豫必，而虧挪遺漏之弊且恐更滋，有不得不直陳於聖主之有者。查官銅定價之初，每百觔不過三兩八九錢至四兩不等，湯丹、大水等廠，亦止五兩一錢。自乾隆十九年以後，歷任撫臣陸續陳奏，以各該廠硐深炭遠、油米昂貴，叠次請增，皆蒙恩允。自是大廠增價至六兩及六兩四錢，小廠至五兩一錢五分，最下金釵廠亦加至四兩六錢。皇上之加惠廠民者，可謂至矣。顧臣甫履滇境，即聞各廠頗以工價不敷爲累。臣竊疑此或因軍務案内特恩暫加之價，展限至上年六月甫議，奏停各廠價值，乍短六錢，不無拮據。若果有此情，自當仰體皇仁，據實奏明，懇祈再展。而博採輿論，且謂廠累過多，非六錢之價所能補足。臣以爲此必廠民無厭之求，官吏偏私之見，理不足信。數月以來，明查暗訪，取各該廠打烘扯爐之夫工糧食，並燈油爐炭價值，逐一核實，折中牽算。即以硔砂稍旺之廠計之，百觔之銅，實少一兩六錢。若更硔薄銅稀，則賠折更無底止。此臣親自鈎稽，得其确數，非同泛擬者也。考厥由來，則工價不敷，非自今始。由於官買之初，定價較他省本爲最輕，而廠民不以爲累者，當年大小各廠歲辦銅不過八九十萬，後數年亦不過三四百萬，比於今日十纔二三。交官既少，私賣必多，廠民利有私銅，不計官價。嗣後經理既久，私售之禁漸嚴，官價之數日增，廠民僅恃官本辦理，始形掣肘。雖經叠次請增，而原定既輕，遽加難並，於是民則領後補前，官則移新掩舊，而廠欠之弊出矣。查乾隆二十年以前，豁廠欠不過數百兩至四千餘兩，而嗣後每年豁免至六千、九千兩不等。然猶格於定例，豁少欠多。積至三十二年，查出民欠銀十三萬七千餘兩，經理之員，均各罹罪分賠。迨至三十七年，又查出民欠銀十三萬九千餘兩，復蒙皇上加恩廠民，俾以帶鑄完項，又除豁免之例，令於發價時，扣存餘年，以備撥補，仍責成各上司按季盤查，歲底結報。立法已極周詳，是以每歲奏銷册内，動放工本，與收穫銅觔數目相符，亦既年清年款，無復存廠欠之名矣。然工本之外，尚有官借，預貯油米炭價一項，係乾隆三十四、三十七等年奏蒙恩准，爲廠民接濟所資。此項官借物價，例應按限扣繳。廠員目擊採辦之艱，不得不稍爲通融，前扣未完，後借復繼。廠民賴以敷衍辦公，而逋帑因之日積。即如新開諸廠，不過二三年間，積欠已至九萬餘兩。現經督臣圖思德查奏，追賠在案。其餘各廠大概可知。是廠欠不在工本，而又在官借。臣所謂名去而實存者也。臣現在分遣幹員親履各該廠，將前項未清油米炭價，按年截數，分别清釐，早籌歸款，不敢蹈襲虚文，出結了事。至於廠價未敷，久廑睿慮，三十八年，特恩照彰寶所奏，以餘銅一分聽廠民通商自售，留有餘於民，正以籌不匱於官也。今臣細加訪察，如湯丹等大廠，現在應交官銅，及東川局帶鑄歸欠之外，原少盈餘，如金釵等廠，低銅僅可攙使鑄錢，不中别項器皿，商人承買，亦復寥寥。其餘各處小廠，交官本無定數，雖限以一分自售，而奸商覬覦，廠棍隱瞞，因有通商之例，轉開遺漏之端。商力未見寬餘，官銅適滋耗弊。就臣管見所及，竊以爲杜私銅之路，不如永禁通商，而欲清廠欠之源，不妨明增價值。自二十七年以後，從未有以加價請者，只緣滇省經費半出銅息，而加價之項，向例亦支息銀。銅價漸增，銅息漸減，恐致經費不足，公帑有虧，不思節年廠欠纍纍，何非帑項。事後籌補，亦豈良圖？至課息之盈虚，視辦銅之多寡。倘廠力不齊，歲出日減，則課息亦輕。況京外鼓鑄攸關，不得不籌遠計。臣再四思維，期求不支正項，不動息銀，而可備加價者，唯有鑄息一條，本自向來成法。滇中舊設一百四十一爐，餘息甚多，籌餉辦銅，率皆取給。自三十一年，因銅觔短少，楊應琚奏停省局，東川、臨安加鑄。三十五年，明德奏裁大理、廣西、臨安、順寧各局及東川新爐，歲少鑄息一二十萬。自然之利，多年坐失，以致明知廠力消乏，莫敢議加。現據督臣圖思德於署撫任内議請，復設大理、臨安、保山三局，每年可獲銅息二萬五千餘兩。如蒙部議覆准，伏乞皇上天恩，准以此項鑄息賞給各廠。再，滇省近年歲獲銅觔，除撥供京外及本省現在爐局鑄用外，各廠抵銅尚有餘剩，並請查明數目，酌量增爐，總以盡復舊爐爲限，每年鑄息又可得五萬餘兩，亦備加賞之用。約計各廠每百觔可加銀六七錢，其餘不敷。臣請將各廠上年蒙恩准予一分自售之銅，不令通商，每年約有一百二十餘萬觔，一併收回，以作加卯代爲帶鑄扣還冶工各費外，約可獲餘息銀七萬餘兩。按廠分大小，分别酌增，通計復爐加卯之息，大廠可增至一兩五錢，小廠可增一兩，俾工本充足，可無不敷。滇省五金所出産之不窮，但得廠户有利無累，歲獲銅觔自可有增無減。且油米依期坐扣，廠欠可以永除，銅觔盡經官手，私賣可以盡杜。况查近年私鑄，屢經犯案，若官錢既多，私錢自絶，庶幾散錢息以收銅息，厚廠利以清廠弊。臣愚昧之見，未知所陳是否合於例議。但臣受皇上委任隆恩，覩此銅廠實在情形，不敢絲毫隱飾。伏望勅下部臣，通盤籌畫，規一永遠之計。倘臣言或有可採，所有一切應辦事宜，容臣會同督臣圖思德按款妥酌，具疏題報。

松筠《新疆識略》卷九《財賦·銅廠》 乾隆四十一年，將軍伊勒圖奏准，於伊犂哈爾海圖地方開採銅觔，歲獲銅二三千觔至五六千觔不等，派廠員二員經管。五十六年，將軍保寧奏言，哈爾海圖地方銅礦不能充旺，派熟諳員弁在哈什地方另開新礦。自五十四年起，至今三年，每月增採五六百觔，俟數年後儘可添鑄錢文，於邊地兵民大有裨益。五十七年，將軍保寧奏准，伊犂銅觔於哈什開採以來，每年收穫七千餘觔，請於歲鑄額外加鑄錢六百串，搭放兵餉。嘉慶六年，由哈什移銅廠於巴彦岱呼巴海地方，俗名三道河。開礦採挖。

洪亮吉《乾隆府廳州縣圖志》卷一四《山東布政使司濟南府新城縣》 商山在縣東南五十里，跨益都、臨淄縣界，亦名鐵山。《慕容德載記》「立冶於商山，置鹽官於烏常澤，以廣軍國之用。」《魏書》崔亮言：「南青州苑燭山、齊州商山並是往昔銅官舊跡，見在並宜開鑄。」又四角山在縣東南四十五里，元置廣興、商山二冶於此。

又卷三七《潼川府》 銅官山在〔中江〕縣西南，接簡州及金堂縣界。李吉甫云：歷代採鑄。《欒史》稱：李膺《蜀記》云：即鄧通、卓王孫冶鑄之所。又縣境賴應山、可蒙山、私鎔山並産銅。王存云：銅山縣有銅冶。

《銅政便覽》卷一《廠地上》 滇之産銅，由來久矣。懷陹見於《漢書》，裝採著於後漢。自蒙段竊據以來，畫江爲界，皆無可考。元、明産銅之所，僅金齒、臨安、曲靖、澂江四處。我朝三迤郡縣，所在多有，寶藏之興軼於往代，而銅亦遂爲滇之要政。按：滇省年運京銅六百三十餘萬，局鑄、採買又需千萬。向有四十八廠以次封閉，現在開採者三十八處。寧臺十五廠專供京運；鳳凰八廠兼撥京運、局鑄、採買；迴龍十四廠及寧臺、香樹二廠之紫板銅專供局鑄、採買；金釵廠低銅專撥採買。此各廠産銅供運之大略也。爰列其坐落、經費、程站，而以開減、經管考成附焉。

寧臺廠：以下十五廠專供京運，寧臺廠紫板銅局鑄、採買兼撥，附子廠二。

坐落：寧臺廠，坐落順寧府地方，距下關店十二站半，乾隆九年開採。

經費：本廠每年出銅數十萬、五六百萬斤不等，向未定額，通商亦不抽收公廉、捐耗。每辦百斤，抽課銅二十斤，官買餘銅八十斤，每百斤給價銀五兩。所收課餘銅，每百斤加煎耗銅十七斤八兩，廠民補耗銅三斤二兩，不給價銀。共耗銅二十斤十兩，備供局鑄、採買。乾隆二十五年奏准，每辦百斤，將抽課銅二十斤改減十斤，另抽公廉、捐耗銅四斤二兩。官買餘銅七十五斤十四兩，每百斤給價銀六兩。三十三年奏准，每百斤加銀六錢，連原價共給銀六兩六錢。三十八年，奏准通商，每百斤給廠民通商銅十斤，照前抽收課銅及公廉、捐耗，官買餘銅七十五斤十四兩，每百斤給價銀六兩六錢九分八釐。三十九年，停止加價，每額銅百斤，照舊給銀六兩。四十二年奏准，應辦紫板銅外，每年改煎蟹殼銅二百萬斤。每百斤於紫板銅項下，准銷鎔煉，折耗銅二十斤七兩七錢。每蟹殼銅一百斤，抽收課銅十斤。官買餘銅九十斤，每百斤給價銀六兩九錢八分七釐。其通商銅准於紫板銅内發給。四十三年奏定，年辦紫板銅九十萬斤，蟹殼銅二百萬斤。嘉慶三年奏准，減辦銅一百萬斤。自四年起，每年辦紫板銅五十萬斤，蟹殼銅一百四十萬斤。十年奏准，照舊每年煎辦紫板銅九十萬斤，蟹殼銅二百萬斤。紫板銅九十萬斤内，應辦低本銅二萬四千五百一十八斤十一兩二錢，遇閏加辦二千四十三斤三兩六錢；應辦官商銅八十七萬五千四百八十一斤四兩八錢，遇閏加辦七萬二千九百五十六斤十二兩四錢。每底本百斤，給價銀五兩一錢五分二釐五毫，並不抽課。通商亦不抽收，公廉捐耗，另款造册報銷。其官商銅内，除廠民應得蟹殼、紫板、通商及抽收課廉等銅外，餘銅給價收買，發下關店轉運。蟹殼銅二百萬斤内，應辦底本銅十萬斤，遇閏加辦八千三百三十三斤五兩四錢；應辦課餘銅一百九十萬斤，遇閏加辦十五萬八千三百三十三斤五兩一錢。每底本百斤，給價銀六兩二錢八分三毫，並不抽課，通商另款造册報銷。其課餘銅照舊抽課十斤，官買餘銅九十斤，照前給價，收買發下關店轉運。十九年奏准，應辦額銅之外，每年代辦得寶坪廠減額銅六十萬斤。道光七年奏明，每年代辦得寶坪廠減額銅三十萬斤。通計每煎辦蟹殼京銅二百九十萬斤，紫板銅九十萬斤。

又《廠地上·得寶坪廠》 坐落：得寶坪廠，坐落永北廳地方，距下關店十站半，乾隆五十八年開採。

經費：本廠每年額辦銅十三萬二千斤，每辦百斤，給廠民通商銅十斤，抽課銅十斤，官買餘銅八十斤，每百斤給價銀六兩九錢八分七釐。所收餘銅，備供京運及局鑄、採買。嘉慶十三年，加定年辦額銅一百二十萬斤，遇閏加辦十萬斤，照舊通商抽課，餘銅給價收買，發運下關店轉運。續於十七年減辦額銅六十萬斤。

又《廠地上·大功廠附子廠二》 坐落：大功廠，坐落雲龍州地方，距下關店十二站半，乾隆三十八年開採。

經費：本廠每年出銅八十、一百餘萬斤不等，向未定額。每辦百斤，給廠民通商銅十斤，抽課銅十斤，官買餘銅八十斤，每百斤給價銀七兩六錢八分五釐。所收課餘銅，備供京運、採買。乾隆三十九年，停止加價，每餘銅百斤，給價銀六兩九錢八分七釐。四十三年奏定，年辦額銅四十萬斤內，應辦底本銅一萬九千九百九十九斤十二兩九錢，遇閏加辦一千六百六十六斤十兩四錢；應辦官商銅三十八萬斤三兩一錢，遇閏加辦三萬一千六百六十六斤十兩九錢。每底本百斤，給價銀六兩二錢八分八釐三毫，並不抽課，通商另款造册報銷。其官商銅斤照舊，通商抽課銅，餘銅給價收買，發下關店轉運。

又《廠地上·雙龍廠》 坐落：雙龍廠，坐落尋甸州地方，距州城二站，乾隆四十六年開採。

經費：本廠每年出銅九千、一萬餘斤不等，向未定額。每辦百斤，給廠民通商銅二十斤，抽課銅十斤，官買餘銅七十斤，每百斤給價銀六兩九錢八分七釐。所收課餘銅斤，備供京運。乾隆四十八年奏定，年辦額銅一萬三千五百斤，遇閏加辦一千一百二十五斤，照舊通商抽課，餘銅給價收買，發尋甸店轉運。

又《廠地上·香樹坡廠此廠銅斤專供京運，其紫板銅局鑄、採買兼撥》 坐落：香樹坡廠，坐落南州州地方，距省城十站半，乾隆九年開採。

經費：本廠每年出銅一千七八百、二千四五百斤不等，向未定額。通商亦不抽收公廉捐耗。每辦百斤，抽課銅二十斤，官買餘銅八十斤，每百斤給價銀五兩，所收課餘銅斤，備供局鑄、採買。乾隆二十五年奏准，每百斤，原抽課銅二十斤，改爲抽課十斤，另抽公廉、捐耗四斤二兩，官買餘銅八十五斤十四兩，每百斤給價銀六兩。三十三年，每百斤加銀六錢，連原價共給銀六兩六錢九分八釐。三十九年，奏准通商，每辦百斤，給廠民通商銅十斤，照前抽收課銅及公廉、捐耗，官買餘銅七十五斤十四兩，每百斤給價銀六兩六錢九分八釐。三十九年，停止加價，每餘銅百斤，照舊給價銀六兩。四十三年奏定，年辦額銅七千四百斤。五十三年奏准，於原辦紫板銅七千四百斤外，每年煎辦蟹殼銅十萬斤，遇閏加辦八千一百三十三斤。每百斤於紫板銅項下，准銷鎔煉，折耗十七斤八兩。每蟹殼銅一百斤，抽課十斤，官買餘銅九十斤，每百斤給價銀六兩九錢八分七釐。其通商銅於紫板銅內撥給。所收蟹殼課餘銅，發尋甸店轉運。所有煎辦蟹殼銅斤，應給廠民，通商及鎔煉折耗。因不敷開，除係額外加辦。搭同應辦，年額紫板銅七千四百斤，并遇閏加辦六百一十六斤，一併照例通商抽收課、廉，餘銅給價收買，發運省局或府倉交收。

又《廠地上·湯丹廠附子廠五》 坐落：湯丹廠，坐落會澤縣地方，距東川府城二站，原係四川經管，開採年分未詳，雍正四年改歸雲南采辦。

經費：本廠每年出銅八九十、一二百萬斤不等，向未定額。通商亦不抽收公廉捐耗。每辦百斤，抽課銅十斤，官買餘銅九十斤，每百斤給價銀六兩，所收課餘銅斤，備供局鑄、採買。雍正十二年奏准，每辦百斤內抽課十斤，另抽公廉捐耗銅四斤二兩，官買餘銅八十五斤十四兩，每百斤給價銀六兩九錢八分七釐。乾隆二十七年奏准，每餘銅百斤，加給銀四錢六分五釐，連原價每百斤共給銀七兩四錢五分二釐。三十三年，每百斤加銀六錢，連原價每百斤共給銀八兩一錢五分一釐。三十八年奏准，每百斤給廠民通商銅十斤，照前抽收課銅及公廉捐耗，官買餘銅七十五斤十四兩，每百斤給銀八兩一錢五分一釐。三十九年，停止加價，每餘銅百斤，照舊給銀七兩四錢五分二釐。四十三年奏定，年辦額銅三百一十六萬五千七百二十斤。嘉慶四年奏，減銅八十六萬五千七百二十斤。自七年起，每年只辦銅二百三十萬斤，內應辦底本銅十一萬四千九百九十九斤十五兩六錢，遇閏加辦九千五百八十二斤五兩三錢；應辦官商銅二百一十八萬五千斤四錢，遇閏加辦十八萬二千八十三斤五兩四錢。每底本百斤，給價銀六兩四錢，並不抽課，通商亦不抽收公廉、捐耗，另款造册報銷。其官商銅斤照舊，通商抽收課、廉，餘銅給價收買，發東川店轉運。

又《廠地上·碌碌廠附子廠四》 坐落：碌碌廠，坐落會澤縣地方，距東川府城三站半。原係四川經管，開採年分未詳。雍正四年，改歸雲南採辦。

經費：本廠每年出銅八九十、一百餘萬斤不等，向未定額。通商亦不抽收公廉捐耗。每辦百斤，抽課銅十斤，官買餘銅九十斤，每百斤給銀六兩。所收課餘銅，備供局鑄、採買。雍正十二年奏准，每辦百斤，抽課十斤，另抽公廉、捐耗銅四斤二兩，官買餘銅八十五斤十四兩，每百斤給價銀六兩九錢八分七釐。乾隆二十七年奏准，每餘銅百斤，加給銀四錢六分五釐，連原價共給銀七兩四錢五分二釐。三十三年，每百斤加銀六錢，連原價共給銀八兩一錢五分一釐。三十八年奏准，每辦百斤，給廠民通商銅十斤，照前抽課及公廉捐耗，官買餘銅七十五斤十四兩，每百斤給銀八兩一錢五分一釐。三十九年，停止加價，每銀銅百斤，照舊給價銀七兩四錢五分二釐。四十三年奏定，年辦額銅一百二十四萬四千斤。四十九年奏准，自四十六年起，減銅四十二萬餘斤，每年只辦額銅八十二萬三千九百九十二斤。嘉慶四年奏，減銅二十萬三千九百九十二斤。自七年起，每年只辦六十二萬斤，內應辦底本銅三萬九百九十九斤十五兩六錢，遇閏加辦二千五百八十三斤五兩三錢；應辦官商銅五十八萬九千斤四錢，遇閏加辦四萬九千八十三斤五兩四錢。每底本百斤，給價銀六兩四錢，並不抽課，通商亦不抽收公廉、捐耗，另款造册報銷。其官商照舊通商抽收課廉，餘銅給價收買，發東川店轉運。

又《廠地上・大水溝廠附子廠一》　坐落：大水溝廠，坐落會澤縣地方，距東川府城三站半。原係四川經管，開採年分未詳。雍正四年，改歸雲南採辦。

經費：本廠每年出銅一二十、四五十萬斤不等，向未定額，通商亦不抽收公廉捐耗。每辦百斤，抽課銅十斤，官買餘銅九十斤，每百斤給價銀六兩。所收課餘銅，備供局鑄、採買。雍正十二年奏準，每百斤抽課十斤，另抽公廉捐耗銅四斤二兩，官買餘銅八十五斤十四兩，每百斤給價銀六兩九錢八分七釐。乾隆二十七年奏准，每餘銅百斤，加給銀四錢六分五釐，連原價每百斤共給銀八兩一錢五分一釐。三十八年，奏准通商每百斤，給廠民通商銅十斤，照前抽收公廉捐耗，官買餘銅七十五斤十四兩，每百斤給銀八兩一錢五分一釐。三十九年，停止加價，每百斤照舊給價銀七兩四錢五分二釐。四十三年奏定，年辦額銅五十一萬斤。嘉慶四年奏準，減銅十一萬斤。自七年起，每年止辦額銅四十萬斤，應辦底本銅一萬九千九百九十九斤十五兩二錢，遇閏加辦一千六百六十九斤九兩九錢；應辦官商銅三十八萬斤八錢，遇閏加辦三萬一千六百六十六斤十兩七錢。每底本銅百斤，給價銀六兩四錢，並不抽課，通商亦不抽收公廉捐耗，另款造册報銷。其官商銅斤照舊，通商抽收課廉，餘銅給價收買，發東川讓轉運。

又《廠地上・茂麓廠附子廠一》　坐落：茂麓廠，坐落會澤縣地方，距東川府城七站半，乾隆三十三年開採。

經費：本廠每年出銅八九萬、十餘萬斤不等，向未定額。通商每辦百斤，抽課銅十斤，公廉捐耗銅四斤二兩，官買餘銅八十五斤十四兩，每百斤給價銀八兩一錢五分一釐。所收課餘捐耗公廉銅斤，備供京運。乾隆三十八年奏准，通商每百斤，給廠民通商銅十斤，照前抽收課銅及公廉捐耗，官買餘銅七十五斤十四兩，每百斤給銀八兩一錢五分一釐。三十九年，停止加價，每餘銅百斤，照舊給銀七兩四錢五分二釐。四十三年奏定，年辦額銅二十八萬斤，內應辦底本銅一萬三千九百九十九斤十二兩八錢，遇閏加辦一千一百六十六斤十兩四錢；應辦官商銅二十六萬六千斤三兩二錢，遇閏加辦二萬二千一百六十六斤十兩九錢。每底本百斤，給銀六兩四錢，並不抽課，通商亦不抽收公廉捐耗，另款造册報銷。其官商銅斤，照舊抽收課廉，餘銅給價收買，發東川店轉運。

又《廠地上・樂馬廠》　坐落：樂馬廠，坐落魯甸廳地方，距昭通府城二站，乾隆十八年開採。樂馬廠本係銀廠，因硔內夾有銅氣，乃於煉銀冰燥內復行煎煉，遂爲銅廠。

經費：本廠每年出銅五六千、二三萬斤不等，向未定額。通商每辦百斤，抽課銅十斤，公廉捐耗銅四斤二兩，官買餘銅八十五斤十四兩，每百斤給價銀六兩。所收課餘、公廉捐耗銅斤，備供京運。乾隆二十三年，每百斤加銀六錢，連原價共給銀六兩六錢九分八釐。三十八年，奏准通商，每百斤，給廠民通商銅十斤，照前抽課及公廉捐耗，官買餘銅七十五斤十四兩，每百斤給銀六兩六錢九分八釐。三十九年，停止加價，每餘銅百斤，照舊給價銀六兩。四十三年奏定，年辦額銅三萬六千斤。嘉慶十二年題請，減銅二萬六千斤，止辦額銅一萬斤，遇閏加辦八百三十三斤，照舊通商抽收課廉等銅，餘銅給價收買，發昭通店轉運。

又《廠地上・梅子沱廠》　坐落：梅子沱廠，坐落永善縣地方，距瀘州店六站，乾隆三十六年辦起。此廠並無硐，自三十六年收買永善縣金沙廠，煉銀冰燥，運至梅子沱地方，復行煎煉得銅，遂爲銅廠。

經費：本廠每年出銅三四萬斤不等，向未定額。通商每辦百斤，抽課銅十斤，公廉捐耗銅四斤二兩，官買餘銅八十五斤十四兩，每百斤給價銀八兩一錢五分一釐。所收課餘公廉捐耗等銅，備供京用。乾隆三十八年，奏准通商，每百斤給廠民通商銅十斤，照舊抽收課銅及公廉捐耗，官買餘銅七十五斤十四兩，每百斤給銀八兩一錢五分一釐。三十九年，停止加價，每餘銅百斤，照舊給銀七兩四錢五分二釐。四十二年，按照中廠例價，每餘銅百斤，給價銀六兩九錢八分七釐。四十三年奏定，年辦額銅四萬斤。嘉慶十二年題請，減銅二萬斤，只辦額銅二萬斤，遇閏加辦一千六百六十六斤十兩七錢，照舊通商抽課、廉等銅，餘銅給價收買，發瀘店轉運。

又《廠地上・人老山廠》　坐落：人老山廠，坐落大關廳地方，距瀘州店水路九站半，乾隆十七年開採。

經費：本廠每年出銅二三千、四五千斤不等，向未定額通商。每辦百斤，抽課銅十斤，公廉捐耗銅四斤二兩，官買餘銅八十五斤十四兩，每百斤給價銀六兩。所收課餘、捐耗等銅，備供京運。乾隆三十三年，每百斤加銀六錢，連原價共銀六兩六錢九分八釐。三十八年，奏准通商，每百斤，給廠民通商銅十斤，照前抽收課銅及公廉捐耗，官買餘銅七十五斤十四兩，每百斤給銀六兩六錢九分八釐。三十九年，停止加價，每餘銅百斤，照舊給價銀六兩。四十三年奏定，年辦額銅四千二百斤，遇閏加辦三百五十斤，照舊通商抽收課廉等銅，餘銅給價收買，發瀘店轉運。

又《廠地上・箭竹塘廠》　坐落：箭竹塘廠，坐落大關廳地方，距瀘州店水陸十一站半，乾隆十九年開採。

經費：本廠每年出銅二三千、四五千斤不等，向未定額。通商每百斤抽課銅十斤，公廉捐耗銅四斤二兩，官買餘銅八十五斤十四兩，每百斤給價銀六兩。所收課餘、公廉捐耗等銅，備供京運。乾隆三十三年，每百斤加銀六錢，連原價共銀六兩六錢九分八釐。三十八年，奏准通商，每百斤，給廠民通商銅十斤，照前抽課及公廉捐耗，官買餘銅八十五斤十四兩，每百斤給價銀六兩六錢九分八釐。三十九年，停止加價，每百斤照舊給銀六兩。四十三年奏定，年辦額銅四千二百斤，遇閏加辦三百五十斤，照前通商抽收課、廉等銅，餘銅給價收買，發瀘店轉運。

又《廠地上・長發坡廠》　坐落：長發坡廠，坐落鎮雄州地方，距瀘州店十五站，乾隆十年開採。

經費：本廠每年出銅八九千、一萬一二千斤不等，向未定額。通商每辦百斤，抽課銅十斤，公廉捐耗銅四斤二兩，官買餘銅八十五斤十四兩，每百斤給價銀六兩。所收課餘捐耗等銅，備供京運。乾隆三十三年，加價銀六錢，連原價共銀六兩六錢九分八釐。三十八年，奏准通商，每百斤給廠民通商銅十斤，照前抽收課銅及公廉捐耗，官買餘銅七十五斤十四兩，每百斤給銀六兩六錢九分八釐。三十九年，停止加價，每餘銅百斤，照舊給價銀六兩。四十三年奏定，年辦額銅一萬三千斤，遇閏加辦一千八十三斤，照舊通商抽收課廉等銅，餘銅給價收買，發瀘店轉運。

又《廠地上・小岩坊廠》　坐落：小岩坊廠，坐落永善縣地方，距瀘州水路八站半，乾隆二十四年開採。

經費：本廠每年出銅一萬三千、二萬餘斤不等，向未定額。通商每辦百斤，抽課銅十斤，公廉捐耗銅四斤二兩，官買餘銅八十五斤十四兩，每百斤給價銀六兩九錢八分七釐。所收課餘捐耗公廉等項，備供京運。乾隆三十三年，每百斤加價銀六錢，連原價共給銀七兩六錢八分五釐。三十八年，奏准通商，每百斤給廠民通商銅十斤，照前抽收課銅及公廉捐耗，官買餘銅七十五斤十四兩，給價銀七兩六錢八分五釐。三十九年，停止加價，每餘銅百斤，照舊給價銀六兩九錢八分七釐。四十三年奏定，年辦額銅二萬二千斤，遇閏加辦一千八百三十三斤，照舊通商抽收課廉等銅，餘銅給價收買，發瀘店轉運。

又卷二《廠地下・鳳凰坡廠以下八廠，京運、局鑄、採買兼撥》　坐落：鳳凰坡廠，坐落路南州地方，距省三站，乾隆六年開採。

經費：本廠每年出銅七八千斤、一萬一二千斤不等，向未定額。通商亦不抽收公廉捐耗。每辦百斤，抽課二十斤，官買餘銅八十斤，每百斤給價銀五兩。所收課餘等銅，備供京運、局鑄、採買。乾隆二十五年奏准，每辦銅百斤，改爲抽課十斤。另抽公廉捐耗銅四斤二兩，官買餘銅八十五斤十四兩，每百斤給價銀六兩。三十三年，每百斤加銀六錢，連原價共給銀六兩六錢九分八釐。三十八年，奏准通商，每百斤給廠民通商銅十斤，照前抽收課銅及公廉捐耗，官買餘銅七十五斤十四兩，每百斤給銀六兩六錢九分八釐。三十九年，停止加價，每餘銅百斤，照舊給價銀六兩。四十三年奏定，年辦額銅一萬二千斤，遇閏加辦一千斤，照舊通商抽收課廉等銅，餘銅給價收買。

又《廠地下・紅石岩廠》　坐落：紅石岩廠，坐落路南州地方，距省三站，乾隆六年開採。

經費：本廠每年出銅七八千、一萬一二千斤不等，向未定額。通商亦不抽收公廉捐耗。每辦百斤，抽課二十斤，官買餘銅八十斤，每百斤給價銀五兩。所收課餘銅，備供京運、局鑄、採買。乾隆二十五年奏准，每辦百斤改爲抽課十斤，另抽公廉捐耗銅四斤二兩，官買餘銅八十五斤十四兩，每百斤給價銀六兩。三十三年，每百斤加銀六錢，連原價共給銀六兩六錢九分八釐。三十八年，奏准通商，每辦百斤給廠民通商銅十斤，照前抽收課銅及公廉捐耗，官買餘銅七十五斤十四兩，每百斤給銀六兩六錢九分八釐。三十九年，停止加價，每餘銅百斤，照舊給價銀六兩。四十三年奏定，止辦額銅一萬二千斤，遇閏加增一千斤，照舊通商抽收課廉等銅，餘銅給價收買。

又《廠地下・紅坡廠》　坐落：紅坡廠，坐落路南州地方，距省四站，乾隆三十五年開採。

經費：本廠每年出銅七八千、一萬餘斤不等，向未定額。通商每辦百斤，抽課十斤，公廉捐耗銅四斤二兩，官買餘銅八十五斤十四兩，每百斤給銀七兩六錢八分五釐。所收課餘公廉捐耗等銅，備供京運、局鑄、採買。乾隆三十八年，奏准通商，每百斤給廠民通商銅十斤，照前抽收課銅及公廉捐耗，官買餘銅七十五斤十四兩，每百斤給銀七兩六錢八分五釐。三十九年，停止加價，每餘銅百斤，照舊給價銀六兩九錢八分七釐。四十三年奏定，年辦額銅四萬八千斤，遇閏加辦四千斤，照舊通商抽收課廉等銅，餘銅價買。

又《廠地下・發古廠》　坐落：發古廠，坐落尋甸州地方，距省六站，乾隆三十六年開採。

經費：本廠每年出銅二三十萬斤不等，向未定額。亦不抽收公廉捐耗。每辦百斤，給廠民通商銅十斤，抽課十斤，官買餘銅八十斤，每百斤給價銀七兩六錢八分五釐。所收課餘銅，備供京運、局鑄、採買。乾隆三十九年，停止加價，每餘銅百斤，給價銀六兩九錢八分七釐。四十三年奏定，年辦額銅四萬八千斤，遇閏加辦四千斤，照舊通商抽課，餘銅給價收買。

又《廠地下・大興廠》　坐落：大興廠坐落路南州地方，距省四站，乾隆二十三年開採。

經費：本廠每年出銅八九十萬、百餘萬斤不等，向未定額。通商每辦百斤，抽課十斤，公廉捐耗銅四斤二兩，官買餘銅八十五斤十四兩，每百斤給價銀六兩九錢八分七釐。所收課餘、公廉、捐耗等銅，備供京運、局鑄、採買。乾隆三十三年，每百斤加銀六錢，連原價共給銀七兩六錢八分五釐。三十八年，奏准通商，每百斤給廠民通商銅十斤，照前抽收課銅及公廉、捐耗，官買餘銅七十五斤十四兩，每百斤給銀七兩六錢八分五釐。三十九年，停止加價，每餘銅百斤照舊給價銀六兩九錢八分七釐。四十三年奏定，年辦額銅四萬八千斤，遇閏加辦四千斤，照舊通商抽收課廉等銅，餘銅給價收買。

又《廠地下・大風嶺廠附子廠二》 坐落：大風嶺廠，坐落會澤縣地方，距東川府城六站，乾隆十五年開採。

經費：本廠每年出銅二三萬、十餘萬斤不等，向未定額。通商每辦百斤，抽課十斤，公廉捐耗銅四斤二兩，官買餘銅八十五斤十四兩，每百斤給價銀六兩九錢八分七釐。所收課餘、公廉捐耗等銅，備供京運。乾隆二十七年奏准，每餘銅百斤，加給銀四錢六分五釐，連原價共給銀七兩四錢五分二釐。三十三年，每百斤加價銀六錢，連原價共銀八兩一錢五分一釐。三十八年，奏准通商，每百斤給廠民通商銅十斤，照前抽收課銅及公廉捐耗，官買餘銅七十五斤十四兩，每百斤給銀八兩一錢五分一釐。三十九年，停止加價，每餘銅百斤，照舊給價銀七兩四錢五分二釐。四十三年奏定，年辦額銅八萬斤，遇閏加辦六千六百六十六斤，照舊通商抽收課廉，餘銅發價收買，發東川府轉運。

又《廠地下・紫牛坡廠》 坐落：紫牛坡廠，坐落會澤縣地方，距東川店二站半，乾隆四十年開採。

經費：本廠每年出銅六七萬、十餘萬斤不等，向未定額。每辦百斤，給廠民通商銅十斤，抽課十斤，公廉捐耗銅四斤二兩，官買餘銅七十五斤十四兩，每百斤給價銀六兩九錢八分七釐。所收課餘公廉捐耗等銅，備供京運。乾隆四十三年奏定，每年辦額銅三萬三千斤，遇閏加辦二千七百五十斤，照舊通商抽收課廉等銅，餘銅給價收買，發東川店轉運。

又《廠地下・青龍廠附子廠一》 坐落：青龍廠，坐落元江州地方，距省六站，康熙三十七年開採。

經費：本廠每年出銅二三萬、六七萬斤不等，向未定額。通商亦不抽收公廉捐耗。每辦百斤，抽課二十斤，官買餘銅八十斤，每百斤給價銀五兩。所收課餘銅斤，備供京運、局鑄。乾隆二十五年奏准，每辦百斤，原抽課二十斤，改爲抽課十斤，另抽公廉捐耗銅四斤二兩，官買餘銅八十五斤十四兩，每百斤給銀六兩。三十三年，每百斤加銀六錢，連原價共銀六兩六錢九分八釐。三十八年，奏准通商，每辦百斤給廠民通商銅十斤，照前抽收課銅及公廉捐耗，官買餘銅七十五斤十四兩，每百斤給銀六兩六錢九分八釐。三十九年，停止加價，每餘銅百斤，照舊給價銀六兩。四十三年奏准，年辦額銅六萬斤，遇閏加辦五千斤，照舊通商抽收課廉等銅，餘銅價買，發運省局。

又《廠地下・迴龍廠以下十四廠，局鑄、採買兼撥》 坐落：迴龍廠，坐落麗江府地方，距下關店十六站半，乾隆四十二年開採。

經費：本廠每年出銅五六萬斤不等，向未定額。每辦百斤，給廠民通商銅十斤，抽課十斤，官買餘銅八十斤，每百斤給價銀六兩。所收課餘銅斤，備供局鑄、採買。乾隆四十三年奏定，年辦額銅七萬斤，遇閏加辦五千八百三十三斤，照舊通商抽課，餘銅給價收買，發關店轉運。

又《廠地下・白羊廠》 坐落：白羊廠，坐落雲龍州地方，距下關店十一站半，乾隆三十五年開採。

經費：本廠原係銀廠，因硔内夾有銅氣，將煉銀冰燥復行煎煉，每年得銅八九萬、十餘萬斤不等，向未定額。通商每辦百斤，抽課十斤，公廉捐耗銅四斤二兩，官買餘銅八十五斤十四兩，每百斤給價銀六兩六錢九分八釐。所收課餘、公廉捐耗等銅，備供局鑄、採買。乾隆三十八年，奏准通商，每辦百斤給廠民通商銅十斤，照前抽收課銅及公廉捐耗，官買餘銅七十五斤十四兩，每百斤給銀六兩九錢八分七釐。三十九年，停止加價，每餘銅百斤，照舊給銀六兩。四十三年奏定，年辦額銅十萬八千斤，遇閏加辦九千斤，照舊通商抽收課銅，餘銅給價收買，發運下關店轉運。

又《廠地下・馬龍廠》 坐落：馬龍廠，坐落南安州地方，距省十一站，雍正七年開採。

經費：此廠原係銀廠，因硔内夾有銅氣，將煉銀冰煉復行煎煉，每年得銅一萬二三千、二萬餘斤不等，向未定額。通商亦不抽課至公廉捐耗。每辦百斤，給炭價銀一兩四錢五分二釐。所收銅斤，備供局鑄、採買。乾隆二十五年奏准，每辦百斤，抽課十斤，公廉捐耗銅四斤二兩，官買餘銅八十五斤十四兩，每百斤給銀六兩。三十三年，每百斤加銀六錢，連原價共銀六兩六錢九分八釐。三十八年，奏准通商，每辦百斤給廠民通商銅十斤，照前抽課及公廉捐耗，官買餘銅七十五斤十四兩，每百斤給銀六兩六錢九分八釐。三十九年，停止加價，每餘銅百斤，照舊給銀六兩。四十三年奏定，年辦額銅四千四百斤，遇閏加辦三百六十六斤，照舊通商抽收課廉等銅，餘銅給價收買，撥收局鑄或運雲南府倉交收。

又《廠地下・寨子箐廠》 坐落：寨子箐廠，坐落南安州地方，距省十三站，乾隆三十六年開採。

經費：本廠每年出銅六七千斤萬、餘斤不等，向未定額。每辦百斤，抽課十斤，公廉捐耗銅四斤二兩，官買餘銅八十五斤十四兩，每百斤給銀六兩六錢九分八釐。所收課餘公廉捐耗等銅，備供局鑄、採買。乾隆三十八年，奏准通商，每百斤給廠民通商銅十斤，照前抽收課銅及公廉捐耗，官買餘銅七十五斤十四兩，每百斤給銀六兩六錢九分八釐。三十九年，停止加價，每餘銅百斤，照舊給銀六兩。四十三年奏定，年辦額銅一萬一千二百斤，遇閏加辦九百三十三斤，照舊通商抽收課廉等銅，餘銅給價收買，發運省局或雲南府倉交收。

又《廠地下·秀春廠》 坐落：秀春廠，坐落定遠縣地方，距省十站，乾隆四十六年開採。

經費：本廠每年出銅一二千、三千餘斤不等，向未定額。通商每辦百斤，給廠民通商銅二十斤，抽課十斤，官買餘銅七十斤，每百斤給價銀六兩九錢八分七釐。所收課餘銅斤，備供本省局鑄。乾隆五十二年奏定，年辦額銅四千五百斤，遇閏加辦三百七十五斤，照舊通商抽課，餘銅給價收買，發省局交收。

又《廠地下·義都廠》 坐落：義都廠，坐落易門嶍峩交界地方，距省六站，乾隆二十三年開採。

經費：本廠每年出銅十餘萬、三四十萬斤不等，向未定額。通商亦不抽收公廉捐耗。每百斤抽課二十斤，官買餘銅八十斤，每百斤給價銀五兩。所收課餘之銅，備供局鑄、採買。乾隆二十五年奏准，每百斤原抽課二十斤，改爲抽課十斤，另抽公廉捐耗銅四斤二兩，官買餘銅八十五斤十四兩，每百斤給銀六兩。三十九年奏准，每餘銅百斤，加價銀九錢八分七釐，連原價共銀六兩九錢八分七釐。三十三年，每百斤加銀六錢，連原價共銀七兩六錢八分五釐。三十八年，奏准通商，每辦百斤給廠民通商銅十斤，照前抽收課銅及收公廉捐耗，官買餘銅七十五斤十四兩，每百斤給銀七兩六錢八分五釐。三十九年，停止加價，每餘銅百斤，照舊給銀九兩九錢八分七釐。四十三年奏定，年辦額銅八萬斤，遇閏加辦六千六百六十六斤，照舊通商抽收課廉等銅，給價收買餘銅，發局交收。

又《廠地下·大寶廠》 坐落：大寶廠，坐落武定州地方，距省五站，乾隆三十年開採。

經費：本廠每年出銅四五千、六七千斤不等，向未定額。通商每辦百斤，抽課十斤，公廉捐耗銅四斤二兩，官買餘銅八十五斤十四兩，每百斤給價銀六兩。所收課餘、公廉捐耗，備供局鑄。乾隆三十三年，每百斤加銀六錢，連原價共銀六兩六錢九分八釐。三十八年，奏准通商每辦百斤，給廠民通商銅十斤，照前抽收課銅及公廉捐耗，官買餘銅七十五斤十四兩，每百斤給銀六兩六錢九分八釐。三十九年，停止加價，每餘銅百斤，照舊給價銀六兩。四十三年奏定，年辦額銅九千六百斤，遇閏加辦八百斤，照舊通商抽收課廉等銅，餘銅給價收買，發運省局交收。

又《廠地下·萬寶廠》 坐落：萬寶廠，坐落易門縣地方，距省六站，乾隆三十六年開採。

經費：本廠每年出銅十五六萬、一二三十萬斤不等，向未定額。每辦百斤，給廠民通商銅十斤，抽課十斤，官買餘銅八十斤，每百斤給銀七兩六錢八分五釐。所收課餘等銅，備供局鑄、採買。乾隆三十九年，停止加價，每餘銅百斤，給銀六兩九錢八分七釐。四十五年奏定，年辦額銅三十萬斤，內應辦底本銅一萬五千斤，遇閏加辦二萬三千七百五十斤，每底本銅百斤，給價銀六兩二錢八分八釐三毫，並不抽課，通商係另款造册報銷。其官商銅斤，照舊通商抽課，餘銅給價收買，運局交收。

又《廠地下·大美廠》 坐落：大美廠，坐落羅次縣地方，距省三站半，乾隆二十八年開採。

經費：本廠每年出銅一二萬、四五萬斤不等，向未定額。通商每辦百斤，抽課十斤，公廉捐耗銅四斤二兩，官買餘銅八十五斤十四兩，每百斤給銀六兩。所收課餘公廉捐耗等銅，備供局鑄、採買。乾隆二十九年奏准，每餘銅百斤，加銀九錢八分七釐，連原價共銀六兩九錢八分七釐。三十三年，每百斤加銀六錢，連原價共給銀七兩六錢八分五釐。三十八年，奏准通商，每辦百斤，給廠民通商銅十斤，照前抽課及公廉捐耗，官買餘銅七十五斤十四兩，每百斤給銀七兩六錢八分五釐。三十九年，停止加價，每餘銅百斤，照舊給價銀六兩九錢八分七釐。四十三年奏定，年辦額銅一萬二千斤。四十四年題定每年加辦銅二萬四千斤，連原額年共辦銅三萬六千斤，遇閏加辦三千斤，照舊通商抽收課廉等銅，餘銅給價收買，發運省局或雲南府倉交收。

又《廠地下·獅子尾廠》 坐落：獅子尾廠，坐落禄勸縣地方，距省九站，乾隆三十八年開採。

經費：本廠每年出銅一二萬斤不等，向未定額。每辦百斤，給廠民通商銅十斤，抽課十斤，官買餘銅八十斤，每百斤給銀七兩六錢八分五釐。所收課餘等銅，備供局鑄。乾隆三十九年，停止加價，每餘銅百斤，給銀六兩九錢八分七釐。四十三年奏定，年辦額銅六千斤，遇閏加辦五百斤，照舊通商抽課，餘銅給價收買，發運省局或發東川店轉運。

又《廠地下·绿硔硐廠》 坐落：绿硔硐廠，坐落寧州地方，距省六站，嘉慶十一年開採。

經費：本廠每年出銅一萬七千餘斤。每百斤給廠民通商銅二十斤，抽課十斤，官買餘銅七十斤，每百斤給價銀六兩九錢八分七釐。所收課餘銅斤，專供局鑄。嘉慶十三年奏定，年辦額銅一萬二千斤，遇閏加辦一千斤，照前通商抽課，餘銅給價收買，發運省局。

又《廠地下·鼎新廠》 坐落：鼎新廠，坐落建水縣地方，距省七站，嘉慶十一年開採。

經費：本廠每年出銅六千一百餘斤，每百斤給廠民通商銅二十斤，抽課十斤，官買餘銅七十斤，每百斤給價銀六兩九錢八分七釐。所收課餘銅斤，專供局鑄。嘉慶十二年題定，年辦額銅六千斤，遇閏加辦五百斤，照前抽課。通商餘銅給價收買，發運省局。

又《廠地下・竜岜廠》 坐落：竜岜廠，坐落文山縣地方，距開化府二站，乾隆三十三年開採。

經費：本廠每年出銅七八千至一萬餘斤不等，向未定額。通商每辦百斤，抽課十斤，公廉捐耗銅四斤二兩，官買餘銅八十五斤十四兩，每百斤給銀六兩六錢九分八釐。所收課餘公廉捐耗等銅，專供採買。乾隆三十八年，奏准通商，每辦百斤，給廠民通商銅十斤，照前抽收課銅及公廉捐耗，官買餘銅七十五斤十四兩，每百斤給銀六兩六錢九分八釐。三十五年，停止加價，每餘銅百斤，照舊給價銀六兩。四十三年奏定，年辦額銅八千斤，遇閏加辦六百六十六斤，照舊通商抽收課廉等銅，餘銅給價收買，由委員自行赴廠兑領。

又《廠地下・者囊廠》 坐落：者囊廠，坐落文山縣地方，距開化府四站，雍正八年開採。

經費：本廠每年出銅十八九萬、二十一二萬斤不等，向未定額。通商亦不抽收公廉捐耗。每辦百斤，抽課十斤，官買餘銅九十斤，每百斤給價銀六兩。所收課餘銅斤，備撥採買。雍正十二年奏准，每辦百斤，抽課十斤，另抽公廉捐耗銅四斤二兩，官買餘銅八十五斤十四兩，每百斤照舊給銀六兩。乾隆三十三年，每百斤加銀六錢，連原價共給銀六兩六錢九分八釐。三十八年，奏准通商，每百斤，給廠民通商銅十斤，照前收課銅及公廉捐耗，官買餘銅七十五斤十四兩，每百斤給銀六兩六錢九分八釐。三十九年，停止加價，每餘銅百斤，照舊給價銀六兩。四十三年奏定，年辦額銅四千斤，遇閏加辦三百三十三斤，照舊通商抽收課廉等銅，餘銅給價收買，委員赴廠兑領。

又《廠地下・金釵廠此廠銅斤專撥採買》 坐落：金釵廠，坐落蒙自縣地方，距縣站半。開採年未詳。

經費：本廠每年出銅二三十萬斤，向未定額。通商亦不抽課銅及公廉捐項。因硔有銀氣，每百斤給價銀四兩，抽小課銀一錢。雍正十三年詳准，每百斤加價銀六錢，連原價共銀四兩六錢，收小課銀一錢，實給銀四兩五錢。所收銅斤，原供局鑄。乾隆五年奏准，每百斤加耗二十三斤，即可配鑄青錢，每百斤賣銀九兩，較洋銅減省。嗣後，此廠銅斤，採買、局鑄兼撥。及四十八年奏准，遂專撥採買。乾隆三十三年，每百斤加銀六錢，連原價共給銀五兩二錢。三十八年，奏准通商，每百斤，給廠民通商銅十斤，官買無課餘銅九十斤，每百斤給銀五兩二錢。照前每官商銅百斤，抽收小課銀一錢。三十九年，停止加價，每餘銅百斤，給銀四兩六錢，收小課銀一錢。四十三年奏定，年辦額銅九十萬斤，遇閏加辦七萬五千斤，照前通商抽收小課，餘銅給價收買，發運蒙自縣店存貯，兑給各省採買。四十八年題準，停止撥用本省局鑄，專給各省採買。

曹振鏞《平定回疆剿捦逆裔方略》卷二五 〔道光六年秋九月〕己丑，諭署伊犁將軍德英阿等籌畫回疆鼓鑄事宜，户部奏言：「新疆各城自乾隆年間設立錢局，鼓鑄制錢，搭放兵丁鹽菜及大臣養廉、糧員公費等項公用。北路設局於伊犁，每年額鑄制錢一千七百二十二串；南路設局於阿克蘇，每年額鑄普爾錢二千六百餘串。歷久遵行，有盈無絀。第所用之銅大半産自回疆，即北路錢局，亦須南路各城接濟。阿克蘇錢局向係阿克蘇、賽哩木、拜城、庫車、沙雅爾、喀喇沙爾等六城回子額交銅七千九百餘斤，官兵採辦銅一萬三千餘斤。伊犁錢局向係喀什噶爾、阿克蘇、喀喇沙爾等處運送回子額交銅三千九百斤，伊犁本境所採之銅僅六千餘斤。現在天戈西指，剋日奏功，各城回衆自必照常供役。惟甫當滋事之後，回民未免失業，所採銅斤不能足數。況值大兵雲集，支用倍蓰於平時，設使鼓鑄較少，不特南路軍營恐有掣肘，即北路伊犁等處亦恐不敷。伊犁爲新疆根本，近聞巴彦岱、呼巴海地方銅廠，自嘉慶六年移設以來，已二十餘年採獲不能如前豐旺。臣等曾訪問來自伊犁人等，咸稱銅廠一帶山場，處處多有銅苗，因無熟諳工匠，不能指定礦穴。若果招募殷實商民，别開新礦，加卯鼓鑄，每年增多數千串，誠於邊城大有裨益。又查回疆所鑄普爾錢，以一當五，自吐魯番托克遜軍臺以西行使，官民稱便，儻另開新礦，尚需時日。伊犁現有錢鑪二座，或令一座照舊鼓鑄制錢，一座仿照南路之式鑄當五錢，於錢模另作記認，子母相權。由哈密以西令南路則普爾錢與當五錢並用，北路則制錢與當五錢並用，仍飭地方官嚴禁私鑄，俟銅額充足，察看情形，再行停止。」奏入，上命軍機大臣傳諭德英阿曰：「伊犁爲新疆根本，鼓鑄攸關經費，現當軍用浩繁，尤須豫爲籌備，著德英阿會同英惠、恒敬等，通盤籌畫西南兩路鼓鑄事宜。如伊犁山場現有銅苗，即派明練妥員，募熟諳工匠，指定礦穴，招商開採，加卯鼓鑄，以期泉布充盈。現在阿克蘇辦理軍務，鼓鑄勢難兼顧，應令伊犁錢鑪二座内，以一座照舊鼓鑄伊犁制錢，以一座仿照阿克蘇模式鑄普爾錢，運往回疆行使，庶西南兩路，均可流通敷用，抑或另有調劑之法，即查明妥議具奏。」尋據德英阿議，請將阿克蘇、喀喇沙爾兩處本年例解伊犁銅三千二百斤，截留阿克蘇，俾資添鑄，以免往返運解之繁，一俟軍務完竣，仍照舊章辦理。」奏入，上從之。

又卷三三 道光六年，【略】籌議加卯鼓鑄接濟軍需，德英阿奏言：「臣前奉諭旨，會同籌備鼓鑄事宜，查伊犂於乾隆四十年設立寶伊錢局，每年春秋兩卯鑄錢一千七百二十二串，搭放兵餉需銅九千八百二十斤零，向由阿克蘇運銅三千斤，喀喇沙爾運銅二百斤，喀什噶爾運銅七百斤，其餘在伊犂哈爾海圖一帶地方開採，每致不敷，即將歷年存貯餘銅添鑄。至道光五年，所存餘銅支盡，廠地採乞又不足額，俱經管廠委員捐資採辦。本年伊犂錢局計收廠銅四千五百二十七斤，又收阿克蘇各城銅三千九百斤，並將上年剩存銅一千四百三十斤添補，始敷春秋兩卯鼓鑄之用，僅剩存銅三十七斤零，實形短絀。臣札商英惠、恒敬，通盤籌議，一面咨調阿克蘇普爾錢模式，並飭屬委員豫爲募匠招商，於銅廠附近詳細履躚，別開新礦，如得銅斤充足，可期加卯鼓鑄。應請自道光七年春季起，將伊犂錢鑪二座內，以一座鼓鑄制錢，照舊搭放兵餉；以一座仿照阿克蘇模式鑄普爾錢，隨時運往回疆備用，實於兵民有裨。」奏入，上諭內閣曰：「阿克蘇前因銅廠官兵赴城防守，暫停鼓鑄，嗣據長清奏，大兵雲集，錢價驟昂，業經開局鑄錢，並委員赴各路採買銅斤，添鑪寬爲趕鑄，應否再由伊犂鼓鑄運往之處，著交户部速議具奏。」尋議，照該將軍所請辦理。得旨，既據該將軍奏明，伊犂山場現有銅苗，著派委妥員佚春融後，招熟諳工商採辦，加卯鼓鑄。阿克蘇辦事大臣長清奏謝，賞戴花翎。

吳其濬《滇南礦廠圖略》卷一附《銅政全書·諮詢各廠對》 問：煉銅之冶，有大鑪，有皮鑪，有罩子，三者形象如何？高若干？寬若干？中深大若干？受鑛若干？炭若干？何處安風箱、鑪罩是否並用，孰先孰後？如何分汁，如何提揭成銅？該廠幾火成何項銅？每火折耗若干？每銅百斤需炭若干？每炭百斤需銀若干？敘明。

大功、白羊廠員，雲龍州知州許學范稟：大功廠煉銅，有煨窑、有大鑪、有蟹殼鑪。將鑛先入煨窑，煅煉二次，再入大鑪。鑪有二種，一名將軍盔，上尖下圓；一名紗帽鑪，上方下圓，約高一丈五六尺，寬五六七尺，深二尺五六寸不等。每鑪受鑛二十餘桶，用松炭二千餘斤，晝夜煎煉，銅汁入於窩內成黑板銅，再入蟹殼鑪內煎煉，揭成蟹殼銅。蟹殼鑪形上圓下方，高八九尺，寬四五尺，深一尺有餘。每鑪受黑銅四百餘斤，需炭五百餘斤，銅汁鎔於窩內，潑水一瓢，揭銅一元，以黑銀改煎蟹殼，每百斤約折耗銅十斤。白羊廠有煨窑，有大鑪，有推鑪，有蟹殼鑪、有罩子。將鑛先入煨窑煅煉，再入大鑪。鑪形如將軍盔，鉛爲底母，煎煉一月之久方能分汁。銅汁鎔於鑪內，銀汁流於窩外，銅汁後入推鑪，煎成黑板銅。推鑪形如銅瓦，高二尺，長一丈，寬二尺。又入蟹殼鑪煎煉，揭成蟹殼銅，銀汁另入罩子。罩形如覆罄，約高三尺，寬二尺，深一寸有餘，每罩受銀汁五六十斤，約煎廠餅銀一二兩不等。

者囊竜岜廠員、文山縣知縣屠述濂稟：者囊廠並無皮鑪，橡用將軍大鑪，像如盔，高七尺，寬四尺五寸，金門大一尺七寸，窩子深二尺。風箱安背後，比前金門高三寸。大窑寬大五尺，深高四尺。小窑大一尺五寸，深四尺。先入大窑煅一次，受鑛一萬斤，需炭四百餘斤，折耗三四百斤。次配青白代石，入大鑪煎，折耗七千八九百斤，得冰銅一千六七百斤。復將冰銅入小窑翻煅七八次，折耗二百餘斤，仍入大鑪煎，折耗七八百斤，揭得淨銅六七百斤。每銅一百斤，翻煅七八次，煎二次，需炭一千四五百斤。戛達廠係用紗帽鑪，形如紗帽，高五尺，寬七尺，金門大一尺一寸，窩子深一尺五寸。風箱安在背後，比前金門高二寸許，內窩裝滿放出，外窩仍掀鑛炭。受鑛四五百斤，需炭三百餘斤。大窑大五尺，深四尺，受鑛一萬斤，需炭四百斤有奇。小窑大一尺五寸，深四尺，受冰銅五百餘斤，翻煅八次，需炭六百餘斤。推爐形如木櫬頭，高二尺五寸，尾高二尺，橫寬二尺二寸，直長六尺，金門大八寸，高五寸，深五尺，受冰銅五十餘斤，需柴頭七八十斤。風箱安在頭上尾眉，竹瓦擠徹鉛水。罩形如半罩，高一尺二寸，寬一尺六寸。金門大一尺一寸，窩子深四尺，受鉛水二十餘斤，需炭四十餘斤。計鑛一萬斤，大窑煅一次，折耗三四百斤。次配青白代石，入大鑪折耗七千八九百斤，得冰銅一千六七百斤。復將冰銅入小窑翻煅六七次，折耗二百餘斤，攙和底母入推鑪，折耗八九百斤，揭得淨銅五六百斤，擠出之鉛水入罩，約得銀一二十兩。每銅百斤，前後燒煅七八次，煎推罩三次，需炭一千四五百斤，柴頭二百餘斤。

趙煜宗稟：廠地揞鑪，因地制宜，所用不同，薰罩推鑪，凡鉛提銀、銀製銅及改煎黑銅用之。香樹坡廠係一火成銅，衹用大鑪。鑪形係就地起基，長方高聳，中空外實，上窄下寬。計高一丈五尺，圍寬九尺，底深二尺有餘。前爲火門，後爲風口，架炭入鑛，均由火門裝入。火門之下另開小孔名爲金門，以便掣取渣滓。後設風口，安置風箱。每扯火一個，高鑛須四十桶，約費炭三千斤。中鑛須七八十桶，約費炭三千五六百斤。低鑛須百十桶，約費炭四千有零。火候停勻，對時即可出銅。倘火力不均，或鑛不成器，以及配製失法，則鑪內鑛結成團，銅不分汁。各廠製鑛不一，有煅至六七次，復用酸水浸泡八九回，先鑪後罩，所謂九冰九罩而成銅也。該廠鑛砂只須煅煉一二次即可入鑪，以松炭架火，取其燄力猛烈，化鑛較速，銅汁易於沉底。渣膘汁輕，由金門流出，視其出膘迨盡，則將金門撬開，柴炭渣膘，鈎鈀淨盡。銅鎔沸溢，用淘米酸水，由金門潑入，使銅汁沾冷氣微凝，立將火鉗揭起一元，以松毛或穀糠，閃燎其面，入水浸冷，即成紫板銅。每鑪或揭四五元、六七元不等，頭二元渣滓未淨，名爲毛銅，必須回鑪改煎，其四五元無庸回火。至改煎毛銅，每百斤約折耗二三斤不一，需炭百五六十斤。炭價每百斤二錢六七分及三錢不等，看天氣晴可以定價值長縮。

問：煎銅有用松炭者，有用栗炭者，何以改煎必用松炭？何以雜木之炭不堪適用？凡廠硐多日久，遂至附近山木盡伐，而炭路日遠。煎銅所需炭重十數倍於銅，成銅之後，再需煎揭，運銅之費必省於運炭。炭路既遠，何不移銅就炭，俾鑪民少省運炭之費，即可多得銅本之利。是亦籌辦銅務之一端也。能否行之，各以直對。

許學范稟：廠中用炭，須與鑛性相宜。大功鑛質堅剛，若用栗炭則火性猛烈，鎔化雖速，而鑛汁難分。松炭則火性和緩，鑛以漸化而渣膘易出也。炭路日遠重倍於銅，固不若移銅就炭之便。但炭路必須與運銅道路相去不遠，方免往返之煩，且煎煉蟹殼必須有源，活水與鑛相宜者，方能如法成銅。茲查大功廠炭路俱在麗江一帶，山徑崎嶇，與運銅道路逾遠，而深山寒削之水，其性與銅又不甚相宜，是以只能移炭就銅。惟有飭令該處民人將附近山場廣栽松樹，毋令燬伐，以期日久成林，庶將來不致無材可取耳。

趙煜宗稟：煎銅用炭原有松、栗之分，而因地制宜，初無成格。栗炭性堅耐火，松炭質鬆多燄。概用栗炭，其燄甚少，而化鑛較遲；純用松炭，其性易過，而熬煎欠久。是以寧大等廠撥運京局，改煎蟹殼必須松炭架鑪，取其燄烈，易去渣滓，揭銅勻薄，閃色鮮亮。香樹廠銅斤，均係運供省局鼓鑄，祇期銅質精純，且係一火成熟，可以松栗相攙，雜木並用。惟炭山較遠，歸局之始，每百斤僅值錢二百二三十文不等，今增至三百有長。竊喜該廠並不改煎蟹殼，無事遠覓松林，而價值亦尚平和，農隙亦易爲購辦，似可毋庸移鑛就炭，以省糜費。

屠述濂稟：松炭係專揭蟹殼所用，者囊、戛達二廠俱係板銅，附近山場並無松炭，亦無栗炭，俱用雜木之炭。該二廠雖開採年久，出銅無幾，炭亦不十分過遠，相離僅八九十里之遥，移銅就炭一端應毋庸議，蓋炭固十倍於銅，而鑛則又十倍於炭也。按：滇省廠井均資薪炭，而廠硐則用鑲木劈柴，鑪則用炭，窑則用柴及炭，不可以數計勸蓄樹木，禁種火山，似亦當務之急也。

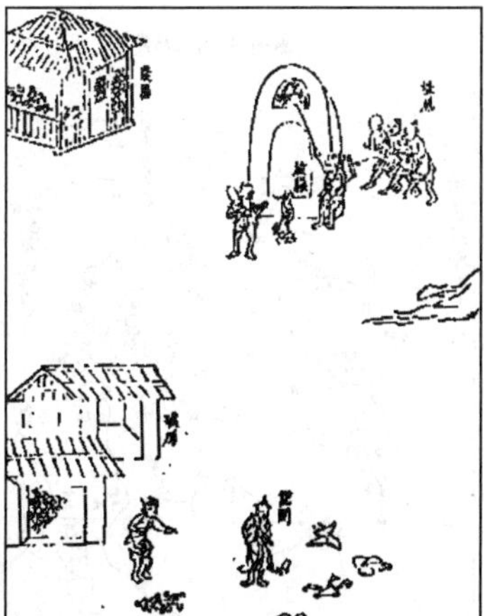

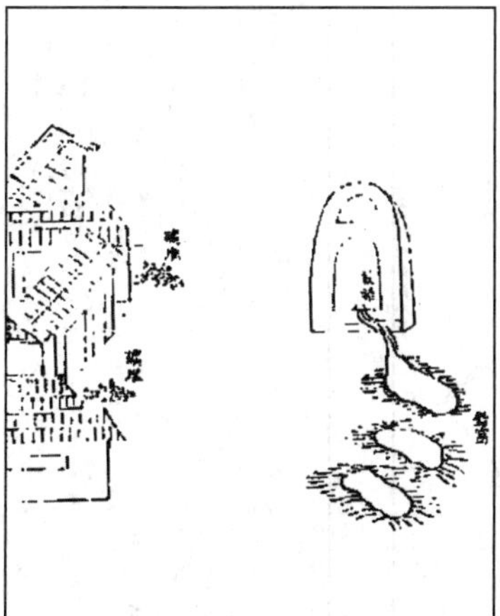

又卷二《銅廠第一》 滇多鑛而銅爲巨擘，歲供京滇鼓鑄，及兩粵黔楚之採辦額課九百餘萬，而商販不與焉。東則東川，西則寧臺，其都會也。他府州皆有廠，或豐或歉，視東西之贏絀而補助之。廠惟一名，而附庸之礌不勝紀。盈則私爲之名，虛則朝鑿而夕委耳，其封閉者皆虛牝也。然消者長，長者消，數十年後或循環焉，故記銅廠。

定例各廠每辦銅一百觔，抽課十觔，公廉捐耗四觔二兩，一成通商銅十觔，餘銅七十五觔十四兩，給價收買，或免抽課銅，或免抽公廉捐耗銅，或通商二成，額外多辦，並准加爲三成。一曰京銅廠，以供京運也。一曰局銅廠，以供本省鼓鑄也。一曰採銅廠，以備各省採買也。銅有紫板、蟹殼之名，睈分自八成、八五以至九成，年久鑛衰，廣開子廠以補不足。由州縣經管者，該管知府督之，由知府、直隸州同知通判經管者，該管道員督之。下附《雲南各縣礦產分佈圖》。

又《銅廠第一・雲南府屬》 萬寶廠在易門西北五十里，地名雜栗樹，今名萬寶山，其脈甚遠。香樹坡、義都皆過峽之山聚結於此，重巒疊嶂，環抱數十里，易門縣知縣理之。乾隆三十七年開，四十三年定額銅三十萬觔，閏加二萬五千觔。每銅百觔抽課十觔，通商十觔，餘銅八十觔供省鑄及採買。間撥京運餘銅每百觔價銀六兩九錢八分七釐，今實辦課餘底本額省銅二十七萬一千五百觔。

大美廠在羅次北三十里，發脈於觀音山，以照壁山爲案，有一溪曰冷水溝，爲洗鑛開鑪之所，羅次縣知縣理之。乾隆二十八年開，四十四年定額銅二萬四千觔，閏加一萬五千觔。每銅百觔抽課十觔，公廉捐耗四觔二兩，通商十觔，收買餘銅七十五觔十四兩，供省鑄及採買。餘銅每百觔價銀六兩九錢八分七釐，今實辦課餘額省銅三萬二千四百觔。子廠：老硐箐廠。

雲南各縣鑛產分佈圖

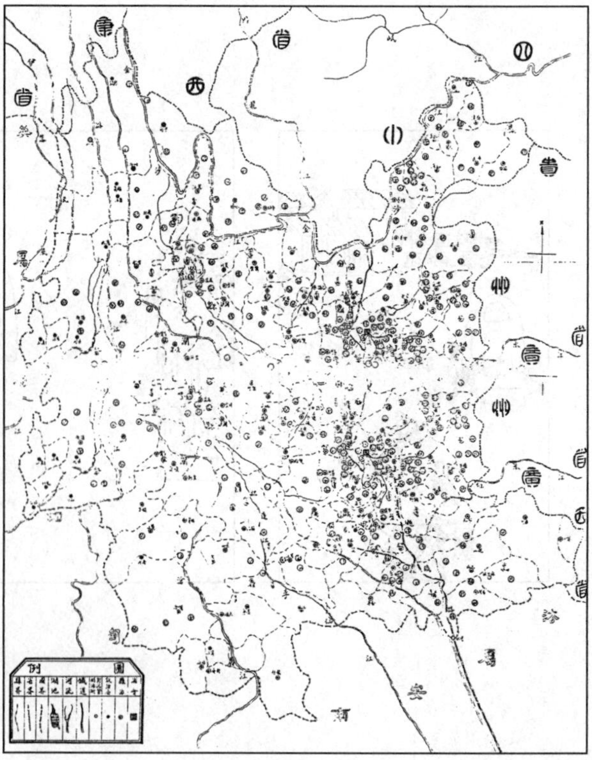

又《銅廠第一・武定州屬》 獅子尾廠在禄勸北二百餘里，地名元寶山，山如伏獅，廠在山尾，故名獅子廠，山本在金沙江外，此廠在江内局而稍小，東川府知府兼理之。前明時開，後停，乾隆三十七年復開，四十二年定額銅二千四百觔，四十五年增爲三千六百觔，閏加二千九百觔。每銅百觔抽課十觔，通商十觔，餘銅八十觔免抽公廉捐耗供省鑄及採買。餘銅每百觔價銀六兩九錢八分七釐，嗣以近東川小水溝，撥歸東川府改辦京銅，今實辦課餘額京銅五千四百觔。

大寶山廠在州西一百二十里，近勒品甸土司地，當元馬河之東，武定直隸州知州理之。來脈甚短亦無包攔，乾隆三十年開，曰大寶山，曰獅子山，曰四尖山，後移花箐山，四十三年定額銅七千二百觔，閏加八百觔，供省鑄及採買。每銅百觔價銀六兩，今實辦課餘額省銅八千六百四十觔。子廠：亮子地廠、禄獅子廠、馬英山廠。

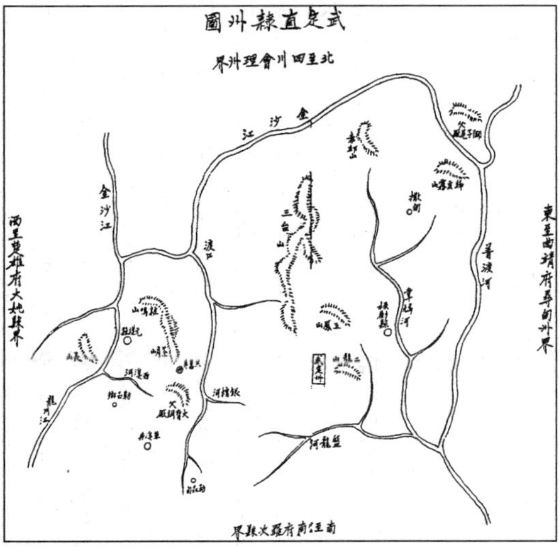

又《銅廠第一・東川府屬》 湯丹廠在巧家西北湯丹山，距郡一百六十里，背聚寶峰，面炭山坡，左爲□天坡，右爲獅子坡，綿亘七十餘里，高聳霄漢，鳥道千盤。府志云，大雪山在向化里，產大鑛石，名爲鑛王，湯丹廠在其下，東川府知府理之。前明時開，乾隆初獲銅極盛，四十四年定額銅三百一十六萬餘觔，嘉慶七年減定二百三十萬觔，閏加十九萬一千六百六十九觔。每銅百觔抽課十觔，公廉捐耗四觔二兩，通商十觔，耑供京運。餘銅每百觔價銀七兩四錢五分二釐，今實辦課餘底本額京銅二百八萬一千四百九十九觔十五兩六錢。子廠：九龍箐廠，乾隆十六年開。觀音山廠在西，乾隆二十三年開。聚寶山廠在西，乾隆十八年開。裕源廠，乾隆四十七年開，後停。岔河廠。

碌碌廠在會澤西，距郡一百六十里，一名落雪山，極高，氣候極寒，夏月衣棉，冬多雪，東川府知府理之。舊屬四川，雍正四年改隸雲南時開，乾隆四十三年定省額銅一百二十四萬四千觔，四十六年減定八十二萬三千九百九十二觔，嘉慶七年減定六十二萬觔，閏加五萬一千六百六十六觔。抽收事例價銀同湯丹，耑供京運，今實辦課餘底本額京銅五十六萬一千一百觔。子廠：龍寶廠。興隆廠，後停。多寶廠。小米山廠。

大水溝廠在巧家西南，東川府知府理之。雍正四年開，乾隆四十三年定額銅五十一萬觔，嘉慶七年減定四十八萬觔，閏加三萬三千三百三十觔。抽收事例價銀同湯丹，耑供京運，今實辦課餘底本額京銅三十六萬一千九百九十九觔十五兩。子廠：聯興廠、聚源廠。

大風嶺廠在巧家西、金沙江外，山有風冗，每春月風極大，東川府知府理之。乾隆十五年開，四十三年定額銅八萬觔，閏加【略】。抽收事例價銀同湯丹，原供東川局鑄，局停，改供京運，今實辦課餘額京銅七萬二千觔。子廠：大寨廠，又名杉木箐。

紫牛坡廠在巧家西，東川府知府理之。乾隆四十年開，四十三年定額銅三萬三千觔，閏加二千七百五十觔。抽收事例同湯丹，餘銅每百觔價銀六兩九錢八分七釐，原供東川局鑄，局停，改供京運，今實辦課餘額京銅二萬九千七百觔。

茂麓廠在巧家西北，地臨金沙江，氣候極熱，東川府知府理之。乾隆三十三年開，四十三年定額銅二十八萬觔，閏加二萬三千三百三十觔。抽收事例價銀同湯丹，耑供京運，今實辦課餘底本額京銅二十五萬三千三百九十五觔十五兩六錢。子廠：普賦山廠。

又《銅廠第一・昭通府屬》 人老山廠在大關西北四百九十里，發源於鎮雄之長發坡，奇峰峻嶺，迴環參錯，大關廳同知理之。乾隆十七年開，四十三年定額銅四千二百觔，閏加三百五十觔，耑供京運。每銅百觔價銀六兩，今實辦課餘額京銅三千七百八十觔。

箐竹塘廠在大關西北二百三十里，地名丁木樹，又名八里鄉，發脈於承善之金沙廠，廣袤六七里，拱衛不甚聯屬，大關廳同知理之。乾隆十九年開，四十三年定額銅四千二百觔，閏加三百五十五觔，耑供京運。每銅百觔價銀六兩，今實辦課餘額京銅三千七百八十觔。

樂馬廠在魯甸龍頭山西，本係銀廠，鑛夾銅氣，銀罩所出冰臊加以煆煉因而成銅，魯甸廳通判理之。乾隆四十三年定額銅三萬六千觔，嘉慶十二年減定一萬觔，閏加八百三十三觔，耑供京運。每銅百觔價銀六兩，今實辦課餘額京銅九千觔。

梅子沱廠在永善東南，昭通府知府理之。收運金沙銀廠銀礦冰臊煆煎成銅，乾隆四十三年定額銅四萬觔，嘉慶十二年減定二萬觔，閏加一千六百六十六觔，耑供京運。每銅百觔價銀六兩九錢八分七釐，今實辦課餘額京銅一萬八千觔。

長發坡廠在鎮雄西北，地名戈魁河，東有林口、紅巖、五墩坡、響水、白木壩、阿塔林，南有花橋、發緑河、山羊拉巴、大魚井，北有木衝溝、二道林、銅廠溝、麻姑箐、巴茅坡，長發坡其總名也，鎮雄州知州理之。乾隆十年開，四十三年定額銅一萬三千觔，閏加一千八十三觔，耑供京運。每銅百觔價銀六兩，今實辦課餘額京銅一萬一千七百觔。

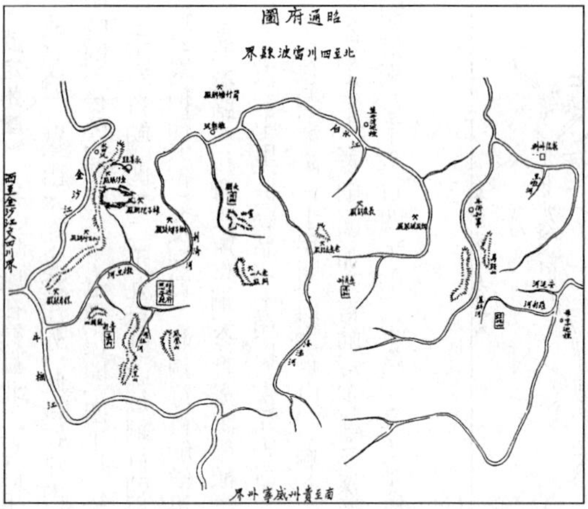

小巖坊廠在永善北四百餘里，一名細沙溪，永善縣知縣理之。乾隆二十五年開，四十三年定額銅二萬二千觔，閏加一千八百三十三觔，耑供京運。每銅百觔價銀六兩九錢八分七釐，今實辦課餘額京銅一萬九千八百觔。

又《銅廠第一・澂江府屬》 鳳凰坡廠在路南，距城六十里，路南州知州理之。乾隆六年復開，四十三年定額銅一萬二千觔，閏加一千觔。每銅百觔抽課十觔，公廉捐耗四觔二兩，通商十觔，餘銅七十五觔十四兩，供省鑄及採買，間撥京運。餘銅每百觔價銀六兩，今實辦課餘額京銅一萬八百觔。

紅石巖廠在路南東六十里暮卜山之旁，舊名龍寶廠，路南州知州理之。乾隆六年復開，改今名。四十三年定額銅一萬二千觔，閏加一千觔，供省鑄及採買，間撥京運。每銅百觔價銀六兩，今實辦課餘額京銅一萬八百觔。

紅坡廠在路南東十五里，路南州知州理之。乾隆二十五年開，四十三年定額銅四萬八千觔，閏加四千觔，供省鑄及採買，間撥京銅。每銅百觔價銀六兩九錢八分七釐，今實辦課餘額京局銅四萬三千二百觔。

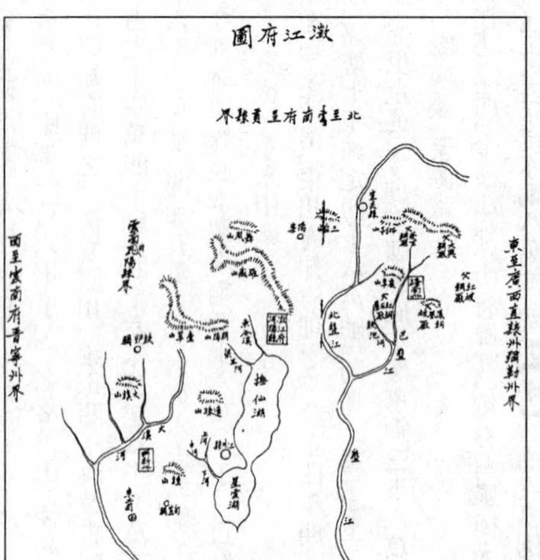

大興廠在路南，距城三十里，路南州知州理之。乾隆二十三年開，四十三年定額銅四萬八千觔，閏加四千觔，供省鑄及採買，間撥京運。每銅百觔價銀六兩九錢八分七釐，今實辦課餘額京局銅四萬三千二百觔。子廠：騰紫箐廠，停。

發古廠在路南，地名教廠壩，發古山，又名梳桿山，路南州知州理之。乾隆三十七年開，四十三年定額銅四萬八千觔，閏加四千觔，供省鑄及採買，間撥京運。每銅百觔價銀六兩九錢八分七釐，今實辦課餘額京局銅四萬三千二百觔。

又《銅廠第一・曲靖府屬》 雙龍廠在尋甸北九十五里，距府城二百四十五里，曲靖府知府理之。乾隆四十六年開，四十八年定額銅一萬三千五百觔，閏加一千一百二十五觔。每銅百觔抽課十觔，照不拘一成例，通商二十觔，餘銅七十觔，供京運或撥省鑄。餘銅每百觔價銀六兩九錢八分七釐，今實辦課餘額京銅一萬八百觔。子廠：茨營廠。

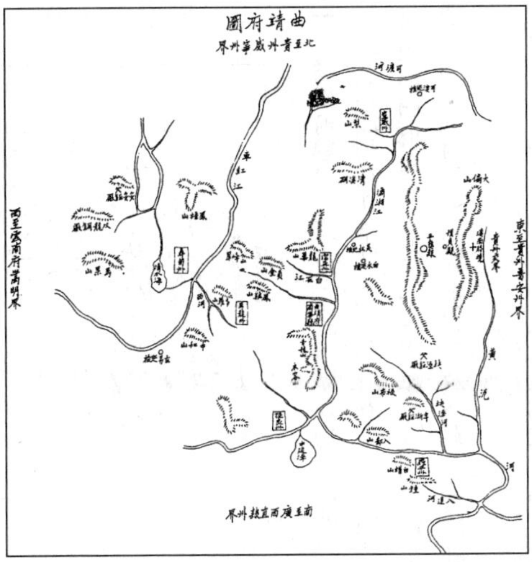

又《銅廠第一・順寧府屬》 寧臺廠在順寧東北五百二十里，初爲小廠，繼獲水洩廠，銅漸旺，又獲蘆塘廠，發脈於永昌府之寶臺山，左獅右象，衆山屏列，溪水繞流，產鑛特盛，仍以寧臺名委員理之。乾隆四十六年定額銅二百九十萬觔，閏加二十四萬觔，紫板銅九十萬觔，供省鑄及採買。抽課公廉捐耗一成，通商如例。餘銅每百觔價銀五兩一錢五分二釐，蟹殼銅二百萬觔，耑供京運，不抽公廉捐耗。每百觔價銀六兩九錢八分七釐，今實辦課餘底本額京銅二百九十萬觔，課餘底本額省銅五十八萬九千五百三十七觔七兩。子廠：水洩廠、底馬庫廠、荃麻嶺廠、羅漢山廠。

又《銅廠第一・永北廳》 得寶坪廠在永北，南臨草海，北負西山關，永北直隸廳同知理之。乾隆五十八年開，嘉慶三年定額銅一百二十萬觔，道光十四年減爲六十萬觔，現減定三十萬觔，閏加二萬五千觔。每銅百觔抽課十觔，通商十觔，餘銅八十觔，耑供京運。餘銅每百觔價銀六兩九錢八分七釐，今實辦課餘額京銅二十七萬觔。

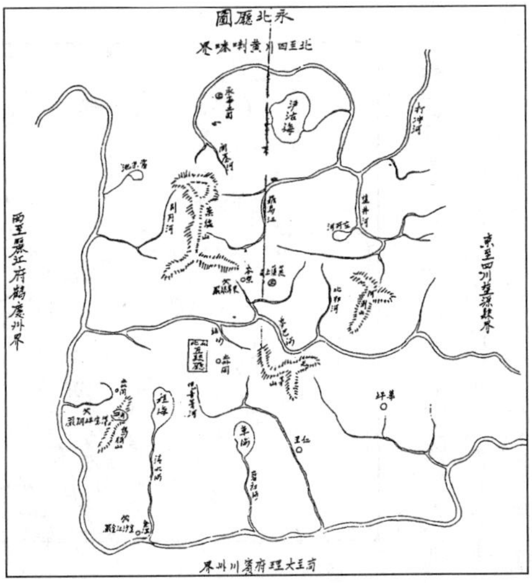

又《銅廠第一・大理府屬》 白羊廠在雲龍西北二百七十里白羊山，龍從龍頭山來，左抱黄松山，有小水箕山朝拱者，白菜園山迴環，頗遜於大功，而來龍亦高厚綿遠，原係銀廠，罩出冰臊煅煎成銅，雲龍州知州理之。乾隆三十五年開，四十三年定額銅十萬八千觔，閏加九千觔。每銅百觔抽課公廉捐耗如例，供採買。餘銅每百觔價銀六兩，今實辦課餘額省銅九萬七千二百觔。

大功廠在雲龍大功山，右曰象山，面曰小竿場山，其形如椅，來脈綿延，包攔周密，乾隆三十八年開。四十三年定額銅四十萬觔，閏加三萬三千三百三十三觔。每銅百觔抽課通商如例，免公廉捐耗，供京運、省鑄及採買。餘銅每百觔價銀六兩九錢八分七釐，今實辦課餘底本額京銅三十六萬一千九百九十九觔十五兩七錢。子廠：樂依山可者甸廠、鑾浪山廠、核桃坪廠、沙河廠。

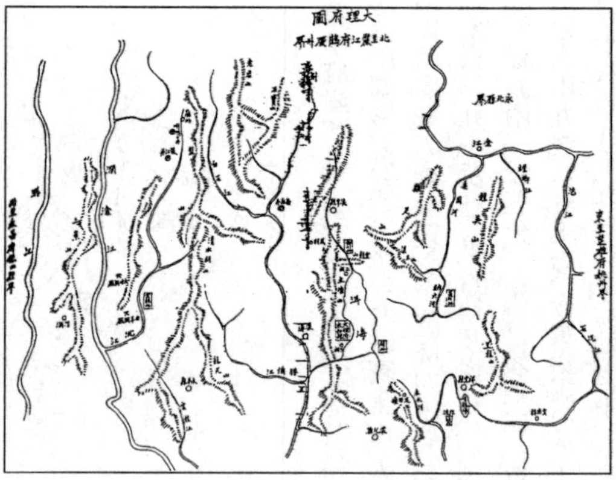

又《銅廠第一·楚雄府屬》 寨(水)〔子〕箐廠在南安東北三百餘里，楚雄府知府理之。乾隆三十六年開，初在羊九塘，後移於五臺山。礌硐在山梁下，東曰照壁山，南曰響水山，西曰麻海山，北曰三尖山，拱護完固。四十三年定額銅一萬一千二百觔，遇閏加銅九百三十三觔，供省鑄及採買，今實辦課餘額省銅一萬八十觔。

馬龍廠在南安西南二百五十餘里，銀廠冰臊煅煎出銅，楚雄府知府理之。雍正七年間，乾隆四十三年定額銅四千四百觔，閏加三百六十六觔，供省鑄及採買。每銅百觔價銀六兩，今實辦課餘額省銅三千九百六十觔。

香樹坡廠在南安東南二百一十五里，舊廠名鳳凰山，即今廠之面山。康熙年間，以鑛盡移於今所開採，其地有三家邨，因名三家廠，未幾亦停，乾隆九年復獲鑛，始以香樹坡名。發脈於點蒼山，由妥甸蜿蜒起伏而下，山勢崇隆，以老廠山爲案，以萬寶、義都兩廠後山爲翼，大水江迴環於前，頗擅形勝，易門縣知縣兼理之。乾隆四十八年定額銅七千二百觔，閏加六百觔，抽課通商如例，供省鑄。每銅百觔價如六兩，五十二年加供京銅十萬觔，抽課如例。每銅百觔價銀六兩九錢八分七釐，今實辦課餘額京銅十萬五百觔，課餘額省銅二萬四千二百四十觔九兩六錢。

秀春廠又名安豐子廠，在定遠南一百三十里，山下有溪曰猛岡河，定遠縣知縣理之。乾隆四十六年開，五十年定額銅四千五百觔，閏加三百七十五觔。抽課如例，通商二成，餘銅七十觔，供省鑄及採買。餘銅每百觔價銀六兩九錢八分七釐，今實辦課餘額省銅三千六百觔。

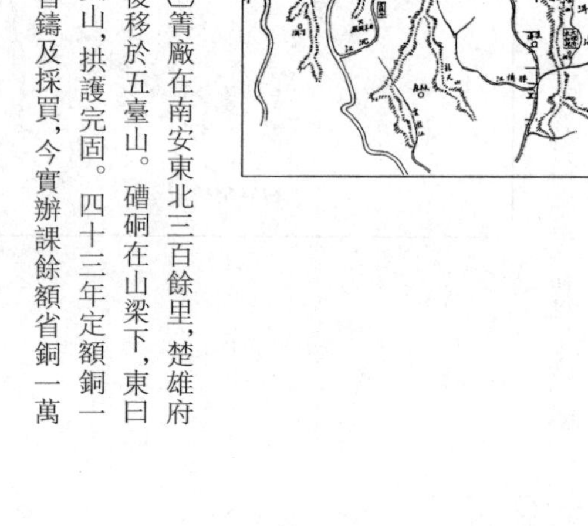

又《銅廠第一·麗江府屬》 迴龍廠在麗江西三百餘里，地名迴龍山，發脈於大雪山至廠，峰巒聳峙，後曰老山，團山，面曰光山，左右護衛曰輝山，黑山，懸巖峭壁，四面圍遶，麗江府知府理之。乾隆三十八年開，四十五年定額銅七萬觔，閏加五千八百三十三觔。每銅百觔抽課通商如例，免抽公廉捐耗，近年增供京運二萬觔。每紫板銅百觔價銀六兩，每蟹殼銅百觔價銀六兩九錢八分七釐，今實辦課餘額省銅六萬三千觔，課餘未定額京銅二萬觔。子廠：扎朱廠在西南一百五十里。來龍廠在東南一百二十里，並停。喇哆山廠，試採。

又《銅廠第一·臨安府屬》 義都廠在嶍峩西一百五十里，東北距易門一百里，崇嶐環抱，山大無名，易門縣知縣兼理之。乾隆二十三年開，四十三年定額銅八萬觔，閏加六千六百六十六觔。鑛劣銅低，每銅百觔抽課、公廉、捐耗通商

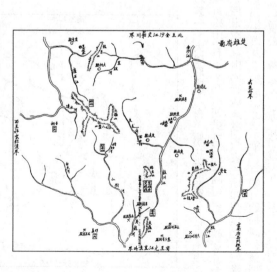

如例，餘銅七十五觔十四兩，供省鑄及採買，間撥京運。餘銅每百觔價銀六兩九錢八分七釐，此廠初獲銅至百五六十萬，尋止獲數萬觔，或云峭壁削陷兼帶破勢，過於險峻未能悠久，今實辦課餘額省銅七萬二千觔。

金釵廠在蒙自西南九十里，蒙自縣知縣理之。康熙四十四年開，乾隆四十三年定額銅九十萬觔，閏加七萬觔，免抽課及公廉捐耗，一成通商，銅中夾鉛色黯稱低銅，祇供採買。餘銅每百觔價銀四兩六錢，鉛有銀氣，帶抽小課一錢，今實辦無課餘採銅四十五萬觔。子廠：老硐坪廠，建水猛喇掌寨地，道光十三年開，抽課通商如例，供京運，今實辦課餘京銅四十萬觔。

綠礦硐廠在寧州北，寧州知州理之。嘉慶十一年開，十三年定額銅一萬二千觔，閏加一千觔。每銅百觔抽課如例，通商二成，餘銅七十觔供省鑄。餘銅每百觔價銀六兩九錢八分七釐，今實辦課餘額省銅九千七百觔。

又《銅廠第一·元江州屬》 青龍廠在元江東北七十里，發脈於新平之磨盤山，元江直隸州知州理之。康熙年間開，乾隆四十三年定額銅六萬觔，閏加五千觔，供省鑄及採買。每銅百觔價銀六兩，今實辦課餘額省銅五萬肆千觔。子廠：猛仰廠。

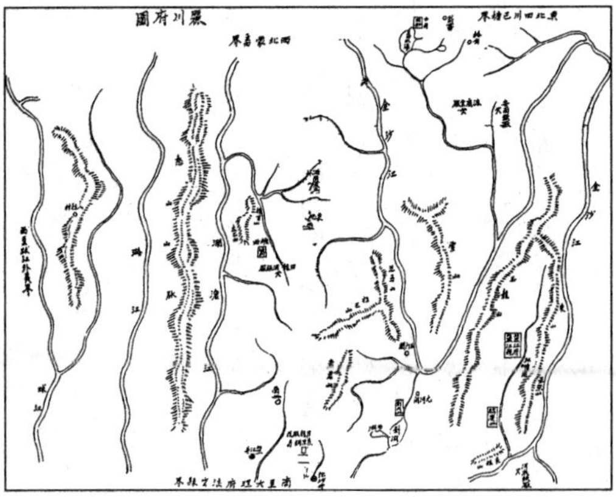

凡京運廠，額銅七百六十四萬五千六百五十餘觔。

凡省鑄採買廠，額銅一百七十萬七百一十餘觔。

共廠額銅九百三十四萬六千三百七十餘觔。

附：四川寧遠府經管烏坡廠，每年所產銅觔，除採供該省鼓鑄外，如有餘銅，儘數聽滇省收買，協供京運。滇省遇有廠額不敷，准令水管廠買齋銀買湊，充本廠正額價銀，備文解交寧遠府，轉解赴廠，仍由川省遴委明幹佐雜一員，同滇省派來買銅之人妥爲照料。買銅若干，填票發交駐廠員照數點交領運，滇省亦委員駐黄草坪，幫同永善縣收銅收票，以杜影射。並由永善縣將印票截角繳回寧遠府存察，寧遠府暨永善縣各將銅數按月報明川滇兩省院司稽覈。每銅百觔定價銀九兩二錢，自廠運至黄草坪，計陸路四百一十五里半。每百觔給背夫價銀一兩四錢七分五釐，價脚銀兩統歸滇省承辦之員領銷。自黄草坪運至瀘州店，每百觔給水脚雜費銀九錢七分三釐零，歸永善縣領銷。自廠至坪店，人夫背負與騾馬馱載不同，每百觔免其搭運銅五觔。自坪店至瀘店仍行搭運，每百觔准耗銅半觔。滇省派駐坪店委員每月給月費銀十兩，紙筆雜費銀二兩；書紀一

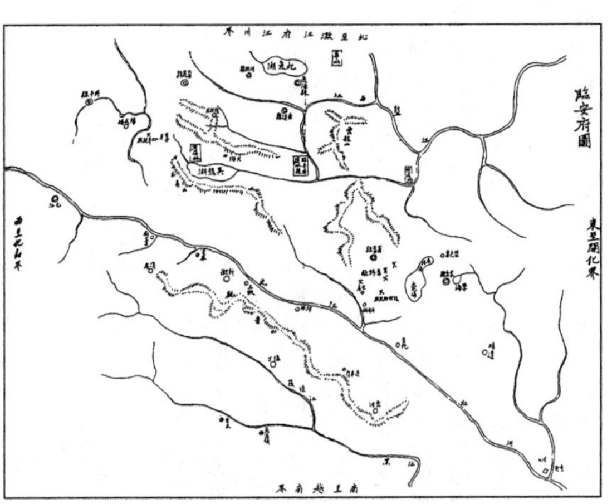

名，飯食銀二兩；巡役四名，每名工食銀一兩五錢，均在原定水脚銀九錢七分三釐零數内支用。至應給收貯銀、銅房租併買備筐繩、紙張、銀硃、牛膠等項價值，以及在廠在坪照料書巡，沿途押差食費，委員往來稽察盤費，均以廠坪餘頭，無論多寡隨數貼補，倘有不敷，自行捐貼。

暇閱《雲南通志》及《銅政全書》，二十一府廳州地方無不出過銅廠，此衰彼旺，固地不愛寶，以供鼓鑄之歲用也。廣袤五千餘里間，山勢迴環，水法緊密，必有寶藏興焉，則招徠硐民，廣覓子廠，爲今滇之要務也。

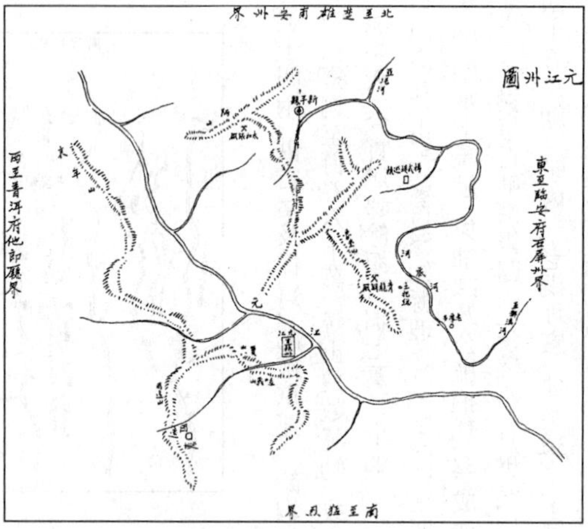

鄭光祖《一斑録・雜述六・中甸風土》 有銅廠，凡廠上取空銅硔者一等人，買硔煉銅者一等人，販銅及遠者又一等人。開爐煉銅者名爐户，藩司頒發循環簿登數。凡買硔煉銅，不拘何處人，但先向官領銅價，然後至廠上買硔煉銅。硔十擔必須入鐵硔二擔每擔錢二百文。同傾，不然不化，約用炭八百觔。爐下做塘窖，深六七尺，圓徑二尺，口稍大，底稍小。硔化，銅汁流滿一窖，乃潑以米飲湯，若潑水銅必飛濺。其聲如沸，面結一餅，伸大鐵鉗夾而拖起一片，再潑再拖，層累如其窖焉，冷定悉扛入官房，三六九日分之。每百觔扣三十觔入官，曰笭銅，官價給銀六兩，一擔先已領付民價或至八九兩。又扣十觔分作數項，官得一項，名養廉銅，書辦人等亦各有分項，官收銅照官價給以銀也。此乾隆間事。

《清會典事例》卷八九二《工部・鼓鑄》 〔咸豐三年〕再，滇運京銅，近年有一運挑出低銅四五十萬斤者，殊與局鑄有礙。嗣後該廠員等務須認真採辦，加工煎鍊，銅色總須八成以上，方准起運，並飭層層挑揀，毋得再以低銅充數。又覆准，户部奏提寶蘇局洋銅，除供内務府咨取外，尚須留爲户局之用。惟工局存銅短絀，相應劃撥十七萬斤，以資應用。四年議准，寶源局渣土，向於年終招商認買拉運出局淘洗另售，恐滋弊竇，嗣後禁止出局，統俟年終，或招商在局淘洗，酌發火工；或令本局工匠淘鍊，届時分别辦理。又奏准，於庫存餘銅内動撥五萬斤，發交三十一鑪，配鉛分鑄各項大錢，除坐鉛本工料外，得錢二萬七百餘串，作爲買銅之用。所買銅斤，自三月起，以七成搭配庫銅，三成鼓鑄餉錢。另以三成鑄錢，陸續買銅。俟滇運到日，即行停買。六年奏准，寶源局自咸豐四年庫銅短絀以來，或加鑄銅價，或勸捐鉛錢，藉資買銅。現在户部奏，將採買銅暫停，而局用銅斤，仍須隨時籌備。所有新舊兩廠積存渣土，即招商試辦。每土百斤，可得銅五六斤，一月約可淘土七八十萬斤，或百萬斤不等，得銅約在五六萬斤。每月即以此銅，配合現存滇銅發作，湊足十二萬斤之數，約計一年之内，銅斤無虞缺乏。

〔咸豐〕八年奏准，局存鐵砂銅三十九萬五千餘斤，發商煎鍊，每百斤，回交净銅六十五斤。其鉛燥，仍按舊章繳銅十六斤。

〔咸豐〕九年奏准，寶源局鐵砂、銅斤，嗣後徑交鑪頭自行煎鍊，按照發商每鐵砂銅百斤，繳净銅六十五斤之數。每作發鐵砂銅百斤，即抵作净銅六十五斤。鍊出鉛燥，每百斤仍抵作十六斤。其火工銀兩，仍按發商之數辦理。十一年奏准，寶源局銅斤短絀，不敷鼓鑄，所有作内積存黔土招商煎鍊，暫資接濟。每土百斤，可得杵銅三十六斤。每杵銅一斤，給火工京錢六百文。又奏准，寶源局煎鍊低銅，前經奏明歸鑪頭煎辦，今户部奏請在局招商辦理，本局亦應仿照。所需火工銀兩，亦照寶源局由户部收買銅斤項下，提取撥給，以昭畫一。同治二年奏准，寶源局銅斤短絀，所有作内廢土，飭商設法淘洗，惟此項廢土，土多銅少，未便定交額數。現令加工淘洗，儘數呈交，計得銅十三萬二千六百餘斤，應用火工等項，比較黔土煎銅。

《清朝續文獻通考》卷四四《征榷考一六》 〔光緒十五年〕又奏：「雲南辦

銅，向因工本不敷，所煎銅斤悉係尖圓碗半，沿途盜賣掉換，種種弊端，不可窮詰。招商局見復扣收廠欠，只令仍舊。惟飭公司仿照貴州鉛甎式樣，一律改鑄銅甎，編列字號於銅面，鏨刻年分、公司廠名、斤重等字樣，以歸整齊，而杜諸弊。業經煎鍊，陸續起解公司。稟稱，甫經改鑄，銅甎一切配合鑪火，須一二月後始能熟鍊。又所獲礦砂，因入山未深，礦質尚薄，鑪火配合亦未得法，以二百萬之礦砂，僅能成銅十萬斤，耗折過多。見雖趕緊開採，一面煎鑄，本年恐只能湊解五十萬等情，附片陳明。」

又卷三九〇《實業考一三》 甘肅鍊銅廠。甘肅銅礦分佈頗廣。光緒三十四年，總督升允向比利時購鍊銅機器、金礦機器各一套，次年聘用化驗、探礦、工程、機器等師在哈西灘建房舍。嗣以該地礦山狹隘，復開採碾伯縣屬之老鴉峽、慈利寺、藥水泉，靖遠縣屬之豬嘴、啞吧等處礦山約十餘處，其礦苗又較哈西灘爲旺，乃遷礦廠於平番縣屬之窑街煤炭山之麓，大事建築。並將金礦機器附設，又添雇冶金師。於三年七月間開工化鍊，每晝夜銷鎔礦石二十四萬斤，淨銅二萬斤。以各處礦山用土法開採，供不應求，又訂購空礦機器，并設輕便鐵路，旋以亂事停輟。近年以廠址租借於火柴公司，將汽機等零售於織呢公司及機器局等處，其餘均作廢鐵銷售。而經營數年，前後約費七八十萬之大，鍊銅廠至此消滅矣。

朱壽朋《〔光緒〕東華續録》光緒九五 〔光緒十五年六月〕壬戌，唐炯奏：「臣前奏明於貴州威寧查勘礦苗，推廣開辦，旋據東洋礦師山田欽一勘得，距威寧州四十餘里西良山礦苗甚旺，業於五月間飭公司招集砂丁設廠開辦。伏查威寧州銅廠自嘉慶初年即已衰竭，每年辦銅僅二萬斤，抽收課銅二千斤，所有鼓鑄之銅皆係委員赴滇採買。現在推廣開辦，不獨運道近便於貴州，將來鼓鑄亦□有益。惟甫經施工又係新山，見效至速亦須年餘。應納課銅，仰懇天恩，準自光緒十七年爲始，照例上納，以示體恤。至該州衙門如有需索陋規等事由，臣查明咨商貴州撫臣，嚴行禁革，用紓商力而肅銅政。」得旨：「如所請行。」

唐炯奏：「雲南辦銅向因工本不敷，所煎銅斤悉係尖圓塊半，以致沿途盜賣掉換，種種弊端不可窮詰。招商局現復扣收廠欠，只令仍舊，惟飭公司仿照貴州鉛磚式樣，一律改鑄銅磚，編列字號於銅面，鏨刻年分、公司、廠名、斤重等字樣，以歸整齊，而杜諸弊。業經煎煉，陸續自廠起解。茲據公司稟稱，甫經改鑄，銅磚一切配合鑪火，須一二月後始能熟練迅速，現在廠地瘟疫盛行，爐頭、砂丁染患甚重，不能施工，雖施藥醫治，一時尚難痊愈。又所獲礦砂因入山未深，礦質尚薄，鑪火配合亦未得法，以二百萬之礦砂，僅能成銅十萬斤，折耗過多，現雖趕緊攻採，一面煎鑄，本年恐只能湊解五十萬等情前來。臣覆查無異，除仍飭趕緊攻採煎鑄不得稽延外，理合附片據實陳明。」下户部知之。

袁大化等《〔宣統〕新疆圖志》卷六〇《山脈二》 曰庫爾泰山。

勘鑛公牘：此山在焉耆府城東三百五十里，距烏沙克他莊一百六十里，至廠道坦沙多廠，設爐十四座。前後有二井，水味稍鹹，廠至鑛山十里。鑛脈由西而東，山面北鑛苗上下寬三十丈，東西長一里許，入土一尺至四尺不等，鑛苗浮現，土石不堅，不待開洞。鑛山左右生梭梭木柴，利於燒鎔，惟荒山無人，僱夫不易，丁未試辦一年中止。鎔試銅質稍硬，不及拜城之柔粹耳。

又卷六三《山脈五》 曰華諾輝嶺，華諾輝水出焉，南流入於特克斯河。有鳥焉，如燕而小，巢於冰窟，名曰冰雀。

《西域水道記》：伊克華諾輝水、巴噶華諾輝水皆發自華諾輝嶺山，與和濟格爾相直。乾隆二十三年，定邊將軍兆公惠奏言，於華諾輝山口對面之和濟格爾，收取杜爾把集賽得木齊伊什博什等六十八口是也。伊克華諾輝水南流，經銅廠西。伊犂銅廠創立於乾隆四十一年，次年於哈爾罕圖置廠，所謂舊銅廠也。五十六年，將軍保公寧以礦竭，移廠哈什。嘉慶六年，又自哈什移於巴彦岱呼巴海，即伊克華諾輝水所經也。【略】謹案：此嶺《新疆圖説》作霍洛海，今皆謂之銅山，自伊犂底臺南至霍洛海臺四百里。

洪亮吉《乾隆府廳州縣圖志》卷八《安慶府》 同安監在〔潛山〕縣東，宋熙寧八年置鑄銅鐵。

那彦成《阿文成公年譜》卷一八 〔乾隆四十二年六月〕十一日，公偕李侍堯奏言：「臣等查滇省每年辦運京銅六百三十餘萬，乾隆三十年以前，湯丹、碌碌等廠凡乙年應運之銅，俱係甲年預先發運，分爲四運八起。定例本年八月開幫，次年二月掃幫，其四、五、六、七等月，正值川江水發，不能開運，則趕運陸路銅觔以備開幫，立法本爲妥善，斷難再議改移。而瀘店存貯底銅以備臨時撥運，更爲第一要務。自乾隆三十一年至三十七年，各廠出銅六七百萬至八九百萬不等，短數過多，所存底銅又節次撥給外省採買，并墊發沉失等銅，全無存貯。而歷年所用之銅不下一千一百餘萬，以致移後補前，運限遞年遲悞，甚至夏月亦報開幫，浸失從前立法之意。至三十八年以後，産銅漸旺，然亦低銅爲多，如湯丹、大水等廠高銅仍屬撥運，前督臣彰寶、撫臣諾穆清、李湖先後奏請，或撥運尖山廠銅以爲瀘店備貯，或撥運七新廠、柴板、大功廠蟹殼以添補京運，無非欲補足正運之後，餘爲籌貯底銅起見。而運限仍未趕復，依舊遲逾者，總緣前此之虧短本多，即有撥運銅觔，實非一兩年内遽能補足正運之限。署督臣圖思德咨覆户部，查取三十九年悞運職名文内，所稱乾隆三十一年起至三十九年止，應辦運京等項銅共五千四百二十四萬七千餘觔，實在、湯丹等廠發運并各項撥運過銅五千一百一十五萬七千六百餘觔外，尚不敷銅三百八萬八千九百餘觔，按册清查，數目符合。是三十九年之運，尚有預支四十年所解之銅，更何能籌及底銅。而自乙未年起，又奉准催解截留、挂欠等銅四百餘萬，分作五年，每歲帶運八十餘萬，則銅數加多，輓運又需時日，此丙申一運之所以更遲也。前署督臣圖思德奏請酌展定限原屬實在情形。查丙申年額運京銅，自上年十月頭運一起，開幫後，截至今年三月頭運二起、二運一起，始行掃幫。其第二運二起，已報開兑，惟三運加運四起銅觔。現值夏令，川江水漲，未便開行，即設法趕運，亦必須秋杪始能掃數。所有本年丁酉年額銅斷難八月開幫，即將廠運各員從重參處，亦無裨於實政。然如圖思德所奏，以丁酉之銅改至戊戌年正月開幫，則爲時太久，運限更難趕復。且所稱每年七月掃幫，亦於夏月江漲必須避險之處，未經籌及。應請將現在丙申年未經開運各起嚴行催督，勒定本年十月全行掃幫。其丁酉年京運務限十一月開幫，次年八月底掃幫。戊戌年京運限十月開幫，次年八月初掃幫。己亥年京運限九月開幫，次年三月掃幫。庚子年京運趕復八月開幫，次年二月掃幫。如此分別定限，三四年後即可趲歸原限，惟是趲催京運，固不便遲逾，而採辦銅觔又須撥變。各廠産銅之少，蓋由前揭蟹殼須純用松炭，邇年以來，近廠松木採燒殆盡，須赴數十里至一二百里外購辦，陸運抵廠。一遇雨雪，馱運阻滯，每致停爐，以致京運不能迅速。且恐日久用多，遠處松柴亦將採盡，斷難久恃。伏查各省鼓鑄俱用柴板，惟京局内解運蟹殼，取其色紅質薄，便於椎鑿傾鎔。雍正九年部議，淡銅八成以下者不准收兑，其餘俱照色估收。乾隆三年議定，每百觔加耗銅八觔，如不及八成，責令原解之員賠補。乾隆二十五六等年，搭解大興廠柴板銅六百餘萬，其後又辦解尖山、九渡箐新廠柴板三百餘萬，俱經部准。因湯丹、大水、碌碌、茂麓四廠向來辦揭蟹殼，不將柴板運京部局，無從驗其高下。是以乾隆三十七年前，撫臣李湖奏請，改解柴板，未經准行。兹臣等提驗該四廠所出柴板，挑出鮮亮質薄，亦如蟹殼，成色在八四五以上。若將此項柴板挑出運京，則湯丹廠可辦蟹殼一百四十餘萬，柴板二百萬；碌碌廠可辦蟹殼五十餘萬，柴板八十萬；大水、茂麓二廠可辦蟹殼三十餘萬，柴板三四十萬。此外，大功廠現在出礦少薄，擇高礦煎揭，尚可得蟹殼四五十萬。加以樂馬、人老、山箐、竹塘、長發坡、永巖坊、紹感溪、金沙、大屯、白凹等小廠向撥京運銅十一萬有餘，通計每年應得蟹殼、柴板五百八九十萬。又寧臺廠近年出礦較旺，至二百八九十萬，内亦有成分較高之礦，該處松炭尚近，可煎揭蟹殼七十餘萬，惟色澤稍次，而提溜純浄，亦堪撥充京運。統計每年足敷六百三十餘萬之額。仍責成各該管道府就近經理查驗，於銅元之上鐫明廠分，方准撥運。如有黑厚板銅，率行搪塞，及運員含混接收，一經部局查出，將廠運各員及督辦之道、府一併參處著賠。似此通融辦理採辦較易。第瀘店底銅若以本年所産銅觔供運，本年京局不籌儲備，掃幫仍恐逾期。滇省現有舊截京銅及補解運員沉失共銅四百二十餘萬，除分年帶解外，尚未完二百八十餘萬。此項銅觔雖係運京正額，不過解還歸款，既非鼓鑄急需，合無仰懇皇上天恩俯准，暫行緩解，即以此二百八十餘萬運交瀘店，以作底銅。數年之後，存積有餘，即行照數分年補解，以清舊額。至上年裴宗錫、圖思德等先後陳奏，以銅價不敷，廠力拮據，請將從前裁撤之九十一爐盡行復設，并收回一分通商之銅，加卯鼓鑄，每年息一十六萬餘兩，以爲加價之用。并查明各廠油米積欠十七萬八千餘兩，即於加價銀内分作三年扣收。經部議，展作六年，以紓廠力，奉旨允行在案。但查現年所産銅觔實不敷盡開九十一爐之用，是以雖議添爐，現在未能一律開鑄，則添爐之息既缺，加價之款尚懸。況查乾隆三十三年，因滇省用兵運脚不無濡滯，蒙恩軫念民力，賞加銅價六錢。自三十八年奏准通商，始行裁減，而爐户沾餘利，採辦踴躍。遞年銅均在一千二百四十五萬上下，追上年停止通商，官爲收買，銅轉止一千一百五十二萬有餘，盈縮懸殊情益見，是加價不如通商，更有明證。臣等酌擬於九十一爐内停鑄四十爐及四十一爐之各半卯，又省局新加之二十五半卯，一併暫停，歲可節用銅一百六十餘萬，仍以一分通商，較爲便利。其留存添復之五十爐座，核算每年所鑄息，除去各廠油米及原議分年帶完積欠十七萬八千餘兩外，尚有贏餘，暫存司庫，遇有應需調劑之處，再行奏明動用。其原議加價概行裁撤。」奏入，下部議行。

陸容《菽園雜記》卷一四 採銅法。先用大片柴，不計段數，裝疊有礦之地，發火燒一夜，令礦脈柔脆。次日火氣稍歇，作匠方可入身，重錘尖採打。凡一人一日之力，可得礦二十斤，或二十四五斤。每三十餘斤爲一小籮。雖礦之出銅，多小不等，大率一籮可得銅一斤。每烰銅一料，用礦二百五十籮，炭七百擔，柴一千七百段，雇工八百餘。用柴炭裝疊燒兩次，共六日六夜，烈火亘天，夜則山谷如晝。銅在礦中，既經烈火，皆成茱萸頭出於礦面。火愈熾，則鉛液成駝。候冷，以鐵錘擊碎，入大旋風爐，連烹三日三夜，方見成銅，名曰生烹。有生烹虧銅者，必碓磨爲末，淘去粗濁，留精英，團成大塊，再用前項烈火，名曰燒窖。次將□碎，連燒五火，計七日七夜，又依前動大旋風爐連烹一晝夜，是謂成鉟。鉟者，粗濁既出，漸兒銅體矣。次將鉟碎，用柴炭連燒八日八夜，依前再入大旋風爐連烹兩日兩夜，方見生銅。次將生銅擊碎，依前入旋風爐烰煉，如烰銀之法。以鉛爲母，除滓浮於面外，净銅入爐底如水，即於爐前逼近爐口鋪細砂，以木印雕字，作「處州某處銅」印於砂上，旋以砂壅印，刺銅汁入砂匣，即是銅磚，上各有印文。每歲解發赴梓亭寨前，再以銅入爐烰煉成水，不留纖毫深雜，以泥裹鐵杓，酌銅入銅鑄模匣中，每片各有鋒窠，如京銷面，是謂十分净銅。發納饒州、永平監應副鑄。大率烰銅所費不貲，坑户樂於採銀而憚於採銅。銅礦色樣甚多，烰煉火次亦各有異。有以礦石徑燒成者，有以礦石碓磨爲末如銀礦燒窖者。得銅之艱，視銀蓋數倍云。

宋詡《宋氏家規部》卷四《金類》 銅。加以倭鉛，以蘆甘石者皆黄，以錫則響，以鉛則雜，以砒汞而點白者，又非原白也。

鑄造。生銅起秀，熟銅不起秀。《禮》曰：「範金有鎔松香黄蠟爲範，而鑄者有爲型，而鑄者皆良。」古三代秦、漢、晉、隋、唐、宋、元器，凡銅入土千年，色純青如翠；入水千年，色純緑如西瓜皮。有不入水土而秀者蓋秀銅，先紫褐而有紅而後有緑秀一層，而復秀一層，甚有穿蝕去處，有如臘茶色或漆色，皆非水土中物。惟鏡有水銀秀，則在古塚内爲水銀流入銅中而發也。三代用陰識，其字凹入。漢用陽識，其字凸。今有蝕漏者，多以黄蠟、白蠟、松香鎔化，醒緑加銅，緑紅加銀，未調和松香蠟内補之錢，則視其周郭肉好也。識，音志。新見銅有同鑄年號，至百餘年後，得人手玩弄者，則有褐色、紅色、緑色，其不經人手者，則亦如新。有僞者，其法以水銀雜錫末，即今磨鏡之藥，先上於新器上令匀，然後以釅醋調細硇砂末，筆染匀上，候如臘茶面色，急入新汲水，滿浸即成臘茶色。候如漆，急入新水，浸成緑色，浸稍緩則變色矣。若不入水，則成純翠色。三者並以新布擦，令光瑩。其銅腥爲水銀所匱，並不發露，然擊之則有聲。又有截斷其器之口，而復銲之，則聲亦不能響鳴也。荸薺蝕爲痕，此亦可辨。箱嵌。起於夏時。於銅上嵌以金銀絲，其細如髮。發郎，初起於發郎。用銅爲花闌，嵌以五色□子，曰□食窑，又曰鬼國窑。今金銀點色爲發郎者，蓋倣此而造，亦曰發郎耳。流金、流銀。有錯以金銀者鍛造。不易秀，秀亦不透。

周履靖《群物奇制》卷六《器用》 鍮石銅：先燒赤，取出令冷，以水淬之，槌打則不爆。

宋應星《天工開物》卷下《五金・銅》 凡銅供世用，出山與出爐，止有赤銅。以爐甘石或倭鉛參和，轉色爲黄銅，以砒霜等藥制煉爲白銅，礬、硝等藥制煉爲青銅，廣錫參和爲響銅，倭鉛和寫爲鑄銅。初質則一味紅銅而已。凡銅坑所在有之。《山海經》言出銅之山四百三十七，或有所攷據也。今中國供用者，西自四川、貴州爲最盛，東南間自海舶來，湖廣武昌、江西廣信皆饒銅穴。其衡、瑞等郡出，最下品曰蒙山銅者，或入冶鑄混入，不堪升煉成堅質也。凡出銅山，夾土帶石，穴鑿數丈得之。仍有礦包其外，礦狀如薑石而有銅星，亦名銅璞。煎煉仍有銅流出，不似銀礦之爲棄物。凡銅砂在礦内，形狀不一，或大或小，或光或暗，或如鍮石，或如薑鐵，淘洗去土滓，然後入爐煎煉。其熏蒸傍溢者爲自然銅，亦曰石髓鉛。凡銅質有數種，有全體皆銅不夾鉛、銀者，洪爐單煉而成。有與鉛同體者。其煎煉爐法：傍通高低二孔，鉛質先化，從上孔流出，銅質後化，從下孔流出。東夷銅又有托體銀礦内者，入爐煉時，銀結於面，銅沉於下，商舶漂入中國，名曰日本銅。其形爲方長板條，漳郡人得之。有以爐再煉取出零銀，然後寫成薄餅，如川銅一樣貨賣者。凡紅銅升黄色，爲錘鍛用者，用自風，煤炭此煤碎如粉，泥糊作餅，不用鼓風通紅，則自晝達夜。江西則産袁郡及新喻邑。百斤，灼於爐内，以泥瓦罐載銅十斤，繼入爐甘石六斤，坐於爐内，自然鎔化。後人因爐甘石煙洪飛損，改用倭鉛，每紅銅六斤入倭鉛四斤，先後入罐鎔化，冷定取出，即成黄銅，唯人打造。凡用銅造響器，用出山廣錫無鉛氣者入内鉦今名鑼。鐲今名銅鼓。之類，皆紅銅八斤，入廣錫二斤，鐃鈸銅與錫更加精煉。凡鑄器低者，紅銅倭鉛均平分兩甚，至鉛六銅四。高者名三火黄銅、四火熟銅，則銅七而鉛三也。凡造低僞銀者，唯本色紅銅可入，一受倭鉛、砒、礬等氣，則永不和合，然銅入銀内，使白質頓成紅色，洪爐再鼓，則清濁浮沉立分，至於净盡云。

又卷中《錘鍛·治銅》　凡紅銅升黄，而後鎔化造器，用砒升者爲白銅器，工費倍難，侈者事之。凡黄銅原從爐甘石升者，不退火性。受錘從倭鉛升者，出爐退火性，以受冷錘。凡響銅入錫參和法具五金卷。成樂器者，必圓成無釬。其餘方圓用器，走釬炙火，粘合用錫末者，爲小釬，用響銅末者，爲大釬。碎銅爲末用飯粘和，打入水洗去，飯銅末具存，不然，則撒散。若釬銀器，則用紅銅末。凡錘樂器，錘鉦俗名鑼。不事先鑄，鎔團即錘。錘鐲俗名銅鼓。與丁寧，則先鑄成圓片，然後受錘。凡錘鉦、鐲，皆鋪團於地面，巨者，衆共揮力，由小闊開就身起弦聲，俱從冷錘點發。其銅鼓中間突起隆砲，而後冷錘開聲。聲分雌與雄，則在分釐起伏之玅。重數錘者，其聲爲雄。凡銅經錘之後，色成啞白，受鎈復現黄光。經錘折耗，鐵損其十者，銅只去其一，氣腥而色美，故錘工亦貴重鐵工一等云。

李世熊《錢神志》卷一《靈産》　凡銅供世用，出山與出爐，初貨只紅銅而已，以爐甘石或倭鉛參和，轉色爲黄銅，以砒霜等藥制煉爲白銅，礬硝等藥制煉爲青銅，廣錫參和爲響銅，倭鉛和寫爲鑄銅。凡銅山夾土帶石，穴鑿數丈得之，仍有礦包，其外礦狀如薑石，而有銅星，亦名銅璞，煎煉之仍有銅流出，不似銀礦爲棄物也。凡銅砂在礦內，形狀不一，或大或小，或光或暗，如鍮石，如薑鐵，淘去土滓而煉之，其薰蒸旁溢者爲自然銅，亦曰石髓鉛。凡銅質有數種，有全體皆銅不夾鉛銀者，單煉而成；有與鉛同體者，爐必旁通高低二孔，時鉛質先化從上孔流出，銅質後化從下孔流出東夷銅。又有托體銀礦者，煉時銀結於面，銅沉於下，商舶入中國，曰日本銅形方長板，漳人煉取零銅，然後寫成薄餅售之。凡紅銅升黄色者，用自風煤炭，此煤碎如粉，泥糊作餅，不用鼓風，通紅則自晝達夜。江西則産袁郡，又新淦邑百斤灼於爐内，泥礶載銅十斤，繼入爐甘石六斤，坐於爐内，自然鎔化，後因爐甘烟洪飛損，改用倭鉛，每紅銅六斤，入倭鉛四斤，先後入礶鎔化，冷定即黄銅也。凡響銅用出山廣錫無鉛氣者，入銅内鉦鐲之類，皆紅銅八斤，入廣錫二斤鐃鈸，則銅錫更加精煉之。凡鑄器低者紅銅倭鉛等分之，甚至鉛六銅四，高者名三火黄銅四火，熟銅則銅七而鉛三也。

盧之頤《本草乘雅半偈》卷三《本經上品》 獨孤滔云：「曾青住火成膏，可結頑制砂，亦含金氣所生也，須酒醋漬煮，乃有神化。若塗鐵上，則色赤如銅。畏兔絲子，修治勿用夾砂石。」

方以智《物理小識》卷七《金石類》 煉鍮石法。崔昉曰：「銅一斤，爐甘石一斤煉之，即成鍮石。」其真鍮生波斯，如黄金，燒之赤而不黑，然鍮非一種。或曰黄銀即雄黄銀，《通雅》載之詳矣。《格古要論》言：「鍮石性高麗者，可磨下石汁，塗笙簧上不匿氣水，庶得不鋪，此亦一種也。唐制有青鍮石帶，遼、元皆用之。凡銅與鍮石貼金欲取下者，以肥皂塗之，燒火中，則金圈在肥皂上。」

劉獻廷《廣陽雜記》卷四 偶同紫庭攷青緑出處。案：《本草》有空青、曾青、緑青、扁青、石膽五條，予以法製煉之，皆可成精銅，幾能亂金也。

吴其濬《滇南礦廠圖略》卷一附倪慎樞《採銅煉銅記》 鑄山爲銅，大要有二，曰攻採，曰煎煉。凡覛産銅之山，欲其如堂如覆，敦博以厚，斯耐久採。眎其後，欲其崨巘而岭嶒也，無所取諸，取諸屬與擊也。眎具前，欲其嶄岈而嵪嶅也，無所取諸，取諸峻以畛也。顧視其旁，欲其屺以峭也，無所取諸，取諸厔也，又欲其左之宫乎右也。觀其泉，不欲其縮以衺也，欲其螯而過辨也。形既具，胚斯凝，充於中而見乎外，如雲之蒸，如霞之爛，如苦廬之鱗，以比如羊象之伏，以竄晦冥之中，光景動人。諦觀山崖石穴之間，有碧色如縷或如帶，即知其爲苗。亦有澗嚙山坼，鑛砂偶露者，迺募丁開採，穴山而入謂之礌，亦謂之硐，淺者以丈計，深者以里計。上下曲折，靡有定址，謂之行尖。尖本器名，狀如鑿，硐中所用之物。歧出謂之棚尖，土謂之荒，石謂之甲，碎石謂之鬆甲，堅石謂之硬甲。左右矗而立者，曰墻壁。亦有隨引而攻，引即鑛苗。中荒旁甲幾同複壁者。覆於上者爲棚，載於下者爲底，横而間者爲門凡硐上棚下座分明必旺且久。大抵鑛砂結聚處必有石甲包藏之，今稱攔門峽。破甲而入，堅者貴於黄緑赭藍，脆者貴於融化細膩，俗謂之黄木香，得此即去鑛不遠矣。寛大者爲堂鑛，寛大而凹陷者爲塘鑛，斯皆可以久採者也。若浮露山而一斸即得，中實無有者爲草皮鑛，稍掘即得得亦不多者爲雞抓鑛，參差散出，如合如升，或數枚或數十枚，謂之雞窠鑛，是皆不耐久採者也。又有形似雞抓，屢入屢得之，既深乃獲成堂大鑛者，是爲擺堂鑛，亦取之不盡者也。凡鑛宜於成廠，若孑然一個，別無小鑛，決不成器。今謂個個鑛亦曰獨鑛，鑛雖成個，大小間錯，忽斷忽續，又必成堂。諺云十跳九成，堂也。鑛之名目不一，其佳者有黄胖緑、豆青緑、墨緑。佳者爲白鑪蠟色，白體重邊，紋如簇針尖。油錫蠟色光亮，紅錫蠟色紅紫，金錫蠟色深紫。尤佳者火藥配色深黑，質鬆脆皆徹鑛，徹即浄廠，俗諱浄爲徹。又有亞子鑛，疊疊山腹，採之如拆甎墻，亦佳品。鹽砂鑛色青黑，若帶黄緑則次矣。穿花緑石中夾鑛又其次矣。尤下者爲鬆緑、内外純緑，畀分極低，止可爲顔料之用。此攻採之大畧也。至於煉鑛之法，先須辨鑛，徹鑛即可入鑪，帶土石者必捶揀淘濾。鑛汁稀者，取汁稠者配之，或取白石配之。鑛汁稠者，取汁稀者配之，或以黄土配之，方能分汁。謂之帶石鑛之易煉者，一火成銅，止用大鑪煎鬆。其鑪長方高聳，外實中空，下寛上窄，高一丈五尺，寛九尺，底深二尺有奇。前爲火門，架炭入鑛之路也。紅門下爲小孔，謂之金門，撤取渣臊之竇也。後爲風口，橐籥之所鼓也。每煅一鑪，俗謂之扯火。一個徹鑛須四十桶，用炭百鈞；次鑛惟倍，加糜炭五之一；下鑛三倍而差，加糜炭三之一。火候停勻，晝夜一週，渣臊質輕，自金門流出，即從金門中鈎去灰燼。銅質沉重，融於鑪底，閃爍騰沸，光彩奪目，以漬米水澆之，上凝一層，拑揭而起，用松針糠覈之，類掠宕其面，淬入水中，即成紫板。凡銅元熱敲易碎，其口青色，冷敲難開，其口紅色。或得五六餅、六七餅不等，初揭一二餅，渣滓未浄，謂之毛銅，須改煎方能純浄。自三四揭後，則皆浄銅矣。其有鑛經煅煉結而爲團者，鑛不分汁之故也。亦有本係美鑛而亦結爲團者，配製失法，火力不均之故也。然一火成銅之廠寥寥無幾，其餘各廠並先須窑煅後始鑪融。窑形如大饅首，高五六尺，小者高尺餘，以柴炭間鑛，泥封其外，上留火口。鑪有將軍鑪、紗帽鑪之分。將軍鑪上尖下圓，其形如胄。紗帽鑪上方下圓，形如紗帽，並高二尋，十分高之四爲其寛之度，十分寛之四爲其厚之度。亦有高一尋者，其寛與厚亦稱之，餘同大鑪。又有蝌殼鑪，上圓下方，高一丈有奇，寛半之，深尺有咫餘，亦同大鑪。鑛之稍易煉者，窑中煨煆二次，鑪中煎煉一次，揭成黑銅，再入蠏殼鑪中煎煉，即成蠏殼銅，揭淬畧如前法。其難煉者，先入大窑一次，次配青白帶石入鑪一次，煉成冰銅，再入小窑翻煆七八次，仍入大鑪，始成浄銅，揭淬亦如前法。計得銅百斤，已用炭一千數百矣。此煎煉之大畧也。又有所謂銅中徹銀者，其鑛堅黑如鑌鐵，俗謂之明鑛，先以大窑煆煉，然後人鑪煎成冰銅，再入小窑翻煉七八次，亦同前法復入推鑪，形如棹器，首置槖籥，尾置銅瓦，擠徹鉛水，攪和底母，撤成浄銅，擠出鉛水，入罩鑪分金。罩形如龜甲，大尺餘，加火於外。亦有入窑翻煆之後，即入將軍鑪，煎煉一日，銅汁流於鑪內，銀汁流於窩外，復以銅入推鑪煎成黑銅，再入蠏殼鑪揭成銅，以鉛入罩子煎成銀者。約計萬斤之鑛，用炭八九千斤，不過得銅五六百斤，廠銀一二十兩而已。此其煎煉稍有不同者，以其鑛本不同，而所出者亦不同也。煎煉又必擇水火，深山寒浚之水不可以淘洗鑛砂，惟潴蓄和平者可用淬揭。以清泉則銅色黯淡，惟用米泔則其色紅活，此湯丹廠所由名也。鑛窑中之火宜於輪囷薪木稍間以炭，取其火力之耐久也。鑛中惟可用炭，松炭、雜木炭，取其猛而烈也，栗炭取其匀而足也。亦有因其價之昂廉不同而酌用者，此

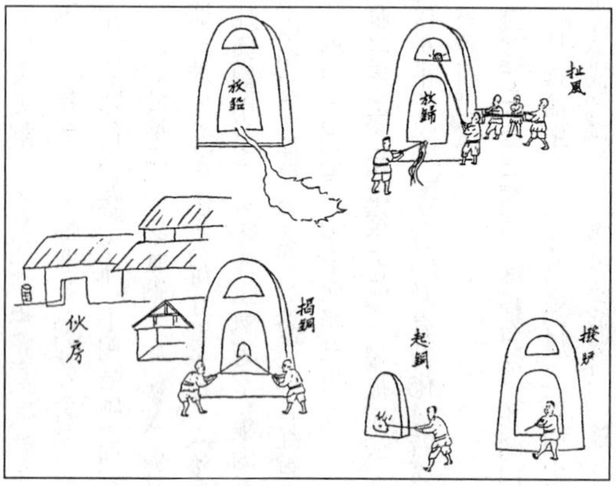

則人事之區畫計較也。惟煎揭蠏殼必用松炭，取其極猛極烈，易於擠徹渣膔，萬不可以他炭通融者也。其採取也如此，其煎煉也如此，得銅不其難哉。而有尤難者，採鑛之時，俱於穹嶐兕崋之中，冥搜暗索，得者一，不得者衆。得銅多者，可以獲什一之利。其寡者，或至於不償勞。此其難在乎民。各廠舊規皆先銀後銅，請國帑爲本者，俱無業窮民，閱時既久，故絶逃亡，貽累出納之官賠補，此其難又在乎官。硐民在領鑲之勤力，鑪民在鑪頭之諳練，廠員在司事之賢否，則皆得人之難也。且一廠之中，出資本者謂之鍋頭，司庶務者謂之管事，安置鑲木者謂之鑲頭，採鑛破甲者謂之椎手，出荒負鑛者謂之砂丁，煉銅者謂之鑪户，貿易者謂之商民。廠之大者，其人以萬計，小者亦以千計。五方雜處，匿匪藏奸，植黨分朋，互爲恩怨，或資爲忿争，或流爲盜賊，所爲彈壓約束之方，又豈易易哉？凡採煉銀、鐵諸鑛之法，大畧倣此。

李鴻章《李文忠公朋僚函稿》卷二三 一、燐銅錬法既准傳授，執事一人自可預付五十六尾之定銀十六萬一千三百馬，昨已電致「付定習法」四字並加滿三批字，諒可照辦。凡配料下爐，看火錘錬等法，望費心習學，務得其祕，以銅質不爽爲度。中國既有學生，匠首在廠習製各件，再得錬銅之法，即可製全雷，不必於百尾外添購，用之不窮。將來可令王筱雲專辦此事，斷不令洩漏於人。

劉嶽雲《格物中法》卷五下《金部·銅》 人以爐甘石煉爲黄銅，其色如金。砒石煉爲白銅，雜錫煉爲響銅。《本草綱目》。

嶽雲謹案：此言銅有配合供用之法。

凡紅銅升黄色爲錘煆用者，用自風煤炭，此煤碎如粉，泥糊作餅，不用鼓風，通紅則自晝達夜，江西則産袁郡及新喻邑。百斤灼於爐內，以泥瓦罐載銅十斤，繼入爐甘石六斤，坐於爐內，自然鎔化。後人因爐甘石煙洪飛損，改用倭鉛。每紅銅六斤入倭鉛四斤，先後入罐鎔化，冷定取出，即成黄銅。《天工開物》。

凡鑄器，低者紅銅倭鉛均平分兩，甚至鉛六銅四，高者名三火黄銅。四火熟銅則銅七而鉛三也。《天工開物》。

用銅一斤，爐甘石一斤煉之，即成鍮石一斤半。《本草綱目》引崔昉《外丹本草》。

嶽雲謹案：鍮石爲天生之黄銅，因其爲赤銅與白鉛之合質，即以兩本質配合爲鍮石。爐甘石即白鉛礦也，中國之化學如是。

又案：此黄銅以白鉛和合。

凡用銅造響器，用出山廣錫無鉛氣者入内。鉦鐲之類皆紅銅八斤，入廣錫

二斤。鐃鈸銅與錫更加精煉。《天工開物》。

嶽雲謹案：古銅皆銅錫相合者，今時作僞古銅器，但巧作形色，青緑斑闌，其質則銅與白鉛相和，一經試驗，無不立剖。元熊朋來謂錫不能和銅，《考工》言金者，鐵、銅在其中，言錫者，銀、鉛在其中。儒者且不知考，何哂於市賈哉？朋來言錫豈堪爲斧、斤、戈、矛、矢、刃？不知昆吾刀即黄銅。言錫豈能聲中黄鐘之宫？不知諸響器皆和錫也。

錫、銅相和且脆，水淬之極硬。《物類相感志》。

嶽雲謹案：黄銅淬火之法今無知者矣。

又案：此黄銅以錫和合。

配合青銅，用紅銅五十斤，白鉛四十一斤八兩，黑鉛六斤八兩，點錫二兩。《皇朝文獻通考》。

嶽雲謹案：此青銅之配合法。

白銅謂之鋈。《廣雅》。

《秦風·小戎篇》：「陰靷鋈續。」毛傳云：「鋈，白金也。」鄭箋云：「鋈續，白金飾續靳之環。」正義云：「金、銀、銅、鐵總名爲金，此設兵車之飾，或是白銅、白鐵，未必皆白銀也。」《廣雅疏證》。

嶽雲謹案：如《廣雅》言，則白銅中國自古有之矣。

砒石煉爲白銅。《本草綱目》。

用砒升者爲白銅器，工費倍難，侈者事之。《天工開物》。

白銅出雲南會理州，燒熔錘煉，任經多次，其白不改，此天生者。若人工以錫點造之白銅，經火色即變紅。《鄙事綴紀》。

嶽雲謹案：銅、錫相和，銅、錫各半，或銅多於錫，皆黄銅也。若錫多於銅，愈多則愈白，若錫二銅一，其色白而最堅脆，故點化白銅者，必加白鉛，使有柔性，此《綴紀》所謂人工點造之白銅也。中國從前白銅乃銀、銅、白鉛合産之礦而未提出其銀，故佳而難得，此《綴紀》所謂天生白銅也。西人之白銅，以銅加白鉛，又加一種金類譯名鎳。爲之，此金類多生於雄黄、雌黄礦中。雄黄、雌黄爲砒與硫黄同産之礦，故凡銅錫礦之雜有雄黄、雌黄砒石者，即有此金類。雲南會理州出者，色如紅銅而鮮，明間有暗，研之則色黑，燒之則臭如砒。鎳亦與硫黄同産，色灰色黄如鍮石。中國以砒煉白銅，即借此金之功用砒礦而不用煉成之砒霜，以砒霜内無此金質。一則分出其金而被以名字，一則承用已久而略其由來。究之煉成白銅，爲世寶用，是則中外所同也。此雖亦僞白銅而色佳於錫僞者，此《天工開物》所舉之白銅也。此種亦有天生之礦，不用配合，自成白銅。廠中鎔銅之時所成黑銅，亦間有得之者，此種白銅與銀極相似，惟遇硫氣則不變黑。天生白銅經火鎚煉，白色不改，人工所僞，經火鎚煉，白鉛飛走，即現紅銅色。

嶭駝，蘭陵人。嘗受異人煅砒粉法，是名丹陽者。余嘗從惟湛師訪之，因請其藥。取藥帖抄二錢七，相語曰：「此我一月養道食料也。此可化銅二兩爲爛銀，若就市貨之，煅工皆知我銀，可再入銅二錢，比常直每兩必加二百付我也。」其藥正白而加光燦，取棗肉爲圓，俟鎔銅汁成，即投藥甘鍋中，須臾銅汁惡類如鐵屎者膠著鍋面，以消石攪之傾槽中，真是爛銀，雖經百火，柔輭不變也。此余所躬親試而不誣者，後亦許傳法，而賊亂不知所在矣。《春渚紀聞》。

嶽雲謹案：此即製白銅法，云爛銀者欺人耳。

又案：此皆白銅之配合法。

凡錘、鉦、鐲皆鋪團於地面，巨者，衆共揮力，由小闊開就身起弦聲，俱從冷錘點發。其銅鼓中間突起隆泡，而後冷錘開聲，聲分雌與雄，則在分釐起伏之妙。重數錘者，其聲爲雄。凡銅經錘之後，色成啞白，受磋復現黄光。經錘折耗，鐵損其上者，銅只去其一，氣腥而色美，故錘工亦貴重。《天工開物》。

嶽雲謹案：俗以冶鑄之器爲生銅，錘打之器爲熟銅，有二火黄銅、三火黄銅等語。他金類無此分別。此亦煉治之事。

僞古銅器，其法以水銀雜錫末，即今磨鏡藥是也。先上在新銅器上令匀，然後以釅醋調細硇砂末，筆蘸匀上，候如臘茶面色，急入新汲水滿浸，即成臘茶色，候如漆，急入新水浸成漆色，浸之稍緩即變色矣。若不入水則成純翠色。三者並以新布擦，令光瑩，其銅腥爲水銀所匱，並不發露，然古銅聲微而清，新銅聲濁而鬨，不能逃識者之見。《輟耕録》《稗史類編》。

近日山東、陝西、河南、金陵等處僞造彝、鼎、壺、觚、尊、缾之類，其上僞色之法，以井花水調泥礬浸一伏時，取起烘乾，再浸再烘，三度爲止，名作脚色。候乾以硇砂、膽礬、寒水石、硼砂、金絲各爲末，以青鹽水化浄，筆蘸刷三兩度，候一兩日洗去，乾又洗之，全在調停顔色，水洗工夫須三五度方定。次掘一地坑，以炭火燒紅，令徧將釅醋潑下坑中，放銅器入内，仍以醋糟罨之，加土覆實，窖藏三日取看，即生各色斑點，用蠟擦之。要深色者，用竹葉燒煙薰之。其點綴顔色有寒煴二法，均用明乳香，令人口嚼，濇味去盡，方配白蠟鎔和。其色青，以石青投入蠟内，緑用四支緑，紅用硃砂煴，用蠟多寒，則乳蠟相半，以此點成凸起顔色。其堆疊用滷銹針砂。其水銀色以水銀砂錫塗抹鼎彝邊角上，以法蠟顔色罩蓋，隱露些少，以愚隸家。用手擦摩，則香腥觸鼻，洗不可去。或做成入鹽滷地内埋藏二三年者，似有古意。《稗史類編》。

嶽雲謹案：此與今譯西書各法多同，亦煉冶之餘事。

已上煉冶。

蒼朮、粉銅、巴豆、牛脂、輭銅、姑乳香、啞銅，物性然也。《本草綱目》。

荸薺煮銅則輭，甘草煮銅則硬。《物類相感志》。

欲知銅之牝牡，當令童男女以水灌銅於火中，則銅自分爲兩段，有凸起者牡銅也，凹陷者牝銅也。《抱朴子》。

嶽雲謹案：銅傾入模，其面上恒凸而不平，此蓋銅質不純之故，其質必鬆，若質純則否。或以爲因速冷之，故外面冷而縮，内尚未冷，故漲溢而上凸，或以爲硫氣所致，此硫或爲銅内自含者，或爲炭内故出而入於銅者，大抵與銀之白果紋理同。牝牡之説特詭辭耳。

銅折斷之處可視銅之成色，如斷處有魚鱗形，而有麤顆粒，其光呆暗，其色或似燒磚之紅，敲之成散瓦之絲紋，近邊有裂處，則質不純。如爲銅板，冷時易裂，加熱軋之亦易裂。又斷處微見色黄而暗，或淡黄或呆白，亦不純勻，含鉛者易軋，含鐵者硬而脆，含砒者軋時其邊易裂。含砂之銅或爲白色，或爲黄白，冷者可軋，熱則甚脆。含炭多者，冷時亦脆，凡錘銅之工皆能辨之。寧波銅工陳姓言

生熟銅皆有毒，即是銅之精華。大者即空緑，以次空青也。銅青則是銅器上緑色者，淘洗用之。《藏器本草》。【略】

礦之出銅，多少不等，大率一籮可得銅一斤，每煅銅一料，礦用一百五十籮，炭七百擔，柴一千七百段，雇工人八百餘。用柴炭裝疊，燒兩次，共六日六夜，烈火亘天，夜則山谷如晝。銅在礦中既經烈火，皆成茱萸頭出礦，而火愈熾，則溶液成駝。候冷以鐵椎擊碎，入大旋風爐，連烹三日三夜，方見成銅，名曰生烹。有生烹虧銅者，必碓磨爲末，淘去麤濁，留精英團成大塊，再用前項烈火，名曰燒窖。次將碎連燒五次，許七日七夜，又依前入大旋風爐，連烹十日十夜，是謂成鈲者，麤濁既去，漸見銅體也。次將鈲碎，用柴炭連燒八日八夜，依前再入大旋風爐連烹二日二夜，方見生銅。擊碎，依前入大旋風爐煅煉，如烹銀之法，以鉛爲母，除滓浮於面外，净銅入爐底如水。《南越志》。

礦之易煉者，一火成銅，止用大爐煎煅。其爐長方高聳，外實中空，下寬上窄，高一丈五尺，寬九尺，底深二尺有奇。前爲火門，架炭入礦之路也。火門下爲下孔，謂之金門，撤取渣燥之竇也。後爲風口，槖籥之所鼓也。每煅一爐，俗謂之扯火。一箇徹礦須四十桶，用炭百鈞；次礦惟倍，加糜炭五之一；下礦三倍而差，加糜炭三之一。火候停勻，晝夜一周。渣燥質輕，自金門流出，即從金門中鈎去灰燼。銅質沈重，融於爐底，閃爍騰沸，光彩奪目，淬入水中，即成紫板，或得五六餅，或六七餅不等。初揭一二餅，渣滓未净，謂之毛銅，須改煎方能純净。自三四揭後，則皆净銅矣。其有礦經煅煉結而爲團者，礦不分汁之故也。亦有本係美礦而亦結爲團者，煎製失法，火力不均之故也。然一火成銅之廠寥寥無幾，其餘各廠並先須窑煅後，始以爐融。窑形如大饅首，高六七尺，小者高尺餘，以柴炭間礦，泥封其外，上留火口。《採銅篇》。

又有所謂銅中撤銀者，其礦堅黑如鑌鐵，俗謂之明礦。先以大窑煅煉，然後大爐煎成冰銅，再入小窑翻煉七八次，亦同前法，復入堆爐，形如稗器，首置槖籥，尾置銅瓦，擠徹鉛水，攙和底母，撤成净銅，擠出鉛水，入罩爐分之。罩形如龜甲，大尺餘，加火於外。亦有入窑翻煅之後，即入將軍爐煎煉一日，銅汁流於爐内，銀汁流於窩外，復以銅入堆爐煎成黑銅，再入蟹殼爐揭成蟹殼銅，以銀入罩子煎成廠銀者。約計萬斤之礦用炭八九千斤，不過得銅五六百斤，廠銀一二十兩而已。《採銅篇》。

凡銅質有數種，有全體皆銅不夾鉛銀者，洪爐單煉而成。有與鉛同體者，其煎煉爐法，旁通高低二孔，鉛質先化，從上孔流出，銅質後化，從下孔流出。《天工開物》。

煉銅之法，就地上以土築爐，闊九寸，頂稍殺，高十五尺，底深二尺。下向開爐門，以入礦土煤炭，前向開金門，後向置風箱。設礦係上質，每爐入礦四十石，用煤三千斤；中質入礦七八十石，用煤三千五六百斤；下質入礦一百石，用煤四千斤，一日之後可以成銅。如火力過微，則銅不成汁而成團矣。別廠則不同，按次第爐火翻煉，銅流凝於水，凡九次，曰九冰九炒。亦有祇煎煉二次者，係用松木炭，火力較勻故也。銅鎔沈於爐底，自金門流出，澆以淘米泔，浸於水中使冷，乃成紫板銅，須翻煉六七次。如尚未净而含別質者，謂之毛銅，須復行煎煉也。《滇中志勝》《香樹坡廠説》。

嶽雲謹案：西人鎔礦有衝天爐、倒燄爐之分，中國之大爐、將軍爐即衝天爐

也，蟹殼爐即倒燄爐也。皆先用大爐而後用蟹殼爐，與西法同，特爐制不精，火力不足。用木炭，故往往成團不能分汁，廢棄之渣含銅太多。

香樹坡礦有紫金紅緑、錫蠟深絲緑二質，提煉業有定法。如爲徹礦更佳，先以火煅。驗其質，色亮則配以黄土，色濃則配以帶石。礦質薄而含砂石曰穿花豆者次之，須提煉數次，方可參以白石煎煉也。《香樹坡廠説》。

嶽雲謹案：礦汁稀必用汁稠之石以配煉，礦汁稠必用汁稀之石以配煉。稀者用黄土，稠者用白石。即鈣弗之屬，帶石亦白石類也。銀廠則用底母。即黑鉛。

各廠制礦不一，有煅至六七次，復用酸水浸泡八九回，先爐後罩，所謂九冰九罩而成銅也。《銅政全書》。

嶽雲謹案：所謂酸水浸泡，似今西人所用溼法。惟酸水爲何物，書不明言，詢之滇人，亦無知者。

又案：此皆煉礦爲銅之事。

《普陀山志》卷一五《國朝藝文・法雨寺新鑄大銅鑊銘有序》 別公主法雨十有二年，百廢具興。戊寅中秋前三日，鑄銅鑊一具，重萬觔，可受米二十四石，計買銅千四百緡，工匠雜需復三四百緡，亦大役也。余時脩志入山，樂觀其成，且感夫百工小道專精可觀，於是爲之詳叙其事。初買泥於慈谿之半浦，雜人牛踹，踏至極熟，摶質爲範，俗稱塑子云。一曰内塑，一曰外塑。内塑狀覆釜而實，周有餘土，規方架木，先置坎中，用火燎炙極乾。外塑狀仰盂而虚，分三四層，以便移運，暴令堅好，合兩塑時，裏藏於表，仰者亦覆。方其爲内塑時，先以鑊之深廣定泥之高鉅，次乃準鑊之數量。其口底厚薄尺寸，加泥如千合而具離，又承濕刻劃多股，以便燥時易去，此爲假鑊，此爲真塑矣。及其堅好可合，内外，適符審無纖毫凹突，則層揭外塑，剗去内塑準鑊之泥，去其假鑊，而真塑出焉。然後合之，則内外塑空際皆受銅處，而無形之鑊先成矣。其内塑外土，外塑内土，皆銅相依附處，必治令膩潤而後止。欲成塑則先營掘坑，塹深丈餘，規方十丈，儼如一室，將治塑合加木板蓋焉。坑之旁東西屹起二爐，亦治泥爲之，高丈許，大兩抱，用鐵帶箍束數道。兩爐相去可四丈餘，各距坑心二丈。爐之外築土爲短垣，長丈五尺，高等身，厚尺許，謂之風墻。治墻時，於其外面留兩虚所若門，置板扉一扇，乍開乍闔，以爲槖籥，似門處其實亦墻板。扉内兩側垣近爐處鑿穴相通，以受風。其風板重大，每板用三人挽之，兩板共六人，東西相埒，力稍疲則更番迭休，半晝夜大率百十數人云。風墻即風箱。木者，土之横者堅之，此其所以異也。爐之末各穴一竇，呼爲金門，泥封固之。竇口承以溝道，謂之溜溝，用板爲幹，外塗以泥，可運動，中闊五六寸，承竇處闊尺許，兩溝相接至塑頂。頂有三穴，中當臍處，空使氣，而於溝將接處，復設岐溝，從兩旁穴流銅入塑中方。其火炭紛投，鼓扇斯亟，風横火熾，爐紅似錦，然後投銅其中。銅盡，方入鉛，蓋銅質重凝，而鉛性輕動，用以洋溢敷暢。爐火上騰皆作金光，透數十丈。銅氣中人頗惡，皆飲甘草湯解之。良久，度爐内融浹，乃開金門，脱脱然紅波從爐注溝入穴，直透塑底，四周俱足，至無所往，然後湧而上騰，布濩滿臍，墳起不受，則急塞金門，自開距塞，甫晷刻間，而鑊已成。嗚呼！始何其難而後何其易也。賈太傅云：「天地爲爐，陰陽爲冶，萬物爲銅。」夫金質最堅也，鼓之以風，燎之以火，則銷鑠成液，方圓鉅細，隨範成形，不能自主，而況於人乎？別公言：「曩者就鑄武林，凡四次而功不成。」問所以然，則此事爲者甚少，工直又昂不成，而亟鑄則利在工，遇工之奸者，故少其數以誘之，一不成至再，再不成至三四，而鑄鑊之貲已耗其半矣。別公於是富銅裕器，優禮厚直，選工之良者入山而爲之，而鑊卒成。鑄之前一夕，設供施食，溥及幽冥，其誠如此。嗟乎！今世人爲一事少折即悔，安能愈挫愈勇，堅忍强毅如公耶？余思釋氏之教，兼愛忘身，其法公普，不自私利，故一寺率至千百人同汲共爨，釜不得不大，又欲其久也，不得不變而爲銅。夫一祖之孫，一父之子，多者十餘人，少者纔數人，而斗米尺布之謡，煮豆然萁之痛，貽笑古今，雖有小釜，將無所用。因思張公藝家，及江州陳氏、義門裘氏，子孫多者至六七百人而不分居析箸，吾不知其當日者，鑊之大小異同何如矣？別公又爲余言，叢林中今惟靈隱有之，他山尚不能。則此一役，在釋氏亦爲極難矣。別公德厚而才長，量優而心細，規畫庶務，井然燦然，吾目中所見，少有倫比。使其不逃於禪，爲君父負荷民物，其設施建立庸可量耶？吾是以感小道之可觀，爲詳叙其事於右，而系之以銘，銘曰：造化大冶，翕張無際，風火相激，金木交制。人也則之，利用成器。萬鈞之鍾，百斛之府。愛人濟物，隻手而舉。禹鼎湯盤，何細何鉅。一飽胡求，而優而游。別公之德，不爲己謀。山高海闊，永鎮千秋。

傳記

《史記》卷一二五《佞倖列傳》 孝文時中寵臣，士人則鄧通，宦者則趙同，北宮伯子。北宮伯子以愛人長者；而趙同以星氣幸，常爲文帝參乘；鄧通無伎能。鄧通，蜀郡南安人也，【略】於是文帝賞賜通巨萬以十數，官至上大夫。文帝時時如鄧通家遊戲。然鄧通無他能，不能有所薦士，獨自謹其身以媚上而已。上使善相者相通，曰「當貧餓死」。文帝曰：「能富通者在我也。何謂貧乎？」於是賜鄧通蜀嚴道銅山，（《正義》：《括地志》云：「雅州榮經縣北三里有銅山，即鄧通得賜銅山鑄錢者。」案：榮經即嚴道。）得自鑄錢，「鄧氏錢」布天下。其富如此。

張華《博物志》逸文　鑄銅之工不復可得，唯蜀地羌中時有解者。

梅鼎祚《宋文紀》卷七　王弘（字休元，琅琊臨沂人，珣子，歷太保，領中書監。）爲晉會稽王道子驃騎參軍主簿時，農務頓息，末役煩興，以爲宜建屯田，陳之道子，欲以爲黃門侍郎，父珣以其年少，固辭。「近面所諮立屯田事，已具簡聖懷。南畝事興，時不可失，宜早督田畯，以要歲功，而府資單刻，控引無所，雖復厲以重勸，肅以嚴威，適足令囹圄充積，而無救於事實也。伏見南局諸治，募吏數百，雖資以廩贍，收入甚微。愚謂若回以配農，必功利百倍矣。然軍器所須不可都廢，今欲留銅官大治及都邑小治各一所，重其功課，一准揚州，州之求取，亦當無乏，餘者罷之，以充東作之要。又二局田曹各立典軍募吏，依冶募比例，并聽取山湖人，此皆無損於私，有益於公者也。其中亦應疇量，分判番假，及給廩多少，自可一以委之本曹。親局所統，必當練悉。且近東曹板水曹參軍納之領此任，其人頗有幹能，自足了其事耳。」

《宋書》卷四二《王弘傳》　王弘，字休元，琅邪臨沂人也。曾祖導，晉丞相。祖洽，中領軍。父珣，司徒。

弘少好學，以清恬知名，與尚書僕射謝混善。弱冠，爲會稽王司馬道子驃騎參軍主簿。時農務頓息，末役繁興，弘以爲宜建屯田，陳之曰：「近面所諮立屯田事，已具簡聖懷。南畝事興，時不可失，宜早督田畯，以要歲功。而府資役單刻，控引無所，雖復厲以重勸，肅以嚴威，適足令囹圄充積，而無救於事實也。伏見南局諸治，募吏數百，雖資以廩贍，收入甚微。愚謂若回以配農，必功利百倍矣。然軍器所須，不可都廢，今欲留銅官大治及都邑小治各一所，重其功課，一准揚州，州之求取，亦當無乏，餘者罷之，以充東作之要。又欲二局田曹，各立典軍募吏，依冶募比例，并聽取山湖人，此皆無損於私，有益於公者也。其中亦應疇量，分判番假，及給廩多少，自可一以委之本曹。親局所統，必當練悉，且近東曹板水曹參軍納之領此任，其人頗有幹能，自足了其事耳。頃年以來，斯務弛廢，田蕪廩虛，實亦由此。弘過蒙飾擢，志輸短効，豈可相與寢默，有懷弗聞邪！至於當否，尊自當裁以遠鹽。」

凌迪知《萬姓統譜》卷一七《崔》　【漢】崔鑒。（綽子。有文學，仕魏，自中書博士轉侍郎，出爲徐州刺史。於州内銅冶，爲農具，兵人獲利。）

《北史》卷三二《崔鑒傳》　鑒頗有文學，自中書博士轉侍郎，賜爵桐廬縣子。出爲東徐州刺史。鑒欲安新附，人有年老者，表求假以守令，詔從之。又於州内銅冶爲農具，兵人獲利。卒，贈青州刺史、安平侯，謚曰康。

《舊唐書》卷六〇《河間王孝恭傳》　〔孝恭〕於是開置屯田，創立銅冶，百姓利焉。

又卷一二九《韓洄傳》　洄以蔭緒受任，劉晏判鹽鐵度支，辟爲屬吏，累官至諫議大夫、知制誥。與元載善，載誅，以累貶邵州司户同正員。建中元年二月，復諫議大夫。先以劉晏兼領度支，晏既罷黜，令天下錢穀各歸尚書省。本司廢職罷事，久無綱紀，徒收其名而莫綜其任，國用出入，未有所統，故轉洄户部侍郎、判度支。洄上言：「江淮七監，歲鑄錢四萬五千貫，輸於京師，度工用轉送之費，每貫計錢二千，是本倍利也。今商州有紅崖冶，出銅益多，又有洛源監，久廢不理。請增工鑿山以取銅，興洛源故監，置十鑪鑄之。歲計出錢七萬二千貫，度工用轉送之費，貫計錢九百，則利浮本矣。其江淮七監，請皆罷之。」復以「天下銅鐵之冶，是曰山澤之利，當歸於王者，非諸侯方岳所有。今諸道節度都團練使皆占之，非宜也，請總隸鹽鐵使。」皆從之。

又卷一六三《李虞仲傳》　李虞仲字見之，趙郡人。祖震，大理丞。父端，登進士第，工詩。大曆中，與韓翃、錢起、盧綸等文詠唱和，馳名都下，號「大曆十才子」。時郭尚父少子曖尚代宗女昇平公主，賢明有才思，尤喜詩人，而端等十人，多在曖之門下。每宴集賦詩，公主坐視簾中，詩之美者，賞百縑。曖因拜官，會十子曰：「詩先成者賞。」時端先獻，警句云：「薰香荀令偏憐小，傅粉何郎不解愁。」主即以百縑賞之。錢起曰：「李校書誠有才，此篇宿構也。願賦一韻正之，請以起姓爲韻。」端即襞牋而獻曰：「方塘似鏡草芊芊，初月如鉤未上弦。新開金埒教調馬，舊賜銅山許鑄錢。」曖曰：「此愈工也。」起等始服。端自校書郎移疾江南，授杭州司馬而卒。

杜大珪《名臣碑傳琬琰集》下卷二《張文定公齊賢傳實録》　六年正月，選爲江南西路轉運副使，特賜其母邑封。十二月，改右補闕。踰月，充正使。初辭曰，上面命曰：「江左初平，民間不便，一一條奏。」齊賢曰：「臣聞江南舊以鐵爲幣，今改用銅錢，民間難得而官責租課，頗受鞭撻，此最不便。」上曰：「漢時吴王即山鑄錢，江南多出銅，爲朕密經營之。」初，李氏歲鑄六萬貫，自克復，增治匠，然亦不過七萬貫，常患銅及鉛、錫之不給。齊賢乃訪得承旨丁釗，歷指饒、信、虔山谷産銅、鉛、錫之所。又求前代鑄法，爲饒州永平監周唐開元錢料堅實可久，由是定取其法，歲鑄五十萬貫，凡用銅八十五萬斤，鉛三十六萬，錫十六萬斤。齊賢即詣闕面陳其事，詔既下，頗有言其妄者，乃令中書召齊賢問訊。齊賢具述，嘗親行山院，其辭甚确萬一。以之丁釗亦得復補殿前承旨，掌銅場。又有言新法增鉛、錫多者，齊賢固引唐朝舊法，爲始言不能奪。齊賢在任使，勤究民弊，務行寬大，江南人至今稱之。

凌迪知《萬姓統譜》　【宋】范祥。字晉公，邠州人，進士及第。歷知慶、汝、華三州，提舉陝西銀銅坑冶鑄錢。祥曉達財利，建議變鹽法，後人不敢易，稍加損益，輒不便。

又卷一三《辜晉安出，何氏姓苑，不詳所出》　辜阜。韶州人。洪武初，知德興縣，宣布號令，招撫流亡。會寇竊發，乃聚民兵保障。時開山煉銅，爲民患，乃奏請罷之。修建學宫橋梁，民樂趨事。百里之内，雞犬相聞，皆阜力也。

陸心源《宋史翼》卷一九列傳一九《循吏二・李傑》　李傑，字顥伯，湖南邵陽人，熙寧進士，歷知永、靖二州。元祐初年，梓州路轉運判官時，瀘南安撫使李琮奏蠻賊乞弟爲患身死，新立願須阿機，親手刻到芳牌，乞投降，詔傑與知瀘州張先明接納。尋遷梓州路提點刑獄。五年，改金部郎中，言利州路興州青陽鎮見有銅坑一百餘處，舊係西河邊防財用司，舉官招誘收買，又本錢亦是本司計置應副。昨廢罷，本司將上件銅場併入陝西轉運司管勾，自併入後來將銅價僅減一半。又本錢多不敷足，雖有所舉監官，無由辦集，採銅之人逐旋散潰，所收漸少課，利日虧。今相度欲乞每斤量與添錢，多行計置，本錢依舊兼用銀絹，於稱下堆垛，及比附韶州岑小場例，選官量與酬奬，使設法措置，必有所增。詔：於利州常平錢内借錢五萬貫，充買銅本錢，每斤依本處見買價錢，餘並從之。《長編》。

司馬光《温國文正公文集》卷七九《碑誌五》《殿中丞知商州薛君墓誌銘》　先是屬縣宰，有建言商山産銅，請置監鑄錢。朝廷下其議，轉運使有是之者。府君上言：「朝廷前置阜民監於州境洪崖冶鑄鐵錢，未數年，鐵已竭，其監當廢。況又益置銅錢監，銅産尤薄，恐徒勞費無益，請以所得銅於舊監鑄錢，銅竭而止。」章久上，久不決。會府君没，宰之説遂行，縣官之費甚廣，而銅尋竭，如府君言，宰坐抵罪。

陸心源《宋史翼》卷二七列傳二七《文苑二・黄次山》　黄次山，字季岑，庭堅族子。宣和元年，試國學第一，以庭堅名在禁錮，復抑置第四。歷信陽州學教授，池州司理參軍。靖康初，遷博士，坐與李綱厚善，謫監虢州銅場。

祝穆《事文類聚》遺集卷一三《諸提舉部遺・職事修舉》　鞏嶸權都大提點坑冶公事職事脩舉，直秘閣，因其任冶司。孝宗朝定鑄額，歲十五萬緡，積久寖虧，六不及一。推原弊端，知楮輕費重，乃使楮與丱音鑛各時其直，輕重只以相權，坑丁競勸丱務，倍入先是，冶卒窳惰，多遺丱泥滓中，有司莫之察。公置局淘洗，所得皆精良，於是盡還故額。

《金史》卷六六《宗室傳・完顔齊》　章宗立，改户部員外郎，出爲磁州刺史，治以寬簡，未嘗留獄。屬邑武安，有道士視觀宇不謹，吏民爲請鄰郡王師者代主之。道士忿奪其利，告王私置禁銅器，法當徒。縣令惡其爲人，反坐之，具獄上。齊審其誣。

《金史》卷九七《張大節傳》　入爲太府丞、工部員外郎。盧溝水嚙安次，承詔護視堤城。擢修内司使，推排東京路户籍，人服其平。進工部郎中。時阜通監鑄錢法弊，與吏部員外郎麻珪涖其事，積銅皆窳惡，或欲徵民先所給直，大節曰：「此有司受納之過，民何與焉。」以其事聞，卒得免徵。就改户部郎中，定襄退吏誣縣民匿銅者十八村，大節廉得其實，抵吏罪，民斲石頌之。

胡謐《（成化）山西通志》卷一五張行簡《張簡獻公神道碑銘》　明年授工部郎中，時鑄錢於代，而績弗成，命公與吏部員外郎麻珪往淮？其事。前官既以事去，而所授民銅積，皆窳惡不堪鑄。議者欲徵還先所給直，而計數浩大，公曰：「此自有司受之者過，民何知焉？」以聞於朝，卒得免徵。就改户部郎中。先是，平涼等處軍夫採礦，日數千人，以工闕尅糧，夫逸去。公親詣山中，以温言誘之，不數日果來赴投，按月給糧，自是工亦不闕，所鑄精緻，賴公力焉。

黄溍《金華黄先生文集》卷三一《續藁二八・銘・正奉大夫江浙等處行中書省參知政事王公墓誌銘》　武宗皇帝詔更鈔法，行銅錢，而鼓鑄之法廢已久。宰相以公今之通才，宜無所不知，乃奏除公江淮泉貨監。公以銅不足爲憂，詢知饒之德興有膽水可浸鐵爲泥，以火錬之，悉成美銅。如其法行之，得銅數十萬斤。凡天下爲監者六，惟江淮所鑄錢號最精。

《明史》卷二四五《萬燝傳》 天啓初元，兵事棘，工部需才，調燝工部營繕主事。督治九門垣墉，市銅江南，皆勤於其職。遷虞衡員外郎，司鼓鑄。時慶陵大工未竣，費不貲。燝知內府廢銅山積，可發以助鑄，移牒內官監言之。魏忠賢怒，不發，燝遂具疏以請。忠賢益怒，假中旨詰責。燝旋進屯田郎中，督陵務。

徐應秋《玉芝堂談薈》卷二九《石緑金》 《清異録》：「孫承祐，吴越外戚，奢侈異常，用千金市石緑一塊，天質嵯峨如山，命匠治爲博山香爐，峰尖上作一暗竅出煙，呼不二。」《山類聚記》：「張燕公有石緑鏡臺，得自明川道士，宗聞其有異，取以精炭十車，燒之不變乃已。」按：石緑，銅之苗也，出右江有銅處，生石中，質如石者名石緑。又一種脆爛如碎土者，名泥緑。

李紱《穆堂類稿》別稿卷二八傳一《大學士白公家傳》 聖祖皇帝眷注愈隆，公亦竭力圖報，遇九卿會議，不爲阿隨。時户、工二部錢局鼓鑄銅觔，因銅商虧帑，派於八省辦解，部定銅價原無不敷。第派買之地俱不産銅，必就洋船買送，而東洋客俱由江南、浙江二海關驗明收口，是以八省辦銅之官齊集蘇杭二府。守候奸商乘機囤積，抬價措勒，承辦官各顧考成，互相争買，以致銅價高昂，賠墊甚苦，猶不能敷。有就地丁加派累及於民者。六十一年，江南海關監督劉保住疏請，以八省辦解之銅專歸江海一關承辦。疏下九卿會議，余時以副都御史與議，謂八省無銅，而派令承辦，勢迮力絀，欠銅至三十餘萬，參官至八十餘員，攤派地丁錢糧累及小民者已五省矣。且今日惟恃洋銅，自當令有銅處承辦，不當責之無銅之地。法窮則變，宜如所請。而向來錢局陋例甚多，交銅有費，承辦遲延者免參有費，八省承買，則官愈多費愈重，而得陋利愈多。於是户、工二部督理寶泉、寶源二局者，力持不可。謂監督微員以收税之官，而承辦八省四百四十餘萬觔之銅，責任過重，且關差按年更换，必致呼應不靈。争二日不決，第三日公至，謂何不以關歸併巡撫，因别爲後議。言鼓鑄一事屢廑聖懷，臣再四思維，即就劉保住所請銅歸關辦，疏内籌一變通之法，以期永遠可行。莫若將江浙二海關照天津、臨清等關併歸巡撫兼理之例，即歸併於江南、浙江兩巡撫兼管，並令辦解銅觔。若關課有虧，銅觔遲悞，即將兩巡撫從重議處，所贏餘奏明充餉。其兩巡撫分辦銅數行文該撫，酌定報部。至六十年以前之銅，八省已經委員領銀採辦，仍令八省督撫速催解部。其六十一年以後之銅，歸併江浙兩巡撫辦解。余亦欣然署名列上，尋奉俞旨，白潢等。

李庚乾《佐雜譜》卷上《同知》 國朝蔣君祝，字賡三，仁和人。永昌府同知，有土司頗骫法，君單騎入苗洞，曉以大義，苗大戢。嘗攝府事，爲置義倉，或曰：「攝守，乃不憚勞如是。」君曰：「苟利於民，奚問攝爲？」會夏旱，民賴倉穀，得不饑，乃大服。銅廠有羨餘，悉以歸公。大府入覲，嘗舉君以對，上稱真廉吏云。《國朝先正事略》。

王昶《春融堂集》卷六三《行狀三・事畧・國子監司業王公行狀》 曾祖某，祖某，父某三代皆不仕，贈通議大夫、雲南按察使司。妣皆贈封淑人本籍直隸大興縣人。公諱太岳，字芥子，以乾隆六年辛酉舉於鄉，明年壬戌成進士，改庶吉士。十年，授翰林院檢討。十五年，充日講起居注官，十八年，充江南鄉試副考官。十九年，授侍講轉侍讀，充會試同考官。二十年七月，補甘肅平慶道。二十三年，調西安督糧道。三十三年，擢湖南按察使。三十六年，調雲南按察使。三十七年，擢布政使。是年，以審擬逃兵寬縱落職。四十二年，命在四庫全書館爲總纂官。四十三年，仍授檢討。四十七年，擢國子監司業。後三年而終，年六十有四。【略】及在雲南，憫銅政之弊病民，而兼以病官，於是上下數十年，旁搜傳訊窮源，竟委指利害之所由來，以求補救之術。因條上於總督、巡撫，其畧曰：竊見滇南地處荒裔，言政者必以銅政爲先。然自官置廠以來，未六十年，而官民交病，進退兩窮或比之捄荒無奇策，何也？蓋今日銅政之難，其在採辦者四，而在輸運者一。一曰官給之價難再議加也。乾隆十九年前，巡撫愛必達以湯丹銅價實少八錢有奇奏蒙恩許半給則加四錢二分三釐六毫。越二年，前巡撫郭一裕請以東川鑄息充補銅本，則又加四錢二分三釐六毫。越六年，前總督吴達善通籌各局加鑄，再請增給銅價，則又奉特旨加銀四錢。又越六年，前巡撫鄂寧遵旨陳請，則又暫加六錢。越三年，始停暫加之價。於是，湯丹、大水、碌碌、茂麓等廠遂以六兩四錢爲定價，而青龍山等二十餘小廠，舊時定價三兩八九錢、四兩一二錢者，亦於乾隆二十四年，前巡撫劉藻奏奉俞旨，既照湯丹舊例，每銅百觔定以五兩一錢五分有奇收買。即金釵最劣之銅，亦以四兩之舊價加銀六錢。朝廷之德意至爲厚矣，然行之數年，輒以困敝告，豈誠人情之無厭哉？限於舊定之價過少，雖累加而莫能償也。夫粤、蜀與滇比鄰，而四川之銅以九兩、十兩買百觔，廣西以十三兩買百觔，何以雲南獨有節縮乎？江陰楊文定公名時撫滇，奏陳銅廠利弊，疏云：各廠工本多寡不一，牵配合計每百觔價銀九兩二錢。其後凡有計息議賠，莫不以此爲常率。至買銅則定以四兩以至六兩，然且課銅出其中，養廉、公費出其中，轉運、耗損出其中，捐輸、金江修費出其中。即其所謂六兩者，實得五兩一錢有奇，非惟較蜀、粵之價幾減其半。即按之雲南本價，亦特十六七耳，故曰舊定之價過少也。然在當時莫有異辭，而今乃病其少者，何也？舊時滇銅聽人取攜，自康熙四十四年始，請官爲經理，歲有常課。既而官給工本，逋欠稍多，則又收銅歸本官自售。至雍正之初，始議開鼓鑄運京局，以疏銷積銅。其實歲收之銅，不過八九十萬，又後數年，亦不過二三百萬，比於今日十纔一二。是名爲歸官，而廠民之私以爲利者，猶且八九，官價之多寡，固不較也。自後講求益詳，綜核益密，向之隱盜者至是而釐剔畢盡，於是廠民無復纖毫之贏溢，而官價之不足始無所以取償，是其所以病也。茲硐路已深，近山林木已盡，夫工、炭價一皆數倍於前，而又益以課長之掊尅，地保之科派，官役之往來供億，於是，向之所謂本息、課運、役食、雜用以及廠欠、路耗並計其中，而後又有九兩二錢之實値者。今則專計工本而已幾於此，廠民受價六兩四錢之外，尚須貼費一兩八九錢。而後足問所從出，不過移後補前，支左而右絀，他日之累，有不可勝言者矣。夫銅價之不足，廠民之困憊，至於如此。然而未有以加價請者，何也？誠知度支之籍制有經，非可以發棠之請數相嘗試也，且雖加以四錢六錢之價，而積困猶未遽蘇也，故曰官給之價難議加也。採辦之難，此其一也。一曰取用之數不能議減也。蓋滇銅之供運京外者，亦嘗一二議減矣。乾隆三十二年，雲南巡撫鄂寧以各廠採銅纔得五百餘萬，不能復供諸路之買，咨請自爲區畫，准户部議留。是年，加運之京銅及明年頭綱銅，以及諸路買鑄，於是，雲南減運二百六十餘萬觔。後三年，雲貴總督明德又以去年獲銅雖幾千萬，然自運供京局，及留滇鼓鑄外，僅餘銅一百三十萬觔，以償連年積逋九百二十餘萬，猶且不足，難復遍應八路之求，因請概停各路採買。准户部議奏，許緩補解京銅，酌停江南、江西兩道採買。於是雲南減買五十餘萬觔。後半年，前巡撫明德，又以各路委官在滇候領銅四百一十餘萬，以去年滇銅所餘一百餘萬計之，四年乃可足給。此四年之中，非特截留及缺交京銅，不能補運。而各省歲買滇銅二百餘萬，積之數載，將有八九百萬，愈難爲計。因請裁減雲南鑄錢及各路買銅之數。准户部議奏，許停雲南之臨安、大理、順寧，廣西府并東川新設各局鑄錢；又暫減陝西、廣西、貴州、湖北買銅六十三萬觔。於是雲南得減辦二百餘萬觔，通計前後緩減五百餘萬，廠民之氣力乃稍舒矣。夫滇銅之始歸官買也，歲供本路鑄錢九萬餘千，及運湖廣、江西錢四萬串計，纔需用一百一萬觔耳。至雍正五年，滇廠獲銅三百數十萬觔，始議發運鎮江、漢口各一百餘萬，聽江南、湖南、湖北受買。至雍正十年，發運廣西錢六萬二千餘串，亦僅需銅四十餘萬。其明年欽奉世宗憲皇帝諭旨，議於廣西府設局開鑄，歲運京錢三十四萬四千六十二串，計亦止需銅一百六十六萬三千餘觔。乾隆二年，總督尹文端公繼善又以浙江承買洋銅，逋欠滋積，京局歲需洋銅、滇銅率四百萬觔，請敕江浙赴滇買銅二百萬觔。雲南依准部文，解運京錢之外，仍解京銅三十餘萬，以足二百萬之數，而直隸總督李衛又以他處遠買滇銅轉解，孰與雲南徑運京局。由是各省供京之正銅，及加耗悉歸雲南辦解，然尚止於四百四十萬也。未幾，而議以停運京錢之正耗銅，改爲加運京銅一百八十九萬餘觔矣。又未幾，而福建採買二十餘萬觔矣，湖北採買五十餘萬觔矣，浙江採買二十餘萬觔矣，貴州採買四十八萬餘觔矣。既而廣西以鹽易銅十六萬餘觔矣。既而陝西罷買川銅，改買滇銅三十五萬，尋又增爲四十萬觔矣。於是雲南歲需備銅九百餘萬，而後足供京外之取，而滇局鼓鑄尚不與焉。夫天地之產，常須留有餘以待滋息。獨滇銅率以一年之入，給一年之用，比於竭流而漁，鮮能繼矣！又況一年之用，幾溢於一年之入，此凶年取盈之術也。故曰：取給之數過多也。嘗稽滇銅之產，其初之一二百萬觔者不論矣，自乾隆四、五年以來，大抵歲產六七百萬耳，多者八九百萬耳，其最多者千有餘萬，至於一千二三百萬止矣。今乾隆三十八年、三十九年，皆以一千二百數十萬告，此滇銅極盛之時，未嘗減於他日耳。然而不能給者，惟取之者多也。嚮時江、安、閩、浙買滇銅以代洋銅，議者獨以滇銅衰盛靡常，當多爲之備，仍責江浙官收商買洋銅，以冀充裕。及請滇銅徑運京師，以其餘溢留湖廣開鑄，而商辦洋銅則聽江浙收買鑄錢。議者又以滇銅雖有餘，尚須籌備以供京局，若遽留楚供鑄，設令將來京銅有缺，所關不細。又議浙江收買洋銅，亦須存貯，滇銅或缺，仍可運京接濟。即近歲截留京銅，部議亦以滇銅實有缺乏情形，當即通籌酌劑。是皆以三十年之通制國用爲天下計，非獨爲滇計也。至於今日，而京師之運額既無可缺，而自江南、江西以外，尚有浙、閩、黔、粵、秦、楚諸路開鑄，紛綸並舉。一則曰此民用也，饟錢也，不可少也；再則曰鑪且停矣，待鑄極矣，不可遲也，而滇之銅政騷然矣。夫以雲南之產不能留供雲南之用，而裁鑄錢以畀諸路，諸路之用銅者均被其利，而產銅之雲南獨受其害。其產愈多，則求之益衆，而責之益急，然則雲南之銅，何時足乎？故曰取用之數不能議減也。供辦之難，此其二也。一曰大廠之逋累，積重莫蘇也。謹按楊文定公奏陳銅政利弊疏云：運户多出夷猓，或山行野宿，中道被竊，或馬牛病斃，棄銅而走，或奸民盜賣，無可追償。又硐民皆五方無業之人，領本到手，往往私費無力開採。亦有開硐無成，虚費工本。更或採銅既有，而偷賣私銷，貧乏逃亡。懸項累累，名曰廠欠。由此觀之，自有官廠，即有廠欠，非一日矣。然其時，凡有無追之廠欠，並得乞恩貸免，故歲歲採銅數倍於前，而廠民之逋欠亦復數倍。司廠之員懼遭苛譴，少其數以報上官，而每至數年輒有巨萬之積欠，則有不可以豁除請者矣，上官以其實欠而莫能豁也。於是委曲遷就，以姑補其闕。乾隆二十三年，奏請預備湯丹等廠工本銀十二萬五千兩，所以償廠欠也。三十三年，逮治綜理銅政及司廠之員，著賠銀七萬五千餘兩，所以釐廠欠也。三十七年，除豁免之令，而於發價時，每以百兩收銀一兩。大約歲發七十萬兩，可收七百餘兩，籍而貯之以備逃亡，亦所以減廠欠也。至於開採之遠，工費之多，官本之不足，則莫有爲之計者。故不數年，而廠欠又復如舊。三十七年冬，均考廠庫，以稽廠欠，前後廠官賠補數萬觔外，仍有民欠十三萬餘兩。重蒙皇恩，特下指揮，俾籌利便，然後廠銅得以十一通商，而以鑄息代之償欠。今之東川局加鑄是也。然加鑄之息，悉以償廠欠，通商之銅，又以輸局供鑄。至於未足之工本，依然無措也。是以舊逋方去，新欠已來，兩年間又不可訾算矣。自頃定議，每以歲終責取無欠結狀，由所隸上司加之保結，由是連歲無廠欠之名。然工本之不足，廠民不能徒手枵腹而致採也。則爲之量借油、米、爐炭，以資工作，而責其輸銅於官，以此羈縻廠民。曰：爾第力採，我能爾濟。廠民亦以此餌其口曰：官幸活我，我且力採以贖前負。上下相蒙，不過覬倖於萬有。一遇之堂礦，是雖諱避，廠欠而積，其欠借不歸之油、米、爐炭亦復不下巨萬之值。要之，皆出公帑也。蚩蚩之氓，何知大義？彼其所以俯首受役，弊形體而不辭者，孳孳爲利耳。至於利之莫圖，而官帑之逋負且日迫，其後而廠民始無望矣。夫廠以出銅，民以廠爲業。民無所望，廠何有焉？區區三五官吏之講求，其於銅政，庸有濟乎？故曰：大廠之逋累，積重莫蘇也。採辦之難，此其三也。一曰小廠之收買，涣散莫紀也。雲南礦廠其舊且大者，湯丹、碌碌、大水、茂麓爲最，而寧臺、金釵、義都次之。新廠之大者，獅子山、大功爲最，而發古山、九度、萬象諸廠次之。至如青龍山、日見汛、鳳凰坡、紅日巖、大風嶺諸廠，並處僻遠，礦硐深窅，常在叢山亂箐之間。而如大屯、白凹、人老、箭竹、金沙、小巖，又皆界連黔、蜀，徑路雜出，奸頑無藉貪利細民往往潛伏其間，盜採盜鑄，選踞高岡深林，預爲走路。一遇地方兵役縱跡勾捕，則紛然駭散，莫可尋追。其在廠地採礦，又皆遊惰窮民，苟圖謀食，既無貲力深開遠入，僅就山膚尋苗而取礦，經採之處，比之雞窩；采獲之礦，謂之草皮菜硫。是雖名爲採銅，實皆僥倖。嘗試一引既斷，又覓他引；一處不獲，又易他處。往來紛籍莫知定方，是故一廠之所，而採者動有數十區。地之相去，近者數里，遠者一二十里，或數十里，雖官吏之善察者，固有不能周盡矣。加以此曹不領官本，無所統一，其自爲計也。本出無聊，既非恒業，何所顧惜？有則取之，無則去之。便於就則取之，不便於就則去之。如是而繩以官法，課以常科，則有散而走耳，何能縻乎？官廠者見其然也，故常莫可誰何，而惟一二客長、錫頭是倚。廠民得礦，皆由客長平其多寡，而輸之錫頭。爐房因其礦質、幾鍜幾揭。而成銅焉，每以一爐之銅，納官二三十觔，酬客長、錫頭幾觔，餘則聽其懷攜遠賣他方。核其實數，曾不及湯丹廠之百一。夫以滇南礦廠之多，諸路取求之廣，而惟二三大廠是資。其餘小廠環布森列以幾十數，而合計幾十廠之銅，比之二三大廠，不能半焉。則大廠安得不困？故曰小廠之收買，涣散莫紀也。採辦之難，此其四也。若夫轉運之難，又可畧言矣。夫滇，僻壤也。著籍之户纔四十萬，其畜馬、牛者十一二耳。此四十萬户分隸八十七郡邑，其在通途而爲轉運所必由者十二三耳。由此言之，滇之牛、馬不過六七萬，而運銅之牛、馬不過二三萬，蓋其大較矣。滇既有歲運京銅六百三十萬，又益諸路之採買，與滇之鼓鑄，歲運銅千二百萬。計馬牛之所任，牛可載八十觔，馬力倍之，一千餘萬之銅，蓋非十萬匹頭不辦矣。然民間馬、牛止供田作，不能多畜以待應官。歲一受僱，可運銅三四百萬，其餘八九百萬觔者，尚須馬牛七八萬。而滇固已窮矣，乾隆三年，廷議廣西府局發運京錢，陸用牛一萬四千頭，馬九千匹，水用船三千隻。念其僱集不易，恐更擾民，輒許停鑄。是年，雲南奏言：滇銅運京事在經，始江、安、閩、浙之二百萬，未能一時發運，准户部議運京，許寬至明年，而江浙諸路之銅且需後命。凡以規時審勢，不欲强以所必不能也。又前件議云：户部有現銅三百萬，工部稍不足，可且借撥。又乾隆三十五年議云：户、工兩局庫有現銅四百五十萬，雲南尚有兩年運銅，計可銜接抵局者仍八百餘萬。自後滇之發運，源源無絶，以供京局鑄錢，有盈無絀。其截發掛欠銅三百五十餘萬，均可著緩補解。此其爲滇之官民計者，持論何恕？而其爲國用計者，論事又何詳也？今則不然。户局有銅二百五十萬，合工部之銅三四百萬，滇銅之發運在道、歲内均可繼至者，千有餘萬，其視往時，畧無所減。而議者且切切，焉有不繼之憂？於是雲南歲又加運舊欠銅八十萬觔，通前爲七百一十餘萬，而滇益困矣！且夫轉運之法，著令固已甚詳矣。初時京銅改由滇運，起運之日，必咨經過地方，並令防衛催稽，守風守水守凍。又令所在官司核實轉報咨部。其後以運官或有買貨重載，淹留遲運，兼責沿途官弁，驅促遄行，狥隱有罰。其後又以納銅不如本數，議請申用雍正二年採辦洋銅之例。運不依限者，褫職戴罪，管運委解之上官，並奪三官，領職如故。其有盜賣諸弊，本官按治如律，並責上官分賠。又改定運限，自永寧至通州，限以九月。其在漢口、儀徵換簍、換船，限以六十日。自守凍外，守風、阻水之限，不復計除。運銅入境，並由所在官弁依期申報奏聞，而滇、蜀亦復會商，以永寧、瀘州搬銅、打包限五十五日。其由永寧抵合江，由重慶府抵江津，並聽所在鎮道稽查委官催督。或有無故逗遛，地方官弁匿不實報者，並予糾劾。其後以銅船停泊，阻塞輓漕，又議緣江道路委遊擊都司押運，自儀徵以下並聽巡漕御史催趲，運官雖欲飾詐遷延固不得矣。又積疲之後，户部方日月考課。於是巡撫與布政使躬歷諸廠，以求採運之宜，而責巡道，周環按視，以課轉運之勤怠，而察其停寄盜匿。其自守、丞以下，州縣之長與簿尉巡檢之官，往來相屬，符檄交馳，弁役四出，所在官吏日惴惴焉，捄過之不暇，而廚傳騷然矣。嘗考乾隆二年，滇有餘銅三百七十四萬，故能籌洋銅之停買；十七年有積銅一千八九百餘萬，故能給諸路之取求；二十四年以後，有大興、大銅二廠，驟增銅四百餘萬，故能貼運京銅，歲無缺滯。此如水利，其積不厚，而日疏抉之，則涸可立待，勢固然也。今司運之官，懼罹罪責，既皆增價僱募，然猶不免以人易畜，官司責之吏役，吏役責之鄉保里民。每贏數日之糧，以應一日之役，中間科索抑派，重爲民擾。喜事之吏驅率老幼，橫施鞭打，瘁民生而虧政禮，非小故也。具此五難，是以滇之銅政有捄荒無奇策之喻，雖然，荒固不可不捄，而銅固不可不辦，不可不運也。嘗竊求前人之論議，廼注得失之所由，其有已效於昔而可試行於今者，曰多籌息錢以益銅價也，通計有無以限買銅也，稍寬考成以舒廠困也，實給工本以廣開採也，預借僱值以集牛馬也。雲南之銅供户、工二部，供浙、閩諸路，供本路州郡鑪餉，其爲用也大矣。故銅政之要，必寬給價，給價足而後廠衆集，廠衆集而後開採廣，廣採則銅多，銅多則用裕。前巡撫愛必達疏云：湯丹、大水等廠開採之初，辦銅無多，迨後歲辦銅六七百萬及八九百萬，今幾三十年課耗餘息，不下數百萬金。近年礦砂漸薄，窩路日遠，近廠柴薪伐盡，炭價倍增，聚集人多，油米益貴。每年京外鼓鑄需銅一千萬餘觔，爐民工本不敷，歲出之銅勢必曰減。洋銅既難採辦，滇銅倘復缺少，京外鼓鑄何所取資？前巡撫劉藻以湯丹、大碌不敷工本，兩經奏允，加價廠民感奮。大銅廠本年辦銅六十萬，大興廠夏秋雨集停工，尚有銅三百七八十萬。各廠總計共銅一千二百餘萬，歷歲辦銅之多，無逾於此。實蒙特允，初未見有不許也。今之去昔，近者十年，遠者二十餘年，所云礶硐日遠，改採日難者，又益甚矣。而顧云發棠之請不可數嘗者，何也？有銅本，斯有銅息；有鑄錢，斯有鑄息。故曰：有益下而不損上者，不可不講也。按：乾隆十八年，東川增設新局五十座，加鑄錢二十二萬餘千，備給銅、鉛工本之外，歲贏息銀四萬三千餘兩。九年之間，遂有積息四十餘萬。自是以後，雲南始有公貯之錢，而銅本不足，亦稍稍知所取給矣。二十二年，東川加半卯之鑄，歲收息銀三萬七千餘兩，以補湯丹、大水四廠工本之不足。二十五年，以東川鑄息不敷加價，又請於會城、臨安兩局各加鑄半卯。二十八年，再請加給銅價，則又於東川新舊局，冬季、三月旬加半卯。三十年，又以銅廠採獲加多，東川鑄息尚少，則又請每月每旬各加鑄半卯，並以加湯丹諸廠之銅價，而大理亦開錢局，歲獲息八千餘兩，以資大興、大銅、義都三廠之戽水採銅。先後十二年間，加鑄、增局至五六而未已，滇之錢法與銅政相爲表裏，蓋已久矣。以廠民之銅鑄錢，即以鑄錢之息與廠費不他籌，澤不泛及，而此數十廠、百千萬衆，皆有以蘇困窮，而謀飽暖，積其歡呼翔踴之氣。銅即不增，亦斷無減，於以維持銅政，綿衍泉流，所謂多鑄息錢，以益銅本者，此也。取給之數，誠不可議減矣。諸路之所自有與其緩急之實，不可不察也。往者，江南、江西、浙江、福建、陝西、湖北、廣東、廣西、貴州九路之銅，皆買諸滇，沓至迭來，滇是以日不暇給。夫聖朝天下一家，其在諸路者，與在滇之備貯，固無異也。竊見去年陝西奏開寧羌礦硐，越兩月餘，已獲現銅二千四百觔；仍有生砂，又可煉銅五六千觔。由此鎚鑿深入，真脈顯露，久大可期。又湖北奏開咸豐、宣恩兩縣礦廠，先後煉銅已得一萬五千餘觔，將來獲利必倍。蓋見之郵報者如此。今秦、楚開採皆年餘矣，其獲銅也，少亦當有數萬，而採買之滇銅如故，必核其自有之數，則此二邦者，固可減買也。貴州本設二十爐，繼而減鑄二十三卯，採買滇銅亦減十萬，頃歲又減五爐，議以銅四十四萬七千觔，歲爲常率，而滇銅仍實買三十九萬六百六十觔，至於黔銅則減七萬。將以易且安者自予，而以勞且費者予滇，非平情之論也，是故黔之採買亦可減也。又今年陝西奏言，局銅現有二十五萬一千四百餘觔，加以商運洋銅五萬，當有三十餘萬。又委官領買之滇銅六十二萬六千二百觔，且當繼至。以此計之，是陝西已有銅九十餘萬，而又有新開之礦廠，産銅方未可量。此一路之採買，非惟可減，抑亦可停矣。又閩、浙、湖北及江南、江西舊買洋銅，每百觔價皆十七兩五錢，而滇銅價止十一兩，較少六兩五錢，其改買直矣。然此諸路者，其運費雜支，每銅百觔，例銷之銀亦且五六兩，合之買價，常有十六七兩，其視洋銅之價，未見大有多寡。加以各路運官貼費，自一二千至五六千，則已與洋銅等價矣。以此相權，滇銅實不如洋銅之便，則此數路者，並可停買也。誠使核其實用，則歲可減撥百數十萬，而滇銅必日裕矣。所謂通計有無，以限買銅者，此也。廠欠之實，見之楊文定公始籌廠務之年，後乃日加無已。逮其積欠已多，始以例請放免。其放免者，又特逃亡物故之民。而身有廠欠，受現價採現銅，而納不及數者不與焉，是故放免嘗少，而逋欠嘗多。乾隆十六年，議以官發銅本，依經征鹽課例，以完欠分數考課廠官墮征之法，止於奪俸廠官尚得籍其實欠之數，以要一歲之收，於採固無害也。其後以廠欠積至十三萬，而督理之官，自監司以下，並皆逮治追償。尋以銅少，不能給諸路之採買，遂以借撥運京之額銅二百六十幾萬者，計其虛值，而議以實罰。於諸廠之官，罰金至十有四萬。尋以需銅日急，嚴責廠官限數辦銅，其限多而獲少者，既予削奪，或乃懼罹糾劾，多報銅觔，則又以虛出通關，按治如律，罪至於死。斯誠銅廠之厄會矣。夫大小諸廠爐户、砂丁之屬，衆至千萬，所恃以調其甘苦，時其緩急者，惟廠官耳。顧且使之進退狼狽，莫所適從，至於如此，銅政尚可望乎？故曰歲供之銅，猶纍纍千百萬者，幸耳由今計之。將欲慎覈名實，規圖久遠，蕲以興銅政，裨國計，則非寬廠官之考成不可。何也？近歲之法，既以歲終取其所欠結狀，而所轄之上司又復月計而季彙之，廠官不敢復多發價，必按其納銅之多寡，一如預給之數，而後給價繼採，是誠可以杜廠欠矣。然而採銅之費，每百觔實少一兩八九錢者，顧安出乎？給之不足，則民力不支，將散而罷採，欲足給之而欠仍無已，必不見許於上官，是又一厄也。然則今之歲有銅千百萬者，何恃乎？預借之底本與所謂接濟之油米，固所賴以贍廠民之匱乏，而通廠政之窮者也。謹按：乾隆二十三年，預借湯丹廠工本銀五萬兩，以五年限完。又借大水、碌碌廠工本銀七萬五千兩，以十年限完。皆於季發銅本之外，特又加借，使廠民氣力寬舒，從容攻採，故能多得銅以償夙逋也。三十六年，又請借發，特奉諭旨：以從前借多扣少，廠民寬裕，今借數既少，扣數轉多，且分限三年，較前加迫，恐承領之户，畏難觀望，日後藉口遷延，更所不免。仰見聖明如神，坐照萬里。而當時猶以日久逋逃，新舊更易爲慮，不敢寬期多發，僅借兩月底本銀七萬數千兩，而以四年限完。廠民本價之外，得此補助，雖其寬裕之氣不及前借，而猶倚以支延且三四載。此預借底本之效也。又自三十四年、三十七年，先後陳請備貯油米、炭薪，以資廠民，廠民乃能盡以月受銅價傭募砂丁，而以官貸之油米資其日用，故無惰採。斯又所謂接濟者之效也。今月扣之借本消除且盡，獨油米之貸當以銅價計償，而遲久未能者，猶且仍歲加積，繼此不已。萬一上官不諒，而責以逋慢，坐以虧那，則廠官何所逃罪？是又他日無窮之禍，而爲今日之隱憂者也。前歲雲南新開七廠，條具四事，户部議曰：爐户、砂丁類皆貧民，不能自措工本，賴有預領官銀資其攻採，硐硔贏絀，不齊不能，絶無逃欠，若概令經放之員，依數完償，恐預留餘地，憚於給發，轉妨銅政。信哉！斯言可謂通達大計者矣。今誠寬廠官之考成，俾得以時貸借油米，而無他日虧缺之誅。又仿二十三年預借之法，多其數而寬以歲時，則廠官無迫愜畏阻之心，而廠民有日月舒長之適，上下相樂，以畢力於礦廠，而銅政不振起，採辦不加多者，未之有也。所謂寬考成以舒廠困者，此也。小廠之開，涣散莫紀矣，求所以統一之、整齊之者，不可不亟也。竊見乾隆二十五年，前巡撫劉藻奏言：中外鼓鑄，取給湯丹、大碌者十八九，至餘諸小廠，奇零湊集，不過十之一二。然土中求礦，衰盛靡常，自須開採新硐，預爲之計，庶幾此縮彼盈，源源不匱。今各小廠旁近之地，非無引苗，惟以開挖大礦類，須經年累月。廠民十百爲羣，通力合作，借墊之費極爲繁鉅。幸而獲礦，煉銅輸官，乃給價甚微，不惟無利可圖，且不免於耗本，斷難竭蹷從事。又奏云：青龍等廠，乾隆二十四年連閏十有三月，共獲銅四十八萬。自二十五年二月，奉旨加價，至二十六年三月初旬，亦閲十有三月，共獲銅一百餘萬。所獲餘息，加給銅價之外，實存銀二萬九千數百兩，較二十四年多息銀一萬有奇，而各廠民亦多得價銀一萬二千餘兩。感戴聖恩，洵爲惠而不費。又三十三年，前巡撫明德奏言：『雲南山高脈厚，到處出産礦砂，但能經理得宜，非惟裨益銅務，而數千萬謀食窮民亦得藉以資生。』由此觀之，小廠非無利也。誠使加以人力，穿峽成堂，則初闢之礦，入不必深而工不必費。又其地僻人少，林木蔚萃，採伐既便，炭亦易得，較大廠攻採之費，當有事半而功倍者，尤不可不亟圖也。今廠民既皆徒手掠取，而一出於僥倖，嘗試之爲而爲。廠官者徒於坐守抽分之課，外此已無多求。是故諸小廠非無礦也，貨棄於地而莫爲惜也。又況盗賣盗鑄，其爲漏卮又不知幾何哉？小廠之銅，歲不及湯丹、大水諸大廠之十一者，實由於此。誠於廠之近邑招徠土著之民，聯以什伍之籍，又擇其愿樸持重者爲之長，於是假之以底本，益之以油米薪炭，則涣散之衆，皆有所繫屬，久且倚爲恒業，雖驅之猶不去也。

然後示以約束，董以課程，作其方振之氣，厚其已集之力，使皆穿石破峽，以求進山之礦，而無半途之廢，雖有不成者寡矣。若更開曲靖廣西之鑄局，而以息錢加銅價，則宣威、霑益諸山之銅，不復走黔，路南、建水、蒙自諸山之銅，無復走粵，安見小廠不可轉爲大也？所謂實給工本以廣開採者，此也。滇之牛馬誠少矣，滇之所儲備又虛矣，而部局猶以待鑄爲言，移牒趣運，急於星火，殆未權於緩急之實者也。銅運之在滇境者，後先踵接，依次抵瀘，既以乙歲之銅補甲歲之運，又將以乙歲之運待丙歲之銅。而瀘州之旋收旋兑者，亦晷不停息，則又終無儲備之日矣。夫惟寬以半歲之期會，然後瀘州有三四百萬之儲，儲之既多，則兑者方去，而運者既來，是常有餘貯也。如是而凡運官之至者，皆可以時兑發，次第啓行，在瀘既無坐守之勞，在途亦有催督之令，運何爲而遲哉？若夫籌運之法固非可以滇少馬牛自諉也。則嘗竊取往籍而考之，始雲南之鑄錢運京也，由廣西府陸運以達廣南之板蚌，舟行以達粵西之百色，而後迤邐入漢。而廣西、廣南之間，經由十九廳州縣，各以地之遠近大小，僱牛遞運，少者數十頭，多者三五百至一千二百，並以先期給價僱募。每至夏秋，觸冒瘴霧，人牛皆病，故常畏阻不前。既又官買馬牛，製車設傳，以馬五百八十八匹，分設七驛；又以牛三百七十八頭，車三百七十八輛，分設九驛，遞供轉運。會部議改運滇銅，乃停廣西之鑄，而以江、安、浙、閩及湖北、湖南、廣東之額銅並停買，歸滇運京，於是滇之征耗四百四十餘萬，悉由東川徑運永寧，其後以尋甸、威寧亦可達永寧也。乃分二百二十萬，由尋甸轉運。而東川之由昭通、鎮雄以達永寧者，尚二百二十萬。其後又以廣西停鑄之錢，合其正耗餘銅，通計一百八十九萬一千四百四十觔，並令依數解京。是爲加運之銅，亦由東川、尋甸分運。至乾隆七年，而昭通之鹽井渡始通，則東川之運銅，半由水運以抵瀘州，半由陸運以抵永寧。十年，威寧之羅星渡又通，則尋甸陸運之銅，既過威寧，又可舟行以抵瀘州矣。十四年，金沙江以迄工告，而永善、黃草坪以下之水亦堪通運。於是東川達於昭通之銅，皆分出於鹽井、黃草坪之二水，與尋甸之運銅並得徑抵瀘州矣。然東川、昭通之馬牛亦非盡出所治，黔、蜀之馬與旁近郡縣之牛，蓋常居其大半。僱募之法，先由官驗馬牛，烙以火印，借以買價。每以馬一匹，借銀七兩，牛四頭、車一輛，借以六兩。比其載運，則半給官價，而扣存其半，以銷前借，扣銷既盡，則又借之往來，周旋如環無端。故其受僱皆有熟户領運，皆有恒期互保，皆有常侣經紀，皆有定規。日月既久，官民相習，雖有空乏而無逋逃，亦僱運之一筞也。今宣威既踵此而試行之矣，使尋甸及在威寧之司運者皆行此法，以歲領之運價，申明上官預借，運户多買馬牛，常使供運，滇産雖乏，庶有濟乎！然猶有難焉者，諸路之採買僱運常遲也。頃歲定議，滇銅每以冬夏之杪計數，分撥大小之廠，各以地之遠近，銅之多寡而撥之。採買委官遠至東馳西逐，廢曠時月。是以今年始議得勝、日見、白羊諸遠廠之銅，皆自本廠運至下關，由大理府轉發，黔粵之買銅者鮮遠涉矣。而義都、青龍諸近廠與雲南府以下之廠，猶須諸路委官就往買銅，自僱自運，咸會百色，然後登舟。主客之勢呼應既難。又以農事，牛馬無暇，夏秋瘴盛，更多間阻，是故部牒數下，而雲南之報出境者常慮遲也。往時臨安路南之銅皆運彌勒縣之竹園村，以待諸路委官之買運，其後以委官之守候歷時，爰有赴廠領運之議。然其時實以雲南缺銅，不能以時給買，非運貯竹園村之失也。誠使減諸路之採買，而盡運迤西諸廠之銅，貯之雲南府，以知府綜其發運。又運臨安路南之銅，盡貯之竹園村，以收發責之巡檢。如是，則諸路委官，至輒買運去耳，豈復有奔走曠廢之時哉？若更依仿運錢之制，以諸路陸運之價，分發緣路郡、縣，各募運户，借以官本，多買馬牛，按站接運，比於置郵夏秋，盡撤馬牛歸農停運，則人馬無瘴癘之憂，委官有安間之樂。於其暇時又分尋甸運銅之半，由廣西、廣南達於百色，並如運錢之舊。即運京之銅，亦且加速，一舉而三善備焉矣，惟擇其可而採納焉。書上不果行。其後銅政日益困弊，始取其説，稍稍用之，然亦不能盡也。是以滇之官吏至今莫不誦習其書。」

《〔同治〕蘇州府志》卷九〇《人物一七》 元和縣。雍正三年未分縣，前俱入長洲。吴廷琛，字震南，嘉慶壬戌會試第一，廷對復第一。甲子，典試湖南，旋督學政。丁母憂歸，服闋散館，京察，膺上考，出爲浙江金華知府，移杭州，杭爲省垣。【略】廷琛力争，乃罷三令而議守望巡防之法，權藩篆，知銅庫虧乏之弊由，廠員乃徹底清釐覆盡發一月後，東西兩道報各廠豐收，銅政大起。未幾，内召以四品京堂用。踰年，引疾歸，主講正誼書院，旋卒。《朱琦墓志》。

又卷一〇〇《人物二七》 常熟縣。蔣溥，字質甫，廷錫長子，【略】溥察知辰永山谷間多産銅，試採有驗，遂奏請設鑪座鼓鑄，兼買黔粵餘銅廣儲。

《〔道光〕濟南府志》卷五六《人物一二》 楊晉春，長清人，乾隆丙午優貢，充校録中式，順天戊申舉人，選江蘇嘉定知縣，歷任寶山、雲南永善、蒙自縣。臨封潤水苗匪滋事，獲僞軍師來伸，以軍功賞戴藍翎，陞雲南鎮沅直隸知州，署景東直隸廳事，歷署黑鹽井提舉，楚雄知府，陞浙江台州知府。制府奏留，補雲南廣南府，兼署迤西道，委辦寧臺銅廠，多獲銅一百六十餘萬觔，加道銜，以老乞歸。

《〔光緒〕香山縣志》卷一五《列傳》 何瑞榴，字霞暉，小欖人。父大濟，字亦韓，居恒訓子弟以孝弟，待奴僕亦無惰容，歲饑輒蠲佃户租。瑞榴道光壬午舉人，己丑成進士，知浙江嵊縣。有巨盜號勾刀黨，聚徒數百，瑞榴擒其魁，餘黨悉散。旋奉委運滇銅。滇距浙遼遠，人以其初仕難之。瑞榴奉檄即行抵滇，巡撫何晅以同宗厚遇之。銅廠各有監督，例從運官需索，不滿意即多方擱阻，以致逾限獲譴者衆。瑞榴素有才辯，兼爲巡撫器重，諸廠莫敢發難，不二年領銅返，大吏嘉其能。

紀事

歐陽修《歐陽文忠公集》卷一八《奏議·河東奉使奏草卷上·相度銅利牒》 當所據澤州進士閻玠、司法參軍萬頤等狀，並爲河東鼓鑄鐵錢盜鑄者不少。竊見絳州、稷山、垣曲縣三處，皆有銅鑛，欲乞遍往有銅鑛處，密切詢訪，採取烹煉鼓鑄錢幣者，當所檢尋古跡。翼城縣有唐錢坊一，在縣東十五里翔皐山下；又有唐王城冶，在縣北平城三十六里；又有曹公冶，在縣東南七十五里；又有廢銅窟，在縣西三十里。稷山縣甘祚鄉有銅冶村；絳縣有唐古銅冶，在縣南五十里含山谷内；垣曲縣有錢坊，在縣西北九十二里程子村銅源監内。自唐以來，絳州舊曾鼓鑄銅錢，爐冶古跡見在，其廢已久，山澤銅鑛産育必多。兼訪知絳州人户多私採鑄，貨賣銅器。近年錢幣闕乏以來，亦曾有人獻言，乞尋銅鑛烹鑄。前後差官尋訪，多是不曉事體，張皇驚擾，私鑄之家避犯禁之罪，不肯指引採取。又鑛銅側近民居，懼見官中興置爐冶，各相蔽固，並稱無銅。所差官員又不盡心多方求訪，遂使銅寶不能興發，須議專委通幹之官，密切求訪者。右具如前。欲牒絳州管界巡檢孫借職，仰細詳前項事理，只作界内巡警名目，遍至四縣，多設方畧，先且誘賺，得民間私賣銅器一兩件，然後詢求出鑛之家，及細問烹煉之法，須使姦民不能隱蔽，或須要私鑄之人指引烹煉，即設權宜，許其免罪；或别加酬奬，務要求出銅寶，不爲民間藏閉。

李詡《戒庵老人漫筆》卷二《宋銅鐘》 金壇慈雲寺銅鐘，宋元豐二年鑄，聲甚清遠。浸塘劉宰有二碑記。

曹學佺《蜀中廣記》卷六七《方物記第九》《五金》 《十道記》云：「廣漢之地有銅山之富。」《寰宇記》：「銅山縣本蜀道銅山，鄧通鑄錢處也。又有私鎔、可蒙、賴應三山皆出銅，任百姓採鑄。」即今中江縣地。

《〔雍正〕八旗通志》卷一九三《人物志七三·大臣傳五九·漢軍鑲黄旗五·張允隨》 〔雍正〕九年四月疏報，東川府阿壩租地方開採銅礦，試煎一月，獲銅四萬餘觔，上獎爲甚善之舉。

《〔嘉靖〕銅陵縣志》卷一《地理篇·歷代沿革》 南朝銅地俱屬宣城郡南陵縣，齊梁時，置冶煉銅，立場於銅官山下，去鎮十里。《山川》。

劉錦藻《清朝續文獻通考》卷三八八《實業考一一》《吴佩孚調查臨江長百等處各礦説帖》第二條 銅礦紅銅銷路頗廣，各省製造機器廠及銅元製造局半購外人紅銅，我若自開銅礦，小辦則杜絶外人干涉，大辦可製銅元，以代兵餉。第一項：臨江六道溝紅銅礦之情況。該銅礦在臨江六道溝内弁家營附近，其礦砂金黄色，製成之銅係紅色，其銅之精華内含金質，每銅百斤約有金三錢。其銅之含五色光彩者，土人謂之風磨銅，每銅百斤約有風磨銅六七錢之譜。原有銅礦舊洞數處，大約係韓人當日私作。見有臨江縣居民山東人郝景堂採取新銅礦綫五條，開始集股二千元，用木炭製銅法。先由一條銅綫開工，數月後，因股東散夥，遂以資本太少，各工人不得按月開支，半途停工，僅得紅銅三百餘斤，及木炭鋪底等類，亟應由官開辦。

《新疆圖志·實業二·礦》 拜城上下銅廠爲新疆銅礦之冠，舊章銅課攤征於畝税之中。拜城向有銅課，光緒初年規復南疆，辦理善後，仍照承平時舊章，每歲征銅二萬六千餘觔，每額糧一石交銅三觔，民間有地而不業銅者，則購諸銅户，以納於官。洎設行省以後，始改征銅而爲採銅，其間辦法遞變，而弊害亦遞深。初由公家貸發成本，責令銅户按月繳銅，銅價極微，銅户利薄，因交不足額，時公家定額歲交浄銅十二萬觔，每銅百觔發價本銀十八兩。復派令各莊幫貼僱夫採銅之費，謂之幫户。其始但幫出銅費，而免其徭役，未爲病也。乃未幾而官銅鼓鑄日多，銅户力不能供，更派幫户出夫入山採銅，民益不堪其苦。其董辦之人又不明化學冶銅必用薪炭。按化學冶銅之法，不必定用木炭，但取炭屑少許，攙和銅坯中，入爐冶之，其銅自鎔，無論何種煤質，皆可燒爨。於是銅夫之外，復有加派炭夫之事。縣丞陶然紀述銅廠情形，畧曰拜城銅廠專用木炭燒銅，每爐一座，日煉銅六百觔，需用薪炭三百觔。歷年斫伐山林，由近而遠，及於四五百里之外，銅夫則派自縣屬之賽里木六莊，炭夫則派自本城七莊及新撥之西鄉六莊，一切工值運費，按道里遠近定價之多寡。舊章：每銅百觔給價銀十八兩，炭價在内，嗣因運炭道遠，銅價逐加至二十三兩，炭價每百觔仍加給銀四錢至四錢三分五釐不等。上銅廠距水泉二十餘里，每日用驢馱運六七十桶，甃石爲池以貯之。廠中設爐五十餘座，砌諸牆外，高約三尺，牆内置鞴，鼓風扇火，燄烈如熘。爐之四周用厚石護之，其下墁泥爲坳，傾銅坯爐中，與炭層層相間，俟鎔成流質，下注坳内，然後以鈎出之。初作黝色，第二次入爐，提煉成塊，始燦然作紫紺色矣。每銅坯百觔，上等可提糙銅十二觔，次者六七觔，劣者二三觔而已。礦井多在懸崖峻阪間，井内四圍作小坎，寬可容足。銅夫右持角燈，左負皮囊，拾級而下，至井中，必偃伏以施錐鑿。既得礦坯，乃置囊中，井上有人用轆轤轉而起之。坯之佳者，五色相錯，層叠如綫；次者，白屑如霜；又次者，作藍斑紋。春夏之月，井多霉濕，不能燃燈，必旁開一井，以通空氣，秋冬則否。光緒三十二年夏，巡撫聯魁亟命停辦，以甦民困。是年冬，王樹枏來藩西域，以拜城銅礦爲新省第一利源，弊多而利亦多，聽其礦棄，是因噎而廢食也。乃請曰：聞之爲治者，弊去泰甚而已。拜城上下銅廠，自南疆拓闢以來，賡續開採，多歷年所，銅苗滋長二三百里，綿延不竭，質性柔粹，甲於諸礦，苟辦理得宜，自足垂美，利於久遠。今徒以委任非人，不但無益於公，而民累之深，日甚一日。若不設法整頓，則去其害，而利亦隨之矣。夫銅廠之弊，不在於採銅，而在於採炭；不苦於銅户，而苦於炭夫。當開辦之初，銅有定價，炭有定額，運道較遠，則加價隨之。官恤民艱，民受官值，何累之有？奈不肖員司視銅廠爲利藪，假手胥役，攤派炭差，民之富者或買充鄉約，或隱賄頭人，藉辦公爲護符。惟貧民無可倖免，司事廠丁猶復上下其手，加秤加耗，恣意取盈，誅求徵比，惟日不足。況近山林木芟伐已盡，取炭者遠涉於温宿北山，經七八日程然後得達，山路崎嶇，河水漲發常有傾跌淹斃之虞。當此呼天飲泣，無可告訴之時，一旦摧陷廓清，如釋重負，其爲欣願自無待言，然琴瑟不調，在改弦而更張之。方今國瘠民貧，不務開其源，反使已成之業，決然舍棄，誠爲可惜。爲今之計，惟有遴派幹員，前往拜城勘察情形，懲前毖後，籌一萬全之策，庶國計民生交受其益。於是巡撫飭下司道籌議。阿克蘇道潘震請畧仿舊日征銅之法而變通之，責成銅户辦理。畧謂：若除攤派之弊，惟有責成銅户採辦，一切僱夫、燒炭，聽民自便，官不與聞。銅交足額，准其售與各城，以民價之有餘，補官價之不足。使之有利可圖，方能望其踴躍。惟拜城銅户不過百數十家，僅憑各户儘採儘解，誠恐難濟公用。現在變通辦法應暫行酌減銅課額數，並由公家貸發成本，令銅户廣招夫役，庶無竭蹶之虞。勘礦委員劉澄清等則請遴選本地殷富纏民承辦。是年，有招商承辦之議。天津商人蕭某呈請集股辦理，適商務總局檄委通判劉澄清等赴拜城勘察銅廠情形，於是并飭蕭某隨往。澄清等查覆，以漢纏語言不通諸多隔閡，斷非内地商人所能辦理。不若由本地紳民公舉殷實富户接辦，庶於地方民情較爲浹洽。拜城知縣談鎮堃則謂：事歸民辦，招工實難，若仍行攤派之法，是復蹈前弊矣，而銅户散漫，無所統率，亦難專責其成。權衡二者之間，莫若仍令本地富民承辦，而分率銅户爲之經理，如是，則交相爲用，兩有裨益，故卒從鎮堃之議。鎮堃稟稱：銅廠新章自歸民辦之後，招工一節雖嚴禁勒抑，而居民懲於前弊，猶懷疑畏，人人裹足，仍不能不借官勢以爲之招。是雖避攤派之名，而猶行攤派之實也。夫不得已而出於攤派，使各項工價照章發給，亦尚無害，乃其中復多與新章歧異者。查現定章程，廠中夫役由承辦人自行□募，計銅匠每名月給三兩，採坯燒炭之工月給二兩四錢，爐夫、水夫月給一兩八錢，以上各夫月給麪食六十觔。今麪食一項，且折發銀五錢矣。而夫役工資又不能按時發給，即如炭夫每月定交五十塔海，一塔海重六十觔，交不足數，則扣其工食。無如炭夫雖甚勤力，月祇燒炭千五百觔，是兩月之久，始得一月工價，此炭夫所以受累也。又如採銅之夫，新章每月定交銅坯一百六十觔，是兩箇月半之久，始得一月工價，此銅夫所以受累也。因此之故，開辦五月有餘，迭經督催，始解浄銅一萬觔。廠務之蕭條，由於夫役之苦累，雖曰改章，特彼善於此耳。然取承辦之人，加以責罰，彼方振振有詞，謂難辦如此，賠墊如此，惟有告退以卸責任。爲地方官者，若委曲求全，則舊弊旋生，若認真辦理，則新基立敗。其爲難情形，上下正復相同。竊以出銅之衰旺，繫於銅户之勤惰。銅户以燒銅爲業，當前日兩廠停辦時，各銅户並未停工，其恃以爲生涯可見，而近日銅户不能踴躍之故，祇緣工食微薄耳。愚以爲因地制宜，莫若每廠祇派承辦者二人，專司領發款，須監督工作，收解銅觔等事，其餘採銅、燒炭一切雜役概歸銅户包辦，以專責成。至招工一節，應傳集鄉約、保長等，按户挑選，壯丁充當夫役，三月一班，輪流更換，生手熟手參互代用，以期得力。統計拜城闔屬民數，約二三年之久始更一周，非從前苦累到底漫無限制者，比如此則苦樂相均，勞逸相等，民必樂從，弊除而利亦興矣。方拜城銅廠之停辦也，議興庫爾岱山銅礦以濟缺乏。庫爾岱山者，當焉耆之東，礦苗森列浮露，入土不深，銅坯百觔中含浄銅百分之六七，山多胡桐及梭梭木，利於燒鎔。自光緒二十三年試辦之後，無人繼作。庫爾岱銅礦，前巡撫陶模派員探勘，色質均佳，二十三年設局開辦，旋以新平、婼羌一帶大興渠工，恐民力不支而止。至是始以拜城銅缺，招商採辦，而一試不利。焉耆守備符西垣領公款二千兩試辦，年餘虧折停閉。改章爲官督商辦，設立股份有限公司。光緒三十二年，商務總局詳議，擬招商股萬金，改爲官督商辦。先招商股五千兩，再由公家借發成本銀五千兩，合成萬兩，作爲股份有限公司，暫時委員經理，俟商股招足萬金，即將借發之款提還公家，然後由商公舉總理以符商律。委知縣楊昺焜往監之，卒以民少傭貴，公司虧累而止。夫拜城所缺者，薪炭而已，庫爾岱則曠臨沙磧，阪道傴仄，不通車馬，井水鹹苦，工人食之，往往生疾，故附近居民視開礦爲畏途，威怵利誘曾莫之應。又其地多屬蒙回役使，蒙民必經地方有司，咨其盟長，然後蒙民乃敢至，而蒙官一聞礦工，則以爲虐用其民，庇徇不報。回民則多習農賈，憚於勞作，雖官司督迫，而中道散亡，不可禁詰，執役無人。故出銅愈稀，數日所獲，不足供一日之費，虛糜坐耗，以至於敗。楊令昺焜稟稱：銅廠四面沙漠，曠無人烟，惟距廠二百里之烏什塔莊有回民六十餘户，視礦工爲畏途，迭經勸諭，不肯應役，曾函請鄰封出示招募，而庫車、拜城、輪臺、沙雅等處皆謂無工可招。復由焉耆府知府文移土爾扈特、和碩特兩蒙部，並玩延不報。不得已，暫出府城代僱纏夫三十名，每名預發工銀一兩，派差護送至離城一站之清水驛，即四散逃亡。旋又代僱三十名，比解送到廠，僅遺二十二名，且半係老弱充數。招工之難至於此極，惟有暫行停辦，免致虧折。

著録

焦竑《國史經籍志》卷六《纖繆・馬端臨經籍考》　《錢譜》、《續錢譜》、《泉志》、《浸銅要略》、《冶金録》五種入故事非，改食貨。

周亮工《因樹屋書影》卷六　按：張華《博物志》亦稱鑄銅之工不復可得，惟蜀地羌中時有解者，由此言之，斯妙久絶。余謂不復能鑄銅者，正當不能使利如霜雪，光如雲霞，陸斬犀兕，水斷蛟龍，豈復不能鑄銅爐銚燈耶？然今太極殿前兩大銅鏡即周景王鑄也，製作精巧，獨絶晚世，今之作必不及古，猶今之鏡不及古鏡，今鐘不及古鐘矣。右見江淹《古銅劍讚》，古貴銅賤鐵，歷有證據。古銅刀、銅鎗、銅匕，余亦得數種，至銅鏃則雒中以斗計矣，今《博物志》中亦無此語。

王昶《春融堂集》卷六八《書事雜著・〈新纂雲南銅政全書〉凡例》　一、恭録上諭。滇省銅政仰荷皇上燭照無遺，隨事訓飭，聖謨洋洋，承辦大小臣工皆當時時恭閱，欽遵辦理。且閱欽定鼓鑄則例，歷奉上諭皆分類恭録，今纂銅政書亦倣則例體裁，將歷年欽奉上諭分門恭録，庶仰遵聖訓，隨事敬繹，更爲親切著明也。

一、抽課收買。《周禮》太宰以九賦斂財賄、山澤以及幣餘，各有常賦，歷朝礦冶有税，前明路南州銅廠有課。蓋六府金穀並稱，固所以資平成也。滇産五金，而銅爲尤盛，本朝康熙二十四年，總督蔡毓榮始疏陳礦硐宜開，聽民開採而官收其税，每十分抽税二分，委官監收，此爲銅政之始。迨四十四年，總督貝和諾復疏請官爲經理，抽課收買，此爲收買銅之始。見於案牘者如此。當時之奏疏，部議已散軼無存，今以抽課收買爲第一門，從其朔也。雍正元年以後，經理之官章程屢易，各廠收買之價有上中下三等，又屢次議增，至無可增，因許通商以資羨補，酌予水洩，以利攻採，是皆收買次第所有事也。銅價供支不盡出自滇省，因紀其撥運協濟，又如歸公、養廉、耗捐各銅，皆抽課之類，故彙而紀之。

一、廠地。《漢書・地理志》：俞元懷山出銅，來維從山出銅。《後漢・郡國志》：「俞元裝山出銅，賁古採山出銅、錫。」滇之産銅舊矣，自蒙、段竊據，劃江爲界，皆無可考。元産銅之所曰中慶、金齒、臨安、曲靖、澂江，率止一二處、數處而已，及我朝三迤郡縣皆有之，凡四十餘廠。寶藏之興，蓋非前朝所能倫比，而銅亦遂爲滇之要政矣。各廠爲出銅之區，而各店爲運銅之路，故次即列廠店建設爲一門序。各廠、各店所隸之地，子廠之數歲出之額，歷年銅數之升降，設廠設店則有官有役，因紀其經費、運銅程站、脚費，廠店之所交關也，因牽連而書之，亦惟經費之出於銅息者，則載於此。其他採買之程站、陸運之脚費，仍於各門紀之，以免紊亂。至管理則止紀其官，人無一定，皆不具載其由。何人經理得法，而銅獲極豐，亦詳其年，分姓名紀之。各廠中有從前封閉，後得礦復開者，故於封閉之廠，亦考其地與封閉之年詳記焉。

一、京銅。《文獻通考》：「禹鑄歷山之金。」《禹貢》：「揚州厥貢惟金三品，沿於江海，達於淮、泗。荆州厥貢惟金三品，浮於江、沱、潛、漢，逾，於洛，至於南河。」輸金鑄錢以濟民用，自昔已然。我皇上德協坤維，地不愛寶，滇銅之盛，亘古未有，因運京師，以裕泉流，浮金沙江，逾江、淮、河、濟，達於河，遠歷萬里，銅政莫大乎此。蓋自雍正年間滇銅運至湖北之漢口，江蘇之鎮江，應江楚各省採買，已肇購運京銅之漸，嗣復在滇鑄錢運京。乾隆三年，滇廠大旺，而八省採買盡歸滇省購運，於是定各廠各路陸運之法，既而開金沙江之黄草坪，又開羅星渡、鹽井渡三路水運，旋復以鑄錢之銅加運於京。其間令民計程受值，舟車人力並擅其功，自四川瀘州以至京師，委員受銅交銅僱舟易舟，守風守水守凍，引輓增夫，各省起程，沉溺打撈，追賠豁免，回滇報銷，已備極委曲繁重矣，挨序紀之，爲購運京銅門。自瀘州至京，例案皆長，運官所宜遵守者，向鈔一册給運官，運畢繳還。今另爲一册，以便書成可以刊發其知也。

一、錢法，九府圜法見於《周禮》，本於太公，湯鑄於莊山，周景王鑄於周昌，大抵古者多就銅山以鑄錢。滇産銅多而鑄錢亦廣，順治十七年，雲南開局鑄錢，錢法實在銅政之先，自後分設於各府，或復或罷，或增或減，其議減議罷損益因乎時，議增議復酌劑因乎地，皆宜深加考究。故於案牘之中，檢其奏議備録之案牘中無可徵者，則參諸省志以補之。分局題奏者，則以局相從，如減裁、增復、移設及籌出錢易銀之法。合數局題奏者，則以類相從，俾各有端委，不致分淆。其有奏議已見於他門者，設局增鑄，則録其題定事宜於此門。裁減則於所叙局與爐之數節録之，以免重複，以便考證。至鼓鑄餘息，皆關經費銅廠運供不前，因有參賠籌息之案，雖若無關於錢法，備録之，亦可爲後此廠員垂戒。

一、採買。自滇省銅盛，而外省錢法皆資挹注，初採買滇銅止一二省，漸遂及於九省，始本暫時通融，久之遂沿爲定例，成爲歲額。内府、外府同關國帑，亦銅政之未可歧視者，各省銅數不同，銅價不同，前後增減又不同，其輓運有期，遲逾有罰，差員之侵者，予以重譴，總彙爲採買門，籌其兑發，慎其度支，道路之險易遠近具見於此。

一、廠欠。採礦煎銅宜有接濟，銅價不能無預支之數，久之成爲逋負，因有廠欠之名。雍正二年，總督高其倬奏章中已備言之。況銅價之數皆定自數十年之前，國家承平日久，生齒日繁，百物之價數倍於前，而經費有定，採銅之價不可議增，因准預支，俾其藉官項以資營運，而貧不能償暨逃亡者逋負又倍多於前。究之帑藏所關，不可不慎，經前總督奏禁廠欠，仰荷我皇上仁覆無外，特頒恩旨蠲免，屢次皆數十萬金，窮檐感激奮興，而獲銅得以無絀，今併紀爲廠欠門。

一、考成。《周官》太宰以「八柄」馭羣臣曰：日終考日成，月中考月要，歲終考歲會，第其上下，以爲黜陟。滇省銅廠一年考成，分功過而示勸懲，即歲終考歲會之法也。年終考成之外，有獲銅加多專奏陞用者，有短銅悮運特劾逮治者，統爲考成奏銷一門。其京銅陸運、奏銷另附於京銅陸運。

一、志餘。凡條稟議詳現在通行，雖未經奏咨，而亦爲省例均行輯入。其雖未通行，而於銅政有所考証者，亦披揀輯入，以裨採擇。至銅政所重者，獲銅、運銅，其踹引、取礦、煉礦、煎銅雖若無關於銅政，而委折多端，廠民爐户之艱難辛苦必深知而後能憫恤之，亦不可畧而不講，爲志餘，凡所輯録，皆紀姓名，不没其長也。

一、書分八門，而各門中又各有類門：爲大綱類、爲條目，一切案例皆以類編。其奏疏部議分門纂録，各從其類，要在有條不紊，非敢意爲割裂。又或有前後援引，重出疊見，則芟其繁複，取便觀覽，然但加節删，不敢改易其文，庶無失當日立言之旨。

一、采録書籍，恭閱《欽定鼓鑄則例》，書辦運京銅及雲南省鼓鑄兩門内。辦銅運銅之序固已大綱畢舉，始終該備，今將各條於現纂書内分門録入例文，以資援引，未敢妄加增減。又如《大清會典》《雲南省志》或有關於滇省銅政者，又《吏部處分則例》亦間有爲銅政所引用者，皆倣《鼓鑄則例》之法，一併纂入所録書籍，必標書名，以便稽攷。

一、纂録例案之中，或於此類，其議尚懸而未結待證於他門，或大義已明而覆咨覆奏無需纂入，則畧撰數語，以便繙閱覈封，一覽而知，如是之類，俱用「謹按」二字以誌之。

汪輝祖《九史同姓名略》卷二一 張甲。一見《宋史》卷二〇三《藝文志》，撰《浸銅要録》一卷。

藝文

《史記》卷八四《屈原賈生列傳》 賈生既辭往行，【略】及渡湘水，爲賦以弔屈原。其辭曰：共承嘉惠兮，俟罪長沙。側聞屈原兮，自沈汨羅。造託湘流兮，敬弔先生。遭世罔極兮，乃隕厥身。嗚呼哀哉，逢時不祥！鸞鳳伏竄兮，鴟梟翱翔。闒茸尊顯兮，讒諛得志；賢聖逆曳兮，方正倒植。世謂伯夷貪兮，謂盜跖廉；莫邪爲頓兮，《集解》：應劭曰：「莫邪，吳大夫也，作寶劍，因以冠名。」瓚曰：「許慎曰：莫邪，大戟也。」《索隱》：應劭曰：「莫邪，吳大夫也，作寶劍，因名焉。」《吳越春秋》曰：「吳王使干將造劍二枚，一曰干將，二曰莫邪。」莫邪、干將，劍名也。鉛刀爲銛。於嗟嚜嚜兮，生之無故！斡棄周鼎兮寶康瓠，騰駕罷牛兮驂蹇驢，驥垂兩耳兮服鹽車。章甫薦屨兮，漸不可久；嗟苦先生兮，獨離此咎！【略】

賈生既以適居長沙，長沙卑溼，自以爲壽不得長，傷悼之，乃爲賦以自廣。其辭曰：「且夫天地爲鑪兮，造化爲工；陰陽爲炭兮，萬物爲銅。《索隱》：既以陶冶喻造化，故以陰陽爲炭，萬物爲銅也。合散消息兮，安有常則；千變萬化兮，未始有極。」

《漢書》卷四八《賈誼傳第一八》 且夫天地爲鑪，造化爲工；陰陽爲炭，萬物爲銅，合散消息，安有常則？千變萬化，未始有極。忽然爲人，何足控摶；化爲異物，又何足患！小智自私，賤彼貴我；達人大觀，物亡不可。貪夫徇財，列士徇名；夸者死權，品庶每生。怵迫之徒，或趨西東；大人不曲，意變齊同。愚士繫俗，僒若囚拘；至人遺物，獨與道俱。衆人惑惑，好惡積意；真人恬漠，獨與道息。釋智遺形，超然自喪；寥廓忽荒，與道翱翔。乘流則逝，得坎則止；縱軀委命，不私與己。其生兮若浮，其死兮若休。澹虖若深淵之靚，氾虖若不繫之舟。不以生故自保，養空而浮。德人無累，知命不憂。細故蔕芥，何足以疑！

張道陵《金液神丹經》卷上　至令七世七祖父母爲罪，五祖三曾爲罪，及祖父母、父母爲罪，乘先世無數之殃，或謫在地獄，負揵山石，赴諸河伯、天地水三官冶銅拔舌。校諸滄流，考負魂魄，啗棘燒頭，鐵礪其背，生死之過，謫罰罪殃，犯咎萬端。

郭憲《漢武洞冥記》卷一　元封三年，大秦國貢花蹄牛，其色駮，高六尺，尾環繞其身，角端有肉蹄如蓮花，善走多力。帝使輦銅石以起望仙宮，跡在石上，皆如花形。故陽關之外花牛津時得異石，長十丈，高三丈，立於望仙宮，因名龍鍾石。武帝末，此石自陷入地，唯尾出土上，今人謂龍尾墩也。

《宋書》卷三二《五行志三》　魏明帝青龍中，盛修宮室，西取長安金狄，承露槃折，聲聞數十里，金狄泣，於是因留霸城。此金失其性而爲異也。

劉勰《文心雕龍》卷一《宗經第三》　若稟經以製式，酌雅以富言，是仰山而鑄銅，煮海而爲鹽也。

《全上古三代秦漢三國六朝文·全梁文》卷八蕭綱《金錞賦并序》　舍弟西中郎致金錞一枚。《周禮》云：鼓人掌六鼓四金，以節聲樂，以和軍旅，以金錞和鼓，金鐲節鼓。注曰：錞錞，於也。圜如椎頭，大上小下，樂作鳴之，與鼓相和。《淮南》云：兩軍相當，鼓錞相望，若古之禮器，飾軍和樂者矣。吾奇而賦之，其詞曰：

有錞于之麗器，實軍樂之兼珍。伊前古以爲美，成名都之匠人。採赤鋈於蜀壘，求銅精於灌濱。若夫鼓以陽鑪，營之陰炭，是鐫是刻，載輝載焕。笑烏獲之奮槌，踰嵇生之善鍛。實規形之可悦，以妙聲之遠聞。譬洪鍾之虎劒，學章鼎之龍文。至於簨簴先列，金石俱諧，八能效技，六變程才。觀雲龍之鬱郁，望威鳳之徘徊。沛縣留三日之飲，平樂有十千之杯。揮秦箏之慷慨，代晉鼓之嘽哼。皆能協宮和徵，節往通來，宣奏有序，度曲可觀。鄙金鏞之非德，嗤商鏺之易殫。應南斗之鳴瑟，雜西漢之金丸。若夫伏波出討，貳師遠征，蒲昌對戰，孤竹臨兵。映似月之遥羽，飛如鳧之去旌。軍魚麗而齊上，陣龍滕而俱行。望烏雲之臨敵，聞條風之入營。壯士被犀，良馬絡鐵，野曠塵昏，星流電掣。日侵山而欲隱，霧陵空而不滅。望水色其如花，覩奔沙之似雪。咸聽響而先登，普聞鳴而爲節。當此時也，畫角恥吟，胡笳不思，刁斗暫捐，金鉦虚置。何資和之不營，而吐聲之雄異。制六師之進旅，驚三軍之武志。嗟吾弟之博物，實愛奇之已深。識且鑒於鳴石，既有踰於兼金。如陳器於伯寢，似出鼎於汾陰。豈寶玦之爲貴，非瑚璉之可欽。昔武都之一扇，乃銘功以述心。矧元常之五熟，又刻篆以書音。況兹贈之爲美，而古跡之可尋。聊染翰而操筆，終有愧於璆琳。

《文苑英華》七十一。

庾信《枯樹賦》　北陸以楊葉爲關，南陵以梅根作冶。

庾信《庾子山集》卷一《賦·三月三日華林園馬射賦》　采則錦市俱移，錢則銅山合徙。《益州》記：錦里在益州南，笮橋東，流江南岸，以錦爲市。《漢書》：文帝賜鄧通蜀道銅山，得自鑄錢。鄧氏錢布天下其富如此。又《吴王濞傳》云：吴有豫章郡銅山，濞招致天下之亡命者益鑄錢。有兩銅山，故云合徙也。《西京雜記》并載其事。

又卷五《樂府·道士步虚詞十首》　碧玉成雙樹，空青爲一林。楊雄《甘泉賦》曰：翠玉，樹之青葱。師古曰：玉樹者，武帝所作，集衆寶爲之，用供神也。《本草經》曰：空青生小谷，久服輕身延年，能化銅鉛作金，生益州。范子計然曰：空青出巴郡。白青、曾青出弘農、豫章。白青出新淦，青色者善。《博物志》曰：徐公時令人於西平青山採取空青。鵠巢堪煉石，蜂房得煮金。《真誥》曰：仙道有九轉神丹，服之化爲白鵠。班固《終南山頌》曰：蜜房溜其巔。《神仙傳》曰：陰長生事馬鳴生入青城山中，煮黄土爲金。

廖道南《楚紀》卷二一《昭文内紀前篇·鮑防》　鮑防，字子慎，襄州襄陽人。少孤窶，志於學，善辭章。及進士第，歷署節度府僚屬，入爲職方員外。

史南曰：臣讀鮑子慎《問津臺賦》有曰：「玄黄之初，萬物爲銅。形象既著，造化無功。」嗟乎！豈其無功？戕兹固賈太傅所爲悲，屈靈均也，以彼其才，持之以静，守之以定，奚不可者，而乃扼於竇參，齎志以没，是豈達人大觀矣乎？贊曰：子慎高標，襄國之傑。峴山蜿蜒，漢江清冽。響遏行雲，其氣不竭。三復誦之，摩崖深刻。

白居易《白氏長慶集》卷二《贈友詩五首并序》　私家無錢鑪，平地無銅山。胡爲秋夏税，歲歲輸銅錢。錢力日已重，農力日已殫。賤糶粟與麥，賤貿絲與綿。歲暮衣食盡，焉得無飢寒。吾聞國之初，有制垂不刊。傭必筭丁口，租必計桑田。不求土所無，不强人所難。量入以爲出，上足下亦安。兵興一變法，兵息遂不還。使我農桑人，顦顇畎畝間。誰能革此弊，待君秉利權。復彼租傭法，令如貞觀年。

又卷四《百鍊鏡》 百鍊鏡鎔範非常規，日辰處所靈且祇。江心波上舟中鑄，五月五日日午時。瓊粉金膏磨瑩已，化爲一片秋潭水。鏡成將獻蓬萊宮，楊州長吏手自封。人間臣妾不合照，背有九五飛天龍。人人呼爲天子鏡，我有一言聞太宗。太宗常以人爲鏡，鑑古鑑今不鑑容。四海安危居掌内，百王治亂懸心中。乃知天子别有鏡，不是楊州百鍊銅。

又卷二二《貘屏贊并序》 貘者，象鼻犀目，牛尾虎足，生南方山谷中，寢其皮辟温，圖其形闢邪。予舊病頭風，每寢息，常以小屏衛其首，適遇畫工，偶令寫之。按《山海經》，此獸食鐵與銅，不食他物，因有所感，遂爲贊曰：

邈哉！奇獸生於南國，其名曰貘，非鐵不食。昔在上古，人心忠質，征伐教令，自天子出，劒戟省用，銅鐵羡溢。貘當是時，飽食終日。三代以降，王法不一，鑠鐵爲兵，範銅爲佛。佛像日益，兵刃日滋，何山不剗，何谷不鑿，銖銅寸鐵，罔有孑遺。悲哉彼貘！無乃餒而。嗚呼！匪貘之悲，惟時之悲。

楊齊賢《分類補注李太白詩》卷一九《答杜秀才五松見贈》 五松山，南陵銅坑西五六里。昔獻長楊賦，天開雲雨歡。當時待詔承明裏，皆道揚雄才可觀。敕賜飛龍二天馬，黃金絡頭白玉鞍。浮雲蔽日去不返，總爲秋風摧紫蘭。齊賢曰：揚雄獻賦：「待詔承明廷。」事見前註。角巾東出商山道，採秀行歌詠芝草。路逢園綺笑向人，兩君解來一何好。聞道金陵龍虎盤，還同謝朓望長安。千峯夾水向秋浦，五松名山當夏寒。銅井炎鑪歊虛驕切，氣出貌。九天，赫如鑄鼎荆山前。陶公矍鑠呵赤電，回禄睢盱揚紫煙。此中豈是久留處，便欲燒丹從列仙。齊賢曰：商山，商州。《楚辭》註：秀謂芝草。東園公、綺里季事見前。諸葛亮至鄴曰：「鍾阜龍盤，石城虎踞。」謝朓有《晚登三山還望京邑》詩。《唐志》：「秋浦有銅，有銀，南陵舊有銅官。」《治史》：「黃帝採首山之銅，鑄鼎於荆山下。」杜預註曰：回禄，火神。《老子》註曰：睢睢盱盱，跋扈之貌。《字林》曰：「睢，仰目。盱，張目也。」

又卷二〇《銅官山醉後絶句》 我愛銅官樂，千年未擬還。要須迴舞袖，拂盡五松山。齊賢曰：唐宣州南陵縣，武德四年隸池州，州廢，屬宣州，後析置義安縣，又廢義安爲銅官冶。利國山有銅有鐵。

姚鉉《唐文粹》卷六七李白《化成寺大鍾銘并序》 覩天宫峥嶸，聞鍾聲瑣屑，乃謂諸龍象曰：曷不建大法鼓，樹之層臺，使羣聾六時有所歸，抑不亦美乎？於是發一言以先覺，舉百里而咸應。秋毫不挫，人多子來。銅崇朝而山積，工不日而雲會。乃採鳧氏，撰鴻鍾，火天地之爐，扇陰陽之炭。回禄奮怒，蜚廉震驚。金精轉涾以融熠，銅液星熒而熣燦。光噴日道，氣蔽天維。紅雲點於太清，紫煙矗於遥海。炟爀宇宙，功侔鬼神。瑩而察之，吁可駭也。爾其龍質炳發，虎形躨跜。縻金索以上絙，懸寶樓而迭擊。傍振萬壑高聞九天。聲動山以隱隱，響奔電而闐闐。赦湯鑊於幽途，息劒輪於苦海。景福肹蠁，被於人天，非李公好謀而成弘濟，羣物又孰能興於此乎？

劉攽《彭城集》卷八《七言古詩·關西行》 關西居人多閉屋，屋底老翁相向哭。縣官禁錢錢益輕，百姓無錢食不足。平時斗粟錢百數，今者千錢人不顧。大家蕭條無十金，小家流離半逺路。憶初鑄錢爲强國，盗賊無端皆得職。邇來救弊因寬民，盗賊自苦民逾貧。安得萬物皆爲銅，陰陽熾炭造化工。鑄錢萬萬大似尺，官定足用民家豐。

梅堯臣《宛陵集》卷一八《送余中舍監韶州錢監》 孤青水中石，片白蒼梧雲。虞舜不可見，蕭韶不可聞。君爲漢錢官，鑿山取銅鑛。韶石不生銅，留爲千古景。

又卷三二《送施景仁太博提點江南坑冶》 楚山豈無銅，楚匠豈不工？大鑪常乏鑄，碧丱那得充。積弊在鄉縣，孰肯以利籠？君今承詔行，諭民當得中。苟能使之發，亦莫取之窮。此乃事可久，山深山自通。

又卷三二《送王判官同提點坑冶》 地雖不愛寶，利在與民共。務國不務民，儻有安得用？孟氏美王囿，其説久已誦。聊此陳薄言，忉怛不能重。

《補注東坡編年詩》卷三九《古今體詩七十四首》 十一月九日夜，夢與人論神仙道術，因作一詩，八句既覺，頗記其語，録呈子由弟，後四句不甚明了，今足成之耳。

析塵妙質本來空，公自注，夢中於此句若了然有所得者。更積微陽一線功。照夜一一作孤。燈長耿耿，閉門千息自濛濛。養成丹竈無烟火，點盡人間有暈銅。《雲笈七籤·金丹部》有赤銅去暈法，取熟銅打作葉，以牛皮膠煮之如粥，以銅葉納中，以鹽封之内爐中，火之，令煙盡極赤出，冷砧上打之，黑皮自落。寄語山神停伎倆，不聞不見我何窮？

李光《莊簡集》卷一六《銘·等慈寺鐘銘》 等慈寺於上虞爲大伽藍，慶曆中，咸潤師所創建，經方臘之變，金碧之區，鞠爲草莽。越二十一載，有僧首妙智大師志遠始出其衣囊，與其徒法常兼募衆緣，經營而一新之。師既以大廈安四衆，又欲以鴻鐘警六時。悲願既深，衆應如響。於是涓擇吉日，精求良工，得富陽人陳誠。稽合律度，範模陰陽，凡用銅三千六百觔，高廣之數，厚薄之齊咸適厥中。將以覺昏聾，滅罪垢，迷法性者尋聲而頓悟，其功用豈不大哉？

王庭珪《盧溪集》卷三《古詩·送趙逢源赴趙提點辟》 泉司近年浸鐵成銅以足國用，使者與公皆賢宗室，故以比子政云：

曩日逢君盧水頭，來如天馬初伏輈。忽然去作幕下士，奮袖起如鷹脱韝。黄雲壓空欲成雪，笑捧辟書還御闕。王孫俱是天麒麟，枕中有方能點鐵。

又卷一三《七言律詩·次韻謝同年劉子堅生日惠詩》 詩詞清麗筆如神，猶記同年歲在申。弧矢志高千萬里，煙霄路闊幾由旬。曾無紫氣衝南斗，空有紅光動北辰。自顧頑才類銅錫，敢期陶冶鑄成鈞。

汪應辰《文定集》卷二四《太上皇后閤端午帖子詞》 上古遺書究治終，長編通鑑更參同。端居坐照無窮事，何用江心百鍊銅。

周紫芝《太倉稊米集》卷四二《銘十五首·資壽寺鑄鐘銘》 有大比邱，號曰法嵩。冶銅百鈞，鑄此巨鐘。不叩而鳴，豐山是同。聞屍陁林，斃者俱起。徹大地獄，杻械自弛。咸由聲聞，而悟妙理。師以歡喜，了大事緣。虚空有盡，兹器弗遷。與此銘詩，昭千萬年。

韓元吉《南澗甲乙稿》卷一《五言古詩·望靈山》 建安城南鄭氏居，號南澗，山水甚幽。子始至，欲遊，率奪以事。秋九月，事少間，前二日折簡招客，客半辭。既命駕，辭者復先在，相與追逐詰曲，由田中粱溪並山麓，隘不可輿行，二百步始得寒，巖磴犖确，羊腸而上，鉅竹生石間，舉武疲，曳休小亭。至上，方牕户明邃，從疎林瞰，遠山如綺，疏中望通衢也。西漸走，水養魚，植菖蒲，石上纖巧可愛。有僧臞甚云：「山故銅冶也。」指其穴已幂，篝火之跡亦猶在山半。【略】明日，有以秋氣集南澗爲韻，自賦五首云：高岩跨層巔，一逕入蒼翠。三休徹上頭，却立脱平地。當年寶藏興，中夜出光氣。至今不縫裂，篝火尚能記。

崔敦禮《宮教集》卷一《大暑賦》 環天地以爲爐兮，播造化於冶中；運陰陽以爲炭兮，爍萬物其猶銅。

《〔紹熙〕雲間志》卷下呂譔《福善院新鑄鐘記》 昔黄帝命伶倫氏鑄十二器，蓋鐘之始也。召從律之氣，揚治世之音。上同和於天地，下協贊於神人。暨西域聖人化寖中國，海貯真教，星羅梵宫。方袍之士佛肆之間亦建鐘焉。大者數萬斤，小者數千斤，或謂振豐隆之響，鼓鏗鍧之聲，警六和之衆，息三塗之苦。天下之人信服斯語，悉務蠲施，曾無間然矣。福善院屬秀州，華亭縣之西北隅内，熏浦之陽，僞梁犯仁宗諱。貞明六年之所建，舊曰尊勝。皇宋大中祥符元年，肇錫新額。斯院也，臺殿輪奂，廊廡完備，象設孔嚴，緇徒櫛比，惟鐘闕如。院主沙門遇來大師，幼脱塵網，素演竺書，内行醇明，外貌芳潤，忽一日，喟然歎曰：「凡燕居蘭若，式遠郛郭，苟無鐘梵之音，曷爲我晨昏之號令耶？」遂命門弟子紹諲與耆宿僧德成歷冒風霜，編誘檀信。隴西董仁厚，欣然樂善，首施净財三十萬，繇是近者、遠者靡不悦隨。天禧四年冬十月，諲乃抵郡薦狀，乞聞天庭。尋詔下，許輸錢易銅以鑄斯器。明年，值洪水方割，下民昏墊，亟就兹緣，時不我與。洎天聖二年，歲之豐和，俗稍蘇息，諲復率衆聚財，載聞郡政，乃命青龍鎮巡檢、侍禁太原王公繼斌莅而鑄之。公芳猷蘭祕，峻節霜明，幹局有聞，從事無曠。十二月己巳，梟氏設良冶而鍛鍊焉。境邑士女觀者如堵。銅既山積，火亦煙熾。洪爐啓而祝融奮怒，巨槖扇而飛廉借力。凝煎沸渭，翕赫霄壤。俄而煙飛燄歇，豁然中度。華鐘告成，厥功斯就。揭珍臺而彌奂，發鯨杵而大鳴。激越人天，聲聞遐邇。不柞不鬱，不槬不窕。匪獨導我之真侣，抑亦聰彼之群聾。縱使漢宫千石感崩山而發秀，豐岫萬鈞應嚴霜而振響，豈得同日而語乎？譔丁制滁陽，退居江左，承命叙事，牢讓弗遑，謹直書其實云耳。時皇宋天聖三年二月十五日記。

陳仁子《牧萊脞語》卷一《賦·南嶽賦》 巡山二虎兮何馴？護觀雙鴉兮何哀？手補破鐘兮何譎？《山志》：栢仙觀，端拱末有〔鍾〕〔鐘〕破裂，有道人以堂心鎔銅汁，就其裂摸之，入溪洗手，忽失所在。

陳仁子《文選補遺》卷二二魯褒《錢神論》 昔神農氏没，黄帝、堯、舜教民農桑，以幣帛爲本。上智先覺變通之，乃掘銅山，俯視仰觀，鑄而爲錢，故使内方象地，外圓象天。錢之爲體，有乾有坤。其積如山，其流如川。動静有時，行藏有節。市井便易，不患耗折。難朽象壽，不匱象道。故能長久，爲世神寶，親愛如兄，字曰孔方，失之則貧弱，得之則富强。無翼而飛，無足而走。解嚴毅之顔，開難發之口。錢多者處前，錢少者居後。

佚名《元賦青雲梯》卷下黄師郯《承露盤賦》 於是碎首山之鑛，鍊太白之精。紫電噓爐鞴之焰，剛風鎔膏白之英。金鵶曉飛，刷赤羽而驚翥；玉龍夜飲，唆元液而無聲。良工獻技，宮官告成。諒奇物之神造，擢雙立之修莖。圓象蓬嶠之鼎，高侔天柱之形。抗金仙於寥廓，軼泱瀣以凝神。玉筍刮空，掬清泠於碧落；瓊杯吐耀，映素彩於觚稜。

趙孟頫《松雪齋集》卷四《次韻子山登樓有感》 西北高樓好，登臨望眼空。弁山橫雨外，笠澤浸天東。計乏千金藥，羞看百鍊銅。只應將世事，都付酒杯中。

懷古情何極，登危氣尚雄。江山一時勝，宇宙百年中。翠袖愁空谷，綈袍受朔風。超然高舉意，決眥送孤鴻。

王惲《秋澗集》卷二〇《七言律詩·和錢神詠幹臣二首》 解紛開難到處行，雖云銅臭最關情。世緣利益稱泉貨，時便流行托楮生。武子矜豪編竟埒，魯褒貽笑愛如兄。細思最是通神處，買盡人間事不平。

鉅室權門坦蕩行，反於窮薄略無情。散飛庭樹來無迹，污濁羣心到處生。取象有天還有地，縱貪無父亦無兄。存心思革交征弊，何處銅山剷可平。

陳旅《安雅堂集》卷三《爲趙敬叔賦漢海獸葡萄鏡蓋鄭夾漈家故物也》 尚方老冶收精銅，金膏玉髓開朣朧。未央曉月低青桐，六月秋井生芙蓉。當塗妖鬼負神器，銅人登車數行淚。寶奩偶落長安市，來與人間照珠翠。凝陰空祭江心龍，海雨夜入閩王宮。一朝愁殺漈上翁，破屋日夜穿晴虹。西苑野露堪作酒，中有騊駼活欲走。趙侯得之莫失手，龍女鮫童俟之久。

陳敬《陳氏香譜》卷四《博山香爐沈約》 凝芳俟朱燎，先鑄首山銅。環姿信疊崿，奇態實玲瓏。赤松遊其上，斂足御輕鴻。蚊龍蟠其下，驤首盼層穹。嶺側多奇樹，或孤或連叢。巘間有佚女，垂袂似含風。翬飛若未已，虎視鬱余雄。百和清夜吐，蘭煙四面融。如彼崇朝氣，觸石繞華嵩。

劉溥《草窗集》卷上《賦得空青壽張希文》 纍纍楊梅青，得自越嶲岑。璀璨體圓寶，嫎遊色鮮深。外美固云貴，中虛尤見欽。土石産至寶，銅□變精金。本草上神功，僊入嗣徽音。洞達既照目，聰明亦通心。充繪殊未然，益壽良有諶。初筵孰可贈，斯人獨能任。

《〔嘉靖〕廣德州志》卷一〇《藝文志》張壇《儒學新鑄祭器記》 天生素王闕百聖，而一統越宇宙，而一人遊夫子之門牆者，咸受罔極之恩，而敬仰，而報本，出於天理人情之當然，自有不容已也。廣德舊有祭器惟陶惟木，惟錫惟鐵，然神雖享於克誠，苟禮器不備，亦無以格夫子在天之靈，可乎？古燕辛侯用和，以名進士來知此邦，剛王有爲有守，而尤留心學校。凡人所不經心者，侯悉爲之有度，況人所共仰者乎？視篆後值丁祭，覩禮器不完不美，且壘且窳，惻然有懷，而報本之心起矣。越明年辛亥，首命義士李承二募杭工之能者，冶銅一千五百觔，鑄成正殿并四配十哲，兩廡大香爐花瓶三事，中香爐花瓶二十六事，燭臺二付，犧牛象兔四尊，簠十，簋十，酒尊四，酒海三，大杓數與海同，曰籩曰豆，各計以十，正殿盃爵數盈三十，兩廡盃爵計一百一十二。又冶銅一百四十六觔，鑄成南西北三壇，香爐八，花瓶六三，酒海二十一，爵杓數亦與海同。總銅一千六百四十六觔，共祭器二百七十三件事，始於本年正月初十日，盡八月於工，適提學王宗文先生按試畢謁廟，發謙堂覩祭器而有感想，以爲人所不肯爲者，侯能爲之，誠有可嘉，命典守者視之唯謹。

《〔嘉靖〕青州府志》卷一八《遺文七·紀述一·碑傳記·馮惟健冶泉記》 凡物必成於鑄，鍾鼎彝敦之屬，人得而鑄之，鑄之善者，更千萬世而不朽。物之形於兩間者，鑄於化工，罏天地而銅萬物，此鑄之大者也。聖人之於人也，因其材之高下而造就之，有鑄之道焉。古人云，孔子鑄顏淵，其弗信矣乎？自後鑄者益多，然皆弗能爲孔氏之鑄焉而自鑄。雖然，天地不鑄則萬物銷，工匠不鑄則器用熄，聖賢不鑄則人才窮。夫苟有鑄者，則不必荆山之鼎，劍戟釜鐺皆可爲器。是故大小者，材也；精粗美惡，匠者之工拙也。可鑄而弗鑄，棄其材者也。余不自識其可鑄與否？然氣剛而質鈍，方員不適於用，世之當鑄者莫我若也，故以冶泉自號焉。泉在朐山之陽，歐冶子嘗鑄劍於此。嗚呼！安得若人者以鑄余哉！他日歸隱臨朐，觀於雲門海岱之間，搆冶亭，濯泉水，浩歌自樂，與造物遊，有知我而訪於其中者，猶能大其說，以爲陶鑄斯世者告。

陳耀文《正楊》卷三《梅根冶》 古「冶」字或借作「野」。金陵有冶城，楊子江有梅根野。或作冶字，而音渚。齊武帝詩：「昨經樊鄧役，阻潮梅根冶。探懷悵往事，意滿辭不叙。」劉文房詩：「落日蕪湖色，空山梅冶煙。」孟浩然：「水溢梅根冶，煙迷楊葉洲。」皆以「冶」爲「野」也。

《楊州記》云：「冶城，吳時鼓鑄之所，吳平猶不廢，王茂所治也。」《寰宇記》：「宣州有銀冶，今廢。」庾信《枯樹賦》云：「北陸以楊葉爲關，南陵以梅根作冶。」《南畿志》：「池州有梅根河，源出九華山，會於五溪，支流入於江。銅陵縣有銅官山，有泉，冬夏不竭，可以陵鐵烹銅，因改爲銅官山，嘗於此置場。」

劉侗《帝京景物畧》卷四《西城内・城隍廟市》 吴江沈孟《城隍廟市觀宣鑪歌》：曾讀漢唐食貨志，謂今國朝遜此事。初入帝京大觀光，皇城西頭張廟市。未到廟市一里餘，雜陳寶玉古圖書。公卿却輿臺省步，摩肩接踵皆華裙。阿監飛龍内厩馬，高出人頭俯屋瓦。錦衣裘帽出西華，二十四衙齊放假。亦有波斯僧喇嘛，西先生老鼻如瓜。擠擠挨挨稠人裏，華與鄰交市一家。初來窮儒再三嘆，也隨人口論清玩。周鼎商彝且莫論，中有宣鑪璀以璨。此鑪曰自章皇時，金銅火合相淋漓。嗟乎精銅入土子歸母，地中誰知相牝牡。傳世以火暖爲胎，道異古鼎人疑猜。宣銅款色今共寶，纍纍真贋非難考。如見真人有雲氣，疑義漫天去若掃。徘徊只自媿囊空，波斯眼碧予眼紅。窮儒文章不易出，那能傳世如金銅。

歙縣閔景賢《宣銅鑪歌》：風火十二金德極，赤龍碎折陽烏翼。須臾流出金之英，首山銅枯比不得。宣皇運意商周前，古色不敢争光鮮。一代工倕撥臘巧，維彝維鼎隨方圓。篆煙隱約黄雲裏，二百年來聲價起。製式曾無摹博山，紀功何用沈汾水。宫鑄殊非北鑄方，金塗銀鏊無低昂。款耳分毫辨真贋，有人嗜古傾其裝。吁嗟乎，湛然此鑪盛時色，更有宣漆宣窑宣紙墨，稽首臣民恭拂拭。

晉江黄居中《宣銅鑪歌》：博山香重成雲螭，款識乃出章皇時。古文斑駁光陸離，絶勝周鼎與商彝。青烟朱火鬱紛披，質重爲金象厜㕒。長安丁諼巧運機，被中帳角用非宜。異禽怪獸亦何施，五方香床世所嗤。千古興亡合鑒之，太平天子正垂衣。韻事元不廢萬幾，雕鐫綴貼妙工倕。睡鴨蟠龍未足奇，二百年來神護持。諸君休作耳目怡，自熏知見聞月氏。真鼎還從柳下知，微參鼻觀何有疑。

莆田張士昌《觀宣鑪歌》：烟凝四座散名香，香然鑪煖鑪含光。借問此鑪鑄何良？云此之製自宣皇。今也流傳人所尚，不知匠者何人創。商彝周鼎無多讓，江鑄宋燒敢相抗。吁嗟乎此鑪不可狀，南鑄北鑄徒多樣。曰除獸面象鼻與分襠，戟耳魚耳斯爲上。近來蘇鑄巧益精，終然北鑄稱良匠。

又卷三五《西城外・萬壽寺》 景陵胡恒《萬壽寺鐘》：先皇願力超人天，鎔金鑄鐘蛟龍纏。一擊淵淵震大千，十萬八千靈文全。我踏春烟春寺前，中官指入桃花煙。拜手摩挲魂悄然，滿字半字彌中邊。金火結成筆墨緣，神工非冶亦非鐫。九牧貢金大地然，持比貝葉孰脆堅。心心有佛薪火傳，萬壽寺鐘日月懸。

吴縣沈孟《萬壽寺文皇御鐘》：文皇功成已大賚，銷兵作鐘聲四塞。老矣少師尚緇衣，不書太常銘鼎鼐。此鐘身被蓮花篇，皇以鑄之超人天。峰如閟中若空谷，齋心一默三百年。鐘唇葉葉秋崖覆，説盡經文但一叩。高枕山光得玉音，委身風雨生銅鏽。鐘乎一起鳴盛時，若有修者聞而思。不然聲海八十一，近在城西人不知。

史申義《使滇集》中卷《滇中所見有可感者倣長慶集體三首》 滇中銅山亦無數，開礦置廠官盤踞。可憐役盡萬夫力，斷石鑽沙骸骨露。民是滇民銅滇銅，官移文檄朱票封。榜掠無辜較銖兩，萬爐燒鑄天爲紅。官物官賣敢忤視，牛駝馬負千山中。白米囤里仰餓死，此語吾昔聞吴儂。更有銀礦不敢説，雜出金沙和鉛鐵。地不愛寶産五金，似爲貪人助饕餮。官家一物有賦税，壓制豪强防盗竊。金錢恣取不計萬，牟利豈無三尺法。君不見前日黄門上封事，各關買銅請停止。滇銅如山蔽空下，足够官鑪鑄錢使，滇吏抱頭怖欲死。

曹學佺《石倉歷代詩選》卷二八六《明詩初集六》劉基《古鏡詞》 百鍊青銅曾照膽，千年土蝕萍花黶。想得玄宫初閉時，金精夜哭黄鳥悲。魚燈引魂開地府，夜夜晶光射幽户。盤龍隱見自有神，神物豈肯長湮淪。願借蟾蜍騎入月，將與嫦娥照華髮。

查禮《銅鼓書堂遺稿》卷四《宣德鑪歌有序》 長至後，余歸自瀛博，杜門堁户，擁鑪繙《南北史》。又家藏宣德鑪百數十枚，並責小童培火薰炙。友人余荆帆過訪，見而異之，遲日攜一小鉢盂鑪爲贈，亦宣廟古器，余因博採月餘。凡宣德最佳鑪，均非易得之物，乃集《宣鑪譜》一編，編成，更作歌自書於後：

宣皇昔日當昇平，疆埸無警銷戈兵。八方清寧四海静，不思仙掌樹金莖。宫中稽古尚文事，博放雲罍訪傳器。臣斌頒式臣棠遵，上款俱摹宋時製。倭源鉛錫暹羅銅，渤泥紫礦如霞紅。鑄錯何論六州鐵，刻楮不僅三年工。采蘭良辰日上巳，帝遣金人來曲水。飛廉鼓鞴祥風和，祝融司薪蒼燄起。如神捧出三千鑪，三百六十五閏餘。本色最珍蠟茶色，小書尤重歐陽書。上自宫廷下官府，琳堂紺苑俱分與。羣言寶氣聚如雲，誰識黄金鑠如土。星散波移數百年，土埋苔蝕蝸流涎。魯人贋鼎先後出，甘南施北争紛然。間來偶爲搜零落，古色年深益斑駁。雙魚百乳頗難求，象首獅頭尚如昨。當時賜器分羣官，六卿之外惟豸冠。寧知小几低窗下，反得流金炳如丹。吾聞大禹鑄九鼎，爲燭山林魑魅影。兹鑪但取娱目前，玩物之言足深省。何似空齋燕坐時，胡桃紋炭火初吹。間徵商代夔龍款，勝閲衡山岣嶁碑。

又卷一二《經馱樸鐵廠》　鹽鐵原同利，經營亦有年。洪鑪鎔晝夜，官税納緡錢。山色穿茅屋，江聲壓客船，我來兼撫字，商賈喜安然。

又卷二七《小重山宿豹子溝銅廠官舍》　峭壁層巒天，半生懸深溝。自險勢峥嶸，緣崖支板架。爲棚廠上鑪房皆沿山架板爲屋。霜風冷，鑪火照人明。偪面老峯迎，溝北爲老山，銅礦多在其上。遥看旋。蟻路走沙丁，淩空亂石響。砯砰山腰畔，時聽倒荒聲。礦中無銅之石，名曰荒，自洞口傾之，謂之倒荒。

王昶《春融堂集》卷一九《杏花春雨書齋集・輯〈銅政全書〉有感》　莊山鑄幣古來稱，開竈滇南數倍增。萬里程途喧輓運，四時鎚鑿衆凌競。米薪貴賤原無定，砂礦高低合有徵。採掇羣言資考證，金曹他日免模棱。

沈大成《學福齋集》卷一一《西山觀梅記》　乾隆七年春，余客吴館於族叔東齋先生所，今曲靖太守鄧文猶家居，約爲西山之遊，吾友張君載錫曾記其事，久而失去，雨牕無聊，尋憶朋好，因念此遊。昔歸自閩，今又將入閩矣。乃追記之。庚子質明，張君先起，繞牀呼曰：天幸晴，可遊。衆皆起，遂浮下堰，臨銅坑。晉、宋間鑿沙煎成銅，故名山。有泉亦曰銅井。

劉秉恬《公餘集》卷一〇《丁未八月朔日偶題》　去歲新承司馬檠，去歲於八月初一日，奉到少司馬之命。今朝治粟潞河城。糧行豈比銅行易，滇省諸政以銅務爲要。陸運難同水運輕。滇省銅運係用人馬，自不若糧艘行走之輕便也。南北東西惟上使，殷勤忠懇是臣情。流光一載匆匆度，園裡花枝桂又生。

梁廷枏《藤花亭鏡譜》卷六《漢馬鳥葡萄鏡》　徑三寸二分，重六兩二銖。沿邊一圍隨週作朵雲，中一圍外皆群鳥飛鳴於葡萄垂簇之處，内則四海馬環一鼠紐，葡枝亦旋繞其際，此與徑三寸五分一器禽鳥並同。所不同者，無越過中圍之葡蔓，又四馬皆外向，此獨兩内兩外差異，然内圍凸起，手所先觸或當新鑄時圍面亦有枝蔓，歲久則摩挲漸平，今不復見，固未可知。蓋圍脊已遍作銅光，視全背有文處，古質頓殊，似可舉以爲證耳。此器色近殷赤，惟赤爲銅之正色。《説文》：「金五色，黄爲長。銀，白金也。鉛，青金也。銅，赤金也。」段玉裁《解字注》云：銅色本赤，今之白銅點化爲之耳。又引《食貨志》金有三等，黄金爲上，白金爲中，赤金爲下。孟康曰：赤金，丹陽銅也。語與漢銘所謂漢有善銅出丹陽合。段按：謂丹陽銅即《吴王濞傳》之章郡銅山，今此器色赤，意出丹陽銅鑄也。

柏葰《薜箖吟館鈔存》卷七《探礦行礦字或作鑛，又作丱〈周禮・地官〉有丱人》　若銅煉更易，蠏殼一火炦。銅砂一煉即成蠏殼。

黄鈞宰《金壺七墨・金壺遯墨》卷二《銅廠》　雲南銅礦，夙聞之不悉其詳，錢塘吴仲雲官滇時，有《廠述》四首，具見利弊，節其要云：「華楹具百戲，雕俎羅八珍。指使諸僮僕，佩服麗且新。問官所職掌，曰銅鐵錫銀。朝上一紙書，暮領十萬緡。會計足課額，可以娱嘉賓。勿謂官豪華，視昔官已貧。頗聞有某某，憑陵居要津。積金北斗高，歌舞難具論。歌舞豈不歡，世事如轉輪。朝廷固寛大，國法亦以伸。事過三十年，殘魄含酸辛。官今當黽勉，富貴天所令。鳩卮與漏脯，智者終逡巡。哀哉銅山下，乃有餓死人。」其一。「滇廠四十八，寶路區瘠肥。媪神豈愛寶，苗脈有盛衰。攻採矧雲久，造物亦告疲。寧臺與湯丹，二廠最大。今亦非曩時。小廠益衰竭，徵課檄若馳。何從獲硬硤，硐謂之礶，礶石堅爲硬硤，硬則可久獲大礦。間或得草皮。浮淺而少者爲草皮礦。雞窩不滿萬，雞窩出銅少。餓鞘亦何爲。餓鞘，有苗無礦。長芟入龍窟，水洩費不貲。硐有積水，百計涸之，謂之拉龍。年年告缺額，眄斥安敢辭。我聞古銅官，坊冶各有司。方今吏事繁，難理如亂絲。況復畢廠政，殿最較銖錙。既耕復使織，誰能劑盈虧。上贍九府供，下給家室私。官私兩不病，治術其庶幾。」其二「受事平其爭，厥長凡有七。有客長、課長、爐、鍋、鑲、硐、炭諸長。錘手與砂丁，是皆長所帥。有犯則扶之，晝夜戒無逸。帕首縛一燈，行若緣縫蝨。仰攻亦俯鑽，但懼列線失。風穴竅谽谺，入深苦悶，鑿竅洩之。廂木架疏密。硐慮下陷，每二尺餘，支木四，是爲一廂，硐之遠近以廂計。龍驚地軸裂，一入不復出。悲哉乾蟣子，枯腊黑於漆。硐陷則死，或爲寶氣所養，屍不腐，名曰乾蟣子。更聞扯火勤，爐罩難畢述。煎礦曰扯火，煎紫板用美人爐，蟹殼用紗帽爐，啞銅用太極爐，銅夾銀用推爐，鉛夾銀用蜈蚣罩，黑銅蝦蟆罩。罩者，爐之别名。争尖與奪槽，刀劍鬥狂獝。異線開採，而同得一礦，則有争奪之事。一朝鳥獸散，探胠入民室。素之籍無名，山箐費窮詰。持以問長官，鎮撫用何術。」其三。「廠主半客籍，逐利來窮邊。入官報試採，自竭私家錢。欣然大堂獲，繼以半火煎。礦旺曰大堂，晚煎曉成爲半火。抽課得羨餘，陶猗不足賢。百貨日磨集，優倡肆妖妍。荒荒蠻瘴中，聚若都市間。聞者饞涎垂，攫攫蟻集膻。叩囊出黄金，一擲虚牝填。所願倘不償，家室徒蕭然。妻孥難存活，伴侣空相憐。不如扶犁好，猶得守薄田。請看足轂翁，饑飯飽即眠。」其四。世人第愛孔方，豈知孔方來歷如此艱難，彼視錢如命者，知之矣。

陳文述《頤道堂集》詩選卷一《古今體詩・銅船行》　銅山既已崩，銅官亦久廢。滇銅遠自昆明來，洋銅更越滄□至。日本之國薩摩洲，長崎小島如蜉蝣。何年中外通互市，滄波泛此萬斛舟。中華草木皆仙材，雲帆浩蕩乘風回。東海布帛西綸組，遠與赤堇同西來。君不見，伏波交阯立銅柱，諸葛南征鑄銅鼓。金張門第立銅龍，衛霍兵符佩銅虎。銅仙辭漢泣秋風，銅輦夢梁濕春雨。典午銅駝洛陽陌，當塗銅雀漳河渚。銅兮吾欲鑄爾爲劒佩，長纓銛鋒不及純鉤精。吾欲鑄爾爲印署，姓名封侯無命悲填膺。不如還與付鑪□，鑄出開元太平字，買盡人間不平事。

樊增祥《樊山續集》卷一八《歲除前二日雪》 高天雨玉復雨珠，饑者得粟寒得襦。連城俱爲舍衛國，布地何啻黄金鋪。一昨鳴鞭出南郭，麥罫盡展青氍毹。久晴黄塵歕馬鼻，無雪其害雪其甦。碧翁果如老農意，譬以渴吻承醍醐。萬丈冰蓮擎太乙，極天銀海函西都。寒人夜卧火炙背，衙吏晨參冰在鬚。四廠驩呼趁餱粥，南山未便妨樵蘇。我時移官向浙右，遲遲行與春日俱。黄紬已封肘後印，縹帙未卷牀頭書。門生解事致茶串，檜雨松風生竹鑪。竹延惠茶極佳。一冬三見瑶臺發，烹點忙煞蟠螭壺。老鶴倔强不奪素，小梅嫵媚還施朱。獻歲梨花澄臘甕，朝元木屑盈天衢。遠行吾已倦車馬，大寒世始知貂狐。明年今日一船雪，春風著我西子湖。

雜録

《舊唐書》卷一三《德宗紀下》 〔貞元九年春正月〕甲辰，禁賣劍銅器。天下有銅山，任人採取，其銅官買，除鑄鏡外，不得鑄造。

又卷一七六《楊嗣復傳》 上以幣輕錢重，問鹽鐵使何以去其太甚？嗣復曰：「此事累朝制置未得，但且禁銅，未可變法。法變擾人，終亦未能去弊。」李珏曰：「禁銅之令，朝廷常典，但行之不嚴，不如無令。今江淮已南，銅器成肆，市井逐利者，銷錢一緡，可爲數器，售利三四倍。遠民不知法令，率以爲常。縱國家加鑪鑄錢，何以供銷鑄之弊？所以禁銅之令，不得不嚴。」

李昉等《太平御覽》卷八一三《珍寶部一二・銅》 〔《唐書》〕又曰：「文宗問宰臣曰：幣輕錢重如何？宰臣楊嗣復曰：此事已久，但且禁銅不可遽變其法，法變即必擾人。李珏曰：今請加鑪鑄錢，他法不可。先有格令，州府禁銅爲器。當今以銅爲器，而不知禁。所病者，制勑一下，曾不經年，而州縣因循。所以制令相次，而視之爲常。今自淮而南，至於江嶺，鼓鑄銅器，列而爲肆，州縣不禁，市井之人逐錐刀之利，以緡範爲他器，鬻之售利，不啻數倍。是則禁銅之令，必在嚴切。斯其要也。」

又卷八三五《資産部一五・錢上》 〔《三國志》〕《吴志》曰：嘉禾五年春，鑄大錢一當五百。詔使吏民輸銅，計銅卑直，設盗鑄之科。

歐陽修《五代史記注》卷一二上《周本紀第一二・世宗睿武孝文皇帝》 〔顯德二年〕九月，丙寅朔，頒銅禁。《五代史》：「九月丙寅朔，詔禁天下銅器，始議立監鑄錢。【略】《五代會要》：「顯德二年九月一日勅，國家之利，泉貨爲先。近朝已來，久絶鑄造，至於私下不禁銷鎔，歲月漸深，奸弊尤甚。今採銅興冶，立監鑄錢，冀便公私，宜行條制起。今後除朝廷法物、軍器、官物及鏡并寺觀内鐘、磬、鈸、相輪、火珠、鈴鐸外，其餘銅器一切禁斷。應兩京諸道州府銅器物諸色裝鉸所用銅，限勑到五十日内，並須毁廢送官。其私下所納到銅，據斤兩給付價錢。如出限有隱藏及埋窖使用者，一兩至一斤，所犯人及知情人徒二年，所由節級、四隣杖七十，捉事、告事人賞錢十貫。一斤至五斤，所犯及知情人各徒三年，所由節級、四隣杖九十，捉事、告事人賞錢二十貫。五斤已上，不計多少，所犯人處死，知情人徒二年，配役一年，所由節級四隣杖一百，捉事告事人賞錢三十貫。其人户若納到熟銅，每斤官中給錢一百五十；生銅，每斤一百；其銅鏡令官中鑄造，於東京置場貨賣，許人收買於諸處興販。其朝廷及諸州見管法物、軍器、官物，舊用銅製造并裝飾者，經使用破壞即時改造，仍令後不得更使。銅内有合使銅者，奏取進止。

王溥《五代會要》卷二七《泉貨》 後唐同光二年三月敕：「泉布之弊，雜以鉛、錫，惟是江湖之外，盗鑄尤多；市肆之間，公行無畏。因是綱商夾帶，舟載往來，换易好錢，藏貯富室，實爲蠹弊。須有條流，宜令京城及諸道行市行使錢内點檢，雜惡鉛錫並宜禁斷。沿江州縣每有舟船到岸，嚴加覺察，若私載往來，並宜收納。」

天成元年八月，中書門下奏：「訪聞近日諸道州府所，買賣銅器價貴，多是銷鎔見錢，以邀厚利。」勅：「宜便行曉告，如原舊破損銅器及碎銅，即許鑄造器物。如生銅器物，每斤價定二百；熟銅器物，每斤四百。如違省價，買賣之人依盗鑄錢律文科斷。」其年十一月六日勅：「諸道州府約勒見錢，素有條制，若全禁斷，實匪通規。宜令遍指揮三司及諸道州府，其諸城門所出見錢，如五百已上，不得放出。如稍違犯，即準舊條指揮，其沿淮諸州縣鎮，亦準元降勑命處分。」其年十二月敕：「行使銅錢之内，訪聞夾帶鐵、鑞，若不嚴設條法，轉恐私家鑄造。

應中外所使銅錢内，鐵鑞錢即宜毁棄，不得輒更有行。如違，其所使錢不計多少，並納入官，仍科深罪。」

其年〔晉天福三年〕十一月，詔曰：「國家所資，權貨爲重，銷蠹則甚，添鑄無聞。爰降條章，俾臻富庶。【略】仍令三京、鄴都、諸道州府依舊禁斷。尚慮逐處銅數不多，宜令諸道應有久廢銅冶處，許百姓取便開鍊，永遠爲主，官中不取課利。其有生熟銅，仍許所在中賣入官，或任自鑄錢行用。其餘許鑄外，不得輒便雜諸銅器」

周廣順四年二月十一日宣命：「指揮限外，有人將銅器及銅於官場貨賣，支給價錢，如是隱藏及使用者，並準元勅科斷。其熟銅令每斤添及二百，生銅每斤添及一百五十收買。所有諸處山場野務採鍊陶沙到，舊例銅每二十兩爲一斤，今特與十六兩爲一斤，給錢一百三十收買。兼知高麗多有銅貨，仍許青、登、萊州人户興販。如有將來中賣入官者，便仰給錢收買，即不得私下買賣。」

嵇璜等《續通典》卷一一《食貨一一·錢幣上》〔唐文宗太和五年〕永平監官李鬱彦請以銅像鐘、磬、鑪、鐸皆歸巡院，州縣銅益多矣，復許諸道皆得置錢坊。

〔唐憲宗元和二年〕又禁賣劍、銅器，天下有銅山，任人采取。其銅官買，除鑄鏡外，不得鑄造。十年，勑：鑄造銅器不須禁止。其每斤買賣價直不得過一百六十文。如有銷錢爲銅者，以盜鑄錢罪論。

周太祖廣順元年敕銅法，今後更不禁斷，一任興販，所有一色即不得瀉破爲銅器貨賣，如有犯者，有人糾告，所犯人不計多少斤兩，並處死。其地方所由節級徒三年，鄰保人杖七十。其告事人給與賞錢一百貫。世宗顯德二年敕，國家之利泉貨爲先，近朝以來久絶鑄造，至於私下不禁銷鎔，歲月漸深，姦弊尤甚。今采銅興冶立監鑄錢，冀便公私，宜行條制起。今後除朝廷法物及火珠、鈴鐸，其餘一切禁斷。應兩京諸道所有銅器，限敕到五十日内，並須毁折送官，所納到銅據斤兩給價。如出限及有隱藏五斤以上處死，一兩至五斤罪各有差。初以高麗地産銅銀，遣尚書水部員外郎韓彦卿以帛數千匹市銅于高麗，以鑄錢。六年，其王高昭遣使者貢黄銅五萬斤。

〔宋真宗咸平〕四年，詔犯銅滿五十斤以上取裁，餘從第減。舊禁犯銅七斤以上者處死，多蒙減斷，因詔。

〔宋仁宗景祐初〕是時軍興，陝西移用不足用，知商州皮仲容議采洛南縣江崖山、虢州青水冶青銅，置阜民、朱陽二監以鑄錢。

〔建炎六年〕時復斂民間銅器，詔民私鑄銅器者徒二年。提點官趙伯瑜以贛饒二監爲得不償費，請罷鼓鑄。【略】十三年，韓球爲使復鑄新錢，興廢坑冶，至於發冢墓，壞廬舍，籍冶户姓名，以膽水盛時浸銅爲歲額，無銅可輸者，至鎔錢爲銅，然所鑄亦纔及十萬緡。

〔建炎〕二十八年，出御府銅器千五百事付泉司。大索民間銅器，得銅二百餘萬斤。寺觀鐘磬鐃鈸既籍定投税外，不得添鑄。

哲宗元祐二年，置河中府、龍門、韓城錢監。

〔皇祐〕六年又詔京西淮南兩浙江西荆湖各置鑄錢監又於興國軍睦衡舒鄂惠州置十監通舊六監爲十六監。時諸路大率務于增額。又於陸、徐、梧、萬皆置監，秦鳳等路即鳳翔府斜谷置監。八年，于商虢、洛南增置三監，耀、鄜又權置二監，合、通、永、興、華、河、中共爲監九，以給改鑄。令候改鑄罷并其工作歸永興等四監，專鑄大錢。

又卷一二《食貨一二》〔太和〕五年，欲增鑄錢，命百官議足銅之術。中丞孟鑄謂銷錢作銅及盜用出境者不止，宜罪其官及隣太府監。梁璮等言鑄錢甚費，率費十錢得一錢。識者謂費雖多，猶增一錢也，乞采銅拘工以鑄。宰臣謂鼓鑄未可速行，其銅冶聽民煎煉，官爲買之。凡寺觀不及十人，不許音法器。民間鍮銅器期以兩月送官給價，匿者以私法坐限。外人告者，以知而不糾坐。其官寺觀許童行告者賞。

〔遼〕道宗清寧二年，詔行東京所鑄錢。九年，令諸路不得貨銅、鐵，以防私鑄。又定銅、鐵入回鶻法，禁益嚴矣。大康九年，禁外官部内貨錢取息。十年，禁毁銅錢爲器。大安四年，禁錢出境。

〔金世宗大定〕十一年，禁私鑄銅。舊有銅器悉送官，給其直之半。惟神佛像、鐘磬、魚袋之屬，則存之。十二年，以銅少，遣使諸路規措銅貨，能指坑冶，得實者，賞。十三年，命非屯兵之州府以錢市易金帛，運致京師，使錢幣流通，以濟民用。十六年，遣使分路詔察銅鑛苗脈。

《宋史》卷一八〇《食貨志下二》 西北邊内屬戎人，多齎貨帛於秦、階州易銅錢出塞，銷鑄爲器。乃詔吏民闌出銅錢百已上論罪，至五貫以上送闕下。

【略】

熙豐間銅鐵錢嘗並行，銅錢千易鐵錢千五百，未聞輕重之弊。及後銅錢日少，鐵錢滋多。紹聖初，銅錢千遂易鐵錢二千五百，鐵錢浸輕。元符二年，下陝西諸路安撫司博究利害。於是詔陝西悉禁銅錢，在民間者令盡送官，而官銅悉取就京西置監。永興帥臣陸師閔言：「既揀毀私錢，禁銅罷冶，則物價當減。願下陝西州縣，凡有市買，並準度銅錢之直，以平其價。」詔用其言，而豪賈蓄家多不便。

李燾《續資治通鑑長編》卷一八《太宗》 〔太平興國二年，春正月，辛卯〕李煜舊用鐵錢，於民不便。二月，壬辰朔，若冰請置監於昇、鄂、饒等州，大鑄銅錢。凡山之出銅者，悉禁民採，並取以給官鑄。諸州官所貯銅錢數，盡發以市金帛輕貨上供及博糴麥。銅錢既不度江，益以新錢，民間錢愈多，鐵錢自當不用，悉鑄爲農器，以給江北流民之歸附者。且除銅錢度江之禁。詔從其請，民甚便之。

又卷七七《真宗》 〔大中祥符五年，五月〕癸未，入内供奉官江德明言：「監修東嶽廟，民間言山出銅鑛，採鍊得實，望令興置冶務。」詔不許。

徐松《宋會要輯稿・食貨三四・坑冶雜録》 太宗太平興國二年，有司言：「江南諸州銅先未有禁法，請頒行之。」詔從其請，除寺(勸)〔觀〕先有道、佛像、鍾、磬、鐃、鈸、相輪、火珠輪、鐸及人家常用銅鑒外，民間所蓄銅器，悉送官，給錢償之。敢有匿而不聞者，論如律。【略】

二年，詔：「應私鑄銅器蠹壞錢貨，建康府、臺、明、湖州猶甚，可專委守臣嚴切禁止，除鍾、鑼、磬、鐃、鈸、鈴、杵、鏡、⿰金朵、钁、并依已降指揮，内鍾、磬、鈴、杵許投税獲鑿出賣。」【略】

咸平四年，江南轉運使馮亮言：「舊？，犯銅禁者七斤而上，并處極法奏裁。多蒙減斷，待報踰時，頗成淹緩。請別定刑名，以爲永制。」詔自(令)〔今〕滿五十斤以上取？裁，餘遞減之。【略】

景德三年，神騎卒趙榮伐登聞鼓，言能以藥點銅爲鍮石。帝曰：「民間無銅，皆鎔錢爲之，此術甚無謂也。」詔禁止之，其來自外蕃者，不在此限。【略】

至和二年，詔三司：韶州岑水場銅大發，韶，原作「詔」，據《元豐九域志》卷九：韶州有岑銀場，據改。其令轉運司益募工鑄錢。【略】

崇寧元年，詔：「應告發銅坑，除依條賞格酬獎外，爐户賣銅，每挺收克錢五文，與元告發人充賞。」以户部奏「江、淮等路坑冶司因虔州雩都縣告發佛婆同坑，乞立賞格」故也。

徐松《宋會要輯稿・職官四三・提點坑冶鑄錢司》 〔政和〕六年三月十三日，江淮等路提點坑冶鑄錢虔州司奏：「承敕，本司奏韶州岑水場措置煎淋膽銅就緒。」詔提點官并措置官各與轉一官。【略】

宣和元年正月二十六日，都省言：「檢會金部員外郎朱尹奏：承尚書省札子，奉御筆，饒、虔鑄錢司失陷本錢不少，積年不曾勾考，差臣前去勾考，仍委措置以鐵蘸銅事。臣今參酌範之才昨提單荊湖茶事出使條例，畫到合行事件下項：一、檢會昨範之才提舉南北兩路茶事，差屬官四員。今來措置勾考東南諸路事務，不敢故有陳乞，欲只依上件體例共差四員。内一員充管勾文字官，仍乞於見任或得替待闕不以京朝官或選人内踏逐，具名奏差。所有資任、請給、遞馬、驛券、當直、人從并差破手分等，并依範之才已得指揮。」奉御筆，屬官可止差三人，其該載未盡，依範之才已降指揮，仰別具申請。餘依奏。

徐松《宋會要輯稿・食貨三四・坑冶雜録》 淳熙五年閏六月四日，新除提點江淮等路坑冶鑄錢姚述堯言坑冶利便二事：「一、諸處坑場非無銅寶，以鄉保障固，乞行下諸州出産銅坑見今興發處，委通判召募人户開采，支與實直價錢，不得抑令坑户(青)〔請〕認歲額。一、韶州岑水、信州鉛山等場，所産浸銅非無膽水，止緣給鐵不如其數，逐時致銅課虧少。乞下淋銅及産鐵州軍，委通判措置拘催合用鐵數發下場監，督責監官趁水淋浸。所用兵匠，不得州縣妄占，「不得州縣」，疑當作「州縣不得」。如有違戾，許從本司具名按劾。」從之。【略】

十二月七日，詔：「訪聞日來州縣城郭鄉村依舊鑄造鍮石、銅器等貨賣，令諸路提刑司密切禁止，如有違戾，具當職官及巡尉職位名申尚書省，取旨重作施行。其買賣人并使用之家，并照累降指揮，一例斷遣追賞，并不以官蔭論。仍許諸色人陳告，如提刑司不覺察，御史臺按劾聞奏。」從都省請也。【略】

十月七日，四川總領所言：「利州青平、青渥土兩場，逐年銅户輸納漕司銅八千五百斤，軍器銅一百斤，却有餘剩草銅可以收買。若與不拘歲額多寡，令見賣官司立定價直，據買到數逐年隨綱解發江州交卸，轉發至饒州鑄錢司，非惟官司得銅鼓鑄，而私銅亦有所歸，不致作爲器皿，干犯法禁。」從之。【略】

嘉泰元年五月三日，臨安府言：「承降指揮禁戢銅器，數内該載官民户除日前見腰帶金朵？及鞍轡作子照子外，應有銅器不許使用，僧道合用鍾、磬、鐃、鈸、鈴、杵，民間及船户置到防護銅鑼，仰寺觀主首及民户各具件數結立罪賞，經州府陳狀，排立守號，當官鐫鑿，給付憑由照用。官、民户鍾磬准此。照得寺院、民户許用鍾、磬、鐃、鈸、鈴、杵、銅鑼，又恐日復一日，或有損壞。乞令申所屬，許賫元物赴文〔思〕院照元斤兩量立工錢換造，仍鐫鑿文思院換年月。在外准此。」從之。

《宋朝大詔令集》卷一八三《政事・財利・禁細小雜錢詔太平興國九年八月壬辰》 錢布之用，以通有無，輕重相權，泉流不匱。漢魏之後，其弊蓋多。國家即山鑄銅，奄有吴蜀富，姬周之九府法，上林之三官，而民俗之間犯法者衆，姦僞既廣，輕細滋多。自今兩京及諸道州府宜申明舊禁，不得雜用銅細小及鐵鑞錢，仍每貫須重四斤半已上，其細小錢雜限一月内須納官。

謝深甫《慶元條法事類》外集卷六一《財貨門・銅》 鳳州銅鉟。至道二年，有司言，鳳州出銅鉟，請置官掌其事。上曰：「地不愛寶，當與衆庶共之。」不許。《長編》禁銅盜鑄者少。銅之爲兵不如鐵，爲器不如漆，禁銅則人無所用，盜鑄者少。劉秩，見《食貨志》。唯鑑得用。太和，三官詔佛像以鉛、錫、土木爲之，飾帶以金、銀、鍮石、烏油、藍鐵，唯鑑磬釘鐶鈕得用銅，餘皆禁之。《百官志》禁民鉟銷。慶元二年八月，右曹郎官趙彦括奏禁銷錢爲銅器，買者科違制之罪，不以蔭論，爐户決配海外，永不放還，仍許告捕。赴官投賣。慶元三年，復禁銅器，民間舊有者限兩月赴官投賣，每兩以三十錢酬之。民間多不盡輸，遂命再限兩月不復酬以錢，違者許人告。湖州舊鬻鏡行於天下，至是官自鑄之禁民私鑄。紹興初，户部侍郎王儼請復鑄錢及官鬻銅器以革私鑄之遂，悉斂民間銅器以鑄錢。又詔私鑄銅器者徒二年。其後洪景嚴爲上言銅器以害，上命出御府銅器千五百事付泉司，遂大斂民間銅器之鑄錢，許告賞得銅二百萬有餘斤。賈誼諫放鑄見孝文五年。《漢食貨志》。

楊仲良《宋通鑒長編紀事本末》卷一三六《徽宗皇帝・當十錢》 〔崇寧二年〕七月丁巳，尚書省言：「廣南福建路最係産銅去處，已降朝旨，逐路更不行使當十錢。其本路自合鑄小平錢外，有所合應副上供，及起發往行使當十錢，路錢數並合依舊鑄當十錢，乞專委逐路轉運判官措置。」從之。

《金史》卷四六《食貨志一》 正隆而降，始議鼓鑄，民間銅禁甚至，銅不給用，漸興窑冶。凡産銅地脈，遣吏境内訪察無遺，且及外界，而民用銅器不可闕者，皆造於官而鬻之。既而官不勝煩，民不勝病，乃聽民冶銅造器，而官爲立價以售，此銅法之變也。

又卷四八《食貨志三・錢幣》 〔大定〕八年，民有犯銅禁者，上曰：「銷錢作銅，舊有禁令，然民間猶有鑄鏡者，非銷錢而何。」遂併禁之。

十年，上諭户部臣曰：「官錢積而不散，則民間錢重，貿易必艱，宜令市金銀及諸物。其諸路酤榷之貨，亦令以物平折輸之。」【略】

十一年二月，禁私鑄銅鏡，舊有銅器悉送官，給其直之半。惟神佛像、鐘、磬、鈸、鈷、腰束帶、魚袋之屬，則存之。

十二年正月，以銅少，命尚書省遣使諸路規措銅貨，能指坑冶得實者，賞。上與宰臣議鼓鑄之術，宰臣曰：「有言所在有金銀坑冶，皆可採以鑄錢，臣竊謂工費過於所得數倍，恐不可行。」上曰：「金銀，山澤之利，當以與民，惟錢不當私鑄。今國家財用豐盈，若流布四方與在官何異。所費雖多，但在民間，而新錢日增爾。其遣能吏經營之。」【略】

又諭旨有司，凡使高麗還者，所得銅器令盡買之。【略】

四年，欲增鑄錢，命百官議所以足銅之術。中丞孟鑄謂：「銷錢作銅，及盜用出境者不止，宜罪其官及鄰。」太府監梁瑭等言：「鑄錢甚費，率費十錢可得一錢。識者謂費雖多猶增一錢也，乞採銅、拘器以鑄。」宰臣謂：「鼓鑄未可速行，其銅冶聽民煎煉，官爲買之。凡寺觀不及十人，不許畜法器。民間鍮銅器期以兩月送官給價，匿者以私法坐限，外人告者，以知而不糾坐。其官寺觀許童行告者賞。俟銅多，别具以聞。」

王圻《續文獻通考》卷八《錢幣考・金錢》 〔金世宗大定〕十二年正月，以銅少，命尚書省遣使諸路規措銅貨。帝與宰臣議鼓鑄，或以工費數倍，欲求金銀坑冶。帝曰：「金銀，山澤之利，當以與民。惟錢不當私鑄，若流布四方，與在官何異？所費雖多，俱在民間，而新錢日增，其遣能吏經營之。」因問左丞石琚曰：「古亦有民自鑄錢者乎？」對曰：「民若自鑄，則小人圖利，錢益薄惡，此古所以禁也。」【略】

〔金世宗大定〕二十九年十二月，時章宗已即位詔罷鑄錢。雁門、五臺民劉完等訴：自立監鑄錢以來，有銅鑛之地，雖曰官運，其顧直不足，則令民共償，乞與本州司縣均爲差配。遂命甄官署丞丁用楫往審其利病，還言：「所運銅鑛，民以物力科差濟之，非所願也。其顧直既低，又有刻剥之弊。而相視苗脈工匠，妄指人垣屋及寺觀謂當開採，因以取賄。又隨冶夫匠日辦淨銅四兩，多不及數，復銷銅器及舊錢，送官以足之。今阜通、利用兩監，歲鑄錢十四萬餘貫，而歲費乃至八十餘萬貫，病民而多費，未見其利。」遂罷代州、曲陽二監。章宗明昌三年四月，罷天山北界外採銅。

舊嘗以夫匠踰天山北界外採銅。至是，御史李炳言：「聞在官銅數可支十年，若復歲令夫匠過界遠采，不惟多費，兼恐生釁。即支用將盡，亦止可於界內採煉。」帝是其言，遂不許出界。至五年三月，令凡使高麗還者，所得銅器盡買之。

又卷二三《征榷考・坑冶》〔金〕正隆二年十月，初禁銅越外界，以議鼓鑄故也。【略】

《刑法志》曰：「諸出銅之地，民間敢私鍊者，禁之。」

《兩朝綱目備要》卷九《寧宗》〔開禧二年，丙寅春，正月〕辛亥，禁毀錢爲銅。詔：「坑户毀錢爲銅，不以赦原，仍籍其家。著爲令。」

劉遠可《璧水群英待問會元》卷八六 事料坑冶。禹任土作貢。荆楊貢金三品。梁州貢鏐鐵銀鏤。《禹貢》：「匪人掌金玉錫石之地，而爲之厲禁以守之。」漢吳有章山之銅，丹陽郡有銅官。蜀有嚴道、邛都、益郡，皆産銅之地。《地理志》：「唐銀銅錫之冶一百六十八。」《唐志》：「太宗時權萬紀奏宣饒部中鑿山冶銀歲可得數百萬。」上曰：「以利規我耶？」本傳銅禁：本朝高宗紹興四年十二月，王俣言江浙之間巧僞有素銷燬錢寶一兩所費不過十數錢器成之日即市百金姦民競利靡所不鑄乞申嚴銅禁。《資治通鑑長編》二十八年，上曰：「前日洪遵論鑄錢，頗有可採。」於是有旨出御府銅器十餘件，付外銷燬。聖政孝宗乾道六年，詔：「淮南使人來往，並令篙梢結罪，般載錢寶一文以上，過界流配。」聖政孝宗曰：「朕以禁銅器，衙刻之記事版，每京尹上任，則示之。」同上。寧宗慶元三年，復禁銅器。民間舊有者，限兩月赴官投賣，以錢酬之。再限不復酬錢。違限，許人告。湖州舊粥鏡，至是官自鑄之。《雜記》

《元史》卷一一《世祖紀八》〔至元〕十七年春正月癸卯朔，詔括江淮銅及銅錢銅器。

顧景星《白茅堂集》卷三〇《志論》全書丙午火，此雜論偶存者《國用總論失・錢法》 洪武初，鐵錢概行禁止，各布政司鑄局取辨本處銅礦及廢銅器，民間古錢兼使，不令銷鎔。蘄無産銅之山，惟江南白雉舊置銅場，與蘄接境，厥後罷鑄局，場礦亦遂廢。永樂時，病鈔不行，禁用銀錢，景泰錢鈔皆不行。

舒化《明律附例》卷二四《刑律七・私鑄銅錢》 凡私鑄銅錢者絞，匠人罪同。爲從及知情買使者，各減一等。告捕者，官給賞銀五十兩。里長知而不首者，杖一百，不知者不坐。若將時用銅錢剪錯薄小，取銅以求利者，杖一百。若僞造金、銀者，杖一百，徒三年，爲從及知情買使者，各減一等。

《明宣宗章皇帝實録》卷五二〔宣德四年，三月，辛亥〕聽選官歐陽齊言，舊任浙江永康縣丞，縣有山産銅礦，宜發工匠烹鍊以充國用。又言，在京工匠逃者一次的決令上工，二次三次者宜刺字，罰工終身，則有所懲戒。

《明神宗顯皇帝實録》卷六九〔萬曆五年，十一月，甲戌〕户部覆：「山西巡撫高文薦條上錢法十議：一、增錢局。除太原已經開局，其平陽、潞安二府乃産銅出工之所，宜各開局分鑄。一、取錢本。欲於存留驛站二項銀兩内動支各半。一、明收支。一廣銅料。該箔正潞安出蘆甘石，可以點銅，銅料有限，須分派府州多方收買。凡軍民家有廢銅，俱許鬻官，不許私賣。罪贖亦許銅折，即準抵該府州應扣銀兩及應買銅數。一派匠役。一、專經理。各府以同知專管開鑄，而又擇州縣佐貳兩員，一在局督造，一在外供辦，季滿交替。一、通斂散。凡文武官俸照依原題分數開支，他如存留錢糧與夫均徭、驛傳、里甲、綱銀、諸役工食等，俱銀錢兼支，隨其贏詘以爲收納。一、加食米。工匠每銅鑄百斤，予原議工食銀一兩五錢外，再給花穀五門，以示優恤。一、計工料。銅價每百斤銀七兩，加以工匠雜費，通共九兩二錢，納約鑄錢一萬餘文，母子相權，贏銀十分之一。一、定錢式。奉旨鑄錢，原以便民，非爲生財，年來各撫按官止以鑄進樣錢塞責，民間尚未疏通，殊失朝廷利民足用之意。」所奏依擬，着寔行之。

《明史》卷八一 尋令私鑄錢作廢銅送官，償以錢。是時有司責民出銅，民毀器皿輸官，頗以爲苦。而商賈沿元之舊習用鈔，多不便用錢。

《明熹宗哲皇帝實録》卷二五〔天啓三年，癸亥，春正月〕乙卯，順天巡撫岳和聲條安攘七事：「一曰專治局。陳州所轄偏山鉛鑛，堪以採鍊。查遵化舊亦有鐵礦，後竟封閉，宜各設一廠採鑄，以佐軍需。更聞灤轄有銅礦一所，質租脈微，工價稍費，當銅詘之日，堪爲即山鐵鑄錢之資，宜專委兵工司管一員，刻期採鑄鉛、鐵，隨給局匠打造盔甲刀銃諸器，及鉛彈等物，以濟寶源阜財之用。」

又卷三五〔天啓三年，癸亥，閏十月，己未〕南京廣東道御史王允成疏陳留都要務：「【略】一、錢法不可不變。言銅鉛來自滇蜀，烽火道梗，銅價湧貴，宜倣國初故事，盡籍天下銅山，設局，責之藩司一式冶鑄，使罄地之産，悉歸國計，而又嚴私鑄之律，懸告賞之條。」

陳于廷《寶泉新牘》卷一 督理京省錢法户部右侍郎陳于廷謹題：爲衡量鼓鑄事宜，酌議補偏救弊，伏乞聖明特賜申勑，以肅錢法，以清財源，少裨軍國涓埃事：臣至迂愚，承乏計部，竊痛民窮財盡，莫能煉石點金，竭蹶局內。而嘗試之，初以爲一錢刀之任耳，無足難者，乃事本直截，而文移未免錯綜。時偶乖違，而題覆不能歸一，鞭長不及腹，則經年無完報之期。法弛而誨頑，則三窟爲藏奸之府。方輿薪之不見，亦寸木之可高。轉覺慮始之艱，而繼治之不易矣。受事踰月，稍解疑冰。

爰據管窺，陳其固陋。如有關於利病，何敢愛此髮膚？條列數端，仰塵乙覽，伏惟聖慈垂察焉。

一、杜借支浮冒之弊。銅、鉛來自滇蜀川，所隔不翅萬餘里，原不易致。年來禦人作梗，尤難之難者，故去歲多方督催，僅得八十餘萬斤，計所實借錢糧亦不滿十萬兩，此一歲銀銅之大較也。乃先後題覆那借銅本，每年南京改折等項十萬兩，兩淮鹽課十萬兩，應天、浙江、江西、湖廣等處各輕齎四萬兩，後俱改爲五萬兩，其他陝西等處之那借又在數外者也。及查各處買銅十不完一，中間奉欽依而扣留，承委買而侵冒，拖延不了，又情弊之必然，是鑄銅之利未尺寸，而那銀之弊將尋丈也。故臣謂初年扣借錢糧逐一清查，盡數買銅以收鼓鑄之實。而天啓二年、三年，應扣前項銀八十萬兩，所當查明暫停，照常清解，俟初年銅斤盡數報完，臣部另行坐派採買庶銅與銀，不至兩懸而無着也。

一、重部差兼督之法。九江、滸墅、揚州、杭州、淮安等關係各省，襟帶之要會，百貨灌輸之總途，收買銅鉛其易達。原有解部額課，移課買銅其本易辦，以買銅之分數開除額課之分數，其數易清。簡委員役，必躬必親，酌定限期，時稽時比，其欺冒易防。先事而爲瓜代之計，必不至於遷延罔終，其事緒易結。故資鼓鑄於關差，有此五便焉。各關俱聽臣部酌量多寡，派買銅斤照數完解。若曰好逸惡勞，讓而不任，目擊時危，誰敢懷此二心？將急國恤，而忘私圖。諸臣自許之謂，何當不其然。惟是紀録參罰，奉有欽依，臣不敢負，諸臣以負國，願與諸臣共矢之矣。

一、明兩部分任之責。兩淮額解太倉銀兩，暫借十萬兩買銅，總係邊餉，原議照數扣補，不宜付之子虛。昨年工部分去銅十萬斤，便銷課一萬二千兩，已如逝水之不可收也。頃，復移咨臣部索銅，恐十萬額解原非爲工部而借，而臣部寶泉一局又不勝舍己耘人之患矣。且臣局有借有還，而工部有借無還，當此邊需告竭，豈能歲損若干萬課，姑應該部無名之求耶？及查舊案，臣部昨年咨行南京户部，動支應解太倉事例銀六千二百一十兩給發工部，原差主事就近買銅，解送該部，惟時進錢責在工部，故銅價責在臣部。未幾，改議兩部各進制錢，則前項事例銀所買銅斤仍當歸還臣局，無使彼重支而此竭澤也。況臣部議將利錢進上，不費額課分毫，又誰爲設處銅價者？想兩部事理亦畧相同耳。

一、防貿銅私鑄之奸。頗聞銅販到京，鬻於官者什一，鬻於私者什九，私鬻者即私鑄之，藉以爐頭，則鬻，則更易，而官鬻愈不可幾矣。乃販者不能越關津而來，則臨清河西務、崇文門皆其必繇之徑，合行該關司官置循環文簿，逐一登記，某日某商銅鉛若干起，每起若干斤，開明實數，總撒相同。在臨清河西務每月一報，在崇文門十日一報，類發協理，司官查對，中間倘多舛漏，各關書記難辭其責。其崇文門司官每日報到銅鉛，查驗明白，以十分之二便民，而以十分之八押送寶泉局，時估不買，寧從其寬，無從其刻。並不許胥儈居間挾騙，庶商販樂爲官鬻，不至盡鬻於奸徒之手，而私鑄亦少杜矣。

一、慎差委員役之選。各省糧道奉旨扣課買銅，委任必須佐領。據江西解到銅二十萬斤，銅色黄赤，可稱高等。彼中解官已行獎勵，仍封識銅樣，發司官收貯，俟各爐頭鑄錢完日，比對原封銅色，如有二樣，即係攙和，責究無辭。其他收買襍銅爐頭，藉口爲奸之媒，錢色低脆，正坐此耳。及查浙江委官曹士先領銀三萬兩，買銅未到南直。委官王來詔等領銀買銅未到，且預報銅價，每斤用過價銀一錢三分九釐，脚價在外，是明擡其直以爲侵欺地也。至湖廣，則杳然未報。夫若此者，豈盡商貨之不通，蓋亦委官之不効。即今蜀事漸平，銅鉛易集，各省督糧諸臣同心急公，再難遲悞。但其差委佐領，須擇年清，任淺饒有吏幹者當之，庶乎前途未艾，文網難干，程限或終不愆臂指，可以相使源源接濟，其有冀乎？兼之估報公平，銅色真正，是即大法小廉之一端。臣部當奉功令以從事叙録賢勞，矜奬冗秩，其又何靳焉？若南京銅商田尚、沈允慶等領價逾年，尚有八萬金之逋，夫亦委任之不慎，以至是策其前，以鞭其後，可曰姑待來日耶。

督理京省錢法户部左侍郎陳于廷謹題爲俯循職掌，恭報年終鼓鑄本利。并乞聖明申飭中外臣工恪遵屢旨，共既厥心，少裨軍國涓埃事：向苦官商拾萬坐馬匡，頃，提比田尚、沈永慶等，報完黄銅陸拾叁萬斤矣；提比郭幅益等，報完紅銅貳萬玖千陸百餘斤矣；提比周洪道等，報完窩鉛貳萬貳千貳百餘斤矣。向苦輕齎拾數萬金連年沉閣，今江西解到銅貳拾萬斤矣，浙江報解銅貳拾伍萬斤矣，湖廣報買銅貳萬餘斤矣，太平府解到銅壹萬陸千柒百斤矣，寧國府解到銅貳萬壹千柒百斤矣，安慶府報解銅貳萬陸千伍百斤矣。向苦南京每年動支改折伍萬兩，銀銅兩懸，今報銅商許志陞領買貳萬兩，起解將至矣。向苦代進南京制錢共壹萬餘金，久假不還，今報照數發銀，差委採買，取償有期矣。向苦爐頭累萬侵逋，頃乃設法追比，盡數完納矣。向苦市販徑鬻私鑄，頃崇文門主事林肇開及河西務臨清等關司官實心任事，鋭意稽核，逐一盤驗，送局報買過銅鉛若干，即難密網，必不售欺於吞舟矣。向苦爐役盤據移山爲難，今間行獎賞，絶不增添，時有創革，並無頂補，冗役一清，弊竇少塞矣。向苦銅斤侵没，窮年難追，今十日一發，五日一收，愆期必懲，稍逋輒革，收放甚明，而蠹病衰止矣。凡若此者，總徼皇上之威靈嘉，與諸臣之振刷，而協佐司官克已繩下良工苦心，臣實藉手成事焉。計自癸亥三月既望承乏，至本年終止，凡貸借各項錢糧已經買銅到局者，鑄出制錢或解太倉，或發各鎮，或助陵工，或給布花，或發俸錢，照數抵還，原貸本銀，毫無虧欠，尚多出肆千陸百叁拾玖兩捌錢零，應算作利息。至本年四季恭進上用大錢壹百萬文，值銀壹萬柒千捌百伍拾柒兩有奇，皆取給於餘息，並不敢借資於銅本也。備查實在。庫貯大錢貳拾伍萬捌千伍百陸拾文，小錢伍百柒拾柒萬壹千伍百伍拾壹文，共值銀壹萬肆千玖百貳拾叁兩肆錢捌分零。黄銅壹拾捌萬陸千伍百伍拾貳斤，值銀貳萬叁千叁百壹拾玖兩零；紅銅貳萬肆千伍百壹拾壹斤，值銀叁千伍百伍兩零；窩鉛壹拾壹萬貳千柒百柒拾捌斤，值銀壹萬壹千伍拾陸兩零，俱係本外餘利。併進上大錢及已發各項錢該利貳萬貳千肆百玖拾陸兩捌錢，總計實得利銀共柒萬伍千叁百零貳錢捌分。從前則前督臣伍萬餘金之利，即曾爲清追，曾爲代鑄，臣不敢任，受勞，而拉，以充數也。從後則見在貯庫銅鉛計叁拾貳萬叁千餘斤，各省見解銅計肆拾柒萬柒千餘斤，除鑄出還本外，可得利銀肆萬餘兩，臣不敢任受逸，而預以報數也。除另造四柱總撒清册存局查盤，并已行事宜刊刻昭示外，切照《周禮》，歲終有會。而科臣解學龍「論鑄法」曰，一季報一季之息，一年還一年之本。臣心服其言，會當年終，例應據實奏報。伏念臣受事雖歷三時，但自補牘奉旨後，釐剔奸弊，封局停鑄幾五十日，爐冶匠役視昔汰去太半，而所獲之利實浮於昔。當此缾罍交罄之時，難爲一切苟且之政，惟是孤掌難鳴，衆擎易舉，所恃内外諸臣，急公協贊，始克有濟。及查各關榷臣原奉欽依撥額課買銅，惟河西務主事李樹初買到銅壹萬柒千餘斤。臨清關員外，李鳴珂買到銅叁萬貳千餘斤。兩地去産銅之地最遠，而銅料輳至最蚤。若滸墅關廉委幹役銀壹萬貳千兩，見在採買起運，足慰望梅，尤徵體國。而九江關去産銅之地漸近，乃日復一日未據報聞，豈真不以國恤爲念耶？或起解在途，或逶遲有待，臣蓋不勝引領以冀矣。至協司員外郎鄒潘值局事更新之會，能竭心計，振其夙頽，三次搜獲；葉逢時等私鑄錢壹拾柒萬貳百叁拾文，又設法追完各爐頭王椿等侵盗銅伍萬捌千餘斤，遂令官鏹不委于逝波，狡兔亦失其三窟。至於杜餘錢之出，嚴私銅之入局，以内，井井奕奕，良繇脂膩不染，故鈐束不撓耳。若各省直議，動輕齎銀兩買銅，殊費司道諸臣一番擘畫，然獨非王事也乎哉？乃江西解到十之五，浙江報到十之六，南直解到十之三，湖廣報到十之二，須有續至之期，尚虚徯來之望。零星商販所濟幾何，必遵照明綸。每歲每省搭運肆伍萬金，銅料輂入都門，庶幾源源接濟，爐突無停，歲可收息十數萬，較之算緡度畝之所得，難易多寡，何啻星淵？近聞各省取次開局，不知終歲各得利息可幾萬兩，或解遼餉，或準抵加，亦須一一報部，庶不至悠悠汎汎，竟無着落也。頃，河南按察使潘文兼管錢法，開鑄僅數月，解過太倉鑄息銀陸千伍百柒拾貳兩有奇，所解樣錢厚重黄亮，迥出常等，此其急公任事，所當旌異以風勵諸籓者也。此外各藩臬管理錢法諸臣，伏祈明旨申飭，容臣部移咨撫按，查取職名及該年鑄利若干，曾否抵充正項以憑，一併旌别上聞。仍嚴行南直管催銅料衙門，及浙江、江西、湖廣各布政司督糧道，遵照原題，逓年如數買銅若干萬兩，附搭漕船進京，毋得憚煩，以悞國計。至如協司員外郎鄒潘有守有爲，拮据獨瘁，乞勅吏部紀録，差滿之日，從優叙轉，爲任事者勸。又員外郎李鳴珂、主事李樹初、林肇開各著勤勞，俱應紀録，用示激勵。其九江、滸墅兩關司官統俟銅到之日，查據完欠多寡，聽臣部分别叙勸。如是，則王言信而法守明，其於用人理財非小補矣。抑臣有尤請焉，一局之設而百蠹伺之，局彌多而蠹益，未易擢髮數也。如南北舊設錢局，各有專司，臣不具論。乃寶泉新局，臣實目擊其利害，而身嘗其疾苦。總之，不減汰則不精專，以敝乘於多指，而法亂於多岐也。如臣迂執，仰奉宸嚴，不問譽咎，不隨情面，堅持三尺，一意行之，尚未能報稱萬分一，則當此局者不亦難乎？即山海關特設一兵部主事督其事，又部臣林鳳翔饒有幹濟，提之以撫道，乃無失隊，然且以銅觔不繼爲苦，猶之乎臣部也。邇時滇蜀道路未甚通，激水西江，曷救涸轍，加以各處奸商羶慕私販，各處奸民結隊私鑄，甚之托官批以文奸，藉官房以藪盗，銅之源愈窘，銅之緒愈紛，而錢法之關紐愈頓。故臣謂永平天津斷斷不宜開鑄，徒聚群狐，盡穴撮土，塞三部來銅之路，奪九重富有之權，於國用無分毫濟，而於國事愈不可爲也。敢循職掌而申言之，統候勅旨施行。天啓四年正月十二日具題，十五日奉聖旨：「鼓鑄生財長策，陳于廷，悉心料理，不辭勞怨，已著成績。鄒潘督率精勤，潘文急公任事，俱與紀録旌異；李鳴珂等併與紀録。永平、天津錢局不必另開，以滋弊竇，其餘俱依議行。户部知道。」

督理京省錢法户部右侍郎陳爲進庫錢銅未辦，秋季制錢無措等事：準本部咨準，工部咨稱前事等因到部，准此。看得進錢一節，先年工部獨任其勞，故問銅於户部，今户部分任其責，既有辭於工部矣。乃該部所呶呶者，以舊借銀兩爲詞，然錢糧各有款項，豈容指東話西？銀自銀，銅自銅，不宜混扯効賈豎之紛爭也。況巡青之銅，刻期取錢，本部亦不敢少待，安得以那自巡青者，轉那於工部乎？即工部向年所分銅十萬斤，見經移文買銅衙門，徑開工部銅本，安得以借爲名，創不經之厲階耶？若進上制錢，本部開爐僅逾一週，且借資於利息。工部開爐最久，何反欲借本於本部乎？總之在局言局自難乞醯乞隣前疏業已剖明，新旨共當恪守，決不能朝三暮四，擅割巡青之銅，舍己耘人，曲狗發棠之請也。至於本部原欠銀兩，鄙倘新餉可後舊逋，宜先以銀還銀，當取諸太倉無與於泉局。一聽裁奪施行，一咨覆正堂。

督理京省錢法户部右侍郎陳于廷謹題，爲捕營詰發私錢讞牘，供係官局，隨起隨獲，証實贓明，謹詳顛末仰祈聖鑒乞勑，明正國憲，戢除國蠹事：據協佐錢法山東清吏司員外郎鄒潘呈稱捉賊犯事，據巡捕把總陳應文稟稱，先該卑職呈奉巡視京營科院批前事内稱，本月初六日，據軍番賈文學等捉偷騾賊葉法供稱，係爐頭葉逢時家人，有主。逢時私鑄銅錢，近因户部盤查嚴緊，將大錢貳拾餘串，令吴應科等埋藏在地等情到職，審供是的。又據吴應科供稱，委係鑄有大錢叁千伍百文。

《明文海》卷五四《奏疏八》靳學顏《講求財用疏選兵、鑄錢、積穀》 臣所謂本，蓋無形之權是已。何則鑄錢之須？一曰銅料，一曰炭，一曰轉致，一曰人工，夫此四者在民間計之，銀一分而得錢四分，誠十不酬五矣。自臣愚計之，皆可不用銀而取辦者，誠將天下出産銅料之處，贖軍徒以下之罪，而定其則，以收銅於西山。産煤之窯，以法司有罪之人，而準其罪以納炭。其運銅，則通水路者，附以官民之舟，如臨清帶甎之例。通陸路者，資以馹遞之力，而給之官庫之錢。

又卷七八《議戊》郭子章《錢法錢法利弊》 鑄之不得其方，用之不盡其方，一或齟齬，輒曰錢法難行。吁！亦過矣！愚請悉言之，其説有六：一曰收銅之權，二曰固銅之源，三曰開銅之利，四曰精銅之制，五曰廣錢之涂，六曰專錢之官。古今議鑄無若西漢，二賈誼之言曰：「銅畢歸於上。」山之言曰：「民不應與主共柄，令天下姦民私鑄，陰持主柄，以厲公錢。果如誼言，上收銅勿令布，民安所得銅而私鑄之。故收銅之説，人主持柄息姦之要術也。高皇帝神智洞燭，止令軍民鑄鑑及軍器，一切廢銅並聽官收，毋令私藏，即二賈意也。後寢不行，至於今銅布於下極矣，浮屠佛像及民間鐘磬盂爐之類比比皆銅，今欲收之無故，而奪民銅則民亂，盡貿之以金則國困。愚意兩京各立一收銅廠，督以司空之屬，外省責之藩臣，外郡責之府倅，每月定期與民市銅，每銅若干估直予錢若干，其私藏者罰如律。大約一歲收盡民銅，則民以無用之銅易有用之錢，既可爲私家之利，而又得免於私藏之罪，其誰不欣然而輸之官。官以既鑄之錢易未鑄之銅，既可爲續鑄之貲，而略無費於公帑之金，又何憚而不收之民？況藏銅於民，銅皆也，而私鑄有訾，銅一入官，銅盡錢也，而國家日富，聖主所以獨持大柄而利天下者，無出於此，故銅之權不可不收也。銅器收矣，銅源未固，民得濫取，其私鑄猶故也。防水者，先源後流，披木者先根後枝，銅山者錢之根源也。黄帝封山，令十里外乘者行，行者趨。桓公封山，令犯者左足入，刖左，右足入，刖右，禁至嚴矣。乃今滇中之銅商得私販盜掘銅錫，罪止戍邊，則私鑄之賊何慮無銅。今欲禁私鑄，當先禁私販，欲禁私販，當先封銅山，欲封銅山，當先嚴盜掘之律。銅源一絶，即有項梁、參木之徒，無自而逞，故銅之源不可不固也。或曰天地之利不導之開，而反封之，何也？曰：非終錮而不開也。公錢未布，則閉之以塞姦，公錢既流，則開之以疏利。顧今之銅，止滇南一隅，亦云隘矣。《山海經》曰：「海内銅山四百六十七。」漢鄧通鑄于嚴道，吴王鑄于豫章，唐置于陜、宣、衢、信銅冶九十六，宋鑄于諸路銅冶百三十六。國初令天下藩司設寶錢局，文皇帝遣官于江浙閩廣鑄錢，宣德間始罷信、饒銅場，則亦非止滇南一路也。若盡籍天下銅山，倣漢、唐、宋故事，隨山掘銅，設置鼓鑄，則天下之銅盡爲國計，故銅之利不可不開也。善乎！孔顗之言曰：「民之盜鑄，嚴法不能禁者，縁上惜銅愛工也。」或曰：鑄錢利國，先以耗國，錢成之利不以償工，其識末矣。王者以四海爲家，費百萬以鑄百萬，則二百萬，費千萬以鑄千萬，則二千萬。一生二，二生四，四生八，生生不已，鑄鑄無窮，何契契乎銖兩之較也。第顗之説，容有未盡者，不惜銅似矣。

傅維鱗《明書》卷八二《志二〇・食貨志二・窑冶》 窑冶之設，經制浩繁，隸工部營繕都水，凡鼓鑄、陶甓、灰煤、礦洞、鐵爐、鑄器皆屬焉。除錢爲國家經費之權，而礦務關民間利害之鉅，別爲論著。【略】凡鑄符印、鐘、漏、法馬、金牌之屬，皆需銅，多召買之，而銅砂採無時，或開或閉，不啻數焉。【略】至崇禎中，國用大匱，命各處有銅洞、銅砂，皆採鍊以資鼓鑄，而不産銅地召買之。百姓絡繹於道，皆爲銅瘁矣。

嵇璜等《清朝通典》卷一〇《食貨一〇・錢幣》〔康熙〕五十六年，上諭九卿科道會同户部確議。尋議定，嗣後錢局止許買舊銅器皿，不準買新鑄板塊銅斤，如有燬錢變賣者通行嚴緝禁止。至五十八年，並罷收買舊銅之令，停各衙門公費及官俸給錢之例。【略】

乾隆元年，頒行乾隆通寶錢，除用黄銅器皿之禁。户部尚書海望疏言：銅器散用民間相習已久，一旦禁使勿用，則其情有所不便，緩之則互相觀望，急之則百弊叢生。胥吏借此需索，刁民借此訛詐，得賄則賣官法，不得則入人罪，其弊一。民隱既難上達，有司未必皆賢。民間交納銅器，或有侵蝕扣尅，僅得半價者。或有除去使費，空手而歸者，名爲收銅，實爲勒取，其弊二。此等銅質本極粗雜，一經鎔化，折耗甚多，而工價不減。在收賣之時，原費帑金所得不償所失，其弊三。況黄銅乃係白銅配成，令禁用黄銅而不禁紅銅，則奸匠皆將銷燬制錢，攙藥煮白以成器皿，較之未禁之先，不特銅又多費，適以昂其價值，而速其銷燬，其弊四。凡此四弊必究其根源，以求變通之計。夫自古錢文輕重必隨銅價之低昂增減，上年世宗憲皇帝因私銷之弊，飭九卿議減錢數，每文重一錢二分，所以調劑。夫銅貴錢重者，業有成效，固已不必屑屑於禁銅末務矣。嗣後祇於雲南、江浙辦銅之處設官分職，統計部用銅斤採辦。如有餘銅，任民販賣，則鼓鑄自得充裕，而於國計民生均屬有益。

沈書城《則例便覽》卷二〇《錢法・失察爐户私運銅鐵出廠》 一、管理礦廠官員失察，爐户私運銅鐵等項出廠，罰俸一年。

又《錢法・滇省銅廠官員考核》 修改：一、滇省銅廠，除産銅無多之廠照舊辦理外，餘悉按出銅確數畫分十二股，按月核計，以十分之數查參。其欠不及一分者，罰俸六個月；欠一分以上者，罰俸一年；欠二分、三分、四分、五分者，降一級留任調用；欠六分以上七分者，降二三級調用；七分以上，未及八分及八分以上者，俱革職。缺額各員，令於一二月内補足，至三月以後不能補交。查明實係銅水淹，及廠勢衰微，竝非廠員辦理不善而缺額，亦止一二分者，仍留廠管辦，統限一年内補足。若一年後不能補交，即行撤回，入於考成册内開參，照例議處。至缺額至三分以上者，仍按月核計查參，照例分別降職、革職，亦仍令其在廠協同催辦，按數補足。如一年後仍不足額，應議革職者，即發往新疆効力。倘時非雨水，廠尚可爲，實係廠員任意廢弛，以致辦銅短縮，無論所欠分數，俱照例革職，發往新疆効力。如辦銅各員能於月額之外，多獲銅觔至一、二、三分以上者，紀録一、二、三次，四、五分以上者，加一二級，多者以次遞加。

又《錢法・廠員獲銅議叙》 一、滇省報開新廠，每年獲銅二三四十萬觔以上者，督辦官紀録一、二、三次；五十萬觔以上者，加一級；八十萬觔以上者，專摺奏請陞用。

又《錢法・揑報起解銅觔》 一、銅觔等項竝未起解，揑報起解者，降二級調用。

又《錢法・核減銅色銀兩》 一、核減銅色銀兩勒限全完，限滿不完，降俸二級，戴罪完納；再限滿不完，罰俸一年。其所辦正項銅觔如係參後全完者，準照案開復，核減銅色銀兩，俱另案查核。

《〔乾隆〕江南通志》卷八二《食貨志・錢法》 乾隆元年二月十九日，户部尚書海望奏爲請弛銅禁，以資鼓鑄，以便民生事：「切念錢文爲民間日用所需，宜加經理，近年以來鼓鑄無缺，價值昂貴，建議者莫不多求禁銅之法，而臣獨以弛禁爲請者，誠以錢貴之害小，累民之害大，僅禁黄銅已爲深擾，而弊竇多端，概禁黄白器皿，滋擾尤深，而於錢法亦終無裨益也。臣請詳悉敷陳，伏祈聖主採擇。夫銅器散布民間，相習甚久，一旦禁使勿用，則其情有所不便，而易生藏匿之心，往往遷延而不交，交納而不盡，緩之則互相觀望，急之則百弊叢生，是以展限之奏請屢聞，收買之告竣無日。胥吏借此需索，刁民借此訛詐，得賄則賣官法，不得賄則入人罪，搜括難盡，用法不均，其一弊也。民隱既難上達，有司未必皆賢，民間交納銅器或有侵蝕扣尅，僅得半價者，或有除去使費，空手而歸者，名爲收銅，實爲勒取，其弊二也。此等銅質本極粗雜，加之銹爛，一經錢局鎔化，折耗甚多，工價不減收買之時，原費帑金即所得不償所失，鼓鑄毫無所益，其弊三也。又況黄銅乃係紅銅白鉛配搭而成，是以百萬斤之黄銅器皿，其中即有紅銅五六十萬斤。今禁用黄銅而不禁紅銅，是較之未禁之先，銅又多費，而適以昂其價值，速其私毁，是故未禁黄銅之先，白銅甚少，既禁黄銅之後，白銅甚多，豈白銅之所産果多，皆奸匠銷燬制錢攙藥煮白以成器皿，博厚利耳，其四弊也。凡此四弊，若不究其根源，以酌變通之計，徒將一切銅器概行禁止，臣竊以爲不可。何則？銅器之禁若止行京師，則他處仍得販賣，於事無濟。若通行直省，則普天之下，業此者不下數萬户，藉此以衣食者不下數十萬人，今既禁使勿造，是伊等平日所造器皿，務必令其交官以備鼓鑄矣。夫民間銅本原溢於官價，加以工本，爲數更多，必若合算工本，全數散給，則小民雖不至于虧本，已有失業之苦，而於國帑亦大有折損。若祇照官價收買，則銅本既屬不敷，而工價又無所出，此等小民皆屬借貸經營，生計甚薄，一旦失其所依，欲改業則無門，欲坐食則無本，其何以堪？夫鼓鑄錢文原爲便民利用，今因鼓鑄需用，而頓使民間失業，是欲便民而適以累民，我皇上軫恤商民無（微）微不至，即一夫不獲，尚廑宸衷，豈忍使數十萬人之流離失所乎？臣又考之史策，而知禁銅乃前代權宜之計，非可常行者也。銅器爲民間必需之物，故前代亦有因銅禁既嚴採買於官，而鬻之於民者，既而官煩民病，仍聽民間造器，而官爲立價，輾轉彌縫，迄無善法，其事已大可概見矣。我國家錢貨流通，聖祖仁皇帝六十餘年未嘗下一禁銅之令，而銅未嘗不足於用，故曰禁銅足以擾民，而於錢法究無裨益也。又聞古語云，銅貴錢重，則有私行銷燬之弊；銅賤錢輕，則滋私鑄射利之端。是以錢文輕重必須隨銅價之低昂而增減，庶可杜私燬私鑄之弊。上年世宗憲皇帝特飭九卿議令酌減分數，其錢一文重一錢二分，每年合節省銅斤四五十萬斤，緣事在初行，自未能立竿見影。然所以調劑，夫銅貴錢重者，成效自有可觀，固已不必屑屑於禁銅之末務矣。臣愚，請照康熙年間舊例將收禁銅之令悉行停止，民間買賣悉從其便，祇于雲南、蘇州辦銅之處立官分職，統計部用銅斤若干數目，盡行採取，如有餘銅，任民販賣，則鼓鑄自得充裕，而小民亦不致失業，似於國計民生均屬有益。伏乞皇上睿鑒施行。」王大臣謹奏：「户部尚書海望請弛銅禁，并將禁銅之弊詳悉敷陳一事請交九卿定議。」奉旨：「知道了。」四月十九日，九卿議覆，將收買黄銅器皿及禁用黄銅之處悉行停止，嗣後民間買賣，悉聽其便，奉旨依議。

《清高宗純皇帝實録》卷八八　〔乾隆四年，己未，三月，巳未〕內閣侍讀學士祖尚志奏：「錢局鎔銅渣土，工匠鋪户人等買出，每於曠遠之地設爐淘煉，官吏察訪不周，保無暗行銷燬，請責成步軍統領、五城御史、委員嚴查，有銷燬制錢者，照例治罪。倘稽查不力，將司查官員交部議處。」從之。

又卷二四二　〔乾隆十年，乙丑，六月，壬寅朔〕户部議準：「四川巡撫紀山疏稱，煎爛白銅必需紅銅有餘，方可點撥。建昌紅銅各廠因油米昂貴，夫役寥寥，迤北礦廠上年四月水淹，出銅較減，每月所獲尚不足川省鼓鑄之數，焉有餘銅點化白銅，請將黎溪白銅廠暫行封閉。」從之。

又卷三四一　〔乾隆十四年，己巳，五月，癸酉〕又諭：〔刑部議奏，參革雲南解銅官吴興遠等虧缺銅觔一案，該解官等始以漫不經心，致銅觔沈失侵損，追撈獲纔及得半，輒以全獲獲報部，復於沿途將銅觔輾轉售賣，玩視官物，一至於此。即此一案，虧銅七萬有餘，其他侵蝕之案，更不知凡幾。向來劣員侵漁之習，大率類是。該上司或明知而姑聽之，俾得任意欺朦，釀成積弊，但已往之事姑不必問，此案該督撫不能慎選賢員，辦理不善，著傳□申飭。其所有侵虧銅觔銀兩，部議該管上司按股分賠，著即速勒限完繳，以資鼓鑄，仍將如何分賠抵補之處，具摺奏聞，嗣後運銅事宜，務須加意慎重。其沿途經過各省督撫，朕已傳諭，令其將委員守風守凍及有無事故之處奏聞。至銅鉛船隻於雲貴本省起運，何日出境，亦著該督撫隨時摺奏。如仍蹈前轍，濫行差委，致有前項情弊，惟該督撫是問。」尋總督張允隨、巡撫圖爾炳阿奏：「此案虧短銅觔應照山西、河南等省分賠侵虧錢糧成案，作十股分賠，所有專管銅務之陞任糧儲道宫爾勸應分賠五股，臣圖爾炳阿賠三股，臣張允隨賠二股，各出價赴廠採買帶解。」報聞。

又卷三四五　〔乾隆十四年，己巳，七月，丙寅〕又諭曰：「張允隨奏稱，現在該省辦銅各廠較之乾隆十年、十一、十二等年多獲銅二百餘萬觔等語。滇省所産銅觔上供京局鼓鑄，下資各省採買，出産旺盛，固屬有益。但天地生財止有此數，今增至二百萬觔，未免過多，若輾轉加增，或因開採太過，易致涸竭。不若留其有餘，使得常盈不匱，寬裕接濟，庶爲可久。將此傳諭該督知之。」

又卷四〇九　〔乾隆十七年，壬申，二月，己酉〕諭：「據四川總督策楞摺奏，老硐溝銅廠採買餘銅，自乾隆十四年以後，請仍照從前題定十兩之價給發等語。該處銅廠自乾隆十三年以前，採買餘銅原定價值九兩，續經該督查明，工本實有不敷，題請增給。部議令仍照建昌之例畫一給價，原係照例辦理，但念該廠讓銅既已革除，工費不無拮据。著照該督所請，乾隆十四年以後，抽買餘銅準以十兩之價給發，其從前已領價銀，免其追繳，以示恤商之意。」

又卷四五五　〔乾隆十九年，甲戌，正月，辛未〕又諭：「據黄廷桂奏稱，川省産銅旺盛，積存甚多，請復設舊鑪增鑄一摺，已交部速議矣。此項銅觔與其積久堆存，誠不如增鑪鼓鑄，以利民用。但所利僅在川省，近來京師錢價較前雖覺漸平，若更增鑄錢文，其用益溥。著傳諭黄廷桂，令其詳悉籌酌，如解銅來京，於運脚不致糜費，可於此項積存銅内酌量撥解，運送京局，以供加鑄之用。是否可行，據實即行奏聞。」

又卷五三五 〔乾隆二十二年，丁丑，三月，辛酉〕雲南巡撫郭一裕奏：「湯丹大碌等銅廠向係六月開收春季銅觔，至次年五月底截數造報，以本年之銅作上年之數辦理，既未妥協，錢糧亦多牽混。今届乾隆二十一年分，奏銷請截至十二月底止，俱歸當年案内。其二十二年以後，即自正月起，截至十二月底止，定爲年清年款之例。」得旨：「好。」

又卷八五七 〔乾隆三十五年，庚寅，四月〕甲戌，諭軍機大臣等：「户部議駮彰寶奏請停止各省採買滇銅，及令各委員暫行回任一摺，所議甚是，已依議行矣。各省鼓鑄原爲搭放兵餉之用，邇年錢價平減，實由官錢廣鑄流通，所有採辦滇銅省分相沿已久，豈得遽行停止，致使供鑄無資？而委員等在滇守候多時，一旦令其素手而歸，不特往返徒滋耗費，且使市儈奸商聞知此信，以爲滇銅缺少，勢必藉口居奇，頓昂錢價，於錢法甚有關繫。況滇省前此多開子廠頗有成效，自封禁後，遂致獲銅無多。今彰寶既請添開子廠、新廠，則將來採銅自必日增，何轉至虞其不足」即就現在情形而計，亦當如部臣通盤籌畫，何得僅爲滇省鰓鰓過慮，而致各省鼓鑄於不問，豈封疆大臣爲國實心經畫之道？至滇省銅局本係巡撫專責，明德起身時，曾面諭其實力整理，且該撫現回雲南省城，自當就近妥辦，酌定章程。彰寶因係總督，兼轄籌及地方要務，原爲分所應爲，但現駐永昌，於銅廠未能親歷，即有酌辦事宜，亦當與明德札商會奏。或彼此所見不合，並不妨於摺内聲明，乃不令明德與聞所奏，又不協事理，殊不可解。彰寶平時尚屬曉事，何以近日頓不如前，即如詢問哈國興去冬在老官屯傳述緬匪語言，有無粉飾，及緬匪索取土司，彼時如何答覆等情節，並非難辦之事。乃自奏聞緬匪差人遞書摺後，幾及二十日，總未提及一字，實不解是何意？【略】著傳旨申飭，並著明白回奏。」

又卷八七六 〔乾隆三十六年，辛卯，春正月，戊申〕户部等部議覆：「署雲南巡撫諾穆親奏調劑銅廠事宜：一、湯丹、大碌二廠辦供京銅，前撫臣劉藻奏準，豫放一季工本，每百觔扣收餘銅五觔。近年廠員恐收銅未能全完，不敢將工本陸續豫發，廠民致多拮据。請嗣後酌準豫發兩月工本，每百觔扣收餘銅六觔，計三年内扣清豫發之項，下月仍照上月辦銅數目給發等語。查各廠産銅無定，遇出銅較少，仍如數扣收，即形竭蹶，廠民轉得藉口拖延，應令該撫通盤籌畫，另行具題。一、廠員新舊交代，有前任豫發工本，新任多不肯接受承催，而鑪户從中射利，弊竇叢生。請嗣後責令新任一體催辦，仍如本任例覈，其已未完各數，照鹽課分别議叙議處。一、滇省多産銅之處，地方官報開新廠，向無獎勵，未免任意遷延。請嗣後於報開新廠内，有每年獲銅二十萬觔以上者，紀録一次；三十萬觔以上者，紀録二次；四十萬觔以上者，紀録三次；五十萬觔以上者，加一級；八十萬觔以上者，準奏請陞用。如開廠年久無效，查明實係廠員玩忽，隨時參處。一、廠員散在各屬，離省窵遠，惟該管道府耳目易周，請嗣後責成考覈，去留改委聽其詳辦。均應如所請。」從之。

又卷九〇八 〔乾隆三十七年，壬辰，五月〕甲辰，諭：「滇省各銅廠，前因馬騾短少，柴米價昂，每銅百觔，準其暫加價銀六錢，俟軍務竣後停止，嗣復加恩，展限一二年。今念該省頻歲，雖獲有秋，而米糧柴炭等價值仍未即能平減，著再加恩展限二年，俾各貲本寬餘，踴躍開採，庶於銅務有裨，而廠民亦得資充裕，該撫仍留心體察，俟廠地物價一平，即行奏明停止，該部即遵諭行。」

又卷九三〇 〔乾隆三十八年，癸巳，閏三月，戊辰〕又諭曰：「彰寶等請將湯丹、碌碌等四廠欠項，在於應領工本内，每銅百觔扣銀五錢等因一摺，經户部議駮，已如所議行矣。該督撫因鑪户、廠丁等積欠較多，欲爲籌一善後之計，俾得稍紓其力，寬裕辦銅。其意未嘗不善，但前據該督撫議定，各廠户每辦銅百觔，扣收五觔以抵豫放工本，覈計每銀百兩，已扣五兩，又領銀百兩，扣平一兩，以抵無著欠項，尚且謂其無力攻採。今復每銅百觔扣銀五錢，合計每百兩又扣銀七兩五錢，所扣愈多，則所得愈少，辦銅更爲拮据。而扣所得之數，完應追之項，何異剜肉補瘡，舊欠雖完，新欠又積，適啓鑪户苟且遷延之病，久之並恐於銅務有礙。況該督撫既經釐定章程，設法整頓，此後所放工本自可不至拖欠，何如將各廠積年舊欠稍寬其期，或即將前項扣平銀兩陸續彌補，或於此外另籌善法歸還，俱無不可，何必爲此移新掩舊之下策乎？再，前歲滇省請開新廠，曾準照黔省，以餘銅一分聽廠户等自售，伊有利可圖，辦公得濟，既已試行年餘，成效若何？再此，各廠之旁，亦俱有子廠可開，若查明堪供煎採，令廠户等添採礦銅，則利益更饒，辦銅必更寬，又何虞舊欠之不能清額乎？著傳諭彰寶、李湖即速悉心熟籌，另行妥議具奏。」

又卷一〇二八 〔乾隆四十二年，丁酉，三月，辛未〕諭軍機大臣曰：「户部奏，滇省運京年額京銅，開行遲延，節經行查，始終以濾店並無底銅一語抵塞，請將管廠各員並專轄之司道，以及從前奏報不實之督撫職名查明議處。並請飭交新任督撫，悉心詳籌妥議，務使濾店多備底銅，俾各運開行例限永無貽誤一摺，已依議行矣。銅觔鼓鑄攸關，最爲緊要，自應依限趕運。如果銅廠缺少，亦應據實聲明，豫爲籌辦，乃管廠各員既不能辦銅足額，專轄之司道亦不上緊督催，據實詳報，直至各運逾限，節次行催，該撫並未實力查覈，設法調劑足額，徒以紙上空言，希圖塞責，殊屬非是。圖思德著傳旨申飭，令其明白回奏。此後如何籌辦足額，並多備底銅，以期趕赴例限之處，著傳諭李侍堯、裴宗錫悉心詳籌妥議，據實具奏。

又卷一〇七六 〔乾隆四十四年，己亥，二月，戊午〕又諭曰：「户部議覆李侍堯等奏滇省裁減鑪座撙節銅觔，并查明各銅廠鑪欠將可否邀免之處請旨一摺，所有廠欠未完無著銀八萬四千三百餘兩，又廠欠經放之員産盡，而上司亦無可著追銀三萬三千九百六十四兩零，又銷過銅價廠欠在十分之一以内銀十八萬二千九百九十七兩零，俱著加恩豁免，餘依議行。此次查辦之後，期於徹底清釐，使將來新案年清年款，不許復有絲毫拖欠。該督撫務須董飭屬員，實力整頓，一切那抵彌縫之弊，嚴行杜絶，如敢仍蹈前轍，除將廠員及該管之道府等嚴行治罪外，惟該督撫是問。」

又卷一一〇六 〔乾隆四十五年，庚子，五月，戊子〕又諭：「滇省採辦銅觔，近年以來屢形竭蹷，節經降旨該督撫等，設法調劑實力籌畫，終無成效。兹據和珅面奏，滇省銅觔官價輕而私價重，小民趨利，往往有偷漏走私，地方官雖設法嚴禁，無如滇地山多路僻，耳目難周，私銅仍多偷漏，所以京銅缺少。向來定例：九成交官，一成通商，不若令將官運之銅全數交完後，聽其將所剩銅觔儘數交易，不必拘定一成。或商民知利之所在，競相趨赴，丁多銅集，京運不致仍前缺乏等語。銅觔爲百姓器用所必需，所以除鼓鑄官用外，準其一成通商。但滇省各廠開採日久，硐老山深，所費工本較多，定價不敷，商人無利可圖，勢必裹足不前，辦理益形竭蹶。若許其將開採官銅全數交完外，不拘一成之例，聽商買流通貿易，閭閻既多利便，勢必競相趨赴，百計籌畫攢湊貲本，踹勘新嶆，銅廠可期日旺。此亦調劑之一法。其是否可行，能使此後各運銅觔如數全完，源源接濟，以供京外各局鼓鑄，方爲妥善。著傳諭福康安等悉心籌覈，是否可以永遠無弊，據實具奏。再，前據和珅等查奏，滇省私錢盛行，每百不盈一掬半，係鉛砂攙雜，官銅缺少，由私鑄盛行，而私鑄盛行皆由官局錢文薄小，並將該省所行私錢另包追呈。昨和珅至行在復命，復經面詢情形，據奏，請設法查辦整頓等語。滇省各局設有鑪座，每年所鑄比之他省爲數較多，現在正當整飭銅務、清釐錢法之際，豈宜私鑄混行？況有私鑄，必有私銷制錢，改鑄私錢者更不可不加意查察。其私鑄之細小錢文急宜收燬，將官局制錢按照江廣各省從前收買小錢成例，與民間公平收兑，改鑄大錢。但思滇省官局現在所鑄錢文其分兩自不及京局錢文之重，而以之收買小錢原亦不必拘泥每串七觔半重之成例，應即以此種局錢收買小錢，俟小錢收買將次浄盡時，再照定例加足分兩鼓鑄官錢。如此，逐漸收繳，如平糶倉糧漸次減價之例辦理，庶錢法漸有起色，於銅務有益。仍將現在如何設法辦理之處，詳悉覆奏。將此由五百里傳諭知之。」

又卷一三三〇 〔乾隆五十四年，己酉，閏五月，癸巳〕諭軍機大臣曰：「毓奇奏銅船過境一摺。内稱雲南委員張景熠領運戊申年頭起運京銅觔，在東湖、石首二縣沉溺，未獲銅一十四萬一千八百五十觔等語。運京銅觔事關鼓鑄，沿途自應小心運送，毋使稍有沉溺。今雲南運解京銅在東湖、石首二縣沉溺銅至一十四萬一千餘觔之多，豈不可惜？湖廣東湖等處並非有名險灘，船隻即偶有碰損，何至沉溺如許之多？且銅觔沉重，落水不患漂失，即或少有陷失，亦不應全行沉没，多至數萬。此必係運員虧缺銅觔，□稱遭風沉溺，或係船户水手偷賣，故將船底鑿漏沉溺銅觔，臨時既可得撈摸之費，而事後又可私赴該處潛取，售賣漁利，二者必居一於此。著傳諭沿途各督撫，嚴飭所屬，嗣後遇有銅鉛船隻過境，運員申報沉溺者，務須嚴密查驗，毋任稍有捏飾。如查係委員、船户捏等裝點舞弊，即據實參奏嚴辦，以示懲儆。所有此項沉溺銅觔，即著湖廣總督等飭屬查明，是否實在沉溺，抑係委員、水手、船户捏報之處，據實覆奏，勿任狡飾。」尋湖廣總督畢沅等奏：「查東湖縣之沾山硃灘實係三峽中著名險灘，運員張景熠銅船，前在該處陡遇暴風，將船碰碎，沉銅七萬一千觔，又於石首縣之藕池地方，因迴溜甚急，風狂勢猛，兩船對碰，壞船一隻，沉銅七萬一千觔，並無盜賣捏報，故爲鑿漏，及事後潛取等弊。但打撈尚未及十分之一。據稱，現因水漲不能興工，俟水稍退，即飭上緊撈取。」得旨：「地方官如不實力，即行參處，今水退全撈獲否。」

又卷一三八三 〔乾隆五十六年，辛亥，七月，辛丑〕又諭曰：「費淳奏請給價收買商銅，以杜私鑄一摺内，稱滇省辦銅各廠除抽課交官外，向有一成二成準令通商之例，商人難保無影射收買私鑄漁利情弊，應官爲收買，每年可多獲銅一百餘萬觔，以之添撥各省採買，及鐵砂折耗瀘店底銅之用等語。此奏雖似爲該省杜絶私鑄起見，其實該藩司以各省採買銅觔，及瀘店底銅恐有欠缺，故欲將此項商買餘銅歸官，以作抵補之用，祇係一偏之見，未經通盤籌畫，所謂知其一，不知其二也。銅觔爲民間必需之物，不能一日缺少，若將各廠抽課各官所剩餘銅，概行禁止商民售賣，則民間所用之銅從何而出？即使廠中稍有偷漏，爲數亦屬無多，不特銅價因此昂貴，而小民等需用孔亟，必致將官錢私行銷燬，改鑄銅器，即錢價亦必因之倍增。況現在滇省各廠所産銅觔尚屬旺盛，每年額運各起俱係依限開幫，並無短絀遲誤，即民間錢價亦俱平減，本無庸鰓鰓過慮。若如該藩司所奏，是名爲設法調劑，而轉使私銷益甚，弊竇叢生。況杜絶私鑄之弊，惟在地方官實力查禁，今不於此悉心整頓，而以禁止商買餘銅爲正本清源之計，恐防弊而實以滋弊，且使該處商民知有此事，必將銅觔豫爲擡價居奇，銅價既貴，則錢價自增，於閭閻日用諸多不便，所關非細。民可使由，不可使知，費淳何見不及此耶？此事當再加詳酌。富綱、譚尚忠久任滇省，於銅務自所熟習，著伊二人會同，悉心妥議，據實奏覆。想該督撫意見亦與朕大略相同也。將此傳諭富綱、譚尚忠知之，並將此旨及原摺發交在京大學士九卿閱看。」

又卷一四三三 〔乾隆五十八年，癸丑，七月，戊申〕又諭曰：「惠齡奏二月分撈獲沉溺銅鉛數目一摺，内稱銅鉛價值懸殊，今據報撈獲數目往往鉛多於銅等語。此非弊而何？銅價比鉛貴至數倍，其爲水摸人等，因銅觔可得重值，故意少撈，以爲潛行盜賣地步，情弊更屬顯然。但此等水摸，其潛行撈取銅觔時，不能久伏水中，必須登岸，苟能於濱江一帶嚴密躧緝，無難人銅並獲。況所撈之銅非向各鋪户銷售，無由變賣銀錢，但地方官僅向鋪户查問，亦不能絶其弊端，蓋緣此等水摸偷賣之銅，其價自必較賤，鋪户方樂爲收買，從中漁利，豈肯自行呈首，仍屬有名無實，總在地方官平日留心，密爲查訪。倘遇有屢次持銅到鋪户變賣，形迹可疑者，即行拘獲究辦。若水摸與鋪户通同一氣，則鋪户即屬窩家，亦當根究如何潛匿偷撈，及代爲銷賣情弊，懲一儆百，其弊自當逐漸斷絶。不思所以杜弊之法，朕豈能向沿江各州縣逐加曉諭，耳提面命乎？著將此傳諭惠齡，並諭沿江督撫知之。」

又卷一四三二 〔乾隆五十八年，癸丑，秋七月，壬寅〕諭軍機大臣等：「昨據譚尚忠面奏銅廠情形，復令軍機大臣詳加詢問，據稱雲南各廠近年以來産銅豐旺，若不官爲收買，恐啓鑪户等私賣盜鑄情弊。且各廠每年豐歉不齊，亦須趁此豫爲購備，更可源源供運，但正銅額價止有此數，不敷收買額外銅斤之用，曾與富綱、費淳商酌，似應加請工本，以資接濟。現在富綱等詳細查明，續行具奏等語。此項加買額外之銅共若干斤，現在分貯何處，而派撥工本後，設遇廠銅歉産之年，所添銀兩不妨作爲下年之用。著傳諭富綱，即率同藩司通盤核算，據實具奏，以便交部核議。」

又卷一四七二 〔乾隆六十年，乙卯，閏二月，丁亥〕諭軍機大臣等：「據福康安等奏，滇省銅廠積欠一摺，已降旨加恩，全行豁免矣。銅廠工本銀兩均關帑項，不容絲毫拖欠。年清年款，乃因此項積欠銀兩，每逾數年即藉清查，邀恩豁免，歷任督撫及管廠各員，恃有恩免常例，遂任聽鑪户等遞年積壓，施欠不交，所辦實屬因循。兹當普免天下積欠，施恩錫慶之時，姑準所請，將廠欠一體豁免。著傳諭福康安等，嗣後惟當認真查辦，按年清款，倘再仍前拖欠，不能復思藉詞寬免也。」

《民國文獻資料叢編・史料旬刊第二册》范時綬《查禁寬永錢文及私鑄案》

署理湖南巡撫臣范時綬謹奏爲欽奉上諭事：乾隆十七年三月初七日，承準廷寄乾隆十七年二月初九日奉上諭：河南巡撫陳弘謀奏請查拿私鑄奸徒摺内，請將民間行使私錢一體問罪，私錢官爲收買，鎔化可充官局鼓鑄之用等語。朕思私鑄固當嚴禁，而私銷之罪浮於私鑄，乃地方官惟事查獲私鑄以邀議叙，而拿獲私銷者甚屬寥寥。前經通行傳諭，惟在該督撫等督率所屬實力奉行耳。至因嚴私鑄而並重行使私錢之罪，則因愚懵不辨而罹咎者衆，既虞其滋擾。若官爲收買，則將鎔鉛圖售私鑄者不更多乎？此奏所謂知其一不知其二，不可見之施行者。惟私銷之弊，究未得其肯綮。著於伊等奏摺之便，再行傳諭。欽此。寄信到臣，臣查錢法事關緊要，地方情形各有不同，隨行布政司轉飭確查妥議。兹據各屬議覆，或稱銷錢難捕，或稱實力稽察，終無杜絶私銷之法。臣思自來錢法之弊，總緣錢輕銅賤則多私鑄，錢重銅貴則多私銷，但私鑄易拿，私錢易禁，惟私銷之弊難除。蓋投爐鎔銷事在頃刻，非同私鑄之可覓跡查拿也。從前屢經廷臣詳言，錢貴實因私鑄，有請將錢文改輕者，有請將滇粤産銅，除供鑄外，聽民自售者，欲使錢輕銅賤，無利可圖，私銷自止。雖未議準施行，而羣工竭智盡慮，早在聖明洞鑒之中。臣查本朝錢制，百餘年來每因銅價之貴賤以爲增減。康熙二十三年，亦因銷燬弊多，曾照順治初年改鑄，每文重一錢。其因革咸宜，亦係隨時而爲變通。今欲杜絶私銷别無良策，惟有將錢文改重一錢，體質稍輕則私銷者無甚厚利，弊可杜絶，所減銅鉛即以增添鼓鑄錢文，亦得充裕矣。再查近年市賣銅觔甚少，臣並請嗣後各省銅廠採煉銅觔，除照例抽税及交官收買，每歲供解京省額銅之外，餘銅盡聽商民交易，以資製造器皿之需，將見市銅充裕，價值平減，私銷無利，又可不禁而自戢矣。

《清會典事例》卷一八《吏部考功清吏司・錢法》　一、辦參銅。康熙十四年議準，各省官員將採買銅項，並未起參，揑報起參者，降二級調用。雍正二年議準，各省分辦銅，報參初次逾限，將承辦官革職留任，委辦上司各官降二級留任，許其展限四月，戴罪承辦。如仍不完，將承辦官革任交部，從重治罪，別委能員接辦。察有虧空，著落家產追賠，其委辦上司各官降二級調用，並令分賠完結。如參後六月内，將銅買足參部交完者，準予開復。乾隆二年議準，二三四月限内能完至三分之二者，免其革任治罪，再寬限四月，照數辦足參部。如限滿仍未完參，即將承辦之員革任，交刑部從重治罪，別委能員接辦。察有虧空，着落賠補，委辦上司照例降調分賠。如參後六月内將銅買足參交，亦準予開復。至該撫報參之後，即知會沿途官弁速催抵通，如逾限不到，將領參官革職戴罪，管參、委參上司各官降三級留任。行令該地方确察是否揑報，有無扶同具領、中途盜賣等弊，據實按律究擬，並將沿途催趲官弁照催趲糧船不力例題參，所欠銅著落本參官追賠，委參上司各官分賠。如參後三月内參部交完者，亦準其開復。其四年奏準，各省採買銅參部覈驗，如繫低潮，按依成色，令原參官減價報銷。其覈減銅色銀，勒限一年全完，限滿不完，降俸二級，戴罪完納。年限内不完，罰俸一年。其所辦正項銅，如繫參後全完者，雖覈減銅色銀未經完繳，而議處之本案業已完結，應準其照案開復。至覈減銅色銀，如逾限無完，仍照降俸罰俸例分別議處。又奏準，管理礦廠官員，如有銅、鐵等項鑪户私運出廠，不行察出者，罰俸一年。七年議準，滇省參送京銅，自滇省至永寧計程二十三站，各運官自滇省起程，限二十三日到永寧。如沿途逗遛至二十三日之外者，照在京衙門行察事件承辦官遲延之例，遲延一日至十日，罰俸一月；十日以上，罰俸三月；二十日以上，罰俸六月；三十日以上，罰俸一年。如果有中途患病及阻滯等情，令該員呈明該地方官出具印結，於參案内聲明，以憑免議。十四年議準，自永寧至漢口限四月，漢口抵通限五月。其漢口、儀徵換船、換簍之處，漢口限四十日，儀徵限二十日。通計永寧抵通，定限十有一月。如逾限一月以上，即行照例察參，領參官革職戴罪，管參、委參各上司降三級留任。如遇有守凍日期，準沿途地方官據實勘确，呈報咨部，仍照例扣除。至守風守水日期，定限已屬寬裕，皆不準扣算。再，每運銅均有正、協二人，倘沿途或有沉溺、打撈需時及患病事故等事，即令一人先運前行，如有藉辭停留者，亦不準其扣算。其銅到處，應令地方文武官弁按站交代催趲前進，不許片刻停留，多撥兵役巡察，將出境入境日期即刻轉報督撫，按日确察，即行報部察覈。倘運官無故逗遛及有盜賣情弊，該地方官弁漫不經心，不實力催趲及徇隱不報者，即照徇庇例降三級調用，該督撫一并議處。十五年覆準，銅、鉛到境，該地方官即協同運官選擇身家殷實船户，並熟練頭舵水手。倘所雇之船有不諳路徑風色，致有沉失銅、鉛等事，將原雇之地方官報部，照官員參送匠役、不將良工參送、以不諳之人塞責者罰俸六月例，罰俸六月。如實繫風水驟發，非人力所能防護，該管官察明具結申報，將原雇之地方官免其議處。至沉溺銅、鉛打撈一年限内，運官如有升遷事故，仍留在川打撈，竢事竣之日分别赴任回籍。至該管地方文武官弁，遇有銅、鉛沉溺，照漕船失風之例處分外，仍於一年限内停其升轉，責令協同運官實力打撈，限内能撈獲過半者，免其察議；或限滿無獲，或撈不及半者，將地方文武各官罰俸一年。其沉溺之銅、鉛運官，打撈無獲，一年限滿，將該員題參革職，限一年内賠足，準其開復。如逾限一年賠完，免罪不準開復；二年之内不能賠完，照律治罪嚴追。

又卷四四《户部・錢法》　一、辦銅、鉛考成。康熙元年題準，關差限滿回京，其額辦銅限兩月全完，如未完，五分以下，罰俸半年，辦銅人役及原保並領運商人各杖八十；六分以上，罰俸一年，人役各杖一百。再限兩月，如未完，五分以下，罰俸一年，停其升轉；六分以上，降一級留任，仍罰俸一年，人役等各杖一百。該督撫催限一年内完解，如不足，原監督限四月賠補，仍未完，由部題參解任，追補完日開復；辦役保商照侵盜錢糧例治罪。十四年議準，辦銅官並未起解，揑報起解者，降二級調用；解送遲延者，照違限例議處。十八年題準，各關解銅，自到任後起限，至八月完解一半，不完者，降一級留任。自差滿後起限，至四月完解　半，不完者，降二級留任，限一年全完開復。再不完，革職變産追完，商役照前例治罪。十九年覆準，各關解銅，不許在京辦買，違者，辦買人繫旗人，枷三月，鞭一百；繫民，枷三月，杖一百，流三千里，銅價入官。監督知情令辦買者，革職。三十一年奉旨，各關差於京城浼人購銅，及令衙役解銅，均著嚴行禁止，務於該差地方如數辦買，令同差筆帖式依期親解送部。五十四年議準，江南等省委官辦銅及商人辦鉛，均分上下兩運，上運每年四月完解，下運每年十月完解。五十六年覆準，江南等省加買紅銅，務於限内解到，如違限者，將承辦官指參。六十　年覆準，江浙二省解部銅，照九卿原議，每年四月完半，十月全完，倘逾限不完，照例治罪。如上運於四月不完者，即應初參；再限四月不完，爲復參；再限四月仍未完，爲三餘。下運一照上運，扣限糾參。如有徇隱不揭報者，將督、撫一并嚴加議處。雍正元年覆準，各省尾欠銅，照江浙辦銅定限，按初參、復參、三參之例參處。二年覆準，每年辦銅上下兩運，仍於四月、十月起運，報文一到，扣算程塗，勒限解交。若上運至九月，下運至次年三月，有不到部者，委解各官並該管上司皆嚴加處分。【略】五年覆準，解辦雲南銅，不必拘定舊例，仍分上下兩運，總以不闕額、不逾六月到部爲率。七年議準，江浙二省採辦洋銅不能依限起解，將上運轉限四月，於八月起解，下運轉限兩月，於十二月起解，如違限不到，照例參處。十一年議準，各省辦銅商人每因限期寬裕，將本年所領帑項營運射利，新舊那移，嗣後令該督、撫嚴飭辦銅官秉公發價，如有該商承領，務察明於何處出洋，取具甘結，知照出口汛弁並地方官。自該商領銀之日爲始，定限兩月，置貨齊備，報明該汛官，並察明果否是採買易銅貨物，驗放出口，一面報明督、撫，並取該員等印結備案。如有逾限，並無貨物出口者，或非採買易銅貨物，即將該商嚴究，並行原籍地方著落家產，嚴追帑項。至洋船進口之日，亦令該汛弁地方官察明是某省辦銅商人，載銅若干斤，逐細通報該督、撫，定限一月內，將辦銅進口日期及斤數，一并報部察覈，一面委官起解。十二年奏準，嗣後委官解銅，照解餉之例，按運更換，如有遞年，長令管解者，即將解官治罪，原委之上司交部議處。又議準，寶泉、寶源兩局額需黑鉛，令貴州巡撫委官採買，照辦銅之例，分上下兩運，上運每年四月起解，十月到部，下運每年十月起解，次年三月到部，如有遲誤，照例題參。乾隆元年覆準，江、浙二省海關額辦之銅，定限於每年六月起解，十二月到部。如逾限不解，承辦官並該管上司各官分別議處。許其展限四月，戴罪仍辦，如四月限內完至三分之二者，免其議處。再寬限四月，照數辦足解部，如限滿仍未完解，即將承辦官議罪，别委賢員接辦。如有虧空，著落家產追賠，其該管上司照例議處，並令分賠完結。若二參限滿，完不及三分之二者，仍照例議處。如承辦官果能依限全完，並無挂欠者，該撫察明報部，由部移咨吏部，量加議叙，至辦銅起解之日，將所需水脚銀照數全支，毋庸豫扣節省。三年奏準，兩江、閩、浙等省應辦之銅，統赴雲南採買，仍分上下兩運，按照原定限期解部，如逾限不解，即照例參處。又覆準，雲南額辦銅四百萬斤解交京局，應分爲八運，以五十萬斤爲一運，每運委該省見任府佐貳及州縣官一人爲承運，再委雜職官一人爲協運。起運之前，豫咨沿塗督、撫，遴委幹員，督同該地方官，趲滇銅一到，即協同運官雇募船馬，催運前進，如有遲誤，分別參處。所需脚價，仍聽雲南正運、協運官給發報銷。四年奏準，嗣後承辦銅未經全完者，所有原議之案仍照定例不準開復外，其有已將正額銅照數完解者，雖銅色銀未據完繳，而議處本案業已完結，則原參之案準予開復。至未完覈減銅色銀，如逾限無完，仍照例議處。五年題準，雲南辦運京銅四百萬斤，八運合爲四運，每運委府佐貳或州縣官一人爲正運，雜職官二人爲協運。令正運官押運五十萬斤，協運官二人共運五十萬斤，分撥起運。再，雲南解銅在東川、尋甸領銅，由威運永，原繫以長年計算，自辦理以來，各脚户每多不前，運官守候，有誤限期，實不如專責地方官雇脚爲便，應由尋甸、東川兩路分運永寧交收。尋甸一路，委令尋甸州爲承運官，自尋甸車運至威寧，交威寧駐劄之官，雇脚轉運至永寧。東川一路，自東川遞運至魯甸，魯甸遞運至奎鄉，奎鄉遞運至永寧，令東川府、昭通府、鎮雄州爲承運官，雇脚發運，又令魯甸通判、奎鄉州同爲協運。至解交京局之正、協運官，令其赴永寧領銅，由水路接運，遵照題定限期，按限運解，如逾限無解，及逾期未到，即將遲誤各員分別題參，交部議處。又奏準，雲南加運銅，分委解銅之正運、協運各官搭解。八年題準，雲南辦運京銅四百萬斤，乾隆四年辦運之初，分爲八運，自五年起，八運合爲四運，每運正協運官各領銅五十萬斤分發起運。嗣後每運遣正印官一人，協運官一人，照乾隆四年之例，令合領正耗餘銅一百十有一萬斤，一同起運，水脚雜費照數發支。其辦運出廠以九十日爲一運，每年分作四運，各限一年到京。至加運銅，亦照額銅之例，將四運合爲二運，每運委官二人，領運正耗餘銅九十四萬五千七百二十斤，該撫委官管解，照額銅之例畫一辦理。十三年奏準，雲南運銅率多逾限，嗣後凡銅到境，照催漕例，上緊催行，倘不實力催行，立即參處。如運官攜貨逗遛銷售者，舉報貨物入官，地方官不行舉報，察出一并參究。十四年奏準，雲南解運京銅，自永寧至漢口定限四月，漢口抵通限五月，漢口、儀徵換船換簍，漢口定限四十日，儀徵定限二十日，通計永寧抵通定限十有一月。如逾一月，照例題參，領解官革職戴罪，管解、委解各上司降三級留任。如遇守凍，地方官察明咨部，仍照例扣除，至守風守水日期，均不準扣算。再，每運銅均有正協、領運二人，沿塗或有沉溺打撈患病事故，即令一人先運，如有藉辭停留，亦不準扣算。其銅到處，令地方官弁按站催行，將出境、入境日期報部察覈。倘無故逗遛盜賣，地方官不實力催行，徇隱不報，即照徇庇例降三級調用，督、撫一并議處。至加運銅，向繫佐、雜二人管解，未免官卑任重，嗣後加運銅，委府佐州縣一人爲正運，佐雜一人爲協運，該督撫務選幹員管解。【略】又覆準，雲貴二省運京銅、鉛，經涉險阻，偶遇風濤覆溺，照原議，會同地方官慎選船户、水手，限一年撈獲。有正協運官者，留協運官，無協運官，留親屬家人，該管地方文武協同辦理。如限内無獲及撈不足數，不在山峽險隘之地，即行參處。倘沉溺實繫瞿塘三峽、長江大湖及黄河諸險，準地方官結報該省督、撫，移咨雲貴兩省會疏保題，將沉失之銅，令雲撫照數補解，脚價在銅廠餘息項下動支。辦運沉失之鉛，令貴撫在辦鉛節省水脚銀内動支補解。如運官捏報川江等處沉溺，地方文武官扶同徇隱，該督、撫即據實題參。督、撫朦溷保題，别經發覺，一并嚴加議處，著落分賠。至追賠沉失銅、鉛，應合計脚價，照數著賠；收買撈獲銅、鉛，亦應加入運費，一例覈給。且運官既有正、協，著賠宜分多寡，應將沉失銅、鉛，照廠地工本、運脚、鉛加鎔化，著落正運賠三分之二，協運賠三分之一，各按本人名下應追銀數，已完、未完，分别治罪開復。至船户不諳風色，以致沉溺，將原雇之地方官，照解送匠役不將良工解送、以不諳之人塞責例罰俸六月。如實繫風水驟發，非人力所能防護，該管官具結申報，將原雇之官免議一年，限内運官如有升遷事故，仍留打撈，竢事竣之日，分别赴任回籍。該管地方文武官，遇有銅、鉛沉溺，照漕船失風例處分外，仍於一年限内，停其升轉，責令協同運官實力打撈，限内獲半者，免議；限滿無獲與獲不及半者，各罰俸一年。限滿日，著落運官先行賠補，所失銅、鉛仍聽運官自行撈取。十八年覆準，嗣後雲南辦運京銅運官於交銅之後，即將回南日期報部，部給實收，將運官起程日期填入執照，行知雲撫，並知照吏部。如入京時在道有沉失之銅，應赴原沉失省分打撈者，亦即知照該省督撫，竢運官到日驗看執照，飭同打撈，並將運官入境起程日期先後移咨雲撫，如有遲延，據實參處。

傅恒《平定準噶爾方略》續編卷七　癸卯，諭陝甘總督楊應琚辦送阿克蘇鑄錢工役器具，上諭軍機大臣曰：「舒赫德奏阿克蘇等城出産紅銅，現據該伯克等懇請，設爐鑄錢流通行，使並乞照葉爾羌之例，範爲阿克蘇字樣。至工役器具皆所必需，業經行文該督辦送。」

又續編卷八　阿克蘇所屬有多倫回人四百餘户，請設伯克管轄。阿克蘇錢局派出回人分往雅哈里克、温巴什二處採銅，每處亦請設伯克一員。再，從前酌定葉爾羌等處伯克有撥給官田及屯田餘丁一項，庫車、沙雅爾、賽里、木拜等城尚未酌給，請一體辦理，造册備查，以資辦公。奏入得旨，如所請行。

張廷玉等《清朝文獻通考》卷一五《錢幣考三》　〔雍正〕又嚴造用黄銅器皿之禁令，交官收買。先是正月大學士、九卿等議言：奸民銷燬制錢，改鑄銅器，從前立法甚嚴，而終不能禁止者，緣定例之時，但禁將來未造之銅器而已，成之銅器置之不問。民間總有新造亦必託名已成又新造之器，惟禁五觔以上者，而五觔以下者不問，故法久玩生仍然濫行鑄造，而其弊至於銷燬制錢也。今欲杜毁錢之源，惟在嚴禁黄銅器皿。嗣後除紅、白銅不禁，并黄銅之樂器、天平法馬等子，及五觔以下圓鏡亦不禁外，其餘一應器皿，無論大小輕重，俱不許仍用黄銅製造。倘有犯者，造賣之人，照建例造禁物律治罪；買用之人，照不應例治罪。其已成銅器，有願賣者，俱作廢銅交官，每觔給價照一錢一分九釐九毫三絲之數，官吏不得扣剋。江蘇、浙江、福建、湖北、湖南、廣東見在辦銅，其本省廢銅交辦銅官收買。如紅銅不敷，即以此項銅器解部，扣六成紅銅補額，其四成鉛準扣出，另給價值，俱照例每觔給水脚價三分。其不足六成之銅器，亦準收買，總照成色遞減其價，於解部時報明。至安徽、江西、廣西、貴州四省，雖不辦銅，然與江蘇、廣東、湖廣接壤，安徽、江西廢銅歸於江蘇，廣西廢銅歸於廣東，貴州廢銅歸於湖廣，令三省委官收買解部。雲南見開鼓鑄所收黄銅，和入紅銅，扣算成色鼓鑄。直隸、山東令各州縣收買廢銅，交布政司彙齊解交京局。直隸解送每觔給水脚銀一分，山東解送每觔給水脚銀一分五釐。至山西、陝西無水道可通河南亦半由陸運，脚價非輕。四川有川江之險，解運亦難。此四省廢銅，暫收存本省，俟一二年後，視所收多寡，或本省開鑄，或作何解送，各督撫再議具題。如此則私毁之弊可息，而於錢法實有裨益。得旨依議。至是，以民間銅器交官者少，而各鋪户亦仍行貨賣。奉上諭：錢文乃民間日用所必需，鼓鑄日增而錢不見多，必奸民圖利，有毁錢造器皿之事，若不禁止銅器則錢價究不能平。嗣後京城内除三品以上官準用銅器，其餘俱不得用黄銅器皿。定限三年，令將所有悉行報出，當官給價收買。經九卿遵議：除樂器等項外，京城官民人等所有舊存黄銅器皿，俱交官領價。旗人交本旗佐領，漢人交五城御史處，隨交隨收，其收買銀兩各於户部先行支領，存貯其所，收之銅每季解送錢局。如過三年之限不交官者，照私藏禁物律治罪；其鋪户有仍將黄銅製造器皿者，照銷燬制錢爲從律治罪。令各該管衙門不時稽查，各直省應請俱照京城例定交收。上命：「先於直隸各府並各督撫駐劄之省城試行收買。」尋復申諭：都察院、五城御史及八旗官員等，朕爲銷燬制錢之弊，是以禁用黄銅器皿，令其交官給價，專爲民間資生利用起見，並非朕有需用之處，而廣收銅器於内府也。民間即當踴躍急公，欣然交納，尚何待上官之稽查催迫耶！且民間器皿不必定需黄銅，其在有力之家則白銅、紅銅皆非難得之物，至中人之家瓷器、木器價廉工省，亦未嘗不適於用，非若錢，爲人所不可缺者。與其藏匿在家，將來限滿三年犯禁獲罪，何如早爲交出，既得價直，而又受錢價減省之利益乎？著將此旨通行曉諭知之。至五年四月，令各省所屬府州縣地方皆一體禁飭。九月奉諭：「各督撫等前禁鑄黄銅器皿，及官民不得濫用，曾諄切詳諭，京城見今奉行，維謹錢價已覺稍平。乃近聞各省城銅器鋪内仍用黄銅鑄造者甚多，此明係督撫不實力奉行，徒以告示虚文掩飾而已。朕時時諭内外諸臣，若所頒旨有不便於民之處，即當據實敷陳，請弛其禁，斷不可陽奉陰違，有失爲政之體。督撫等寧不聞之乎？朕向因制錢日少，即知有銷錢鑄器之弊，嗣於京城内屢次拏獲銷燬制錢之人，而欽差官至甘肅地方亦見有毁錢爲器者。省會乃督撫駐節之區耳目最近，政令易行，非若遠鄉僻壤之難於稽察也。朕爲制錢籌畫焦勞，各地方官辦運銅觔，亦甚費跋涉之苦，然後官局得鼓鑄以供百姓之用。夫以鑄錢若此之難，而奸徒射利，竟將已成之錢復行銷燬，蠹國害民，孰大於此？故禁用銅器者，所以杜毁錢之源也。今後各督撫務實心遵奉，倘仍前疏忽，定嚴加處分。至從前會議三品以上許用黄銅，今猶覺濫用者多，以後惟一品官之家器皿許用黄銅，餘著徧行禁止。有藏匿私用者，概以違禁論。嗣是各省遵旨奉行，將所收銅器觔兩，於年終彙題，其三年爲限之例以交銅未盡，復陸續定議展限收買。」臣等謹按：自賈誼以收銅爲七福可致。唐劉秩《貨泉議》亦終之以銅不布，下禁銅之令。古人多有行之者，然其間亦各有辨。考之前史，宋孝建三年，曾禁用銅器。唐開元十七年、大曆七年、貞元九年、元和元年並申其禁。太和三年詔：惟鑑、鈕、釘、鐶得用銅，餘皆禁之。會昌時，以銅像、鐘、磬皆歸巡院。晉天福三年，亦禁民作銅器。周顯德元年，令民間銅器悉輸官給直。宋紹興二十八年，命取公私銅器悉付鑄錢司，民間不輸者罪之。蓋當時皆以乏銅爲患，故議收銅於上以爲官錢之用。賈誼所謂上挾銅積，以御重輕，貨物必平。劉秩所謂禁於人則銅益賤，而錢之用給者是也。若國家銅産豐饒，礦冶之利自足以流轉而不窮原，無藉民間所有之銅用充鼓鑄，特是欲絶毁錢之源，不得不嚴銅器之禁。是時每銅器百觔，官給價銀以十一兩九錢而贏，鑄錢除工料外，以每串爲銀一兩計之，實止得銀八兩四錢有奇。其各省之奏銷者，江南鑄錢二十串，需銀二十四兩一錢而贏。浙江鑄錢二十串，需銀二十五兩五錢而贏。是同一禁銅也。古者專欲爲利於國，而我朝之暫行於一時者，專欲止弊於民，故并不惜多費帑金，以爲之調劑彼前代權宜之術，又豈可以同日語哉！

又卷一六《錢幣考四》〔乾隆〕又停設銅色對牌。户部議言：「解局銅觔從來原未設立銅牌，嗣因八省分買時不能畫一辦理，致滋奸商欺弊，多雜低銅，是以設銅牌磨對。今既將八省之銅歸雲南、江蘇、浙江三處採辦，所有原設銅牌即行停止，令辦銅各省督撫嚴飭辦員，務選足色浄銅交部。仍令户工二局監收之官照依未設銅牌前秉公稱收，倘有攙和低銅不堪鼓鑄者，該堂官委員會同錢局監督及解官抽驗鎔化，將辦員參處。其虧折之銅，仍令補解。至爐頭稱手不得任意低昂，違者究治。」從之。

又罷黄銅器皿之禁。户部尚書海望奏言：「錢文爲民間日用所需，近年以來鼓鑄無缺，價直昂貴，建議者莫不多求禁銅之法，而奉行不善，易致弊竇多端。夫銅器散佈民間，相習甚久，一旦禁使勿用，則其情有所不便，往往遷延而不交，交納而不盡，緩之則互相觀望，急之則百弊叢生。是以展限之奏請屢聞，收買之告竣無日，胥吏借此需索，刁民借此訛詐，得賄則賣官法，不得則入人罪，搜括難盡，用法不均，其弊一也。民隱既難上達有司，未必皆賢。民間交納銅器或有侵蝕扣剋，僅得半價者，或有除去使費空手而臨者，名爲收銅，實爲勒取，其弊二也。此等銅質本極粗雜，加之銹壞，一經錢局鎔化，折耗甚多，而工價不減，在收買之時原費帑金，所得不償所失，於鼓鑄毫無所益，其弊三也。又況黄銅乃係紅銅、白鉛配搭而成，是以百萬觔之黄銅器皿，其中即有紅銅五六十萬觔，今禁用黄銅而不禁紅銅，是較之未禁之先，銅又多費而適以昂其價直，速其私毁。是故未禁黄銅之先，白銅甚少，既禁黄銅之後，白銅甚多，皆奸匠銷燬制錢，攙藥煮白以成器皿，其弊四也。凡此四弊，必當究其根源，以求變通之計。夫自古銅貴錢重，則易私銷銅賤，錢輕則滋私鑄，是以錢文輕重必隨銅價之低昂而增減之。上年世宗憲皇帝因私銷之弊飭九卿議減分數，每文重一錢二分，所以調劑。夫銅貴錢重者，成效自有可觀，固已不必屑屑於禁銅之末務矣。嗣後請弛銅禁，凡民間買賣悉從其便，衹於雲南、浙江辦銅之處立官分職，統計部用銅觔數目採辦，如有餘銅，任民販賣，則鼓鑄自得充裕，於國計民生均屬有益。經九卿等遵旨議定，將收銅及禁銅之處悉行停止。

一、耗銅宜核定也。湯丹廠銅多係九五成色，應於每百觔外加耗銅八觔，一併交納，永爲定例。一、餘銅宜備給也。自滇至京，程途萬里，水陸搬運，凡磕損失落，在所不免，應於正額百觔之外，帶餘銅三觔，交納之時，正額缺少，以此補足。如有餘剩，即作正銅交部，歸於帶運數内報銷。一、運脚之雇覓宜各定責成也。自威寧以下，即非滇省所轄，换馬换船處，領運官勢難兼顧，且以滇省之員雇外省之脚，必致行户居奇，高昂價直。嗣後令雲南巡撫於銅觔起運之前，即預行咨明沿途督撫，遴選幹員督同該處地方官，俟滇銅一到，即協同領運官雇募船馬，催趲前進。如有遲誤，分別查參。所需脚價，仍聽雲南領運官給發報銷。至張家灣地方，爲銅觔起運之所，應設立銅房一所，滇省預委駐府佐或州縣内揀派，駐劄張家灣，專司彈壓稽查，銅觔一到，監督同轉運京局之員給發領運官回文，即將運到銅觔數目先行報部查核。一、沿途之保護宜先定章程也。銅觔經過地方，文武各官均有巡防之責，應行令各督撫飭令員弁實力防護，催趲前進。如在瞿塘三峽及江湖、黄河等處，偶遇風濤沉失，地方官選撥兵役，協同打撈。實係無從打撈者，出具保結，題請豁免。若長運官役有沿途盗賣等弊，亦令該地方官嚴行查察，報明該省督撫，題參論罪。一、辦員之養廉宜爲酌給也。查湯丹等廠收買稱發銅觔，向係糧道管理，今自廠起運，凡雇備馱脚，仍照舊責成料理。其本任養廉已敷支用外，其由廠至尋甸换車轉運，應委尋甸州協同運員辦理。由廠至東川换馬轉運，應委東川府協同運員辦理，各府州養廉僅敷本任之用，應酌行添給。至長運之府佐或州縣官，每月給養廉銀六十兩，雜費二十兩；雜職官每月給養廉銀三十兩，雜費十五兩。其在漢口、儀徵等處均須换船，凡一應打包、换簍、搬運、過載之費，令運官按日登記，回滇之時，據實造報。至委駐張家灣轉運之員，往來京師需費頗多，府佐或州縣一員，每年應給銀二千兩；雜職一員，每年給銀六百兩；監督一員，與滇省委駐之員相等，每年亦給銀二千兩，統於運銅案内報銷。一、辦銅之工本宜爲協濟也。湯丹等廠出銅甚多，每百觔需價銀九兩二錢，每年約需工本廠費等項銀五六十萬兩。其中撥運京銅四百餘萬觔，又約需脚價及官役盤費銀十餘萬兩。應令按年具題，就近撥給銀一百萬兩，存貯司庫，陸續動用報銷，如有餘剩，留作下年之用。」

又卷一七《錢幣考五》　又禁南洋商船私販銅器。浙江巡撫方觀承奏言：「南洋自雍正五年開禁以來，商民皆得前往市易，而紅黄銅與銅器皆不在禁例，緣南洋地不産銅，各船販往者甚多。查各省鼓鑄以銅觔爲急務，見在東洋之銅運歸内地者甚難，不應獨任南洋爲漏卮，請通行查禁。」經户部議定，凡商船有將紅黄銅器私販至南洋圖利者，百觔以下，爲首者杖一百，徒三年。百觔以上，發邊遠充軍。爲從及船户各減一等治罪，貨物銅器皆入官。各關汛文武官弁不行搜查拏報者革職，賄縱者計贜從重論，失於覺察者降一級調用。」

松筠《新疆識略》卷九《廣西礦廠各上司稽核責成》　一、廣西礦廠該管官倘有以多報少，侵隱偷漏，縱容私窃情事，該總理道員即據實揭參。倘狥隱失察，將該道一併參處。其旬報季報及奏銷各册，俱由該道核實，移司彙辦，如有遲延遺漏，亦將該道一併察議。一、廣西五金竝産，凡有礦砂可採，詳明督撫批準，試採均以二年爲限，果有成效，詳請具題抽課。如逾限不報，未經查辦之布政使，及不查明具題之巡撫，均降二級留任。

空青恒産於關外戈壁中，其地無水盡沙，所謂旱海也。惟麤石有之。沈縣令仁樹初官甘肅徽縣及兩當雜職，其地爲蒙古年班入京孔道。一歲蒙古包，過蒙古所攜物，俱以大皮貯爲包。里下馬家兒從。凡官差用里下之馬，其家必以人從。蒙古押包者前行，過一處，下騎見若躋地者，見其手若釋子之捻訣者，見若拾地上物塗目者。馬家兒從後觀之瞭然也，而不知所以。追及之，騎者去，視其地無有物也。諦尋之，見沙中有小石，剖爲二，就審之剖處，皆有窩，有滴水貯窩中，意前騎者之塗目必是水也，亦醮而塗其目，水盡乃行。及夕，問之，前下騎者莫肯告，復自言其塗目事。前騎者驚曰：「爾何來得此造化耶？」明日，騎者行，從馬者以其馬歸，無他異也。久之，里中有聚賭押寶者，此子至，即見其盒中物或青龍，或白虎，若置於前，無障礙者，因大笑衆人之皆盲也，衆隨之輒中寶，主患之。異日有出寶者，此子至，無不中寶。主因相約賄之，乞勿至，至亦勿言，於是衣服飲食不謀而裕如矣。一日衆飲之，詢其術，秘不言。又極飲之醉，苦詢之，始具道其故。衆共謀曰，此子不死，此目不得除也，因共殺之，遂成獄。沈備得其詳。余忘其爲兩當，爲徽縣矣。此子亦忘其名，可知空青不徒治目疾也。

徐星伯云，烏魯木齊開鉛廠工人掘地得一石，碎之水出，廠官聞之，急令往取，水已散地無餘。天生異寶，每誤棄於無知者之手，亦何可恨！

《銅政便覽》卷二《條例》　減額封閉：凡各廠採辦銅斤，或應減額，或應封閉者，準廠員據實具報，委據道府勘查屬實，督撫批準後，即於詳題文内聲明，題報不得僅於考成册内聲敘。嘉慶十四年案。　廠務歸地方官經理：凡銅廠悉歸地方正印官經管。如有繁劇地方及離廠較遠，正印官不能照料，必須另委專員者，準委州縣丞倅。乾隆四十二年案。

凡改委管辦銅廠員，必須將改委緣由專案報部。嘉慶十二年案。

新開子廠取結咨報：凡踹獲子廠之日，切實查明取結報部。户部則例未載。【略】

凡踹有新出子廠，概準二成通商，八成交官收買。如出銅豐旺，足敷官額，再行酌量加增通商。嘉慶十一年定案。

《清宣宗成皇帝實録》卷一二六〔道光七年，丁亥，九月，壬戌〕諭内閣：「長清等奏採買銅斤加卯鼓鑄一摺。阿克蘇自上年軍興後錢價驟昂，已經長清等於額鑄之外添鑄錢文，本年復採買銅斤鑄錢，搭放兵餉，現因長齡等籌辦善後事宜，各城添建城垣及修葺衙署兵房等項，需用較繁，已豫發銀兩採買銅斤，加卯鼓鑄。惟此項工程有需時日，自應豫爲籌備寬裕，著照所請，阿克蘇所屬之拜城北山一帶，舊設上下銅廠二處，原撥駐防兵三百名，準其每廠再添給兵五十名供採銅斤，所需兵丁即將由營撤回兵一百五十餘名内，撥給銅廠兵一百名，其餘五十餘名撥於錢局供役，仍照征兵分例，每名月給鹽菜銀一兩四錢五分，口糧麪一分，暫留一年，俟善後事宜完竣，再行察看情形辦理。」該部知道。

又卷二二一〔道光十二年，壬辰，閏九月，乙亥〕又諭：「前據御史周彦奏，户工兩局兑收滇銅，請嗣後認真挑揀，遇有鐵砂低潮，即將餘銅抽换抵補，如無餘銅之運，駁回另解，不準將挑退低銅在京煎煉，當降旨交該部妥議具奏。兹據奏稱，京銅之有無低潮，全係廠地之煎煉，若俟運京之後，始行挑揀駁换，是廠員轉得卸責，未免使運員有所藉口。且以餘銅抵换低銅，事涉偏枯，恐鑪匠人等有刁難勒捎情弊。前於嘉慶年間，曾經奏明停止有案。至招商煎煉低銅，應需火工銀兩，歷係奏明，先行由部借支，行文該省，照數追繳，並非商人墊辦。該御史申明舊例，自爲因公杜弊起見，然尚非拔本塞源之要，此時均無庸遽議紛更，惟事關鼓鑄，自應嚴申考成，以重錢法。著雲貴總督、雲南巡撫將嗣後應辦京銅嚴飭經管廠員，加工提煉，不得以礦質衰薄、薪炭昂貴爲詞，任聽鑪丁率以低潮充數，並飭瀘店及承運各員認真挑揀，毋許含混接收，總期銅色在八成以上，方準起解。儻仍有低潮攙雜，經部局挑出，即將承辦各員一併照例嚴參示懲，並飭該監督等驗明成色，合例方準兑收，不得任聽鑪頭等含混驗收，致滋弊端。其業經起解在途，以及現在到京各運，事在此次奏案以前，著責成户工兩局監督，於交收之時逐細辨認，如有鐵沙潮銅，另行挑出貯庫，俟積有成數，仍照向例辦理。至運員在途，難保不偷换銅斤，得價售賣，歷來雖無其事，然亦不可不防其漸。著直省各督撫督飭藩臬大員，凡遇銅船過境，務飭地方文武員弁，實力巡查，悉心防護，毋任瞻徇玩視，致滋流弊。一俟銅運到京，著户工兩部滿漢侍郎同往驗明成色，如果一律純净，方準兑收。儻監督及鑪匠人等有高下其手，刁難勒捎情弊，或有成色低潮，將就兑收者，一經查出，即著奏參懲辦。」

吴其濬《滇南礦廠圖略》卷二《惠第五》 自汰官銅店之剥朘，而砂丁得實利矣。又防官吏之侵漁，凡在廠在店之員及吏胥，皆給以薪食，於獲銅内酌定額焉，廉者爲之，無染於商丁，而俯仰皆足，國家之惠深矣，故記惠。

東川府經管湯丹廠，月支薪食銀二十一兩，各役工食銀五十四兩六錢。大水溝廠，薪食銀七兩，各役工食銀四十三兩四錢。茂麓廠，薪食銀十兩，各役工食銀四十一兩。大風嶺廠，薪食銀十兩各役工食銀五十二兩。

大關廳經管人老山、箭竹塘二廠，不支薪食，月支各役工食銀各五兩。

寧臺廠委員月支薪食銀十五兩，各役工食銀一百四十八兩二錢。

雲龍州經管大功廠，月支薪食銀十五兩，各役工食銀四十八兩。

永北廳經管得寶坪廠，月支薪食銀三兩七錢五分，各役工食銀一十三兩八錢五分。

易門縣經管香樹坡廠，月支薪食銀十五兩，各役工食銀五十五兩四錢。

路南州經管鳳凰坡、紅石岩二廠，不支薪食，每廠給各役工食銀五兩七錢。大興、紅坡二廠不支薪食，每廠給各役工食銀一十三兩三錢。發古廠月支薪食銀十兩，各役工食銀十三兩。

餘辦京銅各小廠，如迴龍、樂馬、雙龍、長發坡、小岩坊、金沙、梅子沱、紫半坡、獅子尾、老硐坪等廠官役，俱不支廉食。

迤西道關店年支店費等銀一百八十六兩，催銅盤費銀六百九十六兩。

迤東道尋店年支養廉銀四百八十兩，店費等銀五百二十八兩。

威寧州威店年支養廉銀三百兩，店費等銀二百七十六兩。

鎮雄州鎮店年支養廉銀九百兩，店費等銀四百七十五兩六錢。

東川府東店年支養廉銀七百二十兩，店費等銀六百二十七兩三錢六分。

昭通府昭店年支養廉銀七百二十兩，催銅盤費銀一百八十兩。

大關廳井店年支養廉銀三百六十兩，店費等銀一百八十七兩二錢。

永善縣坪店年支養廉銀三百兩，支半年書巡搬夫工伙銀二百一十兩。

瀘店監兑委員年支養廉銀一千二百兩，書記搬夫工伙銀三百二十四兩。

又《附户部則例》 雲南省銅廠實養廉薪水項下，湯丹廠廠官月支銀三十兩，碌碌廠、尖山廠、義都廠、寧臺廠廠官各月支銀一十五兩，大水溝廠、大風嶺廠、青龍廠、金釵廠、茂麓廠廠官各月支銀十兩，白羊山廠廠官下關、楚雄、省城三處各委員月支銀八兩，寨子箐廠廠官月支銀六兩。役食項下，迤東道、東川府各歲支銀八十兩，臨安、澂江、順寧三府各歲支銀二十兩，雲南府歲支銀一十九兩二錢。坐廠書記，馬龍廠一名，月支銀一兩五錢。日見汛廠一名，月支銀二兩。青龍廠、金釵廠、白洋山廠、紅坡大興廠各一名，寧臺廠三名，義都廠二名，茂密廠、馬街各一名，每名月支銀二兩五錢。尖山廠二名，大水溝廠、興隆廠、隆寶廠、大風嶺廠、人老山廠、箭竹塘廠、冷水溝廠、杉木箐廠、茂麓廠、寨子箐廠、永昌店、尋甸店、東川店各一名，下關、楚雄、省城三處共三名，每名月支銀三兩。稿經，督撫衙門各二名，總理衙門四名，每名月支銀二兩七錢。書算，督撫衙門各三名，總理衙門一十四名，每名月支銀二兩二錢。辦銅書吏，廠差，秤手，督撫司道衙門所設，歲共支工伙銀八百兩。客課，寨子山廠、人老山廠、箭竹塘廠、日見汛廠各一名，青龍廠、白洋山廠各二名，金釵廠四名，每名月支銀一兩。大水溝廠、尖山廠各四名，大風嶺廠、茂麓廠各三名，興隆廠、隆寶廠、杉木箐廠各二名，冷水溝廠一名，每名月支銀二兩。課長，寨子箐廠一名，月支銀二兩。義都廠六名，寧臺廠四名，紅坡、大興等廠各二名，鳳凰坡廠、紅石巖廠各一名，每名月支銀一兩。巡役，總理衙門八名，迤東道二名，東川府二名，青龍廠八名，金釵、白洋山廠各六名，紅坡、大興等廠各四名，每名月支銀一兩九錢。大水溝廠一十四名，茂麓廠一十五名，尖山廠一十六名，尋甸店一十名，東川店、大風嶺廠各八名，杉木箐廠六名，興隆廠、隆寶廠各四名，冷水溝廠二名，每名月支銀二兩。寧臺廠二十二名，義都廠二十四名，紅石巖廠、鳳凰坡廠、馬街各一名，每名月支銀一兩七錢。茂密廠三名，每名月支銀一兩七錢。下關、楚雄、省城共站役二十五名，每名月支銀一兩，巡役二名，月支銀一兩五錢。人老山廠、箭竹塘廠各一名，每名月支銀一兩。日見汛廠一名，每名月支銀一兩二錢。寨子山廠一名，月支銀七錢。大風嶺廠二名，每名月支銀二兩。金釵廠二名，每名月支銀一兩九錢。又土練五名，每名月支銀六錢。義都廠六名，青龍廠六名，每名月支銀六錢。紅坡、大興廠各二名，每名月支銀六錢。店役，馬龍廠一名，月支銀一兩七錢。鑪頭，馬龍廠一名，月支銀三兩。長工，馬龍廠二名，每名月支銀一兩五錢。渡船水手，大風嶺廠二名，每名月支銀二兩。厨役水火夫，大水溝廠二名，尖山廠茂麓廠各一名，每名月支銀二兩。青龍廠、寧臺廠、白洋山廠各一名，每名月支銀一兩。撥銅夫，東川店十名，楚雄店、大理下關店各二名，每名月支銀二兩。坐廠家丁，鳳凰坡廠、紅石巖廠、尋甸店各一名，每名月支銀三兩。寨子山廠一名，月支銀一兩五錢。查廠家丁，書巡，總理衙門專差，歲支銀四百四十六兩。雜費項下，燈油、紙筆，大水溝廠、茂麓廠月支銀十兩，尖山廠月支銀八兩，興隆廠、隆寶廠各月支銀五兩，義都廠月支銀四兩，金釵廠月支銀三兩，青龍、紅坡、大興等廠月支銀二兩五錢，白洋山廠，寨子箐廠各月支銀二兩，寧臺廠、青陽嶺廠、大風嶺廠各月支銀一兩，寨子山廠、日見汛廠、馬龍廠、人老山廠、箭竹塘廠、冷水溝廠、茂密、馬街等處各月支銀五錢，鳳凰坡廠、紅石巖廠各月支銀三錢，尋甸店月支銀二兩，東川店歲支銀一百五十九兩三錢六分，并差役盤費在內。督撫衙門各月支銀一十五兩，總理衙門月支銀三十兩。祭犒，大水溝廠歲支銀三十八兩，尖山廠歲支銀二十四兩，興隆廠、隆寶廠歲各支銀一十六兩，大風嶺廠歲支銀一十二兩，義都廠歲支銀八兩，馬龍廠月支銀四錢。房租，永昌府城月支房租銀五錢。各廠請領工本脚費，每銀一千兩，每站給馬脚盤費銀一錢三分四釐。又雲南省湯丹廠客課五名，巡役四名，每名月支銀二兩。閩天坡看橋夫一名，月支銀五錢。二、八月祭山二次，買備猪羊共銀八兩。塘兵護送工木賞費共銀二兩四錢。紅花園客課一名，月支銀三兩二錢。洞長二名，每名月支銀一兩二錢。碌碌廠客課六名，每名月支銀一兩，巡役二名，每名月支銀一兩四錢。大雪山洞長一名，月支銀一兩二錢。得禄山鎮長一名，月支銀一兩二錢。各廠發運尋甸、東川銅觔，每百觔搭運五觔，不給脚價，共節省銀五百三十三兩七錢三釐，即以此項銀兩爲湯丹、碌碌二廠廠費役食之用。

《清會典事例》卷八九二《工部・鼓鑄》〔道光二十八年〕又奏準：「近來滇省解到銅斤，每運挑出低銅約有三分之二，以致寶源局鐵砂積至二百九十餘萬斤，自道光二十九年爲始，務須挑揀純净。如再有鐵砂低銅，照例不準交納，發還該員免税自售，將價銀另辦銅斤。或自備火工招商煎鍊，總須補足額解之數。二十九年奏定，凡京局挑出八成以下銅斤，計該廠不及一分者，廠員罰俸一年，一分以上者罰俸二年，二三分以上者降二級留任，四五分以上者降二級調用，六分以上者降四級調用，七分以上者革職仍留廠勒賠。以接到部文之日起，原欠三分以下者限三箇月完繳，四五分以上者限六箇月，七分以上者限一年，限内全完，題請開復。逾限不完，罰俸者降一級留任，降留者降調，降調者革職，革職者不準留廠，仍留省再限一年賠完。限内全完，準其開復。若再不能完，無論降調降留，及分數多寡，一體革職。應完之項，著落該管上司分賠。其店員運員虧欠銅斤，以及管理廠店之道府處分，以次遞減一等。」

王鎏《錢幣芻言·擬錢鈔條目》 一、設立收銅之局。民間銅器以鈔倍價收之，無論白銅、黄銅、紅銅，又禁絶打造銅器之鋪，立官銅鋪，但造樂器、鎖、鈕以便民用。其餘以銅器私相賣買者，没入其銅器，更不加罪，惟古銅器爲寶玩者不禁，胥吏不得向民間搜括銅器，以致騷擾。按自古鑄錢無不禁銅者，然禁銅而令吏役搜括民間之銅，則不免擾累，若第嚴禁打造銅器之鋪，而民間銅器則以倍價收之，斯亦民之大利也。

《清文宗顯皇帝實録》卷一二三 〔咸豐四年，甲寅，三月，辛丑〕又諭：「户部錢法堂奏遵查銅斤拉運出城一摺。據稱此項銅斤係各廠鑪頭，呈交廠内歷年存積鐵砂低銅發商試鍊，該商係在城外因將銅斤拉運出城等語。向來煎鍊銅斤，均係在局設鑪，不準出局，此次銅斤拉運出城，雖據查明實無情弊，究與向例不符。著該侍郎等仍飭該監督等，遵照舊章在局煎鍊，不準拉運出城，並著隨時稽查，毋任偷漏滋弊。」

又卷二五八 〔咸豐八年，戊午，秋七月〕丁丑，諭内閣：「軍機大臣會同兵部等衙門奏，遵議法福禮等條陳回疆善後事宜一摺。喀什噶爾地處極邊，自參贊大臣移劄葉爾羌後，該城領隊大臣例不能專發奏報，設有緩急轉達需時，自應量爲變通，以資彈壓。著照所議，喀什噶爾領隊大臣著改爲辦事大臣，所有本城應咨事件，仍與幫辦領隊大臣之换防總兵聯銜咨呈參贊大臣查覈。遇有邊警，準其專摺馳奏。其行文各城，悉用咨行，與東四城一律仍歸葉爾羌參贊大臣統轄，以符定制。至該城六品以下伯克，以别城人員補授，每多不洽輿情，亦著準其專補本城人員。其阿斯圖阿爾吐什莊五品阿奇木、伯克著改爲四品，並準於該處回城内復設回兵七百名，將舊給它銅回子地一萬四千畝給與，以充糧餉，仍舊設管轄回兵四品伯克二員，以專責成。所有昌巴爾山銅廠，即行永遠封禁，仍照議徵收布税，以抵銅廠税課。嗣後該大臣等務當詳慎舉劾，嚴密巡查，勤練兵丁，妥籌經費，以期變通經久，永靖邊隅。」

劉錦藻《清朝續文獻通考》卷一九《錢幣考一》 又諭：「費淳奏請給價收買商銅，以杜私鑄一摺，内稱滇省辦銅各廠除抽課交官外，向有一成二成，準令通商之例，商人難保無影射收買私鑄漁利情弊，應官爲收買，每年可多獲銅一百餘萬觔，以之添撥各省採買及鐵砂折耗鑪店底銅之用等語。此奏雖似爲該省杜絶私鑄起見，其實該藩司以各省採買銅斤及鑪店底銅恐有欠缺，故欲將此項商買餘銅歸官以作抵補之用，止係一偏之見，未經通盤籌畫，所謂知其一不知其二也。銅斤爲民間必需之物，不能一日缺少，即使廠中稍有偷漏，爲數亦屬無多，若將各廠抽課交官，所賸餘銅概行禁止商民售賣，則民間所用之銅從何而出？不特銅價因此昂貴，而小民等需用孔亟，必致將官錢私行銷燬，改鑄銅器，即錢價亦必因之倍增。況見在滇省各廠所産銅斤尚屬旺盛，每年額運各起俱係依限開幫，並無短絀遲誤，即民間錢價亦俱平減，本無庸鰓鰓過慮。若如該藩司所奏是名爲設法調劑，而轉使私銷益甚，弊竇叢生。況杜絶私鑄之弊，惟在地方官實力查禁。今不於此悉心整頓，而以禁止商買餘銅爲正本清源之計，恐防弊而適以滋弊。且使該處商民知有此事，必將銅斤預爲擡價居奇，銅價既貴，則錢價自增，於閭閻日用諸多不便，所關非細。民可使由，不可使知，費淳何見不及此耶？此事當再加詳酌，富綱、譚尚忠久任滇省，於銅務自所熟習，著伊二人會同悉心妥議據實奏覆。」【略】

嘉慶二十年諭：「給事中黄中傑奏請復禁銅收銅舊例，以裕錢法一摺，所奏甚屬不知政體。國家因時立政，期於便民，自乾隆初年停止銅禁以來已八十年，民間無不稱便，而京省各局銅斤亦並無缺額之虞。昨歲朕曾降旨停止外省呈進銅鑪火盆，以節糜費而裕鼓鑄，酌盈劑虚道貴適中。至民間日用所需，安能以數十年弛禁之物，一旦設爲苛令，察及錙銖。從前永祚、楊懌曾節次奏請禁用銅器，皆經户部議駁。今該給事中復請申嚴銅禁，請飭令官民家内所存黄銅器皿概以三年爲限，悉數繳官，如逾限不繳者，查出以違例論罪。此令一出，必致紛紛擾累，胥役訛索，鄰里控訐，訟案煩滋，究於錢法奚裨耶！所奏不可行，著毋庸議。」

又卷二〇《錢幣考二》 咸豐四年又諭：「慶惠、文瑞奏採買銅斤請分别查辦等語。向來偷漏官銅，原干例禁，若如所奏實係民間舊藏銅器，及商人積蓄情殷報效者，若概以私銅目之，勢必至隱匿不出，轉無益於捐買銅斤鼓鑄之事。著都察院、步軍統領衙門、順天府按照所奏，分别詳查。如果商民所呈之銅並非官物，地方官不得概行禁止，亦不得假手吏役，從中訛詐，以杜弊端而裕鼓鑄。」

【略】

咸豐九年又諭：「惠親王等奏設法採買銅斤，並申明舊章嚴禁銅器一摺。

京局需銅鼓鑄，節經户部奏準，將銅器分别斤數，禁止折造使用。並經刑部等衙門議奏在案。乃地方官因循日久，漸至視爲故常，以致銅斤日形短絀，採買商銅赴局交納者亦屬寥寥，亟應申明舊章，認真辦理。所有各項銅器除樂器及古銅彝鼎等物不計外，其餘各樣銅器凡在一斤以上者，概行禁止。在京大小官員民人等自奉旨之日，限三月將一斤以上銅器赴部呈交，如有逾限不交，查出將銅斤入官，仍照刑部等衙門奏定官民處分罪名成案，分别辦理。其各省銅鋪私造一斤以上銅器者，照例治以應得之罪。京外各商呈交各色銅斤，以及民户呈交銅器者，均隨時赴户部官局查驗成色兑收，概以實銀給價。自此次申明降旨後，該部及地方官務須出示曉諭，實力奉行，以裕銅斤，而濟鼓鑄。」

又卷四四《征榷考一六》〔光緒十四年〕（唐炯）又奏：「略稱雲南銅務自康熙四十四年歸官經理，向各府廳州縣領借帑本，慎選殷實人民充當鑪户，招募砂丁，開採煎鍊。定章：上月發本，下月收銅，逾年無著，即令經放之員賠繳。立法本極至善，乃日久逋負漸多。雍正二年至乾隆六十年，廠欠之案，有以錢息彌補，有以庫平扣市平銀撥補，有經放員賠補，有以經管道府養廉扣補者。嘉慶六年，乃定督撫司道按股分賠之例。其時廠旺産豐，拖欠猶不能免。推原其故，地方官民事紛繁，斷不能坐守山場，妥爲籌畫。礦户又係赤貧，勢必挪後補前，暫敷目下，既而逃亡，故絶無可追償，惟有據實請恩貸免。同治十三年，試辦京銅委員委紳仍須預發底本，乃能陸續繳銅。時值兵燹之餘，薪餉益昂，人工益少，員紳皆不諳礦務，不能不聽命於礦户，以故辦理仍難獲效，而逋負又多。光緒九年，設招商局接辦，以商本不充，仍發底本，雖令按銅扣收，而舊欠未清，新負已積。若不變通舊章，無以革除積弊。臣見酌留招商局責成扣收廠欠，另設礦務局招募鉅股商本商辦，先銅後銀，委員駐廠收運銅斤，俾界限畫清，公私兩益。至於京運而外，例有通商之銅。光緒十二年，督臣岑毓英奏明，每年辦運京銅百萬斤，準一成通商，以次遞加。原冀歆動羣情，不致畏難裹足，無如資本厚薄不齊，所辦銅斤悉歸官買。每年湊集五十萬尚屬爲難，安有餘銅通商？且民間數千年不見商銅，無賴奸民遂銷燬制錢以牟厚利。以雲南論，已患錢荒，關係誠屬匪細。臣愚以爲，欲杜私燬，莫若寬準通商。擬嗣後辦銅百斤，抽課税銅十四斤，官買七十六斤，準以十斤通商。庶商有餘銅，藉以維持資本，而民有餘利，自然踴躍攻煎。數年後，開廠日多，銅斤日廣，銷燬之弊不禁自除，於錢法銅務不無小補。」

《清穆宗毅皇帝實録》卷一五三〔同治四年，乙丑，九月，己巳〕諭軍機大臣等：「林鴻年奏，請調階州得勝楚軍，並請招商墊辦銅廠各摺片。【略】所稱雲南廠地久廢，砂丁失業，流而爲匪，藩庫又無銅本可放，後患更爲可慮，請將東川之廠暫行招商墊辦，抽收課釐等語。自係權宜辦法，即著照所請行。惟事同創始，尤須慎擇廉幹公正之員，妥爲興辦，以免别滋事端，一俟軍務竣後，仍即行由官辦運，以復舊章。將此由五百里各諭令知之。」

又卷一九一〔同治五年，丙寅，十二月，辛卯〕又諭：「本日據管理錢法堂事務崇綸、畢道遠、毓禄、王發桂奏遵查户工兩局鼓鑄情形各一摺。所稱近因滇省銅廠停開，專用收買銅斤鼓鑄錢文，質未純净，錢形間有參差，工局現年所鑄錢數較少各等語。錢法關係民用，各該管堂官及監督自應認真籌辦，以期一律流通，豈可不加意講求，致啓挑剔之漸，辦理不善，咎實難辭。所有户工兩部兼管錢法堂事務大臣，及寶源、寶泉兩局監督，著先行交部，分别議處。嗣後該堂官等務當遵循成法，認真督辦，期於裕國便民，永無流弊。儻再任意因循，致滋弊竇，定當從重懲處。摺内所稱應行酌定章程，仍著妥議具奏。」尋奏：「遵議章程七條：一、廣籌銅斤，以裕鼓鑄。一、錢文分兩酌量，以三錢五分爲率。一、發廠銅斤宜覈實計算，並停止配搭鉛斤。一、局廠各員宜嚴加責成。一、四廠宜添設勇丁，幫同巡邏。一、四廠圍牆及鑪磨各房宜加修葺。一、嚴拏私銷私鑄，以期官錢暢行。從之。」

又卷二一五〔同治六年，丁卯，十一月〕甲寅，諭軍機大臣等：「户部奏請飭濱臨江海各省解錢籌銅一摺。前因銅斤缺乏，鼓鑄當十大錢，原爲一時權宜之計，行之日久，不無流弊。近來市行使，暗中折減，於國用民生均有未便，惟欲規復圜法，必須籌備制錢。【略】其湖北施宜等處向多銅礦，著該督撫飭屬招商試辦，酌抽礦税，試行有效，即籌款收買商銅，以裕鼓鑄，並著妥議章程具奏。至濱海商賈向有販運紅銅、條銅等項，應如何招商收買之處，並著各該督撫、三口通商大臣妥速議奏。將此密諭曾國藩、英桂、瑞麟、李瀚章、馬新貽、郭柏蔭、劉坤一、蔣益澧、崇厚，並傳諭何璟知之。」

《清德宗景皇帝實録》卷四四〇〔光緒二十五年，己亥，三月〕庚戌，諭軍機大臣等：「鹿傳霖奏請嚴禁制錢出口，並請開採四川銅礦一摺。據稱近日制錢短絀，價值日昂，實由奸商私鑄私毁。上海洋商專購中國制錢鎔毁，提出金銀，所餘净銅仍售重價，以致嗜私牟利之徒私運出口，售與洋商等語。各省制錢短絀，前曾諭令沿江沿海嚴禁私運出口，現在仍形缺乏，難保無奸商運售外洋，及私鑄私毀情弊。著各督撫嚴飭地方官及各官卡認真稽查，如有藉詞運載出境，即行查拏究辦。至私鑄私毀本干例禁，即著一體嚴查，照章懲辦。所稱滇省銅斤缺少，歲辦之銅尚須價購蜀銅，湊解各省鼓鑄。多購洋銅。洋商居奇，銅價日昂，請飭四川開辦銅礦等語。四川省寧遠等屬銅産甚饒，現在礦務業經開採，即著奎俊酌派熟悉礦務幹員，查勘情形，妥籌開辦。原摺均著鈔給閱看，將此各諭令知之。」

《大清現行刑律》卷九《倉庫下・轉解官物・條例》　一、委解銅斤照解餉之例，按運更换，如有遞年長令管解者，將原委之上司交部議處；儻局内書役、爐頭人等於收銅之時任意輕重，照收支留難律治罪；查有勒索情弊，照詐欺取財律，計贓準竊盜論，失察之，該管官交部嚴加議處。

一、承辦銅斤之廠員、運員，不以公事爲心，因循怠惰，以致廠銅缺額運瀘逾限者，均革職發往新疆効力。數年後，廠銅日旺，漸有積餘，瀘店底銅亦日增充裕，遇有天時之不齊，物力之偶絀，間有缺額遲運，爲數無幾者，度支部再行核酌情形，請旨辦理。

又卷二一《賊盜中・盜田野穀麥・條例》　一、凡私掘金銀銅錫水銀等鑛砂，俱計贓準竊盜論。若在山洞捉獲持仗拒捕殺傷人者，依罪人拒捕科，斷爲從，並減一等。不曾拒捕，若聚至三十人以上者，爲首徒三年；不及三十名者，減一等，爲從，各準竊盜罪發落。非山洞捉獲，止是私家收藏，道路背負者，惟據見獲論罪，不許巡捕人員逼令展轉攀指，違者參究治罪。

又案語《倉庫上・錢法》　删除：一、雲南等省銅廠，經放預給工本銀兩，如課長、爐户有尅扣分肥侵吞入己情弊，審究确實，即照常人盜倉庫錢糧例計贓科罪，將家産查封變估抵補，仍責成該管之員，實力稽查，倘該管各員徇隱不究，察出即行指名題參。

臣等謹按：此條係乾隆三十七年户部議覆雲南巡撫李湖條奏定例，專爲銅廠放給工本銀兩有尅扣侵吞情弊而設。惟查雲南銅廠現已改歸官商合辦，與當日情形迥不相同，如有各項情弊，自應查照現行廠章，分别常人監守盜，援引通律定擬，此例已成贅設，擬即删除。

又案語《倉庫下・轉解官物》　原例：一、承辦銅觔之廠員、運員，不以公事爲心，因循怠惰，以致廠銅缺額，運瀘逾限者，均革職發往新疆効力。數年後，廠銅日旺，漸有積餘，瀘店底銅亦日增充裕，遇有天時之不齊，物力之偶絀，間有缺額遲運，爲數無幾者，户部再行核酌情形，請旨辦理。

劉向《戰國策》卷一八《智伯帥趙韓魏伐范中行氏》　君曰：「足矣，吾銅少若何？」張孟談曰：「臣聞董子之治晉陽也，公宫之室，皆以鍊銅爲柱質，請發而用之，則有餘銅矣。」君曰：「善。」號令以定，備守以具。

《漢書》卷一九上《百官公卿表第七上》　水衡都尉，武帝元鼎二年初置，掌上林苑，有五丞。屬官有上林、均輸、御羞、禁圃、輯濯、鍾官、技巧、六厩、辯銅九官令丞。如淳曰：「御羞，地名也，在藍田，其土肥沃，多出御物可進者，《揚雄傳》謂之御宿。《三輔黄圖》御羞、宜春皆苑名也。輯濯，船官也。鍾官，主鑄錢官也。辯銅，主分别銅之種類也。」

又卷二八上《地理志第八上》　丹揚郡，故章郡。屬江都。武帝元封二年更名丹揚。屬揚州。有銅官。

李昉等《太平御覽》卷八一三《珍寶部一二・銅》　《廣雅》曰：「白銅謂之鋈，赤銅謂之錫。」

又卷八三五《資産部一五・錢上》　《漢書》又曰：「王莽居攝，欲防民盜鑄，乃禁不得挾銅炭。」

《三國志》卷四七《吴志・吴主傳》　（嘉禾）五年春，鑄大錢，一當五百。詔使吏民輸銅，計銅畀直。設盜鑄之科。

酈道元《水經注》卷二六《巨洋水》　又北過臨朐縣東。巨洋水自朱虚北入臨朐縣，熏冶泉水注之，水出西溪，飛泉側瀨於窮坎之下，泉溪之上。源麓之側，有一祠，目之爲冶泉祠。按：《廣雅》，金神謂之清明，斯地蓋古冶官所在，故水取稱焉。

《舊唐書》卷四九《食貨志下》　巽既爲鹽鐵使，大正其事。其堰埭先隷浙西觀察使者，悉歸之；因循權置者，盡罷之；增置河陰敖倉，置桂陽監，鑄平陽銅山爲錢。

王應麟《玉海》卷一八〇《食貨・唐鑄錢七監・錢官》洛源、桂陽、飛狐監　《百官志》：諸鑄錢監，監各一人，副監各二人，丞各一人。凡鑄錢有七監。屬少府。會昌中增至八監，每道置鑄錢坊一。大中初，三監廢。《韓洄傳》上言：「江淮七監歲鑄錢四萬五千緡，每緡度二千，本倍於子，請復洛源廢監，江淮七監請皆罷。」洄又言：「天下銅鐵冶隷鹽鐵使。」從之。《食貨志》：天下銅坑五十，歲采銅一十六萬六千斤。《地理志》：商州有洛源監錢官。《食貨志》：建中初，户部侍郎韓洄以商州紅崖冶銅多，請復洛源廢監，起十鑪，歲鑄錢七萬二千緡。每千錢費九百。郴州有桂陽監錢官。《志》：元和三年五月，李巽以郴州平陽銅坑二百八十餘，復置桂陽監兩鑪，日鑄錢二十萬，天下歲鑄錢十三萬五千緡。命商賈蓄錢者皆出以市貨。詔曰：著錢令以出滯藏，加鼓鑄以資流布。《錢譜》曰：咸通十一年，桂陽監鑄錢官進新鑄錢文曰咸通元寶，尋廢不行。河東蔚州飛狐有三河銅冶，有錢官。《志》：蔚州三河冶距飛狐故監二十里，而近河東，節度王鍔置鑄，以刺史李聽爲使，以五鑪鑄，每鑪月鑄錢三千萬。自是，河東錫錢皆廢。至太和八年，錫錢復起。鹽鐵使王涯置飛狐鑄錢院於蔚州，天下歲鑄錢不及十萬緡。《會要》：元和六年三月鍔奏請。《李聽傳》：開五鑪，官鑄錢日五萬。河中府解縣有紫泉監，乾元元年置，有銅穴十二。揚州有丹陽監廣陵監錢官；宣州南陵有梅根、宛陵二監錢官；鄂州有鳳山監錢官；饒州有永平監錢官，有銅坑三；信州有玉山監錢官，有銅坑一、鉛坑一；絳州有銅源、翔皋錢坊二；梓州銅山縣，貞觀二十三年置鑄錢官，調露元年罷。《食貨志》：武德四年，洛、并、幽、益、桂等州皆置監。《會要》：七月十八日癸酉，置監於洛、并、幽、益等州。五年五月二十四日，桂州置監。開元二十六年，宣、潤等州初置監。天下鑪九十九，絳州三十，揚、潤、宣、鄂、蔚皆十，益、郴皆五，洋州三，定州一。每鑪歲鑄錢三千三百緡，役丁匠三十，費銅二萬一千二百斤，鐵三千七百斤，錫五百斤，每千錢費七百五十。天下歲鑄三十二萬七千緡。穆宗時，元和十五年閏正月十七日令百僚議錢貨輕重。户部尚書楊於陵曰：開元中，天下鑄錢七十餘鑪，歲盈百萬，今纔十數鑪，歲入十五萬而已。大曆以前，淄、青、太原、魏博雜用鉛、鐵，嶺南雜以金、銀、丹砂、象齒，今一用泉貨，故錢不足。宜使兩税榷酒鹽利上供，及留州送使錢悉輸以布帛穀粟，然後出内府之積，收市廛之滯，廣山鑄之數。限邊商之出禁，私家之積。《六典》：鑄錢監，屬少府。監各一人。皇朝少府置十鑪，諸州皆屬焉。及少府罷鑄錢，諸州遂別。今絳州三十，揚宣、鄂、蔚各十，益、鄧、郴各五，洋州三，定州一。鑄錢監以所在州府都督刺史判之。副監二人，上佐判之。丞一人，以判司。《代宗實録》：大曆四年正月丁酉，關内道鑄錢等使第五琦上言：請於絳州汾陽、銅源兩監增置五鑪鑄錢。許之。

又《食貨・咸平鑄錢使》 咸平三年五月庚申，馮亮以江南運副兼都大提點鑄錢。亮等言：饒、池、江、建州歲鑄百三十五萬貫。景祐二年八月己卯，置提點坑冶鑄錢官。初命魏兼。既罷發運使，故別置官。十月乙丑，詔俸賜同提刑。寶元元年八月丁卯，復置發運使提點鑄錢事。

宋朝鹽鐵領於三司，後鑄錢屬發運使，其後專置使以總九路，故鑄銅之數視歷代爲多。自元豐二年七月癸酉增使者爲二，其一領湖廣、江西，其一領閩淛、淮南、江東，迨至元祐復合於一。又慮諸道莫與之協力也，紹聖二年始命提點刑獄兼治坑冶。明年，又詔轉運使預聞其事。崇寧間，則提舉常平亦與焉。中興以來，用度既廣，泉府之入浸虧於舊，議者謂數錢之費可得一錢，而官屬吏卒其費不可計始也。分命兩使于贛于饒蓋倣元豐之制也。未幾，廢一而存一，又未幾，舉廢之而歸其職於户部，蓋倣三司之制也。議者不以爲便，則又委之諸道轉運使，蓋酌紹聖之制也。既而，課入益朘，尋既復其一，繼又增爲二，今蓋定爲一司矣。乾道六年四月一日，併於發運司。七年二月，復置。八年十二月，置提點官二員，分治饒、贛。淳熙二年，併於饒州。初，虔饒分鑄，歲解緡錢四十九萬，後總九路爲一司，歲額僅十五萬。祥符九年五月，發運司言饒、池、江、杭四監共鑄百二十五萬緡，用銅四百五十三萬餘斤。元豐二年七月七日，三省言：鑄錢司舊領五監，近歲江池饒增歲鑄額，及興國、睦、衡、舒、蘄、惠捌置六監，宜增提點一員。乃命錢昌武領淮淛，建江東；李棻領湖廣、江西。元祐元年二月庚申朔，合爲一司。從李深請也。崇寧五年九月三日，中書奏錢監鑄銅錢總二百八十九萬四百貫。諸路支費錢一百五十六萬貫。詔蘇莊提舉九路銅事。先是，遊經言：有膽水可浸鐵爲銅者，韶岑水，潭瀏陽及鉛山、德興，建、蔡、池、婺銅山，汀赤水，邵武黄齊，潭礬山，温南溪池銅山凡十一所，惟岑水、鉛山、德興已經理，餘未也。靖國元年四月九日，命經提舉措置銅事。大觀四年三月壬戌，罷江淮等路銅事，併入鑄錢司。紹興二十七年七月庚午，户部侍郎林覺奏：請復饒、永平、贛鑄錢院，韶永通監，選通判主之，領以漕臣。饒贛八萬緡，韶七萬緡爲額。奏可。殿中御史王珪言：岑水、鉛水、興利三場唯給兩監，韶州監久廢，難復用。十七錢鑄一錢，費多得寡，請先收本錢，然後專置一司。八月庚申，户侍榮嶷兼提領鑄錢。二十八年八月壬寅，選官二員，往嚴、饒州措置，命户部侍郎趙令詪提領。二十九年七月乙巳，復置鑄錢司。上曰：利害大概有四：坑户、銅本、工役、木炭是也。二十年五月丙戌，權以五十萬緡爲額，然亦止鑄十萬緡而止耳。乾道二年二月庚子，設饒贛兩司。

《新唐書》卷五四《志四四・食貨四》 鹽鐵使李巽以郴州平陽銅坑二百八十餘，復置桂陽監，以兩鑪日鑄錢二十萬。天下歲鑄錢十三萬五千緡。

徐松《宋會要輯稿・食貨三四・坑冶雜録》 元豐元年，詔潭州瀏陽縣銅

冶，可立法選官推行。【略】

十二月二十二日，詔：「郡縣每月責都監巡尉狀有無私鑄銅器及納不盡之數，如因事骨罣，將巡尉、都監一并收坐，守倅并議責罰。仍令御史臺覺察，監司不覺察，與同罪。」從臣僚請也。

徐松《宋會要輯稿・職官四三・提點坑冶鑄錢司》 重和元年十一月二十日，江西路轉運判官兼措置本路坑冶劉暐奏：「興國軍大冶縣金鷄山等處銅礦興發，臣等欲望敷奏，申敕諸路，則已墜之法庶幾復舉。」詔諸路元罷提單坑冶官并復置，仍具員數取旨。其江南路令劉蒙同措置。又詔：除陝西、京東、河北、河東坑冶官不置外，餘并依舊。內東南九路坑冶司減勾當公事二員，京西路寶冶指揮候新官到日，措置消與不消招置，具狀聞奏。【略】

〔高宗紹興〕十二年八月十九日，韓球言：「坑場監官弛慢不職，已有專法對移取勘所有坑場縣分令、丞不可倚仗之人。近申畫指揮，并具事因申取朝廷指揮，對替施行。緣韶州曲江、潭州瀏陽、信州鉛山、饒州德興四縣所管坑冶累年積弊不可？舉，欲將前項四縣令、丞點檢得弛慢不職，課利虧欠，并許本司先次對移取勘，申奏朝廷，乞賜施行。所有浸銅兵匠及見差那擺鋪兵級在場浸銅之人，如有違慢作過，虧欠課額，亦乞從本司將情重之人改刺重役場監。」從之。

李燾《續資治通鑑長編》卷三〇〇《神宗》 〔元豐二年〕庚午，録韶州岑水場坑爐户湯潮爲下班殿侍、廣南東路鈐轄司指使。以潮數出私錢捕獲强盗故也。

《宋史》卷一八〇志第三三《食貨下二》 元符二年，下陝西諸路安撫司博究利害。於是詔陝西悉禁銅錢，在民間者令盡送官，而官銅悉取就京西置監。

鄭克《折獄龜鑑》卷四《宥過》《胡則劉承規附》 胡則侍郎提舉江南路銀洞場鑄錢監，得吏所匿銅數萬斤，吏懼且死，則曰：「馬伏波哀重囚而縱之亡，吾豈重貨而輕數人性命？」止籍爲羨餘。

按：劉承規留後嘗督封禪漕運，有鑄錢監工匠訴前後官吏盜銅，瘞地僅數千斤。承規佯爲不納，密遣人發取送官，不問其罪。殆亦有伏波之意歟！

《事類備要》後集卷六八《監司門・檢踏官》 歷代沿革：紹興二年，鑄錢司言：「本司昨被旨，許置幹辦公事一員，檢踏官五員，催綱官二員。」後來與諸司【闕】一例減罷。緣所隸九州不可闕官，詔復置幹辦公事一員，檢踏官三員，催綱官一員。後檢踏置六員。十一年，從韓球之請，將檢踏官各分認，專管職事一員，在饒州，本司一員，在信州，一員在建州，一員在韶州，一員在潭州。《中興會要》二十六年，提點坑冶鑄錢司官吏、檢踏官並罷。二十九年，因何溥議，再置提點官於饒州，置主管文字。舊亦有贛州置幹辦公事一員，韶州、建州各置檢踏官一員，別置秤銅官、催綱官各一員，差武臣續紹於饒州添檢踏之員。《中興會要》。

《宋史全文》卷二二下《宋高宗一七》 〔庚子，紹興二十六年九月〕己酉，初，潼川府轉運判官王之望被朝命，措置銅山縣銅事，乃籍匠户置場烹鍊，僅得五百斤。之望乃請歲以六千斤爲額，遇閏增五百斤。從之。

李心傳《建炎以來繫年要録》卷一八三 〔紹興二十有九年秋七月，庚子〕右朝請大夫、江南東路轉運判官李禎爲直秘閣、江淮等路提點鑄錢公事，填復置闕。上諭宰執曰：「泉司利害大概有四，坑户、銅本、人工、木炭是也。卿等宜諭禎，講究利害，令鼓鑄復額，以稱朕意。」

《金史》卷二二《曆志下》 興定中，司天臺官以臺中不置渾儀及測候人數不足，言之於朝，宜鑄儀象，多補生員，庶得盡占考之實。宣宗召禮部尚書楊雲翼問之，雲翼對曰：「國家自來銅禁甚嚴，雖罄公私所有，恐不能給。今調度方殷，財用不足，實未可行。」他日，上又言之，於是止添測候之人數員，鑄錢之議遂寢。

又卷四八《食貨志》 〔大定〕二十年十一月，名代州監曰阜通，設監一員，正五品，以州節度兼領。副監一員，正六品，以州同知兼領。丞一員，正七品，以觀察判官兼領。設勾當官二員，從八品。給銀牌，命副監及丞更馳驛經理。二十二年十月，以參知政事粘割斡特剌提控代州阜通監。二十三年，上以阜通監鼓鑄歲久，而錢不加多，蓋以代州長貳廳幕兼領，而奪於州務，不得專意綜理故也。遂設副監、監丞爲正員，而以節度領監事。

〔大定〕二十六年【略】十一月，上諭宰臣曰：「國家銅禁久矣，尚聞民私造腰帶及鏡，託爲舊物，公然市之。宜加禁約。」

〔大定〕二十七年二月，曲陽縣鑄錢别爲一監，以利通爲名，設副監、監丞，給驛更出經營銅事。

《事文類聚》遺集卷一三《諸提舉部遺・都大坑冶》此下補外集茶場使之後 歷代沿革：唐開元二十五年，監察御史羅文信充諸道鑄錢使。《唐會要》。天寶三載，楊眘矜除御史中丞，充鑄錢使；六載，度支郎中楊釗充諸道鑄錢使。永泰元年，劉晏充東都淮南浙江東西湖南山南東道鑄錢使；第五琦充京畿關內河東劍南山南西道鑄錢使。諸鑄錢監監所在州府，都督刺史爲之，副監一人，上佐判之。《續通典》。宋自開寶平吳之後，因其舊置錢監於鄱陽，既而江淮荊浙閩廣之地皆有監，係發運使兼提點。咸平三年，以馮亮爲江南轉運副使，都大提點江南福建路鑄錢事，内供奉官白承睿同提點鑄錢事。《實録》。至景祐二年，始置江浙川廣福建等路都大提點坑冶鑄錢一員，以魏兼爲之，《九朝通略》。與提刑獄序官。按：《四朝傳》：「榮宗範知鉛山縣，有詔罷民采銅，皆散爲盜，宗範一切使如故。真宗嘉異，擢提點江浙諸路銀銅坑冶，與此不同，當考。」元豐二年，三司言：「江浙等路提點坑冶鑄錢官一員，通領九路水陸巡按不周，欲增一員分路提點。」從之。遂定爲兩司，在饒者領江東淮浙七閩，在虔者領江西荆湖二廣焉。並《聖朝職略》。至元祐元年，以坑冶鑄錢通爲一司，從淮南提點李深之請也。《會要》。政和七年，置提點鑄錢官兩員於饒、虔州。紹興二年，置虔州提點司，從提點王映之請也。雖有上項指揮，後來多在饒州置司，贛州只係巡歷。六年，趙伯瑜乞依嘉祐著令銜内添「都大」二字與提刑序官。二十六年，詔都大提點坑冶鑄錢司官吏並罷，令逐路轉運司交割。以尚書省言坑冶鑄錢司近年鑄錢全虧，一司官吏所費不貲。罷之。

周必大《文忠集》卷一二〇《召試館職策題・試太學正鄭鍔淳熙五年五月十日》 問夏商以前幣爲三品，自太公立九府圜法，後世往往以錢爲幣，而其用之輕重，則繫乎時。本朝鹽鐵領於三司，其後專置使以揔九路，故鑄銅之數視歷代爲多。自元豐二年增使者爲二：其一領湖廣、江西，其一領閩浙、淮南、江東，迨至元祐復合于一。又慮諸道莫與之協力也，紹聖二年，始命提點刑獄兼治坑冶。明年，又詔轉運使預聞其事。崇寧間，則雖提舉常平亦預焉。此祖宗時設官之大略也。中興以來，用度既廣，泉府之入，浸虧於舊。議者謂數前之費可得一錢，而官屬吏卒其費不可計始也。分命兩使於贛於饒，蓋倣元豐之制也。未幾，費一而存一，又未幾，舉廢之而歸其職於户部，蓋倣三司之制也。當時議者不以爲便，則又委之諸道轉運使，蓋酌紹聖之制也。既而任責不專，課之益朘，尋既復其一，繼復增爲二，今蓋定爲一司矣。此近歲設官之大略也。敢問專任之與並置，利害爲孰重？既置使者而參以諸司，得失爲何如？或曰任人有能否，不在乎官之衆寡也；居官有勤惰，不在乎職之參互也。然則由今之法，何以使之無弊無用？今之吏，何以使之有成？富貴之家，積鏹不洩，何以使之流布？百工道釋冒法銷燬？何以使之畏避？舶商榷易，舟車四出，何以使之禁止？必有确論，其著於篇，將以復於上。

王象之《輿地紀勝》卷二三《江南東路・饒州》 〔監司沿革〕都大提點坑冶司。唐制永平監，置在饒州郭下，每歲鑄錢七千貫，《元和郡縣志》。李煜因唐制於饒州永平監歲鑄錢陸萬貫。《長編》。開寶平江南之後，因其舊置錢監於鄱陽，既而江淮荆浙閩廣之地皆有監，以發運使兼提點，以張齊賢爲轉運使，歲鑄錢三十萬。《長編》。【略】太平興國二年二月壬辰朔，轉運使樊若冰請置於昇、鄂、饒等州，大鑄銅錢。凡山之出銅者，悉禁民採，並取以給官鑄。諸州官所貯銅錢數盡發，以市金帛輕貨上供及博糴麥。銅錢既不渡江，益以新錢，民間錢愈多，鐵錢自當不用，悉鑄爲農器，以給江北流民之歸附者，且除銅錢渡江之禁。詔從其請，民甚便之。《長編》。景祐二年，始專置江浙荆廣福建等路都大提點坑冶鑄錢一員，以魏兼爲之。《通畧》。元豐分置虔、饒兩司分領其事，在饒者領江東淮浙七閩，在虔者領江西荆湖二廣。合於元祐，分於政和，自此分合不常。《職源》。自紹興二年八月，提點司言江池殘破遠涉大江，乞權就虔、饒二州併工鼓鑄。許之。【略】至是併廣寧監於虔州，永豐監於饒州，是歲鑄錢纔八萬緡。紹興四年，罷饒州鑄錢司合行事務，權令虔州本司兼管，泉司乃合爲一司，以韓球提點江淮等坑冶鑄錢，令往措置。紹興二十九年，給舍議乞以江淮荆浙福建廣南路提點鑄錢公事繫御，依舊於饒贛二州置司。《繫年録》。淳熙二年併贛州歸饒州，而加「都大」焉。自王楫始也。遂定合爲一司，歲鑄十萬貫，臺治在行春橋之東，有裕然堂、江湖偉觀樓，江湖之勝可俯而窺，爲臺治冠絶。部郡邑四五百所分，提封半臨，制莫盛焉。洪邁具造記

曾廉《元書》卷二二 寶泉都提舉司，至大三年初行錢法，立資國院、泉貨監以領之，四年罷。至正十一年置寶泉提舉司於河南及濟南、冀寧凡九所，江浙、江西、湖廣各一所，其饒州、信州、韶州三所銅冶場提領大副使皆直隸提舉司。

戈汕《封泥考略》卷一《少府銅丞封泥》 右封泥四字。印文曰：「少府銅丞」。按：《漢書・百官公卿表》：水衡都尉，武帝元鼎二年初置，屬官有鍾官、辯銅令丞。如淳曰：「鍾官，鑄錢官也。辯銅，主分別銅之種類也。」《表》又曰：「初鑄錢，屬少府。」今據此印，知班史言鑄錢者，兼辯銅丞言之。此則辯銅丞之印，省「辯」字也。

萬斯同《明史》卷七九《志五三・地理一》 宋利國監亦在山下。又有銅山。

《〔成化〕山西通志》卷七《古蹟》 銅山冶在廣昌縣，舊置爐鑄錢，唐至德以後廢。元和間復鑄，今亦廢。

《明一統志》卷二一《山西布政司・大同府》 銅山冶。在廣昌縣，舊置爐鑄錢，唐至德以後廢，元和間復置。

彭大翼《山堂肆考》卷一七《地理・山》 折腰山在山西平陽府垣曲縣西北，山有銅冶。

《明神宗顯皇帝實録》卷五四〇 〔萬曆四十三年，乙卯，十二月〕壬子，巡視太倉銀庫刑科給事中姜性等條議清帑内稱，制錢鼓鑄宜廣。先年科臣郝敬疏請修舉錢法，每銀一錢除工費外，净鑄錢七十一文，照成議以五十文支用，則餘錢二十一文，值銀四分。如照銀七錢三兼支，則歲出百萬，可增銀四十一萬兩。此自然之利也。方今財賦匱極，何憚而不行乎？但鑄錢必須用銅，而召商買銅每爲奸棍侵欺何益，莫若僉報在京土著殷寔人户，户部給與批劄，令其墊本前往産銅處所收買黄銅，赴兩淮運司查驗。如有實在，銅萬斤者給與鹽課銀八百兩餘，二百兩候到京鎔净補給。該司所驗銅斤，即着督運官押同本商解京交納，必銅隨課到，方準扣算。如已領課銀，而銅不到者，本官查參，該商拿究。此外，有京師富商、外省富民自備資本願充商役買銅者，亦許告明户部，給與批劄前運，庶銅斤充足，開鑄不停，而國家坐享金錢之利矣。其鋪户爐頭冒濫多弊，則宜扣所鑄之錢爲鑄錢之工料，上下俱便。若三十八年工部華主事之條陳可採也。

《明熹宗哲皇帝實録》卷七 〔天啓元年秋七月〕丁卯，户科給事中趙時用條鑄錢之法，言前議置官瀘州聚銅，若鑄則以荆州爲便，此兩處皆當置一官，專董其事。瀘之收銅則用滇、蜀、黔額解錢糧，不足以湖廣益之。荆州工費則用本省派額，不足以江西益之。鑄以其半運京師，而留都一半。或解京半留自鑄，官民俱利。斷當亟行，而臣尤欲廣之也。蓋收銅於其出處則收得數倍利，鑄錢於其聚處則鑄又數倍利，凡利不欲争，惟此無爭之利多多益善。但行須遍天下，每省派額若干，分發郡邑。無論官掖賞賜、百官廪禄、郡邑徵收、給散，皆銀六錢四。若防盗鑄，惟有嚴法。至於錢之銖兩，不宜太輕，又勿攙以抵鉛。此在監鑄之人從中精查，而主爵報以殿最可也。禮科給事中李精白亦言，鑄錢爲無窮之利，乞廣買多鑄亦也，以裕國紓民。上命所司酌議速行。

董説《七國考》卷一《銅官》 《圖書記》云：「楚設銅官，鑄錢洲上，遂名銅官。」按《一統志》：銅官渚在湖廣長沙府城北六十里，有洲，舊傳楚鑄錢處，即銅官洲也。

《清世宗憲皇帝實録》卷五三 〔雍正五年，丁未，二月，甲子〕封禁雲南中甸銅礦，停止鼓鑄錢文。從總督鄂爾泰請也。

《清朝文獻通考》卷一五《錢幣考三》 〔雍正〕又申定辦銅逾限處分。户部錢法侍郎托時奏言：「從前八省分辦銅觔時，曾拖欠一百一十餘萬觔，自歸江浙兩省，至今又已虧欠銅三百八十八萬餘觔，皆由初次二次違限，不過止將承辦官降級留任，其原委上司並未明定有議處之例。至已經起運之後，亦未計程立限，請再行嚴定處分。經户部議覆：嗣後辦銅，每年上下兩運，仍於四月、十月起解，如報解初次逾限，承辦官革職留任，委辦上司官降二級留任，展限四月，戴罪承辦。如仍未完，承辦官革任，交刑部治罪，别委賢員接辦。如有虧缺，著落家産追賠，委辦上司官降二級調用，並令分賠。如參後六月内，辦足者準其開復。二參四月内能完三分之二者，免其革任，再限四月，照數辦足，如仍未完，承辦官從重治罪，委辦官降調分賠。至該撫已報起解之後，上運準其於本年九月，下運準其於次年三月到部。逾限不到，領解官革職戴罪，管解委解上司官降三級留任，並將沿途官弁照催行糧船不力之例題參。其銅觔如有虧缺，著落本解官追賠，委解上司官分賠。如參後六月内解部交完者，亦準其開復。」從之。

又卷一七《錢幣考五》 又奉上諭：刑部議奏參革雲南解銅官吴興遠等虧缺銅觔一案。該解官等始以漫不經心，致銅觔沈失侵損，迨撈獲纔及得半，輒以全獲呈報，復於沿途將銅觔輾轉售賣，玩視官物一至於此。即此一案，虧缺銅七萬有餘，其他侵蝕之案更不知凡幾，向來劣員侵漁之習大率類是。該上司或明知而姑聽之，俾得任意欺矇，釀成積弊。但已往之事姑不必問，此案該督撫不能慎選賢員辦理不善，著傳旨申飭其所有侵虧銅觔銀兩。部議：該管上司按股分賠，著即勒限完繳，以資鼓鑄，仍將如何分賠抵補之處具摺奏聞，嗣後運銅事宜務須加意慎重。其沿途經過各省督撫朕已傳諭，令其將委員守風守凍及有無事故之處奏聞。至銅鉛船隻於雲貴省起運，何日出境，亦著該督撫隨時摺奏。如仍蹈前轍，濫行差委，致有前項情弊，惟該督撫是問。

又開西域阿克蘇城鼓鑄局。【略】自平定以後，以其地向有銅礦，仍於阿克蘇屬地方置七品伯克二員，管理採銅回户。至是參贊大臣尚書舒赫德以各城阿奇本伯克之請，奏定於阿克蘇城歲徵紅銅四千二百五十觔，烏什城歲徵紅銅三千一百九十觔，庫車城歲徵紅銅八百十五觔，沙雅爾城歲徵紅銅三百五十觔，賽哩木城歲徵紅銅三百五十觔，拜城歲徵紅銅三百四十觔，哈喇沙爾城歲徵紅銅七百五觔，共爲一萬觔，彙解阿克蘇城【略】臣等謹按：自二十六年以後，銅産日旺，復陸續增定阿克蘇屬採銅伯克爲三員，添置庫車屬採銅伯克二員，沙雅爾屬採銅伯克一員，哈喇沙爾屬採銅伯克二員。其各城歲徵銅額亦以次加增，以爲阿克蘇局添鑄，及撥供葉爾羌局接鑄之用。

傅恒《平定準噶爾方略》續編卷一五 〔乾隆二十六年，庚午〕【略】「今達桑阿所奏，自屬循照辦理，但伊等究係試用，及効力人員與現任官員有間，若行走平常，理應仍留二三年，再行請旨。其蘇淩阿係命往辦事之員，著候三年限滿，奏請派員更換。命哈喇沙爾、玉古爾等處不必增派採銅回人。上諭軍機大臣曰：「達桑阿奏，玉古爾、庫爾勒之伯克等因阿克蘇採銅伯克等加倍交納銅觔，情願增派採銅回人四十名等語。阿克蘇地廣，需用錢文處多，因允該伯克等所請，添派採銅人户。玉古爾較阿克蘇甚小，若多採銅觔，恐滋紛擾，可不必添派。」

《〔雍正〕八旗通志》卷一四四《人物志二四·大臣傳一〇·滿洲鑲黄旗九·阿里衮》 〔乾隆三十三年〕九月，阿里衮會雲南巡撫。明德奏，滇省銅廠向例糧道專管，遇有奏銷，布政司雖會銜無稽查之責糧道駐省城銅廠三十餘處，近者數百里，遠者千餘里。

松筠《新疆識略》卷九《財賦》 伊犁環境皆山，土地寬廣，有窑礦之富，林木之饒。【略】〔乾隆〕四十一年立銅廠。

《清高宗純皇帝實録》卷二一九 〔乾隆九年，甲子，六月，乙亥〕署廣西巡撫託庸參奏：「廣西布政使唐綏祖動用封貯庫項，並不詳請題明，擅將二萬五千餘兩令太平、南寧、梧州、鬱林四府州屬買穀，又接受那塾銀六千八百餘兩，本任内亦有那塾未清銀五萬餘兩，是侵是那，或私動生息影射，均未可定。又賓州知州阮維璋前任布政司經歷時，唐綏祖任爲腹心，委管恭城縣回頭山銅廠，以商民欠積之私銅不得出關，巧立首賣名色，俱令賣與廠員轉賣，每百觔解繳充公羨餘銀一兩，是以阮維璋每百觔私得盈餘銀二三四兩不等。管廠一年，私賣銅四十餘萬觔，婪贓一萬餘兩。唐綏祖凡有喜慶之事，阮維璋俱有厚餽，有打造金器銀匠爲證。又河池州南丹銀錫廠，唐綏祖並不照例另行委員，即委該州知州朱紅兼管，以致恣意舞弊，每年抽收課銀五千餘兩，每兩於庫戥外加收二錢六分。又將商人紋銀概作九三折算，填入印簿，計每兩浮收銀八九分、一錢不等。又南丹廠留餘井賣甚多，各商不時試採納課，朱紅將試採課銀盡行肥已，唐綏祖亦難免通同情弊。」得旨：「此人實係一聰明小有才情之人，不謂其操守敢於不謹也。即其摺奏收買銅觔一事，朕已不能無疑，部議亦不準，仍令督撫查辦。此一節汝亦應留心。」

又卷三八六 〔乾隆十六年，辛未，夏四月，庚午〕雲南巡撫愛必達奏：「滇省銅廠惟湯丹、大水、碌碌三處最旺，向係管理銅務糧儲道在省遥制，僅委雜職一員同該道幕友家人赴廠經理，諸弊叢生，致多廠欠。請嗣後各委現任同知、通判或試用丞倅等官往駐，辦理發銀收銅一切事務，月給養廉銀三十兩。」報聞。

又卷五三一 〔乾隆二十二年，丁丑，正月，壬戌〕署廣東巡撫周人驥奏：「粵東省城官辦點錫鉛錫向貯大南門外地方，止通判衙門撥役值宿，並無專人巡查。今查寶廣錢局坐落城内，乃留無用空房，儘可改爲存貯鉛錫之所，並即責管理錢局之廣通判兼管。又該倅衙門有額貯倉穀八萬二千餘石，厫座不敷存貯，請即以原貯鉛錫房屋變價，添建倉厫三座。」報聞。

又卷七一四 〔乾隆二十九年，甲申，秋七月，辛酉〕諭軍機大臣等：「滇省銅廠事務向係巡撫專管，劉藻經理有年，一切留心董率，今雖陞任總督，而常鈞現在甫經調任，所有廠務仍著劉藻會同該撫悉心督辦。將此傳諭知之。」

又卷七二五 〔乾隆二十九年，甲申，十二月，戊戌〕吏部等部議覆：「雲貴總督劉藻奏稱，滇省湯丹、大碌兩銅廠坐落東川府屬會澤縣境内，比歲以來，産銅日旺，廠衆益增，兩廠不下二三萬人，争端易起，案件漸多，雖有丞倅一員分駐廠中，刑名非其所轄，呼應不靈，移縣查辦，延誤堪虞。查東川府壤接川黔，地方遼闊，向無府佐。澂江府地居腹裏，原設通判與知府同城，並無承辦要件，實係間員，應裁改，設東川府湯丹通判一員，辦理兩廠刑名，擬定字樣，鑄給關防。湯丹廠原有，公所將澂江通判舊署估變，量爲增修，書吏快役撥歸聽用，俸廉工食照額支領。該通判既理刑名，應建監獄一座。湯丹廠並。」

又卷八一四 〔乾隆三十三年，戊子，六月，壬辰〕諭軍機大臣等：「據明德奏，雲南糧儲道羅源浩總理銅廠，於各廠銅觔多有透漏，並不加意嚴查。又前此積欠銅本七萬六千餘兩，並不實力著追，實屬昏庸不職等語。已降旨革職，交與該督撫等查究矣。羅源浩一人，朕知之最深。伊前任浙省道員，朕於南巡時，因湖南省京員甚少，將伊補授京堂，乃召見奏對之次，伊並不踴躍感恩，轉有瞻戀外任之意，是以令其復補道缺。乃伊惟知圖得養廉，仍不實心供職銅廠，係其專司督辦之事，既不能嚴查透漏銅觔，而廠内工本又不上緊清釐，因循玩忽，居心卑鄙，深爲溺職負恩。著傳諭該督撫等，如羅源浩於此案内果審有染指虧空之事，自應嚴行治罪，即使本身尚無侵漁，而所發工本銀兩鑪户等不能交官還款之項，一併著落羅源浩名下，勒令按數賠償，以示懲創。倘伊一時未能清繳，即著留於該省嚴追，不得令其回籍，轉得脱身事外。將此詳悉傳諭阿里衮、明德知之。」

又卷八四四 〔乾隆三十四年，己丑，冬十月，癸丑〕户部奏：「雲南解銅官李整笏短少銅觔一案，訊據該員供稱，因碎銅五千六百餘觔，併裝坐船遇風沉溺後，未及開報，至换船起剥零塊亦多脱落等情，應交沿途各督撫查報覈辦。」得旨：「此項短少銅觔據該解員稱，因碎銅包簍，恐有遺失，併裝坐船行至大峰硃灘遇風沉溺，未敢將多裝之數開報等語，似屬實情，但此外尚短銅六千餘觔，稱係沿途抛散，安知非其長隨家人，等見該員迂拙不能照料，途中乘間竊偷，亦勢所必至。今該員既有應得處分，而其家人轉得脱然事外，於情理亦未平允，著將該解員隨帶家人等俱交刑部，詳悉研訊有無盜賣舞弊，確情據實具奏。李整笏交部質訊。餘依議。」

又卷九〇二 〔乾隆三十七年，壬辰，二月，壬申〕諭軍機大臣等：「諾穆親奏，滇省銅廠有應行查辦之事，已派侍郎袁守侗馳驛前往雲南，會同該署撫李湖秉公查審。據奏到單内，有布政使錢度第三子起程，及藩幕葉姓行二回浙之語。二人係案内應行質訊之人，著薩載、富勒渾即於各原籍密行查明，迅委妥員押赴滇省質審，仍行具摺覆奏。將此由四百里諭令知之。」

又卷九五四 〔乾隆三十九年，甲午，三月，丁巳〕户部議准：「署湖廣總督、湖北巡撫陳輝祖奏稱，施南府屬咸豐、宣恩、來鳳三縣銅槽五十餘處，現獲積砂鍊有淨銅，足資鼓鑄。查與田園廬墓無礙，應請招商試採。又督採伊始，請將武昌知府姚棻調補施南，併將原任知縣等留辦礦廠。」從之。

又卷一〇四一 〔乾隆四十二年，丁酉，九月，壬辰〕大學士管雲貴總督李侍堯、雲南巡撫裴宗錫等奏請，嗣後銅廠廠務悉歸地方官經管，即繫劇地方離廠較遠，正印官不能照料，亦宜改委州縣丞倅等官經理。各廠現委雜職概行撤退，酌量地方遠近，廠分大小，分派各府廳州縣及試用正印人員，接手承辦，實力採煎。如果辦銅寬裕，奏請議叙，倘有短缺，即行參處。」得旨：「嘉奬！」

又卷一〇六三 〔乾隆四十三年，戊戌，七月，庚戌〕諭軍機大臣等：「滇省辦運銅觔，事關鼓鑄，不可不從長籌畫。上午經李侍堯等會議，奏請酌減鑪座各條，經該部議覆準行。今年李侍堯陛見在京，曾將銅廠每年所獲不敷應用情形奏及，亦無善策。近裴宗錫又因額短運遲，急籌調劑，具摺陳奏，已交部覈議，然亦不過補偏救弊之計，未必果有益也。在滇省産銅歲逾千萬觔，本不爲少，第因生齒日繁，需錢日衆，自京局以至各省逐漸加鑪加卯，致銅額日漸增多，每歲所需幾倍於昔，相沿既久，自難輕議改弦。該省現在廣開子廠，另覓新嶆，如果銅苗旺盛，採獲漸豐，可供各省之用，固屬美事，萬一仍不充裕，自難爲無米之炊，與其貽誤於將來，莫若豫籌於先事，因思減鑪減卯，自屬撙節銅觔之一法。但京局及諸大省，市闠殷庶，錢文宜廣流通，倘或議及減鑪，恐錢價加昂，有礙民用，自不便輕事更張。若邊遠省分量爲減省，尚不至有病民之處，即如滇省因錢多價賤，每銀一兩可易制錢二千一百餘文，搭放餉錢，兵丁頗以爲苦。或竟從滇省先行減鑪，次及貴州、廣西諸小省，期於每歲銅觔供用無缺，得免採辦竭蹶，則是通盤籌計，實該省之急務也。若因滇省鑄錢餘息抵補從前廠欠，不肯議減，是又不然。餘息抵欠本非正辦，且不值以公中之有餘抵積欠之不足，雖新舊廠欠爲數較多，亦當覈實清釐，分別辦理。如原領之廠户尚存，及廠户雖無，而原經手支放之員尚在者，自當勒限追繳。若原領之廠户逃亡無著，自不應累及現在之廠户代賠。且廠户那新補舊，仍歸欠缺，即原支放之員産絶人亡，亦不應累及後任之員代補，甚至令各屬攤賠，坐扣養廉，轉致藉口婪索，更於吏治有關。著李侍堯詳悉確查舊欠有著者若干，即行勒限追繳，其無著者若干，據實奏聞，朕不難加恩寬免。第當令此後年清年款，勿再使逋欠誤公，方爲正本清源之道。李侍堯素能辦事，而又非沽名市恵之人，此事可擔當辦得，著將減鑪、廠欠二節悉心籌畫，據實具奏，候朕酌量定奪，勿稍涉游移，致日後棘手難措。李侍堯自能善體朕意也，將此傳諭知之，仍即由驛覆奏。

尋奏：「滇省各廠産銅，扣去一分通商，實止九百數十萬觔，僅可資京局及本省鼓鑄應用，而於各省採買，缺數甚多，自應先從本省及貴州、廣西等省酌減鑪座，計每年可省銅一百一二十萬觔，俟採獲漸豐，再奏明復額。至廠欠工本多至累萬，現飭藩司確查，在官在民，據實嚴辦。」得旨：「該部議奏。」

又卷一二〇三 〔乾隆四十九年，甲辰，閏三月，癸未〕軍機大臣議覆：「四川總督李世傑奏川省銅礦。現查西昌縣金馬廠、冕寧縣金牛廠、會理州金獅廠産銅旺盛，請派員管理，以專責成。其沙溝廠、紫古哵廠、篾絲羅廠年久山空，應行封閉，並令删去舊廠名色，免滋牽混影射之弊。至獲銅轉解，責成道府廳員查催稽察，仍歸省局考覈。銅觔經過之處，於雅安縣地方添卡巡查。寧遠府屬各廠産銅自本年正月爲始，儘數解交府局，不得停留。每年獲銅鑄錢存息數目造册報銷，務使年清年款。皆爲慎重銅務起見，應如所請。至該督所奏現在各廠僻在山谷，有必須本境地方官專辦者，毋庸另行委員之處，雖屬因時制宜，但未將某廠應屬本任，某廠應用委員分晰聲叙，應俟該督具奏到日再議。」從之。

又卷一四五八 〔乾隆五十九年甲寅八月〕庚申，又諭曰：馮光熊奏浙省辦銅委員在黔患病一摺。據稱該委員舒泰然，領解採買滇銅價銀水脚，並帶還前運借支滇庫等項銀兩，因患病不能前進，當經派員抽驗銀鞘，並無短少。其外帶盤費銀一千兩，除沿途支銷外，餘存銀九十八兩零等語。所奏殊屬疏略。該委員由浙省派委赴滇採買銅觔，今甫行至貴州，距滇尚遠，即使行程已半，乃所帶盤費已用去九百餘兩，衹存九十八兩零，若使該委員不患病症，則由貴州前赴雲南，現存盤費已屬不敷，況到滇採買銅觔後，尚須由滇管解回浙，長途費用，又將何所設措？若非該委員沿途花費，冀於到滇後，又向地方官攢湊幫貼，即係伊幕友家人等乘本官患病，私行侵匿捏報，二者必居一於此。馮光熊於派員查驗時，該員不過病不能行，非不能言也，自應將此等情節，向該委員詳悉查詢。倘該員因病身故，即應向伊幕友家人等切實根究，勿任含混影射，方爲覈實。乃衹以抽驗銀鞘正項無虧，而於所帶盤費，何以止存此數，將來自滇領運回浙盤費，又從何出之處，並未詢明具奏。朕一經披閱，即行看出於摺内加點，該撫竟未想到，何不留心，疏忽若此。著傳諭馮光熊，即將指出各情節，切實嚴查，訊明覆奏，毋任稍有隱飾。

洪亮吉《乾隆府廳州縣圖志》卷四《易州》 三河冶在〔廣昌〕縣南。唐元和七年，中書侍郎李吉甫奏，飛狐縣三河冶銅山約數十里，銅鑛至多，去飛狐錢坊二十五里，兩處同用巨馬河水，以水斛銷銅。北方諸處鑄錢人工絶省，所以平日三河冶置四十鑪鑄錢，舊跡並存，事堪覆實。詔從之。置五鑪鑄錢。

又卷五《揚州府》 銅山在〔儀徵〕縣西北二十五里，名大銅山，山之東麓又有小銅山，皆産銅。宋時淮南鼓鑄莫勝于真州，舊有廣陵、丹陽二監，又置冶官于小銅山西北五里。冶山在〔儀徵〕縣西北四十里，山産磁石。

又卷八《池州府》 銅陵縣漢陵陽，春穀二縣地。三國吴臨城縣地。東晉後爲定陵縣地。梁爲南陵縣地。唐末分南陵置義安縣，屬宣州，尋廢爲銅官冶。南唐保大元年始置銅陵縣，屬昇州。宋開寶八年，改屬池州。

銅井山在〔銅陵〕縣東二十里，出銅。又銅官山即廢南陵縣之利國監也。在〔銅陵〕縣南十里，南唐置利國場，後改爲銅官場。歲久銅乏，場廢。又梅根監在〔銅陵〕縣東。樂史云：「六朝以來，皆鼓鑄于此。」

徐松《西域水道記》卷一《羅布淖爾所受水》 駐烏魯木齊八旗兵六十人，陝西、甘肅緑旗兵六百九十八人，回城置三品阿奇木伯克一人，轄其衆八千四百二十四户。地産銅，設廠二：上銅廠曰雅哈阿里克廠，回語雅哈，邊界也，地臨邊界，有渠水，故名。銅産其西南六十里楚午哈山，俗曰滴水崖。亦曰察爾齊克廠。下銅廠曰温巴什廠，回語十曰温，頭曰巴，什謂十人之長。銅産其南四十里鹽池溝山，亦曰鄂依斯塔克齊克廠。置遊擊一人司之，立錢局焉。

《清宣宗成皇帝實録》卷一〇五 〔道光六年，丙戌，九月〕己丑，諭軍機大臣等：「據户部奏，新疆各城設立錢局，鼓鑄制錢，〔搭〕放兵丁鹽菜及官員養廉公費等項公用，伊犂錢局每年額鑄制錢一千七百二十二串，南路設局於阿克蘇，每年額鑄普爾錢二千六百餘串，所用銅斤大半産自回疆。阿克蘇錢局銅斤向係阿克蘇、賽哩木、拜城、庫車、沙雅爾、喀喇沙爾等六城回子及官兵採辦交局。伊犂錢局銅斤向係喀什噶爾、阿克蘇、喀喇沙爾等處回子採辦，運往其伊犂本境。所採之銅僅八千餘斤，現在逆回滋事，採銅未能足數，兼以大兵雲集，支用較多。近來伊犂銅廠巴彦岱呼巴海地方採獲不能如前豐旺，自乾隆嘉慶年間，先後移設哈爾海圖及哈什地方，聞該處山場處處多有銅苗，應招募殷實商民令其別開新礦，加卯鼓鑄，每年增多數千串，於邊城大有裨益。又回疆所鑄普爾錢以一當五，伊犂現有錢鑪二座，以一座照舊鼓鑄制錢，一座倣照阿克蘇模式鑄當五錢等語。伊犂爲新疆根本，鼓鑄攸關經費，現當軍用浩繁，尤須豫爲籌備，著德英阿會同英惠、恒敬等通盤籌畫西南兩路鼓鑄事宜。如伊犂山場現有銅苗，即派明練委員，募熟諳工匠，指定礦穴，招商開採，加卯鼓鑄，以期泉布充盈。現在阿克蘇辦理軍務，鼓鑄勢難兼顧應，令伊犂錢鑪二座内，以一座照舊鼓鑄伊犂制錢，以一座倣照阿克蘇模式鑄普爾錢運往回疆行使，庶西南兩路均可流通敷用。抑或另有調劑之法，即查明妥議具奏。將此諭知德英阿，並諭英惠、恒敬等知之。」尋，德英阿奏：「請將阿克蘇、喀喇沙爾本年例解伊犂銅三千二百斤截留阿克蘇，俾資添鑄，一俟軍務完竣，仍照舊章辦理。」從之。

又卷一一〇 〔道光六年，丙戌，十一月，己亥〕烏嚕木齊都統英惠奏：「遵旨籌畫鼓鑄事宜，當即札飭各屬在附近山場履勘，如有銅苗，即行招商認採，或解送伊犂加卯鼓鑄，或即由烏嚕木齊設鑪開鑄。俟詳覆到日，再行通盤籌畫。」報聞。

吴其濬《滇南礦廠圖略》卷二《考第六》 歲會月要日成，所以弊吏也。日省月試稱事，所以勸工也。鑛者，工所聚而吏與有專責焉，能者賞，不能者罰，事集而帑不虛耗，非刑非德，烏能齊不齊之衆，而董正有司哉，故記考。

凡滇廠皆地方官理之，其有職任繁劇，而距廠遼遠，不能兼理者則委專員理之，酌遠近，別大小，量材而任，寬裕者敘，短缺者議。

凡滇省應辦額銅，按月均分，記數解交，缺者補足。一兩月不能足，記過，三月後不能足，則檄徹聽議，別委員接理之。若月額外獲銅多者，小則託功，大則請敘。

凡滇廠情形靡定，有豐旺多於舊額者，據實報增，計其多辦之數請敘。若以額銅已足，走私盜賣，即治其罪。其缺額者，實係鑛砂衰薄，準廠員據實具報，委大員勘察屬實，或減額，或停採，隨案題報。如廠員調劑失宜，以致短額，仍以少辦之數請議，甚者隨時糾劾。

凡承辦銅觔，如廠銅缺額，運濾遲延，其廠員運員均遣戍，至缺額八分以上，及未及八分者，均褫職，仍在廠協同催辦，一年後仍不足額，亦即遣戍。

凡滇省運銅，該管道府查驗，務須鎔化純潔圓整大塊，不得藉稱激碎配兑攙雜，零星間有配搭碎塊，改用木桶裝盛，塊數觔數註明桶面，逐起造册，咨部查驗兑收。其直由該省通融酌辦，不準報銷。

凡鍋面上鏨明廠分、觔數、號數及鑪户姓名，倘成色不及八五至九成以上者，部局揀出另煎，其虧折觔兩，責令承辦各員如數賠補，仍按號行提鑪户責懲。如有攙和鐵砂，將黑厚板銅搪塞，及運員合混接收，除駁回外，將廠運及督辦各員交議。

《銅政便覽》卷二《條例》 辦銅考成：凡各廠辦獲銅斤，校計多寡，酌定年額，劃分十二股，按月計數勒交。如有缺額，令於一月内趲補。倘三月之後不能補足，即將本員撤回，於考成案内詳處。若能於月額之外多辦，即於考成案内議敘。乾隆四十三年案，見户部例。

凡各廠年辦額銅，統限一年劃分十股，核計多少分數，分別議敘。户部則例無。

凡廠員少辦不及一分者，罰俸六個月；少辦一分以上者，罰俸一年；二分三分者，降一級留任；四分五分者，降一級調用；六分以上者，降二級調用；七分以上未及八分及八分以上者，俱革職。專管道府督催不及一分者，停其陞轉；一分以上者，降俸一級；二分三分者，降職一級；四分五分者，降三級；六分七分者，降職四級；俱令戴罪督催，停其陞轉，完日開復，八分以上者革職。布政司總理各廠如少辦不及一分者，停其陞轉，如已陞任，於現任内罰俸一年；少辦一分以上者，布政司降俸一級；二分三分者，降職一級；四分五分者，降職三級；六分七分者，降職四級；俱令戴罪督催，停其陞轉，完日開復，八分以上者革職。巡撫統轄各廠少辦不及一分免議；一分者罰俸三個月；二分者罰俸六個月；三分者罰俸九個月；四分者罰俸一年；五分者降俸一級；六分者降俸二級；七分者降職一級；八分者降職二級。俱停其陞轉，戴罪督催，完日開復。凡廠員於月額之外多獲銅斤至一分以上者，紀録一次；二分以上者紀録二次；三分以上者紀録三次；四分以上者加一級；五分以上者加二級；遇有數多者以次遞加之，加至七級爲止。總理布政司及統轄巡撫係按通省各廠額數核計，多辦不及一分例不議敘；一分以上者紀録一次；二分以上者紀録二次；三分以上者紀録三次。凡經管廠員及該管道府均照此一律議敘。

凡銅廠加級，不準抵別案降罰。如一員兼管數廠，不準將此廠之議敘，抵彼廠之降罰。

凡短銅降罰之案，有錢糧加級方準抵銷。

林則徐《林文忠公政書》甲集《江蘇奏稿》卷四《會奏官銅商辦運洋銅請復舊章摺》 奏爲蘇省辦銅官商賠累難支，懇請酌復舊章，以全銅運而垂經久仰祈聖鑒事：竊照蘇省官商承辦直隸、陝西、湖北、江西、浙江、江蘇六省鼓鑄洋銅，前於嘉慶二年，僉商王履階承辦。奏定每百斤例，給價銀十三兩五錢九分三釐，每年額辦六省洋銅共五十萬五千九百六斤，歷給價銀六萬八千七百七十八兩七分八分，豫給一年帑本。嗣王履階之弟王日桂接辦十有餘年，銅帑兩清，從無貽誤。迨嘉慶十三年，程洪然投充官商，自願減價，每百斤祇請價銀十二兩，並願先繳銅斤，後領帑項。其意祇圖邀準，未計虧賠，自此更改舊章，不久即因力乏告退。後商汪永增接辦，僅止四年亦即乏退，復舉舊商王日桂之子王宇安奏充以資熟手，當據該商稟請，復還舊制，未經準行，仍照減價後帑之例辦理。王宇安連年賠累，屢次求退，因無人愿充，著令勉力承辦。嗣據蘇州府詳據，現商王宇安以前商程洪然率請改易章程減價後帑，以致連年虧累，資本全空，稟求循復舊章，仍領十三兩五錢九分三釐之價，豫請一年帑本，俾得源源辦運等情。當經藩司批飭，確查疲乏情形果否屬實，覈議詳辦去後。旋據蘇州府知府沈兆澐、寶蘇局監督榮匯覆稱：官商承辦洋銅，從前原定章程本屬妥善，是以銅帑均得清完。嗣因前商程洪然呈請投充，自願減價，先銅後帑，承辦未久即行乏退，以後各商遺累虧賠，旋充旋退。該商王宇安接手之始，即據稟復舊章，未經批準，歷年疲乏求退，曾僉殷户分辦，又皆畏縮不前。惟有懇復前奏舊章，俾銅運得以經久等情，由藩司陳鑾覆查屬實詳請，具奏前來。臣等伏查蘇省官商辦銅從前奏定章程，照發帑採辦價值之例，每百斤給價銀十三兩五錢九分三釐，並豫給一年帑本。王履階等弟兄相繼歷辦十有餘年，尚能支持無誤。後商程洪然於嘉慶十三年自願減價接充，頓改舊章，並未計及辦公掣肘，以致虧乏退商。迨嘉慶二十二年，以現商王宇安奏充該商接辦之初，即據稟請復舊，未經批準。嗣以無力賠累，節次稟退。經升任撫臣程商采查僉殷户承充，均各視爲畏途，僉名莫應，只得責令王宇安勉力辦理，不準退歇。近年以來，銅、船屢次遭風，倍形苦累，經該司府飭查至再，臣等復加察訪，委係實在情形。查蘇局洋銅爲六省鼓鑄要需，若不酌復舊章，必致缺誤。並查程洪然減價後帑之案，雖經奏明，實出自該商一時遷就之見，今據請仍復嘉慶十三年以前舊制，覈與原案相符，非另改新章之比，但豫給一年帑本。設有轉運遲誤，帑項未免虚懸，應不準行。惟每百斤給價銀十三兩五錢九分三釐，本係從前奏定章程，並非格外加增。合無仰懇皇上天恩，俯念商力疲乏，準予循復舊章，以敷辦運其價，六省分銷贏縮，亦尚有限。如蒙俞允，應請即從道光十五年爲始，飭令遵照妥辦，俾免藉口求退，無人接充，致誤六省鼓鑄重務。除飭司另覈章程細册，詳請咨部外，臣等謹合詞恭摺具奏。伏乞皇上聖鑒訓示。謹奏。

王先謙《東華續録（咸豐朝）》咸豐九　〔咸豐元年五月〕丙申，諭軍機大臣等：「張亮基奏滇省銅務見辦情形一摺，據稱近年礦少質劣，硐愈深，窩路愈遠，且附近炭山砍伐殆盡，工費益繁，以致額銅不能依期到店，往往停脚待運，廠員、店員均極疲累。廠店交疲，則運員之遲逾，銅質之低潮皆所難免。所奏自係目前實在情形，惟地不愛寶，亦賴人力相機籌辦，該撫見已遴選妥員，設法攻採。麗江、東川所管各廠，或據報獲礦，或覓得子廠，較上年漸有起色。在京局鼓鑄需銅孔亟，著吴文鎔到任後，會同張亮基督率藩臬兩司，嚴飭廠店各員，認真經理，務於循守舊章之中，寓力求整頓之意。即使量爲變通，亦應斟酌盡善，慎勿輕議紛更。總之，廠員須善躧引苗，嚴督砂丁，不得聽其以硐老山空一報塞責，而店員之承運遲滯，運員之沿途逗遛，甚至恣意偷竊，捏報遭風，均應節節嚴防，以杜積弊，庶期於銅務漸有裨益。諒吴文鎔等必能勉力籌辦，不待諄諄告誡爲也。將此諭令知之。」

《清文宗顯皇帝實録》卷六一　〔咸豐二年，壬子，五月，甲寅〕諭内閣：「吴文鎔、張亮基奏查明病故廠員短辦京銅一摺。雲南已故澂江府知府許文設？前管寧臺廠務短辦銅斤並未採買足數，飾詞蒙稟。現據該督等查明，該故員實短銅四十萬二千二百餘斤，所有長領工本覈計例價共銀二萬九千三十六兩零，實屬侵吞肥己，大干功令。伊子候補衛千總許保琅，分發貴州候補從九品許保瑚均著暫行革職，該故員原籍家産即著查抄，寓所貲財查封備抵不敷之數，勒限嚴追許保琅等賠繳，以示懲儆。」

又卷一三六　〔咸豐四年，甲寅，七月，壬子〕又諭：「前因御史範承典奏請將出土銅斤覈實辦理，當經派令阿靈阿會同該御史前往確查具奏。茲據阿靈阿等奏，前往銅廠查驗後，隨赴該局將銅斤試行煎鍊，經文瑞攔阻，謂其不應擅入。並據文瑞奏稱，阿靈阿等私自至局煎鍊銅斤，恐啓偷漏之弊，實屬膽大妄爲等語。阿靈阿、範承典經特旨派令，將出土銅斤查驗，該尚書等於赴局查驗後，因銅色不一，即攜銅至該局煎鍊，自係爲辨别銅色，期於覈實起見。況廠中之銅業已運往局中，即爲該尚書等應查之件，阿靈阿、範承典並無不合，文瑞於奉旨飭查事件，竟敢藉詞攔阻，聲言不應擅自入局，輒以阿靈阿膽大妄爲參奏，已屬荒謬，且欲勒令該尚書等寫給是金是銅字據，尤屬負氣任性，有乖體制。文瑞著交部議處。」

又卷二〇八　〔咸豐六年，丙辰，九月，壬申〕又諭：「英隆奏請將玩視礦務之商人懲處一摺。熱河平泉州所屬鉛硐溝地方，承辦銅礦之商人戚大祥、宋友梅、戴啓運前因辦有成效，各給予議叙職銜。茲據英隆奏稱，戚大祥拖欠工價，以致礦夫各散；宋友梅不遵該道批示，擅自回籍；戴啓運託故進口久未回廠，均屬玩視礦務，戚大祥、宋友梅、戴啓運著一併摘去頂帶，責令妥辦，儻仍不知奮勉，即著嚴加懲治。」

又卷二〇九　〔咸豐六年，丙辰，冬十月，己亥〕封禁伊犂雅瑪圖銅廠。從將軍扎拉芬泰請也。

又卷二六五　〔咸豐八年，戊午，九月，甲午〕又諭：「扎拉芬泰奏查明回莊起釁原委，請將辦理不善各員分别懲辦等語。上年喀什噶爾回衆滋事，既因銅廠交課苦累，聚衆抗差，經前任領隊大臣巴哈善派委驍騎校巴彦察滚、章京佛爾果布疊次往勘，輒聽回衆飾詞，草率稟覆，實屬顢頇。巴彦察滚、佛爾果布均著照議革職，佛爾果布於派辦善後，尚能得力，著仍留該城當差，以觀後效。前任領隊大臣巴哈善換防，總兵伊綿阿前經降旨革職留任，著俟八年無過，方準開復。葉爾羌參贊大臣慶英到任未久，幫辦大臣固慶本無統轄之責，前署領隊大臣阿克達春未經辦理銅廠，均著加恩免議。英吉沙爾、領隊大臣烏勒欣泰雖查無畏葸重情，究屬疏於防範，著交部照例議處撤任。阿奇木伯克、愛瑪特失守回城，罪有應得，念其平日尚屬急公，亦無苛派陵虐情事，著免其斥革，以昭平允。」

《清穆宗毅皇帝實録》卷二六九 〔同治八年，己巳，十月〕癸亥，諭内閣：「明善、于淩辰奏，請將寶源局已革鑪頭歸案審究，並將監督大使議處一摺。寶源局大使成蔭？於、鑪頭孫鳳起私淘銅土，漫無覺察，已屬不合，且於應管事宜前後，語涉歧異。其庫存銅斤，經明善等清查，始據監督長潤聲稱，内有已革鑪頭王焯均，另存商銅一萬餘斤，屢傳未領等語。殊難憑信，王焯均著刑部傳審嚴究，監督長潤、陳大誥，大使成蔭均著交部分別議處。」

《清朝續文獻通考》卷二〇《錢幣考二》 〔咸豐〕二年諭：「户部奏滇省辦銅低潮過多，領運各員行走遲滯，請飭催查辦一摺。雲南省辦運京銅自應遵照定例，依限開船，乃近年在瀘各運無不以患病守水爲詞，任意耽延。且解局銅斤低潮過多，鐵砂尤甚。見在京局鼓鑄急需，豈容解運遲滯，低潮攙雜，致有貽誤。著雲貴總督、雲南巡撫查照户部前奏章程，嚴飭廠店各員以及領運委員，務將所辦銅斤煮鍊純淨，鏨鑿清楚，毋銷含混，並飭領運各員依限到瀘，瀘店委員隨到隨兑。倘仍前玩誤，即著從嚴參辦。該督等惟當實力整頓，剔除積弊，如銅斤成色不能純淨，起運不能迅速，即著該部查明，將該督撫一併議處。」

又卷二一《錢幣考三》 〔同治〕七年諭：「户部奏籌辦銅斤，請催各督撫認真辦運一摺。京師自滇銅停運，鼓鑄不能加額，曾經户部奏令四川省派員在瀘州一帶設局採買滇銅，由湖北轉運天津。並議準林鴻年所奏，雲南川東所屬各廠每年額辦京銅三百六十萬斤，運赴川楚變價，迄今日久，並未據該督撫覆奏，實屬遲誤。著崇實、吴棠、劉嶽昭、岑毓英、宋延春各將該省招商開廠設局收買等事，宜迅於三月内妥議章程具奏，由部指撥有著之款解往，分起辦運，不得如前因循，以重圜法。瀘州存積滇銅，湖北應如何分局收買，及施宜等處銅礦能否開採，著郭柏蔭、何璟迅飭妥議，奏明辦理。至紅銅、條銅足資鼓鑄，應如何體察華洋商販情形，隨時變通，設法採買之處，著曾國藩、英桂、馬新貽、瑞麟、丁日昌、李瀚章、李福泰趕緊籌辦，不準空言塞責。」

八年，允李鴻章奏採買洋銅以資鼓鑄。

又卷四三《征榷考一五》 〔咸豐六年〕又諭：「英隆奏請將玩視礦務之商人懲處一摺，熱河平泉州所屬鉛硐溝地方承辦銅礦之商人戚大祥、宋友梅、戴啓運前因辦有成效，各給予議敘職銜。兹據英隆奏稱，戚大祥拖欠工價，以致礦夫各散；宋友梅不遵該道批示，擅自回籍；戴啓運託故進口，久未回廠，均屬玩視礦務。戚大祥、宋友梅、戴啓運，著一併摘去頂戴，責令妥辦。儻仍不知奮勉，即著嚴加懲治。」【略】

又奏準湖南桂陽州屬緑紫坳銅廠改歸知州管理。

《〔光緒〕湘南通志》卷五八《食貨志四・礦廠・銅礦》 〔乾隆〕八年，議準郴桂銅廠所出銅斤除抽課外，每百斤給價十三兩，收買供鑄。十八年，覆準郴桂二廠遴委專員董理，二州互相查察，及州同州判隨從協辦。仍責成衡永郴桂道總理，其專責之員以一年期滿更替。於郴庫銅坑衝、桂廠緑紫坳二處建立庫署，所需工料銀兩，於砂税銀内動用。一切抽收砂税銀兩并銅鉛錫，盡數實貯税庫，委員監守支放。仍令總理道員於委員一年期滿盤查署報。

嘉慶元年，議準湖南緑紫坳、銅盆嶺二處銅廠先因分隸桂陽州常寧縣，非一府州所屬，是以設立專員經管兩廠。今銅盆嶺廠已於乾隆四十三年封禁，是銅廠祇有緑紫坳一處，即在桂陽州境内，自不必另委專員，應將緑紫坳銅廠歸於桂陽州知州管理。仍責成該州督率砂户人等，實力采辦，務足原定二十九萬餘斤之額。

又卷三一《山川考》 《方輿紀要》：湯山在〔聞喜〕縣東三十里，以上有成湯廟而名。山産銅，唐置銅冶於此。《寰宇記》：縣東南十八里有景山也。

吕陶《淨德集》卷四《奏狀・奉使回奏十事狀》 又，陵井監百姓亦乞復貴平縣，監司未許，乞一并相度施行。臣伏見興州濟衆監自興置以來，歲鑄錢六萬二千貫，至嘉祐三年減半。鼓鑄其所用生鐵，並在衙前酒場和買，每斤支十四文，雖有賠費，緣酒場利息稍豐，未見破産。自賣酒場後以來，本州勸誘煉鐵之家通抵産預借錢，每斤支三十文，彼時山林不遠，可以就便置爐煉鐵，應副足用。續又以銀絹折支，漸虧實價。至元豐三年，頓添四萬九千貫，以三萬貫借充茶本。四年又添二萬貫，每歲共鑄十萬貫文。其鐵每斤又減六文，其鑪户爲累年採礦頗多，土窟深惡，并林箐疎淺，燒炭漸稀，倍有勞費；兼數遭大水，漂壞冶竈，破蕩抵産，逃避亦多。現今本州與三泉西縣鑪户拖欠額鐵四百餘萬斤，禁錮箠楚，曾無虛日。緣地產有限，民力甚困，每歲鼓鑄不已，雖百計督責，愈有逋負。況今來已蒙朝旨，更張茶法，則本錢三萬貫更不須借，自可歲減錢額。仍乞下本路相度，量減料例，鑄六萬二千貫，庶使數郡之民不爲錢鐵所壞，稍得休息，即於本路支用，亦無闕乏。【略】

臣伏見興州青陽鎮銅錫場，舊屬本路運司，就差青陽監程官兼管。向因李憲申請撥隸熙河經制司，及自奏舉監官，今屬陝西運司。本場逐年支官本一萬貫，以來收買銅錫，應副通遠軍鑄錢。自熙寧七年至今，發過一百六萬餘斤。其監官有食錢，有驛料，有公庫供給，有役人四名，並係雇募有兵士七人，歲費共約二千緡，所買銅、錫不多，而所費不少。又利州路官局隸屬陝西運司，名亦不正，方裁節浮濫之時，臣欲乞仍舊令興州青陽鎮監程官兼管，亦可以稍減冗費。

李燾《續資治通鑑長編》卷三五〇《神宗》〔元豐七年，十一月，壬寅〕提點江浙等路坑冶鑄錢胡宗師言：「信州鉛山縣銅坑發，已置場冶，乞借江東提舉司錢三十萬緡，以鑄新錢息二分還福建二浙有銅坑處。」準此。户部言：「宗師言皆可推行。」詔：「借江東提舉司錢十五萬緡，以所鑄錢還所乞福建二浙借錢。」不行。

《明史》卷八一《食貨志五・錢鈔》 給事中殷正茂言：「兩京銅價大高，鑄錢得不償費。宜採雲南銅，運至岳州鼓鑄，費工本銀三十九萬，可得錢六萬五千萬文，直銀九十三萬餘兩，足以少佐國家之急。」户部覆言：「雲南地僻事簡，即山鼓鑄爲便。」乃敕巡撫以鹽課銀二萬兩爲工本。

張廷玉等《清朝文獻通考》卷一七《錢幣考五》〔乾隆〕三十一年，減雲南順寧局加卯鼓鑄，增省城臨安鼓鑄卯期。雲貴總督劉藻奏言：「大興大銅等廠礌硐日深，修費更多，經前督吳達善奏請，於順寧府設爐八座，每旬每卯加鑄半卯，支放兵餉，所獲息錢歸併大興大銅等廠，爲工本經費。嗣慮兩廠支給官本歸款無期，又請於大理局各爐內加卯鼓鑄獲息清款。至寧臺廠歷年辦獲銅觔，止能供順寧局正鑄之用，其加卯鼓鑄之銅難以辦供，應將三十一年順寧局停止加卯鼓鑄。其順寧局每年正加各卯，原係撥還大興人銅等廠預支動工洩水之項，歷年清還，惟現在三十一年所動興工洩水原本八千兩，本年正鑄局錢止得其半，不敷抵補，應於省城臨安等局酌量加卯籌辦，餘息歸補。户部議如所請」從之。

《銅政便覽》卷一《廠地上・寧臺廠》〔經費：〕自〔寧臺〕廠至下關店，計程十二站半。每紫板銅百斤，給運脚銀一兩二錢五分二釐一毫二絲五忽，不支筐簍，每蟹殼銅百斤，給運脚銀一兩六錢一分五釐，每一百二十斤，支銷筐簍一對，銀一分七釐。每年準支官役、薪工、廠費銀一千七十三兩，遇閏加增，小建不除。凡運脚銀兩均於陸運項下報銷，筐簍、廠費銀兩均於廠務項下報銷，準支官役薪工廠費銀兩，遇閏加增，小建不除，餘俱倣此。

此廠工本運脚，應赴迤西道庫請領。自廠至大理共十二站半，每千兩每站給馬脚盤費銀一錢三分四釐。餘廠同。如撥運局鑄，自下關至省共十二站，每正耗銅百斤，給運脚銀一兩六錢一分五釐，由迤西道請領給發。如撥運採買，自下關店領運至省，每正耗銅百斤，給運脚銀一兩三錢三釐一毫二絲五忽，由委員赴司庫請領該廠銅斤。蟹殼八五毘色，淨煎八三毘色。

底馬褲子廠：乾隆五十一年開採，距寧臺廠三站。底馬褲子廠，一站至栗樹村，一站至蠻長河，一站至寧臺廠。辦獲銅斤，運交寧臺廠轉運，每百斤給脚價銀三錢，每年準支廠費銀三百三十五兩。

水洩子廠：乾隆五十四年開採，距寧臺廠三〔跕〕〔站〕水洩子廠一站至阿林寨，一站至蠻長河，一站至寧臺廠。辦獲銅斤，運交寧臺廠轉運，每百斤給脚價銀三錢，每年準支廠費銀三百三十五兩。以上二廠廠費銀兩均遇閏加增，小建不除。凡子廠廠費均倣此。凡子廠運脚脚價及領銀馬脚均於廠務項下支銷。其辦獲銅斤悉照老廠事例通商抽課，給價收買，運交老廠補額，餘俱倣此。

錢蔴嶺子廠：道光三年開採，距寧臺老廠九站。每辦獲轉運老廠銅百斤，定給脚銀九錢。

羅漢山子廠：道光四年開採，距老廠七站。每辦獲轉運老廠銅百斤，定給脚銀七錢。

《銅政便覽》卷一《廠地上・得寶坪廠》〔經費：〕自廠至下關店共十站半，每百斤給運脚銀一兩三錢五分六釐六毫，每一百二十斤支銷筐簍一對，銀一分七釐，每年準支官役、薪工、廠費銀九百兩八錢。丙減半，銀四百五十兩四錢。

此廠工本運脚，應赴迤西道庫請領。自廠至大理府共十站，應需馬脚盤費，照例按站支銷。如撥局鑄，每百斤給運脚銀一兩三錢三釐一毫二絲五忽，不支筐簍，由迤西道給發。如撥採買，每百斤給運脚銀一兩二錢五分，由委員赴布政司庫請領，自行僱運。自下關店至省十二站半，見上。該廠銅斤八六成色。

又卷一《廠地上・大功廠附子廠二》〔經費〕自廠至下關店共十二站半，每百斤給運脚銀一兩六錢一分五釐，每一百二十斤支銷筐簍一對，銀一分七釐，每年準支官役、薪食、廠費銀八百七十六兩。此廠工本運脚，應赴大理府庫請領。自廠至大理共十二站，應需馬脚盤費照例按站支銷。如撥採買，自廠至下關店，每百斤給運脚銀一兩三錢五分，不支筐簍，由委員赴司庫請領，自行僱運。該廠銅斤九成色。

子廠：樂依山子廠：乾隆五十三年開採，距大功三站半。樂依山子廠，半站至神登，一站至日溪井，一站至炎山，一站至大功廠。辦獲銅斤，運交大功廠轉運，每百斤給運脚銀四錢三分七釐五毫，不支書巡工食。

鑾浪山子廠：乾隆五十八年開採，距大功七站半。鑾浪山子廠，一站至八轉底，一站至景谷，一站至乾海塘，一站至磨外，一站至猛統，一站至雀山哨，一站半至大功廠。辦獲銅斤，運交大功廠轉運，每百斤給運脚銀九錢三分七釐五毫，不支書巡工食。

又卷一《廠地上・香樹坡廠》〔經費〕自廠至尋甸店，共十四站半。每百斤給運脚銀一兩八錢七分三釐四毫，每一百二十斤支銷筐簍一對，銀一分七釐。自廠至省共十站半，每百斤給運脚銀一兩五分，不支筐簍，每年準支官役、薪工、廠費銀九百兩八錢，遇閏加增，小建不除。

此廠工本、運脚，應赴楚雄府庫請領。自廠至楚雄共四站半，應需馬脚盤費，照例按站支銷。該廠銅斤，殼八五成色，板八一五成色。

又卷一《廠地上・雙龍廠》〔經費〕自廠至尋甸共二站半，每百斤給運脚銀二錢，不支筐簍及書巡工食。

此廠工本、運脚應赴迤東道庫請領，所需馬脚盤費照例按站支銷。該廠銅斤九一成色。

又卷一《廠地上・湯丹廠附子廠五》〔經費〕自廠至東川店共二站，每百斤給運脚銀二錢五分，每一百二十斤支銷筐簍一對，銀一分七釐。自廠至尋甸店共四站，每百斤給運脚銀四錢五分，不支筐簍，每年準支官役、薪工、廠費銀一千六百六十六兩八錢。

此廠工本、運脚，應赴迤東道庫請領。自廠至尋甸共四站，應需馬脚盤費照例按站支銷，每年準支加添役食銀二百九十九兩六錢。凡加添役食銀兩，均於搭運節省項下支銷，餘倣此。該廠銅斤九三成色。

子廠：九龍箐子廠：乾隆十五年開採。距湯丹一站半，九龍箐子廠，一站至浪泥坪，半站至湯丹老廠。辦獲銅斤，運交湯丹廠轉運，每百斤給運脚銀一錢八分七釐，不支書巡工食。

聚寶山子廠：乾隆十八年開採。距湯丹廠一站，辦獲銅斤，運交湯丹廠轉運，每百斤給運脚銀一錢二分五釐，不支書巡工食。

觀音山子廠，乾隆二十年開採。距湯丹一站，辦獲銅斤，運交湯丹廠轉運，每百斤給運脚銀一錢二分五釐，不支書巡工食。

岔河子廠，乾隆六十年開採。距湯丹廠五站：岔河子廠，一站至普毛村，一站至小海子，一站至青梁地，一站至黃水箐，一站至湯丹廠。辦獲銅斤，運交湯丹廠轉運，每百斤給運脚銀六錢二分五釐，每年準支書巡、工食、廠費銀三百一十兩八錢。

大硔子廠，嘉慶二年開採。距湯丹廠五站半：大硔子廠，一站至糯米村，一站至牛泥塘，一站至法郤村，一站至白泥坡，一站至菜子地，半站至湯丹廠。辦獲銅斤，運交湯丹廠轉運，每百斤給運脚銀六錢八分七釐五毫，不支書巡工食。

又卷一《廠地上・碌碌廠附子廠四》〔經費〕自廠至東川店，共三站半，每百斤給運脚銀四錢，每一百二十斤支銷筐簍一對，銀二分。每年準支官役、薪食、廠費等銀四百三十六兩六錢八分，遇閏加增，小建不除。

此廠工本、運脚，應赴迤東道庫請領。自廠至尋甸，共七站半，應需馬脚盤費照例按站支銷。每年準支加添役食銀一百三十四兩四錢。該廠銅斤，九三成色。

子廠：興隆子廠：乾隆十九年開採。距碌碌四十餘里，辦獲銅斤，照老廠事例，徑運東店，歸老廠報銷，不及運脚，每年準支書巡、工食、廠費銀二百四兩。

龍寶子廠：乾隆十九年開採。距碌碌四十餘里，辦獲銅斤，照老廠事例，徑運東店，歸老廠報銷，不支運脚。每年準支書巡、工食、廠費銀二百四兩。

多寶子廠：乾隆六十年開採。距碌碌五站半，多寶子廠，一站至金江渡，一站至野牛坪，一站至一家苗，一站至煙棚子，一站至黃草坪，半站至碌碌廠。辦獲銅斤，運交碌碌廠轉運，每百斤給運脚銀六錢八分七釐五毫。每年準支書巡、工食、廠費銀一百二十一兩二錢。

小米山子廠：嘉慶二年開採，距碌碌五站，小米山子廠，一站至阜各村，一站至西卡多，一站至涼山箐，一站至黃泥井，一站至碌碌。辦獲銅斤，運交碌碌廠轉運，每百斤給運脚銀六錢二分五釐，不支書巡、工食。

又卷一《廠地上・大水溝廠附子廠一》〔經費〕自廠至東川店，共三站半，每百斤給運脚銀四錢，每一百二十斤支銷筐簍一對，銀一分七釐。每年準支官役、薪食、廠費等銀五百九十八兩五錢。遇閏加增，小建不除。

此廠工本、運脚，應赴迤東道庫請領。自廠至尋甸共七站半，所需馬脚盤費，照例按站支銷。該廠銅斤九三成色。

子廠：聯興子廠：乾隆六十年開採。距大水溝六站，聯興子廠，一站至梅子箐，一站至樹結，一站至紅門樓，一站至苗子村，一站至涼水井，一站至老村子，半站至大水溝廠。辦獲銅斤，運交大水溝廠轉運。每百斤給運脚銀八錢一分二釐五毫。每年準支書巡、工食、廠費銀一百五十九兩八錢。

又卷一《廠地上・茂麓廠附子廠一》〔經費〕自廠至東川店，共七站半，每百斤給運脚銀八錢五分六釐，每一百二十斤支銷筐簍一對，銀二分。每年準支官役、薪食、廠費銀七百三十二兩。

此廠工本、運脚，應赴迤東道庫請領。自廠至尋甸共十一站半，應需馬脚盤費照例按站支銷。該廠銅斤九三成色。

普膩子廠：普膩子廠，嘉慶三年開採，距茂麓四站半。普膩子廠，一站至魯得村，一站至磨盤卡，一站至竹里箐，一站至青龍寺，半站至茂麓廠。辦獲銅斤，運交茂麓廠轉運，每百斤給運脚銀五錢六分二釐五毫，不支書巡、工食。

又卷一《廠地上・樂馬廠》〔經費〕自廠至昭通店，共二站。每百斤給運脚銀二錢五分，不支筐簍及書巡、工食。

此廠工本運脚，應赴迤東道庫請領。自廠至尋甸共八站半，應需馬脚盤費，照例按站支銷。該廠銅斤九五成色。

又卷一《廠地上・梅子沱廠》〔經費〕自廠至瀘店，共水路六百九十里。每百斤給運脚銀一錢六分四釐五毫，每二百斤支銷筐簍一對，銀二分，不支書巡、工食。

此廠工本運脚，應赴迤東道庫請領。自廠至尋甸共陸路二十四站半，應需馬脚盤費，照例按站支銷。該廠銅斤八五成色。

又卷一《廠地上・人老山廠》〔經費〕自廠至瀘店，水陸共九站半，每百斤給運脚、筐簍銀六錢一分八釐。每年準支書巡、工食銀六十六兩，遇閏加增，小建不除。

此廠工本、運脚應赴迤東道庫請領。自廠至尋甸，共十六站，應需馬脚盤費，照例按站支銷。該廠銅斤九三成色。

又卷一《廠地上・箐竹塘廠》〔經費〕自廠至瀘店，水陸共十一站半。每百斤給運脚、筐簍銀一兩九分九釐。每年準支書巡、工食銀六十六兩。遇閏加增，小建不除。

此廠工本、運脚應赴迤東道庫請領。自廠至尋甸，共陸路十九站，應需馬脚盤費照例按站支銷。該廠銅斤九三成色。

又卷一《廠地上・長發坡廠》〔經費〕自廠至牛街店三站，每百斤給運脚銀三錢；自牛街店至羅星渡共四站，每百斤給運脚銀五錢一分六釐；自羅星渡至瀘店水路八站，每百斤給水脚銀二錢九分。每一百六十八斤支銷筐簍一對，銀一分七釐。不支書巡、工食。

此廠工本運脚，應赴昭通府請領。至昭通府城共五站，應需馬脚盤費，照例按站支銷。該廠銅斤九三成色。

又卷一《廠地上・小岩坊廠》〔經費〕自廠至瀘店，水路共八站半，每百斤給運脚、筐簍銀六錢五分九釐，不支書巡、工食。

此廠工本、運脚，應赴昭通府庫請領。自廠至昭通府城共十一站，應需馬脚盤費，照例按站支銷。該廠銅斤九三成色。

又卷二《廠地下・鳳凰坡廠》〔經費〕此廠銅斤如撥京運，則發交尋甸店轉運，自廠至尋共五站，每百斤給運脚銀六錢四分六釐。如撥局鑄，則發交省局，共三站，每百斤給運脚銀三錢。如撥採買，則由委員赴廠兑領發運，自廠至剥隘運脚，委員自行支銷。所有京局二項，止支運脚，不支筐簍。每年準支書巡、工食、廠費銀七十二兩。

此廠工本、運脚，應赴澂江府庫請領。自廠至澂江府城共三站，應需馬脚盤費，照例按站支銷。該廠銅斤八成色。

又卷二《廠地下・紅石岩廠》〔經費〕此廠銅斤，如撥京運，則發交尋甸店轉運，自廠至尋店共六站，每百斤給運脚銀七錢七分五釐二毫。如撥局鑄，則發交省局，自廠至省共三站，與鳳凰坡廠同。每百斤給運脚銀三錢。如撥採買，則由委員赴廠兑領發運自廠至剥隘運脚委員自行支銷所有京局二項止支運脚，不支筐簍。每年準支書巡、工食、廠費銀七十二兩。

此廠工本運脚，應赴澂江府庫請領。自廠至澂江府城共三站，應需馬脚盤費照例按站支銷。該廠銅斤八成色。

又卷二《廠地下・紅坡廠》〔經費〕此廠銅斤如撥京運，則發威寧州店轉發。自廠至威寧共十一站，每百斤給運脚銀一兩一錢八分七釐六毫。如撥局鑄，銅發省局，自廠至省共四站，每百斤給運脚銀四錢。如撥採買，則由委員赴廠兑領發運，自廠至剥隘運脚，委員自行支銷。所有京局二項，止支運脚，不支筐簍。每年準支官役、薪工、廠費銀一百八十九兩六錢。

此廠工本運脚，應赴澂江府庫請領。自廠至澂江府城共二站半，應需馬脚盤費，照例按站支銷。該廠銅斤八三成色。

又卷二《廠地下・發古廠》〔經費〕此廠銅斤，如撥京運，則發威寧州店轉運，自廠至威寧共十三站，每百斤給運脚銀一兩六錢八分七釐，又每一百二十斤，支銷筐簍一對，銀一分七釐。如撥局鑄，自廠至省共六站，每百斤給運脚銀七錢五分，不支筐簍。如撥採買，則由委員赴廠兑領發運，自廠至剥隘運脚，委員自行支銷。每年準支官役、薪工、廠費銀三百一十二兩。

此廠工本運脚，應赴澂江府庫請領。自廠至澂江府城共八站，應需馬脚盤費，照例按站支銷。該廠銅斤八三成色。

又卷二《廠地下・大興廠》〔經費〕此廠銅斤如撥京運，則發威寧州店轉運，自廠至威寧店共十一站，每百斤給運脚銀一兩一錢八分七釐六毫。如撥鼓鑄，則發省局，自廠至省共四站，每百斤給運脚銀四錢。如撥採買，則由委員赴廠兑領發運，自廠至剥隘運脚，委員自行支銷。所有京局二項止支運脚，不支筐簍。每年準支書巡工食廠費銀一百八十九兩六錢。

此廠工本運脚應赴澂江府庫請領，自廠至澂江府城共三站半，應需馬脚盤費照例按站支銷。該廠銅斤八三成色。

又卷二《廠地下・大風嶺廠附子廠二》〔經費〕自廠至東川府城共六站，每百斤給運脚銀七錢五分，每一百二十斤，支銷筐簍一對，銀一分七釐。每年準支官役、薪工、廠費銀五百四十兩。

此廠工本運脚，應赴迤東道庫請領。自廠至尋甸共十站，應需馬脚盤費，照例按站支銷。該廠銅斤九三成色。

子廠：杉木箐子廠：乾隆三十四年開採，距大風嶺二十餘里。辦獲銅斤，徑運東店歸大風嶺廠報銷，不支運脚。每年準支書巡、工食、廠費銀二百二十八兩。

大寨子廠：乾隆三十九年開採，距大風嶺三站。大寨子廠，一站至者那，一站至臭水井，一站至大風嶺廠。辦獲銅斤，運交大風嶺廠轉運，每百斤給運脚銀三錢七分五釐，不支書巡、工食。

又卷二《廠地下・紫牛坡廠》〔經費〕自廠至東川店共二站半，每百斤給運脚銀三錢一分二釐五毫，每一百二十斤，支銷筐簍一對，銀一分七釐，不支書巡、工食。

此廠工本運脚，應赴迤東道庫請領。自廠至尋甸共六站，應需馬脚盤費，照例按站支銷。該廠銅斤八五成色。

又卷二《廠地下・青龍廠附子廠一》〔經費〕自廠至省城，共水陸六站，每百斤給運脚銀三錢七分三釐，不支筐簍。如撥京運，自廠至省，水陸六站，自省尋甸四站，共十站。每百斤給運脚銀一兩一錢八分五釐八毫。每年準支官役、薪工、廠費銀四百四十一兩六錢。

此廠工本運脚應赴省請領。自廠至省，水陸六站，應需馬脚盤費，照例按站支銷。該廠銅斤八三成色。

子廠：猛仰子廠，乾隆二十四年開採，距青龍廠站半。猛仰子廠，一站至馬塘山，半站至青龍廠。辦獲銅斤，應運交青龍廠補額，每百斤給運脚銀一錢五分，不支書巡工食。

又卷二《廠地下・迴龍廠》〔經費〕自廠至下關店，共十六站半，每百斤給運脚銀一兩六錢五分。如撥局鑄，則自下關至省，共十二站半，每百斤給運脚銀一兩三錢三釐一毫二絲五忽。如撥採買，則由委員赴下關店兑領，每百斤給運脚銀一兩二錢五分，委員赴司庫請領，自行僱運。均不支銷筐簍及書巡工食。

此廠工本運脚，應赴迤西道請領。自廠至大理十六站，應需馬脚盤費，照例按站支銷。該廠銅斤八二成色。

又卷二《廠地下・白羊廠》〔經費〕自廠至下關店，共十一站半，每百斤給運脚銀一兩一錢五分。如撥局鑄，自下關至省，共十二站半，每百斤給運脚銀一兩三錢三分一毫二絲五忽。如撥採買，則委員赴下關店兑領，每百斤給運脚銀壹兩二錢五分，委員赴司庫請領，自行僱運。均不支筐簍。每年準支官役、薪工、廠費銀三百二十二兩八錢。

此廠工本運脚，應赴大理府庫請領。自廠至大理共十一站，應需馬脚盤費，照例按站支銷。該廠銅斤七三成色。

又卷二《廠地下・馬龍廠》〔經費〕自廠至省城，共十一站，每百斤給運脚銀一兩一錢。如撥採買，由委員赴雲南府倉兑領，自行發運。不支筐簍。每年準支書巡、工食銀四十九兩二錢。

此廠工本運脚，應赴省請領。自廠至省十一站，應需馬脚盤費，照例按站支銷。該廠銅斤八一五成色。

又卷二《廠地下・寨子箐廠》〔經費〕自廠至省城，共十三站，每百斤給運脚銀一兩三錢，不支筐簍。如撥採買，則由委員赴雲南府倉兑領，自行發運。每年準支書巡、工食銀一百八兩。

此廠工本、運脚，應赴省請領。自廠至省十二站，應需馬脚盤費，照例按站支銷。該廠銅斤八一五成色。

又卷二《廠地下・秀春廠》〔經費〕自廠至省，共十站，每百斤給運脚銀一兩。不支筐簍及書巡工食。

此廠工本、運脚，應赴楚雄府庫請領。自廠至楚雄共四站，應需馬脚盤費，照例按站支銷。該廠銅斤八六成色。

又卷二《廠地下・義都廠》〔經費〕自廠至省，共六站，每百斤給運脚銀六錢，不支筐簍。如撥採買，則由委員赴廠兑領，每百斤給運脚銀六錢，由委員赴司庫請領，自行僱運。每年準支官役、薪工、廠費銀九百兩八錢。

此廠工本、運脚，應赴雲南府庫請領。自廠至省六站，應需馬脚盤費，照例按站支銷。該廠銅斤八三成色。

又卷二《廠地下・大寶廠》〔經費〕自廠至省，共五站，每百斤給運脚銀五錢，不支筐簍及書巡工食。

此廠工本、運脚，應赴糧道庫請領。自廠至省五站，應需馬脚盤費，照例按站支銷。該廠銅斤八三成色。

又卷二《廠地下・萬寶廠》〔經費〕自廠至省，共六站，每百斤給運脚銀六錢，不支筐簍。如撥採買，則由委員赴廠兑領，每百斤給運脚銀六錢，由委員赴司庫請領，自行僱運。每年準支官役、薪工、廠費銀一百五十二兩。

此廠工本、運脚應赴雲南府庫請領。自廠至省六站，應需馬脚盤費，照例按站支銷。該廠銅斤八成色。

又卷二《廠地下・大美廠》〔經費〕自廠至省城，共三站半，每百斤給運脚銀三錢五分，不支筐簍。如撥採買，則由委員赴雲南府倉兑領發運。每年準支官役、薪工、廠費銀一百一十四兩。

此廠工本、運脚應赴雲南府庫請領。自廠至省三站半，應需馬脚盤費，照例按站支銷。該廠銅斤八三成色。

又卷二《廠地下・獅子尾廠》〔經費〕自廠至省城，共九站，每百斤給運脚銀九錢。自廠至東川府城共十站，每百斤給運脚銀一兩，不支筐簍及書巡工食。

此廠工本、運脚，應赴省請領。共九站，應需馬脚盤費，照例按站支銷。該廠銅斤八二成色。

又卷二《廠地下・緑硔硐廠》〔經費〕自廠至省城，共六站，每百斤給運脚銀六錢，不支筐簍及書巡工食。

此廠工本、運脚，應赴臨安府庫請領。計程一站，應需馬脚盤費，照例按站支銷。該廠銅斤八二成色。

又卷二《廠地下・鼎新廠》〔經費〕自廠至省城，共七站，每百斤給運脚銀七錢。不支筐簍及書巡工食。

此廠工本、運脚，應赴臨安府庫請領。計程一站，應需馬脚盤費，照例支銷。該廠銅斤八二成色。

又卷二《廠地下・竜岜廠》〔經費〕自廠至剥隘，共十五站，每百斤給運脚銀一兩九錢三分八釐，由委員於備帶運脚銀内支發，歸各本省報銷。每年準支書巡工食等銀四十八兩。

此廠工本、運脚，應赴開化府庫請領。計程二站，應需馬脚盤費，照例按站支銷。該廠銅斤八成色。

又卷二《廠地下・者囊廠》〔經費〕自廠至剥隘，共十七站，每百斤給運脚銀二兩一錢九分六釐四毫，由委員於備帶運脚銀兩内自行支發，歸各本省報銷。每年準支書巡工食銀十二兩。

此廠工本運脚，應赴開化府庫請領。計程四站，應需馬脚盤費銀，照例按站支銷。該廠銅斤八成色。

又卷二《廠地下・金釵廠》〔經費〕自廠至縣店，站半，每百斤給運脚銀一錢五分，不支筐簍。採買委員赴縣店兑領。自縣店至剥隘共十七站，每百斤給運脚銀二兩一錢九分六釐四毫。係委員於備帶運脚銀内支發，歸各本省報銷。每年準支官役薪工廠費銀四百五十二兩四錢。

此廠工本運脚，應赴臨安府庫請領，自廠至臨安府城共三站，應需馬脚盤費銀照例按站支銷。該廠銅斤連加耗七成色。

又卷八《雜款》《周禮・司會》掌九式，以均節邦之財用，誠以國家經費有常，其出入度支，在在與正供相爲表裏。滇銅利用極天下，自廠地以迄採買轉輸之艱難，費用之繁瑣，亦既件繫其事井然類從矣。顧動放工本、抽收税課以及接濟水洩之雜需，官房工食之款項，雖事屬細微，每與銅政相爲維繫，持籌固當預知其數會通焉，以利用者也。爰綜諸條，統爲雜款，以著於篇。

又卷八《雜款・題撥銅本》 凡辦運京銅，應需銅本銀兩。如辦丙年銅，先於甲年秋，由司詳請具題，聽候部撥銀一百萬兩，委員解滇。所用過銅本、水陸運脚、襍費、官役、養廉以及核減銅色銀兩，準其分案報銷，仍俟各案報銷核準之日，將實在用過數目，彙造總册報部。

凡部撥銅本銀兩，例交布政司庫收貯。按年共撥銀一百萬兩，内解户工部飯食，六萬四千四百五十五兩二錢。通州坐糧廳車脚吊載，四千九百七十兩一錢八分。正運四起自漢口至儀徵水脚，一萬四百三十四兩。自儀徵至通州水脚，一萬六千二百六兩。共銀九萬六千六十五兩三錢八分。外，實撥銀九十萬三千九百三十四兩六錢二分。又除每年應發正額運京銅價、五百七十萬四千斤，每百斤九兩二錢，應需銀五十二萬餘兩。東尋兩路運脚、養廉、店費、工食二十八萬餘兩。運員水脚、雜費、養廉除撥解漢口、儀徵正運水脚之外，需銀五萬餘兩，共銀八十六萬餘兩。外，其餘剩銀兩年約三萬數仟餘兩。存備接流採辦銅斤，支銷工本，按年造册題銷，俟正、加各運報銷覆準，即查照原撥銀一百萬兩之數，接流彙造總册，詳請題銷。

又卷八《雜款・銅息銀兩》 凡各廠京運、六百三十餘萬七百斤。帶解、二十餘萬斤。本省局鑄年需用銅，六十餘萬斤。每正銅百斤收價銀，九兩二錢，耗餘銅並不收價。各省採買年需用銅二百數十萬斤。俱在辦獲銅内撥賣。每正高銅百斤收價銀九兩，耗餘銅並不收價。所收銀兩，按數入於銅廠奏銷册内造報。凡撥賣各款銅斤，除按照實發例價及各廠運至各店運脚，筐簍、領本，駝銀馬脚，廠員書巡薪食，廠費，督撫藩司管廠道府書巡工食，省局炒銅工費外，餘剩銀兩同省城白銅店定遠、元謀、會澤三縣抽收白銅税銀，金釵廠小課，一併計價劃除，餘銀各爲銅息，以備支放學院養廉，辦理貢茶，兵部飯食，督撫役食，三善堂食米，各屬監遣犯口糧，查辦災賑官役飯食、紙筆，委解緣事官員進京盤費各屬歲修塘房，湯丹、碌碌、大水、茂麓四廠水洩，永善歲修金江工費，買補豁免各運員沉失銅斤價脚，全數沉銅撈費、買補，部局煎鍊不足睈色銅斤價脚之用，按年造册咨銷。《户部則例》無。

又卷八《雜款・接濟銀兩》 凡各廠採辦銅斤應需工本銀兩，俱係隨時酌發，如有辦銅較多勢須接濟者，該管道府核實具領，按現在各廠應需工本脚費銀兩，俱係按照額辦銅數按季核實給發。其接濟一項現止湯丹、碌碌、大水、茂麓等廠，每次酌發銀三、四萬兩。寧臺廠每次酌發銀一、二萬兩。萬寶、金釵二廠每次酌發銀五、六千兩。由布政司詳明發交，廠員承領辦運。俟各該廠請領工本銀兩時，分四季扣收還入，於四季工本及考成册内造報。

又卷八《雜款・底本銀兩》 凡各廠採辦銅斤，除隨時酌發工本收買外，其有預借兩月底本銀兩者，於交銅百斤之外，扣收銅五斤，計四十個月扣清之後再行酌借。乾隆三十六年案，《户部則例》無。湯丹廠，借銀二萬四千五百三十三兩有奇。碌碌廠，借銀六千六百一十三兩有奇。大水溝廠，借銀四千二百六十六兩有奇。茂麓廠，借銀二千九百八十六兩有奇。寧臺廠，借紫板底本銀四千二百一十一兩零，照每百斤給銀五兩一錢五分二釐五毫之數核發。借蟹殼底本銀二萬九百六十一兩，照每百斤給銀六兩二錢八分八釐三毫之數核發。萬實廠，借銀二千一百四十四兩有奇。大功廠，借銀四千一百九十二兩有奇。俱照每百斤給銀，六兩二錢八分八釐三毫之數核發。金釵廠，借銀六千九百兩，照每百斤給銀四兩六錢之數核發。得寶坪廠亦準照各廠之例預借兩月底本銀兩。

又卷八《雜款・水洩工費》 凡各廠採辦銅斤，例準官給提拉水洩工費銀兩者計八處：義都廠：每辦銅一萬斤，給予水洩銀六十五兩二錢一分七釐四毫，於省局鑄息銀内動支。湯丹廠：每辦銅百斤給銀二錢。碌碌廠，每辦銅百斤，給銀二錢二分二釐二毫二絲。大水溝、茂麓二廠：每辦銀百斤，給銀二錢五分。以上四廠均於銅息鑄息項下各半動支。大功廠無論出銅多寡，每年約給水洩銀三千兩，於省局鑄息銀内動支。寧臺廠按照年辦銅二百九十五萬餘斤核計，每百斤給銀一錢六分九釐四毫九絲一忽五微二纖，於省局鑄息項下動支。得寶坪廠照年辦銅一百二十萬斤核計，每百斤給銀一錢六分九釐四毫九絲一忽五微二纖，於省局鑄息項下動支。《户部則例》無。

又卷八《雜款・駝銀馬脚盤費》 凡各道府專管之廠，其自省至各處衙門駝載工本運脚之馬脚盤費銀兩，由道府赴司請領者計八處：池東道專管湯丹碌碌、大水溝、茂麓、大風嶺、紫牛坡、人老山、箭竹塘、雙龍、梅子沱、樂馬等十一廠自尋甸自尋甸州城一站、至易隆一站、至楊林一站、至板橋一站、至省城。至省城共四站。昭通府專管長發坡、小岩坊二廠自府城一站至響水、一站至烏蒙箐、一站至威寧州城、一站至箐頭鋪、一站至倘塘驛、一站至宣威州城、一站至炎方驛、一站至松林驛、一站至霑益州城、一站至馬龍州城、一站至易隆、一站至楊林、一站至板橋、一站至滇省城。省城共十三站。澂江府專管鳳凰坡、紅石岩、紅坡、大興、發古等五廠至府城，至呈貢縣城一站，呈貢縣至省城一站共二站。開化府專管竜岜、者囊二廠自府城至自開化府城一站至馬塘、一站至石榴紅、一站至膩草竜、一站至大江邊、一站至竹園村、一站至新哨、一站至彌勒縣城、一站至平地哨、一站至蓑衣山、一站至北山、一站至宜良縣、一站至七甸、一站至省城通共計程十三站。臨安府專管金釵廠、緑硔硐、鼎新。等三廠自府城至自府城一站至館驛、一站至通海縣城、一站至江川縣城、一站至晉寧州城、一站至呈貢縣城、一站至省城。通共計程六站。迆西道專管寧臺、迴龍、得寶坪。等三廠自大理至省城，共計十三站。大理府專管大功、白羊二廠自府至省城，程站與迆西道同。楚雄府專管香樹坡、秀春二廠自府城至省城，共六站。以上各道府赴司請領工本脚費銀兩，除扣錢本外，每千兩按每站給駝銀馬脚盤費銀一錢三分四釐，於廠務項下支銷。凡各道府專管之廠，因離道府署遥遠，逕由廠員赴司請領駝載工本運脚之馬脚盤費者計五處：迆東道專管獅子尾廠，自廠至省計程九站。迆西道專管馬龍、寨子二廠，自馬龍至省十一站，寨子箐廠至省十三站。迆南道專管青龍廠，自廠至省計程六站。糧儲道專管大寶廠，自廠至省計程五站。雲南府專管義都、萬寶、大美三廠，自義都、萬寶二廠至省六站，自大美至省三站。以上各廠赴司請領工本運脚，均由廠員徑赴司庫請領，所需駝銀馬脚盤費，俱在該廠脚費項下支銷。

又卷八《雜款・廠欠銀兩》 凡各廠辦銅爐户，領欠工本銀兩，分有着無着於每年十月内具奏，候旨豁免追賠。

凡有着廠欠，如爐户故絶停歇，無可着追，即於經放廠員名下追賠。如經放之員家産盡絶，無力完繳，歷過任所亦無隱寄，由布政司詳請豁免。其無着，廠欠由布政司庫將扣收市平銀兩撥補。户部則例無。按辦理廠欠，時有不同。其無着一項，有在餘息銀内撥補者。如雍正二年起至乾隆三十六年案是也。有將市平銀撥補不準豁免者。三十七年至四十年案是也。有將局鑄加卯獲息彌補者。三十八年案是也。有添爐鼓鑄獲息彌補者。四十一年案是也。有着經放之員賠繳者。四十三年案是也。有將督撫藩司、經管道府養廉攤扣撥補者。五十五年案是也。有全行豁免者。六十年案是也。有着落清查不實之總督分賠二股、巡撫方賠三股、布政司分賠五股者。有着落總督分賠一股，巡撫分賠一股、布政司分賠二股、經放廠員分賠六股者。嘉慶六年案是也。有既將司庫扣存市平撥補，其不敷銀兩着經放之員賠繳者。七年案是也。有既將司庫扣存市平銀兩撥補，其不敷銀兩，着落督、撫合賠一股、布政司分賠一股、該管巡道分賠二股、廠員分賠六股。如係州縣經管之廠，督、撫合賠一股、布政司分賠一股、該管知府直隸州分賠二股、廠員分賠六股者，十年案是也。有既將司庫扣存市平撥補，其不敷銀兩奉旨豁免者。十年至十三年案是也。至歷年有着廠欠，仍於原欠爐户名下定限勒追。

凡各廠請領工本銀兩照軍需之例，每百兩扣收市平銀一兩撥補逃亡無着廠欠，按年彙册詳咨。乾隆三十七年案。

修理官房道路：凡各廠修建官房例準支銷銀兩者計十處。

湯丹廠：原建官房一所，計五十三間，準銷工料銀一千八百五十五兩零，於耗銅變價及尋甸節省銀内開銷。乾隆六年補修一次，準銷銀三百七十九兩零。十二年補修一次，準銷銀四百四十六兩零。十七年補修一次，準銷銀四百七十六兩零。二十三年補修一次，準銷銀一百一十兩零。二十六年補修一次，準銷銀二百四十八兩零。三十年補修一次，準銷銀二百二十八兩零。三十四年補修一次，準銷銀二百六十六兩零。四十一年補修一次，準銷銀三百六十一兩零。四十八年補修一次，準銷銀六百五十兩零，均於東威搭運節省項下支銷。

碌碌廠：原建官房一所，計六十六間，準銷工料銀九百一十八兩零。乾隆二十六年補修一次，準銷銀一百九十二兩零。三十六年補修一次，準銷銀四百一十六兩零。五十七年補修一次，準銷銀六百三十五兩零。

大水溝廠：原建官房一所，計三十三間，準銷工料銀三百二十兩零。乾隆三十年補修一次，準銷銀二百四十兩零。三十五年補修一次，準銷銀三百三十九兩零。四十年補修一次，準銷銀三百六兩零。

茂麓廠：原建官房一所，準銷工料銀四百三十八兩零。乾隆四十年補修一次，準銷銀二百七十六兩零。

白羊廠：原建官房一所，計十四間，準銷工料銀二百四十九兩零。

大功廠：原建官房一所，計二十四間，準銷工料銀四百九兩零。

寧臺廠：原建官房一所，計十五間，準銷工料銀二百三十二兩零。

義都廠：原建官房一所，計三十二間，準銷工料銀三百三十七兩零。

大興廠：原建官房一所，計二十四間，準銷工料銀三百八兩零。以上各廠建修官房準銷工料銀兩，均在東威搭運節省項下支銷。

發古廠：原建官房一所，計十八間，準銷工料銀一百七十一兩零。於金沙、樂馬二廠歸公銀内支銷。

凡廠店發運銅斤經由道路橋梁，例準官給銀兩者計十五處：

湯丹廠，自廠至東川府城，計陸路二站，經過道路橋梁每補修一次約需銀五六百兩。

碌碌廠，自廠至東川府城，計陸路三站半，經過道路橋梁每補修一次約需銀三百八十九兩。

大水溝廠，自廠至東川府城，計陸路三站半，經過道路橋梁每補修一次約需銀三百四五十兩。

茂麓廠，自廠至東川府城，計陸路七站半，經過道路橋梁每補修一次約需銀三百二三十兩。

大風嶺廠自廠至東川府城，計陸路六站，經過道路橋梁每補修一次約需銀三百一二十兩。以上道路橋梁均五六年補修一次，於搭運節省項下發給，由該管之東川府承領補修，造册報銷。

義都廠，自廠至省城計陸路六站，經過道路橋梁每十八九年補修一次，由該管之易門縣領銀承修，每次約需銀二百八九十兩或三百兩。亦在搭運節省項下發給。

東川府承運昭通京銅，自東川府城起至交界之江底止，計陸路三站半，經過道路橋梁每五六年補修一次，由東川府領銀承修，每次約需銀七八百兩。

昭通府承運京銅，自交界之江底起，至昭通府城止，計陸路二站，又自昭通至永善縣經管之黄草坪，計陸路三站半，經過道路橋梁，每五六年補修一次，由昭通府領銀承修，每次約需銀八九百兩。

昭通府城至大關同知經管之豆沙關，計陸路六站，經過道路橋梁每五六年補修一次，由大關同知領銀承修，每次約需銀八九百兩。

迆東道由尋甸承運京銅，自尋甸至威寧州城計車站十五站，經過道路橋梁五六年補修一次，由迆東道領銀承修，每次約需銀一千四五百兩。

貴州威寧州承運京銅，自威寧至鎮雄州城計陸路五站，經過道路橋梁每五六年補修一次，由威寧州領銀承修，每次約需銀七八百兩。

鎮雄州承運京銅，自鎮雄至雨洒河計陸路二站，經過道路橋梁每五六年補修一次，由鎮雄州領銀承修，每次約需銀七八百兩不等。以上六處銀兩，於搭運節省項下撥給，造册報銷。

鎮雄州承運瀘店京銅，自羅星渡至南廣均係水路，每年酌給修灘工費銀三百兩。

大關同知承運瀘店京銅，自鹽井渡至瀘州均係水路，每年酌給修灘工費銀三百兩。以上二處銀兩均於正額節省項下酌給，按年造册報銷。

永善縣承運京銅，自黄草坪至瀘州店均係水路，每年給修灘工費銀一千兩，於銅息項下動支，按年造册報銷。修理官房道路及修江各款，《户部則例》無。

又卷八《雜款・書役工食》 凡辦理銅務衙門設立書役，例得官給工食銀兩者計九處：

總督衙門辦理銅務經書，年支工食銀。八十兩。

巡撫衙門辦理銅務經書，年支工食銀。一百六十兩。

布政司衙門辦理銅務經書，年支工食銀。八百五十九兩二錢。巡役年支工食銀。一百八十二兩四錢。

迆東道衙門辦理銅務經書，年支工食銀。一百六十兩，巡役年支工食銀九十一兩二錢。

迆西道衙門辦理銅務經書，年支工食銀。二十兩。

雲南府衙門辦理銅務經書，年支工食銀。十九兩二錢。

臨安府衙門辦理銅務經書，年支工食銀。二十兩。

澂江府衙門辦理銅務經書，年支工食銀。二十兩。

以上書役工食銀，遇閏加增，小建不除。惟布政司衙門差遣巡役赴廠店及沿途催銅盤費，并年節犒賞，年支銀四百四十六兩，遇閏不加，小建不除，均於廠務項下動支。

吴其濬《滇南礦廠圖略》卷二《帑第四》 滇民呰窳，不商不賈，章貢挾重貲者，皆走荒徼外，奇珍則翡翠寶石，民用則木棉藥物，利倍而易售。礦廠惟産銀者，或千金一擲如博梟，而銅鑛率無籍游民，奔走博果腹耳，官畀以貲而役其力，有獲則以價買之物揭而書之。滇課銅九百餘萬，百觔價率六兩有奇，以六五計之，糜銀六十萬餘，而運費不與焉。通商者什一或什二，課不足亦增直而購之。農部與滇庫先二歲而預籌其帑數十廠，數十萬衆待以生，而九府虚實，恃此以酌劑，所關甚鉅，故記帑。

凡滇省辦運京銅，歲撥帑銀一百萬兩内，户工二部正額銅批飯食銀六萬四千四百五十五兩二錢，户部加辦銅批飯食銀二千三百一兩八錢四分四釐，天津道庫剥費銀二千八百兩，坐糧廳庫正額銅觔車脚弔載銀四千九百七十兩一錢八分，加辦銅觔車脚弔載銀一百七十九兩九錢八分四釐，各運幫費銀八千四百兩，均由直隸司庫分别撥解。自漢口至儀徵水脚銀一萬四百三十四兩，由湖北司庫撥支。自儀徵至通州水脚銀一萬六千二百六兩，由江蘇司庫撥支。停止沿途借支增給經費銀一萬三千兩，道光八年奏案分給正運四起、加運二起，支領正運每起該銀二千五百兩，加運每起該銀一千五百兩。由湖北江寧二省司庫各半撥支。直隸、湖北、江寧三省動撥幫費經費銀兩，滇省仍於籌存各本款内按年照數提入銅本項下。其餘銀八十三萬七千二百五十二兩七錢九分二釐，該省題撥銅本時，再查明司庫銅息并積存雜項銀兩，除留存備用外，餘俱儘數撥抵銅本之用，不敷銀兩再行協撥供支。令協撥省分委員解交雲南銅本於前二年趕辦，如丙年工本，滇省於甲年具題部中，即行覈撥，於乙年夏季到滇，俾得及時採辦，以免挪借。嘉慶十八年減銀四萬兩，道光十九年復故。

凡滇廠採辦已逾十年，硐穴深遠，準豫借兩月底本銀兩。每廠民辦交銀百觔，帶交餘銅五觔，定限四十個月扣交清楚，如鑪户中有虧欠者，即著落經放廠員賠補歸款。

凡滇廠距省遠近不一，赴司請領工本，往返需時，迤東道庫貯銀八萬兩，迤西道庫貯銀四萬兩。凡所屬銅廠需本接濟，由道親往查明發給。現無分貯一款。迤南道所轄廠地距道比省更遠，仍由藩司酌發，糧道專轄廠地移明藩庫轉發。此項接濟銀兩，即於請領月額工本内，按季分扣年清年款。倘道員濫行多發，致有欠本，即令道員賠償。如係知府專管之廠，轉稟請發即著道府分賠。如藩司額外多發，以致廠員濫放無著，一律參賠，并將接季通報之廠欠，有無未完，分晰聲造，按照鹽課未完分數事例察參。

凡銅廠工本上月發本，下月即須收銅。若二月後不繳，該管道府勒令廠員陸續扣銷，或將家産追變，統以一年爲斷。逾期不完，即著令廠員賠繳，將廠民審明定罪。倘事隔數年，忽有鑪欠，即將廠員以侵虧科斷，該管上司照徇隱例議處。倘有鑪户逃亡事故，令廠員隨時通報，該管道府詳查，如果屬實，準以市平撥抵。各廠借領工本銀，每百兩扣市平銀一兩，存貯司庫以爲抵鋪廠欠之用若再有不敷，即令經放之員賠補，毋許以廠欠推卸。砂丁藉爲搪抵，并責成廠員慎選殷實之人充當，倘竝無家産，任聽濫充，如有欠缺，惟該員是問。

凡銅廠無著，廠欠銀兩，如實在廠衰鑛薄，鑪户故絶無追者，取具道府等印結，奏明辦理。倘不應豁免者，督撫以下攤賠。

又《渾第七》 僦五致一，轉漕之費也，銅之運殆過之。滇之問民轉移以餬其口者無算，而黔蜀亦沾溉焉，由江而運河，以達於潞、川、黔之氓待以生者多矣，非所謂錢流地上者歟，故記運。

京銅年額六百三十三萬一千四百四十觔，由子廠及正廠至店，廠員運之。由各店至瀘店，店員遞運之。由瀘店至通州，運員分運之。局銅則廠員各運至局，採銅遠廠則廠員先運至省，近廠則廠員自往廠運。

曲靖府經管雙龍廠京銅，運交尋店二站，每百觔脚錢二錢。

東川府經管湯丹廠京銅，運交東店二站，每百觔脚銀二錢五分。九龍箐子廠每百觔一錢八分七釐，聚寶山、觀音山子廠一錢二分五釐，大鑛山子廠六錢八分七釐五毫，岔河子廠六錢二分五釐。碌碌廠京銅運交東店三站半，每百觔脚銀四錢。多寶子廠六錢八分七釐五毫，小米山子廠六錢二分五釐。大水溝廠京銅運交東店三站半，每百觔脚銀四錢。聯與子廠八錢一分二釐五毫，聚源子廠一兩四錢三分七釐五毫。

茂麓廠京銅運交大水溝四站，脚銀四錢五分。普膩子廠五錢六分二釐五毫。大水溝運爻東店三站半，每百觔脚銀四錢。大風嶺廠京銅運交東店六站，每百觔脚銀七錢五分。大寨又名杉木箐子廠三錢七分五釐。

紫牛坡廠京銅運交東店二站半，每百觔脚銀一錢二分五釐。獅子尾廠京銅運交東店十站，每百觔脚銅一兩二錢九分二釐。

大關同知經管人老山廠京銅，運交瀘店，水路九站半，每百觔水陸脚價等錢六錢一分八釐。箭竹塘廠京銅運交瀘店，水陸十一站半，每百觔水陸脚價等銀一兩九分九釐。

魯甸同知經管樂馬廠京銅，運交昭店二站，每百觔脚銀二錢五分八釐。

昭通府經管金沙梅子沱廠京銅，運交瀘店，每百觔脚錢一錢六分四釐五毫。

永善縣經管小岩坊廠京銅，運交瀘店，每百觔脚銀六錢五分九釐。

鎮雄州經管長發坡廠京銅，運交牛街店三站，每百觔脚銀三錢，又至羅星渡四站，脚錢五錢一分六釐零。

路南州經管鳳凰坡廠京銅，運交尋店五站，每百觔脚銀六錢四分六釐。紅石岩廠京銅運交尋店六站，每百觔脚銀七錢七分五釐零。紅坡、大興二廠京銅運交威店十一站，每百觔脚銀一兩一錢八分七釐零。發古廠京銅運交威店十三站，每百觔脚銀一兩六錢七分九釐零。

委員經管寧臺，雲龍州經管大功廠，京銅運交關店各十二站半，每百觔脚銀一兩五錢三分六釐零。寧臺子廠、水洩底馬庫銀廠三錢，荃麻嶺廠九錢，羅漢山廠七錢。

永北同知經管得寶坪廠，京銅運交關店十站半，每百觔脚銀一兩三錢五分六釐零。

麗江府經管迴龍廠，京銅運交關店十六站半，每百觔脚銀一兩六錢五分。

易門縣經管香樹坡廠，京銅運交尋店十四站半，每百觔脚銀一兩八錢七分三釐零。

蒙自縣經管老硐坪廠，京銅運交尋店二十一站半，每百觔脚銀二兩七錢七分七釐零。

尋甸一路：迤西道收寧臺、大功、迴龍等廠京銅，由下關俗稱關店運至尋甸，計陸路十六站半，每百觔脚銀二兩一錢三分一釐八毫。

迤東道接迤西道運交，竝收鳳凰坡、紅石岩、紅坡、大興、發古、香樹坡、老硐坪等廠京銅，由尋甸俗稱尋店至威寧州，計車站十五站，每百觔脚銀九錢三分三釐零。

威寧州接迤東道運交京銅，由威寧俗稱威店至鎮雄州，計程五站，每百觔脚銀六錢四分五釐零。

鎮雄州接威寧州運交京銅，由鎮雄俗稱鎮店。至瀘州，計水陸十三站，每百觔脚銀九錢三分六釐。

東川一路：東川府接自辦湯丹等廠運交京銅，自東川俗稱東店運至昭道，計程五站半，每百觔脚銀七錢九釐零。

昭通府接東川運交，竝收樂馬等廠京銅，由昭通俗稱昭店分運大關廳豆沙關，今至鹽井渡計程六站，每百觔脚銀七錢七分四釐零。分運永善縣黄草坪，陸路三站半，每百觔脚銀四錢五分一釐零。

大關廳接昭通運交，竝自辦人老、箭竹等廠京銅，由豆沙關今在鹽井渡故俗稱井店至瀘州，每百觔水脚等銀八錢五分八釐零。豆沙關額設站船，水運盤銅，上載每百觔，給夫價銀一分二釐。【略】永善縣接昭通運交，竝自辦小岩坊廠京銅，由黄草坪俗稱坪店至瀘店，每百觔水脚等銀九錢二分四釐二毫。黄草坪水運赴瀘，經過大霧、□灘至窩園巖灘二站，額設站船轉運，每百觔給水脚銀一錢四分四釐，食米一升七合一勺。大窩園巖灘大□□灘二站，每站每百觔給水脚銀一錢四分四釐，不給食米。客船到站，儘雇長船運瀘州，每運銀百觔，給水脚銀六錢，食米三升。由新開□雇船運抵□□，每百觔給水脚銀一錢，不給食米。

正運四起，每起在瀘領運銅一百一十萬四千四百五十觔，四川永寧道庫領自瀘至漢，水脚銀三千六十三兩六錢。新增舵水工食銀二百七十三兩六錢，湖北歸州新灘剥費銀一百八十二兩三錢一釐，湖北藩庫領自漢至儀水脚銀二千六百八兩五錢，江寧藩庫領自儀至通水脚銀四千五十一兩五錢，直隸天津道庫領剥費銀五百兩，共領銀一萬零六百七十九兩五錢一釐，雜費銀一千六百一十七兩，養廉銀一千二百二十六兩二錢四分八釐五毫。

加運二起，每起在瀘領運銅九十四萬九百九十一觔，四川永寧道庫領自瀘至漢，水脚銀二千六百一十兩一錢八分七釐。新增自重至漢舵水工食銀二百三十四兩四錢，湖北歸州新灘剥費銀一百五十五兩三錢七分八釐，酌添起剥僱纖銀五百兩，直隸天津道庫領剥費銀四百兩，共銀三千八百九十九兩九錢六分五釐，雜費銀一千四百一十六兩二錢五分，養廉銀八百一十七兩四錢九分九釐。

探銅局銅：青龍廠銅運局六站，每百觔脚銅三錢七分七釐。

大寶廠銅運局五站，每百觔脚銀五錢。

大美廠銅運局三站半，每百觔脚銀三錢五分。

緑鑛硐廠銅運局六站，每百觔脚銀六錢。

秀春廠銅運局十站，每百觔脚銀一兩。

紅坡、大興二廠銅運局竝四站，每百觔脚銀四錢。

發古廠銅運局六站，生百觔脚銀七錢五分。

香樹坡廠銅運局十站半，每百觔脚銀一兩零五分。

義都、萬寶二廠銅運局竝六站，每百觔脚銀六錢。

馬龍廠銅運局十一站，每百觔脚銀一兩一錢。

寨子箐廠銅運局十三站，每百觔脚銀一兩三錢。

《元和郡縣志》卷一三《河南道・沂州》 貢賦：開元貢紫石英、黄銀。賦：綿、絹。

又卷三四《劍南道・梓州》 貢賦：開元貢：綾、綿、絲布、賦、布、絹。元和貢：綾十六疋、柑子、空青、曾青。

王圻《續文獻通考》卷二三《征榷考・坑冶》 《金史・張大節傳》曰：「大定中，定襄退吏誣縣民匿銅者十八村，大節爲户部郎中，廉得其實，抵吏罪，民斵石頌之。章宗時，授震武軍節度使。部有銀冶，有司以爲争，盗由此生，付衆議，皆以官榷爲便。大節曰，山澤之利當與民共，且貧而無業者，雖嚴刑能禁，其竊取乎？宜明諭民授地輸課，則其游手者有所資，於官亦便。」從之。

《宋史》卷八九《地理志第四二》《地理五》 潼川府，緊。梓潼郡劍南東川節度，本梓州，乾德四年改静戎軍，置東關縣。【略】貢綾、曾青、空青。

柯維騏《宋史新編》卷二三志九《地理下・潼川府路・潼川府》 永泰。中下。貢：綾、曾青、空青。

徐松《宋會要輯稿・食貨三四・坑冶雜録》 元祐元年，陝西轉運兼提舉銅坑冶鑄錢司言：「虢州界坑冶户所得銅貨，除抽分外，餘數并和買入官。費用不足，乞依舊抽納二分外，只和買四分，餘盡給冶户貨賣。」從之。【略】

乾道元年，提點坑冶鑄錢司王榯、李大正言：「欲將江南、淮南、兩浙、潼川、利州路分隸饒州司，江西、湖南、北、二廣、福建路分隸贛州司，錢糧物料，并依所分路分催趁足辦。其潼川、利州路逐年所趁銅課，緣爲路遠，稽察不前，訪聞得逐處産銅浩瀚，欲下潼川、利州路産銅州縣，應有額外增羡數目，與免立爲年額，盡數起發，添助鼓鑄。」從之。【略】

〔紹興〕二十九年，提領諸路鑄錢所言：「利州路轉運判官兼提舉鑄錢蘇欽申：興州青陽、利州青垩兩銅場，所納銅數即無定額。今據青陽銅場黄栢水窟一眼，止是采得生汁礦石烹煉，銅數細微。今相度青陽場每年酌量立定一千五百斤，青垩場每年七千斤爲額，兩場每年煉發八千五百斤，數内除抽約二分一千七百斤不支價錢外，餘數每斤支錢引八分，共合用本錢五千四百四十道。乞依潼川府路轉運司事體，獨於經總制窠名錢内取撥支用；其起發脚錢，於系省錢内支破。所有收到銅料，依潼川府銅山縣已得旨，徑赴饒州永平監，或從便赴江州交納。」從之。

李心傳《建炎以來繫年要録》卷一七四 〔紹興二十有六年九月，己酉〕祕書省正字汪澈，兼實録院檢討官。初，潼川府路轉運判官王之望，以制置司檄充類試所考試官，至成都府境，被朝命，措置銅山縣銅事。之望以朝廷專委，辭考試，遂徑至銅山行視，得新舊銅窟二百餘，其可採者十七所而已。自政和中歲，以三百八十六斤爲額，至是，之望欲增爲萬斤，鄉民哀訴。久之，乃籍匠户置場烹煉，官爲主之，所得僅五百斤。之望乃請歲以六千斤爲額，計綱赴行在，遇閏增五百斤。從之。

又卷一八四 〔紹興三十年春正月，乙巳〕詔：「潼川府銅山縣出産銅，依舊中賣入官，月以五百斤爲額，先是，秘書省正字馮方乞更不立額，令窟匠自採打盡，赴官中賣，依條抽三分入官。而户工部言，恐窟匠不肯盡數打採，損失官課。方議遂格。

《元史》卷九四《食貨志》 銅課：雲南省二千三百八十斤。

《明宣宗章皇帝實録》卷四七 〔宣德三年，戊申，九月，己丑〕詔：「蠲江西德興鉛山銅場夫徭役。」先是，二縣銅場歲浸銅，得五千餘斤，所用鐵炭丁夫自備，其諸差徭科徵皆不免，歲額累虧。至是，勅有司悉免其雜役，税糧於附近輸納，仍令廣信、饒州、徽州等府辨給鐵、炭。所需鐵、炭之家免雜役之半，税糧則運輸南京淮安。

《明英宗睿皇帝實録廢帝附》卷一三二 〔正統十年，八月〕乙卯，雲南布政司奏：「路南州銅場歲久銅乏，欲以辦課，均分於附近彌勒等州産銅之處，工部令臣等勘視。緣彌勒等州雖有銅場，然極臨邊境，且夷人物悍，苟令輸課，恐生邊患。路南州銅課歲千八十斤，誠艱辦納，但乞減其半，則民力少甦矣。」從之。

董其昌《神廟留中奏疏彙要・工部》卷三 萬曆三十九年七月二十九日，工部署部事右侍郎劉元霖等一本爲留都錢法淩替姦鑄蕃興，民命待哺，官禁掣肘，懇勅臣工亟求祖宗立法之義，收回利權，嚴責有司，大索奸民共伸國法事。虞衡司案呈，奉本部送工科録出南京福建道御史王萬祚題聖旨：工部看了來説。欽此。欽遵録出到部，送司照得。錢者古之下幣而實以濟上幣之不足自太昊氏以來歷代寶之傳所謂寶於金利於刀流於泉束於帛是也開利孔而散下握利權而歸上乃天地自有之生息非與民争而取之。如今之莊店礦税也。又國家獨制之操柄非可與民公而共之，如古之山林藪澤也。乃今則商税利在下者，上久攫之而不知罷鼓鑄。利在上者下久竊之而不知收，宜弛反張，宜操反縱，上下交征，公私俱困，良可痛惜。先於萬曆三十八年内，該署南京工科事吏科給事中黄起龍奏爲中明錢法，痛懲私鑄等事，又該南京工部右侍郎徐大任等題爲私鑄公行，錢法漸壞，懇乞聖明嚴禁以重國計等事，已經奉有明旨嚴禁外，今又該南京福建道御史王萬祚目擊私錢難禁官錢缺少飢民待哺國法淩替奏稱前事大指謂礦税不如鑄錢，禁私錢必須廣公鑄要。查照萬曆四年二十九年曆行諸例今南京工部應天府將存留銀兩量再添爐增鑄及照違左故事解錢充餉以仁窮煢以佐軍興其開條分縷析，均屬國計民瘼，除應否查照萬曆四年通行十三省布政司、南北直隸開局鑄錢例，各準鑄錢，抵招税銀罷税，或應準照四年例，動支太倉銀五萬餘兩，買銅鑄造，或準照遼左故事鑄錢，給散九邊充餉。與百官俸薪，應否俱準折錢或準折一半，俱應移咨户兵二部另覆。

孔之議矣。

計開：【略】

一、議寬恤銅商。大抵商賈不過逐什一以贏餘自潤，有利則趨，無利則走。今一商耳關津重疊，抽税已自不堪，況真隸户工兩部。當至都之日，一索其銅，又一索其税，豪役虎噬，貧商骨立。而蕪湖沿江一帶，盗鑄之徒方不惜厚價争市。商之不前，我實驅之，曷足怪焉？今多鑄則須多銅，無商則亦無銅矣。操何術以鼓鑄乎？重困之後，易爲撫循，既逃之後，復何招徠？應照議户部銅商盡改隸工部，將其税銀特免，責令完銅，不致虧價，庶捆載可期，而裹足復前矣。伏乞聖裁。

一、議截銅盗鑄。古稱鎔冶，吹炭銅使之。然銅布天下，其禍傳往代。盗鑄者當其無所得資，至有磨重錢取鎔，鑿古錢取銅者，利之所在，有隙必入。又況今之銅、鉛一至蕪湖關，奸豪群擁邀截，滿船任截，以廣其資，奚怪乎吴鄧成風，計陶如鶩。究其所以，皆緣地方有等假托點造黄銅玩器者，置銅置爐官不設禁，民習爲常，盗錢如雲，其源在此。民數玩法，長吏之過。及今不止，後將何極？律稱：民間除軍器、鏡子、寺院鐃鈸外，餘應廢棄者皆輸之官，私相買賣者，有罪。重銅禁者，正所以禁盗鑄也。所當照議，將錢律嚴行申飭。凡蕪湖城外遠處設爐，托名點造銅器者，責地方官盡打折毁驅逐，令移就城内處，明白鑄造用器，不許因緣轉輸深僻處所，以資奸邪。如有犯者，如律處治。如問官輕狥私者，假借撫按言官即以白簡從事。如此則私銅絶而官鑄必多矣。然不設法以稽查，其銅無由到官也。夫銅本沉滯之貨，詎能輕賫而過，一切商貨例必照數報關，則曷不先一今近處關津，凡遇銅商至，先以銅數知會本關，又知會南京工部。俟其船到，止許地方量留少許製造應用銅器，其餘該部盡照時值見銀兑買。較之預支幾千、幾萬，一年二年，買辦不完，反至逃亡者不更便易乎？而又仍前嚴需索之禁，廣招徠之仁，則向之銅商，凡慕於私買而來者，不至憚於官買而去。賈生之七福坐至，太公之九府可成。是猶源之禁遏，流不待塞，將自止矣。彼應安寧，國無爲池。太常鎮諸處作奸亡命之輩，背公死黨之徒以崖嶮爲堂奥，江湖爲巢穴，嗜利訂盟，窟狡城固，偵探不及，緝捕無能，投械掩窖，禽舉魚逝，八器相離，千百代死。昔苦於莫可蹤跡者，今亦應自相解散去耳。何也？無銅爲其資也。利器示而竊國，利權收而息鑄，自然之勢也。當此之時，即無虞詡、龔遂其人，無患矣。目今江洋都市，盗賊公行，誠有如漢大夫言，流放人民，倚仗豪家，藏大澤深山，將成奸僞大業有不止於盗鑄錢而已者地方官所司何事敢以爲戲乎？亦應照議請嚴旨特勅守令，有功紀録；寬縱者無論受賄與否，皆以奉職無狀，從重參論。所冀天語，叮嚀而已，伏乞聖裁。

一、禁僞造古器。大抵銅之所以難得，其故有二：盗鑄禁弛，則銅耗於私錢。及其禁嚴，無所得利，往往鎔爲他用，轉博高價，則鑄器亦一大孔也。此而不禁，向者盗鑄之徒勢必藏銅，陽爲鑄造器用，陰則阻撓錢法，令銅漸消。磨官鑄不及，則私鑄之錢將復出耳。故劉秩言鑄錢用不贍者，在乎銅貴，銅貴之由，在於採用者衆。禁之則銅無所用，銅無所用，則銅益賤；銅賤則賤之用給，正謂此也。歷代銅禁專爲錢法而設，今欲廣鑄勢須多銅消耗之孔，宜預禁絶。而況如今興化等處以及江南一帶，鎔冶之家奢靡淫巧，飭爲贋具，商周秦漢鐘鼎罇彝，任其所呼，無所不騙。千金滿橐，幾家破産，不獨爲銅一大蠹害，且更令風俗敗壞無極乎？今即不能返之汙尊土，鼓之舊，亦宜稍示以返樸還醇之風。相應照議，申飭律禁行，巡城及撫按等衙門，榜示曉諭除外，一切銅物，凡名古玩窮極人工，能蠱惑愚民，煽誘朝士者，並不許鬻市如有鬻市，入官量給銅價。而南北縉紳尤宜以身倡率，道以儉樸，毋得羅列於内，誇燿於外，令閭閻之下論議。朝廷之上謂令之不行自近始也則又移風易俗之機非獨阜財足用而已也，伏乞聖裁。

臣按：私鑄之禁，以其與國家争利權也，欲遏其流必循其本。惟使銅歸於官爲得策，試平價以市銅，無折閲之商賈，則慕私買而來者不憚於官買而去，大有裨於錢法矣。

查繼佐《罪惟録》志一〇《貢賦志總論・丁字庫雜解入數》 凡黄熟銅，池州府三千三百九十斤，鳳陽府五千三百一十二斤，淮安府五千一百七十三斤零，揚州府三千三百七十六斤，福建一千三十七斤，山西二千七百三十八斤，河南八千一百七十六斤。

以上合四府三省，共解黄熟銅等料二萬九千二百二斤。

《清會典事例》卷一百四十一《理藩院・貢物》 〔順治〕十四年題準，歸化城土默特二旗每年貢石青二千斤。【略】〔康熙〕四十年，停止歸化城土默特進貢石青。

《國朝奏疏》卷四一户部《奉旨議禁銅器疏雍正五年》 户部謹奏爲欽奉上諭事：我皇上因各省設立收買銅器公所，恐各州縣所與所設公所寫遠之處民間交納未便，令民間交納銅器，準共抵作正賦錢糧。奉上諭：應如何舉行，可行於何等省分，並作何交納扣抵，與生銅、熟銅定價之處，詳議具奏。欽此。臣部議各省有未完舊欠錢糧，行令督撫酌量於各省民欠内，以二十萬兩爲準，準令欠户交納銅器扣抵應完舊欠之數，倘銀數抵扣完日尚有交納銅器所，督撫再行具題。請旨所交銅器、熟銅照頒定價值，每斤以一錢一分九釐九毫三絲計算，生銅價值比熟銅減二，每斤以九分五釐九毫四絲四忽計算。各州縣官於紳民交納時，按其生熟成色斤兩以所定價值算抵，如有姦民銷燬制錢充作廢銅片塊打成器皿物件者，發覺之日照律治罪，其收銅之州縣官不得絲毫扣減價值，亦不得以重秤收兑令其虧折。每季將所收銅器斤兩數目報明督撫解交公所，督撫於年底奏報其無民欠之省分及無民欠之州縣與無舊欠之糧户。有以銅器交官者，俱按生熟銅成色給與價值，將所收銅器存貯公所，於年底奏報。如各省地方官有現將已資收買黄銅器皿者，著解交公所，掌管官即按生熟銅斤給與價值。倘地方官有不遵諭旨，借資買各色以賤價收買民間銅器者，督撫即指名題參，交部候加議處可也。

李紱《穆堂類稿》初稿卷四二《與雲南李參政論銅務書》 鹽政以詳前幅，更有瀆者，滇中之弊莫甚於鹽，而滇中之利莫大於銅。當日滇中銅觔與錢法實分爲二目，今特奉新綸，命滇鼓鑄，則滇中之銅觔與滇中之錢法實合爲一者也。天下銅觔産於滇者十之五六，産他省者十之三四，當未開洋時，天下銅觔大半仰給於滇，而銅觔足用，寶泉、寶源未聞缺額。目今開洋採買，而銅觔反致缺額者，以滇銅不出故也。銅烏乎不出？自滇省設立官銅店，而滇銅遂不出矣。礦民入山採銅，官必每百觔預發價銀四兩五錢，至銅砂煎出時，抽去國課二十觔，秤頭加長三十觔，共交一百五十觔，此無本之礦民所由困也。其有不願領官價，自備工本入山開採者，至銅砂煎出時，令礦民自備脚力，馱至省店，領銀每百五十觔給銀五兩，又曠日持久，不能支領，於是有本之礦民亦困。其有私相買賣者，謂之私銅，將銅入官，復坐以罰。夫礦民開採銅觔，其費甚大，有油米之費，有錘鑿之費，有爐火之費，其運至省店也，有脚價之費。所費甚大，而官價不足以償之，所以礦民每有硐老山空之請，蓋托之以逃耳。硐實未嘗老，而山未嘗空也。夫山海之利，公之於人則普而多，私之於官則專而少公之於人，則可以富國而裕民，私之於官，則至於害民而病國。至民逃，銅乏而官課亦虧，專利之弊反至於無利，往往然也。今滇省開局鼓鑄，需銅之時，勢不能不設官店，但官店可設，而官價必不可發，若能出示曉諭，除無干田園廬墓外，招民肆行開采，照市價發給礦民，則利之所在，人争趨之，銅觔所出，自必數倍於尋常矣。上可以佐朝廷鼓鑄之用，既有利於錢法。而銅觔既多，抽收必廣，又有益於課銀，下可使窮苦之民入山採銅，得銅獲銀，食天地自然之利。既有益於民而銅觔多出，辦銅官員不受缺額之罰。又有利於官，銅觔既多，則買銅之銀歸之滇省，有益於游食刁悍之徒聚之礦地，使得衣食，漸知自愛，盜賊鮮少，訟獄衰息，風俗政治咸受其益。蓋公利之利無往不利，此亦必然之勢，當事者所宜急加之意也。夫銅觔者，錢法之源；錢法者，銅觔之流。其源既開，其流易雜。滇省鼓鑄，其弊有三：私鑄行則病公而害民，官錢輕則私鑄之官役可以盜銅而肥已才，鉛多則暗中省銅而錢易於壞，誠能併杜此三弊，則源廣而流亦清矣。故曰：銅觔與錢法實合而爲一者也，不備不宣。

《〔雍正〕八旗通志》卷一四三《人物志二三·大臣傳九·滿洲鑲黄旗九·託庸》 〔乾隆〕十一年正月，【略】先是，廣西銅礦二八抽課，餘銅官買供鑄，每百斤給價六兩八錢，綏祖爲布政使時，請增價十三兩零，部議準，增至九兩三錢。託庸既莅，綏祖因請將增價官買，事停止，改爲三七抽課，餘銅聽商自售。閏三月奏言，試辦已八閲月，商本尚屬不敷，請仍加二抽課，官買餘銅每百斤應增價十六兩二錢。諭曰：「從前託庸奏稱，唐綏祖收買銅觔，增價十三兩有零之處，應行停止，請將二八抽課之例，量加一成，作爲三七抽課，餘銅聽商自賣，商民自必争先認採。出銅日多，可得源源鼓鑄。朕交大學士等，面詢楊錫紱，據稱將來銅廠果旺，每年出銅七八十萬或百萬斤，方可抽課二三十萬斤。」

《清高宗純皇帝實録》卷六三六 〔乾隆二十六年，辛巳，五月〕壬子，諭軍機大臣等：「愛必達等奏滇省銅廠自加價採辦後，多獲餘息一摺。據稱二十五年，青龍等廠共辦過銅一百餘萬觔，計多獲息銀二萬九千餘兩，但此項銅觔是否全數發賣，抑係將現存之銅統計覈算息銀，共有此數。其湯丹、大碌等各廠二十四、五兩年辦銅二千六百餘萬，共得額課息銀五十餘萬兩，此内除去額課及起運協撥各項銅觔外，實在多餘銅若干？并該督所稱清完廠欠，究係作何歸補？是否於二十四、五兩年内全數清完，摺内尚未明晰。著傳諭劉藻令其一併詳查具奏。」尋奏：「查原定銅價每百觔給銀四兩，自乾隆二十五年後兩次增至六兩，廠民工本漸裕，足資採辦，獲銅加倍，計銅一百萬觔有零，該價銀九萬二千餘兩。計除給過廠民原價及廠費、脚價銀共六萬二千五百餘兩外，該餘息銀二萬九千餘兩並非發賣獲息也。至湯丹、大碌等廠二十四、五兩年來，實餘銅二百四十萬有零，得額課銀二萬一千六百五十餘兩。至各廠舊欠，自增價後廠力漸舒，已於乾隆二十二、三、四、五等年，將積欠銀十一萬餘兩陸續追完。」報聞。

《〔雍正〕雲南通志》卷一一《課程》　銅廠年共該課銀一萬八百二十五兩七錢九釐三毫五絲，各廠或委員，或坐落地方官管理。

《清朝文獻通考》卷一五《錢幣考三》　又禁雲南收銅之弊，令商民得以餘銅自行販賣。户部議言：雲南自康熙四十四年設立官銅店，官收廠銅，奉行已久，每易短少價值加長秤頭，以致礦民賠累，應令該督撫嚴行禁革。凡有官買悉照市秤市價出入畫一，其額抽税銅亦令公平抽納，不許抑勒商民，至所産之銅除抽税及官買供本省鼓鑄外，有餘聽民間自行販賣流通，毋得禁遏。從之。

又卷三〇《征榷考五・坑冶》　〔乾隆〕十一年，定粤西銅廠加二抽課。户部覆準：「署廣西巡撫託庸奏：粤西開爐以來，銅觔每不能接濟，臣前奏請三分抽課，七分聽商自賣，仍於商本不敷，試辦八月不能有濟。懇將商辦銅觔仍照加二收課，餘銅每百觔給以十六兩二錢之價收買。」應如所奏，從之。

《〔光緒〕湖南通志》卷五八《食貨志四・礦廠・銅礦》　國朝雍正八年覆準：桂陽州大湊山、白鉛壠内雜出煤土，上中下三等，各煎銅三、四、五、六斤不等，賣給鑪户，鍊出銅斤，按照二八抽税。

〔乾隆〕十九年，題準桂廠革去商人，統歸官辦。砂税一半仍爲設卡建鑪等項之用。又奏準每鍊銅百斤，抽課二十斤，其餘八十斤官爲收買給價銀九兩六錢。五十年，議準桂陽州緑紫坳等處銅礦係專委丞倅督采，只募夫不招商，每年約出砂銅、渣銅共三十六七萬餘斤，約收砂價銅二千五百餘兩内，抽一半正税銀兩作解銅水脚及官役薪水工食；一半提解司庫西，作修城之用。郴州東坑湖等處各礦，係商人采辦，近年止獲銅六七百斤，抽税買餘事例二州并同。

〔嘉慶元年〕桂陽州緑紫坳、石壁下等處各銅礦出産漸微，每年約出税餘砂渣銅三萬九千餘斤，約收砂價銀五百餘兩内，抽一半正税銀兩作解銅水脚及官役薪水工食，餘一半作爲廠中用費。

傅恒《平定準噶爾方略》續編卷一二　〔乾隆二十五年〕己未，議疏通錢法事宜，參贊大臣舒赫德奏言：「阿克蘇等處鼓鑄錢文，令回人等交納銅觔，原非常賦，一俟錢法流通，即行停止，與葉爾羌等處一體抽收錢文，始爲定制。臣愚，請將阿克蘇等處鑄得之七千餘騰格，以四分存公，六分派給回人，數月後再將存公錢文折給官兵鹽菜銀兩，俟來春將回人所得錢文，於十分内抽回二分。續鑄之錢亦照此辦理。再，拜城出産銅觔處所，業經奏設採銅伯克，請交各城大臣酌照辦理。」奏入，得旨：軍機大臣議奏。尋議，「鼓鑄錢文，宜派給回人行使，日久自見流通。若僅折抵官兵鹽菜銀兩，則回人等並無向官兵市物之事，即以緞布收錢，亦屬有限，恐錢法壅滯。且抽收回人租税，以錢折價，亦必先行給發，始可上下通行，應如所奏辦理，將來陸續鑄得錢文，即可源源接濟。至增派採銅伯克等事，既經行文，各城應俟該大臣等酌量情形，具奏到日，再行籌議。」奏入，上從之。

鐵保《惟清齋全集・梅庵文鈔》奏疏卷二《籌議阿克蘇錢局章程疏》　奏爲酌定錢局章程，以清積弊，條晰具奏仰祈聖鑒事：竊查阿克蘇錢局每年採買各項，不過報銷錢二十餘串，其中雖小有錯悮，尚無弊竇。惟一切收銅鑄錢，全委之本局章京，章京草率以致滋生弊端，致有局員隱匿餘錢之案。臣等現已查明，據實參辦。從前積弊今已革除，但不明立章程，誠恐因循日久，復滋流弊。臣等悉心妥議，酌擬六條，謹眉列於左，伏候聖裁。

一、交納銅觔應令辦事大臣親往稱驗也。查該局每年額收廠銅一萬三千二百觔，回子銅七千九百一十餘觔，向來稱收銅觔俱係局員經手，並不稟請辦事大臣查驗，是以銅之多寡、秤之高低全憑該章京爲政，致有局員隱匿之弊。應請嗣後廠兵、回子交銅到局，該局員不許將原封鞘袋拆動，即時稟請辦事大臣赴局，眼同稱驗，核明餘銅觔數，於驗收册内註明。俟鼓鑄完竣後與所報錢數比較核算，並令該局於開卯鼓鑄時添設小票一張，填明每日鑄錢若干實數，按日報明辦事大臣，以杜欺隱之弊。

一、回子銅觔應不準多加秤頭，以示體卹也。查錢局向來稱收廠銅、回子銅一律皆以高秤稱收。廠銅每百觔多收秤頭七觔二兩；回子銅因銅質不净，每百觔向加八觔，又加秤頭，則每百觔即多至十五觔。查銅廠兵丁本爲鼓鑄而設，所得銅觔本應盡數歸局。向既每百觔加七觔二兩稱收，應令照舊交納。回子銅係該伯克向散衆回子征收彙齊交局，與廠兵不同，既已每百觔加耗八觔，即有餘銅在内，自未便再加秤頭，應請嗣後回子銅除每百觔加火耗八觔外，不得額外再加秤頭以示體卹回民之意。

一、局中收銅宜一律改用平秤，以免高下其手也。查秤必平稱，方有準，向因局秤稍軟，遂用高秤稱收。今既改用，原頒舊秤自應一律平稱，以昭公允。查原頒舊秤每百觔較來局秤重二觔半，即以此核算。嗣後回子銅除請免多加秤頭七觔外，每百觔加耗銅五觔八兩，仍合原加八觔之數。廠銅每百觔加銅四觔十兩，仍合原加七觔二兩之數，一律用平秤稱收。既與原交分兩無所增加，亦不至任意高旺，致滋弊混，則局員一切勒索影射之弊，不杜而自絶矣。

《清會典事例》卷三八《户部・庫藏》　一、顔料庫。凡各省解到銅、鐵、鉛、錫、硃砂、黄丹、沉香、降香、黄茶、白蠟、黄蠟、紙、桐油並花梨、紫榆等木，均付庫收貯。又專辦成造香燭，以供祭祀，以備内用。【略】安徽布政使司應解紅熟銅九千六百二十五斤有奇。福建布政使司應解紅熟銅八千六百有八斤有奇，舊解四千六百二十二斤。雍正二年，以河南江西原解之三千九百八十六斤有奇，改歸福建。【略】浙江布政使司應解黄熟銅千六十五斤，桐油八千三百二十九斤有奇，芽茶五千斤，黄茶九十二簍，計九千二百斤【略】舊解今停者，直隸蒲杖，山東紅花，槐花，河南芝蔴、花粉，白芨，安徽榜紙、鐙草，福建紫降香，湖南硃砂，廣東鋼，【略】山東、河南、山西、福建、廣西生熟銅。

《清高宗純皇帝實録》卷二四四　〔乾隆十年，乙丑，秋七月，癸未〕户部議準：「署廣西巡撫託庸疏稱，粤西各處銅廠因官買餘銅過多，商人未能獲利，以致開採寥寥，鼓鑄不敷，請將各廠所出銅止以三分抽課，餘銅七分聽商自賣，俾得踴躍開採，課銅亦可充裕。」從之。

又卷二六三　〔乾隆十一年，丙寅，閏三月〕壬戌，户部議覆：「署廣西巡撫託庸奏稱，粤西開爐以來，銅觔每不能接濟。臣前請三分抽課，七分聽商自賣，仍於商本不敷。今試辦八月，不能有濟，懇將商辦銅觔仍照加二收課，餘每百觔給價銀十六兩二錢收買等語。查粤西開採銅觔，前據該署撫奏請三分抽課，餘銅聽商自賣，原冀銅觔充裕。今既無裨益，應如所奏，仍照例加二抽課，餘銅官買供鑄。至收買餘銅，從前每百觔只給價銀六兩八錢，原任布政使唐綏祖奏請加價。臣部議，將軍山、響水等廠每百觔給銀八兩三錢，回頭山廠每百觔給銀九兩二錢，已屬加增，今遽請加至十六兩二錢，與前定價懸殊，應令該署撫另行確核妥議，具題到日再議。」得旨：「依議。此案從前託庸奏稱，唐綏祖收買客銅及地脚渣銅之請，不過借此名色，多獲價銀起見，並非果有其事。其收買銅觔增價十三兩有零之處，應行停止，請將二八抽課之例量加一成，作爲三七抽課，餘銅聽商自賣，商民自必争先認採，課銅日增，可得源源鼓鑄等語。朕交大學士等面詢楊錫紱，據稱，將來銅廠果旺，每年出銅七八十萬或二百萬觔，方可抽課二三十萬觔。若如數年以來，抽課不及十萬觔，則於官銅轉絀。朕交部一併定議。部議謂照三七抽課恐不敷鼓鑄之用，應令該署撫妥議具題。嗣據託庸議稱，商人趨利如騖，有利可圖，孰不踴躍從事，請將三七抽課之處試行一年，再定今則。奏稱三分抽課，七分聽商自賣，於商本不敷，已試辦八月不能有濟，仍應加二抽課，并請加增至十六兩二錢，方敷收買之價等語。此案經朕往返致詢，託庸堅執己見，以爲事屬可行。今試行八月不能有效，仍請照前辦理，不但與唐綏祖所請之意相同，而價值更爲增多，此又何説？可見託庸彼時不過因參劾唐綏祖，之後有意將此事更張，以顯唐綏祖之過耳。朕又聞得粤西辦理此事，自託庸奏準以來，各處搜查民間藏銅，定限比役，甚爲擾累。而伊奏摺中並不自知辦理未善，引過任咎，巧於迴護，掩飾前非，著將託庸交部察議具奏。」

又卷一一二七　〔乾隆四十六年，辛丑，三月，癸卯〕雲貴總督福康安、雲南巡撫劉秉恬奏：「前準部咨，派委管廠各員辦銅缺額，至三月以後不能補交者，即行徹回另委。惟查從前定額，原就一年所獲，按月晝分，計盈絀以定考成，而一年中，夏秋雨水，嘈硐淹漫，採鑿較難。又或廠衰銅絀，另覓新嘈，尤非旦夕可以集事，若以月額不敷，令於一二月内補足，爲期太促。且滇省大小四十餘廠，練才難得，實無多員改委，請嗣後廠員缺額，三月未能補交者，查係水浸廠衰，並非辦理不善而缺數，亦止一二分者，仍令留廠，統限一年繳足。如不能補交，即徹回，入於考成册内開參。倘實係該員懈廢，又不及時趕補，仍照新例，即行參處。」得旨：「如所議行。」

又卷一四七二　〔乾隆六十年，乙卯，閏二月〕丁亥，諭：「前經降旨，將各省節年民欠普行豁免，令各督撫查明具奏。兹據福康安等奏，滇省錢糧並無民欠，惟銅廠積年各户共欠銀四十九萬七千七百餘兩等語。此項銅廠欠款，固不在錢糧民欠之例，但該鑪户人等食力營生，與齊民無異，此次特沛殊恩，將小民積欠廓然一清，共遂含哺之樂。所有雲南銅廠各鑪户人等，節年長支欠銀四十九萬七千七百四兩零，亦著加恩一體豁免，以示逾格推恩至意。」

洪亮吉《乾隆府廳州縣圖志》卷九《泗州》　土貢：銅、絹、布、魚。

又卷九《鳳陽府》　土貢：銅。

又卷二八《嚴州府》　土貢：銅、文綾、紵、白石英、竹簟、茶、漆、桐油、紙、樱、龍膽草。

又卷二九《九江府》 土貢：銅、葛、紙、碌、雲母、蠟、漆、桐油、茶、石斛、石耳、鯆魚。

又卷三〇《臨江府》 土貢：銅、絹、紵布、葛布、柑、銀杏、煤炭。

又卷三一《安陸府》 土貢：棉花、石綠、薺米、觀音竹、郢蘭、革薢、黄精、白蠟、花貓、鵓鴿。

又卷三六《叙州府》 土貢：銅。

又卷三八《越巂廳》 土貢：空青、石朽木。

又卷四五《普洱府》 土貢：石青、神黄豆。

《銅政便覽》卷八《雜款・白銅税課》 凡商民煎販白銅，例得抽收税課者計四處：

定遠縣大茂嶺白銅廠，乾隆四十六年開採，廠民自備工本煎辦。每揸爐一座，抽收爐墩課銀二兩六錢六分六釐，每斤折收銀三錢，由定遠縣按年批解司庫，並無定額。其商民販運白銅，由定遠縣填給引票，交商民執持，運至省店過秤，抽課銷售。元謀縣税所抽收四川立馬河廠運填白銅，每商民販運銅一碼，計一百七十斤，收課銀七錢，由元謀縣按年批解司庫，並無定額。其商民販運白銅，由元謀縣填給引票，交商執持運至省店過秤，納課銷售。

雲南省店抽收商民辦運大茂嶺、立馬河等廠白銅至省城銷售，每銅一百一十斤，抽收課銅十斤，每斤折收銀三錢，按季完解司庫。

會澤縣抽收商民販運川廠白銅，由會澤縣經過，查明領有寧遠府印票者，每百斤收税銀一兩。如無印票者，每一百一十斤抽課銅十斤，每斤折收銀三錢，由會澤縣按年批解司庫，並無定額。其所收銀兩，由大茂嶺、立馬河省店收獲課銀一併入於銅廠奏銷餘息冊内造報。户部則例無。

又《雜款・銅廠額課》 凡各銅廠應徵課銀，年共額徵銀一萬八百二十五兩七錢零九釐。按年於銅廠奏銷餘息銀内撥出，收入石羊等銀廠課款冊内，彙造報撥充餉。户部則例無。

又《雜款・公廉損耗》 凡湯丹、碌碌、大水溝、茂麓、大風、紫牛、人老山、箭竹塘、樂馬、梅子沱、小岩坊、長發坡、寧臺、白羊、馬龍、寨子箐、香樹坡、義都、大美、大寶、鳳凰坡、紅石岩、紅坡、大興、青龍、竜邑、者囊等二十七廠，每廠民辦銅一百斤，抽公廉捐耗四斤二兩。内歸公銅二斤五兩四錢五釐，養廉銅十二兩四錢六分九釐，此三款於銅廠奏銷冊内收造，所收銅斤，照各廠餘銅例價核計，按年撥歸公件項下，備放各官養廉及院司房承辦銅務書巡工食之用。捐銅三兩六錢五分七釐，此款亦於銅廠奏銷冊内收造，每百斤變價銀九兩二錢，按年撥入銅息項下，以備歲修金江之用。耗銅十二兩四錢六分九釐。内除發運各店局銅斤，每百斤准銷路耗銅半斤外，所存之銅各耗下盡銅亦於銅廠奏銷冊内收造，每百斤變價銀九兩二錢，撥入銅息項下支用。每年照例支銷，按款造報。户部則例歸公、養廉折耗銅五斤，内以一斤備折耗，一斤爲廠員養廉，三斤變價歸公。又三百五十斤收捐銅一斤，爲歲修金江之用與滇省每廠民交毛銅百斤，扣收公廉捐耗銅四斤二兩之數不符。

吴其濬《滇南礦廠圖略》卷二《金錫鉛鐵廠第三》 凡白銅，省店每一百一十觔抽課一觔，變價銀三錢。

凡商運四川立馬河廠白銅到省出售者，按例抽課，折徵銀兩儘收儘解。原開茂密、祭牛二廠鑛砂久衰，向以抽收商販造報，嗣將二廠名目刪除，據實入冊作收造報。

凡商運定遠大茂嶺廠課白銅到省出售者，抽課變價銀與川廠同。道光二十三年辦價銀四百二十兩零。大茂嶺廠在定遠縣，在廠批鑪，抽小課每觔變價同。是年變價銀一十七兩七錢。

凡商運四川立馬河廠白銅到元謀縣馬街，每碼收税銀七錢，儘收儘解。

凡商發川廠白銅到會澤縣領過四川寧遠州税票者，每百觔收税銀一兩，無票者每一百一十觔抽課十觔，每觔折價銀三錢。道光二十二年，分計白銅四千八百九十九觔，收税銀四十八兩九錢九分。

《(同治)蘇州府志》卷一九《税額》 額解銅斤脚價歸正銀二萬二千四百四十兩二錢一分二釐五毫。《乾隆志》。

劉錦藻《清朝續文獻通考》卷一九《錢幣考一》 (嘉慶十九年)又諭：向來雲南土貢例進銅鑪，浙江歲進嘉鑪，湖鏡，兩淮歲進銅火盆，相沿已久，歷年所積宫内，存貯甚多。朕愛惜物力，思以有用之銅斤，庋之無用之地，殊爲虚擲。見在錢局官銅未爲豐裕，若省此耗費，俾廣爲流通，於鼓鑄不爲無益。著傳諭該督撫、鹽政，此數項銅器嗣後均無庸呈進，則鑄造者少而地寶胥歸利用矣。

又卷二〇《錢幣考二》 (咸豐)又諭：「裕瑞奏回子應交額銅，請折交錢文一摺。據稱葉爾羌庫雅爾、桑珠二莊地方向係開設銅廠，令衆回子刨窀交銅，將一切糧賦差徭豁免。庫庫雅爾莊每月交銅一千二百斤，桑珠莊每月交銅五百零七斤。茲據該二莊伯克等呈稱，庫庫雅爾莊離乞銅地方路途遥遠，耽延時日。其桑珠莊柴水缺乏，挽運維艱。請將應交之銅每斤交當五錢二百五十文，按月清款，覈計收銅鼓鑄，搭放兵餉，有盈無絀，懇請俞允等語。該回子等採乞銅廠，交納銅斤歷有年所，今請折交錢文以省乞運，似係體恤回民，但輕改舊章，其中恐有別情，日後有無流弊，著札拉芬泰遴委妥員前往該城確切查明具奏。」

十年諭：「前據裕瑞奏葉爾羌庫庫雅爾、桑珠二莊向設銅廠，請將銅斤折交錢文，當經降旨，令扎拉芬泰委員查明有無流弊。茲據奏稱，揀派伊犂領隊大臣錫拉那前往查明，咸豐五六年間，因籌辦開礦，是以將庫庫雅爾、桑珠二莊每年應交糧布棉花及一切雜差概予豁免，近年銅斤短絀，情願折交錢文。雖經該伯克等僉稱毫無抑勒，惟令該回衆因此賠累，非所以示體恤，可否免其折交銅斤，仍復糧賦舊制，請旨遵行等語。該處開設銅廠原以供鼓鑄之用，今既産銅短絀，未便令折交錢文，情同科斂，所有庫庫雅爾、桑珠二莊折交銅斤錢文，即著停止，仍收原額糧賦，以復舊章，而杜流弊。」

又卷四四《征榷考一六》〔光緒十四年〕又兩廣總督張之洞等奏：略稱：「瓊州府昌化縣境內大豔山多産銅及石緑，前經香山職員張廷鈞集股前往開採，奏明在案。查石緑爲銅苗所結，下有銅礦，精華上溢，融爲石緑。每百斤佳者，可鍊銅十餘斤至二十斤不等，不能鍊者，賣作顔料。茲查大豔山地近黎境，道路既阻，瘴癘尤甚，見在黎境甫通礦務，創始倘無確利可圖，必致觀望自阻。茲擬將昌化石緑及銅斤凡販運出瓊州海口者，自光緒十四年起，三年之内，所有山税及關税釐金概行暫免，俟開採所銷大旺，税釐酌量抽收其餘。瓊屬五金等礦，如有集資開辦，亦即一律暫免税釐，庶幾通商惠工，利興而島民裕矣。」【略】

〔光緒十七年〕又奏，略稱：「臣前奏明於貴州咸寧查勘鑛苗，推廣開辦，旋據勘得，距咸寧州四十餘里西良山礦苗甚旺，業飭公司招丁設廠開辦。查咸寧州銅廠，自嘉慶初年即已衰歇，每年辦銅僅二萬斤，收課銅二千斤，所有鼓鑄之銅，皆係委員赴滇採買。見在推廣開辦，不獨運道近便於貴州，將來鼓鑄亦屬有益。惟甫經施工，又係新山，至速亦須年餘，應納課銅。懇恩準自光緒十七年爲始，照例上納，以示體恤。」

張之洞《張文襄公全集》卷一三《奏議一三・瓊州開鑛暫免税釐片》光緒十三年十一月二十四日　再，瓊州府昌化縣境內大豔山，府志名峻靈山，多産銅及石緑，故亦名爲石緑山。前經香山職員張廷鈞招集股分，購備機器前往開采，業經奏明在案。查石緑爲銅苗所結，下有銅鑛，精華上溢，融爲石緒。每石緑百斤佳者可鍊銅十餘斤至二十斤不等。其不能鍊銅者，賣作顔料。茲查大豔山地近黎境，道路既遠，瘴癘尤重，出産雖佳，工費甚昂。現在黎境甫通，鑛務創始，儻無確利可圖，必致觀望自沮，惟有減輕成本，始足以徠商販而惠民黎茲。擬將昌化石緑及銅斤凡販運出瓊州海口者，自光緒十四年起，三年之内所有山税及關税釐金概行暫免，俟開采行銷大旺，再將税釐酌量抽收。其餘瓊屬五金等鑛如有集資開辦，亦即一律辦理，暫免税釐，庶幾通商惠工，地利興而島民裕矣。

硃批：「户部知道。欽此。」

荀悦《前漢紀》卷七《孝文皇帝紀上》　五年春二月，地震。夏四月，除盜鑄錢令，更造四銖錢。賈誼諫曰：「法使民得顧租鑄錢，錢敢雜以鉛、鐵他巧者，其罪黥。然鑄錢之情，非僞雜巧，則不得贏辨利，巧之甚微，其利甚厚。夫事有招禍，法有起姦。今令細民操造幣之勢，各隱屏而鑄作，因欲禁其厚利，絶其微姦，雖黥罪日報，其勢不止，農事棄，採銅日多，姦不可絶已。」

賈誼《新書》卷三　銅布於下，爲天下菑，何以言之？銅布於下，則民鑄錢者，大抵必雜石鉛、鐵焉，黥罪日繁，此一禍也。銅布於下，僞錢無止，錢用不信，民愈相疑，此二禍也。銅布於下，采銅者棄其田疇，家鑄者損其農事，穀不爲則隣於飢，此三禍也。故不禁鑄錢，則錢常亂，黥罪日積，是陷阱也。且農事不爲，有罪爲菑，故民鑄錢不可不禁止，禁鑄錢必以死罪。鑄錢者禁，則錢必還重，錢重則盜鑄錢者起，則死罪又復積矣，銅使之然也。故銅布於下，其禍博矣。今禍可除，七福可致，何謂七福？上銅勿令布下，則民不鑄錢，黥罪不積一。銅不布下，則僞錢不繁，民不相疑二。銅不布下，不得采銅，不得鑄錢，則民反耕田矣三。銅不布下，畢歸於上，挾銅積以御輕重，錢輕則以術斂之，錢重則以術散之，則錢必治矣四。挾銅之積，以鑄兵器，以假貴臣，小大多少，各有制度，以別貴賤，以差上下，則等級明矣五。挾銅之積，以臨萬貨，以調盈虚，以畸羨，則官必富而末民困矣六。挾銅之積，制吾棄財，以與匈奴逐争其民，則敵必懷矣，此謂之七福。故善爲天下者，因禍而爲福，轉敗而爲功，今顧退七福而行博禍，可謂太長息！

又卷五　竊聞吏復鑄錢者，民人抵罪，多者一縣百數，中者十數，家屬知識，及吏之所疑繫囚榜笞，及犇走者，類甚不少，僕未之得驗。然其刑必然抵禍罪者，固乃始耳。此無息時事甚不少，於上大不便，願陛下幸無忽法，使天下公得顧租鑄錢。鑄錢之情非殽鈆鐵及石雜銅也不可得，贏而殽之甚微，又易爲無異，鹽之易而其利甚厚，張法雖公鑄金賜，而鑄者情必奸僞也。名曰顧租公鑄，法也，而實皆黥罪也。有法若此，上將何賴焉。【略】夫農事不爲，而采銅日煩，釋其耒耨，冶鎔鑪炭，奸錢日繁，正錢日亡。

又卷一〇 且夫天地爲鑪，造化爲工，陰陽爲炭，萬物爲銅，合散消息，安有常則，千變萬化，未始有極。

《古奏議·西漢》劉陶《鑄錢議》 聖王承天制物，與人行止。建功則衆悅其事，興戎則師樂其旅。是故靈臺有子來之人，武旅有梟藻之士，皆舉合時宜，動順人道也。臣伏讀鑄錢之詔，平輕重之議，訪覃幽微，不遺窮賤，是以藿食之人，謬延逮及。蓋以爲當今之憂，不在於貨，在乎民饑。夫生養之道，先食後貨，是以先王觀象育物，敬授民時，使男不逋畝，女不下機。故君臣之道行，王路之教通，由是言之食者乃有國之所寶，生民之至貴也。竊見比年已來，良苗盡於蝗螟之口，杼柚空於公私之求，所急乾夕之餐，所患靡鹽之事，豈謂錢貨之厚薄，銖兩之輕重哉？就使當今沙礫化爲南金，瓦石變爲和玉，使百姓渴無所飲，饑無所食，雖皇羲之純德，唐虞之文明，猶不能以保蕭牆之内也。蓋民可百年無貨，不可一朝有饑，故食爲至急也。議者不達農殖之本，多言鑄冶之便，或欲因緣行詐，以賈國利，國利將盡取者，争競造鑄之端。於是乎生蓋萬人鑄之，一人奪之，猶不能給。況今一人鑄之，萬人奪之乎？雖以陰陽爲炭，萬物爲銅，役不食之民，使不饑之士，猶不能足無厭之求也。夫欲民殷財阜，要在止役禁奪，則百姓不勞而足，陛下聖德愍海内之憂戚，傷天下之艱難，欲鑄錢齊貨以救其敝，此猶養魚沸鼎之中，棲鳥烈火之上。水木本魚鳥之所生也，用之不時，必至燋爛。願陛下寬鍥薄之禁，後冶鑄之議，聽民庶之謡吟，問路叟之所憂，瞰三光之文耀，視山河之分流，天下之心，國家大事，粲然皆見，無有遺惑者矣。臣嘗誦詩，至於鴻鴈於野之勞，哀勤百堵之事，每喟爾長懷，中篇而歎。近聽征夫饑勞之聲，甚於斯歌，是以追悟匹婦吟魯之憂，始於此乎。見白駒之意，屏管傍徨，不能監寐。伏念當今，地廣而不得耕，民衆而無所食，群小競起，進秉國之位，鷹揚天下，鳥鈔，求飽、吞饑及骨，並噬無厭。誠恐卒有役夫窮匠，起於版築之間，投斤攘臂，登高遠呼，使愁怨之民響應雲合，八方分崩，中夏魚潰，雖方尺之錢，何能有救其危？猶舉函牛之鼎，絓纖枯之末，詩人所以眷然顧之，潛焉出涕者也。臣東野狂闇，不達大義，緣廣及之時，對過所問，知必以身脂鼎鑊爲天下矣。

《宋書》卷六〇《范泰傳》 時言事者多以錢貨減少，國用不足，欲悉市民銅，更造五銖錢。泰又諫曰：

流聞將禁私銅，以充官銅，民雖失器，終於獲直，國用不足，其利實多。臣愚意異，不寧寢默。臣聞治國若烹小鮮，拯敝莫若務本。百姓不足，君孰與足。未有民貧而國富，本不足而末有餘者也。故囊漏貯中，識者不吝；反裘負薪，存毛實難。王者不言有無，諸侯不言多少，食禄之家，不與百姓争利。故拔葵所以明治，織蒲謂之不仁，是以貴賤有章，職分無爽。

今之所憂，在農民尚寡，倉廩未充，轉運無已，資食者衆，家無私積，難以禦荒耳。夫貨存貿易，不在少多，昔日之貴，今者之賤，彼此共之，其揆一也。但令官民均通，則無患不足。若使必資貨廣以收國用者，則龜貝之屬，自古所行。尋銅之爲器，在用也博矣。鍾律所通者遠，機衡所揆者大。夏鼎負圖，實冠衆瑞，晉鐸呈象，亦啓休徵。器有要用，則貴賤同資；物有適宜，則家國共急。今毁必資之器，而爲無施之錢，於貨則功不補勞，在用則君民俱困，校之以實，損多益少。陛下勞謙終日，無倦庶務，以身率物，勤素成風，而頌聲不作，版、渭不至者，良由基根未固，意在遠略。伏願思可久之道，賒欲速之情，弘山海之納，擇芻收之説，則嘉謀日陳，聖慮可廣。其亡存心，然後苞桑可係。愚誠一至，用忘寢食。

黄恩彤《鑒評別録》卷二九《齊紀一·世祖武皇帝》 諱賾，字宣遠，高帝長子，在位十一年。 初，太祖以南方錢少，更欲鑄錢，孔顗上言：「王者不能患無銅乏工，每令民不能競，則盜鑄自絶。鑄一錢不獲一錢之利，則民何樂乎盜鑄？所云民不能競者也，至云不患無銅。第就當時言之，後世阬冶政廢，或産銅之處硐老山空，則鼓鑄更形掣肘，不徒較量於輕重之間，遂足裕國利民也。」

《舊唐書》卷四八《食貨志上》 大曆四年正月，關内道鑄錢等使、户部侍郎第五琦上言，請於絳州汾陽、銅原兩監，增置五鑪鑄錢，許之。

建中元年九月，户部侍郎韓洄上言：「江淮錢監，歲共鑄錢四萬五千貫，輸於京師，度工用轉送之費，每貫計錢二千，是本倍利也。今商州有紅崖冶出銅益多，又有洛源監，久廢不理。請增工鑿山以取銅，興洛源錢監，置十鑪鑄之，歲計出錢七萬二千貫，度工用轉送之費，貫計錢九百，則利浮本也。其江淮七監，請皆停罷。」從之。

貞元九年正月，張滂奏：「諸州府公私諸色鑄造銅器雜物等。伏以國家錢少，損失多門。興販之徒，潛將銷鑄，錢一千爲銅六斤，造寫器物，則斤直六百餘。有利既厚，銷鑄遂多，江淮之間，錢實減耗。伏請準從前敕文，除鑄鏡外，一切禁斷。」

元和三年五月，鹽鐵使李巽上言：「得湖南院申，郴州平陽、高亭兩縣界，有平陽冶及馬跡、曲木等古銅坑，約二百八十餘井，差官檢覆，實有銅錫。今請於郴州舊桂陽監置鑪兩所，採銅鑄錢，每日約二十貫，計一年鑄成七千貫，有益於人。」從之。

其年六月，詔曰：「泉貨之法，義在通流。若錢有所壅，貨當益賤。故藏錢者得乘人之急，居貨者必損已之資。今欲著錢令以出滯藏，加鼓鑄以資流布，使商旅知禁，農桑獲安，義切救時，情非欲利。若革之無漸，恐人或相驚。應天下商賈先蓄見錢者，委所在長吏，令收市貨物，官中不得輒有程限，逼迫商人，任其貨易，以求便利。計周歲之後，此法遍行，朕當別立新規，設蓄錢之禁。所以先有告示，許有方圓，意在他時行法不貸。又天下有銀之山，必有銅鑛。銅者，可資於鼓鑄，銀者，無益於生人，權其重輕，使務專一。其天下自五嶺以北，見採銀坑，並宜禁斷。恐所在坑户，不免失業，各委本州府長吏勸課，令其採銅，助官中鑄作。仍委鹽鐵使條流聞奏。」【略】

其年六月，敕：「五嶺已北，所有銀坑，依前任百姓開採，禁見錢出嶺。」

徐乾學《資治通鑑後編》卷四三《宋紀四三》（景祐四年）九月丙寅，三司言，東頭供奉官錢遜奏：「信州鉛山產石緑，可烹煉爲銅。今池、饒、江三州錢監並闕銅鑄錢，請遣遜與本路轉運使試驗以聞。」從之。

嵇璜等《續通典》卷一一《食貨一一・錢幣上》（後漢隱帝時）時膳部郎中周允上言曰：「錢刀之貨古今通行，從古自來鑄造不息，長無積聚，蓋被銷鎔，非峻設隄防，何以絶其姦宄。臣請敕三京、鄴都諸道州府，凡器物、服玩、民間百物舊有銅者，今後禁斷，不得用銅。諸郡邑州府鄽市已成銅器，及腰帶、幞頭、線及門户飾，許敕出後一月並令納官，官中約定銅價支給。候諸處納畢，請在京置鑪鑄錢，俾銅盡爲錢，以濟軍用。除錢外，只令鑄鏡，其餘並不得用銅。」疏奏不報。

《宋史》卷一八〇《食貨下二》 張方平嘗極諫曰：「禁銅造幣，盜鑄者抵罪至死，示不與天下共其利也。故事，諸監所鑄錢悉入於王府，歲出其奇羨給之三司，方流佈於天下。然自太祖平江南，江、池、饒、建置鑪，歲鼓鑄至百萬緡。積百年所入，宜乎貫朽於中藏，充足於民間矣。比年公私上下並苦乏錢，百貨不通，人情窘迫，謂之錢荒。不知歲所鑄錢，今將安在。夫鑄錢禁銅之法舊矣，令敕具載，而自熙寧七年頒行新敕，删去舊條，削除錢禁，以此邊關重車而出，海舶飽載而回，聞沿邊州軍錢出外界，但每貫收税錢而已。錢本中國寶貨，今乃與四夷共用，又自廢罷銅禁，民間銷毁無復可辨。銷鎔十錢得精銅一兩，造作器用，獲利五倍。如此則逐州置鑪，每鑪增數，是猶畎澮之益，而供尾閭之泄也。」

徐松《宋會要輯稿・食貨三四・坑冶雜録》（紹興）〔淳熙〕十二年七月十二日，敷文閣待制、提舉佑神觀兼侍講、兼同修國史洪邁言：「臣家居饒州，實提舉坑冶鑄錢官置司去處，故亦采聞。冶鑄所仰，莫如信州鉛山之銅，而比年以來，常以乏少爲患。臣比守婺，有管下永康知縣余王騄言：『頃年任嚴州淳安縣丞，被差鉛山體訪坑冶利病。見每歲所得銅數，比往昔十無一二。因咨訪耆老，皆雲昔系是招集坑户就貌平官山鑿坑，取垢淋銅，官中爲置爐烹煉，每一斤銅支錢二百五丨。彼時百物俱賤，坑户所得有贏，故常募集十餘萬人晝夜采鑿，得銅鉛數千萬觔，置四監鼓鑄，一歲得錢百餘萬貫。數十年以來，百物翔貴，官不增價收買，坑户失利，散而之他，而官中兵匠不及四百人，止得銅八九萬斤。人力多寡相去幾二百倍，宜乎所得如是之遼絶也！』其説欲乞專委提點官就鉛山縣置局，采訪舊例興復坑户，每一斤銅增錢收買，若旋募得千百人穿坑取垢，得銅必多。價既增舊，人自畢力，所得精銅必多。詳觀王騄此説，殊爲有理。乞詳酌專委耿延年使知王騄策，議其可否。」十一月十四日，知婺州永康縣余王騄奉旨赴都堂，開具條目。詔令耿延年詳余王騄所陳事理，疾速躬親前去相度利便奏聞。

徐松《宋會要輯稿・職官四三・提點坑冶鑄錢司》（高宗紹興六年）八月三日，户部侍郎王俣言：「民間銅器盡以錢爲之，所在烹冶，公然貿易。一錢之毁，鬻利十倍，則其爲害不可勝計。臣愚欲望聖斷，明詔有司，講究利害。凡諸路有錢監去處，止據所有銅料盡行鼓鑄，令漕司董之，提點司與舊額權行罷免，申嚴銅禁，悉遵舊法，上下維持，期於必行，所冀國家至寶不致耗竭。」詔令工部勘當，申尚書省。【略】

〔高宗紹興〕二十七年八月二十六日，知樞密院事湯鵬舉言：「兩日見三省議鑄錢事未定，臣職事非所干預，然有管見，不敢不奏聞。前日罷坑冶鑄錢司歸諸路轉運司，甚善。但户部近日欲撥本錢，兼别差官，臣聞逐監本錢見在，不曾起發，户部措置有未盡善，所以臺章論列。兼恐坑冶司省罷官在此唱爲异議，願陛下以鑄錢專委漕臣，必能就緒，自不須别差官。」上曰：「此一事朕詢之士大夫，亦無他説，獨王珪再有章疏。朕謂凡有建立，人各以所見更相可否，歸之至當然後已。若一人唱之，百人和之，事未必當，朕何所取！朕觀近日議論，皆有未盡。且鑄錢先理會銅苗，若銅坑不發，何以鼓鑄！多是百姓苦官中科擾，雖有銅坑發處，亦不告官。須是明立賞罰，多方勸誘，使不爲百姓之害可矣。兼今日工役比之昔時十不得一，如煉銅造模、磨擦般擔之類，如何得人使，須是先計置銅匠與雜役人，等第給食錢，人力既至，銅料又備，錢豈難鑄。至於薪炭之屬，官中宜垜下見錢，燒炭人户争來求售，何至科擾！卿等可同共商量，俟有定議來奏。」鵬舉曰：「謹領聖旨。」【略】

〔孝宗乾道九年正月〕九（月）〔日〕，新差提點坑冶鑄錢司王楫札子：「照得今年雖是分置兩司，緣諸路軍州錢糧物料交互多寡有無不等，難以分擘，欲乞權將干道二年所收銅課約爲則例，分路趁辦。所有錢額，計銅所入，同共鼓鑄，然後比較遞年增虧。」詔銅課比干道二年數增三分之一措置趁辦，如州縣事干坑冶、鼓鑄，若有違戾，許按劾聞奏。

吴曾《能改齋漫録》卷一三《紀事・鑄錢費多得少》 予嘗爲鑄錢司屬官凡三年，其利病尤悉。蓋費多而得少。其後入玉牒所爲檢討官，見紹興三年十一月十二日臣僚上言：「九路坑冶鑄錢司。竊聞虔、饒兩州，自紹興元年至今，共起發過一十二萬二千餘貫。用本錢及官兵應干請給，總用二十五萬八千餘貫。即是費官錢蓋三之二。使有利害，亦當條具措畫以聞。豈容置一司養官吏，無益而有損哉。」此提點鑄錢不職也。以此知利害尤分明。而議者以爲不可罷者，恐錢少故也。然大概所獻於朝廷者，新錢常少，舊錢常多。紹興丙子，沈相當軸，以其弟嘗爲使者，悉其事，遂罷之。未及三年，當己卯歲，沈去國。朝廷復建司置官，不知又何耶？予按，唐德宗紀：「建中二年，判度支韓洄奏，請於商州紅崖冶、洛源監，置十鑪鑄錢。江淮七監，每鑄一千，費二千文，請皆罷。從之。」予然後知鑄錢之弊，古今同之。會當有建白於朝，依唐故事罷之爲善。

《金史》卷一九《世紀補・完顔允恭》 〔大定九年〕有使者自山東還，帝問民間何所苦，使者曰：「錢難最苦。官庫錢滿有露積者，而民間無錢，以此苦之。」帝曰：「貯之空室，雖多奚爲。」謂户部尚書張仲愈曰：「天子富藏天下，何必獨在府庫也。」因奏曰：「錢在府庫，何異銅鑛在野。乞流轉，使公私俱利。」世宗嘉納，詔有司議行之。

又卷四八《食貨志三・錢幣》 章宗大定二十九年十二月，雁門、五臺民劉完等訴，「自立監鑄錢以來，有銅鑛之地雖曰官運，其顧直不足則令民共償。乞與本州司縣均爲差配。」遂命甄官署丞丁用楫往審其利病，還言「所運銅鑛，民以物力科差濟之，非所願也。其顧直既低，又有刻剥之弊。而相視苗脈工匠，妄指人之垣屋及寺觀謂當開採，因以取賄。又隨冶夫匠，日辦淨銅四兩，多不及數，復銷銅器及舊錢，送官以足之。今阜通、利通兩監，歲鑄錢十四萬餘貫，而歲所費乃至八十餘萬貫，病民而多費，未見其利便也。」宰臣以聞，遂罷代州、曲陽二監。

佚名《錦繡萬花谷别集》卷二七《貨財類・蒙城銅坑》 《南史》：劉悛，字士操。永明八年，悛啓武帝曰：「南廣郡界蒙山下有城名蒙城，可二頃地，有燒爐四所，高一丈，廣一丈五尺。從蒙城度水南百許步，平地掘土，深二尺得銅。又有古掘銅坑，深二丈，并居宅處，猶有鄧通，南安人，漢文帝賜通嚴道縣銅山鑄錢。今蒙山近在青衣南，青衣左側並是太秦之嚴道地。青衣縣，文帝改。史漢嘉且蒙山去南安二百里，案此必是通所鑄近唤蒙山獠出，云『甚可經略』。此議若立，潤澤無極。」并獻蒙山銅山一片，又銅山一片，平州鑄鐵刀一口。」上從之，遣使。

謝采伯《密齋筆記》卷一 王安石廢了銅禁，不知在何時？張樂全奏議云：「自王安石爲政，始罷銅禁，奸民日銷錢爲器，邊關海舶不復譏錢之出入，故中國錢耗而西南北三邊皆山積。請詰問安石舉累朝之令典所以體國便民者一旦削而除之，其意安在？」

曹彦約《經幄管見》卷二 兩浙鑄錢少銅，有獻議請於銅鉛中參用瓦末十之二。有司言：「若同鼓鑄，與常錢無異。」上曰：「國家禁民爲僞，若是，乃教人爲僞，不可許也。」

臣讀畢口奏，鑄錢本以便民，非以謀利也。生民之初，種粟而後食，織布而後衣，以有餘補不足，然後有貿易之道。粟布固可以易械器，械器固可以易粟布，然而升斗與丈尺不相合，巨屨與小屨不同價，於是鑄銅爲錢，以權物價之輕重，謂之圜法。賤者一錢可得，貴者貫陌可售，此所以爲便民也。若欲其費省，則半兩、五銖不得如鵝眼、水浮；若欲其易成，則冶銅、冶鐵不得如鹿皮、楮幣。然而貴此而不貴彼，其不爲謀利明矣。又況古人作事無非所以寓教民之意，教民以實，猶恐其僞，教民以僞，何以能繼真宗皇帝務實去僞，以教民爲重也。

王恕《王端毅公奏議》卷三《巡撫雲南處置邊務奏狀》 節該欽奉勑諭：「命臣巡撫雲南地方，仍禁約接連交阯等處地界官吏軍民不許私通商旅往來交易，除欽遵通行外。近訪得交阯着頭目换易服飾，裝作客商潛入臨安等處地面聽探消息。又訪得三五年前，有一江西人王姓者曾到雲南要冒籍報名科舉，所司不容，隨後其人奔往交阯受彼僞御史職事，爲之運籌畫策，提兵巡邊且彼不特此一人而已，亦有僞總兵等官往來巡守。又聞交人以連花灘爲市，專一收買雲南，販去生銅鑄造短鎗。曩者跟隨太監錢能、京衛指揮郭景，齎□道由雲南而往，遂使交人有假道赴京之舉，然此雖由郭景誘致，實乃彼之欲爲。今又聞交阯走回軍人説：稱在前交阯吞了占城之時，就要乘勢來犯天朝。雲南地方觀此數事，則交人奸謀詭計不言可知明者，睹未萌况已著耶。今臨安府密邇交阯本處，雖設一衛，實在官軍，除屯種守哨等項差撥外，見操止有二百餘人，通計雲南二十五衛所不及一萬三千人，每處見操官軍多者不過七八百人，其他諸夷雜處該徵税糧數少且又不通舟楫，官軍糧餉止靠屯田供給别無來處見。今所在食糧不彀一年支用，况兼頻年以來，災荒不收，今歲尤甚，軍民憔悴日不聊生，盜賊在生發，動輒劫掠殺人，東備西出，殆無寧日。」

何孟春《何文簡疏議》卷八《開禁疏》 題爲開例禁，興民利，以足國用，以安地方事：據雲南等處承宣布政使司呈準，本司掌印左布政使方璘咨準，本司咨奉，臣案驗前事卷，查先準户部咨，該前巡撫雲南都御史王懋中題稱，雲南楚雄府南安州，臨安府寧州，澂江府路南州，雲南府易門、羅次二縣各該管地方表羅、登樓、矣達、摩車、西沙、龍曲，則山等處産有銅礦，先年曾經聽民採取收課，在官軍需之餘，亦得少備官員折俸支用。軍民貧乏者亦得就場生理度日。成化年間，巡撫都御史吴誠因慮臨安礦場逼近交阯，恐有私販出境，資彼軍器，奏請封閉。然利之所在，人必趨之，禁例雖嚴，私竊如故。數十年來，未聞興販出境發露到官者，徒以有用之物置於無用之地，反資盜賊奸豪竊取，殆亦不思之過。合無仍將前項産銅地方，選委各該有司廉幹官員專一管理，召募夫丁開空採取，量爲收課，每季解布政司貯庫以濟軍需等因。該本部議擬題，奉武宗皇帝聖旨：「是還著巡撫都御史上會同議處了來説。欽此。」欽遵備咨前來，已經案行雲南都布按三司會同勘議，去後未報。訪得前項産銅地方先年奏準封閉，在官雖有禁例，一向無所施行。近年具奏開空，各官司因難定擬，不暇究其私竊。所在奸徒細民千百爲羣，得利既多，興販日廣，以致在前鎮守太監衙門，京官史鎮、徐倚、韋洪、張榮、曹鑪等往迴，任其抽分，上下爲之蒙蔽。鎮守者以補湊進貢爲名，採取者不知封閉有禁，甚至形於告訐，所司臭爲斷理。今鎮守衙門、京官人等已奉例取回，事隔日久無究外，若不早爲處置，繼者當復效尤。仰抄回司，著落當該官吏查照先今事理，即行掌印官會同都按二司掌印官，將前所産銅礦從長議處。如果通開有益，保無後虞，應該專委何項人員管理，作急具由呈報，以憑會奏。若計開採之後，反累軍民，仍舊封閉，不得擅開。其不係先年奏準封閉礦場，不係逼近交阯地方及别處人民客商採取興販銅斤來會城者，本司行雲南府衛各該地方，務令盡數報出納税，本府每季解布政司貯庫，以備軍需及各官員折俸支用。若店户牙行夤緣隱匿，縱容私販，及豪强勢要假托名目邀截抽分，並聽府衛巡視等官并總小甲鄰右人等擒拏首告，犯人治罪，拏獲告實人等給賞。仍行赤水鵬等陸關巡檢司，如遇販賣銅斤客商人等經過，照數驗實，每駄重若干，應報官税若干，就於月報各項貨物揭帖内申報查考。敢有開報不實，賣放作弊，被人訐發或體訪得出，定照律例問擬，決不輕貸。奉此。行準本司掌印官左布政使方璘咨會同都按二司掌印按察使陳洪謨、都指揮使劉宗仁議照，寧州之礦係臨安府所屬，近於交阯，雖未聞拏獲一人通番販賣銅斤，然以其近也，當嚴防範，相應封閉。其楚雄府南安州、澂江府路南州、雲南府易門、羅次二縣各該管地方，表羅等處礦場與交阯離隔懸遠，路阻難通，設若一概封閉，反資盜賊奸豪之徒竊取，相應開空，合無將臨安府并所屬地方但鄰近交阯場分照舊封閉，不許擅開，著落該管衙門巡捕人等用心看守。其楚雄、澂江、雲南等府所屬地方場分，與交阯隔遠者照舊開空，選委各該府佐廉能官員管理，召募夫丁採取，量爲收課，解送布政司作正支銷，年終造册呈繳撫按衙門查考。仍行各該把隘巡司等衙門務要嚴加把截盤詰，不許銅斤販往臨安，私通交人發賣。如違，追捕到官，遵照先奉欽依内事理問擬，處死充軍。如此，庶幾國課少增，窮民有賴。及查各處銅礦俱係先年奏開去處，並不係封閉之數，除遵奉案驗，將不係逼近交阯地方，及别處人民客商採取興販銅斤來會城者，布政司行雲南府衛各該地方盡數報出納税施行外，將咨到會議過緣由呈乞照詳等因，具呈到臣，批仰遵奉施行去後。又據本司呈，據雲南府申稱，行據會會城店户李裕等、客商蕭嵩等各執稱銅駝號票，先年布政司收每銅十駄抽銅一駄，後因收放不便，照數折銀交司，每駄納銀六錢，後蒙鎮守太監私自差人抽分，逐漸加收，每駄納銀一兩二錢四分，乞賜備達定示等因到司。查得前項抽分銅課，弘治十八年本司奉例鑄造銅錢，每銅一駄重一百四十斤，每銅一百斤抽銅十斤，以備鑄造銅錢。後因雲南地方不用銅錢，改將紅銅每駄一百四十斤抽收白銀六錢，黄銅每駄一百四十斤抽銀七錢，白銅一百四十斤抽銀一兩。後因太監衙門管理，每銅一駄抽銀一兩二錢四分。今太監奉例取回前項銅課，歸在有司。設若照依太監所抽，似乎過重，欲依本司舊例收銀六錢、七錢，又似頗輕，合無酌中，紅響銅每馱一百四十斤抽白銀八錢，黄銅每馱一百四十斤抽銀九錢，白銅一百四十斤照舊抽銀一兩，通行所屬，出給告示曉諭。但有興販銅斤，俱由會城經過，不許潛從小路，即係漏税私銅，所在官司連脚家并原馱頭？疋通挐入官問罪枷號。及行雲南府，照依本司舊規，置立内外號簿二扇，編刷花蘭號紙内，號簿本府收存，外號簿發仰交水税課局，仍與商人號紙一張，填寫斤數在内，止許往赤水鵬等巡檢司，直抵交水税課局，將號紙比對斤數，相同號紙存下，就便放行等因具呈到臣。又經批行去後，會同鎮守雲南總兵官、征南將軍黔國公沐紹勛，巡按雲南監察御史羅玉查得，雲南銅課如所屬寧州摩車場、河陽縣七佛村、陸涼州草排□、易門縣沙矣山等處礦場，先年該鎮巡等官奏准，行令雲南布政司照例委官召人開㐌採取，每銅一百斤抽銅四十斤，送官賣銀，解本司濟用庫□各項支給，永爲定規。至弘治十四年二月二十六日，該户部題爲公務事，將前場分封閉。弘治十八年，雲南布政司左布政使周宏呈稱，各處礦場雖稱封閉，實被無籍之徒通同所在土流官吏，假稱辦課，聚集人衆，千百爲羣，晝夜竊㐌，公然販賣，奸人得計，法度全無。近該户部奏准行移本司，該鑄銅錢五百八十三萬二千文，先抽銅斤，即今支用將盡，庫内各項銀兩多係邊儲備用解京之數，若要支銀買銅，未免庫藏空虚。合無今後每遇客商販到銅斤到城，每銅一馱約重一百四十斤，抽銅十斤，收貯在庫，以備鑄造，俱經撫按官批令依擬施行。正德二年二月内，前項鑄造銅錢數完，原抽銅斤停止。本年十一月内，該鎮守太監崔安行布政司，爲傳奉事内開，近奉欽取，命造鐵減、金銀靶、緬刀、斗牛、飛魚、草獸等項，大約用銀二千餘兩，無從區畫，仰司將前銅斤給抽票簿印押送付抽分。其後崔安取回，鎮守太監張倫相沿抽分，張倫取回，號票發布政司。正德九年九月内，又該鎮守太監梁裕爲鎮守地方事行都布，按三司内開，伊凡一應進貢謝恩，并買辦金石方物等項物件，費用數多。查得先鎮守崔安等在鎮之時，俱行取銅斤號票抽分銀兩湊補進貢，今本鎮事體相同，仰將銅斤號票送還本鎮，變易銀兩應用。至正德十年，又該鎮守太監史泰亦照前例行文爲謝恩等事，將銅斤號票徑自出給參隨人員抽分，該司無復與聞，課税盡歸消耗，地方夙弊，此其一節。臣等切惟我朝各處凡産金、銀、銅錢等項地方，或事有干礙，立法封閉或勢難捐棄，差官閘辦，若盗掘私竊，禁例甚嚴。蓋以山澤自然之利，捐棄不守，恐爲不逞之徒競利起亂，貽害無窮。若人得召㐌以供課程，官得申嚴以杜奸慝，則備邊濟荒，日後既有資賴窶户窮民，目前亦遂生理，官民兩便，上下皆宜。今前項銅礦，盗掘私竊，法難一切禁於貧窶之衣食，馱載興販，利復相踵歸於鎮守之抽分。數十年來無人明白裁決，蓋苦權貴借口進貢，又虞地方或生激變。昔管仲謂山海天地之藏，上之人當取其利以富國，而不可爲豪强百姓所擅。夫藏之於民，猶寄外府，管仲尚以爲不可，今内宦私室自收自用，而不爲國家分豪之助者，其可不一問乎？各處鎮守用度盈縮，臣等不得而知。姑據雲南一處言之，在前各官在鎮認納柴薪、子粒等項銀，一年大約將及萬兩，彼若果有報國敬君之心，每年進貢，但費十分一二三，亦足供用，何至巧立湊補名色，獵取銅斤銀兩。不知一年所得於民如前數者歸於何用，貪婪欺罔，法所難容。所據前項抽分號票事宜，臣已行令該司查照先年舊規，抽分貯庫，聽候公用外，但兹地遠在萬里，弊端因襲多年，若不著爲則例，未免以後鎮守跟隨人役，撥置效尤，指稱紊亂，深爲未便。如蒙乞勑該部定議，將雲南銅課抽分，查照前擬，行令雲南布政司，嚴督雲南府收取銀兩解庫公用，此後鎮守不許假以湊補進貢爲由，紛紊舊規，侵漁國用。況今節奉詔旨：「各處鎮守内臣，不許假以進貢爲名，僉取皂隸，科斂銀兩，擾害軍民；額外進貢，一切停止。欽此。」欽遵。雲南鎮守在前進貢多係額外之數，矧又參隨人員假此恣行掊尅，官失其利，民受其害，獻於天府者，不過一二，入於私室者，却至八九。況萬里扛運，貽患他處也哉！伏望天語丁寧，嚴加禁革，地方幸甚！生靈幸甚！緣係開例禁興民利以足國用，以安地方，及該部題奉欽依，會同議處事理，未敢擅便，爲此具本，差承差袁璋親齎謹題請旨。正德十六年十一月初二日。

倪元璐《倪文貞奏疏》卷九《鼓鑄大計疏》 題爲欽奉聖諭事：「本月初十日，恭接聖諭：「鼓鑄爲足國大計，近時事多艱。銅本稀少，御前及在内各衙門已有旨盡數搜用。今内外文武軍民人等，俱宜急公體國，共濟急需，著遵照律例，除鏡子、軍器、寺觀鐘磬鐃鈸及櫃箱等物事件，鎖鑰樂器古銅免毁，其餘定限三個月，俱行銷燬。一切廢銅並赴官賣，給價不許違禁，打造收賣。其有捐銅助鑄的，悉照事例議叙。崇禎制錢仍以六十五文作銀一錢，其餘雜錢概以二文準作一文，低薄小錢自五分重以下者，四文準作一文。其私販低錢，着該城御史嚴禁緝挐，仍各大張曉示。至南北銅商領價，誆官逋欠巨萬，屢旨究追，著經管官勒限追完，仍各自行回奏。各省直作何勸勉，并設何官專司應行事宜，著該部詳妥開款來看。昨據計臣倪元璐奏薦，王鰲永心計可用，著以户部侍郎兼工部侍郎提督二部錢局。錢法、鈔法責令清釐局商蠹疏通，錢鈔如辦理有效，即行優敘。倘壅窒踵，責無所辭。特諭，欽此。」臣於是恭服皇上之思深而策備也。如此則處處有銅，源源可鑄，富國之計盡此一謀。然而臣猶有説，凡一法之立，一即生。今欲使私銅盡絶，無如專禁打造，犯者重論，夫用之家千而造之家一，禁千不如禁一，此爲絶源之法，如此，則民間成器不須盡責毁銷。即責毁銷，但勸諭之，不必設爲嚴禁。即設爲嚴禁，請但行之紳貴，勿及士民，紳貴義無所逃，擾害不及。若行之士民，則告訐四起，挾詐横行，從此騷然，大可慮也。聖諭不言挾銅不出者作何處治，仰見淵衷矣。然而民銅不出，鑄本猶微，有法於此，請令有司罰贖減半，徵銅如稍有力，應罰銀一兩三錢者，僅輸價值六錢五分之銅，則民争輸銅矣；民争輸銅，則銅價必貴，銅價既貴，則凡有銅者，莫不居奇射利，歡然出而應之。不出一年，天下之銅悉歸官冶，民間非但不騷，抑可取利。夫使民賣銅於官，必得虧折，賣銅於民，必得赢息。而有罪輸贖者，雖苦於買貴銅，而實喜於承半罰，則亦無不便也。凡法立而民稱便，因勢順導之，則行於流水矣。恭候聖裁。」崇禎十六年十月十六日具題，奉旨：「奏内欲絶私銅，無如專禁打造，深得要領，即着卿悉心講求鼓鑄，善策以資裕國。欽此。」

宋犖《西陂類稿》卷三九《公移二・請停銅觔採辦詳文》 竊照朝廷設官分職，在因事以制宜，臣子殫力奉公，應審時以處務。蓋舊章不難於遵守，而新令尚須夫變通，玆有勢出萬難，如採辦銅觔一事，幸逢恩詔廣諮，豈容緘默不言？所當亟請更張以求毋悮公務者也。夫蘆課辦銅，責成藩司以公帑之錢糧應公家之急需，自應竭蹷趨承，獨是部價甚少，市價甚昂，採辦運解賠累多端，實非智所能謀，力所能勝。即略舉掣肘之處，其不便有四，請爲憲臺陳之。查銅觔一項，於康熙二十三年七月内經户、工各部會覆錢法侍郎佛題請，議將蘆課并各關增添銅觔不令匠役出局，每月鑄錢二卯可杜盜鑄之弊，令於江寧撫屬蘆課銀内動支一萬一千五十兩辦銅十七萬觔，安徽撫屬蘆課銀内動支三千九百兩辦銅六萬觔，湖廣省蘆課銀内動支六百二十兩七錢五分辦銅九千五百五十觔，在大部，理財經國之道誠周且至矣。第江南地方既非産銅之區，又非聚銅之處，商販向屬稀少，且經各關歲歲購辦，搜刮殆盡。若在江蘇一處歲欲辦足十七萬觔，爲數甚多，以極多之銅採之不産之地，何怪乎市價騰湧，屢煩籌畫終難集事也。在章前司奉行之始，曾照每年採買顔料布疋之例，詳請咨明内部，飭行州縣分辨。原冀衆擎易舉，近奉部文專責藩司一人，按數取盈，藩司事務冗繁，承奉欽部憲案，綜覈錢糧，解給餉糈，催徵提比，日夕料理，寢食不遑，何能採辦如許銅觔依限轉輸，以接濟鼓鑄哉？如二十五年上半銅觔解部稍有遲違，陞任章前司曾奉題參降罰。年來，採辦既慮銅觔無出，更憂起解違期瞻前顧後，無可解免。此辦銅掣肘之不便一也。至蘆課銀兩，從前原屬蘆司管理，今銅觔一項，大部議於關税銀内增辦，蘆課銀内派買。蓋以昔日之蘆差比例今日之關差，是以一併及之，殊不知蘆課自歸有司之後，十數年間，每年照地丁一例刊佈，由單正額之外，禁絶錙銖耗羡，非似關税，按貨譏徵，歲月盈餘，堪以充用。今部價每觔六分五釐，而各處市值則每觔一錢五六分及一錢七八分不等，彼此懸殊，苟給銀不足，孰肯輕售？雖大部可以責之藩司，而藩司豈能强取之商賈？計銅十七萬觔，照市價約算，歲不敷銀幾二萬餘金。且邇來關銅業奉部題定價一錢，而蘆課比例題請未邀部允，此等銀兩天不能降，地不能出，養廉薄俸即盡數全捐，何補於事？此部價不敷賠累之不便二也。再，銅觔解部，向雖詳明，每擔動支蘆課水脚給銀六分五釐，此奉文之初，從省酌用，寧減毋浮。試思鄉鎮市廛肩挑小民負荷貨物一擔，行不數里，索銀二三分不等，自蘇抵京，計程數千餘里，豈此纖微水脚果能敷用乎？即如辦完發解，則包索有費，募夫挑送上船則脚價有費，雇船裝運則水脚有費，押解員役則資斧有費，銅船到通，盤剥交部，車載夫搬，則力役有費，以及祭祀江河、犒勞水手與關津盤驗、阻風守凍，守候掣批，躭延多費。若吝惜不給，必滋貽悮，何能無翼而飛，不脛而走。此辦完解運之不便三也。前司曾將辦解維艱、價值過少情由其詳，荷蒙前撫都院湯會同總督部院王題准，部覆以安徽、湖廣、江西係藩司動支蘆課採買，並未請停增價爲駁。查安徽雖止辦銅六萬觔，而採買運解包賠多累，同屬煩難，前司曾准屢次咨移會詳停辦，因下江所請未邀部允，未敢再請，而賠累之苦未嘗不言及也。至湖廣止辦銅一萬觔，江西止辦九千餘觔，江蘇計多一十六倍，不啻天淵。且湖廣乃出産之藪，江西爲聚集之方，所辦無多，非可同日而語，惟此下江之銅四路分購，艱於完辦。此派買數多之不便四也。有此不便四端，掣肘實甚，本司竊思司庫有一項之收存，即有一項之解支，並無間款堪以通融。此等價外盈千累萬之金錢，實係無米之炊，巧婦所難，前司欲令産蘆各屬照額動辦，而州縣各官俸微力薄，焉能承應，勢不得不派諸洲民輸納。蓋以蘆洲爲佃民之恒産，舍洲民外無可誅求，是從前辦解銅觔，内部名雖責成藩司，而究竟賠累實係洲民，其爲不便於民之事無逾此者。本使司叨蒙皇恩特簡，惟有益勵素心，潔已愛民，方可報稱萬一，斷斷不敢仍蹈積習，派洲民承辦以滋譴戾。然令本使司自行採辦，計銅十七萬觔，照市價一錢八分一觔積算，需銀三萬零六百兩，除動支蘆課一萬一千零六十兩，止可買銅六萬一千餘觔外，尚少銅十萬八千餘觔，需銀一萬九千五百五十兩，解銅水脚之費尚不在内。如許金錢而責之數十年内飲冰茹蘗之窮員，其將何以賠辦哉？揆情度勢，必致貽悮，與其被參於異日，何如公籲於斯時。所當亟請本院俯鑒顛末，會疏入告，將此項銅觔分派産銅省分採買供鑄，庶價值稍賤，可以辦解無悮，非惟江省洲民永免額外誅求，而藩司一官亦可無徒受參罰之患矣。

楊椿《孟鄰堂文鈔》卷一《途次見聞摺子》　臣見今之議錢法者皆曰銅少，臣愚以爲銅少之故由於下洋太多，而僉謂銅有藉於外洋，是大不然。臣考三代以來，錢之多莫過於漢，史言元狩前都内錢貫朽而不可校。初元、永光間都内錢四十萬萬，水衡錢二十五萬萬，少府錢十八萬萬，王侯將相、氓庶之家富至鉅萬、千萬，或數百萬，或數十萬，皆錢也，大司農及民間日用之錢尚不在此數中。錢之多有，如此而又用銅以作兵器，以造器皿，終不患於乏銅，蓋其時海洋未通，以中國之銅止供中國之用故也。東漢而下，海邦漸至，中國之銅始少。臣聞長老言，聖祖仁皇帝初未開洋，禁民間銅器，頗多盜銷，私鑄間亦有之，然未以乏銅爲慮。自洋禁開而銅始患少矣，臣頃在四川，有語臣者云，四川、雲南之銅每百斤輒有銀數兩，中國之水不能出銅中之銀，惟外洋能出之，奸民每將紅銅賣與洋船，俟銀既淨，然後復入中國，謂之倭銅。推之他省所出，亦當如是，是今日洋中之銅名産於洋，而往自中國者，實十居七八，銅之所以日少，銅質之所以日低，職此之由。臣請敕下沿海督撫，嚴諭諸州縣洋船入境，敢以紅銅私與洋船買賣者，照硝磺私鹽之律，從重治罪，則紅銅不得下洋，鼓鑄自無少銅之患。

《清經世文編》卷五二《户政二七》李紱《請嚴銅禁劄子》　奏爲請清銷燬制錢之源，以重國寶，以平錢價事。本年十一月二十六日，欽奉上諭，嚴禁奸徒銷燬制錢，以康熙錢文稀少爲銷燬之證，此誠我皇上至聖至明，灼見弊源，確然而無可疑者也。但嚴禁銷燬之令屢下，而奸徒之銷燬如故者，固由有司奉行不力，亦由銷燬之弊難於查捕，非若私鑄者之廣聚徒衆，有爐有器，一捕而即得也。錢文入銅鋪之爐，即化爲銅，未化之前，原係制錢不可得而捕也，既化之後，已成廢銅，又不可得而捕也。惟禁斷打造銅器之鋪，則銷燬亦無所用，而銷燬之弊不禁而自除矣。雖今現在功令，亦既嚴禁打造黄銅器皿，而銷燬公行，錢價不平者，止禁黄銅，未禁白銅與紅銅也。議者以白銅非制錢所用，不知今之所謂白銅皆黄銅也。議者以紅銅非制錢所化，不知今之所謂紅銅，皆黄銅也。銅爲錠錁，煮以藥水，可爲假銀，豈不能爲白銅，嘉興烘爐，以藥水染之，作古銅色，豈不可充紅銅。故臣謂今所行白銅紅銅，皆黄銅也。或謂現今禁用黄銅器皿，則用銅之處甚少，不知即煙袋一物，即以耗制錢而有餘，臣訪聞外間用制錢十數文，打造煙袋一枝，即可賣制錢六七十文，在小民嗜利毫末必争，頃刻取數倍之利，有不冒險爲之者乎。今天下不用煙袋之人，百不得一，猶有一人用數枝者，人之數，千萬而無算，則煙袋之數，亦千萬而無算，鼓鑄所出，豈足當銷燬之數哉。或謂器用亦有需銅者，恐難全禁，不知富貴之家，金銀可用，士大夫以下，錫鐵瓷漆無不可者，必欲饜紛華之好，則廣東上錫，雲南精鐵，備極華美，何必分用鑄錢之銅，致滋奸弊，臣請自鑄鏡及樂器而外，一切打造黄銅紅銅白銅之鋪，盡行禁絶，犯者發充邊遠，使天下之銅盡歸鼓鑄。國寶流通，永無銷燬，而錢不可勝用矣。

又卷五二《户政二七》海望《請弛銅禁疏乾隆元年》　竊念錢文爲民間日用所需，宜加經理。近年以來，鼓鑄無缺，價值昂貴，建議者莫不多求禁銅之法，而臣獨以弛禁爲請者，誠以錢貴之害小，累民之害大，僅禁黄銅，已爲深擾，而弊竇多端，概禁黄白器皿，滋擾尤深，而於錢法亦終無裨益也。夫銅器散布民間，相習甚久，一旦禁使勿用，則其情有所不便，而易生藏匿之心，往往遷延而不交，交納而不盡，緩之則互相觀望，急之則百弊叢生，是以展限之奏請屢聞，收買之告竣無日。胥吏借此需索，刁民借此訛詐，得賄則賣官法，不得賄則入人罪，搜括難盡，用法不均，其弊一也。民隱既難上達，有司未必皆賢，民間交納銅器，或有侵蝕扣剋，僅得半價者，或有除去使費，空手而歸者，名爲收銅，實爲勒取，其弊二也。此等銅質，本極麤雜，加之銹爛，一經錢局鎔化，折耗甚多，工價不減，收買之時，原費帑金，即所得不償所失，鼓鑄毫無所益，其弊三也。又況黄銅，乃係紅銅白鉛配搭而成，是以百萬斤之黄銅器皿，其中即有紅銅五六十萬斤。今禁用黄銅，而不禁紅銅，是較之未禁之先，銅又多費，而適以昂其價值，速其私毀，是故未禁黄銅之先，白銅甚少，既禁黄銅之後，白銅甚多，豈白銅之所産果多，皆姦匠銷燬制錢，攙藥煮白，以成器皿，博厚利耳，其弊四也。凡此四弊，若不究其根源，以酌變通之計，徒將一切銅器，概行禁止，臣竊以爲不可，何則，銅器之禁，若止行京師，則他處仍得販賣，於事無益，若通行直省，則普天之下，業此者不下數萬户，藉此以衣食者，不下數十萬人，今既禁使勿造，是伊等平日所造器皿，務必令其交官以備鼓鑄矣。夫民間銅本，原溢於官價，加以工本，爲數更多，必若合算工本，全數散給，則小民雖不至於虧本，已有失業之苦，而於國帑，亦大有折損。若祇照官價收買，則銅本既屬不敷，而工價又無所出，小民借貸經營，生計甚薄，一旦失其所依，欲改業則無門，欲坐食則無本，其何以堪。夫鼓鑄錢文，原爲便民利民，今因鼓鑄需用，而頓使民間失業，是欲便民而適以累民。我皇上軫恤商民，無微不至，即一夫不獲，尚厪宸衷，豈忍使數十萬人之流離失所乎，臣又考之史策，而知禁銅乃前代權宜之計，非可常行者也。銅器爲民間必需之物，故前代亦有因銅禁既嚴，採買於官，而鬻之於民者，既而官煩民病，仍聽民間造器。而官爲立價，輾轉彌縫，迄無善法，其事已大可概見矣。我國家錢貨流通，聖祖仁皇帝六十餘年，未嘗下一禁銅之令，而銅未嘗不足於用。故曰：禁銅足以擾民，而於錢法究無裨益也。又聞古語云：銅貴錢重，則有私行銷燬之弊，銅賤錢輕則滋私鑄射利之端。是以錢文輕重，必須隨銅價之低昂而增減，庶可杜私燬私鑄之弊。上年世宗憲皇帝，特飭九卿議令酌減分數，其錢一文，重一錢二分，每年合省銅斤四五十萬觔，緣事在初行，自未能立竿見影，然所以調劑夫銅貴錢重者，成效自有可觀，固已不必屑屑於禁銅之末務矣。臣愚請照康熙年間舊例，將收禁銅之令，悉行停止，民間買賣，悉從其便，祇於雲南蘇州辦銅之處，立官分職，統計部用銅斤若干數目，盡行採取，如有餘銅，任民販賣，則鼓鑄自得充裕，而小民亦不致失業矣。

又卷五三《户政二八》郭起元《廣鑄錢》 國家鑒前代開冶之害，一切銀、銅坑俱封不開，而民間括銅往往胥吏侵漁，入官者少，故購銅於海洋，道遠費重，至不以時。竊以銅與銀異，銀坑利重，啓争宜閉，銅坑利輕，用廣宜開。凡雲南、江西、湖廣等處産銅坑場，胥宜以時開鑿，設官募工，採煉以資冶鑄。

王澐《錢幣芻言・先正名言》李紱《請嚴銅祟疏》 錢文入銅鋪之鑪即化而爲銅，未化之前原係制錢，不可得而捕也，既化之後，已成廢銅，又不可得而捕也。惟禁斷打造銅器之鋪，則銷燬亦無所用，而其弊自止。今現在功令止禁黄銅，未禁白銅與紅銅也，議者以白銅、紅銅非制錢所用，不知今之所謂白銅、紅銅皆黄銅也。銅爲錠錁者，以藥水可爲假銀，豈不能爲白銅？嘉興烘鑪染以藥水，染作古銅色，豈不可充紅銅？故臣請自鑄鏡及樂器外，一切打造黄銅、紅銅、白銅之鋪盡行禁絶，犯者發充邊遠，則國寶流通矣。

按：禁銅之令自古行之，賈誼以爲七福，劉秩以爲五利，考之前史，並申禁令。若我朝銅産豐饒，礦冶之利自足以流轉而不窮，原無藉於民間所有之銅以充鼓鑄，然欲絶私鑄私毁之源，不得不嚴銅器之禁。雍正四年，嚴禁造用黄銅器，是時每銅器百觔，官給價銀十一兩九錢而贏，鑄錢除工料外，以每串爲銀一兩計之，實只得八兩四錢有奇，故同一禁銅也。古者專欲爲利於上，而我朝之暫行於一時者，專欲止弊於民。乾隆元年，尚書海望請罷銅禁，恐其擾累於民，然州縣苟能嚴飭吏役，何至累民？且數年之後，銅器畢收，吏胥亦無可騷擾矣。夫黄銅能變爲紅銅、白銅，自當并紅銅、白銅禁之，不當因而併黄銅罷之也。自罷禁，而國初之錢銷燬者衆矣，先生此疏真可謂洞澈本原者也。

《國朝奏疏》卷四一晏斯盛《開銅源節銅流疏乾隆九年》 臣晏斯盛謹奏：「臣惟錢幣國家大政也，民生日用急需也，常苦於錢之少，而錢亦日鑄而不敷，價遂日昂。臣嘗計畫此事未有成局，不敢上聞。而我皇上念切錢幣艱不便兵民，楚北尤甚。臣愚以爲先當廣銅之源，尤當節銅之流，錢斯日盈而不竭也。《禹貢》：荆州之地厥貢惟金三品。則銅固其所自有。第恐其地有防於廬墓，有荒於田畝，或舍本趨末，招流集匪，易聚難散，是以守土者雖有其地，不敢輕言是矣。然而深山大陵，無關廬墓之氣脈，無致田畝之荒廢，而就其本地之民百十里之内有煙户可稽，其丁壯之夫耕作而外，許其赴廠足沾餘利，所得之銅，亦足供本地鼓鑄，而止不許售賣别用，則聚人不至過多。倘礦竭而散，亦不過百十里内煙户中相識之人，仍有家可歸，有業可作，無慮其譁聚而滋事也。查范毓馪所辦洋銅，足供六年之用，而其間或有緩急之需，則本地所産實爲近便。上年十一月内，鄖陽府人民陳爾言等呈稱，竹山縣楓樹埡地方銅線甚旺可採。又房縣、鄖西縣地方亦産銅礦，均可開試。經臣准行鄖陽府，令該縣雇倩匠工確行採試，并行安襄鄖道督試在案。如果礦旺可採，即議立章程規其久遠，似可舉行，以裕銅源。雖然，以採銅爲源或有旺不旺之分，而使已去之錢皆返而爲銅，則節銅之流而源可自裕而不匱，尤要務也。」

又陳宏謀《申銅禁酌鼓鑄疏乾隆十年》 臣陳宏謀謹奏，爲請申銅禁恭酌鼓鑄事：竊惟錢以銅爲質，苟如銷燬，自可久而不敝，亦當積而日多。我朝鼓鑄已百有餘年，而錢文不見其多，日見其少，其爲姦徒銷燬情事已著。我皇上厪念民用昂缺，各省漸增鼓鑄，屢頒上諭查禁銷燬，内外臣工條議防閑至詳且盡，而銷燬之弊終不能除。查不産銅之省分甚多，廠銅、洋銅官收已居大半，流通於民間者爲數無多，而統計各省軍每年打造銅器，需銅無算，若非銷錢，從何而得。訪聞各省，人概先銷康熙、雍正之净銅舊制錢，獲利甚厚，是以市上康熙、雍正舊錢漸少，所行使者多係新鑄之點銅制錢。但點銅錢鎔入淨銅亦可造器，仍然有利，恐將來亦不免於銷燬。即如陝西錢價向來每銀一兩易錢八百以上，近則止易錢七百二三四十文，其昂貴爲歷來所未有。欲籌開鑄，則洋銅未到，即使銅到開鑄，而銷燬不絕，杯水車薪，何能有濟？夫生齒日繁，民用日廣，專恃點銅新錢已難流通足用，倘併新錢而亦銷燬，雖各省再增鑪局，費盡工力終不抵姦徒俄頃之銷燬，國計民生均有未便，不圖善後何所底止。臣於此事時在胸臆，不揣冒昧，謬抒二策：一則絕銷燬之根原，一則使銷燬者無利而自止，是否可採擇，敬爲我皇上陳之。一、黄銅仍宜禁止也。錢出於銅，爲錢計必先爲銅計。考之歷代調劑錢法，皆有禁銅之令。我朝康熙十二年、十八年皆曾禁止鑄造黄銅器具。雍正四年，又經禁止。計自禁銅以後，中間各省并未增添鑄局，而每銀一兩已易錢九百文以上，不至如此時之昂貴，未始非禁銅之效，衹因彼時民間所用黄銅器皿俱令交官給價，官役奉行，實多紛擾。皇上御極之初，允廷臣之奏仍弛銅禁，原爲銅觔足供鼓鑄，而開禁可杜紛擾，非爲民間所用器皿必須黄銅也。今銷燬日甚，錢法難調，因時救弊似宜變通。臣請仍仿照康熙年間禁銅之法，不禁現存之銅器，止禁以後之打造。通行之後，取各銅鋪鄰右甘結，有再打造黄銅器皿者，各治以法。凡民間嚮日所用銅器，無論新舊概不檄官，銅鋪已造未賣之銅器，定限三月，聽其售賣。返期不賣，交官給價。三月以後，尚有售賣黄銅器皿者，查拏治罪。銅鋪内如有未曾成器之黄銅，即令交官給價，各處銅鋪開張列市，歷歷可數。地方官止須就現在銅鋪曉諭取結改業，於民間一無紛擾，於鋪户亦無虧損。向後倘有打造，即使潛蹤匿跡，而聲聞遠近人共見聞無難捕獲也。其紅銅、白銅、響器、銅器具仍許打造，此外如佛像、煙袋、事件、鈕扣之類皆可用別項銅錫爲之，一概不許用黄銅，自不用銷燬制錢，此杜絕銷燬根源之一策也。銷燬既絕，則新舊制錢積而日多，銅觔盡供鑄局，又可源源多鑄，省費利用，莫善於此。鋪户止不打造黄銅，民間止於不用黄銅器皿，而率土兵民便益已多矣。

《清奏議》卷四一陳宏謀《請變通錢法疏乾隆十年》 陝西巡撫臣陳宏謀謹奏，爲銷燬弊甚錢價益昂亟請變通以維錢法事：竊惟錢以銅爲質，苟非銷燬，自可久而不敝，亦當積而日多。我朝鼓鑄已百有餘年，而錢文不見其多，日見其少，其爲奸徒銷燬情事已著。我皇上廑念民用昂缺，各省漸增鼓鑄，屢頒上諭查禁銷燬，内外臣工條議防閑至詳且盡，而銷燬之弊，終不能除。查不産銅之省分甚多，廠銅、洋銅官收已屬大半，流通於民間者爲數無多，而統計各省每年打造銅器，需銅無算，若非銷錢，從何而得。訪聞各省大概先銷康熙、雍正之淨銅舊制錢，獲利甚厚，是以市上康熙、雍正舊錢漸少，所行使者，多係新鑄之點銅制錢。但點銅錢鎔入淨銅，亦可造器，仍然有利，恐將來亦不免於銷燬。即如陝西錢價向來每銀一兩易錢八百以上，近則止易錢七百三四十文，其昂貴爲歷來所未有，民甚苦之。欲籌開鑄則洋銅未到，即使銅到開鑄，而銷燬不絕。杯水車薪，何能有濟？夫生齒日繁，民用日廣，專恃點銅新錢已難流通足用，倘併新錢而亦銷燬，雖各省再增鑪局，費盡工力，終不抵奸徒俄頃之銷燬。國計民生，均有未便，不圖善後，何所底止。臣於此事時在胸臆，不揣冒昧，謬抒二策，一則絕銷燬之根源，一則使銷燬者無利而自止。是否有可採擇，敬爲我皇上陳之：

一、黄銅仍宜禁止也。錢出於銅，爲錢計，必先爲銅計。考之歷代調劑錢法，皆有禁銅之令。我朝康熙十二年、十八年皆曾禁止鑄造黄銅器具。雍正四年，又經禁止。計自禁銅以後，中間各省並未增添鑄局，而每銀一兩已易錢九百文以上，不至如此時之昂貴，未始非禁銅之效，衹因彼時民間所用黄銅器皿俱令交官給價。官役奉行實多紛擾，皇上御極之初，允廷臣之奏，仍弛銅禁。原爲銅觔足供鼓鑄，而開禁可杜紛擾，非爲民間所用器皿必須黄銅也。今銷燬日甚，錢法難調，因時救弊，似宜變通。臣請仍仿照康熙年間禁銅之法，不禁現存之銅器，止禁以後之打造。通行之後，即取各銅鋪鄰佑甘結，有再打造黄銅器皿者，各治以法。凡民間嚮日所用銅器，無論新舊，概不繳官。銅鋪已造未賣之銅器，定限三月聽其售賣，過期不賣，交官給價。三月以後，尚有售賣黄銅器皿者，查拿治罪。銅鋪内如有未曾成器之黄銅，即令交官給價。各處打造銅鋪開張列市，歷歷可數，地方官止須就現在銅鋪曉諭取結改業，於民間一無紛擾，於鋪户亦無虧損。向後倘有打造，即使潛踪匿跡，而聲聞遠近，人共見聞，無難捕獲也。其紅銅、白銅、響銅器具仍許打造。此外，如佛像、煙袋、事件、鈕扣之類，皆可用別項銅錫爲之，一概不許用黄銅，自不用銷燬制錢。此杜絕銷燬根源之一策也。銷燬既絕，則新舊制錢積而日多，銅觔盡供鑄局，又可源源多鑄，省費利用莫善於此。鋪户止於不打造黄銅，民間止於不用黄銅器皿，而率土兵民便益已多矣。

阿桂《平定兩金川方略》卷一〇七 丙戌，文綬奏言：「鑄礮銅觔必須質色純淨，川省所産惟樂山縣銅最高，榮經縣銅次之，其餘各廠銅觔多屬粗雜，加工淘淨始能適入。今歲準各路軍營咨取淨銅六萬觔，臣就近於省城錢局收存揀選樂山、榮經兩廠好銅，如數趕解軍營收用。但軍實所需，必當預爲儲備。查上年四月間，經劉秉恬奏請截留滇銅六萬觔爲鑄礮之用，久經用竣，應請再於滇省送運京銅内截留十萬觔，分貯灌縣、省城二處。現今大兵深入，或尚須添鑄大礮，以資轟擊，則取用充裕，如指日凱旋，即以撥充寶川局鼓鑄之用。」奏入報聞。

《鄂爾泰奏稿》卷六二裴宗錫《續籌銅政疏乾隆四十一年》 貴州巡撫臣裴宗錫謹奏，爲續陳辦理銅政事宜仰祈聖鑒事：竊臣前在雲南查悉銅廠情形，籌請廣爐增價一摺，欽奉硃批：「此奏似有所見，軍機大臣會同該部詳議具奏。欽此。」兹據準部咨議，令該省撫藩等妥協辦理。並稱圖終務在慮始立法必底觀成，該省産銅漸旺，現在俱有剩餘，自必能供復爐之需，其收回一分商銅，帶鑄取息，亦必核計確有七萬餘兩之數，並所獲息銀有無别項需用，及舊爐盡復後將來錢多，或致價減餘息不致虧短，必須及此時通盤籌畫，方足以定章程而示久遠，應請勅下該署督圖思德會同裴宗錫無分彼此，悉心確核具奏，以便核覆永行等因，奉旨依議，欽此。行知到臣。伏查滇省辦銅，鑄多而後息裕，息裕而後價敷，價敷而後開採踴躍。廠旺銅豐，足供京外所需於不匱。臣前通籌大局，縷陳愚昧之見，仰蒙聖明燭照，勅議准行，允宜籌畫周詳，爲觀成經久之計。惟是調劑以冀其效，固在開廣利源，詳慎以憲其初，尤須預防流弊。如臣前奏，懇恩將上年議覆之大理、臨安及新設之保山三局鑄息賞給，增價一項，三處爐座多寡不同，應各查明開鑄日期。截至本年正月，計其得息之確數，造報劃清，此後乃可按年取息，年清年款，以免牽混侵漁之弊。其議請收回一分通商之銅，帶鑄取息，除扣鉛工各費外，不敷銅價，應即於息内補給。但此項商銅盈縮本自不齊，就邇年採辦，歲可銅一千二百餘萬，而計一分商銅，約有一百二十餘萬，核息可獲銀七萬餘兩。今既准收回帶鑄，此後無復有商銅之名，惟當儘數報出，嚴查在官隱瞞之弊，自可按額取息，不致大有參差。又各廠餘剩低銅一項零星涣散，一聞廣鑄局之議，恐廠員、爐户人等乘機盜賣，亟應分遣幹員據實查明，確數封具册報，以備撥用。臣議以盡復舊爐爲限，原須隨宜酌量，除省城、東川、大理、臨安、保山五處現在設爐外，餘如順寧、廣西等處須通計銅餘之盈縮，以定復爐。之後先且其所撥之銅必各就相近之廠，始便輓運，而多節省，目下應先儘各廠存積餘銅，計其足供幾處復爐之需，陸續辦理，庶無窒礙鑄息，以漸而裕，則銅價亦當以漸而增，銅價以漸而增，則廠欠亦當以漸而扣。若不明定其數，預示其期，官民無所適從，易以滋弊，均應詳立章程，斟酌盡善，刊刻告示遍貼各廠，使人皆踴躍急公，而官役不得逞其剋減營私之技。再查錢局向來弊竇頗多，或爐匠夾帶私鑄，或官役暗行添卯，或多攙鉛、錫減鑄輕錢，皆足以壞錢法而妨銅政，宜加禁絶。臣思目下銅雖豐旺，豈容稍有漏巵，而欲清私鑄之根源，須先杜私銅之來路。蓋局中所用之銅無非來自各廠，若任其自行購買，漫無稽查，即難免影射營私，鑄多報少。應令藩司就現議復爐之處撥定買銅之廠，給以印照，填明數目，略仿鹽引之例，有照始准赴買，如有逾數，即屬私銅，買者與賣者同罪，庶廠無偷漏，局少隱藏，按卯鑄錢有數，不難稽核。凡此皆立法防弊之大端，而經理尤以得人爲要。現在滇省各爐除省局向係臬司經管外，餘皆各府自行辦理，其中不乏明幹之員，但利之所在，衆趨如鶩，保無官親幕友串通爐役，作爲奸僞，飽橐分肥，應責成該管道員，不時巡察，嚴密訪查，其臨安府係迤南道所轄，該道遠駐普洱，且有邊防事務，而糧道又在永昌軍需局辦事，應將臨安府錢局就近責成鹽道查察。如有前弊，立即嚴揭請參，務使鑄錢肅清，所獲餘息盡皆歸實，院司提挈綱領，酌盈劑虚，隨時消息於其間，庶幾一二年後，息充銅旺，成效可期。如至積錢過多，或於搭放兵餉外，兼支俸工役食，或撥運楚粤，以抵應買銅觔，另行隨宜妥辦，當不至有價減息短之虞矣。

又孫士毅《陳滇銅事宜疏乾隆四十二年》 雲南布政使臣孫士毅謹奏，爲敬陳銅廠應禁應辦事宜恭祈睿鑒事：竊臣仰沐皇上天恩，調任滇省藩司，一切應行事件俱已稟商督撫逐漸清釐，至銅廠一節，於京外鼓鑄攸關，尤應悉心查辦，期於永遠無誤無虧，庶幾遵循可久。臣檢查檔案，參酌情勢，歷來奏定章程業已周詳，而嚴侵漁之弊，爲經久之規，尚有應行添議數條，敬爲我皇上陳之：

一、廠員佔據礌硐之弊宜禁也。廠地露有引苗，當官□看屬實，報明試採，必須招集砂丁，廣開礌硐，獲取礦砂，即可煎煉成銅。滇民多係瘠貧，當其開採之時，需用飯食、油炭，或一二十家，或三四十家攢湊出資，始能開一硐。乃聞從前竟有廠員探知某硐豐旺，即令派管廠務之親友長隨，挾勢奪取，自行雇丁攻採，廠民壓於勢力，不得不吞聲，拱手讓之，廠員或則投往他廠，或則星散。伏思廠民竭數十家之膏血，纔獲一豐旺硐，全賴交納銅斤，承領工本，籍以養贍身家，一旦爲廠員倚勢奪取，情殊可憫。且廠民倘有偷漏，尚恃有廠員彈壓稽查，知所儆畏，若廠員自行佔據，則私賣漁利，竟得肆其侵貪，何所顧忌？況更加以經手之親友長隨層層剥削，交官之數必至有絀無盈，爲銅政大害。臣現在通飭嚴查，毋許仍蹈舊習，然未明定禁例，恐不免日久弊滋，應請嗣後永行禁革，如敢踵行故習，立將該廠員嚴揭請參，從重治罪，並管轄該廠之道府，亦請以贍徇失察分別處分。

一、廠地炭薪宜及早籌備也。查滇省廠地有因攻採日久，漸至硐老山空，亦即有新開豐旺子廠，堪供京外各運無虞缺乏。惟銅砂出礦，必需炭薪煎煉，近已漸取漸遠，竟有待給於數百里之外者，從此由數百里而至千里，炭薪價值必致數倍於前，所有銅斤工本勢將逐漸加增。若照常給價，則窮民力難賠墊，久之慮易散去。若一概官爲加直，不獨國家經費有常，未可輕議，而銅本日增，加以運脚繁重，合計京外各局鼓鑄成本恐致有虧，亦非所以計久遠。臣愚，惟有於附近廠地各山場，查係官地，則亟應地方官場廣栽易生之樹，該管知府按季勘查，果能種無隙地，即詳明督撫量予記功，倘未能實力奉行，初則記過，繼則議處，自必知所懲勸。官地所產柴薪，照民間現行價值酌減十分之一出示曉諭，聽各廠長赴山判買，分給砂丁。地方官場即將價值循環補種，亦屬有盈無絀。如查係民山，即出示勸導，諭以多栽樹木，則落實取材，便於生計，且炭薪售與廠地，視尋常價值較場於民間，日用更爲有益。滇民雖屬無知，既利身家，諒所樂從。地方官仍隨時查察，擇其種植密茂之區，量爲獎賞，當必益加踴躍。再，臣訪查民間不肯栽種樹木，實因易遭偷伐，當官不爲查禁，是以情願曠廢山場。今若地方官嚴爲飭禁，並令營汛弁兵一體巡查，遇有偷樹稟報，立予懲治，則偷伐既少，種植自多，炭薪漸裕，銅本可永無加增之慮。雖十年樹木，緩不濟急，而三年求艾，事尚可爲，似於辦理廠務最爲緊要。

一、廠欠恃鑄息歸補，究非久圖，宜通盤籌畫也。廠民攻採銅砂，必須廠員預放工本，接濟油米，而砂丁人數衆多，花消溢用，以及物故逃亡，自所難免，是廠欠一項，按之情勢實不能保，其必無查。乾隆三十七年以來，每放工本百兩，扣存市平銀一兩抵完廠欠，此係專指無著之户而言，每年所扣六七千兩約可歸補。此外通省廠欠除追繳外，爲數斷不止此，即如三十八年查辦湯丹等廠積久至十三萬兩有零，四十年查辦通省廠欠又續有十七萬餘兩之多，此其明驗。雖經歷任督撫設法完項，請以滇省各局鑄息分年歸補，但思鑄息一項本係各局鼓鑄錢文應歸之利，自應歸入正項充撥，今乃以二三十萬有用之帑金爲各廠彌補零星積欠，實爲可惜。且從此年復一年，勢必仍將鑄息爲完繳廠欠之用，久之由數十萬以至數百餘萬，糜費終無底止。伏查從前奏案，以廠欠一項，砂丁既無力完繳，責令廠員賠補，又恐嗣後以經手爲累，預留地步，轉致過於拘滯，有礙銅政。是以乾隆二十三四年間，滇省辦理積欠，係於各廠欠户下，每發銅本百斤，扣銀四錢，無欠之户每發銅本百斤，扣銀二錢，不數年内，遂爾清項。以廠民之扣款完廠民之積欠，於理似屬可行，應請旨敕部查議歷來辦理廠欠，如此最爲妥善。另行酌定章程，奏准飭知期於無虧鑄息，而廠欠仍復有著，庶可永遠遵行。

一、請令銅色較高廠地改煎京運作爲瀘店底銅，以便源源接濟也。查滇省京運遲延，總由瀘店底銅並無存積，必俟以本年所獲之銅，供本年之撥運，即使廠銅並無不足，而一遇水程守風淺阻，陸路雪泥濘，人力難施，即於濟兑有妨。雖經前撫臣訥穆親、前督臣彰保均有幹撥一二百萬斤運趲瀘店之請，迄今已曆數年，仍屬空言無補。緣滇省撥運京銅之廠，本屬無多，每年額運正銅，時虞不能依限，若於正額之外，再令兼辦底銅，其勢似有萬難。現在奉到部文，准令將掛欠等銅分年緩解，並將停裁爐卯餘出銅斤，□爲瀘店底銅之用，勘酌已極周備。但取給於正額之内趲辦，未免周章不知廣求於各廠之中籌備較爲寬裕。查現在撥供外省採買，及本省鼓鑄廠分獲銅豐旺，計數尚屬有餘，其間亦儘有成色較高，可以改煎京運者，即如寧臺一廠向供本省局鑄，近已奏定酌令改煎京銅七十餘萬斤。此外成色較高，尚有數廠，應請行令試煎蟹殼、紫板每樣三塊，鐫列廠名，附京運之便，解部存驗，候部驗明行知，准令改煎，仍於銅面鐫明某廠字樣，運交瀘店作爲底銅。將來此項銅斤運京，部中即取原存樣銅比較，如果一例可用，收局鼓鑄，否則駁回，將廠運各員照例議處。如此，則籌辦底銅係於正額無虧，雖不能驟有一二百萬斤趲赴瀘店，而積少成多，俱歸實在，庶水次抵兑有資，而京運可以無誤矣。

張廷玉等《清朝文獻通考》卷一六《錢幣考四》 又開雲南大理府局鼓鑄。雲南總督張允隨奏言：「大理府局自雍正四年停鑄之後，迤西一帶制錢漸少，兵民交易不便。查迤西地方俱産有銅礦，設法開採，自可多獲銅觔，請復行開局，設爐十五座，每年開鑄三十六卯，所需銅觔即於附近銅廠採用，如有不敷，再將迤東各廠添撥。其鉛、錫等項仍自迤東運往。」

又卷一七《錢幣考五》 又令雲南東川府增設新局鼓鑄。雲南巡撫愛必達奏言：**【略】**現在各廠礦銅旺盛，鉛錫亦産自境内，不必外求。查湯丹大碌等廠皆在東川地方，出銅尤多，而每當發給工本之時，錢價頓貴，廠民稱累。

又增湖南寶南局爐座。先是，以金釵廠銅易致折耗，而湖南本地礦銅亦漸次採獲，已議於十分中用滇銅八分，楚銅二分配鑄。至是，以銅産日旺，巡撫范時綬奏請全用本省桂陽州郴州廠銅，增爐五座。

《〔同治〕蘇州府志》卷一九《田賦八・錢法》乾隆元年，户部尚書海望請弛銅禁，以資鼓鑄。九卿議覆，將收買黄銅器皿及禁用黄銅之處，悉行停止。嗣後民間買賣悉聽其便，奉旨依議。以上並《江南通志》。

是年，户部覆：「蘇撫顧琮奏，查京局銅斤，向來原歸各關採辦。至康熙五十五年，始隸八省分辦，原係滇洋並採，每年採辦洋銅二百七十七萬一千九百九十九斤零，採辦滇銅一百六十六萬三千一百九十九斤零，共計辦銅四百四十三萬餘斤。但兩局所鑄之錢，從前每文鑄重一錢四分之時，每年所需銅三百八十萬斤，嗣經九卿議定，鑄重一錢二分，每年只需銅三百四十萬斤。除各省掛欠銅斤，及本年鼓鑄外，目今兩局現存銅二百餘萬斤，加以本年額辦銅四百四十三萬餘斤，共六百餘萬斤。查額辦滇銅一百六十六萬三千一百九十九斤零，先經九卿定議，留滇鑄錢解京。若滇省錢文到京之後，京局鼓鑄尚可減卯，即或一時未能運到，兩局通融已足供丁巳年鼓鑄之用。應如該署撫所請，於額辦之數減少數十萬斤，每年以四百萬斤爲率。滇洋兩處各辦二百萬斤，滇銅係本地出産，有數可稽，除本省及黔蜀兩省鼓鑄，需銅一百二十萬斤，又除鼓鑄解京錢銅一百六十六萬餘斤外，每年應解銅三十三萬餘斤交部，以足二百萬斤之數，所需價脚銀兩照例撥給。自戊午年爲始，令滇洋兩處俱照現在定議，分額承辦，以昭畫一。又各省額辦洋銅交與江浙海關道員兼辦，仍行令江浙巡撫，將該道官銜加『監督某處海關兼辦銅務』字樣，具題到日，臣部移咨禮部，鑄給關防，以昭信守。至所辦銅斤數目，每處只辦一百萬斤，所有解銅官員，只須江浙本處揀選謹慎府佐分限解京，如有遲悮，將辦解官員分别照例議處，該省巡撫亦照委辦上司之例議處。所有辦銅價脚應令就近藩庫支領報銷，不必又於各省委員支解，以省往來跋涉之煩。其安徽、福建預行解交銅斤銀兩，及江西專辦滇銅之處，均毋庸議。又各省解部銅斤，從前原未設立銅牌磨對，嗣因八省分辦之後，承辦官員不能畫一辦理，致滋奸商欺蔽，故爾銅色低潮，若遽行收受，則有悮鼓鑄，如不收受則苦累解官，是以設立銅牌磨對，並非有意苛求。今既將八省之銅分隸雲南、江、浙三處，採辦所有原設銅牌即行停止。應令辦銅各該巡撫嚴飭該處辦銅官員，務選足色净銅交部，以供鼓鑄。仍令户工二局監收之員，照依未設銅牌以前秉公秤收，倘有攙雜低潮，不堪鼓鑄者，令該堂官委員會同兩局監督，眼同解官抽驗鎔化。如果係銅色低潮，即將承辦之員嚴加參處，其虧折之銅仍令補解。至鑪頭、稱手倘有任意低昂情弊，應令該堂官嚴查究治。又飭令該道，於該省洋商内擇其身家殷實，並無掛欠者，弔驗倭照，取具連名，互結册報。該撫查核承辦所領銅價，務令照依官價給發，毋得絲毫扣剋。如家人飯食等項陋規，一概革除，倘有前項弊端，該撫嚴查參處。如有拖欠，責令互結衆商分賠。又查，臣部從前議覆，蘇撫尹繼善辦銅案内，以銅斤水脚原定每百斤三兩，後以從南至北一水運解，並無盤剥起卸之費，故每石只核算銀二兩二錢，實敷水脚之用等因在案。是原扣每石八錢，毋庸節省之處毋庸議。又查銷錢製器原因，銅價高昂所致，乃各省辦解洋銅向因額數過多，商船返棹，儘數解京，尚有不敷，以致市肆之銅價值騰貴。今江浙兩處既經減額，而道員監督海關，於洋船進口上税之時，銅斤即有定數，諒難藏匿。若於一百萬斤之外，餘剩銅斤，準其售賣，誠爲平減銅價之法。再，嚮日滇省礦銅數本寬裕，後因供本省及黔、蜀兩省鼓鑄，并鑄運京錢文，需銅幾及三百萬斤之數，且現在因鑄運京錢文尚未解到，仍照舊額賣給三省額辦銅斤。通盤合計竟無餘剩。今核算户工二局銅斤，通融供鑄，已足敷丁巳年之用，而滇銅額辦二百萬斤之數，酌自戊午年爲始，則丁巳年三省額辦銅斤即應停其採買。此後滇銅自然充裕，請將滇省餘銅亦聽商人售賣。」

又户部覆：「江蘇布政使張渠奏，江蘇等五省辦銅二百七十餘萬斤，係供戊午年鼓鑄之需，是以仍令照舊辦解。今若將丁巳年下運銅斤停其採買，則所辦上運銅斤僅止一百三十餘萬斤，恐悮戊午年京局鼓鑄之用，未便準其停辦。查各商領帑出洋，原係先後出口，陸續回棹，該辦員止須將現在回棹之商查無虧欠，即可發銀採辦。如舊帑不能全清，當另召身家殷實商人，令其承辦，自可無虞虧欠。應將該布政使奏請停辦丁巳年下運銅斤之處，毋庸議。又江浙二省海關額辦銅一百萬斤，定限於每年六月起解，十二月到部，如逾限不解，即將承辦之員照例革職留任，該管上司各官降二級留任。許其展限四個月，戴罪承辦，如四箇月限内，能完至三分之二者，免其革任治罪。再寬限四箇月，照數辦足解部，如限滿仍未完解，即將承辦之員革任，交與刑部，從重治罪，另委賢員接辦。查有虧空，著落家産追賠，其該管上司各官降二級調用，并令分賠完結。如參後六箇月之内，將銅斤買足解足交完者，准予開復。如此略爲酌更，則於定例之外，再得展限四箇月，自可從容辦理。若二參限滿，所辦銅斤完不及三分之二者，仍照舊例議處。至於江浙二省海關所辦銅斤，既數倍於前，而承辦之員果能依限全完，毫無掛欠者，應令該撫核明報部，臣部移咨吏部，量加議叙，以示鼓勵。又承辦銅斤，原係專責辦員，至於商人領銀採買，全在該辦員留心訪察，加意揀選，如果召有身家殷實之商，自不致有遲悞虧缺之慮。如有奸商領銀到手，別作營運，恣意花銷者，俱將該商監比著落家產追賠，是辦商虧缺銀兩，原在嚴行究治，並不任其逍遥事外，應毋庸另定治罪之條。至於遭風漂没，以致遲延虧缺，請量從寬恤之處。查外洋不比内地，其果否遭風漂没，事屬難稽，若開此寬恤之條，轉恐不肖奸商得以營私作弊，將來採辦銅斤，必致遲延虧缺。應將該布政使所請，將辦商分别治罪，并量從寬恤之處，均毋庸議。又各省解部銅斤，每百斤例給水脚銀三兩，前因各省銅斤歸并江浙二省分辦之，時據原任蘇撫吴存禮節省銀八錢，嗣於雍正三年仍歸各省分辨，各省已照舊全支。惟江蘇、浙江尚扣節省，蓋緣江蘇、浙江二省從南至北一水運解，並無盤剥起卸之費。是以前經署蘇撫顧琮奏請，臣部仍議令照舊節省在案。今該布政使奏稱，水脚一項各省照例全支，惟江蘇尚扣節省，承辦之員實多賠累，今歸并海關，銅且數倍，運費益多，一員之力，豈能賠墊？請將運銅水脚可否照各省之例，仍復原額全數支給等語。應如該布政使所請，將海關所辦銅斤，俟起解之日，即將所需水脚銀兩，除解部飯銀外，其餘俱照數全支，毋庸預扣節省，仍俟該年銅斤完解之後，將用過水脚銀兩據實報銷。倘有侵隱情弊，該撫即指名查參。」

二年，户部覆準：「上下兩江向無編款，無從捐解之銅斤水脚銀兩，一體免其捐解。」

三年，户部覆御史朱鳳英奏：「嗣後凡各省商人有出洋貿易銅斤者，報明江浙督撫給與執照，令其出洋購買，仍交與户部出示曉諭。如在京師有家道殷實之商，願行赴洋買銅者，該商取具保結，前赴户部具呈該部奏明，給與執照行文。江浙督撫亦令其出洋買銅，至將來各商辦到之銅，及洋人自帶銅斤情願交官，即行公平收買，如情願發賣民間，亦聽其自行售賣，以資民間打造之用。」

十四年，户部覆：「御史陸秩奏翠華巡幸江浙，請將運京銅斤酌留數十萬斤，分發江浙兩省錢局，增加鼓鑄一摺。查江浙兩省歲鑄錢文，除搭放兵餉外，每年俱存有餘錢。浙江乾隆十三年，鼓鑄奏銷案内開報，現在實存節年餘錢三萬八千八百餘串。江蘇乾隆十二年鼓鑄奏銷案内開報，現在實存節年餘錢四萬三百餘串，均未據報部動用。再加十三年以後，至辛未年春，約計兩省所存餘錢共十有餘萬串，以鼓鑄銅數計算，約用銅四十餘萬斤，已符該御史奏請酌留數十萬斤之數，毋庸將滇省額解京銅再爲截留，應將前項存貯錢文，行令各該撫如數收貯，以備應用。再，查浙省本年報部收買銅斤有一百四十餘萬斤，江蘇有三十餘萬斤，是現在銅數均屬充裕，若再量爲增鑄備用，更屬有益，應令各該撫即於現設鑪鑄内酌量通融加鑄，毋庸添鑪，以節浮費。」

二十九年，户部覆咨：「嗣後銅商銅斤辦齊之日，由蘇省給發兵牌，飭令該商按站報明，黏貼印花，差撥兵役護送各省，轉飭文武各衙門知照。撥護黏，貼印花，銅斤收竣，該商即將原領兵牌，並沿途黏貼印花簿呈請咨部查銷，如有越站，即將該商咨參。」

三十三年，户部議覆：「江西巡撫吴紹詩奏，查該省洋銅令江蘇隨時帶辦，既免委員在蘇守候曠職，而於公事亦屬省便，應如所奏行。令江蘇巡撫將江西應買洋銅，飭令局員隨時帶買，寄貯局庫，俟收有成數，咨明江西委員運回供鑄。其用過價脚等銀，於銅斤運竣之日，仍由江西造册報部核銷。」又奏稱：「將來商銅運到充裕，仍可儘數採買，亦應如所奏辦理。」三十四年十月，奉上諭：「高晉奏採辦滇銅一摺，祇知循照舊例，於現在情事殊未允協。江省向來原用洋銅鼓鑄，歷任撫臣雖曾節次奏買滇銅配用，原因洋銅間有不敷，一時調劑之計。今滇省所産銅斤供應京局，及各省採辦爲數甚多，所餘並不能寬裕，在他省離海窵遠者，不得不取給滇銅。若江南及浙閩兩廣等省通洋甚便，自應隨宜經畫，何必遠涉雲南，多需時日。今據該督所奏，三十一年，委員至今未到，又復拘泥三年一次委員之例，徒致往返，周章接濟，豈能應手？且不知前此三年未經運到，時江省錢局配鑄又係作何支應？是其言已未免自相矛盾。著傳諭該督，令其通盤籌核，將採辦洋銅一事，悉心經理，酌劑得宜，不必沿習兼買滇銅舊例，致鼓鑄轉有貽悞。仍將如何妥議籌辦之處，據實奏聞。」江督高晉奏略：「查寶蘇局鼓鑄錢文，向以洋滇二銅對搭配鑄，而所辦滇銅必須往返三年，方能辦到。現在局存滇銅，計至本年第十七卯，業已配用無存。其三十一年赴滇採辦銅六十萬斤，接準雲南撫臣咨會，業已辦得金釵廠銅三十萬斤，於上年十一月内起程在途，經陞任布政使胡文伯與臣相商，循照三年一次委員之例，詳請動項赴滇採買。而臣未將滇省所産銅斤，現在未能寬裕不敷接濟之處，預爲籌及，即行冒昧具奏，誠有未協。今臣遵將蘇鑄一事，檢查歷年卷案，并與藩臬兩司悉心籌酌，查江浙二省辦銅商船，乾隆二十九年以前，本有一十五隻，内官商范清濟船三隻，額商楊裕和等船十二隻，嗣於乾隆二十九、三十一等年，因官商范清濟有應交官項，先後裁減商船四隻，添撥范清濟名下辦運。該額商等尚有船八隻，每船配銅十萬斤，共有銅八十萬斤，以六分交官，四分聽其自賣。内蘇、浙二局應各收買二十萬斤，江西應抽買八萬斤，嗣據額商李豫來等以倭銅礦深廠乏，年產年微，倭人於定額十萬斤內每船減發銅一萬二千斤，該商等以船大載輕，渡海堪虞，自行減去兩隻，每年僅有銅六十萬斤。若照六分交官，四分民賣之例，蘇浙二局應各減買商銅五萬斤，其不敷之數，請於范清濟添撥船內一體四六抽買，經前撫臣明咨部未準。現在商船雖止六隻，而應交蘇浙及江西三省額銅，仍照八船額數辦交，歷年尚無拖欠。此江省現在辦銅之情形也。【略】查寶蘇局每年額用銅、鉛、點錫，其需九十二萬一千六百斤，今既有廢錢二百餘萬斤，雖係前經奉抵作收買價值，而現在滇銅不能寬裕，似應即以抵補額用銅鉛之數，以資接濟。惟是廢錢銅質低薄，若以配鑄，是否不致折耗過多，其配鑄成本與專辦洋銅，及兼辦滇銅價費是否相符，有無節省，隨飭藩臬兩司親赴蘇局監同試鑄。去後茲據陞任布政使胡文伯，按察使吳壇覆稱，蘇局鼓鑄，本年第十六卯以前，係兼用洋滇二銅配鑄，計銅鉛錫一百斤，該成本十兩四錢二分零。若此後專用洋銅鼓□計銅鉛錫一百斤，該成本十兩九錢七分零，未免過費。今小錢每百斤買價九千五百文，以現在錢文市價核計，該成本銀九兩七錢九分零，惟小錢質粗性脆，若專用鼓鑄，多有毛邊缺口，脆裂黑黯。今以正卯銅鉛點錫均勻搭配，再每百斤加配黑鉛二斤八兩試鑄，即與鑄出卯錢一律光潤。又銅鉛錫入鹽鎔化，每百斤例準折耗九斤，廢錢質薄渣多，較之正卯銅鉛約須加耗斤餘，計每百斤應少鑄錢一百四五十文，但有加配黑鉛二斤八兩，除去火工銅價，仍有餘錢一百五十餘文，足敷抵補。統計每用廢錢一百萬斤，較之專用洋銅鼓鑄，可以節省盈餘錢一萬一千餘串，實於鼓鑄經費大有裨益等情前來。臣查，以小錢試鑄，既據該司等細心核計，較之專用洋銅及兼辦滇銅，俱有節省，則現在不敷配鑄銅斤，自可暫緩另辦。祇以小錢究非長有之物，日後需用銅斤仍應預爲籌計，隨又將蘇局需用及額辦銅斤通盤核計。查蘇局每年應鑄二十八卯，額需銅四十六萬八百斤，額商李豫來等每年應交蘇局二十萬斤，官商范清濟應交蘇局五萬五千九百六斤，計不敷銅二十萬四千八百餘斤。今有廢錢二百二十餘萬斤，內銅鉛各半，可抵銅一百一十萬斤。又有三十一年委員採買，已經起運在途滇銅三十萬斤，計共有銅一百四十萬斤。【略】非特滇銅可以停辦，即加辦洋銅亦可緩俟數年之後，再行籌議。請旨遵行。惟是江蘇洋銅可以暫緩加辦，而浙江、江西如有應行加辦洋銅，則非蘇商無處購買，臣現準浙撫臣永江西撫臣海札商，是否可以加辦洋銅，臣已一面轉飭藩臬兩司，督同府縣傳集各洋商諮詢明確，將能否加辦洋銅若干切實議定。」

三十五年，户部覆：「江督高晉等奏，查該督等因前次委員採買滇銅尚未到蘇，以爲滇銅不能濟用，遂欲停辦滇銅。不知委員所辦銅斤已經滇省指廠配運，則遲延不到，咎在委員，自當上緊嚴催，令其如期趲運，乃不此之務。竟欲將歷來辦理成例遽事更張，未免因噎廢食。況滇省產銅儘足供用，而赴洋添買銅斤能否如額，尚屬未定。今乃指洋商虛報之數爲足憑轉，欲置滇省實供之數爲難恃籌畫，亦未爲得當，應將該督等所請停辦滇銅之處，毋庸議。至出洋銅船向係一十五隻，嗣因東洋出銅減少，籌減二船。每年止發船一十三隻，官商范清濟名下船五隻，民商楊裕和名下船八隻，嗣於乾隆三十一年，范清濟籲請帑銀清還無期，經内務府大臣查議，於民商八船内，撥給二隻，共船七隻，得有餘銅售賣，以助官銅辦運之費，奏準在案。」

《清高宗純皇帝實録》卷三八三　〔乾隆十六年，辛未，二月，乙酉〕户部議準：「四川總督策楞疏稱，梅子凹銅廠產銅衰薄，應封閉。」從之。

又卷四八九　〔乾隆二十年，乙亥，五月，壬寅，陞任大學士、吏部尚書仍管四川總督黄廷桂〕又奏：「建昌會理州屬黎溪銅廠坐落深山，商販收買甚少，而廠商本少力微，未能遠運求售，每致工本無出，停採待變。查重慶爲水陸通衢，請於該處設立銅店，將廠商煎獲白銅覈其工本，量給微利，官爲收買，轉運重慶招商出售。俟行之漸久，或外商赴廠販買，或廠商自行運售，仍聽其便。」得旨：「知道了。告之開泰，令其妥辦，此不過因地制宜，一時權宜，不必見之章疏。」

《清仁宗睿皇帝實録》卷二六　〔嘉慶三年，戊午，春正月〕甲午，是月，兩廣總督吉慶、廣東巡撫陳大文奏，廣東省局鑄錢，向以粤鹽易换滇銅供鑄，嗣經停運，奉旨以銅六鉛四配鑄，惟存局滇銅，鍊色不過在八成以上。查省城所賣石碌銅，產於瓊州黎地，黎人檢挖，售作顔料，餘剩沙石，架爐煎鍊，每百斤可得銅十五六斤不等，其色十分純足，若以之鑄錢，自必出色，當與司道會商試辦，委係堅亮，覈計脚費，較之滇銅，尚有節省，於錢法實有裨益。下部知之。

吳其濬《滇南礦廠圖略》卷二附王太岳《論銅政利病狀》　乾隆四十年八月，雲南布政使王大岳議曰，竊照滇南地處荒裔，言政理者必以銅政爲先，然自官置廠以來，未六十年而官民交病，進退兩窮，或比之救荒無奇策，何也？蓋今日銅政之難，其在採辦之四，而在輸運者一。一曰官備之價，難再議加也。乾隆十九年，前巡撫愛必達以湯丹銅價實少八錢有奇，奏請恩許半給，則加四錢二分三釐六毫。越二年，前巡撫郭一裕請以東川鑄息充補銅本，則又加四錢二分三釐六毫。越六年，前總督吳達善通籌各局加鑄，再請增給銅價，則又奉加銀四錢。又越六年，前巡撫鄂寧復以陳請，則又暫加六錢。越三年，始停暫加之價，於是湯丹、大水、碌碌、茂麓等廠遂以六兩四錢爲定價，而青龍山等二十餘小廠舊時定價三兩八九錢、四兩一二錢者，亦於乾隆二十四年，前巡撫劉藻奏請照湯丹舊例每銅百觔定以五兩一錢五分有奇，收買，即金釵最低之銅亦以四兩之舊價加銀六錢。

朝廷之德意至爲厚矣，然行之數年，輒以困敝告，豈誠人情之無厭哉？限於舊定之價過少，雖累加而莫能償也。夫粵蜀與滇比隣，而四川之銅以九兩十兩買百觔，廣西以十三兩買百觔，何以雲南獨有節縮乎？江陰楊文定公名時撫滇奏陳銅廠利弊疏云，各廠工本多寡不一，牽配合計每百觔價銅九兩二錢，其後凡有計息議賠，莫不以此爲常率。至買銅則定以四兩五兩以至六兩，然且課銅出其中，養廉公費出其中，轉運耗捐出其中，捐輸金江脩費出其中。即其所謂六兩者，實得五兩一錢有奇，非惟較蜀粵之價，幾減其半。即按之雲南本價，亦特十六七耳，故曰舊定之價過少也。然在當時莫有異辭，而今乃病其少者，何也？舊時滇銅聽人取攜，自康熙四十四年，始請官爲經理，歲有常課，既而官給工本，逋欠稍多，則又收銅歸本，官自售賣。雍正初始議開鼓鑄，運京局以疏銷積銅，其實歲收之銅不過八九十萬，又後數年亦不過二三百萬，比於今日十纔二三，是名爲歸官，而廠民之私以爲利者，猶且八九，官價之多寡固不較也。自後講求益詳，綜覈益密，向之隱盜者至是而釐剔畢盡，於是廠民無復纖毫之贏溢，而官價之不足，始無所以取償，是其所以病也。玆硐路已深，近山林木已盡，夫工炭價數倍於前，而又益以課長之掊克，地保之科派，官役之往來供億，於是向之所謂本息、課運役食雜用，以及廠欠路耗竝計其中，而後有九兩二錢之實值者，今則耑計工本而已。歲於此，廠民受價六兩四錢之外，尚須貼費一兩八九錢而後足，問所從出不過移從以補前，支左而絀右，他日之累有不可勝言者矣。夫銅價之不足，廠民之困憊至於如此，然而未有以加價請者，何也？誠知度支之稽制有經，非可以發棠之請數相嘗試也，且雖加以四錢六錢之價，而積困猶未遽蘇也。故曰官給之價難議加也。採辦之難此其一也。一曰取給之數不能議減也。蓋滇銅之供運京外者，亦嘗一二議減矣。乾隆三十二年，雲南巡撫鄂寧以各廠採銅纔得五百餘萬，不能復供諸路之買，咨請自爲區畫，准户部議留。是年，加運之京銅及明年頭綱銅以供諸路買鑄，於是雲南減運二百六十餘萬觔。後三年，雲貴總督明德又以去年獲銅雖幾千萬，然自運供京局及留滇鼓鑄外，僅餘銅一百三十萬觔，以償連年積逋九百二十餘萬，猶且不足，難復運應八路之求，因請概停各路採買。准户部議奏，許緩補解京銅，酌停江南江西兩道採買，於是雲南減買五十餘萬觔。後半年前撫院明德又以各雖委官在滇，候領銅四百一十餘萬，以去年滇銅所餘一百餘萬計之，四年乃可足給。此四年之中，非特截留及缺交京銅不能補運，而各省歲買滇銅二百餘萬，積至數載，將有八九百萬，愈難爲計，因請裁減雲南鑄錢及各路買銅之數。准户部議奏，許停雲南之臨安、大理、順寧、廣南竝東川新設各局，又暫減廣西、陝西、貴州、湖北買銅六十三萬觔，於是雲南得減辦二百餘萬，通計前後緩減五百餘萬，廠民之勢力乃稍舒矣。夫滇銅之始歸官買也，歲供本路鑄錢九萬餘千，及運湖廣江西錢四萬串計，纔需用一百一萬觔。至雍正五年，滇廠獲銅三百數十萬觔，始議發運鎮江、漢口各一百餘萬觔，聽江南、湖南、湖北受買。至雍正十年，發運廣西錢六萬二千餘串，亦僅需銅四十餘萬觔。其明年，欽奉諭旨，議廣西府設局開鑄，歲運京錢三十四萬四千六十二串，計亦只需銅一百六十六萬三千餘觔。乾隆二年，前總督尹文端公繼善又以浙江承買洋銅逋久滋積，京局歲需洋銅滇銅率四百萬觔，請准江浙赴滇買銅二百萬觔。雲南依准部文，解運京錢之外，仍解京銅三十餘萬，以足二百萬之數。而直隸總督李衛又以他處遠買滇銅轉解，孰與雲南徑運京局，由是各省供京之正銅，及加耗悉歸雲南辦解，然尚止於四百四十四萬也。未幾，而議以停運京錢之正耗銅，改爲加運京銅一百八十九萬餘觔矣。又未幾，而福建採買二十餘萬觔矣，湖北採買五十餘萬觔矣，浙江採買二十餘萬觔矣，貴州採買四十八萬餘觔矣，江西採買三十餘萬觔矣，廣西採買四十六萬觔矣。既而廣西以鹽易銅十六萬餘觔矣，既而陝西罷買川銅，改買滇銅三十五萬，尋增爲四十萬觔矣。於是雲南歲需措銅九百餘萬而後足供京外之取，而漢局鼓鑄尚不與焉。夫天地之産常須留有餘以待滋息，獨滇銅率以一年之入給一年之用，比於竭流而漁，鮮能繼矣。又況一年之用，幾溢一年之出，此凶年取盈之術也。故曰取給之數過多也。嘗稽滇銅之採，其初一二百萬者不論矣。自乾隆四五年以來，大抵歲産六七百萬耳，多者八九百萬耳，其最多者千有餘萬，至於一千二三百萬止矣。今乾隆三十八年、三十九年皆以一千二百數十萬告，此滇銅極盛之時，未嘗減於他日也。然而不能給者，惟取之者多也。嚮時江安閩浙買滇銅以代洋銅，議者猶以滇銅衰盛靡常，當多爲之備，仍責江浙官收商買洋銅，以冀充裕。及請滇銅徑運京師，以其餘留湖廣，而商辦洋銅則聽江浙收買。議者又以滇銅雖有餘，尚須籌備以供京局，若遽留楚供鑄，設將來京銅有缺，所關不細。又議浙江收買洋銅亦須存貯，滇銅若缺，仍可接濟。即近歲截留京銅，部議亦以滇銅實有缺乏情形，當即通籌接濟。是皆以三十年之通制國用，爲天下計，非獨爲滇計也。至於今日，而京師之運額既無可缺，而自江南江西以外，尚有浙閩黔粵秦楚諸路開鑄，紛紛竝舉。一則曰此民用也，餉錢也，不可少也。再則曰鑪且停矣，待鑄極矣，不可遲也，而滇之銅政騷然矣。夫以雲南之産不能供雲南之用，而裁鑄錢以畀諸路，諸路之用銅者均被其利，而産銅之雲南獨受其害，其産愈多，則求之益衆，而貲之益急，然則雲南之銅，何時足用乎？故曰，取用之數不能議減也。供辦之難此其二也。一曰大廠之逋累積重莫蘇也。謹按楊文定公奏陳銅政利弊疏云，運户多出夷猓，或山行野宿，中道被竊；或馬牛病斃，棄銅而走；或奸民盜賣，無可追償。又硐民皆五方無業之人，領本到手，往往私費無力開採，亦有開硐無成，虛費工本，更或採銅既有而偷賣私銷，貧乏逃亡懸項纍纍，名曰廠欠。由此觀之，自有官廠即有廠欠，非一日矣。然其時凡有無追之廠欠竝得乞恩貸免，故歲歲採銅數倍於前，而廠民之逋欠亦復數倍。司廠之員懼遭苛譴，少其數以報上官，而每至數年輒有巨萬之積欠，則有不可以豁除請者矣。上官以其實欠而莫能豁也，於是委曲遷就，以□補其缺。乾隆二十三年，奏請預備湯丹等廠工本銀十二萬五千兩，所以償廠欠也。三十三年，逮治綜理，銅政司廠之員着賠銅七萬五千餘兩，所以釐廠欠也。三十七年，除豁免之令而於發價之時，每以百兩收銀一兩，大約歲發七十萬兩，而收七千餘兩，籍而貯之以備逃亡，亦所以減廠欠也。至於路採之遠，工費之多，官本之不足，莫有計之者，故不數年而廠欠又復如舊。三十七年冬均考廠庫以然廠欠，前後廠官賠補數萬兩外，仍有民欠十三萬餘兩。重蒙恩旨特下指揮俾籌利便，然後廠銅得以十一通商，而以鑄息代之償欠，今之東川局加鑄是也。然加鑄之息悉以償廠欠，通商之銅又以供局鑄，至於未足之工本依然無措也。是以舊逋方去，新欠以來未兩年間，又不可訾算矣。自頃定議，每以歲終責取無欠結狀，由所隸上司加之保結，由是連歲無廠欠之名，然工本之不足，廠民不能徒手枵腹而攻採也，則爲之量借油米、鑪炭，以資工作，而賣其輪銅於官，以此羈縻廠民曰，爾第力採，我能爾濟廠民。亦以此餬其口曰，官幸活我，且力採以贖前負。上下相蒙，觀倖於萬有。一遇之堂鑛，是雖諱避廠欠，而積其欠借不歸之油米，鑪炭亦復不下巨萬之值，要之皆出公帑也。蚩蚩之民，何知大義？彼其所以價首受役弊形體而不辭者，孳孳爲利耳。至於利之莫圖，而官帑之逮負且日迫，其後而廠民始無望矣。夫廠以出銅，民以廠爲業，民亡所望，廠何爲焉？區區三五官吏之講求，其於銅政庸有濟乎？故曰：大廠之逋累積重莫蘇也。採辦之難，此其三也。一曰小廠之收買涣散莫紀也。雲南鑛廠其舊且大者，湯丹、碌碌、大水、茂麓爲最，而寧台、金釵、義都次之。新廠之大者，獅子山、大功爲最，而發古山、九渡、萬寶、萬象諸廠次之。至如青龍山日見汛，鳳凰坡、紅石岩、大風嶺諸廠竝處僻遠，常在叢山亂箐之間。而如大屯、白凹、人老、箭竹、金沙、小岩又皆界連黔蜀，徑路雜出，奸頑無籍貪利細民，往往潛伏其間，盜採鑄錢，選踞高岡深林，預爲走路，一遇地方兵役蹤跡勾捕，則紛然駭散，莫可尋追。其在廠地採鑛，又皆游惰窮民，苟圖謀食，既無貲力深開遠入，僅就山膚尋苗而取鑛，經採之處比之鷄窩，採獲之鑛謂之草皮草荒，是雖名爲採鑛，實皆僥倖嘗試已耳。鑛路既斷，又覓他引，一處不獲，又易他處，往來紛籍，莫知定方。是故一廠所在，而採者動有數十區，地之相去，近者數里，遠者一二十里，或數十里，雖官吏之善察者，固有不能周盡矣。加以此曹不領官本，無所統一，其自爲計也。本出無聊，既非恒業，何所顧惜，有則取之，無則去之，便則就之，不便則去之。如是而繩以官法，課以常科，則有散而走耳，何能縻乎？官廠者見其然也，故常莫可誰何，而惟一二客長鍋頭是倚，廠民得鑛皆由客長平其多寡而輸之銅頭，鑪房因其鑛質幾鍛幾揭而成銅焉。每以一鑪之銅，納官二三十觔，酬客長鑪頭幾觔，餘則聽其懷攜遠賣他方，覈其實數，曾不及湯丹廠之百一。夫以滇之鑛廠之多，諸路取求之廣，而惟二三大廠是資，其餘小廠環布森列以幾十數，而合計幾十廠之銅，比之二三大廠不能半焉，則大廠安得不困。故曰：小廠之收買涣散莫紀也。採辦之難，此其四也。若夫轉運之難，又可畧言矣。夫滇，僻壤也，著籍之户纔四十萬，其畜馬牛者十一二耳。此四十萬户分隸八十七郡邑，其在通途而轉運所必由者十二三耳。由此言之，滇之牛馬不過六七萬，而運銅之牛馬不過二三萬，蓋其大較矣。滇既有歲運京銅六百三十萬，又益諸路之採買與滇之鼓鑄，歲運銅千二百萬，計馬牛之所任，牛可載八十觔，馬力倍之，一千餘萬之銅，蓋非十萬匹頭不辦矣。然民間馬牛只供田作，不能多畜以待應官，歲一受僱，可運銅三四百萬，其餘八九百萬觔者，尚須馬牛七八萬。而滇固已窮矣，乾隆三年，部議廣西府局發運京錢，陸用牛一萬四千頭，馬九千匹，水用船三千隻，念其僱集不易，恐更擾民，輒許停鑄。是年雲南奏言，滇銅運京，事在經始江安閩浙之二百萬，未能一時發運，准户部議運京許寬至明年，而江浙諸路之銅且需後，命凡以規時審勢不欲强以所必不能也。又前件議云，户部有現銅三百萬，工部稍不足，可且借撥。又乾隆三十五年議云，户部兩局庫有現銅四百五十萬，雲南尚有兩年運銅，計可銜接，抵局者仍八百餘萬，自後滇之發運源源無絶，以供京局鑄錢，有盈無缺。其截發掛欠銅三百五十餘萬，均可着緩補解，此其爲滇之官民計者，持論何恕？而其爲國用計者，又何詳也？今則不然。户局有銅二百五十萬，合工部之銅三四百萬，滇銅之發運在道，歲内均可繼至者千有餘萬，其視往時略無所減，而議者且切切焉有不繼之憂。於是雲南歲又加運舊欠銅八十萬觔，通前爲七百一十餘萬，而滇益困矣。且夫轉運之法，着令固已甚詳矣。初時京銅改由滇運，起運之日必咨，經過地方，竝令防衛催稽守風守水守凍，又令所在官司覈實報咨。其後以運官或存買貨重載，淹留遲運，兼責沿途官弁驅促遄行狥隱有罰。其後有以納銅不如本數，議請申用雍正二年採辦洋銅之例，運不依限者褫職戴罪，管運委解之上司，竝奪三官領職如故。其有盗賣諸弊，本官按治如律，竝責上官分賠。又改定運限，自永寧至通州，限以九月。其在漢口、儀徵換簍換船，限以六十日，自守凍而外，守風阻水之限不復計除，運銅入境，竝由在所官弁依限申報具奏。而滇蜀亦復會商，以永寧、瀘州搬銅打包，限五十五日。其由永寧抵合江，由重慶府抵江津，竝聽所在鎮道稽察委官催督，或有無故逗遛，地方官弁匿不實報者，竝予糾劾。其後以銅船停泊，阻塞輓漕，又議緑江道路委遊擊都司押運，自儀徵以下，竝聽巡漕御史催趲，運官雖欲飾詐遷，延固不得矣。又積疲之後，户部方日月考課，於是巡撫與布政使躬歷諸廠，以求採運之宜，而責巡道周環按視，以課轉運之勤怠，而察其停寄盗匿。其自守丞以下，州縣之長與簿尉巡檢之官，往來相屬符檄交馳，弁役四出，所在官吏日惴惴焉，捄過之不暇，而厨傳騷然矣。嘗考乾隆二年，滇有餘銅三百四十七萬，故能籌洋銅之停買。十七年有積銅一千八九百餘萬，故能給諸路之取求。二十四年以後，有大興、大銅二廠驟增銅四百餘萬，故能貼運京銅歲無缺滯。此如水利其積不厚而日疏決之，則涸可立待，勢固然矣。今司運之官懼罹罪責，既皆增價僱募，然猶不免以人易畜，官司責之吏役，吏役責之鄉保里民，每贏數日之糧，以應一日之報，中間科索抑派，重爲民擾。喜事之吏驅率老幼，横施鞭打，瘁民生而虧政體，非小故也。具此五難，是以滇之銅政有捄荒無奇策之喻。雖然，荒固不可不捄，而銅固不可不辦，不可不運也。嘗竊捄前人之論議，厝注得失之所由，其有已效於昔而可試行於今者，曰多籌息錢以益銅價也，通計有無以限買銅也，稍寬考成以舒廠困也，實給工本以廣開採也，價借僱值以集牛馬也。雲南之銅供户工二部，供浙閩諸路，供本路州郡鎎飴，其爲用也大矣。故銅政之要，必寬給價，價足而後廠衆集，廠衆集而後開採廣，廣採則銅多，銅多則用裕。前巡撫愛必達疏云，湯丹、大水等廠開採之初，辦銅無多，迨後歲辦銅六七百萬及八九百萬，今幾三十年課耗餘息不下數百萬金。近年鑛砂漸薄，窩路日遠，近廠柴薪待盡，炭價倍增，聚集人多，油米益貴，每年京外鼓鑄需銅一千萬餘觔，鑪民工本不敷，歲出之銅勢必日減。洋銅既難採辦，滇銅倘復缺少，京外鼓鑄何所取資？前巡撫劉藻以湯丹、大碌不敷工本，兩經奏准加價，廠民感奮。大銅廠本年辦銅六十萬，大興廠夏秋雨集，尚有銅三百七八十萬，各廠總計共銅一千二百餘萬，歷歲辦銅之多，莫逾於此。實蒙特允，初未見有不許也。今之去昔，近者十年，遠者二十餘年，所云礶硐日遠，攻採日難者，又益甚矣。而顧云發棠之請，不可數嘗者何也？有銅本，斯有銅息，有鑄錢，斯有鑄息，故曰，有益下而，不損上者，不可不講也。按乾隆十八年，東川增設新局五十座，加鑄錢二十二萬餘千，備給銅鉛工本之外，歲贏息銀四萬三千餘兩，九年之間遂有積息四十餘萬。自是以後，雲南始有公貯之錢，而銅本不足亦稍稍知所取給矣。二十餘年，東川加半卯之鑄，歲收息銀三萬七千餘兩，以補湯丹、大水四廠工本之不足。二十五年，以東川鑄息不敷加價，又請於會城、臨安兩局各加鑄半卯。二十八年，再請加給銅價，則又於東川新舊局冬季三月旬加半卯。三十年，又以銅廠採獲加多，東川鑄息尚少，則又請每年每月各加鑄半卯，竝以加湯丹諸廠之銅價，而大理亦開局錢，歲獲息八千餘兩，以資大興、大銅、義都三廠之戽水採銅。先後十二年間，加鑄增局至五六而未已，滇之錢法與銅政相爲表裏蓋已久矣。以廠民之銅鑄錢，即以鑄錢之息與廠費不他籌，澤無泛及，而此數十廠百千萬衆皆有以蘇困窮而謀飽暖，積其懽呼翔踴之氣，銅即不增亦斷無減，於以維持銅政，綿衍泉流，所謂多鑄息錢以益銅本者此也，取給之數誠不可議減矣。諸路之所自有與其緩急之實，不可不察也。往者江南、江西、浙江、福建、陝西、湖北、廣東、廣西、貴州九路之銅，皆買諸滇沓至迭來，滇是以日不暇給。大聖朝天下一家，其在諸路者，與在滇之備貯因無異也。竊見去年陝西奏開寧羌鑛硐，越兩月餘已獲現銅二千四百觔，仍有生砂，又可煉銅五六千觔，由此鐘鑿深入，真脈顯露久大可期。又湖北奏開咸豐、宣恩兩縣鑛廠，先後煉銅已得一萬五千餘觔，將來獲利必倍。蓋見之郵報者如此。今秦楚開採皆年餘矣，其獲銅也少亦當有數萬，而採買之滇銅如故，必覈其自有之數，則此二邦者固可減買也。貴州本設二十鑪，繼而減鑄二十三卯，採買滇銅亦減十萬，頃歲又減五鑪，議以銅四十四萬七千觔，歲爲常率，而滇銅仍實買三十九萬六百六十觔。至於黔銅則減七萬，將以易且安者，自予而以勞且費者，予滇非平情之論也，是故黔之採買亦可減也。又今年陝西奏言局銅現有二十五萬一千四百餘觔，加以商運洋銅五萬，當有三十餘萬，又委官領買之滇銅六十二萬六千二百觔，且當繼至，以此計之，是陝西以有銅九十餘萬，而又有新開之鑛廠，産銅方未可量，此一路之採，非惟可減，抑亦可停矣。又閩浙湖北及江南、江西舊買洋銅每百觔價皆十七兩五錢，而滇銅價止十一兩，較少六兩五錢，其改買宜矣。然此諸路者，其運費雜支，每銅百觔例銷之銀，亦且五六兩，合之買價，當有十六七兩，其視洋銅之價未見大有多寡，加以各路運官貼費，自一二千至五六千則已與洋銅等價矣，以此相權，滇銅實不如洋銅之便，則此數路者竝可停買也。誠使覈其實用，則歲可減撥百數十萬，而滇銅必日裕矣。所謂通計有無，以限買銅者此也。廠欠之實見之楊文定公始鑄廠務之年，後乃日加無已，逮其積欠已多，始以例請放免，其放免者又特逃亡物故之民，而身有廠欠，受現價採現銅而納不及數者，不與焉。是故放免者常少，而逋欠常多。乾隆十六年，議以官發銅本，依經徵鹽課例，以完欠分數考課廠官墮徵之法止於奪俸廠官尚得藉其實欠之數，以要一歲之收，於採固無害也。其後以廠欠積至十三萬，而督理之官自監司以下竝皆逮治追償。尋以銅少不能給諸路之採買，遂以借撥京運之額銅二百六十幾萬者計共虚值，而議以實罰，於諸廠之官罰金至十有四萬。尋又以需銅日給嚴責廠官，限數辦銅，其限多而獲少者，既予削奪，或乃懼罹糾劾，多報觔重，則又以虚出通關按治如律，罪至於死，斯誠銅廠之厄會矣。夫大小諸廠鑪户砂丁之屬，衆至千萬，所恃以調其甘苦，時其緩急者，惟廠官耳。顧且使之進退狼狽，莫所適從，至於如此銅政尚可望乎？故曰：歲供之銅猶纍纍千百萬者，幸也。且由今計之，將欲慎覈名實，規圖久遠，蘄以興銅政，裨國計，則非寬廠官之考成不可。何也？近歲之法既以歲終取其欠結狀，而所轄之上司又復月計，而季彙之廠官不敢復多發價，必按其納銅之多寡，一如預給之數，而後給價繼採，是誠可以杜廠欠矣。然而採銅之費，每百觔實少一兩八九錢者，顧安出乎？給之不足則民力不支，將散而罷採，欲足給之而欠仍無已，必不見許於上官，是又一厄也。然則今之歲有銅千百萬者可恃乎預借之底本與所謂接濟之油米，固所賴以贍廠民之匱乏，而道廠毆之窮者也。謹按乾隆二十三年，預借湯丹廠工本銀五萬兩，以五年限完。又借大水、碌碌廠工本銀七萬五千兩，以十年限完。皆於季發銅本之外，特又加借，使廠民氣力寬舒，從容攻採，故能得銅以償夙逋也。三十六年，又請借，特奉諭旨以從前借多扣少廠民寬裕，今借數既少，扣數轉多，且分限三年，較前加迫，恐承領之户畏難觀望，日後藉口遷延，更所不免。仰見聖明如神，坐照萬里。而當時猶以日久逋逃新舊更易爲慮，不敢寬期多發，僅借兩月底本銀七萬數千兩，而以四年限完，廠民本價之外，得此補助，雖共寬裕之氣不及前借，而猶倚以支延且三四載，此預借底本之效也。又自三十四年、三十七年，先後陳請備貯油米炭薪，以資廠民，廠民乃能儘以月受銅價僱募砂丁，而以官貸之油米資其日用，故無惰採，斯又所謂接濟者之效也。今月扣之借本消除，且盡獨油米之貸，當以銅價計償，而遲久未能者，猶且仍歲加給繼此不已。萬一上官不諒而責以逋慢，坐以虧挪，則廠官何以逃罪，是又他日無窮之禍而爲今日之隱憂者也。前歲雲南新開七廠，條具四事，户部議曰，鑪户砂丁類皆貧民，不能自措工本，賴有預領官銀，資其攻採硐礦，贏絀不齊，不能絶無逃欠。若概令經放之員依數完償，恐預留餘地憚於給發轉妨銅政。信哉，斯言可謂通達大計者矣！今誠寬廠官之考成，俾得以時貸借油米，而無他日虧缺之誅，又仿二十三年預借之法，多其數而寬以歲時，則廠官無迫愜畏阻之心，而廠民有日月舒展之適，上下相樂以畢力於鑛廠，而銅政不振起，採鑄不加多者，未之有也。所謂寬考成而舒銅困者，此也。小廠之開涣散莫紀矣，求所以統一之整齊之者，不可不亟講也。竊見乾隆一十五年，前巡撫劉藻奏言，中外鼓鑄取給湯丹、大碌者十八九，至於諸小廠奇零湊集不過十之一二，然土中求鑛，衰盛靡常，自須開採新礌預爲之計，庶幾此縮彼盈源源不匱。今各小廠旁近之地，非無引苗，惟以開挖大鑛類，須經年累月，廠民千百爲羣，通力合作，借墊之費，極爲繁鉅，幸而獲鑛鍊銅輸官，乃給價甚微，不惟無利可圖，且不免於耗本，斷難竭蹶從事。又奏言，青龍等廠，乾隆二十四年逮閏十有三月，共獲銅四十八萬，自二十五年二月蒙准加價，自二十六年三月初旬亦十有三月，共獲銅一百餘萬，所獲餘息加給銅價之外，實存銀二萬九千數百兩，較二十四年多息銀一萬有奇，而各廠民亦多得價銀一萬二千餘兩，感戴聖恩，洵爲惠而不費。又三十三年，前巡撫明德奏言云，雲南山高脈厚，到處出産鑛砂，但能經理得宜，非惟裨益銅務，而數千萬謀食窮民亦得借以資生。由此觀之，小廠非無利也，誠使加以人力，穿硤成堂，則初闢之礦入不必深，而工不必費。又其地僻人少，林木蔚萃，採伐既便，炭亦易得，較大廠攻採之費，常有事半而攻倍者，尤不可不亟圖也。今廠民既皆徒手掠取，而一出於僥倖嘗試之爲，而爲廠官者，徒欲坐守抽分之課外，此已無多求，是故諸小廠非無鑛也，貨棄於地而莫爲惜也。又況盜賣盜鑄，其爲漏卮，又不知幾何哉！小廠之銅歲不及湯丹、大水諸大廠之十一者，實由於此。誠於廠之近邑招徠土著之民，聯以什伍之籍，又擇其愿樸持重者爲之長，於是假之以底本，益之以油米薪炭，則涣散之衆皆有所繫屬，久則倚爲恒業，雖驅之猶不去也。然後示以約束，董以課程，作其方振之氣，厚其已集之力，使皆穿石破峽，以求進山之鑛，而無半途之費，雖有不成者寡矣。若更開曲靖廣西之鑄局，而以息錢加銅價，則宣威霑益諸山之銅，不復走黔，路南建水蒙自諸山之銀，無復走粤，安見小廠不可轉爲大也？所謂實給工本以廣開採者，此也。滇之牛馬誠少矣，滇催之儲催又虛矣，而部局猶以待鑄爲言，移牒趣運，急於星火，殆未權於緩急之實者也。銅運之在滇境者，後先踵接，依次抵瀘，既以乙歲之銅補甲歲之運，又將以乙歲之運，待丙歲之銅，而瀘州之旋收旋兑者，亦晷不停息，則又終無儲備之日矣。夫惟寬以半歲之期會，然後瀘州有三四百萬之儲，儲之既多，則食者方去，而運者即來，是常有餘貯也。如是而凡運官之至者，皆可以時兑發，次第啓行，在瀘既無坐守之勞，在途又有催督之令，運何竭而遲哉？又京局現停加卯用銅悉如常額，自今年五六月以後，雲南癸巳、甲午兩歲八運之銅，皆當相繼抵京，計供寶源、寶泉兩局之鼓鑄，可至四十二年之七月。今乙未之銅又開運矣，明年秋冬及其次年之春夏，又當有六百三十餘萬之銅抵局，則由今至於四十三年之夏，京局固無缺銅也。誠使丙申頭綱之銅，例以明年八月開運者，計寬至次年三月，而以十二月爲八運告竣之期，不過丁酉之歲末月而皆當依次運京，此似緩而實急之計也。若夫籌運之法固非可以滇少馬牛自諉也。則嘗竊取往籍而考之，始雲南之鑄錢運京也，由廣西府陸運以達廣南之板蚌，舟行以達粤西之百色，而後邐迆入漢，而廣西廣南之間經由十九廳州縣，各以地之遠近大小，僱牛遞運，少者數十頭，多者三五百頭至一千二百，竝以先期給價僱募。每至夏秋，觸冒瘴霧，人牛皆病，故常畏阻不前。既又官買牛馬製車設傳，以馬五百八十八匹分設七驛，又以牛三百七十八頭車三百七十八輛分設九驛，遞供轉運。會部議改運滇銅，乃停廣西之鑄，而以江安浙閩及湖北湖南廣東之額銅竝停買，歸滇運京，於是滇之正耗四百四十餘萬悉由東川徑運永寧。其後以尋甸、威寧亦可達永寧也，乃分二百二十萬由尋甸轉運，而東川之由昭通、鎮雄以達永寧，尚二百二十萬。其後又以廣西停鑄之錢合其正耗餘銅，通計一百八十九萬一千四百四十觔，竝令依數解京，是爲加運之銅，亦由東川尋甸分運。至乾隆七年，而昭通之鹽井渡始通，則東川之運銅，半由水運以抵瀘州，半由陸運以抵永寧。十年，威寧之羅星渡又通，則尋甸陸運之銅既過威寧，又可舟行以抵瀘州矣。十四年，金沙江以迄工告，而永善、黄草坪以下之水亦堪通運，於是東川達於昭通之銅，皆分出於鹽井黄草坪之二水，與尋甸之運銅竝得徑抵瀘州矣。然昭通東川之馬牛亦非盡出所治，黔蜀之馬與旁近郡縣之牛，蓋嘗居其大半。僱募之法，先由官驗馬牛，烙以火印，借以買價，每以馬一匹，借銀七兩；牛四頭，車一輛，借以六兩。比其載運則半給官價，而扣存其半，以銷前借，扣銷既盡，則又借之，往來周旋，如環無端，故其受僱皆有熟户領運，皆有恒期互保，皆有常侣經紀，皆有定規。日月既久，官民相習雖有空乏，而無逋逃，亦僱運之一策也。今宣威既踵此而試行之矣。使尋甸及在威寧之司運者皆行此法，以歲領之運價，申明上司預借運户，多買馬牛，常使供逋，滇産雖乏，庶有濟乎。然猶有難焉者，諸路之採買僱運常遲也。頃歲定議，滇銅每以冬夏之杪計數分撥，大小之廠，各以地之遠近，銅之多寡而撥之，採買委官遠至，東馳西逐，廢曠時日。是以今年始議，得勝、日見、白羊諸遠廠之銅，皆自本廠運至下關，由大理府轉發黔粤之買銅者鮮遠涉矣。而義都青龍諸近廠與雲南府以下之廠，猶須諸路委員就往買銅，自僱自運，咸會白色，然後登舟，主客之勢呼應既難，又以農事馬牛無暇，夏秋瘴盛，更多間阻，是故部牒數下，而雲南之報出境者常慮遲也。往時臨安路南之銅皆運彌勒縣之竹園村，以待諸路委官之買運。其後以委官之守候歷時，爰有赴廠領運之議，然其時實以雲南缺銅不能以時給買，非運貯竹園村之失也。誠使減諸路之採買而盡運迆西諸路之銅貯之，雲南府以知府綜其發運。又運臨安路南之銅盡貯之竹園村以收發責之巡檢，如是則諸路委官至輒買運去耳，豈復有奔走曠廢之時哉？若更依仿運錢之制，以諸路陸運之價分發緣路郡縣，各募運户，借以官本，多買馬牛，按站接運，比於置郵，夏秋盡撤馬牛歸農停運，則人馬無瘴癘之憂，委官有安間之樂。於其暇時又分尋甸運銅之半，由廣西廣南達於白色，竝如運錢之舊，即運京之銅亦且加速，一舉而三善備焉矣，惟擇其可而採納焉。

王昶曰，謹按右所撰論，綜覈銅政上下數十年之原委，切中竅要。經濟之實，罷貫之文，後之人拾其緒論，皆嗚爲奇策，然時勢不同，蓋有可行於昔，而不可行於今者，非當日立言之過也。上年曾有條陳以鑄息增銅價，又有請復省城銅店，匯收各省採買銅者，皆不能行。因附記焉。

陳澹然《權制》卷五《軍餉述・鑛幣》　江淮以南礦務既開，急宜就場鼓鑄，免致解京擾民耗費，銅船所過，無異寇賊，以招寇盜。近北通州事，山陝河南之礦，專解京師以防内渴，此經權之宜辨者。

石韞玉《獨學廬稿》文稿《籌辦善後章程摺》　且産少人多，況此項鄉勇遣散後，皆欲各回原籍，有勇處未必有産，而有産處又未必有勇，辦理殊多格礙。若於鹽井、銅廠等處遣令以力謀生，則煎鹽、錬銅等事必須素習其業者方能工作。鄉勇素非所習，銅鹽商人必不願招募，且鹽井、銅廠本爲游民聚集之所，再加以曾經戰陣之人雜處其間，亦慮桀驁滋事。輾轉計議，皆非長策。

許楣《鈔幣論・禁銅條論一》　議者曰：設立收銅之局，民間銅器以鈔倍價收之，禁絶銅器鋪，以銅私相賣買者没入其器，更不加罪，胥吏不得向民間搜括，以致騷擾。

論曰：民間銅器其利用者多矣，雖以倍錢收之，未必盡應也。何況倍鈔以銅器，私相賣買，非首告，官安得知？自好之士焉肯首告，首告非蠹役即地棍耳，而蠹役地棍得錢即已，又焉肯遽行首告？首告必誣，執人於市，而劫其銅器，曰：「予我者舍汝，不且以私賣買入官。」懦者委而去之，强者與之争，然後牽以告官矣。官方以收銅爲功，詎復置辨，不過没入其銅，驅其人令出而已。如是而猶曰：胥吏不得向民間搜括，以致騷擾，吾不信也。

許楣《鈔幣論・禁銅條論二》　議者曰：禁絶打造銅器之鋪，立官銅鋪，但造樂器、鎖、鈕，以便民用。

論曰：《金史》載正隆而降，銅禁甚嚴，民間銅器不可闕者，皆造於官而鬻之，既而官不勝煩，民不勝病，乃聽民冶銅造器，而官爲立價以售其弊若此。顧亭林《日知録》博攷禁銅之令，而終以一言斷之曰：「今日行之不免更爲罔民之事。」諒哉！

兄棟曰：《金史》但言官不勝煩，民不勝病，而不言官之何以煩，民之何以病？今爲引伸其緒，民間銅鋪所在有之，通都大邑或至數十，然民爲之則不覺，官爲之則即一縣一鋪欲以令長而兼商賈之事，是官不勝煩矣。民間銅鋪買賣低昂，顧否任便，官賣則任事者不免於定價外多取，設有損壞，皆當就官鋪修治。試舉極瑣碎事言之，假令門户、箱篋鎖壞，常時銅工一呼即至，而官鋪不能，能亦日不暇給，又篤遠之處更無暇往來僕僕，其他難以枚舉，是民不勝病矣。

李鴻章《李文忠公奏稿》卷七八《運銅赴朝鮮鼓鑄摺光緒二十年八月初五日》

奏爲朝鮮錢價太昂，軍餉虧折過鉅，設法運鑄以資補救恭摺仰祈聖鑒事：竊准總統朝鮮前敵各軍直隸提臣葉志超電稱，各軍駐紮平壤，以銀易錢，庫平百兩作九十五兩，每兩合錢七百五十文，照此價值，官兵一月應領之餉不敷半月之用。昨據韓官閔丙奭面稱，平壤現有鑄錢鑪，若備銅鉛解來製造，按華錢兩文，可鑄韓錢三文，鑄成後發營通用，於軍務地方深有裨益等語。當飭總理前敵營務處直隸臬司周馥辦理朝鮮撫輯事宜，浙江温處道袁世凱辦理東征轉運事宜。津海關道盛宣懷悉心籌議，茲據詳稱，天津現時銀價每兩約合制錢一千四百餘文，與平壤相較，軍士受虧過鉅，該處錢少銀賤，既難强令加價，只有就地鼓鑄以資接濟，惟近年所購洋銅多係倭産，來路已停，若購自西洋，又緩不濟急。查户部訂購銅鉛除業已解京外，計天津招商局棧實存禮和行三四批白鉛二十三萬二千七百八十四斤十二兩，又三井行末批銅四千三百十七斤四兩，又三井行第一批銅三十六萬九千零三斤，又地亞士行末批銅二千四十二斤四兩，統計銅鉛六十萬八千一百四十七斤四兩，擬請移緩就急，全數截留撥用，俟軍務告蕆，再行照數采購解還部庫。韓錢體質粗薄，約須鉛六銅四，存鉛尚不敷用，擬再添購匀配，解往平壤，就原有鑪座及舊用員匠剋期趕鑄，所有運鑄等費均先挪墊，俟錢鑄成，按款扣還。核計銀錢折值相當，解交錢局，核發各營，收銀歸本會，詳請奏前來。臣查大軍前進，百物騰貴，一切食用均須現錢交易，實爲最急之需，藩屬用兵尤與内地不同。韓錢市價本昂，勢難强加抑勒，我軍以銀易錢，按照減平及時價耗折，幾至一倍有餘。當此軍情艱苦，用款浩繁，何堪更增此意外鉅虧，日久斷難支拄，現擬就地鼓鑄，雖有轉運工料之費，而較之兑换之數，所省已多。韓錢不及華錢之精，以兩文華錢可鑄三文，尚爲合算，就現有銅鉛添購白鉛，約可鑄韓錢一十一萬五千餘串，有此大宗錢款流通行使各營，既免虧折，市面得資周轉，物價亦可漸平，於軍務地方裨益匪淺。此項銅鉛本備京局鑄錢之用，現值軍需緊要，自應移緩就急，但使兵餉少一分耗折，即爲部庫省一分度支，合無仰懇天恩俯准照辦。臣即將應用銅鉛飭由海道解至義州，運赴平壤，交由周馥、袁世凱督率員匠妥速趕辦，所有截留銅鉛應統歸軍需列收，其運鑄等費就款扣還，由該司道開單彙銷。是否有當，理合恭摺由驛具陳，伏乞皇上聖鑒訓示。謹奏。

軍機大臣字寄光緒十八年七月二十八日奉上諭：『本日户部奏核雲南銅本運費，請照唐炯所奏，每百斤暫加銀一兩，已依議行矣。另片奏請飭整頓銅運等語，唐炯係棄瑕録用之員，宜如何力圖報稱，乃自到雲南以來，前後奏報銅廠漸有成效，迄今已閲三四年，辦運之數每年不過兩批，毫無起色，實屬有負委任，現值寬爲加價之時，務當激發天良，力籌解法，逐歲加批，倘再空言搪塞任意鋪張，著户部據實嚴參，從重治罪。其前請加借工本銀兩分年繳還，暨迤西礦務暫免課耗，現已奏限届滿，均著唐炯迅速清結，毋稍遲延。至該省近年所解銅斤夾雜鐵砂低銅，多至八九萬斤或十餘萬斤，實屬不成事體，著唐炯嚴飭該公司等嗣後不得再有低潮攙和情事，並隨時稽查。如有此等弊混，即著將該廠員等嚴參示懲。原片著鈔給唐炯閲看，將此論知户部，並諭令唐炯知之。欽此。』欽遵寄信到臣，跪誦之下，惶悚莫名。伏查辦廠之法首在多獲礦砂，尤要在礦質厚重，始能多出銅斤，此一定不易之理。然礦砂之多可以人力强取，至於礦質或厚或薄，則繫乎地氣，有非人力所能强致。公司所開各廠其礦質以巧家廠爲最，然每百斤礦砂煎煉成銅止七八斤，至多不過十斤，威寧廠即前奏所稱，西良山礦每百斤礦砂煎煉成銅不過三斤，其他宣威、平彝等廠礦質亦止三二斤不等，以本年一百五十萬斤銅計算，需礦已三千一百數萬斤。是礦不爲不多，廠不爲不好，而得銅止有此數，則以礦質澹薄之故，而必翻鍛七八次，閲六七十日乃能成銅。人工炭火耗費不資礦質之澹薄，如彼時日之躭延，人工之耗費又如此，此公司之所以賠累拮據而京運之不能遽期復額。職是之由凡此皆係實在情形，非敢空言欺罔。今幸仰蒙恩賞加價，臣已嚴飭公司多方接濟民間油米，俾窮民踴躍隨地開採，以期廣種博收，裒多益寡，然如此辦法亦非尅日所能奏效，臣惟有勉竭愚誠，隨時指示督催，不敢疏懈。至加借工本十萬兩，已據呈繳四萬，其餘六萬，臣以限期届滿，迭次嚴追。據該公司禀稱，委因夏間雨水爲災，礌硐水淹，爐座坍塌，又須重新修理，始能趕辦銅斤，需費甚多，實屬苦累，應總之款懇求寬至明年。臣恐有誤京運，不敢不暫行批准，稍示體恤，斷不敢任其久懸，尚求天恩俯允，以紓商力。其銅色間有低潮，實因各廠銅質高下稀稠不能一律，臣已嚴飭該公司加工煎煉，遵照部章成色，務在八五以上。並飭廠員認真挑選，倘再有低潮，一經部局挑出，照例賠償，仍予懲辦。至迤西廠務係該處紳民自行開辦，祇以資本甚薄，或作或輟，尚無成效，俟其見功再行起限，專案奏報。」得旨：「如所請行。」

劉錦藻《清朝續文獻通考》卷四三《征榷考一五·坑冶》 又題准廣西蒼梧縣屬金雞頭銅廠，准其封閉。

李燾《續資治通鑒長編》卷三七六《哲宗》 〔元祐元年，四月，己酉〕户部尚書李常言：「岑水等場自來出産銅鑛，最爲浩瀚，近年全然收買不敷，欲乞選差，諳曉坑冶鼓鑄之事幹力文官一員，前去逐場體訪事理，務令招坑户，使銅利興發。然後於見廢監州郡，相度隨買到銅多少，逐旋興復，鼓鑄錢寶。」從之。

又卷三七八《哲宗》 〔元祐元年，五月，癸酉〕廣南東路轉運司言：「韶州告發泰興銅場買銅錢，乞依岑水場於永通監支給，應有銅坑興發，並依岑水場買銅條，以永通監錢收買。」從之。

《金史》卷四八《食貨志三·錢幣》 正隆二年，歷四十餘歲，始議鼓鑄。冬十月，初禁銅越外界，懸罪賞格。括民間銅鍮器，陝西、南京者輸京兆，他路悉輸中都。【略】

初，大定間定制，民間應許存留銅鍮器物，若申賣入官，每斤給錢二百文。其弃藏應禁器物，首納者每斤給錢百文，非器物銅貨一百五十文，不及斤者計給之。在都官局及外路造賣銅器價，令運司佐貳檢校，鏡每斤三百十四文，鍍金御仙花腰帶十七貫六百七十一文，五子荔支腰帶十七貫九百七十一文，抬鈒羅文束帶八貫五百六十文，魚袋二貫三百九文，鈸鈷鐃磬每斤一貫九百二文，鈴杵坐銅者二貫七百六十九文，鍮石者三貫六百四十六文。明昌二年十月，勅減賣鏡價，防私鑄銷錢也。

舊嘗以夫匠逾天山北界外採銅，明昌三年，監察御史李炳言：「頃聞有司奏，在官銅數可支十年，若復每歲令夫匠過界遠採，不惟多費，復恐或生邊釁。若支用將盡之日，止可於界内採煉。」上是其言，遂不許出界。

《萬曆疏鈔》卷二七趙世卿《國匱民窮修舉錢法以開財源以寬民力疏萬曆三十六年八月》 萬曆二十七年三月内，該工部咨開：户科給事中郝敬款題設官立局，廣鑄制錢，官民兼用。查得户部軍糧商價歲計九十餘萬兩，銀錢三七兼支，計該鑄錢銀二十七萬餘兩。今計鑄錢一萬文，合用銅價工料費銀一十四兩，以五十文支放，則可值二十兩矣，共可充銀三十八萬有奇。其鑄錢四火黄銅，選定殷實商人買辦，隨鑄隨送，照例兼支等因到部。又於二十九年正月内，准工部咨稱：本部商人不多，業苦難支，欲將户部錢銅改令自行召買等因到部。隨於本年四月内，單派宛平等縣僉報商人朱萬壽等三名，買辦黄銅六十萬斤，每斤價銀一錢，共該價銀六萬兩，當於太倉預支銀二萬四千兩，責令在京買納。又該各商告稱，黄銅貨賣原在蕪湖等處，乞准輕賫等因。該本部移文兩准鹽運使司，於歲課銀内量給三萬六千兩，共給過銀六萬兩，而各商經年有餘，尚欠黄銅十萬斤，見在追比。今據三十年分，又該鑄錢黄銅六十萬斤相應召買，竊照制錢，原爲貨泉，則採銅自關國計。第以六萬之金漫付數商之手，公免課税，私假經營遷延，不免於侵漁，程督動稱夫賠累是採銅之通弊也。工部原擬五十文支放，故謂十四兩之銀可得二十兩之錢，計其利當什四。今市錢以六十文行，而各商所領銅價之外，又有告免税銀，計其利不當始議之半矣，費重用輕，無益均輸之計，朝三暮四，徒滋多事之煩。又鑄錢之流弊也，則國家亦何利焉。查得各商具述黄銅聚於蕪湖等處，若就彼買辦，非惟銅無雜僞，抑且價必懸殊，則錢利或可不失原議矣。合無移文應天撫按衙門，將本府歲額應解太倉銀三萬五千七百餘兩，及倉院、屯院贜罰銀一千二百兩盡數動支，或有不足，量於太平等府額銀内動支湊用，就便給發蕪湖等處，責委材能官員，照依尋常時價買辦黄銅，差官驛解赴部給鑄案呈到部。看得採銅鼓鑄實爲平准之權宜，而給驛轉輸尤免侵牟之積蠹，相應題請合候命下本部，移咨應天巡撫及咨都察院，轉行巡按御史，將應天府額解銀三萬五千七百餘兩，及倉院、屯院贜罰銀一千二百兩盡數動支，不敷外仍於太平等府額銀量支湊用，就便給發。蕪湖等縣責委廉能佐貳官一員照依尋常時價買辦四火黄銅，造成文册給與勘合，沿途不許阻滯。本官亦不許挾帶私貨騷擾驛遞，務要星馳解部，轉送工部寶源局鑄錢應用。至若買辦解運官員，果能勤身佐國，潔己奉公，仍容臣部咨送吏部，紀録優叙。若或自同賈竪，致悮軍需，及有挾帶騷擾情弊，亦容臣等從重參處。

陳于廷《寶泉新牘》卷一　督理京省錢法户部右侍郎陳爲新奉欽依，責成買銅解局，如數如期無悮鼓鑄事：協佐錢法陝西清吏司案呈，案查本部題覆陞任督理錢法右堂李一疏内開，各鈔關如滸墅、九江、臨清監督官在臣衙門各有應解税額，如北新、淮安、揚州，監督雖不在臣衙門，亦各有應解税額，每年即令各監督官那額税之半，隨便買銅不時解進，以鼓鑄之用，銅斤到日即行開除額課，俟督臣照數以局鑄抵還。其南直、浙江、江西、湖廣各買銅地方，俟本年完報之後，以後年分仍聽臣部酌量銅斤盈縮，以爲銀數多寡，移文扣留，買辦不必拘定肆萬伍萬之數。若陝西二年加派雖有未解伍萬陸千有零，第先爲工部題留修建府第，尚在争執，亦聽臣部行令。該省酌動該年另項應解部銀若干買辦接濟。以上省直總以銅斤到部而後開銷錢糧，無令銀與銅兩懸而滋侵欠之弊也。總之，在南北部奉差榷臣，責無辭於兼攝，在各省當事諸臣，義難委於旁觀，或運於漕艘，或專運於委官，一聽便宜行事。至於紀録忠勞、參罰怠玩，原經奉有欽依，督理臣必且執三尺以行勸阻等因，業奉欽依，通行在卷，合行馳檄各該地方衙門，遵照原題欽依内事理，上緊買辦完解等因案呈到部。看得爐突無煙，工匠束手，本局即焦勞心計，難爲無米之炊，所望各省銅料之接濟，真以日爲歲者。九江滸墅關爲銅鉛諸貨輻輳之所，爲蜀楚江浙諸省咽喉之區，收買非難，督催亦易。近經題覆，欽依不啻再三嚴切，所有該司應動榷課及江西、湖廣二省，南直、浙江等處原扣輕賫各照後開分數，目應買辦者，徑自買辦，應催督者，速行催督。其選委員役搭解糧艘，或每年分作二運，耑官領解，一聽便宜行事，仍須如數如期。此係累奉欽依，參罰紀録，法在必行，義難坐視，無比泛常延緩。計開：

一、九江每差坐扣税額銀叁萬餘兩，照依時估，選買黄銅約叁拾萬斤，一切差官運船使費，一併開除正額，照數銷筭。

一、江西原扣天啓元年分輕賫銀肆萬兩，除解過黄銅貳拾萬斤外，其未完銅斤亟行移會該省督糧道，嚴催完解。

一、江西原扣天啓貳年分輕賫銀伍萬兩買銅，至今分毫未解，一併行催，勒限起解。

一、湖廣原扣天啓元年分輕賫銀肆萬兩買銅，至今分毫未解，移文耑差的當員役，赴該省督糧道守催。

一、江西天啓三年分輕賫銀兩、湖廣天啓二年三年分輕賫銀兩，暫免扣留，悉行照常隨糧完解；現催前項銅斤完日，本部權衡多寡盈詘，不拘何年何項錢糧，另文坐扣採買。

一、滸墅每差坐扣税額銀叁萬餘兩，照依時估，選買黄銅約叁拾萬斤，一切差官運舡，使費一併開除正額，照數銷筭。

一、應天等處原扣天啓元年分輕賫銀肆萬兩，向據總督漕院咨稱，滇蜀阻梗，買辦惟艱，暫行停免，今蜀事暫平，前項扣買銀銅，難遽□閣，况近經題覆，奉有欽依，勢在燃眉，詎容姑待？該督糧道即查前項見扣銀兩，不拘叁萬、肆萬，立刻選委員役給領，買辦上好四火黄銅，務於六月七月内完解。

一、浙江原扣天啓元年分輕賫銀肆萬兩買銅，據報，見經差都司副斷事曹士先領銀叁萬兩，前往湖廣收買，至今未據解到，亟行移會該省督糧道，嚴催前買真正四火黄銅，定限六月終完解。

一、南直、浙江天啓二年三年分輕齎銀兩，暫停免扣，悉行照常隨糧完解。見催前項銅斤完日，本部權衡多寡盈詘，不拘何年何項錢糧，另文坐扣採買。

一、北新、揚州、淮安、臨清、河西務鈔關爲各省咽喉之區，百貨輻輳之所，收買非難，督解亦易，近經題覆欽依，所有應解本部稅銀，量扣若干兩，照數買辦真正四火黄銅，作速解進，以充鼓鑄。其選委員役與搭解便差，從水從陸，一聽便宜行事。銅到之日，即准開除額課，仍戒諭承委員役，毋得侵尅攙和低假，以致悮事。其買過銀銅數目併起解日期，先行揭報本部，以便查考，務須如數如期，勿視爲秦爲越，此係欽奉明旨，參罰紀録，法在必行，無比泛常延緩。

督理京省錢法户部右侍郎陳爲衡量鼓鑄事宜，酌議補偏救弊等事：協佐錢法山東清吏司案呈，看得局之需銅猶炊之於米也，自議派各省動支輕齎銀買辦銅斤解進，於今四載，僅於本年三月内，江西解到黄銅貳拾萬斤；九月内，太平府解到黄銅壹萬陸千柒百捌斤。外如浙江報到差官曹士先，南直報到差官王來詔，湖廣報到差官張臯謨，豈其人皆子虚烏有乎？而銅歸何處，望眼欲穿。又如南京户部咨開，動支改折銀伍萬兩，委山西司主事李思敬領過貳萬兩，給商許志陞買有黄銅解京交納。又有代進制錢，折算銅本工料銀兩，已經差人領去。採買已解者，既同止渴之梅，而領買者，徒潤奸商之橐。又准南京户部咨稱，各關買銅有陸不便議解銀到部，認爲代買，不知各關解銀何時，發買何時，銅到又何時也。恐關上諉爲已卸之擔，而部中視爲代耘之田，悠悠歲月，曷濟急需，相應移咨亟催。且此時窩鉛盛集，有陸萬之紅銅便可當十萬之黄銅，即令各商耑買紅銅解進，或銅柒鉛叁兼運，既省點配工夫，又無稽遲時日，且免低假退换，公私俱便。應併知會案呈到部，擬合就行。爲此合咨貴部，煩查商人許志陞等自三月内領解銅斤，緣何至今未到？其代進制錢銅本銀兩，既已差人領去採買，爲日已久，此時應即催解。至原動改折銀尚有叁萬兩未發，及各關解到課銀，祈作速差役耑買紅銅，兼程解運進京，以濟急需，庶見同心體國之誼，一咨南京户部。

督理京省錢法户部右侍郎陳，爲衡量鼓鑄事宜，酌議補偏救弊等事：協佐錢法山東清吏司案呈，案照先奉督部送准南京户部咨開，動支改折銀伍萬兩，已委山西司主事李思敬領過銀貳萬兩，給發商人許志陞等買有黄銅，批差本商解京交納，餘銀尚未領買等因到部，送局爲照。局之望銅何啻調饑，倘外解不至，則利源終竭。今查南部原議動支天啓二年、三年分改折銀各伍萬兩，止開商人許志陞領銀貳萬兩，買銅起解未到，尚在嚴催，其餘銀兩若不速行派辦，將來何以接濟？至各關原派銅斤，南部既稱各關所稱六不便，情理逼真應合，銀自關解，銅自部解，已認代買，即宜火速買完，一併解進。倘銀未到部，仍應移覆各關遵奉欽依自行辦買，毋致兩悮。至黄銅鎔點，似費工夫，又延時日。且近到黄銅皆配不及格，低假難用，以後續買，即令銅七鉛三兼搭，運進爲便。案呈到部，擬合就行。爲此合咨貴部，煩爲查照咨内事理，將原派未買天啓二、三年分改折銀共捌萬兩，併各關解到銀作速差商採買，徑將紅銅七分，窩鉛三分兼搭運進，不必鎔點，以致低假作弊，務期嚴限到京。倘各關銀未到部，仍應移覆，聽令自行買辦，毋致兩悮，徒爲怠公者所藉口也。一咨南京户部。

又卷二 嚴查商販銅觔事：據崇文門循環册報銅鉛數目到部，五月以來，不止二三十萬有零，未據押送泉局收買，事屬違玩，相應嚴查。爲此仰司查照，原册開報數目移會榷司，速唤經紀着落原販商人樊一科、范天榮等照數送局兩平交易，以資鼓鑄，如有短少，即係私鬻私鑄情弊，中間或係爐頭買補舊欠，或係民間貿易步須，亦要詳開明白，原情免豁，以後仍行申飭，遵照明旨，着實奉行。商販銅斤到日，即押送本局收買，如再違悮，解經紀、行頭人等參究重處，決不姑貸。一牌行寶泉局。

會計本利：户部寶泉局自天啓二年正月初七日員外郎湯道衡開鑄起，自四年正月十二日奏繳止，除將本局庫錢在京零買商販銅鉛不算外，陸續借過各項錢糧作本買銅，應還新舊二庫銀兩數目開後：計開：

天啓二年二月内，奉部劄，借太倉銀壹萬貳千陸百兩買銅，每斤用銀壹錢伍釐，共買過銅壹拾貳萬斤。

二月内收工部原派銅商田尚等解到黄銅貳拾萬斤，每斤照工部作價壹錢壹分伍釐，該還鹽課本銀貳萬叁千兩。

七月内，收田尚等解到黄銅肆拾壹萬玖千伍百陸拾伍斤肆兩，每斤照例作價壹錢壹分伍釐，該還鹽課本銀肆萬捌千貳百伍拾兩。

十月内，收田尚等解到黄銅壹拾萬斤，每斤照工部及科院議定，作價壹錢貳分，該還巡青本銀壹萬貳千兩。

天啓三年三月内，收江西解官洪宗義解到黄銅貳拾萬斤，照依本省議定，每斤作價壹錢，該還輕齎本銀貳萬兩。九月内，收太平府解官姚秉嘉解到黄銅壹萬陸千柒百捌斤捌兩，每斤作價壹錢貳分，該還輕齎本銀貳千兩。收臨清鈔關差解户馬萬里解到黄銅叁萬貳千斤，每斤作價壹錢貳分，該還税額本銀叁千捌百肆拾兩。十月内收商人田尚解到黄銅陸拾叁萬叁千叁百叁拾叁斤陸兩，每斤作價壹錢貳分，該還巡青本銀柒萬陸千兩。收郭幅益等兑支陝西布政司抽扣銀買到紅銅貳萬貳千貳百貳拾貳斤肆兩，每斤依原定價壹錢叁分伍釐，該還新餉庫銀叁千兩。

收崇文門宣課司陸續買送紅銅共叁萬捌千伍百貳拾貳斤壹兩，每斤作價壹錢肆分，該還税額本銀伍千叁百玖拾叁兩捌分捌釐。

又黄銅叁百叁拾陸斤肆兩，每斤作價壹錢貳分伍釐，該還税額本銀肆拾貳兩叁分壹釐。

又收窩鉛叁千捌百叁拾斤拾兩，每斤作價壹錢叁釐，該還税額本銀叁百玖拾伍兩肆錢捌分壹釐。

又窩鉛貳千貳百斤，依酌定時價，每斤柒分柒釐，該還税額本銀壹百陸拾兩肆錢。

十一月内，收河西務鈔關差官楊基等解到紅銅壹萬柒千伍百壹拾陸斤，每斤作價壹錢叁分伍釐，該還税額本銀貳千叁百陸拾肆兩陸錢陸分。

以上共該還太倉銅本銀貳拾萬玖千伍拾肆兩陸錢陸分。

自天啓貳年正月開鑄起，至肆年正月奏止，陸續解過太倉。

《度支奏議・新餉司》卷一四《摘催過限前後欠銅事件疏》 題爲摘催過限欠銅事件，以完公帑，以資鼓鑄事：專理新餉山東清吏司案呈：崇禎三年九月初八日，奉本部送户科抄出該本部題爲奉旨奏報事：本年九月初五日奉聖旨：奏報原爲責成，若仍舊延諉，奏報何益？疏内如奸商欠銅、蠹餉等項，屢經題參改限，竟若罔聞。又如方大任、錢士貴所參冒支糧料積弊，奉旨查究，關係最切。且事在近鎮，何難督催，經年未見回奏，誨蠹養奸，莫此爲甚。該部科還單摘數件勒限嚴稽，如再玩違，重治示警，不得混入多款，但應故事。欽此。欽遵。除冒支糧料一案，業據關内道招詳覆覈題駁。又薊門奸商蠹餉一件，於摘舉八月過限事件疏内具題外，所有欠銅事件已過九月之限，相應分别摘參。今查崇禎二年四月内，該錢法侍郎曹珍題爲猾商侵騙日久等事，奉聖旨：奸商積欠銅鉛，已有旨限三月内完解，如何至今不到，便着應天、浙江撫按衙門將原領商人委官王來詔等速行提究，務查欠銀，着落據實回奏。再，仍延緩責有所歸，南京銅本着該司官作速完解，其節年給欠銀數一并查明具奏。該部知道。欽此。二年九月内，又該本部題爲猾商侵騙日久等事，奉聖旨：聶義，着湖廣巡撫遵限提追具奏，不得遲延。欽此。崇禎三年正月内，又該本部錢法右侍郎康新民題爲奸商侵騙等事，奉聖旨：據奏，銅商拖欠數多，屢旨逾限，好生違玩着，省直撫按即於各官名下嚴追抵補。如撫按違玩，一併治罪。代進銅本，南部照數補還，銅差商委經管司官追解，都立限與他部商，該部嚴比，該衙門知道。欽此。正月内，又該南部銅差主事畢生輝題爲猾商兩經題參等事，奉聖旨：這追完商逋銅鉛速解交局，銀兩另擇幹商帶辦。完日彙解，未完的照限嚴追。該部知道。欽此。本年二月内，又該錢法侍郎康新民題爲奸商藐抗違限等事，奉聖旨：這奸商馬惟巽等未完銅鉛，支吾在途，總屬違限，着行應天府嚴查償解，再延重究。欽此。本年三月内，又該南京户部鄭三俊題爲猾商兩經題參等事，奉聖旨：南商逋欠銅價，未完的照數嚴追，已完的，補足庫貯，一併速解。季進銅本，照舊例行，不准免。該部知道。欽此。本年五月内，又該錢法右侍郎康新民題爲奸商侵騙日久等事，奉聖旨：這解比奸商王烈光并曹策等，招詞影響，隔遠難憑，仍復發回，何時結局，着將供吐各詞，咨行該撫按嚴提家屬，逐一究查。果有着落，方准押回追抵。該部知道。欽此。欽遵通行在案。查以上欠銅前件共七疏，其間商委姓名、完欠數目，總不出於錢法督臣康新民所參奸商侵騙一疏中也。謹按：前後原疏細加查對，内除王來詔、許陞、阮顧行、汪廣、吴隆、王爵、韓應魁、劉嘉惠、沈文、王誠、馬惟巽所欠銅鉛銀兩陸續完解外，其未完各商在浙江省則王烈光等，係天啓六年三月内領輕齎銀一萬一千八百八十兩，全未完。曹策金廷、吴國賢係天啓四年九月内共在布政司領輕齎銀二萬八千六十九兩三錢五分，除完過外，原欠一萬二千六十九兩三錢五分内，曹策續完銀一十兩四錢二分五釐，尚共未完銀一萬二千五十八兩九錢二分五釐。今王烈光、金璞成、洪瑞、關鳳、曹策、吴國賢男吴文魁提解到京，該錢法侍郎康新民題奉欽依，行查本省有無産業可以變賣完官，其各犯見在寶泉局追比。在湖廣省則聶義原欠銀五千八百九十五兩六錢八分零，已完銀三千一百八十五兩五錢七分，尚未完銀二千七百一十兩一錢一分。今本商拘提到京，見在寶泉局進比。汪有成原欠銀三千八十一兩六錢八分一釐，已完四百七十六兩六錢四分八釐七毫，未完銀二千六百五兩四分二釐三毫。在南京銅差，則商人何天儀原欠銀六百一十兩九分一釐，全未完。康太運原欠銀九百五兩六分全未完。章元德原欠銀一千七百二十三兩四錢一分，已完二百六十兩，尚未完一千四百六十三兩四錢一分。金守憲原欠銀一千二百二十兩五分，全未完。應天府商人石崎、高紹隆原欠銀八千六百三十五兩六錢八分，已完六千一十七兩三錢五分，未完二千六百一十八兩三錢三分。謝承恩係天啓六年六月内領輕齎銀六千兩，已完三千一百七十八兩六分，尚未完二千八百二十一兩三錢四分。在寶泉局，則爐頭陳謙、金啓、楊順修係天啓七年内兑領河南舊項銀二萬二千兩，除完過外原欠銀五千二百八十八兩六錢，全未完。陳明道、劉寧之係天啓七年内兑領河南舊餉銀二萬兩，除完過外原欠銀四千二十六兩五分七釐七毫，續完銀一百二十兩七分六毫，尚未完三千九百五兩九錢八分七釐一毫。又南部自差商人常楫、王秀原領銀一萬二千五百五十兩，按南部鄭三俊疏内稱，二犯已經監故，比追家屬完過銀三千一百兩，尚欠九千四百五十兩。此各商積欠之數也。前件論過限則當摘參，經管論侵騙則當參處。各商案呈到部，該臣等看得，古者鑄山以爲利原，非貿易於民間也。至今日而已失其初意矣。果接濟以時輸納如額，或可鼻息於十一而不謂其拖欠之多也。臣查南北省直商欠如王烈光等，其間多者以一二萬金，即少亦不下千金。在地方追比者，方以倖免爲得計；在提解來京者，又以囹圄爲福堂，至法窮於無所施，憪不畏死真無容姑息養奸者矣。業已屢違定□例當摘參。查南商年久而欠多者，如王烈光、曹策金廷、吴國賢等一起，寶泉局爐商年久而欠多者，如陳謙、金啓、楊順修、陳明道、劉寧之五名侵騙獨多，擔延最久。雖云提到現在追比，俟其變産還官，猶恐終無完期。合無外行撫按衙門，内行錢法侍郎，查其産業，比其家屬設法追併，速完前件。如俟年終不完，即行參送法司，務令正身服罪，庶奸猾知所畏憚，而錢糧有所歸着矣。查年久而次欠者，如湖廣之聶義、汪有成，應天之石崎、高紹隆、謝承恩，奸人巧於脱延，臣部屢催不應，該省撫按司府得無視爲難完之局，而高閣置之乎？定限年終追比，如數完解，倘再逾期，司府分别罰治本商，參送究追，臣部萬難再請展限而以姑息養奸也。其銅差商人何天儀、康太運、章元德、金守憲雖所欠不多，然而積逋有年，豈容姑息？所當責成該差郎中畢生輝亟提何天儀等家屬，追究變産完官，亦限年終盡數解納。如再稽延，從重參罰者也。若常楫、王秀人雖監故，但係南部自委，應聽該部設法追補，無使少有拖欠可耳。抑臣更有請焉，此疏臣部統按從前諸疏所開奸商姓名、完欠數目，業已備極詳明，以前七疏相應註銷，今後督催奏報，一以此疏爲准，庶前件歸一頭緒不紛而異日摘參更便御覽矣。既據該司案呈前來，相應題請，恭候命下臣部，移文各該衙門遵奉速結施行。崇禎三年十月二十六日具題。本月二十八日奉聖旨：奸商拖欠銅價尚五六萬金，内外延諉，結局何日？各省責成該撫按，兩京責成經管各官，嚴比家屬，查核産業，自認限期設法追補，過限不完，都着自行回奏。近日吏部題准立限期日，如何未見遵依？還通行申飭，前七疏姑准註銷。該衙門知道。欽此。

屈大均《廣東新語》卷一五《貨語·銅》 考唐建中初，趙贊判度支，采連州白銅，鑄大錢一以當十。而韶州城南七十里，宋初置場采銅，曰岑水銅場，謂場水能浸生鐵成銅，今不然矣。而連州亦絶無白銅，大抵廣東無銅礦，惟廣西右江州峒有之，往時掘地數尺即有礦，故蠻人好用銅器。然廣東亦有赤銅，宓山云：凡赤銅一石可取白銀四兩。從雲貴來者，有光，蓋未取煉者也，其價貴。從洋船來者，無光，其價稍賤，以取煉者也。赤銅鑄錢須以倭鉛、盧甘石入之則黄。官誠能平價采買於洋船，而取英德、仁化礦鉛以鑄制錢，錢既行，漸廢銀而不用，將見富者難以爲富，貧者易以爲貧，此亦便民之道也。説者謂地不産銅而開局鑄錢，則銅價頓高，勢不得不殽雜以充課額，錢既殽雜質脆而色黯，遂啓僞錢之端。此説亦未必然。

邵長蘅《邵子湘全集·青門簏稿》卷一六《策·試策六·錢法》 乃數月以來，京師錢賈騰踴，大賈居之以爲奇，販夫經日皇皇不得一錢，而市廛之間，日以告病。故曰，患在微貴也，然此皆病也。非病之原也。病之原在錢少也，錢少之原在於銅匱，國家歲令各省鈔關買銅解京，名曰銅觔，所以漸收天下之銅歸京師，法至善也。比年，關蠹姦商夤緣爲市，往往齎銀入京采買，以省搬運。京師奸民遂有銷錢爲銅，及剪鑿磨挫大錢以規利者，銅安得不匱？請在外責之督撫，驗明起解，在内責之巡城五坊，嚴加譏察，使銅必采自外省，輸之京師，則銅裕十五矣。劉秩有言，銅以爲兵不如鐵，以爲器不如漆，禁之無害，宜令民間銅器一切禁絶。舊器應毁者，悉送諳官，稍厚其直收之，銅裕十八矣。佛寺銅鐘，大者至容百石，重千鈞，銅像亦有盈石者。周世宗謂侍臣曰：「卿等勿以毁佛爲疑，夫佛以善道化人，苟至於善，斯奉佛矣。彼銅像者，豈所謂佛耶？況摶土斵木，亦可致敬。」此亦裕銅之一端也。執事復詢及産銅之開采，行省之開爐，二者亦方今所當論也。開采之地必在深山大谷，而其人皆椎埋亡命之徒。夫聚數千椎埋亡命於深山大谷之中，而又有豪民大俠爲之主，萬一有虞，可爲寒心，愚不敢輕議也。賈山有言，「錢者無用器也，而可以易富貴。富貴者，人主之操柄也，令民爲之，是與人主共操柄，不可久也。」各省鑄錢事體，雖與此異，而利源四出，侵漁必衆，模範不一，私錢易淆，竊以爲非便。誠令天下之銅盡歸京師，而天下之錢皆出寶源、寶泉，此百年無弊之道也。

宋犖《漫堂年譜》 康熙二十七年，戊辰，余五十五歲。正月，查出司庫虧空銀三十六萬六千五十四兩，詳題追補。邳州、桃源、睢寧、徐州逃亡人丁四萬八百六十有五，句容、長洲、靖江、金壇、丹徒、江都版荒坍江田地二十萬四千九百六十四畝，俱詳請題豁。採辦銅觔一案，每年額辦銅十七萬觔，餘以定價不敷，詳請停辦。奉旨：「每銅一觔增價三分五釐。」後湖廣、江西等省援例，一概增價。

附銅觔詳文署：查銅觔一項，於康熙二十三年户、工二部會覆錢法侍郎題請，議於江寧撫屬蘆課銀動支一萬一千五十兩，辦銅十七萬斤。竊思江南非產銅之區，更非聚銅之處，商販稀少，價值高昂，兼各關歲歲購辦，搜刮殆盡，五十七萬斤爲數甚多。以極多之銅，採之不產之地，何怪乎市價騰涌，屢煩籌畫，終難集事也。按照部價每斤六分五釐，各處市值則每斤一錢七八分不等，大部可以責之藩司，而藩司豈能强取之商賈。計銅十七萬斤，照市價約算歲不敷銀幾二萬金，即將養廉薄俸盡數全捐，何補於事？其不便者一。再，銅觔解部，向雖詳明，每擔動支蘆課水脚給銀六分五釐，計程數千里，迢遞長途，費用百端，纖微水脚不足敷用。其不便者又一。况此部價外不敷銀兩實係無米之炊，前司計窮力竭，勢不得不轉令產蘆各屬照額動辦，而州縣官俸微力薄，勢不得不派諸洲民輸納。是從前辦解銅觔，内部名雖責成藩司，究竟賠累實係洲民，此尤不便於民之大者也。本使司既不敢仍蹈積習，使洲民承辦以滋譴戾，如令自行採買，除動支蘆課一萬一千五十兩外，約少銀一萬九千五百兩有奇，參銅之費尚不在内，如許多金而責之數十年飲冰茹蘗之窮員，賠辦無力，勢必貽悞。與其被參於異日，何如哀籲於斯時。所當亟請會疏入告懇，將此項銅觔分派產銅省分，價值稍賤，可以辦解無悞，在江省洲民，永免賠累之苦矣。

甘汝來《甘莊恪公全集》卷六《謹籌採辦銅觔劄子》 奏爲銅觔關係鼓鑄，謹籌粵省採辦之例，以副定限事：竊照廣東省每年辦運户部工部銅觔五十六萬餘觔，例委知府二員，分爲上下兩運，領價採辦。粵省向無洋銅進口，俱赴雲南採買辦運。自粵至滇相隔六千餘里，往返動經數月，承辦之員身既在粵，止委令佐雜人員同親信家屬賫價赴滇採買，一遇起解之時，往往多有遲誤，雖承辦之員平時不上緊催儹，難辭怠忽之愆。但相隔數千里，或臨時銅廠辦應不敷，水陸趕運不及，在所委押運之員職分既微，呼應不靈，且事非切己，處分不及，不無貽誤，而承辦之員難免遲延參處。臣伏查福建、江西兩省，每年辦運銅觔，均委知府一員，親赴江蘇採買洋銅，辦竣回任。今粵省採辦滇銅，較之福建、江西，至蘇程途更遠。且由川江至漢口始得長運赴通，經歷道路更險，必得承辦之員親身前往採買督運，庶克有濟。臣請嗣後粵省委辦銅觔，於上年詳委之時，即令離任，親赴滇省採辦，運至漢口，交給領解之員，解運赴部，該員仍回本任。如此，則承辦者既離任親往採辦，辦竣方可回任，自必上緊催儹，依期投納，似於鼓鑄有益。再，臣查廣西一省銅廠，每年約可出銅三四十萬觔不等，俱運赴漢口發賣，以供别省採辦。但粵東接連西省，採辦最易，應請將西省出產之銅坐作東省，每年下運銅觔，令下運委員就近辦運，毋庸離任前往，則粵東每年止須遴委一員，赴滇省採辦上運銅觔。是採辦既有定所，督辦復有專員，不特可以無誤鼓鑄，且使承辦之員亦得免遲延參處矣。臣愚昧之見，是否有當，伏乞皇上勅部議覆施行。

《清經世文編》卷五二《户政二七·錢幣上·李紱〈與雲南李參政論銅務書〉》 鹽政已詳前幅。更有瀆者，滇中之弊，莫甚於鹽，而滇中之利，莫大於銅。當日滇中銅觔，與錢法實分爲二。目今特奉新綸，命滇鼓鑄，則滇中之銅觔，產於滇者十之五六，產他省者十之三四，當未開洋時，天下銅觔，大半仰給於滇，而銅觔足用，寶泉、寶源，未聞缺額。目今開洋採買，而銅觔反致缺額者，以滇銅不出故也。銅，烏乎不出，自滇省設立官銅店，而滇銅遂不出矣。礦民入山採銅，官必每百觔預發價銀四兩五錢，至銅砂煎出時，抽去國課二十觔，秤頭加長三十觔，共交一百五十觔，此無本之礦民，所由困也。其有不願官價，自備工本，入山開採者，至銅砂煎出時，令礦民自備脚力，駝至省店領銀。每百五十觔，給銀五兩，又曠日持久，不能支領，於是有本之礦民亦困。其有私相買賣者，謂之私銅，將銅入官，復坐以罰。夫礦民開採銅觔，其費甚大，有油米之費，有錘鑿之費，有爐火之費，其運至省店也，有脚價之費。所費甚大而官價不足以償之。所以礦民每有峒老山空之請，蓋託之以逃耳。峒實未嘗老，而山未嘗空也。夫山海之利，公之於人則普而多，私之於官則專而少。公之於人，則可以富國而裕民。私之於官，則至於害民而病國。至民逃，銅乏而官課亦虧，專利之弊，反至於無利，往往然也。今滇省開局鼓鑄，需銅之時，勢不能不設官店，但官店可設，而官價必不可發。若能出示曉諭，除無干田園廬墓外，招民肆行開採，照市價發給礦民，則利之所在，人争趨之，銅觔所出，自必數倍於尋常矣。上可以佐朝廷鼓鑄之用，既有利於錢法。而銅觔既多，抽收必廣，又有益於課銀。下可使窮苦之民，入山採銅，得銅獲銀，食天地自然之利，既有益於民。而銅觔多出，辦銅官員，不受缺額之罰，又有利於官。銅觔既多，則買銅之銀，歸之滇省，有益於游食刁悍之徒，聚之礦地，使得衣食，漸知自愛，盗賊鮮少，訟獄衰息，風俗政治，咸受其益。蓋公利之利，無往不利，此亦必然之勢，當事者所宜急加之意也。夫銅觔者，錢法之源，錢法者，銅觔之流。其源既開，其流易雜。滇省鼓鑄，其弊有三：私鑄行則病公而害民；官錢輕則私鑄之官役，可以盜銅而肥己；攙鉛多則暗中省銅，而錢易於壞。誠能并杜此三弊，則源廣而流亦清矣。故曰：銅觔與錢法，實合而爲一者也。

又《户政二七・錢幣上・李紱〈奉旨議禁銅器疏雍正五年户部**〉》**　爲欽奉上諭事。我皇上因各省設立收買銅器公所，恐各州縣與所設公所窵遠之處，民間交納未便，令民間交易銅器，准其抵作正賦錢糧。奉上諭應如何舉行可行於何等省分，並作何交納，扣抵與生銅熟銅定價之處，詳議具奏欽此。臣部議各省有未完舊欠錢糧，行令督撫，酌量於各省，民欠内以二十萬兩爲准，令欠户交納銅器，扣抵應完舊欠之數，儻銀數抵扣完日，尚有交納銅器者，督撫再行具題請旨。此所交銅器，熟銅照頒定價值，每斤以一錢一分九釐九毫三絲計算，生銅價值，比熟銅減二，每斤以九分五釐九毫四絲四忽計算，各州縣官，於紳民交納時按其生熟成色斤兩，以所定價值算抵如有奸民銷燬制錢，充作廢銅片塊，打成器皿物件者，發覺之日照律治罪。其收銅之州縣官，不得絲毫扣減價值，亦不得以重秤收兑，令其虧折。每季將所收銅器斤兩數目，報明督撫，解交公所，督撫於年底奏報。其無民欠之省分，及無民欠之州縣，與無舊欠之糧户，有以銅器交官者，俱按生熟銅成色，給與價值，將所收銅器，存貯公所，於年底奏報。如各省地方官，有現將己資收買黄銅器皿者，著解交公所掌管官，即按生熟銅斤，給與價值。儻地方官有不遵　　諭旨，借捐買名色，以賤價收買民間銅器者，督撫即指名題參，交部嚴加議處，可也。

李紱《穆堂類稿》初稿卷四〇《劄子・請停買洋銅劄子》　奏爲買銅之官商交困，請用滇銅以制倭狡，以資鼓鑄事：竊查制錢國寶，民生利用，户工二局所必須向年派安徽、江蘇、江西、浙江、湖南、湖北、福建、廣東八省委官分買，而八省均非産銅之地，惟藉於洋銅。於是辦銅道府羣集蘇州，争買而價昂，價昂而數虧，參官至七十五員，欠銅至三百八十七萬，甚至私派錢糧，人民亦受其累。康熙五十九年，江海關監督劉保柱奏請自任買銅九卿，議駁仍歸八省。臣與原任兵部尚書白潢等别爲一議，請交蘇杭二巡撫，委清正大員到船稱兑，布政司庫照價給銀，立刻清楚，無庸他省委員争買，致令昂價，乃至簡至易之法也。當蒙聖祖仁皇帝俞旨，特采後議，行之數年，頗爲妥適。其後江浙巡撫仍派專員買辦，人微地輕，又非本管之官，洋商刁掯，委員賠累，又用分省採買之法，各省道府仍聚蘇州争先購買，規免處分，率皆預給商銀，以祈必得。非惟海洋風波，偶有不測，則銀、銅兩空，且事久弊生，倭人刁狡，探知商領官銀勒有年限，多立名色，挾取不貲。每商必領倭照，大照索銀二千六七百兩，小照亦索取銀一千七八百兩，加以租船之費，務須一千二三百兩，水手、夥長、舵工、總管、行商，財賦下逮廝役，約共一百餘人，辛力工食約需銀一千二三百兩。出洋之日，每船預備二年飯食，又需銀一千餘兩，官銀出領已虚費五六千兩矣。比至日本，狡倭刁掯，商貨之價則減前一半，倭銅之價則較前加倍，貨多銅少，官商賠累。又近日狡倭參雜銅色，一經部駁，賠累益重。辦銅之官，預令洋商重加鎔化，每百斤須火工銀一兩一錢，爲費甚多，到部仍然駁減，責令洋商賠補者也。又近日倭秤減短分兩，每百斤約短三斤，辦十萬斤者約補三千斤，此責令辦員賠補者也。二端雖小，亦苦賠累。現在買銅之官多已破家，買銅之商無不傾本，官承上委，義無可辭，商虧前價，藉口補苴，實皆勉强承辦。現在欠銅約百餘萬斤，將來日陷日深，勢恐難於清楚。臣思滇中廠銅歲可得三百八十餘萬斤，益以用銅，則户、工二局所須，但有盈餘，斷無不足。若將滇、蜀二省停其鑄錢，所有銅斤照洋銅給與價值，令其盡數解部，以應二部錢局之用，停止採買洋銅，則各省官員無買銅之累，國家錢法無虧本之虞，倭人雖狡亦無可施其挾制矣。再查日本所産，自銅而外，不過海參、海帶、鰒魚，微物數種，不足與中國紬緞等貨交易。而倭人因中國買銅，長崎一島每歲抽税金三萬五千片，失此重税，必且以銅求售，聽商自購，則洋銅亦不必派買，而自至矣。若疑滇蜀錢已開，不便停止，則從前十三省停鑄，已五六十年，苟非近年銷燬，不聞有錢貴之患。而雲南目下每銀一兩换大錢一千一百文，則錢多可知。若謂協濟鄰省之用，則廣西滇錢不行，已經奏請停運，蓋滇蜀錢局可停，昭然明白。若謂道遠運艱，則滇銅向來並用牛馬過貴州，再用船隻裝至漢口，然後發行。且滇銅自常德而下，並泛大川，蜀銅自夔至荆，一日千里，皆不難於運解。即使稍加運費，較之洋銅短虧，動數十萬，所全亦已多矣。停買洋銅，止用滇蜀之銅，以供户工二局之用。是否臣言可采，伏乞皇上睿鑒，勅部議覆施行。臣謹奏。

《清朝通典》卷一〇《食貨一〇・錢幣》　湖北、湖南、廣東辦解滇銅。時三省遞年採辦滇銅解部，每百斤費價十四兩五錢，部議若即於滇省照廠價買銅鑄錢，較運京鼓鑄實多節省，應令雲南鑄出錢文，運赴漢口，照運陝錢之例，每百斤給水脚銀二兩三錢五分。其附搭漕船運至通州，毋庸議給水脚。至通州運京，應照運銅例每百斤給脚價銀一錢二分八釐。統較從前銅鉛解京運費，每百斤三兩之數，亦有節省。

《〔光緒〕湖南通志》卷五七《食貨志三・錢法》 雍正四年部議，京城内三品以上官准用黄銅器皿，民間樂器圓鏡等事，仍照原議，不禁外其文武各官軍民人等，一應大小器皿俱不得，仍用黄銅。所有舊存黄銅器皿，除箱櫃上銅事件外，其餘悉行交官領價，無論多寡，隨交隨收。照部定每斤一錢一分九釐之價給發，如有以低銅冒開好銅，及應領之價故意勒扣者，冒開銀兩照侵蝕錢糧。例扣尅銀兩照尅減官價，例治罪所收銅斤每季解交錢局以供鼓鑄，並將所給銀兩實數造册報部，寬以三年之限，如過限不交，賣者以私藏禁物律治罪。其小鋪冷攤，從前收賣零星銅器，限三個月内盡行交官領價，違者罪亦如之。其打造銅器店鋪，如仍將黄銅製造器皿者，照銷燬制錢爲從律治罪，各直省悉照京城例，以三年爲限交收。

又議准江西、廣西、貴州三省與江南湖廣、廣東接壤，江西廢銅歸江南，廣西廢銅歸廣東，貴州廢銅歸湖廣，三省上司委官收買。七年部覆湖南，雍正五六兩年共收買銅十六萬四百六十一斤零，於郡城錢局設鑪五座，即行開鑄照舊用寶南字樣，每文重一錢四分，所收銅器鼓鑄，每百斤准折耗九兩。

《清世宗憲皇帝實録》卷五八 〔雍正五年，丁未，六月，戊申〕户部議覆雲貴總督鄂爾泰疏言：「滇省採買銅觔，除供鼓鑄一百餘萬觔外，每歲多不過二三十萬觔。今歲銅礦增盛，就現在核算，五年分銅觔可獲三百數十餘萬，但銅多本少，收買不敷，懇於鹽務盈餘銀兩酌借五六萬兩發價收銅，運至鎮江、漢口，令江南、浙江、湖廣辦銅諸省出價收買，以便還項。查各省承辦銅觔，除廣東、福建從無遲悮，浙江現在開洋毋庸另購外，其湖南、湖北以採買維艱，每逾定限，而江蘇則辦新不足，舊欠滋多。應如該督所請，滇省鼓鑄餘銅二百數十餘萬，動用鹽務盈餘銀六萬兩收買，即委滇員運至鎮江漢口賣價還項，庶滇省餘銅既得流通，而江蘇及湖南、湖北承辦亦免遲誤，實於彼此均有裨益。」從之。

〔雍正元年〕又定積欠銅觔限期，及江、浙二省委員解銅之例。湖廣道御史單疇書奏言：從前八省辦銅時，安徽湖廣等省於康熙六十年以前承辦之銅至今尾欠未清，恐有借詞，故延之弊請徹底清查。又向來解官欠銅未交者俱典史、巡檢等員，職小任重，易至誤公，嗣後江浙銅觔宜委府佐領解。經户部議言：各省歷年尾欠銅觔，宜照江蘇、浙江辦銅，題定四月限期，初參、二參、三參爲滿之例，令各督撫將承辦日久尚未清完，及已報起程尚未到局之銅速催完解。如限滿不完，將各上司一併議處，勒令分賠。至從前各省解官多係雜職微員，今銅觔既歸江、浙二省總辦，應行令該督撫選賢能府佐，家道殷實者委令領解。從之。

〔雍正〕又議減江蘇辦五省銅額數，令福建、廣東承辦並定辦銅官逐年更換之例。署江蘇巡撫何天培奏言：從前各關差等辦銅時，係洋銅、滇銅兼買，後爲商人承辦，專取給於洋銅。歷年以來，東洋産銅有限，購辦不齊，遂多積欠。自康熙五十五年改歸八省分辦，在江蘇雖偶有遲延，猶得辦完，而各省仍有缺額。至六十年復改江蘇、浙江總辦，江蘇獨承認五省銅數，皆先發帑錢，交商船出洋採買。今徹底清查有六十一年，銅八十四萬六千觔，係捏報起程，雍正元年上下兩運内，尚該銅二百餘萬觔至今未能辦到。細加訪問，知東洋開採日久，銅礦日減，每年江、浙二省銅商出洋者不過三十六船。從前每船載銅九萬五千觔，近因採銅漸少，每船止得銅七萬五千觔，約收江南海關者十八九船，合計可得銅一百三四十萬觔，止敷承辦一半之數。尚需一半實屬無從採買，請江蘇亦照浙江之例，認辦三省銅數一百六十六萬三千二百觔，其二省銅數一百十萬八千八百觔應請另派産銅之省承辦。至於辦銅官，宜令逐年更換，不使屢年壓欠，以杜移新掩舊之弊。經户部議准，令江蘇承辦本省及安徽、江西三省銅數，其餘福建、廣東二省額銅，該省地皆近海，可以收買洋銅，應交二省巡撫。於雍正三年爲始，仍照舊額承辦，分解户、工二局。至辦銅之官，令各省一體逐年更換。著爲定例。

又行收買舊銅之令。户、工二部議言：京局每年鑄錢四十卯，需銅甚多，見在辦銅之省不能如期接濟，應照康熙五十五年之例，收買舊銅攙用，除遠僻之省載運維艱，毋庸知照，併不足六成之低銅不准收買外，應令近京各省并劄行順天府及京局監督出示曉諭，毋論旗人、民人有願將舊器皿廢銅運送到局者，不拘多寡，隨到隨收。錢法侍郎預向銀庫領銀貯局，每觔給銀一錢一分九釐九毫，俟各省解運紅銅足用之日即行停止。如各省採辦額銅之外收有廢銅，亦准解部，照廢銅價直題銷。從之。尋又議定：商人得自備資本收廢銅交納，其自外省收買送局者，每觔給銀一錢五分，在本京收買者，仍照前定價直。如有紅銅，每觔給銀一錢七分五釐，户部給與路引，聽往各省收運。

又議減浙江辦銅額數，令湖北、湖南承辦。先是浙江巡撫黄叔琳以洋銅出産不敷承辦三省之數，滇省距楚甚近，請分令湖北、湖南委員辦滇銅運解。部議：滇省見在開鑄，即有銅觔出産，非從前俱聽商販者可比，應毋庸議。至是，以辦銅洋船皆係預領價銀，浙江先後已發銀六十餘萬兩，而銅觔解部者甚少，不獨銅期久誤，抑且銅價虛懸，巡撫請再籌變通。經户部議准，自雍正三年爲始，將浙江銅數分出二省，交與湖北、湖南承辦，每省仍各解寶泉局銅三十六萬五千四百二十三觔，寶源局銅十八萬八千九百七十七觔。浙江既止辦一省額銅，減數已多，令將累年積欠全行完解。

〔雍正五年〕又議：轉運雲南銅觔，令江蘇、湖北、湖南收買解交京局。雲南總督鄂爾泰奏言：滇省自增開湯丹等廠以來，採銅有效，已於上年題定額課。見在礦産增盛，除供本省鼓鑄一百餘萬觔外，核算雍正五年分，銅觔可餘二百數十萬觔。但銅多本少不敷官買，請動支鹽務贏餘銀兩收銅，轉運至江南等省，令收買還項。經户部議言：見在惟江蘇一處尚辦三省銅數，湖北、湖南、浙江、福建、廣東五省各辦一省銅數，除福建、廣東二省從無遲誤，浙江見已開洋，毋庸別購滇銅外。其湖北、湖南以採買維艱，每逾定限。而江蘇則積欠滋多，正宜急爲變通。應將滇省餘銅令該督動鹽務銀六萬兩收買，委員以一百餘萬觔運至漢口，以備湖北、湖南採辦之用，以一百餘萬觔運至鎮江，以備江蘇採辦之用。各省辦銅定價每百觔十四兩五錢，水脚三兩，合滇銅每百觔價銀九兩二錢，加以運至漢口、鎮江水脚需十三兩以外，將來再由漢口、鎮江遞運至京尚需水脚三兩，較之原額亦稍有節省。江蘇、兩湖所買滇銅均作雍正六年額辦，不必拘定舊例，分上下兩運，倘有不敷，另行補足，總以不缺額數，不逾六月到部爲率。江蘇於雍正六年所收洋銅以抵歷年舊欠。其滇省將來出産之銅贏縮難以懸，擬令該督扣定年限，將所獲銅數預行題明，以便知照各省採辦。至此項銅觔既係官收官賣，經過關津，毋得抽課，當即驗明放行。從之。

又行各省舊欠錢糧折收銅器之令。户部奉上諭：前令各省設立收買銅器公所，選員專司其事，在司庫先撥銀兩以爲價直。但恐各州縣與所設公所有隔遠之處，交納未便，欲令民間以銅器抵作錢糧，著詳議具奏。又聞外省官員欲捐買銅觔，此斷不可行。地方官但能實心辦理，便於公事有益，如有見將已貲收買銅器者，著照數給與價直。尋議定：各省有舊欠錢糧，准其以黄銅器皿抵交，除四川、廣西、雲南、貴州四省並無民欠，安西民欠無多，其餘各省令各督撫於舊欠内酌量以二十萬兩爲率，令欠户交納銅器扣抵應完之數。至所收銅器中熟銅，照定價每觔以一錢一分九釐有奇，生銅價比熟銅減二，每觔以九分五釐有奇，各按成色觔兩抵算。州縣官不得剋減價直，亦不得重秤收兑。每季將徵收數目報明督撫，年終彙題。其無民欠之省分，及無民欠之州縣，與無舊欠之糧户，有以銅器交官者，亦按生熟銅色照例給價。如地方官有借捐買名色，以賤價收買民間銅器者，該督撫即題參議處。

〔雍正元年〕先是雲南於康熙四十四年奏開青龍、金釵等銅廠，嗣以銅産日旺，巡撫楊名時奏請每年解京局銅一百萬觔，以供鼓鑄。經王大臣會同户部議言，滇省採銅漸次有效，與其解京多需脚費，不如即留滇開鑄。其省城之雲南府及臨安府、大理府、霑益州四處相近，銅廠轉運俱爲便易，各令其開局，務選賢能道府官監理。

《清朝文獻通考》卷一五《錢幣考三》〔雍正〕六年，定辦解額銅分别成色之例。户工二部議言：各省承辦二局額銅四百四十三萬五千餘觔，每觔定價一錢四分五釐，向係一例支銷，並未分别成色。但解到銅觔不能一色純熟，若不爲收受，不惟解員往返苦累，亦恐各省銅産不同，請嗣後除浄銅照例給價，如有塊銅及廣條蝌殼等項不足成數者，即令監督同解員估定成色，彈兑交收行文辦銅本省減價報銷。**【略】**

八年，定廣東辦解滇銅之例。廣東總督郝玉麟奏言：廣東從前承辦洋銅，近緣洋銅竟不到粤，辦員俱領價赴滇買回毛銅，至粤鎔化成條，然後起運每百觔幾需銀二十兩，賠累實多，而到部之銅成色仍有耗折。且自粤至滇，間關萬里，勢不能依限完解，請酌增水脚，竟令從滇買銅起運至京，有銅色不足，照例添補，可免重複虧折，且不致往返稽遲。經户部議言：「滇省每年餘銅約一百六七十萬觔不等，除湖北、湖南收買外，其餘運至鎮江，備江蘇收買之用。近因江蘇以滇銅成色觔兩不足，已議全購洋銅。嗣後請令雲南將每年餘銅扣出廣東額數，仍撥運至漢口，令廣東委員收買，即從漢口起運，其水脚仍照定額支銷。」從之。

又議減江蘇辦銅額數，令安徽、江西承辦，並定八省分辦洋銅滇銅之令。江蘇巡撫尹繼善奏言：江蘇額辦三省銅觔必分員承辦，而本年銅觔未完，來年發帑之期又至，通省各官人人辦銅，尚在不敷，安能擇人而委？查福建見在委員在江蘇辦理，請令安徽、江西亦照舊額分辦。經户部議准，自雍正九年爲始，將江蘇銅數分出二省，交安徽、江西遴選大員，領本省司庫銀，亦赴江南海關募商採辦。嗣後八省仍各辦一省銅數，江蘇、安徽、江西、浙江、福建五省分辦洋銅，湖

北、湖南、廣東三省分辦滇銅，各依限如額起解。【略】

〔雍正〕九年，設立寶泉局銅色對牌。户部奏言：各省辦解寶泉局額銅，向例洋銅作爲十成，廣條作爲九五成，塊銅、蟹殼作爲九成，匀配鼓鑄。今各省解到銅觔，每種各有高低，收兑時，若但照銅名核算成色配鑄，必至虧折。嗣後請設立銅色對牌，以八成、八五、九成、九五、十成分爲五牌，凡銅觔到局，令解官與監督從公較對。除八成以下者不收外，八成以上者俱照成色秤收，核算價直，但照牌定估，恐或過苛，應將估定八成以上者作爲八五，八五以上者作爲九成，九成以上者作爲九五，九五以上者作爲十成。其有包裹鉛渣及黑暗灰色之銅，令辦銅官家人公同解銅官鎔化，浄銅照觔數作十成兑收，虧折者補解，則辦員不致濫收低銅，解員可以免於争執，而匠役人等亦永杜包攬需索之弊。從之。

臣等謹按：是年寶泉局設有對銅牌，其有應交寶源局銅觔，即由寶泉估驗成色，移會工部。至十一年八月，寶源局亦照式設立對銅牌。

又更定江蘇、浙江辦解洋銅展限之例。户部議定：「江蘇、浙江採買洋銅不能如期起解，已遞將定限拖遲。今若令仍照原定四月、十月起解之限，勢必不能。查洋船必趁西北風出口，東南風回棹，大率每年皆冬去秋還。應將採辦洋銅之江浙二省，上運俱展四月之限，於八月内起解。下運銅觔本與上運一同領銀出口，縱使洋船到有先後，至十月内亦可購足，應寬限兩月，於十二月起解。如逾限不解，照例議處。至安徽、江西、福建三省及辦滇銅之湖北、湖南、廣東三省，尚無遲誤，仍照定限起解。」又令江蘇浙江兼辦滇銅。户部議言：「滇省每年産銅除存留本省鼓鑄，及供湖北、湖南、廣東採辦外，尚有餘剩，可供江浙收買。祇因江浙辦銅每百觔十四兩五錢之内，有節省銀一兩五錢，洋銅每百觔定價銀十三兩，滇銅運到鎮江口，每百觔需價脚共十三兩二錢。又或銅色不足，平秤稍輕，是以江浙辦員，但買洋銅，寧蹈遲延之處分，不能於十三兩外另爲賠補。嗣後應令江浙督撫每年除額辦洋銅之外，再預發銀兩兼採滇銅，如有成色及平秤不足者，總以節省銀兩補算，每百觔以十四兩五錢爲率，布政司發價時不得預扣節省。其安徽、江西、福建三省辦銅，本無節省一項，亦應聽其兼採滇銅以補洋銅之不足。」從之。【略】

〔雍正〕十一年，定各省辦銅預頒部鑄法馬。户、工二部奏言：各省解到之銅赴局交收，用部定法馬彈兑，每與批解數目短少，其故因從前採辦，皆用市秤，視部法較輕，是以數目不符。其所缺之銅行令補解，往往承辦之員與領解之員互相推諉，以致不能按期交納。請嗣後江蘇等八省皆照依部存經制法馬，每省鑄給四副，令各督撫將上下兩運額銅俱照部頒法馬兑收兑解，不得仍用市秤。並將所頒法馬令領解官攜帶至局，收銅之時，監督將局存法馬較准合一，然後兑收。至雲南省亦應鑄給法馬一副，各省赴滇辦銅照此收買。從之。

又定查驗採辦洋銅之例。户部議言：各省出洋辦銅商人每因限期寬裕，將本年所領帑項，營運射利，新舊挪移。嗣後令各督撫嚴飭辦銅官秉公發價，其承辦之商先察明於何處出洋，知照出口汛弁並地方官，自該商領銀之日爲始定限，兩月置貨齊備，報知該汛官，並察明果否係採買易銅貨物，驗放出口，一面報明督撫，並取該員等印結備案。如有逾限並無貨物出口，或非採買易銅之貨，即將該商嚴究，著落家産追賠帑項。至洋船進口之日，亦令該汛弁並地方官察明係某省銅商，及載銅數目，通報該督撫，定限於一月内將銅船進口日期及觔(難)〔數〕先行報部察核，一面即委官起解。從之。

又議閉雲南廣西府局鑄錢運京，停湖北、湖南、廣東辦解滇銅。奉上諭：見今五省辦洋銅，三省辦滇銅，朕思與其令三省辦銅解部，莫若即令滇省就近鑄錢，運至四川之永寧縣下船，由水路運赴漢口，搭附漕船解京，可省京鑄之半。經户部議言：湖北、湖南、廣東三省每年額辦滇銅一百六十六萬三千二百觔，每百觔價銀丨四兩五錢，若即在滇照廠價買銅鑄錢，較運京鼓鑄實多節省。應令雲南鑄出錢文，運赴漢口，照運陝錢之例，每百觔給水脚銀二兩三錢五分，其附搭漕船運至通州，毋庸議給水脚。至通州運京應照運銅例，每百觔給脚價銀一錢二分八釐，統較從前銅鉛解京需用脚價每百觔三兩之數，亦有節省。

又定各省解銅官按運更换之例。户部奏言：各省承辦額銅，其解官皆係歷次領運，往來日久，與局内書役爐頭人等兩相熟識，恐收銅時滋生弊竇。請行文各省，嗣後委解銅觔遵照解餉之例，按運更换，如有遞年長令管解者，即將解官治罪，原委之上司交部議處。從之。【略】

又卷一六《錢幣考四》〔乾隆〕二年，令江蘇、浙江辦解滇銅。雲南總督尹繼善奏言：「京局鼓鑄關係重大，採辦洋銅弊累甚深，江浙洋商殷實者本少，即停辦一年，亦不能全清舊欠。查滇省各銅廠較前甚爲旺盛，青龍、金釵等廠除供省城臨安二局鼓鑄所餘之銅，金釵廠成色原低，不能解部，應招商發賣。其湯丹等廠每年可辦獲銅六七百萬餘觔，除留供廣西府鼓鑄，運京錢及解京銅三十三萬餘觔，又撥添省城局並供黔蜀二省採辦外，尚可存銅三百餘萬觔。若悉行招商銷售，公私夾雜，易滋弊端。況以內地餘銅售之商販，而京局必須之銅又辦自外洋，殊覺捨近而求遠。莫若將江蘇、浙江應辦乾隆三年額銅，毋庸停辦，委員齎價來滇，照依廠價，每百觔九兩二錢之數收買解京。嗣後每至年底，滇省核實餘銅數目，即先期報部，并咨江、浙二省來滇採辦。倘滇銅經九卿等議定，令江浙委員照依二百萬觔之數赴滇分辦，仍分上下兩運，照原定限期解部。」

三年，定江浙應辦京局額銅歸雲南辦解，直隸總督李衛奏言：「滇銅旺盛，江蘇、浙江現已停辦洋銅，但若仍令委官前往採運，萬里長途，呼應不靈，必致輾轉貽誤。不若竟令雲南管廠大員辦理，委官押運至京，較爲便益。」經九卿等議定，江浙應辦銅二百萬觔，自乾隆四年爲始即交滇省辦運。如官員差委不敷交吏部，於候補候選人員內揀選發往委用。其洋銅一項仍聽有力之商自攜貲本出洋販運，即令江、浙二省公平收買，以備就近開鑄之用。

又議定雲南運銅條例。時以停鑄，運京錢定四百萬銅觔盡歸滇省辦解。雲南巡撫張允隨將起運事宜分別條款具奏，經大學士等議定：「一、銅觔起程宜分八運也。每年額銅應以五十萬觔爲一運，委滇省現任府佐或州縣官一員爲正運，雜職官一員爲協運，計銅四百萬觔需府佐州縣八員，雜職八員。一、銅觔出廠，宜分兩路也。辦運京局俱係湯丹等廠銅，産在深山，由廠運至水次，計陸路約有二十三站。查自廠至東川山路崎嶇，難於多運，而威寧以下又當滇、黔、蜀三省衝衢，不能多雇馱脚。今應將銅觔分爲兩道各二百萬觔，半自廠由尋甸經貴州之威寧，轉運至永寧；半自廠由東川經昭通鎮雄轉運至永寧，然後從水路接運到京。」【略】

〔乾隆〕九年，議定商辦洋銅分解直隸、陝西、江蘇、江西、湖北五省，以供鼓鑄。户部議言：「官商范毓馪有承辦運米運鹽及銷售參票未完各項銀一百一十四萬餘兩，應令其辦銅完補，每年辦洋銅一百三十萬觔解運直隸保定府三十萬觔，陝西西安府三十萬觔，江蘇蘇州府二十萬觔，江西南昌府二十五萬觔，湖北武昌府二十五萬觔。於本年置貨出洋，自乾隆十年爲始，按數陸續交納，分作六年清款。其保定、西安俱係陸路，每銅百觔合脚價以十三兩核算。蘇州、南昌、武昌俱係水路，每銅百觔合脚價以十四兩核算。仍預給與印照，由海關出洋採辦。其銅觔辦回，經過各關免其納稅。每年額辦之外，如有多餘，聽其自行販賣。」

臣等謹按：「嗣後寶黔局每年採本省礦銅十四萬餘觔，買滇銅四十萬觔配鑄。本省所産自威寧州之銅川廠、勺录廠撥用定例，每百觔除抽課外，以一成聽廠民易換米鹽，餘銅官爲收買，價銀八兩。白鉛由福集廠撥用，每百觔價銀自一兩四錢、至一兩九錢不等；黑鉛由柞子廠撥用，每百觔價銀自一兩六錢至一兩八錢不等。至二十年，以廠銅旺盛，復議停止採買滇銅。」【略】

又議定江蘇、浙江收買洋銅價直。江蘇巡撫張渠奏言：「從前九卿議定，凡洋商自行辦回之銅，即令江、浙二省酌量定價收買開鑄。見今洋銅市價每百觔約需紋銀二十兩，與部定價每百觔給銀十四兩五錢者，多寡懸殊。但舊時所定官價，原係預年發帑，令辦商置貨出洋交易，已有餘利，是以不致虧乏。若收各商自販之銅，仍照前價，未免有虧商本。查從前官辦洋銅原價之外，尚有解京水脚飯食銀三兩，今議酌中定價照十七兩五錢之數收買，庶可源源接濟，於公私兩有裨益。」經大學士九卿會議，准其增價，其浙江省亦一例給發。尋復定：凡洋銅進口，以五分聽商自行售賣外，其餘五分，江、浙二省對半官收，有商人情願販銅者，廣爲設法召募，令其出洋採辦。又更定雲南運銅之例。户部議定：滇省解銅原分八運，每運委正運官一人，協運官一人，今應酌量變通，每府佐或州縣官一人領銅五十萬觔，每雜職官二人領銅五十萬觔先後分解。至從前運員即在尋甸、東川領銅，雇覓車馬各行户，每多催趲不前，有誤限期，實不如專責地方官雇覓爲便。嗣後銅觔自廠分運其尋甸一路，委令尋甸州爲承運官。自尋甸用車運至貴州之威寧，預先委員駐劄威寧，雇脚轉運至永寧水次。其東川一路委令東川府爲承運官，自東川運至魯甸，自魯甸運至奎鄉，即令昭通府鎮雄州爲承運官，並令魯甸通判奎鄉州同協同辦理，雇脚轉運至永寧水次。

〔乾隆元年〕又更定辦解京局銅數，並定江浙海關分辦洋銅之令。署江蘇巡撫顧琮奏言：京局銅觔見在滇洋兼辦，請嗣後洋銅一項減少數十萬觔，則東洋出産寬裕，商船之返棹自速。至各省承辦洋銅，向係委員赴江浙海關採辦，每年道府輪派，隔省地方情形未悉，每致招商不實。查洋船出口、收口俱由江蘇上海、浙江寧波二海關查驗，爲辦銅扼要之地，向委道員管理。請即將該道加以兼管銅務職銜，責令招商辦解洋銅，庶無貽誤。經户部議言：前定五省辦洋銅二百七十七萬二千觔，三省辦滇銅一百六十六萬三千二百觔，共計四百四十三萬五千餘觔。但兩局所鑄錢，從前每文重一錢四分，嗣後改輕二分，每年只需銅三百三四十萬觔。見今兩局尚有餘銅，應如該撫所請，減少額數，每年以四百萬觔爲率，滇、洋兩處各辦二百萬觔。除湖北、湖南、廣東應辦銅數已留滇鑄錢解京外，令滇省每年再解銅三十三萬六千八百觔交局，以足二百萬觔之數。其額解洋銅交與江蘇、浙江管理。海關道員承辦每處各辦一百萬觔，將管關道員官銜内加監督某處海關兼辦銅務字樣，换給關防。至安徽、江西、福建三省即停其辦銅，以歸畫一。嗣後洋銅既歸江浙海關專辦，以本省之官轄本省之商，不惟呼應得靈，即衆商之身家饒乏亦易於稽查。應令該道擇其殷實並無掛欠者，吊驗倭照，委令承辦於洋船進口時，所載銅觔若在二百萬觔之外，並准將餘銅聽各商自行售賣，以平民間銅價。從之。

〔乾隆四年〕又令雲南於正額之外加運銅觔。户部奏言：「滇省解部銅觔僅敷本年鼓鑄之用，並無多餘存貯。查湯丹等廠近更旺盛，每年可辦獲銅八九百萬觔，除辦運京銅四百餘萬，加以本省及黔、蜀協鑄，并賣給商民共用銅，不過五六百萬觔，此外餘剩尚多。應乘目下加旺之時，於正額之外，令該省歲增辦百餘萬觔運赴京局。」尋議定：每年添辦銅一百七十萬四千觔，仍由尋甸、東川兩路分運。照例每百觔加耗銅八觔，仍帶餘銅三觔，備運分委解銅之正運協運各官搭解。

臣等謹案：滇省辦正運銅四百萬觔，連耗銅三十二萬觔内，解寶泉局二百八十八萬觔，解寶源局一百四十四萬觔。辦加運銅一百七十萬四千觔，連耗銅十三萬六千三百二十觔，内解寶泉局一百二十二萬六千八百八十觔，解寶源局六十一萬三千四百四十觔，嗣後歲爲定額。

又定雲南運銅限期。户部議定：從前江浙承辦洋銅，自起運之後限以半年到京，今雲南道里較遠，應加展三月，限以九月到京。每運挨次計算，如有逾限，仍將領解官照舊例議處。

〔乾隆八年〕又更定雲南承辦正運加運額銅分爲六運。户部議定：滇省辦解京局正額銅觔，向定爲八運，今應合爲四運。每運委正運官一人，協運官一人，共領正銅一百萬觔，及耗銅八萬觔，餘銅三萬觔，一同起解，水脚雜費照數支發。其搬運出廠以九十日爲一運，每年均分四運起程。至加運銅觔向定爲四運，今亦應合爲二運。每運委雜職官二人，共領正銅八十五萬二千觔，及耗銅六萬八千一百六觔，餘銅二萬五千五百六十觔，一同起解。

〔乾隆九年〕又增江西寶昌局爐座。江西巡撫塞楞額奏言：江省自截留京銅開鑄以來，恐銅觔不繼，即委員赴蘇州收買洋銅。因蘇州商辦洋銅定例以一半聽其自售，見在亦照官價買其五分之一起運交局，與滇銅配鑄。

臣等謹按：嗣後寶昌局額銅二十八萬八千觔，每年用官商分交之洋銅，並兼買雲南金釵廠銅。定於十分内，以洋銅七分，滇銅三分配鑄，後以商交洋銅漸次減額，復委員至江蘇自行採辦，以補商運之不足。至二十七年，以洋銅不敷接濟，而滇銅尚屬有餘，復議將金釵廠銅另加煎鍊，提盡黑鉛以抵洋銅之用。每金釵毛銅一百四十五觔鎔成浄銅一百觔，酌用洋銅四分，鍊浄金釵銅三分，未鍊金釵銅三分配搭鼓鑄。

又定雲南鼓鑄青錢配用版錫。户部議定，改鑄青錢需用點錫，而點錫産自廣東，自滇至粤採辦不易，雲南蒙自縣之個舊廠産有版錫，應准其就近收買，配搭鼓鑄。

臣等謹按：雲南版錫每百觔加耗錫九觔，定廠價銀一兩九錢二分七釐。嗣後寶黔局、寶川局所需額錫亦令於雲南採買供鑄。【略】

臣等謹按：粵東自雍正十二年奏開銅礦，方議鼓鑄，旋以辦理未協即行停止。至乾隆八年，各銅山復先後試採，已議二八抽課，餘銅半歸官買，半聽商賣。其收買之價，定每百觔給銀十兩，續加至十四兩。終以礦砂微薄，費多獲少，於十四年以後陸續封閉。【略】

臣等謹按：嗣後寶浙局每年亦係洋銅、滇銅兼買配鑄，洋銅係江蘇額商出洋採辦。浙省照例對半分買，所用滇銅由金釵廠採買。至二十一年以後，以金釵廠銅成色甚低，議以大興廠銅對搭分買，尋滇省以大興廠銅添撥京運，改爲大銅、金釵二廠對搭。二十七年，又以大銅廠出銅不敷，仍全撥金釵廠銅。二十八年，復撥義都廠銅一半配買。更定寶泉、寶源二局淘洗餘銅之例。先是，乾隆三年議定，京局連年鼓鑄，積存銅渣，不拘工匠、銅户及民人，盡許赴局買出淘洗燒鍊，聽其自行售賣。至是，户、工二部奏定，所有銅渣即令兩局爐頭隨時淘洗，封貯各廠，俟銅足敷一卯，飭令添鑄。其淘洗工價，每百觔給銀四兩。尋復定，每至年終，將淘洗所得餘銅之數清查奏明，次年即行附卯添鑄。【略】

臣等謹按：廣西自雍正七年開採礦銅，奉定加二抽課，餘銅每百觔以價銀六兩八錢收買。至乾隆三年，以廠民無利，辦銅日絀，每百觔加至八兩三錢。八年，又加至九兩二錢。九年，復以工本仍舊不敷，議改爲三千抽課，餘銅聽商人照市價自行售賣。十一年，以三千抽課之例，試行無效，復改二八抽課，餘銅每百觔增價銀爲十三兩，並定爲一半官收，一半聽其通商，俾獲有餘利，以爲資本。其鼓鑄所需，多採滇銅配用。

又增定雲南運銅陸路脚價。户部議定：雲南辦運京局正耗銅及餘銅共六百三十三萬一千四百四十觔，分兩路運至永寧，向係陸路，每百觔按每站給脚價銀八分五釐，以及一錢三釐不等。現在馬匹稀少，食物昂貴，應准其每站以一錢二分九釐二毫之數報銷。

又移銅房於通州，令坐糧廳兼管銅務。先是，張家灣設立銅房，每銅船到灣，監督與雲南委駐之轉運官按數稱收。一面給發回批，領運官即回滇報銷，一面自張家灣轉運至京局。至是，以張家灣地方湫隘，車輛稀少，且自灣起岸至京，計程六十餘里，道路低窪，易於阻滯。户部議定，將銅房移設通州，令坐糧廳兼管銅務。嗣後，滇省徑具批解局銅觔抵通州交坐糧廳，起運至大通橋，由大通橋監督接運至今，並令領運官自行管押赴局交收。倘有短少，亦令運官添補。其由部派往駐劄張家灣監督一員，即行停派。雲南原委之轉運官亦裁去一員，止留雜職一員移駐通州，協理投掣文批之事。至二十六年，復議銅觔至京既有坐糧廳及大通橋監督爲之轉運，且領運官既押銅至局，則一應文批自應由運官辦理，無庸更委一員承辦，令雲南將轉運之雜職官一併撤回。

又定銅觔自通州運局限期，並預行撥解車價之例。户部奏言：銅觔到通交坐糧廳，由五牐運至東便門外，令大通橋監督用車運局，統計應定限兩月全數進局，間值漕糧同時並到，及陰雨泥濘，實在不能依限到局，即令坐糧廳及大通橋監督詳報倉場侍郎，查明咨部展限。至銅觔自滇至通一應水陸脚費，係給發領運官隨帶應用，其自大通橋運局車價銀，應令雲南預行撥解，坐糧廳存貯，以待臨期按運給發。從之。

又卷一七《錢幣考五》〔乾隆〕二十一年，議定雲南各局配鑄白鉛價直。先是，雲南局白鉛俱係卑浙、塊澤二廠所出，乾隆十四年，以建水州新開普馬山廠産有白鉛，距省城臨安道路較近，奏定照例抽課收買，運供二局鼓鑄。尋復議大理、廣西二局亦就近撥用，以省脚費。其舊廠每年但收買二十五萬觔存貯，其餘聽商自行銷售。至是，廠民呈請每百觔減價一錢八分，仍照舊例撥用，經署巡撫郭一裕奏定，新舊廠並行開採。除東川局嚮用卑浙、塊澤廠鉛外，嗣後省城、臨安二局用普馬廠鉛，每百觔照例廠價二兩。大理、廣西二局用卑浙、塊澤廠鉛，每百觔廠價一兩八錢二分，按額分運。【略】

户部議如所請，從之。乾隆十八年，定雲南運銅官給照回省之例。户部議言：滇省每年解銅需正協運官十二員，事竣回滇。雖原定有九十九日之限，但在京收銅補耗遲速不齊，該員藉端逗遛，或於起程後沿途停滯，皆所不免。嗣後交完銅觔，將回滇日期報明户部給發實收，即將起程日期填給執照，行知雲南督撫，兼知會吏部。如入京時在途有沉失，未獲之銅應起原處打撈者，即知照該處督撫，飭地方官驗明執照，協同撈取，并將運員入境起程日期先後移咨滇省，如有遲延，據實參處。從之。

又定雲南運銅官按程支給養廉雜費之例。户部議定，雲南解銅正協運官養廉雜費銀，自雲南至永寧瀘州，准支二十三日。自領銅起至通州，准支九月。在漢口及儀徵換船，准支兩月。自通州打包運局，准支兩月。自京回滇，准支九十九日。其在途守凍日期減半支給。

又令四川以存積餘銅解京。四川總督黄廷桂奏言：成都錢局存積銅一百四十餘萬觔，建昌各廠存貯未運局者，又有八十餘萬觔。川省每年需銅止六十萬觔，請酌留八十餘萬觔以備通融接濟，尚有一百四十餘萬觔可以解京。經户部議准，運至京局以充鼓鑄。但專員領解需用脚價甚多，令先如數運貯重慶，俟滇省運銅路過之便，每運帶解二十萬觔，分作七運附解交局。

又議以廣東鹽觔與雲南銅觔互易供鑄。廣東巡撫鶴年奏言：粵東鼓鑄歲需正耗銅十四萬一千二百六十四觔，現在雖有存局餘銅，仍應每年辦銅十萬觔以備接濟。查滇省産鹽不敷，亦歲需粵鹽一百六十六萬一千三百三十三觔。已咨商滇省，彼此抵換，可免委員賫價之煩。嗣後兩省按年輪值，遇廣東辦銅之年，即運鹽而往，遇雲南辦鹽之年，即運銅而來。惟粵鹽之價較滇銅尚有不敷，仍扣算補足，實於公務有益。户部議：如所請，從之。嗣後至二十五年，以存局銅觔將完，復議於鹽銅互易之外，每年再動帑添買滇銅五萬觔應用。

〔乾隆〕二十年，定江浙採買洋銅商額。先是江浙承辦京局銅觔，各洋商皆預先領帑，至乾隆三年停止辦運，而商人積欠甚多，未能清繳。嗣因江蘇開鑄，另招自攜資本之新商，即給與舊商所用倭照，出洋採銅，俟辦回時，與浙江分買供鑄。至是，江蘇巡撫莊有恭奏言：舊商欠項尚有一十二萬七千餘兩，年久無完，昔年各商初往東洋時，倭人設立倭照，每張約費銀八九千兩不等。今新商楊裕和等即承頂其照出洋獲利，情願代完舊欠，分年抵補。查乾隆十四年議採辦洋銅，每年額定十五船，除官商范清注銅船係領帑辦銅外，民商自辦者共十二船，應請即以見辦十二人爲商額，每年發十二船置貨出洋，約需自備銅本銀二十八萬八千餘兩。辦銅一百五十萬觔，仍照舊定官收一半之例，江浙二省分買。

其代完舊欠銀，即於司庫發買銅價内按年扣收，於乾隆二十年爲始，增給布政司印照，以爲海口稽查符驗。其有他商情願辦銅者悉附十二額商名下，如引鹽散商附入甲商之例，不得私自越販。其銅船有在浙省收口者，一體辦理知會。至閩粤洋商向不辦銅，仍照舊例，毋許私販。户部議：如所請，從之。至二十五年，禁止絲觔出洋，復奏定額商楊裕和及官商范清注等每年出洋者十六船，共辦銅二百萬觔，除置帶糖、霜、藥材等貨外，每船應配帶綢緞三十三捲，以重一百二十觔爲一捲，毋許浮多。責成江南海關及浙江乍浦二處官員，照例稱驗輸稅。二十九年，以弛絲觔出洋之禁，復令每船准配帶湖絲，照原定綢緞之數，抵算出口易銅，以供鼓鑄。

臣等謹按：採買洋銅例往東洋日本，自康熙二十二年設立海關，是時洋銅即已流通内地。逮三十八年，以京局額銅交商辦解，尋改爲八省分辦，復改爲江浙總辦，皆取給於東洋。至乾隆三年，京局改用滇銅，而江浙等省仍用洋銅配鑄，自是年奏定商額以後，各船歲往日本之長崎，澳易銅以還，分供鑄局。鯨波萬里，來往不驚，蓋由聖世承平，商民樂業以東鯤遠産而歲致中邦，宛如内地官山之利焉，猗與盛哉！【略】

（乾隆）二十三年，更定雲南辦解京銅，併爲四運。先是，户部奏言：雲南解銅多有沉失，總緣川江之險，甚於他處，而其風狂水急，每在四五六月間，滇省第二運銅抵川正當其時，宜令分攤，以爲避險之計，請飭該省督撫妥議。尋四川總督開泰會同雲南巡撫劉藻議奏：滇銅解京向分爲正加六運，每隔兩月即令一運起程，故雖遇川江盛漲之時，不得不依限前行，致有覆溺之患，自應酌量變通。但正運銅觔係運官沿途雇船，直抵通州，而加運之銅分漢口以下即撥地方站船遞送。若將正運之銅分派與加運官帶解，則報銷水脚未免參差，請將四正運併作三運，二加運併作一運，共爲正加四運。每歲七月内開頭運，九月内開二運，十一月内開三運，次年二月内開加運。每正運仍係相隔兩月起解，加運銅數較多，寬予一月之限，亦屬均勻，既可避夏漲之險，而正運、加運各歸原款，一切打包換船諸事亦可以次辦理。户部議：如所請，從之。【略】

（乾隆）二十四年，貴州巡撫周人驥奏言畢節縣設局之始，原因就近可運銅鉛。應移局於省城貴陽府，專委大員管理。至銅鉛各廠雖距省稍遠，若將安順以下河道開通，改爲一半水程，可以節省運費。其所需銅觔見在積存廠内者有八十餘萬，將來陸續採出可接濟二年之用。户部議：如所請，從之。

臣等謹按：嗣後至二十六年，以積銅用完，復奏定每年除本省出銅一半外，仍採買滇銅四十餘萬觔添補。議以大銅、金釵二廠銅高低對搭各二十餘萬觔。【略】

（乾隆）二十五年，令廣東、湖南收買廣西餘鉛，以供鼓鑄。護廣西巡撫葉存仁奏言：「粤西鼓鑄需用白鉛，向係委員赴黔省採辦，嗣因思恩縣屬之幹肯廠出有白鉛，奏明抽課之外，餘鉛每百觔以價銀二兩四錢收買供鑄。遞年積存局内者，共有一百六十四萬餘觔。上年又增開盧架一廠，採鉛日多。已議定每百觔減價一錢，作爲二兩三錢收買。但本省鼓鑄，鉛觔毋庸再爲預備，而礦産旺盛，廠民銷售不及，未免工本拮據。查廣東、湖南與廣西接壤，雖各開有鉛廠，而白鉛出産甚少。寶廣局每年需用白鉛十三萬五千觔，係照依時價採買，每百觔價銀四兩九錢有奇。寶南局每年需用白鉛二十萬觔，係黔省撥運，每百觔脚價銀三兩六錢有奇。如由桂林轉運至二省，合計運脚較原數皆有節省。請嗣後將餘鉛收買存貯省城錢局，令二省委員赴粤西陸續買運，易銀歸款。」户部議：如所請，從之。至二十八年，以出鉛數減，議令湖南復買黔鉛，其廣東所需額鉛，仍赴廣西採買。【略】

臣等謹按：嗣後以滇、洋之銅陸續解到，即議定錢局額銅四十萬觔，將滇銅洋銅及漢口商銅均勻配鑄各十三萬三千三百餘觔，後以商交洋銅漸次減額，於十九年以後歲增買湖南銅十萬觔，以補洋銅之不足。至二十七年，户部以漢口銅價在十八兩之外，較該省所辦雲南大興廠銅定價十一兩、金釵廠銅定價九兩者數目懸殊，令添用滇銅，以節糜費。尋，滇省議撥寧臺山廠毛銅，加耗煎鍊揭成浄銅，合計每百觔祇需價六兩五分有奇，令湖北採買應用，嗣是停配漢口銅。

十三年，復開山西寶晉局鼓鑄。先是，以山西錢價昂貴，特諭晉省巡撫將鼓鑄用銅之處悉心籌議。尋以購用銅觔惟有招商承辦，議定照從前官商辦銅完帑之例支銷價直，并行知各關免其納税。至是以商人辦到紅銅五十萬觔，并委員採買漢口鉛錫，巡撫准泰奏請復開寶晉局。

又更定雲南辦銅分路起運之例。雲貴總督張允隨奏言：滇省辦運京銅，先經議定，由尋甸、東川兩處陸路運至永寧交長運官，由水路接運至京。尋甸、威寧一路每年運正耗餘銅三百十六萬五千餘觔，每百觔需脚價銀二兩六錢有奇。東川、昭通一路每年運正耗餘銅三百十六萬五千餘觔，每百觔需脚價銀二兩五錢有奇。後因昭通一路係新闢苗疆，馬匹雇募不敷，已奏開鹽井渡河道，將東川額運銅内酌分一半，改由鹽井渡水運至瀘州，每百觔較昭通陸路節省銀三錢二分有奇。復因威寧一路與黔鉛同運，馬匹仍屬不敷，奏開羅星渡河道，將尋甸額運銅内酌分一半，改由羅星渡水運至瀘州，每百觔較威寧陸路節省銀一錢八分有奇。嗣後自尋甸東川以下遂分爲四路，每路各運銅一百五十八萬二千餘觔，歷年辦運無悮。見在滇省開修金沙江，直通四川，已疏濬完工，舟行無阻。請將威寧一路陸運銅觔改由金沙江之小江口，水運至瀘州，交長運官轉運京局，較之陸運每百觔節省銀七錢二分有奇。俟將來船隻日增，再將昭通一路陸運銅觔悉改由水運。户部議如所請。從之。【略】

臣等謹按：嗣後粵西本省礦銅祗以預備接濟，其寶桂局額銅歲買雲南湯丹廠銅三十九萬五千六百觔供鑄。至二十一年，滇省以湯丹廠銅不敷撥給，議以金釵廠銅各半對搭。二十三年，又以湯丹廠銅全歸京運，改爲大銅、金釵二廠對搭。二十七年，以金釵廠銅搭鑄之錢每串不能足部定七觔八兩之數，請於十分内止配用金釵銅三分。經户部議定，金釵廠銅每百觔價銀九兩，加耗二十三觔，較之雲南發賣他廠之銅價銀十一兩，加耗五觔者，數目相懸，原可通融抵算。令將原額應用一半金釵銅内，提出七萬九千一百二十觔之數，另行添買。耗銅煎鍊作爲大銅廠銅五分，鍊净金釵銅二分，未鍊金釵銅三分配搭鼓鑄。

又申定雲南運銅限期。户部議言：雲南解運京銅，嚮令長運官由四川接運至京，自川至漢口定限四月，漢口抵通州定限五月。至於漢口儀徵，例須換船，一切搬運過載，於漢口定限四十日，儀徵定限二十日，通計自領銅抵通定限十有一月。如逾限一月，照例將領運官革職戴罪，管解委解上司官降三級留任。如遇守凍之時，地方官察明咨部，照例扣除。至守風守水日期均不准扣算。再，每運銅均有正協領運官二人，沿途或有沉失打撈等事，即令一人先運。其每船准裝銅七萬觔，不得減船重載及私帶貨物。所過之境令地方官弁照漕船之例按站催趲，並將入境出境日期報部察核。倘無故停留，及有盜賣等弊，地方官不實力催行，及私隱不報，照徇庇例降三級調用，督撫一併議處。其交銅之後，自京回滇，以九十九日爲限。至加運銅向係雜職官二人管解，未免職卑任重。嗣後亦照正銅例委府佐州縣一人爲正運，雜職一人爲協運。從之。【略】

臣等謹按：寶川局額用銅觔採自會理州之迤北、沙溝二廠，冕寧縣之紫古哵廠者，每百觔定價銀九兩。採自樂山縣之老銅溝廠者，每百觔定價銀十兩。其白黑鉛皆由貴州採買。至十九年以後，以酉陽州鉛廠試採有效，議定除抽課外，半歸官買，每百觔給價銀二兩二錢，配搭黔鉛供鑄。【略】

又撥雲南彌勒州廠白鉛運廣西府局供鑄。雲南巡撫劉藻奏言：廣西府局鼓鑄，每歲需白鉛二十三萬九千五百餘觔有奇，向於羅平州卑、塊二廠買運，每百觔並運費給價二兩七分。今彌勒州野猪廠産鉛旺盛，應自丙戌年爲始，照例給價收買撥運廣西府局供鑄。每百觔減價一錢八分，由野猪廠運廣西府局，合計運脚亦有節省。供鑄之外，如有餘鉛，仍抽正課，聽商銷售。户部議如所請，從之。

又減陝西鑄錢銅數，增買滇銅運陝供鑄。先是，陝西寶陝局鼓鑄需銅三十八萬觔，向赴四川採辦，因川省出銅減少，停其採買，更向雲南撥給三十五萬觔以供鼓鑄，高低各色配解。至是，雲南以高銅漸少，祗撥給五萬觔，更撥金釵廠低銅三十萬觔交委員領運。陝西巡撫和其衷奏言：陝省歷年銅觔年運年銷，並無餘存，而官商辦運洋銅不過五六萬觔，運局每無定期，不能及時應用，見在存貯陝銅止可供一年之鑄。陝滇相去遼遠，銅觔往返約須二年有餘，誠恐一時不能接濟，必致停爐歇卯，請將陝局鼓鑄每爐兩卯酌減五百觔，以一年爲率，今年減存之銅即可待次年供鑄，俟滇銅運到，仍行照舊鼓鑄。再、採運滇銅既難刻期而至，請自丙戌年爲始，於三十五萬觔正額之外，預買五萬觔，仍照高低各色配解，以備陸續接鑄之需。户部議如所請，從之。【略】

又更定雲南辦解京銅仍分八運，罷協運官。户部奏言：滇省承辦京局正加四運銅觔，向定每運委正運官一人，協運官一人，一同起程，在途一切雇船搬載俱係正協二員會同辦理。歷年各運依限解到者固多，而到京遲滯者亦復不少，總由二員合運，責任不專，未免互相推諉。應請將額解京銅仍分爲八運，作爲六正運，兩加運。每運俱委同知、通判、知州、知縣等官管解，以專責成，不必再委雜職官爲協運。每年仍避出川江夏漲之期，將八運均勻起解。從之。【略】

又定雲南辦解銅觔整碎分包之例。先是户部奏准：將額運京銅做照運鉛之例，令先酌定觔數，鎔作整圓，每包合成一百觔，不許運員鏨鑿碎銅搭配，以免沿途折耗。即遇有沉失，亦便於按數撈取。至是雲南巡撫劉藻奏言：「向來滇省解京俱係蟹殼銅，嗣因大興廠所産之銅，成色與蟹殼相同。即奏明以餅銅配解，均係整碎分搭，每百觔爲一包。蓋在廠之銅，係將礦砂錘碎，鎔化於洪爐之内提取而出，本不能輕重適均。其蟹殼一項，乃成色最高之礦。當煎鍊之時，以米湯澆潑，乘其凝結，然後揭取。水火相薄，亦易激成碎塊，非盡由於解官鏨鑿之故也。嗣後應令將滇銅整圓者與碎小者各自分包，整圓者每包不必拘定百觔，碎小者必足百觔之數。其塊數、觔數用一木牌詳悉開明，釘於封包之外，過稱時連包稱對，不許逐處拆動，亦可杜偷竊而防遺失。下部知之。」

〔乾隆〕二十八年，令湖北寶武局添買雲南銅配鑄。先是，寶武局加鑄錢文原議專用漢口商銅，尋以四川礦銅旺盛，歲買川銅二十萬觔，合漢口銅二十萬觔對搭鼓鑄。至是，以川銅不敷採買，湖北巡撫輔德奏請照例買漢口銅。經户部議，漢口銅每百觔需銀十九兩，價直較昂，應令添買滇銅，以節糜費。嗣後湖北委員赴滇於正鑄需用之外，另行加辦。其漢口銅每百觔復減價至十七兩五錢暫行收買，以供每年滇銅未到之先隨時接濟。從之。

二十九年，定滇銅運京守風守水及封閘封峽程限。户部議言：滇銅自四川瀘州運至通州，以十二月爲期。或遇途次守凍，例准扣除，並無守風守水及封閘封峽等一定程限，承運各官往往任意躭延。查滇銅至京程途原非一日，途中風水順逆既難逆計，當川峽盛漲，更難冒險前進。至運河閘座，所以蓄洩水勢以濟漕運，及封閉之日各項船隻例不開放，而銅船至京又無他道可以繞越，兼旬守候，勢所不免。應交沿途督撫遇有銅船到境，實係封閘封峽及遇水淺起剥，查明屬實，取結報部，以便扣限。其有風信驟發，水勢暴漲，事出偶遭，一併准其照例扣除。如平水河道，人力可施，不得藉端逗遛。各船分起解運應令節次抵通，亦不得任意後先，稽延時日，違者查核。從之。

又卷一八《錢幣考六》 乾隆三十二年，停運京局鉛觔。先是，貴州每年辦解京局白鉛四百三十九萬餘觔，又辦解湖北漢口售供直隸等八省鼓鑄白鉛三百萬觔，俱由該省之大定府等府州僱馬運至永寧，交委員接收轉運。至是，巡撫鄂寶以大定等處現在辦理雲南軍需馬匹，該處産馬有數，馱運缺乏，請將應辦漢口鉛停運一年。經户部議，以直隸等八省本地俱不産鉛，今若停運，勢必仍買商鉛，恐商鉛亦辦運不前，必多貽誤。查京局現存白鉛尚多，不如將運京鉛觔暫請停運半年，以京局緩運半年之期，撥抵運解漢口之數，已可通融接濟。從之。

【略】

〔乾隆三十二年〕又貴州巡撫鄂寧言：本年加運京銅定限於明年二月自瀘州開運，現在牛馬缺乏，請緩至明年八月，同三十三年頭運一齊開幫。又稱大小各廠因兩年辦理軍務，油米炭到廠者少，以致辦銅短縮，貴州等省赴滇採買，自上年至今未發者共高銅二百餘萬觔，金釵廠銅一百九十餘萬觔，請移咨各省自行查核酌辦。經户部議，以户工二局現存銅觔及本年解到並起運在途，共計有一千六百六十萬有奇，與其令各省委員在滇守候，不如將該省本年加運展限，並明年頭運第一起京銅截留撥給各省通融辦理。從之。

三十五年，户部議：查滇省辦運京銅每年六百二十九萬餘觔，該省鼓鑄及各省採買共需銅五百餘萬觔。昨據該督彰寶以滇銅不敷，請暫停採買，經部議駁在案。

三十八年，定銅運抵津後不許開報守凍之例。大學士于敏中等奏：銅運攸關鑄務，例限綦嚴，運員任錫紱、陳希澤、黄斌等守凍與抵通，或同時而行阻互異，或一運而咨報各殊，且一人所運之銅或兩地守凍，其中顯有徇隱捏飾情弊。奉上諭：銅運船隻既抵天津一帶，距京已近，銅觔非米糧可比，即屬凍河之候，原可改從陸運，皆因運員等恃有守凍之例，遂爾藉詞遷延。嗣後銅運抵津後，概不准開報守凍，如遇凍河，即令其陸運進京，則支吾守凍之弊不除自絶，著爲例。

《清會典則例》卷四四《户部・錢法》 一、辦銅。順治二年題准，崇文門、天津、臨清、淮安四關各動支税額銀萬兩辦銅解部，以供鼓鑄。四年題准，蕪湖、揚州、滸墅、九江、北新、西新六關各增辦銅銀萬兩。七年題准，臨清、淮安、蕪湖、滸墅、九江、北新、六關各增辦銅銀萬兩。九年題准，減西新關辦銅銀五千兩，改增蕪湖關銀二千兩，滸墅關銀三千兩。康熙三年題准，各關額税銀少，辦銅銀多不能增買，又崇文門在京難以採買，將蘆課額税銀十有六萬四千五百十兩有奇撥出採買。十二年題准，浙江辦銅每斤給價六分五釐外，增脚價銀五釐。十八年題准，撥兩淮鹽課銀三萬兩，兩浙長蘆各萬五千兩，河東五千兩，令各巡鹽御史督催各運使，遵部定價直買銅解部。十九年題准，各關收買廢銅舊器，准以銅六鉛四折算扣解，不許攙和版塊等銅。二十年題准，停止鹽差辦銅。二十二年題准，減臨清關辦銅銀萬兩，改令贛關、太平關各支銀五千兩辦銅，又增蕪湖關辦銅銀三千兩，鳳陽關辦銅銀萬二千兩。二十三年覆准，各關辦銅不拘版塊，及廢銅器皿以堪用者解送，不堪用者不收，仍行治罪。二十四年議准，西新關、代龍江關辦銅銀五千兩。二十五年題准，各關辦銅每斤增價銀三分五釐，共計每斤一錢。二十七年覆准，蘆課辦銅價直亦照各關例每斤增銀三分五釐，共足一錢，均於蘆課内動支。四十二年題准，長蘆、山東分辦銅數動支鹽課銀，照定價一錢外，給水脚銀五分。五十二年覆准，將江蘇、安徽、江西、湖北、湖南等處所辦之銅交與内務府商人等承辦，每年節省銀五萬兩，再於兩淮鹽差增銅十七萬斤，河東廣東鹽差增銅各十萬斤，福建鹽差增銅六萬斤，福建海關差增銅四萬斤，交内務府商人照定限全交。如逾限遲延虧欠，錢法侍郎指名題參，將保結之佐領一并從重治罪，其蘆課銀盡行解部。五十四年議准，買銅令户部及錢法衙門專理，停内務府商人採辦。又議准，每年額辦銅、鉛，以銅六鉛四計算，每年需銅四百四十三萬五千一百九十九斤，以五十五年爲始，均分與江蘇、安徽、江西、福建、浙江、湖北、湖南、廣東八省，督撫遴委賢能，官動正項採辦，每斤定價銀一錢二分五釐，水脚銀三分。其向來各關差並有蘆課地方官所捐，每斤五分，水脚銀節省二分，照數解部。五十五年覆准，令内務府商人每年辦舊器廢銅一百三十三萬斤，每斤給價銀一錢，水脚銀五分，由部覈給，一面交買，一面納錢局。仍將所辦舊器廢銅以銅六鉛四計算，所用銅價、水脚銀行文辦銅之江蘇等省，照數扣除減辦。其減辦銅價、水脚銀彙齊解部。五十六年覆准，停止錢局收買舊器廢銅。又覆准，江蘇等各省辦銅各節省二分價銀，仍照一錢五分有奇之數增買紅銅解京。五十七年覆准，嗣後買辦次年之銅，本年即豫支銀給發。再，銅價既貴，將節省銀二分增入銅價，一同給發採辦。八省額辦銅内，如紅銅不足，著於十分内兼買三分舊器廢銅交納，其價及水脚每斤銀一錢一分九釐九毫有奇。六十年議准，八省分辦之銅歸并江浙巡撫辦解。自六十一年爲始，江南辦江蘇、安徽、江西、福建、廣東五省銅數，浙江辦本省及湖北、湖南三省銅數。六十一年議准，江浙二省辦銅價銀，督撫務委賢能大員，不時稽察，如有侵那情弊，即據實參奏。又題准，安南國産銅，著雲貴、兩廣督撫行文安南國王，凡客商買銅，務令照常貿易，毋得禁止阻遏。雍正元年議准，銅政歸并江、浙二省總辦，令該督撫選賢能府佐、家道殷實者領解，停用雜職微員。又覆准浙江辦銅動用南新等關税銀，永以爲例。二年議准，江南洋銅不敷，照浙江之例，承辦江蘇、安徽、江西三省銅數，其餘二省銅交福建、廣東巡撫，仍照舊額採辦。其辦銅官逐年更代，永爲定例。又議准，浙江應辦三省銅，因海關洋銅不敷，暫分出二省銅數交與湖北、湖南承辦。又覆准，雲南所産銅除供本省鼓鑄外，聽從商販，毋得禁遏。又覆准，舊器廢銅照康熙五十五年之例，收買接濟攙用，除遠僻省分載運維艱，毋庸知照。並不足六成之低銅，不准收買外，令近京省分及原辦銅等省出示曉諭，無論旗民，有願將舊器廢銅運送到局者，錢法侍郎豫向銀庫領銀貯局，竢銅運一到，隨到隨收，照所收數目，每斤給銀一錢一分九釐九毫三絲，竢外解紅銅足用之日停止。如各省採買額銅之外，收有廢銅，亦准其解部，照廢銅給價。又覆准，商人自備資本收買廢銅交納，其自外省收買運送至局者，每斤給銀一錢五分。在本京地方收買者，照新定價直給與。如有紅銅，每斤給銀一錢七分五釐。四年覆准，浙江舊欠銅亦交湖北、湖南分辦上運，於四年十月下運，於五年四月起解。又覆准，八旗各佐領與五城御史，報有黄銅器皿出售者，令該旗都統、都察院一面移咨錢法堂，一面即著本人赴錢局交納，按照成色給發價直。其旗人在直隷州縣居住者，令直督轉飭各地方官收買給價，彙行解部。五年覆准，雲南見産之銅，除本省供鑄外，尚餘二百數十餘萬斤，令委官運至鎮江百數十萬斤，以備江南承辦；二省銅數運至漢口百餘萬斤，以備湖廣承辦。三省銅數至各省，辦銅定價每百斤及水脚共銀十有七兩五錢。今雲南銅每百斤價銀九兩二錢，加以運至鎮江、漢口、江南、湖廣，再由鎮江、漢口遞運至京，每百斤水脚銀三兩。令該督動用鹽務盈餘銀六萬兩收銅發運，賣價還項，至將來所辦雲南銅均作雍正六年額辦。其江南雍正六年銅，既可無藉洋銅，嗣後海口所收洋銅，均抵節年舊欠，倘再遲延推諉，即行題參治罪。再，辦銅舊例均繫豫年給價，雲南産銅盈縮，難以懸擬，令該督將雲南所辦之銅，自雍正五年四月起，扣滿一年之期，獲銅若干，即行題明知照江蘇、湖廣二省，以憑豫定曾否足額，庶辦解額銅不致有誤。其所運之銅，遴委賢員，察驗足色，净銅不得夾雜低銅，經過關津隘口，毋得抽課，驗明放行。又覆准，商人辦銅有外洋照票，方許採買，每張約銀二三千兩、四五千兩不等，今將欠銅商人照票追出，别招殷實者納銀給照，所獲照銀即抵所欠銅。如有不敷，於從前承辦官商勒追，如無可追，再於原委上司名下分賠完結。七年覆准，嗣後凡有銅、鉛到關到廠，令該管官察驗批文，如與原解數目相符，免其輸税；倘有額銅之外多出斤數，即繫私販，令其照額輸税。九年奉旨：「知府等大員有地方之責，嗣後解銅不必差委。」又覆准，令江浙督撫每年除發價採買洋銅外，再豫發銀往雲南採買，如有成色不足平稱短少者，總以節省之銀補算，不得過十四兩五錢之數，其洋銅亦照定價給銀採買。十二年覆准，將湖廣、廣東應辦雲南銅六十六萬三千一百九十九斤有奇留於雲南，令貴州辦鉛運至雲南鑄錢解京。十三年議准，各省捐納貢監職銜及封典者，准將生熟銅斤照數交納。熟銅每斤價銀一錢一分九釐九毫，生銅每斤價銀九分五釐九毫四絲四忽。如交銅不敷，許其將銀湊足額數。至州縣收銅彙解必需路費，令上捐之人每銅百斤旱路加脚費銀一錢，水路加脚費銀三分，別交州縣存庫，以備解費之用。乾隆元年奏准，解京銅以四百萬斤爲率，買自雲南及東洋者各二百萬斤，自乾隆三年爲始，令分額承辦。又，各省採買洋銅，出口、收口均由海關察驗收税，爲辦銅扼要之地，將江浙海關監督官銜内加「監督某處海關兼辦銅務」字樣。江南銅令監督江南海關道員招商承辦，浙閩兩省銅令監督浙江海關道員招商承辦。將有倭照各商内確察身家殷實並無挂欠者，吊驗倭照，取具連名，互結册報該撫察覈承辦。又奏准，令江浙督撫招商辦銅，如有情願自捐資本出洋買銅者，許其呈明該管官，聽其出洋採買，俟各商回日，官爲收買，以供鼓鑄。二年奏准，令江浙督撫將應辦乾隆三年銅，委官前赴雲南採買解京，照依二百萬之數均匀分辦，各省辦五十萬斤。倘雲南銅偶有不敷，即豫咨海關仍令採買以足額數。辦銅關繫鼓鑄，寧多無闕，如有商人情願自攜資本出洋買銅者，准其報明海關，給與倭照，令該商赴洋採買，俟銅回到關之日，管關官酌量官收，餘聽其自行貨賣。三年奏准，各省商人出洋買銅者，報明江浙督撫給與執照，令其出洋購買，如在京師有家道殷實之商，願赴洋買銅者，取具保結，赴部具呈，由部奏明，給與執照，行文江浙督撫，亦令其出洋採買。又覆准，各省辦解京銅官商虧空甚多，見在雲南産銅頗旺，應將各省每年辦解京銅四百萬斤，自乾隆四年爲始，盡歸雲南辦運。又覆准，雲南辦運京銅採自湯丹廠，銅質澆薄，自本省至京程塗萬里，令於每正銅百斤外帶餘銅三斤，如正銅稱少，即將餘銅加足，如有餘剩，即作正銅交部歸項報銷。又，從前各省承辦雲南銅解部時，多繫九成九五，照成色覈減，今應於正銅百斤之外，加給耗銅八斤，永爲定例。又自廠運至東川，有小江塘至熱水塘五十餘里，兩山壁立，中通狹澗，沿塗碎石溜沙，兼以夏秋多雨，烟瘴盛發，一年内止可運銅半年。自東川至威寧，當滇黔蜀三省衝衢，官運銅鉛，商馱貨物皆於威寧换馬，必不能運滇銅四五百萬之多。今訪由廠至威寧別有車路可通，由東川經魯甸、昭通，至大關之鹽井渡上船，別有水路可達。川江見在委官察勘，到日再議。其湯丹等廠收買發運，向由糧道經管，今自廠運至東川皆委該道管理，本任養廉已敷支用，毋庸加給。自東川至威寧，委東川府管理。自廠運至尋甸，委尋甸州管理。若由昭通鹽井渡直達川江，委昭通府管理。其鹽井渡雇船至瀘州，委大關同知管理。該府廳州養廉僅敷本任之用，知府每月酌加養廉銀六十兩，同知、知州每月各酌加銀四十兩。至承運之府佐，州縣每月酌給銀六十兩，家人跟役及鐙油紙筆雜費銀十有五兩，協運雜職一人每月酌給養廉銀三十兩，雜費十兩。沿塗打包换簍，按日登記，回滇之時，據實造報。又，湯丹等廠每年約辦銅七八百萬斤，每斤需工本銀九分二釐，共需工本、廠費等銀五六十萬兩。又脚價、官役、盤費約需銀十餘萬兩，又每年應解司庫餘息銀二十餘萬兩，應於每年豫撥銀百萬兩解貯司庫，按年支銷。如有餘剩，歸於餘息項下充公，再有餘剩，留作下年工本、脚價，每年於銅務並運銅案内報銷。四年覆准，雲南停鑄解京之錢，令辦解正銅一百七十萬四千餘斤，耗銅十有八萬六千餘斤，按年運至漢口，分撥站船解交京局，加卯鼓鑄。又覆准，雲南辦運京局銅四百萬斤，分作兩路，各二百萬斤，一自廠由尋甸發運威寧，轉運至永寧；一自廠由東川發運昭通、鎮雄，轉運至永寧。五年覆准，雲南辦銅運解京局，自乾隆四年辦運之初，原分八運，每運委正運官一人，協運官一人，在東川、尋甸等處領運。今八運既并爲四運，應別設承運、收發等官，雇脚運至永寧。其運交京局，每運正運官，委府佐或州縣一人，協運官委雜職二人，赴永寧領運，各押銅五十萬斤，挨次起程。正運官月給養廉雜費銀八十兩，協運官各月給養廉雜費銀四十五兩。七年覆准，雲南辦運正耗銅六百三十三萬一千四百四十斤内，由東川運至永寧銅三百十有六萬餘斤，向來每百斤每站脚價銀八分五釐至一錢三釐不等，但東昭一路，新闢夷疆，食物昂貴，應准其每站每百斤給銀一錢二分九釐二毫有奇。九年奏准，各省承辦之銅，按成色覈減價銀，嚴追各商完項，如商人力不能完，家産全無者，責令辦員如數完補。又覆准，雲南辦運正耗銅共六百三十三萬一千四百四十斤，採自湯丹廠，向由東川運至永寧，每百斤每站給脚價銀八分五釐，以及一錢三釐不等。其間小江塘至熱水塘運道艱難，前於乾隆四年覆准，自廠由威寧至永寧別有車路可通，應分運三百十有六萬餘斤，但沿塗馬匹稀少，草料昂貴，其所需陸路脚價每百斤每站暫准給銀一錢二分九釐二毫，俟馬匹足敷應用，草料價直平賤，酌量覈減。又題准，雲南解銅自威寧至永寧所需陸路脚價銀，准其暫照每百斤每站一錢二分九釐二毫之數支給報銷。十四年議准，雲南運解京局止耗銅六百三十三萬六千四百四十斤，先經奏明，由東川、威寧兩處陸路運至永寧，由水路運京，東、威二路各半分運。但銅、鉛數多，馬匹雇募不前，應將東川一路分運銅三百十有六萬五千七百二十斤内酌分一半，由鹽井渡水運至瀘州轉運。其東川運鹽井渡陸路，每百斤每站給脚價銀一錢二分九釐二毫；自鹽井渡抵瀘州水運，每百斤每站給脚價銀七錢二分九釐；其餘一半銅斤仍由東川運至永寧。又，威寧分運銅三百十有六萬五千七百二十斤内酌分一半，由羅星渡水運至瀘州，其自威寧陸運至羅星渡，每百斤每站給脚價銀一錢二分九釐二毫；又自羅星渡水運至南廣，每百斤給水脚銀二錢；又自南廣水運至瀘州，每百斤給水脚銀九分，事竣覈實報銷。十八年覆准，雲南辦運京銅長運各官養廉雜費，自雲南至永寧准支二十三日，自永寧至通州准支九月，在漢口及儀徵換船換簍准支兩月，自通打包運局准支兩月，自京回滇准支九十九日。其守凍日期仍照例減半支給，此外如有長支，照數著追。

一、辦鉛錫。【略】乾隆八年題准，廣東辦解京局點銅錫，除收課錫外，不敷，准其採買湊解，每百斤給價銀十有四兩一錢一釐五毫。

一、收銅。康熙十八年題准，寶泉局鑪頭、局役將各官應解銅包攬買交者，照例治罪，出差各官知情者議處。雍正六年覆准，各省採買銅並未分别成色，嗣後除浄銅仍按定價一錢四分五釐，如有塊銅及廣條、蠏殼等項不足成數者到部，即令錢局監督同解官估定成色，彈兑交收，行文解銅本省，照依覈定成數，減價報銷。九年奏准，各省辦解寶泉局銅皆有高低，嗣後收銅，設立銅色對牌，以八成、八五、九成、九五、十成分設五牌，銅到局，令解官監督，從公較對。除八成以下者不收外，八成以上者，均照成色稱收，定價銷算估定。八成以上者，准作八五，八五以上者，准作九成，九成以上者，准作九五，九五以上者，准作十成。其包裹鉛渣及黑暗灰色等項，令承辦官家人公同解官鎔化，浄銅照斤數作十成稱收，虧折者補解。乾隆元年奏准，停止原設銅牌，令辦銅各省巡撫嚴飭辦銅官，務選足色浄銅交部，以供鼓鑄。仍令寶泉、寶源二局監收之官，照依未設銅牌以前秉公稱收，倘有攙雜低潮不堪鼓鑄者，令該堂官、委官會同兩局監督解官抽驗鎔化，如果低潮，即將承辦之官嚴加參處，其虧折之銅，仍令補解。至鑪頭、稱手不得任意低昂，如違究治。【略】

一、錢價。【略】雍正元年覆准，雲南省自康熙四十四年設立官銅店，短少價直，加長秤頭，礦民賠累，該督、撫嚴行禁革，悉聽商民採買販賣，照市秤市價出入畫一，依康熙四十四年以前銅廠則例公平收納，毋得抑勒商民。至所産之銅除供本省見在鼓鑄之用，有餘聽民間販賣流通，不必解運來京。四年議准，嗣後鑄造器皿除紅銅、白銅不禁，其黄銅除樂器、軍器、天平、法馬、等子及五斤以下之圓鏡不禁外，其餘一應器皿，無論大小輕重，皆不許仍用黄銅製造。倘有犯者，造賣之人照違例造禁物律治罪，買用之人照不應例治罪，失察之官照例議處。其已成銅器，有願賣者作廢銅交官，每斤給價一錢一分九釐九毫三絲，官吏不得勒逼扣剋。江南、福建、浙江、湖廣、廣東見在辦銅六省，廢銅交與辦銅之官採買，如紅銅不敷，即以此項銅解部，扣六成紅銅覈算補額。其四成鉛准扣出別給價直，應用脚價照見今銅鉛之例，每斤給算水脚三分。其不足六成之銅器亦准收買，總照成色，遞減其價，於解部時報明成色，如所報不實，令承辦官賠補。至江西、廣西、貴州三省與江南、湖廣、廣東接壤，江西廢銅歸江南，廣西廢銅歸廣東，貴州廢銅歸湖廣，著三省上司委官收買雲南見開鼓鑄所收黄銅，和入紅銅，扣算成色，入鑪鼓鑄。直隸、山東令州縣收買廢銅交布政使司，彙齊解部。直隸解送每斤給水脚銀一分，山東每斤給水脚銀一分五釐。山西、河南、陝西、四川所收廢銅暫存本省，俟一二年後，視所收多寡，或本省開鑄，或作何解送，具題請旨。

又卷一二九《工部・虞衡清吏司・鼓鑄》 一、辦銅鉛：順治二年定，差本部司官一人專督辦買商銅。九年題准，動支荆州、蕪湖、龍江、杭關税銀各二萬兩，以五分買銅，五分買鐵，參部備用。十七年題准，動支蕪湖、龍江、荆州、杭關、長蘆五差額税辦銅，總計全局鼓鑄，每年需銅一百八十萬斤，各關辦九十萬斤，部辦九十萬斤。康熙元年題准，停止部内辦銅。二年定，令部商收買釐錢，暫停各關辦銅，將額銀參部。三年題准，蘆課歸并户部，令蕪湖、龍江二關各辦銅二十九萬二千三百七斤有奇，杭關辦銅七萬三千五百斤，荆關辦銅六萬一千五百三十八斤有奇。十三年題准，各關銅辦參一半。二十一年覆准，各關銅照舊全參。二十三年議准，寶源每年需銅一百二十萬斤，除蕪湖、龍江、杭關、荆關見辦參七十一萬九千六百五十四斤，尚少銅四十八萬三百四十六斤。照部定銅價，每斤六分五釐，動支江寧撫屬蘆課銀一萬一千五十兩，辦銅十有七萬斤；安徽撫屬蘆課銀三千九百兩，辦銅六萬斤；湖廣蘆課銀六百五十兩，辦銅萬斤；江西蘆課銀六百二十兩七錢五分，辦銅九千五百五十斤；滸墅關税銀六千一百七十五兩，辦銅九萬五千斤；蕪湖、贛關各税銀一千九百五十兩，各辦銅三萬斤。【略】

順治二年定，差工部司官一人，專督辦買商銅。九年題准，動支荆州、蕪湖、龍江、杭關，税銀各二萬兩，以五分買銅，五分買鐵，解部備用。十七年題准，動支蕪湖、龍江、荆州、杭關、長蘆五差額税辦銅。總計全局鼓鑄，每年需銅一百八十萬斤，各關辦九十萬斤，部辦九十萬斤。康熙元年題准，停止部内辦銅。二年定，令部商收買釐錢，暫停各關辦銅，將額銀解部。三年題准，蘆課歸併户部，令蕪湖、龍江二關，各辦銅二十九萬二千三百七斤有奇，杭關辦銅七萬三千五百斤，荆關辦銅六萬一千五百三十八斤有奇。十三年題准，各關銅辦解一半。二十一年覆准，各關銅照舊全解。二十三年議准，寶源局每年需銅一百二十萬斤，除蕪湖、龍江、杭關、荆關現辦解七十一萬九千六百五十四斤，尚少銅四十八萬三百四十六斤，照部定銅價，每斤六分五釐動支。江蘇撫屬蘆課銀一萬一千五十兩，辦銅十有七萬斤。安徽撫屬蘆課銀三千九百兩，辦銅六萬斤。湖廣蘆課銀六百五十兩，辦銅萬斤。江西蘆課銀六百二十兩七錢五分，辦銅九千五百五十斤。滸墅關税銀六千一百七十五兩，辦銅九萬五千斤。蕪湖贛關各税銀一千九百五十兩，各辦銅三萬斤。湖口關税銀九百十兩，辦銅一萬四千斤。太平關税銀二千六百兩，辦銅四萬斤。鳳陽關税銀一千四百十有六兩七錢四分，辦銅二萬一千七百九十六斤，照例解部。二十五年議准，各關辦銅定價，每斤六分五釐，今增銅價三分五釐。每斤銀一錢，作爲額數。嗣後各藩司辦銅，如有私派浮徵者，該撫即行題參。互相隱匿，該撫一併照例處分。二十七年議准，各關銅價，每斤增至一錢。蘆課辦銅價值，亦照各關例，每斤加增銀三分五釐。三十九年議准，蕪湖，滸墅，荆關，太平橋，鳳陽，湖口等關銅，令商人承辦。四十二年議准，兩浙鹽差，辦銅二十五萬斤，令商人承辦。四十四年議准，福建廣東鹽差，各辦銅十有三萬斤。福建海關十萬斤，廣東海關七萬五千斤，江南海關五萬斤，浙江海關七萬斤。兩浙鹽差，增辦銅十有五萬斤，均令商人承辦。五十一年議准，龍江、西新、杭關、贛關銅，均令商人承辦。五十二年定，增兩浙鹽差銅二十萬斤，福建鹽差銅六萬斤，廣東鹽差銅十萬斤，並江蘇、安徽、湖廣蘆課銅，均令商辦。五十三年覆准，奏銷各商所辦銅鉛額數，以十分爲率，未完不及二分者，免其處分，限一年完足。未完二分至五分以上者，交各衙門照分數分别治罪。未完六分以上者，照侵欺錢糧例，從重治罪。皆限一年内照欠補完，不能補完者，變産追賠。【略】

〔康熙〕五十七年覆准，銅價日貴，將節省水脚銀，增入額銅價内，每斤價銀一錢四分五釐。六十年議准，八省銅歸併江、浙二省辦解，江南辦五省，共解寶源局銅九十四萬四千八百八十四斤。浙江辦三省，共解寶源局銅五十六萬六千九百三十斤各有奇。雍正二年覆准，江南所辦五省銅，分出二省，交與福建、廣東承辦。江南辦寶源局銅五十六萬六千九百三十斤。福建、廣東各辦銅十八萬八千九百七十六斤各有奇。又議准，浙江所辦三省銅，分出二省交與湖北、湖南承辦。每省辦寶源局銅十八萬八千九百七十六斤有奇。十一年議准，江南等八省上下兩運額解之銅，均照部頒法馬，每省鑄給四副，兑收兑解。並將所頒法馬，令運官齎領至部。局官收銅時，將帶至法馬，與局存法馬，較准合一，然後兑收。至雲南省亦應鑄給法馬二副，各省赴滇買銅，照此收買。【略】

〔咸豐〕十三年奏准，寶源局招商淘鍊渣土，因器具人工昂貴，援照寶泉局成案，每交八成杵銅一斤，於例定火工銀八分外加給一分。【略】

乾隆三年議准，江南等省停解洋銅，各委官齎價赴雲南採買解京。如雲南銅不敷，仍令江浙海關買補。第各省委官採買，長途萬里，呼應不靈，應令雲南管廠大員，委員押運來京。但該省地方各官，不便盡行差委，令該督撫酌定員數具題，交部於候補候選府州佐貳等官揀發該省差委押運。又奏准，令雲南督撫將本年應辦銅，先委該省現任官作速運解，以副次年鼓鑄之用。仍令吏部即於候補候選佐貳等官内，先行揀發十數人星馳往滇，將解銅員缺，令其委署，俟解官回任。更替押運。又議准，雲南運京銅，應將原頒法馬，以一副留省秤發，一副給駐紮張灣轉運交部之官，俟運官解銅到日，即照部頒法馬秤收。仍於轉解京局時，齎原給部頒法馬，赴部較准兑收。其自張灣轉運已攜法馬赴部後，有雲南銅陸續解到，無憑較准秤收，應照依原頒法馬，别鑄一副，頒發應用。【略】

〔乾隆〕二十八年奏准，雲南省辦運京銅，務將上色高銅挑解京局。其銅色在八成以下者，毋得攙雜解送。【略】三十二年奏准，雲南省現在辦理軍需，馬匹不能赴廠應用，以致辦銅稍短。今將該省本年加運展限，並次年頭運第一起京銅，截留撥給各省供鑄，仍限二年帶運，補解清款。【略】〔嘉慶〕八年，諭：那彦寶奏滇省積存寧臺廠低潮銅五百餘萬斤，必俟改煎純浄，方可撥給各省採買之用。但恐委員等守候需時，有誤局鑄，請將尖山廠所出之銅，改撥領運等語。寧臺廠積壓低銅，既難撥令委員領運，而尖山廠銅斤成色，與煎浄寧臺廠銅色相等。且尖山廠程站，較之下關局，計近十五站半，運脚又屬節省。著照所請，通融撥給，以供採買。仍將換存省局寧臺廠並積貯下關局各低銅，一律改煎純浄，照舊撥給各省採買之用。【略】〔嘉慶〕十七年奏旨：滇省運京銅斤，鼓鑄攸關，必須迅速到京，源源接濟。所有沿途行走各運滇銅，著派出專司督催之直隸山東等省藩臬大員，實力催趲。上年在東守凍之李鏋一運銅斤，限於五月内交局。行抵江寧，安徽等省之李開瑞、張琛、曾維道、馮建蓀等四運銅斤，限於五月内抵通。其辛未年滇員嵩山等各運銅斤，亦一體嚴催，迅速運京。毋得借守風守水爲名，前運偶有躭延，後運藉詞觀望，致滋延誤。至桂芳等奏稱壬申年滇銅，現尚未報開行，著傳諭伯麟等，即轉飭領運各員迅速啓行。其加辦銅斤，並應解銅

批飯銀，均飭令一併報解。【略】

二十四年議准，滇銅不敷定額，請買川銅接濟。由川省寧遠府屬烏坡廠運至滇省黄草坪，再由金沙江運至瀘州銅局，每百斤除定價銀九兩二錢五分外，應需運價銀二兩六錢二分五釐。川廠除本省鼓鑄外，應聽滇省儘數收買。惟該廠衰旺無常，勢難久恃。所有滇省年額，仍責成滇省各廠員，照數辦供。如所出短絀，以及收買川銅，仍不足額，照例參處。【略】

〔道光〕十三年奏：銅斤短絀，援照楚黔成案採買，奉諭：户工寶泉、寶源二局，鼓鑄錢文，據該侍郎等援照成案，請採買商銅，以裕鼓鑄。著照所請，准其在於部庫借支銀六萬八千兩，户局暫行採買銅三十萬斤，工局暫行採買銅十五萬斤，俾資配鑄。此項銀兩，由各該局牌仰五城招商，驗明銅斤成色，分别公平兑收，陸續由部庫支領發給。仍令滇省將前運員沈溺銅斤七十餘萬斤，劃出四十五萬斤，毋庸再行買補，其現在所有價銀，在於運員等名下查照定例，將應行著追歸款者，即行著追報撥。應行覈數豁免者，即行作正開銷，造册報部查覈。又奏准，户工兩局本年銅運短絀過多，酌撥江蘇省七成釵銅五十五萬斤，山西省九九五成紅銅四十萬斤，共抵京局所用八成滇銅一百萬斤。十五年覆准，嗣後京銅，務須在八成以上，方准發運。如有低銅，提出交鑪户改煎，仍飭店員認真挑揀，再有低銅，令廠員遣役前往改煎。火工折耗，照章鑪户廠員各賠五成，店員不能提出，亦令分賠二成。至各廠銅斤，皆以至高者撥供京運，低者始撥各省。成色不同，勢難通融撥補。且各省買銅，向按到滇先後次第撥給，亦難多爲儲備，更不能先儘協供京運，再年運京銅幾及七百萬斤，雖經議令廠員改煎，但恐改煎銅色，偶有參差，或京外估計，未能一律。以後部局挑出銅斤，仍在京改煎，開單咨滇照例分賠。

〔道光〕二十八年諭：工部錢法堂奏請飭催銅運等語。銅運爲鼓鑄攸關，斷不容遲延貽誤，所有已出湖南境之桂文奎一運，已出四川境之李令儀，並湖北接運委員韓印海一運，著沿途各督撫查明行抵何處，務令星夜遄行，勒限於六月内解京。其丙午李暘一運，丁未王階鈺、盛熙瑞、馮繩祖三運，僅在四川及滇省起程，均令領運各員迅速趲行，於八月内解局，以資接濟。至未報開行之丁未三運，並令該督撫嚴催。儻運員藉詞延宕，或該地方官催趲不力，即著查明參辦。

咸豐元年，奉旨：工部錢法堂奏寶源局現在銅斤，不敷鼓鑄，在途各運，疊經嚴催，尚未據報行抵何處，自應先事豫籌。著户部錢法堂，於業經提到之湖北銅六十萬斤内，撥交工局二十萬斤，以資接濟。其奏提未到之江蘇、湖南存銅共四十四萬三千斤，俟解到亦著照向來滇銅定額，分撥工局三分之一，嗣後户部如再提他省銅斤，並著照此劃分辦理，以昭平允。欽此。遵旨奏准。除湖北提解内，有洋銅五萬六千斤，江蘇三十二萬斤，均係洋銅，留備内務府咨取劃撥外，餘俱劃分工局三分之一。將來再提外省銅斤，亦照此辦理。三年議准，通州爲銅斤起卸之區，嗣後各鋪不准製造五斤以上銅器，已成者限四個月售賣，並聽交官收買。如限滿仍敢製售，銅器入官，仍治以應得之罪。至運銅抵通，應由級調用。七分以上者革職仍留廠勒賠。以接到部文之日起。原欠三分以下者限三個月完繳。四五分以上者限六個月。七分以上者限一年。限内全完。題請開復。逾限不完。罰俸者降一級。運員知照通州，每車派撥兵役各二名守護，並給解批一紙，填註銅斤數目，兵役車夫姓名，到局驗收。儻有短少，即提兵役車夫訊究，用船剥運，亦照此例。又奏准，户工兩局現已復卯鼓鑄，局銅短絀。所有滇省應辦年額正加六起京銅六百五十五萬餘斤，貴州應解年額四起京鉛四百八十餘萬斤，自咸豐甲寅年爲始，仍照額辦解。

〔同治〕五年奏准，寶源局停鑄鐵錢之後，存有片鐵枝鐵鐵制錢三項，約二百四十餘萬斤，請招商易銅，以資鼓鑄。每鐵一斤，覈銀六釐，計十萬斤。可得銀六百兩，援照三口通商大臣採買洋銅，每四千斤合銀六百兩之例，每鐵十萬斤，令該商易交片銅四千斤，均令自行交領，毋庸開銷運脚。又奏准，寶源局新老兩局，共設三十鑪，按照現在配鑄章程，每年應用銅一百四十七萬餘斤，即由户部收銅局，及三口通商大臣，速爲採辦，以資鼓鑄。又奏准，寶源局如遇老局銅斤有餘，撥發新局，令監督一員在老局監放，一員在新局監收。

光緒五年奏准，雲南省試辦銅斤，改由廣西省百色至廣東江蘇航海抵津，至遲不得過九個月二十五日，全數運至京局，儻無故逾限一月以上。即將該運員奏參嚴議，起解時，督辦道府親赴各廠查驗。將應解銅斤内提取三塊，黏貼驗員印花，作爲樣銅，以一塊存滇備查，一塊咨送户部，發交户工兩局比較銅色。如有成色不足，並漏鏨廠名年月，以及抵换諸事，除將運驗各員分别參處外，仍提取低銅一塊發滇，由該督撫查明參辦。其運員實缺者該管上司出考，本道加考，候補者首府出考，首道加考，抵局後，錢法衙門如查明原考不符，除將該運員查參外，並將出考各員及詳委之藩司，失察之督撫，一併參處。六年奏准，嗣後驗收銅斤，照例八成以上，准其兑收，八成以下，不准交納，亦毋庸復批二成折耗，以免鑪匠藉口。其不准交納之銅，由運員招商變賣，價銀解交部庫，咨由滇省覈辦，仍嚴飭鑪匠人等逐塊鏩驗，不准以高作低，儻有蒙混情弊，加等治罪。咨明滇省，如再有夾雜鐵砂低銅，即將承辦委員，查取職名，一併參處。八年議准，雲南省銅運，改歸舊道，自四川省瀘州運至湖北省宜昌，由輪船至津轉運至京。

《清經世文編》卷五二《户政二七·錢幣上·王太岳〈銅政議上〉》 竊見滇南地處荒裔，言政者必以銅政爲先。然自官置廠以來，未六十年，而官民交病，進退兩窮，或比之捄荒無奇策，何也？蓋今日銅政之難，其在採辦者四，而在輸運者一。一曰官給之價難再議加也。乾隆十九年，前巡撫愛必達，以湯丹銅價實少八錢有奇，奏蒙恩許半給，則加四錢二分三釐六毫。越二年，前巡撫郭一裕，請以東川鑄息充補銅，本則又加四錢二分三釐六毫。越六年，前總督吴達善，通籌各局加鑄，再請增給銅價，則又奉特旨加銀四錢。又越六年，前巡撫鄂寧遵旨陳請，則又暫加六錢。越三年，始停暫加之價。於是湯丹、大水、碌碌、茂麓等廠，遂以六兩四錢爲定價。而青龍山等二十餘小廠，舊時定價三兩八九錢、四兩一二錢者，亦於乾隆二十四年，前巡撫劉藻，奏奉諭旨：「既照湯丹舊例，每銅百斤，定以五兩一錢五分有奇收買。」即金釵最劣之銅，亦以四兩之舊價，加銀六錢。朝廷之德意，至爲厚矣。然行之數年，輒以困敝告，豈盡人情之無厭哉？限於舊定之價過少，雖累加而莫能償也。夫粵蜀與滇比鄰，而四川之銅，以九兩、十兩買百觔，廣西以十三兩買百觔，何以雲南獨有節縮乎。江陰楊文定公名時撫滇，奏陳銅廠利弊疏云：「各廠工本，多寡不一，牽配合計，每百觔價銀九兩二錢，其後凡有計息議賠，莫不以此爲常率。至買銅則定以四兩以至六兩，然且課銅出其中，養廉公費出其中，轉運耗損出其中，捐輸金江修費出其中，即其所謂六兩者，實得五兩一錢有奇。非惟較蜀、粵之價，幾減其半，即按之雲南本價，亦特十六七耳，皆由舊定之價過少也。然在當時，莫有異辭，而今乃病其少者何也？舊時滇銅，聽人取攜，自康熙四十四年，始請官爲經理，歲有常課。既而官給工本，逋欠稍多，則又收銅歸本官自售。至雍正之初，始議開鼓鑄，運京局以疏銷積銅。其實歲收之銅，不過八九十萬。又後數年，亦不過二三百萬。比於今日，十纔二三，是名爲歸官，而廠民之私以爲利者，猶且八九。官價之多寡，固不較也。自後講求益詳，綜核益密，向之隱盜者，至是而釐剔畢盡，於是廠民無復纖毫之贏溢，而官價之不足，始無所以取償，是其所以病也。茲硐路已深，近山林木已盡，夫工炭價，一皆數倍於前，而又益以課長之掊尅，地保之科派，官役之往來供億，於是向之所謂本息課運役食雜用，以及廠次路耗，竝計其中，而後又有九兩一錢之實值者。今則專計工本，而已幾於此，廠民實受價六兩四錢，之外，尚須貼費一兩八九錢而後足。問所從出，不過移後補前，支左而右絀，他日之累，有不可勝言者矣。夫銅價之不足，廠民之困憊，至於如此。然而未有以加價請者何也？誠知度支之藉制有經，非可以發棠之請，數相嘗試也。且雖加以四錢六錢之價，而積困猶未遽蘇也。故曰：官給之價，難議加也，採辦之難，此其一也。一曰取用之數不能議減也。蓋滇銅之供運京外者，亦嘗一二議減矣。乾隆三十二年，雲南巡撫鄂寧，以各廠採銅，纔得五百餘萬，不能復供諸路之買，咨請自爲區畫。准户部議，留是年加運之京銅，及明年頭綱銅，以及諸路買鑄，於是雲南減運二百六十餘萬觔。後三年，雲貴總督明德，又以去年獲銅雖幾千萬，然自運供京局，及留滇鼓鑄外，僅餘銅一百三十萬觔，以償連年積逋九百二十餘萬，猶且不足，難復遍應八路之求，因請概停各路採買。准户政議奏，許緩補解京銅，酌停江南、江西兩道採買，於是雲南減買五十餘萬觔。後半年，前巡撫明德，又以各路委官在滇候領銅四百一十餘萬，以去年滇銅所餘一百餘萬計之，四年乃可足給。此四年之中，非特截留及缺交京銅不能補運，而各省歲買滇銅二百餘萬，積之數載，將有八九百萬，愈難爲計，因請裁減雲南鑄錢，及各路買銅之數。准户部議奏，許停雲南之臨安、大理、順寧、廣西府并東川新設各局鑄錢，又暫減陝西、廣西、貴州、湖北買銅六十三萬觔，於是雲南得減辦二百餘萬觔。通計前後緩減五百餘萬，廠民之氣力乃稍舒矣。夫滇銅之始歸官買也，歲供本路鑄錢九萬餘千，及運湖廣、江西錢四萬串，計纔需用一百一萬觔耳。至雍正五年，滇廠獲銅三百數十萬觔，始議發運鎮江、漢口各一百餘萬，聽江南、湖南、湖北受買。至雍正十年，發運廣西錢六萬二千餘串，亦僅需銅四十餘萬。其明年，欽奉世宗憲皇帝諭旨：「議於廣西府設局開鑄，歲運京錢三十四萬四千六十二串，計亦止需銅一百六十六萬三千餘觔。」乾隆二年，總督尹文端公繼善，又以浙江承買洋銅，逋欠滋積，京局歲需洋銅、滇銅率四百萬觔，請敕江浙赴滇買銅二百萬觔。雲南依准部文，解運京錢之外，仍解京錢三十餘萬，以足二百萬之數，而直隸總督李衛，又以他處遠買滇銅轉解，孰與雲南徑運京局，由是各省供京之正銅及加耗，悉歸雲南辦解，然尚止於四百四十萬也。未幾而議以停運京錢之正耗銅，改爲加運京銅一百八十九萬餘觔矣。又未幾而福建採買二十餘萬觔矣，湖北採買五十餘萬觔矣，浙江採買二十餘萬觔矣，貴州採買四十八萬餘觔矣。既而廣西以鹽易銅十六萬餘觔矣。既而陜西罷買川銅，改買滇銅三十五萬，尋又增爲四十萬觔矣。於是雲南歲需備銅九百餘萬，而後足供京外之取，而滇局鼓鑄尚不與焉。夫天地之産，常須留有餘以待滋息，獨滇銅率以一年之入，給一年之用，比於竭流而漁，鮮能繼矣。又況一年之用，幾溢於一年之入，凶年取盈之術也，皆由取給之數過多也。嘗稽滇銅之産，其初之一二百萬觔者不論矣，自乾隆四五年以來，大抵歲産六七百萬耳，多者八九百萬耳，其最多者千有餘萬，至於一千二三百萬止矣。今乾隆三十八年三十九年，皆以一千二百數十萬，告此滇銅極盛之時，未嘗減於他日耳，然而不能給者惟取之者多也。嚮時江安閩浙，買滇銅以代洋銅，議者以滇銅衰盛靡常，當多爲之備，仍責江浙官收商買洋銅，以冀充裕。及請滇銅徑運京師，以其餘溢，留湖廣開鑄，而商辦洋銅，則聽江浙收買鑄錢，議者又以滇銅雖有餘，尚須籌備以供京局。若遽留楚供鑄，設令將來京銅有缺，所關不細，又議浙江收買洋銅，亦須存貯，滇銅或缺，仍可運京接濟，即近歲截留京銅，部議亦以滇銅實有缺乏之情形，當即通籌酌劑，是皆以三十年之通制國用，爲天下計，非獨爲滇計也。至於今日，而京師之運額，既無可缺，而自江南、江西以外，尚有浙、閩、黔、粤、秦、楚諸路開鑄紛綸竝舉。一則曰：此民之用也，饟錢也，不可少也。再則曰：鑪且停矣，待鑄極矣，不可遲也。而滇之銅政騷然矣。夫以雲南之産，不能留供雲南之用，而裁鑄錢以畀諸路。諸路之用銅者，均被其利，而産銅之雲南，獨受其害，其産愈多，則求之益衆，而責之益急。然則雲南之銅，何時足乎？故曰：取用之數不能議減也。供辦之難，此其二也。一曰大廠之逋累積重莫蘇也。謹按楊文定公奏陳銅政利弊疏云：「運户多出夷猓，或山行野宿，中道被竊；或馬牛病斃，棄銅而走；或奸民盜賣，無可追償。又硐民皆五方無業之人，領本到手，往往私費，無力開採。亦有開硐無成，虚費工本，更或採銅既有，而偷賣私銷，貧乏逃亡，懸項纍纍，名曰廠欠。由此觀之，自有官廠，即有廠欠，非一日矣。然其時凡有無追之廠欠，竝得乞恩貸免。故歲歲採銅，數倍於前，而廠民之逋欠，亦復數倍。司廠之員，懼遭苛譴，少其數以報上官，而每至數年，輒有巨萬之積欠，則有不可以豁除請者矣。上官以其實欠而莫能豁也，於是委曲遷就，以姑補其闕。乾隆二十三年，奏請預備湯丹等廠工本銀十二萬五千兩，所以償廠欠也。三十三年，逮治綜理銅政，及司廠之員，著賠銀七萬五千餘兩，所以釐廠欠也。三十七年，除豁免之令，而於發價時，每以百兩收銀一兩，大約歲發七十萬兩，可收七百餘兩，藉而貯之，以備逃亡，亦所以減廠欠也。至於開採之遠，工費之多，官本之不足。則莫有爲之計者，故不數年，而廠欠又復如舊。三十七年冬，鉤考廠庫，以稽廠欠，前後廠官賠備數萬觔外，仍有民欠十三萬餘兩。重蒙皇恩，特下指揮，俾籌利便，然後廠銅得以十一通商，而以鑄息代之償欠，今之東川局加鑄是也。然加鑄之息，悉以償廠欠；通商之銅，又以輸局供鑄。至於未足之工本，依然無措也。是以舊逋方去，新欠已來，兩年間，又不可訾算矣。自項定議，每以歲終責取無欠結狀，由所隸上司加之保結，由是連歲無廠欠之名。然工本之不足，廠民不能徒手枵腹而致採也。則爲之量借油米鑪炭，以資工作，而責其輸銅於官。以此羈縻廠民曰：爾第力採，我能爾濟。廠民亦以此餌其上曰：官幸活我，我且力採以贖前負。上下相蒙，不過覬倖於萬有一遇之堂礦。是雖諱避廠欠，而積其欠借不歸之油米鑪炭，亦復不下巨萬之值，要之皆出公帑也。蚩蚩之氓，何知大義，彼其所以俯首受役，敝形體而不辭者，孳孳爲利耳。至於利之莫圖，而官帑之逋負，且日迫其後，而廠民始無望矣。夫廠以出銅，民以廠爲業，民無所望，廠何有焉？區區三五官吏之講求，其於銅政，庸有濟乎。故曰：大廠之逋，累積重莫蘇也。採辦之難，此其三也。一曰小廠之收買，渙散莫紀也。雲南礦廠，其舊且大者，湯丹、碌碌、大水、茂麓爲最，而寧臺、金釵、義都次之。新廠之大者獅子山、大功爲最，而發古山、九度、萬象諸廠次之。至如青龍山、日見汛、鳳皇坡、紅日巖、大風嶺諸廠，竝處僻遠，礦硐深窅，常在叢山亂箐之間。而如大屯、白凹人、老箐竹、金沙、小巖，又皆界連黔蜀，徑路雜出，姦頑無藉，貪利細民，往往潛伏其間，盜採盜鑄，還踞高岡深林，預爲走路。一遇地方兵役，蹤跡勾捕，則紛然駭散，莫可尋追。其在廠地採礦，又皆遊惰窮民，苟圖謀食，既無貲力，深開遠入，僅就山膚尋苗而取礦。經採之處，比之雞窩；採獲之礦，謂之草皮菜硫。是雖名爲採銅，實皆僥倖嘗試，一引既斷，又覓他引，一處不獲，又易他處，往來紛藉，莫知定方。是故一廠之所，而採者動有數十區。地之相去，近者數里，遠者一二十里，或數十里，雖官吏之善察者，固有不能周盡矣。加以此曹，不領官本，無所統一，其自爲計也，本出無聊，既非恒業，何所顧惜。有則取之，無則去之，便於就則取之，不便於就則去之。如是而繩以官法，課以常科，則有散而走耳，何能縻乎？官廠者見其然也，故常莫可誰何，而惟一二客長、錫頭是倚。廠民得礦，皆由客長平其多寡，而輸之錫頭，爐房因其礦質，幾鍛幾揭，而成銅焉。每以一爐之銅，納官二三十觔，酬客長錫頭幾觔，餘則聽其懷攜遠賈他方。核其實數，曾不及湯丹廠之百一。夫以滇南礦廠之多，諸路取求之廣，而惟二三大廠是資。其餘小廠，環布森列，以幾十數。而合計幾十廠之銅，比之二三大廠，不能半焉，則大廠安得不困？故曰：小廠之收買，渙散莫紀也。採辦之難，此其四也。若夫轉運之難，又可略言矣。夫滇僻壤也，著籍之户，纔四十萬，其蓄馬牛者，十一二耳。此四十萬户，分隸八十七郡邑。其在通途，而爲轉運所必由者，十二三耳。由此言之，滇之馬牛，不過六七萬，而運銅之馬牛，不過二三萬，蓋其大較矣。滇既有歲運京銅六百三十萬，又益諸路之採買，與滇之鼓鑄，歲運銅千二百萬。計馬牛之所任，牛可載八十觔，馬力倍之，一千餘萬之銅，蓋非十萬匹頭不辦矣。然民間馬牛，止供田作，不能多畜，以待應官。歲一受雇，可運銅三四百萬，其餘八九百萬觔者，尚須馬牛七八萬而滇固已窮矣。乾隆三年，廷議，廣西府局發運京錢，陸用牛一萬四千頭，馬九千匹；水用船三千隻。念其雇集不易，恐更擾民，輒許停鑄。是年，雲南奏言滇銅運京，事在經始，江安閩浙之二百萬，未能一時發運。准户部議，運京許寬至明年，而江浙諸路之銅，且需後命，凡以規時審勢，不欲强以所必不能也。又前件議云：户部有現銅三百萬，工部稍不足，可且借撥。又乾隆三十五年議云：户、工兩局庫有現銅四百五十萬，雲南尚有兩年運銅，計可銜接抵局者，仍八百餘萬。自後滇之發運，源源無絶，以供京局鑄錢，有盈無絀，其截發挂欠銅三百五十餘萬，均可著緩補解。此其爲滇之官民計者，持論何恕，而其爲國用計者，論事又何詳也。今則不然，户局有銅二百五十萬，合工部之銅三四百萬，滇銅之發運在道，歲内均可繼至者，千有餘萬，其視往時，略無所減。而議者且切切焉有不繼之憂，於是雲南歲又加運舊欠銅八十萬觔，通前爲七百一千餘萬，而滇益困矣。且夫轉運之法，著令固已甚詳矣。初時京銅改由滇運，起運之日，必咨經過地方，並令防衛催稽，守風守水守凍。又令所在官司，核實轉報咨部。其後以運官或有買貨重載，淹留遲運，兼責沿途官弁，驅促遄行，徇隱有罰。其後又以納銅不如本數，議請申用雍正二年採辦洋銅之例，運不依限者褫職，戴罪管運，委解之上官。竝拿其官，領職如故，其有盜賣諸弊，本官按治如律，竝責上官分賠。又改定運限自永寧至通州，限以九月，其在漢口、儀徵，換簍換船，限以六十日，自守凍外，守風阻水之限不復計除，運銅入境，竝由所在官弁依期申報奏聞。而滇蜀亦復會商，以永寧、瀘州搬銅打包，限五十五日。其由永寧抵合江，由重慶府抵江津，竝聽所在鎮道稽查，委官催督。或有無故逗遛，地方官弁匿不實報者，竝予糾劾。其後以銅船停泊，阻塞輓漕，又議緣江道路，委遊擊都司押運，自儀徵以下，竝聽巡漕御史催趲，運官雖欲飾詐遷延，固不得矣。又積疲之後，户部方日月考課，於是巡撫與布政使，躬歷諸廠，以求採運之宜，而責巡道周環按視，以課轉運之勤怠，而察其停寄盜匿。其自守丞以下州縣之長，與簿尉巡檢之官，往來相屬，符檄交馳，弁役四出，所在官吏日惴惴焉救過之不暇，而厨傳騷然矣。嘗考乾隆二年，滇有餘銅三百七十四萬，故能籌洋銅之停買。十七年，有積銅一千八九百餘萬，故能給諸路之取求。二十四年以後，有大興、大銅二廠，驟增銅四百餘萬，故能貼運京錢，歲無缺滯。此如水利，其積不厚，而日疏抉之，則涸可立待，勢固然也。今司運之官，懼罹罪責，既皆增價雇募，然猶不免以人易畜，官司責之吏役，吏役責之鄉保，里民每贏數日之糧，以應一日之役。中間科索抑派，重爲民擾，喜事之吏，驅率老幼，横施鞭打，瘁民生而虧政體，非小故也。故曰：轉運之難，此其五也。

《國朝奏疏》卷四一高晉《收小錢以供鼓鑄疏乾隆三十四年》 兩江總督臣高晉謹奏爲籌辦銅務事：查寶蘇局鼓鑄錢文，向以洋、滇二銅對搭配鑄，而所辦滇銅必須往返三年方能辦到。現在局存滇銅計至本年第十七卯，業已配用無存。其三十一年赴滇採辦銅六十萬觔，接准雲南撫臣咨會，業已辦得金釵廠銅三十萬觔，於上年十一月内起程在途。經布政使與臣相商，循照三年一次委員之例，詳請動項赴滇採買。而臣未將滇省所産銅觔，現在未能寬裕不敷接濟之處，預爲籌及，即行冒昧具奏，誠有未協。今臣遵將蘇鑄一事檢查歷年卷案，并與藩、臯兩司悉心籌酌，查江浙二省辦銅商船，乾隆二十九年以前本有一十五隻，嗣於乾隆二十九、三十、三十一等年因官商范清濟有應交官項，先後裁減商船四隻，添撥范清濟名下辦運。該額商等尚有船八隻，每隻配銅十萬觔，共有銅八十萬觔，以上分交官，四分聽其自賣，内蘇浙二局應各收買二十萬觔，江西應抽買八萬觔。嗣據額商李豫來等以倭銅礦深廠乏，年産年微，倭人於定價十萬觔内每船減發銅一萬二千觔。該商等以船大載輕渡海堪虞，自行減去兩隻，每年僅有銅六十萬觔。若照六分交官，四分民賣之例，蘇浙兩局應各減買商銅五萬觔。其不敷之數請於范清濟添撥船内，一體四六抽買，經前撫臣咨部未准。現在商船雖止六隻，而應交蘇浙及江西三省額銅仍照八船額數辦交，歷年尚無拖欠，此江省現在辦銅之情形也。臣隨與藩臯兩司先就江蘇一省從長計算，本年六月，欽奉諭旨，折中定價，收買小錢。初辦之時，不知將來收數多寡，是以將收買小錢改鑄制錢，即抵作收買價值。截數至九月初十日，止收有八十餘萬觔。又因支發收買錢價，一時鼓鑄不及，臣具摺奏明，即以應發洋商銅本銀兩發給各屬，令其自行易錢，以爲收買錢本。臣復通飭各屬實力奉行，并與司道留心稽查，隨時督催，節據各屬報到日，收觔數有增無減。計自九月至本月初，又收有一百六十萬觔，連前共有二百四十餘萬觔，內除先經改鑄過小錢二十餘萬觔，業已支發買錢價值外，現在未經改鑄小錢廢銅尚有二百餘萬觔。查寶蘇局每年額用銅、鉛、點錫共需九十二萬一千六百觔，今既有廢錢二百餘萬觔，雖係前經奏明抵作收買價值，而現在滇銅不能寬裕，似應即以抵補額用銅鉛之數，以資接濟。惟是廢錢銅質低薄，若以配鑄，是否不致折耗過多，其配鑄成本與專辦洋銅，及兼辦滇銅價費是否相符，有無節省，隨飭藩臬兩司，親赴蘇局監同試鑄。茲據覆稱，蘇局鼓鑄本年第十二卯以前係兼用洋滇二銅配鑄，計銅、鉛、錫一百斤，該成本十兩四錢二分。若此後專用洋銅鼓鑄，計銅、鉛、錫一百斤，該成本十兩九錢七分，未免過費。今小錢每一百觔買價九千五百文，以現在錢文市價核計，該成本銀九兩七錢九分零。惟小錢質麤性脆，若專用鼓鑄，多有毛邊缺口，脆裂黑黯。今以正卯銅鉛點錫均勻搭配，再每百觔加配黑鉛二觔八兩試鑄，即與鑄出卯錢一律光潤。又銅鉛錫入爐鎔化，每觔例准折耗九觔廢錢，質薄渣多，較之正卯銅鉛約須加耗觔餘，計每百觔應少鑄錢一百四五十文。但有加配黑鉛二觔八兩，除去火工鉛價，仍有餘錢一百五十餘文，足敷抵補。統計每用廢錢一百萬觔，較之專用洋銅鼓鑄，可以節省盈餘錢一萬一千餘串，實於鼓鑄經費大有裨益等情。臣查以小錢試鑄既據該司等細心核計，校之專用洋銅及兼辦滇銅俱有節省，則現在不敷配鑄銅觔，自可暫緩另辦，祇以小錢充非長有之物，日後需用銅觔仍應預爲籌計。隨又將蘇局需用及額辦銅觔通盤核計，查蘇局每年應鑄二十八卯，額需銅四十六萬又八百兩觔，額商李豫來等每年應交蘇局二十萬觔，官商范清濟應交蘇局五萬五千九百六觔，計不敷銅二十萬四千八百餘觔。今有廢錢二百二十餘萬觔，內銅鉛各半，可抵銅一百一十萬觔，又有三十一年委員採買已經起運在途滇銅三十萬觔，計共有銅一百四十萬觔，以之抵補不敷，每年配用二十餘萬觔之數，亦已足供七年之用。現在民間未盡小錢仍在源源收買，臣又准其展限三日。而上江一省所收廢錢户竣後亦應解交蘇局，將來廢錢收數自必更有加增。臣就江蘇一省現在情形而論，非特滇銅可以停辦，即加辦洋銅六萬餘，似俟數年之後再行籌議，惟是江蘇洋銅可以暫緩加辦。而浙江、江西如有應行加辦洋銅，則就蘇商無處購買，臣已一面轉飭藩臬兩司，督同府縣傳集各洋商諮詢明確，將能否加辦洋銅若干，切實議定，一俟詳到，臣再確核咨商各撫臣妥協定議，另行據實具奏。一面將江蘇省現以收買小錢廢銅配鑄接濟之處札會浙江、江西各撫臣，應否仿照辦理，聽各撫臣自行酌辦。再，查收買小錢既以抵作正卯銅鉛充用，其收買小錢價值，臣現飭在於司庫應發銅鉛價本正項銀內動用，并將節省經費於逐年鼓鑄案內據實報銷。

王昶《春融堂集》卷六七《公牘·上兩江李制府》 啓者：江蘇鼓鑄錢文最關緊要，每三年一次，採買滇銅四十一萬六千斤，五十年分，委員常熟令何廷鳳抵滇採買高銅五十萬五千斤，扣至明年十一月滿限。昨奉閔撫軍來咨，以閩省奏撥蘇省錢文，亟需何令買運之銅回蘇濟鑄，當即分飭各廠，設法趲兑。現在何令兑領之銅將次全完，春初即可掃幫出境矣。查滇省銅廠開採年久，硐深礦少，額銅已屬不敷，兑發不無遲滯，而牛馬運脚較之始初採買，其價倍增。委員雇運甚屬周章，而夏秋農忙之際，牲口亦難覓雇，況寶寧剥隘一路又多瘴癘，一切不無停留遲滯，見以極力嚴催，已逾三載，其於江省鼓鑄終未免有緩不濟急之虞。某於接見何令時細加詢訪，據稱現在江蘇洋銅百斤，價銀十六兩等語。查採買滇銅百斤，價銀十一兩，加以自滇至蘇水陸運脚、委員廉俸、役食雜費等項，每銅百斤約攤銀五兩三四錢不等，較之採買洋銅價值有盈無縮。而洋銅成色最高，鼓鑄更爲有益，況江蘇係濱海之區，購來甚易，視滇銅程途萬里，踰越江湖，曠日持久，難易實殊霄壤。愚見似應奏請就近改買洋銅，比之赴滇採買，既多節省，又能迅速濟用。而滇中每歲省此數十萬斤採買，以有餘補不足，其益亦非淺鮮。某素蒙知愛，管窺之見，用敢謬陳，可否仰邀採擇，入告之處，伏候台裁。

凌揚藻《蠡勺編》卷二六《銅政》 王述庵司寇《春融堂集》言，定興王芥子太岳官雲南布政使，憫銅政之弊，旁搜博識，指利害所由來，以求補救之術。大略謂，舊時滇銅聽人取攜，自康熙四十四年始，請官爲經理，歲有常課。至雍正初，始開鼓鑄，運京局以疏銷積銅。茲硐路已深，近山林木已盡，夫工炭價皆數倍於前，而又益以課長之掊尅，地保之科派，官役之往來供億，廠民受價六兩四錢之外，尚須貼費一兩八九錢而後足，採辦之難此其一也。滇銅自乾隆四五年以來，歲産六七百萬觔。乾隆三十八九年，以一千二百數十萬告，此滇銅極盛之時。至今日，而京師之運額既不可缺，而江南、江西以外，尚有浙、閩、黔、粤、秦、楚諸路開鑄，求之益衆，責之益急，雲南之銅，何時足乎？採辦之難，此其二也。硐民皆無業之人，領本到手，往往私費，亦有開硐無成，虚費工本，懸項纍纍名曰廠欠。自頃定議，每歲終，責取無欠結狀，然工本不足，廠民不能徒手枵腹而致採，則爲之量借油米爐炭，以資工作。而其欠借不歸之油米爐炭亦不下巨萬之值，大廠之逋累，積重莫蘇。採辦之難，此其三也。小廠收買，涣散莫紀，合計數十小廠之銅，比二三大廠不能半，則大廠安得不困。採辦之難，此其四也。若夫轉運之難，牛可載八十觔，馬力倍之，一千餘萬之銅，非十萬匹頭不辦。今司運之官既皆增價僱募，然不免以人易畜，里民每竄數日之糧，以應一日之役，喜事之吏驅率老幼，横施鞭打，瘁民生而虧政體，非小故也。嘗竊求前人之論議，其有已效於昔而可試行於今者，曰多籌息錢以益銅價也，通計有無以限買銅也，稍寬考成以舒廠困也，實給工本以廣開採也，預借僱值以集牛馬也。銅政之要必寬給價，給價足而後廠衆集，廠衆集而後開採廣。廣採則銅多，銅多則用裕。有銅本斯有銅息，有鑄錢斯有鑄息，以廠民之銅鑄錢，即以鑄錢之息與廠，費不他籌，澤不泛及，而此數十廠百千萬衆，皆有以蘇困窮而謀飽暖，積其懽呼翔踴之氣，銅即不增，亦斷無減。雲南山高脈厚，到處出産礦砂，但能經理得宜，非惟裨益銅務，而數千萬謀食窮民，亦得藉以資生。由此觀之，小廠非無利也，誠使加以人力，穿峽成堂，則初闢之礦入不必深，而工不必費。又地僻人少，林木蔚萃，炭亦易得，較大廠攻採之費有事半而功倍者。誠於廠之近邑招徠土著之民，聯以什伍之籍，又擇其厚樸持重者爲之長，於是假之以底本，益之以油米薪炭，則涣散之衆皆有所繫屬，然後示以約束，董以課程，作其方振之氣，厚其已集之力，使皆穿石破峽，以求進山之礦，雖有不成者寡矣。銅運之在滇境者，後先踵接，依次抵瀘，而瀘州旋收旋兑，略不停息，則終無儲備之日。惟寬以半歲之期會，然後瀘州有三四百萬之儲，儲之既多，則兑者方去，而運者既來，是常有餘儲也。如是，而凡運官之至者，皆可以時兑發，次第啓行，在瀘既無坐守之勞，在途亦有催督之令，運何爲而遲哉？

那彦成《阿文成公年譜》卷一八 乾隆四十二年，丁酉，六十一歲。【略】〔三月〕初八日諭曰：「滇省銅運前據户部奏，額運京銅開行延緩，請將管廠各員並專轄之司道，以及從前奏報不實之督撫查明議處，當經依議允行。並傳旨申飭圖思德，令其明白回奏。並令李侍堯、裴宗錫妥議具奏矣。今圖思德復以瀘店並無底銅，另請展限。此摺若批，交部議，該部必按例議駁，於籌辦銅務全局，不能實有裨益。今李侍堯已赴新任，阿桂亦在滇省，兩人皆能辦事之人，著即傳諭，令其會同悉心通盤籌畫，將此後如何採辦足額，籌備底銅充裕，以期趕赴例限，不致廠運各員再有短少遲延之處，悉心妥議，據實具奏。」

《清高宗純皇帝實録》卷二一五 〔乾隆九年，甲子，四月，丁丑〕雲南總督張允隨奏：「滇省每年運京正耗銅六百三十餘萬觔，本省臨東以及黔省鼓鑄共需銅八百餘萬觔，惟賴各廠旺盛，始能無誤。近年湯丹等廠産銅較少，因思於附近金江地方豫覓旺廠，先行試採。嗣據東、昭二府報稱，金江北岸大山頂阿壩租地方産有礦苗，當飭煎樣，與湯丹廠成色無異，隨給工本銀三千兩煎揭蟹殼銅，除抽課外，餘銅每觔給價六分收買。自乾隆八年十二月十五日起，至九年正月十三日止，共收過四萬五千餘觔。兹又發工本銀一萬兩，以便接續開採。查阿壩租甫經開廠一月即獲四萬餘觔，且離金沙江小江口銅房不遠，較湯丹水運尤便。再，大理府地方前經奏請設鑪開鑄，歲需銅二十餘萬觔，因滇省旺廠皆在迤東，若由迤東運往，未免多糜脚價。兹得迤西麗江府産有旺礦，試採頗多，又查順寧府打盹山廠前因知府張珠經理不善，未能旺盛，今另委員設法調劑，較前大旺，二廠銅觔儘可敷大理鼓鑄之用。」得旨：「甚善之舉。知道了。」

又卷二二一 〔乾隆九年甲子七月戊戌〕又覆雲南總督張允隨奏稱，滇黔兩省辦理京銅，皆由滇省之威寧州轉運，嗣經將東川至永寧道路，開修兩路分運銅觔，每年四百四十餘萬觔。後又加運一百八十九萬觔，威寧一路實運三百一十六萬餘觔，加以辦運。【略】再查現開金沙江，將滇省銅觔改由水運，每年可省陸運之半，則威寧及昭通兩路餘出馬匹辦運自見敷裕。又據滇黔兩省督撫請增脚價，每站一錢二分九釐零，則該處馬匹亦可雇募敷用。至請板蚌、百色一路安設臺站需費浩繁，且廣南烟瘴最盛，夫役牛馬恐致倒斃，未便准行。自後如有遲誤，應將威寧、永寧及委駐承運各員參處。經過之地該員亦協同雇募船馬遲延者，一例查參。得旨。是依議行。

又卷二四六 〔乾隆十年，乙丑，八月，乙巳〕署湖廣總督鄂彌達奏：「楚北開爐鼓鑄，先經採辦滇銅三十一萬八千五百五十餘觔，嗣因銅色低潮，奏請截留京銅十萬觔，與滇銅搭配鼓鑄，俟範毓馪所辦洋銅到楚，再行調劑辦理。現今截留之銅，配鑄已完，而洋銅尚未運到，萬難停爐以待。查原辦滇銅除陸續配鑄外，尚存十二萬四千二百二十餘觔，請以滇銅六二、紅銅三八配用，即動項酌買紅銅解局供鑄。」得旨：「該部知道。」

又卷二五三 〔乾隆十年，乙丑，十一月，丁酉，廣東巡撫准泰〕又奏：「廣東省本年七月開鑄以來，存銅僅七萬餘觔，赴滇採辦之銅又須省貯高銅數萬觔配搭，粵省雖開銅礦，尚難懸擬，請將夷商載到紅銅一萬九千七百十八觔免其輸稅，照閩省官買洋銅例，每百觔給價十七兩收買配鑄。」得旨：「知道了。」

又卷二七九 〔乾隆十一年，丙寅，十一月，己酉〕又議准：「兩廣總督策楞、署廣西巡撫鄂昌奏稱，粵西銅廠不敷鼓鑄，請於滇銅廠內每年撥十五萬觔，至運費，每百觔多一兩有餘，成本無虧，鼓鑄有益。」得旨：「依議。但滇粵道路遼遠，往返咨查稽延時日，未免有妨鼓鑄。著令該督策楞等一面先行辦理，一面將運腳確數報部核銷。」

又卷三六〇 〔乾隆十五年，庚午，三月，丙午〕户部議覆：「陞任雲貴總督張允隨奏，新定滇省改運京銅事宜：一、自黃草坪水運至瀘州，需船四百五十二隻，事繁費重。請自黃草坪至新灘另設站船一百二十只，每船水手四。自新灘至瀘州平水三站，另雇大船接運，如黃草坪有貨船米船之便，可長運至瀘，較站船又省，當飭屬隨時酌辦。一、自東川運至黃草坪，請於金沙江沿途各站貯銅內，酌量抵撥毋用，盡由東川起運，以省脚力。一、自東川陸運永寧，原議以金沙江試運銅抵補，今查沿江各站及運存瀘州貯銅，已敷永寧四年陸運之額，請即以此項撥解京局，暫停永寧陸運。一、黃草坪、鹽井渡兩路，請責成東川府爲承運，至魯甸昭通府爲接運，半至鹽井渡，半至黃草坪，分交大關同知永善縣爲轉運，副官村縣丞爲協運，各分別月給養廉。一、向例自東尋運至永寧，准百觔內耗半觔，今由黃草坪轉運瀘州，請定耗銅如例。一、自黃草坪以至瀘州遇沉溺，請照川江之例勘實，具結題豁。一、改由黃草坪上船，應抽撥弁兵巡防照管，共安塘幾處派兵幾名，行昭通鎮府查議。自黃草坪至那比渡，應令普安營撥兵巡防，其酌派徹退之處，移川省查辦，一併報部。一、黃草坪各站請於分運接運之處，建屋堆貯，各酌設書記銅夫。查所奏各條內，惟沈銅請豁一節，黃草坪至瀘州水程不過五百餘里，且係新開灘河，站船遞運，非川江大河可比，未便援照題豁，餘均應如所請。」從之。

又卷五二七 〔乾隆二十一年，丙子，十一月，甲寅〕直隸總督方觀承奏：「雲南銅船在天津關口遭風，沈溺銅十萬二千五百觔。查係船漏被沈，銅包並無遺失，現撈獲八萬五千八百觔，飭將數目逐一登記，如溢原報之數，即係夾帶私銅，報明入官。若撈獲已完，適符所報之數，即不許船户人等再於原處私撈，嗣後俱照此辦理，則借沈溺爲偷漏之計者，無所施其狡獪。」報聞。

又卷六一五 〔乾隆二十五年，庚辰，六月，壬寅〕貴州巡撫周人驥奏：「黔省鼓鑄，向係採買滇銅，因本省咸寧州屬銅産足敷鼓鑄，是以停買。近勺录廠山空封閉，各屬新廠礦産微薄，恐將來不敷鼓鑄，除現在仍用黔銅，及積存局銅項下抵補缺額外，請自來年爲始，每歲酌買滇銅四十餘萬觔，即可敷用。其銅價運費，俟鑄出局錢歸款。再，黔省新河運鉛，現在源源無滯，新報之都勻廠産鉛甚旺，數月間已積至百萬，即飭趲運赴楚，以備各省採買。」報聞。

又卷六四五 〔乾隆二十六年，辛巳，九月，乙丑〕貴州巡撫周人驥奏：「黔省鼓鑄採買滇銅，定例大興、金釵二廠高低對搭，而金釵廠銅色低薄，難以配鑄，若令滇省全撥高銅，勢又不能。查川省近年銅廠甚旺，商賈多販入黔省威寧一帶售賣，應就近採買，價脚不增，而銅質純淨，試買一年再行接辦。」得旨：「照所議行。」

又卷七七四 〔乾隆三十一年，丙戌，十二月，庚子〕户部議覆：「大學士管雲貴總督楊應琚等奏稱，各省辦運滇銅委員，解銀到滇，向例隨到隨收，不出三日，或現有存廠銅即可指撥，或現存無幾，約計將來某廠可以辦給，豫行辦撥，總不出半月以內，仍請照舊辦理，毋庸另立限期。至領給銅觔，如所撥俱係現銅，即可全數給領。若該廠銅數不敷，須就各子廠協撥，即須守候委員在廠領銅彈兑查收，並覓雇脚户催趲牛馬，均須時日，不能克定限期，應俟領足銅觔之日，催令陸續發運，即由該廠報明限期。至向來義都、金釵兩廠辦供外省採買，應就該兩廠至剥隘道里覈計程限。查義都廠銅俱係該廠運至省城，即在省店發給，自省城至剥隘用牛馬運，按站應限四十日，惟所雇牛馬不能常運，須往返輪流，應加展四十日，沿途或有阻滯，再寬限十日，統計九十日可運銅十萬觔至剥隘水次。如辦運至二三四十萬者，每十萬加展三十日。金釵廠銅在蒙自縣給發，自蒙自縣至剥隘，均係牛運，按站應限三十四日，又輪流轉運，加展三十四日，沿途或有阻滯，再寬限七日，統計七十五日，可運銅十萬觔至剥隘水次。如辦至二三四十萬者，每十萬加展二十五日。至銅數較多，兩官分運者，各照該廠程限，分別扣算。如銅數減少，一官總運者，兩廠分領，仍各照額定限准。其分扣再駄銅，牛馬俱雇自四鄉，如遇農忙瘴盛，即無牛馬雇運，難以按程遄進，令委員及地方官查報雲南督撫，咨明該省，准其停運，展限均應如所請。」從之。

又卷八〇四 〔乾隆三十三年，戊子，二月，乙丑〕諭軍機大臣等：「滇省辦運銅觔以供各省鼓鑄，所關甚爲緊要。上年冬間，户部因鄂寧咨，現在辦理軍需，牛馬不能赴廠應用，油米炭到廠亦少，以致辦銅短縮，未能如數應付委員採買，請令各省自行籌畫等語。户部以各省赴滇採運供鑄未便貽誤卯期，議令將本年應運京銅暫行緩解一半，撥給各省以資鼓鑄，仍令多方設法調劑，照舊辦買供用。當即照議允行。今閱明山奏陜省第五運銅觔，業經委員領項赴滇購買一摺，因思各省採辦滇銅，例有程限，必得源源接濟，方能無誤開鑪。今滇省軍務未能即竣，夫馬米糧尚須籌畫，但鼓鑄錢文關係民間日用，未便因軍需緊急而視銅觔爲末務，若不即爲熟籌妥辦，則採辦之員勢必守候躭延，致各省錢局不能接鑄流通，所係非淺。鄂寧現在永昌綜理軍務，自難分身兼顧，但該處銅廠尚有總辦道員，開採銅觔乃其專責，自當隨時籌畫，以裕泉流。即或牛馬稍缺，亦當設法通融，或米炭短少價昂，並不妨奏明暫增定值，小民見有利可趨，自必踴躍從事，一切斷不至於掣肘。俟大功告成之後，仍可按照舊定章程，如此，則籌餉辦銅原可兩不相礙。著傳諭鄂寧嚴飭委辦道員，妥協經理，毋稍稽誤。」

又卷八二九 〔乾隆三十四年，己丑，二月〕庚午，諭軍機大臣等：「據明德覆奏，運解京銅遲誤，並歷年短少緣由一摺，辦理甚屬遲緩，已於摺内批示矣。滇省銅觔關係京局鼓鑄，最爲緊要，自應按運催督，毋任稍有稽延，況該督明德前已有旨責令專辦，自當加緊，妥協籌畫。乃上年既將請撥銅本之數遲滯具題，而於應運銅觔復請展限，且不據實具奏，僅以咨部了事，尚得謂非意存推諉乎？今雖以原任道員羅源浩詳委遲誤爲辭，殊不知委解之員即有錢糧交代，亦應按期催飭，何至任其遷延時日，久羈誤運？至滇省産銅素裕，因何自乾隆三十一年以來漸次短少，遞成虧缺，現在雖稱本年得銅約可一千餘萬觔，而前此歷年層層缺額，辦理不善者何故？典司貽誤者何人？並不詳悉根查，據實具奏。明德前任甘肅，與黄廷桂同在一處，朕因其辦理諸務頗能彷彿，是以歷加委任，今所辦各事，竟不能實心盡力，一味漸染外省積習，豈朕倚任該督之本意耶？明德著傳諭申飭。並著將此時作何催運，及從前辦銅短少各情由，一一詳悉覆奏。」

又卷八四〇 〔乾隆三十四年，己丑，八月庚戌朔，〕諭：「前據明德查奏，滇省缺額銅觔，定價分賠一摺，將湯丹大碌二廠之銅，照青龍等廠中價分賠，又不將截留京銅分年帶運之處，詳悉聲明，經部議指駁，因即飭諭明德，令其查明覆奏。今據奏稱，去年一年所産之銅，僅敷鼓鑄，是以未經帶運等語，尚在情理之内。即前摺未經聲叙，亦可寬恕，至湯丹、大碌與青龍等廠價值多寡懸殊，乃從前率據該司開送中價，遽行入奏，經朕傳旨詢問，明德亦更無可置辯，自認從前辦理錯謬。明德著交部議處。其另單所開歷任分賠銀數，仍著該部詳覈著追。」

諭軍機大臣等：「據明德覆奏，本年不能帶運補解京銅，及湯丹等廠分賠銅觔，率照青龍等廠定價短少緣由一摺，已於摺内批示，並交部議處矣。明德僅據該司所議之價，不加詳覈，遽行列奏，咎固難辭。而該司以湯丹、大碌二廠應賠之銅，輒照青龍等廠等價，以致數目短少，顯有瞻顧歷任上司及袒徇同官屬員之意。該司究係何人，未據將姓名列入，殊未明晰，或尚係宫兆麟任内之事，或係錢度到任後所辦，抑係署任之員定議辦理。著傳諭明德，即速查明，據實覆奏。」

又卷八四九 〔乾隆三十四年，己丑，十二月，壬申〕軍機大臣等會議大學士陳宏謀奏請停辦洋銅一摺。查洋商每年承辦銅九十八萬餘觔，合之歲産滇銅分解京局各省，以供鼓鑄。若將洋銅全行停辦分撥，必致不敷。其所慮商人居奇之説，尚係當日情形。現在各商承辦俱無缺誤，自可毋庸另議。至奏稱廠夫係食力之民，必須豫發工本以資採辦等語。應如所請。仍令該撫飭所屬銅廠責成課長出結，按期交納，逾限勒追，如有虧缺，令該管廠員及課長分賠。從之。

又卷八四九 〔乾隆三十四年，己丑，十二月，壬申〕又議：「調任浙江巡撫永德奏覆籌議浙局停辦滇銅一摺。查滇省各廠每年産銅一千三百餘萬觔，供應京局及各省配鑄，共需銅一千二百餘萬觔，原屬有餘，向因經理不善，積成虧欠，現在奉旨整飭，自不致有誤採買。該撫因一時銅運未到，遽請停辦，並於搭放一成兵餉内減半放給，頓改鑄額，有礙錢法。至所稱洋商四分，民銅扣繳二分等語。查各商聽留四分，民銅前經户部奏准，令其於此項銅内，分年兑交，代完欠項，該商所餘無幾，未便再令扣繳，均無庸議。」從之。

又卷八六四 〔乾隆三十五年，庚寅，秋七月，丁未〕户部議覆：「署雲南巡撫明德奏稱，各省採買銅觔，應俟廠員具報，足敷稱發，委員到廠之日起限，援照四川瀘州銅店兑發京銅之例，限五十日，如買銅十萬觔限以七日兑足，數多者照此遞加等語，應如所奏，仍令轉飭廠員，於兑足銅觔之日，取具委員實收日期，申報詳咨。倘廠員不即依限稱發，令解員據實揭參。如解員領足銅觔，無故延挨，亦令廠員揭報，分别參處，仍將兑領日期報部查覈。又奏稱，嗣後先儘陜西委員兑領，其餘擇緊要省分給發，亦應如所請行。至以高銅抵撥低銅，每百觔應補價銀二兩，臣等就採買各省成本覈計，除廣東以銅易鹽，不便抵撥外，其江蘇、江西、湖北、廣西等省，加以補給高銅價值，餘息有餘，均可通融抵辦。至浙江省鼓鑄餘息，本屬無多，福建省尚不敷工本，此二省均應照舊搭辦低銅。仍令該撫於金釵廠附近地方廣覓子廠，設法開採，俟裕足之日，仍照高低配搭之例，以供各省鼓鑄。」得旨：「依議速行。」

又卷八八二 〔乾隆三十六年，辛卯，夏四月，癸酉〕諭軍機大臣等：「據三寶奏酌籌收買廠銅一摺。內稱該省廠例每銅百觔准以一分通商，該商等每得一分，銅百觔可賣銀十四五兩，今擬照黔省辦運滇銅每百觔價脚十四兩之數，扣出運省脚價，實發商課人等銀十二兩三錢八分零，儘數收買配籌，不惟課銅可增，而錢局亦可獲息等語。朕初以其籌辦銅務，業已批交部議，及細加覆閱，所奏殊未妥協。向來商人售賣一分銅觔，每百觔可得銀十四五兩，藉以通融貼補。今欲將餘銅盡數收買，且扣除脚價僅得銀十二兩三錢零，較之從前獲價短少，商販不能寬裕，商人既無餘利可沾，誰肯急公踴躍，又安望廠務之日有起色？況銅觔爲民間器具所需，倘市中需用無資，勢必滋私銷之弊，是商銅不可不留其有餘，乃理之顯而易明者。至以錢局獲息爲詞，所見尤屬非是。各省設局鼓鑄，原以供搭放兵餉之用，而國寶流通，即藉此裕商便民，所關綦重。黔省兵額不爲甚多，每年所支餉錢有限，若此時辦銅稍覺費力，則酌量足供兵餉外，並不妨將鑪座暫爲停減，以資調劑。若斤斤計較餘息，豈國家經理泉府之本意，成何政體乎？昨薩載奏請酌減鑪卯籌辦，頗爲得宜，業經批示允行。李湖前在江蘇藩司任內，自必與知其事，著即傳諭該撫，將三寶所奏，另行悉心籌酌，妥議具奏。三寶摺無庸交議，並寄李湖閱看。」

又卷八八五 〔乾隆三十六年，辛卯，五月，庚申〕又諭：「據桂林等奏，滇省派員知州德敏領運京銅七十餘萬零，行至四川雲陽縣磁莊灘及湖北歸州新灘、湖南巴陵縣下反嘴等處，三次沉銅至三十九萬二千餘觔等語。解運銅觔，中途猝遇灘險風暴，人力難施，致遭沉溺，亦屬情理所有，然或一次，事出不虞，尚非意料所及，何至接連三次，處處如出一轍，且沉銅如許之多，其中保無沿途盜賣虧缺，捏詞掩飾情弊，不可不徹底根究。著傳諭各該督撫等，各就該省沉溺處所詳細訪查，有無弊混情由，據實專摺奏聞，毋得稍存瞻徇。」尋，富明安等奏：「德敏領運京銅，上年十二月初九日，行至雲陽縣磁莊灘遇風，船撞石梁，將第一號銅船沉溺，除陸續撈獲，未獲銅三萬六千三百餘觔，委無盜賣虧缺捏報情弊。於本年正月十八日行抵新灘，一號銅船遇風折斷頭，招將船打至天平石，沉銅四萬二千觔，已撈獲一萬八百觔零，並無沿途盜賣捏飾。於正月二十七日，在岳州府反嘴地方遭風，沉銅三十萬七千八百七十餘觔，撈獲一十五萬七千四百餘觔。查德敏在四川、湖北兩次遭風，心甚著急，適至該地，係荊口下流，洞庭湖上游，江面四十餘里，猝遇暴風，不能停泊，臣屢經委員稽查，均無弊混。」報聞。

又卷八八六 〔乾隆三十六年，辛卯，六月，乙亥〕戶部議覆：「安徽巡撫裴宗錫奏稱，雲南省辦運京銅，所需水脚銀兩，例係委員在本省及漢口儀徵等處三次支領，中途遇有沉溺，需用撈費，即在該地方庫貯雜項錢糧項下借給，取具該地方印結，報部覈銷，於該運員應得養廉水脚銀內如數扣繳歸款。至湖南、貴州、廣東三省運京鉛、錫，及各省採買銅、鉛所需水脚銀兩，委員在本省全領，中途遇有沉溺，需用撈費，委員自行給發，並不借支庫項。請嗣後照京銅之例，於庫項一體借給，仍移咨該員，照數扣解還款。應如所請。至辦運銅、鉛，遇有沉失，運員報明時，地方官立即會同查勘，具結呈報。如有捏報，即報該上司將運員奏參，倘扶同徇隱，發覺後所費銀兩分賠，仍一併嚴參治罪。」從之。

又卷八九九 〔乾隆三十六年，辛卯，十二月，戊子〕諭軍機大臣等：「戶部議覆，薩載查奏閩商採辦洋銅有礙蘇商確情一摺，已依議准行矣。此案前據鐘音奏，係蘇商一面之詞，事隔遠洋，難以定其虛實，因令薩載確訊覆奏。今據查訊，蘇商每年發船十三隻，如有增船越販，即將官辦額銅厭入次年下番，必致缺額等語，似屬實情。看來倭人每年配供內地商人採買銅觔，祇肯售給一定額數，彼盈即此絀，勢屬必然。今既停止閩商採辦，蘇商自更無可藉口。且蘇商所辦洋銅亦以供內地官民之用，原可無分畛域，毋庸復爲深究。至所稱閩人林承和發去一船倭地，列入寅字十一番，是否領照出洋，抑係違禁越販，其運回銅觔有無官爲收買，並未據閩省查明咨部，不可不徹底根查，使買回之銅不致影射私售。著鐘音即行據實確查，辦理具奏。將此傳諭知之。」

又卷九一二 〔乾隆三十七年，壬辰，秋七月，丙申〕戶部議覆：「調任廣西巡撫陳輝祖奏稱，各省歲運滇銅，每百觔例帶餘銅一觔，請嗣後委員運回本省，兑足額銅後，將餘銅歸官給價，免其補稅。查委員所帶餘銅，係在滇酌給，備補正項虧折，如果沿途折耗，添補無存，原可無庸置議，倘有存餘，亦屬官項。應飭江西、湖北、廣東、廣西、福建等五省督撫，嗣後照浙江、江蘇、陝西等三省，將餘銅儘數交局，並不發價之例，一律辦理。」從之。

又卷九四九 〔乾隆三十八年，癸巳，十二月，辛丑〕戶部等部奏：「銅運攸關鑄務，理宜嚴定限期。查運員任錫紱、陳希澤、黃斌等報，守凍與抵通或同時，而阻行互異，或一運而咨報各殊，且一人所運之銅，或兩地守凍，其中顯有情弊，請飭直隸總督查奏。」得旨：「依議。該運員任錫紱等均在九月初抵津，今冬天氣較往年和暖，彼時北河未凍，如果上緊起剥趲運，即可盡數抵通，何至遲延日久，始以守凍爲詞。且任錫紱存四銅觔既於十月初十日在途凍阻，何以陳希澤起六銅觔又能於二十日申報抵通？再，黄斌頭剥於九月二十六日已報抵通，而該督又咨稱凍阻，種種情節不符，其是否該運員託故逗遛，地方官徇情捏報，著該督周元理逐一嚴查，明白回奏。至銅運船隻既抵天津一帶，距京已近，銅觔非米糧可比，即值凍河之候，原可改從陸運，皆因運員等恃有守凍之例，遂爾藉詞遷延，嗣後銅運抵津後，概不准開報守凍，如遇凍河，即令其陸運進京，則支吾守凍之弊不除而自絶。著爲例。

又卷九五四 〔乾隆三十九年，甲午，三月，壬戌〕户部議准：「兩廣總督李侍堯奏稱粤東寶廣局歲需銅十五萬五千五百餘觔，向係滇、粤兩省鹽銅互易。嗣因滇省産銅不旺，採買維艱，奏准以收買古錢鎔銅九十一萬七千餘觔，通融鼓鑄。惟此項銅止供四年六個月之需，自丙申年五月以後，仍需滇銅接濟。查滇省新開各子廠，近復旺盛，請仍照鹽銅互易章程，即於本年委員豫行辦運。」從之。

又卷九六〇 〔乾隆三十九年，甲午，六月〕癸巳，軍機大臣等議覆：「江蘇巡撫薩載奏動支耗羨摺内，開有添辦紅銅七千三百餘觔一款，諭令查覈。查製造器皿向以洋銅質浄，較勝滇銅，是以遇有應辦之件，俱取洋銅供用。乾隆二十八年，顔料庫以各省額解紅銅不敷支用，奏請行令江蘇等省每年添辦七千觔，覈計每年所解餘，支用開除外，現在尚存四萬三千三百餘觔。又户部寶泉局從前亦存有洋銅，供造辦等處領用，乾隆三十四年，因庫存無多，奏明交江蘇巡撫於年例額解外添辦二十萬觔，節年支銷所餘，亦尚存有十四萬八千餘觔。查滇銅雖不及洋銅質浄，而鍊至十分足色，亦不甚相懸，麄重器皿原可即以滇銅陶鍊成造，縱鎔化稍有折耗，亦可照色加補，較之採買價值，尚多節省。今户局及顔料庫二處既貯有十餘萬觔，足供各處支用，請嗣後將江蘇等省額辦銅觔一併停止，如遇需用時，令造辦等處覈明，非洋銅不可，即支取洋銅，其餘概用滇銅鍊造，俟該兩處銅觔將次用完，再行奏請辦運。」從之。

又卷九八九 〔乾隆四十年，乙未，八月，戊戌〕諭軍機大臣等：「據畢沅奏，寶陝局鼓鑄應採辦第十運滇銅，共估需銀五萬三千餘兩，派委典史李尚志赴滇領運等語。所辦未妥，採運滇銅事關鼓鑄，且動用脚價至五萬三千餘兩，爲數甚多，豈可僅委典史微員專司其事？此等微末之員管辦多金，難保其不垂涎染指，或竟於途中侵盜浪費花銷，皆所不免，迨事後發覺，即將該員正法嚴追，已屬無補。畢沅何計不及此，著傳諭畢沅，即再派一同知、知縣之類，前往共辦。嗣後凡採辦滇銅，必須選派明幹知縣，或能事之同知、通判前往，並須擇其身家殷實者充當此差，方爲妥協。雜職中即有勤慎明白，堪任差委者，亦只可令派出之丞倅知縣帶往，以供奔走。查催之役斷不可專派簿尉微員領辦，致滋貽誤，設差委非人，沿途或有侵蝕虧缺等事，惟派委之該督撫、藩司是問。仍將此諭令辦銅各督撫，一體遵辦，並諭户工二部堂官知悉。

又卷一一三五 〔乾隆四十六年，辛丑，六月，癸巳〕又諭：「據福康安等奏，乾隆四十五年分，滇省新舊大小各廠通共辦獲銅一千一百二十七萬餘觔零，覈查各廠年額應辦銅一千九十五萬餘觔，已多辦銅三十一萬餘觔。又奏，將庚子第二運第一起趲運在途，其後五起亦已辦竣發運各等語。滇省銅觔旺産，各廠採獲復有盈餘，自係該督等實力辦理整頓得宜所致。各礦産銅年産年獲，於每歲應辦之數稍有盈餘，足供轉輸，較前已有起色。至於天地自然之利要當留其有餘，爲每年採獲之地，不可專務目前，儘力搜獲，以致辦理太過，將來採挖轉有盈絀不齊之處。著將此傳諭知之。」

又卷一二一三 〔乾隆四十九年，甲辰，八月，癸卯〕諭軍機大臣等：「據伊齡阿奏，據寶源局監督恩慶等禀稱，自乾隆四十四年以來，雲南解京銅質低潮，不敷配鑄，每月於應發鑪頭額銅之外，多發銅觔搭配，日積月累竟有八十餘萬觔之數，統計折耗銅十二萬九千八百餘觔，請著落分賠。並將現存夾雜鐵沙銅塊五十餘萬觔逐一查驗，實在有銅若干，其餘不足之數，著落雲南歷年承辦各員賠補等語。前經户工兩部以滇省解到銅觔不足成色，將積年所存餘銅搭放鼓鑄，並屢次行文該省督撫，令飭承辦各員，務將銅觔煎煉足色解京，以供配鑄。茲伊齡阿奏，寶源局自四十四年以來，每月於額銅之外多發銅觔搭配鉛錫合鑄，現在統覈銅數已耗折十二萬九千八百餘觔，總因該省運到銅觔成色低潮，不敷配鑄所致。如此年復一年，將來伊於何底。且工部銅觔業經覈有耗折，其户部積存歷年餘銅亦屬無幾，若仍復因循遷就，勢必有妨鼓鑄。滇省自四十四年以後，各廠采辦銅觔甫能復卯。且節據富綱等奏，該處硐老山深不能一律煎煉精純，此次姑著加恩，免其治罪，但京鑪鼓鑄如此掣肘必須設法籌辦，方可不誤錢法。著傳諭富綱劉秉恬即嚴飭各廠辦銅官員，於採辦銅觔時，必須加工煎煉，傾足向來例定成色，方許運赴瀘店解京。如仍有煎不足色，攙雜鐵沙充額，到京後，一經户工兩部查驗參奏，朕必將富綱、劉秉恬及辦銅各員治罪。該督等勿謂銅觔復卯，便可塞責，竟不復督飭廠員加意煎煉也。至該省産銅地方或果係山深硐老，不能一律採辦高銅，即著該督等估驗虧短成色若干，照依部額，每萬觔酌加耗銅若干，點交運員，一併解京驗兑。並於奏報京銅開幫摺内聲明，此係朕代爲酌籌之一法。若銅色果能純浄，即無須另議加耗也。富綱等務詳悉熟籌，即將如何辦理之處，具摺覆奏。工部錢法堂原摺，著發交閲看。」

又卷一二九三 〔乾隆五十二年，丁未，十一月，癸未〕諭軍機大臣等：「據譚尚忠題參，前任禄勸縣知縣檀萃虧缺廠銅，請旨革審，並將督撫司道等交部分别議處。該省銅務甫經大加清理，趕復原限，該廠員等自應從此年清年款，毋致再有遲逾。乃前任禄勸縣知縣檀萃管理廠銅，虧缺銅觔至一萬五千餘觔之多，以致又不能按限撥運。若似此積壓遲延，日復一日，必致復誤原限，又須大加整頓。且虧缺至一萬五千餘觔，必非一兩月之事，該管督撫、司道等平日所司何事，不可不嚴行懲治。除交部分别議處嚴議外，所有此項虧缺銅觔，如該參員力不能賠，即著該管之督撫分賠一分，兩司道府等分賠一分。歸款並著該督等通飭各廠員，務須按限撥運，毋得稍有遲誤虧缺，致干嚴譴。將此諭令知之。」

又卷一三五一 〔乾隆五十五年，庚戌，三月，庚子〕又諭：「據浦霖奏，護送銅船過境一摺夾單内，稱湖北委員南漳縣知縣李繼孟沿途磕碰銅一千七百五十觔，江蘇委員常熟縣知縣何廷鳳沿途磕碰銅四千七百三十五觔等語。所奏殊不近理，銅觔爲質甚堅，鎔鍊時尚費椎鑿，何至如玉器、磁器不耐磕碰？即使銅板四邊澆薄之處偶有擦損，自在船内，尚可隨時檢拾歸數，即稍有遺失，亦不應多至數千餘觔。若銅觔因沿途磕碰，即有損耗，假令各省解送銀兩數目短絀，亦可藉稱磕碰乎？此必係解銅委員有盗賣遺失情弊，誑報掩飾，所言本不足信，而沿途各省督撫不加體察，即行據稟入奏，甚屬漫不經心。所有此項磕碰短少銅觔，即著浦霖照數賠補，遇便搭解，委員李繼孟、何廷鳳俱著交部嚴加議處。嗣後如有解銅官員禀報磕碰數目，督撫中昏憒者，遽行轉奏，俱照此辦理，以示懲儆。」

又卷一四三七 〔乾隆五十八年，癸丑，九月，丁巳〕諭軍機大臣等：户部議覆：「富綱奏添撥工本銀兩，採買餘銅一摺，指出逐條俱是，已依議行矣。據富綱奏，年來銅廠豐旺，除應辦額銅之外，多辦餘銅借款墊發，已墊給工本銀一百餘萬兩等語。近年銅廠豐旺，固應及時收買，但該省每年額銅應辦一千五十九萬餘觔，而逐年借項採辦餘銅又有一千三百四十餘萬觔。除供各省採買外，其每年解運京銅，祇須六百三十三萬餘觔，是該省積存餘銅已屬不少，今又添撥工本一百萬兩，隨時採買，又應得餘銅一千餘萬觔，若不隨時搭解運京，縱使在滇堆積成山，亦屬無用。即便搭解運京，亦覺過多無用處也。且該督奏稱，自乾隆五十一年起至五十七年止，已陸續派撥工本脚費一百餘萬兩，俱於别款暫爲借墊。滇省藩庫應存地丁等項銀兩不過數十萬，該省軍餉銅本在在皆需，協撥此項借款，又從何處墊發，從前並未報部。究係借動何款，而自此項派撥銀兩以後，如何按款歸還，若將添撥銀兩歸還前項動款，又何以爲將來收買餘銅之用，該督摺内均未分晰聲叙。是該督所請借項添買餘銅，仍屬有名無實，不過爲目前那用之計。又該省局存錢文，現據户部查出，積存一百五萬餘串，以後每年自必續有存積，似此日積日多，徒滋貫朽。今既欲添買餘銅，何以不即將此項存積錢文動撥應用，即使滇省錢價較賤，不敷添撥之數，而即以報部錢價一千二百文計算，已屬抵撥有盈，何以該督亦並未計及？且此項錢文與其存積局内，何不於各省赴滇採買銅觔時，即將此錢文發給抵作銅觔，則滇省錢文既不致積壓無用，而各省又可省鼓鑄之煩，豈不一舉兩便？前經户部將此行查各省，俱稱運用滇錢，恐於工本有虧，不便配用，此亦係各省因局鑄多有盈餘，若領用滇錢不能獲利，藉稱工本有虧，原不可信。此事前令譚尚忠會同入議，而於此等情節亦均未能深悉登覆，著富綱、費淳將户部摺内指出各條，逐款詳晰查明，據實覆奏，再行覈辦，毋得迴護干咎。」

又卷一四三九 〔乾隆五十八年，癸丑，十月，丙子〕户部議覆：「署四川總督惠齡奏，川省近年産銅不旺，已飭管廠各員，實心經理，並廣躧子廠，隨時報驗，尚恐不敷鼓鑄。應如所請，飭承辦官遇銅價平減時，酌量買備。」從之。

《晉政輯要》卷八《辦銅事宜並附案》 山西省寶晉局現在安爐六座，每年鼓鑄約需用銅十萬八千觔。錢局現有銅三十三萬餘觔，每年額定買銅十萬觔。每銅一百觔價脚銀一十四兩，共銅十萬觔，共需價脚銀一萬四千兩，每運預發價脚三分之一，俟銅觔交足，找給三分之二，仍每運正銅十萬觔，許帶買餘銅一萬觔以備折耗添補之需，如有多餘，即留作下運正數。原舉係曲沃縣商人周澍、周逵，高平縣商人李璉三商承辦，今止曲沃縣商人周澍、周逵兩商領辦，按年交局，年清年款，運供鼓鑄。所有各原案附録於後。

計開：一件酌定辦銅等事。乾隆四十五年五月初十日，准户部咨，廣西司案呈，本部議覆，調任山西巡撫雅奏稱，竊查晉省鼓鑄從前設爐十一座，每年需銅二十萬觔，招商買銅一百萬觔，分作五年運局。嗣於乾隆三十六年，經護撫臣朱珪因局錢有餘，市價平減，奏明停爐五座，留爐六座，每年鼓鑄祇需銅十萬餘觔，仍照前例招商買銅一百萬觔，分爲五運，八年始行交完。乾隆四十三年，又經前撫臣巴延三奏明，招商辦銅一百萬觔，亦作五運交納。查頭運銅二十萬觔，已經二載尚未交全，二運銅觔該商於上年七月内領運，現在並無一二交局者，屢經嚴催，該商等以銅觔短缺、採買數多等情，紛紛具稟。臣通盤詳計，晉省現設爐六座，每年鼓鑄需銅十萬八千觔，共鑄錢二萬八千二百餘串，内除搭放兵餉及匠役工食外，尚餘錢七千二百餘串，以之隨時出易，足資流通。且查錢局尚有舊存餘銅三十三萬餘觔，此外每年再買銅十萬觔以供鼓鑄，甚屬寬裕。現在各商既以採買數多、商銅短缺爲詞，誠恐將來藉口躭延，似不若分年匀辦，每年以需用實數額定買銅十萬觔，自可按年如數交納，不至辦理拮据。除將頭運未完銅觔嚴行督催，務於本年全數交清外，合無仰懇天恩，將晉省商辦銅觔，嗣後每年額定十萬觔運局以供鼓鑄。如蒙俞允，即飭令二運商人遵照辦運，於四十六年全行交納，以後每年遵照辦理。倘曰後錢價稍昂，應需添辦銅觔，臨時再行酌量奏明辦理等因。乾隆四十五年四月二十六日，奉硃批：該部速議，具奏。欽此。欽遵於本月二十七日抄出到部。臣等覆查山西寶晉局向係設爐十一座，歲需銅二十萬觔，五年一次招商，承辦銅一百萬觔，每百觔給價銀十四兩，分作五年運交。先於乾隆三十五年，經前撫鄂寶奏明招商採辦一次，至乾隆三十六年，據前護撫朱珪以錢價平賤，奏請截爐五座，止留爐六座，歲鑄錢文除搭放兵餉外，尚餘錢七千餘串，足資平價，其所需商銅請届十年再行採辦。經臣部以爐座既減，自不必仍照五年成例採辦，但錢價無定，議令隨時籌酌，毋庸定以十年爲期。嗣於四十三年，又據陞任晉撫巴延三奏明招商承辦一次，仍分作五年運交等因各在案。今據調任巡撫雅德奏稱，前項招商承辦銅觔内，頭運銅二十萬觔，已經二載尚未交完，至二運銅觔雖於上年七月領辦，並無一二交局，屢經嚴催，該商等總以銅缺買多爲詞。隨查局錢，每年鼓鑄除搭放兵餉，尚餘錢七千二百餘串，足資流通，且查局存現餘銅三十三萬餘觔，此外每年再買銅十萬觔以供鼓鑄，甚屬充裕。現在商銅既少，誠恐躭延，似莫若分年匀辦較爲便易，應請每年辦運銅十萬觔，除頭運仍催令全數交清外，其二運銅觔即飭商人照數辦運，庶可源源接濟，倘日後錢價稍昂，再行酌量辦理等語。查山西鼓鑄銅觔原係招商承辦，與別省官爲採買者不同，但局銅固宜充裕，而採買亦貴，因時前該省鼓鑄十一爐，年需銅二十萬觔，是以照數招商辦運。今該局自減爐以來，每年祇需銅十萬八千觔，較前已爲減少，雖前撫巴延三預爲籌辦，仍請照例令商辦運，但現在減爐鼓鑄，據稱尚有餘錢足資平價，而局存銅觔統計共有三十三萬餘觔之多。且查江蘇、浙江兩省洋銅除供各省鼓鑄外，餘存無幾。其漢口商銅，上年據湖北巡撫鄭大進亦曾奏稱短縮，是該撫所稱商銅不敷採買，自屬實在情形。今請令該商等每年祇辦運銅十萬觔，臣部按照該省現在減爐歲需銅十萬八千觔計算，每年購銅十萬觔，止須湊撥銅八千觔即敷該省一年鼓鑄之用，以現存局銅三十三萬餘觔計之，足供三四十年添補之需，自不虞其缺乏。應如該撫所奏，即自四十六年爲始，每年准令商人購交銅十萬觔以資鼓鑄，惟是商銅既經減半辦運，自應年清年款。未便恃有舊存湊鑄，將年額銅數遲延以致舊銅漸完，新銅莫繼於鑄務，致有滯閡，應并令該撫嚴飭該商等，嗣後務須按年交納，毋得短少遲延。仍將運回日期報部查核，倘將來或有錢價稍昂，並即隨時奏明籌辦，俟命下之日，臣部行文該撫遵照等因。乾隆四十五年五月初一日，發報具奏，本月初二日奉旨：「依議。欽此。」相應行文山西巡撫欽遵辦理可也。」乾隆四十六年四月十五日，蒙前撫雅批前司呈詳一件，懇恩詳咨辦銅商名以專責成以重鼓鑄事：據陽曲等縣辦銅商人王慎中等呈稱，竊商等於乾隆四十三年承辦寶晉局鼓鑄銅一百萬觔，分作五運交局，業將頭二兩運銅四十萬觔請咨赴漢採辦。嗣因漢鎮銅觔短缺，商等以採買數多，守候需時，呈禀仰懇撫憲雅於上年四月内據情奏請，每年額定買銅十萬觔，年清年款，源源接濟。奉部議覆，奏准在案。查晉局銅觔從前五年一辦數目多至百萬，是以辦銅各州縣俱各簽有商人，分頭採買。今每年辦銅既以定額十萬按年交清，則採買辦運祇須身家殷實、熟悉銅務商人二三名足敷辦理。茲有曲沃縣商人周澍、周逵，高平縣商人李璉三人，俱係身家殷實、熟悉銅務，堪以承辦，取有連環的保及縣主印結，即懇轉請，將周澍等三人商名咨明大部，以專責成，令其依限呈報領銀，聽便前往江蘇、漢鎮、漢中等處採買，年清年款，運局供鑄，按年報部查核。再查辦銅事關鼓鑄，責任綦重，現舉周澍等實係殷實熟諳，辦理可保無悞，將來除該商力乏不能承辦，許其告退另舉，未便任意更换，致易生手有悞辦運，爲此公同具呈等情前來該本司。查得晉省鼓鑄銅觔自乾隆十三年奏請辦銅供鑄起，原係招募一二股商承辦，至二十五年買銅多至百萬，各州縣陸續各舉辦商一二名至五六名不等。今奉准部覆奏定，每年辦銅十萬觔作爲定額，若仍令前簽商人零星分辦，未免紛雜煩瑣。今曲沃縣周澍、周逵，高平縣李璉等三名既係身家殷實，熟悉銅務，各該縣取有連環的保，該縣加結，令其充商承辦，似應俯如所請，將周澍等三人商名咨明大部，以專責成，令其按期呈報領銀，聽其自便前往江蘇、湖廣、漢中等處採買正銅十萬觔，餘銅一萬觔，年清年款。至各商呈稱，辦銅事關鼓鑄，責任綦重，現在舉報承辦之周澍等俱係身家殷實、熟練銅務，辦理可保無悞，將來除該商等或實係力乏，許其告退另舉，未便任意更換，致易生手有悞辦運，固爲慎重公務起見，亦恐起營求鑽充之漸，亦應俯如所請，一併咨明大部。相應據情轉詳，伏候憲臺咨明户、工二部，實爲公便，蒙批准，咨部遵行。【略】

晉省辦銅自乾隆二十五年以來，每次奏請招商採買銅一百萬觔，分作五年運局，嗣因漢鎮銅觔缺少，採買維艱。蒙前撫雅體訪情形，晉省留爐六座，每年祇需銅十萬餘觔，而局存餘銅尚有三十餘萬，核定需用實數，每年額買銅十萬，按年交納，以供鼓鑄。但向來辦理章程原領例價之外，有需貼補，每届採買之期，該商等俱預爲攢湊幫費銀兩，招商領買，運局交納。乾隆四十三年，前撫巴奏明，招商辦銅一百萬觔，亦作五年交納，該商等仍照舊辦章程湊銀三十萬有零，以備幫貼之需。迨至四十五年，兩運銅觔均未完納，而貼費已用至九萬餘兩，目下雖有餘存，數年即可用完，又需攢湊，實非經久之計。查各商預湊幫費，除用去外，尚存銀二十萬九千六百餘兩，内提出銀二十萬兩發典承領營運，按月一分納息，即以所得息銀作爲辦銅幫費。今將收支存剩各數目并原奏章程開列於後：

計開：一、收陽曲等縣商人王慎中等繳到辦銅幫費銀二十萬九千六百一十六兩七錢八分，内除給各屬典商銅本銀二十萬兩，於乾隆四十六年正月初一日起，按月一分營運外，尚留存司庫銀九千六百一十六兩七錢八分。向來商辦銅觔，找領三分之二銀兩，例在交足銅觔之後找發，今公舉三商承辦，又需一年清繳，墊用不免拮據。其應領三分之二銀九千三百三十三兩三錢三分四釐，即在於所收幫費存庫項内先行墊給，於每運交足銅觔之後，將找領庫項三分之二銀九千三百三十三兩三錢三分四釐照數扣還歸款，其餘實存銀二百八十三兩四錢四分六釐，以備鼓鑄。項下遇有動用，奏明辦理。

一、各屬典商承領銅本銀二十萬兩，按月一分。官運應交銀兩係按月計算，無閏之年應收銀二萬四千兩，遇閏之年應收銀二萬六千兩。每年採辦正餘銅一十一萬觔，共用銀二萬一千二百兩。無閏之年應餘銀二千八百兩，遇閏之年應餘銀四千八百兩，按年積存司庫，以備將來遇有加爐添鑄，作爲幫費奏明動用。

《則例便覽》卷二〇《錢法·運京銅鉛逾限》 修改：一、雲南解運京銅，自瀘州領兑，限三十五日；開行以後，及漢口换船换簍，限九個月二十五日；統限十一個月，照漕船定例，依限抵通。貴州解運京鉛，自永寧領兑，裝運赴重慶鎔化，在重慶僱船裝載，限二十五日，自重慶開行以後，及漢口换船，定限八個月零十日，統限九個月零五日。如抵通遲延，逾限不及一月者，領解官降一級留任，委解上司罰俸一年；逾限一、兩、三、四月以上者，降一、二、三、四級調用；五月以上革職，俱戴罪，管解、委解上司各降三級留任。若遇封閘、封峽、守凍，及在川江大河風水阻滯，該督、撫確查取結送部，准其扣除日期。其平水河道及尋常守風守水日期不准扣算，如領解官在瀘州、重慶躭延，不按限開行，悉照沿途無故遲延例議處，定限之外，不准扣除。倘領兑不足，或廠員給發遲滯，或陸運委員躭延，不能按期兑交，許運京之員據實詳稟，該總督確查參處，所有開行遲逾日期准於限内扣除。如有沿途盜賣虧缺情弊，按律究擬。所欠銅觔，着落本解官追賠，倘解官不能追賠，照採辦洋銅例，於委解不慎之上司名下分賠，并嚴加議處，如參後三個月之内，解部交完者，准其開復。

又卷二〇《錢法·剥運銅觔展限》 一、滇省京銅運抵北河上剥運，陸續抵通，間遇糧船擁擠，一時難於僱剥，報明地方官，加結報部，展限一月，即多者亦不得逾兩月。

又卷二〇《錢法·運銅各員遲延議處》 一、運銅各員自滇省起程到瀘州，限二十三日，如遲一日至十日、十日以上、二十日以上，罰俸一、三、六個月，逾一月，罰俸一年。果有中途患病，及風水阻滯等情，取具地方官印結，免議。

又卷二〇《錢法·各省辦運銅錫鉛觔逾限》 修改：一、各省委員赴雲南等省採辦銅錫鉛觔，於辦竣起運之後，沿途遲延，逾限不及一月者，照舊例免議；一月以上，罰俸一年；兩月以上，降一級留任；三、四、五月以上，降一、二、三級調用；半年以上，革職。如沿途遇有阻滯，報明地方官出結，轉報沿途督、撫，咨部准其扣算。如有通同捏飾等弊，照例分別議處。

又卷二〇《錢法·催儹銅鉛不力》 續纂：一、運京銅錫鉛觔，各省採辦銅鉛運員，有違統限者，沿途催儹不力之地方官，如原限應行四日，而行至五日以上者，專催官罰俸一年六個月，督催官罰俸三六個月；原限四日，行至六日以上，專催官降一級留任，罰俸九個月，督催官罰俸一年；原限四日，行至八日以上，專催官降二級留任，罰俸一年，督催官降一級留任，罰俸九個月；原限四日，行至九日以上，專催官革職，降一級留任，督催官降二級留任，罰俸一年。其餘程限多寡不同，皆照此核算。至運員竝未逾違統限，其經過地方稍逾程限，即經前途趲出，一體免議。

又卷二〇《錢法・運解銅鉛逐站粘貼印花》 續纂：一、委員解運銅鉛錫觔，仍照舊例，將所執兵牌持赴各站粘貼印花，如不按站赴驗，將該委員照不實力奉行例罰俸一年。

又卷二〇《錢法・沉溺銅鉛》 一、雲貴辦運銅鉛，如有沉溺在瞿塘三峽、江湖、黄河險隘之處，地方官結報該省督、撫，移咨雲貴，會疏保題豁免。倘有不肖運員捏報川江等處沉溺，地方各官扶同狥隱，即行題參，併將保題之各督、撫，一併嚴加議處，著落分賠。其非險隘地方，沉溺銅鉛，會同地方文武，勒限一年打撈。如一年限内，運官有升遷事故，仍留沉溺地方打撈，俟事竣，分别赴任回籍。該管地方各官照漕船失風例處分外，仍於一年限内停其陞轉，責令協同運員打撈，限内能撈獲過半者，免其查議；限滿無獲，或撈獲不及半者，罰俸一年。其運員打撈，限滿無獲，題參革職，限一年内賠完開復；如逾限一年賠完，免罪，不准開復；二年之内不賠完，照例治罪嚴追。

又卷二〇《錢法・沿途盜賣銅鉛》 一、銅鉛船隻入境，州縣派委丞倅親身押獲，不得僅差兵役伴送。倘有沿途偷盜、謊報沉溺等事，别經發覺，州縣及派委之員失察一二起者，罰俸六個月、一年，失察三起、四五起以上者，降一級，留任調用，故縱者參革審究。所委丞倅不親往稽查，混差書役捏結搪塞者，降三級調用。有能一年内拿獲偷盜銅、鉛二次，准其紀録一次，以次遞加。

又卷二〇《錢法・贏餘銅鉛匿税不納》 一、官員領運銅鉛抵通交局後，將實在贏餘數目報明户、工二部，令崇文門監督校經過各關核算，税課相符，聽其售賣，所有沿途運脚於奏銷案内照數扣除，不准開銷。如有以多報少隱匿等弊，將運員照匿税不納例罰俸一年。

《東華續録》乾隆七一 〔乾隆三十五年夏四月〕甲戌，諭軍機大臣等：「户部議駁彰寶奏請停止各省採買滇銅，及令各委員暫行回任一摺，所議甚是，已依議行矣。各省鼓鑄原爲搭放兵餉之用，邇年錢價平減，實由官錢廣鑄流通，所有採辦滇銅省分相沿已久，豈得遽行停止，致使供鑄無資。而委員等在滇守候多時，一旦令其素手而歸，不特往返徒滋耗費，且使市儈奸商聞知此信，以爲滇銅缺少，勢必藉口居奇頓昂錢價，於錢法甚有關繫。況滇省前此多開子廠頗有成效，自封禁後遂致獲銅無多，今彰寶既請添開子廠、新廠，則將來採銅自必日增，何轉至虞其不足。即就見在情形而計，亦當如部臣通盤籌畫，何得僅爲滇省鰓鰓過慮，而置各省鼓鑄於不問，豈封疆大臣爲國實心經畫之道？至滇省銅局本係巡撫專責，明德起身時曾面諭其實力整理，且該撫見回雲南省城，自當就近妥辦酌定章程。彰寶因係總督兼轄，籌及地方要務，原爲分所應爲，但見駐永昌，於銅廠未能親歷，即有酌辦事宜，亦當與明德札商會奏。或彼此所見不合，並不妨於摺内聲明，乃不令明德與聞，所奏又不協事，理殊不可解。【略】省採辦銅斤近年以來屢形竭蹷，節經降旨，該督撫等設法調劑，實力籌畫，終無成效。兹據和珅面奏，滇省銅斤官價輕而私價重，小民趨利往往有偷漏走私，地方官雖設法嚴禁，無如滇地山多路僻，耳目難周，私銅仍多偷漏，所以京銅缺少。向來定例，九成交官，一成通商，不若令將官運之銅全數交完後，聽其將所剩銅斤儘數交易，不必拘定一成。或商民知利之所在，競相趨赴，丁多銅集，京運不致仍前缺乏等語。銅斤爲百姓器用所必需，所以除鼓鑄官用外，准其一成通商。但滇省各廠開採日久，硐老山深，所費工本較多，定價不敷，商人無利可圖，勢必裹足不前，辦理益形竭蹷。若許其將開採官銅全數交完外，不拘一成之例，聽商賈流通貿易，閭閻既多利便，勢必競相趨赴，百計籌畫，攢湊貲本踹勘，新銅廠可期日旺，此亦調劑之一法也。其是否可行，能使此後各運銅斤如數全完，源源接濟以供京外各局鼓鑄，方爲妥善。著傳諭福康安等悉心籌覈，是否可以永遠無弊，據實具奏。」

又乾隆一一〇 〔乾隆五十四年〕秋七月乙酉朔，軍機大臣、户部議奏：「各省委員採辦滇銅，自起程及運銅回省均有定限，惟到滇交價以後至在滇開行以前，例無明文，請嗣後各省辦銅委員先後到滇者，儘先到之員給發，同時到者儘遠省之員給發。委員一到滇省，即將應辦銅斤指定廠所，何廠撥銅若干斤，應定限若干日，統計何年月日可兑交，委員領運開單，咨部存案，俟奏報開行時，將廠員給領有無逾限，於摺内聲叙，户部逐運查覈。如廠員逾限不給照，運員在途逾限，例議。處兑給銅斤如有低潮，准該委員稟换，若因换銅誤限，亦應將廠員照例議處。若委員並未稟换，至本省驗明不足成色，即將委員查參。」從之。

又乾隆一〇四 〔乾隆五十六年七月〕辛丑，諭軍機大臣等：「費淳奏請給價收買商銅，以杜私鑄一摺内，稱滇省辦銅各廠除抽課交官外，向有一成二成准令通商之例，商人難保無影射收買、私鑄漁利情弊，應官爲收買，每年可多獲銅一百餘萬斤，以之添撥各省採買及鐵砂折耗、鑪店底銅之用等語。此奏雖似爲該省杜絶私鑄起見，其實該藩司以各省採買銅斤及鑪店底銅恐有欠缺，故欲將此項商買餘銅歸官以作抵補之用，止係一偏之見，未經通盤籌畫，所謂知其一不知其二也。銅斤爲民間必需之物，不能一日缺少，即使廠中稍有偷漏，爲數亦屬無多，若將各廠抽課各官所賸餘銅，概行禁止商民售買，則民間所用之銅從何而出？不特銅價因此昂貴，而小民等需用孔亟，必致將官錢私行銷燬，改鑄銅器，即錢價亦必因之倍增。況見在滇省各廠所産銅斤尚屬旺盛，每年額運各起俱係依限開幫，並無短絀遲誤，即民間錢價亦俱平減，本無庸鰓鰓過慮。若如該藩司所奏，是名爲設法調劑，而轉使私銷益甚，弊竇叢生。況杜絶私鑄之弊，惟在地方官實力查禁，今不於此悉心整頓，而以禁止商買餘銅爲正本清源之計，恐防弊而實以滋弊，且使該處商民知有此事，必將銅斤豫爲抬價居奇。銅價既貴，則錢價自增，於閭閻日用諸多不便，所關非細民可使，由不可使，知費淳何見不及此耶？此事當再加詳酌。富綱、譚尚忠久任滇省，於銅務自所熟習，著伊二人會同，悉心妥議，據實奏覆。想該督撫意見亦與朕大略相同也。將此傳諭富綱、譚尚忠知之，並將此旨及原摺發交在京大學士九卿閲看。」

惲敬《大雲山房文稿・初集卷四》 五十七調湖北布政使，升雲南巡撫。雲南運京銅下四川，峽險甚，自乾隆四年至二十一年共沈三百十九萬四千一十五斤。户部奏雲南四正運，運原額京銅；二加運，運廣西停鑄之銅。而第二運至峽，當四、五、六前後三月江漲之時，多失事。議分二運於前後五運，以避險。公以正運，乃解官顧船加運，自漢口以上，即地方官撥船合之不便，議併四正運爲三運，二加運爲一運，八月自瀘州開第一運，十月開第二運，十二月開第三運，次年二月開加運。每年止四運，而四、五、六、七前後四月，無銅船出峽，於避險爲益。慎奉旨，依議。

《福康安奏疏不分卷》 奏爲護送運京銅船出境日期恭摺奏聞事：竊查滇省運京銅船出境，例應隨時具奏。茲據布政使聞嘉言詳稱：雲南委員署楚雄縣知縣傅翰邦領運乾隆五十八年加運一起京銅九十四萬九百九十一斤零，並帶解節年各運沉失豁免賠價買補正耗餘銅二萬一千二百四十八斤零，又帶參五十四年加運二起官史褒買補短少銅七萬一千一百三十斤零，於五十九年二月初四日在瀘州銅局開兑，將前項銅斤兑收清楚，裝載開行。四月初四日在重慶過載，於五月初四日運出川省巫山縣境，入湖廣巴東縣界，接催前進。俱經該司會同永寧、川東二道督率瀘州知州劉逢泰、江北同知陳遂備造堅固船隻，遵照新例，每船裝載五萬斤，經沿途該管文武催儹押運，除在瀘州水淺起剥耽延外，其餘並無藉故逗運及盜賣情弊等情詳報前來。臣查運京銅船關係鼓鑄要需，川江爲首先開運之處，護送尤關緊要，今此運銅船經各地方文武大員親護出境，並無遲悞。理合恭摺奏報，伏乞皇上睿鑒。謹奏。

乾隆五十九年六月十七日奏，八月二十六日奉到硃批：知道了。欽此。

《清經世文編》卷五二《户政二七・錢幣上・嚴烺〈重銅運以杜弊累疏〉》

臣伏查滇省歲運京銅六百餘萬斤，向由滇省委員解運户、工二局，嗣經雲南巡撫奏請分省遞運，准行在案。本年二月，復奉上諭：「三省遞運一事，勢屬難行。着照部議，仍循舊定章程，滇省委員徑送進京，以歸簡易。欽此。」臣竊以爲滇省運員之累有二：其一在滇，其一在京。在滇者往往運銅，多委虧空之員，希圖當下扣其運費，以補虧款。夫州縣有虧，原宜因時題參，而運費之應領於滇者，不下六七千，一經扣抵，難以敷用。此瀘州領銅時，即有賣銅之弊，又不敷用復有沿途盜賣之弊也。其不肖州縣，或缺分本無虧空，一聞委運之信，即將官項入橐，裝點虧空，明求藩司扣其運費，而一路賣銅爲費者，亦時有之。種種積弊，皆宜急除。應請旨敕下雲南巡撫，於每歲派員解運時，查其本任，虧欠在一千兩以内者，立即追完，方准發給運費；數至一千兩以外者，即行指名題參，另换他員解運。至於滇省應領運費，毋得絲毫扣抵，庶運員長途有資，各顧考成，不至盜賣官銅，自取罪戾矣。至於在京之累，則户、工兩局胥吏需索是也。前年童焕曾破案之後，奸胥稍知斂跡，然法以防小人，則防維不厭其密。聞銅運抵大通橋時，運員即與户工兩局書吏往來關説，使費議定，交賄後始能進局，否則百般刁難，必致兑收無日。臣查江南道御史有稽查户局之責，陝西道御史有稽查工局之責，每月到局監放餉錢。應請嗣後於銅運抵大通橋時，令大通橋監督報明兩道御史，酌限十日，或十五日，即令起運進局。仍着户、工兩局知照兩道御史，統於十日内傳該運員眼同兑收，以杜胥吏任意需索，累月擱壓之弊。至交收明白，仍將有無虧短挂欠，曾否依限兑收，知照兩道御史查核，且恐兑收時胥吏等上下其手，運員無可如何，除户、工兩部管理錢法堂侍郎，不時到局查驗外，應請照御史監放餉錢之例，飭令滿漢科道，每月輪流一人監兑，庶胥吏等有所警畏，運員不受需索抑勒。如運員有虧短銅斤過多者，即將其虧短實數，先行奏聞，再聽户部照例核參，如此辦理，不惟胥吏無所售其奸，即運員亦不敢盜賣短少，似屬兩有裨益。庶以仰副我皇上慎重銅運，體恤運員之心於萬一矣。

《清朝文録續編・姚端恪公文録》卷一《敬陳鼓鑄末議疏》 題爲敬陳鼓鑄末議，仰祈勅部速覆，以佐國計，以便軍民事：臣惟鼓鑄之設，原以流通國寶，不計乎多鑄與少鑄也，若多鑄則期於生息矣，凡物先計其本，後計其息。銅者，本也，其鑄出新錢所值之銀者，息也。既云生息，則必核銅之實價，以定鑄本，而部頒一定之銅價不可據矣。又必核錢之實值，以定鑄息，而部算一定之錢值不可執矣。臣查近日錢之所以有息者，以所收之銅定爲每斤六分五釐之價，而所放之錢定爲每千文作銀一兩之值，故算之有息耳。今各省開鑄太多，則與昔大不同矣，何也？開鑄之初，廢錢壅積盡化而爲銅，又鑄局少則用銅少，銅不踴貴，故部頒一定之價每斤六分五釐而足也。今各省開鑄，則各省採銅，銅之價每斤乃有貴至一錢至一錢三四分者矣。各關採銅解部者，皆以銅少而貴，踰期久不到矣。倘此後銅價日貴，而部中仍以一定之價銷算之，如廣東省鑄出新錢七十二萬一千文，值銀七百二十一兩，遵照部例銷算，止應開銷鑄本銀五百九十三兩，尚獲息銀一百二十八兩。若照地方時值工本計算，實用過鑄本銀一千四十三兩，除照部例銷算外，局官實包賠鑄本銀四百五十兩。此等暫時猶屬官吏包賠，久之不强派於商，必强派於民矣，是核其實，乃加派也。而名之曰生息，豈可乎？

《清仁宗睿皇帝實録》卷三三一 〔嘉慶二十二年，丁丑，六月，乙酉〕又諭：「御史熊墀奏請，將滇省歲運京銅改鎔大塊，以免盜賣等弊一摺。京銅關繫鼓鑄，其運員中途盜賣，船户偷竊，爐頭夫役煎鍊折耗等弊，自應加意釐剔。惟該省辦運向係簍裝小塊，若改鎔三四十斤大塊，其煎鍊起運有無糜費窒礙之處，著交伯麟、李堯棟詳查利弊，悉心妥議具奏。」尋議，滇省每年應運京銅七百萬斤零，向例銅色八成以上，方准起運，今若改用足色塊銅，必須再加鎔鍊，糜費逾多，且改煎尤須時日，恐誤運限，應請仍照舊例辦理。得旨：「原不可行，仍照舊例。」

王慶雲《石渠餘紀》卷五《紀銅政》 國初，户局銅由各關辦運，工局差司員督買。康熙初，併歸各關，以蘆課佐之。十八年，收廢銅及淘沙餘銅，兼令鹽差採買。二十年停，二十五年增銅價。時各關藉口銅貴，徵税多浮。聖祖恤商民之困，增舊價六分五釐爲一錢，後交内務府商人承辦。四十四年，總督貝和諾請立滇省官銅店，以各廠抽納税銅變價報部，抽納見礦政。兼收買餘銅，以售官商之承辦京運者。收以三四分，售以九分，獲息歸公，謂之銅息。考滇省山礦，元明止有金、銀之課，民間日用海□，未嘗用錢。明嘉靖、萬曆間，暫開旋罷，至是地寶乃漸出矣。至五十四年，商欠誤運，改令各省委員辦解，歲需四百四十餘萬斤，增價二分五釐。先是，各關辦銅捐水脚五分，至是於價外給水脚三分，節省二分解部，是爲銅斤水脚解部之始。次年，以各省辦銅伊始，暫收舊銅充鑄，而奸民轉將小制錢銷售，禁之，并罷收買之令，再增銅價二分。六十年，并歸江浙採辦，以東洋條銅在二省收泊也。又聽商民往安南採辦。雍正初，雲南青龍、金釵廠産日旺，巡撫楊名時請解京局銅一百萬斤，廷議道遠費多，不如留滇開鑄，并許運散各省。罷官店，餘銅聽民販運。次年，以江浙運不足額，分閩、粤二省購洋銅，湖、廣二省購滇銅運輸京局。旋以雲南産銅日旺，鼓鑄外餘二百餘萬斤，許運售各省。時議洋銅至京，每百斤價十七兩有半，滇銅僅十二兩有奇，内運費三兩。價大省，可以停購洋銅。然至乾隆初年，猶滇、洋各半，於是開東川局鑄，運往陝西，而貴州威寧之銅與大定之鉛皆大出。十三年，令捐納貢監，收銅不足，乃用銀。高宗即位，以各省購辦滇銅解部，莫若即令滇省就近鑄錢，出蜀之永寧，水運至漢口，附漕至京，可省京鑄之半。巡撫張允隨請開局，廣西府鑄錢三十四萬串，出粤之百色，運至漢口轉輸。乾隆元年，令商民自運洋銅，官爲收買。次年，總督尹繼善奏湯丹廠歲餘銅三百餘萬斤，以内地餘銅售之商販，而京局之需又辦自外洋，不免捨近求遠，莫若令江浙來滇收買運京。次年，直隸總督李衛亦以爲請，乃從之。是年，停雲南鑄運京錢，以原銅百八十餘萬運至漢口，分撥站船運京，如卯鼓鑄，是爲滇銅之加運。户部議，從前令雲南鑄錢運京，原因就近礦廠，而永寧水路可達京師，水脚多省，嗣因近蜀地方無可建局，遂於廣西府開爐，陸運至板蚌下船，抵粤之百色，山川修阻，較永寧迥别，請照原定銅斤解部。臣思銅運可由永寧，錢運何以必由百色？近蜀之東川府，雍正間久已開爐，何以運京之錢必開局於廣西州？昔爲府。允隨之請，户部之議，皆臣所未解也。時京銅始盡歸滇運，其運道半由尋甸至威寧，半由東川，經昭通、鎮雄皆轉至永寧。水運每年預撥銅本一百萬兩。每斤工本九分二釐，連廠費約需五六十萬兩，脚價、役食十餘萬，解司銅息二十餘萬。凡運銅有加耗百分之八。有餘銅百分之三。沿途催趲，稽查沈失，至今銅運章程半皆允隨所定。其時正運四百三十餘萬斤，加運一百八十餘萬斤，納户局三之二，工局三之一，即見行則例解京正秏餘三項銅六百二十九萬餘斤之數也。六年，滇省開金沙江通四川水道，乃於東川開局，改威寧陸運由小江口至瀘州，然滇錢運京之法卒無有議復者。十八年，以粵需滇銅，滇需粵鹽，令彼此互换，免齎價之煩。次年，撥滇省銅息五十萬充餉。三十一年，總督楊應琚奏，滇省礦廠日開，砂丁聚集，每處數十萬人，糧價昂貴，礦廠無業之徒向有米之家借糧名曰米分，以米分多寡均分礦利。開採無益，請禁老廠子廠四十里外不得私開。時各廠歲報獲銅千二百餘萬斤，至末年礦産尤盛，額銅之外，贏千三百餘萬斤，於是有帶解之銅。先是銅質低潮者由局煎煉，嘉慶初令選運純浄之銅，局驗低潮，運員治罪，然自是以後，銅斤無減於舊，而錢質漸以麤雜，議者謂不盡由銅低之故。臣讀《會典》，見國初以來局役、包攬、買交有禁，成色不足有禁，或設對牌，或較法馬，臨兑之際，撤手敲平，所以防收銅之詐僞者至纖且悉，則何如就滇鼓鑄運京之簡易哉？

《銅政便覽》卷一《廠地上・寧臺廠》 程站：寧臺廠，一站至老牛街，一站至阿莽寨，一站至順德橋，一站至老鷹坡，一站至鴛鴦塘，一站至回子村，一站至阿梅寨，一站至岔路，一站至猓猓寨，一站至橋頭，一站至石坪村，一站至大理府城，半站至下關店，下關店半站至趙州城，一站至紅崖，一站至雲南驛，一站至普淜，一站至沙橋，一站至吕河，一站至楚雄，一站至廣通縣城，一站至舍資，一站至禄豐縣城，一站至老鴉關，一站至安寧州，一站至省城。

又卷二《廠地上・得寶坪廠》 程站：得寶坪廠，一站至平和，一站至黑烏，一站至滿官村，一站至程海，一站至永北廳，一站至清水驛，一站至金江，一站至沙坪，一站至大理府城，半站至下關店。

又《廠地上・大功廠》 程站：大功廠，一站至白羊廠，一站至獅井，一站至雞村，一站至湯槐，一站至菓榔，一站至雲龍州，一站至關坪，一站至丕邑，一站至江滂，一站至鳳羽，一站至沙坪，一站至大理府城，半站至下關店。

又《廠地上・香樹坡廠》 程站：香樹坡廠，一站至法脿，一站至雨竜，半站至妥甸，一站至南安州城，一站至楚雄府城，六站至雲南省城，一站至板橋，一站至楊林，一站至易隆，一站至尋甸。

又《廠地上・雙龍廠》 程站：雙龍廠，一站至紅菓營，一站至尋甸店。

又《廠地上・湯丹廠》 程站：湯丹廠，一站至小江，一站至東川府城。湯丹廠，一站至闕天坡，一站至松毛棚，一站至雙箐，一站至尋甸。

又《廠地上・碌碌廠》 程站：碌碌廠，半站至黄草坪，一站至小田壩，一站至尖山塘，一站至東川府城。待補一站至大水塘，一站至功山，一站至尋甸州城。

又《廠地上・大水溝廠》 程站：大水溝廠，半站至黄草坪，一站至小四壩，一站至尖山塘，一站至東川府城。自東至尋同上。

又《廠地上・茂麓廠》 程站：茂麓廠，一站至桃樹坪，一站至樹結，一站至苗子村，一站至大水溝，半站至黄草坪，一站至小田壩，一站至尖山塘，一站至東川府城。自東至尋同上。

又《廠地上・樂馬廠》 程站：樂馬廠，一站至魯甸，一站至昭通。樂馬廠，一站至雞罩卡，一站至孟姑，一站至三道溝，一站至東川府城。自東至尋同上。

又《廠地上・梅沱子廠》 程站：水路：自梅子沱廠二百五十里至安邊，一百里至敘州府城，一百九十里至南溪，一百五十里至瀘店。陸路：自梅子沱廠半站至黑竹箐，一站至羅江岸，一站至副官村，一站至半邊樹，一站至洗沙溪，一站至石版溪，一站至檜溪，一站至腰塘，一站至呑都，一站至那比渡，一站至米貼，一站至黄草坪，半站至碼磺溝，一站至新甸子，一站至冷水河，一站至昭通府，一站至大水塘，一站至江底，一站至以扯，一站半至紅石岩，一站至東川府城，四站至尋甸。自東至尋同上。

又《廠地上・人老山廠》 程站：陸路：人老山廠，一站至落水村，一站至核桃壩，半站至廟口。水路至廟口，七站至瀘店。人老山廠，二站至核桃壩，站半[半站]至大關廳，一站至一碗水，一站至烏拉鋪，一站至昭通府城，五站至東川府城，四站至尋甸。自昭至東，自東至尋，同上。

又《廠地上・箭竹塘廠》 程站：陸路，箭竹塘一站至戛補，一站至施施村，一站至豆沙關。水路由豆沙關至瀘八站。箭竹塘廠，一站至戛補，半站至黄水，一站至牛街，一站至二等坡，一站至兩路口，一站至長發坡，一站至林口，一站至奎鄉，一站至落則河，一站至大水塘，一站至江底，一站至以扯，一站半至紅石岩，一站至東川府城，四站至尋甸。自東至尋同上。

又《廠地上・長發坡廠》 程站：長發坡廠，一站至兩路口，一站至二等坡，一站至牛街店，一站至黄水，一站至花家壩，一站至石竈孔，一站至羅星渡。水路八路至瀘州店。長發坡廠，一站至林口，一站至奎鄉，一站至落則河，一站至大水塘，一站至昭通府城。

又《廠地上・小岩坊廠》程站：陸路，小岩坊廠半站至洗沙溪，一站至江口。水路自江口七站至瀘店。小岩坊廠半站至冼沙溪，一站至石版溪，一站至檜溪，一站至臨塘，一站至呑都，一站至那比渡，一站至末貼，一站至黄草坪，半站至碼磺溝，一站至新甸子，一站至冷水河，一站至昭通府城。

又卷二《廠地下・鳳凰坡廠》程站：鳳凰坡廠，一站至阿樂鋪，一站至陸涼州，一站至刀章鋪，一站至馬龍州城，一站至尋甸州店。鳳凰坡廠，一站至北山塘，一站至湯池，一站至省城。鳳凰坡廠，一站至祿豐，一站至烏舊村，一站至澂江府城。

又《廠地下・紅石岩廠》程站：紅石岩廠，一站至大麥地，一站至何藥鋪，四站至尋甸州店。紅石岩廠至省城程站，與鳳凰坡廠同。紅石岩廠，一站至三道水，一站至路則，一站至澂江府城。

又《廠地下・紅坡廠》程站：自廠至威寧、至省局、至澂江三處程站，均與大興廠同。

又《廠地下・發古廠》程站：發古廠，一站至新村，一站至折苴，一站至甸沙，一站至王家莊，一站至馬龍州，一站至黑橋，一站至遵化，一站至永安鋪，一站至石了口，一站至可渡，一站至箐頭鋪，一站至飛來石，一站至威寧州。發古廠，一站至新村，一站至折苴，一站至甸沙，一站至楊林，一站至板橋，一站至省城。發古廠，一站至板橋，一站至水海子，一站至馬軍鋪，一站至澂江府城。

又《廠地下・大風嶺廠》程站：大風嶺廠，一站至處吉渡，一站至涼水井，一站至腰店子，一站至老村子，一站至尖山塘，一站至東川府城。自廠至東川府共六站，同上。自東至尋見上。

又《廠地下・大興廠》程站：大興廠一站至回子哨，一站至陸涼州城，一站至小哨，一站至曲靖府城，一站至松井，一站至關哨，一站至永安鋪，一站至宣威州城，一站至倘塘，一站至箐頭鋪，一站至威寧州城。大興廠一站至路南州，一站至宜良縣，一站至七甸，一站至省城。大興廠一站至小哨，一站至羊券，半站至澂江府城。

又《廠地下・紫牛坡廠》程站：紫牛坡廠，半站至則都箐，一站至尖山塘，一站至東川府城。自廠至東山府共二站半，同上。自東至尋見上。

又《廠地下・青龍廠》程站：青龍廠，一站至楊武壩，一站至羅吕鄉，一站至峉峩縣城，一站至新興州城，一站至昆陽州城，水路一站至省城。自省至尋甸四站，見上。

又《廠地下・迴龍廠》程站：迴龍廠，一站至羊腸，一站至木箕壩，一站至熱水潭，一站至羊山，一站至稗子灣，一站至通甸，一站至吕苴，一站至香多，一站至沙左，一站至蒙古，一站至麗江府城，一站至鶴慶州城，一站至三場舊，一站至三營，一站至沙坪，一站至大理府城，半站至下關店。下關店至省城站，見上。

又《廠地下・白羊廠》程站：白羊廠，一站至獅井，一站至雞村，一站至湯橙，一站至菓榔，一站至雲龍州，一站至關坪，一站至丕邑，一站至江坊，一站至鳳羽，一站至沙坪，一站至大理府城，半站至下關店。自下關店至省，見上。

又《廠地下・迴龍廠》程站：馬龍廠，一站至舊關，一站至石板河，一站至三家村，一站至南安州城，一站至楚雄府城，六站至省城。

又《廠地下・寨子箐廠》程站：寨子箐廠，一站至三轉灣，一站至馬龍廠，一站至舊關，一站至石板河，一站至三家村，一站至南安州城，一站至楚雄府城，六站至省城。

又《廠地下・秀春廠》程站：秀春廠，一站至苴尤屯，一站至定遠縣城，一站至基關，一站至楚雄府城，六站至省城。

又《廠地下・義都廠》程站：義都廠，一站至新店房，一站至大山脚，一站至二街，一站至九渡村，一站至混水塘，一站至省城。

又《廠地下・大寶廠》程站：大寶廠，一站至矣納廠，一站至武定州城，一站至雞街汎，一站至黄土坡，一站至省城。

又《廠地下・萬寶廠》程站：萬寶廠，一站至永靖哨，一站至大哨，一站至三家店，一站至草鋪，一站至讀書鋪，一站至省城。

又《廠地下・大美廠》程站：大美廠，一站至羅次縣城，半站至清水河，一站至黄土坡，一站至省城。

又《廠地下・獅子尾廠》程站：獅子尾廠，一站至普及，一站至大隔，一站至撒甸汛，一站至猓玀塘，一站至者末塘，一站至武定州城，一站至雞街汎，一站至黄土坡，一站至省城。獅子尾廠，一站至撒撒廠，一站至鳳毛嶺，一站至發窩，一站至會埋村，一站至小銅廠，一站至雞罩卡，一站至孟姑，一站至三道溝，一站至東川府城。

又《廠地下・绿硔硐廠》程站：绿硔硐廠，一站至寧州城，一站至甸苴關，一站至江川縣城，一站至晋寧州城，一站至呈貢縣城，一站至省城。绿硔硐，一站至臨安府城。

又《廠地下・鼎新廠》程站：鼎新廠，一站至臨安府城，一站至館驛，一站至通海縣，一站至江川縣，一站至晉寧州，一站至呈貢縣，一站至省城。

又《廠地下・竜邑廠》程站：竜邑廠，一站至薪鋪，一站至開化府城，一站至江那，一站至阿雞，一站至阿記得，一站至土庫房，一站至廣南府城，一站至高梘槽，一站至蜈蚣箐，一站至響水，一站至土富州，一站至泗亭，一站至皈朝，一站至者桑，一站至剥隘。

又《廠地下・者囊廠》程站：者囊廠，一站至東由，一站至安樂，一站至錫板，一站至開化府城，十三站至剥隘。自開化至剥隘十三站同上。

又《廠地下・金釵廠》程站：金釵廠，一站至猛拉，一站至呀拉冲，一站至擦黑，一站至阿迷州屬熊洞，一站至文山縣屬芹菜塘，一站至寶寧縣屬阿雞，一站至阿記得，一站至土庫房，一站至廣南府城，一站至高梘槽，一站至蜈蚣箐，一站至響水，一站至土富州，一站至泗亭，一站至皈朝，一站至者桑，一站至剥隘。金釵廠，一站至鶯塘，半站至蒙自縣。金釵廠，一站至個舊，一站至板枝花，一站至臨安府城。

又卷三《京運》《文獻通考》：禹鑄歷山之金。《禹貢》：荆、揚二州皆貢金三品，此爲輸金鑄錢之始。我朝德協坤維，地不愛寶，滇銅之盛，亘古未有。而運至京，路遥任重，條例紛繁，其原委有可曆數者。按京銅向係楚、粵赴滇採運，雍正間始令在滇鑄錢解京，行至乾隆元年而止。嗣後洋銅兼採，旋復專取滇銅，初爲他省委員既即令歸滇運銅五十萬斤，其滇省應辦銅二百萬斤。內除鼓鑄解京錢文動用銅一百六十六萬四千斤外，尚應運銅三十三萬六千斤。派委正印一員、佐襍二員於東川店兑領，運至四川永寧縣下船，由瀘州、重慶、漢口、儀徵、通州運京交收。四年，奉部行令，將江、安、浙、閩四省應辦滇銅二百萬斤併歸滇省辦解，滇省連原運銅三十三萬六千斤，共辦運銅二百萬斤，二共辦運銅四百萬斤。每百斤加耗餘銅十一斤，其時數共四百四十一萬餘斤，運分十二。乾隆七年，鹽井渡水路開通，設店瀘州，運員即由瀘領運。九年併八爲四，合四爲二。二十四年改四正爲三，易兩加爲一。二十六年又分正運爲六、加運爲二。嘉慶十二年又併正六爲四，仍加運爲兩。專委丞倅牧令水運京銅六百二十九萬九千餘斤，遂爲定例。爰志京運，而以運員之自領運、以至報銷，而所以歷之灘次各條附焉。

運員限期：凡解運京銅，滇省每年派委正運四員、加運二員於通省丞倅州縣內，由該管府道採選，出具考語保結，移送布政司衙門，詳明督撫，派委領運，按限起程，如有遲延，即應議處。

正運一起委員五月到省，六月三十日自省起程，限二十三日抵瀘受兑，限四十日，九月初十日自瀘開行。

正運二起委員七月到省，八月初十日自省起程，九月初三日抵瀘受兑，限四十日，十月二十日自瀘開行。

正運三起委員八月到省，九月二十日自省起程，十月十三日抵瀘受兑，限四十日，十一月三十日自瀘開行。

正運四起委員九月到省，十月三十日自省起程，十一月二十三日抵瀘受兑，限四十日，次年正月初十日自瀘開行。

加運一起委員十一月到省，十二月初十日自省起程，次年正月初三日抵瀘受兑，限三十日，二月初十日自瀘開行。

加運二起委員十二月到省，次年正月初十日自省起程，二月初三日抵瀘受兑，限三十日，三月初十日自瀘開行。户部則例內載自瀘掃幫各日期仍係正加八起原期。

凡正、加委員，自瀘州至重慶限二十日，在重慶換船過載限二十五日，自重慶至漢口限四十日，在漢口換艭過載限三十日，自漢口至儀徵限二十八日，自儀徵至山東魚臺縣限四十四日五時，自山東魚臺縣至直隸景州限四十一日三時，自直隸景州至通州限三十六日，共定限九個月二十五日。

凡運員沿途遇有患病、守風、守水、阻凍、讓漕、起剥、過壩、修船等事，均應報明地方官取結，出結咨部咨滇，方准扣除。至沿途守風不過四日，守水不得過八日，倘江水泛漲，實不能依八日之限者，所在道府查驗實情取結，具結報准其扣除。如有地方官弁狥情代爲捏飾及道府督催不力，一併嚴參議處。

凡運京銅斤，如正限之外逾限不及一月者，降一級留任，委解上司罰俸一年；逾限一月以上者，降一級調用；兩月以上者，降二級調用；三月以上者，降三級調用；四月以上者，降四級調用；至五月以上者，革職。委解上司仍各降三級留任。

領用砝碼：凡運員起程時，遵照部頒砝碼製給鉛碼一副。計四個，每個重二十五斤，共重一百斤。較准畫一，上鐫明照依部頒製給運員字樣。先與瀘店砝碼較准，再兑銅斤。沿運盤驗過秤打包，到京部局交銅。如分兩不齊，准其較兑銅斤到部交收。交竣即將砝碼呈繳工部銷燬，不准私行帶回。户部則例無。

領批掣批：凡運員赴部交銅，每起本省發給户部科、工部科咨批各一件，自行呈投。如所運銅斤照額全數交足者，由部印批發，交運員回滇送布政司衙門備案。如有沉失逾折挂欠者，部中將原批扣留，俟沉失挂欠銅斤買補帶解清楚，部中始將批迴印發，咨滇備案。共所領餘銅，原備沿途盤剥折耗派補局秤之需，並不具批解部。

凡運員應解户部司務廳銅批飯食銀兩，係運員到京交銅時自行具批，完解掣批回滇，送布政司衙門備案。

請領銀兩：凡正運每起在四川瀘州店領運正耗餘銅一百一十萬四千四百五十斤，應領銀兩共十處：

一應領自瀘至漢水脚銀三千六十三兩六錢。

一應領褋費銀一千四百三十七兩三錢。

一應領湖北歸州新灘剥費銀一百八十二兩三錢一釐。

一應領新增自重至漢舵水工食銀二百七十三兩六錢。

一應領新增褋費銀一十九兩五錢。

一應領一年養廉銀一千二百二十六兩二錢四分八釐五毫。共應領銀六千二百二兩五錢四分九釐五毫，係由滇省解交四川永寧道查收存貯，俟運員抵瀘查明瀘州重慶兩處應給銀數，分別給發運員承領。

一在湖北藩庫請領自漢口至儀徵水脚銀二千六百八兩五錢。

一在江寧藩庫請領自儀徵至通州水脚銀四千五十一兩五錢。以上二項由滇省詳請發給咨文並領銀執照，交運員赴楚、江二省呈投請領，連在四川請領共銀一萬二千八百六十二兩五錢四分九釐五毫，俟銅斤運抵京局交收完竣，由滇將支過銀兩，按款分晰造册報銷。

一每起在滇請領幫費銀二千五百兩。

一在通州請領幫費銀一千五百兩。二共銀四千兩，係於各廠請領工本銀內每百兩扣收銀一兩四錢，每員發給銀一千五百兩，又於各官養廉銀內捐扣每員發給銀一千五百兩，又於正額節省銀内每員給予銀一千兩，共合四千兩，俱不入册報銷。

凡加運每起在四川瀘州店領運正耗餘銅九十四萬九百九十一斤六兩四錢，應領銀兩共九處：

一應領自瀘至漢水脚銀二千六百一十兩一錢八分七釐。

一應領褋費銀一千二百六十三兩五錢一分五釐。

一應領湖北歸州新灘剥費銀一百五十五兩三錢七分八釐。

一應領新增自重至漢舵水工食銀二百三十四兩四錢。

一應領新增褋費銀一十六兩二錢五分。

一應領酌添起剥僱縴銀五百兩。

一應領一年養廉銀八百一十七兩四錢九分九釐。共應領銀五千五百九十七兩二錢二分九釐，係由滇省解交四川永寧道查收存貯，俟運員抵瀘查明瀘州、重慶兩處應給銀數，分別給發承領。其自漢口至儀徵係由湖北江南撥給，站船不給水脚。其前項領過銀兩，俟銅斤運抵京局交收完竣，回滇將支用過銀兩，按款分晰造册報銷。正加運員應領各款銀兩，《户部則例》内未載。

一每起在滇請領幫費銀一千八百兩。

一在通州請領幫費銀一千二百兩。以上二項共領銀三千兩。係於各廠請領工本銀內，每百兩扣收銀一兩四錢，每員發給銀一千兩，又於各官養廉銀內捐扣每員發給銀一千兩，又於正額節省銀内每員給予銀一千兩，共銀三千兩俱不入册報銷。

凡正加各員帶解節年沉失挂欠買補銅斤多寡無定，應需自瀘至京水脚按銅核明。正運委員帶解銅斤需銀二百兩，加運委員需銀一百兩。解交永寧道存貯，俟運員抵瀘查明瀘州、重慶兩處應給銀數，分別發給，回滇造册報銷。

撥兵護送：凡運員承運銅斤，起程時詳請督撫簽給兵牌，正運每起派撥弁兵十九名，健役十名；加運每起派撥弁兵十六名，健役八名護送。沿途各省督撫將藩臬大員開單請旨，每省酌派一員經理，銅船到境，各派勤幹道府一員，會同委員押送出境，遞相交替。仍通飭沿途護送，并照催漕之例，會同營員派撥兵役防護，經過川江險灘，地方文武員弁，預帶兵役、水手、灘師在灘候送。值閘河行漕之時，責成巡漕御史查催。運員兵牌，俟銅斤到京交收後，呈送兵部查銷。換給照票，回滇咨部查銷。

兑銅盤驗：凡運員在四川瀘州店領運銅斤，責成永寧道督同瀘州知州瀘店委員，先將運員所領鉛碼與瀘店砝碼較准，然後秤兑。全數兑竣，取具運員鈐領，店員鈐結，一面申送滇省詳咨沿途督撫轉飭驗兑，一面催令運員開行，申報四川總督飭川東道，俟銅到渝，委江北廳過秤出結，川東道另飭夔關查驗，出結具報。自夔關以下，令上站之員開具細數，遞交下游按數查驗，如無短少，具結放行。運抵漢口、儀徵，換船過載，湖北江南督撫飭令護送大員眼同運員盤查過秤，具結申報。如銅斤交局虧短，將運員奏明，先交吏部議處。如有沿途盜賣沉失，惟沿途派出之員是問。如係瀘店短發，(印)〔即〕將在瀘各員照例參辦。

運銅船隻：凡正運委員在瀘領運銅斤，所需船隻責成永寧道督同瀘州知州僱募小船裝應。至重慶應需大船，責成川東道督同江北同知僱募夾𦨴中船裝運。至漢口，責成漢黄德道督同漢陽府同知僱募川漿船裝運。至儀徵，責成江寧巡道督同儀徵縣僱募駱駝船裝運。所僱船隻，驗明船身堅固結實，船户水手頭舵，務擇熟諳水性、風色、路徑，身家股實之人，方准僱募。凡加運委員自瀘至漢同正運。其運抵漢口，湖北撥給站船並委佐襍一員，協同運至江南儀徵交卸，委員押船回楚。儀徵另撥站船，委員協運至通州交卸，委員即押船回江。撥給裝運之船，如沿途遭風打壞，由原省查明製價，除撈獲板片變抵外，應賠銀兩咨部在船頭名下分賠一半。該省協運委員分賠一半中十分之二，滇省運員分賠一半中十分之八。咨滇在運員名下著追，俟追獲，詳咨原省作正開銷。滇省留爲辦銅工本，每年題撥銅本時扣除。

帶解沉銅：凡運員在途沉溺銅斤，例准在灘打撈，定限十日。如限内撈獲，即僱船裝載歸幫。如十日内不能全獲，將所獲者裝運前進。未獲者，酌留親信家人在灘，協同地方官打撈，如有撈獲，交地方官存貯，咨滇委員帶解。

凡沉失銅斤，係正運之銅，即委正運之員帶解。加運之銅，即委加運之員帶解。其正運銅斤，應需自漢口至儀徵每百斤水脚銀二錢三分六釐一毫八絲九微一塵二渺五末。自儀徵至通州每百斤水脚銀三錢六分六釐八毫三絲四忽一微七纖八渺。按照帶解銅數多寡，核計應領銀數，填入詳咨文内，發給運員領銀執照聲明，在扣存原運委員沉銅水脚銀内發給，承辦其原扣沉銅水脚銀兩，統俟沉銅辦理完結，除發給帶解各員外，如有餘剩，聽楚、江二省核實報銷。其加運銅斤，係湖北江南發給。站船不給水脚，所有帶解水脚，俱係帶解之員自行墊給，回滇報銷。找發給領。此條《户部則例》無。

整圓碎銅：凡運員領運整圓銅斤，不拘百斤或百斤以外或不足百斤，均准捆作一包，由瀘店委員編列字號，造册申司詳請咨送户工二部，并户工部錢法堂查核。其零星碎小之銅，仿照解餉之式，改用木桶裝盛，每百斤裝爲一桶。將塊數、斤兩註明桶面，内繞鐵箍裝釘堅固，於運員掃幫後，瀘店委員將兑發每起碎銅裝桶數目，造具桶數清册申送，詳咨沿途各督撫，四川、湖南、湖北、江西、安徽、江南、山東、直隸。轉飭查驗。并咨送户工二部錢法堂查核兑收。《户部則例》無。

沿途借支：凡運員在途遭風沉銅及起剥僱縴守凍，原領水脚襍費不敷，例准報明所在，地方官查明屬實，出結申報各本省上司，酌量借給。咨部咨滇。俟運員回滇，在該員名下照數着追完解，詳咨借銀省分作正開銷。滇省將追獲銀兩，留爲辦銅工本，於每年題撥銅本銀兩案内扣除。如運員事故，力不能完，查明任籍並無財産隱寄取結，詳咨原派各上司名下，按十股攤賠。詳咨報撥清款。

起剥僱縴：凡運員經過各省，例准起剥處所，計十二處：

湖北歸州新灘，定例全行起剥，自新灘剥至黑岩子，歸載計程四十里，每百斤准銷水脚銀三分。

江南寶應縣白田鋪，例准起六存四，剥至黄浦，歸載計程二十里，每百斤准銷水脚銀二分七釐。

清河縣清江閘，例准起六存四，剥至海神廟，歸載計程二十五里，每百斤准銷水脚銀二分五釐。

清河縣福興閘，例准起六存四，剥至豆瓣集，歸載計程三十五里，每百斤准銷水脚銀三分五釐。

桃源縣衆興集，例准起六存四，剥至宿遷縣，歸載計程一百里，每百斤准銷水脚銀四分。

宿遷縣闞口，例准起六存四，剥至邳州猫兒窩，歸載計程一百二十里，每百斤准銷水脚銀七分五釐。

邳州猫兒窩，例准起六存四，剥至山東嶧縣臺莊，歸載計程九十里，每百斤准銷水脚銀五分二釐。

山東嶧縣臺莊，例准起五存五，剥至滕縣朱姬莊，歸載計程一百四里，每百斤准銷水脚銀六分。

滕縣十字河，例准起四存六，剥至夏鎮，歸載計程十六里，每百斤准銷水脚銀五釐九毫。

濟寧州棗林閘，例准起五存五，剥至南旺，歸載計程一百四里，每百斤准銷水脚銀六分四釐。

臨清州板閘口，例准起六存四，剥至唐官屯，歸載計程七百二十里，每百斤准銷水脚銀六分五釐。

直隸天津縣例准全行起剥至通州，每百斤准銷水脚銀六分九釐。以上起剥共十二處，凡正運各起委員在山東臨清以上各處起剥銅斤支用水脚銀兩，均准照數報銷，並不在原給水脚銀内扣除。惟在天津全剥銅斤至通州，每百斤支用水脚銀六分九釐，應在原給自儀徵至通州，每百斤例給水脚銀五錢四分内扣除。自天津至通州銀三分七釐六忽八微只准銷銀三分二釐九毫九絲三忽二微。如在天津起剥，係起六存四，所有超六銅斤，每百斤支用水脚銀六分九釐，准其如數報銷，毋庸在原給水脚内扣繳。加運委員在儀徵換船運至通州，係用江寧站船裝運，所有在天津全剥銅斤，至通州每百斤支用水脚銀六分九釐，亦准照數報銷。至起剥各處内，有前運在此起剥，而後運又不起者，又有前運不在此起剥，而後運又起剥者，原無一定。惟隨時查勘水勢情形，聽運員酌量辦理，會同地方官僱募給發，取結回滇報銷。《户部則例》只在歸州、天津二處剥費，其餘各處無。

凡運員經過各省例准僱縴處所計四處：江南儀徵縣，每船添僱縴十名，拉至天妃閘止，計程三百七十里，每名准銷夫價銀一兩零七分。

甘泉縣洋子橋，每船添僱縴十名，拉至天妃閘止，計程三百六十里，每名准銷夫價銀九錢六分。

清川縣豆瓣集，每船添僱縴十二名，拉至山東分水龍王廟止，計程七百九十里，每名准銷夫價銀一兩四錢四分八釐。

桃源縣古城，例准僱縴十二名，拉至山東汶上縣南旺，歸載計程七百三十里，每名准銷夫價銀一兩四錢。以上四處，運員會同地方官僱募給發取結，回滇將支用銀兩造册報銷。僱縴一條《户部則例》無。

守凍開銷：凡運員自四川瀘州店領銅，開行運抵江南儀徵以北内河一帶，如時值冬令，河水凍結，船隻不能前進，報明所在，地方官出結轉報，准其守凍租房，堆貯銅斤，每月准銷房租銀五兩。僱夫背銅上岸下船，每百斤准銷夫價銀六釐。每船准銷看船頭舵二名，每名日給鹽菜銀二分。打冰水手二名，每名日給鹽菜銀二分。文武衙門派撥兵役四名，協同看守銅斤，每名日給燈油木炭銀二分五釐。運員准支一半養廉。凍解開行，更换繩索每根准銷繩價銀六釐。僱夫捆銅，每包准銷夫價銀五釐。加運銅斤如遇守凍，均不准支銷。此條《户部則例》未載。

沉銅撈費：凡運員在途沉失銅斤，查明水深丈尺分别辦理。如水深三尺以外者，每百斤准銷撈費銀三錢，水摸飯食銀四分，如水深四丈以外者，每百斤准銷撈費銀四錢，水摸飯食銀四分。俟運員回滇分晰報銷，銀兩在銅息銀内動支，扣抵沿途借支一項如有不敷，飭追完解。如無借支即發給承領。如沉銅打撈無獲或撈不足數者，其撈費工食一概不准報銷。

應納關税：凡運員領售餘銅，經過各省應納關税銀兩計十處：

四川夔關税例：紅銅每百斤，應徵銀三錢八分。

江西九江關例：不徵收貨税，只徵舡料。運員備帶餘銅如係同正銅裝載，其船料銀兩業據船户完納，毋庸另徵。

安徽蕪湖關税例：每銅百斤，應完户關正税銀一錢六分，加一六銅斤銀二分五釐六毫。加五四水脚銀四分八釐，又應完工關正耗銅斤水脚銀一分三釐八毫六絲，合每百斤應徵銀二錢四分八釐。

江南龍江關税例：每百斤，應完工關正税銀七分五釐二毫四絲，又另徵加一飯食銀七釐五毫二絲四忽，合每百斤應徵銀八分三釐。

由閘關則例：每銅百斤，應徵正耗税銀一錢一分。

揚州關則例：每銅百斤，應徵正税銀一錢，加一耗銀一分，合每百斤應徵銀一錢一分。

淮安關則例：每銅百斤，應徵正税銀一錢二分，耗銀一分二釐，合每百斤應徵銀一錢三分二釐。

宿遷關則例：每銅百斤，應徵正税銀二錢五分，耗銀二分五釐，合每百斤應徵銀二錢七分五釐。

山東臨清關則例：每銅百斤，應徵正税銀二錢一分三釐，加一耗銀二分一釐三毫，補兑銀二錢一釐，單料銀一釐，合每百斤應徵銀四錢三分七釐。

直隸大津關則例：每銅百斤，應徵税銀六錢七分。

通州關税則例：每銅百斤，徵正税銀三分六釐，加一火耗銀三釐六毫，合每百斤應徵銀四分。以上自四川夔關起，至直隸通州止，每銅百斤，共應徵税耗等銀二兩四錢六分五釐。凡運銅各員到京，將應交户工部銅斤按額交收足數，如有下剩餘銅，准其領售。其應完各關税料銀兩，照前核算。遵照定例，每完納關税銀一百兩，隨解部庫飯食銀一兩五錢，又每完關税飯食銀一百兩，應解添平銀二兩，共計應完關税飯食添平等銀若干，於運員回滇報銷後造册咨部，俟核覆咨滇，在運員名下追繳，留爲滇省辦銅工本，於題撥銅本銀兩時扣除撥解清款。其應納崇文門税銀，均係運員在京自赴崇文門完納。户部則例，交局後下剩銅准運官領售，由部核咨，崇文門照例科税。其應納沿途關税，雲南巡撫於運官回滇日，在應領養廉等銀内按例扣存彙解。各關應徵税銀數目未載。

劃分餘銅：凡運員在途事故，即由該處委員按運。正運每起例給餘銅二萬四千四百五十斤，按照省分遠近劃給。自四川瀘州店領銅運至重慶交替者，分給原運員餘銅一千五百斤。自瀘州由重慶運至湖北漢口交替者，分給原運員餘銅三(十)[千]斤。自瀘州由重慶、漢口運至江南儀徵縣交替者，分給原運員餘銅四千五百斤。自瀘州由重慶、漢口、儀徵運至山東臺兒莊交替者，分給原運員餘銅六千斤。自瀘州由重慶、漢口、儀徵、臺兒莊運至德州衛交替者，分給原運員餘銅七千五百斤。惟按運省分地方無定，不拘在何省接替，除按段劃給外，仍劃給盤交折耗銅一千五百斤。其劃剩餘銅全數給與按運之員，以爲沿途折耗及到部添補秤頭。加運每起例給餘銅二萬八百三十一斤六兩四錢。自瀘至重慶交替者，分給餘銅一千二百斤。自瀘州由重慶運至漢口交替者，分給餘銅二千四百斤。自瀘州由重慶、漢口運至儀徵交替者，分給餘銅三千六百斤。自瀘州由重慶漢口儀徵運至臺兒莊交替者，分給餘銅四千八百斤。自瀘州由重慶、漢口、儀徵、臺兒莊運至德州衛交替者，應分給餘銅六千斤。不拘在何處交替，除按股劃給外仍劃給盤交折耗銅一千二百斤。其劃剩餘銅全數給與接運之員，以爲沿途折耗及到部添補秤頭。如該員等有帶解、挂欠、沉失、豁免各款銅斤，所結餘銅均照前核算劃給。此條《户部則例》未載。

運員引見：凡運員承領京銅，起程時由布政司出具考語，督撫發給咨文，運員領賫。赴部各員所運銅斤照額交足，户部即奏明帶領引見，知照吏部。如係實授同通州縣任内並無事故，與卓異之例相符者，准其入於卓異班内，按照引見日期，與各項人員較先後陞用。題署人員俟題准實授後，任内並無事故，亦准其入於卓異班内，以實授奉旨之日，比較先後陞用。如所運銅斤有沉失逾折掛欠短少者，均不准帶領引見。

運員報銷：凡正運委員領運正耗餘銅一百一十萬四千四百五十斤。交户部正耗銅七十二萬斤，交工部正耗銅三十六萬斤。自滇起程赴瀘領銅運至京局，按銅按船計算，共合每百斤准銷水脚、起剥、夫價、襍費、養廉銀一兩三錢六分七釐五毫一絲三微。内除天津全剥銅斤每百斤應扣原給自津至通水脚銀三分七釐六忽八微外，實合每百斤准銷銀一兩三錢三分五毫三忽五微。

正運銅斤，在瀘顧夫背銅下船，每百斤准銷夫價銀三釐。自瀘顧船裝運至重慶，每百斤准銷水脚銀六分五釐。

在重慶僱夫提包過載，每百斤准銷夫價銀三釐。自重慶僱船裝運至漢口，每百斤准銷水脚銀二錢一分四釐七毫七絲。《户部則例》：自重至漢每百斤水脚銀一錢九分，與滇省每百斤准銷銀二錢一分四釐七毫七絲之數不符。

在漢口僱夫背銅上岸下舡，每百斤准銷夫價銀六釐。

自漢口僱船裝運至儀徵，每百斤准銷水脚銀一錢八分。

在儀徵僱夫提包過載，每百斤准銷夫價銀三釐。

自儀徵僱船裝運至通州，每百斤准銷水脚銀三錢四分。

在湖北歸州新灘，每船添僱頭舵二名，每名准銷工價銀五錢。

東湖縣雀兒尾灘，每船添僱灘師二名，每名准銷工價銀五錢。按：以僱用船一十二隻算。

天妃閘設立絞關四副，每副用夫六十名，每名准銷工價銀六分。

過黄河，每船一隻僱帶船一隻，每隻准銷銀一兩。

過黄河入口出口，每船僱提溜夫二十五名，每名准銷夫價銀六分。

過雙金閘每船僱提溜夫二十五名，每名准銷夫價銀六分。按：以僱用船十二隻核算。

銅船運抵臺兒莊，過侯新屯、莊丁廟、萬年、巨樑橋、新莊、韓莊等八閘，每閘僱拉閘夫六十名，每名准銷夫價銀六分。

經由棗林閘、施家莊、仲城閘、新莊、石佛、趙村、在城、天井、草橋、通濟、寺前、柳林等十三閘，每閘僱拉閘夫五十名，每名准銷夫價銀六分。

銅斤交局，每百斤准銷扛銅堆銅夫價小制錢八文。看守銅斤租搭窩鋪，准銷燈油木炭小制錢五千三百文。以每錢一千八百文作銀一兩計算。添僱頭舵及提溜拉閘扛銅夫價等款，《户部則例》未載。

自滇起程赴瀘領銅，由瀘州、重慶、漢口、儀徵、天津、通州運至京局，每百斤准銷簍繩、夫價、房租、燈籠、油蠟、酧江犒賞等項襍費銀一錢二分九釐。如遇守凍，支銷銀兩准其月行入册報銷，不在定例准銷一錢二分九釐之内。查襍費一款，《户部則例》未載。

自滇至瀘至京並自京回滇，准支十七個月七日，每月養廉銀一百一兩一錢九分九釐。如在途守凍，例准按月減半支銷養廉。《户部則例》每月准支養廉銀六十八兩一錢二分四釐，與滇省改運案内每月准支銀一百一兩一錢九分九釐之數不符。

運員起剥地方及次數多寡原無一定，總以每運不得過八次。除天津一次另行核計外，其餘用銀不得過一千八百兩。每運在天津全剥銅斤，每百斤准銷銀六分九釐。嘉慶十四年。案：《户部則例》無。

每運僱縴工價，不得過一百六十兩。嘉慶十二年。案：《户部則例》無。

凡加運委員運領正耗餘銅九十四萬九百九十一斤六兩四錢。交户部正耗銅六十一萬三千四百四十斤，交工部正耗銅三十萬六千七百二十斤。自滇起程赴瀘領銅運至京局，按銅按船計算，合每百斤准銷水脚、起剥、夫價、襍費、養廉等項銀八錢二分六釐八絲八忽一纖。

加運銅斤，在瀘州僱夫背銅下船，每百斤准銷夫價銀三釐。

自瀘州僱船裝運至重慶，每百斤准銷水脚銀六分五釐。

在重慶僱夫提包過載，每百斤准銷夫價銀三釐。

自重慶僱船裝運至漢口，每百斤准銷水脚銀二錢一分四釐九毫九忽八微八纖。《户部則例》：自重至漢每百斤水脚銀一錢九分，與滇省每百斤准銷銀二錢一分四釐九毫九忽八微之數不符。

在漢口僱夫背銅上岸下船，每百斤准銷夫價銀六釐。

在儀徵僱夫提包過載，每百斤准銷夫價銀二釐。其自漢至儀，自儀至通應需船隻係由湖北江南撥給站船，並不支銷水脚銀兩。

在湖北歸州新灘，每船添僱頭舵二名，每名准銷工價銀五錢。

東湖縣雀兒尾灘，每船添僱灘師二名，每名准銷工價銀五錢。按：以用船十八隻計算。

天妃閘設立絞關四副，每副用夫六十名，共用夫二百四十名，每名准銷工價銀六分。

過黄河每原船一隻僱帶船一隻，每隻准銷銀一兩。過黄河入口出口，每船僱提溜夫二十五名，每名准銷工價銀六分。

過雙金閘每船僱提溜夫二十五名，每名准銷工價銀六分。按：以用船十五隻算。

銅船運抵臺兒莊，過侯新屯、丁廟、萬年、巨梁橋、新莊、韓莊等八閘，每閘僱拉閘夫六十名，每名准銷工價銀六分。

經由棗林閘、施家莊、仲城閘、新莊、石佛、趙村、在城、天井、草橋、通濟、寺前、柳林等十二閘，每閘僱拉閘夫五十名，每名准銷工價銀六分。

銅斤交局，每百斤准銷扛銅、堆銅夫價小制錢八文。看守銅斤租搭窩鋪，准銷燈油木炭等項共給小制錢五千三百文。以每錢二千八百文作銀一兩算。添僱頭舵及提溜拉閘扛銅夫價等款，《户部則例》俱未載。

自滇起程赴瀘領銅，由瀘州、重慶、漢口、儀徵、天津、通州運至京局，每百斤准銷簍繩、夫價、房租、燈籠、油蠟、酧江犒賞等項襍費銀一錢二分九釐。如遇守凍，支銷銀兩准其另行入册報銷，不在定例，准銷一錢二分九釐之内。襍費一款，《户部則例》未載。

自滇至瀘至京及自京回滇，准支十七個月一日，每月養廉銀六十八兩一錢二分四釐。如遇守凍，例准按月減半支銷養廉。

起剥地方及次數多寡原無一定，總以每運不得過八次。除天津一次另行核計外，其餘用銀不得過一千六百兩。

每運在天津全剥銅斤，每百斤准銷銀六分九釐。嘉慶十四年。按：《户部則例》無。

每運僱縴工價，不得過一百六十兩。嘉慶十二年。按：《户部則例》無。

報銷限期：凡運員赴部交收掣獲寔收回滇，户部發給執照，定限九十九日。如在途患病，應報明所在地方官具結，申報本省督撫，咨部咨滇，仍取具地方官驗病印結，同户部執照到滇，申送布政司衙門，扣明限期，詳咨户部查銷。如有逾限，即查開職名，送部查議。

凡運員回滇造册報銷，以運員到滇之日起，定限一月造册申司，布政司覆核亦限一月詳題。如有遲延，即將職名於文内聲明，咨部議處。

凡運員交銅事竣，有丁憂事故者，呈明户部，遣屬赴滇報銷。照運員回滇之例，户部填給執照，定限九十九日。如有托故逗留，私行回籍，逾違定限者，於呈繳户部執照案内查明。本員如已病故，免其查議。如本員係丁憂告病者，將本員職名送部，聽候查議。將遲延之該家屬，發縣嚴行懲治。如該家屬實因患病，報明地方官取有印結呈送者，准其將躭延日期扣除，免其懲處。

運員短銅：凡運員解部銅斤，有較額運之數交收短少者，除沉失外，所短銅斤由户工二部核明具奏，將該員先行革職，咨滇將應賠銅價及水陸運脚銀兩查照定例，按以每短銅一百斤，應繳銀一十三兩一錢三分七釐七毫九絲九忽，應添買餘銅三斤，於尋甸店撥賣，每百斤應繳價銀九兩二錢，正餘銅斤共應繳價銀九兩四錢七分六釐。自尋甸至威寧車站十五站，應繳正餘銅斤運脚銀九錢六分一釐三毫三絲三忽。自尋甸至威寧，例准折耗銅五兩四錢九分三釐外，應繳自威寧至鎮雄陸路五站正餘銅一百二斤十兩五錢七釐，運脚銀六錢六分三釐一毫六絲二忽，又應繳筐簍木牌銀九釐一毫六絲五忽。自威寧至鎮雄例准折耗銅一兩二分七釐外，應繳自鎮雄至羅星渡陸路五站正餘銅一百二斤九兩四錢八分運脚銀六錢六分二釐七毫四絲七忽，自羅星渡至瀘州店水路八站應繳正餘銅斤水脚銀二錢九分七釐五毫一絲八忽。又應繳筐簍木牌銀三釐五絲。自鎮雄至瀘州例准折耗銅一兩七錢九釐，自瀘州至通州應繳正餘銅一百二斤七兩七錢七分一釐。水脚銀八錢九分七釐七毫七絲七忽。沿途襍費銀八分五釐六絲三忽。又應繳自通州至京局車脚銀八分一釐九毫八絲八忽。按照所短銅數，核明應賠銀兩，俟運員回滇報銷，將應賠銀兩以到滇之日起，限銀數在一千兩以下者，限半年完繳。一千兩以上至三千兩者，限一年完繳。三千兩以上至五千兩者，限二年完繳。五千兩以上至一萬兩者，限三年完繳。一萬兩以上至二萬兩以内者，限四年完繳。依限全完，准其開復。如逾限不完，題參(草)〔革〕任。將應完短銅價脚，并沿途借支銀兩一併咨籍着追。如原籍無可追繳，飭查歷過任所，如無隱寄，取結詳咨。在原派各上司名下，按以十股攤賠。內出結保送之該管府州，應賠四股；巡道加考移司應賠三股；藩司據結詳委應賠一股；督、撫據詳批准各應賠一股。至直隸廳州並無該管之府應賠銀兩，則巡道應賠四股；藩司應賠二股；督、撫各賠二股。俟各該員賠補全完，買銅補運清款。此條《户部則例》未載。

凡運員回滇丁憂，應賠短少部局銅斤價脚銀兩，俟服闋回滇之日，按照原限追繳。如該員初限已完二三，兩限尚未届限即丁憂回籍者，亦俟該員服闋回滇之日，按照原限追繳完解。嘉慶九年案：《户部則例》無。

凡運員在途丁憂回籍，守制服滿銓選他省，應賠短少部局銅斤價脚銀兩，照新例分限完繳。嘉慶元年四川。案：《户部則例》無。

險灘沉銅豁免：凡運員在極險之灘沉失銅斤者，勒限一年打撈。限滿無獲，由沉銅省分查明，取具水摸甘結，地方文武員弁印結，由道府加結，咨部咨滇，會疏保題豁免銅斤，照例買銅補運清款。其自儀徵以下並無險灘，從無豁免之案。按沉銅每百斤添買餘銅三斤，於尋甸店撥賣，每百斤價銀七兩四錢五分二釐，計正餘銅一百三斤，應需價銀七兩六錢七分五釐五毫六絲。自尋甸至威寧十五站，正餘銅一百三斤運脚銀九錢六分一釐三毫三絲二忽，前項正餘銅一百三斤，除自尋甸至威寧例准折耗銅五兩四錢九分三釐外，應需自威寧至鎮雄五站，正餘銅一百二斤十兩五錢七釐運脚銀六錢六分三釐一毫六絲二忽。筐簍木牌銀九釐一毫六絲五忽，自威寧至鎮雄五站，例准折耗銅一兩二分七釐外，自鎮雄至羅星渡五站，正餘銅一百二斤九兩四錢八分，運脚銀六錢六分二釐七毫四絲七忽。自羅星渡至瀘州店八站，正餘銅斤水脚銀二錢九分七釐五毫一絲八忽。筐簍木牌銀三釐五絲。自鎮雄至瀘州水陸十三站，除例准折耗銅一兩七錢九釐，實自瀘州發運銅一百二斤七兩七錢七分一釐，如截至漢口止，每百斤應需正餘銅水脚銀二錢八分四釐二毫八絲。襍費銀八分五釐六絲五忽二微，共計每百斤應需銅價，水陸運脚、雜費等銀十兩六錢四分一釐八毫七絲九忽二微。如截至儀徵止，每百斤應需水脚銀一錢九分，襍費銀一分五釐，共應需銀十兩八錢四分六釐八毫七絲九忽二微。總按沉銅處所核計，應需銅價水脚詳咨在銅息銀內動支，其動支銀兩，分別收入廠務陸運京銅項下。

次險灘沉銅分賠：凡運員運在次險之灘沉失銅斤者，勒限一年打撈。限應無獲，由沉銅省分查明，取具印甘各結，咨部咨滇。所沉銅斤，照例在沉銅處所之地方官名下分賠十分之三，運員名下分賠十分之七。所有地方官應賠銀兩，俟追獲咨滇至日，在京銅項下動放，搭同追獲運員應賠銀兩，分別收入廠務陸運京銅項下，買銅補運清款。如運員應賠銀兩産盡無追，任所亦無隱寄，即將所少銀兩，按在原派各上司名下分賠內出結保送之。該管府州應賠四股；巡道加考移司應賠三股；藩司據結詳委應賠一股；督、撫據詳批准各應賠一股。直隸廳州並無該管知府，則巡道應賠四股；藩司應賠二股；督、撫各賠二股。俟各該員賠補完全，買銅補運清款。按：沉銅每百斤添買餘銅三斤，於尋甸店撥賣，每百斤價銀九兩二錢，計正餘銅一百三斤，應繳價銀九兩四錢七分六釐。又應繳自尋甸至威寧十五站，正餘銅一百三斤運脚銀九錢六分一釐三毫三絲二忽。又前項正餘銅一百三斤，除自尋甸至威寧例准折耗銅五兩四錢九分五釐外，應繳自威寧至鎮雄五站，正餘銅一百二斤十兩五錢七釐，運脚銀四錢六分二釐一毫六絲五忽。又自威寧至鎮雄五站例准折耗銅一兩二分七釐外，應繳自鎮雄至羅星渡五站，正餘銅一百二斤九兩四錢八分運脚銀六錢六分二釐七毫四絲七忽。自羅星渡至瀘州店八站，正餘銅斤水脚銀二錢九分七釐五毫一絲八忽。筐簍木牌銀三釐五絲。自鎮雄至瀘州水陸十三站，除例准折耗銅一兩七錢九釐，寔自瀘州發運銅一百二斤七兩七錢七分一釐，如截至漢口止，每百斤應繳正餘水脚銀二錢八分四釐二毫八絲。襍費銀八分五釐六絲五忽二微，共計每百斤應繳銅價、水陸運脚、襍費等銀十二兩四錢四分二釐三毫一絲九忽二微。如截至儀徵止，每百斤應繳水脚銀一錢九分，襍費銀二分五釐，共應繳銀十二兩六錢四分七釐三毫一絲九忽二微。如截至通州止，每百斤應繳水脚銀三錢四分六釐，襍費銀二分，共應繳銅價、水陸運脚、襍費等銀一十三兩一分三釐三毫一絲九忽二微。總按：沉銅處所核計應繳銅價水陸運脚等銀，詳咨在沉銅地方官及運員名下分賠。

灘次：雲南省：鎮雄州自羅星渡水運瀘店京銅經由各灘內：黄菓灘、管環灘、霞巴灘、魚脊梁灘、祖師灘、火井坑灘、虎嘈灘、羅家灘、前門灘、對讀灘、木僨灘、鍋餅灘、石寶灘、門檻灘、大擺子灘、美美灘、白菓灘、柳公夾灘、石板灘、將軍柱灘、大卧灘、荔枝灘、圈七灘、瓦碯灘、石盤灘、後門灘、老鴉灘、水碓子灘、孝兒嘴灘、對溪灘、老瓦沱灘、大線溪灘、大鷗頭灘、銅罐灘、牯牛灘、長腰灘、雙硐子灘、猪臉灘、土地灘、乾岩灘、大水頭灘、猪拱窩灘、大僨灘、大水三灘、小僨灘、大蘇灘、蛇皮溪灘、新開灘。以上四十八灘均非險灘，如有遭風，沉失銅斤打撈無獲，核明應賠銅價、運脚等銀，照數在於承運之員名下追繳，買銅補運清款。大關同知自豆沙關水運至瀘店：白菓灘、下寨灘、坎路灘、橫磧子灘、新　灘、小龍拱沱灘、黑餤溪灘、上水毛硐灘、長磧灘、黄菓灘、魚箭灘、黄葛灘、觀竹岩灘、黄毛壩灘、犁頭灣灘、三銅莊灘、猪闥硐灘、荔枝灘、龍拱沱灘、猪圈門灘、大圈灘、小溪口灘、老鴉灘、佛殿灘、下水毛硐灘、板櫈灘、鴉鶯灘、鷄翅膀灘、九龍灘、黄菓漓灘、丁山磧灘、打扒沱灘、普洱渡灘、穿龍灘、石竈孔灘、大銅鼓灘、大白龍灘、小白龍灘、龍門石灘、新岩磧灘、馬鞍灘、馬二檔灘、串龍門灘、門坎灘、馬跳坎灘、大石新灘、小孔灘、霧露連灘、黃角灘、洛岸連灘、洛岸溪灘、蕉岩連灘、大水灘、青菜灘、犀牛灘、觀音灘、將軍石灘、小風灘、石老連灘、小銅鼓灘、新磧灘、石寶霞灘、米子灘、魚孔灘、臨江溪灘、永保磧灘、大孔灘、離梯梗灘、石板灘、犁圈灘、黃毛灘、羊牯撞灘、小水灘、板橇灘、土地灘、雀兒灘、嶷山磧灘、三倒捌灘、黃蓮灘、老鴉灘、候家灘、鷄公灘、小窩比灘、大風灘、新墩灘、老蔣灘、界牌灘、響水硐灘、大石盤灘、永寧磧灘、梅子漩灘、羊古灘、猫兒灘、馬落硐灘、干魚灘、兩岸溪灘、石磨灘、大魚孔灘、小新灘、高灘、明灘、人窩比灘。以上一百零二灘均非險灘，如有遭風，沉失銅斤打撈無獲，核明應賠銅價運脚，照數在承運之員名下追繳，買補清款。 永善縣自黃草坪水運至瀘店：黃坪三灘、乾田壩灘、金鎖關灘、蕉岩石灘、犁園灘、小猏子灘、中石板灘、米貼灘、江心石灘、鼓漬岩灘、窩洛灘、神農灘、小霧基灘、溜水岩灘、硝廠灘、硫磺灘、三堆石灘、磨盤灘、小獅子灘、大獅子口灘、神龍灘、那比渡灘、車亭子灘、牛鼻灘、豆沙溪灘、猪肚石灘、貴擔子灘、門坎山灘、長岩坊灘、貴溪灘、冥長坊灘、狗硐子灘、鸚歌嘴灘、橫樑子灘、撒水壩灘、四方石灘、羊角灘、棗核灘、擺定灘、小漢漕灘、雞肝石灘、杉木灘、大芭蕉灘、小芭蕉灘、手扒岩灘、閻王扁灘、葉灘、蕉岩子灘、鑼鍋耳灘、乾溪三灘、鎖水灘、機子灘、石板溪灘、魚兒灘、濫灘、犁菌灘、小汶溪灘、大汶溪灘、頭繼樑灘、巨樑灘。以上六十灘俱係次險之灘，如遇遭風，沉失銅斤打撈無獲，核明應賠銅價運脚銀兩，在承運之員名下追繳，買補清款。

沙河灘、黑鐵關灘、大猈子灘、烏鴉灘、大霧基灘、小虎跳灘、大虎跳灘、溜補子灘、特衣灘、小鍋圈岩灘、大猫灘、冬瓜灘、大漢漕灘、木孔灘、苦竹灘、凹岩三腔灘、新開灘、大鍋圈岩灘。以上十八灘均係險灘，如遭風沉失銅斤打撈無獲，照例取結，題請豁免。其應需銅價運脚，餘銅息銀兩內動支，買補清款。

四川省：瀘州：金盤磧灘、螃蟹磧灘、小里灘、瓦窑灘、老瀘州灘。合江縣：鑽子口灘、連石三灘、淘竹子灘、猴子石灘、折桅子灘、鉗口灘、石盤灘。江津縣：石牛椰灘、金剛背灘、雙漩子灘、羊角灘、人雞腦灘、風窩磧灘、黃石龍灘、滅虎磧灘。巴縣：龍門灘、雞心石灘、青石子灘、牛頭溪灘、猪腸子灘、鮓魚灘、雞公觜灘、落公灘、洗布灘、白文梁灘、白鶴灘、殷頭梁灘、野灘。

江北廳：觀音灘、殷家梁灘。長壽縣：王家灘、張公灘、養蠶灘、龍蛇灘。涪州：平峰灘、餓鬼灘、龍王沱灘、陡岩灘、白穴灘、黃梁灘、馬盼灘、麻堆灘、青岩灘。酆都縣：觀音灘。忠州：滑石灘、鑾珠背灘、鳳凰子灘。萬縣：黑虎磧灘、雙魚子灘、石古峽灘、窄小子灘、席佛面灘、磨刀灘、大古盤灘、明鏡灘、黃泥灘、高梔子灘、猴子石灘。雲陽縣：塔江灘、馬糞沱灘、盤沱灘、二郎灘、青草灘。奉節縣：男女孔灘、老碼灘、八母子灘、白馬灘、餓鬼灘、鐵柱溪灘。巫山縣：均勻沱灘、九墩子灘、三纜子灘、虎鬚子灘、繫枋子灘、焦灘、下馬灘、老鼠湊灘、霸王鋤灘、小磨灘。以上八十四灘均係次險之灘，如遭風，沉失銅斤，打撈一年，限滿無獲，核明應賠銅價運脚，着落地方官分賠十分之三，運員分賠十分之七，買補清款。

合江縣：石鼻子灘。江津縣：觀音背灘。巴縣：觀音背灘、蜂窩子灘、鑽皂子灘、烏龜石灘、黑石灘、峩嵬灘、門堆子灘、馬嶺灘、鉅梁灘、水銀口灘。涪州：黃魚嶺灘、羣猪灘。酆都縣：巉碑梁灘。忠州：魚硐子灘、折尾子灘。萬縣：大湖塘灘。雲陽縣：馬嶺灘、寶塔灘、磁莊灘、東洋子灘、廟磯子灘。奉節縣：青岩子灘、二沱灘、灩澦灘、石板峽灘、小黑石灘。巫山縣：大黑石灘、龍寶灘、空望沱灘、跳石灘、庫套子灘、大磨灘、黃金藏灘、香爐灘。以上三十六灘均係一等極險之灘，遇遭風沉失銅斤，打撈一年，限滿無獲，由該地方官取結加結，咨部咨滇會疏保題豁免。其應需銅價運脚，於銅息銀內動支，買補清款。

湖南省：巴陵縣：觀音山、新堤、象骨巷、六溪口、龍口。以上五灘均係次險之灘，遇遭風沉失銅斤，打撈一年，限滿無獲，核明應賠銅價運脚，著落地方官分賠十分之三，運員分賠十分之七，買補清款。上翻觜、下翻觜、荆河腦、白螺磯、楊林磯。以上五灘均係一等極險之灘，如遭風沉失銅斤，打撈一年，限滿無獲，由地方官取結加結，咨部咨滇會疏保題豁免。其應需銅價運脚，於銅息銀內動支，買補清款。

湖北省：歸州：牿牛石灘、羊背灘。東湖縣：使勁灘、南虎灘、北虎灘、清水灘、馬鞍灘、喜灘、胡敬灘、神勘子灘、黃毛灘、青草灘、羅鏡灘、虎牙灘。宜都縣：秤桿磧灘、馬鬃磧灘。枝江縣：餓鬼臍灘、石鼓灘、罐子灘、鄭砣灘、鷄公灘。松滋縣：李家灘。江陵縣：白鶴套灘、炒米溝灘、吴秀灣灘。石首縣：吴席灣灘、楊發腦灘、觀音閣灘、侯家腦灘、監利灘、下返觜灘。嘉魚縣：倒口塘灘、傅家灘、六溪口灘、江口塘灘、夏田寺塘灘、黑皮塘灘、王家港灘、新州塘灘、龍口塘灘、江家州塘灘、田家口塘灘。江夏縣：下沙洑灘、關門州灘、和尚磯灘、龍床磯灘、白眼州灘、鐵石磯灘、紅廟磯灘、觀音磯灘。江陽縣：小林灘、蒿州灘、姚家湖灘、還原洲灘、饒子湖灘、新灘、紗帽山灘、小軍山灘、蝦蟆磯灘、火巷灘、三里坡灘、新河口灘、張王磯灘、禹公磯灘、馬王廟灘、灑網洲灘、漢河口灘、男姆灘、月湖口灘、五顯廟灘、大覺巷灘、森森林灘、柏賢寺灘、雨花林灘、滑石灘。武昌縣：汎磯灘、磧磯灘、黄家磯灘、張家磯灘、石板灘。興國州：蝦蟆磯灘、猴兒磯灘、下山磯灘、鶴磯灘、武亮磯灘、牛山磯灘。富池鎮上牛邊山灘。大冶縣：黄石磯灘、攔江磯灘、道士洑灘。蘄水縣：巴河灘、烏江廟灘、蘭谿口灘、迴風磯灘。蘄州：散花洲灘、茅山鎮灘、對磯洲灘。廣濟縣：烏林港灘、嚴家洲灘、堡子墩灘。黄梅縣：龍坪鎮灘、新開鎮灘、清江鎮灘。以上一百二灘均係次險之灘，如遭風沉失銅斤，打撈一年，限滿無獲，應賠銅價運脚，著落地方官分賠十分之三，運員分賠十分之七，買補清款。巴東縣：鯿魚溪灘、金扁擔灘、作油灘、三松子灘、泉急灘、青竹漂灘、横梁灘。歸州：上八門灘、下八門灘、上石門灘、洩灘、飯甑腦灘、老虎石灘、叱灘、烏牛石灘、蓮花三漩灘、屈原三泡灘、下石門灘、金盤磧灘、鉅齒灘、上尾灘、黄牛灘、要和尚灘、白狗懸灘、新灘頭灘、癩子石灘、雞心石灘、新灘二灘、天平石灘、豆子石灘、新灘三灘、射洪磧灘、鼓沉灘、蕭家硃灘、崆嶺峡灘、大二三硃石灘、南文殊灘、北文殊灘。東湖縣：鍋龍子灘、沿山硃灘、大峰硃灘、甕洞灘、玳石灘、渣波灘、紅石子灘、嚴希沱灘、南沱三旋灘、黄纇洞灘、石牌灘、偏牢灘、白龍洞灘、楠木坑灘。宜都縣：狼牙磧灘。枝江縣：雞翅膀灘、雀兒尾灘、獨揚沙灘。松滋縣：來穴口灘。江陵縣：魚兒尾灘、簸箕灘、太保灘、老龍灘、馬家賽灘、曬谷坪灘。石首縣：袁家埠灘、楊林市灘、藕池灘、山雞嘴灘、齊公橋灘、李家嘴灘、土地港灘、壺淕磔灘。公安縣：㪷斛堤灘。監利縣：九龍灘、上返嘴灘。嘉魚縣：穀花洲灘、石頭口塘灘、石磯頭塘灘、薢州塘灘。江夏縣：鯉魚滲灘、楊泗磯灘、青山磯灘。漢陽縣：鄧家口灘、通津灘、東江腦灘、烏石磯灘、九磯頭灘、大軍山灘、四官殿灘、楊林口灘。黄岡縣：陽城河灘、葉家洲灘、三江口灘、下新河灘。武昌縣：猴子磯灘、趙家磯灘、龍蟠磯灘、燕磯灘。大冶縣：西塞磯灘。蘄州：漳源口灘。廣濟縣：生關磯灘、大磯頭灘。以上一百二灘均係一等極險之灘，遇遭風沉失銅斤，打撈一年，限滿無獲，由該地方官取結加結，咨部咨滇會疏保題豁免。其應需銅價運脚，於銅息銀内動支，買補清款。

江西省：德化縣：梅家洲、園　洲、白水港、新　洲、迴峰磯、套　口、楊家洲、八里江。彭澤縣：屏峰磯、老鴉磯、上鐘山、下鐘山、柘　磯、香爐墩、下石嘴、桂家林、秦張洲、何家套。星子縣：渚溪、羊瀾、謝師塘、長嶺、火焰山、青溪料。以上三十三灘均係一等極險之灘，如遭風沉失銅斤，打撈一年，限滿無獲，由該地方官取結加結，咨部咨滇會疏保題豁免。其應需銅價運脚，於銅息銀内動支，買補清款。以上各灘，《户部則例》俱無。

安徽、江南、山東、直隸水道，無灘故，無豁免追賠事例，其在安徽三江口遭風壞船，打撈無獲者，奉旨豁免。乾隆四十七年桐城縣案。黄河中心沉溺無獲者，地方官與運員各半分賠。乾隆五十七年，江南清河縣案。黄天蕩沉溺無獲者，奉旨豁免。嘉慶八年，上元縣案。直隸榆林莊沉溺無獲者，地方官分賠十分之三，運員分賠十分之七。嘉慶九年通州案。江西、彭澤縣擱排州。安徽、貴池縣太子磯、仙姑殿。江南、清河縣楊家莊、商家莊、馬頭、惠濟、開頭壩，桃源縣重興集，宿遷縣關邳州磘灣。山東嶧縣候運閘、王家莊、萬年閘，武城縣孟古汎，滕縣朱姬莊、湖心、劉昌莊，魚臺縣南陽湖，濟寧州仲淺閘，博平縣土橋、費立莊，東平州刑家淺，德州柘園鎮。直隸交河縣水月寺，具橋縣莫家灣。等省，歷年各運員在彼遭風沉溺銅斤，均已打撈全獲，並無賠免之案。

又卷四《陸運》 銅斤由川運京，經過各省之程站，灘次之險阻，運員之經費，京運一門言之詳矣。顧銅斤由廠至瀘，道里遠近，非一水陸轉輸不同，乃設東尋兩店，源源輓運，時其出入。按東尋陸運，自乾隆四年起，年運正耗餘銅四百四十四萬斤，由兩路各半分運。六年，廣西局停鑄東錢，加運正耗餘銅一百八十九萬一千餘斤，連原運共六百三十三萬一千餘斤，仍由兩路分運，中間安設各店，水陸轉輸。其改置之沿革，及支銷之多寡，有可按册稽者。爰志陸運，而以運脚、經費附焉。

東川路：凡東川一路銅斤，向由魯甸奎鄉運至四川永寧，所設東川店，係東川府管理。自東川運至魯店，陸路四站。每站每百斤給運脚銀一錢二分九釐二毫。每一百六十八斤給筐簍一對，銀一分七釐，每三百斤，准折耗銅半斤。每領銀一千兩，每站給駝銀馬脚盤費銀一錢三分四釐三毫七絲五忽。魯甸店係昭通府管理。運至奎鄉，陸路四站。運脚折耗馬脚，照東店按站支銷。筐簍一對，給銀一分一釐五毫六絲。奎鄉店係鎮雄州管理。運至永寧，陸路十二站。運脚、筐簍、折耗、馬脚均照東店按站支銷。永寧店收兑銅斤係大關同知管理。長運各官，自永寧領銅，由瀘州水運京局交收。自永寧至瀘州，水路一站。每百斤給水脚銀九分。乾隆七年，大關鹽井渡河道開通。將東川運京銅斤一半由魯甸奎鄉發運，一半改由鹽井渡水運交瀘店。自東川至魯甸，陸路四站，仍係東川府承運。運脚、筐簍、折耗、馬脚照舊支銷。乾隆七年，鹽井渡河道開通。將東川一半京銅由水運交瀘。自魯甸至鹽井渡，陸路八站半，係昭通府承運。運脚、筐簍、馬脚照舊按站支銷。每三百斤准折耗十兩。鹽井渡至瀘州，水路八站，係大關同知承運。每百斤給水脚、襍費等銀七錢二分九釐。每百斤給筐簍一個，價銀一分五釐。每三百斤只准折耗銅六兩，馬脚照舊支給。又瀘州銅店乾隆七年設，委大關同知管理。三十年委佐襍駐劄管理。四十四年委丞倅州縣管理，佐襍幫辦。四十九年委知府丞倅州縣管理，正、副二員，一年一换。十五年，永善縣黄草坪河道開通。將東川由魯甸發運一半銅斤，改由黄草坪水運交瀘，即將奎鄉店裁撤。按奎鄉店向係鎮雄州管理，運至永寧陸路十二站，運脚、筐簍、折耗、馬脚，均照東店按站支銷。自東川至魯甸，係東川府承運，運脚、筐簍、折耗、馬脚照舊支銷。十五年永善河道開通。將東川由黄草坪一半運京銅斤，改由黄草坪水運交瀘。自魯甸至黄草坪，陸路五站，係昭通府承運。運脚、筐簍、折耗、馬脚照舊支銷。黄草坪至瀘州水路八站。係永善縣承運，每百斤給水脚、食米、襍費、筐簍銀九錢二分四釐二毫。每三百斤准折耗銅半斤，赴省請領。運脚自永善至省計程十七站，應需馬脚、盤費照例按站支銷。筐簍、馬脚二項《户部則例》無。十七年，將魯甸銅店裁撤於昭通府設店。東川銅斤徑運昭通交收。陸路五站半，每站每百斤給運脚銀一錢二分九釐二毫。每銅一百六十八斤給筐簍一對，銀一分七釐。每三百斤准折耗銅半斤，赴省請領。運脚自東至省計程八站，應需馬脚盤費照例按站支銷。筐簍馬脚二項，《户部則例》無。十七年，豆沙關至鹽井渡河道開通。將昭通由豆沙關陸運至鹽井渡一站銅斤，改由豆沙關水運，昭通銅斤只運豆沙關交收。運脚、筐簍、折耗、馬脚仍照舊支給。豆沙關至鹽井渡水程一站，歸大關同知承運。每百斤照領運脚銀一錢二分九釐二毫，連自鹽井渡至瀘州水路八站每百斤給銀七錢二分九釐，共給水脚、襍費等銀八錢五分八釐二毫。每百斤給筐簍一個，價銀一分五釐。每三百斤准折耗銅六兩赴省請領。運脚自大關至省計程十八站，應需馬脚、盤費照例按站支銷。馬脚二項《户部則例》無。是年，魯甸店裁撤。東川銅斤徑運昭通。由昭通接收東店銅斤，各半分運豆沙關、黄草坪二處交收。自昭通至豆沙關陸路六站，至黄草坪陸路三站半，每站每百斤給運脚銀一錢二分九釐二毫。每銅一百六十八斤給筐簍一對，價銀一分一釐五毫六絲。每發運關店銅三百斤，准折耗銅十兩。發運坪店銅三百斤准折耗半斤，赴省請領。運脚自昭通至省計程十三站，應需馬脚、盤費照例按站支銷。

尋甸路：凡尋甸一路銅斤，由貴州威寧州運至四川永寧而止。尋甸店係尋甸州管理。乾隆四十年，將尋甸店發運威寧銅斤，改歸尋甸、宣威二州分運。尋甸至宣威係尋甸州承運。宣威至威寧係宣威州承運。四十六年改歸曲靖府承運。嘉慶四年，改歸迤東道承運，不給筐簍。尋甸運至威寧計車站十五站，每百斤給車脚銀一兩。每三百斤准折耗銅一斤，不給筐簍。每請領銀一千兩，每站給駝銀、馬脚、盤費銀一錢三分四釐三毫七絲五忽。乾隆十六年，將車路改修平直，每百斤只給車脚銀九錢三分三釐三毫三絲三忽。每三百斤准折耗銅一斤，不給筐簍。赴省請領運脚。自尋至省計三站，應需馬脚、盤費照例按站支銷。馬脚《户部則例》無。威寧店係魯甸通判管理。自威寧至永寧陸路十三站，每站每百斤給運脚銀一錢二分九釐二毫。筐簍、折耗、馬脚照東店支銷。乾隆十年，鎮雄州羅星渡河道開通。將尋甸由威寧發運永寧銅斤，改由羅星渡水運瀘店。自威寧至羅星渡陸路十站，每站每百斤給運脚銀一錢二分九釐二毫。自羅星渡至南廣硐水路五站，每百斤給水脚銀二錢。自南廣至瀘州水路三站，每百斤給水脚銀九分。每一百六十八斤給筐簍、木牌一付，銀二分。每三百斤准折耗銅半斤，駝銀、馬脚、盤費照舊給。三十五年改歸鎮雄州管理。四十四年改歸威寧州管理。自威寧至鎮雄陸路五站，每站每百斤給運脚一錢二分九釐二毫。每一百六十八斤給筐簍、木牌一付，銀一分五釐。每三百斤准折耗銅三兩，赴省請領運脚。自威寧至省十站，應需馬脚盤費，照例按站支銷。鎮雄店接運威寧銅斤係鎮雄管。自鎮雄至羅星渡陸路五站，每站每百斤給運脚銀一錢二分九釐二毫。自羅星渡由南廣至瀘州水路八站，每百斤給水脚銀二錢九分。每銅一百八十六斤，給筐簍、木牌一付，價銀五釐。每二百斤准折耗銅五兩，赴省請領運脚。自鎮雄至省計程十五站，應需馬脚、盤費，照例按站支銷。

凡下關店接運大功、寧臺等廠京銅，由楚雄省城運至尋甸而止。按下關店設於乾隆三十九年，專司接運大功、寧臺等廠。京銅向係大理府管理。自下關運至楚雄陸路六站半，每站每百斤給運脚銀一錢二分九釐二毫。每銅一百六十八斤，給筐簍一對，價銀一分七釐。每百斤准折耗銅三兩五錢。赴省每領銀一千兩，每站給駝銀、馬脚、盤費銀一錢三分四釐三毫七絲五忽。楚雄店係楚雄府管理。運至省城陸路六站，運脚、馬脚照大理府事例支銷。筐簍每對給銀一分一釐五毫六絲。每百斤准折耗銅三兩。省城店係雲南府管理。運至尋甸陸路四站，運脚照大理府事例支銷。筐簍照楚雄府事例支。惟折耗每銅百斤只准折耗銅一兩五錢。不給駝銀、馬脚、盤費。乾隆四十四年，將下關店改歸迤西道經管，直運尋店，至今遂爲定例。自下關至尋甸陸路十六站半，運脚照前支銷。自關至尋，每銅一百六十八斤給筐簍一對，價銀一分七釐。每百斤准折耗銅半斤，赴省請領運脚。自下關至省計程十二站半，應需馬脚、盤費照例按站支銷。

加增運腳：凡陸運銅斤，自威寧州至羅星渡共十站，每年額運京銅三百一十五萬五千一百六十七斤零。每站每百斤給運脚銀一錢二分九釐二毫。乾隆四十一年奏准，每站每百斤加銀三分，年共需銀九千一十餘兩，在鑄息銀内動支。四十五年改爲威寧、鎮雄分運，自威寧至鎮雄計五站，歸威寧承運。自鎮雄至羅星渡五站，歸鎮雄承運。其加脚銀兩各半分支。五十九年起，在正額節省銀内動支。其羅星渡至瀘州水程八站，係鎮雄承運，不給加脚。

廠地搭運：凡湯丹、大水、碌碌、樂馬、茂麓、發古六廠發運銅斤，每百斤搭運五斤，不給運脚。年約節省銀四百餘兩，作爲湯丹、碌碌二廠加添役食之用。湯丹廠年支銀二百九十九兩六錢，碌碌廠年支銀一百三十四兩四錢。此外各廠別無搭運。

委官瀘店：凡瀘州銅店，額設委員二名，專司收領各店京銅，發兑各起京運，一年一换。按瀘店設於乾隆七年，向委大關同知管理。三十七年改委佐雜駐店管理。四十四年改委丞倅，州縣管理，佐雜幫辦。四十九年改委知府丞倅，州縣不用佐雜。

各店搭運：凡東、尋兩路陸運京銅，每百斤搭運五斤，不給運脚。所有七店，下關、尋甸、威寧、鎮雄、東川、昭通、永善。六廠，香樹坡、大興、紅坡、發古、鳳凰坡、紅石岩。每年應扣銀兩，收入搭運節省項下，作爲催銅盤費、卡書工食、修理道路、運員剥費、撥補改煎、火工鉛價，餘銀充餉。鎮雄水運瀘店京銅並無節省，大關水運節省銀兩歸額外節省項下。

正額節省：凡東川路乾隆四年辦運京銅起，由東川魯甸奎鄉運至四川永寧店。自東川至魯甸四站，每百斤銷銀五錢一分六釐八毫。自魯甸至奎鄉四站，每百斤銷銀五錢一分六釐八毫。自奎鄉至永寧十二站，每百斤銷銀一兩五錢五分四毫。自永寧至瀘州水程一站，每百斤銷銀九分。共銷水陸運脚銀二兩六錢七分四釐。七年，大關之鹽井渡河道開通。將發運永寧銅三百一十六萬五千七百二十斤，以一半仍運永，其餘一半一百五十餘萬斤，改由鹽井渡水運瀘店。自東川至昭通五站半，每百斤銷銀七錢一分六毫。自昭通至鹽井渡七站，每百斤銷銀九錢四釐四毫。自鹽井渡至瀘州八站，每百斤價銀七錢二分九釐。共銷水陸運脚銀二兩三錢四分四釐。較由東川全運之數，每百斤節省銀三錢三分，年約節省銀五千二百餘兩，由大關同知領解。十五年，永善金江下黄草坪河道開通。將發運永寧銅一百五十餘萬斤，改由黄草坪水運瀘店。自東川至昭通五站半，每百斤銷銀七錢一分六毫。自昭通至黄草坪三站半，每百斤銷銀四錢五分二釐二毫。自黄草坪至瀘店八站，每百斤銷銀九錢二分四釐二毫。共銷水陸運脚銀二兩八分七釐。較由永寧轉運之數，每百斤節省銀六錢八分二釐，年約節省銀一萬七百餘兩，由永善縣領解。東川原運永寧銅，改由黄草坪節省銀兩，只應按自東至永及自永至瀘運脚，比較自東由奎鄉至永寧運脚核算，從前比較自尋甸由威至永及自永至瀘運脚計算，是以至今。

尋店路乾隆四年辦運京銅，起由尋甸、威寧至四川永寧店。自尋甸至威寧車站十五站，每百斤支銷運脚銀一兩。自威寧至永寧十三站，每百斤支銷運脚銀一兩六錢七分九釐六毫。自永寧至瀘州一站，每百斤支銷水脚銀九分。共銷水陸運脚銀二兩七錢六分九釐六毫。十年，鎮雄之羅星渡河道開通。由威寧發運永寧銅三百一十六萬餘斤，改由羅星渡水運瀘店。自尋甸至威寧車站十五站，每百斤支銷運脚銀一兩。自威寧至羅星渡十站，每百斤支銷運脚銀一兩二錢九分二釐。自羅星渡至瀘店水程八站，每百斤支銷運脚銀二錢九分。共銷水陸運脚銀二兩五錢八分二釐。較由尋店轉運之數，每百斤節省銀一錢八分七釐六毫，年約節省銀五千九百餘兩，由鎮雄州領解。十六年，將尋店至威寧車站改修平直。每百斤給銀九錢三分三釐三毫三絲三忽，較原給一兩節省銀六分六釐六毫六絲六忽，年約節省銀二千一百餘兩，由迤東道領解。按此條與《户部則例》節省銀一萬七百五十九兩一錢二分一釐，數目不符。查例照永善至瀘節省銀數核算，故與滇省報銷之數不符。凡鹽井渡、羅星渡、黄草坪、尋甸店四處水陸轉運京銅節省運脚銀，年約二萬二、三千兩。名爲正額節省，除放歲修鹽井、羅星二處各灘工價，威寧、鎮雄二州加增運脚，新增運員幫費外，餘銀撥入陸運項下，以作下年發運京銅之用。

額外節省：凡大關廳水運京銅水脚，並鹽井渡僱募客船節省銀兩，名爲額外節省，撥入搭運節省項下。除放催銅盤費、卡書工食、修理運道、運員剥費、改煎工價外，餘撥充餉。其永善縣水運僱獲客船水脚，鍋圈岩、大漢漕船户食米，二處節省銀兩，年共一千七八百兩，俱撥歸陸運項下，以作下年給發京銅運脚之用。《户部則例》無。昭通店分運大關一半京銅。自乾隆七年起，由鹽井渡水運一百五十七萬六千九百二十餘斤，每百斤額給水脚、襍費銀七錢二分九釐。所需船隻，如有僱東川省裝運鹽米客貨，回空船隻順便裝載赴瀘者，每百斤約節省銀一錢八九分，按僱獲客船裝運銅數多寡計算，每年約節省銀一千八九百兩至二千餘兩不等。十七年，豆沙關河道開通。將自豆沙關至鹽井渡一站陸運銅斤亦改作水運。每百斤水脚、襍貨銀九分九釐二毫四絲八忽零，於原給陸運一站，運脚銀一錢二分九釐二毫内計除外，每百斤節省銀二分九釐九毫五絲零，年共節省銀四百七十二兩三錢九釐。

各店養廉：凡各店員承運京銅，例得支銷養廉銀兩者計八處：東川府經管東川店，每年額運昭通京銅三百一十六萬五千餘斤，應支養廉銀七百二十兩。昭通府經管昭通店，每年額運關、坪二店京銅三百一十六萬四百餘斤，應支養廉銀七百二十兩。大關同知經管豆沙關店，每年額運瀘州店京銅一百五十七萬六千餘斤，應支養廉銀三百六十兩。永善縣經管黄草坪店，每年額運瀘州店京銅一百五十七萬七千餘斤，應支養廉銀三百兩。池東道經管尋甸店，每年額運威寧京銅三百一十六萬五千餘斤，應支養廉銀四百八十兩。貴州威寧州經管威寧店，每年額運鎮雄京銅三百一十五萬五千餘斤，應支養廉銀三百兩。鎮雄州經管鎮雄店，每年額運瀘州店京銅三百一十五萬二千餘斤，應支養廉銀九百兩。瀘州店委員經管瀘店，收發京銅每年應支養廉銀一千二百兩。以上各員應支銀兩，如銅數運足，即照數支銷。如運不足額，即照實運之數攤支，統於陸運項下支銷。其有額外多運者，只照原數支銷，並不加給。

各店店費：凡官設銅店接收轉運京銅，例得支銷店費銀兩者共十四處：下關店承運京銅額設家人一名，月給工食銀三兩。書記一名，月給工食銀三兩。巡役二名，每名月給工食銀一兩五錢。搬夫二名，每名月給工食銀一兩五錢。秤手一名，月給工食銀一兩五錢。房租月給銀一兩。燈油紙筆月給銀一兩。自下關至楚雄計程六站半，每站設催銅差二名，共十三名，每名月給工食銀一兩。共銀二十八兩五錢。

楚雄店承運京銅，額設書記一名，月給工食銀三兩。自楚雄至省城計六站，每站設催銅差二名，共十二名，每名月給工食銀一兩。共給銀十五兩。

省城店承運京銅，額設書記一名，月給工食銀三兩。自省城至尋店計程四站，設立巡役二名，每名月給工食銀一兩五錢。共銀六兩。以上三處支銷銀兩，《户部則例》無。

威寧州店承運京銅，額設書記一名，月給工食銀三兩。巡役十名，每名月給工食銀二兩。共銀二十三兩。

大關同知經管豆沙關店承運京銅，額設書記一名，月給工食銀三兩。秤手二名，每名月給工食銀二兩。鹽井渡店看銅夫二名，每名月給工食銀一兩二錢。瀘店租房一所，月給房租銀一兩。共銀十兩四錢。永善縣經管黄草坪店承運京銅，例於十月開運，次年四月撤站。設站五處，黄草坪、霧基灘、鍋圈岩、大漢漕、新開灘。每處書記一名，每名月給工食銀三兩。搬夫十名，每名月給工食銀二兩。共銀二十三兩，五處月共給銀一百十五兩。

瀘州銅店接收兑發京銅，設書記一名，月給工食銀三兩。搬夫十二名，每名月給工食銀二兩。月共銀二十七兩。以上七處銀兩，俱遇閏加增，小建不除，於陸運項下支銷。惟黄草坪五站工食遇閏不加。下關店收發採買，額設書記一名，月給工食銀三兩。搬夫二名，每名月給工食銀二兩。共銀七兩。

尋甸店承運京銅，額設家人一名，月給工食銀三兩。書記一名，月給工食銀三兩。巡役十名，每名月給工食銀二兩。搬夫八名，每名月給工食銀二兩。燈油紙筆月給銀二兩。共銀四十四兩。

東川店承運京銅，額設書記一名月給工食銀三兩。巡役八名，每名月給工食銀二兩。搬夫五名，每名月給工食銀二兩。燈油紙筆月給銀十三兩二錢八分。共銀五十二兩二錢八分。以上三處銀兩俱遇閏加增，小建不除，於廠務項下支銷。鎮雄州承運京銅，額設書記一名，月給工食銀二兩四錢。搬夫二名，每名月給工食銀一兩八錢。巡役一名，月給工食銀一兩八錢。房租月給銀二兩。燈油紙筆銀月給銀二兩五錢。共銀一十二兩三錢。

羅星渡店接運京銅，額設書記一名，月給工食銀二兩四錢。搬銅打包夫四名，每名月給工食銀一兩八錢。房租月給銀二兩。燈油紙筆月給銀二兩五錢。共銀一十四兩一錢。

南廣店接運京銅，額設書記一名，月給工食銀二兩肆錢。搬夫二名，每名月給工食銀一兩八錢，房租月給銀一兩三錢三分三釐。燈油紙筆月給銀一兩。共銀九兩三錢三分三釐。以上三處銀兩俱遇閏加增，小建不除，惟房租一項遇閏不加，於搭運節省項下支銷。

瀘州銅店每年給房租銀一百兩，遇閏不加，於公件項下發給。按瀘店房租每月原給銀十二兩，年共給銀一百四十四兩。嘉慶五年十二月起，每年酌減銀四十四兩，止給銀一百兩遇閏攤支與今。户部則例所載瀘店房租月給一兩之數不符。

昭通店接收東店銅斤，分運關、坪二店交收，所有書巡工食銀兩，係該府自行酌給，並不動項支銷。

卡書公費：凡各廠店承運京銅，經過地設卡稽查，例得支給房租、燈油、紙筆、工食銀兩者共八處：湯丹、碌碌、大水、茂麓四廠發運東店京銅，於腰蓬子、杉木箐、尖山三處設卡稽查，每卡書記一名，巡役二名，於東川府衙門書役內派撥。不給工食。月給房租銀三錢，燈油、紙筆銀五錢，三卡月共給銀二兩四錢。湯丹廠分運尋甸京銅，於松毛、蓬雙、箐關、坡村四處設卡。設巡役二名，於該廠原設巡役內派撥。不給工食銀。書記一名，月給工食銀三兩，房租銀三錢，燈油、紙筆銀五錢，月共給銀三兩八錢，四卡共銀一十五兩二錢。東川店發運昭店京銅，於紅石崖、大水塘二處設卡稽查。每卡設書記一名，巡役二名，於東川府衙門書役内派撥。不給工食。每卡月給房租銀三錢，燈油紙筆銀五錢，月共給銀八錢，二卡共銀一兩六錢。昭通府分運黄草坪京銅，於新店子設立一卡。每卡設書記一名，巡役二名，於昭通府衙門書役内派撥。不給工食。每卡月給房租銀三錢，燈油、紙筆銀五錢，月共給銀八錢，二卡共銀一兩六錢。大關同知由鹽井渡發運瀘州店京銅，於九龍潭、張家窩二處設立二卡。每卡書記一名，月給工食銀三兩。巡役二名，每名月給工食銀二兩。房租銀三錢，燈油紙筆銀五錢，月共給銀七兩八錢。二卡共銀十五兩六錢。以上五處支銷銀兩，《户部則例》未載。尋甸店發運威寧京銅，於甕得、阿黄、黑得、可渡四處設卡。每卡書記一名，月給工食銀三兩，巡役二名，每名月給工食銀二兩，房租銀三錢，燈油、紙筆銀五錢，月共給銀七兩八錢，四卡共銀三十一兩二錢。威寧州發運鎮雄州京銅，於馬櫃、菩薩塘二處設卡。每卡書記一名，月給工食銀三兩，巡役二名，每名月給工食銀二兩，房租銀三錢，燈油紙筆銀五錢，月共給銀七兩八錢，二卡共銀十五兩六錢。鎮雄州發運羅星渡京銅，於桃園地方設卡。書記一名，月給工食銀三兩，巡役二名，每名月給工食銀二兩，房租銀三錢，燈油紙筆銀五錢，月共給銀七兩八錢。以上各卡應給銀兩，遇閏加增，小建不除，於搭運節省項下支銷。

催銅盤費：凡查催各路京銅委員，例得給予盤費銀兩者共十二員。下關店承運京銅，自下關至楚雄，大理府同知查催，月給盤費銀八兩。自楚雄至省城，楚雄府司獄查催，月給盤費銀八兩。自省城至尋甸店，雲南府通判查催，月給盤費銀八兩。以上銀兩俱遇閏加增，小建不除，於陸運項下支領。《户部則例》無。尋甸店承運京銅，自尋甸至宣威，尋甸州吏目查催，月給盤費銀五兩。自宣威至可渡，宣威州吏目查催，月給盤費銀五兩。自可渡至威寧，可渡巡檢查催，月給盤費銀五兩。威寧州承運京銅，自威寧至鎮雄，彝良州同查催，月給盤費銀五兩。鎮雄州承運京銅，自鎮雄至羅星渡，母享巡檢查催，月給盤費銀五兩。自羅星渡至瀘州店，威信州判查催，月給盤費銀五兩。催銅盤費銀兩，《户部則例》載，威寧州查催官一員，月給盤費銀三十兩。與滇省分店開報二十五兩之數不符。東川府承運京銅，自東川至以扯汛，待補巡檢查催，月給盤費銀六兩。自以扯汛至昭通，則補巡檢查催，月給盤費銀九兩。昭通府承運京銅，由豆沙關、黄草坪兩路分運，昭通府經歷查催，月給盤費銀十五兩。以上銀兩俱遇閏加增，小建不除，於搭運節省項下支銷。

各店逾折：凡東、尋兩路各店陸運京銅，除例准耗之外，准報逾折銅斤，每百斤繳價銀十一兩，完解布政司庫，發買補運。如有多報者，即行參辦。威寧發運鎮雄銅斤，每年准報逾折銅四千斤。鎮雄發還瀘店銅斤，每年准報逾折銅六千斤。昭通分運關坪二店銅斤，每年准報逾折銅六千斤。大關、永善二處發運瀘店銅斤，每年各准報逾折銅四千斤。

凡迤西道經管下關店承運至尋店，東川府經管東店承運至昭通之京銅，除例准折耗外，如有逾折，均自行補運。迤東道經管尋甸店接運威寧之京銅，除例准折耗外，每年准報一萬二千斤，每百斤繳價銀十一兩，完解布政司庫，發買補運。

運瀘沉銅：凡鎮雄、大關水運瀘店京銅，遇有沉溺者，委員勘明，一面咨明户部，一面打撈。如一年限滿無獲落承運之員賠補，每百斤加耗銅八兩，按照沉失銅數，追買補還。鎮雄州正耗銅一百斤八兩，於尋甸撥賣。每百斤價銀七兩四錢五分二釐，加自廠至尋運脚銀四錢五分二釐，筐簍銀一分六釐，自尋至威寧、鎮雄，羅星渡至瀘水陸運脚、筐簍銀二兩三錢三分四釐，共該每百斤應賠銀一十兩二錢九分一釐。大關廳正耗銅一百斤八兩，於東川店撥賣。每百斤價銀七兩四錢五分二釐，加自廠至東運脚銀四錢二釐，筐簍銀一分六釐，自東由昭通、豆沙關至瀘水陸運脚、筐簍銀二兩二錢二分一釐，共計每百斤應賠銀一十兩一錢二分八釐。永善縣正耗銅一百斤八兩，於東川店撥賣。每百斤價銀七兩四錢五分二釐，加自東由昭通、黄草坪至瀘水陸運脚、筐簍銀二兩一錢一分，共計每百斤合銀九兩五錢九分九釐。以上三處，《户部則例》無。

永善縣由黄草坪金江水運沉溺者，亦委員勘明，咨部打撈。如在題定十八險灘沉失，限滿無獲者，飭取水摸甘結，並沿江文武員弁印結，詳題豁免。所免銅斤，每百斤添買路耗銅八兩，於銅息銀内支買補運。在次險灘沉溺，限滿無獲者，按照沉失銅數，於承運之員名下追買補。

凡金江沉銅，無論次險、極險之灘，如有淹斃水手人等，每名給予恤賞銀八兩，在運銅節省銀内發給。該家屬承領，入陸運册内報銷。大關、鎮雄二處如有淹斃，由該廳州自行捐給恤賞。《户部則例》無。

改煎低銅：凡運員解京銅内提出低潮鐵砂，在部改煎。將煎折銅斤按照十䞍之數，咨滇着賠。所有應賠自八六至十䞍，不足之十五色銅斤價脚，動支銅息銀兩買補。其應賠自八五以下至七一二七䞍六八九不足䞍色之銅斤價脚，照各廠發運銅數多寡分攤。在滇者，就近勒追。離滇者，分咨旗籍任所，追買補運部局。追獲銀兩，由各省就近報撥，如無力完繳，題請豁免，滇省照數在京銅項下，作正開除入彙總内報銷。分賠之數各按廠價，如自廠至瀘至京水陸運脚一併核計外作十股，爐户運賠五股，於請工本内每兩扣收銀二分。廠員應賠五股，按照運過銅數分賠追繳。轉運各店員並瀘店委員應賠一股，按照在任日月及兑發銅數分賠。着追長運委員分賠一股，按照本運提出低潮鐵砂銅數多寡，分賠追繳。凡户、工二部局改煎低潮鐵砂銅斤墊出火工鉛價銀兩，亦照前折攤賠之例分作十股，在滇就近着追。離滇，分咨旗籍、任所，其應解還銀兩，由直隸藩庫照數動撥，就近分交。滇省於每年題撥銅本案内扣除。俟追繳全完，收入銅本項下支用。其咨追外省報撥銀兩并無力完繳題請豁免之數，俱在搭運節省餘存銀内撥出，收入銅本項下支用。

核減銅色：凡運員解部銅斤，部局收銅均以八成驗收，應減銅色銀兩，在銅息銀兩扣減，毋庸買補。《户部則例》無。

又卷七《採買》 滇銅供京運局鑄之外，其亟於籌撥催儹者，凡以供採買而已。今天下十八省仰給於滇者，凡十運員歷萬里之遠，水陸轉輸，動易年歲。嚴之以限期，核之以報銷，爲法至密，而爲例至周。充是役者，固常隨時隨地循例奉行，以期無忝厥職者也。因志採買，始例限，終報銷，而各省辦過之次數，亦備載焉。

採買例限：凡各省委員赴滇採買銅斤者，以委員到滇兑收銅價之日起，限布政司撥給銅斤一月，委員辦理文件請領運脚一月，招僱牛馬十萬斤者一月，二十萬斤者一月十日，三十萬斤者一月二十日，四十萬斤至五十萬者二月。凡各廠店兑銅一二千斤及八九千斤者限一日，三四萬及十萬餘斤者，照瀘店每日兑發京銅一萬四千七百餘斤之例核扣。凡委員自省赴下關店領運計十二站半限十三日。由下關運回省一萬斤以上者十二日半，五萬斤以上至十萬斤者加十二日半，如中途雨水阻滯寬限六日。凡委員赴易門縣領運義都、萬寶二廠銅斤計六站，限六日。由廠運回省一萬斤以上者六日，五萬斤以上者加六日，中途雨水阻滯寬限四日。凡委員在省改煎寧臺廠銅斤，建蓋爐房、打造爐座限六十日，改煎銅一萬斤限十日。

凡九省江蘇、浙江、廣西、廣東、江西、陝西、福建、湖南、湖北。委員領運上游各廠銅斤，由省城轉運剥隘計二十四站，自省至竹園村計八站，馬運由竹園村至剥隘計十六站半。運十萬斤者，定限九十日。馬運八日，牛運三十日，往返轉運加二十日，雨水阻滯、牛馬倒斃限六日。二十萬斤者，一百二十日。三十萬斤者，一百五十日。四十萬斤者，一百八十日。如撥路南各廠銅斤，則由竹園村赴鳳凰坡、紅石岩廠領運，計二站、限二日。由廠運至竹園村限二日。赴紅坡、大興二廠領運計三站，限三日。由廠運銅回竹園村限三日。赴發古廠領運計十五站，限十五日。由廠運回竹園村限十五日。由剥隘赴文山縣領運竜岜、者囊二廠銅斤，自剥隘至開化府城計十三站，限十三日。自開化至者囊計四站，限四日。由廠運回開化，牛運，限八日。自開化至竜岜計二站，限二日。由竜岜運回開化，牛運，限四日。由開化轉運至剥隘，牛運，限二十六日。由剥隘赴蒙自縣店領運金釵廠銅斤，計十七站，限十七日。由蒙自縣店運回剥隘，牛運十萬斤者，限七十五日。自蒙自至剥隘三十四日，往返轉運加限三十四日，雨水阻滯、牛隻倒斃寬限七日。二十萬斤者限一百日。三十萬斤者限一百二十五日，四十萬斤者限一百五十日。凡貴州委員領運上游各廠銅斤，由省城轉運平彝計七站，牛運十萬斤者，限三十四日，自省至平彝十四日，往返轉運加限十四日，雨水阻滯、牛隻倒斃寬限六日。二十萬斤者四十五日，三十萬斤者五十六日。如撥路南各廠銅斤，由平彝赴鳳凰坡領運計七站，限七日。由廠運回平彝，牛運，限十四日。赴紅石岩領運計八站，限八日。由廠運回平彝限十六日。赴紅坡、大興領運計六站，限六日。由廠運回平彝限十二日。赴發古領運計八站，限八日。由廠運回平彝限十六日。由平彝赴蒙自店，店領運金釵廠銅斤計十五站半，限十五日半。由縣店運回平彝縣十萬斤者，限六十九日。自縣店至平彝限三十一日，往返轉運加限三十一日，雨水阻滯、牛隻倒斃寬限七日。二十萬斤者，九十二日。

凡運員限期，均按廠分銅數遠近多寡核扣，如值五六月脚户歸耕、八九月牧穫之時，不能儹運前進，例由地方官查明結報，展限兩月。如運員中途患病，亦由地方官查明取結，加結申報，將病痊日期於掃幫文内申明扣除。

運員逾限處分：凡各省委員赴滇採辦銅斤，逾限不及一月者免議，一月以上者罰俸　年，兩月以上者降一級留任，三月以上者降一級調用，四月以上者降二級調用，五月以上者降三級調用，半年以上者革職。乾隆四十年，吏部奏准。

撥銅章程：凡撥各省採買銅斤，例於委員到滇之日，將應買銅斤指定廠所。一面開明斤數、成色，咨會各省，一面飭令廠員按照部定成色秤兑，仍取其委員實收及並無低潮夾雜鈐結。如委員濫收，至本省交銅時驗有不足成色者，即令委員賠補。照例查參。凡撥給銅斤係按委員到滇之先後，挨次輪撥，有同時並到者，按各省程途之遠近，先撥遠省，後及近省。

僱募夫馬：凡各省委員採辦銅斤應需夫馬，責令地方官協同僱募，按起具詳巡撫衙門，發給協僱夫馬牌一張，交委員辦運。仍飭地方官會同僱募，如有勒掯刁難貽誤逗遛者，將協催不力之地方官，照運員無故躭延例附參。乾隆三十七年案。

寄存運脚：凡各省委員採辦銅斤備帶運脚雜費銀兩，解貯雲南布政司庫俟撥給銅斤之後，核明需用銀數，陸續具領辦運。乾隆三十七年案。

借支運脚：凡客省委員採辦銅斤原帶運脚不敷，例得具文借領，滇省按照銅數之多寡、程站之遠近，自一千兩以至二千兩爲度，此外不准多借。乾隆五十五年案。凡各省辦銅委員在滇借支運脚，查明原咨，如已全發，在滇撥銅亦無躭延者，概不准其借給。如本省未經發足，滇省撥銅雖在限内，而不敷辦運必應借支者，務須核明程站遠近、銅數多寡及各省歷運准銷成例，核計找領銀數，切實借給。各省即於委員辦竣報銷時，將所借銀兩照數扣抵。倘有未完，勒限三月，如有遲延，即行查參。所借銀兩，在各上司名下攤完。如本省運脚即未發足，滇省撥銅又遲逾例限，因而運脚不敷，不得不借或致無着者，滇省與本省各半分賠。嘉慶三年案。

報銷運脚：凡滇省大美、大寶、香樹、馬龍、寨子箐等廠銅斤，零碎各廠員運省交雲南府收存，轉發各省委員領運。其白羊、寧臺等廠銅斤運至下關收存，轉發各省委員領運。至附近省城之義都、萬寶、青龍及下游各廠銅斤，仍令各省委員，自行僱脚赴廠領運。乾隆四十年案。

凡各省委員領運上游銅斤，自下關至省並義萬等廠，自廠至省所需運脚銀兩，由布政司庫發給。委員僱運，歸入滇省銅廠奏銷案内報銷。其下游自省並自廠至剥隘所需運脚銀兩，聽委員於備帶運脚内支用，歸各本省報銷。

江蘇〔採買〕：乾隆五年，委員採買高銅三十萬斤，每百斤加餘銅一斤，每正銅百斤收價銀一十一兩。七年，委員採買金釵廠低銅三十萬斤，每百斤加耗銅二十三斤，餘銅一斤，每正銅百斤收價銀九兩。十二年，委員採買高銅十萬斤，低銅十萬斤。二十七年，委員採買高銅三十萬斤，低銅三十萬斤。三十一年，委員採買高銅三十萬斤，低銅三十萬斤。四十二年，委員採買金釵廠低銅四十萬斤。四十五年，委員採買金釵廠低銅四十萬斤。嘉慶五年，委員採買高銅五十萬斤。照前每百斤加餘銅一斤，並不加給耗銅。户部則例每百斤加耗四斤，與滇省咨報兑發之數不符。八年，委員採買金釵廠低銅五十萬斤。十三年，委員採買金釵廠低銅六十五萬斤。照前加給耗餘銅斤，收價撥運。

江西〔採買〕：乾隆七年，在九江地方截留滇省解運京銅五十四萬九千五百四斤，每百斤加餘銅一斤，運回江省供鑄。每正銅百斤，繳價銀一十一兩。十年，委員採買高銅二十八萬八千斤，每百斤加餘銅一斤。十一年及十八年，委員採買二次，每次買高銅二十八萬八千斤，均照前收價。十九年，委員採買金釵廠低銅二十八萬八千斤，每百斤加耗銅二十三斤，餘銅一斤，每正銅百斤收價銀九兩。二十年及二十六年，委員採買二次，每次買金釵廠低銅二十八萬八千斤。二十七年，委員採買高銅十萬斤，每百斤加耗銅四斤，餘銅一斤。又買金釵廠低銅二十八萬八千斤。二十八年，委員採買高銅四萬斤，低銅二十八萬八千斤。二十九年，委員採買高銅八萬斤，低銅二十三萬八千斤。三十年，委員採買高銅十六萬斤，低銅十二萬八千斤。三十一年，委員採買高銅十萬斤，低銅一十八萬八千斤。三十二年，委員採買高銅十萬斤，低銅一十八萬八千斤。三十三年，委員採買高銅二十萬斤，低銅八萬八千斤。四十二年，委員採買高銅二十萬斤，低銅八萬八千斤。四十七年，委員採買高銅十萬三千六百八十斤，低銅十八萬四千三百二十斤。四十八年，委員採買高銅十萬三千六百八十斤，低銅十八萬四千三百二十斤。嘉慶元年，委員採買高銅十萬三千六百八十斤，低銅十八萬四千三百二十斤。二年，委員採買高銅五萬三千六百八十斤，低銅二十三萬四千三百二十斤。三年及十三年，委員採買二次，每次高銅五萬三千六百八十斤，低銅二十三萬四千三百二十斤。均照前加給耗餘銅斤，收價撥運。

浙江〔採買〕：乾隆五年，委員採買高銅六十萬斤，每百斤加餘銅一斤，每正銅百斤收價銀一十一兩。十年，委員採買高銅四十七萬八千三百七十斤，收價銀九兩二錢。十四年，委員採買高銅四十萬斤，收價銀一十一兩。二十四年，委員採買高銅二十萬斤，照前收價。又買金釵廠低銅二十萬斤每百斤加耗銅二十三斤，餘銅一斤，每正銅百斤收價銀九兩。二十六年，委員採買低銅四十萬斤。二十七年，委員採買高銅三十萬斤，每百斤加耗銅四斤六兩，《户部則例》加耗銅四斤六兩三錢七分三釐，與滇省加給銅四斤六兩之數不符。餘銅一斤。又買金釵廠低銅十萬斤。三十一年，委員採買高銅十一萬斤，低銅十一萬斤。三十三年，委員採買高銅十一萬斤，低銅十萬斤。三十四年，委員採買高銅二十萬斤。三十七年至四十二年，委員採買四次，每次買高銅十萬斤，低銅十萬斤。四十五年至四十九年，委員採買四次，每次買高銅十四萬斤，低銅十四萬斤。五十一年，委員採買高銅十九萬斤，低銅十四萬斤。五十三年，委員採買高銅十四萬斤，低銅十四萬斤。自五十三年至嘉慶二年，共買高銅十四萬斤，低銅十四萬斤。嘉慶二年，委員採買高銅十四萬斤，低銅十四萬斤。三年至五年，委員採買三次，每次買高銅二十六萬斤，低銅十四萬斤。六年，委員採買高銅十四萬斤，低銅二十六萬斤。此後按年委員赴滇採買一次，每次買高銅二十萬斤，低銅二十萬斤。均照前加給耗餘銅斤，收價撥運。

福建〔採買〕：乾隆五年，委正副運官各一員赴滇，採買高銅二十萬斤，每百斤加餘銅一斤，每正銅百斤收價銀一十一兩。七年，委員採買金釵廠低銅二十五萬斤，每百斤加耗銅二十三斤，餘銅一斤，每正銅百斤收價銀九兩。九年，委員採買高銅五十萬斤。十四年，委員採買高銅五十萬斤，低銅十萬斤。二十二年，委員採買高銅三十萬斤，每百斤加耗銅四斤六兩，低銅三十萬斤。二十五年，委員採買高銅三十萬斤，低銅三十萬斤。二十八年，委員採買高銅四十萬斤，低銅二十萬斤。此後每三年，委正、副運官各一員，赴滇採買一次，正運每次買高銅四十萬斤，副運每次買低銅二十萬斤。均照前加給耗餘銅斤，收價撥運。

湖北〔採買〕：乾隆七年，委員採買金釵廠低銅二十五萬八千九百八十四斤，每百斤加耗銅二十三斤，餘銅一斤，每正銅百斤收價銀九兩。十三年委員採買高銅三十萬斤，每百斤加耗銅八斤，餘銅一斤，每正銅百斤收價銀一十一兩。十五年，委員採買高銅二十萬斤，每百斤加耗銅三斤，餘銅一斤。十七年，委員採買高銅三十萬斤。十八年，委員採買高銅二十萬斤。十九年，委員採買高銅五十萬斤。二十年，委員採買高銅七萬五千斤，低銅七萬五千斤。二十一年，委員採買高銅十七萬五千斤，低銅十七萬五千斤。二十四年，委員採買高銅二十萬斤，低銅二十萬斤。二十七年，委員採買高銅十五萬斤。二十八年，委員採買高銅二十五萬斤。二十九年，委員採買高銅二十六萬一千五十八斤。三十年，委員採買高銅三十萬斤，低銅二十四萬斤。三十二年，委員採買高銅三十萬斤，低銅二十萬斤。三十三年，委員採買高銅三十萬斤。三十五年，委員採買高銅十萬斤。三十六年，委員採買高銅十萬斤，低銅十萬斤。三十九年，委員採買高銅三萬六千八百六十一斤八兩六錢，低銅十八萬斤。四十年，委員採買高銅九萬六千六百九十七斤一兩八錢，低銅十八萬斤。四十一年，委員採買高銅七萬二千三百八十斤十二兩三錢，低銅十八萬斤。四十二年，委員採買高銅十二萬斤，低銅一十八萬斤。四十六年，委員採買低銅二十二萬二千一百一十六斤。四十九年，委員採買高銅二十萬斤。五十年至五十七年，委員採買七次，每次買高銅二十萬斤。嘉慶四年，委員採買高銅二十七萬一百九十斤。六年，委員採買高銅二十八萬一百九十斤。八年至十年，委員採買高銅二十一萬四千三十八斤。十三年，委員採買高銅二十五萬四千三十八斤。十五年，委員採買高銅二十五萬四千三十八斤。照前加給耗餘銅斤，收價撥運。

湖南〔採買〕：乾隆七年，委員採買金釵廠低銅十五萬八千九百八十四斤，每百斤加耗銅二十三斤，餘銅一斤，每正銅百斤收價銀九兩。十六年，委員採買高銅十萬斤，每百斤加餘銅一斤，每正銅百斤收價銀一十一兩。嘉慶五年，委員採買高銅十萬斤，每百斤加耗銅三斤，餘銅一斤。又買金釵廠低銅五萬斤。七年，委員採買高銅三十一萬千斤，低銅十七萬六千斤。十二年，委員採買高銅二十八萬斤，低銅十六萬斤。十三年，委員採買高銅十三萬五千斤，低銅六萬五千斤。均照前加給耗餘銅斤，收價撥運。湖南省採買銅斤，《户部則例》未載。

陝西〔採買〕：乾隆十四年，委員採買高銅二十萬斤，每百斤加餘銅一斤，每正銅百斤收價銀一十一兩。二十九年，委員採買高銅三十五萬斤。三十年，委員採買高銅十五萬斤。照前收價撥運。又買金釵廠低銅十五萬斤，每百斤加耗銅二十三斤，餘銅一斤，每正銅百斤收價銀九兩。三十一年，委員採買高銅二十萬斤，低銅二十萬斤。三十五年至三十七年，委員採買三次，每次買高銅二十萬斤，低銅十五萬斤。三十八年至四十二年，委員採買三次，每次買高銅二十一萬斤，低銅十四萬斤。四十三年至五十五年，委員採買六次，每次買高銅二十四萬五千斤，低銅十萬五千斤。五十六年，委員採買高銅二十一萬七千一十七斤，低銅十三萬二千九百八十三斤。五十九年，委員採買高銅二十四萬五千斤，低銅一十萬五千斤。嘉慶四年，委員採買高銅二十四萬五千斤，低銅十萬五千斤。此後按年委員赴滇採買一次，每次買高銅二十四萬五千斤，低銅十萬五千斤。均照前加給耗餘銅斤，收價撥運。

廣東〔採買〕：乾隆十年，委員採買高銅七萬八千六百九斤，每百斤加耗銅十斤四兩，餘銅一斤，每正銅百斤收價銀一十一兩。又買金釵廠低銅七萬五千斤，每百斤加耗銅二十三斤，餘銅一斤，每正銅百斤收價銀九兩。十二年，委員採買高銅二十四萬九十九斤，每百斤加耗銅五斤，餘銅一斤，照前收價撥運。又買低銅十五萬九千九百斤。十六年，委員採買高銅四十萬斤。十九年，滇、粵兩省銅鹽互易，遞年輪委。粵省委員辦運，則鹽來銅去。滇省委員辦運，則銅去鹽來。自十九年至二十五年，粵省委員來滇辦運過三次，滇省委員辦運過二次，共五次，每次辦運高銅十萬斤。又，自二十六年至五十八年，滇省委員辦運過十次，粵省辦運過十七次，共二十七次，每次合計辦運高銅十萬斤，低銅五萬斤。

嘉慶四年至六年，滇、粵兩省各委員辦運過一次，辦運高銅十一萬六千八百斤，低銅五萬八千四百斤。此後滇、粵兩省按年輪委辦運，每年辦運高銅十萬一千二百二十七斤，低銅五萬六百一十三斤。均照前加給耗餘銅斤，收價撥運。

廣西〔採買〕：乾隆十一年至十三年，委員採買三次，每次買高銅十五萬斤，每百斤加餘銅一斤，每正銅百斤收價銀一十一兩。十四年，委員採買高銅二十五萬三千四百二十五斤，每百斤加耗銅五斤，餘銅一斤，帶運前三次買過銅四十五萬斤，應補耗銅二萬二千五百斤。十五年，委員採買高銅一十五萬三千四百二十五斤。十六年，委員採買高銅三十五萬三千一百六十斤。十七、十八兩年，委員採買二次，每次買高銅三十九萬二千四百斤。十九年，委員採買高銅三十五萬三千一百六十斤。二十年，委員採買高銅一十四萬二千四百斤。照前收價撥運。又買金釵廠低銅二十五萬斤，每百斤加耗銅二十三斤，餘銅一斤，每正銅百斤收價銀九兩。二十一年，委員採買高銅二十五萬斤，低銅十四萬二千四百斤。二十二年至二十七年，委員採買六次，每次買高銅十九萬六千二百斤，低銅十九萬六千二百斤。二十八年，委員採買高銅十九萬六千二百斤，低銅二十二萬六千五百七十九斤零。二十九年至三十三年，委員採買五次，每次買高銅十九萬六千二百斤，低銅二十萬九千八百七十斤零。三十四年，委員採買高銅三十九萬二千四百斤。三十六年，委員採買高銅十五萬五千三百二十五斤，低銅二十萬九千八百七十斤九兩。三十九年，委員採買高銅十二萬四千二百六十斤，低銅十九萬三千一百七十斤零。四十年，委員採買高銅九萬四千二十七斤零，低銅十九萬三千一百七十斤零。四十二年，委員採買高銅十二萬五千五百六十七斤零，低銅二十萬四千七百五十六斤。四十四年，委員採買高銅八萬九千六百五十斤零，低銅十三萬七千九百一十三斤零。四十五年，委員採買高銅八萬四千五百七十六斤，低銅十三萬七千九百一十三斤零。四十六年，委員採買高銅九萬二千四百二十四斤，低銅十五萬七百十斤零。四十七、八兩年，委員採買二次，每次買高銅八萬四千三百七十六斤，低銅十三萬七千九百十三斤零。四十九年，委員採買高銅九萬二千四百二十四斤，低銅十五萬七百十斤零。又買五十年分高銅八萬四千五百七十六斤，低銅十三萬七千九百十三斤零。五十一年，委員採買高銅九萬二千四百二十四斤，低銅十五萬七百十斤零。五十二、五十三兩年，委員採買二次，第次買高銅八萬四千五百七十六斤，低銅十三萬七千九百一十三斤零。五十四年，委員採買高銅九萬二千四百二十四斤，低銅十五萬七十一斤零。五十五、六兩年，委員採買二次，每次買高銅八萬四千五百七十六斤，低銅十三萬七千九百十三斤零。五十七年，委員採買高銅九萬二千四百二十四斤，低銅十五萬七十一斤零。五十九年，委員採買高銅八萬四千五百七十六斤，低銅十三萬七千九百一十三斤零。嘉慶二年，委員採買高銅十一萬三千一十斤零，低銅十八萬四千二百八十一斤零。五年，委員採買高銅四萬八百九斤零，低銅六萬六千五百四十五斤零。七年，委員採買高銅二十一萬二千五百五十斤。九年至十二年，委員採買二次，每次買高銅二十一萬四千四十八斤。十三年至十五年，委員採買二次，每次買高銅二十一萬二千五百五十斤。均照前加給耗餘銅斤，撥賣領運。

貴州〔採買〕：雍正八年，委員採買高銅五萬八千餘斤，每百斤收價銀九兩八錢。九、十兩年，委員採買二次，每次買高銅二十五萬一千三百十四斤，每百斤收價銀九兩八錢。十一年，委員採買高銅三十三萬五千八十五斤。十二年，委員採買高銅十六萬七千五百四十三斤，每百斤收價銀九兩二錢。自十二年至乾隆元年共買二次，每次皆高銅十六萬七千五百四十三斤。乾隆二年，委員採買高銅十六萬七千五百四十三斤。三、四兩年，委員採買二次，高銅二十五萬一千三百一十四斤。五年，委員採買高銅三十七萬三千八百一十四斤。六、七兩年，委員採買二次，每次買高銅四十九萬六千斤。八年，委員採買高銅三十萬斤。九年，委員採買高銅三十七萬八千四百斤。十年，委員採買高銅四十萬斤。十一年，委員採買高銅五十四萬斤。十二年，委員採買高銅四十六萬六千五百五十一斤，每百斤加耗餘銅一十一斤，每正銅百斤收價銀九兩二錢。十三年，委員採買高銅五十萬二千五百斤。十四年十五年，委員採買高銅四十六萬六千五百五十斤。十六年至二十年，委員採買五次，每次買高銅四十五萬四百五十斤。二十六年，委員採買高銅二十二萬斤。照前收價撥運。又買金釵廠低銅二十二萬斤，每百斤加耗二十三斤，餘銅一斤，每正銅百斤收價銀九兩。二十七年，委員採買高銅四十四萬斤。二十八年，委員採買高銅二十二萬斤。二十九年至三十一年，委員採買三次，每次買高銅四十四萬斤。三十二年，委員採買高銅四十八萬斤。三十三年，委員採買高銅四十萬斤。三十四年，委員採買高銅十七萬斤，低銅十七萬斤。三十五年，委員採買高銅四十四萬斤。三十六年，委員採買高銅四十七萬六千斤，低銅二十萬四千斤。三十七年，委員採買高銅二十三萬八千斤。四十一、二兩年，委員採買二次，每次買高銅三十一萬三千四百五斤，零低銅九萬一千四百五十九斤零。四十三年，委員採買高銅三十萬八千斤，低銅一十三萬二千斤。四十四、五兩年，委員採買二次，每次買高銅二十一萬三千四百五斤零，低銅九萬一千四百五十九斤。四十六年，委員採買高銅二十三萬一千一百八十九斤零，低銅九萬九千八十一斤零。四十七、八兩年，委員採買二次，每次買高銅二十一萬三千四百五斤零，低銅九萬一千四百五十九斤零。四十九年，委員採買高銅二十三萬一千一百八十九斤零，低銅九萬九千八十一斤零。五十年，委員採買高銅二十一萬三千四百五斤零，低銅九萬一千四百五十九斤零。五十一年，委員採買高銅二十三萬一千一百八十九斤零，低銅九萬九千八十一斤零。五十二、三兩年，委員採買二次，每次買高銅二十一萬三千四百五斤零，低銅九萬一千四百五十九斤零。五十四年，委員採買高銅二十三萬一千一百八十九斤零，低銅九萬九千八十一斤零。五十五、六兩年，委員採買二次，每次買高銅二十一萬三千四百五斤零，低銅九萬一千四百五十九斤零。五十七年，委員採買高銅二十三萬一千一百八十九斤零，低銅九萬九千八十一斤零。五十八年，委員採買高銅二十一萬三千四百五斤零，低銅九萬一千四百五十九斤零。嘉慶二年，委員採買高銅二十七萬一千八十七斤零，低銅一十四萬三千二百七斤零。三、四兩年，委員採買二次，每次買高銅二十九萬四百二十八斤零，低銅十三萬二千一百九十一斤零。五年，委員採買高銅三十一萬六千一百三十二斤零，低銅十四萬三千三百七斤零。六年，委員採買高銅二十九萬四百二十八斤零，低銅十三萬二千一百九十一斤零。七年，委員採買高銅二十五萬九千五百八十三斤零，低銅一十一萬八千九百七十二斤零。八年，委員採買高銅二十八萬二千七百一十七斤零，低銅一十二萬八千八百八十六斤零。九年，委員採買高銅二十五萬九千五百八十三斤零，低銅一十一萬八千九百七十二斤零。十年，委員採買高銅二十八萬二千七百一十七斤零，低銅一十二萬八千八百八十六斤零。十一年、十二年，委員採買二次，每次買高銅二十五萬九千五百八十三斤零，低銅一十一萬八千九百七十二斤零。十三年，委員採買高銅二十八萬二千七百一十七斤，低銅十二萬八千八百八十六斤零。十四、十五兩年，委員採買二次，每次買高銅二十五萬九千五百八十三斤零，低銅一十一萬八千九百七十二斤零。十六年，委員採買高銅二十八萬二千七白一十七斤零，低銅十二萬八千八百八十六斤零。均照前加給耗餘銅斤，收價撥運。

吳其濬《滇南礦廠圖略》卷二《程第八》 滇多山而孕百蠻，商賈所至，有驛傳所不及者，鑛産於瘴鄉巉穴，寸天尺地，蔓壑支峯，古之懸車束馬，何以加焉。負販佚佚，朝鑿暮蹊，林箐菑翳，而羊腸詰曲，頂趾相接矣。陸險砥之，水險劈之，受錢於庫，儲百餘年矣。小者負擔，大者牛車，食宫廩而履九達，儼然與都畿相埒，德之流行，速於置郵而傳命，斯之謂也，故記程。

迤西諸廠運京銅皆至尋甸。

寧臺廠距大理府關店計程七百三十里，自廠至老牛街五十里，老牛街至阿莽寨六十里，阿莽寨至順德橋□□里，順德橋至老鷹坡五十五里，老鷹坡至鴛鴦塘六十里，鴛鴦塘至回子村五十五里，順寧縣地。回子村至阿梅寨七十里，阿梅寨至岔路六十里，永平縣地。岔路至猓猓寨五十五里，猓猓寨至橋頭六十里，橋頭至石坪村五十里，蒙化廳地。石坪村至大理府城五十五里，太和縣地。大理府至下關店三十里。趙州地。

大功廠距大理府關店計程六百三十五里，自廠至白羊五十里，白羊至獅井四十里，獅井至雞村四十五里，鷄村至湯橙四十里，雲龍州地。湯橙至菓鄉四十五里，永平縣地。菓鄉至雲龍州城四十里，雲龍州至關坪六十里，關坪至丕邑五十里，丕邑至江滂六十里，雲龍州地。江滂至鳳羽五十里，浪穹縣地。鳳羽至沙坪五十五里，鄧川州地。沙坪至大理府城七十里，大理府至下關店三十里。

得寶坪廠距大理府關店計程六百九十里，自廠至平和五十五里，平和至黑烏六十里，黑烏至滿官村六十五里，滿官村至程海六十里，程海至永北廳城六十里，永北廳至清水驛七十里，清水驛至金江七十里，永北廳地。金江至平得村七十五里，平得村至沙坪七十五里，鄧川州地。沙坪至大理府城七十里，大理府至下關店三十里。

迴龍廠距大理府關店計程九百八十五里，自廠至羊場四十五里，羊場至木基壩四十五里，木基壩至熱水潭五十五里，熱水潭至羊山五十里，羊山至稗子溝五十里，稗子溝至通甸五十里，通甸至呂苴七十里，呂苴至香多六十里，香多至沙左五十五里，沙左至蒙古五十五里，蒙古至麗江府城五十里，麗江縣地。麗江府至鶴慶州城八十里，鶴慶州至三場白七十五里，鶴慶州地。三場白至三營五十五里，浪穹縣地。三營至沙坪九十里，鄧州州地。沙坪至大理府城七十里，大理府至下關店三十里。

關店距尋店計程一千一百八十里，自下關至趙州城三十里，趙州至紅崖六十里，趙州地。紅崖至雲南驛九十五里，雲南縣地。雲南驛至普淜七十里，姚州地。

普淜至沙橋九十里，鎮南州地。沙橋至呂合六十五里，呂合至楚雄府城六十里，楚雄縣地。楚雄府至廣通縣城七十里，廣通縣至舍資七十里，廣通縣地。舍資至祿豐縣城九十里，祿豐縣至老鴉關七十里，祿豐縣地。老鴉關至安寧州城八十五里，安寧州至省城七十五里，省城至板橋四十里，昆明縣地。板橋至楊林六十里，楊林至易隆七十五里，尋甸州地。易隆至尋店七十五里。

【略】經烏龍潭至發打頭一站，自發打頭經涼水井、海通青麥地至叭得一站，叭得經白土恪勺至得威一站，得威經黃龍硐、小發土至赤章一站，赤章經大坡山、七道灣、稻雄山、喫水塘、飛松嶺至改衣一站，改衣經阿汪坡至三塘水一站，三塘水經古宗坡、柳樹村至黃土沖一站，黃土沖經乾海子、小灣河、底長領子至宣威州城一站，宣威州東門外王家海子經募宗坡、吹風嶺、梁王沖、大平地至來賓鋪一站，來賓鋪經牛泥塘、長坡、通南鋪至舊堡子一站，舊堡子經木瓜箐、七里店、老鴉林至周福橋一站，周福橋經木瓜哨、三轉灣、埃腳石、水塘鋪、亂石灣至可渡橋一站，可渡河有木橋今渡。經楊橋灣至箐頭鋪一站，箐頭鋪經紅石崖至飛來石一站，飛來石經康家海、石橋梯、簸箕灣至威寧州城一站，皆係牛車輓運，砌石不便行車，土路易於埃陷，舊屆五六年請修一次，道光十九年已逾十年題修，縻銀二千一百兩有奇。

威店至鎮雄州計程五站，自威寧州城至高梘漕一站，高梘漕至阿箕車一站，阿箕車至菩薩塘一站，菩薩塘至桃園一站，桃園至鎮雄州城一站。

鎮店至羅星渡計陸程五站，自鎮雄州城經板橋、刷布嶺至古芒部一站，古芒部經陸井塘、黑泥孔、野豬箐至雨灑河一站，雨灑河經黃土坡、鸚哥嘴至花蛇嶺一站，花蛇嶺經連三坡、三岔路至中村一站，中村經落亥至羅星渡一站，羅星渡至瀘店計水程八站，自羅星渡至木灘一站，木灘至僨灘一站，僨灘至南廣一站，南廣至瀘州五站。凡運銅陸路，險窄處歲修之，羅星渡至南廣河道，乾隆十年開通，有小瓦灰灘、瓜爬灘、老瓦沱灘、美美灘、小擺子灘、雙硐子灘、五義子灘、乾岩子灘、土地灘、前門灘、後門灘、鍋樁灘、將軍灘、張家灘、大浴三灘、鷺項頸灘、石板灘、黃格溪灘、長搖灘、大葉灘、大僨灘、魚脊灘、牛網艢灘、大井坑灘、張公岩灘、三毫灘、斗水灘、鍋餅灘、半邊箭灘、觀音灘、猫臉灘、溪灘、小蘇灘、長腰灘、羅家灘、中渡灘、蛇皮灘、柳公夾灘、深根子灘、小角車灘、石馬孔灘、葛布灘、大線灘、青灘、打魚壩灘、銅鑼灘、荔支灘、龜背灘、大卧灘、鱉甲石灘、石鷄灘、瓦窩灘、母豬灘、蠻堆灘、大壩灘、乾溪灘、圈七灘，本係山溪，大雨，沙淤石積，亦歲修之，歲支節省銀三百兩。

東店至昭店計程五站半，自東川城至紅石崖一站，紅石崖至天申塘半站，天申塘至以扯汛一站，以扯汛至江底渡法戛江。一站，江底至大水塘一站，大水塘至昭通府城一站。

湯丹廠至東店計程二站，自廠至小江八十五里，小江至東川府城七十里。

碌碌廠至東店計程三站半，自廠至黃草坪三十五里，黃草坪至小田壩五十五里，小田壩至尖山塘六十里，尖山塘至東川府城六十五里。

大水溝廠至東店計程三站半，自廠至黃草坪三十五里，合碌碌路。

茂麓廠至東店計程七站半，自廠至桃樹坪六十里，桃樹坪至樹結六十里，樹結至苗子村五十里，苗子村至大水溝五十里，合大水溝路。

大風嶺廠至東店計程六站，自廠至樹桔渡六十里，樹桔渡過金沙江。至涼水井六十里，涼水井至腰店子六十五里，腰店子至老村子六十里，老村子至尖山塘六十五里，合碌碌廠路。

紫牛坡廠至東店計程二站半，自廠至則都箐三十里，則都箐至尖山塘六十里，合碌碌廠路。

獅子尾廠至東店計程十站，自廠至馬路塘六十里，祿勸縣地。馬路塘至撒撒廠五十五里，撒撒廠至鳳毛嶺五十五里，鳳毛嶺至發窩七十里，發窩至會理村六十里，會理村至小銅廠五十里，小銅廠至鷄罩卡六十里，四川會理州地。鷄罩卡至孟姑六十五里，會澤縣地孟姑至三道溝六十里，三道溝至東川府城六十里。

昭店至豆沙關計程六站，自昭通府城至烏扯鋪一站，烏扯鋪至一碗水一站，一碗水至雄魁汛一站，雄魁汛至乾海子一站，乾海子至七里鋪一站，七里鋪至豆沙關一站。

豆沙關店今至鹽井洩稱井店至瀘店，水程少一站，陸程多一站。計水程一千四百五里，自豆沙關背運下船，經龍拱沱灘、盤灘、豬圈口灘至鹽井渡，經黃角灘、打扒陀灘、青菜灘、新灘、花塘、白龍灘、九龍灘、張家灘、高灘至敘州府，經木頭號至江安縣，由江安至納溪縣，由納溪至瀘州鹽井渡，以下河道有丁山磧灘、黃葉漕灘、門檻灘、土地灘、明灘、梅子漩灘、龍門石灘、沙石沖積，歲皆修之，動支節省銀三百兩。

昭店至黃坪店：坪店至瀘店計水程八站，自黃草坪至大霧基一百三十七里，經一十六灘，大霧基至鍋圈岩一百三十九里，經二十一灘，鍋圈岩至漢漕，又至新開灘二站，新開灘至瀘店五站。凡經金沙江沙河灘、大猏子灘、黑鐵滇灘、烏鴉灘、大霧基灘、大虎跳岩灘、溜桶子灘、特衣灘、小鍋圈岩灘、大鍋圈岩灘、大猫灘、冬瓜灘、大漢漕灘、木孔灘、凹崖三腔灘、小虎跳岩灘、苦竹灘、新開灘險利遠灘、羊角灘、棗核灘、大芭蕉灘、石板灘、象鼻頭灘、廠鼻二灘、黄草三灘、乾田壩灘、金鑽圈灘、焦石崖灘、梨園灘、小猏子灘、中石板灘、木貼灘、江心石灘、鼓瀆岩灘、窩洛灘、神農灘、小霧基灘、溜水岩灘、硝廠灘、硫磺灘、三堆石灘、磨盤灘、小獅子口灘、大獅子口灘、坤龍灘、那比渡灘、車亭子灘、豆沙溪灘、貴擔子灘、溜筒子灘、猪肚石灘、門檻三灘、長岩坊灘、貴溪灘、算長灘、溝硐子灘、鸚哥灘、横梁子灘、撒水壩灘、四方石灘。次險。遇有石塊壅阻，皆歲修之，鎔鐵爲器，斷木爲樁，鑿石燒灰，逐段疏剔，歲支節省銀一千兩。

樂馬廠至昭店，自廠至魯甸六十里，魯甸至昭通府六十里。雙龍廠至尋店，自廠至紅棗營五十里，紅棗營至尋店五十里。金沙梅子沱廠至瀘店水程，自廠至安邊二百五十里，安邊至敘州府一百里，敘州府至南溪一百九十里，南溪至瀘店一百五十里。

人老山廠至瀘店水陸九站，自廠至落水村八十里，落水村至核桃壩九十里，核桃壩至廟口四十里，廟口至瀘店水程一千四十五里。

箭竹塘廠至瀘店水陸十一站半，自廠至戛捕七十五里，戛捕至拖施村七十五里，拖施村至豆沙關八十五里，豆沙關至瀘店水程一千四百六十二里。

長發坡廠至瀘店水陸十五站，自廠至兩路口四十五里，兩路口至二等坡五十里，二等坡至牛街店四十五里，牛街店至黄水七十里，黄水至花家壩八十里，花家壩至石竈孔七十里，石竈孔至羅星渡五十里，羅星渡至瀘店水程八站。

小岩坊廠至瀘店水陸八站，自廠至洗沙溪四十里，洗沙溪至江口七十里，江口至大漢漕一百四十里，大漢漕至瀘店水程九百七十九里。

老硐坪廠至尋店，自廠至界牌五十里，界牌至大坪子六十里，大坪子至老林箐五十五里，建水縣猛喇掌寨地。老林箐至逢春里八十里，蒙自縣約更土巡檢地。逢春里至稿吾卡五十五里，土把總地。稿吾卡至花枯栢六十里，花枯栢至矣枯底六十里，矣都底至個舊廠五十五里，蒙自縣地。個舊廠至蒙自縣城六十里，蒙自縣至大屯三十里，大屯至鷄街六十里，鷄街至扳枝花七十里，建水縣地。扳枝花至新房七十里，新房至館驛八十里，館驛至通海縣六十里，通海縣至江川縣七十里，江川縣至晉寧州八十里，晉寧州至呈貢縣五丨里，呈貢縣至板橋五十五里，昆明縣地。板橋至楊林六十里，楊林至易隆七十里，易隆至尋店五十里。

香樹坡廠至尋店，自廠至法朡九十里，法朡至雨竜三十里，雨竜至妥甸六十里，妥甸至南安州城七十里，南安州至楚雄府城合關店至尋店路。

鳳凰坡廠至尋店，自廠至阿藥鋪五十里，阿藥鋪至陸涼州城五十里，陸涼州至刀章鋪四十五里，刀章鋪至馬龍州四十三里，馬龍州至尋店四十五里。

紅石岩廠至尋店，自廠至大麥地六十里，大麥地至阿藥鋪五十里，阿藥鋪至陸涼州城合鳳凰坡廠至尋店路。

紅坡廠距尋店，自廠至路南州城五十里，路南州至古城七十里，古城至易市縣六十五里；易市縣至易隆六十里，合老硐坪廠至尋店路。

大興廠距尋店，自廠至路南州城五十里，合紅坡廠至尋店路。發古廠距威店，自廠至新村五十里，新村至折苴五十五里，折苴至甸沙五十里，甸沙至王家莊五十里，王家莊至馬龍州四十七里，馬龍州至黑橋六十里，黑橋至遵花鋪五十五里，遵花鋪至永安鋪□十里，永安鋪至石了口九十里，石了口至可渡九十五里，可渡至箐頭鋪四十里，箐頭鋪至飛來石四十五里，飛來石至威寧州四十里。

瀘州至京長運竝係水程。自瀘州經石鼻子灘，至合江縣六百里，合江縣經觀音背灘，至江津縣三百六十里，江津縣經水銀口灘、觀音背灘、蜂窩子灘、鑽皂子灘、烏龜石灘、黑水灘、峩嵬灘、門堆子灘、馬嶺灘、鉅梁灘，至巴縣二百四十里，巴縣至長壽縣一百八十里，長壽縣經黄魚嶺灘、羣猪灘至涪州二百二十里，涪州經巉碑梁灘至酆都縣九十里，酆都縣經魚硐子灘、折尾子灘至忠州一百二十里，忠州經大湖塘灘至萬縣一百二十里，萬縣經東洋子灘、廟磯子灘、瞿塘馬嶺灘、寶塔灘、磁莊灘至雲陽縣一百二十里，雲陽縣經青岩子灘、二沱灘、瞿塘灩預灘、石板峽灘、小黑石灘至奉節縣一百三十里，奉節縣經大黑石灘、龍寶灘、空房灘、跳石灘、庫套子灘、大磨灘、黄金藏灘、香爐灘，至巫山縣八十里，巫山縣經鯿魚溪灘、金扁擔灘、又名磨刀灘。作油灘、三松子灘、泉急灘、又名金鷄灘，又名母猪灘。青竹漂灘、横梁灘至湖北巴東縣一百五十里，巴東縣經上八門灘、下八門灘、石門灘、洩灘、飯甑老灘、老虎石灘、叱灘、烏牛石灘、蓮花三漩灘、居原三泡灘、下石門灘、金盤磺灘、鋸齒灘、上尾灘、黄牛灘、耍和尚灘、白狗懸灘、新灘頭灘、癩子石灘、鷄心石新灘、二灘、天平石豆子石新灘、三灘、射洪磧灘、鼓沉灘、蕭家硃灘、崆嶺峽灘、大二三硃石南丈硃灘、龍鬚沱灘，至歸州九十里歸州，經鍋龍子灘，沾山硃灘、大峯硃灘、甕硐灘、玳石灘、渣波灘、紅石子灘、南沱三漩灘、嚴希沱灘、黃顙洞灘、石牌灘、偏牢灘、白龍洞灘、楠木坑至東湖縣九十里，東湖縣經狼牙磧至宜城縣九十里，宜城縣經鷄翅膀灘、雀兒尾灘、獨楊沙灘至枝江縣九十里，枝江縣經採穴口灘至松滋縣九十里，松滋縣經魚兒尾灘、簸箕灘、太保灘、老龍灘、馬家寨、曬穀坪、荆州關至江陵縣一百二十里，江陵縣經㕦湖隄至公安縣一百六十里，公安縣經袁家埠、楊林市、藕池、山磯嘴、齊公橋、季家嘴、土地港、壺套至石首縣一百二十里，石首縣至監利縣一百二十里，監利縣經九龍灘、上返嘴至巴陵縣一百三十里，巴陵縣經上翻嘴、下翻嘴、荆河腦、白螺磯、楊林磯至嘉魚縣一百里，嘉魚縣經穀花洲、石頭口塘、石磯頭塘、上牌洲塘、汪家洲塘、小林塘，又名小洲，江、夏縣地。鯉魚漻、楊泗磯、青山磯、白滸鎮至漢陽縣二百五十里，漢陽縣經鄧家口、通津、東江腦、烏石磯、九磯頭、大軍山、四官殿、楊林口至黃岡縣二百四十里，黃岡縣經陽城河、葉家洲、三江口、下新河王荒武昌縣地。猴子磯、趙家磯、龍蟠磯、燕磯大冶縣地。西塞磯至蘄州二百七十里，蘄州經漳源口即參興磯，廣濟縣地。牛闌磯、大磯頭至江西德化縣一百八十里，德化縣過關經梅家洲、圖洲、白水港、新洲、迴峯磯、套口、楊家洲、八里江至湖口縣六十里，湖口縣經屏峯磯、上鐘山、下鐘山、柘磯、香鑪墩、下石嘴、桂家林、秦家洲、何家套、星子縣地。渚溪、洋瀾、謝師塘、長嶺、青山、蓼花池、左蠡將軍廟、南關州、火焰山、青溪料至彭澤縣九十里，彭澤縣至安徽東流縣九十里，東流縣至懷寧縣八十里，懷寧縣至貴池縣一百六十里，貴池縣至銅陵縣一百里，銅陵縣至繁昌縣九十里，繁昌縣至蕪湖縣九十里，蕪湖縣過關至當塗縣七十里，當塗縣至江寧府龍江關一百二十里。江寧府過關至儀徵縣一百二十里，入淮河上水至揚州府七十里，至高郵州一百二十里，至寶應縣一百二十里，至淮安府山陽縣八十里，過淮關至清河縣四十里，入閘經福興頭閘、通濟二閘、天地惠濟三閘至五壩五里，過黃河進楊家莊口十里，至仲興集七十里，桃源縣二里，至白洋河七十里，至古城驛五花橋十五里，至駱溜閘二十里，至宿遷縣二十里。宿遷縣過關至九龍廟十里，至皂河閘三十里，至利運閘三十里，至馬產閘十五里，至徐州府邳州十里，至河城閘三十里，至河清閘二十里，至梁王閘二十里，至黃陵莊十七里，至臺兒莊三里，過内八閘，臺莊閘至至□魚誕六里，至嶧縣侯仙閘十二里，至頓莊閘八里，至丁廟閘七里，至萬年閘六里，至張莊閘六里，至石閘六里，至勝德閘六里，至湖口韓莊閘二十三里，至郗山三十里，至彰五閘二十里，至藤縣夏鎮，閘三十里，至楊家莊閘十五里，至宋家閘三十里，至橋頭閘五十里，至利建閘十二里，至沛縣十八里，至南陽閘一里，至棗林閘十二里，至施莊閘十二里，至仲家閘六里，至魚臺縣六里，至新閘三里，至新莊閘二里，至石佛閘十八里，至趙村閘六里，至濟寧府在城閘六里，至天井閘一里，至南門橋閘一里，至草橋閘一里七分，至安居閘十八里，至通濟閘十八里，至寺前閘三十里，至鉅野縣□□閘十二里，至南柳林閘十里，至分水龍王廟十二里，至北柳林閘五里，至開河閘十二里，至嘉祥縣袁家口閘十六里，至安山閘三十里，至汶上縣代廟閘三十里，至張秋鎮三十里，至荆門上閘十二里，至荆門下閘二里，至東平州阿城上閘八里，至阿城下閘二里，至七級上閘七級下閘十二里，至壽張縣十二里，至陽穀縣周家店閘六里，至李海霧閘十二里，至聊城縣通濟閘二十里，至梁家鄉閘十八里，至土橋閘十八里，至永通閘三十里，至戴家灣閘十八里，至臨清州四十里。臨清州過關磚閘至板閘二里，出口下御河至寶塔灣十五里，至油坊四十里，至渡口驛十八里，至武城縣三十里，至甲馬營四十里，至鄭家口四十里，至故城縣七十里，入直隸境。至四女寺三十一里，至桑園四十里，至安林三十里，至吳橋縣連鎮四十里。至東光縣三十里，至泊頭四十里，至南皮縣薛家窩三十里，至磚河四十里，至滄州三十里，至新集四十里，至青縣三十里，至流河四十里，至陳家屯三十里，至靜海縣四十里，至獨流十八里，至楊柳青四十里，至天津縣天津關三十里，天津縣過關起剥至武清縣一百八十里，至通州一百四十里，盤五壩至大通橋四十里。

又卷二《程第八》附王昶《銅政全書・籌改尋甸運道移於剥隘議》 謹按京銅逾越蜀江，危磯湍水，沉溺屢見，而加運兩起，期以二三月間行，正值春夏雪消水漲，加以大雨時行，暴風不測，故沉覆者尤多。其例豁免者，又須另給工木，發交銅廠，按數辦出補運。其不准豁者，追賠亦費追呼。況近年滇省産銅拮據，發買補辦亦殊難得，則凡有可以稍減沉覆者，即當擇而採之，毋庸以更張爲戒也。查各省採買之銅山，粵西灘河水運曾不明有沉覆之事。乾隆三十七年，迤東道博明曾議由剥隘輓運京銅以達粵西。越一年，臬司徐嗣復踵其議而變通之，於運程運費時勢之間，備細籌計，較之博明所議倍詳，惜乎格而不行也。夫由省運至剥隘，白色，再至漢口，較由尋甸、瀘州至漢口者，每銅百觔多用運費銀纔四分耳。經由省城上游各廠之銅，每年不及二百萬，若撥一百九十餘萬，由竹園村轉運剥隘以供京銅，兩起加運多用脚銀不過七百七十餘兩。即以尋昭陸運節省之銀撥給供支外，尚有多銀，是此七百數十兩不過沉銅八九千觔之價，而況沉銅多者，有一次、兩次、三次之不等，所沉打撈不獲之銅數，以彼絜此，相去幾倍，蓰而

無算，由此一路運費之多用者無幾，而京銅之獲全者甚大，通盤計算其得失之數固懸殊矣。夫改尋甸店一路之銅於剥隘轉運，路遠而費多，改省城一路之銅於剥隘轉運，路不遠而費無多，黑白昭然。乃議者竟舉從前改運尋甸之運費銀數，牽連議駁，其故何歟？且以尋東一路銅運之遲，乃議分運以速之。廣南府所議夏秋將銅運貯廣南，冬令轉運剥隘，以避廣南以下夏秋之瘴癘，其於此路應運之銅，既可以無悮，而分運以舒東尋一路之力，俾兩路各副其期，則運更易矣。乃舉此一路之銅而云，不能較速於尋東，是蓋未之深思耳。至寧臺銅低，慮他廠牽搭，今則銅面已鐫廠名，自不能以他廠低銅牽搭矣，惟雖改路分運，自下關至省，應仍其舊，自省至白色，仍令廣西州廣南府承運。所請自下關至白色，由京運委員承領催運，稍有未協耳。至此路陸運設店養廉工食紙筆燈油之數，可於尋威一路各店按照分運銅數劃分以爲挹注，原可不必另支。即有不足，而四十七年各陸路添設卡役，查催京銅有名無實，儘可裁移以補此路之店費，亦不必有不貲之慮也。以由省城一路之京銅改運剥隘，既分尋甸擁擠之勢，可速運期，又免威寧、鎮雄銅多限急之時，派累民夫背運，而免兩起加運京銅避蜀江盛漲之險，可免沉失，蓋有數善焉。近睹東尋兩路京銅陸運之艱，常籌計及此，乃繙閲舊卷，已有先爲計及者。今欲舉而行之，其自省以卜之牛運、車運已無慮不給，惟剥隘之船足俱與否？宜檄行廣南府詳籌，以爲久長之計，然後陳明兩臺入奏，乃調藩江西，不及辦此，因録前後之案，以待從來採擇焉。按浙江等省可由内河行，若運京須過洞庭湖耳。

又卷二《舟第九》 自滇而蜀，舍車而資舟，其大小輕重皆有度，司津者豫其責而董臣督莅之。其專派之藩臬，稽查尤詳，厚廾以資，而嚴其怠玩之罰，數千里溯洄溯游，人力風候，非忠信涉波濤，烏能勝任哉？故記舟。

凡雲貴運京銅鉛船隻，永寧責成永寧道，督同永寧知縣、瀘州知州代僱。重慶責成東川道，督同江北同知代僱。漢口責成漢黄德道，督同漢陽府同知代僱。儀徵責成江寧監巡道，督同儀徵知縣代僱。淮揚道催趙前進，如有疏失，船户等追價懲之。

凡運船運員慎僱堅固寬大民船，瀘州會同州牧驗明取其船户，切實保認各結。重慶會同江北廳察驗取結，其值照市給發，不經地方官，以防胥役勾串，竝革除攬頭名目，或徑僱抵通州，或僱至漢口。江寧換船聽運員自行相機辦理。

凡險灘，地方官刊刻一紙交銅船運員，傳示各船相度趨避，竝於兩岸插立標記，俾免涉險，臨期多添大役，委遊擊都司察催押送，以昭慎重。

凡險灘，酌募灘師四五名，捐給工食，放灘安穩者賞，有失則罰，有不得濫將未經練習之人充數。

凡滇於運鑄減載添船，自重慶至漢口每正運一起，添船四隻，於額領水脚雜費外，加給船水工食銀一百八十二兩四錢，雜費銀一十三兩。每加運一起，添船五隻，於額領水脚雜費外，加給船水工食銀二百三十四兩四錢，雜費銀十六兩二錢五分，於京銅項下動支，據實人間造銷。

凡裝運，每船以八分載爲度，應載銅鉛之數，令地方官覈明申報，如大船缺少，或值水涸僱剥小船，亦將實在船數及應載銅數移明前途察驗。凡重慶至宜昌節節險灘，每夾穌船帶貨營私者，舉其貨，罰其人，盜賣者抵罪。倘減船重載一隻，以裝載萬觔爲限，餘船每隻各五萬觔，零數僅數千觔至二萬數千觔者，准其分船灑帶，若三萬觔以上者，别載一船，仍取大小適中，若船小載重及以大船夾帶者皆有罰。

凡加運京銅，運至漢口，撥湖南站船十隻，每隻裝銅三萬二千觔。湖北站船三十二隻，每隻裝銅四萬觔。江寧換撥頭號塢船二十六隻，每隻裝銅五萬五千觔三號，塢船十三隻，每隻裝銅三萬六千觔，抵通卸載四次。

凡委員運銅，沿途偶有擦損，隨時檢拾歸數，不得稟報磕迸。

凡銅鉛船過境，沿途地方官照催，漕例會同營員派撥兵役催趲防護，銅觔正運，每起撥兵十三名，健役七名。加運每起撥兵十六名，健役八名。經過川江險灘地方，員弁豫帶兵役水手在灘所照護。

凡運員起程，本省給與護牌，沿途入境均令運員先期知會地方官，經過之日，地方官察無别項弊竇，即於護牌内粘貼印花，註明經過月日。守風守凍亦即註明。一面知會下站，一面具結申報該督撫，將是否在川江、大江、黄河之處於奏報摺内逐細聲明，并將印結送部，俟運員抵通後覈察。

凡秤銅，令永寧道督同瀘州知州運員，及瀘店委員，用部頒法馬監兑秤收具結加轉飛飭川東道。俟銅觔到重慶，委江北廳同運員逐一過秤，出具切實印結，又由川東道飛飭夔關察驗。凡運船自重慶以下，令上站之員將分裝各船編列字號，開具每船裝載觔數塊數及船身喫水尺寸，船户人等姓名，造册移知下站，按册察驗，如無短少情弊，即其結放行。倘船户水手有中途逃匿者拏治。

凡接護之地方官，遇運船到境，即飭押送人役嚴密巡邏，毋任船户等乘隙滋弊。至漢口儀徵换船過載，令湖廣、江南督撫飭，令護送大員同運官盤察，過秤具結申報。

凡運船經過江河險隘處所，水淺之時應須起剥，均令地方官會同運員妥協辦理統計。銅鉛長運至京，即值水涸，每運起剥總不得過八次，天津至通州一次，起剥每百觔給銀六分九釐。其餘沿途剥費，正運銅觔每起不得過一千八百兩，僱縴工價不得過二百四十兩，加運銅觔每起不得過一千六百兩，僱縴工價不得過二百一十兩。鉛觔每起在途剥費不得過二千兩，僱縴工價不得過二百七十兩。令沿途地方官將用過銀數出結送部，浮冒者按限著追。

凡銅鉛運抵天津僱船起剥，向係起六存四，如原船實係破漏不能前進，會同天津縣全行起剥，一體報銷。原船水脚銀兩應截至天津縣，止由津至通州計程三百二十里，每銅百觔合銀三分七釐六忽零，每鉛百觔合銀四分五釐六毫六絲五忽零，於水脚銀内照數扣除。

凡京銅運抵天津，全行起剥所需剥費銀二千八百兩，分爲六起支領，正運每起銀五百兩，加運每起銀四百兩。豫由直隸司庫撥貯，天津道庫見銅木條俟各運員抵津，按起支給，滇省每年於題撥銅木案内聲明扣除。

又卷二《耗第十》 衣成缺衽，室成缺隅，物無常足，其勢然也。銅鑿於山，浮於江漢，逾於淮亂於河，入於汶泗，達於潞，其折閲蓋有之矣。然不爲之限，非泥沙棄之，即囊橐私之耳，十全者受優擢，十失一二者，抵過。此則償其物罰其人，勸懲之道存焉。故記耗。

有路耗，凡銅自廠至店，自店遞至瀘，陸運途長，載經屢换，既有磕碰，必致折耗，在例收耗銅内分别給之，准於册内除算。

有逾折，例准路耗之外，復有短少，謂之逾折。每年額定二萬四千觔，威店、關店、坪店各四千觔，昭店、鎮店各六千觔。每百觔作價銀一十一兩，店員賠繳，轉發廠員買補。

凡餘銅，每正銅百觔例帶餘銅三觔之内，以八兩爲瀘州以前折耗，逾額折耗在運官名下照定價勒追交，廠官於運限内補足。以二觔八兩爲瀘州以後折耗，及京局添秤之用。添秤所餘，准運官頒售，仍納崇文門税。運官豫售，以漏税論。其應納沿途關税，雲南巡撫於運官回省日，飭在應領養廉等銀内按則扣存彙解，并將原給運京水脚扣除奏銷。凡餘銅隨正抵通，應由坐糧廳驗貯，聽錢局提取添秤，中途遇有沉溺，現到正銅不敷收兑，將所帶餘銅儘數抵收，若有餘，仍准納税領售。凡錢局飭提餘銅，由運官僱車，不給運脚，如抵銅不敷，即令照數賠補，每百觔繳價銀十三兩一錢三分七釐零，仍令廠員買足搭運。此項舊例亦有逾折定額，後經奏明停止。

凡險灘沉溺打撈全獲，水深四丈以外者，每獲百觔給工費銀四錢四文，以内者給工費銀三錢。水深八九尺未及一丈者，給工費銀一錢，水摸飯食給銅四分。至難以施力，酌量情形，不必過於勉强，以致水摸有涉險輕生之事。其運員會同地方試探打撈，定限十日，將撈獲銅觔歸幫，開行前進。未獲者，摘留運員家丁，交地方官督同看守打撈。其著名險灘沉溺無獲，文武各官出具保結，准其題豁，仍嚴揑報之罰。如保次灘除撈獲外，運員賠十分之七，地方官賠十分之三，其險灘不會同地方官打撈者，雖全獲不准報銷撈費。

又卷二《節第十一》 運銅之費如棼絲，涣之至矣，涣必受之以節，易險而夷，易迂而直，易車而舟，易造舟而僱募，所省實多，故記節。

凡尋甸一賠陸運至威寧，每銅三百觔節省銀二錢，原定自尋向至威寧車行十五站，每車裝銅三百觔，脚銀三兩，續將車路改修平直。省行一站，每車脚銀二兩八錢。歲共節省銀一萬七百五十九兩一錢二分一釐有奇。自威寧至羅星渡，每百觔節省銅一錢八分七釐有奇。原定自威寧至永寧計程十三站，脚銀五錢一分六釐八毫，續改運羅星渡計程十站，每百觔馬脚銀一錢二分九釐二毫，三站節省銀三錢八分七釐六毫。除羅星渡至南廣洞水脚銀二錢外，實節省銀一錢八分七釐有奇。歲共節省銀五千九百一十九兩九分四釐有奇。

凡東川一路，自豆沙關水運鹽井渡轉至瀘州，每百觔節省銀三錢三分，原定陸運續改水運。歲共節省銀五千二百三兩八錢五分有奇。鹽井渡運瀘州遇有客貨船隻，儘數僱募。每百觔除正額節省之外，有額外節省銀九分四釐有奇，多寡無定。永善縣自黃草坪水運瀘州，每百觔節省銀六錢八分二釐，原定陸運續改水運。歲共節省銀一萬七百五十九兩一錢二分一釐有奇。遇有客貨船隻僱運，於正額節省之外更有節省，多寡無定。

凡各路請領運脚，仍按原站銀數給發，俟運竣節省扣明另册造報。

凡自各廠運店及自各店運瀘，並每銅百觔搭運五觔，不給脚價，節省銀兩留充公用。

又卷二《採第一三》 舊時滇南諸府皆鑄錢，陝西錢昂則運錢至陝，廣西則例運六萬餘貫，自各省開局鼓鑄，而運錢始停，其波及隣封者，皆滇之餘也，故記採。

江蘇三年採買一次，每次正高銅一十七萬觔，每百觔價銀一十一兩，每百觔餘銅一觔不收價。金釵廠正低銅五十二萬觔，每百觔價銀九兩加耗二十三觔，餘銅一觔不收價。

江西年半採買一次，每次運官一員，正高銅五萬三千六百八十觔，每百觔加耗四觔，餘銅一觔。金釵廠正低銅二十三萬四千三百二十觔，每百觔加耗二十三觔，餘銅一觔分別收價，不收價與江蘇同。

浙江每年採買一次，每次運官一員，正高銅二十六萬觔，每百觔加耗四觔六兩，餘銅一觔。金釵廠正低銅十四萬觔，每百觔加耗二十三觔，餘銅一觔，分別收價，不收價與江西同。

福建三年採買一次，每次正副運官各一員，正運官正高銅四十二萬觔，每百觔加耗四觔六兩，餘銅一觔。副運官金釵廠正低銅一十八萬觔，每百觔加耗二十三觔，餘銅一觔，分別收價，不收價與浙江同。

湖北每年採買一次，每次運官一員，正高銅二十二萬四千三十八觔，每百觔加耗三觔，餘銅一觔，分別收價，不收價與福建同。

湖南每年採買一次，每次運官一員，正高銅十三萬五千觔，每百觔加耗三觔，餘銅一觔。金釵廠正低銅六萬五千觔，每百觔加耗二十三觔，餘銅一觔，分別收價，不收價與湖北同。

陝西年半採買一次，每次運官一員，正高銅二十四萬五千觔，每百觔餘銅一觔。金釵廠正低銅十萬五千觔，每百觔加耗二十三觔，餘銅一觔，分別收價，不收價與湖南同。

廣東每年正高銅一十萬一千二百二十七觔，每百觔加耗五觔，餘銅一觔。金釵廠正低銅五萬六百一十三觔，每百觔加耗二十三觔，餘銅一觔。各廠員運至剝隘交廣南府設店收貯，廣東委員運鹽至隘易銅回粤，分別收價，不收價與陝西同。

廣西每年採買一次，每次運官一員，正高銅二十一萬二千五百五十觔，每百觔加耗五觔，餘銅一觔分別收價，不收價與廣東同。

凡八省由滇陸運至剝隘，轉運百色，由百色水路分運各省。貴州每年採買一次，每次運官一員，正高銅三十六萬三千八百六十七觔十五兩六錢二分，每百觔加耗一十一觔，每正銅百觔收價九兩二錢，耗銅不收價，由平彝陸運至黔。

凡各省委員買銅，銅多路近，及下游各廠令委員赴廠領運，如義都、青龍等廠。銅少路遠。各廠令廠員運至雲南府、如大美、大寶寨子、箐香、樹坡等廠大理府，如白羊等廠接收轉發，馬運者日行一站，牛運者日行半站，如牛馬倒斃，雨水阻滯，銅數一萬觔以下道理十站，以内者寬限二日。一萬觔以上十站，以外者寬限四日。五萬觔以上十站，以外者加限一倍，再加寬限六日，逾者吏議。

凡上游自廠至省，脚價歸滇報銷，其下游赴廠領運脚價仍歸各省報銷。

凡委員領運寧臺廠銅在省改煎，建房造鑪，僱匠買炭，每運限六十日，每改煎銷一萬觔，限十日，逾者吏議。

凡委員在滇辦文請領運脚咨牌，每運限三十日，僱募牛馬銀數十萬觔者，限三十日。二十萬觔者，限四十日。三十萬觔者，限五十日。四十萬觔至五十萬觔以上者，限六十日，不得逾九十日之限。

凡滇省撥銅，以委員到滇兑收價銀之日起覈計，所價高低銅數統於一月限内籌撥，毋致稽候。

凡兑銀四五千觔至一萬四五千觔者，限一日兑竣，二三萬觔以至十餘萬觔者遞加，違者吏議。

凡加展限期按照銅數多寡、程途遠近，如銅數在千觔，道途在十站以内者，寬限二日。一萬觔以上，十站以外者，寬限四日。二三萬觔以至五六萬觔以上，十站以外者，寬限六日。

凡委員先後到滇者，先給先到之員，同時到者先給遠省之員。凡委員到滇之日，於銅廠派定後，將何廠撥銅若干觔，相去遠近，應限若干日統計，何時全數兑交，造册咨部，俟奏報開行時，將廠員給領有無逾違專摺聲敘。

凡廠員兑銅，按照部定成色不准攙和低潮，如成色實有不足，准委員禀明，另換其廠員聽究。因禀換而逾限，過在廠員，如竝未禀換，經本省察驗成色不足，則委員賠補聽議。

凡委員運脚盤費，本省照數發足，不准在滇借支，竝飭各地方官會同運員僱募牛隻，樽節妥辦，毋使脚户居奇，例外加增，致滋縻費。

凡滇省廠員運粤銅至剥隘，高低銅各提三塊作爲樣銅，以二塊存滇備察，二塊交廣南府比對，一塊咨粤發局照樣秤收，如有成色不足，察係何員接收，責令賠補。

凡粤銅自滇至剥隘，脚價由滇墊發報銷。自剥隘至粤省脚價及官役養廉雜費，由粤造銷。應還滇省脚價，除抵兑鹽價、水脚外，應找若干，按數報部，酌撥滇省墊發陸路運脚。除鹽價水脚撥抵外，不敷之數，准於屯丁銀内動撥報銷。

凡各省運脚，由省店尋店領運至竹園村，每站百觔脚銀一錢，竹園村至剥隘脚銀一錢二分九釐二毫。金釵廠銅自蒙自縣領運至剥隘，每站每百觔脚銀一錢二分九釐二毫。貴州止給銀一錢二分五釐，廣西另給蒙自縣□銅脚費銀六釐。寧臺廠銅自大理府領運至雲南省城，每站百觔脚銀一錢四釐二毫。由省至竹園村及至剥隘見上。自剥隘以下運回各本省，運脚分別水陸，按站覈給。計江蘇省自剥隘至漢口，每百觔給銀五錢三分五釐有奇，又至蘇州省城銀二錢二分五釐。江西省自剥隘至白色，每站百觔給銀四分，又至南雄府每站百觔給銀一分五釐，又至南安府每百觔給銀一錢二分，又至江西省城每百里百觔脚銀一分，白色起剥，每百觔給銀三分，韶關起剥，每百觔給銀三分一釐。浙江省自剥隘至白色，每站百觔給銀四分，又至漢口每百觔給銀四錢三分九釐一毫，至浙江省城每百觔給銀三錢五分。福建省自剥隘至白色，每站百觔給銀四分，又至漢口每百觔給銀四分五釐七毫有奇，又至福建省城，每百觔給水脚起剥夫價等銀七錢五分二釐二毫。湖北省自剥隘至白色每站百觔給銀四分，又至南寧府，每百觔給銀五分八釐，又至蒼梧縣每百觔給銀六分五釐，又至桂林府每百觔給銀一錢二釐七毫，又至湘潭縣每百觔給銀一錢一分，又至湖北省城每百觔給銀四分。

陝西省自剥隘至白色，每站百觔給銀四分，又至漢口每百觔給水脚銀四錢四分，又至襄陽府每百觔給銀七分，又至龍駒寨每百觔給銀四錢五分，又至西安省城，每騾一頭馱銅一百五十觔，每百里給銀二錢。廣東省自剥隘至白色，每站百觔給銀四分，又至廣東省城每站百觔給銀一分五釐。廣西省自剥隘，抬銅上船，每百觔給銀五釐，又至白色，每站百觔給銀四分，又至廣西省城，每百觔給銀二錢三分九釐一毫有奇，抬銅入局，每百觔給銀三釐。貴州省採買高銅，自廠至省每站百觔給銀一錢二分五釐，筐繩銀一分二釐五毫零，運費銀六分，低銅每百觔給運費銀七分。湖南省自剥隘至白色，每站每百觔給銀四分，又至南寧府每百觔給銀五分八釐，又至蒼梧縣每百觔給銀六分五釐，又至桂林府每百觔給銀一錢二釐七毫，又至長沙省城每百觔給銀一錢一分六釐三毫四絲六忽。

凡各省委員赴雲南，員銅飯食跟役雜費，自起程至事竣，江蘇省委員每日飯食銀四錢，跟役銀五分，每百觔雜費銀三錢四分。浙江省委員每日飯食銀一錢，跟役銀六分，每百觔雜費銀二錢八分七釐有奇。江西省委員每日薪水銀一錢，跟役銀六分，每百觔雜費等銀二錢六分五毫。福建省委員每銅百觔，官役騎馱馬匹脚價銀一錢二分八釐五毫有奇，飯食銀一錢八分一釐有奇，雜費銀六錢一分二釐四毫有奇，房銀五分一釐。湖南省委員每日盤費飯食銀三錢，跟役銀四分，每百觔雜費銀二錢。湖北省委員正運官每日盤費銀五錢，協運官三錢，跟役各銀四分，每百觔雜費銀三錢一分有奇。廣東省委員每日飯食銀二錢，跟役銀三分八釐七毫，解運銅價自剥隘至雲南省，每站每百觔給脚銀一錢二分九釐二毫，每百觔用筐簍木牌一對，價銀二分。廣西省委員每日飯食銀一錢，跟役銀四分，每百觔雜費銀九分七釐。貴州省委員每百觔雜費銀五分一釐，銅價每馬一匹，馱銀二鞘，每站給銀二錢，其買運本省廠銅，每百觔給筐繩銀一分一釐，銅川河廠運費銀二分五釐，哈喇河廠運費銀四分。陝西省委員每日飯食銀一錢九分二釐，跟役銀三分八釐七毫，每百觔雜費銀二錢八分八釐。

凡各省委員所需運費脚兩，除貴州係接壤之區，竝無不敷毋庸借給外，其餘各省應用運脚銀兩，本省業經全數發給，滇省撥銅亦無躭延，不准借給。其本省未經發足，滇省撥銅雖在限内，而運脚不敷，由滇省覈明銅數多寡，程途遠近，察照歷運准銷成例借給，無著者則令運省本省措賠。如本省運脚已經發足，滇省未能按限撥銅，躭延日久，因而運脚不敷，不得不借或至無著，責令滇省措賠。如本省運脚既未發足，滇省撥銅又遲延逾限，以致運脚不敷，在滇酌借無著者，滇省與委員之本省各半分賠，例應領借者，於委員回省報銷時，即將在滇所借銀兩如數如抵。倘有未完，限三個月全完，遲延者議無著者，經催不力之上司攤完，解滇歸款。

鄭光祖《一斑録》卷三《物理・金石》 銅有白銅、青銅、紫銅，不一類，又有生熟之分，多産滇省，每年八運入京。各省所用多資滇産，江蘇銅商亦有領文憑往日本採買者。石録即銅硔也，自然銅乃銅硔中揀出銅塊，不令鎔化，即以打造器皿，色最古，爲玩器殊佳。

魏源《書古微》卷五《釋江源》 問：江有三源，最遠爲繩水，一名黑水，即金沙江，次爲若水，即鴉龍江，又次爲岷江。凡水以最遠爲正源，而《禹貢》叙江源舍遠取近者何？曰：《禹貢》華陽黑水爲梁州，以黑水爲梁州南界，蓋金沙江名麗名瀘，皆取驪慮，黑義爲入滇必由之道，即諸葛亮五月所渡之瀘，是禹貢非不言及黑水之源也。此水出金沙，故曰金生麗水。《山海經》：南海之内，黑水青水之間有水名若水。【略】然金沙江爲滇蜀要道，鉅石亘塞，不通舟楫，實不可强施疏鑿。乾隆二年四月，據大學士鄂爾泰之奏，諭雲貴總督尹繼善、巡撫張允隨委員察勘，俱言江通四川，瀘州爲運銅運餉所必由，除東川以上無計行舟，不必勘估外，自東川小江口起至四川屏山縣之新開灘，止計千三百二十里，又自小江口至湯丹廠百五十里，雖崎嶇險阻，要皆人力可施，化險爲平，以利行旅。自乾隆四年興工至十三年，惟此江上游吴公嶺等十五灘水勢尤險，議從陸轉搬過北岸再下船，雖奏請開濬，旋不成而中止，乃師氏軋作滇，繫於此江，再三言之鑿鑿，謂滇銅運京歲費距萬，若開通此江，可省陸運夫馬費之半，即可抵工程之用，功不在禹下。豈知金沙江之不可通運，猶底柱三門之不可通漕，且亂石礧砢有百倍，此者謂禹功所施不如書生坐論乎？

李星沅《李文恭公遺集・奏議》卷一七《附奏運銅人員請借銀兩片子》 再，前准部咨：運銅人員，實因守風阻水，以致運費不敷，須借銀接濟者，委員確查實在情形，奏明借給，將借過銀數知照下游省分，總不得逾八百兩之數等因在案。玆有雲南領解丙午年正運三、四起京銅委員，昆陽州知州桂文奎、准升元江直隸州知州李令儀均因沿途風水耽延，致將原領水脚銀兩支用罄盡，曾經湖北撫臣准，各借銀三百兩，本年正月奏咨有案。現在該運員等行抵江寧，據稟，修艌船隻，運費不敷，各請借養廉銀五百兩，由江寧布政使傅繩勛飭委江寧、上元二縣分往確查屬實，詳請循案借給前來。臣覆核桂文奎、李令儀所借銀數與部議章程相符，除飭司在於司庫蘆課款内動放銀一千兩，照數分借給領，催令儹運前進。並咨滇省於該二員應得養廉及報銷找領銀内扣還，造報江省作正開銷。暨分咨山東、直隸兩省知照外，理合附片陳明，伏乞聖鑒。謹奏。硃批：該部知道。欽此。【略】

再，前准部咨，運銅人員實因守風阻水，以致運費不敷，需銀接濟者，委員確查實在情形，奏明借給，將借過銀數知照下游省分，總不得逾八百兩之數等因在案。玆有雲南領解丙午年加運二起京銅委員、署安寧州知州李暘，又領解丁未年正運一起京銅，委員南安州知州王階鈺均因沿途風水耽延，致將原領水脚用盡，曾經湖北撫臣各借給銀三百兩，先後咨會有案。現在該二員行抵江寧。據稟，一入内河，起剥僱縴，需用甚多，運費不敷，請各借養廉銀五百兩。並據湖北接運丙午年加運一起京銅委員、試用通判韓印海亦以前情，稟借養廉銀八百兩，聲明湖北省並未絲毫借過，由江寧布政使傅繩勛飭委上元縣逐一確查屬實，詳請循案借給前來。臣查雲南運銅委員李暘、王階鈺與湖北接運委員韓印海所借銀數，核與部議章程俱屬相符，除飭司在於司庫雜税款内動放銀一千八百兩，分別照數給領，催令趲運前進。並咨雲南、湖北兩省於各該員應得養廉及報銷找領銀内扣還，造報江省作正開銷。暨分咨山東、直隸二省知照外，理合附片陳明，伏乞聖鑒。謹奏。硃批：户部知道。欽此。

王茂蔭《王侍郎奏議》卷八《收買銅斤濟用摺咸豐五年正月二十九日》 奏爲請收買銅斤以濟部用恭摺奏明請旨事：竊維今日所急莫如籌餉，而籌餉所賴尤在鑄錢，凡諸銅斤短絀，解運維艱，採買匪易等情，雖設官分職，固自各有專司，而國計軍需未嘗不同深焦慮。乃籌思採訪，間有素識之乍浦旗人、已革知縣成興來稱，訪有商民十餘人多有銅斤，兼能採辦，第不敢與吏胥交涉，是以隱而不出。誠能於收買間立法平准，免受虧折，該商民等即能採辦交收。當詢該商民等所稱採辦，究能採辦若干，據成興稱，總在百萬斤以上，臣初不敢信，因告以果有此數，能遵官價每十成銅京錢六百文一斤，其餘按成遞減，着該商等各將認辦銅數出具切結來看。旋據成興取具各商切結交來，查各結商人共十餘名，認辦銅數共百餘萬，皆有遵照官價交收、如虚甘罪字樣。臣猶未敢深信，隨約日期，令該商等聚齊，細加詢問，並令出具總結，當面畫押，一一皆無異詞。且察該商等所言能辦之數，似尚不止於此。查此項銅百萬餘斤，足抵滇省一運。以滇銅八成之價計之，僅合京錢四十八萬串，需銀不足十萬兩，較之滇銅一運，甚有節省。該商等畏與吏胥交涉，無非慮稱頭成色或有高下，致受虧折，應請旨飭下户部，妥籌收買，務使商情克通，不致畏阻，自足以濟部用。俟户部議定之後，臣即將各商結移交辦理。再，此項銅斤由已革知縣成興訪來，各商人皆其所識，必得責成始終其事，方免推卸。惟成興係乍浦駐防，應回乍浦，可否請旨飭令暫行留京，責成將此項銅斤交清再行回旗之處，出自天恩，臣愚昧之見是否有當，伏乞皇上聖鑒訓示。謹奏。

《清穆宗毅皇帝實録》卷二二七 〔同治七年，戊辰，三月，戊辰〕署湖廣總督李瀚章等奏：「遵覆解錢鑄銅各事宜，擬於本年應解京餉項下酌運制錢二十萬串，臨時按照市價開報運津脚費，約錢一千需銀一錢有零，均歸應解項下開支。至東洋之紅銅、條銅，採買較難，施宜一帶銅礦現擬招商試辦，下部知之。」

《〔同治〕蘇州府志》卷一九《鼓鑄舊則》 局設官商、民商各一人，採辦洋銅，每年共發銅船十隻，民商額繳蘇州省銅二十萬斤，浙江省二十萬斤，江西省八萬斤，每百斤給價銀十五兩三錢。官商額繳蘇州省銅五萬五千九百六斤。又直隸江西銅内，劃蘇銅三萬五千斤，直隸省銅二十七萬斤，江西省銅二萬五千斤，湖北省銅四萬斤，陝西省銅四萬斤，浙江省銅四萬斤，每百斤給價銀十二兩。其浙江省銅價，係商人自赴浙藩庫具領。其餘各省銅價，俱於蘇庫放給。其官商具領價值，與民商較少，因從前官商情願報效，自請減價，是以與民商銅價不同。

【略】

清朝順治二年，照崇禎三年折色徵收，内扣銅斤，銀買銅解部，每斤六分五釐算。

李鴻章《李文忠公奏稿》卷二〇《截留京餉摺同治十一年十一月十五日》 内除稅務司通年支用薪水等銀三萬六百兩，已不敷海防月餉應撥之數，又有奉撥采辦銅斤價脚銀九千九百餘兩，是以更形拮据。查自上年豫撥本年正月起至十一月止，共在六成洋稅、藥釐、協餉三款内，撥過支應局月餉銀二十六萬兩，連銅斤價脚及稅務司薪水等項，已逾三十萬之數。

又卷四九《滇銅運京脚價片光緒十年正月二十一日》 再，准户部咨開，滇省試辦京銅到後，由津運通應需水脚等銀應按起分晰造册送部核辦等因，當經轉飭遵照。茲據藩司崧駿津海關道周馥、天津道裕長詳稱，滇省從前辦運京銅由津起剥，均係該省運員自行經理，天津縣僅代雇船隻，所需剥費亦由滇省報銷。今改由海運，部議由直將自津至通運費核實酌定給發，當因直省並無轉運滇銅支銷案據，擬照采買洋銅運京成案，每起一百萬斤支給水脚銀一千二百四十兩，旋准部覆，令將由津至通剥費按照以前辦運滇銅之例給發。其由紫竹林至天津縣應需脚費，查明程途若干，照采買洋銅脚費銀數扣算。該司道等查采買洋銅成案，自紫竹林運至通州，每百斤准銷水脚津錢九百文，計每里應支津錢二文七釐一毫，合銀七毫七絲。今滇銅每起一百萬斤，自紫竹林運至天津縣十二里，應支水脚銀九十二兩四錢。又例載銅鉛起剥，由天津縣至通州，每百斤給銀六分九釐，以一百萬斤計之，每起應支銀六百九十兩，又每起雇縴工價銀二百四十兩。又由紫竹林卸船上棧，每百斤例給背銅夫價銀三釐，每起應支銀三十兩。又入棧雇夫、收銅過秤、儲堆捆包，每百斤給夫價銀一分，每起應支銀一百兩。又由紫竹林離棧下船，每百斤給背銅夫價銀三釐，每起應支銀三十兩。綜計每起滇銅一百萬斤，由紫竹林運至通州，例支剥費夫價等銀一千一百八十二兩四錢。

薛允升《讀例存疑》卷一四《户律倉庫下·轉解官物》 一、承辦銅斤之廠員、運員不以公事爲心，因循怠惰，以致廠銅缺額、運瀘逾限者，均革職發往新疆効力數年，後廠銅日旺，漸有積餘，瀘店底銅亦日增充裕，遇有天時之不齊，物力之偶絀，間有缺額遲運爲數無幾者，户部再行核酌情形，請旨辦理。

謹按：此條係乾隆四十四年户部議覆雲貴總督李侍堯奏准定例。

此門專言解運之事，銅廠缺額與此門無涉，似應移入錢法門内。運瀘限期見《處分則例》。自滇起程，限二十三日至瀘州，發往新疆，未免過重，然究爲整飭銅政而設，惟上層廠員、運員並列，下層則專言廠員矣。《户部則例》一條與此相類，《處分則例》有滇省廠員考成各條，均應參看。

《户部則例》：一、滇省承辦銅斤運員，自廠運瀘，如逾例限，革職發往新疆効力。廠員缺額七分以上者革職，仍令在廠協同催辦，如一年後仍不足額，即照例發往新疆効力。

《處分則例》：一、滇省除産銅無多之廠照舊辦理外，其餘大小各廠按月以十分核算，欠不及一分及一分以上者罰俸，二三分降留，四五分降調，七分以上革職。缺額三分以下之員限兩月補足，三月以後不交，撤回開參議處。若缺額至四分以上，按月開參，一年後仍不足額，應降調者撤回，應革職者發往新疆効力。其實係礦砂衰薄，勘查屬實，題報寬免，儻係該廠員漫無調劑，任意廢弛，以致辦銅短絀，又不及時補足，經該督撫題參，即無論分數多寡，俱革職發往新疆効力。

《清朝續文獻通考》卷一九《錢幣考一》 乾隆五十四年，軍機大臣户部議奏：各省委員採辦滇銅自起程及運銅回省均有定限，惟到滇交價以後至在滇開行以前例無明文，請嗣後各省辦銅委員先後到滇者，儘先到之員給發，同時到者儘遠省之員給發。委員一到滇省，即將應辦銅斤指定廠所，何廠撥銅若干斤，應定限若干日，統計何年月日可兑交委員領運開單咨部存案，俟奏報開行時，將廠員給領有無逾限，於摺内聲敍，户部逐運查覈。如廠員逾限不給照，運員在途逾限例議處，兑給銅斤如有低潮，准該委員稟换。若因换銅誤限，亦應將廠員照例議處。若委員並未稟换，至本省驗明不足成色，即將委員查參。【略】

又諭：銅斤爲質甚堅，鎔錬時尚費椎鑿，何至不耐磕碰？即使銅版四邊澆薄之處，偶有擦損，自在船内，尚可隨時檢拾歸數，即稍有遺失，亦不應多至數千斤，此必係解銅委員有盜賣遺失情弊，詭報掩飾，沿途督撫不加體察，即據稟入奏，殊屬漫不經心。所有此項磕碰短少銅斤，即著照數賠補，遇便搭解委員交部嚴加議處，嗣後俱著照此辦理。【略】

嘉慶二年，議准長蘆官商承辦直隸、江蘇、浙江、江西、湖北、陝西六省洋銅，預發帑銀赴洋採辦，每年額交直隸省銅二十五萬斤，陝西、湖北、江西、浙江等省銅各五萬斤，江蘇省銅五萬五千九百六斤。直隸、陝西二省銅每一百斤作價銀十四兩，江蘇、浙江、江西、湖北四省銅每一百斤作價銀十三兩，其民商自備資本辦繳；江蘇、浙江、江西三省洋銅每一百斤給價銀十五兩三錢。至官商額辦洋銅，除江蘇浙江二省係銅鉛必經之處，即自行交局；其江西銅斤令該省委員赴蘇領運，由商運送，沿途經過各關例不輸税。今長蘆乏商，應令江蘇遴商接辦仍照從前十三兩、十四兩之例預給銅本採辦。江蘇、浙江二省就近由商解交。其直隸、陝西、湖北、江西四省洋銅商人赴洋辦回按額解交。寶蘇局庫，令各該督撫委員赴蘇兑領，商人無庸送運，經過各關照例納税，其應給銅本在於江蘇藩庫先行動給領辦。各省委員齎價赴蘇，如該商有缺額違限等事，立即革退，另選妥商接辦。或有虧欠銀兩，在於連名互結各商名下公賠。【略】

〔道光三十年〕又諭：户部奏請飭催銅斤等語，京局鼓鑄錢文全賴滇、黔二省按時運到銅鉛，方資應用，豈容任意稽延？所有甫經運過淮關及尚在湖北、江西地方之滇運戊申、己酉等年銅斤各員，著沿途各督撫嚴飭沿河文武員弁押令晝夜遄行，剋期北上。其奏提湖南、江蘇局存洋滇高銅，並著趕緊管押運京，總期速益加速，以重鼓鑄，而濟要需。

又諭：户部錢法堂奏請飭催銅斤等語。滇運銅斤遲滯，屢經降旨飭催，並特派沿途各省藩臬大員實力催趲，何以漫不經心，任令延宕。可見各省藩臬直將特派事件視爲具文，殊負委任。茲據户部錢法堂奏稱，在途各起運員均未據經過各省報抵何處。其已入山東境之宋琪一運，亦未據報出境日期。若再耽延致誤鼓鑄，所派催趲大員豈能當此重咎？著直隸總督、山東巡撫先將宋琪一運銅斤星夜迎提，飛輓北上，一俟行抵通壩，即著倉場侍郎迅速盤驗，務於八月中旬運交京局。其餘在途各運，亦著經過各該省督撫勒限，加緊嚴催，不准片刻停留。並著漕運總督飭令於重運軍船内插檔行走，毋得藉稱擁擠，再有遲延。至湖廣等省銅斤亦著一律趲進，勿任虚報阻滯。倘各該運員仍復逗遛，地方官催趲不力，即著各該督撫指名嚴參，以儆怠玩，而濟要需。

又諭：楊殿邦奏銅鉛船隻輓出東境等語。户工兩局需銅孔亟，現在節逾立冬，宜防凍阻。所有委員姚光璐、椿齡、陳然青等三起，及在後之李峥嶸等各船，著該漕督迅飭嚴催，並著倉場侍郎、直隸總督酌量情形，是否應須起剥，迅即設法押催抵通，毋任延誤。【略】

〔嘉慶十七年〕奉旨：滇省運京銅斤，鼓鑄攸關，必須迅速到京，源源接濟。所有沿途行走各運滇銅，著派出專司督催之直隸、山東等省藩臬大員實力催趲。上月在東守凍之李鏘一運銅斤，限於五月内交局。行抵江寧、安徽等省之李開瑞、張琛、曾維道、馮建蓀等四運銅斤，限於五月内抵通。其辛未年滇員嵩山等各運銅斤亦一體嚴催，迅速運京，毋得借守風守水爲名。前運偶有耽延，後運藉詞觀望，致滋延誤。至桂芳等奏稱壬申年滇銅見尚未報開行，著傳諭伯齡等即傳飭領運各員迅速啓行，其加辦銅斤並應解銅批飯銀，均飭令一併報解。【略】

〔嘉慶七年〕奏准：「滇銅運京，例係在省鎔錬純净，方准起運，何至到京後尚有低潮，顯係承辦之員希圖冒銷火工所致。與其在京煎錬滋累，不如嚴在廠煎錬之例，以專責成。嗣後滇銅運京再有低潮攙雜，經部驗出，即將廠店各員及查驗道府運員參奏，分别治罪。其在滇煎錬火工，即在各該員名下罰出，不准造報，所有京局煎錬之例永行停止。並令該督撫於出運之時，取具廠運，各員純净印結，及查驗道府加結，先行送部，以備按運稽覈。」

又奏准：雲南正運六起京銅四百四十一萬七千八百斤，自十二年改作正運四起分運，節省養廉幫費等銀，添結正加六起運員均匀分支。正運銅數加增在瀘領銅每起定限四十日，其加運二起仍照原定一月例限。

又諭：向來滇銅係由尋甸州起運，經過黔省威寧州屬地方，交鎮雄州轉運，至瀘州水次交兑，嗣經改由黔省威寧州接運，令該州赴滇請領運費，往返需時，諸多不便。著改歸滇省迤東道承運，徑交鎮雄州接運，以昭簡易【略】

〔嘉慶八年〕諭：那彦寶奏，滇省積存寧臺廠低潮銅五百餘萬斤，必俟改煎純浄方可撥給各省採買之用。但恐委員等守候需時，有誤局鑄，請將尖山廠所出之銅改撥領運等語。寧臺廠積壓低銅既難撥令委員領運，而尖山廠銅斤成色與煎浄寧臺廠銅色相等，且尖山廠程站較之下關局計近十五站半，運脚又屬節省。著照所請通融撥給，以供採買，仍將換存省局寧臺廠並積貯下關局各低銅一律改煎純浄，照舊撥給各省採買之用。

《清朝文獻通考》卷二〇《錢幣考二》〔咸豐元年〕諭：工部錢法堂奏請分撥銅斤以資鼓鑄等語。工部寶源局見存銅斤，不敷鼓鑄，在途各運疊經嚴催，尚未據報抵何處，自應先事豫籌。著户部錢法堂於業經提到之湖北銅六十萬斤内，撥交工局二十萬斤以資接濟。其奏提未到之江蘇、湖南存銅共四十四萬三千斤，俟解到時亦著照向來滇銅定額，分撥工局三分之一。嗣後，户部如再提他省銅斤，並著照此畫分辦理，以昭平允。

又諭：户部錢法堂奏滇銅解運遲延，已酉未到，三運或甫入東境，或甫抵清江，庚戌六運均無確信，恐緩不濟急等語。銅運攸關鼓鑄，似此節節躭延必致遲逾貽誤，疊經降旨飭催，仍著沿途各督撫及派出之藩臬各員，並河漕各總督不分畛域，一體飭屬嚴催，務令趕緊運京，以資鼓鑄，毋任遲延。倘該運員任意逗遛，或沿途地方官不能實力催趲，即著指名嚴參懲辦。

又卷四三《征榷考一五》〔咸豐元年〕諭：「張亮基奏滇省銅務見辦情形一摺，據稱，近年礦少質劣，礌硐愈深，窩路愈遠，且附近炭山砍伐殆盡，工費益繁，以致額銅不能依期到店，往往停脚待運，廠員店員均極疲累。廠店交疲，則運員之遲延，銅質之低潮，皆所難免，所奏自係目前實在情形。該撫見已遴選妥員設法攻採麗江、東川所管各廠，或據報獲礦，或覓得子廠，較上年漸有起色。見在京局鼓鑄需銅孔急，著吴文鎔到任後，會同張亮基督率藩臬兩司，嚴飭廠店各員認真經理，務於循守舊章之中寓力求整頓之意。」【略】

〔咸豐四年〕又諭：户部奏請飭催銅斤由河運前進等語。據稱雲南委員周力墉、景堯春二運銅斤，已由河南催抵大名之龍王廟地方，尚未准直隸總督咨報到部，京局鼓鑄需銅甚爲緊要，見值盛夏，大雨時行，設直隸陸運稍有阻滯，必致貽誤。若由大名陸運至冀州李家莊，雇備船隻順流運至天津轉輓抵通，較之長途陸運尤爲便易，並可節省經費。該二起運京銅斤前經諭令桂良派員妥速兑收，趕緊解部，何以日久尚未據報由直起運，著桂良仍遵前旨迅速催趲解部。其由冀州李家莊河運抵津，是否可期迅速，並著桂良酌度情形，速籌妥辦，無論水陸，務於七月内全數運京，不得稍有遲誤。至蔡家樞一運銅斤，據山東巡撫於四月内咨部，上年在濟寧守凍，迄今仍未奏報出境，實屬任意逗遛。著崇恩確查該運銅鉛見在行抵何處，飛速派員迎提催趲出境，即道路偶有梗阻，亦須設法繞道前進，剋期輓運交局，毋稍稽延。【略】

〔光緒十三年〕巡撫銜督辦雲南礦務唐炯奏略稱：「臣到滇省會商督臣岑毓英，查詢招商局知府全績辦理情形，見已起運七起二批京銅五十萬，冬間能否再運八起，頭批尚未可定。查滇省舊有銅廠三十餘處，年出銅斤四十萬，軍興停辦已數十年，如果川、湯丹等廠硐雖老而不空。此外曲靖、昭通及毗連四川會理等處未開之廠，尚復不少。而招商局兩年僅能起運京銅三批，拮據如此。推求其故，大約有二：一則庫款支絀，商本不厚。從前開採皆係大商巨賈，每開一廠，率銀十萬、二十萬兩不等，各延礦師，相度既定，然後施工。一經開成，曆數十年，取用不竭，又能煎練得訣，分汁甚易，故獲利既厚，招徠愈多，即有折虧亦不中止。見在招商局招股七萬餘兩，承領帑本止十一二萬兩，不過就舊有之老廠洗澡淘荒，間或開辦子廠。又因山深炭遠，搬運維艱，甚或礦不分汁，剛柔不和，既無礦師，絶少把握。一則缺少砂丁，人力不足。開鑿背運，悉賴人工，從前大廠率七八萬人，小廠亦萬餘人，皆各省窮民來廠謀食。今則停辦太久，廠利不豐，外省民無所圖，本省丁口零落，雖經招募，來者甚稀。此皆辦理艱難之實情。招商局設立三年，招股甚菲，因近年股票倒騙。亦由前撫臣創設五金局，欲官理民財，不能相信，以是來源日絀。督臣旋省後，曾將五金局奏明裁撤。今臣又將招商各分局或撤或留，酌加整頓。臣前在藩司任内，曾條議開廠章程，以招商股、辦機器爲兩大端。及任巡撫，仍持此議。今來滇督辦，體察情形，舍此別無長策。見擬招股，專委天順祥商號。候選同知王熾等分赴川廣、漢口、寧波、上海等處，其法以出股多寡，管廠事重輕，周年六釐，行息三年結算，再分紅利，皆於天順祥商號憑摺支取，三年後，即准提本。其願自攜巨本，來滇開辦不入股分者聽。至機器一事，查日本自變用西法，一切製造皆用本國之人，先望雲氣，次驗水土石，三項相符，然後相度應用何等機器，次第施工，故能確有把握。見擬先聘東洋礦師到滇察看形勢，應用機器即行購辦，庶免虚糜工本。懇飭下出使日本大臣代聘東洋上等礦師二人，議定三年，由四川敘州府入滇。惟是機器須礦師議購，招股非旦夕可成。臣仍當就見有資本，盡力開採，尚求假以歲月，寬以文法，但責有成，不期遽效。」得旨：「覽奏均悉。已電諭徐承祖照辦餘依議。」

又卷四四《征榷考一六》〔光緒十五年〕唐炯奏：略稱准户部咨雲、貴二省應辦銅鉛，認真開採，提前起解。查東川、昭通兩府開辦各廠，經臣親勘，飭礦務公司商人次第開辦，均令五日一報，以憑考驗。無如可開之廠，悉係新山，石峽甚堅，晝夜之力僅能攻進寸許。有一二報見功者，祇以礦脈變幻靡常，多寡久暫，未經考究，確實不敢遽奏。見計所獲礦砂積存百二十萬，每日總可獲礦砂三十餘萬，已飭開鑪煎鍊，大約本年可得銅一百數十萬。報解惟民間馱馬甚少，秋冬間能否全數轉解到瀘起運，尚未敢定。至民間開辦永善一縣，甚屬踴躍，惟資本無多，驟難見效。合計各廠見在情形，以後銅斤必能逐年加增，不致如前竭蹶，惟辦銅需本公司商人既經繳銅，必須發價，始能周轉。查户部指撥銅本五十萬兩，臣自到滇，僅收到江西新舊銀四萬兩，浙江四萬兩，又廣東舊欠銅本銀二萬兩，粵海關舊欠匯費五千六百七十六兩零，又雲南預借四川十五、六、七三年鹽税釐銀，報作歸還銅本四萬二千兩，通共實收各省銀十四萬七千六百七十六兩零，均暫存藩庫。核計收到銅本，僅足買銅一百數十萬。本年各廠再有見功繳銅日多，前項不敷採買，斷無責令商人墊解之理。而雲南本省歲支以入抵出，不敷三十餘萬，更無從籌還從前所借銅本。懇飭部查，例指撥定款銀一百萬兩，限期分解到滇，以應急需，而免貽誤。

又奏：京銅撥歸寶雲局鼓鑄。

又奏：「運銅馱馬不敷，請於脚價内籌款購買。」得旨：「准行。」【略】

〔光緒十八年〕又諭：「户部奏核雲南銅本運費：請照唐炯所奏，每百斤暫加銀一兩，已依議行矣。另片奏請飭整銅運等語，唐炯係棄瑕録用之員，宜如何力圖。報稱，乃自到雲南以來，前後奏報銅廠漸有成效，迄今已越三四年，辦運之數，每年不過兩批，毫無起色，實屬有負委任。見值寬爲加價之時，務當激發天良，力籌解法，逐歲加批。倘再空言搪塞，任意鋪張，著户部據實嚴參，從重治罪。其前請加借工本銀兩分年繳還，暨迆西礦務暫免課耗，見已奏限屆滿，均著迅速清結，毋稍遲延。至該省近年所解銅斤，夾雜鐵砂，低銅多至八九萬斤或十餘萬斤，實屬不成事體。著唐炯嚴飭該公司等，嗣後不得再有低潮攙和情事，並隨事稽查。如有此等弊混，即著該廠員嚴參示懲。」【略】

〔光緒十九年〕唐炯奏：略稱：「東川、昭通兩府，向來民間馱馬，上下馱運商貨不過四千餘萬，至京銅改歸故道，由威寧、昭通兩路分運至瀘交收。昭通一路，每年運銅不過二十餘萬。計運銅百斤，每站例給脚銀一錢二分九釐二毫，商貨則給二錢有零，雖多寡懸殊，然每年銅運祇有此數。近年，昭通一路銅增至八九十萬，已覺馬少銅多，加以東昭連歲歉收，例給脚銀不敷餵養，所有馬脚散走川黔，就地覓食。其不能他往，尚在馱運京銅，約止六七百匹，以致十二起二批京銅，沿途堆積將四十萬。而十三起頭批京銅陸續出廠，又二十萬，若不另籌辦法，愈積愈多，深恐有誤京運。見擬仿照貴州威寧運鉛舊章，自東川府至鹽井渡設立短鋪，雇用民夫接遞轉搬，既可濟馱馬之不足，兼可養活無數窮民。又見在年荒米貴，不能不寬給工資，以免枵腹。一切係屬創辦，能否較馬運節省，抑須略有加增。俟試辦數月，再行擬定章程，奏明立案，永遠遵行。」【略】

〔光緒十九年〕又雲貴總督王文韶奏：略稱：「定例：滇省地方官經管轉運銅店，及委員解運京銅，均另支養廉銀兩，於陸運項下作正開銷。雲南銅政自經兵燹廢弛，同治十三年，奏請試辦，十餘年未見成效。光緒十三年，唐炯以巡撫銜督辦雲南礦務，竭力整頓，艱阻備嘗其任，則綜運解之大綱，而一切養廉經費尚未議及。查近年閩省添設船政大臣及出使外洋各員，均各優給俸薪，並有另給經費督辦礦務，與督辦船政情事相同。第船政章程，滇中無案可稽，可否援雲南巡撫養廉，支給一半銀五千兩，免扣減成。查礦務並無標轄，一切差弁薪食均須自籌。可否按月准給經費銀二百兩，俾得驅策有資。」【略】

〔光緒十九年〕又諭：「户部奏遵議雲南辦運京銅一摺，據稱滇省辦銅，每年解到兩批，本年雖根據報解兩批，能否運到一批，尚難預定。至所報米價，則與該省月報之案，加至二十倍，所稱礦質則與從前出銅之數，減至十數倍，顯有不符，請旨嚴飭整頓等語。京局鼓鑄需銅萬急，迭經嚴諭，唐炯增批運辦。見在洋銅停售，專恃滇銅解京應用。唐炯自當竭力經營，何得託詞諉卸。著即懔遵迭次諭旨，認真整頓，設法採鍊，務使按年增批起運，以供鼓鑄。倘有延誤，即著户部奏明，請旨從嚴懲辦，決不寬貸。至本年所撥各省銅本銀兩，或尚未解齊，或未據報解。並著户部嚴行咨催，如各該藩司任意遲延，即著指名參處。原摺著鈔給唐炯閲看。」

又卷四五《征榷考一五·坑冶》 又奏准：「户部咨，議覆御史楊崇伊奏制錢日少，請飭各省鼓鑄，並雲南銅廠有名無實，請另籌辦法。查部覆内稱，辦解之銅是否皆由採買，唐炯督辦礦務是否得力等語。臣等查雲南産銅最旺，自光緒十三年，唐炯督辦以來，招集公司專辦巧家一廠，其威寧、易門、永北、維西各廠皆由公司借給貧民油米，接濟開採，繳銅領價。計自光緒十六年，接連九起，至二十三年，八年中解過京銅八百七十五萬零，均係督催公司辦解，並非由外採買。惟將軍石一處早經奏明，採買四川會理州銅，添湊運解，每歲得銅不過七八萬斤，爲數無幾，專恃巧家各廠採辦，以供京運。查同治十三年奏請試辦，經營十六年之久，僅解八起共計八百三十七萬斤有奇，歷年多而解銅少。見今督辦歷年少而解銅多，彼此相較其有名無實，得力與否，固可不辨而明。所未能遞年加批者，尚非督辦之不力，實因連歲災歉，米價昂貴，加以礦薄工多，廠民大半折本歇業，勢難振興。而唐炯自備資斧，賠累十餘年，獨任艱難，不避勞怨，嚴催公司加給廠民工本銅價，力維礦務，致令公司賠墊數十萬。近年虧累過多實有不能周轉支持之勢。雲南銅礦爲生民養命之源設，一旦停辦，滇民無以謀生，於地方大有關係。見蒙恩准加價，商民踴躍集股覓礦，逐漸開採。惟有會同督辦唐炯，欽遵出示，推廣招徠，加意整飭。」【略】

〔光緒二十一年〕又諭：「户部遵議御史胡景桂奏請嚴定限期，改用錢制一摺内稱，業用當十大錢，非多鑄制錢，不可多鑄制錢，非廣籌銅不可見，洋銅既難訂購，滇銅驟難復額，錢局鼓鑄已遞減卯數，八旗兵餉搭放制錢亦經暫停等語。京局鼓鑄全賴滇銅爲來源，前此户都議加銅價及運夫脚價，並迭次奏催唐炯督辦礦務。宜如何激發天良，盡力辦解。乃運京銅數每年止有兩批，毫無起色，疲玩已極。即著迅飭公司局員趕緊籌辦，務期解京批數逐漸增加，委員在瀘州逗遛，即著參辦，倘仍前玩泄致誤急需，定惟唐炯是問。」【略】

雲貴總督崧蕃等奏：略稱：「歷年辦運京銅未能加批，據實奏請解銅百斤加價二兩，合前准加一兩，共銀十三兩三錢，原爲推廣招徠起見。玆准户部議覆，如一年辦解兩批之外，加解一批到京，始准每百斤暫加銀二兩。若能逐漸遞加，亦應按批加價，仍照同治十三年變通銅本運費奏案。按四廠原議之數分析加給，不得概定十三兩三錢，俟將來銅礦豐旺，規復原額，再照價發給等語。自應遵辦，惟中有窒礙情形，查公司辦運京銅，係按廠收買，出自本地貧民，准集工本開礦，設鑪鍊鍛，成銅隨交公司，過秤給價，分運各店，陸續運瀘，集有成數，方能核定批數。廠民隨時交銅，隨即領價，無從別爲加批不加批之界限。若照部議，年解兩批外，准加二兩按批加價，是同一年而銅價有先後。倘出示通行或限定交銀數目，畫分頭二批，或限定月日截止，作爲增加之批，恐廠民惟利是視，祇知加價，不問批數，因以給價之多少爲交銅之趨避，勢必匿前所得之銅，退歸於後，待價而沽，藉以觀望。此礦難出示之實情，欲不出示曉諭公司遵部議發價，則交銅領價有遲早多寡之殊，其貽誤更不堪設想，非但如部議所云，有加價之名，無加批之實已也。臣等籌商再四際此時艱庫款力求撙節，絲毫不敢虛靡，惟事關京運要需，滇民生計不能不略爲變通。懇恩准自光緒二十四年爲始，每年二批實解到京，運銅百斤概加價銀二兩，共銀十三兩三錢，能逐漸遞加亦按批加價，倘每年仍解兩批，雖收銅照價發給，悉令公司賠墊，不准照加價銀數報銷。似此舉辦，一則布實惠於廠民，鼓舞之不能不盡力以圖功，一則嚴示發於公司，限制之不得不加批，以顧本京運民生，兩有裨益。又查同治十三年，試辦茂麓、寧臺、得寶、萬寶四廠奏定銅價，連出廠運省脚銀，均在十兩以外，惟萬寶廠稍減，亦須九兩六錢五分。統計四廠銅價不甚相懸，究屬參差不一。光緒十六年，變通銅價，已概定給價十兩零三錢。迨十八年，請准加價一兩。七月以前，母造各廠均給價十兩三錢，七月以後，均給價十一兩三錢。由首店起運脚價在内，亦經部議核准。查公司接辦以來，設廠開採，固不止此四廠，而民間自集工本，擇地設廠亦不一而足。此次若遵照部議，畫出四廠給價，不得從同，亦非所以持平。懇恩俯允，無論何廠，每銅百斤，均給價十三兩三錢，俾歸畫一。」【略】

又雲貴總督錫良奏：「滇省改鍊京運浄銅，非寬籌銅本，厚給銅價，礦務萬難振興。見經籌酌，應請以例價二十兩盡數給商，每浄銅一百斤，由滇運至瀘州應准以三十七兩開支。擬請飭部寬籌銅本，添撥常年的款二三十萬，以免竭蹶，而圖擴充。」

世續《清德宗景皇帝實録》卷二二九 〔光緒十二年，丙戌，六月，乙亥〕雲貴總督岑毓英等奏：「滇省銅礦辦理艱難，運京不易，請變通商銅成數，如辦銅一百萬斤，准以一成通商，以上遞加，並照漕運章程給獎。」下部議。摺包。

《清德宗景皇帝實録》卷三五〇 〔光緒二十年，甲午，九月，壬寅〕諭軍機大臣等：「户部奏，遵議、雲南辦運京銅情形一摺。據稱滇省辦銅，每年解到兩批，本年雖據報解兩批，而能否運到一批，尚難豫定。至所報米價，則與從前出銅之數，減去十數倍，顯有不符，請旨嚴飭整頓等語。京局鼓鑄需銅萬緊，疊經嚴諭唐炯增批辦運，現在洋銅停購，專恃滇銅解京應用，唐炯自當竭力經營，何得託詞諉卸。著即懍遵疊次諭旨，認真整頓，設法採煉，務使京銅按年增批起運，以供鼓鑄。儻有延誤，即著户部奏明，請旨從嚴懲處，決不寬貸。至本年所撥各省銅本銀兩，或尚未解齊，或未據報解，並著户部嚴行咨催。如各該藩司任意遲延，即著指名參處。原摺著鈔給唐炯閲看。將此諭知户部，並諭令唐炯知之。」

爲此咨呈大部，謹請查照施行。

計抄片。

《礦務檔·安徽礦務·皖省礦務局創設涇銅礦務公司咨請立案》 宣統三年四月初四日，收皖撫文稱：竊照本撫院於宣統三年二月二十八日，專差坿片具奏，皖省礦務局創設涇銅礦務公司，陳明立案一片，除咨行外，相應抄片咨呈。

再，皖省銅官山礦務，前經外務部議結收回，當由奏辦安徽礦務局創設涇銅礦務公司，擬以涇縣之煤，煉銅官之銅，招集股本，繪具圖説，擬定章程，呈請咨部，業經由部須給執照在案。茲據該局呈稱，銅官山礦務一案，交涉數年，始行議結，而涇縣煤礦，亦經奸民勾結佔據，迭經設法查封。現既設立公司，按照部章集股開辦，應請奏明立案，以杜覬覦等情，臣復核無異，理合坿片陳明，伏乞聖鑒訓示。謹奏。

《礦務檔·池州煉鐵銅鉛礦·池州礦山探勘化驗開採精煉成本估計等情形》〔光緒十一年六月初五日〕鎔銅用礦之法，如係銅磺礦通扯成數過於十五斤者，不宜獨用，恐耗銅之故。成數在十斤以下者，亦不宜獨用，恐虛耗煤斤。總之，礦以成數十斤至十五斤者，適中參用爲合宜。以我所見獅形洞之礦，如此之廣，成色之高，即照成數十斤至十五斤開辦下去，定必獲利無疑，而況於獅形洞礦大成數之高乎。

大凡開礦鎔化五金者，無非求利，有利可求，方可開辦，今將泰西各國銅廠辦法，詳細分別奉告：

現今出銅之國，鎔化銅斤事業，即如美國、英國、德國、瑞典國、日本等國，自一千八百七十一年以前，皆係由銅磺，礦鎔化出銅，至今亦然，惟獨係美國不然，以鎔化與礦質各有不同之故。一千八百七十一年以前，美國所産銅磺拜律礦，成數八斤至十斤，迨後購買智利國高礦，以長成數。英國所鎔之銅礦，本國出産不過八分之七，其礦通扯成數七斤至八斤。德國之蚊士非爐即蘭地都兩處所鎔之礦石，與英國之礦石成數相同。瑞典國之魯罅時及鴉打得把兩處之礦，成數三斤至六斤，其所做之銅，久獲厚利。一千八百七十一年以前，做銅生意獲利甚巨，向來銅價每磅二角五分至三角，曾記得一次每磅價值三角九分。一千八百七十年，美國素碑鼇亞湖之加罅聶及黑加罅兩處，産有自然銅礦，礦脈甚大，雖然每百斤礦得銅一斤半或二斤半，但係此礦質甚浄，鎔化易而費用輕，每年出銅得銀五百萬元，所以能壓低天下銅價，因此銅價大跌。故素碑鼇亞湖之民，稟請美國議院議定例則，將外來各物增税，并入口銅塊、銅碎、黑銅銅礦等加重税餉，以保本國銅值，并截止外來銅斤。美國以自然銅礦工費煤斤每噸八元至十元，工人每日二元五角，自然銅礦每噸工價值洋二元至三元，如是自然銅磅盛出。該國前用銅磺拜律磅鎔銅者，不敢與自然銅礦争衡，拜律礦故此停辦。雖然如此，美國銅價仍跌至每磅一角五分，現在美國銅價每磅一角四分，合每噸二千磅，值洋二百八十元。近今十三年以來，銅價通扯每磅一角四分，間有一二處偶然跌至一角二分，此不過暫時仍復長回一角四分。美國自從增收銅税以後，概不用銅磺拜律礦矣。因自然銅礦獲利既厚，無人與争，如果有人與其争衡，自然銅局跌低價值，以壞市面，今人不敢與其争衡也。英國鎔銅皆用銅磺礦，成數七斤至八斤，多係向别國購買好礦礦中常有金銀，英國分提最精，因其不惜工料。參用本國之礦，合而鎔化。英國銅礦廠情形如此，鎔化之法如此，若無外來之礦，英國銅務即難興辦。如英國買礦鎔銅，每磅銅價一角四分，尚有些利息，若銅價跌下一角二分，礦中無金銀可提，即要虧本。因係購買外來之礦，非盡是自産之礦有别，英國買礦自有定章，視其礦之高低，出價多少，要有利息方買。英國素灣時地方，此礦有一斤銅者，每噸價洋二元。鎔化之法有幾種，燒煤多少亦不一定。因所買之礦，非祇一處買來，所以礦雜不浄。今將英國買礦鎔化成本費用開列，即如買礦一百噸，成數一分，得銅一噸。

礦石一百噸剔選礦石，微有銅質者不用，得銅一噸。每噸二元，英洋二百元。

化銅一噸，繳費英洋七十五元。共成本洋二百七十五元。

賣銅一噸，計二千磅每磅一角四分。共洋二百八十元。

即此做法，亦非無利，但係英國買礦傾銅鎔化有異，所以如此做法，不能獲大利。又英國鎔化之爐，須要九轉十轉工程，方得浄銅，所得銅一噸，必須煤十五噸至十八噸之多。而且英國係投票買礦，凡賣礦經手將礦大樣裝入玻璃瓶，送與礦廠估價，至期當衆開票，價高者得，如樣不對礦，可以送官追究。英國買礦傾銅，亦非盡是靠銅，又靠礦中有金銀，是以做銅生意，必須自行開採，方有大利。美國鎔化工程省而費用廉。

德國與瑞典國鎔銅之法，係用企身爐工程，五轉便得銅塊。每一頓銅，用煤五頓或六頓。鎔銅之法，比英國出銅較净，工費較輕，時候較速，而且所耗渣滓之銅亦不多。其所以較勝於英國者，又因本國出礦，與英國收買外來各方之礦有别。英國鎔銅，其費大於德、瑞兩國，而其不更章者有故。德、瑞兩國係自有之礦，英國係收買各方雜礦。德國鎔銅所差者，成净銅一次而已。英國成净銅一次之法爲最好。美國鎔銅仿照德、瑞兩國，惟成净銅一次，不仿德、瑞，而仿英國。現今美國用十五斤成數參勻之礦，鎔成銅塊，每頓工費洋五十元，其中係用白煤，每頓九元，工人每日洋二元五角，另零星費用。德國與瑞典國鎔銅工費，每頓銅四十二元，或論中國之獅形洞所産之銅礦，如果能旺，成數在十斤至十五斤。此礦開辦，可否獲利乎，則我之管見，請以緊要而論者，有三事：一曰工費；二曰煤之價值，并煤之質；三曰挖礦之工價。論工人該處土工甚多，勤敏可教，教而可用，每工每日工洋一角五分論。美國取礦工人每工每日洋二元五角。如新開洞口，取礦一頓，用洋一元五角至二元，工價已算公平，而況獅形洞此礦已開成礦洞。論獅形洞現下土人，每工一角五分，工價較美國爲省。況前用石匠鑿礦，今又改爲用炸藥轟礦，則取礦工費更省無疑。【略】

〔光緒十一年六月初五日〕今此礦脈探下，仍係雄大堪以舉辦。況其礦質每有加增異色，容或更有妙産。因此鎔法與爐之大小，要就其礦質斟酌辦理，方爲適用。美國鎔銅之法，係仿瑞典國變通鎔化，其法如左：

一、將生礦置而成堆，以火燒之，每堆一百頓。

二、將燒過之礦，放在颯芬爾時爐即企身爐鎔出銅覔地覔地者，即係未净之銅而有礦，此覔地每百斤得銅三十五斤。

三、將覔地放在士多爐燒過分隔之爐，謂之士多爐。

四、將所燒過之覔地，放在颯芬爾時爐鎔化，鎔出高色覔地，每百斤高色覔地，得銅六十五斤，每百斤黑銅，得净銅九十五斤。

五、將黑銅放在簏華巴列丁爐鎔成銅塊，其第四次所出之覔地，係同一樣法鎔化，擬以一、二、三、四次工程在礦洞相近處鎔化。其第五次鎔净銅，須要長火尾之煤，或在流波磯，或在上海鎔化爲要。若礦中有信石窩澤等質，又要在第四次工程處，專爲鎔出高色覔地，免出黑銅。如是第五次燒高色覔地，第六次鎔出黑銅，第七次方能鎔净銅塊。但此礦未見有此雜質，又未見正礦脈之質，所以爐之大小款式，均未擬定。因礦質或小有增色，即應用爐之形色大小，各有不同，故未能預定。大概係用企身爐，其爐身由地至頂高十二尺，爐内有三個吔喱時即鐵管。其上用常磚，而結下砌火磚，每日每爐可鎔七頓至十頓。其爐約二十日修理一次，如用水繞爐，則三個月一修。鎔净銅爐，用英國常用撞回爐，一年鎔礦一萬頓，以三百日作算，每日鎔礦三十三頓。

《礦務檔·雲南礦務·擬請借款開礦購器鑄錢》〔光緒三年〕四月十三日，軍機處交出劉長佑折稱：爲借款開礦，購器鑄錢，冀以紓民困，而裕餉源，恭折仰祈聖鑒事：竊維生民有自然之利，待其時而後興，天地有不盡之藏，鬱之久而必發。滇省遠居天末，山多田少，稼穡艱難，舟車不通，百物昂貴，故論賦税，則以滇地爲最輕。而山川含孕，地勢盤亘，五金並育，甲於中原，故論物産，則以滇地爲最富。此天之所以酌盈劑虚而補其缺乏也。承平之時，例貢京銅六百數十萬斤，各省採買鑄銅亦如之，而餘銅通商，以及金、鐵、鉛、錫之聽民開採者，尚不在此數内以偏隅之物力，供各路之取携，工作養民，息羡助帑，其裨益於天下也大矣。軍興二十餘年，人民凋敝，廠地荆榛，欲舉辦而無資，遂生計之日窘，而滇民之疾苦，愈不堪問矣。野無五穀之繁殖，市鮮百貨之貿遷，村郭蕭條，人烟零落，窮鄉僻處，幾無生聚之歡。即都會要區，絶少中人之産，甚至資生無路，迫而爲走險之謀，往往因微薄之資，遂蹈殺身之禍，法無可宥，情寔可矜。臣等忝司民牧，坐令貨棄於地，而不能取，民困於野，而不知恤，匡時乏策，内疚良深。況各屬糜爛既久，百廢待興，其所以爲民謀者，固不能周，而所以取於民者，尚不能緩。即如錢糧、鹽課、釐金三大宗，竭盡小民之力，歲僅獲銀五六十萬兩，其餘不敷之數尚多，專賴鄰封協濟，毋論山頭廷尉，不勝求取之難。即或杯水車薪，亦非緩急可恃。似此官民交困，内外俱窮，勢將束手，邊垣事事，均難整頓矣。夫物極必反，固無盛而不衰，而窮則變通，亦無往而不復。嘗讀《漢書·貨殖傳》，虞不出則財匱少，財匱少而山澤不辟。居今日而爲滇計，惟有因地之利，開財之源，力興礦廠，兼籌鼓鑄，爲救時之急務也。第此次試辦京銅，僅於各省欠滇協餉内，提撥銀一百萬兩，工本未能裕如，採辦諸形棘手。今擬另籌鉅款，本省則捉襟露肘，勢處萬難，外省則挹彼注兹，未遑兼顧，倘非别生生面，終致坐困一隅。竊見陝甘督臣左宗棠，以軍餉支絀，曾由英商借銀五百萬兩；兩江督臣沈葆楨，亦以置辦船械，借銀三百萬兩，皆由各海關陸續撥抵。彼時臣鼎新在藩司任内，即與前撫臣岑毓英籌議，仿照該兩省現辦章程，挪借洋款，專備開礦之用。

故於上年迭經函囑直隸候補道盛宣懷、江蘇候補道李振玉、候選道魏綸先等，在滬詳細探詢，以期收集思廣益之效，利之所在，並以杜他人覬覦之心。茲據盛宣懷覆稱：現與布國領事璧斯瑪面議，訂借現銀三百萬兩，援照陝甘、福建前辦成案，歸銀行經手，仍以各省海關收税相抵。歲計三四釐起息，分二十年歸楚。第一年至十年，每年歸本銀十萬兩；第十一年至二十年，每年歸本銀二十萬兩。第拔本帶利，本漸輕而利亦迭減。滇省即按各海關每歲即撥還之數，將銅斤照定價合計，如數運還户部。在海關以應解户部之正税，撥還洋款；在户部即以歲獲滇省之解銅，抵收關税。既於銅政大有裨助，亦於税務毫無所損。其所費於目前者甚微，而收效於日後者爲甚大也，況閩甘借款，將來皆以軍餉船械報銷。滇省採銅鑄錢，雖衰旺靡常，難保無虧折之事，容係寔在有著之款，情形固自不同耳。惟各廠開採，全恃人工，遊民藉以營生，不致流而爲匪，砂丁加以束伍，並可用以即戎。然斧、鑿、錘敲，攻取良非易，且有窮年搜採，而不能獲一堂礦者。今擬參用西洋採礦機器，以助人力之不足。並延雇熟習礦路之洋匠，以補中法之未備。如其獲礦豐旺，自以鼓鑄爲銅鉛銷路。光緒二年，户部議奏京畿道監察御史劉國光奏：直省制錢日少，請飭各省分，一律鼓鑄制錢等語。滇省間經開爐試鑄，而銅少本微，究難遽期成效。茲並擬購用西洋機器，就廠鼓鑄制錢。銅愈多，則鑄愈廣，鑄愈廣，則用愈足。此外更有金、銀各廠，且銅、錫内亦常有金、銀，苦不得其揀煉之法，有此機器，兼可採煎金、銀，即照西法，印鑄金、銀各錢，以廣資利用，所以濟民生而通泉貨者，其利岂特滇南一省已耶！臣長佑於上年四月間。奏奉諭旨：雲南五金並産，據有礦山之利，自宜設法開採。著隨時體察情形，奏明辦理。欽此。茲臣等博訪周諮，體察既久，不敢畏難而稍涉因循，惟有竭誠以力圖補救。如蒙俞允，俟奉諭後，臣等即榭飭盛宣懷等，就近禀商南北洋通商大臣，再與布領事遵照前議，妥籌定奪。至其覓雇洋匠，購製機器，多與海關交涉，應請旨飭下兩江督臣，轉飭江海關道，隨時會商照料。俾資周妥。臣等爲整頓邊疆起見。是否有當。伏皇太后、皇上聖鑒，敕部核議施行。謹奏。

光緒三年四月十二日，軍機大臣奉旨：該衙門議奏，片併發。欽此。

《礦務檔・雲南礦務・滇督劉長佑奏借款開礦購器鑄錢總署户部合議酌撥各省關舊欠一百萬兩免借洋債硃批依議》〔光緒三年〕六月初一日，户部文稱：雲南司案呈，本部會奏雲貴總督劉等奏借洋款開礦購器鑄錢一摺，光緒三年六月初一日具奏，奉旨依議。欽此。相應抄録原奏，恭録諭旨，移咨總理各國事務衙門欽遵查照可也。

照録粘單。户部等衙門謹奏，爲遵旨議奏，恭摺會陳，仰祈聖鑒事：雲貴總督劉長佑等奏借款開礦購器鑄錢一摺，光緒三年四月十二日，軍機大臣奉旨：該衙門議奏。片併發。欽此。又奏籌款開礦利害相權預爲籌及附片一件，同日奉旨：覽。欽此。欽遵，由軍機處抄出核辦。【略】

其附片内稱：鑄款開礦之議，先事不厭詳求，利害相權，不能不預爲籌及。借款舉辦，若廠情豐旺，利賴固屬無無窮。設礦銅艱難，借款日須生息，彼此不足以相償。可慮者一。昔年辦場，惟以官本，歲給例價之外，多所逋欠。乾隆年間，先後查出各廠積欠，分别追賠豁免，今以洋本開辦，倘廠民拖欠稍有，究由何處追賠，更屬無從豁免。可慮者二。滇省開場，全恃人工，今擬參用開山機器，數萬里購白外洋，是否合用，究不可知。滇省艱窘情形，若一發不中，更換既需時日，彌補亦費周章。況山徑嶇崎，機器之重者，或數千斤。或數萬斤，搬運尤難施力，不知能否就廠製造。倘有一件不全，則全廠停工以待。可慮者三。廠費日久，當年熟習開採，認識礦苗者，至今已不獲其人。今擬僱用洋匠一二人，名曰礦師，該道盛宣懷，現與上海洋行地亞士約訂，每月議給銀五百兩，催令來滇試辦。其赴華川資，及預付一年薪水，兼購化學器具，需銀一萬兩。若技藝平常，匪特經費虛糜，礦務亦難期成就。可慮者四。邊省情形，蠻夷雜處，俗尚囂陵，即如上年騰越順雲，變起倉猝，附近之寧臺一廠，爐户砂丁，聞警逃散；爐房器具，遺棄無存。然工本較少，賠補尚易，今則資本既重，保護尤難。可慮者五。以上所慮各條，機器礦師，尚可設法調辦，稽核彈壓，亦可先事預防。祇廠情衰旺靡常，究難全憑人事，所幸曩年辦有成效，但能廠旺銅多，不難取償於後各等語。户部查定例雲南省歲運京銅六百數十萬斤，以供京局鼓鑄之用，其所需銅本一百萬兩，除運脚雜費外，實解到滇銀八十餘萬兩，均係前三年指撥。自軍興以後，廠地抛荒，銅政廢弛，滇省無銅可運。至同治十一年六月間，知府徐承勳條陳運銅，呈由都察院奏交户部核議，經臣部奏令雲南督撫等，確切查明銅廠情形，奏明辦理。同治十二年三月間，據雲南巡撫岑毓英奏陳銅廠實在情形，請查照舊章，於同治十二年癸酉年，撥定銅本，甲戌年夏季，全數解清，乙亥年採運銅斤等因。復經臣部於各省新欠滇餉内，撥銀一百萬兩，限於同治十三年夏季，全數解滇。並聲明滇銅運京使費，向例即於指撥銅本一百萬兩内動用。此次採辦滇銅，於停止多年之後，甫議舉行，銅本銀兩，自應寬爲籌備。所有提撥銀一百萬兩，應請專爲滇省辦銅之用，奏准行知遵照。同治十三年九月間，該督撫奏請酌添銅價運費，並暫行停抽銅課等因，亦經臣部議覆奏准各在案。嗣各省提撥銀兩，未能如期解滇，滇省起運銅斤，亦未能照數運京。現查各省銅本銀兩，已解至九成有餘，而滇銅前經運京者，僅有一百萬斤，續起程者，亦祇一百萬斤。即以酌添銅價運費計之，短運之銅，爲數甚鉅。茲據劉長佑等奏請借款開礦，購器鑄錢，以爲辦銅張本。而原奏聲稱：採銅鑄錢，衰旺靡常，難保無虧折之事。附片聲稱：可慮者五條，如機器礦師、稽核彈壓、廠情難憑人事等語，是該督撫於開礦一事，尚未確有把握，而遽欲借用鉅款，輕於一試。設使竟如原奏所慮，將籌備之款，盡屬虚靡，抵還之款，不能短少。以羅雀掘鼠之謀，作好大喜功之舉，此不待智者，而知其非矣。查光緒二年十二月間，該督撫片奏匯撥勇餉案内，陳明京鑄攸關，無論如何爲難，當勉遵部議，每起力籌京銅一百萬斤，以期無誤鑄務，而清款目等因。足見該督撫辦運京銅，竭盡心力，不欲藉詞推諉。所有短運之銅，自必陸續起解，以供鼓鑄要需。至此後滇銅源源解運，亦須將銅本銀兩先爲籌備。查各省關積欠新舊滇餉，爲數甚鉅。同治十三年三月間，據該督撫等奏稱，各省新欠滇餉五百餘萬兩，儘先籌出一半，定於年内解滇清款，其餘舊欠，均請全數免解。欽奉上諭：該省果能照岑毓英所奏辦理，以後即無須接濟等因。欽此。嗣後各該省並未遵照諭旨，籌出解清，積欠纍纍，迄未清釐。光緒二年七月間，據雲貴總督等奏，滇省軍需，萬分爲難，摺内奏請於原協七省中，毋論新欠舊欠，每月撥定餉數，經臣部奏準，於新欠滇餉内，按各省欠數之多寡，定每月協撥之數目。自光緒二年九月爲始，計浙江、湖北、四川、江蘇、廣東、湖南、江西七省，共湊撥銀四萬兩，作爲協滇新餉，按月起解，此次酌提銅本，似未便再在新欠内提撥，致滋牽混，查各省關舊欠協滇餉銀，截至同治七年止，共積欠八百餘萬兩。今擬在舊欠銀内，按餉力之緩急，酌量提撥，請於浙江省舊欠銀四百六十二萬餘兩内，提銀二十五萬兩，四川省舊欠銀一百三十四萬餘兩内，提銀二十二萬兩，江西省舊欠銀一百零五萬兩内，提銀二十萬兩，廣東省舊欠銀三十四萬七千餘兩内，提銀十萬兩，湖南省舊欠銀十萬零五千兩内，提銀二萬兩，廣西省舊欠銀九萬五千兩内，提銀二萬兩，河南省舊欠銀三萬兩内，提銀一萬兩，太平關舊欠銀二十七萬餘兩内，提銀十萬兩，粵海關舊欠銀二十五萬餘兩内，提銀八萬兩，共銀一百萬兩，相應請旨飭下各該省督撫監督，於接奉部文後，限一年内全數解滇，以供辦銅之用。此外月協新餉，及常年兵餉，均各歸各款，照舊起解，不得與銅本銀兩轇轕。至銅價水脚銅課等項，亦經臣部於議覆前任雲南巡撫岑毓英奏請試辦京銅，酌添銅價運費，並暫停抽課摺内，按照該撫所奏，將各廠應需本脚，分別量爲加增，以示體卹。應需運費，銅斤起運以後，由滇至廣西，即令滇省在於各省運到銅本銀内，作正開銷。由廣西至廣東、江蘇、直隸，沿途應需運費，應令各該督撫於滇銅運解到日，核明實屬銀數，分別撥給，以免遲誤。仍俟事竣之日，分晰造册，送部核銷等因在案，嗣於光緒二年正月，據雲南巡撫岑毓英奏稱，雲南民物凋零，辦銅不易，懇將續辦銅斤應需本脚銀兩，仍照奏準加增銀數給發，俟十年之後，再復舊制。復經臣部以期限太遠，恐滋糜費，擬請自光緒二年爲始，予限三年，準其按照前次奏定加增之數給發，以後應需本脚，仍令遵照定例，核實給發，其逾額加增銀數，即令悉數裁停，以示限制等因亦在案。現在該省續辦京銅，各廠應需銅價運脚，應令仍遵臣部前奏辦理。其銅斤起運以後，沿途應需運費，應請飭下兩廣、兩江、直隸各督撫，遵照臣部節次各奏案，俟滇員運銅到境，分別核實撥發，並驗明塊數斤重，催令迅速起行，以期捷速。至籌借洋款一節，同治十三年八月間，會議台灣防務餉需折内，陳明嗣後各省無論應用何項，均不準恃有四成洋税，動輒先向洋人籌借，致令中外事件諸多掣肘。即令事出萬緊，各省議請借用，仍令該省自行設法歸楚，斷不準擅指四成洋税撥還等因，奏準通行各直省遵照辦理。此次因開礦購器籌借洋款之處，總理各國事務衙門查滇省辦銅，既經户部酌撥各省關舊欠銀一百萬兩，該督等撙節動用，似尚足資開採。所請籌借洋款，應毋庸議。所有臣等會同核議緣由，理合恭折具陳，伏乞皇太后、皇上聖鑒。再，此摺係户部主稿，會同總理各國事務衙門辦理，合併聲明。謹奏。

《礦務檔·雲南礦務·抄送遵旨會奏整頓滇省銅政摺稿暨硃批》〔光緒十一年〕六月十二日，户部文稱：雲南司案呈，本部遵旨會議雲南礦務併産銅各省定價採買辦運一摺，光緒十一年六月初十日具奏，本日欽奉慈禧端佑康頤昭豫莊誠皇太后懿旨：「醇親王等奏，遵議礦務，請飭查明礦廠現在産銅情形，及需用銅本若干，據實具奏一摺。雲南應解京銅，自軍務肅清以後，試行辦運，經户部兩次奏撥銅本銀二百萬兩，該省僅解到銅五百餘萬觔。迭經諭令該督撫廣爲開採，認真籌辦，刻下寶泉、寶源兩局，鼓鑄需銅甚殷，亟宜整頓銅務，以期漸復舊額。著岑毓英、張凱嵩按照此次各節，逐一查明，據實迅速覆奏。總當竭力規畫，庶幾銅運日有起色，不得徒託空言。其經手承辦官商人等，並著隨時嚴查，倘有營私舞弊情事，即行從嚴懲辦。東南各省不乏産銅之區，並著曾國荃、丁寶楨、裕禄、衛榮光、吴元炳、德馨、彭祖賢、卞寶第、盧士杰，查明各該省如有可開之礦，即行奏明，一面籌撥資本，招商試辦，總期廣爲開採，源源運京，以重銅政。欽此。」欽遵，於十一日由軍機處交出到部。相應抄録原奏，恭録懿旨，移咨總理衙門查照可也。照録户部原奏。户部等衙門謹奏，爲遵旨會同妥議具奏事：光緒十一年五月十八日，軍機大臣欽奉慈禧端佑康頤昭豫莊誠皇太后懿旨：「銅觔爲鼓鑄所關，現在雲南礦務漸次擴充，採運尚未復額，應如何悉心籌畫，詳定章程，以期將來規復舊制。著軍機大臣、户部、工部會同妥議具奏，醇親王著一併與議。欽此。」臣等竊維滇省出産銅觔，自乾隆以來，每年部撥銅本銀一百萬兩，歲運京交户工兩局銅六百三十餘萬觔，又加辦户局正耗銅二十二萬觔，而本省之鼓鑄資焉，各省之採買資焉，通商惠工，利至溥也。咸豐初年，滇有軍務，銅政停辦幾二十載，肅清之後，巡撫岑毓英、總督劉長佑，先後請款開採，經户部奏準於各省欠協滇餉内，指撥銅本銀二百萬兩，各省陸續解滇，僅江西、廣東、浙江數省，欠解銀二十一萬餘兩。然自光緒二年以來，僅據滇省解到銅五百萬觔，已報未到銅五十萬觔。近年歷經欽奉諭旨，飭令該督撫廣爲開採，實是求是，並經户部迭次具奏，請旨飭下雲南督撫，妥籌辦法，及時整頓。雖據岑敏英、張凱嵩先後奏陳整頓銅政，並購買機器招商集股各情形。岑毓英則謂一年必有起色，三年決著成效；張凱嵩則謂地不愛寶，有日新月異之機。究其實際批解京銅，起數未能加增；司庫借用銅本，歸還無日；廣集商股鉅款，亦尚虚懸。若不認真辦理，安能歸復舊額。現在滇省防務已鬆，正宜及時規畫，臣等公同商酌，擬請旨飭下雲貴總督岑毓英，雲南巡撫張凱嵩，將現在滇省銅礦能否豐旺，舊有各礦是否照常可採，辦獲各礦有無礦苗？就現在開採各廠核計，每年實可獲銅若干？司庫借用銅本銀六十萬兩，能否即日籌還？道員胡家楨等認招商股二百九十五萬兩，曾否解齊？商辦是否確有利息？知府卓維芳所購機器，是否適用？逐一查明，據實具奏，毋得僅以不難規復，漸有起色等空言陳覆。如果礦苗豐旺，商力厚集，可以多獲銅觔，或竟能復額，確有把握，特限於官本之無出，亦令將需用銅本若干，每年可解京銅若干，詳切奏明，請旨辦理。或由户部籌撥鉅款，以資接濟，總期實有起色，可復舊額。至岑毓英前奏整頓銅政章程五條，均經户部覆準。其禁革使費一條，據稱：歷來領本則有減平，收銅則用大秤，刁難需索，展轉折扣，良善者歇業，狡點者走私，以致額運日形棘手等語。此爲官辦之弊，户部議覆翰林院侍讀龍湛霖整頓礦務摺内，聲稱招商集股，官紳或從中舞弊，將招集股銀，擅那妄動，私自經營，暗虧商本。或發存銀號，冀得餘利，一遇倒閉，鉅款無著，此爲商股之弊。際此整頓銅政，該督撫尤宜悉心體察，如有不肖官吏，招摇勒索，舞弊營私，即爲銅政之蠹，立即從嚴懲辦，以重礦務。抑臣等更有請者，滇省整頓銅政，將來自可漸復舊章，惟運途遼遠，勢難尅期而來。查户部本年五月間，奏請飭令出使日本大臣徐承祖，議購洋銅，按十足紅板銅，庫平每百觔運至天津，共需價脚銀如在十五兩以内，即先訂購一百萬觔，奉旨俞允。同治年間，亦有由三口通商大臣及江蘇省採買銅觔之案，東南各省不乏産銅之區，可供採買者，擬請旨飭下各該省督撫，妥定價值運費，採買運京，與滇銅洋銅參用。一俟滇銅復額，即行奏停，似與整頓礦務亦相輔而行之一法也。所有臣等會議緣由，是否有當，恭摺具陳，伏乞皇太后聖鑒。再此摺係户部主稿，合併聲明。謹奏。

光緒十一年六月初十日具奏，本日欽奉懿旨一道。

《戰國策》卷二《西周·司寇布爲周最謂周君》 司寇布爲周最謂周君曰：「君使人告齊王以周最不肯爲太子也，臣爲君不取也。函冶氏爲齊太公買良劍，公不知善，歸其劍而責之金。越人請買之千金，折而不賣。將死，而屬其子曰：『必無獨知。』今君之使最爲太子，獨知之契也，天下未有信之者也。臣恐齊王之爲君實立果而讓之於最，以嫁之齊也。君爲多巧，最爲多詐，君何不買信貨哉？奉養無有愛於最也，使天下見之」。

《國語》卷三《周語下》 景王二十一年，將鑄大錢。單穆公曰：「不可。古者，天災降戾，於是乎量資幣，權輕重，以振救民，民患輕，則爲作重幣以行之，於是乎有母權子而行，民皆得焉。若不堪重，則多作輕而行之，亦不廢重，於是乎有子權母而行，小大利之。」今王廢輕而作重，民失其資，能無匱乎？若匱，王用將有所乏，乏則將厚取於民。民不給，將有遠志，是離民也。且夫備有未至而設之，有至後救之，是不相入也，可先而不備，謂之怠；可後而先之，謂之召災。周固羸國，天未厭禍焉，而又離民以佐災，無乃不可乎？將民之與處而離之，將災是備禦而召之，則何以經國？國無經，何以出令？令之不從，上之患也，故聖人樹德於民以除之。

《夏書》有之曰：「關石、和鈞，王府則有。」《詩》亦有之曰：「瞻彼旱麓，榛楛濟濟。愷悌君子，干祿愷悌。』夫旱麓之榛楛殖，故君子得以易樂干祿焉。若夫山林匱竭，林麓散亡，藪澤肆既，民力凋盡，田疇荒蕪，資用乏匱，君子將險哀之不暇，而何易樂之有焉？

「且絕民用以實王府，猶塞川原而爲潢汙也，其竭也無日矣。若民離而財匱，災至而備亡，王其若之何？吾周官之於災備也，其所怠棄者多矣，而又奪之資，以益其災，是去其藏而翳其人也。王其圖之！」

王弗聽，卒鑄大錢。【略】

二十三年，王將鑄無射而爲之大林。景王二十三年，魯昭之二十年。賈侍中云：無射，鐘名，律中無射也。大林，無射之覆也。作無射而爲大林以覆之，其律中林鐘也。或說云：鑄無射而以林鐘之數益之。昭謂下言細抑大陵。又曰：聽聲越遠如此，則賈言無射有覆近之矣。唐尚書從賈。單穆公曰：「不可。作重幣以絕民資，又鑄大鐘以鮮其繼，若積聚既喪，又鮮其繼，生何以殖？積聚既喪謂廢小錢生財也。殖，長也。且夫鐘不過以動聲，動聲，謂合樂以金奏而八音從之。若無射有林耳不及也。若無射復有大林以覆之，無射，陽聲之細者，林鐘，陰聲之大者。細抑大陵故耳，不能聽及也。夫鐘聲以爲耳也，耳所不及，非鐘聲也。非法鐘之聲也。猶目所不見，不可以爲目也。夫目之察度也，不過步武尺寸之間，其察色也，不過墨丈尋常之間。耳之察和也，在清濁之間。其察清濁也，不過一人之所勝。是故先王之制鐘也，大不出鈞，重不過石，律度量衡於是乎生，小大器用於是乎出，出於鐘也。《易》曰：制器者尚其象。小謂錙銖方寸，大謂斤兩丈尺。故聖人慎之。今王作鐘也，聽之弗及，比之不度，鐘聲不可以知和，制度不可以出節，無益於樂而鮮民財，將焉用之？夫樂不過以聽耳，而美不過以觀目，若聽樂而震，觀美而眩，患莫甚焉。夫耳目，心之樞機也，故必聽和而視正。聽和則聰，視正則明，聰則言聽，明則德昭，聽言昭德則能思慮純固，以言德於民，民歆而德之則歸心焉。上得民心以殖義方，殖，立也。方，道也。是以作無不濟，求無不獲。然則能樂夫耳內和聲，而口出美言，耳聞和聲，則口有美言，此感於物也。以爲憲令，憲，法也。而布諸民，正之以度，量，民以心力，從之不倦，成事不貳，樂之至也。貳，變也。口內味而耳內聲，聲味生氣，氣在口爲言，在目爲明，言以信名，明以時動，視明則動，得其時也。名以成政，動以殖生，政成生殖，樂之至也。若視聽不和，而有震眩，則味入不精，不精則氣佚，氣佚則不和，不和，無射大林也。若聽樂而震，視色而眩，則味入不精美。味入不精美，則氣放佚，不行於身體也。於是乎有狂悖之言，有眩惑之明，有轉易之名，有過慝之度。出令不信，刑政放紛，動不順時，民無據依，不知所力，各有離心。上失其民，作則不濟，求則不獲，其何以能樂？三年之中，而有離民之器二焉，二謂作大錢，鑄大鐘也。國其危哉！」王弗聽，問之伶州鳩，伶，司樂官，州鳩，名也。對曰：「臣之守官弗及也。臣聞之，琴瑟尚宮，鐘尚羽，鐘聲大，故尚羽。石尚角，石，磬也。輕於鐘，故尚角。角，清濁之中。匏竹利制，大不踰宮，細不過羽。夫宮，音之主也，第以及羽。聖人保樂而愛財，財以備器，樂以殖財，故樂器重者從細，重謂金石也。從細，尚細聲。謂鐘尚羽，石尚角也。輕者從大，是以金尚羽，石尚角瓦，絲尚宮，匏竹尚議，議，議從其調利。革木一聲。夫政象樂，樂從和，和從平。聲以和樂，律以平聲。金石以動之，絲竹以行之，詩以道之，歌以詠之，匏以宣之，瓦以贊之，革木以節之。物得其常曰樂極，極之所集曰聲，聲應相保曰和，細大不踰曰平。如是，而鑄之金，鑄金以爲鐘也。磨之石，磨石以爲磬也。繫之絲木，繫絲木以爲琴瑟也。越之匏竹，越匏竹以爲笙管。越謂爲之孔也。《樂記》曰：朱弦而疏越。節之鼓，節其長短小大。而行之，以遂八風。遂猶順也。傳曰：所以節八音而行八風也。正西曰兌爲金，爲閶闔。西北曰乾，爲石爲不周。正北曰坎，爲革爲廣莫。東北曰艮，爲匏爲融風。正東曰震，爲竹爲明庶。東南曰巽，爲木爲清明。正南曰離，爲絲爲景風。西南曰坤，爲瓦爲涼風。於是乎氣無滯陰，亦無散陽，陰陽序次，風雨時至，嘉生繁祉，人民和利，物備而樂成，上下不罷。罷，芳也。故曰樂正。令細過其主妨於正，細謂無射也。主，正也。言無射有大林，是作細而大過其律，妨於正聲。用物過度妨於財，過度，用金多也。正害財匱妨於樂，樂，從和今正害財匱，故妨於樂。細抑大陵，不容於耳，非和也。細，無射也。大，大林也。言大聲陵之，細聲抑而不聞，不容於耳，耳不能容別也。聽聲越遠，非平也。妨正匱財，聲不和平，非宗官之所司也。夫有和平之聲，則有蕃殖之財，樂以殖財也。於是乎道之以中德，詠之以中音，德音不愆，以合神人，神是以寧，民是以聽。若夫匱財用，罷民力，以逞淫心，聽之不和，比之不度，無益於教，而離民怒，神，非臣之所聞也。」王不聽，卒鑄大鐘。二十四年，鐘成，伶人告和。伶人，樂人也。景王二十四年，魯昭二十一年。王謂伶州鳩曰：「鐘果和矣。」對曰：「未可知也。」王曰：「何故？」對曰：「上作器，民備樂之，則爲和。今財亡民罷，莫不怨恨，臣不知其和也。且民所曹好，鮮其不濟也。其所曹惡，鮮其不廢也。故諺曰：眾心成城，眾口鑠金。鑠，銷也。眾口所毀，雖金石猶可銷之也。今三年之中，而害金再興焉，害金，害民之金，謂錢鐘也。懼一之廢也。」二金之中其一必廢。王曰：「爾老耄矣！何知？」八十曰耄。耄，昏惑也。二十五年，王崩，鐘不和。崩而言鐘不和者，明樂人之諛。

王將鑄無射，王，景王也。問律於伶州鳩，律，鍾律也。對曰：「律所以立均出度也。古之神瞽考中聲而量之以制，度律均鍾，百官軌儀，紀之以三，平之以六，成於十二，天之道也。夫六，中之色也，故名之曰黄鍾，所以宣養六氣九德也。由是第之，二曰大蔟，所以金奏贊陽出滯也。三曰姑洗，所以修潔百物，考神納賓也。四曰蕤賓，所以安靖神人，獻酬交酢也。五曰夷則，所以詠歌九則，平民無貳也。六曰無射，所以宣布哲人之令德，示民軌儀也。爲之六間，以揚沈伏而黜散越也。元間大吕，助宣物也。二間夾鍾，出四隙之細也。三間中吕，宣中氣也。四間林鍾，和展百事，俾莫不任肅純恪也。五間南吕，贊陽秀也。六間應鍾，均利器用，俾應復也。律吕不易，無姦物也。細鈞有鍾無鎛，昭其大也。大鈞有鎛無鍾，甚大無鎛，鳴其細也。大昭小，鳴和之道也。和平則久，久可久樂也久固則純，純明則終，終復則樂，所以成政也，故先王貴之。

「王以二月癸亥夜陳，未畢而雨。以夷則之上宫畢，當辰。辰在戌上，故長夷則之上宫，名之曰羽，所以藩屏民則也。王以黄鐘之下宫，布戎於牧之野，故謂之厲，所以厲六師也。乙太蔟之下宫，布令於商，昭顯文德，底紂之多罪，故謂之宣，所以宣三王之德也。反及嬴内，以無射之上宫，布憲施捨於百姓，故謂之嬴亂，所以優柔容民也。」

董增齡《國語正義》卷六《齊語》 桓公問曰：「夫軍令則寄諸内政矣，齊國寡甲兵，爲之若何？」解甲，鎧也。兵，弓矢之屬。管子對曰：「輕過而移諸甲兵。」【略】桓公曰：「爲之若何？」管子對曰：「制：重罪，贖以犀甲一戟；【略】輕罪，贖以鞼盾一戟；【略】小罪，讁以金分；解小罪不入於五刑者，以金贖，有分兩之差。今之罰金是也。書曰：「金作贖刑。」疏：小罪讁以金分。《淮南・氾論訓》高注：「以金分出金，隨罪輕重有分兩也。」即《管子・小匡篇》：「小罪入以鈞金分，宥薄罪，入以半鈞也。」《舜典》：「金作贖刑。」《僞孔傳》云：「金，黄金。」《吕刑》：「其罰百鍰。」僞孔傳云：「黄，鐵。」孔疏謂黄金、黄鐵，皆今之銅。古鑄兵以銅，故楚子賜鄭伯金。盟曰：無以銅鑄兵也。宥，間罪。」【略】索訟者三禁而不可上下坐成以束矢。

洪亮吉《春秋左傳詁》卷一〇《魯宣公三年》 楚子伐陸渾之戎，遂至於洛，【略】觀兵於周疆。【略】定王使王孫滿勞楚子。【略】楚子問鼎之大小輕重焉，對曰：「在德不在鼎。昔夏之方有德也，【詁】吾友孫兵備星衍曰：「夏之方有德，謂啓之世。杜《注》云禹，非也。啓鑄鼎事見《墨子耕柱篇》，云：『九鼎既成，遷於三國。』是此鼎無疑。後人誤傳爲禹鑄，李《山海經海内》《大荒》等篇，即後人録夏鼎之文也。」遠方圖物，貢金九牧，【詁】服虔云：「使九州之牧貢金。」鑄鼎象物，【詁】賈逵云：「象所圖物鑄之於鼎。」（同上。杜取此。）百物而爲之備，使民知神姦，故民入川澤山林，劉逵引《傳》作「使入山澤林藪」。）禁禦不若。【略】螭魅罔兩，【略】莫能逢之。【略】用能協於上下，以承天休。桀有昏德，鼎遷於商，載祀六百。【略】商紂暴虐，鼎遷於周。德之休明，雖小，重也。其姦回昏亂，雖大，輕也。天祚明德有所底止。【略】成王定鼎於郟鄏，【略】卜世三十，卜年七百，天所命也。周德雖衰，天命未改。鼎之輕重，未可問也。」

楊伯峻《春秋左傳注・襄公十九年》 季武子以所得於齊之兵作林鐘而銘魯功焉。【略】臧武仲謂季孫曰：「非禮也。夫銘，天子令德，【略】諸侯言時計功，杜《注》：「舉得時，動有功，則可銘也。」大夫稱伐。《蔡邕集・銘論》云：「晉魏顆獲秦杜回於輔氏，銘功於景鐘，所謂大夫稱伐者也。」今稱伐，則下等也；計功，則借人也，杜《注》：「借晉力也。」言時，則妨民多矣，何以爲銘？【略】且夫大伐小，取其所得，以作彝器，《説文》：「彝，宗廟常器也。」【略】銘其功烈，【略】以示子孫，昭明德而懲無禮也。今將借人之力以救其死，【略】若之何銘之？小國幸於大國，【略】而昭所獲焉以怒之，【略】亡之道也。」

楊伯峻《春秋左傳注・哀公十一年》 夏，陳轅頗出奔鄭。據梁履繩引萬氏《氏族譜》，杜預《世族譜》惟轅濤塗（僖四年《傳》）、轅選（文二年《傳》）列爲轅氏，餘並入雜人内。《唐書宰相世系表》以轅頗爲轅選之曾孫，與杜《譜》異，蓋附會之説。初，轅頗爲司徒，賦封田以嫁公女；杜《注》：「封内之田悉賦税之。」有餘，以爲己大器。杜《注》：「大器，鐘鼎之屬。」國人逐之，故出。道渴，其族轅咺進稻醴、粱糗、腶脯焉。【略】喜曰：「何其給也？」【略】對曰：「器成而具。」【略】曰：「何不吾諫？」對曰：「懼先行。」

高士奇《左傳紀事本末》卷一《王朝交魯》 〔魯文公〕九年春，毛伯衛來求金。非禮也，不書王命，未葬也。

又卷四《王室庶孽之禍》 〔魯昭公〕二十一年春，天王將鑄無射。伶州鳩曰：「王其以心疾死乎！夫樂，天子之職也。夫音，樂之輿也；而鐘，音之器也。天子省風以作樂，器以鐘之，輿以行之。小者不窕，大者不槬，則和於物。物和則嘉成。故和聲入於耳，而藏於心。心億則樂，窕則不咸，槬則不容，心是以感，感實生疾。今鐘槬矣，王心弗堪，其能久乎！」

〔補逸〕《國語》：二十三年，王將鑄無射，而爲之大林。單穆公曰：「不可；作重幣以絶民資，又鑄大鐘，以鮮其繼。若積聚既喪，又鮮其繼，生何以殖？且夫鐘不過以動聲，若無射有林，耳不及也。夫鐘聲以爲耳也，耳所不及，非鐘聲也；猶目所不見，不可以爲目也。夫目之察度也，不過步武尺寸之間；其察色也，不過墨丈尋常之間。耳之察和也，在清濁之間；其察清濁也，不過一人之所勝。是故先王之制鐘也，大不出鈞，重不過石。律度、量、衡，於是乎生。小大器用，於是乎出。故聖人愼之。今王作鐘也，聽之弗及，比之不度。鐘聲不可以知和，制度不可以出節。無益於樂，而鮮民財，將焉用之？夫樂不過以聽耳，而美不過以觀目。若聽樂而震，觀美而眩，患莫甚焉。夫耳、目，心之樞機也。故必聽和而視正。聽和則聰，視正則明。聰則言聽，明則德昭。聽言、昭德，則能思慮純固。以言德於民，民歆而德之，則歸心焉。上得民心，以殖義方，是以作無不濟，求無不獲，然則能樂。夫耳内和聲，而口出美言，以爲憲令，而布諸民。【略】」金尚羽，石尚角，瓦絲尚宫，匏竹尚議，革木一聲。夫政象樂，樂從和，和從平。聲以和樂，律以平聲。金石以動之，絲竹以行之，詩以道之，歌以詠之，匏以宣之，瓦以贊之，革木以節之。物得其常曰樂極，極之所集曰聲，聲應相保曰和，細大不踰曰平。如是而鑄之金，磨之石，繫之絲木，越之匏竹，節之鼓，而行之，以遂八風。於是乎氣無滯陰，亦無散陽。陰陽序次，風雨時至，嘉生繁祉，人民和利。物備而樂成，上下不罷，故曰樂正。今細過其主，妨於正；用物過度，妨於財；正害財匱，妨於樂。細抑大陵，不容於耳，非和也；聽聲越遠，非平也；妨正匱財，聲不和平，非宗官之所司也。夫有和平之聲，則有蕃殖之財。於是乎道之以中德，詠之以中音。德音不愆，以合神人，神是以寧，民是以聽。若夫匱財用，罷民力，以逞淫心，聽之不和，比之不度，無益於教，而離民、怒神，非臣之所聞也。」王不聽，卒鑄大鐘。二十四年，鐘成，伶人告和。王謂伶州鳩曰：「鐘果和矣。」對曰：「未可知也。」王曰：「何故？」對曰：「上作器，民備樂之，則爲和。今財亡、民罷，莫不怨恨，臣不知其和也。且民所曹好，鮮其不濟也；其所曹惡，鮮其不廢也。故諺曰：『衆心成城，衆口鑠金。』今三年之中，而害金再興焉，懼一之廢也。」王曰：「爾老耄矣，何知？」二十五年，王崩，鐘不和。

王將鑄無射，問律於伶州鳩。對曰：「律所以立均出度也。古之神瞽，考中聲而量之以制，度律均鐘，百官軌儀，紀之以三，平之以六，成於十二，天之道也。夫六，中之色也，故名之曰黃鐘，所以宣養六氣、九德也。由是第之，二曰大簇，所以金奏贊陽出滯也；三曰姑洗，所以修潔百物、考神納賓也；四曰蕤賓，所以安靖神人、獻酬交酢也；五曰夷則，所以詠歌九則、平民無貳也；六曰無射，所以宣佈哲人之令德、示民軌儀也。爲之六間，以揚沈伏而黜散越也；元間大呂，助宣氣也；二間夾鐘，出四隙之細也；三間中呂，宣中氣也；四間林鐘，和轉百事、俾莫不任肅純恪也；五間南呂，贊陽秀也；六間應鐘，均利器用、俾應復也。律呂不易，無姦物也。細鈞有鐘無鎛，昭其大也；大鈞有鎛無鐘，甚大無鎛，鳴其細也。大昭小鳴，和之道也。和平則久，久固則純，純明則終，終復則樂，所以成政也。入故先王貴之。」

祝穆《事文類聚》前集卷五〇《喪事部・驪山侈葬》 始皇葬於驪山，吏徒數十萬人，曠日十年，下徹三泉，合采金石，冶銅錮其内，漆塗其外，被以珠玉，飾以翡翠，中成游觀，上成山林，爲葬埋之侈。至於此，使其後世曾不得蓬顆蔽冢而託葬焉。

《史記》卷六《秦始皇本紀》 分天下以爲三十六郡，郡置守、尉、監。更名民曰「黔首」。大酺。收天下兵，聚之咸陽，銷以爲鍾鐻，金人十二，重各千石，索隱按：二十六年，有長人見於臨洮，故銷兵器，鑄而象之。謝承《後漢書》「銅人，翁仲，翁仲其名也」。《三輔舊事》「銅人十二，各重三十四萬斤。漢代在長樂宫門前」。董卓壞其十爲錢，餘二猶在。石季龍徙之鄴，苻堅又徙長安而銷之也。《正義》：《漢書・五行志》云：「二十六年，有大人長五丈，足履六足，皆夷狄服，凡十二人，見於臨洮，故銷兵器，鑄而象之。」謝承《後漢書》云：「銅人，翁仲其名也。」《三輔舊事》云：「聚天下兵器，鑄銅人十二，各重二十四萬斤。漢世在長樂宫門。」《魏志董卓傳》云：「椎破銅人十及鍾鐻，以鑄小錢。」《關中記》云：「董卓壞銅人，餘二枚，徙清門里。魏明帝欲將詣洛，載到霸城，重不可致。後石季龍徙之鄴，苻堅又徙入長安而銷之。」《英雄記》云：「昔大人見臨洮而銅人鑄，至董卓而銅人毁也。」置廷宫中。

又卷一二《孝武本紀》 其夏六月中，汾陰巫錦爲民祠魏脽后土營旁，見地如鉤狀，掊視得鼎。鼎大異於衆鼎，文鏤毋款識，怪之，言吏。吏告河東太守勝，勝以聞。天子使使驗問巫錦得鼎無姦詐，乃以禮祠，迎鼎至甘泉，從行，上薦之。至中山，晏温，有黃雲蓋焉。有麃過，上自射之，因以祭云。至長安，公卿大夫皆議請尊寶鼎。天子曰：「間者河溢，歲數不登，故巡祭后土，祈爲百姓育穀。今年豐廡未有報，鼎曷爲出哉？」有司皆曰：「聞昔大帝興神鼎一，一者一統，天地萬物所繫終也。黃帝作寶鼎三，象天地人也。禹收九牧之金，鑄九鼎，皆嘗鬺烹上帝鬼神。遭聖則興，遷於夏商。周德衰，宋之社亡，鼎乃淪伏而不見。《頌》云『自堂徂基，自羊徂牛；鼐鼎及鼒，不虞不騖，胡考之休』。今鼎至甘泉，光潤龍變，承休無疆。合兹中山，有黄白雲降蓋，若獸爲符，路弓乘矢，集獲壇下，報祠大饗。惟受命而帝者心知其意而合德焉。鼎宜見於祖禰，藏於帝廷，以合明應。」制曰：「可。」

又卷二八《封禪書》 後黄帝接萬靈明廷。明廷者，甘泉也。所謂寒門者，谷口也。黄帝采首山銅，鑄鼎於荆山下。鼎既成，有龍垂胡鬚下迎黄帝。黄帝上騎，羣臣後宫從上者七十餘人，龍乃上去。餘小臣不得上，乃悉持龍鬚，龍鬚拔，墮，墮黄帝之弓。百姓仰望黄帝既上天，乃抱其弓與胡鬚號，故後世因名其處曰鼎湖，其弓曰烏號。於是天子曰：「嗟乎！吾誠得如黄帝，吾視去妻子如脱躧耳。」乃拜卿爲郎，東使候神於太室。

又卷四〇《楚世家》 八年，伐陸渾戎，遂至洛，觀兵於周郊。周定王使王孫滿勞楚王。楚王問鼎小大輕重，對曰：「在德不在鼎。」莊王曰：「子無阻九鼎！楚國折鉤之喙，足以爲九鼎。」王孫滿曰：「嗚呼！君王其忘之乎？昔虞夏之盛，遠方皆至，貢金九牧，集解：服虔曰：「使九州之牧貢金。」鑄鼎象物，集解：賈逵曰：「象所圖物著之鼎也。」百物而爲之備，使民知神姦。桀有亂德，鼎遷於殷，載祀六百。殷紂暴虐，鼎遷於周。德之休明，雖小必重；其奸回昏亂，雖大必輕。昔成王定鼎於郟鄏，卜世三十，卜年七百，天所命也。周德雖衰，天命未改。鼎之輕重，未可問也。」楚王乃歸。

又卷一一二《平津侯主父偃列傳》 嚴安上書曰：及至秦王，蠶食天下，并吞戰國，稱號曰皇帝，主海内之政，壞諸侯之城，銷其兵，鑄以爲鍾虡，示不復用。元元黎民得免於戰國，逢明天子，人人自以爲更生。

又卷一一八《淮南衡山列傳》 因之三月，復召曰：「許寡人乎？」被曰：「不，直來爲大王畫耳。」【略】王見高皇帝得天下之易也，獨不觀近世之吴楚乎？夫吴王賜號爲劉氏祭酒復不朝，王四郡之衆，地方數千里，内鑄消銅以爲錢，東煮海水以爲鹽，上取江陵木以爲船，一船之載當中國數十兩車，國富民衆。行珠玉金帛賂諸侯宗室大臣，獨竇氏不與。計定謀成，舉兵而西。破於大梁，敗於狐父，奔走而東，至於丹徒，越人禽之，身死絶祀，爲天下笑。

又卷一〇六《吴王濞列傳》 會孝惠、高后時，天下初定，郡國諸侯各務自拊循其民。吴有豫章郡銅山，集解韋昭曰：「今故鄣。」索隱案：鄣郡後改曰故鄣。或稱「豫章」爲衍字也。正義《括地志》云：「秦兼天下，以爲鄣郡，今湖州長城縣西南八十里故章城是也。」銅山，今宣州及潤州句容縣有，並屬章也。濞則招致天下亡命者(益)〔盜〕鑄錢，煮海水爲鹽，以故無賦，國用富饒。集解如淳曰：「鑄錢煮鹽，收其利以足國用，故無賦於民。」正義按：既盜鑄錢，何以收其利足國之用？吴國之民又何得無賦？如説非也。言吴國山既出銅，民多盜鑄錢，及煮海水爲鹽，以山海之利不賦之，故言無賦也。其民無賦，國用乃富饒也。

陳耀文《天中記・銅》 鑄鐘。鄭伯朝楚子，與之金。既而悔之，與之盟曰：「無以鑄兵。」故以鑄三鐘。《左傳僖中》。

銅色龍形。秦遣徐福入海，還，僞辭曰：「臣見海中大神曰：『汝秦王之神，薄得觀，而不得取。從臣往蓬萊山，見芝城宫闕，有使者，銅色而龍形，光上照天。』」《史記》。

銅人十二。秦始皇收天下兵，聚之咸陽，爲銅，鑄金人十二，各千石，置庭中。《史記》。

銅山鑄錢。上使善相相鄧通，當貧餓死。文帝於是賜通蜀嚴道銅山，得自鑄錢。景帝立，有告通盜去徼鑄錢盡没入，一簪不得著身，寄死人家。《史記》。

《漢書》卷二四下《食貨志第四下》 今農事棄捐而采銅者日蕃，釋其耒耨，冶鎔炊炭，應劭曰：「鎔，形容也，作錢模也。」師古曰：「鎔音容。」奸錢日多，五穀不爲多。師古曰：「言皆采銅鑄錢，廢其農業，故五穀不多也。爲音於僞反。不爲多，猶言爲之不多也。」善人怵而爲姦邪，愿民陷而之刑戮，刑戮將甚不詳，奈何而忽！國知患此，吏議必曰禁之。禁之不得其術，其傷必大。令禁鑄錢，則錢必重；重則其利深，盜鑄如雲而起，棄市之罪又不足以禁矣。姦數不勝而法禁數潰，銅使之然也。故銅布於天下，其爲禍博矣。【略】

今博禍可除，而七福可致也。何謂七福？上收銅勿令布，則民不鑄錢，黥罪不積，一矣。僞錢不蓄，民不相疑，二矣。采銅鑄作者反於耕田，三矣。銅畢歸於上，上挾銅積以御輕重，師古曰：「銅積，謂多積銅也。」錢輕則以術斂之，重則以術散之，貨物必平，四矣。以作兵器，以假貴臣，多少有制，用別貴賤，五矣。如淳曰：「古者以銅爲兵，秦銷鋒鍉鑄金人十二，是也。」以臨萬貨，以調盈虚，以收奇羨，則官富實而末民困，六矣。制吾棄財，以與匈奴逐爭其民，則敵必懷，七矣。故善爲天下者，因禍而爲福，轉敗而爲功。今久退七福而行博禍，臣誠傷之。【略】

上不聽。是時，吳以諸侯即山鑄錢，富埒天子，後卒叛逆。鄧通，大夫也，以鑄錢財過王者。故吳、鄧錢布天下。【略】

於是天子與公卿議，更造錢幣以澹用，而摧浮淫并兼之徒。是時禁苑有白鹿而少府多銀錫。自孝文更造四銖錢，至是歲四十餘年，從建元以來，用少，縣官往往即多銅山而鑄錢，師古曰：「就多銅之山而鑄錢也。」民亦盜鑄，不可勝數。錢益多而輕，物益少而貴。有司言曰：「古者皮幣，諸侯以聘享。金有三等，黃金爲上，白金爲中，赤金爲下。今半兩錢法重四銖，而姦或盜摩錢質而取鋊，錢益輕薄而物貴，則遠方用幣煩費不省。」乃以白鹿皮方尺，緣以繢，爲皮幣，直四十萬。王侯宗室朝覲聘享，必以皮幣薦璧，然後得行。【略】

郡國鑄錢，民多姦鑄，師古曰：「謂巧鑄之，雜鉛錫。」錢多輕，而公卿請令京師鑄官赤仄，一當五，賦官用非赤仄不得行。白金稍賤，民弗寶用，縣官以令禁之，無益，歲餘終廢不行。是歲，湯死而民不思。其後二歲，赤仄錢賤，民巧法用之，不便，又廢。於是悉禁郡國毋鑄錢，專令上林三官鑄。錢既多，而令天下非三官錢不得行，諸郡國前所鑄錢皆廢銷之，輸入其銅三官。而民之鑄錢益少，計其費不能相當，唯真工大姦乃盜爲之。

又卷七六《韓延壽傳》 延壽又取官銅物，候月蝕鑄作刀劍鉤鐔，放效尚方事。及取官錢帛，私假繇使吏。及治飾車甲三百萬以上。

又卷九三《鄧通傳》 文帝時間如通家遊戲，然通無他伎能，不能有所薦達，獨自謹身以媚上而已。上使善相人者相通，曰：「當貧餓死。」上曰：「能富通者在我，何説貧？」於是賜通蜀嚴道銅山，得自鑄錢。鄧氏錢布天下，其富如此。

又卷九九下《王莽傳第六九下》 是歲八月，莽親之南郊，鑄作威鬥。威鬥者，以五石銅爲之，李奇曰：「以五色藥石及銅爲之。」蘇林曰：「以五色銅鑛冶之。」師古曰：「李説是也。若今作鍮石之爲。」若北鬥，長二尺五寸，欲以厭勝衆兵。既成，令司命負之，莽出在前，入在御旁。鑄鬥日，大寒，百官人馬有凍死者。【略】

莽夢長樂宮銅人五枚起立，莽惡之，念銅人銘有「皇帝初兼天下」之文，即使尚方工鐫滅所夢銅人膺文。又感漢高廟神靈，遣虎賁武士入高廟，拔劍四面提擊，斧壞户牖，桃湯赭鞭，鞭灑屋壁，令輕車校尉居其中，又令中軍北壘居高寢。

《西京雜記》卷一《常滿燈　被中香爐》 長安巧工丁緩者，爲常滿燈，七龍五鳳，雜以芙蓉蓮藕之奇。又作卧褥香爐，一名被中香爐。本出房風，其法後絶，至緩始更爲之。爲機環，轉運四周，而爐體常平，可置之被褥，故以爲名。又作九層博山香爐，唐無名氏《香譜》：「博山香爐，皇太子初拜，有銅博山，乃東宮舊事也。後丁緩又作九層博山香爐。」鏤爲奇禽怪獸，窮諸靈異，皆自然運動。又作七輪扇，連七輪，大皆徑丈，相連續，一人運之，滿堂寒顫。

又卷三《鄧通錢文侔天子》 文帝時，鄧通得賜蜀銅山，聽得鑄錢，文字肉好，皆與天子錢同，故富侔人主。時吳王亦有銅山鑄錢，故有吳錢，微重，文字肉好，與漢錢不異。

又《咸陽宮異物》 高祖初入咸陽宮，周行庫府，金玉珍寶，不可稱言。【略】復鑄銅人十二枚，坐皆高三尺，列在一筵上，琴築笙竽，各有所執，皆綴花彩，儼若生人。筵下有二銅管，上口高數尺，出筵後。其一管空，一管内有繩，大如指，使一人吹空管，一人紐繩，則衆樂皆作，與真樂不異焉。

楊侃《兩漢博聞》卷四《即山鑄錢》 建元以來用度少，縣官往往即多銅山而鑄錢。師古曰：就多銅之山而鑄錢也。

《後漢書》卷三《章帝紀》 〔建初八年冬十月癸丑〕岐山得銅器，形似酒罇，獻之。

又卷八《靈帝紀》 〔中平三年春正月庚戌〕復修玉堂殿，鑄銅人四，黃鍾四，及天禄、蝦蟆，又鑄四出文錢。天禄，獸也。時使掖廷令畢嵐鑄銅人，列於倉龍、玄武闕外，鍾懸於玉堂及雲臺殿前，天禄、蝦蟆吐水於平門外。事具《宦者傳》。案：今鄧州南陽縣北有宗資碑，旁有兩石獸，鐫其膊，一曰天禄，一曰闢邪。據此，即天禄、闢邪並獸名也。漢有天禄閣，亦因獸以立名。

又卷二四《馬援傳》 援好騎，善别名馬，於交阯得駱越銅鼓，乃鑄爲馬式，還上之。因表曰：「夫行天莫如龍，行地莫如馬。馬者甲兵之本，國之大用。安寧則以别尊卑之序，有變則以濟遠近之難。昔有騏驥，一日千里，伯樂見之，昭然不惑。近世有西河子輿，亦明相法。子輿傳西河儀長孺，長孺傳茂陵丁君都，君都傳成紀楊子阿，臣援嘗師事子阿，受相馬骨法。考之於〔行〕事，輒有驗効。臣愚以爲傳聞不如親見，視景不如察形。今欲形之於生馬，則骨法難備具，又不可傳之於後。孝武皇帝時，善相馬者東門京鑄作銅馬法獻之，有詔立馬於魯班門外，則更名魯班門曰金馬門。臣謹依儀氏䩭，中帛氏口齒，謝氏脣鬐，丁氏身中，備此數家骨相以爲法。」馬高三尺五寸，圍四尺五寸。有詔置於宣德殿下，以爲名馬式焉。

又卷五九《張衡傳》 陽嘉元年，復造候風地動儀。以精銅鑄成，員徑八尺，合蓋隆起，形似酒尊，飾以篆文山龜鳥獸之形。中有都柱，傍行八道，施關發機。外有八龍，首銜銅丸，下有蟾蜍，張口承之。其牙機巧制，皆隱在尊中，覆蓋周密無際。如有地動，尊則振龍機發吐丸，而蟾蜍銜之。振聲激揚，伺者因此覺知。雖一龍發機，而七首不動，尋其方面，乃知震之所在。驗之以事，合契若神。自書典所記，未之有也。嘗一龍機發而地不覺動，京師學者咸怪其無徵，後數日驛至，果地震隴西，於是皆服其妙。自此以後，乃令史官記地動所從方起。

又卷七二《董卓傳》 是時，洛中貴戚室第相望，金帛財產，家家殷積。卓縱放兵士，突其廬舍，淫略婦女，剽虜資物，謂之「搜牢」。人情崩恐，不保朝夕。及何后葬，開文陵，卓悉取藏中珍物。又姦亂公主，妻略宮人，虐刑濫罰，睚眦必死，羣僚內外莫能自固。卓嘗遣軍至陽城，時人會於社下，悉令就斬之，駕其車重，載其婦女，以頭繫車轅，歌呼而還。又壞五銖錢，更鑄小錢，悉取洛陽及長安銅人、鍾虡、飛廉、銅馬之屬，以充鑄焉。鍾虡以銅爲之，故賈山上書云「懸石鑄鍾虡」。《前書音義》曰：「虡，鹿頭龍身，神獸也。」《説文》：「鍾鼓之跗，以猛獸爲飾也。」武帝置飛廉館。《音義》云：「飛廉，神禽，身似鹿，頭如爵，有角，蛇尾，文如豹文。」明帝永平五年，長安迎取飛廉及銅馬置上西門外，名平樂館。銅馬則東門京所作，致於金馬門外者也。《張璠紀》曰：「太史靈臺及永安候銅蘭楯，卓亦取之。」故貨賤物貴，穀石數萬。又錢無輪郭文章，不便人用。時人以爲秦始皇見長人於臨洮，乃鑄銅人。

又《郡國志一》 左馮翊。秦屬內史，武帝分，改名。雒陽西六百八十八里。十三城。【略】高陵，池陽，雲陽。有荆山。《帝王世記》曰：「禹鑄鼎於荆山，在馮翊懷德之南，今其下荆渠也。」

又卷七八《宦者傳·張讓趙忠》 明年，遂使鉤盾令宋典繕修南宮玉堂。又使掖庭令畢嵐鑄銅人四列於倉龍、玄武闕。又鑄四鐘，皆受二千斛，縣於玉堂及雲臺殿前。又鑄天禄蝦蟇，吐水於平門外橋東，轉水入宮。又作翻車渴烏，施於橋西，用灑南北郊路，以省百姓灑道之費。又鑄四出文錢，錢皆四道。識者竊言侈虐已甚，形象兆見，此錢成，必四道而去。及京師大亂，錢果流佈四海。復以忠爲車騎將軍，百餘日罷。

又卷八二下《方術傳·薊子訓》 後因遁去，遂不知所止。初去之日，唯見白雲騰起，從旦至暮，如是數十處。時有百歲翁，自說童兒時見子訓賣藥於會稽市，顏色不異於今。後人復於長安東霸城見之，與一老公共摩挲銅人，酈元《水經注》曰，魏文帝黄初元年，徙長安金狄，重不可致，因留霸城南。相謂曰：「適見鑄此，已近五百歲矣。」《史記》秦始皇二十六年，於咸陽鑄金人十二，重各千斤，至此四百二十餘年。顧視見人而去，猶駕昔所乘驢車也。見者呼之曰：「薊先生小住。」並行應之，視若遲徐，而走馬不及，於是而絶。

黄暉《論衡校釋》卷二《無形篇》 人稟元氣於天，各受壽夭之命，以立長短之形；《潛大論·敘録篇》曰：「稟氣薄厚，以著其形。」猶陶者用土（埴）爲簋廉（廡），「土」爲「埴」之壞字。下文正作「埴」。考工記注：「埴，黏土也。」俞曰：「廉」字無義，必「廡」字之誤。「廡」讀爲「甒」。禮記禮器篇：「君尊瓦甒，」注曰：「瓦甒五門。」古字每以「廡」爲之，儀禮既夕禮注：「古文甒皆作廡。」是其證也。「廡」「廉」形似，因而致誤。冶者用銅爲柈杅矣。「柈」，「槃」之俗字，《説文》云：「槃，承槃也。從木。古文從金。」《玉藻》：「浴盤名杅。」音義：「杅音雩，」「杅」「盂」字同。本或誤作「杆。」器形已成，不可小大；人體已定，不可減增。用氣爲性性成命定。體氣與形骸相抱，生死與期節相須。形不可變化，命不可減加。《孔子家語·五儀解》曰：「性命之於形骸不可易也。」亦此義。以陶冶言之，人命短長，可得論也。

或難口，陶者用埴爲簋廉（廡），「埴」，宋本、朱校元本同，各本誤作「填」。簋廉（廡）壹成，遂至毁敗，不可復變；若夫冶者用銅爲柈杅，柈杅雖已成器，猶可復爍，柈可得爲尊，尊不可爲簋。齊曰：此言銅雖成器，猶可爍成他形。「不可」疑當作「亦可」。「亦」一作「亣」，與「不」形近而誤。左傳：「王亦能軍」，王引之曰：「亦當作不。」人稟氣於天，雖各受壽夭之命，立以形體；如得善道神藥，形可變化，命可加增。

曰：冶者變更成器，須先以火燔爍，乃可大小短長；人冀延年，欲比於銅器，宜有若鑪炭之化乃易形，形易壽亦可增；人何由變易其形，便如火爍銅器乎？

又卷三《奇怪篇》 爍一鼎之銅，以灌一錢之形，不能成一鼎，明矣。今謂大人天神，故其跡巨；巨跡之人，一鼎之爍銅也；姜原之身，一錢之形也，使大人施氣於姜原，姜原之身小，安能盡得其精？不能盡得其精，則后稷不能成人。

又卷八《儒增篇》 儒書言：「荆軻爲燕太子刺秦王，操匕首之劍，通俗文曰：「匕首，劍屬，其頭類匕，故曰匕首，短而便用。」（類聚六十）刺之不得。得，中也。漢人語。淮南齊俗訓：「天之圓也不得規，地之方也不得矩。」文子自然篇「得」並作「中」。（俞樾謂當作「中」，非也。）秦王拔劍擊之。《意林》二引燕丹子曰：「荆軻起督亢圖進之。秦王發圖，圖窮而匕首見。軻左手把秦王袖，右手椹其胸。秦王曰：『乞聽琴聲而死。』召姬人鼓琴，秦王負劍拔之，斷軻兩手。軻曰：『吾事不濟也。』」秦零陵令上書，言秦王以神武扶揄長劍以自救。（文選吳都賦注）事詳史記荆軻傳。軻以匕首擿秦王，擿同「擲」。不中，中銅柱，入尺。」燕丹子：「荆軻拔匕首擿秦王，決耳，入銅柱，火出。」（文選盧子諒覽古詩注。）《史記・軻傳》亦不言「入尺」。漢武氏石室畫像，荆軻作散髮狂奔狀，左有一柱，柱間一刃下墮。即圖此也。欲言匕首之利，荆軻勢盛，投鋭利之刃，陷堅彊之柱，稱荆軻之勇，故增益其事也。

夫言入銅柱，實也；言其入尺，增之也。

夫銅雖不若匕首堅剛，入之不過數寸；殆不能入尺。以入尺言之，設中秦王，匕首洞過乎？車張十石之弩，注見前。射垣木之表，尚不能入尺，以荆軻之手力，投輕小之匕首，鹽鐵論謂長尺八。身被龍淵之劍刃，入堅剛之銅柱，「身被龍淵之劍刃」，於此義無所屬，非其次也。「手力」承「車張」。「輕小匕首」，承「十石之弩」。「堅剛銅柱」承「垣木之表」，並正反相較爲文，「身被」七字，當在下文，誤奪入此。是荆軻之力，勁於十石之弩；銅柱之堅，不若木表之剛也。

世稱荆軻之勇，不言其多力。多力之人，莫若孟賁；注累害篇。使孟賁上文「身被龍淵之劍刃」句。疑當在此。擿銅柱，王本、崇文本「擿」作「撾」非。能淵（洞）〔過〕出一尺乎？「能」下舊校曰：一有「過」字。吳曰：此文當作「能洞過出一尺乎。」「淵」即「洞」字形近之譌。「過」字本或誤奪。遂不可讀。上文云：「設中秦王，匕首洞過乎。」立文正同。暉按：宋本「淵」正作「過」。足證成吳説。此亦或時匕首利，若干將、莫邪，並吳利劍名。詳王氏廣雅疏證。所刺無前，所擊無下，故有入尺之效；夫稱干將、莫邪，亦過其實，擊刺無前下，亦入銅柱尺之類也。舊本段。

程大昌《雍録》卷一〇《銅人》 鑄銅爲狄象，始於秦世，漢亦倣鑄而又增大。後漢以及曹魏都於洛陽，嘗有所徙寘，故記載參互，無所歸宿。此雖不繫治亂，而攷古者不容昧昧，今枚別而著之。

秦：《史記》：「秦始皇二十六年，有大人長五丈，足履六尺，皆夷狄服，凡十二人，見於臨洮。是歲，始皇初并六國，喜其爲已瑞，銷天下兵器作金人十二，以象之。」《三輔舊事》曰：「鑄金狄，立阿房殿前。」師古曰：即翁仲也。《黄圖》曰：收天下兵聚之咸陽，銷鋒鏑，以爲金人十二，以弱天下之人。立於宮門，坐高三丈，銘其後曰：皇帝二十六年，初并天下，改諸侯爲郡縣，一法律，同度量。大人來見臨洮，其長五丈，足跡六尺。銘，李斯篆，蒙恬書。按此數説，或云立，或云坐，以文考之，則云坐者是也。蓋《黄圖》先云「立於宮者」，猶言設此金人云耳，而非謂其象之立乎宮門也，故《黄圖》又申言金人坐殿前也。《漢魏春秋》曰：「魏明帝鑄翁仲，坐司徒府前。」此之翁仲，固魏明帝之所剏鑄，然其鑄之之樵，實本諸秦，則其坐而不立，亦必倣秦也。故予得以知其坐象之爲是也。金人之外，更有一臺高及三丈，而董卓并銷爲錢。既曰有臺，則可以見其坐而不立矣。漢興，移寘長樂宮大夏殿。《長安志》先叙秦宮，引《三輔故事》云：「大夏殿，始皇所造。」後於漢長樂宮，又引《三輔故事》云：「漢徙秦金狄，寘長樂大夏殿前。」則謂自阿房移寘長樂者是也。蓋漢世阿房宮室，已自不存，則銅人無由尚在阿房也。及董卓入關，悉鎚破銅人、銅臺以爲小錢，銅臺即前云坐高三丈者是也。《英雄記》曰：「大人見臨洮，而銅人鑄臨洮。生卓而銅人毁，天下大亂，有以也。餘二人，魏明帝欲徙洛陽，載至霸城，重不可致，便留之霸城。」漢《蘇子訓傳》曰：人有於長安東霸城，見子訓與一老翁共摩挲銅人，曰適見鑄此已近五百年。李賢注曰：秦始皇二十六年鑄，至此四百二十餘年。

前漢：秦世所鑄，特然銅人耳，漢武帝從而增益之，故建章、甘泉所鑄者，人既持盤，盤又加杯，是爲捧盤金人也。若自此兩宮以外，徒人而無盤者，尚不在此數也。《廟記》曰：「漢武帝即建章，作神明臺，上有承露盤，有銅仙人舒掌捧銅盤、玉杯以承雲表之露，和玉屑服之以求仙。」《三輔故事》：「盤高二十丈。」《長安記》曰：「仙人掌大七圍，以銅爲之。魏文帝徙銅盤，盤折聲聞數十里。」此漢世建章之銅人也。《黄圖》曰：「甘泉宮通天臺上有承露盤，仙人掌擎玉杯以承雲表之露。元鳳間自毁，椽桷皆化爲龍鳳，隨風雨飛去。」此即甘泉之銅人也。《三輔故事》曰：「武帝作銅露盤，承天露和玉屑服之，欲以求仙。」班固《西都賦》曰：「抗仙掌以承露，擢雙立之金莖，軼埃之混濁，鮮顥氣之清英。」張衡《西京賦》曰：「立脩莖之仙掌，承雲表之清露。屑瓊蘂以朝餐，必性命之可度。」按：凡此記、此賦皆指武帝所鑄捧盤承露也。

成毁徙移：武帝自鑄人以外，別爲物象者不一。上林則有飛廉觀。飛廉，神禽也。建章則有鳳闕，所謂「上觚稜而棲金爵」者是也。龍樓門則有銅龍，金馬門則有銅馬，柏梁臺則有銅柱，皆鑄銅爲之。《黄圖》曰：「漢明帝永平五年，至長安取飛廉并銅馬，置之西門外，爲平樂觀，董卓悉銷以爲錢。」《魏略》曰：「明帝景初元年，徙長安諸鐘虡、駱駝、銅人、承露盤。盤折，銅人重不可致，留於霸城。仍大發卒鑄銅人二，號曰翁仲，列坐於東都司馬門外。」又《漢魏春秋》曰：「明帝徙盤，盤折聲聞數十里，金狄或泣，因留於霸城。」故李賀《金銅仙人辭漢歌》叙云：「魏明帝青龍九年八月，詔宮官牽車西取漢孝武捧露盤仙人，欲立置前殿。宮官既拆盤，仙人臨載，乃潸然泣下。其歌曰：魏官牽車指千里，東關酸風射眸子。空將漢月出宮門，憶君清淚如鉛水。衰蘭送客咸陽道，天若有情天亦老。攜盤獨出月荒涼，渭城已遠波聲小。」

說：秦鑄銅爲長狄之象，既倡怪矣；武帝置銅盤承露和玉屑欲以求仙，則又增怪也；至其它鑄銅以爲物象，如馬龍、飛廉之類，則皆務以奇怪自喜者也。後漢及魏慕其奇怪而斬於刱費，乃欲移已鑄之象而致之於洛，爲其事小，故史傳不嘗詳載，因此而異説甚多。今直即諸書之記，從移者而評之，若霸城之象，誠爲魏氏所移，則荊子訓生於漢末，銅人尚在長樂，而霸城乃在城外。子訓，行人也，霸城固能來往，而安能即長樂宮庭而摩挲之也。若謂爲董卓銷鑄之餘，則卓也志在得銅，惟多是務。先此洛陽銅物卓已盡毀，此之金狄各重千斤，爲銅益多，安肯銷十存二，而待魏人之徙移也。則霸城所棄二狄，決不在魏文帝之世矣，其先後可攷也。若使魏方來徙，人存而盤已折，則承露之具不全，魏人安肯載之以東也？則《漢魏春秋》之説，又不可信矣。至謂銅人就載泣下，則怪之又怪者也。李賀所叙，又並此而加怪焉者也。然賀之詩辭曰：「衰蘭送客咸陽道」，又曰：「渭城已遠波聲小」。咸陽、渭城皆在渭北，若銅人自此地徙移，則必自甘泉來，甘泉銅盤元鳳間既已摧毀，雖其椽桷亦化龍鳳，則漢孝明之世已無銅人可徙，而況能及曹魏也乎？則謂攜盤而出咸陽、渭城者，又謬也。況魏明帝青龍之五年，已自改爲景初元年，則魏世自無青龍九年，賀之説出於妄信，至此益可見矣。又況人、盤力重，長樂正在平地，徙之尚折，甘泉山高險，一名車盤，爲其不可，直度而須迂向，取徑若車盤，然此之銅人豈可全體移載也哉？若予所見則有異矣。華嶠《後漢書》曰：「明帝至長安取飛廉并銅馬置上西門平樂觀。」故張平子賦之曰：「其西則平樂都場，龍雀蟠蜿，天馬半漢」是也。然則漢武所鑄如飛廉、龍馬之屬，後漢明帝皆嘗迎而取之，其人力可勝者，已遂致之洛都矣。獨金狄重不可前，乃遂棄諸霸城而已。然則徙移銅人者，迺漢之明帝，而非魏之明帝也。《魏略》所言正是誤認漢明以爲魏明，世人隨而和之，不足憑矣。至《魏略》謂魏明别鑄翁仲，則實有其理。蓋霸城二狄，漢明雖嘗移棄，而魏明慕鄉不已，卒自刱鑄，此則好奇之故，理之必致也。世人但見魏明刱鑄二狄，故并移棄霸城者而歸之魏明也。若謂漢明時已嘗補鑄，則董卓先在東都，凡其龍馬皆嘗取之以爲錢材，決不肯毀小而存大，此自可以意逆也。崔浩之注《漢書》也嘗曰：「藁街在銅駝陌中」。顔師古譏之曰：「洛陽則有銅駝陌，長安無也」。今從《魏略》推之，景初元年，既嘗徙長安鐘虡、駱駝，則洛陌之駞，安知不自長安徙來也？則恐崔浩所知，師古或未盡聞也，以是知博物之難也。

趙禎《洪範政鑒》卷六上 景初元年，發銅鑄巨人二，號翁仲，置之司馬門外。案：古長人見爲國亡。長狄見臨洮，爲秦亡之禍。始皇返以爲祥，鑄銅人以象之。魏又法亡國之器，於義無取，蓋服妖也。

《三國志》卷三《魏志・明帝紀》 己未，有司奏文昭皇后立廟京都。分襄陽郡之都葉縣屬義陽郡。《魏略》曰：是歲，徙長安諸鐘簴、駱駝、銅人、承露盤。盤折，銅人重不可致，留於霸城。大發銅鑄作銅人二，號曰翁仲，列坐於司馬門外。又鑄黃龍、鳳皇各一，龍高四丈，鳳高三丈餘，置内殿前。起土山於芳林園西北陬，使公卿羣僚皆負土成山，樹松竹雜木善草於其上，捕山禽雜獸置其中。

《漢晉春秋》曰：帝徙盤，盤折，聲聞數十里，金狄或泣，因留霸城。

又卷六《魏志・董卓傳》 悉椎破銅人、鐘虡，及壞五銖錢。更鑄爲小錢，大五分，無文章，肉好無輪郭，不磨鑢。於是貨輕而物貴，穀一斛至數十萬。自是後錢貨不行。

又卷二九《魏志・杜夔傳》 黃初中，爲太樂令、協律都尉。漢鑄鐘工柴玉巧有意思，形器之中，多所造作，亦爲時貴人見知。夔令玉鑄銅鐘，其聲均清濁多不如法，數毀改作。玉甚厭之，謂夔清濁任意，頗拒捍夔。夔、玉更相白於太祖，太祖取所鑄鐘，雜錯更試，然[後]知夔爲精而玉之妄也，於是罪玉及諸子，皆爲養馬士。

又卷四八《吴志・景帝傳》 癸未，休薨，時年三十，謚曰景皇帝。葛洪《抱樸子》曰：吴景帝時，戍將於廣陵掘諸冢，取版以治城，所壞甚多。復發一大冢，内有重閣，户扇皆樞轉可開閉，四周爲徼道通車，其高可以乘馬。又鑄銅爲人數十枚，長五尺，皆大冠朱衣，執劍列侍靈座，皆刻銅人背後石壁，言殿中將軍，或言侍郎、常侍。似公主之冢。破其棺，棺中有人，髮已班白，衣冠鮮明，面體如生人。棺中雲母厚尺許，以白玉璧三十枚藉尸。兵人輩共舉出死人，以倚冢壁。有一玉長一尺許，形似冬瓜，從死人懷中透出墮地。兩耳及鼻孔中，皆有黃金如棗許大，此則骸骨有假物而不朽之效也。

又卷四九《吴志・劉繇傳》 笮融者，丹楊人，初聚衆數百，往依徐州牧陶謙。謙使督廣陵、彭城運漕，遂放縱擅殺，坐斷三郡委輸以自入。乃大起浮圖祠，以銅爲人，黃金塗身，衣以錦采，垂銅槃九重，下爲重樓閣道，可容三千餘人，悉課讀佛經，令界内及旁郡人有好佛者聽受道，復其他役以招致之，由此遠近前後至者五千餘人户。每浴佛，多設酒飯，布席於路，經數十里，民人來觀及就食且萬人，費以巨億計。

《古今類事》卷一三《讖兆門上・蜀主禁銅》 蜀主末年，禁銅不計道佛尊像、動用家事，係銅者，並仰納官，碎之鑄錢，豐實藏庫，猶患不足。詔云：「如有庫家質銅，並仰限日送納官中。百姓納照子者，即還本主空匣。若是腰帶，即還本主空鞓。」居民忽聞禁銅，民有典銅者，並題云召主收贖。由是競於庫家贖之，但云官中將去，贖不得也。是年蜀平，蜀與贖同音，乃其讖也。《成都廣記》。

《宋書》卷三〇《五行志一》 魏明帝景初元年，發銅鑄爲巨人二，號曰「翁仲」。置之司馬門外。案古長人見，爲國亡；長狄見臨洮，爲秦亡之禍。始皇不悟，反以爲嘉祥，鑄銅人以象之。魏法亡國之器，而於義竟無取焉。蓋服妖也。

又卷六六《何尚之傳》 先是，患貨重，鑄四銖錢，多翦鑿古錢以取銅，上患之。〔義熙〕二十四年，録尚書江夏王義恭建議，以一大錢當兩，以防翦鑿，議者多同。尚之議曰：「伏覽明命，欲改錢制，不勞採鑄，其利自倍，實救弊之弘算，增貨之良術。求之管淺，猶有未譬。夫泉貝之興，以估貨爲本，事存交易，豈假數多。數少則幣重，數多則物重，多少雖異，濟用不殊。況復以一當兩，徒崇虚價者邪。凡創制改法，宜從民情，未有違衆矯物而可久也。泉布廢興，未容驟議，前代赤仄白金，俄而罷息，六貨憒亂，民泣於市。良由事不畫一，難用遵行，自非急病權時，宜守久長之業。煩政曲雜，致遠常泥。且貨偏則民病，故先王立井田以一之，使富不淫侈，貧不過匱。雖兹法久廢，不可頓施，要宜而近，粗相放擬。若今制遂行，富人貲貨自倍，貧者彌增其困，懼非所以欲均之意。又錢之形式，大小多品，直云大錢，則未知其格。若止於四銖五銖，則文皆古篆，既非下走所識，加或漫滅，尤難分明，公私交亂，爭訟必起，此最是其深疑者也。命旨兼慮翦鑿日多，以至消盡；鄙意復謂殆無此嫌。民巧雖密，要有蹤跡，且用錢貨銅，事可尋檢，直由屬所怠縱，糾察不精，致使立制以來，發覺者寡。今雖有懸金之名，竟無酬與之實，若申明舊科，禽獲即報，畏法希賞，不日自定矣。愚者之議，智者擇焉，猥參訪逮，敢不輸盡。」

又卷七五《顔竣傳》 先是元嘉中，鑄四銖錢，輪郭形制，與五銖同，用費損，無利，故百姓不盜鑄。及世祖即位，又鑄孝建四銖。三年，尚書右丞徐爰議曰：「貴貨利民，載自五政，開鑄流圜，法成九府，民富國實，教立化光。及時移俗易，則通變適用，是以周、漢俶遷，隨世輕重。降及後代，財豐用足，因循前貫，無復改創。年曆既遠，喪亂屢經，堙焚剪毁，日月銷減，貨薄民貧，公私俱困，不有革造，將至大乏。謂應式遵古典，收銅繕鑄，納贖刊刑，著在往策，今宜以銅贖刑，隨罰爲品。」詔可。所鑄錢形式薄小，輪郭不成就。於是民間盜鑄者雲起，雜以鉛錫，並不牢固。又剪鑿古錢，以取其銅，錢轉薄小，稍違官式。雖重制嚴刑，民吏官長坐死免者相係，而盜鑄彌甚，百物踴貴，民人患苦之。乃立品格，薄小無輪郭者，悉加禁斷。

始興郡公沈慶之立議曰：「昔秦幣過重，高祖是患，普令民鑄，改造榆莢，而貨輕物重，又復乖時。太宗放鑄，賈誼致譏，誠以采山術存，銅多利重，耕戰之器，曩時所用，四民競造，爲害或多。而孝文弗納，民鑄遂行，故能朽貫盈府，天下殷富。況今耕戰不用，采鑄廢久，鎔冶所資，多因成器，功艱利薄，絶吴、鄧之資，農民不習，無釋未之患。方今中興開運，聖化惟新，雖復偃甲銷戈，而倉庫未實，公私所乏，唯錢而已。愚謂宜聽民鑄錢，郡縣開置錢署，樂鑄之家，皆居署内，平其準式，去其雜僞，官斂輪郭，藏之以爲永寶。去春所禁新品，一時施用，今鑄悉依此格。萬税三千，嚴檢盜鑄，并禁剪鑿。數年之間，公私豐贍，銅盡事息，姦僞自止。且禁鑄則銅轉成器，開鑄則器化爲財，翦華利用，於事爲益。」

上下其事公卿，太宰江夏王義恭議曰：「伏見沈慶之議，『聽民私鑄，樂鑄之室，皆入署』」

又卷九三《隱逸傳・戴顒》 自漢世始有佛像，形制未工，逵特善其事，顒亦參焉。宋世子鑄丈六銅像於瓦官寺，既成，面恨瘦，工人不能治，乃迎顒看之。顒曰：「非面瘦，乃臂胛肥耳。」既錯減臂胛，瘦患即除，無不嘆服焉。

又卷九七《夷蠻傳》 佛道自後漢明帝，法始東流，自此以來，其教稍廣，自帝王至於民庶，莫不歸心，經誥充積，訓義深遠，別爲一家之學焉。元嘉十二年，丹陽尹蕭摹之奏曰：「佛化被於中國，已歷四代，形像塔寺，所在千數，進可以繫心，退足以招勸。而自頃以來，情敬浮末，不以精誠爲至，更以奢競爲重。舊宇頹弛，曾莫之修，而各務造新，以相姱尚。甲第顯宅，於兹殆盡，材竹銅綵，糜損無極，無關神祇，有累人事。建中越制，宜加裁檢，不爲之防，流遁未息。請自今以後，有欲鑄銅像者，悉詣臺自聞；興造塔寺精舍，皆先詣在所二千石通辭，郡依事列言本州；須許報，然後就功。其有輒造寺舍者，皆依不承用詔書律，銅宅林苑，悉没入官。」詔可。又沙汰沙門，罷道者數百人。

劉大彬《茅山志》卷五《稽古蹟第四篇》　陶真人丹井在華陽上館前，石橋之東，水甘冷，遇旱不竭。政和初，道士莊慎質索得之。初去三尺許，得石井，欄已破，段合之尚全。環刻大字云：「先生丹陽陶仕齊奉朝請，壬申來山，栖身高静，自號隱居。同來弟子吴郡陸敬游，其次楊、王、吴、戴、陳、許諸生供奉階宇，湖孰潘邏及遠近，宗禀不可具記。悠悠歷代，詎勿識焉。梁天監三年八月十五日，錢唐陳懋宣書。及見磚甃又穿數丈獲一員研徑九寸。許，列十一趾，滌之朱色粲然。又一鵲尾銅罏，仍見沙石間，有丹一粒大如芡實，光彩射人，亟欲取之，隨墮井中。罏研藏華陽經，寇攘亡之。又一井在靈寶院周真人他側，亦隱居丹井也。

釋道世《法苑珠林》卷二一《敬佛篇第六之二》　梁祖天鑒初，於本宅立光宅寺，造丈八金像，圖様既成，不爽分寸。臨鑄，疑銅不足，始欲上請，忽有使者領銅十五車至，云奉勑送寺，便即鎔寫。一冶即成，冠絶通國。唯覺高大，試以量之，乃長二丈二尺，以狀奏聞。鑄像已成，不改元様，所續送銅，用亦俱盡，更重審量，乃增四尺。勑云：銅初不送，何緣乃爾，豈不以真相應感獨表神奇乎！可鎸著趺，以爲靈誌。乃具疏而尅於足下，於今存焉。

《地境圖》　銅器之屬，見其狀如望焉，煇煇然。齊器之象爲牛，楚器之象爲馬，越器之象爲蝦蟇，宋器之象爲白狗，秦器之象爲豚，燕器之象爲豕。《太平御覽》卷七五六、又卷八九六引「銅器之精見爲馬」，又卷九〇〇引「齊氣之見爲牛」。《説郛》採齊氣句爲第一節，採銅器句爲第十一節。馬作禺《北堂書鈔》卷一五〇引作「楚氣似馬，齊氣爲牛」。

斷崗伏鑛小。《説郛》第九節。

釋法琳《辯正論》卷七《信毁交報篇第八》　平業融像而眼盲：梁人崔平業善弓馬，爲武士監軍，一生以偷佛融銅爲業，賫銅以供酒肉，心無慚懼。至年五十，妻子兄弟並亡，唯業一身。忽病目障，飢寒並至，致餓而死。出《梁後記》也。

《建康實録》卷一七《梁高祖武皇帝》　六年，【略】於小莊嚴寺造無量寺像，長一丈八尺。及鑄銅不足，帝又給功德銅三千斤。臺内送銅未至像處，已見銅車到鑪所。於是就冶，一灌便足。在後，臺司銅至，方知向來送銅，靈感所致。及開模，像以成丈九，而相好不差。

釋宗曉《樂邦文類》卷三《梁京師法悦僧主傳》　梁京師正覺寺法悦齊末爲僧主精修福業四部所歸。嘗聞宋明帝造丈八金像，四鑄不成，於是改爲丈四。悦乃與白馬寺智靖率同緣改造丈八無量壽像，以申厥志。始鳩集金銅，屬齊末亂離，至梁初方以事奏聞。降勑聽許，材官工巧，隨用資給，以天監八年五月三日，於小莊嚴寺營鑄本量佛身，四萬斤銅鎔瀉，尚未至胸，百姓以銅投之爐冶，隨鑄不滿。又聞奏，勑銅三千斤，庫始就量送，而鑄處已見，傳詔載銅爐所，遂併銷鎔，一鼓便就，來人俱失。臺内銅至，方知先到靈感所致。

釋慧皎《高僧傳》卷一三《興福第八》　釋法悦者，戒素沙門也。【略】又昔宋明皇帝經造丈八金像，四鑄不成，於是改爲丈四。悦乃與白馬寺沙門智靖率合同緣，欲改造丈八無量壽像，以申厥志。始鳩集金銅。屬齊末，世道陵遲，復致推斥。至梁初，方以事啓聞，降勑：「聽許并助造，光趺材官工巧隨用資給。」以梁天監八年五月三日於小莊嚴寺營鑄。匠本量佛身四萬斤銅，融瀉已竭，尚未至胸，百姓送銅不可稱計，投諸爐冶隨鑄，而模内不滿，猶自如先。又馳啓聞，勑給功德銅三千斤。臺内始就量送，而像處已見羊車傳詔，載銅爐側。於是飛鞴消融，一鑄便滿，甫爾之間，人車俱失。比臺内銅出，方知向之所送，信實靈感。工匠喜踴，道俗稱讚。及至開模量度，乃踴成丈九，而光相不差。【略】

釋僧洪，豫州人，止於京師歷官寺，少而修身整潔，後率化有縁，造丈六金像。鎔鑄始畢，未及開模，時晉末銅禁甚嚴，犯者必死。宋武於時爲相國，洪坐罪繫於相府，唯誦觀世音經，一心歸命佛像。夜夢所鑄像來，手摩洪頭，問：「怖不？」洪言：「自念必死。」像曰：「無憂。」見像胸方尺許，銅色燋沸。會當行刑，府參軍監殺，而牛奔車壞，因更剋日。續有令從彭城來，云：「未殺僧洪者可原。」遂獲免。還，開模，見像胸前果有燋沸，洪後以苦行卒矣。【略】

釋僧亮，未知何人？少以戒行著名，欲造丈六金像，用銅不少，非細乞能辦。聞湘州界銅溪伍子胥廟多有銅器，而廟甚威嚴，無人敢近。亮聞而造焉，告刺史張邵，借健人百頭，大船十艘。邵曰：「廟既靈驗，犯者必斃，且有蠻人守護，詎可得耶？」亮曰：「若果福德與檀越共，如其有咎，躬自當之。」邵即給人船。三日三夜行至廟所，亮與手力一時俱進。未至廟屋二十許步，有兩銅鑊，容百餘斛，中有巨蛇，長十餘丈，出遮行路。亮乃正儀，執錫呪願數十言，蛇忽然而隱。【略】還都，鑄像既成，唯焰光未備，宋文帝爲造金薄。圓光，安置彭城寺。

酈道元《水經注》卷三《河水》　又南離石縣西。【略】又鑄銅爲大鼓，及飛廉、翁仲、銅駝、龍、虎，皆以黄金飾之，列於宫殿之前，則今夏州治也。

又卷四《河水》 又東過河北縣南。【略】《土地記》曰：弘農湖縣有軒轅黄帝登仙處，黄帝採首山之銅，鑄鼎於荆山之下。有龍垂胡於鼎，黄帝登龍，從登者七十人，遂升於天，故名其地爲鼎胡。【略】

又東過陝縣北。案：秦始皇二十六年，長狄十二見於臨洮，長五丈餘，以爲善祥，鑄金人十二以象之，各重二十四萬斤，坐之宫門前，謂之金狄。漢自阿房徙之未央宫前，俗謂之翁仲矣。地皇二年，王莽夢銅人泣，惡之，念銅人銘有皇帝初兼天下文，使尚方工鐫滅所夢銅人膺文。後董卓毁其九爲錢，其在者三。魏明帝欲徙之洛陽，重不可勝，至霸水西停之。《漢晉春秋》曰：或言金狄泣，故留之。石虎取置鄴宫。苻堅又徙之長安，毁二爲錢。其一未至而苻堅亂，百姓推置陝北河中，於是金狄滅。余以爲鴻河巨瀆，故應不爲細梗躓湍，長津碩浪，無宜以微物屯流。斯水之所以濤波者，蓋《史記》所云：魏文侯二十六年，虢山崩，壅河所致耳。獻帝東遷，日夕潛渡，案「日」近刻訛作「自」。墜坑争舟，舟指可掬，亦是處矣。【略】

又東過平陰縣北，清水從西北來注之。今聞喜縣東北谷口，猶有乾河里故溝存焉，今無復有水。一水曆冶官西，世人謂之鼓鍾城。城之左右，猶有遺銅及銅錢也。

又卷一九《渭水》 又東過霸陵縣北，霸水從縣西北流注之。魏明帝景初元年，案近刻訛作「文帝黄初元年」。徙長安金狄，重不可致，因留霸城南。人有見蓟子訓，與父老共摩銅人曰：正見鑄此，時計爾日，已近五百年矣。案近刻「爾」訛作「其」，「已」訛作「似」。

《魏書》卷一〇一《獠傳》 獠者，蓋南蠻之别種，自漢中達於邛笮川洞之間，所在皆有。種類甚多，散居山谷，略無氏族之别。【略】鑄銅爲器，大口寬腹，名曰銅爨，既薄且輕，易於熟食。

《全上古三代秦漢三國六朝文・全齊文》卷一七劉悛《蒙山采銅啓》 南廣郡界蒙山下，有城名蒙城，可二頃地，有燒鑪四所，高一丈，廣一丈五尺。從蒙城渡水南百許步，平地掘土深二尺，得銅。又有古掘銅坑深二丈，竝居宅處猶存。鄧通，南安人。漢文帝賜通嚴道縣，銅山鑄錢。今蒙山近在青衣水南，青衣左側，竝是故秦之嚴道地青衣縣，文帝改中漢嘉。且蒙山去南安二百里，按此必是通所鑄近唤蒙山獠出云，甚可經略，此議若立，潤利無極，并獻蒙山銅一片，又銅石一片，平州鐵刀一口。《南齊書・劉悛傳》永明八年啓上，從之。《南史》三十九。

甄鸞《張丘建算經》卷下 今有二人，三日錮銅，得一斤九兩五銖。今一月，曰錮銅得九千八百七十六斤五兩四銖少半銖，問人功幾何？

答曰：一千二百五十三人，三百六十三分，人之二百六十二。

《南史》卷二《宋孝武帝紀》 〔孝建三年〕夏四月甲子，初禁人車及酒肆器用銅。

又卷七《梁武帝紀》 〔大同三年〕夏五月癸未，幸同泰寺，鑄十方金銅像，設無礙法會。

又卷三〇《何尚之傳》 先是患貨少，鑄四銖錢，人間頗盜鑄，多剪鑿古錢以取銅，上患之。

又卷三三《范泰傳》 尋銅之爲器，在用也博矣，鍾律所通者遠，機衡所揆者大，夏鼎負《圖》，實冠衆瑞，晉鐸呈象，亦啓休徵。器有要用，則貴賤同資，物有適宜，則家國共急。今毁必資之器，而爲無施之錢，於貨則功不補勞，在用則君人俱困，校之以實，損多益少。伏願思可久之道，探欲速之情，弘山海之納，擇芻牧之説。

又卷三四《顔延之傳》 先是，元嘉中鑄四銖錢，輪郭形制與五銖同，用費損無利，故百姓不盜鑄。及孝武即位，又鑄孝建四銖，所鑄錢形式薄小，輪郭不成，於是人間盜鑄者雜以鉛錫，並不牢固。又翦鑿古錢以取其銅，錢轉薄小，稍違官式。雖重制嚴刑，人吏官長坐死免者相係，而盜鑄彌甚，百物踴貴，人患苦之。乃立品格，薄小無輪郭者悉加禁斷。始興公沈慶之議：「宜聽人鑄錢。置署，樂鑄之家皆居署内。去春所禁新品，一時施用，今鑄悉依此格。萬税三千，嚴檢盜鑄，并禁翦鑿。數年之間，公私豐贍，銅盡事息，姦僞自止。禁鑄則銅轉成器，開鑄則器化爲財。」上下其事於公卿，竣議曰：「今云開署放鑄，誠所欲同，但慮采山事絶，器用日耗。銅既轉少，器亦彌貴。設器直一千，則鑄之減半，爲之無利，雖令不行。」時議者又以銅難得，欲鑄二銖錢。

又卷三五《庾悦傳》 〔庾仲文〕又曰：

臣見劉伯龍大慷慨仲文所行，言有人送張幼緒，語人「吾難得一縣，負錢三十萬。庾仲遠仍當送至新林，見縛束猶未得解手」。荀萬秋嘗詣仲文，逢一客姓夏侯，主人問：「有好牛不？」言無。問：「有好馬不？」又言無，政有佳驢耳。

仲文便答：「甚是所欲。」客出門，遂相聞索之。劉道錫言是仲文所舉，就道錫索嫁女具及祠器，乃當百萬數，猶謂不然。選令史章龍向臣説，亦歎其受納之過。言實得嫁女銅鑪，四人舉乃勝，細葛斗帳等物不可稱數。在尚書中令奴酤鄜酒，利其百十，亦是立臺閣所無，不審少簡聖聽不？

又卷三六《江夷傳》 禄先爲武寧郡，頗有資産，積錢於壁，壁爲之倒，迮銅物皆鳴。人戲之曰：「所謂『銅山西傾，洛鐘東應』者也。」

又卷三九《劉勔傳》 遷太子中庶子，領越騎校尉。時武帝在東宫，每幸悛坊，閑言至夕，賜屏風帷帳。武帝即位，改領前軍將軍。後拜司州刺史。悛父勔討殷琰，平壽陽，無所犯害，百姓德之，爲立碑記。悛步道從壽陽之鎮，過勔碑，拜敬涕泣。於州下立學校，得古禮器銅罍甑、甗山銅罍罇、銅豆、鍾各二口獻之。初，高帝輔政，有意欲鑄錢，以禪讓之際，未及施行。建元四年，奉朝請孔覬上《鑄錢均貨議》，辭證甚博，其略以爲：

食貨相通，理勢自然。李悝曰：「糴甚貴傷人，甚賤傷農。人傷則離散，農傷則國貧。甚賤與甚貴，其傷一也。」三吴國之關奥，比歲時被水潦，而糴不貴，是天下錢少，非穀穰賤，此不可不察也。鑄錢之弊，在輕重屢變。重錢患難用，而難用爲累輕；輕錢弊盗鑄，而盗鑄爲禍深。人所盗鑄，嚴法不禁者，由上鑄錢惜銅愛工也。惜銅愛工，謂錢無用之器，以通交易，務欲令輕而數多，使省工而易成，不詳慮其爲患也。【略】

自漢鑄五銖至宋文帝，歷五百餘年，制度世有廢興，而不變五銖錢者，明其輕重可法，得貨之宜。以爲宜開置泉府，方牧貢金，大興鎔鑄。錢重五銖，一依漢法。若官鑄已布於人，便嚴斷翦鑿，輕小破缺無周郭者，悉不得行。官錢細小者，稱合銖兩，銷以爲大。利貧良之人，塞姦巧之路。錢貨既均，遠近若一，百姓樂業，市道無争，衣食滋殖矣。

時議多以錢貨輕轉少，宜更廣鑄，重其銖兩，以防人姦。高帝使諸州郡大市銅炭，會晏駕事寢。

《南史》卷四三《齊桂陽鑠傳》 於州園地得古冢，無復棺，但有石槨。銅器十餘種，並古形，玉璧三枚，珍寶甚多，不可皆識。金銀爲蠶蛇形者數斗。又以朱沙爲阜，水銀爲池，左右咸勸取之。鑠曰：「皇太子昔在雍，有發古冢者，得玉鏡、玉屏風、玉匣之屬，皆將還都，吾意常不同。」乃遣功曹何佇爲之起墳，諸寶物一不得犯。

性其清，在蜀積年，未嘗有所營造，資用一歲不滿三萬。王儉常歎云：「始興王雖尊貴，而行履都是素士。」時有廣漢什邡人段祖，以錞於獻鑑，古禮器也。高三尺六寸六分，圍三尺四寸，圓如筩，銅色黑如漆，甚薄，上有銅馬，以繩縣馬，令去地尺餘，灌之以水，又以器盛水於下，以芒莖當心跪注淳于，以手振芒，則聲如雷，清響良久乃絶。古所以節樂也。五年，鑑獻龍角一枚，長九尺三寸，色紅，有文。

又卷五二《南平元襄王偉傳》 天監元年，封建安王。初，武帝軍東下，用度不足，偉取襄陽寺銅佛，毁以爲錢。富僧藏鏹，多加毒害，後遂惡疾。

又卷七二《祖冲之傳》 歷位爲婁縣令，謁者僕射。初，宋武平關中，得姚興指南車，有外形而無機杼，每行，使人於内轉之。昇明中，齊高帝輔政，使冲之追修古法。冲之改造銅機，圓轉不窮，而司方如一，馬鈞以來未之有也。時有北人索馭驎者亦云能造指南車，高帝使與冲之各造，使於樂游苑對共校試，而頗有差僻，乃毁而焚之。晉時杜預有巧思，造欹器，三改不成。永明中，竟陵王子良好古，冲之造欹器獻之，與周廟不異。文惠太子在東宫，見冲之曆法，啓武帝施行。

《北史》卷三二《崔挺傳》 光州故吏聞兇問，莫不悲感，共鑄八尺銅像，於城東廣固寺赴八關齋，追奉冥福。

又卷四八《尒朱榮傳》 天光等還北，榮發晉陽，猶疑所立，乃以銅鑄孝文及咸陽王禧等五王子孫像，成者當奉爲主。唯莊帝獨就。【略】

又卷五〇《高謙之傳》 時朝議鑄錢，以謙之爲鑄錢都將長史，乃上表求鑄三銖錢曰：竊以食貨之要，八政爲首，聚財之貴，詒訓典文。是以昔之帝王，乘天地之饒，御海内之富，莫不腐紅粟於太倉，藏朽貫於泉府，儲畜既盈，人無困弊，可以寧謐四海，如身使臂者矣。昔漢之孝武，地廣財饒，外事四戎，遂虚國用。於是草茅之臣，出財助國，興利之計，納税廟堂，市列榷酒之官，邑有告緡之令，鹽鐵既興，錢幣屢改，少府遂豐，上林饒積。外闢百蠻，内不增賦者，皆計利之由也。今羣妖未息，四郊多壘，徵税既煩，千金日費，倉儲漸耗，財用將竭，誠楊氏獻税之秋，桑兒言利之日。夫以西京之盛，錢猶屢改，並行大小，子母相權，况今寇難未除，州郡淪敗，人物彫零，軍國用少，別鑄小錢，可以富益，何損於政，何妨於人也？且政興不以錢大，政衰不以錢小，唯貴公私得所，政化無虧，既行之於古，亦宜效之於今矣。昔禹遭大水，以歷山之金鑄錢，救人之困。湯遭大旱，以莊山之金鑄錢，贖人之賣子者。今百姓窮悴，甚於曩日，欽明之主，豈得垂拱而觀之哉？臣今此鑄，以濟交乏，五銖之錢，任使並用，行之無損，國得其益。詔將從之，事未就，會卒。

又卷九五《獠傳》　鑄銅爲器，大口寬腹，名曰銅爨，既薄且輕，易於熟食。

夏樹芳《詞林海錯》卷一〇《黄銀》　唐太宗賜右軍黄銀印於虞世南，價在黄金上，且能辟鬼。

高似孫《緯略》卷五《黄銀》　太宗賜房玄齡黄銀帶，顧謂玄齡曰：「昔如晦與公同心輔政，今日所賜獨見公，因然流涕。」《程氏繁露》：「以爲黄銀者，果何物？鍮石屬，其殆鍮石也。余攷之，若以鍮爲帶而賜大臣，何足貴者！」按：《禮斗威儀》曰：「君乘金而王，則黄銀見。」當是瑞物。《北史》：「辛公義爲牟州刺史時，山東霖雨，自陳汝至於滄海皆苦水災，境内大麥獨無所損，山産黄銀，獲之以獻，益知其爲異物。又虞世南書《夫子廟堂碑》，太宗賜之王羲之黄銀印一枚，有表以謝。若以黄銀爲鍮是恐不然。按《唐書》高宗上元元年詔九品服淺碧竝鍮石帶入胯，唐固自有鍮帶也。又按：唐慎微《證類本草》載霞子曰：丹砂伏火化爲黄銀，能重能輕，能神能靈。唐日華子論曰：銀凡十七品：水銀銀、白錫銀、曾青銀、土碌銀、生鐵銀、生銅銀、硫黄銀、砒霜銀、雄黄銀、雌黄銀、鍮石銀，惟有至藥銀、山澤銀、草砂銀、丹砂銀、黑鉛銀五者爲真，餘則假也。《本草》曰：「丹砂、雄黄、雌黄皆殺精魅，所謂黄銀者，非丹砂銀即雌黄、雄黄銀也。太宗賜帶之時如晦已死，故帝曰：「黄銀鬼神畏之也。」顯慶中，監門衛長史蘇恭撰《唐本草》，其中稱黄銀作器辟惡，益知黄銀爲瑞物也。方勺《泊宅編》曰：「黄銀出蜀中南人罕識，朝散郎顏京監在京抵當庫，有以十釵質錢者，其色黄與上金無異，上石則正白，此説尤分明。

《黄帝九鼎神丹經訣》卷一五《鍊石碌法》　臣按：今合大丹不須此物，但以《太一神精小丹方》云：「若無曾青，以崑崙石碌研沙取用。」又按《本草》：「石碌出空青中，相帶而生，本法謂之碌青。」

胡三省《通鑑釋文辨誤》卷九《通鑑》二〇二　〔咸亨〕四年，八品、九品並鍮石帶。

史炤《釋文》曰：鍮，容朱切。余按：鍮石似金，今人多以藥物鍊銅爲鍮者音託侯翻。宋時八品、九品官猶鍮石帶。史炤仕宋至京官，不知有鍮石帶，而妄爲之音，何耶？

封演《封氏聞見記》卷四《明堂》　垂拱四年，則天於東都造明堂，**【略】**所鑄九州鼎置於明堂之下。當中豫州鼎高一丈八尺，受一千八百石。其餘各依方面，並高一丈四尺，受一千二百石，都用銅五十六萬七百一十二斤。

《舊唐書》卷二二《禮儀志二》　其年，鑄銅爲九州鼎，既成，置於明堂之庭，各依方位列焉。

又卷三五《天文志上》　白道月環：外一丈五尺一寸五分，横度八分，厚三分，直徑四尺七寸六分。月行有迂曲遲疾，與日行緩急相反。古無其器，今創置於黄道環内，使就黄道爲交合，出入六十度，以測每夜行度。上畫周天度數，穿一穴，擬移交會，並用銅鐵爲之。**【略】**

游儀四柱，龍各高四尺七寸。水槽、山各高一尺七寸五分。槽長六尺九寸，高廣各四寸。水池深一寸，廣一寸五分。龍者能興雲雨，故以飾柱。柱在四維，龍下有山雲，俱在水平槽上，並銅爲之。

又卷四八《食貨志上》　高祖即位，仍用隋之五銖錢。武德四年七月，廢五銖錢，行開元通寶錢，徑八分，重二銖四絫，積十文重一兩，一千文重六斤四兩。仍置錢監於洛、并、幽、益等州。秦王、齊王各賜三鑪鑄錢，右僕射裴寂賜一鑪。敢有盜鑄者身死，家口配没。**【略】**

則天長安中，又令懸樣於市，令百姓依樣用錢。俄又簡擇艱難，交易留滯，又降敕非鐵錫、銅蕩、穿穴者，並許行用。其有熟銅、排門、沙澀、厚大者，皆不許簡。自是盜鑄蜂起，濫惡益衆。江淮之南，盜鑄者或就陂湖、巨海、深山之中，波濤險峻，人跡罕到，州縣莫能禁約。以至神龍、先天之際，兩京用錢尤濫。其郴、衡私鑄小錢，纔有輪郭，及鐵錫五銖之屬，亦堪行用。乃有買錫鎔銷，以錢模夾之，斯須則盈千百，便賫用之。**【略】**

長安城中，競爲盜鑄，寺觀鐘及銅象，多壞爲錢。姦人豪族，犯禁者不絶。京兆尹鄭叔清擒捕之，少不容縱，數月間搒死者八百餘人，人益無聊矣。

上元元年六月，詔曰：「因時立制，頃議新錢，且是從權，知非經久。如聞官鑪之外，私鑄頗多，吞併小錢，踰濫成弊。抵罪雖衆，禁姦未絶。況物價益起，人心不安。事藉變通，期於折衷。其重稜五十價錢，宜減作三十文行用。其開元舊時錢，宜一當十文行用。其乾元十當錢，宜依前行用。仍令京中及畿縣内依此處分，諸州待進止。」七月敕：「重稜五十價錢，先令畿内減至三十價行，其天下諸州，並宜準此。」**【略】**

十五年八月，中書門下奏：「伏準羣官所議鑄錢，或請收市人間銅物，令州郡鑄錢。當開元以前，未置鹽鐵使，亦令州郡勾當鑄造。今若兩税盡納匹段，或慮兼要通用見錢。欲令諸道公私銅器，各納所在節度、團練、防禦、經略使，便據元敕給與價直，并折兩税。仍令本處軍人鎔鑄。其鑄本，請以留州留使年支未用物充，所鑄錢便充軍府州縣公用。當處軍人，自有糧賜，亦較省本，所資衆力，并收衆銅，天下併功，速濟時用。待一年後鑄器物盡，則停。其州府有出銅鉛可以開鑪處，具申有司，便令同諸監治例，每年與本充鑄。其收市銅器期限，并禁鑄造買賣銅物等，待議定便令有司條流聞奏。其上都鑄錢及收銅器，續處分。將欲頒行，尚資周慮，請令中書、門下兩省、御史臺并諸司長官商量，重議聞奏。」從之。

又卷五〇《刑法志》　若應議請減及九品已上官，若官品得減者之祖父母、父母、妻、子孫，犯流罪已下，聽贖。其贖法：笞十，贖銅一斤，遞加一斤，至杖一百，則贖銅十斤。自此已上，遞加十斤，至徒三年，則贖銅六十斤。流二千里者，贖銅八十斤；流二千五百里者，贖銅九十斤；流三千里者，贖銅一百斤。絞斬者，贖銅一百二十斤。

又卷一一八《王縉傳》　五臺山有金閣寺，鑄銅爲瓦，塗金於上，照耀山谷，計錢巨億萬。

又卷一五七《馬摠傳》　於漢所立銅柱之處，以銅一千五百斤特鑄二柱，刻書唐德，以繼伏波之迹。

《金史》卷三《曆志下》　開元中，詔僧一行與梁令瓚更造銅渾象，爲圓天之象，上具列宿周天度數，注水激輪令其自轉，一日一夜天轉一周，又别置日月五星循繞，絡在天外，令得運行。

瞿曇悉達《唐開元占經》卷一一四《器用休咎城邑宫殿怪異占・器用休徵・神鼎》　《瑞應圖》曰：「神鼎者，質文之精也。知兇知吉，知存知亡，能重能輕，能不炊而沸，不汲而滿，中五味。黄帝作三鼎，象三辰。大禹治水，收天下美銅，以爲九鼎，象九州也。王者興則出，衰則去。」《説苑》曰：「漢孝武帝時汾陰得寶鼎，而獻甘泉宫。羣臣上壽賀，皆曰得周鼎。

宋敏求《唐大詔令集》卷一一二《政事・財利・禁鑄造銅器詔》　古者作錢，以通有無之鄉，以平小大之價，以全服用之物，以濟單貧之資，錢之所由急也。然絲、布、財、穀四者爲本，若本賤末貴，則人棄本而務賤，故有盜鑄者冒嚴刑而不悔，藏鏹者非倍息而不出。今天下泉貨益少，布幣頗輕，欲使流通，焉可得也？且銅者，餒不可食，寒不可衣，既不堪於器用，又不同於寶物，唯以鑄錢使其流佈。宜令所在加鑄，委按察使申明格文，禁斷私賣銅錫，仍禁造銅器。所有採銅鉛官，爲市取勿抑其價，務利於人。開元十七年九月。

《初學記》卷二二《武部・鞭第九》　叙事：【略】持鐵埋銅：【略】《吴會分地記》曰：「六山者，勾踐於此山鑄銅，銅不鑠，則埋之，上生箠。勾踐遣使者取，從南社種之，飾爲馬箠，獻於吴。」

《〔道光〕廣東通志》卷一七九《經政畧二二・鼓鑄》　〔唐〕文宗病幣輕錢重，詔：方鎮縱錢穀交易，時雖禁銅爲器，而江淮嶺南列肆鬻之。鑄千錢爲器，售利數倍。宰相李珏請加鑪鑄錢，於是禁銅器，官一切爲市之。天下銅坑五十，歲采銅二十六萬六千斤。及武宗廢浮屠法，永平監官李鬱彦請以銅像鐘磬皆歸巡院，許諸道觀察使皆置錢坊。《文獻通考》。

謹案：嶺南採銅鼓鑄始於此。

《續古文苑》卷一〇李宏臯《溪州銅柱記》　粤以天福五年，歲在庚子，夏五月，楚王召天策府學士李宏臯謂曰：「我烈祖昭靈王，漢建武十八年平徵側於龍編，樹銅柱於象浦。其銘曰：『金人汗出，鐵馬蹄堅。子孫相連，九九百年。』是知吾祖宗之慶，允緒綿遠，則九九百年之運，昌於南夏者乎？今五溪初寧，羣師内附，古者天子銘德，諸侯計功，大夫稱伐，必有刊勒，垂諸簡編，將立標題，式昭恩信，敢繼前烈，爲吾紀焉。」

又卷一四王顔《軒轅黄帝鑄鼎原碑銘并序》　惟天爲大，惟帝堯則之；惟道爲大，惟黄帝得之。《南華經》曰：道，神鬼神帝，生天生地。黄帝守一氣，衍三墳，以治人之性命，迺鑄鼎兹原。鼎成上升，得神帝之道。原有爲谷之變，銘紀鑄鼎之神。銘曰：

道匪神帝，帝在子人。大哉上古，軒轅爲君，化人以道，鑄鼎自神。漢武秦皇，仙冀徒勤，去道日遠，失德及仁。恭惟我唐，元德爲鄰，方始昌運，皇天所親。唐與兹原名常鼎新。虢州刺史太原王顔撰，華州刺史兼御史中丞陳郡袁滋籀書。唐貞元十七年歲次辛巳正月九日癸卯建。

又卷一四《景龍觀鐘銘》　原夫一氣，凝真含紫，虚而搆極，三清韞祕，控碧落而崇因，雖大道無爲。濟物歸於善貸，而妙門有教，滅咎在於希聲。景龍觀者，中宗孝和皇帝之所造也。曾城寫質，閬苑圖形，但名在騫林，而韻停鐘簴。朕翹情八素，綿想九元，命彼鼓延，鑄斯無射。考虞倕之懿濾，得晉曠之宏規，廣召鯨互，遠徵梟匠。耶溪集寶麗壑收珍，警風雨之辰，節昏明之候。飛廉扇炭，屏翳營鑪，翥鶴呈姿，蹲熊發狀，角而不震，侈而克揚，庶其曉散靈音，鎮入鵷鸞之殿。夕騰仙韻，恒流鳷鵲之闈。聾俗聽而咸痊，迷方聞而永悟。洪鈞式啓，寶字攸鐫。其銘曰：紫宸御歷，青元樹回。傾巖集寶，竭府收珍。杜夔律應，張永規陳。形包九乳，儀超萬鈞。上資七廟，傍延兆人。風巖韻急，霜重音新。自茲千歲，從今億春。懸玉京而薦福，侶銅史而司辰。景雲二年太歲辛亥金九月癸酉金朔一十五日丁亥土鑄成。

又卷一四《唐渾儀銘》 後魏太史令晁崇，修渾儀以觀星象。按其儀，以永興四年歲次困敦原注：子也。案是歲壬子。創造，傳至後魏末入齊，往周隋至於大唐，歷年久遠，儀蓋傾墜，日以太史。原注：曆正也。去景雲三年，奉勅重令脩造，使銀青光禄大夫檢校將作少監楊務廉，與銀青光禄大夫行太史令瞿曇悉達，正議大夫行太史令李仙宗，試太史令殷知易、荆州都督祕書監兼右衛率薛玉，銀青光禄大夫檢校祕書監吴師道正議大夫行祕書少監閻朝隱等，首末共營，各盡其思，至先天二年歲次赤奮若原注：丑也。案是歲癸丑。成。其銘曰：「周天三萬七千里，分寸無欺。成歲三百六十日，盈縮有期。敬之敬之，以授人時。」

李石《續博物志》卷三 子華子曰：「黄帝之治天下也，其精微之感蕩上，沈而下浮爲百福之聚，是百神受職於庚也。帝乃採銅煉剛質也，登彼山就高明也。作大鑪者，鼓陽化神鼎者，熟物之器也。上水而下火，二氣升降以相濟，中和之氣也。」

《宋朝大詔令集》卷二二三《政事七六·道釋上·存留銅像詔乾德五年七月丁酉》 禁銅以來，天下多輦佛像赴京銷毁，願惟像教民所瞻仰，詔從鎔廢，有異脩崇。應諸道州府有銅像處依舊存留，此後不得以銅爲像。

又《禁以鐵鑄佛像詔開寶五年正月》 塔廟之設像教所宗耕農之設，生人是賴。而末俗迷妄，競相誇誘，以至施耒耜之器，邀浮圖之福，空極勞費，諒革利益。自今兩京及諸道州府寺舍，除造器用道具外，不得以鐵鑄佛像。仍委所在長吏，常加察訪。

《續通典》卷一一《食貨一一·錢幣上》 〔宋太祖開寶〕九年，昇州言歲鑄三十萬緡，命通判杜見素經度采銅。

太宗即位改元太平興國，更鑄太平通寶錢。二年，樊若水言：江南舊用鐵錢於民非便，宜於昇、鄂、饒等州産銅之地大鑄銅錢。

《太平寰宇記》卷一一二《鄂州·武昌》 白雉山，在縣西北二百三十五里。山高一百二十五丈。其山有芙蓉峰，前有獅子嶺，後有金鷄石。南出銅礦，自晉、宋、梁、陳以來置爐烹煉。

《太平御覽》卷八一三《珍寶部一二·銅》 《左傳·僖中》曰：「鄭伯朝楚，楚子與之金。既而悔之，與之盟曰：無以鑄兵。故以鑄三鍾。金，銅。」

《漢書》又曰：「凡律度量衡用銅者，所以同天下，齊風俗也。銅爲物至精，不爲燥濕寒暑變其節，不爲風雨暴露改其形，介然有常，似於士君子之行，是以用銅也。」

又曰：「王莽天鳳四年八月，莽親之南郊鑄作威門，威門者，以五色銅爲之。」

《嶺表異録》曰：「蠻夷之樂有銅鼓焉，形如腰鼓，而一頭有面。鼓面圓二尺許，面與身連，全用銅鑄。其身遍有蟲魚花草之狀，通體均勻，厚二分已來，鑪鑄之妙，實爲奇巧，擊之響亮，不下鳴鼉。貞元年中，驃國進樂有玉螺、銅鼓，玉螺蓋螺之白者非琢玉所爲即知南蠻酋首之家皆有此鼓也。咸通末，幽州張直方貶龔州刺史，到任後，修葺州城緣，掘土得一銅鼓，牽復載以歸京。到襄漢，以爲無用之物，遂舍於延慶禪院，用代木魚。」

《淮南子》又曰：「銅不可以爲弩。」

《抱朴子》曰：「吴時發廣陵大冢，中有銅爲人數十，頭皆長五尺。」

《帝王世紀》曰：「紂作銅柱，令男女裸形緣之，落則妲己笑。」

《國語》管仲曰：「美金以鑄戟劒，鑄冶試諸狗馬；狗馬難爲利者。惡金以鑄鉏、夷、斤、欘。惡麄夷平也，所以削草平地也。斤，形似鉏而小。欘，斫也。」

《漢武内傳》曰：「上起神屋臺，以銅爲柱，黄金塗之。」

《西京雜記》曰：「高祖初入咸陽宫，周行庫藏，見銅人十一枚坐，皆高三尺，列在一筵上，琴、築、笙、竽，皆有所執，皆綴花綵，儼然若生人。筵下有銅管，上口高數尺，出筵後，其一管内空，一管有繩，大如指。使一人吹管，一人紐繩，則琴、築、笙、竽皆作聲音，與真樂不異。」

虞喜《志林》曰：「建武中，南郡男子獻銅鼓，背有銘，及吴時，江水中鍾上有百餘字，人莫有識者。」

張瑩《漢南記》曰：「安帝見銅人，以問侍中，張陵對曰：昔秦始皇時，有大人十二，身長五丈，履六尺，皆夷狄之服，見於臨洮，此天將亡秦之證。而始皇誤喜，以爲瑞，乃鑄銅人以爲像。上曰：何以知之？對曰：臣見傳載，亦其人胷上有銘。」

《林邑記》曰：「林邑王范文鑄銅爲牛、銅屋、行宫。」

《士緯》曰：「銅出於石，爲鈴則小，鑄鍾則大。」

《史記》又曰：「秦始皇收天下兵，聚之咸陽，爲銅，鑄金人十二，各千石，置庭中。」

又曰：「張孟談、董安於之治晉陽也，公室之堂皆以練銅爲柱。」

《漢書》又曰：「黄帝采首陽山銅，鑄鼎於荆山之下。」

又曰：「王莽夢長樂宫銅人五枚並起立，莽惡之，使尚方鐫滅銅人，應之。」

華嶠《後漢書》曰：「靈帝時，使掖庭令畢嵐鑄銅人四，列於蒼龍玄武闕外。」

又曰：「脩玉堂殿鑄銅人四、黄鐘四，其音中黄鍾也，子爲黄鍾。及天禄、蝦蟆，又鑄四出文錢。天禄，獸也。」

又曰：「蓟子訓遁去，不知所止。後人復於長安東霸城見之，與老翁共磨娑銅人。相謂曰：適見鑄此而已，近五百歲矣。」

《魏略》曰：「明帝徙長安諸鍾虡、駱駞、銅人，承露盤折銅人不可致住霸城。又鑄作銅人，列坐於司馬門外。」

《晉書》曰：「南陽王模督秦雍時，關中飢荒，百姓相噉，加以疾癘，盜賊公行，模力不能制。乃鑄銅人、鍾、鼎爲釜器，以易穀，議者非之。」

崔鴻《十六國春秋・後趙録》曰：「石勒徙洛陽銅馬、翁仲二於襄國，列之永豐門。」

《北史》曰：「後魏明帝初，爾朱榮與從弟世隆密議廢立，乃以銅鑄孝文及咸陽王禧等五王子像，成，當奉爲主，唯莊帝獨就。」

《唐書》曰：「開元中，許昌縣之唐祠掘地得古銅罇，又隱起雙鯉篆書，文曰宜子孫。」

又曰：「開元十三年，宋州獻古銅鼎十九，及鍾、磬、甑、釜、罇、杓、盤、瓶各數四。時宋城尉晉日休因板築，獲而獻之。」

又曰：「初，天寶中，天下州郡皆鑄銅爲玄宗，擬其形容，首冠環焰，足承菡萏，與尊佛之像間列於殿堂，號爲真容。及山東陷，率被鎔毀，而恒州獨存。」

又曰：「五臺山有金閣寺，鑄銅爲瓦，塗金其上，照耀山谷，計錢巨億萬。」

《史記》又曰：上使善相者相鄧通，曰當貧餓死。文帝曰：能富通者在我，何謂貧？於是賜通蜀嚴道銅山，自鑄錢，鄧氏錢布天下。

又曰：今上即位武帝數歲，漢興七十餘年之間，國家無事，京師之錢累百巨萬，貫朽而不可校。自孝文造四銖錢，至是歲三十餘年，從建元以來用少，縣官往多即銅山鑄錢，民益盜鑄不可勝數，錢益少而貴。

《漢書》又曰：孝惠帝時天下初定，吴有豫章銅山，即招致天下亡命者盜鑄錢。

又卷八三五《資産部一五・錢上》 《後漢書》又曰：董卓壞五銖錢，更鑄小錢，悉取洛陽及長安銅人、鍾虡、飛、廉銅馬之屬以充鑄焉，故貨錢物貴，穀不數萬。又錢無輪郭文章，不便人用。魏志曰卓鑄小錢，大五分，無文章，肉好無輪郭，不磨鑢也。時人以爲秦始皇見長人於臨洮，乃鑄銅人。卓，臨洮人也。而今毀之，雖成毀不同，兇暴相類焉。

《梁書》又曰：江禄爲武寧郡，頗有資産，積錢於壁，壁爲之倒迮，銅物皆鳴，人戲之曰：所謂銅山西傾，洛鍾東應者也。

又卷八三六《資産部一六・錢下》 綦母氏論錢曰：黄銅中方，叩頭對曰：僕自西方庚辛分土，諸國處處皆有，長沙越巂僕之所守。黄金爲父，白銀爲母，鈆爲長男，錫爲少婦。伊我初生周末時也，景王尹世大鑄兹也。貪人見我，如病得醫，飢饗太牢，未之喻也。

李有棠《遼史紀事本末》卷二一《耶律隆運柄用張儉事附》 聖宗統和十四年，夏四月，己亥，鑿大安山，取劉守光所藏錢。《食貨志》云：「鼓鑄之法，先代色勒迪爲額爾奇木，以土産多銅，始造錢幣，太祖用之，以至富强。太宗置五冶太師，以總四萬錢鐵。」

陳鼎《滇黔紀遊》 雲南崇聖寺又名三塔寺，在郡北五里。三塔矗峙，隔洱海百餘里輒望見。中塔正方磚石甃成，爲四十八丈十六級，絶頂四角範四金鵝，高二丈，塔下遊人以巨石投地，金鵝昂首長鳴，音響清越。黔國公楷書「山海大觀」四字，文石鑿成一字，縱横四丈，四石列塔前如屏。銅鐘二各重十萬斤，南詔建極十三年造，乃唐咸通年也。大雄殿巨麗精巧，覆以琉璃瓦，墁地並徑丈點蒼石，甬道傍紫荆樹亦高丈。唐朝老梅狀若古松，亭亭直上，枝幹如檜。栢大士像乃天雨銅汁所鑄，高二十四尺。滇西雨銅雨鐵乃常事，不足爲怪，然其理不可得而究也。

《宋史》卷八九《地理志五》［福建路］監一：豐國。咸平二年置，鑄銅錢。

歐陽修《集古録》卷一《古器銘》 右古器銘六，余嘗見其二，曰甗也，寶龢鐘也。太宗皇帝時，長安民有耕地得此甗，初無識者。其狀下爲鼎，三足，上爲方甑，中設銅箄，可以開闔，製作甚精，有銘在其側。學士句中正工於篆籀，能識其文，曰甗也，遂藏於秘閣。余爲校勘時，常閱於秘閣下。景祐中，修大樂，冶工給銅更鑄編鐘，得古鐘，有銘於腹，因存而不毁，即寶龢鐘也。余知太常禮院時，常於太常寺按樂，命工扣之，與王朴夷則清聲合。初，王朴作編鐘，皆不圓，至李照等奉詔修樂，皆以朴鐘爲非，及得寶龢，其正與朴鐘同，乃知朴爲有法也。嘉祐八年六月十八日書。右真蹟。

蘇軾《蘇文忠公全集·東坡續集》卷四《書簡·與李方叔四首》 秋試時不審，從吉未若，可下文字須望鼎甲之捷也。暑中既不飲酒，無緣作字，時有一二，輒爲人取去，無以塞好事之意，亦不願足下如此僻好也。近獲一銅鏡，如漆，色光明冷徹，背有銘云：「漢有善銅出白陽，取爲鏡，清如明。」左龍右虎俌之。字體雜篆隸，真漢時字也。白陽不知所在，豈南陽白水陽乎？「如」字應作「而」字使耳，左月左日皆未甚曉，更間爲考之。

唐慎微《證類本草》卷三《玉石部上品總七十三種·黄銀》 銀。注；中蘇云：作器辟惡，瑞物也，按：瑞物即黄銀。載於《圖經》。銀瓮、丹甑，非人所爲，既堪爲器，明非瑞物。今烏銀辟惡，煮之，工人以爲器物。養生者爲器以煮藥。兼於庭中，高一丈，夜承得醴，投別器中。飲，長年。今人作烏銀，以琉黄薰之，再宿寫之，出即其銀，黑矣。此是假非真也。

沈括《夢溪筆談》卷二一《異事異疾附》 予於譙亳得一古鏡，以手循之，當其中心，則摘然如灼龜之聲。人或曰，此夾鏡也。然夾不可鑄，須兩重合之。此鏡甚薄，略無銲跡，恐非可合也。就使銲之，則其聲當鈍塞，今扣之，其聲泠然纖遠。既因抑按而響，剛銅當破，柔銅不能，如此澄瑩洞徹，歷訪鏡工，皆罔然不測。

又卷二五《雜誌二》 信州鉛山縣有苦泉，流以爲澗，挹其水熬之，則成膽礬，烹膽礬則成銅。熬膽礬，鐵釜久之亦化爲銅。水能爲銅，物之變化，固不可測。按：《黄帝素問》有天五行地五行，土之氣在天爲溼，土能生金石，溼亦能生金石，此其驗也。

蘇轍《龍川略志》卷五《不聽祕法能以鐵爲銅者》 有商人自言於户部，有祕法能以膽礬點鐵爲銅者，予召而詰之曰：「法所禁而汝能之，誠祕法也，今若試之於官，則所爲必廣。汝一人而不能自了，必使他人助汝，則人人知之，非復秘也。昔之所禁今將遍行天下，且吾掌朝廷大計，而首以行濫亂法，吾不爲也。」其人黽俛而出，即詣都省言之，諸公惑之，令試斬馬刀所，後竟不成。

《宋會要輯稿·食貨三四·坑冶雜録》 户部尚書李常言：「岑水等場自來出銅礦最多，近年收買全不敷。欲乞選有幹局官詣逐場詢訪事理，招致坑户，候銅利興發，將見廢監州郡隨買到銅多寡，逐旋興髮鼓鑄錢寶。」從之。**【略】**

元年原書「元年」前被涂「紹聖」二字。，措置烹煉，候見次第，即置爐冶。從權户部尚書蔡京請也。？，詔令户部選官一員，募南方諳曉烹銅工匠往陜西，同轉運官差官於商、虢界踏逐銅，烹煉得銅。乞差通判河中府皮仲客采取。」從之。？康定元年，三司言：「商州百姓高英等按尋到銅」。**【略】**

淳熙三内批，禁中發下銅器八千餘兩付尚書省。前此高宗壽皇皆曾禁約，終不能止。今陛下此舉，四方傳聞，必且聳動，庶幾自此令行禁止。臣等欲出黄榜揭之通衢，使中外共知。」上曰：「可」。

《宋會要輯稿·坑冶·礬場》 白樊。晉州，煉礬。慶曆元年，置臨汾縣礬場務，舊置襄陵縣官泉務，慶曆六年置，熙寧七年罷。芹泉務，端拱二年置，熙寧九年廢。齡京師支用，并客旅筭請。無爲軍。東山場，舊以兵匠煎煉，天聖二年罷，置場收買，給在京染院及淮南州軍客旅入中筭請。緑礬。隰州，温泉縣務，太平興國八年置，護户煎煉，給在京染院及河東州軍茶客入中筭請。池州，銅陵縣務，舊置給。淮南，江南、兩浙、荆湖路，凡賦入之數，總三百一十萬五千八十九斤。河南路，一百四十二萬五十七百斤。淮南西路，一百六十八萬一百八十九斤。信州鈆山場，無定額。韶州涔水場，年額一十萬斤。無爲軍崑山場。祖額一百二十萬斤，自紹興十四年後，年額六十萬斤。太祖建隆三年三月，監晉州催礬務右諫議大夫劉熙古言：「幽州界有小盆礬民，多私販，望令禁止。」詔自今犯者嚴斷，募人告捉，給賞有差。開寶三年二月，詔三司：「先定司礬條流，頗甚嚴峻，犯者皆至極刑，宜示改更，特從寬貸。其私販幽州礬入界者，舊餘不計斤兩多少，并知情人並決杖處死，告人據等第給賞。自今所犯至十斤處死；十斤已下等第斷遣。告人獲一人，賞絹十四；二人，二十四；三人已上，不計多少，並賞五十四。」先是，周顯德二年，勑：犯礬不計多少，并知情人悉處死。至是，始差減之。私煎者，舊條三斤處死，并場務主者及諸色人擅出場務内礬，或將盜販，及逐處官場務以羡餘礬衷私自賣，舊條十斤處死，已下等第斷遣。自今依刮鹹煎鍊私鹽條例，至十五斤已下等第斷遣，賞錢亦依鹽法。已上罪至死者，仍具奏裁。七年三月，三司奏：緑礬礬賤，請別定價。江南瞻子礬侵奪江北課利，望行止絶。詔：緑礬自今約白礬在京，每斤估百文省，瞻子礬依舊不禁。太宗太平興國二年十二月，詔曰：晉州礬官歲鬻不充入舊貫，蓋小民逐末，不服畎畝，因而爲盜，復齎販以交化外。自今販者一兩已上不滿一斤，杖脊十五，配役一年，告人賞錢十千；一斤以上不滿二斤，杖脊十七，配役二年，告人賞錢十五千；二斤已上不滿三斤，杖脊二十，配役三年，告人賞二十千；三斤處死，告人賞錢三十千。場務主者并諸色人擅出場務内礬，或偷盜興販及逐處場務將羡餘礬貨衷私出賣一兩已上，不滿一斤，量罪斷遣，捉事人賞錢五千；一斤已上不滿三斤，決脊杖十五，配役一年，捉事并告者賞錢十千；三斤以上不滿五斤，決脊十七，配役二年，捉事并告者賞錢十五千；五斤已上不滿十斤，決脊杖二十，配役三年，捉事並告者賞錢二十千；十斤處死，捉事並告者賞錢三十千。私煮及販已論決而再犯者，雖所犯不如律，亦杖脊，配隸遠惡處。會赦釋放而又犯者，無輕慮悉處死。買及受寄隱藏者，二兩得一兩，二斤得一斤之罪，如受而轉賣者，依元賣人例斷遣。淳化元年三月，三司言：「準敕以慈州緑礬積留，令別爲條約，緣小民多於山巖深奥之處私煎規例：侵奪官果，今若依白礬條例，即緑礬價低白礬，刑名太重，或依舊以漏税條制區分，又刑名過輕，人無所畏。今請依太平興國二年所定私茶例科斷，告捉人賞錢，亦依私茶鹽條數支給。」從之。仁宗天聖元年閏九月，司農少卿李湘言：「晉慈州礬鋪户多雜外科煎鍊，致官礬積滯，貨賣不行。」詔禁止之。其産私礬坑窟牢固封塞，覺察犯者，許人告捉，依刮鹹煎鍊私鹽條例斷遣。緑礬即依私茶條例。二年八月，廢無爲軍煎礬務，官自置場收買。舊賣價每斤百五十文，自今斤減三十文。時無爲軍牙吏許明獻言：「礬務遺利頗多，且民多冒法私煉，請廢其務，置場收買。」事下三司，言其議甚便，可以施行，故有是詔。六年，又令每斤減三十文。十年，又從知軍王汝能之請，每斤復減三十文。六年十一月，詔：「巡捉私礬使臣、縣尉捕得私煎白、緑礬，并依私茶鹽萬數酬賞，如透漏者並當批罰。」九年十一月十七日，詔兩川自今放行白礬。十年九月四日，江淮發運司言：「準條私販白礬，依刮鹹例；緑礬，依私茶例科罪。近杭州民陳樊往信州市土礬二千斤，此礬比緑礬色味俱下，若從杖科刑，即太輕典，望別定刑名，并下信州封礬坑，以禁私鬻。」下法寺請據斤兩，比犯私茶減三等定罪。巡警透漏告捉到百斤已下，全給告者；五百斤已下，給半；已上，並給三分之一。使臣透漏三百斤，奪一月俸；三百斤，加半月罪，止罰一季俸。」奏可。神宗熙寧三年十月二十三日，知慶州王廣淵言：「河東路礬鹽爲利源之最，欲乞於河東、京東、河北、陝西別立礬法，專置官提舉，減罷巡捉使臣，只爲巡檢縣尉收捕朝臣一員，管勾往來提舉。合行法則，與轉運司同共商量。」詔差光禄寺丞楊蟠乘驛計會逐路轉運司相度利害奏聞。哲宗元祐元年十月二十二日，詔江、淮、荆、浙六路礬，依舊從人户取便，赴官收買。從部請也。八年二月二日，户部言：「無爲軍崑山白礬，元條禁官自出賣。昨權許通商，每百斤收税五十文準元祐勅：禁礬給引指住賣處納税，沿路税務止得引後批到發月日，更不收税。其無爲軍崑山樊欲依禁礬通商條例。」從之。紹聖三年五月二十四日，江淮荆浙等路制置發運司言：「官員躬親捕獲私礬，累及一萬斤至十萬斤，等第推賞。未獲犯人者，以三比一；差人捕獲，以三之半比一。」從之。元符三年十月二十八日，崇儀使林像奏：「河北所産土礬今皆禁人收採，及於河東輦致晉礬，就相州置場出賣。夫利之所在，舍死而趨，雖法令嚴密，未必能禁。況土地所産，本以養人，而國家理財，寧分彼此與其遠地輦致，豈若取諸近之爲便。今若於河北産礬處官爲置場收買，量增價出賣，則官中坐獲浄利而免般運之勞，居民得資地利而無犯法之弊，此亦一舉而兩得也。」詔户部勘當，申尚書省。徽宗大觀二年三月二十五日，尚書省勘會：「河東、河北所産礬，係通入京畿、京西、京東、陝西六路，無爲軍礬係通入江、淮、荆、浙、廣、福九路。今係畫許客人就権貨務入納見錢，給公據前去礬場等請其通商路分，欲令轉運司官一員，各兼行提舉措置外，河東、河北、淮南去路分係出産礬去處，各合轉差官前去提舉措置。」從之。三年三月二十日，江東轉運副使余彦明奏：「本路礬貨乞就委本司，并逐州管勾茶事言兼行管勾。」從之。六月十六日，詔江西、兩浙、湖南北、廣東西、福建、淮南八路准此。

政和二年二月三日，詔「自政和二年爲始，將東南九路歲買礬，依熙寧舊法，九路官般去出賣，仍將每歲合發上供賣礬錢，並依紹聖勅條，令發運司管認舊額三萬三千一百貫起發上京，以助經費。所有見措置淮南路礬事司依舊併歸發運司，其官吏等並罷。」以户部奏：「臣僚言，無爲軍崑山縣礬事舊屬發運司總領，每年認定浄利錢三萬貫，自大觀二年，專置司差官措置，立定年額九百貫，令無爲軍出備錢收買。至今約計五年，礬貨山積，變轉不行，虚占本錢，利息甚寡，官吏、軍兵、公使等錢所費不輕，乞依舊法出賣故也。」

宣和三年二月二十二日，詔：「已降處分，兩浙、江東路茶鹽榷免，比較增虧，不得輒行抑配。所有賣礬亦合依上件指揮，速申明行下。」六年六月十七日，中書省、尚書省言：「户部狀：提舉河北東路鹽香茶礬事司申：礬季狀通商，并産礬路分礬事司已有供申約束，惟逐州軍未有立定期限責罰。户部勘當，欲逐路州軍每季具住賣過礬數，每季限五日供申提舉礬事司。如違限不報，從本司按劾。所是礬事司類聚州軍比較文狀，欲與展限五日，通作半月供報，餘依已降指揮，諸路依此施行。」從之。高宗建炎二年正月十三日，同專一措置財用黄潛厚言：「宣和三年閏五月十五日，勑淮南礬場取客人從便，於榷貨務入納請買公據外，亦許客人用金、銀、錢、帛等依數就礬場入納筭請。所有納下金、銀、匹帛等，並令礬場監守封記團併上京。及承建炎元年十一月二十三日，勑淮南無爲軍礬權取許客人通販入晉，相礬地貨賣。今欲乞許客人販淮南礬，通入河北、河東、京東、京西，在京并東南九路，除在京榷貨務買到公據外，仍許就行在入納見錢、金銀、物帛等，請買公據鈔引，可免礬場般輦脚費。」從之。

紹興二年閏四月六日，江西運副韓球言：「虔、吉州、臨江軍等處有見管白礬、青礬、土礬三十餘萬斤，州郡不敢擅行出賣。」詔令榷貨務，據上供礬指數給降礬引，赴本路茶鹽司出榜召人筭請。其收到錢數，發赴行在所屬。八年六月四日，淮西運判李仲孺言：「契勘本路無爲軍崑山場入納金銀、見錢，筭請鈔引，般販指州縣貨賣，每引納錢一十二貫。販正礬一百斤，并加饒二十斤，共一百二十斤，照應礬場先買納下白礬，除支發外，截日尚有見管一千八十九萬八千餘斤，每斤本錢一十三文及二十文，占壓本錢共一十四萬九百餘貫。其礬堆積累年，支發遲細，蓋緣客販本重利薄，如販至所指地頭，每斤止賣到錢二百文，豁出買引官錢一百文外，息錢不多，是致販者稀少。即今官賣引錢，每斤除元買礬本外，有净利八十餘文，措置欲量減引錢，招誘發泄。」詔見賣每斤價上量減二十文，每斤作一百文。一引一十二貫，共量減錢二貫文，每引作一十貫文，召人筭請。九年六月十九日，無爲軍申：「勘會本軍管下崑山礬場，合用折納金銀法物，係蒙朝廷鑄造鐫鑿花樣，給降下場使用。緣本場作建炎之後，賊馬侵犯，毁壞不存。前任知軍吕雲叟逐急措置下作院，用生雜銅製造逐等決物一副，慮恐久遠，未得均當。乞行下工部下文思院製造給降。」從之。五十兩法物一個，二十三兩法物一個，二十兩法物一個，十五兩法物一個，十兩法物一個，五兩法物一個，一兩法物一個，半兩法物一個，一錢法物一個。七月二十六日，户部言：「淮西茶鹽司申：乞將無爲軍崑山場見賣六十斤籠節住罷織造，責委所属別行織造四十五斤、二十斤兩等籠節，發下崑山礬場樁管給賣。内四十五斤籠節，每隻除工費外，收息錢四十文；二十斤籠節每隻除工費外，收息錢二十文。據榷貨物務勘會，無爲軍崑山礬見賣三等礬引，大引一百斤，中引五十斤，小引三十斤，兼有加饒貼買之數，所造盛礬籠節却止以六十斤，一等織造委是未得適中。今來淮西提舉茶鹽司申乞事理，委的得允當。」從之。十年二月六日，淮東常平司言：「本司契勘楚、泗州市易務，先蒙支降到礬鈔引各一千道，緣本處不是就便去處，是致無人承買。今來泗州市易務，已得指揮罷局，所有本務元承支降到礬引共一千道申部，乞指揮施行。」户部據榷貨務勘會泗州市易務既已罷局，其未賣礬鈔若令發回本務，本州至行在道路遥遠，或令撥赴楚州。又緣本處亦有未賣之數，今契勘得無爲軍崑山場係出産礬貨去處，見有降到礬鈔，客人多是就便筭買，可以發泄。今欲將泗州市易務未賣礬鈔引改撥赴無爲軍崑山場，招誘客筭。」從之。十一年十二月四日，工部言：「鑄錢司韓球奏：據鉛山知縣同本場監官申，截自七月二十日終，煎煉到青膽礬六千七百六十斤，掃到黄礬四千五百六十四斤在庫，乞變賣施行。據榷貨務條具下項：一、檢照建炎四年十月九日指揮：給賣撫州青膽礬，每斤價錢一百二十文省，土礬每斤價錢三十文省。其鉛山場所産礬貨，今體問得比之撫州礬稍高。内青膽礬欲放撫州礬體例，每斤作一百五十文。黄礬比土礬亦是稍高，每斤作八十文。仍乞將逐色礬依崑山場白礬例，每引各作一百斤。一、契勘自來客人赴務筭請礬貨，係依茶、鹽鈔引例，每貫納頭子市例錢二十文，每貫納顧人錢一文，每引納工墨錢二十文。今來客筭青膽、黄礬，欲乞依本務，見今收納則例。一、契勘客人納錢赴榷貨務筭請礬貨，係給鈔引付客人執前去礬場照會請礬，其引係礬場批鑿月日付客人，隨礬照會貨賣，合行預降合同號簿。欲令太府寺交引庫速行印造，差本務號簿官押發前去信州鉛山場收管，勘同支礬。」並從之。十二年六月十三日，榷貨務言：「先承指揮，許將坑場所出青黄膽礬，並從鑄錢司委官措置監轄煎煉，具數申户部，報榷貨物給引出賣，候人户前來筭請過礬數。即申户部乞留五分應付資助銅本，仍乞於諸色上供錢内兑撥。後來續據信州鉛山場煎煉到青膽、黄礬一萬一千三百餘斤，本務已行招誘客人入納到錢二千三百餘貫，及令客人於礬場貼買一分礬，收納價錢專充礬本支用。今來鑄錢司乞量行支撥三二千貫，應付信州鉛山場，充煎礬工料本錢。欲下江、淮等路鑄錢司，於信州合起經總制錢内截撥錢一千貫文，與本場收到一分礬錢相兼，充煎礬本錢支用。所有日後入納到逐色礬正錢，依已立定十一分爲率，除將六分赴本務送納外，其餘五分令客人指留，就礬場送納，專充煎礬工料本錢支使。」從之。十月二十二日，户部言：「榷貨務契勘，鑄錢司具到鉛山場七月十六日終，收到青膽礬三萬六百五十五斤，半數内一萬六千五百斤，已據客人赴務筭給鈔引，前去請礬外，有青礬一萬四千一百五十五斤半，未曾給引出賣。所有收到黄礬八千三百八斤，半數内四千九百五十斤已有客人筭請外，有三千三百五十八斤半未曾給引出賣。今乞備申朝廷指揮，下交引庫印造鈔引，赴務應副客筭施行。仍乞今後鑄錢司申到鉛山場續煎到逐色礬數，從本務一面牒交報交引庫印造鈔引，下務給賞施行。」從之。十四年十一月十九日，户部言：「淮南西路提舉茶鹽司申：乞無爲軍崑山礬場收買新礬，於舊價二十文上增添一十五文省，通作二十五文省，收買榷貨務勘當欲權依本司申到事理，於舊價每斤二十文上增添錢一十文，通作三十文省，收買所有客人就場送納礬引上添搭所增錢數，令礬場與貼買一分錢，另項收樁，專充買礬價錢，不得别將他用。」從之。二十九年閏六月十日，户部言：「淮西提舉茶鹽司申：無爲軍崑山礬場每年所收錢物，自來未有立定歲額，比較官吏偷惰，無所懲勸。今取到紹興二十四年至二十八年五年内所收錢數均作五分，内一分計四萬一千五百八十五貫爲酌中之數。今欲權爲定額，依酒税務條法增虧賞罰。」從之。孝宗隆興元年三月二十四日，淮西提舉茶鹽司言：「無爲軍崑山鎮出産白礬，白合用本錢於廬、舒、蘄、黄、和州、無爲軍、壽春府支撥。自紹興三十年至三十二年終，各有拖欠。今來已是支買得行，欲將前項拖欠本錢時與蠲免一半，自餘許令本州隨所欠多寡，行下逐州軍，於以後年分帶納。」從之。淳熙十二年九月四日，都大提點坑冶鑄錢司言：「潭州瀏陽縣永嘉場地名鐵爐衝等處，有阜土堪煎青礬，具創置青礬場係是官地，即非民地，委是出産去處。乞照應韶州礬引體例，給降鈔引，召人請買。」户部契勘，乞印給三十斤例、四十斤例鈔引各三百副，付潭州通判廳給賣，仍將賣到價錢照應韶州涔水場體例，分隸起解送納。」從之。紹熙三年二月三日，淮西提舉茶鹽司言：「無爲、崑山礬場見管礬鈔引止有一萬餘道，委是不多，乞接續支降三十斤例，一等鈔引二十萬貫，降下本場應接給賣。」從之。

《宋史》卷一八五《食貨志下七》 熙寧元年，命河東轉運司經畫礬、鹽遺利。李師中言：「官積礬三百斤，走鹵消耗，恐後爲棄物。」詔令商人入中糧草，即以償之。三年，罷潞州交子務，以防中納糧草、筭請礬鹽故也。知慶州王廣淵曰：「河東，礬爲利源之最，請河東、京東、河北、陝西别立礬法，專置提舉官。」詔遣光禄丞楊蟠會議以聞。蟠言：「坊州産礬，官雖置場，而商多私售。請置鑊户，定其數，許於陝西北界黄河，東限潼關，南及京西均房襄鄧金州、光化軍，令鑊户遞相保察。或私賣越界，禁如私白礬法，仍增官獲私礬輒以夾雜減斤重之法。」從之。

元豐元年，定畿内及京東、西五路許賣晉、隰礬；陝西自潼關以西、黄河以南，達於京西均、房、襄、鄧、金州則售坊州礬；礬之出於西山、保霸州者，售於成都、梓州路；出無爲軍者，餘路售之。私鬻與越界者，如私礬法。

又卷八六《地理志二》 〔河東路〕平陽府，望，平陽郡，建雄軍節度。絳州，雄，絳郡，防禦。崇寧户五萬九千九百三，口九萬四千二百三十七。貢防風、蠟燭、墨。縣七：正平，望。曲沃，望。太平，望。熙寧五年，廢慈州，以鄉寧縣分隸太平、稷山。翼城，上。稷山，中。絳，中。有中山、花崖、華山三砦。垣曲，下。有銅錢一監。

澤州，上，高平郡。崇寧户四萬四千一百三十三，口九萬一千八百五十二。貢白石英、禹餘糧、人參。縣六：晉城，緊。高平，上。陽城，上。端氏，中。陵川，中。沁水。中下。關一：雄定。舊天井關，屬晉城縣。靖康元年改今名。

王黼《宣和博古圖》卷二《漢梁山鋗銘一十五字》 右高四寸二分，深四寸一分，口徑七寸四分，腹徑七寸六分，容六升，重二斤十有三兩。有銘在其脣曰：「梁山銅二門，鋗重十斤，元康元年造。」外復有一扶字。按：漢孝宣帝即位之十年，乃改元康，而是器蓋元康元年造也。其「扶」字乃號耳，如好時鼎之用山字是也。「梁山銅」者，紀其貢金之地。梁山，於漢初爲孝王之封，梁山依山鼓鑄，爲國之富。故在孝王時，有罍、尊直千金，戒後世寶之，則梁山之銅有自來矣。其後梁之子孫分其國爲五，則在孝宣時，亦不替貢金之職耳。

葉廷珪《海録碎事》卷一五《商賈貨財部・銅門五金附》 銅奴錫婢：銅之精爲奴，錫之精爲婢。

牡銅：鍊銅時，一童一女俱以水灌銅，銅當分爲兩段，凸起者牡銅；凹陷者牝銅。雜俎。

程大昌《演繁露》卷一五《千金》 漢言百金中人十家之産，則十金之直，可辨中人一家之産也。然則其數一金，不當止於一兩矣。説者各隨所見，而別多少，皆不適中。以予觀之，古者一代，事物各爲一制，不但正朔服色而已。周人之金以鎰計。鎰，二十兩也。漢人之金以斤計。斤，方寸而重一斤也。惠帝初即位，賜視作匠，上者將軍四十金。鄭氏曰：四十金，四十斤金是也。《食貨志》：黄金一斤直萬錢，則漢云一金者，皆爲金一斤。《吕刑》贖法計鍰輸金，諸家謂鍰六兩也。金，黄鐵，銅也。五金皆金，知銅爲黄鐵也。孔穎達曰：釋《舜典》者謂贖金爲黄金，其實銅也。故周金雖有鍰、鎰二名，而黄金不以鍰計也。

趙明誠《金石録校證》卷第一一《甗銘》　右《甗銘》。案《真宗皇帝實録》：「咸平三年，乾州獻古銅鼎，狀方而有四足，案謝本無「有」字。上有古文二十一字。詔儒臣考正，而句中正、杜鎬驗其款識，以爲《史信父甗》。中正引《説文》：『甗，甑也。』又引《墨子》：『夏后鑄鼎，四足而方。』《春秋傳》：『晉侯賜子産二方鼎。』云：『此其類也。』」余嘗見今世人家所藏古甗，形製皆圜，而此器其下正方，故中正等疑爲方鼎之類，然方鼎與甗自是兩器名，今遂以爲一物，非也。楊南仲曰：「史，當讀爲『中』，音『仲』。」

又卷第一一《寶龢鐘銘》　右《寶龢鐘銘》，藏太常。凡四鐘，款識並同。初，景祐間李照脩雅樂，所鑄鐘其形皆圜，與古制頗異。時又別詔胡瑗自以管法製鐘磬。會官帑中獲此鐘，其形如鈴而不圜，馮元等案其款識，以爲漢、魏時器。於是令瑗倣其狀作新鐘一縣十六枚，然不獲奏御，但藏諸樂府而已。今案此《銘》文字皆古文，爲周以前所作無疑，而元以爲漢、魏時器，蓋失之矣。

又卷第一三《漢廩丘宫鐙銘》　右《漢廩丘宫鐙銘》，得於澶淵，云：「廩丘宫銅鐙，重二十斤八兩。甘露三年，工郭從、都吏李定造。」蓋宣帝時物也。所謂「廩丘宫」者，不見於史；蓋秦、漢離宫別館所在有之，故史家不能盡記。廩丘，在漢屬東郡。

何薳《春渚紀聞》卷一〇《記丹藥·序丹竈》　丹竈之事，士大夫與山林學道之人，喜於談訪者蓋七八也，然不知皆是仙藥丹頭也。自三茅君以丹陽歲歉，死者盈道，因取丹頭點銀爲金，化鐵爲銀，以救饑人，故後人以煅粉點銅名其法曰丹陽，以死砒點銅者名其法曰點茆。亦有取丹頭，初轉伏朱，以養黄茆死硇，以乾汞，如漢之王陽、婁敬，唐之成弼，近世王捷成鵶嘴金以助國用者，不可謂世無此法也。但得之者真龜毛兔角，而爲之致禍者十八九也。如東坡先生、楊元素內相皆密受真訣，知而不爲者。章申公、黄八座道，夫皆訪求畢世，費資鉅萬，而了無一遇者。

薛尚功《歷代鐘鼎彝器款識》卷二〇《梁山鋗》　《博古》云：「有銘在脣，曰：『梁山鋗，重十斤，元康元年造。』外復有一『扶』字。」按漢孝宣帝即位之十年，乃改元康元年，是器乃此年造也。其「扶」字乃號耳，如好時鼎用「山」字是也。梁山銅者，紀其貢金之地。梁山於漢初爲孝王之封，梁王依山鼓鑄，爲國之富。故在孝王時有罍尊直千金，戒後世寶之則，梁山之銅有自來矣。其後梁之子孫分其國爲五，則在孝宣時，亦不替貢金之職耳。

吴曾《能改齋漫録》卷四《辨誤·景鐘》　徽宗崇寧四年，命鑄景鐘，鐘成，詔翰林張康伯爲之序銘，以爲「景，大也。九九之數兆於此，有萬不同之所宗也」。其説如此。蓋景福可以言大，王氏之意云爾，而景鐘則不可也。議者又謂大晟樂書：「黄帝有五鐘，一曰景鐘。景，大也。鍾，四方之聲以象成。厥功大者，其鐘特大。蓋黄鍾者，樂之所自出。景鐘者，又黄鍾之本，故景鐘爲樂之祖。」此説亦非。何者？按《管子·五行篇》有曰：「昔黄帝以其緩急作五聲，以正五鐘。一曰青鐘大音，注曰：東方鐘名。二曰赤鐘重心，三曰黄鐘洗光，四曰景鐘昧其明，五曰黑鐘隱其常。五聲既調，然後作立五行，以正天時；五官以正人位。人與天調，然後天地之美生。」審此，則五鐘皆以五方之色言之，景非大，明矣。景鐘既是秋之一鐘，而議者又以爲樂之所自出，與夫爲黄鐘之本，皆不得其説者也。予又按，《士昏禮》：「姆加景。」注曰：「景，明衣也，禪衣也。禪音單。」陳祥道曰：「景，白也。」然則秋之色白，則景鐘者，色之白，明非大矣。此可爲據。

又卷一二《紀事·造九鼎》　玉仙觀，在京城東南宣化門外七八里陳州門，是也。仁宗時，有陳道士修葺亭臺，栽花木甚盛。四時遊客不絶，東坡詩所謂「玉仙洪福花如海」是也。吕氏家塾記云：「一日，學院諸生偕往，見石一截，黄色，用木牌標記曰：『萬年松化石。』僉曰：『如何對得？』晉之叔曰：『三日雨爲霖。』」吕氏所記松化石，乃西川物耳。徽宗崇寧四年，歲次乙酉，製造九鼎。按製造官魏漢律狀云：「承内降，鑄造鼎鼐。内帝座鼐，如天之正畢之數。外有六圍，若易之六爻之象。中疊五重，以應九五之龍，惟上九虚之。其五重，謹按師旨，合用萬載松化石并龍牙石，各一尺二寸爲一重，用松石一塊周圍。第二圍用龍牙石一塊，亦用寶器捧。第三圍、第四圍各用松石一塊，亦高一尺二寸，第五圍用龍牙石一塊，如乾之六爻上九之爻。所有合用龍牙石并萬年松化之石，自皇祐間西川取到，祇備造鼎。今見在城南玉仙觀内，有此石五段，松石三，龍牙石二，並堪充今律鼎中五圍使用。伏望詳酌，特賜指揮，下所屬取索前來應副。」然則崇寧所用松化石五段，乃呂氏所記之石也。據魏漢律狀，稱皇祐間，西川取到，祇備造鼎。乃知仁宗朝已嘗議造九鼎矣。

又卷二《紀事・兩王難當二堂》 大慈寺有蜀後主王衍銅像，程公堂權帥，毁以鑄鐘。蜀語曰：「任是兩王，難當二堂。」

又卷二《紀事・神霄樂鬱羅蕭臺》 林靈素建議，依倣宮商角徵羽，別定五聲，制神霄樂。劉棟密奏：「臣民事物，皆可有一。至於宮聲，豈有二哉。」徽宗感悦，嘉其愛君，即除中散大夫，直龍圖閣，棟辭不受。棟字守翁，棣州人。初以八行舉遇可韓司丈人，授以景虛玉陽鐘法。徽宗依其説，命鑄鐘十二，召九天。範金隨律，月成一鐘。排黄麾仗，奉安於寳籙宮。鐘備成，授通直郎。靈素又建議築鬱羅蕭臺，高一百五十尺以祭天。棟言：「圓壇事天，古今通制。高八十一尺，數之極也。豈可別築臺以祭，數又加倍哉。徒勞人瀆神，恐非天意。」遂已。

唐順之《荆川先生右編》卷三二《理財中》葉適《論錢幣》宋孝宗時上 天下以錢爲患二十年矣。百物皆所以爲貨，而錢并制其權。錢有輕重大小，又自以相制，而資其所不及。蓋三錢竝行，則相制之術盡矣而猶不足，至於造楮以權之。凡今之所謂錢者，反聽命於楮。楮行而錢益少，此今之同患而不能救者也。夫率意而戲造，猥以補一時之闕，而遂貽後日之憂。大都市肆，四方所集，不復有金錢之用，盡以楮相貿易。擔囊而趨，勝一夫之力，輒爲錢數百萬。行旅之至於都者，皆輕出他貨以售楮天下陰相折閲，不可勝計。故凡今之弊，豈惟使錢益少，而他貨亦并乏矣。設法以消天下之利，孰甚於此興利之臣？苟欲必行，知模刻之易，而不知其爲盡錢之難。十年之後，四方之錢，亦藏而不用矣。將交執空券，皇皇焉，而無從得此，豈非天下之大憂乎？夫見其有而因謂之有，見其無而因謂之無者，此常人之識爾。所貴於智者，推其有無之所自來，不反手而可以除其患。且今之所謂錢乏者，豈誠乏耶？上無以爲用耶？下無以爲市耶？是不然也。天下之所以竭誠而獻者，有二議，有防錢之禁，有羨錢之術。夫南出於夷，北出於虜，中又自毁於器用，盜鑄者，雖殺雜而能增之爲器者，日損之而莫知也。此其禁患於不密也，是誠可密也。若夫羨錢之術，則鼓鑄而已矣。雖然盡鼓鑄所得，何足以羨天下之錢。且天地之産，東南之銅，或暫息而未復，雖有咸陽孔僅之巧，何以致之？噫！不知夫造楮之弊，驅天下之錢，内積於府庫，外藏於富室，而欲以禁錢鼓鑄益之耶！且錢之所以上下尊之，其權盡重於百物者，爲其能通百物之用也。積而不發，則無異於一物。銅性融液，月鑠歲化，此其朘天下之寳亦已多矣。夫徒知錢之不可以不積，而不知其障固而不流；徒知積之不可以不多，而不知其已聚者之不散。役楮於外以代其勞，而天下有坐鎮莫移之錢，此豈智者之所爲哉？豈其思慮之有未及哉？故臣以謂推其有無之所自來，不反手而可以除其患者也。雖然壅天下之錢，非上下之所欲也，用楮之勢至於此也。賫行者有千倍之輕，兑鬻者有什一之獲，則楮在而錢亡，楮尊而錢賤者，固其勢也。貴莫如珠金，賤莫如泥沙，至錢而平矣。先王之用弊也，錢居其一，而後世之用錢也，他幣至於皆廢，誠以爲輕重之適也，故夫天下之貨未有可輕於錢者也。一朝而輕千倍，曾不爲後日之計者何也？此臣之所謂弊極而當反者也。天下之事本無奇畫。爲奇畫者，小人之自便以干其君者也，不可聽也。雖然臣又有疑焉。計今日之錢，自上而下者，有兵之料，有吏之俸。自下而上者，州縣倚鹽酒雜貨之入，而民之賣易以輸送者，大抵皆金錢也。故雖設虚券，以陰納天下之錢，而猶未至於盡藏而不用。方今之事比於前世，則錢既已多矣，而猶患其少者，何也？古之盛世，錢未嘗不貴，而物未嘗不賤。漢宣帝時，穀至石五錢，所以立常平之法。唐太宗新去隋亂而至富强，米斗十錢，以上爲率。何者？治安則物蕃，物蕃則民不求而皆足，是故錢無所用。往者東南爲稻米之區，石之中價財三四百耳，歲常出以供京師而資其錢。今其中價既十倍之矣，不幸有水旱，不可預計，惟極南之交廣與素曠之荆、襄，米斗乃或止百錢爲率耳。然大要天下百物皆貴而錢賤，瓜匏果蓏、魚鱉牛彘，凡山澤之所産，無不盡取，非其有不足也。而何以至此？且以漢唐之賦禄較之於吾宋，其用錢之增爲若干，以承平之賦禄較之於今日，其用錢之增又若干？東南之賦貢較承平之所入者，其錢之增又若干？昔何爲而有餘，今何爲而不足，然則今日之患錢多而物少，錢賤而物貴也，明矣。天下惟中民之家衣食或不待錢而粗具。何者？其農力之所得者足以取也。而天下之不爲中民者十六，是故常割中民以奉之，故錢貨紛紛於市，而物不能多出於地。夫持空錢以制物猶不可，而況於持空券以制錢乎，然則天子與大臣當憂其本而已矣。

唐順之《荆川稗編》卷一〇四户二《金田賦金史》 至於銅錢交鈔之弊，蓋有甚者。初用遼、宋舊錢，雖劉豫所鑄，豫廢亦兼用之。正隆而降，始議鼓鑄，民間銅禁，甚至銅不給用，漸興窑冶。凡産銅地脈，遣吏境内訪察無遺，且及外界，而民用銅器不可缺者，皆造於官而鬻之。既而官不勝煩，民不勝病，乃聽民冶銅造器，而官爲立價以售，此銅法之變也。

洪邁《容齋隨筆》卷一四《博古圖》 漢梁山銅之銘曰：「梁山銅造。」則爲之説曰，梁山銅者，紀其所貢之地。梁孝王依山鼓鑄，爲國之富，則銅有自來矣。夫即山鑄錢，乃吴王濞耳。梁山自是山名，屬馮翊夏陽縣，於梁國何預焉？

李廷忠《橘山四六》卷一六 《通鞏都大》自注仍謝賜劄。按：宋制有兩都大，一提舉茶馬，一提點坑冶鑄錢，與提刑序官。此當是坑冶都大。按《平齋集》：「鞏嶸權都大提點坑冶公事職事，修舉直秘閣。」因其任冶司，此啓有秘圖寓直之語，當即是嶸。展坑別駕之足，惕若深淵【略】以秋濤瑞錦之文題俊科，以冰壺玉衡之，知儀官署操劄。【略】共推於善刃，飛騰獨著於鞭。璧沼繙經，士知就正。棘林涉筆，人賴决平。《杜周傳》：「君爲天下决平，蓋將消田里之歎愁，聊復對江山而坐嘯。化乎兩郡，譽震九闕。以半天下之貨，權屬大使者之節制。宋制，都大坑冶有二。在饒者，領江東、淮、浙七閩；在虔者，領江南、荆湖、二廣。自錢神隱伏之久，《晉書·魯褒傳》：「褒好學多聞，以貧素自立。傷時之貪鄙，乃著《錢神論》，刺之曰：「錢之爲體，有乾坤之象，爲世神寶。親之如兄，字曰孔方。無翼而飛，無足而走。解嚴毅之顔，開難發之口。由是論之，謂爲神物。諺曰：錢無耳，可使鬼。凡今之人，惟錢而已。故曰：仕無中人，不如歸田。雖有中人，而無家兄，不異無翼而欲飛，無足而欲行。」疾時者共傳其文。李嶠詩：「九府五銖世上珍，魯褒曾論道通神。勸君覓得須知足，雖解榮人也辱人。」在鍾官供億之難。《漢百官志》：「水衡都尉屬官有上林、均輸、御羞、禁圃、輯濯、鍾官、技巧、六廐辨銅九官。」注：鍾官，主鑄錢官也。《隗囂傳》：「坐挾銅炭，没入鍾官。」採銅於山，化鐵以水。宋崇寧中游經言：「有膽水可浸鐵爲銅者，寧宗嘉泰二年，聽兩淮諸州民行鐵錢於沿江八州。」縱極其鎔鑄淬磨之利，難勝夫鋌銷滲泄之多。

謝深甫《慶元條法事類》外集卷六一《財貨門·銅》 鄭伯朝楚，楚子賜之金，既而悔之，與之盟曰：無以鑄兵，使以鑄三鍾。注：楚金利，故古者以銅爲兵。《左僖公》。錮以銅。秦始皇葬驪山，其内錮以銅。賈山《至言》豫章銅山，吴王濞事，見後錢注。嚴道銅山。鄧通事，見後錢注。探懷得銅。扶風張氏之先爲郡功曹，晨起當朝，有鳩從盛塵上飛下几前，功曹曰：鳩何來？爲禍飛上盛塵，爲福飛入我懷。開懷待之，飛入懷中，探得銅鈎帶之，官至太守、九卿。有蜀客至長安，私賂張氏婢，婢賣鈎與客，客喪禍，懼而却還，張氏得鈎，復爲二千石。後因失鈎，張氏遂衰。《三輔決録》。鑿井得銅。龎儉亡其父，隨母流宕，後居廬里，鑿井得銅，遂富云云。時人曰：廬里龎公，鑿井得銅，買奴得翁。《風俗通》以銅爲鑑。唐太宗曰：朕有三鑑云云，以銅爲鑑，可正衣冠。朕嘗寶此三鑑，今一鑑亡矣。《通鑑》。取銅和酒。定州人崔務墜馬折足，醫者令取銅末和酒服之，遂痊平。及亡後十餘年改葬，視其脛骨折處，有銅束之。《朝野僉載》。紅崖冶鑄。韓洄上言：「今商州紅崖冶産銅，而洛源監久廢，請鑿山取銅，即治舊監置十爐鑄之，歲得錢十萬二千緡。《孔氏帖》。滁州鏟鑿。韓思復遷滁州刺史，州有銅官，人鏟鑿尤若思復遷賈他郡，費省尤多。同上銅像鑄錢。柳仲郢拜京兆尹，會廢浮屠法，盡壞銅像鑄錢。仲郢爲鑄錢使，吏請以字識錢者，不荅。既淮南，鑄會昌字。久之，僧反取爲鍾鈸。《本傳》。又周世宗是時中國乏錢，乃詔悉毁天下銅佛像以鑄錢。嘗曰：「吾聞佛説以身世爲妄，以利人爲急，使其真身尚在，苟利於世，猶欲割截，況此銅像，豈其所惜哉。」由是羣臣皆不敢言。《五代史》。銅神激水。衡陽唐安縣東有略塘，塘有銅神，往往銅聲激，水爲變緑作銅腥，魚盡死。《酉陽雜俎》。

葉釐《愛日齋叢抄》卷一《失名》 銅人凡四鑄：秦始皇收天下兵聚咸陽，銷以爲鐘鐻，金人十二重各千石。史索隱：長人見臨洮，故銷兵器，鑄而象之。漢在長樂宫前，董卓壞其十爲錢，餘二猶在此，秦鑄也。漢靈帝中平三年，使掖庭令畢嵐鑄四銅人，列蒼龍武闕外，此漢鑄也。魏明帝景初元年，徙長安鐘簴、駱駝、銅人、承露盤。盤折，銅人重不可致，留霸城南。大發銅，鑄作銅人二，號曰翁仲，列坐司馬門外。酈氏《水經》以爲文帝黄初元年，小異。李長吉以爲明帝青龍九年八月。《緗素雜記》辨明帝青龍五年三月改景初元年，至三年而崩，無青龍九年。李集一本自云，青龍元年後，石虎使牙將張案：原本脱張字，據晉《載記》補。彌徙洛陽鐘簴、九龍、翁仲、銅駝、飛廉入鄴。苻堅又徙鄴銅駝、銅馬、飛廉、翁仲於長安，此魏鑄也。夏王赫連勃勃鳳翔元年，鑄銅爲大鼓、飛廉、翁仲、銅駝、龍虎之屬，飾以黄金，列於宫殿之前，時當晉義熙九年，入長安在義熙十四年，則銅鑄金飾猶在統萬，此夏鑄也。由嬴秦包括四海，盡斂鋒利於無用，且千萬歲方將震耀黔首，而竿木已爲兵矣。時君僭王，不悟其繆，相承若鎮寶，何耶？銅駝或疑即銅馬，抑二物也？馬伏波得駱越銅鼓，鑄爲馬式以進，詔置宣德殿下，是銅馬也。然明帝永平五年，迎取長安飛廉、銅馬置上西門外平樂觀。云武帝時東門京所作，置金馬門外者，董卓因嘗與飛廉俱壞之，曹、石何所徙？《水經注》晉灼曰：飛廉鹿身，頭如雀，有角，虵尾豹文，董卓銷爲金用。銅馬徙於建始殿東階下，五代喪亂，此象遂淪，則飛廉毀而銅馬存，石氏徙之鄴，苻氏徙之長安也。兹物與盛衰無情者，薊子訓有五百年之感，索靖發見汝荆棘之歎，豈其閲歷年數之久，蓋有可悲歟？況其跡已亡矣，世有道感慨之故者，訖無以外是數物，甚於薊索之親見，想玩制作，殆其末耳。故集本末爲好古者道之，赫連鑄作在入長安先，後當更考。

王象之《輿地紀勝》卷九八《廣南東路・南恩州・景物上》 銅山。昔越王趙佗於此山鑄銅。

趙希鵠《洞天清録・古鐘鼎彝器辨》 夏尚忠，商尚質，周尚文，其制器亦然。商器質素無文，周器雕篆細密，此固一定不易之論，而夏器獨不然。余嘗見夏琱戈，於銅上相嵌以金，其細如髮，夏器大抵皆然。歲久金脱，則成陰竅，以其刻畫處成凹也，相嵌，今俗謌爲商嵌，詩云：「追琢其章，金玉其相。」

銅器入土千年，純青如鋪翠，其色午前稍淡，午後乘陰氣，翠潤欲滴，間有土蝕處，或穿或剥，並如蝸篆自然；或有斧鑿痕，則僞也。銅器墜水千年則純緑色，而瑩如玉，未及千年，緑而不瑩。其蝕處如前。今人皆以此二品體輕者爲古，殊不知器大而厚者，銅性未盡，其重止能減三分之一，或減半。器小而薄者，銅性爲水土蒸陶易盡，至有鋤擊破處，並不見銅色，惟翠緑徹骨，或其中有一線紅色如丹，然尚有銅聲。傳世古則不曾入水土，惟流傳人間，色紫褐而有朱砂斑，甚者其斑凸起，如上等辰砂。入釜以沸湯煮之，斑愈見。僞者以漆調硃爲之，易辨也。

三代古銅並無腥氣，惟新出土，尚帶土氣，久則否。若僞作者，熱摩手心以擦之，銅腥觸鼻可畏。

古者鑄器必先用蠟爲模，如此器樣，又加款識，刻畫畢，然後以小桶加大而畧寬，入模於桶中。其桶底之縫微，令有絲線漏處，以澄泥和水如薄糜，日一澆之，乾，再澆，必令周足遮護。訖，解桶縛，去桶板，急以細黄土，多用鹽并紙筋固濟於元澄泥之外，更加黄土二寸留竅中，以銅汁瀉入，然一鑄未必成，此所以爲貴也。

僞古銅器，其法以水銀雜錫末，即今磨境藥是也。先上在新銅器上令匀，然後以釅醋調細砂末，筆蘸匀上。如臘茶面色，急入新汲水滿浸，即成臘茶色。候如漆色，急入新水浸，即成漆色，浸稍緩即變色矣。若不入水，即成純翠色。三者並以新布擦令光瑩，其銅腥爲水銀所匱，並不發露，然古銅聲微而清，新銅聲濁而閧，不能逃識者之鑒。

鄭所南《太極祭鍊内法》卷下 又聞之大海外極際近瀉水，直入地底處有一山，其山之形勢脈絡皆顛倒生。此山産銅，若鑄鏡，則人照之面目及諸形像皆顛倒，以其山形隨海水直瀉入地底之勢而生，故其銅亦感山勢顛倒之氣而生乃爾。有到爪哇國者，曾見此鏡。舊武當山觀中亦有此鏡。無情之弓尚如此，無情之鏡尚如此，況於有情之人之鬼神乎？行祭鍊者當以此二事爲鑒。

伊世珍《瑯嬛記》卷中 姚子貫，字歆孟，陳郡人。有寶鏡，背銘云：「鏡焉作自尚方，銅焉産自丹陽。觀其寶，觀其藏，延年益壽樂且康，芳名寶鏡俱未央。」子冶真《古鏡記》。

胡粹中《元史續編》卷七 〔武宗皇帝至大二年〕丙戌，車駕還宫。詔行銅錢，立資國院。尚書省言，以銀鈔爲母，至元鈔爲子，宜與銅錢通行。大都立資國院，山東、河東、遼陽、江淮、湖廣、四川立泉貨監六，産銅之地設提舉司十九。

《元史》卷一〇《世祖紀七》 〔至元十六年二月〕撥民萬户隸明里淘金。【略】太史令王恂等言：「建司天臺於大都，儀象圭表皆銅爲之，宜增銅表高至四十尺，則景長而真。又請上都、洛陽等五處分置儀表，各選監候官。」從之。

又卷一二《世祖紀九》 〔至元十九年〕命司徒阿你哥、行工部尚書納懷製飾銅輪儀表刻漏。

又卷三〇《泰定帝紀二》 〔泰定三年秋七月〕甲寅，幸大乾元寺，敕鑄五方佛銅像。

又卷三七《寧宗紀》 〔至順三年十月丙辰〕命江浙行省範銅造龢寧宣聖廟祭器，凡百三十有五事。己未，告祭太廟。庚申，告祭社稷。

吾丘衍《閑居録》 三代古銅皆鍊銅爲之，非水土所蝕，體質皆重。宋南渡後，古銅絶無，士大夫所用唯句容新物。已時銅復艱得，不能重厚，俗以古銅輕爲貴者。乃句容冶工言耳。

陳子龍《明經世文編》卷一〇宋濂《宋學士文集一・鳳陽府新鑄大鍾頌》 皇帝既正大統，建都江表，德綏威讋，萬邦咸臣。用群臣奏臨濠爲龍飛之地，賜名曰鳳陽。南北民大和會，百族錯居動十萬數。然而物大而盛不假器齊一之，無以嚴昏旦之禁，乃詔江陰侯吴良監鑄大鍾，以定衆志，以俾治化侯之受詔，遣使者至富春山中，徵金工何成，諭以天子明命，即日帥其屬十六人以從。相地鳳陽城東三里，摶泥成範，畫其銑角衡之度，侈弇爲良，篆帶以方候其燥剛，始穿一十又三，鍊青赤銅六萬五千斤。筮以洪武乙卯冬十一月已巳涖事。厥明，侯具法服，以牛一、羊一、豕一祝告先冶之神。禮既成，橐籥咸興，鼓動風氣，炎光赫曦，上貫霄漢。鋒液既澄，氣憤雲洩。循竇而入，肅肅有聲陽施陰凝，勁質斯具。越二日辛未乃發，復取牲血塗其釁隙，以厭除不祥。鍾高十六尺有五寸，厚六寸，徑十尺有五十圍三十四尺有奇。混融其輪圓，煒煒其容輝，信技殫於人巧，妙奪於神功者也。於是營構層臺，副以簨簴，聚千夫之力，鉅絙而登之。一杵之撞，隱隱闐闐，雷旋電奔，震撼太虚，遐邇聞者，靡不聳愕。會濂扈從青宫幸鳳陽，親觀盛美。侯遂請濂爲之頌。濂聞先王之世，金部有七，黄鍾乃樂之所自出，而景鍾又爲黄鍾之本。所謂景鍾，大鍾也。其受至於九斛而止，律吕由是而應，陰陽由是而均，夫豈細故也哉。秦漢以來，寖失故法，小鍾或數尺，大鍾或容千石，皆不本於律度。今我熙朝稽古右文，定於中制，宣導天地，孚洽神人。中和所致，嘉瑞畢協，增拓化原，亦於是乎有賴，非特嚴昏旦之禁而已。濂待罪國史，以文辭爲職業，義當發揚蹈厲，以鳴國家之盛。侯之有請，不敢固辭。頌曰：維天穆清，鼓之雷霆。適昭天聲，百物以生。維帝濬哲，法天之烈。大鏞斯揭，元氣噴洩，瞠於濠梁，真龍飛翔。乘陰御陽，洗濯八荒。神物攸起，是爲帝里。從者如雨，於焉萃止。物大而豐，往來憧憧。節之以鏞，罔敢弗恭。乃飭梟氏，乃具爐錘，乃烹乃鬻，化金爲水。赤氣夜明，如日之升。流亟而頳，入竇有聲。彬彬斐斐，功同神鬼。不鉏不鋙，輪圓順軌。既啓其型，敢愛斯牲。塗釁禮成，熒光如星。千夫齊力，臺構懸植，交扛孔奭。載考載擊。宅兮囷囷，觸兮賁賁；摩乾盪坤，以警昕昏。發攄靈氣，昭融品彙。物無疵癘，年穀攸遂。博碩而龎，聲與正通。拓美集祥。熏於家邦，惟皇建極。福之敷錫，制器有赫。式龢民則，稽樂之原。鍾實爲先，律吕以宣。功垂不刊，小臣作頌。有美無諷，爰咨於衆，是傳是誦。

王佐《新增格古要論》卷六《古銅論》　古銅色：銅器入土千年，色純青如翠。入水千年，色純緑如瓜皮，皆瑩潤如玉。未及千年，雖有青緑而不瑩潤，有土蝕穿破一作剥。處如蝸篆自然，或有斧鑿痕則僞也。器厚者止能銹三分之一，或減半，其體還重。器薄者，銅將銹盡，有穿破處，不見銅色，惟見青緑徹骨。其中或紅色如丹，不曾入水土，惟流傳人間。其色紫褐而有硃砂斑凸起者，如上等辰砂，此三等結銹，最貴。有如蠟茶色者，有如黑漆色者，在水土中年近，雖銹不能入骨，亦不瑩潤，此皆次之。嘗考漢銅錢，至今一千五百餘年，雖有青緑而少有瑩潤，亦無硃砂斑凸起者。漢印亦然。

今所見古銅器，有青緑剥蝕徹骨，瑩潤如玉，及有硃砂斑凸起者，非三代時物，蓋古無此也。

僞古銅：用釅醋調硇一作銅。砂末，白傅新銅器上，候成蠟茶色，或漆色，或緑色，入水浸後，用糯稻草燒煙薰之，以新布擦光，椶刷刷之。僞硃砂斑，以漆調硃爲之，然俱在外，不能入骨，最易辨也。【略】

元杭州姜娘子、平江路王吉鑄銅器皆得名，花紋卻粗。姜鑄勝於王吉，俱不甚值錢。

古鑄

古之鑄器，以蠟爲模，花紋細如髮，而匀净分曉。識文筆劃，如仰瓦而不深峻，大小淺深如一，並無硃砂斑之類，此乃作事之精緻也。其款識稍有模糊不匀净，及模範不端正者，以野鑄也。

古銅款識

或云：款乃花紋以陽飾，器皿居外而凸。識乃篆字以紀工，所謂銘書。鐘鼎居内而凹者，三代用陰識。其字凹，入漢用陽識，其字凸起。間有凹者，亦陰鑄。蓋陰識難鑄，陽識易成。

但有陽識者，決非三代之器也。凸音突，凹音拗，平聲。

古香爐後增

尚古無香，焚蕭艾，尚氣臭而已。故無香爐，今所用者，皆古之祭器鼎彝之屬，非香爐也。惟博山爐乃漢太子宫中所用香爐也。香爐之製始於此。多有象古新鑄者，當以體質顔色辨之。

梁寅《石門集》卷六《記・商卣記》　昪張氏君寶家藏商卣一。卣，尊之異名也。凡尊，彝爲上，罍爲下，而卣爲中，其容可五升。宗廟以盛秬鬯，蓋貴重之而異其用也。今定以爲商器者，稽其制，辨其文，視其色而已。按：《博古圖》宋内府藏商夔龍卣三，其二有蓋，有提梁，其一提梁，蓋俱無，而形如瓠然。今張氏卣正與瓠形者同，非商之制與？又其文皆靁狀，中爲饕餮面。饕餮，惡獸也，而貪者象焉。文以是者，懲貪也。爲靁者，古之器多雲、雷，雲變化而雷震動也。其銘二字，一字肖人形，似爲子字，一字尤奇，古莫識也。按：商器銘子孫字多爲人形，而手或持戈戟刀匕之類。辨者曰：商，子姓，故多子字。曰子孫者，傳之子孫也。又商之世質，故銘簡；周彌文，故銘備。今銘止二字，則商之銘也。辨者又曰：凡器年彌久者，色温潤如碧玉，斑斑然如朱砂翡翠，今卣亦然，爲商器益明矣。夫自商至今三千餘年矣，而其器猶存，可貴哉！凡器形也，大而天地日月皆形也，則亦器也，而其運則亘乎古今，雖不能不窮於十二萬九千六百年之後，而器之久者孰能過之也？賈子賦曰：「天地爲鑪，造化爲工，陰陽爲炭，萬物爲銅。」今卣之制，人也，非造化也。鍊之者，火也，非陰陽也。金三品之下也，非萬物也，而其久於世也，能與天地日月同，歷幾千萬寒暑晦朔，何哉？其殆神工製之，而神物又從而護之邪！抑譬人之壽殀，其數然邪？是未可知也。張氏世文雅，君寶之先君贈秘書典簿，號石城先生，蓄古器物圖畫甚富，而君之兄弟尤篤好於是。及獲是卣，則以爲尤異者也。至正己丑歲，其仲兄君濟館予以訓諸子，因觀是卣，而爲之記。嗟夫！器之可珍者，或藏於山，或閟於淵，或雖出民間，而視之猶瓦缶者固多矣。今是器也，獨見珍於好事者之家，而余亦得以文辭托之爲不朽，余又因以賀是器之遇也。

陳子龍《明經世文編》卷七二丘濬《丘文莊公集二·銅楮之幣一》 臣按天立君以子民，付之利權，使其通融以濟天下，非專以爲一家一人用也。所以通百物以流行於四方者，幣也。金銀之屬，細分之則耗；布帛之屬，片析之則廢。惟鑄銅以爲錢，物多則予之以多，物少則予之以少，惟所用而皆得焉。且金銀出於天，幣帛成於人。錢也者，合天人以成其器。銅，天生者也，銅而成錢則人爲之矣。自古論錢法者多矣，惟南齊孔覬所謂不惜銅，不愛工，二語者萬世鑄錢不易之良法也。銅出於天，吾無所惜，工成於人，吾無所愛。則其錢之爲錢，體質厚而肉好適均，製作工而輪郭周正。造一錢費一錢，本多而工費，雖驅之使鑄，彼亦不爲矣。況冒禁犯法而盜爲之哉？然自太府圜法以來，以銅爲泉，或爲半兩、或爲榆莢，或爲八銖，或爲四銖，不知幾變矣。惟漢之五銖，爲得其中。五銖之後，或爲赤仄，或爲當千，或爲鵞眼綖繯，或爲荷葉，又不知幾變矣。惟唐之開元，爲得其中。二者之外，或以一當三，或以一當十，或以一當百，然皆行之不久而遽變，惟其質製如開元者，則至今通行焉，惜乎世道降而巧僞滋，古錢之存乎世者無幾。凡市肆流行而通使者，皆盜鑄之僞物耳。其文雖舊，其器則新，律非無明禁也。彼視之若無，作之者無忌，用之者無疑。銷古以爲今，廢真而售贋，滔滔皆然，卒莫如之何也已矣。爲今之計，莫若拘盜鑄之徒以爲工，收新造之錢以爲銅。本孔覬此説，別爲一種新錢，以新天下之耳目，通天下之物貨，革天下之宿弊，利天下之人民。所以爲新製者當如何，曰每錢以十分爲重，中間錢文，必以古篆，或用年號，別製佳名，其面加識，以楷書二字，上書皇，下書明，輪郭之傍，周迴鏨以花紋。每文計用銅十五分，銼磨之餘，去五而存十。新錢既成之後，又令天下輸舊錢於官，以易新錢。將所得舊錢，週以細紋如新錢製。其面亦剗以二字，或兩旁，或上下，然後散之。仍詔誥天下，非此二樣錢，不許用。而又申明廢銅赴官中賣之律，則錢法流通而公私俱便矣。

宋詡《宋氏家規部》卷四 鑄造：生銅起秀，熟銅不起秀。禮曰：范金有鎔松香、黄蠟爲範而鑄者，有爲型而鑄者，皆良。古三代、秦、漢、晉、隋、唐、宋、元器。凡銅入土千年，色純青如翠。入水千年，色純緑如西瓜皮。有不入水土而秀者，蓋秀銅先紫，而有紅，而後有緑□，一層而復秀一層，甚有穿蝕去處，有如臘茶色或漆色，皆非水土中物。惟鏡有水銀秀，則在古塚内爲水銀流入銅中而發也。三代用陰識，其字凹入。漢用陽識，其字凸。今有蝕漏者，多以黄蠟、白蠟、松香鎔化，醒緑加銅，緑紅加銀，未調和松香蠟内補之，錢則視其周郭肉好也。《識音志》。

盧翰《掌中宇宙》卷一二《三華》 陳虚白曰：夫神與炁精三品上藥，煉精化氣，煉炁成神，煉神合道，此七返九還之要訣也。紅鉛、黑汞(水銀)、木液、金精、朱砂、水銀、白金、黑錫、金翁、黄婆、離女、坎男、蒼龜、赤蛇、火龍、水虎、白雪、黄芽、交梨、火棗、金烏、玉兔、乾馬、坤牛、日精、月華、天魂、地魄、水鄉、鉛、金鼎汞、水中金、火中木、陰中陽、陽中陰、黑中白、雄里雌，異名衆多，皆譬喻也。

陳建《皇明通紀法傳全録》卷一七《宣宗章皇帝紀》 〔丙午宣德元年〕忽一日，上欲往觀，左右力止不聽。及至，熟視久之，庶人出，不意伸一足勾上僕地，左右即扶起。上大怒，亟命力士舁銅缸，覆庶人。缸重三百斤，庶人有力，頂負缸起。積炭缸上，如山燃炭，逾時火熾銅鎔，庶人死。

又卷一八 〔癸丑宣德八年，閏八月，戊午〕鑄宣德通寶錢。高汝栻曰：「今天下編户之財已盡，司農之用難支，當事者惟有仰屋嘆耳。夫粟米歲有登也。布帛月有織也。牲畜日有産也，惟銀在中國止有此數。自神廟至崇禎凡十有七年，供軍費者如填鉅海，東南輦金，日赴西北，絡繹不絶，未嘗見西北之金轉而之東南也。己巳，奴蹂内地，每執人便索銀，攫而去，不知幾萬億矣。流寇所至秦、晉、楚、豫、江北等處，每殺人便搜銀子，劫而去，又不知幾萬億矣！凡此皆一去而不□者也。不天降，不地生，民間安得復有其財耶？使斯時而議屯乎？是三年之艾也。議鹽乎？是萬石之弩也。莫若廣設鑄局，此亦化無用爲有用之法耳。

【略】誠鋭意力行，兩京選差廉幹部官，親詣各省産銅之處，開採銅礦，設處工炭鑄錢解京。省直各府俱設鑄局，令各州縣預將應存留之銀，收買各當鋪費銅，解府驗鑄，以其本存留支發，而以其息解京爲邊儲之用，如此，商蠹剔矣。每錢一文，重一錢二分，合民間用錢不但計千百之數，且計斤兩，則料多而工費，誰肯作無益者，如此則私鑄止矣。因銅於山，已濬其源。又禁民家非七品以上不許用銅器，違者入官，如此則銅值賤矣。更收盜鑄之入以爲工，易私鑄之錢以爲銅，則何錢不如泉也。更令納官者銀六錢四，用於下者錢八銀二，則何錢之不如金也。官不便於贖鍰，吏不便於侵欺，枉法者不便於賄賂，給餉者不便於叩除，流寇虜酋不便於掠奔，數者之不便，正國與民之大便也，顧何憚而不講泉哉？

李樂《見聞雜紀》卷一〇第四九 真定大佛寺觀音大士，高十丈餘，鎔銅所鑄。先是大士託夢於道者，令其募銅於外郡，得銅即投之井。凡幾年，不知銅若干斤。及鎔銅時，寺傍一井，銅源源湧出，鑄方畢，銅隨盡。其殿宇木料，亦託夢道者，俟風雨晦冥日，至城外江上候木，木果如山積，乘風浪來，若鉅若細，無不備也。殿之落成，特假乎於匠氏爾。所謂天造地設，神運鬼輸，此事誠然乎？太士之靈，真偉矣！神矣！

又卷一一第五一《青鎮密印寺鐘成碑記》 密印寺舊有銅鐘，質頗巨，聲甚洪，不知鑄自何年。余弱冠爲諸生時，讀書僧舍，常登樓目之，亦或命道者扣之。嘉靖甲寅間，倭奴猖熾，軍中苦乏火器，督府梅林胡公差官取用，此一時權宜之計。凡浙西諸寺觀，蒙取者多，不特一密印爾也。六十年來，鐘聲絶響，寺僧逐逐營家，未嘗齒及，詎知鐘之必不可少，其理固易解乎！潤州僧永琳者，行遊借棲廊廡，未及一載，偶走雲間探友，獨見超然，請見翰林董思白先生，懇書「功成鐘鼎」四字於册端，持歸本寺。余於琳，時尚未稔識也，可怪者其來謁之。五更餘，夢中書一鼎字楷而妥。晨起，櫛髮冠巾，則閽人報琳至，出册示余，覽之心喜焉。蓋壬子三月之朔也。余作而歎曰：嗟乎！兹殆成鐘之兆乎？遂召僧道德、守廉、方擇、張道人等謀募緣，顧里中乏大裕之家，鳩集惟艱。第此舉父老子弟不問富貧，咸以爲必不容已。余乃命僧及諸黨正，不必擇人，凡有善念，即四三十錢亦可登簿。募及兩月，先後得二百餘金；又一月，又得二百餘金。乃浼隣友葉應乾囊二百七十金，至南都貿銅錫。余又移書操江都御史丁公轉貿蕪湖。丁公召商至，平價交易，商大悦，得上銅二千三百餘觔，檻錫四百餘觔。其還也，尤仗丁公憲牌關津，免税費所省，不下六十金，此中亦不偶然矣。錫山人梅氏父子善鑄業，預爲土胚胎者凡百日，卜以八月二十九日開爐。余先十日前，口念觀音大士，日何止百聲，齋戒虔禱，併所賽諸神禮品，靡不精潔。届期，余端坐樓下，偕四五友人候火。舉火纔兩時，梅使報鐘已成矣。余驚喜曰：「嗟乎！神矣哉！其真大士之顯靈乎？人力不至於此。」又於九月之望懸諸樓。夫以重器高懸，余惴惴恐懼，而所藉人力最省，不踰時，鐘竟上，兹亦不可謂非神助也。銅、錫餘值，建小房一所，棲永琳張道人，以酬首議功。奉護文昌帝君香火約費四十金，修砌鐘樓凡十六金，付德、廉二僧鐘上雜用凡三十金，謝梅氏凡三十五金，竪碑石費凡十金。石出湖郡太守張公惟樞。所送。里人施捨，雖多寡懸殊，皆不可不書姓名，以垂永遠，故各附於丁公、宋公及諸縉紳之後。若江西道御史唐公、世濟。湖廣沅州守沈公元壯，皆樂觀厥成者也。萬曆四十年壬子十月朔，里人尚寶司卿李樂撰，後學唐瀧篆額并書。

《明史》卷八一·志第五七·《食貨五》 萬曆四年命户、工二部，准嘉靖錢式鑄「萬曆通寶」金背及火漆錢，一文重一錢二分五釐，又鑄鏇邊錢，一文重一錢三分，頒行天下，俸糧皆銀錢兼給。雲南巡按郭庭梧言：「國初京師有寶源局，各省有寶泉局，自嘉靖間省局停廢，民用告匱。滇中産銅，不行鼓鑄，而反以重價購海肥，非利也。」遂開局鑄錢。尋命十三布政司皆開局。採工部言，以五銖錢爲准，用四火黄銅鑄金背，二火黄銅鑄火漆，粗惡者罪之。蓋以費多利少則私鑄自息也。

李時珍《本草綱目》卷八《金石部·赤銅·赤銅屑》 修治：時珍曰：即打銅落下屑也。或以紅銅火煅水淬，亦自落下。

陳子龍《明經世文編》卷四八四李之藻《李我存集二·鑄錢議》 自古支告懸罄，而鑄錢議起，錢之利弘矣。不增賦，不剥商，人主者手陰陽之冶，而官天地之罏，朝下令以鑄而夕用富焉。第令多鑄而可必其行則一冶之鑄，真可當數州之征；鼓橐之夫，倍賢於礦税之使。計臣熟計而有慨於中，於是乎議給商，於是乎議餉軍，於是乎議開諸道之罏，於是乎議通輸納之路，津津乎鞭指而泉流，日可見之行也者。雖然，多鑄易也，多鑄而閡且奈何？多鑄而官私混且奈何？多鑄而利不償費且奈何？夫壅滯之禁何啻三令而五申，然而行錢之地有限也。毋論遠者，即都門之外，不盡以制錢行矣，今令之征納糧税，則銀錢兼收，市井貿易，則新舊互用，亦可爲委曲以調之，而非其要也。錢法之梔自不肯多蓄始耳，錢者年號以爲政者也，年號之不能後天地而老也，亦明矣。今試以問嘉靖之錢，視萬曆之錢價奚若，而富者肯蓄多藏厚收以自爲困乎！積金以券人，逾日而息增，蓄錢以實藏，閲歲而必賤。彼日惴惴焉更鑄之是愳，惟恐錢之不化而爲鏹，而何以行之。説者曰爲大明通寶可也，而非臣下敢言也。無已則明下新舊兼鑄之令，而示以舊者之必復行也而可乎？民可使由，不可使知。第母太低昂，其價而多寡布之，新者十六，舊者十四，是或一説也。然而盜鑄不易防也。寶源之鑄式一孔耳，他有贋者，人故得物色之。諸道之罏開，而數十其孔式一而銅不盡一焉，銅一而火色又不盡一焉。金有白非銀也，銀有黄非金也，有識之者矣。而不識者多也，石火之所鎔必異於木火，榆柳之所鎔，必異於槐檀，有别之者矣，而不别者多也，何也？所争者微也。出孔多而作奸犯科之民，翳莽於深林而鼓舠於大澤，行鄧氏之錢而人莫能詰也。詰之則駕言於他省耳，是上與下共擅此棅也。而矧夫盜鑄者賤售，官鑄者不賤售，其究也盜鑄者必行，官鑄者必不行。不行則勢不得不隨之俱賤，俱賤而所得者不酬其所費，則又可慮矣。銀爲母錢爲子，曩民間銀一兩值錢四百有奇，自水衡之錢日散於工匠，榷税之錢，日溢於都市，而錢忽賤，溢其值於五百之外，是多者必賤之徵也。又況夫明益之以官鑄，而暗耗之以私鑄，驅而内之使賤，而尚云不惜工，不靳費。猶可行之而必有利乎？五行之理，金無餘氣，鼓鑄雖廣，銅不加多，數月之間，銅將踊貴，以貴銅而鑄賤錢敝固可立而待。即今寶源所鑄，贏利不過什三。諒爲他省，亦復如是。若使銅價稍增，錢價稍減，即工本不復相當，況乃廣鑄則增官，增官則增吏增匠，官有禄，吏有廪，匠有餼，不待鵝眼、榆莢，而衿肘困見矣。則胡不罷諸道之鑄，而一其權於兩京局，不然亦乞量地方大小而限其數，多不過一千萬文，少者三五百萬文。期於濟目前之乏而止，而道各鑄一字於錢背，如勝國製，以資識别，而杜奸僞。仍做國初當十當三之法，量鑄數萬文，與制錢相輔而行，而稍異其銅色，精其肉好，俾盜者不易模擬，可以省工本，而通商賈之輕賫。第緡不可使之多，而孔不可使之旁出於他所，一責成於行在之寶源，而於以見人主獨操馭富之棅。或者其有賴也乎。嗟夫！聖王治天下因民之情與之宜之，不深强也。今民情不以錢幣而以銀幣非一日矣，上又求金之使啻午，而積金之府歲拓，明奪其所欲，而予之以其所不欲，强而行之，無乃藉青蚨以愚黔首。天下攘攘，其亦有辭。夫惟捐稸積，施恩惠，大盈不朽蠹，而公私之費自充。不然雖萬物爲銅，無益於數已。

李之藻《同文算指》通編卷一《重準測法第二》　問：烹砂煉金，每日所得重三十銖，今積得七斤八兩，已採幾日？法：先化斤爲銖，每斤三百八十四銖，先求七斤八兩，得銖若干，乃以其銖求數：此是斤稱法。

一、一斤，三十銖。

二、三十銖，一日。

三、七斤八兩，二千八百八十銖。

四、二千八百八十銖，九十六日。

問：煉銅入罏一次，每十斤得八斤。今入罏三次，得七十五斤一十三兩四錢四分，原生銅若干？此用化法：化八斤一萬二千八百分爲首率，化十斤一萬六千分爲次率，化三火銅一十二萬一千三百四十四分爲三率，得四率爲二火銅數。乃即用四率爲三率，以求一火銅得數，又用爲三率以求生銅，其一率二次不動，依法乘除得數，乃以斤法一十六除之。

一、一萬二千八百分。

二、一萬六千分。

三、一十二萬一千三百四十四分一十五萬一千六百八十，一十八萬九千六百。

四、一十五萬一千六百八十分十八萬九千六百，二十三萬七千分。即一百四十八斤二兩。

又捷法：以八斤自乘六十四，再乘五百一十二，爲法以除三，火銅亦得二三七，因有再乘，各再進位，以七爲兩，亦同前法。

彭大翼《山堂肆考》卷一八《地理・山》　銅官：銅官山在銅陵縣之南，上有泉源，冬夏不竭，可以浸鐵烹銅，故名。一在四川邛州東南，《史記》：「卓氏之先爲趙人，秦破趙，卓氏夫妻推輦而行。曰：吾聞岷山沃野，下有蹲鴟。乃求遠遷，致之臨邛，即山鑄錢。」即此。漢文帝嘗以此山賜鄧通。一在浙江湖州武康縣西北，相傳吴王濞采銅於此，山下有二坎，號銅井。登州文登縣有鐵官山，漢置鐵官，冶鑄於此。

江禄積錢：《梁書》江禄爲武寧郡，頗有資産，積銅錢於壁，壁爲之倒，迮銅物皆鳴。人戲之曰：此所謂銅山西傾，洛鐘東應者也。

張萱《西園聞見録》卷九二《錢法・前言》　丘濬曰：「天立君以子民，付之利權，使其通融，以濟天下，非專以爲一家一人用也。所以通百物以流行於四方者，幣也。金銀之屬，細分之則耗布帛之屬，片析之則廢，惟鑄銅以爲錢，物多則予之以多，物少則予之以少，惟所用而皆得焉。且金、銀出於天，幣帛成於人。

錢也者，合天人以成其器。銅，天生者也，銅而成錢，則人爲之矣。自古論錢法者多矣，惟南齊孔顗所謂不惜銅，不愛工，此二語者，萬世鑄錢不易之良法也。銅出於天，吾無所惜，工成於人，吾無所愛。則其錢之爲錢，體質厚而肉好，適均製作工而輪郭周正。造一錢費一錢本多而工費，雖驅之使鑄，彼亦不爲之矣，況冒禁犯法而盜爲之哉？」

蕭彥曰：「查得萬曆八年湖廣巡撫王之垣一本，疏通錢法，以裕經用等事：『奉聖旨鑄行錢法，原以便民，不求羨利。欽此。』臣伏讀竊歎，大哉皇言，真損上益下之仁也。乃奉行諸臣率不能體皇上之意，以求所以便民之實，故間有不使者，豈法誠不便哉，抑行之不善耳？夫製錢必以銅，銅固川貴產也。路有水陸，有遠近，價有伸縮，開鑄日廣，則銅價日貴。其道近而價縮者，即多鑄，廣發不拘，拘於額可也。若河南、山東、山西，舟楫不通處，銅價騰貴，每百斤直可十餘金，較其所費，與其所鑄，大不相當。而當事者又無措置之方，司府則取之縣，縣則取之鋪戶里長。每銅百觔給價七八金而止，而其餘者皆所私也。及鑄完給發，則又責之鋪戶，而鋪戶又減價而轉之他所矣。此非法使然也，實心體國者肯爲之耶？往者鑄錢之令通行天下，及雲南據實具奏，則皇上即調停之矣。皇上以虛衷治天下，而諸臣不能以實心應皇上。皇上本以爲民，而諸臣緣以爲利。臣竊以爲舛也。請勅該部酌覆行，令撫按官從實查議。事固有一省而各府互異者，有一府而各邑互異者，宣上德而達下，情固不嫌於直陳也。」

于慎行曰：「劉扶論私鑄曰：【略】今之爲計者，謂錢法之難有二：一曰利不酬本，費多而所得鮮矣。臣愚以爲此取效於旦夕，計本利於出入，蓋民間之算非天府之算也。夫天府之算以山海之產爲材，以億兆之力爲工，以修潔英達之士爲役，果何本而何利哉？此所謂本猶不免用銀之說耳。臣所謂本蓋無形之權是已。何則鑄錢之須：一曰銅料，一曰炭，一曰轉致，一曰人工。夫此四者，在民間計之，銀一分而得錢四分，誠十不酬五矣。自臣愚計之，皆可不用銀而取辦者，誠將天下出產銅料之處，贖軍徒以下之罪而定其則，以收銅於西山。產煤之窯，以法司有罪之人而准其罪，以納炭。其運銅則通水路者，附以官民之舟，如臨清帶敷之例。通陸路者資以驛遞之力，而給之官庫之錢。其運炭則請出府庫見貯之錢，或於京城、或於近縣、或於營軍。如係官身，則量給以工食，如係民戶，則平給以脚價。如是，而患無材與夫轉致之難，臣不信也。」

《續文獻通考》卷七《錢幣考・遼・錢》 〔遼〕太祖鑄天贊通寶錢。

初，太祖父德祖薩勒題爲額爾奇木以土產多銅，始造錢幣。太祖襲而用之，遂致富强，以開帝業。

又卷七《錢幣考・宋・錢》 〔宋端平元年〕六月，禁毀銅錢。

至淳祐八年，監察御史陳求魯疏曰：「議者謂錢廢於蟄藏，至嗾盜賊以窺人之閫奥，峻刑法以發人之窖藏，不思患在於錢之荒，而不在錢之積也。蕃舶巨艘，形若山嶽，乘風駕浪，深入遐陬，販於中國者，皆浮靡無用之異物，而泄於外國者，乃國家富貴之操柄。所得幾何，所失不可勝計矣。京城之銷金，衢、信之鍮器，醴泉之樂具，皆出於錢。臨川、隆興、桂林之銅工，尤多於諸郡。姑以長沙一郡言之，烏山銅鑪之所六十有四，麻潭、鵝羊山銅戶數百餘家，錢之不壞於器物者無幾。今京邑鍮銅器用之類，鬻賣公行於都市畿甸之近，一繩以法，由內及外，觀聽聿新，則鉟銷之姦知畏矣。香藥、象犀之類，異物之玩，珍奇可悅者，本無適用之實。服御之間，昭示儉德，自上化下，風俗丕變，則漏泄之弊少息矣。此端本澄源之道也。」有旨從之。

又卷七《錢幣考》 〔宋〕淳祐十二年，申嚴鉟銷之禁及僞造之法。

先是，十年二月，都省言：銅錢泄漏，僞會充斥，姦民無所懲畏。詔令沿海州縣山隩海嶽，結爲保甲，互相糾察。如有犯者及停藏家，許告推賞，不告連坐。至是復申其禁。至景定四年，又諭：輔臣曰陳堯道言鉟銷僞造，當嚴加禁戢。賈似道奏，不禁鉟銷，則見鏹愈少；不禁僞造，則楮幣愈多。臣等仰遵聖訓。

又卷八《錢幣考・金錢》 〔金〕泰和四年，命議足銅之術，遂鑄大錢。

先是，帝謂宰臣：「大定間錢至足，今民間錢少，而又不在官，何耶？」其集問百官必有能知之者。至是欲增鑄錢，命百官集議。中丞孟鑄謂：銷錢作銅及盜用出境者不止，宜罪其官及鄰。太府監梁璒等請采銅拘器以鑄。宰臣謂鼓鑄未可速行，其銅冶聽民煎煉，官爲買之。凡寺觀不及十人，不許畜法器。民間鍮銅器期以兩月送官給價，匿者以私法坐。限外人告者，以知而不糾坐。其官寺觀，許童行告者賞，俟銅多，別具以聞。

又卷二三《征榷考・坑冶》 《金史・食貨志》曰：「正隆而降，始議鼓鑄，民間禁銅，甚至銅不給用，漸興窑冶。凡產銅地脈，遣吏境內訪察無遺，且及外界。而民用銅器不可闕者，皆造於官而鬻之，既而官不勝煩，民不勝病，乃聽民冶銅造器，而官爲立價以售。此銅法之變也。

又卷二三《征榷考・坑冶》（元至元）十二年九月，禁私造銅器。

又卷二三九《仙釋考・歷代道家總紀上》 隋煬帝大業八年，道士潘誕自言三百歲爲帝，合煉金丹。帝爲之作嵩陽觀，所費鉅萬。誕云應用石膽、石髓。發工鑿石深百尺者數十處，不得，乃言若得男女膽髓各三斛六斗，可以代之，帝怒，鎖詣郡斬之。

王家彦《王忠端公文集》卷二《鼓鑄利弊疏》 謹題爲鼓鑄息不抵本，寶泉難堪中竭，謹遁查歷年逋數，乞勑部設法清追，永杜商買之積，廉剔之司官以久任，責成毋以圜府利局徒滋奸窟事：竊炤户部之設，有寶泉局也。自天啓二年始，當日原爲藉錢息濟軍興，今行之且十三年矣，未聞軍前獲一銖之用也。蒿目國計者以爲原大則饒，原少則鮮，今日獲息之無幾，正坐鑄本之未充是則然矣，亦曾以歷年之子母滿盤合筭明告我皇上者乎？臣稽舊牘，唯天啓二三年，舊督臣李宗延、陳于廷相繼受事，用過銅本銀二十萬九千五十四兩六錢六分，獲息一十二萬八千六百六兩八錢零。四年，舊督臣鄭三俊用過銅本銀一十四萬三千四百四十一兩四錢，獲息一十二萬八千九百三十二兩六分，計得利七八分不等，爲十餘年來北鑄之跫然足音者矣。然而泉局既開，但使利權上操，不歸中滿，即鑄息偶微，猶曰天子不與細民競錙銖之刀布，亦不失藏富民間之義，抑知歷歷計之有大不然者。從來鑄局之設，原欲以權息也。夫既權息矣，未有不先核本，必百百千千之本，滴滴背歸泉局，而後得尺，皆吾之尺，得寸，皆吾之寸，非漫然不揣本而齊末也。即如崇禎元年至七年，通計該局收過銅、鉛值銀一百一十四萬二千七百七十八兩三錢零，除還鑄本外，前後息銀一十四萬三千八百四十八兩九錢七分五釐，以子權母，僅僅一分有奇，此七年内局中經營生息之大數也。諸臣亦既按月而報之，逐年而會之矣。乃銅本項下局商欠四五六七等，年共五萬一百五十九兩九錢二分零；局息項下欠四五六年，四萬七千五百五兩七錢八分。楚省四五年共欠一萬五千九百三兩三錢一分零。南京銅商據南刑部，七年十二月疏開除追收外，實欠銀七萬五千六百五十六兩五錢四分九釐；六年分欠關屯等銀一千五百三十一兩八錢三分七。通計商逋尚十九萬七百五十七兩三錢九分六釐，即取所獲十四萬三千八百四十八兩九錢之息扣以抵本，尚四萬六千九百八兩四錢九分之本仍無抵也。而天啓六七年，見追未完之二萬八千五百二十一兩二錢，淮安府所報解銷末明銀五萬五十四兩六錢八分零之數，尚不與焉。求殖而反得落，是何異？爲人收者，以一牛易五羊，五羊之得則指以爲利，一牛之失，則隱而不言，尚得謂明於子母盈虚之數哉？且欽定每銀一錢，估錢六十五文，而民間行使俱七十二三文不等，是所謂一分有奇之息，固皆縮錢數以報羡，不足又取之補輕之餘錢。若使遵前旨革補秤而給，亦如民間之數，則欲求局不耗本，巨不可得，尚安論息？計臣侯恂與督臣莊欽隣每歎及此，激而爲議罷之説，誠有概於奸閣之耗蠹久矣。自銅差初設，年紛月改，道謀不臧，始而題北部司官赴南京召商採買，既而撤北差歸南部，又復併南差歸蕪關差，雖屢更仍落商套。查天啓三年，舊督臣陳于廷曾定鈔關買銅之法，以爲九江、滸墅、揚州、杭州、淮安等關爲各省襟帶要會，百貨灌輸總途，買銅鉛其執易達，移課買銅，其本易辦。以買銅之分數除額課之分數，其數易清，先事而爲瓜代之計，不至於遷延罔終，其事易結。至四年，鄭三俊復定税額，九江、滸墅各買銅二萬兩，臨清買銅一萬五千兩，河西務買銅五千兩，崇文門買銅一萬兩，差滿之日，督理衙門考覈完欠，咨送本部，不完者不准復職。北新、淮安、揚州鈔關雖隷南部，亦有應解歲額量，動三分之一買銅，解進聽北部考覈，法至善經久而可行也。不知何故，復變而爲商買，至使無藉但儈負貲纍纍，協佐錢司非有物憑之，豈甘以朝廷有限金錢，浪填商壑？至是説者，以爲當領價出門時，已十蝕三四矣，斯言良非誣也。不知何故，復年來歷經題參，乃積逋奸商或匿影他鄉，無憑提解，或敖刑獄底，三木不靈，督臣莊欽隣所稱發之，如委波追之，如削鐵，夫固恨之深也。今業懲前毖後，嚴禁商買，定爲司官專差，庶幾出納，必委士類之意。但奸胥猾商貪緣串結，覬銅鉛之偶乏，假小信以相嘗，協佐錢司豈無有竟墜其轂中而不覺者乎？必欲永釐此弊，莫若於荆嘗專差外，仍量分派鈔關以杜其乘間窺伺。且荆嘗銅差向動取荆嶽衡雜項及九江、揚州、滸墅三鈔關共銀十萬餘兩，買銅分運接濟，近復題兼鑄造以省。楚局主事佘鵾翔瓜期將滿，所報三月内初運銅鉛四十萬，至今尚杳，泉爐停焰，季進制錢恐尚莫辦。則分派鈔關爲衆擎，易舉源，源相鉛之策，不待再計決矣。夫鼓鑄化銅爲銀，非無利也，利歸之胥役、爐匠與官，而上不得受也。查長安内外，與法錢膺行於市者，皆私鑄也，而鑄之難詰，莫過官局之鑪頭，此輩或屏兩部，或朋合諸夥，册上莫辨其名；或埋銅窖中，或遁錢局外，夜間莫識，其氣私鑄不已，繼必夾鑄，私鑄則乘官司之不覺。至夾鑄則每爐加銅數十觔，官實與匠瓜分，此弊盛於南廠，而北亦然。所以昔臣之董是役者，專市古錢自用，以遠嫌疑，蓋清而懼染之極思也，清則百弊不生，心計自出廉，其人而用之，而後弊乃可得而釐也。然得人矣不久任以專責成可乎？夫爐匠諸役，皆老於其局，長子孫於其中，以一年報滿，汲汲欲去之人，而御長子係之役，欲責其爬梳無遺，挽中滿之利，以盡歸於上，其數必不勝也。至千并局舍約爐座以便省試，削人數，核出入，嚴干掫，以防夾帶，十日一領銅，五日一交錢，爐事如流水，以使之工無旁及，先經督臣條議明旨嚴勑，皆所謂需其入而後行者也。得人久任，其於鼓鑄之道，思過半矣。伏唯勑部查議施行。

朱載堉《嘉量算經》卷上《鑄銅方寸較定積數第一九》 筭家舊説金方寸重十六兩，銀重十四兩，玉重十二兩，鉛重九兩半，銅重七兩半，鐵重六兩，石重三兩，不知當時依何秤尺。按：《九章筭術》出於前漢張蒼，或宗秦漢之制，未可知也。不然，《周禮》註疏《玉人》條下引《盈不足術》曰：玉方寸重七兩，石方寸重六兩，與今筭家不同。欲求周公舊制，當依秬黍所造秤尺可也。除金、玉、銀、鉛不必論外，只依《周禮》改煎金錫則不耗；不耗，然後權之；權之，然後准之；准之，然後量之；量之以爲鬴。夫所謂改煎者，猶言各煎也。改者，更也。煎畢又煎，更之謂也。先以紅銅佳者，大火煎鎔，去其粗滓，而後秤之，看是何斤兩。秤畢又煎之，只至斤兩不耗爲止。煎白錫亦如之。煎畢，然後每銅六斤對錫一斤，此所謂改煎金錫則不耗，不耗然後權之，六分其金而錫居其一也。將對就之銅煎令濁氣出盡，而後鑄立方寸，磨令光澤，務重四兩已上，此所謂然後准之也。一一量之，每面皆合立方，横黍尺之十分，所謂然後量之，以爲鬴也。今依此法，鑄成方寸秤重，見今天平四兩〇七分七釐，半爲方一寸之積數，爲法以除二百八十八兩，得方寸者七十枚三分之二，是爲此器銅之正數，共重時秤二百八十八兩。

又卷上《鑄量以煉銅爲至要第二〇》 按：《周禮》曰：「知去聲者創物，巧者述之，守之，世謂之工。百工之事，皆聖人之作也。若伏羲作瑟，神農作琴，黄帝作律管之。攻金之工，攻，專治也。凡有六種。築氏執下齊，齊，去聲，即分劑之劑。古註云：大刃、削、殺、矢用錫多，取其利也。錫多名下齊。冶氏執上齊，鍾、鼎、斧、斤、戈、矛用錫少，取其堅也，錫少名上齊。鳧氏爲聲，鍾之屬，不止鍾。㮚氏爲量，鬴之屬，不止鬴。叚氏爲鎛器，田器也，經文亡。桃氏爲刃。劒之屬，不止劒。金有六齊：六分其金而錫居一，每銅一斤用錫二兩六錢六分。謂之鍾、鼎之齊；五分其金而錫居一，每銅一斤，用錫三兩二錢。謂之斧、斤之齊；四分其金而錫居一，每銅一斤用錫四兩。謂之戈、矛之齊；三分其金而錫居一，每銅一斤用錫五兩三錢三分。謂之大刃之齊；五分其金而錫居二，每銅一斤用錫六兩四錢。謂之削殺矢之齊；金錫半，銅、錫停半，或曰每銅一斤，用錫半斤。謂之鑒、燧之齊。」已上經文言之詳矣，獨於㮚氏條下詳載鑄金之狀，而餘條所無者，何也？蓋因量之一物，深淺合度，分釐要明；輕重合權，斤兩要准；聲音合律，宫商要協，此所以爲難也。特著煉銅鑄法於量條下，使鑄者慎之耳。嘗依横黍尺造銅方寸天平，稱重四兩已上，此乃煉之得法，火候到也。不佳則不足四兩，此乃煉之不熟，火候不到也。火候不到，則内中發虚，是故分兩少也。嗚呼！斯乃要中之要，故特著於卷末，以示同志者耳。余所以至老好之者，正爲屢鑄不成，幸而既成，自得其趣，喜不自勝，言不盡意，是故大學以格物致知爲首，而致知在格物，此可見其一端。《論語》所謂游於藝者，非數術之謂歟？余喜嘉量，書成紀歲月於篇末。時萬曆庚戌閏三月初十日，載堉自序。

《大明會典》卷一九四《工部一四》 鑄器：洪武二十六年定，凡鑄造銅鍋、銅櫃等器，及打造銅鍋、銅竈、鐵窻、鐵猫等件，行下寶源局定奪模範及計算合用銅鐵木炭等項，明白具數呈部，行下丁字庫抽分，竹木局放支督工，依式鑄造。永樂間，設局崇文門内，地名溝頭，今稱南寶源局，專鑄内外衙門銅鐵器皿。嘉靖三十一年，改造新局於東城明時坊，即今寶源局，專鑄制錢及銅鐵器皿，行令武功三衛各委官一員，摘餘丁各十名，與該局官吏匠作人等，輪流在局晝夜巡邏搜檢。三十八年，令新舊二局鑄過器皿，如有銅鐵炸炭等項，餘剩造册，每月申報工部查考。

鑄造：生銅一斤，用炭一十二兩；黄熟銅一斤，用炭一斤；紅熟銅一斤，用炭一斤；生鐵一斤，用炭一斤。

打造：紅熟銅一斤，用炭八斤；黄熟銅一斤，用炭八斤；瓜鐵一斤，用炭一斤八兩。

凡鑄造親王印符金牌，并上直守衛官軍金牌，工部及禮部計料，委官帶領寶源鑄印二局官，會同尚寶監土官信符金牌，會同印綬監，俱於内府金牌廠同造，造完送銀作局鍍金。各衙門印信，工部給銅於禮部，鑄印局造。守衛金牌，額設仁、義、禮、智、信字五號，共該一千三百三十餘面，後損失數多，隆慶元年題准，照號補鑄五十面，增號添鑄二百面，將所損牌面送部鎔銷。外國信符金牌，凡歷代改元，日本等國符牌，俱另鑄當代年號給用，合用物料人力，行順天府辦解，其裝盛袱匣等件，原無年號字樣，仍於原造見存内，揀用隆慶元年印綬監題鑄陰陽文信符金牌七十面。每面各有硃紅戧金匣。

凡鑄造朝鐘，用響銅於鑄鐘廠鑄造。嘉靖三十六年題准，行内官監造，合用物料響銅於本監，熟建鐵於工部，各支用生銅等料，召商買辦，及鎔鑄下鑪用八成色金花銀於内承運庫關領，鑄匠行兵馬司召募二百名，本部照例支給工食，同本監官匠相兼做造，仍於工所摘撥官軍應用。隆慶五年題准，造朝鐘合用生銅數多，恐措辦不及，將本廠見貯試音不堪大鐘五口，及裂璺廢鐘三口改毁，添鑄朝鐘一口，通高一丈四尺二寸五分，身高一丈一尺五寸五分，雙龍蒲牢，高二尺七寸，口徑七尺九寸五分。備用鐘一口，製同前。

計鐘二口物料：

八成色金一百兩，每口五十兩。花銀二百四十兩，每口一百二十兩。響銅九萬五千斤，熟建鐵二萬斤，生銅四千斤，紅熟銅二萬一千斤，錫八千三十斤。鐘槌長五尺至四尺，徑二尺至一尺七寸，合用柚木派行浙江、湖廣、四川、福建採解。

凡鑄造銅壺滴漏，嘉靖三十六年題准，行内官監造。

每副物料：四火黄銅三千三百五十斤，紅熟銅二百五十斤，木箭一十九枝。行内靈臺開寫節候時刻安設。

劉仲達《劉氏鴻書》卷七八《珍寶部一・銅》 凡銅物入土千年而青，入水千年而緑瑩。在人間者，紫褐而朱班，其色有蠟茶者，有漆黑者。凡辨古彝器，夏款嵌以金，商款，質素，周款雕巧以纖。古敦鼎以丹砂鵰班爲尚，今以漆古湏古文爲尚。古器尚大，今器尚小。《玄覽》。【略】

後漢崔烈有重名，靈帝時入錢五百萬拜司徒，烈名譽遂減。乃問其子鈞曰：「外人議我，以爲何如？」鈞對曰：「人盡嫌大夫銅臭。」烈怒，舉杖擊之，鈞服武弁而走。烈曰：「撾不受而走，豈爲孝乎？」鈞曰：「舜事瞽瞍，小杖則受，大杖則走。」烈慙而止。今嘲富者亦曰銅臭。《釋常談》。

門村朱家舊蓄一古銅盆中有鴨，形隱然，初不以爲異。後有農墾田，獲一銅鴨，農不識，賤價售於市。朱因得之，以合盆影不差毫釐，注水盆中，鴨輒自浮而浴。《華夷考》。

錢希言《劍筴》卷二《繩豔篇・風胡子相湛盧劍》 建安太守，本閩越，秦立爲閩中郡。漢武帝世，閩越反，滅之，徙其民於江淮間，虚其地。後有遁逃山谷者，頗出立爲冶縣，屬會稽。司馬彪云，章安是故冶，然則臨海亦冶地也。張勃《吴録》云：「閩越王冶鑄地，故曰安民王冶。此不應偏以受名，蓋勾踐冶鑄之所，故謂之冶乎？閩中有山名湛，疑湛山之鑪鑄劍爲湛鑪也。後分冶地爲會稽東、南二部都尉，東部臨海是也，南部建安是也。吴孫休永安三年，分南部立爲建安郡，領縣七。宋書州郡志

高濂《遵生八牋》卷一四《燕間清賞牋上卷・論古銅色》 高子曰：「曹明仲《格古論》云：『銅器入土千年者，色純青如翠；入水千年者，則色緑如瓜皮，皆瑩潤如玉。未及千年，雖有青緑而不瑩潤。』此舉大槩未盡然也。若三代之物，迄今何止千年，豈盡瑩潤而青緑各純者也？若云入土則青，入水則緑，其水銀并褐色黑漆，古者此又埋於何地者也？凡三代之器入土年遠，近山岡者多青，山氣濕，蒸鬱而成青。近河源者多緑，水氣滷，浸潤而成緑。余見一物，乃三代款識，半身水浸，年遠，水痕涸溢數層，此爲入水無疑，而色乃純青。其著水潭底方寸少黄緑色，則水土之説豈盡然哉？余思鑄時，銅質清瑩不雜者多發青，質之渾雜者多發緑。譬之白金，成色足者，作器純白，久乃發黑；不足色者，久則發紅發緑。此論質不論製，理可推矣。他如古墓中近尸者作水銀色，然水銀色亦分二種，有銀色，有鉛色，惟鏡居多。古者尸以水銀爲殮，彼世死者，以鏡相遺。殮者即以鏡殉，取照幽冥之義，故銅質清瑩者先得水銀，沾染年久，入骨滿背成銀，千古亮白，謂之銀背。其有先受血水穢污，始受水銀侵入，其銅質原雜，則色如鉛，年遠色滯，謂之鉛背。其有半水銀半青緑硃砂堆者，先受血肉穢腐，其半日久釀成青緑，其半浄者廼染水銀，故一鏡之背二色間雜也。今之鏡以銀背爲上，鉛背次之，青綠又次之。又若鉛背埋土年遠，遂變純黑，爲之黑漆背，此價又高，而此色甚易爲假。至有古銅鼎、鬲、尊、彝亦有水銀色者，何也？此在墓中得水銀散漫之氣治染而成。故惟一角一耳一傍有之，或地近生水銀處亦成此色，所以鼎彝無全身水銀色者，而鍾磬則萬無一二也。上古銅器以質厚爲佳，年既久遠，土銹侵骨，質已鬆脆，厚者尚有受用，薄者若少擊搏，不破即裂。又如無青緑而純紫褐色者，曹明仲以爲人間流傳之色，非也。三代之物因入土沉埋，後人方得集以傳世，若云三代流傳到今，方有此色，何能在世數千年不爲兵燹銷爍、破損沉淪者耶？此等器皿出自高阜古塚、磚宫石室、燥地秘藏，又無水土侵剥，又無尸氣染惹，列之石案間，惟地氣蒸潤，且原製精美光瑩，變爲褐色，純一不雜，故鼎彝居多，而小物并秦漢物褐色絶少。近見褐色上有青緑點子，乃出土之後，人以鹹酸之味侵染乃爾，非透骨緑色，故褐色上有雲頭片、芝蔴點、硃砂斑并緑翠雪點者，此爲傳世物也，非傳世上三五千年始成褐色，故古銅以褐色爲上，水銀黑漆鼎彝爲次，青緑者又次之也。若得淳青緑，一色不雜，瑩若水磨，光彩射日者，又在褐色之上。宣廟喜倣褐色，故宣銅此色爲多。凡銅器出自三代，不惟青緑

瑩潤，其質其製，其花紋款識，非後人可能彷彿，自不容僞。若明仲云，必三代之物，方有硃砂斑，此大誤矣。宋、元之物亦有大片硃斑若魚子者更多，蓋受人血氣侵染便成硃斑。亦有二三層堆疊者，刀刮摩擦不可泯也，豈盡三代物哉？不可不攷。

畢自嚴《度支奏議》卷九《新餉司・題覆南廠復行鼓鑄疏》 題爲留都之歲計不敷新廠之南鑄，當復懇乞聖明亟勅舉行，以疏利源，以資國用事：專理新餉山東清吏司案呈，崇禎三年三月二十八日，奉本部送户科抄出南京户科給事中陳堯言奏前事等因，本年三月二十六日奉聖旨：南廠另鑄南錢是否長便，還着該部酌議具奏。欽此。欽遵抄出到部送司，相應議覆案呈到部。該臣等看得圜府之設原以佐藏鏹之窮，而軍需之緩急賴焉，故有利則開，不問其南與北也。無利則止，不問其新與舊也。南户部原設有舊廠鑄錢，搭放官軍之俸糧，續創新廠，以濟舊廠之不繼，仍出其餘利以餉遼，此新舊兩廠開鑄之源委也。天啓二年，該臣部題改南鑄北錢用南部事例，銀兩作爲鑄本，於遼餉不無小補。然沿途之稽遲，銅商之侵騙，種種滋弊，而所鑄終不及北錢，徒滋驛騷，此一罷俱罷之所自來也。今南科臣陳堯言念歲計之不敷，畫生財之大道，欲興已成之局，仍鑄南用之錢，疏稱較諸往昔事半功倍。設鑄本數萬金便可歲收數倍利，信斯言也，事莫便於此矣。夫鑄之南者，即以行於南，固無阻滯之虞，而利於南者，必無妨於北，始爲長久之計。昔年南鑄北錢，原動臣部事例，近緣軍興告急，屢經題請，已奉旨歸還臣部矣。疏内所稱北鑄遺下銅鉛，不知何指？然南部銅差原領臣部關税買銅寶泉局資以鼓鑄，即有拖欠，終當補還，又似不得那爲南用矣。今議仍鑄南錢，或於南京兵糧之内先後通融，措本週轉生息。凡係臣部新餉錢糧，萬萬不得輕動，以致缺額。此又臣部之過計，而不得不拈出早爲申明者也。更有説者，查南部例該季進製錢一百萬文，折筭銅本值銀一千七百兩，每年額定六千八百兩，該臣部按季造錢代進南部照數折銀解還，此一定之例也。自新廠停鑄，以至崇禎二年秋季止，共該臣部代進製錢銀除解還外，尚欠三萬九千三百兩。而去冬今春二季之代進者，該銀三千四百兩不與焉。目今虜踞堂奥，患切剥膚，當瓶罍交罄之時，自顧不暇，奚堪代人賠纍乎？今既復開南鑄，則二年以前所欠代進銀兩，即應照數那奏速解充餉，以救急需。仍自今歲爲始，將應進製錢，按季如數解部，以便代進。庶此局之鑄本不致虧損，而軍興之緩急亦有攸賴矣。至於遴司官，嚴考覈，興利剔弊與夫按季之開報，歲終之奏繳，權衡子母較量出入，此在科臣已有成議，南計臣自有石畫，又無俟臣詞之嘖也。既經科臣具題前來，相應覆請恭候命下臣部，移文南户部户科遵奉施行。

崇禎三年四月十五日具題，奉聖旨。

茅元儀《石民四十集》卷二疏二《謹述生財之道疏》 爲謹述生財之道，以備富國之謀事：富國有二端，曰穀、曰金。【略】目下坑冶未全開，則先銷銅器，非三品不得用銅，典制也。即坑冶既開，亦照唐、宋例禁以銅爲器，然必皆嚴爲科條，而其要扗遵祖制徵收，用錢不用銀，則錢自通行，有司不得加火耗，貪吏不得資滿載，猾胥巨寇俱難爲姦，成色不分，三尺難欺。

孫元化《西法神機》卷上《泰西火攻總説》 夫物之不精，必需人之巧既精矣，有獨力爲用者，有相需爲用者，若銃車彈藥咸求其精，必相需以爲用焉。顧一銃也，精於理者能知，亦精於理者能造成之，不易煉之更難，若質理粗疏，似無罅隙，而藥猛火烈，立見分崩，究其鼓鑄之初，未推物理之妙耳。夫銅鐵之質理，猶人之肌理也，人肌理不密則外邪可侵，如銅粗疏，即火藥易炸。鐵理較銅更疏，兼有土性非煉去其土，則湊理不合，而性不純。鑄鐵比銅更爲不易，非若銅之有金銀精氣也。紅銅百斤可煉出赤金二兩，又出山之銅礦與銀同脈，故云有金銀精氣。銅出礦時，被人採去金銀之氣，而以鉛補之。今欲鍊用，必裒其鉛而益以銀，庶合本來天性，如謬以錫代，傷於柔矣。工於斯者必按火候審成色，幼而習之，以至於老，鑄百得一，即爲國手。摩其式則根株大如斗，口徑小如升，身不及丈，兩傍有耳，耳至口即三分身度之二，其火門至底咫與尺之間，此大略也。若銃最大者，口可容人出入也。

又卷上《造西洋銅銃説》 銃之爲物雖粗，其理最精，其法最密，今世造者狃於省費之言，更執流傳之訛，椎擊、銃管既非一致，生熟夾鎔，性更懸絶。【略】鑄時或二、或三、或四，立於爐前地窖中，銃口向上，銃之鐵心。又鐵索壓住地窖方一丈深二丈，餘用磚砌成三面，左右口各立石柱，鑿以石槽。銃模時，然後以石板壓之，細土墊之。鑄銃地宜高敞，故地窖半顯如高墉焉。鑄爐貼銃模處以土環作一土竈，内徑六尺，高四尺，下如箕，上如蓋，中如可藏初出礦紅銅二百餘擔者，左右開一方孔，以便出煙看成色。銅初鎔時，似未易化，化後則銅自能化銅矣。其後造臺土窑，方其外鋭。其内通一穴於土竈，進其火勢，穴寬八寸，高二尺五寸，斜級而上，順風勢也。窑之口不對於穴之口，穴口在窑鐵網之上，網所以隔炭。窑口在窑鐵網之下，網條俱見，方三寸，疏密得宜。惟窑口處稍寬，以便擲長木於上，猛燒一晝夜。柴之炭下，於鐵網竒有穴，以鐵鍬探取之。待其銅花翻滚後，於左右方孔處用二長木糙之，稍以浄錫點之，俟其半時，而始鑿前眼放銅汁水，滿其一銃，而至二銃、三銃、四銃。夫銅寧令有餘，毋使不足，有餘，則鍋底銅渣不致混流充數耳。鑄畢先去其口徑之十字，待兩日後略冷，用輪索穿引鐵條方眼抽取鐵心。心先以灰炭爲之，炭遇火小成灰，故易抽也。七日乃老，始去銃模，再照銃口空徑幾何，用六稜銅鑽鐵條套之銃口，前側架一大輪中嵌鐵條，末叚主定鋼鑽入銃口内，人力踏轉大輪，則鋼鑽自然旋轉，銃内自然光表。又恐鑽之難入，復於銃尾竪二短柱，架二小輪，用一横木押於大輪之前，綑二繩於横木兩端，引二繩於小輪架上，是大小三輪一時並舉。大者碾光，小者碾入鑽光銃管矣。此是一氣鑄就，既無罅漏偏曲之弊，又且煉銅純熟，可省人力風煽之勞，鑄一銃收一銃之用矣。

又卷上《造銃車説》 銃有用銅者，有生鐵者，有熟鐵者，有銅鐵相兼者。或鑄或椎，輕者可椎，重者必鑄。生鐵鑄則易炸，非廣中出礦初煉者，不可用銅鑄，用紅銅，不用黄銅，黄銅質雜易炸也。即紅銅亦須出礦初煉者，蓋銅理甚疏，初出礦者百分其銅，而銀居其一，有銀故密而實也。奸匠初煉半取之，奸商再煉全取之矣。今若用銅須復其原質，否則炸矣。惟銅、鐵相兼者，睬純銅差省而堅過之，亦椎亦鑄，可大可小，然此最爲精器，亦難多得。

宋應星《天工開物》卷八《冶鑄》 宋子曰：「首山之採，肇自軒轅，源流遠矣哉！九牧貢金，用襄禹鼎，從此火金功用日異而月新矣。夫金之生也，以土爲母，及其成形，而效用於世也。母模子肖，亦猶是焉。精粗巨細之間，但見鈍者司舂，利者司墾；薄其身以媒令水火，而百姓繁，虚其腹以振盪空靈而八音起；願者肖仙梵之身，而塵凡有至象；巧者奪上清之魄，而海寓寓遍流泉。即屈指唱籌，豈能悉數？要之，人力不至於此。」

鼎：凡鑄鼎，唐虞以前不可考，唯禹鑄九鼎，則因九州貢賦壤則已成，入貢方物歲例已定，疏濬河道已遵，《禹貢》業已成書。恐後世人君增賦重斂，後代侯國冒貢奇淫，後日治水之人不由其道，故鑄之於鼎。不如書籍之易去，使有所遵守，不可移易。此九鼎所爲鑄也。年代久遠，末學寡聞，如蠙珠、暨魚、狐狸織皮之類，皆其刻畫於鼎上者，或漫滅改形，亦未可知，陋者遂以爲怪物。故《春秋》傳有「使知神姦，不逢魑魅」之説也。此鼎入秦始亡，而春秋時郜大鼎、莒二方鼎皆其列國自造，即有刻畫，必失《禹貢》初旨，此但存名爲古物。後世圖籍繁多，百倍上古，亦不復鑄鼎，特并志之。

鍾：凡鍾，爲金樂之首。其聲一宣，大者聞十里，小者亦及里之餘，故君視朝、官出署，必用以集衆。而鄉飲酒禮，必用以和歌；梵宫仙殿，必用以明挕謁者之誠，幽起鬼神之敬。凡鑄鍾，高者銅質，下者鐵質。今比極朝鍾，則純用響銅，每口共費銅四萬七千斤，錫四千斤，金五十兩，銀一百二十兩於内。成器亦重二萬斤，身高一丈一尺五寸，雙龍蒲牢，高二尺七寸，口徑八尺，則今朝鍾之製也。凡造萬鈞鍾，與鑄鼎法同。堀坑深丈幾尺，燥築其中如房舍，埏泥作模骨。其模骨用石灰三和土築，不使有絲毫隙拆，乾燥之後，以牛油、黄蠟附其上數寸，油、蠟分兩。油居什八，蠟居什二。其上高蔽抵晴雨。夏月不可爲，油不凍結。油、蠟墁定，然後雕鏤書文、物象，絲髮成就，然後舂篩絶細土與炭末爲泥，塗墁以漸而加厚至數寸。使其内外透體乾堅，外施火力炙化，其中油、蠟從口上孔隙鎔流浄盡，則其中空處，即鍾鼎托體之區也。凡油、蠟一斤，虚位填銅十斤。塑油時盡，油十斤，則備銅百斤以俟之。中既空浄，則議鎔銅。凡火銅至萬鈞，非手足所能驅使，四面築爐，四面泥作槽道，其道上口承接爐中，下口斜低，以就鍾鼎入銅孔槽傍，一齊紅炭熾圍。洪爐鎔化時，決開槽梗。先泥土爲梗塞住。一齊如水横流，從槽道中梘注而下，鍾鼎成矣。凡萬鈞鐵鍾與爐、釜，其法皆同，而塑法則由人省嗇也。若千斤以内者，則不須如此勞費，但多捏十數鍋爐。爐形如箕，鐵條作骨，附泥做就。其下先以鐵片圈筒，直透作兩孔，以受杠穿其爐墊於土墩之上，各爐一齊鼓鞴鎔化。化後以兩杠穿爐下，輕者兩人，重者數人抬起，傾注模底孔中。甲爐既傾，乙爐疾繼之，丙爐又疾繼之，其中自然粘合。若相承迂緩，則先入之質，欲凍後者不粘，釁所由生也。

像：凡鑄仙佛銅像，塑法與朝鍾同，但鍾、鼎不可接，而像則數接爲之，故寫時爲力甚易，但接模之法，分寸最精云。

砲：凡鑄砲，西羊、紅夷、佛郎機等用熟銅造。信砲、短提銃等用生熟銅兼半造。襄陽、盞口、大將軍、二將軍等用鐵造。

鏡：凡鑄鏡，模用灰沙，銅用錫和。不用倭鉛。《考工記》亦云：「金、錫相半，謂之鑑燧之劑。」開面成光，則水銀附體而成，非銅有光明如許也。唐開元宫中鏡，盡以白銀與銅等分鑄成，每口值銀數兩者以此故。硃砂斑點乃金銀精華發現。古爐有入金於内者。我朝宣爐，亦緣某庫偶災，金、銀、雜銅、錫化作一團，命以鑄爐。真者錯現金色。唐鏡、宣爐皆朝廷盛世物也。

鐘與仙佛像圖

鑄千斤

鐘同法
鼎足別
鑄鬪合

錘鉦與鐲圖

塑鐘模圖
塑鐘模圖
牛脂
受鏤

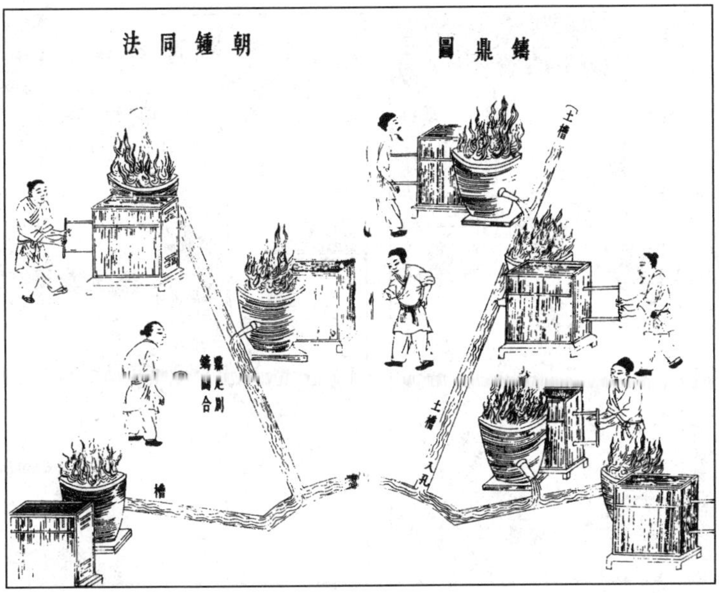
朝鍾同法
鑄鼎圖
土槽
土槽
入孔

錘錨圖

鑄釜圖

鑄錢圖

陳際泰《已吾集》卷一〇《議・錢法議》 夫財貨之法，以穀帛錢幣相御而行爲正，是固然矣。上自操其權，非必以嚴刑峻誅督乎下之人也。有所以給其用而不使之窮，有所以塞其利而不使之貪，何者？銅者，錢之母也。人情穀粟重而不可運，白金少而不可繼，故需於錢，然上錢或不足於用，故私鑄以益之。而上之人不患錢之不行，而患錢之不繼，錢之不繼者，繇銅少也。銅出於山，固有時而竭，然亦繇洩之者衆，與耗之者多。東南夷高艢大舶，所來者皆詭特之物，而以中國之銅市之，以有用易無用，洩之於外夷，一往而不復還。又家人之器具、浮圖之佛象鐘鼎，其耗亦復不貲，誠一切禁止，而歸其銅積於上，非獨絶私鑄之路，而銅饒則錢多，此一法也。人情趨利若水之就下，而不可止，以一倍之銅獲數倍之利，嚴刑督之固已不止，利可必得，刑不可必得，即得之，有獨害，猶有獨利也。

温璜《温寶忠先生遺稿》卷五《論説・同氣相求》 《禹貢》曰：「攻山取銅鐵，鑿池數百丈，銷耗陰精，不能含氣出雲，則多水旱之災。」

又卷八《雜著》 論錢者一欲盡收天下之銅，一欲盡封天下之銅山，一欲盡廣天下之銅冶。如國初令天下藩司設寶泉局，文皇遣官於江浙、閩廣鑄錢，自大江以南，無礦可採之地，各布政司市銅、開冶，通行爲效要之三者，勢廣難周，事繁必擾，必不得之數也。梁維屏有云：「惜銅愛工，不如定模夓範，勿以鉛鑞虧肉好，勿以輕重亂錢衡，勿以貴賤分通塞。上關其出之塗，若賞賜，若俸薪，若顧募，無不以下。下關其入之塗，若軍興，若榷税，若贖鍰，凡道路可通舟航者，無不以上。銀用其六，錢用其四，庶乎其可行乎？而錢重滯不便於貪墨者之橐匣，又支解行錢，不便於耗羨，然則欲絶墨沈。兵科謂製藥乃硝黄所合，硝性直，黄性横，硝灰不得硫黄，不能震天撼地，宜各自一局則轟變可以永銷。

梅之焕《梅中丞遺稿》卷六《募鑄三教像》 道一，故博士弟子員，中去而持半偈，蓋出入人間，世法而會其宗，故可儒亦可釋，則又何不可道也。擬標三教像，合事一堂之上。夫三教異同，辨者不啻聚訟，余不暇遠，有所稱引。和尚所化者銅耳，即以銅喻。方銅之出最道章山間也，種元無二，適好事者鎔之，以冶範之，以型緣心造像，緣像分形，始析而名之曰此儒也，此釋也，此道也，竟不推未型以前何物哉？假如就型後，復還於大冶，所謂儒釋道者安在耶？又如還冶後，仍復範於型，安知向之爲某爲某者，不轉而互換乎？總之，變化於銅而已，徒據其偶成之像，强設之名，而猥云有彼此岐也，則銅亦有異乎哉？世之各尊其教，作彼此觀者，是猶銅本無心，而冶人謬爲區別也。彼惟自認其師説不真，而又何怪歟？道一會其一，故不妨並列其三，不則即一已贅矣。雖然，余第以銅喻教人，亦第教以銅，至於異同之故，終難言之，姑俟鑄三教成，就銅人而請教焉。

吴琉《三才廣志》卷一〇五二《黄帝鳴鴻刀》 《拾遺記》：一云《洞冥記》。帝解鳴鴻刀賜東方朔，方朔曰：此刀黄帝時採首陽之金，鑄爲此刀，雄者已飛，雌者獨在。《銅冥記》：黄帝採首山之金口爲刀。顓項有畫影劍、騰空劍。

《管子》：葛盧之山出金，蚩尤制爲劒鎧矛戟。雍狐之山出金，蚩尤以爲雍狐之戟芮戈。

陳子龍《明經世文編》卷四王禕《王忠文公集・泉貨議》 考之史傳，漢郡國皆得開鑄，而縣官往往即多銅山而鑄錢。唐亦即出銅所在置監，天下鑪九十有九。宋鑄錢總二十六監，而諸路所鑄其數多寡各有差。其法皆爲不可廢。賈誼所謂事有召禍而法有起奸，今令細民人操造幣之勢者，此謂不可。使民私鑄耳，非謂官不當廣鑄也。夫錢便於貿易，而銅不便於轉輸，轉輸不便，故即其所出而鼓鑄，貿易相便，故隨其所在而流布，此勢之必然。而國朝至大中，亦置江淮等六監。此可見鼓鑄之開當廣矣。

曹學佺《廣西名勝志》卷三《平樂府・賀縣》 仙池之水流入橘江，以注於賀，而玉山泉、天堂嶺之水皆注焉。按：玉泉山在縣西北，天堂嶺在縣南，各去十里。其泉皎潔，四時不絶。縣北二十里有七十二峯，攢奇競秀，其中多橘，是曰橘山，乃橘水之源也，唐時有銅冶，今廢。

又卷六七《方物記第九・五金》 梁簡文《金錞賦》云：「采赤鋈於蜀壘，求銅精於灌濱。」《異苑》云：「魏時殿前鐘大鳴，衆皆震駭，張華云：『此蜀銅山毀，故鐘鳴應之蜀都。』尋上其事，如華言。」

《華陽國志》：「會無縣天馬河中有銅胎，以羊祀之可取，河中見存。」按：《水經注》：會無縣駿馬河中謂之貝子胎銅矣。

顧炎武《肇域志》卷一四 萊蕪縣，州東一百二十里，編户四十二里。山僻事簡有盜。【略】銅冶山，在縣北三十里，古産銅，今無。

又卷五 銅官山，在縣東南五十八里，古嘗出銅。《唐書・地理志》云：「溧陽有銅，」此其地也。今土中瑩然有銅如麩狀。

又卷四〇 〔通渭縣〕斗底山在縣東八十里，其形如斗，多怪石。煉銅坪在縣南六十里，宋元人煉銅於此，山有煤。

顧炎武《日知録》卷一一《銅》 乏銅之患，前代已言之。江淹謂古劍多用銅，如昆吾、歐冶之類皆銅也。楚子賜鄭伯金，盟曰無以鑄兵，故以鑄三鐘。杜氏注：古者以銅爲兵。《漢書・食貨志》賈誼言「收銅勿令布，以作兵器」。《韓延壽傳》：「爲東郡太守，取官銅物，候月蝕，鑄作刀、劒、鉤、鐔，放效尚方事。」古金三品，黑金是鐵，赤金是銅，黄金是金。夏后之時，九牧貢金，乃鑄鼎於荆山之下。董安於之治晉陽公宫，令舍之堂皆以煉銅爲柱質。荆軻之擊秦王，中銅柱。而始皇收天下之兵，鑄金人十二，即銅人也。《三輔舊事》曰：「聚天下兵器，鑄銅人十二，各重二十四萬斤。漢世，在長樂宫門。」《魏志》云：「董卓壞以鑄小錢。」吴門闔閭塚銅槨三重，秦始皇塚亦以銅爲槨。戰國至秦，攻争紛亂，銅不充用，故以鐵足之。鑄銅既難，求鐵甚易，是故銅兵轉少，鐵兵轉多，年甚一年，歲甚一歲，漸染流遷，遂成風俗。所以鐵工比肩，而銅工稍絶。二漢之世，愈見其微。建安二十四年，魏太子鑄三寶刀、二匕首，天下百煉之精利而悉，是鑄鐵不能，複鑄銅矣。考之於史，自漢以後，銅器絶少，惟魏明帝鑄銅人二，號曰翁仲。又鑄黄龍、鳳凰各一。而武后鑄銅爲九州鼎，用銅五十六萬七百一十二斤。唐韓滉爲鎮海軍節度，以佛寺銅鐘鑄弩牙、兵器。自此之外，寂爾無聞，止有銅馬、銅駝、銅匭之屬。昭烈入蜀，僅鑄鐵錢。而見存於今者，如真定之佛，蒲州之牛，滄州之獅，無非黑金者矣。

唐開元中，劉秩上議曰：「夫鑄錢用不贍者，在乎銅貴，銅貴則採用者衆。夫銅以爲兵，則不如鐵，以爲器，則不如漆，禁之無害。陛下何不禁於人？禁於人，則銅無所用。銅益賤，則錢之用給矣。」《舊唐書・食貨志》文宗禦紫宸殿，謂宰臣曰：「物輕錢重，如何？」楊嗣複對以當禁銅器。《文宗紀》考禁銅之令，古人有行之者。宋孝武帝孝建三年四月甲子，禁人車及酒肆器用銅。《南史》。唐玄宗開元十七年八月辛巳，禁私賣銅鉛錫及以銅爲器。代宗大曆七年十二月壬子，禁鑄銅器。德宗貞元九年正月甲辰，禁賣劍、銅器。天下有銅山，任人採取，其銅官買。除鑄鏡外，不得造鑄。憲宗元和元年二月甲辰，禁用銅器。各本紀。晉高祖天福三年三月丁丑，禁民作銅器。《通鑑》宋高宗紹興二十八年七月己卯，命取公私銅器，悉付鑄錢司。民間不輸者罪之。《宋史》本紀。然今日行之，不免更爲罔民之事，惟有銷錢、鑄錢，上下相蒙，而此日之錢，固無長存之術矣。

《南齊書・劉悛傳》：「永明八年，悛啓世祖曰：南廣郡界蒙山下有城名蒙城，可二頃地，有燒爐四所。從蒙城渡水南百許步，平地掘土，深二尺，得銅，有古掘銅坑，井居宅處猶存。鄧通，南安人。漢文帝賜通嚴道縣銅山鑄錢。今蒙山在青衣水南，故秦之嚴道地。蒙山去南安二百里，此必是通所鑄，甚可經略。並獻蒙山銅一片，又銅石一片，平州鑄鐵刀一口。上從之，遣使入蜀鑄錢。」

《通鑑》：「周世宗顯德元年九月丙寅朔，敕立監採銅鑄錢，自非縣官法物軍器，及寺觀鐘磬鈸鐸之類聽留外，其餘民間銅器佛像，五十日內，悉令輸官給其直。過期隱匿不輸，五斤以上，其罪死。不及者，論刑有差。上謂侍臣曰：卿輩勿以毀佛爲疑，夫佛以善道化人，苟志於善，斯奉佛矣。彼銅像豈所謂佛邪？且吾聞，佛在利人，雖頭目猶舍以佈施，若朕身可以濟民，亦非所惜也。」

《五代史》：高麗地產銅銀，周世宗時遣尚書水部員外郎韓彥卿，以帛數千匹市銅於高麗以鑄錢。顯德六年，高麗王昭遣使者貢黃銅五萬斤。

黃道周《榕壇問業》卷三 呂而德云：漢孝昭時諸賢良文學多議罷鹽鐵者，是時天下昇平，四海殷阜，諸榷官私便，鹽價高，而鐵器甚惡，民甘食澹，手耰木耨，是以罷議。今如倣唐、宋分道鑄錢，錢精而盜作者少，界立而子母不散，雖有私錢不奪銅本，即如開鑛以救銅本之窮，取銅以資中幣之乏，不立鑛官，取辦守令，蠲他處之新派，抵久年之逋輸，既非厚貲爲劇賊之所垂涎，又有微濡爲窮民之所呴沫，方之履畝丘甲，想亦《春秋》之所不譏也。某云嘗讀小記，見採銅之苦十倍於白金。白金以三煉而成，青銅以七煅始就。

方中通《數度衍》卷二三《九章外法・重測諸式》 式七。煉銅，每次十斤，得八斤，三次得七十五斤十三兩四錢四分，原生銅若干？曰：一百四十八斤二兩。術：化八斤作一萬二千八百分爲首率，化十斤作一萬六千分爲次率，化總銅作十二萬一千三百四十四分爲三率，求出十五萬一千六百分爲二火銅數。以此數爲三率一率二率，如故求出十八萬九千六百分爲一火銅數。又以此數爲三率一率二率，如故又求出二十三萬七千分，用斤法十六除之即得。又術：以八斤自乘再乘得五百一十二爲法除三火銅，化分得二三七，因有再乘，當升二位，作二千三百七十兩，以斤法除之亦得。通曰：此用三回三率，故又名大夾三纍。

屈大均《廣東新語》卷一五《貨語・銅》 考唐建中初，趙贊判度支，采連州白銅，鑄大錢一以當十。而韶州城南七十里，宋初置場採銅，曰岑水銅場，謂場水能浸生鐵成銅，今不然矣。而連州亦絶無白銅，大抵廣東無銅礦，惟廣西右江州峒有之。往時掘地數尺即有礦，故蠻人好用銅器。然廣東亦有赤銅。宓山云：凡赤銅一石，可取白銀四兩，從雲、貴來者有光，蓋未取煉者也。其價貴，從洋舶來者無光，其價稍賤，以取煉者也。赤銅鑄錢，須以倭鉛、盧甘石入之則黃。官誠能平價采買於洋舶，而取英德、仁化礦鉛以鑄制錢，錢既行，漸廢銀而不用，將見富者難以爲富，貧者易以爲貧，此亦便民之道也。說者謂地不產銅，而開局鑄錢則銅價頓高，勢不得不殺雜以充課額，錢既殺雜，質脆而色黯，遂啓僞錢之端。此説亦未必然。

又卷一六《器語・銅鼓器》 宋陸游云：予初見梁歐陽頠傳，稱頠在嶺南多致銅鼓，獻奉珍異。又云：銅鼓累代所無，予在宣撫司見西南夷所謂銅鼓者，皆精銅，極薄而堅，文鏤巧麗。叩之鼕鼕如鼓，不作銅聲。秘閣下古器庫亦有二枚。此銅鼓，南蠻至今用之於戰陣祭享。初非古物，實不足辱秘府之藏，然自梁時已珍貴之如此，不知何取也。

又卷一六《器語・銅鼓》 南海廟有二銅鼓，大小各一。大者徑五尺，小者殺五之一，高各稱廣。大者因唐時高州太守林靄，得之於蠻酋大冢，以獻節度使鄭絪，絪以獻於廟中者。其製中空無底，劒垂四懸，腰束而臍隱起，旁有兩耳。通體作絡索連錢及水縠紋，色微青如鋪翠，半斷起如辰砂，銅質盡化，金精獨存，有光瑩然可鑑，蓋千餘年物也。邊際舊有鼃六，今不存。其小者或謂出潯州銅鼓灘。先是灘水湍急，舂石底作銅鼓聲，入夜輒有光怪。一日水涸銅鼓見，太守取之，懸於四穿樓。其四角有金蝦蟆五，爲番人所竊。聲遂稍石，乃歸於南海廟中。色純緑作鷓鴣斑，斜文纖麗，隱隱若八卦象。歲二月十三，祝融生日，粵人擊之以樂神，其聲闉鞳鏗鎗，若行雷隱隱。聞於扶胥江岸二十餘里，近則聲小，遠乃聲大，神器也。嘉靖間，海寇曾一本謀移去，鐵索忽斷不可舉。有老父云：此銅鼓昔浮海至，其鳴應潮，自爲大盜所移，靈鼃殘缺，遂不復自鳴。又云：銅鼓之大者，舊雌、雄各一，今廟所存者雄也，其雌向遇風雷，飛入獅子海中，今雄鳴，則其雌輒相應云。粵故多銅鼓，或謂雷、廉至交趾瀕海饒溼，革鼓多痺緩不鳴，伏波始製銅爲之，狀亦類鼓，而稍埤，縮腹下殺，周以繁紋，面上八角，皆綴以坐鼃，名爲駱越之鼓。或曰：《晉書》云：諸獠並鑄銅鼓，以高大爲貴。初成，懸於庭中，置酒召客，豪富子女，則以金銀爲大釵，執以扣鼓，因遺主人，名納鼓釵。攻殺時則聲其鼓，至者如雲。其所鑄鼓，惟豪强稱最，號爲都老鼓。廟中銅鼓，蓋諸峒獠所遺也。或曰：周禮司徒有鼓人，掌六鼓四金之事。司馬大閱，則羣吏致其鼓鐸鐲鉦，以聽坐作。故範銅爲鼓，皆屬軍樂，意漢時其制尚存。故伏波鑄之，留西南夷中甚衆。其形皆如腰鼓，而面臍在上方，出廟中所藏，其内有鐫云：漢伏波將軍所鑄。乃是陽識。凡三代銅器用陰識，其字凹。秦漢用陽識，其字凸。陽識易成，陰識難鑄，此必漢物無疑。大抵粵處處有銅鼓，多從掘地而得，其狀各異，皆伏波所瘞以鎮蠻者，每遇風雨輒有聲。諸蠻於深溪邃峒之間，循其聲之所自，往往求得銅鼓。蓋物之神靈者，歲久輒思自見。故永樂中，萬州土官黄惠，於多輝溪中得一銅鼓，長三尺，面闊五尺，凸二寸許，沿邊皆科斗，各銜線縷抵臍，束腰奓尾，若今之杖鼓然者。擊之聲如鵝鸛，聞數十里。萬曆間，茂名高田，溪水暴漲，湧出銅鼓。徑三尺，高二尺有奇，面列鼃蛤六，遍體作細篆文，有硃砂積翠，蝸蝕之孔十餘，其聲鏜鏜。或以革掩底，或積水甕中蓋而擊之，聲聞十餘里外，叩鼃蛤則其聲益遠。而廉州有銅鼓塘，欽州有銅鼓村，靈山有銅鼓嶺，陰雨則嶺上作銅鼓聲。文昌萬州亦有銅鼓嶺，皆以掘得銅鼓而名。又博白縣北有銅鼓潭。向有二銅鼓没其中。弘治己未。得其一以獻兩廣制府。正德乙亥。又得其一以獻縣。羅定城隍廟有銅鼓，高二尺五寸，徑二尺，州人争訟不平及被誣欲昭白者擊之，則禍有歸，無事而擊，則禍擊者。又雷州英靈岡雷廟，有銅鼓二，其式如鏞，圍徑五尺許，高亦如之。在左者面邊蟆六，右者蟆五。其旁皆有兩耳，每耳又分而二之，耳下有一獸首，反俯下足，尾入於郛。左者土花剥蝕，聲短而無光澤，右者質理瑩然如碧玉，其面稍廉三分。簷覆下六分，中心微拱而平。其暈有十三圈，暈各一聲，暈中夾平綈如波紋。兩圈作連錢紋，旁紋人字如莞簟。其綈作雷紋、斜方斗紋，色翠緑徹骨。有一綫丹，午後乘陰氣蒼潤欲滴，午前象褐色稍淡，蝕處如蝸篆。又有一銅鼓在廡下，狀亦如之，皆聲聞十餘里，雷人輒擊之以享雷神，亦號之爲雷鼓云。雷，天鼓也，霹靂以劈歷萬物者也。以鼓象其聲，以金發其氣，故以銅鼓爲雷鼓也。吾視其碑，蓋從天寧寺及英山掘而得者。昔伏波征交趾，歐陽頠守廣州，皆以銅鼓進御。而伏波善别名馬，得駱越銅鼓，皆鑄爲馬式表上之。之數銅鼓，或皆鑄馬式之所餘，未可知也。粵之俗，凡遇嘉禮，必用銅鼓以節樂，擊時先雄而後雌，宫呼商應，一一響循環，音絶可聽。其小者曰鐺，大僅五六寸。凡擊銅鼓必先擊鐺，以鐺始亦以鐺終。鐺者銅鼓之子，以子音引其母音也。然今銅鼓制皆小，最大者二尺餘，圓臍突起，隆面而淺唇，不作蝦蟆花繡紋，大小頗如鉦式，不及二廟所藏者遠甚，惟雌雄之别則同。凡爲銅鼓以紅銅爲上，黄銅次之。其聲在臍，雌雄之臍亦無别，但先鍊者爲雄，後鍊則爲雌耳。然諸工不善取音，每銅鼓成，必置酒延銅鼓師，師至，微以藥物淬臍及鼓四旁，稍揮冷錘攻之。用力鬆輕，不過十餘錘，而雄聲宏而亮，雌聲清以長。一呼一應，和諧有情，餘音含風，若龍吟而嘯鳳也。廣州鍊銅鼓師不過十餘人，其法絶秘，傳於子而不傳女云。

瓊州有黎金，似銅鼓而扁小，上三耳，中微其臍，黎人擊之以爲號，此即鐺也。古時蠻部多以銅爲兵，以銅爲器，富者鳴銅鼓，貧者鳴鐺，以爲聚會之樂，故謂銅鼓爲大器，鐺爲小器。

劉侗《帝京景物略》卷四《西城内・城隍廟市》 器首宣廟之銅，宣銅，爐其首。爐之製有辨焉，色有辨焉，款有辨焉。製所取，宜書室，登几案，入賞鑒，則莫若彝乳爐之口徑三寸者。其製百摺，彝爐、乳爐、戟耳、魚耳、蜒蚰耳、熏冠、象鼻、獸面、石榴足、橘囊、香奩、花素、方圓鼎等，上也；角端象頭鬲、判官耳、雞腿脚扁爐、翻環、六稜、四方、直脚爐、漏空桶爐、竹節、分襠、索耳等，下也。鑄耳者，宣爐多仿宋窑，中有身耳逼近，施錯無餘地者，乃别鑄耳，磨治釘入，分寸始合也。釘耳多僞，宣爐鑄耳不稱者，揀去更鑄，十不一存，故僞者但能釘耳也。色種種：仿宋燒斑者，初年色也。尚沿永樂爐製。蠟茶本色，中年色也。中年愈工，謂燒斑色掩其銅質之精，迺尚本色用番磠浸擦熏洗爲之。本色愈淡者，末年色也。末年愈顯銅質，着色愈淡。後人評宣爐色五等：栗色、茄皮色、棠梨色、褐色，而藏經紙色爲最。鎏金色者次本色，爲掩銅質也。鎏腹以下，曰湧祥雲；鎏口以下，曰覆祥雲。雞皮色者，覆手色，火氣久而成也。跡如雞皮，拂之實無跡。本色之厄二：嘉隆前有燒斑厄，時尚燒斑，有取本色真爐，重加燒斑者。近有磨新厄。過求銅質之露，取本色爐磨治一新，至有歲一再磨者。款亦製辨色辨之。陰印陽文，真書『大明宣德年製』字完整，地明潤，與爐色等舊，非經雕鑿熏造者。後有僞造者，有舊爐僞款者，有真爐真款而釘嵌者。僞造者，有北鑄，嘉靖初之學道，近之施家。施不如學道遠甚，間用宣銅别器改鑄。然宣别器，銅原次於爐，且小冶單鑄，氣寒儉無精華。有蘇鑄、有南鑄。蘇蔡家，南甘家。甘不如蔡遠甚，蔡惟魚耳一種可方學道。舊爐僞款者，有永樂之燒斑彝，耳多寬索，腹多分襠。景泰、成化間之獅頭彝等。厚赤金作雲鳥片帖鑄之，原款用樂燒『景泰年製』等字，二者價遜宣爐，後人僞鑿宣款以重其價。真爐真款而釘嵌者，宣呈樣爐，宣他器款也。當年監造者，每種成不敢鑄款，呈上准用，方依款鑄，其製質特精。流傳至後，謂有款易售，取宣别器款色配者，鑿空嵌入，其縫合在款隅邊際，但從覆手審視，覺有微痕。宣爐惟色不可爲僞，其色黯然，奇光在里，望之，如一柔物，可挼掐然。迫視如膚肉内色，蘊火爇之，彩爛善變。僞者，外光奪目，内質理疏，稿然矣。傳宣廟時，内佛殿災，金銀銅像渾而液，因用鑄器，非也。宣廟欲鑄爐，問工：銅何法煉而佳？工奏：煉至六，則現殊光寶色，異恒銅矣。上曰：煉十二。煉十二已，條之，置鐵鋼篩格，赤炭溶之，其清者先滴，則以鑄，存格上者，以作他器。故宣他器，先不極量於銅，後不致養於火，其入賞鑒亟之。

《國朝奏疏》卷四一鞠珣《廣銅斤通錢法疏》 臣鞠珣謹奏爲廣銅斤通錢法事：臣竊考之史籍，三代以前民間交易以其所有易其所無，不過菽、粟、布、帛而已。迨漢以來，方始盛用錢。夫錢本不可充飢蔽體，然權天下之物價，借以流通，此王者前民利用之大法也。近代以來，始聞用錢之便也。而且銀色高低，動多姦僞，是得銀尤不若得錢之實也。況天下銀少而銅多，用銀則苦於易竭，而鑄錢不難日增。所謂化無用成有用，天下豈不日富。乃今議鼓鑄者以其可以得息，則曰宜開，以銅斤之難得，則曰宜停。所以旋舉旋停，莫能經久者，臣以爲鑄錢之方未爲詳盡，行錢之法未能疏通故也。年采直省多告兇荒，錢糧多苦逋欠，朝廷日賑日蠲，而民間愈窮愈困，所以然者，民間之所有不過菽、粟、布、帛，而公家所徵者，則惟銀。夫銀之在世，止有此數，民間日覓銀以輸國帑，或解司農，或輸協餉，遠而閩、廣、雲、貴，歲動數十百萬，出而不復入，積而不復散，而民間乃日搜月括，以辦每歲之額賦。如此，則銀愈少，愈少則愈貴。銀愈貴則民間之菽粟布帛反愈賤，而民將棄田畝而不事，而民生遂愈困。人心不古，姦僞叢生，所由來矣。若不急講鼓鑄，通行之法將何以儲不匱之源，臣反覆思維，敢抒管見於我皇上之前。夫鑄錢原非僅爲生息計也，即以生息論之，每錢一千約費銅七斤，加以爐座工炭等費，不下三錢。每錢一千作銀一兩約，略相當無甚息也。特爲世上通盤打算，每鑄錢一千，其買銅給鑄之本銀一兩，仍在民間，又爲世上增錢一千，是用一而得二，只此便是加倍之息。今定銅價每斤六分三釐，以致各關賠買不前，在外則爐座多停，在内則銅斤多欠。直省既不得通行鼓鑄，而公家反以現在關税之金拖欠，於承買銅斤胥役之手，鑄法如此，有損無益，而尚言錢息哉？臣愚，以爲各關收銀買銅，何如兼收銅作税之爲簡且便。計一關額税若干，應買銅斤若干，各照分數徵收。如有十分，則徵銀七分，徵銅三分，餘皆稱是。大抵收銀，則吏胥得以高下其手，及至買銅，又故昂其價值，且以難辦爲辭，官與商並受其累矣。若竟收銅斤，價值僅相當，而民間零星無用之物皆可當銀以作税，銅斤多而取利溥，莫有善於此者矣。

《清朝通典》卷一〇《食貨一〇・錢幣》 〔康熙〕四年，停臨清鎮鑄局。十八年，復開廣西鑄局。定寶泉、寶源二局俱增設滿右侍郎一人，督理錢法。又諭令户部、工部、都察院堂官同詣錢局清釐弊端，至部院衙門及直省所有黃銅器皿盡行解部鼓鑄。【略】十二年，定私銷製錢禁例。是時，錢製精工，民間銅價高昂，燬千錢可得銅八斤有餘，奸民多銷燬製錢造作銅器。御史羅人傑疏請嚴立科條，凡私銷之罪同於私鑄。謹按：是時私鑄之罪爲首斬決，爲從絞決。行鑄造銅器之禁。民間市肆交易，除紅銅鍋及已成銅器不禁外，嗣後一應黃銅器在五斤以下者，仍許造賣，其餘不得濫行鑄造，違鑄雲字。

金武祥《粟香二筆》卷七 鈐用鹽引，至康熙十一年，改鑄爲户部鹽茶印。康熙三十年，鑄造山東司鹽印兩顆。康熙三十五年，始由户部刊鑄引目銅板，不歸内府管理。前人用引之意，非僅爲部中可以按引稽課，亦以鹽利操之於上，故引出自内府，非引不能運鹽。若因領新繳殘，多費周折，遂廢不用，久則人將不知鹽爲官物，利權遂至下移，此無異因噎而廢食矣。王君，河南密縣人，咸豐二年進士，户部主事遷郎中，在山東司治事者二十年。

顧祖禹《讀史方輿紀要》卷七六 大冶白雉山【略】山南出銅礦。晉、宋以來，置銅場錢監，後廢。今山口墩或謂之銅竈，其遺迹也。

官修《韻府拾遺》卷一上《上平聲一・東韻上》 銅。《廣韻》徒紅切。《集韻》《韻會》徒東切，並音同。

補藻：冶銅。《魏書・崔鑒傳》：「於州内冶銅以爲農具，兵民獲利。眾銅。《舊唐書・食貨志》：中書門下奏，伏准羣官所議，鑄錢或請收市人間銅物，令州郡鑄錢，所資衆力并衆銅，天下併功，速濟時用。熟銅。《舊唐書・食貨志》：則天長安中，懸樣於市，令百姓依樣用錢。又降敕：非鐵錫銅蕩穿穴者，並許行用。其有熟銅，排門沙澀厚大，皆不許簡。禁銅。《唐書・食貨志》：銅之爲兵不如鐵，爲器不如漆，禁銅則人無所用，盜鑄者少。漉銅。《宋史・食貨志》：大觀元年，張茂直言，州縣督捕加峻，私小黃錢投委江河，舟船附帶者亦多棄之江河，請下諸路撈漉。轉運使宋喬年鑄烏背漉銅錢來上。詔以漉銅式頒行諸路。多銅。《遼史・食貨志》：鼓鑄之法，先代薩勒迪爲額爾欽以土產多銅，始造錢幣，太祖襲而用之，遂致富彊，以開帝業。牡銅。《抱朴子》：以五月丙午日取牧銅爲雌雄劍。用銅。《藝文類聚》：《漢書》曰：凡律度量衡用銅者，所以同天下，齊風俗也。響銅。《續文獻通考》：笙簧用好響銅薄片，鵲舌尖頭上用黃蠟和栗青作點頭。戛銅。《山堂肆考》：唐房琯讀書終南山，忽聞聲至，有如戛銅。父老云，此龍吟也。未幾，雨至。腐銅。《談薈》：皂莢碎鐵，梟茈腐銅。名銅。郭璞《赤銅贊》：昆吾之山，名銅所在。寒銅。孟郊詩：元髮不知白，曉入寒銅覺。越銅。吕鏄《金馬式賦》：置於宫闈，有待獻書之賢；鑄以越銅，載假伏波之力。佩銅。黃滔詩：入曳長裾出佩銅。穿銅。梅堯臣詩：滿貫穿銅去求好。精銅。梅堯臣詩：精銅不生花，小篆著丞相。

鑄銷銅。《史記・淮南王安傳》：伍被對王曰：王四郡之衆，數千里内鑄銷銅以爲錢，東煮海水以爲鹽。豫章銅。《漢書・吴王濞傳》：吴有豫章銅山，招致天下亡命者盜鑄錢。濩澤銅。《唐書・地理志》：陽城，天祐二年更曰濩澤，有銅。水爲銅。《夢溪筆談》：信州鉛山縣有苦泉，流以爲澗，挹其水熬之，則成膽礬，烹膽礬則成銅。水能爲銅，物之變化。風磨銅。《潛確類書》：鍮鉐，黄銅似金者。皇極殿頂傳是風磨銅，一云即鍮鉐也。昆吾銅。王褒詩：劍鑄昆吾銅。鍮與銅。歐陽修詩：黄白閒雜鍮與銅。磨碧銅。歐陽修詩：霜前江水磨碧銅。

補注：生銅。《世語》：「太康八年，淩雲臺上生銅。」金銅。《古樂府》：金銅作蓮花，蓮子何能實。頑銅。蘇舜欽《覽鏡詩》：嗟爾頑銅豈自明。

《數理精藴》下編卷四《線部二・按分遞折比例》 設如有銅五百二十斤，鍊成精銅，每十分中去渣二分，餘精銅八分，問精銅與渣各得若干？

法以十分爲一率，銅五百二十斤爲二率，八分爲三率，推得四率四百一十六斤，爲精銅之數。如以二分爲三率，推得四率一百零四斤，即銅渣之數也。蓋十分與五百二十斤之比，即如八分之與四百一十六斤之比，二分之與一百零四斤之比也。

又捷法，以十分歸除總銅五百二十斤，得每分五十二斤；以八分乘之，得四百一十六斤；以二分乘之，得一百零四斤。蓋每一分五十二斤，而二分得一百零四斤，八分得四百一十六斤也。又或先得精銅八分數減總銅，餘即銅渣二分數也。【略】

設如生銅入爐鎔化三次，每一次去渣十分之二，净得上好熟銅二百四十八兩，問原銅幾何？

法即以十分之八爲分數，十分之中去渣二分，得净銅八分，故以十分之八爲比例。以八分爲一率，十分爲二率，熟銅二百四十八兩爲三率，得四率三百一十兩，爲第三次入爐銅數。又以八分爲一率，十分爲二率，三百一十兩爲三率，得四率三百八十七兩五錢，爲第二次入爐銅數。再以八分爲一率，十分爲二率，三百八十七兩五錢爲三率，得四率四百八十四兩三錢七分五釐，即第一次入爐生銅數也。此法因入折三次而轉求原數，故以八分爲一率，十分爲二率，轉求三次而始得也。

又法以八分自乘、再乘，得五百一十二分爲一率，十分自乘、再乘，得一千分爲二率，熟銅二百四十八兩爲三率，得四率四百八十四兩三錢七分五釐，即第一次入爐生銅數也。前法以三次三率各求四率，故必乘除三次。此法則以一率、二率俱各自乘、再乘，止以第三次熟銅數爲三率，即得第一次生銅數，是合三次乘除而爲一次乘除也。

又下編卷五《線部三・按數加減比例》 設如有銅一百八十兩，依次遞減，造三等儀器，上等比中等加二倍，中等比下等加一倍，問三等儀器各得銅幾何？

法以一分爲下等衰數，二分爲中等衰數，二分加二倍得六分爲上等衰數，併之得九分爲一率，共銅一百八十兩爲二率，下等之一分爲三率，推得四率二十兩，即下等儀器之重；加一倍得四十兩，即中等儀器之重；又加二倍得一百二十兩，即上等儀器之重也。此法命一分爲下等數，故加倍爲中等數，而得二分，復以二分加二倍爲上等數，故上等數又爲六分也。

又下編卷七《線部五・和較比例》 設如有銀二十五兩三錢，買銅、鐵二色，其重相等，鐵三斤，價四錢，銅二斤，價五錢，問斤數及各價幾何？

法以鐵三斤與銅二斤相乘，得六斤，又以銅二斤乘鐵價四錢，得八錢，以鐵三斤乘銅價五錢，得一兩五錢。乃以入錢與一兩五錢相併，得二兩三錢爲一率，六斤爲二率，總銀二十五兩三錢爲三率，得四率六十六斤爲銅鐵相等之斤數。又以鐵三斤爲一率，價四錢爲二率，今鐵六十六斤爲三率，得四率八兩八錢，即鐵價，於共銀二十五兩三錢内減之，餘十六兩五錢，即銅價。如以銅二斤爲一率，價五錢爲二率，今銅六十六斤爲三率，得四率十六兩五錢，亦即銅價也。蓋鐵三斤價四錢，則六斤價八錢，銅二斤價五錢，則六斤價一兩五錢，是銅、鐵各六斤，而共價爲二兩三錢。故以二兩三錢與各六斤之比，即同於共價二十五兩三錢，與各六十六斤之比也。既得各斤數，則以各價比例求之，即得各價數矣。

又下編卷九《線部七・借衰互徵》 設如有金不足色，欲煉成上等好金，第一次入爐鍛去三分之一，第二入爐鍛去四分之一，第三次入爐鍛去五分之一，第四次入爐鍛去六分之一，方净，剩上等好金二十七兩，問原金幾何？

法借三分、四分、五分、六分俱分得盡之，六十爲原金總衰。此數三分之一得二十，四分之一得十五，五分之一得十二，六分之一得十四，數相併，得五十七，與原借數六十相減，餘三爲一率，净剩金二十七兩爲二率，總衰六十爲三率，得四率五百四十兩，即原金數也。此法因原金中鎔銷四次，所餘二十七兩，故借衰中亦減去四次之數，所餘爲三衰，以三衰與二十七兩之比，即六十衰與五百四十兩之比也。

設如有銅不知斤數，但云取七分之三作上等儀器，又取所餘之五分之二作中等儀器，又取所餘之四分之一作三等儀器，仍餘五十四斤，問原銅共數幾何？

法以三分母連乘，得一百四十爲總銅衰數；取其七分之三，餘八十爲二次餘銅衰數；一百四十分爲七分，每分二十，今去三分爲六十，仍餘八十也。又將所餘八十，取其五分之二，餘四十八爲三次餘銅衰數；八十分爲五分，每分十六，今去二分爲三十二，仍餘四十八也。又將所餘四十八，取其四分之一，餘三十六爲所餘衰數。四十八分爲四分，每分十二，今去一分十二，仍餘三十六也。即以三十六爲一率，餘銅五十四斤爲二率，總衰一百四十爲三率，得四率二百一十斤，即原銅共數也。蓋二百一十斤内去七分之三，是去九十斤，餘一百二十斤；又將一百二十斤内去五分之二，是去四十八斤，餘七十二斤；又將七十二斤内去四分之一，是去十八斤，餘五十四斤，而與原剩數合也。此法亦是按節次另定分數，與均分者不同，故立衰數，亦按節次減去，取其餘衰三十六與餘銅五十四斤之比，即若總衰一百四十與總銅二百一十斤之比也。

又下編卷九《線部七・疊借互徵》 設如有銅鑄甲、乙二鐘，未稱斤數，但云取乙鐘銅八十斤入甲鐘，則所餘得甲鐘四分之一；若取甲鐘銅八十斤入乙鐘，則所餘得乙鐘三分之二，問二鐘各得銅數若干？

法先借一百二十斤爲甲鐘衰數，取乙鐘銅八十斤加入甲鐘，則甲鐘得二百斤。此數四分之，得五十斤，因取乙鐘銅八十斤入甲鐘，所餘得甲鐘之四分之一，故四分之爲乙鐘之一分。加八十斤，得一百三十斤，爲乙鐘衰數。此乙鐘未取八十斤入甲鐘時，得一百三十斤也。若取甲鐘銅八十斤加入乙鐘，則乙鐘得二百一十斤，而甲鐘止餘四十斤，甲鐘一百二十斤中去八十斤，故餘四十斤。加一半二十斤，得六十斤，爲乙鐘數。因取甲鐘銅八十斤入乙鐘，所餘得乙鐘三分之二，故四十斤爲三分之二，而加一分爲二十斤，共六十斤爲乙鐘數。而與乙鐘二百一十斤相較，則少一百五十斤。再借三百六十斤爲甲鐘衰數，取乙鐘銅八十斤加入甲鐘，則甲鐘得四百四十斤，此數四分之，得一百一十斤，因取乙鐘銅八十斤入甲鐘，所餘得甲鐘之四分之一，故四分之爲乙鐘之一分。加八十斤得一百九十斤，爲乙鐘衰數。此乙鐘未取八十斤入甲鐘時，得一百九十斤也。若取甲鐘銅八十斤加入乙鐘，則乙鐘得二百七十斤，而甲鐘止餘二百八十斤，甲鐘三百六十斤中去八十斤，故餘二百八十斤。加一半一百四十斤，得四百二十斤，爲乙鐘數。因取甲鐘銅八十斤入乙鐘，所餘得乙鐘三分之二，故二百八十斤爲三分之二，而加一分爲一百四十斤，共四百二十斤爲乙鐘數。而與乙鐘二百七十斤相較，則多一百五十斤，乃將前借數一百二十斤少一百五十斤書於右，後借數三百六十斤多一百五十斤書於左，用盈朒法算之，於是以一多一少，兩數相加，得三百爲一率；兩借數相減，餘二百四十爲二率；前借數與乙衰相較之，少一百五十斤爲三率；得四率一百二十斤，加前借數一百二十斤，共二百四十斤爲甲鐘斤數。加入乙鐘銅八十斤，爲三百二十斤，四分之，得八十斤，既取乙鐘銅八十斤入甲鐘，故餘此數。再加入甲鐘銅八十斤，得一百六十斤，爲乙鐘斤數也。

《清高宗純皇帝實録》卷八八 〔乾隆四年，己未，三月〕辛酉，軍機大臣議覆：「内閣侍讀學士祖尚志奏加卯鑄錢以備加數放餉。查定例局鑄錢文與解到滇錢，按單月一成，雙月二成搭放，約已敷用。今新添兵餉錢數頓增，所請加卯鼓鑄使錢多價賤，固爲善舉，但各省歲辦銅觔就定額計算，雖有贏餘，實皆掛欠未完之數。即令盡數催解，亦恐不能臨期應用。前經户部議令，今年寬解銅一二百萬觔，加以粵東奏准開採銅礦，官商承辦採買洋銅，多方籌畫，銅觔自可充裕，應俟各處解到之日，酌量作何加卯鼓鑄，再行定議。」從之。

洪亮吉《乾隆府廳州縣圖志》卷一三《山西布政使司絳州聞喜縣》 景山在縣東南三十里，即中條最高峯。景水出焉，西北流注於涑水。《山海經》云：「景山南望鹽坂之澤，北望少澤，其陰多赭，其陽多玉。」李吉甫云：「舊産銅，唐置冶於此。」

又卷一八《彰德府》 又銅山在〔安陽〕縣西北四十里，舊産銅，有冶久廢。

又卷二〇《汝寧府》 石城山在州東南七十里，即古之冥山也，亦名固城山。《戰國策》蘇秦説韓昭侯曰：韓卒之劍戟皆出於冥山。

又卷二〇《陜州》 荆山在〔閿鄉〕縣南三十五里。《史記》：黄帝採首山之銅，鑄鼎於荆山下，故名其處曰鼎湖。

又卷三五《成都府》 銅官山在〔金堂〕縣東北及漢州，東接中江縣界。樂史云：鄧通冶鑄之所也。唐景龍二年，御史奏元武、金水二縣競銅官坑。

《〔道光〕廣東通志》卷一七九《經政略二二・鼓鑄》 〔乾隆〕十九年，議准廣東歲需滇銅，滇省亦歲需粵鹽，鹽銅互易，滇、粵兩省按年輪值，免致各委員賫價之煩。

石韞玉《獨學廬稿》五稿卷二《古泉精舍圖序》 乾隆間，平定西域，彼土無銅，因鑄銀爲錢，仍遵用中國年號，此又足以徵我國家聖武，布昭無遠弗届，古今所絶無而僅有者也。顧子湘洲嗜學好古，廣收古錢，集成錢譜，又名其所居爲古泉精舍，而屬崑山王君椒畦繪爲圖，索予爲之序，因爲述古今錢法，大概如此。至近年錢法大壞，又自有說。國初始鑄順治錢，重十分，其後增至十二分，康熙錢因之。雍正時曾改鑄重錢，每錢重十四分，未幾，以工費太繁，仍復舊制。今産銅之地開採日久，硐老山空，銅值日昂，而匠工鑪火之費又數倍於往時，匠人欲符每千七斤半之制，不得已襍礦於銅，故其錢麁脆而易毁。考漢錢五銖不過准今六分，開元錢每千重六斤四兩，則每錢不過十分。即日本國産銅之地，所鑄寬永錢亦止重八分，以今計之，與其重而易毁，不如輕而久存。

王讜《江西考古録》卷七《物産・金・銅》 《史記》：「吳有豫章郡銅山，吳王濞招致天下亡命者盜鑄錢，國則富饒。」注家皆以「豫」爲衍字，云是秦鄣郡，漢丹陽也。按：《漢書・地理志》：「丹陽郡有銅官。」又云：「吳有海鹽章山之銅。」則注說近是。然考《史記》吳王本傳，下言有詔削吳會稽郡、豫章郡，則「豫」字非衍文也。《豫章記》亦云：「西山周迴三百里，此山時有夜光，遠望如火氣。」《輿地志》曰：「此銅之精光也。」余靖《西山行程記》曰：「渡江北行有山，即吳王濞鑄錢之所。」吳既得有豫章郡，豫章郡又實有銅山，則《史記》本無疑義，是皆說史者之過也。《唐書・地理志》亦云：「豫章、鄱陽有銅坑，彭澤、樂平、上饒有銅。」又有饒州永平監錢官，信州玉山監錢官。《文獻通考》云：「宋時天下鑄銅錢，凡有四監，饒州曰永平監，江州曰廣寧監，蓋自唐宋以後，鼓鑄之利猶莫盛於江西，益知《史記》所云豫章銅山爲有徵矣。

錢泳《履園叢話》卷一二《銅匠》 鑄銅之法，三代已備。鼎鐘彝器，制度各殊。漢魏而下，鐵木並用。至唐、宋，始有磁器，磁器行而銅器廢矣。鮑照詩云：「洛陽名工鑄爲金博山，千斲復萬鏤，上刻秦女攜手仙。」則知古人之精於此技者，代不乏人。如梁之開皇、唐之開元鑄有造像，宋之宣和、明之宣德鑄有爐瓶，則去古法漸遠矣。近吳門有甘、王兩姓，能仿造三代彝器，可以亂真。又嘉定有錢大田者，能仿造壺、爵，與古無異，子秉田亦傳其法，嘗爲吳盤齊大令鑄祭器十種，爲余鑄金塗塔、鐵券。又有江寧人馮錫與者，爲余鑄如意百柄蟾鐙一具，及帶鉤、銅璧、靈鐘、清磬、鐵簫、鐵笛、書鎮之屬，亦能仿商周之嵌金銀，此又甘、王、錢三家所不及也。自鳴鐘錶皆出於西洋，本朝康熙間始進，中國今士大夫家皆用之。案：張鷟《朝野僉載》言：「武后如意中，海州進一匠能造十二辰車，回轅正南，則午門開，有一人騎馬出，手持一牌，上書午時二字，如旋機玉衡，十二時循環不爽。」則唐時已有之矣。近廣州、江寧、蘇州工匠亦能造，然較西法究隔一層。

阮元《揅經室三集》卷三《商周銅器説上》 形上謂道，形下謂器。商周二代之道存於今者，有九經焉。若器則罕有存者，所存者，銅器鐘鼎之屬耳。古銅器有銘，銘之文爲古人篆蹟，非經文隸楷縑楮傳寫之比，且其詞爲古王侯大夫賢者所爲，其重與九經同之。北宋後，古銅器始多傳録，鐘、鼎、尊、彝、敦、槃、戈、劒之屬，古詞古文不可勝識。其見稱於經傳者，若湯之盤，正考父孔悝之鼎。其器皆不傳於今，然則今之所傳者，使古聖賢見之，安知不載入經傳也。器者，所以藏禮，故孔子曰：唯器與名不可以假人。先王之製器也，齊其度量，同其文字，別其尊卑。用之於朝覲燕饗，則見天子之尊，錫命之寵，雖有强國，不敢問鼎之輕重焉。用之於祭祀飲射，則見德功之美，勳賞之名，孝子孝孫永享其祖考而寶用之焉。且天子、諸侯、卿大夫非有德位保其富貴，則不能製其器。非有問學通其文詞，則不能銘其器。然則器者，先王所以馴天下尊王敬祖之心，教天下習禮博文之學。商祚六百，周祚八百，道與器皆不墜也。且世禄之家，其富貴精力必有所用，用之於奢僭奇袤者，家國之患也。先王使用其才，與力與禮與文於器之中，禮明而义達，位定而王尊，愚慢狂暴，好作亂者鮮矣。故窮而在下，則顏子簞瓢不爲儉貴，而在上則晉絳鐘鎛不爲奢，此古聖王之大道，亦古聖王之精意也。自井田封建廢而梓人、梟氏亦失傳矣，故吾謂欲觀三代以上之道與器，九經之外，舍鐘鼎之屬，曷由觀之？

又卷三《商周銅器説下》 三代時，鼎、鐘爲最重之器，故有立國以鼎彝爲分器者。武王有分器之篇，《書》序：武王封諸侯，班宗彝，作分器。魯公有彝器之分，左定四年：「分魯公官司彝器，分康叔大吕，分唐叔姑洗，皆鐘也。」是也。有諸侯大夫朝享而賜以重器者，周王予虢公以爵，莊二十一年，鄭伯之享王也，王以后之鞶鑑予之。虢公請器，王予之爵。鄭伯由是惡王。元案：鞶、鑑者，后之器也。《説文》：「鑑，大盆也。」鞶與槃，盤皆通借。故左定六年「定之盤、鑑」，釋文又作鞶。《易・訟》鞶帶，釋文或作槃，可見鞶非本字。鄭伯以其爲婦人之物，而惡之耳。杜註解爲帶飾以鑑，此望文生義。夫以小鏡飾於鞶帶之上，經傳無徵，且即令如此，當云鑑鞶，今云鞶鑑，文義倒置矣。晉侯賜子産以鼎，左昭七年，晉侯賜子産莒之二方鼎。是也。有以小事大而賂以重器者，齊侯賂晉以地而先以紀甗，左成二年。魯公賄晉卿以壽夢之鼎，左襄十九年，公享晉六卿，賄荀偃。束錦，加璧乘馬。先吳壽夢之鼎。鄭賂晉以襄鐘，左成十年，鄭子罕賂晉以襄鐘。杜注：鄭襄公之廟鐘。齊人賂晉以宗器，左襄二十五年，杜注宗器祭祀之器。陳侯賂鄭以宗器，左襄二十五年。燕人賂齊以斝耳，左昭七年。徐人賂齊以甲父鼎，左昭十六年。鄭伯納晉以鐘、鎛，左襄十一年，亦見《晉語》。是也。有以大伐小而取爲重器者，魯取鄆鐘以爲公盤，左襄十二年。齊攻魯以求岑鼎，《呂氏春秋》：齊攻魯，求岑鼎，魯君載他鼎以往。齊侯弗信。又見《説苑》《新序》。是也。有爲述德儆身之銘以爲重器者，祭統述孔悝之銘，叔向述讒鼎之銘，左昭三年。孟僖子述正考父鼎銘，左昭七年。史蘇述商衰之銘，《晉語》。是也。有爲自矜之銘以爲重器者，禮至銘殺國子，左僖二十五年。季武子銘得齊兵左襄十九年是也。有鑄政令於鼎彝以爲重器者，司約書約劑於宗彝，《周禮·秋官》。晉鄭鑄刑書於刑鼎，左昭六年，又二十九年。是也。且有王綱廢墜之時，以天子之社稷而與鼎器共存亡輕重者，武王遷商九鼎於雒，楚子問鼎於周，左宣三年。秦興師臨周求九鼎，《戰國策》。是也。此周以前之説也。自漢至唐，罕見古器，偶得古鼎，或至改元稱神。瑞書之史册，儒臣有能辨之者，世驚爲奇。故《説文序》曰：「郡國往往於山川得鼎彝，其銘即前代之古文是也。」今畧數之，則有漢元鼎，汾陰得寶鼎，《漢書》：元鼎元年夏五月得鼎汾水上。四年六月，得寶鼎后土祠旁，《漢書紀》，又《郊祀志》。宣帝時，美陽得鼎，獻之，張敞辨之；《郊祀志》敞釋文曰：「王命尸臣官此栒邑，賜爾旗鸞、黼黻、雕戈，尸臣拜手稽首。曰敢對揚天子丕顯休命。」鼎小有款識，不宜薦於宗廟。元按：此銘乃《漢書》約記張敞之言，非銘全文也。永平六年，王雒出寶鼎。《漢書·明帝紀》：永平二年六月，王雒山出寶鼎，廬江太守獻之。詔陳鼎於廟。永元元年，竇憲上仲山甫鼎；《竇憲傳》：和帝永元元年，九月，竇憲伐單于，遺憲古鼎，容五斗。其傍銘曰：「仲山甫鼎，其萬年，子子孫孫永寶用。」元按：漢人習隸，罕識籀文，此銘亦約辭，非全銘之體。吴赤烏十二年，寶鼎出臨平湖，又出酃縣；宋元嘉十三年，武昌縣章山出神鼎；二十二年，新陽獲古鼎，有篆書四十二字；泰始五年，南昌獲古鼎，容斛七斗；七年，義陽郡鼎受一斛，皆獻於朝；並見《符瑞志》。唐貞觀二十二年，遂州涪水中獲古鼎，傍有銘刻；開元十年，獲鼎，改河中府之縣名寶鼎縣；十二年，后土祠獲鼎二，大者容四升，小者容一升，色皆青；十三年，萬年人獲寶鼎五，獻之四，鼎皆有銘；銘曰：「垂作尊鼎，萬福無疆，子孫寶用。」元按：此銘文亦不全。二十一年，眉州獻寶鼎，重七百斤，有篆書；天寶元年，平涼獲古鑱鼎，獻之；元和二年，詔以湖南所獻古鼎付有司，重一百十二斤；咸平三年，乾州獻古銅鼎，狀方，四足上有古文二十一字。直昭文館句中正與杜鎬，詳其文曰：「維六月初吉，史信父作鬵甗，斯萬年，子子孫孫永寶用。」以上皆見正史及會要。此自漢至唐之説也。北宋以後，高原古冢搜獲甚多，始不以古器爲神奇祥瑞，而或以玩賞加之。學者考古釋文，日益精核，故《考古圖》列宋人收藏者，河南文潞公、廬江李伯時等三十餘家。士大夫家有其器，人識其文，閲三四千年而道大顯矣。古之器余不得而見，余今所見之器，安知後之人能見否也。且又安知後千百年新出之器，爲今所未見者不更多也。是宜以周以前、唐以前、北宋以後三者分別論之。

阮元《揅經室三集》卷三《積古齋鐘鼎彝器款識序》　鐘鼎彝器，三代之所寶貴，故分器贈器皆以是爲先，直與土地並重，且或以爲重賂。其造作之精，文字之古，非後人所能及。古器金錫之至精者，其氣不外洩，無青緑。其有青緑者，金之不精，外洩於土者也。古器銘字多者，或至數百字，縱不抵《尚書》百篇，而有過於汲冢者遠甚。漢代以得鼎爲祥，因之改元，因之立祀。六朝唐人不多見，學者不甚重之。迨北宋後，古器始多出，復爲世重，勒爲成書。南宋、元、明以來，流傳不少。至我朝《西清古鑑》美備極矣。且海内好古之士，學識之精，能辨古器有遠過於張敞、鄭衆者，而古器之出於土田榛莽間者，亦不可勝數。余心好古文奇字，每摩挲一器，搨釋一銘，俯仰之間，輒心往於數千年前。以爲此器之作，此文之鑄，尚在周公、孔子未生以前，何論秦漢乎？由簡策而卷軸，其竹帛已灰燼矣，此乃巋然獨存乎？世人得西嶽一碑、定武片紙，即珍如鴻寶，何況三代法物乎？世人得世彩書函、麻沙宋板，即藏爲祕册，何況商周文字乎？友人之與余同好者，則有江侍御、德量。朱右甫、爲弼。孫觀察、星衍。趙銀臺、秉冲。翁比部、樹培。秦太史、恩復。宋學博、葆醇。錢博士、坫。趙晉齋、魏。何夢華、元錫。江鄭堂、藩。張解元廷濟。等各有藏器，各有搨本，余皆聚之。與余所自藏自搨者，集爲《鐘鼎款識》一書，以續薛尚功之後。薛尚功所輯共四百九十三器，余所集器五百五十數，殆過之。夫栞字於板本，不如鑄字於金之堅且久然。自古左、國、史、漢所言各器，宋宣和殿圖無有存者矣。兩宋吕大防、王俅、薛尚功、王順伯諸書册所收之器，今亦厪有存者矣。然則古器雖甚壽，顧至三四千年出土之後，轉不能久，或經兵燹之墜壞，或爲水土之沈薶，或爲傖賈之毁銷，不可保也。而宋人圖釋各書，反能流傳不絶，且可家守一編。然則聚一時之彝器，摹勒爲書，實可使一時之器永傳不朽。即使吉金零落無存，亦可無憾矣。

王傑《西清續鑒甲編》卷二《周婦鼎》　右高四寸七分，深二寸四分，耳高九分，闊一寸一分，口縱三寸三分，横四寸三分，腹縱二寸八分，横三寸八分，重四十一兩。婦如，《博古圖説》「宗廟致欽之道，婦宜預焉。」是也。堇陰，地名。又赤堇之山出錫。《博雅》云：「赤銅謂之錫。」兩義皆可通。刊，猶作也，古器銘多有之。王癸日以下，繹其文義，蓋言王於癸日，以貝朋錫之也。

《福康安奏疏不分卷》 奏爲續獲私鑄匪犯及臣現抵重慶審辦大概情形恭摺奏聞事。竊臣於本月十六日，先將拏獲匪犯緣由奏蒙聖鑒在案。臣復添派員弁協同該鎮道及前委各員實力設法查拏，務將首夥各犯按名弋獲，毋許稍有疎縱。茲臣於十九日行抵重慶，據該鎮道稟稱，該鎮袁國璜帶領弁兵前赴老鴉窩地方，匪徒等因查拏緊急，四散逃竄，隨於各窩棚内起出私鑄小錢一百餘千，並錢模砂板砂罐及矛桿木棍等件。正在跟蹤追捕，適該道符兆熊亦即兼程趕到，訪得山後白雲寺一帶尚有匪犯藏匿，一面派撥兵役分路堵截，一面徑赴白雲寺嚴密搜查。匪犯等躲竄不及，當經擒獲五十餘名，内有二犯膽敢持械拒捕，經遊擊李發先等督率弁兵立時格斃。點查所獲各犯，内有楊紹蘇、匡老大、董么大、羅文楝等四名俱係起意，爲首要犯，現在解赴重慶。其曾石保一犯越山逃逸，經該鎮道及副將楊長楝、知府李憲宜等預派弁兵四路追拏，該犯潛匿林箐，當被兵丁李廷賡搜獲擒縛，一併委員押解，聽候審訊等情前來。硃批：此人應賞。欽此。臣查此案私鑄人犯，據該鎮道等先後拏獲，首夥已有一百餘名。並據巴縣知縣淡士灝、署綦江縣知縣吴翬、署南川縣知縣陳寶鼎等帶同佐貳各員分路截拏，各獲犯自十數名至二三十名不等。又據貴州署遵義府知府孫文煥、署桐梓縣知縣范崑拏獲楊必貴等四十餘名，亦經起解來川，歸案審辦。通共核計已未解到各犯不下二百餘名，案關重大，必須將該犯等如何首先起意，及有無别項不法情節，確切研鞫，從嚴審辦。因先將前次解到之劉榮厚等提齊審訊，據劉榮厚供稱，該犯藉隸貴州畢節縣，向在貴州錢局當過工匠，與桐梓縣民曾石保熟識往來。去年十月内，曾石保與該犯商量私鑄取利。該犯計算如私買銅鉛配鑄，工本重大，現在民間查禁小錢，未經呈繳者尚多，聞得離城窵遠鄉村之人不願赴城交納，可以賤價收買。如用大錢四百餘文即可買破碎小錢十斤，約計每十斤除折耗外可鑄錢一千有零。我們所鑄的錢每千只重五六斤上下，較舊有小錢輪廓略大，即可攙雜行使，除去工費地租等項，頗能獲利。當與曾石保商定，又邀張仲和等一同入夥，各出本錢七八千文不等。因老鴉窩地方山徑崎嶇，人跡罕到，就近租得梁國秉山地，搭蓋草棚，砌起地爐，買樹燒炭，即與張仲和等做起錢模、砂板、砂罐等物，將收買小錢下爐改鑄，所得贏餘錢文各自均分攙雜使用。先因人數無多，鑄錢有限，嗣因陸續入夥者添設一爐，即給曾石保等錢四五百文，聽其自行出本開鑄，是以爐座逐漸增添，所鑄錢文即行往外販運，次數多寡不等。現在搜出刀矛器械，因恐有外來之人訛詐滋擾，爲防護窩棚而設。至於老鴉窩地方荒僻，與各縣相去都有二三百里，兵役人等一時稽查不到，寔無行兇拒捕情事。第恐同夥鑄錢之人出去張揚漏洩，所以爲首各人拜盟拈香，結爲兄弟，總要互相幫助。今年六七月内，曾石保等正陸續買得小錢二三千斤，想要開爐鼓鑄，不料羅文楝等邀約巴縣民人蔣正然來到錢窩賭博，走漏風聲，致被川省官兵前來拏獲到案等語。其餘各犯逐加研訊，内有出本合夥者，有幫同踹砂看火者，有受雇傭工燒炭挑水者，並有在該處買賣營生開場賭博之人，亦俱貪圖利息，知情不舉。臣思曾石保等膽敢於荒山僻壤處所糾衆結盟，私蓄器械，自係明知私鑄爲犯法之事，先爲負嵎地步，更恐另有别項不法情節。其首夥各犯實在共有若干，斷不容一名漏網。至於開爐鼓鑄，自須配用銅鉛，最爲緊要關鍵，或係附近該處官廠奸商透漏，硃批：自當不出此數條。欽此。或係水摸人等撈獲沉溺銅鉛，私行盜賣，俱係事所必有，甚至銷燬官錢，剪邊改鑄，弊端不一而足，不可不徹底究辦。今該犯等因有收繳小錢，官爲改鑄之事，亦藉收買小錢爲辭，希圖搪塞，實屬狡猾可惡。臣一查劉榮厚等既供有買得破碎小錢，尚未改鑄，自無難追究，查驗務得確寔。臣一面審訊，一面飭令該鎮道等再行親赴老鴉窩一帶，查明該犯等搭蓋窩棚處所有無藏埋銅鉛，詳加刨空，並就近將劉榮厚所供未經改鑄之破碎小錢是否的確，一併查起解候質辦。現在首夥各犯業已陸續解到，硃批：好□仍有逃犯。欽此。自應將鑄過錢文數目及開爐私鑄日期一一詳細跟究，並飛飭所委文武員弁等分投，趕緊設法搜拏，務將此案未獲首夥各犯全數拏獲，硃批：今全獲否。欽此。毋使倖逃法網。一俟審訊明確，據實定擬具奏。即將情罪較重之犯立正刑誅，庶幾剔弊除奸，於錢法大有裨益。至署桐梓縣知縣范崑雖據報獲犯多名，但於該管境内奸民聚夥私鑄，不能及早查辦，寔非尋常失察可比，相應請旨將署桐梓縣知縣范崑即行革職嚴審，硃批：即有旨。欽此。如有縱役包庇等項情弊，另行從重定擬。所有臣行抵重慶日期，並獲犯審辦大概情形先行恭摺奏請聖鑒。

《〔嘉慶〕清一統志》卷一二〇《池州府二・土産》 鐵、《新唐志》：池州貢鐵，有鉛坑。又秋浦青陽有銀、有銅，南陵有銅、有鐵。《寰宇記》：銅陵縣自齊、梁之代爲梅根冶，以烹銅鐵。《明統志》：銅、鐵、鉛、錫皆銅陵縣出。【略】空青。《晉太康地誌》：梅根冶出空青，其色特，妙於廣州。

又卷三二三《撫州府》 《明統志》：臨川縣出銅。《省志》：宋時嘗設監鑄錢。

又卷四六七《平樂府》 橘山。《唐書·地理志》：臨賀縣東有銅冶，在橘山。

張鑑《冬青館乙集》卷三菑川金鼎攷 鼎高今官尺四寸六分，容官倉升一升有奇，三足兩耳。蓋上作三環。蓋款十三字曰：菑川金鼎，蓋并重十斤，第十五。十十當是二十。鼎款十五字曰：菑川金鼎，容一□，并蓋重十六斤。

《銅政便覽》卷五《局鑄上》 《説文》曰：古者貨貝而寶龜，至周有泉，秦乃廢貝行泉。滇自唐宋以前，皆用貝子，至元大德九年始以鈔貝參用。明嘉靖三十四年，詔滇省鑄錢三千三百餘萬串送部，雲南之鑄錢自此始。厥後或仍解京，或充黔餉。大抵民間猶用海貝，初不以此爲重也。國朝順治十七年，雲南設局開鑄始，停於康熙九年，再開於二十一、四、七等年，旋以錢法壅賤，復行停止，中間興廢不一，至雍正元年，而章程始備。夫滇産銅斤運京所供採買，凡以爲鼓鑄。一則滇南本省之鼓鑄，實於銅政之成。雖産銅之區，官錢而外，冶鎔煉炭，罔敢作姦，而增置損益，時有廢通。固操籌總算者，所當於開採鎔煉之外，更謀調劑者焉。志局鑄。

雲南省局：雲南省城錢局，雍正元年十二月設爐二十一座，每爐每月鼓鑄三卯，以銅六鉛四配鑄。每爐每卯正鑄用銅六百斤，每百斤加耗銅十三斤，計加耗銅七十八斤，二共正耗銅六百七十八斤。白鉛四百斤，不加耗。計正鑄净銅、鉛一千斤。每百給銼磨折耗九斤，共折耗銅、鉛九十斤，實鑄净銅鉛九百一十斤。每錢一文，鑄重一錢四分，共鑄錢一百零四串。内除支銷爐匠工食錢十二串，物料錢六串二百文，實存净錢八十五串八百文。又帶鑄用銅六十斤，每百斤加耗十三斤，計加耗銅七斤十二兩八錢，二共正耗銅六十七斤十二兩八錢。白鉛四十斤，不加耗，計帶鑄净銅鉛一百斤。給銼磨折耗九斤，實鑄净銅鉛九十一斤。每錢一文，鑄重一錢四分。共鑄錢十串四百文。不給工食，只給物料净錢六百二十文，實存净錢九串七百八十文。又外耗用銅五十四斤，每百斤加耗銅十三斤，計加耗銅七斤零三錢二分，二共正耗銅六十一斤三錢二分。白鉛三十六斤不加耗，計外耗净銅鉛九十斤。不給銼磨折耗。每錢一文，鑄重一錢四分，共鑄錢十串二百八十五文七毫，不給工食物料，只給局中官役廉食等項錢四串五十七文七毫，實存净錢六串二百二十七文三毫。計正鑄、帶鑄、外耗三項共用銅、鉛一千九十一斤，鑄錢一百二十四串六百八十五文七毫，除支銷工食物料等項錢二十二串八百七十七文七毫，實存净錢一百一串八百八文。二十一爐，年鑄七百五十六卯，共錢七萬六千九百餘串，搭放兵餉、廩糈、驛堡、夫馬、工料等項之用。每錢一串扣收銀一兩，共扣收銀七萬六千九百餘兩。又每年七百五十六卯，共用各廠正銅五十三萬九千七百八十四斤，耗銅七萬一百七十一斤十四兩七錢二分，除耗銅不另給價外，每正銅百斤價脚銀九兩二錢，共該銅價銀四萬九千六百六十兩一錢二分八釐。又用卑浙、塊澤二廠白鉛三十五萬九千八百五十六斤，每百斤給價銀二兩，脚銀一兩五錢，該價脚銀一萬二千五百九十四兩九錢六分，二共銅鉛價脚銀六萬二千二百五十五兩八分八釐，於前項扣獲錢本銀内計除外，每年共獲鑄息銀一萬四千六百四十餘兩其每鑄净銅一百斤給炒費銀三錢，係於銅息項下動支給發。雍正五年二月添設爐四座，連原設二十一座共二十五座。年鑄九百卯，仍以銅六鉛四配鑄。每錢一文，鑄重一錢四分，年共鑄錢九萬一千六百餘串。除歸還銅鉛本脚外，計獲鑄息銀一萬七千餘兩。雍正十二年十一月減發銅鉛，改爲每錢一文，鑄重一錢二分。仍以銅六鉛四配鑄。每外正鑄、帶鑄、外耗共用銅六百一十一斤十五兩九錢九分八釐九毫二絲，白鉛四百七斤十五兩九錢九分八釐二毫八絲，年共鑄錢九萬一千六百二十餘串。除歸還銅鉛本脚外，計獲鑄息銀二萬八千餘百兩。乾隆元年改爲每錢一串二百文扣收銀一兩，至今並無更易。又鉛斤運脚，每百斤原給銀一兩五錢，改爲給銀七錢二分。又爐役工食並外耗開銷照舊發給，惟正鑄物料原給錢六串二百文，改爲發給錢五串三百三十三文八毫。帶鑄物料原給錢六百二十文改爲給錢五百三十三文二毫，至今亦無更易。乾隆五年鑄錢九萬二千四百八十餘串，除歸還銅鉛本脚外，計獲鑄息銀一萬六千四百餘兩。乾隆五年十二月添設爐十座，連原設爐二十五座共計三十五座，照前鼓鑄，年鑄一千二百六十卯，共鑄錢一十二萬九千四百八十餘串。除歸還銅鉛本脚外，計獲鑄息銀二萬二千九百餘兩。乾隆六年十二月改爲四色配鑄，每百斤用銅五十斤，白鉛四十三斤八兩，黑鉛三斤八兩，錫三斤。黑鉛每百斤價銀一兩四錢八分，脚銀七錢二分。錫每百斤價銀二兩九錢二分七釐，脚銀七錢三分六毫七絲八忽，年共鑄錢一十二萬九千四百八十一串。除歸還銅鉛本脚外，計獲息銀三萬一千餘兩。乾隆十五年減爐十座，配留二十五座照前配鑄，年共鑄錢九萬二千四百八十餘串。除歸還銅鉛本脚外，計獲鑄息銀二萬二千二百餘兩。乾隆十七年將白鉛運脚每百斤原給銀七錢二分，改爲給銀四錢五分。黑鉛每百斤原給銀七錢二分，改爲給銀六錢二分。年鑄錢九萬二千四百八十餘串，除歸還銅本鉛脚外，計獲鑄息二萬三千三百餘兩。乾隆三十年五月起，每爐每卯正鑄項下加添米炭價錢二串四百七十文。鑄錢九萬二百餘串，除歸還銅本鉛脚外，計獲鑄息銀二萬一千四百餘兩。乾隆四十五年減爐四座，配留二十座照前配鑄，年共鑄錢七萬二千二百餘串。除歸還銅鉛本脚外，計獲鑄息銀一萬七千一百餘兩。乾隆四十六年正月，將大理局八爐移於省局添設，連原設二十座共二十八座，照前鼓鑄。應需銅斤改爲每百斤加耗銅十斤四兩，計一千零八卯，年共鑄錢十萬一千九十餘串。除歸還銅鉛本脚外，計獲鑄息銀二萬四千一兩。至五十九年六月，將二十八爐全行裁。嘉慶二年二月復設爐二十八座，以銅六鉛四配鑄。每錢一文，鑄重一錢二分，計一千零八卯，年共鑄錢十萬一千九十餘串。除歸還銅鉛本脚外，計獲鑄息銀一萬七千四百餘兩。嘉慶五年四月改爲三色配鑄，每百斤用銅五十二斤，白鉛四十一斤八兩，黑鉛六斤八兩。年共鑄錢十萬一千九十餘串，除歸還銅鉛本脚外，計獲鑄息二萬三千二百餘兩。六年四月改爲三色配鑄，每百斤用銅五十四斤，白鉛四十二斤十二兩，黑鉛三斤四兩。每爐每卯正鑄用銅四百六十二斤十三兩七錢一分四釐二毫零，每百斤加耗銅十斤四兩，計加耗銅四十七斤七兩八分五釐七毫零二，共正耗銅五百一十斤四兩七錢九分九釐九毫零。白鉛三百六十六斤六兩八錢五分七毫零，黑鉛二十七斤十三兩七錢一分四釐二毫零，均不加耗。計正鑄淨銅鉛八百五十七斤二兩二錢八分五釐七毫，每百斤給銼磨折耗九斤，共折耗銅鉛七十七斤二兩二錢八分五釐七毫，實鑄淨銅鉛七百八十斤。每錢一文，鑄重一錢二分。共鑄錢一百四串。內除支銷匠役工食錢一十二串，物料錢五串三百三十二文八毫零，加添米炭價錢二串四百七十文，實存淨錢八十四串一百九十七文一毫零。又帶鑄用銅四十六斤四兩五錢七分一釐三毫零，每百斤加耗銅十斤四兩，計加耗銅四斤十一兩九錢八釐五毫零，二共正耗銅五十一斤四錢七分九釐九毫零。白鉛三十六斤十兩二錢八分五釐六毫零，黑鉛二斤十二兩五錢七分一釐四毫零，均不加耗。計帶鑄淨銅鉛八十五斤十一兩四錢二分八釐五毫零。每百斤給銼磨折耗九斤，共折耗鉛銅七斤十一兩四錢二分八釐五毫。實鑄淨銅鉛七十八斤。每錢一文，鑄重一錢二分，共鑄錢十串四百文。不給工食，只給物料錢五百三十三文二毫零，實存淨錢九串八百六十六文七毫零。又外耗用銅四十一斤十兩五錢一分三釐三毫零，每百斤加耗銅十斤四兩，計加耗銅四斤四兩三錢一分七釐六毫零。二共正耗銅四十五斤十四兩八錢三分九毫零。白鉛三十二斤十五兩六錢五分六釐四毫零，黑鉛二斤八兩一錢一分四釐二毫零，均不加耗。計外耗淨銅鉛七十七斤二兩二錢八分四釐，不給銼磨折耗。每錢一文，鑄重一錢二分，共鑄錢一十串二百八十五文七毫。不給工食物料，只給局中官役廉食等項錢四串五十七文七毫，實存淨錢六串二百二十八文。計正鑄、帶鑄、外耗三項共用鉛銅一千一十九斤十五兩九錢九分八釐二毫，共鑄錢一百二十四串六百八十五文七毫。內除支銷物料等項錢二十四串三百九十三文八毫零，實存淨錢一百串二百九十二文。二十八爐年計一千零八卯，共錢一十萬一千九十四串一百九十二文。搭放廠本、運脚、養廉、鞭祭、鋪飆、驛堡之用四十五兩一錢六分，又每年一千八卯共用各廠正銅五十五萬五千二百六斤五兩四錢二分，耗銅五萬六千九百八斤十兩四錢九分五釐五毫。除耗銅不另給價外，每正銅百斤價脚銀九兩二錢，共該銅價銀五萬一千七十八兩九錢八分三釐。又用卑浙、塊澤二廠白鉛二十一萬九千七百六十九斤二兩八錢一分二釐，每百斤給價銀一兩八錢二分，脚銀六錢三分，該價脚銀五千三百八十四兩三錢四分五釐。又用者海廠白鉛二十一萬九千七百六十九斤二兩八錢一分二釐，每百斤給價銀二兩，脚銀四錢五分，該價脚銀五千三百八十四兩三錢四分五釐。用卑浙、塊澤一廠黑鉛三萬三千四百一十五斤三兩一錢四分一釐，每百斤給價銀一兩四錢八分，脚銀六錢二分，該價脚銀七百一兩七錢一分九釐，共用鉛銅價脚銀六萬二千五百四十九兩三錢九分二釐。於前項扣獲錢本銀內計除卯，每年共獲鑄息銀二萬一千六百九十餘兩。嘉慶九年將需用銅斤，改爲每百斤撥用各廠八成，照舊加耗。又於下關店存貯寧臺銅內撥用二成，每百斤加局耗銅八斤，二共銅一百八斤。又每百斤加煎耗銅一十七斤八兩，計加煎耗銅一十八斤十四兩四錢，二共銅一百二十六斤十四兩四錢。又每百斤加民耗銅三斤二兩，計加民耗銅三斤十五兩四錢五分。總計每百斤加局耗、煎耗、民耗銅三十斤十三兩八錢五分。照各廠淨銅之例，每百斤價脚銀九兩二錢。

東川舊局：東川舊局，雍正十二年九月設爐二十八座，每爐每月鼓鑄三卯，以銅六鉛四配鑄。每爐每卯正鑄用銅五百一十四斤四兩五錢七分一釐四毫零，每百斤加耗銅八斤，計加耗銅四十一斤二兩二錢八分五釐七毫零，二共正耗銅五百五十五斤六兩八錢五分七釐一毫零。白鉛三百四十二斤十三兩七錢一分四釐二毫零，不加耗。正鑄淨銅鉛八百五十七斤二兩二錢八分五釐七毫。每百斤給銼磨折耗九斤，共折耗銅鉛七十七斤二兩二錢八分五釐七毫，實鑄淨銅鉛七百八十斤。每錢一文，鑄重一錢二分，共鑄錢一百四串。內除支銷匠役工食錢一十二串，物料錢五串三百三十二文八毫零，實存淨錢八十六串六百六十七文一毫零。又帶鑄用銅五十一斤六兩八錢五分七釐一毫，每百斤加耗銅八斤，計加耗銅四斤一兩八錢二分八釐五毫零，二共正耗銅五十五斤八兩六錢八分五釐六毫零。白鉛三十四斤四兩五錢七分一釐四毫，不加耗。計帶鑄淨銅鉛八十五斤十一兩四錢二分八釐五毫。每百斤給銼磨折耗九斤，共折耗銅鉛七斤十一兩四錢二分八釐五毫，實鑄淨銅鉛七十八斤。每錢一文，鑄重一錢二分。共鑄錢十串四百文。不給工食，只給物料錢五百三十三文二毫零，實存淨錢九串八百六十六文七毫零。又外耗用銅四十六斤四兩五錢七分四釐，每百斤加耗銅八斤，計加銅三斤十一兩二錢四分五釐六毫零，二共正耗銅四十九斤十五兩八錢一分六釐零。白鉛三十斤十三兩七錢一分三釐六毫，不加耗。計外耗淨銅鉛七十七斤二兩二錢八分四釐，不給銼磨折耗。每錢一文，鑄重一錢二分，共鑄錢一十串二百八十五文七毫。不給工食物料，只給局中官役廉食等項錢四串九百四十七文四毫零，實存淨錢五串三百三十八文二毫零。計正鑄、帶鑄、外耗三項共用鉛銅一千一十九斤十五兩九錢九分八釐二毫。共銅錢一百二十四串六百八十五文七毫。除支銷工食物料等項錢二十二串八百一十三文六毫，實存淨錢一百一串八百七十二文一毫。二十八爐年鑄一千零八卯，共錢十萬二千六百一串。每錢一串合銀一兩，共合銀十萬二千六百餘兩。又每年一千零八卯，共用各廠正銅六十一萬六千八百九十五斤，耗銅四萬九千三百五十一斤。除耗銅不另給價外，每正銅百斤價脚銀九兩二錢，共該銅價銀五萬六千七百五十四兩三錢四分。又用卑浙、塊澤二廠白鉛四十一萬一千二百六十三斤，每百斤給價銀二兩，脚銀一兩五錢，該價脚銀一萬四千三百九十四兩二錢，二共銅鉛價脚銀七萬一千一百四十八兩五錢四分。於前項扣獲錢本銀内計除，每年共獲鑄息銀三萬一千四百餘兩。共每鑄淨銅一百斤給炒費銀三錢，係於銅息項下動支發給。乾隆元年三月，將二十八爐全行裁撤。乾隆六年五月，復設爐二十座，年鑄七百二十卯，改爲四色配鑄。每百斤用銅五十斤，白鉛四十三斤八兩，黑鉛三斤八兩，錫三斤。黑鉛每百斤給價銀一兩四錢八分，脚銀七錢二分，錫每百斤給價銀二兩九錢二分七釐，脚銀一兩四錢六分四毫零，正鑄項下加添米價錢二串四百七十文。又外耗項下原給官役廉食錢四串九百四十七文四毫零，改爲給錢四串五十七文七毫，其餘照舊辦理。年共鑄錢七萬二千二百餘串，除歸還銅鉛本脚外，計獲鑄息銀一萬三千六百餘兩。十八年，將白鉛運脚原給銀一兩五錢改爲給銀三錢。年獲鑄息銀一萬七千四百餘兩。十九年二月添爐五座，連原設二十座共計二十五座，照前鼓鑄。年鑄九百卯，共錢九萬三百餘串。除歸還銅鉛本脚外，計獲鑄息銀二萬一千八百餘兩。四十四年三月減爐九座，酌留十六座照前鼓鑄。年鑄五百七十六卯，年共錢五萬七千七百餘串。除歸還銅鉛本脚外，計獲鑄息銀一萬三千九百餘兩。四十六年減爐六座，酌留十座照前鼓鑄。年鑄三百六十卯，共錢三萬六千一百一串。除歸還銅鉛本脚外，計獲鑄息銀八千七百餘兩。五十九年六月底，將十爐全行裁散。嘉慶四年正月，因改鑄收買小錢，咨明户部於東川府設爐六座，就近改鑄。東川、昭通二府屬小錢，至五年鑄竣，將爐裁撤。十五年五月，題請仍復爐十座。三色配鑄，每百斤用銅五十四斤，白鉛四十二斤十二兩，黑鉛三斤四兩。每爐每卯正鑄用大風嶺、紫牛坡、獅子尾三廠淨銅二百三十一斤七兩七錢三釐七毫零，用湯丹、碌碌、大水溝、茂麓四廠通商淨銅二百三十一斤六兩一分五毫零，二共銅四百六十二斤十三兩七錢一分四釐二毫零。每百斤加耗銅八斤，計加耗銅三十七斤四錢五分七釐一毫。二共正耗銅四百九十九斤十四兩一錢七分一釐四毫零。白鉛三百六十六斤六兩八錢五分七釐一毫零，黑鉛二十七斤十三兩七錢一分四釐二毫零，均不加耗。計正鑄淨銅鉛八百五十七斤二兩二錢八分五釐七毫。每百斤給銼磨折耗九斤，共折耗銅鉛七十七斤二兩二錢八分五釐七毫。實鑄淨銅鉛七百八十斤。每錢一文，鑄重一錢二分，共鑄錢一百零四串文。内除支銷匠役工食錢一十一串，又物料錢五串三百三十二文八毫，加添米炭錢二串四百七十文，實存淨錢八十四串一百九十七文一毫零。又帶鑄用大風、紫牛、獅子尾三廠淨銅二十三斤二兩三錢七分三毫零，用湯丹、碌碌、大水溝、茂麓四廠通商淨銅二十二斤二兩二錢一釐零，二共銅七十六斤四兩五錢七分一釐三毫零。每百斤加耗八斤，計加耗銅三斤十一兩二錢四分五釐七毫零。二共正耗銅四十九斤十五兩八錢一分七釐一毫零。白鉛十六斤十兩二錢八分五釐六毫零，黑鉛二斤十二兩五錢七分一釐四毫零，均不加耗。計帶鑄淨銅鉛八十五斤十一兩四錢二分八釐五毫。每百斤除銼磨折耗九斤，共折耗銅鉛七斤十一兩四錢二分八釐五毫，實鑄淨銅鉛七十八斤。每錢一文，鑄重一錢二分，共鑄錢十串四百文。不給工食，只給物料錢五百三十三文二毫零，實存淨錢九串八百六十六文七毫零。又外耗用大風、紫牛、獅子尾三廠淨銅二十斤十三兩三錢三分三釐三毫零，用湯丹、碌碌、大水、茂麓四廠通商淨銅二十斤十三兩一錢八分零，二共銅四十一斤十兩五錢一分三釐三毫零。每百斤加耗八斤，計加耗三斤三兩三錢二分一釐零，二共正耗銅四十四斤十五兩八錢三分四釐四毫零。白鉛三十二斤十五兩六錢五分六釐四毫零，黑鉛二斤八兩一錢一分四釐二毫零，均不加耗。計卯耗淨銅鉛七十七斤二兩二錢八分四釐，不給銼磨折耗。每錢一文，鑄重一錢二分，共鑄錢一十串二百八十五文七毫。不給工食，只給局中官役廉食等項錢四串五十七文七毫，實存淨錢八串二百二十八文。設正鑄、帶鑄、外耗三項共用銅鉛一千一十九斤十五兩九分八釐三毫，共鑄錢一百二十四串六百八十五文七毫。内除支銷工食物料等項錢三十四串三百九十三文八毫零，實存淨錢一百串二百九十一文八毫零。十爐年鑄三十六卯，共錢三萬六千一百五串七十文。搭放廠本、運脚、養廉等項之用，每錢一串二百文扣收銀一兩，共扣收銀三萬零八十七兩五錢五分八釐。又每年三十六卯，共用各廠正銅二十一萬四千一百五十一斤二錢六分二釐，内撥用大風嶺廠銅七萬二千斤，紫牛坡廠銅二萬九千七百斤，獅子尾廠銅五千四百斤，三共銅十萬七千一百斤。除耗銅七千九百三十三斤五兩三錢三分三釐七毫不另給價外，實該淨銅九萬九千一百六十六斤十兩六錢六分六釐三毫。每百斤給脚銀九兩二錢，共該脚價銀九千一百二十三兩三錢三分三釐。又用湯丹、碌碌、大水、茂麓四廠通商銅十萬七千五十一斤二錢六分二釐，每百斤給價銀七兩。又自湯丹廠發運到局每百斤需脚銀二錢五分，碌碌廠發運到局每百斤需脚銀四錢，大水溝廠發運到局每百斤需銀四錢，茂麓廠由大水溝轉運局每百斤需脚銀八錢五分六釐五毫。各程站遠近不一，脚銀多少不等，牽扯折中合算，每百斤合給運脚銀四錢七分六釐五毫，連銅價銀七兩，每百斤合價脚銀七兩四錢七分八釐五毫，該銀八千零三兩六錢六分九釐。又用者海廠白鉛一十五萬六千九百七十七斤十五兩七錢二分三釐，每百斤給價銀二兩，脚銀三錢，該銀三千六百一十兩四錢九分四釐。用阿那多廠黑鉛一萬一千九百三十三斤十五兩九錢七分九釐，每百斤給價銀一兩六錢八分四釐，脚銀五錢一分六釐，該銀二百六十二兩五錢四分八釐。三共銅鉛價脚銀二萬一千兩零四分四釐三毫。於前項扣獲錢本銀内計除外，每年共獲鑄息銀九千八十餘兩，作爲湯丹等廠提拉水洩工費之用。

東川新局：東川新局於乾隆十八年設爐五十座，每爐每月鼓鑄三卯，銅鉛對配。每卯正鑄用銅四百二十八斤九兩一錢四分二釐八毫零，每百斤加耗銅八斤，計加耗銅三十四斤四兩五錢七分一釐四毫零，二共正耗銅四百六十二斤十三兩七錢一分四釐二毫零。白鉛三百七十二斤十三兩七錢一分四釐二毫零，黑鉛二十九斤十五兩九錢九分九釐九毫零，均不加耗。淨錫二十五斤十一兩四錢二分八釐五毫零，每百斤加耗錫六斤，計加耗錫一斤八兩六錢八分五釐七毫零，二共正耗錫二十七斤四兩一錢一分四釐二毫零。計正鑄淨銅鉛八百五十七斤二兩二錢八分五釐七毫。每百斤給銼磨折耗九斤，共折耗銅鉛錫七十七斤二兩二錢八分五釐七毫，實鑄淨銅鉛錫七百八十斤。每錢一文，鑄重一錢二分，共鑄錢一百零四串。內除支銷匠役工食錢十二串，物料錢五串三百三十二文八毫零，加添米炭價錢二串四百七十文，實存淨錢八十四串一百九十七文一毫零。又帶鑄用銅四十二斤十三兩七錢一分四釐二毫零，每百斤加耗銅八斤，計加耗銅三斤六兩八錢五分七釐一毫零，二共正耗銅四十六斤四兩五錢七分一釐三毫零。白鉛三十七斤四兩五錢七分一釐二毫零，黑鉛二斤十五兩九錢九分九釐九毫零，均不加耗。淨錫二斤九兩一錢四分二釐八毫零，每百斤加耗錫六斤，計加耗錫二兩四錢六分八釐五毫零，二共正耗錫二斤十一兩六錢一分一釐四毫零。計帶鑄淨銅鉛錫八十五斤十一兩四錢二分八釐五毫。每百斤給銼磨耗折九斤，共折耗銅鉛錫七斤十一兩四錢二分八釐五毫，實鑄淨銅鉛錫七十八斤。每錢一文，鑄重一錢二分，共鑄十串四百文。不給工食，只給物料錢五百三十三文二毫零，實存淨錢九串八百六十六文七毫零。又外耗用銅三十八斤九兩一錢四分二釐，每百斤加耗銅八斤，計加耗銅三斤一兩三錢七分一釐三毫零，二共正耗銅四十一斤十兩五錢一分三釐三毫零。白鉛三十三斤八兩九錢一分三釐五毫零，黑鉛二斤十一兩一錢九分九釐九毫零，均不加耗。淨錫二斤五兩二分八釐五毫零，每百斤加耗錫六斤，計加耗錫二兩二錢二分一釐七毫零，二共正耗錫二斤七兩二錢五分二毫零。計外耗淨銅鉛錫七十七斤二兩二錢八分四釐。不給銼磨折耗。每錢一文，鑄重一錢二分，共鑄錢一十串二百八十五文七毫。不給工食物料，只給局中官役廉食等項錢四串零五十七文七毫，實存淨錢六串二百二十八文。計正鑄、帶鑄、外耗三項共用銅、鉛、黑鉛、錫一千零一十九斤十五兩九錢九分八釐二毫，共鑄錢一百二十四串六百八十五文七毫，除支銷工食物料等項錢二十四串三百九十三文七毫，實存淨錢一百串二百九十二文。計五十爐年鑄一千八百卯，年共鑄錢十八萬五百二十五串六百文。搭放廠本運項之用，每錢一串二百文扣收銀一兩，共扣收銀一十五萬四百三十八兩。又每年一千八百卯，共用銅九十一萬七千九百九十九斤，耗銅十萬三千四百三十九斤。餘耗銅不另給價外，每正銅百斤價脚銀九兩二錢，該銀八萬四千五十五兩九錢八釐，又用者海廠白鉛七十九萬八千六百五十九斤，每百斤價銀二兩，脚銀三錢，該銀一萬八千三百六十九兩一錢五分。又用阿那多廠黑鉛六萬四千二百五十九斤，每百斤價銀一兩六錢八分四釐，脚錢五錢一分六釐，該銀一千四百一十三兩六錢九分八釐。用個舊廠淨錫五萬五千零七十九斤，每正耗錫百斤給價銀二兩九錢二分七釐，脚銀一兩四錢六分四釐零，該銀二千五百六十一兩五錢九分。四共銅、鉛、錫斤價脚銀十萬六千八百兩三錢四分六釐。於前項扣獲錢本銀内計除外，每年共獲鑄息銀四萬三千六百餘兩。其每鑄淨銅一百斤，給炒費銀三錢，係於銅息項下發給。乾隆二十七年七月，減爐二十五座。酌留二十五座，照前鼓鑄。年鑄九百卯，共錢九萬二百餘串。除歸還銅、鉛本脚外，計獲鑄息銀二萬一千八百餘兩。至三十五年將二十五爐全行裁撤。四十二年五月，復設爐十五座，照前鼓鑄。年鑄五百四十卯，共錢五萬四千一百餘串。除歸還銅鉛本脚外，計獲鑄息銀一萬三千餘兩。四十二年八月，減爐七座。酌留八座，照鼓鑄。年鑄二百八十八卯，共錢二萬八千八百餘串。餘歸還銅鉛本脚外，計獲鑄息銀六千九百餘兩。至四十四年二月，將入爐全行裁撤。

廣西局：廣西府即今之廣西州。於乾隆元年四月設爐九十四座。每爐每月鼓鑄三卯，以銅六鉛四配鑄。每爐每卯正鑄用銅五百一十四斤四兩五錢七分一釐四毫二絲，每百斤加耗銅八斤，計加耗銅四十斤二兩二錢八分五釐七毫零，二共正耗銅五百五十五斤六兩八錢五分七釐一毫零。白鉛三百四十二斤十三兩七錢一分四釐二毫零，不加耗。計正鑄淨銅鉛八百五十七斤二兩二錢八分五釐七毫，每百斤給銼磨折耗九斤，共折耗銅鉛七十七斤二兩二錢八分五釐七毫，實鑄淨銅鉛七百八十斤。每錢一文，鑄重一錢二分，共鑄錢一百四串。內除支銷匠役工食錢一十二串，物料錢四串三百七十二文八毫零，實存淨錢八十七串六百二十七文一毫零。又帶鑄用銅五十一斤六兩八錢五分七釐一毫，每百斤加耗銅八斤，計加耗銅四斤一兩八錢二分八釐五毫零，二共正耗銅五十五斤八兩六錢八分五釐六毫零。白鉛三十四斤四兩五錢七分一釐四毫，不加耗。計帶鑄淨銅鉛八十五斤十一兩四錢二分八釐五毫。每百斤除銼磨折耗九斤，共折耗銅鉛七斤十一兩四錢二分八釐五毫，實鑄淨銅鉛七十八斤。每錢一文，鑄重一錢二分，共鑄錢十串四百文。不給工食，只給物料錢四百三十七文二毫零，實存淨錢九串九百六十二文七毫零。又外耗用銅四十六斤四兩五錢七分四毫，每百斤加耗銅八斤，計加耗銅三斤十一兩二錢四分五釐六毫零，二共正耗銅四十九斤十五兩八錢一分六釐零。白鉛三十斤十三兩七錢一分三釐六毫，不加耗。計外耗净銅鉛七十七斤二兩二錢八分四釐，不給銼磨折耗。每錢一文，鑄重一錢二分，共鑄錢一十串二百八十五文七毫。不給工食，只給局中官役廉食等項錢五串二百五十五文九毫零，實存净錢五串二十九文七毫零。計正鑄、帶鑄、外耗三項共用銅鉛一千零一十九斤十五兩九錢九分八釐二毫，共鑄錢一百二十四串六百八十五文七毫。除支銷工食物料等項錢二十二串六十六文一毫零，實存净錢一百二串六百一十九文五毫零。九十四爐年鑄三千三百八十四卯，共錢三十四萬七千二百六十四串六百六文一毫零。內除核減物料錢二千六百三十二串六十八文六毫零，添作運錢官役盤費之用，實存錢三十四萬四千六百三十二串三百三十七文五毫。委員由廣西之得冲哨及廣南之板蜂百色解運至漢口，又每年三千三百八十四卯，共用各廠正銅二百零七萬一千零七斤零。耗銅一十六萬五千六百八十斤零。除耗銅不另給價外，每正銅百斤價脚銀九兩二錢，共該銅價銀一十九萬五百三十二兩七錢一分四釐零。又用皁浙、塊澤二廠白鉛一百三十八萬六百七十一斤零，每百斤給價銀二兩，脚銀五錢，計價脚銀三萬四千五百一十六兩七錢九分六釐。二共銅鉛價脚銀二十二萬五千零四十九兩五錢一分一釐。照協餉之例，按年酌撥，解滇應用。共每鑄净銅一百斤，給炒費銀三錢，係於銅息項下動支發給。乾隆五年三月，將爐座全行裁撤，將銅斤解京交收。乾隆十六年正月，復設爐十五座。年鑄五百四十卯，改爲四色配鑄。每百斤用銅五十斤，白鉛四十三斤八兩，黑鉛三斤八兩，錫三斤。黑鉛每百斤價銀一兩四錢八分，脚銀五銀。錫每百斤價銀二兩九錢二分七釐，脚銀六錢二分六釐四毫零。又原給爐匠工錢錢一十二串，改爲給錢一十二串三百文，正鑄項下原給物料錢四串三百七十二文八毫，改爲給錢三串二百二十文八毫零。帶鑄項下原給物料錢四百二十七文二毫零，改爲給錢三百三十二文零。外耗項下原給官役廉食等項錢五串二百五十五文九毫零，改爲給錢四串零五十七文七毫。年共鑄錢五萬六千四百餘串。搭放兵餉每錢一串二百文，扣收銀一兩。除歸還銅鉛本脚，年計獲鑄息銀一萬四千七百餘兩。二十六年將白鉛工本銀二兩，改爲給銀一兩八錢二分。共鑄錢五萬六千四百餘串，除歸還銅鉛本脚外，計獲鑄息銀一萬五千餘兩。三十一年將白鉛運脚原給銀五錢，改爲給銀二錢五分，年共鑄錢五萬六千四百餘串，除歸還銅鉛本脚外，計獲鑄息銀一萬五千七百餘兩。三十五年將白鉛運脚給銀二錢五分，仍改爲給銀三錢。年共鑄錢五萬六千四百餘串，除歸還銅鉛本脚外，計獲鑄息銀一萬五千餘百兩。是年八月底，十五爐全行裁撤。四十二年八月復設爐八座，照前鼓鑄。年鑄二百八十八卯，共鑄錢三萬一百餘串，除歸還銅鉛本脚外，計獲鑄息銀八千餘兩。四十四年三月，減爐四座，酌留四座，照前鼓鑄。年鑄一百四十四卯，共鑄錢一萬五千餘串，除歸還銅鉛本脚外，計獲鑄息銀四千餘兩。至四十五年底，將四爐全行裁撤。

又卷六《局鑄下》 順寧府：順寧局於乾隆二十九年正月設爐八座，每月每爐鼓鑄三卯，銅鉛對配。每卯正鑄用寧臺廠净銅四百二十八斤九兩一錢四分二釐八毫零，每百斤加耗銅八斤，二共銅一百零八斤。又每百斤照湖北省採辦事例，加煎耗銅一十七斤八兩，計加耗銅一十八斤十四兩四錢，二共銅一百二十六斤十四兩四錢。又每百斤加民耗銅三斤二兩，計民耗銅三斤十五兩四錢五分，通共每百斤加局耗、煎耗、民耗銅三十斤十三兩八錢五分，共計加耗銅一百三十二斤四兩四錢九分九釐零，二共正耗銅五百六十二斤十三兩六錢四分二釐零。白鉛三百七十二斤十三兩七錢一分四釐二毫。黑鉛二十九斤十五兩九錢九分九釐九毫零，均不加耗。净錫二十五斤十一兩四錢三分八釐五毫零，每百斤加耗錫六斤，計加耗錫一斤八兩六錢八分三釐七毫零，二共正錫二十七斤四兩一錢一分四釐二毫零。計鑄净銅、鉛、錫八百五十七斤二兩二錢八分五釐七毫。每百斤給銼磨折耗九斤，共折耗銅、鉛、錫七十七斤二兩二錢八分五釐七毫，實鑄净銅、鉛七百八十斤。每錢一文，鑄重一錢二分，共錢一百四串。內除支銷匠役工食錢一十二串，物料錢五串三百三十二文八毫零，加添米炭價錢二串四百七十文，實存净錢八十四串一百九十七文一毫零。又帶鑄用銅四十二斤十三兩七錢一分四釐二毫，每百照前加耗銅三十斤十三兩八錢五分，計加耗銅一十三斤三兩六錢四分九釐九毫零，二共正耗銅五十六斤一兩三錢六分四釐二毫零。白鉛三十七斤四兩五錢七分一釐三毫零。黑鉛二斤十五兩九錢九分九釐九毫零，均不加耗。净錫二斤九兩一錢四分二釐八毫零，每百斤加耗錫六斤，計加耗錫二兩四錢六分八釐五毫零，二共正耗錫二斤十一兩六錢一分一釐四毫零。計帶鑄净銅、鉛、錫八十五斤十一兩四錢二分八釐五毫。每百斤給銼磨折耗九斤，共折耗銅、鉛、錫七斤十一兩四錢一分八釐五毫，實鑄净銅、鉛、錫七十八斤。每錢一文，鑄重一錢二分，共鑄錢十串四百文。不給工食，只給物料錢五百二十三文二毫零，實存净錢九串八百六十六文七毫零。又外耗用銅三十八斤九兩一錢八分四釐七毫零，二共正耗銅五十斤七兩六錢二分六釐七毫零，白鉛三十三斤八兩九錢一分三釐五毫零，黑鉛二斤十一兩一錢九分九釐九毫零，均不加耗。净錫二斤五兩二分八釐五毫零，每百斤加耗錫六斤，計加耗錫二兩二錢二分一釐七毫零，二共正耗錫二斤七兩二錢五分二釐零，計加外耗净銅、鉛、錫七十七斤二兩二錢八分四釐，不給銼磨折耗。每錢一文鑄重一錢二分，共鑄錢一十串二百八十五文七毫。不給工食物料，只給局中官役廉食等項錢四串零五十七文七毫，實存淨錢六串二百二十八文。計正鑄、帶鑄，外耗二項共用銅、鉛、錫一千零一十九斤十五兩九錢九分八釐二毫。共鑄錢一百二十四串六百八十五文七毫，除支銷工食物料等項錢二十四串三百九十三文七毫，實存淨錢一百串二百九十二文。八爐年鑄二百八十八卯，共錢二萬八千八百八十四串九十六文。搭放兵餉、鞭祭、鋪䬙等項之用，每錢一串二百文扣收銀一兩，共扣收銀二萬四千七十兩零。又每年二百八十八卯，共用銅一十四萬六千八百七十九斤，耗銅四萬五千三百三十五斤，除耗銅不另給價外，每正銅百斤價脚銀一兩二錢，該銀一萬三千五百一十二兩八錢六分八釐。又用卑浙、塊澤二廠白鉛一十二萬七千七百八十五斤，每百斤給價銀一兩八錢一分，脚銀二兩四錢四分一毫零，該銀五千四百四十三兩八錢一釐。又用各廠黑鉛一萬二百八十一斤，每百斤給價銀一兩四錢八分，脚銀七錢二分，該銀二百二十六兩一錢八分二釐。用個舊廠淨錫八千八百一十二斤，每正耗百斤給銀二兩九錢二分七釐，脚銀二兩四錢五分八釐零，該銀五百零二兩二錢七分一釐。四共銅、鉛、錫斤脚價銀一萬九千六百八十五兩一錢二分二釐，於價項扣獲錢本銀內計除外，每年共獲餘息銀四千三百餘兩。其每鑄淨銅一百斤給炒費銀三錢，係於銅息項下發給。三十五年二月初十日，將八爐全行裁撤。

永昌局：永昌府保山局，於乾隆四十一年正月設爐八座，每爐每月鼓鑄三卯，銅鉛對配。每卯正鑄用銅四百二十八斤九兩一錢四分二釐八毫零，每百斤加耗銅二十四斤，計加耗銅一百零二斤十三兩十錢一分四釐二毫零，二共正耗銅五百三十一斤六兩八錢一分七釐一毫零。白鉛三百七十二斤十三兩七錢一分四釐二毫零。黑鉛二十九斤十五兩九錢九分九釐九毫零，均不加耗。淨錫二十五斤十一兩四錢二分八釐五毫零，每百斤加耗錫六斤，計加耗錫一斤八兩六錢八分五釐七毫零，二共正耗錫二十七斤四兩一錢一分四釐二毫零。計正鑄淨銅、鉛、錫八百五十七斤二兩二錢八分五釐七毫。每百斤給銼磨折耗九斤，共折耗銅、鉛、錫七十七斤二兩二錢八分五釐七毫，實鑄淨銅、鉛、錫七百八十斤。每錢一文，鑄重一錢二分，共鑄錢一百四串。內除支銷匠役工食錢一十二串，物料錢五串三百三十二文八毫零，實存淨錢八十六串六百六十七文一毫零。又帶鑄用銅四十二斤十三兩七錢一分四釐二毫零，每百斤加耗銅二十四斤，計加耗銅十斤四兩三錢七分一釐四毫零，二共正耗銅五十三斤二兩二錢八分五釐六毫零。白鉛三十七斤四兩五錢七分二釐三毫零。黑鉛二斤十五兩九錢九分九釐九毫零，均不加耗。淨錫一斤九兩一錢四分二釐八毫零，每百斤加耗錫六斤，計加耗錫二兩四錢六分八釐五毫零，二共正耗錫二斤十一兩六錢一分一釐四毫零。計帶鑄淨銅、鉛、錫八十五斤十一兩四錢二分八釐五毫，每百斤給銼磨折耗九斤，共折耗銅、鉛、錫七斤十一兩四錢二分八釐五毫，實鑄淨銅鉛錫七十八斤。每錢一文，鑄重一錢二分，共鑄錢十串四百文。不給工食，只給物料錢五百三十三文二毫零，實存淨錢九串八百六十六文七毫零。又外耗用銅三十八斤九兩一錢四分二釐，每百斤加耗銅二十四斤，計加耗銅九斤四兩一錢一分四釐，二共正耗銅四十七斤十三兩二錢五分六釐。白鉛三十三斤八兩九錢一分三釐五毫零，黑鉛二斤十一兩一錢九分九釐九毫零，均不加耗。淨錫二斤五兩二分八釐五毫零，每百斤加耗錫六斤，計加耗錫二兩二錢二分一釐七毫零，二共正耗錫二斤七兩二錢五分二釐零。計外耗淨銅、鉛、錫七十七斤二兩二錢八分四釐，不給銼磨折耗。每錢一文鑄重一錢二分，共鑄錢一十串二百八十五文七毫。不給工食物料，只給局中官役廉食等項錢四串零五十七文七毫，實存淨錢六串二百二十八文。計正鑄、帶鑄、外耗三項共用銅、鉛、黑鉛、錫一千零一十九斤十五兩九錢九分八釐二毫，共鑄錢一百二十四串六百八十五文七毫。除支銷工食物料等項錢二十一串九百二十三文七毫，實存淨錢一百二串七百六十二文。計八爐年鑄二百八十八卯，共錢二萬九千五百九十五串四百五十六文。搭放兵餉、鞭祭、鋪䬙之用，每錢一串二百文扣收銀一兩，共扣收銀二萬四千六百餘兩。又每年二百八十八卯，共用銅一十四萬六千八百七十九斤，耗銅三萬五千二百五十斤。除耗銅不另給價外，每正銅百斤價、脚銀九兩二錢，該銀一萬三千五百一十二兩八錢六分八釐。又用卑浙、塊澤二廠白鉛一十二萬七千七百八十五斤，每百斤給價銀一兩八錢一分，脚銀三兩一錢一分七釐七毫零，該銀六千三百零九兩七錢四釐。又用各廠黑鉛一萬零二百八十一斤，每百斤給價銀一兩四錢八分，脚銀七錢二分，該銀二百二十六兩一錢八分二釐。用個舊廠淨錫八千八百一十二斤，每正耗錫百斤給價銀二兩九錢一分七釐，脚銀二兩一錢二分八釐四毫零，該價脚銀五百一十五兩六錢七分一釐。四共銅鉛錫斤價脚銀二萬零六百一十四兩四錢二分五釐，於前項扣獲錢本銀內計除外，共獲鑄息銀四十餘兩。其每鑄淨銅一百斤，給炒費銀三錢，係於銅息項下發給。乾隆四十二年正月添爐四座，連原設爐八座共計一十二爐，照前鼓鑄。年鑄四百三十二卯，共錢四萬四千三百餘串。除歸還銅、鉛本脚外，計獲鑄息銀六千餘兩。四十二年八月裁減二爐。酌留十爐，照前鼓鑄。年鑄三百六十卯，共錢三萬六千九百餘串。除歸還銅、鉛本脚外，計獲鑄息銀五千餘兩。至四十三年底，將十爐全行裁撤。嘉慶四年，因改鑄收買小錢，咨明户部於永昌府設爐十座就近改鑄，永昌府所屬小錢全五年鑄竣，將爐座裁撤。

曲靖局：曲靖局，乾隆四十二年四月設爐十八座。每月每爐鼓鑄三卯，銅鉛對配。每卯正鑄，用寧臺廠浄銅四百二十八斤九兩一錢四分二釐八毫零，每百斤加耗銅八斤，二共銅一百零八斤。又每百斤照湖北省採辦事例，加煎耗銅一十七斤八兩，該加煎耗銅一十八斤十四兩四錢，二共銅一百二十六斤十四兩四錢。又每百斤加民耗銅三斤二兩，該民耗銅三斤十五兩四錢五分。通共每百斤加局耗、煎耗、民耗銅三十斤十三兩八錢五分，共該加耗銅一百三十二斤四兩四錢九分九釐九毫零，二共正耗銅五百六十斤十三兩六錢四分二釐八毫零。白鉛三百七十二斤十三兩七錢一分四釐二毫零，黑鉛二十九斤十五兩九錢九分九釐九毫零，均不加耗。浄錫二十五斤十一兩四錢二分八釐五毫零，每百斤加耗錫六斤，計加耗錫一斤八兩六錢八分五釐七毫零，二共正耗錫二十七斤四兩一錢一分四釐二毫零。計正鑄浄銅、鉛八百五十七斤二兩二錢八分五釐七毫。每百斤給銼磨折耗一斤，共折耗銅、鉛、錫七十七斤二兩二錢八分五釐七毫，實鑄浄銅、鉛、錫七百八十斤。每錢一文，鑄重一錢二分，共鑄錢一百四串，内除支銷匠役工食錢一十二串，物料錢五串三百三十二文八毫，實存浄錢八十六串六百六十七文一毫零。又帶鑄用銅四十二斤十三兩七錢一分四釐二毫零，每百斤照前加耗銅三十斤十三兩八錢五分，計加耗銅一十三斤三兩六錢四分九釐九毫零，二共正耗銅五十六斤一兩三錢六分四釐二毫零。白鉛三十七斤四兩五錢七分一釐三毫零，黑鉛二斤十五兩九錢九分九釐九毫零，均不加耗。浄錫二斤九兩一錢四分二釐八毫零，每百斤加耗錫六斤，計加耗錫二兩四錢六分八釐五毫零，二共正耗錫二斤十一兩六錢一分一釐四毫零。計帶鑄浄銅、鉛、錫八十五斤十一兩四錢二分八釐五毫。每百斤給銼磨折耗九斤，共折耗銅、鉛、錫七斤十一兩四錢二分八釐五毫，實鑄浄銅、鉛七十八斤。每錢一文，鑄重一錢二分共錢十串四百文。不給工食，只給物料錢五百五十三文二毫零，實存浄錢九串八百六十六文七毫零。又外耗用銅三十八斤九兩一錢四分二釐，照前每百斤加耗銅三十斤十三兩八錢五分，計加耗銅一十一斤十四兩四錢八分四釐七毫零，二共正耗銅五十斤七兩六錢二分六釐七毫零。白鉛三十三斤八兩九錢一分三釐五毫零，黑鉛二斤十一兩一錢九分九釐九毫零，均不加耗。浄錫二斤五兩二分八釐五毫零，每百斤加耗錫六斤，計加耗錫二兩二錢二分一釐七毫零，二共正耗錫一斤七兩二錢五分二毫零。不給銼磨折耗。每錢一文，鑄重一錢二分，共鑄錢十串二百八十五文七毫。不給工食物料，只給局中官役廉食等項錢四串五十七文七毫，實存浄錢六串二百二十八文。計正鑄、帶鑄、外耗三項共用銅、鉛、黑鉛、錫一千一十九斤十五兩九錢九分八釐二毫，共鑄錢一百二十四串六百八十五文七毫。除支銷工食物料等項錢二十一串九百二十三文七毫，實存浄錢一百零二串七百六十二文。計一十八爐年鑄六百四十八卯，共錢六萬六千五百餘串，搭放錢本運脚之用，每錢一串二百文扣收銀一兩，共扣收銀五萬五千四百餘兩。又每年六百四十八卯，共用銅三十三萬四百七十九斤，耗銅一十萬二十零四斤，除耗銅不另給價外，每正銅百斤價脚銀九兩二錢，共該銅價銀三萬四百四兩。又用卑浙、塊澤二廠白鉛二十八萬七千五百一十七斤，每百斤給價銀一兩八錢二分，脚銀三錢一分五釐，該價脚銀六千一百三十八兩。又用卑浙、塊澤二廠黑鉛二萬三千一百一十一斤，每百斤給價銀一兩四錢八分，脚銀五錢，該價脚銀四百五十八兩。又用個舊廠浄錫一萬九千八百二十八斤，每正耗錫百斤，給價銀二兩九錢二分七釐，脚銀一兩零四分三釐四毫二絲七忽九微一纖七塵九渺二漠，該價脚銀八百三十四兩五錢四釐。四共銅、鉛、錫斤價脚銀三萬七千八百三十四兩五錢四釐，於前項扣獲錢本銀内計除外，共獲鑄息銀一萬七千六百餘兩。其每鑄浄銅一百斤給炒費銀二錢，係於銅息項下發給。乾隆四十三年八月，減爐十座，酌留八座，照前鼓鑄。年鑄一百八十八卯，共錢二萬九千五百餘串。除歸還銅、鉛本脚外，計獲鑄息銀七千八百餘兩。至四十四年十月底，將八爐全行裁撤。

臨安局：臨安局於雍正元年十二月設爐六座。每爐每月鼓鑄三卯，以銅六鉛四配鑄。每卯正鑄用銅六百斤，每百斤加耗銅十三斤，計加耗銅七十八斤，二共正耗銅六百七十八斤。白鉛四百斤，不加耗，計正鑄浄銅、鉛一千斤，每百斤給銼磨折耗九斤，共折耗銅鉛九十斤，實鑄浄銅鉛九百一十斤。每錢一文，鑄重一錢四分，共鑄錢一百零四串。内除支銷爐匠工食錢一十二串，物料錢六串二百文，實存浄錢八十五串八百文。又帶鑄用銅六十斤，每百斤加耗銅一十三斤，計加耗銅七斤十二兩八錢，二共正耗銅六十七斤十二兩八錢。白鉛四十斤，不加耗。計帶鑄浄銅鉛一百斤。給銼磨折耗九斤，實鑄浄銅鉛九十一斤。每錢一文，鑄重一錢四分，共鑄錢十串四百文。不給工食，只給物料錢六百二十文，實存浄錢九串七百八十文。又外耗用銅五十四斤，每百斤加耗銅一十三斤，計加耗銅七斤三錢一分，二共正耗銅六十一斤三錢二分。白鉛三十六斤，不加耗。計外耗浄銅、鉛九十斤，不給銼磨折耗。每錢一文，鑄重一錢四分，共鑄錢十串四百八十五文七毫，不給工食物料，只給局中官役廉食等項錢四串五十七文七毫，實存浄錢六串二百二十七文三毫。計正鑄、帶鑄三項共用銅、鉛一千九十一斤，共鑄錢一百二十四串六百八十五文七毫。除支銷工食物料等項錢二十二串八百七十七文七毫，實存浄錢一百一串八百八文。計六爐正鑄二百一十六卯，共錢二萬一千九百餘串。搭放兵餉之用，每錢一串扣收銀一兩，共扣收銀二萬一千九百餘兩。又每年二百一十六卯，共用各廠正銅一十五萬四千二百二十四斤，耗銅二萬零四十九斤，餘耗銅不另給價外，每正銅百斤價脚銀九兩二錢，共該銅價銀一萬四千一百八十八兩六錢八釐。又用卑浙、塊澤二廠白鉛一十萬二千八百一十六斤，每百斤給價銀二兩，脚銀一兩五錢，該價脚銀三千五百九十八兩五錢六分，二共銅鉛價脚銀一萬七千七百八十七兩一錢六分八釐。於前項扣獲錢本銀内計除外，每年共獲鑄息銀四千二百餘兩。其每鑄浄銅一百斤給炒費銀三錢，係於銅息項下動支發給。雍正五年二月添設爐五座，連原設六座，共計十一爐，年鑄三百九十六卯，仍以銅六鉛四酌鑄。每錢一文，鑄重一錢四分，年共鑄錢四萬三百一十餘串。除歸還銅、鉛本脚外，計獲鑄息銀七千七百餘兩。十二年十一月減發銅、鉛，改爲每錢一文鑄重一錢二分。仍以銅六鉛四配鑄。每卯正鑄、帶鑄外耗共用銅六百一十一斤十五兩九錢九分八釐九毫二絲。白鉛四百七斤十五兩九錢九分九釐二毫八絲。年共鑄錢四萬三百一十餘串，餘歸還銅鉛本脚外，計獲鑄息銀一萬二千二百餘兩。乾隆元年改爲一串二百文，扣收銀一兩。又鉛斤運脚，每百斤原給銀一兩三錢改爲給銀一兩。其爐匠工食並外耗支銷照舊發給。惟正鑄物料原給錢六串二百文，改爲給錢五串三百三十二文八毫。帶鑄物料原給錢六百二十文，改爲給錢五百三十三文二毫。年共鑄錢四萬六千九十餘串，除歸還銅、鉛本脚外，計獲鑄息銀六千七百六十餘兩。五年十二月添設爐五座，連原設十一座，共爐一十六座，照前鼓鑄。年鑄五百七十八卯，年共鑄錢五萬九千一百餘串，除歸還銅鉛本脚外，計獲鑄息銀九千八百餘兩。六年十二月改爲四色配鑄，每百斤用銅五十斤，白鉛四十三斤八兩，黑鉛三斤八兩，錫三斤。黑鉛每百斤價銀一兩四錢八分，脚銀七錢二分，錫每百斤價銀二兩九錢二分七釐，脚銀二錢九釐四毫零。年共鑄錢五萬九千二百九十餘串，除歸還銅鉛本脚外，計獲鑄息銀一萬三千五百九十餘兩。十五年正月減爐八座，酌留八座，照前鼓鑄。年鑄二百八十八卯，其白鉛改用普馬廠鉛斤，每百斤廠價銀二兩，脚銀二錢七分二釐七毫。年共鑄錢二萬九千五百九十餘串，除歸還銅鉛本脚外，計獲鑄息銀七千七百二十餘兩。十九年，將黑鉛運脚每百斤原給銀七錢二分，改爲給銀九分九毫。年共鑄錢二萬九千五百九十餘串，除歸還銅、鉛本脚外，計獲鑄息銀七千七百九十餘兩。三十年五月，每爐每卯正鑄項下，加添米炭價錢二串四百七十文。年共鑄錢二萬八千八百餘串，除歸還銅、鉛本脚外，計獲鑄息銀七千一百餘兩。至三十五年八月，將八爐全行裁撤。四十一年正月復設爐一十二座，照前鼓鑄。年鑄四百三十二卯，年共鑄錢四萬三千三百餘串。除歸還銅、鉛本脚外，計獲鑄息銀一萬七百九十一兩。四十二年八月減爐四座，酌留八座，照前鼓鑄。年共鑄錢二萬八千八百餘串，除歸還銅鉛本脚外，計獲鑄息銀七千一百餘兩。至四十四年二月底，將八爐全行裁撤。嘉慶四年，因改鑄收買小錢，咨明户部於臨安府揞爐六座，就近改鑄。臨安、普洱二府屬小錢，於是年鑄竣，即將爐座裁撤。

霑益局：霑益局於雍正元年十二月設爐十五座，每爐每月鼓鑄三卯，銅六鉛四配鑄。每爐每卯正鑄用銅六百斤，每百斤加耗銅十三斤，計加耗銅七十八斤，二共正耗銅六百七十八斤，白鉛四百斤，不加耗，計正鑄浄銅、鉛一千斤。每百斤給銼磨折耗九斤，共折耗銅、鉛九十斤，實鑄浄銅鉛九百一十斤。每錢一文鑄重一錢四分，共鑄錢一百四串，内除支銷爐匠工食錢十二串，物料錢六串二百文，實存浄錢八十五串八百文。又帶鑄用銅六十斤，每百斤加耗銅一十三斤，計加耗銅七斤十二兩八錢，二共正耗銅六十七斤十一兩八錢，白鉛四十斤，不加耗，計帶鑄浄銅鉛一百斤。給銼磨折耗九斤，實鑄浄銅鉛九十一斤。每錢一文鑄重一錢四分，共鑄錢十串四百文，不給工食，只給物料錢六百二十文，實存浄錢九串七百八十文。又外耗用銅五十四斤，每百斤加耗銅十三斤，計加耗銅七斤三錢二分，二共正耗銅六十一斤三錢二分，白鉛三十六斤，不加耗。計外耗浄銅、鉛九十斤。不給銼磨折耗。每錢一文鑄重一錢四分，共鑄錢十串二百八十五文七毫。不給工食物料，只給局中官役廉食等項錢四串五十七文七毫，實存浄錢六串二百二十七文三毫。計正鑄、帶鑄、外耗三項共用銅鉛一千九十一斤，共鑄錢一百二十四串六百八十五文七毫，除支銷工食物料等項錢二十二串八百七十七文七毫，實存浄錢一百一串八百八文。十五爐正鑄五百四十卯，共錢五萬四千九百七十六串三百二十文；搭放兵餉之用。每錢一串扣收銀一兩，共扣收銀五萬四千九百七十六兩三錢二分。又每年五百四十卯，共用各廠正銅三十八萬五千五百六十斤，加耗銅五萬一百二十二斤十二兩八錢不另給價外，每正銅百斤價脚銀九兩二錢，共該銅價銀三萬五千四百七十一兩五錢二分。又用卑浙、塊澤二廠白鉛二十五萬七千四百四十斤，每百斤給價銀二兩，脚銀一兩五錢，共該價脚銀八千九百九十六兩四錢，二共銅、鉛價脚銀四萬四千四百六十七兩九錢二分。於前項扣獲錢本銀内計除外，每年共獲鑄息銀一萬五百餘兩。其每鑄净銅一百斤給炒費銀三錢，係於銅息項下動支發給。至雍正五年正月底，將十五爐全行裁撤。

大理局：大理局於雍正元年十二月設爐五座，每爐每月鼓鑄三卯，以銅六鉛四配鑄。每爐每卯正鑄用銅六百斤，每百斤加耗銅十三斤，計加耗銅七十八斤，二共正耗銅六百七十八斤。白鉛四百斤，不加耗。計正鑄净銅、鉛一千斤。每錢一文鑄重一錢四分，共鑄錢一百四串。内除支銷爐匠工食錢十二串，物料錢六串二百文，實存净錢八十五串八百文。又帶鑄用銅六十斤，每百斤加耗銅十三斤，計加耗銅七斤十二兩八錢，二共正耗銅六十七斤十二兩八錢。白鉛四十斤，不加耗。計帶鑄净銅、鉛一百斤。給銼磨折耗九斤，實鑄净銅鉛九十一斤，每錢一文鑄重一錢四分，共鑄錢十串四百文，不給工食，只給物料錢六百二十文，實存净錢九串七百八十文。又外耗用銅五十四斤，每百斤加耗銅十三斤，計加耗銅七斤零三錢二分，二共正耗銅六十一斤三錢二分。白鉛三十六斤，不加耗，計外耗净銅、鉛九十斤，不給銼磨折耗。每錢一文鑄重一錢四分，共鑄錢十串二百八十五文七毫。不給工食物料，只給局中官役廉食等項錢四串零五十七文七毫，實存净錢六串二百二十七文三毫。計正鑄、帶鑄、外耗三項共用銅鉛一千零九十一斤，共鑄錢一百二十四串六百八十五文七毫，除支銷工食物料等項錢二十二串八百七十七文七毫，實存净錢一百一串八百八文。計五爐年鑄一百八十卯，共錢一萬八千三百二十五串四百四十文，搭放兵餉之用。每錢一串扣收銀一兩，共扣收銀一萬八千三百二十五兩四錢四分。又每年一百八十卯，共用各廠正銅一十二萬八千五百二十斤，耗銅一萬六千七百七斤九兩六錢，除耗銅不另給價外，每正銅百斤價脚銀九兩二錢，共該銅價銀一萬一千八百二十三兩八錢四分。又用卑浙、塊澤二廠白鉛八萬五千六百八十斤，每百斤給價銀二兩，給脚銀一兩五錢，該價脚銀二千九百九十八兩八錢，二共銅鉛價脚銀一萬四千八百二十二兩六錢四分。於前項扣獲錢本銀内計除外，每年共獲鑄息銀三千五百餘兩。其每鑄净銅一百斤給炒費銀三錢，係於銅息項下動支給發。雍正五年正月，將五爐全行裁撤。乾隆九年十一月復設爐十五座，年鑄五百四十卯，改爲四色配鑄。每百斤用銅五十斤，白鉛四十三斤八兩，錫三斤。白鉛每百斤價銀二兩，舊發給脚銀原給銀一兩五錢改爲給銀二兩零七分五釐二毫五絲。黑鉛每百斤價銀一兩零五分六釐，脚銀一兩一錢四分四釐。錫每百斤價銀二兩九錢二分七釐，脚銀二兩零八分五釐九毫零。又正鑄項下原給物料錢六串二百文，改爲給錢五串三百三十二文八毫。加添米炭價錢二串四百七十文。帶鑄項下原給物料錢六百二十文改爲給錢五百二十三文二毫零。年共鑄錢五萬四千一百餘串文，除歸還銅鉛本脚外，計獲鑄息銀八千七百餘兩。二十四年將白鉛工本原給銀二兩改爲給銀一兩八錢二分。年共鑄錢五萬四千一百餘串，除歸還銅、鉛本脚外，計獲鑄息銀九千一百餘兩。至三十五年八月，將十五爐全行裁撤。四十一年正月復設爐十五座，照前鼓鑄。年鑄五百四十卯，共錢五萬四千一百餘串，除歸還銅鉛本脚外，計獲鑄息銀九千一百餘兩。惟銅斤係用寧臺銅斤，每百斤加煎耗、民耗、局耗銅三十斤十三兩八錢五分，每正銅百斤價銀九兩二錢。乾隆四十二年正月添設爐三座，連原設爐十五座共計一十八爐，照前鼓鑄。年鑄六百四十八卯，共錢六萬四千九百餘串，除歸還銅鉛本脚外，計獲鑄息銀一萬零九百餘兩。四十二年八月裁減十座，酌留八爐，照前鼓鑄。年鑄二百八十八卯，共錢二萬八千八百餘串，除歸還銅鉛本脚外，計獲鑄息銀四千八百八十餘兩。至四十五年，將八爐移於省局添設鼓鑄。嘉慶四年正月，因改鑄收買小錢，咨明户部於大理府下關地方設爐二十二座，就近改鑄。大理、麗江、順寧、鎮沅、永北、蒙化、景東、威遠等府廳州、縣所屬小錢，至七年鑄竣，即將爐座裁撤。

楚雄局：楚雄府向未設爐，嘉慶四年，因改鑄收買小錢，咨明户部於楚雄府設爐十座，就近改鑄。楚雄府屬及黑白琅三井小錢，至五年鑄竣，即將爐座裁撤。

廣南局：廣南府向未設局。嘉慶五年因改鑄收買小錢，咨明户部於廣南府設爐六座，就近改鑄。開化、廣南二府屬小錢，於是年鑄竣，將爐座裁撤。

《（道光）廣東通志》卷一七九《經政略二二・鼓鑄》 嘉慶三年，奏准昌化縣黎人撿挖石碌銅斤收買鼓鑄價文，並請暫停委運滇銅。

四年，奏准採辦石碌銅斤不敷鼓鑄，停止開採，照舊委員領運滇銅。

十七年，議准廣東每年鼓鑄應需高低滇銅，由滇省按年委員運至剥隘地方，交廣南府設店收貯，先期咨會粤省委員。至剥隘後，運四粤不必候運鹽之員到百色始行交替，以免守候。至滇省、廣南賣寧二府縣應需粤鹽，由粤省按年委員運至百色。滇省先期委員赴百色監收，毋庸委員到省領運。粤省鼓鑄每年應需高銅十萬七千三百斤零，在滇省萬寶廠撥給，應需低銅六萬二千七百六十斤，在金釵廠撥給。其應還滇省銅價，除抵兑鹽價水脚外，應找若干，按數報部酌撥。滇省墊發陸路運脚，除鹽價水脚撥抵外，不敷之數，於屯丁銀内動撥報銷。《司册》。

《籌辦夷務始末》道光卷三 〔道光十八年戊戌六月〕己丑，河南巡撫桂良奏：「【略】蓋帝王躬攬天下之利權，與時低昂，而天人交應，初非成法所能限也，然如漢武之皮幣，宋之交子、會子，元明之鈔，率皆質脆物輕，旋用旋廢，以其失五金相濟爲用之意耳。是知利用厚生，金資六府，轉輸挹注，必藉五金除黄金爲上幣，及黄銅、黑白鉛並用鑄錢外，鐵錫粗賤，未可爲國寶，惟白銅質良品貴，乃僅資玩好之娱，殊褻扶輿之美。當此銀絀之際，似宜相輔而行。夫金爲水母，故幣若泉流。今以白銅而作銀，似屬相生於一氣。權衡銖兩，貴得其平。臣請以白銅一兩，當紋銀五錢，以次遞加，至當銀十兩而止。分别等差，鑄成圓錠，其止於當銀十兩者，取攜輕則流通易也。並於錠面鏨明准當紋銀若干字樣。如洋銀之便民，不須戥秤，隨手可用。自官俸兵餉鹽關税課，以及一切民屯額賦，凡下之供於上，上之頒於下，并與紋銀一律通行。且今之以銅濟銀，猶昔之以銀濟錢也。方銀未用之先，亦如白銅之但供飾器耳。一經功令准行，遂爲後世利賴。造物原無盡藏，而創始必待聖人，此臣所以妄有請也。臣聞滇洋白銅器具，華美不亞於銀，特未悉滇中歲産幾何？洋銅每歲之入内地者又幾何？川嶽效靈，自□應時而發，度宋代用銀之始，亦不甚多，當由漸增廣耳。應請敕下滇省及粤閩蘇浙瀕海之區，查明歲産歲入，大概分數，是否足資鼓鑄，并曉諭内外工匠人等，不准打造白銅器具。官吏軍民之家，概禁行用。其舊有者，勒限交官，優給價值，毋令虧折。鑄造之始，銅必精而工必良，則人知貴。重既行之後，法一定而不可易，則衆皆信從。自來錢幣輕重，雖由積漸使然，而劑之使平，則恒視君人者之意旨爲趨向。後世食用之物，無一不增於前，風會日開，雖聖人不能强之復古。因時制宜，亦惟便民而已矣。如芻蕘可採，而銅不乏供，應請敕下部臣將分省設局，委官督辦。一切事宜，悉心酌議，候旨施行。」

《清文宗顯皇帝實録》卷一五八 〔咸豐五年，乙卯，二月，己亥〕先是，葉爾羌參贊大臣常清奏，籌畫新疆南路八城全局，酌裁防兵，以減經費，並折徵加鑄，以濟兵餉。命軍機大臣會同户部兵部議。至是會奏，葉爾羌滿洲换防官兵二百五十五員名，既議全行裁撤，應令烏嚕木齊都統於緑營兵内照數添派，赴葉爾羌等城换防，抵減内地調派，以節糜費。昭什噶爾滿洲换防官兵，出隊得力，緑營换防官兵分守各城要隘，均無庸議裁，以重邊防。其折征倉糧一節，既因各城倉糧儲積愈多，出糶不易。應自咸豐五年起。將正科糧石征收本色一半，折價一半。所收折價，由該大臣酌中定價，以示均平。至加鑄原以裕餉，葉爾羌所屬及烏什、喀什噶爾兩城既經採有銅苗，可資鼓鑄，應令該大臣商同各城大臣廣行開採，加鑪鼓鑄各項大錢，分成搭放兵餉，以濟銀兩之不足。從之。

周壽昌《思益堂集·日札》卷四《洋錢洋銅》 直省俱用銀，惟江蘇、浙江、福建、兩廣用洋錢。江浙閩三省洋錢光緻曰光板，重七錢三分。兩廣多破爛曰爛板，重七錢。相傳洋人取中國高銀至彼國，以藥煉之，攙以銅，製成錢，即如中國高銀，但不能復鎔成鋌耳。道光初年，浙江長吏曾出示禁用，市井譁擾，以爲不便，不踰月復故，蓋已成積重之勢矣。又四川、雲南之銅每百斤輒有銀數兩，中國之水不能出銅中之銀，惟外洋能出之，姦民每將紅銅賣與洋船，俟銀既凈，然後復入中國，謂之條銅。他省所出想亦如是，是今日所用洋銅名産於洋，而實即出中國者。此一段見乾隆時楊農先學士椿奏疏。此銀與銅所以下洋，而中國銀貴銅少之患也。

《〔同治〕韶州府志》卷一一《輿地略》 銅：屬内之山不産銅鑛，宋時饒州張潛通方伎，得變鐵爲銅之法，使其子詣闕獻之。韶之岑水用其法能成銅，今則場廢，不行矣。

齊學裘《見聞續筆》卷一《礦神》 銅廠，祀礦神最虔，神嗜觀劇而畏官長，酬神必演劇。管廠之官，皆相戒不得鳴騶，至廠云聞唱道聲，則神驚匿而礦失矣，蓋神本猓猓爲之，故畏見官長也。不知真有所受，抑造作斯語也。路南州歲辦銅數萬斤，以不能足額，多賠累，州牧耿君雲亭，不勝其苦，力求卸任。省中諸員，無敢往者，大吏不得已檄澂江府兼辦其篆。時澂江許菊泉太守，亦不得已而任其事。甫接印，即有廠報礦旺，使人驗之信，遂詳請給工本，一月得銅六十餘萬斤，省中譁然。耿以前累，復求回任，星夜馳往。接印日，召諸廠户至，則默默相視。問之云：一夕礦皆走矣，取前所取礦煎之亦不成銅，及一月所辦仍不足額，乃復至省。仍以許攝之，接印日，礦户又報云得堂礦，洞中得礦最大者謂之堂礦驗之信。遂詳請大給工本，得銅千萬餘斤，以議叙加道銜。余初至滇聞是事，以爲故神其説，及晤菊泉太守詢之云信然。後雲亭以邊俸遷普洱太守，會於會城，詢之亦云信然。固遍詢辦廠諸公皆云，礦之衰旺，實非人力所能爲，則神主之矣。廠皆祀神而不皆旺，則又非神力所能爲矣。豈地不愛寶而出，必以時固不可測耶。

吴仰賢《小匏庵詩存》卷三《金殿》 即太和宫，在滇城東二十里鳴鳳山，一名鸚鵡庵，又名銅瓦寺。萬曆中，巡撫陳用賓建，鑄銅爲殿，環以甎城，奉祀真武像。

言尋鸚鵡庵，乃在鳳山側。石磴引途長，筠輿穿箐密。初地峙山門，重闕闢香域。佛亦專城居，崇垣勢崱屴。眼明見花宫，照耀黄金色。誰鑿銅山穴，來構梵王室。參差萬瓦明，磨礱兩楹植。藻井與疏寮，玲瓏勝雕刻。中奉武當神，玉座頗瑩拭。庭前五丈竿，大旗颶落日。居然笵金爲，非是通帛質。穹碑屹兩旁，大書夸撰述。經始萬曆中，甲辰首載筆。偉哉陳中丞，持節撫南國。勇略伏猓獠，餘威讋爨僰。三宣設八關，屯兵備緬賊。雄才足籌邊，韋李乃其匹。惜哉侈心生，未免留口實。銅柱馬援置，銅鼓武侯勒。克敵揚天威，豈恃象教力。況當神廟年，中外困掊克。殿工籌度支，礦使徧南北。滇中增貢金，數比舊額溢。輦石充山莊，購象備扈蹕。要荒肆徵求，帑緡縻千億。以兹六詔民，愁歎廢力穡。中丞亦慈祥，實井役請息。乞哀一紙疏，讀者尚心惻。奈何侈興築，物力不遑恤。竭此三品金，空爲十地飾。即今厄紅羊，戰場浩荆棘。昆池灰再飛，阿房火未熄。兹殿類靈光，巍然可登陟。窗軒稍零落，父老爲哽咽。釀金累錙銖，鳩工庀堂闕。毋使大厦傾，謂是明神式。我意獨不然，狂論衆所嫉。不見民苦飢，老稺葬溝洫。廠廢鼓鑄窮，那能賑萬鎰。佛開甘露門，斷臂且捨得。何惜方丈地，借爲救荒術。巨炭熾紅罏，新模就赤仄。彈指千萬緡，散以助耕織。鴻嗸得棲遲，鶉衣救凜慄。徐議銷兵氣，農器鑄亦亟。斯事實便民，余豈貪貨殖？彼佛如有靈，罪謫誓不怵。

《清朝續文獻通考》卷二一《錢幣考三》 光緒九年，雲貴總督岑毓英奏陳整頓滇省銅政事宜，户部議如所請。

臣謹案：毓英原奏略謂見在蜀患人多，滇患人少，宜先開辦附近川邊之東昭、永北、武定各廠，以次及於曲靖、楚雄、順寧、開化、臨安，庶便招集。果守其策以行，不特滇以富强而足自立，且可遠保越藩，近濟貴州，烏能不致恨於久任銅政徒以自肥之大員耶！

《（光緒）湖南通志》卷六一《食貨志七·物産二·澧州》 銅山在澧州西南四十里，相傳産銅。明永樂中，曾置冶鍊之不成。《一統志》。

又卷二六九《藝文志二五》 大漢桂陽監敬鑄造鐘壹口，重二百五十斤，謹捨於崇福寺，永充供奉。特冀殊因，上資國祚，次及坑鑪，民庶普獲利饒。大寶四年太歲辛酉十一月二十四日設齋慶讚，訖謹記。

《金石文編》：「南漢大寶四年，鐘在桂陽州城隍廟中，其文陰款，正書六行，字徑四五分。學使徐星伯編修訪得之， 以拓本貽予。以史考之，桂陽郡本漢置，唐改爲郴州，屬江南道。《地理志》云：郴州桂陽郡有桂陽監。

《金石補正》：「右銅鐘在桂陽州城隍廟，同治戊辰六月， 吳春谷太守權州篆，爲予拓致之，《湖南通志》所載誤『設』爲『投』，年月二行誤列於前，宜改正也。考桂陽州，漢郴縣地，至唐置桂陽監，隸郴州，屬江南西道，又置平陽縣。五代晉省入桂陽監，周時爲南漢所有。劉鋹大寶四年，周已先一年 亡矣，《唐書·地理志》云郴州有桂陽監，《元和志》云郴州桂陽監在城内，每年鑄錢五萬貫。又云郴州平陽縣出銅礦，供 桂陽監鼓鑄。又考會昌中敕鑄錢之所，各以本州郡名爲背文，桂陽監錢用桂字，在穿右。咸通十一年，桂陽監鑄錢官王彤進新鑄錢，文曰咸通元寶，是郴州銅産唐代甚饒，故於此置監鼓鑄。南漢仍唐之舊，故云『坑鑪民庶普獲利饒也』。國初設有銅廠，乾隆間桂陽州緑紫坳等處歲出砂銅、渣銅幾及四十萬斤。嘉慶間所出不逮什一，今并無之矣。餘詳瞿跋文，共五行，前三行分刻上下區，瞿氏以爲六行非。

陳元龍《格致鏡原》卷三四《珍寶類三·銅·總論》 （唐）《食貨志》：元和時，天下歲採銅二十六萬六千斤。及宣宗歲，率銅六十五萬六千斤。《朝野雜記》：宋朝銅坑冶，閩蜀湖廣江淮浙路皆有之。祖宗時，天下歲産銅七百五萬斤有奇。渡江後，其數日減。《長編》：靖國元年，宣德郎游經專切提舉，措置江淮、荆浙、福建、廣西銅事，自言嘗究講有膽水可以浸鐵成銅者。韶州岑水、潭州瀏陽、信州鉛山、饒州德興、建州蔡池、婺州銅山、汀州赤水、邵武軍黄濟、漳州礬山、温州南漠、池州銅山，凡十一處。崔鴻《北涼録》：先，酒泉南有銅鍦，出言：虜犯者大雨雪。沮渠蒙遜遣工取之，得銅萬斤。《酉陽雜俎》：衡陽唐安縣東有略塘，塘有銅神，往往銅聲激水，水爲變緑作銅，腥魚盡死。《神異記》：丹陽銅似金，可鍛以作錯塗之。故《淮南子》有曰，餌丹陽之僞金，即此也。《拾遺記》：炎帝採峻鍰之銅以爲□。峻鍰，山名也。下有金井，白氣冠其上，人升於其間，雷霆之聲在於地下，井中之金柔弱可以緘縢也。《庶物異名疏》：英，青銅也。見《淮南子》。《南史》：齊永明中，劉悛獻蒙山銅一片，又銅石一片。《談苑》：自然銅黄如金粉，價值於金。《山海經》：橿谷山、昆吾山、蟲尾山、白馬山皆多赤銅。京山其陽有赤銅，其陰有云礵。《格古論》：和氣子者即紅銅，又名張公，又名身子石，試有聲而落屑，色赤而性硬，火燒黑色，難打又發裂。《事物紺珠》：倭銅出倭國，如黄金。白銅出滇南，如銀。馬蹄銅白如銀，黄銅入盧甘石造。《廣雅》：白銅謂之鋈。《稗史類編》：世有鍮石者，質實爲銅，而色如黄金，特差淡耳。《格古要論》：鍮石，自然銅之精者也。《潛□書》：鍮鉐，黄銅似金者。我明皇極殿頂名是風磨銅，更貴於金。一云即鍮鉐也。《事物紺珠》：銅青，銅緑，出右江有銅處，銅之苗也。

張之洞《張文襄公書札》卷五《致唐鄂生》 滇中鑛務經閣下苦心經營，遞年以來，力籌充拓，乃獲成此不竭之源，資京國之正供，裕漢苗之生計，功偉惠廣，實倍尋常。惟聞近來部中催解尤急，而撥款又多不敷，文法繁密，公私交困，動籌翹想，棘手可知。近日情形如何？得有數處佳鑛否？四川寧遠屬境夷地之銅能供我采購否？以閣下高掌遠蹠，當能一力支柱，望隨時賜示大略，以釋馳系。客歲令姪孫名爾錕者過鄂，今秋復由廣西催餉而來，藉得詢悉近狀。前知閣下右臂患疾，未能作字，竟用高南阜左書之法。聞近來調治就愈，已能握管，甚慰，甚慰。惟南詔風土瘴癘未除，益以勞勩殊常，諸祈善自珍衛爲禱。弟回車鄂渚，瞬又經年，楚中本極枯窘之區，連歲灾祲，民情益困，庫藏之財已竭，交涉之事日繁。自去歲鹽釐百萬撥抵洋債，益不可爲國矣。大農劃款搪塞，大都畫餅充飢，致百事均難措手。時局艱危如此，當務之亟又不能不勉力圖之。惟是推廣練兵，而將才難得，精求製械，而經費不充。農工商爲富國之基，亦經分設學堂局所，切實講求，而皆苦風氣未開，收效難速，遑策十年之計，祇盡寸陰之心，蓄艾已遲，補苴何及，旁皇中夜，憂憤交深。閣下愛我，其將何以教之。頑軀近年衰朽日形，眠食俱減，自慚竊禄，無補時艱。無如經手要件，尚未一律竣事，一俟槍礮廠規模立定，即當乞罷避賢矣。光緒二十三年九月二十日

張佩綸《澗于集・書牘》卷五《復唐鄂生中丞》 客冬奉六月晦日惠書，敬承道體清健，良慰素懷。巧家、威寧兩鑛足供三百年開採，執事以綜核長才，釐剔鑛政，自必弊絶風清，一洗乾嘉以來中飽之習。弟同心私祝，實不願公久滯銅官耳。瀘州開鑪鼓鑄，部復若何？機器鑄錢之説，萌於閩中。佩綸詳細估計，不甚合算，後石泉鋭意行之，停船工以資鼓鑄，錢惡必不耐久，而船官資其薪俸虧耗良多，不知粤中所購機器日能鑄錢若干也？

《〔宣統〕新疆圖志》卷五九《山脈一》 曰蘇渾山，由托音圖巴山分支而東，經哈拉別里達坂，折而南值伊提約爾卡東北，北分一支東行，至闢展大山南分一支，爲伊提約里山，東行至吐魯沙依綿亘不絶。其山多銅。

疏附鄉土志：此山西南距縣城二百七十里，東西長五十里，南北八九十里。回人呼銅爲密斯。土魯沙依一帶山内銅皆石苗，開洞高尺餘，寬二尺，卧而鑿之，苗厚者一二寸。每坯百斤燒生銅四十餘斤。

曰康山，由古立鐵梗分支南行。其上産銅，産嵐炭，多松林飛泉出焉，下流爲科克申堪蘇之河。

疏附鄉土志：一名落康山，東南距縣城三百里，東西長四十里，南北二十餘里。科克申堪蘇河一名坎素河，發源於城西四百七十里古立鐵梗之南，東南流繞康山之陽百餘里，泉流數道合而爲一，至坎素折而南流七十里，入於烏蘭烏蘇河。

謹案：疏附西北自安鳩安卡起至上五拉克止，沿烏蘭烏蘇河左右一帶山内長三四百里，産銅，皆浮苗寬二三寸，厚數分。每坯百斤燒生銅二十餘斤。萬山叢雜，隨隱隨見，山極險峻，登採爲難，上五拉克設銅廠一處。

又卷六〇《山脈二》 曰却爾噶山，其上多銅。

《西域圖志》在鄂克阿特、庫塔克西、木素爾、郭勒西南，又西與圖格哈納接。

《一統志》在拜城西南。

謹案：却爾噶即楚午哈之變音，又轉爲察爾齊克。《西域水道記》云：上銅廠曰雅哈阿里克廠，回語雅哈，邊界也。地臨邊界，有渠水，故名。銅産其西南六十里楚午哈山，俗曰滴水崖，亦曰察爾齊克廠。下銅廠曰温巴什廠，回語十曰温頭，曰巴什，謂十人之長。銅産其南四十里鹽池溝山，亦曰鄂依斯塔克齊克廠。向置遊擊一人司之，立錢局焉。按：今拜城銅礦三所，縣屬之。西南山均官地，一曰温巴什銅廠，距城一百二十里。一曰滴水崖銅廠，距城一百六十里。一曰克塔銅廠，距城二百五十里。産紅銅，官督民辦，省局鑄錢全賴此山之銅。其質柔粹，最爲良美。近因運炭累民，丁酉之秋改章，令民間舉首人輪流開辦，每歲交銅十萬斤。上下滴水崖附近之鞏伯銅廠，暨東北一百二十里之和色爾地方銅廠，均停未辦。

盛宣懷《愚齋存稿》卷七七《電報七七寄雲南李仲帥〔宣統三年〕二月十七日》 造幣廠需銅甚亟，二年冬月、三年正月已咨尊處監理官稟部。滇銅甚旺而礦員發價既少，又以沙錢布麵等物相抵，若以東川所屬各廠並將軍石廠專辦京銅，可有盈無絀等語。現辦洋銅每百觔價約三十二兩，如多買滇銅，可塞漏卮。公事事求實，若得廉員廣採廣收，多多益善，改由海道運至津滬交收，一洗積弊。以本年約計，可得銅若干，每百觔銅價連海運費需銀若干，速電示，議有規模，再由部咨辦。弟忝任畫一幣制，故預商自辦，若不能再購洋料，亦屬無法。

《民國文獻資料叢編·史料旬刊》第三册《修建寧壽宮工程案》 又奴才英廉、劉浩、金輝謹奏，爲約估銅斤工料銀兩具奏事：遵旨成造寧壽宮添設銅缸二十四口，奴才等即交鑄爐處官員按現辦銅缸，奏明銼刮磨匠，節省二成半之例，一體詳加估計，口徑五尺銅缸四口，每口約重五千六百八十二斤十三兩。口徑四尺銅缸二十口，每口約重三千六百三十斤二。共約用銅九萬五千三百三十一斤，買辦物料及匠夫工價約用銀七千四百四十六兩七釐。再遵旨查來廢銅鐘鼎二十九件，原約重三萬八千三百餘斤，業經奏明交鑄爐處毁用在案。續經奏明，圓明園新建廟、熱河羅漢堂二處領用銅鐘二件外，所餘鐘鼎二十七件，隨派內務府郎中成德會同運送鐘鼎之官員及鑄爐處官員，三面眼同秤兑，共重三萬一千四百七十斤二兩，內銅鐘鈕上拆下鐵料重四百三十六斤八兩，銅實重三萬一千三十三斤十兩。查鑄造龜、鶴、鹿、鼎四項約用銅一萬一千四百三十斤六兩，內除毁銅鼎樓二對、鹿一對，重五百七十斤外，仍用銅一萬八百六十斤六兩。前經奏准在交來毁銅鐘鼎內動用仍存鐘鼎銅二萬一百七十三斤四兩，現鑄造銅缸二十四口，除用毁鐘鼎銅斤外，仍需黄銅七萬五千一百五十七斤十二兩。查造鍋銅缸俱係按五五對化鑄造，係由廣儲司轉行户部寶泉局領取應用。今此次所造銅缸二十四口請照前例行文廣儲司，轉行户部寶泉局，領取紅銅三萬七千五百七十八斤十四兩，倭元三萬七千五百七十八斤十四兩，其工料銀兩仍在廣儲司銀庫領用。至渣煤、黑炭、鐵絲轉交各該處行取應用。再，鐘頂上拆下鐵四百三十六斤八兩，請交造辦處收貯以備別項鐵料活計應用。伏候命下之日，奴才等率同該員敬謹辦造，統俟工竣之日再行詳細查核報銷。謹將約用銅斤工料銀兩，敬繕清單，一併恭呈御覽。爲此謹奏。乾隆三十八年五月初四日交總管太監桂元等轉奏，本日奉旨：知道了。欽此。

成造寧壽宮安設銅缸二十四口內，口徑五尺銅缸四口，每口約重五千六百八十二斤十三兩。四口計重二萬二千七百三十一斤。口徑四尺銅缸二十口，每口約重三千六百三十斤。二十口計重七萬二千六百斤。共約用銅九萬五千三百三十一斤。

按例約用外僱：揚銅匠一千三十八工，番沙做模子匠五千一百九十二工，倒火匠六百九十二工，卸罩去皮縫匠三百四十六工，鏨粗匠四千四百九十九工，鏨細匠八千九百九十九工，粗銼匠四千一百五十三工，細銼匠九千六百九十四工，磨匠五百七十二工，出亮匠七十一工，嵌補匠四千八百工。

除按例銼刮磨匠節省二成半外，净用鑄鏨等匠四萬五十六工，每工銀一錢五分四釐。計銀六千一百六十八兩六錢二分四釐。

壯夫五千五百六十一名，每名銀八分，計銀四百四十四兩八錢八分。

又：奴才英廉、劉浩、金輝謹奏，爲約估銅斤工料銀兩具奏事：遵旨成造新建皇極殿安設銅龜鶴各一對，鼎爐二對，並頤和軒改造銅鹿一對，又收拾見新鼎爐二對，隨交鑄爐處官員敬謹辦造。經金輝陸續撥得蠟樣及收拾見新鼎爐二對，上安設重簷樓子，因坯片甚薄難以銼刮等情具奏。奉旨：重簷樓子准其毁造，餘照蠟樣准造。欽此。欽遵。奴才等按例詳加估計，鑄造鼎、爐二對，共約用黄銅三千九百三十五斤，收摟攢焊重簷樓子四座，約用紅銅條六百二十七斤七兩，工價物料銀五百五十五兩八錢三分五釐。銅龜一對，約用黄銅三千九百七十六斤六兩，工價物料銀七百五十五兩九錢九分一釐。銅鶴一對，約用黄銅二千一百八十四斤，工價物料銀四百十二兩一錢六分一釐銅鹿一對，約用黄銅一千三百三十五斤，工價物料銀三百六十五兩八錢八分五釐。收拾見新鼎爐二對，配造紅銅臺撒樓子四座，約用紅銅條六百二十七斤七兩，工價物料銀二百二十九兩八錢七釐。以上鑄造鼎爐二對，龜鶴鹿各一對，收拾見新鼎爐二對，共約用黄銅一萬一千四百三十斤六兩，紅銅條一千二百五十四斤十四兩，工價物料銀二千三百十九兩六錢七分九釐。除用交來毁銅鹿一對、鼎爐樓子四座，共重五百七十斤外，其不敷銅斤即在鑄爐處所毁鐘鼎銅內動用，所需紅銅條請向廣儲司磁器庫領用，工料銀兩在廣儲司銀庫動用。至煤炭、鐵絲、西紙轉交各該處行取應用，統俟工竣之時，奴才等另行詳細查核，據實報銷。謹將約用銅斤工料、銀兩細數敬繕清單，一併恭呈御覽。爲此謹奏。乾隆三十八年四月十七日，交奏事總管太監桂元轉奏。奉旨：知道了。欽此。

成造皇極殿安設銅鼎爐四座，各通高四尺九寸五分，內收摟攢焊重簷紅銅樓子四座，共重六百二十七斤七兩。鑄造黄銅鼎爐四座，共重三千九百三十五斤。

按例約用外僱撥蠟匠二百六工五分，鑄匠三百六十六工，鏨匠七百三十二工五分，銼刮匠九百二十八工五分，磨匠一百六工五分，大器匠一百六十三工，合對匠一百五十六工五分，收摟匠七工，攢焊匠十工，掏銼匠一百三工五分。

以上共用撥蠟鑄鏨銼刮等匠二千七百八十工，每工銀一錢五分四釐，計銀四百二十八兩一錢二分。

壯夫二百二十九名（每名銀八分），計銀十八兩三錢二分，化銅工銀三兩九錢八分六釐，打銅工銀三十兩四錢七分一釐，焊藥銀二兩四分一釐。

《後漢書·志第二三·郡國五》 交趾郡，武帝置，即安陽王國。雒陽南萬一千里。十二城。龍編　羸𨻻　（定）安〔定〕〔《交州記》曰：「越人鑄銅爲船，在江潮退時見。」〕

《宋書》卷九七《夷蠻傳》 元嘉十八年，蘇摩黎國王那隣那羅跋摩遣使獻方物。世祖孝建二年，斤陁利國王釋婆羅那隣陁遣長史竺留陁及多獻金銀寶器。後廢帝元徽元年，婆黎國遣使貢獻。凡此諸國，皆事佛道。

謝深甫《慶元條法事類》外集卷六一《財貨門·銅》 高麗地産。高麗地産銀、銅，周世宗時遣尚書水部員外郎韓彦卿以帛數十疋市銅於高麗以鑄錢。又高麗貢銅五萬斤。《孔氏帖》。

程大昌《演繁露》卷一《服匿、刁斗、斯羅》 南唐張僚使高麗，記其所見曰，麗多銅，田家饁具皆銅爲之。有温器名服席，狀如中國之鐺。其底方，其蓋圓，可容七八升。案：《齊雜記》云：竟陵王子良得古器，小口方腹，底平，可著六七升。以示祕書丞陸澄之，澄之曰：此名服匿，單于以賜蘇武。子良眎其款識，果如所言。夫東夷之謂服席，即北狄之謂服匿者也。語有訛轉，其實一物也。僚之回也，舟至冷泉，麗兵來衛，中有銅器，晝以供炊，夜以擊警用。顔註：驗之即刁斗矣。東夷，箕子之國也，猶知重古，三代俎、豆至漢尚存，則刁斗，尚其傳習而近者也。若銅斯羅，其義絶不可曉。案：張僚記新羅國一名斯羅，而其國多銅，則斯者，斯聲之訛者也。名盆以爲斯羅，其必由此也。中國古固有盆矣，皆瓦爲之，故可叩擊以爲樂節者，以其有聲也。相如請秦王擊缶，楊惲謂家本秦也，拊缶而呼烏烏，皆瓦爲之質，未至用銅也。若其以銅爲質，固不知始於何時。然其以斯羅爲名，而至今仍之。則期羅也者，本其所出以爲之名也。後世固有改用黄白二金，且鍛且鑄者矣，而其易盆名以爲斯羅者，則其祖本由新羅來，不可掩也。於是酒器之有豐也，樂之有阮咸、嵇琴也，食品中之有畢羅、鑒虛也，皆本其自而立之名也。則易盆名以爲斯羅，自當本之新羅無疑也。

周去非《嶺外代答》卷七《金石門·銅》 史稱駱越多銅銀。《交州記》曰：「越人鑄銅爲舶。」《廣州記》曰：「俚獠鑄銅鼓。」開交阯及占城等國，王所居以銅爲瓦，信知南方多銅矣。今邕州有銅，固無幾，而右江溪峒之外有一蠻峒，銅所自出也。掘地數尺，即有礦，故蠻人多用銅器。嘗有獻説於朝，欲與博易，事下本路，諸司謂且生邊釁，奏罷之。

戴進賢《儀象考成》卷首《上御製璣衡撫辰儀説卷上之一》 製法：銅質宜精。

凡鑄黄銅器，具應用紅銅六成，倭鉛四成，鎔鍊精到，然後鑄之。遼《歷象志》云：「古之鍊銅，黑黄白青之氣盡，然後用之，故可施於久遠。唐一行鑄渾天儀，時稱精妙，理固然也。」

徐松《西域水道記》卷三《巴勒喀什淖爾所受水》 伊克華諾輝水南流經銅廠西。伊犂銅廠創立於乾隆四十一年，先是，四十年，將軍伊公勒圖建言，於伊犂置寶伊局鼓鑄製錢，每文重一錢二分，幕文曰寶伊，用銅八分四釐，鉛三分四釐八毫，錫一釐二毫，鑄錢千一百餘貫，自烏什、喀什噶爾、哈喇沙爾每城運産銅。次年，於哈爾罕圖山，諺曰鳳皇山，在惠遠城南四百五十里，置廠採銅六千觔，謂舊銅廠也。五十六年，將軍保公寧以礦竭，移廠哈什，增採銅千觔，益鑄錢六百貫。嘉慶六年，又自哈什移於巴彦岱呼巴海。

梁章鉅《浪跡叢談》卷四《日本》 國尤饒銅，我朝經製鼓鑄，所資滇銅而外，兼市日本銅，謂之洋銅，安徽、江蘇、浙江、江西等省歲額市四百四十三萬餘斤。商辦銅斤有倭照以爲憑信，攜帶綢緞、絲斤、糖、藥等物往日本市銅，分解各省。乾隆二十四年，禁止絲斤出洋，又兩廣總督請將綢緞綿絹一併禁止，嗣據江蘇巡撫奏請，仍許洋商酌量攜帶，每船皆有定額，非辦銅商船不得援以爲例。從之。

《金石識別》卷七《銅》 凡現今所有之銅，大抵皆得之於銅倍來底斯與灰色硫磺銅礦，及炭酸銅礦者居多，亦有從黑養銅及硫酸銅水取得者。

凡試銅礦，有火試、酸試二法。

火試之法：先以小塊置試筩中，熱之，辨其氣味，知其中或有磺或有砒，或砒磺均有。如有砒及硫磺者，每礦粉一磅，和木屑半磅，以油溼之，置筒中熱之，以出其砒煙。研碎之置淺罐中，燒紅而調攪之，則磺及炭燒去矣。研碎之，每一磅加半磅煅過之硼砂，或半磅炭酸素特，又加十二分之一煙煤，或研細之炭粉，亦可。和而溼之，作團，按實於礶中，蓋而封固之，入有風箱之爐燒之至礶通明，七分至二十分時，取出冷之，碎其礶得銅。此銅尚未浄，再置礶中，與硼砂同鍊之，至輭而能打，則浄。此法第一次去砒，第二次去磺，若礦内本無砒磺者，一二次功夫可省，如有磺而無砒者，可省一次。

凡銅礦中有硫磺、養氣、炭酸者，均可用酸試之。

酸試之法：以礦入重硝酸中，則硫磺、硫酸、銅、鐵、臬客爾、苦抱爾、鉛、銀皆能消化。若其中本有緑輕氣銀，則降於底如乳皮色。若中無緑輕氣而有銀者，則微加緑輕酸，其銀能降，如不降者，其中無銀也。如其中無鉛及安的摩尼及砒，與他金之遇磺輕氣能降者在内，則以磺輕氣放入，其銅變爲硫磺銅而降，其色黑。濾出，洗過，再入硝緑輕酸水消化之，以輕酸卜帶斯降之，得黑養銅。濾出燥之，仔細稱其輕重，即可算得礦中有銅若干分。

如已用吹火法試得只有鐵及銅和者，則以硝酸消化之，而用阿摩尼阿降其鐵，爲水多養鐵。知其有若干鐵，即知其有若干銅。或如前法，再以輕酸卜帶斯降其銅。【略】

烘礦之法：凡礦中有硫磺鐵者，皆可使之自煨自烘。法於空地以碎礦堆高之，上蓋以土，中心作煙通，堆上作凹坎，以收其鎔化之磺。此法要燒六個月方畢。

礦之烘過者，其形如粉其色黑。

英吉利之銅礦，因其中之硫磺鐵少，不能使之自燃，故用倒焰爐烘之，費多而可速。

英吉利分礦之法，烘鍊相間，烘一次，則鍊一次；鍊一次，則烘一次。其意烘之，使易升之物去，又使銅得養氣，鍊之使養氣去，而銅得漸净也。其烘鍊之法如左：

法以礦於倒焰大爐，烘過另入一倒焰爐中鍊之。其爐比烘礦之爐小，其底可容一百磅礦，猛火燒之，時時調攪之，使其渣滓浮出，成料油，則去之。任其鎔化之銅汁在底，再加一百磅礦粉，仍如前鍊之。如爐深者，可加三次。如銅汁滿，則使其自下流出至水中，成細粒如砂，其中有三分之一銅，其餘爲硫磺銅鐵。再入烘爐烘之，屢調之，使鐵得養氣，二十四點鐘取出。再入爐鍊之，仍以前次所取出料油中尚有未分出之銅，加入其中，仍如前法，滿則流入水，其内有六十分銅，謂之細銅。再烘之，再鍊之，仍如前流入水，謂之粗銅，内有八十至九十分銅。再烘之，此次烘，即於鍊爐内烘之，兼烘帶鍊，進風氣以引出其養氣十二至二十四點鐘，流出於砂中凝成塊。其銅硬而色紫，面有泡皮，中多蜂窩。

再入爐緩緩鍊之，使養氣與雜質化料油，時取一滴觀之，如深紅色向紫，碎之粒口粗者，謂之燥銅。以木炭末加入汁内調之，如沸，屢加炭屢調，亦屢取一滴試之。至輭而無粒，面有絲紋，色淡紅，則净矣。流入模中，每塊長十八寸，寬十二寸。又有鍊時須加鉛，使易得養氣者。此英吉利鍊銅之法也。其爐每三層相連如級，一面烘，一面鍊。

歐羅巴各國，有以猛風爐代倒焰爐者，其費較省。花旗亦用猛風爐。【略】

現今所用之硫酸銅，大抵皆做成者居多。法以銅屑入淡硫酸水熬之，則消化，冷而凝結即成。或以銅溼之以淡硫酸，置之熱處，乾則再溼之，久則消化，以水熬之，凝成塊。

水中若有硫酸銅多者，亦可熬得之。

流水中有硫酸銅，可以鐵换得之。其法於水之經過處，掘地作坎，坎中置鐵五百噸，一年之久，其鐵盡消化，變爲紅色之土。每噸鐵能得土一噸半或二噸，其每噸土内有一千六百磅净銅。有一處用鐵二十四萬磅，换得銅十八萬磅。

新法：凡硫磺銅，烘之使見天空氣，變爲硫酸銅。以硫酸銅消化於水，用電氣降之得净銅。

花旗銅礦之脈，大約在脱拉潑之突過砂石層處，先遇客里蘇各落即可得黑養銅。

銅，古時已知用之，大約與錫相攙爲兵器。有得二千年前古器者，分之，知其用五分銅，一分錫，此爲最硬之劑。亦有古刀，其刀口用鐵，刀背用銅者，知古時之鐵貴於銅也。

黄銅之劑，二分銅，一分白鉛，爲最好。亦有四分銅，一分白鉛者。

五分銅，一分白鉛，色如金。五分白鉛，八分黄銅，色如白金，可作扭扣。九分白鉛，三十二分黄銅，名罷孚金。礮銅，攙錫七分至十分。響銅之錫八分。鐘銅用錫三之一至五之一。鏡銅用錫三十至三十三。回光大遠鏡，用銅一百二十六分，錫五十七分半。

《鍊金新語》第九章《鍊金類各成法》 惠爾須鎔銅法：惠爾須鍊銅法，各國皆用之，用倒燄爐，惟德國用衝天爐。惠爾須法，先令成銅硫，而後剔減出來，德國則加入炭養而鍊之。其意以銅與硫極有愛力，令銅合硫以成銅硫澄定塊，其他金類與養氣相併，變爲含養物而分去矣。惠爾斯鍊法，其料一爲較次礦質，即銅硫二，含鐵硫二，百分内銅有五分至十五分。一爲較富之料，百分内銅居十五分至二十五分。一爲各種含養雜金類。此三種料合併，可得銅居百分之九分至十五分。

鎔化之法，視礦質如何，大都須經過以下六法：

第一爐烘散雜併之礦質，將銅硫二礦質烘之，不論所含銅質多寡，並併和雜質之鐵硫鉮銻各若干。初次烘法，總未周到，烘應到若何地步，視所含硫二質之多少，而硫二質在後此鍊法，有用之者。第二爐鎔成澄定塊，將礦質與多銅養渣同鎔。此銅渣由第四爐出來，以鈣弗石爲配料，可與含養物含炭養二物同加入，鎔得二份，一爲澄定塊麤銅，一爲渣滓，内有銅不過百分之半分。澄定塊内之銅，百分居三十分至三十四分，硫二十三分，又鉮銻錫數分。第三爐烘澄定塊麤銅，亦未周到，以有含養礦在内留爲後用。第四爐鎔已烘之麤銅，所用料如澄定塊，含硫多銅礦，其鐵硫二甚少，又加含養銅礦，少鉮銻錫質者。此鎔鍊得二份，一爲澄定塊，銅居百分之六十五至八十分，硫居十八至二十二分。其渣爲矽養二鐵，含有銅養，並銅珠，計净銅居百分之二分或三分，此渣爲第二爐用。第五爐烘提澄定塊，法頗繁瑣。露天烘鎔，俾收養氣，其意提清澄定之料，令所含之鐵成渣，而得净銅。惠爾須省名之曰絡斯丁，即烘提之意，與所謂開爾山者不同。開爾山即烘散也。由是得二份：一爲起泡銅，百分内銅居九十八分。一爲烘提所出之渣，渣内尚有銅養少許，並銅珠，及少許之鉮銻錫，此渣加入第四爐爲鍊料。第六爐提净令韌，將所有雜併之各質，變爲含養物。經此提鍊，銅可錘打。所出之渣，爲提爐渣，渣内含銅頗富，百分内銅居五十五分，可加入第四爐鍊之。惠爾須鍊銅法，專用倒燄爐，火栅較哈脱面積得五分之一。烘散爐有甚深之火房，可生剔減所用之氣質，然有多許養氣，由空氣而來。空氣由火橋洞放進，礦質從扁漏斗傾下，在半路略烘，然後到爐。烘散爐内容積，約三十尺長，十二尺闊，或二十一尺長，十二尺闊。每次烘料三噸至六噸，烘十二小時，或二十四小時。烘時將門關閉，熱度加高，令化分硫養質。所發氣質，無水硫養二、無水炭養二，居百分之一〇・六，養氣居百分之九分，淡氣居百分之八十分。鎔澄定塊之爐，配高熱度，火房較鍊處更大，爐底以數層金類渣錘成，厚十五寸至二十寸，斜向出料之洞門，近煙道有門，所以撈去鎔冶流質面之浮渣沫，不致有空氣攔入澄定物，爲養氣所侵。出料洞門，有桶受之，用起重架移桶置水具内，候冷，桶底開而料乃下。底長十四尺，從火橋至爐唄，相距二十三寸。每次鍊礦質二噸許，爐渣加入，如土物多者，加以鈣弗石。第二爐鎔澄定塊所用之物，大份銅養鐵養，銅硫鐵硫，欲得銅硫二，如下格式：

二銅二養丄二鐵硫丄二矽養三═══二銅二硫丄二鐵矽養三
即澄定塊　　即渣

提銅者硫養二質加入須多，否則銅易雜混於渣滓。烘澄定塊爐，與烘散礦質爐同。每次烘料有三噸半至六噸半之澄定料。爐内變化情形，與烘散爐情形亦相同。烘必二十小時至三十六小時許，所分出之硫，百分内居十二分。第二鎔法，與初次鎔麤金類同。其料即已烘散之麤金類二噸，並渣滓與含養礦質十二擔。此第四爐所得澄定料，爲白色銅，百分内居七十五分；或青銅，百分内居六十分；或痣形銅，百分内居八十一分。渣滓爲鐵二矽養二，内含銅百分内之四分。其中化學工夫，與第一次澄定同。青銅内有數份鐵硫二，痣形銅内有銅養併合之質。如礦質攙雜多質者，須加麤顆粒銅以爲底質。烘提各種澄定塊，在深火房之倒燄爐，工夫躭延甚久，使剔減之前，任鉮與銻變氣盡行騰去。倘爐底料質，已變稠質形狀，須更加熱度，令含硫二質，與含養質，化分而銅净矣。其化學法如下：

銅二硫丄二銅二養═══六銅丄硫養二　銅二硫丄二銅養═══四銅丄硫養二

此不净之銅，即泡銅，再置提清爐提之。爐與鎔爐同，惟其底較深，火房更大耳。每次加料十噸，起泡銅號曰豬銅排列須鬆，任空氣透入，令收養氣。熱度令漸漸加高，至鎔銅度火力略令緩，使鎔形延久，收養氣。鎔候約五六小時，漸加熱亦五六小時，俾其間鐵銻鉮等皆收養氣，於時再加熱度三四小時之久，則鐵銻鉮含養質變爲薄渣。渣内有銅養，即將此渣爬去，於是流質面最潔。將白煤屑或炭屑加於其面，令收去養氣。以極長青木枝置其中，用鐵叉撳青木枝至流質下，青木發出炭氣，銅沸滚上噴，出炭層而上。此炭氣與炭層皆所以收去銅養，而盡化爲純銅。銅内所餘銅養不過居百分之四，然銅養不可盡無。工匠取虎鉗試之，試其脆或韌，或過韌而軟，如過於韌，則將面層之炭屑爬去，使銅質與養氣相遇，銅得養氣而不過軟矣。美國拷洛拉度鎔鍊金銀礦質：每日鎔礦質二百噸，有銅、有銀、有赤金。他省送來礦質，每噸得銀中數，約四十兩至六十兩，得赤金中數，約半兩至一兩，銅居百分之二分或三分。大凡金銀礦百分之九十分，絶無銅質。其餘十分，通計百分内有二分至三分之銅。每日將百噸礦質，先在窑内烘提，而烘法不盡，總有百分之五分至七分硫質在内。更一百噸鎔時不烘，烘提礦質，與矽養礦質攙和。每噸所得百分，有四十分矽養渣滓。其澄定塊百分有四十分銅，得銀四百兩，得金六兩。每爐每日可燒二十五噸礦質，與二噸值價之渣滓。此渣由他爐得來。如是鍊法，每十三噸礦質，可提澄定料一噸，内有鉛若干，不過百分之十數。繼將已烘礦質三分之二，未烘礦質三分之一，加以含矽養之銀礦質，所以免澄定料内鐵質嚙蝕鎔爐。名其爐曰結濃爐，爐高尋常礦爐三尺，俾爬下值價之渣，流入礦爐，經此剔減，便爲尋常渣滓。此一番工夫，所以省複鎔值價渣之費。每噸料提銀可七百兩至八百兩，赤金十兩，銅得百分之六十分。每噸提料，足抵礦質二十噸，由是此提料可備提銀。

《銀礦指南》第三章《論礦中分銀新法》第一九節《論造銅緑法》 法以青礬二十二磅，鹽十磅，於水内消化之，傾於木桶内，或別樣桶内，另加鐵屑五磅，即車床、鑪床、鑽床所成之屑。乃令其桶旋轉進汽。待若干時後，其鐵與銅當鎔化而爲淡色粉，此粉即銅緑也。又法將青礬十一磅，鹽五磅，合以零塊紅銅若干，加水令沸，至水不現緑色爲度。其所成銅緑之數，當與前法所得者相等。倘其鹽不淨，當更加若干，即過以上所用，鹽數亦無妨礙。其所餘之水不可輕棄，其中尚含銅若干，故其水與所積成之銅緑皆可留爲後用。至所得銅緑不可使遇空氣，如多遇空氣，必致變壞也。

《冶金録》卷上《範模造法》 礬石粉 礬石粉亦爲有用之物，砂面用之，能令砂不燒壞。如所鑄之件甚薄，或火爐之板、或空心之器，用之最宜，成器之面甚平滑，而邊角花紋甚是清楚。然此種材料不可多用，因令砂質之軟，與碟粉用多之弊相同。不過碟粉能從砂中燒出，礬石粉内含鎂養，竟不能燒，如此分別耳。要之，用礬石粉與碟粉，取其易於通氣，若久用之砂必易軟也。

磨筒：黑料磨爲細粉，易於飛散，必特設一種磨筒常用之。磨筒以鐵爲之，將黑料置於其中，使其轉動，筒中置生鐵球數個，能加多愈妙。筒轉動時，球在内大轉，則黑料易於成粉。筒之形如第一圖，徑二尺至三尺，長一尺至五尺。一分時動二十轉至三十轉。重二十五磅至五十磅。動之之法：用皮帶與滑輪，或用齒輪亦可。西國大城之内鎔鑄之廠甚多，有人專以黑料磨成細粉發售爲業者，鄉間僻地黑料隨作隨用，不發售於人。

第一圖

又卷中《雜論》 鑄極堅結之銅器如大鐘之類，則鎔後須加燒八小時至十小時，質點更匀，顆粒更小。此種銅欲加鋅，則可加黄銅爲最便，即必推算其黄銅含若干鋅、紅銅若干，則可知應加若干。

凡鎔雜質之銅，鎔時極易改變，往往不能堅固，因鋅與錫易於化散。所以臨鑄之時，先取少許，試其化散與否，如已化散，須再加之。

看雜銅而知其一定之成色，最雜之事。試之之法，用一小鐵勺倒少許銅汁於内，待冷結後，折斷之而看其斷面顆粒之形，又試其能任之牽力，則可略知其成色。

黄銅必在礶中鎔之，鉛錫與碲能用倒焰爐鎔之。有人將紅銅先鎔，而後加若干鋅，則成黄銅。又有更便之法，將碎塊紅銅與鋅礦、與木炭粉調和化鎔之，但所成之黄銅，必再鎔一次，因第一次之黄銅有雜質，兩不堅結也。

又卷下《各金雜質》 銅之雜質。凡金類雜質内，紅銅之雜質最多，用處亦甚廣。兹擇其最要者，述之如左：

鐘銅。又名響銅。有人言最好之鐘銅，用紅銅七十二分、錫二十六分半、鐵一分半。但鐵與錫與銅分開而調和之，則不易合。若將零碎馬口鐵塊，置於鍋中，與錫同鎔，則錫與馬口鐵已相合，加於化鎔之銅内，則三物易於相合。

平常之鐘銅，用紅銅一百分、錫三十分至四十分，但此方稍損於前。又有一方，用紅銅七十八分，錫二十二分。造此方者，言甚妙也。又有一方，用紅銅八十分，錫一〇・一分，鋅五六分，鉛四・三分。此方最佳，鐘聲甚響，模中潮溼，亦無所害。法國慮安地名所鑄鐘銅，用紅銅八十分、錫十分、鋅六分、鉛四分，其響略如銀器之聲。若用錫太多，則鐘銅甚脆。有人言鐘銅中加銀少許則更佳，然余意度之，亦無甚益處。

韌銅。能任大牽力，故爲之韌銅。此種雜質用紅銅九分至十一分，錫一分，如鑄成大塊，則二物自能分開，雖少亦能分之。質内有數處，或含錫或含銅，比他處更多。鑄多之處在上面，銀少之處在下面。此材料堅固而韌最難磨銼，久在空氣中生鏽極銅。古人不知用鋼，一切兵器皆用雜銅爲之，另加燐少許，如將雜銅焠火則更鬆而韌，能以銀打薄之，有幾種銅之雜質，其性不同，有大小之別。鑄鐘之模須極乾而無溼氣，否則聲音不能響亮，如上所言有大牽力之銅，退火後牽力愈大。鐘銅退火減其堅固三分之一如用紅銅八十分、錫二十分，則最好退火，最能加其堅固。即如中國所鑄鑼、鐃、鈸之方，用紅銅八十分、錫二十分，鑄成之後，再加熱至極紅而焠火，則竟無聲，再退火數次而令其漸冷，久之其聲甚大。

造像之銅。造像之銅，各人用料，頗有分別，亦有用鐘銅，亦有用淨紅銅。金類之像，用紅銅八十分、錫二十分，爲之用金類鑄最好之像，做法不佳，所以不便立方。如一千八百年以後數年，法國所造之像甚不講究。此時所造高柱形之銅牌，有用紅銅九十四分、錫六分，所以柱形不佳，生計多凸處，鑿下此凸處，有數十噸重也。法國君第十四盧儀之像，較前者清楚而講究。此像之料，用紅銅九十一・三分、錫一分至二分、鋅五分至六分、鉛一分至一・五分。如第十五盧儀之像，用銅八十二・四分、鋅一〇・三分、錫四分、鉛三・二分。

古時希臘國鑄銅。平常用錫與銅鑄物，有時另加金、銀、鉛、鋅、鉮，且不第將此料鑄像，又鑄鼎、兵器、錢、釘、鍋與外科刀、針等器。蓋古人能用各種銅之雜質，或令其韌，或令其堅，變化從心，雖不知用鋼，而器用不乏。設令今人代爲之謀，舍用鋼之法將何以鑄成乎？

古時墨西哥鑄銅。鑄銅之人，名呵斯得刻，能將各種銅鑄刀劍等器，極爲精妙。凡鑄小件，加碎塊馬口鐵少許甚佳；若鑄大件而加馬口鐵，最易成顆粒而不堅固也。

鏡銅。鏡銅用紅銅六十六分又三分之一、錫三十三分・又三分之二，色白而明，磨之有光。有人得古鏡而化分之，得紅銅八十二分、錫三十二分、鉛六分。法國之鏡銅，用紅銅二分、錫一分，二物分鎔，鑄鏡時調和之。此方如另加鉮百分之一，或百分之二，則質堅而密，且更有光，不過遇空氣易生鏽耳。西人鹿斯伯所鑄遠鏡之回光鏡，用紅銅一百二十六・四分、用錫五十八・九分，此種雜質色白而有光，與水較重八・八一一，硬如鋼而脆如廣漆。鏡徑六尺，厚五寸・又四分寸之一，重三噸。鑄此鏡之工夫最難，已試過多法而未成，後用一個熟鐵圈爲模之底，其中裝滿鐵箍，此鐵箍層層密排，衹能通空氣而不能通金類。將此底在車牀中，車成凸形，與鏡之凹形相配，置於平地而用砂圍之，而上不用蓋。此金類在生鐵罐中鎔之，如用熟鐵罐與泥罐鎔之，金類必壞傾入模時，即乘其極熱而速置於退火之爐。此爐本已燒紅，鏡留在爐中一百十二日令其冷。

牌銅。此銅含錫者少，有人設一方：用紅銅一百分、錫四・一七分成之。但其性甚硬，不能用鋼模打成牌形，必鎔而鑄之。若用紅銅九十二分、錫八分，加鋅少許，即加黄銅少許，可從銅模打成牌形，不必鎔鑄。

假金銅。此銅顔色略如黄金，故謂之假金銅。用紅銅九十五分、錫六・五分、鋅三分。

《鍍金銅》此種銅必須易鎔，而模必有極細之花紋。最好之鍍金銅，用紅銅、錫、鋅、鉛，其方與造像者同。有人設立一方，言鍍金最佳用紅銅八二・二五分、鋅一七・四八分、錫・二三分、鉛・〇二分。凡鍍金銅其質點須浄而密，否則黄金走入其中而費料必多。

《黄銅》平常之黄銅爲紅銅與鋅所合成。其方用紅銅二分、鋅一分，或紅銅六十三分半、鋅三十二・三分。其銲金用黄銅二分、鋅一分，另加錫少許。若欲令其韌，如爲管與水壺，後來須打薄者，則用黄銅二分、銅三分之二。

《鈕銅》鈕銅用黄銅八分、鋅五分。

《赤銅》赤銅用紅銅八分至十分、鋅一分。日耳曼國之方：用紅銅十一分、鋅二分。

《白銅又名日耳曼銀》此爲銅雜質之最佳者，耐用如銀。日耳曼國白銅方：用紅銅六十分、鋅二十五分、鎳十五分。又方：用紅銅五十分、鋅二十五分、鎳二十五分，此爲最好之方。中國之白銅，化分而得其方：用紅銅五十五分、鋅十七分、鎳二十三分、鐵三分。又有一種白銅，其聲甚響，牽力亦大，能打能軋，其色如銀。其方用紅銅四〇・四分、鋅二五・四分、鎳三一・五分、鐵二・六分。又有一種白銅，最易用電氣鍍銀，可鍍銀百分之一至百分之二，其質密而堅，價亦甚廉。其方用紅銅六十二分、鋅十九分、鎳十三分、鈷與鐵四分至五分。

又有一種能任極大牽力之白銅，用紅銅五七・四分、鋅二十五分、鎳十三分、鐵九分。此物可以代銅，銅易生鏽，而此物不鏽也。最細之白銅，用紅銅八分、鎳四分、鋅三・五分。日耳曼國銀銲金，將其本質一分，加鋅四分，而搗成粗粉。

《雜質餘論》以上銅雜質外，又有數雜質亦詳述之：布令使人名銅、細密陸銅、奴那八格銅、馬漢了銅，其方各不同。有用紅銅三分、鋅一分，至紅銅二分、鋅一分。此各質分鎔而攪之，久之則匀。紅銅含鉛百分之一至百分之二，較之平常之紅銅更易車平，不過更脆耳。可打銅箔之雜銅，用紅銅七十分、鋅三十分。黄銅退火，質更韌而密，如令其忽然變冷則甚硬。如加鋅少許，則銅微紅而如深黄金色，加鋅甚多，則變爲緑黄色。如加鋅大半，則變爲藍灰色。造船用之銅釘，用紅銅十分、鋅八分、鐵一分。輪機之軸與軸襯所含之鋅，視尋常之黄銅少。黄銅内加鐘銅而鑄軸襯，則更佳。有人言一方：紅銅十六分、鋅一分、鉑七分，則其各性與黄金竟難分別。赤銅鎔時，用鐵桿或鋼桿調之，則能得其鐵，或得其鋼，而銅質更韌。紅銅和銀無甚好方，不過加鉮少許，則色更白而如鍋。銻少加紅銅則其色如玫瑰花，多加紅銅其色更深。銅與銻等重，則爲茄花色，再加紅銅，則其色爲深茄花色，而質皆甚脆。將紅銅九十分、銻五分、鋅五分，合鎔之可爲大軸枕，又可爲鐵軸兩邊之限。紅銅含燐則硬如銅，可鑄兵器，但易生鏽。

净紅銅新磨光之面，頃刻生緑黑色之鏽。古人所用之兵器，皆有緑黑色，意想其鑄兵器時，加燐令硬也。銅與鈡相合其色白而光可以爲蠟臺，或鈕扣，或日晷面，或鐘面等物，切不可以鑄炊飯之鍋，因其性甚毒也。鑄法將碎塊紅銅與鈡養即砒霜置於鍋中鎔化，而上加一層鹽蓋之，色如青銀，但易生鏽。

杞廬主人《時務通考》卷一三《礦務二·銅》 鍊銅爐作隔牆送風嘴法：爐愈加闊，則得銅多而燒料省，必加進風之嘴，令熱度足用。如瑞顛所用衝天爐，有三進風嘴。蒲哥司拉格，有四進風嘴。其礦愈難鎔，其爐愈宜窄。爐右太闊，必費燒料，須設法免此病，即在爐内作隔牆。如瑞顛所用，曾有一爐爲拉起得所造，共用二十四進風嘴。

軋司敦斛發煆銅硫礦爐：軋司敦斛發之爐，有一長方之膛，有栅數行，其栅面與爐底平行，其排列之爐，令其各栅在二個相近之行内不相對。其礦從上添進之時，已分爲細屑。爐頂上有轉動之器，司其添礦之多少。其添礦之輥桶，正在第一行爐栅上。其礦落下之時，先在第一行之面上相聚，如有留不住者，又落至第二行。如此逐行落下，其爐漸漸而滿。其添料之輥桶與爐栅，有一路在爐之邊，令煆礦所有之氣質放出。另有别門，可隨時開之，扒净爐栅。其爐愈高，其煆工愈全。爐栅每行之間，有一空處，在煆工起首之時，添入已燃之木或炭等料。多加燒料，至所裝之礦得火，得燒其收去火之爐栅，所裝之礦藉所含之硫而燒。爐下有法進風。而燒礦所得之氣，在爐頂上之路，通至造强水之房。此處放氣所行之路，通過爐底進風之處，令所進之風收其熱。煆過之礦，落至爐下之空處，有車收之，送至别處鎔鍊。軋司頓斛發爐，能煆各種含硫之礦，每百分含硫十六分至四十分者，俱可用之。英國叔渾西非非恩公司，初用此爐得益，以後歐洲别國亦多用之，威勒士南邊，用此爐大得利。

藍司白軋烘銅礦爐：藍司白軋烘礦爐，此爐長六十四尺，闊十四尺半，高六尺半。其爐底高於地面三尺半，近於火墻。有平底之凹長五尺，深一尺半，用砂與土打和爲之。其凹與爐栅處有立牆相隔，其蓋爲弓形，而上面平比爐底高一尺八寸。爐之每一長邊有門十八個，以便添料取料之用。二個爐栅之火，在爐底相合。而行過爐底其熱氣與霧在爐底下來去十八尺，則所帶去之礦屑與塵，在爐内沈下。其霧通至大凝路長一百三十尺，再通至五十尺高之煙通。此路收一切所有鎔化各質，並分出銀各爐之火焰。

鎔銅礦三門爐：鎔礦爐、煆礦爐之别，大半在爐底小而火膛大。派而西云：新爐之底長十三尺，最闊之處九尺，又爲橢圓形。其兩端有切斷之形，故在火墻處闊五尺六寸，在彼端略闊一尺。其新爐之爐栅長四尺闊三尺。鎔礦之爐有門三處，一在火膛，一在爐旁。平常關閉修爐之時，或爐底有凝結之物，要刮去者即開之。一爲添料出料之門，其滓從此門取出。並掉礦料之工亦在此門。

叔渾西兼鎔煆銅礦爐：叔渾西地方以鎔爐作煆爐之用。其爐底爲磚所做，其磚在上面爲平置而在下稍成弓形，其厚兩磚之厚，比下爐底更大。因通通火膛之上，煆礦之底板，一邊有二門，在下層亦有二門，惟排列不同。第一門在爐之前，可取出灰，並料理爐内之料。第二門在爐旁，可進工人修理。此爐之下有放料之孔，有生鐵槽通至大水池。此池滿以水。其爐之長與闊，同橢圓鎔礦爐。或用漏斗一二裝料，必以能耐大熱之火磚，堅築内牆，而其上面之弓，用石英火磚，或弟那斯火磚爲之。

海得司達得鎔銅倒焰爐：海得司達得地方之廠，鎔銅用煤氣倒焰爐。此爐之造法，用石英十分至十二分，端石之滓一分，鋪厚六寸至七寸，每層厚一寸至二寸，向爐門斜下一寸至二寸，又向放料之孔斜一寸。其爐底靠於爐牆旁，牆與火墻俱鋪此料，凸高三寸。

拉起得鍊銅爐：俄國須皮里阿婆哥司陸甫司克銅廠，用衝天爐高十四尺，有進風管四個。另有一種爐係拉起得所剏，每爐用進風管二十四個。此爐用煤少，而成銅多。【略】

又卷一三《礦務三·開採·銅》 各西國每年産銅數：各西國每年所成之銅，計英國一萬五千頓。西曆一千八百五十九年，英國取得銅三萬二千七百十五頓，俄國五千五百頓，奧國三千頓，普國二千頓，瑞顛三千頓，西班牙二千頓，比利時一千頓，煞克司尼〇頓三五。

又卷一三《礦務四》 乾法鍊。礦内不含金鍊，則其倒焰爐有凹處，收鎔化之銅。如阿脱維特勃合，與發侖，與魯拉司，與曬司卡等處，或用兩眼衝天爐。如司特諸呼脱，與弟侖勃合，與上哈次山等處，惟印度與日本二國用罐鎔之。礦若含金銀者，則或從礦與鎔或之質，一逕取之，如那其班牙，與發侖，與語生等處。或從鎔成之質取之，如阿步蘭納。或從黑銅分出之，如哈次山與西格路滑是也。亨軋里之司莫尼仔，與阿拖滑蘇二處，用瘦礦在衝天爐分取黑銅，取此黑銅餘下之質，用倒焰爐鎔之。所得之黑銅，再在倒焰爐用逕風之法提純。司克没尼仔，與克勒未尼仔，與牛所勒等處，將銅含鉛鎔成之質。用衝天爐鎔之令濃。所得之質，先用哇古司聽之法，入倒焰爐内變爲黑銅，再在倒焰通風之爐提純。富來勃合，與古侖大辣，將銅合鉛鎔成之質，用衝天爐與倒焰爐加熱令濃。其鎔質分出鍊之後，用倒焰爐鎔之，其黑銅仕進風之倒焰爐提純。美國之罷司敦，並路拿河邊之銅廠，將原礦或鎔質或黑銅，俱用衝天爐鎔之。所得之黑銅，再在倒焰爐内提純。罷合司路司地方，將原礦或鎔質，在衝天爐内鎔之，其黑銅在邊風倒焰爐内鎔之。其提純之工，亦用倒焰爐爲之。銅合養之礦，並變成之質，或用衝天爐鎔之如質西與潑末二處，或仕倒焰爐内鍊之。生成之銅，古侖他勒地方。將此礦在衝天爐内鎔之，法國之特脱來脱，用倒焰爐鎔之。

濕法鍊銅。銅礦含養者，變爲銅緑，而以鐵化分之。如阿特里厄地方，與令仔地方，與司太特白根地方，將礦在鹽强水内消化，或和以含鐵緑之質，或和以濃鹽强水。而加熱，成和以鐵緑，或和以鎂緑。用鐵化分銅養硫養水，將其礦或和以硫養，或和以鐵養硫養水，或用化分含銅之淡輕水。若化分銅養硫養，或銅養硫養，宜添以鈉硫。銅礦含硫者，將銅緑水以鐵或鈣硫或鈣養化分之。即將煅過之礦，或和以鹽强水，而不加熱，或加熱至燒礦之熱度，或令遇輕緑氣，或將生銅硫礦，和以食鹽，或將銅硫先加熱燒之。令收養氣，後再令收緑氣，又銅養硫養水，或以鐵或以輕硫化分之。如司麻納尼仔，與里牙汀妥等處，將化分之銅硫礦，浸在水内得其銅養硫養水。又有別處將礦成堆煨之。或在衝天爐或倒焰爐燒之，後浸入水。内旦尼之法，將燒過之礦，和以鐵養硫養加熱。後再浸在水内里維司與路白脱二人，將燒過之礦，或鎔遇之礦，和以硫强水。又有人用硫强水之霧，令其質與霧相合。若黑色銅，和以淡硫强水，而久遇空氣。曼司弗勒地方所産之礦含鎳，下哈次之礦含金銀。

弟脱來鎔生成銅塊。美國弟脱來地方銅廠，將大湖南岸所産生成銅鎔化，最爲不便。因大塊常有重至百頓者，極難分爲小塊。從前之塊，如大於數百磅，即不能運動。現在大塊所分之小塊，如不外八十至九千磅，亦有法可搬運。平常之法，多用火藥，令其大塊從山邊礫裂。惟大塊再分小塊，則不能用火藥，因其火藥必衝出塞口之物，故用長細之鋼鏨。其口略闊四分寸之一，一人執之，而一人用大椎打之，此工不能速成。間有大塊費二十個月之工，而分爲小塊者，此種小塊，運至弟脱來與若里甫蘭與比此白克各廠鎔之。此各廠近於英國哇喜哇與本司乏尼亞二處開煤大廠，故煤價廉而鎔費省。數年前有人在産生成銅處，開設鎔銅廠，近於普魯士開銅礦處，因此運礦之船回轉，藉可載煤，能省盤費。其礦與取得之銅，亦爲此船運出。另有三處開廠：一爲罷替木而，二爲罷司敦，三爲牛海分。俱鎔大湖所産之銅，並亞美利加與太平洋各海島等處。所運來之銅礦，弟脱來地方。礦之大塊，以四五頓一次進爐。用倒焰爐與收養氣之火，待十六小時之後，即成流質之滓。每百分含銅養四分，又銅粒三分至六分，俱取出之。爐内進空氣若干，令其内成銅養足用。

煞克司尼邦鎔生成銅。煞克司尼邦，用衝天爐鎔鍊生成銅礦。其礦爲苦路克路地方所買者，又有含鉵之銅礦。盛以布袋，每重七十五磅，俗名砂礦。此礦似有軋碎之形，内有生成之銅，並紅色之銅礦，並藍色之銅礦，並阿大卡米脱礦。另有石英與非司派耳，每百分含銅七十分，至七十三分。此礦以五十擔爲一次，鎔鍊成黑色銅。

英日鎔銅法繁簡。英國倒焰爐法，燒煤甚多，每銅一分，需用煤十六分至十八分。故非煤好價廉之處，不能用此爐。如用日耳曼衝天爐，只須價廉之好木炭與枯煤。因衝天爐内之熱結聚，所以省熱。若燒料過貴，如西班牙之南邊，只可用濕法。故英國之法，不能在各處得益。然法國、美國、日曼耳國，有數處用之。其燒煤最多，比日耳曼法多三倍。英國之法，在英國自用甚有益，因買礦賣銅極便，英法雖繁，頗能得利。

英日鎔銅工費。用日耳曼法，鎔礦一頓，其全費須金錢一圓，銀錢六枚。用英國法，須金錢三圓，銀錢一枚。兩法之工價略同，而倒焰爐所費燒料，略須三倍。其滓含銅更多，所去之銻與鉮更少。

賤礦鎔銅法。煤價若賤，則上等礦可用倒焰爐鎔之。若爲賤礦，必用衝天爐鎔之，可省煤價。然亦難以得利，故間有用强水消化者，如礦内多雜含矽養之石，則用强水曼爲合宜。

英國鎔銅礦之工。英國鎔礦取銅之工，分爲六級：一煅礦；二將煅礦鎔之成粗鎔質；三將前質再煅之；四將煅手之粗鎔質，鎔成細鎔質；五烘細鎔質成黑色之泡銅；六提純成韌銅。

英國鍊銅用派氏那氏若氏法。派而西與那比耳與若拉克，所設鎔礦各法，英國銅廠用之。英國近來從金山運回黑銅甚多，又有銅鎔質，並黑銅，從智利國運回。

日耳曼提純銅兩種。日耳曼銅廠，提純之銅有兩種：一爲圓板，此銅合於傾鑄各器，或和於別種金類，但其韌性稍遜，故不合於打軋之用；第二種爲掉銅，其形成爲方板，或爲條，無論熱至何度，而打薄軋皮之性最韌。

煅銅作墩法。煅銅作墩，曼司非達，與瑞顛與甫里勃合等處，俱用之。惟美國罷司頓作墩，用爐栅與彎弓形之蓋，煅工能速而匀。墩内須作火路，以結成其放出之硫。亨軋里用火路結成放出之汞，阿爾蘭之畏克路地方作墩，以爲烘核之工。

罷司敦所鎔銅礦質。美國罷司敦地方各銅廠，將亞美利加南北所有含養與硫甚少之礦鎔之，每百分含銅二十分爲中數。其鎔鍊之工，宜用衝天爐，而不用倒焰爐。因倒焰爐必用白煤，而價太貴。罷司敦用白煤鎔凈礦，用凹底之低爐。

法國鍊銅之工。法國人名勒普來，將鍊銅之工，分爲十級：一煅含硫之礦；二煅後分出其生鎔質；三煅其生鎔質；四將煅過之生鎔質，和以含多銅之礦而鎔之，以成平常白色鎔質；五將已煅過之生鎔質，和以烘過之中等銅礦，鎔成藍色之濃鎔質；六將第四第七第八各級之滓，分出白色或紅色之鎔質；七將第五級之藍色鎔質，烘之鎔之；八將上等白色鎔質烘之，鎔成濃鎔質；九將平常白色鎔質，與濃鎔質，並其含銅之爐底脚，鎔之成黑銅；十將黑銅提純成純銅。

俄國鍊銅廠所用礦質。俄國須皮里阿婆哥司陸甫司克廠，所用銅礦，每三分内有二分含鈣養之鐵硫，有一分含矽之銅養。其礦百分，含銅一分半至七分半爲常數，能含二十分者罕有之。

東洋銅最純。平常凈礦，可成二種銅，謂之韌銅。不凈之礦，所成之銅，謂之瓦銅。最純之銅，爲東洋銅。近來英國照東洋銅錠之式，假造東洋銅，大不及東洋者。間有人將銅鎔化，而傾入冷水成顆粒，謂之翎彈銅，此便於配合黄銅之用。又有傾入熱水内，其粒幾成毬形，謂之豆彈銅。

印度日本鎔銅矮爐。印度與日本等，有用矮爐如鎔金類罐之爐式，其鎔得質或成餅。取出打碎，烘之鎔之，以成黑銅，此質再用特設之爐提純之。

司臺納活特廠鎔各國銅。漢白軋地方，司臺納活特廠，鎔鍊各國運回之礦。奴爾回銅硫礦，每百分含銅二十七分，又含銅末六分至八分。又有來納河含錫之銅礦，百分含銅二分半。又土司恰尼含錫養之銅礦，另有礦含鎂之石，此礦百分含銅十二分至十四分。又有秘魯國含銀之銅礦，每百分含銅十分。又有可比阿普地方含養氣之銅礦，每百分含銅十五分。又智利國含銀之銅礦，所有含硫之礦，並含養之礦。大半用倒焰爐鎔之，所有含養氣與矽養之凈礦，以衝天爐鎔之。則所成之鎔質百分，含銅三十分，又得滓百分，含銅四分分之一。其鎔質用倒焰爐再鎔之，其最凈而含養氣並多銅之礦間有用衝天一逕變成黑銅者，分出各銅，比英國法更簡。

都以司白軋廠鎔銅礦四種。都以司白軋銅廠，所鎔之礦有四種。一、巴里辣銅砂礦，每百分含銅七十五分至八十分，此礦一逕提純之，而成上等之銅，其提純之滓，添入鎔泡面銅之工内。二、智利國含養之凈銅礦，每百分含銅十七分至二十二分，又有奴而回國之銅硫礦，每百分含銅四分至五分。此二種配合，以三十四擔爲一次烘之，約七小時至八小時。而鎔所成之生鎔質，百分含銅三十三分，又有滓百分，含銅一分至半分，此滓棄之。共燒煤三十六立方尺，其生鎔質和以含養之礦鎔之，成白色之生銅，每百分含銅七十五分至八十分。又得滓百分，含銅四分至五分。添入生鎔質之工内，其白色之生銅，用稍小之爐鎔成黑銅，約六十擔。燒煤三十四立方尺，其黑銅用七十擔至八十擔爲一次，燒二十四小時，用煤五十三立方尺，成次等之銅。三、不凈之銅硫礦，含鉀與銻與鉛。從西根採得者，鎔得之質，每百分含銅三十分。將若干分烘之，和以東烘之鎔質而鎔之，成泡面粗銅。後變爲黑銅，其黑銅再提凈，則成第三等之銅。四、多含銅合養之礦，此礦和以銅硫礦若干，並倒焰爐内增，濃之滓等，重鎔成黑銅。此用衝天爐有二眼常開，爐高六尺，每二十小時，鎔合料一百五十擔，至一百六十擔。每次裝礦八十擔，約以二十四小時，鎔底黑銅。每百分含銅八十五分，又有鎔質，每百分含銅五十分，並五十六分。用枯爐一磅，能鎔合料六磅至七磅，所得之黑銅再提凈，而其鎔質再鎔或黑銅。

魯納河各廠所鎔銅礦。魯納河邊銅廠，所鎔之礦，係西班牙與小亞細阿與阿非利加之北與西。並秘魯與殼西卡等處，所産之銅硫，與銅養各礦。魯納河近處，煤價甚貴，故專用英國之法，比合用英國日耳曼國之法，所費更大。

鍊銅烘心法。銅礦所含銅硫與鐵硫之比例小，則烘時變化最奇。因銅在礦塊中心相聚，礦塊心聚銅最多之處，乃與鐵養相切之處，如烘至鐵養無餘，又無硫變氣散出。則必有銅養變成，可處烘之，必得多銅。如阿古度並阿勒伯山用此法，令少銅之礦，聚銅在中。卡司敦活塔里而煞三人云：此烘法謂之烘心法，又謂之烘核法。

烘銅礦五法。派勾斯之法，已有礦師名軋勒脱，考得烘礦在倒焰爐。如一次用七頓之多，不過有五分之一。因烘工而變化，所以後來鎔得之生鎔質。其銅不能多相聚而濃，若將其礦變成粉，而在派勾斯爐内煅之。爐内有器翻動其礦，每礦百分，添以含緑之質五分。如鈉緑、鈣緑、銅緑、輕緑與煤屑等而烘之，則其銻硫與鉀硫俱化散。郎美得之法，將含硫之礦，和以食鹽，同時進以空氣。此空氣先處生石取内收去濕氣，燒鹽所放出之緑氣可收之，而成鈣緑。米起勒與阿特生與滑立捺之法，此法之烘工，屢所所烘之料打碎，而浸於水内，試其變化何如。色西客斯之法，此法添煤，而令其硫若十分，變爲炭硫，又添鹼性之鹽類質。又有人名希勒，燒錳礦放養氣，通至烘礦之處，燒其煙。另有法，欲通電氣，然以上各法，俱不能有大益。蒲特與麻而根之法，將熱風通進烘與鎔之爐内，故其爐必爲□設之式，兑飛曾歡人用熱風燒礦。然依軋勒脱之説，此法最難用。又有人名克明，止烘含銻含鉀之礦，用水氣通進爐内。

烘銅礦各法。有人名容，用西根地方之鈷礦，分取莫銅並鈷與鎳。若欲分取之工達而得數全，其礦先須烘之而浸於水。將各礦與鎔質先軋或粉，而在倒焰爐内烘之。如彭卡脱與皮叔弗之法，或成堆烘之。如司暮路尼仔與暮勒白客二處之法，或在露天或堆烘之。如司暮路尼仔與里哇丁多之法，或用成爐之法，烘之。如阿加度與會格路二處之法，或用衝天爐。如靈慈地方各栅仔之法。買格司云，含銅硫之滓，應烘之而浸於水。又有軋納古路司，照此法分取含銅鉛之鎔質。又有内敦設同類之法，分取含金並銀之銅鎔質。又如其國哥奴滑勒地方，將含銅硫之錫礦，洗之烘之，而消化之，加以鐵而分取其銅。又有兑尼將烘過之鐵硫礦，令異内之銅養，變爲銅養硫養。此和以鐵養硫養，而加熱即成。

煅銅硫養有用。有人名脱爾納，攷究烘礦之工，放出硫養氣，如空氣萬分内有硫養一分，即能有害。但烘銅礦時發出之霧，每十分含硫養一分，故威勒士之南邊。並闌客希爾地方，在通商相近處所有植物，大受異害。惟硫養氣原爲值錢之物，可以分出其硫，約在二十年前。有法國礦師勒鋪來，曾考叔渾西一處，所放硫養内之硫，每年值金錢二十萬圓。又軋勒脱云：英國各鎔銅礦放出之硫，值四十萬圓，現在英國鎔銅礦者更多。又司本斯云：前人推算鎔銅礦所放之硫，其數尚少。如叔渾西一處，每年鎔礦約五千頓，每百分含硫二十四分至二十八分。如特此硫養氣變爲硫强水，則能得三千二百頓。一千八百六十五年十月，硫强水之價，每頓金錢三圓，則每七日能得硫强水之價九千九百圓，每一年能得金錢五十一其四千八百圓。又云：英國大製造廠，需用之硫强水，大約不過此數。

勒布來鎔銅礦價。勒布來與里扶二人之書，鎔净礦每頓之費，鍊錢十七枚四，不净者鍊錢二十二枚，又每得銅一頓之費。純者金鍊十三圓，銀錢十四枚。不純者金二十一，銀十二。

曼司非特熱風鍊銅法。曼司非特地方，有數處銅廠，用熱爲之法，得其利，又多用枯煤當木炭。其大爐可用至一年，間有用至二年三年者，連燒不息。

銅泡含銅。所成銅鎔質，含銅不多，而其面所生之多泡内含銅。其成此銅之理，詳在善辣脱那與布來之書。普氏之説，比布氏更合理。又派爾西試驗，亦信服普氏之理。

鎔銅分出異質法。欲將銅鎔質，分出其異質。如鉛鋅銻鉀等，後用哇軋斯丁，成西阿甫軋勒之法，分取其銀。則可用英國倒焰爐，令其變濃，而不成黑銅，比用曼司非特衝天爐更得利。

鎔銅分銻鉀法。蒲堂與白諾二人刱法，用頓與鉛，分出礦之銻與鉀。又有法，爲步淡得與佃奴義所設者。其法將鉛硫礦與鐵添入生鎔質，而收出其銻與鉀。

世馬落尼次廠黑銅取銀。北亨軋里邦世馬落尼次廠，舊用汞(水銀)引法，取出黑銅之銀，今用亞格司丁之法。

杜郎太末銅□。奴爾會國魯拉司地方，提純黑銅，所成之餅，謂之杜郎太末銅。

黑銅提純工費。黑銅五頓，每百分含銅九十四分，能成純銅八十五分八。又有餘質十九分七五，此餘質百分，含銅三十五分至六十五分。共燒硬煤一千二百二十立方尺，軟煤八十五立方尺。

各種强水化銅。含養銅礦，常用硫强水。法國買步勒地方用之，令净銅養炭養變爲銅養硫養。又來納河林仔廠並會司得發里阿邦司塔特白軋廠，又瓦勒特軋士以司得廠，又夸末納相近處之廠，又阿特里愛志各廠，俱用鹽强水消化銅礦。魯以司魯白仔二人，在司麻勒尼仔地方，將黑銅之餘質和以硫强水，則餘下之質爲鐵養與銻養並貴金類。又甫來白軋，用同法消化其含銀之銅林仔地方用硝强水消礦。此礦照以司卡勒之法烘透。其烘法先將生礦烘之，後添硝强水而再烘之，隨添以鹽强水，即成銅緑。其銻緑與鉀緑，俱即散出。所有分出之銅，用鈣硫令其凝結。又有土里布里逸之法，將虛礦或合以水氣，或不合以水氣而烘，後用鹽强水分出其銅。又有司本司之法，將礦用倒焰爐烘之，隨用鹽强水消化之。其强水先將鈉養淡養若干，消化在内。烘質内所有不化分之含硫質，遇淡强水，難以消化。如研作細粉，而濕以濃鹽强水，令遇空氣半月餘，則所含之硫，漸與養化合。若用硫强水，則變化更猛。舍末尼仔地方，將生礦照齊阿白軋勒分銀之法，同時用淡硫强水分出其銅。曼司非特地方，將成粒之銅，添以淡硫强水，而進以空氣，分出其鎳。又哇卡與發侖與木勒土發等處，以此法分出其金與銀，間有將舊銅以此法變爲銅養硫養，間有將銅百分，和以食鹽二分至三分而烘之，後用硫强水消化之。

鐵質結銅法。水内所含之銅，爲鹽强水或硫養氣所消化者，加以鐵質，銅即分出。阿司設一法，用絨形之鐵結成其銅。又有布路納克，與弟黑立本用此料，在乾法内分出含硫之金類。又如麻勒大非阿，將鎔成爐内結成之鐵質爲此用。又有西彭白亨之庫朗司太得地方，用鎔含鐵之銅滓，合於鈣養與煤屑所成之生鐵，爲結成之銅用。阿勒特利愛志地方，用馬口鐵廠所得之廢料，或將舊馬口鐵用鈉養等質，消化其鉛與錫，然後用之，令銅結成。

輕硫氣分銅法。奴耳會國福勒達勒地方，有人名斯丁，用輕硫氣之法。爲含銅少之礦，用鐵不能得利，則用此法。【略】。須金錢八圓，銀錢十五枚。另有數事，如水脚車錢利息等事，必另加。惟銅廠所得之利，大半在礦價廉而銅價貴每年餘利，大約百分之十三。

鐘銅韌銅。鐘銅，用紅銅七十二分，錫二十六分半，鐵一分半，但鐵與錫與銅分開而調和之，則不易合。若將零碎馬口鐵塊置於鍋中，與錫同鎔，則錫與馬口鐵已相合。加於化鎔之銅内，則三物易於相合。平常鐘銅用紅銅一百分，錫三十分至四十分，又方用紅銅七十八分，錫二十二分，又方用紅銅八十分，鑄一○一分，鋅五六分，鉛四三分，此方最佳。鐘聲甚響，模中潮濕，亦無所害。法國慮安地方，所鑄鐘銅，用紅銅八十分錫十分，鋅六分，鉛四分，其響略如銀器之聲。若用錫太多，則鐘銅甚脆。有言鐘銅中加銀少許則更佳。韌銅，用紅銅九分至十一分，錫一分，久在空氣中生鏽極細。古人不知用鋼，一切兵器皆用雜銅爲之，另加燐少許。

牌銅。牌銅，用紅銅一百分，錫四一七分成之。但其性甚硬，不能用鋼模打成牌形，必鎔而鑄之。若用紅銅九十二分，錫八分，加鋅少許，即加黄銅少許，可從鋼模打成，牌形不必鎔鑄。

法國造像銅。造像之銅，各人用料，頗有分别。亦有用鐘銅，亦有用浄紅銅。金類之像，用紅銅八十分，錫二十分爲之。如一千八百年以後數年，法國所造之像，甚不攷究。法國君第十曰盧儀之像，較前者稍精，此像之料，用紅銅九十一三分，錫一分至二分，鋅五分至六分鉛一分至一五分。如第十五盧儀之像，用銅八十二四分，鋅一○三分，錫四分，鉛三二分。

古墨西哥鑄銅。古時墨西哥鑄銅之人，名阿斯得刻，能將各種銅，鑄刀劍等器，極爲精妙。

鹿斯伯鑄鏡銅。鏡銅，用紅銅六十六分又三分之一，錫三十三分，又三分之二。色白而明，磨之有光。有人得古鏡而化分之，得紅銅六十二分，錫三十二分，鉛六分。法國之鏡銅，用紅銅二分，錫一分。西人鹿斯伯所鑄遠鏡之回光鏡，用紅銅一百二十六四分，用錫五十八九分。此種雜質色白有光，與水較重，八八一一，硬如鋼，而脆如廣漆。鏡徑六尺厚五寸，又四分寸之一，重三噸，鑄此鏡工夫最難。後用一個熟鐵圈爲模之底，其中裝滿鐵箍，此鐵箍層層密排，衹能通空氣，而不能通金類。將此底在車牀中車成凸形，與鏡之凹形相配，置於平地面，用砂圍之，而上不用蓋。此金類在生鐵礶中鎔之，如用熟鐵礶與沉礶鎔之，金類必壞。傾入模時，即乘其極熱，而速置於退火之爐，此爐本已燒紅，鏡留在爐中一百十二日，令其冷。

各類雜銅。布令使銅，細密陸銅。奴□□□銅，馬漢了銅，其方各不同。有用紅銅三分，鋅一分，至紅銅二分，鋅一分，此各質分鎔而攙之，久之則匀紅銅含鉛百分之一至百分之二。較之平常之紅銅，更易車平，不過更脆耳。可打銅箔之雜銅，用紅銅七十分，鋅三十分，黄銅逼火質，更韌而密。如令其忽然變冷則甚硬，如加鋅少許，則銅微紅而如深黄金色。加鋅甚多，則變爲緑黄色。如加鋅大半，由變爲藍灰色。造船用之銅釘，用紅銅十分，鋅八分，鐵一分。輪機之軸與軸襯，所含之鋅，視尋常之黄銅少。黄銅内加鍾銅而鑄爐，襯則更佳。有人言一方，紅銅十六分，鋅一分，鉑七分，則其各性。與黄金竟難分别，赤銅鎔時用鐵桿，或銅桿硬之，則能得其鐵，或得其鋼。而銅質更韌，紅銅和銀，無甚好方不過。加鉀少許，則色更白而如銀銻。少加紅銅，則其色如玫瑰花。多加紅銅，其色更深。銅與銻等重，則爲茄花色。再加紅銅，則其色爲深茄花色，而質皆甚脆將紅銅九十分銻五分，鋅五分合鎔之可爲大軸枕，又可爲鐵軸兩邊之限。紅銅含燐則硬如鋼，可鑄兵器，但易生□。浄紅銅新磨光之面，頃刻生緑黑色之鏽。古人所用之兵器，皆有緑黑色，意想其鑄兵器時，加燐令硬也。銅與鉀袓合其色白，而光可以爲蠟臺鈕扣日晷面鐘面等物，切不可鑄炊器。因其性甚毒，鑄法將碎塊紅銅與鉀養鎔化，而上加一層藍蓋之，色如青銀，但易生鏽。

又卷二五《電學十二・電鍍上》　電氣鍍銅。西一千八百三十九年即道光十九年英人約但栁用此法作鍍銅模等工後有他人，貪争此功究之實爲約。但初栁。其法用小筩盛極濃膽礬水，滿至四分之三，再將泥漏筩内置鋅條，滿以濃鹽水，或硇砂水，高等於外膽礬水。鋅條上有接螺絲以銅絲連於模作模法將象皮料，即格搭伯查泡於熱水數分時，取出手擣成球力壓於錢，或圖章面上待全冷揭起即得原模可鍍銅於其上惟象皮料。性不傳電必另加傳電之料於其面，法用極細筆鉛粉，以輭筆刷於模面，令全有筆鉛之光色再將銅絲一條一端加熱，插入模邊待冷則牢連。於連處敷筆鉛粉令能通電，將銅絲彼端彎成正角，插入電筩接螺絲令其模浸入膽礬水内，即發電氣能以鍍銅，歷十二小時，不可動之。如入水數分時，銅絲端鍍有明紅色之銅一層從此漸鋪滿模之全面，畧歷一晝夜所鍍銅層。足與原模分開分開之法最好將原模置温水内數分時則其象皮料輭而易分，所鍍銅皮面之陽紋與原模無異，極細花紋無不明晰。欲大作電鍍之工，則將發電筩與藥水筩分置各模連於電筩之負極。紅銅板連於電筩之正極同浸於膽礬水箱内，則銅板在藥水箱内消化之銅，全鍍於各模之面而膽礬水恒不減濃。法辣待稱電筩之二銅，絲爲電路。一爲正路，亦曰進路。或曰上路乃進電入藥水也，一名負路，又名出路。乃令電出藥水也。所消化之金類板，或金銀銅等板謂之進路。所鍍之物體謂之出路，可見發電筩與鍍水分置，藥水能不減濃，用單筩法所鍍之銅必由藥水内分，出藥水即漸淡，心隨時添膽礬顆粒使漸消化，以補其濃。

又卷一三《礦務四・鎔煉・銅》　輕硫氣分銅法：奴耳會國福勒達勒地方，有人名斯丁，用輕硫氣之法爲含銅少之礦用鐵不能得利，則用此法先將銅硫礦烘成核，而用水分出其礦之外皮，再將其浄含銅之水，置於多孔之器，此器安在結成之房上，則含銅之水，落下如細雨，而其輕硫氣引入房内，即有銅硫結成。其成此輕硫之法，最便宜用生燒料燒成氣質，從底下行過一層紅熱之燒料，再過一火壩，通入含鐵硫之器，則其炭養令鐵硫得熱，而其硫幾分與所經過之輕氣化合，幾分與其炭輕氣之輕氣化合，即成輕硫，而炭乃分出。此法不但能得最純之銅，又能分出多銅，惟有一弊，因輕硫氣易致工人疾病。

開銅廠本利：開銅廠而欲得利者，每年鍊成銅至少一千一百頓，故成本必用金錢九千五百圓至一萬圓，以備器具，如烘礦爐六座。每爐之費，約金二百四十圓。鎔礦與提純之爐十二座，每座之價，約金錢二百圓。又必另有餘銀爲買礦等，須備金錢三萬五千圓。如照此數開廠而地位等合式後，又可加大一倍，而所添之成本，只須一半。此種廠，每年燒煤約二萬頓。如每礦百分有銅十分者，則每銅一頓，必燒煤十八頓。其人工與火磚等之價，照每銅一頓核之，須金錢八圓，銀錢十五枚。另有數事，如水脚車錢利息等事，必另加。惟銅廠所得之利，大半在礦價廉而銅價貴，每年餘利，大約百分之十三。

膽銅冶煉分部

題解

劉嶽雲《格物中法》卷五下《金部・銅》 石膽出蒲州山穴中鴨觜色者爲上,俗呼膽礬,塗於鐵及銅上燒之紅者真也。《本草綱目》。

石膽一名膽礬,亦出晉隰等州,乃巖穴中自結成者,故緑色帶寶光,燒鐵器淬於膽水中,即成銅色。

嶽雲謹案:膽礬出處或爲未發之銅礦,或爲已發之銅礦。

鐵銅以苦膽水浸至生赤煤熬煉成而黑堅。《本草綱目》。【略】

丹家製硫爲水,以消銅鐵。《鶴頂新書》。

石膽原出銅坑,《本草》言:僞者以醋揉青礬爲之,全不然,但取麤惡石膽合消石消煉而成之,擊之則碎。《蘇頌本草》。

嶽雲謹案:此謂人工所製之膽礬也。其云麤惡石膽,實非石膽乃未成石膽之銅硫質,經製則成膽礬,古人以銅合硫黄水成之,與西法同揉青礬作僞,今市賈尚如是。

青緑石礦,淘净緑一十一兩四錢,暗色緑,每礦一斤淘净緑一十兩八錢。砂一斤,燒造砂緑一十五兩。《大明會典》。

嶽雲謹案:此所得爲淡輕三合銅之質,如化學之淡輕四養銅、養硫養二類。

查慎行《補注東坡編年詩》卷三八《古今體詩四十四首・月華寺註釋》 岑水場。張端義《貴耳録》:韶州岑水場以滷水浸銅之地,會百萬斤鐵浸爛二十萬銅。兩廣三十六郡皆有所輸,或供鉛錫,或供銀錢,歲計四五萬緡。《九域志》:始興郡曲江縣有靈源、石膏、岑水三銀場,巾子一銅場。《名勝志》:翁源縣有岑水,一名銅水,可浸鐵爲銅。其水極腥惡,石色皆赭,不生魚鼈禾稼之屬,即曲江膽礬水同源異流也。按:張氏、曹氏所載與先生詩語相合。《九域志》以岑水爲銀場者訛。 銅山。《管子》:出銅之山四百六十七,張揖《廣雅》云天下名山五千二百七十,出銅之山四百六十有七,出鐵之山三千六百有九。

綜述

《宋會要輯稿・食貨三四・坑冶雜録》 〔徽宗建中靖國〕元年,以宣德郎游經提舉措置江淮荆浙福建廣南銅事。經先以憂去官,至是服闋,自言:「昨在任日,常講究有膽水可以浸鐵爲銅者韶州岑水、潭州瀏陽、信州鉛山、饒州德興、建州蔡池、婺州銅山、汀州赤水、邵武軍黄齊、潭州礬山、温州南溪、池州銅山,凡十一處,唯岑水、鉛山、德興已嘗措置,其餘未及經理。將來錢額,愈見虧失。」户部以爲請,故有是命。【略】

〔崇寧〕元年,户部言:「游經申:自興置信州鉛山場膽銅已來,收及八十九萬八千八十九斤八兩,每斤用本錢四十四文省,若制撲膽銅鑄錢,每一貫省六百餘文,其利厚重。自丁憂解職之後,皆權官時暫監管,致今膽銅十失五六。今再除職事以來,自今年正月至九月二十日終,已收膽銅一十七萬二千一百二十三斤八兩。然亦合行措置古坑有水處爲膽水,無水處爲膽土。膽水浸銅,工少利多,其水有限;膽土煎銅,工多利少,其土無窮。措置之初,宜增本減息,庶使後來可繼。膽水浸銅,斤以錢五十爲本,膽土煎銅,斤以錢八十爲本,比之礦銅,其利已厚。若從上次寬立本錢,所貴銅課增羡。偷盗膽銅與私壞膽水,或坑户私煎膽銅,乞依紹聖五年敕文約束。」從之。

《宋會要輯稿・職官四三・提點坑冶鑄錢司》 〔政和五年〕四月十六日,江淮荆浙福建廣南路提點坑冶鑄錢虔州司奏:「昨饒州岑水場措置創興煎銅之法,本場收到煎淋銅二十七萬一十斤。舊來每年亡收膽銅三十餘萬,因本司措置創添煎淋碴銅等,遂收及六十餘萬斤。其煎淋銅功利不小,永遠歲歲得銅鑄錢,補助上供。」詔提點官并措置官各與轉一官。

王應麟《玉海》卷一八〇《食貨・鑄錢事》 〔崇寧〕五年九月三日,中書奏錢監鑄銅錢總二百八十九萬四百貫。諸路支費錢一百五十六萬貫。詔蘇莊提舉九路銅事。先是,遊經言:「有膽水可浸鐵爲銅者:韶岑水、潭瀏陽及鉛山、德興、建蔡池、婺銅山、汀赤水、邵武黄齊、潭礬山、温南溪、池銅山,凡十一所。惟岑水、鉛山、德興已經理,餘未也。」靖國元年四月九日,命經提舉措置銅事。大觀四年三月壬戌,罷江淮等路銅事,併入鑄錢司。

李心傳《建炎以來朝野雜記》甲集卷六《銅、鐵、鉛、錫坑冶》 信州膽銅九萬六千五百斤，饒州膽銅二萬三千四百斤，韶州膽銅八萬八千九百斤、黄銅二百斤，潭州膽銅三千四百斤，建寧府黄銅八千三百斤，連州黄銅二千八百斤，池州膽銅四百斤，汀州黄銅六十斤，邵武軍黄銅三百斤，潼川府黄銅六千斤，利州黄銅七千斤，興州黄銅一千六百斤，南劍州黄銅三千六百斤。

王象之《輿地紀勝》卷二一《江南東路・信州》 鉛山場。紹興二年，朝議以坑冶所得不償所費，悉罷監官，以縣令領其事。至是，江東運副馬承家奏存饒、信二州銅場。許之。二場皆産膽水，浸鐵成銅。元祐中，始置饒州興利場，歲額五萬斤。紹聖三年，又置信州銅山場，歲額三十八萬斤，其法以片鐵排膽水槽中，數日而出，三煉成銅，率用鐵二斤四兩而得銅一斤。《繫年録》。【略】

膽水。在鉛山。自昔無之，始因饒州布衣張甲獻言，可用膽水浸鐵爲銅。紹聖元年始令本州差廂軍興浸，其利漸興。今淋銅之所二百四槽，炭浸銅八萬九千斤。

危素《危學士全集》卷三《序・浸銅要略序》 德興張理，從事福建宣慰司，考滿調官京師，會國家方更錢幣之法，獻其先世《浸銅要略》於朝。宰相以其書有益經費爲復置興利場，至正十二年三月某甲子，奏授理爲場官，使董其事。理持其副，屬子叙之。叙曰：錢幣之行尚矣，然鼓鑄之無窮，産銅則有限，理之術乃能浸鐵以爲銅，用費少而收功博，宜平朝廷之所樂聞也。當宋之盛時，有三司度支判官許申能以藥化鐵成銅，久之，工人厭苦之，而事遂寢。今書作於紹聖間，而其説始備。蓋元祐元年，或言取膽泉浸鐵，取鑛烹銅。其泉三十有二，五日一舉洗者，一曰黄牛。七日一舉洗者，十有四，曰永豊、青山、黄山、大岩、横泉、石牆隖、齊官隖、小南山、章木原、東山南畔、上東山、下東山、上石姑、下石姑。十日一舉洗者，十有七，曰西焦原、銅精、大尚山、横槎山、横槎隖、羊棧、陲旻、冷浸、横槎下隖、陳君爐前、上姚旻、下姚旻、上炭竈、下炭竈、上何木、中何木、下何木。凡爲溝百三十有八，政和五年，兩多泉溢，所浸爲最多。是書，理之先贈少保府君諱潛，所撰以授其子，贈少師府君諱盤，成忠府君諱申。少師之孫、參知政事忠定公諱燾，寔序志之。我武宗皇帝詔作至大錢，理之從祖諱懋與，理之父諱遜以其書來上，皆命爲場官，未及鑄印而場師罷，至理復，因是蒙被異恩，幾於古之世官。惟其父子祖孫顓於一事，其講之精，慮之熟可知已，何患乎鑄冶之無功，寶藏之不興哉？雖然生之者衆，食之者寡，爲之者疾，用之者舒，顧上之人力行何如耳。昔者張氏若贈少師諱根，著述傳學者忠定公，事業在信史公侯復始將在乎？是異時之所立當不在於此也。理字伯雅。

《續文獻通考》卷二三《征榷考・坑冶》 〔元〕至正十二年三月，立饒州銅冶。

中書省言：「張理獻言饒州、德興三處膽水浸鐵，可以成銅。宜即其地各立銅冶場，直隸寶泉提舉司，即以張理爲銅冶場官。」從之。

《〔康熙〕江西通志》卷一六一《雜記三》 信州鉛山有苦泉，流以爲澗，挹其水熬之則成膽礬。烹膽礬則成銅，熬膽礬，鐵釜久亦化爲銅。物之變化，固不可測。按《素問》有「天五行，地五行，土之氣在天爲濕，土能生金石，濕亦能生金石」，此其驗也。《夢溪筆談》。

又卷一六二《雜記補》 危素《浸銅要畧》序云：《危太樸集》。

洪亮吉《乾隆府廳州縣圖志》卷三一《武昌府》 豊寶場在〔大冶〕縣北。王存云：大冶有銅場。《圖經》：場去縣九十里，出膽水，浸鐵成銅。又有蘄竹山場，在縣東道士洑西。

《廣東通志》卷九四《輿地略一二・物産一・金類》 銅，勤州端陵有銅。連州連山有銅。《唐書・地理志》韶州曲江巾子一銅場，連州陽山端坑一銅場，英州真陽禮平一銅場。《九域志》韶州涔水場以滷水浸銅，會百萬斤鐵浸錬二十萬銅，兩廣三十八部皆有所輸。張端義《貴耳集》出陽春鸚鵡山等處。《肇慶府志》饒之張潛，通方伎，得變鐵爲銅之法，使其子詣闕獻之，朝廷行之，潮之興利，韶之涔水，皆其法也。《輿地紀勝》。

劉安《淮南萬畢術》 白青得鐵，即化爲銅。

《三十六水法・礬石水》 取礬石一斤，無膽而馬齒者，納青竹筒中。薄削筒表，以硝石四兩覆薦上下，深固其口，納華池中，三日成水。以華池和塗鐵，鐵即如銅。取白治鐵，精中成水。

《黄帝九鼎神丹經訣》卷一五 《錬曾青法》臣按：曾青以好酒漬之置銅器中，以紙蓋鎮於日中暴，若夏日，待七日亦得，唯多日益有力矣。若無日，以火暖之調暴乾，訖以瓷器玉槌研之令極碎，釃醋拌，使乾濕得所任用。又以絹厚密者爲袋盛曾青置瓷缸中，率曾青十兩用醋一升懸其藥袋於醋缸中十日一，易醋盡一百日用醋一斗，而止也，其懸絹袋不得到底。又法：曾青與金精錬一種，皆以瓷器各別漬之，擣藥爲末，以三轉左味漬之二百日出，暴乾，以瓷盆玉槌研之極甚。又法：鍊法與石流黄同碎，如大豆并醋納竹筒中，水煮三日三夜，欲休半日又添火煮之，此法非不知之，但是迫急小道不足據也。又法：碎之爲末三轉左味煮之，一斤曾青微火盡醋五斗止，暴乾研訖，堪入藥用矣。

《鍊磁石法》亦同曾青，此是九霄君九轉鉛丹法，雖有典據，亦不如狐子上件鍊金精曾青之上法也。

《鍊空青入長生藥法》臣按：空青擣爲末，同曾青法。以酒漬，滿一百日訖，出暴，更擣以醋拌，暴十遍止。大都消息與曾青同也。若鍊絳礬者直爾同其空青一遍，持暴之法則不煩，以酒漬之也。

《鍊石碌法》臣按：今合大丹不須此物，但以太一神精小丹方云：「若無曾青以崑崙石碌研沙取用。」又按：《本草》：石碌山空青中相帶而生，本法謂之碌青。其味酸寒無毒，主益氣，治肝鼻，止洩利，生山陰，空中色青白，此則用畫緑色，畫工呼爲碧青，而唤空青爲緑青矣。欲替曾青而入用者，當水飛取精粹十兩可得三兩，然以其精鍊之，同空青法。此於小丹則可若入大丹必不得代以他物也。

段成式《酉陽雜俎》卷一一《廣知》 金曾經在丘塚及爲釵釧溲器，陶隱居謂之辱金不可合鍊。鍊銅時與一童女俱以水灌銅，銅當自分爲兩段，有凸起者，牡銅也，凹陷者，牝銅也。

又卷一八《廣動植之三·木篇》 赤白檉出凉州，大者爲炭，入以灰汁，可以煮銅爲銀。

張君房《雲笈七籤》卷七一《政一·素真用兑添白銅法》 白銅一斤、錫一兩，右令洋之，瀉酒中，出之打破，取伏汞一兩、胡同律二兩、油脂一升，煮令脂盡胡粉，色赤即伏火，即以前兑體鎔之，投水中，取白黑二礬、胡同律、砂白鹽各二兩，合洋之，瀉安鋌池中成矣。若脆不任用，即火之令赤，投牛脂中十遍，即柔矣。

《宋史》卷一八〇《食貨志下二》 時范汝爲作亂，權罷建州鼓鑄，尋復舊，泉司供給銅、錫六十五萬餘斤。

〔紹興〕六年，斂民間銅器，詔民私鑄銅器者徒二年。贛、饒二監新額錢四十萬緡，提點官趙伯瑜以爲得不償費，罷鼓鑄，盡取木炭銅鉛本錢及官吏闕額衣糧水脚之屬，湊爲年計。十三年，韓球爲使，復鑄新錢，興廢坑冶，至於發冢墓，壞廬舍，籍冶户姓名，以膽水盛時浸銅之數爲額。浸銅之法：以生鐵鍛成薄片，排置膽水槽中浸漬數日，鐵片爲膽水所薄，上生赤煤，取刮鐵煤入爐，三煉成銅。大率用鐵二斤四兩，得銅一斤。饒州興利場、信州鉛山場各有歲額，所謂膽銅也。無銅可輸者，至鎔錢爲銅，然所鑄亦纔及十萬緡。

《續文獻通考》卷七《錢幣考·宋·錢》 〔宋〕端平元年五月，以膽銅所鑄錢不耐久，舊錢之精緻者泄於海舶，申嚴下海之禁。

審計司章謙亨進對，奏浸銅事。帝曰：「實鐵耳。」謙亨奏：「紹聖間以鉛山膽泉浸鐵爲之，令泉司鼓鑄，和以三分真銅，所以錢不耐久。」又奏：「舊錢精緻，泄於海舶。」帝曰：「不可不禁。」至淳祐四年，右諫議大夫劉晉之言：「巨家停積，猶可以發泄，銅器鉦銷猶可以止遏，唯一入海舟，往而不返。」於是復申漏泄之禁。

臣等謹按：浸銅之法，以生鐵鍛成薄片，排置膽水槽中，浸積數日，鐵片爲膽水所薄，上生赤煤，取刮鐵煤入爐，三煉成銅。大率用鐵二斤四兩，得銅一斤。饒州興利場，信州鉛山場各有歲額，所謂膽銅也。

周煇《清波雜志》卷一二 信州鉛山膽水自山下注，勢若瀑布，用以浸銅，鑄冶是賴。雖乾溢係夫旱潦，大抵盛於春夏，微於秋冬。古傳一人至水濱遺匙鑰，翌日得之，已成銅矣。近年水流斷續，浸銅頗費日力。凡古坑有水處曰膽水，無水處曰膽土。膽水浸銅，工省利多；膽土煎銅，工費利薄。水有盡，土無窮，今上林三官提封九路，檢踏無遺膽水、膽土，其亦兼收其利。

馬端臨《文獻通考》卷一八《征榷考五·坑冶》 又信之鉛山，與處之銅廊皆是膽水，春夏如湯，以鐵投之，銅色立變。浸銅以生鐵，煉成薄片置膽水槽中，浸漬數日，上生赤煤取颳入爐，三煉成銅，大率用鐵二斤四兩，得銅一斤。淳熙元年七月，指揮信州鉛山場，浸銅每發二千斤爲一綱，應副饒州永平監鼓鑄。

留正《宋中興兩朝聖政》卷一二《高宗皇帝一二》 〔紹興〕二年秋七月辛卯，朝議以坑冶所得不償所廢，悉罷監官，以縣令領其事。至是，江東轉運副使馬承家奏存饒信二州銅場，許之。二場皆産膽水，浸鐵成銅。元祐中，始置饒州興利場，歲額五萬餘斤。紹聖三年，又置信州鉛山場，歲額三十八萬斤。其法：以片鐵排膽水槽中，數日而出，三煉成銅。

陸容《菽園雜記》卷一四 採銅法。先用大片柴不計段數，裝疊有礦之地，發火燒一夜，令礦脈柔脆。次日，火氣稍歇，作匠方可入身，動鎚尖採打。凡一人一日之力，可得礦二十斤，或二十四五斤。每三十餘斤爲一小籮。雖礦之出銅多少不等，大率一籮可得銅一斤，每銅一料用礦二百五十籮，炭七百擔，柴一千七百段，雇工八百餘。用柴炭粧疊燒兩次，共六日六夜，烈火亘天，夜則山谷如晝。銅在礦中既經烈火，皆成茱萸頭出於礦面。火愈熾則鎔液成駝，候冷以鐵鎚擊碎，入大旋風爐連烹三日三夜，方見成銅，名曰生烹。有生烹虧銅者，必碓磨爲末，淘去麄濁，留精英，團成大塊，再用前項烈火，名曰燒窖。次將碎連燒五火，計七日七夜，又依前，動大旋風爐連烹一晝夜，是謂成鈲。音嘲鈲者，粗濁既出，漸見銅體矣。次將鈲碎，用柴炭連燒八日八夜，依前，再入大旋風爐連烹兩日兩夜，方見生銅。次將生銅擊碎，依前，入旋風爐煉，如坪銀之法以鉛爲母，除滓浮於面外，净銅入爐底如水，即於爐前逼近爐口鋪細砂，以木印雕字，作處州某處銅印，於砂上旋以砂壅印刺。銅汁入沙匣，即是銅塼，上各有印文。每歲解發赴梓亭寨前，再以銅入爐煉成水，不留纖毫，深雜以泥裹，鐵杓酌銅入銅鑄模匣中，每片各有鋒窠如京銷面，是謂十分净銅，發納饒州永平監應副坪鑄。大率坪銅所費不貲，坑户樂於採銀，而憚於採銅。銅礦色樣甚多，坪煉火次亦各有異，有以礦石徑燒成者，有以礦石碓磨爲末如銀礦燒窖者，得銅之艱，視銀蓋數倍云。已上五條出《龍泉縣志》。

顧炎武《天下郡國利病書》 宋時有淋銅兵士，月給衣糧，往充潭州永興場鑄工。淋銅者以生鐵鍛成薄片，浸膽水中數日，水蝕鐵生，赤煤煉之，三煉成銅，膽水出。信州大率用鐵斤有四兩得銅一斤。

《明史》卷四五《志二一・地理六》 汀州府。元汀州路，屬福建道宣慰司。上杭。府南。西有金山，上有膽泉，浸鐵能成銅。西南有羊厨山，産礦。南有大溪。

沈周《石田雜記》 江西信州鉛山銅井，其山出空青，井水碧色，以鉛錫入水浸二晝夜，則成黑錫，煎之則成銅。

《（弘治）八閩通志》卷八《地理・山川・汀州府》 上杭縣：金山。邑之主山也。巒嶂巑岏，蒼翠如畫。宋康定間嘗産金，因名。山之上有三池，名曰膽水。其上下二池有泉湧出，中一池則畜上池之流。相傳宋時縣治密邇其池，水赤，味苦，飲則傷人。惟浸生鐵，可煉成銅。後縣治既遷，則其水遂變，不異常水，而浸鐵亦不復可成銅矣。

胡我琨《錢通》卷三《資採》 鎖山門浸銅之所，在縣鶩湖鄉，去治七十里許，有溝漕七十七處，興於宋紹聖四年，更創於淳熙八年，縣尉馬子巖有銘，至淳祐後漸廢。其地之水有三：膽水、礬水、黄礬水，各積水爲池。每池隨地形高下深淺，用木板閘之，以茅薦鋪底，取生鐵擊碎，入溝排砌，引水流通浸染，候其色變，鍛之則爲銅，餘水不可再用。信州鉛山膽水自山下注，勢若瀑布，用以浸銅，鑄冶是賴。隨天旱澇而有涸溢，大抵盛於春夏，微於秋冬。古傳一人至水濱遺匙鑰，翌旦得之已成銅矣。近年水流斷續，浸銅頗費工力。凡古坑有水處，曰膽水，無水處曰膽土。膽水浸銅，工省利多；膽土煎銅，工費利薄。水有盡，土無窮。今上林三官提封九路，簡踏無遺膽水、膽土，官亦兼收其利。按：浸銅之説自昔無之，始因饒州布衣張甲獻言，可用膽水浸鐵爲銅，紹聖元年始令本州差廂軍興浸，其利漸興。紹興二年，朝議以坑冶所得不償所費，悉罷監官，以縣令領其事。

談遷《棗林雜俎》中集《名勝・膽泉》 鉛山縣西七里銅寶山有貎平坑，石竅中膽泉流出，浸鐵可銅。又鶩湖鄉去縣治七十里有溝漕七十所，取本地水積爲池，隨地開溝，碎鐵鋪之，浸染色變，鍛則爲銅。又德興縣北銅山下一名銅泉，浸鐵數日，類朽木，刮其屑鍛銅。

福建上杭縣紫金山膽水池亦如之。宋游經言：「膽水可浸鐵爲銅者凡十一所。古坑有水處曰膽水，無水處曰膽土，膽水可浸銅，膽土可煎銅。」

徐應秋《玉芝堂談薈》卷二一《魚目青》 空緑，銅之精華，大者空緑，次即空青也。《圖經》：空青生益州山谷及越嶲山有銅處，銅精燻則生空青，今信州亦有之。狀若楊梅名楊梅青，其腹中空，破之有漿。《飛翠館集》：空青生銅山沙内，結塊如雞子色，象荔枝内涵塊如雞黄，春夏成水，秋冬爲泥，以黄連水浸之則化。語云：醫家有空青天下無盲人。《范子計然》曰：「空青出巴郡，白青、曾青出弘農、豫章，白青又出新淦，青色者善。」《淮南畢萬術》：白青得鐵即化爲銅。石藥爾雅空青一名青油羽，曾青一名赤龍翹。又緑青一名扁青，即梁四公雲龍嗜燕肉及空青，梁武遣羅子春以於闐舒河中美玉造二函以桐木灰發其光，取宣州空青甚精者二缶賂龍宫，得龍珠以還。《太康地志》：梅根冶出空青，特妙於廣川。又曾青所出與此同，而形纍纍如連珠。白青出豫章似空青，圓如鐵珠而腹不空，亦謂之碧青，又謂之魚目青，其形似魚目也，以治目，亞於空青。《抱朴子》云：「食五芝及餌丹砂、玉札、曾青、雄黄、太乙、雲母、禹餘糧，皆飛行長生。又曾青塗鐵鐵，赤色如銅。以雞子化銀，銀黄如金，皆外化而内不化也。又欒子長。」《丹法》：以曾青、鉛於砂中蒸之，八十日服如小豆三年。僊玉柱丹法：以華池和丹，以曾青、硫黄末復蒸之，服之百日，玉女、六丁、六甲、神女來侍，可役使，知天下之事。用里先生從稷丘子所授化黄金法：以礬石水内鐵器中，加炭灰令沸，乃納入汞，攪令相得，六七，注地上即成白銀。乃取丹砂、曾青、雄黄水以此銀内其中，六七沸，注地上，則成紫磨金也。又赤龍骨，作之用丹砂、曾青水，以石内其中，復須臾石柔而可食。或問不寒之道，先服雄黄一，後服雌黄二，雌黄、曾青、礬石、磁石、雄黄、丹砂、石膽也。又《金簡》云：「以五月丙午日日中擣五石者：雄黄、丹砂、雌黄、礬石、曾青也。以下銅爲劍，則蛟龍、巨魚、水神不敢近。」

孫寶瑄《忘山廬日記》〔辛丑，陰曆光緒二十七年十二月十一日〕益齋又言，都中有滿人善黄白之術，能化銅爲銀，有實驗。據云獲秘訣不傳，其所煉之藥有二：曰先天汞，曰出山鉛，非凡（水銀）凡鉛也。不知自何得之，皆聞所未聞。

癸卯。陰曆光緒二十九年陽曆一千九百三年。

〔二月〕二十五日，詣沈子培談。子培新授江西廣信府，將履任也。子培云：「廣信從前有一奇聞，見於宋人官書中，即浸鐵成銅一事。蓋某處一地湧泉成池，鐵入能化爲銅，今已久不驗矣。不知此天然水質耶，抑當時别有秘法使之然也。今其遺迹尚可尋求，到彼當徐訪之。

我國數千年來非無獨辟新理創新法之人，其所以不傳於世者，以國家無專利之法律也。故往往秘其口訣，爲自營温飽計，不足怪也。間有密傳其徒一二人者，然久之終不免失傳，是以世界不能因之進步。」子培云。

劉嶽雲《格物中法》卷五下《金部・銅》 信州鉛山縣有苦泉流出爲澗，挹其水熬之則成膽礬，烹膽礬則成銅，熬銅礬鐵釜久之亦化爲銅。《夢溪筆談》。

信之鉛山與處之銅廓皆是膽水，春夏如湯，以鐵投之，銅色立變。浸銅以生鐵，煉成薄片，置膽水槽中浸漬數日，上生赤煤，取刮入爐，三煉成銅。大率用鐵二斤四兩，得銅一斤。淳熙元年七月，指揮信州鉛山場浸銅，每發二千斤爲一綱，應付饒州永平監鼓鑄。《文獻通考》。

信州鉛山膽水自山下注，勢若瀑布，用以浸銅，鑄冶是賴。雖乾溢係天旱澇，大抵盛於春夏，微於秋冬。古傳一人遺匙鑰，翌日得之，已成銅矣。近年水流斷續，浸銅頗費工力。凡古坑有水處曰膽水，無水處曰膽土，膽水浸銅，工省利多，膽土煎銅，工費利薄。水有盡，土無窮，今上林三官提封九路檢踏無遺膽水膽土，其亦兼收其利。《清波雜志》。

時三司判官許申因宦官閻文應獻計，以藥化鐵成銅，可鑄錢裨國用，祖德言：「僞銅，法所禁，而官自爲，是教民欺也。」固争之，出知兖徐蔡州永興軍。《宋史・孫祖德傳》。

宋時有淋銅兵士，月給衣糧，往充潭州永興場。鑄工淋銅者，以生鐵煅成薄片，浸膽水中數日，水蝕鐵，生赤煤煉之，三煉成銅。膽水出信州，大率用鐵二斤四兩，得銅一斤。《泉州志》。

嶽雲謹案：西人言膽礬爲銅與硫强水相合之質，以鐵投之，因鐵與硫强水愛攝力大於銅與硫强水愛攝力，故硫强水舍銅而蝕鐵。西人窮思極慮，自謂刱獲，詎知中國宋時爲公私通行之法與？又《御覽》引《萬畢術》云：「白青得鐵即化爲銅。」又引葛洪云：「曾青濡鐵，色赤如銅。」蓋凡銅雜質見鐵，皆然不獨膽礬也。近藥市恒以緑礬僞充膽礬，然膽礬色藍，磨鐵則赤，緑色極易辨認。緑礬即皁礬提净者，西人所謂鐵與硫强水相合之質也。《别録》所謂能合金銀，即西人所謂銀消化於硫强水中，以銅投之則分出其銀，而銅消化是也。

又案：此爲淋銅之事。今膽水已涸，世無知此者矣。

凡銅供世用，出山與出爐，止有赤銅，以爐甘石或倭鉛參和，轉色爲黄銅，以砒霜等藥制煉爲白銅，礬硝等藥制煉爲青銅，廣錫參和爲響銅，倭鉛和瀉爲鑄銅，初質則一味紅銅而已。《天工開物》。

滕弘《神農本經會通》卷六《玉石部》 雄黄，君也。形塊如丹砂，明澈不挾石，其色赤如雞冠，而不臭者爲真，可入服食藥。有青黑色而堅者，名熏黄，有形色似真而色臭者，名臭黄，不堪用，只可療瘡疥耳。其臭以醋洗之，便可斷氣，足以亂真，用之宜細辨。

《續文獻通考》卷二三《征榷考・坑冶》〔明〕宣宗宣德三年九月，免江西德興鉛山浸銅丁夫雜役。二縣銅場，歲浸銅得五十餘萬斤，所用鐵炭、丁夫自備，其差徭、科徵皆不免，歲額累虧。因詔有司，悉免雜役，稅糧，附近輸納，仍令廣、信、饒、徽等府辦納鐵炭之家，免雜役之半，稅糧則運輸南京、淮安。又令增設縣丞各一員，專管納課。遞年所欠銅，悉予蠲免。

汪森《粤西叢載》卷一九《爐甘石》 融縣出爐甘石，金、銀之苗也。其塊大小不一，狀似羊腦，鬆如石脂，亦粘舌。産於金坑者，其色微黄，爲上。産於銀坑者，其色白，或帶青，或帶緑，或粉紅。赤銅，得之即變爲黄，今之黄銅皆此物點化也。《本草綱目》。

紀事

《〔同治〕韶州府志》卷一一《輿地略·物産·金屬》　銅：屬内之山不産銅鑛，宋時饒州張潛通方伎，得變鐵爲銅之法，使其子詣闕獻之。韶之岑水用其法，能成銅，今則場廢不行矣。

雜録

《宋會要輯稿·食貨三四·坑冶雜録》　李大正言：「自昔坑冶銅課最盛之處，曰韶州岑水場，曰潭州永興場，曰信州鉛山場，號三大場。」又言：「近點檢韶州岑水場黄銅遞年課額，雖號二三萬斤，而堪用者實少，蓋坑户祇於舊坑中收拾苴滓，雜以沙土，或盜他人膽銅，烹成片鋌，其面發裂，殆若泥壤，每斤價直計二百二十文省，徒費官錢。今且權住收買，别踏新坑。顧坑户采取膽土以爲淋銅之用，其膽銅坑户就官請鐵裂，舊來采銅坑户承接膽水浸洗礦，未烹煉成銅。今欲分别水味濃淡，各人合用鐵數支給，更不克鐵本，以鐵計銅，得銅數多，則不復問；得銅數少，計鐵比較，追其所虧。仍將逋欠錢鐵權與倚閣，每斤實支價錢一百三十文省，除椿充經總制錢并顧工價炭，猶可得錢七十三文省。如銅色不及十分，即隨分數估剥支給。或趁辦年額之外，能有增買者，則更優支價錢四十文省。應淋銅取土，皆在窮山絶頂，所役兵士皆是二廣配隸之人，衣糧經年不至。今欲依信州鉛山場兵士例，日貼支米二升半外，有韶州永通監，遞年鑄錢多不及三千貫或四千貫，今欲酌取中數管認三千五百貫。」從之。

元符三年，詔饒、信、潭、韶等州膽銅更不置局，并撥歸鑄錢司。【略】

〔孝宗乾道八年〕六月十六日，江璆狀：「前來曾措置韶州岑水場添槽作一百，所取膽水、膽土淋鐵成銅，下二廣州軍，委守臣點檢雜犯配隸人年四十已下、筋力强壯各二十人，借支月糧，限半月發赴本場役使，且以五百人爲額。具申朝廷取旨依外，照得韶州岑水場系分兩場場：原作『縣』，據前後文改。内黄銅場管鑿山取礦，烹煉黄銅，置武臣監官一員；膽銅場管浸鐵洗礦，烹煉膽銅，置文武臣監官各一員，内文臣監官改作檢踏官。遞年以來，兩色銅課皆不敷額，往往各分彼此，互有侵佔。已將兩場并作一場，責辦監官依舊收趁外，緣岑水場承平人烟繁盛，其黄銅場監官階銜帶兵馬都監、主管烟火公事。今來既并爲一場，及又刷差二廣配隸五百人在場淋銅，皆是烏合雜犯之人，欲望朝廷詳酌，將岑水場兩監官并系階作監韶州岑水黄膽銅場并烟火公事，監轄淋銅及檢踏措置官，庶幾有以彈壓，不致生事。」送吏部勘當，欲依本官所乞施行。詔依。【略】

〔淳熙〕元年七月十日，提點坑冶鑄錢司言：「信州鉛山場所産膽水浸鐵成銅，每發二千斤爲一綱，至信州汭口鎮，用船轉發應副饒州永平監鼓鑄。昨據信州通判祝大年、張竑同銜申任内催趁銅鉛及格，乞將合得酬賞分受。」從之。

《慶元條法事類》外集卷六一《財貨門·膽銅》　户部以請。靖國元年，宣德郎游經專切提舉措置江淮荆浙福建廣西銅事，自言嘗究講有膽水可以浸鐵成銅者：韶州岑水、潭州瀏陽、信州鉛山、饒州德興、建州蔡池、婺州銅山、汀州赤水、邵武軍黄濟、漳州□山、温州南溪、池州銅山凡十一處，唯岑水鉛山、德興已嘗措置其餘，未及經理，將來錢額愈見虧失，户部以爲請，故有是命。《長編》。泉司之用詳見前注晉郭璞《赤銅贊》：昆吾之城，赤銅所在，切玉如泥，火炎其采。梁沈約《爲柳世隆上銅表》：夫幣以周務，貨以賑民，阜國康治，莫尚乎銅。周民致平，始乎圜法，漢世幾錯，資於貫朽，名曰化金，良工盡藝。

釋窺基《成唯識論述記》卷一末　論：若謂果因至藥入鎔銅。述曰：若彼救言，因果相受入，如一沙受水。鍮石之藥入於鎔銅，沙得水而不增，銅得藥而不長，即水入沙腹中，藥入銅里，因極微得果色，因不增大，如沙受水等，故無違者，牒彼計也。

論：誰許沙銅至非一非常。述曰：今破之云：誰許沙銅體受水藥，此即不許沙體受水，但入二沙中間空處，不入一沙體之中也。亦應果色入二極微中間空處，不入一極微之體中。謂藥入銅，亦復如是，即是造金鍮石是也。謂藥於銅中安變成金時，藥但入銅之空隙處，非入極微之中，是此宗義。【略】

又藥入鎔銅，入其間隙，二極微不相入。雖居間隙，藥令銅極微變爲金者。量云：果色設許入因極微之間，亦應變，彼因極微異本，許入極微腹中故，如藥變銅也，故論言應離變者是也。水入沙而離，或相擊而離，藥入銅而變也。沙離，故非一，藥變，故非常，汝極微亦應爾，非一非常，如銅沙等。

《新唐書》卷五四《食貨志四》　是時增調農人鑄錢，既非所習，皆不聊生。内作判官韋倫請厚價募工，繇是役用減而鼓鑄多。天下鑪九十九：絳州三十，揚、潤、宣、鄂、蔚皆十，益、郴皆五，洋州三，定州一。每鑪歲鑄錢三千三百緡，役丁匠三十，費銅二萬一千二百斤、鑞三千七百斤、錫五百斤。每千錢費錢七百五十。天下歲鑄三十二萬七千緡。

趙蕃《章泉稿》卷五《記・截留綱運記》　鉛之阜，實藏興焉；鉛之泉，實貨化焉。興者有時，化者無窮。方泉之蒙，孰知其功？布衣張甲，體物索理，獻言以佐圜法。宋紹聖間，詔經理之，隄泉爲池，疏池爲溝，布鐵其中，期以浹旬，鐵化爲銅。場兵千夫，服勞力作，糗糧惟邑之供冶臺，歲運江淮湖廣之鐵，泛彭蠡，遡番水，道香谿而東。歲計所用銅，取諸鉛之泉者幾半，初額爲斤十有三萬，其後加之一倍。晝作不逮，繼以夜工。率一夫而食二人之食，邑計供億，迺不充令，告匱無所。懦者束手以罔措，健者取給於罄空。同底於戾，卒不克終。時嘉定九年，郡守諸台合辭上奏，請歲留綱解米，爲斛千有六百以補之，猶不足也。越十有三載，董餉計者視故籍復責輸焉。卓君謙亨來宰民社，嘆曰：「場兵、戍兵、均兵也，彼當餉此，不當餉耶！」告於郡，郡太守陳公章力請於餉臺，總郎戴公桷慨然許之，達之於朝廷。於是有劄下餉臺，州家歲留之米，遂爲鉛邑永久之利矣。章泉趙蕃聞之，喜諗於衆曰：「仁之取數多，然一事皆足觀仁，用其力而不足其食，非仁也。彼此之不相通，上下之不相恤，非仁也。縣家不爲苟免，必欲取諸經常，而不忍他日重以困吾民，令尹之仁也。州家不以爲無與吾事，而不忍他日重以困吾縣，使君之仁也。董餉者不私於戍兵，而推其食以補不給，王人之仁也。」吾於是一舉而得三仁焉，後之人苟有易此者，其肯自居於不仁哉！嗚呼！上下一體，小大一心，何事不行？何功不成？夫米給銅課，登鼓鑄羨，圜泉衍惠，利周於四海，是則輔成，夫聖朝仁政之一端也。其可無以詔方來耶！迺屬香溪潛夫秉筆書之，而俾鑱諸石。

《宋史》卷八七《地理志三》　〔陝西永興軍路〕坊州，上，中部郡，軍事。崇寧戶一萬三千四百八，口四萬一百九十一。貢弓弦麻、席。縣二：中部，緊。宜君。中。熙寧元年，省昇平縣爲鎮入焉。有礬場。

又卷一八五《食貨志下七》　至道中，白礬歲課九十七萬六千斤，緑礬四十萬五千餘斤，鬻錢一十七萬餘貫。真宗末，白礬增二十萬一千餘斤，緑礬增二萬三千餘斤，鬻錢增六萬九千餘貫。天聖以來，晉、慈二州礬募民鬻之，季鬻礬一盆，多者千五六百斤，少者六七百斤，四分輸一入官，餘則官市之。無爲軍亦置務鬻礬，後聽民自鬻，官置場售之，私售礬禁如私售茶法。六年，詔弛兩蜀榷礬之禁。

杞廬主人《時務通考》卷一三《礦務四・鎔鍊・銅》

各種强水化銅：含養銅礦常用硫强水，法國買步勒地方用之，令淨銅養炭養變爲銅養硫養。又來納河林仔廠並會司得發里阿邦、司塔特白軋廠，又瓦勒特軋土以司得廠，又夸末納相近處之廠，又阿特里愛志各廠，俱用鹽强水消化銅礦。魯以司、魯白仔二人在司麻勒尼仔地方，將黑銅之餘質和以硫强水，則餘下之質爲鐵養與鎳養並貴金類。又甫來白軋用同法消化其含銀之銅。林仔地方用硝强水消礦，此礦照以司卡勒之法烘透，其烘法先將生礦烘之，後添硝强水而再烘之，隨添以鹽强水，即成銅緑。其銻緑與鉮緑，俱即散出。所有分出之銅，用鈣硫令其凝結。又有土里布里逸之法，將虛礦或合以水氣，或不合以水氣而烘，後用鹽强水分出其銅。又有司本司之法，將礦用倒焰爐烘之，隨用鹽强水消化之。其强水先將鈉養淡養若干消化在内，烘質内所有不化分之含硫質，遇淡强水，難以消化，如研作細粉，而濕以濃鹽强水，令遇空氣半月餘，則所含之硫，漸與養化合。若用硫强水，則變化更猛。舍末尼仔地方，將生礦照齊阿白軋勒分銀之法，同時用淡硫强水分出其銅。曼司非特地方將成粒之銅，添以淡硫强水，而進以空氣，分出其鎳。又哇卡與發侖與木勒土發等處，以此法分出其金與銀。間有將舊銅以此法變爲銅養硫養，間有將銅百分，和以食鹽二分至三分而烘之，後用硫强水消化之。

礦硐水提銅：生成之水内，分出銅粉，視銅硐内水之多寡而定其法，或在硐内爲之，或取出爲之。如闌暮司白軋地方，在硐内爲之。司暮路尼仔地方，用起水筩取出而分之。英國按故西海島阿暮含止地方麻那礦硐，其水從硐内起至大盆，有紅色之鐵質，先在盆内結成沉下，後通至盛舊鐵之凹處，共有五百個，所得之銅質含鐵若干，另含銅百分之十五。添入所鎔化鎔質之爐内，每年共得銅粉一萬二千擔至一萬五千擔，成銅一千六百擔至二千擔。

取含銅水法：奴而會之甫勒達勒廠，有含銅之水，每百分含銅二分至三分。取得之法，將烘過之銅硫礦成核，所餘下之皮，在露天爛腐。或將生銅硫礦烘之五個月至六個月，烘礦之工，先打碎成拳大之塊而作堆，每堆有三千至四千立方尺。後在露天處，令成含硫養之質，再澆水其堆上，而將流下之水，先引至大池内停若干時，再引至房頂上之大箱内，而房内裝滿木捆令其水流下，而經過其木捆數次，銅即變爲銅硫而沉下。

消化含養銅礦：含養銅礦，合於不能消化土石質，平常用鹽强水，惟林仔與司大脱白軋、與阿脱里愛支各處，用硫强水甚少，間有用鐵緑水，或鐵養硫養水，消化其含鈣養之礦，如林仔與司太根白軋二處之法。但何處何礦用何料，必依本地何料之價廉爲準。

鐵冶煉部

鋼冶煉分部

題解

桂馥《説文解字義證》卷四五　鏤，剛鐵，可以刻鏤，從金婁聲。《夏書》曰：「梁州貢鏤。」一曰鏤，釜也。盧候切。剛鐵，可以刻鏤者，顔注《漢書·地理志》：「鏤，剛鐵也。」胡渭曰：「凡鐵柔曰鐵、剛曰鏤。」《通鑑》注：剛鐵，精鐵也。《元和郡縣志》：「涪州涪陵縣東有門池，出剛鐵，土人以爲文刀。」《魏文帝樂府》：「羊頭之剛。」《本草圖經》：「鐵以生柔相雜和，用以作刀劒鋒刃者，爲剛鐵。」《釋器》：「金，謂之鏤。」又云：「鏤，鋑也。」郭注：刻鏤物爲鋑。《詩·韓奕》：「鉤膺鏤鍚。」箋云：刻金飾之。《小戎》：「虎韔鏤膺。」箋云：鏤膺，有刻金飾也。《周禮·太宰》：「白工，飭化八材。」鄭司農云：「金，曰鏤。」哀元年《左傳》：「器不雕鏤。」注云：鏤，刻也。《荀子·富國篇》：「必將錭琢、刻鏤。」《續漢·禮儀志》印璽押金鏤，大貴人、長公主銅鏤。郭璞《金銀贊》：「務經軍農，爰及雕弄。」《夏書》曰：「梁州貢鏤」者，徐鍇本作「梁州貢鏤金也。」《禹貢》：「厥貢璆、鐵、銀、鏤、砮、磬。」鄭注：鏤，剛鐵，可以刻鏤也，一曰鏤釜也者。《廣雅》：「鏤，鬴也。」《方言》：「鍑，江、淮、陳、楚之間謂之錡，或謂之鏤。」

陳琳《武軍賦》：「百鍊精鋼。」《夢溪筆談·辨證篇》：「世間所謂鋼鐵者，用柔鐵屈盤之，乃以生鐵陷其間，泥封煉之，鍛令相入，謂之『團鋼』。亦謂之『灌鋼』。此乃僞鋼耳，暫假生鐵以爲堅，二三煉則生鐵自熟，仍是柔鐵。予出使，至磁州鍛坊，觀煉鐵，方識真鋼。凡鐵之有鋼者，如麪中有筋，濯盡柔麪，則麪筋乃見。煉鋼亦然，但取精鐵，煉之百餘火，每鍛稱之，一鍛一輕，至累鍛而斤兩不減，則純鋼也。雖百鍊不耗矣。此乃鐵之精純者，其色明瑩，磨之，則黯黯然青而且黑，與常鐵迥異。」

論説

張佩綸《澗于集》卷三《書牘·致張孝達中丞》　昨由户部咨送晉鐵航海大疏，今日署中擬定一函，請公設局鍊鐵，計由驛遞十餘日可到。各省機器局創設近廿年，無能造機器者，閩廠之船、滬局之槍礮，其所需鋼鐵均仍購自外洋。就船論，如北洋之定遠、濟遠兩艘，各百四十萬，南洋之開濟五快船係買料自造，亦每船約四十萬。就機器論，每坐機器大者三五十萬，小亦十餘萬，綜計槍礮每批少亦十餘萬。名之曰機器、船、礮，質言之，直以銀易鐵耳，此非制用之道也。夫土槍、土礮及紅單、快蟹各船，不足制敵，而洋船、洋槍、洋礮無論采買，無論自製，銅鐵仍須購自外洋，亦仍不足制敵。果其足以制敵，敵一旦立約，禁槍、礮、船入中國，而彼以猛烈之器攻我，我不幾頓成徒搏乎。無鐵亦并不足自强也，然則論中國自强之道，不敢謂一冶鐵足以盡之，而欲求堅甲利兵來工制器，則必以鍊鐵爲第一要義。合肥敝敝焉講求機器，而於冶鐵一事獨未究心，殆非竟委窮原之法。前過晉時閣下議及鍊鐵成條，以便津局之用。到津後聞，機局以洋鐵性輭，晉鐵性剛不適於用，而鄙意妄爲揣測，晉鐵所以制鍊未精，由於無外洋鍊鐵之汽鑪，一也。機局采買洋鐵坐得二成之利，晉鐵出則塞其利孔，飾詞阻撓，二也。津滬各局篤信洋人過深學徒，本非諳中國鍊鋼之法，而驟學外國鍊鋼之法，執焉不化，不能引伸變通，三也。公處如講求鍊法，咨取洋鐵並晉鐵考究質性，似宜先將中國鍊鋼之法攷據詳明，博選巧匠入局，與西洋鍊法參觀，而得其通。並屬合肥代購西洋鍊鋼新式汽鑪試辦，如近日所用之鐵即已合用，各局通行。晉省可富，然後再集資本大開鑛務，似有把握。尊意往復纏綿，在國事爲惻怛至誠，於鄙人爲忠告善道，感佩無已。佩綸前書謂不必求之形迹，正謂名論默契聖心，足塞浮議，即來教所謂用意全在空處也。惟當道均不願在空處著眼，佩綸所擬函電，實事或即施行，而或調和諸將，或箝制疆臣，或揣測敵情，或規畫遠勢，則全以爲空文而閣置之，不獨大疏數言習焉不察而已。鄙人自入署以來，終日焦憂，鋭氣頓減，非憂外患，仍是内憂耳。彭帥之示於十月廿九日，經振帥電請譯署阻止，鄙人在高陽坐上厲目電述，彭帥欲盡驅各國商船不准入口，是以蘭翁決計阻之，謂不獨多樹强敵，佩綸亦以爲是。惟於後加獎勉雪帥養威坐鎮之語，以安其心。及後彭帥寄示到都，則與尊書所述略同，頗怪振公之過於恇怯。而雪老已遵旨中止，稍稍流傳於粵中紳士，粵紳服其忠壯，人心愜服。而巴使則持此紙來署詰問，謂中國志在擾其商情，佩綸答以此正彭帥預謀保護之意，彼亦無辭。既欲擊之，又恐怒之，誠屬可笑。德使亦謂，中法半和半不和，是何局面。然以備禦論，我沿海全無豫備，未始非緩兵之計。以接濟論，我禁英之協濟煤餉，未必恪遵公法，而執局外之義，則中國所購美國各廠軍火，即不能來。不如陽示模棱，陰修戰備之爲兩得，是以鄙人並未力争。厚庵之信須正月杪方到。合肥於召厚庵，則踴躍通辭；而於召省三，則猶疑不決。閩臺置兩帥，恐無廉藺、寇賈之風，而有近日唐徐張彭之累，期期以爲不可。總之，省三自是將材，而俯視一切，遂無人能羈勒之者，斯可慮也。由津到通之綫已早成，由通到京此次在津與合肥定議，春間亦即庀材鳩工。由粵到龍復經粵督奏准，並因竹篔之奏，擬將海綫展至臺灣，足以奉慰。

又卷三《書牘·復顧皞民觀察》 佩綸奉使還朝，旋充典客。法越之事，日亟徒勞，籌筆無補涓涘，深用歉悚。承示譯署疑難重大之事，輒聽平議，即不能行，亦應將條約通行天下，使臣條奏及諭旨，隨時發鈔，此誠足破諱疾忌醫之錮習。惟論事必貴探源，果中朝士大夫有留心洋務者，條奏可攷而知，條約可購而得。如今日之九列科道，一二清流外，半皆衰庸鄙猥，即令平議，不過署干木紙尾耳，築室道謀何益於事。使臣並無條奏，其上事皆循例調員請獎文字，如果察度洋情，獨抒己見，則又不宜輕播於外，致洋人執爲辨難之端。總之，譯署示弱已久，鄙人從政尚新，强鄰窺伺欺淩，初不以條約公法爲據，消息轉移，不必在此等處著力。若穆穆布列，堂堂行師，自宜集思廣益，正名順言，斷不效爾時詭祕也。機器局各省分設，所費不貲，來教謂大小精麤料物，不資中國而求之外洋，最爲大病。佩綸於客臘擬公函致孝達，屬其速購錬鋼汽鑪，錬晉鐵以供天下之用，正與尊意不約而同。至各局分合，鄙見船礮宜併始能專精，子藥宜分始能便利。造槍機器中國僅有林明敦機器一副，近恐鏽蝕。公家之力，斷不能再增；工匠之藝，亦無由再進。一二三老成惟以采買洋槍礮、定製鐵船爲自强之術，即强矣而非自强也。近議定專立海防衙門，欲將師船機局全歸一人經畫，專任而責成功。俟中國煤鐵日出，徐圖來工制器之法，爲患已迫，爲時已晚，亦盡其心之所能到而已。尊論洞見精微，鍼肓起廢，鄙人受賜多矣。通政來津，出於自請，譯署以雷風等案迭出，軫念邊方，請飭北洋及通政會籌，聞欲舉續燕甫爲代，鄙見不以爲是，而通政之意甚決，殆不願久居冷局耳。法越事近無确耗。

張佩綸《澗于集·譯署函稿·致張香濤中丞》 啓者：客臘二十九日，准産部咨録閣下及少荃中堂會奏晉鐵改由海運一疏，聲明由貴處就産鐵地方講求鎔錬，設法招商等語。具見關懷時局、體察商情之意。理財之道，鹽鐵並稱，後世置鐵冶不問，而泰西各國轉得不傳之祕，造作機器船礮，以窺伺上國，鯨吞蠶食，志不在小。本處深維聖師萬物之指，於粵捻倥傯之會，迭經奏准於閩滬各處設立機器船政等局，仿製外洋火器、輪船，原冀藝學漸精，中國或能神明規矩、自闢徑途，庶與泰西争駕。乃各局開設垂二十年，南北洋所需鐵船、槍礮仍是購之外洋，間有閩廠自造之船，滬局自鑄之槍礮，而船之鐵甲、鋼甲、槍礮之鐵卷筒、鐵箍，亦仍是購之外洋。無論我所造之船、礮不能精於泰西，而機器須外洋，鋼鐵須外洋，在彼實足操我强弱之柄，而我二十年來所敝敝焉舍所學而從者，固皆末務耳，安所謂戰勝之器哉？然則開鑛取鐵、錬鐵成鋼，非獨富國之常模，實爲强兵之首務，有鋼鐵而始能造機器，有機器而始能造車船、槍礮，閣下意欲鎔錬鋼鐵，其深得洋務三昧者乎？查中産鐵質，固有精麤剛柔之不同，而錬鐵成鋼，亦有團鋼、灌鋼、沌鋼之别。泰西錬鐵初亦未得□妙之法，取精遺滓所費不貲，迨後以汽鑪吸取養氣，取鐵入鑪，均變精鋼，分兩不減，最爲省便，是以近日洋船無非鋼甲，洋槍礮無非鋼筒，錬法精也。容道閎在美曾繪其鑪式以歸，見存少荃中堂處，可以咨取備考；聞美之新藟埠，專造錬鋼汽鑪，可以訪求定購。晉産甲於天下，外國客所著書亦甚稱羡太原，惟洋鐵性輭受刃，晉鐵過剛不受模範，若閣下創置洋鑪陶鎔晉鐵，苟得其法，出鐵以供天下之用，晉富而中國可强，非細故也。習洋務者利於采買洋器，不願中國自有煤鐵塞其利孔，而機器局員但圖坐穫薪資，於考工創制之原，全未考究。晉省現在亟宜集款購器，設法招商，速開錬鐵之局，既須博選巧匠，尤宜物色端人，庶免沿閩滬諸機局陋習。德之霸也，自克虜伯能鑄礮始，至今該廠有錬鋼提鏞之法，據爲五大洲祕巧。丁韙良《鑄録鐵論》謂近日爲鐵世界，旨哉言乎？《管子·地數篇》詳言出銅鐵之山，用以器蓋天下。葛侯治蜀，工巧器械，務究其極。錬鐵造器，實爲當務之急，不能不深有望於執事也。

綜述

盛宣懷《愚齋存稿》卷七四《電報五一·寄北京張中堂梁尚書》（宣統元年）正月

十四日》 漢廠添造化鐵大爐及馬丁大鋼爐四座，下半年每日可出鋼鐵六百噸之多。李維格因津浦、粵漢、川漢三幹路同時並舉，漢冶萍奏准，鐵路材料悉歸漢廠自造，遵旨擴充不遺餘力。不料津浦借款合同雖不以路保，未能如京漢等路合同先儘中國材料自用，竟爲英、德所持，吕尚書屢争無濟。聞粵漢、川漢借款已定，請檢查比國京漢合同第二十五款，美國粵漢合同第九款，津浦合同第十八款，務求留意自保利權。漢廠雖屬商辦，外人虎視眈眈，實於國際大有關係，不特鐵捐提還公款已也。中國製造不興鐵廠二千餘萬兩資本，僅賴鐵路一項爲大宗生意。中堂創兹鴻業，本爲路政兵工起見。若將此數幹路軌料甘讓外人，則此廠永難起色矣，再三之瀆伏祈垂諒。

又卷七四《電報五一・寄鄂督陳筱帥（宣統正年）正月二十二日》 據總辦漢陽鐵廠李郎中維格稟稱，近因川漢、粵漢兩幹路奉旨交張中堂督辦，需用路軌更多。漢廠將第三化鐵新爐晝夜趕造，以資各路購用，悉免外人争造，致開漏卮，關係甚大。惟廠地偪窄，無可展布，必須在大别山下開鑿一洞，以通軌道直達湖邊，方能脈絡貫通，推廣製造。曾於上年二月稟請前督憲趙批准在案，現在工程緊要，實難再緩，請即電請督憲再行派員，會同漢陽府縣傳紳切實議辦，事在必行等情前來。查京漢鐵路曾在武勝關、廣武山兩處開鑿山洞，毫無所損，將來川漢路工開山鑿路，豈能盡免？宣懷此次在長崎所見三菱船塢開鑿山洞，以便運道，尤屬輕而易舉。目下時局艱危，辦事重在實際，似不宜再事拘牽，以致路政、鐵政兩有阻礙。除咨達外，應請貴部堂迅速據電，札飭漢陽府縣傳集紳士，嚴切開導，尅日稟復開辦，萬難再遲，是所幸禱。

又卷七四《電報五一・寄張中堂（宣統元年）四月初一日》 近日報載，粵漢、川漢分借英、法、德款已定，深爲大局忭幸。聞洋公司争購洋料甚力，中堂從前原奏鐵廠之設，原爲鐵政塞漏卮，現籌鉅款二千數百萬兩，化鐵爐、煉鋼爐，均備每日一千噸之數。此兩幹路獨屏除中國之料而不用，中堂諒不出此。津浦南路開標，皆漢廠所得，因吾運費可省也。川漢、粵漢倘不能如京漢得儘先字樣，降至如津浦中外一起開標，漢廠不得，亦必不止一半。廠爲中堂創成之廠，成敗利鈍關係非小，諒無俟乎乞恩也。二十七日漢冶萍股東大會收股已逾千萬，遵照商律選舉董事九人，查帳二人，一切報告另再附陳。

又卷七四《電報五一・張中堂來電（宣統正年）四月初八日》 敝處籌借外款，於儘先購用本國材料一節，極力維持自不待言。惟漢廠究竟每日實能煉鋼若干，成軌若干，鋼質軌式是否精良與外國無異？將來就近交貨較外洋既省運費，核計成本，其價值自當比外洋現在時價較廉。現正與外人磋商，列入借款草約，漢廠貨色價值果能與外洋抗衡，方有把握，萬一他日被工程司挑剔貨色不如洋廠，價值貴於洋廠，彼時外人據理以争，則無法可想矣。務祈即日電飭該廠總辦從速切實具復，允認擔保貨美價廉四字，敝處方敢放手訂立合同，以副尊囑。近因津浦路工訂購漢廠軌料，濮蘭德向敝處言，係以次貨充數，嘖有煩言，是一前鑒。倘漢廠之價必不能廉於洋廠，亦望切實飛速密復，以便設法保持漢廠利益，免致盡爲洋廠所奪。至禱。

又卷七四《電報五一・寄張中丞（宣統正年）四月初八日》 借款儘先購用本國材料，仰蒙極力維持，感銘肺腑。此係中堂經始苦心，原奏宗旨，實不僅漢廠生死關鍵，抑亦國家强弱先聲。蓋中國無船廠，無製造各工廠，鋼貨銷場專恃鐵路。鐵路用軌莫多於川粵，如川粵不用本國材料，鋼爐、鋼廠勢必停閉大半。現預算鋼廠機力每日可成軌千噸，生鐵爐三座，日僅五六百噸，馬丁爐五座，日僅三百噸。己酉年鋼料悉已定出，庚戌年若全造鋼軌可出十萬，已定出津浦一萬噸，餘皆無主。鋼質係純用施猛斯馬丁之法，曾經英德各名家試驗，無不讚美稱揚，均有憑證，本廠自備試驗機器及化學派有專家經理，所出鋼貨必經機化兩項試驗，方能無懈可擊。九廣係英工程司，亦稱此軌精美。浦口三月杪新運一批，濮蘭德何以預知其爲次貨？該路開標，漢廠不要加用五釐，以故得標，而濮甚忌之。然英工程司驗貨，決不能妄加貶詞。津浦合同，本國不得儘先字樣與洋廠一同開價，得標亦或不止一半。川粵借款天幸中堂主持，合同磋磨必高出尋常百倍，惟外性貪狡，必能有以折服之。漢廠貨美價廉四字，准可允認擔保，務求中堂放手大膽訂立合同，勿稍懷疑退讓。總之，貨美二字，工程司自有公共之法試驗，不容假借；價廉二字，當可與外洋鋼價比較，從前京漢、現在九廣定價之日，皆視外洋電報價值爲斷，毫無躲閃，惟本廠出貨不及洋廠之多，成本未免稍貴，而運費較省可以補苴，故比較定價不致虧折。仰蒙垂厓，用敢密陳。鈞處如何定議，約須用貨多少，務求詳示，以便預備，至盼至禱。

沈括《夢溪筆談》卷三《辯證一》 世間鍛鐵所謂鋼鐵者，用柔鐵屈盤之，乃以生鐵陷其間，泥封煉之，鍛令相入，謂之「團鋼」，亦謂之「灌鋼」。此乃僞鋼耳。暫假生鐵以爲堅，二三煉則生鐵自熟，仍是柔鐵。然而天下莫以爲非者，蓋未識真鋼耳。予出使，至磁州鍛坊，觀煉鐵，方識真鋼。凡鐵之有鋼者，如麪中有筋，濯盡柔麵，則麵筋乃見。煉鋼亦然，但取精鐵，鍛之百餘火，每鍛稱之，一鍛一輕，至累鍛而斤兩不減，則純鋼也。雖百鍊不耗矣。此乃鐵之精純者，其色清明，磨瑩之，則黯黯然青且黑，與常鐵迥異。亦有煉之至盡而全無鋼者，皆繫地之所産。

曾敏行《獨醒雜志》卷四 融州守陸濟子楫遺黄鋼劍，且云惟融人能作之，蓋子楫未詳黄鋼之説矣。予嘗居湘時，見傜人歲來謁象廟，各佩一刀，乃所謂黄鋼者，惟諸蠻能作之。其俗舉子，姻族來勞視者，各持鐵投其家水中，逮子長授室，大具牛酒，會其所，嘗往來者出鐵百鍊，盡其鐵以取精鋼，具一刀不使有銖兩之羨。故其初偶得鐵多者，刀成銛利絶世，一揮能斷牛腰，其次亦非漢人所能作，終身寶佩之。漢人願得者，非殺之不能取也。往往旁郡多作贋者，予嘗訪之老冶，謂之到鋼，言精鍊之所到也。今人纔以生熟二鐵雜和爲鋼，何鍊之有，融劍殆是耶。

宋應星《天工開物》卷下《五金第十四》 凡鋼鐵煉法，用熟鐵打成薄片如指頭闊，長寸半許，以鐵片束包尖緊，生鐵安置其上，廣南生鐵名墮子生鋼者，妙甚。又用破草履蓋其上，黏帶泥土者，故不速化。泥塗其底下。洪爐鼓鞴，火力到時，生鐵先化，滲淋熟鐵之中，兩情投合。取出加錘，再煉再錘，不一而足。俗名團鋼，亦曰灌鋼者是也。

劉嶽雲《格物中法》卷五下《金部・鐵》 世間煅鐵所謂鋼鐵者，用柔鐵屈盤之，乃以生鐵陷其間，泥封煉之，鍛令相入，謂之「團鋼」，亦謂之「灌鋼」。此乃僞鋼耳，暫假生鐵以爲堅，二三煉則生鐵自熟，仍是柔鐵。然而天下莫以爲非者，蓋未識真鋼耳。予出使，至磁州鍛坊，觀煉鐵，方識真鋼。凡鐵之有鋼者，如麪中有筋，濯盡柔麪，則麪筋乃見。煉鋼亦然，但取精鐵，煅之百餘火，每煅稱之，一煅一輕，至累煅而斤兩不減，則純鋼也。雖百煉不耗矣。此乃鐵之精純者，其色清明，磨瑩之，黯黯青而且黑，與常鐵迥異。亦有煉之至盡而全無鋼者，皆繫地之所産。《夢溪筆談》

凡鋼鐵煉法，用熟鐵打成薄片如指頭闊，長寸半許，以鐵片束包尖緊，生鐵安置其上，又用破草履蓋其上，泥塗其底下。洪爐鼓鞴，火力到時，生鐵先化，滲淋熟鐵之中，兩情投合。取出加錘，再煉再錘，不一而足。俗名團鋼，亦曰灌鋼者是也。《天工開物》

嶽雲謹案：團鋼之法，即西人書中所云熟鐵加炭質成鋼也。生鐵鎔化放出所含之炭些須，入於熟鐵而成鋼，故云兩情投合。

又案：沈括《筆談》：百煉不耗，乃劉琨詩所謂何意百煉鋼，化爲繞指柔也。今鐘表發條即是此種，以是知古人已有發條，即可製爲自行之器，其性甚柔，淬之則堅，西人謂打過之鋼，其質甚密甚勻，宜作剪磋等器，亦即此種。

點鋼法，血餘羊角，各燒灰研細，調搽刀口上，燒紅磨之。《古秘苑》

嶽雲謹案：西人於鋼質小器，用熟鐵造成，包以骨灰粉或鉀衰鐵加熱煅紅，則炭質入於外皮而成鋼，即是此法。血餘羊角燒灰即骨灰粉也。

炒鐵之時，勿令其全變成熟鐵，則其性與鋼無異。《鄙事綴紀》

嶽雲謹案：此即西書所云：生鐵去其炭質爲熟鐵，若留炭質些須，亦即成鋼也。

牂柯及廣都二州所出，並不煩灌煉，即堪打用，此即自然鋼也。《雲笈七籤》

嶽雲謹案：李時珍云：鋼鐵有三種：有生鐵夾熟鐵煉成者，有精鐵百煉出鋼者，有西南海山中生成狀如紫石英者。其第三種即自然鋼也。

又案：此皆煉鋼之事。

綦毋懷文造宿鐵刀，其法燒生鐵精，以重柔鋌，數宿則成剛。以柔鐵爲刀脊，浴以五牲之溺，淬以五牲之脂，斬甲過三十札。今襄國冶家所鑄宿柔鋌，是其遺法，作刀猶甚快利。《北史》

溝澗流水，及引水灌田之次，多有地溲。形狀如油，又如泥，色如黄金，甚腥烈。冬月收取，以柔鐵燒赤投之二、三次，剛可切玉。《本草綱目》

嶽雲謹案：此或取地溲以淬鋼耳，非能變柔鐵爲鋼也。

凡熟鐵、鋼鐵已經爐錘，水火未濟，其質未堅。乘其出火之時，入清水淬之，名曰健鋼、健鐵。言乎未健之時，爲鋼爲鐵，弱性猶存也。《天工開物》

嶽雲謹案：此淬鋼之法，但淬鋼之硬度，必視其所用，宜若干熱度而後淬，不可不考求。

凡鐵性逐節黏合，塗上黄泥於接口之上，入火揮槌，泥滓成枵而去，取其神氣爲媒合。膠結之後，非灼紅斧斬，永不可斷也。《天工開物》

凡釬鐵之法，小釬用白銅末，大釬則竭力揮錘，而治合之。《天工開物》

嶽雲謹案：釬用銅鐵合著。

已上煉治。

曾國荃等《（光緒）山西通志》卷一〇〇《風土記下・物産》 舊通志：鑌鐵祠在太原府旗纛廟東。又全、雲內州貢青鐵，鐵今無。明駙馬都尉焦某取鑌鐵坑鐵製刀甚利。【略】《榆次縣志》：刀翦甚利者，古稱并州，杜工部詩猶富之。蓋地産鐵，勁於他産，而諸工藝惟此擅良。今東西聶村及王胡爲者，四方之人往來過此必市之，或用爲餉貽。【略】案全晉産鐵之區南利鑄生，北利打熟。潞鐵作釘，爲南省造船所必需，取其易□也。今冶工多集此矣。

傳記

《北齊書》卷四九《方伎傳·綦毋懷文》 綦毋懷文，不知何郡人。以道術事高祖。武定初，官軍與周文戰於邙山。是時官軍旗幟盡赤，西軍盡黑。懷文言於高祖曰：「赤火色，黑水色，水能滅火，不宜以赤對黑。土勝水，宜改爲黄。」高祖遂改爲赭黄，所謂河陽幡者也。又造宿鐵刀，其法燒生鐵精以重柔鋌，數宿則成剛。以柔鐵爲刀脊，浴以五牲之溺，淬以五牲之脂，斬甲過三十札。今襄國冶家所鑄宿柔鋌，乃其遺法，作刀猶甚快利，但不能截三十札也。

藝文

趙之謙《梅庵文鈔·賦·鑄劍戟爲農器賦》 聖人以威天下之大柄，急天下之先務，因重念夫民碞，而有事於武庫焉。時則玉門奏凱，人唱刀環，麟閣書勳，詩賡朱鷺。螢賊去而四民樂業，望愜雲霓；鋒鏑銷而三農畢修，功歸同鑄。於是雪鍔光韜，霜鋒色斂。不虞武備之疎，但計民生之贍。工施爲冶，全銷射斗之芒；金已在鎔，頓熄沈沙之焰。始也解百姓倒懸之苦，寓兵於農；繼也體天地不殺之仁，鑄戟與劍。爾乃春雨西郊，秋風南陌，既偕田翁，亦招主伯，咸歌豳什於西成，不賦皇華於行役。青鋤劚地，戛風雨以龍鳴；钃鍤犂雲，指星河而光射。不談兵燹，本無越畔之謀；偶話桑麻，忽作杴戈之客。則力今日之耕耘，又誰問當年之劍戟也哉！若乃干戈既偃，耕作齊施，指揮風伯，號令雨師，疏青渠之坑坎，削芳甸之平夷，刈莠苗之曼衍，扶嘉穗之離披。倏成功於耒耜，乃重賴夫鎡基。兵兮衛民，帝因辟以止辟；民兮邦本，聖無爲而有爲。唯后作庸，草野風從；有司教稼，執事明農。不需百鍊之鋼，非昭儉德；足備三時之用，又戒兵凶。佇見冶躍洪鑪，静兩間之氛氣；祥開化宇，扇九陌之春雍。彼夫既告武成，爰修文治。表河洛兮殊祥，儀鳳鳥兮美瑞。雲冉冉兮五色，禾芃芃兮雙穗。放牛歸馬，都成故老奇聞；矚雨瞻雲，盡作逢時利器。我皇上聖武惟揚，神猷遠樹。郊原則鬱其菁葱，倉庾則豐其充裕。雷厲風發，天威霽而化以和甘；水耨火耕，民事修而安其朝暮。於以徵擊壤之歌，於以獻藉田之賦，試觀萬寶之告登，無忘一人之製具。

雜録

盛宣懷《愚齋存稿》卷七二《電報四九·寄張中堂光緒三十三年七月初六日》 漢萍共用工款一千三百餘萬兩，已咨報商股僅集二百五十萬兩，除預支日本礦價，預支京漢軌價兩項合銀三百萬兩外，已借商款七百餘萬兩，常年賠利至六七十萬之鉅。近併重息亦借不到，艱棘情狀，歌電已陳。宣内撫病軀，外觀時局，旁察商情，非趁中堂手内招足一千萬華商股分，恐揞拄保守二者俱難。鐵廠漸已改觀而積虧過鉅。華商狃於開平煤利，非將萍礦歸入鐵廠，竟難招股，數月來諄勸萍礦股東附入漢廠，一起招股，筆舌並瘁，始允合羣。現擬就老股每份庫平一百兩者，各加四十兩合成銀元二百元，换給新票。五百萬元爲優先股，轉瞬新鋼爐出貨，添造普通股五百萬元。遵照商律，設立董事局，投筒公舉，分任查帳、監工、籌款、銷貨等事。俟董事會成立，即呈請商部註册，煤鐵帳目仍各記盈虧，滬局彙總刊印，呈報徵信。如此氣局方定，根基方固，於中堂二十二年招商接辦之奏，方合符節。宣一息尚存，誓與此局相終始，惟自慚力薄能鮮，全賴中堂始終維持，俾此廠屹然與日廠並峙不朽，庶不負公重託。抑更有請者：萍煤既可併附，湘路復荷接通，漢廠已成全璧，鄂省能否入股一二百萬元，與優先股一律分利，以抵鄂省學堂工程常年經費，流澤深遠，何啻召棠？在外國公司官家入股與商家無一，同執股票，同舉董事，用能拓興商業，輔助國脈，乞中堂裁示，幸甚盼甚。

鄂督張中堂來電七月十六日

廠礦難籌現銀，蕢購股票尊意軌件由廠供應，再以售鐵銀款分期陸續解由鄂省轉付工款。洙昭爲廠礦命脈，關係既大，豈敢膜視，惟來電膠葛太多，兹就尊意參合斟處，敬電購買股票辦法再予通融。一漢廠所售洙昭軌件及代購洙昭車輛、橋梁、枕木等件，鄂省核明單據銀數，填發鐵路股票以抵付款。二購地股土石款，一切工程薪費款，漢廠每次撥交鄂省銀兩若干，鄂省收銀後，照數填發鐵路股票，即將來銀代付各項款目。以上辦法，軌料既非現銀工款，亦非蕫付，處處與尊意符合。至於預支軌價一案，是漢廠經手之事，鄂省實不能代漢廠奏銷，鄂湘路亦不願牽扯部款在内，此事總要清楚，曲折太多反生窒礙。且洙昭告成，礦獲路通之益，廠獲路股之利，購股辦法亦是廠礦生計，部款又何必挪扯？惟此法尚是鄂滬自家商量，湘意如何尚須電詢。至另電申報云云，湘人多議少成，往往如此，斟處尚未據呈，無從批核，乘機嚴飭一層施之湘路，毫無益處。前已電至再三，不可理喻，若再往返電瀆，徒誤洙昭大事，甚無謂也，望速酌定電復。

又《電報四九·寄張中堂（光緒三十三年）七月十八日》 鈞意購買股票，宣意抵用部款，設想不同，造路則一。廠礦只因財力困窮，不嫌詞費，除軌件外，概須現款，積虧之局，實已無法挪借，故不能不急籌招股。而股本皆須八釐重息，以專造洙昭，則路有運煤車利可抵。如買粵漢票恐全路未成，無利可抵。廠礦現立董事會，動用商本針針見血，此宣懷辦事之難也。然鈞意重在粵漢購股，與廠礦正須續招鉅股，實有同情，如能招足自易遵辦。麻電懇商鄂省入股一二百萬元，如不能多，究可酌附若干？前聞揚子江製造車橋公司，川漢、粵漢擬入股五十萬兩，倘能移入廠礦，則一舉而三善備矣。乞電示。

又《電報四九·寄張中堂（光緒三十三年）七月十八日》 近來招股難若登天，論者以已成之公司，商本官奪；將成之公司，商股紳鬨。名爲開闢。實則阻塞。恐商智愈開，商財愈吝，從此視公司爲畏途。宣於鐵廠以外，決不敢再問一事。中堂老成碩畫，若不力扶工商大局，將何以抵制强鄰？乞三致意焉。

又卷七三《電報五〇·寄署川督趙制軍爾豐光緒三十三年九月十二日》 漢陽鐵廠，宣承香相奏辦十年於兹，連煤礦已用資本一千七百餘萬兩，此次莅鄂親驗，所煉馬丁新鋼較前更爲純淨，含燐止有萬分之一二，經英德工師驗爲頭等鋼質，各國驚爲意外。現已添造新爐三座，每月能出精鋼六千噸，江浙皖閩粵京張各路均來定軌，並銷至日本、舊金山，日不暇給。現與次帥會商，擬再擴充添爐，出貨愈多，利息愈大。昨談及川路有款，包息六釐，甚難存放，已電商尊處或一百萬或二百萬以七釐息存放鐵廠，即爲預定軌價，一舉兩便，□爲預籌。宣查從前京漢路俱用漢軌，曾預付軌價四百萬，現在江浙定軌，凡預付軌價，皆酌算輕息，至交軌之日按期止息。全路需用軌料橋料約在千萬以外，前月在蘇陳筱帥亦談及川款數百萬，存儲生息甚屬爲難。倘援照京漢、江浙即以路款先付軌價，鉅款既獲穩利，尤見事在必成。屬鈔節略帶去，意見似亦相同。今承次帥下商，用敢詳達。尊意如以爲然，乞電示，以便會商次帥派員携帶文憑來川商辦。至軌價，或如江浙即照目前外洋廠價訂定，或如京漢俟用軌之時，再照洋價比較核定，均無不可。

張之洞《張文襄公全集》卷二八《書札五·致李蘭蓀宫保》 晚自春間回任鄂疆，瞬逾半載。時艱鮮補，粟碌滋慙。鐵廠因經費無出，遵旨交津海關盛道招商承辦，良非得已。該廠煉鋼造軌足媲西製，將來鐵路、鐵廠必須聯爲一氣，我用我軌，方能自保利權，且協政體。認辦鐵路之商人昨已陸續來鄂，面加詢考，惟其中皆係洋股影射，殊覺令人索然。此事實難措手耳。沙市商埠日前派員往商，日領事忽緩忽急，迄無成議。擬俟蘇杭定局，援照辦理。鄂中羅田、麻城、潛江、江陵等縣多被水災，亦經賑撫並施矣。光緒二十四年七月十四日。

又卷三五《奏議三五·鐵廠擬開兩爐請飭廣東借撥經費摺光緒二十年十月初二日》 竊照湖北煉鐵廠告成，開煉生鐵大爐一座，煉成生鐵熟鐵及貝色麻鋼，輾鐵條製鋼軌均已著有成效。其煉西門士鋼廠煉法精細，初煉尤極危險，北洋、上海各爐迭有轟裂堵塞之患，鄂廠此項鋼爐前因添設爐管、火甎等件，一時未有並舉，兹已修竣開煉。洋匠參考火候，據稱向來至快六點半鐘始能出鋼，現僅三點半鐘煉就精鋼，甚爲順利，初出鋼料成色無異洋製，已足爲造礮之用。礮廠業經開試機器，即以煉出之鋼試造六生半及七八生克虜伯陸路車礮。若造成依法考驗鋼料精堅、演放有準，即接續製造十二生大礮。現因軍務緊要，已飭多煉西門士鋼及貝色麻鋼爲製造槍礮之用，並趕將槍廠需用鐵梁柱鑄成，一面補修槍廠及趕造架彈三廠竣工，開春即可製造新式小口徑連珠快槍，及架彈各件以應軍實要需。查今日外洋陸戰，專用連珠快槍、快礮，既速且遠，僅止後膛槍礮尚不足以盡之。鄂廠既有礮機，自應添購快礮機器，將各種陸礮皆造成快礮，尤爲利用，所費尚不甚多，已於籌辦槍礮架彈廠摺内另行奏陳。惟生鐵僅開煉一爐，每年匀算可出鐵一萬五千餘噸，其鐵路運道、馬頭及洋匠人工原備生鐵兩爐之用，若僅開一爐，成本虧折甚鉅，斷難持久。馬鞍山煤井焦炭爐本年十一月初必可完工，擬以湘省白煤攙和焦炭冶煉，尚可供兩爐之用，必須接續開煉生鐵兩爐，始足資周轉而垂久遠。此鋼鐵煉齊兼顧槍礮廠工程并擬開生鐵兩大爐之辦法也。查開煉生鐵兩爐籌墊一年經費約需百萬，一爐需五六十萬兩，業於預籌開煉成本摺内陳明在案。計開煉經費先後奏准借撥湖北糧鹽道庫雜款三十萬兩，撥用貨釐鹽釐項下銀二十萬兩，共五十萬兩，尚不敷一爐之用。續請在本省各項勻撥之二十萬，尚未接准部覆。而煤鐵並舉，開煤所費幾與煉鐵相等，增出用款繁鉅，借撥各款已奏明撥用無餘。查光緒十八年冬間，鐵廠全工未成之際，曾據督辦招商局津海關道盛宣懷禀，稱擬招集商股承領鐵廠辦理，先集股一百萬兩，以四十萬繳還官本，以六十萬作爲開煉經費，不足由商自籌。所有營建廠工官本三百餘萬，除先繳四十萬外，餘款分二十年歸道還清後，仍報効三十萬兩，分年呈繳，但須煉成鋼鐵以後，始能承領。議定條款，開具清摺前來。經臣悉心籌畫，若歸商辦，將來造軌製械，轉須向商購鐵。雖塞洋鐵之漏卮，究非自强之本計，特以鐵廠未成，商人即肯出鉅款承領，足見兩爐開煉後，鋼鐵定能暢銷，辦理必有把握，決計趲工營造，而部庫支絀，部款必不能再行撥發。臣熟加籌度，審察時勢，竊謂鐵廠爲武備根源、中華創舉，既已開辦，必宜作成。用款雖溢，尚有籌補之方；鐵廠中輟，永無再辦之望。熟權利害，不得不身任其難，惟有設法將鑄鐵煉成，則實際昭然，方可瀝陳情形，仰請朝廷裁度。於是竭力設法籌墊，不惜資本加工加料，趕將全廠工程於冬間一律造成。自本年正月開辦煅鑛爐以來，添雇洋匠陸續到齊，增購機器，儲煤運鑛，修改爐座，添設洗煤煉炭機爐，廠内鐵路、鋪地鋼板，新增用款甚多，以及委員、工匠薪工，皆廠成開煉以後之經費。此係開辦之初，諸事尚未完備，動需增出用款，皆爲洋匠原估所不及。即就一爐而論，已非常年五六十萬所能賅括，計每月約需籌墊銀六七萬兩。迨五月開煉生鐵，大煉初開，一爐出鐵無多，且開煉之始，較煤試爐曲折繁難，只能略減鑛石，時多間斷，不能按日必出生鐵若干。又須試煉熟鐵，試煉各種鋼，試造鐵貨，製軌鑄械，以致生鐵所餘無多，難供銷售局轉。又值天氣酷熱，華洋工役患病者什之八九，不能多煉，經費仍無所出。前奏明，以布局通籌互濟。近來招集股票，擴充紗布，原爲協濟鐵廠之用。適逢暑熱異常，至秋轉甚，致停日工，僅開夜工，所出紗布勢難濟用，只可展轉騰挪，勻撥善後局雜款，並暫借布局所收股票之款，以應急需。並與上海外洋各廠婉商，應用物料運費暫令墊辦，以後從容籌款，陸續付價。又兼趕辦槍礮廠工程，增出架彈三廠機器運保及廠工等銀四十餘萬兩，無從應付。然籌備軍實爲目前要務，現經另摺奏陳，仍擬就本省極力設措辦理，是本年所出之鐵本屬無多，且尚多墊火之款，已無以爲周轉之資。現在籌計生鐵兩爐開煉，成本約需銀百萬以外，實係鐵廠不可少、不容緩之需。若不速開兩爐，則鐵料難供銷售，經費益無所出，必不得已，仍可交商領辦，而臣愚總以爲非計。蓋方今時局，開鐵路、製鐵艦、製造礮械等事，從此必須逐漸擴充，認真籌辦，無待煩言而決。而一切船礮機器非鐵不成，非煤不濟，已屢見之大學士左宗棠、李鴻章奏牘。從前閩省船廠輪船造未及半，用數已過原估。前内閣學士宋晉以糜費太重，奏請暫停。經左宗棠議覆奏言，此舉爲沿海斷不容已之舉，此事實國家斷不可少之事。李鴻章奏言，諸費可省，惟煉槍礮、製兵輪之費萬不可省。苟或停止，則前功盡棄，後效難圖，所費之項，轉成虛糜。不獨貽笑外人，亦且浸長寇志。沈葆楨奏言，不特不能即時裁撤，五年後亦不可停，各等語。查船廠造船工未及半，用數已過原估。左宗棠諸臣均以爲不可暫停，已反覆鄭重若此。今鐵廠爲製造鋼軌、船械之根本，全廠業經告成，鋼鐵煉有成效，而欲開煉兩爐，尚少此一年數十萬兩之經費。以事理時勢論之，無論如何爲難，必應設法籌辦。惟鐵廠除部撥二百萬之外，續增用款繁鉅，均係在外竭力借撥，應用各廠墊欠物料價值運費，尚須隨時陸續籌付。此時湖北支絀萬分，實無可再籌之款。臣夙夜焦急再四籌思，惟有向廣東借撥之一法。查光緒十三年臣在兩廣總督任内，籌有武營四成報效一款，每年集銀二十萬兩，奏明專供製造粵省兵輪礮火之用。嗣經兩廣督臣李瀚章到任，除閩廠協造已成兵輪四艘外，餘悉停造。而此項報效經費仍按年照收，並未停止。粵省用費臣雖未能周知，然近年並無創造大舉，此項經費報效已歷八年，自當歲有所餘。又臣前在粵創設錢局籌捐鉅款，購買機器，建造廠屋，開鑄銀元，歲有贏餘。近年該局已餘存銀數十萬兩，具見李瀚章經畫之善。竊擬即就以上兩項，向廣東借撥銀五十萬兩爲鐵廠開煉生鐵兩爐成本。俟鄂省銀元、紡紗兩局開辦後，分定年限由鄂省紗布、銀元三局歸款。極知廣東現有海防用項不少，惟闈姓歲增鉅款，又改辦潮橋鹽務，整頓肇慶、潮州兩關，多收税款鉅萬，均係臣在粵時新籌增出之款，尤賴李瀚章善於運籌，事事皆能綜核節省，益覺從容，一切應付，綽有餘裕。臣所稔知鐵廠本係由粵移鄂，武營四成報效及銀元餘款又係臣在粵創辦之舉，每歲增常款數十萬金，今爲鐵廠僅借用五十萬兩開煉鋼鐵，籌備軍實，當務之急，無逾於此。李瀚章公忠體國，軫念時艱，必能設法騰挪，迅速撥解濟用，助成自强要舉。若粵省能借撥五十萬，則鄂省就槍礮廠常年經費三十餘萬合之得八十餘萬，即將鐵廠、槍礮廠經費合爲一事，統用分銷，酌量挹注，或尚可勉强支持。相應懇恩敕部速議請旨，如數飭撥以應急需，以維鐵廠槍礮廠大局，臣無任翹切待命之至。

硃批：「户部速議具奏。欽此。」

盛宣懷《愚齋存稿》卷七三《電報五〇·楊道文駿李道德順致吕大臣電（光緒三十三年）三月二十七日》 職道等昨下午抵漢往謁宫保，今午後挈兩工程司及李幫辦等，隨宫保詣漢廠考驗煉鋼、煉鐵、拉軌、錘折各法。兩工程司均極贊美，謂與歐洲無異，而質美勝之。閱四點鐘久始畢。德浦彌勒獻議，以枕木如能在中國採辦，價同日本，即仍用木，如須購自東洋，不如改用鋼枕，可用自己之鋼，連軌約需二十萬噸。先付全價四分之一，過二年再付四分之一，下餘五百餘萬分十年付。照英、德借款扣頭利息，將來免再向兩公司續借，利不外溢，且鋼枕較木價雖增三倍，而木須五六年一换，鋼可經三四十年，核計修核工價、木價及廢壞鋼枕仍可回爐鎔煉，較之木枕廢壞只可供炊仍屬合算。稟陳宫保，亦甚，以鋼軌經久爲然，已飭兩工程司詳細開列比較表目辦法，再請憲臺商辦。惟宫保之意仍注重先定鋼軌，按今明兩年估用約三萬五千噸，配件在外，或即定爲四萬噸。照目下酌中定價每噸五十二兩，較外洋現價每噸連運費約七鎊半合銀六十兩，便宜實多。且九廣鐵路大權全屬英人，遠不逮浦，尚全定漢廠之軌，並未開標，況中國官鐵路自用中國鋼軌，外人應不能阻撓，可執九廣爲證。擬先付薹價二百萬，未交貨以前認還七釐利息，比存英德銀行多三釐。飭稟商憲臺決定，以便趕添鋼爐，即可無慮供用不及。駿順一再籌商投標一層我可不提，俟定軌合同訂妥發表，兩公司若有異言，再執九廣駁拒。昨出京時柯達士在車站相晤，言聞我有借款漢廠事，答以並無借款之意。今日濮蘭德在漢來見亦提及此，當駁以中國鐵路理應用中國鋼軌，俟考驗後如能全儘供用，再行定辦。渠亦並無不應購及應投標之語，用敢詳陳，以備憲臺會晤有所斟酌。

又卷九八《補遺七一五·寄寧督周玉山制軍（光緒三十一年）八月初十日》 李維格穩慎端潔，專精鎔鍊鋼鐵之學，敝處奏派總辦漢陽鋼鐵廠。現值添配新爐，改良煉鐵，將來必有成效。若責以冶煉好鋼供應各省槍礮船艦，定能不辱保薦。軍旅之事未之學也。

美國阿發滿譔英國傅蘭雅口譯新陽趙元益筆述《冶金録》卷中《鎔鑄各事》

此卷論鎔鑄各事。

鐵之性情不同 各處出售之猪鐵，其類不同。所以鐵質之精粗，不能以一處之名號而定之。即所出之鐵爲同礦者，亦不能屢次得之而無同異也。同一鎔鐵爐所出之鐵，第一次可謂第一號。稍遲幾日，所出之鐵即稍次可謂第二號，或第三號。但猪鐵之高下，可以試驗而知。或用何種鐵礦，或用何種煤炭，或用何等煉法，以比較而分其高下者。以下姑不一一分言之，先論用何種形性之鐵，則有如何得益之處，而分爲第一號、第二號、第三號等鐵，以爲公論也。

第一號鐵。第一號之猪鐵即是深灰色者，凡鑄物用之最多。此種鐵以硬煤或炭燒鎔之，則凝結之後，質紋甚粗，人粗看之，以爲斷處能見顆粒。及折而細觀，知其質紋如薄片聚成，不能見其顆粒也。鐵中所含之炭，結成極細之顆粒，其形亦難猝見，大約質點緊密，未易分別耳。枯煤所燒之猪鐵并第一號之硬煤鐵，與熱風鐵，其顆粒更細，即如本司非利阿所出第一號之硬煤猪鐵，與皮次白格所出第一號鐵，在外面觀之，粗而色黑，美國之東邊各部，與美立蘭、阿利減宜河、阿稀阿河，得納西、乾都格等處所出第一號木炭燒成之熱風鐵，比上所言之鐵更細。又如蘇格蘭所出之猪鐵，其斷處質紋極細。

此種猪鐵尚嫌稍軟，而美國所出之鐵堅固者，多鎔時易於流動，變冷又甚緩，所以鎔鑄物件最爲省便。灰色之鐵可化鎔一次或二次，但質紋最細之鐵，或炭火鎔煉之時遲，空氣太多，則變爲第二號鐵。

第二號鐵。此種鐵内所含之炭較之第一號略少。其灰色亦更深，顆粒更細。如其顏色與第一號之鐵無甚分別，則比第一號鐵更爲堅固，而鑄物最便用之。若其色爲更深之灰色，則不合於鑄小器之用，而最合於乾模中鑄大器，化鎔時易於流入模中，而令模之曲折處皆滿也。所有浮於鐵面之異質，較之第一號更少，而不致有燒壞範模之弊。此號鐵牽力極大，可銼可刨，可車可磨，質紋細密，較之第一號鐵質更清。

第三號鐵。第三號爲白色猪鐵。如將第一號鐵或第二號鐵化鎔之時，令其多遇空氣，則變爲第三號鐵。若斷之，則其斷而頗明，顆粒能辨。此種鐵不合於鑄物之用也。

美國東鄙所出之猪鐵，其種類甚多，大半合用所鑄之物，任何式樣皆可以成。以下特將最有用之猪鐵，論其形性，以便採擇。

深灰色鐵。深灰色之猪鐵，如見其中有筆鉛片者，用以鑄大器，則不能堅固，祇可鑄各種小件與空心之器。但鑄極細之物，斷不可用粗而有顆粒之猪鐵，因有粗顆粒，則不能流入模之細微處，已成之後，必不清楚也。猪鐵之中，若含燐少許則其色略爲白色，其顆粒必不粗，亦可以鑄物，如空心器或火爐之類。灰色猪鐵鑄成鍋類之器，而鐵中所含之炭或筆鉛太多，則經火熱而黑質化出，烹煮之物，必受其黑色而不可食矣。若用含燐之鐵，斷無此弊。

黑色鐵。此鐵不可鑄任大力之器，因其質太鬆故也。

鐵有熱風冷風之別。尋常鍊鐵之坊，熱風鐵與冷風鐵出售時竟無分別。即有記號，亦不足爲憑，彼此互名，欺人圖利，間有誠實之坊，另刻記號於其上，令購者一望可知。但欲實知其熱風與冷風，亦無确據。有人言得一分別之法，熱風鐵之質紋較冷風鐵之質紋更細。但此説爲二號鐵燒鎔時之手法同，所用木炭若干同，而礦亦相同。若用鐵者，必依此法試驗又極難而有差。又有人言得一分別之法，將二號鐵折之而看其顔色。若礦同、灰同、煉法同，熱風鐵之折面，其色必更暗而舊，冷風鐵之折面其色必更明而新。且有時能看見熱風鐵之折面，細顆粒之中而有暗色粗顆粒間之。此看色之法較之看質紋之法有把握。辨鐵者若將以上二法同試之，必更無差誤也。凡鐵以軟硬兩種煤燒鎔者，祇有一號即爲熱風鐵。若以木炭燒鎔者，則有二號，一爲熱風鐵，一爲冷風鐵。鑄廠所用之鐵，或爲熱風或爲冷風，不甚分別。不過熱風鐵之質紋細而匀密，鎔時易流入模中耳。若冷風鐵與熱風鐵，其斷處顔色無異，則冷風鐵所含之炭與異質更少。若以此二號鐵相和鑄結實堅固之器，最爲(含)[合]宜，則鑄器者究以能分別爲有益也。

調和各鐵試驗法 調和各種鐵爲最要之事，如有花紋之物與玩好之物，美觀爲上，堅固次之。若任重之器、利用之器，堅固爲上，美觀次之。所以鑄廠中，應細心試驗所用之材料，何者最爲堅固。試驗之法，用木條長二尺，厚一寸，闊二寸爲樣，作模而鑄同式之鐵條，以試驗各種鐵質。所用之模與砂，大小斜平乾溼粗細均要相等。然後以各種欲試之鐵盛於礶内，或在空氣冶爐燒鎔之，傾入模中，鑄成各鐵條，待其冷後，將板之一端用老虎鉗鉗之，一端懸以重物，漸加之，以折斷爲度。加重之時，必量得其曲線若干度，以之比較而得各種鐵之凹凸力，則可知調和之鐵，何種爲佳，凡用鐵之廠，各以此法試驗，最穩當而大有裨益也。

凡以多種鐵調和鎔化而比較之，必屢次試驗，而各得其任折力之中數，方爲确據。如熱風鐵之質紋，比冷風鐵更屬平匀，所含炭質亦更緊密。所以能將熱風鐵數種調和鎔化，所得之鐵比冷風鐵更爲堅固。但以上所言必須礦同料同，煉法同，所鑄之鐵方合比例。否則總無一定之法可以知何種猪鐵調和而得最堅固之質也。此事能顯管理鑄廠者本領之高下。如煉鐵礦之爐，其式已無一定，即所得之礦與用各種之煤，及燒煉之法，亦未有一定，猪鐵刻明何等字號，亦不足信。管埋鑄廠者，於其所不能預知之事，而細心分別之，方能用之各當而無棄材也。

猪鐵之色爲極深之灰色，或其質太鬆，可以少加第三號之鐵，或舊生鐵之碎塊。若其色爲黑灰色，則每百分中加第三號鐵三十分，或加碎塊鐵三十分亦可。若鐵中所含之炭太少，可以加第一號鐵，至合用爲度。凡鑄廠中所用之好鐵，必從各處鐵礦所出之鐵，并各式冶爐所燒鎔之鐵調和而得之，即如沙格喇硬煤所燒之猪鐵，如少加蘇格蘭之猪鐵，調和鑄物，則甚堅固，如少加牛雅格或巴題馬兒木炭所燒之鐵，更能堅固。總之，將一類鐵之第一號與別類鐵之第二、第三號，或零碎塊調和，必出好鐵。又冷風鐵當與熱風鐵調和，此種鎔鐵法，有藉此而得鐵之堅固者，俟後詳論之。

鑄廠所用之鐵，不但考驗其堅固，必須考驗用何種鐵，最能合式而省費。所謂省費者，謂常以此種鐵鑄物，不致誤事也。又鑄成之後，必無零碎小塊，所以最好用之鐵，必是軟密之灰色鐵。

凡調和各種鐵，以所鑄之器爲主。如鑄鐵梁并鑄鐵軋軸所合用之鐵，不能用以鑄空而有花紋之物。又如鑄細小之器能得其最清之花紋，則不可以鑄重大之件。若用第二號之硬煤鐵，或第一號之硬煤鐵與第三號之木炭鐵調和，鎔鑄大件最爲合宜。但所用之硬煤鐵必擇其佳者，因其質頗有高下也。美國亨庚鹿刻所出之猪鐵爲泰西著名之鐵，設有人以此種鐵試得其堅固之數，而定其與他種鐵相較之比例，豈非有利於製造之事乎？

有一種易鎔而速凝之灰色鐵可以鑄小而有花紋之器，但其色之過深者，鑄成之物不能清楚。鐵内含燐少許者，鑄此種物最爲合宜。若鑄極小之物尚不可用，必取水鐵礦煉出之鐵用之，取其含燐多也。闌干等有花紋之物，不可用含燐之鐵，必擇最細質紋之净鐵而鑄之，欲其能任猝加之重力也。軋軸與車輪鑄成之時，欲其速冷而凝結者，必用最堅固之第二號鐵。若用第二號鐵，再加第一號鐵，或第三號之木炭鐵，或零碎鐵塊與之調鎔爲最宜。鑄極硬之軋軸，鐵内含燐少許，亦無大害。若鑄車輪，切不可用水鐵礦煉出之鐵。

用模之法 凡欲器之堅固，非第考究鐵之性情而已也。即所用之模亦必知其各有所宜，如輪機之架及鐵架乾軸，并一切任重之器，必在乾砂模或泥模鑄之。用生砂模者速冷而凝鑄成之物必極硬而無韌性。所鑄之物面須平滑者，則宜用生砂模，而模(而)〔面〕加黑料一層，必甚平滑，輕而薄者較之重而厚者，其面更能平滑，即冷凝甚速之驗也。凡所鑄之物欲其堅固結實者，必直立其模而鑄之，或斜其模而鑄之，其進金類之路在下，出金類之路在上。

鐵礦徑從冶爐鑄器法　鐵礦煉之即成生鐵。若煉鐵礦之時，乘其鎔化傾入模中，亦可鑄物。但此事不常爲之，美國用此法者亦甚少。大約從鐵礦煉出之鐵徑鑄物件，不能定佳，倘不合意，必毀鎔之，而與別種鐵調和方可再鑄，豈不費事？然得易鎔之鐵礦，而用木炭從小冶鑪鎔之，亦可鑄成物件也。凡水鐵礦煉成之鐵，冷則易斷，必須以礦徑從冶爐鎔鑄成器。此種鐵其中含炭極微，已煉之後，不便再鎔。所以一切製造之廠，鑄堅固任重之器者，皆不可用。有人用此鐵礦以鑄空心器，如火爐之類，鑄成之後細而清楚。又用此鑄炊飯之鍋，不污不鏽，爲別種鐵所不能及。常見一種飯鍋，燒成磁油或薄錫一層以防鏽污，得此鐵而鑄之，功用略同矣。鐵礦徑從冶爐鎔鑄之常法：用一鐵架做一泥塞，與火爐之底孔相配，能直通至鐵中，則能去火爐中之渣滓，并鐵汁面之渣滓。但火爐所加之風必停止，則鐵汁面之渣滓取去之後，爲可鑄之鐵。若泥塞甚厚而不拔去，則燒鎔既久，鐵亦可淨。起鐵之器，用鐵瓢盛之，鐵已盡而物亦成。將泥塞拔出，而底板後之渣滓，可以盡運於火爐之面，再鼓風熾火鎔之。最好之法，在進風之兩口上，弧形之處作一井，此井不必極大，衹須能容鐵瓢爲度。所吹之風與井無關。即管理火爐之人，在其對面，亦與井無涉。井之用法從後邊之石鑿成一孔，火爐近底之邊亦鑿一孔，兩孔相接之間，用火磚作一圓圈，而圓之外加鐵鏈條，四面圈固，以防其裂。此井與火爐相通之孔，其高下之度必酌量。井中常有鐵汁爲佳。初用井之時，必以燒紅之木炭置於其中，以極熱爲度。俟爐中之鐵已鎔，則從底孔漸流至井，至兩面相平，則不流矣。鑄物時，可以任便取之。如第三十四圖甲爲生鐵瓢，乙爲熟鐵瓢。熟鐵者最佳，不易燒鎔也。若用生鐵瓢，外面加極薄泥一層，用熟鐵瓢以泥搏之甚熟，加於瓢之邊，以鐵瓢爲其底，其泥口之高低大小，可以任意爲之。熟泥必日換新者，或每鑄一物，即換新泥亦可。泥鐵瓢必烘之甚乾，然後加於化鎔之鐵井中，否則轟裂而致傷人矣。

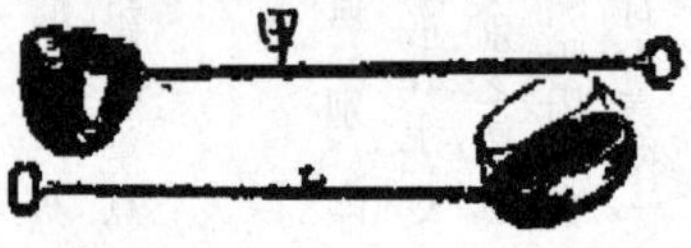

第三十四圖

礶中鎔鐵　礶中鎔鐵靜而不沸，其熱亦不至燒壞砂模，古時常用之。近時因礶中鎔鐵人工、煤礶費用已多，不樂用之，然亦有幾種特用者。如工匠需用之小鐵器，以及最細之玩物，必在礶中鎔鑄之。又鐵與別種金類調和，爲他法所不能成者，用此法則成者較多。造礶之法：用上好筆鉛，易得大塊，價亦不貴。每鍋能用十次至十二次，每次燒鐵二十餘磅，所用之火爐與鎔礮銅、紅銅之爐大致相同，如第三十五圖。觀圖即知其意。火爐在地坑中，煙通之内邊用火磚砌成，爐内之周圍亦然。爐之上面，用生鐵板蓋之，板上有重物壓定，以鏈條與滑車掛起，可任意上下。或有別法，令蓋上下亦可。爐柵用一寸方之鐵條，生熟皆可，排之平勻活動，可以取出。爲盛煤收拾之便，礶底墊火磚一塊，置於爐柵之上。若用破碎舊礶之底合墊之，比火磚更妙。礶底必高於爐柵三寸至六寸，依用何等燒料而定。如用木炭礶底必極高，若用枯煤可以稍(底)〔低〕，硬煤可更低矣。爐内作方形爲便，四角可以添煤，如爲圓形，必甚寬展能添煤也。礶置於爐中，必已極乾，如少有水氣必壞。所用之金類，亦必先加熱而後入礶。所用之燒料，亦必乾而熱者，可以圍於礶外而排列之。用礶之法：先置爐柵，再以火磚或破碎之礶底置於爐柵上，再將礶置於鐵板之上。火力甚猛，礶與金類皆得極熱。待爐中紅熱之時，燒料已及其墊物，則將空礶先置爐中，以金類漸加至滿，待鎔幾分之後，鍋面略空，可再添金類。而上面放碎玻璃數塊，玻璃已鎔浮於金類之面，可以遮蔽空氣。如用活動之泥蓋蓋於鐵面，亦可以代玻璃，然不及玻璃之便用也。燒一刻之久，可添金類，燒至三刻之久，金類皆鎔，而添燒料之末一次。設金類未盡，欲作第二次化鎔者，則亦必添滿燒料，與礶同高，則以後加煤可以接續也。金類已鎔，而預備鑄物，爐中之火，不必過猛。用結實鐵條製成一鉗，長四尺至六尺，鉗嘴方四分寸之三，或八分寸之七。用起重車與鐵鏈掛起，或在屋梁上掛起。起鍋之法：即將此鉗夾緊鍋邊而扯起，最要之事，鍋從爐起，裝一鐵柄，以便傾倒鎔金類於模中。鐵柄必先加熱，否則礶熱而柄冷，必致開裂。以上之事，派兩人爲之。礶中金類既已傾盡，速置於爐中，再加金類鎔鑄如前。事畢後，必將礶倒合於爐中，令其漸冷。若熱礶置於地上，或置別處，亦須倒合，因礶底熱而遇冷物，必致裂而無用也。凡數箇火爐可以排列一處，共用一煙通，所燒之料，木炭稍次，枯煤、硬煤最佳。但硬煤之火力甚猛，

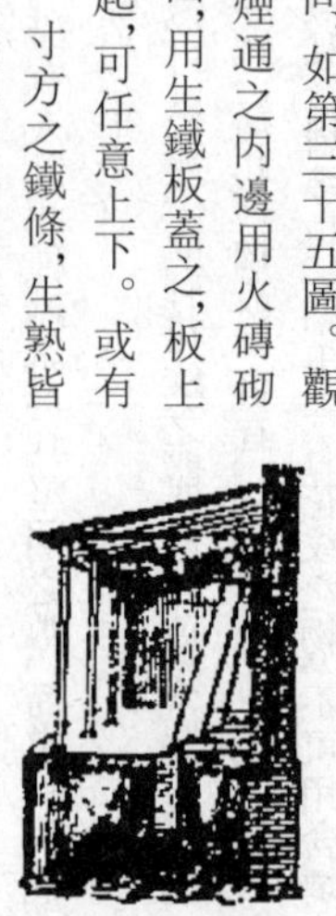
第三十五圖

往往損礮而誤事，必留意防之。

倒焰爐鎔鐵　鎔鑄多鐵之爐，最好者爲倒焰爐。凡鑄廠中常用者，不過爲柱形爐。有時鑄堅固之器，則必用倒焰爐矣。倒焰爐所鎔之鐵，雖次於礮中所鎔之鐵，而勝於柱形爐所鎔之鐵。所以鑄鐵之人，皆言用同號之生鐵，一分置於倒焰爐鎔之，一分置於柱形爐鎔之，以所鑄之物兩相比較，則倒焰爐之鐵堅固也。如第三十六圖爲倒焰爐之直剖面形，內面皆以火磚砌成，外面上河泥灰一層，爐之全面，必用生鐵板圍之。亦有以常用之磚圍之，而以鐵條橫箍者。煙通之高四十尺或多尺，有時高至八十尺，但四十尺已得風力甚足。爐柵面之長三尺有半，寬五尺至六尺，同於爐之內面。爐之底長五尺至八尺，寬亦如之，向下稍斜，與煙通相接，爲爐底之最低處作一深窩，以受鎔鐵。傍有門，通出火爐之一邊。或在煙通之後可放鎔鐵，以溼砂塞之，或以泥與煤粉調和塞之，阻截火爐之煤。作一火壩，從爐底起，高十寸至十五寸，依火爐之容積而定。爐之一邊有大鐵閘門，在爐底最高處與火壩相近，爲添鐵與收拾爐底之用。煙通之上口，有一鐵蓋，可自下啓閉，管理火爐之風力。此種爐之外牆須厚，厚則不至傳熱於外。鐵已盛滿，塞門與火磚之接處，不可有罅隙，如有小孔，速即塞住，外以溼泥封之。否則，空氣直至火爐之底，炭質由孔中散出，鑄成之物必硬而脆。爐柵亦必留意，依時添煤，不可太高，太高則空氣難通。又不可多留空處，使空氣未熱而直進爐中。煤之渣滓亦宜取出，不可令其填滿爐柵。各國所用之倒焰爐式有多種，本圖爲常用者。有一種倒焰爐，其內式爲雙弓形，火壩處之鎔鐵，依弓背流下，聚於低處即爐底之心也。又有一種倒焰爐，深窩在爐底之中，而冷猪鐵即在此中添進。此二法均不及本圖之善也。本圖之爐，猪鐵在火壩後添進，鎔後流入窩中，而鐵內所有不净之質，如砂與煤皆留於火壩之後，鐵鎔時無異質攙入之弊。爐中之熱度，近煙通處爲最大，鐵得爐中極大之熱，則易鎔。未鑄之前五六小時，爐中熾火，加熱不熄，過三四小時，爐中極熱，已變白色，即開大鐵閘門將猪鐵納進。所進猪鐵必酌量，一次需用若干磅數，因爐鐵將鎔，不可再添冷鐵也。如欲添鐵，必須深窩內放盡鐵汁而後可。爐中之鐵盡鎔，則用鐵椎打開塞門，以鐵桶受之，或以乾砂作槽，直引鐵汁至模中亦可。

第三十六圖

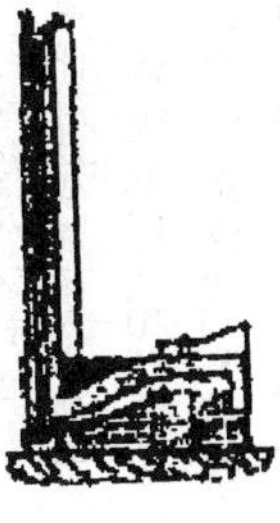

倒焰爐不獨爲鎔鐵之用，即多鎔紅銅、礮銅、錫鉛，調和各種金類亦用之。凡鑄重大之器，如大鐘、大像并輪機之架，均用倒焰爐所出之金類鑄成。倒焰爐所用燒料，最好爲軟煤，設近處無産煤之地，用木炭代之。燒硬煤與枯煤，其弊甚多，最大之病，生極細之灰，自爐柵過火壩而至鐵汁之中，浮於鐵汁之面，而令鐵少受所傳之熱也。用硬煤者，其弊尤大。各種木柴，亦不可燒於倒焰爐中也。近時製廠用倒焰爐者甚少，因鎔鑄大器，用柱形爐其費較省。設一切建造橋梁房屋之人，皆購買倒焰爐所鑄之器，則用之大有裨益也。

柱形爐鎔鐵　柱形爐(再)〔最〕爲便用，因一爐能鎔鐵自五十磅至五六噸，費時少而用煤亦不多也。凡鑄小件，如空心之器、農事之器、房屋內花紋物件等，不求其甚堅，用柱形爐鎔鑄之甚妙。爐之形有數種，無甚奇異。如第三十七圖，爲常用之柱形爐，甲爲爐中之剖面形。其爐用生鐵板(圖)〔圍〕住，徑三尺至六尺，爐靠於兩旁之磚牆乙，乙外蓋方鐵板，有一箇圓孔，其形同於爐之內面。丙爲鐵門，用爐之時，緊閉此門，用鐵桿頂住，不令動摇，爐內之鐵汁放空而將停時，開此門，使其中所有之渣滓與餘爐從中落出，以便將爐修整。爐之內面，以火磚砌成，其厚極少九寸，用河泥與河砂調和，以有粘力爲度，壓緊而漸令其乾。或用馬路之泥亦可，但含鐵之泥與夾雜之泥則不可用，必爲火石與硬砂石所鋪之地可用之。柱形爐有高四尺者，有高八尺至九尺者。余以爲五尺太高，因火力太猛，亦無益也。如爐高不過三尺，則所燒之煤較之更高之爐少。柱形爐之容積，各處不同，有徑十八寸者，有徑四尺者，如燒木炭，則爐徑爲十八寸，有一箇進風口，已足鎔鐵。若燒枯煤，爐徑必爲二十四寸，并二箇進風口。燒硬煤者，爐徑須三十寸也。平常柱形爐，高頂作一煙通甚寬，能引熱氣過房屋之上，或用鐵皮管引之亦可。丁丁爲進風管，其內口圓徑三寸至五寸。通連於爐牆之內，高於爐底十五寸。如爐甚小，用一進風管在爐之後邊，已足敷用。更大之火爐必有兩進風管，極大之硬煤爐，進風管儘可多添也。爐徑愈大，則進風管愈多，令爐內之熱各處平勻。若鎔鐵甚多，則作進風管數層。如所鎔之鐵已高於第一層，則用河泥塞第一層之管，而從第二層之管進風。所鎔之鐵高於第二層，則塞住第二層之管，而從第三層之管進風，至爐中鎔鐵足用而止。各層之管相距六寸，而以鐵皮爲之。總進風管之埋於地內者，其圓徑應大於內口爲一倍，或其横剖面積大於內口之横剖面積爲四倍亦可。爐之進風管甚多者，可用一方管圍於

第三十七圖

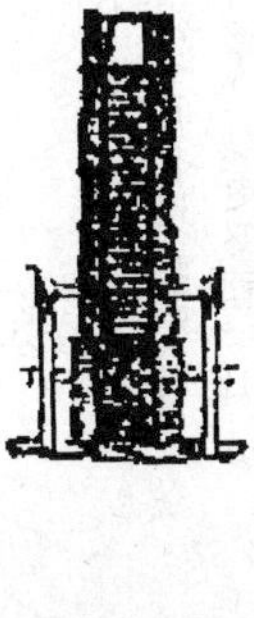

爐外，管内有孔緊接進風之口。

柱形爐用法　燒鎔猪鐵第一要事，緊閉鐵門，多添砂於爐之底。若鎔鐵不多，即用作模之砂；若鎔鐵甚多，則用能受大熱之砂。生火之法：在爐底置木柴數塊，上置燒料。或從塞門之孔而墊之，孔徑六寸至八寸。發火之後，塞門之孔可以不關而進空氣，火力更猛。爐中燒料已足過二三小時，燒料之上，皆有火力。爐内之熱度甚大，開進風之管口，輪扇轉動而進風力。但未進風之時，必先用砂塞住塞門之孔，或用難鎔之砂與泥調和(面)〔而〕塞之更妙。底留一小孔，以放鐵汁，其徑一寸半至二寸。作孔之法：用一圓鐵桿置於孔之處，而周圍以砂搗緊，後以圓鐵桿拔出，則進風時，火從爐上透出，又從此放鐵(之)〔汁〕小孔透出。得此透出之火，可以令泥與砂燒之甚乾，而化成玻璃形，則更結實，塞子進出之時，不易壞也。爐内之火，亦能令爐之内面化鎔而生一層玻璃。大約火爐每用一次，必有傷損，用火泥補好後，當此火大之時，又可結實也。若鎔多鐵，必用鐵板蓋住塞門孔之砂，令其緊切，祇露出小孔。初次噴出之火爲淡藍色。熱度漸大，則爲白色，可添猪鐵於爐中。添鐵之後，過十分時，小孔中有鐵漏出，用泥摶成柱形，戴於木桿端圓鐵板外，雙手執木桿用力對孔塞入，則圓鐵板將泥塞入孔中，而塞始堅固矣。鎔鐵一次，極少須二百磅，平常至四五百磅。打斷猪鐵，每塊長十寸至十五寸，可以納入爐中。合式之爐每鎔鐵百磅，用燒料十二磅。如爐小而進風緩者，燒料尚多也。添鐵與煤在二十磅至百磅之間，必另加灰石或蛤殼。每鐵百分中，加灰石與蛤殼二分至五分，若過多或太少，鐵色變白，失去所含之炭幾分，鐵質必硬而脆也。爐内進風之時，各料必添至滿。先添鐵，次添煤，次灰石，層層相間，皆依次第，不可錯亂也。已經添足，不可再加。鼓風熾火，至鐵盡放出爲止。爐中之砂底，有高低之斜度，此斜度依爐之大小而定，大徑之爐其斜度小於小徑之爐。則一切之鎔鐵不致流入磚内，皆能放出。用此法造柱形爐，每一小時能鎔鐵一噸，大者可三噸，小者可半噸也。平常之爐，底寬於頂，則熱度大而更能耐用。化鎔之鐵有數種，則各層之中，各要鋪一層燒料，則最下之一層鐵，可以全鎔而放出，而第二層之鐵亦可全鎔而出。最好之法，先鎔灰色鐵，而後鎔白色之鐵也。若鎔料已足，可鑄數件，則用鋼尖之桿刺通放鐵孔之泥塞，令鐵汁流入鐵桶而傾於模中，或於砂地内作斜溝徑引鐵汁至模中亦可。每放鐵汁之後，必塞住其孔，俟鐵再鎔而放之。設鑄件一次所須之鐵甚多，而爐不能容，則先放鐵汁若干，以鐵桶受之，陸續添鐵，隨鎔隨放。用此法，小冶鑪可鑄五十餘噸之器。

鐵桶　爐鐵已鎔，必用鐵桶盛之而傾入模中。如第三十八圖，能容鐵二百磅至三百磅。或用兩人或用多人扛之。桿之一端如叉形者，便於緩緩傾倒也。如第三十九圖，盛鐵之桶用起重車起之而傾於模中。用此種桶，火爐與範模應在起重車之旁。桶有數種，有能盛鐵五百磅者，有能盛鐵至兩噸以外者。桶外二邊各釘連半環，環中有樞，用鐵絆可挂起。樞中有一方孔，可用丫叉入孔内，而向一邊傾鐵也。此種桶皆用鍋爐板爲之，生鐵者危險不可用也。每用一次，上一層極濃之泥水在内面，則通熱鐵不致生鏽。

第三十八圖

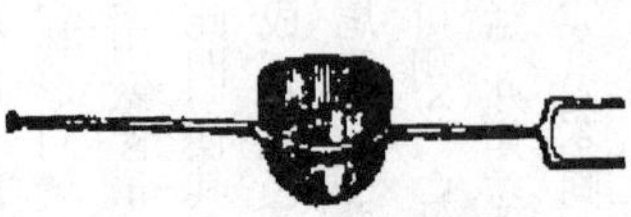

第三十九圖

第四十圖

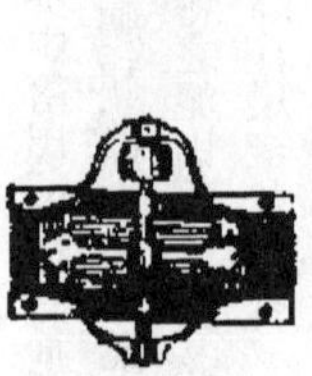

第四十一圖

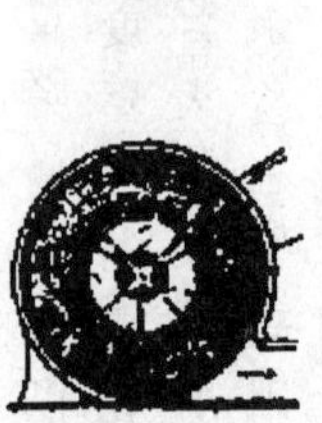

輪扇　昔時柱形爐之進風器用箑與鞴輪爲之，近時亦有用箑與鞴韛之法。固用此法者，以爲此器進風所鎔之鐵，較之别種進風器所鎔之鐵更堅固。但以余論之，此種器所進之風固勝於水壓空氣之風，而不能勝於輪扇所進之風。已有多人試驗輪扇進風，甚屬便宜，可省燒料，且風力足而火生大熱，與鐵無害也。如第四十、第四十一兩圖，爲常用之輪扇形，外有鐵箱、生鐵爲其兩邊，其間有熟鐵圈連之，中心有平軸，軸上四箇扇翼轉動極速，則軸心兩邊吸進空氣，令空氣向外周而行。此輪扇能令空氣之質點有離心之大力，質點壓住内周，外周有孔，則氣必從孔中放出。其放出之遲速，與壓力有比例。輪扇各種大小尺寸，及各種之形，不能預定。蓋翼之闊，以所須風力之數而定。平常長十寸至二十四寸，闊八寸，大約三尺之徑爲最宜。有時徑斜之若干度，有時作一曲線形，但各形之風力略同。不過曲線形者，發出之風聲稍低於直翼之聲也。輪扇能發極大之風力，外殼必當堅固，不可以木爲之。軸與扇以輕爲佳，扇用鐵片或銅片爲之，軸用鋼爲之。兩端必更硬，軸枕或用黄銅，或用鋼。輻用生鐵，各翼之相距尺寸須同，各輻亦必等重，否則轉動之時，必震動而易壞。不但軸與翼須配準，即軸外之各件，亦必配準也。輪扇之圓徑爲三尺，吸風孔之圓徑須一尺。如孔過大則空氣速進，輪扇不能受其壓力也。

輪扇極難造，須令扇之外邊與殼之外邊，處處切近而無不平之處，極費工夫。置軸於殼之心點亦非易事。轉動極速之時，扇與殼不相切近，易見所失之壓力。在扇與殼之間，近有人所作輪扇，用兩箇同心圈，其形似拱璧。緊切於扇之兩邊。扇輪心吸空氣之時，此兩圈隨輪轉動，與殼近切而平行。如此則所失之壓力甚小，而風力更大，所用之動力亦可減少，所以鑄廠中常樂用之。風力之大小，不盡在乎扇形之廣狹，而在於轉動之遲速，與進風口之大小。所以欲其風力極大，不必用大扇也。即如各扇之面積，比進風口之面積大半倍，風力已足。設進風之口甚多，則與各口(而)[面]積之總數大半倍，進風管内之各口，必各設一門。若緊閉此門，則此口不能進風，而與彼口無涉也。輪扇轉動之數，每分時七百轉至一千二百轉。動之之法，用皮帶與滑輪加於軸之一邊，一小時内化鐵一噸，則每分時必吹空氣體積七百立方尺。如有二尺徑之輪扇，兩箇三寸徑之進風口，每分時轉動之數，必有一千八百，而動此輪扇之力，須六馬力也。

進熱風 近有人試驗進熱風之法，無甚益處，廢而不用。若用柱形爐鎔生鐵，固可稍省燒料，然出猪鐵之地方，燒料甚賤，而進熱風之器，常須收拾，所以仍廢(面)[而]不用也。

烘模之爐 此種爐形，大約如磚砌之小屋，空其一面，用大鐵門兩扇以司啓閉，而進範模；其餘三面用磚砌牆，厚九寸至十二寸。如第四十二圖爲常用之爐形，高七尺，四邊各十二尺。生火之處在其一邊，可從外面加燒料，而有一鐵門關爐甚緊。煙通在爐之對面，離地甚近，與大煙通相連。上面用磚砌成弧面，牆内之上邊有鐵隔板，小模心與箱可置於板上烘乾。鐵路近於起重車之旁，而直通至爐中。如有極重之模，用起重車起模置於四輪小鐵車上，推入爐中，而模不必從車上取下，關門生火，以烘乾爲度。

第四十二圖

修理新鑄之器 鑄成小件，過數分時已冷。若重大之件，或數時或數日方冷。即如汽椎重五噸者，在生砂模中，必一晝夜方冷，在乾模中必二晝夜方冷。大輪船汽機架之底板重三十五噸者，須七晝夜方冷也。凡鑄成之件已冷，可移動而拆模去砂。如重大之件，用鏈與起重車起之，或極重之件，則必多用起重車爲妥；極小之器，用鐵鉗從模中鉗出，移於一處令冷。所有分砂與模心接縫處，恒有凸邊，必乘未冷而折之。即如進金類之路，亦在此時折斷，但折斷而得平面，此事甚難。如鑄廠之中不能折斷，則移於外廠寬間處鑿斷之。如重模心與硬模心，必須在鑄廠内乘其未冷時取出也。

粗重之器，下等工人皆可爲之。第一要事，須用椎鑿去其凸處。其粗而不平之處，必用舊銼銼平之。細而貴重之器，如人像之面與有花紋之件，必用好手爲之。此種工夫甚難，少有傷損則全功廢棄矣。此事另有專書詳之，茲不具論。

鑄器之時 範模已成，而鎔鑄各物，常在申時，爲一日之末功。蓋鑄器以後，砂甚熱而不便再作别模也。鑄器之後，各箱移於一處，預備明日之用。砂内稍加以水，此事須各人理會自己所用之砂，做過幾次後易知此砂應添水若干。調和成一尖堆，過一宿後，砂已冷，而所含之水勻淨得中，適可用矣。

鎔鑄之費 作各種模與鑄器之費用，未可預定，大約生砂模之費爲最廉，乾砂模次之，泥模又次之。黄銅、礮銅等金類鑄各種器具之費用，亦難預定。每用一柱形爐，必有二人管理，一爲添煤與金類之人，一爲出金類之人。倒焰爐亦須二人管理。每鐵百磅必用燒料七十五磅至百磅。但此説爲火爐之原熱在内，若無原熱，則另加燒料五十磅也。礶中鎔鐵其價最貴，每鐵百磅費煤一百五十至二百磅，且必常買新礶。上好之礶，每箇銀錢兩枚，即極謹慎而用之，不過用十二次。每次鎔鐵五十磅，則一礶共鎔之鐵爲六百磅也。常用之礶，共鎔之鐵，祗能得三百磅耳。

鎔鐵無論何法，必有耗折百分之五至百分之六，用倒焰爐耗折更多。所以每鑄一器，預備之材料，必多於原器之重，否則不敷。且又有進鐵之路與槽以及模内相連之縫亦須計及，鑄成之小件，所有必去之鐵屑，依比例而算之多於大器，所以鑄小件之零碎鐵更多，而費更大。有時鑄極小之件，其零碎鐵較之各種空心器更多，若將此零碎鐵再鎔而鑄别物，又須耗折若干分。

别種金類鎔鑄之費較少於鐵，因其易鎔耳。如紅銅之料極净，則所虧耗甚少；礮銅稍有耗折，極易化散之。金類如錫與鋅有一法能令其銷鎔極速，而不致化散。其法用鉀養、鈉養等分，與木炭粉調和，蓋於上面，則不能化散矣。礮銅等之。攙銅鎔於倒焰爐，必先鎔紅銅，然後有舊攙銅并零碎塊可添入爐中，後來添錫於爐底，與銅相和。若加鋅與錦，則必於末次添入之。未出金類之前，必調攪極匀，面上已生白皮，必加鉀養與鈉養，每金類一噸，必共加二磅。

此卷論各金類之雜質。

鐵之雜質　凡以金類加於鐵中，令其易鎔，所加之質或爲金類，或爲非金類，皆可用之。昔時所鑄各物，鐵與他質相合者，不常用之。近時又多變法，能將鐵器鍍金銀，并上玻璃磁油。將來鐵器，必多用雜質爲之。故詳述如左：

硫。鐵中含硫則易鎔，較之净鐵更易生鏽，鐵含硫少許亦無妨，但每鐵百分含硫多於一分，則冷時鐵性甚脆，即熱時亦能脆也。

炭。生鐵所含之炭爲百分之二，或至百分之六，因能易鎔。含炭過多，則鐵變脆，含炭太少，則硬而脆。凡極硬生鐵，能磨光如硬鋼。

燐。鐵含燐，冷時性脆，若鐵不和别質而含燐，其色光而白，且甚硬也，但易生鏽耳。凡鐵二百分之内，含燐一分，則鐵之性情大改變矣。

矽。矽爲生鐵常含者。熱風鐵含矽多於冷風鐵。鎔鐵所燒之煤或鐵礦内，有硫或燐，則熱風鐵含此二物，較之冷風鐵稍多。凡鐵含矽，則硬而脆，其性情與含燐者同。

鉮。鐵含鉮其色白，而質亦脆。

鉻。鐵含鉻，則其質之硬，幾似金剛石，但令鐵與鉻相合，非易事也。

黄金。黄金與鐵化合最易，可爲玩弄小鐵器之銲金。

銀。鐵含銀少許，則硬而脆，又易生鏽。

銅。銅與鐵相合，則熱時甚脆，冷則更堅結。但鐵含銅，不可多於四百分之一，多則冷時亦脆。

錫。錫與鐵相合，其質硬而最佳。如錫與鐵相和各半，其色最白，堅光如鋼。

鉛。鉛與鐵相合，其數不能過多，其質爲軟而韌。

貴金類之雜質　此種雜質祇可略言之。美國鑄金錢每百分重用黄金九十分，銀二·五分，紅銅七·五分；玩好之物每百分重用黄金七十五分，紅銅二十五分，或用銀少許。黄金與鐵相和之銲金，每百分重用黄金六六·六分，銀一六·七分，紅銅一六·七分。最細之銀器，用銀九十五分，紅銅五分。銀之銲金用銀六六·六分，紅銅三〇·四分，黄銅三·四分。【略】

又卷下《各金雜質》

生鐵器面上黑漆　將筆鉛與醇或松香油調和，用毛刷擦之，以乾而有光爲度。如其器稍煖，則工夫更易。西國屋内火爐有黑色，即用此法。細花紋之生鐵器，先加熱而得藍色，上以哥招辣漆一層，其鐵須常有此熱，至漆乾而後可冷，至冷時漆光必已暗。可將煙炱，或印書之墨，或燒骨成炭磨爲極細之粉擦之。若粗大之件，用平常之粗黑色漆。又有一法能得極好之鉛顔色，將蜜陀僧之細粉，置於鐵盆中而加熱，熱時用硫磺粉少許，散於其面，而時時調和，則蜜陀僧粉變爲鉛硫，色如新鉛，甚屬美觀，在空氣中亦不改變。此物與油漆調和，可上於鐵器之面。

磨平生鐵面　用大石令轉動極速，此生鐵之外面，常硬而有砂，若挫平之，多費時日，壞銼亦不少。凡鑄成機器之各件，或刨平，或用車牀車平。

能打之生鐵　馬車與馬鞍、馬蹬，皆用能打之生鐵爲之。此即爲第二號木炭燒之猪鐵，或鑄廠中有零碎好鐵塊更屬可用。如將第二號鐵與第三號鐵調和，亦可用之。凡能做好鐵條之猪鐵，亦可爲能打之鐵，此種大半從柱形爐中鑄之。鑄成之後，置於鐵箱退火。其法：加新而細之河砂，或極細之鐵礦粉，或黑錳養粉，或用以上三物調和，亦可。鐵箱盛滿材料，以物件插入其中，將鐵箱加熱十二時至十八時，如鐵質本是極硬，亦能少受捶打也。從鐵箱中取起，置於能轉動之鐵箱内，其中另加細砂，旋轉久之，則自相磨擦，更覺光明而净。此種鐵最合於鍍錫，與紅銅與銀。

元和江衡校字

杞廬主人《時務通考》卷一三《礦務三·開採·鋼》　各西國成鋼數。各國每年成鋼數，計英國鑄鋼二萬三千噸，鋼條七千噸，簧鋼一萬噸，共四萬噸。法國一萬五千噸，奧國一萬二千零三十七噸，布國五千四百五十三噸，美國一萬噸。

又卷一三《礦務四·熔鍊·鋼》　别色麻法各鋼廠信用。一千八百五十五年，别色麻在化學房初得鍊鋼法，用生鐵十磅，小罐鎔之。一千八百五十六年，用立筩盛生鐵七擔爲之。一千八百五十八年，别色麻與其夥在失非特開立鋼廠，爐以二耳加於架可轉動，能盛鐵十二擔，後更作盛一噸之爐。一千八百六十年，失非特白浪公司知其法有大功，乃仿造一爐，能容三噸。别色麻與白浪二公司用此法獲利，人漸信之，而買别色麻準其仿法之據，不久有專設四新公司用此法，而舊鐵廠漸亦信用。一千八百六十四年，英國已有五十爐，計能成一噸半二爐，能成三噸十二爐，能成四噸六爐，能成五噸二十八爐，能成十噸二爐。每月共成鑄鋼四千五百五十噸。

各國用別色鍊鋼法。英國有一大廠用別色麻法，鎔鍊鋼鐵，可稱諸國之冠。在巴妻地方鍊鐵礦處，與廠相近，每七日成生鐵料六千噸，成別色麻鋼三千噸。其餘各國用別色麻法者，則推美國爲最，每年開鐵礦四百五十萬噸，合鍊別色麻鋼者極多。德國鐵廠用別色麻法者，計各邦有十九廠。前別色麻曾售其法與克虜伯廠，每年納金錢千圓，該廠背約，別色麻乃售其法與德國他廠。法國用別色麻法，有一鐵廠在克勒蘇地方，每年造灰色生鐵三萬餘噸，別色麻鋼二萬四千噸。奥國用別色麻法，有十三廠，每年造成鋼十萬噸。俄國尚未多用別色麻法，有一廠在阿布考否司基地方每年成鋼一萬二千噸。比利時國用別色麻法俄廠頗多，一千八百七十六年，造別色麻鋼七萬餘噸，現則每年能成鋼十二萬噸。瑞典國用別色麻法最講求，一千八百七十四年，用者有十八廠，一年造鋼二萬餘噸。印度亦設別色麻鋼廠，造上等鋼，有倍布耳廠者，於一千八百六十一年，起首用別色麻法鍊鋼。西班牙國、意大利國尚未用別色麻鍊鋼法。日本國三百年前鍊鋼之法，已與別色麻法大同小(其)〔異〕。

別色麻法增成鋼數。一千八百六十一年，用舊法時，英國各大廠每七日共成鑄鋼僅一千噸，一千八百六十三年，用別色麻法，各廠每七日能成鑄鋼四千五百五十噸。

陸四奇定鍊鋼火色。別色麻法能將生鐵變爲鋼，惟尚難定停吹風之(晴)〔時〕，生鐵五噸，吹風略十五分時至二十分時，即成鋼。時之久暫，依天氣陰晴、風力大小而異。如吹風應停，而再吹十秒，則凝結而難傾入模，少吹十秒，則含炭質太多，椎打易碎。若用光色分原之法，以定停吹風之時，必能極準，且能知鐵内所含別種原質。白浪公司請曼司搭大書院格致之士陸四奇，詳考其爐，用平常之司太尼來光色分原器，有燈與照相器，易求爐口所出之火，可知其各種變化。

鍊□純次。鋼内所含之炭質，較少於生鐵，生鐵每百分含炭質四分至五分，鋼每百分含炭質二分，故去豬鐵内之炭質而不盡，即能成鋼。英國並歐洲各國，有將生鐵掉之，而乘炭質未盡，停止不掉而成鋼，法甚簡而鋼稍次。有將極精熟鐵條埋於木炭内，加熱煅之而成鋼，法繁而鋼最純。

英國鍊泡面鋼法。煅法必用極純熟鐵條，近來英國用瑞顛與俄羅斯鐵條，此鐵條皆用木炭鍊成，質精而價貴。英國之熟鐵，價雖廉而質粗，不能用作精鋼，惟作稍粗之鋼。近(晴)〔時〕亦有用英國熟鐵者，法將熟鐵條層層排列火泥箱内，與木炭相間，火泥箱再埋於木炭内，生火而箱外木炭甚熾，火泥箱受大熱，箱内木炭即化爲霧，爲鐵所收。加熱九日至十一日不息，取出其條，面常有泡，故名泡面鋼。再打碎入礶鎔之，鑄成鋼塊，質甚勻，用輪椎打成，此名鑄鋼。泡面鋼或剪成條，而聚成捆，加熱至粘度，用輪椎打粘，名剪鋼。剪鋼或再剪成條，而聚成捆，加熱至粘度，入輪椎打粘質更平勻，名復剪鋼。有用配料合於泡面鋼塊，入礶内鎔而提净之，如墨希德等，以鈉緑爲配料，或用錳養爲配料，但用錳養者其化學之理未詳，因含錳礦所成之鋼常爲上等者，非以鋼内含錳也。阿比里謂含錳礦，難放炭質，故造成熟鐵時必久，而鐵質更净。墨希德法，將錳炭質含於泡面鋼塊鎔之，此法多涉訟，英國之大審堂甚者究之。礶内若添錳養與煤黑油，能自成錳炭。墨希德亦用錳合於鎔鋼，治其熱脆與冷脆。

鍊鋼工速。美國新設別色麻鋼廠，能於二十四點鐘時，鍊鋼七十五次，成鋼塊重三百九十二噸。德國有一鋼廠，設別色麻爐二座，每座容七噸半。每十二點鐘爲一工，進料七百八十二次，每五十工，能成鋼塊七千二百六十四噸。英國有一鋼廠，於十四日内能速成鋼條四千六百五十六噸零十八擔。

失非特鍊勻質鋼法。熟鐵合木炭入礶内鎔之，亦能成鋼，法擇極純之熟鐵條，剪斷入礶，再加木炭少許而鎔之，則炭與鐵化合成鋼，其硬軟依用炭之多少。如硬鋼每熟鐵百分，加炭一・五分至一・七分，性硬而可爲刀等磨利之器。如軟鋼可刻圖與花等用，每熟鐵百分，加炭一分，性軟易刻易磨光，焠火使硬而不彎。試遇此鋼横剖面，每方寸能受牽力三十五噸，鎔之熱度大於鑄鋼，故礶難耐用。失非特之地有鋼廠造此鋼，名爲勻質鋼，横剖面每方寸能受牽力五十一噸，多於熟鐵牽力數倍。

失奴鍊鋼法。法國京師近處白格尼鋼廠用此法，廠主姓失奴，將鐵礦直變爲鋼。用爐高五十尺，最大處方十八尺，爐内盛礦，旁另有爐盛燒料生火，噴入大爐之礦内。大爐内有多火路，能平分其火，使礦各處之熱度平勻。大爐内之礦，但遇燒料之氣質，而不遇他異質，連燒五日夜，礦即變爲鐵羢。每二十四小時，取出此羢十八擔至一噸。取出之法，有鐵柵能活動，用齒條與齒輪動之，鐵柵四面各空處，用沙與泥封固，使取羢時外氣不能入。取出之羢，即浸於油内令收油之炭質，再入熟鐵甑内，而在爐内加熱二小時，使散去所收油内炭質之過多者，取出研成粉，入堅固鐵管模内壓之成條，再入礶内鎔之。每質一噸，用枯煤四噸，鎔後傾入模内成塊，亦如常法入汽椎打之，即可出售。

余賈氏由司鍊鋼法。余賈氏由司法，將猪鐵入鐵皮圓爐鎔之，爐式如鑄廠之爐，傾入冷水箱，箱内有轉動極速之輪，令成細粒，將細粒與鐵養細粉，或鐵養炭養細粉調和，入礶内如常法鎔之。生鐵粒四面有含養氣之鐵質，故生鐵之炭質，爲養氣所收去而成鋼。含養氣之鐵質，其養氣既(軟)〔軼〕出，亦自成鋼。其所成渣滓，又能提浄鋼質，所得之鋼數，多於所用生鐵數百分之六。生鐵每粒之放炭質，由面入内甚慢，故所得鋼之軟硬，大半依粒之大小。最大之粒成最軟之鋼，添入礶内之鐵養等料，用上等炙石礦，或純鐵養炭養礦，皆研成極細粉，每生鐵百分，添此二十分至三十分，依所當用養氣之數。

日耳曼鍊鋼法。司替利亞、與加令替亞、與土令尼亞等處，用木炭鍊成之猪鐵，在爐内鎔之，其爐略同英國提浄生鐵之爐。鎔時吹多風於鐵面，而常掉之，令全鐵遇風，觀鍊質之稠，觀火焰之色，知已成鋼，即停風而(數)〔傾〕入模内。

鍊鋼掉法。掉鐵爐内之生鐵未成熟鐵而停掉，則鐵内留剩炭質數分，傾入模内，能成鋼塊。掉鐵之人數年爲此工，則能觀其粒形與火色與質稠，而知鐵内存炭質之數。已成則速關門斷風，將鋼掉成團，取出用常法壓軋成條，以代熟鐵，合於鍋爐橋梁之用。其數考横剖面，每方寸能受牽力三十五噸，其硬者每方寸能受牽力四十餘噸，價貴於熟鐵約四分之一。

墨希德鍊鋼法。近試墨希德所造新金類數塊，雖名礟銅，亦爲鋼類，造法尚未外傳。其略將熟鐵條剪成小塊，每塊重約一兩，入鎔鋼礶内。另加二種金類質少許，其性全賴此二質，其軟硬依所添木炭之多少。鎔後傾入模内成塊，軟者可粘連如鑄鋼，硬者不能粘連，凡加熱則牽力減小，故應在鑄鋼之熱度，始可或軋或打。

鐵甲不宜鋼。一千八百六十四年，白而西之造鐵鋼書印行，其解云，戰船外面加熟鐵板以阻彈，不能打穿者，謂之鐵甲。英、法、布、瑞、意國以多費試何種鐵最合造用，何法可造最宜作甲之鐵，其試得之理雖大有益，尚未盡備。攷鐵質愈韌愈數愈宜，造鐵甲故不宜用鋼，常人皆謂有數種鋼，牽力大於熟鐵，必最宜爲鐵甲，但實試之知不可用。因考各料受漸加之力，與彈擊之力，知其不同，彈擊之速，每秒一千二百尺至一千六百尺，其力甚急，自與緩力大不同也。

各西國鍊鋼新法。同治三年至八年間，英國別色麻專心考究鍊鋼與熟鐵，較其初設此法時，質益精而價益廉。近有回德活特考究各種機器之理，並能鍊最大牽力之鋼，用之造礟，堅固無與匹，可用火藥極多，彈行極遠，不能礫裂。又英國有墨希德、與黑頓、與賴得果利弗，布國有克路伯，法國、美國有數格致之士與化學士，皆考鋼鐵之事。回得活特新法，於鎔鋼鑄成，而乘未結時，用壓水器加最大擠力，令其質密而固。如鑄礟等空心之器，乘其未結時壓之，至質冷結，即將模心取出，令内外冷能平匀，冷至能搬運，則搬去而再壓他物數種，空心實心器皆可爲之。

墨希德錯鋼。墨希德新法，作刀等之鋼，名爲錯鋼，有奇性，加熱緩冷而退火，至稻草色者更硬。此鋼之質硬而脆，横剖面每方寸受牽力常以四十噸爲限。

黑頓法鍊鋼鐵。黑頓之法簡而速，甚合化學理，鈉養淡養内之淡養之養氣，能與生鐵内之雜質化合，而再與鈉化合成渣滓。黑頓法之奇，即此以鈉而比别種令物收養氣更有益。馬里德論黑頓之法，用鈉養淡養之化學理甚精，能用古里夫闌特、與奴丹步頓含燐與硫最多之生鐵，成上等鋼與熟鐵。其熟鐵横剖面，每方寸能受牽力二十三噸，伸長數略爲原長數四分之一，實爲最固最韌，造礟、鐵甲、鐵船、鍋爐皆最宜。

又卷二四《化學五》 鋼。鋼之異於鐵者，焠水之後，變爲甚堅甚脆。然熟鐵亦微含炭，常依炭之多少，而此性隨之。若千分之鐵，而炭不及五分，此性即不能見，故電氣法所得之純鐵，焠水豪無堅意也。最精之鋼，每千分含炭十五分，若含十七分，幾爲生鐵矣。所以熟鐵條千分，加以炭十五分，即成鋼。生鐵而去其炭，每千分留炭十五分，亦即成鋼。

泡面鋼。泡面鋼之質點與紋理尚不停匀，有炭多之處，有炭少之處，有緊密之處，有鬆疏之處。欲除此病，須剪爲短條，用鐵絲捆縛，煅至粘合，置於輪撥椎下打之，每分時打以三百數，其椎重二百磅至二百五十磅，每捆皆打成條，與打鐵條同。已紅熱而未打之時，必先用沙撒於其面，與銲同理。打過之鋼，其質甚密甚匀，可以打薄引長，宜作剪磋等器，俗名剪鋼。或再摺疊成捆，煅打一次，名二號剪鋼。更佳，鋼質極匀，必用鎔法。將泡面鋼三十磅，打碎盛於火泥罐内，大火鎔之，面上蓋以玻璃，使不與養氣化合。已鎔之後，將諸罐同傾於一模，可成大塊，此名鑄鋼，比剪鋼之質更匀更密更堅。然紅熱之時甚脆，以此作器須慎。有人將炭粉與錳養和匀，乘鋼鎔時，每百分加以一分，能使鋼之顆粒甚細。

若於模内先置熟鐵一條,而將已鎔之鋼傾入,則粘合爲一,熟鐵之韌,可補鋼之脆。鋒鏑之器毋以鐵爲刃。加錳養於鑄鋼,可減價甚多,因此法可用英國鐵所作之泡面鋼作鑄鋼。如不加錳養者,必用瑞顛與俄國之鐵所作之泡面鋼,方可作鑄鋼也。

鋼宜淬水。鋼已或器,煅紅淬水,或油或汞(水銀)俱可,堅如金鋼石,而體稍漲大。未焠者,以水較重,爲一〇〇與七九三。已焠者爲一〇〇與七六六,未焠而輭,已焠而堅,其理畧同於灰生鐵與白生鐵之别。因堅鋼内之炭,化合在質内,而輭鋼内之炭,在質内未化合也。將輭鋼消化於强水,炭則不能消化而沈下,乃實據也。堅鋼加熱至紅,而使緩冷,仍變輭鋼。若加熱不多,俟其變色而自冷,則所加之熱度,與其堅有比,故欲何等堅,即加何等熱。最堅之鋼,脆性幾如玻璃,無適於用,必重加熱度若干,則改變脆性而有凹凸力,其堅適能合用。堅鋼加熱至四百三十度而得淡黄色者,因生鐵養一層也,再熱則漸厚,至四百七十度而爲深黄色,至四百九十度則更厚而爲紫色,再熱至五百二十度爲深紫色,至五百五十度爲藍色,再熱則爲暗黑色,已成厚皮矣。四百三十度之熱而色見淡黄,鋒刃甚利,五百五十度之熱,又太輭而不利,惟凹凸力則甚太。

奧斯吞著舒高第鄭昌棪譯《鍊金新語》第二章《論金類性》 金類原質與他質夾雜:他質與本質金類夾雜,製造之性於是乎大變,人雖明曉,而考求者甚尠。一千八百六十四年,潑收所著之論鋼鐵書,爲當世所重,所嫌論鋼鐵鍊法過簡耳。論他質關係鐵質最詳明,以鐵質夾雜百分内之數分炭質,一份分作十份而取其幾份。其性盡變,顧含炭質多寡與關係鉅細,未經考求确實,鍊金類師哈和謂此事尚未确知。一千八百九十年,哈和出鍊鋼書,内有圖,指明其一條彎線,係由二千五百種鋼條試驗而得者。並云現今尚未能确指炭質數之徵驗,此不過初起講求,欲求同様原質徵驗,必取純净原質以試驗之。哈和表明電氣所提之鐵,以爲至純净矣。其伸長力在未鍊之前,每方寸抵二噸·七重數。既鍊之後,每方寸伸長力,能抵十五噸·五重數。此徵驗或因料質内有若干輕氣攔入,或因鐵由電氣提出,即變爲異式金類,亦未可知。所以欲究炭質徵驗,從确實净鐵起則甚難。第十圖,法人提海表明鐵因加炭兼錳而得之伸長力,圖之縱線即指金類上每方寸所加若干噸重數,横線即指金類所含炭質數分,炭質之徵驗,由圖中粗彎線表明之。與炭質同時含錳質者,其徵驗由圖中細彎線並虚線表明之。炭之某分數徵驗,從某數處,上至粗彎線處,視横線彼端某噸數,即知伸長力能抵若干噸重數。博物家謂鋼之抵力最大者,在加炭〔○〕·八數至一數,過此一數之限,其抵力反大減甚迅,於下第十四圖之虚彎線表明之。含炭鐵之韌力,視炭質在鐵内如何交融,詳見第四章熱鍊法。圖内彎線,只表其大概,若含炭甚多之鐵,即鑄鐵。其彎線又當何如,可知此彎線未可據以爲是也。提海以爲各種鋼凹凸力數根不改變,以同熱度鍊之,各鋼含炭之或多或少,所差不多。鐵之含炭者,略加錳則其性大變,顧鑄鋼合法,須兼有錳而後可。欲查錳與炭兼有之徵驗,視第十四圖炭數處縱線,直上與錳線相交處,横線端某噸數,即知能抵若干噸重數。查此鐵質含錳不過百分之二,過此則又不然也。錳如再加,徵驗又不同。鋼如含錳百分之四或五六,含炭百分之五即失鋼性,以尋常小錘敲之即碎,然加錳至倍,反復其堅性,哈德斐爾名曰錳鋼。料質内錳加十分之一,鑄成條子二寸半方,雖彎之出其本直線而不斷。錳加愈多而力愈大,直至加百分之十五爲極,過此十五之限,直線韌力轉少,横處韌力則不變。錳加百分之二十分,直線韌力大減甚迅。此雜質料所奇者,速冷即輭,與尋常鋼性相反,而在紅熱度内甚堅。上等錳鋼,有錳百分之十四,炭不過百分之一,在白熱度内鍊之甚堅而韌,此料空氣洞眼甚少,可軋可錘,性頗堅硬,冷時料理甚難。其阻電力較銅多三十倍、較熟鐵多八倍,所以尋常技藝家以爲此錳鋼不翕受吸鐵力。燐與矽在鐵内,關係又甚大,惟較次於炭與錳耳。所試徵驗,如第十一圖,鋼炭百分之〔○〕·○五,或百分之〔○〕·四,加燐若干,圖内所劃牽力徵驗,可諦視之。即如〔○〕·○五炭,如圖内已線〔○〕·四炭如圖甲線。人今知含燐之鐵燐能令鐵冷絀,冷絀者熱時可錘,冷時錘之無益。燐能令鐵加增牽力,即使含炭甚微。而含燐少些,向以爲險,今知其不致脆碎,故鐵路軌條用之。鐵與鋼含燐固甚脆,以猝然震激故也。燐能加增含炭鐵之凹凸力限,鐵含炭而復含燐,是以特有此徵驗。矽之關係甚難測,鋼鎔化時加矽則有用,以其將結成定質,可免空氣洞眼。大約矽令鐵内之氣永久匀散,至成定質。鐵内加矽,令筆鉛炭易於化分而出。脱納詳加考究,豬鐵及鋼含矽情形,兹摘其緊要工夫,如第十二圖,數種料試驗最大禦敵壓力之力,起自一數,圖内縱線表明最高禦力分數,圖内虚線尚未全。豬鐵最大牽力,並禦彎折壓扁之力,在加矽百分料之一·五至三,料質有百分之二或三矽質,較他料質略輭,禦壓力之力更大。所試豬鐵含炭百分料之一·八一至二·二三,其多矽鐵内,炭與筆鉛相兼,此種料兼有〔○〕·三之錳,並〔○〕·○

四硫。海特斐爾論含矽鋼之製造性情，如第十三圖表明，圖内上二條線，指每方寸牽力噸數徵驗，下二條線，指每百分内所得伸長數。看來鐵内加一・五，或一・七五之矽，凹凸力限並牽力雖增，而其能行長之性仍不減。若復加矽，牽力雖仍增，而行長之性即大減，然無分明界限。若矽加過百分之一・五，至百分之二，再略加增，則料内性情大變。此似加炭性情，不似加錳。如加錳須加逾多，乃有此大變性。輭性鋼有矽，加其牽力，減其凹凸力，由十三圖觀之，輭鋼内加矽過百分之二，行長之性迅減。料質内矽，再多加，則不能再復其性。含矽之鋼，雖有多矽，仍有吸鐵力，若然則不似錳鋼、鎳鋼矣。霍景生云：含矽鋼阻電力，較之浄鐵加六七倍，哈斐爾近時表明矽之徵驗似鋁。金類内之鎢，所發徵驗甚奇，與鋼相雜，令鋼加堅，雖不及炭令鋼硬，又不及鉻令堅硬之多，然鋼内含鎢，較炭更可加多，可加至百分之十，仍不失可錘之性。鎢鋼猝擊甚脆，行長之力甚少。向以爲鋼含銅質，鋼爲變壞，今知含銅鋼流弊非由銅而來，實因銅帶硫之故耳。鮑爾惲根俱謂鋼含銅更加牽力，其徵驗如第十四圖，其實線指含銅鋼之牽力，與尋常炭鋼彎線相比，炭鋼之牽力於虚線表明之。鎳在鐵内所發徵驗甚奇，賴留試驗所含各料，如第十五圖，炭含百分料之〇・二至〇・八五，含錳百分料之〇・二三至・八五，其牽力料質，爲鋼含鎳百分之一至百分之四九・四，圖内彎線指明鎳多至百分之七，大加其牽力，並大加凹凸力之限，而其伸長數大減。鎳加百分之八至十五，料變極脆，難試其製造性情。鎳加過百分之十五，圖内顯明。毋庸贅述。又奇者，鐵加鎳百分之二十分，增其行長之性易於伸長，獨凹凸力限減少。霍景生試驗含鎳之鋼絲，百分鋼有二十五分鎳，熱度高至五百度，不論急冷與緩冷，而吸鐵性不存，然冷過〇度，又能復有吸鐵性。向來博物家於鋁之徵驗，以爲未曾細考。顧含炭之鐵，略加鋁百分料之〇・一至〇・二，鐵易鎔爲流質，現知鋼内加鋁可省二百熱度，已成流質。予謂此未可論定。鑄鋼之易於流行，因帶有鋁，或因鋁能化分鐵養之養氣耳。予試赤金時，加鋁百分之〇・二，大省其鎔度之熱度，而金内分去養氣，固無疑也。鋼内加鋁百分之〇・一至〇・二，令鋼堅硬，在熱度内鍊之，能變輭，易於伸長，加鋁猶之加矽，使鋼内炭質變成筆鉛形。哈薄指明鐵内含鉀，不論極微極少，而損鐵之性。法國鋼廠總辦薄羅斯闌考究鐵含鉻雜質，鉻加至百分之八十二分，便成鉻鋼，其徵驗加牽力，能禦猝擊力，鉻鋼在熱時難以料理。鋼含鉻百分之二，冷時難以剪切，以一塊熱料，照常法浸於冷水令堅，其堅硬地步，較同體積之炭鋼更深透。料理此鋼，更有難處，以其鉻易受養氣，變成鉻養，而不與鋼融洽，變爲爐渣，所以兩塊料質融接甚難。硫黄在鐵内，所發徵驗更明顯，硫黄能令鐵在紅熱度時甚脆，亦不能融接一片。尋常在呆紅熱度時，所發徵驗極顯，惟錳質能解硫黄害鐵之徵驗。

第十圖

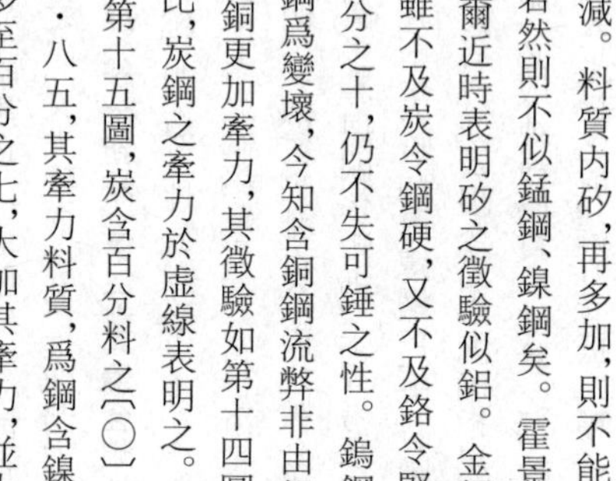

第十一圖

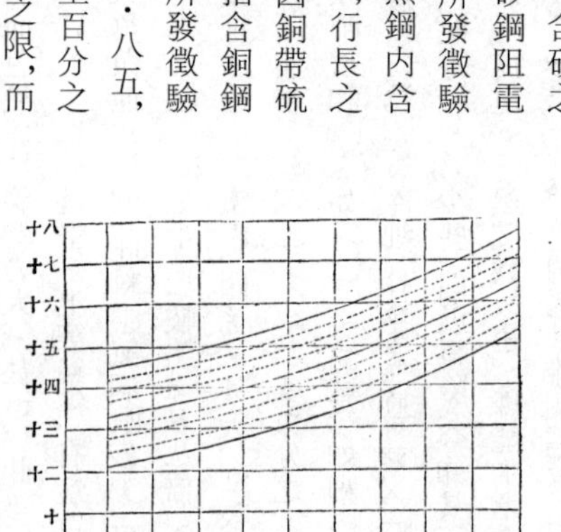

第十二圖

第十三圖

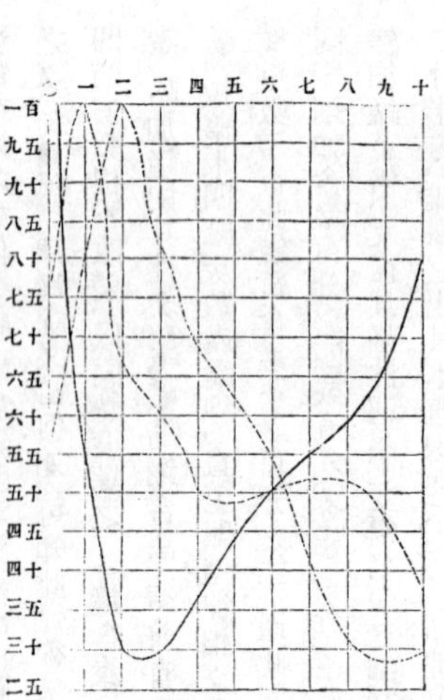

又第四章《熱度料理金類》 鋼即爲異式之鐵。鐵之爲用甚廣，料理後内外著力，鐵與鋼即成相異之金類，以其性大不同耳。浄鐵可鍊成似銅之柔輭，鋼可

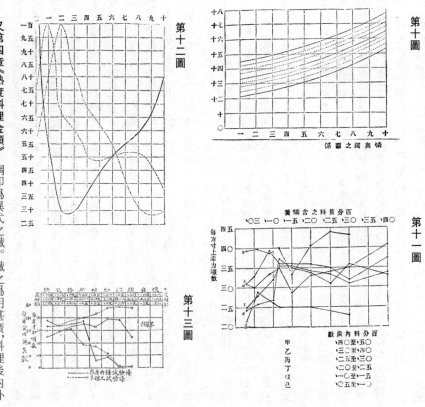

令極堅，能劃玻璃，如金剛石然。鋼與鐵之性，如是其相遠。若以化學法分化之，仍是一質，因鋼與鐵製造性甚異，人特究而知之。今究其鐵如何變鋼，並試驗鐵與鋼之何以異。昔人鍊鋼，取其堅硬之性，謂鐵須經高熱度而投於冷水，即成鋼性。熱度愈高，投於水極冷，便得堅硬。若緩緩燒熱之鋼，鋼面變各成色，匠人便思復還本性之法，將鋼之硬度，燒至一定熱度以爲率。技藝家今誤會其理，以復性與變硬二項，混同不分。兹仍仿前人之意，其使堅硬之謂者，將高熱度之鋼令急冷，即變硬。其使復性之謂者，將堅硬之鋼，燒令不到前此令堅硬之熱度，冷之緩急不拘。其所謂鍊者，燒鋼熱度，較復性熱度加高，待其緩冷可耳。有法試驗如下：以三片同性之鋼，一片手彎之，覺甚輭，燒至紅熱度，投於冷水，即變爲硬鋼，手折之即斷。又將一片燒熱而急冷之，再燒至近鉛之鎔度，令彎曲之而不斷，一放手，鋼片仍伸還原度。又將一片燒至紅熱度，緩緩凉之，即柔輭易於彎曲，惟放手後，鋼片不肯復還原度。如是可知金類之性，尋常簡便料理，即大改其性。其料質内並無加有他質，亦未減少何物，只要料理合度耳。【略】

歷來試驗，百計千般，費許多辛苦，可從頭歷溯，以當格致家史鑑，而得微細顆粒之理。所謂史鑑者，如鋼可令硬，古人已早知之。銅加錫能硬，爲第一步，即孛郎遲，久之，乃悟鐵之爲鋼。彼時無硬鋼快鋒之用，製造家將孛郎遲以代硬鋼。向脱留製一雜質金類，銅十六分，鋅二分半，錫二分半，以爲剃刀。古希臘化學書，有各分劑數，彼以爲浸冷之水内，加何料以爲秘法，有數處江水，謂尤佳。潑里内云各江水之分别，鍊鋼家最講究。欲使數種金類堅硬，以爲須用油鍊。梯奥斐勒斯在八百年前，著許多方法，論鋼硬用秘方藥水。西曆三百年前，與今一千六百年時，人人見識相仿，現在始知用清潔冷水，即可令鋼變硬也。古書取蜒蝣，與秋天收成時第一次雨水，煮沸，將鐵燒紅浸之，即硬如鋼。又取三十歲血氣强壯快樂之人血，五月内蒸用。諸如此説，至今傳爲笑譚。一千八百十年，有一書出，謂技藝家以青百合花之根浸酒，以鋼浸之，即爲堅硬。又以荳汁浸鐵或鋼，可令輭如鉛。似此謬説，今尚未絶。一千六百六十年，塔興論鋼，以浸於水，得水之力，水有輕鹻性，以安鐵内酸性。製刀劍以畜生體内之鹻性，令鐵堅固。黎麥留亦謂鐵在牛羊角前燒之，即能成鋼，皆奇談也。昔人意見，無非欲鐵急冷，不得謂其非。欲鐵與玻璃同硬，用冰冷水，用鹽滷，或水銀；欲令略硬，用沸水，或沸油，將燒熱之鋼，投於鎔鉛，或他金類，令熱汽漸爲所收，如是鋼令堅硬，並得復還本性焉。以鋼投於鎔鉛令硬之説，人早知之。一千七百二十二年，黎麥云，利器尖頭逾硬者，燒熱時鑽入定質錫或鉛内。並云，金銀銅定質，可令尖鋒堅硬。黎麥之書，承前啓後，足以觀也。近時克留們獨用冷法，以熱鋼壓於金類面是也，更有以冷水噴之。此製軍械法，已百餘年矣。伽陸里密克以爲噴水之法，令流質速變汽質，水點如霧，令熱氣騰散迅速耳。昔人以水銀爲令冷之流質，近時令硬法，浸流質居多。此流質爲一種鎔化金類，不易化汽。立士益曾言鐵甲料浸於鉛流質，可有禦彈鑽之力。愛佛拉亦言，鉛流質浸料須大，鉛不可燒過鎔度，試驗鋼片，既浸鉛流質内，彈打即難鑽入，亦不易裂破。

鋼質堅硬成法：今查鋼質内層，如何成法，自有火氣之説。皮秋施他爾謂鐵變鋼以得火氣耳。曩昔化學家以火氣爲動之情形，日久皆以爲然。一千七百二十二年，黎麥首倡格物道理，以爲鋼燒熱後，所有硫類鹽類，從顆粒逐出，到其間隙處，繪圖表之；鋼浸水驟冷，即阻硫類鹽類不復入顆粒，而彌其間隙，以是得硬；復性者硫類鹽類仍有數份入顆粒内，料即輭矣。黎麥用真空法，指明鋼令硬時，無汽發出，鋼變硬並非加有新物，又非逐出何汽，其變硬只在質内排法異耳。黎麥雖有此言，而信火氣一類人，毫不爲動。歐潑釋辣大書院博物師陪犿曼，於一千七百八十一年，指明鋼與鐵異處，衹在千分料之二筆鉛耳。鐵則無此料也。現今鍊鋼，頗宗其説，爲益甚大。伊留心鐵内雜有外來極微之質，製造之性即大改，而鐵質並不改也。鐵内有外來物，即變其本性。由是言之，陪犿曼已覺有變異式之意，惜彼時猶誤以筆鉛或炭爲火氣，不甚分明耳。林曼在前業已表明，以一點硝强水滴於熟鐵，令其色白，滴於鋼，即有黑漬，乃尚以火氣之説，淆其所見，殊可惡也。一千七百八十六年，格致家陳其論説於格致會，謂鋼之分類，以其中炭質多寡不同耳。欲鋼有一定之性，須加一定分數之炭。陪犿曼初用測熱度之法，欲查浄鐵或鋼或生鐵，用若干熱氣，因用一消化之物以消物質，消化之物即强水。而記其所發熱氣之多寡。並云，此消化物質之物，能令併結顆粒四散，而重自排列他式。此重排新物，所需熱氣，較未重排前之熱氣更多。其熱氣由四面收入，而寒暑表置其旁即降矣。熱氣爲其收入，四旁反加冷矣。若收熱氣少者，周圍氣候仍熱，而寒暑表必升。是説也，以今化學衡之，新物之所以成者，熱氣發散，而其所有勢力，皆變爲熱氣也。以一樣金類，消化第二樣物質，其消化之時，有收入熱氣之事。將所化合新物，用法以化分之，則以前所收熱氣，幾如數發出。以所發熱氣，必不少於各本分劑所有之數也。法人化學師賴服息想出金類與養氣相併之理，指明金類非僅在空氣中高熱度時變鏽，即置流質中亦易變鏽。今技藝家化學鍊金類法，甚重熱氣道理。細究陪犿曼之言，其主見在鐵與鋼之分別，鋼内衹含炭質千分之二至千分之十五。【略】

一千七百九十八年，法人克魯侯查鋼性是否由炭而成，用一小鐵罐重五七・八格蘭姆，内置一粒金剛石，重〔○〕・九○七格蘭姆，燒成一塊融匀之鋼。第三十三圖，毛伏試驗鐵罐金剛石成鋼式樣。化學家屢行試驗，謂此法有不盡合。謂火爐内之氣，與金剛石同入鐵内，發其炭質耳。入鐵之炭，或從火爐氣内所含炭質而來。

一千八百六十五年，瑪犿黎脱重試克魯侯法，指明尋常鐵炭相併，亦得鋼性。尋常修補金類法，炭養甚合用。次年，犿留俺姆查出鐵内有隱藏之炭養，正與上意相符。一千八百十五年，刀叉匠潑披斯將鐵絲與金剛石粉，用極濃電火燒之，即變成鋼，洵是炭質與鐵相併也。鐵收金剛石炭質法，第三十四圖表明之，圖内之具爲一玻璃瓶，有管口如丁，可抽空氣，令瓶内真空。乙爲鐵絲，接連於兩電極丙丙之間，燒至紅熱度，令其與浄金剛石粉相遇。金剛石粉置於盆如甲，盆可升降，鐵絲與金剛石粉相併，而鎔化即變成鋼。鋼之堅性，非關金剛石也。克魯侯試法，可用真空以代氣，用一具如第三十五圖，於真空内燒鐵及金剛石，浄鐵一條如圖乙，接連於兩電極丙丙之間，其具亦有管口如丁，將空氣抽盡爲真空，用電火燒令鐵成紅熱，鐵内隱藏之氣，盡爲逐出，鐵即在真空内涼之，乃由丁管口納金剛石顆粒。復抽令真空，燒令鐵與金剛石鎔化相併，有幾份炭變異式爲筆鉛。若以强水消化其鐵，僅見炭形，而鐵已與炭融爲一也。狠潑以鐵在淡氣内，收金剛石之炭，較筆鉛或他炭更易，然炭與鎔化之鐵併和，所成之鋼，參差不一，全恃冷法緩急如何。因炭質不一，或金剛石或筆鉛或煙煤等，與鐵併和，所成之鋼，亦不同也。輭性鋼内炭，與硬性鋼不同。卡斯登於一千八百二十七年，初次從輭鋼内分出鐵炭確實併質。即化合之質。孛梯亥從輭鋼内又分出鐵炭併質。近時愛孛爾細加試驗，以輭性冷軋鐵三炭併質之鋼爲最上，此鐵三炭用鉻養三酸水消化而得之。【略】

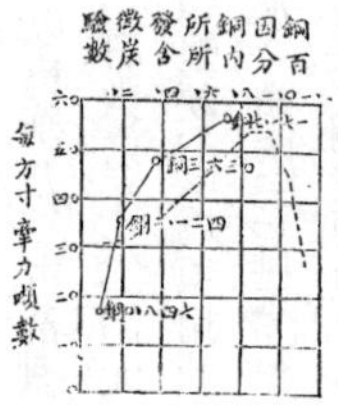
第十四圖

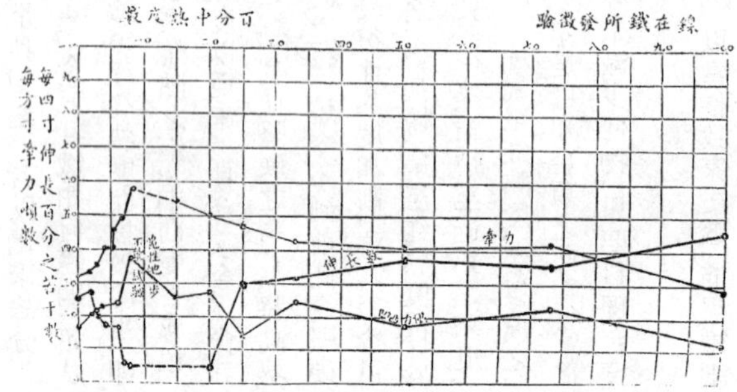
第十五圖

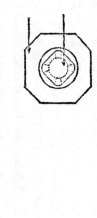

第三十三圖

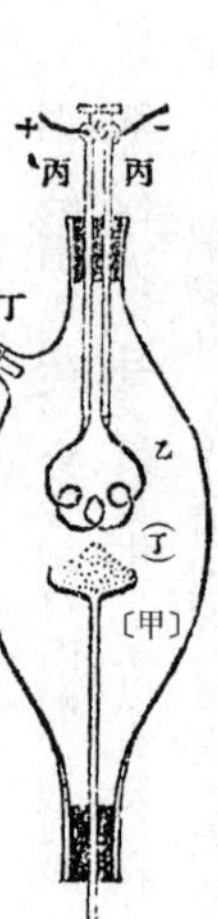

第三十四圖

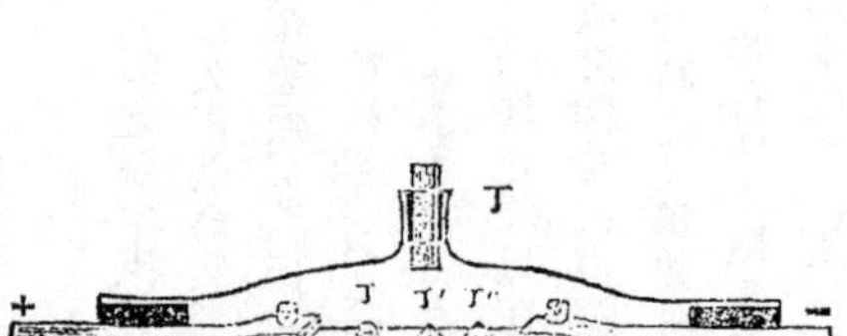

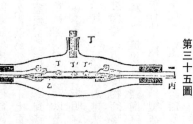

第三十五圖

是書微驗确鑿，格致技藝家可由是而進求之。顯微鏡可查各種鋼鐵相異形狀。素陪細究鋼之成法，用顯微鏡查得輭鋼内有一種不可少之物，名珠彩。凡輭鋼内必有珠彩，攙和其間，此珠彩甚似愛孛爾所云鐵炭之類，大約即鐵三炭與純鐵併合之物。珠彩有無形狀，第三十六圖表明之，又表明輭鋼、硬鋼並復性鋼形狀。此三種鋼用强水消化，令發熱氣，然後用顯微鏡省察之。黎特孛考究鍊金類書，便知炭鐵如何併雜，然尚未明鐵之變硬，與復還本性，是否由炭而來。以理斷之，殊未必也。因有用急涼法，亦可得輭性之鋼，且化分之，内含之炭，竟爲令硬之炭。大約欲令鋼硬者，炭必更改情形。當更有道理以表明之，或其确實徵驗，應於鐵詳究之。於是思金類本性，金類與他原質，皆由質點結成。質點有一定重數，有一定體積，聚而結爲顆粒。欲一種金類變成第二種金類，須知非攻其顆粒，而必攻其質點。質點改變，今尚未有妙法。顧令顆粒改變，尚屬簡易。改變顆粒內質點如何排列，亦尚有法爲之。顆粒更改排列，其情形與尋常所見不同，如炭與鐵相併，由金剛石變至筆鉛形狀。若欲令筆鉛變成金剛石，則尚未能也。硫黄皆知爲硬脆黄色定質，一時可令變爲紫色稠質，稠質在尋常熱度，漸變爲八角顆粒黄色定質。在桑剔𦪇留表一百熱度，迅即變成此形，並發熱氣。此即變異式情形也。金類內顆粒更改，皆因加有外物所致。陪𦪇曼以纖微筆鉛，足令純鐵變鋼，縱不能令金類變質，猶能令金類變式。瞿和爾於一千八百五十年，陳一論於格致會，論數種金類含汞（水銀）之膏，亦提及鐵有異式變形。埋𦪇納斯於一千八百五十一年，指明硬鋼、輭鋼之熱電性，與鐵之熱電性大異。一千八百六十五年，璆琳亦思及鐵有異式情形，其工夫在如何令鋼堅硬復性。一千八百六十八年，俄國休撓夫欲急涼，令鋼堅硬，先令熱至一定熱度，即一紅熱度名之曰甲號，迅令涼冷即成堅鋼。一千八百七十三年，英之博物師賴脱生，謂高熱度時，含炭之鐵漲頗甚。其時陪勒斯用熱電法，指明鋼之硬性，非必燒至極高熱度而後急冷，熱度在暗紅時急冷之，即可得其硬性。法國奥士麥脱，亦查究此事，以顆粒改變時，收發熱氣，即其證據。用記時表，查鋼鐵緩涼有何情形，緩熱有何情形，用白金絲之熱電法，測量其熱氣。第三十七圖、三十八圖，即指明測量法。三十七圖內之己爲一塊鋼，有一條白金絲，又有一條白金銠絲，如酉酉，置於瓷料罐，如晒，在爐內燒至亮紅度，如三十八圖申。晒罐可灌足氣質，罐端之丙處，滿置鈣緑，於是令漸涼，測熱度之酉酉絲。從傳熱具，接連於量電具如庚。量電具之對照，有屏如未。未屏後有燈，燈後有鏡，如寅。燈光因寅鏡，由屏之細孔射至量電具之小寅鏡。鏡後有吸鐵，居正中，屏孔射來之光，回至屏上亦正中，是即光居〇度。測熱度之絲傳有熱氣，吸鐵即偏斜，小寅鏡亦隨同偏斜。回光射至屏上，偏度顯然，屏上並有記時表，鋼漸涼則回光漸移，移若干分度，得幾多分秒。按其加吸鐵者，欲與地心吸力相消耳。二十九圖之彎曲線，表明各回光點，移行不一，即見鋼燒熱後涼法緩急不同。屏上回光點移行忽止，便知鋼內又發熱氣，鋼涼定則回光仍正指〇度。第二十九圖之横線，指明鐵或鋼緩緩而冷之分度；每減六・六熱度所需時刻，則於縱線指明之。如電氣鍊成之鐵，緩涼時情形，圖內虛線指明，此種鐵最純淨。從一千二百熱度至八百七十度，每一秒時熱度減二・二，圖內每二・二相間，即以虛線之點分之，熱度減至八百五十八度，忽又不減，量電具之光點，即不照常移行，躭延二十六秒，只行尋常六秒所移之度，圖內通連之細縱線，指明鐵含應成輭鋼之炭。此線表明緩涼時，有兩次停頓，且其停頓處，非在淨鐵熱度停頓處。炭如加多，鋼之緩涼初停頓處，愈移圖右，與第二停頓處，併合一處。此多炭鋼緩冷時候，乃躭延七十六秒之久。圖內一種鋼含炭百分料之一・二五爲麤縱線。炭在鋼自行漸涼，輭硬有參差，非炭又變形，必其顆粒排法有異。現皆知鋼當急冷時，內含之炭，由與鐵相併情形，變至與鐵融化情形。又知緩涼時，融化之炭，復變至相併情形，即成輭鋼也。奥士麥脱以爲第二停頓，因鋼內之炭，從融化變相併情形，彼時復發熱氣，致量電具光點不移也。欲令鋼硬，須於炭鐵相併之前，令其急冷，否則不及收令堅之炭矣。其初次停頓者，在電氣所鍊之鐵有之，並無炭相併與炭融化也。必其鐵內顆粒有更改，致發熱氣，實與炭毫不相干。奥士麥脱謂鐵有兩種，其顆粒內質點排法，一爲硬鐵，一爲輭鐵，並不論有炭與無炭也。紅熱之鐵，其質爲輭，其顆粒爲硬，可名乙鐵。紅熱鐵之涼度，不拘緩急，必變爲輭鐵，可名甲鐵。若內有炭，令急涼，其中有幾許顆粒，仍如在高熱度時堅硬情形，而成乙鐵，即鋼是也。如第四十圖可諦視之，鋼鐵緩冷時，乙號內顆粒排法，變爲甲號。照奥士麥脱之説驗之，圖內緩冷鐵彎線，是以有初次停頓之證。此從電鍊鐵緩冷法表之，固與炭無涉也。其二次停頓，爲時較久，指明炭從融化情形，漸能令堅硬炭，變爲相併情形，化學名炭二炭。是則鋼從乙變甲時，亟令急冷，令炭尚在融化，未曾變樣。勿俟其到第二次停頓地步，鐵雖尚輭，然堅硬炭已消化於鐵中，不致任其釋放爲黑炭二炭也。欲令鋼堅硬，炭雖不可少，而炭在內如何改變情形，現知不甚緊要。甲鐵用外來勢力，變成乙鐵，熱度須下於紅熱度，其試驗勢力，令鐵彎後不能復原。裴勒斯謂金類物，大都用外來勢力，令其堅硬，所以各種皆有甲乙之分。有數種因顆粒更動，重發熱氣，致有初次光點躭延之證。其更動情形於下試驗表之，如第四十一圖，一條含多炭之鋼，質內顆粒變動，與鐵炭彼此相變，同在一時。將鋼條燒至紅熱，一端銜令堅牢，彼端用一重錘墜之，端頭接有細梗，以顯其彎下之形。顧鋼條紅熱，從爐取出時，體質最輭，如錘有足彎下者，必不越此時。且此薄鋼在空氣內變冷極速，易成堅挺，乃其熱度較初取出時，減少甚鉅，至是始見彎形其顆粒之輭弱處，即從乙鐵變甲鐵，其炭從硬性變至炭二炭，然則奥士麥脱謂有顆粒變動之事，當在斯時乎？拷芬製彎軸，即於其時借彎形而成之。裴勒斯論鐵燒熱後，缺少韌力之説，以鐵經過重發熱氣，顆粒遂紊。霍景生亦云，因顆粒有紊，所以彎線每參差不一，而由爐取出紅熱之時，韌力雖少，而顆粒尚未紊也。俺特生於熱度中顆粒變動，欲至初變流質時，其中彼此相錯，互相融洽，以至勻遍，此即爲融化地步。史百齡在尋常熱度，指明鋼質彼此相變，不必到鎔度而已早見之也。低熱度鋼塊錘合，亦見彼此相錯。凡匠人皆知錘合多炭硬鋼，何等艱難。試將八分寸之一之方鋼條，折斷後，錘合之，外用白金箔包裹，如第四十二圖之甲乙，其用白金箔如乙者，免空氣耳。將相接處，在盆勝燈火如丙燒之，鋼即融合爲一，無須錘擊，併合甚堅，雖以手彎之而不斷，究其鋼尚未燒至紅熱度也。今考他金類在鋼内，有何徵驗，錳能使鋼迅硬，人固知之，如百分料内錳多加至十二至二十分，在緩冷彎線内，毫無停頓。視三十九圖錳鋼彎線内得之，含錳之鋼，決不顯出别項鐵冷後改變情狀，是此料不論如何涼法，而總成硬質。鐵内加錳，顆粒更變，尚有一緊要證據。以紅熱鐵，無吸鐵性。霍景生謂鋼在重發熱氣時，必失其吸鐵之性，所以乙號鐵，無吸鐵性。含多錳之鋼，不見有吸鐵性。此鋼之鐵，亦成爲乙號。哈德斐爾表明數種鐵，及錳雜料，錳居百分之七至二十。見前十圖。伊韋等考究此料吸鐵性，謂在製造時所得吸鐵性必不多，縱或有之，不過如哈德斐爾錳鋼，所有吸性極微而已。茲查得鐵含錳有百分之七，足以阻乙鐵之變甲鐵，若不及七分，即欲變，亦較緩也。緩涼彎線兩停頓處，必彼此相就甚近。見三十九圖。鐵如含鎢，其性與錳同，而又過之，若加鉻，其徵驗相反。鉻鋼料理堅硬法，雖與他鋼同，且更堅硬，而不必熱度低而後變也。在更高熱度内，能令乙號硬鐵變甲號輭鐵。凡鐵燒熱後失吸性之事，與異式情形有關。一千六百年，垢爾孛脱論吸性篇内，曾及紅熱鐵無吸性。嗣五十年後，孛郎常提及垢爾孛脱考究事情，并云，鐵一經火，即去其從地土來各物，或從吸鐵來之雜物，成爲净鐵。是則孛郎亦識鋼鐵内勻偏吸性，與熱度有關，其意與近人考驗相通。所異者鐵失吸性，正在顆粒更變之熱度時。霍景生又查鐵加鎳居百分料之二十五分，可令得吸鐵性，只須先將鐵到極冷地步，以炭養二成定質度冷之。料理鋼法，與技藝家大有關涉。其法甚夥，茲略舉其要：休撓夫書内載明熱度之甲乙號，視鋼内炭質多寡而升降。如熱度降於甲號，雖急冷亦不能堅硬。甲號適當重發熱氣地步，炭與鐵相併而成炭二炭，孛黎納稱爲亥號熱度。含多炭之鐵在此度，適合奥士麥脱所謂緩涼，從乙鐵變甲鐵地步。休撓夫乙號熱度，即孛黎納之天號熱度。鋼若熱度高於甲低於乙，不論如何緩冷，所成之鋼，細紋縝密；若熱度高過乙度而涼，不論其涼之緩急，所成之鋼，顯有微細顆粒形，其顆粒大小視熱度升降而更。鋼内顯有顆粒，技藝家即不合用。如在紅熱度錘之，顆粒即碎。愛孛爾密德蘭諾孛爾皆謂鋼經鍊後即異。一小塊紅熱鋼，浸於油内，其堅硬與浸水同。第四十三圖，指明鋼用油浸，令堅硬者。鋼之牽力，隨炭增而加大，而伸長數反迅減。

按四十三圖，試驗兩塊鋼，鋼内含炭數相同，而鍊法有異。一爲尋常鍊法，如圖實線；一爲油内鍊法，如圖虛線。先試尋常鍊法：一塊鋼含炭〇・一五，其伸長極數，三十五寸有奇，而牽力噸數，只二十四噸，如含炭〇・五，牽力噸數可加三十噸，伸長數二十五寸。次試油鍊一塊，含炭〇・一五因經油鍊，牽力可加至三十噸，伸長數百分内加二十四寸，如含炭〇・五，牽力加至四十五噸，伸長極數，百分内加十二寸半。由是言之，鋼如油鍊，牽力逾大，伸長數逾減，且鋼一經油鍊，含〇・一之炭者，牽力加某數；若含炭加倍者，牽力所加，更不止倍數。伸長數所減，亦逾格而不循常例也。油鍊之鋼，體質若倍大，其徵驗更不同。大塊鋼經油鍊，涼後情形猶之錘鍊，顆粒俱碎。若料甚大者，如輪船螺輪翼軸或大礮料，經油鍊後，炭鐵相變，不過外層其堅硬處不甚深，且中心一份在油内涼甚速，而不甚結粒。若緩冷之，則易於分結成粒而不融勻也。其牽力是否增減，視所鍊體積大小爲率，而伸長數大加。凡用油鍊者，所以阻止其分結成粒之弊，以成粒則不堅實也。鑄鋼料内，大約有堅硬炭質，以鎔後澆模，不能免分結成粒之弊。鋼如燒至甚高熱度，俟其緩涼，任堅硬炭變爲炭二炭，令結粒自散，炭質可以勻遍。如是鍊過之鑄鋼，較未經鍊之鑄鋼，質加堅而有伸長力，料内之炭二炭，想必散布微細而不結爲粒也。此種鑄鋼，不能錘打，惟有令緩冷之鍊法，可得炭質勻散之堅料。緩冷鍊法，復性法，甚不簡便，近年裴勒斯、史德魯愛爾頗細心講求，謂用較天氣稍熱之熱度，待其緩涼，則料有化變情形。鋼之堅凝，有如玻璃硬性顆粒。此爲初次化變，内有幾許不再更改。裴勒斯謂將玻璃硬性之鋼條，急燒至三百熱度，在緩涼鍊法初起時，其料幾成黏韌稠質，以爲在尋常天氣熱度内，玻璃硬性鋼，常自復還本性，即在天氣内露置數年，亦自復本性，其熱度可抵桑剔搿留表一百熱度。數小時，即減其堅硬性也。此試法經格致家人悉心考究，而得鋼内更改顆粒情形，有一定确據。並云，鋼在壓力下，顆粒内之質點，必有彼此更變。凡定質皆然，以定質皆係顆粒排成，不過有鬆緊之别耳。炭鐵在復性及緩冷，彼此相變情形，裴勒斯以爲不甚緊要。凡使鋼堅硬所用之壓力，以其有黏韌力，而壓力閉藏在內。復性者，即是用熱度，令所閉藏之壓力放出也。多炭之鋼，熱度略加升降，其變堅硬甚快。如技藝家欲其料能伸長，有凹凸力者，料過堅硬，即不合用。論不堅硬之鋼，熟鐵所變，人雖莫辨，而料内顆粒排法，百分内含有十分之二之炭，即與熟鐵大不相同。前人造快鋒等器，皆係多炭堅硬之鋼。至於善鋼，含炭甚少，人用以代熟鐵。一千八百六十年至七十七年間，人皆疑其料之合用與否。今則人皆識其原由，以熱度料理，有一定分度，有過有不及，則其料各異。鍊鋼有一定不易之分度，欲得如何料，須鍊至何等地步，鋼即能合何等之用，前此工匠往往欲將鋼鎚鍊。其實鋼之熱度，已下於休撓夫甲號熱度，此熱度即在重發熱地步。又多炭之鋼，在高熱度鍊之則又不合。

鋼之分類：由上觀之，欲鋼合用，須視其能令堅硬如何地步，令復性之如何地步。技藝家所用者，視炭質多寡以分等類。炭居百分料若干确數，自百分内十分之二，至一分半，其間挨次序排列，各等類相去甚微，而起訖比較，則相去甚懸也。以鍋爐鋼板作剃刀，而髮不能剃。即以剃刀鋼料作鍋爐，一經熱度即炸碎也。總之鋼内加炭外，另加錳，居百分料之十分之五，其牽力堅性不過略高一等，與上一等同。水師船所用之鋼，百分料内含炭〔〇〕・一五至〔〇〕・二；爲鐵甲面之用者，百分料内含炭〔〇〕・七至〔〇〕・八。近時頭等戰艦裝足時，約重一萬噸。船身所用之鋼，約重三千四百噸。船甲與襯甲木料，約重二千八百噸。民間製造所用之鋼，最著名者爲斯考得闌福奥斯江橋鋼料，受壓力一份者，百分料内含炭・二三，並百分料内含錳〔〇〕・六九，受通長力一份者，百分料内含炭不逾〔〇〕・一九。鋼筆頭所用之鋼，百分料内含炭〔〇〕・三。輪路鋼軌，百分料内含炭〔〇〕・三至四。此種料鋼炭數略有參差，關係不小，以有天氣内百分有〔〇〕・一炭數，即分效驗。從前輪軌，以熟鐵爲之，今以堅鋼代之，經費大有出入。韋孛云，英國倫敦並各省一統輪路，每日通算鏽蝕應修補者，不過有十八噸之數，較前省多也。礮料鋼含炭有百分料之〔〇〕・三至〔〇〕・五，又可加錳百分之〔〇〕・八，油鍊爲製礮料之要需。法國羅滑江聖卸芒製造局之油池，深有七十二尺，可容油四萬四千軋倫。每軋倫約八斤許。此池之油用轆轤抽動，免涼熱不匀。礮彈料之最堅剛者，以多炭之鋼製之。炸彈則百分料内含炭〔〇〕・八至〔〇〕・九五，有時加鉻百分之〔〇〕・九四至百分之二。巴黎斯賽會，霍爾執公司賽一炸彈，能穿十寸厚之鋼板，又行八百碼而止，彈體一無損傷，惟彈尖略有歪斜。鐵甲面加鋼板，鋼含百分之〔〇〕・八炭。此甲較尋常淨鋼更難打破。模範所用之料，爲多炭鋼，含炭百分之〔〇〕・八至百分之一，並不加錳質。此鋼尋常水鍊，其復性熱度，至淡黄色，可打尋常大小錢四萬下，而鋼模尚未損。鋼若加炭多加百分之一，模打不及百下即裂。又若減炭百分之二，打一下而模面變樣。是則鋼内之炭，加減甚微，鋼即大變。一千八百二十二年，化學師阜留兑云，看來鋼除炭外，更有他質能令鐵有鋼性。今人尚未明曉，如無炭，抑有別質加入，一經急冷，可以堅硬。鉻炭鋼固知其變硬甚迅。然婆塞謂鐵内加鉻而無炭，即使急冷，仍不能堅硬，用丕撇斯電氣熱法，可試出他質，果能令堅硬之性否？工匠鍊金類復性，或堅硬減至某度，看熱度某色爲止。書籍所論二百二十熱度至三百三十熱度，火色頗有不确，以爲此熱度從淡黄色至紫黄、青蓮色，並各藍色、緑色至灰色。裴勒斯史德魯愛爾云，鋼燒後結一層養氣藍衣，從前欲究鋼之復性緣由，只見鋼面結青藍色，即以爲是矣，而不知此即養氣在鋼面結成微薄之衣。今細考之，鋼復性後所受養氣之色，各有層數，可測而知。然燒熱若干時候，熱度多少，得顔色濃淡，一時未能确指明白也。一千八百十三年，兑阜指明鐵之各顔色，皆與養氣相併之故，所得薄衣，未知何物。裴勒斯謂養氣顆粒攢入鋼内，照養氣顆粒體積，過數千倍，所攢深數，照熱度而加，俟將近紅熱度，所成養氣衣，結厚而脆，並易碎裂。碎紋隙内仍露鋼面，而養氣復結，致有厚薄層，而顯有紋理不匀矣。此章所論，有要理二端：一論炭鐵關係，一論鐵内顆粒更變情形。予於第一端有意較輕於第二端。雖加炭之鋼，大有講究，人則以此爲雜質料。格脱留謂此雜質料在涼時有數種情節，與火燒石質相似。哮和頗宣究此意，津津樂道，且照其炭鐵分劑多少而題以新名。此種見解，不無可取。然鐵内顆粒更變，尤爲緊要，以能令鐵變爲別樣之鐵，即金類内異式情形。勞扣核以光色分原法考究金類書，指明金類顆粒成法，可用高熱度，漸窺其逐層脱卸情形，以爲此即原質各異式情形也。日後鋼質與各原質相關涉情形，須悉心講求，又應用何等相合熱度而料理之，便各合其用。相併生物内炭輕養三質彼此互合變化，講求者不一而足，獨於炭鐵二項關涉者，人皆略之。至若鐵與他原質關涉，考究竟無其人。以考究金類，須用高熱度，當熱度高時，頗難測度，所得徵驗，亦不确鑿。人俱畏難，不復深求。然法國聖克闌特肥爾格致書院，再三試驗，實有功效。看來以前樂此不疲之意見，又將復原也。

第三十七圖

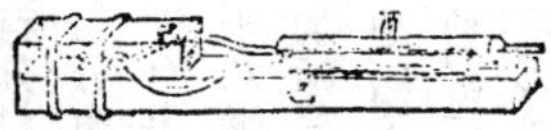

第三十八圖

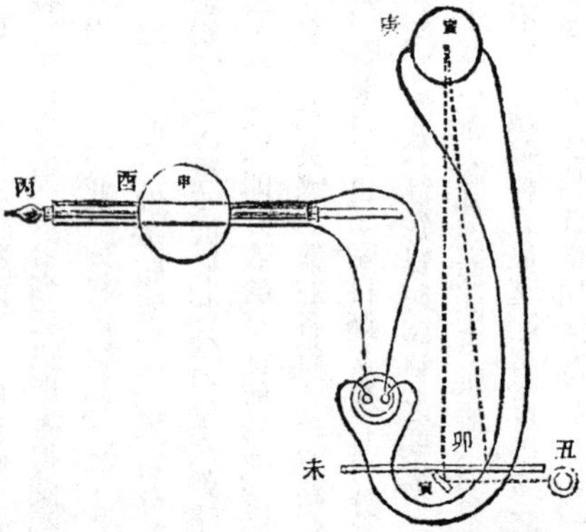

第三十九圖

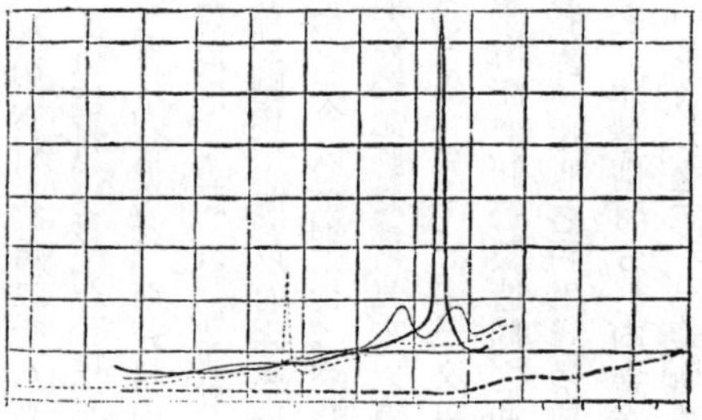

第四十三圖

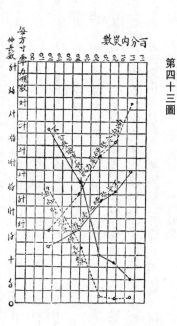

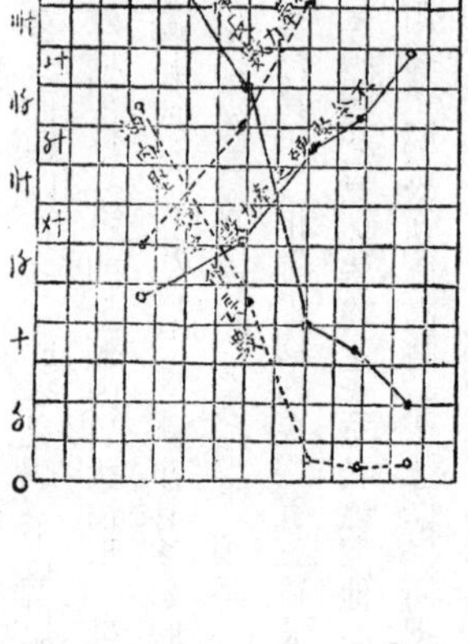

第四十圖

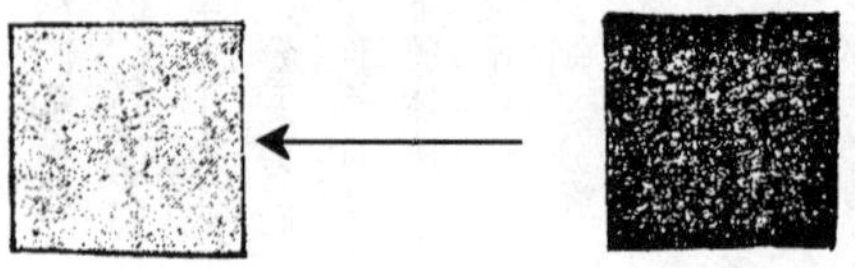

第四十一圖

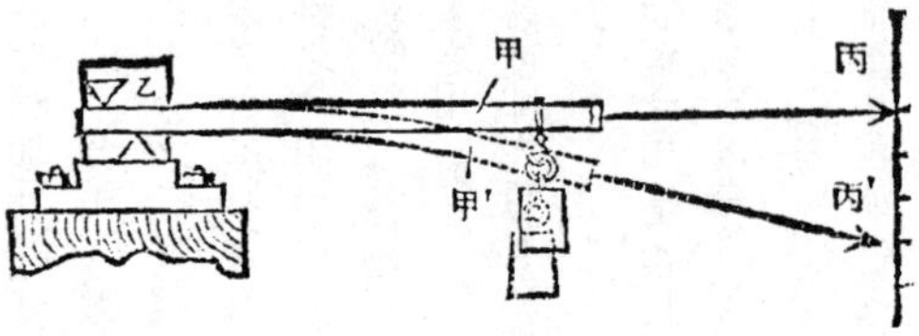

第四十二圖

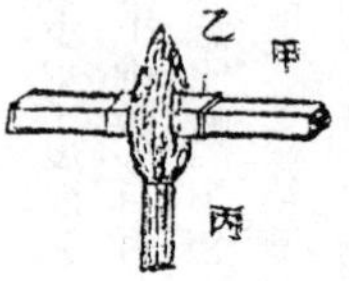

鐵冶煉分部

題解

《毛詩注疏附釋音》卷一七　正義曰：鍛者，冶鐵之名，非石也。傳言鍛石，嫌鍛是石名，故明之云鍛石，所以爲鍛質者，質椹也。言鍛金之時，須山石爲椹質，故取之也。礪者，磨刀劍之名，亦非石名也。言取礪者，亦取其爲礪之石耳。公劉之君民，豳地作宫室，謂作民宫室，非公宫也。公宫則上云于京，斯依者是也。鍛礪所由，施於斧斤，故知取鍛礪斧斤之石，所以利器用也，材木由器而取，築作用所，故云取材木給築事也。

史游《急就篇》　釭、鐧、鍵、鉆、冶、錮、鐈。釭，車轂中鐵也。鐧，軸上鐵也。施釭、鐧者，所以護軸，使不相摩墾也。鍵以鐵，有所竪闗，若門牡之屬也。鉆以鐵，有所鑷取也。冶，銷金鐵之鑪也。錮者，鑄而補塞之，令其堅固也。鐈者，以鐵有所輔助，若橋梁之形也。

《六臣注文選》卷三九　君於品庶，示均鎔造。善曰：《鵩鳥賦》曰：品庶每生。《倉頡篇》曰：鎔炭，所以行銷鐵也。向曰：鎔造，造化所鎔鑄者也。言我於衆類之中，微細示同造化之一物耳。

論説

王充《論衡》卷二　世稱利劍有千金之價，棠谿魚腸之屬，龍泉太阿之輩，其本鋌山中之恒鐵也，冶工鍛鍊成爲銛利，豈利劍之鍛與鍊乃異質哉？工良師巧鍊一數至也，試取東下直一金之劒，更熟鍛鍊，足其火，齊其銛，猶千金之劒也。

經元善《居易初集》卷一《上盛杏蓀觀察利國礦條陳庚寅二月》　一曰建爐廠。查外洋安設鎔鐵爐，每擇産煤富旺之區，以便運鐵就煤。今利國鐵礦，南距青山泉、煤窑三十五里，北距嶧縣棗莊煤窑九十里，而利國爲適中之地。雖青山泉比棗莊較近，且已見煤，惟煤質稍鬆，必須攙和嶧煤三成，方能煅燒焦炭供鎔鐵之用。而鎔爐日夜無休，需水甚多，青山泉、棗莊均在陸地，不若變通辦法，改爲運煤就鐵。煤經燒煅焦炭質僅六成，運脚已可減輕。兼之利國産鐵礦山，均濱臨微山湖，由湖口牐入運河一水可通，即由韓莊落船入運河，亦衹陸路八里，建設鐵路所費無多。相度地勢在總局之西北，西馬山麓最爲合宜，是山伸入湖中三面臨水，建廠設爐吸水永遠不竭。且空氣涼爽便於工作，地址又高，可永免湖水淹灌之患。如建築馬頭，安置鐵軌、起重繩架，將來提取機器入廠，運送鐵料落船，大省人工搬運之費。照此佈置，則與前蓋之總局房屋毘連，不致置諸空曠矣。

一曰驗煤層。夫天生煤鐵本屬相連，以供鎔化之用。即使相距百里，在造物視之猶咫尺間耳。利國鐵礦，從來衹知有嶧縣之煤，宋時三十六冶，想皆取資於此。但開採至今已千有餘載，民間廣挖煤窑，近地淺層之煤漸已掘盡，以致廢井積水甚多，提吸需費不貲。於此置機大舉，恐有峒老之虞，似無把握，惟青山泉之煤爲創開生地，可期取用無窮。現在所開各井深僅二十丈，煤質較鬆，尚非愜心之選。此次沿途相度，見該處地方居山之陽，平疇數十里，三面羣山環抱，山背皆係青石，而山之西南、東南，相距數里之地，均有黄石顯露。諺云：青石山、黄石嶺，不出金銀便出汞(水銀)。此言雖俚而合諸西國礦學石層之理，不謀而合，正可就彼兩處，用鑽地機器扦深五六十丈。如果探得确有厚層佳煤，方照西法大辦，設機關採作一勞永逸之計，則目前試驗煤層，爲入手第一要義也。

一曰疏水道。凡剏辦煤鐵諸礦，以籌運道爲先務，而陸運尤不如水運之廉。若運道艱滯，則雖有精鐵佳煤，亦無從措手。查青山泉地方，距煤井西南半里許，有泉河一道曰屯河頭，即所謂青山泉也。如將煤井漸移而南，則煤層愈佳，離水愈近。此次往勘正届嚴冬，見水深盈尺涓涓不竭，河面闊有二三丈，向東南更闊，經泉河圩十八里，流入荆山橋正河。此河上流即藺家壩，爲微山河之尾閭，水有源頭。自荆山橋以下可通舟楫，河面闊七八丈十餘丈，深至七八尺丈餘不等。夏秋之間，雖千石大艘亦可往來，惟冬令水淺時，恒有兩岸居民疊石爲渡。故中流間有淤成淺渚者，再向東北迤邐過宿羊山，至老龍潭口，流入邳州運河，計程一百里，此青山泉抵運河水道之情形也。如果大辦煤鐵，需用大宗機器鍋爐，斷非陸運所能致，必須將荆山橋正河，用挖泥機船逐段撈淺。再將由泉河圩口至屯河頭十八里舊河開浚深通，將來機器由此河運入，煤鐵由此河運出，獲利方有把握。蓋既經大舉，除供鎔鐵外，餘煤正多。若不籌定運銷之路，何能估擱巨本？利國鎔成之鐵，雖可由韓莊繞道下駛，但間有糧艘過運，湖口堵牐蓄水，冬令淺涸之時諸多窒礙。況由青山泉至利國三十五里，已建鐵路一道，則兩地煤鐵循環轉運，庶幾水陸匀便。即下游清淮一路，糧食雜貨向從陸運至徐州者，亦可改由此河水運；沿河民田年年苦旱者，亦可藉資灌溉。是此河一開，匪獨爲煤鐵兩礦疏通咽喉，且關徐郡農田商務，國計民生之命脈也。估計從屯河頭至泉河圩口，開深八尺面底扯寬四丈，每里土方五千七百六十方，十八里共計土方十萬三千六百八十方，每方約挑夫工食一百五十文，連築壩約需規銀一萬二千兩。再將荆山橋正河酌量撈淺，而於泉河口老龍潭等處，仿照西法添設雙牐三座以束水勢，約需規銀一萬八千兩，兩共計銀三萬兩。如果開浚之後，可以議抽兩岸民田畝捐，或征收過牐船鈔，則目前祇須籌墊，日後仍可歸償也。

一曰建鐵路。凡外洋辦理礦務，無論運鐵就煤、運煤就鐵，皆須建造鐵路以利轉運。然煤礦之鐵路，與驛站大路不同，祇須輕便簡省。查歐洲鐵路其式不一，軌度自二尺至七尺，寬窄亦各不同，而煤礦之軌只須寬三尺，與從前吴淞之鐵路相似。近來泰西更有新式高脚鐵路，爲軍營轉運餉械之需。在空中行走不佔地面，隨處布置隨時可以拆卸，大省購地築基之煩。倘遇地形凹凸山路崎嶇，以鐵柱之短長，配地形之高下。如過河渡澗即用長脚，不啻代橋柱之用，故其經費較平常鐵路，不過十之三四。青山泉造至利國，計程三十五里，大約六七萬金足敷開辦，而每年節省運價於無形者甚鉅。查青山泉每輛牛車運煤一噸至利國，車價一千五百文，每日煤鐵往還僅各運一百噸，須費三百千文，以一年計算，已須十萬八千千文。且利國驛，係五省入都孔道，星軺冠蓋絡繹往來。如建於正站之傍，則官商行旅無不目覩其利便。大足開内地風氣之先，將來本廠自製鐵軌既成，即可由徐州造支路至開封，南北分馳接建幹路，似亦盈科而進之辦法也。抑更有請者，我中國建造鐵路，重在鞏固邊防，轉運天庾爲首要，竊惟邊防以東三省爲至急，漕運以浦口爲最便。若能先由浦口達徐州，循中大道驛站造至京都，路既寬平，施工較易。又道出利國驛，即以自製鐵軌，隨造隨運，則不勞而理，事半功倍矣，不揣愚魯姑妄言之。

一曰造船隻。查外洋機器體大質重，如運入内河，斷非尋常船隻所能駁儎。聞昔年東省之剏設製造局也，所購機器亦由運河轉運。當時皆僱湖廣、江西之船，喫水四五尺，沿途節節阻淺。自隔歲秋冬開行，至次年五月迄未到局，船户水脚用盡，典質俱窮，甚至有棄船而遁者，更有鑿破船底，沉機器於河而逃者。不得已攜帶起重工匠，由濟寧沿途迎提，至窑灣、泇口、貓兒窩等處始遇諸途。在河濱裝搭起重架子多座，用絞車鐵鍊提上，以一船分作兩船始能出險，非特水脚糜費數倍，即工程亦曠廢經年，其悮皆由無合式駁船，又不早爲自造之失着耳。夫前車之鑒即後事之師，誠能在湖南工料油麻便宜之處，釘造駁船十艘，可載十噸至三十噸不等。仿寧波烏山船式，底寬而平，首尾尖鋭，長五六丈，闊二丈，儎重時喫水不逾二尺；艙底多加低檻，使重心常在水綫之下，則任重而穩；首尾外包鋼皮，雖冬天亦能破冰而行。再造淺水小輪船兩艘，逆流拖帶，庶不致曠日遲延。將來機器運畢，仍可常年自運煤鐵，往來上下遊行銷，核計經費每船連篷錨槳櫓約須六百金，連兩號小輪大約至多萬金足矣，此轉運機器之緊要關鍵也。

一曰濬運河。南糧之由河運者，全恃運河爲命脈，名爲年年撈淺，其寔徒有具文。推原其故，皆因運河帆檣如織，不能中流築壩，而水勢剽疾，凡牐口澗口尤易致淤。蓋山澗之水多挾粗砂礫石，或雨水争流，或坐灣阻牐，瀠洄而積成淺渚，凝結甚堅，旋挖旋淤。且在水中亦非畚鍤人力所能施工，非用外洋挖泥機船不可。但此種船隻亦分數種，有用小鐵斗十餘隻，繞軸循環升降者；有用長柄大鐵斗一具，入水挖泥傾置岸上者。近來新出一種，其式似長柄大鐵鉗，鉗端有大畚抓取砂石，如農器之罱泥然，一罱可取泥數噸，以之開挖砂石堅結之處，最爲相宜。其舊式長柄大鐵斗之船，用以挖取淤泥甚速。另有一種木機器船，一人撑駕，一人摇動機柄，淤泥即隨機而上，一日亦能挖數噸之泥，以之疏浚小河，亦甚靈便。以上三種挖泥機船，須各購一艘，約共需費萬金。並於老龍潭牐口，設船塢一所，以爲修理庀藏之處。遇水小之際，在運河及微山湖、荆山河、青山泉等處輪流開挖，則運河上下游，可以一律深通。即荆山河及屯河頭爲本局轉運咽喉者，亦可不憂淺阻，兼之微山河爲漕運之水櫃。近年日形淤淺，漸失灌溉之利。如用鐵斗機船挖取淤泥，以澆灌地畝，以代糞壅之用，則瘠土可變爲沃壤。而運河兩岸當因培隄取土佔廢之田地，亦可填凹使平，一舉而於漕務、農務、礦務、商務，均有裨益。似可稟請漕帥，咨商徐道不分畛域，通力合作者也。抑更有請者，訪聞徐屬豐、沛、碭山等邑近來出産土藥，每年值價銀二百餘萬兩，皆以府城爲總匯之區，商販大都繞道靈宿，由浦口偷越出江。豈甘心漏税多費運脚耶，其故一因釐卡之太密，一因水道之阻滯。今既將離郡十八里之荆山河開掘深通，誠能援照洋貨三聯單例，在徐州設局併征，總完税釐一道，即從荆山河裝船下駛，沿途關卡不再抽收，僅照值百抽五，已可得銀十餘萬兩。除酌提一二成爲常年疏濬河工經費外，其餘仍匀解各關卡以抵舊額，必能有盈無絀，則官商兩利，而挖河之役，亦可川流不息矣。

一曰通電報。凡外洋礦務、商務首重信息靈通，轉運便捷，故能操縱自如，獨擅其利也。今水陸運道業已兼籌，而利國礦廠僻處山陬，若督辦大憲遠在他省，倘有要務駐局總辦函牘請示，動輒經旬累月。即運銷各埠煤鐵，市面亦有暢滯，何處宜增，何處宜減，亦覺音問維艱、事機遲鈍。且鐵路與電線相輔而行，如上年天津至唐山，兩車碰撞致蹈危險，即是無電之弊。今利國至青山泉建造鐵路，則必設電線隨時以報平安，兩端亦必派學生司報。既有此費不如逕連經線，與各處四通八達。查韓莊運河沿岸本有電線，距利國驛祇有八里，應由局前立桿至韓莊，加線接通臺兒莊轉報，則數千里外信息，可朝發夕至矣。

一曰免税釐。天下錢漕之額莫重於江蘇，此固人人能言之，而天下關卡之税莫苛於淮徐，尚未盡人而知也。今試由瓜洲至濟寧數之，關卡林立，其中有爲常鎮道所轄者，有爲淮關監督所榷者，有爲漕運總督所管者，有爲淮揚道設立者，有爲徐州道征收者，亦(由)〔有〕爲山東所榷税者，沿途牐官更有需索，每船貨物綜計其關税釐金，胥役飯食、牐員私費等項，較本價且逾數倍，宜運河之商販裹足，致土貨不能出，外貨不能入，而民生日困也。若洋貨、洋票則又不敢過問，豈非真不平之事乎？今利國青山泉煤鐵兩礦，本爲海軍衙門奏開鐵路之需，照例應當免税，即所餘之煤鐵，運往四方銷售，亦藉以奪洋鐵、洋煤之利。論西律在國家亟應保護，況創辦之始成效難期，應稟請海軍衙門奏明，此項煤鐵暫免關卡税釐十年，俟十年之後，如果辦有成效，再援北洋大臣批准嶧縣棗莊官煤局之例，每噸煤税釐併完銀一錢，不論行銷何處，祇完税釐一道。其利國之鐵亦可援此比例，每噸完銀三錢，任其運至各埠，概不重徵税釐及落地等捐，似與外洋保護商務之道，庶乎近之。

一曰開錢莊。將來煤鐵兩礦並舉，夫役每日給發辛工，需錢何止萬緡。查徐屬地瘠民貧，商販稀少，又離通商埠頭窵遠，市面不用本洋英洋，向以紋銀制錢爲正宗，而尤以店鋪所出之錢帖爲通行之券。因其載明字號，較紋銀易於辨別，較制錢便於取攜也，是以錢莊有資本萬金，即可出數萬緡之錢帖。雖民間均信用流通，按其實究難免虚巧之弊。凡銀錢市價故意低昂，每遇豐沛碭山土蘖收成之際，則錢價驟短，紋銀十兩不過换錢十四五緡。過此以往當征收田丁之時，則又銀價頓漲，每十兩可换至十五六緡，錢賈皆視此居奇獲利。將來本局需用錢文，倘捆載現銀至徐，隨時以銀兑錢，則常年估擱銀利，暗虧錢水積少成多。且取彼錢帖則有倒閉之患，易取現錢則有轉運之費，不如酌提股本萬金，在徐州自開一莊，自印極精錢帖，以代鈔票之用。既免意外之虞，又省運錢之勞，且於滬上往來匯兑較爲利便，似亦收回利權之一法也。

一曰買客煤。夫開煤本與鎔鐵並重，鐵之需煤，猶兵之需餉、馬之需料也。一日缺煤，即一日不能舉火。若停爐待料，則鎔鐵即虞其虧本。今青山泉之煤，雖擬自行設機大辦，特恐扦深試探煤質如故，仍須攙和嶧煤。一旦開爐鎔化，每月出鐵二千噸，即需焦炭四千噸，照煤質六成燒焦，應購嶧煤三成，已須二千噸。倘該局居奇抬價，或故意留難，再向民窑收買，零星湊集，何能濟事。此節應俟青山泉探驗後，必須先與棗莊官煤局聯爲一氣，預立合同，訂明所出之炭先儘本局之用，有餘方可售出，或該局包送到韓莊交卸，或本局赴山自運，並言明價值不得漲落，每月需煤若干噸，亦可約定确數不能短缺。倘棗莊煤質變劣，或煤峒已空，及本局自行開出佳煤，均准隨時註銷合同。再聞瀕近微山湖東北，滕鄒等邑亦多煤窑，與利國驛一水可通，轉運更便，將來亦可分頭開辦也。

以上十條，不過觕陳大略。將來開辦後，尚須詳細酌度，隨時變通，因地制宜，不必拘於成見。至於化分鐵質，探驗煤層，購買機爐，蓋造廠屋以及置爐鎔錬之工夫，開井設機之辦法，均係礦師職任，應由該礦師悉心籌議，某等不敢强作解人，妄參末議者也。

方以智《物理小識》卷七《鐵》 王延德《高昌行記》言：「礪石中寶鐵。」《哈密衛志》云：「礪石，謂之喫鐵石，剖之得鑌鐵，今有旋螺花者，有芝蔴雪花者，凡刀劍鶻明，以金絲礬礬之，其花即見，僞者則是黑花。」甘肅有錠鐵，青黑色，能刻銅石，可煅作繞指劍。舊傳貘糞者，以其食銅鐵也。沈存中至磁州鍛坊，識百煉真鋼，非世間之灌鋼也。《中通》曰：南方以閩鐵爲上，廣鐵次之，楚鐵止可作鉏。燒淬刀口，色白再烘之，爲喜鵲青，乃剛。火石鐵。邛州出鐵，烹煉利於竹炭，易然，無煙，耐久。【略】

鐵因水土而有異性。尤溪口鋼鐵出焉，山民鑿得鐵即渡水北，鐵乃可爐；經宿不遷，鐵不可鍛。余始不信，再問之果爾。《外紀》：勿搦祭亞所産鐵鑛掘盡，踰二十五年復生，第在本土，任加火力，鐵終不鎔，移他所始鎔。

王佐《新增格古要論》卷六　鑌鐵

鑌鐵，出西蕃，面上有旋螺花者，有芝麻雪花者。凡刀劍器打磨光淨，用金絲礬礬之，其花則見，價值過銀。

古語云：識鐵强如識金。假造者是黑花，宜仔細辨。刀子有三絶：大金水總管刀，一也；西蕃鸂鶒木靶，二也；韃靼韃皮鞘，三也。嘗有鑌鐵剪刀一把，製作極巧，外面起花鍍金，裏面嵌銀回回字者。

錠鐵

錠鐵，出甘肅北方，青黑色，性最堅燥。北方多用此鐵作利刀，其價值低於鑌鐵多矣。閩、廣衡鐵，廣東鐵，高衡州鐵，無用易斷，閩鐵亦好。

屈大均《廣東新語》卷一五《貨語・鐵》　鐵莫良於廣鐵。廣中産鐵之山，凡有黄水滲流，則知有鐵。掘之得大鐵礦一枚，其狀若牛，是鐵牛也。循其脈路，深入掘之，斯得多鐵矣。然産鐵之山，有林木方可開爐，山苟童然，雖多鐵亦無所用。此鐵山之所以不易得也。凡鐵礦一枚，層層剖之，皆有木葉紋，向背不一。山有某木，則鐵礦中有某葉紋，深掘之至數十丈，莫不皆然。嶺南當隆寒時，木不落葉，惟産鐵之山落葉。蓋鐵之精英所攝，金尅木之道也。鐵礦有神，爐主必謹身以祭，乃敢開爐。爐之狀如瓶，其口上出，口廣丈許，底厚三丈五尺，崇半之，身厚二尺有奇。以灰沙鹽醋築之，巨藤束之，鐵力、紫荆木支之，又憑山厓以爲固。爐後有口，口外爲一土牆，牆有門二扇，高五六尺，廣四尺，以四人持門，一闔一開，以作風勢。其二口皆鑲水石，水石産東安大絳山，其質不堅，不堅故不受火，不受火則能久而不化，故名水石。凡開爐始于秋，終于春，以天氣寒涼，鐵乃多水，金爲水之源，水盛于冬，故鐵水以寒而生也。下鐵礦時，與堅炭相雜，率以機車從山上飛擲以入爐，其焰燭天，黑濁之氣，數十里不散。鐵礦既溶，液流至于方池，凝鐵一版，取之。以大木杠攪爐，鐵水注傾，復成一版。凡十二時，一時須出一版，重可十鈞。一時而出二版，是曰雙鈎，則爐太王。爐將傷，須以白犬血灌爐，乃得無事。鐵於五金屬水，名曰黑金，乃太陰之精所成。其神女子，相傳有林氏婦，以其夫逋欠官鐵，於是投身爐中，以出多鐵。今開爐者必祠祀，稱爲湧鐵夫人，其事怪甚。凡一爐場，環而居者三百家，司爐者二百餘人，掘鐵礦者三百餘，汲者、燒灰者二百有餘，馱者牛二百頭，載者舟五十艘。計一鐵場之費，不止萬金，日得鐵二十餘版則利贏，八九版則縮，是有命焉。然諸冶惟羅定大塘基爐鐵最良，悉是鍇鐵，光潤而柔，可拔之爲線，鑄鑊亦堅好，價貴於諸爐一等。諸爐之鐵冶既成，皆輸佛山之埠。佛山俗善鼓鑄，其爲鑊，大者曰糖圍、深七、深六、牛一、牛二，小者曰牛三、牛四、牛五，以五爲一連曰五口，三爲一連曰三口，無耳者曰牛，魁曰清。古時凡鑄有耳者不得鑄無耳者，鑄無耳者不得鑄有耳者，兼鑄之必訟。鑄成時，以黄泥豕油塗之，以輕杖敲之如木者良，以質堅，故其聲如木也。故凡佛山之鑊貴，堅也，石灣之鑊賤，脆也。鬻於江楚間，人能辨之，以其薄而光滑，消湅既精，工法又熟也。諸所鑄器，率以佛山爲良，陶則以石灣。其炒鐵，則以生鐵團之入爐，火燒透紅，乃出而置砧上，一人鉗之，二三人錘之，旁十餘童子扇之，童子必唱歌不輟，然後可煉熟而爲鍱也。計炒鐵之肆有數十，人有數千，一肆數十砧，一砧有十餘人，是爲小爐。爐有大小，以鐵有生有熟也，故夫冶生鐵者，大爐之事也，冶熟鐵者，小爐之事也。其鋼之健貴乎淬，未淬則柔性猶存也。淬者，鋼已爐錘，方出火即入乎水，大火以柔之，必清水以健之，乃成純鋼，此煉鋼之事也。甘泉云：觀洪爐之鑄金，則知天地之終始矣。在爐而溶，生之也。出爐而結，成之也。溶也者，水始之事也。結也者，土終之事也。其溶也人以爲屈，而不知生之始也。信孰大焉。其結也人以爲信，而不知成之終也，屈孰大焉。始終相乘，屈信相感，而金未嘗變，道之象也。

宋賡平《礦學心要新編》卷中編下　一曰磁石，俗名攝鐵石，鐵廠之内往往有之，亦可入藥，研成細末，附於銅鐵器上，如猬毛然。指南針亦以此石鍊之。若江中有此石，船入其中，無故自壞，以其能攝鐵釘，使自落也，然此石之下必獲絶佳絶大鐵廠，以其理之能聚鐵於一隅，是又言礦者不可不知也。

綜述

《史記》卷三〇《平準書》　於是以東郭咸陽、孔僅爲大農丞，領鹽、鐵事；桑弘羊以計算用事，侍中。咸陽，齊之大煮鹽，孔僅，南陽大冶，皆致生累千金，故鄭當時進言之。弘羊，雒陽賈人子，以心計，年十三侍中。故三人言利事析秋豪矣。

李衛《〔雍正〕畿輔通志》卷五七　鐵。《漢書・地理志》：北平有鐵官。《後漢書》：漁陽、泉州有鐵。《和帝紀》：永元十五年，復置涿郡故監鐵官。《唐書・地理志》：馬城東北有千金冶。《秋澗集》：元燕北、燕南設立鐵冶十七處，歲課鐵千六百餘萬。《明統志》：遷安、盧龍二縣出。《暇老齋雜記》：正統初，軍器之鐵取足遵化。《昌平山水記》：檀州大峪錐山有鐵鑛，明時亦嘗開採，今封閉。

《後漢書》卷七六《循吏傳・衛颯》 又耒陽縣出鐵石，佗郡民庶常依因聚會，私爲冶鑄，遂招來亡命，多致奸盜。颯乃上起鐵官，罷斥私鑄，歲所增入五百餘萬。

曾國荃《〔光緒〕湖南通志》卷五八《食貨四》 瀏陽初開鐵冶，鍊造官鐵，解京鐵不堪用，而解難敷額，明邑人周幹建言免之。《長沙府志》。

又卷六一《食貨志七・永順府》 保靖縣沙塘腊洞皆出鐵，龍山縣舊有鐵冶八所，桑植縣亦有鐵礦。

又卷末一一《雜志一一》 岳陽江岸沙磧中有冶鐵數枚，俗謂鐵枷，重千斤。古人鑄鐵如燕尾，相向中有大竅徑尺許。或云以此厭勝，辟蛟龍之患，或以爲植木其內，編以爲柵，以禦風濤，皆不可知。《岳陽風土記》

張之洞《〔光緒〕順天府志》卷五〇《食貨志二》 鐵。《秋澗集》：元燕北、燕南設立鐵冶十七處，歲課鐵一千六百餘萬。《昌平山水記》：《元史》言：檀州大峪錐山出鐵鑛。至元十三年，立四冶。明代亦嘗開採，後封閉焉。按《後漢書》：漁陽、泉州有鐵，設有鐵官。

陳禹謨《駢志》卷一一 火井煮鹽，石礦成鐵。《華陽國志》：臨邛縣。【略】又古石山有石礦，大如蒜子，火燒合之，成流支鐵甚剛，因置鐵官，有鐵祖廟祠。【略】又臺登縣有孫水，一曰白沙江，入馬湖水，山有砮石，火燒成鐵，剛利。《禹貢》厥貢砮是也。【略】

煙從山出，火從地出。《西域記》：屈茨北二百里有山。夜則火光，晝日但烟，人取此山石炭，冶此山鐵，恒充三十六國用。

章如愚《山堂考索・後集》卷五九《財用門・鐵錢》 唐初，銀、銅、鐵、錫之冶一百六十八。陝、宣、潤、饒、衢、信五州，鐵山五。憲宗元和中，鐵二百七萬斤；宣宗裴休請復鹽鐵使，以供國用，增鐵山七十一，歲率鐵五十三萬二千斤。

又卷六〇《財用門・銅錢類》 宋太祖時，又河、鳳翔、虢、同、儀、蕲、黄、袁、英州、興國軍有十二冶。

吴卓信《漢書地理志補注》卷五 有鐵官。《唐書・地理志》：絳縣有鐵。《明統志》：絳山出鐵。《續志》：大陵縣有鐵。《寰宇記》：大通監在交城縣西，治在北山義泉社，取狐突山鐵鑛烹鍊。《名勝志》：太原出鐵，鑄鏡用之。唐喬琳有《鐵鏡賦》。《太原府志》：交城縣西北八十里西冶村，即宋大通監也。舊設都提舉司鐵冶所。元昔里改冶，有大通冶辨。《大清一統志》：太原、榆次俱出鐵，有冶。

又卷八 《名勝志》：漢時隆慮縣有鐵官，今林縣側近多鐵鉚，可鼓銚。後漢夏馥，黨禍起，隱匿林慮山中爲冶家傭，親視煙突，即此地也。

又卷一四 有工官、鐵官。《寰宇通志》：南陽、内鄉、汝州並出鐵，俱有冶。

又卷二三 有鐵官。《續志》：武安有鐵。《九域志》：磁州武安縣有鐵冶冶務。

又卷三二 鐵官。《晉書・慕容德載記》：拜晏謨尚書郎，立鐵冶于商山。《元史・合剌普華傳》：爲商山鐵冶都提舉。《清一統志》：商山在臨淄縣西，即古鐵山。崔炎《述征賦》云「登鐵山，望齊岱」是也。

又卷七二 有鐵官。《唐書・地理志》：馬城東北有千金冶。《名勝志》：唐時馬城有千金冶，元因立冶于灤陽，自松亭外有鐵漿館及打造部落。按：千金冶及馬城廢縣並在灤州南二十里，即漢夕陽縣鐵官也。

又卷九九 有鐵官。《續志》：彭城縣有鐵。《唐書・地理志》：彭城有秋邱冶。《寰宇記》：徐州有利國監，本秋邱冶務烹鐵之所。《九域志》：利國監在徐州東北七十里。《地理通釋》：蘇文忠公謂徐州東北七十餘里即利國監，自古爲鐵官，凡三十六冶，冶户皆大家，嘗爲盜賊所窺，即漢彭城鐵官也。《宋史・地理志》：彭城利國監主鐵冶。

李昉《太平御覽》卷四六《地部一一・鐵峴山》 山謙之《丹陽記》曰：《永世記》云：「縣南百餘里鐵峴山，廣輪二百許里，山出鐵，揚州鼓鑄之地。」

又《地部一一・三白山》 山謙之《南徐州記》曰：剡縣有三白山，出鐵，常供戎器。山東頭南面有石穴，高丈餘，容十數人，恒津液流潤。天將雨，輒有雲群行從南來映山。山亦出雲應之與同，比就虞山，即大雨矣。

又卷五二《地部一七・石下》 《十洲記》曰：流洲，在西海中，上多積石，名爲昆吾石，冶其石成鐵，作釰，光明照洞，如水精狀。割玉物，如切泥土焉。

樂史《太平寰宇記》卷八《河南道八・許州》 〔舞陽縣〕唐開元四年置，隸許州。鐵冶在縣西南三十里。

又卷一〇〇《江南東道一二·福州》 永泰縣，西南三百五十里。元四鄉。《圖經》：唐永泰二年置，以年號爲縣名。按《晉記》：東晉永嘉之亂，渡江衣冠士族多依于此，以求安堵，當此之時，必有縣，後人或更改，圖未甚詳悉。大妃、小妃山，在縣東南五十里，昔越王葬二妃于此山，鐵鑄蓋以掩之。

王士禎《居易録》卷二八 《晉書載記》：慕容德立鐵冶於商山，立鹽官於烏常澤。按商山即今新城縣東南鐵山是也。烏常澤不詳何地。

王存《元豐九域志》卷二 上，武安，州西北九十五里。二鄉。北陽、固鎮、邑城三鎮。鐵冶一務。有錫山、武安山、沼水。

又卷三《秦鳳路·鳳翔府》 縣十。乾德元年以舊崇信軍地置崇信縣，淳化中以崇信縣隸儀州。熙寧五年廢乾州，以好時縣隸府。次畿，郿，府東南一百里。五鄉。虢川、斜谷、青秋、横渠四鎮。鐵冶一務。有太白山。

又卷三《秦鳳路·秦州》 縣四。建隆三年以良恭、大潭二鎮置大潭縣。熙寧七年以長道、大潭二縣隸岷州。

上，成紀。二鄉。董城、道口務、夕陽三鎮。有朱圉山、邽山、渭水、瓦亭川。

上，天水，州西七十里。二鄉。鐵冶、艾蒿、米谷三鎮。有龍馬泉。

又卷九《福建路·泉州》 縣七。太平興國四年以莆田、仙遊二縣隸興化軍，五年以長太縣隸漳州，六年析晉江縣地置惠安縣。中，永春。州西一百三十里。五鄉。倚洋一鐵場。下，清溪。州西一百五里。四鄉。青陽一鐵場。下，德化。州西北一百八十五里。五鄉。丘店一寨。赤水一鐵場。

嵇璜《續通典》卷一二八《州郡·廣南東路》 番禺。上。開寶中廢入南海，皇祐三年復置，有【略】鐵場。【略】清遠，中，有【略】静定鐵場。

韶州。中，始興郡軍事。縣五：【略】仁化。中。開寶五年廢入樂昌，咸平三年復置。有大衆、多田二鐵場。

梅州。下。【略】縣一：程鄉，中，有【略】龍坑鐵場。

章如愚《山堂考索後集》卷六〇《財用門·銅錢類》 産鐵有【略】晉、磁、鳳、澧、道、渠、合、梅、陜、耀、坊、虔、吉州有十二務；信、鄂、建、連、南劍、邵武等州、軍有二十五場。

沈欽韓《漢書疏證》卷一七 《宋史志》：鐵産徐、兖、相三州，有四監；河南、鳳翔、同、虢、儀、蘄、黄、袁、英九州，興國軍，有十二冶；晉、磁、鳳、澧、道、渠、合、梅、陜、耀、坊、虔、汀、吉十四州，有二十務；鄂、連、建、南劍、信五州，邵武軍，有二十五場。皇祐中，歲得銅五百一十萬八百三十四斤，鐵七百二十四萬一千斤。治平中，鐵之冶七十七。《明志》：〔洪武〕六年，置鐵冶十三所，江西進賢、新喻、分宜，湖廣興國、黄梅，山東萊蕪，廣東陽山，陝西鞏昌，山西吉州二，太原、澤、潞各一。江南、四川亦有鐵冶。歲輸鐵七百四十六萬餘斤。十四年益以茶陵。十八年罷各布政司鐵冶。既而工部言：「山西交城産雲子鐵，舊貢十萬斤，繕治兵器，他處無有。」乃復設。末年盡開，令民自採鍊，三十分取其二。正德十四年，廣州置鐵廠，以鹽課提舉司領之，禁私販如鹽法。

王象之《輿地紀勝》卷二一《江南東路·信州》 鐵山。《寰宇記》云：在上饒東南七十里，又名丁溪山，舊嘗冶鐵於此。

李燾《續資治通鑑長編》卷二四《太宗》 〔太平興國八年九月〕癸酉，上謂近臣曰：「又大通冶出鐵，每送作坊作兵器，復加烹鍊，十裁得四五。」

又卷四四《真宗》 〔咸平二年夏四月〕丙寅，河東轉運使掖人宋搏言：「大通監冶鐵盈積，可供諸州軍數十年鼓鑄，請權罷采取以紓民。」詔從其請。時西北二邊屯師甚廣，搏經制饋餉，以幹治稱，朝廷難其代，凡十一年不徙。

又卷七九《真宗》 〔大中祥符五年冬十月〕己酉【略】過烏灤河，東有灤州，因河爲名，又過墨斗嶺，亦名渡雲嶺，長二十里許。又過芹菜嶺，七十里至柳河館。河在館旁，西北有鐵冶，多渤海人所居，就河漉沙石鍊得鐵。

又卷九七《真宗》 産鐵有四監，曰徐州之大通，利國，兖州之萊蕪，相州之利成。萊蕪，廢於大中祥符七年。又河南、鳳翔、虢、同、儀、蘄、黄、袁、英州，興國軍有十二冶，晉、磁、鳳、澧、道、渠、合、梅、陜、耀、坊、虔、吉、汀州有二十務，信、鄂、建、連、南劍、邵武等州軍有二十五場。《兩朝志》無河南、同、黄、晉、道、梅、耀、坊、鄂九州府，却增登、萊、泉、資四州。

徐松《宋會要輯稿·食貨三三》 鐵。西京、淩雲冶務，舊置。兖州、萊蕪監，其汶陽、谷山二冶，舊置。何家、魯東、宜山、萬家、埠陽五冶并罷。徐州、大通監東西冶，舊置。相州、磻陽冶，舊置。邢州，冶務，舊置。磁州，圍城冶務，舊置。陝州，集律冶務，舊置。同州，韓山冶務，舊置。輝州，冶務，舊置。虢州，盧氏縣馮谷冶、麻壯冶，舊置。坊州，南北務、王華務，舊置。鳳翔府赤谷務，舊置。郿縣斜谷冶，治平三年置。鳳州，冶務，舊置。渭州，華亭縣冶，太平興國二年置。晉州，冶務，舊置。澤州，大廣冶，舊置。黄州，龍陂冶務，舊置。信州，新溪丁溪場大通監東冶，舊置。虔州、符竹、上平、黄于、青唐、豊田、五龍六冶務，舊置。吉州、太和縣、焦縣、吉水縣盧江富田務，永新縣永吕水和務，安福縣龍雲鄉冶務，并舊置。袁州、貴山冶務，舊置。嘉祐三年置撰興國軍。大冶縣磁湖冶務，熙寧四年，進狀納入官，七年罷。南安軍、上猶縣山田務，天聖三年置。道州、黄富坑，建隆中置。寧遠縣坑，太平興國五年置，康定六年罷。營道鄉，至和三年置。澧州、冶務，舊置。雅州、名山縣蒸礦爐所，熙寧六年置。資州、盤石縣坑，舊置。瀘州、冶務，舊置。建州、浦城闕，隸建陽縣冶務，舊置。泉州、清溪縣青陽場，咸平二年置。永春縣荷澤場，慶曆六年置，熙寧七年罷。德化縣五華場，八年置；赤水場，嘉祐八年置。汀州、長汀縣莒溪務，咸平二年置。邵武軍、邵武縣寶積場，景祐元年置。新安場，熙寧二年置。廣州、番禺縣銀釙坑冶，元年置。清遠縣定里場，熙寧二年置。韶州、仁化縣火衆多田，康定元年置。潮州，程鄉縣龍杭場，天聖五年置。端州、高要縣浮盧場，皇祐四年置。惠州、歸善縣三豊場，皇祐二年置。象牙遥場，治平二年置，三年罷。融州、融水縣坑，開寶七年置。

鐵坑冶，祖額總計五百四十八萬二千七百七十斤，元豐元年收總計五百五十萬一千九十七斤。

王圻《續文獻通考》卷二三《征榷考·坑冶》 遼太祖五年十月置鐵冶。帝始併室韋。其地産銅、鐵、金、銀，其人善作銅鐵器。又有特穆爾部者多鐵，特穆爾，國語鐵也。部置三冶，曰柳濕河，曰三黜古斯，曰手山。【略】

〔元〕太宗八年始置河東及檀、景等處鐵冶。

鐵在河東者，是年立鑪於西京州縣，撥冶户七百六十煽之。次年立鑪於交城縣，撥冶户一千煽之。至世祖至元五年，始立洞冶總管府，七年罷之。十三年立平陽等路提舉司，十四年又罷之。其後廢置不常。成宗大德三年九月，置河東、山西鐵冶提舉司。十一年聽民煽鍊，官爲抽分。武宗至大元年，復立河東都提舉司掌之，所隸之冶八：曰大通、興國、惠民、利國、益國、閏富、豐寧。豐寧之冶有二。仁宗延祐三年十月，勅五臺雲鷲寺置鐵冶提舉司。

在檀、景等處者，是年始於北京撥户煽之。至世祖中統二年，立提舉司掌之，至元二十年十月，罷北京鹽鐵課提舉司，其後亦廢置不常。大德五年正月，始併檀、景三提舉司爲都提舉司，所隸之冶七：曰雙峰、暗峪、銀崖、大峪、五峪、利貞、錐山。

世祖中統三年正月，諸王塔齊爾請置高麗鐵冶。從之。六月，勅武寧府歲輸所産鐵。又立小峪、蘆子、武寧軍、赤泥泉鐵冶四所。

四年正月，領部阿哈瑪特請興河南等處鐵冶。從之。

四月，以漏籍户一萬一千八百，附籍四千三百於各處起冶，歲課錢四百八十萬七千斤。五月，以禮部尚書馬伊克努爾領已括户三千興煽鐵冶，歲輸鐵一百三萬七千斤，就鑄農器二十萬，事易粟四萬石輸官。河南隨處城邑市鐵之家仍舊鼓鑄。至元九年五月，減鐵冶户。十三年九月，阿哈瑪特等以軍興，國用不足，議復立都轉運司，量增課程，原額鼓鑄鐵器，官爲局賣。十九年二月，立鐵冶總管府，罷提舉司。泰定帝致和元年六月，罷河南鐵冶提舉司，歸有司。

鐵在濟南等處者，是年拘漏籍户三千煽之，至元五年立洞冶總管府。二十六年四月，以萊蕪鐵冶提舉司隸山東鹽運司，其後廢置不常。至大元年，復立濟南都提舉司，所隸之監五：曰寶成、通和、昆吾、元國、富國。順帝元統二年十一月，以濟南萊蕪縣鐵，罷官鐵冶一年。

在順德等處者，至元二十五年八月，以河間等路鹽運司兼管順德、廣平、綦陽三鐵冶。三十一年，撥冶户三千煽之。大德元年，設都提舉司掌之。十一月，以真定鐵冶隸順德都提舉司，罷保定、紫荆關鐵冶提舉司。武宗至大元年閏十一月，罷順德、廣平鐵冶提舉司，聽民自便，有司税之如舊。三年正月，復立廣平順德路鐵冶都提舉司，至仁宗延祐六年始罷兩提舉司，併爲順德、廣平、彰德等處提舉司，所隸之冶六：曰神德、左村、豐陽、臨水、沙窩、固鎮。

《宋史》卷一八五《食貨志下七·坑冶》 淮西、夔州、成都、利州、廣東、福建、浙東、廣西、江東西鐵冶六百三十八，廢者二百五十一，舊額歲二百一十六萬二千一百四十斤有奇，乾道歲入八十八萬三百斤有奇。

又卷一八〇《食貨志下二·錢幣》 今大安軍淳熙、新興、迎恩三爐，出生鐵四十九萬五千斤，利之昭化、嘉川縣亦有爐，新産鐵三十餘萬斤。

魯曾煜《〔乾隆〕福州府志》卷二六 鐵。《三山志》：永福有之。其品有三：初鍊去鑛，用以鑄器物者爲生鐵，再三銷拍又以作鍱者爲鑐鐵，亦謂之熟鐵，以生柔相雜和，用以作刀劍鋒刃者爲剛鐵，商賈通販於外省，皆生鐵也。

謝維新《事類備要》外集《卷六一·財貨門》 天下歲産。鐵坑冶：閩、蜀、湖、廣、江、淮、浙路皆有之。祖宗時，天下歲産鐵一百十六萬斤有奇。渡江後，其數日減。至紹興末，江東西、廣南、湖南、福建二十州産鐵八十八萬三百二斤十三兩，信州二十五萬七千斤，撫州十一萬七千斤，吉州二十九萬斤，建州四萬斤，鬱林二萬七千五百斤，舒州一萬五千三百斤，池州一萬四千六百斤，江州一萬三千八百斤，潭州六萬三千斤，惠州一萬二千七百斤，韶州一萬二千斤，廣州六千九百斤，池州六千八百斤，洪州三千五百斤，辰州三千四百斤，處州一千三百斤，徽州一千二百斤，南雄州四百斤，皆有奇，而蜀中所産不與，視祖額鐵纔及四分，餘東南鐵悉輸鑄錢，鐵場三十八。

梁克家《[淳熙]三山志》卷四《地里類四·羅夾城坊巷》 由虎節南至合沙門，又南至江。南入拱星坊，直抵通津門，由通津門至羅山寺角，西出興賢坊。【略】化成坊。舊鐵冶坊冶鑄之所。

章如愚《山堂考索》後集卷六二《財用門·坑冶前集》 産鐵有四監，曰徐州之大通、利國，兖州之萊蕪，廢於大中祥符七年。又河、鳳翔、虢、同、儀、蘄、黄、袁、英州，興國軍有十二冶，晉、磁、鳳、澧、道、渠、合、梅、陝、耀、坊、虔、吉州有十二務，信、鄂、建、連、南劍、邵武等州軍有二十五場。

厲鶚《遼史拾遺》卷一三 又過芹菜嶺七十里，至柳河館，河在館傍，西北有鐵冶，多渤海人所居，就河漉沙石鍊得成鐵。

李有棠《遼史紀事本末》卷六《西北部族屬國叛服》 東平縣，本漢襄平縣故地。産鐵礦。據《遼史》卷三八《地理志》刪，下同。置採鍊者三百户，隨賦供納。以諸坑冶多在國東，故東京置户部司，長春州置鐵帛司。

又卷三〇《世宗致治》 泰和時，李復亨言汝州、魯山、保豐、鄧州南皆産鐵，募工置冶，可獲利。從之。貞祐中，宗室從坦奏，平陸産銀鐵，若以鹽易米，募工煉冶，可以資財。從之。所載甚詳。

許容《[乾隆]甘肅通志》卷二二 蘭州。鐵冶在榆谷。《元一統志》：去州五十里，先代民冶故址，今跡尚存。

張岳《[嘉靖]惠安縣志》卷二《山川潮汐》 黄崎山。在香山北十里，環三面皆海，鹵氣吹盪，不生草木。宋時産鐵鑛，嘗置爐于此煮煉，今廢。

又卷五《物産》 宋時，卜坑、黄崎、曾爐、盧頭、沙步、峯前、牛埭俱産鐵砂，置冶煮煉，至今尚有遺屑。凡煮鐵，依山爲窑，以鑛與炭相間，乘高納之。窑底爲竇，竇下爲渠。炭熾，鑛液流入渠中者，爲生鐵。復以生鐵再三銷拍爲熟鐵。以生熟相雜，和作器械鋒利者，爲鋼鐵。

王象之《輿地紀勝》卷二二《江南東路·池州》 梅根山。在銅陵。《吴録地理志》云：晉立梅塘冶，作鐵冶于臨城。

李心傳《建炎以來朝野雜記》甲集卷六《銅、鐵、鉛、錫坑冶》 江東西、廣南、湖南、福建二十州産鐵八十八萬三百二斤十三兩，而蜀中所産不與焉。信州二十五萬七千斤，撫州十一萬七千斤，吉州二十九萬斤，建州四萬斤，鬱林州二萬七千五百斤，興國軍二萬四千九百斤，饒州一萬七千斤，舒州一萬五千三百斤，賓州一萬四千六百斤，江州一萬三千八百斤，潭州一萬三千斤，惠州一萬二千七百斤，韶州一萬二千斤，廣州六千九百斤，池州六千八百斤，洪州三千五百斤，辰州三千四百斤，處州一千三百斤，徽州一千二百斤，南雄州四百斤，皆有奇。

畢沅《關中勝蹟圖志》卷二 冶谷，在涇陽縣西北六十里，一曰谷口，一曰寒門。《漢書·郊祀志》申公曰：「黄帝接萬靈明庭。」明庭者，甘泉也。所謂寒門者，谷口也。注：顔師古曰：「谷口，仲山之谷口也。」漢時爲縣，今呼爲冶谷。《太平寰宇記》：其山出鐵，有冶鑄之利，因以爲名。

陳耆卿《[嘉定]赤城志》卷七《公廨門四》 歸溪鐵場，在縣西六十里。大石鐵場，在縣西北五十里。今廢。雄溪鐵場，在縣東南一百二十里，今廢。吞公鐵場，在縣東南一百五十里。今廢。廣濟鐵場，在縣東南一百五十里。今廢。

又卷八《秩官門一》 安仁鐵場，在縣西一百二十里。開禧元年建。梅墺鐵場，在縣南一百里。一都鐵場，在縣北六十里。今廢。六都鐵場，在縣西一百里。今廢。

又卷二五《山水門七》 車溪，在縣南九十里。彌望皆細沙，沙出鐵屑，冶者陶鍊成之。

王惲《秋澗集》文集卷九〇《省罷鐵冶户》 竊見燕北、燕南通設立鐵冶提舉司大小一十七處，約用煽煉人户三萬有餘，週歲可煽課鐵約一千六百餘萬。自至元十三年復立運司以來，至今官爲支用本貨，每歲約支三五百萬斤，況此時供給邊用，雖所費浩大，尚不能支絶。爲各處本貨積垛數多，其窺利之人用官司氣力收買，其價不及一半。當時既是設立提舉司煽煉本貨以備支持，除支外，止合存留積垛，以備緩急。今來却行盡數發賣，竊詳此事虧官損民，深爲未便。今來止合依驗，舊日有名曾煽爐座存留三五處，依例興煽；據煽到本貨，除支持外，盡數存留積垛，並不許發賣。外據近年新添去處，悉行停罷，將所占百姓分撥所屬州縣，依例當差。仍許諸人認辦課額，興煽小爐，或抽分本貨，或認辦鈔數，臨時定奪。如綦陽鐵官，中統二年省部已曾將冶户差發，比較歲煉鐵貨，數甚争懸，以此罷去。其便與否，乞追照元卷，備見其詳。

馬端臨《文獻通考》卷一八《征榷考五・坑冶》　產鐵有四監，又有十二冶，曰河南之淩雲，虢州之麻莊，同州之韓山，鳳翔之赤谷、磑平，儀州之廣石河，蘄州之回嵐、巍窑，黄州之龍陂，袁州之貴山，興國軍之慈湖，英州之黄石。二十務曰晉、磁、鳳、澧、道、渠、合、梅州各一，陝州之集津，耀州之榆林，坊州之玉華，虔州之上平、符竹、黄平、青堂，吉州之安福，汀州之莒溪、古田、龍興、羅村。

陶承慶《文武諸司衙門官制》卷二《山西省・平陽府》　吉州。限三十二日，在〔吉州〕府西二百七十里。編户一十四里。無同，山僻，民儉，有藩封，簡疲。土產：鐵。有冶。

懷仁縣，在〔大同〕府南七十里。編户八里。裁減，荒僻，近虜患。土產：石膏、鐵。有冶。

又卷二《河南省・南陽府》　南陽縣。附郭。編户二十二里。無丞。地衝民貧，軍民雜處。【略】土產：鐵。有冶。

内鄉縣。在〔鄧〕州西北一百二十里。編户三十四里。全設，簡僻，民野。土產：鐵，有冶。

茅元儀《暇老齋雜記》卷九二　漢之濟邊，資於鹽鐵，歷代因之。至本朝置鐵不講矣，然國初時亦有故事可考。按洪武十年，命置鐵冶所官凡一十三所。江西南昌府進賢冶歲一百六十三萬觔，臨江府新喻冶、袁州府分宜冶歲各八十一萬五千觔，湖廣興國冶歲一百十四萬八千七百八十五觔，蘄州黄梅冶歲一百二十八萬三千九百九十二觔，山東濟南府萊蕪冶歲七十二萬觔，廣東廣州府陽山冶歲七十萬觔，陝西鞏昌冶歲一十七萬八千二百一十觔，山西平陽府富國、豐國二冶歲各二十二萬一千觔，太平府大通冶歲一十二萬觔，潞州潤國冶、澤州益國冶歲各十萬觔，歲共爲九百五萬二千九百八十七觔。此亦可助邊需一臂，今棄置不講，而日稅南畝，即有輪臺之悔，將何及乎？

王圻《續文獻通考》卷二三《征榷考・坑冶》　〔明太祖洪武〕六年四月，命各省置鐵冶凡一十三所。

初，甲辰歲四月，中書省言：「湖廣所屬州縣，故有鐵冶，請募工興鍊，以資軍用。」從之。至是，各省置冶。江西進賢、新喻、分宜；湖廣興國、黄梅；山東萊蕪，廣東陽山，陝西鞏昌各一所，山西平陽二所，富陽、豐國。太原、大通。潞州、潤國。澤州益國。各一所，歲輸錢共七百八十二萬一千餘斤。至十二年三月，又於湖廣茶陵置鐵冶所。【略】

〔明太祖洪武〕十八年，罷各布政司鐵冶。

既而，工部言：山西交城產雲子鐵，舊貢十萬斤，繕治兵器，他處無有。乃復設之。二十六年八月，復置武昌府興國鐵冶。二十七年正月，復置吉州豐國、富國二鐵冶。二十八年二月，復置袁州府分宜鐵冶。至閏九月，以庫内儲鐵已多，復詔罷各處鐵冶，令民自採。而歲輸課程三十分取其二。三十年四月，以山西交城之大通，吉州之豐國，富國，江南臨江之新喻，袁州之分宜，湖廣武昌之興國，河南之鈞州、新安，四川蒲江之新市，凡九冶採鍊病民，悉革罷之。至永樂時，又設四川龍州，遼東都司三萬衛鐵冶。景帝時，辦事吏請復陝西寧遠鐵礦，工部劾其違法，下獄。給事中張文質以爲不宜塞言路，乃釋之。

姚廣孝《明太祖高皇帝實録》卷八五　〔洪武六年九月〕工部奏：今年各省鐵冶之數凡八百五十萬三千八百二十斤有奇。

朱奇齡《續文獻通考補》卷二四《食貨補三》　〔洪武〕七年，命置鐵冶凡一十三所，時廣平府吏王允道言：「磁州臨水鎮產鐵，元時嘗於此置冶設官，歲收鐵百餘萬斤，請如舊制。」太祖曰：「朕聞治世天下無遺賢，不聞天下無遺利，且利不在官則在民，民得其利則利源通，而有益於官，官專其利則利源塞，而必損於民。今各冶鐵數尚多，軍需不乏，若復設此以擾之，是又驅萬五千家於鐵冶之中也。」元時置爐丁萬五千户。

雷禮《皇明大政紀》卷四　〔洪武二十年〕三月，復設交城縣大通鐵冶所。

初，大通置冶，歲貢雲子生熟鐵十萬斤，後罷，聽民採取。至是，朝廷繕治兵器，當用雲子鐵，而他所不產，工部以言，故命復設之。

李賢《明一統志》卷五　永平府。東至山海關一百八十里。西至順天府豐潤縣界一百二十里。南至海岸一百六十里。北至桃林口六十里。自府治至京師五百五十里，至南京凡三千九百九十五里。

山川：陽山，在府城東南一十五里，峯巒高聳，下多溪谷，西有李廣射虎石。筆架山，在府城南一十五里，山顛有石如筆架。洞山，在府城西一十五里，其上產鐵，有冶。蟒山。在遷安縣東北一十五里。山之東有深穴，嘗藏巨蟒，其山產鐵，有冶。

又卷二一　大同府涼山。在懷仁縣西二十里。山有磚塔，及有利國鐵冶。錦屏山，在懷仁縣西南二十五里。山舊有瓷窑及鐵冶。

又卷三〇　南陽府。土產：鐵，南陽、內鄉二縣俱有冶。

又卷三四　鳳翔府。土產：鐵，郿縣出，宋時有鐵冶務。

漢中府。土産：鐵，城固縣出，有冶。

又卷七一 潼川州。銅官山，在中江縣西南九十八里。産銅，即卓王孫、鄧通冶鐵之所。

又卷七七 延平府。土産：鐵，有冶在南平縣者四，在尤溪縣者十七。

鄭顒《〔景泰〕雲南圖經志書》卷五《鄧川州・土産》 鐵礦。□州治之東青索鼻山歲輸鐵四萬五千斤。

胡謐《〔成化〕山西通志》卷二 馬鞍山，有五，皆以狀類名。一在交城縣西北五十里，縣之鎮山也。山畔有石峰如馬面，山上有晉大夫狐突及其子偃墳廟在焉，又名狐突山，産青鐵。

錦屏山。在懷仁縣西南二十五里，舊有瓷窑及鐵冶，俱廢。

又卷六 鐵。平定、吉、朔、潞、澤州、太原、交城、榆次、繁峙、五臺、臨汾、洪洞、鄉寧、懷仁、孝義、平遥、壺關、高平、陽城，俱有冶坑，唯陽城尤廣。青鐵。交城縣有治，全革。黄鐵。交城静樂縣有治。青鑌鐵，大同府境廢雲内州出。

又卷七 豐國鐵冶，在吉州東一百五十里，洪武初設，後革。

富國鐵冶，在鄉寧縣東五十里，洪武初設，後革。

益國鐵冶，舊在高平縣西十里王降村。元大德間置，至正間廢。國朝洪武間徙置縣北二十里，永樂中存，尋亦廢，今冶見存。

陳道《〔弘治〕八閩通志》卷二四《食貨》 〔福州府古田縣〕【略】鐵爐一十四所。油麻坑口一所，在五都。七溪、大山、役保各一所，俱在一十都。白鵰、上洋、後垻、南坑、九溪各一所，俱在二十一都。吟洋一所，在二十三都。蔣園一所，在二十五都。半坑一所，在二十六都。石門一所，在四十都。丘地一所，在四十一都。

建寧府建安縣，鐵冶八所，鑄冶九所。俱在縣東南才里。

甌寧縣，鐵冶二所。在縣西北西鄉里。

浦城縣，福羅坑、長洋坑、門潭源坑，俱在縣北雁塘里。楊梅坑、竹施坑，俱在縣東高泉里。横縫坑，在縣東北大石里。鐵冶二所。在縣南仁風里。

松溪縣鐵冶二所。一在縣南東關里五都，一在縣西杉溪里之八都。

〔政和縣〕鐵冶。在東平里三十三都。

漳州府龍溪縣鐵冶。在□□都。

汀州府上杭縣鐵冶，在縣東勝運里湖洋山，名鐵嶂。

清流縣南山爐，在縣東南夢溪里，今歇，課以均徭户，歲辦之。

永定縣鐵冶，在縣西南溪南里桃杭嶂。

又卷二六《食貨》 〔泉州府〕鐵。同安、安溪、永春、德化四縣出，舊有場。【略】〔邵武府〕鐵。出邵武、光澤二縣，壚今廢。

龍文彬《明會要》卷五七《食貨五》 弘治十七年，廣東歸善縣請開鐵冶，有司課外索賂，因以致亂，旋復討平。

嘉靖三十四年，開建寧、延平諸府鐵冶。

陳鈇《〔嘉靖〕山東通志》卷五 冶山。在章丘縣西南六十里。唐時冶鐵於此，故名。

又卷六 登州府龍山。在府城南四十里。有龍洞、龍岡、龍王廟。舊有鐵場，今廢。

馮惟訥《〔嘉靖〕青州府志》卷七 〔金石之品〕有鐵。舊有冶，今廢。

彭大翼《山堂肆考》卷一八《地理・銅官》 登州文登縣在鐵官山，漢置鐵官冶鑄於此。

王圻《續文獻通考》卷二三《征榷考・坑冶》 〔明世宗嘉靖〕二十四年，開建寧、延平諸府鐵冶。

自後鐵冶率因舊制，無特開者。

孫承澤《春明夢餘録》卷四六《鐵廠》 工部奏：遵化鐵廠，訪係永樂年間在於砂坡谷開設，後遷松棚谷。正統間，開遷今白冶莊。彼時林木茂盛，柴炭易辦。經今建置一百餘年，山場樹木砍伐盡絶，以致今柴炭價貴。若不設法禁約，十餘年後，價增數倍，軍民愈困，鐵課愈虧。合無行令本廠郎中出給榜文，嚴加禁約，著落各該衛所州縣巡捕官員曉諭地方軍民人等，不許在於應禁山場擅自樵採、開墾、耕種、燒窑、燒灰，違者許本廠郎中捉拿，照例問發。

京東北遵化境有鐵爐，深一丈二尺，廣前二尺五寸，後二尺七寸，左右各一尺六寸。前闢數丈，爲出鐵之所。俱石砌，以簡干石爲門，牛頭石爲心，黑沙爲本，石子爲佐。時時旋下，用炭火置二韛扇之，得鐵日可四次。石子産於水門口，色間紅白，略似桃花，大者如斛，小者如拳，擣而碎之，以投於火，則化而爲水。石心若燥，沙不能下，以此救之，則其沙始銷成鐵。

鐵冶西去遵化縣可八十里，又二十里則邊牆矣。羣山連亘不絶，古之松亭關也。生鐵之煉，凡三時而成；熟鐵由生鐵五六煉而成；鋼鐵由熟鐵九煉而成。其爐由微而盛，而衰，最多至九十日，則敗矣。爐有神，則元之爐長康侯也。康當爐四十日而無鐵，懼罪，欲自經。二女勸止之，因投爐而死，衆見其飛騰光焰中，若有龍隨而起者，頃之，鐵液成。元封其父爲崇寧侯，二女遂稱金、火二仙姑，至今祀之。其地原有龍潛於爐下，故鐵不成。二女投下，龍驚而起，焚其尾，時有禿龍見焉。

元人王惲《議省罷鐵冶户疏》：竊見燕北、燕南通設立鐵冶提舉司大小一十七處，約用煽煉人户三萬有餘，週歲可煽課鐵約一千六百餘萬。自至元十三年復立運司以來，至今官爲支用本貨，每歲約支三五百萬斤。況此時供給邊用，雖所費浩大，尚不能支絶，爲各處本貨積垛數多。其窺利之人，用官司氣力收買，其價不及一半。當時，既是設立提舉司，煽煉本貨，以備支用。除支外，止合存留積垛，以備緩急。今來却行盡數發賣。竊詳此事，虧官損民，深爲未便。

漢之濟邊，資於鹽鐵，歷代因之。至明，西鐵不講矣。然國初時，亦有故事可考。按洪武七年，命置鐵冶所官，凡一十三所。江西南昌府進賢冶，歲一百六十三萬斤；臨江府新喻冶、袁州府分宜冶，歲各八十一萬五千斤；湖廣興國冶，歲一百十四萬八千七百八十五斤；蘄州黄梅冶，歲一百二十八萬三千九百九十二斤；山東濟南府萊蕪冶，歲七十二萬斤；廣東廣州府陽山冶，歲七十萬斤；陝西鞏昌冶，歲一十七萬八千二百一十斤；山西平陽府富國、豐國二冶，歲各二十二萬一千斤；太原府大通冶，歲一十二萬斤；潞州潤國冶、澤州益國冶，歲各十萬斤。歲共爲九百五萬二千九百八十七斤。此亦可助邊需一臂，棄置不講，而曰税南畝，何也？正統初，嘗諭工部軍器之鐵，止取足於遵化，不必江南收買。後復命虞衡司官主之，則國初諸官冶雖廢，而遵化鐵礦尚足供工部之用也。遵化撫臣欲開鉛礦，竟阻於士紳而止。

磁州臨水鎮，地産鐵，元時置鐵冶都提舉，總轄沙窩等八冶，歲收鐵百餘萬斤。洪武時，廣平府吏王允道欲如元故事，役民萬五千家，太祖以其擾民，杖流之。蓋當時鐵冶十三處，俱以徒罪人犯充炒鐵，不輕役民耳。永樂時，尚酌定煎鹽、炒鐵，分配遠近。後鐵廢，并煎鹽法亦不行矣。

顧炎武《肇域志》卷五　溧陽鐵山。在縣東南五十里，古出鐵，今坑冶遺跡尚存。《唐書・地理志》云：「溧陽有鐵」，即其地。

又卷二三　懷仁縣。府南，一云西南七十里。隋大業初，置大利縣。遼析雲中縣置。編户九里。裁減。有西安驛。荒僻，近虜。城周三里六步。《府志》：調安東中屯衛後所守禦。本志同。《金史》：有黄花嶺、錦屏山、清涼山、金龍山、早起城、日中城。清涼山，在縣西十五里。有磚塔及利國鐵冶。金龍山，在縣南七十里。有泉，與馬邑金龍池脈相通，故名。錦屏山，在縣西南二十五里。舊有瓷窑及鐵。

又卷二六　高平縣。【略】走馬嶺，在縣西北十里。出鐵鑛。益國鐵冶，舊在縣西十里。

又卷五〇　惠安小岞山。在縣東南邑諸山之東，趨于海者至此山而止。又東則爲東溟巨浸通海外諸夷矣。黄崎山環三面皆海，鹵氣吹蕩，不生草木。宋時産鐵鑛，嘗置爐于此煮鍊，今廢。

顧祖禹《讀史方輿紀要》卷一七　永平府。東至山海關一百八十里，南至海岸百六十里，西至順天府薊州三百里，北至桃林口六十里，東北至廢營州六百九十里，自府治至京師五百五十里。　洞山，在府西十五里，山産鐵，有鐵冶在焉。

又卷八八　金蓮山，在〔南安〕府北三里。諸峯連接，狀若蓮花。迎候館在其下，左有鐵岡，岡上有候使臺，謡爲猴獅臺。稍東爲立屏山，一名魚山，皆以形似名。《志》云：鐵岡在城北一里，舊産鐵，有鐵冶，今廢。

《明史》卷四〇《地理一》　霍山。州西南。本六安州故埠鎮巡檢司，弘治二年改爲縣。南有霍山，亦曰天柱山，亦曰衡山，又謂之南岳也。東南有鐵鑪山，多鐵冶。

又卷四一《地理二》　大同府。元大同路，屬河東山西道宣慰司。　懷仁。府西南。西有清涼山，西南有錦屏山，舊皆有鐵冶。

定遼中衛。元遼陽路，治遼陽縣。洪武四年罷。六年復置。十年復罷。十七年置衛。西南有首山。南有千山。又東南有安平山，山有鐵場。

蓋州衛。元蓋州，屬遼陽路。洪武四年廢。五年六月復置。九年十月置衛。二十八年四月，州復廢。北有鐵場。

復州衛。本復州，洪武五年六月置於舊復州城。十四年九月置衛。二十八年四月，州廢。【略】又南有欒古關。西有鹽場。北有鐵場。

金州衛。本金州，洪武五年六月置於舊金州。八年四月置衛。二十八年四月，州廢。【略】又衛東有鐵場。

廣寧中屯衛。元錦州，屬大寧路。洪武初，州廢。二十四年九月置衛。【略】又城南有鹽場二，鐵場一。又西有鐵場。

廣寧右屯衛。元廣寧府地。洪武二十六年正月置於十三山堡。二十七年遷於舊閭陽縣之臨海鄉。【略】又南有鹽場，東有鐵場。

廣寧前屯衛。元瑞州，屬大寧路。洪武初，屬永平府。七年七月，州廢。二十六年正月置衛。西北有萬松山。北有十八盤山。西有麻子峪，有鐵場。

寧遠衛。宣德五年正月分廣寧前屯、中屯二衛地置，治湯池。【略】又南有鹽、鐵二場。

又卷四四《地理五》 台州府寧海。府東北。北有天門山。西北有龍鬚山。舊産銅、鐵。東濱海。東北有鄞江，與象山縣界。南有海游溪，有寧和溪，又有東溪。東有鐵砂冶之成鐵。俱導流入海。又有梅嶴鎮，舊有鐵場。又南有健跳千户所，洪武二十年九月置。東有越溪，又有長亭。北有鐵場，南有曼嶴。東南有寶嶴五巡檢司。

又卷八一《食貨五》 鐵冶所，洪武六年置。江西進賢、新喻、分宜，湖廣興國、黄梅，山東萊蕪，廣東陽山，陝西鞏昌，山西吉州二，太原、澤、潞各一，凡十三所，歲輸鐵七百四十六萬餘斤。河南、四川亦有鐵冶。十二年益以茶陵。十五年，廣平吏王允道言：「磁州産鐵，元時置官，歲收百餘萬斤，請如舊。」帝以民生甫定，復設必重擾，杖而流之海外。十八年罷各布政司鐵冶。既而工部言：「山西交城産雲子鐵，舊貢十萬斤，繕治兵器，他處無有。」乃復設。已而武昌、吉州以次復焉。末年，以工部言，復盡開，令民得自采鍊，每三十分取其二。永樂時，設四川龍州、遼東都司三萬衛鐵冶。景帝時，辦事吏請復陝西、寧遠鐵礦，工部劾其違法，下獄。給事中張文質以爲不宜塞言路，乃釋之。弘治十七年，廣東歸善縣請開鐵冶，有司課外索賂，唐大鬢等因作亂，都御史劉大夏討平之。正德十四年，廣州置鐵廠，以鹽課提舉司領之，禁私販如鹽法。嘉靖三十四年開建寧、延平諸府鐵冶。隆、萬以後，率因舊制，未嘗特開云。

萬斯同《明史》卷七九《志五三·地理一》 霍山。漢縣，隋曰霍山，宋省縣爲故埠鎮。弘治二年復置今縣，有于羅上土市二巡檢司，舊有麻埠巡檢司，今革。東北有故縣，東有廢淠水縣，南有霍山，亦曰天柱山，亦曰衡山，又謂之南岳也。東南有鐵爐山，多鐵冶。又西南有四十八盤山，又淠河在東，源出霍山，下流至壽州入淮。

又卷一〇四《志七八食貨一〇》 鐵冶所置自洪武六年始，時太祖未即位，募工即湖廣鐵冶煉鐵資軍用，至是置所十三，歲輸鐵七百四十六萬七千一百八十七斤，江西南昌府進賢冶一百六十三萬斤，臨江府新喻冶、袁州府分宜冶八十一萬五千斤，湖廣武昌府興國冶一百一十四萬八千七百八十五斤，蘄州黄梅冶一百二十八萬三千九百九十二斤，山東濟南府萊蕪冶七十二萬斤，廣東廣州府陽山冶七十萬斤，陝西鞏昌冶二十七萬八千二百一十斤，山西吉州富國、豐國二冶二十二萬一千斤，太原府大通冶一十二萬斤，潞州潤國冶、澤州益國冶各十萬斤。

又卷八一《志五·地理三》 寧遠。宋置寧遠砦，尋升爲縣。西有廣吴山，宋置廣吴堡於此。東北有石門山。南有太陽山，舊産鐵，有鐵冶場。

鄭慶雲《〔嘉靖〕延平府志》卷二 鐵場。在興善都鐵場鋪。一名鐵嶺，嶺道險，可五六里。上四嶺俱縣南。

流溪。在二十九都，高約百餘丈，其上不毛，其崖石皆鐵鑛，鑿之皆可煽鐵。

蝦蟆。臨水如蝦蟆狀，夏月居邇，此石無蚊，今鐵冶是焉。

于敏中《日下舊聞考》卷一四三 原鐵冶廠在縣治東南六十里，城小而堅，元時置冶砂坡谷，正統三年移此。《遵化舊志》。原遵化鐵廠，永樂年間在砂坡谷開設。宣德中遷松棚谷，正統年遷白冶莊，去縣可八十里，又二十里則邊牆矣。原正統元年十一月，復遵化縣舊鐵冶。冶自永樂間開設，上即位，詔書停罷，至是，行在工部奏復之。《明英宗實録》。原正統初，上諭工部：軍器之鐵止取足於遵化，不必江南收買。後復命虞衡司官主之。則國初諸官冶雖廢，遵化鐵礦尚足供工部之用也。《春明夢餘録》。以上二條，原在物産門，今移改。補遵化縣工部分司，在縣東六十里鐵廠中，永樂間俱以各衛指揮領其事，宣德末始委虞衡司官董之。《明名臣經濟録》。

又卷一五〇 原元於燕北、燕南設立鐵冶提舉司，大小一十七處，約用扇煉人户三萬有餘，歲扇課鐵一千六百餘萬。《秋澗集》。

臣等謹按：朱彝尊原書此條後尚有《明英宗實録》、《春明夢餘録》二條，述遵化鐵冶事。遵化今別爲州，謹移歸遵化卷内。

謝旻《〔康熙〕江西通志》卷九 横琴嶺。在新喻縣西三十里，山高而横枕若琴，故名。舊産鐵礦，官嘗置爐烹煎，後廢。

又卷一一 鐵山。在府城東南六十里，舊嘗冶鐵，後竭，更名丁溪山。

又卷一三 城北一里鐵岡，舊有鐵冶。

王士俊《〔雍正〕河南通志》卷五一 利城。在林縣東北二十五里。唐有鐵冶，宋因之。至和二年，韓魏公以其在官無益勞民鼓鑄，因奏罷之。

嵇曾筠《〔雍正〕浙江通志》卷一〇七《物産》 《龍泉縣志》：又雲和縣原有陰巖、鳳尾二坑，鑛脈盡絶，見今封閉，僅有三都土名大礱、金塢鐵冶二處，可得微利。萬曆中，知縣陳文照建議於春夏秋三季播種之時，濁水有害禾苗，嚴禁不許淘洗，惟冬季始許洗烹。

十里曰招賢山，有鐵冶，産石炭，土人造磁器；曰火山，曰樊包頭山，並出石炭，土人造磁器。此四山，皆離石水以西、湫水之左在臨縣境者。

郝玉麟《（乾隆）福建通志》卷一一《物産》 （龍岩州）貨之屬：鐵冶。萬安、龍門等處在在有之。

嵇璜《清朝文獻通考》卷三〇《征榷五》 （乾隆）二十九年，准四川屏山縣開採鐵礦。四川總督阿爾泰奏：「屏山縣之李村、石堰、鳳村及利店、茨藜、榮丁等處産鐵，每礦砂十觔可煎得生鐵三觔，每歲計得生鐵三萬八千八百八十觔，請照例開採，十分抽二，變價撥充兵餉。」户部議如所請，從之。【略】（乾隆）三十年，准四川江油縣開採鐵礦。四川總督阿爾泰奏：「江油縣木通溪、和合硐等處産鐵，每礦砂一十五觔可煎得生鐵四觔八兩，每歲得生鐵二萬九千一百六十觔，請照例開採，十分抽二，變價撥充兵餉。」户部議如所請，從之。

許容《（乾隆）甘肅通志》卷一一《秦州》 董城鎮，《九域志·成紀》：有董城、道口務、夕陽三鎮，又天水縣有鐵冶、艾蒿、米谷三鎮。

張鉉《（至大）金陵新志》卷五下《山川志二》 鐵冶溝。在鍾山鄉馬鞍山下，有地三畝餘皆鐵，近水垠，通小港，耆老呼爲鐵冶溝。梁時作三壩，堙淮水以灌壽州，一於壽州，一於荆山，一於盱眙，久不能成，聚江南之鐵融液，載往淮築之，上種榆柳，一夕崩壞，聲聞數里，棄所聚之餘鐵於此。至淳祐七年，趙都督葵於其旁置爐鞴十數以鑄鐵礮，匠人烹鑿，地堅不可入，乃已。

松筠《新疆識略》卷九《財賦》 伊犁環境皆山，土地寬廣，有窑礦之富，林木之饒。【略】（乾隆）三十八年立鐵廠。

洪亮吉《乾隆府廳州縣圖志》卷四五《雲南布政使司》 昆陽州。疲難。北至府一百二十里。【略】鐵冶所在州南二十里，産鐵。

趙宏恩《（乾隆）江南通志》卷一四《輿地志·徐州府》 盤馬山，在府東北九十里。相傳漢高帝盤馬於此。山産鐵，漢鐵官、唐鐵冶、宋利國監，俱置於此，其陽有運鐵河。

徐松《西域水道記》卷三 莎水發自莎嶺來滙，嶺在惠遠城東南二百十五里，嶺産鐵。乾隆三十八年，將軍舒公赫德疏言，伊犁種田回民銷買舊鐵製作耕具，數年以來，收買殆盡，於伊犁河南莎嶺開礦，調阿克蘇城回民三十户試採，迄今，山陰置廠焉，廠北二十里爲莎郭勒軍台。距博爾軍台八十里。

城中置第三品阿奇木伯克一人，轄回民六千三百八十三户，除服役採鐵，凡田者六千户。乾隆三十八年，將軍伊公勒圖分六千户爲九屯户，納糧十六石，歲以九萬六千石爲額。

穆彰阿《（嘉慶）清一統志》卷一〇〇《徐州府》 盤馬山。在銅山縣東北九十里。相傳漢高祖嘗盤馬於此，其山産鐵，漢時鐵官，唐時鐵冶，宋時利國監，皆置於其下。其陽有運鐵河，元人建利國監橋於其上。

又卷一三〇《徐州直隸州》 鐵。《漢書·地理志》：彭城沛有鐵官。《唐書·地理志》：彭城有秋邱鐵冶。《宋史·地理志》：彭城利國監生鐵冶。

又卷一三八《平陽府》 鐵。出太原諸縣。《漢書·地理志》：大陵有鐵官。府志：太原、榆次俱出，有冶。

鐵冶。在吉州東一百五十里。《唐書·地理志》：慈州、吉昌、昌寧俱有鐵。按明洪武三十二年，復置吉州豐國、富國二鐵冶。先以採鐵勞國民，罷之。至是，以工部營造益廣，請復置冶以供國用。從之。今罷。

又卷一七二《青州府》 鐵。出博山縣。《漢書·地理志》：千乘、臨淄有鐵官。《晉書·慕容德載記》：德拜晏謨尚書郎，立鐵冶於商山。《元史·哈拉布哈傳》：世祖召哈拉布哈給宿衛，嘗至益都，於四脚山下置廣興、商山二冶，爲商山鐵冶都提舉。哈拉布哈舊作合剌普華，今改正。

又卷二七五《泰州直隸州》 董城鎮。在州東南。《九域志》：成紀縣有董城、道口務、夕陽三鎮。又天水縣有鐵冶、艾蒿、米谷三鎮。

又卷三一四《廣信府》 丁溪山。在上饒縣東南六十里。舊名鐵山，宋時爲冶鐵之所。

又卷三三二《南安府》 鐵岡。在大庾縣北一里，舊産鐵，有鐵冶，久廢。

又卷四二八《泉州府》 黄崎山。在惠安縣東曰十里。與圭峰對峙於海門，土色橄黄，三面皆海，鹵氣吹盪，不生草木。宋時産鐵，嘗置鑪於此。

又卷四三六《福寧府·古蹟》 陽護山鐵坑，一名陽陵山坑，在縣北一百二十里，宋政和間發，明因之，其地有鐵冶四所。

又卷四四一《廣州府》 蜈蚣山。在從化縣西南四十里，有三十餘節，形如百足，其麓有鐵場坑，相傳舊嘗煮鐵於此。

鐵岡。在龍門縣西北七十里，接從化縣界，人跡罕到。明嘉靖後嘗開鐵冶，致不軌嘯聚。本朝順治十八年復然，因永禁。

又卷四四五《惠州府》 寶山嶂。在永安縣西五十餘里。清溪水出此，舊有鐵冶。

又卷四五六《嘉慶直隸州》 卓筆山。在平遠縣東南三十里。下有鐵礦。又鐵礦山，在縣東南四十里，亦産鐵有爐。

龍母嶂，在興寧縣西北八十里。舊志：龍母嶂北有楊梅磜，有角山，有高坑，皆冶鐵。

鐵山嶂，在興寧縣東北六十里。西去寶龍山十里，五峰奇峭，舊有鐵冶。有水南流經官田至香爐寨，入石馬水嶂之東爲藍坑凹，接本州界。

又卷四五七《羅定直隸州》 大臺山。在東安縣東北二十里。又五里有鐵山，産鐵鑛。剖之皆有竹笴樹葉之形，舊嘗置爐於此。

又卷四七〇《潯州府》 鐵冶。在射洪、鹽亭二縣。《九域志》：通泉縣有鐵冶三，東關縣有鐵冶一。

又卷四七六《雲南府》 鐵冶所。在昆陽州南二十里，地産鐵，亦爲戍守處。

賀長齡《清經世文編》卷二六《户政一》蔡毓榮《籌滇理財疏》 易門之新舊縣，馬龍之紅路口，尋甸之白土坡，石屏之龍朋里，路南之小水井，陸涼之三山，大姚之小東界，武定之只苴馬鹿塘，蒙化之西窑，俱有鐵廠。

吴廣成《西夏書事》卷一四 設鐵冶務於夏州。冬十月，官軍分道來攻，拒却之。

夏衆甲胄皆冷鍛而成，堅滑光瑩，非勁弩可入。蓋夏州多鐵，州東設鐵冶務，去河東麟府界黄河西約八十里。先是，部署葛懷敏出保安軍北木場谷，由嵬年嶺襲破夏兵數千人，逐之，直逼夏州而還。於是，知延州范仲淹謀取鐵冶務，以圖夏州。

阮元《〔道光〕廣東通志》卷九四《輿地畧十二》 廣州番禺銀爐一鐵場，清遠静定一鐵場，端州高要浮蘆一鐵場，南恩州陽春欖徑一鐵場，梅州程鄉龍坑一鐵場，惠州歸善三豐一鐵場。《九域志》。陽春江及新興産鐵諸山，割入東安，商販從羅定江運集佛山，以羅定爲良。《清一統志》。

又卷一一四《山川畧十五》 龍牙，蓋地名也。《方輿紀要》。**【略】**

鐵礦山，在城東南四十里。亦産鐵，有爐。《清一統志》。

劉坤一等《〔光緒〕江西通志》卷四九《輿地略·物産》 鐵：《元豐九域志》：宋分宜十鄉貴山鐵務一，明置冶所。**【略】**

鐵：郡城東百二十里東山産鐵。宋乾道間置東山鐵場，其鑪凡四：曰羅首坪、小漿、赤坼、金峯。後以山空俱廢。

卞寶第《〔光緒〕湖南通志》卷五八《食貨四·礦廠·談礦》 鐵冶所，明洪武六年凡十三所，湖廣惟興國、黄梅。十四年，益以茶陵。《明史·食貨志》。

江華有黄富鐵場，寧遠有上下槽鐵場。《九域志》。

史澄《〔光緒〕廣州府志》卷九《輿地畧一》 佛山氣候於邑中獨熱，以冶肆多也，炒鐵之爐數十，鑄鐵之爐百餘，晝夜烹煉，火光燭天，雖寒亦燠。又鑄鍋者先範土爲模，鍋成棄之，名曰模泥，居人取以培地築牆併治渠井。土經金火，燥性不滅，滲引及泉，泉失其冽。飲之食之，易成温結，節宣之道增涼減熱。《佛山志》。

又卷一一《輿地畧三》 蜈蚣山。在〔從化縣〕西南四十里。有三十餘節，形如百足，其麓有鐵場坑，相傳舊嘗於此煮鐵。

又卷七〇《經政略一·榷税》 石門鐵爐一座，礦坪鐵爐一座，均於乾隆二十七年因山光礦盡豁除。廟子角鐵爐一座，乾隆二十年豁除。大蔴埔、白梅崗鐵爐二座，均於乾隆三十四年豁除。三坑鐵爐一座，乾隆四十一年豁除。低冚雁羊陂鐵爐一座，乾隆五十七年豁除。

〔新寧縣〕坪心鐵爐一座，乾隆五十二年因山光礦盡豁除。花縣車頭墩鐵爐一座，嘉慶七年因礦盡豁除。

葛士濬《清經世文續編》卷二五《户政二》程國熙《遵飭核詳稿》 案奉憲台批，職道稟聘請礦司探驗鐵質試辦情形由。奉批銅山利國驛土産煤、鐵，應準開採，以盡地利。惟礦務興廢，雖有其時，而人事不可不盡。洋鐵所以加於土鐵者，由於爐化之精，足以全其真液耳。西人獨擅其長，實亦無他謬巧。兹據稟稱，職員胡恩燮集貲試採，延礦司巴爾勘識，復購覓機器以速其成，似有把握。仰即督飭妥議章程，詳候核示。其交涉地方事件，曾署守自當妥爲照料，共觀厥成。再銅山鐵冶，歷代採鑄，既有成案可稽，嗣後可並齎呈，聽候核酌，繳，等因，到道。奉此，遵即行府，並飭承辦職員。侯選知府。胡恩燮妥爲議章呈核。去後。兹據該職員胡恩燮稟稱：「徐州利國礦務，現擬參酌開平、湖北、貴池等處礦章，仿傚西法，集貲採鍊。惟煤、鐵相附而生，而鍊鐵需煤尤多。前據礦司巴爾勘視利國驛一帶煤鐵，並堪開採，則聞煤鍊鐵，所需機器洋爐，必需一律訂購。職於五月下旬前赴上海，在瑞生洋行講求機爐款式，論議價值。據稱鎔化生鐵大洋爐一副，配用熟鐵爐二十餘座，並拉鐵全副機器，以及採煤項下開井、戽水、提煤、通風各項機器，共約需銀三十餘萬兩。現俟稟奉轉詳督憲批示後，即與訂立合同，交兑銀兩，期以明年夏間運送到滬。惟煤鐵機爐已需鉅萬，將來轉送到山，建造爐廠機房，加以契買地基，人工食用，計一年之内，即須籌有現銀五十萬兩，方可迅發奏效。職原議先集貲十萬兩，俟試辦有效，再爲續招。辰下察酌情形，亟應一氣呵成，不宜因循觀望。職既請承辦，未敢拘泥前説，畏難苟安。業經集有現銀十萬兩，並即廣招商股，務將所需經費銀五十萬兩統招齊全，以濟要需而速工作。倘再不敷，臨時稟明續招股分，股銀未齊，亦由職設法籌劑，不使貽誤工需。查洋爐全副每日可出生熟鐵七十墩，每歲可出鐵二萬餘墩；煤礦稱是。倘辦理得力，似可拒敵洋鐵洋煤。惟此項礦務，不請官本，一律由商集股辦理，開辦伊始，亟應籌議妥章，以資遵守。奉札前因，除釐税章程擬酌仿湖北、貴池等礦現行新章，另稟籲懇詳請奏咨外，謹將籌議承辦利國驛一帶招集商股採鍊煤鐵章程十二條，繕摺呈候轉詳示遵」等情并呈章程前來。伏查徐州礦利，自漢已興，而盛於宋代。《漢書・地理志》：彭城沛縣有鐵官。《新唐書・地理志》：徐州彭城縣秋邱冶有鐵。《宋史・地理志》：徐州監二，寶豐監鑄銅錢，利國監主鐵冶。樂史《寰宇記》以爲利國監在漢屬沛縣界，監本秋邱冶務是也。《宋史・食貨志》：阬冶載産鐵，以徐爲首。《方輿紀要》言：銅山在州東北八十里，舊嘗産銅、産鐵之處，名盤馬山，在州東北九十里，山之陽有運鐵河，宋所鑿也。《〔同治〕徐州府志・山川考》云：銅山今在小中，岩皆緑銹，縣之得名以此。銅山之東爲盤馬山，山産鐵，俗名馬山。又銅山之東南二里爲鐵山，山有慈石，活者引針，山頂有大阬數十。其建置考云：利國驛砦，在銅山縣三鄉，蘇軾言其地自古爲鐵冶，商賈所聚，其民富樂，凡三十六冶，冶户皆大家，藏鏹鉅萬。元明以還，礦冶始廢。數百年來，地瘠山荒，民生重困。今據泰西礦司勘視，利國一帶，仍復煤鐵深廣，採取不盡。是考之前代礦利，既卓著明效，參以此次勘驗，復苗質旺盛，誠如憲批，督憲批示，已有把握。該職員胡恩燮本擬集貲十萬，由漸而進。現因購置外洋煤鐵全副機器，招集土夫開採，需費甚鉅，復擬廣集商股，俟招足股分銀五十萬金，一氣呵成。應即飭該職員胡守切實講求，妥慎籌辦，以開利源而裨貧黎，洵亦地方養民之助。惟事同創始，不厭詳慎，除俟議呈釐税章程，另行詳請奏咨外，謹將呈到開採煤鐵章程十二條，繕録清摺，具文詳送，仰祈憲台察核，俯賜主政，逐條批定，以便轉飭遵辦。再徐州利國鐵冶，歷代採鑄成案，實因事遠年湮，無從檢查，謹將《〔同治〕徐州府志》山川、建置、古蹟各考有關鐵冶分别摘録。又蘇文忠公言利國監鐵冶文一篇一併録摺附呈。

劉錦藻《清朝續文獻通考》卷三九〇《實業考一三》 湖北大冶鐵礦，在大冶縣西北二十五里，自礦區至江邊之石灰窑，有鐵路長四十五里，距漢口二百里。面積長約二十里，寬約五里。光緒間，英國礦師勘礦在大冶縣，發見獅子山等鐵礦。後盛氏以鄂督張文襄創辦大規模冶鐵廠，乃以此礦屬之。張氏設廠漢陽，在大冶修築鐵路。〔光緒〕十七年，礦始開採，同時又在大冶添購象鼻山、尖兒山、光山三處。二十三年，漢陽鐵廠改歸官督商辦，由盛宣懷總理，除象鼻山等三礦仍屬省有外，餘均歸盛氏。又添購鐵門坎又稱鐵山、紗帽翅、龍洞、大石門、野雞坪、金山諸區。至三十四年，盛氏將漢陽鐵廠、大冶鐵礦，及萍鄉煤礦合併爲一，名漢冶萍公司。每日出礦石一千六百噸，每年計五十萬噸，以十二萬五千噸輸出日本，餘歸二鐵廠自用。大冶鐵廠見歸湖北官産經營。象鼻山鐵礦開工後，産礦石四萬五千六百六十七噸，皆售於漢口揚子機器公司。公司與官礦訂有契約，每年需六萬噸至十萬噸。自新坑道告成，産量增加。

湖北鄂城鐵礦，礦除靈鄉各産鐵區外，尚有西山、雷山等處。靈鄉在鄂城縣西南，距下陸車站七十五里。西、雷二山在鄂城西門外，揚子江南岸，距漢口一百四十里，距大冶四十五里。靈鄉各礦區，大部分屬漢冶萍公司，小部屬湖北官礦。靈鄉重要礦區分布於劉岱山、廣山、神山、玉坪山、大包山、小包山、雞子山、大魯山等處。總量在五百萬噸以上。西、雷二山浄存礦量亦達一千萬噸左右。此外尚有銀山頭、廣山二鐵礦，産量頗微。

安徽繁昌鐵礦，礦分二部。東鄉有大銅山、小銅山，西北鄉有桃沖、横嶺、沖官山、潘沖、小磕山、大磕山及銀懇山等。除大小銅山外，各礦皆分布於荻港以東之山地。桃沖在潘沖及大小磕山之南，質量均勝。主要地爲長龍山，礦量至少有一千萬噸。桃沖鐵礦發見後，有粤人某出資經營，嗣又向日本三井物産社集合股本，組織裕繁公司。嗣後復轉讓於中日實業公司。桃沖礦全等，以便運輸。

盛宣懷《愚齋存稿》卷六三《電報四〇・寄外務部〔光緒三十年〕正月二十七日》 製鐵一節，晉撫已派志道森與福公司理論。哲謂照合同，製鐵已經總署奏准，晉省無權删改。鈞諭現定路章可不必提，應俟該公司請辦晉礦時，由山西商務局再與磋磨，在總公司目前免費唇舌，但恐將來更無補救之法。宣懷不敢畏難，思得一策，晉鐵斷無不辦之理，既許英人攘辦，勢亦不能不准化煉，然若一無限制，亦斷難只准英國，不准别國，路礦利權所在，若一遷就，伊於胡底。現與哲議，晉省出鐵之所，或就近鐵路之所，中國國家自設鎔化廠，允將福公司鐵砂交由國家鎔化廠煉成鐵磚，以便易於火車裝運。似此定議，只許彼攘開礦之利，我尚可自保製鐵之權，內地設廠亦不致自此開端。至自設煉廠，遲速大小權皆在我，哲因亟求路款成議，已允商量，惟望大部堅持，仍推敝處，或能就範，以副諉誣。是否，仍乞示遵。

又卷六三《電報四〇·寄外務部〔光緒三十年〕二月十六日》 自奉三十電後，即派陳道善言與哲美森商量，自設鎔鐵爐廠一節，屢易稿文。彼初意仍欲借款代辦，工師均由彼聘，權操自彼，均未允准敝處，送去末次改稿云：一、晉省出鐵之所，或就近鐵路之所。中國國家自籌資本，設立鎔化廠，允將福公司鐵砂交由國家鎔化廠錬成鐵磚，以便易於火車裝運。二、鎔化之費，彼此商訂公道之價。該廠如實係自己需用之煤及焦炭，倘願向福公司購買，須訂一額外價值，比外賣之價略減，福公司儘先供用。該廠既設之後，國家須時常保全妥當合用，而福公司除國家允准外，不得將鐵砂寄往別處鎔化，或別法銷用。三、該廠及日後推廣之廠，均係中國國家物産。該廠督辦大臣應遴用合式化鐵工司，如屆時中國尚無稱職之人，應向外國選聘。昨哲於首條易於火車裝運，下請加第一廠設在何處，應由福公司指定地段，其圖樣價值亦應由福公司繪造估算，一切查照外國最新至精之法辦理，以期工速而費省。倘辦理有效，可以再於他處商量設廠，并可推廣製造鐵條等件。二條或別法銷用，下請加六十年期内福公司應得儘先鎔化，惟福公司礦砂不足以應供給，該廠始可另爲他人鎔化。三款應向外國選聘，請改應向英國選聘。總之，鄙意此鐵廠宗旨並非專爲福公司而設。據張中丞來電，晉省鐵山並未買動，現擬密派自僱礦師先收産鐵礦山，雖不能如大冶盡數收買，或不致悉爲彼得，則仍可自煉自鐵，而福公司鐵砂不過帶煉。倘能辦到如此，鐵利尚可挽回，現訂十九日再行會議，大部如有訓示請速復。

又卷六三《電報四〇·寄外務部〔光緒三十年〕二月十九日》 諫兩電諒邀覽，頃哲會議，告以正月三十日部電，照合同由局作主，製鐵之權亦尚在我。哲云合同係福公司自行借款開礦，製鐵權利均在福公司，不在中國，與鐵路不同。告以晉豫合同非我經手，此次政府派議路章，若不照國家自設鎔化廠三條，則澤道借款決不能議，汝所增改處仍要權歸福公司，斷不能允。除末句外國選聘允改英國選聘外，餘不能動。哲請加以上所載三端之外，原訂晉豫合同則無更改。答以此晉豫之權，未便越俎，鎔化廠三條應作澤道借款專條，一起簽押。哲允候英電再來定議。

又卷六三《電報四〇·寄外務部〔光緒三十年〕三月初七日》 上年三月漢陽鐵廠商董與三井日商訂立合同，購運生鐵一萬六千噸，在漢滬交貨，分批運往長崎、大阪通商口岸。除陸續已運外，然已購未運之數尚多。事在日俄未戰以前，商運商銷，並祇運至日本商埠，供農工製造之用，未便列入違禁之物，致前訂合同不能照辦。漢廠艱難，喫虧不起。頃據小田切面稱，生鐵爲農工銷路，本不應禁。乞大部飭知總税務司，轉飭滬漢兩關，遇有漢廠生鐵出售，照章驗放，以竟商銷而免擱卡，並祈迅賜電復。

又卷六三《電報四〇·寄張宫保〔光緒三十年〕三月初七日》 漢廠攬造盧漢鋼軌已竣，粵漢、滬寧均因時局觀望，不肯定貨。養命之源，祇有生鐵一項，内地翻砂小廠售用不多，以日商所購爲大宗貿易，小田切云此項商鐵專供農工製造，與軍務絶無干涉。從前德法英特諸戰中立國概無禁售商鐵者，慮赫德誤會列入禁物，故電外務部。云云見上。務祈台端俯念漢廠化鐵爐不能停貝，軌廠不能開，除銷生鐵外別無進款，外欠纍纍，險象立見。伏祈准予電懇外部，同賜維持，並飭漢關照舊放行，勿稍阻滯。至深感禱，並祈賜復。

又卷七三《電報五〇·寄郵傳部陳尚書〔光緒三十四年〕四月十二日》 頃筱帥交閲督撫寄部真電，請將洙昭路綫作爲官商合辦，萍煤仍走直綫，與原奏不相違背，在部只算准湘人附股數十萬，不必另奏等語。薛道來電，此係岑帥命代擬電，請筱帥電部並留職道在省候電。岑帥意非合辦不成，蓋不説妥，即不能給示，亦不能購地云。鄙見湘目前未必有現款，且所分四十里運煤半利，誠屬有限，部斷不計較。湘人争意氣，不過借此下臺，似可做個人情與督撫，即責成督撫照章會同出示，尅日購地，嚴催薛道開工，限年内辦成萍昭直綫，仍歸一局，但准湘公司附股一半，分利一半，事屬兩全。即求速復，免彼游移。鐵廠現定預算，化鐵爐四座，每日出鐵一千噸，即可煉鋼八百噸，餘賣生鐵。然能擴充到此，實賴煤焦運路爲根本，苟非大部極力維持，曷克臻此。

又卷七五《電報五二·寄武昌楊護督〔宣統元年〕十一月十八日》 接李郎中電，高公橋將填好，有暗移界碑侵佔之弊，宜速交接，以便清查。請電商楊護院，可否先行移交，如何付價由宫保逕定等語。查高公橋水塘地爲鐵廠所必需。已奉陳制軍電，允歸廠收用在案。今將填好，擬請飭局迅速交接以便清查，即有未完之工，廠可自填，填地經費先由鐵廠如數咨解，至應如何分年報效之處，乞公垂念該廠關係自强大局，商情艱窘異常，與司局格外商減電示再行酌定。

又卷七五《電報五二·寄武昌楊護督〔宣統元年〕十一月二十七日》 莘帥示尊電，地即飭善後局妥辦，俟價議定再電，具紉公誼。董事會公禀，兵工廠價購計費五十千，即云官錢局新代墊土，亦只費七萬串，充其量如數歸墊。上次會議總理出示電稿，已允給十萬串，董等未便抗議，然已嫌數太鉅，若照護院七萬串外，分年再繳十萬兩，董等斷難承認等語。莘帥以未到任，屬弟徑與尊處商定，務求格外核減，了此公案。弟前年交卸京漢鐵路時，曾將漢口堡垣内美地若干移送善後局，今已值銀百萬以外。請詢金道，略顧公義，鄙人未敢求報，但恐我公以爲有施無報耳。

又卷七五《電報五二・寄武昌楊護督〔宣統元年〕十一月二十九日》 地事公力主減讓而來電，仍索十萬兩，苦心如鑑。弟故託莘帥電公先行交地，昨又特提堡垣讓地未加絲毫。高公橋原交五十串，加二千倍算，分十年繳十萬串，底面俱足，務求公推情斷定，實紉公誼。

卞寶第《〔光緒〕湖南通志》卷五八《食貨四・礦廠・鐵礦》 澧道產鐵。《文獻通考》。

產鐵之所，桂陽沅、潭、衡、武岡、寶慶、永、常、寧、道州。元天曆元年，歲課湖廣省鐵二十八萬二千五百九十五斤。《元史・食貨志》。【略】

耒陽有鐵。《後漢書・郡國志》。

建武中，衛颯爲桂陽太守，耒陽縣出鐵石，他郡民庶常依因聚會，私爲冶鑄。遂招來亡命，多致姦盜。颯乃上起鐵官，罷斥私鑄，歲所增入五百餘萬。《後漢書・衛颯傳》。

永州、祁陽、道州、延唐、江華、永明、岳州、巴陵、澧州、石門皆有鐵。《唐書・地理志》。【略】

巴陵、石門、瀏陽、攸、安化、茶陵、寧鄉、醴陵、衡陽、耒陽、常寧、桂陽州盧溪、辰溪、溆浦、零陵、祁陽、江華、永明、寧遠、郴州、宜章、永興、桂陽縣皆出鐵。《明統志》。【略】

衡州府清泉縣鐵岡鋪在縣南四十里，唐宋鐵礦在此。又名七里山。又城西亦有七里山產鐵。《清泉縣志》。

寶慶府新寧、郴州、本州、宜章、永興、桂陽、靖州、綏寧皆出鐵。《一統志》。

附《武昌楊護督復瑞莘帥電十二月十一日》 前奉鈞電，盛宮保漢陽鐵廠購用高公橋湖地事，遵飭善後局磋商，該廠事屬因公，自應顧全大局，格外減讓。現經往返電商，前項湖地，除由廠照數撥還官錢局填費錢七萬串外，另由廠報效銀十萬兩，以五萬籌墊本年湖北振款歸振局列收，照章給獎，另交善後局五萬兩，分作五年交清。如此變通辦法，仍符筱帥原議十萬兩之數，而於鐵廠財力，亦可稍紓。盛宮保電復照辦，惟所議是否妥洽，應請憲台俯賜核示，以憑飭局與廠妥立議約，撥款交地。謹此電陳，伏候訓示。

劉錦藻《清朝續文獻通考》卷四三《征榷考一五・坑冶》 又題准廣西懷集縣額設鐵鑪，開採年久，炭礦就衰，准其減鑪十座，免納稅餉。

又議准江西長寧縣准其添鐵鑪四座。

又議准江西上猶縣鐵鑪，准其封閉二座。

又議准江西上游縣准其添設鐵鑪二座。

洪亮吉《〔乾隆〕府廳州縣圖志》卷一四《泰安府》 又銅冶山在〔萊蕪〕縣北三十里，舊產銅。鑛山在〔萊蕪〕縣西北三里，舊產鐵。按：李吉甫云：縣有韶山，出鐵，漢置鐵官，至今鼓鑄。惟云在〔萊蕪〕縣西北二十里，道里不合，疑李志傳寫誤也。

《春秋左傳注疏》卷五三 〔昭公二十九年〕冬，晉趙鞅、荀寅帥師，城汝濱，遂賦晉國一鼓鐵，以鑄刑鼎。注：令晉國各出功力，共鼓石爲鐵，計令一鼓而足，因軍役而爲之，故言遂。音義：鑄，之樹反。令，力呈反。疏：注「令晉」至「言遂」。正義曰：服虔云：鼓，量名也。《曲禮》曰：「獻米者操量鼓」。取晉國一鼓鐵以鑄之，但禮之將命，置重而執輕，鼓可操之，以將命即豆區之類，非大器也。唯用一鼓，則不足以成鼎，家賦一鼓，而鐵又太多。且金鐵之物，當稱之以權衡，數之以鈞石，寧用量米之器量之哉？故杜以爲賦晉國者，令民各出功力，均賦取其功也。冶石爲鐵，用橐扇火，動橐謂之鼓，今時俗語猶然。令衆人鼓石爲鐵，計令一鼓使足，故云：「賦晉國一鼓鐵」也。遂者，因上生下之辭，因城汝濱，遂鑄刑鼎，故言遂也。

佚名《太平經》卷七二 有急，乃後使工師擊冶石，求其中鐵，燒冶之使成水，乃後使良工萬鍛之，乃成莫耶，可以戰鬬，禦急者亦豈及事邪？已窮服矣，死命屬矣。

寇宗奭《本草衍義》卷五 鐵礦於礦中鍊出者，謂之生鐵。鐵落，斷而落者也。鑐鐵，鐵炒熟鐵也。剛鐵，鍊鐵，去滓者也。鐵精、針沙、鐵漿，已上三等，取汁，各依經用。鐵華粉、鐵粉，已上二等，燒煆取。【略】其生鐵既自火中煉石而出，世謂之生鐵。【略】鐵粉，以生薑汁調擦眉上，生眉毛。蓋生鐵之堅，及三四鍊，則生鐵亦自熟，却是柔鐵，而天下莫以爲非。

前所謂鐵精者，其説有二：陶隱居言出鍛竈中，如塵紫色，輕者爲佳，亦以摩瑩銅器用之。日華子又云：犂鑱尖浸水名爲鐵精。本條既言化銅，則隱居所説是。蓋鍛竈中塵紫摩銅則明，浸犂鑱尖水非是。

周去非《嶺外代答》卷六《器用門・融劒》 梧州生鐵最良，藤州有黄崗鐵最易。融州人以梧鐵淋銅，以黄崗鐵夾盤煅之，遂成松文，刷絲，工飾，其製劒亦頗銛，然終不可以爲良。

又卷七《樂器門・腰鼓》 静江腰鼓，最有聲腔，出於臨桂縣職田鄉，其土特宜鄉人作窑燒腔，鼓面鐵圈出於古縣，其地產佳鐵，鐵工善煅，故圈勁而不褊。

（墾土拾錠圖）

（淘洗鐵砂圖）

宋應星《天工開物》卷下《五金・鐵》 凡鐵場，所在有之。其質淺浮土面，不生深穴；繁生平陽岡阜，不生峻嶺高山。質有土錠、碎砂數種。凡土錠鐵土面浮出黑塊，形似稱錘，遥望宛然如鐵，橪之則碎。上若起冶煎煉，浮者拾之，又乘雨濕之後，牛耕起土，拾其數寸土内者，耕墾之後，其塊逐日生長，愈用不窮。西北甘肅東南泉郡皆錠鐵之藪也，燕京、遵化與山西平陽則皆砂鐵之藪也。凡砂鐵一抛土膜，即現其形，取來淘洗，入爐煎煉鎔化之後，與錠鐵無二也。凡鐵分生、熟，出爐未炒則生，

既炒則熟，生熟相和，煉成則鋼。凡鐵爐用鹽做造，和泥砌成，其爐多傍山穴爲之，或用巨木匡圍，塑造鹽泥，窮月之力，不容造次；鹽泥有罅，盡棄全功。凡鐵一爐，載土二千餘斤，或用硬木柴，或用煤炭，或用木炭，南北各從利便。扇爐風箱必用四人、六人帶拽，土化成鐵之後，從爐腰孔流出。爐孔先用泥塞，每旦晝六時，一時出鐵一陀。既出，即又泥塞，鼓風再鎔。凡造生鐵爲冶鑄用者，就此流成長條、圓塊，範内取用。若造熟鐵，則生鐵流出時，相連數尺内低下數寸築一方塘，短墻抵之。其鐵流入塘内，數人執持柳木棍，排立墻上，先以污潮泥曬乾舂篩，細羅如麪。一人疾手撒攪，衆人柳棍疾攪。即時炒成熟鐵。其柳棍每炒一次，燒折二三寸，再用則又更之。炒過稍冷之時，或有就塘内斬劃成方塊者，或有提出揮推打圓後貨者，若瀏陽諸冶不知出此也。凡鋼鐵煉法，用熟鐵打成薄片，如指頭闊，長寸半許，以鐵片束包尖緊，生鐵安置其上，廣南生鐵名墮子生鋼者妙甚。又用破草履蓋其上，粘帶泥土者，故不速化。泥塗其底，下洪爐鼓鞴。火力到時，生鋼先化，滲淋熟鐵之中，兩情投合，取出加錘，再煉再錘，不一而足，俗名團鋼，亦曰灌鋼者是也。其倭夷刀劍有百煉精純，置日光簷下則滿室輝曜者，不用生熟相和煉。又名此鋼爲下乘。云夷人又有以地溲淬刀劍者，地溲乃石腦油之類，不產中國。云鋼可切玉亦未之足也。凡鐵内有硬處不可打者，名鐵核，以香油塗之即散。凡產鐵之陰，其陽出慈石，第有數處，不盡然也。

朱國禎《湧幢小品》卷四《鐵爐》 遵化鐵爐，深一丈二尺，廣前二尺五寸，後二尺七寸，左右各一尺六寸。前闢數丈爲出鐵之所，俱石砌。以簡千石爲門，牛頭石爲心，黑沙爲本，石子爲佐，時時旋下。用炭火置二韝扇之，得鐵日可四次。妙在石子產於水門口，色間紅白，略似桃花。大者如斛，小者如拳，擣而碎之，以投於火，則化而爲水。石心若燥，沙不能下，以此救之，則其沙始銷成鐵，不然，則心病而不銷也。如人心火大盛，用良劑救之，則脾胃和而飲食進。造化之妙如此。

鐵冶西去遵化縣可八十里，又二十里則邊牆矣。羣山連亘不絶，古之松亭關也。生鐵之煉，凡三時而成。熟鐵由生鐵五六煉而成，鋼鐵由熟鐵九煉而成。其爐由微而盛，由盛而衰，最多至九十日，則敗矣。

爐有神，則元之爐長康侯也。康當爐四十日而無鐵，懼罪，欲自經，二女勸止之，因投爐而死。衆見其飛騰光焰中，若有龍隨而起者。頃之，鐵液成。元封其父爲崇寧侯，二女遂稱金、火二仙姑，至今祀之。其地原有龍潛於爐下，故鐵

不成，二女投下，龍驚而起，焚其尾，時有秃龍見焉。

鐵一名犂耳，蓋最堅且厚者。《晉書》稱秦行唐公洛曰：「力制奔牛。射洞犂耳。」

茅元儀《武備志》卷一一九《軍資乘火》 煉鐵，炭火爲上，煤次之。鐵在爐，用稻草截細，雜黄土頻灑火中，令鐵屎自出。煉至五六火，用黄土和作漿，入稻草浸一二宿，將鐵放在漿内半日，取出再煉，須煉至十火外。生鐵五七斤，煉至一斤方熟。入爐時，仍用黄土封合，一以防灰塵，一以取土能生金，不致煉枯鐵之精氣。

又卷一五〇《陣練制練鐵鋼附》 唐順之曰：澤、潞出鐵。上等絲鐵，如黄荳大，長丈餘，用工最多；次等鐵條鐵，中鑿三眼；三等手指鐵，鑿五條紋；下等塊子鐵。出鐵之處，條鐵止用兩個錢一斤而已。達子鍊鐵，用馬糞火。

鐵有生鐵、有熟鐵，生鐵出廣東、福建，火鎔則化，如金銀銅錫之流走。今人鼓鑄，以爲鍋鼎之類是也。出自廣者精，出自福者粗，故售廣鐵則加價，福鐵則減價。熟鐵出福建、温州等處，至雲南、山西、四川亦皆有之。聞出山西及四川瀘州者甚精，然南人實罕用之，不能知其悉。熟鐵多瀵滓入火，則化如豆渣不流走。冶工以竹夾夾出，以木捶捶使成塊，或以竹刀就爐中畫而開之。今人用以造刀銃、器皿之類是也。其名有三：一方鐵，二把鐵，三條鐵。用有精粗，原出一種。鐵工作用，以泥漿淬之，入火極熟，糞出，即以鐵鍾捶之，則渣滓瀉而净鐵合。初煉色白而聲濁，久鍊則色青而聲清。然一地之鐵，百煉百折，雖千斤亦不能存分兩也。

一、鍊鐵，每十斤權鍊作三斤，計用匠五工，工食二錢五分，約用炭價銀一錢六分。通算鍊就鐵，計用銀一錢六分六釐六毫，得鐵一斤。此鍛鍊之大數。

鋼有生鋼、有熟鋼。【略】生鋼出處州，其性脆，拙工鍊之爲難。蓋其出爐，冶者多雜糞炭灰土，且其塊粗大。惟巧工能看火候，不疾不徐，捶擊中節。若火候過，則與糞滓俱流；火候少，則本體未鎔而不相合。此鋼出處州，惟浙東用之，若其他遠土，則皆貨熟鋼也。熟鋼無出處，以生鐵合熟鐵煉成；或以熟鐵片夾廣鐵鍋，塗泥入火而團之；或以生鐵與熟鐵并鑄，待其極熟，生鐵欲流，則以生鐵於熟鐵上擦而入之。此鋼合二鐵，兩經鑄鍊之手，復合爲一。少沙土糞滓，故凡工鍊之爲易也。人謂久鍊則生鐵去而熟鐵存，其性柔，頗似不然。蓋生鐵雖百鑄，所折甚少，熟鐵每一鑄，所折甚多。其去其存，不知其孰多而孰少也。人有謂團鋼久則鋼脆，與性柔之説相反。此二鋼久鍊之，其形質細膩，其聲清甚。若鐵之久鍊者，聲雖清然不及鋼也。一先將毛鐵逐塊下爐入火，候微紅時鉗出，用稻草灰拌鐵身却入爐。大火扇透紅發值時，鐵花飛冒之際鉗出，鎚成板子，就以鋼鏨鏨縱横深紋於其上，其紋路俱隔分數。如此三遍，初次一煉一，二次二合一，三次四合一。其蘸灰鏨紋，總同前法。但盡此法製，其色白勝如銀，其聲清而有韻，此其證驗。

方以智《物理小識》卷七 紅鐵法。劉客生病，欲燒鐵秤鎚令赤，而淬之酢中，燒炭無數，但熱耳，黑如故也。愚爲投之水，取銃藥一兩，以紙封而點火，立地通紅。中履曰：劉客，生湘，客陝人。能詩，端州入詞林。《内經》：生鐵烙飲下氣，疾取其液也。

火漆鐵法。造胭脂餘滓，名紫膠。燒鐵熱，染於上。

藏鐵不銹法。藏刀甲庫，地埋水銀，則鐵不生銹。丙戌年，聞取延平庫中盔甲，蓋二百餘年物，光芒如新。《物理所》曰：鐵器塗香油，置燒過石灰中，不銹，若百煉之折鐵，自然不銹。中通曰：折鐵者，硾鋼條而入銀，曲折硾之，如此百次。中履曰：煤製鐵器，以煤復爐灰，製炭復爐。

鐵翦夾銀法。夾翦在石上擊之，其銀不斷，須從木椿上擊之。亦剛柔相制之義。

何汝賓《兵録》卷一二《製器煉鐵法》 夫製造各項器械銃砲，須用閩鐵，晉鐵次之。煉鐵，炭火爲上，煤次之。鐵在爐，用稻草截細，雜黄土頻灑火中，令鐵屎自出。煉至五六火，用黄土和作漿，入稻草，浸一二宿。將鐵放在漿内，三日取出，再煉，須煉至十火外；生鐵五七觔，煉至一觔，方熟。入爐時，仍用黄土封合。一以防灰塵，一以取土能生金，不致煉枯鐵之精氣。

屈大均《廣東新語》卷一五《貨語》 鐵礦有神，爐主必謹身以祭，乃敢開爐。爐之狀如瓶，其口上出，口廣丈許，底厚三丈五尺，崇半之，身厚二尺有奇，以灰沙鹽醋築之，巨藤束之，鐵力、紫荆木支之，又憑山厓以爲固。爐後有口，口外爲一土牆，牆有門二扇，高五六尺，廣四尺，以四人持門，一闔一開，以作風勢。其二口皆鑲水石，水石産東安大絳山，其質不堅，不堅故不受火，不受火則能久而不化，故名水石。凡開爐始于秋，終于春，以天氣寒凉，鐵乃多水，金爲水之源，水盛于冬，故鐵水以寒而生也。下鐵礦時，與堅炭相雜，率以機車從山上飛擲以入爐，其焰燭天，黑濁之氣，數十里不散。鐵礦既溶，液流至于方池，凝鐵一版，取之，以大木杠攪爐，鐵水注傾，復成一版。凡十二時，一時須出一版，重可十鈞，一時而出二版，是曰雙鈞，則爐太王。爐將傷，須以白犬血灌爐，乃得無事。鐵於五金屬水，名曰黑金，乃太陰之精所成，其神女子。相傳有林氏婦，以其夫逋欠官鐵，於是投身爐中，以出多鐵，今開爐者必祠祀，稱爲湧鐵夫人，其事怪甚。凡一爐場，環而居者三百家，司爐者二百餘人，掘鐵礦者三百餘，汲者、燒炭者二百有餘，馱者牛二百頭，載者舟五十艘，計一鐵場之費不止萬金，日得鐵二十餘版則利贏，八九版則縮，是有命焉。然諸冶惟羅定大塘基爐鐵最良，悉是鍇鐵，光潤而柔，可拔之爲線，鑄鑊亦堅好，價貴於諸爐一等。諸爐之鐵冶既成，皆輸佛山之埠。佛山俗善鼓鑄，其爲鑊，大者曰糖圍、深七、深六、牛一、牛二，小者曰牛三、牛四、牛五，以五爲一連，曰五口，三爲一連，曰三口。無耳者曰牛，魁曰清。古時凡鑄有耳者不得鑄無耳者，鑄無耳者不得鑄有耳者，兼鑄之必訟。鑄成時以黄泥豕油塗之，以輕杖敲之，如木者良，以質堅，故其聲如木也。故凡佛山之鑊貴，堅也，石灣之鑊賤，脆也。鬻於江、楚間，人能辨之，以其薄而光滑，消湅既精，工法又熟也。諸所鑄器，率以佛山爲良，陶則以石灣。其炒鐵，則以生鐵團之入爐，火燒透紅，乃出而置砧上，一人鉗之，二三人錘之，旁十餘童子扇之，童子必唱歌不輟，然後可湅熟而爲鍱也。計炒鐵之肆有數十，人有數千，一肆數十砧，一砧有十餘人，是爲小爐。爐有大小，以鐵有生有熟也。故夫冶生鐵者，大爐之事也；冶熟鐵者，小爐之事也。其鋼之健貴乎淬，未淬則柔性猶存也。淬者，鋼已爐錘，方出火，即入乎水，大火以柔之，必清水以健之，乃成純鋼，此煉鋼之事也。甘泉云：「觀洪爐之鑄金，則知天地之終始矣。」在爐而溶，生之也；出爐而結，成之也。溶也者，水始之事也；結也者，土終之事也。其溶也人以爲屈，而不知生之始也，信孰大焉。其結也人以爲信，而不知成之終也，屈孰大焉。始終相乘，屈信相感，而金未嘗變，道之象也。

穆彰阿《〔嘉慶〕清一統志》卷二九七 東溪。在寧海縣南九十里。源出屈母山南湫水潭，北流三十里入安和溪。産鐵沙，冶之成鐵。

李鴻章《朋僚函稿》卷一八《九月十四日復吳春帆京卿》 洵探原之論，擬將古田鐵礦粗胚帶出外洋，用别色麻新法試煉，可否再雇匠設鑪自鍊，足供廠需，以求節省，循序漸進，尚宜需之歲月。

劉嶽雲《格物中法》卷一《氣部》 嶽雲謹案：中國吹風之器有三種：一圓枕形，今補鍋匠及鑄鐵匠用之；一長方箱形，今通用之；一皮囊形，今苗疆猶用之；而水排之制，無能倣法者矣。

又卷五上《金部》 嶽雲謹案：凡諸金煉淨必有耗折，如《夏侯陽算經》生鐵六千二百八十一斤，煉爲黄鐵，每斤耗五兩。又黄鐵四千三百一十八斤三兩，煉爲鋼鐵，每斤耗三兩，諸問是也。煉淨之後，製成條錠，再以條錠鎔化則不耗折，故曰改煎金錫則不耗。

又卷五下《金部》 凡煉鐵，依山爲窯，以礦與炭相間，乘高納之。窯底爲竇，竇下爲渠。炭熾，礦液流入渠中者，爲生鐵，用以模鑄器物。《泉州志》。

凡鐵爐用鹽做造，和泥砌成。其爐多傍山穴爲之。或用巨木匡圍，塑造鹽泥，窮月之力不容造次。鹽泥有罅，盡棄全功。凡鐵一爐載土二千餘斤，或用硬木柴，或用煤炭，或用木炭，南北各從利便。扇爐風箱必用四人、六人帶拽。土化成鐵之後，從爐腰孔流出。爐孔先用泥塞，每日晝六時，一時出鐵一陀。既出即入土泥塞，鼓風再鎔。凡造生鐵爲冶鑄用者，就此流成長條、圓塊，範内取用。《天工開物》。

凡冶鐵成器，取已炒熟鐵爲之。先鑄鐵成砧，以爲受錘之地。凡出爐熟鐵名曰毛鐵，受煅之時，十耗其三爲鐵華、鐵落。若已成廢器未鏽爛者名曰勞鐵，改造他器與本器，再經煅煉，十止耗去其一也。凡爐中熾鐵用炭，煤炭居十七，木炭居十三。凡山林無煤之處，鍛工先擇堅硬條木，燒成火墨，俗名火矢，揚燒不閉穴火，其炎更烈於煤。即用煤炭，亦别有鐵炭一種，取其火性内攻，燄不虚騰者，與炊炭同形而分類也。《天工開物》。

嶽雲謹案：此煉礦爲生鐵也。

以生鐵再三銷拍爲熟鐵。《泉州志》。

再三銷拍可以作鍱者爲鑐鐵，亦謂之熟鐵。《蘇頌本草》。

嶽雲謹案：此古人煉熟鐵法也，將生鐵鎔輭用錘更番打之，所含炭質漸次擠去。

若造熟鐵則生鐵流出時，相連數尺内低下數寸築一方塘，短牆抵之。其鐵流入塘内，數人執持柳木棍排立牆上，先以污潮泥曬乾，舂篩細羅如麪，一人疾手撒焰，衆人柳棍疾攪，即時炒成熟鐵。其柳棍每炒一次，燒折二三寸，再用，則又更之。炒過稍冷之時，或有就塘内斬劃成方塊者，或有提出揮椎打圓後貨者。若瀏陽諸冶不知出此也。《天工開物》。

嶽雲謹案：此亦煉熟鐵法也，即西人所謂掉鐵法也。掉攪之意，使多遇空氣以去其炭所發之泡，即炭養氣散去之證，捽之久久，氣泡漸少而熟鐵成矣。

凡鐵性逐節黏合，塗上黃泥於接口之上，入火揮槌，泥滓成枵而去，取其神氣爲媒合。膠結之後，非灼紅斧斬，永不可斷也。《天工開物》。

凡釬鐵之法，小釬用白銅末，大釬則竭力揮錘而治合之。《天工開物》。

嶽雲謹案：釬用銅鐵合著。

已上煉冶。

陳淡然《權制》卷六《軍政述・鏞幣鏞務鏞學錢法銀錢玉幣銀行・錬鐵》 製造之原，首稱錬鐵，錬鐵之學，英國尤精，其法自辨別砂石始。砂石體質不同，約有四類：紅者，黃者，黑者，黃而兼黑者。英國出鐵甚多，黃者居十之九，皆在産煤之地。體含三質，乃炭氣、養氣與鐵也。更有土泥與煤攙和，燒錬較難。其法，於未入爐之先，即以自來之煤燒之，全山烈火逾月始完，煤浄而炭氣盡散。所存黑質仍含泥土之中，乃更設爐重燒二次。爐寬二丈，高五尺，中若葫蘆，以不灰木爲裏。配以煤炭，而以灰石搭配鐵砂，從上納之。灰與泥土，在爐内合爲一質，輕而上浮，即從上開竇洩之，所成生鐵，重而下沉，即從下開竇收於模内。爐大鐵多，須以烈風吹火。舊法恒用冷風，近則風多用熱風，熱甚則材多費省也。其法用火輪機爲蒸釜以生力，爲汽筒以行機，爲風箱，上下左右有合葉使出入，爲風櫃以積風，爲風管以引風於熱處，爲旁爐俾風管穿之而熱。風熱至六百餘度，乃入大爐，斯鐵化愈速矣。生鐵既成，於是由生而熟，由熟而鋼，則須更燒一次。其爐式横而卧，與前豐而高者迥殊。爲火櫃於爐前以置煤炭，爲烟筒於爐後，中爲置鐵之所。鐵與煤炭稍隔，熱力透而融之。熱極鐵融，隨以鋼條撥轉，則鐵中之炭即化，而隨煙出矣。出爐後，俟其涼，浄團爲鐵丸，是爲柔鐵。然其質散而不堅，必加以錘，然後可堅，可柔，可折，而爲熟鐵。舊法用水碓運錘，英人納斯米，創爲火輪機運錘之具，而輕重不能由人。後置小機於旁，專爲可輕可重。其重擊，千鈞之石而立碎。其輕，則擊雞卵而僅傷其皮。遂爲汽機運錘之善法。至熟鐵製爲條片，亦有軋鐵汽機。以一鋼礴，爲之上下，而以熟鐵置其間。機行礴轉，鐵隨壓力而隨引隨長，汔無止境。如須極薄，則以油敷鐵面折而軋之，於五倍十倍，其鐵遂如薄紙。更有隨軋隨劃，宛若刀裁。大小精粗，無不如式。西人神技如此，中國誠能仿而求之，安在不可探其祕要哉！

薛福成《出使英法義比四國日記》卷三《光緒十六年八月初二日記》 五金之礦，鐵之爲用遠勝於金、銀、銅、錫。古者以鐵爲甲兵，爲農具，爲釜甑，夫人而知之矣。今者，泰西各國，航海以鐵爲船，濟渡以鐵爲橋，行火車以鐵爲路，通電報以鐵爲綫，作書記以鐵爲筆，以鐵汁爲墨，治血症以鐵爲藥，其爲用也尤廣。英國三島煤鐵之饒，甲於五洲，數百年來研求經理，風氣日開，坐擅富强之業，故錬鐵之學惟英國爲尤精，其法從化學悟入。治鐵之要，自辨別砂石始。砂石體質不同，約有四類：紅者、黃者、黑者、黃而兼黑者。英國出鐵甚多，黃者居十之九，皆在産煤之地。體含三質，乃炭氣、養氣與鐵也。更有土泥與煤攙和，燒錬較難。其法，於未入爐之先，即以自來之煤燒之，全山烈火逾月始熄，煤浮而炭氣盡散。所存黑質仍含泥土，乃更設爐重燒二次。爐寬二丈，高五丈，中若葫蘆，以不灰木爲裏。配以煤炭，而以灰石搭配鐵砂，從上納之。灰與泥土在爐内合爲一質，輕而上浮，即從上開一竇洩出；所成生鐵，重而下沈，亦從下開一竇收於模内。此爐既大，鎔鐵又多，須以烈風吹火。舊法恒用冷風，近乃多用熱風，以風熱則出材多而省費也。其法用火輪機爲蒸釜以生力，爲汽筩以行機，爲風箱内有活塞往返催風，上下左右有合葉使風出入，爲風櫃以積風，爲風管以引風於熱處，爲旁爐俾風管穿之而熱。風熱至六百餘度，以入大爐，斯鐵化愈速矣。

生鐵既成，於是由生而熟，由熟而爲鋼，則須更燒一次。其爐式横而卧，與前爐豐而高者不同。爲火櫃於爐前以置煤炭，爲煙筩於爐後，中爲置鐵之所。鐵與煤炭稍隔，俾熱力透而融之。火既熱極，鐵如汁沸，隨以鋼條挑撥轉動，則鐵中之炭悉化而隨煙出矣。出爐後，俟其退涼，團爲鐵丸，是爲柔鐵。然其質散而不堅，必加以錘，然後可堅、可柔、可折，爲熟鐵。從前多用水碓以運錘，英人納斯米創爲火輪機運錘之具，而輕重不能由人。後又置小機於旁，專爲可輕可重而設。其重擊，千鈞之石可立碎；其輕擊，雞卵而止傷其皮，遂爲汽機運錘之善法。至熟鐵製爲條片，亦有軋鐵汽機，以鋼礴二具一上一下，而以熟鐵置其間。機行礴轉，鐵隨壓力而引之，隨引隨長。如欲極薄，則以油敷鐵面，折之乃更軋之；更折更軋，至於五倍十倍，幾如薄紙。更有隨軋隨劃，如刀裁者，方圓大小粗細，一經運軋，無不如式。吁，神乎技矣，蔑以加矣！然非萃億兆人之精力，積數百年之考究，耗千萬磅之金錢，孰能驟臻斯詣哉？余謂乘今日而傳其學，研精竭誠，罄其祕要，究屬創難而因易矣。

劉安《淮南子》卷一六 慈石能引鐵，及其於銅，則不行也。

曹學佺《蜀中廣記》卷六七 《老學菴筆記》云：蜀有竹炭，燒巨竹爲之，易然無煙而耐久。邛州出鐵，烹鍊利於竹炭，皆用牛車載以入城，予親見之。

又卷六九 《禹貢》：梁州厥貢砮磬。《華陽國志》：臺登縣有砮石，火燒出鐵，剛利。

佚名《漢書疏證》卷二六 能鑄冶。《水經注》曰：釋氏《西域記》曰：屈茨北二百里有山，夜則火光，晝日但煙，人取此山石炭，冶此山鐵，恒充三十六國用。故郭義恭《廣志》：龜茲能鑄冶。

蘇軾《蘇文忠公全集》卷一〇《石炭并引》 彭城舊無石炭，元豐元年十二月，始遣人訪獲於州之西南白土鎮之北，以冶鐵作兵，犀利勝常云。

陸應陽《廣輿記》卷一七《山川》 四川行都司，東界烏蒙府，西至生吐蕃，南界雲南武定州，北界寧番衛。自司治至京師一萬一千五百里。

瀘山、鐵石山，上有砮石，燒之成鐵，爲劍戟，最利。

宋應星《天工開物》卷中《冶鐵》 凡冶鐵成器，取已炒熟鐵爲之。先鑄鐵成砧，以爲受錘之地。諺云：「萬器以鉗爲祖」，非無稽之說也。凡出爐熟鐵，名曰毛鐵。受鍛之時，十耗其三，爲鐵華、鐵落。若已成廢器，未鏽爛者名曰勞鐵，改造他器與本器，再經錘鍛，十止耗去其一也。凡爐中熾鐵用炭，煤炭居十七，木炭居十三。凡山林無煤之處，鍛工先擇堅硬條木燒成火墨，俗名火矢，揚燒不閉穴火，其炎更烈于煤。即用煤炭，亦別有鐵炭一種，取其火性內攻，焰不虛騰者，與炊炭同形而分類也。

錢栴《城守籌略》卷五《制器禦敵》 一、製銃煉鐵，炭火爲上。北方炭貴，不得已以煤火代之。鐵在爐時，用稻草截細，裸黃土，頻灑火中，令鐵屎自出。煉至五火，用黃土和作漿，入稻草浸一二宿，將鐵放在漿內，半日取出再煉，須煉至十火之外。生鐵十斤，煉至一斤餘，方可言熟。

二、捲筒雙層交錯，岔口捲成者爲上。若鐵不淨，內有重皮，反不如單捲。全要岔口將合未合之時，用鐵刷刷去鐵上灰滓，自然合成一家。筒成抵住一眼，以滾水灌入腹中，看有隙漏處，再加煮火。

劉錦藻《清朝續文獻通考》卷四四《征榷考十六》 〔光緒〕十四年，熱河都統謙禧奏略稱：「前直隸督臣李鴻章，咨會候補道朱其詔承辦土槽子、遍山綫兩處銀礦，機器內應用煤鐵，即於該處左近擇煤鐵礦之合用者，由該道派撥工匠擇煤供用等因。當經轉飭知照，札飭熱河道德克精額，委員查勘興隆山距郡甚近，於東陵後路風水關礙。榆樹溝距郡較遠，雖無關礙，但窮鄉僻野，易招匪類，恐致貽害地方等情，繪圖貼説，稟由熱河道詳送核辦。查興隆山既經關礙風水，自應不准開採。其榆樹溝煤窑，雖據稟稱，易招匪類，但責成地方官認真稽查，未始不可准行。惟此處煤礦不在前任都統成格奏准開採之列，若不變通辦理，殊恐有礙礦務。可否准其開採，以便遵辦。」下部議奏。

又卷四五《征榷考一七》 〔光緒二十二年正月二十八日〕又直隸總督王文韶奏略稱：磁州之西五十里彭城右太行山麓，與山西潞安府、河南彰德府毗連，素產煤、鐵，居民以土法開挖，不能深取，往往時興時廢。其中，吳家窪之煤最爲著名，名爲大紅炭，可備鎔鍊鋼鐵，及輪舟、火車、各項機器之用。舊有煤井十二座，停止年久，積水甚深，飭委往勘，擬就舊井先購機器汲水，始行開採。挖煤皆用人工，俾本地窮民得有生計，所出之煤以供本地磁窑、灰窑等用，銷路亦暢。該處爲蘆漢鐵路必經之地，將來鐵路告成，即可資煤爲用。查直省可開之礦，如臨榆、撫寧、平泉、建昌、朝陽、赤峰等處，皆經臣先後查勘，次第經營，而磁州煤礦尤係奉旨飭辦，茲擬章程，奏明試辦。

盛宣懷《愚齋存稿》卷三〇《電報七·寄香帥》〔光緒二十四年正月十三日〕 呂柏因開平末批焦炭不好，萍焦不濟，年底停爐。今年開平祇允運焦八千噸。日本焦樣磺多灰重，又不合用，東流打鑽，尚無把握。鐵廠惟有大辦，萍鄉煤鑛一著已借銀十萬兩，派張贊宸前往總辦，並調德鑛師賴倫，仍由江西赴萍，順道兼勘。宜春煤鑛必須明幹委員同往，方可放心，去年所派惲令太拘泥，以致未能詳細勘定。查有汪丞鳳瀛堪勝此任，與張贊宸亦相洽，可否求俯念鐵政成敗關係，准暫借汪丞一行，所有咨行公牘擬會大銜以昭鄭重。鵠盼鈞復。

又卷三四《電報一一·香帥來電》〔光緒二十五年六月十二日〕 昨准大咨送日本在大冶通易煤鐵合同。查大冶鐵產富饒，而中國焦煤短缺，以有餘之鐵隨時酌易急需之炭，未始非計。故前此和田來鄂面談，弟屬其到滬，與閣下妥商辦法。惟細閱此次所訂合同，不無過慮。合同以五十年爲滿，試辦之事，爲期未免過久。設或佳鐵不多，豈不於自用有礙，一也。限定每年賣鐵石頓數價值亦嫌太廉，操縱似欠自如，二也。以上二端似均宜詳酌，略放活動，似先定三年或五年爲妥。此時合同已定，不知尚能設法更改否？又此事有關大冶礦山，似須咨明總署，以免局外妄議。尊意如何，並祈酌示。爲盼。

又卷三四《電報一一·寄香帥》〔光緒二十五年六月十五日〕 日本通易煤鐵一事，和田自鄂回滬，急於成議。本欲將合同稿寄請覆核，並調大冶礦師來滬商酌成色。小田切力請，此事已奉憲台面允。和田急欲回國，立待簽定。繼思去冬曾亦面蒙鈞諭，有益無損。伊藤又有函來。此時日本若援俄德英意成案，素辦一礦自開自運，何難之有？今拒其租山自挖之請，而歐亞礦廠通易有無，誠爲彼此利益。況已煉之鋼鐵可售，我正苦乏焦炭，先售以未煉之鐵石，併易其可煉鐵石之焦，計亦良得。至冶鐵，數百年無盡之藏，歲售五萬噸，十五年計之，不過七十五萬噸，爲數甚少。近又勘買九江鐵礦，防人覬覦，似不患其缺鐵也。惟所定礦質太劣，愈形其價值太廉，争論再四，不肯稍加。特於第三論價值條内言明，光緒二十七年十一月止期滿，價值再行酌定。此即操縱活動處，與鈞意先定三年符合。昨小田切商請免税，復以出口税斷不能免，如日本商輪赴石灰窑裝儎，須由漢關報明，估價抽税。或將礦石運滬交貨，小須在滬關完税。小田回國尚無復信，本擬俟宣進京時咨署，可免誤會，因美約稽滯，約秋初北上。蓋慮周密，自應趕緊辦咨。萍礦何時奏復。輪電：開平義應報効，然商情疑是，招股更無望矣。

又卷六八《電報四五・寄外務部（光緒三十一年）二月三十日》 前由晉撫商派華礦師張金生赴晉，據禀已測勘澤屬煤鐵各礦取點之處，每點定十里爲限，東南西北四至計四百方里。僅舉距道澤鐵路十餘里，最近之鳳臺縣五谷山一點而論，煤層厚薄扯算折中，以十四尺厚，每里方積約得煤一百六十八萬噸，再乘四百方里，計煤六萬萬七千二百萬噸，每日出煤二千噸約可開千年之久。澤屬煤産即如此暢旺，各屬亦遍地煤鐵甲於環球等語，所呈煤樣與英國硬白煤相似，值價最昂。若以煉鐵毋庸改製焦炭，誠爲至寶。除商晉撫籌款設法密速購地外，查附訂四條内，大部添入煤礦實是要著。第一款内所載煤礦，如亦願意合辦，届時由商務局與福公司再行商議，恐已不能再改，惟標題所稱擬設山西鎔化廠，並合辦山西鐵礦合同字樣，可否加煤字，繕曰合辦山西煤鐵礦合同。第三款内該公司儘先公用，可否改爲該煤礦儘先供用。此二處加改，將來商議稍好，面子不甚喫重，似可在奏咨合同内徑改，不必先與哲商，亦必須由大部與哲商改，乞鈞示。此電詳叙澤煤佳處，並祈祕之。

又卷七二《電報四九・寄武昌張中堂（光緒二十三年）六月二十二日》 今有一萬緊萬急事禀商，萬祈詳察速復。前承電商湘路，仰見鈞座未忘廠礦之難也。復電請認辦洙昭一段，實爲急救廠礦起見。查萍煤專爲煉鐵而辦，已費成本五百餘萬兩，石格已通，今年可出煤四十五萬噸，充其量可出九十萬噸，來年漢廠新化鐵爐成，每年出鐵十五萬噸，約須自用一半，大冶必再添兩爐，符公原奏，提還官本亦非空談。所惜煤焦能多出不能多運，目下輪駁不惜重費，至多運二十萬噸，病在岳州以上河淺也。從前預算粤漢路通不憂難運，故敢借禮和及大倉洋債放手大舉，今則洙洲至岳州鐵路竟無通期。若再遲擱，煤難多運，鐵難多煉，煤礦必倒，鐵廠亦難支。總辦總礦師急不可耐，來滬籌商。岳州至昭山，尚可定造二三尺淺水拖輪，暫濟眉急。惟昭山一名易家灣，至洙洲十二英里曲折灘多，輪駁難駛。現雇小民船，裝甚少，弊甚多，非速接造鐵路，難濟涸轍。湘中有款，亦必先造長岳，決不就洙昭起點。廠礦雖竭力，爲救全局，只得勉籌五十萬趕緊自辦。查粤漢勘路圖，洙洲、昭山、湘潭爲三角形，中有灣河九十里，即萍煤阻運處，幹路正綫避灣就直，係由洙洲通昭山以達長沙。當時因湘潭著名富庶，故圖中另作標記，備造枝軌，路政先幹後枝，原圖移交鈞署，可請覆按。此時廠礦代造洙昭，將來湘路由長沙接昭山究可少一段，並可隨時歸併，實於公理有益無損，然非中堂一力主持，游移推諉必難克期。前年以廠礦事切懇，蒙面允不費錢事，必能力助。宣懷承公委任，十年堅苦，至此浮圖合尖，仍賴鼎力設法玉成。轉瞬秋收，即須開辦，明年必須與新化鐵爐同時告竣，否則殆矣。此所謂不費錢功德也，礦師等在滬守候，無論如何務祈撥冗速復，以便擬咨核辦。悚感千萬，再此電縷陳廠礦關係，請弗全文轉湘。

又卷七三《電報五〇・寄陳尚書（光緒三十四年）四月十五日》 洙昭築後四十里，計每噸運費二錢，比較民船九十里運費有增無省，但利在多運，可免停爐。鈞擬甲乙兩條極妥，丙廠礦附粤漢一二十萬，恐彼必先撥，路成無期，非廠礦公司所願。官商合辦，督撫電意湘公司所争，在萍煤運脚，只算准湘附股，不必另奏兩句似須扼重。弟料其數十萬亦難，籌筱帥云：借此下臺。大部細核辦事分利之法，併電督撫，當先告筱帥以慰其念。

又卷七三《電報五〇・農工商部來電（光緒三十四年）九月十二日》 接贛撫電稱，萍鄉煤礦應完礦税，已電商貴大臣，飭該礦自九月起將焦炭、冶煤兩項遵章按貨抽收在案。茲届十月，除派員赴萍按章抽收外，請轉電貴大臣飭遵等因。查萍礦完税，贛撫既已與貴大臣接洽，應即查照辦理。至該礦案卷本部缺而不全，請飭鈔送備案併希電復。

又卷七三《電報五〇・寄農工商部》（光緒三十四年）九月十三日 查萍煤專爲漢陽冶鐵而設，張中堂前因鐵廠官費難籌，奏准官督商辦，所有已用官款五百餘萬，責成商局承認所出生鐵每噸提銀一兩，歸還官款。其所出各種鋼鐵料，並在本省外省自用煤礦均請免稅。奉旨依議在案。是萍煤濟益漢廠冶鐵，即於所出生鐵每噸提銀一兩，煤稅實已包括在內。現在萍煤於江西湘東卡仍報完釐金，及萍邑炭捐、學校捐，合計每噸須銀一錢零，較之開平僅完稅一錢，萍礦並未稍沾優例，而分擔漢廠鐵捐鉅款轉爲開平所無。今春接准鼎帥電商照章抽稅，當即派員至開平調查該礦稅則，後正擬飭令赴贛商辦，上月復接鼎帥巧電，以大部已頒新章，萍礦應遵章抽收，擬於九月開辦等因。當與廠礦股商會議，僉謂漢廠生鐵已經認抽每噸一兩，其自開煤礦久經奉准免稅，似難再完等語。宣懷查萍礦以運道艱難，本重銷滯，積欠各債至五百餘萬，月息滚計愈累愈重，商力正在萬分竭蹶之時。現擬添招新股，來年如能招足，商力較厚，即應仰體時艱，於明年二月大部新章施行之後，遵章改釐爲稅，勉盡報効之忱。惟現在新章未行以前，應懇電咨贛撫，仍照舊章抽收釐金，稍紓商力，實爲公便。

又卷七三《電報五二・寄武昌楊護院文鼎》〔宣統元年〕十月二十六日》 頃李郎中電稱，蘄水縣有白石，含鎂較多合我鎔鍊，派人採運，平價賣買。該縣徐令藉詞出示禁阻。該郎中已在尊處面呈說帖，因工人船隻齊集，一散再招不易等語。查鋼鑪需鎂精甚多，平價採運，實於地方多一出產，事屬兩益。該縣或有誤會，應請貴部堂迅速札飭徐令，出示曉諭，准由漢廠採辦，禁止外人開採，實爲正辦。

又卷三四《電報一一・寄總署總局》〔光緒二十五年〕三月二十四日》 萍鄉煤礦集股五十萬，開辦三年。現已每日出煤二三百噸，本年鐵廠焦炭已敷用，俟鐵路造好，每日可運數千噸，足供輪船車路之用。因僱用德礦師禮和，墊購機價已鉅，議借馬克分十二年攤還，每年約還十萬兩，此礦足可自籌，必不累及保人，煤礦止作抵借，不歸彼辦。禮和自得借息，不沾餘利，與川晉合同迥異。礦股之中，輪船公司聲明較著第七款，止作保人，亦不爲抵押。但既借洋款，須使其放心，免生枝節，且該公司悉係股商產業，本不出售抵押於人，僅以作保，毫無所損。得一煤礦，輪船大益，南北洋鄂督並已咨明在案，昨禮和函催，如逾期，恐變卦。萍礦若中止，開平現爲水浸，鐵廠無焦炭，勢必停罷。鐵路盡買洋軌，輪船盡用洋煤，漏卮極大，並恐萍礦一蹶，亦爲洋人所得，乞俯諒苦心，迅賜核准，以維三局。

又《寄總署總局》三月二十四日 鄂省鍊鐵無煤，官辦商辦皆受鉅累。今得萍礦，已鍊成鋼軌萬噸，槍礮廠亦合用，是該廠轉機在此煤礦。英提督貝思福、德藩皆往漢陽大冶細看鐵廠、鐵山，若因煤缺中止，彼族必覬覦，因彼族視鐵廠頗重也。

張英《淵鑒類函》卷三五八《産業部四》 鐵爐。《孔帖》：唐李聽爲蔚州刺史，有銅冶，自天寶後廢不治，民盜鑄不禁。聽乃開五爐，官鑄錢十五萬，人無犯者。唐柳宗元文：永州北郭有步，曰「鐵爐步」。蓋常有鍛鐵者居，其人去，其爐毁者不知幾年矣。

閻若璩《潛邱札記》卷一 煅者有冷鎚，於成刀劍後細密加鎚也。精鐵得此，愈見堅利，毛鐵則破碎。注釋詩文之冷鎚也，有意則得註，精彩倍加，無意則破碎。

杜臻《閩粵巡視紀略》卷下 黄崎，舊名寧崎，在縣東三十里，爲三十二都地，故設巡檢司。【略】地産鐵，宋置鐵鑪。

李衛《〔雍正〕畿輔通志》卷五三 煉鐵鑪。在遷安縣澈河之濱，有攬船椿石，舊嘗爲鑄鐵之所。千金冶在灤州南。《名勝志》：冶在灤州南二十里，即漢夕陽鐵官也。

于敏中《日下舊聞考》卷一四三 原遵化鐵鑪深一丈二尺，廣前二尺五寸，後二尺七寸，左右各一尺六寸。前闢數丈，爲出鐵之所，俱石砌。以簡干石爲門，牛頭石爲心，黑砂爲本，石子爲佐，時時旋下，用炭火置二韛扇之，得鐵日可四次。石子産于水門口，色間紅白，畧似桃花，大者如斛，小者如拳，擣而碎之，以投于火，則化而爲水。石心若燥，砂不能下，以此救之，則其砂始銷成鐵。生鐵之煉凡三時而成，熟鐵由生鐵五六煉而成，鋼鐵由熟鐵九煉而成。其鑪由微而盛而衰，最多至九十日則敗矣。《春明夢餘録》：此條原在物産門，今移改。

劉錦藻《清朝續文獻通考》卷四三《征榷考一五・坑冶》 〔乾隆五十一年〕又議準江西上猶縣，準其添設鐵鑪二座。

又議準江西上猶縣鐵鑪，準其封閉二座。

〔乾隆〕五十六年，題準四川洪雅縣屬山梯黨、老林溝鐵礦，準其開設鐵鑪二座。

又題準四川葛藤山、斗屯巖等處鐵鑪，準其封閉。

〔乾隆〕五十八年，題準四川奉節縣屬石耳關、黄連壩等處鐵礦，準其設鑪，照例收稅。

又議準江西長寧縣，準其添鐵鑪四座。

又題準廣西懷集縣額設鐵鑪，開採年久，炭礦就衰，準其減鑪十座，免納稅餉。

又卷四四《征榷考一六》〔同治〕十一年，題準廣西桂平縣吉一里界田水邊地方山場，産有鐵礦，設鐵鑪一座，每年納鑪稅銀二十兩，自同治九年爲始，按年由縣征收。

〔同治〕十二年，議準桂平縣屬千子嶺接壤大潤嶺一帶山場鐵礦，招商開採，設鐵鑪一座，每年輸納稅銀二十兩。

王守基《鹽法議略》卷四　蓋天下産鐵之區，莫良於粤，而冶鐵之工莫良於佛山，故鑪座之多，以佛山爲最，至今有商人新開鑪座，總督猶專咨達部焉。廣東鹽鐵並誌，蓋亦祖漢代《鹽鐵論》之遺意云爾。

歐樾華《〔同治〕韶州府志》卷一一《輿地畧》　鐵。曲江、乳源、翁源、英德，向有鐵爐，今惟曲江靈溪爐尚存。

劉錦藻《清朝續文獻通考》卷三八九《實業考一二》〔光緒三十二年〕永新縣張令慶霖稱：縣屬惟産鉎鐵，向有本地紳民，就近窑取，設鑪鎔鑄，運赴省垣、饒州、廣信等處銷售。其於東鄉所産之煤，西鄉大江所産之錳，皆緣成本過重，無人開採。當飭查明設鑪幾座，每月出鐵若干。張令善鐸稱鉎鐵一項，查明設鑪五座，歲約可出鐵一萬餘斤。石城縣譚令從炳稱，高田村淘鍊鐵砂，已購到鍊鐵鑪及一切器具，每日可出鐵鍋、鐵罐數十件，獲利尚豐。

傳記

曹學佺《蜀中廣記》卷六七《方物記》第九《五金》　《史記》曰：蜀卓氏之先，趙人，用鐵冶富。秦破趙，遷卓氏，求遠。致臨卭，大喜。即鐵山鼓鑄，運籌策，富至僮千人。田池射獵之樂，擬於人君。程鄭，山東人。亦以冶鑄，富埒卓氏，俱居臨卭。

李昉《太平御覽》卷八一三《珍寶部一二・鐵》　《史記》曰：邯鄲郭縱以鐵冶成業，與王者埒富也。又曰：卓氏、宛氏，以鐵冶致富。

《史記》卷一二九《貨殖列傳第六九》　蜀卓氏之先，趙人也，用鐵冶富。秦破趙，遷卓氏。卓氏見虜略，獨夫妻推輦，行詣遷處。諸遷虜少有餘財，爭與吏，求近處，處葭萌。唯卓氏曰：「此地狹薄。吾聞汶山之下，沃野，下有蹲鴟，至死不飢。民工于市，易賈。」乃求遠遷。致之臨卭，大喜，即鐵山鼓鑄，運籌策，傾滇蜀之民，富至僮千人。田池射獵之樂，擬於人君。

程鄭，山東遷虜也。亦冶鑄，賈椎髻之民，富埒卓氏，俱居臨卭。

宛孔氏之先，梁人也，用鐵冶爲業。秦伐魏，遷孔氏南陽。大鼓鑄，規陂池，連車騎，游諸侯，因通商賈之利，有游閑公子之賜與名。也」。然其贏得過當，愈于纖嗇。家致富數千金，故南陽行賈盡法孔氏之雍容。

魯人俗儉嗇，而曹邴氏尤甚，以鐵冶起，富至巨萬。

《漢書》卷九一《貨殖傳第六十一》　蜀卓氏之先，趙人也。用鐵冶富。秦破趙，遷卓氏之蜀，夫妻推輦行。【略】致之臨卭，大憙，即鐵山鼓鑄，運籌算，賈滇蜀民，富至童八百人，田池射獵之樂擬於人君。【略】

宛孔氏之先，梁人也。用鐵冶爲業。秦滅魏，遷孔氏南陽。大鼓鑄，規陂田，連騎游諸侯，因通商賈之利，有游閒公子之名。【略】然家自父兄子弟約，頫有拾，卬有取，貰貸行賈徧郡國。

魯人俗儉嗇，而丙氏尤甚，以鐵冶起，富至鉅萬。

又卷二四下《食貨志第四下》　於是以東郭咸陽、孔僅爲大農丞，領鹽、鐵事。而桑弘羊貴幸。咸陽，齊之大鬻鹽，孔僅，南陽大冶，皆致産累千金，故鄭當時進言之。弘羊，洛陽賈人之子，以心計，年十三侍中。故三人言利事析秋豪矣。【略】

《食貨志》下：孔僅使天下鑄作器，三年中至大司農，列於九卿。而桑弘羊爲大司農中丞，管諸會計事，稍稍置均輸以通貨物。始令吏得入穀補官，郎至六百石。自造白金、五銖錢後五歲，而赦吏民之坐盜鑄金錢死者數十萬人。其不發覺相殺者，不可勝計。赦自出者百餘萬人。然不能半自出，天下大氐無慮皆鑄金錢矣。

王象之《輿地紀勝》卷二二《江南東路・池州》　孝娥廟。《寰宇記》：在貴池縣東北四十里。吳大帝時，孝娥父爲鐵官冶，遇穢鐵不流，女憂父刑，遂投爐中，鐵乃湧溢，流注入江，娥所躡履浮出于鐵。時人號曰聖姑，遂立廟。

趙宏恩《〔乾隆〕江南通志》卷一四七《人物志》　黄何，字景蕭，休寧人，知興國大冶縣。有三山産鐵，盜鑄者數千人，尉不能緝，密聞之朝，調官軍且至。何止軍境上，單騎諭之，皆感服逌散，悉焚其具，一境晏然。歷知處州岳陽，終朝議大大。

穆彰阿《〔嘉慶〕清一統志》卷三三六《武昌府》 黄何，休寧人。嘉定時，大冶簿。湖中三山産鐵，尉巡警，盜鑄者四千人起爲敵，何單騎往諭，焚其具還。延朱子弟子萬人傑爲學者師，俾知趨嚮。

王巖叟《忠獻韓魏王家傳》卷一 公諱琦，字稚圭，安陽人。韓氏之先出自晉卿獻子之後。【略】大通監西冶歲鍊青鐵十餘萬，所用礦炭錢糧，自劉繼元於交城縣直取於民，所積鐵已數百萬，可支百年支用，公請權停興扇五七年。詔從之。【略】相州利城軍鐵冶，四十年前，鐵礦興發，山林在近，易得礦炭，差衙前二人歲納課鐵一十五萬斤。自後採伐山林漸遠，所費浸大，輸納不前。後雖增衙前六人，亦敗家業者相繼。本州遂於六縣中白差上等人户三十家充軍户，更不興扇，止令歲納課鐵，民甚爲苦，公奏停之。

曾國荃《〔光緒〕湖南通志》卷一六五《人物志六》 周幹，瀏陽人。洪武中以貢授山西布政司照磨，廉慎有爲，累擢御史。永樂中，歷江西右布政使，有惠政。瀏陽初開鐵冶，鍊造官鐵解京，鐵不堪用，而解難足額，幹建言免之。《一統志》。

阮元《〔道光〕廣東通志》卷二五三《宦績録二十三》 鄭鳳，邵武人，貢士，嘉靖間判萬州。平易謙恭，不以一絲致擾於民。州有山，産鐵石，黎居之。民庶恒相聚，私爲冶鑄，遂招來亡命，動與黎人搆釁。鳳乃請於上官，得罷斥封禁之，黎民胥安，咸頌德焉。《福建通志》。

張懋《明孝宗敬皇帝實録》卷二八〇 〔弘治十七年二月〕癸巳，大理寺卿楊守隨乞致仕，不允。初，廣東歸善縣清溪等處山産鐵礦，有巫琮招古三仔等就山煽鐵，因嘯聚爲盜，官軍捕之，琮逃去而獲三仔等。知府涂疇誤以三仔爲脅從，頌繫于外。會番禺民張文俊、羅時等奏請立官爐納課，行勘未報，土人射利者争來立爐，有唐大鬢者亦率其黨與焉。知府徐經不之禁，且令文俊等領課事。文俊等于課外索賂，大鬢等憾之，遂入烏洋潭欲爲盜。三仔遂逸去，與大鬢合，據險立巢，大肆剽殺，徒黨日盛。分巡僉事徐紘、分守參議張謨、守備指揮馬義等督軍捕之不克，守臣以聞。命守巡等官各停俸殺賊。於是督捕益力，賊遁入深山。揔督都御史劉大夏馳榜招之，賊聽命，而賫榜者索賄不已。時，守巡等官更代不常，拊循失所，大鬢復叛去，糾合三仔及劉耗神等，劫鄉村，焚廬舍，掠婦女，死者不可勝計，官軍多被殺傷。乃調惠州等衛漢、達軍，及委廣西都指揮金堂統領龍、英州土兵并民兵分哨進剿，破大鬢栅，生擒之。三仔、耗神等敗走，尋獲之，餘黨悉平。至是以聞，法司上其獄，三仔、大鬢各淩遲處死，耗神處斬，并劾守巡及守備等官不能無罪，但去任及陞任者多，且其中亦有功過相等者。命三仔、大鬢、耗神依律處斬，文俊、時發貴州都匀衛充軍，各官功過相等略等者貸之，餘問如律，陞任去任者置勿問。

李文藻《〔乾隆〕歷城縣志》卷一四《古蹟考一》 秦叔寶宅在西關沙苑，子孫世以鐵冶爲業，世稱鑄鐵秦家。舊志。

許容《〔乾隆〕甘肅通志》卷四七劉敏寬《北山鐵廠碑》 往者主和議，邊備久弛，塞上數苦兵輸，率敝於道。田公鎮撫五郡，峙儲簡鋭，主客騎步，各程其材，鹽筴屯田，靡廢不舉。介胄鋒鏑，礮石神器，戰守之具也，而悉資坑冶。故事，陝西行省歲供甘州軍需熟鐵十萬九百餘斤，鳳翔歲供西寧熟鐵七千五百餘斤，乏則復齎行李，鬻之關以東。稽程則數千里而遥，稽時則以月以歲，徒糜費，罷征發轉輸已耳，且無能濟緩急。公乃策諸監司，偏搜山澤。復徵冶氏於秦晉，得冶氏來襄其事。余不佞，備兵湟中。始得礦下馬圈北山之麓，既得之大山硤，冶氏謂：「北山礦廣而堅，視大硤良便。」其山峭崒，澗中石粼粼，積無算。踰數里，山木蕃殖。薪槱者報曰：可以冶鐵。余躬詣相度，乃即北山下置官廳六楹，鐵爐二座，營舍五十間，跨山爲墩，上建墩栅四楹，周圍牆塹，足備不測。合簡西寧各營步卒四百，供版築之役。擇指揮盧忠，爰督厥成。仍選士習其藝。復令如《周官》所載，物其地圖而授之。煅者採者，各責其人，爲長久計。是役也有五利焉：河西四面用武之國，朝冶而夕效，取之源源，一利也。無輸運數千里之勞，民獲休息，二利也。隨取隨給，無歲月之淹，三利也。工役則取諸坐食之步卒，炭石則採諸無禁之山林，下不擾閭閻，上不煩公帑，四利也。以五郡之材，資五郡之用，旁郡額供，止輸折價，以備除器之需，五利也。況邇者彼數内哄，數爲我兵所衂，爲之咋舌，稱鐵壁云。今復聞在坑冶，寧復有不逞志？堅甲利刃，烈火迅機，行且淩崑崙，沸青海，建萬世無窮之利。公可謂忠於國矣。昔管子以策試齊，遂表東海。管子，策士耳，且富强之説，不足述也。顧齊以管子霸，乃今用事豈少管子哉？即局促因循，而以綱紀經畫，爲迂且擾，奈國事何？誠能度不費之利，興不怨之勞，事半而倍於古人，務久遠以裕國計，當保世世無疆場憂。余惟前事者，後事師也，因伐北山之石而紀之若此。公名樂，戊辰進士，任丘人。

阮元《〔道光〕廣東通志》卷二八六《列傳一九》 白炯中，清遠人。由諸生貢入成均，歷任光禄寺署丞，有能聲。髫時，父爲賊所害，冒險詣賊巢，購櫬而歸。本朝定鼎，委修砲台、雉堞有功。壬辰，承詔舉孝廉，人以爲不愧大典。平居誼篤桑梓，凡修學賑荒施棺周急，皆力爲之。初，順治辛丑，秦王山鐵爐廠聚衆流劫各鄉，大爲民害。炯中籲請當軸撤爐。康熙四年遂止之。

徐潤《徐愚齋自叙年譜》（光緒三十年）九月十九，自九江復回漢局。二十日午刻，同紫卿兄到漢陽鐵廠，晤張紹翁。初次謀面，談論良久。同勘化生鐵、拉鐵軌并驗大煤碎煤等事。紹翁却似唐景公一路人物，佩服佩服。所欠者洋情不透，恐誤在不專一事耳。其同事馮敬菴、張文通兩君年皆四十外，聞極能耐勞，在廠十餘年，兩手空空，尤爲難得。梁有、潘堂、朱容三工頭辦事頗持正，皆目下可靠之人，唯工食太薄，此乃中國之大病。冒辦從未到廠，無從得察也。此次考察各事，盧洪昶兄之力爲多，盧誠有心人哉！

聞漢沽日本客二萬噸，二三號貨價二十二兩，零星二十五兩，生鐵成本約二十五兩，鐵軌五十兩，外如馬丁鐵約本七八十兩。

盛宣懷《愚齋存稿》卷七〇《電報四七·南昌沈方伯來電（光緒三十二年）十月二十六日》　早晨謁院已商定，電飭張令回城，胡應龍回安源，茲聞湘軍二百名亦到安源，可保萬安。惟昨電湘營由火車捉一匪供之，礦丁赴醴，幾致鼓噪。乞公電屬張林，目前須以好語慰藉，以安反側。【略】

安源防勇只有百餘人而礦衆數千，恐難鎮壓，無論何軍先到，務請電飭留防安源礦衆，若免內鬨，可保無虞。

又《電報四七·寄武昌張宫保（光緒三十二年十月二十七日）》　漢廠電：鄂軍已乘輪進發，感極。堯帥電：湘軍已改赴瀏陽，仲帥又將駐萍防營二百五十名調出一半會勦，只有百餘人駐礦，而礦丁數千人聚集一隅，匪大頭目龍定住江西人，難保無勾串。昨醴兵到廠拿一匪黨，礦丁幾致鼓噪，此豈百人所能鎮壓。現在保護礦廠只望鄂軍早到，務求飛飭先到一營駐紮安源，從到者進勦，方可無虞。宣已電張林道，如有礦丁滋事者，即行嚴辦不貸。

又卷首陳夔龍《皇清誥授光禄大夫太子少保郵傳大臣盛公神道碑》　百餘年來，泰西諸國既以製器物前民用基富强，乃愈以形下之學牖其民，抽奇騁祕，出歿神鬼，摩乾盪坤，夷狎險阻，飆馳電激，雷轟霆吼，挾其天驕憑陵吾土。朝野上下瞠目熟視，驚怖無極，勢不可遏，則姑與爲委蛇，習之既久，始稍稍謀所以效法之者，而航業、電政、鐵路、鑛務諸端，紛然並起矣。然疑撼交乘，財力並殫，忍尤詬，劌心嘔血垂三四十年，僅僅有此成績於國中者，厥惟武進故郵傳大臣盛公之功。公名宣懷，字杏蓀，又字幼勖，別字次沂、補樓、愚齋、止叟，皆公晚年所自署也。【略】當同治末，疆吏有以電政爲言者，被俞旨矣，未果行，而英吉利海綫由香港達天津者已十年，且引綫達上海，又設陸綫至九龍。丹國水綫亦由吴淞設陸綫達上海，駸駸入內地。公治航業既有效，文忠復以委公。公執公法與英、丹約購，歸其陸綫，而限水綫止吴淞；成津滬陸綫，設電報學堂，商股大集，海疆要地次第敷設，十餘年間徧全國矣。方法越事起，閩粤間敷綫需款亟，公遽移金州鑛款十餘萬以濟。部臣不量事勢緩急，以失實議降調。左文襄公方值軍機，持不可，復下其事南北洋。曾忠襄公與文忠奏辯謂權宜裨益軍務甚大，不當拘常例。得旨寬免，然猶降二級留任。公從文忠久，內政外交多所毘贊，疆吏交章奏調，争欲得公佐理，文忠留不遣。嘗一攝津海關道，旋授山東登萊青道，調津海關道，皆兼領輪電事如故，所在咸有名績。而任登萊青道時，濬小清河、設拯濟局兩事，尤爲人所稱。蓋公所蘊蓄無施不可，世徒以擅實業許公，猶目論也。鄂督南皮張文襄公亦喜言興利事，嘗設鐵廠漢陽，費帑數百萬，累六七歲無成功。大冶鐵鑛，固公所刱獲，乃奏請以公董其事，復與直督合詞，請以蘆漢鐵路任公，遂拜開缺，以四品京堂候補督辦鐵路總公司之命，於是輪電路鑛諸要政萃於一人矣。當是時，外人以吾國初築路，争貸款以工作自承，而紳商亦競言路事。公默察言者多空談，其實皆陰挾外資自重，公私財力並匱，非借款不足以集事。借款莫比、美便，比國小，無遠圖，美越國鄙遠，亦未有侵略意也。乃貸比款築蘆漢，而以粤漢路借美款。一時學子争言貸款喪權，士大夫亦交起齮齕公，湘人持之尤力，美約遂廢，粤漢路亦卒不可成，成者獨蘆漢，而所貸比款如約償，不如學子言，始人人扼腕矣。公初筦輪電兩局，忌者已造蜚語中傷，公數被彈劾，至是授太常寺少卿，調大理，遥領清秩，總擥四政，忌者愈益媒孽之。公亦疏請避賢路，而朝廷方嚮用公，不許。拳亂作，疆吏定東南互保約，隱微匡救，多本公謀。既而有旨，命充會辦商約大臣，就擢宗人府府丞，兼辦理商税事務大臣，以贊襄議和，功加太子少保銜，晉工部左侍郎。未幾，丁父憂，請罷一切差缺，輪電始易人。而電報國有議起，商情猜疑，争欲以外資貿己資，公曉喻之乃已。服闋入都，以蘆漢路成，引疾乞休，温旨慰問，賜紫禁城騎馬。【略】上徇衆意，命唐紹怡代公，公遂得一意治鑛廠矣。先是，漢陽廠因鐵於大冶，而焦則取給外洋。至公營萍鄉煤鑛，利始不外溢。又前置機爐與鐵質不類，所冶鋼不可用，以此致耗敗。公易新爐冶之，鋼乃與歐産埒。歐美人見者，莫不詫爲中國前此所未有也。授郵傳部右侍郎，仍以商約差留上海。公議商約，持裁釐加税説最力，有成議矣。而英人中道忽悔異，商約罷不行，論者惜焉。逾年，奉召入都，命赴本任兼幫辦幣制事宜，擢本部尚書，改官制，授郵傳大臣。會給事中石長信疏言全國幹路宜歸國有，下其議於部，公是其議，且條理所以顧恤商本者甚備，而川民遽以此發難，鄂變亦猝起。朝廷欲罷公以弭亂，而不知隱患已積，觸間即發，此其名焉耳。故公雖罷歸，而國事終不可爲也。悲夫！公起諸生，所治皆未有故事，非素習者，徒以明敏勤懇爲中外商人所敬服，故終身鋭意興學。官津海關道時，設北洋大學，繼又設南洋公學。上海所列科目皆注重理化，公駐上海日久，南洋成效尤著，至今言學校者，必首南洋。而吾國銀行業，亦以公所創通商銀行爲嚆矢云。天性仁厚，勇於爲善，前後所籌大小振務至不可勝紀，捐私帑無慮百數十萬，最後被朝旨爲紅十字會長。紅十字會者，襲泰西之名，專以慈善事爲職志，其規撫皆公所手定者也。嗚呼！公之志事，昭昭在天壤，當時雖或蒙謗議，其所素持，如增税率、改幣制亦未見之施行，然今之言政者，卒莫能過焉。國變後五年丙辰三月，以疾卒上海，春秋七十有三。所著有奏議二十卷、電稿六十卷、公牘書函若干卷。子恩頤等以狀來乞文，其家世妻妾子女生歿年月日、葬所，及其他行誼詳於誌者，不具書。書其犖犖大者，俾刻於神道之碑，而系以銘。銘曰：非常之原民所愳，毀後疑傑謇莫喻。揮斥百靈效成務，無前偉績後孰副？昊天降菑公煦嫗，救死扶傷作慈父。生憎多口歿有譽，峩峩豐碑照萬古，有欲求之此其墓。

又卷首陳三立《皇清誥授光禄大夫太子少保郵傳大臣盛公墓誌銘》 公諱宣懷，字杏蓀，晚自號止叟，姓盛氏，江蘇武進人也。曾祖諱洪仁，議敘從九品。本生曾祖諱林，國學生。祖考諱隆，嘉慶庚午舉人，浙江海寧州知州。考諱康，道光甲辰進士，湖北鹽法道。曾祖妣氏劉，本生曾祖妣氏徐，祖妣氏費，妣氏費，咸封贈如公階。公以諸生起監司，最受知李文忠公。時文忠爲直隸總督，務輸海國新法，圖富强，尤重外交兵備。公則議輔以路、鑛、電綫、航船諸大端爲立國之要，與文忠意合。於是，朝廷用文忠言，次第任公以四者，公亦終其身以四者自效，竭精殫慮，旁求孤詣，艱阻而不悔，疑謗而不恤，綿歷歲紀，卒底於成。於航船首設招商局上海，資併旗昌公司，遂有巨舶數十艘，寖益盛。於電綫，購歸英、丹陸綫，自成陸綫達津滬，而海疆要地環郡國穿徼外以次設。於鑛，營大冶之鐵，萍鄉之煤，甄於一爐，爲效尤著。於鐵路，築京漢數千里，橫貫中原。其粤漢議定垂施工矣，爲假美款，多撓敗之者，中輟而有待。其他學堂、譯館、銀行與四者相表裏，備世之急，接踵建立，南北相望。凡所設施垂爲經制，表禹甸未有之局，非常之舉，中外屬目，引爲難能。嗚呼！可謂一代之才臣矣。所歷官由登萊青道調津海關道，屢遷至工部、郵傳部侍郎，擢郵傳部尚書。及充會辦商務大臣、商税事務大臣，加太子少保銜，最後改郵傳大臣。公一身履羣湊之衝，所區畫及其所力任，動關國家至計，維匡幹旋，忍詬負重，不可殫記。最大者光緒庚子妖團之亂，召兵困使館，其本國揣諸公使盡死，方謀併力讐我取快無餘地。公居滬，陰達電相國榮禄公曰：「事急矣，請姑許使館便宜通音耗，以平其憤，釋其疑。」從公言，美使乃最先馳報，意少解，變而爲保全中國之策自此始。後復締結諸疆帥定《東南互保約》。國不遽覆，公之本謀也。公既任郵傳大臣，會言官列陳鐵路幹而非枝者，務擅爲國有，絶紛難而一統紀。公審鄰國類沿爲常制，推以爲便，復圖兼利安羣情者而後施行之。及令下，蜀人大鬨，武昌之難繼作。朝廷徇衆議罷公，尋悟，詔復公故官，而國步已改矣，公亦幽憂卧疾致不起。夫當國勢岌岌，綱維久弛廢，禍機四伏，假以自逞，何可勝原，且引繩而絶之，絶必有處，猶欲以此蔽罪於公，豈天下後世之公論哉！公負智略，肆應無窮，更事久，益曉情僞，接物平恕，自謂：有法言而無惡聲，有微愠而無暴怒。故能通天下之志，竭人士之力，生平既盡瘁國事矣。於賑災愈引爲已責，層累募金，出私財赴之如不及，遂成故事，爲萬方飢黎所託命，至今無復尸，大力號召，繼軌如公者，世乃益慕思公矣。公以丙辰三月二十五日薨於上海，享年七十有三，配董氏，繼配莊氏，皆封一品夫人，側室刁氏贈夫人、秦氏贈淑人、劉氏贈夫人、柳氏封恭人、蕭氏貤封恭人。子八人，昌頤，舉人，湖北候補道，德安府知府；和頤，附貢生，候選同知，皆前卒。同頤，候選道；恩頤，勳五位，簡任職衆議院議員；重頤，候選道；泰頤，殤；昇頤，湖南督軍署諮議；鈞頤，殤。女八人，孫七人。癸亥某月日，葬公某縣某鄉某原。三立父子頗習公，承諸孤狀督爲銘幽之文，安敢辭？銘曰：

「汙隆之運，國倚競存。天物怒流，孰遏孰因。小拘自窘，哀儕窮猨。盛强有基，精接八垠。觥觥使相，以人事君。授公四政，草昧經綸。投于詛詬，奮于危艱。卒所憑仗，宙合一新。抱能餘施，踵活號呻。逢迎崩解，志抑萬喧。遺蹟布列，矜此勞臣。」

紀事

諸葛亮《諸葛武侯文集》卷四《别傳》　蜀章武元年辛丑，採金牛山鐵，鑄八鐵劍，各長三尺六寸。一先主自佩，一與太子，一與梁王理，一與魯王永，一與諸葛孔明，一與張飛、關羽，一與趙雲。

李昉《太平御覽》卷八一三《珍寶部一二·鐵》　《漢書·五行志》曰：「武帝征和二年，涿郡鐵官鑄鐵，銷皆飛去。」【略】又曰：「成帝河平二年，沛郡鐵官冶鐵飛。」

陳元龍《格致鏡原》卷三四《珍寶類三》　《集異志》：漢武帝征和二年春，涿郡鐵官鑄鐵，鐵銷皆飛去。河平二年正月，沛郡鐵官鑄鐵，鐵不下，隆隆如雷聲，又如鼓音，工十三人驚走。音止，還視地，地陷數尺，鑪分爲十一，鑪中銷鐵散如流星，皆上去。《集異志》：魏州地出鐵，如船數十丈。

《漢書》卷二七上　征和二年春，涿郡鐵官鑄鐵，鐵銷皆飛上去。宋祁曰：「鐵鐵疑作錢錢。」

成帝河平二年正月，沛郡鐵官鑄鐵，鐵不下。宋祁曰：「作錢，錢不下。」隆隆如雷聲，又如鼓音。工十三人驚走，音止，還視地，地陷數尺，鑪分爲十一，鑪中銷鐵散如流星，皆上去，與征和二年同象。

酈道元《水經注》卷三六　《水經·温水》注：「晉范文『日南西卷縣夷帥范椎奴也。文爲奴時，山澗牧羊，于澗水中得兩鯉魚，隱藏挾歸，規欲私食，郎知撿求。文大慚懼，起托云：『將礪石還，非爲魚也。』郎至魚所，見是兩石，信之而去。文始異之。石有鐵，文入山中，就石冶鐵，鍛作兩刀，舉刃向鄣，因祝曰：『鯉魚變化，冶石成刀，斫石鄣破者，是有神靈。』文當得此，爲國君王。斫不入者，是刀無神靈。』進斫石鄣，如龍淵幹將之斬蘆藁，由是人情漸附。」

《南史》卷一〇《陳本紀下》　〔禎明二年四月〕是月，郢州南浦水黑如墨。五月甲午，東冶鑄鐵，有物赤色，大如數升，自天墜鎔所，有聲隆隆如雷；鐵飛出牆外，燒人家。

呂震《宣德鼎彝譜》卷四第十七回《寶船廠魯班助力，鐵錨廠真人施能》　三寶太監、兵部尚書、工部尚書面辭了萬歲，分了委官，即時到於定淮門外寬闊所在，蓋起一所鐵錨廠來，即時出了飛票，仰各柴行、炭行、鐵行、銅行，并三百六十行，凡有支用處，俱限火速赴鐵錨廠應用毋違；即時發下了幾十面虎頭牌票，仰各省直府州縣道，凡有該支錢糧，火速解到鐵錨廠應用毋違；即時出了飛票，拘到城裏城外打熟鐵的、鑄生鐵的、打熟銅的、鑄生銅的火速齊赴鐵錨廠聽用毋違；即時發下了幾十面虎頭牌，仰各省直府州縣道招集鐵行匠作，星夜前赴鐵錨廠應用毋違。這叫做是個朝裏一點墨，侵早起來跑到黑；朝裏一張紙，天下百姓忙到死。不日之間，無論遠近，供應的錢糧一應解到；無論遠近，銅鐵行匠作一應報齊。三寶太監坐了中席，王尚書坐左，馬尚書坐右，各項委官逐一報齊，燒了天地甲馬，祭了鐵錨祖師，開了爐，起了工，動了手。三位總督老爺歸了衙，只説眼觀旌旗捷，耳聽好消息，那曉得這些匠作打熟鐵的打不成錨，鑄生鐵的鑄不成錨，毛毛糙糙就過了一個月，只鑄錨的還鑄得有四個爪，打錨的只打得一個環。却説這三位總督老爺，三日一次下廠，過了一個月，却不是下了十次廠，并不曾見個錨星兒。這一日三位老爺又該下廠，下廠之時，先叫二十四名打熟鐵的作頭過來，二十四名打熟鐵的作頭一齊跪下，三寶老爺問道：「你們打的錨怎麽樣哩？」衆作頭説道：「俱打成了一個箍。」三寶老爺道：「錨倒不打，倒打個甚麽箍。」叫左右的把這些作頭揪下去，每人重責三十板。

陳甘雨《〔嘉靖〕萊蕪縣志》卷七《文章志·萊蕪鐵冶都提舉司紀績碑》　翰林院學士太中大夫知制誥同脩國史李謙撰。萊蕪冶户劉順等造余言曰：「萊蕪鐵冶尚矣。至元甲戌，翰林學士徐公琰以陝西行中書省郎中來充提舉，始立官冶。發户三千，專給冶事，復其户調，仍減其租稅之半。立爲三監，曰通利，曰寶成，曰錕鋙。監設户丁，燃煉鑄鎔，舉無遺策，繼至者遵守行之，可以永久無弊。比歲不得人，稍易成法，課無所益，而民不勝擾。省部知其然，迺奏立濟南、萊蕪而爲鐵冶都提舉司，以清塩使然里沙札魯花赤，府員外郎田可宜並爲都提舉，中書掾邢秉仁副之。至任，承法之後，選郡吏屬，汰逐貪殘，不事威罰而人知懼，不尚急迫而人胥勸，向之不任科役而棄業他徒，今復聞其新政，來鐵冶任其役者有之。三載成效不可没滅。於是同僚協議，以爲國家復常賦于民，舉司爲之，則非恃人力，無以建立事功，發天地之藏。夫人力有限，苟不知存養欽恤，顧以他役勞之，則課績殿負，國家何賴焉？今常賦蒙恩蠲復而半稅，輸之遠倉，則與民常不殊，且所謂郡邑科征督趣，不惟民力重計，而輸稅之功寔多焉。爲列其情狀以聞，由是馳詣京師，代民控告，辭情懇悃，省從其請，聽於所屬，估其物直，以輕輸之，遂爲定制。符下之日，老倪相慶。三年間，蒙被惠利寔多，嘗具數君治行，聞之肅政廉訪司矣。今數君皆代去，順等不勝區區之情，輒具片石，欲歷數其事，以爲有功者勸，敢以屬筆爲請。余惟民至愚，而神有未易欺，不可以威脅，不可以利誘，惟至誠爲能感通。且夫一郡一邑，處司牧之任者，奉法循理，悉除利病，及去任之日，耿耿在人心，形於詠歌者，猶不多見。矧冶司之任毆有役之民，即山采煉以裕國計。國計裕矣，在斯民宜憾焉。今數君去代之日，深服勞瘁之人，至感念不忘，豈無自而然哉。昔劉仁師司涇水渠堰，人享其利，劉禹錫頌其遺愛；朱自勉主浙西屯田，豐其歲入，李瀚紀其成績。夫苟能敦仁，何施不嚮至治哉。吾以謂職無劇易，究心則治，民靡衆寡，惟誠則獲，數君之治所以課最而得民心者，其以是歟！」

嵇曾筠《〔雍正〕浙江通志》卷一七〇《物産》　《續處州府志》：萬曆中，開採黄巖坑，先用輦水，役徒數百人，增車至一百三十五輛，動糜帑千餘。迨涸，烹砂不足以償工食熾炭之費。又慶元坑場，舊有十處，或巖閉洞塞，或水積淵深，俱經往時採壞，即有一二處出鑛，所得不足以償所費，且地界閩浙，鑛徒嘯聚，輒爲地方害。又雲和縣原有陰巖、鳳尾二坑，鑛脈盡絶，見今封閉，僅有三都土名大龔、金塢鐵冶二處，可得微利。萬曆中，知縣陳文照建議：於春夏秋三季播種之時，濁水有害禾苗，嚴禁不許淘洗，惟冬季始許洗烹。

錢維喬《〔乾隆〕鄞縣志》卷三　灌頂山。在縣西南七十里。【略】從政郎充慶元府府學教授方萬里劄子：「【略】國朝自天禧二年，撥隸府學養士，其來久矣。係灌頂山普浄寺租佃，歲入錢三百貫。灌頂，即四明之子山也。嘉定十七年冬，忽有豪民唐執中者，以四明山有鐵鑛發見，密於主管司冒佃鼓鑄，焚燬林木，掘鑿坑塹。不惟一方騷動，而破壞風水，關係非輕。亟具文申主管司，以爲此山自隸本學，已二百餘年，其間豈無鐵鑛發見之時。然前此未嘗掘鑿，以求鼓鑄之利者，必有謂也。昔胡文恭公宿，在慶曆間，以蓬萊諸山居京師東隅，民多取金其中，以致地震，請禁民鑿山，以寧地道。況今行都去四明無五百里，而會稽山陵無三百里，千巖萬壑，氣脈相接，豈容以隣郡望山，縱令豪民焚燬山木，掘鑿鼓鑄。臣子之義，竊有未安。至於孕靈毓秀，鍾爲一郡人物，則當今名公巨卿大臣碩望，布滿中外，不應規此小利，毀壞風水。況在常平法，諸坑冶興發而在寺觀、祠廟、公宇、民居、墳地及近墳園林者，不許人告，官司亦不得受理。今山既隸府學，普浄寺又已管佃，而一郡士大夫墳墓之在其上者，不知其幾，豈不違背法意。繼蒙主管司即時禁止，方幸平息，書判見在。今歲正月間，復有丁思忠者，隱下唐執中元斷事節，徑就坑冶司陳狀，行下告示本學，剗佃普浄寺所管四明山，即欲掘鑿鼓鑄。蓋此山在本學，初無利害，不過歲得錢三百緡。縱爲鼓鑄，亦不失此。萬里蕞爾冷官，竊廩鄉校，亦不過三載，何敢固執不可，以拒臬司之命，實以丁思忠冒佃此山，歲認鐵鑛五千，其直不滿二百，然在泉司十路坑冶之權，初不欠此。而一郡望山，輕於毀鑿，委有關係。却恐今日黽勉徇從，異時闔郡歸咎，必曰使豪民鑿四明山自萬里始，職守所係，不敢自默。除已力陳利害具申臬司外，竊恐豪民規圖未已。倘蒙軫念袞卿望山所在，乞賜劄下慶元府主管司，以憑遵守，不許人冒佃鼓鑄，仍將唐執中、丁思忠略加懲治，以爲後來豪民違法規利之戒。」時允其言，永爲禁例。自此仍撥隸府學養士，歲入錢三百緡。延祐七年，山民陳永等增租鈔一十五錠，後寺僧分佃一半，遂復通佃。

徐潤《徐愚齋自叙年譜》　〔光緒十八年十二月〕初二日晨，早行不數里過小梁，又過大嶺，足有十里，連過高低小嶺三處。近承局二三里路，見婦女往來，有數十人均有棉衣，始知承平局中已將棉衣施散矣。到山口，黎哨官竹南帶隊十數人來迎，到局門口，把頭來迎接，甚爲熱鬧。至宅門見芝堂兄各人，入帳房安歇，即述三兄住所。午飯，飯後始知鐵匠房、木匠房均遷至大井口一帶棧房之内，劈柴地、砂院地較去年已寬闊五倍之大。觀廠内情形響聲，較之去年已勤，而工人比去年有三五倍之多，溝邊房子亦多出不少，老君廟前兩段大空地設了爆砂爐，熬鐵爐有二百多座，碾子四盤。

袁大化等《新疆圖志・實業志二・礦》　西北爲蘇海圖山，山之南有青石峽者，下産石油，伏流入於綏來博羅通古油泉，其支衍也。青石峽西北距塔城六百餘里，在蘇海圖山之南，與綏來交界。峽中産石油，流溢山麓，質極稠濃，曬乾成塊，取以鎔埶火車軌道，堅而耐久。向有土人開採用以燃燈。又東南曰齊爾山煤鐵之廠，聚其山陰。山之陰，礦脈自城東八十里喀拉達坂起，蜿蜒山距塔城東南三百餘里，鐵廠、煤窑均聚在此。其地曰鐵廠溝，煤質輭色黝，爐白無煙，上層苗厚尺許，下層厚七尺，火力甚勁。惟稍含鐵硫質，見風易爆。光緒二十五年，守備趙文彬領官本承辦，四百里，一脈連貫，至齊爾山而大盛。供哈圖山金廠之用。又山之東南五十里曰白楊河，兩岸山坡斜袤數十丈，煤苗層疊浮露，質堅燄烈。又東北距塔城七百里曰庫克申蒼山，其上産煤，質輭無煙，宜烘爐。惟地屬蒙部極邊，採運艱阻，無人開辦。【略】

鐵産之盛者，惟孚遠之水西溝爲最，其地岡阜平坦，赤赭黄童，不生草木，溪流潺湲，便於汲引，鐵質剛勁純粹，經久不蝕。又多炭山，以供煅煉。煤礦五處：曰紅山凹、曰甘溝、曰南大槽、曰北大槽、曰西午子，産煤炭五六種。當乾嘉之際，商人崔占元開設鐵廠，大興冶業，居民數千家，隱若巨鎮，斧斤之聲聞於十里，全隴冶户皆取給焉。水西溝鐵廠自崔占元刱辦，出産極旺，遠近流通，内至甘涼，外及蒙哈，争相運取。朝廷以占元利賴及民，賞給恩騎尉世襲。時人以爲榮。同光之亂，燔灰爲燼，雖歷年興復，而墟落蕭條，已非昔比。又自俄國通商以來，洋鐵之輸入益多，價廉於我幾及三分之二，俄商所運多係熟鐵，民樂其便，況價廉於我兩倍，宜不足以抵制，惟生鐵鑄器實較洋産堅而耐久，故鏵犂、鼎鑊之屬尚有用土産者，然亦僅半數耳。於是水西溝礦利盡爲所奪。聞省迄今，商辦官辦屢易其人，其始全賴公家鑄農器軍器，維持其間，近年皆廢不用，故承辦之官商，益困不能支，二十四年全礦坐廢。自光緒十一年，公家派員設廠經理，時行省初立，開荒屯墾，歲發農器數萬，又鑄造抬槍、土礮、子彈、刀箭之屬，工費雖昂，尚有官價相抵。迨十九年，張燧生領款接辦，其時農器停鑄，洋鐵盛行，數年之間，折閲甚鉅。三十二年，復令本地商民謝芝山、尹希深等承辦，並將炭窑五座撥歸開採，然資本無多，僅取舊存廢鐵銷鑄售賣。三十四年停閉，遂不復開。嗚呼！新疆礦産之盛若此，而礦利之難若彼，其盛衰興廢之由，不斷可識哉！光緒三十三年，新疆大吏懲前事之失，謀以全力專辦一二礦，改用機器新法以爲之倡。

藝文

張裕釗《濂亭集・遺詩》卷一《贈朱生銘盤》 韓國産精鐵，乃自冥山陽。川涸山爲裂，一朝夜吐芒。天地鼓大爐，熾炭天帝裝。龍虎忽騰上，雄出爲干將。希實寧復有？欲持貢玉堂。美人在何許，路絶川無梁。吁嗟且置之，慎勿投道旁。千鈞重一髮，即鹿懼亡羊。祥金戒躍冶，良賈在深藏。尊養會純熙，勖哉韜其光。

《六臣注文選》卷五七潘安仁《馬汧督誄並序》 彤珠星流，飛矢雨集。善曰：「彤珠星流謂冶鐵以灌敵。」《司馬兵法》曰：火攻有五，斯爲一焉。《漢書》曰：爐中鐵銷散如星。《東觀漢記》曰：上入昆陽，二公環昆陽城，積弩射城，矢如雨下。銑曰：「彤珠，賊爲鑪銷鐵灌城中，散如流星也。飛矢雨集，言多也。」

嚴可均《全後周文》卷一二庾信《刀銘三首》 風伯吹鑪，雲師煉冶。鐵餤朝流，金精夜下。價重十城，名高千馬。千金穎合，百鍊鋒成。光連斗氣，餤動山精。身文水動，刃古珠生。斗精遥降，山靈下從。水文千曲，蛇鱗百重。燕砥斂刃，蜀水開鋒。氣生分景，環成屈龍。並《文苑英華》七百八十九

庾信《庾子山集》卷一二 風伯吹鑪，雲師煉冶。鐵焰朝流，金精夜下。價重十城，名高千馬。千金穎合，百煉鋒成。光連半氣，焰動山精。身文水動，刃古珠生。

晁載之《續談助》卷三 唐僖宗朝，陸龜蒙處士隱于蘇臺甫里村，號甫里先生，作《笱賦》云：「洪殺靡定，方圓不均。」注：南中有方竹，今澧州游川鐵冶多方竹，内實，微通心若釵股，湘川人取作牀，有四稜，止穿孔入爾。

陳子昂《陳伯玉集・文集》卷五 夫蜀都天府之國，金城鐵冶，而俗以財雄，弋獵田池，而士多豪侈。

吴曾《能改齋漫録》卷一一《記事・許旌陽作鐵柱鎮蛟》 晉許真君爲旌陽令，時江西有蛟爲害，旌陽與其徒吴猛仗劍殺之。遂作大鐵柱，以鎮壓其處。今豫章有鐵柱觀，而柱猶存也。臨川謝逸嘗賦詩云：「豫章城南老子宫，堦前一柱立積鐵。云是旌陽役萬鬼，夜半舁來老蛟穴。插定三江不沸騰，切莫撼摇坤軸裂。蒼苔包裹鱗皴皮，我欲摩挲肘屢掣。旌陽挐家上天去，只留千夫應門户。西山高處風露寒，兹事恍惚從誰語。安得猛士若朱亥，袖往横山打狂虜。」

孫廷銓《顔山雜記》卷四《物産》 鐵冶：采石黑山，鑄而爲鐵。百石之鑪，三合之屑。火烈石礁，風生地穴。清氣如珠，玄精爲液。得柔斯和，過剛或折。作爲劍器，蛟龍可截。以鋼性易脆，生不若熟也。

張應昌《詩鐸》卷二五嚴如熤《鐵廠詠》 史公載平準，大書桑孔事。上佐軍國需，資賴鹽鐵利。爨釜耕以刀，厥功同陶埴。古聖前民用，貨惡人地棄。南山當坤維，金精靈氣積。處處興鼓鑄，民命亦所寄。當其開採時，頗與蜀黔異。紅山鑿礦石，磈磊小坡巋。黑山儲薪炭，縱横排雁翅。洪鑪兩三丈，傑然立屓贔。風箱推連宵，燭天紅光熾。高匠看火色，渣傾液流地。鉎板堆如屋，笵模成農器。黑溝黄花川，家具頗堅致。鐘鍊工良苦，鑄鎔資不易。老林連坡陀，匠作採取恣。奈此旦旦伐，年來膹山翠。一廠指屢千，人皆不耕食。蚩蚩無業氓，力作飽朝饎。上天不愛寶，助我太平治。豈無逋逃猾，雌伏屏鼻息。豈無透漏奸，虣禁嚴關吏。地利有時盡，生計以憔悴。乃知弘羊法，病國非爲義。

張應昌《詩鐸》卷二五吴世涵《鐵鑪》 栝州無大賈，大者推鐵鑪。鐵鑪利亦

細，其害乃堪虞。千夫荷鍤來，架屋蒼山隅。鑿厓以爲道，決水以爲渠。洗沙必洗山，豈第在平蕪。伐木必伐根，豈第取薪芻。朝陶萬斤鐵，骸骨盈中途。暮鑄萬斤鐵，千山盡焦枯。塚墓既被掘，地脈亦剷鋤。亂石塞溪間，泥沙填通衢。一旦山漲發，遂以壞田廬。往者遘水患，村舍成陂湖。長吏懲禍本，監碑禁此徒。近復蹈故習，狗利若鶩趨。若不重爲禁，厥災勝剥膚。作此告仁人，勿謂吾言迂。

俞樾《春在堂詩編》壬癸編《青溪別色鑪歌爲潘偉如中丞賦》 中丞撫黔時，奏開鐵礦，遂於青溪建造別色鑪。鑪成，適值大雨，其介弟觀察君通西學者又逝，遂封閉至今，甚可惜也。中丞爲圖以紀之，屬以詩張之。

中丞材識當代無，一生心血存此圖。借問此圖圖何事，貴州青溪別色之洪鑪。嗚呼！周官卝人失其職，地愛其寶祕不出。禮失求野學在夷，古法流傳來異域。方今人人言富强，生金生粟徒茫茫。金銀有氣人不識，翻教鯨地來狼胱。中丞杖節到貴水，上察天文下地理。古稱産鐵三千六百有九山，誰料菁華乃聚此。問此何地曰青溪，鐵苗滿地無高低。乃於此地建大廠，高淩霄漢深及泥。耳目心思三者竭，一旦鉅觀成突兀。汽鑪礦鑪通陰陽，風管氣管窮豪髮。自古材大用必難，又逢大雨天漫漫。次公逝矣疇人散，徒令異論交謾讕。我謂東山宜復出，大鑪重開應有日。玉英色白金英黄，豈止鐵官慶饒溢。先生一笑搖其頭，已將此事付東流。五十萬金六年力，博得千秋萬載古蹟青溪留。

鄭觀應《羅浮偫鶴山人詩草》卷一《鐵廠歌》 泰西富强重煤鐵，深山窮谷肆搜剔。地不愛寶用不竭，人定勝天恃巧力。經營伊始非草率，井井規模胡遺策。漢陽建廠地勢卑，襄河水刷磯頭窄。大冶採礦鐵質良，轉運終嫌一水隔。陰陽爲炭造化爐，草木爲焦山石枯。先覓煤源樹根本，繼開鐵礦招丁夫。高管插天雲霧湧，洪爐瀉液雷霆驅。學步却笑邯鄲拙，遺巨投艱動支絀。馬山煤劣强開爐，烈炬燒天天且泣。器成價較西來昂，停工待料作復輟。洋匠挾制多紛更，總辦無權費經營。繙繹舞弊失物重，司農不允調水衡。斯時英雄氣忽短，仰屋無聊但扼腕。奇謀猛得變通法，改官爲商機可轉。下走參讀中外書，十載淞濱筦船算。一朝驟遷將作匠，任勞任怨意相左。移爐就礦煤價廉，奉檄接辦，查焦炭煤價太昂，請暫停，俟覓有焦礦自煉焦炭，添置化鐵爐兩座於礦山，價廉費省必獲利。事各專精無不妥。太常督辦膽色優，隻手相期挽逆流。彼族宅心既叵測，同舟時復操戈矛。熱血填膺疾斯作，命危幾赴修文約。幸知道術保天君，得免眚災占勿藥。何事殘棋劫未休，不須按劍記恩仇。孤懷欲向蒼天問，往事重題暮雨愁。依舊迴帆游海上，寸心耿耿謝同儔。富强中國非難事，貽誤當途肉食謀。

張謇《張季子詩録》卷一〇《利國驛》 自昔徐州有鐵官，東坡書在幾人看。空餘磁石攤來賣，濯濯童山落照寒。

陳壽祺《左海文集》卷二《鑄劒戟爲農器賦以題爲韻》 方今化治文風，勳昭武露。甸始藏星，蚩尤斂霧。輕弸努於赤蛟，陋歌饒於朱鷺。銷兵爲日月之光，洗甲於天河之渡。花開紫塞之闢，幕撤黄雲之戍。巴渝獻其賨錢，樊瞫輸其稼布。於是外偃軍容，内修農具，散控鶴之卒而歸耕，假雍狐之金而改鑄。蘭錡收幡，葛盧填塹，越棗騰輝，秦爐鼓焰。紫氣濛濛，青烟黏黏。兔膽風沈，雞頭火爁。螭虎熸威，芙蓉失豔。却昆吾之獻刀，謝薛燭之觀劒。將以復冶氏之高曾，助鐵官之充贍。器惟求新，金曰從革。躍冶無心，吹霞何迹。秋水前身，冷風今夕。班式於一銍一銚，度規於廣尺深尺。斫鐯殊名，鎗鏅異適。燕荆魏鏵之形，陳鉊楚鍋之格，靡不太乙移胎，長庚鍊魄。覃耜輕於長殳，趙鏄銛於鉤戟。絶帶牛於紅稻之邨，笑佩犢於青蘋之陌。

雜録

閻鎮珩《六典通考》卷九五《市政考·坑冶》 後唐長興二年勅：今後不計農器、燒器諸物，並許百姓自鑄造。諸道監冶，除依常年定數鑄辦供軍熟鐵併器物外，衹管出生鐵，比已前價，每斤減十文貨賣。雜使熟鐵，亦任百姓自鍊。巡檢、節級、勾當賣鐵場官，併鋪户並廢。鄉村百姓，於夏秋苗畝上納農器錢一文五分足，隨夏秋二税送納。

王溥《五代會要》卷二六《鐵》 後唐長興二年十二月勅：「今後不計農器、燒器、動使諸物，並許百姓逐便自鑄造。諸道監冶，除當年定數鑄辦供軍熟鐵并器物外，祇管出生鐵，比已前價，各隨逐處見定高低，每斤一例減十文貨賣。雜使熟鐵，亦任百姓自煉。巡檢、節級、勾當賣鐵場官併鋪户，一切並廢。鄉村百姓，衹於係省夏秋苗畝上納農器錢一文五分足，隨夏秋税二時送納。」

晉天福六年八月勅節文：「諸道鐵冶三司先條流，百姓農具破者須於官場中賣，鑄時却於官場中買鐵。今後並許百姓取便鑄造買賣，所在場院，不得禁止攙擾。」

徐松《宋會要輯稿·職官四三·提點坑冶鑄錢司》〔孝宗乾道七年〕十月九日，江璆奏：「檢准乾道七年五月六日指揮，逐州通判系專（注）〔主〕管坑冶事務，内有不可倚仗及弛慢之人，令本司劾奏，差官對移。本司契勘，吉州通判趙埍自本司復置之後，牒令催趁鐵課、修葺綱船、起發鐵料等事，經及累月，並無一字報應，積壓鐵料七十餘萬斤。竊恐其它州軍遞相仿傚，難以責辦，欲望睿旨將趙埍重賜黜責，以爲慢吏之戒。」詔放罷。

馬端臨《文獻通考》卷一八《征榷考五》 政和間，臣僚言：諸路産鐵多民資以爲用，而課息少，請倣茶鹽法榷而鬻之。於是户部言：「詳度官置爐冶，收鐵給引，召人通市。苗脈微者，令民出息承買，以所收中賣於官，毋得私相貿易。」從之。

先是，元豐六年，京東漕臣吴居厚奏：「徐、鄆、青等州歲製軍器，及上供簡鐵之類數多，而徐州利國、萊蕪二監歲課鐵少不能給。請以鐵從官興煽，計所獲可多數倍。」詔從其請。自是官榷其鐵，且造器用以鬻於民，至元祐罷之。其後大觀初，涇源皇城使裴絢上言：「石河鐵冶令民自採煉，中賣於官。請禁民私相貿易。農具、器用之類，悉官爲鑄造。其冶坊已成之物，皆以輸官而償其直。」乃詔毋得私相貿易如所奏，而農具器用勿禁。於是，官自賣鐵，唯許鑄鏑户市之。

《宋史》卷一八五《食貨志下七》 明年，令諸路鐵倣茶鹽法榷鬻，置鑪冶收鐵，給引召人通市。苗脈微者聽民出息承買，以所收中賣於官，私相貿易者禁之。先是，元豐六年，京東漕臣吴居厚奏：「徐、鄆、青等州歲製軍器及上供簡鐵之類數多，而利國、萊蕪二監鐵少不能給。請鐵從官興煽，所獲可多數倍。」自是，官榷鐵造器用以鬻於民，至元祐罷之。其後大觀初，入内皇城使裴絢爲涇原幹當，奏上渭州通判苗沖淑之言：「石河鐵冶既令民自採鍊，中賣於官，請禁民私相貿易。農具、器用之類，悉官爲鑄造，其冶坊已成之物，皆以輸官而償其直。」乃禁毋得私相貿易，農具、器用勿禁，官自賣鐵唯許鑄瀉户市之。

政和初，臣僚言：「鹽鐵利均，今鹽筴推行已備，而鐵貨尚未講畫。請即冶户未償之錢，收其已鍊之鐵，爲器鬻之。兼京東二監所出尤多，河北固鎮等冶並官監，其利不貲，而河東鐵、炭最盛，若官榷爲器，以贍一路，旁及陜、雍，利入甚廣，且以銷盜鑄之弊。又夏人茶山鐵冶既入中國，乏鐵爲器，聞以鹽易鐵錢於邊，若官自爲器，則鐵與錢俱重，可伐其謀。請榷諸路鐵，擇其最盛者，可置監設官總之，概諸路不越數十處，餘止爲鑄瀉之地，屬之都監或監當官兼領。凡農具、器用皆官鑄造，表以字號，官本之餘，取息二分以上，仍置鐵引以通諸路，儲其錢助三路鈔本。」詔户部下諸路漕臣詳度。會次年，廣東路請以可監之地如舊法收其浄利，苗脈微者召人承買，官不榷取，遂并諸路詳度之旨不行。至是，臣僚復以爲言，故嚴貿易之禁，而鐵利盡榷於官，然農具、器用從民鑄造，卒如舊法。

嵇璜《續通典》卷一二《食貨一二》〔宋淳熙〕十五年，四川餉臣言大安軍及嘉川縣産鐵七十餘萬斤，乞從鼓鑄。

徐乾學《資治通鑑後編》卷一六五《元紀一三》 仁宗聖文欽孝皇帝延祐二年，春，正月，丙寅，霖雨壞渾河隄堰，没民田，發卒補之。禁民煉鐵。發卒浚漷州漕河。

王圻《續文獻通考》卷二三《征榷考·坑冶》《元史·刑法志》曰：「諸鐵法，無引私販者，比私鹽減一等，杖六十，鐵没官，内一半折價付告人充賞。僞造鐵引者，同僞造省部印信論罪，官給賞鈔二錠付告人。監臨正官禁治私鐵不嚴，致有私鐵生發者，初犯笞三十，再犯加一等，三犯别議黜降。客旅赴冶支鐵引後不批月日出給，引鐵不相隨，引外夾帶，鐵没官。鐵已賣，十日内，不赴有司批納引目，笞四十。因而轉用，同私鐵法。凡私鐵農器、鍋釜、刀鐮、釜杖及破壞生熟鐵器，不在禁限。江南鐵貨及生熟鐵器，不得於淮漢以北販賣，違者以私鐵論。」【略】

延祐二年正月，禁民鍊鐵。

姚廣孝《明太祖高皇帝實録》卷一七六〔洪武十八年十二月〕罷各布政司煎煉鐵冶，以其勞民故也。

又卷二五二〔洪武三十年四月〕丁酉，詔革所在鐵冶。山西交城縣大通冶、吉州豐國冶、富國冶、江西臨江府新喻冶、袁州府分宜冶、湖廣武昌府興國冶、河南鈞州冶、新安冶、四川蒲江縣新市冶，凡九所，以其采煉病民，故罷之。

又卷二五六〔洪武三十一年正月〕丙子，工部臣言：「各處鐵冶久已住罷，今内庫所貯鐵有限，而營造所費甚多，恐歲用不敷。」上令暫開爐冶一年，仍復住罷。

茅元儀《暇老齋雜記》卷九九 正統初，嘗諭工部軍器之鐵止取足於遵化，不必江南收買。後復命虞衡司官主之。則國初諸官治雖費，而遵化鐵礦尚足供工部之用也。

黃訓《名臣經濟録》卷四五《刑部王恕・題律例事宜》 一件囚徒會赦事，伏覩景泰二年五月初二日詔書内一款：「官吏軍民人等爲事問遣運米做工等項，悉行放免。欽此。」該衙門因見詔書不曾開有煎鹽炒鐵充軍伴儀從膳夫之類，止運米做工等項放免，却將煎鹽炒鐵之類仍前拘役。切詳運米做工煎鹽炒鐵等項囚徒俱係犯該徒流，并雜犯死罪人數，止是一時發落，有此頭項不一，矧詔書明開運米做工等項，竊恐煎鹽炒鐵之類亦在其中。若止將運米做工囚徒放免，其餘煎鹽炒鐵等項不行放免，非惟有違詔書事意，且使囚徒不得均霑曠蕩之恩，況煎鹽炒鐵等項多是窮苦軍民，在工日久，未免逃躲，及至挨拏，又不出官，工役處所既不得其出力，原籍原衛又不得伊當差，兩相擔閣，俱不得用，徒有虚名，實未便益。如蒙准言，乞勑三法司計議，合無將曾經赦煎鹽炒鐵充儀從軍伴膳夫等項囚徒，悉與運米做工等項一體放免。如此，則赦無彼此之分，囚徒沾均一之恩矣。

佚名《明英宗睿皇帝實録廢帝附》卷二九一 〔天順二年五月癸卯〕禁四川寧番衛并邛蒲，各山等縣私設鐵冶及過關通番者，從寧川衛舍人鈕濬言。

佚名《明武宗毅皇帝實録》卷五八 〔正德四年十二月〕壬辰，工部員外郎王軏查盤遵化鐵冶廠歲辦鐵料、夫匠、紫炭，以虧損之數請治先任郎中鮑璋輦、滕進、周郁之罪。又言鐵料已足用，乞減其入納之數。其納柴炭有勢要豪滑包攬者，比打攬倉場法治其罪。詔俱從之。且令今後工部管廠官交代之日，必查覈明白方許離任。罰璋輦、進米各五百石，郁三百石，輸居庸關。

嵇璜《續通典》卷一一二《刑・雜議四明》 十二月，刑科都給事中舒化等言「五年二月，工部以薊州遵化縣雜造局炒鐵囚徒在廠者百六十餘人，既耗囚糧，而瘐死相望。議欲如正德間例，歲以百人爲率，滿則暫止配發。」刑部言：「在京贖例，以工役爲至輕，以炒鐵爲至重，今以百名爲率，則外此雖情重者，無所懲矣。按律有做工，擺站瞭哨，發充儀從，煎鹽炒鐵各條例，自今請斟酌併行，情輕者仍擬工役，情重者自炒鹽。」

劉錦藻《清朝續文獻通考》卷四十三《征榷考五・坑冶》 道光四年，覆准商人買運鐵斤出口，在各本境内打造農具，以一百斤爲度，呈明地方官給照赴口，守口員弁查驗放行。如有私行夾帶不成器皿之鐵，至五十斤者，將鐵入官，百斤以上者，照例治罪。

世續《清德宗景皇帝實録》卷三七四 〔光緒二十一年乙未八月〕丁丑，又諭：「電寄張之洞，有人奏『湖北鐵政局與大冶産鐵處，相距甚遠，以致鐵價太昂。且近處並無佳煤，煉鐵未能應手。查湖南、北商民以鐵廠爲生業者極多，不患鐵之缺乏，而患鐵質不良，鐵價較貴。鐵政局犯此二弊，即難收效』等語。鐵政局經營數年，未著成效，即如快槍一項，至今尚未製成。著張之洞通盤籌畫，毋蹈前失。」

張之洞《張文襄公奏議》卷四四《鐵廠招商承辦議定章程摺并清單光緒二十二年五月十六日》 竊惟湖北鐵廠兼采鑛、煉鐵、開煤三大端，刱地球東半面未有之局，爲中國造軌製械永杜漏卮之根。開辦以來，鉅細萬端而皆非經見，事機屢變而意計難周，經營積年，心力交(因)〔困〕。今廠工早已次第告成，各種鐵爐鋼爐冶煉鋼鐵，製造軌械，均能精美合用，以至鐵山、煤井一切機器運道，皆已燦然大備。惟是經費難籌，銷場未廣。支持愈久，用款愈多，當此度支竭蹶，不敢爲再請於司農之舉，亦更無羅掘於外省之方。再四熟籌，惟有欽遵上年六月十二日諭旨，招商承辦之一策。方今滇、藏、粵、桂、新疆、東三省之外，英法俄鐵路相逼而來中國，幹路已成欲罷不能之勢。洋商早見及此，知中國開辦鐵路需用鋼鐵必多，就地取材，獲利必厚。自上年秋冬以來，則有英之陶秘深、柯第仁、賀士當，法之戴馬陀等，皆外洋鋼鐵大廠之經理人，前後來商，自願以銀五百萬兩附股合辦，先繳一百萬，另附股四百萬，加增爐座、機器，添開煤井，大舉采煉，得利官商均分。蓋深知東部洲風氣漸開，需用鋼鐵必多，不僅中國一處而已，而漢陽一廠經營最先，收效必早，非有真知灼見，孰肯以巨款合辦？臣惟今日五洲風會，路械船機無往非鐵。西人於煉鐵一廠視爲至重至大之事。鐵之興廢，國之强弱、貧富繫焉。大冶鐵鑛之旺，甲於天下，實足取用不窮。惟冶鐵煉鋼非煤不濟，欲添爐座，必添煤井。湖北境内産煤之區歷經試驗，灰多磺重，堪作焦炭者甚鮮。即江夏馬鞍山自開之煤井，雖可煉焦炭，亦以磺氣稍重，必須攙合湘煤或搭用開平焦炭，方能煉成佳鐵。開平之炭道遠價昂，不可久恃，將來必於湘省及沿江各省擇地另開煤井數處，方能添爐多煉。洋商力厚氣壯，慨然擔任，力言此事甚不爲難。且外國公使、領事皆屢來婉切詢商，堅欲承攬。惟鑛務爲中國自有之利源，斷不能與外人共之，洋商合辦之議，不得不作罷論。而華商力微識近，大都望而却步，從前曾招粤商，迄無成議。蓋煤鐵並舉，局勢艱難，事理精深，工作險苦，煤鑛未可必得，利鈍即難逆覩，無怪其視爲畏途也。伏查大冶鐵鑛從前本係直隸津海關道盛宣懷督率英國鑛師所勘得，就鄂設廠煉鐵造軌之議，又自該道發之，且曾續有承辦原議。該道才猷宏達，綜核精詳，於中國商務工程製造各事宜均極熟習，經理招商局多年，著有成效，久爲華商所信服。適因奉差在滬，經臣電調來鄂，勸令力任其難，檄飭將湖北鐵廠歸該道招集商股，一手經理，督商妥辦。並即督飭司道與盛宣懷酌議章程，截清用款，其大指以嗣後需用廠本無論多少，悉歸商籌，從前用去官本數百萬，概由商局承認，陸續分年抽還。惟限期須從寬緩，大率以紓民力扶官廠爲主腦，以中國興造鐵路，必須路廠一氣，軌由廠造爲要義。俟鐵路公司向漢陽廠訂購鋼軌之日起，即按廠中每出生鐵一噸抽銀一兩，即將官本數百萬抽足還清以後，仍行永遠按噸照抽，以爲該商局報効之款。該道力顧大局，已於四月十　日將漢陽廠内廠外各種爐座、機器、房屋地基、存儲煤鐵料物各件以及凡關涉鐵廠之鐵山煤鑛、運道馬頭、輪剥各船，一律接收。自四月初十日以前，鐵廠歷年各項用款共約計銀五百數十萬兩，除歷次奏撥外，不敷之款，均係查照奏案，在槍礮局經費及布局息借之款項下移撥應用，並有積欠洋廠、華廠及各商號之款。此時，因所欠華、洋各廠物料價值及湘煤廠價、運費，(興)〔與〕大洋匠薪費，鐵廠鐵山、運道煤井、各處工匠員司薪費以及存廠鋼鐵煤炭物料價值，兹正在官商交接之際，一時數目未能截清，兼其中多有與槍礮局牽搭分認之款。俟將各件點清核明截數後，即當將确數行知商局立案。業經與商局議明，無論將來尾數若干，商局均允認還，并續行咨部立案，一面督飭鐵政局司道，分款詳細造報。溯查福建船政及津、滬製造局，開辦經費各數百萬兩，皆無收回之日。鐵廠改歸商辦，用過官款，但期鐵路開辦，即可按日計噸常川提繳。現已議定，俟尋獲佳煤鑛後，除漢陽廠兩爐齊開外，必須在大冶之石灰窯一帶添設新式生鐵大爐四座，計每一爐日出生鐵六七十噸，六爐共日出四百餘噸，每年可出生鐵約十餘萬噸，即每年可繳官款約十餘萬兩。歲月雖寬，涓滴有著，從前所費數百萬不致虚糜，而從此風氣日開，造船、造械、造一切機器次第推廣，相率傚法，中華開富强之宏規，國家收永遠之報効。此則誼正道明之後而功利始見，庶幾微臣可藉寬疚責者已。抑臣更有請者，鐵廠一事，固在資本之足，鎔鍊之精，商利益轉輸，尤在銷路之廣。目前，中國製造之藝尚未能各闢畦逕，日出新機，農工器具土鐵足用，製造官局歲購不多，綜計用鐵大宗無如路軌。鄂廠采煉，本專爲杜中國鐵路極大漏巵而設，比將廠造貝色麻鋼軌寄交督辦津蘆鐵路胡燏棻督飭洋人施德林分驗，據稱炭錳停匀，燐硫分數最少，出産本佳，提爐加净，鋼質益純，施之抵壓牽扭諸器無往不宜，是路軌、船械種種合用，驗有明徵。中國苦心孤詣，煉成鋼鐵不異洋産。萬一各省辦事人員以意見爲好惡，仍舍其自有而求諸外人，則自强之本意，既大相剌謬，廠商之力量，亦必不能支。此次華商承辦鐵廠，臣與盛宣懷堅明要約，以蘆漢路軌必歸鄂廠定造爲斷，并懇天恩飭下南北洋大臣、直省各督撫，嗣後凡有官辦鋼鐵料件，一律向鄂廠定購，不得再購外洋之物。蓋鐵務爲將來之大利，而目前數年内，承辦商人必先墊不貲之鉅本，必使商局有可恃之銷路，方能招集衆股籌墊鉅款，以待鐵利之興。至中國創開鐵廠專爲保守自有利權起見，然非輕其成本，不能與外洋鋼鐵争衡。故外洋於自産鋼鐵運銷，無不免税以杜他國鋼鐵進口，分奪本國之利。查中國仿照西法煉成各種鋼鐵料件，運售各口，爲從前關税之所無。至商廠需用煤斤係爲多煉鋼鐵出售，逐漸收回官本。所有湖北鐵廠自造鋼軌及所出各種鋼鐵料，並在本省外省自開煤鑛，爲本廠煉鐵煉鋼之用。該廠中有官本鉅款，與他項商業不同，應請酌照廣西絲綢、煙臺果酒、江西洋式瓷器免抽税釐數年成案，量爲從優。仰懇天恩，敕部免税十年，届時察看，本廠如有優利足可抵制洋鐵，再行征税。總之，西法於利國利民之商務，國家必力爲保護，使本國商人得自主其權利。臣深惟斯義，不敢不豫陳於聖主之前，仍當督飭該廠，考求采煉，精益求精，以給天下之用，而挽外溢之利。斯區區謀國之微忱，所不敢不勉者也。奉硃批：「户部速議具奏，單併發。欽此。」

謹將商局承辦湖北鐵廠酌議章程恭呈御覽。

計開：一、湖北鐵廠遵奉諭旨招商承辦，現蒙飭委招集商股官督商辦，自應遵照原奏，官局用款及各項欠款，截至商局承接之日爲止，以前用款及各項欠款均歸官局清理報銷，以後收支各款均歸商局籌辦，以清界限。

一、漢陽鐵廠，大冶鐵鑛、錳鑛，興國錳鑛，李士墩、馬鞍山煤鑛，以及廠内廠外凡(開)〔關〕涉鐵廠之鐵山、煤鑛、煉鋼煉鐵、製造修理、燒焦各爐座、各機器，輪車路、挂綫路、運道馬路，輪剥各船、房屋地基，以及存積在廠之鋼鐵、煤炭、材料、什物各項，皆係官局成本，均於(成)〔承〕接之日由官局交付商局逐項接收，造册呈報，即以交付實在各項爲接收官局成本根據，俾各商(成)〔承〕知官局成本數目有所考核。

一、鐵廠既歸商辦，自應招集商股以(四)〔固〕根本，惟目前承接之始，諸事尚無把握。華商欲遠見小，未免觀望，現擬先招商股銀一百萬兩，仍以一百兩爲一股，自入本之日起，第一年至第四年，(挽)〔按〕年提息八釐，第五年起提息一分。此爲本廠老商必須永遠格外優待，辦無成效，額息必不短欠；辦有成效，餘利加倍多派。嗣後氣局豐盛，股票增價，其時推廣加股，必先儘老商承認，有舊票呈驗，方准其納入新股，以示鼓勵舊商，(兩)〔而〕杜新商趨巧之習。

一、官局截至商局接辦日止，所有用款欠款據官局摺開，約計總數五百數十萬兩。其尾數确數若干，俟截清後再行知照商局。另由官局撥付、商局備還官局已定機器及耶松購物各欠款銀十五萬兩。非常之局創辦之費，本難逆料，內有試開各處煙煤鑛中止停廢，以及試辦鐵廠七年常年經費，積少成多，皆如船政及津滬各製造廠所用之款，無可交代者也。今蒙湖廣總督體念華商氣餒力薄，鐵廠事艱任鉅，商辦之後，籌措支撐已屬萬分竭蹶，深恐難於接濟。至以前官局用款欠款，商力急切難籌，惟有寬其歲時，免權子母，收得一分補償一分。參酌商情局勢，總以籌銷鋼軌爲補救要計。擬自路局購辦鋼軌之日爲始，所出生鐵售出，每噸提銀一兩，按年核計，共出生鐵若干，共應提銀若干，彙數呈繳以還官局用本。其煤與熟鐵鋼件應免再提，俟官用還清之後，每噸仍提捐(鋼)〔銀〕一兩，以伸報効，地稅均納在內，並無另外捐款。

一、官局用款，已定煉出生鐵每噸提銀一兩，陸續歸繳。如果鐵廠、鐵路一氣呵成，所用鋼軌各料悉歸鄂廠購辦，毫無隔閡，則出鐵每噸提銀一兩自有把握，屆時擬請札飭路局、鐵廠，在於預付軌價之內，分作兩次先行提銀一百萬兩，儘先歸還急需之官本。此一百萬兩即在造軌之後，應提每噸銀一兩內扣抵，俟預付銀一百萬兩扣清之後，每噸一(而)〔兩〕再行按年彙繳。如路軌不能一氣，則鐵廠危殆可立而待，每噸一兩既不能提，自無所謂預付矣。

一、鐵廠必須寬籌銷路。中國現尚不能成鐵艦，不慣用鐵屋，不知造機器，民閒農具、爨器，土鐵足敷所用，銷鐵之處無多。從前立廠本意，專爲造軌製械而設，本省槍礮廠、各省製造廠所需鋼鐵，自應悉向鄂(應)〔廠〕定購，然亦每年所用無多。現今議造各省鐵路，所需鋼軌及應用鋼鐵料件係(農)〔屬〕大宗，擬請奏明，無論官辦商辦，必要專向湖北鐵廠隨時定購。約計兩爐出鐵，每日夜可煉成鋼軌三四華里，每年約可成軌千里，所製之軌與外洋頂好之軌相同，可派鐵路洋員試驗壓力，自有定評，此爲塞漏卮興鐵(應)〔廠〕第一要端。司鐵路者，當無不公忠體國，悉用鄂廠鋼鐵，雖造路數萬里，除雇用洋匠辛工外，所費皆在國中，藉使鄂廠立定脚，不歇手，創辦之用(敷)〔款〕數百萬，可期逐漸有著，何樂不爲。惟目前遠運焦炭、多用洋匠，恐銷(儘)〔價〕比較外洋每噸略貴數兩，當爲存記。將來長江續開煤鑛，大冶添設化鐵，續華匠習練可用，鋼價必能比較外洋更(廠)〔廉〕，自當如數補還路局，挈長補短，通籌合算，總不使中國軌價昂於外國。萬一路局秦越視鐵廠，則必大開漏卮，華鐵銷路阻塞，斷難支持，與設鐵廠之本意相背，關係國計甚大，商人無力挽回，廠請准其停工，發還商本，或仍歸官辦，或即奏(清)〔請〕停止，官款亦即停繳，以免賠累。

一、大冶鐵鑛，各種鋼鐵可煉，取之不竭，所惜馬鞍山煤鑛直層不能多取，磺重不合化煉，必須派鑛師在長江一帶另尋上等煤鑛，俾與鐵廠相爲配合，鄂廠利鈍之源在此一著。應請奏明，如湖北本省無相宜之煤鑛，准在湖南、江西、安徽、江蘇四省沿江沿河之處隨時稟明，派員勘尋開采，以成利國利民之大政。

一、中國費鉅款開鐵廠，專爲保守自有利權起見，然欲與外洋鋼鐵争衡，非輕成本不能抵制。故歐洲於自産鋼鐵運銷無不免税，以杜他國鋼鐵進口分奪本國之利。所有湖北鐵廠自造鋼軌及所出各種鋼鐵料，並在本省或外省自開煤鑛爲本廠煉鐵煉鋼之用，應請奏明免税十年，屆時察看本廠如有優利足可抵制洋鐵，再行征税。

一、鐵廠目前支持局面，必須將化鐵爐兩座齊開，添購各項機器。將來推廣，必須另開大煤鑛一處，並就大冶添造生鐵爐數座，方能大舉保本獲利，否則萬無轉圜之法。現在公款難籌，自應續招商股二三百萬兩。如一時商股不及，應請准由商局不拘華商、洋商隨時息借以應急需，即以鐵廠作保，商借商還，庶可及早推廣，商本不致斷缺，而以前官本亦不致毫無著落。

一、鐵廠奉委商辦之後，用人理財，籌畫布置，機爐應否添設，款項如何籌措，委員司事、華洋工匠人等如何撤留及應辦一切事宜，悉照輪船、電報各公司章程，遵照湖廣總督札飭，均由督辦一手經理，酌量妥辦，但隨時擇要稟報湖廣總督查考。

一、漢陽總廠擬派總辦一員，聯絡上下官商之情，稽查華洋員匠之弊。並派總董三員，一司銀錢，一司製造，一司收發，其餘各執事，均擇要選派。大冶鐵鑛、馬鞍山煤鑛各派一員一董，互相鈐制，悉除官場習氣，皆須切實保人。其緊要之缺派定後，仍隨時詳報，三年後，如有成效，應請准照漠河金鑛之例，分別異常、尋常勞績，擇尤酌保數員以示鼓勵。如有查出重咎，有職者詳參降革，無職者送官懲治，庶幾賞罰惟明。

一、鐵廠收支銀錢，采煉鋼鐵，出售貨物，查照輪船商局章程，按月由駐局總辦將清帳送與督辦查核，按年由督辦復核，轉送湖廣總督查核，並刊刻詳細帳略，布告衆商，准有股各商隨時到局稽查察看。

一、督辦應由有股衆商公舉，湖廣總督奏派，總辦及委員應由督辦稟派，辦事商董、查帳商董應由衆商公舉，司事應由總辦及駐局商董公舉，庶幾相聯指臂，互爲句稽。所有情薦，恐致亂羣，應如(而)〔向〕例概不收用，並無乾脩挂名，以昭核實。

一、漢陽鐵廠濱臨襄河，隄工實爲全局保障，且有槍礮廠在内，關係官民休戚甚重，所有大修經費請歸善後局開支。礮廠、鐵廠近在咫尺，如果目覩險工，當隨時稟報，即由善後局派員修理。所有隄外地基，租税仍應歸公，備作襄隄歲修款。其不敷之費，由鐵廠七成、礮廠三成開支，總期大局無虞。

一、漢陽、大冶及馬鞍山三處廠局，向派營勇駐劄彈壓，嗣後應仍請照章辦理，由鐵路酌給賞犒，並請通飭有鑛各州縣營汛，照常保護。洋鑛師所到之處，必須地方官盡力保護，以免滋生事端。商局接辦以後，遇有關涉地方事件，遵札咨會鐵政局司道知照，以便量爲協助。

一、鐵廠歸商承辦，萬一遇有兵革水火災異之事，機爐一切無法搬移，應照西例，各聽天命，無從保險。

盛宣懷《愚齋存稿》卷六三《電報四〇・外務部來電〔**光緒三十年**〕**二月二十九日》** 英使面稱鎔化廠辦法三條，除外國選聘句已允改爲英國選聘外，餘仍請照哲美森會添各節敘入，並謂原訂晉豫合同別無更改等語。查哲會增改之處，誠如尊電恐授權於福公司。現英使堅請增添。經本部詳加酌核，如首條指定地段句，應改爲指定彼此合宜地段。繪造核算下，應添與督辦大臣商准七字。倘辦理有效下，應改爲出産興旺，可稟由督辦大臣允准，再於別處商量設廠。第二條六十年期至末句，應改爲該廠亦不得於福公司交錬鐵砂，有所躭延。似此互相抵制，尚無流弊。至晉豫合同別無更改一節，其權在晉豫該款内，未便牽涉。統希酌核，妥議並電復。

馬端臨《文獻通考》卷一五《征榷二・鹽鐵》 按：《周禮》所建山澤之官雖多，然大概不過掌其政令之厲禁，不在於征榷取財也。至管夷吾相齊，負山海之利，始有鹽鐵之征。觀其論鹽則雖少男少女所食，論鐵則雖一鍼一刀所用，皆欲計之，苛碎甚矣。故其言曰：「利出一孔者，其國無敵；出二孔者，其兵不詘；出三孔者，不可以舉兵；出四孔者，其國必亡。先王知其然，故塞人之養，養，利也。隘其利途。故予之在君，奪之在君，貧之在君，富之在君。」又曰：「夫人予則喜，奪則怒，先王知其然，故見予之形而不見奪之理，故民可愛而洽於上也。」其意不過欲巧爲之法，陰奪民利而盡取之，既以此相桓公霸諸侯，而齊世守其法。故晏子曰：「山木如市，弗加於山；魚鹽蜃蛤弗加於海。民參其力，二入於公，而衣食其一。山林之木，衡麓守之；澤之萑蒲，舟鮫守之；藪之薪蒸，虞候守之；海之鹽蜃，祈望守之。縣鄙之人入從其政，偪介之關，暴征其私，布常無藝，徵斂無度。」蓋極言其苛如此，然則桑、孔之爲有自來矣。

漢高祖接秦之敝，量利禄，度官用，以賦於民，而山川園池、市肆租税之入，自天子至於封君湯沐邑，皆各自爲奉養，不領於天下之經費。秦賦鹽鐵之利二十倍於古，漢興循而未改。

按：史既言高祖省賦，而復言鹽鐵之賦仍秦者，蓋當時封國至多，山澤之利在諸侯王國者，皆循秦法取之以自豐，非縣官經費所榷也。

孝惠、高后時，吴有豫章銅山，即招致天下亡命盜鑄錢，東煮海水爲鹽，以故無賦，國用饒足。

班固贊曰：「吴王擅山海之利，能薄斂以使其衆，逆亂之萌自其子興。古者諸侯不過百里，山海不以封，蓋防此矣。」

武帝元狩四年，置鹽鐵官。

元狩中，兵連不解，縣官大空。富商大賈冶鑄鬻鹽，財或累萬金而不佐公家之急。於是，以東郭咸陽、孔僅爲大農丞，領鹽鐵事。五年，僅、咸陽言：「山海，天地之藏，宜屬少府，陛下弗私，以屬大農佐賦。願募民自給費，因官器作鬻鹽，官爲牢盆。蘇林曰：牢，價直也。今世人言雇手牢。如淳曰：牢，廩食也。古者名廩。盆，煮鹽盆也。浮食奇民，欲擅斡山海之貨，以致富羨，役利細民。其沮事之議，不可勝聽。敢私鑄鐵器、鬻鹽者，釱左趾，没入其器物。郡不出鐵者，置小鐵官，使屬在所縣。」使僅、咸陽乘傳舉行天下鹽鐵，作官府，除故鹽鐵家富者爲吏，吏益多賈人矣。孔僅使天下鑄作器，而縣官以鹽鐵緡錢之故，用少饒矣。益廣開，置左右輔。初大農斡鹽鐵官布多，置水衡，欲以主鹽鐵。及楊可告緡，上林財物衆，乃令水衡主上林，既充滿，益廣。卜式爲御史大夫，見郡國多不便縣官作鹽鐵苦惡，鹽味苦，器脆惡。賈貴，强令民買之，乃因孔僅言事。上不說。

先公曰：「孔僅、咸陽所言前之屬少府者，其利微，今改屬大農，則其利盡。此聚斂之臣，飾說以蓋其私也。管仲之鹽鐵，其大法稅之而已。鹽雖官嘗自煮之以權時取利，亦非久行。鐵則官未嘗冶鑄也。與孔、桑之法異矣。」

元封元年，因桑弘羊請置大農部丞數十人，分部主郡國，各往往置均輸鹽鐵官，不出鐵者，置小鐵官，使屬所在縣。

鐵官凡四十郡

京兆鄭　左馮翊夏陽　右扶風雍、漆　弘農宜陽澠池　太原大陵　河東安邑、絳縣、皮氏、平陽　河內隆慮　河南　潁川陽城　汝南西平　南陽宛　廬江皖　山陽　沛沛　魏武安　常山都鄉　千乘郡、千乘　齊臨淄　東萊東牟　東海下邳、朐　濟南東平陵、歷城　泰山嬴　臨淮鹽瀆、堂邑　桂陽　漢中沔陽　犍爲武陽、南安　蜀臨邛　琅琊　漁陽漁陽　右北平夕陽　遼東平郭　隴西　膠東郁秩　魯　楚　彭城　廣陵　中山北平　東平　城陽莒　涿

元鼎中，博士徐偃使行風俗，矯制使膠東、魯國鼓鑄鹽鐵。還，奏事，徙爲太常丞。御史大夫張湯劾偃矯制大害，法至死。有詔下終軍問狀，軍詰偃，膠東南近琅琊，北接北海，魯國西枕泰山，東有東海，受其鹽鐵。偃度四郡口數、田地，率其用器食鹽，不足以并給二郡邪？將勢宜有餘，而吏不能也。何以言之？偃矯制而鼓鑄者，欲及春耕種贍民器也。今魯國之鼓當先具其備，至秋乃能舉火。此言與實反者非？重問之一。偃已前三奏，無詔。不報聽也。不惟所爲不許，惟思也。而直矯作威福，以從民望，干名采譽，此明聖之所必誅也。偃矯制顓行，非奉使體，請下御史，徵偃即罪。上善其請，奏可。

昭帝始元六年，詔郡國舉賢良文學之士，問以民所疾苦、教化之要。皆對願罷鹽、鐵、酒榷、均輸，毋得與天下争利，視以儉勤。御史大夫桑弘羊難，以爲此國家大業，所以制四夷，安邊足用之本，不可廢也。

弘羊言：「往者豪强之家得管山海之利，采石鼓鑄，煮鹽，一家聚或至千餘人，大抵盡流放之人，遠去鄉里，棄墳墓，依倚大家，相聚深山窮澤之中，成姦僞之業。家人有寶器，尚猶柙而藏之，况天地之山澤乎？夫權利之處，必在山澤，非豪人不能通其利。異時鹽鐵未籠，布衣有朐邴，人君有吳王，專山澤之饒，薄賦其人，贍窮乏以成私威。私威積而逆節之心作，今縱人於權利，罷鹽鐵以資强暴，遂其貪心，衆邪羣聚私門成黨，則强禦日以不制，而并兼之徒姦形成矣。鹽鐵之利，佐百姓之急，奉軍旅之費，不可廢也。」文學曰：「庶人藏於家，諸侯藏於國，天子藏於海内，是以王者不蓄，下藏於民，遠争利，務民之義，利散而人怨止。若是雖湯武生存於代，無所容其慮，工商之事，歐冶之任，何姦之能成？三桓專魯，六卿分晉，不以鹽冶，故權利深者，不在山海在朝廷。一家害百家，在蕭牆不在朐邴。」大夫曰：「山海有禁而人不傾，貴賤有平而人不疑，縣官設衡立準而人得其所，雖使五尺童子適市，莫之能欺。今罷之，則豪人擅其用而專其利也。」文學曰：「山海者，財用之寶路也；鐵器者，農之死士也。死士用，則仇讎滅，田野闢而五穀熟；寶路開，則百姓贍而人用給。人用給，則富國而教之以禮。禮行，則道有讓，而人敦朴以相接，而莫相利也。夫秦、楚、燕、齊，土乃不同，剛柔異氣，巨小之用，倨勾之宜，黨殊俗異，各有所便。縣官籠而一之，則鐵器失其宜，而農人失其便器，用不便則農夫罷於野，而草萊不闢，草萊不闢，則人困乏也。」大夫曰：「昔商君理秦也，設百官之利，收山澤之稅，國富人强，蓄積有餘，是以征伐敵國，攘地斥境，不賦百姓，軍師以贍，故利用不竭而人不知，地盡西河而人不苦。今鹽鐵之利，所佐百姓之急，奉軍旅之費，務於蓄積，以備乏絕，所給甚衆，有益於用，無害於人。」文學曰：「昔文帝之時，無鹽鐵之利而人富。當今有之而百姓困乏，未見利之所利，而見其所害，且利非從天來，不由地出，所出於人間而爲之百倍，此計之失者也。夫李梅實多者，來年爲之衰，新穀熟，舊穀爲之虧。自天地不能滿盈，而况於人乎？故利於彼者必耗於此，猶陰陽之不並，晝夜之代長短也。商鞅峭七斗反。法長利，秦人不聊生，相與哭孝公，其後秦日以危，利蓄而怨積，地廣而禍搆，惡在利用不竭乎？」於是，丞相奏曰：「賢良文學不明縣官，猥以鹽鐵爲不便，宜罷郡國榷酤酒關内鐵。」奏可，於是利復流下，庶人休息。【略】

元帝初元五年，罷鹽鐵官。

永光二年，復鹽鐵官。

成帝綏和二年，賜丞相翟方進策曰：「百僚用度各有數，君增益鹽鐵，更變無常，朕既不明，隨奏許可」云云。方進自殺。

東漢郡有鹽官、鐵官者，隨事廣狹置令長及丞。本注曰：凡郡縣出鹽多者，置鹽官主鹽稅。出鐵多者，置鐵官主鼓鑄。【略】

永平十五年，復置涿郡、故安鐵官。

肅宗建初中，議復鹽鐵官。鄭衆諫以爲不可。詔數切責，至被奏劾。衆執之不移，帝不從。

按：鹽鐵官顯宗已嘗置矣，今言復，豈中間嘗罷邪？

和帝即位，罷鹽鐵禁。

詔曰：「昔孝武皇帝致誅胡越，故榷收鹽鐵之利，以奉師旅之費。自中興以來，匈奴未賓。永平末年，復修征伐。先帝即位，務休力役，然猶深思遠慮，安不忘危，探觀舊典，復收鹽鐵，欲以防備不虞，寧安邊境。而吏多不良，動失其便，以違上意。先帝恨之，故遺戒郡國罷鹽鐵之禁，縱民煮鑄，入税縣官如故事。其申勅刺史二千石，奉順聖旨，勉行德化，布告天下，使明朕意。」【略】

唐肅宗即位，時兩京陷没，民物耗弊，天下用度不足。於是吴鹽、蜀麻、銅冶皆有税，市輕貨，繇江陵、襄陽、上津路轉至鳳翔。

唐貞元元年，河中尹姜師度以安邑鹽池漸涸，開拓疏決水道置爲鹽屯，公私大收其利。左拾遺劉彤請檢校海内鹽鐵之利，從之。

彤上表曰：「臣聞漢孝武爲政，厩馬三十萬，後宫數萬人，外討戎夷，内興宫室，殫費之甚，實百當今。然而古費多而貨有餘，今用少而財不足者，何？豈非古取山澤而今取貧人哉？取山澤則公利厚，而人歸於農；取貧人則公利薄，而人去其業。故先王之作法也，山海有官，虞衡有職，輕重有術，禁發有時。一則專農，二則饒國，濟人盛事也。臣實爲當今宜之。夫煮海爲鹽，採山鑄鐵，伐木爲室，豐餘之輩也。寒而無衣，饑而無食，傭賃自資者，窮苦之流也。若能收山海厚利，奪豐餘之人，蠲調歛重徭，免窮苦之子，所謂損有餘而益不足，帝王之道，可不謂乎？然臣願陛下詔鹽、鐵、木等官，各收其利，貿遷於人，則不及數年，府有餘儲矣。然後下寬貸之令，蠲窮獨之徭，可以惠羣生，可以柔荒服。雖戎狄降服，堯湯水旱無足虞也。奉天適變，惟在陛下行之。」上令宰臣議其可否，咸以鹽鐵之利甚益國用。遂令將作大匠姜師度、户部侍郎强循俱攝御史中丞，與諸道按察使檢校海内鹽鐵之課。至十年八月十日，敕諸州所造鹽鐵，每年合有官課，比令使人句當，除此更無别求，在外不細委知。如聞稱有侵剋，宜令本州刺史上佐一人檢校，依令式收税。如有落帳欺没，仍委按察糾覺奏聞。其姜師度除蒲州鹽池以外，自餘處更不須巡檢。【略】

貞元二十一年，停鹽鐵使月進，舊鹽鐵錢總悉入正庫，以助給費。而主北務者，稍以時市珍玩時新物充進獻以求恩澤，其後益甚，歲進錢物，謂之羨餘，而給入益少。及正元末，逐月有獻，謂之月進，及是而罷。

常璩《華陽國志》卷三《蜀志》　臨邛縣，郡西南二百里。本有邛民，秦始皇徙上郡實之。有古石山，有石鑛，大如蒜子，火燒合之，成流支鐵，甚剛，因置鐵官，有鐵祖廟祠。

曹學佺《蜀中廣記》卷六七《方物記第九・五金》　《華陽國志》云：臨邛縣古石山，有石鑛，大如蒜子，火燒合之成流支鐵，甚剛。因置鐵官，有鐵祖祠。

楊晨《三國會要》卷九《職官》　衛尉卿一人。《晉志》：衛尉屬官有冶令。

按《宋志》云：江南諸郡縣有鐵者或置冶令，或置丞，皆吴所置。未知隸衛尉否也。

酈道元《水經注》卷三一《潕水》　〔潕水〕又東過西平縣北。

縣故柏國也。《春秋左傳》所謂江、黄、道、柏，方睦於齊也。漢曰西平，其西吕墟，即西陵亭也。西陵平夷，故曰西平。漢宣帝甘露三年，封丞相于定國爲侯國，王莽更之曰新亭。《晉太康地記》曰：案：《地記》，近刻訛作《地理志》。縣有龍泉水，可以砥礪刀劍，特堅利，故有堅白之論矣。是以龍泉之劍，爲楚寶也。縣出名金，古有鐵官。

王謨《江西考古録》卷七《物産・鐵》　按：《唐書・地理志》曰：虔州、安遠、袁州、宜春、信州、上饒皆有鐵。《元史・食貨志》曰：産鐵之所，江浙省曰饒、信，江西省曰龍興、吉安、撫、袁、瑞、贛、臨江，而上饒鐵尤爲有名。軒轅述《寶藏論》曰：荆鐵出當陽，色紫而堅利，上饒鐵次之。陶穀《清異録》曰：上饒葛溪鐵精而工細。唐人小説又載：李益云此刀乃上饒鐵所鑄，固知其非浪語矣。《通志》：玉山、貴溪、弋陽三縣皆有鐵場，久罷，惟上饒永樂鄉場尚存。

王溥《唐會要》卷八八《鹽鐵使》　乾元元年，度支郎中第五琦充諸道鹽鐵使。上元元年五月，户部侍郎劉晏充鹽鐵使。元年建子月，户部侍郎元載充鹽鐵使。廣德二年，户部侍郎第五琦充諸道鹽鐵使。永泰元年正月，劉晏充東都、淮南、浙江東西、湖南、山南東道鹽鐵使；第五琦充京畿、關内、河東、劍南、山南西道鹽鐵使。大曆四年三月，劉晏除吏部尚書，充東都、河南、江淮、山南東道鹽鐵使，五年三月二十六日停。建中三年十二月二十日，包佶充汴東鹽鐵使；崔縱充汴西鹽鐵使。貞元元年十二月，尚書左僕射韓滉加諸道鹽鐵使。五年二月，中書侍郎竇參充諸道鹽鐵使。八年三月，户部侍郎張滂充諸道鹽鐵使。十年十月，潤州刺史王緯充諸道鹽鐵使。十五年，以浙西觀察使李錡充諸道鹽鐵使。永貞元年，以司空、平章事杜佑兼諸道鹽鐵使。元和元年四月，兵部侍郎李巽充諸道鹽鐵使。三年六月，刑部尚書李鄘充諸道鹽鐵使。五年十二月，盧坦除刑部侍郎，充諸道鹽鐵使。六年四月，刑部侍郎王播充諸道鹽鐵使。十四年五月，刑部侍郎柳公綽充諸道鹽鐵使。長慶元年二月，王播復爲刑部尚書、諸道鹽鐵使。四年四月，王涯除户部侍郎，充諸道鹽鐵使。寶曆元年正月，王播爲淮南節度，又充諸道鹽鐵使。大和九年十一月，右僕射令狐楚充諸道鹽鐵使。開成元年，户部尚書李石充諸道鹽鐵使。三年十月，楊嗣復爲户部尚書，充諸道鹽鐵使。五年二月，户部尚書崔珙充諸道鹽鐵使。會昌元年七月，左僕射、平章事杜悰充諸道鹽鐵使。六年四月，以大理卿馬植爲刑部侍郎、諸道鹽鐵使。大中五年，刑部侍郎裴休充諸道鹽鐵使。十二年，兵部侍郎柳仲郢充諸道鹽鐵使。十二年二月，户部侍郎夏侯孜充諸道鹽鐵使。十四年，右僕射杜悰復充諸道鹽鐵使。咸通五年十一月，户部侍郎劉鄴充諸道鹽鐵使。六年十月，兵部侍郎于琮充諸道鹽鐵使。乾符元年二月，崔彦昭爲兵部侍郎，充諸道鹽鐵使。其年，又以兵部侍郎王凝充諸道鹽鐵使。二年二月，兵部侍郎裴坦充諸道鹽鐵使。四年六月，以宣歙觀察使高駢爲潤州刺史、諸道鹽鐵使；六年，移節淮南，領使如故。中和元年，兵部侍郎蕭遘充諸道鹽鐵使。其年，中書侍郎、平章事韋昭度充諸道鹽鐵使。光啓二年三月，刑部尚書孔緯充諸道鹽鐵使。大順二年，門下侍郎杜讓能充諸道鹽鐵使。景福二年十一月，吏部尚書、平章事崔昭緯充諸道鹽鐵使。乾寧二年，京兆尹、嗣薛王知柔爲户部尚書，充諸道鹽鐵使。其年九月，門下侍郎、平章事徐彦若充諸道鹽鐵使。光化三年八月，左僕射、平章事崔胤充諸道鹽鐵使。天祐元年，左僕射裴樞充諸道鹽鐵使。其年，門下侍郎、平章事柳璨充諸道鹽鐵使。

李吉甫《元和郡縣志》卷一一《河南道六·兖州》 萊蕪縣，中。西南至州二百六十里。 韶山，在縣西北二十里，其山出鐵，漢置鐵官，至今鼓鑄不絶。

又卷一四《河東道一·絳州》 絳縣。上。西北至州八十里。本漢聞喜縣地，後魏孝文帝置南絳縣，其地屬焉，因縣北絳山爲名也，屬正平郡。恭帝去「南」字，直爲絳縣。隋開皇三年罷郡，改屬絳州。義寧元年屬翼城郡。武德元年屬澮州，二年改屬絳州。備窮山，在縣東北二十五里。出鐵，鉚穴五所。

又卷一六《河東道三·太原府》 交城縣。畿。東北至府八十里。 狐突山，縣西南五十里，出鐵鉚。

又卷三二《劍南道一·邛州》 臨溪縣。中下。東至州六十二里。本秦臨邛縣地，後魏恭帝於此置臨溪縣，屬蒲原郡，隋開皇三年罷郡，縣屬邛州，後因之。縣城三面據險，北面平坦。 孤石山，在縣東十九里。有鐵礦，大如蒜子，燒合之成流支鐵，甚剛，因置鐵官。

又卷三三《劍南道二·嶲州》 臺登縣。下。正南微北至州一百七十里。本漢舊縣，屬越嶲郡。周武帝重開越嶲，於舊理立臺登縣，後遂因之。 鐵石山，在縣東三十五里。山有砮石，火燒成鐵，極剛利。

又卷三四《劍南道三·陵州》 始建縣。中下。北至州五十七里。本漢武陽縣地，隋開皇十年於今縣立始建鎮，大業五年改鎮爲縣。聖曆二年移於仁壽縣界置，其舊縣復置始建鎮。 鐵山，在縣東南七十里，出鐵，諸葛亮取爲兵器。其鐵剛利，堪充貢焉。

又卷三五《嶺南道一·廣州》 懷集縣。中。東南至州六百三十里。

懷集縣，本漢四會縣之地。宋元嘉中，分四會縣之銀屯鄉置懷集縣，屬綏建郡。隋開皇十年改屬湞州，二十年廢湞州，改屬廣州。

驃山，在縣東北四十二里，多鐵鉚，百姓資焉。

又卷三六《嶺南道二·賀州》 桂嶺縣。下。西南至州八十二里。 桂嶺縣，本漢臨賀縣之地，吴分置建興縣，屬臨賀郡。晉改爲興安縣。隋開皇十八年改爲桂嶺縣，屬連州，因界内桂嶺爲名。 武德四年，改屬賀州。 朝岡，在縣東北四十五里。並有鐵鉚，自隋至今採取。

樂史《太平寰宇記》卷二一《河南道二一·兖州》 萊蕪縣，取漢舊名，屬兖州。元和十四年六月，兖海節度使曹華奏以縣在山路三百餘里，人户絶少，官吏名數亦與大縣不殊，虚置無所取，請併入乾封縣。詔許之。 後復置。 韶山，在縣西北二十里。其山出鐵，漢置鐵官，至今鼓鑄不絶。

又卷三一《關西道七·耀州》 （雲陽縣）《雲陽宫記》：冶谷去雲陽宫八十里，《封禪書》所謂谷口是也。其山出鐵，冶鑄之所，因以爲名。

《舊唐書》卷四九《食貨志下》 其年詔曰：「天下山澤之利，當歸王者，宜總榷鹽鐵使。」

三年，以包佶爲左庶子、汴東水陸運鹽鐵租庸使，崔縱爲右庶子、汴西水陸運鹽鐵租庸使。

李燾《續資治通鑑長編》卷九七《真宗》 産鐵有四監，曰徐州之大通、利國，兖州之萊蕪、相州之利成。萊蕪，廢於大中祥符七年。又河南、鳳翔、虢、同、儀、蘄、黄、袁、英州、興國軍有十二冶，晉、磁、鳳、澧、道、渠、合、梅、陜、耀、坊、虔、吉、汀州有二十務，信、鄂、建、連、南劒、邵武等州、軍有二十五場。《兩朝志》無河南、同、黄、晉、道、梅、耀、坊、鄂九州府，却增登、萊、泉、資四州。

又卷一二九《仁宗》 〔康定元年十二月〕戊申，屯田員外郎、通判河中府皮仲容知商州，兼提點採銅鑄鐵錢事。仲容嘗建議鑄大錢，一當十。既而兩制及三司議其事，謂可權行以助邊費，故有是命。初，韓琦安撫陝西，嘗言陝西産鐵甚廣，可鑄錢兼用。此據琦家傳。

又卷一五七《仁宗》 〔慶曆五年十一月〕丙申，降梓州轉運使、司封員外郎崔輔知汾州，轉運判官、太常博士張固小知處州。初，輔等言，欲於廣安軍魚子鐵山采礦炭，置監於合州以鑄錢，及銷舊小錢鑄減輕大錢。未得報，乃先牒合州，度地置監，合州奏其事，特降之。

又卷三三五《神宗》 〔元豐六年五月癸未〕夔州路轉運司言：「萬州鐵礦甚多，乞創錢監，歲可收浄利三萬二千緡，應副本路。」從之。

又卷三三八《神宗》 元豐六年八月甲戌朔，永興等路提舉司言：「安撫司近出公據錢二十萬緡，召人入便，每百緡貼納錢十千。本司相度，除緣邊州軍外，欲依安撫司例施行。」從之。户部言：「開封府界諸縣積欠坊場錢雖令賣産抵當，累歲無買者。乞拘收見欠三分以上産業，估價折納入官。」從之。陝西轉運司言：「同州韓城縣山鐵礦苗脈深厚，可置錢監；及渭州華亭縣博濟監因循廢罷，欲於黄石河鑄冶務，復置監，廢秦、隴州鐵監。」從之。

阿桂《滿洲源流考》卷一一《疆域·同州》 《遼史》同州，舊訛尚州。《金史》作同。考《遼史》東京道，别有尚州，此爲同州無疑，今改。鎮遠軍，下。節度。本漢襄平縣地。太祖置州，軍曰鎮東，後更名。隸彰愍宫，兵事屬北女真兵馬司。統州一，未詳；縣二：東平縣，本漢襄平縣，地産鐵，撥户三百採鍊，隨征賦輸。

嵇璜《續通典》卷一四《食貨》 金太祖開國之初，税牛具耕器。海陵正隆三年，遣使檢視諸路鐵冶。章宗泰和時，李復亨奏：「民間銷燬農具，以給軍器。臣竊以爲未便。汝州、魯山、保豐、鄧州南皆産鐵，募工置冶，可以獲利，且不厲民。」從之。

李廷忠《橘山四六》卷一《通梁提幹》 謀幄從容，有光鐵使。《玉海》：咸平三年，馮亮以江南運副兼都大提點坑冶，鑄鐵錢。鹽鐵使李惟清言非便，度支使魏羽請行於一州，乃命安易往川陝鼓鑄，歲僅得三千餘緡，罷之。景德中，張泳鑄大鐵錢於嘉、邛，詔行之，一當十。興國中，益、利、夔三州皆有鐵冶，宋鐵錢凡行四路。

李心傳《建炎以來繫年要録》卷一七七 〔紹興二十七年五月〕庚午，秘閣修撰新知福州沈調言：「福建諸縣舊有忠義社，各隨鄉村多寡團結，推擇豪右衆所畏服者以爲正副，量置槍杖器甲之屬，以故盜賊屏息，民以爲便。今爲官司科率騷擾，甚失本意。乞令守臣覺察，帥憲司舉按。」調又言：「福建路産鐵至多，客販徧於諸郡，而官監坑冶絶然稀少。今若盡令中賣入官，則無所用。縱之則利不歸上，深爲可惜，乞令轉運司措置申省。」從之。

王象之《輿地紀勝》卷四六《淮南西路·安慶府》 鐵牛祠。在懷寧縣西北。《寰宇記》云：《漢書》：皖有鐵官，《後漢》亦云：皖有鐵，鑄作牛埋於地，以鎮此城。

又卷一二一《廣南西路·鬱林州》 緑鵶場。在南流縣，歲收鐵六萬四千七百斤，往韶州岑水場庫交。

徐松《宋會要輯稿·職官四三·提點坑冶鑄錢司》 〔孝宗乾道九年十月〕二十六日，權發遣蘄州提領鑄錢韓唤言：「奉旨令分舒州同安監歲鑄鐵一十萬貫文，申乞差知監官一員，准指揮就差蘄春知縣兼管。□契勘所置監係在蘄口鎮，自州城往來即須三日，蘄春知縣難以兼監。今來催督人匠工程收支鐵炭，萬計浩瀚，豈可闕官？伏望詳酌，許令選差一員奏辟監視，庶几專一。」從之。

馬端臨《文獻通考》卷一八《征榷考五·坑冶》 又産鐵有四監，曰大通，兖州之萊蕪，萊蕪監領杏山、阜陽、何家、魯東、汶陽、萬家、宜山七冶。舊又有石門、大叔、道士等冶，景德中，以鐵數不登，並廢。汶陽南、魯西治，大中祥符七年廢。徐州之利國，相州之利成。

二十五場，曰信州之丁溪、新溪，鄂州之聖水、荻洲、樊源、安樂、龍興、大雲，建州之晚化，南劒州之亳村、東陽、武夷、平林、塗阬、安福、萬足、桃源、交溪、婁杉、湯泉、立沙、黄溪，邵武軍之萬德、寶積，連州之牛鼻。又有沂州鄌城冶、磁州苑城冶、齊州龍山冶。澤、淄、秦、潭、利、英、白、鬱林州皆舊出鐵，後並廢。

葉圭綬《續山東考古録》卷六《泰安府上》 萊蕪監故城即今縣治。《寰宇記》：萊蕪監在萊蕪縣界，古鐵冶之務也。廢贏縣有鐵官，鹽鐵官例不書，獨書此者，以其爲今縣城也。管一十八冶，縣監不相統。又云礦坑阜在監北五里，即今縣北五里之礦山也。魯西冶在監西三十里，即今縣西三十里魯西集也。東有汶陽冶，今縣東有汶洋保，南有汶南冶，今縣南有汶南保，可證也。

《元史》卷九四《志四三·食貨二·歲課》 鐵在河東者，太宗丙申年，立爐於西京州縣，撥冶户七百六十煽焉。丁酉年，立爐於交城縣，撥冶户一千煽焉。至元五年，始立洞冶總管府。七年罷之。十三年，立平陽等路提舉司。十四年又罷之。其後廢置不常。大德十一年，聽民煽煉，官爲抽分。至武宗至大元年，復立河東都提舉司掌之。所隸之冶八：曰大通，曰興國，曰惠民，曰利國，曰益國，曰閏富，曰豐寧，豐寧之冶蓋有二云。在順德等處者，至元三十一年，撥冶户六千煽焉。大德元年，設都提舉司掌之，其後亦廢置不常。至延祐六年，始罷兩提舉司，並爲順德、廣平、彰德等處提舉司。所隸之冶六：曰神德，曰左村，曰豐陽，曰臨水，曰沙窩，曰固鎮。在檀、景等處者，太宗丙申年，始於北京撥户煽焉。中統二年，立提舉司掌之，其後亦廢置不常。大德五年，始並檀、景三提舉司爲都提舉司，所隸之冶有七：曰雙峰，曰暗峪，曰銀崖，曰大峪，曰五峪，曰利貞，曰錐山。在濟南等處者，中統四年，拘漏籍户三千煽焉。至元五年，立洞冶總管府，其後亦廢置不常。至至大元年，復立濟南都提舉司，所隸之監有五：曰寶成，曰通和，曰昆吾，曰元國，曰富國。

王圻《續文獻通考》卷二三《征榷考・坑冶》 〔元〕成宗元貞二年九月，命各路鐵冶官爲興煽發賣。

中書省言：「各路係官鐵冶，累年積鐵爲數甚多。雖百姓自備工本，二八抽分，而納官之數額不盡實。請罷其制，官爲煽賣。」從之。至大德元年十一月，又命將見在鐵貨及官鐵從實覈計，虧短追賠外，仍講究如何興煽，備細保結。【略】

〔明太祖洪武十五年〕五月，廣平府吏王允道請開磁州鐵冶，杖而流之。

允道言：「磁州臨水鎮地産鐵，元時嘗於此置鐵冶都提舉司，總轄沙窩等八冶，爐丁萬五千户，歲收鐵百餘萬斤，請如舊置爐冶鐵。」帝曰：「朕聞治世天下無遺賢，不聞天下無遺利。各冶鐵數尚多，軍需不乏，而民生業已定，若復設此，必重擾之，是又欲驅萬五千户於鐵冶中也。」命杖之，流海外。

《日知録》曰：「太祖嘗黜言利之御史，謂侍臣曰：君子得位欲行其道，小人得位欲濟其私。行道者心存於天下國家，濟私者心存於傷人害物。十三年五月，御史周姓，《實録》不載其名。此即唐太宗責權萬紀之遺意也。若杖允道，流嶺南，其不肯好貨之意，可謂至深切矣。」【略】

又趙必愿傳曰：「寧宗時，必愿移泉州，罷白土課及免差吏榷鐵。」

龍文彬《明會要》卷五七《食貨五・坑冶》 〔洪武〕十五年，廣平吏王允道請開磁州鐵冶。帝曰：「朕聞治世無遺賢，不聞無遺利。今軍器不乏，若復設此，必重擾民。」杖之，流海外。《食貨志》。

正統初，諭工部：「軍器之鐵止取足於遵化收買。」後復命虞衡司官主之。《春明夢餘録》。【略】

嘉靖三十四年，開建寧、延平諸府鐵冶。《食貨志》。

佚名《明宣宗章皇帝實録》卷一七 〔宣德元年五月〕丁酉，鎮守薊州、山海都督僉事陳景先奏：「比有令，遵化仍開冶炒鐵，所役軍民，如舊取用。臣按舊役遵化、東勝右、忠義中、興州前屯四衛軍士千人，久已遣還，發補神機營及諸衛守備。又永平府灤州及遷安等六縣民千人亦驗丁養馬及有他役。今正當耘耨之時，役之恐妨農事。乞先以遵化、東勝右、忠義中、永平、盧龍、東勝左、薊州、鎮朔、營州右屯、開平中屯、興州右屯、興州前屯、興州左屯十三衛及寬河守禦千户所、神機營遣還操備官軍内，量其多寡，暫借應役，兩番更代，俟秋收畢，仍發永平州縣民及旁近衛所軍士如舊赴工。」從之。

鄭顒《雲南圖經志書》卷一《昆陽州・土産》 鐵礦。州南三十五里有山曰隃陵崗，産鐵礦，官立鐵冶，所以賦其利。

黄光昇《昭代典則》卷九 廣平府吏王允道言：「磁州臨水鎮地産鐵，元時嘗於此置鐵冶都提舉司，總轄沙窩等八冶，爐丁萬五千户，歲收鐵百餘萬斤，請如舊置之。」上曰：「朕聞治世天下無遺賢，不聞天下無遺利。且利不在官則在民，民得其利則利源通，而有益於官，官專其利則利源塞，而必損於民。今各冶鐵數尚多，軍需不乏，而民生業已定。若復設此，必重擾之。是又欲驅萬五千家於鐵冶之中也。」杖之，流海外。

張溶《明世宗肅皇帝實録》卷四二二 〔嘉靖三十四年五月〕癸亥，開福建建寧、延平等府鐵冶。先是，二府歲課鐵五十萬斤解部，尋以浙省銀鑛盜發禁革，至是福建御史胡志夔以爲言。詔復之。

張溶《明神宗顯皇帝實録》卷八八 〔萬曆七年六月〕辛卯，兵部覆御史安九域查勘寧前、永安鐵場二處，修完堅固。參政李松，寔心任事，宜紀録叙用，或久任加銜，以示激勸。從之。

茅元儀《暇老齋雜記》卷一〇 磁州臨水鎮，地産鐵，元時置鐵冶都提舉，總轄沙窩等八冶，歲收鐵百萬餘觔。洪武時，廣平府吏王允道欲如元故事，役民萬五千家，太祖以其擾民，杖流之。蓋當時鐵冶十三處，俱以徒罪人犯充炒鐵，不輕役民耳。永樂時，尚酌定煎鹽、炒鐵分配遠近。今鐵廢，并煎鹽法亦不行矣。

茅元儀《武備志》卷一五〇《陣練制練》 一、弊端，估造器械，官價率有餘，然内而監造人員與掌局工作以漸侵剋，是以高價而得低物也。鐵與鋼鍊之已精未精，非若金銀可以成色辨計。往昔只照常制造，尚自弊多，至於鍊鐵，則弊益易着手盜炭，指粗鐵以爲精鐵，而易精鐵，將無所不至矣。

二、鍊鐵之工，須得素用堪用之人，方彼此相解。若造鳥銃，須得慣造得法之人爲之指撥。

陳子龍《明經世文編・補遺》卷二 韓大章《遵化廠夫料奏鈌夫料》 一卷查得本廠，原額民夫一千三百六十五名。正統三年，本部奏準減半六百八十三名，每名每年十月初到廠辦料，次年三月終放回農種。弘治十三年，都御史洪鍾奏，將口糧革去，行僉大户揔領在官，均徭銀内，每名一十二兩，每年十月赴廠買辦。後大户累次告擾，復於弘治十六年，照舊僉解人夫，每名各領前銀，亦於每年十月，委官解廠，自行買納。弘治十七年，本部題準，準以十分爲率，減免四分，止僉四百十名，照前買納。因是冬寒價貴，前銀買辦不敷，各夫又自賠銀買補。臣思前項民夫，既妨本身生業，又自賠納銀兩，羈延往來勞費，況各該地方頻年水旱相仍，人民疲憊已極，揆之情理，誠可憐憫。查得本廠收積鐵料，見彀三年之用，合無自正德二年以後，仍照減免四分則例，再減三分。每年預於四月間，趁時柴炭多賤，照前領價解廠，聽其自便，依數買納，不許攬頭，及本廠軍民人匠，用强兜攬，高擡時值，揹勒加倍，違者許本廠郎中訪察得實，照例問發。三年以後，如果鐵料不敷，再照原數僉派，上下稱便，而民困得少甦矣。

一、卷查本廠遵化等六衛軍人，原額九百二十七名。正統三年間，本部奏準減半四百六十五名。内着四十名，每名月支口糧一斗五升，月糧六斗，歲支冬夏衣布二疋，綿花二斤八兩；見在本廠把門看庫、巡夜值更、貼幇防守囚犯，及修理庫房墻垣等項。外四百二十五名，月支口糧三斗，月糧六斗，歲支冬夏衣布二疋，花二斤八兩；先年每口、每年辦炭三千斤，鐵砂六石三斗，撘鞲六十日，運石一車。天順等年以來，山場光潔，軍多貧竄，前項軍人各衛每名與貼正軍一名。弘治五年，都御史唐珣奏將貼工正軍掣回別差，另撥餘丁四名朋當。弘治八年，本部題準，前項軍餘遇有事故等項，行衛照名撥補，不許擅加更動，科派銀兩等項事情。弘治十七年，又該本部題準，以十分爲率，減免四分以寬其力。後因軍匠係是造册食糧，已定人數，又經議擬減其工力四分，得以休息，即減人數相同。今照本廠收積鐵料，見彀三年支用，況地方差役繁難，衛所征料負累，若不亦照人大事例，從宜更改，則減免均徭，槩益於兩府之州縣，休息工力，惟利於鐵廠之軍餘，人心爲之不平，公論難於允愜。合無通將看廠辦料軍人四百六十五名，自正德二年爲始，以十名爲率，亦減四名，發回原衛。但各軍係是造册食糧，已定人數，出該衛，必更別差，以後再欲取回，未免事涉紛擾。合將正軍不動，每軍一名，止貼餘丁二名，餘皆發原衛所。辦納工料，亦依人數減免，每一軍二餘，每年止辦炭一千八百斤，鐵砂三石八斗，撘鞲三十六日，運石半車。其存留貼軍餘丁，聽從本廠郎中揀選年力精壯、堪以工作之人，各衛不許侵奪紊亂。三年以後相同，其餘丁合無亦照前例減。

一、卷查本廠，順天、永平二府州縣炒煉熟鐵民匠，正統三年原額二百二十名，除户絶等項外，見在止有一百九十二名，每名月支口糧三斗，每年十月初起，次年三月終止，俱在本廠炒煉鐵料，餘月放回農種，口糧就開。即今有題準減免四分則例，見在本廠上工，合無自正德三年以後，照舊上工。

一、卷查本廠，順天、永平二府輪班人匠，正統、景泰等年以後，本部奏撥六百三十名在廠上工，除户絶等項外，見在止有五百五十二名，四年一班，每年一百三十名。先年，每名該季納炭一千斤，時值二兩，鐵砂三石，值銀一兩二錢，上納本廠炒煉鐵料。因思本部各處輪班人匠，曾經題準，聽其自便，納價者每季納銀一兩八錢，當班者仍將退出餘丁送廠，照舊辦料做工，亦不許托詞占悋，致悞國課。再照弘治十七年、十八年，正德元年、三年等，曾題準減免四分，又經議擬止減工力，軍餘固得偷安，衛所實無寸補。合無今軍除春季該出工料依舊辦納外，四月以後，就將各軍餘出二名回衛，應辦料差，庶衛所得人，而軍民普沾其惠矣。

一、卷查本廠，隆慶等衛所炒煉生鐵軍匠，正統三年原額八十四名，除户絶等項外，見止有六十七名，每名歲支行糧十石八斗，冬衣布二疋，花二斤八兩。内隆慶等衛三十五名，各名幇貼餘丁不等，有一二丁者，有三四丁者，有全無丁者。遵化衛三十二名，每名幫貼餘丁四名，俱照本部題準，減免四分則例，見在本廠上工，炒煉鐵料。因思前項軍人與前遵化等衛軍人事體，發各衙門上工，鐵廠輪班人匠，亦與各處相同，辦納料價，較比加倍。合無今後前項人匠，行令各該州縣，照依各處事例，聽其自便，願納價者，每季納銀一兩八錢，就於本州縣收貯，差人連本匠勘合，通行解廠批工銷照，其價聽本廠買辦，前料炒煉，季終將解過匠價，并買過物料數目，呈部查考，願上工者聽其上工。

一、本廠書辦、庫秤、門子、催工巡山、管匠總甲、各衛造册寫字并大小爐作頭，共有三十五名，俱在本廠軍民匠内摘充。但各人既關行月糧米、冬衣布花，幫貼餘丁，較之辦料做工，未免彼勞此逸。合無今後做辦工料軍人止定七名，各衛寫字僨造食糧文册止定三名，作頭止定二名，通該一十三名。仍俱遞年更换，其餘各項盡數出，照依各軍辦料做工，不許營充前役，意圖輕省，久占作弊，出入衙門。發其本廠書辦照依易州廠事例行移吏部，選撥本部令史一名，役滿更换，門子遵化縣與相應人户僉撥二名，庫秤僉撥四名，一年更换，則軍民人匠，輸力惟均，而本廠役用，亦不乏矣。

一、盤過本廠收積生鐵，除碎鐵不筭外，見在生板鐵二百三十二萬四千二百斤，熟鐵七十五萬六百六十斤，銅鐵二十二萬六千五百斤，鬆鐵二十一萬一千七百一十六斤。每年本部額運生熟銅鐵五十七萬九千七百斤，大約見蓇三年支用。若不從宜節省，仍舊原額炒煉，則柴炭價高，軍力勞竭，月增歲益，必難支持。合無除弘治十七等三年減免四分外，自正德二年以後，不拘常額，量設爐座，每年止儘軍民夫匠辦納柴炭多寡計筭炒煉鐵料，不許將柴炭浪費以致軍民加倍，違者許令本廠郎中參究治罪。仍將收買柴炭若干，炒煉出鐵料若干，按月開報本部，以憑查攷。以後鐵料缺少，另行議處，如此則鐵料不致缺乏，而軍亦得聊生矣。

一、遵化鐵廠，訪係永樂年間，在於地方砂坡谷開設，後遷地方松棚谷。正統年間遷今地方白冶莊。彼時林木茂盛，柴炭易辦。經今建置一百餘年，山場樹木，斫伐盡絶，以致今柴炭價貴，若不設法禁約，十餘年後，價增數倍，軍民愈困，鐵課愈虧。合無行令本廠郎中，出給榜文，嚴加禁約，着落各該衛所州縣巡捕官員，曉諭地方軍民人等，不許在於應禁山場擅自樵採、開墾耕種、燒窑燒炭，違者許本廠郎中捉拏，照例問發。每月各該巡捕官員，仍具不致扶同容隱狀申繳本廠郎中知會，則人知警懼，木漸滋生，而日後之用可供矣。

一、每年解運鐵料，本部差委武功等三衛千百户等官領運，自鐵冶起，直抵京城。止是沿途軍衛有司起車二百八十餘輛，每輛用車脚價銀三兩五錢，共銀九百餘兩。訪得各衛委官多方作弊，將鐵關領出廠，或就併車裝運，或將低鐵抵换，遺棄路道者有之，經年累歲，運送不完。脚價任其侵欺，歲月任其延挨。部中廠中，兩無稽考。合無今後運鐵前項軍職不必委差，就於本部合屬官内，選差一員，管廠郎中行取車輛出給批文，定限解部，收取批回，庶使解運不致遲延，而鐵料亦無疏虞矣。

一、卷查本廠遵化縣雜造局鐵匠，永樂年間原額七十二名，除户絶等項外，見在止有三十七名，俱在本廠看守炒鐵囚犯，應合照舊。一法司問結囚犯，解到本廠炒鐵，是遵化縣雜造局官吏監督炒煉。先年題凖，每名日支粟米一升食用，每月俱在薊州各倉造册關支。又於附近州縣撥致醫生三名，遇有囚犯疾病，合藥調治，良法美意，最爲切當，其糧米應合照舊，但所用藥餌因無官錢，莫由措辦，虚應故事，有負朝廷矜恤之意。合無今後每年將本廠輪班匠價量支買辦藥餌收貯，如遇囚犯□病，該局官吏即令醫療，毋致失所。仍行沿途遞運所衙門，如遇囚犯發到，不拘多寡，即時起解，毋得稽留，及禁約防夫人等，不許輒加捶楚，奪取衣糧，違者許本廠郎中挨究重治。

一、本部管廠郎中，雖奉有敕在彼提督，但於各該軍衛有司官吏賢否無考察之權，軍民詞訟無受理之例，以致人多怠玩，事不奉行。合無今後各軍衛有司，但遇事關本廠，聽從郎中處治，敢有輕視違抗者，許本廠郎中照依欽奉敕諭事理，應拏問者拿問，應參奏者參奏，如此，則人知遵守而事體歸一矣。

佚名《明熹宗哲皇帝實録》卷二五　〔天啓三年春正月〕乙卯，順天巡撫岳和聲條安攘七事：一曰專治局。【略】查遵化舊亦有鐵礦，後竟封閉，宜各設一廠採鑄，以佐軍需。【略】宜專委兵工司管一員，刻期採鑄。【略】鐵，隨給局匠打造盔甲刀銃諸器，及鉛彈等物，以濟寶源阜財之用。

萬斯同《明史》卷七九《志五三》　徐州。東有故吕城，北有垞城，俗曰茶城。【略】東北有盤馬山，山産鐵，官置鐵官。

沈國元《皇明從信録》卷七　廣平府吏王允道言：「磁州臨水鎮，地産鐵。元嘗於此置鐵冶都提舉司，總轄沙窩等八冶爐丁萬五千户，歲收鐵百餘萬斤。請如舊置爐冶鐵。」上曰：「今各鐵冶數尚多，軍需不乏，而民之生業已定。若復設此，必重擾民，是又欲驅萬五千家於鐵冶之中也。」杖之，流海外。

嵇璜《續文獻通考》卷二三《征榷考·坑冶》　和聲奏，【略】查遵化舊亦有鐵礦，後竟封閉，宜各設一廠採鑄，以佐軍需。

謝旻《〔康熙〕江西通志》卷九《山川三》　蕉源山，在萬安縣東四十里，山形尖峭，樹木鬱茂，舊産鐵。

鐵山，在安遠縣北六十里，宋置鐵場，今廢。

又卷二七《土産二·撫州府》　鐵。郡城東一百二十里東山産鐵。宋乾道閻置東山鐵場，其爐凡四：曰羅首坪、小槳、赤坼、金峰，後以山空，俱廢。

沈青崖《〔雍正〕陝西通志》卷四三《物産一・貨屬・鐵》 鐵，柔鐵；鏤，剛鐵，可以刻鏤者也。《禹貢》梁州蔡註。 小華山西八十里符禺之山，其陰多鐵。又西英山其陰多鐵，又西竹山其陰多鐵。鳥山，在安定縣。其陰多鐵。《西山經》。 京兆鄭縣有鐵官。右扶風雍縣、漆縣有鐵官。《漢書・地理志》。 商州上洛郡洛南有鐵。同州馮翊郡韓城有鐵。興元府漢中郡西有鐵。興州順政郡順政有鐵。長舉有鐵。隴州汧陽郡汧源有鐵。坊州中部郡中部有鐵。宜君有鐵。《唐書・地理志》。 秦晉山中皆産。《本草綱目》。 終南多鐵。《關中三山記》。 鐵出終南山，一出鄜縣城固。《圖書編》。 出鄜縣城固，宋時猶有鐵冶務。《明一統志》。 鐵洞嶺山多出鐵。《商州志》。 韓城有鐵，後周置鐵冶設官，相沿以至於宋，猶有冶務七百餘户。《同州志》。

胡德琳《〔乾隆〕歷城縣志》卷五《地域考三》 東平陵有工官、鐵官。 歷城有鐵官。《漢書・地理志》。

歷城有鐵。同上。

洪亮吉《乾隆府廳州縣圖志》卷二四《蘭州府》 鐵冶：《元統志》：去蘭州五十里。

又《鞏昌府》 又太陽山，在〔寧遠〕縣南一百二十里，接秦州禮縣界，産鐵，舊置鐵冶於此。

又卷三一《武昌府》 新興冶在〔大冶〕縣西。《晉書》：鄂縣有新興、馬頭鐵官。《圖經》：縣有鐵山、鐵務二冶，故以名縣。

吴卓信《漢書地理志補注》卷四《弘農郡》 有鐵官。《寰宇通志》：河南府鞏、宜陽、登封、新安、嵩五縣，俱出鐵。

又卷五《河東郡》 有鐵官。本志論風俗，河東土地平易，有鹽鐵之饒。《續郡國志》：安邑有鐵。【略】

有鐵官。《續志》：皮氏縣有鐵。【略】

有鐵官。《續志》：平陽有鐵。《唐書・地理志》：晉州、岳陽、絳州、翼城並有鐵。

吴卓信《漢書地理志補注》卷八《河内郡》 有鐵官。《續志》：林慮縣有鐵。《元和志》：林慮山出鐵。《寰宇通志》：汲縣、蒼山青鐵。

又卷一二《潁川郡・陽城》 有鐵官。《續志》：陽城縣有鐵。《山海經》：少室之山，其下多鐵。《地理通釋》：潁川郡陽城縣有鐵官。《五行志》：陽朔三年，潁川鐵官盜庫兵。《説嵩》：《漢書》曰：陽城有鐵官。今嵩南鐵爐溝，傳爲古官場也。傅梅《嵩書》：今大熊山下亦多鐵，山民鼓鑄爲業。《漢書》：陽城有鐵官，即指此。

又卷一三《汝南郡》 有鐵官。《續郡國志》：西平縣有鐵。《水經注》：《太康地記》曰：縣有龍泉水，可以砥礪刀劍，特堅利，故有堅白之論矣，是以龍泉之劍爲楚寶也，縣出名金。古有鐵官。《史記索隱》：天下之寶劍，韓爲衆，其劍皆出西平縣，今有鐵官令一，别領户，是古鑄劍之地也。《寰宇記》：蘇秦説韓王曰，韓有劍戟出於棠谿，今西平縣西界有棠谿村是也。《九域志》：西平縣有冶爐城，韓國鑄劍之地。《大清一統志》：冶爐城在今西平縣西七十五里，戰國時韓王鑄劍處。漢置鐵官於此，晉亦置鐵官，别領户，今城址猶存。

又卷二四《常山郡》 有鐵官。《續志》：都鄉縣有鐵。

又卷三〇《濟南郡・歷城》 有鐵官。《續郡國志》：歷城縣有鐵。《新唐書・地理志》：歷城有鐵。《名勝志》：按：《三齊記》歷城縣有鐵牛山，爲一郡之鎮，今在府學大門内，微露其脊。《漢志》謂歷城有鐵，蓋指此。《山東考古録》：漢時濟南爲産鐵之地，故東平陵、歷城並有鐵官。《後書・韓棱傳》：肅宗賜陳寵寶劍曰濟南椎成。注：椎，直追反。《漢官》作鍛成。是不惟産鐵，又出名劍。今府學之鐵牛，靈山石寺之鐵袈裟，皆鐵之精英發見於地上者也。

又《東平陵郡》 有工官、鐵官。《續郡國志》：東平陵有鐵。

又卷三六《東海郡》 有鐵官。《續郡國志》：下邳縣有鐵。【略】

有鐵官。《續郡國志》：朐縣有鐵。

又卷三八《會稽郡》 有鐵官。《續郡國志》：堂邑縣有鐵。

又卷四一《桂陽郡》 莽曰：南平屬荆州，有鐵官。宋祁曰：邵本作金官。《續郡國志》：耒陽縣有鐵。《寰宇通志》：今辰州府瀘溪、辰溪、漵浦三縣出鐵。《大清一統志》：今郴州及宜章、永興、桂陽縣出鐵。

又卷四四《漢中郡》 有鐵官。《續志》：沔陽縣有鐵。《輿地紀勝》：鐵山在西縣北五里，多鐵鑛。《大清一統志》：鐵山在今縣北。鐵山侯，即此。其山出鐵，極剛利。

又卷四六《蜀郡・臨邛》 有鐵官。徐廣曰：臨邛出鐵。《華陽國志》：臨邛有古石山，有石鑛，大如蒜子，火燒合之成流支鐵，甚剛，因置鐵官。有鐵祖廟。《元和志》：今邛州臨溪縣東十九里有孤石山，山有鐵鑛，歷代因置鐵官焉。《唐書・地理志》：臨邛有鐵，臨溪縣有鐵官。《九域志》：惠民局在邛州南六十里，咸平四年置，鑄鐵錢。

又卷四七《犍爲郡・南安》　鐵官。《元和志》：今榮州旭川縣有鐵山，在縣北四十里。又云榮州貢利鐵。《寰宇記》：鐵山在資官縣北一百里。其山出鐵。《九域志》：豐遠監在嘉州北五十步，景德二年置，鑄鐵錢。《大清一統志》：鐵山在今嘉定府榮縣北，與威遠縣接界。其山出鐵。按：《南齊書・州郡志》：犍爲郡有冶官縣，蓋以縣有鐵山，出鐵置冶而名也。【略】

有鐵官。《元和志》：鐵山在今陵州始建縣東南七十里。其山出鐵，最剛利，諸葛亮取爲器。《新唐書・地理志》：新津縣有鐵。《輿地紀勝》：鐵山在井研縣東北六十里。《周地圖》云：縣界首有鐵山。

又卷七一《上谷郡》　有鐵官。《續志》：漁陽縣有鐵。《大清一統志》：鐵鑛山在密雲縣東三十里，山産鐵。《漢志》：漁陽有鐵官，蓋置於此。

又卷七四《遼東郡・平郭》　有鐵官、鹽官。《續志》：平郭縣有鐵。《明統志》：鹽生樹枝上，亦有海鹽。《大清一統志》：奉天府各州縣皆有鐵，出鹽。又云：舊志云瀋陽衛東九十里安平山有鐵場百户所，海州梁房口有鹽場百户所。又蓋州衛西四十里有鹽場百户所，北九十九里有鐵場百户所。又金州衛西北百七十里有鹽場百户所，東北三十里有鐵場百户所，皆明置。

又卷八七《中山國》　有鐵官。《續志》：北平縣有鐵。

又卷九五《淮陽國》　有鐵官。《續志》：莒縣有鐵。

又卷九八《魯國》　有鐵官。《續志》：魯縣有鐵。

又卷九九《楚國》　《方輿紀要》：盤馬山在徐州東北九十里，山産鐵，漢置鐵官。宋時置利國監於山下，其陽有運鐵河。

穆彰阿《〔嘉慶〕大清一統志》卷一三八《平陽府》　澮山。在翼城縣。【略】《元和志》：澮高山在縣東南二十五里，出鐵，隋置平泉冶。

又卷二四三《同州府》　户川。在韓城縣北八十里川口，産鐵，舊置冶户，故名。宋包拯有《請罷同州韓城冶户疏》。

又卷二五〇《河南府一・山川》　大熊山。在登封縣東南，即古大善山。【略】舊志：今曰大熊山，在縣東南四十里。四圍陡峻，頂上寬平，可避兵，其下産鐵，山民鼓鑄爲業。《漢志》：陽城縣有鐵官，即此。

又卷二五五《鞏昌府》　太陽山。在寧遠縣南一百二十里，接秦州禮縣界，産鐵，舊置鐵冶於此。

曾國荃等《〔光緒〕山西通志》卷一〇〇《風土記下・物産》　五金，産鐵最廣。其精者爲鑌鐵，製刀剪良。

《後漢書》：安邑有鐵，平陽侯國有鐵，皮氏有鐵，大陵有鐵。《前漢志》並有鐵官。《隋志》：齊諸冶並設丞隸。太府東道有武（交）〔安〕滏口、白澗三（用）〔局〕，西道有晉陽、泉部、大邡、原仇四局。白澗在今陽城，詳見「古蹟・宫室」。《唐志》：晉州、岳陽、汾西、蜂州、翼城、絳、慈州、昌寧、隰州、温泉、太原、盂、交城、沁州、緜上、澤州、陽城並有鐵。《太平記》：大通監皆東西二京鐵之務，東冶在緜上縣，西冶在交城縣北山。宋産鐵四監，一曰大通，十二冶又二十四務。記云：西山冶在監西文谷内義泉社，去監六十里。此冶取狐突山鐵礦烹鍊。《宋史》：真宗初，河東轉運使宋摶言，大通鐵冶盈積，可備諸州軍數十年鼓鑄，願權罷採以舒民。又景德元年，弛邊民鐵禁。河東轉運使陳堯佐奏減澤州大廣冶鐵課。又熙寧中，河東轉運使劉庠計一路之産鐵利爲饒，請復舊冶鼓鑄。《元史》：太宗八年，立鑪於西京州，鑪擅冶户七百六十煽焉。九年，立鑪於交城縣，煽冶户一千煽焉。元貞二年，置山西鐵冶提舉司。大德十一年，聽民煽，縣官爲抽分。至大元年，復立河東都提舉司掌之。所鑪之冶八：曰大通，曰興國，曰利國，曰惠民，曰益國，曰（鑪）〔潤〕富，曰（豐）〔寧〕富。豐寧冶有二。舊通志：交城西北西冶村有都提舉〔司〕鐵冶廢址，即大通監。故關鐵冶元設提舉司在襄陵京安鎮。利國鐵冶在懷仁清涼山。《名勝志》：太原府城内有巨鐵，常露其頂，鑪之則深入不出，曰鐵母，今有鑌鐵祠。

又卷三七《山川考七》　《方輿紀要》：狐突山，有晉大夫狐突廟，因名，縣之鎮山也。産青鐵，宋因以置監。一名馬鞍山。

《寰宇記》：西山冶在大通監西文谷内義泉社，去監六十里。此冶取狐突山鐵鑛烹鍊。《方輿紀要》：宋白曰：大通監本古交城地，今縣西北八十里有大通鐵冶，宋設提舉司及鐵冶所。

盛宣懷《愚齋存稿》卷九七《補遺七四・寄開封袁宫保十月二十日》　銑巧電感悉，已派鄭道孝胥、魏道瀚廿四至長台迎接，沈道能虎、施道肇英預備快利淺水江船，專雇領港，在漢迎接。又電請端午帥代作主人，陪公閲視鐵廠。總辦李維格赴日本，已令會辦宗得福伺候。務求破半日工夫往觀大略，中國只此鐵廠，頗關兵政，到滬亦當面求維持之法。保守礦地各件，沈道呈到乞細閲，須面商。

卞寶第等《(光緒)湖南通志》卷五八《食貨四・礦廠・鐵礦》　漢元狩四年，置鐵官凡四十郡，有桂陽。《文獻通考》。【略】

瀏陽初開鐵冶，鍊造官鐵解京，鐵不堪用，而解難敷額。明邑人周幹建言，免之。《長沙府志》。

吴其濬《滇南礦廠圖略》卷二《金錫鉛鐵廠第三》　石羊廠，南安州知州理之。

鵝趄廠，鎮南州知州理之。

三山廠，陸涼州知州理之。

紅路口廠，馬龍州知州理之。

龍明里上下鐵廠，石屏州知州理之。

小水井廠，路南州知州理之。

河底廠，鶴慶州知州理之。

阿幸廠，沙喇箐廠，水箐廠，均騰越廳同知理之。

濫泥箐廠，碍嘉州判理之。

椒子壩廠，大關同知理之。

老吾山廠，易門縣知縣理之。

猛烈鄉廠，威遠同知理之。【略】

凡鐵廠十有四，有閏之年共課銀二百九十兩一錢五分八釐，無閏之年共課銀二百八十一兩五錢三分。

《管子》卷二二《山國軌第七四》　桓公曰：「吾欲立軌官，爲之奈何？」管子對曰：「鹽鐵之筴，足以立軌官。」桓公曰：「奈何？」管子對曰：「龍夏之地，布黃金九千。以幣貲金，巨家以金，小家以幣。周岐山至於峥丘之西塞丘者，山邑之田也，布幣稱貧富而調之。周壽陵而東至少沙者，中田也，據之以幣，巨家以金，小家以幣。三壤已撫，而國穀再什倍。梁、渭、陽瑣之牛馬滿齊衍，請毆之顛齒，量其高壯，曰：『國爲師旅，戰車毆就斂子之牛馬。上無幣，請以穀視市櫎而庚子牛馬，爲上粟二家。』二家散其粟，反准，牛馬歸於上。」【略】

管子曰：「鹽鐵撫軌。穀一廩十，君常操九，民衣食而繇，下安無怨咎。去其田賦，以租其山。巨家重葬其親者，服重租。小家菲葬其親者，服小租。巨家美脩其宫室者，服重租。小家爲室廬者，服小租。上立軌於國，民之貧富如加之以繩，謂之國軌。」

李昉《太平御覽》卷八一三《珍寶部一二・鐵》　《尚書》曰：華陽、黑水惟梁州，厥貢璆、鐵。

王存《元豐九域志》卷二《淳州》　上，磁州，滏陽郡，團練。治滏陽縣。【略】土貢。磁石一十斤。

王應麟《通鑑答問》卷四《置鹽鐵官》　或問：《武帝紀》書「初算商車，初算緡錢，初榷酒酤」，與《春秋》「初税畝」同，此以志變法之始也；置鹽鐵官，不書「初」，何歟？曰：鹽、鐵之税，始於齊之管仲，計口食鹽，計人用鐵，山河之利，作俑於此。然戰國、秦、漢之際，未盡籠於官也。太史公《貨殖傳》云：「猗頓用盬鹽起邯鄲，郭縱以鐵冶成業，卓氏趙人，用鐵冶富，程鄭亦冶鑄，宛孔氏大鼓鑄，魯曹邴氏以鐵冶起。」則富猶在民也。文帝縱民得鑄錢冶鐵煮鹽，吴王擅海澤，

鄧通專西山，而國富刑清，登我漢道，未嘗開利孔爲民罪梯也。武帝窮征遠討，兵連費廣，經常之賦不足，而横斂起焉。張湯倡之，東郭、孔、桑和之，而鹽、鐵之官，掌於大農，布於郡國，其利二十倍於古，以《地理志》考之，鹽官三十有六，鐵官四十有九，昭帝議罷之而不克行，元帝嘗罷之而又復置，東都屬於郡縣，章帝復收之，和帝乃詔縱民煮鑄，入税縣官。至唐乾元即鹽鐵有使矣；天下有鹽之縣一百五，有鐵之縣一百三，皆多於漢時，作法於貪，弊益甚焉。古者，名山大澤不以盼，恐諸侯顓利以剥民也。《禹貢》青州之鹽，梁州之鐵，皆以爲貢，不以爲賦也。在《易》《泰》與《謙》德之大者，則曰「不富以其鄰」，《小畜》德之小者，則曰「富以其鄰」，君之道民，所謂鄰也，富在民，則國亦蒙其利，富在國，則民先受其害。武帝用聚斂之臣，斡山海而歸於上，其德之小者乎！故文帝得《泰》、《謙》之有餘，而成殷富之治；武帝得《小畜》之不足，而稔虚耗之敝，可以監矣。

汪應辰《文定集》卷一《應詔言弭災防盜事》 臣竊攷之，古今財賦所入，名色猥衆，未有如今日之甚者。昔漢至武帝始有鹽、鐵、榷酤之法，唐至德宗始有兩税、榷茶之法，當時議者紛然以爲民害，後世既已兼而用之矣。

又卷二《應詔陳言兵食事宜》 昔人以爲縣官當食租衣税；然漢文、景之盛，或賜民田租之半，或盡除之，或三十税一；武帝窮極奢侈，有鹽、鐵、酒酤之禁，昭帝即位，一切罷之。至於後世，或用或否。

《宋史》卷一八五《食貨志下七・坑冶》 〔政和六年〕十二月，廣東漕司言：「本路鐵場阬冶九十二所，歲額收鐵二百八十九萬餘斤，浸銅之餘無他用。」【略】

〔政和七年〕十一月，尚書省言：「徐禋以東南黑鉛留給鼓鑄之餘，悉造丹粉，鬻以濟用。」詔諸路常平司以三十萬輸大觀西庫，餘從所請。明年，令諸路鐵倣茶鹽法榷鬻，置鑪冶收鐵，給引召人通市。苗脈微者聽民出息承買，以所收中賣於官，私相貿易者禁之。先是，元豐六年，京東漕臣吴居厚奏：「徐、鄆、青等州歲製軍器及上供簡鐵之類數多，而利國、萊蕪二監鐵少不能給。請鐵從官興煽，所獲可多數倍。」自是，官榷鐵造器用以鬻於民，至元祐罷之。其後大觀初，入内皇城使裴絢爲涇原幹當，奏上渭州通判苗沖淑之言：「石河鐵冶既令民自採鍊，中賣於官，請禁民私相貿易。農具、器用之類，悉官爲鑄造，其冶坊已成之物，皆以輸官而償其直。」乃禁毋得私相貿易，農具、器用勿禁，官自賣鐵唯許鑄瀉户市之。政和初，臣僚言：「鹽鐵利均，今鹽筴推行已備，而鐵貨尚未講畫。請即治户未償之錢，收其已鍊之鐵，爲器鬻之。兼京東二監所出尤多，河北固鎮等冶並官監，其利不貲，而河東鐵、炭最盛，若官榷爲器，以贍一路，旁及陝、雍利入甚廣，且以銷盜鑄之弊。又夏人茶山鐵冶既入中國，乏鐵爲器，聞以鹽易鐵錢於邊，若官自爲器，則鐵與錢俱重，可伐其謀。請榷諸路鐵，擇其最盛者，可置監設官總之，概諸路不越數十處，餘止爲鑄瀉之地，屬之都監，或監當官兼領。」

阮元《〔道光〕廣東通志》卷一六七《經政署一〇・榷税一・廣東省》 〔政和〕六年十二月，廣東漕司言本路鐵場、阬冶九十二所，歲額收鐵二百八十九萬餘斤，浸銅之餘無他用。詔令官悉市以廣浸，仍以諸司及常平錢給本。

又《經政署一〇・榷税一・廣州府》 〔從化縣〕古田鐵爐一座，税銀五十三兩。石門鐵爐一座，礦坪鐵爐一座，均於乾隆二十七年因山光豁除。〔龍門縣〕廟子角鐵爐一座，乾隆二十年豁除。《賦役全書》。大蔴埔、白梅崗鐵爐二座，均於乾隆三十四年豁除。三坑鐵爐一座，乾隆四十一年豁除。低田雁羊陂鐵爐一座，乾隆五十七年豁除。俱同上。〔清遠縣〕坪心鐵爐一座，乾隆五十二年，因山光礦盡豁除。本縣鹽埠地餉銀一百兩。〔花縣〕車頭整鐵爐一座，嘉慶七年因礦盡豁除。《賦役全書》。

又《經政署一〇・榷税一・韶州府》 甘竹都鐵爐一座，乾隆十五年礦盡豁除。《賦役全書》。赤硃嶺鐵爐一座，乾隆三十年礦盡豁除。〔乳源縣〕鐵爐一座，嘉慶六年礦盡豁除。大水坑鐵爐，乾隆五十五年豁除。伯公壇鐵爐，乾隆五十一年豁除。小水崗鐵爐一座，乾隆十四年礦盡豁除。黄崗蘇茅坪鐵爐一座，乾隆三十三年礦盡豁除。東坑鐵爐一座，嘉慶三年礦盡豁除。

又卷一六八《經政署二一・榷税二・惠州府》 〔歸善縣〕洋烏潭鐵爐一座，乾隆二十五年山光礦盡豁除。立徑、約雪崗鐵爐二座，均於乾隆二十五年礦盡豁除。石合鐵爐一座，乾隆三十一年礦盡豁除。白沙坑、大水唇鐵爐二座，乾隆四十五年礦盡豁除。《賦役全書》。

又《經政署一一・榷税二・肇慶府》 〔新興縣〕爐一座，乾隆二十二年豁免。

又《經政署一一・榷税二・瓊州府》 〔羅定州〕鐵爐一座，議准豁免。〔羅定州〕甘河鐵爐一座，乾隆六十年礦盡豁除。中伙鐵爐一座，乾隆三年礦盡豁除。鐵爐一座，乾隆二十二年礦盡豁除。

蔡沈《書經集傳》卷二 厥貢璆、鐵、銀、鏤、砮、磬，熊、羆、狐、狸織皮。璆，玉磬。鐵，柔鐵也。鏤，剛鐵。可以刻鏤者也。磬，石磬也。言鐵而先於銀者，鐵之利多於銀也。後世蜀之卓氏、程氏以鐵冶富擬封君,則梁之利尤在於鐵也。

《宋史》卷一八五《食貨志第一三八・食貨下七》 至治平中,或增冶或復故者六十有八,而諸州阬冶總二百七十一。登、萊、徐、兖、鳳翔、陝、儀、邢、虢、磁、虔、吉、袁、信、澧、汀、泉、建、南劍、英、韶、渠、合、資二十四州,興國、邵武二軍,鐵之冶七十七。南渡,阬冶廢興不常,歲入多寡不同。淮西夔州、成都利州、廣東、福建、浙東、廣西、江東西鐵冶六百三十八,廢者二百五十一,舊額歲二百一十六萬二千一百四十斤有奇,乾道歲入八十八萬三百斤有奇。

馬端臨《文獻通考》卷一五《征榷考二・鹽鐵》 今鐵官之數,曰一女必有一鍼一刀,若其事立。若猶然後。耕者必有一耒一耜一銚,若其事立。大鋤謂之銚,羊昭反。行服連輂名,所以載作器人挽者。軺羊昭反。輂居玉反。者大車駕馬。必有一斤一鋸一錐一鑿,若其事立。不爾而成事者,天下無有。(金)〔令〕鍼之重加一也,三十鍼一人之籍;鍼之重每十分加一分爲强(强)〔而〕取之,則一女之籍得三十鍼也矣。刀之重加六,五六三十,五刀一人之籍也。刀之重每十分加六分以爲强而取之,五六爲三十也,則一女之籍得五刀。耜鐵之重加七,三耜鐵一人之籍也。耜鐵之重每十分加七分以爲强而取之,則一農之籍得三耜鐵也。其餘輕重皆准此而行,其器彌重,其加彌多。然則舉臂勝音升。事無不服籍者。

又卷一八《征榷考五・坑冶》 政和間,臣僚言諸路産鐵多,民資以爲用而課息少,請倣茶、鹽法,榷而鬻之。於是户部言:「詳度官置爐冶,收鐵給引,召人通市。苗脈微者令民出息承買,以所收中賣於官,毋得私相貿易。」從之。

先是,元豐六年,京東漕臣吴居厚奏:「徐、鄆、青等州歲製軍器及上供簡鐵之類數多,而徐州利國、萊蕪二監歲課鐵少不能給。請以鐵從官興煽,計所獲可多數倍。」詔從其請。自是,官榷其鐵,且造器用,以鬻於民,至元祐罷之。其後,大觀初,涇源皇城使裴絢上言:「石河鐵冶令民自採煉,中賣於官,請禁民私相貿易。農具、器用之類,悉官爲鑄造,其冶坊已成之物,皆以輸官而償其直。」乃詔毋得私相貿易如所奏,而農具、器用勿禁。於是官自賣鐵,唯許鑄瀉户市之。

王惲《秋澗集》卷八九《論革罷撥户興煽爐冶事狀》 今竊見各處鐵冶,撥出户計,設立頭目管領,周歲額辦鐵貨,令人户常川煽煉納官,官民兩便。今置舉綦陽并乞石烈、楊都事、高撒合所管四處鐵冶,見分管户九千五百五十户,驗每户包鈔四兩計,該鈔七百六十四定。今總青黄鐵二百四十七萬五千六百九十三斤半,價直不等,該價鈔四百六十八定二十三兩二錢三分半,比包鈔虧官二百九十五定二十六兩六錢半。及其人户俱各漫散住坐,每遇秋冬煽煉,逐旋勾集,往復人難,豈爲官民有辦?如將上項户計,罷去當差,許從諸人自治窑冶煽煉,據官用鐵貨給價和買,深是官民兩便。據此合行具呈,伏乞御史臺照詳施行。須至呈者。

嵇璜《續文獻通考》卷二三《征榷考・坑冶》 太宗八年,始置河東及檀、景等處鐵冶。

鐵在河東者,是年立鑪於西京州縣,撥冶户七百六十煽之。次年立鑪於交城縣,撥冶户一千煽之。

在檀、景等處者,世祖中統三年正月,諸王塔齊爾請置高麗鐵冶,從之。六月,勅武寧府歲輸所産鐵,又立小峪、蘆子、武寧軍、赤泥泉鐵冶四所。

四年正月,領部阿哈瑪特請興河南等處鐵冶。從之。四月,以漏籍户一萬一千八百、附籍四千三百於各處起冶,歲課鐵四百八十萬七千斤。五月,以禮部尚書馬伊克努爾領已括户三千,興煽鐵冶,歲輸鐵一百三萬七千斤,就鑄農器二十萬事,易粟四萬石輸官。河南隨處城邑市鐵之家仍舊鼓鑄。至元九年五月,減鐵冶户。

徐松《宋會要輯稿・職官四三・提點坑冶鑄錢司》 〔高宗紹興二年〕九月三日,户部尚書黄叔敖言:「東南州軍舊用常平司錢買鐵,在法他司要用,聽依元價量搭息椿錢兑買。欲乞專委提刑司剗刷所在常平司買下鐵貨若干斤重,計定元價及令搭息錢數目申尚書省,將通水路去處盡數撥與鑄錢司浸銅鼓鑄,却於鑄到錢内依數撥還。」從之。

嵇璜《續通典》卷一四《食貨》 元世祖中統三年,諸王塔齊爾請置鐵冶。從之。六月,勅武寧軍歲輸産鐵。又立小峪、蘆子、武寧軍、赤泥泉鐵冶四所。至元四年,阿哈瑪特請興河南等處鐵冶,以漏籍户一萬八千八百,附籍四千三百各處起冶,歲課鐵四百八十萬七十斤。又以禮部尚書摩和納領已括户三千興煽鐵冶,歲輸鐵一百三萬七十斤,就鑄農器二十萬事,易粟四萬石輸官。既而工部言山西交城産雲子鐵,舊貢十萬斤,繕治兵器,他處無有,乃復設。已而武昌、吉州以次復焉,後以工部言復盡開,令民得自採鍊,每三十分取其二。永樂時,設四川龍州、遼東都司三萬衛鐵冶。孝宗弘治十七年,廣東歸善縣請開鐵冶,有司課外索賂,因以致亂,旋復討平。武宗正德十四年,廣州置鐵廠,以鹽課提舉司領之,禁私販如鹽例。世宗嘉靖二十四年,開建寧、延平諸府鐵冶。隆、萬以後,率因舊制，未嘗特開，恐致擾也。

張英《淵鑑類函》卷一三四《政術部一三》 世祖中統四年，以禮部尚書伊克紐爾領已括户三千興煽鐵冶，歲輸鐵一百三萬七千斤，就鑄農器二十萬事，易粟四萬石輸官，河南隨處市鐵之家，令仍舊鼓鑄。十二年，阿哈瑪特等以軍興國用不足，議復立都轉運司，量增課程元額鼓鑄鐵器，官爲局賣。十九年，立鐵冶總管府，從綦公直言設冶場於别十八里鼓鑄農器。又有鐵冶提舉司，凡鐵課各省皆有之，鐵每引二百斤，無引私販者，比私鹽減一等，凡私鐵農器鍋金刀鎌斧杖及破壞生熟鐵器，不在禁限。

又卷二八七《人部四六》 宋馬端臨論坑冶曰：漢法置小鐵官徧於天下，獨未聞有犯金之禁。鐵至賤也，而榷之析秋毫，金至貴也，而用之如泥沙，然則國家之征利無資於金也。《貨殖傳》所載蜀卓氏、山東程鄭、宛孔氏、魯丙氏稱爲尤富，然皆言其擅鐵冶之利，而未聞有藏金之事，然則豪傑之致富，不由於金也。

《元史》卷九四《志四三·食貨二·歲課》 其在各省者，獨江浙、江西、湖廣之課爲最多。凡鐵之等不一，有生黄鐵，有生青鐵，有青瓜鐵，有簡鐵，每引二百斤。此鐵課之興革可考者然也。【略】

鐵課：江浙省，額外鐵二十四萬五千八百六十七斤，課鈔一千七百三錠一十四兩。江西省，二十一萬七千四百五十斤，課鈔一百七十六錠二十四兩。湖廣省，二十八萬二千五百九十五斤。河南省，三千九百三十斤。陝西省，一萬斤。雲南省，一十二萬四千七百一斤。

張萱《西園聞見録》卷九二《坑冶·前言》 □□□曰：山東物産豐饒，甲於天下，其用之廣，而利之溥者，惟鹽鐵乎？粤自管仲相齊，實興厥利。仲之言曰：利出一孔者，其國無敵；出二孔者，其兵不離；出三孔者，不可舉兵。當時鹽鐵之征，雖少男少女之所食，一鍼一刀之所用，無弗算及，卒能以一國兼二國之籍者，六十萬人而常籍不預焉。及觀其立法，不過税之而已。鹽雖官嘗自煮，亦權時取利之計，鐵則官未嘗冶鑄也。自漢武帝用桑弘羊、孔僅領之，乃官自煮鹽。鑄鐵官二十八郡，而山東居二十二。元鼎中，徐偃奉使膠魯國，聽民便宜鼓鑄，御史大夫遂得以矯制劾之。昭帝時賢良文學之士請罷鹽鐵，與大夫桑弘羊極論利害。大夫曰：鹽鐵之利，佐百姓之急，奉軍旅之費。文學曰：王者不蓄，藏富於民。大夫曰：豪人擅用專利，恐滋貪暴。文學曰：禍在蕭牆，不在(胸)〔朐〕邴。於是屢罷屢復，卒未有能去之者。唐開元、天寶之間，劉晏請檢校鹽鐵，諸州著爲貢額，第五琦、劉晏之徒法益詳密，綾絹、玳瑁、漆器許代鹽鐵。其後肅宗計淮西，皇甫鎛、程異又從而濬導之，諸道競以羨餘取寵也。而其弊也，至立爲蠶鹽、食鹽等名，察民貧富，據日俵散，抑勒取錢，民受其擾害，倍用輸徵。其鐵官則親爲鼓冶，民間農器不給，或至木耕手耨啖食，鐵官抑配逼迫，害與鹽等。宋鹽利多取諸河北，鐵官亦不常設。南渡以後，山東陷於金、元，不足言已。元人于青增置鹽場，開立洞冶，寶(民)〔成〕、通(利)〔和〕、昆吾、元國，富國之名立，而民困極矣。嗟乎！作法於涼，其弊猶貪，作法於貪，弊將安之？君子所以追恨夷吾之作俑也。國朝鐵器無禁，濟南、萊蕪、登萊等處，前代鼓煽諸冶，今皆爲廢坑矣。惟鹽則分場置司，官自煮之，而行之商賈，小民負販，亦置不問，豈非得中正之法乎？宋儒胡寅有言：山澤之利盡捐之民，則縱(未)〔末〕作，資遊惰；盡屬之官，則奪民日用，而公室有近寶之害。惟官爲厲禁，俾民取之而裁其入税，則政平而害息。此則行之今日而有驗者也。雖然管仲立法苛重，然國勢實籍富强。漢唐以來，咸佐軍需，計其所入，歲不下數千萬。今鹽、鐵之税，於山東者，曾不逮古十分之一，而民不加饒，何哉？蓋古今地利盈縮不齊，《禹貢》揚州田下下，今獨稱富饒；雍州田上上，今半爲瘠壤。勢當富强全勢之齊國，以例凋殘窮困之山東，又何怪乎其不類也。登州之金，三千九兩，萊州之金，四千一百五十兩，此宋皇祐中之貢額也。今果有是否乎？青、齊、鄆、濮、淄、濰、沂、密、登、萊諸郡，皆説平絶市，此宋太平興國之税法也，今果有是否乎？由是觀之，則山東物産之不逮往昔，又不特鹽鐵爲然矣。司國計者，酌古今之勢，豐儉之宜，以定征税之設，則勿過取而加賦焉。東人之凋瘵，庶其少瘳哉！

閻鎮珩《六典通考》卷九五《市政考》 鐵冶所。洪武六年置。江西進賢、新喻、分宜，湖廣興國、黄梅，山東萊蕪，廣東陽山，陝西鞏昌，山西吉州二，太原、澤、潞各一，凡十三所，歲輸鐵七百四十六萬餘斤。河南、四川亦有鐵冶。十五年，廣平吏王允道言：「磁州産鐵，元時置官歲收百餘萬斤，請如舊。」帝以民生甫定，復設必重擾，杖而流之海外。十八年罷各布政司鐵冶。既而工部言：「山西交城産雲子鐵，舊貢十萬斤，繕治兵器，他處無有。」乃復設。已而武昌、吉州以次復焉。末年，以工部言，令民得自採鍊，三十分取其二。永樂時，設四川龍州、遼東都司三萬衛鐵冶。弘治十七年，廣東歸善縣請開鐵冶，有司課外索賂，唐大鬢等因作亂，都御史劉大夏討平之。正德十四年，廣州置鐵廠，以鹽課提舉司領之，禁私販如鹽法。嘉靖三十四年，開建寧、延平諸府鐵冶。

龍文彬《明會要》卷五七《食貨五・坑冶》 洪武六年，置江西、湖廣、山東、陝西、山西各鐵冶，凡十三所，歲輸鐵七百四十六萬餘斤。河南、四川亦有鐵冶。《食貨志》。

十八年，罷各布政司鐵冶。末年，復盡開，令民得自採鍊，每三十分取其一。《食貨志》。

弘治十七年，廣東歸善縣請開鐵冶。有司課外索賂，因以致亂，旋復討平。《食貨志》。

〔正德〕十四年，廣州置鐵廠，以鹽課提舉領之。禁私販，如鹽例。《食貨志》。

姚廣孝《明太祖高皇帝實録》卷二四二 〔洪武二十八年閏九月庚寅，〕部臣言：「各處續開爐冶今已三年，而内庫見貯鐵凡三千七百四十三萬餘斤。」上以庫内儲鐵已多，詔罷各處鐵冶，令民得自采煉，而歲輸課每三十分取其二。

萬斯同《明史》卷一〇四《志七八・食貨一〇・課稅》 鐵冶所置，自洪武六年始。時太祖未即位，募工即湖廣鐵冶煉鐵資軍用，至是置所十三，歲輸鐵七百四十六萬七千一百八十七斤，江西南昌府進賢冶一百六十三萬斤，臨江府新喻冶、袁州府分宜冶八十一萬五千斤，湖廣武昌府興國冶一百一十四萬八千七百八十五斤，蘄州黄梅冶一百二十八萬三千九百九十二斤，山東濟南府萊蕪冶七十二萬斤，廣東廣州府陽山冶七十萬斤，陝西鞏昌冶二十七萬八千二百一十斤，山西吉州富國、豐國二冶二十二萬一千斤，太原府大通冶一十二萬斤，潞州潤國冶、澤州益國冶各十萬斤。免河南、四川並有鐵冶。

〔洪武〕二十年三月，山西交城縣雲子鐵舊置冶貢鐵十萬斤。至是，工部言繕治兵器，需用雲子鐵，非他處所產，乃復設大通鐵冶。武昌興國、吉州豐國、富國冶，分宜冶皆復設。二十八年，帝以庫内儲鐵已多，詔令民自採煉，歲課三十分之二。

佚名《明武宗毅皇帝實録》卷一六〇 〔正德八年十一月〕己丑，工科左給事中王鑾奏稱：「遵化鐵冶近來採辦匱乏，人多逃竄，蝗旱相繼，十室九空。乞以本部收貯并在廠存積鐵料逐一查盤，通計可供幾年之用，如先年暫停事例，少寬民力，待缺用復設，及廠中宿弊亦乞申禁。」工部覆議：「在部收貯并在廠各色生熟鋼鐵等料共一千二十七萬六千餘斤，約足數年支用。但今内外衙門，成造盔甲軍器，鑄造鍋口鐵爐，并諸類修造工程，緩急不常，多寡不一，難以預計。宜自正德九年爲始，至十三年止，生鐵暫免炒煉，其熟鋼等鐵及軍民夫數俱以三分爲率，減二存一在廠，從輕辦料炒煉。待五年以後，每年仍帶炒生鐵一分，至山林長茂，民力寬裕之日再行議處。其廠中姦弊亦聽各官徑自查究，申明禁約。庶歲用不致缺乏，軍民亦少蘇矣。」得旨俱依擬行。

劉效祖《四鎮三關志》卷四《糧餉考・屯糧附鹽鐵・鐵附》 額鐵四十二萬一百五十斤。額總炒鐵軍一千五百四十八名，辦納各衛貯庫，以備軍需，間遇各軍盔甲器械損落，不經官費，該管督令本鐵軍備工造成，補給損失者。然近年以來，鐵軍逃故數多，鐵課完不及數，措處關市稅銀，委官收買，成造軍裝火器，視昔有加。

張溶《明神宗顯皇帝實録》卷一一〇 〔萬曆九年三月〕甲戌，薊遼督撫梁夢龍等題稱：「遵化鐵冶廠每年額辦課鐵二十萬八千斤，計價不過二千七百餘兩，而專設官吏軍役等費逾萬金，宜盡行裁革，將額徵銀兩解部買鐵支用。其柴薪車輛等項銀悉免僉派，以蘇民困。」部覆從之。

傅維鱗《明書》卷八二《志二十》 若江西之南昌府進賢，臨江府新喻，袁州府分宜，山東之濟南府萊蕪，湖廣之興國、蘄州、黄梅，陝西之鞏昌，山西之平陽府吉州、太原府潞州、澤州，廣東之廣州府陽山，四川之龍州，順天之遵化，皆設鐵冶，置鐵官，歲課鐵一千八百四十七萬五千斤有奇。宣德中，工部奏造軍器需鐵，請買之江南，又以遵化有鐵砂可得鐵。上曰：「遵化既有鐵，何用遠買，況鐵重滯，遠運尤更勞民，恐妨農功。」命取於遵化足二十萬斤已之。

吴暻《左司筆記》卷一〇《雜稅》 廣東雜稅六萬七千五百五十一兩契稅。匠價五萬六千四百三十八兩，當稅七百五十五兩，鐵爐餉一千一十三兩。

屠述濂《〔乾隆〕騰越州志》卷五《户賦》 廠課者，明礦課有明光場，額徵礦爐課、商稅銀一千七百八十兩七錢六分。昔明光最旺，爐有五十一座，乾硐次之，號陰陽礦，配煉斯成。自乾硐坍塌，止有明光。後礦砂漸薄，正課日虧，今已封閉。現在州屬止有鐵廠三處：阿幸鐵廠，沙喇鐵廠，水箐鐵廠，皆年納正課銀四兩，盈餘銀五十兩。共歲納正課銀十二兩，遇閏加銀一兩，共歲納盈餘銀一百五十兩。

彭遵泗《蜀故》卷四 鐵廠。嘉定府威遠縣屬大山嶺、銕廠溝銕廠，歲獲生銕二萬九千餘觔，照例十分抽稅鐵五千八百餘觔。順慶府隣水縣屬碑牌口、陳家林、藍家溝鐵廠，歲獲生鐵一萬四千五百餘觔，照例抽稅鐵二千九百餘觔，邛州蒲江縣屬黄鐵山鐵廠，歲獲生鐵五萬四千餘觔，照例抽稅鐵一萬八百餘觔，其所抽税鐵，遵照部定每觔折銀一分變價歸公。

郝玉麟《（乾隆）福建通志》卷一〇《物産》〔福州府〕貨之屬，鐵。其品有三，曰生鐵，曰熟鐵，曰鋼鐵。出閩清、福清、古田三縣。〔泉州府〕貨之屬，鐵。同安、安溪二縣出，舊有場。〔漳州府〕貨之屬，鐵。龍溪縣出。

又卷一一《物産》〔延平府〕貨之屬，鐵。南平、尤溪二縣出。〔建寧府〕貨之屬，鐵。建安、甌寧、松溪、政和四縣出。〔邵武府〕貨之屬，【略】鐵。出邵武、光澤二縣，爐今廢。〔汀州府〕貨之屬，【略】鐵。長汀、上杭、寧化三縣出。〔福寧府〕貨之屬，鐵。寧德縣出。〔永春州〕貨之屬，鐵。州及德化縣出。

洪亮吉《乾隆府廳州縣圖志》卷一五《青州府》 土貢：綾絹、布、鹽、鐵。【略】

又卷一六《登州府》 土貢：圓石、鐵、鹽、硯石、滑石、石膏。【略】

又卷一八《懷慶府》 土貢：絲絹、粱米、茶、鐵、磁、硝、朱膠、煤炭、葭灰、魚、竹、石榴、柿、藥。

又卷二二《鳳翔府》 土貢：鐵，【略】山丹、石魚、石墨。

又卷二五《慶陽府》 土貢：布、鹽、氈、席、研、牛酥、麝香、蠟、焰硝、櫻桃、藥、鐵、黄羊。

又卷四〇《福建布政使司》〔永春州〕土貢：鐵。

又卷四一《廣東布政使司》〔龍巖州〕土貢：【略】鐵。〔韶州府〕土貢：【略】鐵。【略】〔肇慶府〕土貢：【略】鐵。

又卷四八《貴州布政使司》〔思州府〕土貢：【略】鐵。

張廷玉《清文獻通考》卷三〇《征榷考》（乾隆）二十九年，准四川屏山縣開採鐵礦。四川總督阿爾泰奏：屏山縣之李村、石堰、鳳村及利店、茨黎、榮丁等處産鐵，每礦砂十觔可煎得生鐵三觔，每歲計得生鐵三萬八千八百八十觔，請照例開採，十分抽二，變價撥充兵餉。户部議如所請。從之。

三十年，准四川江油縣開採鐵礦。四川總督阿爾泰奏：江油縣木通溪、和合硐等處産鐵，每礦砂一十五觔可煎得生鐵四觔八兩，每歲計得生鐵二萬九千一百六十觔，請照例開採，十分抽二，變價撥充兵餉。户部議如所請。從之。

三十一年，准四川宜賓縣開採鐵礦。四川總督阿爾泰奏：宜賓縣濫壩等處産鐵，每礦砂十觔煎得生鐵三觔整，每歲計得生鐵九千七百二十觔。照例十分抽二，變價按年徵收撥充兵餉。户部議如所請。從之。

阮元《（道光）廣東通志》卷一六七《經政畧十·榷税一·韶州府》〔曲江縣〕左坑中峝、零溪坑鐵爐二座，共税銀一百六兩。司册。老珠塘、龍眼峝鐵爐二座，共税銀一百三兩。《賦役全書》。〔英德縣〕南坑高州浦鐵爐一座，税銀五十三兩。《司册》。

又卷一六八《經政畧十一·榷税二·惠州府》〔河源縣〕大小二江鐵爐一座，税銀五十三兩。《司册》。〔龍川縣〕青龍約鐵爐一座，税銀五十三兩。《賦役全書》。〔長寧縣〕魯古鐵爐一座，税銀五十三兩。黄沙約鐵爐一座，税銀五十三兩。《賦役全書》。

又《經政畧十一·榷税二·潮州府》〔大埔縣〕九曲鐵爐一座，税銀五十兩。

又《經政畧十一·榷税二·高州府》〔信宜縣〕梅子坪鐵爐一座，税銀五十三兩。

又《經政畧十一·榷税二·瓊州府》〔東安縣〕鐵爐餉除免，尚征税銀三十六兩，溢征銀一兩五錢。〔西寧縣〕鐵爐一座，餉銀四十四兩七錢五分。

又《經政畧十一·榷税二·瓊州府》〔嘉應州〕鶴子寨、障坑鐵爐二座，乾隆三十七、五十二各年礦盡豁除。鐵爐二座，税銀一百兩。金坑約鐵爐一座，税銀五十兩。螺子塘鐵爐一座，税銀五十兩。〔興寧縣〕大坑尾鐵爐一座，税銀五十三兩。柿花岡鐵爐一座，税銀五十三兩。冬花峯鐵爐一座，税銀五十三兩。〔長樂縣〕龍玉湖鐵爐一座，税銀五十三兩。〔平遠縣〕大柘鄉、鄒坊鄉鐵爐二座，乾隆四十年、四十七年礦盡豁除。鐵爐一座。税銀五十兩。〔鎮平縣〕豐田鄉鐵爐一座，税銀五十兩。《賦役全書》。

又《經政畧十一·榷税二·瓊州府》〔長樂縣〕頭鐵爐一座，嘉慶七年礦盡豁除。《賦役全書》。〔平遠縣〕大柘鄉、鄒坊鄉鐵爐二座，乾隆四十年、四十七年礦盡豁除。〔南澳廳〕杉子樹鐵爐一座，乾隆四十三年礦盡豁除。《賦役全書》。

《清通典》卷八《食貨·賦税下》 福建延平府屬州縣鑪户，每年輸銀二百六十二兩有奇。四川黄鐵山高鑪六座，每年收税，變銀盡收盡解。廣東鐵鑪二十四座，歲輸銀千二百十六兩。雲南鐵鑪十六座，歲輸銀百三十四兩有奇。廣西臨桂等州府鐵鑪五十四座，每座歲輸銀十兩。

慶桂《清高宗純皇帝實録》卷一三七三　乾隆五十六年辛亥二月丙寅，户部議覆：「前署四川總督保寧疏稱：『洪雅縣屬山梯黨、老林溝等處，産有鐵礦，勘明無礙田園廬墓，試採有效，堪設鑪二座。除夏秋雨水浸硐不能採取，春冬二季應獲礦煎鐵九千七百二十觔，照十分抽二例，抽税一千九百四十四觔，每觔變價銀二分，共銀三十八兩八錢八分。請自五十五年爲始，按年徵收解庫充餉。』應如所請。仍飭該管文武員弁巡查，毋得透漏侵隱滋事。」從之。

史澄《〔光緒〕廣州府志》卷七〇《經政略一·榷税》　古田鐵鑪一座，税銀五十三兩。背陰山大鐵鑪一座，每年餉銀五十三兩，乾隆年間豁除。

〔新寧縣〕鐵爐餉銀三十五兩三錢四分三釐。

又《前事畧六·榷税》　〔順治〕十七年六月，從化爐丁叛，知縣孫繩請罷爐，以散其黨。《從化志》。先是，鐵山密邇鴨崗，爐賊踞地而居，鄧、裴、葉三姓之衆被其所害，積屍斷流。迨兩藩兵器需鐵，爐商何玉秀投藩開礦，其衆益多。知縣孫繩請罷爐以散其黨，害遂息。《從化志》。

〔順治十八年〕正月，罷清遠爐工，餘黨復聚爲盜。《采訪册》。先是，爐丁爲盜，流刦七邑，殺擄男婦數千。至是，靖藩入閩，鐵爐罷工，爐賊不散，藏匿山谷。九月，分作兩巢，一聚丫髻山，流刦四鄉，邑兵鄉勇屢戰不能撲滅，一聚太平池水，慘殺良民動以千計。《清遠志》。

劉錦藻《清朝續文獻通考》卷四十三《征榷考一五·坑冶》　乾隆五十八年，題准四川奉節縣屬石耳關、黄連壩等處鐵礦，准其設鑪，照例收税。

劉錦藻《清朝續文獻通考》卷三八八《實業考一一·吴佩孚調查臨江長白等處各礦説帖》　第三項，臨江大李子溝鐵礦見在之辦法。該處鐵礦日人屢擬干涉，因大李子溝鐵鑪三盤，乾溝子鐵鑪一盤，俱係韓人開設，並無中國一人。奉省礦務局每年秋季派員查抽税金一次，計每鑪牛鐵抽洋百元，其實漏卮不少，故欲杜絶日人之窺伺，須由官備四萬金的款開辦大李子溝鐵礦，但韓人係用木柴木炭製鐵，費工頗鉅，我若開辦鐵礦，須用四道溝之煤，該煤礦雖距大李子溝五十餘里，然冰結後備扒犂運煤，冰解後備小船筏順流運煤，亦甚便利，專製刀、斧、鋤、鐮、鋸、鏟、犂、鍋、洋火爐等器具，以供給中、韓農工人之需，銷路亦暢。

劉錦藻《清朝續文獻通考》卷四四《征榷考一六》　〔光緒十五年〕又兩廣總督張之洞奏略稱：「粤省諸礦，惟鐵爲多。歷年所銷洋鐵，爲數甚鉅。必須將土鐵疏通利導，既興地利，亦塞漏卮。前經臣奏請開除東西兩省鐵禁，變通章程，暫免釐税，裁革規費各節，均奉准辦理在案。上年復委員分赴兩省查訪鐵務情形，實力整頓。據稱，近來運鐵之地，畛域雖除，鑄鐵之鑪，弊累仍重，是以流通匪易，出鐵不多。推求其故，大鑪餉税重，土鑪餉税輕，私鑪無税無餉，私鑪有吏役地棍包庇者，有官鑪影射匿税者。於是大鑪漸化爲土鑪，土鑪漸化爲私鑪。鑪名愈少，税餉愈絀。近來有名之規費雖禁，而無名之需索不絶，私鑄之占奪不能止。私鑪雖無官税，必有私規，又時爲官鑪牽制，以致官鑪、私鑪獲利皆薄，不能多鑄，自不能多銷，無益餉需，徒滋中飽。臣督飭司道詳議，僉謂欲除積弊，惟有化私爲官。從前鑪商悉行註銷，官鑪無須報充，私鑪無須隱匿。擬自光緒十五年起，暫將鑪餉、鑪税停徵三年，俾其傳播鼓舞，盡力鼓鑄，設法開採。三年限滿，歸入運餉，所過釐卡，帶徵照數撥補。約計粤省市面所銷土鐵之數，以釐抵餉斷無不敷。如此辦理，餉税無日減之虞，胥吏失需索之柄，必於鐵政有裨。並擬設法招集商股，置辦機器，仿照洋鐵，鑄成各種合用料件，以期推行盡利。」

卞寶第等《〔光緒〕湖南通志》卷五六《食貨四·礦廠·鐵礦》　寶慶府土貢鐵。《乾隆府廳州縣志》。

王棻《〔光緒〕永嘉縣志》卷五《貢賦志》　鐵爐税銀七兩八錢，下則爐户二十六名，每名徵銀三錢。砂坑税銀二兩四錢。下則坑户三名，每名徵銀八錢。

世續《清德宗景皇帝實録》卷二五三　〔光緒十四年戊子三月〕己巳，江西巡撫德馨奏：「永新縣烏石山産鐵甚旺，採取試鍊，亦甚精美。現飭鑪商開鑪鎔鑄，徵納税銀，以期上裕國課，下利民生。」下部議行。

張之洞《張文襄公奏議》卷四四《奏議四四·鐵廠徵税商情未便摺光緒二十二年九月二十三日》　竊照本年六月二十二日接准户部咨，議覆湖北鐵廠招商承辦議定章程一摺，奏奉諭旨，刷印原奏，咨行遵照等因，當經轉行督辦鐵廠正任直隸津海關道盛宣懷，遵照辦理在案。兹據該道稟稱，此案原請煉成各種鋼鐵料件運售，當援案免税十年一節，部議以本年五月據總理衙門奏准通行摺内聲稱，凡機器製造貨物，不論華商、洋商，統計每值百兩徵銀十兩，此後無論運往何處，概免税釐。該廠現在招商承辦鐵務，即爲商局，自應遵照總理衙門奏案辦理，將來各省果能購運暢銷，再由該督詳細奏明核辦等因。竊維總署奏定值百徵十之案，專爲預防洋人在華設廠，用機器改造土貨而設。夫曰製造，曰改造，皆變其本體，別成一物之謂也。如由蠶繭而繅爲絲，由絲而織爲綢，由棉花而紡爲紗，由紗而織爲布，是矣。若鐵之爲物，必以機器造爲輪船、槍礮，以機器製爲各種機器，始可謂機器製造貨物。今采鑛鐵煉生鐵，以生鐵煉鋼，煉熟鐵，本體未（收）〔改〕與繅絲、紡織等廠名義攸殊。鐵廠用過官款數百萬，華商承辦後，方期陸續收回官本，商辦關係尤重。中國煉鐵，事屬創始，一切廠用繁費較多，佳煤承得購價尤貴，再加十一之税，成本愈重，銷滯商乏，官本虛懸，獲咎無辭，何益於事？仰懇仍照原請優免税釐十年，或俟官本收清再行照收税釐，以清成本而暢銷路等情，稟請具奏前來。臣惟部臣以凡用機器，事同一律，不便於鐵廠獨示優異，以杜洋人來華改造土貨，引爲藉口之端，用意至爲深遠。但而法於事物品類辨析各實絶無混同，煉鐵則猶是土貨製造，則別成一物，本判兩門，未宜牽合。中國采煉鋼鐵爲保守自有利權第一大政，内地鐵鑛決無與外人公共之理，非如蠶繭棉花隨地可買，更無慮其藉口。鐵廠雖由華商承辦，而官款甚鉅，將欲次第提收，實官本商辦之局，盈虛利害，公家與商人休戚相同，較絲紗各廠之全屬商本者關係尤重。部臣謂商務之興，必以能自樹立爲主。商政機括，要言不煩。然非暢銷不能自立，非輕本不能暢銷。中國始創煉鐵，購器、雇匠，悉資外洋，比之外洋廠鐵，費多本重，所恃保華商以抵洋鐵者，全在國家自有減免税釐之權，可以輕成本，而廣銷路。他日辦理就熟，工藝之學日興，能自用華匠、自製機器，則商廠之成本益輕，洋鐵之來源自杜，國家收自强之利益，乃永永無窮。部臣以暢銷督責盛宣懷，並責成於臣，詞嚴義正。既已身任其難，豈敢復有諉謝。惟當艱難刱辦之時，首行徵抽什一之政，是重其成本以塞其銷路。臣與盛宣懷，雖欲展其手足，而束縛馳驟，力無所施，誠外洋鐵廠所國而稱快，華商顛踣可立而待，官本無著，承其敝者，豈獨衆商？合無仰懇天恩，飭下户部通籌熟計，俯念鐵廠與絲紗各廠不同，煉鐵與製造貨物有別，仍准查照原請，優免税釐十年，或俟官本全數收回後，再行照章徵税，以維鐵政而保權利，大局幸甚，微臣幸甚。

硃批：「該衙門議奏。欽此。」

又《奏議四四・湖南安設電綫摺光緒二十二年十月二十九日》

竊惟電綫之設，將數千萬里聯爲一氣。若一省之内，則更無異户庭，於地方戢匪備荒、商務盈絀、民生利病諸事，信息靈通，得以早爲籌備，至於吏治考核，軍務指揮可免壅蔽稽延之弊，洵爲有益無損之要政，各省奉旨設立，通行已久。前因湖南、湖北兩省中隔重湖，文報往來，遇有風阻，動淹旬日，設遇地方緊要事件，尤虞遲誤，於光緒十六年，經臣之洞奏明，將荆州商局電綫由沙市過江接造至湖南澧州，經長沙省城直抵湘潭。維時地方風氣未開，澧州愚民輕信地痞摇惑，以致羣疑電綫爲洋人所設，遂有毁折電桿情事，且時值夏令而多水漲，電桿經過地方多被水淹，本難工作，當即飭令停工，暫緩安設。俟以後從容開導，一律曉悟，再爲妥酌辦理，奏明在案。兹查湘省上年長、衡等屬旱災，開辦賑撫，專人由湖北漢口轉電各省，請款協助。旬日内外皆即回電，協濟款項備能匯銀至漢，而中間湘、漢專人往返半月，比及銀到已遲月餘。現在湘省紳民咸知電綫之便，爲事勢所必需。臣寶箴與臣之洞往返函商，意見相同，隨飭善後總局司道集紳籌議，擬改由自湘通鄂之驛路安設，不占民地，尤爲簡便易行。兹定議由長沙省城起，歷湘陰、臨湘、岳州一帶驛路，安設至湖北蒲圻縣境，計程四百五十餘里，飭由各縣選擇正紳，於本年秋冬間，先將驛路勘明，修補完好，斷不礙民田廬（基）〔墓〕。沿途士民均知爲公私便利之事，無不樂從，此路工竣，再由長沙省城接設湘潭。省城紳民既經樂從，省外州縣自無扞格。

盛宣懷《愚齋存稿》卷三五《電報一二・鄂督張香帥來電光緒二十六年二月二十日》　鐵廠呈閲尊電，具悉現鐵廠與鐵局酌擬結稿，其文曰，實結得光緒二十二年四月十一日，漢陽鋼鐵廠改歸商等招股接辦，所有機器物料及各處廠屋一律接收，清楚册報。鐵政總局詳報在案，並議定每鍊出生鐵一噸，捐繳銀一兩，擬俟尋獲佳煤礦後，共設煉鐵六爐，每年可出鐵約十餘萬噸，即每年可繳官款約十餘萬兩。蒙湖廣督部堂張奏咨亦在案，並非不論出鐵多少，每年認繳十萬。計自商等接辦之日起，至二十五年年底止，共只煉出生鐵八萬四百七十一噸六百二十啓羅，俱有册報可稽。已照預提官本百萬之奏案，遵先繳銀五十餘萬兩，隨時繳還從前官辦鐵廠所欠華洋各商緊要各款，並劃扣槍礮廠所用鐵廠鋼鐵價值，並無餘存，是預繳銀數已溢出鐵噸數多至數十倍。至現在出鐵噸數，所以不能遽多之故，實因採購焦炭道遠，價昂，僅開漢陽廠一爐，復兼爐座時常出險，停日加修，致出鐵未能暢旺。須俟萍鄉煤礦洋窿告成，運道通達，能以六爐齊開，出鐵噸數加增，捐數自可照案按噸多交，商等亦不致久受虧累等語。是否妥協，請酌定示復。

又《電報一二・寄張香帥二月二十六日》　結稿似甚周匝，已照預提官本百萬奏案」下，加在於預付軌價内，先繳銀五十餘萬兩字樣。「俟萍鄉煤礦洋窿告成，運道通達」下，加資本籌足，力能添造，以六爐齊開，出鐵噸數加增字樣。夔相閱過即辦咨呈，並令局董繕結附入呈送。

又二月二十七日　中國鋼鐵銷路甚狹，六爐出鐵恐無銷路，結語「運(送)〔道〕通達」之下，擬添資本籌足、銷路暢旺二句，以免後來詰責。

又三月十一日　鐵廠需用興國錳鐵甚急。已電飭伍令璜前往開辦，即乞札飭興國州，認真照料爲禱。

又卷六九《電報四六・寄孫慕韓京兆〔光緒三十二年〕十月十八日》　鋼鐵廠免税一案，承函示鐵公於漢廠事知我艱苦，有意維持，唐少翁所見甚大，遂將定議，候鐵公回京即可具奏。頃一琴由閩回滬，面禀免税即期滿，如尚未辦，請公代求二公早日具奏，以免税司掣肘，實紉公誼。

又卷三五《電報一二・寄北京税務處鐵尚書唐侍郎十月二十一日》　奉皓電，鐵廠免税蒙議准展限五年，莫名欽感。請即飭總税務司，轉行各關遵照。頃接日本永瀧領事函稱，本國勅令略謂清國所出生熟鐵、錫塊、錫錠、水銀等物，進口税則本年十二月起，照各國協定税則一律抽收。惟關税定率法所揭明之税則，較之協定税則仍低，則不在此例云。謹附達。

唐順之《武編》前集卷五　煉鐵爐。每爐六人，煉該四日，共二十四工。內鉗手每工四分，散匠三分，算該銀七錢六分。并鐵一爐六人用一日，內鉗手四分，散匠三分，算該銀一錢九分。

葛士濬《清朝經世文續編》卷二五《户政二・理財中》張之洞《請動支釐金抵補鐵價片光緒八年》　趙、代爲九州産鐵之區，今非缺乏，自潞安、平定被災，户口凋傷，工匠略盡，粗工則因民流而開采者稀，細工則因民拙而學製者少，故今日不患無鐵而患無工。鐵爐之出貨，不足以供鐵販之取求。出鐵既艱，鐵貨亦貴。駝畜既少，運費亦昂。價脚日以增，而州縣日以苦。自經六年議駁以來，雖有攤捐此項鐵斤之名，而處處經欠，月月催追，至今並未清完，仍歸司庫籌墊。臣到任以來，考求鐵政，將官鐵局章程詳加稽核，派員親赴省外鐵爐訪究利害，事事求實求節，從前糜費、浮銷、居奇、壟斷之弊全行掃除，選廉正精密之員總司其事。計每年可省銀一萬六千兩，然尚短銀二萬三千餘兩。雖欲設法籌補，苦於爲數太多。除曾國荃所請免扣三成一節有礙定章，不敢申請外，合無仰懇天恩，俯念晉省地貧官累，略予補苴；所有前項不敷鐵價、鐵脚等費，可否比照例價、脚價之數，準其暫於本省釐金項下動支銀一萬一千三百兩，稍資津貼，以五年爲限，俟五年後物力漸裕，再由本省籌發。其餘不敷銀一萬二千餘兩，由臣籌款抵補。至晉省釐金有由各局卡徵之行商者，近年收數甚微，無非藉口，攤捐賠累，百計枝梧。如蒙聖恩明予體恤，稍減積累，該員等具有天良，臣竭力整飭，必能使州縣每年收數較前漸增，足以敵此項而有餘。鐵款既無攤派，則通省攤捐之害可以廓清。

劉錦藻《清朝續文獻通考》卷二〇《錢幣考二》　〔咸豐四年〕又諭惠親王等奏請飭山西採辦鐵斤，解交京局以資鼓鑄一摺。見在鐵錢局四廠開鑪鼓鑄，歲需生鐵一千二百萬斤，僅就附京地方採買，不敷應用。著山西巡撫即飭藩司迅派廉能可靠之員如式採辦，務於咸豐五年二月以前先將一半生鐵六百萬斤解交京局，毋得稍有短絀，致誤要需。所需工本運費即在該省藩庫錢款項下作正動用，再由鐵錢局卯錢內照數畫出，按月解交户部，以抵該省應解部庫之款。其每年例解鐵斤既經停解，仍將節省脚價銀兩解交部庫，以清款目。

又卷二八七《實業考一〇》　又湖廣總督張之洞奏：「湖北鍊鐵廠原估、續估及開鍊以後續增各項用款均經奏咨，至光緒二十二年改歸商辦，復將歷年用款綜計約五百數十萬兩截數奏明在案，迭准户、兵、工三部咨催，開立清單。户部並令將鐵廠情形詳細查勘，繪圖貼説，均經遵辦。兹據司道詳稱，湖北剏設鍊鐵廠，事煩費鉅，工程之艱苦，機器之笨重，起運之繁難，築基之勞費，鑿礦、修路、開煤、鍊鋼之紛歧，機器鑪軌，陸續添補，一物不備，停工以待，耗費殊多。加以建造工程遞有遷改，煤礦試辦時有廢興，外局尤多淹滯，此皆歷年未能清釐之實情。見經督飭句稽，截清用數。計奉准部撥銀二百萬兩，奏撥鹽釐銀三十萬兩，借撥鹽糧道庫四十萬兩，咨准截作勘礦費本省新海防捐尾數庫平銀二萬八千五百五十一兩零，奏明撥用鎗礮經費銀一百五十六萬四千六百二十二兩，又前經奏明撥用織布局股本銀三十四萬兩，見結算清楚，除鐵廠歷年代布局墊付運保及代付外洋機價款扣除外，實用銀二十七萬八千七百六十二兩；收鐵廠自鍊出鋼鐵價銀二萬四千八百二十五兩零，借撥江南籌防局五十萬兩，兩淮商捐銀五十萬兩，統共實收庫平銀五百五十八萬六千四百十五兩零，實用庫平銀五百六十八萬七千六百十四兩零。除收付兩抵外，不敷銀十萬一千一百九十九兩零。其與前案未能符合者，原奏業經聲明不免疏漏等情，此係統計造廠以至開鑪後各項實用之全數，歷年咨報奏牘可稽，並非前後參差。且見歸商辦，若使稍有浮靡，商人豈能承接？豈肯歸還？且未歸商辦以前，重建鎗礮廠鐵梁鐵柱六百餘墩，皆係鐵廠所出所造之餘，見在蘆保鐵路即用鄂廠鋼軌，似已有利民塞漏之明效。」

又卷三六四《郵傳考五》 一、建鐵廠。從前各路材料多取外洋，不知造路以煤、鐵爲大宗。川省煤炭隨處皆有，鐵則鄂有，大冶之産，漢陽之廠，在所必需，然道辰費鉅，須先在川境如綦江、江津兩縣所屬之江口地方修築鐵廠一所，該處煤鐵俱佳，地勢恰合路，在鄂者用大冶鐵，在川者用津綦鐵，且江口濱臨大江，順流而下，轉運亦易，即重慶、内江、成都等處，亦可接濟，鐵軌既成，必須講究行車，亦擬由成都機器局、漢陽鐵廠添購機器，分頭自造，不致利落外人，漏巵貽患。

世續《清德宗景皇帝實録》卷一七八 〔光緒十年甲申二月〕壬子，諭軍機大臣等：「有人奏：『上海招商局開辦煤礦鐵廠各事，悉仿外洋集股辦法。乃司其事者，往往藉集股之名，爲羅掘之計，迨商務折閲，或減半歸還，或僅得什一，甚至徒執股票，取償無日，請嚴定折閲之罰』等語。開辦各項礦廠，原爲興利起見，著李鴻章、左宗棠、曾國荃飭令承辦各員，認真經理，如有剋減虧移情弊，即著嚴行懲辦。原片著鈔給閲看。將此各諭令知之。」

又卷二七五 〔光緒十五年己丑冬十月〕壬寅，又諭：「前據張之洞疊次具奏，廣東擬設織布官局，購辦織布、紡紗機器，及籌購機器創設煉鐵廠各摺，先後降旨交該衙門議奏。茲據户部奏稱：『購辦機器以及建廠等費，按鎊價折合共需銀九十餘萬兩。張之洞既未先行奏報，亦未咨商該部，無從遥度。請飭李瀚章籌議』等語。織布、煉鐵兩事，果能辦有成效，固可收回利權。惟究竟有無把握，且經費所需甚鉅，能否措有的款，並張之洞已匯之十三萬一千餘兩究由何款動用，未發之八十餘萬兩將來是否有著，均著李鴻章詳細查明，迅速具奏，候旨遵行。將此由四百里諭令知之。」尋奏：「訂購煉鐵機器，創設鐵廠，已付定價洋銀十三萬二千六百餘兩，粤東礙難辦理情形，已奏明請旨在案。訂購織布機器，建築廠屋，似應於鄂省興辦，則採買棉花，取資較便。至訂購機器款項，張之洞任内所付之二十二萬九千餘兩，係由闈姓商捐及軍需項下支墊，其未付之十七萬四千三百餘兩，俟機器運到，仍當設法籌付，免致失信外人。」下部知之。

又卷二八六 〔光緒十六年庚寅六月〕癸亥，貴州巡撫潘霨奏：「機器鐵廠現已開鑪，寬籌經費以資周轉，並呈青谿全廠圖説、鐵樣。」下所司知之。

又卷二八八 〔光緒十六年庚寅八月〕辛酉，貴州巡撫潘霨奏：「礦務鐵廠開鑪鼓鑄，督辦無人，衆商不敢承領洋款，暫行停工，籌抵公項，以恤商艱而重公帑。」報可。

又卷三三〇 〔光緒十九年癸巳十一月〕戊戌，又奏：「漢陽鍊鐵全廠告成，現擬於十二月間籌款開鑪，試鍊生鐵、熟鐵及各鋼軌鐵貨，並趕辦煤井工程。」又奏：「於湖北省城建立自强學堂，分習方言、格致、算學、商務四門，招選兩湖學生，分門學習。」均下所司知之。

又卷三五二 〔光緒二十年甲午十月〕己巳，又奏：「鐵廠開煉鋼鐵必須兩鑪經費，請飭廣東借撥五十萬，以應急需。」下部速議。

盛宣懷《愚齋存稿》卷八《奏疏八·鐵廠派員出洋片光緒二十八年九月》 再，湖北鐵廠臣接辦後，招集商股，設法借墊共銀三百二十餘萬兩。數載以來，因鍊鐵焦煤運費過繁，化鐵爐座又須重造，虧折商本至一百四十餘萬之鉅。猶幸鋼鐵精純，足供製造槍礮、路軌之用；萍鄉煤礦已成，鐵路漸可通運。外國經營鐵廠輒需數千萬，日本新建一廠，其國家籌本二千萬，尚議增添六百萬。臣所接辦之鐵廠並須兼營開煤、鍊焦，互相鉤連，方能濟用。近又自行籌借禮和洋行四百萬馬克，約合銀一百五六十萬，商借商還，以圖推廣而免中輟。臣於此事艱苦忍耐，雖當無米爲炊，仰屋而嗟，終不敢被外人所誘奪。如再能堅持數年，岳州至萍鄉鐵路工成，焦炭足敷運用，自當添置爐座、機器。將臣等所管轄鐵路需用之鐵料，皆取給於此，可塞漏巵歲以數百萬計，其成效必在輪船、電報之上。惟製造必須取法於人，耳聞不如目見。臣久思親赴各國一觀其布置，而未得其暇，祇得遴派妥員代往考核。茲查有總辦湖北鐵廠、三品銜候選郎中李維格，心精力果，體用兼賅，本來諳熟方言，近復留心工學。臣與李維格堅明約束，鐵廠之成敗利鈍悉以付之。今春順天府府尹臣陳壁保薦人才，該員澹於榮利，而矢志辦成一事以答高深。夫用人之道，必當用其所長，尤當久於其任。若用之不專，或朝令暮改，皆不足盡其才也。臣已代籌資斧，派令該員帶同洋工程司一名，尅日馳赴日本，先閲其新開鐵廠，即由日本放洋赴泰西各國游歷各廠，究其工作精奥之大端，彼何以良，我何以楛；彼何以精，我何以麤，他山之石借以攻錯，並飭就便添購機器，選募匠師。該員歸來，必能爲鄂廠增益規模，徐收功效。臣所以不敢沾沾於目前自限其程度也。所有鐵廠派員出洋各緣由，理合附片具陳，伏乞聖鑒訓示。謹奏。本月二十五日奉硃批：「外務部知道。欽此。」

又卷六二《電報三九·寄太原張中丞〔光緒二十九年〕十二月初一日》 示禁如

能切實辦到礦山由官先得，則大權在手，大利亦必在握，開廠製鐵亦可有權阻遏。所慮彼先得礦地，則我落後着，權利盡去。陳筱帥來電，該公司已請給憑單，正在磋商，恐晉亦不遠矣。尊慮買山請礦師須籌款，此事弟必幫助。晉省前購紗布、機器無用，何不運滬代售，足敷用矣，礦師亦可代聘。

又卷六六《電報四三・寄外務部（光緒三十年）八月二十八日》 福公司事因欲挽救晉礦已失之利，堅持廠礦路必須同時定議，磋磨遂費時日。中國自辦鎔化廠，中英合辦鐵礦，及化廠合用之煤礦並煉焦爐，先後力争就緒，嗣後部電、晉撫電煤礦亦須合辦，哲未能允，並謂鐵礦合辦請我分認創辦使費。告以有合例單據者認，開寫不出者例不認。此節争持最久，迄未就範。語載六月二十四日會議問答，刻即鈔寄。鐵路合同已有草稿，惟哲稱大王鎮至清化十二英里方造未成，哲請先發七十五萬鎊借款小票，再行派員估工，查帳多少再算。我須照買賣章程先估價交帳，再定借款票數，既催簽字，或將合同銀數空出，查實補填。此係借款前已造之路，以後只有行車之事，辦法與正太不同，關鍵不外核實估價四字。清化至澤州一段係借款後辦工，可照正太條款，但因粵漢鐵路事後多所翻議，必須事前防範，逐款增損。晉撫函電路工艱費，養路無出，不可許者八端，駁阻不得。現與哲商，將來清澤一路須俟中國與福公司開辦，晉礦之時，估計車脚實敷養路，届時方能開辦，並須載明合同，哲已應允。目前，亟須派工程司驗工估價，但用英人恐其偏袒，用他國人彼又不願，正在爲難，適有前在北洋華工程司詹天佑由潮汕鐵路辭差回滬，現已商留，擬飭即日赴豫確估。一俟估價後，便可定借款數目。哲夏間赴津，瀕行與彼堅持必須礦務四條議定，方能與鐵路合同一氣簽字。現在哲尚在津，宣病初愈，應俟哲回滬定議，如准移至大部訂約，候示即將全案呈送。

又《電報四三・寄外務部（光緒三十年）九月二十日》 前函所陳與哲美森私議，收回晉豫合同，其原本一百萬鎊約須給與二百萬鎊者，似喫虧實大便宜。晉撫來電，宣所派往華礦司，勘得界内煤鐵極旺，已會商籌款購地以佔先着。惟聞福公司礦司亦將赴晉，勢必執約相争不讓。我獨佔此等佳礦，一山即值數百萬，不當讓人，然不買回福公司股票，無法挽救。現託意圖洋行密電羅沙地，設法先以商人出名收買，羅復意行云可密收股票二十萬鎊，通扯約照原價如能買到五十萬，利權便得一半，晉鐵便得四分之三。此太便宜，但恐部款難籌，如買票二十萬鎊，向銀行押借約可得半價，必須自籌半價十萬鎊，未知可否籌辦？聞澤道合同畫押後票價必漲，有此機會，不敢不告。羅候回電，乞賜速復。

又《電報四三・張筱帆中丞來電十月二十三日》 福公司路礦之議究定約否，現據鳳臺縣報，哲美生由豫來晉，旋又赴豫。應購礦地不宜再緩，弟已飭司撥還商本銀三萬，由收地商會購買，惟款少地多，不敷應用。尊處如能酌撥勘礦公司股款，協助購辦，當可擇取精華，免落後着。又據潘守禮彦稟稱，福約第一條載明盂縣、平定、潞安、澤州與平陽府屬煤鐵，潞、澤均無屬字，平定、盂縣另行提明，即爲潞、澤不連屬縣之證。能否據爲辨論保守之處，幸祈酌奪示復。

又《電報四三・寄太原張筱帥十月二十五日》 養電屬商酌撥勘礦公司股款，協助購地，實屬兩益。但如何給予憑據，將來利益如何分承，乞詳示，以便轉飭該公司酌議。

又《電報四三・寄太原張筱師十月二十五日》 哲在滬議定，鐵廠華自辦，鐵礦及鎔鐵、煤礦華洋合股辦，清化至澤路須俟鐵礦開辦約敷養路，再行借款照正太章程辦已將成議。昨外務部來電，哲赴部直接想迫於英使之意，此間議稿已送部核辦。潘守所稟潞、澤不連屬縣，重讀與平陽府之與字，則屬字專指平陽大可辨證。查洋文所載稍異，惟一屬字，關係極大，已電請外務部裁酌。

又《電報四三・張筱帥來電十一月初五日》 晉紳商設立商會，已領庫存商本三萬，往鳳臺、高平購地，並勸地户入會。地不外賣，自較價買爲多。勘礦公司即可撥款速來買地，地契即是憑據，但能多占礦地最是穩着，以後分辦、合辦再與晉商會酌議。屬字專指平陽一節外部能否辨證，程事問詢如何，乞並復。

又卷七三《電報五〇・寄農工商部（光緒三十三年）九月十三日》 查萍煤專爲漢陽冶鐵而設，張中堂前因鐵廠官費難籌，奏准官督商辦，所有已用官款五百餘萬，責成商局承認，所出生鐵每噸提銀一兩歸還官款，其所出各種鋼鐵料並在本省、外省自用煤礦，均請免税。奉旨依議在案，是萍煤濟益漢廠冶鐵，即於所出生鐵每噸提銀一兩，煤税實已包括在内。現在萍煤於江西湘東卡仍報完釐金及萍邑炭捐、學校捐，合計每噸須銀一錢零，較之開平僅完税一錢，萍礦並未稍沾優例，而分擔漢廠鐵捐鉅款轉爲開平所無。今春接准鼎帥電商照章抽税，當即派員至開平調查該礦税則後，正擬飭令赴贛商辦。上月復接鼎帥巧電，以大部已頒新章，萍礦應遵章抽收，擬於九月開辦等因。當與廠礦股商會議，僉謂漢廠生鐵已經認抽每噸一兩，其自開煤礦久經奉准免税，似難再完等語。宣懷查萍礦以運道艱難，本重銷滯，積欠各債至五百餘萬，月息滚計愈累愈重，商力正在萬分竭蹶之時。現擬添招新股，來年如能招足，商力較厚，即應仰體時艱，於明年二月大部新章施行之後，遵章改釐爲税，勉盡報効之忱。惟現在新章未行以前，應懇電咨贛撫，仍照舊章抽收釐金，稍紓商力，實爲公便。

桓寬《鹽鐵論》卷一《本議第一》 惟始元六年，有詔書使丞相、御史與所舉賢良、文學語。問民間所疾苦。

文學對曰：「竊聞治人之道，防淫佚之原，廣道德之端，抑末利而開仁義，毋示以利，然後教化可興，而風俗可移也。今郡國有鹽、鐵、酒榷，均輸，與民爭利。散敦厚之樸，成貪鄙之化。是以百姓就本者寡，趨末者衆。夫文繁則質衰，末盛則本虧。末修則民淫，本修則民愨。民愨則財用足，民侈則饑寒生。願罷鹽、鐵、酒榷、均輸，所以進本退末，廣利農業，便也。」

華鎮《雲溪居士集》卷二七《問鹽鐵》 問：「鹽、鐵之材，民並用之，其來久矣。自管氏銖量寸計而齊用富强，後之言利者，必以爲稱首。由西漢以來，或弛或禁，不常其法，而經制之方，未盡善美。弛之則利歸豪右，威去公朝，而下有朐邴、吴濞之强；榷之則民失其利，器多苦窳，而下有卜式、仲舒之議。然則山海之藏，必有所禁，而弘羊之術，未易推行。今國家制鹽之法，既致其詳，天下奉行，爲效已久，而冶鐵之利，尚在所略。議者謂其材可以上佐大農之調度，下通百姓之器用，宜有制作，以究其利，此治古之所當行，而當世之所宜講者也。【略】」

包拯《包孝肅奏議》卷七《乞開落登州冶户姓名》 臣竊見登州鐵冶户姜魯等十八户，先陳狀爲家貧無力起冶，遞年只將田産貨賣，抱空買鐵納官，乞依條例開落姓名。臣在本路日，累次保明申乞與除免。又准省牒勘會，逐官往彼相度，兼臣親自巡歷到登州、萊州，子細體量得姜魯等逐家委是貧乏，積年不曾起冶，再具保明申奏，至今未見指揮。臣因訪聞得舊來州郡最出鐵貨，緣人户先乞起冶之後或遇家産銷折，無鐵興作，官中並不認孤貧，一面監勒送納元額鐵數，以致破蕩資業，沿及子孫不能免者，比比皆是。雖遺利甚厚，而富民懼爲後患，莫肯興搊，所以鐵貨日削，經久不興。欲乞今後應係冶户或有委實家産銷折無力造作者，並仰差官子細勘會，如無弊倖，即晝時保明，申轉運司，與除落姓名訖申省，若州縣故縱，及人户妄有規避，即許人告首官吏，重行朝典，告人與賞錢一百貫文，仍令州縣常切多方招召諸色人起冶，不得住滯邀難。如是人户樂爲，鐵貨增羡，寬民利國，無甚於此。

呂陶《浄德集》卷四《奉使回奏十事狀·興州鑄鐵錢狀一則》 臣伏見興州濟衆監自興置以來，歲鑄錢六萬二千貫。至嘉祐三年減半鼓鑄，其所用生鐵並在衙前酒場和買，每斤支十四文，雖有賠費，緣酒場利息稍豐，未見破産。自賣酒場後以來，本州勸誘煉鐵之家，通抵産預借錢，每斤支三十文。彼時山林不遠，可以就便置爐煉鐵，應副足用。續又以銀絹折支，漸虧實價。至元豐三年，頓添四萬九千貫，以三萬貫借充茶本。四年，又添二萬貫，每歲共鑄十萬貫文，其鐵每斤又減六文。其鑪户爲累年採礦頗多，土窟深惡，并林箐踈淺，燒炭漸稀，倍有勞費，兼數遭大水，漂壞冶竈，破蕩抵産，逃避亦多。現今本州與三泉、西縣鑪户拖欠額鐵四百餘萬斤，禁錮箠楚，曾無虚日，緣地産有限，民力甚困，每歲鼓鑄不已，雖百計督責，愈有逋負。況今來已蒙朝旨，更張茶法，則本錢三萬貫更不須借，自可歲減錢額。仍乞下本路相度，量減料例，鑄六萬二千貫，庶使數郡之民不爲錢鐵所壞，稍得休息，即於本路支用，亦無闕乏。

沈欽韓《漢書疏證》卷一七 元豐六年，京東漕臣吴居厚奏：「徐、鄆、青等州，歲鑄軍器及上簡鐵之數多，而利國、萊蕪二監鐵少不能給。請鐵從官興煽，所獲可多數倍。」自是，官榷鐵造器用，以鬻於民，至元祐罷之。大觀初，渭州通判苗沖淑言：「石河鐵冶既令民自採鍊，中賣於官，請禁民私相貿易。農具、器用，悉官爲鑄造，其冶坊已成之物，皆以輸官而償其直。」乃禁私相貿易，農具、器用勿禁。官自賣鐵，鑄瀉户市之。政和初，鐵利盡榷於官。欽宗即位罷之。

徐乾學《資治通鑑後編》卷一八二《元紀三〇》〔至正二十四年，四月〕丙午，吴中書省臣言：「湖廣行省所屬州縣，故有鐵冶，方今用武之際，非鐵無以資軍用，請興建爐冶，募工煉鐵。」從之。

王圻《續文獻通考》卷二三《征榷考·坑冶》〔金〕宣宗興定三年七月，汝州魯山、寶豐，鄧州置鐵冶。

從攝京西路三司李復亨奏也。復亨言：「民間銷燬農具以供軍器，臣竊以爲未便。汝州魯山、寶豐，鄧州南皆産鐵，募工置冶，可以獲利，且不厲民。」詔尚書省行之。

劉錦藻《清朝續文獻通考》卷一五《坑冶》 又題准四川葛藤山斗屯巖等處鐵鑪准其封閉。

張懋《明憲宗純皇帝實録》卷一二二 巡撫陝西左副都御史馬文昇奏上足食養民事宜：一、陝西都司并行都司所屬四十衛所歲造軍器，用熟鐵三十一萬四千餘斤。又各邊不時奏乞補造兵器，動輒一二十萬，俱派取民間。然無土産，多毀農器充納，深爲民患。訪得山西澤州陽城縣産鐵甚賤，而河東塩課不費煎熬。往年澤州人每以鐵一百斤至曲沃縣易塩二百斤，以此陝西鐵價稍賤。因添設巡塩御史，私塩不行，熟鐵愈貴。若以塩課五十萬引，中鐵五百萬斤，俱於安邑縣上納，運至布政司官庫收貯支用，庶民力可省。

曹振鏞《清仁宗睿皇帝實録》卷六五　嘉慶五年庚申閏四月丙寅，又諭：「祖之望奏，審訊桂東縣民扶咸欽呈控李羽儀等窩留逃犯，私開鐵廠等事，俱屬虚誣，將扶咸欽問擬軍罪一摺，已交該部覈議具奏矣。扶咸欽因挾李羽儀等從前控拆鍋廠之嫌，架揑重情，赴京呈控，自應按律坐誣，抵以軍罪。其扶家嶺等處山地所開鐵廠，亦當查明飭禁，永絶争端。」

又卷二八八　〔嘉慶十九年甲戌三月〕癸丑，諭軍機大臣等：「蔣攸銛等覆奏粤省查辦匪徒情形一摺。粤省地廣民稠，良莠不齊，全在地方官實力整飭，以期漸革澆風。摺内所稱六浮山及回肚面山二處，有商人黄大通等鐵廠、鍋廠三座，每處工丁一二百名，因恐人衆難於稽查，俱飭令封禁，令該商將各工丁妥爲遣散等語。所辦尚未妥協。上年陝省南山匪徒，即因木商停工乏食而起。粤省山内鐵、鍋等廠，該商等久已利爲恒業，而工丁等亦藉以謀食，今驟加封禁，此數百名失業工丁，豈一二商人即能將其散遣，俾無失所，此等無藉游民轉致流而爲匪。所有此數處廠座，無庸封禁，應官爲設立章程，或編造丁册，令該商等遞加保結，地方官再按季考察，使各貧民有餬口之地，又不致藏垢納汙，方爲正辦。」

卞寶第等《〔光緒〕湖南通志》卷五八《食貨四・礦廠・鐵礦》　新化、油溪、瓦灘、滿竹、葦溪、富山、三江口、周家溪、石磯頭、金家溪各處采煤之地，往往鐵礦呈露，民間取之，以鑄農器，爲利無多。然開廠之處，奸民混雜，恐有疏虞，故歷爲封禁。嘉慶十九年二月二十八日，知縣戴大謨奉寶慶知府柳邁祖札，案奉藩憲翁元圻札開，十九年閏二月初一日準北藩司巴咨開，十八年十二月十五日奉督部堂馬批本司稟，□南等省商民販運鐵斤，仍循照舊章一案緣由，奉批果能杜索擾，不爲商累，自可仍循舊章而免紛更，仰即熟籌妥辦，另詳核奪此□等因。奉此，本司遵查鐵斤攸關利器，欽奉諭旨，嚴禁出洋。節經江蘇有議定章程，凡經由江海販運者，照硝磺之例，由司填給印照。

又卷五六《食貨四・礦廠・鐵礦》　永順府保靖縣沙塘臘洞出鐵。龍山縣舊有鐵礙八，因地屬苗疆，封禁。

張之洞《張文襄公全集》卷三四《奏議三四・煉鐵全廠告成摺光緒十九年十月二十二日》　竊臣奉旨籌辦煉鐵事宜，自開辦以來歷經隨時上陳並於本年二月内詳晰奏陳在案。自三月以後，機器物料陸續運到，臣督飭各員及洋匠多方激勵，極力趕辦，所有煉生鐵大廠及機器廠、鑄鐵廠、打鐵廠業經於三月前完工，其煉貝色麻鋼廠、煉熟鐵廠，此兩大廠均於五月完工，其煉西門士鋼廠、造鋼軌廠、造鐵貨廠，此三大廠因補換破碎短數火甎及未齊機器鐵料運到稍遲，於七八兩月先後完工。此外尚有造軌所需之魚片鉤釘廠，其機器本催後訂於五月内始自外洋續行運到，督催趕辦亦於九月中旬完工。統計全廠地面東西三里餘，南北大半里，各廠基自平地起至鐵柱墩及爐座機器諸石墩止，均須填土高一丈一二尺不等，大小十廠均須連爲一處，共應填土九萬餘方，已於九月中旬將開煉之日，即須施工處所一律填齊，至各廠基以外現仍接續補填。其應加開水溝、加培護隄、廠内聯貫交通鐵路、廠地鋪蓋鐵板各工，隨時酌度情形辦理。統計煉生鐵、煉熟鐵、煉貝色麻鋼、煉西門士鋼、造鋼軌、造鐵貨六大廠，機器、鑄鐵、打鐵、造魚片鉤釘四小廠，以及煙通、火巷、運礦鐵橋、鐵路，各工江邊石馬頭、起礦機器房，現已全行完竣，機器一律安配妥協。其大冶運道鐵路前已完工，鐵山開礦機器及軋鐵礦軋灰石機爐四座，溜礦石馬頭磡岸等工均已造齊，江夏、馬鞍山煤井横窿兩道均已開運，陸續出煤。大冶王三石煤井二處，石質極堅，暗水太多，工程過鉅，其横窿開通尚需時日。現在亟須開爐試煉，惟馬鞍山井工雖成，煤巷尚少，工徒未熟，出煤尚未能多，該處所設之煉焦炭爐甫經開工，火甎均自外洋運來，破缺短數甚多，電催補添，尚未運到，洗煤機器及運煤之掛綫路機器屢經電催，約須十一月間方能運到，安設造成亦需時日。自應查照從前奏案，先行購運湘煤，（興）〔與〕馬鞍山所開之（煉）〔煤〕參用，以應急需，現於漢陽鐵廠内另行添設洗煤機，煉焦炭爐，以期早日興工。至新爐試煉（開）〔關〕繫甚鉅，合配鐵礦、灰石、煤斤必須精詳慎重，而洗煤、煉焦炭兩事在中國工匠素未經見，若煉質稍雜，洗煉配合稍不得法，即至積灰壅塞風眼，鐵汁不能下注，凝堵爐門，全爐損壞，貴州青溪鐵爐覆轍可鑒。必須先用外洋焦炭試煉兩月，察其爐座之風力、火力，鐵礦之剛柔，徐用内地之煤較量配用，方爲穩慎萬全。至煤爲全廠之根，必須自開自煉，方能一律適用，而且多出不竭，目前工費雖多，將來庶可經久，實爲節省經費、輕減成本之要策。現仍一面督催各煤井工程，並因全廠鍋爐及鐵山鑛機、運道火車、運鑛運煤輪船長年需用煙煤爲數甚鉅，分飭於大冶縣之保安、李士墩、金盆地、柏灣，長陽縣之滋邱等處多開土窿，以資各項雜用。惟外洋開煤乃極重要而極繁鉅之事，本係專門大舉，每開一大井，鑽工、井工、路工等項，動需百萬内外，與煉鐵另爲一事。今湖北兼辦開煤數處，而又别無經費辦理，實爲棘手，惟爲竭力統籌，相機騰挪，設法趕辦。目前正在演試機器，修補各項機器零件，俟一切布置周妥，十一月内即擬燒熱爐座，約須兼旬方能熱透，十二月間即可試煉生鐵，接續煉鋼、造軌。茲謹將造成漢陽煉鐵全廠及大冶鐵山鑽機運道，水陸馬頭暨江夏、馬鞍山、大冶王三石各煤井工程，仿照西法於九月下旬照印成圖，共爲五十六幅，并於圖上貼説，恭呈御覽。

《奏議三四・擬定鐵廠開辦後行銷各省章程片光緒十九年十月二十二日》

再，准户部咨，令於鐵廠開辦後，詳定行銷各省章程，并將所出(鐵)〔鋼〕鐵數目分季造報海軍衙門、户部等語。查中國自開鐵廠，乃奉旨飭辦之件，(開)〔關〕係自强要圖，凡我軍(圖)〔國〕所需，自宜取資官廠，惟賴户部與各衙門及各省合力維持，方足以暢地産而保利權。至所出鐵貨，既係動用官本，均係官物，且開辦之初，工本較鉅，行銷各省及出口運銷外洋，自應一律統免税釐以輕成本。且臣近接出使日本大臣汪鳳藻來函，日本現亦擬創設鐵廠，擬派員來華觀看湖北鐵廠等語，是外國皆汲汲於煉鐵一事，則中國鐵廠尤宜多方護持振興，以期暢旺。所有北洋鐵路局及各省製造機器輪船等局，需用各種鋼鐵物料，或開明尺寸，或繪寄圖樣，漢陽鐵廠均可照式製造，與外洋物料一律適用。至開辦之初，工本猝難豫計其價值，惟有暫照各省所購外洋鋼鐵時價，應於議定需用物料若干，價值若干後，或先付半價，或先付三分之一，或酌付定銀，應由湖北隨時體察情形，與各該省商辦。相應請旨敕下户部、總理海軍衙門、總理各國事務衙門，迅速核定章程，通行各省查照辦理。至漢陽廠所出鋼鐵數目，一年之内或有分煉(猛)〔錳〕鐵之日，或有修理機器爐座之日，且(鐵)〔鋼〕鐵等差種類甚多，或視何項鐵貨需用較多、較急，即行酌量多少，分别製造。若按季報部，端緒過形繁雜，且不免參差。似須滿一年後方能統計盈虚，擬請每年奏咨一次，以歸簡明，而昭核實。

硃批：「該衙門議奏。欽此。」

又**《奏議三四・奏報鐵廠開爐煅煉日期摺光緒二十年二月初四日》**竊臣於上年十月内，業將爐鐵廠工告成各情形詳悉奏報在案。查漢陽鐵廠日用鐵鑛灰石及煤炭至百萬餘斤之多，參和配合裝運起卸，處處均須周備，方能興工冶煉，(面)〔而〕工程浩大，端緒紛繁，有可分投並舉者，有必層遞而進者，兩月以來極力趕辦，將廠基以外應行接續填土、聯貫軌道等工，次第辦竣。一面開溝培隄，一面演試機器，大致均尚順遞。惟機具繁多，皆極高大笨重之件，接連地段又甚廣遠，初經運動，必有生澀鬆脱、走火漏氣之處，西洋各廠均所不免，當即在本廠鑄鐵廠内，修改完好，現已一律完全，遞動如意。茲諏吉於本年正月初十日，將煅鐵爐兩座升火燒然之後，先將鐵鑛煅煉遞以備生鐵大爐鎔煉之用，緣大冶鐵鑛鐵多而質堅，本屬上品，惟含有硫磺，鐵性署脆，必先入爐煅煉，使磺氣騰散，鑛質疏鬆，煉成鋼鐵方能堅韌有力，實爲成鐵之始基。既經一面飭大冶鐵山委員、洋匠迅(運)〔速〕開采，一面派定輪剥各船數號，將鐵山開出鐵鑛，及灰石轆轤轉運漢陽，常川不息，令其供用不致缺乏。一俟煅有成效，添募洋匠到齊，即當後煉各種鋼鐵。至所開(鍊)〔鑛〕井，目前出煤漸多，仍當隨時督飭趕辦。

硃批：「該衙門知道。欽此。」

又**《奏議三四・鐵廠著有成效請奬出力各員摺光緒二十年七月二十四日》**竊臣奉旨開辦煉鐵事宜，於本年正月業將開爐煅鑛日期奏報，並聲明俟續募洋匠到齊，即當接煉鋼鐵等情在案。伏查煉鐵一事，事理精深，端緒繁難，工作極爲艱苦，而機勢又極爲危險。微特煉鐵煉鋼之匠首各有專門之學，即審火候、司氣門、流灰、出鐵、烘鋼、拉軌諸人，周旋於洪爐烈火之(開)〔間〕，手足稍涉遲鈍，即有轟炸損壞之虞。近來貴州青溪設(煉)〔爐〕煉鐵，南北洋設爐煉鋼，堵塞損傷，均所不免。鄂省開煉大爐，自不得不多用洋匠，加意慎重，除原有洋教習、鑛師、工師、各匠不計外，續募各廠洋匠，擇其必不可少者招募二十八人，係託歐洲著名之郭格里大鐵廠代雇，本年四月始一律到齊，以上年選(深)〔派〕出洋學習之華匠二十人副之，分派各廠領首作工。先將各爐機器逐件細勘，抉其瑕疵，參以新法，酌量修改增補，務求盡善。所增置機具物料工程甚多，其最費工者，爲生鐵大爐。直至五月初間，始行完備，當即將爐烘乾，裝配焦炭、鐵鑛、灰石，諏吉於五月二十五日升火開煉，二十七日出鐵。其餘各爐機，亦皆演試如法，一切均極順利。臣於六月初一日到廠，逐一詳勘生鐵大爐，先開一座，日夜出鐵八次共五十餘噸，近來間有日出六七十噸者。次閲煉熟鐵，煉貝色麻鋼，輾鐵條，製鋼軌以及鎚煉烘壓各法，一時並舉。其西門士鋼爐因爐甎破碎，購補加修，添設爐管，目前即將次完竣。接(績)〔續〕開煉，次第考驗，大抵藉水火風氣之力，以神其用。其機力之宏大，運動之靈巧，火力之猛烈，迥非向來土爐人工所能到。所出之鐵，雖係初煉，已與外洋相較無甚軒輊。蓋外洋各國講求鍊鐵鍊鋼之法已數百年，始能及其精美。中國甫經開辦，豈敢謂遽造精微，然就目前工力物料揆之，從此講求不懈，將來化學日精，工匠日熟，似尚不難與之抗衡。現將煉出生熟鐵及鋼軌、鋼條等件，陸續寄至上海華洋各廠比較貨色，考訂價值，仍隨時教習華匠講求鍊法，精益求精。現在江夏、馬鞍山煤井其煤可作焦炭合煉鐵之用，已開横窿煤巷。現擬進鑿三層横窿。外洋大洗煤機及運煤之鐵挂綫路，均已陸續竣工。惟洋式焦炭爐數十座，因爐甎破碎，購補躭延，修造未齊，本年十月內定可一律告成，儘敷生鐵一爐及各廠鍊鋼之用，參以湘省白煤、油煤，即可兩爐齊開，此開煤煉鐵已著成效之實在情形也。竊惟開煤煉鐵一事，泰西而英法德俄各大國無不視爲自强要圖，當務之急，講求新法，角勝争長。官辦則以全力經營，商辦則爲多方保護，堅持定力，務底於成，由煉鐵而製器，由製器而練兵，用能擴充工商諸務，雄長歐洲。鄂省奉旨設廠煉鐵，實爲中國創辦之事。光緒十五年十月、十六年正月，疊經承准海軍衙門電，開大冶下手自是正辦，今日之軌，他日之械，皆本乎此。總以將來軍旅之事，無一仰給於人爲斷，雖不必即有其效，萬不可實無其志。此舉爲强弱轉機，旁觀疑信由他，當局經營在我，各等語。開辦之初，禀承醇賢親王指示機宜，規畫閎遠，志意堅定，臣不敢不力任其難，激勵大小各員務期以必成爲度。惟煤鐵兼營，用宏費絀，真知灼見者實罕其人，於是衆論紛紜，吹求疑沮。仰賴聖明在上，爲之不疑。俾臣得從容布置，廠工次第告成，開煉有效。所有在事各員籌思辦法，安配機器，督工建廠，采鑛尋煤，跋涉山川，(總)〔縋〕幽鑿險，加以修造鐵山運道、煤鑛井工、水陸馬頭，各工程多係創法新奇，驚駭物聽之事，撫輯羣情，綏靖謡詠，家喻户曉，舌敝脣焦，艱險備嘗，始終罔懈。經歷四年，始竟全功，實屬異常出力，而在事各洋匠監修營造，盡力圖維，隨時補救，亦無不殫竭心力。查福建船廠告成，在事各員均蒙恩照異常勞(續)〔績〕給予優奬，而洋員日意格等已先於同治年間渥蒙優奬，並給予犒賞鉅款。兹查鐵廠規模、地段、機器均較船廠爲大，而煤鐵並舉，事體之艱辛，端緒之繁重，較船政實爲過之。合無仰懇天恩俯念鐵廠爲中國創舉、奉旨飭辦要務，全廠告成，開煉著效，實資羣策羣力，准由臣將在事出力人員援案擇尤，核其出力等差，分别照異常、尋常勞(續)〔績〕奏請給奬，以昭激勸而勵方來，出自逾格鴻慈。理合恭摺奏陳，伏祈聖鑒。

硃批：「准其擇尤酌保數員，毋許冒濫。該衙門知道。欽此。」

又《奏議三四・請添鐵廠開煉用款片光緒二十年七月二十四日》 再，湖北鐵廠實兼采鐵、煉鋼、開煤三大端爲一事，(西)〔而〕開煤所費幾與煉鐵相等，本難歸入造廠煉(廠)〔鐵〕項下計算。開平煤鑛費至一二百萬，始克成功。兹查鐵廠自經始至觀成以迄開煉，用款繁鉅，所有奏明撥用、借用之款，早經用罄，雖經奏准以槍礮廠經費勾撥應用，不敷仍多。非原估、續估之迭有疎漏，實緣開鍊以後經費，與造廠工程本係另爲一事，原奏曾經聲明必須先行籌墊一年，且事皆創舉，機局變更靡常，隨時補救，增出用款，多出洋匠原議之外，實非豫料所能及也。所有增出用款，除外洋物料火甎等件破碎短數、剥運起卸、棧租馬頭、零星繁費，員司匠頭夫役巡勇薪工雜用不計外，約舉其重且大者數端，一添購機爐工料，如增十五噸大汽錘一具，增貝色麻大壓氣機一副，增造西門士(煉)〔爐〕底火泥管及造火甎機器，增改生鐵大爐(東)〔架〕一座，爐内甎式令與煤鑛之性相合，增生鐵廠鐵瓦廠棚，增中西兩式洗煤機，增内地火甎焦炭爐，增鋪地鐵板，增廠内鐵路，增運鑛運煤鐵車，增爐上鐵蓋，(煉)〔爐〕外水池水溝及四圍保險門，增銅鐵管鐵水箱，增化驗煤鐵各種器具、藥料以及汽表、風表、水表，皆極精細貴重之件。一添募開鍊洋匠，原估擬募八人，其餘悉雇熟手之華匠百餘人應用。兹查開煉首以生鐵大爐爲重，中國從未煉過，若欲選用華匠，非得聰慧而又强壯之人在廠精煉多年，難與斯選。即煉鋼各廠，亦非得專門名家之洋匠領首作工，手法稍不中程度，即致變生意外，均屬危險之極。現在續募到洋匠二十八人，均係萬不可少，已較原估八人多出兩倍有餘。本年湖北天氣酷熱，爲時又久，鐵廠工作極爲艱苦，洋匠已中熱病故二人，抱病七人，内地工匠體弱生疏者更難得力。一添補不全機器，查各種運到機器物料，沿途損壞既多，洋廠闕漏亦復不少，除簡便零件由漢陽本廠自行修補二千餘件外，其重大精緻機器必須由外洋或上海洋廠重複購補，或此一種機器不甚靈(勸)〔動〕，則洋匠必另行購一機器以救之，或此式之爐試煉焦炭不浄，舊法所采之鑛不多，則洋匠又思一法以損益之。曠日加工，致多繁費。一近年外洋金鎊價值日長，比初定機器時加至過半。一往返電報與各國出使大臣及洋廠商，購物料，改換機器，訪訂洋匠，日積月累，亦成鉅款。一多用煤斤，鐵山煤鑛開采轉運，以及鐵廠起重運料，試鑽開井，抽水壓氣，無在不需機器，即無日不需煤斤，爲數甚鉅。又生鐵大爐購用外洋焦炭，試煉兩月，費亦不貲。以上各款，皆爲原估約計所難周悉。加以王三石煤井三處，開至數十丈，已費盡人工機器之力，煤層忽然脱節中斷。外洋辦法必仍就其處追尋，另行開井辦理，而重開一井，非鉅款不辦，現在實無此財力。若非馬鞍山煤井有成，則全恃湘煤，所費更鉅。此則事(周)〔局〕變遷，多費用款，均非意料所及者也。前次續估臣督飭局員及洋匠鑛師悉心攷究，以爲若能銷貨周轉，則此次續估之後，不致再有增添之款。乃移步换形，層折過多，加工遂致加料，費日因以費工，不特非局員所能限定，並非洋匠所能豫知，多方補救，繁費滋多。現在撥借各款既已湊用無餘，若行銷挹注，必俟兩爐齊開，一年後始能流通轉輸，尤須鋼鐵各料，悉臻精美，華洋各廠，考驗詳審，相信有素，方可期流(連)〔通〕無滯。至暢銷後，尤防有洋鐵減價搶售之患。此開煉行銷之初，必須寬籌經費，始不致停爐待款之實在情形也。目前鋼鐵既已煉成，正在得手，萬不能不急籌接濟，惟部庫支絀，未便再行上請。上年二月所奏原擬就槍礮廠布周兩局之經費添補應用，無如槍礮廠自奏明添設礮彈、槍彈、礮架三廠，計機器運保等費已需銀三十餘萬兩，建廠之費尚不在其内，本廠用款必須兼顧，勢不能全行撥用。布局現須籌還山西借款，一時尚未能協助，值此廠工已竣、煉鐵已成之際，所欠者僅此目前籌墊之經費，若竟因此停工，既於大局有(開)〔關〕，亦覺前功可惜，且鎔鍊鋼鐵若竟停歇，則製造槍礮何所取資，關繫尤非淺鮮。臣夙夜焦急，再四籌維，惟有仍就湖北本省各款力籌，勻撥應用，(撥)〔擬〕請於釐金、鹽釐兩項下極力整頓，設法騰挪，每年勻撥十萬兩濟用，總期無礙京協各餉，以兩年爲率，其不敷之款，仍照奏案於槍礮廠常年經費項下，勻撥濟用。統俟兩爐齊開，銷流漸廣，即可自行周轉。事關自强要務，臣惟當恪遵海軍衙門先軌後械之電示，竭力籌維，次第舉辦，以竟全功。

硃批：「該衙門速議具奏。欽此。」

又卷三三《奏議三三·豫籌鐵廠成本摺光緒十九年二月二十五日》 竊臣奉旨籌辦煉鐵事宜，所有歷年欽(選)〔遵〕籌辦情形，均經奏陳暨電達總理海軍事務衙門各在案。三年以來，臣督飭各局廠委員、外洋工師分投趕辦。自光緒十七年八月奏明開工，刻下生(鎮)〔鐵〕大鑪二座，暨熱風大爐六座，煅鑛大爐兩座，統爲煉生鐵廠，已於二月内完工。其煉貝色麻鋼廠、造鋼軌廠、造鐵貨廠，均定於四月内完工。煉西門士鋼廠、煉熟鐵廠，均定於五月内完工。總計六大廠五月内一律完竣。其機器廠、鑄鐵廠、打鐵廠三所，已於上年秋冬間完工。其大冶縣運鑛鐵路五十餘里，暨大冶石灰窯、鐵山鋪、漢陽鐵廠水陸各馬頭，亦於上年秋冬間先後完工。此項工程極爲繁重，事理極爲精微，臣於(國)〔開〕工原奏内曾經聲明，據洋匠稱，此工若在外洋，三年乃成。臣極力趕辦，本擬兩年造成，因外洋機器物料(邏)〔運〕到補齊諸多遲滯，無從趕辦，計開工至竣工共兩年零十箇月，尚在三年以内。至煤爲煉(鎮)〔鐵〕第一要務，原議本擬以湖南之煤煉湖北之鐵，惟運費較貴，終非經久之計，且煉鐵之煤必須精選，灰須極輕，黄須極少，土窿所采精粗相雜，不能一律，所出又多少無定，恐難供用不缺。幸於江夏、大冶兩縣訪得煉鐵煤苗兩處，分用西法開采，計七月内江夏馬鞍山一處大井可以先成。鐵廠造成以後，擬一(西)〔面〕督催兩(慮)〔處〕煤井工程，一面采運興國州錳鐵，一面先與洋匠籌商演試各種機器較準火候、教練匠徒之法，并先用湘煤試煉。俟本省出煤漸多，可供廠用，即行接續製煉。其從前所需經費，前經奏准，除部撥之款及借撥本省之款外，其餘即在槍礮廠經費内勻撥應用，係指造廠(練)〔經〕費而言。至開煉經費亟須另行豫籌，此乃出貨成本，與造廠經費兩不相涉。前年開工原奏，曾將常年(練)〔經〕費只須第一年先行籌墊若干聲明在案，譬諸農田既有買田開墾之費，又須有常年牛種人工之本，始能(敢)〔收〕穫；譬諸鹽務既有築場作竈之費，又須有常年煎煉運售之本，始能行銷。只須籌此一次，以後即可周轉，並非年年需款。鄂廠鐵質甚佳，係用西法製煉，除鋼軌外，其餘鋼鐵各料並可向各省行銷。惟此時度支極絀，臣所深知，斷不敢請撥部款，上煩宸慮，然此乃中國自强要政，臣既奉旨飭辦，亦斷不敢因經費(因細)〔困約〕致沮成功。反覆籌思，謹就湖北物力之所能辦到者，籌一節省騰挪之法。查(西)〔兩〕爐並開成本約須百萬，又須籌還鄂省借墊之款，現擬先開一爐，從容擴充，以節經費，然亦必須五六十萬。(煉)〔緣〕煉生鐵之法，一爐能煉鐵若干，需煤若干，均須裝滿配足，晝夜不可間斷，既不能少煉以省料，亦不能停煉以省工。其工作極精細，亦極危險，稍有舛誤，則鐵汁壅塞，爐座受傷，或致轟炸。故(間)〔開〕辦之初，必須多用洋匠，而一切運爐之輪剥各船、鐵山運道、煤井各事，雖止一爐，所費亦不能甚少，迨至日久工熟，成貨日精，出煤日旺，洋匠日少，則成本日輕。查湖北煉鐵廠，原議專爲製造鐵路鋼軌(西)〔而〕設，本爲力杜外耗起見。光緒十六年二月海軍衙門、户部原奏内曾經聲明，設廠煉鐵，乃開辦鐵路、鑄造槍礮第一要義，又云煉鐵爲造軌之基等語。海署疊次來電，大意相同。十六年正月文電云，正題宜先鑄軌，鑄械次之等語。尤爲深切著明。是現在關東修路，湖北造軌，本是相因而起。十六年三月内籌辦設廠之初，即(練)〔經〕商明直隸督臣李鴻章，接其電覆云，將來鄂鋼煉成，自可撥用等語。是以特購製造鋼軌、魚片鉤釘各機器，分建各廠。中國既能造軌，斷無再購洋軌之理。查(開)〔關〕東議定每年修路二百里，曾向李鴻章詢明，每年約需軌價十九萬餘兩，其橋梁各種鐵料尚不在內。鄂廠造軌乃係官物，必須先發官本，不比商賈(國)〔圖〕利，可以墊辦，以常理論之，似應由北洋每年將此二十萬先行支付，以爲工本。惟北洋造路工費浩繁，未便全行預支，竊擬將湖北、湖南兩省每年應解北洋鐵路經費各五萬兩，兩省共十萬兩截留劃撥充用，作爲預支軌價。此乃鄂廠應得銷軌價值，並非無故分用。並擬再由湖北糧道無礙京餉之雜款內借撥十萬兩，作爲代北洋籌墊軌本之用。兩項共計二十萬兩。造軌之外，兼製各種鋼料、鐵料以供各省行銷，其劃扣北洋經費之十萬兩，俟軌成運津後，核計實用若干，尚短價值若干，由津補足。在北洋不過預支半價，後付半價，似小酌中平允。先後一轉移間爲日無多，以後每年即照此辦理，即使日後北洋需用鋼鐵較多，價至數十萬，亦只先劃留此數。北洋所購外洋鋼軌每噸價銀三十兩，鄂軌初經開造，工費較多，然亦只願比照洋軌價值，無須加多。各料是否合用，儘可聽北洋依法試驗。或謂中國鋼軌不能經受壓力，不知大冶鐵鑛歷寄外洋考驗，皆謂極佳。且造軌所用尚非極精之鋼，鄂省製煉皆依西法，與洋廠所造無異，确無不受壓力之慮。其糧庫借款，俟兩年後鐵務日暢，自光緒二十二年起，由鐵廠分爲十年歸還，此外不敷之數，仍由槍礮經費項下勻撥應用。緣鐵廠爲槍礮廠之根，必先煉有精鋼，方能製造，以彼助此，尤爲允協。且此時槍礮廠尚未造成，安配機器亦需時日。計精鋼煉出之日，始届開機製械之時，臣自當設法兼顧，並無窒礙偏廢之處。如再有不敷，臣所設織布局現已告成，陸續加工開織，機勢似甚順利，明年當有贏餘，亦可酌量撥補(織)〔鐵〕廠之費。以後體察情形，如鐵務日漸暢旺，再當全開兩爐。總之以湖北所設鐵廠、槍礮廠、織布局自相挹注，此三廠聯爲一氣，通盤籌畫，隨時斟酌，互相協助，必能三事並舉，各覩成功，以後斷不致再請部款。此項開煉成本，概係由外省自籌，較之南北洋製造各局歲需支撥庫款七八十萬、福建船政亦歲撥數十萬者，辦法迥不相同，甘苦難易判若霄壤。合無仰懇天恩，俯如所請，鑛務幸甚，微臣幸甚。惟是此舉之(國)〔關〕繫大局及創造之種種艱難，有不敢不詳陳於聖主之前者。竊惟采鐵煉鋼一事，貴爲今日要務。海外各國無不注意此事，(西)〔而〕地球東半面，凡(廠)〔屬〕亞洲界內，中國之外，自日本以及南洋各國各島暨五印度皆無鐵廠，或以鐵鑛不佳，煤不合用，或以天時太熱不能舉辦，中國創成此舉，便可收回利權。各省局廠商民所需，即已甚廣，且聞日本确已籌備巨款廣造鐵路，原擬購之西洋；若中國能製鋼軌，彼未必捨近圖遠，是此後鋼鐵煉成，不患行銷不旺。不特此也，各省製造軍械輪船等局，所需機器及鐵鋼各料歷年皆係購之外洋。上海雖亦設煉鋼小爐，仍是買外洋生鐵以煉精鋼，並非華産。若再不自煉內地鋼鐵，此等關繫海防邊防之利器，事事仰給於人，遠慮深思，尤爲非計。溯查光緒十六年正月海軍衙門來電，總以無一仰給於人爲斷一語堅定懇切，洵爲不刊之論。若僅云杜塞漏卮，猶其淺焉者矣。此事係中(圖)〔國〕創舉，原非習見習聞之事，或慮年年需款，沿以爲常；或謂即煉成鋼鐵，亦無大用。此乃未悉中外情形之言，廟謨深遠，自能鑒燭無遺。至此項工程之艱鉅，實爲罕有，機器之笨重，名目之繁多，隨地異宜，隨時增補，洋匠亦不能預計，而起卸之艱難，築基之勞費，爐座之高大，布置聯貫各機之精密，鑿鑛、修路、開煤、煉鋼之紛歧，尤非他項機器局可比。而最艱者，爲圖、甎兩端。各廠總圖、分圖極爲精密，多至數百紙，皆寄自洋廠，到鄂廠又須分畫各段細圖。大爐、焦炭爐各甎，皆係洋製，方圓斜正，式樣數十種，每一大爐需甎數十萬塊，皆編有號數，依次修砌，一塊不能錯亂。其爐皆內甎外鐵，洋廠製造此甎又甚遲緩，數萬里換船轉運，破損尤多，動須補購，即不能不停工以待。三年以來，與出使大臣函電交馳，派員加費，百計催促，近始(太)〔大〕略寄全。每一批機器物料運到，多至數萬件或十餘萬件，必須數十日方能點清，每一種機器必須四五箇月方能安配完好。至於其餘一切物料，若廠屋之鐵梁、鐵柱、廠基、爐座，路工之水泥、火泥等類，無非來自外洋。其最近者，中等火(艱)〔甎〕則取之開平，極大石料則取之湖南，配補殘缺〔機〕器零件則取之上海、香港，(氣)〔無〕一省便之事。臣日日督催，不遺餘力。此時漢陽鐵廠及大冶鐵路，漢口及上海領事洋人來觀者，絡繹不絕，皆謂此爲應辦急務，並據洋人皆云比外洋迅速已多。至於籌款既如此艱難，臣身任其事，若經費不繼，即是自困之道，故臣極力綜核，務求節省，每定一機器、開一工程，必與洋匠多方考究，令其務從撙節辦法。大冶鐵路五十餘里，鏟山填湖，買地綏民，亦極費手。至開煤一事，尤極艱辛。訪尋兩年有餘，試開窿口數十處，始得此(南)〔兩〕處堪以煉鐵之煤，須用(而)〔西〕法鑿堅石數十丈以下，乃得佳煤。既開直井，又開横窿，又須開通氣之井及開煤之巷，出煤乃多。又須購製鑽地、壓氣、抽水、起重、洗煤、挂綫、運煤各機，又須造煉焦炭爐數十座，然將來所費斷不致如直隸開平煤鑛之多。臣力小任重，時切悚惶，(如)

（加）以督工籌款，事事艱難，夙夜焦急，不可名狀。惟以此事爲自强大計所關，既奉諭旨飭辦，不敢不身任其難，惟有竭其愚誠，殫其綿力，專就湖北鐵、布、槍礮三廠通籌互濟，相機趕辦，期於必成，以仰副聖主開物成務、力（國）〔圖〕自强之至意，斷不敢因工鉅款絀，中途停廢，以致創舉無效貽譏外國。惟大爐開煉之始，先須將配合煤鑛分數逐漸考校精詳，一一合式，且必須（關）〔開〕火一月，大爐方能燒熱。開爐以後，即須晝夜鎔（爐）〔煉〕，不能停火，停則與爐有礙，且多耗費。故一切事宜必須早爲籌定。惟有籲懇聖恩，敕下海軍衙門、户部，早日定議行知，俾得趕早布置，將各項工程物料、洋匠、華工及早核（記）〔計〕，俾免延緩虛糜。臣無任惶悚屏營之至。

硃批：「該衙門速議具奏。欽此。」

世續《清德宗景皇帝實録》卷二五四 〔光緒十四年戊子夏四月〕癸未，山西巡撫剛毅奏：「山西每年應解平鐵八萬四百九十八斤，好鐵二十萬斤，例支價脚銀一萬一千三百餘兩，不敷甚鉅，仍請展限五年，提動釐金以資津貼。」從之。

又卷二六〇 〔光緒十四年戊子冬十月〕丙申，貴州巡撫潘霨奏：「青谿鐵廠機器匠作陸續到齊，礦硐豐旺，擬定年内開鑪。」報聞。

又卷三二二 〔光緒十九年癸巳三月〕丁酉，湖廣總督張之洞奏：「漢陽鐵廠計日告成，豫籌開煉成本，酌擬節省騰挪辦法。」下户部、總理海軍事務衙門速議。尋奏：「扣留兩湖應解關東鐵路經費，礙難照準。至由湖北糧道庫内，借撥無礙京饟之雜款十萬兩，作爲代北洋籌墊軌木之用，應如所請辦理」。從之。

又卷三三四 〔光緒二十年甲午二月〕辛亥，湖廣總督張之洞奏漢陽鐵廠於本年正月初十日開爐煅礦，並飭大冶鐵山委員、洋匠迅速開採暨趲辦煤井情形。下總理海軍事務衙門知之。

又卷三七六 〔光緒二十一年乙未九月〕丁巳，署兩江總督張之洞奏：「漢陽鐵廠煉成鋼鐵鋼軌，並造成快槍藥彈。派員解京試驗。」得旨：交督辦軍務王大臣閲看。

又卷三九六 〔光緒二十二年丙申冬十月〕丁卯，湖廣總督張之洞奏：「鐵廠官本重大，煉鐵與製造貨物有別，未便照新章徵税，請免税十年。或俟官本全數收回後再行收税，以維鐵政而保全利。」下所司議。

又卷五五〇 〔光緒二十八年壬寅九月〕辛巳，又奏：「派委總辦湖北鐵廠候選郎中李維格出洋游歷各廠，並就近添購機器，選募匠師，以圖擴張。」下部知之。

又卷五八七 〔光緒三十四年戊申二月〕丁卯，會辦商約大臣郵傳部右侍郎盛宣懷奏：「商辦漢冶萍煤鐵廠礦宜擴充股本，合併公司。」得旨：著責成盛宣懷加招華股，認真經理，以廣成效。

張之洞《張文襄公全集》卷三九《奏議三九・查覆煤鐵槍礮各節並通盤籌畫摺光緒二十一年八月二十八日**》** 竊臣將鐵廠、槍礮廠造成式様分別進呈咨送，並陳分別籌款、撥款各事宜，正在具奏間，欽奉八月初九日電旨：「有人奏湖北鐵（收）〔政〕局與大冶産鐵處相距甚遠，以致鐵價太昂，且近處並無佳煤，煉鐵未能應手。查湖南北商民以鐵廠爲生業者極多，不患鐵之缺乏而患鐵質不良、鐵（領）〔價〕較貴。鐵政局犯此二弊，即難收效等語。鐵政局經營數年，未見明效，如快槍一項，至今尚未製成。著張之洞通盤籌畫，毋蹈前失。欽此。」訓諭諄切，莫名感悚，茲謹將鐵廠、槍礮廠工程艱鉅，現已辦成情形，敬爲我皇上陳之。一産鐵遠近一節，查開設煉鐵爐，若論常法，自應於煤鐵相連處設之，惟地理物産不能一律巧合，則亦難盡拘。大冶有鐵山而無上等佳煤，江夏縣屬馬鞍山有堪煉鐵之煤，大冶在下游，江夏在上游，且原慮鄂煤不敷，擬添用湘煤，湘煤自湖南來，亦在上游，故廠設漢陽，適居其中以期兩就。漢陽近接漢口，於行銷較便，又近武昌省城，於督察工程較便，且前數年大冶鐵山鐵路未造成，則大爐、機器斷不能運至鐵山左右，洋匠亦不能深入。此等要工鉅款，若非近在省城之外，臣及總辦大員不能親往督察，則經費必難核實，竣工更恐無期。是以酌設漢陽。以上各條，前於光緒十六年開辦時，詳晰奏明在案。此限於鄂省地勢，又參酌中國人情，無可如何。查德國克虜伯廠煉鋼煉鐵，爲地球第一大廠，其鑛石自西班牙國運來，遠在數千里之外，較其遠近、難易，實覺此勝於彼多矣。此原奏所謂鐵政局距大冶産鐵處太遠，尚未悉鄂廠籌辦原委情形也。一鐵價一節，鐵廠距鐵山雖遠，然陸有鐵路，水有輪剥船馬頭裝卸，又各有起重機，均屬利便。合計鑛石運費，尚不爲貴。原奏謂鐵價太昂，未悉何據？至物價之嫌其太昂者，謂其較同等之貨時價加昂，難於銷售也。查鄂廠所出之鋼鐵，去年以生鐵一千餘噸、鋼及熟鐵二十餘噸，發至上海耶松洋廠及義昌成洋行試銷，生鐵每一噸給價規銀二十二兩，熟鐵每條每一噸給價六十七兩，貝色麻鋼、西門士鋼條每一噸均給價七十八兩，較之洋産銷價，大約相同。惟生鐵較洋價減少，若全廠專製精鋼熟鐵，則甚有盈餘。查外洋鐵貨，精鋼一頓值銀在百兩以外，作鍋爐鋼板、作船料鋼板一頓值銀一百五十兩以外，通行礮鋼值三百兩以外，製鑽刀、彈簧各件之鋼值五百兩以外，快礮鋼及克廠礮鋼值千兩以外。鄂廠現在造礮之鋼，較外洋通行礮鋼已不相遠，以後器備工熟，則鋼必愈精。今洋行於鄂廠鋼鐵，必較洋産壓價，然猶肯給如此善價，足見製煉精良，可敵洋産。將來正可日闢利源，何以言者反嫌其昂乎？此臣竊所未解也。一佳煤一節，光緒十五、十六、十七等年，派德、比各國鑛師及委員、鑛學學生分投查訪煤鑛，前後五六次所到不止數十處，湖南佳煤甚多，而土人成見素深，斷不能運機器往開，更不能派洋匠往辦。湖北本省當陽、巴東、長陽、興國、廣濟、蒲圻等處，煤隆均經詳查，或煤質不佳，或煤層不厚，或距廠太遠，惟大冶之煤苗最多，江夏馬鞍山之煤質較勝，是以兩處分開。大冶於王三石、道士洑、明家灣、李士墩等處，分別下鑽開井十餘處，惟王三石煤層較厚，購置各種大機器開采兩年，已得煤不少，忽然脱節。若論西法，即應加工窮追，縱横開鑿，以必得爲度。然限於財力，只可停辦。興國富山頭之煤甚旺，亦可煉鐵，以運道水路不便，試辦數月，亦遂停止。馬鞍山則煤質甚佳，正合煉焦炭化鐵鑛之用，今煤井已深至三十餘丈，三層横窿已經開通，煤層厚二丈數尺，正在横開煤巷，每日出煤，以後自可日出日多。李士墩以經費支絀之故，僅用土法，酌參西法作斜窿鐵道開采，此窿係煙煤甚旺，能合鍋爐之用，亦甚有益；相連有一窿係油煤，可煉焦炭，因經費爲難，暫用土法，未購機器大舉。原奏謂近處無佳煤，實有未确。一煉鐵未能應手一節，臣因鄂境佳煤難得，故原議擬將江煤、湘煤參用，久經奏明。查煉鐵須有佳煤，煉焦炭尤須有佳爐，該爐火甎皆須購自外洋，破碎補换需費、需時，製造繁難，尤費時日。先已購置洋焦炭爐一分計三十五座，設於馬鞍山，以煉該山自采之煤。去冬造成，本年春間試火燒熱，煉出焦炭均甚合用，嗣已續購洋焦炭爐一分，亦三十五座，設於漢陽廠内，以煉購來湘煤。因經費難籌，去冬始行訂購，現甫運齊，造成約六七箇月。又於廠内令洋匠參用中西法造小甎爐百餘座，以濟其缺，此由原擬攙用白煤，故購爐較少，以節經費。繼於開煉後，驗得白煤與原有風機不相配合，而廠内自造之土爐所煉焦炭耗多質鬆，仍不合用，故不得已暫停化煉生鐵，又續購洋爐，此由因煤配爐且期節省之故，致焦炭爐不能早成，現在已成之焦炭爐可供生鐵一爐之用，若七十座全成以後，半用鄂煤，半用湘煤，則全廠機爐俱開，必可供用。目前煤巷尚未開竣，出煤尚略有不敷，而今年湖南天旱水涸爲歷年所無，煤船難到，因并添購開平焦炭湊用，核計經費總勝於停工不煉，故七月内已復開生鐵大爐。

此後若經費充足，自無慮煤不應手。一兩湖土鐵一節，湖南産鐵處甚多，惟土法所煉生熟鐵，質粗而材小，僅可製造民間平常器(與)〔具〕，若製械造軌以及船料廠屋各種要件，斷不能用。至土鐵價尚不貴，所患在不合用而不在價值也。原奏謂鐵政局犯此二弊，未解其指。一鐵政局經營數年未見明效一節，查鐵廠各事以開煤爲最難，開煤之難，尤在鑿石、抽水兩端。土法但取淺處之煤，俯掘逆挽，至窿深水多，人力既窮，則棄去此窿另開他處，故永不能得佳煤，得亦不多。查煤在地中皆係大片斜倚，西法開煤，皆於距煤苗來路數十百丈外下手施工，先須鑿直井深數十丈，令其直下與煤之斜度相遇，深處見煤然後即於煤層中向(土)〔上〕斜開仰而取煤，煤塊順溜至井底，轉由直井引出，則煤多而取易。馬鞍山煤斜度少直度多，故又於井中分鑿横窿數層，亦各横深十數丈，直井以聚水，横窿以取煤。外洋横窿有多至十數層者，鄂省煤廠地平一二丈以下即係整塊大石，愈深則愈堅，與敲火之火石等。直井寬大，須並容開井之人下入，抽水之器上出，横窿亦寬，須容人身植立、煤車出入，中鋪鐵軌。凡此直井横窿，所開皆堅石，非泥土也。每日用壓氣機、炸藥開鑿，多則尺餘，少則數寸，中間又時有修機、清窿、抽水等事，停歇間斷。至抽水之機，往往水來過多，機力不及，又須添换續購。横窿堅石既盡，乃與煤遇，若直井則須逐漸加深，雖百丈以下，皆堅石也。横窿開通以後，又須先開一里外極長煤巷，然後取煤，則自遠而近，煤窿不致坍塌。至於洗滌煤中雜質磺氣，則須有洗煤機器，運煤至數里外水邊上船，則有挂鐵綫路，煉成焦炭，則須有洋火甎焦炭爐，各件皆極閎大，工用又極精細。甎破則須向外洋運購，或造配。稍不如法，則須拆改補救，勢難求速，即如開平煤鑛，興工至五六年，用款已二百餘萬，始有可售之煤，該廠係商人自辦，斷無不趕工節費之理，其難可知。今馬鞍山已出煤煉炭，計工料轉通各費，每焦炭一頓，合銀四兩。餘若購湘煤至漢陽廠内之洋焦炭爐煉成焦炭，每頓合銀六兩，餘若外洋焦炭，自運每頓價銀十七八兩，滬買每頓價二十餘兩，開平焦炭上海售價每頓十一兩餘，彼此相較，所省甚多，雖從前鑿井、購機勞費甚鉅，而今日已收其利矣。至鐵廠各種機爐前託出使大臣劉瑞芬向諦塞廠訂購，該廠價雖不昂而物多未備，經洋匠白乃富於機到後隨事查明，逐件增購，至臨開爐時，又經專管生鐵洋匠吕柏逐一考較，復增改多種。其中更有多件係就鑛性煤質燐磺分數，及産鑛、産煤之處所，鐵廠、馬頭之地勢，爐座、煤炭之風力、火力酌量配設，本非洋廠遺漏者，亦非初估洋匠所能豫知者，逐一購造，層遞修合，乃底於成，自不能不需時日。今自開之煤可燒焦炭，自燒之炭可化鐵鑛，自煉之(銀)〔鋼〕可造路軌、槍礮，可得洋行善價。鐵廠之效，似不外此。若時多費鉅，委係創舉之難。外洋創設一事，固皆不惜累年工力、財力而成之者也。一通盤籌畫一節，鄂廠若生鐵兩爐全開，每日可出生鐵一百餘頓，其貝色麻鋼廠、西門士鋼廠、熟鐵廠三廠並煉，每日可出精鋼、熟鐵(其)〔共〕一百餘頓，每年可出精(銀)〔鋼〕、熟鐵三萬頓，以七十八兩之價核計，共值銀二百四十萬兩。即價有漲落，或所出鋼鐵不足此數，亦可直銀二百萬兩。惟全廠各爐并開，每年須經費銀一百六十萬兩。洋匠白乃富原估每月一爐，需銀五萬兩，兩爐需銀十萬兩，乃係專指生鐵廠而言。若生鐵開一爐，而熟鐵、貝色鋼、西門鋼、鋼軌廠、(爐)〔鐵〕貨廠各機爐照生鐵之數酌開，每月約需銀七萬兩。若生熟鋼鐵各機爐闔廠全開需十三萬餘兩，亦係白乃富所估。且須添煉罐子鋼機爐，軋鍋爐、船料鋼板機，壓工字鐵料機，拉釘子料鐵條機、打風機，大蓄水池，(東)〔架〕生鐵爐起重機，搬運機，吹風高白爐二座，馬鞍山煤井開深抽水機，李士墩煤鑛、鐵山鋪錳鑛兩處之挂鐵綫路，抽水、壓氣等機，運鑛車，約需銀四十餘萬兩。若不添以上各項機器，則廠中鋼鐵不能全行造成，鋼板、鋼條等鐵貨勢難廣爲行銷，銷亦難得善價，每年即不能銷至二百萬兩之數。蓋機器愈備，則出貨愈速，製造愈精，所值愈多，成本愈輕。若慮此項精鋼、熟鐵各省一時不能全銷，目前可兼託洋行代銷。外洋除去運保行用棧租外，亦可值銀一百八十餘萬兩，核計總有盈餘。數年以後，各省風氣日開，製造日盛，即可專資中國官民之用，總之鐵廠如果大舉不懈，實爲利國利民之舉。此正今日講求西法之大端，振興工藝商務之始基也。一快槍尚未製成一節，槍礮廠自光緒十七年機器到後始陸續開工，因在粵原訂槍機係大口徑，後又添改小口徑機器，後又添購槍彈、礮彈、礮架三廠機器，後又添購快礮機器。查外洋造槍礮廠與造槍礮鋼料廠，本係兩事，出使大臣洪鈞原議係用外洋槍管、礮管來華成造，故無造槍礮鋼料之機器，而鐵廠機器係造鋼貨鐵貨，(興)〔與〕造槍礮之鋼相去尚遠。臣謂此終非長策，因又添購壓〔槍〕礮鋼大汽錘、試槍礮鋼拉力、試槍礮速率各機器，並督飭局員會商洋匠研求配合，將及一年之久乃得一法，將熟鐵煉作西門鋼，始可供槍礮料之用。此各項機廠隨到隨作，工程並無耽延，無如槍礮廠内即分五大廠，需甎過多，又值鐵廠、煤井、鐵山布局、銀元局、紡紗局、繅絲局同時並造，漢陽廠内自設一甎廠，武昌金沙洲又設一甎廠，大冶之下陸村又設一甎廠，仍不能供用，而武漢沿江上下，可設甎窯之地甚少，因將百里内民間甎窯包定其十之八並給本，令其多開，百方督促，仍然不敷。此一端似甚細而實甚難，惟身經興造機廠工程者乃知之。去年夏間槍廠已成，機器已設，即日開工，臣率同各官親到廠内閱看，一律齊全。不意數日後猝遭火災，以致重修，又將(廠)〔槍〕廠改爲鐵料皆由鐵廠自行鑄造，計此廠鐵梁、鐵柱、鐵牽條等件，共重六百餘頓。今年三月内造成，陸續安設機器，六月始行全完，而槍機曾經火灼，雖已修理完整，洋匠謂細微處必有漲縮參差，所有機器三百六十餘副，同式者止十餘副，餘皆一機一用，其用處與式樣各不同，凡造成一槍，須經過機器三百餘次工夫，故各機須於安好運動造出各件以後，一一較準有無疵病出入，酌量修補配合，尚須三箇月方能較畢。然自六月起已隨較隨造，參用人工，已造成新槍，咨送督辦軍務處，其餘礮廠及架彈各廠，亦均先後竣工，開造車礮。快礮現已造成驗過，快礮彈已造過二千顆，去冬撥解關外愷字營及今年解濟甘肅應用。總之槍礮五廠出械之遲，由於待機待甎，又由槍廠被災重修，自造鐵料之故，以致遲一年有餘始能出械，天時人事出於意外，無可如何。大率製造槍礮一事，工作理法雖極精密，而廠事究係專門，無甚變換曲折，與鐵廠難易大小迥乎不同，以後自可源源濟用。以上各節所有工程，機爐煉成鋼鐵，(關)〔開〕出佳煤，煉出焦炭，製成槍礮，皆係萬目共覩之事，不能稍有含糊隱飾。至於工作之繁重，外洋購料之周折，分設各廠之遼闊，華匠學製之艱難，亦皆鑿鑿有據之事，從來身居局外者，既非身習其事，又未目擊其難，往往以道路傳聞之語，懸揣苛求。凡有關西法時務之舉，或則墨守舊法，以爲不必辦，或則言之甚易，視爲不煩鉅款而辦，不需多日而成，此乃風氣未開之故，固亦無足深辯。至兩廠用款，部臣屢以糜費虛擲爲戒。夫以籌款如此艱苦，臣身當其難，豈有不力求撙節速成之理？數年以來，督飭各局員事事考核，款款審慎，可省則省，可緩則緩，斷不敢稍有(爐)〔虛〕糜。查光緒十五年海軍衙門原奏，估計造鐵廠之費，需銀二百八十萬兩，係專指煉鐵之廠而言。今鄂省兼辦造鐵廠、開鐵鑛、開煤廠三大端，事增則用廣，勢所必然。臣惟有竭此愚誠，實事求是，以期稍有萬一之補於國家，其是非得失，聖明在上，微臣更何容妄置一詞？以後利弊事宜，既奉旨飭令(遲)〔運〕籌，竊查煉鐵廠一事，外洋各國視爲極重極要之舉，尚在製造槍礮以上，是以上年五月鄂廠出鐵之日，上海洋報館即日刊發傳單，發電通知各國，蓋地球東半而亞洲之印度、南洋、東洋諸國均無鐵廠，止中國新創鐵廠一處。今鐵、煤具備以後，自當日起有功，即隨時酌添機器，亦有畔岸可尋，價(備)〔值〕亦可約計，與從前開辦時之茫無涯涘者，實不相同。如招商無人，自以籌款接續經營爲正（辯）〔辦〕，似宜盡機器之力，增工匠之能，以擴中華之物産、濟武（借）〔備〕之要需。如以鉅款難籌，則請自明年起，即專借一款以供鐵廠之用，即以鐵廠作押，由鐵廠認還，借款必然甚易，還款似亦不難。大抵西法作事，必須成本厚，機器全，工程經久，其初費用鉅，則其後之獲利愈豐，其先成功遲，則其後之出貨愈速，西人工作商務無不如此。至槍礮廠爲今日急務，無待贅言，以後計日程功，尚非難事。近日購買製快礮之樣礮，據出使大臣許景澄電稱，該廠明言，恐有樣，則中國能自造，是以多方推延要求，始允售礮造機。足見中國設廠自造乃必不可緩之圖，萬不可恃購買爲長策，亦惟有教練工匠，鼓勵學習，令其精益求精。惟常年經費多，則出械多，經費少，則出械少，均可隨宜酌辦。至兩廠用款截至今年年底止，將以前劃清，明年另籌辦法各節，臣已於此次鐵廠、槍礮廠請款各摺片内上陳。所有奉旨覆陳各緣由，理合恭摺具奏，伏祈聖鑒。

硃批：「知道了。欽此。」

又《奏議三九・進呈煉成鋼鐵並將造成槍礮分别咨送試驗摺光緒二十一年八月二十八日》 竊查湖北鐵廠自上年五月造成，開爐分煉各種鋼鐵，前經奏明在案，當發上海洋行試驗行鋼，均稱製煉精好如法。其鋼鐵甚合行銷之用，該行代銷者，價與洋産大約相等。鋼軌堅實光潔，可供鐵路之用。嗣據鐵政局將所煉生鐵、熟鐵、貝色麻鋼、西門士鋼及鋼軌、魚尾片、角鐵各件，裁取式樣裝成一匣，共十一種，去冬寄至江寧，因軍務倥偬，未敢瀆陳。兹特恭呈御覽。至槍礮、架彈等廠，於本年六七等月先後竣工，安設機器。一（西）〔面〕陸續較準槍機，一面試造。現已將小口徑快槍並新式小口鋭形藥彈造成，當經臣親看試放，其敏捷及遠、綫路有準，實與外洋所購新式快槍無異。礮廠内早經製成八生七車礮兩尊，運來江寧驗過，現將製成新式六生快礮一尊運來江寧，亦經臣親自試驗，每一點鐘可放三十出，洵屬靈捷利用。惟礮係新式四十倍口徑，長中尺六尺七寸，礮架係水師架，重二千餘斤，全件既重，未便齎送至京，現發交江寧軍械所收存。兹謹將快槍一枝，新式藥彈一百顆，咨送督辦軍務處查覈。

硃批：「著交督辦軍務王大臣閲看。欽此。」

又《奏議三九・湊撥鐵廠開煉經費摺光緒二十一年八月二十八日》 竊臣前因湖北鐵廠各種鋼鐵業已煉成，經費不敷，奏請借撥廣東省武營四成報效及銀元餘款銀五十萬兩。經户部議奏請旨，飭下兩廣總督李瀚章查照。原奏在於前兩項内挪借銀五十萬兩，撥解湖北作爲鐵廠成本之用，於光緒二十年十月二十八日奉旨：「依議。欽此。」咨行欽遵。嗣准兩廣督臣李瀚章咨，以前項存款先經協濟北洋及提撥海防用款，無可借撥，奏明咨覆前來。臣查自强要策，實在練兵製器。現雖防務粗定，而痛深創鉅，前鑒難忘。是精煉鋼鐵，正所以備廣修鐵路、自造槍礮，此事最爲當務之急。前項借撥之款既成無著，自當别籌的款，以便接續趕辦。當粤省覆到之時，正值防務緊迫之際，而鐵廠經費早罄，工作難停，萬分焦灼。臣反覆籌維，惟查江南鹽務局面較寬，尚可設法，當飭兩淮鹽運使江人鏡詳細妥籌，旋據詳稱，運庫現有之款，俱有指撥用項，無可騰挪。惟查前督臣左宗棠，曾以楚、皖引額尚未足數，酌加新引，所收票費均爲採辦軍火，製造鋼板船及水利、書院、桑秧、隄埝等善舉，各項之用歸於外銷。其原請皖岸增復四萬二千八百五十八引，旋因是年皖省蛟水爲災，銷路較滯，僅就已繳票費銀兩核計，給發一百四十八票，計鹽一萬七千七百六十引。現在皖岸行銷轉輪尚速，若就前次請復未復之引，酌量加增，收繳票銀，在商情極爲踴躍，在要款得資補苴。此外，惟湘岸之平江銷數尚暢，亦可酌增。兹據皖岸商人廣大等七十二户呈繳銀二十七萬兩，請認皖鹽一百票，計一萬二千引。湘岸平江商人洽豫等七户呈繳銀八萬兩，請認平江鹽八票，計四千引。共繳銀三十五萬兩，已據如數繳齊，解交江南籌防局兑收。其新引請歸現運綱分一併循環轉運，三綱之内，設有新增捐款，免予攤繳。此款於要需有益，而於課餉無礙，銷數絶不致短絀。又另據湘岸商人請報効銀二萬兩，不請獎敘，係屬閒款，亦請提用。又據該運司詳（精）〔稱〕，續經勸諭，淮南場商、淮北池商因兩淮運販共捐江南海防經費銀一百萬兩，儘一年限内繳清，准照海防例給獎。該商等仰體時艱，情殷報効，亦共捐銀十二萬兩，請照運販呈繳期限一律繳完，附案照海防例給獎實官。現在防務解嚴，此項捐銀擬請改爲鐵廠經費。江南製造各局需用鋼（繳）〔鐵〕甚多，將來製造各項逐漸擴充，取求便捷，自於江南防務亦有裨益。計票費、湘款、場池商捐三項共銀五十萬兩，適符原案之數，各等情，先後詳請具奏前來。臣查增引必以岸銷、商情、票價三者爲衡。該運司請加皖岸新引一百票，平江新引八票，因皖岸前請未復舊額尚有二萬五千九十八引，兹因轉輪較速，請復懸額一萬二千引，尚未足左宗棠原請之數，平江按綱開辦，周轉尤速，於岸銷均無窒礙。至新引之鹽歸入綱分，仍與舊引一律挨售，三（鋼）〔綱〕之内，如遇奉飭捐項，新引暫免攤派，在舊引無佔壓之虞，在新引獲轉輸之利，商情均屬樂從。所繳票費銀兩，核與左宗棠前加皖鹽一百四十八票，每票繳票費銀二千四百兩，此次計加一百票，共繳銀二十七萬兩，係屬有增無減，又前加平岸票費每票繳銀一萬兩，核與此次所加平岸八票，共繳銀八萬兩，數目亦屬相符。現查各商繳銀如此踴躍，毫無疑沮，且其中多係舊商認辦，其爲商情翕然已可概見，而於課餉毫無妨礙，復查左宗棠前收各岸票費，悉歸外銷，係充採辦軍火、製造鋼板船及水利局、書院、桑秧、隄埝等事之用，均經開具清摺報部有案，現在各商共繳銀三十五萬兩，以之撥充鐵廠經費之用，核與前案票費支銷採辦善舉等項，事同一律而裨益尤多。至淮南場商、淮北池商因海防需款共認捐銀十三萬兩，現在防務解嚴，擬請撥充鐵廠經費，俾應要需而備軍實。此於防務有益之事，似於情理尚無不協，已飭依限繳銀，解交籌防局兑收。合無仰懇天恩，俯念鐵廠爲鐵路造軌要用，製造武備根源，開煉經費無著，准將前項票費銀三十五萬兩，場商、池商捐銀十三萬，兩湘岸商人報效銀二萬兩，撥充鐵廠經費之用，並懇恩准將此項商捐銀十三萬兩，歸入兩淮運販捐輸海防成案，一律照章給奬，以示鼓勵。統計此三項新籌之款，適符奏准原撥五十萬兩之數，而於鹽務正課及該運司京協各餉毫無妨礙，不勝翹切待命之至。再鐵廠款項去冬早已罄竭，積欠纍纍，采鑛、開煤、化鐵、煉鋼等事，需費繁急，不能一日停工。而本年春間京畿防務緊急，又未敢奏請撥款，致煩宸慮，是以臣前奏於江省籌防局款撥用，計撥用之數，約計已及五十餘萬。兹收有新籌票費、報効及場池等商捐款，自應將籌防局借動之款如數撥還，以清款目，合併陳明。其現在需用及積欠之款，已另籌辦法，附片奏陳。

硃批：「户部議奏。欽此。」

又《奏議三九·鐵廠煤鑛擬招商承辦並截止用款片光緒二十一年八月二十八日》 再，鐵廠去冬及今年經費，現已於兩淮鹽務籌集銀五十萬兩，如數撥還，江南籌防局借動之款，謹已專摺奏陳。惟查鐵廠開煉經費，前奏開煉一爐，每年約需銀六十萬兩，計月需銀五萬餘兩。查洋匠白乃富所估原單，係專指生鐵一廠，若兼開煉鋼各廠，月需銀約七萬兩，内中洋匠四十一名，月薪一項已需一萬二千餘兩。去冬以來用款無出而墊欠日多，自上年十月至今年八月連閏計已及一年，皆係無米之炊，課虛責有勉强騰挪支拄，此項鹽務款五十萬兩，僅(數)〔敷〕前數月開支之用，至積欠尚難清還，因焦炭爐工未成，且因經費不能應手，既未能多購湘煤，又未便多買洋炭，故於上年十月暫將生鐵爐暫行停煉，專就廠中已煉成之生鐵，學煉各種精鋼熟鐵，并造槍廠之鐵梁、鐵柱，分製各種鋼板、鋼條，學煉槍礮鋼料等件，是以鋼鐵所存無多，無從銷售周轉，僅將生鐵千餘頓、貝色麻鋼條、西門士鋼條及熟鐵條二十餘頓，發交上海洋廠試驗，以覘製煉之良楛、價值之高下。至本年七月内，焦炭所出漸多，且試驗開平焦炭亦可湊用，始將生鐵大爐重復開煉。現在馬鞍山三層煤窿已經開通，焦炭爐挂綫路均已告成，大批佳煤已可陸續取用，各種鋼鐵久已煉成，鋼軌亦久已造成，亟應截清界限，另籌經久辦法，以清眉目而便籌計。恭閲邸鈔六月二十一日欽奉上諭，飭將鐵廠招商承辦，仰見朝廷通籌深計，既期鐵政之振興，復濟度支之匱絀。查鐵廠招商一節，臣數年來久已籌計，及此於上年十月初二日摺内，業已奏陳梗概，因俟煤井深通、焦炭煉就、鋼鐵可常煉不停，以後始可相度情形，酌定官辦商辦之局。現在諸事完竣，鋼鐵精好，洋行行銷肯給善價，似已具有成效，自應遵旨招商承辦。擬即一面迅速招商，惟各商必須親到鐵廠煤廠鐵山運道等處，一一詳看，方能定議。即有人願承，總須數月方能接辦。目前經費即各處挪湊，只能支持至八九月之交，擬請劃清界限，若商人早能承接，則用款及各項欠款截至承接之日止。若無商承辦，亦請截至今年年底爲止，此數月内籌墊之用款及應還之急款，大約總在四五十萬之數。蓋目前必須將煤巷多開，各種鋼鐵加工精煉，令其粲然具備，然後商人易於招集，故既無停輟之理，倉卒亦無挹注之方，惟有仰懇天恩，仍准江南在籌防局隨時暫行借撥，以應急需。將來有商則歸該商認還，無商承辦則臣必當設法籌款，奏請撥還清結。俟年底截清用數，將歷年造廠采鑛開煤用款及廠成以後開煉經費，分案造報。至明年起，應請敕部議定辦法，籌撥的款應用。如部中不能撥款，惟有暫爲停工，以待有商接辦。儻須停工，應由部中早爲知照，以便預爲核計。散遣洋匠，清理物料，方免臨時束手，反多糜費。統俟有無商人承辦，届時請旨遵行。但方今時勢日急，外患憑陵日增月甚，富强之計首以鐵路爲第一要圖，各國領事及來華効力之洋人，萬國之公報，及中國曾經出洋考求時務之員，苦口危言，無不以速辦鐵路爲請。今鐵廠已成，鋼軌能造，正爲目前救時切用之需，若反停輟不辦，似爲非計，不特爲志士所惜，且將爲萬國所詫。臣於此舉不揣駑鈍，身爲其難，現在諸事粗成，智力俱困。此事關繫富强大局，究應如何辦理，聖明自必權衡至當，無待微臣之瀆陳也。

硃批：「户部議奏。欽此。」

曾國荃《曾忠襄公書札》卷一九《復潘偉帥》 李勳到寧，捧誦賜書，承示開辦鑛務情形，祇悉種切。並承交來硝磺煤鐵四種，囑爲估驗成色，查明價值等因，當經飭局遵辦去後。【略】又據該局稱，生鐵係屬白口，質性甚硬，鋼亦質粗性硬，均因不受車刨，難以適用。熟鐵質地尚好，惟提鍊未浄，下爐歸並折耗渣滓，十僅得五。機器局需用此種熟鐵，亦屬有限。查平時購用湖南熟鐵，每百觔計價銀連運費約銀二兩之譜。熟鐵以銷售民間爲大宗，非用機器鍊製，分别等差，不能暢銷。若購置各項鎔鍊捲拉機器稍求適用，非十餘萬金不可；欲求内地暢銷，非價賤於外洋不可。至煤觔一項，各輪船機器局向來購用東洋所産居其大半，每噸約價銀三兩有奇。【略】

劉錦藻《清朝續文獻通考》卷二〇《錢幣考二》〔咸豐九年〕九年諭：工部寶源局奏：「鑄辦鐵錢，需用平鐵」等語。寶源局所需鐵斤，由山西省採辦，按季解京。因上年所解潞鐵不堪鼓鑄，業經咨行山西巡撫，嗣後一律均用平鐵。兹據奏稱，山西應解該局秋運二批鐵斤，仍由潞安府辦運，恐誤鼓鑄。著山西巡撫將應解寶源局鐵斤，一律用平鐵運解。如平鐵或有不敷，即照鐵錢局三七成搭運，俾利鎔鑄。

又卷三一《征榷考三》〔光緒十二年十二月七日，兩廣總督張之洞〕又奏略稱，據兩廣鹽運使王毓藻詳稱：「各省鐵斤、鐵器，定例不準下海，以防接濟洋盜。海禁既開，情形迥異，每歲外洋銅鐵入口不下數千萬斤，所售槍礮器具不下數百萬件，銷銀不止數百萬兩，有來無往，理殊不平。年來各省講求礦務，率以煤、鐵爲大宗，粵鐵尤良，銷路不廣，即欲行銷沿海各口，陸運脚費既繁，海運又冒法網，徒使洋鐵通流，大利盡爲所奪。應請將兩廣鐵斤、鐵器免禁出洋，至出口之處，一體照例完納税釐」詳請具奏。臣查粵鐵出産素饒，行銷不廣，聽其頓滯一區，不惟洋鐵偏行，漏卮難塞，即粵鐵私販亦難盡絶，徒令礦法多一窒礙，工商少一營生。光緒九年，臣在山西巡撫任内，會同北洋大臣李鴻章奏請將山西鐵斤準由天津出口，轉運各處，奉旨照準。廣東、廣西事同一律，且廣東見在開辦礦政，該司道等所請援案免禁出洋，係爲利民通商起見。應懇恩準，以興礦務而惠商民，如所請行。

黄鈞宰《金壺七墨・金壺遯墨》卷二 扎拉分太試煉鐵礦，入火不鎔。時户部鼓鑄鐵錢，待用孔急，於是設局採辦，計兩年買鐵一千三百萬觔，而鐵錢遂行於都中。較之當十以上者，民轉便之。同時皖北行用小錢，鵝眼綖環，復見於世，百錢不過二寸許。第出省即不行。馬蘭鎮並鑄銅鐵大錢，協濟兵餉，兵丁行使亦不便。小既不行於遠，大又不適於時，可知錢幣自有定衡。不然利之所在，孰不趨之哉。

張之洞《張文襄公書札》卷一 晉省事可辦者頗多，惟同志無人，大約官積累，民積困，軍積弱，庫積欠，能去此數者，似亦可算振作，似亦無傷簡静。審度情勢，自揣雖不才，尚能辦此，但須有指臂耳。晉省州縣之累，以攤捐爲最。攤捐之多，以辦鐵、運鐵爲最。弟擬力裁攤捐，以蘇官困。前擬辦鐵動用釐金，總思部議必駁。今擬陳請折例價解部，便可省州縣無數之累。望託詒硯先生一商聖證論主人爲幸，此真莫大功德也。近有部吏來信談及此舉，索費數萬，斷無此力。請折價者，暫折也。晉省不患無鐵，而患無鐵工。災後人民流散，工匠寥寥，無人鎔造。直隸、開平鐵務已興，京師豈患無處采買乎？光緒八年二月

盛宣懷《愚齋存稿》卷六二《電報三九・外務部來電十二月二十日》 英使來照：「據哲美森詳稱，初五會商澤道鐵路事，盛大臣謂須先允三端，方能詳議。一、運脚若干，由督辦大臣隨意酌定。二、除礦所需機器等物外，不准載運煉過之鐵。三、若該公司不報効若干股分，路價必須減少，云係均奉部咨等情。查澤道鐵路原議，仿照正太，現將正太合同内絶無之事，叙入澤道路章，是否部咨如此，應請明白告知」等語。尊處與哲美森商議若何，希速詳細電復，以便核復該使。

又《電報三九・寄外務部十二月二十一日》 哲美森會議節略十二日已郵寄，大致以商務鐵路與礦務鐵路不同，且道口已成之路如何核實估價，必須和平商議。福公司原訂晉豫合同聲明，不請公款，今半道欲請中國擔保借款，徒爲福公司便益運礦起見，將來如何拔本付息，不能使中國一面喫虧。此皆正太所無。又其在京面説此路只需一百萬鎊，現改一百五十萬鎊，較原議多三分之一。故應先將三大端商妥，一、核定借款，仍以一百萬鎊爲限，前議提取礦務紅股十五萬鎊，准即罷議。二、澤道運脚須總公司核定，不能任福公司貶抑，致本利無以拔付。三、礦局運進之物，開礦機器及修理廠所需之件；運出之貨，只運礦質。三端商妥，餘可仿照正太商訂。哲索閲訓條，已將部電抄送。哲稱仍須請示英使再定。會議後又派道員陳善言往告，此係商務，允其一直會議下去，毋庸再向英使饒舌。哲云英使吩咐要稟知也，故不能不候英使信。查各國鐵路合同，總公司奉派會議，從無駐使干預，故能和平妥速。

又卷七二《電報四九・寄張中堂〔光緒三十三年〕七月初五日》 京電，郵傳部

電致各省，已經開礦之處，如輪運艱難，趕造鐵路云。《申報》載，湘路與其合全省共贊其成，不如分各屬自盡其責。湘潭縣有紳集股謀修，自善化界易家灣起，上至洙洲接萍潭路綫，已有端倪；省紳擬就北門外長沙界起，出南湖港，沿河上達易家灣接湘潭路綫，已奉督撫批准云。又商會陳紳文瑋已集股五十萬，願造此路，袁贊成而王不允。大約湘知洙昭路短費輕，現成有利，只要求公批准，集款極易。公如能乘機嚴飭湘紳，或電袁京兆，先就洙昭接造，隨後歸併幹路，必可速成。漢廠省此五十萬，又可多添一爐，四爐並舉，大局之幸。如湘不奉行，則總督代造，彼更無詞。乞鈞裁示復。

又《電報四九·寄張中堂(光緒三十三年)七月初日》 奉敬電，因湘紳不願廠礦築洙昭，改爲由鄂代修，公於漢萍直是噓枯起朽，奚止竭力？宣不敢不將廠礦內容盡情披露，兩處欠款數百萬，安所得現款五十萬可供造路。只有交卸鐵路時漢廠尚欠京漢預支軌價九十一萬，奏明嗣後官路購軌，每批帶扣官款兩成，至扣清爲止。萍犯咽喉急病，不得已屬廠供應軌件外，再以售鐵銀款陸續湊付工程，此本意也。若令籌現蔑購股票，擘畫經旬，除洋債之外，竟無可借。謹就鈞意再進一層，請電湘曰，洙昭十二英里統歸鄂省墊款代修，湘集商股專顧長沙云云。實則除軌件外，一切工款仍由漢廠分期陸續解由鈞署轉付，購地督工管路概由鄂派。宣但求路通，絲毫不干預，迨路成奏銷之時，鈞處始揭明宗旨，此款即是漢廠預支軌價，湘能籌還，路歸湘管，湘不籌還，則以部款接部款之路，論理同歸部管。設此計再不成，則萍處絕地，漢難出險，同歸於盡。惟中堂拯之。賴倫造路估單另呈鈞覽，乞速核復。

張之洞《張文襄公全集》卷二一五《書札·上閻丹初先生》 報銷章程已讀，悉精密而又通達，從此蠹吏自然斂手，固知非我公不能爲也。此間報銷亦須料理，殊爲淆雜。至姪到此後所用財物，無一錢不可奏咨者。紙絹事擬設局經理，如能較省便，仍以本色辦進。鐵事自光緒六年葆某奏明，認限一年，辦鐵六十四批，兼辦新鐵。限滿並無一批，去年冬始有數批到京耳。姪到後已辦舊鐵六批、新鐵五批，共十一批，限於年內到部。上部之磺亦然，多年不解，近已解兩批到部矣。然爲此數起磺鐵，費盡氣力，不然三年後尚無信也。卓勝軍餉，劉帥奏派晉協，聞之駭煞，雖敲骨吸髓，亦不能辦。昨有疏請改擬，不知允否。烏科添撥力實不逮，不得已略增少許。今年下忙殊不踴躍，加以西征餉急，款須添籌，日內擬竭力解與十萬，又提還部墊六萬，較去年已多十七萬矣。再加京餉增多十萬，晉之困竭可知。善後事宜，更無從抽還舉辦。此間同志殊少，掣肘殊多，總之剔弊懲奸之事，皆人所不樂。至於懲創蠹吏，尤人所不願，奸吏爲晉省巨害。無理取鬧，有意爲難，坐是憤鬱焦勞，益形困憊。古人云：別有肺腸，良不誣也。馬李兩太守將來可望臂助，由其志趣正耳。光緒八年十一月

《礦務檔·江蘇礦務·銅山鐵銅礦二》總署收花翎儘先副將李葆玉呈附批示《請接辦銅山縣銅礦利國驛煤鐵礦》(光緒二十五年)諭旨，五金之礦，聽民開採，而鐵冶尤爲大宗。現有候選知縣何鋆等，集成商股，設立鐵冶公司，稟請在清化鎮收買鐵砂，用土法煎成鐵坯，由水路運至天津，在天津設立機器廠，用西法錬爲熟鐵純鋼，業經北洋大臣總理衙門往復咨商，批准具奏有案。徐州利國驛煤鐵礦務，事同一律，且十餘年前，早經奏明，地方官吏督同委員礦師勘驗明确，礦多苗旺，其地多慈石，慈爲鐵母，石能引鐵，故羣鐵聚積山原，取之不盡，載在郡志。宋蘇文忠有《利國監鐵冶文》一篇，亦稱其地自古爲鐵冶，其民富樂。凡三十六冶，冶户皆大家，藏鏹鉅萬。職籍隸(穎)〔潁〕州，密邇徐郡，稔知銅山縣界之利國驛，爲南北諸山一大結束，所産之鐵，號曰鑌鐵。《金石誌》謂：其産鐵最多，鐵質最好。上海製造局精於化學之礦師，曾經煎驗，上等鐵石每百分含净鐵七十八分，次等含净鐵七十分。考之外洋鐵石，每百分含鐵四十分，錬之即可獲利。今利國鐵礦所含净鐵至七八成有奇，故能甲於中外。尤喜産鐵諸山濱臨微山湖，一水可通，上達天津，下達揚鎮，即今之運糧河也。販運出境，較之清化鎮，更爲便捷。左文襄在日，常以此礦未見成功，深爲惋惜。職等目擊時艱，有心報國，因與留心時務者實力經營，謀集商股銀八十萬兩，擬請接辦徐州利國驛煤鐵礦務，以興廢墜之業，而副前賢之望。所有一切章程，均有奏案可循，無煩更張。抑更有請者，銅山縣自昔産銅，銅砂極旺，岩皆緑銹，縣之得名以此。擬請就近開採，如果地不愛寶，能就山煮銅，開爐鑄錢，尤爲當務之急。理合援案稟陳，伏乞咨會南洋大臣、兩江督憲衙門，分別咨行飭知地方官，出示曉諭，一體遵照。職俟奉批准後，一面馳赴江南，聽候憲示飭遵，以便收集銀股，購定機器，及早興辦，實爲公便。謹呈。

照録批示：

據副將李葆玉等呈請接辦江南徐州府銅山縣礦務一事已悉。查各省礦務應由地方官體察情形辦理，利國驛係已開之礦，該員果能集資接辦，自行呈明兩江總督、江蘇巡撫，聽候批示遵行可也。此批。

《礦務檔·湖北礦務·籌辦湖北礦務》外務部收户部片《議覆盛宣懷電奏事會稿業經會畫並開送堂銜》〔光緒二十九年〕二月二十六日，户部片稱，爲片呈事，據外務部咨送議覆盛宣懷奏通商銀行商股作爲萍鄉礦股，所存官款提歸鐵廠各節，分别准駁會稿一件，會畫前來，本部業已畫齊，並將各堂銜名註寫開單，一併片呈貴部查照可也。

照録堂銜。

經筵講官太子太保大學士管理户部事務臣榮禄。

經筵講官協辦大學士户部尚書臣崇禮。

户部尚書臣鹿傳霖。

户部左侍郎臣景澧。差。

户部右侍郎臣陳邦瑞。

尚書銜頭品頂戴户部右侍郎臣那桐。感冒。

户部右侍郎臣戴鴻慈。

《礦務檔》外務部奏摺《議覆盛宣懷電奏通銀行商股改作萍鄉礦股暨所存部款挪撥鐵廠事》〔光緒二十九年〕二月二十七日，本衙門遞正摺稱：爲遵旨議奏，恭摺仰祈聖鑒事：光緒二十九年二月十一日，准軍機處片交本日外務部代遞盛宣懷電奏請將通商銀行商股改作萍鄉礦股，所存部款一百萬，改歸鐵廠，由該廠分年歸本繳息等語。奉硃批：「外務部、户部議奏。欽此。」欽遵傳知前來。查原奏内稱，湖北鐵廠宣懷接辦後，即以開辦萍鄉煤礦爲急務，現幸煤礦已成，鍊鐵甚佳。盧漢軌皆自製，槍砲廠亦全資於此，功在垂成，各國覬覦。但所籌商本，向賴輪電商人輔助，去秋奏明續借禮和洋款，以商局改章而止。查萍鄉至湘潭鐵路，德美兩國争造，經與外務部商明中國自造，以保礦利。現已造抵醴陵，至湘潭尚有百五十里，洋工司估價二百六十七萬。又湘潭至漢口輪駁，估價八九十萬。漢廠添鑪添機器，目前急需一百餘萬兩。此三款若不趕緊設法，則煤不能運，鑪不能添，日鍊鋼鐵數十噸，力盡難支，勢必停罷。中國自辦，僅此一礦一廠爲自强之基，十載經營，功虧一簣，可惜尤可慮。袁世凱過滬，曾與面商借洋款還商本，統歸官辦。旋接電稱，此事詳細面奏指廠借十兆擴充整頓，以保大利，但不可由外人執權等語。現與各洋商籌議，竟無不執權而能借款之法，惟有先將煤礦運道自行籌款辦好，再議抵借。近聞北洋開設國家銀行，則通商銀行無足重輕，不得已移緩就急，與股商妥酌，擬將銀行商股二百五十萬兩改作萍礦商股，利益較勝，商情頗順。部款一百萬，原議二十九年起，按年分還二十萬，擬請暫撥鐵廠，悉如前議。一年之内，得此歸併，可使醴潭鐵路速成，煤焦通運，即可添置鑪機，粤漢軌料亦可自辦。出鐵日多，則獲利在即，外人知我脚地已定，借鉅款擴充新廠。庶有步驟，不至受彼挾持。電商張之洞，亦以爲然。應請旨俯准將通商銀行商股改作萍鄉礦股，仍歸華商辦理；部款百萬除本年還第一期二十萬外，其餘八十萬，仍由鐵廠分年歸本繳息，在公中並無出入，而鐵政藉資周轉，以杜外謀，實於大局關係匪淺等語。臣等伏查湖北鐵廠前訂招商承辦章程，原擬續借款項，徐圖大舉。數年以來，商力漸形竭蹶，而設廠不至中輟，實賴萍鄉煤礦輔助之力居多。蓋萍礦出産煤焦，寔足供鐵廠鼓鑄之用，然非有鐵路以利轉輸，則運道紆迴，勢必停工以待。是煤礦爲鐵廠之根基，而鐵路又爲礦廠之樞紐。上年盛宣懷議建萍鄉至湘潭鐵路，德美兩國即起而相争，經外務部與盛宣懷内外堅持，始克議歸自辦。現在該路甫抵醴陵，距湘潭尚有一百五十里，估價二百六七十萬，加以輪駁需費八九十萬，鐵廠添購機爐一百餘萬，此三款均係要需。際此財力艱難，不得不通盤籌畫。臣等公同商酌，盛宣懷所請以通商銀行商股改作萍鄉礦股，既據聲稱商情頗順，自應照准。至所存部款改歸鐵廠一節，查此款原係銀行成本，現在議設國家銀行，自應提歸部庫，留作國家銀行之用，未便准其挪移。其鐵廠所需款項，亦關緊要，應令盛宣懷會同湖廣總督張之洞另行設法籌辦，以維鐵政，而保利權。所有臣等遵議緣由，理合恭摺復陳，伏乞皇太后、皇上聖鑒。再，此摺係外務部主稿，會同户部辦理，合併聲明。謹奏。

光緒二十九年二月二十七日具奏，奉硃批：「依議。欽此。」

《礦務檔》盛宣懷附萍鄉煤礦公司借款合同等《擴建漢陽鐵廠萍鄉煤礦等籌借禮和洋行款項簽定合同》〔光緒二十八年〕八月二十三日，商務大臣盛宣懷文稱：據湖北鐵廠總辦盛道春頤、會辦李郎中維格、萍鄉煤礦局總辦張道贊宸會稟内稱，竊查光緒二十二年，湖廣督部堂張奏准湖北鐵廠招商承辦。議定章程第九節：鐵廠目前支持局面，必須將化鐵爐兩座齊開，添購各項機器。將來推廣，必須另開大煤鑛一處，並就大冶添造生鐵鑪數座，方能大舉，保本獲利，否則萬無轉圜之法。現在公款難籌，自應續招商股二三百萬兩。如一時商款不及，應請由商局不拘洋商、華商，隨時息借，以應急需，即以鐵廠作保，商借商還。庶可及早推廣，商本不至斷缺，官本亦不致毫無著落等因。接准部覆，通行遵照在案。具徵督憲張維持鐵政、規畫遠大之苦心。溯自鐵廠改歸商辦，已閲六年，綜計虧耗數逾百萬，已於去年由職道春頤、司員維格等造具帳署，呈請核咨亦在案。查西洋各國大廠，成本動輒數千萬兩，即日本國家新設之廠名曰鑄鐵所者，亦已支用日銀幾及二千萬元，聞尚未臻美備，續請添撥鉅款。良以造端宏大，非此不足以杜塞漏卮，與西洋鋼鐵争勝。中國利源未闢，財力遠遜，而商本尤爲微薄，故鐵廠於商辦以前固形竭蹶，而於商辦以後更費支持，日處艱危之境，其岌岌情形非局外人所能知其十一。現欲保全此廠，計惟有遵照奏案，續借款項，在大冶添設鑪座機軸，仿造市面通行繁貨，庶可救此危局，官商兩利。此鐵廠必須添籌鉅本之大畧情形也。至於萍鄉煤鑛之支絀，亦久在憲臺洞鑒之中。該鑛係遵照奏案另開大煤鑛一處，於光緒二十四年，憲臺會同督憲張奏准開辦，派委職道贊宸經理。查該處本用土法出煤，故論開採則爲相因，而用機器則爲創始。興工以後，購買山地，歸併民窿，開挖機井，並造機器廠、煉焦爐、洗煤機、造磚廠，以及鑛内外各項工程。赤手開辦，招股無多，籌撥通挪，心力交瘁。然無論如何艱困，一切措施不敢稍涉畏退，要以足供鐵廠煤焦爲斷。光緒二十六年以來，鐵廠遂得以不用外焦。惟鐵廠入不敷出，僅能按焦付價，而鑛工至鉅，需款浩繁，如箭在絃，斷不容瞬息停待。中間雖荷憲臺商借禮和洋行四百萬馬克，而現款只四成之一，此外均以購機，款絀工鉅，實在不敷運掉。他處局廠及開平煤鑛創辦之初，皆有官撥巨款，然猶一再添集商本，勉底於成。萍鑛則自開辦至今，全恃挪移爲周轉，所費利息積數甚巨。現在各項井工，因前年拳匪事起，洋鑛師等避滬一年有餘，停工以待，是以尚未告竣。且鐵路總公司墊款鋪設鐵道僅至醴陵，輪駁亦未暢行於湘漢，存山煤焦致多擱本，商號欠款積數幾及五十萬兩。蓋行運愈遲，則墊本愈重；商欠愈鉅，則周轉愈難。九仞一簣之虧，必致全工顛覆。此萍鄉煤鑛必須添籌鉅本之大畧情形也。夫廠、鑛本相依爲命，職道春頤等一再會商，稟奉面諭，遵照督憲張原奏，息借或洋或華商款以應急需，商借商還，與官無涉。續與禮和往返晤商，議定新借德銀四百萬馬克，九五扣，用七釐行息，廠、鑛各用其半，内以四成之一留歸鐵廠添辦機器，其餘悉付現款。設屆還款之期無以應付，則以大冶所售日本合同期内鑛石之價抵還。此次借款，萍礦出名，漢廠作保，輪船招商局亦仍前保。禮和於此次借款無甚利益，所圖者，將來萍鄉運出煤焦除供給漢陽鐵廠、大冶鐵鑛、輪船招商局外，餘請專歸該行代銷，藉資酬答。該行固確知鑛務之實有把握也。磋議匝月，始能定議，該行現已接准外洋銀行允電。訂定合同兩分，一現款三百萬馬克，一存備購機款一百萬馬克，兩共四百萬馬克。經職道春頤等將合同逐加詳審，查與奏定章程毫無違背，理合會稟。宫保俯念廠、鑛關係重大，籌款維艱，一面俯賜核准簽字，一面分咨立案，漢廠幸甚，萍鑛幸甚。惟此次借款撥歸漢陽鐵廠添購鑪機者，除禮和九五扣用外，僅有馬克一百九十萬，合銀七十餘萬兩。而大冶添生鐵大鑪一座，約需銀五十萬兩，馬丁鋼鑪一座，機軸全副，約需銀四十萬兩，購地築基等費在外，共約需銀一百餘萬兩。專就以上所估，已不敷甚鉅，而開工以後，一兩年内銷路未通，必須寬籌款項，以作行本，否則經費不繼，勢必全功盡棄。職道等一身不足惜，其如國家鐵政何。擬屆時再酌度情形，别籌鉅款，總期保全鐵政，補救商艱，塞外來之漏卮，闢自有之利源，漢廠官本固可有著，而商本亦不致虛擲。所有遵照奏案，續借商款，以竟鉅工而免中輟緣由，理合呈送合同兩分，恭候批示祇遵。計呈合同兩分等情。據此，查煉鋼、製造，必以生鐵爲根本。漢廠舊設生鐵爐兩座，僅能出鐵每日一百二十噸左右。現今萍鄉設爐煉焦，已堪敷用，則就冶添爐，實爲當務之急。商約加税，已有成議。洋鐵道遠費重，鐵路枝幹繁興，取用日宏，利源自溥。察核所禀，以大冶分設爐廠爲振興鐵政之本，以萍鄉廣運煤焦爲濟益鍊冶之本，利害相因，豈容中輟。該道等續借禮和商款四百萬馬克，一成購機，三成付現，商借商還，與官無涉。核與奏定章程，一一相符，應准簽字、分咨備案。至所稱漢廠添購爐座，估價尚屬不符，准俟興辦大冶時，酌度情形，别籌挹注。除批飭張道、盛道、李司員等通力合作，務竟鉅工外，合將簽定合同抄稿咨呈貴部，謹請查照備案。須至咨呈者。

照録清摺。

訂立合同人：一、萍鄉煤礦公司。合同中稱煤礦公司。一、輪船招商局，漢陽鐵廠，及督辦鐵路兼漢陽鐵廠輪船招商局盛宫保。合同中稱擔保者。一、上海等處禮和洋行。合同中稱禮和。

兹因立此合同之前，已有合同，禮和允借與煤礦公司馬克三百萬。其前合同年月日及立合同人，即與此合同所載相同。又因議該合同時此後稱正合同。議定，禮和須照此合同所載條款，再借與煤礦公司馬克一百萬，爲購辦機器等用，故立條款如左。

一、煤礦公司與禮和彼此合意，此合同畫押之後，由禮和借與煤鑛公司馬克一百萬，任聽隨時陸續取用。

二、還本付息，均須繕具期票，蓋用煤礦公司關防，併由擔保者批行、加蓋關防。

三、期票所載之數，均用馬克，按期在上海交付，照該日之德國馬克電報匯價核算。

四、期票所載借款，全數作爲煤礦公司存款，由禮和流水登記。其煤礦公司未支之款，給回息常年四釐。

五、馬克一百萬，常年七釐起息，自出期票日起，照借本全款不折不扣計息，並照後粘本息期單，每半年一付。至借本全款，亦不折不扣於八年内匀攤還清，並照後粘本息期單，每半年一付。其第一次攤還禮和借本，係在一千九百零六年正月一號。

六、此項款，禮和付法如下。煤礦公司或擔保者於購辦機器等件須付款項，隨時可請禮和照發票付交承造此項機器等件之廠，禮和即應照付。而發票上所開此項機器等件裝運保險，均歸禮和經理，費從最廉。所有經理此事應用之費，及照中國交貨價九五扣用之費，禮和均可在煤礦公司存款内照劃。見第四條。

七、一千八百九十九年四月八號彼此漢陽鐵廠不在其内。所訂合同内載，倘煤礦公司不能付款，允給禮和利益及所有擔保允許之事，准其得行於此合同，與載入此合同無異。再漢陽鐵廠允保禮和凡期票未曾付清以前，不得將該廠地基廠屋機器等交割出售與人，或向人借錢，或抵押與人。設使於合同期内欲將以上所指廠業抵押與他人，則除儘正合同外，應先酌提若干，按照格式抵押與禮和或禮和之替人，足敷保實該時尚欠禮和墊款息本之數。又盛大臣允保倘煤礦公司至還款之期無以應付，則以大冶售與日本礦石之價，除儘正合同外，抵還借款。該礦石合同尚有十二年期限。至煤礦公司所出期票，倘有一次逾期三個月不付，則所有已經煤礦公司及擔保者批行蓋印之還本期票無論係何年月，均作到期之票，同時向煤礦公司索還本款，其息則仍長年七釐計算，至還本爲止。又凡遇此種情事，除照一千八百九十九年四月八號所訂合同内載禮和所得利益外，並准禮和代管漢陽鋼鐵全廠及産業，遵照中國政府現在或將來所給該鋼鐵廠之利益辦事。俟期票還清後，再行將漢陽鋼鐵廠交還。惟合同雖載此款，仍不干礙禮和向擔保者索償，與合同未載此款一樣。而倘至禮和收執煤鑛公司之鑛或漢陽鋼鐵廠地步，應用礦石白石，由盛大臣擇最佳者供給，其價即照與日本人所訂之合同數目相同。又禮和應用公司煤焦價值，照便宜賣價核算。禮和所用礦石白石及煤焦，一概不付現款，均登禮和帳上，作爲煤礦公司存款，以便抵還欠款。

八、倘一千八百九十九年四月八號合同及正合同或有所行，或有所不行，均不得藉口廢此合同。若此合同或有所行，或有所不行，亦不得藉口廢一千八百九十九年四月八號合同及正合同。

九、煤礦公司准禮和將此合同呈由德國駐京大臣報明外務部存案。此合同共繕五分，盛宫保執一分，漢陽鐵廠執一分，萍鄉煤礦公司執一分，禮和執兩分。

大清欽差大臣督辦鐵路總公司輪船招商局漢陽鐵廠太子少保工部左堂盛。

總辦漢陽鐵廠事宜三品銜湖北候補道盛。

會辦漢陽鐵廠事宜三品銜候選正郎李。

總辦萍鄉煤礦事宜湖北候選道張。

德商禮和洋行。

光緒二十八年七月初四日。

一千九百零二年八月七號。

《礦務檔》總署收盛宣懷咨文附《大冶鐵石易東洋煤炭商定合同》 光緒二十五年十月二十日，大理寺少卿盛宣懷文稱：竊照中國礦産至富，大利未收，烟煤焦炭之用最廣，而東南各省多待濟於日本，如漢陽鐵廠、輪船、紡織各廠局，成本加重，人率由此。各國講求商務，總以出口之貨能抵制入口之貨爲第一義。外洋商廠，歲以鋼鐵易我金銀無算。漢陽鐵廠開採之大冶鐵礦，雖取用不竭，苦於煤焦缺少，未能多設冶爐，故煉出鋼鐵，視中國官民需用之數，不及萬一，尚無片鐵出洋相抵。日本豐於煤而歉於鐵，其國近設製鐵所，頗豔鄂中鐵石。上年侯爵伊藤博文來華遊歷，曾與湖廣張督部堂及本大臣面商，以彼煤炭易我鐵石，極以重敦交誼，互相利濟爲説，並欲請在大冶指一鐵山劃與，日本派人自來開挖。本大臣與張督部堂一再熟籌，商廠有無互易，原屬歐、亞兩洲通行之事，大冶鐵石足供數百年之採煉，歲取五萬噸，易東洋煤炭，於漢廠煉鐵，無損毫末。惟指劃一山，任彼自挖，必滋流弊。當以大冶鐵山現歸華商公司集股開辦，無論何人，不得另行開挖。若照湖南愛的木尼辦法，仍由華商公司將所挖礦石售運日本，尚可商辦，復告伊（籐）〔藤〕。本年二月間，日本製鐵所長官和田持伊藤函，先赴湖北，與張督部堂面商，允以可行。即回至上海，與本大臣商議合同年限價值，經本大臣悉心磋磨，與定合同七條，自簽字蓋印之日起，以十五年爲期，屆期各處煤礦開辦有成，便可廣煉鋼鐵，毋庸互易，並於論價值條内，言明光緒二十七年十一月止，價目再行酌定，以備操縱。中國礦務未興，首因無深明礦學之人，次因無通行運送之路，即如大冶石灰窑碼頭沿江一帶，水底伏礁，海洋輪船遠泊江心，須由鐵廠購大躉船停泊深水。另就火車卸礦處，造掛綫路一條，使與船接，方便泊卸，估費十餘萬兩。計日本所訂礦石價值，除開採裝運各費之外，照五萬噸核算，每年約可餘洋銀數萬元。俟抵還置造躉船、綫路費用後，即以此項餘款，就漢陽廠内開設學堂，專肄化礦鍊鐵鍊鋼諸學，預備替易洋匠。庶藉銷礦之餘，教煉礦之人，無待借材異國，其事乃可經久。日本駐滬總領事小田切萬壽之助來函，奉其農部大臣札飭，商請運礦出口，豁免税項。本大臣復以斷不能免，自應按照税則，在新關估價，完一出口正税，庶於税務亦有裨益。相應照録合同清單，先行咨呈貴衙門，謹請查核施行。

照録合同清單。

大清國頭品頂戴大理寺少堂督辦漢陽鐵政局盛，大日本國製鐵所長官和田，爲訂立合同事，照得現因清、日兩國交誼日敦，輔車情切，凡事互求利濟，煤鐵一事，大屬富强要端。兹經商酌擬訂各款辦法，是爲通工易事，聯絡邦交起見，所有訂立條款，開列於左，以便遵守而昭慎重。

第一款、此次合同訂後，日本製鐵所須向中國湖北漢口鐵廠所屬大冶鐵礦購買礦石，第一年定買五萬噸，第二年以後需購數目，須於本年三月議院議准以後訂定，至少亦以五萬噸爲度。漢陽鐵廠及盛大臣兼轄之輪船招商局、紡織紗布廠，亦須由日本製鐵所經手，每年購煤至少以三四萬噸爲度，須先送招商局向來合用之煤樣，面議價值，聽憑擇定。並須照招商局向來與日本商人所訂合同章程，一律辦理，經手並無用錢。此專爲運煤來華，運鐵回日，來回裝貨，水脚便宜，兩有裨益。

第二款、前款係專指日本製鐵所派駛輪船，自赴大冶石灰窑江邊受儎鐵石而言。若漢陽鐵廠能將礦石自行運滬交貨，則除礦石正價外，日本製鐵所應另加給揚子江運費，每噸洋兩元。在黄浦江過駁儎回日本，即不必拘定第一款購鐵即須購煤之例，但必須彼此預先商妥而後行。又石灰窑本有躉船可以停泊，受儎日本船須隨時量水淺深，派船往裝。如日本船因喫水過深，不能泊近躉船裝儎，所需駁費，由日本製鐵所自認。

第三款、所有中國漢陽鐵廠，及别項局廠，每年需煤或間需焦炭之額數，須先訂定妥，約需若干噸，知會日本製鐵所預備。近年煤價漲落無定，議照招商局購煤章程，每年分兩次按照時值議定各種價目，焦炭用否，隨時酌定。

第四款、日本製鐵所所購礦石成色價銀，均照另開清單辦理，惟燐硫各種輕重數目，日本製鐵所所派駐冶委員，應與漢廠自用之洋礦司，公同察看，不可有意偏執，硬減價目，致欠公允。此項礦石成色，應彼此指定礦石化驗一次爲準色。

第五款、漢陽鐵廠既爲通工易事，彼此裨益起見，決不願以劣石銷售，致日本製鐵所不能源源購辦。該處附近産鐵山場，除漢廠按月先儘自用外，日本製鐵所訂購在先，即有别項銷路，合同期内，亦必先儘日本每年五萬噸之礦石，決無缺少。如日本要加買鐵石，亦必照辦，但日本製鐵所亦不得於此大冶合同之外，另與中國各處及島地他人他礦另立買鐵石之約，大冶亦不得將鐵石賣與在中國地方另設洋人有股之鐵廠。

第六款、日本製鐵所揀派委員二三名，常駐石灰窑、鐵山兩處，以便經理購辦礦石等一切事宜。漢陽鐵廠應備合式房屋，租與各該員居住，不取租值，並由局員妥爲保護。

第七款、本合同限期簽字蓋印之日起，以十五年爲滿，如限滿彼此意見允洽，仍願接辦，並不知照撤銷合同，即爲續展十五年憑據。

大清光緒二十五年二月二十七日。

大日本明治三十二年四月初七日。

大清頭品頂戴大理寺少堂督辦湖北漢陽鐵政局盛、大日本製鐵所長官和田，購辦大冶鐵鑛礦石定準成色清單。

第一、磁鐵礦石

鐵：礦石每一百分之内，須有鐵六十五分，方爲準色。

一、如有鐵多於前定準色，則每多一百分之一，每噸加價一角。

二、如有鐵少於準色，則每少一百分之一，減價一角，以外均照此一律添扣價碼。

三、有鐵一百分之五十以下者，一概不買。

錳：

一、礦石一千分之内，須有錳五分，方爲準色，如有錳多於準色，則每多一千分之五，每噸加價一角。

燐：

一、鐵一萬分之內，有燐五分，方爲準色。如少於該準色，則每少一萬分之一，每噸添價一角。

二、如有燐多於前定準色，則每多一萬分之一，每噸減價一角。

三、鐵一萬分之內，如有燐過八分以上者，一概不買。

硫黄：

一、礦石一千分之內有硫一分者，方爲準色。

二、如有琉多於前定準色，則每噸減價二角五分，以資燬硫之費，如再多之時，每多一千分之一，每噸減價半角。

三、如有硫一千分之五分以上者，一概不買。

銅：

一、鐵一千分之內，如有銅四分以上者，一概不買。

(一) 礦塊之大小：

所有裝載輪船之礦石，如有漏出二十五密利米達方之網眼者，一概不買。並且所有購買礦石全數之六成以上，須係七十五密利米達之大塊，惟毋得有過於一百五十密利米達以上之大塊。

第二、褐色鐵鑛

錳：

一、先行查驗有錳幾成，而二乘之，再將所得之數，加於鐵之成分，而算該礦價值。譬如一百斤礦石，內有錳五斤，有鐵五十斤，則五斤錳二乘之。作爲十斤之鐵，再加上五十斤鐵，共合作成六十斤之鐵而算。蓋以錳價較鐵稍貴之故也。其餘各樣成色，均照磁鐵礦石準定成色一律辦理，惟其價值較磁鐵礦石加添一百分之十五之譜。

第三、論定磁鐵礦石價值

自訂立合同之日起，至華歷光緒二十七年十一月，東歷明治三十四年十二月止，所有磁鐵礦石價值裝載運礦輪船艙內，每噸定價二元四角，至期滿以後之價，届時再行商酌協定。惟該礦石成色，必須按照前開準色，方爲合式，仍將該定準成色，開列於左：

一、鐵礦石一百分之六十五分；

一、錳礦石一千分之五分；

一、燐鐵一萬分之五分；

一、硫礦石一千分之一分；

一、銅鐵一千分之四分。

《礦務檔》外務部收盛宣懷《議就大冶礦局預借日本礦價合同請予備案》

光緒三十年六月二十二日，收督辦鐵路總公司大臣盛宣懷文稱：前因湖北漢陽鐵廠煉冶鋼鐵，機爐無多，歷年虧折，勢極艱危，非籌借鉅款，擴充新廠，無以濟屯出險，於時局亦深有關繫。經本大臣與日本駐滬總領事小田切代日本製鐵所及日本興業銀行面商，議定預借礦價日本金錢三百萬元，就煤煉鐵，另購新機。議立草合同十條，於光緒二十九年九月二十一日簽印，仍聲明俟與商部、外務部、湖廣督部堂妥商無礙，再簽正約。抄稿分咨查核，並節次函電商辦有案。嗣於上年十月十五日，承准正任湖廣總督部堂張之洞元電内開，添設爐座、擴充鐵廠極是，預借礦價，亦是籌款不得已之計，甚願贊成。但合同訂明每年至少收買上等礦石六萬噸，計十八萬元，僅敷還息，不敷還本，必須訂明每年於售礦内帶還本銀若干，至少每年收買上等礦石七萬噸，總期本息勻攤，三十年後，全款清還，毫無遺累。至以得道灣作保，商借商款，自宜先採商山之礦，商山不足，再採從前承辦時官撥歸商之山，設仍不足，必須採及以後官家另購之山，則須與官商明辦法，或以價買，或撥借款若干歸官，方昭平允。此次借款，將來如何撥用，亦望定章咨明爲要。十一月初三日，承准貴部電仝前因，並謂礦山、運路作爲擔保，甚有流弊，令即妥商删除。電復各等因。承准此，當經本大臣與日本領事切實面議，據稱，商家三五萬款項，尚須的保，矧十百倍蓰於此。且虚指一山作保，並非挂名洋產，擔保一節，例難遵删等語。查開議之時，該領事本索全冶礦山作抵，磋磨至再，始允虚指得道灣商山一座作保，其連及運路者，衹防阻礙運礦起見，另立專條訂明不得在中國設爐設廠，鎔煉礦石，實已力防流弊。至每年運礦數目，遵電堅持，業已改爲至少之每年收買頭等礦石七萬噸，至多之數，不得過十萬噸。抵付全款利息外，逐年帶還本項。將來就萍鄉煤礦添設新爐，不僅就煤，並須就近採取萍鐵，則冶礦衹是供給漢廠舊爐所需，自用實係有餘。所訂十萬噸之外，或須加售兩萬噸，冶局亦可照售，仍須先時商辦，庶操縱一切在我。凡此改訂之處，總冀三十年本利全清，日後毫無遺累。該領事叠次電勸日本製鐵所應允，即來催簽正約。經本大臣於十一月初六等日據情電商，並以廠商承辦時，有官撥歸商之山，有廠商自購之山，如紗帽翅、得道灣、金山店等處，並爲商山。現售礦石，已議定悉取於此，設有不足，或須採及以後官家另購之山。屆時商代官挖，開除公費外，利盡歸官，並由官派員稽查。目前合同不便寫明官山字樣，慮其藉端指索，如果商廠採及官山，自應與官先訂辦法。至借款如何撥用，遵當定章咨明，以昭徵信各等語。先後電請貴部，暨正任湖廣總督部堂張之洞迅賜核准，以便遵照簽定。旋於十一月初七日，承准正任湖廣總督部堂張之洞語電内開，昨内田公使來云，已接其外部電允，於合同内載明每年至少運上等礦石七萬噸，惟請另備照會聲明，七萬噸之數須俟前合同五年期滿後起算。計至明秋期滿以前，仍以六萬噸爲限。其至多之數，於彼有益，不宜再加。祈與小田切將合同更正，並將續訂附件塗銷，仍以十萬噸爲限。又准初九日庚電，先取商山，如有不足，採及官山，商代官挖。辦法亦甚平允，自可照辦。此乃自家商辦之事，不宜載入合同。至作保一節，凡借洋款，必須有保，況得道灣山廠運路，係商購開，雖指山作保，亦與大局無妨，更無窒礙，此次借款，關係鐵政成敗，逐年以礦石抽還，較別項借款，尚少流弊。兹至少之限，已加至七萬噸，至多之限，仍是十萬，則此約並無不妥。應請大部迅速核准爲幸等因。又於十一月十二日，承准貴部文電内開，大冶合同，希即查照香帥庚電與小田切妥商簽定等因。遵即面告日本總領事，據云得京電，由使館參贊面商張宫保允准通融，不銷附件。正馳電請示間，十一月十四日承准正任湖廣總督部堂張鹽電，昨鄭參贊來録示附件稿，語尚活動，且言明臨時商辦，似無流弊，已允存此附件。但須照原文一字不易等因，到本大臣。遵即知照小田切，按照商定各節，斟改繕正，計正合同十條，附函三件，於光緒二十九年十一月二十八日，即明治三十七年正月十五日，在上海鐵路總公司簽押蓋印，分別存執。並由興業銀行按照訂定期限，於東曆正月十五、四月十五、七月十五日，分三批交款前來。本大臣先期札派漢廠總辦候選郎中李維格，攜帶冶鐵、萍焦各項礦樣，兼程出周歷英、美、德國各大廠，悉心考驗，定購新式機爐回華安設。現據電禀，已抵德京，應用機價若干，應僱工師幾人，以及機座地脚工廠房屋水陸運費材料薪伙，統俟該總辦將廠單估單及購機造屋圖樣郵寄到滬，即就此項金錢分別支給。仍逐開名目價款，列册咨報，以符原議。除分咨外，相應照録正合同，附清摺一扣，備文咨呈貴部，謹請查照備案施行。

《礦務檔》外務部行商部文《日商訂購大冶礦石預借礦價草合同已電盛大臣咨部立案》 光緒二十九年十月二十二日行商部文稱：光緒二十九年九月三十日准盛大臣文稱，日商訂購大冶礦石，預借礦價，所訂草合同，務請迅賜主持電示等因。當經本部覆核，尚屬可行。已電盛大臣即與日領訂定，咨部立案。相應鈔録原電，咨行貴部查照備案可也。

《礦務檔·山西礦務》外務部收鐵路大臣盛宣懷函附章程暨問答筆記《晉省自設煉鐵廠事與哲美森會議情形》 光緒三十年二月初四日，收鐵路大臣盛宣懷信稱：二月十五日，接奉咸電，詢及晉省自設煉鐵廠一節，哲美森既允商量，現在曾否議妥，其餘各條，已否按照本部宥電商定，希速電復等因。當將現商情形，於十六日、十九日詳細電復，諒邀鑒核矣。查中國與外人交涉，雖勢力不敵，而理尚可講，所慮授人以柄，挽救極難。伏讀正月三十日電示，晉礦合同係商務局自款自辦，與借款造路，同一辦法。本不應推歸洋商，自失權利，若照合同内作主，則製鐵之權，亦尚在我等因，無任欽佩。宣懷會議之時，屢執此義辯論，哲美森總謂晉礦利權，原給與商務局，但該局已轉授與福公司，以六十年爲期，不能更動，製鐵明明寫在合同之上。福公司實有六十年開廠製鐵之權。筱帆中丞派委志道森在滬，迭次争論，哲美森執定合同係奉諭旨批准，晉撫亦不能更動，志道亦只得回晉矣。似此看來，山西商務局於合同大處，將來恐未必能與磋磨。頃已電請晉省將合同英文寄京，即請秩庸侍郎細看，究竟商務局尚有何等權柄，可期設法收回，以便與晉省合力籌辦。至於自行設廠製鐵，實係保守權利第一要著，既蒙大部許爲正辦，似不如仍由敝處磋商，尚可藉路章稍爲挾制，是以不憚辛勞，堅持籌議，已於諫嘯電内詳陳大概。哲美森接英薩使電，稔知部有訓條三節，必欲索閱，只得將宥電節去山西商務局磋商數語交閱。其面議之時，哲已言明專候英電，列作專條，當與路約一氣簽字。彼欲聲明其餘悉照晉約，不再更改，荅以我處無他更改，山西意見如何，我不能管。乃昨日又向繙譯云，製鐵三條，細心思想，實難照原文依允，尚欲電倫敦公司，并電英使等語。當即告以三條照原文除允用英礦師外，不能再事變通。今日彼又送來問答，雖語氣稍有不同，大致不錯，特鈔録附呈。如英使再來鐃舌，務求鈞處切告以設廠製鐵，只能中國自辦，福公司無端得兩省數府屬開礦之利，斷難再有干預。聞福公司在外國聲(明)〔名〕甚壞，票價大跌，故亟欲將澤道鐵路改作中國借款，賣票以彌其闕。而道口一段，尚須年底完工，方能勘驗估價。又值日俄戰事，倫敦銀市(宸)〔震〕動，滬寧且不能賣票，澤道又何能賣票，哲亦云然，故不妨堅持從容磋議，以期補救一二。宣懷既蒙委任，不敢不力任勞怨，以副諉誣，是否有當，仍祈訓示，俾有遵循，是所跂禱。肅此，敬請鈞安。

照録鈔摺。

總公司擬自設山西鎔化爐廠專條。

一、晉省出鐵之所，或就近鐵路之所，中國國家自籌資本設立鎔化廠，允將福公司鐵砂，交由國家鎔化廠煉成鐵磚，以便易於火車裝運。

二、鎔化之費，彼此商訂公道之價，該廠如實係自己需用之煤及焦炭，倘欲向福公司購買，須訂一額外價值，比外賣之價略減，福公司儘先供用。該廠既設之後，國家須時常保全妥當合用，而福公司除國家允准外，不得將鐵砂寄往別處鎔化，或別法銷用。

三、該廠及日後推廣之廠，均(須)〔係〕中國國家(務)〔物〕産。該廠督辦大臣應自遴用合式化鐵師，如届時中國尚無稱職之人，應向外國選聘。

福公司改擬中國在山西建設鎔化爐以鑄福公司之鐵砂條款。

一、晉省出鐵之所，或近鐵路之所，中國國家自籌資本設立鎔化廠，允將福公司鐵砂，交由國家鎔化廠，煉成鐵磚，以便易於火車裝運。第一廠設立何處，應由福公司指定地段，其圖樣價值，亦應由福公司繪造估算，一切查照外國最新至精之法辦理，以期工速而費省。倘辦理有效，可以再於他處商量設廠，并可推廣製造鐵條等件。

二、鎔化之費，彼此商訂公道之價，該廠如實係自己需用之煤及焦炭，倘欲向福公司購買，須訂一額外價值，比外賣之價畧減，福公司儘先供用。該處既設之後，國家須時常保全妥當合用，而福公司除國家允准外，不得將鉄砂寄往別處鎔化，或別法銷用。六十年期内，福公司應得儘先鎔化，惟福公司礦砂不足以應供給，設廠始可另爲他人鎔化。

三、該廠及日後推廣之廠，均係中國國家物産，該廠督辦大臣應自遴用合式化鐵師，如届時中國尚無稱職之人，應向英國選聘。

哲美森自叙二月十九日問答筆記。

是日叙會在鐵路公司謁晤宫保，在位者：盛宫保、陳道臺、楊、王二位，一面是哲美森。

宫保對哲美森云：閣下西三月十八號來信，詢及本大臣曾否接到外務部電訓等情，今已接兩電矣。即將一電示閲，其電意如左：照山西合同，資本由商務局自行籌辦，即造路亦然，管理之權及所獲之利，歸商務局，不歸洋人。製鐵之權，亦如是也。貴宫保所議中國設廠製鐵一層，乃係正辦。哲美森既願商辦，當悉心與之妥商云云。

哲美森云：僕於外務部之電，未能明悉。山西礦之利權，原給與商務局，但該局已轉授與福公司，以六十年爲期。惟山西礦合同，兹不必議及。而製鐵一層，無甚難以商量之處。中國可以設廠，即是中國産業，但礦合同照足原議一樣，不能分毫更改方可。

宫保於是將所擬三款之鈔稿出示，原稿外，哲美森有加添字樣。宫保謂，哲美森所加者，不能荅應，獨鎔化廠之鎔化師，要用英國人一層，尚可荅應。

哲美森云：宫保不願僕所加入之語，是何緣故？

宫保云：因似有勒令中國如何做法，惟中國自應有主權及有餘利均沾之益。

哲美森云：該廠公道之鎔鑄繳費，應歸回中國，其餘利應歸福公司，但可商量照成本算回國家五釐利息。

宫保云：此説太不成話，五釐息在國家豈肯荅應耶。於是問哲美森，原議三條一毫不更改，願意荅應否。

哲美森云：實在不能荅應。因照該章程則福公司凡事不能置議，僕所加添之語，乃從最輕立説，因不欲現在即有争持之見，請宫保想一和平辦法，俾能兩面允洽爲妥。所商三款，已郵寄倫敦，一月後可有電來，望一面將鐵路合同商定，以便待倫敦將製鐵事覆信到時，兩合同一併簽字云云。隨討論多時，因議承收鐵路之價值，應如何議定，而終未有成議。

旋議定派陳道、哲美森商量一估價辦法，至數目多少，隨後再定。

盛宫保又將外務部寄來第二電訓一紙，交哲美森閲看，查電載：

一、須派別國籍之工程司，估此路之價值，另核帳目，以便斷定此路實在成本若干。哲美森問，福公司有分派此工程司否？迨討論多時，宫保荅應中國派〔一〕工程司，福公司派一工程司，由此兩工程司另議出一公正人，即照平常倩人公斷之法辦理。二、車脚由宫保會同福公司查按別處鐵路車脚，妥議公道不低不昂之價。三、外務部謂應如福公司所言，路約不應有限制福公司運鐵之條。

電報又云，貴宫保以鐵路合同補救礦合同，辦法甚是，福公司不得自設鐵廠。

哲美森云：此電報可鈔給否？

宫保云：只可交看，未便鈔付。

哲美森云：此第三層所關甚大，是不啻借鐵路合同，而令福公司舍却礦合同之利益，此事斷難荅應。故必要於製鐵章程聲明，除有專特訂明之外，礦合同原有之權利，不得更改。

宫保云：本大臣不能荅應添入此款，福公司原無權製鐵，是以山西撫臺派志道來滬理論此事，晉撫所恃爲有可争辯者，謂合同製鐵兩字，乃是乘間混入者耳，本大臣亦以爲然。

哲云：僕將切實量以觀有何辦法，可將此製鐵合同變通，改至兩面均可荅應云云。

以上係哲美森自誌之稿。議事後兩日，哲美森求見宫保，適有客在座，由王閣臣傳達哲語請示。哲謂已將製鐵章程原擬三條，細心籌思，實不能依允。除宫保荅應變通外，須電致倫敦告知實在不能商議此合同。但未發電之前，望宫保體諒此意，或可將就允將章程三款畧爲變通。隨由王閣臣復云，宫保不能荅應，若欲發電，請其自便云。

森又附誌。

山西候補道志森自叙與福公司問答筆記。

問：一千萬之數，究竟能減用若干，須預估總數。

荅：減總可減，俟河南辦有成効，再行估計開礦應用數目若干，以憑核減。

問：此説究非准數？

荅：此一千萬鐵路款在内，將來開除鐵路用款若干，所餘之款，即爲開礦之用，此時不能預定准數。

問：租買礦山，地面地底，應以直綫爲限，日本礦律如此，不得横穿越界，將來山西亦應照此辦理。

荅：礦地應以直綫爲准，如開時，倘有横穿，即行補買礦地。

問：餘利歸公司分給，除落地税外，應分給山西餘利紅股若干。

荅：此餘利歸公司分給一語，係分給出股各股東，若分給山西，則將失信於股東。

問：山西雖非股東，而礦山係山西所産，亦與股東何異，應分給紅股。

荅：落地税與紅股何異？

問：落地税係山西應有之税，不能作爲紅股。

荅：此事係經中國政府核准，業已宣示各股東，未便有所更改。

問：合同上製鐵二字，本係筆誤，現章程中無製鐵辦法，此二字應行除去。

荅：並非筆誤，况已經蓋印簽押，萬不能除去。

問：第十七條既已更改，僅除製鐵二字，似可允許。

荅：此二字頗關緊要，未便除去。

問：山西所派總辦，有會同公司調度開採用人理財之權，且與董事照料委員人等薪水，均照合同歸公司發給。

荅：已載明合同第三條，可以照辦。

問：礦學堂應於開辦之始，由公司籌備經費開設。

荅：已載明合同第十三條，可以照辦。

《礦務檔·山西礦務》外務部收盛宣懷函附會議節略《福公司礦事與哲美森會議情形》 光緒三十年九月十一日收盛宣懷函稱：承准大部馬感電，敬悉福公司事，因欲挽救晉礦已失之利，堅持廠礦路必須同時定議，磋磨遂費時日。中國自辦鎔化廠，中英合辦鐵礦及化廠合用之煤礦並煉焦爐，先後力争就緒。嗣後查照大部電暨晉撫煤礦亦須合辦，哲未能允，並謂鐵礦合辦，請我分認創辦使費。告以有合例單據者認，開寫不出者例不認。此節争持最久，迄未就範。語載六月二十四日會議問答，及哲美森所送議事綱目。鐵路合同，已有草稿。惟哲稱，待王鎮至清化十二英里，方造未成，尚須數月完工。哲請先發七十五萬鎊借款小票，再行派員估工查帳多少再算。我須照買賣章程，先估價交帳，再定借款票數。既催簽字，或將合同銀數空出，查實補填。此係借款以前已造之路，以後只有行車之事，辦法與正太不同，關鍵不外核實估價四字。清化至澤州一段，係借款後辦工，自可照正太條款，但因粤漢鐵路事後多所翻，必須事前防範，逐款增損。晉撫函電路工艱費，養路無出，不可許者八端，駁阻不得現與哲商。將來清澤一路，須俟中國與福公司開辦晉礦之時，估計車脚實敷養路，届時方能開辦，並須載明合同。争論數四，哲已勉强應允。目前亟須派工程司驗工估價，但用英人，恐其偏袒，用他國人，彼又不願。正在爲難，適有前在北洋華工程司詹天佑，由潮汕鐵路辭差回滬，現已商留，擬飭即日赴豫确估。一俟估價後，便可定借款數目。哲夏間赴津，瀕行與彼堅持必須礦務四條議定，方能與鐵路合同一氣簽字。現在哲尚在津，宣病初愈，應俟哲回滬定議。如准移至大部訂約，候示即將全案呈送，務祈鈞處斟酌定見，賜電遵行。查福公司創辦底股，祇集一百萬鎊。現在道口至待王鎮鐵路，已用英金七十五萬鎊。豫北已開煤礦，聞極佳旺，所值亦不下二三十萬鎊。宣懷前次與哲私議，設我政府欲將前訂晉、豫合同一起收回作廢，應須給價若干？哲云，約須二百萬鎊。宣懷之愚，以兩省主權礦利設能合力通籌，收回自辦，所得奚止此數。又停止晉省造路，不再借款，目前既少無數葛籐，日後亦不致擔認本息，大處著墨，計實無逾於此。所惜中國此時財力正窘，恐未能與議及此。所有與哲美森現議情形，除電達外，謹鈔録問答暨議事綱目，寄呈大部察核。敬敂崇祺。仰惟垂察。

照録清摺。

謹將六月二十四日與福公司哲美森會議問答録呈鈞鑒。

盛：外務部及山西撫臺來電，均説鐵礦合辦，煤礦也應合辦。

哲：鐵礦已讓合辦，煤礦不能再讓合辦。

盛：同是開礦，何以鐵礦可合，而煤礦不可合？

哲：本來按照老合同，開礦乃福公司專辦之利益。鐵礦合辦，已屬勉從。

盛：按照老合同，不過他國人不能辦。若中國本是地主，有何不可合辦之理？

哲：既立合同，則已讓辦礦之權。如又合辦，則不公道。

盛：我從前不與閣下言合辦煤礦者，因煤礦糜本過鉅，故可合可不合。且山西礦多，中國亦可自辦。後來山西撫臺仍以煤礦合辦爲説，此亦極有道理。

哲：此合同乃福公司專辦之權，慘淡經營而得之。山西撫臺不能坐享其成也。

盛：立合同者，所以許福公司能辦而不許他國能辦也，並未言中國國家亦不能辦。

哲：批准合同，即是給開辦專權，斷無已給予而又收回之理。

盛：國家並未得過福公司報効，則可給亦可收。而且現在福公司已無力照合同辦事，則國家要合辦，自是正理。所以礦務專條四條，皆是輔福公司力量之不足也。

哲：福公司得此合同，頗爲不易。合辦則侵福公司利權。

盛：本來所訂合同，甚無道理。不過中國勢弱，難以理争。然合同六十年中，中國未必不能自强，强則據理争回矣。故與其福公司冒險擲此鉅本，不如與中國合辦，然後理足而靠得住也。

哲：六十年中，中國儘可自强。至所云冒險擲本，則福公司自願擔此險也。

盛：我説之話，俱在理中。至於足下不中肯之言，我却不能轉告山西撫臺。足下試思，福公司本要倒閉，若不是憑我國家俯允買回鐵路救你，福公司還有什麼資本自辦？

哲：並非要倒閉，因股票跌價，且因拳匪之故停工耳。

盛：拳匪之事，早已過去。實則福公司股本用完，支撑不住。現在中國將路款作爲承借，福公司方能轉舒，所以股票漸漸漲了。

哲：鐵礦已合辦，再要煤礦合辦，中國未免佔便宜太過，大半不能答應。

盛：不將礦事全允，我亦不允購路也。

哲：購路是慶親王已允，無得異説。

盛：然則足下與慶親王議辦可也。且事關地方，山西撫臺既體察情形，外務部亦必聽從。現在外務部與山西撫臺其意相同，足下不要誤會。若祇顧自己利權，而不顧我地主利權。終無成也。

哲：譬如應允合辦，貴大臣於路約一事，尚有別樣爲難乎？

盛：既允合辦，又須礦務專條四條作准，方能算得辦礦之事完結。然後我當允派丁程司察奪路工，再核算路工各項價目憑單，專議路約。

哲：礦務專條四條，我尚要改。

盛：不能再改。足下果欲改何款乎？

哲：最要者，自開辦之日起，六十年爲期。及開辦使費，與中國攤派分認。此必須改入。

盛：我只能答應自山西撫臺發給憑單之日爲起，限六十年爲期。至於開辦使費，當以實在憑單爲據也。

哲：此合同已用許多使費，方克成功。所以我説合辦，則福公司不合算。中國果欲合辦，非分認經費不可。

盛：應認之使費必認，不應認者必不認。

哲：凡使費皆應分認，因此合同係用使費而來。礦認合辦，即應將合同使費分認。

盛：福公司辦礦，須用使費。山西撫臺辦礦，亦須用使費乎？山西撫臺不須用使費，即不能認使費。且福公司用使費得一半之合同，已算便宜，而且果係正經用法，山西亦可照認。

哲：如山西撫臺嫌此礦資本太鉅，不合辦可也。

盛：非礦之資本鉅，乃福公司糜費太多。

哲：即如從前得此合同，凡爲福公司出力者，福公司皆有酬勞，有明酬款項者，有送給紅股者，此皆應歸正款併算。

盛：使費有合例，有不合例。譬如礦師薪水、足下薪水，此爲合例之使費。若福公司所行賄賂，只要福公司説明所給者何人，何人經手，何日過付，中國亦不追究。但足下必須和盤托出，開出細帳。

哲：已酬勞者，不便明揭，礙難開出細帳，只可開一總帳。

盛：既不揭出人名款項，中國如何能認？總之，無據之款，福公司自認。有據之款而又合例者，中國自當酌認。

哲：並非我强中國付還此款，因使費亦在資本之内，故必分認也。

盛：分認自然。但合例則認，不合例則否，亦是公理。汝若允將晉、豫兩合同全行作廢，則無論何樣使費，我俱允認還。我今姑作一買回福公司山西、河南開礦全合同之説，果值價若何？

哲：約畧計之，至少須二百萬鎊。

盛：以二百萬鎊計之，河南之礦作爲一百萬鎊，山西之礦亦作爲一百萬鎊，中國合辦得去五十萬鎊，則福公司尚有一百五十萬鎊之利益，猶不厭足乎？至福公司自行用去使費如許之多，正不知其如何用法，又不知其是何划算也。

哲：原因將來礦務利益，可以收回開辦使費，即以河南之礦計之，每年出煤一百萬噸，每噸餘利二兩，合共一年餘利二百萬兩。以十年計之，凡所糜費者皆可收回，福公司故亦合算也。

盛：究竟福公司底股若干？

哲：福公司創辦股本四萬鎊，每股一鎊，而開辦股本一百萬鎊，每股一百鎊。將來該礦餘利，兩項股本，應各分其半。是以底股雖每股原價一鎊，而可值八九鎊之多。

盛：然則使費一層，自應在福公司底股漲價得利之處抵還，不應使中國分認。

哲：無此辦法。且我所欲中國分認開辦之費，非欲中國即繳現款，照公司通例，可於將來分利時，由餘利項下，陸續分年攤還。

盛：只要有合例單據、實應分認者，亦可照辦。惟今日談論已久，我等可先將路款報効一節，就此論結。所有前訂鐵路合同未簽字之先，路款以百分之五報効豫省等語，我已電過豫撫，豫撫勉强應允。現在足下又要將行車各項用費除盡而後再提報効，我實不願再電，免得空言辯論無益。

哲：只可由客貨搭客進款抽提報効。惟福公司運礦之貨，則應免抽。

盛：此層可答應。

哲：開車之事，可應允否？據我所擬之條，此鐵路應自始至今作爲中國之産業。故開車後若有盈虧，自然是中國之事。

盛：鐵路尚未定歸中國購買，如中國代認虧本，似屬無辜。現在既不能豫定盈虧，可以先行試車，如果虧本，可以停車。

哲：行車諸人俱已預備，停車則不合算。開車後如有虧本，中國與福公司各認一半如何？

盛：此小事。我可答應。

哲：今日所談者二事，一係煤礦由福公司獨辦，二應分認使費。此二層貴大臣總應答允。

盛：説來説去，我總是一定主意。兩言決之：煤礦獨辦不能行，使費不應認者不認。

哲：不能照辦。

盛：不能照辦。祇好擱起再説。

謹將六月二十四日：哲美森自録會議節畧録呈鈞鑒。

一、行車之事。

訂明福公司應於行車所得客貨搭客款内酌提百分之五，報効豫省。并派韓道臺會同利德商辦行車事宜，一切如六月二十日來函所述云云。又訂明行車如有虧折，中國國家與福公司各認一半。此係合同未定以前暫時辦法。

一、鎔化廠章程。

貴官保云：晉撫堅欲與福公司合辦晉省煤礦，一如現商鐵礦辦法。森當復云：萬難照允。

一、合辦鐵礦。

森云：合辦派股之時，福公司必須將其創造經費，分派核算，撥作股本。貴宫保堅持不允。森復陳明福公司之與中國合辦者，係允中國之請也。福公司初未勸中國合辦，而亦并未請其償還經費。惟中國既願合辦，自應一體辦理，庶昭公允。其創始經費，實係已用之款，惟有取償於煤鐵礦利之中。彼此於此節意見，終不相合。

一、詢何時可派工程司查路看帳。

森云：所有在中國用款帳目，業均檢齊備查，就近在河南查算，最爲便捷。將來若須攜至上海，亦無不可。

貴宫保云：非待鎔化廠章程先行商訂，不能派人前往。

森復詢云：鐵路合同究竟何時可簽字？

貴宫保不能訂一時日。

以上各節是否核實，尚乞示復。此頌

日祉。哲美森。

《礦務檔》外務部收山西商務局總辦劉篤敬等稟《議就贖回晉礦合同》 光緒三十三年十二月十八日，收山西商務局總辦劉篤敬等稟稱：山西商務局與福公司議定贖回山西盂縣平定州潞安澤州與平陽府開礦製鐵轉運正續各章程合同之合同。山西商務局與福公司於光緒二十四年，議定山西開礦製鐵以及轉運各色礦産章程二十條，嗣於光緒三十一年，經鐵路大臣盛與福公司商訂續合同四條。今既有此轇轕，以致不得遵守前後所訂之合同。山西按察司現奉諭旨來京會商調停此件，以了結所有關於章程合同之事，茲將彼此議定之款，均開列於下：

一、現在山西商務局與福公司商議，商務局願晉省備款，將所有與福公司所定開礦製鐵轉運正續各章程合同，議定贖回作廢。既經會議之後，福公司因體量晉省甚願自辦本省礦務之至意，按其詳細情形，應允晉省將前後所議定開礦製鐵轉運正續各章程合同，由晉省贖回自辦，以敦友誼而維和平。

一、贖款計行平化寶銀二百七十五萬兩，由山西商務局擔任，按期交清。

一、此項贖款數目，係晉省所擔任，交與福公司收納，認爲賠償福公司原訂合同内應索之款，並各項所損失之利益。至福公司在他省另有經營，與晉省毫無干涉。

一、此項贖款，准於光緒三十四年正月二十日先交一半，計行平化寶銀一百三十七萬五千兩。其餘之款，分三期攤還：光緒三十五年四月初一日，爲第一批，計行平化寶銀四十五萬八千三百三十三兩；三十六年四月初一日，爲第二批，計行平化寶銀四十五萬八千三百三十三兩；三十七年四月初一日，爲第三批，計行平化寶銀四十五萬八千三百三十四兩。

一、贖款按行平化寶銀核算，不折不扣，其由晉至京匯費等項，並先行借墊款項利息，均歸晉省承認。

一、此案原由商務局稟奉山西巡撫批准，復經前總理衙門奏准，現既由晉省備款贖回作廢，此項合同，應請外務部咨照山西巡撫，督飭商務局按期交款，不准稍有拖欠。

一、晉省礦務既係收回自辦，福公司將所有開礦製鐵轉運正續各章程合同之權，一概退回。晉省決無借洋款之意，惟此次福公司既將所有利益退回，將來晉省礦務製鐵轉運等事，萬一有籌借外款之事，由晉省通告福公司，果其處處較廉，再行籌議，否則另借，各無異言。

一、從此合同簽字之日起，三月之内，福公司應將在平定州所有廠房一切交出，與所有機器等物，一並交與山西商務局。其開列於原定合同所定之五處，福公司將其已購之産，一概退還，不得再執爲業。

一、福公司所聘用之人，無論工程師或他項員役，因此而失其事業，以致不得營生，向福公司要求賠款者，福公司自行擔任。

一、此項贖款，由商務局先行籌借，由晉省畝捐的款項下，每年盡數撥用，緣礦産係晉省公共産業，畝捐亦係晉省公共辦理公益之款，是以應使此款贖回本省之礦産。惟在未將此項贖款還清以前，不得將此畝捐稍爲更改，或減免其數。如畝捐不敷此用，則晉省大吏須隨時提用他款，以補不足。

一、原合同議定之章程二十條，既爲前總理衙門批准，今了結此事之合同，亦爲外務部所批准，並爲大英國使臣應允，以俾彼此保其本國之人遵守一切。

一、現將此合同以華、英文繕具兩分，各執一分爲憑。

山西商務局。

福公司梁。

《礦務檔》附録《大事年表》〔光緒二十二年丙申〕（是年，）（一）湖北鐵廠改歸商辦。

又〔光緒二十四年戊戌〕二月二十七日（三、一九），湖北鐵廠總辦盛宣懷與日本製鐵所長官和田，簽訂合同，以大冶鐵礦易日本煤炭。

又〔光緒二十四年戊戌〕閏三月二十七日（五、一七），總署奏准福公司山西開礦製鐵以及轉運各色礦産章程。

四月初二日(五、二一)，(一)山西商務局曹中裕與華俄銀行璞科第簽訂修築正定鐵路合同。

(二)曹中裕與福公司羅沙第簽訂專辦山西開礦製鐵暨轉運各色礦産章程。

又(光緒二十四年戊戌)五月初三日(六、二一)，豫豐公司吴式釗與福公司羅沙第簽訂河南開礦製鐵以及轉運各色礦産章程。

又(光緒二十五年己亥)〔二月〕，(二)湖北鐵廠與日商簽訂售賣礦石合同。

又(光緒二十六年庚子)八月初五日(八、二九)，湖北鐵廠與日商訂立售賣礦石合同。

又(光緒二十八年壬寅)七月初四日(八、七)，湖北鐵廠總辦盛宣懷與禮和洋行簽訂一百萬馬克及三百萬馬克借款合同兩件(旋皆廢止)。

又(光緒二十九年癸卯)九月二十一日(一一、九)，盛宣懷與日本駐滬總領事小田切簽訂日本購運大冶鐵礦預借礦價草合同(尋於是年十一月二十八日簽訂正合同，約明三十年内大冶鐵礦年銷日本七萬至十萬噸，預借日金三百萬元)。

又(光緒三十年甲辰)二月十九日(四、四)，盛宣懷與福公司總董哲美森在滬續議開辦山西鐵廠及中國購回道清支路事。

又 九月十一日(一〇、一九)，外務部收盛宣懷函，已與福公司議就中國自辦山西鎔化廠暨中英合辦山西鐵礦焦煤及煉焦爐事。

又(光緒三十一年乙巳)六月初一日(七、三)，鐵路大臣盛宣懷與福公司總董哲美森簽訂設立山西鎔化廠暨合辦山西鐵礦合同。

又(光緒三十二年丙午)七月初七日(八、二六)，盛宣懷分電南洋大臣、江西巡撫，九江府德化鐵礦禁售日本。

又(光緒三十三年，丁未)十二月十八日(一、二一)，山西商務局總辦劉篤敬等與福公司總董梁格思簽訂「贖回山西盂縣平定州潞安澤州與平陽府開礦製鐵轉運正續各章程合同之合同」。

又(光緒三十四年，戊申)二月十一日(三、一三)，盛宣懷、趙爾巽奏設漢冶萍煤鐵廠礦公司(股商公舉盛氏爲總理，李維格爲協理)。

《礦務檔》外務部收河南巡撫吴重憙函《籌議駁拒福公司開辦鐵礦·附交涉局何雲蔚與福公司洋董問答》 宣統二年正月二十四日，收豫撫信稱：頃據交涉局駐廠提調候補知府何守雲蔚禀稱，探聞福公司在河内縣境購取含鐵礦質，意欲開採鐵礦，遂即赴焦作礦廠會晤該總董白來喜，詢悉該公司實有欲開鐵礦及製鐵之意，當經援據公法約章，極力辯駁。白董詞理稍屈，答稱此事重大，我輩不能作主，應請英使與外務部及撫臺定奪云云。請即函商鈞部預籌應付之策，並將該守與白董辯駁問答，開具節略，呈請核閲等情，業經據情電陳，諒邀鈞詧。伏查光緒二十四年豫豐公司原訂合同，雖其名稱爲開礦製鐵章程，而條款内但言開礦，並無敘及製鐵一語，且原訂合同擬辦懷慶左右黄河以北諸山各礦，界址殊欠分明。嗣總辦河北礦務局候補道韓道國鈞於二十九年七月間，因該公司擬佔礦地太寬，再四駁令縮減，並繪具礦圖，與之磋商。該公司始允以現在所用者爲黄界，仍存紅色界線，爲日後擴充地步，計黄線界面積六十方里，紅線界約計百餘方里，當經發給憑單，爲該公司開礦之據，一面咨明鈞部有案。現在該公司如擬開鐵礦，亦須先在黄線界内探勘，俟他日黄界内開採無餘，始准在紅界内續請憑單，由該縣查明於地方情形無礙，方能准其開礦。何得於黄紅界以外，任意探勘，以致漫無限制，損失利權。蓋黄紅界線當日幾費磋磨，始能議定，遵守至今。此界一失，後患何堪設想。至製鐵一事，查洋商不得在内地開廠製造，約章載有明文。該公司原合同製鐵二字，核與條約不符，即可作爲無效，況此項合同並無製鐵條款，更不得違背約章開廠製造。又查前鐵路大臣盛杏蓀侍郎，與山西福公司訂立鎔化廠合同，係福公司挖出之鐵砂，交由中國國家鎔化廠，鍊成鐵甎裝運出境。正所以保製造之利益，守約章之範圍。現在福公司如在界内開採鐵礦，亦不得在礦廠自行鎔製，致失内地製造權利。此案現又據何守禀稱，接該礦師堪睿克來函，勘驗鐵礦之舉，未奉批准以前，停止辦理等語。是該礦師尚知謹守定章，復經重憙批飭何守仍據礦界切實辯駁，以期設法阻止。惟聞該總董白來喜有晉京之説，誠恐其慫恿英使逕向鈞部要求，務請鼎力主持，相機駁阻。或請查照上年六月二十四日鈞部來電所開，嗣後應由福公司與交涉局隨時妥商辦理等語辦法，飭令白董來豫與交涉局商辦，俾可查案磋商，隨時駁詰。總之，此事該公司所恃以要挾者，不過原合同中標目之開礦製鐵一語，然此語可以駁詰者，則有三層：第一爲約章洋商不得在内地製造，次則合同並未列製鐵條款，且前發憑單有黄紅線界之限制，該公司此次遣人越界探勘礦石，於以上三層，均相違背。萬不能僅憑合同標目一語，遽行要求也。愚見如斯。是否有當，敬乞鈞裁。再，此事尚未有接該公司文件，果能不向鈞部饒舌，仍請緘密不宣。是所至禱。兹將何守與白董問答節略録呈，伏祈鑒存。耑肅。敬請鈞安，伏惟垂鑒。

計鈔呈清摺一件。

交涉局駐廠提調候補知府何雲蔚，謹將阻駮福公司勘礦製鐵與白洋董問答，開具節畧，呈請鈞鑒。

何云：我見河内縣禀報，福公司遂欲開鐵礦乎？

白云：實有此意，按照合同開礦製鐵。

何云：照合同應禀明撫臺查明核奪。

白云：合同第一條應先由礦師勘定何鄉何山何種礦産，然後禀明撫臺。製鐵需大資本，勘明有鐵，方可禀明。若是無鐵，公司不辦，何必禀明。

何云：我聞山上有數十人挖礦石，此似開礦，並非勘礦，何以不先禀明？

白遂令堪礦師取出礦石兩塊，云：此石有鐵，彼石無鐵，礦豈一望可知。此時並無多人，不過此處二三人滿山尋覓耳。

何云：一千九百零二年馬凱所議條約第八款第九節，洋商不得在内地開廠製造。此是貴國君主批准合同，製鐵二字，已經作廢，我勸貴總董不可復勘鐵礦矣。

白云：合同訂於前，條約訂於後，製鐵二字，豈能作廢？

何云：合同不過商務契約耳，條約是國際法律，效力甚大，範圍甚廣，以法理論之，合同與條約不符之處，應即作廢。

白云：自馬凱訂約後，洋商亦不在内地開煤。若如此説，我公司亦將中止乎？

何云：此可以法學理論言之，泰西法學家云，法律溯及既往，是爲惡法，此指既得權利而言，若未得之權利，則法律有溯及既往之效力。此歐美法學家所公認也。公司煤礦早已開辦，此是既得權利合同製鐵二字作廢之理由。

白云：昔日公司未開鐵礦，實因無煤。

何云：以法理言之，只就今日事實而言，其中有無緣因，非法之所宜問者。

白云：此事我亦不能作主，我已具禀請英使核示，現在英使患病，尚未批示。

何云：製鐵既違約章，若以公法言之，尤屬不合。泰西法學家云，各國陸地鐵冶、海上漁業，與他項商務不同，國家必須特别保護，漁業關係海權，鐵冶關係軍政，各國領海不容外國漁業，豈業鐵可令外人爲之？

白云：各國海岸九里之内，不容外國漁業，至於鐵礦，我英可令外人爲之。

何云：貴英自由商務，我英國煤礦可令外人爲之，惟英國以外，無論何國，一切礦業，皆不令外國人爲之也。

堪云：漢口之東，有一鐵礦，日本人在該處辦理。

白云：日本亦是外國。

何云：堪君所言，必是大冶鐵礦，此張中堂在湖北開辦我國家官礦，日本人在該處運取鐵砂回國製鍊，此無不合之處。

白云：貴提調見聞甚多，辯論甚力，我想此事重大，我輩不能作主，應請英使與外部、撫臺定奪。

何云：我輩今日議論，當即禀明撫臺候示遵行，公司慎勿孟浪從事。

白點頭，亦以爲然。

陶弘景《古今刀劍録》 孔甲在位三十一年，以九年歲次甲辰，采牛首山鐵，鑄一劍，銘曰：「夾」，古文篆書，長四尺一寸。

荀況《荀子》卷一〇 宛鉅鐵鉇，慘如蠭蠆。宛，地名，屬南陽。徐廣曰：大剛曰鉅，鉇與鍦同，矛也。《方言》云：「自關而西謂之矛，吴揚之間謂之鍦。」言宛地出此剛鐵爲矛。

劉仲達《劉氏鴻書》卷七八《珍寶部・鐵》 楚王夫人於夏納涼抱鐵柱，心有所感，遂懷孕，産一鐵，楚王命鏌邪鑄爲雙劍。《列士傳》。

楚王與群臣獵于雲夢，縱良犬，逐狡兔，三日而獲之，其腸是鐵。良工曰：可以爲劍。《異苑》。

鑌鐵出西番，面上有旋螺花者，有芝蔴雪花者。凡刀劍器打磨光浄，用金絲礬礬之，其花則見，價值過于銀。古云：識鐵强如識銀。假造者是黑花，宜細驗。刀子有三絶：大金水總管刀，一也；西番鸂鶒木靶，二也；韃靼樺皮鞘，三也。嘗有鑌鐵剪刀一把，製作極巧，外起花鍍金，裏面嵌銀回回字者。《夷門廣牘》。

馬端臨《文獻通考》卷十五《征榷考・鹽鐵》 先公曰：「孔僅、咸陽所言，前之屬少府者其利微，今改屬大農，則其利盡，此聚斂之臣飾説以蓋其私也。管仲之鹽、鐵，其大法税之而已，鹽雖官嘗自煮之，以權時取利，亦非久行，鐵則官未嘗冶鑄也，與孔、桑之法異矣。」

桓寬《鹽鐵論》卷一《錯幣第四》 大夫曰：「文帝之時，縱民得鑄錢、冶鐵、煮鹽。吴王擅鄣海澤，鄧通專西山。山東奸猾，咸聚吴國，秦、雍、漢、蜀因鄧氏。吴、鄧錢布天下，故有鑄錢之禁。禁禦之法立而奸僞息，奸僞息則民不期於妄得而各務其職，不反本何爲？故統一，則民不二也，幣由上，則下不疑也。」

文學曰：「往古幣衆財通而民樂，其後稍去舊幣，更行白金龜龍，民多巧新幣。幣數易而民益疑。於是廢天下諸錢，而專命水衡三官作。吏匠侵利，或不中式，故有薄厚輕重。農人不習，物類比之，信故疑新，不知姦貞。商賈以美貿惡，以半易倍。買則失實，賣則失理，其疑或滋益甚。」

又卷二《禁耕第五》 大夫曰：「家人有寶器，尚函匣而藏之，況人主之山海乎？夫權利之處，必在深山窮澤之中，非豪民不能通其利。異時鹽鐵未籠，布衣有朐邴，人君有吴王，皆鹽鐵初議也。吴王專山澤之饒，薄賦其民，賑贍窮乏，以成私威。私威積而逆節之心作。夫不蚤絶其源而憂其末，若決吕梁，沛然，其所傷必多矣。太公曰：『一家害百家，百家害諸侯，諸侯害天下，王法禁之。』今放民於權利，罷鹽鐵以資暴彊，遂其貪心，衆邪羣聚，私門成黨，則彊禦日以不制，而并兼之徒姦形成也。」

文學曰：「民人藏於家，諸侯藏於國，天子藏於海內。故民人以垣牆爲藏閉，天子以四海爲匣匱。天子適諸侯，升自阼階，諸侯納管鍵，執策而聽命，示莫爲主也。是以王者不畜聚，下藏於民，遠浮利，務民之義；義禮立，則民化上。若是，雖湯、武生存於世，無所容其慮。工商之事，歐冶之任，何姦之能成？三桓專魯，六卿分晉，不以鹽鐵。故權利深者，不在山海，在朝廷；一家害百家，在蕭牆，而不在朐邴也。」

大夫曰：「山海有禁而民不傾，貴賤有平而民不疑。縣官設衡立準，人從所欲，雖使五尺童子適市，莫之能欺。今罷去之，則豪民擅其用而專其利。決市閭巷，高下在口吻，貴賤無常，端坐而民豪，是以養彊抑弱而藏於跖也。彊養弱抑，則齊民消；若衆穢之盛而害五穀。一家害百家，不在朐邴，如何也？」

文學曰：「山海者，財用之寶路也。鐵器者，農夫之死士也。死士用，則仇讎滅，仇讎滅，則田野闢，田野闢而五穀熟。寶路開，則百姓贍而民用給，民用給則國富。國富而教之以禮，則行道有讓，而工商不相豫，人懷敦樸以相接，而莫相利。夫秦、楚、燕、齊，土力不同，剛柔異勢，巨小之用，居句之宜，黨殊俗易，各有所便。縣官籠而一之，則鐵器失其宜，而農民失其便。器用不便，則農夫罷於野而草萊不辟。草萊不辟，則民困乏。故鹽冶之處，大傲皆依山川，近鐵炭，其勢咸遠而作劇。郡中卒踐更者，多不勘，責取庸代。縣邑或以户口賦鐵，而賤平其準。良家以道次發僦運鹽、鐵，煩費，百姓病苦之。愚竊見一官之傷千里，未覩其在朐邴也。」

又《復古第六》 大夫曰：「故扇水都尉彭祖寧歸，言：『鹽、鐵令品，令品甚明。卒徒衣食縣官，作鑄鐵器，給用甚衆，無妨於民。而吏或不良，禁令不行，故民煩苦之。』令意總一鹽、鐵，非獨爲利入也，將以建本抑末，離朋黨，禁淫侈，絶并兼之路也。古者，名山大澤不以封，爲下之專利也。山海之利，廣澤之畜，天地之藏也，皆宜屬少府；陛下不私，以屬大司農，以佐助百姓。浮食奇民，好欲擅山海之貨，以致富業，役利細民，故沮事議者衆。鐵器兵刃，天下之大用也，非衆庶所宜事也。往者，豪强大家，得管山海之利，采鐵石鼓鑄，煮海爲鹽。一家聚衆或至千餘人，大抵盡收放流人民也。遠去鄉里，棄墳墓，依倚大家，聚深山窮澤之中，成姦僞之業，遂朋黨之權，其輕爲非亦大矣！今者，廣進賢之途，練擇守尉，不待去鹽、鐵而安民也。」

又《非鞅第七》 大夫曰：「昔商君相秦也，內立法度，嚴刑罰，飭政教，姦僞無所容。外設百倍之利，收山澤之税，國富民强，器械完飾，蓄積有餘。是以征敵伐國，攘地斥境，不賦百姓而師以贍。故利用不竭而民不知，地盡西河而民不苦。鹽、鐵之利，所以佐百姓之急，足軍旅之費，務蓄積以備乏絶，所給甚衆，有益於國，無害於人。百姓何苦爾，而文學何憂也？」

文學曰：「昔文帝之時，無鹽、鐵之利而民富；今有之而百姓困乏，未見利之所利也，而見其害也。且利不從天來，不從地出，一取之民間，謂之百倍，此計之失者也。」

又卷三《刺權第九》 大夫曰：「今夫越之具區，楚之雲夢，宋之鉅野，齊之孟諸，有國之富而霸王之資也。人君統而守之則强，不禁則亡。齊以其腸胃予人，家强而不制，枝大而折幹，以專巨海之富而擅魚鹽之利也。勢足以使衆，恩足以卹下，是以齊國內倍而外附。權移於臣，政墜於家，公室卑而田宗强，轉轂游海者蓋三千乘，失之於本而末不可救。今山川海澤之原，非獨雲夢、孟諸也。鼓鑄煮鹽，其勢必深居幽谷，而人民所罕至。姦猾交通山海之際，恐生大姦。乘利驕溢，散樸滋僞，則人之貴本者寡。大農鹽鐵丞咸陽、孔僅等上請：『願募民自給費，因縣官器，煮鹽予用，以杜浮僞之路。』由此觀之：令意所禁微，有司之慮亦遠矣。」

又卷四《輕重第一四》 御史進曰：「昔太公封於營丘，辟草萊而居焉。地薄人少，於是通利末之道，極女工之巧。是以鄰國交於齊，財畜貨殖，世爲彊國。管仲相桓公，襲先君之業，行輕重之變，南服彊楚而霸諸侯。今大夫君修太公、桓、管子術，總一鹽、鐵，通山川之利而萬物殖。是以縣官用饒足，民不困乏，本末並利，上下俱足，此籌計之所致，非獨耕桑農也。」

文學曰：「禮義者，國之基也，而權利者，政之殘也。孔子曰：『能以禮讓爲國乎？何有。』伊尹、太公以百里興其君，管仲專於桓公，以千乘之齊，而不能至於王，其所務非也。故功名隳壞而道不濟。當此之時，諸侯莫能以德而争於公利，故以權相傾。今天下合爲一家，利末惡欲行？淫巧惡欲施？大夫君以心計策國用，構諸侯，參以酒榷，咸陽、孔僅增以鹽、鐵，江充、楊可之等，各以鋒鋭，言利末之事析秋毫，可爲無間矣。非特管仲設九府，徼山海也。然而國家衰耗，城郭空虛。故非特崇仁義無以化民，非力本農無以富邦也。」

御史曰：「水有猵獺而池魚勞，國有强禦而齊民消。故茂林之下無豐草，大塊之間無美苗。夫理國之道，除穢鋤豪，然後百姓均平，各安其宇。張廷尉論定律令，明法以繩天下，誅姦猾，絶并兼之徒，而强不凌弱，衆不暴寡。大夫君運籌策，建國用，籠天下鹽、鐵諸利，以排富商大賈，買官贖罪，損有餘，補不足，以齊黎民。是以兵革東西征伐，賦斂不增而用足。大損益之事，賢者所覩，非衆人之所知也。」

又卷七《國疾第二八》 丞相史曰：「夫辯國家之政事，論執政之得失，何不徐徐道理相喻，何至切切如此乎！大夫難罷鹽、鐵者，非有私也，憂國家之用、邊境之費也。諸生闇闇争鹽、鐵，亦非爲己也，欲反之於古而輔成仁義也。二者各有所宗，時世異務，又安可堅任古術而非今之理也。且夫小雅非人，必有以易之。諸生若有能安集國中，懷來遠方，使邊境無寇虜之災，租税盡爲諸生除之，何況鹽、鐵、均輸乎！所以貴術儒者，貴其處謙推讓，以道盡人。今辯訟愕愕然，無赤、賜之辭，而見鄙倍之色，非所聞也。大夫言過，而諸生亦如之，諸生不直謝大夫耳。」

又卷八《水旱第三六》 大夫曰：「議者貴其辭約而指明，可於衆人之聽，不至繁文稠辭，多言害有司化俗之計，而家人語。陶朱爲生，本末異徑，一家數事，而治生之道乃備。今縣官鑄農器，使民務本，不營於末，則無饑寒之累。鹽、鐵何害而罷？」

賢良曰：「農，天下之大業也，鐵器，民之大用也。器用便利，則用力少而得作多，農大樂事勸功。用不具，則田疇荒，穀不殖，用力鮮，功自半。器便與不便，其功相什而倍也。縣官鼓鑄鐵器，大抵多爲大器，務應員程，不給民用。民用鈍弊，割草不痛，是以農夫作劇，得獲者少，百姓苦之矣。」

大夫曰：「卒徒工匠，以縣官日作公事，財用饒，器用備。家人合會，褊於日而勤於用，鐵力不銷鍊，堅柔不和。故有司請總鹽、鐵，一其用，平其賈，以便百姓公私。雖虞、夏之爲治，不易於此。吏明其教，工致其事，則剛柔和，器用便。此則百姓何苦？而農夫何疾？」

賢良曰：「卒徒工匠！故民得占租鼓鑄、煮鹽之時，鹽與五穀同賈，器和利而中用。今縣官作鐵器，多苦惡，用費不省，卒徒煩而力作不盡。家人相一，父子戮力，各務爲善器，器不善者不集。農事急，輓運衍之阡陌之間。民相與市買，得以財貨五穀新幣易貨；或時貰民，不棄作業。置田器，各得所欲。更繇省約，縣官以徒復作，繕治道橋，諸發民便之。今總其原，壹其賈，器多堅䃘，善惡無所擇。吏數不在，器難得。家人不能多儲，多儲則鎮生。棄膏腴之日，遠市田器，則後良時。鹽、鐵賈貴，百姓不便。貧民或木耕手耨，土耰淡食。鐵官賣器不售或頗賦與民。卒徒作不中呈，時命助之。發徵無限，更繇以均劇，故百姓疾苦之。古者，千室之邑，百乘之家，陶冶工商，四民之求，足以相更。故農民不離畦畝而足乎田器，工人不斬伐而足乎材木，陶冶不耕田而足乎粟米，百姓各得其便，而上無事焉。是以王者務本不作末，去炫燿，除雕琢，湛民以禮，示民以樸，是以百姓務本而不營於末。」

《漢書》卷七《昭帝紀第七》 贊曰：昔周成以孺子繼統，而有管、蔡四國流言之變。孝昭幼年即位，亦有燕、盍、上官逆亂之謀。成王不疑周公，孝昭委任霍光，各因其時以成名，大矣哉！承孝武奢侈餘敝師旅之後，海内虚耗，户口減半，光知時務之要，輕繇薄賦，與民休息。至始元、元鳳之間，匈奴和親，百姓充實。舉賢良文學，問民所疾苦，議鹽鐵而罷榷酤，尊號曰「昭」，不亦宜乎！

釋契嵩《鐔津文集》卷七《風俗》 漢人用鹽、鐵代農，而其俗趨利，至有民與利肆之吏「利」有作「市」。以直相給，仁義詘而貨利興，禮讓廉節之風亡矣，故漢俗日以敝。

《六臣注文選》卷三五 銷踰羊頭，鏷五臣作鏷。越鍛丁亂。成。善曰：《淮南子》：「苗山之鋌，羊頭之銷，雖水斷龍髯，陸剸兕甲，莫之服帶。」許慎曰：「銷，生鐵也。」高誘曰：「苗山利金，所出羊頭之銷，白羊子，刀也。鏷或謂爲鏷。」《廣雅》：「鏷，鋌也。」謝承《後漢書》：「孝章皇帝賜諸尚書劍，手自署姓名：尚書陳寵，濟南鍛成。」《蒼頡篇》曰：「鍛，椎也。」翰曰：「鑄鐵不銷，以羊頭骨灰致之，乃銷。鏷，鐵鋌也。鍛成謂濟南鍛成之劍。踰、越，皆過也。」

徐堅《初學記》卷一八《人部中》 陶白程羅。《史記》曰：「范蠡浮海出濟，變名姓，止於陶，致貲累巨萬，天下稱陶朱公。」又曰：「白圭樂觀時變，趨時若猛獸鷙鳥之發。」《漢書》曰：「程鄭，山東遷虜也。冶鐵賈，富埒卓氏。」又曰：「成都羅裒，貲至巨萬。」

卓鄭猗陶。《史記》曰：「卓氏因鐵冶富。」又曰：「程鄭富埒卓氏。」《孔叢》曰：「猗頓大畜牛羊於猗氏之南。資擬王公，富於猗氏，故曰猗頓。」《史記》曰：「范蠡止陶，致貲累巨萬，天下稱陶朱公。」

甄鸞《張丘建算經》卷上 今有鐵十斤，一經入爐得七斤。今有鐵，三經入爐，得七十九斤一十一兩。問未入爐本鐵幾何？答曰：二百三十二斤五兩四銖三百四十三分銖之二百八十四。術曰：置鐵三經入爐，得斤兩數，以十斤再自乘，乃乘上爲實。以七斤再自乘，爲法。實如法而得一。

顧炎武《山東考古録·考鐵》 漢時濟南爲産鐵之地。《後漢志》言：東平陵有鐵，歷城有鐵。又《韓棱傳》：肅宗賜陳寵寶劍曰「濟南椎成」。注：椎，直追反。《漢官》作「鍛成」。是不惟産鐵，又出名劍。今府學之鐵牛、靈巖寺之鐵袈裟，皆鐵之精英發見於地上者也。

夏侯陽《夏侯陽算經》卷下 今有生鐵六千二百八十一斤，欲鍊爲黃鐵，每斤耗五兩，問爲黃鐵幾何？答曰：「黃鐵四千三百一十八斤三兩。」術曰：「置生鐵數以一十一兩乘，以一十六除之即得。」今有黃鐵四千三百一十八斤三兩，欲鍊爲鋼鐵，每斤耗三兩，問〔爲〕鋼鐵幾何？答曰：「鋼鐵三千五百八斤八兩一十銖五絫。」術曰：「置黃鐵數以一十三兩乘之，一十六兩除之即得。」今有鋼鐵二千五百斤，依前所耗數，却求爲黃鐵。問得幾何？答曰：「黃鐵三千七十六斤一十四兩一十三分兩之一十。」術曰：「置鋼鐵數一十六乘之，一十三除之即得。」今有黃鐵三千七十六斤一十四兩一十三分兩之一十，却求鋼鐵。問得幾何？答曰：「二千五百斤。」術曰：「置黃鐵數一十三乘之，一十六除之即得。」

《北史》卷九九《突厥傳》 或云突厥本平涼雜胡，姓阿史那氏。魏太武皇帝滅沮渠氏，阿史那以五百家奔蠕蠕。世居金山之陽，爲蠕蠕鐵工。金山形似兜鍪，俗號兜鍪爲突厥，因以爲號。

陸羽《茶經》卷中《四茶之器·鍑音輔，或作釜，或作鬴》 鍑以生鐵爲之，今人有業冶者，所謂急鐵。其鐵以耕刀之趄鍊而鑄之。

樂史《太平寰宇記》卷七五《劍南西道四·邛州》 臨溪，縣東三十里。舊六鄉，今五鄉。本漢臨邛縣地。後魏恭帝二年分臨邛縣，置臨溪縣。古石山。《華陽國志》云：古石山有石鑛，大如蒜子，火燒合之成流(與)〔支〕鐵，甚剛。山有鐵祖祠，彼鐵冶之家多祀之。

吴曾《能改齋漫録》卷一三《記事·河中府浮橋》 河中府河有中潬，其上有舜廟及井。唐明皇始爲浮橋，鑄鐵爲牛，有鐵席，席下爲鐵柱，埋之地中，以繫橋絙。張燕公爲之贊。自是橋未嘗壞。慶曆以前，河水數西溢浸朝邑，民苦之，屢請塞堤。蔣希魯知河中府，始塞之，自是每歲繕修西堤。及劉元瑜知河中府，河水大漲，不得決泄，橋遂壞。鐵牛皆拔，流數十步沈河中。中潬亦壞，自是不能復修。津濟阻礙，人畜數有溺死者。

陳舜仁《〔萬曆〕應天府志》卷一五《山川志·溧陽》 鐵山，東南五十里，嘗産鐵，今坑冶遺跡尚存。《唐書·地理志》云：溧陽縣有鐵，即其地。

王圻《續文獻通考》卷二三《征榷考·坑冶》 〔遼道宗〕十年十一月，禁南京不得私貨鐵。

咸雍六年十一月，禁鬻生熟鐵於回紇準布等界。

《宋史》卷八八《地理志四》〔江南西路〕 袁州，上，宜春郡，軍事。崇寧户一十三萬二千二百九十九，口三十二萬四千三百五十三。貢紵布。縣四：宜春，望。分宜，望。雍熙元年置。有貴山鐵務。萍鄉，望。萬載。緊。開寶末，自筠州來屬。宣和三年，改名建城。紹興元年，復今名。

撫州，上，臨川郡，軍事。建炎四年，隸江南東路。紹興四年，復來隸。崇寧户一十六萬一千四百八十，口三十七萬三千六百五十二。貢葛。縣五：臨川，望。紹興十九年，析惠安、顯秀二鄉入崇仁。崇仁，望。宜黃，望。開寶三年，升宜黃場爲縣。金谿，緊。開寶五年，升金谿場爲縣。樂安。紹興十九年置，割崇仁、吉水四鄉隸之。二十四年，以雲蓋鄉還隸永豐。

李心傳《建炎以來繫年要録》卷一六三 〔紹興二十二年六月〕壬申，樞密院檢詳諸房文字陳相試尚書左司員外郎。丁丑，宰執進呈右朝請大夫、知嘉州王知遠到任五事，論四川鐵錢至少，自罷鑄後，見今嘉、邛州及成都府各刱都作院，以嘉、邛所產鐵炭打造軍器，赴利州樁管，數目不少。今邊事寧息，望將兩州依舊鼓鑄小鐵錢。

姚廣孝《明太祖高皇帝實録》卷九一〔洪武七年秋七月〕甲子，敕中書省臣曰：「朕觀甲冑之成，甚不易也。初剳山取礦，鍊石成汁，凝精爲鐵，然後入工人之手，鎚鍊剪製，方成甲冑。久貯不用，多鏽蝕零落，徒勞民力矣。今陝西之甲，其數甚廣，宜差人往視，若有此等，即令修整，其線穿者，悉易以皮，庶便壯士之用。」

錢希言《劍筴》卷一《硎采篇》 北齊綦毋懷文以道術事齊神武，懷文造宿鐵刀，其法燒生鐵精以重柔鋌，數宿則成剛。以柔鐵爲刀脊，浴以五牲之溺，淬以五牲之脂，斬甲過三十札。今襄國冶家所鑄宿柔鋌，是其遺法，作刀猶甚快利，但不能頓截三十札也。懷文又云：「廣平郡南幹子城是干將鑄劍處，其土可瑩刀。」《北齊書》。

又《硎采篇・兔膽劍》 昆吾山有獸大如兔，毛色如金，食土下之丹石，深穴地以爲窟，亦食銅鐵，膽腎皆如鐵。其雌者色白如銀。昔吴國武庫之中，兵刃鐵器俱被食盡，而封署依然。王令檢其庫穴，獵得雙兔，一白一黄，殺之。開其腹而有鐵膽腎，方知兵刃之鐵爲鬼所食。王乃召其劍工，令鑄其膽腎以爲劍，一雌一雄。號干將者雄，號鏌鋣者雌。其劍可以切玉斷犀，王深寶之，遂霸其國。王子年《拾遺記》。

昆吾山有獸如兔，食銅、鐵，膽腎能如鐵。吴國武庫兵刃俱盡，而封署如故，得雙兔殺之，有鐵腎，方知兵刃爲食，乃鑄腎爲二劍，雄爲干將，雌爲鏌鋣。《玉湘記》。

又《硎采篇・歐冶子五劍》 流州在西海中，地方三千里，去東岸十九萬里。上多山川，積石名爲昆吾冶。其石成鐵，作劍光明，洞照如水精狀，割玉物如割泥，亦饒仙家。漢東方朔《十洲記》。

流淵在西河中，地方萬三千里，去東岸十九萬里。上有名山，積石爲昆吾冶。其石成鐵，作劍光明，洞照如水精，可以割玉。《龍魚河圖》。

梁吴均詠寶劍詩：我有一寶劍，出自昆吾溪。照人如照水，切玉如切泥。鍔邊霜凛凛，匣上風凄凄。寄語張公子，何當來見攜。

又《硎采篇・龍淵劍一名龍泉》 漢武帝元光三年，河水決濮陽，氾郡十六，發卒十萬救決河，起龍淵宫。孟康曰：在西平界，其水可用淬刀劍，特堅利，古龍淵之劍取於此。齊王僧虔《地理志》。

汝南西平縣有龍淵水，可用淬刀劍，故劍名龍泉，楚之寶劍也。《晉太康地記》

晉太康《地理志》：「縣有龍泉，水可以砥礪刀劍，爲楚寶也。縣出名金，古有鐵官。」《水經注》。

唐郭元振《古劍歌》：君不見昆吾鐵冶飛炎烟，紅光紫氣俱赫然。良工鍛鍊經幾年，鑄得寶劍名龍泉。龍泉顔色如霜雪，良工咨嗟歎奇絶。琉璃匣裏吐蓮花，錯鏤金環映明月。正逢天下無風塵，幸得周防君子身。精光黯黯青蛇色，文章片片緑龜鱗。非直結交遊俠子，亦嘗親近英雄人。何嫌中路遭棄捐，零落漂淪古獄邊。雖復沉埋無所用，猶能夜夜氣衝天。

又《硎采篇・火林劍》 火林國有山，方數百里，出神鐵，中多瘴毒，不可輕爲采取。若中國之君有道，神鐵即自流溢，鍊之爲劍，必多靈異。其劍之光如電，切金玉如泥，以朽木磨之，則生烟焰，以金石擊之，則火光流起。《杜陽雜編》。

又《硎采篇・浪劍》 南詔又獻浪劍鬱刃。鑄時以毒藥并冶，取迎躍如星者，凡十年乃成。淬以馬血，用金犀飾鐔首，傷人立死，蓋浪人所鑄，故以爲名王所佩者，傳七世矣。《續博物志》。

李清《三垣筆記》筆記下《弘光》 迨大工既畢，中外執例關請，嘗閲司空劄放從工垣掛號者，軍火器械，十不及一，而内員之請討，十居六七，衙宇之修葺，十有二三。如銀作局工匠千名，人日給工食銀一錢二分，每月支銀三千六百兩，工食如此，所打造金銀又當如何？

何汝賓《兵録》卷三《鳥銃總説》 兵法曰：「以火佐攻者明。」諸器之中，鳥銃第一，中國原無此器，傳自倭夷，始得之。此與各種火器不同，利能洞甲，射能命中，弓矢勿及也。凡造銃者須知鍊鐵，蓋鐵中原有渣滓夾雜，須煅煉不已，融盡渣滓，抵於精純，方免脆折爆損之患。故十斤而鍊用一斤者爲上，十斤而鍊用三四斤者爲次。」

阿桂《平定兩金川方略》卷五八 同日，温福奏言：「竊臣自進剿以來，大小礮子，俱用生鐵鎔鑄，成造較易，從未用過熟鐵；至每次攻得地方，搜獲賊番，拾存我兵，礮子俱堆貯不用。蓋緣番地素不產煤，又不知燒炭之法，不能鎔鐵，其礮子俱係熟鐵，則其不能鑄用生鐵，已可概見。」

傅應奎《〔乾隆〕韓城縣志》卷二《物産》 宋時有冶户，包孝肅有《請罷同州韓城縣鐵冶務疏》鐵之利，今則微矣。

洪亮吉《乾隆府廳州縣圖志》卷一二《沁州》 鐵冶在〔沁源縣〕縣東北。樂史云：「大通監管東西二冶，東冶在綿上縣。」《圖説》：縣境鐵鑛鑪凡五，一在縣西，餘俱在縣北百里。

焦循《孟子正義》卷一一《滕文公上》 曰：「許子以釜甑爨，以鐵耕乎？」注：爨，炊也。孟子曰，許子寧以釜甑炊食，以鐵爲犂用之耕否邪。疏：注「爨，炊也」，正義曰：《説文》火部云：「炊，爨也。」又爨部云：「爨，齊謂炊爨。」段氏玉裁《説文解字注》云：「齊謂炊爨者，齊人謂炊曰爨。古言謂，則不言曰，如毛傳『婦人謂嫁婦』是也。《特牲》、《少牢禮》注皆曰：『爨，竈也。』此因爨必於竈，故謂竈爲爨。《楚茨》傳云：『爨，雍爨、廩爨也。』此謂竈。又曰：『踖踖，爨竈有容也。』此謂炊。」按此言以釜甑爨，釜甑作竈，則爨不得又爲竈，故是炊矣。《説文》牛部云：「犂，耕也。」段氏玉裁《説文解字注》云：「犂、耕二字互訓。」皆謂田器，故云以鐵爲犂。爨本竈名，用以炊，即以炊爲爨；猶犂本田器，用以耕，即以耕爲犂也。曰：「然。」注：相曰用之。

薛福成《庸庵海外文編》卷三《海關出入貨類叙略癸巳》 光緒十八年，進口洋藥價銀二千七百四十一萬餘兩，洋布、羽綾、棉紗、棉綫價銀五千二百七十萬餘兩，呢羽、嗶嘰、氈絨價銀四百七十九萬餘兩，鋼、鐵、銅、鉛、錫價銀七百十三萬餘兩，米價銀五百八十二萬餘兩，煤油價銀五百零四萬餘兩，海貨價銀五百二十萬餘兩，煤價銀二百萬餘兩，自來火價銀一百四十二萬餘兩，其餘雜貨價銀各數十百萬兩不等，都洋貨價銀一萬三千五百十萬餘兩，而紗布、呢羽等幾居進口貨價之半，洋藥亦幾居四分之一。爲中國計，宜設方略漸杜洋藥來源，而勸導商民仿洋法織布紡紗，尤爲第一要義。其次開礦，其次鍊鐵，其次仿織呢羽、氈絨，其次仿造自來火乃製煉煤油。風氣既開，而致富之能事盡此矣。出口絲繭價銀三千零三十四萬餘兩，綢緞價銀七百九十六萬餘兩，茶價銀二千五百九十八萬餘兩，棉花價銀五百零八萬餘兩，草帽、緶價銀二百零五萬餘兩，糧價銀二百零七萬餘兩，紙價銀一百五十七萬餘兩，席價銀一百二十九萬餘兩，豆價、爆竹價銀各一百十八萬餘兩，瓷器、窑器價銀一百零八萬餘兩，其餘雜貨價銀各數十百萬兩不等，都土貨價銀一萬零二百五十八萬餘兩。絲、茶兩項爲大宗，幾占土貨價十分之六，如欲整頓土貨，仍須注力絲、茶，庶能握其綱領，其餘如棉、糖、紙、席、草帽、緶等物，苟能隨事講求，隨時整理，亦有大益。此外，土貨俟鐵路開通，必有於無意中暢銷，如草帽、緶之類者矣。竊查光緒元、二年間，出入口貨約略足以相抵，今以出貨與入貨相比較，中國虧銀至三千二百五十餘萬兩之多，何哉？近兩年中，洋布、洋紗進口之價，逾於元、二年間之價，約三千數百萬兩，則中國虧銀，皆紗、布暢銷爲之也。從此，中國織婦機女束手飢寒者，當不下數千萬人，豈細故哉，而謂導民織布紡紗，尚可緩乎哉？抑余又聞，紡紗之效，逾於織布。日本通國經營，已獲厚利，即華民自織之布，亦樂購用洋紗，以其價廉質良而易售也。故華商偶設一二紡紗之廠，亦無不獲利者。然則有提倡之責者，盍勸商民購機設廠，先仿洋法紡紗，以蘄漸及織布乎。

鄭光祖《一斑録》卷三《物理·金石》 鐵産浙、閩、滇、黔、川、廣諸省，其類不一，各適所用。廠洞山土甚黄，鐵之本色也，故鐵之銹亦黄。然鐵器著於木則黑，故熱茶盌足即黑漆桌面成黄圈，以冷水貼鐵刀於其上，一夕而無。

曾國荃《曾忠襄公書札》卷二〇《致劉仲帥》 客臘二十五日，肅復寸函，並交黄委員賫呈過山礮各件，知已得蒙察入。前承囑撥匠二名，當以此項礮位費工甚夥，非二人所能勝任，函請尊示。奉電諭囑多派數名，總期敷用等因。准此，因飭局員酌定人數，即可令其戒途。貴省甫在興工，需人孔亟，若再俟奉到詳細復示，始飭前赴，深恐輾轉後時，非所以上副垂委之盛意。頃據局員悉心籌度，代爲擬定藉應尊需，由該局員等呈開節略前來，稱製造此項礮位須用上等工匠，擬派礮爐正副匠人二名，〔拉〕〔並〕鐵爐正副匠人二名，機器廠車礮拔絲匠人二名，其餘應用幫工應由貴省就近添撥，以節川費。第熟鐵爐須用黑松煤，火力方足。並爐須用外國火磚、外國火泥配以大瀛搥重三墩者，方能合用。其此項匠人所需常用各機器想貴省均已購備，惟需添車耳拔絲機器，未知貴省已有此件否？兹特一併臚陳，上備採擇。該局擬令匠等於三月初旬動身，所需路費以及預借工食等項銀兩，屆時均當由局先行墊付，再行開單呈覽。

曾國荃《〔光緒〕山西通志》卷八九《金石記一》 《刀劍（緑）〔録〕》：關公爲先主所重，不惜身命，自採都山鐵爲二刀，銘曰萬人。及公敗，投之水中。

穆彰阿《〔嘉慶〕大清一統志》卷二六一 横嶺。在安化縣北十八里，産鐵，形如蠐螬，製爲刀鍼，極利。

董增齡《國語正義》卷六《齊語》 美金以鑄劍、戟，解：鑄，冶也。試諸狗馬；解：狗、馬，難爲利者。惡金以鑄鉏、夷、斤、欘，解：惡，麄也。夷，平也，所以削草平地。

斤，形似鉏而小。欘，斫也。疏：惡金至斤欘。《齊民要術》引「犍爲舍人」云：「斫斸，鉏也。一名定。」《爾雅・釋器》：斫斸謂之定。郭注鉏屬。《釋名》：鉏，助也，去穢助苗長也。《考工記》：宋之斤。《説文》：斲，斫也。徐鉉曰：「㽞器也。斤以斲之。」《爾雅・釋器》：斫謂之鐯。郭注：「鐯也。」《淮南・精神訓》高注：「钁，斫也。」則欘即钁。《説文》：钁，大鉏也。試諸壤土。

盛宣懷《愚齋存稿》卷六二《電報三九・寄江寧魏制臺黄藩臺〔光緒二十九年〕十一月二十八日》　昨奉大咨，以津鎮鐵路，英人已往勘利國驛。查利國著名鐵礦，前經江寧紳士胡安國集股辦理不善，議請敝處接辦。嗣因香帥奏請，將湖北鐵廠移交敝處，無力兼辦利國，乃經桂道介紹，由胡姓售與廣東候補知府吴惇蔭招商辦理，聞吴亦力薄中止。昨吴由粤來滬，言因病未見，但聞英國覬覦此礦，因與嶧縣煤礦相近，鐵路一通，以煤就鐵，無窮之利，悉歸英人。且將來彼必就鐵製造，不特湖北鐵廠受其壓制，即滬蕪製造廠力量亦難相抵。應請查明吴惇蔭接受利國鐵礦案據，咨送敝處，並迅速行令徐州道府查明吴惇蔭現在何處，務必設法勒令不准售與洋人。如吴守無力自辦，即由敝處奏辦之勘礦公司如數籌款發還，將此鐵礦暫歸勘礦公司承受，以保此礦，是不僅爲湖北鐵廠起見，實於江南大局稍有關係。乞酌裁電復。

又卷六三《電報四〇・寄張筱帥〔光緒三十年〕三月初八日》　部電：晉礦合同，係商務局借款自辦，與借款造路同一辦法，本不應推歸洋商，自失權利。若照合同内作主，則製鐵之權亦尚在我等語。哲美森則云，晉礦利權，原給與商務局，但該局已轉授與福公司，以六十年爲期，不能更動；製鐵明明寫在合同上，福公司實有六十年開廠鑄鐵之權。志道迭向争論，哲持定合同奉旨批准，不能更動。事關大局，應請尊處速將合同英文照鈔兩份，一寄外務〔部〕，一寄敝處，以憑核對。

又《電報四〇・寄外務部〔光緒三十年〕三月初十日》　福公司事具詳二十四公函。奉嘯電：英使請增各節，工師已用英人，若造估辦理仍歸福公司，直是我籌款，彼執權，與晉省所給礦務權利相同，何得謂中國自辦？又盂、平、潞、澤皆饒於鐵，一廠之外，若再別處設廠，只圖省彼運費，不顧糜我廠本，國家籌款惟艱，更貽無窮後患。按晉礦合同衹准枝路接幹路轉運煤鐵，是煤鐵必須運至枝路明矣。今在枝路處設廠鎔化，彼已省火車運費多矣，斷無一礦設一廠之理。香帥在漢陽設廠十五年來，想再在大冶設廠，至今無此財力，可見實非易事。如英使再來嘵舌，請告以英商攘我無窮礦利，不過籌本千萬，我政府造路爲彼運礦，又設廠爲彼化礦，所費不止千萬，將來能否取利還本，尚不可知，待英公司可謂極厚。此係商務，無所用其强勒。哲面議本已允洽，只恃英使護符，故爲嘗試得步進步。昨來詢鈞處電諭到否，已遣陳道實告。前因訂期晤商，不敢憚煩，擬求大部仍推敝處與晉省辦事之人未能再讓。外人公論已足，看來不難定議。所以一再堅持，無非爲救前弊，防後患起見，總期少喫虧苦，以副鈞厪。

又卷六四《電報四一・寄香帥〔光緒三十年三月十五日〕》　李維格議在湘東設化鐵爐以就煤鐵，其地已通鐵路，濱臨湘河，屬萍鄉縣，距城三十華里，與湘境毘連。距醴陵縣城六十華里，醴陵至株洲路線三十英里，自造鐵路，限來年四月通車，株洲即與粤漢幹路相接。軌未通前，煤礦極大機件發水時亦由河道直運湘東，敝處只有鐵道圖，照繪分寄寧鄂。鈞駕何日由寧返鄂，乞示。

又卷六五《電報四二・寄北京外務部商部太原張中丞〔光緒三十年〕五月初二日》　晉鐵甲天下，詳於香帥前疏，令照晉礦合同權利悉歸英商，而澤道鐵路須我借款，就地化鐵又不能拒絶。雖多方設法，确如晉撫所言，仍是中國喫虧彼佔便宜。正月三十日部電云，晉礦本不應推歸洋商，自失權利，一語破的。無如英執合同，晉撫派志道與商報効，絲毫不允，遑論權利。宣懷不憚煩勞，持定鐵礦、鐵廠必與鐵路同定。現議鐵礦中英合辦，鐵廠中國獨辦，特立專條與澤道路約同日畫押，似此雖未能全收權利，只要後人辦好，總可收回一半。其文曰一，山西鐵礦福公司尚未開辦，現經議定，中國願與福公司合辦該省鐵礦以及化鐵需用之煤礦與煉焦爐，福公司應允中國合股開辦，以五成爲度，中英董事人數相同，平權辦理，其詳細合同另行會訂。二，中國國家自籌資本，准在晉省設立鎔化廠，允將中國與福公司合辦鐵礦之鐵砂交由國家鎔化廠煉成鐵磚，以便易於火車裝運。此鎔化廠或設在就近産鐵之處，或在就近鐵路之處，由彼此商定相宜地段安置。其化鐵爐式様，自必選取各國最新最精之圖様，估算辦理。屆時福公司如有圖様、價值，亦可一併呈送，由督辦大臣擇其極相宜者辦理，以期工速費省。如果礦務興旺，推廣辦理實多裨益，應准商量中國國家推廣辦法，以期盡善，而保廠礦彼此利益。三，鎔化之費彼此商訂公道之價，該廠如實係自己需用之煤及焦炭，倘欲向中國與福公司合辦之煤礦、或福公司獨辦之煤礦購買，須訂一額外價值，比外賣之價略減，該公司儘先供用。該廠既設之後，國家須時常保全妥當合用，而該公司除國家允准外，不得將鐵砂寄往別處鎔化，或別法銷用，該廠亦不得於該公司交鍊鐵砂有所耽延。四，該廠及日後推廣之廠，均係中國國家物産。該廠督辦大臣應自遴用合式化鐵師，如屆時中國尚無稱職之人，應向英國選聘。以上第一條争之數月始得就緒，第二條又復磋商仍與二月二十九日部電大意不相違背，第三、四條仍舊。是否有當，請鈞裁核示。

又《電報四二・外務部來電（光緒三十年）五月初四日**》** 蕭電所議四條均屬可行。惟第一條既載明晉省煤鐵各礦均與福公司合辦，其三條所載或福公司獨辦之煤礦，係指何處煤礦而言？希電復。

又卷七四《電報五一・寄張中堂陳尚書（光緒三十三年）八月初二日**》** 頃陳伯帥面述洙昭鐵路，湘公司公議，准舍弧綫而造直綫，並已籌有股本二百餘萬，亦可八個月告成，毫無耽擱。現蒙中堂電，令湘紳赴京面商全局，湘紳志在自辦，斷無改移，但求郵傳部復奏，即可尅日開工等語。查洙昭爲萍礦命根，數年來原求湘省自造，旋因改弧爲幹，不得已商籌部款，由萍洙官路接展短枝，專運煤焦，在樞部委曲成全，無非爲兼顧路礦起見。今湘公司業已籌足款項，仍以潭爲枝，並就洙洲、長沙兩面開工，先行趕成幹綫一節，將來粵漢全路皆可免繞弧綫，不僅萍礦之益。且粵路商股之易集，皆因佛山、三水先成短路，獲有厚利，樹之先聲。湘路若得洙長一段速成，於招股亦較容易，可見湘紳往復籌維，已恍然得其竅要。郵傳部提挈綱領，派員赴湘會議，既於路礦大局皆得保全，似可會奏，仍准湘辦。在部中本無絲毫争利之心，亦省得數十萬之款。惟漢廠第三化鐵大爐預算開春告成，加用煤焦尤鉅。近來洙水更涸，前經部派李大受復勘，須至暮雲寺，方能由輪船接運。現在湘公司既定兩頭開工，如能以暮雲寺爲分段，則兩節路可相若，工亦可同竣。再將來煤車日多一日，第一節應否預備雙軌，當於此時預留地步。以上管見所及，諒在台鑒之中，只因咨商在前，用敢縷陳，乞鈞裁電示。

又《電報五一・郵傳部來電（光緒三十三年）十月初一日**》** 洙昭路事本部爲利益萍礦起見，迭受湘人誹謗，數月來往返互商，設法轉圜。現准湘撫復電內有白鶴仙、九曲黄河等處，均屬偪窄，原路綫僅敷幹路之位。今萍路展築，如能另取一直綫將原勘地位給湘路興築，即兩無妨礙等語。查薛道前呈路基説帖曾云，枝路擬仍築至易家灣，下水不必至暮雲寺，亦毋庸假道九曲黄河。惟此節關係萍礦利害。前勘路委員只周察路綫，至該處河流漲落，河岸高低，設立碼頭、灣泊船隻是否合宜，均未深考究，應至暮至易本部未便遽定。除電李部郎外，特電聞，乞熟籌電復。倘須至暮，則九曲黄河取綫仍請礦廠與湘人商議爲盼。

又《電報五一・寄郵傳部（光緒三十三年）十月初八日**》** 承示洙昭設法轉圜，萬商同感。記得原勘洙易直綫內有偪窄處，可容雙軌而非兩綫。湘囑部另取直綫，地勢物理恐均爲難。前因湘呈繞潭，舍直就弧，故部奏另展枝路。今湘自請照原勘地位給湘路興築，似已更正，以洙易直路爲幹，潭爲枝。陳伯帥並接湘函允即開工，八個月告成。如果确實，不僅礦廠無礙，實有利於粵漢全路，大部通籌兼顧，幸已轉移。請電詢薛道，如難另取直綫，似可准湘公司呈請更正，聲明工程期限，即會督撫奏復，不必另造，以節部款。否則漢廠新爐明年告成，用焦兩倍，且美日議購萍焦甚鉅，如其儘出難題，相持不決，欲速反遲，將索之於枯魚之肆矣。承詢煤棧碼頭究定何處，尤感關切，已電李郎中、薛道查明再復。

又《電報五一・寄張中堂（光緒三十三年）十一月二十五日**》** 鄂湘鐵路籌借外款，聞以各省財政擔保，可一洗從前指路作抵致損路權之病。現值金昂，借鎊正好機會，交通與立憲亦有關係，不可再遲，高道抵京，濮必開送條款。漢廠爲中堂督鄂第一實業，十餘年艱苦增拓，譽溢歐美，指望各路盡用漢軌，以彰駿烈。惜津浦合同於購料用款各條鈎勒欠緊，致吕尚書屢争用漢而不得。該廠第三爐明年告成，第四爐賡續接造，無米之炊，多攬一路鋼軌即可預支一節軌價。謀定後戰，情逾望歲。務求中堂路廠兼顧，密飭高道訂約時於軌板尅定漢造，於財政嚴收主權；簽印畢事，首檄局員與廠訂立購料合同，酌量預支料價，以資擴充，免如津浦爲英德所持，感荷無既，仍求訓示。

又《電報五一・寄北京張中堂（宣統元年）七月十三日**》** 銅官山係鐵礦近始得悉，若准其內地設廠，勢必各國效尤踵至。且以英人財力在皖經營冶鍊，樹漢廠勁敵，跌價争售，務使漢廠不支，而後吞併，實深焦慮。務求中堂主持廢約。保全漢廠，豈獨一廠之幸，關係大局非淺。並聞凱約翰暗約日股百萬，尤險。

又《電報五一・寄英京李伯行星使（宣統元年）七月十三日**》** 銅官山鐵礦仗鼎力勸阻，不則爲漢廠勁敵，近情如何？乞電示。

又卷七五《電報五二・開封吴仲帥來電（宣統二年）二月二十五日**》** 福公司在修武縣焦作地方開礦，前已畫定黄紅綫礦界，經該公司洋人利德遵允，交有條款在案。乃該公司近日忽於界外挖取鐵砂，意欲開採鐵礦，並在廠內製鐵，當經駐礦提調何守雲蔚援據約章礦界，切實磋駁，該公司白董詞理稍屈，有此事重大，應請英使與外部定奪之語。即經敝處電告外部，相機駁阻。嗣准部電，英使果爲該公司要求開採鐵礦，屬即派員赴部商辦，敝處業經派員赴京。查福公司原訂合同，雖標目上有製鐵二字，而條款内並無涉及製鐵之語。查約章，洋商不得内地設廠製造，且礦界既定，亦不得越界探採，自應嚴切拒駁，以保利權。查光緒二十九年，公與福公司因議修枝路，曾議改動礦章，將合同上製鐵字樣銷去。又公與山西福公司訂立鎔化廠合同，係福公司挖出鐵砂，交由中國鎔化，以保内地製造之權利。具仰藎籌周密，洞燭機先，無任欽佩。豫省謀之不早，致有此次交涉，若再准其另開鐵礦，則黄紅綫界不能保守。河北礦産豐富，不止煤鐵兩種，恐踵接要求，地利必致盡失。且福公司要求内地賣煤，甫經允可，而大河南北、長江一帶已有不可遏抑之勢，若一允其製鐵，則内地製造之利權不保。而漢陽鐵廠賴公鼎力經營，爲亞東鉅偉之事業，外人側目已久，必藉此爲妨礙漢廠之計，實於大局有礙。現雖派員赴部陳商駁拒，然結果未知何若，豫省紳商力亦未逮，倘得吾公大力主持，乘此時機，將該處採鐵製鐵事宜速籌自辦，或即歸漢廠經理，以保大利，而杜狡謀，想公必以爲然，望速派委員來汴密商，以成此舉，大局攸賴。素仰我公規模閎遠，擘畫周詳，用敢密陳，乞電復爲荷

又《電報五二・寄開封吴仲帥（宣統二年二月二十八日）》　有電感悉。合同不應執單簡之標目，棄詳細之條款，此爲世界公理。況在紅黄綫礦界之外，我更有詞。請切電外部始終駁拒。周玉翁任江督時曾言，利國驛鐵礦若非漢廠包舉，必爲禍種。近孫慕翁密函，亦以德人在濰採鐵，囑漢併辦。其維護鐵政、關念大局之心與公不謀而合，感佩奚如。漢廠得有今日，宣實心力並瘁，兼營并包，其何能速？籌之再四，可否由公激勸豫省紳富援澤潞，取消福公司採礦案，結團集款，收回自辦。但求收回，至速辦緩辦，權自我操。值兹民氣伸張，或可爲長官後盾，一得之愚是否可採，祈斟審並示近情。

又卷八九《補遺六六・寄王夔帥（宣統三年四月初二日）》　沁勘電，香帥與宣互觀，意甚快慰。其兩宥電皆代擬説到本身，則南皮筆也。帥復大加嘉許，愈見融洽。吾華造路正在始基，從前覓得大冶鐵山，條陳醇邸，開鐵政，皆爲今日。現詳審勘驗，鐵無窮，鋼極佳，兩爐齊開，每年可成極好鋼軌千里，正敷蘆漢工用，免使鉅款外溢。鐵政得此，亦足次第推廣。惟總辦不得人，洋匠不用命，百弊叢集，散漫雜亂，必須改頭換面。前有洋商就鄂議辦，陳右帥痛切諷止。惲松雲力主華商持久，乃屬意於宣，議集華股百萬，而以實用官本作存項，得利後，分年歸還。奏改官督商辦，路與軌兩局綜於一手，路成廠亦成。香帥擬先奏派總理廠務，宣本不敢擔荷，但念華商無人領袖，若一推讓，恐廠與路皆屬洋商，貽後來患。反復思維，人生百歲耳，事機易失，既有把握，曷不放手爲之。質之夫子，倘以爲然，擬即允承接，遴派坐辦股董布置大概，再由滬回津稟商路事，而軌已無求於外洋矣。

杞廬主人《時務通考》卷一三《礦務三・開採・鐵》　英國成鐵增減。一千七百四十年，英國既缺木炭，而鍊鐵尚未用生煤與枯煤，故鐵業幾停。前次每年成鐵略十八萬噸，此時忽減，每年成鐵僅一萬七千三百五十噸。計英國各處成鐵之數，步里根：爐二座，每年成鐵六百噸。古暮根，爐二座，每年成鐵四百噸。加馬頓：爐二座，每年成鐵一百噸。哲：爐三座，每年成鐵一千七百噸。鈍皮：爐二座，每年成鐵五百五十噸。古螺絲打：爐六座，每年成鐵二千八百五十噸。黑里分：爐三座，每年成鐵一千三百五十噸。喊步：爐一座，每年成鐵二百噸。根得：爐四座，每年成鐵四百噸。門毛得：爐二座，每年成鐵九百噸。諾丁哈馬：爐一座，每年成鐵二百噸。沙路伯：爐六座，每年成鐵二千噸。司打夫：爐二座，每年成鐵一千噸。活司得：爐二座，每年成鐵七百噸。色西克司：爐十座，每年成鐵一千四噸。胡回克：爐二座，每年成鐵七百噸。約克：爐六座，每年成鐵一千四百噸。特皮：爐四座，每年成鐵八百噸。英國共爐五十九座，每年共成鐵一萬六千三百五十噸。一千七百八十八年，英國出木炭鐵一萬四千五百噸，出枯煤鐵五萬三千八百噸，共出鐵六萬八千三百噸。一千七百四十年，英國出鐵一萬七千三百五十噸。一千八百八十八年，增出之鐵，五萬零九百五十噸。

英國産鐵增數。一千八百二十三年至一千八百二十七年，英國數處所出鐵加增之數，一千八百二十年噸數，計威勒士北邊十五萬噸，威勒士南邊十五萬噸，沙路伯十八萬噸，司打夫十八萬噸，約克五萬噸，特皮五萬噸，蘇格二萬噸。一千八百二十七年噸數，計威勒士北邊二萬四千噸，威勒士南邊二十七萬二十噸，沙路伯七萬八千噸，司打夫二十萬六千噸，約克四萬三千噸，特皮二萬零五百噸，蘇格三萬六千噸。

英國鐵價。生鐵價中數每噸金錢三圓，銀錢十圓，銅錢二圓，計英國每年所出之生鐵，值金錢一千二百八十三萬八千五百六十圓。

英國産鐵數。一千八百五十七年，英國出鐵之全數，計奴登步蘭省六萬三

千二百五十噸，得而來麥二十八萬四千五百噸，約克二十九萬六千八百三十八噸，闌克一千二百三十三噸，干步闌三萬零五百十五噸，特皮十一萬二千一百九十噸，沙路伯十一萬七千一百四十一噸，司打夫北邊十三萬四千零五十七噸，司打夫南邊□□□六十五萬七千二百九十五噸，奴担步登一萬一千五百噸，古螺絲打二萬三千八百八十二噸，省木三百噸，威而士北邊三萬七千零四十九噸，威而士南邊出白煤處六萬三千四百四十噸，威而士南邊出枯煤處九十萬零七千二百八十七噸，蘇格闌九十一萬八十噸，愛而闌一千噸，英蘇愛三處共數三百九十五萬九千四百四十七噸。一千八百五十七年，英國出鐵礦九百五十七萬三千二百八十一噸。鎔此礦鐵成生鐵之爐數，英國三百三十三爐，威勒士一百七十爐，蘇格闌一百三十七爐，愛爾闌一爐，共六百二十八噸。

布國産鐵數。英國駐布國公使云，一千八百五十三年，布國共挖鐵礦一百四十九萬五千五百十六噸，内來納河邊之省挖得七十一萬九千六百八十四噸，韋司打非里亞地挖得十四萬六千三百二十噸，西里西阿地挖得五十六萬三千七百三十九噸，色克色尼地土令其阿地挖得五萬一十噸，布闌頓白格地挖得八千八十四噸，沙非里納地挖得三千七百六十三噸。一千八百五十四年，共挖二百十四萬四千零九噸，内來納河邊之省挖得一百零六萬八千五百六十五噸，韋司打非里亞地挖得三十三萬零十四噸，西里西阿地挖得六十五萬零三百六十九噸，色克色尼地土令其阿地挖得七萬零六百七十六噸，布闌頓白格地挖得一萬二千七百六十三噸，沙非里納地挖得一萬二千零六十三噸。

各西國成鐵數。各國每年成鐵數，計英國三百萬噸，法國七十五萬噸，美國七十五萬噸，布國三十五萬噸，奧國二十五萬噸，卑利知國二十萬噸，俄國二十萬噸，瑞顛國十五噸，日耳曼數邦十萬噸，各他國三十萬噸，統共六百萬噸。

又《礦務四・鎔煉・鐵》 煉鐵新法。一千八百四十年，苦來納將含多鐵之礦，在倒焰爐直成熟鐵。一千七百九十九年，立奴司用錳養於錮鋼之内，近有多人用之。一千八百三十九年，希德與尾克司。一千八百三十五年，司打夫火多。一千八百五十三年，里知門。一千八百五十四年，布魯門。一千八百五十五年，苦老里。一千八百五十六年，暮希德。用錳養於鍊鋼之内而另用數料，如鈉綠鉀衰鐵鈣養炭養等。一千八百六十三年，苦來納。一千八百四十二年，布特。設法燒白煤鍊鐵。吹風用大壓力，先加大熱而後入爐。歐洲數處，亦設法燒成煤料，得上等鐵，阿爾闌之地，亦用此法。有人設法令礦不遇煤，而用煤氣鍊生鐵與熟鐵，墺國西里西亞之地，久用煤氣掉鐵與提净生鐵。近來果得亦用煤氣鍊生鐵。一千八百四十二年，那司米特設汽椎，鐵業更盛。後有更第與内辣，與聿勒生等，變那司米之汽椎而益巧。一千八百三十二年，地格。四十二年，麥肯内馬。設法用鍊生鐵爐所散之各氣，重燒而得熱。一千八百四十年，格司得與愛分司。一千八百五十四年，那司米。一千八百五十五年，馬體思與別色麻。一千八百五十五年，打辣已。用水氣於掉鐵，里與亨得二人，設法將燒成枯煤時，所散各氣，重燒得熱，用之掉鐵。末格里又用之鍊生鐵。一千八百五十五年，俞賈體由司，設法以生鐵變爲鋼。法將已鎔之生鐵，傾入水中成粒，而合於鐵養炭養礦鎔之，生鐵内之炭即與鐵養之養氣化合散去而成鋼。布魯門田與牛登，令生鐵變爲鋼。別色麻設法將已鎔之生鐵，以多空氣與水氣噴入而燒去其炭，使成熟鐵與鋼。又有鍊鐵之家改變掉法，造能打之生鐵，得板與條。一千七百二十二年，西人路暮而者設法造鋼，以熟鐵沁於鎔化生鐵内，令變爲鋼。一千七百四十年，西人痕支曼設法以硬性熟鐵條，鎔變爲鋼。一千八百三十九年，英人墨希德設法以錳炭之質，鎔和鐵條之内，使變成鋼。一千八百五十六年，別色麻設法吹風入鎔化生鐵内，燒去其炭質若干，使變成鋼。一千八百五十七年，墨希德設法於別色麻爐所鍊之鋼，添以含錳生鐵料，西名司拜古來孫者，得成細鋼。西門子設煤氣爐，於罐内鎔鍊鋼料，大能省煤，前鍊鋼一頓，需枯煤二頓半者，今用此爐，祇用粗烟煤一頓半。西門子與馬丁二人，設新法爐，能成上等好鋼，所需之料爲零鐵或生鐵或鐵礦。陪爾奴與本沙德二人，設爐較前者更精，所需之料可以更粗，而變好鋼。有設新法者，能用別色麻爐提出鐵内所含燐、硫二質，此二質有損於鋼鐵，提去之則下等鐵可並變爲上等鋼。

伯爵德特利鍊鐵法。英國昔時鍊鐵，俱用木炭，嗣後造爐並多，木炭不能敷用，迨一千七百四十年，有刊木燒炭以鎔鐵之禁，鍊鐵頓減。前次每年成鐵十八萬噸，至是每年成鐵僅一萬七千三百五十噸。英國王惹米斯第一，準鎔鐵家在數處以生煤代木炭鎔鐵，然未得法。一千六百二十一年，伯爵德特利報明新法，能用生煤與風箱鎔礦成生鐵，每六日能成三噸，當時雖有不準一人或一公司專做一業之律，而特利造鐵之法特準之。彼時雖思用枯煤，而枯煤與鐵之愛力，小於烟煤，必與礦相切甚久，方成生鐵，後得加高冶爐之法，即久切而枯煤乃可用矣。又用汽機與吹風精器，礦更易鎔，英國由此鐵業興盛，至今甲於各國焉。

軋掉鍊鐵法。軋鐵與掉鐵之法，英國果司布得人果得所搠，此二法在用風箱鍊鐵之後，亦爲最要。第一法，將熟鐵粘連軋成各式之料。一千七百八十三年，報於英國。法將熟鐵成捆，入於不扇風之爐，得熱至粘度，取出入雙轆轤軋過，擠出鐵内之土質，並擠緊鐵質，使成條紋而甚韌。雖次等之鐵，軋過之後，能加其韌。轆轤作凹凸形，可得各式之鐵條。此法雖善，而尚未能多造。第二法，將生鐵鍊成熟鐵，多而且好，工費亦小。一千七百八十四年，報於英國。法自鎔礦冶爐，放出鐵汁，流入一倒焰爐之凹内，以火焰與空氣經過鐵面，將長桿掉之，至不發□而漸結成團，取出以大椎打(崔)〔催〕其渣而成熟鐵，亦軋成各式之料。

法國鍊鐵大廠。一千八百十五年，英法和睦之後，賈陸到英國往各處細考各法，回至法國，在以氏國之地，設大鐵廠。至今此廠爲法國之最大，法國每年造生猪鐵略一百萬噸。但各處造鐵路汽車橋船屋梁等件，需鐵極多，(木)〔本〕國各廠不敷所用，故每年自各國購鐵甚多。

瑞顛國木炭鍊鐵。瑞顛國精鐵馳名天下，然近來別處鍊鐵益精，能與頡頏。其鐵之精不特其礦略爲純鐵養，且係專用木炭，惟瑞國與奴而韋等處不產煤，倘準任意刊木作炭，不久即無樹木。故作炭鎔鐵，每年準其用樹若干，律有限制，所以出鐵不能多。

英國購精鐵。近來兩年，英國難得精鐵，爲礮之用，如能有阿加地亞礦之鐵則甚善，故兵部買此鐵極多。記武官韋勒馬特，試此鐵合用與否，所試鑄礮極佳。

成煤料鍊鐵。歐洲物茲格山百物里亞國、殺克生國、法國，多將成煤料燒成炭，以鎔鐵礦。每乾料百分，得炭三十分，入窑内或鍋内在外燒之，得炭四十分，收其氣質，可變成數種貴價之物。

砌白煤鍊鐵法。煙煤鎔鍊鐵礦所用，近來用熱風則可用白煤鎔礦，故英國與美國用之，逐年益多。初用白煤鎔鍊鐵礦，多有難處，南成勒士之苦留納與以司打利非勒之布特，先後設多法免之，皆獲大利，至今皆賴其創此妙法。

印度鍊鐵舊法。印度人自古能鍊鐵，數處鐵滓成大堆，係數千年鍊鐵所積。其法甚粗，不便多造，至今尚泥而不改。爐大如平常煙通，用鐵二、養三及鐵三、養四等含多鐵之礦，費數時之苦工，僅成鐵數磅。惟此類工人，工價甚小，故鐵價亦廉。

生烏利人鍊鐵。布尼何之東南多生烏利人，能鍊鐵成刀，售與布尼何各處土人，謂此鐵所成之刀，比外國各鐵所成之刀更利而耐用。所用鐵礦其層經過巴尼都河底，土人東潮水退盡取之，係泥鐵礦而變性，略同棕色礦，水浸故也。鍊法將礦與木柴層層相間，煅之一日，取出打成小塊如鴿卵大，再與十倍體積之木炭相和，先於爐内盛木炭三分之二，次以煅過之礦與木炭相和者裝入爐内，滿至爐口，再成尖堆，生火吹風。每二十分時，停吹風，放出渣滓一次，需五分時，爐内礦與炭將盡時，必加大吹風之力。其吹風之器，用圓木去其中心，以雞毛圍於圓板之外爲鞲鞴，中用木條作挺桿，往復於空心圓木之内，與中國風箱同，推路四尺，每分時往復四十次。旁有竹管通風至吹風口，加大風力之後，爐底成熟鐵塊，略重一百磅，以木鉗自爐底取出，置於極細鐵渣所鋪之平面上，以木椎打之，成長方形。鐵内之渣尚不能盡出，再分成十塊，每塊另加熱至紅，打之數次乃純，方可爲刀，此次耗去三分重之一。

到來司廠冷風鍊鐵。脱路蘭鍊鐵書云：到來司廠鎔礦爐，容積七千零二十五立方尺，每分時吹冷風五千三百九十立方尺，每成生鐵一噸，用煅過之泥鐵礦二噸八担、煤二噸十担、灰石十七担，每七日成紫色生鐵略一百三十噸，得渣滓二百五十噸。在此爐内造白色生鐵，必加風力，而使吹入之風數加多至每分時七千三百七十立方尺。每成生鐵一噸，用煅過之泥鐵礦一噸八担、炙石礦十担、打鐵成提浄鐵所得之渣滓十担、煤二噸二担、灰石十四担，每七日成白色生鐵一百七十噸，得渣滓三百十噸。

苦賴克攷冷熱風鍊鐵法。阿白定書院化學師苦賴克，曾考冷熱二風法用煤之數。一千八百三十三年，苦來特鐵廠用熱風法半年，每鎔成生鐵一噸，用煤二噸五担二十八磅，不必先成枯煤，再用煤八担，爲熱風與汽機，共用煤二噸十三担二十八磅。一千八百二十九年，用冷風法，每成鐵一噸，用煤八噸一担二十八磅，略三倍餘，且不但省煤三倍，又能省生煤燒成枯煤之費。苦賴克亦考苦來特鐵廠成鐵之數，一千八百二十九年，三座冷風枯煤冶爐每七日成生鐵一百十噸十四担。計成生鐵一噸，用生煤八噸一担二十八磅。一千八百三十年，三座枯煤冶爐用三百度之熱風，每七日成生鐵一百六十噸二担。計成生鐵一噸，用生煤五噸三担二十八磅。一千八百三十三年，四座生煤冶爐用六百度之熱風，七日成鐵二百四十五噸。計成生鐵一噸，用生煤二噸五担二十八磅。

倭白都生鐵變鋼法。法國人白氏愛論云，法國失而省鐵廠主人倭白都，考知將鎔礦爐所出之煙與氣通出，以燒生鐵變鋼，並燒石灰磚等。一千八百十四年，求法國保佑其生鐵變鋼之法。一千八百三十二年，英國人氏格設同法，英國保之。

鍊鐵各法。鍊礦所成生鐵，可分兩種，一用木炭所成者，一用枯煤或生煤所成者。瑞顛國用木炭鍊成生鐵，即通鐵汁至提鐵爐，再用米炭鍊成熟鐵。別國用枯煤或生煤鍊成生鐵，則用掉法，使成熟鐵。而法有二：一將生鐵先入提淨爐，而後入掉鐵爐成熟鐵。一將生鐵即入掉鐵爐，提淨而兼掉成熟鐵，名爲沸法。英國蒲而頓地，路失登公司廠，鍊鐵最爲考究，十五年内，各處所設造鐵板鐵皮有益之新法，廠中皆用之。

苦來鍊鐵提淨法。英國人苦來剏設提淨之法，以大(鋼)〔鍋〕置高塔，鍋底作多孔，如篩，與造獵槍所用小鉛子者略同。將鐵汁傾入鍋内，則漏下成細粒，落下經過空氣，所含之鐵質，與燐硫等燒盡，塔下以水箱受之。

勒失登鍊鐵法。勒失登公司鐵廠，直用猪鐵成熟鐵，而猪鐵内另添罔步蘭地來之炙石礦，此礦能放多養氣，而助生鐵成熟鐵，掉工更易，成鐵更多更良。

那司米得鍊鐵沸法。有多人設新法，以化學理令生鐵放散其炭質，未能得法。一千八百三十年，那司米得將沸法考究更精，蒲而頓鐵廠，多年用之得大益，後乃漸傳至別廠。

別色麻鋼造各器。倫頓米達司河造橋，每環長七十尺，用鑄鋼爲橋面，横剖面每方寸能受牽力四十五噸。若用熟鐵作此橋面，厚必加倍，尋常各物，用硬鋼亦可。近人作大起水筩桿，每條長三十尺，用鋼爲之，横剖面每方寸應能受牽力十三萬磅。曾有人試各種鋼，知每萬分含炭分二十五分至五十分者，則横剖面每方寸能受牽力九萬至十萬磅，作鍋爐極宜，能撞孔，能打摺邊，與紅鋼略同。曼治司搭近處有廠，用此鋼作鍋爐共六座，每座長三十尺，徑六十六寸，板厚十六寸之五，每方寸常受汽漲力一百磅。一千八百六十三年十二月，在百名哈馬，試別色麻所造鋼槍管，仿燕非特之式，内徑〇·五五七寸，槍子重七百十五釐，徑寸五五一，長一寸〇四三，用火藥八錢二分半。以一彈起，每放一次加一彈，至第十七次，槍内有十七彈尚未裂。再加火藥至九錢二分半，放十七彈未裂，再放十八彈尚不裂。再漸加火藥與彈，至用火藥十五錢，彈二十五顆，尚不礫裂。細觀其槍，分毫無變。後又作槍管，内膛仿燕非特之式，而重僅一磅，以試燕非特槍管之法，試之未礫，再將外面車去一層，試之仍未礫，連車至所餘僅重八兩，試之亦不礫，可知堅固之極也。

別色麻空氣水氣鎔鐵法。別色麻初法報於英國，其說用空氣或水氣，吹入已鎔之猪鐵，或提純之生鐵内，使能受椎打，略同鑄鋼。一千八百五十五年，又報於英國，用水氣或空氣吹入已鎔之生鐵，使提淨而仍掉之成熟鐵，或徑成熟鐵，鑄成團而軋成條或板。嗣又報新得成塊之法軋法等。一千八百五十九年，別色麻通知工程公會，以空氣吹入已鎔之生鐵内，生鐵所含硫與燐不能全去，以水氣輕氣吹入已鎔之生鐵内，生鐵所含矽養亦不能全去，必用不含此各質之生鐵，方可成純熟鐵，如印度國鐵礦並奴法司果省礦是也。失非特地之廠，今用上等之礦，惟近處若無上等礦，則甚不便，故揀選英國克里亞托，與圭而對勒，與地納樹林，所産之花點礦，或炙石礦，或鐵養炭養礦。

又《礦務二·備器·鐵》 西班牙舊鍊鐵爐。吹風冶爐，及西班牙舊時加得闌冶爐，皆用扇風之法，比羅馬人之爐稍精。爐可不必在山上，熱度之大小有一定，成鐵可多。惟爐内之熱度較大，鐵必鎔而與炭質化合，故硬而似鋼，異於古時鍊成之熟鐵，不適於用。

地納林古鍊鐵爐。古時之爐變爲現在冶爐，約在前一千五百年。蓋一千七百年，英國已能考究猪鐵，多造生鐵礮，售與歐洲各國。且現在□□□□有舊冶爐二座，此爐前屬於英國王，至一千七百五十年，查而斯第一與公會相争而廢，今尚見所積灰滓極多。約此二爐二百年所積，可知在一千五百年所造也。

黑人鍊鐵泥爐。海邊黑人，有歐洲人與之貿易，可購得各種鐵器，其價甚廉，故不自鍊鐵。阿非利加内地黑人，與海邊不通，亦自能鍊礦成熟鐵，自用之餘，售與鄰國。遊覽内地，住宿賈馬利亞時，見相近處有鎔鐵爐一座，用泥作圓形，徑三尺，高十尺，外以樹枝作箍，圍其上下，受大熱不致裂散。爐之近底，略與地面等高之處，有七孔，每孔内通三泥管，以泥封其管外與孔之間，令空氣專自管内而入，可制所進空氣之多少。造此管用泥與草調和，圍於圓木條外，待稍乾取出木條，置日下曬乾即成。鐵礦爲暗紅色，面有灰色點，其質甚重，打碎如卵大。先以乾木一捆入爐内，再入多木炭而加鐵礦一層，礦上加木炭一層，層層相間，加至爐滿。自一管内生火，用羊皮風袋吹風，初時慢燒數小時，爐之上口，見火焰後，第一夜燒甚猛，屢次加炭與礦。第二日火稍小，第二夜取出數管，而吹入之空氣更多，爐内之熱仍極大，爐口常有火焰外出。第三日各管皆取出，見管端受大熱而鎔如玻璃，待數日爐全冷，將爐之上半拆去，取出其鐵，成亂形大塊，有木炭數塊粘連，打之有聲，打去一塊，斷口有顆粒形如鋼。工人云，此鑄雖大半無用，而所剩者則爲上等鐵，售得之價，除工本外，尚有餘利。但所成者爲鋼而非鐵，性硬而脆，必加多工，方能成各器。其法屢次入爐加熱，用椎打之。吹風之羊皮袋作雙摺成二袋，由一管通風，風甚勻。所用之椎與剪與砧皆甚簡，以此各器作各種鐵器，手工甚巧，最精者爲刀與槍。

杜留思鎔鐵礦爐。蓋司得爵所屬杜留思鐵廠鎔礦爐，底座外方，每邊三十八尺，向上漸斂，每尺爲三寸，至二十五尺處作凸邊，自凸邊向上作圓形，亦向上漸斂每尺爲三寸。至爐頂處又作凸邊，以托添煤礦人車之路，名爲裝臺。周圍有欄杆，爐底高八尺，徑八尺，蒲柱高十五尺，爐腹最大處，徑十八尺，自蒲柱之頂，向上漸小而成曲線，至高十五尺，齊裝臺處，徑十尺。煙通旁有孔可添礦添煤，吹風膛上作穹形。各膛内有孔，通風入爐。放鐵膛上亦作穹形，下有放鐵汁之孔。爐之外殼常用石砌，外圍最牢之鐵箍，内層熱而漲大，不致磔裂，内用火磚作裏，以濕火泥代石灰砌之。裏分内外二層，相離二寸至三寸，中間爲空處，内層受大熱而漲大，外殼不裂。

可克留納錬鐵熱風爐。近時奥末比之地，有新式熱風爐，可克留納廠内用之。英國汽機公會書記其法，以二爐更番爲用。爐用火磚砌成，内裝亂火磚等不能鎔之物，多留空隙。下作煤膛以燒煤，使其火焰經過火磚之空隙，餘煙上升至煙通，放出火熱，畧盡火磚所收。一二小時，爐之火磚已極熱，則關下進火焰之門，而開上進冷風之門，使冷風自上之冷處向下至熱處，收磚之熱。同時關第二爐下進火焰之門，使火焰經(遇)〔過〕火磚之空隙，再一二小時，而仍調換如前，頗爲巧妙。此爐一對，每分時加熱風一千立方尺，爲一箇吹風口之用。

白特錬鐵熱風爐。一千八百四十五年，白特用鎔礦爐所出之熱與火與氣，燒熱風，求英國保之，以司搭利非拉鎔礦爐燒白煤，即用此法。熱風爐膛之底内，有平置之二生鐵管，一進冷風，一出熱風。此二總管，有横管連之，横管上有立置之彎生鐵管，此爐容於二鎔礦爐之中間。而上邊相齊，上有煙通，高於鎔礦爐口，約二十五尺。自鎔礦爐之對邊爐口下略二尺，有平置之火路，或三或四，徑各十二寸，引至熱風爐。欲以鎔礦爐所散之氣，燒水化汽，或燒熱風，而無礙於鎔礦爐内之變化，必慎自爐之何處取其氣。如距頂太近，則已遇空氣而燒，太遠則尚未化礦成鐵，皆不便也。

西里西阿煤氣掉鐵爐。歐洲數國，有用西里西阿煤氣爐掉鐵者。西里西阿新式之爐，可代常式倒焰爐之用，能省燒料，成熟鐵更便。爐栅處作長方形之火膛，長六尺，寬四尺，名成煤氣膛。四圍與上下以磚(國)〔圍〕之，底有孔以輪扇進空氣。引火膛内所成之煤氣入爐至鐵面，煤氣入爐之處有噴口，空氣與煤氣口之各管，各有塞門。管爐人可任意開關大小，以制爐内熱之大小。

白浪壓鐵團器。白浪壓器，最是巧妙。鐵團自器之上落入漸下，遇各軸而壓之，即自落出，由龍骨梯引上，至軋軸前，大能省時。一座能軋掉鐵爐十二座至十四座所出之鐵團，其軋成之鐵塊，足敷二座軋軸連軋不息。

柱尼古勒夫剪鐵機器。近年各國多用大鐵板造船汽機陸汽機之鍋爐與鐵橋，大而且重，剪齊亦難，必有專器。英國造大鐵橋，多用極大之鐵板。柱尼古勒夫公司因專設機器以剪之，每次能剪開長十尺，今時各大廠皆仿用之。

那司米打鐵汽椎。一千八百三十三年，那司米初刱汽椎，求保於英國。他法之椎乃漸廢，至今歐洲各(團)〔國〕大廠皆用汽椎，他法之椎廢棄迨盡。汽椎有倒汽筩挺桿，椎塊用方釘與梃桿相連，梃桿下有凹凸力之墊，令其擊力平均，否則鞲鞴易受大傷。椎塊二邊，有直輔連於架柱，管椎之人，將汽門之柄提上，汽即能通入斜齒輪。二螺絲相接轉動，則桿能上下，而椎起有高低，擊力可大小。因桿與凸塊相切，即推動汽罨，面汽筩内鞲鞴下之汽放出，椎即落下而擊。桿撥螺絲向下時，螺絲之肩，至機閘之下，即爲閘柱。而常放汽出，至椎落下一擊而下動，則椎旁横桿打彎桿，彎桿即推開機閘，螺絲即向上。又推動汽罨，而放汽入鞲鞴之下，其汽先入小汽筩之内小鞲鞴之上面，乃推下汽罨桿而開汽罨也。欲移轉過所打之鐵，必使椎不擊下，可將機開之柄，離開螺絲之肩，則汽放出緩，而椎落下與砧不相切，機開若閘住螺絲之肩，則汽放出速，而椎打甚重，此爲那司來之法，極其靈便。近人改變之式，如根地之法，挺桿不動，即以汽筩爲椎塊。而椎面連於汽筩之底，挺桿與鞲鞴連於架頂，汽自挺桿孔入於汽筩，壓住筩蓋，汽筩即起上。又馬里生之法，挺桿甚大，即以爲椎塊，汽筩蓋有深軟墊接之，以代直輔。又打船錨等欲便於用，以房屋之熟鐵梁爲汽椎架，工匠可四面行動甚便。又立格皮設立輕汽椎，鞲鞴兩面皆進汽，起落甚速，落時擊力加大。内辣造大汽椎，亦鞲鞴兩面皆進汽，落時擊力極大。其小者，每分時可打二百五十次。

來達打鐵機器。來達設打小件機器，甚速甚準，用三寸方之小砧多個，各在大螺絲之上，螺絲通過其架，以配椎與砧之相距。螺絲與砧間墊軟木一層，減擊力之震動。各砧上皆有椎，能在架内上下，有兩心輪轉動，令椎頭打下，有大力螺簧使起上，每分時可打七百次。器端有一剪刀，用長桿動之，打完之物，或未打之物，皆可剪齊。

別氏鍊鋼桃形爐。別色麻法之爐如瓶形，謂之桃形爐。名爲爐而實兼作罐之用，能鎔鋼五噸，徑七尺六寸。内鋪乾尼司太粒，厚九寸至十二寸，外用鍋爐板作殼，旁有二耳，如礮耳而空心，吹風即由此通入爐内。爐底可拆卸，便於調換，底内有火泥進風孔七至十二孔，徑六分。廠内必預備爐底多個，便於調换，吹風之抵力，每平方寸十五磅至二十五磅。

別氏鍊鋼二爐。別色麻添用二爐，第一爐換吹風口或修理時，即用第二爐，可晝夜不息而省費。二爐噴火，彼此相背，煙通下端有罩，蓋於爐口，引其火星至煙通内。鑄坑作半圓形，有桶架，架外端連桶，桶底有塞門與孔，能放鋼至模内，一爐傾鋼入桶時，一爐吹風成鋼。欲鑄大件，二爐可同用，而合傾於一桶，每爐五噸，共可鑄成十噸之塊。動桶之架，能任意轉動，其距二爐心之遠。自第一爐轉至第二爐，第一爐雖不立置，亦可轉過，故坑可大而置模處更寬。將爐之鋼，傾入桶内，令架漸落，桶亦轉過，順爐口所行之曲線，俱一小童在臺上管之。此臺距坑略五十尺，臺上有動二爐壓水桶塞門之柄，有動進風之柄。

別色麻鍊鋼起重器。新式起重器，直立之架，下座有肋條與大底盤，能與底板連固。内作空心，而上端有皮冒與軟墊，内容鞲鞴，柱在其内，易於起落，而不漏。鞲鞴之徑，上下不同，下半小而過第二軟墊，出至水筩外，上半作圓椎形，而外套空心固柱，能轉動。又有無面阻力之二輥輪，更易轉動。空心圓柱之一邊，有(本)[木]横梁，上端有鐵條連於端，牽之有小車，以二輪行於木梁之上。下端連鉗，自能開闔，而夾所起之物。用此架時，管各柄之小童，將柄開之，則座内之水放出，而架落下，鉗自夾所起之物，將柄退行，令水入座内，架即上升。無論重一擔，或重五噸，上升略同。連另人用手鉗，或推或引所起之物，架無面阻力，易隨之行，架面積爲徑三十五尺之半圓。別色麻公司廠，現有此種架，而鞲鞴用鋼，横梁用熟鐵。凡極大汽椎下，用此移動所打套物亦甚便，欲左右移動，另用三寸徑之壓水筩平置，而與鞲鞴所連之小車同高。挂物之鏈中有簧節，所打之鐵雖重而振動大，起重架之頭毫不振動。鐵如重六噸至八噸，一小童能管理之。令出爐移至汽椎下，配準高低與方位，絶不費事。

別色麻造鋼礮彈器。造鋼礮彈，先非特廠別色麻特設一器，能將鋼塊軋成圓珠或圓柱彈，自重六十八磅起至重三百餘磅止，甚速甚準，勝於模鑄。用圓柱形鋼塊鋸斷得應當之長，在凹形模内，以壓水器壓之，略得圓形而軋之。軋器用圓板，中心有軸能轉動，面有半圓形之固槽，上另有圓板。有同式之槽，與下固板相合成正則槽，徑與彈等，上板固定於架壓水器鞲鞴，有凹以接圓板中心之軸，將鋼塊入於圓形之槽，以大力齒輪令圓板轉動，壓水鞲鞴。令軸之下端漸上，鋼塊在槽内受壓力，而繞中軸一周，亦必繞本軸數周。本軸當變向，故數周之後，必成正球形。鋼面所落鐵鱗，若不去之，則槽中積多而不能成正球形，故中軸作空心，有孔能噴水於鋼塊之後。隨之轉動，則鋼面所生鐵鱗，立即洗去。軸内又有一孔能噴空氣，吹去所落鐵鱗，同時作三球彈最便，三四分時可成。

西門司馬丁鍊鋼爐。西門司馬丁爐，底長約十尺，寬八尺，前面深十二寸至十五寸，後面更淺。爐底用石英類之沙粒，熱至鋼將鎔，砂亦自鎔，變成硬塊，砂須先另爲煅乾。又修理爐底之法，先鏨去外面硬結之渣滓，將砂倒於所缺之處，令自鎔而補滿。爐内受極大熱之處，必用火泥磚，西名擡那思火磚。回熱之處，用司土而不里知火泥磚，其反行之路與煙通，用平常火磚。

配而奴鍊鋼爐。配而奴之爐，其底在架上，架底有輪，便於轉動。底勢迤斜，約五度至六度，每分時轉動二次，内徑七尺半，外徑九尺，深十八寸。此爐二十四小時能鎔鋼五次，成鋼一噸，燒煤八石至八石半。

英國軋鐵軸。英國比勒公司與布郎公司，考究造鐵甲之法，多備各種器具材料，比勒公司始作大軋軸，布郎公司繼之，能軋鐵甲厚八寸至十寸，重十噸。

回特活特鑄鋼壓水器。造壓水器最難者，爲造能受極大力之水筩，向來用生鐵爲之。依不拉馬所設之公法，作體厚半於内徑，每平方寸受壓力一噸時，水能通過鐵質，而外面發極細之水點如霧，將内面研光而内再加銅襯者，每平方寸，能受壓力三噸，而水不通出。回特活特廠，已造壓力二千噸之器，謂每平方寸能受壓力多於三噸。

又卷二四《化學一三》 論鐵之用。地産金類，鐵爲最多，且有特其之性，故爲適用之物。其重率以水相較，若一〇與七七，於重金内爲略輕，而堅固則遠勝別金焉，所以房屋、橋梁、車船之類皆宜之，其性足以任重也。熱時可引長打(簿)[薄]，故作極(簿)[薄]之皮，極細之絲，別金之所不及。銅絲雖韌，然徑十分寸之一者，任牽力之斷界，止得三百八十五磅，而同徑之鐵絲，斷界得七百〇五磅。鎔界除鉑之外，鐵之熱度爲最多，堪作火爐與鍋爐等器。第其功用，尚不止此。所尤奇者，爲能與炭相合，而多少可從人所欲，少者爲鋼，其堅勁與鋒利，倍蓰於純鐵。多者爲生鐵，其鎔界較少，可以範鑄各形，爲捶打所不能爲者。

趙元益《冶金録》卷上　煙煤粉用之能令砂軟，不過取其鬆而使氣易散耳，且用之有數弊：所成之物雖面甚平滑，而物之邊角花紋不能顯出，一也；用此粉於鑄鐵之模中，能改變鐵之性情，紋粗而質軟，二也；令鐵色變爲灰色，三也。如所鑄之鐵爲二號猪鐵，尚爲合宜。汽筩模心。作汽筩外模之時，另有人在相近處作筩内之模心，法與前同，如第二十四圖。作模心之處，必用起重車能移模心而至模中，模心靠一塊鐵板。此板之徑比外模之内徑小六寸，能靠住外模之底鐵板。此模心用磚砌成，外加泥一層，再加黑料水磨光，預備置於模中。此模心有二箇切面：一在上，一在下，皆成四十五度之角，此兩切面之用，令模心不離其方位。設所用之鐵甚鬆，如硬煤所錬成之鐵，或用木炭所錬成之鐵，則汽筩模内空處必引長至折邊之上，如前第二十二圖，使鐵中所有之異質浮於上面，而汽筩鑄成之後可截去之。設生鐵之質甚密，其中不生多孔而無異質浮於上面者，則不必用上法爲之。出鎔金類之門，必在引長之處作之，設無引長之處，則作於瀛筩邊之上。出金類之門，至少必有二箇或三箇，如汽筩之徑甚大而鐵疑其不合用，則出金類之門必再加數箇，模心置於其處之前，挖成二箇容汽路模心之孔，汽路模心僅以此兩端靠住而掛起，則模心易於竪起，所以模心所靠之孔，必作之甚深，必有鐵桿過其中而收牢於應當之處。汽筩之模心置之甚準，而相連甚牢，靠住外模之板上，而用鐵膀連於模心之鐵板上，必鐵底板未相切而模之切而已，能相切二板間之空處，可用鐵膀或零碎鐵塊補滿之。汽路之模心，先置於汽路外模中，相連甚牢後，將此模置於應置之處，將模心之外餘段入於所留下之空處而相連之，用溼泥補平，然後曬乾。有時模心通過此模之外餘段，用鐵板蓋住，板外上泥一層，模心内之鐵條連於此板上。然平時不必用此法，可用乾磚連於凸模心，第相連之法，大半依其尺寸與其形像，并模心之像也。

又卷中　調和各鐵試驗法。調和各種鐵爲最要之事，如有花紋之物與玩好之物，美觀爲上，堅固次之；若任重之器、利用之器，堅固爲上，美觀次之。所以鑄廠中應細心試驗，所用之材料，何者最爲堅固。試驗之法用木條長二尺，厚一寸，闊二寸，爲樣作模而鑄同式之鐵條，以試驗各種鐵質。所用之模與砂大小、斜平、乾溼、粗細均要相等，然後以各種欲試之鐵，盛於礶内，或在空氣冶爐燒鎔之傾入模中，鑄成各鐵條。待其冷後，將板之一端用老虎鉗鉗之，一端懸以重物，漸加之以折斷爲度，加重之時，必量得其曲綫若干度，以之比較而得各種鐵之凹凸力，則可知調和之鐵，何種爲佳。凡用鐵之廠，各以此法試驗最穩當，而大有裨益也。凡以多種鐵調和鎔化，而比較之，必屢次試驗，而各得其任，折力之中數，方爲确據，如熱風鐵之質紋比冷風鐵更屬平勻，所含炭質亦更緊密，所以能將熱風鐵數種調和鎔化所得之鐵，比冷風鐵更爲堅固。但以上所言，必須礦同、料同、煉法同，所鑄之鐵方合比例，否則，總無一定之法，可以知何種猪鐵調和而得最堅固之質也。此事能顯管理鑄廠者本領之高下，如煉鐵礦之爐，其式已無一定，即所得之礦與用各種之煤及燒煉之法，亦未有一定，猪鐵刻明何等字號，亦不足信，管理鑄廠者於其所不能預知之事，而細心分別之，方能用之各當而無棄材也。

猪鐵之色爲極深之灰色，或其質太鬆，可以少加第三號之鐵，或舊生鐵之碎塊；若其色爲黑灰色，則每百分中加第三號鐵三十分，或加碎塊鐵三十分亦可；若鐵中所含之炭太少，可以加第一號鐵，至合用爲度。凡鑄廠中所用之好鐵，必從各處鐵礦所出之鐵，并各式冶爐所燒鎔之鐵調和而得之，即如沙格喇硬煤所燒之猪鐵，如少加蘇格蘭之猪鐵調和，鑄物則甚堅固，如少加牛雅格或巴題馬兒木炭，所燒之鐵，更能堅固。總之，將一類鐵之第一號，與别類鐵之第二、第三號，或零碎塊調和，必出好鐵。又冷風鐵當與熱風鐵調和，此種鎔鐵法有藉此而得鐵之堅固者，俟後詳論之。

鑄廠所用之鐵，不但考驗其堅固，必須考驗用何種鐵最能合式而省費。所謂省費者，謂常以此種鐵鑄物不致誤事也。又鑄成之後，必無零碎小塊，所以最好用之鐵，必是軟密之灰色鐵。

凡調和各種鐵，以所鑄之器爲主，如鑄鐵梁并鑄鐵軋軸所合用之鐵，不能用以鑄空而有花紋之物。又如鑄細小之器能得其最清之花紋，則不可以鑄重大之件。若用第二號之硬煤鐵，或第一號之硬煤鐵與第三號之木炭鐵調和，鎔鑄大件最爲合宜，但所用之硬煤鐵必擇其佳者，因其質頗有高下也。美國亨庚鹿刻所出之猪鐵，爲泰西著名之鐵，設有人以此種鐵試得其堅固之數，而定其與他種鐵相較之比例，豈非有利於製造之事乎。

有一種易鎔而速凝之灰色鐵，可以鑄小而有花紋之器，但其色之過深者，鑄成之物不能清楚，鐵内含磷少許者，鑄此種物最爲合宜，若鑄極小之物，尚不可用，必取水鐵礪煉出之鐵用之，取其含磷多也。闌干等有花紋之物不可用含磷之鐵，必擇最細質紋之浄鐵而鑄之，欲其能任猝加之重力也。軋軸與車輪，鑄成之時欲其速冷而凝結者，必用最堅固之第二號鐵；若用第二號鐵，再加第一號鐵，或第三號之木炭鐵，或零碎鐵塊與之調鎔爲最宜。鑄極硬之軋軸，鐵內含磷少許亦無大害。若鑄車輪，切不可用水鐵礦煉出之鐵。

用模之法。

凡欲器之堅固，非第考究鐵之性情而已也，即所用之模亦必知其各有所宜，如輪機之架及鐵梁、軋軸并一切任重之器，必在乾砂模或泥模鑄之。用生砂模者，速冷而凝，鑄成之物必極硬而無韌性，所鑄之物面須平滑者，則宜用生砂模，而模面加黑料一層必甚平滑，輕而薄者較之重而厚者，其面更能平滑，即冷凝甚速之驗也。凡所鑄之物，欲其堅固結實者，必直立其模而鑄之，或斜其模而鑄之，其進金類之路在下，出金類之路在上。

鐵礦徑從冶爐鑄器法。

鐵礦煉之即成生鐵，若煉鐵礦之時，乘其鎔化，傾入模中，亦可鑄物，但此事不常爲之，美國用此法者亦甚少。大約從鐵礦煉出之鐵徑鑄物件，不能定佳，倘不合意，必毀鎔之，而與別種鐵調和，方可再鑄，豈不費事？然得易鎔之鐵礦，而用木炭從小冶鑪鎔之，亦可鑄成物件也。凡水鐵礦煉成之鐵，冷則易斷，必須以礦徑從冶爐鎔鑄成器。此種鐵其中含炭極微，已煉之後，不便再鎔，所以一切製造之廠鑄堅固任重之器者，皆不可用。有人用此鐵礦以鑄空心器，如火爐之類，鑄成之後，細而清楚；又用此鑄炊飯之鍋，不污不鏽，爲別種鐵所不能及。常見一種飯鍋燒成磁油，或薄錫一層，以防鏽污，得此鐵而鑄之，功用略同矣。鐵礦徑從冶爐鎔鑄之，常法用一鐵架做一泥塞，與火爐之底孔相配，能直通至鐵中，則能去火爐中之渣滓，并鐵汁面之渣滓，但火爐所加之風必停止，則鐵汁面之渣滓取去之後，爲可鑄之鐵；若泥塞甚厚而不拔去，則燒鎔既久，鐵亦可浄。起鐵之器，用鐵瓢盛之，鐵已盡而物亦成，將泥塞拔出，而底板後之渣滓，可以盡運於火爐之面，再鼓風熾火鎔之。最好之法，在進風之兩口上弧形之處，作一井，此井不必極大，衹須能容鐵瓢爲度，所吹之風，與井無關，即管理火爐之人，在其對面，亦與井無涉。井之用法，從後邊之石鑿成一孔，火爐近底之邊亦鑿一孔，兩孔相接，之間用火磚作一圓圈而圍之，外加鐵鏈條四面圍固，以防其裂，此井與火爐相通之孔，其高下之度必酌量井中常有鐵汁爲佳。初用井之時，必以燒紅之木炭置於其中，以極熱爲度，俟爐中之鐵已鎔，則從底孔漸流至井，至兩面相平，則不流矣，鑄物時可以任便取之。如第三十四圖，甲爲生鐵瓢，乙爲熟鐵瓢，熟鐵者最佳，不易燒鎔也，若用生鐵瓢，外面加極薄泥一層，用熟鐵瓢以泥搏之甚熟，加於瓢之邊，以鐵瓢爲其底，其泥口之高低大小，可以任意爲之，熟泥必日換新者，或每鑄一物即換新泥，亦可泥鐵瓢必烘之甚乾，然後加於化鎔之鐵井中，否則，轟裂而致傷人矣。

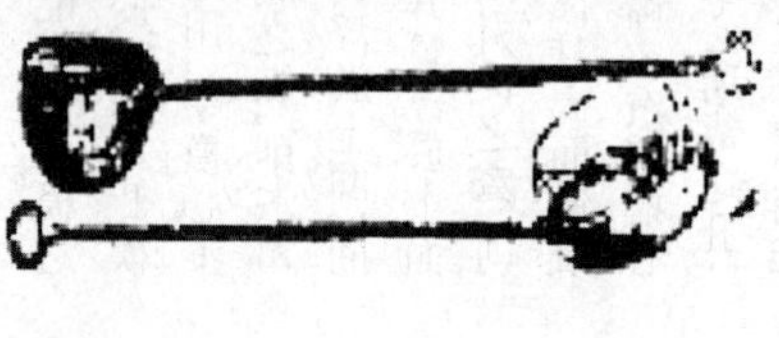
第三十四圖

罐中鎔鐵。

罐中鎔鐵靜而不沸，其熱亦不至燒壞砂模。古時常用之，近時因罐中鎔鐵，人工煤罐費用已多，不樂用之，然亦有幾種特用者，如工匠需用之小鐵器，以及最細之玩物，必在罐中鎔鑄之。又鐵與別種金類調和，爲他法所不能成者，用此法則成者較多。造罐之法，用上好筆鉛，易得大塊，價亦不貴，每鍋能用十次至十二次，每次燒鐵二十餘磅。所用之火爐，與鎔礮銅紅銅之爐大致相同，如第三十五圖，觀圖即知其意，火爐在地坑中，煙通之内邊用火磚砌成，爐內之周圍亦然，爐之上面用生鐵板蓋之，板上有重物壓定，以鏈條與滑車掛起，可任意上下，或有別法令蓋上下亦可，爐柵用一寸方之鐵條，生熟皆可，排之平勻，活動可以取出，爲盛煤收拾之便，罐底墊火磚一塊，置於爐柵之上，若用破碎舊罐之底合墊之，比火磚更妙。罐底必高於爐柵三寸至六寸，依用何等燒料而定，如用木炭罐底必極高，若用枯煤可以稍底，硬煤可更低矣。爐內作方形爲便，四角可以添煤，如爲圓，必甚寬展能添煤也。罐置於爐中，必已極乾，如少有水氣必壞。所用之金類，亦必先加熱而後入罐，所用之燒料亦必乾而熱者，可以圍於罐外而排列之。

第三十五圖

用罐之法，先置爐柵，再以火磚或破碎之罐底置於爐柵上，再將罐置於鐵板之上，火力甚猛，罐與金類皆得極熱，待爐中紅熱之時，燒料已及其墊物，則將空罐先置爐中，以金類漸加至滿，待鎔幾分之後，鍋面略空，可再添金類，而上面放碎玻璃數塊，玻璃已鎔浮於金類之面，可以遮蔽空氣，如用活動之泥蓋，蓋於鐵面，亦可以代玻璃，然不及玻璃之便用也。燒一刻之久，可添金類，燒至三刻之久，金類皆鎔，而添燒料之末，一次設金類未盡，欲作第二次化鎔者，則亦必添滿燒料，與礶同高，則以後加煤，可以接續也。金類已鎔，而預備鑄物爐中之火不必過猛，用結實鐵條製成一鉗，長四尺至六尺，鉗嘴方四分寸之三，或八分寸之七，用起重車與鐵鏈掛起，或在屋梁上掛起。起鍋之法，即將此鉗夾緊鍋邊而扯起，最要之事鍋從爐起，裝一鐵柄，以便傾倒鎔金類於模中，鐵柄必先加熱，否則礶熱而柄冷，必致開裂。以上之事，派兩人爲之，礶中金類，既已傾盡，速置於爐中，再加金類鎔鑄如前。事畢後，必將礶倒合於爐中，令其漸冷，若熱礶置於地上，或置別處，亦須倒合，因礶底熱而遇冷物必致裂而無用也。凡數箇火爐可以排列一處，共用一煙通，所燒之料，木炭稍次，枯煤、硬煤最佳，但硬煤之火力甚猛，往往損礶而誤事，必留意防之。

倒焰爐鎔鐵。

鎔鑄多鐵之爐，最好者爲倒焰爐，凡鑄廠中常用者，不過爲柱形爐，有時鑄堅固之器，則必用倒焰爐矣。倒焰爐所鎔之鐵，雖次於礶中所鎔之鐵，而勝於柱形爐所鎔之鐵，所以鑄鐵之人皆言用同號之生鐵，一分置於倒焰爐鎔之，一分置於柱形爐鎔之，以所鑄之物兩相比較，則倒焰爐之鐵堅固也。如第三十六圖，爲倒焰爐之直剖面形，內面皆以火磚砌成，外面上河泥灰一層，爐之全面必用生鐵板圍之，亦有以常用之磚圍之，而以鐵條横箍者。煙通之高四十尺，或多尺，有時高至八十尺，但四十尺已得風力甚足。爐柵面之長三尺有半，寬五尺至六尺，同於爐之內面。爐之底長五尺至八尺，寬亦如之，向下稍斜，與煙通相接，爲爐底之最低處，作一深窩，以受鎔鐵，傍有門通出火爐之一邊，或在煙通之後，可放鎔鐵，以溼砂塞之，或以泥與煤粉調和塞之。阻截火爐之煤，作一火壩，從爐底起高十寸至十五寸，依火爐之容積而定。爐之一邊有大鐵閘門，在爐底最高處，與火壩相近，爲添鐵與收拾爐底之用。煙通之上口有一鐵蓋，可自下啓閉，管理火爐之風力。此種爐之外牆須厚，厚則不至傳熱於外，鐵已盛滿，塞門與火磚之接處不可有罅隙，如有小孔，速即窒住，外以溼泥封之，否則空氣直至火爐之底，炭質由孔中散出，鑄成之物必硬而脆。爐柵亦必留意，依時添煤，不可太高，太高則空氣難通，又不可多留空處，使空氣未熱而直進爐中，煤之渣滓亦宜取出，不可令其塡滿爐柵。各國所用之倒焰爐式有多種，本圖爲常用者。

第三十六圖

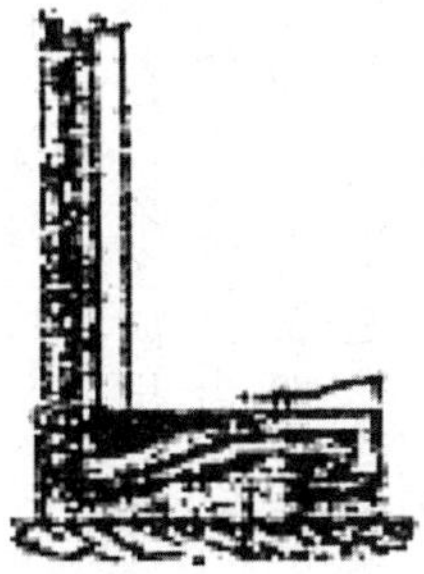

有一種倒焰爐，其內式爲雙弓形，火壩處之鎔鐵，依弓背流下聚於低處，即爐底之心也。又有一種倒焰爐，深窩在爐底之中，而冷猪鐵即在此中添進。此二法，均不及本圖之善也。本圖之爐，猪鐵在火壩後添進，鎔後流入窩中，而鐵內所有不浮之質，如砂與煤，皆留於火壩之後，鐵鎔時無異質入之弊。爐中之熱度近煙通處爲最大，鐵得爐中極大之熱，則易鎔，未鑄之前五六小時，爐中熾火加熱不熄，過三四小時，爐中極熱已變白色，即開大鐵閘門，將猪鐵納進，所進猪鐵，必酌量一次需用若干磅數，因爐鐵將鎔，不可再添冷鐵也。如欲添鐵，必須深窩內放盡鐵汁而後可。爐中之鐵盡鎔，則用鐵椎打開塞門，以鐵桶受之，或以乾砂作槽直引鐵汁至模中亦可。倒焰爐不獨爲鎔鐵之用，即多鎔紅銅礮銅錫鉛，調和各種金類，亦用之，凡鑄重大之器，如大鐘、大像并輪機之架，均用倒焰爐所出之金類鑄成。倒焰爐所用燒料，最好爲軟煤，設近處無產煤之地，用木炭代之，燒硬煤與枯煤其弊甚多，最大之病生極細之灰，自爐柵過火壩而至鐵汁之中，浮於鐵汁之面，而令鐵少受所傳之熱也。用硬煤者，其弊尤大，各種木柴亦不可燒於倒焰爐中也。近時製廠用倒焰爐者甚少，因鎔鑄大器，用柱形爐，其費較省。設一切建造橋梁房屋之人，皆購買倒焰爐所鑄之器，則用之大有裨益也。

柱形爐鎔鐵。

柱形爐最爲便用，因一爐能鎔鐵自五十磅至五六噸，費時少而用煤亦不多也，凡鑄小件，如空心之器、農事之器、房屋內花紋物件等，不求其甚堅，用柱形爐鎔鑄之甚妙。爐之形有數種，無甚奇異，如第三十七圖，爲常用之柱形爐，甲爲爐中之剖面形，其爐用生鐵板圍住，徑三尺至六尺，爐靠於兩旁之磚牆乙；乙外蓋方鐵板有一箇圓孔，其形同於爐之內面；丙爲鐵門，用爐之時緊閉此門，用鐵杆頂住，不令動摇，爐內之鐵汁放空，而將停時開此門，使其中所有之渣滓與餘爐從中落出，以便將爐修整。爐之內面以火磚砌成，其厚極少九寸，用河泥與河砂調和，以有粘力爲度，壓緊而漸令其乾，或用馬路之泥亦可，但含鐵之泥與夾雜之泥則不可用，必爲火石與硬砂石所鋪之地可用之。柱形爐有高四尺者，有高八尺至九尺者，余以爲五尺太高，因火力太猛亦無益也，如爐高不過三尺，則所燒之煤較之更高之爐少。柱形爐之容積各處不同，有

第三十七圖

徑十八寸者，有徑四尺者，如燒木炭則爐徑爲十八寸，有一箇進風口已足鎔鐵；若燒枯煤爐，徑必爲二十四寸，并二箇進風口；燒硬煤者，爐徑須三十寸也。平常柱形爐高頂作一煙通甚寬，能引熱氣過房屋之上，或用鐵皮管引之亦可。丁、丁爲進風管，其内口圓徑三寸至五寸，通連於爐牆之内，高於爐底十五寸。如爐甚小，用一進風管在爐之後邊已足敷用，更大之火爐必有兩進風管，極大之硬煤爐進風管儘可多添也，爐徑愈大，則進風管愈多，則作進風管數層，如所鎔之鐵，已高於第一層，則用河泥塞第一層之管，而從第二層之管進風，所鎔之鐵高於第二層，則塞住第二層之管，而從第三層之管進風，至爐中鎔鐵足用而止。各層之管相距六寸，而以鐵皮爲之，總進風管之埋於地内者，其圓徑應大於内口爲一倍，或其横剖面積大於内口之横剖面積爲四倍亦可，爐之進風管甚多者，可用一方管圍於爐外，管内有孔緊接進風之口。

柱形爐用法。

燒鎔猪鐵第一要事，緊閉鐵門，多添砂於爐之底，若鎔鐵不多，即用作模之砂，若鎔鐵甚多，則用能受大熱之砂。生火之法在爐底置木柴數塊，上置燒料，或從塞門之孔而塾之，孔徑六寸至八寸，發火之後，塞門之孔可以不關而進空氣，火力更猛，爐中燒料已足過二三小時，燒料之上皆有火力，爐内之熱度甚大，開進風之管口，輪扇轉動而進風力，但未進風之時，必先用砂塞住，塞門之孔或用難鎔之砂與泥調和而塞之更妙。底留一小孔以放鐵汁，其徑一寸半至二寸。作孔之法用一圓鐵桿置於孔之處，而周圍以砂搗緊，後以圓鐵桿拔出，則進風時火從爐上透出，又從此放鐵之小孔透出，得此透出之火，可以令泥與砂燒之甚乾，而化成玻璃形，則更結實，塞子進出之時，不易壞也。爐内之火亦能令爐之内面化鎔而生一層玻璃，大約火爐每用一次，必有傷損，用火泥補好後，當此火大之時，又可結實也。若鎔多鐵，必用鐵板蓋住塞門孔之砂，令其緊切，只露出小孔。初次噴出之火，爲淡藍色，熱度漸大，則爲白色，可添猪鐵於爐中。添鐵之後，過十分時，小孔中有鐵漏出，用泥摶成柱形，戴於木桿端，圓鐵板外，雙手執木桿，用力對孔塞入，則圓鐵板將泥塞入孔中，而塞始堅固矣。鎔鐵一次，極少須二百磅，平常至四五百磅，打斷猪鐵，每塊長十寸至十五寸，可以納入爐中。合式之爐，每鎔鐵百磅，用燒料十二磅，如爐小而進風緩者，燒料尚多也。添鐵與煤在二十磅至百磅之間，必另加灰石，或蛤殼，每鐵百分中加灰石與蛤殼二分至五分，若過多，或太少，鐵色變白，失去所含之炭幾分，鐵質必硬而脆也。爐内進風之時，各料必添至滿，先添鐵，次添煤，次灰石，層層相間，皆依次第，不可錯亂也。已經添足，不可再加，鼓風熾火至鐵盡放出爲止。爐中之砂底有高低之斜度，此斜度依爐之大小而定，大徑之爐，其斜度小於小徑之爐，則一切之鎔鐵不致流入磚内，皆能放出。用此法造柱形爐，每一小時能鎔鐵一噸，大者可三噸，小者可半噸也。平常之爐底寬於頂，則熱度大而更能耐用。化鎔之鐵有數種，則各層之中各要鋪一層燒料，則最下之一層鐵可以全鎔而放出，而第二層之鐵亦可全鎔而出。最好之法，先鎔灰色鐵而後鎔白色之鐵也。若鎔料已足可鑄數件，則用鋼尖之桿，刺通放鐵孔之泥塞，令鐵汁流入鐵桶，而傾於模中，或於砂地内作斜溝徑引鐵汁至模中，亦可每放鐵汁之後，必塞住其孔，俟鐵再鎔而放之。設鑄件一次所須之鐵甚多，而爐不能容，則先放鐵汁若干，以鐵桶受之，陸續添鐵，隨鎔隨放，用此法小冶鑪可鑄五十餘噸之器。

鐵桶。

爐鐵已鎔，必用鐵桶盛之，而傾入模中。如第三十八圖，能容鐵二百磅至三百磅，或用兩人，或用多人扛之，桿之一端如叉形者，便於緩緩傾倒也。如第三十九圖，盛鐵之桶，用起重車起之，而傾於模中，用此種桶，火爐與範模應在起重車之旁。桶有數種，有能盛鐵五百磅者，有能盛鐵至兩噸以外者，桶外二邊，各釘連半環，環中有樞，用鐵絆可挂起，樞中有一方孔，可用丫叉入孔内，而向一邊傾鐵也。此種桶皆用煱爐板爲之，生鐵者危險不可用也，每用一次，上一層極濃之泥水在内面，則遇熱鐵不致生鏽。

第三十八圖

第三十九圖

第四十圖

第四十一圖

輪扇。

昔時柱形爐之進風器，用筩與鞲鞴爲之，近時亦有用筩與鞲鞴之法，因用此法者以爲，此器進風所鎔之鐵，較之別種進風器所鎔之鐵更堅固。但以余論之，此種器所進之風，固勝於水壓空氣之風，而不能勝於輪扇所進之風，已有多人試驗，輪扇進風甚屬便宜，可省燒料，且風力足而火生大熱，與鐵無害也。如第四十、第四十一兩圖，爲常用之輪扇形，外有鐵箱生鐵爲其兩邊，居間有熟鐵圈連之，中心有平軸，軸上四箇扇翼轉動極速，則軸心兩邊吸進空氣，令空氣向外周而行。此輪扇能令空氣之質點有離心之大力，質點壓住內周，外周有孔則氣必從孔中放出，其放出之遲速與壓力有比例。輪扇各種大小尺寸及各種之形，不能預定，蓋翼之闊，以所須風力之數而定，平常長十寸至二十四寸，闊八寸，大約三尺之徑爲最宜，有時徑斜之若干度，有時作一曲線形，但各形之風力略同，不過曲線形者發出之風聲稍低於直翼之聲也。輪扇能發極大之風力，外殼必當堅固，不可以木爲之軸與扇，以輕爲佳，扇用鐵片或銅片爲之，軸用鋼爲之，兩端必更硬，軸枕或用黄銅，或用銅，輻用生鐵。各翼之相距尺寸須同，各輻亦必等重，否則轉動之時，必震動而易壞。不但軸與翼須配準，即軸外之各件亦必配準也，輪扇之圓徑爲三尺，吸風孔之圓徑須一尺，如孔過大，則空氣速進，輪扇不能受其壓力也。輪扇極難造，須令扇之外邊與殼之外邊處處切近，而無不平之處，極費工夫。置軸於殼之心點亦非易事，轉動極速之時，扇與殼不相切近，易見所失之壓力在扇與殼之間。近有人所作輪扇，用兩箇同心圈，其形似拱壁緊切於扇之兩邊，扇輪心吸空氣之時，此兩圈隨輪轉動，與殼近切而平行，如此則所失之壓力甚小，而風力更大，所用之動力亦可減少，所以鑄廠中常樂用之。風力之大小不盡在乎扇形之廣狹，而在於轉動之遲速與進風口之大小，所以欲其風力極大，不必用大扇也，即如各扇之面積比進風口之面積大半倍，風力已足，設進風之口甚多，則與各口面積之總數大半倍。進風管內之各口，必各設一門，若緊閉此門，則此口不能進風，而與彼口無涉也。輪扇轉動之數，每分時七百轉至一千二百轉，動之之法用皮帶與滑輪加於軸之一邊。一小時内化鐵一噸，則每分時必吹空氣體積七百立方尺，如有三尺徑之輪扇兩箇，三寸徑之進風口每分時轉動之數必有一千八百，而動此輪扇之力須六馬力也。

進熱風。

近有人試驗進熱風之法，無甚益處，廢而不用，若用柱形爐鎔生鐵，固可稍省燒料，然出豬鐵之地方，燒料甚賤，而進熱風之器，常須收拾，所以仍廢而不用也。

烘模之爐。

此種爐形，大約如磚砌之小屋，空其一面，用大鐵門兩扇以司啓閉，而進範模，其餘三面，用磚砌牆，厚九寸至十二寸。如第四十二圖，爲常用之爐形，高七尺，四邊各十二尺，生火之處在其一邊，可從外而加燒料，而有一鐵門關爐甚緊，煙通在爐之對面，離地甚近，與大煙通相連，上面用磚砌成弧面，牆内之上邊有鐵隔板，小模心與箱可置於板上烘乾，鐵路近於起重車之旁，而直進至爐中，如有極重之模，用起重車起模，置於四輪小鐵車上，推入爐中，而模不必從車上取下，關門生火，以烘乾爲度。

第四十二圖

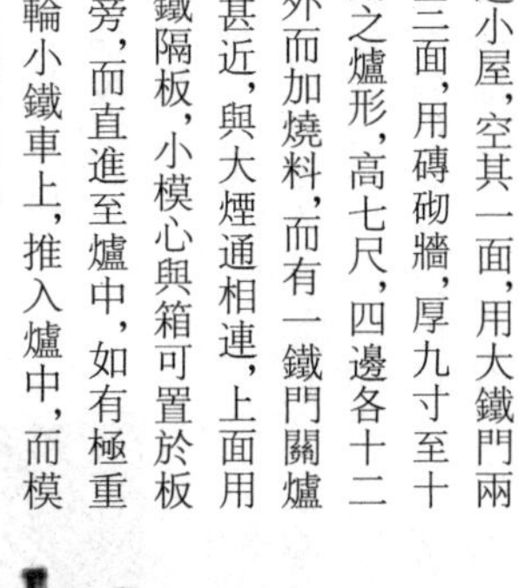

修理新鑄之器。

鑄成小件過數分時已冷，若重大之件，或數時或數日方冷，即如汽椎重五噸者，在生砂模中必一晝夜方冷，在乾模中必二晝夜方冷，大輪船汽機架之底板重三十五噸者，須七晝夜方冷也。凡鑄成之件已冷，可移動而拆模去砂，如重大之件，用鏈與起重車起之，或極重之件，則必多用起重車爲妥，極小之器用鐵鉗從模中鉗出，移於一處令冷，所有分砂與模心接縫處，恒有凸邊，必乘未冷而折之，即如進金類之路，亦在此時折斷，但折斷而得平面，此事甚難，如鑄廠之中，不能折斷，則移於外廠寬間處鑿斷之，如重模心與硬模心，必須在鑄廠內，乘其未冷時取出也。

粗重之器，下等工人皆可爲之，第一要事，須用椎鑿去其凸處，其粗而不平之處，必用舊銼銼平之。細而貴重之器，如人像之面，與有花紋之件，必用好手爲之。此種工夫甚難，少有傷損，則全功廢棄矣，此事另有專書詳之，茲不具論。

鑄器之時。

範模已成，而鎔鑄各物，常在申時爲一日之末功，蓋鑄器以後，砂甚熱而不便再作別模也。鑄器之後，各箱移於一處，預備明日之用，砂内稍加以水，此事須各人理會，自己所用之砂做過幾次後，易知此砂應添水若干調和成一尖堆，過一宿後，砂已冷而所含之水匀净得中適可用矣。

鎔鑄之費。

作各種模與鑄器之費用，未可預定，大約生砂模之費爲最廉，乾砂模次之，泥模又次之。黄銅、礟銅等金類鑄各種器具之費用亦難預定，每用一柱形爐必有二人管理，一爲添煤與金類之人，一爲出金類之人。倒焰爐亦須二人管理，每鐵百磅必用燒料七十五磅至百磅，但此説爲火爐之原熱在内，若無原熱則另加燒料五十磅也。礶中鎔鐵其價最貴，每鐵百磅費煤一百五十至二百磅，且必常買新礶，上好之礶每箇銀錢兩枚，即極謹慎而用之，不過用十二次，每次熔鐵五十磅，則一礶共鎔之鐵爲六百磅也，常用之礶，共鎔之鐵，祗能得三百磅耳。

鎔鐵無論何法，必有耗折百分之五至百分之六，用倒焰爐耗折更多，所以每鑄一器，預備之材料必多於原器之重，否則不敷，且又有進鐵之路與槽以及模内相連之縫，亦須計及。鑄成之小件，所有必去之鐵屑，依比例而算之，多於大器，所以鑄小件之零碎鐵更多，而費更大。有時鑄極小之件，其零碎鐵較之各種空心器更多，若將此零碎鐵再鎔，而鑄别物，又須耗折若干分。别種金類鎔鑄之費較少於鐵，因其易鎔耳，如紅銅之料極净，則所虧耗甚少；礟銅稍有耗折。極易化散之金類，如錫與鋅，有一法能令其銷熔極速而不致化散，其法用鉀養納養等分，與木炭粉調和，蓋於上面，則不能化散矣。礟銅等之攙銅鎔於倒焰爐，必先鎔紅銅，然後有舊攙銅併零碎塊可添入爐中，後來添錫於爐底，與銅相和，若加鋅與銻，則必於末次添入之。未出金類之前，必調攪極匀，面上已生白皮，必加鉀養與納養，每金類一噸，必共加二磅。

代那撰瑪高温口譯華蘅芳筆述《金石識别》卷六《論煉鐵略法》 鐵礦除開取時，揀去呆呫之外，再無除汰呆呫之法。除雜物之法，有時但用熱，如硫礦水銀礦及硫磺鉛礦，熱之以升去其硫磺是也。

有用他物以引去其雜物者，如養氣鐵，以木炭屑和而熱之，則養氣與炭相連，爲炭養氣升去，而鐵得純。

代那撰瑪高温譯華蘅芳筆述《金石識别・論錬鐵各法》 古時錬鐵之法最簡易，以礦烘熱打細同木炭入爐燒之，即鎔錬成生鐵。

新法以礦入猛風爐中錬之，用木炭或焦煤，或硬塊煤，及弗拉克斯。尋常養鐵礦、炭酸鐵礦用石灰作弗拉克斯，其用石灰者，使石灰與礦内之夕里開化合而成玻璃料油也。

其用炭者，因礦中有養氣，故以炭與之相連，使其化合爲炭養氣而去。又使炭稍與鐵相連，使易成生鐵而鎔。

今先解作猛風爐之法及其形式。

猛風爐中所用之煤，爲安得里雖愛脱，故此爐亦名安得里雖愛脱爐。

爐用磚石爲之，其外形爲截頂圓錐形。

如一圖，除右半邊回火進風之法另行解釋外，其左半邊即爐之外形。圖以二十分寸之一，爲真爐之一尺，如一圖爲爐之總形，二圖爲爐直剖之内形。

三圖爲爐横剖之内形，須兼此三圖統觀之，方能明悉。如戊爲爐門之口，丙處方，庚處漏斗形，上圓下漸方。辛以（皆上）（上皆）圓，高三十尺，底用磨石砌之。壬爲火磚，其外爲一層砂，再外爲磚。其用砂者，因中間熱而漲大，不致撑裂爐身也。又火磚燒壞重换，可不動外磚。底旁有三管進風，如丁。爐口有火磚作脣，如己。爐之四面均有空處，如癸，外均有半亭護之，其一門爲作工處，如癸。子爲風管舌門之柄。丑爲柄桿，防管口阻塞，可伸縮通之。癸爲空處，丙戊爲爐底，丁爲三風管。寅爲彎管相連，風從卯來。虚圈爲爐腹大處，辰爲壩防鐵汁流出，於戊處用泥築塞之。錬數點鐘一開之，使料油從辰漫出至午。

其進風之法，使風熱五六百度，然後入爐。如二圖，未處有路引餘火流出。如一圖之箭形，使其火穿過一汽爐如申，再入一房如酉，而出於煙通。申汽爐可動一機，以進風，風管入酉房，曲折如盤腸，風從内過，火從外過，風得火之熱，以至卯而出於丁。如汽爐不連於旁，則餘火可一逕引之入房中。

凡風不可過多，多則養氣與鐵相連，而純鐵少。風不可太少，少則火力不足，而得鐵亦少。須使恰敷用而已。

凡礦須先烘之，一使礦中易升之物去，一使礦稍鬆，則碎之容易也。

圖一

圖一

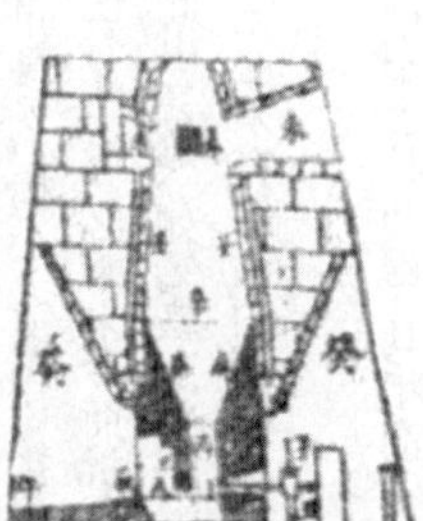

圖三

烘礦不必用爐，於空地上，一層柴，一層礦，相間堆高，用土封蓋而燒之，則其内之水氣、硫礦、炭酸等物升去，而礦亦燒鬆。

凡鍊礦之爐，須先以火烘十日或十二日，而後可鍊礦。鍊時，爐内滿加煤，再加礦及弗拉克斯，如是漸漸加之。燒至兩日，爐底漸有鐵及料油數點鐘一開其爐門所塞土，即有料油漫出，取去之，待其鐵滿，則流出於槽。

鍊時，料油不可取盡，常使可遮蔽鐵面以防風。

又料油須時看之，如色暗而重，則鐵未分清，或因炭不足，或因鎔太速。

如料油爲暗玻璃，及有緑痕，則因夕里開與養鐵相連，應加灰。如料油色淡而明，則佳。

英吉利鍊鐵處之料油，其中有：夕里開四〇・四，灰三八・四，美合尼西養五・二，哀盧彌那一一・二，養鐵三・八，硫礦些微。

凡弗拉克斯之劑，視礦而異，不能一定，須隨時試知礦内雜質之多少，而配合之。

尋常泥鐵礦，用灰約四分之一，或三分之一，或六分之一。如内無夕里開者，灰與礦等分。

褐色鐵礦最易鍊，只要炭多而鍊慢，以八分至十二分灰石，作弗拉克斯。如不依此法，鍊得之鐵，口白而性脆。

鐵之好者，暗灰色，粒口，鎔之活而易流。其不好者，淡白色平口，鎔之厚而難流。

最好生鐵因其中有炭，故易鎔。若其内有數分夕里開，亦無礙於鐵之好。數十年前，瑞典化學士白兒瑞斯利耶，考知瑞典最好之熟鐵中，尚有夕里西恩一・二。

鐵中有硫礦及燐者，最不好，而粗笨不任力之物，如稱錘之類，每用之，取其易鍊而價賤也。

變生鐵作熟鐵，西名謂之利番，不過分去其中之炭及雜質也。

生鐵分去其炭即成熟鐵，亦不必好生鐵方可成熟鐵，即次等生鐵，亦可鍊之。

鍊生作熟舊法，燒之打之，三四次即成。其意燒之以去其炭，打之以去其雜也。

新法：鎔而多調之，使炭與養氣相連而易去，此法謂之撥代令。

作撥代令法：以生鐵三百五十磅入倒焰爐中燒鎔，鐵面有浮火撩繞，則用棍調攪之，又以水灑之。如是半點鐘，有炭養氣出，火色藍。又二十分時，則鐵分開，如砂，火光紅。仍調攪之，鐵又漸凝，并如膏，分之爲數塊。取出，於大砧上打之，淬於水使脆。又打碎之，另入爐燒之，至將鎔能并，再於大砧上打之，成大塊。

鍊礦爐中所出之氣，其内有二十四分炭養氣。其爐中之氣，全是炭養氣，所以可引出其氣，用其火以鍊熟鐵。

凡熟鐵，冷之易斷者，謂之冷脆，因内有夕里西恩。熱之易斷者，謂紅脆。

鍊生作熟又法：以生鐵一塊，用希美台脱粉塗之，燒至將鎔未鎔，則其中之炭出與養氣相連，可取出打之。此法如不用希美台脱粉，或用别種養鐵塗之，亦可。即如打鐵時脱下之鐵皮，亦是養鐵，用之亦佳。

用恰踏蘭爐，可徑以礦鍊熟鐵。

恰踏蘭爐之底，寬十八寸，長二十一寸，深十七寸。風管比底高九寸半，其管可活動。底中，先以木炭粉和泥周塗之。其炭用木炭，堆高，火在爐之上。用烘過之礦，打細篩過，其粗者，堆於火旁，再烘之，以細者漸漸添入火中。其底旁有洞，可取出料油。鐵滿，亦可取出，其形如膏，打之即成。此法，五六點鐘可得一塊。西班牙恰踏蘭地方用此法鍊熟鐵，故名其爐爲恰踏蘭爐。

此法若使風管斜向上，多加炭，少加礦粉，久鍊之，其鐵幾成鋼。

恰踏蘭爐，惟浄而易鍊之礦能用之，然工費及耗棄多，而得鐵少，故不能通行。若以泥鐵礦入此爐，不過燒得料油成鐵玻璃耳，不能得鐵也。

又法：用粗礦粉與炭，照其股劑，入倒焰爐中鍊之，則炭與礦之養氣連，亦可得熟鐵。

此法或不用浄炭，而用有炭之物亦可，其意不過移去礦中之養氣耳。

鍊熟鐵成鋼法：

用最好熟鐵作片，同木炭粉熱之，則炭走入鐵，其鐵面起泡皮，中作細粒而易鎔，謂之泡鋼。

以泡鋼作小塊打之，謂之脆鋼。

以脆鋼紅而并之，礌成條謂之剪子鋼。

以泡鋼同一弗拉克斯鍊之，輕輕打之，或卷之，成生鋼。

礦有可徑鍊得鋼者。

如斯罷鐵礦，其中有炭酸（曼）〔孟〕葛尼斯者，可以徑作鋼。其意不過因孟葛尼斯中之養氣，能引去鐵中之幾分炭，故能成鋼。此鋼中有一分至二分孟葛尼斯，故爲下品之鋼。普魯斯之鋼，用此法鍊出。

崔國因《出使美日秘國日記》卷一 〔光緒十五年九月〕初一日，【略】美屬阿拉斯喀在北墨洲之西北隅，同治六年，以銀七百二十萬圓購入美國版圖，計五十八萬英方里，居民甚稀。今聞該地已有金礦，擬由議院議撥經費，選派人員查考土宜，以便開闢云。因謹按：美國以銀購地，地實産金，鬻地者不知地之所産，較所鬻者實萬萬倍也。古人所謂一寸山河一寸金者，於此益信。

奧斯吞著舒高第鄭昌棪譯《鍊金新語》第三章《雜質金類》 技藝家今最講求者，與鐵相涉之各金類，他金類之加於鐵，製造性似赤金加他質一般，惟所難者，鐵與養氣大有相關，並有關閉汽質疵弊。鐵加何種物質，致凝其何種性情，一千八百八十九年，余表明按時之例，所加他質，令鐵變異式情形，有緩變，有速變，此爲技藝家所需用，全視顆粒質點排法如何。奧士麥脱意見相同，詳見下章。奧士麥脱論兩號鐵，一爲輭鐵，淨鐵在八百五十五度之熱度以下，便爲輭鐵，而別種雜有他質緩冷者亦有之。一爲硬鐵，在高熱度内，或雜有他質，從八百五十五熱度，而急冷者亦有之，或從電氣化分而來者亦爲硬鐵。奧士麥脱試驗鐵雜外來原質緊要情形，照質點體積次序，列下表：

一	體積	二	體積
炭	三・六	鉻	七・七
□	四・一	鎢	九・六
鎳	六・七	矽	一一・二
錳	六・九	鉀	一三・二
銅	七・一	燐	一三・五
		硫	一五・七

第一行原質之質點體積小於鐵，從熱而緩涼，能令第二號鐵，即硬一種。異式情形，漸變爲第一號輭鐵，又能令硬炭變爲炭二炭，即異式情形炭。因是不拘第一行何質，加於鐵或鋼内，於漸涼時阻其變輭性情，使多成第二號鐵。此五原質令鐵多變堅硬。原質内更可加輕氣，輕氣原質，能令電分之鐵，變硬且脆。大抵輕氣有一種金類，名搿蘭姆鉾，若僅輕氣，在緊要之熱度加之，則無濟也。第二行原質之質點體積大於鐵質點，其勢令熱度加高，否則與變二號鐵爲一號鐵之熱度平，鐵質變輭矣。欲此輭鐵再變硬鐵，而既加此第二行原質，燒熱後，令急冷，即使變硬而亦不全硬也。此六原質令硬炭變炭二炭，則加速也，是此六原質，使鐵在高熱度延久，爲第一號情形，漸冷後成第一號輭鐵。然則六原質之於鐵，猶之鍊令成熟鐵輭而可錘也。鐵遇此六原質，不將盡爲熟鐵乎？幸鐵質内更有別種情性，可阻其擅變之弊。雜質攙入鐵内，在涼時或令緩變，或令急變，照所加物之質點體積，較鐵質點或大或小，即足驗其變之全不全。外物質點體積小者，亦能使鐵之微細顆粒，隨同變小體積，如所加原質之質點體積大者，則鐵質點之體積，亦隨變大。炭雖照常例，而在緊要熱度亦變，在鍊鐵時，須另行測驗之。鍊金類一事，金類微細顆粒，如何成法，最宜講求。奧士麥脱指明外加金類微數，能使大塊金類變異式情形，鐵鋼與技藝家最要關係，我今逐件查照何例，加極微之質於大體積料内，能令大料變式。

張佩綸《澗于集・譯署函稿・致張香濤中丞》 啓者：客臘二十九日，準户部咨録閣下及少荃中堂會奏晉鐵改由海運一疏，聲明由貴處就産鐵地方講求鎔鍊，設法招商等語，具見關懷時局，體察商情之意。理財之道，鹽鐵並稱。後世置鐵冶不問，而泰西各國轉得不傳之祕，造作機器、船、礮，以窺伺上國，鯨吞蠶食，志不在小。本處深維聖師萬物之指，於粤捻倥偬之會，迭經奏准，於閩、滬各處設立機器、船政等局，仿製外洋火器，輪船，原冀藝學漸精，中國或能神明規矩，自闢徑途，庶與泰西争駕。乃各局開設垂二十年，南北洋所需鐵船、槍礮仍是購之外洋，間有閩廠自造之船、滬局自鑄之槍礮，而船之鐵甲、鋼甲，槍礮之鐵卷筒、鐵箍亦仍是購之外洋。無論我所造之船、礮不能精於泰西，而機器須外洋，鋼鐵須外洋，在彼實足操我强弱之柄，而我二十年來所敝敝焉舍所學而從者，固皆末務耳，安所謂戰勝之器哉？然則開鑛取鐵，鍊鐵成鋼，非獨富國之常模，實爲强兵之首務。有鋼、鐵而始能造機器，有機器而始能造車、船、槍礮。閣下意欲鎔鍊鋼鐵，其深得洋務三昧者乎？查中産鐵質固有精麤剛柔之不同，而鍊鐵成鋼亦有團鋼、灌鋼、沌鋼之别。泰西鍊鐵初亦未得簡妙之法，取精遺滓，所費不貲。迨後以汽鑪吸取養氣，取鐵入鑪，均變精鋼，分兩不減，最爲省便。是以近日洋船無非鋼甲，洋槍礮無非鋼筒，鍊法精也。容道閎在美曾繪其鑪式以歸，見存少荃中堂處，可以咨取備考。聞美之新嵩埠專造鍊鋼汽鑪，可以訪求定購。晉産甲於天下，外國客所著書亦甚稱美太原。惟洋鐵性輭受刃，晉鐵過剛不受模範。若閣下創置洋鑪，陶鎔晉鐵，苟得其法，出鐵以供天下之用，晉富而中國可强，非細故也。習洋務者，利於采買洋器，不願中國自有煤鐵塞其利孔。而機器局員但圖坐穫薪資，於考工創制之原全未攷究。晉省現在亟宜集款購器，設法招商，速開鍊鐵之局。既須博選巧匠，尤宜物色端人，庶免沿閩、滬諸機局陋習。德之霸也，自克虜伯能鑄礮始，至今該廠有鍊鋼提鏽之法，據爲五大洲祕巧。丁韙良鑄鍊鐵論謂：近日爲鐵世界。旨哉言乎？《管子·地數篇》詳言出銅鐵之山，用以器蓋天下。葛侯治蜀，工巧器械，務究其極。鍊鐵造器，實爲當務之急，不能不深有望於執事也。

張佩綸《澗于集·譯署函稿·復升竹珊參贊》 正月初三日接來函，具悉去冬十月十五日抵伊垣任所，並順道自額敉河一帶歷查至喀拉達板各處新立卡倫，具徵悉心擘畫，良深慰望。第本處前披閱寄來科塔各界圖説，科城牌博四處，喀巴河小牌博四處，塔城牌博二十二處，均由足下會同額錫兩君妥爲經理。查圖内於山川脈絡、屯堡夷險、道里遠近繚折、形勢四至八到未能周詳。至奎峒山北連阿爾泰山主峯，其間有呼圖克圖棍噶札拉參舊駐之承化寺，頗得形勝，現在是否仍爲我有？阿爾泰山有鹽池之饒，及産金、鐵等處，遼金元人所謂西金山也。奎峒有險可扼，其境内屯堡爲中國先踞，利使情形宜如何詳測繪圖？反覆博考，即此一地已虞原圖之疏漏。至塔城卧榻之側，即爲敵國，承平時恃土爾扈特、哈薩克各游牧部落爲我屏藩，今雖經兵火以來漢回凋敝，哈部亦半折入於俄，而土爾扈特之衆尚足就我維婁，資以障蔽。

鉛冶煉部

綜述

徐松《宋會要輯稿補編・鉛》 鉛。商州，洛陽縣錫定冶，熙寧八年置。衢州，西安南北山開化金水場，舊置。建州，龍焙監，同銀、銅場置。漳州，毗婆火深場，同銀、銅場置。廣州，清遠縣錢糺場，熙寧二年置。韶州，蘇平場，熙寧五年置。翁源縣大富場，五年置。樂昌縣太平場，九年置。曲江縣中子峒場，九年置。循州，龍川縣大有場，熙寧三年置。潮州，程鄉縣石院場，熙寧七年置。南恩州，陽江縣場，咸平元年置。英州，竹溪場，同銀場置。融州，融水縣場，熙寧四年置。鉛七百九十四萬三千三百五十斤，兩浙路一十三萬五千八百斤，江南東路二十七萬三千二百六十七斤，西路一萬九千五百一十斤，荆湖南路五十五萬五千六十三斤，福建路二百三十一萬五千八百七十四斤，廣南東路四百六十四萬二千七百三十六斤。鄧州，元額一千五百七十二斤，元豐元年收六百九十六斤。衛州，元額五十萬八百九十一斤，元年收九十五萬一千九百九十七斤。隴州，元額一萬二百六十八斤，元年收二百六十三斤。商州，錫定場熙寧八年置，元額九十萬五千五百七十四斤，元年收八十五萬二千三百一十四斤。虢州，元額一百七十六萬一千八百六十八斤，元年收一百六十二萬四百三十二斤。鳳翔府，元額三千二百四十五斤，元年收九千四百七十三斤。越州，場一，元額三千一百三十七斤，元年收一百三十一斤。衢州，元額一十萬八千二百二十七斤，元年收五萬二千五百五十四斤。處州，稜溪場、高亭場，元額一萬二百七十一斤，元年收二十二萬九千四百五斤。信州，鉛山場、鐵溪場，元額二萬五千三百六十三斤，元年收一千三百二十斤。處州，寶積場、蛤湖場，元額五千一百九十三斤，元年收三千九百八十五斤。衡州，茭源場，元額三萬四千斤，元年收一十二萬三千九百二十一斤。桂陽監，元額八萬一千二百四十三斤，元年收同。峽州，夷陵縣場一。建州，永興、天受、通德、蕉溪、餘桑、舫竹、武仙、石舍場，元額六萬六千二百二十九斤，元年收四萬二千二百八十一斤。南劍州，安仁、耒津、龍門、杜唐、小安仁、大演、溙坑、安福、龍泉場，元額九十萬三千四十五斤，元年收八十九萬五千六百八十斤。汀州，龍門場長水坑，龍門新場赤水坑，元額一百六斤，元年收四十九斤。漳州，寶興場，元額二千七百八十二斤，元年收一十五萬七千四百四十九斤。邵武軍，青安、鄒溪、太平、黄分、螺磜、新安場。廣州，錢糺場，熙寧二年置。又大利場一，元額一萬八千一百六十斤，元年收二十萬四千三百四十斤。韶州，蘇平場、大富，並五年置；太平場，九年置；中子場，十年置；又靈源、多寶、太湖、石膏場，元額一百一十八萬二千四百三十斤，元年收七十九萬八百七十斤。循州，大有場，熙寧三年置。又夜明場，元額二十六萬五千五百一十斤，元年收八萬五千二百四十斤。惠州，白平、流源場，元額四萬七百二十五斤，元年收三千三百二十一斤。潮州，程鄉縣石坑場，熙寧七年置，元屬梅州，熙寧六年廢州，以縣隸潮，元豐五年復隸梅州。又樂口、烏鬬場，元額二十七萬六千三百四十斤，元年收六萬八千二百四十斤。端州，沙利場，元額一十六萬四千一百五十斤，元年收六萬六千七百一十斤。英州，賢德、堯山場、鐘峒場，元額一十六萬六千六百九十斤，元年收一十五萬四千九百七十六斤。南恩州，元額一十六萬九千五百二十斤，元年收一十八萬六千四百六十斤。連州，同官場、銅坑場，元額一百六十三萬四千七百六十三斤，元年收一百六十四萬二千六百二十斤。藤州，棠林場，元額三十八斤，元年收同。高州，高北監，元額九十六斤，元年收同。融州，融水縣古帶場，熙寧四年置，元額九萬二千六十五斤，元年收四萬八千七百五十九斤。鉛坑冶租額總計八百二十二萬六千七百三十七(年)〔斤〕，元豐元年收總計九百一十九萬七千三百三十五斤。坑冶淮南路，興發一處。湖南路，興發一處，停閉九處。廣東路，興發一處。福建路，興處一處，停閉一處。浙東路，興發共二十七處，停閉一處。江西路。興發一處，停閉四處。鉛出産歲收租額，總三百二十一萬三千六百二十二斤一十四兩。信州鉛山場，二十八萬五千六百九十斤八兩。興國軍永興縣，八十一斤。大冶縣，一千三百五十斤一十三兩。南安軍大庾縣，二百三十九斤一十兩。韶州岑水場，四十五萬八千三百六十斤七兩。南恩州陽春縣，六百三十斤。潯州馬平場，三十六萬六千五百斤。邕州大觀場，二十三萬斤。融州古帶場，三萬斤。賓州獨女場，二千斤。衡州常寧縣，一萬八千斤。潭州永興場，一百六十九萬八千五百四十三斤。桂陽軍臨武縣，四千三百八十五斤八兩。建寧府浦城縣仁風場，一千八百八斤。崇安縣，八千五十斤。建陽縣，九百二十四斤。南劍州劍浦縣，二千二百五斤。尤溪縣，三萬九千四百九十八斤。福州長溪縣，二千斤。寧德縣，四百八十斤。峽州夷陵縣，五萬五千四百五十九斤八兩。衢州西安縣，三百六十斤。處州龍泉縣，七百八十斤。温州永嘉縣，八百八十五斤八兩。舒州懷寧縣，四千五百斤。今遁年趁到，總一十九萬一千二百四十九斤一十三兩，比租額總計趂及六釐。信山鉛山場，一十一萬五千二百六十七斤，赴饒州永平監、嚴附神泉監鑄錢。興國軍永興縣，三十斤，赴饒州永平監鑄錢。大冶縣，三千斤，赴饒州永平監鑄錢。舒州懷寧縣，七百二十斤，赴饒州永平監鑄錢。潭州永興場，一千八百八十一斤一十五兩，赴饒州永平監鑄錢。衡州常寧縣，四千一百斤，赴饒州永平監鑄錢。桂陽軍平陽、臨武兩縣，七十一斤，附綱，赴饒州永平監鑄錢。陝州夷陵縣，三千七百二十二斤，赴饒州永平監鑄錢。建寧府管下鉛，本府豐國監鑄錢。浦城縣，二千六百四十斤。崇安縣，三百八十一斤二兩。建陽縣，一百二十六斤四兩。南劍州管下鉛，赴建寧府豐國監鑄錢。尤溪縣，九千四百一十八斤。劍浦縣，一百五十斤。福州寧德縣，六十斤，附綱赴建寧府豐國監鑄錢。衢州西安縣，一百二十一斤八兩，附綱，赴嚴州神泉監鑄錢。處州龍泉縣，五百一十一斤，赴嚴州神泉監鑄錢。溫州永嘉縣，二百一十五斤，赴嚴州神泉監鑄錢。韶州管下鉛，赴本州永通監及饒州永平監、贛州鑄錢院鑄錢。岑水場，五千三百斤。銅嵓場，二千三百斤。連州桂陽縣，五千斤，赴韶州永通監鑄錢。南恩州陽春縣，二百三十斤，赴韶州永通監鑄錢。潯州馬平場，二萬二千二百九十斤，赴韶州永通監，并饒州永平監、贛州鑄錢院鑄錢。邕州大觀場，五千斤，赴韶州永通監及饒州永平監、贛州鑄錢院鑄錢。賓州遷江縣，五千五百四十四斤，赴韶州永通監、贛州鑄錢院鑄錢。

《宋史》卷一八五《食貨志下七》 淮西、湖南、廣東、福建、浙東、江西鉛冶五十二，廢者一十五，舊額歲三百二十一萬三千六百二十斤有奇，乾道歲入一十九萬一千二百四十斤有奇。

劉錦藻《清朝續文獻通考》卷一九《錢幣一》 〔嘉慶五年〕又奏准：各省應用黑鉛，貴州每年額辦一十萬斤，運漢口售供配鑄。嗣因各省以金釵廠銅配鑄，無需黑鉛，惟直隸、山西二省全用洋銅，必用黑鉛配用。應令貴州每年改辦五萬斤，以供該二省鼓鑄。

又奏准：湖南郴桂二廠俱因開採年久，產鉛衰微，酌令每年辦解黑鉛二十五萬斤，其黔省應辦黑鉛四十七萬餘斤。令貴州認真採辦，務足原額，按年起解，以資配鑄。

又議准：滇省金釵廠低銅內有鉛性，所有辦運金釵廠銅之江蘇、江西、浙江、福建、廣東、廣西、湖北、湖南、陝西九省，毋庸配鑄黑鉛，按額加配白鉛鼓鑄。其全用商辦洋銅之直隸、山西二省及本省出產黑鉛之雲南、貴州、四川等省，鼓鑄錢文，照京局之例，一體三色配鑄。

〔嘉慶六年〕又諭：「戶部奏，據馬慧裕咨，湖南應辦京局黑鉛暫歸黔省代辦，請仍勅令湖南照舊運解一摺。湖南省從前應辦黑鉛原係七十餘萬斤，後經祖之望於該省巡撫任內奏請，將原辦四十餘萬斤酌減，每年定額二十五萬斤。馬慧裕到任，如果相距在數十年之後，尚可藉口今昔情形不同，今馬慧裕即係與祖之望接任之人，何至僅能辦三萬餘斤？該撫到任未久，自未及親行查勘，何得僅據屬員稟報年久砂竭，率行咨部驟減至三萬餘斤？若再隔數年，豈竟欲全行請免耶？至黔省每年應辦黑鉛已屬不少，若再將楚省額解黑鉛統歸黔省辦解，豈不更形竭蹶？見在京師錢價較昂，廷臣動請加卯鼓鑄，若鉛斤短少，豈能敷鼓鑄之用？馬慧裕著傳旨申飭，仍著將該省應辦黑鉛二十五萬斤實力籌辦，照數運解，毋得意存諉卸。」

又卷四三《征榷考一五・坑冶》 又題准廣西羅成縣屬長安山出產煤礦，准其採運四頂山鉛砂煎鍊，所出鉛斤照例抽課。

吳其濬《滇南礦廠圖略》卷二《金錫鉛鐵廠第三》 阿那多廠，會澤縣知縣理之。辦供東局黑鉛一萬一千九百三十三觔零，每百觔抽正課鉛十觔，閏加九百九十四觔零，課鉛變價同白鉛。

妥妥廠在尋甸西北，又西爲雙龍銅廠，尋甸州知州理之。乾隆十三年開，鉛運省店銷售，獲息充餉。今實辦供省局黑鉛三萬三千四百一十五觔零，每百觔價脚銀二兩一錢，遇閏加增額辦省操鉛二萬觔。

陸容《菽園雜記》卷一四 次用烊銀爐熾炭，投鉛於爐中，化即投窖團入爐，用鞴鼓扇不停手。蓋鉛性能收銀，盡歸爐底，獨有滓浮於面。凡數次，爐爬出熾火，掠出爐面滓，烹鍊既熟，良久，以水滅火，則銀鉛爲一，是謂鉛駝。次就地用上等爐灰，視鉛駝大小，作一淺灰窠，置鉛駝於灰窠內，用炭團疊側，扇火不住手。初鉛、銀混，泓然於灰窠之內，望泓面有烟雲之氣飛走不定，久之稍散，則雪花騰湧。雪花既盡，湛然澄澈。又少頃，其色自一邊先變渾色，是謂窠翻，乃銀熟之名，烟雲雪花，乃鉛氣未盡之狀。鉛性畏灰，故用灰以捕鉛，鉛既入灰，惟銀獨存。自辰至午，方見盡銀。鉛入於灰坯，乃生藥中蜜陀僧也。

宋應星《天工開物》卷下《五金・鉛》 凡產鉛山穴，繁於銅錫，其質有三種：一出銀礦中，包孕白銀，初煉和銀成團，再煉脫銀沉底，曰銀礦鉛。此鉛雲南爲盛。一出銅礦中。入洪爐煉化，鉛先出，銅後隨，曰銅山鉛。此鉛貴州爲盛。一出單生鉛穴。取者穴山石，挾油燈，尋脈曲折，如採銀鉚，取出淘洗煎鍊，名曰草節鉛。此鉛蜀中嘉、利等州爲盛。其餘雅州出鈞脚鉛，形如皂莢子，又如蚪斗子，生山澗沙中。廣信郡上饒、饒郡樂平出裸銅鉛，劍州出陰平鉛，難以枚舉。凡銀鉚中鉛，煉鉛成底，鍊底復成鉛。草節鉛單入洪爐煎煉，爐傍通管注入長條土槽内，俗名扁擔鉛，亦曰出山鉛，所以别於凡銀爐内頻經煎煉者。凡鉛物值雖賤，變化殊奇。白粉、黄丹皆其顯像。操銀底於精純，勾錫成其柔軟，皆鉛力也。

附《胡粉》 凡造胡粉，每鉛百斤，鎔化削成薄片，卷作筒，安木甑内。甑下、甑中各安醋一瓶，外以鹽泥固濟，紙糊甑縫，安火四兩，養之七日，期足啓開，鉛片皆生霜粉，掃入水缸内。未生霜者，入甑依舊再養七日，再掃，以質盡爲度。其不盡者，留作黄丹料。每掃下霜一斤，入豆粉二兩，蛤粉四兩，缸内攪匀，澄去清水，用細灰按成溝紙，隔數層置粉於上，將乾，截成瓦定形，或如磊塊，待乾收貨。此物古因辰、韶諸郡專造，故曰韶粉。俗誤朝粉。今則各省直饒爲之矣。其質入丹青，則白不減，查婦人頰，能使本色轉青。胡粉投入炭爐中，仍還鎔化爲鉛，所謂色盡歸皂者。

附《黄丹》

凡炒鉛丹，用鉛一斤，土硫黄十兩，硝石一兩，鎔鉛成汁，下醋點之，滚沸時下硫一塊，少頃入硝少許。沸定再點醋，依前漸下硝黄，待爲末則成丹矣。其胡粉殘剩者用硝石、礬石炒成丹，不復用錯也。欲丹還鉛，用葱白汁拌黄丹慢炒，金汁出時，傾出即還鉛矣。

《天工開物》

劉嶽雲《格物中法》卷五下《金部·鉛》 凡銀礦中鉛煉成底，煉底復成鉛。

李世熊《錢神志》卷一《靈産》 《茅君内傳》云：取鉛十斤安鐵中，猛火燒之三沸，投九轉金華一銖於鉛中，攪之，立成黄金。

《抱朴子》曰：綺里丹法，用鉛百斤，煮以雄黄，皆成金。太剛以猪膏煮之，太柔以梅煮之。

卞寶第等《〔光緒〕湖南通志》卷六一《食貨七·物産二》 鉛粉，金陵、杭州、韶州、辰州皆造之，而辰粉尤真，其色帶青。彼人言：造法每鉛百斤鎔化，削成薄片，卷作筒，安木甑内。甑下、甑中各安醋一瓶，外以鹽泥固濟，紙封甑縫。風鑪安火四兩，養一七便掃入水缸内，依舊封養，次次如此，鉛盡爲度。不盡者，留炒作黄丹，每粉一斤入豆粉二兩，蛤粉四兩，水内攪匀。澄去清水，用細灰按成溝紙，隔數層置粉於上，將乾截成瓦定形，待乾收起。

藝文

張伯端《金丹正理大全諸真玄奥集成》卷二《還源篇》

五言絶句　鉛汞成真體，陰陽結太元。但知行二八，便可煉金丹。

又　汞是青龍髓，鉛爲白虎脂。掇來歸鼎内，採取要知時。

又　姹女騎鉛虎，金翁跨汞龍。甲庚明正令，煉取一爐紅。

鄭觀應《羅浮待鶴山人詩草·題詞》 不愛紅塵利與名，但期返本上瑶京。悟真共讀知鉛汞，通一同參識性情。指通一齋主人。足底三洲前日徧，胸中五嶽此時平。會須訪護營丹室，結伴圜牆煉甲庚。

雜録

班固《漢書》卷二八上《地理志第八上》 海、岱惟青州。嵎夷既略，惟、甾其道。厥土白墳，海瀕廣潟。田上下，賦中上。貢鹽、絺，海物惟錯，岱畎絲、枲、鉛、松、怪石，師古曰：「畎，小谷也。枲，麻屬也。鉛，青金也。怪石，石之次玉美好者也。言岱山之谷，出絲、枲、鉛、松、怪石五種，皆獻之。畎音工犬反。」萊夷作牧，厥篚檿絲。浮於汶，達於泲。

佚名《明宣宗章皇帝實録》卷四二 〔宣德三年，閏四月，庚子〕禁採番禺縣鉛沙。先是廣東都司奏：「縣民有私取鉛沙者，門卒獲之，究其所出，在番禺縣西取沙烹煉，可得白金鉛錫，當罪私取者，并請官開冶。」上曰：「山澤之利，民取之弗問，冶不可遽開，命巡按御史勘視其實以聞。」至是御史何善奏：「同三司官發工匠、民丁等深入岩洞，取沙礦每百斤，煉銀止四錢，鉛二十斤，計所得不償所費。」上謂尚書夏原吉曰：「朕料鉛沙之烹，所得無幾，若果有銀利，置冶烹煉，豈待今日彼小民或竊取以求毫末之利？無足怪朕已宥之不問。其令有司悉填坑洞，國家之利不藉此，民亦免逐末之弊。」

張溶《明神宗顯皇帝實録》卷五六七 〔萬曆四十六年三月〕乙丑，祭歷代帝王。初貴州畢節、烏撒二衛軍民王應星等奏開彼處鉛廠，以充兵餉。上以曾經無按勘明，準照原題開採，該科議烏撤原隸蜀，而邇於黔。自土府效良爲其本姓爭官奪印，相仇殺，蜀省遥不能制。其父紹慶又跨有沾益之地，當滇南門户，將來恐尾大不掉，故黔撫欲改隸黔疆，而開採特帶言之。今不定分轄，而言開採，恐一旦兩省棍惡夷漢盤據爲亂，誰資彈壓。是在户兵二部，移文兩省詳議，毋遽聽奸人生事也。

賈楨《清文宗顯皇帝實録》卷一九六〔咸豐六年丙辰四月〕丙辰，又諭：業布沖額奏，試煉鉛礦，設局鼓鑄一摺。甘肅迪化州福壽山地方，經訪獲鉛礦，煎煉得銀，著即準其設立籌裕局，運鉛分鑄，仍督飭該委員等悉心籌辦，所有在事出力及捐備口糧人員，著業布沖額覈實請獎，毋許冒濫。

劉錦藻《清朝續文獻通考》卷四三《征榷考一五》〔咸豐〕六年，諭：業布沖額奏煎鍊鉛礦，設局鼓鑄一摺，甘肅迪化州福壽山地方，經訪獲鉛礦，煎鍊得銀。著即准其設立籌裕局，運鉛分鑄，仍督飭該委員等悉心籌辦。」

又卷四四《征榷考一六》〔光緒十四年〕又奏：略稱貴州鉛務，自嘉慶中奏歸貴西道管理，折收名目繁多，規費甚重，即如白鉛，每交鉛百斤，除正課外，既抽規費四斤十兩，又抽鎔費銀二錢一分；黑鉛每百斤除正課外，既抽規費二十斤，又抽火課斧記銀二錢六分二釐。其他折扣不可枚舉，所取倍於公家，殊非情理。前貴西道李用清曾經示免，近復如前折收。茲據署貴西道袁開第請明定章程，開單減免。國家定制，損上益下。今則上下俱損，盡歸中飽，礦務特其一端。擬此後收買白黑鉛，鎔淨天平秤一百五斤，作一百斤，隨收一斤以爲貴西道辦公之費，發價不准折扣，官親幕友書役不准駐廠設局。其餘一切規費，請飭貴州巡撫嚴行永禁，如違參處。得旨：「所稱積弊自應認真剔除，著唐炯咨商潘霨，將此項章程核實酌定外，並將一切規費名目嚴行禁革，以杜中飽。」

又卷四三《征榷考一五・坑冶》〔嘉慶元年〕又題准貴州遵義縣屬新寨、綏陽縣屬月亮巖等處鉛廠，准其封閉。

又題准湖南郴州石仙嶺、白沙壠等處鉛廠，准其封閉。

又卷四四《征榷考一六》〔光緒十五年〕又唐炯奏，略稱：「據公司稟稱，前在威榨子開辦四硐，第一硐内分十六尖，就中第三尖礦脈寬大，業已成堂，測量足供六十年開採。見在鑪座次第修造，塘堰業已築竣，惟該處山高，居民都是下山十餘里挑取溝水，僅供飲食之需。俟夏令大雨時行，塘堰積水，始能淘洗，故向來鉛廠止得半年煎鍊。至每年辦鉛若干，須俟年底，計共煎出若干，始能約定成數等情。臣覆查無異，仍飭尋覓泉脈，開溝導引，積塘以備乾旱，至前奉旨，飭與貴州撫臣潘霨會議鉛務。臣此次閱歷二年餘，於廠務利弊得失頗已周知，大約開辦新山，非二三年不能見功。官辦則開支甚鉅，動虞虧欠；民辦則資本不繼，成效難期。不如官督商辦，漸次推廣。凡民間開辦，由商人接濟油米，得鉛繳官，統於商人歸總，既免散漫無稽，窮民藉資生活。」

又卷一九《錢幣一》〔嘉慶十年〕又議准：貴州每年運赴湖北漢口銷售鉛斤，黔省委員至漢口交代湖北委員接收清楚，即行起程回黔，毋庸在漢口守候銷售。其接收鉛斤及兑發各省委員採買事宜，令漢陽同知就近坐局管理，每届歲底責成漢陽府盤察結報，所有售獲鉛價，寄貯湖北藩庫，黔省下運委員到楚領解回黔歸款。

又卷四三《征榷考一五・坑冶》 又奏准貴州福集、蓮花二廠每鉛百斤照原價銀一兩四五錢之數，加價三錢收買。

張廷玉《清朝文獻通考》卷一五《錢幣考三》 又定貴州辦解京局額鉛，停商人承辦之例。自京局改定銅鉛對鑄，每年增辦鉛至三百六十六萬觔，向由商人採辦，每觔給價銀六分二釐五毫，水脚銀三分。至十一年，以鉛價平減，各商呈請每觔節省銀一分五釐，定價四分七釐五毫，至是户工二部遵旨議言：「貴州之蓮花、硃砂等廠所産白鉛，歲不下四五佰萬觔，各廠定價每百觔，銀一兩三錢，較之商辦實多節省。請自雍正十三年爲始，令貴州巡撫委員照額收買，分解户工二局。每百觔給水脚銀三兩，照辦銅之例，分爲上下兩運，上運於四月起解，十月到部；下運於十月起解，次年三月到部。如有遲誤，將承辦之員照例議處。其商辦之鉛，停其採買。再，湖南桂陽州、郴州鉛礦每年抽税鉛約五六萬觔，向係附商人額鉛解部。今商辦既停，應令湖南巡撫委員運解。」從之。至十三年，以湖南鉛廠礦砂漸微，題請暫行封閉，其京局鼓鑄全用黔鉛。

〔雍正〕至七年以議開羅平州之卑淅廠鉛，平彝縣之塊澤廠鉛。即由鉛廠每百觔以價銀二兩收買供鑄。

又卷一六《錢幣考四》 又增定貴州運鉛陸路脚價，户部議定每百觔每站亦照雲南運銅之例，給脚價銀一錢二分九釐二毫。又減貴州辦黑鉛額數，令湖南承辦。户部議定：黔省黑鉛以開採年久，出産不敷，見在湖南鉛廠甚旺，應將貴州承辦之數，每年減去三十萬觔，令湖南如數收買協解。

〔乾隆五年〕又定貴州兼運黑鉛、廣東辦解點錫。户部議定：「兩局所需黑鉛應定額爲五十萬觔，令貴州於鉛廠收買起運。將應解白鉛每年減辦五十萬觔，所需點錫定額爲十五萬觔，令廣東辦運。均於乾隆六年爲始，如額解部供鑄。」

〔乾隆〕八年，增貴州辦黑鉛價直。户部議定：黔省所出黑鉛取給於柞子一廠，從前於抽課之外，餘鉛每百觔給價銀一兩二錢。今礦砂漸薄，工本較重，應准其增價，每百觔以一兩五錢收買解京。

又卷一七《錢幣考五》 又議定雲南各局配鑄黑鉛價直。雲南巡撫愛必達奏言：「滇省黑鉛出産衰旺不常，自鼓鑄青錢以來，俱於各屬地方零星購買，本無一定之廠。歷來各局報銷每百觔匀算工本脚費銀二兩二錢，今就現在情形核定，省城局黑鉛，應用禄勸州甸尾廠所出，每百觔價銀一兩五錢，自廠至局運脚六錢；臨安府局黑鉛，應用建水州銀廠所出，每百觔價銀一兩四錢八分，自廠至局運脚九分有奇；大理府局黑鉛，應用順寧府銀廠所出，每百觔價銀一兩五分有奇，自廠至局運脚一兩一錢四分有奇；廣西府局黑鉛，應用羅平州平彝縣白鉛廠所出，每百觔價銀一兩四錢八分，自廠至局運脚五錢；東川新舊兩局黑鉛，應用會澤縣阿那多廠所出，每百觔價銀一兩六錢八分有奇，自廠至局運脚五錢一分有奇。」飭令管廠各員按年據實報銷。〔乾隆二十年〕又定貴州湖南辦解鉛觔鎔成整塊之例。户工二部議言：京局額鉛俱由貴州、湖南辦運，當其鎔化出廠，每塊多寡輕重原不畫一，緣局内兑收法馬以百觔爲準。是以運員接領之後，另加鏨鑿配搭成包，每包作爲一百觔，多有零星碎塊，水陸轉運易於虧折，且鏨鑿之時，人役偷減諸弊，難保其必無。每至到局，平兑觔數不足，俱需餘鉛添補，或有掛欠補解者。嗣後請令鉛廠煎鍊之時，預行較定五十觔爲一塊，每二塊爲一包，以足百觔之數。不許運員私行搭配，可免折耗之弊。從之。

〔乾隆二十三年〕又定貴州辦鉛起運限期。貴州巡撫周人驥奏言：黔省辦鉛向例分上下兩運，上運以四月起解，本年十月到部。下運以十月起解，次年四月到部。自川省重慶府開行，沿途一切換船搬載，分别定限抵通，如逾限一月以上，照例查參。現因川江夏漲難行，應照滇銅例設法避險。請嗣後上運於二月内起程，三月即可出峽，仍定限本年十月抵通。下運於八月内起程，九月即可出峽，仍定限次年四月抵通。如此，則重運不至冒險，而抵通之期更爲寬裕。户部議：如所請，從之。【略】

又卷一八《錢幣考六》 〔乾隆〕五十年，户部議：寶泉局每年鼓鑄七十五卯，需用黑鉛五十萬一千餘觔，向係貴州、湖南兩省辦解鉛四十六萬七千餘觔。嗣因貴州産鉛不足，於乾隆四十年暫改歸湖南代辦。四十八年，又以楚省産鉛漸少，黔省現存鉛一百餘萬觔，請自四十九年起，與湖南各半分運在案。今據寶泉局監督，請每年添辦三萬二千九百五十二觔，以敷每年需用之數。應令黔省於餘積鉛内，自乙巳年起，每年添辦解京，以供鼓鑄。至稱寶泉局庫存黑鉛無餘，請於該局額運之外，添辦二十五萬觔，先行委員趕運。查顔料庫黑鉛現存至八十九萬餘觔，應即於餘存鉛内撥給二十五萬觔，以濟急需，而運脚又大可節省。從之。

福康安《福康安奏疏不分卷》 奏爲運京運楚鉛船出境日期恭摺奏聞事：竊查黔省辦運京鉛及運楚銷售鉛斤出境，例應隨時具奏。兹據布政使聞嘉言詳稱：貴州委員署普安縣知縣趙遇坦領運甲寅年漢口銷售全運正耗白鉛二百六十二萬五千斤，又五十八年分正耗黑鉛五萬二千五百斤。據巴縣具報，自乾隆五十八年十一月十二日，先經開運頭幫白鉛一百一十萬斤赴楚銷售外，兹又收到二幫白鉛七十五萬斤，於五十九年四月十八日自重慶開行，至二十八日運出川省巫山縣境，入湖廣巴東縣界，接催前進。又據詳，貴州委員玉屏縣知縣趙修造領運乙卯、癸丑兩年正運並帶解買備添補京局白黑鉛共一百二十五萬四千七百八十二斤零，於乾隆五十九年正月初八日自永寧鉛局開兑接收，陸續運至重慶，照例枓盤過載，於三月二十日自重慶開行至四月三十日運出川省巫山縣境，入湖廣巴東縣界，接催前進。以上京、楚二運鉛斤俱經該司會同永寧、川東二道督率瀘州知州劉逢泰、江北同知陳遂備造堅固船隻，遵照新例，每船裝載五萬斤，經沿進該管府州，協同武職大員催儹押運。内除羅修造一運在巴縣守候鉛斤，並守水阻風躭延外，其餘並無藉故逗遛及盗賣情弊等因，具詳前來。臣查運京、運楚鉛斤均關鼓鑄要需，川江爲首先開運之處，辦理尤應詳慎。今此二運鉛斤經各地方文武大員護送出境，均無遲悮，理合恭摺彙奏，伏乞皇上睿鑒。謹奏。

乾隆五十九年六月初三日發，八月二十二日奉到硃批：「知道了。欽此。」

左宗棠《左恪靖侯奏稿續編》卷六《奏催解四川河南山西鉛磺片》 再，上年十二月，奉諭旨，飭四川趕辦黑鉛十二萬觔，由陝省委員前往接運，嗣經員委往領，迄今尚未報解。又河〔南〕、山西各協陝省硫磺每月五千觔，自四年九月起截至本年九月止，河南欠解十二萬觔，山西欠解七萬觔。鉛、磺兩項，陝省素不出産，現值攻勦喫緊之際，需用尤殷，陝局往往因鉛、磺缺乏停工待造。臣軍所需向由鄂省後路糧臺購料製造，因水陸程途迢遞二千餘里，轉運極艱，寔難如期解濟，亟應由陝省就近製造，俾免缺乏。相應請旨飭下四川、河南、山西督撫(臣)，將欠解陝西鉛磺迅速如數辦解，並河南、山西兩省將以後應解鉛磺觔按月批解，以資配造而利攻勦。謹附片陳明，伏乞聖鑒施行。謹奏。同治六年十月初一日

軍機大臣字寄：同治六年十月初七日奉上諭：「左宗棠奏請飭催欠解鉛磺等語，本日據駱秉章奏，應解陝省黑鉛二十萬觔，業已如數撥解。惟河南、山西每月應各協陝省硫磺五千斤，自四年迄今，河南上欠解十二萬斤，山西欠解七萬斤。陝省現值攻勦吃緊之際，需用尤急，豈可令鉛磺缺乏、停止待造。著李鶴年、趙長齡，即將欠解陝西鉛磺，迅速如數辦解，並將以後應解磺斤，按月批解，不准再有宕延。左宗棠於鉛磺解到後，即著趕緊製造，以利攻勦。將此由五百里各諭令知之，欽此。」

李鴻章《李文恭公遺集　奏議》卷一八　附奏運鉛人員請借讓漕銀兩片子

再，前准部咨：運鉛人員實因遭風沉溺，以及守壩讓漕等事，請借銀兩，分別奏明酌借。所借之數不得浮於應銷之數，並經江省議請，按日計算。如數在五百兩以內者，應即照數給領，倘守候日久，仍照向借章程，不得逾五百兩之數。其應借之銀，須俟事竣，方准請借等因在案。兹有貴州領解戊申年上運二起京鉛委員，永寧州知州周獻廷，領解戊申年上運二起京鉛委員、署都勻縣事普安縣知縣謝人龍，領解戊申年下運一起京鉛委員、修文縣知縣英達，領解戊申年下運二起京鉛委員、安順府同知許大綸，均因行抵清河縣境，停讓重漕，不容漫越，更兼禦黄壩堵閉，未能前進，停泊五十餘日。核計每日食、米、鹽、菜銀兩應領之數，均在五百兩以外，各請借讓漕銀五百兩。稟由署江寧布政使積喇明阿核與定章相符，應准借給等情，詳請具奏前來。臣覆核無異，除批飭在於司庫雜稅款内借給周獻廷、謝人龍各銀五百兩，又於司庫漕價款内借給英達、許大綸各銀五百兩，催令趲運前進。並咨黔省於各該員應得養廉及報銷找領銀内扣繳，造報江省作正開銷，暨咨部查照外，理合附片具奏，伏乞聖鑒。謹奏。硃批：「該部知道。欽此。」

《礦務檔·安徽礦務·池州煤鐵銅鉛礦·總署收南洋大臣曾國荃文附池州老局礦山查勘報章》〔光緒十一年六月初五日〕論煤一事，獅形洞附近六十里，該局已有一處半白煤，附近八里，亦有一處半白煤，此兩處煤，不相上下，其炭質與濕氣每百分得八十三分，灰十分至十四分，已經將各種煤質試驗火力鎔化鉛礦，計一分淨炭，可以化得三十四分鉛。

今將所試驗各煤列左：

一、美國白煤一分火力鎔鉛三十一分。

二、上海焦炭一分火力鎔鉛二十九分二五。

三、本處出產之堅炭一分火力鎔鉛二十八分。

四、穿山煤一分火力鎔鉛二十六分五。

五、洗馬坡煤一分火力鎔鉛二十二分。

六、水龍沖煤一分火力鎔鉛二十一分。

七、近菽山煤一分火力鎔鉛二十分。

八、五顯堂煤一分火力鎔鉛十六分五。

九、湖南白煤一分火力鎔鉛二十六分四。

十、湖北宋河白煤一分火力鎔鉛十八分五。

十一、寶慶白煤一分火力鎔鉛三十分五。

以上所列第四、第五、第六、第七號四處之煤，可合鎔礦之用，如果參些上海焦炭，或湖南白煤，或本地堅炭，其火力更大而且烈。

王充《論衡》卷四《書虛篇》　傳書又言：燕太子丹使刺客荊軻刺秦王，不得，誅死。後高漸麗復以擊筑見秦王，秦王説之；知燕太子之客，乃冒其眼，使之擊筑。漸麗乃置鉛於筑中以爲重。當擊筑，秦王膝進，不能自禁；漸麗以筑擊秦王顙。秦王病傷，三月而死。

曾慥《道樞》卷一九《修真指玄篇》　《靈樞》曰：「天地反立，陰陽逆生，鍊鉛鍊汞，自然道生。」扁鵲曰：「冬至之後十有五日，真鉛積之一分，其狀如輕煙焉，夫能鍊之，可以安樂延年矣；三十日，真鉛積之二分，其狀如薄霧焉，夫能鍊之，可以返老還童矣；四十有五日，真鉛積之三分，其狀如垂露焉，夫能鍊之，可以留形住世矣；夏至之後十有五日，真汞積之一分，其狀如戲蘂焉，夫能鍊之，可以健骨輕身矣；三十日，真汞積之二分，其形如含蓮焉，夫能鍊之，可以長生久視矣；四十有五日，真汞積之三分，其形如抱卵焉，夫能鍊之，可以鍊形化氣矣。故鍊真鉛而爲陽胎，鍊真汞而爲陰息。」

又卷二一《大還金丹篇卯酉之門，功不可施。去黑取赤，入於華池。》　金丹者，其藥用真鉛。真鉛者，北方鉛中白骨也。取之八兩，以作丹苗。生芽如苗。又於赤中求汞。汞者，南方朱雀之精也。抽取之八兩，與鉛同用焉。水火陰陽之用，蓋

水有上有內，火有下有外，三日五日七日，添藥入汞一兩，水一盃。至十五日騰雲矣，三十有六日，於是金鳳成矣。晝夜陰陽，其要在於調和，則汞在鼎之中自作黃芽。三八之後，稍加火焉。火當常熱不差，及於開鼎，則見真龍虎矣。此結頭第一之數者也。去黑取赤，入於華池，神符白雲，同湯煮之，雪花用四兩陵□所生。常如魚眼。一九二九三九，察其得所則止，五九則甚矣。以湯洗而澄之，使之無味，其色如蒼穹焉。復入金鐺炒烙之，用仙酒濡之，小點之。使其色紅。三日已來，仍伏於火，入於鼎中，向爐而坐。二三四五，其兩分明。五日一次，中運而起復，從離之上作始，而行卯酉二門，不可運火者也，惟於南北功精。

又卷二二《金液還丹內篇非汞非鉛，真一爲基。知白守黑，神明自歸。》 李光玄少慕道，已而遇至人，告之曰：元氣不散，可以長生者也。元氣者，身中混元之氣，人之根本也。念住則氣停矣，神行則氣散矣，是以至人喘息不游於鼻外，存思常住於丹田，三田實則可以至千歲焉。若夫吐故納新，漱液嚥津者，皆延年固身之道也。光玄行之十餘年，以爲此非出世金液之方也。遂游少室之山，因見玄壽先生而問焉。玄壽先生曰：還丹者，真一爲基，鉛汞相依，黃芽爲木者也。黃芽者何謂也？芽出於鉛中，始於至真。汞傳金之氣，是之謂黃華者歟。光玄曰：鉛有大毒，何以成至藥乎？玄壽先生曰：鉛中有金，金中有寶，見寶識寶，賢人得道。寧修鉛中金，不鍊鉛中寶。此非世之鉛也。故曰黃芽是鉛，去鉛萬至；黃芽非鉛，從鉛而始。鉛爲芽母，芽爲鉛子。母隱子胞，子隱母胎。知白守黑，神明自來。是以一者，水之數，五行之始也。其色稟於黑，方包含五彩，修之合道，契於自然，用能生天地爲牝牡，然後還日精於月窟，結精華於龍宮，紫氣潛隱與真合符焉。語曰：用鉛須用鉛，鉛是舊丹出。不棄鉛也。光玄曰：世以朱砂，水銀爲黃芽，何理歟？玄壽先生曰：非知道之言也。夫黃芽者，坎離相孕，金水相生。男冠女笄，牝牡相得。從無入有，陰動陽交者也。光玄曰：世或以金、銀、五鉛爲黃芽，何理歟？銚鉛咸枯鉛黑鉛蜜陀僧。玄壽先生曰：皆非也。彼有質而頑滯者，服之灼五藏矣。吾所謂黃芽者，鉛汞合體，金木相并，龍虎相交，水火相制，推情合體，以魄隨魂，成於還返之因，明於呼吸之理，陽交陰孕，母在子存，全天地之精者也。故汞不呈體，金不露形，丹砂木精，得金乃并，乘身斂魂，虎飢則來噉食，生髓脂，蓋謂此也。然必時候周足，則自然變化矣。故曰：鉛汞芽，同三花，採我氣，結成砂。初間旬，運火加，輪五彩，入神華。增爲使，道無邪。三者備，斯仙家矣。光玄曰：猶未之悟也。玄壽先生曰：至藥者，唯用五行而已。經曰：何言金木水火土，留神保命是龍虎。學人不識五行精，强以他人爲父母。木主氣兮骨主虎，血主水兮肉象土。不死之道在離宮，會得五行方有主。五行須是水銀親，殊質不堪爲伴侶。賀蘭大士名球。曰：青龍起，白虎卧，玄武飛，朱雀坐，黃龍中宮自結果。母憐子，子憐我，爐中結成雲一朵，餌之刀圭無不可。謂此道也。光玄曰：服餌當用何物乎？玄壽先生曰：成藥之時，水銀而已。過河車則成紫粉，是爲金液還丹焉。光玄曰：敢問至藥者銖兩幾何？何日而成乎？玄壽先生曰：鼎有乾坤焉，自子以及離，斯明卦象者也；自離而至亥，斯見光華者也。猶子之在胎，雞之居卵，時五則出矣。二八同居者，銖兩也；一呈周帀者，節候也；於是龍興而虎嘯焉。二八姹女也，十六鉛精也，陽生起火，陰盡則停矣，陶隱居曰子午二門開卯酉者也，四時運火合乾坤者也，斯龍虎自相吞矣。光玄曰：日魂、月魄、白虎、青龍、丹砂、河車、真鉛、真汞，孰爲正歟？玄壽先生曰：亦一而已，不越於五行者也。世以石爲藥者七十有二，或至百餘，姑可治病，難與議長生之旨也。陽火東旋而爲龍，陰水西轉而爲虎。汞者，火之木也。鉛者，水之金也。制在於中宮，以類相成者乎！昔者陵陽子知其道，故用南對北，用西對東，配此四方，不違中違。一年運火，十月開爐，七返無虧，九還固足。斯乃龍飛魂返，虎伏魄歸，其名曰紫金之妙，還太液之神丹焉。光(女)〔玄〕曰：三黃結砂可以成金，何也？玄壽先生曰：此貪者之所爲也，非希夷寂寞學道者也。

李時珍《本草綱目》卷八《金石部・鉛霜》 釋名：鉛白霜。

修治：頌曰：鉛霜，用鉛雜水銀十五分之一合煉作片，置醋甕中密封，經久成霜。時珍曰：以鉛打成錢，穿成串，瓦盆盛生醋，以串橫盆中，離醋三寸，仍以瓦盆覆之，置陰處，候生霜刷下，仍合住。

又《金石部・鉛丹本經下品》 釋名：黃丹、弘景。丹粉、唐本。朱粉、《綱目》。鉛華。正誤：見粉錫下。

集解：《別録》曰：鉛丹生於鉛，出蜀郡平澤。弘景曰：即今熬鉛所作黃丹也。俗方稀用，惟仙經涂丹釜所須。云化成九光者，當謂九光丹以爲釜爾，無別法也。宗奭曰：鉛丹化鉛而成，《別録》言生於鉛，則蘇恭炒錫作成之説誤矣。不爲難辨，錫則色黯，鉛則明白，以此爲異。時珍曰：按獨孤滔《丹房鏡源》云：炒鉛丹法：用鉛一片，土硫黃十兩，消石一兩。熔鉛成汁，下醋點之，滾沸時下硫一塊，少頃下消少許，沸定再點醋，依前下少許消、黃，待爲末，則成丹矣。今人以作鉛粉不盡者，用消石、礬石炒成丹。若轉丹爲鉛，只用連須葱白汁拌丹慢煎，煅成金汁傾出，即還鉛矣。貨者多以鹽、消、砂石雜之。凡用以水漂去消、鹽，飛去砂石，澄乾，微火炒紫色，地上去火毒，入藥。《會典》云：黑鉛一斤，燒丹一斤五錢三分也。

又卷八《金石部・粉錫》 釋名：解錫、《本經》。鉛粉、《綱目》。鉛華、《綱目》。胡粉、弘景。定粉、藥性。瓦粉、湯液。光粉、日華。白粉、湯液。水粉、《綱目》。官粉。弘景曰：即今化鉛所作胡粉也，而謂之粉錫，以與今乖。時珍曰：鉛、錫一類也，古人名鉛爲黑錫，故名粉錫。釋名曰：胡者糊也，和脂以糊面也。定、瓦言其形，光、白言其色。俗呼吴越者爲官粉，韶州者爲韶粉，辰州者爲辰粉。

正誤：恭曰：鉛丹、胡粉，實用炒錫造，陶言化鉛誤矣。震亨曰：胡粉是錫粉，非鉛粉也。古人以錫爲粉，婦人用以附面者，其色類肌肉，不可入藥。志曰：粉錫、黄丹二物，俱是化鉛爲之。英公李勣序云鉛錫莫辨者，謂此也。按李含光音義云：黄丹、胡粉皆是化鉛，未聞用錫者。《參同契》云：胡粉投炭中，色壞，還爲鉛。《抱朴子・内篇》云：愚人不信黄丹、胡粉是化鉛所作。蘇恭以二物俱炒錫作，大誤矣。時珍曰：錫炒則成黑灰，豈有白粉。蘇恭已誤，而朱震亨復踵其誤，何哉？

集解：時珍曰：按《墨子》云：禹造粉。張華《博物志》云：紂燒鉛錫作粉。則粉之來亦遠矣。今金陵、杭州、韶州、辰州皆造之，而辰粉尤真，其色帶青。彼人言造法：每鉛百斤，熔化，削成薄片，卷作筒，安木甑内，甑下、甑中各安醋一瓶，外以鹽泥固濟，紙封甑縫。風爐安火四兩，養一七，便掃入水缸内，依舊封養，次次如此，鉛盡爲度。不盡者，留炒作黄丹。每粉一斤，入豆粉二兩，蛤粉四兩，水内攪勻，澄去清水。用細灰按成溝，紙隔數層，置粉於上，將乾，截成瓦定形，待乾收起。而范成大《虞衡志》言：桂林所作鉛粉最有名，謂之桂粉，以黑鉛着糟甕中罨化之。何孟春《餘冬録》云：嵩陽産鉛，居民多造胡粉。其法：鉛塊懸酒缸内，封閉四十九日，開之則化爲粉矣。化不白者，炒爲黄丹。黄丹滓爲密陀僧。三物收利甚博。其鉛氣有毒，工人必食肥猪犬肉，飲酒及鐵漿以厭之。枵腹中其毒，輒病至死。長幼爲毒熏蒸，多痿黄癱攣而斃。其法略皆不同，蓋巧者時出新意，以速化爲利故爾。又可見昔人炒錫之謬。《相感志》云：韶粉蒸之不白，以蘿蔔瓮子蒸之則白。

阿發滿撰傅蘭雅口譯新陽趙元益筆述《冶金録》卷下《各金雜質・鉛之雜質》 鉛之雜質，其用甚廣，因各雜質硬於鉛之本質也。鉛加鉮少許，則難鎔而甚硬，可爲鳥槍之細彈子。作細彈，每鉛千磅，加鉮三磅，粗彈加鉮八磅，如此作之將鉛先鎔，加以砒霜，則砒霜之半，化含於鉛内矣。鉛五分、銻一分，和鎔可爲印書鉛字之料，有時少加鋅與鉍在内。法國印書鉛字方：用鉛二分，鎔一分，紅銅一分。平常印書鉛字方：用鉛八十分、銻二十分。更易化鎔者，用鉛七十七分、銻十五分、鉍八分。作鉛板之人，另加錫，如加之太多，則其質甚軟而易鎔，鑄成鉛板極細而清楚。又有一方甚佳，用鉛九分、銻二分、鉍一分，其鎔鑄法，先以鉛鎔之，然後加其餘之金類。鉛之雜質，易化鎔者有數種。其化鎔之熱度，有大小之别。即如熱至二百〇三度能鎔者，用鉛三十一分、錫十九分、鉍五十分。有熱至一百四十九度而鎔者，用鉛二八・五分、鉍四五・五分、錫十七分、汞九分，此物常用之而填滿牙齒蛀孔。有一方，加熱至二百十二度即水沸之度。而鎔者，用鉍八分、鉛五分、錫三分。如鉛加鉍，而鉍之數，未過於鉛之數，則鈕爲之更硬。又鉛三分，加鉍二分，則較之鉛之堅固勝十倍。又鉍與鉛耐用略同，則用其雜質，作各種管與絲爲最佳。

代那撰瑪高温譯華蘅芳筆述《金石識别》卷七《鉛》 鉛之生成自然者少，與硫磺相連爲礦者多。有與砒及脱羅里恩、西里尼恩相連者，亦有與幾種酸合爲礦者。其礦重五・五至八・二，硬不過四，有金光者。除松香鉛礦之外，皆易鍊。同炭酸素特，燒於木炭火，能得鉛，即不用素特，亦能得鉛。吹以外火，有黄煙。燒之於木炭火中，炭上有黄色。

生鉛，最少，結成薄片或珠，重一一・三五，遇之於火山石中，及呆里那，泥石中亦有之。【略】

現今做成者法，以葡萄酸或醋置器中，懸鉛片於其上，則鉛面起白粉，即炭酸鉛也。

作炭酸鉛又法，以立雖而其，於醋中消化，即成醋酸鉛。以醋酸鉛消化於水，放炭酸氣過之，則炭酸與鉛連而降，而醋酸在水中。

炭酸鉛與硫磺貝而以養，作漆中白色。【略】

凡現今所有之鉛，大約皆從呆里那取出。取得之法甚易，不過先揀去其呆㕶之大塊者，乃磨碎而淘之，入倒焰爐烘之，使見天空氣，則磺化氣去，燒成未净之養鉛，形如渣滓。取出和石灰，再入木炭火中鍊之四點鐘。初兩點鐘，不用猛火，且要天空氣，後則蓋之而用猛火，即鍊得鉛。此英吉利之法也。

花旗新法，用熱風猛火爐鍊之，價廉而速。

普魯斯法，以礦入倒焰爐。鍊之，加鐵屑二十八分，以收其硫磺，速而省力，惟鐵則從此無用矣。

鉛中分銀之法，詳見銀。

杞廬主人《時務通考》卷一三《礦務二・備器・鉛》 鉛爐五要。爐底之深，大半視礦鎔化之性，并所用之配料，及燒料所顯之大力。若其爐愈深，則所燒之料愈多，爐過淺，則鎔化之質，不能依其重率而合法化分。又其風與前牆相遇，令煙通内氣質上升之力甚猛，又其爐底質銷化甚速。論其大概，最佳以三尺六寸爲爐深之中數，即上哈次山之爐是也。最小之限二尺六寸，最大之限，四尺六寸，後牆稍寬，比平常之後牆窄者更佳。若爐之角凸出，而甚近於噴風管口，則易鎔化，而必常修理。惟夫苦勒所設之新爐，幾免此弊。抵力小而風力輕，俱能得益，因能阻鉛之散化故也。但用此法，間有得鉛少者，則此弊不抵其所得之益。又其抵力幾分藉燒料之鬆實，與鉛礦之成色。爐體高者，化散之鉛甚少，所用之燒料亦少。夫苦勒新設之爐高二十九尺，因舂碎之鉛硫礦，比成塊之礦更須用高爐，若爲含養氣之礦，與鎔過之質，無論爲塊或爲粉，俱宜用低爐，此因已在高爐高處鎔過之故。此種礦如欲在高爐鎔鍊，必壓成磚形，或在倒焰爐烘之，結成餅形，或全燒成灰形。爐頂與煙通相連處縮至甚小，則能阻其氣質，而不許上升，亦爲有益。夫苦勒最深之爐，其煙通上端縮小至十八寸。如礦內含鋅，則此處應寬二十一寸爲最小之數。如所鎔之合料，含鐵養甚多，並其燒料爲最密者，則爐之煙通應寬，所用之抵力亦應小，則能免爐底內有鐵質結成之弊。現在鉛廠多用夫苦勒之原法，或稍改變之。有數處用兩個進風管，隔牆或有或無，所得之鉛比用一個進風管爐更多，而燒料更少。又有上哈次與著克司拖辣，因用兩個進風管，比用一個進風管，其難處甚大，故祇用一個進風管。著克司拖辣曾用兩個進風管，則不能用夾牆，因礦內多含鋅，所以爐中所成金類之霧質過多。爐底爲泥與木炭屑合成，用椎打實，爐外有受鉛之池，爐底有放鉛之孔，另有一池以受放出之渣滓，此渣滓後再鎔之。進風管之鼻，須配準長短，令前牆無結成之質爲度，若將鼻放長或收短，則爐底須改或寬或窄，俱依其各事爲主。

英國鎔鉛倒焰爐英國倒焰爐與別國之分別，在放大數倍，但各廠內又有小分別，有在兩邊各開三個小門，料理添礦等事。如甫林得省內，其鎔礦爐用比例尺能量其尺寸，爐柵火壩、爐底係砂子與含鐵之泥，與含鉛少之滓相合而成。有數廠之爐底專用鉛礦滓爲之，鋪礦七噸至八噸之後，即關門而加大熱，遂變爲稠質，再用杷鏟等器令其配成合式之形。此料之下有火磚一層，停勻排列，爐底最低之處，又謂之聚鉛處，即內池，分出之鉛相聚於此。令其遇熱風之時，不可過長，鉛從內池流至外池。二池之間有一通鉛之門，此門用泥塞密，出鉛之時可開其塞。此路內有二孔，一在工人立處，一在池面之處，可以取出其滓。門以鐵板爲裏，内面闊〇枚二五，高〇枚二，外面闊〇枚五，高〇枚四，在鎔礦房之地面，高一枚三三。此各門能關極緊，以鐵板爲之。漏斗係添礦之用，漏斗之底有門，添料之時可開。漏斗之上，在鎔鍊時，用生鐵板蓋之，火路闊〇枚三，高〇枚四五，通至煙通。其煙通之內，方一枚，高二十枚。通上之路，爲斜者，又有平者，二路足凝所有之鉛霧。或者另設凝房，如布里司拖地方之班大廠，爐之内面鋪火磚，外用平常之磚，當中有空處，闊〇枚〇五，内裝不傳熱之料，爐外用鐵條固之。每爐需火磚二千塊，常磚五千塊，泥二頓半。英國北疆之爐較小，而哥奴滑勒之爐較大。

英國鎔鉛爐英國威勒士之弟班克廠鎔鉛之爐，其底爲橢圓形，長三枚五，寬二枚三，其火路之斜爲五度至六度。所以近火壩處之爐底，與弓頂之相距〇枚四五，而在最低處即在池內，相距〇枚六。其爐底在火壩之寬一枚八，在火路邊之寬一枚，大膛寬〇枚七，長一枚二。爐柵在爐頂，相距一枚一，而在火壩相距〇枚六六，火壩寬〇枚四五，爐底爲含鐵之沙所成，而靠鐵板面，此鐵板有弓托之。其火路剖面式寬〇枚三，長〇枚四。煙通方〇枚六，高十枚。

英國鎔鉛各器英國鉛廠用倒焰爐燒雜銅或銻之鉛，後用白天生之法。若燒不甚净之鉛，其爐底大半用生鐵盆，有一個火膛，或二個火膛，彼此相對，如布里司拖地方舉他廠是也。若燒略净之鉛，則用最低方底爐，如英國柯奴挨勒省派奴，與甫林特省弟班克地方各廠是也。又有用白天生生鐵鍋，以代爐底，如近於倫敦之安拖分廠是也。此種鍋比生鐵盆耐用，因所燒生鉛不甚足，而七小時内能鎔鉛六頓至八頓。常法每二十四小時内，鎔鉛二次，每一次五頓至八頓，所得之雜銀質或再鎔之成硬鉛，如擺兒廠。或在斜底之倒焰爐鎔之，所得之鉛質，用白天生法提净。而其雜鉛質，用卡司弟里挨式之爐鎔之成硬鉛，如羅得海特之廠。間有所得之雜鉛質，雜銻甚多，故不再鎔而即發賣，如地班克廠是也。

法國鎔鉛倒焰爐法國倒焰爐或用水，或用煤爲燒料，如用煤者，爐柵須高，而火壩須小，爐内先鋪泥一層爲底子，待二個月漸乾，始漸加熱，而添礦料十擔。此礦鎔化成鉛硫，而爲泥所吃，待二十四小時，將泥所未吃之料取出，而添料更多。每添料一次，所得之鉛火多，至第九次添料，則其爐底收得二十六擔，已爲飽足，十三次至十五次之後，所得之鉛爲滿數，爐乃合用。每次得鉛相同，每裝一次，歷半小時，將礦三分之二置於火壩之前，三分之一置於其後，約一小時半，即有鉛養硫養一層，厚一寸半至二寸，此爲烘工之第一火候。遂增其熱至暗紅，則爲第二火候。其所生之皮漸碎而落，和於下各質，須屢掉之。

南西班牙鎔鉛倒焰爐南西班牙所用倒焰爐，其形似乎噴風爐。其爐底爲圓形，徑一枚九八，至二枚二五。頂爲弓形，離爐底一枚二。其爐底間有爲方形者，因以其熱能相聚，而更得益。爐底之邊有一槽，闊〇枚四五至一枚，爲聚鉛之處。此鉛從此處有溝，通至爐外之方池。此池方邊略一枚，其火膛爲結實之做法，無爐柵，無灰膛，燒料用木片，或大小樹枝。曾有人試過此種燒料，如用爐柵，則其熱度不停勻。故欲令其燒料所生之熱極勻，則在添料門之對面，有縮小之處，能遮住其熱氣。又用火路引其熱氣行過火壩，而圍住爐底邊。又行至爐頂，即遇第二個橢圓形，或三角形之爐底，從此有火路通至煙通。

鎔鉛衝天爐　衝天爐之高，必與所鎔之礦形相配，如其礦爲粉，則其爐比用塊者宜高，因其粉在爐中合成硬塊故也，如含鉛多之鉛硫礦，或含鋅硫之礦，可用低爐。然礦内含泥質者，其爐又必高。爐内又備下斜面，能得最大之熱度。爐之底有池，池底有槽，能引鎔化之質，放出爐外。此槽通爐邊之孔，可用泥塞之，爐底之池，俗謂之窩爐。如在前牆有孔，能放渣滓，則謂之開胸窩爐，無則謂之閉胸窩爐。有數處作爐，聚鎔料之池在爐外，爐底築成斜形，而其鎔料在前牆一個孔或二個孔，流至爐外所備之窩。此種爐有二種，其一流出之質，瀉入窩内，謂之開眼槽爐，其二爐中有管，引至窩内，謂之閉眼槽爐。内外有池之爐，此種爐内外皆有池，有槽相連，謂之池爐。其二面開通之處，可用泥塞之，其滓從最高之孔放出。

英根特里鍊鉛爐　卡司皆里阿爐雖爲西班牙初用者，原爲英人所剏設，此人名根特里，在西班牙卡太紀那相近之廠，料理鍊鉛之事。此爐爲圓柱形，徑常二尺六寸，用上等火磚所砌。造此火磚所用之模合弧形，彼此接連，最爲整齊。其高略八尺六寸，磚上厚九寸。其胸爲生鐵之半圓板，有一嘴可放滓流出。又有一槽引料出外，此槽有塞可塞密。火磚所成之圓柱形，其頂上有方形之蓋，用四柱托之，添料之門，並放爐内所生之氣，俱在此方形處。其下端與爐之體相連甚密。頂上有一弓形，此弓形以火泥當灰爲之，爐底用枯煤屑和以火泥稍濕而打實，其高至胸盆處而止，即離地約高三尺。其胸盆以上有一弓形，或一小膛，闊十八寸，高二尺稍餘。

卡司替里耶鎔鉛爐　普兒巒地方所用卡司替里耶之爐，此爐間有三個進風管，亦有用二個者，常鎔之質，爲鉛養炭養與羅馬廠所得之舊滓。其爐爲方形，或長方形，具有三個進風管，高一枚二五至一枚三。

鎔鉛養衝天爐式　化分鉛養，不常用高衝天爐，而用中等之高爐，名爲半風爐，常照池爐之式。如甫來白軋與上哈次等處，間有閉眼槽爐，如上哈次與他那尾子與下吟次等處，間有倣窩爐之式，如布里齊布拉末。

西比利阿鎔鉛爐　西比利阿鎔鉛養之小爐，高二尺，寬十二寸，深十二寸，用生鐵板三塊合連而成。又有鐵板爲底，前有孔爲爐門，而爐底有一凹，有一活動之嘴，其鉛爲爐外之盆所收。

羅那河口鎔鉛爐　法國羅那河口各廠，亦用二個爐柵之倒焰爐。其爐柵長〇枚八，寬〇枚六，其爐底長四枚，前面寬一枚，背面寬三枚。其火膛在爐之長邊，而爐之短邊有爐門，其爐底以沙爲之，始能耐用。如鎔鉛八頓爲一次，則燒工須三十六小時，需煤一頓四。

司拖勒白軋鎔鉛爐　司拖勒白軋廠將生鉛在倒焰爐内，用鐵底盆燒之。後用白天生法，所用之爐與英國爐不同之處，因有二個火膛，即爐之兩短邊，各有一膛，其鐵盆長九尺五寸半，寬六尺一寸半，深五寸半。其一長邊之中有一嘴，長十三寸，寬四寸半，可放鉛質。其盆重約四頓，其爐之弓形頂，在爐中高於鐵盆底二十六寸，又在火壩處高二十二寸，其二火壩高二十寸。從爐柵起，又從鐵盆底起高十寸，其火膛長七尺，高二尺二寸，每一次裝料三頓半至四頓。

甫來白軋鎔鉛爐　甫來白軋地方之廠，用進風倒焰爐。其底用不能鎔化之料，或用生鐵盆，長十尺，寬七尺，火壩寬四尺四寸，在其對面寬一尺，而管爐之門在短邊。其鐵盆之中深八寸，在一邊之中深九寸至十寸有嘴放出其鉛。盆之四邊深五寸至六寸，能鎔鉛約五頓。又有一爐，底用燒過之泥，此泥敷在鐵板上，能鎔鉛六頓半。放鉛孔之前，有生鐵鍋，裝料之孔在其對面，而爐底有活動鐵罩蓋住。

卡他其那邦鎔鉛爐　卡他其那邦有數廠，用進風衝天爐鎔白色鉛礦。爐形如圓木桶，有平火路一條，行至煙通。有泥管嘴六個進空氣，從進風處至爐口，高一枚七，中腰之徑一枚二九，上端之徑一枚二一，下端之徑一枚一六。

羅馬鎔鉛爐　羅馬廠圓窩爐，用三個進風管，高一枚六五至二〔枚〕七，頂上之徑半枚，底徑一枚三。進風管有二個連在旁牆，一個在後牆，而三管俱對爐心，向下而斜八度至十度。

愛司開姆布里拉鎔鉛爐。愛司開姆布里拉廠用圓窩爐，有二個進風管，高一枚六八，爐上端之徑一枚五，下端之徑一枚三，其鉛聚在爐邊池内，有長方孔可放渣滓。

甫來白軋烘鉛礦爐。甫來白軋烘礦之爐，同亨軋里法，或用英國倒焰爐法，近因所放硫養氣，爲製硫强水之用，故其爐幾分爲倒焰爐之形，幾分爲燒殻爐之形。布里齊布拉末，用此爐大得利。摩勒特那廠，將此種爐六座横列平行，又有一通路在各爐上，令六爐相通。其燒殻與通路有磚牆隔開，高六尺，爐中燒成之氣質，行過此路後，通入横路，遂至煙通，各爐之風，可用鐵風門，配其風力大小。燒殻内行硫養氣之路頗長，令其鉀養與礦粉，在路中沈下，不入硫强水鉛房内。

阿司敦麻而鎔鉛滓爐。阿司敦麻而地方所用之爐，特爲鎔鉛滓而設。其形似乎穌格蘭之形，爐形爲長立方，其内在近底之處，長二十六寸，闊二十四寸，高三尺。地板以生鐵爲之，向下斜，爐底板之兩長邊，有最堅固之生鐵柱，謂之托柱，能托住旁邊之牆。此牆爲粗砂石所成，又托住其生鐵板，此板離開底板約七寸，所以當中之空處足用。其背面以生鐵爲之，從底板起至噴風孔止，此處以上，亦用砂石爲之。噴風管徑一寸半至二寸，爐底之前有一池，有水通過不息，故爐底所流過之滓，流入水内，而自裂開。所含之鉛粒，可用沖水之法分出之，其鉛從爐底過一孔，而流至鐵鍋。此鍋底有火甚熱，用此爐之法，將枯煤零雜之屑，磨成粗粉，打實於爐底，約高十七寸，即此噴風嘴低下二三寸，每鎔滓一次，必從新加此料，而將爐在噴風嘴以上之處修理。但其前面爲生鐵，可不修理，爐之前面有一池，亦裝滿枯煤零雜之粗粉，再遠有前説之水池，有管放水不息。其滓從爐内流出，必先過裝枯煤屑之池，而後落至水内，因遇冷而自裂，易洗出所含鉛質。但此爐有鉛化散，必用凝霧之法免其耗。

卡林弟阿鎔鉛倒焰爐。卡林弟阿爐，造爐所用之料，不必有極耐火之性，常用者爲紅砂石。以二爐並列而公用一煙通，爐棚間之空處有四寸，斜面爐底，其斜度從八寸起至四十寸止，用兩層料所成者，各厚六寸。下層爲壓緊之泥所成，上層爲舊爐内所出之餘質，令受大熱而相遠結實。鐵板有掉火之器，靠在板上可動之。受鉛之器，用煤屑合成，長十八寸，寬一六寸，深十寸。

杞廬主人《時務通考》卷一三《礦務三・開採・鉛》 各國每年得鉛數。各國每年得鉛數，英國六萬七千噸，西班牙國六萬噸，德意志國二萬噸，奥地里國六千二百噸，比利時國四千噸，煞克西尼國三千噸。

英國各廠得鉛數。一千八百四十八年至五十七年之間，英國各廠共得鉛六十四萬一千一百零一噸，用礦九十萬七千四百八十六噸，即每礦百分得鉛七十分。此鉛每百分有六十九分九係英吉利所鍊取，二十一分七係威勒士所鍊取，三分爲阿爾蘭所鍊取，二分四爲蘇格蘭所鍊取，二分一爲曼納島所鍊取。有英人每年記各國之礦數，一千八百六十四年所記云：英國共鎔礦九萬四千四百三十三噸零一擔，得鉛六萬七千零八十一噸九擔，又得銀六十四萬一千零八十八兩。

卡林弟阿得鉛數。一千八百六十年，卡林弟阿邦之阿拉勒廠，得鉛一萬七千七百七十三噸，此爲官廠，又在民廠得鉛五萬二千零八十六擔，每擔之費約須銀錢三枚，但此數係奥地里國所得鉛數九分之五，因奥國共得鉛十二萬五千擔。卡林弟阿之鉛爲最純，其常出售者，名爲非拉車鉛，此從非拉克城所出者多。

又《礦務四・鎔煉・鉛》 各國鎔含硫鉛礦法。 倒焰爐之法，爲含鉛多而含别金類合硫之質，並泥質，並矽養二等最少者，則用此爐最合宜。但倒焰爐本不多用，惟礦多含矽養，而燒料賤，如法國凝結之法常用之。 此爐之法分爲二種：一、爲烘之而分鉛，此乃幾分藉其烘工，幾分藉其礦内所有含養之質與含硫之質，彼此互變而放其硫。此法又有三種，即卡林弟阿法，常用於不含矽而最浄之礦，將礦置於斜底之倒焰爐内，每次添少許，爐底常有鎔化之鉛流出，又將煤合於其餘質，因此餘質多含養氣，故加熱而令其餘鉛流出，如奥國、普國、法國、西班牙國，俱用此法。又英國法，常用於含鉛多而有鈣之礦，其倒焰爐有凹底，而爐内能成鉛與鉛二硫與鉛養硫養三，每次所添者可多，其鉛二硫與鉛養硫養三爲鈣養與鎂所化分者，此法在法國亦有之，有人在哈次山試用。又法國之法，常用於含鐵硫二並矽養二之礦，其爐内有凹，而有鉛少許，並鉛養甚多，變成再添以煤，而令鉛養放出其鉛，此法在普拉渾、與倍齊、與可發里、與司拖勒白軋、與主司卡尼等處用之。又在魯納河之鉛廠内，並在上哈次山，俱試用：二、爲法國凝結之法，此乃令其含矽養二之鉛硫礦，能爲鐵所化分，如奥國與主司卡尼，與法國數處用之。方底爐之法，宜於極浄之鉛硫礦，如燒料價貴之處用之，(英)〔其〕變化與英國之倒焰爐相同。此法又有二種，即北阿美里加之方底爐，常用熱風，而用極浄之鉛硫礦，此處用此法最多，布國數處亦用之。又蘇格蘭冷風之方底爐，其鉛硫礦不必極浄，惟不可含矽養，宜先在倒焰爐内烘之，此法在英國之北並法國用之。 衝天爐之法，宜於多含金類，或泥合硫之質，或多含矽養二之鉛硫，此各礦不宜用倒焰爐與方底爐，故衝天爐内不多鎔浄鉛硫礦。此工分爲二種，一爲凝結之法。此將未烘之含泥鉛硫礦，用鐵化分之，其鉛硫所含與質，合硫之質須極少，普國有數處用此法，或用含鐵之配質化分之，或用鐵礦化分之，或用提純之工所得之鐵滓化分之，或用烘過之生鎔質化分之，或用含鐵之鉛鎔質之滓化分之，或用各種配料合以鐵而化分之。二爲平常鎔鉛之法。此合用於多含泥質，並多含異金類合硫之質之鉛硫礦，不合用於礦質甚净，而祇含泥質之鉛硫礦。其各級工夫，先成堆而烘之，再作墩而煅之，再在倒焰爐内燒之，再在衝天爐内提净其礦，而分取其鉛，或鐵之配料，或用别種配料和以鐵。其法之詳細，藉其礦之鐵色，或燒料之價值。此平常鎔鉛之法，亦分爲三種：其一爲含鉛少而矽養多之礦，先烘之而不用含鐵之配料；其二爲含矽養並有多銀之泥質礦，先烘之而和以含鐵之配料，或和以有生鎔質之礦，又有和以生鎔質者，又有和鐵礦者，又有和以提净之工所得之滓，又有和以此各種配質並鐵；其三爲含鉛多之泥質礦，先烘之而和以鐵礦，或和以提净之工所得之滓。

各國鎔含養鉛礦法。鉛養炭養礦，將多含鉛之礦在倒焰爐内鎔出其鉛，含鉛少者，用衝天爐鎔之，如普國與西班牙國，或用噴風爐鎔之，如西班牙之南邊。鉛養硫養礦，此在倒焰爐鎔之，如普國。又在衝天爐内，如法國之南疆。鉛養礦，此在倒焰爐内鎔之，如英國、普國。又在衝天爐内鎔之，如普國、俄國。又用西皮里阿方底爐鎔之，如普國與俄國。又用蘇格蘭方底爐，如以大里阿與法國。餘質取鉛。將鎔礦所得之餘質，在倒焰爐内鎔之，又在衝天爐之内分出其硬鉛質，如普國數處爲之。鎔鉛礦爐底之餘質，此用倒焰爐鎔之，如西皮里阿。又在衝天爐内，如太奴會次。鉛渣滓在倒焰爐内，取其生鎔質，如普國。又在衝天爐鎔之取其鉛，如布闌國、曬弟尼阿國、西班牙國。

德國鎔鉛養。德國阿立子那比勒廠用卡林弟阿式之倒焰爐鎔鉛養，用此式之爐有二故，一因本處小樹甚多，可作燒料，一因欲得純鉛質。此爐之底長十三尺，寬八尺，前鋪木炭屑，高約三寸，近於爐前之處約二尺，不鋪木炭屑。木炭已着火之後，將軋碎之鉛養約六擔，鋪平於木炭上，再用煤一層鋪其上，稍加熱一小時半，則掉而壓之。熱度不可過大，因須存其粉形。所分出之鉛，流至爐外之池内，常用燒熱之煤炭蓋在鉛面，令其不冷，其餘質必加熱壓結成餅。每十二小時取出一次，爐夫換班，依前法爲之。所取餘質，每四擔和以提鐵之滓一擔，再和以倒焰爐底之質，與鉛渣滓，而鎔之成硬鉛。每二十四小時，能(或)〔成〕鉛三十至四十擔。所成之鉛，每百分有八十二分，另有餘質内所含之鉛。其鉛之耗靡，約爲百分之八分至十分。

美國各爐錬鉛。甫來白軋地方有倒焰爐，用一個爐底者，在一千八百四十九年至五十一年，所有鉛之耗靡，每百分有七分五。如用二個爐底者，每百分有六分九。又阿美里加方底爐，每百分耗至十〇分五一。以上三種爐，每成鉛一擔，所用之燒料一二・八、與八・七、與五・二五立方尺。又每鎔鉛硫礦一擔所費之燒料爲八・三五、與五・六八、與三・三四立方尺。曾在甫來白軋地方，試驗各種爐，而知鎔净鉛礦，用阿美里加方底爐爲最便。如其礦内含鋅養矽養二，則不如用倒焰爐。若爐中所得之餘質，用衝天爐再鎔之，須另添石英與提鐵所得之燼與生鐵。

法國錬鉛維恩法。法國用凝結之法，又名維恩法，用倒焰爐將鐵和入鉛硫礦而分鉛。樸土省維恩地方，用此法之鉛硫礦，含銀少而鉛多，又含矽養二多於百分之五，又含鋁二養三並别種含矽養二之異質，其數多至不能用倒焰爐照平常之法得利。含鉛少而銀多之礦，如含以上各異質，則在衝天爐鎔之，更能省費。

法國鎔西班牙曬弟尼阿鉛礦。法國羅那河口相近處，有數廠用布拉文之法，鎔錬西班牙與曬弟尼阿運來之礦。此礦百分含鉛六十分至八十分，又含鈣養與鋇養，又含鋅硫與矽養頗少。

法國錬鉛礦。法國尾耶拉地方之廠，所鎔鉛礦含石英與泥端石，另含鋅硫、與鐵硫二、與鈣養、與鐵養炭養二、與鋇養，但此另含者其數甚多。軋碎而去異質之後，預備鎔錬。每百分含鉛四十二分，每擔含銀七兩半。法國南方與挨勒其里、與可兒西卡、與西班牙、與衣但利耶等處，所産鉛礦運至羅那河口各鉛廠内鎔之。如含銀少者，則其鉛有百分之四十至五十。如鉛養含鉛多而含矽養二少者，用倒焰爐依法蘭西之法鎔之。若含矽養二多者，或用尾耶拿之爐鎔之，或先烘而在衝天爐内鎔之。烘礦之法，或用單倒焰爐中有二底，愛司卡立得地方、與生路衣地方，又用礅之法。

西班牙用卡法英法錬鉛。西班牙之内地，用卡林弟阿法。海邊用英國法，因煤可從英國與阿司土理阿運來，煤價甚廉。所用之倒焰爐，與甫林得法相同，每二十四小時裝料四次，每一次二十擔，共用煤四十二擔，所得生鉛之中數有五十六擔，即每礦百分有五十八分至六十二分。又因所用之法，添以鈣養，則其滓内含鉛可少於西班牙之爐，所得之鉛較多。然其鉛則不及西班牙之爐所得之純，因用大熱度之故。其滓百分含鉛十六分至二十分，置於小衝天爐内鎔之，每百分得鉛十二分至十五分。

西班牙英國鉛爐費同。用西班牙之爐鎔礦與餘質，每二擔之費，銀錢三枚，得鉛二擔之費，銀錢十三枚。英國爐之費，鎔礦二擔，銀錢三枚半，得鉛二擔，仍爲銀錢十三枚，其餘質亦可用衝天爐鎔取其鉛。

西班牙化分鉛滓。西班牙國有廠，將古 時羅馬國鍊鉛所賸成堆之滓，鎔之而得利。

比利時鎔鉛硫礦。比利時國哭發里地方，用法國爐，每十六小時内鎔含鈣養鉛硫礦二十六擔，内亦含鐵硫二與鉛硫。先烘六小時，而再用木桿掉之。約十小時，共用煤十四立方尺半，用木五十一立方尺半。所得之鉛，爲礦百分之五十分至六十分。其餘質用斜底之倒焰爐，和以生鐵而鎔之。其爐底先鋪石一擔，令成滓，再鋪餘質五擔，含鉛少而有多泥質之礦五擔，又生鐵一擔又四分之一。燒五小時之後，分出之鉛放出，而爐内再可裝料。每裝一次，用煤八立尺半。

瑞典國鎔含銀鉛礦。瑞典國之沙拉地方，有灰石顆粒中含銀之鉛養礦，和以鋅硫與鐵硫二少許，並石膏與石英與鎂養矽養，此礦用十九尺高之衝天爐鎔之。

瑞典國烘鉛礦法。瑞典國之法倫廠，用一種含銀之鉛硫礦，内含鐵與鐵硫、與銅硫。此礦每一擔含鉛六磅至十磅，銅二磅至三磅，銀八分兩之一，鐵硫二六十磅至七十磅。將礦成大墩烘之，墩長十四尺至十八尺，寬十尺至十二尺，高四尺至六尺。烘過之礦必和以合式之配料，用池爐鎔之，爐高十八尺。

着克司拖辣鍊鉛。着克司拖辣用新法鎔化，因該處所鎔之礦含銀多，又常含石英與鈣養與鋁二養，共有百分之五爲最多。其銀大半爲生成者，或爲紅色之銀礦。其礦之大半，含鉛百分之五，爲鉛硫之形。又含鉍與鈷與鎳，或鉀或鐵，惟銻硫三不常見，間有鈾與釩，可用白得□拉之法分之。

蘇古蘭鎔鉛養法。意大里阿有廠用蘇古蘭爐鎔鉛養之法，鎔第二次所得之鉛養六頓六擔，可得出賣之鉛五噸六擔，並含鉛少之滓十二擔。又鎔第三次所得之鉛養四擔半，與雜鉛質十擔半，共得鉛十二擔。便於用吹風之法，又得含鉛多之滓二擔。所燒煤之總數三十四擔。其滓用衝天爐再鎔之。又比齊與本齊蒲，用蘇古蘭或之爐鎔鉛養，每百分得鉛八十九分。

布拉混鎔鉛養。布拉混廠鎔鉛養，用法蘭西式之倒焰爐，每十二小時鎔鉛養五噸，燒木料一百五十立方尺，燒煤九立方尺，得鉛每百分有八十分，其餘質亦用衝天爐再鎔之。

沙弟尾耶島化分鉛滓。如地中海沙弟尾耶島有數廠用舊鉛礦渣滓，每百分含鉛十八分，每擔含銀〇兩一七五，和以鎔鉛養所得之滓，每百分含鉛四十三分，每擔含銀〇兩二，用衝天爐鎔之。有一廠用衝天爐九座，專爲鎔渣滓之用。此爐之高四枚五，此在進風管之上量起，間有用進風管二個或三個。

他奴尾子化分鉛滓。他奴尾子廠將平常鉛滓和以提鐵之滓，間有和以鐵質，或用衝天爐鎔之。又有用舊鉛滓，每百分含鉛十分至十三分，用十四尺高之衝天爐鎔之，所得之利最小。

司潑比利化分鉛滓。沙弟尼耶有礦師名司潑比利，設一爐鎔本處所得之滓，每年得鉛千噸。此鉛含銀，比別廠鎔鉛硫礦所得之銀更多。近於知那挨地方設一廠，用白天生分銀之法，每年鎔鉛三千餘噸。

亨軋里國鍊鉛法。亨軋里國司他得古□特廠與西末尼子廠，將鉛用倒焰爐鎔之。其爐底作斜形，用木桿掉攪，令其分出之鉛流至爐外之鍋。此法費用少而燒料稍多，得鉛亦多。曾有人將司拖勒白軋鍊得含銻之鉛，用此法試提之，不能得法。

亨軋利鎔鉛養法。亨軋利有廠，其鉛養用生鐵小爐鎔之。爐高三十寸，寬十六寸，長十八寸，前牆鑽圓孔，約二寸高之處有斜路，此路引其鉛至受盆，此盆裝滿木炭。所燒之空氣，在爐下端並前牆之孔透進。此爐鎔吹風法所得之鉛養，每百分得鉛七十分。另有雜鉛質與餘質，多寡不等，每鉛九擔，需木炭十二立方尺。

上哈次阿勒脱那鍊鉛法。上哈次阿勒脱那廠用鐵鍋徑五尺六寸半，深二尺十寸，鎔鉛十一噸五擔，約六小時至八小時，則鉛面所生之皮爲異質，略爲其鉛質六分之一，用木魄聚之，而用作孔之槽傾入模内。再俟二刻置三刻，則鉛面變光，用樺木條掉之二小時。有特設之機器搖動，不用人力。此生木條能令其鉛發出氣泡甚多。取出面上所聚之異質，用多孔之杓。化學家云，鉛内之銻與銅，幾能全去。上哈次各廠之生鉛雜異質甚多，另含銀若干，用此法最佳。

里甫非里伯硫養分鉛法。里甫與非里伯，設一法將製造之鉛養硫養三，内含硫養三梢有餘，用英國式之烘礦倒焰爐，加熱至硫養三放盡爲止。每百分和以石英二十分，煤粉一分半，置於英國式之鎔銅鎔質之爐内加熱。其熱度必漸增大，俟其石英再不放硫養二與一硫養二而止。鎔此料一噸，約加熱須三小時，所用之煤粉能助其硫養三化分，又能分鉛若干。此所成之質，大半爲鉛養矽養分出所含之鉛。

意大里阿鎔鉛硫礦。意大里阿之蒲替那廠用浄鉛硫礦，每百分含鉛五十五至六十四分，用倒焰爐鎔之。凡礦質含矽養二並鉛，每百分有四十二至四十五分者，則先烘之，後在衝天爐鎔之。其烘工用雙倒焰爐爲之。其礦之耗靡，每百分有六分三。

羅司克白軋鎔鉛法。日拿脱邦之羅司克白軋廠，用二十九尺高之衝天爐，鎔含銀之鉛硫礦二十四擔，梭色鉛礦二十四擔，含泥之鐵礦二十九擔，烘過之鉛鎔質十二擔，鐵硫二擔，灰石十擔，此法頗能得利。

巴騰邦各廠鍊鉛。巴騰邦内之馬里因呼脱廠，用衝天爐配各料，即鉛硫礦十四擔，内含鉛四十八至五十五磅，含銀一兩至一兩又四分兩之三，又雜礦二十二擔，如鉛硫、銅硫二、銅養炭養二等是也，内含鉛七磅，銀四分兩之三。又銀礦四擔，内含銀二兩。又提鐵之滓十五擔，銅渣滓十八擔。巴騰邦之滿司他勒廠，用六尺半高之衝天爐鎔鉛硫礦粉，每擔含鉛五十磅，銀二兩半。化學家散特白軋化分此廠之鎔質，得式爲鎳三銅硫銻。又有郝司門化分上哈次之鎔質，得式相同。此廠每年得銀四百七十磅，鉛養六十五至七十噸。

甫來白軋化分鉛滓。甫來白軋相近處之鉛廠，用倒焰爐鎔鉛滓，成生鎔質，而其化分鉛養並鉛雜質各工内，所得之滓和以鐵硫二鎔之，成鉛與鎔質。

甫來白軋鍊鉛礦。甫來白軋廠鎔礦之法，今已大爲改變。又有人設多法，欲免鉛霧之弊，有别處運來銀礦，與甫來白軋相近處之鉛礦，與銀礦合鎔之。近於甫來白軋有二廠，一爲摩勒特那廠，一爲哈司希羅克那廠，俱購得愛是幾白子山内所産之礦，其優劣俱有定價。化學家名第肯云，此山共有一千八百四十八處産銀礦，即生成浄銀與含銻之銀，與光點金礦，與牛角形之銀礦。有一百八十一處，所産者大半爲浄銀礦。四百〇三處，爲銀合鉛之礦。四百六十五處，爲銀鉛銅之礦。八百四十九處，爲銀合鈷合鉛之礦。惟甫來白軋相近處産銅之硐，爲此山所産金銀二十分之十九分。

蒲喜米阿鉛礦。蒲喜米阿邦之鉛硫礦，在古留滑克石中成脈，每擔含銀四兩至十二兩，常合於鋅硫内，比鋅硫每擔含銀六兩爲限，又含實銀礦與鐵養炭養二少許。礦内所雜之異質，大半爲石英，或古留滑克石，每百分含此異質十五分。另有鈣養光石與鋇養，因所含鋅硫礦中之銀頗多，故必軋碎其礦，此去其異質。又礦内含鋅硫與石英頗多，含鐵硫甚少，所以鎔化之工不易。

那而拍鎔鉛法。那而拍鎔鍊礦塊之法，前在低衝天爐内鎔之。科勒麻分地方之爐，原高三尺半，一千八百三十八年以後，用槽底閉眼之爐，高十六尺半，高爐鎔礦比低者更佳。其工夫可接連爲之，所得之鉛甚多，化散之鉛甚少，而其渣滓所含之鉛數亦少。

結成鉛各法。上哈次與科老司拖勒、與阿勒脱那、與老呑拖勒、與安得利司白軋各廠，將含銀之鉛硫礦軋碎，每一百十二磅含鉛四十磅至七十磅，含銀〇磅〇五至〇磅〇三三。此各礦含泥性之質甚多，如鈣充司已而與石英、與矽泥等質。又含金類礦，數雖甚少，已足生弊，如銅硫二、與鐵硫二、與鋅硫與布而拿内得等礦是也。安得利司白軋將鉛硫和銀礦鎔之，即紅色銀礦是也。科老司拖勒與阿勒脱那，用法大同小異。老呑拖勒有變改之法，因其礦含鋅硫。安得利司白軋因用銀礦，故用法不同。

燒煤得鉛數。科老司拖勒廠，所燒之煤共二百三十立方尺，阿勒脱那三百五十立方尺，老呑拖勒一百八十六立方尺，安得利司白軋二百五十立方尺。科老司拖勒所得生鉛十六至二十擔，鎔質十五至十九擔。阿勒脱那得生鉛十八擔，鎔質十八擔至十九擔。老呑拖勒得生鉛十一至十二擔，鎔質十二至十三擔。

烘鉛礦四法。烘礦之法有四：一或堆，或用棚或否。如礦含别金類與硫甚多者，不能全烘之，因所含有銅質。哈次等處用此法。礦内所含之硫，足爲燒料之用，其堆之上，用易通氣之料。此料中做成凹形之孔，則礦中所放之硫，聚於凹内，而所得者足抵烘礦之費。礦内之硫若少，而不足爲燒料之用，則必分若干層，每層之間，加燒料若干，此爲羅呑巴克廠之法。二或墩。用此法者，其燒料與熱度俱須料理合法，所用之礦與前者相同，但其烘工不能全，又不能停匀。三用衝天爐。如其硫欲製硫强水之用，則用此爐爲佳。哈次山之阿卡廠是也。四用倒焰爐。此爐或單底或雙底，雙底者或平排列，或一在上一在下，此爐爲常用者，烘礦之事最爲合法，雙底之爐可省燒料。夫苦勒云，單底之爐用長爐柵，比英國用短爐柵之費甚省。如烘礦所得之硫養二欲製硫强水之用，則其爐必用燒殼。布至齊布拉末與甫來白軋廠，所烘之礦預磨成粗塊或細粉。

礦堆燒鉛法。繆生與老呑白軋二廠，將鉛礦成方錐形之堆，其底邊十六尺至十八尺，高三尺至五尺，每堆有礦六十噸，堆下鋪木塊一層。又用煤與枯煤垃圾，共高八寸。其礦以十二寸厚爲一層，每層之間加木炭一層，厚四寸，其礦或三層或四層不定。其礦粉與礦小片，則和以鈣養成塊，直於礦堆上之心，用木塊捆或火路，連燒二十五至二十八日爲中數。惟冬天必燒二十八至四十二日，後再成堆燒四十八日。此礦每擔含銀〇兩七五至一兩，含鉛四十至五十五磅，烘礦五噸之費，金一銀八銅五。

白天生鍊鉛法。白天生法。此藉成顆粒之理，惟用略浄之鉛，或煅過之生鉛則有益，因所得之鉛爲最純。平常用此法，爲含銀多之鉛，如挨勒脱那與甫來白軋等廠。有化學家云，鉛内所雜之銻與銅少許，大半存在鎔化之鉛質内，而銻則在其顆粒内相聚，然生鉛質雜銅多者，則其顆粒内亦必有銅，故其生鉛應先在倒焰爐内燒之。

方底爐鎔鉛養法。蘇古蘭式方底爐並西比利阿式之爐，西比利阿式之制，用最小而能移動之爐，裝滿着火之煤，置於吹風法分鉛爐之前，令爐中所流出之鉛養一直落至小爐内，而其鉛養化分，熱度甚小，所燒之煤亦少。但第一次所取鉛面雜質時，將此小爐移開，或用鐵板蓋之。鐵板面致以鈣養泥質，以後吹風之鉛已盡，而再添鉛之時，亦用鐵板蓋其小爐之口。此法雖簡而費用少。

鉛爐成鼻法。爐中成鼻之法。其鼻爲其合料，或渣滓，在進風管口受風之冷，即稍凝結而成管形，似爲進風管引長之形。如爐中初鎔礦之時，必將前次餘存之渣滓裝在爐内，爲成鼻起端之用，故謂之成鼻之渣滓。此鼻可以任意引長，法在燒料上加合礦料，或多或少，而所加燒料之數仍不變。常用之鼻，長十八寸至二十寸，如將鐵以濕泥護之，從進風管孔送入爐内，則成鼻甚易，因渣滓黏鼻上稍冷故也。而其鼻可用此鐵料任改方向，又能任意引長。成鼻所有益處，能保護進風管，因此管常用黄銅爲之，遇爐内之熱與硫黄而易壞，又能令鎔化之質，不遇進風管。又伸入爐内，能令礦鎔化之處，從後牆移至爐之中心，故能免其進風管燒壞之弊，又能令礦鎔化最多之處，定在爐中任何處。又因鼻在前開通，能令風力在爐内分得停勻，故其礦料鎔化亦勻，而從斜面漸漸流下。又因其風爲鼻開通處分開，則可免礦粉吹散之弊。又爐中鎔化之工夫，幾分藉鼻之長與明，如鼻明而短，則顯出大熱度之據，長而暗，則顯出小熱度之據。曾有多人設法，欲免用鼻之煩，有用斜面而明鼻者，有料風分開，而從數個進風管入爐者，但用此各法，不免其進風銅管常遇含硫之質而壞，必致屢换新管。

鎔鉛去皮法。將鉛養鎔之，而分出其鉛，置於鍋内，則其面多生皮質。此皮質爲雜銅或銻之質，必去之浄盡，而至其熱度合於傾模。英國去皮之法，用二䰟木板合連，而移過鉛面。日耳曼國用鐵刮器，必屢次爲之，得鉛之正色，但此不過合於含銅少而略純之鉛。間有將木杮或小木枝，在其鎔鉛内掉之，則放多氣而各雜質浮至鉛面。又令所雜異質多遇空氣，即多收養氣，如倒焰爐鍊得之鉛，常含鉛硫而令其有稠質形，可用此法去之。又能令其鉛硫與所雜礦質之小點，一並去之。

鎔出鉛質法。鉛内含難鎔之質，如銅鎳鐵等，即下哈次鍊得之鉛，則用此法分之。其爐度爲特設之式，其工最簡，其法甚粗，而金類之耗靡亦多。

奥斯吞著舒高第鄭昌棪譯《鍊金新語》第三章《雜質金類》 一千八百四十九年，薄留以電分法而得鉛，其質與鉛皮相同，然薄留之鉛，在空氣内與養氣相合甚速，即變爲黄色細末，若尋常鉛皮則不然。

又第九章《鍊金類各成法》 其次之渣，鉛與銀極微，可棄之。所分各質照法鍊，如下：

鉛：渣鉛並礦鉛，先以澄定法料理，用低熱度鎔化。其鉛在尋常斜底倒燄爐，爐内氣收去養氣，鉛可鎔成流質，向斜底出去。其留在斜底内者，本有之銅居多，又鐵及他雜料，以此種鎔度須高，而此鎔鉛熱度，尚不足以烊之也。鉛内所含金銀，與鉛同流者，以金與銀含在鉛内爲雜質料者，鎔度原不必高也。澄定鉛與鉛礦在倒燄爐收受養氣而鎔化。鉛澄定時，内含之銻錫，及他質不能分出，即喫養氣，鉛亦喫養而鎔，因是皆變爲含養沫料，應爲撈去。沫料雜質喫養各有多寡，即陸續提出，沫料内鉛養，隨雜質養氣多寡不等。逐日所出鉛養，各編號數，可在小衝天爐剔減以得鉛質，此即硬鉛。此不清潔之鉛養，初與炭剔減，出鉛若干，鉛内如有銀，即於時提出之。澄定鉛内含有銅，亦收養氣爲銅養，不流，或帶有鉍，則與鉛有愛力，另有法以分之。有數份金銀，混於有養氣鎔鉛面上，而併和於鎔鉛内居多，可照拍聽生法料理之。先以低熱度令鎔，緩涼之，則少含銀之鉛顆粒，即與富含銀之鎔鉛，上下自分。如法屢鍊，令所含之銀百分居一數而後已。又用拍克斯法，以鋅提其餘之金銀，於所得鉛，令鎔而加養以取鋅，則鉛浄矣。凡經過拍聽生法之鉛，用德國骨灰盃以料理之，爐底以石灰泥搪成，鉛既含養，分出其留餘之物，百分内有八十分貴重金類，乃用更高熱度鍊之，移至小爐。其留餘之鉛悉分出金銀，傾於水内，便成顆粒，候乾，用硫强水分出金銀。鉛養色黄，在小撇爾斯爐内鎔之，以剔減鉛質，色紅者即可出售。大小骨灰盃爐底，取富足金銀，爐底有緑點者，鉍不隨鉛養剔減，而漬於爐底。將緑色灰泥，化於鹽强水内，加以水即得二鉍緑三、鉍二、養三，洗浄後即珠白粉，可以售爲婦女醋面之需，或在鑄罐内加以鐵而取鉍。骨灰盃爐底灰，富於鉛者，可加於各鎔爐提鍊之。

汞(水銀)冶煉部

題解

李時珍《本草綱目》卷九《石部・水銀》 釋名：汞、《別録》。澒、汞同。靈液、《綱目》。姹女。《藥性》。時珍曰：其狀如水似銀，故名水銀。澒者，流動貌。方術家以水銀和牛、羊、豕三脂杵成膏，以通草爲炷，照於有金寶處，即知金銀銅鐵鉛玉龜蛇妖怪，故謂之靈液。頌曰：《廣雅》：水銀謂之澒。丹竈家名汞，其字亦通用爾。

論説

方以智《物理小識》卷七《金石類》 制汞法。《淮南》曰：「青澒五百年爲白澒。」此言連鉛久而生汞也。礞砂殺之，膽礬結之，鉛凝之，紫河車伏之，川椒茶葉收之，唾嚼棗亦斂之，灌尸如生。沈括曰：汞得硫則赤如丹，得礬則白如雪。虚丹子曰：《本草》言金、銀、銅、鐵置汞上，則浮，此非也。銅、鐵則浮，金、銀則沈，金、銀取出必輕耗，以其蝕也。走馬吸水銀，與走馬射阿魏，皆奇其説耳。或言瓦楞帽可盛汞，未試。

綜述

宋應星《天工開物》卷下《丹青第十六卷》 宋子曰：斯文千古之不墜也，注玄尚白，其功孰與京哉！離火紅而至黑孕其中，水銀白而至紅呈其變，造化爐錘，思議何所容也。五章遥降，朱臨墨而大號彰；萬卷横披，墨得朱而天章煥。文房異寶，珠玉何爲。至畫工肖象萬物，或(耴)〔取〕本姿，或從配合，而色色咸備焉。夫亦依坎附離，而共呈五行變態。非至神，孰能與于斯哉？

朱 凡朱砂、水銀、銀朱，原同一物，所以異名者，由精粗、老嫩而分也。上好朱砂出辰、錦今名麻陽。與西川者，中即孕澒，然不以升煉。蓋光明、箭鏃、鏡面等砂，其價重於水銀三倍，故擇出爲朱砂貨鬻，若以升水，反降賤值。唯粗次朱砂方以刂煉水銀，而水銀又升銀朱也。凡朱砂上品者，穴土十餘丈乃得之。始見其苗，磊然白石，謂之朱砂牀。近牀之砂，有如雞子大者。其次砂不入藥，祇爲研供畫用，與升煉水銀者。其苗不必白石，其深數丈即得。外牀或雜青黄石，或間沙土。土中孕滿，則其外沙石多自折裂。此種砂，貴州思、印、銅仁等地最繁，而商州、秦州出亦廣也。凡次砂取來，其通坑色帶白嫩者，則不以研朱，盡以升澒。若砂質即嫩而爍，視欲丹者，則取朱時入巨鐵碾槽中，軋碎如微塵，然後入缸，注清水澄浸，過三日夜，跌取其上浮者，傾入別缸，名曰二朱。其下沉結者，曬乾即名頭朱也。凡升水銀，或用嫩白次砂，或用缸中跌出浮面二朱，水和槎成大盤條，每三十斤入一釜内升澒。其下炭質亦用三十斤。凡升澒，上蓋一釜，釜當中留一小孔，釜傍鹽泥緊固，釜上用鐵打成一曲弓溜管。其管用麻繩密纏，通(稍)〔梢〕仍用鹽泥塗固。煅火之時，曲溜一頭插入釜中通氣，插處一絲固密。一頭以中礶注水兩瓶，插曲溜尾於内，釜中之氣達於礶中之水而止。共煅五個時辰，其中砂本盡化成澒，布於滿釜，冷定一日，取出掃下，此最妙玄化全部天機也。《本草》胡亂註：鑿地一孔，放盌一個盛水。凡將水銀再升朱，用故名曰銀朱。其法或用磬口泥礶，或用上下釜。每水銀一斤，入石亭脂即硫黄制造者。二斤，同研不見星，炒作青砂頭，裝於礶内，上用鐵盞蓋定，盞上壓一鐵尺，鐵線兜底綑縛，鹽泥固濟口縫。下用三釘插地，鼎足盛礶，打火三炷香久，頻以廢筆蘸水擦盞，則銀自成粉，貼於礶上。其貼口者硃更鮮華，冷定揭出，刮掃取用。其石亭脂沉卜礶底，可取再用也。每升水銀一斤，得硃十四兩，次硃三兩五錢，出數藉硫質而生。凡升硃與研硃，功用亦相彷。若皇家、貴家畫彩，則即同辰、錦丹砂研成者，不用此硃也。凡硃，文房膠成條塊，石硯則顯，若磨於錫硯之上，則立成皂汁。即漆工以鮮物彩，唯入桐油調則顯，入漆亦晦也。凡水銀與硃，更無他出，其澒海草澒之説，無端狂妄，耳食者信之。若水銀已升硃，則不可復還爲澒，所謂造化之巧已盡也。

朱孟震《河上楮談》卷一《水銀》 水銀，相傳爲硃砂燒鍛而成者。近水西宣慰司皆掘地得之，又甚多。麻陽獄中土人有掘之者，以布盛土，從水中淘之。土去盡，餘皆爲水銀，視鍛砂省力十倍。

方以智《物理小識》卷七《金石類》 馬齒莧有汞。《本草》：馬齒莧小者，節

間有水銀，每十斤有八兩，然至難燥。以槐木槌碎，日東曬之，其大者無水銀。《庚辛玉册》曰，透山根似蔓菁而紫，含金氣，石楊柳含銀氣，馬齒莧含汞氣，艾蒿、粟、麥含鉛錫之氣，酸芽三葉酸含銅氣。

王棠《燕在閣知新録》卷二五《水銀海》 《朱澤民集》載異域説甚奇。至正丁亥冬，寓京口乾元宫之寶儉齋，適毘陵監郡岳忽難、平陽同知散竺台偕來訪。自言在延祐間，忝宿衛近侍，時有佛鼎國使來朝，備言其域當日没之處，土地甚廣，有七十二酋長。地有水銀海，周回可四五十里。國人取之之法，先於近海十里掘坑井數十，然後使健夫駿馬馳驟可逐飛鷹者，人馬皆貼以金薄迤邐行，近海日照，金光晃曜，則水銀滚沸如潮而來，勢若粘裹其人，即迴馬疾馳，水銀隨後趕至。行稍遲緩，則人馬俱爲水銀攔没。人馬既速迴，於是水銀之勢漸遠力漸微，却復奔回，遇坑井則水銀溜積其中，然後其國人旋取之，用香同煎，皆水銀也。

《疑耀》云：水銀一曰汞，《廣雅》謂之澒，音同。《本草》、《圖經》曰：水銀生符陵平土，今出秦州、商州、道州、邵武軍。而秦州者來自西羌，乃於山石中採麤次硃砂，作鑪置砂於中，下承以水，上覆以盆器，外加火煅養，則煙飛於上，水銀流於下。是以人力製之，而後成者。陶隱居曰：水銀有生熟。生符陵平土者，是出硃砂腹中，亦别出沙地，今不聞有此。至於西羌來者，彼人亦云皆燒煅也。及按《西粤志》云，泗城州出水銀。取之之法以人，其用人從外境市之，或逃走僮僕，或奸商縛雇役人往售。至其家，初以酒飯飼之，三日即引至水銀坑中，挖窟埋之，露其首三日。其人癢不可忍，號呼徹天，乃以鐵鏟去其首，仍埋之。數日取出，則滿腹腸貫，指甲骨髓中皆水銀矣。安南國近憑祥州地，亦有水銀坑，取法同是，與《本草》異也。

謝啓昆《〔嘉慶〕廣西通志》卷九二《輿地一三·物産》 丹砂，邕州大者數十百兩作塊，黑闇少墻壁，嚼之紫黛，不堪入藥。彼人惟以燒取水銀。《圖經》又云：融州亦有砂。今融州原無砂，邕、融聲相近，蓋誤云。《虞衡志》。邕州右江溪峒，歸德州大秀墟有金纏砂，大如箭鏃，而上有金線縷文，乃真仙藥，得其道可用以變化形質，試取以鍊水銀，乃見其異。蓋邕州燒水銀，常砂十二三斤可燒成十斤，其良者十斤真得十斤，惟金纏砂八斤可得十斤。不知此砂一經火力，形質乃重，何哉？是砂也，取毫末而齒之，色如鮮血，誠非辰宜可及。邕州溪峒砂發之年，中夜望之，隱然火光滿山。《嶺外代答》。

水銀，以邕州溪峒朱砂末之入鑪燒取易成，以百兩爲一銚。銚之制以猪胞爲骨，外糊厚紙數重，貯之不漏。《虞衡志》。邕人鍊丹砂爲水銀，以鐵爲上下釜。上釜盛砂，隔以細眼鐵板；下釜盛水埋諸地。合二釜之口於地面而封固之，灼以熾火，丹砂得火化爲霏霧，得水配合轉而下墜，遂成水銀。然則水銀即丹砂也。丹砂稟生成之性，有陰陽之用，能以獨體化爲二體，此其所以爲聖也。然丹經乃有真汞，何哉？余以爲丹砂燒成水銀，故已非真汞。邕州左右溪峒、歸德州大秀墟有一丹穴，真汞出焉。穴中有一石壁，人先鑿竅方二三寸許，以一藥塗之，有頃，真汞自然滴出，每取不過半兩許。所塗之藥，今忘其名矣。是色紅粉與水銀白青之色殊異，其重亦倍於水銀。嗟夫！學仙得此，其至寶歟！《嶺外代荅》。

傳記

何薳《春渚紀聞》卷一〇《記丹藥・煅消愈疾制汞》 姑蘇查先生得煅消石法，章中公與之爲莫逆，而法不傳也。嘗遇一病僧而憫之，取消作盂，令日煎水飲之，服之月餘，病良已。僧有周旋，過而詢其由，以飲煎水爲言。是僧素知查術，曰：「此伏消所成也。」當取汞置盂中，就火試之，果致汞死，僧更以爲希世之遇，即往禮謝再三，且語其盂之異，復懇求其法。查曰：「法固未易傳，而前盂用力將竭，可攜來爲公加藥爲之也。」僧取盂授查，即碎盂別鎔，門臨大河，俟消成汁，即鉗投水中曰：「我初但欲起師之疾，不意無厭至此也！」僧懊恨而歸。

雜録

姚廣孝《明太祖高皇帝實録》卷一八二 〔洪武二十年閏六月〕庚戌，上諭工部右侍郎秦逵曰：「近聞各布政司和買水銀，而州縣多假此以擾民，其亟罷之。」

《宋史》卷八七《地理志三》 〔秦鳳路〕鳳州，下，河池郡，團練。本防禦，乾德元年，降爲團練。崇寧户三萬七千七百九十六，口六萬一千一百四十五。貢蜜、蠟燭。縣三：梁泉，上。河池，緊。開寶五年，移治固鎮。有水銀務。兩當。上。至道元年，移治廣鄉鎮。監一：開寶。建隆三年，於兩當縣置銀冶。開寶五年，升爲監。治平元年罷置官，以監隸兩當縣，元豐六年廢。

《新唐書》卷四一《地理志五》 〔江南道〕黔州黔中郡，下都督府。本黔安郡，天寶元年更名。土貢：犀角、光明丹沙、蠟。【略】

辰州盧溪郡，中都督府。本沅陵郡，天寶元年更名。土貢：光明丹沙、犀角、黄連、黄牙。【略】麻陽，中下。武德三年析沅陵、辰溪置。垂拱四年析置龍門縣，尋省。有丹穴。【略】

錦州盧陽郡，下。垂拱二年以辰州麻陽縣地及開山洞置。土貢：光明丹砂、犀角。

卞寶第等《〔光緒〕湖南通志》卷六一《食貨七・物産二》 辰、錦二州，皆貢光明砂。《唐書・地理志》。辰州，開元貢光明砂四斤，元和貢光明砂藥砂。《元和志》。瀘溪郡，貢光明砂十斤。《通典》。辰州，土貢光明砂十五斤。《九域志》。辰州貢硃砂。《宋史・地理志》。【略】

辰州開元貢水銀。《元和志》。辰州土貢水銀三十兩。《九域志》。

慶桂《清高宗純皇帝實録》卷一八五 〔乾隆八年癸亥二月〕癸丑，又議準貴州總督兼管巡撫張廣泗疏，稱省城官發水銀價值，上年陸續加至四十八兩，其時較市價尚平，商販樂於爭買，今市價既減，商販漸少，請仍減銀四兩，以符原值。從之。

劉錦藻《清朝續文獻通考》卷四三《征榷考一五・坑冶》 又奏准貴州迴龍灣水銀廠，向隸普安縣屬，歷委貞豐縣經管抽課，但該縣並無管轄地方之責，呼應不靈，准其改歸興義府知府管理，查收稅課。

李昉《太平御覽》卷八一二《珍寶部一一・銀・黄銀》 桓譚《新語》曰：「期門郎程偉好黄白事，娶婦得怪女。偉無衣，爲婦致兩疋繒。後見夫方扇炭，欲燒筒中水銀。婦乃出其中藥，以投之，立成銀。偉就求道，不受，發狂而死。」

《宋史》卷八九《地理志五》 〔利州路〕文州，中下，陰平郡，軍事。建炎後，帶沿邊管内安撫，尋罷，隸利西路。紹定末，置司成都。端平後，兵亂州廢。崇寧户一萬二千五百三十一，口二萬二千七十八。貢麝香。縣一：曲水。中下。西魏縣。有重石、毗谷、張添、磨蓬、留券、羅移、思村、戎門、披波、綏南十砦，水銀務一。

沔州，下，順政郡，軍事。本興州。紹興十四年，爲利西路治所。開禧三年，吴曦僭改開德府。曦誅，改沔州。崇寧户一萬二千四百三十，口一萬九千六百七十三。貢蜜、蠟。縣二：順政，中。開禧三年，改爲略陽。長舉，中下。監一：濟衆。鑄鐵錢。

曾慥《道樞》卷一八《悟真篇行於黃道，陰剝陽純。玄珠有象，太一歸真。**》** 張平叔名伯端，天台人。曰：道有二焉。夫鍊五芽之氣，服七曜之光，注想按摩，納清吐濁，誦經持呪，飲水呑符，扣齒集神，絶肉辟穀，存神閉息，補腦還精，及夫餌草木，鍛金石，是爲幻化有爲之用，所謂易遇而難成者也。況夫閉息者入定出神，其理屬於純陰，其舍難固，不免用遷移之法，未得所謂自然無漏之果，豈能回陽換骨而升天者哉？吾有九轉金液還丹之道，在乎究陰陽，達造化，追二氣於黃道，會三性於元宮，攢簇五行，和合四象，龍吟虎嘯，夫唱婦隨，玉鼎湯温，金爐火起。於是始得玄珠有象，太一歸真矣。其用功也，蓋斯須焉。至若防危慮險，在謹於逆順抽添而已。養正持盈，在謹於守雌抱一而已。如是復陽生之氣，剥陰殺之形，節候既周，脱胎神化矣。而學者乃以鉛汞爲二氣，五藏爲五行，心腎爲坎離，肝肺爲龍虎，神氣爲子母，津精爲鉛汞，不知浮沉賓主之理，何以異乎以他人爲親者哉？是殆不知金木相克之幽微，陰陽互用之要妙。於是使日月失道，鉛汞異爐，欲望還丹之成，不亦難歟？觀夫群書，皆云日魂月魄，庚虎甲龍，水銀朱砂，白金黑鉛，坎男離女，凝成金液，不知真鉛真汞爲何物也。今掇其詩五篇。

一曰：伏鍊三黃及四神，若尋草木更非真。陰陽得位歸交感，二八相當自合親。潭底日紅陰怪滅，山頭月白藥苗新。時人不識真鉛汞，不是凡砂及水銀。

二曰：人人盡有長生藥，自是愚迷枉棄抛。甘露降時天地合，黃芽生處坎離交。井蛙將謂無龍窟，籬鷃争知有鳳巢？丹就自然金滿屋，何須尋草學燒茅？

三曰：不識玄中顛倒顛，争知火裏好栽蓮？牽將白虎歸家養，産箇明珠似月圓。謾守藥爐看火候，但修神定自然安。群陰剥盡丹成熟，跳出凡籠不是難。

四曰：要知産藥川源處，只在西南是本鄉。鉛見癸生須急採，金逢望遠不堪嘗。送歸土釜牢封閉，次入流珠厮配當。藥重一斤須二八，調停火候託陰陽。

五曰：三五一都三箇字，古今明者實然稀。東三南二同成五，北一西方四共之。戊己自歸生數五，三家相見産嬰兒。嬰兒是一舍真氣，十月胎圓合聖基。

【略】

其六曰：用鉛不得用凡鉛，用了真鉛也棄捐。此是用鉛玄妙訣，用鉛不用是誠言。

其七曰：西山白虎性猖狂，東海青龍不可當。兩手捉來令死鬭，化成一塊紫金霜。

其八曰：竹破還將竹補宜，覆雞須用卵爲之。萬般非類徒勞力，争似真鉛合聖機。

其九曰：雪山一味好醍醐，傾入陰陽造化爐。若遇崐崘西北去，張騫始得見麻姑。【略】

其十四曰：偃月爐中玉蘂生，朱砂鼎内水銀平。只因火裏調和後，種得黃芽漸長成。

其十五曰：夢謁西華到九天，分明授我指玄篇。其中簡易無多旨，只是教人鍊汞鉛。

又卷二〇《還丹參同篇一氣精華，得火乃滋。還丹之根，其在南離。**》** 昔者燧人氏鑽木以出火，女媧氏鍊石以補天，斯合神丹之道矣。或曰：何謂也？曰：木者汞之性也，金者真火也，是以還丹之根在乎南離焉。何也？生於太陽之中，得火而後化乎形質者也。其一變則潛形乎混沌之中，感處乎母之胎，方受精華之氣，此朱爲汞者也。其二變則赤元之數合乎丹田，爲受氣之因，融化而爲凝酥，於是魂魄降於合抱之位，此汞成雪者也。其三變則青神之液獨化于扶桑，此雪成砂者也。其四變則白虎之義，其氣其汞和矣，復於根類，此砂成黃者也。其五變則玄黃之化，密來於后土，氣充於上元，剖分形質，此黃成鉛金者也。故曰一物含五彩，其斯之謂歟！夫汞不得火則其身虚焉，鉛得水則其。【略】《太易志》曰：黑者水之基也，白者金之體也。《石洞記》曰：真五行者，一水一石也。中宫者，氣之主也。水火激之成物，是爲金液金丹矣。《參同契》曰：種禾用粟，附雞用子。其此之謂歟？陰真君曰：陰者真砂也，陽者真汞也，求之不可妄動焉。無質而生質，是爲還丹，非所謂凡汞凡砂也。青霞子曰：吾有丹砂焉，取金之精，沽石之液，合爲夫婦，列爲魂魄，一體混沌，兩情感激，此丹砂也。《易》曰：初九，潛龍勿用。九二，見龍在田。九三，君子終日乾乾。何謂也？萬物者生於一，老於九，汞之未得火而變化也，其隱於砂之中，是爲潛龍，不得用也。砂之正體，以夫飛之入於鉛中，見乎真火真汞而交感焉，是爲見龍在田。田者，丹田也。是爲丹爲汞，田爲土，土生萬物者也。水之中有土，是爲真金，真金者，丹田也。是爲終日乾乾者歟！金汞成真，可以變化矣。乾者，火也，金也；九者，鉛之數也；三者，木之數也。天得一而見水，得二而見火，得三而見木，得四而見金，得五而見土。修鍊者不可以不知乎此也。白，金也，汞也，各當八兩，二八者合於一斤，此鍊砂鍊靈象之數也，總集於一。一者水也。水之中有火，火之中有木，木之中有金，金之中有土。五行混一，則二儀開闔，日月明矣，三才備矣。故一生二，二生三，三生萬物。乾爲父，坤爲母，内有寒暑陰陽日月星辰焉。其羅列進退休王，皆自然之道也。夫砂也，汞也，得火而後飛騰矣，得水而後藏體矣，得金而後交感矣，得木而後木明矣，得土而後生成矣。於是以金爲丹，丹爲白虎，白虎爲真火，真火爲日魂，日魂爲金雞，金雞爲華池，華池爲黄鉛，黄鉛爲媒氏。汞又以木爲青龍，青龍爲黄水，黄水爲月魄，月魄爲玉兔，玉兔爲黄芽。黄芽者，生於丹田者也。丹田之本體，其名金公。吾能知其道，則可以不拋金水而化青龍矣。青龍者，汞也，必俟玄黄成其終始。玄黄之内有真金焉，當與木精通乎鬼神。鬼神者，無形質也。大帝以爲金室，逍遥降出太和之津，於是可以仙矣。夫求華池者，必由於此門焉，丹砂隱其中矣。吾明乎鼎器，見乎形容，究五行，窮八卦，定休王之始終，别囚死之宗元，魂魄交争，陰陽來往，金隱於秋冬之卦，汞藏於春夏之形。東南者斯爲丹汞之神也，西北者斯混水金之道也。吾蓋有十干形象之圖焉，中央者萬物之草也，戊己爲烹鍊者也；東者甲乙也，甲爲沉石，乙爲浮石。南者丙丁也，丙爲武火，丁爲文火。西者庚辛也，庚爲世金，辛爲世銀。北者壬癸也，壬爲真鉛，癸爲真汞。嗚呼，吾其開天之祕乎？

又卷二〇《金丹明鏡篇水火之數，坎離之象。頤其精深，得道過半。》 玄一曰：觀夫乾坤至大，易行乎其中矣。故知離己日精也，坎戊月華也，鼎則乎天地，藥法乎日月，有男女之象焉。始乎否也，泰也；周乎既濟也，未濟也。於是藥鼎成矣，非世之所謂五金八石者也。經曰：一生二，二生三，三生萬物。故自一之水，二之火，三之木，而爲龍，在於東者也。四之金爲虎，而成五之土，合乎土彩，應乎五行，明乎四象。凡乾坤之内，其下有形焉，其上有象焉。吾法則其陰陽之造化，斯猶反手爾。故能知一之水，二之火，坎離之二用與夫日月，則已得還丹者過半矣。是以五行之道，得一而畢乎。玄一曰：吾見世之燒鍊迷謬者，不知幾何人也，知貪乎黄白，不知慕延生，彼豈知陰陽之根蔕，南北之要津耶？訣曰：用鉛不用鉛，須向鉛中作。及至用鉛時，用鉛還是錯。欲得識還丹，終不離鉛脚。斯道之要也。而世不知採鉛者須知金公焉，河車焉，五行全是金公也。北方正氣河車也。乃取雅安之鉛，雅州也。犍爲之鉛，嘉州也。土之鉛，壠馱之鉛，草節之鉛，而爲鼎，投以水銀而養火焉，非吾所云道也。語曰：鉛若是真，不失家臣。鉛若不真，其鉛難親。其要在乎陰陽和合，五行備而四象全，然後知真鉛者真一也。太一丹田，從鉛而始者也。觀夫火中之木，水中之金，則鉛汞明矣。訣曰：五行顛倒術，龍從火内出。五行不順行，虎向水中生。此言真水火與日月精華者也。鼎無首無質也，然無質而生質矣。故陰極而陽生，陽極而陰生焉。愚者將空爐擁丁斤之炭，露地鼓扇，以爲賺日月之精華，無質自然生質，火汗赤紅，聚於爐中，用之爲丹，服之則燥矣。或持水精之珠於日之下以承火，於月之下以映水，復以火鍊其水以爲真水火，日月之精而爲藥。或聞至人之言曰：採乎蠶食之前，成乎火化之後。遂取蠶未食之桑，焚之爲灰，八月既望，以灰承露，收其汁焉。玄一曰：是皆非道也。夫日出於扶桑甲乙之上，所謂未蠶者也，火生於木者也。庚申爲月窟者也，是爲寅之前，未之後。吾聞其訣曰：淮南王號秋石王，揚隱説黄芽，西方承王氣，得道在中華。其狀也，其外白，其内黄，如雞子焉。世不知西方庚辛，兑之金也，太白符應屬於秋焉。乾之少女採斯氣爲鼎中之宫，而作丹者也。少女之氣者，軒后美之爲金華，淮南秘之爲秋石。金者，土之子，何也？金土相生，而孕芽蘖者也。八月天罡在於酉，萬卉凋落，故金克於木。惟木生芽，吾丹之道如金之上生芽，其黄如蘗，染之有色，應於中方，而黄芽者也。故曰：黄芽者，鉛汞所造也。陰之殼，其含陽華。夫不得黄芽，則去金丹遠矣。世不知從一至於五，運合五行，於是，始符契於五彩，虹暈於天，霞起於爐者也。故鍊取真水土者，造之要歟。六戊、六己者，土也。土無正形，王於四時之季，而應於五方。世不知水之一，金之四爲之戊焉；火之二，木之三爲之己焉。戊己誠合於正中，足乎陰陽之數，方具美矣。於是陽壬不自火中而去，則陽壬不得作煙矣。如雞抱卵，日數既足，則生子焉。如人十月而生。故曰：孤陰不成，孤陽不立。汞、砂皆陰者也。

王象之《輿地紀勝》卷一二《台州》 丹霞洞。在天台觀東北，即葛仙翁鍊丹之處也。丹霞小洞。在天台縣北一十五里。舊傳葛玄鍊丹於此，唐刺史柳泌於此修藥。丹崖山。在黄巖縣南四十五里，崖石俱赤，有金銀星。世傳仙人煉丹於此，故名。有池深可尺餘，又曰煉丹井。丹井泉。在寧海縣天慶観。舊傳茅盈煉丹於此。尤袤《昊天殿記》云：「厥初茅君上飛仙，靈跡淠沸丹井泉。」蓋指此也。

李時珍《本草綱目》卷九《石部・水銀》 發明：【略】權曰：水銀有大毒，朱砂中液也。乃還丹之元母，神仙不死之藥，能伏煉五金爲泥。抱朴子曰：丹砂燒之成水銀，積變又還成丹砂，其去凡草木遠矣，故能令人長生。金汞在九竅，則死人爲之不朽，況服食乎？藏器曰：水銀入耳，能食人腦至盡；入肉令百節攣縮，倒陰絶陽。人患瘡疥，多以水銀涂之，性滑重，直入肉，宜謹之。頭瘡切不可用，恐入經絡，必緩筋骨，百藥不治也。宗奭曰：水銀入藥，雖各有法，極須審謹，有毒故也。婦人多服絶娠。今有水銀燒成丹砂，醫人不曉誤用，不可不謹。唐韓愈云：太學士李于遇方士柳泌，能燒水銀爲不死藥。以鉛滿一鼎，按中爲空，實以水銀，蓋封四際，燒爲丹砂。服之下血，四年病益急，乃死。余不知服食説自何世起，殺人不可計，而世慕尚之益至，此其惑也。在文書所記及耳聞者不説，今直取目見、親與之游，而以藥敗者六、七公，以爲世誡。工部尚書歸登，自説服水銀得病，有若燒鐵杖自顛貫其下，摧而爲火，射竅節以出，狂痛呼號泣絶。其裀席得水銀，發且止，唾血十數年以斃。殿中御史李虚中，疽發其背死。刑部尚書李遜謂余曰：我爲藥誤。遂死。刑部侍郎李建，一旦無病死。工部尚書孟簡，邀我於萬州，屏人曰：我得秘藥，不可獨不死。今遺子一器，可用棗肉爲丸服之。别一年而病。後有人至，訊之，曰：前所服藥誤，方且下之，下則平矣。病二歲卒。東川節度御史大夫盧坦，溺血，肉痛不可忍，乞死。金吾將軍李道古，以柳泌得罪，食泌藥，五十死海上。此皆可爲戒者也。

又卷九《石部·靈砂》 釋名：二氣砂。慎微曰：《茅亭客話》載，以靈砂餌胡孫、鸚鵡、鼠、犬等，變其心，輒會人言，丹之通爲靈者。時珍曰：此以至陽勾至陰，脱陰反陽，故曰靈砂。

修治：慎微曰：靈砂，用水銀一兩，硫黄六銖，細研炒作青砂頭，後入水火既濟爐，抽之如束針紋者，成就也。時珍曰：按胡演《丹藥秘訣》云：升靈砂法：用新鍋安逍遥爐上，蜜揩鍋底，文火下燒，入硫黄二兩熔化，投水銀半斤，以鐵匙急攪，作青砂頭。如有焰起，噴醋解之。待汞不見星，取出細研，盛入水火鼎内，鹽泥固濟，下以自然火升之，乾水十二盞爲度，取出如束針紋者，成矣。《庚辛玉册》云：靈砂者，至神之物也。硫汞制而成形，謂之丹基。奪天地造化之功，竊陰陽不測之妙。可以變化五行，煉成九還。其未升鼎者，謂之青金丹頭；已升鼎者，乃曰靈砂。靈砂有三：以一伏時周天火而成者，謂之金鼎靈砂；以九度抽添用周天火而成者，謂之九轉靈砂；以地數三十日炒煉而成者，謂之醫家老火靈砂。并宜桑灰淋醋煮伏過用，乃良。

又卷九《石部·粉霜》 釋名：水銀霜、白雪、《綱目》。白靈砂。時珍曰：以汞粉轉升成霜，故曰粉霜。抱朴子云：白雪，粉霜也。以海鹵爲匱，蓋以土鼎。勿泄精華，七日乃成。要足陽氣，不爲陰侵。惟姜、藕、地丁、河車可以煉之點化。在仙爲玄壺，在人爲精原，在丹爲木精，在造化爲白雪，在天爲甘露。

修治：時珍曰：升煉法：用真汞粉一兩，入瓦罐内令匀。以燈盞仰蓋罐口，鹽泥涂縫。先以小炭火鋪罐底四圍，以水濕紙不住手在燈盞内擦，勿令間斷。逐漸加火，至罐頸住火。冷定取出，即成霜如白蠟。按《外臺秘要》載古方崔氏造水銀霜法云：用水銀十兩，石硫黄十兩，各以一鐺熬之。良久銀熱黄消，急傾入一鐺，少緩即不相入，仍急攪之。良久硫成灰，銀不見，乃下伏龍肝末十兩，鹽末一兩，攪之。别以鹽末鋪鐺底一分，入藥在上，又以鹽末蓋面一分，以瓦盆覆之，鹽土和泥涂縫，炭火煅一伏時，先文後武，開盆刷下，凡一轉。後分舊土爲四分，以一分和霜，入鹽末二兩，如前法飛之訖。又以土一分，鹽末二兩，和飛如前，凡四轉。土盡更用新土，如此七轉，乃成霜用之。此法後人罕知，故附於此云。

又卷九《石部·銀朱〈綱目〉》 釋名：猩紅、紫粉霜。時珍曰：昔人謂水銀出於丹砂，熔化還復爲朱者，即此。名亦由此。

集解：時珍曰：胡演《丹藥秘訣》云：升煉銀朱，用石亭脂二斤，新鍋内熔化，次下水銀一斤，炒作青砂頭，炒不見星。研末罐盛，石版蓋住，鐵綫縛定，鹽泥固濟，大火煅之。待冷取出，貼罐者爲銀朱，貼口者爲丹砂。今人多以黄丹及礬紅雜之，其色黄黯，宜辨之。真者謂之水華朱。每水銀一斤，燒朱一十四兩八分，次朱三兩五錢。

發明：時珍曰：銀朱乃硫黄同汞升煉而成，其性燥烈，亦能爛齦攣筋，其功過與輕粉同也。今厨人往往以之染色供饌，宜去之。

徐壽基《續廣博物志·五行》 馬齒莧即莧陸也，烈中日曝之不能死。《本草》云：其枝節間皆有水銀。《草木樞經》云：以槐木椎之，不使着土則死。復用水銀一兩作母，同入甕内，埋地中四十九日。凡十斤可鈎取水銀八兩。

劉坤一等《〔光緒〕山西通志》卷三六《山川考六》 紅泉山，縣西南三十里。山洞石紅，類硃砂，泉源不絶。【略】五公山，縣東北四十里，相傳有五仙鍊丹於此。

亞倫撰傅蘭雅應祖錫譯《銀礦指南·原序》 西曆一千八百六十九年，余曾撰就一書，專論用水銀分銀礦之法。其法類皆便捷簡要，凡極難分銀之礦，尋常鍊礦家棄置不問者，皆可不用煅法，而能分出所含銀質一百分之九十分。余在摩奴府奔墩地方用此法，亦大獲利，後於該處建立二廠。一廠中備有杵臼五副，一則多至十副云。

余用此法多歷年所，所備機器亦極簡便，如石研盆與合水銀木桶，及分水銀桶。其運動止用一水輪，價值既極便宜，而功力却復不小。凡小本鍊礦之人，分自己所採之礦最能獲利，惟欲代人分礦者，此法尚嫌太畧耳。

杞廬主人《時務通考》卷一三《礦務二·備器·汞》 哈那鍊汞爐　卡司脱拉煞所用哈那之爐，其凝房比别處更靈。其爐之添料膛，高於爐柵二枚二，闊〇枚四，通至三個凝房，每凝房高二枚，闊〇枚七五，通火之路作斜勢，長一枚二，高〇枚一六。其凝房之底爲半球形，以生鐵爲之，内有孔能通至底下之受盆。又有一槽，高〇枚三，長七枚至七枚半，從第三個凝房通至又一凝房，而從第三凝房離其底〇枚四，先向下彎成曲線，後再稍斜，裝水幾分。所通到之凝房闊一枚，高一枚五，有水噴在其上，從此房又有一路，高略〇枚四，稍斜上至直立之煙通，闊爲〇枚一六，其煙通與其路俱有移動之門，可用此路放出所生之炭養氣。此爐能化分最賤之礦，如每百分含汞〇分〇〇二至〇分〇〇四，又泥土内含汞硫之微迹者，亦可在此爐取出。每礦一擔，燒取之費銅錢一個四，其第一第二第三各凝房内，得汞最多，並霧質最好，下有水槽，内聚黑色之煤油，又有油質，與苦至阿蘇脱相似。

以特利阿鍊汞爐　以特利阿之爐，在一千八百六十年西班牙初仿用之，其容積大於接罐爲管之爐一倍半。此爐之汞霧最易在第三個房之牆飛散。以特利阿用二個爐，並八個裝罐爐，每年約化分汞礦一萬三千三百頓。每礦百分，得汞七分半至八分半，一年略得汞一千頓，用鐵瓶存之。其瓶長十五寸，徑約五寸至六寸，每瓶存汞八十七磅。

舊金山鍊汞衝天爐　舊金山比華尼而地方，有衝天爐高二十尺徑四尺，内邊有鐵板爲襯裏。相距六寸之間，裝以木灰。照此法，鐵板可漲縮，汞霧亦不能從縫中散出。用鐵管列成四十度之角，而引其汞霧至水面，則霧之大半因此凝結。所放之霧，行通長路。此路以硬灰爲裏，長三百尺，向上(料)〔斜〕略有二十度之角，靠山邊通至山頂之煙通，所有凝成之汞，常通水在路之頂而洗下，即在下端收之。如此而路内常有汽，能令汞凝成。

巴拉弟内得熖汞舊器　巴拉弟内得舊法，用少含汞之礦，即汞硫散在沙石内者，每百分含汞〇分〇〇五，間〇分〇一，極少者〇分〇〇一六，尚能得利。揀其好塊，從核桃大起至豆大止，其爐謂之臺形爐，用大甑列四行，以生鐵爲之。爐中燒煤，爐下有灰膛，有門可添燒料，爐蓋有空，其孔進風，有應當之方向。爐柵鋪於爐之全長，每爐列甑三十個，間有五十二個者，每甑盛礦五十六磅至七十磅，添以生石灰十五磅至十八磅。鋪滿甑之容積，略三分之二。其口内裝瓦管以收汞，此管裝水滿至半，生火先小，後漸加大至各甑紅熱爲度。待冷而將收器内之汞，傾於木椀内，此椀置於木桶口之板上。傾汞於木椀之時，汞即沈至椀底，水與黑料溢出而流入桶内。其黑料爲汞硫合汞養，此黑料從桶中取出曬乾，再和石灰而熖之，留於甑内之餘質即棄之。

巴拉弟内得熖汞新器　巴拉弟内得之新法，西曆一千八百四十七年，幼而在闌次白合地方所捌。新器熖取汞，有甑三副，每甑之面積一平方尺，長七尺，每弓上擺甑三個，有爐能燒熱此三甑，或木或煤俱可。甑體其口向左，其鐵蓋用横桿與螺絲連牢，以泥和灰封密。後端用斜生鐵管，徑四寸，與其相連。有孔以螺塞之，可用鐵條通進此孔，以驗其通塞，又可取出管内所結之質。有鐘形器，其管徑十八寸，長略二十尺，通過凝管之上面，而至管中之水面爲止，有萍門，則無忽漲或凝之險。其凝管置於長方槽，或以木，或以石爲之，以水通過足令其涼，而汞霧多凝，稍斜令其結成之汞自行流下，過立管而通至受汞之箱，此箱以鐵爲之而封鎖以防偷竊。此立管初容氣之時，其端必浸在盛汞之盃内，又有刻分度浮表桿，常浮於汞面，指明箱内汞之多少。

又卷一三《礦務四》　特里阿、與阿勒馬頓、與舊金山、與里巴共四處有大而乾之凝房，外加以水令冷。又卡司脱辣噴水入房内。又比華尼而礦在新金山，則成一種槽，有水流過槽内。此各法皆比外管更好，因房外之牆能收若干汞停在其内。故近來以特里阿地方用生鐵管，有水周圍流動，而連於凝房與煙通，但此各生鐵管，遇硫養氣則速壞，所以止拉辣大地方，換用木管，價廉而能耐久，可用小門取出汞霧之質，比鐵者更便，所得之質，不雜鐵銹，所成者比別法更少，所以取之與後來化分之，工人受害更少。【略】

亨軋里成堆煆汞法。亨軋里國有四五處，將礦作堆而煆之，大略欲得其銅，而取汞爲餘事。礦堆長四十二尺，寬二十尺，高四尺半，離地六寸至八寸有通火之路，高六寸，寬十四寸。此堆之底，用礦之小塊鋪在地面，再將已煆過之汞礦鋪在其上，再加木與煤一層，當中用木作三角形之架，每架相距十二尺。再將前一次成堆之外面礦一層，鋪在木架上，高三寸至五寸。此礦不畏火，再將已燒過之礦屑，圍住其牆成一條，寬二尺高六寸，此欲令其風力不至甚大。當中用含汞少之新礦，高約六十，再添中等與上等礦，高於牆約四寸，在堆之當中必稍低。【略】

鍊汞工費。礦每百分含汞略三分一一，所得之汞不過一分九〇。以特利阿得汞一擔，計一切工料，略爲金錢六圓。即礦價金錢四圓，燒取之費，金錢一圓，銀錢十二。裝鐵瓶等費，銀錢八。其售價，每擔金錢十七，銀錢十六。【略】

妥司軋尼鍊汞礦。妥司軋尼有數處千層端石之中産汞礦，在里巴地方，初用幼而之爐，近來換用可須尼衝天爐再改用哈那之爐。因此爐減省燒料。而能化分含汞甚少之礦。因此爐不必將礦敲成相配之形式。每日能燒礦略四噸，所燒之礦爲初挖出之形，不必加工。燒此礦一噸，費煤三百二十磅。每礦一噸，得汞五磅至六磅。【略】

闌司白合錬汞礦。哇白莫司相近處之闌司白合，每六小時燒爐三次，每一次裝礦五擔，和以鈣養一擔至二擔。每一次略歷六小時，共燒煤十五擔，得汞半擔，故取汞五噸，需用礦六十噸，煤一百五十噸。但北次白合地方，取汞五噸，需用礦四百噸，煤一百噸。

又卷二四《化學一三》 汞之根源。汞有自然獨成者，爲流質，但常見者爲汞硫礦，其色黟紅。净者爲硃砂，研細而色朱。吕宋國、奧地利國、舊金山、墨西哥國、秘魯國、中國、日本國，産此最多。取法：將礦升煉而得汞不純，試將少許置玻璃上滚動，必有微跡，純者則否。其常雜者爲鉛。提法：置於淺器内成一薄層，另將硝强水一體積，水二體積相和，傾其面攪之一二日，其鉛爲硝强水所消化，汞亦微有消化者，洗净用生紙收乾。若雜别物，可用紙絞去如常法，其紙用針多刺極小之孔。汞在鑛或獨禀成，惟合磺者多。即磺汞。硃砂類也，産於吕宋、秘魯、墨西哥、奧地利亞、舊金山、日本，由鑛取出者，多磺汞養汞。再加甑煉，乃成水銀。色白如銀返光，體重，尋常之熱，則爲流質，冷至寒暑表下三十九分，則凝結如鉛，可製成薄，熱至三百五十分，則沸而化氣，然熱在寒暑表四十分以上，亦已漸化爲氣，第人所難覺耳。此原質極净者，遇天氣及水濕，均不發綉，而極返光，受熱至將沸，則牽吸養氣而漸化爲汞養，色紅凝珠之散也。華名三仙丹。以此散煅至將紅，則仍分爲汞與養。創查得養氣之質，自拉佛氏，拉氏乃托始於養汞而知。此質硝强酸能化，鹽强及淡磺强均不能也。汞爲金類内之流質，寒暑表用以量冷熱，風雨表用以量天氣輕重。汞在空氣内，不與養氣合，惟燒熱則成爲汞養，再行加熱，則汞養粉亦可燒去養氣，而仍復爲水銀也。水銀亦如水然，可以沸滚成汽，用管汞其汽，而沈於冷水，亦可還原爲汞。汞合質其與他金類相似，製之可成良藥。汞有自然獨成者，爲流質，色白亮，質甚密，可作玻璃鏡背，及寒暑表，風雨表等用，亦可爲藥品。其雜質有汞養即三仙丹，色紅，可用以取養氣。汞二緑即輕粉，色白質重，而無味。汞緑味辣，性甚毒。又有汞硫，地産者多，純者名硃砂，爲紅色之石，製錬而成者爲最佳之顔料，即銀朱也。

汞之形性。汞爲亮白之金，質甚密，不冷不熱爲流質，冷至下三十九度，則成輭韌之定質，可打爲箔。熱至六百六十度，則沸而化氣。若在四十度以上，亦自能化散，但極微而不覺。汞之净者，不甚熱時，不受空氣與水氣之侵蝕。加熱至將沸，漸與養氣化合，成深紅色之粉，即是汞養。再熱至將紅，則又放出養氣，而還爲汞，化學家因試此物，始知有養氣也。又因此物，而知空氣爲數質所成也。汞入硝强水内，極易消化，鹽强水或淡硫强水俱不能消化。若將以脱，或松香油、或硫、或糖、或白石粉、或猪油，研而合之，使其分粒極細，而與所合之物相間甚匀，火其金類之色，即可服食。因分粒之細，能入血而周流徧身，得解毒去炎之功力，故有與膠質同搗爲汞丸者，有與猪油同搗爲汞膏者。

驗汞。含汞之質，如汞緑與燥鈉養炭養調匀，置於小試筒加熱，其筒口稍向下，則筒之冷處能結一層極細之汞粒。用小玻璃箸掉撥，粒能稍大。未加熱時，先將筒之内面，用紙揩净。【略】

論水銀之用。水銀之用甚多，工藝中爲無要。格致之器，如風雨表、寒暑表皆所必需。取金礦、銀礦之金銀，亦必用之。又爲鑛金之料，又爲藥品，又玻璃鏡背乃錫四分，汞一分相合也。用錫箔鋪於平板，加汞一層於其上，宜極匀，次將玻璃片切錫箔之一邊，緩緩移上，概去錫面之滓，移至蓋滿，即將重物壓之，二三日後，汞與錫相合或一質，而極光亮。汞喜與銅相合，但變甚脆。如含汞之雜質消化於水，用畫於銅板，即可折斷，有如刀切。汞遇錫或鋅或鉛，即緣附之。如用鉛條作虹吸形，可引汞至别器。汞能含金、銀、鉛、錫等金極多，尚爲流質，惟與鐵之愛力甚小，故可收藏於鐵器。欲試水内有汞與否，將水滴於金板，用鋅一條，或刀尖點於水中而遇金面，如有汞質，必發電氣，遇處變爲白色，金爲侵蝕也。

錫冶煉部

題解

王念孫《廣雅疏證》卷八上《釋器》 赤銅謂之錫。《大雅·韓奕篇》：鉤膺鏤錫。毛傳云：鏤錫，有金鏤其錫也。鄭箋云：眉上曰錫，刻金飾之。今當盧也。案：人眉上謂之揚，故刻金爲飾，當馬眉之上，謂之鏤錫。據傳云，有金鏤其錫，則錫非金名矣。此訓錫爲赤銅，與毛鄭異義，或本於三家與。錫，各本譌作鍚，惟影宋本、皇甫本不譌。

張卿雲等《類腋》卷一四《物部·錫鉛汞附見》 白鑞。《爾雅》：錫謂之鈏。注：白鑞疏：錫金，白鑞也，一名鈏。赤錫。《山海經》：龍山上多寓木，其上多碧，其下多赤錫。注：赤錫疑即鉛丹、炒錫之屬。連錫《史貨殖傳》：長沙山連錫徐廣曰：更音蓮鉛之未鍊者。黄澒。《淮南子》：正土之氣御乎埃天，埃天生缺，缺生黄埃，黄埃生黄鴻。偏土之氣御乎清天，清天生青曾，青曾生青澒。壯土之氣御乎赤天，赤天生赤丹，赤丹生赤澒。弱土之氣御乎白天，白天生白礜，白礜生白澒。壯土之氣御乎玄天，玄天生玄砥，玄砥生玄澒。注：澒同汞，水銀也。青錫。《洞冥記》：昆明池中有靈波殿，帝常得丹豹之髓、白鳳之骨，磨青錫爲屑，以蘇油和之，照於神壇，夜暴雨，光不滅。紅鉛紫汞皮日休《茶筍詰》：寒恐結紅鉛，煖疑銷紫汞。葛長庚詩：分明翠竹黄花意，何必紅鉛黑汞篇。金汞。袁桷詩：丹熟抽金汞，窗明煉玉砂。花錫。《格古要論》：蕃錫出雲南，最軟，宜廂椀琖。花錫亦出雲南，大花者高，小花者次之，衡州錫亦高。含五色。《寶藏論》：波斯鉛堅白，爲第一，草節鉛出撻爲，銀之精也。銜銀鉛，銀坑中之鉛内含五色，上饒、樂平鉛次之。

論説

方以智《物理小識》卷七《金石類》 錫。臨賀産錫，方書呼錫爲賀南丹。河、池二州最盛，衡、永次，滇錫則遠不致也。山錫、水錫又分瓜砂、南丹、河内、黑色、粉粹，淘取煎煉，日可一斤。其爐沙不即熔，用鉛少許勾引，或用剩灰勾引其流出，潔白而錘之即裂，必入鉛制，方充造器。其入鉛太多則熔化，入醋淬八九度，鉛書化灰而去。嘉興黄錫最精，必以青布濾，費事矣。

綜述

《宋史》卷一八五《食貨志七》 湖南、廣東、江西錫冶一百一十八，廢者四十四，舊額歲七十六萬一千二百斤有奇，乾道歲入二萬四百五十斤有奇。

柯維騏《宋史新編》卷二三志九《地理下》 〔淮南西路〕南安軍，同下州。縣三：南康。望。有瑞陽錫務，崇寧省。【略】〔利州路〕興元府，次府，梁州漢中郡，山南西道節度。縣四：南鄭、次赤。城固、褒城、次畿。西。次畿。有錫冶務。

徐弘祖《徐霞客遊記·楚遊日記》 〔丁丑，四月十三日〕平明過舟，行六十五里，過上堡市，有山在江之南嶺上，多翻砂轉石，是爲出錫之所。山下有市，煎鍊成塊。

徐弘祖《徐霞客遊記·粤西遊日記四》 〔戊寅，三月二十日〕於是溯溪南土山北麓行西向升陟共十里，有茅數楹，在南山之半曰灰羅廠，皆出錫之所也。

顧炎武《肇域志》卷三二《湖廣二·耒陽》 上堡市在縣南四十里，産錫。四方之賈群萃其中，操其奇贏，役使大衆，開坑三十餘場。坑夫數十萬，彼皆亡命無賴之夫，作姦犯科，結爲死黨，或聚慝招亡，或探丸胠篋，有司莫敢誰何？萬一叵測，此殆其亂階乎？譏者或欲設巡司以蒞之，亦一策也。

《清朝續文獻通考》卷三九〇《實業考一三》 錫之産量　我國今日錫産最多，惟湖南、廣東、廣西、雲南四省。四省中尤以雲南之箇舊爲最，常年在七千至八千噸之間，價值一千萬元以上。以採鍊方法之簡陋，猶能産此大宗，其地下藴藏之富可知。廣西之富川、賀縣，湖南之江華等處錫礦，不能充分發展，其故以此。目前用新法鍊錫，僅雲南箇舊錫務公司，終以規模小，每年所産，尚不及該地其他用土法鍊錫各廠之多。湖南等三省錫之産量，以無報告確數，尚未能舉。

湖南安源錫礦　又名銀子敖錫礦，在宜章縣西北六十里。礦見歸裕成公司，用土法開採，每年約出錫二三十噸。

湖南香花嶺錫礦　在臨武縣北五十里。礦在明已採，廢穴猶存。見時開採者，除鎮湘百鍊等公司外，餘皆隨意私開，時作時輟。且採用土法，故事倍而功半也。

湖南上伍堡錫礦　在江華縣之極南，與廣西賀縣相近，礦地縱横約十五里，面積頗廣。礦發見甚久，宋時置黄富鐵山場。光緒間有發達公司首先經營，利民、阜康、富湘諸公司繼之。設錫税局於江華縣城。當時增寶和、永和、中興、富强、裕華、同德、湘隆等七家，惟發達在農工商部立案，見已解散，餘尚仍舊，均無資本，全賴粵商援助。鍊成錫塊，由常住之廣東永發、同興兩公司收買，運至廣州。價值純錫含錫百分之九八至九九。每噸約售銀二千元。

雲南箇舊錫礦　位於雲南之南端，爲産錫最富區域。礦區南北長六十里，東西廣三十五里，爲南北間之山脈。重要露頭有二：一在蒙自赴箇舊大路所經之沖門口，面積較大，是爲錫礦極北之限。二在卡房附近之金釵坡，産錫最盛，皆在箇舊縣治之東北。縣治西九十里之賈石龍地方，亦有錫礦。箇舊錫礦可分四區：一、老廠，二、新廠，三、鼓山廠，四、西廠。老廠包括黄茅山、灣子廠、麥雨沖、期白山、小城門、硐耗子廠、花札口銅硐廠、坪子長沖、蜂子硐、曬魚壩、銀硐、大沖、天生堂、松子坪、白石岩、沖菜園、新山、上竹林山、下竹林山、啞巴塘、仙人硐、濫泥灣、葛頭地、老銀廠、上濛子、下濛子、後山及大溝之錫礦。新廠包括馬拉格、葉期硐、荷葉壩、瓦房沖、破山槽及黄泥硐之錫礦。鼓山廠包括鼓山、松樹脚及半坡之錫礦。西廠包括牛屎坡、禄豐寨，及陡岩之錫礦。箇舊每年所産占全國總額百分之八十，惟開採用土法，未免缺憾。以新法冶錫者，惟錫務公司。光緒三十四年，開辦資本由銀一百七十六萬九千元，增至二百六十九萬九千五百元，旋因經濟困難，向富滇銀行借五十萬元，又向本省實業廳借二十萬元。馬拉格爲箇舊産錫最富區，公司重要礦亦即爲此。此外，在白沙坡、新山、葉期硐等處，尚有向土人賃有錫礦數處。公司於原料不能完全自給，故以高價在箇舊市場購買礦石，以濟缺乏。最多産錫一千三百噸，爲本公司鍊成者僅五百噸。公司在箇舊有鍊礦、冶錫二廠。

盛宣懷《愚齋存稿》卷七七《電報五四・李仲帥來電（宣統三年）四月二十二日》　再，箇舊錫礦如大辦六七年，至少可出二萬，少錫至極可四萬張，現出四千張，得款千二百萬，鍊場准七月開工。若有七八百萬資本三次交出，將永利新興鍊廠次第辦好，必爲環球第二錫廠。如以錫廠作押，外國肯借五千萬，其有把握可知。次者鋼鑛，個蒙上年正在經營，年餘望成，惟一切苦無實本，全係挪拉，豈能成事。個廠萬撇不開土人，每紳數百人，砂丁十餘萬最易作亂，全由紳辦官辦均不行，官辦得利准商附股守公律乃可。羲居此絶地，又爲督任所捆，手無一錢不能救邊。去年電度支言個事渺若秋風，今因監理討好來文查帳，不知官商合辦非股捐即挪款，度支與我何錢，令人憤恨。實業不助，預算不管，死我窮荒，棄此寶藏，天下寧有公理。當此世界，義拚斬首充軍，決不做官。已電呈總理不日辭缺，不准即交印藩司，入京就獄。人不畏死，説得到即做得到。如朝廷不誅而用之，解去總督，籌出經費，令辦礦務，尚可商量，餘不必談。

宋詡《宋氏家規部》卷四《金類・錫》　《墨娥小録》云：「用鉛一斤，入石膏末一錢半，攪，清亮，又入輕粉一錢半，傾於地上，成白鑞也。」

響錫、花錫、嵌銅、光素。

宋應星《天工開物》卷下《五金・錫》　凡錫，中國偏出西南郡邑，東北寡生。古書名錫爲賀者，以臨賀郡産錫最盛，而得名也。今衣被天下者，獨廣西南丹、河池二州居其十八，衡永則次之。大理、楚雄即産錫甚盛，道遠難致也。凡錫有山錫、水錫兩種。山錫中又有錫瓜、錫砂兩種。錫瓜塊大如小瓠，錫砂如豆粒，皆穴土不甚深而得之。間或土中生脈充牣，致山土自頽，恣人拾取者。水錫衡永出溪中，廣西則出南丹州河内。其質黑色，粉碎如重羅麪。南丹河出者，居民旬前從南淘至北，旬後又從北淘至南。愈經淘取，其砂日長，百年不竭。但一日功勞，淘取煎鍊不過一斤，會計爐炭資本，所獲不多也。南丹山錫出山之陰，其方無水淘洗，則接連百竹爲梘，從山陽梘水淘洗土滓，然後入爐。凡煉煎亦用烘爐，入砂數百斤，叢架、木炭亦數百斤，鼓鞴鎔化，火力已到，砂不即鎔，用鉛少許勾引，方始沛然流注。或有用人家炒錫剩灰勾引者。其爐底炭末瓷灰，鋪作平池，傍安鐵管小槽道，鎔時流出爐外低池，其質初出潔白，然過剛，承錘即拆裂，入鉛制柔，方充造器用。售者雜鉛太多，欲取净則鎔化，入醋淬八九度，鉛盡化灰而去。出錫唯此道。《方書》云馬齒莧取草錫者，妄言也。謂砒爲錫苗者，亦妄言也。

方以智《物理小識》卷七《金石類·錫》 堅錫法：鎔錫作片，以石灰層層壓之，可使堅如銀。

洗錫上垢法：凡錫器黑垢，用燖雞鵞湯洗之，垢即去。

錫能分銀中銅：銀中雜銅者，鎔時投以錫，則銅如在水上，作冰片取出。傾銀者吹藥，時以錫入銀礶，則銀隨錫飛入火爐中。

分錫汞法：錫入汞，則火燒藥煮，皆不能去，以薄綿紙壓之，則汞出，而錫在紙中。《中通》曰：鐵木上帖錫，先漆而灑錫屑，以汞袋摩之，即光。

銀錫：鉛一斤，入石青末一錢半，攪清亮，又入輕粉一錢半，傾平地上，便成白鑞。此《漢書》所謂銀錫也。

錫：臨賀産錫，《方書》呼錫爲賀南丹，河池二州最盛，衡永次，滇錫則遠不致矣。山錫、水錫又分瓜、砂。南丹河内黑色粉粹淘取煎煉，日可一斤。其爐沙不即鎔，用鉛少許勾引，或以剩灰勾引，其流出潔白，而錘之即裂，必入鉛制，方充造器。其入鉛太多則鎔化，入醋淬八九度，鉛盡化而去。嘉興黄錫最精，必以青布濾，費事矣。

俞樾《茶香室續鈔·鍊錫必用芋艿》 國朝吴震方《嶺南雜記》云：「錫出惠州者謂之上點銅，錫鑛入鑪必用芋艿鍊之，方鎔成汁，無芋則不成也。

《（嘉泰）會稽志》卷九《會稽縣》 稱山在縣東北六十里，《舊經》云越王稱炭鑄劍於此，《越絶》云句踐時采錫，於山爲炭，稱炭聚載。從炭瀆至鍊塘，各因事名之，俗呼稱心山。

慎懋官《華夷花木鳥獸珍玩考》卷八《砒霜》 《圖經》曰：砒霜舊不著所出郡縣。今近銅山處亦有之。惟信州者佳，其塊甚有大者，色如鵝子黄，明徹不雜。此類本處自是難得之物，每一兩大塊真者，人競珍之，市之不啻金價。古服食方中，亦或用之，必得此類，乃可入藥，其市肆所蓄，片如細屑，亦夾土石，入藥服之，爲害不淺。誤中解之，用冷水研菉荳漿飲之，乃無也。

傳記

吴師道《禮部集》卷一三《金溪孝女廟記》 撫州金溪二孝女者，葛氏之女也。父祐，唐寶曆時官，以其地産錫，作冶場，祐家頗有貲，迫使涖其事。鑿山烹土石無得，傾貲以充且不足，日繫縶榜笞之。祐無子，二女痛不能救，俱自投冶中死。監吏黄慷聞於州，州刺史奏於朝，遂爲龍冶，鄉人即於通禪寺祠之。國朝大德四年，縣丞吴瑾始別爲廟於石鐘山下。延祐五年，縣尹李有復新作祠，記與於前矣。先是，至元中，府尹張國紀賦銀屬縣，總管趙侯友繼之，獨引孝女事免金溪，且親至其地詢察，議者口塞。於是縣人始知孝女之爲賜，而長史之知政者表章之，惟恐後也。鄉之士危素猶惜其事之未白於世，請其友番陽李存記之，又求奎章閣學士虞公集贊之，名卿顯人又詩歌之，由是孝女之名，不獨撫之人聞之矣。素在京師會縣丞尹大鵬將之官，告之，故亟至，即展敬祠下，顧楝宇傾敝弗葺，愓然有懷，召父老謀之。雅州名山劉子芳者，願以私財自營，不煩而集。實至正元年三月也。明年，丞以書言之素，素以告予，謂不可以無識也。予惟先王任土作貢，不强所無，深溪長谷，光怪竊發，奇貨横陳，孰得而揜之？自夫覬利小人鑿空造禍，往往而然。金溪之金豈昔有而今無哉？意者地之名實累之爾。往至大中鑄錢，吾州金華又有鄉名銅山者，有司以爲言幸而事罷，亦此類也。孝女之死可哀已。或稱投身化銀，又謂死後金不復産，是皆欲見其異而未究其實者。嗚呼！死其身以生其親，又能逆去數百年之害，使世之孝者有所勸，而貪利奸欺者有所懲，其功大矣！丞留意廟事，嗣於前人，不問可知其賢。而危君之攄發幽潛，捍衛鄉井，是亦仁人君子之用心者，得不樂爲之稱道哉？然典祀既崇，封錫未加，危君方與朝之顯者游，繼今得之，當又有紀矣。至正二年十二月日記。

《〔道光〕廣東通志》卷二八三《列傳一六・明》 劉如性，字淡然，番禺人，由南海學，萬曆己酉舉於鄉，七赴春官不第，授英德縣教諭，擢廣西賀縣知縣。賀多山寇，下車即親履賊砦撫諭，賊感悦，皆爲良民。所屬多金銀鉛錫礦，上官每藉之爲利。一日，郡守檄取錫二百觔，吏白此往例也。每錫百觔折銀百兩，皆派於礦户，如性曰：吾官可罷，吾民可重苦耶？遂以白金市錫如數以獻，果被劾。

《清德宗景皇帝實録》卷三七〇 〔光緒二十一年，乙未，六月〕甲戌，諭軍機大臣等：「都察院代奏，雲南京官、編修陳榮昌等呈稱，近聞與法國换約有割普洱、蒙自邊地，及允其開辦錫廠，又必圖利於茶山等語。著總理各國事務衙門查明具奏。」尋奏：「普洱、蒙自邊地當係指猛烏烏得土司之地而言，當日議定界約，業經陳明在案，至此次約内，並無允開錫礦之條，係屬傳聞之誤。」報聞。

又卷四四五 〔光緒二十五年，己亥，五月〕乙丑，諭軍機大臣等：「本日據崧蕃馳奏，法員查勘雲南鐵路，急欲興修，謹陳窒礙情形，請飭總理衙門，詳告法使暫緩興修一摺。又據電奏，蒙自錫廠廠丁嘯聚萬人，與勘路法員爲難等語。著總理各國事務衙門王大臣切實照會法使，妥籌辦理。」

又卷六七 〔雍正六年，戊申，三月〕己卯，兵部議覆：「兩廣總督孔毓珣疏言，廣西太平府之思陵西南半壁與安南之禄州密邇，請撥左江鎮標内把總一員帶兵五十名駐防思陵州，歸新泰營參將管轄。至南丹土州，向有錫礦，請將來賓把總一員、兵八十名再撥河池，營兵二十名，一同移駐錫廠地方，聽河池參將管轄。【略】」從之。

《〔光緒〕湘南通志》卷五八《食貨志四・礦廠・錫礦》 〔乾隆〕十六年議准：湖南錫廠歸官辦理，遴委佐貳官一員專司其事。并令該州州同會辦，仍責令知府稽查督察。其砂夫二十名，設頭人一名。砂夫給與腰牌，無腰牌者，不許入山，【略】其要隘之處設立卡丁二名。稽查其應建廠房卡蓬所需工料銀兩，於税錫内變價應用。至書役、卡丁飯食、紙張等項銀兩，在所抽撤散項下，照數支給。其委員月給銀十六兩。家丁一名、跟役三名、書辦一名、水火夫一名，每名月給銀一兩五錢。

〔乾隆〕十八年，覆准郴州東衝柿竹園出産錫砂，於十七年奉文開采。其廠務責用判專管，仍由委員稽查。該州判協辦一切礦務，月給薪水銀十六兩。除州判薪水銀在銀廠撤課内動支外，餘均在砂税内支給。

雜録

《清德宗景皇帝實録》卷五四八 〔光緒三十一年，乙巳，八月，辛丑朔〕雲貴總督丁振鐸奏：「滇省箇舊錫廠爲滇民生計所在，實出口土貨大宗，現在官商糾集股本，設立公司專辦，先發公款爲之提倡，以保自有之利。」下部知之。

王闓運《尚書箋》卷三《虞夏書三・禹貢第三》 錫貢。鄭曰：此州有錫，則貢之。或時乏，則不貢。錫，所以柔金也。箋曰：錫，今鉛也，鑄金則用之，爲五金母。有金必有錫，非時乏也，退在後者，不充庭實。

何秋濤《一鐙精舍甲部稿》卷三《禹貢鄭氏略例》 揚州錫貢，注：此州有錫則貢之，或時乏則不貢。錫，所以柔金也。江曰：此既是貢而不於厥篚之上言之，退之在下，别出貢文，故知非常貢也。王肅以錫貢屬上讀，謂橘柚錫命而後貢。案：《説文》本部引「厥包橘柚」，則錫貢自是别爲一句。又《周禮・職方氏》「揚州其利金錫」，則揚實産錫，不應不貢。鄭義精確，肅説非也。

《新唐書》卷四三上《地理志七・上》 〔嶺南道〕福禄州唐林郡，下。本福禄郡，總章二年，智州刺史謝法成招慰生獠昆明、北樓等七千餘落，以故唐林州地置。大足元年更名安武州，至德二載更郡曰唐林，乾元元年復州故名。土貢：白鑞、紫鉚。

《清高宗純皇帝實録》卷一二五 〔乾隆五年，庚申，八月，丁卯〕又議覆：「署廣東巡撫王謩奏，粵東每年額解户工二部廣錫十五萬觔，現在市價昂貴，照部定價值不能採買。查惠州等府屬原有錫山，請令辦銅各商自備工本，酌開三四處，得錫一百觔，照例二八抽收，以二十觔交官起解，以八十觔歸商作本。每年所抽之數，除額解十五萬觔外，如有盈餘，儘數解部存貯；如不足額，照例動項採買餘錫湊解。」應如所請。從之。

吳其濬《滇南礦廠圖略》卷二《金錫鉛鐵廠第三》 錫廠一。個舊廠在蒙自猛梭寨，蒙自縣知縣理之。康熙四十六年開，每錫百觔抽課十觔，每百觔例價銀四兩三分六釐一毫，額錫價銀四千兩，布政司發給商票。每課錫九十觔爲一塊，二十四塊爲一合，每合納課銀四兩五錢，税銀三兩五錢七分八釐，額課税銀三千一百八十六兩。

俞正燮《癸巳類稿》卷二《錫貢解》 《禹貢》：「錫貢惟揚、豫二州。」鄭謂「錫貢」者，有錫則貢之，或時乏則不貢。錫所以柔金也。其荆州納錫，則《史記》入賜，入賜當如《召誥》之入錫，蓋揚州橘柚，豫州磬錯，荆州大龜，惟諸侯入見貢之爲大饗庭實也，以非常貢，故別複言貢。鄭言貢錫，則豫州不聞産錫，不當同文異義。王肅及枚、孔謂錫命始貢磬錯、大龜，既非歲收之物，錫命責辦尤不能猝供。宋人則云，橘柚必命貢者，供祭祀燕賓客，則詔之口腹之欲，則難於出令，言似正而實不可通，何者？祭祀賓客，歲歲常經，因此錫命責貢，仍是歲歲常貢，又何必多一錫也？

《清朝續文獻通考》卷四三《征榷考一五・坑冶》 十七年，雲南蒙自縣箇舊錫廠每年額課銀三千一百八十六兩。廣西省賀縣擦米冰錫礦，竹龍一條每月抽税錫八斤。水溝一條，月抽税錫五斤。湖口每月抽税，錫三斤。

《〔光緒〕湖南通志》卷五八《食貨志四・礦廠・錫礦》 〔乾隆十六年〕淘獲之砂聽各鑪户收買設鑪煎錬所獲錫斤交貯官廠委員。抽分税課除照例抽收外，一體抽收砂税以歸畫一，仍將錬獲錫斤儘數收買，彙同所抽正税撒散一并解交省局，以備應用。

〔乾隆〕五十年册報：郴州東衡、柿竹園、中興、野雞窩等處錫礦係本州判管理，每年約出錫十萬七八千斤。桂陽州萬景窩、右眼里錫礦係知州管理，每年約出錫八千餘斤。宜章縣旱窩嶺、貓兒坑、羊牯泡等處錫礦係知縣管理，每年約出錫四萬八九千斤。約計一年鑪獲錫十六萬四五千斤，共該抽税錫三萬三千餘斤。因成色不齊，折作上錫，共得税錫二萬三千餘斤，全數解局供鑄。又抽撒散錫約共四千六百餘斤，變價支銷工食廠費。餘錫約十二三萬斤，聽客販售賣歸本。

郴州東衡、柿竹園等處自乾隆十六年開采，每年約出上、中、下錫四千餘斤，折抽正税上錫五百餘斤。桂陽州東邊壠自乾隆十六年開采，每年約出中下錫八百餘斤，折抽正税上錫九十餘斤。宜章縣屬旱窩嶺、貓兒坑、羊牯泡等處自乾隆四十年開采，每年約出上中下錫五千八百餘斤，折抽正税上錫七百餘斤。税錫向解寶南局供鑄。

洪亮吉《乾隆府廳州縣圖志》卷一二《山西布政使司沁州》 土貢：錫、布、龍須席、花氈、羊羢、藥。

又卷二〇《陝州》 土貢：紬絁、麰麥、梨、藥、瓦研、瓷、錫。

又卷三二《衡州府》 土貢：錫、葛、綿紙、蠟、山礬、地榆、萬年松、長髮草。

《清高宗純皇帝實録》卷一三八一 〔乾隆五十六年，辛亥，六月，壬戌〕封閉湖南宜章縣羊牯、泡沙盡錫廠，從巡撫馮光熊請也。

《清朝續文獻通考》卷四三《征榷考一五・坑冶》 又題准湖南羊牯泡錫廠准其封閉。

《清高宗純皇帝實録》卷六七七 〔乾隆二十七年，壬午，十二月，戊午〕湖北巡撫署湖南巡撫宋邦綏奏：「郴州、桂陽二處抽收各税錫積至十萬四千餘觔，本省鼓鑄正卯二十鑪，歲僅用錫一萬五千餘觔，郴、桂二廠每年可收二萬觔，儘足敷用。查湖北錢局鼓鑄正加二卯歲需錫三萬餘觔，現委員赴漢鎮採買，遇商販不前，價多昂貴，應將南省現存錫酌留一萬四千觔，其餘九萬觔協撥北省，祇須歸還錫廠運脚，較之採買可節省銀一萬五千餘兩。」得旨：「如所議行。」

又卷一二三四 〔乾隆五十年，乙巳，秋七月，壬戌〕諭：「據舒常奏，江西省護送錫船出境，向係送至安徽東流縣而止，今廣東委員戴夢華運錫船隻經過東流，揚帆順流而下，直至安徽懷寧縣，始行交替。江西營縣均未失於護送，所有違例越站，咎在委員，請將巡檢戴夢華咨部覈議等語。錫船過境，如果有違例夾帶情弊，恐該地方官查出擅行越站前進，自應查明參奏，若並無情弊，則揚帆順流而下，正可多趲程途，以期迅速解到。遲固當議處，速亦致議處，則爲解員者實亦難矣。茲戴夢華，若因越站致幹部議，將來委員人等勢必畏懼處分，遇有順風亦卸帆停泊，等候交替，轉致躭延時日，是向例本未允協。嗣後，凡遇鉛錫等船過境，該督撫仍飭屬照例護送，如有因風順不及停泊，越站前進，查無夾帶情弊者，止須將未經按站護送緣由據實聲明報部，毋庸咨取委員職名附參。所有廣東委員戴夢華即著免其議處。」

《清高宗純皇帝實録》卷一〇三四 〔乾隆四十二年，丁酉，六月〕乙已，諭軍機大臣等：「據國泰奏，粵省委解黚錫委員肇慶府通判李廷諒在德州病故，現已委員同該故員親丁僕從接收轉解。一面飛咨廣東省，令其續派妥員兼程前進。其接解之員解送到日貯庫，俟續派之員到日交納等語。解員中途病故，其距京較遠之省，自應仍由原解省分另行派員接解，若距京既近，則本省雖另派員，亦艱於趕赴，自當由經過之省派員代解，方無遲誤。今該員病故在山東德州，距京不過十餘日，該督撫既已遴員接護解送，自應即令赴京交納，何必復令粵省派員，致羈時日。因交户部詳查舊例，所辦本未畫一，已飭令分别途限，另定章程妥辦外，著傳諭國泰，檄山東委員協同該故員之子，將所解黚錫即行押運到京，赴部交納。並令該委員沿途小心管押，毋使家人船户乘隙滋弊。其粵東省毋庸續派委員，徒勞往返。將此由五百里傳諭李質穎，並諭國泰知之。」

《清會典事例》卷八九二《工部・鼓鑄》 〔乾隆〕十年題准，廣東省採買洋錫，應解寶源局七萬五百七十一斤，每百斤給銀十三兩五錢，買運供鑄。【略】四十年議准，廣東省額解高錫，通盤計算存儲無多。令廣東以四十一年爲始，於舊額歲解寶源局七萬五百七十一斤外，每年添辦高錫九千四百二十九斤。【略】

《清宣宗成皇帝實録》卷一三 〔道光元年，辛巳，二月，壬辰〕諭内閣：「御史郭泰成奏山西採辦錫斤，官民滋累，懇請調劑一摺。此事上年曾經成格奏請，將山西額解錫斤改派産錫聚錫省分辦解，降旨交議，經管理三庫大臣以辦解已久，未便更張議駁。茲又據該御史奏稱，晉省委員赴楚購運賠累甚鉅，通省津貼官民交受其累等語。山西既非産錫之地，又非聚錫之區，本係實在情形，著交管理三庫大臣再行酌籌，應如何調劑，務歸平允，覈實妥議具奏。」尋議：「請將山西額解高錫一萬五千斤，改派福建添辦五千斤，湖北辦解一萬斤，自道光二年爲始，山西免其辦解。」從之。

《礦務檔・雲南礦務・抄送請借川省鹽釐銀兩辦理蒙自錫廠片稿》 〔光緒十二年〕九月初九日，雲南巡撫張凱嵩文稱：竊照本部院於光緒十二年七月二十七日，會同雲貴總督部堂岑，由驛附奏，請寬借川省鹽釐銀兩，辦理蒙自錫廠一片，所有片稿除分咨外，相應抄録咨送。爲此合咨貴衙門，請煩查照施行。

《礦務檔・雲南礦務・籌議運銷滇錫情形》 〔光緒十二年〕十月二十日，軍機處交出雲貴總督岑毓英等鈔摺稱：爲籌議滇錫，分别川歸局運，粵聽商銷，並公禁錫走蠻耗情形，恭摺仰祈聖鑒事：竊滇省招商辦廠，先就已到之股，採運邊界個舊廠錫斤，曾經奏奉諭旨，酌減沿途税釐，歆動商情，頗著成效。詎自通商約定，竟有販運洋貨，誘商私售等弊。雖已嚴行查禁，而轉瞬勘界事畢，防不勝防。經該局委員知府全楙績，傳集闔廠爐户人等會議，僉稱該廠礌尖爐房，爲建水石屏蒙自三屬百姓世守之業，向來廠規嚴謹，錫運川廣行銷，自前年提歸招商局總辦，一切俱仍舊章，爐商稱便。近今蠻耗忽議通商，查蠻耗距個舊廠地，程僅兩站，接邊紅河，爲出洋水道。此處一經通運，則利歸外人，内地商民，必將歇業。且與向運之剥隘百色，水陸勞逸，不啻天淵。靠廠食力之窮民馱脚，不下千萬，無從覓食，現在衆情惶惑，恐生事端，爰是集議，情願公禁錫走蠻耗，出具甘結。並復出該局員督同定議，嗣後該廠大錫買賣，仍概由招商局稽查，不准外來商人入廠販錫。除自爐自商者，仍令完納課釐，由剥隘百色自行運粵銷售。至四川一路，道遠費繁，商力未逮，即由招商局總運。如此錫歸内地運行，川歸總而粵分銷，庶可順輿情而杜隱患等情，取結詳由前藩司龐際雲核明，請奏前來。臣查蒙自錫廠，逼近越南紅河，現當界務未定之時，必當先固礦源，暢其銷路，茲據詳議，意在保邊裕民，章程甚爲妥協。相應請旨敕部立案，俾得一律遵行，廠務邊機，同有裨益。除將送到甘結，分咨户部及總理各國事務衙門備查外，謹合詞恭摺具陳，伏乞皇太后、皇上聖鑒訓示。謹奏。

光緒十二年十月二十日，軍機大臣奉旨：該衙門知道。欽此。

《礦務檔・雲南礦務・抄送籌議運銷滇錫情形摺稿暨甘結》 〔光緒十二年〕十一月初四日，雲南巡撫張凱嵩文稱：竊照本部院於光緒十二年九月二十八日，會同雲貴總督部堂岑，由驛具奏，籌議滇錫，分别川歸局運，粵聽商銷，並公禁錫走蠻耗情形一摺。除分咨外，所有摺稿甘結，相應咨呈。爲此咨呈貴衙門，謹請查照施行。

酈道元《水經注》卷二七《沔水》 又東過西城縣南。【略】甲水又東右入漢水，漢水又東爲龍淵。淵上有胡鼻山，石類胡人鼻故也。下臨龍井，諸淵深數丈。漢水又東逕魏興郡之錫縣故城北，案：此十四字原本及近刻並訛作經爲白石灘，縣故春秋之錫穴地也，故屬漢中，王莽之錫治也。縣有錫義山，方圓百里，形如城。

《太平御覽》卷八一二《珍寶部一一・錫》　《淮南子》曰：「明鏡之始照，未見其容也。及杚之以玄錫，磨之以氊，則鬚眉見。」

《博物志》曰：「積草三年燒之，津液下流成錫。」

《神仙傳》曰：「尹軌字公度，嘗見一人本官族子弟，仕郡遇公事簿書不了，當備官錢百萬，賣田宅車牛，不售而收繫。公度語所富人曰：子可以百萬錢借我，我欲以救人，後三十日倍當相還。富人喜，敬之，即以百萬錢與公度。公度以與遇事者曰：卿能得一百二十斤錫，不遇事者即具之。公度於鑪中銷錫，復以其腰間管中藥一方寸，匕投沸錫中，攪之，皆成金。即秤賣與人，得錢百萬以還富人。近光熙元年，聞公度到南陽太和山中。」

《黄帝九鼎神丹經訣》卷九、一〇同卷《作漏錫灰坯爐法》　先打鐵坯，大小在人。其間參差開孔，孔容筯簳，孔多唯甚怕差土槽，土槽中如似竈形。鐵坯中薄布鍊灰，極抑之以刀鈹，使高下均平，還布鹽末，覆鐐裝灰，鈎爐屎，瞻候節度，一同前法。唯鐵坯下多著猛火，使錫分離，下過速疾耳。

又卷九、十同卷《次作漏錫灰爐法》　狐剛子云：出銀爐凡有三法，看多少作一爐，用即不須盡費功力。今取要者二法立樣如前。

又卷九、十同卷《却收灰坯中錫法》　取銀訖，急以油脂和石硫黄末，從出銀孔中瀉脂，令入灰坯中，看焰火起，即以鐵條從鑛下孔刺之，急攪灰中錫還出，流下爲團矣。

《宋史》卷八九《地理志五》　〔利州路〕興元府，次府，梁州，漢中郡，山南西道節度。【略】西。次畿。至道二年，割隸大安軍；三年，還隸。有錫冶一務。【略】

陳耀文《天中記》卷七《錫》　鈏。《爾雅》曰：錫謂之鈏。

赤錫龍山之下多赤錫，濯山多白錫。《山海經》

赤堇出錫。赤堇山破而出錫。《越絶書》

銷錫成金。尹軌字公度，常見一人，本冠族子弟，仕郡遇公事，薄書不了，當備官錢百萬，賣田宅車牛，不售而停，見收擊。公度與所富人曰：子可以百萬錢借我，我欲以救人，後三十日，信當還。富人嘉敬之，即以百萬錢與公度，以與遇事者曰：卿能得一百二十斤錫否？遇事者即具之。公度於鑪中銷錫，復以其腰間管中藥一方寸投沸錫中攪之，皆成金，賣與人得錢百萬，以還富人。近光熙元年間，公度到南陽太和山中。《神仙傳》。

王同軌《耳談類增》卷三十六《雅謔篇上・盗鍾錫斷》　昔有一盗錫者，一盗鍾者決於王者，主者問盗錫者以大辟，而釋盗鍾者。人問其故，主者曰：「此引經斷獄也。《論語》不云乎：『朝聞道夕，句。死可矣。』夫子之道忠，句。恕而已矣。」

《杭州府志》卷五三《物産》　錫箔。出孩兒巷貢院後及萬安橋西一帶造者不下萬家，三鼓則萬手雷動，遠自京師列郡皆取給焉。《舊志》。錫箔獨杭産，然業此率多越人，入越中又無能治之。《虎林雜記》。

杞廬主人《時務通考》卷一三《礦務四・鎔鍊・鉑》　乾法取鉑：火遇礦質，須令其漸漸鎔化，則□與金與鈀與銅幾分化散，間有銅與鐵與錫等合於養氣而鎔化，幾分爲鈣養所收，其餘金類即鉑，合於銥銈，可用合强水化分之。如執其爐之柄而斜起，則鎔化之鉑從孔流出，可傾入沙模，或石灰模，或煤精模，或生鐵模。其模之内面刷筆鉛，若爲熱鐵之模，内面鋪鉑皮極好，或恐鉑生氣泡而欲爆裂，則在將傾出之時，多進以煤氣。此法又能鎔舊鉑器，每一次能鎔五十磅。一千八百六十二年，侖頓鍊鉑廠，成一鉑錠重二擔半，亦是此法所鎔。

濕法取鉑。烏拉勒山之礦，全送至俄國京都造錢局内，先將礦篩提而盛於瓷鍋，每三四磅，添以合强水十五磅至二十磅，此合强水用鹽强水三分、硝强水一分相和，將盛礦之瓷鍋，置於熱沙盆上，而用大玻璃罩，此罩用活動之玻璃片，罩頂有管以放其霧。連加熱八小時至十小時，俟不放淡養之霧而止，停若干時，將鍋内上面之流質，傾於大玻璃筒，而洗其餘質，將洗得之水亦傾出，而再添合强水於餘質内，連用此法數次。俟其定質全消而不見，每礦一分。須合强水十分至十五分，以其粒之大小爲度。所得之水須有酸性，否則後添淡輕緑，則有銥與鉑同結而沉下，添以淡輕緑之後，即結黄色之質爲雙鹽類質。有人設法，可省合强水之費，將其礦和以鋅八倍至十倍之重而鎔之，再舂碎而篩之，用硫强水分其鋅，用硝强水分其鐵銅鉛，再用合强水分其鉑。

兼乾濕法取鉑。將礦在合强水内消化，加熱化分，其含緑氣之質，將所消化之鉑，與其未化分之含緑氣質，用洗法分之。其鉑添以硝强水，加熱令沸，在鈣養爐内提純之。將洗出之質，添以硫强水而加熱，取出其鐵銅及鈀之一分。其餘銈養與銥養洗之乾之，在罐内鎔之。

《明史》卷三二五《外國傳六・滿剌加》 有山出泉流爲溪，土人淘沙取錫煎成塊曰斗錫。田瘠少收，民皆淘沙捕魚爲業。氣候朝熱暮寒。男女椎髻，身體黝黑，間有白者，唐人種也。俗淳厚，市道頗平。自爲佛郎機所破，其風頓殊。商舶稀至，多直詣蘇門答剌。然必取道其國，率被邀劫，海路幾斷。其自販於中國者，則直達廣東香山澳，接跡不絶云。

嚴從簡《殊域周咨録》卷八《南蠻・滿剌加》 其國舊名五嶼，東南距海，西北皆山，地瘠鹵，田瘠少收。内有山泉，流爲溪，於中淘沙取錫，煎成塊曰斗錫。每塊重官秤一斤四兩。及織芭蕉心簟，惟以斗錫通市，無他産。氣候朝熱暮寒，男女椎髻，身膚黑漆，間有白者，唐人種也。俗尚淳厚，民淘錫網魚爲業。【略】其山曰鎮國，其産曰錫、布、蘇木、椒椒、象牙、犀角、硫黄、玳瑁。

查繼佐《罪惟録》罪惟録列傳卷之三六《外國列傳總論・滿剌加國啞魯》 蠻人以漁爲業，刳木爲舟，出海淘沙取錫，曰花錫，鎔成斗樣，通使交易。

杞廬主人《時務通考》卷一三《礦務一・辨質・錫》 英國錫含鉍之數：煞克司尼錫，與其國錫成色相等，所含之鉍，不過百分之一。

錫之雜質：錫之雜質，其用亦廣。如錫與鉛，可任意配合鎔之，無不相合。如軟銲金，用錫三十三分、鉛六十七分起，至錫八十七分、鉛三十三分止。盛食物所用錫器，用錫八十九分、鉍二分、銻七分、紅銅二分。日耳曼國錫，用錫四分、鉛一分。器皿之錫雜質，用錫百分、銻八分、鉍二分、紅銅二分，此方最佳。樂器用錫八十分、銻二十分。假銀箔用錫五十分、鋅五十分。大風琴之管，用錫九分、鉛一分。又用錫二十九分、鉛十九分，可爲假金剛石及光明之寶石。

又卷一三《礦務二・備器・錫》 哥奴活勒鍊錫爐：哥奴活勒地方，用橢圓形之爐底，其尺寸各不同。如爐底長六尺者，則火壩闊四尺，爐門寬十八寸。爐之當中寬五尺。其爐頂爲弓形，高於火壩八寸，高於爐底之當中十六寸，高於爐邊十寸。爐柵寬十寸，在火壩之下十一寸。

布侖敦煅錫器：哥奴活勒省近用一器，以煅錫礦，名爲布侖敦煅器，各火廠中亦仿用之。其火略爲圓面轉動之桌，徑八尺至十尺，以水輪轉之，有漏斗添進所煅之礦。此桌之面以生鐵爲之，而有熟鐵箍或圈，有火磚置於箍上，兩個火爐之焰，行過此桌面。而礦鋪於桌面，過其焰。此桌每一刻轉一周。其桌面上之罩，中有三個生鐵架，俗名蛛蜘，因有長鐵腿向下掛，如蛛蜘之足。如桌上之礦可以扒動之。其蛛足有斜形，能推其礦從桌心向邊。又有向外之足，推礦至桌邊之二槽。又有一器，俗名蝶房，外有摇桿摇之。此器令其煅過之礦，任意從兩路行出。此器不必用人管理，只要留意添礦，並收行出之礦。西班牙國用布侖敦之器，其桌面徑千四尺，每分時桌面轉過一尺，每一轉則漏斗内添礦略一擔。每日十小時煅礦三十擔，至三十五擔。

意司脱布拉鎔錫鐵盆：意司脱布拉所開之錫礦，用倒焰爐鎔之。用鐵盆代爐柵，令爐柵之火先行過盆面之火壩，再行過火壩對面之火壩，再過盆底之火路，再過通至煙通之路，大能省煤。

鎔錫衝天爐：煞克司尼與步喜米阿鎔錫礦衝天爐，其爐之下端，收小而窄，因欲令下端得大熱，在噴氣處之平剖面，不可多於一百四十方寸，而其最高處不可過二百二十方寸。此比諸鎔鉛爐甚小，因鉛爐有一千至二千平方寸者。此爐之上端放大，則燒煤可多，而礦屑之爲風吹出亦可少，仍欲用凝房收其飛出之礦屑。此爐常作槽路之形，因所成之錫隨可流出，而不遇吹進之風。此種爐比有池之爐、並裝鍋之爐更爲合用，但此種爐亦不能令鎔化之質盡分出，故其滓比别法之爐含錫尚多。

又卷一三《礦務四・鎔鍊・錫》 哥奴活勒錫□□鎢：鎢質甚重，極難鎔化，亦難消化，故用軋碎分出之法，或煅法，或强水法，一概不能去之。礦含此質甚多，錫□□易鎔化。哥奴活勒地方用□□□之法，消化而分去之。此有二法最便，一用鈉養炭養，一用鈉養。硫養此兩法俱能成鈉養鎢養之質，即爲能消化之質。

布拉得捺錫礦分鉍：布拉得捺，在煞克司尼廠内設一法，將煅過之礦含鉍者盛於木器中，每百分添以淡鹽强水六分，掉之數小時，以水洗出，其消化之鹽類質，即有結成之鉍□，相聚成塊，用筆鉛罐鎔之。先和以鈣養與炭屑，其鉍即能分出，由是而錫礦屑内異質之十分之九變爲十分之一。所有步喜米阿之礦含鉍甚少，所以不必用强水，但用手工分出其鎢質。

批爾司錫礦分銅：批爾司云：用淡硫强水遇空氣分出生成之銅，鹽强水或加或不加。又凡含硫之礦，而已煅過者，或含鉀與銅。合硫養之礦，或灰色之銅礦，俱在蓋密之器内，和以熱鹽强水消化之。

瞿克路司錫礦分銅：瞿克路司，在哥奴活勒設法用鹽强水消化錫礦，若其礦未合法打碎者，此法大得其益。所消化之銅，或用鐵或用鈉養令結成。

司辣根阿特煅錫礦：司辣根阿特地方，將礦四五擔和以食鹽，在倒焰爐煅之，歷八小時爲度，而燒煤共有二十五立方尺，所成之銅緑與鈉養鵭養在水内消化，放出其水，用鐵結成其銅，用鈣緑結成其錫養。放去水之礦取出，而再以水洗之略爲浄。

煞克司尼濕法分錫：煞克司尼所産之錫，從前甚混，近來用鹽强水分取者較純，其含鉍有千分之一。步喜米阿所產之錫更混，不用鹽強水分取。

煞克司尼乾濕法分錫：煞克司尼邦，哇頓白合地方，所有錫礦，每三百分含錫一分至半分。先煆之舂之軋之洗之，數次之後，而再煆透。若含别質，則用鹽强水後再軋之洗之，所得之餘屑，每百分含錫五十分至六十分。

煞克司尼鍊錫得數：闌派弟和司云：煞克司尼鎔鍊之工，所有錫之耗靡，每百分有十三分至十五分，内有八分至九分爲化散者。每年取得之錫，共有一百五十頓，煞克司尼合步喜米阿，統共二百頓，比諸哥奴滑辣之得數，不過三分之一。

煞克司尼鍊錫三種：煞克司尼錫模三種：一爲大塊，即彭加錫；一爲條形，謂之東洋錫；一爲板形，即球錫。

司拉屯瓦特鍊錫：步喜米阿之司拉屯克特地方所鎔之礦，在内斯石所得者，每百分含錫一分。此礦大半合於鵭與含鉮之鐵與銅硫礦與鋅硫礦，先用手工揀出其鵭，舂之軋之，所得之錫每百分有錫養五十分。將此質煆之洗之，則每百分含錫五十八分。此不必用强水之法，因其礦不過含鉍之微迹。所煆過之礦屑，用衝天爐高八尺，和以木炭與滓鎔之，每二小時放錫二擔。則礦二頓半，在七十三小時内，能得錫二十四擔，燒木果五百六十立方尺。其提純之錫作捲，每捲重二磅。提純之餘質，用泥罐再鎔，即得純錫。

佛勒大鍊錫：法國蒲里丹耶省佛勒大地方所産錫礦，大半在脈内與河道之泥内，又在花綱石合石英與鐵礦與普末林並鉮硫礦等。其内不含鵭礦者，半運至英國發賣，半在本地鍊鍊。其鎔爐爲衝天爐二座，高四枚六五。先將礦軋碎而進爐，能成上等之錫。

又卷一三《礦務二·備器·錫》 布侖敦煆錫器：哥奴活勒省近用一器，以煆錫礦，名爲布侖敦煆器，各火廠中亦仿用之。其火略爲圓面轉動之桌，徑八尺至十尺，以水輪轉之，有漏斗添進所煆之礦。此桌之面，以生鐵爲之，而有熟鐵箍或圈，有火磚置於箍上。兩個火爐之焰，行過此桌面，而礦鋪於桌面，過其焰。此桌每一刻轉一周，其桌面上之罩，中有三個生鐵架，俗名蛛蜘，因有長鐵腿向下掛，如蛛蜘之足。如桌上之礦，可以扒動之，其蛛足有斜形，能推其礦從桌心向邊。又有向外之足，推礦至桌邊之二槽。又有一器，俗名蝶房，外有摇桿摇之。此器令其煆過之礦，任意從兩路行出。此器不必用人管理，只要留意添礦，並收行出之礦。西班牙國用布侖敦之器，其桌面徑千四尺，每分時桌面轉過一尺，每一轉則漏斗内添礦略一擔，每日十小時，煆礦三十擔至三十五擔。

意司脱布拉鎔錫鐵盆：意司脱布拉所開之錫礦，用倒焰爐鎔之。用鐵盆代爐柵，令爐柵之火，先行過盆面之火壩，再行過火壩對面之火壩，再過盆底之火路，再過通至煙通之路，大能省煤。

鎔錫衝天爐：煞克司尼與步喜米阿鎔錫礦衝天爐，其爐之下端收小而窄，因欲令下端得大熱，在噴氣處之平剖面，不可多於一百四十方寸，而其最高處不可過二百二十方寸。此比諸鎔鉛爐甚小，因鉛爐有一千至二千平方寸者。此爐之上端放大，則燒煤可多，而礦屑之爲風吹出亦可少，仍欲用凝房收其飛出之礦屑。此爐常作槽路之形，因所成之錫，隨可流出，而不遇吹進之風。此種爐比有池之爐並裝鍋之爐，更爲合用，但此種爐亦不能令鎔化之質盡分出，故其滓比别法之爐含錫尚多。

又卷二四《化學六·原質下》 錫之根源：錫礦常爲錫養，常雜含鉮之銅鐵硫礦，間雜鐵養與錳養礦。其脈藏於石英、花剛石、端石之内。又在熟泥内偶見圜塊錫礦，或有顆粒，此内之錫最純。西國産處不多，惟英國西南，並馬來國所産最多，日耳曼國、南北亞墨利加有數處，雖産而較少。常用者有二種，一爲塊錫，或板錫，質粗。一爲紋錫，質純。取法：先分别礦之純雜，揀爲數等，雜者有泥與石英等相間，必置大臼内搗之，使泥與石英碎爲粉，礦則堅韌而不碎也。置於長流水内，衝去泥石之粉，純者不必如此。雖石内有錫礦百分之一，亦可如法取出。次將純礦半噸入倒焰爐煆之，使其硫及鉮皆與養氣化合，爲硫養與鉮養散去。其鐵與養氣化合爲鐵養，其銅硫之半，與養氣化合爲銅養硫養。煆畢取出，置露天澆水其上，數日，使未變之銅硫，盡變銅養硫養，隨水洗去，再在長流水洗去其鐵養。此時每礦百分，可得錫六十分至七十分。將此礦每八分，加煤木一分，再加鉛養或鈣弗，使與泥成滓，灑水溼之，攪和，再入倒焰爐，每次約一噸。加熱初小後大，不使其錫養與矽養化合成滓，致難分出。密閉爐門，煆六七小時，則錫養之養氣與炭質化合散去而錫即分出。可將鏟取去其滓，開爐旁之塞，以器受之。再去其滓，前後工滓皆可再與錫礦同煆，而取錫滓内若有此錫之粒，可搗碎揀出。傾入模内成塊。尚非純錫，常含鐵鉀硫銅鵭少許，提法：將錫塊置倒焰爐，成空心堆加熱至錫之鎔界，則錫鎔而流出，留者變爲錫養。而銅等亦皆與養氣化合，留於爐底，鉀則變爲鉀養散去。錫已鎔而受於器，其質甚輕，異質難自浮出。必俟器内積五五噸，乃以溼木攪擾，使多發汽泡，而帶異質同浮，始爲純質，可傾於模内。然在器内之時，純者在上，可以打碎，不純者在下，不能打碎也。錫礦若多含鵭，將其礦與鈉養炭養和勻，入倒焰爐鎔之，則鵭養成鈉養鵭養，入水能消化，煮稍乾，使結成鈉養鵭養顆粒，印花布用之。

錫之形性：錫性易鎔，可打爲箔，色白如銀而較輭，若屈曲之，簌簌有聲，乃質内之粒磨軋而生。與養氣無甚愛力，所以在空氣或溼氣内，熱度不大，永能光亮。加熱至四百四十二度而鎔，如再加熱亦不化散，但與養氣化合甚速而能燒，有白亮之光焰。淡硫强水幾不能消化，鹽强水雖能消化而緩，硝强水則消化甚速，成爲白粉，即錫養也。若將錫粉燒去所含之水，可作磁器之白釉，又可磨擦玻璃使晶瑩。

錫：錫或作馬口鐵者非。爲白色之金類，亦用以包鐵，常用之鐵片，即用浄錫包成。其包法先將浄錫鎔化，以鐵片蘸之即得矣。製器皿者亦用之。又有合雜質爲雜錫，又合成爲銲金。礦内所出之錫不浄，每與養氣相合，入即名曰錫石，置於木炭燒之，則養氣合炭燒去，便成爲真浄錫。礦出之錫石，而加以鈉養炭養，置於火炭，用管吹旺火燄，則二物相鎔一處，取出磨粉，於水内洗去炭灰，其沈於水底，成爲細粉，便爲浄錫。我今如是試驗，知養氣離錫而合於炭，成爲炭養飛散，則其爲錫不已浄乎？鑛皆錫養錫磺，出産之地不多。英國及孟加拉，中國雲廣等處，餘則麥西國南亞美利駕，些須也。質不甚硬，能搥成極薄之片，易鎔爲液，色白如銀返光，與養氣不甚牽合，常熱非濕，不易發繡。受熱至二百二十八分，則鎔，再加熱亦不能甑。惟可焚，焚時發白光，而化爲錫養。錫之爲物，磺養能食少許。輕緑酸由漸而食淡養，則化之甚烈，既化則成白散，盡錫養也。以此白散，煅至水盡以擦玻璨，光靚殊甚。合玻料作磁油，錫色白如銀，而較輭，性易鎔，與養氣無甚愛力，故鍍於鐵面，能不生銹，而且光亮。如馬口鐵等是也。錫之雜質有數種，適用者爲錫養錫養錫緑錫緑。又有錫硫，色如黄金，而性亦如金，印方及花紙者，常用作僞金。

驗錫：含錫之質，如錫養置於炭凹以吹火内層鎔之漸加鈉養炭養，遲遲而成光亮之小圓粒離火則暗，因生錫養一層也。取出置於堅面用力壓之，比銀易扁，炭之外面，不見別色之皮，若將鉀衰粗粉代鈉養炭養更好。

又卷一三《礦務四・鎔鍊・錫》 鎔錫工費：鎔化錫礦，或在衝天爐，或在倒焰爐，俱依所燒之料爲准。如在倒焰爐，必用上等而價廉之煤，故英國多用之，所得之錫多於衝天爐，管理其事亦易，能鎔之礦亦多。因其風力令錫與養化合較少，又因其鎔化之質，受大熱度之時更長，而其錫自易分出。如在衝天爐，則用下等之礦，其得錫亦多於倒焰爐，若爲含鉀之礦，必用此法。因其異質易燒爲灰而散出，惟其滓内亦尚含錫。是容勒云：倒焰爐鎔得錫一頓，用煤一頓又四分之三，每百分耗礦五分。衝天爐鎔得錫一頓，用煤三頓，每百分耗礦十五分。【略】

《金石識别》卷六《錫》 凡錫，以打之不脆碎者爲佳，如脆碎者，必錫中尚有雜質未浄也。如欲得浄錫，以微火熱之，俟其半鎔半凝之時逼出之，其雜質均在未鎔之中。

最好之礦有六十五至七十分錫。

鋪錫於他金之面。如鐵片上鋪錫，先以淡酸水洗其鐵片，再以細溼砂磨之，使其面光亮。片片直立於猪油中，以大鐵器鎔錫，乃於油中取出鐵片，立於鎔化之錫中，一點半鐘取出，則鐵片上鋪滿錫。如錫太厚，則以未鍊之錫礦粉，燒熱，以鋪錫之片入其内，則錫可薄，以輭礱糠擦之，即白而光亮。

錫上作花紋法。先洗浄烘熱之，以海棉蘸硝酸緑輕酸水擦之，急於清水中洗之，晾乾則錫面起細粒花紋，可見結成之形。

錫可作箔，可作器皿，可與銅相攙。礮銅可攙七至十，刀銅響銅可攙二十，鐘銅之錫二十至三十。【略】

錫礦有兩種：一爲養氣錫礦，一爲硫磺錫礦。有時與可倫皮恩合爲礦。有人云曾遇生成自然之錫。

硫磺錫礦重在四・三及四・四之間。養氣錫礦重六・五至七・一。燒之於木炭之上，用炭酸素特點之，能得一錫珠。如錫在有鐵之石中，雖其錫甚少，用硼砂與之同鍊，亦能得之。

錫之生成自然者，金沙中遇之，細粒、灰色。純錫結成其形或方，或二律，因其元式有二故也。

錫倍勒底斯，硫磺錫礦也。結成正方形，亦有搏屑者，鋼灰色或古銅色。劃視其粉，黑色，性脆，硬第四，重四・三至四・六。其合質，硫磺三〇，錫二七，銅三〇，鐵一三，英吉利錫礦之數也。

養氣錫礦：其元爲二律式，結成扁柱或八面形，屢有合形，如圖。子子面交角，一百二十一度四十分。午午面交角，一百一十二度十分，又一百三十三度三十一分。日子面交角，一百三十三度三十四分。日未面交角，一百三十五度。析之不分明，亦有搏結粒形者，褐色或黑色，結成者金剛光。劃視其粉，淡灰至褐色。微明至暗，硬六至七，重六・五至七・一。其净者，合質錫七八・三八，養氣二一・六二。其中屢微有養鐵，有時有可倫皮養。吹火試之，不鍊，點以炭酸素特，能鍊得錫。

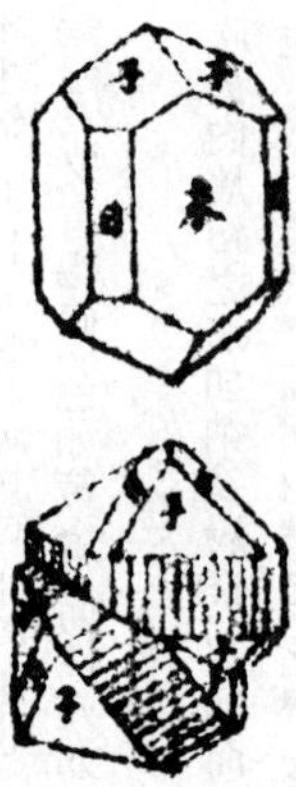

澗錫：石屑大如豆，從澗水中流出。

木錫：遇其粒如葡萄，或如腰子塊。

蟾眼錫：如木錫而粒小，破之，其紋理層層相包，或筋紋四出，此皆養氣錫也。養錫之形色略如暗色之茄納，又如黑色之白鉛礦，又如普墨林之屬，因火試不鍊，素特點能鍊得錫，故可識别。與白鉛礦之别，因錫礦硬燒之無煙。遇其脈於結成之石，如合拉尼脱尼斯枚格疊層之中。每與胡而夫蘭、硫磺銅、硫磺、鐵土、不爾斯、普墨林、枚格，或台而客鴨兒倍脱相近。英吉利出最多，地名各恒葵兒。

各恒葵兒之錫礦，其脈自東向西稍斜向下，又有脈自北向南與東西之脈交錯相過。有時其脈自闊漸狹至無，有時其脈分支而彎。其脈有三寸寬者，可取之。其呆呫大約是科子，有時爲客羅愛脱。其錫礦之塊爲澗錫。

鍊法。先磨碎其礦，於流水中淘汰之，去其輕者。以重者入倒焰爐中熱之，升去其中之砒與磺。再淘之，和煤炭屑及石灰少許，置倒焰爐中，用大火燒之，八點鐘流出於鐵槽中凝成塊。其内仍有未净之雜物，再文火鎔之，以溼木炭屑入其内拌攪之，則雜物化爲渣滓而得净錫。【略】

錫上作花紋法：先洗净烘熱之，以海棉蘸硝酸緑輕酸水擦之，急於清水中洗之，晾乾則錫面起細粒花紋可見結成之形。

《鍊金新語》第三章《雜質金類》 弗里些查有幾種錫錠，經過俄國冬天冷氣，即鬆散成末，此錫末即爲錫之一種異式情形。錫末多成針形，色灰，熱度差鎔度尚遠，即變爲尋常錫。武備戎裝號衣需用錫紐頭，製造家送至軍械所，迨後武弁查之，盡變一箱灰色錫末。以錫已變異式，無從得紐頭之形。

《冶金録》卷下《各金雜質・錫之雜質》 錫之雜質其用亦廣，如錫與鉛可任意配合鎔之，無不相合。平常所用錫器内，必有鉛，如軟銲金用錫三十三分、鉛六十七分起，至錫六十七分，鉛三十三分止，兩類等重，則爲尋常軟銲金。盛食物所用之錫器，用錫八十九分、鉍二分、銻七分、紅銅二分。又有一種器，用錫七十五分、鉛九分、鉍八分、銻八分。又方：用錫八十九分、紅銅二分、銻六分、黄銅二分、鐵一分。日耳曼國錫：用錫四分、鉛一分。器皿之錫雜質：用錫百分、銻八分、鉍二分、紅銅二分，此方最佳。樂器：用錫八十分、銻二十分。假銀箔：用錫五十分、鋅五十分。未曾磨銼之錫：用鉛、銻、錫、紅銅，其數未定。大風琴之管：用錫九分、鉛一分，此爲略數，非定方也。又用錫二十九分、鉛十九分，可爲假金剛石，及光明之寶石。其法：將玻璃條一端磨成寶石各面之形，此兩金類鎔後，用厚紙拖去上面結成之皮，則將磨成之玻璃一端醮入金類中，取起之時，有一薄層金類，粘於玻璃上，取出之玻璃條之一端，其光亮同於金剛石。但必用玻璃罩覆之，因遇空氣生鏽易暗。此種金類，又可爲鏡。如將圓底玻璃瓶醮在鎔金類中，取出剥去所粘之一層皮，則成凹形之鏡。又一方：用錫一分、鉛一分、鉍二分、汞十分，同鎔調和，用雙層玻璃管將此料傾入少許而揺動之，待金類已遍於内面各處，則其光彩如銀，而其色恒不改變也。净質錫箔，作鏡所用。尋常之錫箔，爲鉛與錫，或錫與鋅與鉛相合。各人用法不同，無一定之方。作錫箔之法，或打，或軋薄，或鑄成。其鑄法：用一架，架之面上糊棉布或蔴布一層，而成斜面，傾錫於斜面，自能流下而成錫箔，但此法非巧手不能爲之。

鋅冶煉部

論説

劉嶽雲《格物中法・五金下・錫》 白鉛

嶽雲謹案：爐甘石即白鉛礦也。色黄者，西人所謂鋅養炭養礦。色紅者，西人所謂鋅養礦。色白或青或緑，與鉛砒等相雜之礦，若與硫相合之礦色黑。

東川府白鉛廠最旺内有銀。《雲南通志》。

銅及白鉛歲供京師户工兩局之用，多設子廠以供取求，而地力有限，往往而竭。《滇中志勝》。

嶽雲謹案：白鉛之用，國朝始大著。雲南者海廠、卑淅廠、塊澤廠皆供白鉛，爲户、工二部之用。又貴州之蓮花、福集、水峒等廠，媽姑廠亦采白鉛，歲供四百二十八萬餘斤。湖南、四川、廣西亦有白鉛運京，税課章程載在《則例》。

已上出産。

嶽雲謹案：鍮石爲天生之黄銅，猶天生之白銅也。今則黄銅、白銅皆用人工配合。

已上煉治。

鉛丸用倭鉛，有毒，陷入肌膚易潰爛。《武備志》。

嶽雲謹案：倭鉛有毒，蓋與砒合産，化分未盡。

白鉛見火即飛。《鄖事綴紀》。

爐甘石（火煅尿焠）、風化消，等分爲末，新水化一粟點之。《御醫藥方》

治目用爲要藥，時珍常用爐甘石（煅焠）、海螵蛸、硼砂各一兩，爲細末，以點諸目疾甚妙。《本草綱目》。

嶽雲謹案：今西醫以鋅養水治目，亦古法。

已上形性功用。

綜述

《清高宗純皇帝實録》卷九六〇 〔乾隆三十七年，壬辰，夏四月〕丁卯，户部議覆，護廣西巡撫布政使淑寶疏稱：先據商人瞿鈊濤，呈開融縣馬鞏地方螺塘等山煤礦採運，四頂山白鉛礦砂，就煤煎鍊一案，經調任巡撫陳輝祖咨部覆准試採煎鍊有效，即將一切事宜，具題查覈。兹自乾隆三十五年四月建鑪起，至三十六年六月止，每礦砂百觔，約鍊出鉛十九觔及二十一二觔不等，共鍊出白鉛五十八萬二千一百零，每百觔照例抽正課二十觔，撒散三觔，共抽正課鉛十一萬六千一百零，撒散鉛一萬七千四百零等語。查與該省鉛廠抽課定例相符，應如所題，准其將四頂山白鉛礦砂運赴螺塘等山，就煤煎鍊，經管官如有侵漏情弊，指名題參，仍將所收鉛觔，造册報部查覈，至所稱正課白鉛解局供鑄定價，每百觔二兩三錢，撥歸礦廠奏銷，撒散鉛觔。又疏稱馬鞏廠燒鑪二十三架，煤壟十二處，工丁買賣，人等漸衆，請設書記、巡攔、巡役共十二名，照盧架例，共月給工食銀十五兩四錢，應如所題准，其照數設立，其應支工食等銀，在抽收撒散鉛觔變價銀内支給。又疏稱該廠尚未大旺，應令融縣知縣，就近兼管，以省縻費，如將來廠旺增員，彈壓仍嚴飭，該縣督令該商，上緊採辦，亦應如所請辦理，仍令嚴飭該縣，實力稽查，督令商丁採辦，照例抽收，毋使透漏。從之。

吴其濬《滇南礦廠圖略》卷二《金錫鉛鐵廠第三》 者海廠在會澤東南，鉛礦卵出於鑛山銀廠，移鑛就炭至者海燒鑪，因名，會澤縣知縣理之。乾隆二年開辦，供東川局鑄，以裁局停，嘉慶八年復開，代建水縣普馬廠辦供省局白鉛二十一萬九千七百六十九觔，抽課、充公、加閏與卑塊二廠同，惟變價每百觔銀二兩。二十二年，東局復開，兼辦供東局白鉛一十五萬六千九百七十七觔零，閏加一萬三千八十觔，課公變價與省局同。

宋應星《天工開物》卷下《五金・銅・附倭鉛》 凡倭鉛古書本無之，乃近世所立名色。其質用爐甘石熬煉而成。繁産山西太行山一帶，而荆衡爲次之。每爐甘石十觔裝載入一泥罐内，封果泥固，以漸砑乾，勿使見火拆裂，然後逐層用煤炭餅墊盛其底，鋪薪發火煅紅，罐中爐甘石鎔化成團，冷定毀罐取出，每十耗去其二，即倭鉛也。此物無銅，收伏入火即成煙飛去，以其似鉛而性猛，故名之曰倭云。

李世熊《錢神志》卷一《靈産》　凡倭鉛，古無之，近世所立名也。其質用爐甘石熬煉而成，繁産於山西太行山一帶，荆衡次之，每爐甘石十斤，裝入泥礶泥封固，以漸砑乾，勿使見火折裂，然後逐層用煤炭餅墊盛，其底鋪薪發火煅紅，礶中爐甘鎔化成團，冷定毀礶取出，每十耗二，即倭鉛也。以銅妝伏之，乃不成煙飛去，以其似鉛而性猛，故名之曰倭云。

吳震方《嶺南雜記》下卷　白鉛出楚中，販者由樂昌入楚，每擔價三兩。至粵中市於海舶，每擔六兩。海舶買至日本，每擔百斤鍊取銀十八兩，其餘即成烏鉛，俗稱倭鉛，實不産倭，乃鍊出銀後仍載入內地，每倭鉛百斤價亦六兩，其鍊銀之法，誓不傳於內地，爐火家亦不曉其術也。

劉嶽雲《格物中法》卷五下《金部・白鉛》〔即鋅〕　凡倭鉛古書本無之，乃近世所立名色，其質用爐甘石熬煉而成。每爐甘石十斤裝載入泥罐內，封裹泥固，以漸砑乾，勿使見火坼裂，然後逐層用煤鐵餅墊盛其底，鋪薪發火煅紅，罐中爐甘石鎔化成團，冷定毀罐取出，每十分耗去其二，即倭鉛也。此物無銅，收伏入火，即成煙飛去，以其似鉛而性猛，故名曰倭云。《天工開物》。

爐甘石在坑冶處皆有，以蜀、湘東最多，而太原、澤州、陽城、高平、靈邱、融縣及雲南者爲勝。其塊大小不一，狀似羊腦鬆，如石脂，亦黏舌。産於金坑者其色微黄爲上，産於銀坑者，其色白或帶青，或帶緑，或粉紅。《本草綱目》。

嶽雲謹案：爐甘石即白鉛礦也。色黄者，西人所謂鋅養炭養礦。色紅者，西人所謂鋅養礦。色白或青或緑，與鉛砒等相雜之。礦若與硫相合之，礦色黑。

東川府白鉛廠最旺，内有銀。《雲南通志》。

銅及白鉛歲供京師户工兩局之用，多設子廠以供取求，而地力有限，往往而竭。《滇中志勝》。

嶽雲謹案：白鉛之用，國朝始大著。雲南者海廠、卑浙廠、塊澤廠皆供白鉛，爲户工二部之用。又貴州之蓮花、福集、水峒等廠，媽姑廠亦采白鉛，歲供四百二十八萬餘斤。湖南、四川、廣西亦有白鉛運京，税課章程載在《則例》。

已上出産。

白鉛俗稱倭鉛。燒鉛以瓦罐罐爲四牆，礦煤相和，入於罐窪，其中排爐内仍用煤圍之，以鞴鼓風。每二罐或四罐稱爲一喬。爲爐大小，視喬多寡。《滇南礦廠圖略》。

所采之鉛色白者曰倭鉛，用土爐如缸，周圍皆以木燃，其礦貯土鍋之内煉之。《雲南通志》。

用銅一斤，爐甘石一斤煉之，即成鍮石一斤半。《外丹本草》。

爐甘石，赤銅得之即變爲黄，今之黄銅皆此物點化也。《本草綱目》。

嶽雲謹案：鍮石爲天生之黄銅，猶天生之白銅也，今則黄銅、白銅皆用人工配合。

已上煉冶

鉛丸用倭鉛，有毒，陷入肌膚易潰爛。《武備志》。

嶽雲謹案：倭鉛有毒，蓋與砒合産，化分未盡。

白鉛見火即飛。《鄙事綴紀》。

爐甘石火煅，尿焠，風化消等分爲末，新水化一粟點之。《御醫藥方》。

雜録

《清仁宗睿皇帝實録》卷四 〔嘉慶四年，己未，夏四月，癸巳〕又諭：「據達慶等奏，巡漕御史德舒翁阿因回空鎮江幫船攜帶白鉛，輒令押回通州，不容隨幫南下，並將旗丁發交通州拘禁，誠恐回空遲誤，請將該御史交部議處等語。向例漕船原准攜帶土宜，今鎮江幫船所帶白鉛即係倭鉛，並非違例之物，且數未及一百二十六石之額，該御史即押令北上，不容隨幫南下，又不即時訊明發放，輒因私事往燕郊駐宿，豈不有誤回空？達慶等於接到稟報後，即馳回通州查詢，並飭將所押船隻放行，尚知以公事爲重。至該御史德舒翁阿辦理此事，殊屬不曉事體，著交部議處。並即行徹回所有巡視通州漕務，著該衙門照例帶領引見，另候簡放。」

《清宣宗成皇帝實録》卷二一五 〔道光十二年，壬辰，秋七月，乙卯〕户部議准：「協辦大學士、兩廣總督李鴻賓等奏，外夷各國均已産鉛，請暫停白鉛出洋。」得旨：「依議。粤東濱臨大海，通洋水道甚多，現在白鉛停止出洋，誠恐日久，疏於防範，以致奸商販運，復有偷漏營私等弊。著該督等嚴飭關津要隘地方各官，隨時認真巡查，遇有私販鉛斤，即照違禁例分別嚴辦。仍於年終取具關廠各官，並無出洋白鉛切實印結，送部查覈。並酌定稽查章程，報部覈辦，以垂永久，而杜流弊。」

《〔雍正〕雲南通志》卷一一《課程》 倭鉛廠委官經理。【略】

塊澤倭鉛廠，坐落平彝縣地方。【略】雍正八年，題報抽收課鉛，每年變價四五千兩不等，每百觔抽收課鉛十觔，無定額。

《〔光緒〕湖南通志》卷五八《食貨志四・礦廠・鉛礦》 雍正五年，覆准：封禁大湊山鉛廠。六年，覆准：大湊山舊壠附近左右逢雨衝出白砂線，照舊開采，二八抽收。

〔乾隆〕八年題准，采獲黑白鉛，除二八抽課供鑄外，商民所獲餘鉛酌量收買供鑄。如有多餘，即聽其自行販賣。每餘鉛百斤，給官價三兩三錢三分。

〔乾隆〕五十年，册報桂陽州馬家嶺等處鉛廠係知州管理，募夫采鍊，不招商，每年約得白鉛十一萬餘斤，黑鉛二十七八萬餘斤，約收砂價銀千一百餘兩。抽一半正税銀作運鉛水脚，一半作廠中費用。郴州東坑湖等處鉛礦係商人采辦，每年約得白鉛一萬八千餘斤，黑鉛十四萬餘斤，約收砂價銀一千三四百兩不等。二州白鉛，除二八抽税外，餘鉛給價收買，同税鉛解局供鑄。二州黑鉛每年額解三十五萬二百八十五斤八兩，委員由水路運送京局。

桂陽州馬家嶺等處鉛礦自乾隆八年復采後，出産漸微，現在每年約收税餘白鉛六萬餘斤，黑鉛六萬餘斤。鑪户所得餘鉛歷年除發價收買解運京局外聽鑪户售賣歸本。

《清朝文獻通考》卷三〇 〔乾隆三十一年〕又准廣西融縣開採白鉛礦。廣西巡撫宋邦綏奏：融縣四頂山産白鉛礦砂，因無煤炭，不能煎煉成鉛。而羅成縣冷峝山跴有煤路，可以運往，就煤煎煉，試採已有成效，請准其開採煎煉。照例每煉鉛百觔，抽正課二十觔，撒散三觔，造册報部稽核。户部議如所請，從之。

《清會典事例》卷八九二《工部・鼓鑄》 〔康熙五十四年〕又商領户部錢糧，辦解寶源局倭鉛一百萬七千八百七十六斤五兩六錢。每鉛一斤，價銀六分二釐五毫，凡銅鉛水脚，每斤銀五分，實給三分，節省二分，解交户部。【略】

〔乾隆〕二十九年奏准，寶源局鼓鑄錢文，需用白鉛，例由貴州每年辦解一百三十萬一千九百十四斤，發鑪鼓鑄。十六年添鑄十卯時，所需鉛斤，因庫有餘存，是以未議加鉛。今局内現存白鉛，並解京鉛斤，覈計不敷應用。令貴州省於額辦之外，每年添辦白鉛十五萬斤。於乙酉年爲始，按年如數添解。

《清高宗純皇帝實録》卷九六〇 〔乾隆三十七年，壬辰，夏四月〕丁卯，户部議覆，護廣西巡撫布政使淑寶疏稱，先據商人瞿鈊濤，呈開融縣馬鞏地方螺塘等山煤礦採運，四頂山白鉛礦砂，就煤煎鍊一案，經調任巡撫陳輝祖咨部覆准，試採煎鍊有效，即將一切事宜，具題查覈。【略】時價每百觔折紋銀二兩六錢六分，按季給商，變賣亦應如所題辦理，其商餘鉛觔，請照冷峝廠例，暫爲收買，一半之處。查冷峝廠，係隔屬運砂，運費繁重，是以准其分半官買，以紓商力。今該廠情形迥别，未便援照，應令照例全數官爲收買，以供鼓鑄。又疏稱解運課買白鉛，所需水陸脚費，請照盧架廠五十里爲一站，每鉛一百觔，旱程給銀一錢六分六釐，水程給銀一分零七毫之例，在於鼓鑄工本銀内，動給報銷，應如所請，照該省盧架廠運鉛例辦理，仍將自廠運局用過脚費銀兩，造入鼓鑄奏銷册内報部查覈。

《清朝續文獻通考》卷一九《錢幣一》 嘉慶八年又題准，貴州運漢售供各省白鉛因猓納河新廠程站較遠，酌增三站。運脚每一百斤合價銀四兩二錢三毫三絲九忽八塵，令各省照此齊價採買。四川赴永寧採買黔省白鉛，每一百斤合價銀四兩五錢五分二釐一毫七絲九忽二微。

又卷四四《征榷考一六》 〔光緒〕十七年，四川總督劉秉璋奏：「寶川局需用白鉛，照機器局鉛價採辦。」下户部議奏。

又卷四三《征榷考一五・坑冶》 又題准，貴州都匀縣屬樂助白鉛廠准其封閉。【略】

又題准，貴州普安縣所屬連發山白鉛廠准其封閉。

《清宣宗成皇帝實録》卷二八 〔道光二年，壬午，春正月，戊辰〕又諭：「史致光等奏，黔省運貯楚局白鉛現在積存充裕，請停辦趲運鉛斤一摺。黔省歲辦楚鉛向以漢局存貯之盈虚，酌覈黔廠轉運之緩急，嘉慶二十年，因漢口鉛斤支絀，趲運癸甲乙丙四起楚鉛。現在漢局存鉛充裕，足敷各省三年採買之用，若再將丙子趲運，及借撥趲辦乙亥之鉛按年踵運，亦不過久貯漢局。其水城、威寧兩廠年久硐深，攻採匪易，或廠地因此疲乏，轉致有妨正額。該督等所奏，自係實在情形，著照所請，准其將未辦第四起丙子趲運楚鉛停其辦運，其已運乙亥趲辦係借撥正運楚鉛，即抵本年壬午楚鉛正運。所有乙亥、丙子二起未運加趲鉛斤，既無須辦運，其未領工本，亦著停其發給。」該部知道。

卷九九 〔道光六年，丙戌，六月〕庚午，諭内閣：「貴州委員陳錫藩管解甲申年鉛斤，除辦解正項及額帶白鉛三千斤、黑鉛五百斤外，又於例外多帶白鉛六千斤、黑鉛一千斤，沿途並未具報，到部始行呈明。當經工部飭令該委員將額帶黑鉛五百斤照例自行售賣，白鉛三千斤照案官爲收買，其餘例外多帶白鉛六千斤、黑鉛一千斤，飭令運部貯庫。乃不候彈兑，徑向户部告假回黔，追經寶源局驗明，所帶盡係白鉛，並無黑鉛，既與所報不同，及行文飭查，又與前禀互異。著照工部所議，除將此項鉛斤先行入官，交寶源局領取充公備用，入於下年册報覈銷外，並著貴州巡撫將該運員陳錫藩前後禀報不符各情，按照部駁，逐款確查辦理，據實覈奏。嗣後當飭運鉛各員，毋得於例外任意多帶，以符定制。」

《清會典事例》卷八九二《工部・鼓鑄》 〔道光十七年〕又奏：貴州省白鉛，除黔蜀鼓鑄外，並運湖北省漢口鉛局，以供直隸等九省採買。現在楚鉛充足，請援道光元年成案，暫停辦運。奉諭：黔省鉛廠，每年應辦運楚鉛二百六十三萬斤，已運至甲午年止。據該撫查明黔廠開採年久，出鉛漸少，漢局現在白鉛六百餘萬斤，覈計兩年售賣之需，尚屬有盈無缺。請照成案，將來辦楚鉛免其補運，俾漢局不致虚積，帑項亦免久懸，自係實在情形。所有該廠應運乙未、丙申兩年楚鉛，著准其暫停辦運，俟漢局存鉛漸次疏消，仍照額按年運供，以符定制。

〔道光二十八年〕又議准，黔員交賸鉛斤，照嘉慶十三年奏案，發價收買，以充公用。惟寶源局現存白鉛三百四十萬餘斤，黑鉛九十一萬二千三百餘斤，足敷三年之用，自應暫停收買，令其自行售買，照例納税。嗣後各黔員餘鉛，亦照此辦理。

《清宣宗成皇帝實録》卷三四六 〔道光二十一年，辛丑，二月，乙丑〕諭内閣：「善燾等奏，庫貯白鉛短絀，請旨飭催。寶泉局鼓鑄錢文，兵餉攸關，現在庫貯白鉛祇敷本年五月份配鑄之用，所有庚子年下運一二起程圖南鉛斤，著兩江總督嚴飭沿河文武員弁，迅即押令飛挽北上，晝夜遄行，或令隨首進糧船插檔行走，無任片刻逗留。並著直隸總督、山東巡撫一俟該運鉛船到境，專派幹員前往迎提催趲，務於四月内全數抵通運局，俾資接濟。至在後之張士瑛、陳鳳輝辛丑年上運一起，王畲各運鉛斤，並著沿途各督撫，應接運者，迅即派員接運，一律催押前行。若各該運員藉詞延宕，地方官催趲不力，即著各該督撫指名嚴參，以示懲儆。」

《清會典事例》卷八九二《工部・鼓鑄》 〔同治〕六年奏准，寶源局前因歷年所欠餘款卯錢，積有成數，請以各作自行積存之白鉛，變價易銅賠補卯虧，現經各鑪陸續買補銅八萬二千餘斤，合鑄當十抵京錢八萬五千餘串，均於限内交庫。

俞樾《茶香室續鈔》卷二二《倭鉛》 國朝吳震方《嶺南雜記》云：白鉛出楚，販者由樂昌入楚，每擔三兩，至粤中市於海舶，每擔六兩，海舶買至日本，每擔百斤，鍊取銀十八兩，其餘即成烏鉛，俗稱倭鉛，實不産倭，乃鍊出銀後，仍載入内地，每倭鉛百斤，價亦六兩，其鍊銀之法，誓不傳於内地，爐火家亦不曉其術。

《籌辦夷務始末》咸豐卷三三《税則條例》 〔咸豐八年，戊午，十二月〕丁卯又硝磺，白鉛，均爲軍前要物，應由華官自行採辦進口，或由華商特奉准買明文，方准進口，該關未能查明，該商實奉准買，定不發單起貨，此三項，止准英國商人，於通商海口銷售，不准帶入長江，並各內地，亦不准代華商護送，除在各海口外，即係華民貨物，與英商無涉，以上洋藥銅錢米穀，豆石，豆餅，硝磺，白鉛等項，止准照新章買賣。敢違此例。所運貨物，全罰入官。

臣等謹按硝磺，白鉛，均係軍火利器，現定夷商，止准在海口銷售，仍由官爲採買，或官商請照承買，庶稽察確有把握，無從作弊私銷。

《清德宗景皇帝實録》卷三〇九〔光緒十八年，壬辰，三月，乙酉〕巡撫衔督辦雲南礦務唐炯奏：「巧家廠嶆硐工少，咸寧無馬，兼運棘手，唯公司交辦黑白鉛斤仍無延誤。」下部知之。

又卷三八九〔光緒二十二年，丙申，四月，丙戌〕巡撫衔督辦雲南礦務唐炯奏：「龍街小街二廠白鉛價值礙難覈減，運脚仍請照原議發給，以恤廠艱。」下部議行。

《金石識别》卷七《白鉛》鍊法：先以礦打碎，揀去雜石，入倒焰平底爐烘之炒之五點六點鐘，升去其水及炭酸，取出。每七分烘過之礦和一分木炭粉，再入鍊鉛爐中鍊之。

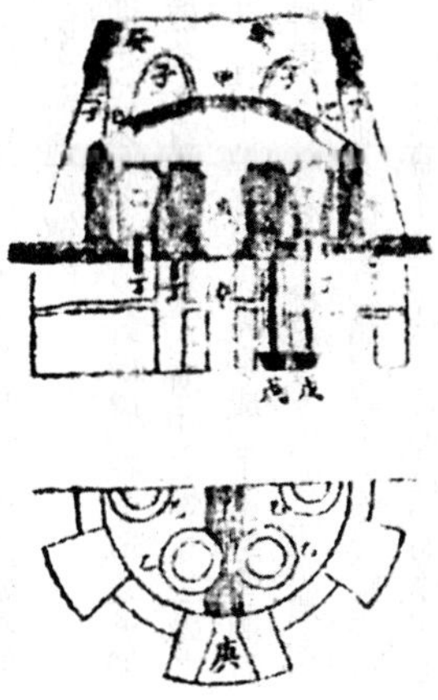

英吉利鍊白鉛之爐，其式如圖，上爲側形，下爲平形。爐頂圓如甲，中容六箇礶如乙。礶置於爐之底面丙，礶底各有一鐵管如丁。其下至一水碗如戊，鐵管下半節可拆換以防其塞。爐頂當礶處有洞如己。庚爲爐門，辛爲出灰之門，壬爲爐柵，癸爲煙通。煙自己出歸於煙通，煙通當己處有門如子。爐頂之旁另有門，可容礶出入。既安好礶，即堵塞之，故圖中不見。礶底之眼，先以木塞之，而後安礦。安礦即從子門已孔內安之。礶各有蓋，初時開之，燒至礶上有藍火，即是白鉛升出，急蓋之。其白鉛先化氣而升至蓋，從礶內旁流至底，底之木塞燒去，則礶底自通，白鉛從鐵管中點滴而下，至水碗而凝。鐵管如塞，可用紅鐵條通之。大約一爐須鍊三日，鍊好一爐，其礶不必换，再可添礦鍊之。其礶約可用三箇月方换。每礦百斤可得白鉛二十五至四十斤不等，此英吉利鍊白鉛之法也。

法蘭西鍊白鉛之法，其礶如筩，長三尺，徑四寸或六寸，横置爐中，四面俱有火。

取白倫脱中之白鉛，法先以白倫脱入倒焰爐中烘炒之。爐底寬八尺，廣十尺，鋪礦屑厚數寸。一面燒，一面炒，毋停手，十點至十二點鐘取出。每烘好之白倫脱一分，和烘好之開來巒一分，再加木炭粉二分，如前法入礶鍊之，此英吉利新得之法。

以銅及白鉛礦同鍊，可徑得黄銅。法用銅及烘好之開來巒，和木炭入礶鍊之。計四十磅銅，六十磅開來巒，得六十磅黄銅。

以銅及烘過之白倫脱，亦可徑鍊得黄銅，惟不甚凈。有人云以銅倍來底斯與白倫脱烘而鍊之，亦能得黄銅，惟其黄銅亦不甚佳。

花旗之黄銅，非徑由礦鍊得，乃以白鉛與銅攙合而成，其股劑之數詳見銅。

白鉛之性，平常熱度時，性脆，熱之至二百十二度則輭，可碾成薄片及條。白鉛之片，可作屋，比鉛不易蝕而硬而輕，故用之勝於鉛，惟不可經火。故人煙稍密處，不恒用以作屋，而空曠處恒用之。

天竺國有一攙金，用銅十六錫二，相攙，每三分，再攙白鉛十六分，名曰别奪利。

養氣白鉛，可作漆色，與鉛粉無二。

有一種不凈之養氣白鉛，名開特彌耶，得於鍊鐵火爐之横煙通中，因鐵礦中有白鉛升出，而結成也。有一處於收拾煙通時，取得一塊，重六百磅。

開特彌恩

開特彌恩，其金甚少，其礦只有一種。

合里那格愛脱，結成六面柱，柱頂尖削。色黄，其面光明，幾透明。硬三至三·五，重四·八至四·九。開特彌恩屢次遇其在白鉛礦白倫脱及開來巒中。有人於黑筋之白倫脱中，分得開特彌恩一分半至一分八。

開特彌恩之純質，色白如錫，硬而不脆，可作箔及絲，磨之能光。重八·六〇四，打之，重八·六九四。鎔度近錫，升度近水銀。其氣無臭，降成細粒，有金光。

取法：以其礦入硫酸或緑輕酸消化，再加本酸滿之，以硫輕氣放入，則硫磺與開特彌恩降，得硫磺開特彌恩。入硝酸消化，見天空氣漸乾，得燥硝酸開特彌恩。入水消化，加炭酸阿摩尼阿，則炭酸與開特彌恩，降爲粗粉，熱之至紅，則得養氣開特彌恩。以養氣開特彌恩和木炭粉燒之，得純開特彌恩。

杞廬主人《時務通考》卷一三《礦務二·備器·鋅》 蘭山暮勒煅鋅爐：英國蘭山暮勒地方，含銀之鋅硫礦，先磨碎而篩之，然後煅之，其節每方寸二百二十五孔。其爐爲雙層，上爐底長十五尺，闊九尺，離下層高五尺；下層爐底闊九尺，長十二尺，火壩高二尺四寸。爐上之弓形，當中離下爐底高三尺四寸。兩端高一尺，有兩個門，各方六寸。其頂兩個漏斗，俱能容鋅硫半頓，每次裝礦一頓，先在上爐底加熱十一小時，後在下爐底煅至不放硫養氣而止，每歷十小時掉動一次。

層級底鍊鋅爐：爐底爲層級之形，有數處用之，如英國叔渾西並麻立司敦是也。此器爲倒焰爐，長約三十六尺，闊約九尺，有常法之爐栅。此爐之底分爲三層，近於火壩者，比第二層低四寸；近於煙通者，比中間者高四寸。此爐不但藉本爐栅之火，尚有甑爐放出之氣在火壩之前進於爐内。

布里西布拉末煅鋅雙罩爐：布里西布拉末將含銀之鋅硫礦，在雙罩之爐煅出。其硫養氣通入鉛房，成硫養，其含硫養之質用以分銀。所用之爐用生鐵九塊合成，每一塊與相切之塊有餘邊一寸。其下爐底爲火磚砌成，下罩之背面有凸處，能護爐底，令其不爲上底落下之料損傷。其落下材料之法，有一路通之，其二爐底有磚托之。上爐底與下爐底連於爐前之板，各有門通至二路。其添料之門，亦連在其孔内。二爐底添料之門俱可以蓋蓋之。其生礦過路，而添在上爐底之上。後過路而添在下爐底之上。煅成則過路而落至鎔礦房之底，上有路能放上層爐底所生之水氣與硫養氣。又有路能引下層爐底所成之氣質，引其氣或至鉛房成硫養，或至外空氣内放散。其二路各有活門，司其風力。下爐底熱火處有爐，此爐有四個爐栅，又有各門可開關其爐栅。靠鐵托器又有路與門能管進風之事，又可出灰。

西里西阿鋅礦碾輪：西里西阿之熘法：其礦粒粗於比利時者，大半用碾輪碎其卡拉米尼，因碾輪之功用大，而不必常修理。暮司納得地方所用之碾輪，徑一枚六，厚十分枚之三五，重三頓四擔，每十二小時能成細粉十五頓至十八頓。安古勒地方用兩副輪，上輪與磨加非之輪相同，當中之徑一尺半，在相配之外殼，立置而轉動，磨碎之礦落於轎之盤上。其漏斗有篩，篩其礦。此器所配汽機，須十馬力至十二馬力，十二小時内能成礦粉四十頓至五十頓。

鋅甑泥料：鍊鋅廠所用泥之最好者，在比利時之安得捺地方。英國取用者，在叔渾西地方，因比英國與蘇格蘭所産之上等者更好。此泥出賣者，常作長方形大塊，有暗灰色，每塊重四十磅至五十磅。來納河近於産泥之處，其價每頓英銀錢二十四枚。運土船之費在内。西里西阿所用之泥器較少，但造工較難。比利時之甑易生坼裂，因但在二端托之，而罩靠其底立起。每得鋅一擔，甑費需英銀錢二枚，若用罩，需費銀錢一枚，銅錢七文。

西里西阿、比利時鋅爐價：西里西阿依舊法造爐二座，彼此相近，其價略爲金錢一百二十圓。比利時之爐，其價略爲三百二十圓。近來所造之大爐，係西里西阿與比利時二法相合者，其價更大於比利時者。比利時之爐可以連用十五個月不息，而西里西阿之爐，則連用二十個月不息，且其修理之費亦小。西里西阿爐，造法各不同，大半依煤之成色。有一種爐，其鋅氣向上而行，即西里西阿之本法。有一種向下而行，即比利時改變西里西阿之法。

鋅甑泥爐：甑與接管等器，用生泥和以煅過之熟泥爲之。熟泥用碾輪作粉，泥之粗細依造甑之大小，甑愈大泥須愈細。泥粉有界限，不可過於粗細。煅泥用弓形之爐長九尺，闊七尺，高七尺，爐底亦爲弓形。其弓下略二尺，有爐栅長六尺半，闊二尺。其火有二十四個門，從爐栅進於爐内，在爐弓形之上放出。每爐裝生泥十五頓至十七頓，煅三日夜，用燒料五十立方尺。泥質變成極硬，以鋼片擊之，能發火星即爲熟泥。若欲造甑，則將熟泥作爲細粒，每粒之大十二分寸之一爲度。先篩之，而再以生泥相和碾細。其合料加水百分之二十分。哇頓勃合近於愛辣舍貝拉地方其下層甑之料，爲比利時之熟泥三分、生泥二分相和；上層甑用比利時生泥四分，來納河之生泥三分。廢甑之不雜渣滓者，碾細八分。來納河之生泥，亦須加大熱煅之，幾至鎔化爲度。若添枯煤屑，即不可用，因有灰質。

造鍊鋅甑法：造甑之法，用圓形之模而六節，外束鐵箍而以劈打緊。先做甑底爲粗大之實心柱，其高等於模之節。將砂撒其面，置於地面，而以模蓋之。用圓錐形之模心，打入泥内，去其餘泥，配准其形，得管之形。此管與底爲鎮塊所成。再將泥作圓形之長條成螺形，而盤在其上，亦等高於模之一節。再將模一節套在上，打泥與模内相合。再以樣板配准其式，同法再加一節，至得所需之長爲止。此法爲比利時與會司得發里阿所常用者。又有别法，在衣色侖與林兹二處用之。最速之法，爲比利時之嬰合勒、與里而那特地方。又英國叔渾西之維維恩廠，用木模，能從上至下以鉸鏈開合分爲兩半，將模滿以泥，而用大鑽器鑽之。其鑽徑即甑之内徑，用機令其上下。用此器則一人，在十二小時内，能造甑一百個至一百五十個。若用手工，則十二小時内，只能造十八個至二十個。麻司納得地方，用鑽器造甑之工料，英銅錢十五文，如用手工，必需二十文。

比利時鋅爐容甑數：比利時國維昌逸蒙太尼地方之鋅廠，其爐能容六十一甑，即下層三十一個，上層三十個。每十二小時，每甑裝礦料二十四磅，其上層不過裝十六磅。爐闊八尺，高十尺半，深六尺半；甑徑八寸，長三十三寸。近於叔渾西地方之維維恩廠，共用七十八甑，每甑長三尺六寸，徑八寸；爐闊十一尺，高九尺半，深四尺。

比利時鎔鋅爐：比利時常用之爐，有灰膛與爐柵，置甑在爐凹處，其燒出之焰過二孔而通至火路，過此路或引至煆窯内以省熱，或逕通至煙通。此爐或二座以背相切，或作四座爲一副，則能堅固而省熱。弓形之膛，能容圓柱形之甑四十八個，長三尺，内徑七寸。其背有磚架托之，前面有火泥鞍托住靠於鐵架上。又用短火泥管爲錐形，略四寸，用濕泥連於各甑之口上。在爐外凸出數寸，又有熟鐵圓錐形略十八寸，其小端徑略四分寸之三，能收其鋅霧所結之質。英國大半用此法，歐洲别國所用者其形不同。比利時之爐燒料極省，其火圍住其甑，勝於别法，火不遇其罩與甑之底。惟卡令弟阿之法，最不合式，因不能連做。

可發里鎔鋅倒焰爐：比利時國可發里廠用倒焰爐煆鋅硫礦，或一徑加熱，或另用爐於出熱氣。舊式之爐能容甑四十個，裝鋅硫十八擔，並卡拉米尼若十，又和煤屑十九立方尺，一日夜得鋅六擔，並灰色鋅八十磅，爐内燒煤三十八立方尺。此法能在一爐連用八個月至九個月不息。其泥自安屯地方買來，每頓之價，銀錢十六枚；每甑之價，銅錢十九文。火磚一頓之價，銀錢二十五枚。每日每爐略壞甑三個。又用圓錐形管〇分之八，此管用生鐵而不用泥，得鋅一擔之工料，其價銀錢十九銅錢三。

比利時鎔鋅甑爐：舊式之爐容甑五十二個，每爐每日得鋅六擔至七擔。其卡拉米尼每百分含鋅三十五分。每日燒多煙之煤二十八擔，不鎔結之煤十擔又四分之一。新式之爐，容甑六十一個，下層每甑容礦二十四磅至二十五磅，上層十二磅至十四磅，即以二十磅爲中數。一日夜用卡拉米尼二十四擔，此礦百分含鋅五十分，共得純鋅九百磅至九百四十磅。鋅霧所結之屑，每百分含鋅三十八分至三十九分。用煙煤六十三立方尺，不鎔結之煤二十一立方尺。二十四小時内，有一爐用煆過之礦二十擔七十磅，和以煤屑十擔九十八磅，得鋅七百四十二磅，又得鋅屑七十四磅。共計礦料百分，得鋅三十九分。此爐内加熱所用之煤一頓九擔半，費熟三個，八分泥接管十一個，爐柵十分磅之六，每爐每日夜破裂三甑爲常數。

鋅爐罩泥料：造罩所用之泥，與造甑者相同，惟煆過之泥，磨得稍粗，其粒之大千分枚之三四。每泥百分和以水十六分，而搏之以手或以器，韌而不稀。其罩亦爲數塊合成，每塊必粘連甚緊。西里西阿廠之罩，大概以手工成之。普魯尼阿所産之泥三分，舊罩料舂碎篩細一分，澆以水，而用手搏成柱形大塊，其徑與罩相等。將此柱形割出其内質，則成罩之底與邊。再將泥輥成片，而置於其上，用木椎打之，配准其罩之式，存於房内，陰乾半月，後置於熱房烘之，至數月而止。

鋅爐罩模造法：造罩之模以數節合成，其面以細麻布蓋之，其邊有鉸鏈可開合，模内或用泥條成罩。如近於叔渾西之蘭山水勒廠，或用泥板，如比利時與回司脱發阿等處。西里西阿用模造成之罩，比諸手工所造者耐用略同。西里西阿各鋅廠之罩，長四尺半至五尺，内徑六寸，高十八寸至二十寸。平常而論，則比利時與回司脱發里阿與來納各廠者，長一枚三，高半枚，内徑十分枚之一五。

西里西阿鎔鋅罩爐：西里西阿燒罩之爐無煙通，英國則用煙通。西里西阿之爐用二罩，每一膛置二個。每罩之前面有二孔，取出餘質之用，以泥板封之。其上孔受接管，其接管有孔添進礦料之用。其圓錐形之管，引其結成之鋅，而通入一膛。其烘罩之爐所加之熱，即煏鋅爐放出之餘熱。有鍋能鎔結成之鋅。有生鐵模可傾鋅成錠。有爐棚，有小煙通能放罩内所罩之焰。爐下之基址如弓形。

西里西阿鋅爐數：西里西阿鋅公司用爐一百八十座。一爐容罩二十個者，每日裝卡拉米尼十六擔。二十四個者，裝十八擔。二十六個者，裝一頓。每爐平常用煤三百七十立方尺。得鋅之數，百分礦之十七，每年得鋅五十頓。西里西阿鋅公司在一千八百五十九年，計各廠共用爐二百二十六座，取得生鋅九千八百八十頓又四分之三。

司臺納福脱鎔鋅罩爐：司臺納福脱之鋅廠，其卡拉米尼爐能容罩二十個，又二十四個，尺二十八個。所有二十個者，在兩邊每一日夜換料一次，又有别種但裝料於一邊。其二十個罩之爐，能煏卡拉米尼更多，但其卡拉米尼每百分所出之鋅數較少。二十個與二十四個之爐，其每罩配地位二十二寸。又二十八個之爐，所配之地位二十六寸。因此大爐燒煤更多，而每百分所得之鋅亦多。二十八個之爐爲二十五寸二分，每煆礦百分得鋅三十分，每生礦百分得鋅二十一分六。此係生礦在煆時減去鋅二十八分。其熖礦之爐放出之火，每六小時能熖卡拉米尼八擔。此卡拉米尼百分和以不鎔結之煤四十分至四十八分而熖之。此廠内共用罩三百四十四個，一月之内，燒熖煆過之卡拉米尼二百八十三頓半，得鋅八十三頓又四分之三。用煤七百三十九頓半，係爐内加熱，而罩内所用之煤一百六十一頓。費罩一百二十個。生礦每百分出鋅二十四分半，煆過者百分出鋅二十九分半。工價金錢一百八十員。造罩之料，用安頓泥一分，燒過之舊泥二分。每一罩之價，銀錢四枚。泥接管之價，每個銅錢三大三五。得鋅一擔之費爲金錢一員。

比利時西里西阿鎔鋅罩爐：比利時與西里西阿合法之爐，能容罩三十二個。隔牆成一膛，每膛容二罩。其牆托住爐頂，又能令罩靠其前面而定，又能阻所進之冷氣。有路能引其火，近於罩之口，用火路愈離爐柵遠則愈大，此因其火能停勻分鋪。又有路能通至泥管，高八枚六，上徑十分枚之四五，下徑十分枚之三五，以模造成。此爲發侖定殼克地方所用之法。或令各爐内之火通至一個煙通，又有路可取其餘質，落入膛内。此膛横過總膛子。此子膛之用爲爐柵聚灰等事。有孔便於裝燒料，與西里西阿之舊法同。罩内之橋，或托器爲接管所靠者。二爐中間之空處，從前以煆卡拉米尼之用，現在爲重鎔鋅之用。惟最大之爐，作此空處。罩之背面離隔牆略二寸，而罩之頂稍高於隔牆，其爐柵漸變大，則其罩移前。各爐膛之架以堅固之鐵皮爲之，外護以泥。其二個接管從此架之上凸，出其下半，有一門可闔，此門亦宜護泥在其外。如熱過大，而門應保護者，則加泥。如用接管，則不必用全架，而但用門。其上半可用磚作牆蓋之，受器與接管相連，爐柵與火膛，用最好之大磚爲之，其牆與爐底，並各路相連之處，亦用火磚，造磚之泥與造罩之泥同。爐依法造成，可用二年爲中數，每月用壞八罩。

白肯軋伍鎔鋅罩爐：司拖勒勃合之相近處白肯軋伍地方，曾造爐能容罩二層，其上層罩比下層罩長略十分枚之一，二罩之闊爲十分枚之二一。其前面置於斜鐵板，其後面置於牆。此牆以大磚爲之，而靠於柱，立在各膛之中間。此處有一爐用罩六十個，每膛置三個，罩之闊十分枚之八四，隔牆厚一枚。其火從爐柵升至爐頂，圍住上層之罩，再過上下二層罩中間之空處而入路，此路通至煙通。其上層罩因受大熱，必須加大，應比下者多換。其罩有接管，有受器，用鐵絲挂之。此爐裝罩六十個，一日夜燒煤九十五立方尺。舊爐用罩三十個。一日夜燒煤七十立方尺，可見省煤四分之一。照此爐式而造雙者，其價金錢三百五十員。

英國熖鋅罐鑪：英國舊法用罐熖取其鋅，所用之爐有長方者，有圓形者。每爐用罐八個，或六個。爐上有蓋置於圓錐形之煙通下，令其風力加大，令煙盡散出。此圓錐形煙通有數門，每罐配一門。其蓋内亦每罐配一孔，能放其煙，而罐置於弓下。外牆有孔能取出破裂之罐。其罐安好之後，即將磚補密其孔。其罐先在另一倒焰爐内加熱至紅，用鐵鉗取出，而安於爐内。其鉗連於一小車上，故易安好其罐，與鎔玻璃廠内之法相同。有爐柵、有添料之門，有灰膛。各罐有孔在其底中，以木塞封密之，則裝礦和煤之料，藉此塞而料不落至鐵管内。加熱之後，其木自能燒去，而料亦不致落下。其爐底在罐之下，各有孔，故自底下可以料理。加熱後，待若干時，鋅霧透出，遂用熟鐵長管連於罐底之管端，通入一器，此器受所結之鋅。其罐自上口裝料，其蓋内有孔，即裝料之用。此孔必待加熱若干時後，有藍色火透出，立用火泥瓦蓋密之。其接管常爲料塞住，故必屢次通之。

陸卡士收鋅霧器：陸卡士作一收器，在衝天爐之頂上，引其鋅霧在内。引霧之法用二管，其管外有流水令冷。其礦與燒料横添入爐内，而不許進空氣。

英國鎔鋅鐵罐：鎔鋅鐵罐用至二十日或三十日即鏽蝕而壞，其鋅蝕鐵質而變暗藍色。若以泥罐鎔之，色可白亮，惟泥者易裂，故常用鐵。英國闌山暮勒脱廠之罐能鎔鋅八擔半，二刻或三刻之工，將鋅屢次掉之，待片刻視異質沈下或浮上，即用多孔之漏杓取出其浮質，將鋅傾於鐵模，成板或塊。

上西里西阿重鎔鋅爐：上西里西阿重鎔鋅之爐，其鋅爲軋皮之用。爐底用火磚鋪之，爐底凹聚鋅之處，有進料與出鋅之門，上有烘乾之爐底。其生鋅打成塊而漸添入熱爐内，漸鎔化至凹處漸滿，用杓取出，其面加肥皂和白石粉一層，速傾入鐵模内，所成之鋅板結後，其餘熱足爲軋皮所需者。若通冷，必另用爐加熱，約至百度表一百二十五度，足爲軋碾之用。

又卷一三《礦務三·開採·鋅》 歐洲各國得鋅數：一千八百五十九年，歐羅巴各國取得鋅數：西里西阿，三萬九千噸；老山公司，二萬七千噸；來約河各公司，一萬一千噸；比利時之别處公司，九千五百噸；英國，七千五百噸；西班牙，一千五百噸；布路尼阿，一千五百噸；奥地里，七百五十噸；法蘭西，五百噸；共九萬八千二百五十噸。

英國運鋅數：英國西邊各廠大半用比利時之法，有數廠用比西合法。一千八百六十年，用鋅硫礦一萬五千五百五十二頓，從哥奴滑勒、與帶比、與阿爾蘭等處運來者，每百分得鋅二十八分爲中數；另有瑞顛、與法國與西班牙國所運來者四千三百六十八頓。又有西班牙所産之卡拉米尼，運至英國，三千四百三十四頓，每百分含鋅六十分至六十八分。一千八百六十年，英國取得之鋅，共有四千四百二十二頓；又從别國運至英國者二萬九千二百十五頓；又自英國運至外國者七千七百九十七頓。一千八百六十五年，自外運進英國之鋅有三萬零六百八十五頓，鋅礦五千一百五十八頓，鋅養一卡五百零六頓。

西里西阿得鋅數：西曆一千八百六十年，西里西阿取得之鋅四萬零八百十一頓半。

又卷一三《礦務四・鎔鍊・鋅》 鍊鋅煆卡拉米尼：卡拉米尼，必先煆之，質能變鬆，則其鋅養易爲炭養氣所化分，又能擠出英水氣與炭養氣，如煏鋅之時，有此二氣，則其鋅必與養氣化合。其二氣又必有隱熱，又必有礦之細點，爲氣衝出。煆工内所有之耗靡，常爲全料每百分有二十五分至三十分，間有多至五十分者。

煆鋅硫礦：煆鋅硫礦之工，欲令其質變爲鋅養，但其工不易，因同時所成之鋅養硫養，必受大紅之熱，方能化分爲鋅養並硫養並養氣，仍有硫養少許。且鋅硫礦之質最密，難有養氣通進，故其大塊内常雜生鋅硫。其鋅硫礦之着火，雖有數種，藉本質之硫成燒，然在衝天爐内煆大塊，則質内含硫尚多，故煆鋅硫礦，不常用衝天爐。惟欲其礦變脆，而易以磨碎，則仍有用衝天爐者，如夸發里等處是也。

煆含石英鋅硫礦：含石英之鋅硫礦，必加稍大之熱煆之，此欲免多變鋅養硫養之病。至將煆成之時，不必加大熱，恐别金類合養之質燒成燼。鋅養合矽養所成之質，受熱至白始成餅形。此質過强水則變稠質，如膠之形。

煆含鈣鋁鋅硫礦：含鈣與鋁之鋅硫礦，必在初煆時受大熱，因常含硫養，爲煆時所成者。

煆含銀鋅硫礦：煆含銀鋅硫礦，其銀之耗靡，與熱度之增大有比例。馬拉古的與陁路克與普拉脱那三人皆云，其耗靡多至百分銀之七十分。工將畢之時，更多於初時，因有許多銀養硫養變成，所以最好將此種礦磨成細粉，而以循常之倒焰爐煆之。其爐有凝房，英國之叔渾西是也。爐中用罩，普里司布拉末是也。此處所放硫養氣，引進鉛房，成硫養，煆鋅硫之費，大於煆卡拉米尼之費。薄比克與哇白河生地方，每鋅硫内得鋅一百磅，燒煤一百二十八磅，不過爲煆礦之用。若煆卡拉米尼，足成鋅一百磅，不過用煤十三磅至十五磅。已煆過之鋅硫一百磅，可取鋅三十六磅，用煤四十五磅。其費略爲英銅錢七文，内有半大爲軋碎鋅硫礦之費。

比利時取鋅法：比利時取鋅之法，此法在煤貴而泥賤之處，合宜於含多鋅之礦，磨成細粉而用之。所需之煤，必能久發焰者。又需好泥與上等工人，靡時相等，而得鋅多於西里西阿之法，但其餘質含鋅亦多。甑爐内必能容多甑，而其甑必停匀修理，西里西阿之爐即此種，比諸比利時者，更好。比利時爐之下層甑，所受之熱，大於上層，則上層者，應裝多含鋅之礦料，此礦最易分出其鋅。英國多用之法，即比利時法。英國有四處設廠，用此法，如叔渾西回肯闌納里來克煞末等處。

比利時法鍊鋅有三要：鋅礦所含之鋅不甚少，開採之工，價不過多，則定用何法，必在火泥與燒料之價。如比利時之法，有三種爲要，内有一事不成，即不得利。一爲煤價，每噸不可過英銀錢十二枚。二爲火泥，每噸不可過金錢一員，銀錢七枚。三爲礦，每百分含鋅不可少於四十五分。

西里西阿取鋅法：西里西阿取鋅之法，此法能用含鋅少之礦，不鎔結之煤，並下等泥，亦能得利。然比利時與回司脱發里阿則用含鋅多之礦，與發多煙之煤，因此處煤價廉而泥價昂也。西里西阿用此法，在一千八百六十年，得鋅一擔，其費銀錢十，銅錢九。每礦百分得鋅十五分八九。

西里西阿鍊鋅工費：一千八百五十八年，西里西阿鋅廠，用卡拉米尼二萬九千二百四十三噸，得鋅四千一百十七噸，即每百分得鋅十四分〇一。共用爐二百二十一座，一爐每日夜煏礦十三擔八，得鋅二擔二二，用煤四十六擔半。每得鋅一擔之價，銀錢十四枚。一千八百五十九年，上西里西阿有鋅廠四十四家，共用卡拉米尼二十二萬四千一百二十五噸，得鋅三萬九千〇三十一噸，即每礦百分，得鋅十六分一二，用煤六十一萬二千三百七十七噸。每鋅一擔，需煤一千五百□十九磅。總計鋅價每擔約銀錢十二枚半。

海納里克施鎔鋅硫礦：海納里克施得廠，將碾細之鋅硫礦十二擔，用倒焰爐煆之。略一日夜燒煤四十六立方尺，每百分有耗縻十六分。又生礦三擔内，每百分含鋅四十五分，取得鋅一擔，即每百分出鋅三十三分，用煤十一擔，共費金錢一員。

回勒木得煏鋅硫礦：回勒木得廠内，將西班牙與朋司勃合地方之鋅硫礦，每百分含鋅四十五分，煏取其鋅。煆過之礦，每百分含鋅五十三分五。煆時之耗歷，每百分有十六分，生礦分鋅，每百分得三十二分四，並鋅屑一分八，此鋅屑每百分有鋅九十分。其鋅之金耗靡，約有百分之二十七分。

闌山莫勒得煏鋅硫礦：叔渾西地方，闌山莫勒得廠，將含銀之鋅硫礦，先煆之而後用濕法分取其銀，再將其餘質在爐内用罩二十四個，煏取其鋅。罩内共裝取去銀之鋅硫一千五百六十八磅，又前次鎔化所餘之鋅滓一百五十磅，又烟煤五擔，又煤燼二擔。每一罩裝料七十一磅，近於爐柵之罩，所裝之料多於遠者。

比利時西里西阿合法取鋅：比利時與西里西阿合法取鋅。此法爐制，令火圍住其罩，西後行過爐下，隨通至大路，從此路通至煙通。此爐所出之火，不能用以煆礦，而其罩所受之熱極勻，其下邊受熱，比西里西阿之舊法更好。西里西阿之爐，其工人受煙之大害，此法可免。而且省行必用發焰之煤，罩若有病，則鋅之耗靡，比千常西里西阿之爐，用有病之罩，其病更大。此種爐亦與西里西阿之舊法有別，因其鋅能從接管逕流至模内。

比利時煏鋅工費：比利時固，發侖定殼克與甫路捺二處，用西班牙與摩司勒脱所產之卡拉米尼，煏取其鋅，大能得利。八千八百六十一年，用煆過之礦八千七百七十噸十一擔，燒煤二萬三千九百十一噸，用工人二百七十名，用爐二十座，得鋅三千四百二十三噸八擔；又用煆礦爐六座，燒煤一千三百四十七噸，共得煆好之礦四千〇十八噸。

英國煏鋅舊法：英國舊法，用罐煏取其鋅。罐上作孔接以鐵管，其罐封密而加熱，則罐底鐵管收其霧而結成，落在受盆。其罐可以久用不壞，故甚省火泥，惟燒煤則甚多。如比利時之法，每得鋅一分，需烟煤六分至八分。西里西阿之法，需十五分至二十分。比西合法，需七分。英國舊法，需二十四分至二十七分。惟有近於尼□地方各廠，□用此法。

美國倒焰爐鍊鋅：美國之本司發尼亞邦，將煆過鋅硫礦，用倒焰爐和以煤而燒得鋅□。

上哈次鎔鋅法：上哈次地方之廠，將煆過之鋅礦，在十六尺高之衝天爐内鎔之，將燒料合於鋅硫而添進，以爲應出鋅霧，又進熱風。以爲英料到爐内最熱之處，則有鋅霧通過煙通之孔，而入於圍住爐之一膛，應即結成，而變爲鋅之流質，此爐衹能得鋅養。上西里西阿，有貨侖得與孟西勒二人，亦試此法。

布路門鎔鋅法：布路門所設之法，將鋅霧引至爐上頗高之處，此處預備流水，其爐後又加以數層平置之管，將口在爐内，通至對面所有立置之管。此欲司其風力，而令鋅霧結成。其煆過之礦，在爐内與煤間層疊起，初試此事，在比利時之日麥伯地方。又有更大之器，在上西里西阿試用者，將含鐵之卡拉米尼鎔之，以爲同時能出生鐵與鋅，但其生鐵爲下等者，而鋅則爲鋅養。所燒之枯煤，多於分取其鋅與鐵，司拖勒勃令用此法，亦不得其益。

阿卡鎔鋅法：阿卡令將紅熱鋅礦與燒料，□層添入衝天爐内，即蓋住爐口，□用管通鋅霧至凝器。其燒料每層少添，令其燒氣之數更少，並令其鋅霧結得更全。

大令敷鎔鋅法：大令敷設法用衝天爐，或倒焰爐，以鈣養或提純鐵所餘之爐，化分其鋅礦，引其鋅養過燒熱之管，其管裝以煤。

戴雅鎔鋅法：戴雅用二個衝大爐，並列一大一小，有通風之法。二爐有一路能相通在大爐内，燒枯煤成炭養氣，此氣引至小爐内，遇所成之鋅養而變鋅霧，隨引至收氣内。

生鋅提純：提純生鋅，所得之質，一爲生鋅，二爲鋅屑，三爲結成之質，四爲餘滓。比利時法與比西合法取得之鋅，不必再提，即可出售。西里西阿所得之鋅，常含鋅養等質，必以鐵罐或泥罐重鎔之。別有數種所含異質極多，必在倒焰爐再煆之，如含多鋅，此事更爲要。

鋅含異質提純：最硬之鋅，多含異質，如鎘鉮鉛等，可用倒焰爐重鎔提純。其鋅在爐底之斜面，漸鎔而流下至最低之處，即將鋅屑用鍬取出，令其金類漸冷，即能分出其鉛。如欲去其鎘與銻與鉮，必令英鋅受熱之時加長，即能分出。

鎔鋅熱度：罷里與勃軋門二人云，鎔鋅之熱度過小，則其質點有顆粒之形，而重率亦大，引長之性亦大，淡硝强水難消化。但如其熱度大至百度表二百度，鋅即變脆。故在一百至一百五十度之間，即有引長之性，又耐打軋等事。

又卷二四《化學六・原質下》（錏）〔鋅〕：此質天然而純者見未，然此鑛殊多，鑛内或錏炭養，或紅錏養，此鑛產美國廠鑛甚淨，不洇雜質，若中國則爐甘石、自然銅皆函錏質也。或錏磺溷鉛鑛中。錏質硬而色月白，綻口現珠形，尋常之熱則脆，不能鑄成片張。若食熱自九十三至一百四十九分，則可轉夾爲薄片，扯爲線既經乘熱輾爲薄片，冷定不復再脆。若復令受熱至二百零四分，則復脆而可研爲粉，受熱至四百一十分，則鎔煅之至紅色，則化氣而可甑。其氣遇天氣，乃發緑光而變爲鋥養散，鋥質遇空中溼氣，恒發銹，惟止銹外面一層，汽濕不能復透而深入，緣是適用於世。西國鐵片，恒藍鍍鋥，使勿發銹。法將鐵片先浸淡磺養水，後浸輕淡緑水，令鐵銹去盡。然後蘸已鎔鋥液，令蓋於面，則各種水濕均爲鋥隔也。此質受熱，能化爲氣，故採鑛甑而可得。與提別金有異。法以鑛泥和炭，研細入爐，煅令鋥質化氣由甑頂曲而入水，則鋥凝水中，或以不通天氣之密筒故之，亦可。惟不得稍與天氣相接，蓋透天氣則化爲鋥養也，然此質恒溷鉛鐵，或□焉，鋥質淡强水能化，故以之製輕氣。

《冶金録》卷下《各金雜質》 鋅之雜質：鋅之雜質，大半在別種金類之雜質内言之。用鋅之浄質，所鑄之件，花紋甚清，但不甚堅圓，衹能作玩弄之物耳。鉛與鋅調和，可爲模樣，然其質軟而易彎，用之幾次，樣已改變，所以鑄廠中不恒用之。

《鍊金新語》第九章《鍊金類各成法》 鋅：含銀之鋅礦，先爲烘提，其發出無水硫養二氣，聚而變爲硫養三。即硫强水。其無硫礦質與木炭相和，置於蒸具，在迴熱爐，用氣質燒料熱之，鋅便蒸而爲氣，騰至火磚受具内聚之，在特設倒燄爐提清，即可出售。蒸具所餘之物，有貴金類，與鉛礦同置撇爾斯爐内提鍊。用拍克斯法，所得富足金銀之鋅，在毛根爐内蒸之。爐有帽蓋，不任上騰，此鎔鉛末層工夫也。

《礦務檔・雲南礦務・運銷滇鉛辦法已飭各税務司照辦》 〔光緒二十七年〕二月二十二日行商務大臣盛文稱：光緒二十七年二月初十日，接准咨稱：據雲南礦務駐渝公司職商李正榮禀稱：滇礦白鉛，爲用甚廣，雖有准由商運奏案，以格於關章，衹准由官采辦，免税運銷。現擬由渝預運滬漢，存候官辦，酌擬辦法，請示等情。除批如禀在重慶關，比照進口白鉛税則，每百觔報完税銀二錢五分，運至宜昌，裝儎招商局輪船，轉運至漢口或上海，沿途經過各關，勿再徵納税項。該職商即應馳告滇礦，速採速運，務期足供官中要需，勿再疑阻。至由渝報運完税，仍即聲明存候官辦緣由，並知照滬漢公司，於收存後務即報明各本關，以備稽考而免影射。至官辦之時，可勿隨繳税單，以歸簡便等語。並分咨南北洋大臣，兩湖、四川總督，暨照會總税務司外，相應咨呈，謹請查照施行等因前來。本衙門查滇産白鉛，爲中國自有之利，本宜援官物免税之例，暢其銷路，惟預運存候官辦，究與由官採辦者有別，未便顯違税則，致或效尤。貴大臣所擬各節，於設法鼓舞之中，仍復與關章不背，自應照准。除札行總税務司轉飭各該關税務司遵照辦理外，相應咨復貴大臣查照可也。

《礦務檔・雲南礦務・滇鉛出口税則尚未議定》 宣統二年七月初一日，收雲貴總督電稱：申密。二十六日電悉白鉛出口，法領以約章無禁止明文，請准洋商報運。查法約白鉛進口，既有專條，出口亦應有限制，擬由該領報海關給聯單，交商指地採購，完正半税放行。鉛爲軍品，中國需用，可隨時禁運。細章容咨核。至鉛應照何項税則抽收，未有專章，已電請税務處，速定此事。因司關展轉核議，故致遲覆。羲叩。二十八日。

其他金屬冶煉部

綜述

鎳

杞廬主人《時務通考》卷一三《礦務二・備器・鎳》 曼司否特省分鎳盆：曼司否特省之各的司比緑儂許得地方，提浄銅所有餘銅質，每百分含銅六十三分、鎳二十六分、鉛十分，浸於淡硫强水，而再多遇空氣，則結銅養硫養、鎳養硫養，用成顆粒之法爲之。將其變濃之銅養硫養、鎳養硫養，鎔成銅合鎳之羼質。此法所用之盆以鉛爲之，每盆長三尺，寬二尺，深三寸，層級排列以盛成粒之銅質約九擔，能滿至半。即在上層之長盆，添以熱硫强水，待二小時，開此盆之塞而放其水落至下盆，其餘照此爲之。則所遇之空氣，銅與鎳收其養氣，而漸合其硫强水飽足。盆底所聚之灰大半爲鉛養硫養，屢次分出之，則能與不消化之銅顆粒分開。下層盆内流出之水即引表澄清之池，待清而用吸水筩取至大盆内，加熱。此盆能容流質約七十立方尺。加熱令沸至蒲密表四十度至四十二度，令結顆粒。此水每一百立方尺能成膽礬五頓，又每百分得餘水六十五分。將此水再沸至蒲密表七度至八度而止，則銅養硫養與鎳養硫養結成，其成顆粒之質。得銅一擔須流質十八立方尺七，内含膽礬一擔八一，又含鎳養硫養〇擔八七。

又《礦務四・鎔鍊・鎳》 弟林白軋鎔鎳礦：捺沙邦之弟林白軋地方所産鐵養硫養礦内含銅與鎳，將礦在弓形上成堆煅之，歷四五日，再在二眼兼有火路之爐用枯煤鎔之。其爐高一枚四，闊枚五五，長枚七。如其礦含鈔養、與鋁養與鈣養，足與鐵養成合式之滓，無庸再添配料。否則每礦三百磅，須添前次之滓一百五十磅，並灰石十三磅，石英六磅，則每料一百分得鎔成之質十九分八。此質百分含銅十九分、鎳十三分、鐵三十五分、硫二十三分，另含渣滓若干。

古拉屯罷客鎔鎳礦：海司邦古拉屯罷客地方，將鐵硫合銅硫之礦，每百分含銅三分四、鎳一分七，和以枯煤而在倒焰爐鎔之，遂成生料。將此生料成堆煅之五六次，而再鎔之。將此鎔得之質，再以枯煤鎔之，而收出其養氣，得質百分，含鎳六十分，兼含銅與硫。衣伯稱云：鎔得之質，百分含鎳二十四分、鐵三十四分、銅十八分、硫二十四分。

可立甫發鎔鎳礦：瑞顛國之可立甫發地方，有銅硫礦合於鎳與磁石並硫養，合成之質每百分含銅一分二二，含鎳三分〇五，用火泥爲里之爐，得其鎔成之質。此質依司太甫之法化分得數，每百分含鎳八分五七、鐵六十分四六、銅三分二一、硫二十五分五九。煅至三次之後，再用擺鍋之爐鎔之，所得之質每百分含鎳三十分九二、鐵三十一分二七、銅十二分一一、硫二十四分四八。

乏辣曹鍊鎳礦：比特門得之乏辣魯地方，採得有吸鐵性而含硫之礦，每百分另含鎳五分，鎔辣此礦所得之質，每百分含鎳五十分，每年鍊得此質略五十噸。

鎔鎳成司派司：可賴特明地方之鎳礦，每百分含鎳約十二分，鎔化而取生質和以更好之礦，則成浄司派司。伯明菴末地方將亨軋里之鎳礦，每百分含鎳六分、鈷三分，依其原質而煅多或煅少，再在倒焰爐中加熱至白，而添以白石粉與鈣弗礵所成之滓即棄之。而放出其司派司質用水冷之，而打碎之，再煅之十二小時，而分出其鎳。亨軋賴得云：嵌姆司獨弗地方鎳銻古闌司礦，多含鉛硫與光點鐵礦與棕色鐵礦，宜用提浄之小爐。一逕成司派司，將此質再加鈣養與土質，在四尺半高之衝天爐内鎔之，即得濃司派司。

甫來白合鍊鎳司派司：甫來白合地方鎔鍊鉛與銅所得之生質即含鉛銅，每百分兼含銀〇分五、鎳與鈷二分五，再和以含金類之土質，每百分配以五十分，又和以鎔銅所得鋇養之滓一百五十分，各質和鎔，即得生鉛銅質，並含銀甚少之司派司質，每百分含鎳與鈷十五分至十八分。此司派司質先分出其銀，而後在倒焰爐内提浄之。須添以鋇養硫養礦五十分至六十分，又添石英二十分至二十五分，所成之司派司質，幾不合鐵，即可出售。每百分含鎳四十分至四十四分，另含銅八分至十分。又得含鉛與銅之質，可另取之。西曆一千八百六十一年，在此處鍊得鎳司派司十八噸十四擔。

黑銅分鎳：提浄銅之爐内，常有多鎳聚在其上層銅内，即黑銅，取之能得利。蓋銅内含鎳者，即壞其銅質而難提浄，故宜取出，銅即變好。有一種紅銅質係鎔化紅銅而得者，即雲母銅内含鎳，其質爲十八銅養鎳養銻養，間有鎳養之形，而成黑色之小顆粒。在上層鎔銅質内，又有數處在鎔化時不成銅胚與鎳胚，而特成鎳與别金類相合之質，因此種質易以分鎳。如曼司非勒地方將提銅所得之滓，變成含鎳之銅，此質再用硫强水化分之。甫來白合與阿的奴地方用前言之質，合於鉀硫與鐵硫而鎔之，後再分出其鎳。化學家脱捺云：失奴所設之取鐵法，礦内取鎳可借用。

乾法取鎳：乾法取得之鎳不能甚純，其成色亦不定，惟用上等之礦方能得純質。舊法將生鎳胚屢次和以木塊與煤而煆之，令其鎳養放出養氣，而得純鎳。近將生鎳胚在倒焰爐内，和以提純之配料而鎔之，令放養氣，並燒去其鐵，去盡之後，又連放養氣，而面上成皮。此皮含鈷甚多，兼含鎳少許，屢取出其皮，至鎳提純而止。將其皮久遇空氣，再用濕法分取其鎳。若生鎳含銅者，不能以前法分取。

濕法取鎳：凡礦或銅胚或銀胚，欲以濕法取鎳，先須煆之，蓋欲令其鐵變爲鐵養。即不能消化之質，又欲令其銅鎳鈷能在水内消化，即變爲含硫養之質，或爲能在鹽强水並硫强水内消化之質，或變爲金類合養氣之質，或金類能爲本之鹽類質。

第侖白合銅胚化鎳法：第侖白合之法，將濃銅胚每次用三百磅煆之，略九小時而粘結，成餅塊者，宜篩出之。再將其煆質一百磅爲一次，以百分表六十度熱之水掉和，添以蒲密淨表二十二分至二十三分之鹽强水，取其餘質。三次之後，則其銅胚百分已有六十分至六十三分分出，所消化之鐵養甚少，所消化之銅與鎳，亦不過百分之三分至七分。其鐵之大半並銅養少許，並鎳養多許，俱存在其餘質内。

弟末勒提純鎳法：弟末勒之法，將常售之鎳以鹽强水消化，而加熱熬乾，再以多水消化，而鐵養不消化，通進輕硫氣於淡水中，分出鉀與銅。再熬其水至濃，而添以草酸，令鎳結成。將此鎳養草酸盛於罐内，蓋密而加熱，再在石灰罐内鎔之。所得之質，每百分有純鎳九十九分六、矽養分三、銅養分一。

又卷二五《電學一二》 電氣鍍鎳：鍍鎳之法與鍍銀畧不同，鎳之質最硬，鍍於他質，能耐久，而色白如銀，空氣内不變色，不生鏽，故鍍於鋼或紅銅黄銅之面。其益甚大。現大作此工者，俱用力生電機器，小作用本生電器，或用雙炭條。大作者常用盛鎳水之箱，能容二千至五千磅鑄成之鎳板，厚半寸寬六寸至八寸，長十八寸至三十寸。每鎳水箱，浸此板六十至三十塊，其藥水爲鎳養硫養。淡輕養硫養，即雙鹽類，此質通電爲難。故雷電力更大，鍍鎳之工。雖爲電鍍最趣之事，然最易致誤。非巧技妙手，不可率爾操觚。鍍鎳之體必極淨毫無鏽無污，須用細沙磨光，再將生石灰細粉擦光，而後置於熱鉀養水内，去其油質後以淨水洗之。如體爲紅黄銅之質必再浸於鉀養水内，去其生鏽之微迹，再以淨水洗之，極細浮石粉擦之，淨水洗之，以備入於鎳水箱内使静而不動至鍍鎳一層，已爲合式則洗以沸水。搬至磨光房内磨光之料，爲刷非特地方石灰粉，加於車床皮面輪之墊上，鍍體與之相遇用汽機，運其皮面輪轉之甚速能磨之極光，與最光之鋼光無分上下或尤過之。

錳

《清續文獻通考》卷三九〇《實業考一三》 錳礦：我國錳礦僅二十年間事，從前以爲無用，棄而不顧。漢冶萍公司始於湖北之大冶、陽新二縣採錳，以供漢廠鍊鋼之用，然産量有限。自湘廣桂錳礦發見後，乃大增。兹將最近錳之産量噸數列表如左：

省名	公司名	産量噸	礦區所在地
湖南	漢冶萍公司　裕公司	三三·〇〇〇	常寧　耒陽　湘潭
廣東	裕欣公司	五·〇〇〇	欽州
廣西	合益公司	二·〇〇〇	桂平　武宣
江西	富樂公司	一一·〇〇〇	樂平

據右表而觀，全國約共産含錳百分之四〇至四五之礦石五萬噸。

雜録

鉑

杞廬主人《時務通考》卷二四《化學六・原質下》 鉑之根源：即白金鉑爲地

產而甚少，常見獨成小片粒，雖有大塊，庶幾一見，藏於石中，及古河底之砂泥中。俄國烏拉嶺之西，產此最多。一百二十年前，已知爲金類原質，此原質世間尠少，在鑛得者俱純。白金不與別質溷合，產於海邊沙坦之中，掘淘而得所獲者多小扁粒，大塊者極少。產俄羅斯南阿英理駕，及波羅洲等處，降生一千七百四十九年間，已故得白金與他質有別。此質色白而帶灰，硬逾銅，而軟於鐵。凡可牽爲線者，自銅鐵而外，以白金線爲最韌。除黃金銀線而外，以白金線爲最幼，可鑄薄如黃金，煅至白色，能搥令摺合如鐵。極烈火不能銷之爲液，故爲最適用之物，惟電火及二氣火管，可鎔而已。合鉛鐵爲雜金類，則不須二氣火管，亦可化鎔矣。白金鐺釜，切勿烹煉，養錫養鉛養鉍等，蓋各養金經熱，則離養氣而合於白金，故足壞釜也。白金是質，不論寒暑燥濕，均不牽吸養氣而發銹。皇强水能化，然不如黃金之易也。合鉥養鎮養之蛤利，同煅至紅，則蛤利食白金而毀之。燐養酸和炭，與白金同煅至紅，能將白金毀壞，鉑之爲物。烈火不能鎔，各强酸不能食，故煉濃强水，及製化學鐺鼎殊適於用齒科以之作鑲牙線，最能經久。原價止值黃金之半，第既製爲各種器具，則每重八錢二，竟需洋錢十八至二十員不等。在鑛所獲若爲白金粒，將粒煅熱，即可搥合爲版，緣厥質能乘熱鑄合故也。尋常得者，先須煉至純一。法將白金沙胚，以鹽硝强水食化濾净，加鈾緑即生鹽於中，使化成鉑緑鹽，而後以火煅之，待煅去緑氣，即爲純白金。以此純金和製器之餘屑，以二氣火管燒鎔，即可搥合爲白金版，或鑄爲片張。在昔止法國能製白金器物，邇來美國亦有白金工匠矣。鉑爲地產而甚少，常見獨成小片粒，色如銀微帶灰色，比金銀更重更堅，平常大熱難鎔，各强水亦不能化，且不畏酸水，故以之作器。化分一切猛烈之物，及熬煮濃厚之强水，净鉑價略等於金。惟出產不多，故不合作錢用。

鉑之形性：鉑色如鑲，而微帶灰色。其堅在銅鐵之間，銅鐵之外，此爲最固，金銀之外，此爲最韌。可以打箔抽絲，煅至將紅，可粘合如鐵。其妙處在難鎔，雖有至大之熱，不能改其形質，惟輕養吹燈及電火，始能鎔之。易與錫、鐵等相和，既和之後，較純者易鎔，所以鉑鍋不宜盛錫養、鉛養、鉍養諸質而加熱，恐竄入鍋體，以致無用也。鉑見空氣任何熱度，皆不能皇與養氣化合，遇酸水亦不改變，惟合强水能消化，但比金更難也。加熱至紅，使遇猛鹻類或燐養，或炭皆能生鏽。鉑因難鎔，且不畏諸酸水，故以作器，化分一切猛烈之物，及熬煮濃厚之强水。又有補牙之人，用鑲牙牀鑄礮之人，用鑲火門。前數年俄國曾用作錢幣，今因不便而廢。其生者價較於金約一半，鍊成者幾與金相等。先將生粗粒置於合强水之淡者，鉑則消化，而所含之銥與鈢留下，後加以淡輕緑則結淡輕緑鉑緑，加熱至紅，氣質化散而成鉑絨。次置木椀之內，水調成膏，篩過數次用大力壓密，加熱至白打之成小塊，再加大熱，可粘合數小塊爲大塊，置於雙軸之間，軋成薄片，昔惟法國爲此業，今則別國亦有矣。

《金石識別》卷八《白金》 白金初得時，以爲無用之物，因其粒甚細，不能鎔成大塊，雖燒紅打之，亦可并，惟其甚細，所以難。且尚有他質在內不能净。嗣後英吉利化學士，以硝緑輕酸消化之，以緑氣酸阿摩尼阿降之，成橘黃色粉，爲二倍緑氣白金阿摩尼阿，熱之至紅，即得細粉黑色，謂之海棉撥拉低能。又紅熱之，以鋼鐵重壓之，則并成餅，再燒而打之成塊。後又有花旗化學士，以輕養火燒之易鎔，可以小粒鎔成大塊，曾鎔得二十八兩重一塊。與水重之比，若一九・八與一。此法所鎔成白金，與上法所得同，亦可打。凡百分中有九十分白金，已可打作器皿，惟其光色不如純金之明耳。

銻

《清朝續文獻通考》卷四五《征榷考一七・坑冶》 宣統元年，農工商部奏：「華商創用新法試鍊純銻，請酌減稅項，並予專辦年限。」略稱：「據湖南華昌鍊礦公司總理楊度呈稱，中國銻礦以湖南所產爲最多，歷皆土法提鍊，僅成生銻，不合製器之用，致遭洋商把持，虧耗甚鉅。銻商坐此破產者十而八九，見與鄉人籌議，亟思用西法改鍊純銻，以維礦業。歷年調查所費不貲，始以重價從法國赫倫士米會社購得提鍊純銻祕法，及其機器專用權，集股本銀三十萬兩，創設公司，開鑪試鍊。確較土法爲佳，亟宜運往外洋，尋覓銷路。查生銻向有出口稅，值百抽五，近又收取出井稅，值百抽三。今既鍊生成純，應請比較生純成色，特定稅則。惟試辦之初，尚無把握，若即徵以重稅，實爲力所不勝。擬懇奏請將純銻出口、出井兩稅，於五年內照生銻完納，藉紓商力。至純銻一項專售外洋，銷路甚狹，萬一他人設廠爭鍊，跌價相傾，洋商乘機把持，非至兩敗俱傷不止。擬請援照湖北燮昌火柴公司成案，准在湖南境內專辦二十五年，並援照中興煤礦公司、龍章造紙公司成案，由部發給關防，以資信守。查湖南礦務以銻產爲大宗，華商於冶金之學素未講求，雖地實豐饒，祇供外人利用。該公司購用新法試鍊，在中國實爲創辦，自應量予維持，藉資提倡。所有純銻出井稅，擬由臣部核准，自本年起以五年爲限，暫照生銻完納。其出口稅，咨商稅務處，復准以兩年爲限，限滿時另定稅則。至援案專辦一節，查漢口燮昌火柴公司開辦之初，先稟請專利十年，嗣因續添資本，擴充製造，復請展限十五年，均經湖廣總督批准在案。該公司甫經設立，所請專辦年限似屬太寬，擬准自開辦日起，專辦十年，限內無論中外官商，不得於湖南境內再設純銻鍊廠，請給關防，擬由臣部刊刻一顆，發交鈐用。」允之。

《清朝續文獻通考》卷三八九《實業考一二》 宣統元年又農工商部奏：「華商湖南鍊礦公司刱用新法試鍊純銻，擬請以兩年爲限，暫准酌減稅項，照生銻完納，並准在湖南境內專辦十年。」【略】

又農工商部奏：湖南華昌公司試鍊純銻，漸著成效，請將直隸、兩江、山東、湖南、湖北五省補助官款共十六萬兩奏明立案，永遠作爲補助，以符奏案。

《礦務檔》附録《大事年表》〔光緒三十四年，戊申〕二月，楊度在長沙創設華昌公司，試鍊純銻。

《礦務檔・湖南礦務・咨送湖南華昌公司補助官款未合定章嗣後動用款項應由本部核定摺》 宣統二年六月初八日，收度支部文稱：制用司案呈，本部具奏農工商部奏湖南華昌公司試鍊純銻，漸著成效，請將直隸等省補助官款，奏明立案。聲明嗣後各該衙門無論辦理何事款項，請由本部核定，以杜紛歧一摺。宣統二年六月初六日具奏，本日奉旨：著照所請，該衙門知道。欽此。相應刷印原奏，恭録諭旨，咨行外務部欽遵辦理可也。計原奏一本。度支部謹奏爲聲明請旨事：准農工商部咨，宣統二年五月二十日，軍機處片交奉諭旨：農工商部奏湖南華昌公司試鍊純銻，漸著成效，請將直隸等省補助官款，奏明立案一摺。著依議。欽此。鈔録原奏咨行前來。查湖南華昌鍊鑛公司一案，於上年十月間，據前湖南撫臣岑春蓂奏，光緒三十四年二月，批准職紳楊度就長沙城外創辦。前任督臣趙爾巽以楊度購買法國機器，簽字期屆，股款未集，請准息借官款五萬，湘鄂各半，咨送借據到湘，飭善後局撥銀二萬五千兩匯鄂。旋因督臣陳夔龍咨准原任大學士張之洞電開，華昌公司缺款十五萬，已商允南北洋、山東等省補助，兩湖借款，亦皆改作補助，將原具領字發還該撫。經飭善後局照辦等因，會同督臣陳夔龍附奏。奉硃批：該部知道。欽此。經臣部查該公司係商辦性質，究竟自招股本若干，章程若何，並無報部案據，南北洋等省撥款，亦均未據咨報，行令該督撫將公司章程辦法，詳細鈔送，再行核辦，並知照農工商部在案。今據農工商部具奏，該公司前日湖廣總督、湖南巡撫息借官款各二萬五千兩，因公司成立不易，改借爲助，並由直隸、兩江各總督，各籌撥銀四萬兩，山東巡撫籌撥三萬兩，五省合計十六萬兩，皆於光緒三十四年先後領齊。公司不付息銀，不給股票，惟以補助名目，藉爲保息招股之資，於是商股漸多，公司乃立。該員楊度以現在成效已著，基礎未穩，設有摇動，關係全省礦業匪輕，請俟發達後，再行報效。農工商部查係寔情，奏請將各該省官款，永遠作爲補助，准予立案等因，恭録諭旨，行知臣部。伏查該部原奏辦法，係爲維持寔業起見，惟於該公司組織一切，但言商股漸多，而於所定之股本銀數，招集商款，已收若干，未收若干，全未提及。但述純銻質地之美，而於售出之重量噸數，暨價值之高下，售銀之多寡，均未敘明，似於立案定章，不盡脗合。且各省正雜款項綜核之權，專在臣部。此案湘省撥解善後局款，僅據岑春蓂一案，而臣部行查各節，均未聲覆。直隸四省，至今未據奏報。查各該省財力，均非甚裕，而同時爲該公司撥款，復以張之洞一電，發還官款借據，並非奏奉諭旨電傳各省，乃輒置官款於不問，於事理均有未合。惟既經農工商部奏奉允准，臣部自應遵照辦理。其各色已辦未辦各項寔業，均不得援案陳請，以重公帑。此案應仍由湖南巡撫飭取該公司詳細辦法章程，並商股寔在數目，咨送臣部考核。其直隸等省撥過官款，應令該督撫迅將動用何款，查明奏報，以符定章。現在清理財政，事權尤當專一。嗣後各該衙門無論辦理何事款項，應皆由臣部核定，不得以職掌所在，所用款項，並不查明臣部，率行具奏。以杜紛歧，而清權限。所有聲明請旨緣由，理合恭摺具陳，伏乞皇上聖鑒訓示。謹奏。

杞廬主人《時務通考》卷一三《礦務二・備器・銻》 伍次白合鎔銻罐：哈次山之伍次白合地方，其器最簡，二牆有孔，能進空氣，盛礦之罐，排列成行，罐底作多孔。下罐能受鎔出之生銻，用灰與砂等質，藉以圍住下罐。

阿達司省鎔銻罐：漫罷司格地方，即阿達司省內之鍊銻廠，其罐爲圓錐形，其底作多孔，其高〇枚三三，其口徑〇枚二二。將此罐二十五個至三十個在兩牆之間列成一行，其高〇枚二五，其相距爲〇枚四。兩罐能容生礦略三十磅，其受罐埋在地內。上罐之空處滿以煤，而以木柿引燃，每四十小時能鎔四次。其受罐已滿，待冷剖開而取其銻。此法可令罐再相合而再用，但每鎔四次，其上下兩罐約有一半損傷而難用。

下亨軋里鎔銻罐：下亨軋里馬軋恰地方用二罐，每罐高十一寸，能鎔銻八磅至九磅。此兩罐一個套在内，而再套入第三個，第三個之外，用灰圍至半高。如此三個罐爲一副列成行，兩邊作牆，相距約一尺，空處裝以乾杉木，每塊長約二尺，此木劈成薄條。用此一層鋪在罐上，同時在數處引燃，約一小時半能鎔生銻四頓又四分頓之一。所燒之木爲八百八十立方尺，此爲天燥時之數，若天時潮濕費木較多。

鎔銻關閉爐：鎔銻關閉之爐，宜於需用大熱度之礦，而含少銻者。其形有二：甲爲不連鎔之爐。其受器在内或在外，但無論内外，每裝一次，必待前次之鎔罐冷定，而取出餘質。貨魯華用圓錐形火泥罐七十五個，每罐高十九寸，口徑十一寸，底徑九寸，置於有罩之爐内。每罐之底作五孔，每孔之徑半寸，受罐高九寸，口徑十寸，底徑八寸。各罐裝礦四十磅，近底裝上等礦三分之一，此上用次等礦和以粗礦，再上裝最粗之礦三分之一。加熱一小時，不可過大，以免其礦裂開。再加熱略三小時，熱可漸增大，再二小時，又須減小，令其銻不多化散。俟受器内有生銻二十磅至二十四磅，爐冷二十小時，至二十四小時則可取出。如礦一頓半則燒樺木十五至十六立方尺，共鎔得銻硫百分之五十，所費之罐甚多。乙爲連鎔之爐。此爐之制，能在换裝礦之時，取去前次之餘質，因此其熱不息。此法有益於別法。馬拉罷司克地方所用之爐，其礦料置於大甑之内。每一爐列甑四個，每甑之下留一空處，此空處與托器内之孔相配，在孔下二膛内置瓦盆。其鎔化之銻流過其各孔，而通至下器内。每甑可連用約二十日，裝礦約五擔，在三小時内能鎔畢。所有餘質或從口取出，或從旁孔取出。此孔在燒時用泥塞密。銻硫從甑流出，必有藍色之大方爲合法。若爲紅色，則知熱度過大。每一小時能成生銻一百磅，燒煤六十四磅。每礦一百磅，燒煤二十二磅。每礦百分能得生銻五十磅。

鎔銻衝天爐倒焰爐：衝天爐比倒焰爐所得之銻更多，而鎔礦之費則更少，但此只合宜於次等礦。如歲普臺末與蒲格二廠，用倒焰爐所鎔之礦，每百分含銻三十分至四十分。一頓礦在六小時内，用煤四擔煅之，每百分散去十二分，内有二分爲銻。將礦二頓至二頓半，約二十四小時内鎔盡，用枯煤一頓又四分之一。用衝天爐，其爐有噴氣嘴三個，高三枚三。此從進風孔至爐口之數，深〇枚八至〇枚九，寬〇枚六。其爐之制與有槽之爐略同，其眼須關閉。所得之銻，每百分含純銻九十二分至九十五分，必再提純。

鎔銻小倒焰爐：萬豆生之拉密地方用小倒焰爐。其爐底有孔，以便放出鎔化之生銻。每一次用上等礦八擔至十擔，成生銻四擔至五擔，燒木料二十立方尺。爐外有受盆，可容流出之生銻。開爐之塞孔其銻自能流出。

又《礦務四・鎔鍊・銻》 亨軋里提純銻：亨軋里國將生銻先軋碎而磨細，再用有罩之爐全煅之。每次煅成三擔，每百分能得純銻八十二分。再將此質略五擔，每百分另配以煤屑十分、鈉養硫養三分至六分，用法國鎔銻之爐鎔之。約二十小時，將其滓從其盆内收出，再將星點之滓取出。此滓約重二十磅至二十五磅，每百分含生銻五十分、煤屑二分，不全煅之生銻三十分，又鈉養炭養二十分，此星滓合於其銻鎔之，用杓取出，傾於模内成錠，令其各錠有滓蓋之。其滓厚略四分寸之一，則冷時而滓自能分開。如其銻所含之異質不過百分之四，則銻之面有星形之紋，再將此銻打碎，添以生銻鎔而提純之。再將其質令滓分出，而合於其星形之滓。

白地雅提純銻：白地雅云：銻硫每百分能成銻六十五分至七十分，法將一百分和以鐵落六十分、鈉養炭養四十五分至五十分、煤屑十分。

里白合朋司客提純銻：里白合與朋司客所設之法，能省費而得不雜鉮之銻。將銻硫一百分和以鐵屑四十二分、無水鈉養硫養十分、炭二分半至三分半鎔之，將所得之銻十六分，再鎔一小時。又添鐵硫二分、銻硫一分、鈉養炭養二分。再將此法所得之銻，和以鈉養炭養一分半鎔之，再添鈉養炭養一分，其滓變爲淡黄色，即是鐵硫。略收出其鉮，所成之物大略與鉮硫礦同。

太司敦提純銻：太司敦所設之法，將礦先去其異質，而成合式之塊，但不可加熱。鎔出其異質，用凹底之倒焰爐鎔之。裝此礦二擔至三擔，每百分和以熟鐵鈉養硫養、鉀養炭養、鉀綠煤屑，共三十五至三十六分，鎔八小時至十小時之後，而放出其銻，其面上仍有滓蓋之。再將此銻在罐内鎔之，每罐容二十磅至三十磅。再用鉀養炭養、鉀綠煤屑添入其内。馬合卡地方用此法，將生銻十八磅和以配料用筆鉛罐鎔之。

英國提純銻：倫頓相近處名恩度分，其取鉛廠内有取銻之廠，將銻礦打碎如雞卵大，每百分含銻五十分至五十五分。其罐用火泥筆鉛與舊罐相和爲之，先加熱至暗紅，乃添以礦，將鹼類之滓蓋在上，再將碎舊鐵二十磅蓋在上，即藉此鐵壓其鎔化之質。待一小時至二小時，各質全鎔，即傾入圓錐形之鐵模。其罐再敦礦與料如前，模内之質，待冷易分出其鐵硫與生銻此質後再提純，每十小時能鎔礦十擔至十一擔。

法國提純銻：法國歲普太末廠與蒲□廠近於馬歲辣地方，鎔鍊之銻硫礦並須那莫内得係亢司坦弟那地方運來者，每百分含銻略六十分。又夸西加與佗司客尼運來之紅銻礦，每百分含銻四十五分至五十五分。

提純生銻：提純生緑之法：將生銻和以數種配質而鎔之，生銻所含之其質爲銅、鉮、鉛、鐵、硫，令其與養氣化合之料爲硝，或銻未所用提純之料爲鉀養炭養與鈉養炭養。此因欲令其質與養化合，並令異質成滓而分出。又法：令其鐵、鉮、鉛、銅與硫化合，即添以銻硫少許，或和以鈉養硫養與煤，則變爲含硫之質，而與滓相和。若和以鈉緑，則其全類變爲含緑之質，或即化散，或成渣滓。

鋁

《宋史》卷一八五《食貨志下七》 建隆中，詔：「商人私販幽州礬，官司嚴捕没入之。」繼定私販河東幽州礬一兩以上，私鬻礬三斤，及盗官礬至十斤者，棄市。開寶三年，增私販至十斤，私鬻及盗滿五十斤者死，餘論罪有差。太平興國初，以歲鬻不充，迺詔私販化外礬一兩以上，及私鬻至十斤，並如律論決，再犯者悉配流，還復犯者死。淳化元年，有司言：「慈礬滯積，小民多於山谷僻奥之地私鬻侵利，而緑礬價賤，不宜與晉礬均法。」詔同犯私茶罪賞。

先是，建隆二年，命左諫議大夫劉熙古詣晉州制置礬，許商人輸金銀、布帛、絲綿、茶及緡錢，官償以礬，凡歲增課八十萬貫。太平興國初，歲博緡錢、金銀計一十二萬餘貫，茶計三萬餘貫。端拱初，銀、絹帛二萬餘貫，茶計十四萬貫。至是，言者謂：「礬直酬以見錢，商人以陳茶入博，有利豪商，無資國用。」詔今後惟聽金銀、見錢入博。

《新唐書》卷四〇《地理志四》 沙州燉煌郡，下都督府。本瓜州，武德五年曰西沙州，貞觀七年曰沙州。土貢：碁子、黄礬、石膏。

瓜州晉昌郡，下都督府。武德五年析沙州之常樂置。土貢：野馬革、緊鞓、草豉、黄礬、絳礬、胡桐律。

《宋史》卷一八五《食貨志下七》 自熙寧初，礬法始變。歲課所入，元年爲錢三萬六千四百緡有奇，併增者五年，乃取熙寧六年中數，定以十八萬三千一百緡有奇爲新額；至元豐六年，課增至三十三萬七千九百緡，而無爲軍礬歲課一百五十萬斤，用本錢萬八千緡；自治平至元豐數無增損。

鉍

杞廬主人《時務通考》卷一三《礦務二・備器・鉍》 司尼白合鎔鉍爐：煞克司尼邦之司尼白合地方鎔礦廠所用之器，以石與磚作爐柵，其燒料有門添進。鎔礦鐵罐之下口有泥板封之，板下有圓形之小槽，其鎔化之鉍，過此槽流出牆，從爐底略高至鐵罐之後口。此牆内每一鐵罐配一孔，又爲鐵槽，能收鎔化之鉍。又有木作之水槽，其鉍遇水，成粒而冷。鎔鉍鐵罐之上口有鐵皮作蓋。所欲成粒之鉍，從其前各孔流下，先遇平面，而後落至水槽内。有風門遇風至兩罐之間，能司其熱度。

又《礦務四・鎔鍊・鉍》 提純鉍四法：鉍礦提純之法，一在斜面加小熱鎔化，將結之時，傾入圓平之模内，則鉍硫之結速於純鉍，易以分出。司奈得云：將不純之鉍傾於冷板之面，鉍硫因合於他質而先結，從其結處有純鉍流出。二在罐内鎔化每若干時，添以硝而掉之不止，取出少許，遇空氣即變緑色與金黄色，知爲已純。若變藍色，或茄花色，或玫瑰色，尚是未純。若將其罐蓋密，而再以煤置於蓋上，即有純鉍之大粒在上面結成，刺通其面而流出未結之質，則此結面之下有相粘之顆粒。三在鐵盆内鎔化，所有浮至面上之其質，隨取出之。四用噴氣之法並噴氣之爐，則爐底之灰能收其鉍養，將其灰和以黑色之配料而鎔之，能得純鉍，所有鐵鎳等俱存於爐面上。此法提純之鉍，另含鉮硫鐵各少許，非用强水之法，不能全分去。

煆鉍舊法：鉍礦在露天成堆煆之，而令其鉍鎔出，最爲舊法，將木料作基，木上鋪煤，煤上鋪鉍礦成堆，則鎔出之鉍落至堆底收之洗之鎔之，而取其純者。後用倒焰爐，鎔與鎔鉛相同。近來棄此法，而用鐵罐鎔出其鉍。

銈

杞廬主人《時務通考》卷二四《化學六·原質下》 銈：銈恒與鉑礦同見，惟甚脆而易打碎，碎者在空氣内加熱，即與養氣化合，鎔界較鉑更大。合强水亦不消化，與鉑相合，合强水始能消化。與鉀養二硫養三同鎔，則成銈養硫養三，鉀養硫養三能消化於水，水色鮮紅，銈之雜質，並雜質消化之水，大半是鮮紅色。

鎘

杞廬主人《時務通考》卷二四《化學六·原質下》 鎘：色麗白如銀，可扯爲線鎚爲薄，冶液比鐵略易，不甚發繡。合養氣殊難，淡强酸弗能食地，産者兼函鑒磺鎬。然此鑛尠少，天隕星石時，函此質百分之十，此質結鹽青色，水鎔此鹽，亦或青色。西國以之合鍟銅，作虀叉，及諸飲器泰西白銅，乃銅五十一，鍟三十零六，鎘一十四八相合而成也。各器皿中有此質，擦之色白如銀，鎘與鎬若同産一處，則數同而化力亦相同。鎘與鎬及鐵均可令發吸力如慈石，别原質不能也。此質合養氣有二級，鎘養鎘養三也。

銤

杞廬主人《時務通考》卷二四《化學六·原質下》 銤：銤恒與鉑粒相間，亦爲片粒，粒内係銤釕銈三者相合也。地産之金亦含之，因重於金，鎔金之時，此恒沈於底。性極堅，或用作鐵筆尖。若作金錢之金内，微有此物，印打之時，其模每致損傷。凡金類以銤爲最難鎔，雖用輕養吹燈，亦不能鎔也。銤或銤之雜質，或在空氣内加熱，或在硝强水内，或在合强水内消化，皆能與養氣化合，成銤養而化散。其氣甚毒，人若嗅之，咳逆與嗅緑氣同。若收取之，能結無色方粒，消化於水，亦常化散，遇肌膚而變黑色。

釘

杞廬主人《時務通考》卷二四《化學六·原質下》 釘：釘亦與鉑同見，性硬而脆，鎔亦極難，合强水微能消化。

銥

杞廬主人《時務通考》卷二四《化學六·原質下》 銥：銥有自然獨成者，有與鉑同見者，鎔亦難於鉑，質亦更重，與水較重二十二倍三，或用作鐵筆之尖。若爲純者，合强水亦不能消化，細粉在空氣加熱，則成銥養，色黑，可作磁器面之黑色。

鈀

《金石識别》卷八《鈀留底恩》 金礦中本有四種金和合，黄金、銀、鈀留底恩、銅是也。分取之法，鎔而傾於水中成細粒，入硝酸中，則銀與鈀留底恩及銅均消化，而黄金不消，故得黄金。以食鹽入内，降其銀爲緑氣銀。又以白鉛片入内，則白鉛消而銅及鈀留底恩降濾出。再消化之於硝酸，加多阿摩尼阿及緑輕酸，滿其量，則鈀留底恩與二倍緑氣阿摩尼阿合而降爲黄粉，燒之即得鈀留底恩之純質。

杞廬主人《時務通考》卷二四《化學六·原質下》 鈀：鈀恒與獨成之銀或鉑同見，形與鉑相似，色亦白，而光亮過之。與養氣化合，較易於鉑，然在空氣内不加熱亦不能化合。加熱則化合而面生藍色，再加白熱養氣又化散，而仍復原色。入硝强水能消化，若與衰化合，則成不能消化之質。性較鉑堅固，而質稍輕，冶爐不能鎔，可打薄引長，並可作最精之器。如與銀二倍相合，可作絲忽之法馬。若能多得，大有裨於工藝也。英國地産博物會之規條，如有人覓得有益人之新物，贈以鈀作之寶一枚，可見其貴重矣。

綜合金屬冶煉部

題解

陳顯微《周易參同契解》卷上《上篇》 知白守黑，神明自來。白者金精，黑者水基。水者道樞，其數名一，陰陽之始，玄含黄芽。五金之主，北方河車。故鉛外黑，内懷金華，被褐懷玉，外爲狂夫。

白者，銀也；黑者，鉛也。知白守黑，謂鍊銀於鉛也。鍊銀於鉛，則神明自生。銀爲金之精，鉛爲水之基，五行之中惟濁水之數一，合道之樞，而爲陰陽之始也。雖非真一之一，而得冥一之用，故其一之道，先取金子爲黄芽之根。金子即水也，欲合萬殊而爲一，必先於萬殊之中，求其一者而爲基也。此金丹之法，有取於用鉛者，其理知此，所以謂水爲道樞也。論全於此始，明水得真一之用，而未是其一之一也。水之生數一，水之成數六。以成數六言之，則水一含土五也。故鉛外黑，内含金華，而有玄含黄芽之妙用焉。水者，五行之始；鉛者，五金之主。水本居北，搬運而南，使水自下升載，貫而上，加河車之運，故曰河車。以黄褋黑，故曰被褐，謂鉛質本賤也。而白銀在内，故曰懷玉，謂至寶冥藏也。大柢造化之理，莫不以賤護黄，以晦養明，以卑保尊，以狂養聖，雖外視狂夫，而内懷至寶。可見，機緘不露，良質深藏，豈可與急急於人知者同日而語？魏君之旨，雖本在鉛，而義亦兩及之。

金爲水母，母隱於胎。水者金子，子藏母胞。真人至妙，若有若無，髣髴大淵，乍沉乍浮。進退分布，各守境隅。

銀是金，鉛是水，金生子，故金爲水母。水者金子，鉛藏銀，故母隱子胎，子藏母胞，金胎處鉛中，即是真人，在淵内或現或隱，乍沉乍浮。及乎用鉛，既已水退，淵澄真人出現，則又各守境隅矣。《金碧經》曰：灰池炎約，鉛沉銀浮。其旨同此。

胡紹曾《詩經胡傳》卷二 金，黄爲之長，久薶不生衣，百鍊不輕，從革不違。錫，今白鑞也。按：《禹貢》：揚州厥貢，惟金三品。注：金、銀、銅也。《周禮·職方》：揚州其利金錫，荆州其利銀。今以出産言之，則銀在揚，而錫在荆也。《考工記》：攻金之工，築、冶、鳧、㮚、段、桃。以今工料言之，宜用銅、鐵爲多，特總名金錫，以分六齊止，如今所謂錫，則豈堪爲斧斤戈戟矢刃。又豈□聲中黄鐘之宫哉？又《周禮·卝人·職金》皆言金玉錫石，蓋銅、鐵、銀、鉛皆取卝煉成，言金錫而盡兼也。楚子賜鄭伯金而悔之，盟曰「無以鑄兵」，此是銅鐵齊餽。孟子兼金則是今所稱金、銀也。《爾雅》别黄金之璗、鏐，白金之鐐、鈑，錫之釦、銑，特如今世所分五金耳。今世日用銅鐵經文絶少，言銅亦罕稱銀、鐵，固知古人祇言金者，五金之總名，以金、錫對言者，言錫而銀、鉛在其中矣。

《史記》卷二七《天官書第五》 火與水合爲焠，與金合爲鑠。爲喪，皆不可舉事，用兵大敗。土爲憂，主孽卿。《集解》：晉灼曰：火入水，故曰焠。《索隱》案：謂火與水俱從填星合也。《正義》：焠，忽内反。《星經》：凡五星，火與水合爲焠，用兵舉事大敗；與金合爲鑠，爲喪，不可舉事，用兵從軍爲憂；離之，軍却；與土合爲憂，主孽卿；與木合，饑戰敗也。《索隱》：《文耀鉤》云：「水土合則成鑪冶，鑪冶成則火興，火興則土之子焠。金成銷鑠，金鑠則土無子，無子輔父則益妖孽，故子憂也。」

《漢書》卷二四下《食貨志第四下》 又造銀錫白金。如淳曰：「雜鑄銀錫爲白金。」以爲天用莫如龍，地用莫如馬，人用莫如龜，故白金三品：其一曰重八兩，圜之，其文龍，名「白撰」，直三千；二曰以重差小，方之，其文馬，直五百；三曰復小，橢之，其文龜，直三百。【略】

鑄作錢布皆用銅，殽以連錫，孟康曰：「連，錫之别名也。」李奇曰：「鉛錫璞名曰連。」應劭曰：「連似銅。」師古曰：「孟、李二説皆非也。許慎云『鏈，銅屬也』，然則以連及錫雜銅而爲錢也。此下又云能采金銀銅連錫，益知連非錫矣。」文質周郭放漢五銖錢云。其金銀與它物雜，色不純好，龜不盈五寸，貝不盈六分，皆不得爲寶貨。元龜爲蔡，非四民所得居，有者，入大卜受直。

又卷六四下 使膠東魯國鼓鑄鹽鐵。如淳曰：鑄銅鐵，扇熾火謂之鼓。

段玉裁《説文解字注》第一四篇上《金部》 錮，鑄塞也。寋作塞，誤，今正。凡銷鐵以窒穿穴謂之錮。《左傳》曰：子反請以重幣錮之。《漢書》曰：下錮三泉。从金，固聲。此亦形聲包會意。古慕切，在五部。鑲，作型中腸也。型者，鑄器之法也。其中腸謂之鑲，猶瓜中腸謂之瓤也。鑲亦用爲句鑲，兵器也。别一義，見《釋名》。从金，襄聲。汝羊切，十部。鎔，冶器灋也。冶者，銷也，鑄也。《董仲舒傳》曰：猶泥之在鈞，唯甄者之所爲，猶金之在鎔，唯冶者之所鑄。師古曰：鎔謂鑄器之模範也。今人多失其義。从金，容聲。余封切，九部。鋏，可目持冶器鑄鎔者也。冶器者，鑄於鎔中，則以此物夾而出之，此物金爲之，故从金。从金，夾聲。古叶切，八部。讀若漁人夾魚之夾。夾，二徐作莢，非，今正。《周禮》井夾取矢。一曰若挾持。一謂讀若挾持之挾。鍛，小冶也。小冶謂小作鑪韛以冶金，如嵇康之鍛竈是也。冶之則必椎之，故曰鍛鐵。《殳部》曰：段，椎物也。鍛从段金，會意兼形聲。《考工記》：段氏爲鎛器。段即鍛也。《詩》之碫石，則鍛質也。从金，段聲。丁貫切。十四部。鑄，銷金也。从金，壽聲。之戍切。古音在三部，亦讀如祝。鑠，銷金也。从金，樂聲。書藥切，二部。銷，鑠金也。从金，肖聲。相邀切，二部。鍊，冶金也。冶，大徐本譌作冶，今正。湅，治絲也。練，治繒也。鍊，治金也。皆謂湔湅欲其精，非第冶之而已。冶者，銷也，引申之。凡治之使精曰鍊。从金，柬聲。此亦形聲包會意，郎甸切。十四部。

《六臣注文選》卷五一 精練藏於鑛朴，庸人視之忽焉，巧冶鑄之，然後知其幹也。善曰：精練金也，金百練不耗，故曰精練也。《說文》曰：鑛，銅鐵璞也。礦與鑛同，瓜並切。翰曰：鑛璞，謂金石相和未理者也。忽焉，不識皃。巧冶，理金之工也。幹，體也。餘同善注。

釋慧琳《一切經音義》卷第八《大般若波羅蜜多經》第五七九卷《檀波羅分》 鎔鍊：上，勇慵反，考聲，鑄金洺也。《說文》：治金器洺也。從金，容聲也。下，力細反，古文作柬，亦作煉。考聲，精擇也。《韻集》：鑠金也。《說文》：治金也，從金，柬聲也。柬，力賤反，經從柬，作錬，非練字也。

熊忠《古今韻會舉要》卷二五入聲 鋈：《說文》：白金也，從金矢，沃聲。《詩詁》曰：詩「陰靷鋈續。」又，沃以觼軜，厹矛鋈錞，毛云白金也，鄭云白金飾續，靷之環、軜之觼以白金爲飾。孔疏云：白金謂之銀，其美者謂之鐐。然則白金不名鋈，言鋈者謂銷白金以灌鋈靷環，非訓鋈爲白金也。金、銀、銅、錫總名爲金，未必皆白銀也。今詳詩言，鋈續、鋈錞，則是以鐵爲質，以他金灌沃其外，共名爲鋈。猶今人以銀爲質，金鍍其外，共名爲鍍也。鄭釋鋈續，不云白金爲環，但云以白金飾環，猶未瑩徹。今人作門環，皆以鐵爲質，而灌以錫，古所謂鋈歟？

戴侗《六書故》卷四《地理一》 鎔，【略】冶金也。又作烊。冶、鎔、烊同聲，實一字，古但謂之冶。

銷，【略】火消金也。古單作消。

鑠，【略】金消鑠也。消滲因謂之鑠。《孟子》曰：「仁義禮知，非由外鑠我也。」火洞明，因謂之鑠。詩云：「於鑠王師。」別作爍。

鍊，【略】煎冶銅鐵，使精熟也。別作煉，又作漱。《說文》曰：「辟漱，鐵也。」

鍛，【略】捶鍊也。《說文》曰：「小冶也。」

鋌，【略】五金鍛爲條樸者。伯曰：金曰鋌，木曰梃，竹曰筳，皆取其長。又《考工記》曰：「冶氏爲殺矢，刃長寸，鋌十之。」【略】

鑄，【略】冶金寫之範中，以爲器也。

劉實《敏求機要》卷一六《三品金五品金七寶》 貢金三品，金、銀、銅。五金：金、銀、銅、鐵、錫。七寶：五金加鍮、鈆。二十四兩爲一鎰。

王佐《新增格古要論》卷六《金》 和氣子者，即紅銅，又名張公，又名身子石。試有聲而落屑，色赤而性硬，火燒黑色難打，又發裂。古諺云：金怕石頭銀怕火。其色七青八黃，九紫十赤，以赤爲足色金也。

又卷六《紫金》 紫金，古云，半兩錢即紫金。今人用赤銅和黃金爲之，然世人未嘗見真紫金也。

蔣一彪《古文參同契集解》卷上《中篇》 知白守黑，神明自來。白者金精，黑者水基。水者道樞，其數名一，陰陽之始，玄含黃芽。五金之主，北方河車。故鉛外黑，内懷金華。被褐懷玉，外爲狂夫。

「知白守黑」至「外爲狂夫」。白者，銀也；黑者，鉛也。知白守黑，謂煉銀於鉛也。煉銀於鉛，則神明自生。陰爲金之精，鉛爲水之基，五行之中，惟獨水之數一，合道之樞，而爲陰陽之始也。【略】故曰河車。以黃雜黑，故曰被褐，謂鉛質本賤也。而白銀在內，故曰懷玉，謂至寶冥藏也。

採之類白，造之則朱。煉爲表衛，白裏貞居。方圓徑寸，混而相拘。先天地生，巍巍尊高。

莫見莫聞，故乾能變化，坤德資生。既已化生，乾坤分布，各守其境。「採之類白」者，是鉛中有銀而白，造爲内丹則朱，獨煉則成胡粉，其採外丹而煉，亦類乎？

又卷下《下篇》 抱一子陳顯微曰：「物類相感，有不期然，而自不容不然者。胡粉本鉛燒就，而再投火中，則其色變壞，復化爲鉛。冰雪本水結成，再得火氣則復化爲水。至寶之生，本出乎太陽真精，結靈聚秀，初結成硃砂，則其中已有真汞。真汞離母則曰水銀，水銀在大冶之中，爲太陽所煉，歲久凝爲白銀，白銀歷久始變黃金，則是金本以砂爲主。砂者神也，故曰神砂。汞者精也，故曰水銀。」

唐順之《荆川稗編》卷二二《禮經四・考工記金錫熊朋來》 攻金之工如築、冶、鳧、㮚、段、桃，以今工料言之，宜用銅鐵等物爲多，特總名曰金錫。以分六齊，六分其金而錫居一，爲鐘鼎之齊；五分其金而錫居一，爲斧斤之齊；四分其金而錫居一，爲戈戟之齊；叁分其金而錫居一，爲大刃之齊；五分其金而錫居二，爲削殺矢之齊；金錫半，爲鑑燧之齊。如今時所謂錫，則豈堪爲斧、斤、戈、戟、矢、刃哉？㮚氏改煎金錫，定火以青黄黑白之氣，而使以鑄量，使如今時所謂錫，則豈能聲中黄鐘之宫哉？觀《史記・平準書》及漢《食貨志》亟稱銀錫，漢武帝造銀、錫爲白金，可以見古者銀與錫通稱白金。《考工》，先秦古書，當時蓋以錫爲銀鉛之總名。《説文》謂錫曰銀、鉛之間，稍近古意。徐氏不察《考工》金錫之説，殊失。許叔重本旨《周禮》《卝人》《職金》，皆言金玉錫石，蓋銅、鐵、銀、錫，皆取卝煉成，言錫而不必枚舉銅、銀、鐵也。嘗歎漢儒拘《爾雅》之文，於《卝人》之注，直以錫爲鈏鉛。《爾雅》專以銀爲白金，不思漢時固以錫爲白金。其注鐐、銀、鈑金，名物瑣細，而於《考工》金錫之義，乃無所發明，曾不若《説文》能合銀、鉛以言錫也。《職方氏》於州言金錫，荆州言銀，以今出産之地言之，則銀在揚，而錫在荆，錫亦銀也。特以荆、地利，互文見之爾，若如今人分別銀、錫。則《考工》所謂金錫，於理有不通者，故著其説，使讀《考工記》者無惑焉。今世用物，銅鐵爲多，經文絶少言銅，亦罕言銀鐵。《考工》言金者，鐵、銅在其中，言錫者，銀、鉛在其中，合而言之，總曰金錫爾。聞決銀者言，錫能賊金也，似不宜混合。然物各有用，攻金之工不一，銅、鐵及鍮銅得銀愈佳，鑄銅得鉛益骨，金錫相須尚矣。

又卷五二《諸家一〇・三儀議》 【略】其虚五升，重一鎰有半。鍛而赤柔者，金之美者也。然後清而不墨，墨者其久必蝕。銀之有銅則墨，銅之有錫則屑，特銅久澀，則腹敗而飲，皆工之所不材也。

李時珍《本草綱目》卷八《金石部・古文錢》 《集解》：頌曰：凡鑄銅之物，多和以錫。《考工記》云：攻金之工，金有六劑，是也。藥用古文錢、銅弩牙之類，皆有錫，故其用近之。宗奭曰：古錢其銅焦赤有毒，能腐蝕壞肉，非特爲有錫也。此説非是。【略】《綦毋氏錢神論》云：黄金爲父，白銀爲母，鉛爲長男，錫爲適婦，其性堅剛，須水終始，體圓應天，孔方效地，此乃鑄錢之法也。三伏鑄錢，其汁不清，俗名爐凍，蓋火克金也。唐人端午於江心鑄鏡，亦此意也。

徐炬《新鐫古今事物原始全書》卷一九《器用・冶金》 《古史考》曰：燧人氏鑄作刀，此有冶之始也。《周書》曰：神農作冶。《尸子》云：蚩尤作九冶之始，鑄五金曰冶。從火中取五金曰鉗。五金者，金、銀、銅、錫、鉛是也。按：禮曰：昔先王未有火化，後聖修火之利，範金合土，此冶之始也。當始於鑽木取火之後。

熊明遇《格致草・金生於日》 日氣暖，地産金，合水火土氣，滋濡陶融而成，日非金母却爲火君。金在土中，開礦時，純見水砂，砂入鉛，冶金自出焉。鉛、錫初時，流於礦石之上如汗液，然流液漸漬爲質，試看洞中石柱乳滴倒垂，可以類推五金八石固有胚渾遂生，亦有後來滋長，彼空礦封閉久，久復生銀沙，造物之所以無盡藏也。

李世熊《錢神志》卷一《靈産》 《物理小識》云：有礨仝硇音鐃水者，煎銀塊投之，則旋而爲水，傾之盂中，隨形而定，復取硇水歸瓶，其取硇水法。以琉璃窑燒一長管，以煉砂取其氣湯道未云。又云真番硇能乾汞。方氏云，以銀爲鼎，置丹粟其中，煴養之則漸黑，其氣相入，猶鉛汞之相食也。丹砂中本虚，即澒體所含也，乾之則寶氣入其中矣，得老翁鬚則力倍，其取神火者，十銖能乾十銖之澒，或取鉛精配之。《寶藏論》謂金二十種，銀十七種，自有其理，特世鮮傳者耳。約其理則五金八石，皆互相爲用，鉛以丹砂爲子，汞以丹砂爲母，金好汞而汞食蜀之，銀合砂而砂食之，鐵近銀如赤銅炙石流如鐵。《抱樸》曰：武都雄黄伏火，可點銅爲金，膽礬汞泥入大青爲金，但輕耳。上宿真君曰：硃砂伏於鉛而死於硫，硫戀於鉛而伏於硇，鐵戀於磁而死於鉛，雄戀於鉛而死於五加，硇最受伏於羊，而鐵柔於蛸脂，要皆制氣於鉛，傳胎於汞，消於消石，剥於石鹽。

《淮南》曰：青澒五百年爲白澒，此言連鉛久而生汞也。硇砂殺之膽礬，結之鉛，凝之紫河車，伏之川椒茶葉，收之唾嚼。㮚亦斂之灌尸如生。

潛老夫曰：凡鉛銅中皆有銀。從雲貴來，赤銅有光，乃未取煉者也，石直十六兩。赤銅從舶來廣者，石不過九兩，以取出也。赤銅一石，可取白銀四兩，鉛每斤可取銀澒五分。有此二物，其鉛乃可取霜，若爲人取去此物者，則取霜不出，負版鐵鉛亦取不出。又云：以汞與膽礬，鍊鐵可成黄金。

段柯古曰：紅洙煉丹砂爲黄金，碎以染筆，入石中，削去愈明。

周魯《類書纂要》卷一二《百工類・金銀冶》 鑠金。鑠金以爲器。黄白氣。凡鑄金之狀，金與錫黑濁之氣竭，黄白次之，黄白之氣竭，青白次之，青白之氣竭，青氣次之，然後可鑄。冶金爲俑。文懿公主葬，冶金爲俑，珍寶于計實墓中。冶銀。權萬紀奏言：

宣鐃部中可鑿山冶銀，歲取數百萬。帝讓之曰：天子所乏，嘉謀善政有益於下者。公不推賢進善，乃以利規我，欲方我漢桓靈耶！斥使還第。

銅冶：鼓鑄。章倫，楊國忠署爲鑄錢內作使判官。國忠多發州縣人令鼓鑄，督率非其所習，雖華撻苛嚴，竟無功。倫請募匠代之，由是役用咸鼓鑄多矣。五鑪鑄。李聽爲蔚州刺史，州有銅，其自天寶後廢不治，民盜鑄不禁，聽乃開五鑪，官鑪錢日計五萬，人無犯者。

鐵匠：鎔範砥礪。棠谿之金，天下之移也，然而不鎔範，不砥礪，則不能以擊疆。鐵鑪步。永□□郭有步曰鐵爐步，蓋嘗有鍛鑄者居之。後其人去，其爐毀不知幾年矣。英雄托業。尉遲敬德未遇，以□匠爲業。

張卿雲等《類腋》卷一四《物部・金銀銅》 三品。書：揚州厥貢，惟金三品。傳：三品，金銀銅也。《平準書》：金有三等，黃金爲上，白金爲中，赤金爲下。注：白金，銀也。赤金，丹陽銅也。南金。詩：大賂南金。傳：南金，荆揚之金也。張孟陽詩：佳人遺我綠綺琴，何以贈之雙南金。温庭筠詩：他時詠懷作，猶得比南金。美鏐。《爾雅》：黃金謂之璗，其美者謂之鏐。白金謂之銀，其美者謂之鐐。疏：鏐即紫磨金。孔武仲詩：半夜光滿屋，羣知是精鏐。丹銀。《周禮・夏官》：正南曰荆州，其利丹鉛。黃銀。《春秋運斗樞》：人君秉金德而生，則黃銀見。庾信曲：地不愛於黃銀。杻陽金。《山海經》：杻陽之山其陽多赤金，其陰多白金。注：顆塊金其色深赤。又外國五種：波斯紫磨金、林邑赤金。陶氏以赤金爲銅，誤。昆吾銅。又：昆吾之山其上多赤銅。《拾遺記》：昆吾山其下多赤金，色如火，黃帝於此鍊石爲銅，銅色青而利。越王勾踐採金鑄之，以成寶劍。温子昇表：質謝昆吾之金。銅山、鐵山。《管子》：出銅之山四百六十七山，出鐵之山三千六百九山。若耶。《越絶書》：若耶之溪涸而出銅。麗水。《韓非子》：荆南之地麗水之中生金。麟趾褭蹏。漢武帝詔：泰山見黃金，宜改故名，今更黃金爲麟趾褭蹏，以協瑞焉。朱提銀。又：朱提銀重八兩爲一流。注：朱提，縣名，出善銀。百鍊金。《西京雜記》：戚姬以百煉金爲彄環，照見指骨，上惡之，以賜侍兒。鳥吐。《拾遺記》：魏明帝即位二年，昆明國貢嗽金鳥，形如雀而色黃，常吐金屑如粟，鑄之可以爲器。銀樸。《吴都賦》：金華銀樸。注：金華，金有華采者。銀樸，銀之在石者。兼金。陸機詩：良訊代兼金。孟簡詩：三冬勞聚學，一諾重兼金。邛都。徐廣《貨殖傳》注：邛都出銅。虹吐。《異苑》：晉陵薛願有一飲其釜澳，須臾噏響便竭，願輦酒灌之，隨投隨涸，便吐金滿釜，於是豐富歲臻。金昆。《顏氏家訓》：新論以金昆爲銀。黃鐵。《尚書》呂刑注：金、銀、銅、鐵，總號爲金，今別以爲四名。傳言黃鐵，舜典言黃金，皆是今之銅也。紫膽。《酉陽雜俎》：金中螻頂金最上，六兩爲一垛，有卧螻蛄穴及水皋形，當中陷處名曰趾腹。又鋌上凹處，有紫色名紫膽。龍牙。《寶藏論》：銀生樂平鄱陽産鉛之山，一名龍牙，一名龍鬚。新羅。又：外國四種：新羅銀、波斯銀、林邑銀、雲南銀，並精好。椒花鳳尾。曹昭《格古要論》：金出兩蕃、高麗等處沙中。南蕃瓜子金、麩皮金皆生金也，雲南葉子金，西蕃回回錢，此熟金也。其性柔而重，色赤足色者，面有椒花鳳尾及紫霞。花銀。又銀出閩、浙、兩廣、雲南、貴州、交阯等處，山中足色成錠者，面有金花，次者綠花，又次者黑花，故謂之花銀。風磨。《潛確類書》：鍮鉐，黃銅似金者。明皇極殿頂名是風磨銅，更貴於金，一云即鍮鉐也。

論說

胡一桂《周易本義啓蒙翼傳》外篇 水能生禺物，聖人獨知之。金德上白，煉鉛以求黃色焉。感位生中宫，黃金銷不飛，灼土煙雲起，有無互相制，上有青龍居，兩無宗一有，靈化妙難窺。鍊銀於鉛，神物自生，銀者金精，鉛色北靈，水者道樞，其數名一，陰陽之始。故能生銀，鉛化黃丹，寄位五金，爲鉛外黑，色稟北方，内懷銀精，被褐懷玉，外似狂夫。銀爲鉛子，子隱鉛中。鉛者銀母，子藏母胞。素真眇邈，似有似無。灰池炎灼，鉛沈銀浮，潔白見寶，可造黃金。殼爲金精，水環黃液，徑寸之質，以混三才。天地未分，混如鷄子，圓高中起，狀似蓬壺。關閉微密，神運其中。爐竈取象，固塞周堅。委曲相制，以使無虞。自然之理，神化無方。磁石吸鐵，隔礙潛通。何況鷄子，配合而生。金土之德，常與永陽，配合之位也。《易》謂：坎離，坎離者，乾坤二用，乾用無爻位。周流行六虚，往來既不定，上下亦無常，幽潛淪匿，變化於中，包囊萬物，爲道紀綱。

孫詒讓《周禮政要》卷下《冶金》 《考工記》：金有六齊：六分其金而錫居一，謂之鍾鼎之齊；五分其金而錫居一，謂之斧斤之齊；四分其金而錫居一，謂之戈矛戟之齊；參分其金而錫居一，謂之大刃之齊；五分其金而錫居二，謂之削殺矢之齊；金錫半，謂之鑒燧之齊。注云：凡金多錫則忍白且明也。「㮚氏爲量，改煎金錫則不耗，不耗然後權之，權之然後準之，準之然後量之。」注云：消湅之精不復減也。「凡鑄金之狀，金與錫黑濁之氣竭，黃白次之，黃白之氣竭，青白次之，青白之氣竭，青氣次之，然後可鑄也。」注云：消湅金錫精麤之候。

謹案：《考工》攻金六齊之説，以金錫相和爲器，此化合以利用也。㮚氏改煎不耗及論鑄金之狀，此化分以鍊純也。蓋五金出礦不能皆爲純質，故必百鍊乃能得其精純，而去其粗滓，而以之制器，則或取堅剛，或取柔韌，或取回光，又宜和劑他金而後適用。《考工》所論雖止及銅、錫，其實鍊冶五金皆不外此二法。近日西國藝學日精，化學原質七十餘，而金居其五十，其質性功用皆有成書，而講鍊冶者則以金、銀、銅及鋼鐵爲尤精。如以電氣於銀中提取金，或銅中提取金、銀，而成色仍無減於舊。往歲倭人購中國制錢，提取其金、銀，及洋人買銀提金，皆獲利無算。而中人不通化學、電學，明知其故而不能分其利。近德人鑄鋼鐵之法尤爲經武之要，蓋鋼中多含炭質，又生金質點不能密合無間，中多含空氣與各種氣質，錘鍊不精則往往有細孔，以之鑄礮不能堅韌，且得熱則漲，易致礮裂，爲害甚鉅，故必錘鍛極净，又用壓重之法以堅其質，此與《考工》鍊金錫法異而意同。現當更法之時，圜法則需用金銀銅三品，造輪船、鐵軌，製鎗礮則需用鋼鐵，是鍊金之法不可不亟講也。近來西國鑄銀錢，於加鉛外，又或以鉻、鈷、鎳三種賤於銀而貴於銅之金攙和鑄成，故工本輕而用之又不滯。又有鋼鐵學堂專門研考，究極微眇。近又新得以矽、鋁、錳、鎳等原質參和鋼鐵，以增其粘韌及屈伸之力，尤爲精妙。此與《考工》參和金錫之法，亦法異而意同。中國學士大夫向不通鍊金之學，户部、工部之鑄錢，兵部及各省軍械局之制鎗礮，皆委之粗疏工匠，雖有監督亦不通此學，故鑄成之器粗惡窳脆，不適於用。近來以機器鑄銀圜及快鎗巨礮，則又專恃洋匠，以中國之大而竟無講冶金之學者，其可笑孰甚焉！前湖北省城曾設立鐵政局考求鍊鋼之法，而規摹尚小，經費不充，未能與西國並駕齊驅。竊謂宜於化學、礦學諸學堂中專立鍊金一門，廣譯西國專門書籍，使士民精研博試，亦工政之要圖也。

毛應龍《周官集傳》卷一四 凡鑄金之狀，金與錫黑濁之氣竭，黄白次之；黄白之氣竭，青白次之；青白之氣竭，青氣次之，然後可鑄也。

鄭鍔曰：欲鑄金爲器，先消湅之，以求其精。消湅之精麤，必觀其氣。候氣□者，消湅之煙也。五行木生火，火生土，土生金。然則金者，禀氣自東方之木，託形於中央之土。青者木之色，黄者土之色。木猶金之父，土猶金之母。而白者西方之色，乃金之本質也。黑濁者，陰陽不辨之氣也。始而煎之，則黑濁之氣生。蓋金錫相雜，兩者交戰於烈火之焰，故其氣之上達者，當然也。是氣既竭，則黄白次之，蓋金土之氣始見也。及其久也，黄白之氣竭，則所以託形爲母者盡矣。然後青白次之，是則受氣之父，與本質皆見矣。久而青白之氣竭，而青氣獨見，則其本質之氣亦不復留。惟所以受氣者獨存，則其反本復始歸於其初，將百鑄而不能耗矣，如是乃可鑄也。古人之制器也，非徒制作之巧，而銷鎔金錫之法亦如此。此其用心，蓋將以爲萬世之計也。

方苞《周官析疑・考工記析疑》卷二《輈人》 削與矢鏃體小而刃薄，金多則易缺折，故用五二，取其忍也。鑑、燧各半，則聖人心通造化，辨察物理，所以取陰陽之精，而相感召者，不可以意測矣。江淹《銅劍贊序》：古以銅爲兵，至秦時兵革互興，銅不充給，故以鐵足之。然《戰國策》已言楚之鐵劍利而倡優拙。《管子・小匡篇》：美金以鑄戈劍矛戟，試諸狗馬；惡金以鑄斤斧鉏夷鋸欘，試諸木土。所謂惡金必鐵也。《列子・殷湯篇》：鋼鍊赤刀，切玉如泥。則春秋時，已用鐵爲刀。如鐘鼎之類，自宜用銅，餘則銅、鐵皆可用。而據今法，則錫與銅、鐵俱不可合，銅以鉛和，鐵以鋼煅，豈古分五金，鉛鏤之類通謂之錫，如燭以蠟塗而注則謂以蜜耶。李光墺曰：鉛，《本草》謂之黑錫，今鑄錢用之。湖州青銅鏡亦以鉛和，然光青黑，無晶烈之焰。若用以取水火，恐不能與日月之明相感召。蘇頌《寶藏辨》曰：「凡鑄銅之物，多和以錫。」然則六齊和錫，古法本然。余得古鑑，背有銘文，小篆類漢人書，其次句曰：「和以銀錫清且明」，亦其徵也。

胡紹曾《詩經胡傳》卷二《衛風・淇奥》 金、錫生於沙礫之中，必鍛鍊而後精純；圭璧韞於璞石之内，必追琢而後成器。傳云：性有質。朱註云：生質温潤，俱脱卻人工。又金剛錫柔，圭方璧圓，似有義。易軏爲金，黄爲之長，久薶不生衣，百鍊不輕，從革不違。錫，今白鑞也。按：《禹貢》「揚州厥貢惟金三品」注：金、銀、銅也。《周禮・職方》：揚州其利金，荆州其利銀。今以出産言之，則銀在揚，而錫在荆也。《考工記》：攻金之工築、冶、鳧、㮚、段、桃，以今工料言之，宜用銅鐵爲多，特總名金錫，以分六齊。止如今所謂錫則豈堪爲斧、斤、戈、戟、矢、刃？又豈清聲中黄鐘之宫哉？又《周禮》《卝人》《職金》皆言金玉錫石，蓋銅、鐵、銀、鉛皆取卝煉成，言金錫而盡兼也。楚子賜鄭伯金而悔之，盟曰無以鑄兵，此是銅、鐵。齊餽孟子兼金，則是今所稱金銀也。《爾雅》别黄金之璗、鏐，白金之鐐、鈑，錫之釾、銑，特如今世所分五金耳。今世日用銅、鐵，經文絶少言銅，亦罕稱銀、鐵，固知古人祇言金者，五金之總；各以金錫對言者，言錫而銀、鉛在其中矣。

王鳴盛《尚書後案》卷一《虞夏書・堯典》 金作贖刑。

馬曰：金，黄金也。意善功惡，使出金贖罪，坐不戒慎者。《史記・五帝本紀集解》傳曰：金，黄金。誤而入刑出金贖罪。疏曰：此以金爲黄金。《吕刑》「其罰百鍰」傳：爲黄鐵，俱是贖罪。金鐵不同者，古金銀銅鐵總號爲金。《釋器》

云：「黄金謂之璗，白金謂之銀。」是黄金、白銀俱名金也。《考工記》：攻金之工，築氏爲削，冶氏爲殺、矢，鳧氏爲鐘，㮚氏爲量，段氏爲鎛，桃氏爲劍。其所爲者，有銅有鐵，是銅、鐵俱名金，則鐵名亦包銅矣。此傳黄金，《吕刑》黄鐵，皆銅也。古贖罪皆用銅，漢始改用黄金，但少其斤兩，令與銅相敵，故鄭駁異義，言贖罪千鍰，鍰六兩大半兩爲四百一十六斤十兩太半兩銅，與今贖罪金三斤爲價相依附，是古贖罪皆用銅也。漢及後魏贖罪皆用黄金，後魏以金難得，合金一兩收絹十匹。今律乃復依古罪贖銅一百二十斤，於古稱爲三百六十斤。孔以鍰爲六兩，計千鍰爲三百七十五斤，今贖輕於古也。誤而入罪出金以贖，即律過失殺傷人，各依其狀以贖論是也。《吕刑》所言，疑赦乃罰者，即今律疑罪各從其實，以贖論是也。

案曰：馬云「金，黄金也者」，謂銅也。《禹貢》「金三品」，鄭云「銅三色」，是銅、赤金，古贖罪用銅也。《吕刑》：「鍰」字，本「鋝」字。彼傳「六兩」下脱去「太半兩」三字，千鋝當爲四百一十六斤十兩太半兩，云三百七十五斤者誤。辨詳《吕刑》。

鄭曉《古言》卷上　金作贖刑，漢孔氏註爲黄金，唐孔氏《吕刑》「罰鍰」傳爲黄鐵，與此不同。蓋古金、銀、銅、鐵皆號爲金。《釋器》：黄金曰璗，其美者曰鏐，曰金，曰銀，其美者曰鐐，是金銀皆名金也。《考工記》：攻金之工，築氏爲削，冶氏爲殺、矢，鳧氏爲鍾，㮚氏爲量，段氏爲鎛，桃氏爲劍。有銅有鐵，皆名爲金鐵，亦包銅矣。此傳黄金，《吕刑》黄鐵皆銅也。古之贖罪者皆用銅，漢始改用黄金，但其斤兩令與銅相敵，後魏以金難得，合金一兩收絹十疋。

郭慶藩《莊子集釋》卷九上《外物第二六》　外物不可必，故龍逢誅，比干戮，箕子狂，惡來死，桀紂亡。人主莫不欲其臣之忠，而忠未必信，故伍員流於江，萇弘死於蜀，藏其血三年而化爲碧。人親莫不欲其子之孝，而孝未必愛，故孝己憂而曾參悲。木與木相摩則然，金與火相守則流。陰陽錯行，則天地大絯，於是乎有雷有霆，水中有火，乃焚大槐。有甚憂兩陷而無所逃，螴蜳不得成。心若縣於天地之間，慰暋沈屯，利害相摩，生火甚多，衆人焚和，月固不勝火，於是乎有僓然而道盡。

劉安《淮南子》卷六《覽冥訓》　若夫以火能焦木也，因使銷金，則道行矣。若以磁石之能連鐵也，而求其引瓦，則難矣。物固不可以輕重論也。夫燧之取火於日，磁石之引鐵，解之敗漆，以蟹置漆中，則敗壞不燥，不任用也。

黄暉《論衡校釋》卷二七《定賢篇》　動致天氣，宜以精神，而人用陽燧取火於天，消鍊五石，五月盛夏，鑄以爲器，乃能得火。今又但取刀劍恒銅鉤之屬，《御覽》二二引無「恒」字，疑是衍文。「銅」字疑涉「鉤」字僞衍，下文正作「刀劍鉤」。三者各自爲物，亦見率性、亂龍篇。切磨以嚮日，亦得火焉。夫陽燧、刀、劍、鉤能取火於日，恒非賢聖亦能動氣於天；「恒」疑作「則」。上言「夫」，下言「則」，義正相承。上文「夫雞可以姦聲感，則人亦可以僞恩動也。」句例同。若董仲舒信土龍之能致雲雨，蓋亦有以也。夫如是，應天之治，尚未可謂賢，況徒得人心，即謂之賢，如何？

熊朋來《五經説》卷四《儀禮周禮禮記・考工金錫》　攻金之工如築、冶、鳧、㮚、段、桃，以今工料言之，宜用銅、鐵等物爲多，特總名曰金錫，以分六齊。六分其金而錫居一，爲鍾鼎之齊；五分其金而錫居一，爲斧斤之齊；四分其金而錫居一，爲戈戟之齊；三分其金而錫居一，爲大刃之齊；五分其金而錫居二，爲削殺矢之齊；金錫半，爲鑑燧之齊。使如今時所謂錫，則豈堪爲斧、斤、戈、戟、矢、刃哉？㮚氏攻煎金錫，定火候以青黄黑白氣，而用以鑄量，使如今時所謂錫，則豈能聲中黄鍾之宫哉？觀《史記・平準書》及漢《食貨志》，亟稱銀錫。漢武帝造銀錫爲白金，可以見古者銀與錫通稱白金。《考工》先秦古書，當時蓋以錫爲銀、鉛之總名。《説文》謂錫曰銀、鉛之間，稍近古意。徐氏不察《考工》金錫之説，殊失許叔重本旨。《周禮》《丱人》《職金》皆言金玉錫石，蓋銅、鐵、銀、錫皆取丱煉成，言錫而不必枚舉銅、銀、鐵也。嘗嘆漢儒拘《爾雅》之文，於丱人之注，直以錫爲鈏鉛，惜《爾雅》專以銀爲白金，不思漢時固以錫爲白金。其注鐐、銀、鈑、金名物瑣細，而於《考工》金錫之義乃無所發明，曾不若《説文》能合銀、鉛以言錫也。《職方氏》於揚州言金、錫，荆州言銀。以金出産之地言之，則銀在揚而錫在荆。錫亦銀也，特以荆揚地利互文見之爾，若如今人分别銀、錫，於理有不通者，故著其説，使讀《考工記》者無惑焉。今世用物，銅、錫爲多，經文絶少言銅，亦罕言銀、鐵。《考工》言金者，鐵、銅在其中；言錫者，銀、鉛在其中，合而言之，總曰金錫爾。聞決銀者言錫能賊金也，似不宜混合。然物各有用，攻金之工不一，鋼鐵及鍮銅得銀愈佳，鑄銅得鉛益滑，金、錫相須尚矣。

吳仁傑《兩漢刊誤補遺》卷八《黄金》　貴黄金采繒，《漢紀》作黄鐵，二文不同。仁傑按：實金謂之黄金，銅亦謂之黄金。晉灼曰：諸賜言黄金真金也，不言黄謂錢也，此以實金爲黄金。《舜典》金作贖刑，孔傳曰：黄金也。《吕刑》其罰百鍰，孔傳曰：鍰，黄鐵也。孔穎達謂：古者金、銀、銅、鐵總名爲金，黄金、黄鐵皆今之銅也。此以銅爲黃金。然則《西域傳》所云黃金,《漢紀》所云黃鐵,是皆指銅言之。微荀氏之書,讀者不以是爲實金者幾希。

陳致虚《紫陽真人悟真篇三注》卷四《七言絶句三十二首》 道光曰:鉛中取銀即爲丹母,朱里出汞即是聖胎。二物感化,結在爐中。精明氣候,恪守規模,分毫無差。故得三性聚會,結成丹寶,上應三台也。

張洞玄《雲笈七籤》卷七〇《政二四·象第四》 夫言鉛汞者,離流液爲汞。坎結白爲鉛,世人以黑鉛、鉚鉛、鉛夾生銀,蜜陀僧、街鉛、鉛黃花、黃丹等爲鉛,此大謬也。且鉛中有金,金中有還丹,是知黑水中生白金,白金變黃金,黃金變紫金,紫金含五色,名曰大還丹,豈不明乎?何得更將水銀、汞以成質之物爲鉛。《經》云:「鳴鶴在陰,其子和之。」又云:「虎嘯龍吟,物類相感。」豈謬言哉?且汞爲情,鉛爲性,情性相合曰常道。道曰自然,誠非外物也。幸願精思其理,天不遺於志願也。

李世熊《錢神志》卷一《靈産第一》 《潛老大》曰:凡鉛銅中皆有銀。從雲貴來,赤銅有光,乃未取煉者也。石直十六兩,赤銅從船來廣者,石不過九兩,以取出也。赤銅一石可取白銀四兩,鉛每斤可取銀須五分,有此二物,其鉛乃可取霜,若爲人取去此物者,則取霜不出,負版鐵鉛亦取不出。又云以汞與膽礬鍊鐵,可成黃金。

俞琰《周易參同契發揮》下篇第一 土中産鉛,鉛中産銀,銀自鉛中鍊出,結成黃芽,名爲真鉛。《金碧龍虎經》云「鍊鉛,以求黃色」是也。

熊太谷《冀越集記·前卷》《五金》 金銀銅鐵錫謂之五金。然金、銀、銅、鐵,鎔之則能沸,惟錫鎔不沸。鐵累煉則爲屑,錫累煅則爲灰,故荆揚貢金三品鐵、錫不與焉。然銀、銅、鐵、錫皆有礦,假煅煉而成,惟金出於沙,有天産之貴,此所以獨異於他金也。況金、銀、銅、鐵成器鑄瀉則不團造,團造則不鑄瀉,而錫必鑄瀉而後團造,物性之異,不能尚也。

熊太谷《冀越集記·後卷》《金銀》 金與銅之色黃,不能相入;銀與錫之色白,亦不能相入。必以銅入銀,以銀入金,方可成器。又以藥煉金取銀,煉銀取銅,則金銀復得足色,此造物之巧,有以各全其性也。世間有以訶宅迦藥一兩化銅十兩爲金,以丹山礬千兩、乾汞十兩成銀,此人格物之精,發天地之祕也。

又《五金》 鐵可以浸而化銅,銅可以淬而化金,汞可以煉而化銀,惟錫爲五金之賊。金、銀、銅、鐵皆可推移,以不美之質求變而爲矣,惟錫之質最下,久煉成灰,斯可見矣。

蔣一彪《古文參同契集解》卷下《下篇》 金入於猛火,色不奪精光。自開闢以來,日月不虧明。金不失其重,日月形如常。金本從月生,朔旦日受符。金返歸其母,月晦日相包。隱藏其匡廓,沉淪於洞虚。金復其故性,威光鼎乃熺。

真一子彭曉曰:五行相尅,火乃尅金,金得火復能成器,兩不傷損,故金胎在鼎中而不耗散,金色益自光明。自立乾坤鼎器以來,日月運精入内,兩相有益,俱得精明,金體重如初,日月常環照也。金本從月生者,金是陰精,寄位西方,故云金從月生。月自朔旦受日辰之符,因生金也。金返歸其母者,月轉受統,金歸於水,至月晦陽氣消盡,則金水兩物情性自相包裹,隱藏匡廓,沉淪洞虚也。月晦象年終,月朔象年首也。金水成形,鼎室長含和氣,乃見成功,故云鼎熺。熺則和怡,和怡則金水凝結,自然之道備矣。

抱一子陳顯微曰:日月與金最爲長久,自開天闢地以來,日月之形如常而未常虧明,真金之重如初而未常奪色,蓋三者一體也。人徒見金精盛而月倍明,以知金自月生,而不知月之明本生於日也。故會合之際,月藏其明,沉淪洞虚,以受日光,乃能生金。而金性本出於日,故其堅剛重,實禀太陽之色,具太陽之性也。萬物遇火莫不消壞,惟金入火色不奪光,經百煉而愈堅,度大冶而益赤,蓋火乃太陽之氣,金乃太陰之精,金入猛火乃復其故性,是以鼎爐火熾,則金色愈增,而威光熺然可愛矣。

上陽子陳致虚曰:此言金之爲用,非金之功,則不成丹。故云金丹却非世上金玉之金,非從土石中出者,乃天地造化、五行顛倒之妙,自乾坤大化窟中而産者,此金是也。今之盲師但説金丹,便自慌忙,不知所爲何者?口説修行,又不得聞金丹之名,亦不究竟參同契中之語,乃誑於世,豈知仙翁歷歷指示,此金神化之用。有輩愚人每覩是書,不察陰陽真金體用,乃猜爲燒煉爐火等事,惜哉!昧哉!若不與世露些消息,則萬世之下,此書愈高愈遠,人既不能窺其畔岸,遂皆棄而不覩,抑何從而求修行之旨耶?上根利器,要知此金在鴻濛混沌之先,太極未判之始,元屬於乾,故謂之乾金。大劫欲交則謀報混沌之德者,至是以乾初交坤,此金顛蹶蹄驟奔入坤宫,謂之坤中金,坤得此金内實,而爲坎坤之三爻,本皆中虚,號曰坤土。既得此金,以實其中,而成坎象。坎之正位居於北方癸水之地,是坎爲水,金藏其中,故謂之水中金。夫水中之金爲先天之寶,不能久居於後天之坎,因化爲兑,兑或躍於北方之坎户,占居西天之西方,則此金日生夜長。酉之正位屬兑，是以此金主行丹道於兑之中，故謂兑金也。煉丹之士尋微索賾，原始要終，格物致知，探其源流，審其根苗。若煉金丹必求此金，若求此金不求於乾，不求於坤，不求於坎，專求於兑。兑之爲物，乃坤月同類，是云同類易施功，非類難爲巧。兑之爲妙，代坤行道，故煉金丹，除此兑金，餘皆旁門不能成道。黄帝老子，從古聖仙，皆用此金，方能了道。文王重巽九五先庚三日，後庚三日。仲尼翼巽，兑柔皆順乎剛。君子以申命行事。夫庚，金也，經云：三日月出庚是也。且釋迦假此金以成佛，故號金仙。蓋兑中之金與天上太陰同體而生明，同時而生丹，天上之月名曰太陰，緣此兑金同其功用，遂亦名之曰少陰。又云：陰中之金、天上太陰，其功接太陽之輝光，以成歲時。兑之少陰，其道傳續大千世界，化生人物，仙翁參透前聖，知此金之根源，推此金之妙化，單出此金之神變也。彼世間金能與天地同久，入火其色愈精，久煉不失其重，況此兑金是乾坤大化爐中之所産也。月之光有虧盈，兑之金有流轉，故云形如常。朔旦日月合璧，月受日符，現一陽之光於庚申之位，此天上之太陰也。而此兑金每應月之朔，亦初三日生始陽之丹於混沌之位，此人間之少陰也。故云金本從月生，朔旦日受符。何謂金返歸其母，蓋金之舍曰兑，兑之母曰坤，兑不能久舍其金，金亦因時而發用。坤之翼曰，含章可貞以時發也。聖人之心妙在於此。金既發用，兑返母而包歸坤，猶月晦而日相包，何也？晦日朔旦，月之金體隱藏匡廓，爲日所覆，一日二日三日運行其度，輝光再廿也。又如金返歸毋金之真精，沉淪洞虚爲世之用，一生二，二生三，劫運再交，金將復産也。若此，金復産必復其故性。何也？性爲乾之用，乾之直也，寄金於坤，坤寄於坎，坎寄於兑，兑金舒情，復其故性，乃以此金還於乾宮。乾之金鼎復得其種，煉成金丹，是以此丹號金液還丹。鼎號威光金鼎，足云威光鼎乃熺，熺者火熾熱盛之義。

全陽子俞琰曰：世間萬物入火皆壞，惟金不壞，蓋五行相生，至金而極。金之爲物，鎔之得水，擊之得火。其柔象木，其色象土，四時俱備，故真金經百煉而愈堅，未嘗失其本體之重。自開天闢地以來，不知幾千萬年。而日月之形如常，未嘗虧其明，以陰陽之精互藏其宅，各得所安，故日月之形不變。夫懸象著明莫大乎日月，丹法著明莫大乎金火。金即月，火即日也。金從日生，朔旦受符者，太陰真金生於坤宮，本繇太陽真火所化，其受氣之初亦猶金，雖月光本生於日，月受日光，自朔旦而始也。金返歸其毋，月晦日相包者，金在坤宮與火相守，亦猶月晦之夜，日月相撣持也。隱藏匡廓，沉淪洞虚者，神氣深入乎其根，漸漸沉歸海底，如月魄之不見也。金復故性，威光鼎熺者，月體本黑，受日之光而白，今焉與日相包而隱藏其匡廓，則復其本體之黑矣。但守其黑，勿問其白，久之神明自來，俄頃光芒透鼎，火力熾盛，則三日庚生兑户開，黑銀煉出白銀來矣。

郎瑛《七修續稿辯證類・黄烏銀》 《猗覺寮》云：《漢・食貨志》：金三品，黄金爲上，白金爲中，赤金爲下。孟康註曰：「白金，銀也。赤金，銅也。」故今天下以白金爲銀。其後又云造銀、錫、白金。夫既造銀，又造白金，疑非銀也，恐金之白色者。殊不知孟康自是，而朱新仲不知銀、錫合造而爲白金之故，予已明前事物類矣。但《本草》有黄銀、烏銀，黄以爲瑞物，烏以爲養生者，造器以煮藥，俱曰辟邪之物，意其黄即金也。烏或近時藥燒之物歟？然皆無辟邪之説，疑荒唐也。後讀唐史，太宗嘗以黄銀帶賜玄齡，又自云世傳黄銀鬼神畏之。讀孟郊集有贈炭價重雙烏銀詩，則知唐時實有之物。後讀《演繁露》，方知黄銀乃赤銅，其貴比銀，特色黄耳。隋時有而□至唐初鬼神畏者，即古云鬼神畏銅之故。烏銀予恐即今之倭銀，蓋色如鉛之故，然亦恐蹈朱新仲之誤，書以俟博。

陳絳《金罍子》下篇卷三五 金有五：曰青金、曰錫、曰赤金、曰銅、曰黄金、曰白金、曰銀、曰黑金、曰鐵。而黄擅金名，故經傳稱金者，皆黄金也。銅以金命之，則遜黄曰赤。以鐵名之，則進赤曰黄。故唐孔氏吕刑罰鍰，傳謂鍰是黄鐵爲銅。而《虞書》金作贖刑，漢孔氏注謂黄金。唐虞以黄金爲中幣，行使皆用黄金故耳，雖秦漢猶然，漢第少其斤兩，令與銅相值，至後魏始改用絹。近時澹老却以銅、鐵皆名金。鐵亦近銅，故兩傳注：黄金、黄鐵皆是銅，則別用鄭注。鄭注《禹貢》金三品，曰銅三色也。

《山海經》志海内諸名山，必曰其上多金玉，無草木，金玉與草木氣相刑，多金玉無草木矣，理也。然今海内諸名山，歷歷故在，何上古金玉多耶？豈至治之代，地不愛寶與？或曰：唐虞以珠玉爲上幣，黄金迺爲中幣。下至戰國秦漢，謀臣説士一言合主，輒賜黄金百鎰，白璧一雙，有賜金百鎰，珠一斗者。珠玉雜黄金行使耳，非以其多故，然與秦漢始以黄金爲上幣，已不同於古矣。然周以斤，秦以鎰，漢復用斤，而珠、玉、龜、貝、銀、錫之屬，止爲器飾、寶藏，不爲幣。珠玉不爲幣，以爲寶藏，貴之也；銀錫不爲幣，以爲器飾，賤之也。至漢武征伐四夷，虚耗海内，於是大司農藏告竭，不足以給費，而少府多銀、錫，始詔雜用以爲錢，而民終以賤不實用，歲餘報罷。夫以漢武之威行於海，不能强民情所賤以爲貴，銀錫終廢不行，以賤故也。後世既乃以銀爲上幣，黄金爲寶藏，不復爲幣，民間又公雜鈆、銅與銀用之，而尚不給。不知其道，局由有世道之責者，其可不深長思哉？

《戰國策》：趙取周之祭地，周君患之。鄭朝曰：臣請以三十金復取之。鮑注云：「一斤爲一金。」吴氏正曰：「正義云：秦以一鎰爲一金。」又《史記・平準書》：米至石萬錢，馬至疋百金。瓚注曰：「秦以一鎰爲一金，漢以一斤爲一金。」而孟康云：「二十四兩。」國語注同。趙岐云：「二十兩。」按《莊子・逍遥遊》篇：「我世世爲洴澼絖，不過數金。今一朝而鬻技百金。」注：李云金方寸重一斤，爲一金，百金百斤也。與鮑注同。恐李鮑説爲長。

《漢食貨志》：金有三等：黄金爲上，白金爲中，赤金爲下，而黄金者不多得。然漢時賞賜臣下，數數用之，諸稱金者，未知孰何？姑不著。如高祖時賜張良黄金百鎰。又用陳平言，行反間，間項王，君臣乃出黄金四萬斤。武帝以東方朔諫，引董君設飲宣室，賜皇金三十斤。又因諫止籍盩厔、鄠杜田爲苑，賜黄金百斤。元帝時丞相趙充國、大司馬史高、御史大夫薛廣德，以歲惡民流乞骸骨，各賜黄金六十斤。成帝時黄門郎楊雄以上書諫請毋拒匈奴單于入朝，賜繒帛五十疋、黄金十斤。哀帝時傅喜以忤傅太后意，以光禄大夫養病，賜黄金百斤。至宣帝時賞賜尤多，如疏廣受乞骸骨，加賜黄金二十斤，皇太子贈以五十斤。夏侯勝受詔撰論語説，賜黄金百斤。黄霸爲穎川太守，有績效，下詔賜爵關内侯、黄金百斤。龔遂以渤海太守之任召對稱旨，加賜黄金贈遺之。杜延年爲北地太守，而郡中清净，居歲餘，使謁者賜璽書、黄金二十斤。朱邑爲大司農，卒以廉潔守節，詔賜邑子黄金百斤。尹翁歸以廉正治民異等而蚤夭，賜其子黄金百斤。如賞賜大將軍霍光前後黄金七千斤。其他散見紀傳，亡暇悉舉。蓋古人質儉，山海所産，不糜耗於他用。郡國流布，窖藏充溢，故天子得以爲恩澤。後世雖内府所積，亦貧矣。又王莽末，天下旱蝗，黄金一斤易粟一斛，雖其粟貴，亦金多與。逮莽亡，省中黄金尚餘數千萬斤。

顧起元《説略》卷二六《珍格》　攻金之工，如築、冶、鳧、栗、段、桃。以金工料言之，宜用銅、鐵等物爲多，特總名曰金錫，以分六齊。六分其金而錫居一，爲鐘鼎之齊；五分其金而錫居一，爲斧、斤之齊；四分其金而錫居一，爲戈、戟之齊；三分其金而錫居一，爲大刃之齊；五分其金而錫居二，爲削、殺、矢之齊；金錫半，爲鑑、燧之齊。使如今時所謂錫則豈堪爲斧、斤、戈、戟、矢、刃哉？栗氏改煎金錫，定火以青黄黑白之氣，而使以鑄量。使如今時所謂錫，則豈能聲中黄鍾之宫哉？觀《史記・平準書》及《漢・食貨志》，亟稱銀、錫。漢武帝造銀、錫爲白金，可以見古者銀與錫通稱白金。《考工》，先秦古書，當以錫爲銀鉛之總名。《説文》謂錫曰銀鉛之間，稍近古意。徐氏不察《考工》金錫之説，殊失許叔重本旨。《周禮》《丱人》《職金》皆言金玉錫石蓋銅鐵銀錫，皆取丱煉成。言錫而不必枚舉銅、銀、鐵也。嘗歎漢儒拘《爾雅》之文，於《丱人》之注直以錫爲鈏、鉛。《爾雅》專以銀爲白金，不思漢時固以錫爲白金。其注鐐、銀、鈑金，名物瑣細，而於《考工》金、錫之義，乃無所發明，曾不若《説文》能合錫、鉛以言錫也。《職方氏》於揚州言金、錫，荆州言銀，以今出産之地言之，則銀在揚而錫在荆。錫亦銀也，特以荆揚地利互文見之爾。若如今人分别銀、錫，則《考工》所謂金錫，於理有不通者。故著其説，使讀《考工記》者無惑焉。今世用物，銅、鐵爲多，經文絶少言銅，亦罕言銀、鐵。《考工》言金者，鐵、銅在其中，言錫者，銀、鉛在其中。合而言之，總曰金錫爾。聞決銀者，言錫能賊他金，似不宜混合。然物各有用，攻金之工不一，銅、鐵及鍮銅得銀愈佳，鑄銅得鉛益骨，金錫相須尚矣。

唐順之《荆川稗編》卷一一〇《户八》馬端臨《論坑冶附蘇葉二論》　《仇池筆記》曰：「王莽敗時，省中黄金六十萬斤。陳平四萬斤間楚，董卓郿塢金亦多，其餘三五十斤者不可勝數。近世金不以斤計，雖人主未有以百金與人者，何古多而今少也？鑿山披沙無虚日，金爲何往哉？頗疑寶貨神變不可知，復歸山澤耶？」石林葉氏曰：「漢時，賜臣下黄金每百斤、二百斤，少亦三十斤，雖燕王劉澤以諸侯賜田生金亦二百斤，楚梁孝王死有金四十餘萬斤，蓋幣輕，故米賤金多也。」

按：如二公之説，則金莫多於漢，然民間之淘取，官府之徵斂，史未嘗言之，度未必如後世之甚也。三代之時，服食器用，下之貢獻，有程上之，用度有節，未嘗多取於民。後之言利者，始以爲山海天地之藏，上之人當取其利以富國，而不可爲百姓豪强者所擅。其説發於管仲，而甚於桑弘羊、孔僅之徒，然不過曰鹽曰鐵，則以其適於民用也。金爲天地之秘寶，獨未聞有征榷之事。漢法：民私鑄鐵者，左趾。博士使郡國，矯詔令民鑄農器者，罪至死。鐵官凡四十郡，而不出鐵者，又置小鐵官徧於天下。獨未聞有犯金之禁。鐵至賤也，而榷之析秋毫，金至貴也，而用之如泥沙，然則國家之征利無資於金也。《貨殖傳》所載蜀卓氏、山東程鄭、宛孔氏、魯丙氏稱爲尤富，然皆言其擅鐵冶之利，而未聞有藏金之事，然則豪强之致富不由於金也。上下之間好尚如此，蓋猶有古人不貴難得之貨之遺意云。

宋應星《天工開物》卷中《錘鍛》　宋子曰：「金木受攻而物象曲成，世無利器，即般倕安所施其巧哉？五兵之內，六樂之中，微鉗錘之奏功也，生殺之機泯然矣。同出洪爐烈火，小大殊形，重千鈞者繫巨艦於狂淵，輕一羽者透繡紋於章服，使冶鍾、鑄鼎之巧束手而讓神功焉。莫邪、干將雙龍飛躍母，其說亦有徵焉者乎。」

又卷下《五金・附朱砂銀》　凡虛僞方士以爐火惑人者，唯朱砂銀愚人易惑。其法以投鉛、朱砂與白銀等，分入罐封固，温養三七日後，砂盜銀氣，煎成至寶。揀出其銀，形存神喪，塊然枯物。入鉛煎時，逐火輕折，再經數火，毫忽無存。折去砂價、炭資，愚者貪惑猶不解。并志於此。

周亮工《因樹屋書影》卷九　封丹砂於釜鬵之，三日三夜則化爲水銀，其不化而浮者爲輕粉，水銀升之爲朱，故朱可還爲水銀。懸鉛酒甕，閉之四十九日則化爲胡粉，其化而未瑩者，煅以爲黄丹，故胡粉亦可還爲鉛。淬鐵以貼礬，則變而爲銅，燒銀以硫黄，則化而爲鐵。赤銅以甘石則易而爲黄，置銅、鐵水銀中，雖重亦浮，置水銀瓦楞巾帽中，雖疎不漏。裹金砂以烏紙，揮巨鍖錘之，金已箔而紙不損，即一金而變態不可勝原，夫是之謂物理。

劉嶽雲《格物中法》卷五上《金部・金總論》　雄黄千年化爲黄金。《丹房鑑原》。

嶽雲謹案：此數條所言，與西人原質之説異。然銀内提金是銀生金，鉛銅白鉛皆含銀是鉛銅生銀。《説文》：錫，銀、鉛之間也。錫礦有銀，是錫生銀。互生之説，未必無據。天地肇興，無有一質，而萬質生焉。流而爲川，凝而爲土石，植物先生，動物相繼，則由石成金，展轉化生，固有莫知所以然而然者，吾烏乎測之。

已上五金互生。

金，五色金也，黄爲之長，久薶不生衣，百鍊不輕，從革不韋。許慎《説文》。

嶽雲謹案：段氏注久薶二句，言黄金之德，韋背也，從革，見《洪範》，謂順人之意，以變更成器，雖屢改易而無傷也。五金皆然。今案：從革不韋，亦謂黄金。許於金字下文，方釋銀白金，鉛青金，銅赤金，鐵黑金，以黄金獨蒙金名，故釋於此。韋，舊作違，段以意改韋。違字同去也，言任從鎔鑄改革，不化氣飛去。西人亦有此説，謂銀、銅、鐵、錫、鉛皆可使之化氣，惟黄金不能。其實鎔金之火未至極耳，若火度能再加大，亦化氣也。凡金皆能融而爲液，升而爲氣，冷則復還定質。

黄金入火，百煉不消，畢天不朽。《抱樸子》。

改煎金錫，則不耗。《周禮》。

嶽雲謹案：凡諸金煉凈，必有耗折，如夏侯陽《算經》：生鐵六千二百八十一斤煉爲黄鐵，每斤耗五兩。又黄鐵四千三百一十八斤三兩煉爲鋼鐵，每斤耗三兩。諸問是也。煉凈之後，製成條錠，再以條錠鎔化，則不耗折，故曰改煎金錫則不耗。

金可柔，而不可奪重。《意林》。

嶽雲謹案：金見火而柔，柔則腫大，腫大而重不減，故曰金可柔，而不可奪重，即不消不耗之謂。

凡金鐵之屬椎打而成者，謂之鍛銷；冶而成者，謂之鑄。《春秋繁露・五行順逆篇》注引師古説。

已上金類鎔煉。

凡鑄金之狀金與錫，黑濁之氣竭，黄白次之，黄白之氣竭，青白次之，青白之氣竭，青氣次之，然後可鑄也。《周禮》。

嶽雲謹案：古人既知銅錫之火候，則他金之火候，自無不知矣。既知鎔鑄之火候，則諸金受熱多少之情形，自無不知矣。

又案：凡金受熱易者，其放熱亦易；受熱難者，其放熱亦難。

已上鎔金火候。

金，五色金也，黄爲之長。《説文》。

銀，白金也。《説文》。

鉛，青金也。《説文》。

銅，赤金也。《説文》。

鐵，黑金也。《説文》。

嶽雲謹案：此正五金之色也。若其雜質，則色亦變易，如金雜質或爲黑色、緑色，鉛雜質或爲白色，銅雜質或爲緑色、藍色、黄色、白色，鐵雜質或爲紅色、赭色、黄色之類是也。

已上金具五色。

辟如金之爲物，合異金而鎔之爲一金。《關尹子》。

漆淖、水淖，合兩淖則爲蹇，溼之則爲乾；金柔、錫柔，合兩柔則爲剛，燔之則爲淖。《呂覽・似順論》。

嶽雲謹案：此所謂金即銅也。古人以銅與錫配合，能淬水令極硬，與後世之鋼同，古兵器存者尚可證，《淮南子》「昆吾之刀、陸斷牛兕」是也。

金有六齊。六分其金而錫居一，謂之鐘鼎之齊；五分其金而錫居一，謂之斧斤之齊；四分其金而錫居一，謂之戈戟之齊；參分其金而錫居一，謂之大刃之齊；五分其金而錫居二，謂之削殺矢之齊；金錫半，謂之鑒燧之齊。《周禮》。

嶽雲謹案：凡金獨用者尠，和合用者多。如金可以羼銀、銅，銀可以羼銅、鉛，銅可以羼鉛、錫，錫可以羼鉛，西人所謂雜金是也。羼雜之數，本可任意多少，古人審其施用之利，而定爲分齊，詳於西人遠矣。

已上金類和合。

釬藥以硼砂合銅爲之用，胡桐汁合銀堅如石。今玉石刀柄之類，釬藥加銀一分，其中永不脱。《正字通》。

凡釬鐵之法，小釬用白銅末，大釬則竭力揮錘而强合之。《天工開物》。

嶽雲謹案：金類相合有能自合者，如鐵屬是也；有不能自合而可以他金釬合者，如金、銀、銅之屬是也；有釬合亦甚難者，如鉛是也。釬合之藥，其鎔度必小於本金，故釬金則以金銀羼質，釬銀則以銀銅羼質，釬銅則以銅錫鉛羼質。《正字通》之胡桐汁乃係傳聞之誤。

已上金類釬合。

鍍金，飾物也。《廣韻》。

嶽雲謹案：鍍金之事由來已久。字本作塗。《漢武故事》：鑄銅爲柱，黄金塗之。《東宫舊事》：太子納妃，有金塗四尺長燈一，金塗連盤短燈一，金塗連盤鴨燈一是也。大抵多用金銀，以爲美觀，其實各金能互相鍍，亦皆可以鍍物。《古秘苑》有銅上鍍汞、鐵上鍍金等法，其他所紀不可勝舉。

已上金類受鍍。

金鉑，薄金也。藥紙隔金屑錘之，金已薄，不損。初褐色，久則色似烏金。《正字通》。

嶽雲謹案：金之爲鉑，自古用之。字本作溥。《史記・禮書》徐廣注：「乘輿事，金薄繆龍，爲輿倚較，文虎伏軾，龍首衡軛」是也。至晉以後，用之無度，耗金滋多。故陳後主《禁奢詔》有云：「奢僭乖衷，實宜防斷。應鏤金銀薄及庶物，化生土木人、綵花之屬，及布帛幅尺之短狹輕疏者，並傷財廢業，尤成蠹患也。」字亦作箔。《洛陽伽藍記》「白象宫寺内佛通身金箔，眩耀人目」是也。凡金皆可爲薄，常用者金、銀、銅、錫、鉛五種。

附：烏金紙，惟杭州有之。其造紙，非城東淳佑橋左右之水不成。其法：先造烏金水刷，俟黑如漆，再薰過，以搥石研光，性最堅韌。凡打金薄，以包金片打之，金成薄而紙不損。《物理小識》。皮金紙，又名羊皮金，出廣東，凡金薄店皆有售者。《本草綱目拾遺》。

嶽雲謹案：此有兩種。

已上金類爲鉑。

鏥，鐵生衣也。《集韻》。

嶽雲謹案：今時以爲凡金生衣之總名字，亦作銹，一作鏽。並見《集韻》。

又案：金生衣，即今時所謂生鏥，亦即西人所謂金與養氣化合也。西人謂金皆能與養氣化合，惟黄金不能直與養氣化合，既合之後，分之又甚易，與「久薶不生衣」意同。然凡金在乾空氣中皆不生衣，在濕空氣中則生衣較速，是不得言與養氣化合也。而黄金薶土中，生衣較速，是不得言直與養氣化合也；而黄金薶土中，生衣亦未嘗不速。蓋區區至淺之理，西人並未能盡悉矣。

已上金類生鏥。

物地，占其形色，知鹹淡也。《周禮》丱人注。

鄭以當時有人采者，嘗知其鹹淡，即知有金玉，故以時事言之也。《周禮丱人》疏。

嶽雲謹案：世之瞽者有能以舌舐金銀，知其成色多寡者。此與《異物志》載，狼胱民以鼻齅金，知其好惡，同爲秘傳，非誕語也。

金曰從革，從革作辛。《書・洪範》。

嶽雲謹案：此總言五金之味也。《神農本經》：鐵辛微寒。《别録》金辛平，銀辛平是其證。然如《唐本草》銅苦平日華，《本草》鉛甘寒，《藏器本草》錫甘寒，《别録》鋼，鐵甘平，是亦稍有分别矣。

已上金類氣味。

金雖柔，猶堅於木。《吕覽・舉難》。

嶽雲謹案：此言金重於木也。

黄金方寸重一斤，白金方寸重一十四兩，銅方寸重七兩半，鉛方寸重九兩半，鐵方寸重六兩。《孫子算經》。

嶽雲謹案：此五金輕重之差，爲古今所知者也。然權度，古今不同，宜隨時考定，不必拘執。

已上金類重率。

金水内景。《淮南子》、《大戴禮·曾子篇》。

嶽雲謹案：凡金類皆能受光，其受光之差，各金不同。詳見火部。

已上金類受光。

五金置於一處，其空隙能自生熱。而令金生惡臭。《丹房密語》。

嶽雲謹案：此即西人所謂電氣也，然則金類電氣，古人早知之矣。

已上金類生電。

戴名世《南山集》卷三《序·馬宛來稿序》 採金於山，其始塊然土也，而爲金，爲錫，爲銅，爲鐵，雜出於其間，而莫能辨。有良工者取而置之鑪冶之内，鎔化鍛鍊，於是精粗各别，美惡互分，有金焉，錫焉，銅焉，鐵焉。而金又有良焉，有不良焉，金布於市，適於用而不知始採之之難如此。今夫有司之衡文於場屋之中，亦猶工之採金於山也。乃往往去其良金，而惟錫與銅與鐵之是收，且儼然名之曰是良金也。而錫與銅與鐵一旦獲良金之名，久亦自以爲果良金也，於是以布之於市，而市亦用之。當斯時也，爲良金者委棄於泥塗之中，而過者曾莫之顧，豈不異哉？雖然，金錫銅鐵之用終不可混也，精粗美惡之質終不可掩也，吾未見夫良金者之終委棄於泥塗也。彼夫錫與銅與鐵之得意以去，而爲良工者之所竊笑久矣。儀封馬君宛來，以吾友湯太史孟升之書，來訪我於金陵，孟升盛稱其文，余閲之光采炫耀，而目不給賞者，果良金也。異日者有良工焉採金於中州，而得良金焉必宛來也。夫因書以復於孟升，以爲何如也？

唐才常《覺顛冥齋内言》卷四 語類問康節云：雨化物之走，風化物之飛，雷化物之木，此是天地自然之化理。又云：參同契所言坎離水火龍虎鉛汞之屬，只是互换其名，其實精氣二者而已。精，水也，坎也，汞也，龍也。氣，火也，離也，虎也，鉛也。其法以神運精氣結而爲丹。案此乃化學中至初之理，爲古來道家所流傳，而西人亦自謂其化分、化合，原本道家錬汞之説。由是擴而充之，凡原質與雜質，金類與非金類，千變萬化，爲用無涯，大之品察萬物，小之判析毫芒，而其至精之理，要不出三比例，蓋天地之藴，雖繁富而實易簡耳。

右化學

語類云：水、火初是自生，木、金則資於土，五金之屬皆從土中旋生出來。又云形質屬陰，其氣屬陽。金、銀坑有金礦、銀礦，其光氣爲陽。案此不及管子之詳，亦即辨認礦質之法，惜未抉其所以然耳。

王仁俊《格致古微》卷三《墨子》 《經説》「化，徵易也。」説云化若鼃爲鶉。《經説下》：五合，水土火，火離然。火爍金，火多也。金靡炭，金多也。合之府水，木離木。案：此化學也。《瀛海論》已言之。食舊德齋襍箸曰，即原質要互變易之理。俊案：《經下》「五行毋常勝，説在宜，物盡(同名)」，亦是化學西法剖别物質，殊其劑以成材者。曰化學，實即冶人、卝人之掌，彼以爲能升錬金石艸木，顛倒真僞而成藥，最精微者本此。

《耕柱》：夏后折金於山川，而陶鑄於昆吾。《經下》：取下以求上也，説在澤(是)。又《經説下》：取高下，以善不善爲度，不若山澤。案此礦學也。「折金」猶言「擿金」。《管子·地數》：上有丹沙，下有黄金；上有慈石，下有銅金；上有陵石，下有鉛、錫、銅；上有赭者，下有鐵。此可見古人有視地之法。《澡身集》曰：「地不愛寶山之内。寶藏興焉，貴乎善取，善取者但測其上以求之，竭其水以取之，雖至下可也。」

《經説下》：火鑠金，火多也。金靡炭，金多也。合之腐水，木離木。《經上》：同異交得，放有無。案：「靡」當讀爲「糜」，此電學也。《澡身集》曰：「西法以同類金，與不同類金均可以化電氣，故曰『同異交得』。而其中電氣多少、濃淡之殊各有比例。」故曰「放有無」。「放」即「仿」字。俊案：《辭過》：高足以解潤溼，邊足以圉風寒。西法辨五金乾溼之感觸，謂之琥珀。氣者用以化質生動曰電學。西人又有以電融金，以電包金、溼電化水、溼電然火諸法。

又卷三《鹽鐵論》《水旱》：禹湯聖主，后稷、伊尹賢相也，而有水旱之災。水旱天之所爲饑穰，陰陽之運也，非人力，故太歲之數在陽爲旱，在陰爲水。六歲一饑，十二歲一荒，天道固然，殆非獨有司之罪也。案：此説甚謬。即天變不足畏意。西人謂日食非天變，其承繆襲訛此。

《實貢》：攻玉以石，治金以鹽，濯錦以魚，浣布以灰，夫物固有以醜治好者也。案：此即化學之理，西人精求化學，理不出此。

又卷三《淮南子》《地形》：黄水宜金。案：西人鎔金入水以飾物，殆變通其法歟？

以水和土，以土和火，以火化金，以金治木，木復反土，五行相治，所以成器用。案：此言化學之理。

又卷四《關尹子》「四符，譬如金之爲物，可合異金，而鎔之爲一金。」案：

此化學也。西人每升煉銅、錫使爲精金，殆其法乎？

《六匕》：如灰中金，而不若礦沙之金，破礦得金，淘河得金。案：此礦學也。

宋賡平《礦學心要新編》卷上編上《第四章論察考形色》 又有緑白泡銀礦，其色淡緑而白亦屬上等，然煅製之法，必須捶碎舂成細末，用鍋炒乾，加水銀提净，再加黛石配合以煉之，如柔黏不硬，又加銅砂，即能發亮，再入大爐，煎成似鐵非鐵之狀，次入分金爐，推去鍊臊，末入小爐，提成寶鍊，再下罩子，始成熟銀，爐罩置法詳見後章，所剩之渣臊，其中尚可提銀珠等物。

又有一種銅，蓋銀之礦，其色淡白，製法分爲兩樣：其一照銅礦下爐，入罩鍛鍊；其一照銀礦入窑，上蒸甑鍛鍊。惟銅蓋金者，其製法稍異，玆名金砂養礦銅色必然鮮亮，必鍛至三五次後，捶碎篩過，淘洗净盡，煎鍊煨蒸，方能出汁，外加水銀，内置灰池，法詳後章器具篇内。銀墜灰下，俟冷撥取，如銀墜入鍊中者，名曰寶鍊，其色白如稻米。寶鍊二十兩，可提净銀七八錢。又於爐底，可得硃砂兩許。

又有一種銀礦，名蒼蠅翅，其色白亮，光華外露，色氣極好，究爲下品，所謂浮而不實，如人之外清内濁。此礦見火即飛，取汁最難。凡礦之氣皮，五金之苗萬，大率類此，開廠如遇此礦，切不可辦，費盡功夫，徒勞無益。

又有一種，其色紅，其質堅，非用巨火煅煉，外加硝鹽硼砂配製，令其轉色，不能鎔化成汁，名曰硃砂銀礦。無論本山對面，皆要尋着胍頭掛煙開進，方爲不虚。凡銀礦多雜白鉛紅銅之質，苟如法鍊之，而成板錠，去疵僞而造精純，鍛鍊之時，用硝稍許，則銅鉛盡滯鍋底，名曰銀鏽。若用罩取銀灰池中敲落者，名曰爐底，合此二者，同入分金爐内，先化其鉛，次化其銅，始得净銀。銀礦之爲純質者，惟有大歇頭山一處，每十兩中加銅砂二兩，尚能成十二兩净銀。他礦十兩，能得净銀二三兩者，已稱絶頂。似此真奇特罕見者也。

綜述

《漢書》卷九一《貨殖傳第六一》 諺曰：「以貧求富，農不如工，工不如商，刺繡文不如倚市門。」此言末業，貧者之資也。通邑大都酤一歲千釀，醯醬千瓨，漿千儋，屠牛羊彘千皮，穀糴千鍾，薪藁千車，船長千丈，木千章，竹竿萬个，軺車百乘，牛車千兩；木器桼者千枚，銅器千鈞，素木鐵器若卮茜千石，馬蹏噭千，牛千足，羊彘千雙，童手指千，筋角丹沙千斤，其帛絮細布千鈞，文采千匹，荅布皮革千石，桼千大斗，蘗麴鹽豉千合，鮐鮆千斤，鮿鮑千鈞，棗栗千石者三之，狐貂裘千皮，羔羊裘千石，旃席千具，它果采千種，子貸金錢千貫，節駔儈，貪賈三之，廉賈五之，亦比千乘之家，此其大率也。

《魏書》卷一一〇《食貨志》 世宗延昌三年春，有司奏長安驪山有銀鑛，二石得銀七兩。其年秋，恒州又上言，白登山有銀鑛，八石得銀七兩，錫三百餘斤，其色潔白，有踰上品。詔並置銀官，常令採鑄。又漢中舊有金户千餘家，常於漢水沙淘金，年終總輸。後臨淮王彧爲梁州刺史，奏罷之。其鑄鐵爲農器、兵刃，在所有之，然以相州牽口冶爲工，故常鍊鍛爲刀，送於武庫。

沈欽韓《漢書疏證》卷一七 皆用銅，殽以連錫。連與鉛聲同。李奇云：「鉛，錫璞者是也。」《説文》云：「鏈，銅屬。」取大概耳。《廣雅》《玉篇》並云：「鏈，鉛礦也。」《集韻 一》曰卝也。《宋史》志，凡鑄錢，用銅三斤十兩，鉛一斤八兩，得錢千，重五斤。惟建州增銅五兩，減鉛如其數。景祐初，許申爲三司判官，建議以藥化鐵，與銅雜鑄，輕重如銅錢法。銅居三分，鐵六分，皆有奇贏，亦得錢千，費省而利厚。詔申用其法，鑄於京師。大率鑄錢雜鉛、錫，則其液流速而易成，雜以鐵，流澁而多不就。工人苦之，逾月裁得萬錢。賈誼云：「冶鑄銅錫爲錢，敢雜以鉛鐵他巧罪黥。」觀此，知古今鑄錢之法。顔師古既知下文有錫，鏈不得爲錫，獨不知有銅，復以鏈、銅雜之，不通如此。

吴卓信《漢書地理志補注》卷三一 「有鐵官」。《續郡國志》：嬴縣有鐵山。《魏書・地形志》：嬴縣有銅冶山。《元和志》：韶山在萊蕪縣西北二十里，其山出鐵，漢置鐵官，至今鼓鑄不絶。《唐書・地理志》：萊蕪有鐵冶十三，銅冶十八，銅坑四。《寰宇記》：萊蕪監在萊蕪縣界，古冶鐵之務，管一十八冶。《清一統志》：鑛山在萊蕪縣西北三里，高二里，舊産鐵。

又卷三九 「屬揚州，有銅官」。本書《吴王濞傳》：吴有鄣郡銅山，濞招致亡命者鑄錢。又《食貨志》：吴東有海鹽章山之銅。《鹽鐵論》：丹鄣有金銅之山。《括地志》：銅山，今宣州及潤州句容縣皆有之，並屬鄣也。《元和志》：赤金山在常塗縣北十里，出好銅，與金類。《唐書・地理志》：宣州貢銀、銅器，有鉛坑。池州貢鐵，有鉛坑。《寰宇記》：銅陵縣自漢以來，皆烹銅、鐵。《輿地紀勝》：銅山在繁昌縣東南五十里，出好銅，古所謂丹陽銅是也。《明統志》：銅、鐵、鉛、錫皆銅陵縣出。《方輿紀要》：銅山在湖州府西南九十五里銅峴山，古稱『吴采鄣山之銅』是也。又，銅官山在武康縣西北十五里，世傳吴王采銅於此。山下有二坑，曰銅井。《清一統志》：治山在六合縣東北五十里，産銅、鐵，相傳吴王濞鑄錢於此，坑冶之跡尚存。

又卷四八 「南山出銅」。徐廣曰：邛都出銅。《方輿紀要》：南山在今寧番指揮司南五里，山勢屹然，南向舊産白銅。《漢志》：邛都南山出銅。即此山矣。《清一統志》：今冕寧縣出銅。

徐弘祖《徐霞客遊記》第四册上《粤西遊日記四》〔戊寅三月〕二十二日，銀、錫二廠在南丹州東南四十里，其廠有三：曰新州，屬南丹；曰高峯，屬河池州；曰中坑，屬那地，皆産銀錫。三地相間僅一二里。

酈道元撰朱謀𤩽注《水經注箋》卷三二《涪水》 涪水出廣魏涪縣西北。

【略】王莽之統睦，臧宫進破涪城，斬公孫恢於涪，自此上。縣有潺水，出潺山。水源有金銀礦礦，洗取，火合之以成金銀。

沈炳震《唐書合鈔》卷五七《志三三》 昌陽，上。貞觀元年省，盧鄉縣入焉。舊治於古昌陽城。永徽元年，移治縣西北二十三里。有銀，有鐵。東百四十里有黃銀坑，貞觀初得之。

萊蕪。中。本隸淄州，武德六年省入博城。長安四年以廢嬴縣復置，元和十五年省入乾封，大和元年復置。有鐵冶十三，有銅冶十八，銅坑四，有錫。

李吉甫《元和郡縣志》卷三一《江南道六・涪州》 涪陵縣，中下郭下。涪陵縣，本漢舊縣，屬巴郡。漢時赤甲軍多取此縣人。蜀置涪陵郡。隋開皇廢郡，縣屬渝州。武德元年置涪州，縣改屬焉。

開池在縣東三十里，出鋼鐵，土人以爲文刀。

王存《元豐九域志》卷九《福建路・廣州》 上，番禺。五鄉。瑞石、并石、獵德、大水、石門、白田、扶胥七鎮。銀爐一，鐵場。

嵇璜《續通典》卷一一《食貨一一・錢幣上》〔唐文宗太和〕五年，鹽鐵使奏，湖南管内諸州，連接嶺南，山洞深邃，百姓依模監司錢樣競鑄，造到脆惡奸錢，轉將賤價博易，與好錢相和行用，其江西鄂岳桂管鑄濫錢，並請委本道觀察條疏禁絶。詔從之。八年河東錫錢復起，鹽鐵使王涯置飛狐鑄錢院於蔚州，天下歲鑄錢不及十萬緡。時文宗病幣輕錢重，詔方鎮縱穀交易。時雖禁銅爲器，而江淮嶺南列肆鬻之，鑄千錢爲器，售利數倍。宰相李珏請加鑪鑄。於是禁銅器，官一切爲市之。天下銅坑五十，歲采銅二十六萬六千斤。武宗會昌六年二月，敕緣請道鼓鑄佛像鐘磬等。

胡我琨《錢通》卷三《資採》 宋張齊賢初除轉運使，太宗謂曰：「江南多出銅，即爲朕密經營之。」齊賢乃訪江南承旨丁釗，歷指饒、信、處州山谷産銅、鉛、錫之所。又求前代鑄法，惟饒州永平監周唐開元錢料堅實可久，於是定取爲法。歲鑄三十萬貫，凡用銅八十五萬斤，鉛三十六萬斤，錫十六萬斤。齊賢詣闕面陳其事，帝許之。

李心傳《建炎以來朝野雜記》甲集卷一六《財賦三・銅鐵鉛錫坑冶》 銅鐵鉛錫坑冶者，閩蜀、湖廣、江淮浙路皆有之。祖宗時，天下歲産銅七百五萬斤，鐵一百十六萬斤，鉛三百二十一萬斤，錫七十六萬斤皆有奇。渡江後，其數日減。至紹興末，江東西、福建、廣西、湖南、潼川府、利路十四州，歲産銅二十六萬三千一百六十九斤九兩；信州膽銅九萬六千五百斤，饒州膽銅二萬三千四百斤，韶州膽銅八萬八千九百斤，黃銅二百斤，潭州膽銅三千四百斤，建寧府黃銅八千三百斤，連州黃銅二千八百斤，池州膽銅四百斤，汀州黃銅六十斤，邵武軍黃銅三百斤，潼川府黃銅六千斤，利州黃銅七千斤，興州黃銅一千六百斤，南劒州黃銅三千六百斤。江東西、廣南、湖南、福建二十州，産鐵八十八萬三百二斤十三兩，而蜀中所産不與焉；信州二十五萬七千斤，撫州十一萬七千斤，吉州二十九萬斤，建州四萬斤，鬱林州二萬七千五百斤，興國軍二萬四千九百斤，饒州一萬七千斤，舒州一萬五千三百斤，賓州一萬四千六百斤，江州一萬三千八百斤，潭州一萬三千斤，惠州一萬二千七百斤，韶州一萬二千斤，廣州六千九百斤，池州六千八百斤，洪州三千五百斤，辰州三千四百斤，處州一千三百斤，徽州一千二百斤，南雄州四百斤皆有奇。江、湖、閩、廣、浙東二十州，産鉛十九萬一千二百四十九斤十三兩；信州十一萬五千斤，潯州二萬二千二百斤，南劒州九千五百斤，賓、韶州皆五千六百斤，邕、連州皆五千斤，興國軍六千斤，衡州四千一百斤，建寧府三千三百斤，峽州三千七百斤，潭州一千八百斤，舒州七百斤，處州五百斤，衢州四百斤，温州、南恩州皆二百斤，桂陽軍七十二斤，韶州六千斤皆有奇。湖廣四州産錫二萬四百五十八斤六兩。賀州一萬二千六百斤，桂陽軍三千八百斤，郴州二千四百斤，衡州一千五百斤皆有奇。視祖額，鐵才及四分餘，鉛及六釐，銅及四釐，錫及三釐，皆弱。東南鐵悉輸岑水、鉛山、永興、興利四場浸銅，爲泉司之用。惟川鐵以鑄錢云。舊婺州銅，融、福、峽州，南安軍鉛，贛、宜州，南安軍錫坑，皆有膽銅者，蓋以鐵爲片，浸之膽水中，後數十日即成銅。凡銅場十四，鐵場三十八，鉛場二十四，錫場五云。

又卷一六《東南諸路鑄錢增損興廢本末》 東南諸路鑄錢，國朝承南唐之舊，爲之未廣也。咸平三年，馬忠、肅亮以虞部員外郎出使，始於江、池、饒、建四州歲鑄錢百三十五萬貫，銅、鉛皆有餘羨。真宗即以忠肅爲江南轉運副使，兼都大提點。江南、福建路鑄錢四監，凡役兵三千八白餘人。大中祥符後，銅坑多不發。逮天禧末，所鑄才一百五萬。及蔡京爲政，大觀中歲，收銅止六百六十餘萬斤。比祖額虧四十餘萬斤。內舊場四百六十餘萬斤，膽銅一百餘萬斤，石銅七十萬斤；新場三十萬斤。江、湖、閩、廣十監每年共鑄錢二百八十九萬四百緡，計用銅一千十一萬五千斤。江州廣寧、二十四萬。池州永豐、三十四萬五千。饒州永平、四十六萬五千。建州豐國，二十四萬四百。已上四監一百二十四萬緡上供。衡州咸寧、二十萬。舒州同安、十萬。嚴州神泉、十五萬。鄂州寶泉、十萬。韶州永通、八十三萬。梧州元豐，十九萬。已上六監一百五十六萬緡，逐路交用。以所入約所有，計少銅三百三萬五千斤。自渡江後，歲鑄錢才八萬緡，近歲始倍，蓋銅、鐵、鉛、錫之入，視舊才二十之一。舊一千三百二十萬斤，今七十餘萬斤。所鑄錢視舊亦有二十之一爾。

又甲集卷一六《鑄錢諸監紹興慶元榷銅》 鑄錢諸監，自紹興初以江、池殘破，遠涉大江，遂廢之。〔元年八月甲申〕是歲才鑄錢八萬。明年，以范汝爲作亂，權罷建州鼓鑄。〔二年二月丙戌〕二年，汝爲平，復鑄錢泉司，應副銅錫六十五萬餘斤，歲額鑄錢二十五萬，然是歲才鑄十二萬緡耳。二年，劉立道大中宣諭江南歸，奏言泉司官吏之費，歲爲十三萬緡，而木炭本錢如鑄錢之數，請省其官屬。從之。〔十二月癸未〕是時坑冶盡廢，每鑄錢一千，率用本錢二千四百。五年，閩漕鄭士彦奏：「廢豐國監，而歲與泉司認發新額錢。」〔二月丁巳〕議者以爲不可。其冬，户部侍郎王俣請復鑄錢及官鬻銅器，以剔私鑄之弊。〔十二月辛亥〕明年，遂悉斂民間銅器以鑄錢。又詔私鑄銅器者，徒二年。〔六年五月甲午〕贛、饒二監新額錢四十萬緡，提點官趙伯瑜以爲所得不償所費，遂罷鑄錢，歲額銅炭積而不用，盡取木炭銅鉛本錢，及官吏闕額衣糧水脚之屬，湊爲年計。十三年，韓球爲使，必欲盡鑄新錢，調民興復廢坑，至於發冢墓、壞廬舍，而終無所得。又請籍坑户姓名，約定買納銅數。〔閏四月丁巳〕民大以爲擾，郡邑至毀錢爲銅以應命，然所鑄亦才十萬緡。二十四年，遂罷鑄錢司，而歸之諸漕。二十七年，户部侍郎林覺請出版曹錢八萬緡，爲饒、贛、韶三年鑄本錢，權以五十萬緡爲額。〔七月庚午〕未幾，殿中侍御史王珪復言：「前司不可廢。」湯致遠在樞院，以爲不然，請與三省議。沈丞相等乃奏以户部侍郎榮嶷茂世領提，許置官屬二員。〔八月庚申〕然錢監既廢復不一，故兵匠有闕不補，視舊損十之三，積其衣糧號三八闕額錢。明年，洪景嚴爲起居舍人，爲上言銅器之害，上命出御府銅器一千五百事付泉司。〔二十八年七月庚辰〕遂大斂民間銅器以鑄錢，許告賞，其後得銅二百餘萬觔。二十九年，趙郡王令詪在版曹，因請以三分闕額錢爲鑄本。〔二月丁亥〕其秋，復置提點官。〔七月乙巳〕明年夏，泉司言：歲課但可鑄十萬緡，諸道銅加以鉛錫可鑄六十萬緡，是乃暫時所拘，請權以十萬緡爲額，工部奏爲五十萬緡。〔三十年五月丙戌〕然亦止鑄十萬緡而止，云今泉司歲額增十五萬緡，小平錢至一萬八千緡，折二錢六萬六千緡，折小平錢十三萬二千緡，歲費鑄本及起綱縻費約用二十六萬緡，司屬之費又約二萬緡，東南十一路一百十八州之所供也。其名色有坑冶課利錢、分衣糧錢、木炭錢、錫本錢約二十一萬緡，比歲所收實不過十五六萬緡耳。其歲羡課金一百三十八兩二錢，銀元額七分，内庫三分。本司銅三十九萬五千八百十三斤八兩，鉛三十七萬七千九百斤，錫一萬九千八百七十五斤，鐵二百三十二萬八千斤，比歲所榷，十無二三，皆以錢貨於坑户以取給，然亦不登。每當二錢千重四斤五兩，銅二斤九兩半，鉛一斤十五兩半，錫二兩，木炭五斤，除火耗七兩外，净錢計上件小平錢，千重四斤十三兩，銅二斤十五兩半，鉛二斤一兩半，錫三兩，木炭八斤，除火耗七兩外，净錢計上件視舊制銅少而鉛多。

又卷五九 紹興二年冬十月【略】庚寅，【略】以坑冶所得不償所費，悉罷監官，以縣令領其事。至是，江東轉運副使馬承家奏：「存饒、信二州銅場。」許之。二場皆産膽水，浸鐵成銅。元祐中，始置饒州興利場，歲額五萬餘斤。紹聖三年，又置信州鉛山場，歲額三十八萬斤。其法：以片鐵排膽水槽中，數日而出，三煉成銅，率用鐵二斤四兩，而得銅一斤云。

又卷八五 紹興五年二月，【略】且如嚴州神泉監，其所隸兵，年幾百人，所管銅、鉛等物亦數萬計，罷鑄寖久，監官坐享俸禄，兵卒散充他役，餘路可知矣。

又卷一四八 閏四月【略】丁酉，詔金州撥屬利路。直寶文閣、提點江淮荆浙福建廣南路坑冶鑄錢韓球請籍坑場户姓名，約定賣納銅數。許之。先是，贛、饒二監歲鑄錢四十萬緡，提點坑冶趙伯瑜以爲所得不償所費，遂罷鑄錢，歲額銅、鐵積而不用，盡取木炭、銅、鉛本錢，及官吏缺額衣糧、水脚之屬，湊爲年計。至是，球必欲盡鑄新錢，調民興復發坑，至於發墳墓，壞廬舍而終無所得。郡邑或毁錢爲銅，以應其命，民大以爲擾。其後歲收銅二十萬斤，潼川府、興、利、饒、信、池、潭、連、韶、汀、建、南劍州，邵武軍凡十四場，總二十六萬三千一百六十九斤九兩，係黄膽二色。鐵二十八萬斤，洪、信、饒、池、徽、撫、吉、江、舒、潭、辰、處、建、韶、黄、惠、賓、鬱林州，興國軍凡三十八場，總二十八萬三百二斤十三兩。鉛十九萬斤，信、舒、潭、衡、峽、衢、處、温、韶、連、潯、邕、建、賓、南劍、南思州，興國、桂陽軍凡二十四場，總十九萬一千二百有十九斤十三兩。錫二萬斤，衡、郴、賀州，桂陽軍凡五場，總二萬四百五十八斤。皆不登祖額。此紹興三十二年虞部數也。祖額：銅七百五萬斤，鐵二百十六萬斤，鉛三百二十一萬斤，錫七十六萬斤。

又卷一八五　〔紹興三十年五月，丙戌〕初，直祕閣江淮等路提點坑冶鑄錢李植，以迅歷過行在，言：「【略】自紹興以來，歲收銅止及二十四萬斤，鉛二十萬斤，錫五萬斤，此最多之數。總計鑄錢一十萬緡外，有拘到諸路銅器二百萬斤，搭以鉛、錫，可鑄六十萬緡，乃暫時所拘，乞據逐年所産，權立爲額。」事下工部。至是本部言：「若依所乞，委是數少，且以酌中之數五十萬緡爲額。」從之。

江少虞《新雕宋朝類苑》卷二一《官政治績·諸監鑪鑄錢》　江南因唐舊制，饒州置永平監鑄錢，歲六萬貫。江南平，增爲七萬貫，常患銅少。張齊賢任轉運使，求得江南舊承旨丁釗，盡知信、建等州谷銅、鉛處，齊賢即調發丁夫采之。初年增十數倍。明年得銅、鉛八十五萬斤，錫六十萬斤，因雜爲鉛錫錢，鑄三十六萬貫。以釗爲殿前承旨，領三州銅山。先是，永平監所鑄錢用開通元寶錢法，肉好，周郭精好。至是雜用鉛、錫，兼失古制，數雖增而錢惡。其後信州鉛山縣出銅無筭，常十餘萬人采鑿，無賴不逞之徒萃於淵藪。官所市銅錢數千餘萬斤，大有餘羡，而銅山所出益多，有司議減銅價，鑿山者稍稍引去。饒州官市薪炭不能給鼓鑄，分於池州置永寧監，建州永豐監，並歲鑄錢二十萬貫，以鉛山銅給之，既有所泄，價乃復舊，而工徒並集。杭州置保興監凡四監，歲鑄百餘萬貫，爲極盛矣。唐天寶之制，絳、揚、潤、宣、鄂、蔚、益、柳十州共置九十九鑪鑄錢，一鑪役丁匠三十人。每年六七月停，餘十月作十番。一鑪約用銅二萬一千二百二十斤，白鑞三千七百九十斤，黑錫五百四十斤。每鑪鑄錢三千三百貫，計一工日可鑄錢三百餘。國家之制，一工日千餘，用銅鉛鑞之法，亦異於古，其數雖倍而錢稍惡，每繫擲亦多缺。予在史局，因録唐制與今王丞相。後數月有詔：暑月諸監減半工，蓋主上勤恤之至也。

徐松《宋會要輯稿·食貨三四·坑冶雜録》　坑冶雜録原書於天頭云：「雜録」、「坑冶。」

南渡原書天頭注云：「南渡以下另行接前，仍可采入。」坑冶廢興不常，歲入多寡不同。今以紹興三十二年，金、銀、銅、鐵、鉛、錫之冶廢興之數一千一百七十，及乾道二年鑄錢司比較所入之數附之：湖南、廣東、江東西金冶二百六十七，廢者一百四十二；湖南、廣東、福建、浙東、廣西、江東、西銀冶一百七十四，廢者八十四；潼川、湖南、利州、廣東、浙東、廣西、江東、西、福建銅冶一百九，廢者四十五。舊額歲七百五萬七千二百六十斤有奇，乾道歲入二十六萬三千一百六十斤有奇。淮西、夔州、成都、利州、廣東、福建、浙東、廣西、江東、西鐵冶六百三十八，廢者二百五十一，舊額歲二百一十六萬二千一百四十斤有奇，乾道歲入八十八萬三百斤有奇。淮西、湖南、廣東、福建、浙東、江西鉛冶五十二，廢者一十五，舊額歲三百二十一萬三千六百二十斤有奇，乾道歲入一十九萬一千二百四十斤有奇。湖南、廣東、江西錫冶一百一十八，廢者四十四，舊額歲七十六萬一千二百斤有奇，乾道歲入二萬四百五十斤有奇。

宋初，諸冶外隸轉運司，内隸金部；崇寧二年，始隸右曹；建炎元年，復隸金部、轉運司。隆興二年，坑冶監官歲收買金及四千兩、銀及十萬兩、銅錫及四十萬斤、鉛及一百二十萬斤者，轉一官；守倅部内歲比祖額增金一萬兩、銀十萬兩、銅一百萬斤，亦轉一官；令丞歲收買及監官格内之數，減半推賞。

慶元二年，宰執言：「封樁銀數比淳熙末年虧額幾百五十萬，今務場所入歲不滿三十萬，而歲奉三宫及册寶費約四十萬，恐愈侵銀額。欲權以三分爲率，一分支銀，二分支會子。」上曰：「善」。

徐松《宋會要輯稿·職官四三·提點坑冶鑄錢司》　〔孝宗乾道六年〕十一月二十八日，中書門下省言：「勘會近降指揮，鼓鑄鐵錢歲額五十萬貫。續據發運司申，乞將興國軍富民監鑄錢六萬貫理(從)〔充〕措置淮西鼓鑄許子中所鑄之數。」詔今後鼓鑄錢，發運司及許子中每歲各認三十萬貫，立爲定額。其興國軍富民監六萬理充發運司三十萬貫之數，余依前後已得指揮。【略】

〔孝宗乾道六年十二月〕十六日，史正志言：「契勘坑冶寶貨，所在有之，惟藉逐縣令、丞公共收趁。緣未立定賞格，今相度，欲下所屬，今(從)〔後〕新發或停閉坑冶，若令、丞措置招坑户，一年内趁發過銅一萬斤、鉛三萬斤、錫五萬斤、鐵十萬斤，各減一年磨勘；更增及五分，減一年半磨勘；增及一倍以上，減二年磨勘。」詔依。【略】

〔孝宗乾道九年〕閏正月五日，工部狀：「準批下王楫、李大正狀：『其分認路分課額及合行事件：一、欲將江南、淮南、兩浙、潼川、利路分隸饒州司，江西、湖廣、福建分隸贛州司，錢糧物料并依所分路分催趁。一、準省札，檢會乾道二年鑄錢司申，江東路饒州興利場膽銅二萬三千四百八十三斤，信州鉛山場膽銅九萬六千五百三十六斤，弋陽縣寶豐場黃銅四十斤，豐：原作「豊」，據《元豐九域志》卷六改。池州銅陵縣膽銅四百八斤五兩，陵：原作「池」，據本書原稿「食貨」三三之一九、二〇改。四川路潼川府銅山縣黃銅六千斤，利州青埿黃銅七千斤，興州青陽縣黃銅一千六百六十二斤，分隸饒州司，共計一十三萬五千一百二十九斤五兩。福建路汀州長汀縣黃銅六十二斤，南劍州尤溪縣黃銅三千六百五十四斤，建寧府因將場黃銅八千三百一十七斤四兩，邵武軍光澤縣黃銅三百二十五斤，廣東路韶州岑水場黃銅二(黃)〔萬〕四十斤，膽銅八萬八千九百四十八斤，連州元魚場黃銅二千八百八十斤，湖南路潭州永興場膽銅三千四百四十斤，分隸贛州司，共計一十二萬八千四斤四兩。兩項通計二十六萬三千一百六十九斤九兩，合於上件數内依今降指揮增三分之一趁辦。一、契勘(銅)〔潼〕川、利州路緣爲路稽察不前，訪聞得逐處産銅浩瀚，遞年收到餘剩銅，轉運司貨賣價錢，以爲公庫使用。今乞札下潼川、利路産銅州縣，應有額外增羡數目，與免立額，盡數起發。一、契勘坑冶場監官系吏部以格法差注，初非選材，或有庸繆昏老不堪委任之人，乞從本司申奏，與岳廟差遣，即從本司踏逐有材力人，不以有無拘礙辟差。一、契勘雖是分置兩司，緣諸路州軍互有官物干連，難以逐一分撥。今乞仍舊各以江淮荆浙湖廣福建潼川利州路提點坑冶鑄錢公事(繁)〔繫〕銜，應行移并連銜通行，按察刺舉。一、契勘鑄錢司舊管吏額，孔目、職級、手分、貼司、代軍典三十四人，昨因廢罷後復置，共三十人。今來分置二司，人數不敷使用，今乞量添十名，通舊人分兩司使唤。』工部勘會，鑄錢司吏額依已降指揮，系於主管文字下通置手分、貼司、代軍典共二十名。今勘當，欲下本司量行添破手分四名、貼司二人計六名，共二十六名爲額。」詔并依。【略】

佚名《錦繡萬花谷》卷一五《鑄錢》 歲鑄錢百餘萬貫。國初，江南平，轉運使張齊賢得江南舊承指丁釗，盡知信、建等州銅、鉛處，即調發丁夫采之。初，江南饒州永平監歲鑄錢六萬貫，齊賢初年增十數倍。明年得銅八十五萬斤，錫六十萬斤，因雜爲鉛、錫，鑄錢三十六萬貫。其後信州鉛山出銅無筭，錢所市數千萬斤，饒州薪炭不能給，分池州置永寧監，建州置永豐監，並歲鑄錢二十萬貫，以鉛山銅給之。杭州置保興監。凡四監歲鑄百餘萬貫。楊文公《談苑》。

歲鑄錢三百萬貫，國初平江南，歲鑄錢七萬貫，至天聖中稍增，至歲鑄百餘萬貫，慶曆至三百萬貫。熙寧六年以後，歲鑄銅錢六百餘萬貫。沈括《筆談》。

廣寧寓於贛，漢惟上林三官鑄錢，其銅取諸關中。唐武德初，置監於幽、并、益、桂四州。國朝十有六監：曰雍，曰絳，曰鄂，曰饒，曰池，皆因唐舊。唐極盛時，歲鑄錢以鉅萬計者，僅能三之而贏。國朝天聖中，已二倍其數。熙寧以後，則二十倍矣。中興以來，所存者七監：饒之永平，池之永豐，江之廣寧，韶之永通，建之豐國，嚴之神泉，贛之鑄錢院。初，鄂有寶泉監，崇寧元年廢而置於贛。紹興二年，江池爲兵衝，以永興寓於饒，廣寧寓於贛，於是贛之鼓鑄倍於昔。《楊舜俞記》。

銅鐵錢。國初立五監之銅，以謹上供，歲鑄錢百五十萬緡；又立三監之鐵以二蜀，歲鑄鐵錢二十七萬緡，銅錢不入鐵錢界。

王應麟《玉海》卷一八〇《食貨・咸平鑄錢使》 《會要》：有金之州十，有銀之州四十二，有銅之州十三，渭、饒、信、興國、南安、郴、興、建、南劍、汀、漳、邵武、英。有鐵之州三十六，西京至融水。有鉛之州十一，有錫之州十三。凡山澤之入：金一千四十八兩，銀十二萬九千四百六十兩，銅二千一百七十四萬四千七百四十九斤，鐵五百六十五萬九千六百四十六斤，鉛七百九十四萬三千三百五十斤，錫六百十五萬九十餘斤。歲總收金三萬七千九百八十五兩，銀二百九十萬九千八十六兩。諸路上供金萬七千四兩，銀百十四萬六千七百八十四兩。凡賦入之數：金萬七千九十七兩，銀百二十三萬一千二百七十七兩。《續會要》：有金二十五州，十三州土貢。有銀七十四州，二十一州土貢。銅二十一州，元豐元年計一千四百六十萬五千九百六十九斤。鐵三十六州，元豐元年收五百五十萬一千九十斤。鉛三十一州，錫二十七州。紹興三十二年，虞部具諸道坑冶數：金坑興者一百三十四，廢者一百四十；銀坑興者八十四，廢者八十三；銅坑興者五十七，廢四十五；鐵坑興者三百七十，廢二百五十六；鉛之興三十二，而廢十五；錫之興九十四，而廢四十四。凡銅場十四，鐵場三十八，鉛場二十四，錫場五。乾道二年七月，鑄錢司言：銅歲取七百五萬七千二百六十三斤有奇，鐵歲收二百十六萬二千一百四十四斤有奇，鉛三百二十一萬三千六百二十二斤有奇，錫七十六萬一千二百四斤。開寶二年十一月乙巳，詔：未能捐金於山，豈忍奪民之利？減桂陽監歲入白金三之一。至道元年三月，廢邵武金場。二年正月，廢成州金坑。詔曰：捐金於山，前聖盛德，所寶惟穀，舊史格言。九月，廢衢州銀冶。景德元年正月，建州寶通山出銀，以圖來獻。天聖四年十二月乙未，虔州石城産銀，置義豐場。建炎元年八月十六日，依祖宗舊法，山澤坑冶隸金部轉運。先是，崇寧二年隸右曹及常平。正和六年，有措置東南坑冶寶貨司。乾道二年五月二十五日，命工部侍郎薛良朋措置諸路坑冶。良朋言：歲鑄錢一百六十一萬七千九百三十五貫，約用銅五百五萬六千餘斤，以銅少，權以五十五緡爲額。韶之岑水銅六十二萬斤，今增爲七十七萬；潭之永興五萬斤，今增爲十五萬；信之鉛山三十八萬斤，潼州、利州一萬四千六百六十二斤。九年閏正月五日，以江淮、浙、潼、利路隸饒司，江西、湖、閩、廣隸贛。十月二十三日，李大正言：岑水永興鉛山場銅課最盛。

又卷一八〇《食貨·開寶錢監　至道永豐監　皇祐永通監》

建隆二年三月，禁鐵錫錢。乾德五年十二月丙辰，禁惡錢。開寶四年正月，雅州百丈縣興置錢監，歲鑄九千餘貫，增十鑪。九年七月，昇州言歲鑄三十萬緡，命通判杜見素經度，采銅江南，舊用鐵錢十當銅錢之一。太祖平吴，因舊制開監於鄱陽。錢俶入朝，又得杭州錢監，尋廢。興國二年二月壬辰朔，漕臣樊若水奏，復用銅錢。四年九月乙酉，初聽銅錢入蜀。八年三月，奚嶼請於建州鑄大鐵錢，文曰太平通寶，尋以不便罷。先是，李煜因唐制，於饒之永平監歲鑄六萬緡。江南平，增爲七萬。患銅少不給，漕臣張齊賢調丁采饒、信、虔等州銅、鉛、錫，是年增數十倍。明年，得銅八十五萬斤，鉛二十六萬斤，錫十六萬斤，歲鑄錢三十萬貫。以丁釗領三郡銅山。初，永平監用開通元寶錢法，肉好精妙，至雜以鉛、錫，雖歲增數倍，稍惡矣。【略】至道二年十月己未，池州新置錢監，賜名永豐。先是，饒之永平歲鑄四十萬貫，今分置是監，共鑄六十四萬貫。楊允恭言其事，始分鑄於池。咸平二年五月，宰臣齊賢請置監廣鑄，命虞部郎馮亮等按視，至建州置豐國監，江州置廣寧監。明年，凡鑄一百二十五萬。八月丙子，祕閣校理杜鎬等承詔檢討鑄錢故事，上之。【略】慶曆元年九月壬申，以虢州監爲朱陽監。十一月詔：江、饒、池錢監鑄鐵錢百萬緡。六年五月壬寅，以興元府西縣錢監爲濟遠監。八年六月乙未詔：陝西所用江南儀商等州大銅錢以一當三，其小鐵錢三當銅錢之一。先是，慶曆初兵興用乏，知商州皮仲容議采洛南縣紅崖山、虢州青水冶青銅，置阜民、朱陽二監以鑄錢。陝西漕臣張奎、永興守范雍又請鑄大錢，一當十。四年，復采儀州黄銅，置博濟監鑄大錢，而江南亦鑄大銅錢。【略】慶曆八年九月癸亥，韶州置鑄錢監。時天興場歲采銅二十五萬斤。皇祐元年二月丁卯，以韶州新置監爲永通監。淳熙十二年三月省。至和二年三月詔：韶州岑水場銅發，令漕司益鑄錢。治平四年，置惠州阜民監。【略】熙寧三年七月十三日，陝西興置鑄錢監，市岑水場銅、鉛，增鑄百萬緡。六年六月壬辰，行折二錢。七月四日詔：京西、淮、浙、江西、荆、湖六路各置鑄錢監一，江荆以十五萬，餘以萬緡爲額。七年三月二十八日，以永興鑄折二錢，備熙河之用。二十四日，三司言：河北有銅五十七萬九千九百餘斤，錫九千八百九十餘斤，詔度地置監。乃置黎陽監於衛州，歲鑄三萬五千緡。八年二月一日，商、虢、洛南增置三監，耀、鄜權置二監，凡九監。鄜州等五監俟改鑄省樣錢畢，併入商州等四監鑄大錢。【略】〔元豐〕二年二月二十九日，通遠軍監改鑄銅錢，罷鳳翔郿縣置監。三年六月二十九日，徐州置監。十一月二十六日，興復雅州錢監，歲鑄三萬緡。餘見後。元祐二年七月二十一日，置河中府龍門韓城錢監。【略】紹聖二年十二月，施州置廣積監。崇寧元年八月，户部言：江、池、饒、建四監歲額上供新錢一百三十餘萬貫。【略】三年二月，復置寶豐黎陽監。九月詔：東南十監，舒、衡、睦、鄂、韶、梧六監鑄小錢，餘五監鑄當十錢。四年閏二月，汝州魯山置監，并陝西、兩河、京西十八監鑄夾錫錢。大觀二年七月，懷衛州建鑄錢院。政和四年四月，復融州寶興監。六年四月，置邕州通寶監。宣和六年七月，罷萬州廣濟監。

又《食貨·唐銀銅鐵錫冶·瑞金監·山澤寶冶》

《食貨志》：凡銀、銅、鐵、錫之冶一百六十八。陝、宣、潤、饒、衢、信五州，銀冶五十八，銅冶九十六，鐵山五，錫山二，鉛山四。汾州礬山七，麟德二年廢。陝州銅冶四十八。開元十五年，初税伊陽五重山銀錫。德宗時，韓洄建議：山澤之利宜歸王者，自是隸鹽鐵使。《韓洄傳》云：德宗初上言：天下銅鐵冶乃山澤利，當歸王者，請悉隸鹽鐵使。從之。元和初，天下銀冶廢者四十。歲采銀萬二千兩，銅二十六萬六千斤，鐵二百七萬斤，錫五萬斤，鉛無常數。開成元年，復歸州縣。宣宗時，裴休請復歸鹽鐵使，增銀冶二，鐵山七十一，廢銅冶二十七，鉛山一。元和三年六月詔：天下自五嶺以北，銀坑並禁斷，令其採銅。四年六月詔：依前開採。《裴休傳》：收山澤寶冶，悉歸鹽鐵。《紀》：大曆十四年七月庚午，弛邕州金坑禁。《地理志》：凡天下有銀者三十六縣：關內一，河南五，河東二，山南二，隴右三，江南十九，劍南一，嶺南三；有銅者六十三縣：關內二，河南五，河東九，河北一，山南一，隴右一，淮南四，江南三十一，劍南六，嶺南三；有鐵者一百三縣：關內六，河南八，河東十五，河北九，山南十，隴西一，淮南三，江南二十七，劍南十八，嶺南六；有錫者十三縣：河南二，河東一，河北一，山南一，江南六，嶺南二；有金之郡縣十八：關內一，河南一，山南三，隴右一，江南七，劍南二，嶺南三。天祐元年，虔州置瑞金監。虔之雩都有金。《百官志》：少府監有掌冶令、丞，諸冶監令、丞。《列傳》：河間王孝恭治荆州，爲立銅冶，百姓利之。權萬紀爲侍書御史，奏宣饒部中可鑿山冶銀，歲取數百萬。太宗斥之曰：不能推賢，乃以利規我。韓思復遷滁州刺史，州有銅官，人鏟鑿尤苦，思復爲買他鄙，費省獲多。《國史兩朝志》：金、銀、銅、鐵、鉛、錫之冶總二百七十一。金産六州，冶十一；銀産二十三州，三軍，一監，冶八十四；銅十一州，一軍，冶四十六；鐵二十四州，二軍，冶七十七；鉛九州，一軍，冶三十；錫七州，冶十六。又丹砂二州，冶二；水銀四州，冶五，皆置吏主之。九牧脩貢篚，卝人申厲禁。

又卷一八〇《食貨・中興鑄錢監》 冶場之盛名在幹官者：鉛山、濛山、石堰、岑水、昭寶、富寶、寶成、寶瑞、雙瑞、嘉瑞、大挺、大濟、永興、新興、興國、興利、大富、廣富、通利、通濟，監務坑井殆幾萬計。

張端義《貴耳集》卷下 韶州涔水場，以滷水浸銅之地，會百萬斤鐵，浸煉二十萬銅，且二廣三十八郡皆有所輸。或供鉛、錫，或供銀，或供錢，歲計四五萬緡。饒監所鑄，歲止十五萬，二廣未嘗曾見一新錢，所在州縣村落，未嘗一日無銅錢，殊不可曉。所謂會子皆視之棄物，不知朝廷一如二廣，只使見錢，不知會子，未知可行否乎？

馬端臨《文獻通考》卷一八《征榷考五・坑冶》 《周官卝人》：掌金玉錫石之地，而爲之厲禁以守之。若以時取之，則物其地圖而授之。物色占其形色之鹹淡也，授之教取者之處。巡其禁令。【略】

漢武帝行幸，回中詔曰：往者朕郊見上帝，泰山見金，宜更鑄黄金爲麟趾褭蹄，以協瑞焉。

東坡《仇池筆記》曰：「王莽敗時，省中黄金六十萬斤。陳平四萬斤間楚。董卓郿塢金亦多。其餘三五十斤者，不可勝數。近世金不以斤計，雖人主，未有以百金與人者。何古多而今少也？鑿山披沙無虚日，金爲何往哉？頗疑寶貨神變不可知，復歸山澤邪？石林葉氏曰：漢時賜臣下黄金，每百斤、二百斤，少亦三十斤，雖燕王劉澤以諸侯，賜田生金亦二百斤。楚梁孝王死有金四十餘萬斤。蓋幣輕，故米賤金多也。」

按：如二公之説，則金莫多於漢，然民間之淘取，官府之徵斂，史未嘗言之，度未必如後世之甚也。三代之時，服食器用，下之貢獻有程，上之用度有節，未嘗多取於民。後之言利者，始以爲山海天地之藏，上之人當取其利以富國，而不可爲百姓豪强者所擅。其説發於管仲，而盛於桑弘羊、孔僅之徒，然不過曰鹽曰鐵，則以其適於民用也。金爲天地之祕寶，獨未聞有征榷之事。漢法，民私鑄鐵者，鈦左趾。博士使郡國，矯詔令民鑄農器者，罪至死。鐵官凡四十郡，而不出鐵者，又置小鐵官，徧於天下。獨未聞有犯金之禁。鐵至賤也，而榷之析秋毫。金，至貴也，而用之如泥沙。然則國家之征利，無資於金也。貨殖傳所載蜀卓氏，山東程鄭，宛孔氏，魯丙氏，稱爲尤富，然皆言其擅鐵冶之利，而未聞有藏金之事。然則豪强之致富，不由於金也。上下之間好尚如此，蓋猶有古人不貴難得之貨之遺意云。

後漢明帝永平十一年，漅湖出黄金，廬江太守取以獻。後魏宣武帝延昌三年，有司奏長安驪山今昭應縣。有銀礦，二石得銀七兩。其秋，恒州今代郡安邊馬邑。又上言，白登山今馬邑郡界。有銀礦，八石得銀七兩，錫三百餘斤，其色潔白，有踰上品。詔並置銀官，常令採鑄。又，漢中舊有金户千餘家，常於漢水沙金，年終輸之。後臨淮王彧爲梁州刺史，奏罷之。

按：《酉陽雜俎》：魏明帝時，昆明國貢避寒鳥，常吐金屑如粟。《蜀都賦》「金沙銀礫」注：永昌有水，出金，如糠在沙中。《南史・夷貊傳》：「林邑國有金山，石皆赤色，其中生金，金夜則出飛，狀如螢火。」此皆沙金之見於史傳者。昔時遐方裔夷所産，今則東南處處有之矣。

唐凡金、銀、鐵、錫之冶一百八十六。陝、宣、潤、饒、衢、信五州銀冶五十八，銅冶九十六，鐵山五，錫山二，鉛山四。汾州礬山七。

貞觀初，侍御史權萬紀上言：「宣、饒二州銀大發，采之歲可得數百萬緡。」帝曰：「朕之所乏者非財也，但恨無嘉言可以利民耳。卿未嘗進一賢，退一不肖，而專言税銀之利，欲以桓、靈視我邪！」乃黜萬紀還家。

麟德二年，廢峡山銅冶四十八。

開元十五年，初税伊陽五重山銀、錫。

天寶五載，李林甫爲相，謂李適之曰：「華山有金鑛，采之可以富國，主上未知也。」他日，適之因奏事言之，上以問林甫，對曰：「臣久知之，但華山陛下本命，王氣所在，鑿之非宜，故不敢言。」上以林甫爲愛己，薄適之慮事不熟，適之自是失恩。

德宗時，户部侍郎韓洄建議，山澤之利宜歸王者，自是隸鹽鐵使。元和時，天下銀冶廢者四十，歲采銀萬二千兩，銅二十六萬六千斤，鐵二百七萬斤，錫五萬斤，鉛無常數。

二年，禁采銀。一兩以上者，笞二十，遞出本界，州縣官吏節級科罪。

開成元年，復以山澤之利歸州縣，刺史選吏主之。其後，諸州牟利以自殖，舉天下不七萬緡，不能當一縣之茶税。

宣帝增河湟戍兵衣絹五十二萬餘匹，裴休請復歸鹽鐵使以供國用。增銀冶二，鐵山七十一，廢銅冶二十七，鉛山一。天下歲率銀二萬五千兩，銅六十五萬五千斤，鉛十一萬四千斤，錫萬七千斤，鐵五十三萬二千斤。

後唐長興二年敕：今後不計農器、燒器動使諸物，並許百姓逐便自鑄造。諸道監冶，除依常年定數鑄辦供軍，熟鐵并器物外，祇管出生鐵，比已前價，各隨逐處見定高低，每斤一例減十文，貨賣雜使。熟鐵亦任百姓自鍊，巡檢節級勾當賣鐵場官并鋪户，一切並廢。鄉村百姓祇於夏秋苗畝上納農器錢一文五分，足隨夏秋二税送納。

晉天福六年赦節文：諸道鐵冶三司，先條流百姓農具破者，須於官場中賣鑄時，卻於官場中買鐵。今後許百姓取便鑄造買賣，所在場院不得禁止攪擾。

宋興，金、銀、銅、鐵、鉛、錫之貨，凡諸軍產金有五：曰商、饒、歙、撫州、南安軍。至道元年廢邵武軍院。二年又廢成州二院。饒州舊禁商人市販，頗致爭訟。大中祥符五年從淩策之請，除其禁，官收算焉。產銀有三監：曰桂陽、鳳州之開寶，本七房冶，開寶五年賜名建州之龍焙；又有五十一場：曰饒州之德興，虔州之寶積，信州之寶豐，建昌之馬茨湖、看都，越州之諸暨，衢州之南山、北山、金水，舊又有靈山場，大中祥符二年廢。處州之慶成、望際，道州之黃富，福州之寶興，漳州之興善、毗婆、大深、巖洞，汀州之黃焙、龍門、寶安，南劍州之龍逢、寶應、王豐、杜唐、高才、贍國、新豐、巖梅營、龍泉、順昌，邵武軍之焦阬、龍門、小杉、青女、三溪、黃上、同福、磥磜，南安軍之穩下，廣州之上雲，韶州之樂昌、螺阬、靈源，連州之同官，英州之賢德、蕘山、竹溪，恩州之梅口，春州之陽江。三務曰秦州隴城、隴州、興元府。太平興國四年於五臺置冶，後廢。秦州舊有太平監，後去其名。又賀州有寶盈場及杭州務，後並省。產銅有三十五場：饒、處、建、英州各一，信州、南安軍各二，汀州三，漳州四，邵武軍八，南劍州十二；饒州曰興利，建州曰同德，英州曰禮平，信州曰鉛山，南安軍曰南康、城下，汀州曰鍾僚，餘皆與銀場同。一務曰梓州之銅采。國初坊、隴二州亦置場，後廢。又嘉州亦有採場，咸平六年置。產鐵有四監：曰大通，兗州之萊蕪，萊蕪監領杏山、阜陽、何家、魯東、汶陽、萬家、宜山七冶。舊又有石門、大叔、道士等冶，景德中，以鐵數不登，並廢。汶陽、南魯西治大中祥符七年廢。徐州之利國，相州之利成；又有十二治：曰河南之淩雲，虢州之麻莊，同州之韓山，鳳翔之赤谷、磑平，儀州之廣石河，蘄州之回嵐、蕘窑，黃州之龍陂，袁州之貴山，興國軍之慈湖，英州之黃石；二十務：曰晉、磁、鳳、澧、道、渠、合、梅州各一，陝州之集津，耀州之榆林，坊州之玉華，虔州之上平、符竹、黃平、青堂，吉州之安福，汀州之莒溪、古田、龍興、羅村；二十五場：曰信州之丁溪、新溪，鄂州之聖水、荻洲、樊源、安樂、龍興、大雲，建州之晚化，南劍州之亳村、東陽、武夷、平林、塗阬、安福、萬足、桃源、交溪、婁杉、湯泉、立沙、黃溪，邵武軍之萬德、寶積，連州之牛鼻。又有沂州鄑城冶、磁州苑城冶、齊州龍山冶。澤、淄、秦、潭、利、英、白、鬱林州皆舊出鐵，後並廢。產鉛有三十六場、務：曰越、建、連、英、春州各一，韶州、南安軍各二，衢州、汀州各三，漳州四，邵武軍八，南劍州十二。並與銀銅場同名。產錫有九場：曰河南之長水，虔州之安遠，南安之城下，南康之上猶，道州之黃富，賀州之太平川、石場，潮州之黃岡，循州之大任。舊信州有鉛場，後廢。產水銀有四場：曰秦、階、商、鳳州。產朱砂有三場：曰商、宜州、富順。

太祖皇帝開寶三年，詔曰：「古者不貴難得之貨，後代賦及山澤，上加侵削，下益抗敝。每念茲事，深疾於懷。未能捐金於山，豈忍奪人之利。自今桂陽監歲輸課銀宜減三分之一。」

太宗至道二年，有司言鳳州山内出銅卝，定州諸山出銀鑛，請置官署掌其事。上曰：「地不愛寶，當與衆庶共之。」不許。

至道末，天下歲課銀十四萬五千餘兩，銅四百一十二萬二千餘斤，鐵五百七十四萬八千餘斤，鉛七十九萬三千餘斤，錫二十六萬九千餘斤。天禧末，金一萬四千餘兩，銀八十八萬三千餘兩，銅二百六十七萬五千餘斤，鐵六百二十九萬三千餘斤，鉛四十四萬七千餘斤，錫二十九萬一千餘斤，水銀二千餘斤，朱砂五千餘斤。然金銀除坑冶、丁税、和市外，課利折納，互市所得皆在焉。

金、銀、銅、鐵、鉛、錫之冶，總二百七十一。金產登、萊、商、饒、汀、南恩六州，冶十一。銀產登、虢、秦、鳳、商、隴、越、衢、饒、信、虔、郴、衡、漳、汀、泉、福、建、南劍、英、韶、連、春二十三州；南安、建昌、邵武三軍，桂陽監，冶八十四。銅產饒、信、虔、建、漳、汀、泉、南劍、韶、英、梓十一州，邵武軍，冶四十六。鐵產登、萊、徐、兗、鳳翔、陝、儀、虢、邢、磁、虔、吉、袁、信、澧、汀、泉、建、南劍、英、韶、渠、合、資二十四州，興國、邵武二軍，冶七十七。鉛產越、衢、信、汀、南劍、英、韶、連、春九州，邵武軍，冶三十。錫産商、虢、虔、道、潮、賀、循七州，冶十六。又有丹砂，産商、宜二州，冶二。水銀産秦、鳳、商、階四州，冶五。皆置吏主之。然大率山澤之利有限，或暴發輒竭，或採取歲久，所得不償其費，而歲課不足，有司必責主者取盈。

仁宗、英宗每下赦書，輒委所在視冶之不發者，或廢冶，或蠲主者所負歲課，率以爲常，而有司有請，亦輒從之，無所吝。故冶之興廢不常，而歲課增損係焉。皇祐中，歲得金萬五千九十五兩，銀二十一萬九千八百二十九兩，銅五百一十萬八百三十四斤，鐵七百二十四萬一千一斤，鉛九萬八千一百五十一斤，錫三十三萬六百九十五斤，水銀二千二百一斤。其後以赦書從事，或有司所請，廢冶百餘。既而山澤興發，至治平中，或增冶，或復故者，總六十八。是歲，視皇祐金減九千六百五十六，銀增九萬五千三百八十四，銅增一百八十七萬，鐵、錫增百餘萬，鉛增二百萬，獨水銀無增損，又得丹砂二千八百餘斤。今之論次諸冶，以治平中所有云。

天聖中，登、萊採金歲益數千兩，帝命獎官吏。王曾曰：「採金多則背本趨末者衆，不宜誘之。」

景祐中，登、萊民饑，詔弛金禁，聽民自取。俟歲豐，然後復故。

吴氏《能改齋漫録》曰：「登萊州産金，自太宗時已有之，然尚少。至皇祐中始大發，民廢農桑采掘。地採之有重二十餘兩爲塊者，取之不竭，縣官榷買，歲課三千兩。」

中書備對諸路坑冶金數：

萊州金四千一百五十兩，房州金六十六兩，登州金三十九兩，商州金三十九兩，饒州金三十四兩，沅州金一百三十二兩，汀州金一百六十七兩，邕州金七百四兩。

神宗熙寧元年，詔：「天下寶貨坑冶不發，而負歲課者蠲之。」

七年，廣西經略司言邕州填乃峒産金，請置金場。後五年，凡得金爲錢二十五萬緡。

四年，以所産薄，詔罷貢金。

八年，知熙州王韶奏本路銀、銅坑發，詔令轉運市易司共計之，以所入爲熙河糴本。七月詔：「坑冶坊郭鄉村并淘採烹鍊人並相爲保，保内及於坑冶有犯，知而不糾，或停盗不覺者，論如保甲法。」

元豐元年，是歲諸路坑冶，金總計萬七百一十兩，銀二十一萬五千三百八十五兩，銅千四百六十萬五千九百六十九斤，鐵五百五十萬一千九十七斤，鉛九百十九萬七千三百三十五斤，錫二百三十二萬一千八百九十八斤，水銀三千三百五十六斤，朱砂三千六百四十六斤十四兩有奇。

七年，坑冶凡一百三十六所，領於虞部。

哲宗紹聖二年，江淮荆湖等坑冶司言：「新發坑冶，漕司慮給本錢，往往停閉不當，請令本司同遣官詳度。」從之。

湖南漕司言：「潭州益陽縣近發金苗，以碎礦淘金，賦榷入官，請修立私出禁地之制。」從之。

徽宗崇寧四年，湖北置旺溪金場監官，以其歲收金千兩，鈐轄司請置官故也。

大觀二年，詔：「金銀坑發，雖告言或方檢視，而私開淘取以盗論。」九月，銀、銅坑冶舊不隸知縣、縣令者，並令兼監，賞罰減正官一等。

政和元年，張商英言：「湖北産金非止辰、沅、靖溪洞，其峽州夷陵、宜都縣，荆南府枝江，江陵縣赤湖城至鼎州，皆商人淘採之地。漕司既乏本錢，提舉司買止千兩，且無專司定額。請置專切提舉買金司，有金苗無官監者，許遣部内州縣官及使臣掌幹。」詔：「提舉官措畫以聞，仍於荆南置司。」

政和二年，詔：「工部以坑冶，所收金、銀、銅、鉛、錫、鐵、水銀、朱砂物數，置籍籖注，歲半消補，上之尚書省。」自是户工部尚書省皆有籍鉤考，然所憑惟帳狀，至有額而無收，有收而無額，乃責之縣丞、監官及曹部奉行者，而更督遞年違負之數。九月，措置陝西坑冶蔣彝奏：「本路坑冶收金千六百兩，他物有差。」詔：「輸大觀西庫，彝增秩，官屬各減磨勘年。」

六年詔：「承買坑冶，歲計課息錢十分蠲一，以頻年無買者，欲優假之故也。」五月，中書言劉芑計置萬、永州産金甫及一歲，收二千四百餘兩。詔特與增秩。

宣和元年，石泉軍江溪沙磧麩金，許民隨金脈淘採，立課額，或以分數取之。坑冶，國朝舊有之，官置場監，或民承買，以分數中賣於官。舊例：諸路轉運司本錢亦資焉，其物悉歸之内帑。崇寧以後，廣搜利穴，榷賦益備。凡屬之提舉司者，謂之新坑冶，用常平息錢與剩利錢爲本，金銀等物往往皆積之大觀庫，自蔡京始也。政和間，數罷數復，然告發之處，多壞民田，承買者立額重，或舊有今無，而額不爲損。

《宋史》卷八七《志四〇・地理三》〔陝西永興軍路〕京兆府，京兆郡，永興軍節度。本次府，大觀元年升大都督府。舊領永興軍路安撫使。宣和二年，詔永興軍守臣等銜不用軍額，稱京兆府。【略】縣十三：【略】乾祐。次畿。監二。熙寧四年置，鑄銅錢；八年置，鑄鐵錢。

河中府，次府，河東郡，護國軍節度。舊兼提舉解州、慶成軍兵馬巡檢事。大中祥符中，以榮河爲慶成軍。崇寧户七萬九千九百六十四，口二十二萬七千三十。貢五味子、龍骨。縣七：河東，次赤。隋縣。熙寧三年，省河西縣，六年，省永樂縣爲鎮入焉。臨晉，次畿。猗氏，次畿。虞鄉，次畿。萬泉，次畿。龍門，次畿。元祐二年，置鑄錢監二。【略】

陝州，大都督府，陝郡。太平興國初，改保平軍，舊兼提舉商、虢州兵馬巡檢事。崇寧户四萬七千八百六，口一十三萬五千七百一。貢紬、絁、括蔞根、柏子仁。縣七：陝，中。熙寧六年，省硤石縣爲石壕鎮入焉。平陸，上。夏，上。靈寶，上。熙寧四年，省湖城縣入焉。芮城，中下。湖城，中下。元豐元年，復置縣。閿鄉。中下。太平興國三年，自虢州與湖城二縣來隸。監二。熙寧三年置，鑄銅錢；八年置，鑄鐵錢。

又卷一八〇《食貨志下二》 舊饒州永平監歲鑄錢六萬貫，平江南，增爲七萬貫，而銅、鉛、錫常不給。轉運使張齊賢訪求得南唐承旨丁釗，能知饒、信等州山谷産銅、鉛、錫，乃便宜調民采取；且詢舊鑄法，惟永平用唐開元錢料最善，即詣闕面陳。八年，詔增市鉛、錫、炭價，於是得銅八十一萬斤、鉛三十六萬斤、錫十六萬斤，歲鑄錢三十萬貫。補釗殿前承旨，領三州銅山。【略】

而睦州則置神泉，徐州則置寶豐，梧州以鉛錫易得，萬州以多鐵礦，皆置監。又詔秦鳳等路即鳳翔府斜谷置監，已而所鑄錢青銅夾錫，脆惡易毀，罷之。【略】商、虢、洛南增三監，耀、鄜權置兩監，通永興、華、河中、陝舊監爲九，以給改鑄。永興、鄜、耀、河中、陝去鐵冶遠，聽改鑄一年罷；商、洛南、華、虢最近鐵冶，聽久置；鄜州等五監候罷改鑄，并其工作歸永興等四監，專鑄大錢，所鑄大鐵錢約補及所廢僞錢，及可以待交子所用而止。【略】

以李植提點鑄錢公事，植言：「歲額内藏庫二十三萬緡，右藏庫七十餘萬緡，皆至道以後數也。紹興以來，歲收銅二十四萬斤，鉛二十萬斤，錫五萬斤，僅可鑄錢一十萬緡。諸道拘到銅器二百萬斤，附以鉛、錫，可鑄六十萬緡。然拘者不可以常，唯當據坑冶所産。」下工部，權以五十萬緡爲額。【略】

東南十一路一百一十八州之所供，有坑冶課利錢、木炭錢、錫本錢，約二十一萬緡，比歲所收不過十五六萬緡耳。歲額：金一百二十八兩，銀無額，以七分入内庫，三分歸本司，銅三十九萬五千八百斤，鉛三十七萬七千九百斤，錫一萬九千八百七十五斤，鐵二百三十二萬八千斤。

又卷一八五《食貨志下七》 皇祐中，歲得金萬五千九十五兩，銀二十一萬九千八百二十九兩，銅五百一十萬八百三十四斤，鐵七百二十四萬一千斤，鉛九萬八千一百五十一斤，錫三十三萬六百九十五斤，水銀二千二百斤。【略】

元豐元年，諸阬冶金總收萬七百一十兩，銀二十一萬五千三百八十五兩，銅千四百六十萬五千九百六十九斤，鐵五百五十萬一千九十七斤，鉛九百十九萬七千三百三十五斤，錫二百三十二萬一千八百九十八斤，水銀三千三百五十六斤，朱砂三千六百四十六斤十四兩有奇。【略】

〔政和〕三年，尚書省言：「陝西路阬冶已遣官提轄措置，川路金銀阬冶興發，慮失利源。」詔：「令陝西措置官兼行川路事。阬冶所收金、銀、銅、鉛、錫、鐵、水銀、朱砂物數，令工部置籍籤注，歲半消補，上之尚書省。」自是，户工部、尚書省皆有籍鉤考，然所憑唯帳狀，至有有額而無收，有收而無額，乃責之縣丞、監管及曹、部奉行者，而更督遞年違負之數。九月，措置陝西阬冶蔣彝奏：本路阬冶收金千六百兩，他物有差。詔輸大觀西庫，彝增秩，官屬各減磨勘年。四年，令監司遣官同諸縣丞遍視阬冶之利，爲圖籍籤注，監司覆實保奏，議遣官再覆，酌重輕加賞，異同、脱漏者罪之。六年，川、陝路各置提轄措置。阬冶官劉芑計置萬、永州産金，一歲收二千四百餘兩，特與增秩。十二月，廣東漕司言：「本路鐵場阬冶九十二所，歲額收鐵二百八十九萬餘斤，浸銅之餘無他用。」詔令官悉市以廣浸，仍以諸司及常平錢給本。尚書省奏：「五路阬冶已有提轄措置專司，淮南、湖北、廣東西亦監司兼領，其餘路請並令監司領之。」於是江東西、福建、兩浙漕臣皆領阬冶。【略】

南渡，阬冶廢興不常，歲入多寡不同。今以紹興三十二年金、銀、銅、鐵、鉛、錫之冶廢興之數一千一百七十，及乾道二年鑄錢司比較所入之數附之：

湖南、廣東、江東西金冶二百六十七，廢者一百四十二；湖南、廣東、福建、浙東、廣西、江東西銀冶一百七十四，廢者八十四；潼川、湖南、利州、廣東、浙東、廣西、江東西、福建銅冶一百九，廢者四十五。舊額歲七百五萬七千二百六十斤有奇，乾道歲入二十六萬三千一百六十斤有奇。【略】

其後，以赦書從事或有司所請，廢冶百餘。既而山澤興發，至治平中，或增冶或復故者六十有八，而諸州阬冶總二百七十一：登、萊、商、饒、汀、南恩六州，金之冶十一；登、虢、秦、鳳、商、隴、越、衢、饒、信、虔、郴、衡、漳、汀、泉、建、福、南劍、英、韶、連、春二十三州，南安、建昌、邵武三軍，桂陽監，銀之冶八十四；登、萊、徐、兗、鳳翔、陝、儀、邢、虢、磁、虔、吉、袁、信、澧、汀、泉、建、南劍、英、韶、渠、合、資二十四州，興國、邵武二軍，鐵之冶七十七；越、衢、信、汀、南劍、英、韶、春、連九州，邵武軍，鉛之冶三十；商、虢、虔、道、賀、潮、循七州，錫之冶十六；而水銀、丹砂州冶，與至道、天禧之時則一，皆置吏主之。是歲，視皇祐金減九千六百五十六，銀增九萬五千三百八十四，銅增一百八十七萬，鐵、錫增百餘萬，鉛增二百萬，又得丹砂二千八百餘斤，獨水銀無增損焉。

張伯行《唐宋八大家文鈔》卷一四二《軍資乘餉八・礦砂》 《宋史・食貨志》曰：阬冶凡金銀銅鐵鉛錫監冶場二百有一：金産商、饒、歙、撫四州，南安軍。銀産鳳、建、桂陽三州，有三監；饒、信、處、越、衢、處、道、福、汀、漳、南劍、韶、廣、英、連、恩、春十七州，建昌、邵武、南安三軍，有五十一場；秦、隴、興元三州，有三務。銅産饒、處、建、英、信、汀、漳、南劍八州，南安、邵武二軍，有三十五場；梓州有一務。鐵産徐、兗、相三州，有四監，河南、鳳翔、同、虢、儀、蘄、黃、袁、英九州，興國軍，有十一冶；晉、磁、鳳、澧、道、渠、合、梅、陝、耀、坊、虔、汀、吉十四州，有二十務；信、鄂、連、建、南劍五州，邵武軍，有二十五場。鉛産越、建、連、英、春、邵、衢、汀、漳、南劍十州，安南、邵武二軍，有三十六場務。錫産河南、南康、虔、過、賀、潮、循七州，南安軍，有九場。水銀産秦、階、商、鳳四州，有四場。朱砂産商、宜二州，富順監，有三場。冶之興廢不常，而歲課增損隨之。皇祐中，歲得金萬五千九十五兩，銀二十萬九千八百二十九兩，銅五百一十萬八百三四斤，鐵七百二十四萬一千斤，鉛九萬八千一百五十一斤，錫三十三萬六百九十五斤，水銀二千二百斤。其後以赦書從事，或有司所請，癈冶百餘。既而山澤興廢，至治平中，或增冶或復故者六十有八，而諸州阬冶總二百七十一：登、萊、商、饒、汀、南恩六州，金之冶十一。登、虢、秦、鳳、商、隴、越、衢、饒、信、虔、郴、衡、漳、汀、泉、建、福、南劍、英、韶、連春二十三州，南安、建昌、邵武三軍，桂陽監，銀之冶八十四。饒、信、虔、建、漳、汀、南劍、泉、韶、英、梓十一州，邵武軍，銅之冶四十六。登、萊、徐、兗、鳳翔、陝、儀、邢、虢、磁、虔、吉、袁、信、澧、汀、泉、建、南劍、央、韶、渠、合、資二十四州，興國、邵武二軍，鐵之冶七十七。越、衢、信、汀、南劍、英、韶、春、連九州，邵武軍，鉛之冶三十。商、虢、虔、道、賀、潮、循七州，錫之冶十六。而水銀、丹砂之冶與至道天僖之時，則一皆置吏主之。是歲視皇佑，金減九千六百五十六，銀增九萬五千三百八十四，銅增一百八十七萬，鐵錫增百餘萬，鉛增二百萬，又得丹砂二千八百餘斤，獨水銀無增損焉。元豐元年，諸阬冶金總收萬七百一十兩，銀二十一萬五千三百八十五兩，銅千四百六十萬五千九百六十九斤，鐵五百五十萬一千九十七斤，鉛九百十九萬七千三百三十五斤，錫二百三十二萬一千八百九十八斤，水銀三千三百五十六斤，朱砂三千六百四十六斤十四兩有奇。南渡，坑冶廢興不常，歲入多寡不同。今以紹興三十二年金、銀、銅、鐵、鉛、錫之冶廢興之數一千一百七十，及乾道二年鑄錢司比較所入之數附之：湖南、廣東、江東西金冶二百六十七，廢者一百四十二。湖南、廣東、福建、浙東、廣西、江東西銀冶一百七十四，廢者八十四；潼川、湖南、利州、廣東、浙東、廣西、江東西、福建銅冶一百九，廢者四十五，舊額歲七百五萬七千二百六十斤有奇，乾道歲入二十六萬三千一百六十斤有奇。淮西、夔州、成都、利州、廣東、福建、浙東、廣西、江東西鐵冶六百三十八，廢者二百五十一，舊額歲二百一十六萬二千一百四十斤有奇，乾道歲入八十八萬三百斤有奇。淮西、湖南、廣東、福建、浙東、江西鉛冶五十二，廢者一十五，舊額歲三百二十一萬三千六百二十斤有奇，乾道歲入一十九萬一千二百四十斤有奇。湖南、廣東、江西、錫冶 百一十八，廢者四十四，舊額歲七十六萬一千二百斤有奇，乾道歲入二萬四百五十斤有奇。

王圻《續文獻通考》卷二三《征榷考・坑冶》 〔遼〕太宗時置五冶太師。自太祖之父撒剌的以土産多銅，始造錢幣，後遂襲用之，以開帝業。至是乃設官以總四方錢鐵。【略】

〔遼〕神册初，平渤海，置採鍊鐵户。時得廣州，本渤海鐵利府，改曰鐵利州，地亦多鐵。東平縣，本漢襄平縣故地，産鐵‖，置採鍊者三百户，隨賦供納。以諸坑冶多在國東，故東京置户部司，長春州置鐵帛司。又帝征幽薊，師還次山麓，得銀鐵卝，命置冶。【略】

〔元至元〕三年十二月，立諸路洞冶所。四年正月，立諸路洞冶都總管府，專掌金、銀、銅、鐵、丹粉、錫、緑恢辦課程。凡係宫撥户興煽，及見設官員自備工本洞冶，並聽總管府催督。若諸路山川有舊立洞冶都總管府，即將所出之物，取勘見數赴制國用，使司入狀，立額興煽，毋許勢豪之家影占阻撓。各處鑪冶户，供鑪礦炭等役，所司不得擅行科差。總管府設官吏合干人等，所在官司如有相關公事，同總管府取問歸斷。【略】

（元至元二十年）十二月，罷女直出産金銀禁；并罷雲南造賣金箔規措所。

柯維騏《宋史新編》卷四三《志二九・食貨四》 阬冶。凡金、銀、銅、鐵、鉛、錫監冶、場務二百有一。開寶三年詔：減桂陽監歲輸課三之一。民鑄銅爲佛像、浮圖及人物之無用者，禁之。銅鐵不得闌出蕃界及化外。至道二年，有司言：定州山多銀礦，鳳州山銅礦復出，採鍊大獲，皆精良，請置官署掌之。太宗曰：地不愛寶，當與衆庶共。不許。天聖中，登、萊採金歲益數千兩，仁宗命獎官吏。宰相王曾曰：採金多則背本趨末者衆，不宜誘之。景祐中，登、萊饑，詔弛禁，聽民採取，俟歲豐復故。大率山澤之利有限，暴發輒竭，採取歲久，得不償費。有司督課，惟責主者取盈。帝與英宗每降赦書，輒驗冶之不發者，或廢之，或蠲主者負課。有司有請，亦輒從，無所吝，故冶興廢不常，而歲課增損隨之。至治平中，諸州阬冶或增或復，凡二百七十一。熙寧元年詔：天下寶貨阬冶不發，而負歲課者蠲之。元豐七年，户部尚書王存等請復開銅禁，是歲阬冶凡一百三十六所，領於虞部。紹聖元年，户部尚書蔡京奏岑水場銅額寖虧，而商、虢間苗脈多，陝民不習烹採，久廢不發，請募南方善工詣陝西經畫，擇地興冶。於是，以許天啓同管幹陝西阬冶事。元符三年，天啓罷領阬冶，以其事歸提刑司。大觀二年八月，提舉陝西阬冶司，改併入轉運司。三年，詔令陝西措置官兼行川路事。六年，川陝路各置提轄措置阬冶官。尚書省又奏：五路阬冶已有提轄措置專司，及淮南、湖北、廣東西亦領於監司，其餘路請竝令監司領之。於是，江東西、福建、兩浙漕臣皆領阬冶。七年，提舉東南九路阬冶徐禋奏：太平瑞應，史不絶書，令部内山澤阬冶若獲希世珍物及古寶器，請赴書藝局上進。蓋自政和初，京西漕臣王璹奏太和山産水精，知桂州王覺奏枕門等處産金及生花金田，提轄京西阬冶王景文奏汝州青嶺鎮界産瑪瑙，其後湟州界蕃官結彪地内金阬千餘，收生熟金四等凡百餘兩，蔡京請宣付史館，帥百官表賀，故禋復有是請焉。靖康元年，諸路阬冶苗礦既微，或舊有今無，悉令蠲損。凡民承買金場竝罷。宋初舊有阬冶官置場監外，隸諸路轉運司，内屬金部，其物悉歸之内帑。崇寧已後，廣搜利穴，榷賦益備，乃隸右曹，積之大觀庫。自蔡京始，政和間數罷數復，然告發之地多壞民田，承買者立額重，或舊有今無，而額不爲損。欽宗即位，詔悉罷之。建炎元年，復隸金部轉運司。其後阬冶廢興不常，歲入多寡亦不同。理宗時，職阬冶者往往恣横爲民害。蘄州進士馮杰，本儒家，抑爲鑪户，誅求日增，杰妻以憂死。其女繼之，弟大聲赴愬，死於道路。杰知不免，毒其二子一妾，舉火自經而死。紹定五年夏，霖雨爲沴，廷臣訟杰冤，謂致咎之徵，乃罷都大阬冶魏峴職云。

梁寅《策要》卷四《坑冶》 《周禮・卝人》：掌金玉錫石之地，而爲厲禁。漢史金之所産不見於志，惟吴鄧銅山錢遍天下。唐權萬紀奏宣饒部中可鑿山冶銀，太宗曰，公不推賢進善，乃以利規我，斥使歸第。唐銀、銅、鐵、錫之冶二百六十八，陝、宣、潤、饒、衢、信六州銀冶五十八，銅冶九十六，鐵山五，錫山二，鉛山四，汾州礬山七。宋産金之所六，産銀之所四十有七，産銅之所三十有六，産鐵之所四十有七，産鉛之所七，産錫之所一，水銀朱砂之所一。金歲入五萬餘兩，自景德至寶元，金增至五萬五千斤，銀增至二十一萬斤。

六府之修，金與其一，荆揚之貢，金有其三。夫五金者藏於山川砂石之中，而出以爲人之用，雖云地不愛寶，而其出有時，興廢無定，此有所洩，則彼有所閟，不可常得也。國家之金貢期無乏用可矣，若過求之則非也。倘輕信言利之人，增置坑冶之所，則勞費一方，爲患無已。唐大宗之黜權萬紀，蓋慮之深遠，明君重五穀而賤金玉，固當如是哉。

張輔《明太宗文皇帝實録》卷五二 （永樂五年九月丁丑）福建浦城縣言，縣有馬鞍等銀坑三所，歲可得銀千四十餘兩、鉛四萬一千五百餘斤，宜發民開煎。從之。

唐順之《武編・前集》卷六《礦》 凡取得礦石，就用本洞之土、本地之水調和拌勻，入磁餅内，好生封固，毋令泄氣爲妙。

外有真出山一兆，鉛取五六十斤，每斤内有銀三五錢者取來作用。

出礦地方，杭州府桐廬、富陽縣界五寶山，每百斤用生鐵五斤煎得銀七八兩，銅三十斤，三十七年私開。

丘濬《大學衍義補》卷二九《制國用山澤之利下》 後漢明帝永平十一年，灉湖出黄金。廬江太守取以獻。元魏宣武帝延昌三年，有司奏驪山有銀鑛，二石得銀七兩。又恒州言白登山有銀鑛，八石得銀七兩，詔並置銀官，常令採鑄。

臣按採銀之官，始置於此。

余繼登《典故紀聞》卷一〇　宣德間，河南民言，嵩縣白泥溝，地產銀礦，民私烹煉，宜開官冶。命主事郭誠往同三司官，集民丁發地，得銀砂四千餘斤，烹三十餘日，計用人力二千七百工，得黑鉛五十斤，銀二兩，所得不償所費。宣宗曰：小人獻利之言，不可聽。其罷之。

陳道《弘治八閩通志》卷二四《食貨・坑冶・福州府》　懷安縣高務坑。《三山舊志》云：「微細，今歇。」

連江縣：蔣洋南北山鐵坑。在縣東嘉賢上里。

福清縣：東窑場、玉據場，俱在江陰里。南匿場，在江陰里高海、魚臺。高遠場、在南匿里，上四場俱縣南。練水嶼場。在縣東南安夷南□。已上五場並鐵沙場，宋紹興、乾道、紹熙間發，後俱廢。

古田縣：瀧溪場、在舊邵南里。鄭洋場、在□里。游老坑、在舊保安里。温洋場、錐彎場、俱舊新俗里，猿溪等處。莒溪坑、俱舊移風里。保東鐵坑、五羊峰銀坑、在舊崇禮里。已上坑場俱宋崇寧、淳熙間發，後并廢。寶興場、在縣北二十九都，宋時發，尋廢；國朝宣德間復發，正統初罷；十四年仍發，景泰二年罷。天啓間又發，今照民丁糧，歲輸之課，見《財賦志》。鐵場四所，五都、九都各一所，二十一都二所。□爐一十四所。油麻坑口一所，在五都；七溪、大山、役保各一所，俱在一十都；白鶊、上洋、後垻、南坑、九溪各一所，俱在二十一都；吟洋一所，在二十三都；蔣園一所，在二十五都；半坑一所，在二十六都；石門一所，在四十都；丘地一所，在四十一都。

永福縣：保德場、初銀後銅。黄洋場、銀、銅并輸。五龍場、銀□□龍場。俱輸銀。已上坑場，俱宋慶曆、嘉祐、紹聖、政和間發，後並廢。

又卷二四《食貨・坑冶・建寧府》　建安縣：鐵冶八所，鑄冶九所。俱在縣東南才里。

甌寧縣：鐵冶三所。在縣西北西鄉里。

浦城縣：福羅坑、長洋坑、斗潭源坑、俱在縣北鴈塘里。楊梅坑、竹施坑、俱在縣東高泉里。横縫坑。在縣東北大石里。鐵冶二所。在縣南仁風里。

□陽縣：銀場。在縣西北嘉禾里。

松溪縣：上下官坑、東山上下坑、半巖坑、横縫坑、空縫坑、漈頭坑、水瀧坑、横闌坑、十八塔坑、後井坑續增，已上俱廢。遂應場銀坑。舊十一所，新一所，今俱廢。鐵冶二所。一在縣南東關里五都，一在縣西杉溪里之八都。

崇安縣：銀坑。在縣西北周村里舞仙、三堡山之後。

政和縣：天壽銀場、吴山銀場、俱在政和南里。温洋銀場、在政和西里青田縣界。已上三場俱廢。横林銀錫場、在感化下里四都，宋慶元間發，舊有横林局，後鑛絶，以官田場補額。赤石谿銀場、在政和南里十六都，即今石豹坑。官田銀場、在政和西里十三都，有山前、炭山、三七、吴泮、烏巖、鳳頭凡六所。谷洋銀場。在政和西里十六都，有大磨、七寶、鳳尾凡三所。鐵冶。在東平里三十三都。

壽寧縣：大寶坑。在縣東北十一都官臺山下。

又卷二四《食貨・坑冶・漳州府》　龍溪縣：鐵冶。在都。

漳浦縣：銀坑。在縣二都金溪山。

龍巖縣：銀坑。在縣鐵石洋、東寶山。寶興鈆錫場。在縣西南一百五十二步，宋時廢。鐵場。在龍門、興善、節惠、永福、感化、萬安六里。

又卷二四《食貨・坑冶・汀州府》　上杭縣：鐵冶在縣東勝運里，湖洋山名鐵嶂。

武平縣：鐵場。在縣南留村里，今廢。

清流縣：南山爐。在縣東南夢溪里，今歇課以均徭，尸歲辦之。

永定縣：鐵冶。在縣西南溪南里桃杭嶂。

又卷二四《食貨・坑冶・延平府》　尤溪縣：大蔣坑、在縣治七都。魚灘頭坑、在縣東北七八都。三運坑、在縣東南十四都。田溪口坑、在二十四都。王大涪頭坑、苦竹口坑、七里潭坑、俱在二十五都。雙溪口坑、在二十九都。匡口坑、溪仔坂坑、火石坑、俱在三十一都。上一十一坑俱縣南。蘇坑、在三十六都。楊坪隔坑、在三十七都。汶口坑、官莊潭坑、俱在三十八都。盤古石坑、在四十四都。麻溪坑、在四十七都。上六坑俱在縣西南。長婆坑、在四十八都。藍嶺田坑、谷口坑。上二坑在四十九都。已上三坑在縣西，通上二十坑俱鐵場。

沙縣：大濟銀場、宋元祐間置。龍泉銅場、上二場在縣西二十九都龍巖縣界。古銅場。在縣東南九都古縣對岸，唐時置。已上三場俱廢。

永安縣：下坑、在四十一都。地坪坑、周坑、火燒橋坑。俱在四十二都。

又卷二四《食貨・坑冶・福寧州》　本州：玉林場，初輸銀并鈆，後輸銀。錢馬坑，小葉坑，俱輸銀并銅。師姑洋坑，新豐可段坑，南平北山坑，銅盤等□坑，優鐵坑。東山小乾鐵砂坑，栖羊埕鐵坑，新南、安民二里、大溪嶺下等鐵坑，北峰院後坑，牛皮灘、瀾灘、茶洋溪邊坑，上俱宋熙寧、淳熙間發，後並廢。黄海銀坑。在州東北十八都，正統十年發，十四年廢。

寧德縣：寶豐場，在縣東十七都。寶瑞場。按：《三山志》在郭洋。上二場，俱宋元祐間發，歷宣和、靖康、紹興以至淳熙，其間或發或罷，或併而爲一，後並罷。國朝洪武十九年，邑民向安請復之。永樂元年始復發輸課，而寶瑞場以鑛脈斷絶，遂不復發。陽護山鐵坑。一作陽陵山。在縣東十四都，宋政和間發，國朝因之。車盂銅場，在二十都，宋元豐間發。林家地、龍按嶺等銅坑，宋淳熙間發，後廢。新興坑。在安樂里，銀、銅、鉛并輸。寶豐場、八坊、後洋鉛坑。俱宋時發，後並廢。

福安縣：劉洋坑銀場，在縣西十六都。上坪坑銀場。在縣北七都。

陳仁錫《無夢園初集·漫集一·輶軒紀聞·錢法三秦》 今欲爲權宜以足國用，則策無過於鑄錢者。秦則不獨苦餉，且苦賦；不獨苦兵，且苦民。餉不給，則士苦；脱巾賦不供，則民苦。剥膚加以驛，近奉新議，未免矯枉之過。十減其六，疲敝之役，益愈難支。竊嘗緦緦過計，以爲餉匱而兵流於賊，賦急而民流於賊。若郵符餼廩裁，而驛卒輿皁厮養之徒設又流而爲賊，賊亦不勝數矣。此中銅價平於京值，遂下有司條議，以上有利無害，勉湊工本，月計不足，歲計有餘，或謂六通之衢有妨制錢。而秦自關隴以西，萬山插雲，千崖懸壁，車不方軌，人鮮摩肩。臨之錢，東不踰關，西不踰河，民間小錢概非官製，故民亦甚病之。今以肉好易其脆薄，既於民便，而黄白權宜之間，即是利源不息之道耳。是役也，以買銅，則每百斤價銀十二兩，或十一兩，或十兩零五錢上下焉。以貫倭鉛，則每斤價銀或一錢五分，或一錢二三分上下焉。嘗悉數之，大約每净銅一百斤，倭鉛三十一斤四兩，配搭入爐鑄成錢，得一百二十一斤，計一萬八千五百文，餘二十斤四兩作折耗。而其内用沙鍋五十具，石炭四百餘斤，木炭十餘斤，約價二三錢不一，各匠夫工食銀約二兩五錢。若以八百文准銀一兩，則每爐本銀二十四兩，除諸費外，得息大約五兩，此子母之可權者也。而以行使於民間，則半新半舊之兼用；以納糧於官府，則半銀半錢之兼收，此公私之攸利者也。至若近日朝廷令所在官司得開採銅以供鑄局，其利便有進於此者矣，開採之宜亦可得而言焉。大凡銅鑛産於石山之中，或高四五尺，闊二三尺，一條旋行，如龍蛇狀。内有銅鑛，外必有礦苗。按：礦爲丱字，今之小兒髻爲丱角，是丱爲髮之餘，故礦必有苗爲之餘。從苗上開一洞口，用鋼鑽打入，深則二丈，淺則丈餘，再深則黑暗而不可見底，方始得礦，從頭挖取。每得礦百斤，用木炭百斤，將礦燒煉，一火成銅鑞，二火成黑銅，三火成净銅。每礦百斤，上者燒銅十五斤，次者十二、十一不等。其用鍾手并燒爐匠共二十名，每日給工食共銀八錢；用造飯運水夫二名，每日給工食銀六分；用幇扯提礦小夫四名，每日給工食銀一錢二分。用鋼鑽三十根，每根鋼二斤，日耗一斤，約銀一錢以上，共費銀一兩一錢，約得銅鑛二百斤。而又用木炭一百六七十斤，約價四錢三，火成銅三十斤。則共前項費銀一兩五錢，是每斤大約費本五六分，可爲半於買銅矣。而要以地中偏礦有多少，米炭諸件之有貴賤，難以一概論也。【略】今户工兩部俱有錢局，而問其銅價則甚昂矣，煤炭貴矣，工役衣食之物又貴矣，而所行之錢則反賤矣。母貴子賤，所獲能有幾何？莫若設一錢局於楚之荆州，就楚賦内割二十萬金付之鑄局，使其買銅鳩工以爲鑄本。而黔蜀所産之銅，辰坑所産之鉛，順流而下，荆江承之鑄局，以時價收之。荆州煤炭如土，魚米地土役易於取給，江漢淮潁無所不通，半天下而皆受其委輸，則行錢又便也。《紀鑄利》。

鑄之在南北都皆約利五分，關上輸銅，脚價多安，可扣定五分之利，使人莫敢涉手也，應減定利爲三分。且本少轉多猶可，若本多轉少，即以五十萬銀取利十五萬亦可矣，顧安得五十萬本乎？竊以銅必善調，商人使不虧其銀。即與餉司作通融，前半月移銀收銅，即後半月有錢抵餉，一轉移間，稍得利即足，斷不可扣定重利也，惟扣利少，始可召商買銅。惟現買銅，始可與餉司通融。否則，何以辨銅，亦何以辨銀？

劉斯潔《太倉考》卷一六《供應》 丁字庫

黄熟銅二萬三千斤。

生銅一萬斤。

紅熟銅二萬五千一十斤。

黄蠟二萬斤。

錫一萬八千九百九十斤。

浙江

黄熟銅一千八百三十七斤四兩。

福建

黄熟銅一千三十七斤四兩。

錫一千五百九十斤一十二兩。

江西

生銅七千四十斤。

錫一千一十七斤八。

紅熟銅一千六百二十四斤八兩。
湖廣
黄熟銅一千五百六十四斤二兩。
紅熟銅一千八百三十四斤八兩。
河南
黄熟銅一千八百八十二斤一十二兩。
紅熟銅二千五百一十斤。
生銅一千二百四十□□。
山西
黄熟銅一千三百三十六斤八兩。
錫一千三百五十六斤。
紅熟銅一千四百二斤四兩。
四川
黄熟銅一千一百四斤八兩。
錫一千五百九十斤一十二兩。
生銅六百八十斤。
廣東
錫一千八百四斤一十兩。
黄熟銅一千二百八十八斤二兩。
應天府
紅熟銅一千三百五十六斤。
蘇州府
黄熟銅一千三百一十三斤四兩。
錫一千三百五十四斤四兩。
松江府
錫一千一百二十斤八兩。
黄熟銅六百六斤八兩。
紅熟銅一千二斤一十二兩。
生銅六百一十斤。
常州府
黄熟銅一千二百八十八斤六兩。
紅熟銅一千七百五十二斤四兩。
鎮江府
黄熟銅九百二十四斤一十二兩。
錫一千一百三十斤，生銅八百九十斤。
紅熟銅一千九十斤一十二兩。
廬州府
黄熟銅一千四百一十四斤八兩。
紅熟銅一千五百三斤。
生銅二百七十斤。
錫二百一十八斤。
鳳陽府
黄熟銅一千八百八十一斤一十兩。
錫六百九十五斤八兩。
紅熟銅一千七百四十九斤。
生銅三百八十斤。
淮安府
黄熟銅一千四百七十一斤一十二兩。
錫六百七十一斤八兩。
紅熟銅二千斤。
生銅四百四十斤。
揚州府
黄熟銅六百三十三□□□兩。
錫一千一百五十二斤。
紅熟銅一千一百二十四斤八兩。
徽州府
錫一千一百五十二斤。
生銅三百五十斤。
寧國府
錫六百七十二斤。

池州府

黃熟銅九百二十三斤四兩。

錫六百七十二斤。

紅熟銅一千一百四十九斤八兩。

錫一千七十二斤四兩。

紅熟銅九百斤。

安慶府

錫一千一百一十七斤。

生銅二百四十斤。

徐州

生銅一百三十斤。

萬曆八年一□□實在紅熟銅一萬五百十斤零，黃熟銅七千八百九十九斤零，四火黃銅一萬八百三十二斤，生銅二□□□一百八十斤零，錫一千一百八十一。

茅元儀《武備志》卷一四二《軍資乘餉・礦砂》 唐順之曰：「出礦地方，杭州府桐廬、富陽縣界五寶山，每百斤用生鐵五斤煎得銀七八兩，銅三十斤。」嘉靖三十七年，私開二日。紹興府會稽縣銀山壩，礦麵沙泥每百斤銀二兩五錢，礦未開，目今盜泥，日可得銀三四百兩。疏開爲鄉宦所阻。寧波府觀海的山每百斤銀七八兩。同前金華府義烏縣八寶山每百斤低者出銀二十兩。極好者出銀六七百兩。日可出千石。江南第二礦也。嘉靖三十八年，礦徒私開五次。衢州府西安縣桐山源鐵煎每百斤銀七八兩至二十兩止，日可出銀千餘兩。嘉靖五年以來，礦徒三四千人，日日私開。開化縣大尖塢鐵鉛煎每百斤銀三兩至八兩止，日可出三百兩。嘉靖十八年，王太監開一次，三十七年，胡軍門委宋照磨陳百户官開，納税三百兩，後李知縣申文禁開。江家每百斤銀三兩，鉛四五十斤，日可出一二百兩。苦竹坑泥礦每百斤出銀一兩，日可得銀千兩。三處同前，嚴州府淳安遂安界梓樹塢，每百斤三兩起至二十兩止，老山每百斤出銀二兩，日可出二百兩。私開五六年，杭州府於潛縣天目山，每百斤銀三兩，兩鉛四五十斤，日可出一二百兩。湖州府孝豐縣每百斤銀三兩至二十兩止。嘉靖三十八年，胡軍門開，四日，地方强不肯與開。江西廣信府常山玉山界，每百斤出銀三十兩，日可得三百石，永楊坑礦色如沂州礦，而礦味香甜，每百斤出銀三十兩至七八百兩止，江南第一礦也。嘉靖三十五年，私開大獲利，疏請官開而未行，池州府銅陵縣鐵石坦礦未詳。

徐𤊹《筆精》卷七《雜記・朱提》 漢犍爲郡有朱提山，出銅鋼。朱提銀八兩爲一流，直一千五百八十，他銀一流，直一千。然今之銀直與古大異，而朱提山不聞有銅矣。今人尺牘往往以銀爲朱提，譬若以玉爲崑岡，珠爲合浦，可乎。

傅維鱗《明書》卷八二《志二〇・窑冶》 窑冶之設，經制浩繁，隸工部營繕都水，凡鼓鑄、陶、甓、灰、煤、礦洞、鐵爐、鑄器皆屬焉。除錢爲國家經費之權，而礦務關民間利害之鉅，别爲論著。【略】凡鑄符、印、鐘、漏、法馬、金牌之屬，皆需銅，多召買之。而銅砂採無時，或開或閉，不啻數焉。若江西之南昌府進賢，臨江府新喻，袁州府分宜，山東之濟南府萊蕪，湖廣之興國，蘄州、黄梅，陝西之鞏昌，山西之平陽府吉州，太原府潞州，澤州，廣東之廣州府陽山，四川之龍州，順天之遵化，皆設鐵冶，置鐵官，歲課鐵一千八百四十七萬五千斤有奇。而浙江、福建諸省皆有折色。採樵燒炭，則薊州遵化、豐潤、玉田，灤州遷安，共山場四千五百六十一畝有奇，肥饒者聽民耕種，畝二十斤，瘠，半之。煤洞則開於西山，凡百三十餘處，而陵旁及邊隘皆有厲禁。若水銀，則開場於貴州思印江及婺川。礬則取辦於廬川崑山、安慶桐城，歲課二十二萬七百斤有奇，每三斤爲一引，官給工本百五十文，役民成之。【略】至崇禎中，國用大匱，命各處有銅洞銅砂皆採鍊，以資鼓鑄，而不産銅地召買之，百姓絡繹於道，皆爲銅瘁矣。

顧炎武《肇域志》卷三七 〔華州〕白崖峪，峪路亦通蟠龍山寺。又東爲構峪，南二十里至乾喜鋪。又二十里至構嶺。又一十五里曰下陽川，民聚數百家，立爐燒銀，銅、錫沙石，立數百爐場，燒銀砂、銅砂、錫砂石。【略】

武關在析縣一百七十里弘農界。《史記》：楚襄王元年，秦出武關，取析十五城。州東五里曰石佛灣。又十里言又自東西南北起後倣此曰東原，上有紅崖冶，其地産銅，有鐵官。又五里曰爬樓山，爲州東鎮水口所出，以山形瓣分，故名。其旁曰蓮花池，曰肇峪，曰大小亢，産煤。曰石門，兩石並立如門，中穿溪水。《韓泗傳》：泗爲户部侍郎，言江淮七監歲轉錢四萬五千緡，輸京師二用。轉輸每緡度二千，是本倍於子。今商州紅崖冶産銅，而洛原監又廢，請鑿山取銅，即冶舊鑄十爐鑄之，歲得錢七萬二千緡，度費每緡九百，則可浮本矣。

孫承澤《天府廣記》卷二一《寶源局・户部尚書侯恂條陳鼓鑄事宜》

一、議計本息，泉局之錢發太倉作官俸者十之三，發邊鎮充月餉者十之七，原奉聖諭定六十五文估銀一錢，今已習而安之矣。請依此數以權鼓鑄之本息可乎？

謹按：銅礦產於石中，用鋼鑽打入，每得礦百斤，用木炭百斤將礦燒鍊，一火成銅鉛，二火成黑銅，三火成紅銅。每礦百斤，上者燒銅十五斤，次者十二、十一不等。其用錘手並燒爐匠共二十名，每給工食共銀八錢；用造飯運水夫二名，每日給工食六分；用幫扯提礦小夫四名，每日給工食銀一錢二分；用鋼鑽三十根，每根鋼二斤，日費一斤，約銀一錢以上，共費銀一兩二錢，約得銅礦二百斤，而又用木炭一百六七十斤，約價四錢，三火成紅銅三十斤，則共前項費銀一兩五錢，是每斤費本只五六分耳。復用窩鉛點化之，則爲四火黃銅，計窩鉛每斤價銀不過三四分。據今見行配鑄則例，每紅銅五十七斤入窩鉛四十三斤，作黃銅一百斤，益以搬載之費，每斤量估一分，大約黃銅一斤所費至七八分而止。若夫市銅鑄錢，原無甚利。據京局舊例，紅銅價不出一錢四分，黃銅不出一錢，窩鉛不出七分，後漸騰踴，部議以紅銅點化成黃，既失本質，易於攙和，遂革黃銅不用。但買紅銅與窩鉛，如今法配搭，定價紅銅每斤　錢四分三釐，窩鉛每斤七分七釐，計配成黃銅一百斤，該價銀十二兩，給爐頭鼓鑄。

宮夢仁《讀書紀數略》卷三七《人部・食貨類》　唐冶一百六十五：陝、宣、潤、饒、衢、信六州。銀冶五十八，銅冶九十六，鐵山五，錫山二，鉛山四，汾州礬山七。

鑄錢十監二坊：《地理志》。商州洛源監，郴州桂陽監，河中府解縣紫泉監，揚州丹陽監、廣陵監，宣州南陵梅根監，宛陵監，鄂州鳳山監，饒州永平監，信州王山監，絳州銅源、翔皋二坊，河東蔚州，飛狐有三河銅冶。

紹興諸道坑冶數：金坑興者一百三十四，廢者一百四十。銀坑興者八十四，廢者八十三。銅坑興者五十七，廢者四十五。鐵坑興者三百七十，廢者二百五十六。鉛之興三十二，而廢十五。錫之興九十四，而廢四十四。冶場之盛，名在斡官，鉛山、濛山、石堰、涔水、昭寶、富寶、寶成、寶瑞、雙瑞、嘉瑞、大挺、大濟、永興、新興、興國、興利、大富、廣富、通利、通濟監務，坑井殆幾萬計。

金產六州，冶十一。銅十一州，一軍，冶四十六。錫七州，冶十六。【略】

宋冶二百七十一。國史兩朝志皆置吏主之。

金產六州，冶十一；銀二十三州，三軍、一監，冶八十四；銅十一州、一軍，冶四十六；鐵二十四州，二軍，冶七十七；銅九州、一軍，冶三十；錫七州，冶十六；丹砂二州，冶二；水銀四州，冶五。

吳曮《左司筆記》卷一一《物產》　湖廣：硃砂二十斤十五兩，黑鉛三百五十三百三十八斤，黃蠟七千六百七十五斤。

傅維鱗《明書》卷八二《志二〇・食貨志二》　後河南嵩縣官請於其地開銀礦，上命三司官集民丁發地，得砂四千餘斤。烹月餘，計用人力二千七百工，得黑鉛五十斤、銀二兩，所得不償所費。上曰：「小人獻利之言不可信。」罷之。

《雍正八旗通志》卷一九一《人物志七一・大臣傳五七・漢軍鑲黄旗三・范承勳》　〔康熙二十七年〕八月疏言，雲南產銅、鉛，先後設爐四十八，鑄錢供軍餉。

顧祖禹《讀史方輿紀要》卷八二《湖廣八》　東門山衛東南二百餘里。舊有關在山之東，名東門關。相傳夷夏嘗以此山分界。銀山，在衛東八十里。頂有峯，高數十丈，昔人於此避兵。又銀礦山，在衛南三十里。一名青山箐，相傳舊出銀，西有鐵冶。

又卷八五《江西三》　〔德興縣白沙鎮〕又有銀場，在縣東六十里，唐冶銀處。《志》云：縣境六都有硃砂硔，硔石槎牙，罅間出硃砂。今湮没，不可得。

鄂爾泰《雍正雲南通志》卷一一《課程・錢法》　萬曆四年，巡按郭廷梧言滇中產銅，不行鼓鑄，反以重價購海貝，非利，遂開鑄局。【略】

雍正元年，設鼓鑄於雲南府城、霑益州城、臨安府城、大理府城，共建爐四十七座，專委總理官一員。每爐工匠二十一名，月給工食銀三十六兩。每爐月鑄錢三卯，每卯鑄銅六百觔、鉛四百觔，給鑄炭一千六百觔，土罐十五個，繩二觔八兩，鑄錢一百四千文。

康熙六十一年十一月十七日，奉上諭：「前雲南巡撫楊名時題請鼓鑄，不准。今欲使錢文價平，令雲南設爐鼓鑄。一面鑄雍正通寶漢文，一面鑄寶雲滿文。令該督撫遴選賢能道府等官監鑄。欽此。」雍正元年三月，巡撫楊名時題「爲遵旨敬陳鼓鑄等事」。奉部議：「查得康熙二十四年，滇省銅價每觔五分四釐，鉛價每觔五分五釐，銅賤鉛貴，是以二八配鑄。今銅價每百觔九兩二錢，鉛價四兩五錢，應照京局銅六鉛四配鑄，毋得擅行增減。每銅鉛百觔止給工料錢一千八百二十文，每銅鉛百觔止准折耗九觔。具題到日，准其折耗，支給所需工本，應照該撫上年五月所題，動用銀銅廠課銀九萬餘兩，俟搭放兵餉，易銀更番鼓鑄。」二年二月，巡撫楊名時題「爲遵旨敬陳鼓鑄事宜等事」。疏稱：奉文以銅六鉛四搭鑄，應設爐四十七座，每年百萬銅觔之外，多鑄銅一萬五千二百觔。每爐日鑄銅、鉛百觔，除折耗九觔，净銅、鉛九十一觔。每錢一文重一錢四分，應鑄錢十千四百文，内除工役錢一千二百文，炭、繩、礶各項物料錢六百二十文，銅六十觔，價五千五百二十文，鉛四十，價一千八百文。

又卷二九之四《奏疏・本朝一》蔡毓榮《籌滇第四疏議理財》 滇省叢山密箐，賦税無多，每歲供兵，俱仰給於協濟，煩司農之籌畫，累驛站之轉輸，而遠道崎嶇，未能朝發夕至，一有未濟，兵心皇皇，故籌滇莫先於籌餉也。今制兵歲需餉七十餘萬，重以駐鎮大兵，歲又需餉二百餘萬。國家戡亂之餘，正在度支告絀，乃必分數省之財力，曆數千里之險遠，以供此一隅，亦甚難乎其繼矣。是以因滇之利，養滇之兵，斯輓運不煩，而緩急足恃。臣周諮博訪，進羣議而折衷之，務審時地之宜，畫經久之法，則可因利於滇，而以佐協濟之不及者有四焉：一鼓鑄宜廣也。銅、鉛，滇之所自出，非如別省採辦之難，而滇人俱以用錢爲便，業准部行開爐鼓鑄矣。今省局設爐十座，蒙自局設爐十六座，禄豐局設爐三座，大理下關局設爐七座，鑄錢無幾。又米炭一時騰貴，出息無多，歲約得銀四萬餘兩，稍俟年豐穀賤，息且倍之。若令按局添設，更行量地添局，歲獲錢息，何可勝計？臣請省局、蒙自局各設爐至二十座，禄豐局設爐十座，大理下關局設爐十五座；再請於迤東之臨安、曲靖等府，迤西之楚雄、姚安、永昌等府酌量開局，約可設爐三四十座，各委府佐一官董其事，專責藩司總其成。委官歲獲息一萬兩以上者，作何紀叙；其有耗費工本，尅剥匠役，廢壞錢法者，作何處分，并請著爲定例，以示激勸。凡銅、鉛悉令委官就各廠自行採買，每百觔不過銀四兩，毋許分行州縣辦解，苦累小民。至民間應納條銀，概以銀七錢三爲則。制營兵餉宜令銀錢各半兼支，官俸役食及本省一切經費俱給全錢銷算，則錢之用日廣，錢之息未有不日贏者也。再查蒙自一局，前此吴逆鑄出僞錢，專發交阯以易交條銀兩，蒙自迤南二百里，即交江之蠻耗，設有關口。又水路二百里至地名壩灑立市賣錢，交人喜於得錢，蒙局因以爲利。自大師恢復滇省，嚴行禁止久矣。臣思安南素稱恭順，若因其所利便，而使本朝錢法通行蠻貊之邦，尤見一道同風，於斯爲盛。合無請設蠻耗巡檢一員，領貯蒙局制錢，聽交人赴官平買，毋許民間私通貿易，致啓釁争。或請勅部，行文安南國王，將每歲需錢若干，納價若干，預行報部，准令一年二次，委官赴蠻耗納價領錢，隨到隨即發回。既俯順乎夷情，仍無傷於國體，於以通錢法，柔遠人，兩得之矣。一、礦硐宜開也。滇雖僻遠，地産五金，先經廷臣條議開採，部覆將可否開採之處，令督撫查明具題，誠重之也。臣愚以爲，雖有地利，必資人力，若令官開官採，所費不貲，當此兵餉不繼之時，安從取給？且一經開挖，或以礦脈衰微，旋作旋輟，則工本半歸烏有，即或源源不匱，而山僻之耳目難周，官民之漏卮無限，利歸於公家者幾何哉。是莫若聽民開採，而官收其税之爲便也。今除全書開載蒙自、楚雄、南安、新平之銀錫等廠，易門之三家老銅廠，定遠之苴先鐵廠，仍應照額徵課，無庸置議外，查呈貢之黄土坡，昆陽之子母營，羅次之花箐，尋甸之迮曲里，建水之魯苴冲、老鶴塘，石屏之飛角甸，路南之泰來，廣通之火把箐，定遠之大福山，和曲之白露，順寧之老陰坡，俱有銅廠。易門之新舊縣，馬龍之紅路口，尋甸之白土坡，石屏之龍朋里，路南之小水井，陸涼之三山，大姚之小東界，武定之只苴、馬鹿塘，蒙化之西窑，俱有鐵廠。羅平之塊澤河，建水之清水溝，姚安之三尖山，俱有鉛廠。尋甸之歪冲，建水之黄毛嶺、判山，廣通之廣運，南安之戈孟、石羊，趙州之觀音山，雲南之梁王山，鶴慶之玉絲，順寧之遮賴，俱有銀廠。鶴慶之南北衙，金沙江，則有金銀廠。或封閉有年，或逆占既開，尋復荒廢。目今固米珠薪桂，用力爲艱，然有此自然之利而終棄之，良可惜也。宜請專責臨元、洱海、永昌三道各按所屬親行察驗，分別某廠可開，某處廠不可開，報部存案。一面廣示招徠，或本地殷實有力之家，或富商大賈，悉聽自行開採。每十分抽税二分，仍委廉幹官監收，務絶額外誅求，額内侵隱之弊。凡有司招商開礦，得税一萬兩者，准其優陞；開礦商民上税三千至五千兩者，酌量給與頂帶，使知鼓勵。又嚴禁別開官硐，嚴禁勢豪霸奪民硐，斯商民樂於趨事，而成効速矣。蓋官開則必取民夫，民開則自雇覓礦夫，民夫各有本業，或力不能深入礦硐，往往半途而廢，且恐夫擾民，朝廷未見其利，而地方先見其害也。若礦夫多係游手無籍，有膂力而無衣食之人，彼知利不專於官，而與民共之，未有不趨赴如市者。礦夫既集，礦税自盈，且予此輩以逐利之途，而漸息其非爲之念，是以理財而兼弭盜之一法也。

慶桂《清高宗純皇帝實録》卷四一四 〔乾隆十七年壬申，五月甲子〕户部議覆：「雲南巡撫愛必達奏稱，滇省歲需官兵俸餉銀九十萬餘兩，除支本省地丁商税外，尚少二三十萬，而存貯銀不過五十萬餘，每俟他省撥協。查本省産銅旺盛，積年所存，供京省鼓鑄外，尚有一千八九百萬觔鉛錫，亦皆土産。現湯丹、大水、碌碌等廠地一届開課之期，錢價頓貴，廠民受虧，請於附近各廠之東川府除舊鑪二十座外，添設五十座，每年需工本銀十萬六千八百兩零，共鑄出本息錢二十二萬四千餘串，除去物料工食之費，餘錢搭放銅鉛價脚等用，每銀一兩照兵餉例給錢一千二百文，除還工本外，每年可獲息銀四萬三千餘兩。所需工本於積

存銅錫銀内借動，約二年半歸還，嗣後以息作本。應如所請，增鑄錢文搭放易銀，以資備貯。」從之

又卷四五五 〔乾隆十九年甲戌，正月戊寅〕户部議準：「吏部尚書、管四川總督事黄廷桂奏，川省寶川局原設鑪三十座，嗣裁七座，現在存局銅已至一百四十餘萬。建昌所屬迤北、沙溝、紫古哵等廠未運銅尚有八十餘萬，並建昌、樂山等廠産銅日多，每年不下百十餘萬，各廠鉛亦旺盛，請將舊鑪七座照舊復設，以增鼓鑄，搭放兵餉俸工，多餘錢文，酌中定價，設局出易。」從之。

洪亮吉《乾隆府廳州縣圖志》卷一《順天府》 鐵鑛山在〔密雲縣〕縣東三十里，山産鐵。班固云：漁陽有鐵官。元至元十二年，霧靈山伐木官言檀州大谷錐山出鐵鑛。有司覆視之，尋立四冶。《圖經》：大谷錐山在縣北，或云即鐵鑛山也。又金洞在縣東八里，元時嘗採金於此。銀冶山在〔密雲〕縣南十五里。四稜山在縣東北百里，舊産銀鑛。

又卷二三《興安府》 阜民監在〔雒南縣〕縣東南。《宋史》：仁宗採雒南紅崖山、虢州青山冶青銅，置阜民、朱陽二監。《九域志》：又有龍渦、鎮北二銀場。

按：紅崖冶在商州東十五里，其地産銅，亦舊置錢官之所。

又卷二九《江西布政使司饒州府德興縣》 金場在縣南二十里，宋時冶金處。又銀場在縣東六十里，唐冶銀處。

又卷三一《武昌府》 白雉山在〔大冶〕縣北六十里，出銅鉚。自晉、宋、梁、陳以來，置鑪烹鍊。又相近有鐵山，舊置鑪，煉鐵於此。上有鐵山砦。

又卷三三《湖南布政使司》 〔長沙府〕【略】七寶山，在〔瀏陽〕縣東七十里，舊出鉛、鐵、硼砂、青礬、膽礬、土黄、鹹石，因名。明洪武中，曾開設鐵冶。

又卷四三《慶遠府》 南丹土州

孟英山在〔南丹土州〕州西北三十五里，産銀砂。三寶山在〔南丹土州〕州西二里，舊産錫。又河池州有高峯坑，亦産錫礦，舊置高峯廠於此。

又卷四四《平樂府》 橘山在〔賀縣〕縣東北二十五里，橘水出於此。《新唐書》：「臨賀縣東有銅冶在橘山。」又嘗産銀，宋置銀場於此。王存云：「縣北大山有東遊、龍中二冶，百姓採沙燒錫，以取利焉。又有寶場，開寶四年省。」

嵇璜《清朝通典》卷一〇《食貨一〇・錢幣》 雍正元年，【略】時雲南産銅日多，足供鼓鑄，其省城之雲南府及臨安府、大理府、霑益州四處相近，銅廠轉運爲便，故各令開局鼓鑄。【略】四年，分寶泉局爲四廠，以舊廠爲公署，收貯銅鉛。西廠置鑪十四座，東南北三廠各置鑪十二座，共爲正鑪五十座。復於東南西三廠各置勤鑪三座，北廠置勤鑪一座，共爲十座，以備銅鉛多餘加卯鼓鑄。增設大使各一人，及筆帖式二人，並令寶泉寶源二局每年各開鑄四十一卯。申造用黄銅器皿之禁，定限三年呈繳，給價收買，違者照私藏禁物例治罪。【略】開貴州畢節縣鑄局。時貴州威寧州採銅有效，大定府境内又産有鉛礦，巡撫張廣泗奏請，乃於畢節縣城開局設鑪十座，每年開鑄三十六卯，錢幕鑄滿文寶黔二字。【略】

〔康熙〕三十三年，令寶泉局每年開鑄三十六卯，每卯用銅鉛五萬斤。

張廷玉《清朝文獻通考》卷一五《錢幣三》 〔雍正〕又議開雲南東川府局，鑄錢運往陝西。户部議言：陝西錢價昂貴，應令雲南歲鑄錢十萬串發往，易銀還滇。其開鑄錢局令該撫相度水陸適中地方。尋，雲南巡撫張允隨奏請開局於東川府，設爐二十八座，每年用銅鉛一百一十九萬九千五百觔有奇。其銅即由東川府屬之湯丹廠採用，其鉛由曲靖府屬之卑淅、塊澤廠採用。【略】

〔雍正〕又開貴州畢節縣鼓鑄局。先是，貴州於雍正元年議開銅礦鼓鑄，督撫以黔省漢苗雜處，用銀沿襲已久，若以錢文搭餉領運，既難流通無時，請停止開採。至是，復以威寧州採銅有效，而大定府境内又産有鉛礦，巡撫張廣泗奏請開局，於畢節縣城設爐十座，錢幕滿文鑄寶黔二字，每年開鑄三十六卯。每爐每卯照雲南之例鑄正額銅鉛一千觔，帶鑄銅鉛一百觔，外耗銅鉛九十觔。該縣與銅鉛各廠道里相近，且鄰接滇省之湯丹等廠，如數有不足，即採買滇銅添補，以所鑄錢配給官兵俸餉。户部議如所請，從之。

又卷一八《錢幣考六》 【略】陝西、廣西、貴州、湖北四省歲需滇銅額數均屬過多，亦可酌減銅五六十萬觔。加以現在廣開子廠，一二年間，外省委員均可挨次領運，而銅觔亦可從此日加充裕，應如所奏辦理。至稱減爐七十一座，歲省白鉛一百二十餘萬觔，黑鉛十萬餘觔，板錫八萬七千餘觔，應運赴漢口供各省採辦之用。從之。

卞寶第等修曾國荃等纂《光緒湖南通志》卷五七《食貨志三・錢法》 〔嘉慶〕九年，桂廠嵵老山空，白鉛不敷鼓鑄，在於黔省運赴漢口銷售白鉛内，按年委員采買十五萬斤餘，以桂廠辦獲白鉛供鑄。十年，因銅鉛不能接濟，配鑄額卯局錢不敷搭放，奏準自本年夏季起，每兵餉十萬，搭錢七百文米折搭放，七成錢文，三成銀兩。十一年因桂廠礦老砂微，不敷十五鑪額用銅三十萬六千零七十二斤之數，奏準每年采買滇銅二十萬斤，按高七低三並買餘以桂廠辦獲銅斤供鑄。

十七年奏準，銅鉛短絀，鼓鑄缺卯，不敷搭放兵餉，米折錢文全行改放銀兩，餘錢照例出易，以平市價。十八年，因滇省派撥金釵廠低銅，鑄錢黑胞，奏請仿照湖北鼓鑄成案，全買高銅，停買低銅。經部議駁仍按高七低三搭買。十九年，因銅鉛不敷額鑄，奏請暫減鑪五座、留鑪十座並免補鑄。十五、六、七、八等年缺鑄一百三十七卯，經部議駁，不準減鑪免卯，仍令設法籌辦銅鉛以符額鑄。二十五年，議準桂廠開采日久，益形短絀，每年只出銅四萬斤，滇銅、黔鉛買運維艱，不能如期接濟，應減鑪五座，留鑪十座。

歐家廉《清宣統政紀》卷一九　〔宣統元年己酉，八月己丑〕湖南巡撫岑春蓂奏：「湘省官礦前以經費不繼，設法清釐，凡試採僅著微效，及需本過重，虧折較多者均各停辦，專力於常寧縣之水口山、龍王山鉛礦，平江縣之黃金洞金礦，新化縣之錫礦山銻礦等處。水口山鉛礦尤著成效，自光緒二十二年至三十二年出砂七萬數千噸，贏餘不下百餘萬兩。其後以所獲餘利挹注他項，凡應設備諸端，多所欠缺，嗣經切實籌辦，該礦售砂餘利仍充該礦工本，非要政所需，不得輕易提用，乃得分別採購，次第增設各項機器，出砂較前益多。兩年以來，約二萬數千噸，將來售出可獲贏餘三四十萬兩。並經派員赴美購買提鍊黑鉛機器，設廠試辦，以挽利權。至平江金礦、新化銻礦均經分飭，切實辦理，較前亦有贏無絀。此外，停辦各礦並擬添購鑽石機器，探勘苗綫，擇要開採。」又奏：「湘省礦山甚多，請圈劃示禁，不得私租私賣，並私行開採，以杜轇轕。」均下部知之。又奏：「常寧縣屬水口山等處官辦鉛礦出砂甚旺，現派留美學生江順德開辦提鍊，黑鉛廠試辦伊始，工繁費鉅，經過關卡擬請暫免税釐。」下所司議。

黃汝成《日知録集釋》卷一一《銅》　《南齊書·劉悛傳》：永明八年，悛啓世祖曰：「南廣郡界蒙山下有城名蒙城，可二頃地，有燒爐四所。從蒙城渡水南百許步，平地掘土深二尺，得銅，有古掘銅坑，并居宅處猶存。鄧通，南安人，漢文帝賜通嚴道縣銅山鑄錢。今蒙山在青衣水南，故秦之嚴道地。蒙山去南安二百里，此必是通所鑄，甚可經畧。」并獻蒙山銅一片，又銅石一片，平州鑄鐵刀一口。上從之，遣使入蜀鑄錢。《魏書·食貨志》：熙平二年，尚書崔亮奏：恒農郡銅青谷有銅鑛，計一斗得銅五兩四銖；葦池谷鑛，計一斗得銅五兩；鸞帳山鑛，計一斗得銅四兩；河南郡王屋山鑛，計一斗得銅八兩；南青州苑燭山、齊州商山，竝是往者銅官舊迹，既有冶利，所宜開鑄。」從之。《舊唐書·韓洄傳》：爲户部侍郎，判度支。上言：「商州有紅崖冶出銅，又有洛源監久廢不理，請鑿山取銅，置十鑪鑄錢，而罷江淮七監。」從之。《册府元龜》：元和初，鹽鐵使李巽上言：「郴州平陽、高亭兩縣界有平陽冶及馬跡、曲木等古銅坑，約二百八十餘井，請於郴州舊桂陽監置鑪兩所，採銅鑄錢。」《宋史·食貨志》：「舊饒州永平監歲鑄錢六萬貫，平江南，增爲七萬貫，而銅、鉛、錫常不給。轉運使張齊賢訪求得南唐承旨丁釗，能知饒、信等州山谷産銅、鉛、錫，乃便宜調民采取。且詢舊鑄法，惟永平用唐開元錢料最善，即詣闕面陳。詔增市錫炭價，於是得銅八十一萬斤，鉛二十六萬斤，錫十六萬斤，歲鑄錢三十萬貫。」此皆前代開採之迹。原注。《實録》：洪武二十年正月丙子，府軍前衛老校丁成言：「河南陝州地有上絞、下絞、上黄塘、下黄塘者，舊産銀鑛，前代皆嘗採取，歲收其課，今錮閉已久，採之可資國用。」上謂侍臣曰：「凡言利之人皆民之賊也。朕聞元時江西豐城民告官採金，其初歲額猶足，取辦經久，民力消耗，一州之人卒受其害。蓋物産有時而窮，歲額則終不可減，有司貪爲己功，而不以言。朝廷縱有恤民之心，而不能知，此可以爲戒，豈宜效之！」王方伯曰：「雲南之銅政，有已見成效於昔，而可試用於今日者，曰多籌息錢以益銅價也，通計有無以限買銅也，稍寬考成以舒廠困也，實給工本以廣開採也，預借雇值以集牛馬也。雲南之銅供户、工二部，供浙閩諸路，供本路州郡餉，其爲用也大矣。故銅政之要，必寬給價，給價足而後廠衆集，廠衆集而後開采廣，廣采則銅多，銅多則用裕。」前巡撫愛必達疏云：「湯丹、大水等廠開采之初，辦銅無多，迨後歲辦六七百萬及八九百萬，今幾三十年，課耗餘息不下數百萬金。近年礦砂漸薄，窩路日遠，近廠柴薪伐盡，炭價倍增，聚集人多，油米益貴。每年京外鼓鑄需銅一千萬餘觔，爐民工本不敷，歲出之銅勢必日減。洋銅既難采辦，滇銅倘復缺少，京外鼓鑄何所取資？」前巡撫劉藻以湯丹、大碌不敷工本，兩經奏允加價，廠民感奮。本年辦銅，各廠共一千二百餘萬，歷歲辦銅之多，無逾於此。今之去昔，近者十年，遠者二十餘年，所云硐日遠，攻采日難者又益甚矣。而顧云發棠之請不可數嘗者何也？有銅本，斯有銅息，有鑄錢，斯有鑄息。故曰有益下而不損上者，不可不講也，按：乾隆十八年，東川增設新局五十座，加鑄錢二十二萬餘千，備給銅鉛工本之外，歲贏息銀四萬三千餘兩，九年之間，遂積息四十餘萬，自後雲南始有公貯錢，而銅本不足亦稍有取給矣。二十二年，東川加半卯之鑄，歲收息銀三萬七千餘兩，以補湯丹、大水四廠工本之不足。二十五年，以東川鑄息不敷加價，又請於會城、臨安二局，各加鑄半卯。二十八年，再請加給銅價，則又於東川新舊局冬季三月旬加半卯。三十年，又以銅廠采獲加多，東川鑄息尚少，請每月每旬各加鑄半卯，竝以加湯丹諸廠之銅價。而大理亦開錢局，歲獲息八千餘兩，以資大興、大銅、義都三廠之戽水采銅。先後十二年間，加鑄增局至五六而未已，滇之錢法與銅政相爲表理久矣。以廠民之銅鑄錢，即以鑄錢之息與廠，費不他籌，澤不泛及，而此數十廠百千萬衆，皆有以蘇困窮而謀飽煖，積其懽呼翔踴之氣，銅即不增，亦斷無減，於以維持銅政，綿衍泉流。所謂多籌息錢，以益銅本者，此也。取給之數，誠不可以議減矣。諸路之所自有與其緩急之實，不可不察也。往者江南、江西、浙江、福建、陝西、湖北、廣東、廣西、貴州九路之銅皆買諸滇，是以日不暇給。竊見去年陝西奏開寧羌礦銅，越兩月餘，已獲見銅二千四百觔，仍有生砂，又可煉銅五六千觔。由此追鑿深入，真脈顯露，久大可期。又湖北奏開咸豐、宣恩二縣礦廠，煉銅已得一萬五千餘觔，將來獲利必倍。蓋見之郵報者如此。今秦、楚開采皆年餘矣，其獲銅少，亦當有數萬，而采買滇銅如故，必核其自有之數，則此二省固可減買也。貴州本設二十爐，繼而減鑄二十三卯，採買滇銅亦減十萬，頃歲又減五爐，議以銅四十四萬七千觔，歲爲常率。而滇銅仍實買三十九萬六百六十觔，至於黔銅則減七萬，以易且安者自予，而勞且費者予滇，非平情之論也。是故黔之采買亦可減也。又今年陝西奏言局銅現有二十五萬一千四百餘觔，加以商運洋銅五萬，當有三十餘萬矣，委官領買之滇銅六十二萬餘觔，且當繼至，是陝西已有銅九十餘萬。而又有新開礦廠，產銅方未可量，此一路之采買，非惟可減，抑亦可停矣。又閩浙、湖北及江南、江西舊買洋銅每百觔價皆十七兩五錢，而滇銅價止十一兩，其改買宜矣。然此諸路者，其運費雜支，每銅百觔例銷之銀亦且五六兩，合之買價，常有十六七兩，加以各路運官貼費，自一二千至五六千，則已與洋銅等價矣。以此相權，滇銅實不如洋銅之便，則此數路者，竝可停買也。誠使核其實用，則歲可減撥百數十萬，而滇銅必日裕矣。所謂通計有無，以限買銅者，此也。廠欠之實，見楊文定公始籌廠務之年，後乃日加無已，逮積欠已多，始以例請放免。其放免者又特逃亡物故之民，而受見價采見銅納不及數者不與焉，是故放免嘗少，逋欠嘗多。乾隆十六年，議以官發銅本依經徵鹽課例以完欠分數考課廠官，墮征之罰止於奪俸，廠官尚得藉其實欠之數以要一歲之收，於採固無害也。其後以廠欠積至十三萬，而監司以下並皆逮治追償。尋以銅少不能給諸路之采買，遂以借撥運京之額銅二百六十幾萬者，計其虛值，而議以實罰，於諸廠之官罰金至十有四萬，嚴責限數辦銅。其限多而獲少者既予削奪，或乃懼罹糾劾多報銅觔，則又以虛出通關罪至於死，斯誠銅廠之厄會矣。夫諸廠爐户、砂丁之屬，衆至千萬，所恃以調其甘苦，時其緩急者，惟廠官耳。顧且使之進退狼狽，至於如此，銅政尚可望乎？由今計之，將欲慎覈名實，規圖久遠，非寬廠官之考成不可。何也？近法以歲終取其所欠結狀，而所轄上司又復月計而季稾之，廠官不敢復多發價，必按其納銅多寡一如預給之數，而後給價繼米，是誠可杜廠欠矣。然而采銅之費，每百觔實少一兩八九錢者，顧安出乎？給之不足，則民力不支，將散而罷采，欲足給之而欠仍無已，不見許於上官，是又一厄也。然則今之歲有銅千百萬者，何恃乎？預借之底本與所謂接濟之油米，固所賴以贍廠民之匱乏，而通廠政之窮者也。謹按乾隆二十三年，預借湯丹廠工本銀五萬兩，以五年限完。又借大水、碌碌廠工本銀七萬五千兩，以十年限完。皆於季發銅本之外，特又加借，使廠民氣力寬舒，從容攻采，故能多得銅以償宿逋也。三十六年，又請借發，特奉諭旨，以從前借多扣少，廠民寬裕，今借數既少，扣數轉多，且分限三年，較前加迫，恐承領之户畏難觀望，日後藉口遷延，更所不免。仰見聖明如神，坐照萬里，而當時又以日久逋逃，新舊更易爲慮，不敢寬期多發，僅借兩月底本銀七萬數千兩，四年限完。廠民本價之外，得此補助，雖其寬裕之氣不及前借，而猶賴以支延且三四載，此預借底本之效也。又自三十四年、三十七年，先後陳請備貯油米炭薪以資廠民，乃能盡以月受銅價雇募砂丁，而以官貸油米資其日用，故無惰采，斯又接濟之效也。今月扣之借本銷除且盡，獨油米之貸當以銅價計償，而遲久未能者，猶且仍歲加積，繼此不已。萬一上官責其逋慢，坐以虧那，廠官何所逃罪？是又今日之隱憂也。前歲雲南新開七廠，條具四事，户部議曰，爐户、砂丁貧民不能自措工本，賴有預領官銀，資其攻采，硐礦盈絀不齊，不能絕無逃欠。若概令經放之員依數完償，恐預留餘地，憚於給發，轉妨銅政。信哉！斯言可謂通達大計者矣。今誠寬廠官之考成，俾得以時貸借油米而無虧缺之誅，又仿二十三年預借之法，多其數而寬以歲時，則廠官無迫狹畏阻之心，廠民有日月舒長之適，上下相樂，以畢力於礦廠，而銅政不振起者，未之有也。所謂寬考成以舒廠困者，此也。小廠之開，涣散莫紀矣，求所以統一之整齊之者，不可不亟也。竊見乾隆二十五年，前巡撫劉藻奏言，中外鼓鑄，取給湯丹、大碌者十八九，至餘諸小廠奇零湊集，不過十之一二，然土中求礦，衰盛靡常，自須開採新礶預爲之計。今各小廠旁近之地非無引苗，惟以開挖大礦，類須經年累月，廠民十百爲羣，通力合作，借墊之費極爲繁鉅，聿而獲礦，煉銅輸官，乃給價甚微，不惟無利且至耗本，斷難竭蹷從事。又奏云，青龍等廠，乾隆二十四年連閏十有三月獲銅四十八萬，自二十五年二月奉旨加價，至二十六年三月，亦閱十有三月，獲銅一白餘萬，所獲餘息加給銅價之外，存銀二萬九千數百兩，較二十四年多息銀一萬有奇。而各廠民亦多得價銀一萬二千餘兩，感戴聖恩，洵爲惠而不費。又三十三年，前巡撫明德奏明，言雲南山高脈厚，到處出產礦砂，但能經理得宜，非惟裨益銅務，而千萬謀食窮民亦得藉以資生。由此觀之，小廠非無利也，誠使加以人力，穿峽成堂，則初闢之礦，入不必深而工不必費。又其地僻人少，林木蔚萃，採伐既便，炭亦易得，較大廠當有事半而功倍者，不可不亟圖也。今廠民皆徒手掠取，一出於僥倖嘗試之爲，而廠官徒坐守抽分之課，外此已無多求，是故小廠非無礦也，貨棄於地，莫之惜也。又況盜賣盜鑄，其爲漏巵又不知幾何哉？小廠之銅歲不及大廠之十一者，實由於此。誠招徠土著之民，聯以什伍之籍，又擇其愿樸持重者爲之長，於是假以底本，益以油米薪炭，則涣散之衆皆有繫屬，久且倚爲恒業，雖驅之不去也。然後示以約束，董以課程，作其方振之氣，厚其已集之力，使皆穿石破峽，以求進山之礦，而無半途之廢，雖有不成者寡矣。若更開曲靖、廣西之鑄局，而以息錢加銅價，則宣威、霑益諸山之銅不復走黔，路南、建水、蒙自諸山之銅無復走粵，安見小廠不可轉爲大也。所謂實給工本以廣開採者，此也。滇之牛馬少矣，滇之儲備又虛矣，而部局以待鑄爲言，移牒趣運，急於星火，殆未權於緩急之實者也。銅運之在滇境者後先踵接，依次抵瀘，既以乙歲之銅補甲歲之運，又將以乙歲之運待丙歲之銅，而瀘州之旋收旋兑，略不停息，則又終無儲備之日矣。夫惟寬以半歲之期會，然後瀘州有三四百萬之儲，則兑者方去，而運者既來，是常有餘貯也。而凡運官之至者皆可以時兑發，次第起行，既無坐守之勞，又有催督之令，運何爲而遲哉？若夫籌運之法，嘗取往籍考之，始雲南之鑄錢運京也，由廣西府陸運以達廣南之板蜂，舟行以達粵西之百色，而後迤邐入漢。而廣西、廣南之間經由十九廳、州、縣，各以地之遠近大小雇牛遞運，少者數十頭，多者三五百至一千二百，並先期給價雇募，每至夏秋觸冒瘴霧，人牛皆病，故常畏阻不前。既又官買馬牛，製車設傳，以馬五百八十八匹分設七驛，又以牛三百七十八頭，車三百七十八輛分設九驛，遞供轉運。會部議改運滇銅，乃停廣西之鑄，而以江安浙閩及湖北、湖南、廣東之額銅並停買，歸滇運京。於是滇之正耗四百四十餘萬，悉由東川經運永寧，其後以尋甸、威寧亦可達永寧也。乃分二百二十萬，由尋甸轉運，而東川之由昭通、鎮雄以達永寧者尚二百二十萬。後又以廣西停鑄，合其正耗餘銅一百八十九萬一千餘觔，並依數解京，是爲加運，亦由東川、尋甸分運。至乾隆七年，昭通之鹽井渡始通，則東川之運銅半由水運抵瀘州，半由陸運抵永寧。十年，威寧之羅星渡又通，則尋甸陸運之銅既過威寧，又可舟行抵瀘矣。十四年，金沙江告迄工，而永善、黄草坪以下之水亦通，於是東川達於昭通之銅，皆分出鹽井、黄草坪之二水，與尋甸之運銅並逕抵瀘州矣。然東川、昭通之馬牛非盡出所治，黔、蜀之馬與旁郡縣之牛常居其大半。雇募之法：先由官驗馬牛，烙以火印，借以買價。每以馬一匹借銀七兩，牛一頭、車一輛借銀六兩。比其載運，則半給官價，而扣存其半，以銷前借，扣銷既盡，則又借之，故其受雇皆有熟户，領運皆有恒期，互保皆有常侣，經紀皆有定規。日月既久，官民相習，雖有空乏而無逋逃，亦雇運之一策也。今宣威既踵行之矣，使尋甸及在威寧之司運者皆行此法，滇産雖乏，庶有濟乎？然猶有難焉者，諸路之採買雇運常遲也。頃歲定議，滇銅以冬夏之杪計數，分撥大小之廠，各以地之遠近，銅之多寡而撥之，採買委官遠至，東馳西逐，廢曠時月。是以今年始議，得勝、日見、白羊諸遠廠皆運至下關，由大理府轉發，黔、粤之買銅者，鮮遠涉矣。而義都、青龍諸近廠與雲南府以下之廠，猶須諸路委官就往買銅，自雇自運，咸會百色，然後登舟，主客之勢，呼應既難，又以農事，牛馬無暇，夏秋瘴盛，更多間阻，是故部牒數下，而雲南之報出境者常慮遲也。往時臨安、路南之銅皆運彌勒縣之竹園村，以待委官之買運，其後以委官守候歷時，爰有赴廠領運之議，然其時實以缺銅不能以時給買，而非運貯竹園村之失也。誠使減諸路之采買，而盡運迤西諸廠之銅貯之雲南府，以知府綜其發運，又運臨安路南之銅，盡貯之竹園村，以收發責之巡檢，如是，則委官至輒買運去耳，豈復有奔走曠廢之時哉？若更依運錢之制，以諸路陸運之價分發緣路郡縣，各募運户，借以官本，多買馬牛，按站接運，比於置郵，夏秋盡撤，歸農停運，則人馬無瘴癘之憂，委官有安間之樂。於其暇時，又分運尋甸銅之半，由廣西、廣南達百色，並如運錢之舊，即運京之銅亦加速，一舉而三善備矣。

洪頤煊《諸史考異》卷一〇《魏書下・桓州白登山》　《食貨志》：延昌三年秋，桓州又上言白登山有銀鑛，八石得銀七兩，錫三百餘斤。頤煊案：後漢郡國志鴈門郡平城補注前書，高帝被圍白登。服虔曰去縣七里。《地形志》作恒州。

吴其濬《滇南礦廠圖略》卷二《金錫鉛鐵廠第三》　卑浙廠在羅平境，塊澤廠在平彝境，均平彝縣知縣理之。雍正七年開，今實辦供省局白鉛二十一萬九千七百六十九觔零，課鉛變解銀三百九十九兩九錢八分，公鉛變解銀一百九十九兩九錢二釐餘，平扣解銀六十七兩八錢八分六釐。通商課鉛變解銀一百三十五兩七錢七分二釐，公鉛變解銀六十七兩八錢八分六釐，閏加鉛一萬九千一百一十四觔。課公變價餘平銀竝加辦供省局黑鉛三萬三千四百一十五觔，課公鉛變解鉛六十四兩五錢。

阮元《〔道光〕廣東通志》卷一六七《經政畧一〇・榷税一・宋》　金銀銅鐵鉛錫之冶，金産有南恩州；銀産、鉛産皆有英、韶、連、春四州；銅、鐵産皆有韶、英二州；錫産有潮、循二州。《文獻通考》。【略】

紹興末，歲産銅，韶州膽銅八萬八千九百觔，黄銅二百觔，連州黄銅二千八百觔。産鐵，惠州一萬二千七百觔，韶州一萬二千觔，廣州六千九百觔，南雄州四百觔，皆有奇。産鉛，韶州五千六百觔，連州五千觔，南恩州三百觔，潮州六千觔，皆有奇。《朝野雜記》。

又卷一七九《經政略二二・鼓鑄》　大觀中，歲收銅六百六十餘萬斤，江湖閩廣十監，每年共鑄錢二百八十九萬四百緡，計用銅一千十一萬五千斤。韶州永通八十三萬緡逐路交用，以所入約所有，計少銅三百三萬五千斤。自渡江後，歲鑄錢才八萬緡，近歲始倍，蓋銅鐵鉛錫之入視舊才二十之一。舊一千三百二十萬斤，今七十餘萬斤，所鑄錢視舊亦有二十之一爾。《朝野雜記》。

薛福成《出使日記續刻》卷三《光緒十七年辛卯十二月・三十日記》　貴州青溪鐵礦，僅開小鑪，尚未能開大鑪，聞因布置未善，運路窵遠，恐亦將以款絀停止，殊可惜也。惟滬局開鑪鍊鋼，極爲得法，前時試鍊所開者小鑪也。而所鍊之鋼與外洋無異，價又廉於洋鋼，故近日大開鑪火，決計自鍊，可勿需洋鋼矣。

曾國荃等《〔光緒〕山西通志》卷一〇〇《風土記下・物産》　銅、鉛、錫皆有之煽，出中條、五臺、白登諸山，今久罷采。

《魏書》：延昌三年，恒州上言，白登山有銀礦，八石得鑛七兩，錫三百斤。詔置銀官，常令採鑄。《水經注》：故鍊川一水歷冶官西，世人謂之鼓鍊城，城左右有遺煽及鐵鑛也。鼓鍊城在垣曲，今訛爲瞽冢。忻川水歷程侯山，舊有採金處，俗謂之全山。《太平記》引。今本無。《唐志》：解有銅穴十二，安邑有銀，曲沃有煽，翼城有銅源、翔皋錢坊二，盂有銅，五臺、柏谷有錫、有銅，黎城有鐵山，陽城有銅、有錫，平陸有琴瑟穴、銀穴三十四，煽穴四十八，在覆盤、三鐵、五□、分雲諸山。又《食貨志》：天下煽鑪九十九，絳州三十。稷山、垣曲、並有坊。《九國志》：北漢僧鑪繼禺遊華巖，見地有寶氣，乃於柏谷置鑛場，募民鑿山採頂，因置寶興軍。《太平記》：少陽山在交城西南。《山海經》：其山多玉，其下多赤鑛。郭注：銀之精者。静樂縣白馬山。《山海經》云：其陰多鍊多赤銅。觀山在安邑縣東，《山海經》云：其山多錫。一名玉山。《元志》：大同有鍊鐵洞。《明一統志》：錫交城及平陸、箕山出鉛。臨縣招賢村有窑煽出。代州鳳游峪及垣曲北山自然煽，保德州出。

《舊通志》：曲沃紫金山舊産煽，全爲煽母，故以爲名。解州車□谷有銀沙洞，今禁不採。垣曲折腰山中鐵旁高，舊出鋼、鑌，鑿久摧折，故名。鉛出鳳臺。《説文》：青，全也。有銀阬處産之澤，無銀阬而特有鉛。案：《會典》：山西交城縣平定州鉛廠二八收課。又山西例採辦高錫十萬斤。雍止中部課凖以鐵代錫。舊傳太原、太平、澤、潞等山出金銀礦，明萬曆中遣中使開採，大率礦沙一斤，得銀三五錢不等，亦有全無所得者，計其工費不啻倍蓰，礦亦隨竭。

國朝康熙四十六年，陽曲民高宏化等指稱太原等金銀銅礦，每歲願輸銀二十萬兩，自備人工開採，下部行查。巡撫噶禮將康熙十四年以後歷年卷案均屬挖取無砂，久奉封塞題覆。高宏化等復行黷請，乃命户部郎中赫都押解高宏化等十人至晉同地方踏勘。是年九月，同巡撫噶禮、布政司永泰赴繁峙應州等處開挖，無驗。十一月，赴聞喜衛坡即宏化所稱魚坡灣者開挖，一晝夜得銅砂二十斤。又赴夏縣温峪山開挖，三晝夜得銀砂二十餘斤。而同部員封固還省，覓匠煎鍊所採銀砂，並無銀色。銅砂雖有銅星，不成分數。遂將高宏化等交部員押解回京覆奏，宏化議罪發落，礦洞永行封塞。案咸豐七年、光緒三年，於安邑、絳縣各處試行開採，皆以所得不敷工本中止。

張之洞《〔光緒〕順天府志》卷五七《經政志四・礦廠》 金貢始於《夏書》，鐵官著於《漢志》，天地鍾毓，取之在人，非惟富民，抑亦强國。明萬曆時，礦使四出，擾害天下，斯奉使非其人，非物産有所祕也。近年以來，大開封禁，輪船機器，取法泰西。煤鐵要需，尤宜籌畫。順天所屬西北皆山，五金之礦昔有今廢，煤觔所産尤稱便民，攟而録之，盛衰可考矣。

漢漁陽泉州有鐵官。《漢書・地理志》。密雲管銀、錫二穴。《寰宇記》。遼有銀冶都監。《李内貞墓志》。金大興府産金、銀、銅、鐵。《金史・地理志》。元至元十一年，聽王庭璧於檀州奉先等洞采銀。《元史・食貨志》。檀州大峪錐山出鐵，十三年立四冶。《昌平山水記》。燕北燕南設立鐵冶十七處，歲課鐵一千六百餘萬。《秋澗集》。十五年，聽汪世顯於薊州豐山采銀。檀州有淘金户，二十五年罷。《元史・食貨志》。今密雲東北冶山東有丱洞，昔人淘金遺址尚存，明代亦曾於密雲采鐵，後始封禁。《昌平山水記》。按：《明一統志》：順天土産無五金，知偶爾開采，非常例矣。

劉錦藻《清朝續文獻通考》卷四五《征榷考一七・坑冶》 〔光緒二二年〕又總理衙門奏：「盛京將軍依克唐阿奏調員招商開辦奉天東邊銀鉛礦務一摺，臣等照原奏詳核，東邊道所屬州縣，山深林密，物産蕃滋。鴨緑江環抱西流，其東岸韓境諸山礦産爲西人所稱羡，北岸氣通壤接，五金之脈，足資開採。編修貴鐸等生長東邊，邀請礦師勘驗，所稱與啓運山風脈無關，又有裨奉天軍餉。據稱，將銀鉛砂石依土法鎔鍊，每鉛砂百斤出净鉛十餘斤，銀砂千斤出足色紋銀十五兩。既經招集商本兩千股，共銀二十萬兩。如果確有把握，應如所請，准令先將寬甸、懷仁二縣境内金銀煤鐵各礦，次第開辦，以闢利源。」

臣謹案：是年中俄新約成，其第七款有黑龍江及吉林長白山等處所産五金之礦，向有禁例，不准開挖。自此約定後，准俄國以及本國商民開採。惟須先稟地方官，具領護照，并按中國内地礦務條陳，方准開挖等語。涓涓不塞，將成江河，此其朕兆矣。

又卷三一八《輿地考一四》 臣謹案：衡州府川憑湘耒，山仰岣嶁，近矚九疑，遥通五嶺，湘南一都會也。南嶽在衡山縣西北三十里，跨長沙、衡州二府境，盤繞八百里，回雁爲之首，靈麓爲之足，自唐李泌歸隱，衡山高十遺民擬於槃澗。國初，王夫之亦肥遯其間，著《船山遺書》三百二十二卷，扶輿磅礴之氣，萃於衡陽矣。以物産論，常寧縣之水口山歲出鋅二十餘萬噸，鉛十萬噸，亦爲全國冠。

又卷三六二《郵傳考三・路政》 唐初銀冶五十八家，宋初金冶十有一，銀冶八十有四。

王志長《周禮注疏删翼》卷二七《冬官考工記第六》 攻金之工，築氏執下齊，冶氏執上齊，鳧氏爲聲，桌氏爲量，段氏爲鎛器，桃氏爲刃。註：多錫爲下齊，大刃、削、殺、矢、鑒、燧也。少錫爲上齊，鍾、鼎、斧、斤、戈、戟也。聲，鍾、錞于之屬。量，豆、區、鬴也。鎛器，田器錢、鎛之屬。刃，大刃、刀劍之屬。

疏：此經與下攻金之工爲目。王氏曰：下文築氏爲削，五分其金而錫居二，則用錫爲多，故曰執下齊。以削爲下齊，而言築氏執之，則大刃、鑒、燧之屬皆下齊也。冶氏爲戈戟，四分其金而錫居一，則用錫爲少，故曰執上齊。以戈戟爲上齊，而言冶氏執之，則鍾、鼎、斧、斤之屬皆上齊也。舉築、冶二工而他類可知矣。仲輿郝氏曰：金謂銅鐵，性剛易折，故冶金必以錫和之。

金有六齊註目和金之品數。六分其金而錫居一，謂之鍾鼎之齊。五分其金而錫居一，謂之斧斤之齊。四分其金而錫居一，謂之戈戟之齊。參分其金而錫居一，謂之大刃之齊。五分其金而錫居二，謂之削殺矢之齊。金錫半，謂之鑒燧之齊。註：鑒燧，取水火於日月之器也。鑒亦鏡也。凡金多錫，則忍白且明也。

疏：大齊四分以上爲上齊，三分以下爲下齊。王氏曰：凡以金爲器，必濟之以錫，蓋金性堅剛，而錫則柔耎，金或赤黑，而錫則青白。以柔耎而濟堅剛，則其爲器也不折。以青白而濟赤黑，則其爲色也明晳。然所用之錫各隨其器，有多寡之不同，此所以有六齊也。鍾以擊，鼎以烹，則用錫爲最少，故六分其金而錫居一。斧以伐，斤以斫，則用錫宜差多，故五分其金而錫居一。戈、戟皆用之以刺，防其或挫折，用錫宜多於斧斤，故四分其金而錫居一。凡此皆上齊者也。大刃則戚揚之屬，其刃爲加大施之，斬斫則防其易虧缺，故三分其金而錫居一。削，書刀也，殺矢用諸近射田獵也，削以制書，殺矢中之則死，皆欲其堅刃不脆，其用錫又宜多於大刃，故五分其金而錫居二。鑒燧以取水火於日月，或以之照，以明白爲上，故用錫爲最多，而金錫相半焉。凡此所謂下齊者也。

劉沅《周官恒解》卷六 攻金之工，築氏執下齊，冶氏執上齊。鳧氏爲聲，桌氏爲量，段氏爲鎛器，桃氏爲刃。齊，音劑。

此下用錫多寡之法。劑，謂銅、錫調和也。多錫者爲下齊，少錫者爲上齊。聲，鍾、錞于之屬。量，豆、區、釜之屬。鎛，田器之屬。刃，刀劍之屬。金、銀、銅、鐵、錫爲五金，《禹貢》惟金三品專指揚州所貢黄白赤金。黄金爲上，白金爲中，赤金爲下，亦金銅也。

金有六齊：六分其金，而錫居一，謂之鍾鼎之齊。五分其金，而錫居一，謂之斧斤之齊。四分其金，而錫居一，謂之戈戟之齊。參分其金，而錫居一，謂之大刃之齊。五分其金，而錫居二，謂之削殺矢之齊。金錫半，謂之鑒燧之齊。

齊謂其分數劑量也。金錫相和，各有劑量，或過不及則不當物，而不適於用。鉛名黑錫，五金之母。凡製金爲器，非鉛不成，六齊之錫即此也。六分、四分等，大概謂其數若此。

易祓《周官總義》卷二七 凡鑄金之狀，金與錫，黑濁之氣竭，黄白次之；黄白之氣竭，青白次之；青白之氣竭，青氣次之，然後可鑄也。

金堅也，錫柔也。錫居金六分之一，故專言鑄金之狀。上經言改煎金錫則不耗，而此言其證以青色爲貴。《弓人》曰：「青也者，堅之徵也，惟金亦然。金之青則其色純，其力堅；其次青白，則色差雜矣；其次黄白，則雜而弱矣。至於黑濁，則穢滯而不可用矣。故鑄金之狀，始則變黑濁爲黄白，又變黄白而爲青白，又變青白而爲青純，則亦復其本而得其至堅之性者也。」

孫詒讓《周禮正義》卷七八《冬官·築氏》 攻金之工，築氏執下齊，冶氏執上齊，鳧氏爲聲，桌氏爲量，段氏爲鎛器，桃氏爲刃。多錫爲下齊，大刃、削殺矢、鑒燧也。少錫爲上齊，鍾鼎、斧斤、戈戟也。聲，鍾、錞于之屬。量，豆、區、鬴也。鎛器，田器錢鎛之屬。刃，大刃刀劍之屬。疏：「築氏執下齊，冶氏執上齊」者，此通論金工齊和之等，爲下六工發耑也。《詩·周頌》鄭箋云：「執，持也。」謂執持此金樸，依齊量鑄以爲器。賈疏云：「據下文六等言之，四分已上爲上齊，三分已下爲下齊。築氏爲削，在二分中，上仍有三分大刃之等，亦是下齊。若然，築氏於下齊三等之內，於此舉中言之。」注云：「多錫爲下齊」者，錫多則金不純，故爲下齊。多者，謂參分其金，而錫居一以下。云「大刃、削殺矢、鑒燧也」者，據下文。云「少錫爲上齊」者，錫少則金純，故爲上齊。少者，謂四分其金，而錫居一以上。云「鍾鼎、斧斤、戈戟也」者，亦據下文。賈疏云：「若然，鳧氏入上齊，桃氏入下齊；其桌氏爲量，段氏爲鎛器，亦當入上齊中。」案：鄭意當如賈說。《管子·小匡篇》云：「美金以鑄戈劍矛戟，試諸狗馬。惡金以鑄斤斧鉏夷鋸欘，試諸木土。」依《管子》說，斧斤與鎛器同用惡金，則不當與戈戟同齊。此與鄭、賈說異，未知其審。云「聲，鍾、錞于之屬」者，聲與《典同》十二聲義同，謂凡聲樂之金器也。錞于，即《鼓人》四金之一，詳彼疏。云「量，豆、區、鬴也」者，《大行人》注同，詳《内宰》、《桌氏》疏。云「鎛器，田器錢鎛之屬」者，《總敘》注義同。《管子·輕重篇》云：「一農之事，必有一耜、一銚、一鐮、一鎒、一椎、一銍，然後成爲農。」凡田器有金者，蓋皆段氏爲之，其金齊同也。云「刃，大刃刀劍之屬」者，《説文·刃部》云：「刃，刀鑒也。」又《刀部》云：「㓹，刀劍刃也。」刀劍雖非長兵，而其鋒㓹在兵中爲最大，故謂之大刃。賈疏云：「案桃氏爲劍，此言刃，變言之者，亦是劍類非一，故注云大刃刀劍之屬也。」金有六齊：目和金之品數。疏：「金有六齊」者，下文金皆與錫相和，《職金》賈疏謂此金皆謂銅，是也。《左傳》僖十八年杜注云：「古者以銅爲兵。」案：古鍾鼎及兵器、田器之屬，皆以銅爲之。然兵器、田器亦間有用鐵者，故《越絶書·外傳》記寶劍云：「風胡子曰：神農、赫胥之時，以石爲兵，黄帝時以玉爲兵，禹之時以銅爲兵，當今之時作鐵兵。」《越絶》説古兵器變易原流甚析。蓋太古唯有石兵，中古用銅，最後乃用鐵，今古器出土者，猶可徵諭。但依《世本》、《史記》，黄帝、蚩尤已以金爲兵，玉兵之説詭誕不足馮耳。綜而論之，自黄帝至周初，大抵皆用銅兵，而鐵兵亦漸興，迄晚周，始大盛。故《矢人》二鄭注，並以刃爲鐵。《六韜·軍用篇》説兵械亦有鐵者。《孟子·滕文公篇》又云「以鐵耕」，即鎛器也。是知夏禹作貢，亦有鐵鏤，殷周之際，鐵器必緐。唯究不及銅之多，故今所傳古戈劍之等，有款識可徵者，率皆銅質，明鐵兵尚尠，且易朽蝕，故不經見也。若然，則此金齊固當以銅錫爲主，而金工所用之材，則當兼有鐵，經文不具也。互詳《職金》疏。注云「目和金之品數」者，《少儀》注云：「齊，和也。」《亨人》注云：「齊，多少之量。」故和金錫亦謂之齊，品數即謂多少之量也。六分其金而錫居一，謂之鍾鼎之齊；五分其金而錫居一，謂之斧斤之齊；四分其金而錫居一，謂之戈戟之齊；參分其金而錫居一，謂之大刃之齊；五分其金而錫居二，謂之削殺矢之齊；金錫半，謂之鑒燧之齊。鑒燧，取水火於日月之器也。鑒亦鏡也。凡金多錫，則刃白且明也。疏：「六分其金而錫居一，謂之鍾鼎之齊」者，以下辨六齊之等也。鍾，梟氏所爲也。爲鼎之工無文，《㮚氏》注謂鍾鼎與量異工，則鄭意鼎或亦梟氏爲之與？江永云：「鍾鼎欲其堅，不剝蝕，故金最多。」云「五分其金而錫居一，謂之斧斤之齊，四分其金而錫居一，謂之戈戟之齊」者，並冶氏所爲也。《説文・斤部》云：「斤，斫木斧也。斧，斫也。」賈疏云：「上文『築氏執下齊，冶氏執上齊』者。今於此文，戈戟之齊在四分其金而錫居一之中，則此已上六分其金與五分其金在上齊中，叁分其金已下爲下齊中可知。其斧斤在上齊，上齊中惟有冶氏造戈戟，則斧斤亦當冶氏爲之矣。」云「叁分其金而錫居一，謂之大刃之齊，五分其金而錫居二，謂之削殺矢之齊」者，亦並冶氏所爲。江永云：「斧斤至削殺矢皆有刃。其用之重，欲其難缺者，金多；用之輕，欲其不折者，金少。」云「金錫半謂之鑒燧之齊」者，燧，葉鈔本《釋文》作「隧」。阮元云：「燧隧皆《説文》㸂字之誤。此於㸂燧無涉，《秋官》『夫遂』祇作『遂』，是爲正字。」詒讓案：燧，俗㸂字。鑒燧正字當作「鐩」，古或叚「遂」「隧」爲之。《梟氏》注亦作「夫隧」，疑葉鈔《釋文》近是。互詳《司烜氏》疏。江永云：「鑒燧欲明，故金錫半。」注云「鑒燧，取水火於日月之器也」者，據《司烜氏》云：「掌以夫遂取明火於日，以鑒取明水於月。」六齊之工惟鑒燧無文，蓋記者失之。云「鑒亦鏡也」者，《司烜氏》注義同。鑒錫最多，故《管子・輕重乙篇》説，天子迎春帶玉監，迎秋帶錫監。監鑒字通。玉監者，以玉飾監。天子帶之者，蓋飾佩之屬。云「凡金多錫則刃白且明也」者，刃即堅韌字。《釋文》作「忍」，宋附釋音本及注疏本並同。嘉靖本作「刃」，與賈疏述注合，今從之。《山虞》注「柔刃」，《輈人》、《車人》注「堅刃」，字亦並作「刃」，賈以爲即大刃之刃，則謬也。《史記・夏本紀・集解》引鄭《書注》云：「錫所以柔金也。」《呂氏・春秋別類篇》云：「金柔錫柔，合兩柔則爲剛。」蓋金錫相得則堅刃。錫在銀鉛之間，其色白，故多則白而含明，又宜爲鑒燧也。《呂氏春秋》又云：「相劍者曰：黃白所以爲堅也，黃所以爲牣也，白雜則堅且牣，良劍也。」牣亦與韌同。彼白即謂錫，黃即謂金，而云白以爲堅與黃以爲牣，相反者，彼謂柔刃，鄭則謂剛刃，義各有所取也。錫，詳《卄人》疏。

鄭方坤《經稗》卷九《三禮・金錫》 《考工記》：攻金之工皆曰金錫，金即銅，錫即銀也。故曰金幾分，錫居幾以爲斧、斤、戟、刃之屬，栗氏爲量，煎金錫，聲中黃鐘之宮。假如以今之錫，豈可摻和作斧斤戟刃，而量能聲中宮乎？況今之錫與銅亦不可摻和以冶也。《史記・平准書》、《漢書・食貨志》皆稱銀錫，漢武造銀錫爲白金，其稱猶爲近古也。《越絶書》：赤堇之山破而出錫，若邪之谷涸而出銅，歐冶用以爲純鈞之劒。尤可證鑄兵用銅，蓋必兼以銀，乃淬利也。

劉晝《劉子・和性第三八》 越王鑄劍之人姓趙名干將，善能歐冶。鑄劍太剛則折，太柔則卷。欲劍無折，必加其錫。欲劍無卷，必加其金。何者？金性剛而錫質柔，剛柔均平，則爲善矣。良工塗漆，漆緩則難晞，急則弗牢，均則緩急使之調和，則爲美也。人之含性有似於茲，剛者傷於嚴猛，柔者失於軟懦，援者梅於後機釁也，急者敗於懁促假急。故鑄劍者使金不至折，錫不及卷；製器者使緩而能晞，急而能牢；理性者使剛而不猛，柔而不懦，緩而不後機，急而不懁促。故能劍器兼善，而性氣淳和也。

佚名《黃帝九鼎神丹經訣》卷七《作仙釜中玄黃藥法》 狐剛子用玄銀十斤、鉛白一斤，三轉鉛黃華五斤，藉覆升置土釜中，猛火，從旦至日没，鉛精俱出，如黃金，名曰玄黃，一名飛輕，一名飛流。取胡粉，亦鐵器中熬之如金色，與玄黃分等，擣萬杵，和以左味，搗令成泥也。

又卷八《黃礬石水法》 造九鼎神丹所用水銀皆須去毒，去毒之法，不得礬石水，其毒不盡。【略】取礬石一斤，無，以馬齒者盛於青竹筒中，薄削其筒表，以硝石四兩覆若上下，深固其口，納華池中，四十日成水。以華池和，塗鐵，鐵銅色。諸法皆用。每十筒得斗許水，計藥數加之，加石膽三兩者。

又卷九、十同卷《金鑛法》 金精、石膽、朱砂、雄黃、石硫黃、樸硝、硇砂、白礬、騏驎竭等各二兩，唯騏驎竭研作末，瓷器中以醋浸之，著糠火中勿令沸即爛，從辰至未出。用蜜陀僧、紫石英已上各五兩，鹽一斤，凡十二物藥各擣爲末。別用水銀八兩，於小銅鐺中以醋沃水銀，鐺下小猛火。別鐵器中鎔錫，瀉著水銀中，即合相得。看醋欲盡，更添一斗，如此，盡二斗罷矣。即取諸藥著瓷器中，并水銀一時與藥合研，半日成藥也。即取細膩鑛，打令使碎如黍豆等。十斤鑛，與藥二兩，與黃礬石末十兩相合，入八風沃爐中，用槿柳木炭，剛柔兼好，裝勿使不均，即火，不徹盡，火力止。若熟即停，如不熟，更一遍入爐，即無有不熟者。用沙盆中精沙取熟金，如麩片，或如細沙、糖屎，自與金別沙。託取牛屎灰一斗、鹽末半升，與二兩熟金沙一時和攪，以玄精水和團如雞子，燻乾，還入牛屎火食之。若好，一遍即罷；未好，更一遍入食沙，取堝中消之，瀉脂膜中打薄，用胡同律、黃礬石等分，醋和，塗薄鋌，燒出色，一如水金法，即成上金。若作薄泥塗飾物者，還依前法。一斤金，黃礬、曾青等分一兩，堝中令鎔，攪即柔軟，隨意打用矣。若鑛金，稱無楞角者十斤，加前藥一兩，黃礬石末加前十兩，無不得者。若鑛非真體物，强鼓造，徒費功也。藥力得，星化氣消，即爲鐵，悔終無銖兩真物可得。其藥分中騏驎竭不可得者，以紫代用亦得矣。

又《作錬錫灰坯爐法》 先以甘堝中錬鉛、錫二十遍，用三斤錬錫著熟鐵鍋中鎔，使赤沸，即納金碎者一斤，合相得，掠去糖屎，瀉出別錬。殺熟炭以土墼壘作方爐，其中安錬灰作坯模，以金錫著灰坯中，上安鐵鐐，上布剛炭火，於爐上用一孔，於爐前開一小孔，候之須臾，錫與金雜，物相利取。其金狀似銀，即以熟雌黃和好酒，銅器中煮之，殺之，還復本性。若不徹好者，即打薄，錬食出色，一同上法。真錫錬訖，著鐵鐐上，以胡同律、黃礬石、鹽等分，和醋煎爲泥，塗金錫鋌上，用牛糞火四周壘之於錫鋌上，用牛屎火四周食，錫盡唯有金在，取著熟銅鐺中，以黃礬石和鹽煮之，半日許出鎔，作鋌錯鑢屑，食錬用藥斤兩一同上法也。

又《後灰坯食錫金法》 黃礬、胡同律、鹽等分，和醋煎爲泥。今此無鹽及醋，直言鎔之出山石。

又卷一八《明錬鍾乳等石及諸銅鐵由致皆由長生之用・去鍮石及鐵惡物法》 又去鍮、鐵二物惡穢，亦與銅法不殊。鍮銅欲打爲葉，先須預小，錬三遍，其體益浄，其水必須浄而且暖，不得全投，恐致散失。所爲鍱者，闊一寸，長六七寸，厚可二分。燒，訖冷，拍膠鹽使盡，若熱即折，不終百遍之功。燒十兩穢銅，可得五兩以下。浄體鍮亦准此作。

李昉《太平御覽》卷九七〇《果部七・梅》 《枹朴子》曰：「綺里丹法，以鉛百斤合五石煮之皆成銀，以雄黃煮之，皆成黃金。金太剛以猪膏煮之，太柔以梅煮之。」

唐慎微《證類本草》卷四《玉石部中品總八十七種》 銀屑，【略】生永昌，採無時。陶隱居云：銀之所出處，亦與金同，但皆是生石中耳，錬餌法亦相似。今醫方士鎮心丸用之，不可正服爾。爲屑當以水銀研令消也。永昌本屬益州，今屬寧州。《仙經》又有服錬法，此當無正主療，故不爲《本草》所載。古者名金爲黃金，銀爲白金，銅爲赤金。今銅有生熟，錬熟者柔赤，而《本草》並無用。今銅青及大錢皆入方用，並是生銅，應在下品之例也。唐本注云：銀之與金，生不同處，金又兼出水中。方家用銀屑，當取見成銀薄，以水銀消之爲泥。合消石及塩研爲粉，燒出水銀，淘去塩石，爲粉極細，用之乃佳。不得已磨取屑爾。且銀所在皆有，而以虢州者爲勝，此外多錫穢爲劣。高麗作帖者，云非銀礦所出，然色青不如虢州者。又有黃銀，本經不載，俗云爲黑碎惡，乃爲瑞物。臣禹錫等謹按《藥性論》云：銀屑，君。銀薄同。主定志，去驚癎，小兒癲疾狂走之病。《圖經》文具金屑條下。

《衍義》曰：銀屑，金條中已解屑義。銀本出於礦，須煎錬而成，故名熟銀，所以於後別立生銀條也。其用與熟銀大同。世有術士，能以朱砂而成者，有鉛汞而成者，有焦銅而成者，何復更有造化之氣，豈可更入藥？既有此類，不可不區別。其生銀即是不自礦中出，而特然自生者，又謂之老翁須，亦取像而言之耳。然銀屑經言有毒，生銀經言無毒，釋者漏略不言。蓋生銀已生發於外，無蘊鬱之氣，故無毒。礦銀尚蘊蓄於石中，鬱結之氣全未敷暢，故言有毒，亦惡錫。【略】

《圖經》曰：蜜陀僧，本經不載所出州土。注云：出波斯國。今嶺南、閩中銀銅冶處亦有之，是銀鉛脚。其初採礦時，銀銅相雜，先以鉛同煎錬，銀隨鉛出。又採山木葉燒，開地作鑪，填灰其中，謂之灰池。置銀鉛於灰上，更加火大，鍛鉛滲灰下，銀住灰上。罷火，候冷，出銀。其灰池感鉛銀氣，置之積久成此物。今之用者往往是此，未必胡中來也。形似黃龍齒而堅重者佳。

又卷五《玉石部下品總九十三種・砒霜》 《圖經》曰：砒霜舊不著所出郡縣，今近銅山處亦有之，惟信州者佳。其塊甚有大者，色如鵝子黃，明澈不雜，此類本虔，自是難得之物。每一兩大塊真者，人競珍之，市之不啻金價。

《丹房鏡源》云：砒霜化銅、乾汞。

《別説》云：謹按：今信州玉山有砒井，官中封禁甚嚴，生不夾石者，色赤甚如雄黃。【略】今市人通貨者，即取山中夾砂石者，燒烟飛作白霜，乃碎屑而芒刺，其傷火多者，塊大而微黃，則《圖經》所謂如鵝子，色明徹者，此也。古方並不入藥，唯見燒煉丹石家用。

〔鉛〕《圖經》曰：鉛生蜀郡平澤，錫生桂陽山谷，今有銀坑處皆有之。而臨賀出錫盛，亦謂之白鑞鉛。丹黃，丹也。粉錫，胡粉也。二物並是化鉛所作，故附於鉛。鏡雖銅而皆用錫雜之，乃能明白，故鏡鼻附於錫。謹按：字書爲錫，爲鑞鉛，爲青金，雖相似而入用殊別也。又有鉛霜，亦出於鉛。其法以鉛雜水銀十五分之一合煉作片，置醋瓮中密封，經久成霜，亦謂之鉛白。凡鑄銅之物多和以錫，《考工記》「攻金之工，金有六齊」是也。

《丹房鏡源》云：鉛鹹。鉛者不出銀，熟鉛是也，嘉州隴陀、利州出。鉛精之葉深，有變形之狀文，曰紫背鉛。鉛能碎金鋼鑽。草節鉛出嘉州，打著碎。如燒之有硫黃臭煙者，信州鉛、盧氏鉛，此麄惡，用時直須濾過。陰平鉛出劒州，是鐵之苗。鉛黃花投汞中，以文武火養，自浮面上，掠刮取炒作黃丹色。釣脚鉛出雅州山洞溪砂中，形如皂子，又如蝌蚪子，黑色。炒鉛丹法：鉛一斤，土硫黃一兩，消石一兩。右先鎔鈆成汁，下醋點之。衮沸時下土硫黄一小塊，并續，更下消石少許，沸定再點醋。依前下少許消黄，已消沸盡黄，亦盡炒爲末成丹。

佚名《庚道集》卷三《黄芽金鼎九轉法·李洞玄神丹妙訣》 點化銅、鐵第三：用犂頭鐵二兩，燒過打碎，以鍋子先下硃砂一兩在下，次下鐵在上，用大火烹之成汁。其硃砂返升在上，其鐵歸下如啄木之聲，直候聲絶藥成，不可傾出。以冷水浸其鍋子面上，硃砂自然凝結成片在上，打碎鍋子取之，其鐵成，上色好銀在下。打開，再用前砂作三次坏點，但第二、第三色差青頗硬，即以第一次者銀同坏之，乃一色成上銀，非世間之物，皆謂之藥銀也，此乃神仙之至寶。點銅亦然，並依此前法，或第三次用了硃砂，如不添匱中，即別作一匱養母砂子，并生硃砂成寶。亦然以鉛煎成，銀不折。

又卷九《葛仙翁寶硝祕法》 粉霜二兩，銀箔裹之，外用崑崙紙一重，包之入匱，四兩火養三日，真死，其粉轉加堅硬，銀箔不折，可點赤頑成白，有千變萬化。信二兩，崑崙紙裹之一二重，入匱，養火一日，死，此亦不脱胎色，其信可點銅。石膽二兩，金箔裹之如前，崑崙紙火裹，六兩火養三日，自然真死，其色如赤金，可點銀成八分庚。

硼、砜、硝、礬以箔包，養死，但只用崑崙紙裹一重，入匱斟酌，養火五日，自然真死，胎色不脱。

又卷九《考異》 銅、鍮石、黑鉛、白鑞、鐵各一兩，鎔成汁，以鐵色丹砂七錢點之，熾炭攪匀，候清。良久，鉗寘灰中，寒打破，其丹砂在上，粒粒不動；其五金在下，成雪花汞銀。其色點丹砂，力已慢，只可乳細作紅荔枝銀外匱。

王棠《燕在閣知新録》卷二五《宣爐》 傳宣廟時，佛殿災，金銀銅像液，因用鑄器。非也。宣廟欲鑄爐，問工何法煉而佳？工奏：煉至六，用鑪甘石點則現寶，光殊色異，恒用矣。上曰：煉十二煉，足條之，置鐵網篩格上，用赤炭鎔之，清者先滴備鑄，存格上者作他器，故宣爐之銅最佳也。

蘇軾《物類相感志·雜著》 錫銅相和硬且脆，水淬之極硬。

銀銅相雜，亦易鎔化。金遇鉛則碎。

銀中雜銅多者，鎔化時以錫相投，則其銅如在水上，作水片取出。

銅與鍮石上貼金，欲取下者，以肥皂塗之，燒火中，則金圈在肥皂上。

以水銀聚之鐵上渡金，先用赤熟銅於鐵面上畫花，以飛箔梅鍋內，煠白，然後以金箔貼之。

熊太古《冀越集記》卷下《金銀》 金與銅之色黄，不能相入，銀與錫之色白，亦不能相入，必以銅入銀，以銀入金，方可成器。又以藥煉金，取銀煉銀，取銅則金銀復得足色，此造物之巧，有以各全其性也。世間有以訶宅迦藥一兩，化銅十兩爲金，以丹山礬十兩、乾汞十兩成銀，此人格物之精，發天地之祕也。

李時珍《本草綱目》卷八《密陀僧唐本草》 釋名。没多僧唐本，爐底。恭曰：「密陀、没多，並胡言也。」

集解。恭曰：「出波斯國，形似黄龍齒而堅重，亦有白色者，作理石文。」頌曰：「今嶺南閩中銀銅冶處亦有之，是銀鉛脚，其初采礦時，銀銅相雜，先以鉛同煎鍊，銀隨鉛出。又采山木葉燒灰，開地作爐，填灰其中，謂之灰池。置銀鈆於灰上，更加火鍛，鈆滲灰下，銀住灰上，罷火候，冷出銀其灰池，感鈆銀氣積久成。」

周履靖《萬曆羣物奇制》卷六《雜著》 銀中雜銅多者，鎔化時以錫相投，則其銅如在水上，作水片取出。銅與鍮石上貼金欲取下者，以肥皂塗之燒火中，則金圈在肥皂上。以水銀聚之鐵上鍍金，先用赤熟銅於鐵上畫花，以飛箔梅鍋内煠白，然後以金箔貼之。

又 錫、鋼相和硬且脆，水淬之極硬。銀、銅相雜亦易鎔化。

顧起元《説略》卷二六《珍格》 攻金之工如築、冶、梟、㮚、段、桃，以金工料言之，宜用銅鐵等物爲多，特總名曰金錫，以分六齊。六分其金而錫居一，爲鐘鼎之齊；五分其金而錫居一，爲斧斤之齊；四分其金而錫居一，爲戈戟之齊；三分其金而錫居一，爲大刃之齊；五分其金而錫居二，爲削殺矢之齊；金錫半，爲鑑燧之齊；使如今時所謂錫，則豈堪爲斧、斤、戈、戟、矢、刃哉？㮚氏改煎金錫定火候？以青黄黑白之氣而使以鑄量，便如今時，所謂錫則豈能聲中黄鍾之宫哉？觀《史記·平準書》及漢《食貨志》，亟稱銀錫。漢武帝造銀，錫爲白金，可以見古者銀與錫通稱白金。《考工》，先秦古書，當以錫爲銀鉛之總名。《説文》謂錫曰銀、鉛之間，稍近古意。徐氏不察《考工》金錫之説，殊失許叔重本旨。《周禮·丱人》《職金》皆言金玉錫石，蓋銅、鐵、銀、錫皆取丱煉成，言錫而不必枚舉銅、銀、鐵也。當歎漢儒拘《爾雅》之文，於《丱人》之注直以錫爲鈏鉛，《爾雅》專以銀爲白金，不思漢時固以錫爲白金。其注鐐、銀、鈑、金，名物瑣細，而於《考工》金錫之義，乃無所發明，曾不若《説文》能合錫鉛以言錫也。《職方氏》於揚州言金、錫，荆州言銀，以今出産之地言之，則銀在揚而錫在荆，錫亦銀也，特以荆揚地利互文見之爾。若如今人分別銀、錫，則《考工》所謂金錫，於理有不通者。

故著其説，使讀《考工記》者無惑焉。今世用物，銅、鐵爲多，經文絶少言銅，亦罕言銀、鐵。《考工》言金者，鐵、銅在其中；言錫者，銀、鉛在其中。合而言之，總曰金錫爾。聞決銀者言，錫能賊他金，似不宜混合。然物各有用，攻金之工不一，銅、鐵及鍮銅得銀愈佳，鑄銅得鉛益骨，金、錫相須尚矣。

李之藻《頖宮禮樂疏》卷六《金音疏其器編鍾》 凡範金者，必致其精，然後可協其聲。《考工記》曰，栗氏爲量。改煎金錫則不耗，不耗，然後權之；權之，然後准之；准之，然後量之。世俗之金工，則賤丈夫者爲之，惟恐其耗也。而鉛濁雜焉，期以諧律而和樂也，其可得乎？古者攻金之工，冶氏執上齊劑，鳧氏爲聲。六分其金而錫居一，謂之鍾鼎之齊，則剛柔有劑也。凡鑄金之候，金與錫，黑濁之氣竭，黄白次之；黄白之氣竭，青白次之；青白之氣竭，青氣次之，然後可鑄也，則火劑有候也。如是，故厚薄之所震動，清濁之所由出，侈弇之所由興，可得而論也。金用紅銅，錫用滇、蜀高錫，余嘗試之，煉銅至於不耗，什殆損五。鼓鑄之法，黄白、青白之氣皆鉛濁也，鉛濁浄後，方可用錫和合。錫以引銅，令入範易灌而不璺。金六斤，錫一斤，所謂六分其金而錫居一。金精則聲清，雜錫則聲濁，聲之清濁，非特於厚薄大小辯之，調劑分量，火候遲疾，更須諦審，此必非世俗金工可辦也。有不合音律者，必煉而更鑄之。昔者晉平公鑄大鍾，使工聽之，皆曰調矣，師曠以爲不調，請更鑄焉。曰：「後世有知音者，將知鍾之不調也。臣竊恥之。」後師涓至，果知其不調，世固未嘗無知音者也。

方以智《物理小識》卷七《金石類》 潛老夫曰：「凡鉛、銅中皆有銀，從雲貴來。赤銅有光，乃未取煉者也，石直十六兩。赤銅從舶來廣者，石不過九兩，以取出也。赤銅一石可取白銀四兩，鉛每斤可取銀須五分，有此二物，其鉛乃可取霜。若爲人取去此物者，則取霜不出，負版鐵鉛亦取不出。」《辰州志》曰：「安鉛於甑内，以醋瓶封化粉。」《墨子》言：「禹作粉。」張華曰：「紂創物之智，在古爲難，後因而加捷耳。」范成大曰：「桂州粉以黑鉛著糟甕中罨化之？」何孟春曰：「嵩陽以鉛塊縣酒缸内，七七日開之，化粉。韶州粉瓮蒸之，不白，以蘿蔔瓮上，蒸之即白。」

又 礬。涅石燒煉而成。桐城過黄泥河十里，即廬江礬地也。久燒，廠人無疥。其飛出者胡蝶礬，光明如水晶。山峰者，定水解毒，土人貴之。炙地洒醋，布礬以桑盤，覆之灰，壅一日夜，其精飛於盤上者，礬霜也。青礬乃煤石所煉者，《本草綱目》未載也。樟樹礬，塲取煤炭之石，石有銅色，謂之銅石，即以細煤，燒而圍之，以礬塲水淋，其鹹入釜，重煮，冷則成礬。他處水不能成，或以皁角水淋之，又升爲礬紅，曰確中紅。安福出銅炭，即煤炭中有銅星者也。洋船貴青礬，以能制龍也。青礬廠氣熏人，衣服當之易爛；栽木不茂，惟烏柏樹不畏其氣。

試金石。【略】冷定，入分金蝦蟆爐，鉛沈下者，已類佗僧，柳枝燃照，鉛氣浄盡則生銀也。傾無絲紋，或現圓星，滇號茶，經入銅少許，乃入槽成絲耳。楚雄所出硐砂百斤，又生鉛二百斤於爐内，然後煽煉成團。其再入蟆爐，沈鉛結銀同也。爐底佗僧樣者，別入爐煉，又成扁擔鉛。雜銀者，紅銅與鉛也。高爐坩鍋煉之，灑硝而銅、鉛就鍋底，曰銀銹灰。灰池落者曰爐底，二者填火土甑，鉛就低流，銅黏餘銀，仍可分取。

鍛縫。鐵性逐節黏合，塗黄泥於接口，入火揮錘，泥滓成栘而去，取其神氣媒合也。大器以細陳壁土撒，接口自合，煤用鐵炭，無煤則用火墨，俗名火矢，揚燒不閑，穴火者也。成樂器者必圓成無銲，其餘用焊藥炙合，以錫末爲小銲，響銅末爲大銲。銲銀器則用紅銅末，皆兼硼砂。巧銲金玉用銀末，如玉柄鐵刀之類。水銀、鉛、錫三合，亦成銲藥。

冷錘：黄銅用爐甘石者，不退火性，受錘。用倭鉛者，出爐退火性，以受冷錘。樂器聲有雌雄，雄者重，數錘，俱從冷錘。點發銅經錘後，色成啞白，受鎈復現黄光。凡折鐵十分，銅耗一分，加冷錘者，其質更堅。【略】

銀印兼銅。銀鑄則印紋有不到處，必入銅鎔，則一鑄而滿紋，皆就。

鐵成銅。德化之水可以煮鐵成銅。萬畢曰，白青膽礬化鐵爲銅。中通曰，白青即大青。

如赤銅炙石流如鐵。《抱朴》曰：武都雄黄伏火可點銅爲金，膽礬汞泥入大青爲金。

張自烈《正字通》卷六《水部》 潳。□山切綻平聲。《水經注》：涪城有潳水，出潳山，水源有金銀礦，洗取火合之，以成金銀。潳水歷潳亭而下注涪水。

李世熊《錢神志》卷一《靈産》 凡足色金參僞以售者，惟銀可入，欲去存金則將金作薄片剪片，以土泥裹塗之，入坩鍋中，朋砂鎔化即銀吸入土内，讓金流出，還成足色，後復入鉛少許，另入坩鍋，勾出土中之銀，亦毫釐具存也。

抱甕老人《今古奇觀》卷三〇九《誇妙術丹客提金》 屏去左右從人，附耳道：「吾有『九還丹』，可以點鉛汞爲黄金，只要鍊得丹成，黄金與瓦礫同耳，何足貴哉？」富翁見説是丹術，一發投其所好，欣然道：「原來吾丈精於丹道，學生於此道最是心契，求之不得。若吾丈果有此術，學生情願傾家受道。」客人道：「豈可輕易傳得？小小試看，以取一笑則可。」便教小僮熾起爐炭，將幾兩汞鎔化起來。隨在身邊腰袋摸出一個紙包，打開來都是些藥末，就把小指甲挑起一些些來，彈在罐里，少頃，傾將出來，那鉛汞却不見了，都是雪花也似的好銀。看官，那客人能將藥末變化得鉛汞做銀，却不是真法，原來這叫做「縮銀之法」。他先將銀子用藥鍊過，專取其精，每一兩直縮做一分少些。今和鉛汞在火中一燒，鉛汞化爲青氣去了，遺下糟粕之質，見了銀精，盡化爲銀，不知原是銀子的原分量，不曾多了一些。丹客專以此術閃人，人便死心塌地信他，道是真了。富翁見了，喜之不勝道：「怪道他如此富貴受用，原來銀子如此容易。我鍊了許多時，只有折本的，今番有幸遇著真本事的了，是必要求他去替我鍊一鍊則個。」遂問客人道：「這藥是如何鍊成的？」客人道：「這叫做母銀生子。先將銀子爲母，不拘多少，用藥鍛鍊，養在鼎中。須要九轉，火候足了，先生了黄芽，又結成白雪。啟爐時，就掃下這些丹頭來，只消一黍米大，便點成黄金、白銀。那母銀，仍舊分毫不虧的。」富翁道：「須得多少母銀？」客人道：「母銀越多，丹頭越精。若鍊得有半合許丹頭，富可敵國矣。」

吴震方《嶺南雜記》下卷 錫出惠州者謂之上。點銅錫鑛入爐，必用芋艿鍊之方鎔成汁，無芋則不成也。性堅而清，以製器用最精，工人亦極精巧，他省之匠不能及也。洋錫尤堅而白，製器如銀，久不變色。

白鉛出楚中，販者由樂昌入楚，每擔價三兩，至粤中市於海舶，每擔六兩。海舶買至日本，每擔百斤，鍊取銀十八兩，其餘即成烏鉛，俗稱倭鉛，實不產倭，乃鍊出銀後，仍載入內地。每倭鉛百斤，價亦六兩。其鍊銀之法誓不傳於內地，爐火家亦不曉其術也。

嵇曾筠《（雍正）浙江通志》卷一〇七《物產・礦》 《處州府志》：龍泉縣銅山。《唐書・地理志》云：山出銅。松陽縣産銀、鉛、錫，宣平縣産鐵。《龍泉縣志》：黄銀即淡金，其採煉之法與白銀略不同。此礦脉淺，無穿巖破洞之險，每得礦不限多少，俱舂碓成粗粉，然後以水浸入，磨成細粉，仍貯以木桶浸之，用楊梅樹皮漬攪數次，石粉浮而金粉沉，乃用金盆如洗銀法洗之，即加鉛烹和，再過灰鍋煎乾成銀矣。每黄銀一錢直白銀四錢。近得一法，將黄銀或淡金用土釜銷化，入石硫黄些小三四次，出火，鎚去青黑鬆皮，中心遂成赤色黄金。若色猶未赤，再銷如前。其青黑鬆皮加鉛鎔化，入灰鍋煎乾乃汞銀也。原淡金一兩得黄金七錢，必得白銀三錢。煎法以淡金打成薄片，用黄泥包文武火燒一晝夜，遂成金。其白銀滲入泥中，無復出脱期矣。然近時匠人甚巧，每於人家出色金首飾，其洗落藥水，紙貯鎔鉛，遇灰窠成全，首飾一兩折一錢。

陳忠倚《清經世文三編》卷六一《工政一》楊史彬《製造十所》 一曰化煉所。西國技藝書院皆視化煉之法爲切要之圖，蓋幾百工作有關化煉者甚多，如造棉花藥、銅帽藥、古魯飭迷藥、礦强水、硝强水、鹽强水，取氣以製輕緑，阿馬尼阿以製硝及糖酒等物，皆非化煉不能精。而其致力亦分淺深，初學之功當化水以分輕養，藉明微塵之質點，而後蒸水濾水，煉銅、鐵，分金、銀，骨灰用以點糖，金類實有信質，燈煤、筆鉛、金剛鑽何以爲炭氣，輕氣球何以能升。其他一切技藝有關於化煉者，悉當研求，則物質之本原，物體之精邃，無不洞曉矣。一曰開採所。專習採取五金及開石挖煤之法，此蓋工藝最要之端也。學之法當分數類，首爲金銀，如金、銀、銅、鐵、鉛等類；次爲土質，如水晶等三十四種；次爲燒質，如硫礦等五種；次爲玉質，如寶石、金剛鑽各項。而一切採法、勘法分優劣，法尤宜輔以格致之功，如辨别礦質，必以强水吹筒，此化學事也。水土結成晶類之理石質之顔色氣味必須考求，此格物是也。他如苗之衰旺，何以能詳？採之淺深，何以得法？當令學者一一研究，迨至學有把握，則中國礦務俱可任用華人，工價既廉，辦理几易合法，復何須雇用洋礦師哉。

凌揚藻《蠡勺編》卷二六《銅政》卷四〇《煉銀化金》 倭人每浮舶至粤，市楚中白鉛，歸以煎煉，每百斤得銀十八兩，其餘滓成黑鉛，仍售中國。銀、鉛非出於倭也，但其術不傳，即爐火家亦不解耳。又《史記正義》：安息國其人多巧，能化銀爲金。

周壽昌《思益堂集》日札卷九 鏹水合五金鎔液鍊之，可裂金石。英夷犯順時，奸徒與通者用少水畫於礮上，故我兵放礮多裂也。

汪瑔《隨山館尺牘》卷上 比年以來，海内争言機器之學，中國精於此者實不乏人。曩客潮州，見海陽令楊君石松，元華。閩人也，通西國機輪之法，其所製三光儀，泰西人亦稱之。嘗語僕曰：中國人製器，不能勝泰西者，其故有二：一則泰西製器，所用銅、鐵之類，皆通其術者自爲鍊冶，故火候之久暫，質性之剛柔，不失豪杪，中國人不能也。一則刱製一器，其初造時不能無病。泰西人必毁而更造，造成尚有他病，則又毁之而又造之。往往一器之微，不憚三四改作，故其器日以精，然費則多矣。中國人亦不能也。中國之器不精，此二者爲之也。知其僕於製器之學，茫然不解，特聽其所言似頗有理。夫器之不精，在此二端。知其故而改之則必精矣。此製器之説也。理財製器之人皆爲人用者也。善用之，則財足而不病民，器成而不耗國。不善用之，製器者止於耗費而已，理財者或且傷國脈而失人心。故不患夫財不足器不精，患夫理財製器之無其人也。不患夫理財製器之無其人，患夫有其人而無善用之者也。我朝養士數百年，必有魁傑英雋之才，宏達英多之彦，出於今日，以副國家之用者，特吾輩未之見耳，足下其姑俟之。

吴其濬《滇南礦廠圖略》卷一《患第一三》 曰不分汁。有真有贋，物之情也，此其贋焉者耳。瓜熟蒂落，物之時也，否則其未熟者耳。鑛有稀稠之性，配合不宜，亦不分汁，訪求老匠，多方配煅，間有成效者。【略】

吴其濬《滇南礦廠圖略》 問土爲金母，土氣不厚，不能生金，滇産五金，而銅關圜法，聞廼廠之人必相山勢，與堪輿家卜地相等，是形勢雖爲山之面貌，而實爲卝之胚胎，其爲何相度始付供採，而後可以獲堂卝，逐一登覆，以備考案。

萬寶義都廠員署易門縣知縣吴大雅稟：凡五行之氣，動則流走，聚則凝結，堪輿卜地察來龍，求結穴，廠之來脉，則喜層各殊，理則一也。既得形勢，復觀卝苗，就近居民或見物象出現，或見彩霞團結，所謂白虹輝而映地，熒光起而燭天，晦冥之中光景動人。今稱卝火者是。杜工部云：不貪夜識黄金氣，寶藏之與良有以也。

得勝廠員署龍陵同知史紹登稟：形勢最關緊要，誠似堪輿卜地法。詢之久經辦廠之人，均以來脉綿遠，坐工洛主山，高聳兩山，護衛層叠緊密，中尤取其龍色虎者爲佳。出水之口貴曲，忌直朝對之山，得與主山并高者，廠勢悠久。按：視廠直入視地來脉，水口龍虎朝對皆同，祇不用明堂耳。貴陰忌陽，貴藏忌露。

又卷一附《銅政全書諮詢各廠對》 問：開採之始如何識爲苗引，如何謂之草皮、雞抓、徹鑛、堂鑛、塘鑛？辨鑛則有緑松、錫蠟、火藥酥、銅製銀、銀掣銅之分，製□則有鏗鎔淘洗之法，配鑛則有底母、帶石之異，該廠所出何鑛，所用何物何法？賣鑛以斛，抑係以秤，秤、斛若干？出銅若干？值銀若干？一一聲覆。

大寶廠員署武定直隸州知州文都稟：有鑛之處必有緑色苗引掛於山石間，或一條，或一線，寬窄不一。廠民覓得緑引，知此山□有銅鑛，招募砂丁，呈報開採。亦有久雨山崩，鑛砂現露，蓋鑛如瓜之蔓也，此指有根之大鑛而言。若山而有鬆脆緑石，挖下二三尺即得鑛，謂之草皮。亦有見苗引開挖，穿山破硤而入，或數丈、十餘丈，得鑛數個，多至一二十個，且係無根之鑛，謂之雞窩。砂丁攻打礌硐，右手執鐵鑛，左手執鐵尖，尖即打廠之器，俗言有尖子，即打礌硐也。徹鑛者，鑛之最净者也。廠地忌净字，不言净而言徹。堂鑛者，鑛如屋之堂，大而且多也。塘鑛者，鑛在水底，必提拉水洩而後可取也。松緑者，内外純緑，入水深翠，無甚眡分，只作顔料用也。錫蠟者，色如白蠟，敲碎處如簇針尖，體重而堅也。火藥酥，其色純墨，其塊不堅，輕擊則碎，眡分最高者也。銅掣銀、銀掣銅，乃一鑛而銅銀互出也。掣鑛之法，鑛夾砂石必先錘碎，用篩於水内淘洗，使砂石輕浮，隨水而去，鑛砂沉重聚於篩中，以便煎煉也。底母者，即鎌也，乃銅掣銀之廠所用以下罩煎銀也。帶石者，鑛汁稀必就本廠所出汁稠之石以配煉之，鑛汁稠必取汁稀之石以配煉之，方能分汁成銅也。今大寶廠所出之鑛僅紫錫蠟、黄沙包二種，錘篩、淘洗、煎煉，配以稀石。賣鑛以秤，視眡分高低，價無一定。按鑛性有稀稠，必須配煉，而所宜或石或土，必在本山左右，乃天定也。

吴大雅稟：山遇硤中帶緑或帶礬焦明鑛，皆爲引苗，開挖草皮數尺，即得鑛，挖完又易其地，是謂草皮鑛也。雞抓等於草皮，開採不遠即得鑛砂一窩，或半日即完，或一日便罄，再往前攻，又得一窩，依然無幾，名曰雞窩鑛。蓋形其小也。間有深入而成大塘者，則爲擺塘鑛。尖子者，攻採之處名曰行尖，得鑛出完，中空如房屋名曰撈塘。其左右有可採者，許人開採，名曰親尖。得鑛有抽分之例，銀廠多係二八，銅廠多係一九，是爲硐分。凡鑛高者曰徹鑛，如墨緑、紫金等名色是也。攻採既久，遇有牆壁，破堅直進，忽得大鑛，其蓋如房頂，其底如平地，有三間五間屋之大，爲堂鑛。亦有兩邊俱硬，中間獨鬆，幾同巷道。鑛之面窄底寬，形如池塘，爲塘鑛。大抵堂鑛、塘鑛皆形其大，實相彷也。鑛之色樣則又有别，緑鑛有墨緑、豆青緑、穿花緑、大亞子鑛諸名色。墨緑、豆青爲高，穿花即矣。石鑛、亞子鑛間有成塘者，形如砌牆，一團一塊，挖鑛猶如拆甎，攻採亦易。錫蠟、一白錫蠟、一油錫蠟、一紫金錫蠟皆鑛之高者。火藥酥紫黑散碎，狀似火藥。銅掣銀係火花，明鑛中帶緑色，或緑中帶黑墨者俱有銀。蓋明鑛即鎌母，故知其夾銀也。銀掣銅乃銀鑛未能純净，夾帶銅氣，扯火入爐，浮在面上者，即冰銅。二種俱藉底母攙和，另用扯爐分開。其銅歸爐可揭蟹殻，其鎌加罩即出净銀，固知造化之互用，亦見人工之並妙也。製鑛之法帶硤則須錘篩，帶泥則須淘洗。配鑛之方，銀廠則須底母。銅廠鑛稠者配代石，鑛稀者加稠鑛以配之。義都之鑛較勝，萬寶現在紫金爲多，故其煎煉亦純，惜其所出微末，全以淘洗爲功。萬寶之鑛多係豆緑、穿花、黄胖緑鑛，間有紫金錫蠟，所出甚少。黄胖鑛稠必配穿花，穿花鑛稀須攙代石。香樹坡廠員南安州碍嘉州判趙煜宗稟：鑛生山腹，須有棚墻圍護方能坐鑛悠長。廠俗論硐内左曰鑽手，右曰錘手，砂土謂之荒，廢石謂之硤。石之堅巨者爲硬硤，石之散碎者爲鬆硤，石之削而左右竪立者曰牆壁，石之平而上下覆載者曰棚底。大凡鑛砂結聚，上下左右總有硐壁，包藏寬大者謂之堂横，長者謂之門。零星者謂之雞抓。開採之始，挖穴二三丈餘，得有緑末□砂，□□□□□□□□□□□□□□未能悠久，謂之草皮。必須數十丈，百餘丈，遇硯硤阻攔，用剛鑽鑿通謂之破硤。視其硤道鮮明，牆壁清楚，從此進攻，或鬆或硬。硬者貴於黄緑赭藍，鬆者貴於融細膩柔，俗名爲黄木香。得此苗引，再遇有棚底即可得鑛，視其鑛刷寬細以定久暫。香樹坡廠只有紫金、紅緑、錫蠟、脈緑等鑛。其錘鎔配製之法，鑛體沉重，無沙土夾雜謂之徹鑛，裝窑煅煉一二次，入鑪煎鎔，看其臊汁清稀者，用黄土配製，稠膩者用代石合煎，則揭銅純净。如鑛體輕泡，或穿花透石是爲低鑛，須煅煉多次，仍配白石入爐，扯火出銅，難免厚墨釘僵。賣鑛以桶爲准，約合倉斗一斛，澄洗淘净約得二三斗，值視高低，銅之盈縮難以懸擬。按：煅鑛或二三日，或四五日，視其生熟，故鑛性不可違。煅好即須煎煉，過冷則翻生，故炭斤必早備。

卷二《金錫鉛鐵廠第三》 凡鉛廠四。有白鉛，俗稱倭鉛。燒鉛以瓦罐，鑪爲四牆，鑛碟相和入於罐窐，其中排鑪内，仍用碟圍之，以鞴鼓風。每二罐或四罐稱爲一喬，爲鑛大小，視喬多寡。有黑鉛俗稱底母鑪，與銀廠同。

劉嶽雲《格物中法》卷五上《金部・金》 淘洗之法：用竹爲牀，下套側板，板下承以木筐。置礦土於牀中，傾水摇簸，沙土質輕浮者皆逐水漂流，瀉於筐中。漂稍净，更以淺牀式如箕形，置漂過净礦於内，如前摇簸，則較輕於金質之砂石盡皆漂去，所餘者爲净金砂。《滇南礦廠圖略》。

嶽雲謹案：甘肅邊外新疆、青海地方取法亦如此。

尋常沙中揀得之金，即是純者。因其質甚微細，或與别物相和難分，則傾入水銀若干。水銀與金立即投合，其質甚重，沈於水底。因添水漂洗，洗去異質，而以金汞相合之質入火煅之，水銀見熱飛散，所餘爲純金。《鄙事綴紀》。

嶽雲謹案：此皆取金之法。

屑銀粉入水内澄了，著新瓷盌中，却以硫硝净者相和，取新汲水加之，緩著火，更加藥，令銀屑消。不盡者，加硝藥都消訖，其滓留著别盌中，有金也。《丹房密語》。

嶽雲謹案：此於傾消之銀，取其所含少數之金。

凡遇礦色或純緑或黯緑而帶黑者，曰大光明礦，則知其含有金銀。若鉛礦之含銀易於分煉，其法與銀中提銅同。《滇中志勝》。

嶽雲謹案：此於銅礦中提取所含少數之金。

洗金以鹽。《後漢書・王符傳》。

今之金工發金色者，皆淬之於鹽水焉。《王符傳》注。

金内含有雜質，欲分出之法：將金軋成薄葉，用塼末或細黄土和鹽置於大缸内，先入炭灰築緊，然後一層金，篩土一層，又篩鹽一層，垛之四面，用長炭圍實，燃炭，置於净室，無人震動，一日夜，炭煅成灰，缸内金如故，但差薄耳。有土黏之，用磁盆盛水洗净，所含之銀與雜質皆入灰中。江浦銀工尹姓言。

嶽雲謹案：此法金須極薄，若金稍厚，則但能令其外面一層變爲純金，而其間之雜質仍在。故工人因此將成色不足之金，使外面變爲上等金以愚人。其法將金物敷以藥末。用鹽一兩，白一兩，烘透之皂□一兩，細瓦灰三兩。如金片，則以藥末層層相間加熱，煏之半日許，待冷，取出置金於水内，沸而洗之，其小件衹用火硝、白礬、食鹽等分調和半稠，置金於内，煏之時許，净洗曬乾，體即光亮。一法但用鹽：凡鍍金器，令其發光，並同上法。有用鹽一分、青礬二分、硝六分，和水煎沸，置鍍金物於内，少頃取出烤乾，至色發暗時，以水净洗。此並中國銀工所常用者，非秘方也。

金笮藥用焰硝、緑礬、鹽放窑器内，入乾净水調和，火上煎，色變即止，然後刷塗金器物上，烘乾，留火内略燒焦色，急入净水刷洗，如不黄再上，然俱在外也。《格古要論・古秘苑》。

嶽雲謹案：此亦略同上法，但用緑礬差異耳。

東坡先生初官鳳翔日，遇一老僧，謂之曰：「我有煅法，當傳人，非公無可授者，但勿妄傳貪人耳。」其法以一藥煅朱，取金之不足色者，隨其數，每一分入煅朱一錢，與金俱鎔，既出坯，則朱不耗折，而金色十分。《春渚紀聞》。

嶽雲謹案：此亦煉金使純耳，非能使他質變爲金也。

已上煉治。

銀上鍍金：先將銀用水礬煮之，烘熱，貼以薄金。再烘微熱，即相膠合。次用瑪瑙研光之，如銀鏤細花研不能及入極細緑料珠囊摇動之，珠自能入凹處研

光。《中國銀工法》

若欲鍍厚金法，依式製成銀胚，用金，如所欲鍍之厚，軋成皮包之，合縫處擦金銀細屑及硼砂末，水調令稠，用吹火筒微火吹之，至金皮微潤如汗，即已鈃合。若紫銅鍍金法同，但加用銅屑耳。《中國銀工法》

水銀能消化金銀，使成泥，人以鍍物是也。《宏景别録》

水銀鍍金法：先將銅物刷浄，次用銅刷子蘸肥皂水再刷一次，後用金汞相合之質鋪於金體之上，洗之令乾，入爐化去汞即得。《中國銀工法》

銅上鍍金：先將酸虀汁浸數日，却以鹽霜梅煮半日，炭末炒乾浄烘乾，水銀輕輕塗過，然後貼金。金皆變白色，火上烘熱，候金還原，寶珠打光。《古秘苑》

鐵上鍍金：酸漿一碗，大蒜三枚，搗碎，狗油一塊約重五錢，將鐵器入水中煮，以呆白色爲度，取出放乾，然後貼金三五重。火上烘，以青烟微起爲度，取出用青珠晃光。《古秘苑》

已上鍍金。亦煉治之事。

金與銀鎔和無定准，愈多則色愈淡。《鄙事綴紀》

金與鐵鎔和成灰色。《鄙事綴紀》

金遇鉛則碎。《物類相感志》

金性惡錫畏水銀。《本草衍義》

得餘甘子則體柔。《本草衍義》

水銀入肉，以金物熨之，水銀當出蝕金，候金白色是也。《本草拾遺》

金最畏鉛，青銅内含鉛，故亦畏青銅。若以金汁傾青銅上，其膠力盡失，色晦，形如豆腐渣，復欲和勻，必加入上等金内。《鄙事綴紀》

翡翠屑金。《物類相感志》

嶽雲謹案：此皆他質遇金之變化。

金液，太乙所服而仙者也，不減九丹矣。合之用古秤黄金一斤，並用玄明龍膏、太乙旬首、中石、冰紫、遊女、玄水、液金、化石、丹砂封之，百日成水。《抱朴子》

其次有小餌黄金法，雖不及金液，亦遠不比他藥也。或以豕負革脂及酒煉之，或以樗皮治之，或以荆酒磁石消之，或有可引爲巾或立令成水服之，或有禁忌不及金液也，或以雄黄、雌黄合餌之引之張之如皮，皆地仙法耳。《抱朴子》

嶽雲謹案：此皆柔金消金之法，所云引之張之，謂引金爲綫，張金爲箔，以便易於融化耳。疑當作苦及酒煉之酒。

兩儀子小餌黄金法：猪負革脂三斤，淳苦酒一升，取黄金五兩，置器中煎之。土爐以金置脂中，百入百出，苦酒亦爾殆一升，壽敝天地。《抱朴子》

嶽雲謹案：所得似爲金養，寧可服餌？方術之詐如是。録此兩條，以見古人早有治金爲水之法。

葉子金生雲南，省城者爲道地。鋪户將雜色足赤金拍造葉子，有八色、九色至九五色止，無十成者，諸金中惟葉子金爲下。《博物要覽》

雲南葉子金皆熟金也。其性柔而重，其色七青八黄九紫十赤，以赤爲足色。《格古論》

和銀者性柔，試石則色青；和銅者性硬，試石則有聲。《本草綱目》

黄金真者剪開有茶口，寶光射目，脚如新開菜花，鬆黄鮮艷如茶口。閃色光渾脚帶紅色者内有紅銅。脚帶青色者有銀氣。凡欲試真金，將金物於掌心摩熱，嗅之有香如松花，含之味甘者真金也。若氣腥味鹹而苦者，内有銅氣或藥點者。凡看金物，於杉木桌上從高投下，卓然不動良久微顫者，真金也。投下□躍去者，内有銅也。投下連顫者，内有銀也。投下卓然不動良久不微顫而寂然者，内有鐵也。《博物要覽》

黄金迎光看之，其色黄。透光看之，其色緑而藍，映光看之，其色赤。赤而有彩者爲上。陳久之金，赤而無彩鏤花者不能有彩純金有皺紋但甚微金條屈申之其屈申之處必有皺若含銅質即無皺含純銀者色淡。《鄙事綴紀》

附：試金石出蜀中江水内，純黑色細潤者佳，若石上試金。滿用鹽洗去。《格物要論》

試金之法，以純黑之石。其石質不同，有老有嫩，俗名試金石。別有金牌，區其高下，劃於石上。再以欲試之金劃石，驗其與何等牌色相符，即爲幾成金。又純金塊面有長圓圈，層層相包，如中剖銀杏，其圈或多或少，至少亦有一二圈。若金含銅，則圈中有累累小點，俗名焦心。市中或用小錘敲平，有錘痕可識。或用墨戳搽之，仍可辨認，其紋係金傾於模時自然皺成。若欲紋多，亦有法，於金汁傾入模時少頃，用物微敲其模一二下，則成多紋，但焦心終無法去之。《鄙事綴紀》

嶽雲謹案：此試金成色之法，亦即考求形性之理。銀亦有焦心可以考察。

已上形性。

於礦鉛中取出真銀八兩，名曰白金，作爲鼎器，納之灰池。如法以銀氣攝鉛中真氣，則真氣凝於白金鼎中，相呑相吐，煉成黄金。《上清口訣》

白金尚帶陰質，必煉鉛以成黄色。凡銀與鉛中煎出之銀皆不可用。煉之久久，攝銀中之金氣，結成金晶，名黄酥養砂乾汞。《神丹發隱》

嶽雲謹案：丹書收入道藏者，暨未收入道藏者，無慮百餘種，予所見幾六十種，大抵假託法象，牽引易理，漫無歸宿者居多，其實有可憑者，又皆死汞死硫等法，規諸金丹大道，祇及其半。若以此等謂之爲金，則權其輕重，投諸水火，無不還原。惟《上清口訣》《神丹發隱》《丹房密語》等書所言似無還原之理。然於鉛中得銀，銀中得金，則理本尋常，無庸秘密。蓋講求金石本有數家。一者金丹大道，温養三黄，由外丹以求内丹，此口口相傳，本非楮墨所能盡。一者服食家，五金八石，煉實還虚，雲液神砂各守偏見，此於身體無裨而化，化之神則確有其理。一者黄白家，竊金丹之片言，究諸金之神化，得其旨者未肯筆之於書，筆於書者未必真得其旨。一盲引衆盲，是以若涉大海，而無津厓。略舉數書於後，以見中國術士之技，已極西人化學之奇，而丹經上乘則固西人所未知，予亦未敢敷陳於此也。

黄白之術或以水銀膽礬煉於鐵鼎，食頃成就，然其體似銀則色黄而體頑，似金則體堅而色淡，似銅則質潤而色鮮。蓋水銀食鐵之英華以爲體，膽礬變鐵之顔色以爲黄白。謂轉身便成真寶，未有不爲所欺者。《袪疑説》

壽州八公山側土中及溪澗之間往往得小金餅，上有篆文劉主字，世傳淮南王藥金也，得之者至多，天下謂之印子金是也。然止於一印，重者不過半兩而已，鮮有大者。予嘗於壽春漁人處得一餅，言得於淮水中，凡重七兩餘，面有二十餘印，背有五指及掌痕，紋理分明，傳者以謂埿之所化，手痕正如握埿之迹。襄隨之間，故春陵白水地發土多得金麟趾、褭蹏麟趾，中空，四傍皆有文，刻極工巧，褭蹏作團餅，四邊無模範，跡似於平物上滴成，如今乾柿，土人謂之柿子金。一枚重四兩餘，乃古之一斤也。色有紫豔，非他金可比。以刀切之，柔甚於鉛，雖大塊亦可刀切。其中皆虚軟，以石磨之則霏霏成屑。小説麟趾褭蹏乃婁敬所爲藥金，方家謂之婁金，和藥最良。《漢書》注亦云：異於他金，予在漢東一歲，凡數家得之，有一窖數十餅者，予亦買得一餅。《夢溪筆談》

祥符中，方士王捷本黔卒，嘗以罪配沙門島，能作黄金。有老鍛工畢升，曾在禁中，爲捷鍛金。升云其法爲爐竈，使人隔牆鼓鞴，蓋不欲人覘其啟閉也。其金，鐵爲之。初自冶中，出色尚黑，凡百餘兩爲一餅。每餅輻解，鑿爲八片，謂之鵶觜金者是也。今人尚有藏者。上令尚方鑄爲金龜金牌各數百，龜以賜近臣，人一枚，牌賜天下州府軍監各一，今謂之金寶牌者是也。《夢溪筆談》

嶽雲謹案：此藥金之有依據者。

又卷五下《金部・銅》 又有所謂銅中撤銀者，其礦堅黑如鑌鐵，俗謂之明礦。先以大窑煅煉，然後大爐煎成冰銅，再入小窑翻煉七八次，亦同前法復入。堆爐形如椑器，首置槖籥，尾置銅瓦，擠徹鉛水，攙和底母，撤成浄銅，擠出鉛水，入罩爐分之。罩形如龜甲，大尺餘，加火於外，亦有入窑翻煅之後，即入將軍爐煎煉一日，銅汁流於爐内，銀汁流於窩外。復以銅入堆爐煎成黑銅，再入蟹殼爐揭成蟹殼銅，以銀入罩子煎成廠銀者。約計萬斤之礦，用炭八九千斤，不過得銅五六百斤，廠銀一二十兩而已。《采銅篇》

凡銅質有數種，有全體皆銅不夾鉛銀者，洪爐單煉而成。有與鉛同體者，其煎煉爐法，旁通高低二孔，鉛質先化，從上孔流出，銅質後化，從下孔流出。《天工開物》。【略】

嶽雲謹案：古銅皆銅錫相合者，今時作僞古銅器，但巧作形色青緑斑斕，其質則銅與白鉛相和，一經試驗無不立剖。元熊朋來謂錫不能和銅，《考工》言金者鐵銅在其中，言錫者銀鉛在其中，儒者且不知考？何哂於市賈哉！朋來言錫豈堪爲斧斤戈戟矢刃，不知昆吾刀即黄銅；言錫豈能聲中黄鐘之宫，不知諸響器皆和錫也。

錫銅相和硬且脆，水淬之極硬。《物類相感志》

嶽雲謹案：黄銅淬火之法今無知者矣。

又案：此黄銅以錫和合。

配合青銅，用紅銅五十斤，白鉛四十一斤八兩，黑鉛六斤八兩，點錫二兩。《皇朝文獻通考》

嶽雲謹案：此青銅之配合法。

白銅謂之鋈。《廣雅》

《秦風小戎》篇：陰靷鋈續。毛傳云：鋈，白金也。鄭箋云：鋈續，白金飾續靳之環。《正義》云：金銀銅鐵總名爲金，此設兵車之飾，或是白銅、白鐵，未必皆白銀也。《廣雅疏證》

嶽雲謹案：如《廣雅》言，則白銅中國自古有之矣。

又卷五下《金部・鉛》 嶽雲謹案：此銀鉛同産，先取銀，後取鉛也，詳見銀。

東川府白鉛廠最旺，內有銀。《雲南通志》。

葉昌熾《緣督廬日記抄》卷一二 〔丙午三月〕初七日，前日皋蘭麇生宋法灝、宋炳文、魯承先遞公呈，言能化鐵爲銅。其法以青黄赤碧巖石，先用鏹水化鍊，再以鐵不論新舊錘成片，浸三四日，爐火鎔鍊即成紅銅，與日本所産無異。自陳得法之由，上取之《本草綱目》，下取之化學家言。《本草》既無當，化學綱目尤爲陋本，頗疑其不經，已批令呈驗樣銅，即微示以不信之意。今日傅玉森來談，知已在洋務局當面試驗，居然如法鍊成紅銅，此理不可解。

黄暉《論衡校釋》卷二《吉驗篇》 竇太后弟名曰廣國，年四五歲，家貧，爲人所掠賣，其家不知其所在。傳賣十餘家，至宜陽，爲其主人入山作炭，暮寒，《史記·外戚世家》無「暮」字。《漢書》無「寒」字。 臥炭下百餘人，炭崩盡壓死，孫曰：《漢書·竇皇后傳》「炭」並作「岸」。但廣國爲主人入山作「炭」，故臥炭下也。本書《刺孟篇》云：「竇廣國與百人俱臥積炭之下，炭崩，百人皆死。」可知《論衡》原文作「炭」，不作「岸」也。疑《漢書》「岸」字誤。或即傳聞之異。暉案：《史記·外戚世家》字亦作「岸」。 廣國獨得脱，自卜數日當爲侯。孫曰：《漢書》亦作「日」。劉敞、周壽昌並謂「日」當作「月」，是也。此「日」字亦「月」字之誤。暉按：《史記》亦作「日」字。 從其家之長安，謂從其主人家。 聞竇皇后新立，家在清河觀津，乃上書自陳。竇太后言於景帝，召見問其故，言問其往事。果是，乃厚賜之。《史記·外戚世家》：「厚賜田宅金錢。」文帝立，拜廣國爲章武侯。【略】夫積炭崩，百餘人皆死，廣國獨脱：命當富貴，非徒得活，又封爲侯。

佚名《黄帝九鼎神丹經訣》卷九、十同卷《金銀用炭法》 金用檉柳木炭、松栢、石炭、土壏、木炭、乾牛糞等，逐堅濡性以火出之。唯有柴木似檉，乾之直用燒金，金即流出，用功甚少，得金最多。銀、銅、鐵一種用剛木炭，錫用松木燒之，亦得，剛炭出，亦得。

又卷一四《雄黄鍊入變化銅鐵》 取好雞冠色者，於銅器中以好淳醋煮之百日，試以伏火，無烟成名曰伏火，可變化立成。

又卷一四《雌黄出處》 雌黄與雄黄同山，俱生武都山谷。其陰也，山有金，金精薫則生雌黄，採無時。出於武都仇池黄也，其色小赤。若出扶南、林邑者，謂爲真崑崙黄也，色如金而似雲母錯，而爲畫家所重。但丹家合化多共雄黄同飛，既有雌雄之名，即是陰陽之義，復與雄黄同山，用者必宜以武都爲上也。擘破，中有白堅文者最佳也。

又卷一四《明鍊雄黄法其雄黄之功能致長生之明》 臣按：雄黄者，與雌黄同山，雌黄之所化也。天地大藥謂之雌黄，經八千歲化爲雄黄，一名帝男精；又經千歲化爲黄金，一名真人飯。此乃至神之石也。但求齒不落，髮不白，續筋堅骨，輕身目明者，莫過此藥也。又能辟虎狼百毒，不使近人，入水不畏蛟龍，一切毒蟲妖魅不能加也。又辟五兵，甚有威武。

又卷一四《雄黄出處》 臣按：雄黄生武都山谷，墩煌山陽，採無時。好者作雞冠色，不臭而堅實也，若黯黑及虛者，不好也。墩煌在涼州西數千里。古以爲藥，最要奇難得也，昔與赤金同價。今聖朝一統寰宇，九域無虞，地不藏珍，山不祕寶。武都崇岫一旦山崩，雄黄曜日，令馱運而至京者，不得雇脚之直，瓦石同價，此蓋時明主聖，契道全真，福祥大藥不求而自至，其色濁赤者不佳，唯赤徹者爲上。

又卷一五《明諸石藥之精靈·明石流黄功力》 臣按：石流黄能化金、銀、銅、鐵器物，仙經頗用之。燒有紫烟而黄白，以爲切物，故車法中之所要也。伏水銀者乃號此藥爲黄礞沙也，得硝石能化爲水，此法出於《三十六水中經》也。又取石流黄擣末，納竹筒中，削其表，令薄埋馬糞中，二十日化爲水，以此水漬丹，謂之流黄液也。

李昉《太平御覽》卷五九《地部二四·山水》 《水經注》又曰：「黄水出零陽縣西北連巫山，溪出雄黄，頗有神異，採之常以冬月，祭祀，鑿石深數丈，方得佳黄，故溪水取名焉。」

釋贊寧《東坡先生物類相感志》卷一四《石部·土石瞻》 出蒲州，人出牟山，能化鐵爲銅。初取塊雞子，出見風即破，其色黑形，如膠片，黄黑相，如琉璃者最上。

又卷一四《黄礬》 一名金線礬，燒鐵焠之，可以引之如金線。

又《黄香》 未詳所出，能軟銅，飛練爲霜，則能成銅，白如銀，亦能軟銅爲線矣。

又《父婆律》 味辛，白色。亦有赤者，狀如石質，內有金星文，能制鉛錫，出婆斯國也。

又《雲英》 雲母，中黄，白色中多青色者也。以土砂養歲月，生長以礬石，則便柔爛也。

又《消石》 出烏場國，能消金石爲水。水服之，悉得長生。其石出處，氣極穢惡，飛鳥不能過其上。人或單服從過，身止諸蟲，悉化爲水，而得長生矣。形若鵝毛管者，《往仙方》云，比帝玄殊也。

又《黄花石》 出波斯國，能制汞，江東諸有出銅礦處，有黑點似赤色，燒之有烟矣。

又《黄金石》 雄黄也。生武都燉煌山谷巖昌者佳。或塊土數寸，明徹如鷄冠；或以爲枕，服之辟惡，舊辟五兵，未見效者。

佚名《庚道集》卷六《丹陽術》 煅三黄匱法：雌、硫各一兩，細研如粉。右用小甆盒子一箇，內有油者，盛雌硫□安，令實　半以來，用夏枯草爲末，摻些子藥，上别用夏枯草半兩，外面用水調和如泥，固濟盒子口。更用田字草四兩爛研，再固濟之，合；然後用鹽泥固濟，厚一寸，候噭乾，勿令裂縫。於浄室中安地上，用桑柴灰一兩碗，以醋噴令潤後，於地上以醋灰緊緊擁盒子，勿令見盒子，用炭半秤已來裝簇令匀。於頂上發火煅之，候火盡通冷，取出，打破盒子取藥細研。又雄□一兩亦同細研入盒子內，同前，如法固濟，候乾火煅。並依舊待火冷，再研入生三黄各一兩，同研，又同前法火煅用。又入三黄三兩，一處研入大盒內，添草末固濟，煅火冷，入水銀三兩，并黄子一處研細，候無水銀星再入盒內，用鹽泥固濟，入灰池內，即是養火灰池內也。頂上下熟火四兩，養至七日，早晚添之，常用四兩，以火四兩養。終七日看之，黄成末，作金母匱子。然後開熟金一兩，拍作箔子，用汞五兩，一處入䓫瓶中，用秦椒末五錢在內，以生姜塞口，用火煨之，時時摇動；頻用秦椒末，結成砂子，取出緊裂如蓮子様。和真金子，别用砂盒子一個，先鋪金匱末四兩，種砂子一重；更鋪四兩，又種一重，了却將餘末蓋定，用鹽泥固濟，候乾入灰池內。初以二兩，計熟火養一伏時；添三兩，又養一伏時；又用四兩火，復添火養五日後，用熟火三觔煅合通紅，取出作匱用。

煅硫黄法：硫黄不以多少，入甘鍋子內，用微火煅，候有鬼燄起時，用櫸樹葉自然汁滴之，候伏無燄，次用葉滓塞鍋口，用火煅紅，取出作匱子用也。養硃雄雌硫母砂，作匱養之。

煅雄黄法：雄黄一兩打成塊，用冬青自然汁煮一伏時，次用燻甘鍋子入藥於後。草、艾、捲栢、地榆，右等分爲末，燻鍋子，令煙厚入雄黄在內，上用藥末蓋頭，用慢火煅，鍋紅爲度，取出候冷，打破鍋，取雄。用鵝脂，煎二時辰。每銀一兩用黄一錢，作三次點下，成赤庚也。

伏硫黄法：硫一兩，以艾灰二兩同研入甘鍋中，上以寒水石末蓋緊，築進火，三觔，候冷，取於紙上。用水一碗淋澄清者，再以艾灰二兩伏了，再以水淋候乾，研之可以點化。

伏雄黄法：雄不以多少，以瓦松、牡蠣爲末，以水搗成爛膏，以泥甘鍋表里，令緊。其口上出三兩指高，可一指厚，內雄黄在中，先爲末，方入，用火五觔，揭口煅，常守着之，候烟盡，視如鑑光明者，傾出成也。

伏硫黄法：每一兩以醋墨紙裹，以五方草鋪蓋，頭用硝石、蛤粉固縫。方以竹葉灰和鹽泥，爲合之外固，用半觔火養二度，再加火五觔，煅盡爲度。

四神匱：大塊硫黄一觔，須是拳大塊者，用生地黄三觔，取自然汁。先將塊硫黄入在鐵鍋子內，用地黄滓鋪蓋，成塊硫黄就鍋底堅捺實，却將地黄汁調真桑柴灰三升，鋪在地黄滓上。若週迴四邊有鬼燄，却將乾桑柴灰摻在上，莫令起，以木柴火燒鍋底，其硫黄通紅爲度。却取硫黄面上滓并灰再細研爲一處，取起鍋底硫黄，將二件藥灰以湯汀淋，候湯清爲度。若二件灰汀淋汁未清，再添湯澄淋，直候如水清方可住却。取了硫黄就鍋同汀淋藥灰清汁，煮乾爲度。取硫黄入在鎔銅罐內，用大火如銷銀坏，得硫黄如金汁，傾在槽內，成金鋌，不脱胎色，沉重。却將坏了硫黄取一兩，同雌、雄各一兩，將雌、雄在砂合底下，用坏了硫黄蓋頭，熟火一簇合通紅。却將雌、雄二件一處再研細，入死硇一兩，一處再研爲末，入鎔銅罐內，上安盞內水火鼎，打五盞水，乾爲度，各分胎去灰霜。面上是硇，中間是硫黄，下是雌雄。却取三件黄雌雄，養硃一兩，研細鋪底，蓋頭，養火七日，早晚二兩火，再用四兩火養七日，取出作四神匱。養庚銀母砂或隨母轉法，砂子不用團，却用長條子插入四神匱養煅，若硇砂作一路，白色分胎，在面上可取，却硇不可同研在三黄內。合子面上有灰霜，却不可用，乃分胎去灰霜盡爾。

死硇砂：硇不以多少，用莙薘菜，一名恭菜，取自然汁兩碗煮砂。用絹帛包懸，胎煮汁盡，去絹，包入建盞內煅。用菜滓鋪頭蓋底煅，得滓焦黑，取硇分胎，坏了三黄，作匱用也。

煅硫黄法：硫黄四兩，用田字草、菠菜二味等分，搗汁五六碗，將硫爲砂子細，用帛包懸胎，煮一伏時，取出，入合子內。上下用草滓鋪頭蓋底，先養火三日，要內面草乾；次以三觔火一煅取出，將梅核砂以醋□摻養末在上；次以入砂子合，定以線扎，外以五倍天南星等分爲細末，蜜調毬核；又用六一泥外固，候乾，入文武火內煨一二時辰，取出。過法。先將鍋子於爐內燒半紅，次下砂子，次硫黃末一錢，蓋砂子。候物化，再下一錢；候化，再下一錢。急扇火，候化，入硼砂少許，如見物瑩淨色，傾下寶也。

煮死硫黃法：車前草汁、艾汁、芭蕉油，右各等分，炙一日，如沸，用紙灰汁點下要一錢，點銀爲庚。

伏三黃法：葉子雌黃、水磨雄黃、舶上硫黃，研極細，用苦酒和爲塊。崑崙紙包防風、黃芩一兩半，羊蹄菜即非羊蹄，乃鹿蹄菜是也。右二味同搗爲膏子，裹之令徧；次用千針草取汁，盛□葉根鹽同搗，黃泥固濟。如無，用韮菜，地上蚯蚓糞亦可。固濟厚半寸許，令乾，座於地上淺坑子內，灰抱之。一發用火三觔，煅盡三分，再用火煅盡，用冷灰罨之，候冷爲度。任用詩曰：「草伏三黃功，深知造化通。神仙傳妙訣，歸入道心同。」

煅硫黃法：生硫十兩，搗如粟米。用搭水荷十觔、艾二十觔，去梗燒灰，淨取三十兩。將十兩用湯泡灰汁，煮硫一伏時，取出焙乾。却用三升瓶新者一箇，先以六一泥固濟瓶厚半寸已上，日乾，將煮了硫入內，瓶底用灰一兩，上蓋頂。時時添，上灰時，抄一兩匙添，纔覺黃煙起便抄。用火三十觔，作五次添，上煅一伏時，放冷，取出面上灰。只取硫，再爲末。用一兩碗湯澄淋銚內，熬霜刮下入鍋，烹成汁傾槽內成金鋌。再爲末入合，固濟，虛養七日火，一兩七日足。卯酉各一兩，養七日足，盒子內成□色，養母砂子用也。

養雄丹頭：雄黃一兩，好者研細。黃蠟半兩，先入建盞內，溶成汁，方下雄末，打匀取出，傾入青竹片內，用火逼之，入温湯中。其蠟在上，雄墜下，取出冷乾。再入砂一錢，同雄研匀極細，用楮汁丸作九丸，陰乾如栽蓮，入匱中養七日，如前虛養法一。七日取出，火上燒試，如覺烟多，再養七日；如燒煙少，不須養也。

用制法：右用有油甘鍋子，先用焰硝些子入鍋底，却入汞一兩，丹頭半錢，摻蓋之。再用瓦蓋封口，蚌粉封縫，坐風爐上，用黑炭欠簇定。再用竹柴三五條襯之，急扇，候作聲絶，取出鍋子，在水中成寶也。【略】

煅硫黃法：硫黃一兩。麻黃一兩。大戟二兩。右件燒灰鋪頭底，固濟火籠井口，煅紅，傾入水中，候浮，收硫於器，鎔却依前法煅任用。

徐松《宋會要輯稿・職官四三・提點坑冶鑄錢司》〔孝宗〕乾道元年正月一日大禮赦文：「勘會鑄錢監所用木炭，自有合支破窠名本錢收買應副，慮州縣巧作名色科擾，仰今後收買木炭，須管專一置場，即當官支還價錢，不得科擾減□作弊。仰監司、提點鑄錢官常切覺察，如有違戾，按劾以聞。」

張世南《遊宦紀聞》卷二 雄黃、雌黃出階州。雄黃好者如雞冠色，透明可愛。雌黃佳者成葉子，如金色，入乳鉢內研，頃刻成粉，色極鮮麗，與韶粉相忌，繪事不可用。二物稍相親，則色淪胥而黑。向在蜀，曾令畫工用之，卷藏數月，已而展翫，其色果然，工亦不曉。雄黃、硃砂中皆有水銀韶粉，乃鉛燒者，水銀見鉛必黑。

唐順之《荊川稗編》卷一一《户八・元歲課》 礬在廣平者，至元二十八年，路鵬舉獻磁州武安縣礬窑一十所，周歲辦白礬三千斤。在州者，至元十八年，李日新自具工本，於瀏陽永興礬場煎烹，每十斤官抽其二。在河南者，二十四年，立礬課所，於無爲路每礬一引重三十斤，價鈔五兩。此礬課之興革可考者然也。

張萱《疑耀》卷二《石炭》 今西北所燒之煤即石灰也。蘇東坡集中有石炭行，然亦未著其所自始。《前漢・地理志》：豫章郡出石，可燃爲薪。隋王邵論火事，其中亦有「石炭」二字。則知石炭即爲煤，而用於世已久矣。

宋應星《天工開物》卷中一《燔石煤炭》 凡煤炭普天皆生，以供鍛煉金石之用。南方禿山無草木者，下即有煤，北方勿論。煤有三種：有明煤、碎煤、末煤。明煤大塊如斗，許、燕、齊、秦、晉生之，不用風箱鼓扇，以木炭少許引燃，熯熾達晝夜。其傍夾帶碎屑，則用潔净黃土調水作餅而燒之。碎煤有兩種，多生吴楚。炎高者曰飯炭，用以炊烹；炎平者曰鐵炭，用以冶鍛。入爐先用水沃濕，必用鼓鞴後紅，以次增添而用。末炭如麪者名曰自來風，泥水調成餅，入於爐內，既灼之後，與明煤相同，經晝夜不滅，半供炊爨，半供鎔銅化石升朱。至於燔石爲灰與礬硫，則三煤皆可用也。凡取煤，經歷久者，從土而能辨有無之色，然後堀挖，深至五丈許，方始得煤。初見煤端時，毒氣灼人。有將巨竹鑿去中節，尖鋭其末，插入炭中，其毒烟從竹中透上，人從其下施钁拾取者。或一井而下炭縱橫廣有，則隨其左右濶取，其上枝板以防壓崩耳。凡煤炭取空而後，以土填實，其井經二三十年後，其下煤復生長，取之不盡。其底及四周石卵，土人名曰銅炭者，取出燒皂礬與硫黃。詳後款。凡石卵單取硫黃者，其氣薰甚，名曰臭煤，燕京房山、固安，湖廣、荆州等處間有之。凡煤炭經焚而後，質隨火神化去，揔無灰滓。蓋金與土石之間造化别現此種云。凡煤炭不生茂草盛木之鄉，以見天心之妙。其炊爨功用所不及者，唯結腐一種而已。結豆腐者，用煤爐則焦苦。

又《燔石第一一・礬石　白礬》凡礬燔石而成。白礬一種亦所在有之。最盛者，山西晉南、直、無爲等州值價低賤，與寒水石相彷。然煎水極沸，投礬化之。以之染物，則固結膚膜之間，外水永不入故。製糖餞與染畫紙、紅紙者需之。其末乾撒，又能治浸淫惡水，故濕創家亦急需之也。凡白礬，堀土取磊塊石，層疊煤炭餅鍛煉，如燒石灰樣，火候已足，冷定，入水煎。水極沸時，盤中有濺溢，如物飛出，俗名蝴蝶礬者，則礬成矣。煎濃之後，入水缸內，澄其上隆結曰弔礬，潔白異常其沉下者曰缸礬，輕虛如棉絮者曰柳絮。礬燒汁至晝白如雪者，謂之巴石，方藥家煆過用者曰枯礬云。

又卷中《燔石　青礬　紅礬　黃礬　膽礬》凡皂、紅、黃礬皆出一種，而成變化，其質取煤炭外礦石，俗名銅炭。子每五百斤入爐。爐內用煤炭餅自來風不用鼓鞲者。千餘斤，周圍包果。此石爐外砌築土牆圈圍，爐顛空一圓孔如茶碗口大，透炎直上。孔傍以礬滓厚罨，此滓不知起自何世，欲作新爐者，非舊滓罨蓋則不成。然後從底發火。此火度經十日方熄，其孔眼時有金色光直上。取硫詳後款。煆經十日後，冷定取出，半酥雜碎者另揀出，名曰時礬，爲煎礬紅用。其中精粹如礦灰形者，取入缸中，浸三個時，漉入釜中煎煉。每水十石，煎至一石，火候方足，煎乾之後，上結者皆佳好皂礬，下者爲礬滓。後爐用此蓋。此皂礬染家必需用。中國煎者亦惟五六所。原石五百斤成皂礬二百斤，其大端也。其揀出時礬，俗又名雞屎礬。每斤入黃土四兩，入罐熬煉，則成礬紅，圬墁及油漆家用之。其黃礬所出，又奇甚，乃即煉皂礬爐側土牆，春夏經受火石精氣，至霜降、立冬之交冷靜之時，其牆上自然爆出，此種如淮北磚牆生焰硝樣，刮取下來，名曰黃礬，染家用之。金色淡者，塗炙立成紫赤也。其黃礬自外國來，打破中有金絲者，名曰波斯礬，別是一種。又山、陜燒取硫黃，山上，其滓棄地二三年後，雨水浸淋，精液流入溝麓之中，自然結成皂礬，取而貨用，不假煎煉。其中色佳者人取以混石膽云。石膽一名膽礬者，亦出晉、隰等州，乃山石穴中自結成者，故綠色帶寶光。燒鐵器，淬於膽礬水中，即成銅色也。《本草》載礬雖五種，並未分別原委。其崑崙礬狀如黑泥，鐵礬狀如赤石脂者，皆西域產也。

又《硫黃》凡硫黃乃燒石承液而結就，著書者誤以焚石爲礬石，遂有礬液之說。然燒取硫黃石，半出特生白石，半出煤礦燒礬石，此礬液之説所由混也。又言中國有溫泉處必有硫黃。今東海廣南產硫黃處又無溫泉，此因溫泉水氣似硫黃，故意度言之也。凡燒硫黃石，與煤礦石同形。掘取其石，用煤炭餅包裹叢架，外築土作爐，炭與石皆載千斤於內。爐上用燒硫舊滓罨蓋，中頂隆起，透一圓孔，其中火力到時，孔內透出黃焰金光。先教陶家燒一鉢盂，其盂當中隆起，邊弦捲成魚袋樣，覆於孔上。石精感受火神，化出黃光飛走，遇盂掩住不能上飛，則化成汁液靠著盂底，其液流入弦袋之中。其弦又透小眼，流入冷道灰槽小池，則凝結而成硫黃矣。其炭煤礦石燒取皂礬者，當其黄光上走時，仍用此法掩蓋，以取硫黃。得硫一斤，則減去皂礬三十餘斤。其礬精華已結硫黃，則枯滓遂爲棄物。凡火藥，硫爲純陽，硝爲純陰，兩精逼合，成聲成變，此乾坤幻出神物也。硫黃不產北狄，或產而不知煉取，亦不可知。至奇砲出於西洋與紅夷，則東徂西數萬里皆產硫黃之地也。其琉球土硫黃、廣南水硫黃皆誤紀也。

又《砒石》 凡燒砒霜，質料似土而堅，似石而碎，穴土數尺而取之。江西信郡河南信陽州皆有砒井，故名信石。近則出產獨盛衡陽一廠，有造至萬鈞者。凡砒石井中，其上常有濁綠水。先絞水盡，然後下鑿。砒有紅白兩種，各因所出原石色燒成。凡燒砒，下鞠土窯，納石其上，上砌曲突，以鐵釜倒懸覆突口。其下灼炭舉火，其烟氣從曲突内熏貼釜上，度其已貼一層，厚結寸許，下復息火，待前烟冷定，又舉次火熏貼如前。一釜之内數層已滿，然後提下毁釜而取砒。故今砒底有鐵沙，即破釜滓也。凡白砒止此一法。紅砒則分金爐内銀銅腦氣有閃成者。凡燒砒時，立者必於上風十餘丈外，下風所近，草木皆死。燒砒之人經兩載即改徙，否則鬚髮盡落。此物生人食過分釐立死，然每歲千萬金錢速售不滯者，以晉地菽麥必用伴種，且驅田中黄鼠害。寧紹郡稻田必用蘸秧根，則豐收也。不然，火藥與染銅需用能幾何哉？

劉侗《帝京景物略》卷三《城南内外・隆安寺》 堂廣縱五丈，磚方以尺，火道旋其下，罏窗外四端，日啖煤三百斤，堂温始滿。温周晝夜而冷定，又新煤矣。

方以智《物理小識》卷七《金石類》 煤炭石墨，一種而異類也。陸文裕、張孟奇以爲一，然永樂抽分，書煤與石灰爲二項。陸機與雲書，曹公藏石墨寄一螺。《大業記》：宫人以石墨畫眉。沈括帥鄜延，以石腦油燒煙，作石墨，煤則各處產之。臭者燒鎔而閉之，成石再鑿而入爐曰礁。可五日不絕火，煎丱煮石殊爲省力。《外記》：孛露有土，能然，可作炭用。

馬炳乾《〔宣統〕高要縣志》卷一一《食貨篇二・物產》 煤：《府志》引陳眉公秘笈：南人謂之煤炭，西人謂之石炭，東坡亦有《石炭行》，言其治鐵作金甚精。

吳其濬《滇南礦廠圖略》卷一《用第八》 曰炭。廠之既成，煎罏煅窯用數動以鉅萬。銅廠每罏每鑛一千觔，用炭一千觔外不等。每煅窯，每次如鑛一萬觔，用炭二三千觔不等。銀廠每罏六時用炭六七百觔不等，每罩對時用炭三四百觔不等。枯樹之炭火力得半，經水之炭噴焰不周。銀廠下罩必用木炭煎罏，亦可用煤。銅廠煅窯攙用柴枝樹根，煎罏亦用煉炭。煤有二種，辨之以櫃。銀櫃質重，僅可用於銀罏。銅櫃質輕，方可用於銅罏。法先將煤揀淨，土窯火煅成塊，再敲碎，用火力倍於木炭攙用專用。亦辨鑛性稀乾，宜與不宜，僅知滇之宣威、禄勸川之會理有之。

姚元之《竹葉亭雜記》卷三 硇砂出庫車。徐星伯云，其山無名，在唐呼爲大鵲山。其山極熱，夜望之如列燈。取砂者，春夏不敢近，雖極冷時，人去衣，著一皮，包露兩目，入洞鑿之。然不過一兩時即出，而皮包已焦，不能逾三時也。

其砂著石上，紅色星星，取出者皆石塊。每石十數斤，不過有砂一二釐許。攜此者，用瓦罐盛石，密封其口，罐不可滿，蓋火氣忖重，滿則熱甚，砂走也。然受風亦走，受潮溼亦走。賈人攜此，每行十數日，遇天氣晴明無風時，揭其封，以出火氣。星伯過庫車時，曾攜數石，密封之，及抵伊犁，則石皆化成黄粉，而砂已不見矣。故攜此甚難。即其地亦不易得，惟白色成塊者不化，乃其下等也，然可以及遠。內地所謂磠砂類，即此耳。

迮朗《繪事瑣言》卷三《粉》　今人槩用鉛粉矣，近有以白爐甘石代粉者。爐甘石，爐火所重，其味甘，故名。所在坑冶處皆有。川蜀湘東最多，而山西、雲南者爲勝。金銀之苗也。其塊大小不一，狀如羊腦，鬆如石脂，亦黏舌。產於金坑者，其色微黄爲上；產於銀坑者，其色白或帶青或帶綠或粉紅赤銅。得之即變爲黄，此物點化爲神藥，九天三清，俱尊之曰爐先生。

盛宣懷《愚齋存稿》卷一《奏疏一・湖北鐵廠煉軌請購用開平焦炭片光緒二十三年九月直督王鄂督張會奏》　再，今天下大興作莫甚於鐵路，路料莫鉅於鋼軌。湖北大冶縣鐵礦，臣宣懷謀之於先；漢陽鐵廠，臣之洞成之於後，皆所以爲今日造路計也。顧非軌不能成路，非鐵不能製軌，非焦炭不能煉鐵，故臣之洞經營漢廠，先經營馬鞍山煤礦。竊計兩爐日出之鐵，足敷煉軌之用。馬鞍山所出之煤，亦足敷兩鑪之用。其不足者，輔以萍鄉之煤。不料馬鞍山煤層中變，出煤之數雖屬不少，無如礦質磺多，或供鍋鑪，或煉焦炭，供他項之用，若化煉生鐵，只能配搭。而萍鄉之煤不用機器，亦未盡純粹，以致先開一鑪，亦需求煤於外。臣宣懷去夏接辦後，一面廣求煤礦，一面與開平礦務局道員張翼，按照時價訂購焦炭，以應目前。伏查一鑪歲需焦炭三萬六千噸，兩鑪同開，即倍之，化鋼煉軌之焦煤尚不在內。今年與開平但訂一萬三千噸，不及一鑪數月之用，然猶不能挑選整潔。牘商函懇至再至三，常岌岌有不克接濟之慮。現在盧漢兩端並時興築，非開兩鑪，無以應期成軌。近來雖在江皖、湖南等省、沿江近水地方察得煤礦數處，正在分遣礦師鑽試。即使煤旺質佳，亦須二三年始能辦成。此二三年內，幹路鋼軌須用十分之七。中國礦煤煉焦合成鐵用，而用機器開挖，日可出煤一二千噸者，僅有開平一處，則漢廠欲煉此七分之軌，非賴開平公司之力不可。方今鎊價翔貴，購外洋鋼鐵逾平價三四成，如開平公司一年之內能應漢廠焦炭六七萬噸，則軌不外購，實吾華興工藝塞漏卮、收利權，不易得之機會，否則軌料、橋料莫不取資洋廠。盧漢幹路多擲二千萬以貽外人，而漢廠將一蹶不振，工藝均廢，漏卮日大，利權坐失，自强利鈍之機無有大於是者。雖煉焦煩費，不如徑賣生煤，但開平公司經大學士臣李鴻章竭力維持，故有今日，顧全大局，應有同心。除由臣文韶督飭該局儘力設法開煉運濟務令足用，並由臣之洞、臣宣懷派員前往開平商訂合同外，臣等謹將漢廠煉軌機宜全恃開平焦炭緣由附片陳明，伏乞聖鑒。謹奏。本月二十二日奉硃批：「覽。欽此。」

又《湖北鐵廠改歸商辦並陳造軌採煤情形摺光緒二十四年三月鄂督張會奏》

奏爲陳明湖北鐵廠改歸商辦後情形，及造軌採煤各事力籌整頓，皆有端緒，恭摺仰祈聖鑒事：竊臣之洞剏辦湖北鐵廠，次第告成，光緒二十二年，因經費難籌，遵旨招商承辦，奏准。交臣宣懷接收，一手經理。臣宣懷以冶鐵、鍊鋼亞東剏舉，事體至重，頭緒尤繁，祇以事關中國大局，不敢不力任其難遵，於是年四月十一日接辦。先將漢陽總廠區銀錢製造收發爲三股，每股遴員董二人董理之，鐵山、煤礦亦各派員董分任其事。並於總廠設立總稽核處，均令查照成規，認真整頓。伏維鐵廠本恉緣鐵路而起，當以製造鋼軌爲第一義。顧鎔鐵非焦炭不可，連年因本廠無就近可恃之煤，呼籲於開平，謀濟於洋產，價高而用仍不給，故化鐵雖有兩鑪，僅能勉開其一。又當以勘求煤礦爲造軌之本原，臣宣懷督飭員匠講求各國鋼軌之程式，鍊製之奧窔，一面與外洋名廠訂購軌軸機器，研精試造。嗣奉督辦鐵路總公司之命，發軔所先經營盧漢，復飭廠中員董加工併力，專意造軌，查照奏定章程，先後預撥軌價銀一百九十萬兩。現計解運到工及造成在廠之軌，幾及萬噸，隨配魚尾片、螺絲釘各件稱是，橋料、鋼板等物亦皆能遵造應用。截至上年年底，核計運工軌料各價已逾五十萬兩，自保利權漸有成效。惟茲事皆中土所未經見，鎔鍊之合法與否，不能不恃監工之西人。而其人或由出使大臣訪訂，或由洋廠推薦來華試用，往往行與言乖，一再更換。每遇新舊交接之間，不免稍稽工作，特所患猶不若乏煤之甚也。開平華礦誼當與漢陽華廠休戚相關，年來懇切籌商，上煩宸聽，奈煤價已加至極昂之數，而交煤仍難應漢廠之求，至於洋煤更不足恃。外洋用五六金一噸之焦炭，我幾三倍其價，鋼鐵成本懸殊，勢無可敵，一旦各國有事，又動輒禁煤出口，將來恐雖出重價而不可得。臣宣懷有鑒於此，兩年以來，於沿江上下、楚西江皖各境分派委員，帶同礦師，搜求鑽試，足迹殆遍。惟江西萍鄉焦煤久經試用，最合化鐵，礦脈緜亘，所產尤旺，實爲最有把握之礦。但土法開採，淺嘗輒止，運道艱阻，人力難施。臣等深維大計，鐵廠利鈍之機，全視萍煤爲機轉，現已購辦機器運萍大舉。一面勘明運道，定議先就該縣黃家源地方築造鐵路一條，至水次計程三十餘里，路成之後，再籌展至長沙，與幹路相接。並先於沿途安設電綫，消息靈通，轉輸便捷，繁費在一時，收利在永遠。此後取之不盡，用之不竭，漢廠即可並開兩鑪，大冶亦可添設鑪座。至於大出土貨，開造物無盡之藏，以爲民生之利，尤朝廷廣闢地利之至意，泰西富國之學之精義也。鐵路電綫經過之地，籲請飭下江西、湖南巡撫，轉飭所屬地方文武，隨時照料，妥爲保護，以副國家維持鐵政之至意。所有湖北鐵廠改歸商辦後情形，及造軌採煤各事，皆有端緒緣由，謹合詞恭摺陳明，伏乞皇上聖鑒訓示。謹奏。本月二十六日奉硃批：「另有旨。欽此。」

光緒二十四年三月二十八日奉上諭：「張之洞等奏，陳明湖北鐵廠改歸商辦後情形一摺，湖北鐵廠經該督等招商承辦，現將造軌採煤各事力籌整頓，已有端緒，即著照所議辦理。所有鐵路、電綫經過之地，著德壽、陳寶箴轉飭地方文武，妥爲保護。另片奏萍鄉煤礦現籌開辦，請援照開平禁止商人別立公司，及多開小窿擡價收買等語，著德壽即飭所屬，隨時申禁，以重礦務。張之洞等摺片，著分別抄交德壽、陳寶箴閱看，將此各諭令知之。欽此。」

嚴志長《〔乾隆〕西安府志》卷一九《食貨志下・貨屬》　煤生者曰炸子，烘去濁烟者曰樵子，可代柴炭。《盛京通志》。札賚諾爾煤礦在前清時租歸東清鐵路公司開採，光緒三十二年，哈爾濱鐵路交涉局與公司議定合同。又平山煤礦，礦在蘿北縣治西距江岸十餘里，光緒三十四年開辦，曰景興山煤礦。此礦苗綫既富，礦質亦佳，與平山煤礦同時開辦。此外尚有臚濱府所屬之察罕敖拉煤礦，礦在察罕敖拉卡倫東數里，清光緒三十四年，發現礦苗，嗣因呼倫蒙旗受庫倫獨立之影響，乘機變叛，將該礦佔據，至今尚未收回。《東省紀略》。江省已辦之甘河煤礦係在西布特哈總管境內，計佔面積一千另八十畝，每年出煤四百九十九萬六千七百六十八觔，此外尚有龍江縣所屬之隆平煤礦，餘慶縣所屬金懷馬煤礦，一因出産不旺，一因運銷不便，概行停辦。《黑龍江統計報告書》。煤礦一在呼蘭府圖山西南麓，曾經開採，以逼近呼蘭河，河水滲入停辦，礦質不佳。一在巴彥州少陵河北，西包寶山佃民王姓地內，質佳綫旺，初由鄉民自採，後歸官辦，旋以款絀中止。一在東興鎮十四里滿天星山，光緒二十六年試辦一次。《呼蘭府志》。九峰山與鐵高山俱有煤礦。《西布特哈志略》。煤礦：札賚諾爾察罕諾爾、札賚諾爾及額爾古訥河附近，海拉爾河右岸中東路北三十公里，伊勒克德河、呼爾格站之間，齊齊哈爾東北二十八溝，呼蘭縣呼蘭河之圍山子、黑河縣法比列河口附近，及坤比列河右岸，烏雲縣以上碾子山站東北蜂蜜山，或五道梁子甘河、甘河九峰山，甘河流域距河口約一百九十餘公里，嫩江縣東北四十公里博根里海拉爾伊敏河左岸，免渡河站西南二十公里，呼爾格站以北巴彥縣西十八公里陽子溝，巴彥縣北三十二公里王保山、雙鴉山，巴彥縣桑紅鎮東南十三公里，餘慶縣呼蘭河上游左岸馬鞍山等，鐵驪縣伊吉密河右岸懷歡山等，木蘭縣西北三十七公里鄭家屯、東興鎮，湯原縣之鶴岡，蘿北縣以北，又一間房共三十七處。《北滿鑛産誌》。

徐壽基《續廣博物志・五行》　雄之所伏下有雄黄，取之者必先以便溺周匝澆之，掘尺許，可得三四兩。否則，終不可得。或云爲雉所銜至者，非也，蓋雄黄本土類，得純陽之氣則結而成。凡土經火即成黃色，是其驗也。雄本離火之精，伏巢之下固宜有此，澆之以溺使陽氣不及外散也。以水渥之當亦可得，或亦厭勝之意耳。

曾國荃《曾忠襄公書札》卷一九　查內地所産煙煤如山東嶧縣江西樂平等處最好，尚嫌其價稍昂，而試驗寄來煤觔火弱燄輕，各處瀛爐未能一律適用。至工匠工食，向以技藝之短長定工食之多寡，大約十兩至三、五十兩不等，勢難預爲酌定。報銷一節，均係按照支發各款，核實造報云云。以上局員稟復各節，皆屬實情，理合據以奉聞，惟大君子俯加核正爲望。

王仁俊《格致古微》卷三《本草經》　硫磺能光金銀銅鐵奇物，硝石能化七十二種石。案：此硫强水、硝强水所自出。

宋賡平《礦學心要新編》卷之上《夔府銅煤礦山圖説》　自岷山逶迤而來，跨玉壘，躡峨眉，山峊相屬，岡巒糾結，杜工部所謂羣山萬壑赴荆門者是也。其間之嶔崎巍峩，巉疊聳峭，簇簇環列，干青霄而直上者，夔之山尤最焉。夔治縣爲奉節，如赤甲，如白鹽。《水經注》稱其山甚高大，不生草木，土悉赤，如人袒裸，故謂之赤甲。白鹽崖可千餘丈，人見其高白，故謂之白鹽，此皆其山之峥嶸卓絶，拔出諸峯上者也。至若蓮峰卧龍三臺七曜，盤曲紆鬱，斷者，續者，峙者，伏者，絡繹相互，卑相附，高相摩，亭然起，崒然止。來者向，去者背，懸崖絶壑，若蹲，若鬬，若角，若倚，若牛馬之飲於溪，若熊羆之登於山，世所傳巫山十二峯者，皆可羅列而數之，誠哉天下之至險，宇宙之大觀也。雖然，是山也，奇矣，崛矣，壯矣，偉矣，樵夫、漁父過而望之者不過曰，此童山也，不生材木也。墨客騷人過而見之者猶是曰，此雲根也，足恣遊覽也。而此山之懷耀含章，蓄精藴華，從無有識者焉。吾友宋君賡平涉歷寰瀛，凡各國政治技學，罔不備悉於心，而於礦學一門尤精詳邃美，可見諸實行者。去歲應聘回川，凡蜀山有可採辦，無礙風水田園廬墓居趾者，固已歷歷指陳矣。至夔奉一屬所轄諸山南岸之新村壩李劉二族銅礦，北岸之栢樹壪高姓親誼銅山，海棠溪周姓產銅地面，七星壩一帶煤山鐵礦，下及巫山縣治曲石盤之銅，内而大昌等處在在俱產。此特由滬往還，帆檣所經，極爲致意者也。若外而雲萬開大礦地，亦指不勝屈。故於踏勘之餘，彙繪爲圖，了於目者了於心，而其間縷晰分明。如云某山出銅，某山出煤，某山之煤爲烟煤，爲白煤。烟煤有油有烟，土人不甚尚。白煤無烟無油，則最佳。故用煤和土勻作炭磚，上江下游極爲暢銷。銅則一火煮成，爲銅礦之上乘。其山起坪起臺，起色起紅線，接續不斷。其礦爲綠塊，滋潤沉重，遠勝他山，則礦之深切著明者。宋君既以圖示余，又爲余詳言之，則其平昔之留心富强，即此可知。噫！余因之有感矣：夫山之有寶，猶人之有才。有才者不遇知己則不展，有寶者不遇有識則不彰。使是山而不遇宋君，則所謂銅者、煤者，亦悠悠終古隱秘埋光耳，又烏能出爲民用，利濟羣生哉？今而既遇宋君，則其礦之蘊於千古者，不將見於一朝耶？余於宋君，佩其學。余且爲是山幸其過矣！光緒二十八年歲次壬寅春三月，綿州梅有馥韻午氏謹識於蓉城藏拙齋。

劉錦藻《續文獻通考》卷四三《征榷考一五・坑冶》 乾隆五十二年，諭：孟生蕙奏請停止劉峩所奏昌平州開採硫黄一摺内，稱該州坐落正當京城乾坎之位，其山即京城北面之屏幛，山以虚受，氣以實流，實者削之使虚則甚易，虚者補之復實則甚難，等語。所奏已屬迂謬。復稱安畿輔數百里之坤輿，葆神京億萬年之元氣，措辭更屬荒誕。京城外西山、北山一帶，開採煤窯，及鑿取石塊，自元、明迄今。取之無盡，用之不竭，從未聞以關係風水。設有例禁，豈開採硫黄，遂至地脈有礙。即云開設礦廠，恐聚集多人，滋擾地方。則每歲採取煤斤石料，所用人夫不知凡幾？豈皆良善安分之徒，何以並未有滋生事端之處。至昌平州開採硫黄，孟生蕙既有此奏，其產礦衰旺應否開產，亦宜查看確實。阿彌達見赴昌平州查看明陵工程，著派蔣賜棨即赴該處，與阿彌達帶同地方官親至產礦處所詳勘。如產黄旺盛，自應設廠開採，以資軍火之需。若所產不旺，即行據實奏明，封閉停採，不必稍存迴護之見。原摺著擲還。尋奏，勘得硫礦，見有礦綫三條，鉛綫一條，請准依綫開採。【略】

乾隆五十四年，諭：據奎林等奏，拏獲私越挖礦之紀品、王義等犯審擬一案，已批交該部覈議速奏矣。臺灣地方土產硫黄，向禁民人私採。乾隆五十二年，守備羅禮章查出私黄四百斤，犯俱逃逸未獲。今經石門汛弁兵拏獲各犯，究出紀品等在大屯山後，夥同煎挖黄土各情節，是内地奸匪偷渡挖黄之事，從前原未能禁絶。今礦山地方雖已據福康安奏明封禁，並於石門要路添設汛兵防守，但該處山場寬廣，汛兵稽查未周，日久或致疎縱，不可不嚴行巡查防範。著傳諭福康安，即嚴飭淡水地方文武，督率弁兵於近山近海地方嚴密稽查，並著奎林等不時查察，勿任日久疎懈，致有私藏販賣之事，以期綏靖地方。【略】

又卷三九〇《實業考一三》 硫 硫之來源有自然硫及各種金屬之硫化物。後者種類頗多，其能提取硫質者，惟硫化鐵而已。硫化鐵普通稱爲黄鐵礦，以其色黄故也。我國自然硫極少，惟熱河、赤峰縣南二百八十里萬寶山西南、古代火山之大噴火口附近有自然硫之發見，然尚未有開採者。國内之硫均取之於黄鐵礦。近年全國產硫之量爲二二一〇噸，占世界總產量千分之二五。產硫省分，北部如直隸、奉天、河南、山西等省，南方如湖北、湖南、四川等省，惟往往爲官礦局收買，以此物於製造火藥至有關係也。河南黄鐵礦在新安縣之匡口、沁陽縣之清化鎮，匡口之黄鐵礦石儲量計有十二萬噸。山西之重要黄鐵礦在曲陽縣之西山及太原之西山，曲陽西山每年產硫三百噸。浙江黄鐵礦在遂昌縣之麒麟頭、龍眠頭，永嘉縣之尖刀山及瑞安縣之仙巖山。湖北產硫最多之地稱建始西鄉之九盤山，礦廠坡界石嶺延長百餘里間皆有之。湖南黄鐵礦分布亦廣，以溆浦縣出產爲多。【略】

砒。含砒礦物重要者有三：雄黄、雌黄採作藥用，產於雲南、四川、廣東等省，毒砂爲錬砒及氯化砒之原料，湖南產最多。雄黄雌黄出產，雲南稱最，大理、蒙化爲產地之中心，多運往印度、緬甸，由騰越出口。毒砂礦質與錫石常共生，湖南之郴、常、寧、臨武、石門、慈利等縣產量均富，以漢口爲集散中心。

茅元儀《武備志》卷一四二《軍資乘餉・礦砂》 擇礦法：上等紫色者，或黑色者，嚼之如蠟，其味如蜜，每一兩煎得銀五錢者，謂之金水，平分此爲絶好，其中或煎銀五錢以上者亦好。次一等乃雞糞礦，其形如麥芽，碎碎塊黑白相兼，每一兩煎銀八錢上下者。又次一等乃黄沙礦，其形黄色，碎如米粒，每一兩煎得銀六七錢者，外有常號，每一兩煎得銀二三錢。以上四種，該用之物不拘數目，取來多多益善。大約以二十斤爲率，可多不可少，凡取得礦石，就用本洞之土、本地之水調和拌勻，入磁餅内好生封固，毋令泄氣爲玅。外有真出山一烝，鉛取五六十斤，每斤内有銀三五錢者，取來作用。

徐潤《徐愚齋自叙年譜》〔光緒十四年，戊子，五十一歲〕鎔爐目下配料以千磅計：上銀砂二十五磅，二號銀砂八十磅，三號銀砂八十磅，磨沙房幼砂五十磅，提銀皮之鉛渣二十五磅〔烟筒大傘〕，砂球二十五磅〔塘塊鐵砌〕，底砂二十五磅，塘塊鐵砌四邊三百磅，本山灰石一百二十五磅，老君廟鐵石四十磅，本山鐵石一百二十五磅，頭溝鐵石二十五磅，以上十二種九百二十五磅。另焦炭一百五十磅，柴炭十磅，共一百六十磅。取出井内銀石、粉頭、鉛條、生烊銀、土槽子錠各種灰石、鐵石各小樣。

劉安《淮南子》卷八　鼓橐吹埵，以銷銅鐵。鼓，擊也。橐，冶鑪排橐也。埵，銅橐鐵筒，埵入火中，吹火也，故曰吹埵。銷鑠靡流堅鍛無厭足。

程明善《嘯餘譜》中州音韻《歌戈》　倭，國名。堝甘，所以烹煉金銀。

吴其濬《滇南礦廠圖略》卷一《鑪第五》　金得火而流，鑠之范之，智者創而巧者述也。黄土，金之父，故鑪罩以土爲之。土生而火洩，則質柔而變化矣。其製巧而不可易，故記鑪。

凡鑪以土砌築，底長方廣二尺餘，厚尺餘，旁殺漸上，至頂而圓。高可八尺，空其中曰甑子，面牆上爲門，以進炭。鑛下爲門，曰金門，仍用土封，至潑鑪時始開。近底有竅，時開閉以出臊。後牆有穴以受風。銅鑪風穴上另有一穴，以看後火。銀鑪内底平，銅鑪内底如鍋形。

凡起鑪，初用膠泥和鹽，於鑪甑内周圍扺實，曰搪鑪。次用碎炭火鈾底烘燒，曰燒窩子。約一二時，再用杜炭竪裝令滿，扯箱鼓風，俟其火燄上透鑛炭，均匀源源輸進鑪内風穴上，鑛炭融結成一條如橋衡，通鑪皆紅，此條獨黑，曰嘴子。看後火，即看此。扯箱用三人，每時一换，曰换手。用力宜匀，太猛則嘴子紅而掉。太慢則火力不到之處，鑛不能化，膠粘於牆，曰生膀。每六時爲一班，銅鑪二班曰對時火，三班曰下拐火，四班曰兩對時火，六班曰二四火。潑鑪則開金門，用爬先出浮炭渣子，次揭冰銅。一冷即碎，故曰冰，亦曰賓銅。次用鐵條攪汁，撥净渣子曰開面次揭圓銅。揭銅或用水，或用泥漿，或用米湯，視鑛性所宜。銅鑪無過六班。鑪火不順，鑛臊結成一塊，曰攩和尚頭，配合不宜，時有之。金門忽碎，鑛汁飛濺曰放爆張，每致傷人，幸不常有。鉛鑛搪鑪燒窩皆同，而扯火緊慢任便，放臊一次，放鉛一次，可至七八十班。至煉銀，罩渣子亦只一二班。

又卷一《鑑之器第六》　曰風箱，大木而空其中，形圓，口徑一尺三四五寸，長一丈二三尺。每箱每班用三人，設無整木，亦可以板箍用，然風力究遜。亦有小者，一人可扯。

曰獄，鐵木皆有，用以上鑛炭。

曰撥條，亦曰撞，去聲。長八九尺，木柄一尺。潑銅鑪後用以鼓鑪牆凝結之渣臊。銀罩則横屈其末，約一尺，用以趕臊。

曰鐵箝，揭鐵所用。

曰木爬，形方，横長一尺，高五六寸，厚寸餘，柄長一丈。銅鑪用起冰銅，須用新木，不用乾木。

曰簸箕，洗鑛所用。

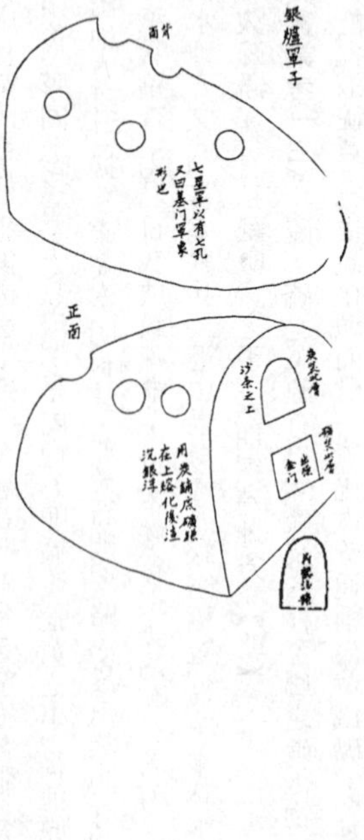

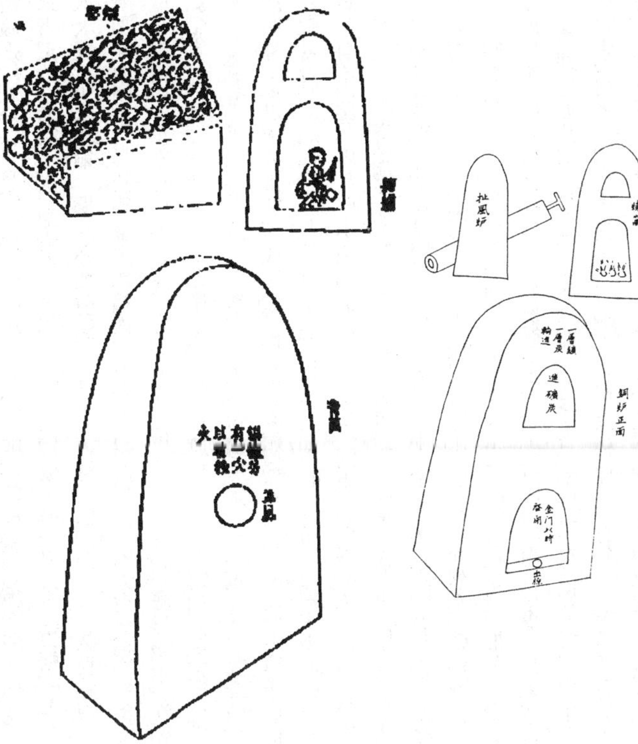

又《用第八》　鑛之初開，但資油米耳。或不可開之處，而游民集衆冒禁，諭之則囂，逐之則頑。但於四面要隘絶其所資，雖十萬之衆，不旬日而解散矣。欲聚丁必備物，軍行糧從，茲爲至急，故記用。

曰米。口食必需不能一日缺，硐鑪沙丁晝夜不息，饑則便食，不以頓數。每丁日一倉升計，聚有萬衆，食費百石。

曰油。硐中昏黑，非鐙不能行走。每鐙一照，用油八兩，每丁四人，用鐙一掛。【略】

曰鑲木。土山窩路資以撑拄，上頭下脚横長二三尺，左右兩柱高不過五尺，大必過心二寸，外用木四根，謂之一架。隔尺以外曰走馬鑲，隔尺以内曰寸步鑲。

曰鐵。硐用之椎尖，鑪用之□，箝皆鐵器而尖子。用鈍即須另煅，謂之煊尖，故硐丁半能煅。

曰水。日用之外洗鑛潑鑪。

曰鹽。日用之外，和泥搪鑪。

曰疙瘩。即樹根，銅廠煅鑛窯内炭只引火，重在柴枝樹根，取其煙氣薰蒸，不在火力，若積久枯乾即無用。故凡銅鑛之須煅者，不能趕辨，半坐柴枝之悞耳。

宋膺平《礦學心要新編》卷之上《第九章論鑪罩器具》　竊攷西人之開礦，動用器具，輒與中法不同，要皆各適其用者也。然適於用者，西法固良，而中法又未嘗不善也。何則西法之良者，其器具每用機器，工省而費縻也。中法之善者，其器具輒用土木，工縻而費省也。此固各有所長，各適其用者也。試即中法之器具言之，中國之鑪以土砌築，底長方廣二尺餘，厚尺餘，旁殺漸上，至頂而圓，高可八尺，空其中曰甑子。面牆上爲門，以進炭礦。下爲門曰金門，仍用土封，至撥鑪時始開。近底有竅，時開時閉，以出渣臊。後牆有穴，以受煽風。銅鑪風穴上另有一穴，以看後火。銀鑪内底平，銅鑪内底圓，如深鍋形。土爲金之父，土性生金，金生水。故鑪罩以土爲之，土生而火洩，則質柔(西)[而]變化矣。起鑪初用膠泥，和鹽於鑪甑内，周圍抵實曰搪鑪，次用碎炭鋪底烘燒，曰燒鍋子。約一二時，再用柱炭竪裝令滿，択箱鼓風，俟其火燄上透，礦炭均匀源源轉進鑪内，風穴上炭礦融結成一條如礄衡，通鑪皆紅，此條獨黑，曰嘴子，看後火即看此。批箱用三人，每時一换，曰换手。用力宜匀，太猛則嘴子紅而掉，太慢則火力不到之處，礦不能化，膠沾於牆曰生膀。每六時爲一班，銅鑪一班曰對時火，三班曰丁拐火，四班曰兩對時火，六班曰二四火。潑鑪則開堂門，用爬先出浮炭渣滓。次揭氷銅，一冷即碎，故曰氷，亦曰賓銅。次用鐵條攪質撥浄渣滓曰開面，次揭圓銅。揭銅或用水，或用泥漿，或用米湯，視礦性之所宜。銅鑪無過六班火。鑪火不順，礦臊結成一塊，曰抬和尚頭，配合不宜，時或有之。金門忽碎，礦汁飛濺曰放爆張，每至傷人，幸不常有。鉛礦搪鑪、燒鍋皆同，而扯火緊漫任便，放臊一次，放鉛一次，可至七八十班。至鍊銀，則用罩，亦只一二班火，以鑪煎熬。其鑪長方高聳，外實中空，上寛下窄。高一丈五尺，寛九尺，底深三尺有奇。前爲火門，架炭入礦之路也。紅門下爲小孔，謂之金門，撤取渣臊之竇也。後爲風口，風箱安背後，比前金門高一寸許，橐籥之所鼓也。每煅一鑪，俗謂之択火一個。徹礦須四十桶，用炭百鈞，次礦惟倍，加糜炭五之一。下礦須三倍而差，加糜炭三之一，火候停匀，晝夜一週。渣臊質輕，自金門流出，即從金門中鈎去炭燼。銅汁沉重，融於鑪底，閃鑠沸騰，光彩奪目，以漬水澆之，上凝一層，拑揭而起，用松鍼糠覈之類掠容其而淬入水中，即成紫板銅。凡銅鉛熱敲易碎，冷敲難開。其口紅色，或得五六餅、六七餅不等。初揭一二餅，渣臊未净，謂之毛銅，須改煎方能純净。自三四揭後，則皆净銅矣。其有經煅鍊結而爲團者，礦不分汁之故也。亦有本係美礦而亦結成爲團者，配製失法，火力不均之故也。然一火成銅之廠，寥寥無幾。如陝南鎮安之廠，一火成銅。又四川夔府之銅廠，五屯巴底之銅廿，均係一火便能成銅。其餘他廠，必先須窑煅後，如入鑪鎔。鑪有將軍鑪、紗帽鑪之分。將軍鑪上尖下圓，其形如胄，窑形如饅首，高五六尺，小者高尺餘。以柴炭間礦，坭封其外，上留火口。紗帽鑪上方下圓，形如紗帽，并高二尋，十分高之四爲其寬之度，十分寬之四爲其厚之度。亦有高一尋者，其寬與厚亦稱之，餘同大鑪。亦有蠏殼鑪，上圓下方，高一丈有奇，寬半之，深尺有咫餘，亦同大鑪。礦之稍易鍊者，窑中煅煨二次，鑪中煎鍊一次，揭成黑銅，再入蠏殼鑪中煎鍊，即成蠏殼銅。亦必須有源活水，與礦相宜者，方能如法成銅。揭淬略如前法。其難鍊者，先入大窑一次，配青白帶石，入鑪一次鍊成氷銅，再入小窑翻煅七八次，仍入大鑪，始成净銅。揭淬亦如前法。計得銅百觔，已用炭一千數百觔矣。又有所謂銅中徹銀者，其礦堅黑如鑌鐵，俗謂之曰明礦。先以大窑煅鍊，然後入鑪煎成氷銅，再入小窑翻煅七八次，亦如前法，復入鉛水攙和，底母徹出，净銅擠出，銅水入罩鑪。分金罩形如龜甲，大尺餘，加於外，亦有入窑翻煅後復入推鑪。推鑪之形如裨器，槖籥尾置銅瓦。以後即可入將軍鑪煎鍊一日，銅汁流於鑪內，銀汁流於窩外，復以銅入推鑪煎成黑銅，再入蠏殼鑪揭成佳銅。以鉛入罩子煎成銀者，約計萬觔之礦用炭八九千觔，不過得銅五六百觔、廠銀一二十兩而已。此其煎鍊稍有不同者，以其礦本不同，而所出者亦不同也。煎鍊又不可不擇水火，深山寒浚之水不可以淘洗礦砂，惟瀦蓄和平者可用。淬揭以清泉，則銅色黯淡，惟用米泔則其紅活。此上等廠之所由倣也。窑中之火宜用輪囷，薪木稍間以炭，取其火力之耐久也。礦中惟可用炭，松炭、雜木炭取其猛而烈矣，栗炭取其匀而足矣。亦有因其價之昂廉不同而酌用者，則人事之區畫計較也。惟煎揭蠏殼鑪用必用松炭，取其極猛極烈，易於擠徹渣臊，萬不可以他炭通融也。其采取也如此，其煎鍊也如此，得銅不亦難哉！而尤有難者，采礦之時，俱於穹窿宂窐之中冥搜暗索，得者少，不得者衆。得銅多者可以獲什一之利，其寡者或至於不償勞，此其難在乎民。各廠舊規皆先銀後銅，凡采鍊銀、銅諸礦之法粗備於此，礦不分汁，皆由真贋之未辨也。故其贋焉，瓜熟蒂落，物之時也，否則其未熟耳。礦有稀稠之性，配合不宜，亦不分汁，須倣此書，多方配煅，間有不成效者，皆由配合失宜故也。礦有煅至七八次，復用酸水浸泡八九回，先鑪後罩，所謂九氷九罩而成銅者。鍊銅曰鑪，鍊銀曰罩，出銀謂之一池。凡罩要需爲老灰也，小曰蠏殼幕，罩形之下爲土臺，長三四尺，横長尺餘，四圍土牆，高尺許，頂如魚背，面上有口以透火，下有口不封，以看火。炭鋪於底，置鎌其中，炭在沙條上，化鍊約對時許，銀浮於罩口內，有鐵器水浸蓋之，則凝成片渣。坭灰底即底母也，出銀後即折毀。另打大曰七星罩，形如墓，又曰墓門。罩下亦爲土臺，長五六尺，横二尺，四圍土牆，頂圓，上有七孔以透火。因七星罩前高二尺，上口添炭，下口爲金門，土板封之，後以次而殺，鋪炭於底，置礦於上，攪以鎌炭在沙條之上。約二時開金門，用鐵條趕臊一次，仍封之，或一對時，或兩對時，銀亦出罩口。出銀後，添入礦鎌，隨即出銀。有推罩、分金罩，加灰於外，灰應細末成净杠炭灰。鑪內呼徹礦者，礦之所最净者也。廠地忌净字，不言净，而言徹者，堂大而且多也。大窑長五尺，深四尺，應受礦一萬觔，需炭四千觔。有奇小窑，長一尺五寸，深四寸。氷銅五百觔翻煅七八次，需炭六百餘觔。鑪之用炭，須與礦性相宜。礦質堅剛，若用栗炭，則火性猛烈，鎔化雖速，而礦質難分。松炭則火性和緩，礦以漸化而渣臊易出也。栗炭性堅耐久，松炭質鬆多焰，隨添礦可經累月，須俟捐裂再行揰造，故又曰萬年罩。礦廠既成，煎爐煅窯用炭數以鉅萬計。故要有黑，山必有紅，如有紅無黑，有黑無紅，不問礦之藏，否定不開，以其受受制多矣。紅即炭山也，即樹木之炭也，非煤炸之炭。山黑即銅鐵鉛各礦也，亦要有紅山，就近代不作炭，用煅煉煉礦則費省而易就。惟金礦則不然，蓋價增銅鉛鎌鐵數百倍。況用炭無多不須大開紅山也。銅廠每爐礦一千觔，用炭一千觔外不等。銀廠每爐六時用炭六百觔不等，每罩對時用炭三四十觔。枯樹之炭火力得半，經水之炭噴焰不同。銀礦下罩必用木炭煎爐，亦可用煤。銅廠煅窯攙用柴枝木根，煎爐亦用。煅炭質重，可用銀爐，質輕可用於銅爐。法先將煤揀妥，再用火力倍於木炭。質輕質重各有不同，攙用專用無不宜也。至於又罩名蓮花罩，與觀音罩相似，兹又與外國之矮千鑪相似，但此價廉而工省。是罩之當門係屬截集後而有，背光一般，內有三層，上一洞爲天師門，上炭。中一層裝礦在內，鎔化在灰池，罩成銀子，鎌成佗僧，銀在灰池之上。下一層爲狗洞子，以備漏洩，帕灰受驚。其臺有一尺四寸高，池面上有一洞以便觀火見物。其形勢均另繪有式。先將礦錘碎，揀淘潔净，負至煅塘，須煅煉一次。煅後二次又錘細，又用水淘去芙𤈦渣子，然後再負入鏢鑪。煅塘用杉樹泡炭。鏢鑪烘成鎌鉛，亦是用泡炭。一爐能鎔七八觔□一晝一夜須看火候之如何爲准。錬炭之法，用浄青崗柴炭，别木不能代。篩過錘細末，成條絲，揉成炭元，又用崗炭火煨。經此火煅後，又得錘細，用馬尾篩撻過。此灰備爲灰池用。池子内是土築成，半乾半溼，然後再將崗炭灰放下，要極細極滋潤一層，又一層用鐵錘拍好，約有四五寸之譜。只有龍骨和砂條係遠運至，自代黄磁坭一槩。計重四五百觔之甫，此坭准備龍骨沙條用。鏢鑪晝夜班需用四人。罩高四尺餘，寬三尺，池宜圓，寬二尺五六寸。凡一罩，用罩子匠主之。鏢鑪之高約六尺餘，寬約長七尺，厚約二尺四五寸，形如風簸箕加層之紗帽，然兩面旁邊一步一梯，接連面上，週圍以磚石堆集成之，内中膛子上寬下窄。在底者爲池子，池子又在鏢鑪之外，而鑪之金門在上。金門鏢化成鎌鉛，流於外池内。是鑪頂上之裝泡炭，名爲馬礴。一般炭厚尺餘，炭上放礦。炭紅，則礦自化溜下。一面加炭，一面加礦。礴長四尺餘，寬二尺餘，内無鑪礄，上祇須一人上礦炭，時常用鐵棍插之。由上寬而漸漸下至窄。風箱安背後，在半上之間。鑪下用一人撥火起鎌，常時金門嘴子撥勻，防起銹團，則鎌鉛不能出。計算：每日不停火，如鑪火順旺，一日可鏢八九百觔浄鎌鉛，因有大風箱係水扯，用人晝夜祇須四人足矣。計設一座水碾房，不過需銀百金，大山之中樹木可不算錢。惟此人工需錢，進山可順代貨物，亦可作掉撰，此中亦有常利，碾子之鹿角均要在外面自辦。此鏢鑪之實在形情也。曰鉛即白鉛者是。用瓦礶可錬成四，其中亦有銀，其取之法另詳於後編。曰鎌即黑鉛也，不過數分胚子。若論煅塘，仍與房屋大，寬長若丈餘，高八九尺，深亦八九寸，内面之底斜口朝上微摸。另留有發火之礴子，僅以樹木横直其中，層層堆上，上面又用泡炭堆密，炭上須加以礦子，鋪蓋其上。係在露天壩裡下面發火，火炎薰上一晝一夜。僅火燃過，則用鐵錘將礦子錘爛，又付淘洗乾浄，撰去硤黄木香等類，又復煅，再淘去芙礴子，然後可入鏢鑪矣。至於廠鑪房一切忌諱。均可遵守中卷甚悉。此有鏢鑪及各罩子外，必須預備崗炭窑子及泡炭窑子。其窑子係外面之石堆積而成，亦與前所言之煅塘，祇許計算伐木之人工耳，一切用費盤繳，概以小工作之，其本地之土人亦能爲之。凡一座碾子，能應設安置兩鑪，此鎌鉛鏢鑪之大概辦法也。至於煽鐵之鑪，前用對吹高鑪，每晝夜鎔鑪出貨三千餘觔。川之用偏吹高鑪，其繳費皆與青礦同。初下鑪之鐵名鉎版鐵，蓋所能煎毛鐵。鉎版又能鑄鹽鍋飯鍋，鑄剛均用鉎版，不用毛鐵。一觔鉎版稱足够拾柒兩叁錢，煎成毛鐵拾陸兩，能保還源伊是拾柒兩，其性不能打觔頭成熟貨，其中取巧，總不如法耶。高鑪鐵廠大抵可以計算，需用二十一二人，其工貲論火灘算，以一晝一夜爲一個火，然一火應出鉎版鐵叁千餘觔，鑪火旺者有四千餘觔之譜，且每日燒鑪礦炭均有規。又復查鐵礦之稱係以三合三算，一觔必須三觔三兩合之，玆一觔鉎版鐵即是拾陸兩之天秤稱是也。走炭約柒千幾八千之譜，概屬木炭，除此餘外不煽。凡炭稱係接半，每二十四兩乃算一觔，官房鑪塘煽費，每日繳用錢拾餘鉀之譜。再論以二十一人之算計，扯火三班，共晝夜十二人，揚礄用二人，并放炭礦在内，竈上伙房一人，此係十五人之竈上也。故其中有單用一人之屬。此十五人，每日應食米一斗二升半之譜。撻紅匠用二人，拖鉎版、動礦、錘砂子脚下馬門口老客一人，搪鑪師是也，又曰鑪頭。座鑪師一人，出鐵分質出腂挑溝師二人，官房櫃上用人先生，司事是也。伙房需用一人，打雜匠四五人可也，揭炭擇礦花格頭雜務。草皮跑山辨炭需一人，坡上窑子燒窑司，每窑歸結工貲。錢貳百捌拾文。砍山司工價每窑大抵陸柒百錢之譜。每窑應出炭肆伍百觔之譜，此爲官房自辨自燒之做法。外面收零炭，每萬觔價值肆伍千之譜。自辨鐵礦鉎版之廠，每萬觔投價值肆拾餘鉀之譜，此伊係三合三之稱。鐵礦之衰旺不一，如厚多叁拾餘鉀也，至有貴者伍陸拾鉀也。礦子如高，做出之貨價售(一)〔亦〕高，亦要酌量計算，每日官房及鑪房，共該應繳錢若干，應出鉎版若干，鑪子以日期爲定，如能久做長爲，妙扯長算，可減食費并一切外繳。再論以鉎版鐵可做土剛之法：其法先用柴塊將鉎版煎化，亮錘便成剛，用敞鑪又繅用煤炭鑪抽絲條，配好成包，配時不論條數多寡。蘇剛之法，頭道胚子用白炭炒成料鐵，轉至淋鉎，鑪子内喫滿成剛，當其未化錬時，將料化滴矣。其喫滿之法，用白炭鉎版化滴在料鐵内，喫滿成蘇剛。再論抽條之法，用上上煤炭燒發之剛成條子，抽條之鑪上用工匠六人以上，共用十二人名曰一盤鑪子，但無工口。以以四條爲一日之工作計，重玖拾貳觔上下，用鉎版壹百柒拾觔之譜，用該白炭壹百叁拾伍觔，至於各項工貲俱另詳。盤町貲古，古之銀藪也，朱提捌兩爲直。麗山有銀礦，貳石得銀柒兩。白登山亦有銀礦，柒石得銀柒兩。寧遠州夾山之金礦，每石以百觔計，得黄金壹兩捌錢，含可得銀貳兩柒錢。礦質之高下見矣，不經化錬不得而知也。銅以溜稱，礦壹百觔得銅拾觔，名爲一溜。不須煅煉者曰一火成銅，自一次以至八九次曰幾氷。銀以胚子稱，礦一觔得銀壹分爲一分胚，即可入罩曰炸礦，先入鑪并可成鎌條，而後下罩曰大火礦。罩之底母曰渣滓，捲而成塊曰鈾團。至於金並不須用此大鑪大罩，祇須小鑪即可分化，並有烘逼之法，使金之貹色分外鮮明。自出尤見寶色，始而將金顆錘成條，而又開成片，由片措在剛板上，用極細之黄坭成片，又用生鹽敷於坭面上，一層坭，一層金。有念於層時，用一烘鑪，不用風箱，以火候熟時，將各物取出，而金之貹色自别，而分兩稍有缺限，此爲頂高成足色之赤金牒子矣。又分開破爲數分，用烏紙措放，使錘兩人對擊之，壹兩金牒能□錘寸寬之浮金數萬張，其法亦妙不可言。而收放擇散者習息停鼻之氣，其細末數者飛，飛而錘手最有輕重緩急，陝西人俱多。今外省人有傳用機器者，用雷鑲鍍此類，不致無天地之物，生人各有種類也。而中國以前未經西學，其鑪罩化煉之法，惟滇黔最精，於有手藝、於火力鑪罩上最有工夫。其餘兩廣、兩湖俱屬下乘，而以前之川人亦不濟事，須切瑳琢磨歷練有年，物理透轍。至於山陝直隸，更無人講求也。化煉之鑪罩亦得識火力，先當識石性坭味，有等石能經火燒煉烘燒，任其風日吹曬而愈見堅實不穎化者，辨礦者宜詳審之。可作鑪中之金門嘴子，而又可作鑪中之夾牆塘埠，見火方愈堅硬異常。鑪罩窑窯礶甑俱齊，必設立各器具以明之用。曰亮子，以鐵爲之，如燈盞碟而大，可盛油半觔，其柄長五六寸，柄有鈎。另有鐵棍長尺，末爲眼以受盞鈎，上仍用有鈎，可掛於套頭上，棉花搓條爲捻計也。曰風箱，大木爲之，而空其中，形圓，口徑一尺三四寸，長一丈二三。每口箱每班用三人，設無整木，亦可以板箱待用，然風力究遜；亦有小者，用一人可扯。曰金船，其式以杉木亦可爲之，長三尺八寸，寬一尺零五分，中腰濶而空，兩頭微尖而平，餘五寸以便手執篩摇溜砂。船内鉅三寸五分遠，安一寸厚五分寬木條一根，船又可夜和木甚佳，嵌成方格子，以竹釘釘妥，坭砂溜去，而金沾於木，此謂金兙木。此造金船之格式也。又附收金之盆，與平常洗臉盆式一樣，或另作一小船，亦合用，用以團金。而盆内之茸金團净後，須用水銀裹裡，此爲砂金、茸金之製器必用之要具也。至若金礦之錘，又與各礦之錘不同，每把重三觔四五兩，長一尺二寸，木爲之柄，必須頭尖尾圓，形如柳葉，頭寬一寸四分，尾寬五分，漸漸縮小。蓋金銀銅鉛各礦，有坭有石有硤。此以錘之尖處劈硤圓處，錘石則金之藏於石中者，無不迎軔而解矣。金敲者，用以抬牛子，長四尺，上稍尖，下略小，每把以九觔十觔爲率，尖頭處須用繩剛煉成。砂金之尖長稍許，上圓下尖亦宜。曰金抓子、金鋤、(漂)〔簸〕箕、馬尾箢、鑲刀，則與各廠素常所用者相同，俱各另詳其後編。簸箕備洗礦所用。曰門檻，其形似丁拐子，橫長二尺三寸，順柄亦二尺有餘，皆以雜木造就。曰木鍬，形似扁鑄筒斧撳鐵木皆有用。有礦炭之撥條，亦曰撞，長八九尺，木柄二尺三寸，銅鑪撥後，用以敲鑪牆凝結之渣膙，則橫掘，其末約一尺，則以趕膙。曰鐵篏，揭銅所用，重八九觔不等，形類虎頭鈴子一般。曰木爬，形方，橫長一尺，高五六寸，餘柄長一丈，銅鑪用起氷銅，須用新木。曰錘，亦須鐵鑄，如日用之鐵錘，然而形長七寸，木爲之柄，左手執尖，右手執錘，玆特爲一人用之。亦俱以鐵撻，形圓而稍扁，重四五觔不等，大者攢竹爲柄又可，則一人雙手執錘，一人執尖。曰尖，亦以鐵爲之，長四五寸，鋭其末，以籐橫箍其梗。曰鑿鐵頭，木柄各長有尺許，形似鐵撬。曰麻布袋，形如措褳，長四五尺，兩頭爲袋，塃硤礦砂皆以此盛用，則一頭在肩，一頭在背，因硐内多伏行也。如淺處，用簩竹之馬尾箢亦便。其形上口斜平，以免背刷其崖，多用小孩們作此工。曰木撥條，長可丈餘，上斜鈎灣。曰篩箕，中微細，以備撰礦之用。曰箝斧，木爲之柄。曰無底木桶，較平常之桶稍大許，但去其底。凡沾鐵器，均可一半作洋剛兼用，包其腰處。如試洋剛之火色，則以煉紅時以牛肉色爲的，玆以抵外洋機器之器具也。此用中法化煉鑪罩器具形勢，固已綱舉目張，不啻指掌。然皆由積年閱歷考驗中得來，非徒記問，亦非臆説。故先大賢有云，大匠誨人必以規矩。又曰能與人規矩，不能使人巧。若要事事妥叶，動中竅奧，非熟嫻於是道者，不能與於斯也。謂斯爲權術，則又豈敢？

又《鑛廠鑪罩器具格式》 附第九章所論各器具樣圖於下。

第壹圖

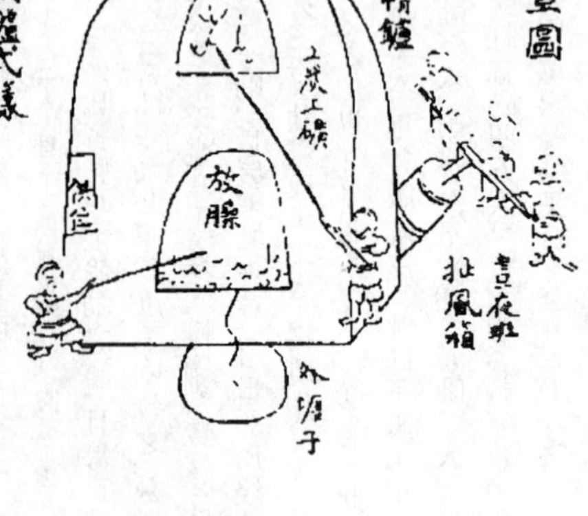

第貳圖

第參圖

第肆圖

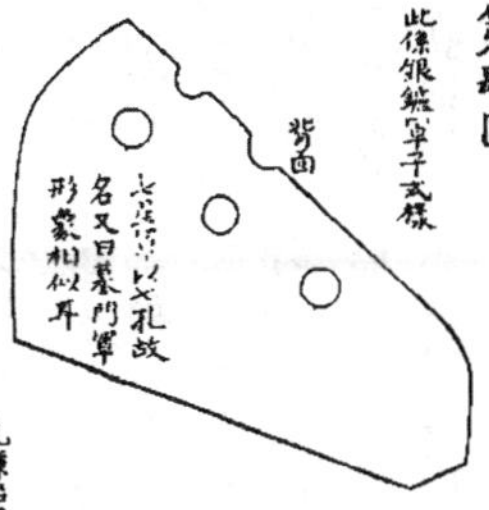

第伍圖

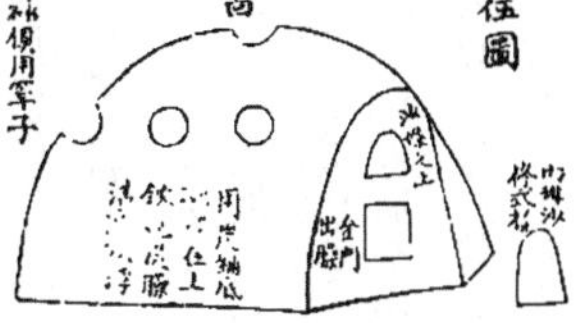

第陸圖

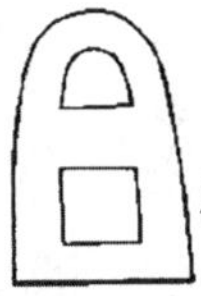

第柒圖

第捌圖

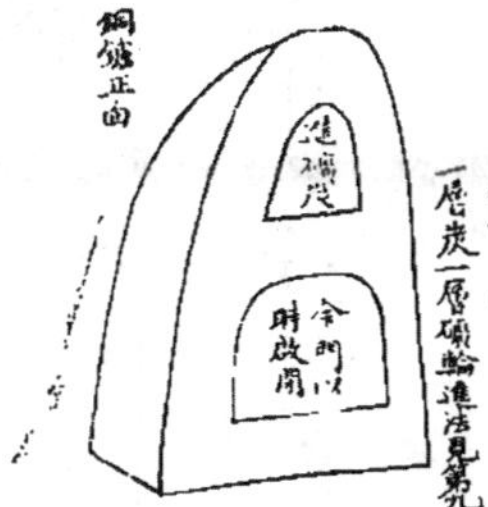

第玖圖

第拾圖

第拾壹圖

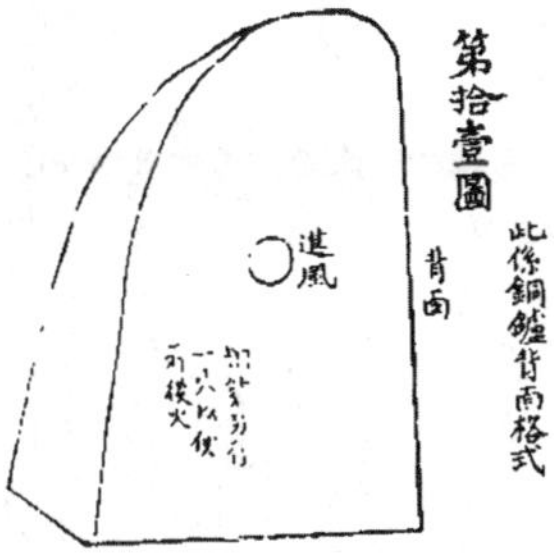

第拾貳圖

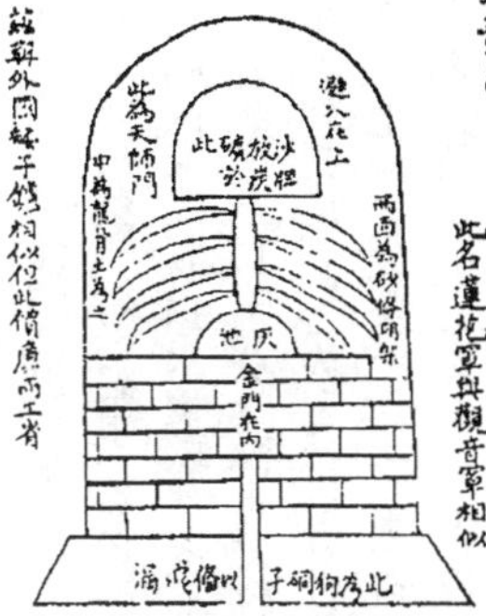

池面外尚有一[illegible]
金門之[illegible]台有一尺[illegible]
寸五分為此[illegible]台子
無論本地之土石俱可
堆成[illegible]子務要[illegible]
鍊好砂條用砂條將
[illegible]內砂[illegible]磁泥[illegible]
[illegible]有[illegible]之大小挨[illegible]
以便[illegible]火[illegible]下化金
銀鐵[illegible]池之面鐵
底也[illegible]為之[illegible]
深之[illegible]五寸
[illegible]係淨杯炭
[illegible]寸過心
[illegible]中內面
堆砂條[illegible]一樣

第拾叁圖

第拾肆圖

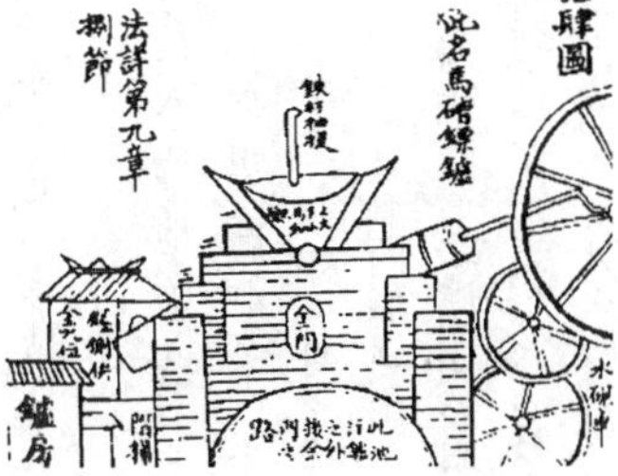

第拾伍圖

第拾陸圖 共計六樣

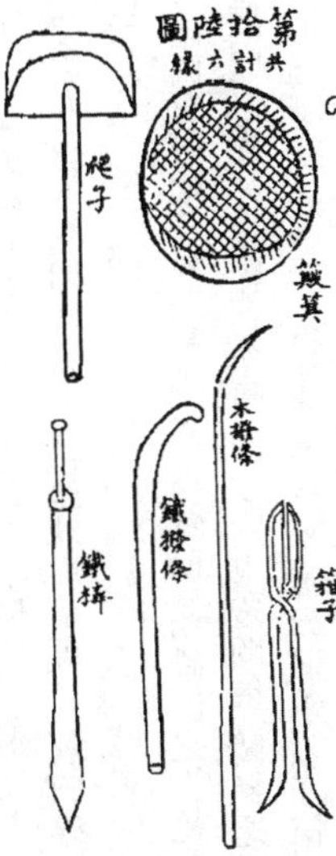

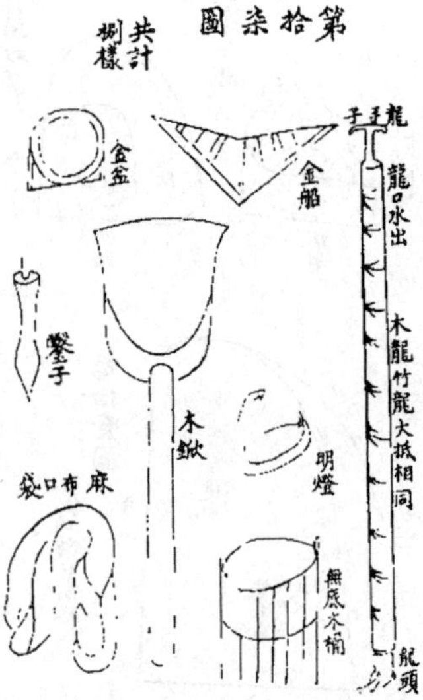

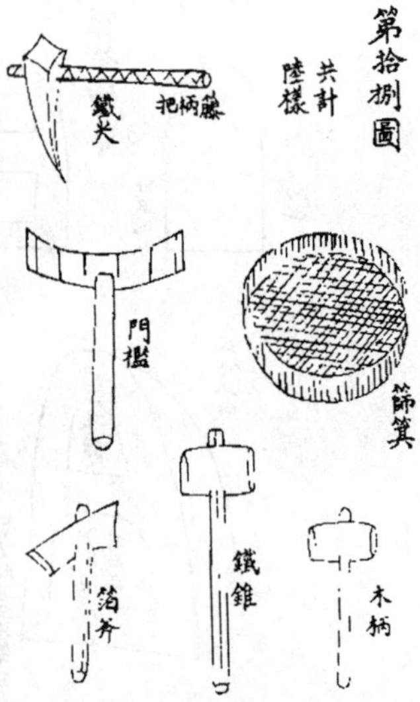

又卷之下《預防四患説》 牛水火風，洞内之四大患也。不知四患，不可以辨礦。知而不能備，亦不可以辨礦。蓋此四患者，關乎一廠之性命，有一於此，即倉塘已出，瓦解立見，一時不慎，悔之何及，故分四則以備急用。

何謂牛？巨石是也。有問牛、審牛、去牛、頂牛、抬牛、碎牛之分。何以審問，如礌中有石欲墜不墜，工人出入惶懼恐駭，若見此石，必用尖挺試觀其大小，審其鬆緊，連擊數次，昂然不動，決不致墜下而傷人，乃可放心。如砂鬆硤細，一試即落，更有硬硤、硬蓬合併懸吊者，必將蓬硤一併打去，萬一大意，有時將蓬硤一齊扯下，傷人必衆，故必打落方爲妥愜，謂之去牛。若頂牛，則蓬硤之間全賴牛從中撑住，甚爲得力，一去其牛，蓬即隨下，傷人無算，謂之牛怒。遇有此等，須先審確，用唧口箱擡頂，方得穩妥，苟忽略一時，其禍非淺，惟此一法可治一切扯蓬之患。或頂一柱，或頂數柱，臨時斟酌。至於倉堂之中，必須留磴以作撑頂之用。苟不留餘地，忽然禍作，至於十開九空，良非細故，此成敗關頭不可不盡心爲之也。抬牛者，礌内硬石礙路，必抬去之方無阻隔。碎牛者，大石當窩路之中，抬之不動，空處亦不能容，即於石中開眼，以炸藥轟之，故曰碎牛。此治牛之法，不可不知也。

何謂火？礌内煤磺硝諸氣一觸陽火，卒然而發，礌内之人萬無生理。然火之來也，亦非無因，必先見淡緑煙氣，暗而不明，人皆悶倦，悶極之時，便成烈燄，人在礌中無處可逃，盡行燒斃。若見此氣，急將風頭逼轉，勿使風助火勢，即以火扇扇其風喉，滅去煙氣，其禍自消。風力所不至之處，亦以此法令其流通。其尤妙者，礌内全用西人電光燈、逼氣燈之類，不致以陽火引動陰火，自無迫不及防之患，則治火、逼火、防火、審火、忌火之方不外是矣。此中國之無□本貲之辨法，有許多凝難受險處，西人甚鄙之。然外洋之法甚妥，非用大股貲本，不能輕舉，是此煤□必須籌畫銷售運載每年月日應出許多礦，合其計算，方能允辨。其開之法已另詳於後編，今四川土人無甚大貲本，暫可依照平時辦法，須從減捷要中辦理。

何謂風？天地之氣無處不通，有損有益，人在平地，則以受之者爲損益。若礌内之風，則有益無損，可謂生人之至寶矣。何也？礌洞之内，上有通風，中有窩路，水洩自利，風如不通，其禍立至。蓋通風之利，如人身之鼻息，然呼吸相通，周身之血脈皆由氣轉，氣順則安，氣逆則病。若洞内無風，則人無呼吸矣，豈能生哉？凡洞皆有通風之穴，恐工舞弊，於風頭順道之處，用石阻滯，立使氣迴煙悶，人不能堪，全廠之人不知其由。惟有識者一經審視，將石移去，清風自來，洞内工人得生機矣。不然，百方禱祝，不辭重金，皆爲其人所舞弄矣。此阻風引風之説，不可不知也。

何謂水？洞中陰水是也。未見天日，陰森逼人，偶一觸之，多生惡疾，或皮膚腫脹，或肌肉潰濫，或筋骨疼痛，或眼目失明，諸班惡疾，一人成病，衆人膽怯，焉能成事？知此患者，先備藥料給予衆工，然後開轄，轄，水溝也。亦與濠通。以去其水。若山體厚大，礌内深邃，必用水機以洩之，洩之不盡，再用聽水之法，察其遠近，相地以治之。若聽之不真，可於空窩之處置一巨甕，以聽者於甕口聽之，即數十里之内，亦可確知其處，此古人畏城以守之法也。即於其處設法以治之，而礌内可無水患矣。此土法沾應遵從福地之事，造化生成，人多不覺也。以上四患有一於此，全廠俱壞，既折貲本，復累人命，實爲惡患。誠如法治之，則轉禍爲福，大利可興。世言礦者，慎勿忽於此，並以此言爲藥石，則福德無量矣。

傳記

王世貞《弇州四部稿》卷一七四《説部・宛委餘編一九》 《抱朴子》載：華譚，字令思，高才洽聞之士也，而事之不經者，多所不信。後有道士説黄白之方，乃試令作之曰：「以鐵器銷鉛，散藥投中，即成銀。又銷此銀，以他藥投之，乃作黄金。

酈道元《水經注》卷三二《巴水》 北入於淮。【略】湖北對八公山，山無樹木，惟童阜耳。山上有淮南王劉安廟。劉安是漢高帝之孫，厲王長子也，折節下士，篤好儒學，養方術之徒數十人，皆爲俊異焉，多神仙祕法鴻寶之道。忽有八公，皆鬚眉皓素，詣門希見。門者曰：吾王好長生，今先生無住衰之術，未敢相聞。八公咸變成童，王甚敬之。八士並能鍊金化丹，出入無間。乃與安登山，薶金於地，白日昇天。餘藥在器，雞犬舐之者，俱得上昇。

《南史》卷六五《陳長沙王叔堅傳》 叔堅少而嚴整，又頗使酒，兄弟憚之。好數術，卜筮、風角、鎔金、琢玉，並究其妙。初封豐城侯。太建元年封。累遷丹陽尹。

《北史》卷三九《畢衆敬傳》 文宣受禪，除書侍御史，彈射不避勳親。累遷御史中丞，繩劾更切。然豪横不平，頻被怨訟。前爲汲郡太守翟嵩啓列：義雲從父兄僧明負官債，先任京畿長史，不受其屬，立限切徵，由此挾嫌，數遣御史過郡訪察，欲相推繩。又坐私藏工匠，家有十餘機織錦，并追金銀器物，乃被禁止。尋見釋，以爲司徒左長史。

劉肅《大唐新語》卷八《文章》 李嶠，少負才華，代傳儒學，累官成均祭酒，吏部尚書，參知政事，封鄭國公。長壽三年，則天徵天下銅五十餘萬斤，鐵三百三十餘萬，錢二萬七千貫，於定鼎門内鑄八棱銅柱，高九十尺，徑一丈二尺。題曰：「大周萬國，述德天樞。」紀革命之功，頌皇家之德。天樞下鑄鐵山銅龍，負戴獅子、麒麟圍遶，上有雲蓋。蓋上施盤龍，以托火珠。珠高一丈，圍三丈，金彩熒煌，光侔日月。

李昉《太平廣記》卷四〇〇《寶一・成弼》 隋末有道者居於太白山，煉丹砂，合大還成，因得道，居山數十年。有成弼者給侍之，道者與居十餘歲，而不告以道。弼後以家艱辭去，道者曰：「子從我久，今後有憂，吾無以遺子，遺子丹十粒，一粒丹化十斤赤銅，則黄金矣，足以辦葬事。」弼乃還，如言，化黄金以足用。辦葬訖，弼有異志，復入山見之，更求還丹，道者不與。弼乃持白刃刼之，既不得丹，則斷道者兩手；又不得，則刖其足。道者顔色不變，弼滋怒，則斬其頭。及解衣，肘後有赤囊，開之則丹也。弼喜，持丹下山。忽聞呼弼聲，回顧，乃道者也。弼大驚，而謂弼曰：「吾不期與至此，無得受丹，神必誅汝，終如吾矣。」因不見。弼多得丹，多變黄金，金色稍赤，優於常金，可以服餌。家既殷富，則爲人所告，云弼有姦。捕得，弼自列能成黄金，非有他故也。唐太宗問之，召令造黄金。金成，帝悦，授以五品官，敕令造金，要盡天下之銅乃已。弼造金凡數萬斤，而丹盡。其金所謂大唐金也，百煉益精，甚貴之。弼既藝窮，而請去。太宗令列其方，弼實不知方，訴之。帝謂其詐，怒，脅之以兵。弼猶自列，遂爲武士斷其手；又不言，則刖其足。弼窘急，且述其本末。亦不信，遂斬之，而大唐金遂流用矣。後有婆羅門，號爲别寶，帝入庫遍閲，婆羅門指金及大毯曰：「唯此二寶耳。」問：「毯有何奇異，而謂之寶？」婆羅門令舒毯於地，以水濡之，水皆流去，毯竟不濕。至今外國傳成弼金，以爲寶貨也。出《廣異記》。

卷四六八《水族五・謝非》 道士丹陽謝非往石城冶，買釜還，日暮不及家。山中有廟，舍於溪水上，入中宿。大聲語曰：「吾是天帝使者，停此宿。」猶畏人刼奪其金，意苦，搔搔不安。夜二更中，有來至廟門者呼曰：「何銅？」銅應諾。「廟中有人氣，是誰？」銅云：「有人言是天帝使者，少頃便還。」須臾又有來者，呼銅問之如前，銅答如故，復嘆息而去。非驚擾不得眠，遂起。呼銅問之：「先來者是誰？」銅答言：「是水邊穴中白鼉。」「汝是何等物？」「是廟北巖嵌中龜也。」非皆陰識之。天明，便告居人言：「此廟中無神，但是龜鼉之輩，徒費酒肉祀之，急具鍤來共往伐之。」諸人亦頗疑之。於是並會伐掘，皆殺之，遂壞廟絶祀，自後安静。出《搜神記》。

黄震《古今紀要》卷一四 王涯：文宗時，代王播總鹽鐵政，益刻急，收李師道時十二州銅鐵，賦天子鹽鐵。爲相，合度支鹽鐵爲一，使領之。罷京師榷酒錢以悦衆，變茶法爲榷茶使民怨。

李昌齡《樂善録》卷三續 陶仁貴一子雙盲，以宿業禮問曇相師，曰：「此兒前生能煑鐵爲銀，煆銅爲金，以欺人，故得無眼報。」《十生記》。

《宋史》卷二六五《列傳第二四・張齊賢》 〔太平興國〕六年，爲江南西路轉運副使。冬，改右補闕，加正使。齊賢至官，詢知饒、信、虔州土産銅、鐵、鉛、錫之所，推求前代鑄法，取饒州永平監所鑄以爲定式，歲鑄五十萬貫，凡用銅八十五萬斤，鉛三十六萬斤，錫十六萬斤。

章潢《萬曆新修南昌府志》卷一五《名宦傳》 張齊賢，字師亮，太平興國六年爲江南西路轉運副使，至官，詢知饒、信、虔州土産銅、鐵、鉛、錫之所，歲鑄五十萬貫。

王禹偁《小畜集》卷一七《碑記・江州廣寧監記》 夫百貨所聚，必以一物主之。金玉重寶也，滯於流布，粟帛要用也，濫於濕薄。權輕重而利交易者，其唯錢乎？【略】然自古銅、鉛仰給饒、信。故《史記》言吴王即山鑄錢，誘聚亡命。又濞云：寡人金錢遍天下者是也。【略】至皇朝開寶末，凡百餘歲，鑄錢之利不入中國，故開元錢刓缺銷毀，時用漸稀。太祖平吴，因舊制開監於鄱陽。太宗即位，淮海王錢俶入朝，又得杭州錢監，尋以銅錫不充而廢。至道二年，某自翰林出守淮甸，調民輸炭，自滁抵饒，泝洄江濤，人頗咨怨。某即按唐史具鑪冶數目、郡國處所飛奏以聞，請分監署章。未報。會庸州刺史楊允恭亦言其事，始分鑄於池州，用減淮民數千里汎舟之役。聖上嗣統，聿修先旨，以爲錢刀之利，軍國所先，將使水衡廪犧，貫朽而不可較，瓊林、大盈，充牣而無虚月。咸平二年夏五月，詔：尚書郎馮某、中貴人白某乘驛而周視南土，自番禺、閩越、吴會、荆蠻相水土之宜，度舟車之便，設局署吏，大興鼓鑄，於是建陽首潯陽次焉。明年，勅江州廣寧監，奏以秘書丞知吉州太和縣李某總領之，右班殿直鄭某佐伯之。監地即榷務之舊址也。湓江帶其右，廬阜居其前，度木庀徒，揆日蕆事，肇四月癸亥，終七月己卯，曰廳曰院，若庫若場，役夫有營，王人有宅，總大小若干間。於是廣寧之大壯具矣。歲鑄錢二十萬貫，鑄錢之費八萬八千三百六十貫四百五十，得實錢一十萬一千六百三十九貫五百四十五。其爲利也溥哉！與夫租傭賦調之入，鹽鐵榷酤之課，相與爲表里，資助國用，亦重事也。且夫工徒無賴，聚一州而非便，散之則盗心不生矣。錢幣益多，流四海而不匱，用之則盗鑄幾息矣。非吾皇順考古道，留心庶政，興九府之圜法，恢二聖之永圖，孰能若斯之速耶！資以馮白之幹事，李鄭之辦職，上下協力，成兹僝功。將見開蜀郡銅山，革公孫鐵幣，復漢唐之舊法，與五銖開元，流於無窮也。豈止江南而已哉？咸平三年七月日記

杜大珪《名臣碑傳琬琰集》下卷二《張文定公齊賢傳》 齊賢曰：「臣聞江南舊以鐵爲幣，今改用銅錢，民間難得，而官責租課，頗受鞭撻，此最不便。」上曰：「漢時吴王即山鑄錢，江南多出銅，爲朕密經營之。」初，李氏歲鑄六萬貫，自克復增冶匠，然亦不過七萬貫，常患銅及鉛錫之不給，齊賢乃訪得承旨丁釗，歷指饒、信、虔山谷産銅鉛錫之所，又求前代鑄法爲饒州永平監。周唐開元錢料堅實可久，由是定取其法，歲鑄五十萬貫，凡用銅八十五萬斤，鉛三十六萬，錫十六萬斤。齊賢即詣闕面陳其事，詔既下，頗有言其妄者，乃令中書召齊賢問訊，齊賢具述，嘗親行山院，其辭甚確，萬一以之，丁釗亦得復補殿前承旨，掌銅場。又有言新法增鉛錫多者，齊賢固引唐朝舊法，爲始言不能奪。

魏泰《臨漢隱居詩話》 張鑄，健吏也。性亦滑稽，爲河北轉運使，以事謫知信州。是時，以屯田員外郎葛源新得提舉銀銅阬冶，信州在所提舉。源欲爲鑄，發舉狀移牒，令鑄供歷任脚色狀，鑄不平，作詩寄之曰：「銀銅坑冶是新差，職任催綱勝一階。更使下官供脚色，下官踪跡轉沈埋。」源有慙色。

曾鞏《元豐類稿》卷四四《墓誌銘・殿中丞致仕王君墓誌銘》 君諱某，字某，其先琅邪人。【略】君少，以父仕爲太廟齋郎，養其父不忍一日去左右，至卒喪，年已四十餘，始出爲南劍州司户參軍。歷監劍州銀銅場、和州司户參軍，用薦者監潁峒。棁去，爲越州山陰縣尉，滑峒録事參軍，隨州唐城縣令。其爲銀銅場，冶者復業，而歲課大溢。爲尉，能發奸偷；爲録事，治獄不撓；爲令，有惠愛於人。其試於事者如此。其爲人居家孝友，遇人和易質厚，不爲聰明機巧，以華世動俗，故知之者少，而君亦自若也。

王安石《王荆公文注》卷八《志銘・度支郎中葛公源墓誌銘》 提點銀銅坑冶鑄錢：《長編》：景祐二年八月，初命朝臣爲江浙、荆湖、福建、廣南等路提點銀銅坑冶鑄錢公事，其俸賜恩例並與提點刑獄司。元豐二年七月癸酉，二司言：「江浙等路提點坑冶鑄錢司舊管五錢監，近年江、池、饒州增歲鑄額，及興國、睦、衡、舒、鄂、惠州創置六監，提點官一員通領九路水陸，巡按不周，欲增置官一員，分路提點。」從之。乃以太常少卿錢昌武領淮南、兩浙、福建、江南東路，李棐領荆湖廣南江南西路。

茅坤《唐宋八大家文鈔》卷九三《臨川文鈔一三・墓志銘・度支郎中葛公墓誌銘》 葛公，姓也。源，名也。宗聖，字也。處州之麗水，公所生也，明州之鄞，後所遷也。【略】江浙荆湖福建廣西提點銀銅坑冶鑄錢度支郎中，荆湖北提點刑獄，此公之所閲官也。【略】鑄錢，歲十六萬，其所施置，後以爲法程，此公之爲銀

銅坑冶鑄錢也。

余靖《武溪集》卷一九《墓誌上·宋故兩浙提點刑獄尚書度支員外郎林公墓碣銘并序》 公諱從周，字某。其先西河人，問禮孔子，顯名諸侯。【略】景德二年，由進士上第，勅除泉州南安主簿。郡以符召爲掾，日持手板與刺史廷辯，曲直凛然，有國士之風。主計者聞其才，俾莅劍州銀冶，半歲入銀、銅七十一萬，第其最以聞，天子嘉之。

黄裳《演山集》卷三三《墓誌銘·中散大夫林公墓誌銘》 公諱積，字功濟，其先比干之後，莫知其所由來。【略】釋服赴闕，權鑄鎬務，改職方員外郎，爲撫州通判，移淮南發運司勾當公事，提舉廣南東西路銀銅坑冶、市舶利害，轉屯田郎中。民以銀、銅入官，官負其直且數十萬，以故廢業。公至，出積貨滯財之在官者，易而償之，坑冶復作，課利遂集。【略】銅冶不下數十，歲藏日收，委場官帑官負其直，欲權罷收買，且用見支之價以償舊欠。運諸滯銅以杜宿姦。朝廷行之，召權三司廣支判官。尚書省成，天子選用英才，分治曹務，除庫部郎中，改朝請大夫。

《金史》卷一二八《劉焕傳》 以本官攝户部員外郎。代州錢監雜青銅鑄錢，錢色惡，類鐵錢。民間盜鑄，抵罪者衆，朝廷患之，下尚書省議。焕奏曰：「錢寶純用黄銅精治之，中濡以錫，若青銅可鑄，歷代無緣不用。自代州取二分與四六分，青黄雜糅，務省銅而功易就。由是，民間盜鑄，陷罪者衆，非朝廷意也。必欲爲天下利，宜純用黄銅，得數少而利遠。其新錢已流行者，宜驗數輸納准換。」從之。

邵經邦《弘簡録》卷二四二《載記·金忠節一》 完顔從坦，宗室子。大安中，充尚書省祗候郎君。貞祐二年，自募義兵數千，充宣差都提控，詔從提舉奉先、范陽三都統兵。除同知涿州事，遷刺史，佩金牌，經略海州。頃之，充宣差都提控，安撫山西軍民，應援中都。上書曰：「絳、解二州僅能城守，而村落之民皆嘗被兵，重以連歲不登，人多艱食，皆恃鹽布易米。今大陽等渡乃不許粟麥過河，願罷其禁，官税十三，則公私皆濟矣。」又曰：「絳、解，河中必争之地，惟令寶昌軍節度使從宜規畫鹽池之利，以實二州，則民受其利，兵可以强矣。」又曰：「中條之南，垣曲、平陸、芮城、虞鄉，河東之形勢，陜、洛之襟喉也。可分陜州步騎萬二千人爲一提控，四都統，分戍四縣，此萬全之策也。」又曰：「平陸産銀、鐵，若以鹽易米募工鍊冶，可以廣財用、備戎器，且小民傭食，因以息盜。」

曾廉《元書》卷九四《列女列傳第六九》 葛孝女，金溪人。元末江南官吏有鑿山披河取金以充貢者，不足則轉市他所，必取盈而後已，民多鬻産以償官，爲害無既。孝女因有司搒掠其父，徵求銀冶，遂投冶中死，刺史奏，止其貢，邑人賴而祠之。蘇天爵、危素皆題贊之，以警獻利者。

穆彰阿《〔嘉慶〕清一統志》卷一三五《山西省》 完顔從坦。金宗室。貞祐中，充宣差都提控安撫山西軍民。上書言：絳、解二州民，皆恃鹽布易米，今大陽等渡，不許粟麥過河，乞罷其禁，官税十三，則公私皆濟。又言中條以南諸縣，爲陜洛襟喉，乞加兵分戍。平陸産銀、鐵，若以鹽易米，募工煉冶，可以廣財用，補戎器。尚書省議，惟許放大陽等渡。

《宋史新編》卷四八《志三四·藝文二》 張甲：《浸銅要録》一卷。

又卷七三《列傳一五·張齊賢子宗誨》 張齊賢，曹州人。晉亂，徙家洛陽，孤貧力學，有遠志。慕唐李大亮之爲人，故字師亮。【略】出爲江南西路轉運副使，俄改右補闕，加正使。齊賢至官，詢知饒、信、虔州土産銅鐵鉛錫之所，推求前代鑄法，歲鑄五十萬貫，詣闕面陳其事，敷奏詳議者不能奪。

又卷九五《列傳三七·范祥子育》 范祥，字晉公，邠州人，進士及第。歷知慶、汝、舉三州，提舉陜西銀銅坑冶鑄錢。祥曉達財利，建議變鹽法，後人不敢易。稍加損益，輒不便。語在《食貨志》。

又卷一一〇《列傳五二·滎諲》 滎諲字仲思，任城人。父宗範知鉛山縣，詔罷縣募民採銅。民散爲盜，宗範請復如故。真宗嘉異，擢提點江浙諸路銀銅坑冶。諲舉進士，歷京東轉運使。萊陽産銀砂，安撫使以劫盜論私採者，諲曰：「所盜豈民財耶？」貸免甚衆。又使成都府路，召爲户部副使，以集賢殿修撰知洪州，以疾故徙舒州，未至，卒。累官祕書監。

《明史》卷一六四《列傳第五二·黄澤》 〔黄澤，閩縣人〕宣德三年，擢浙江布政使。復上言平陽、麗水等七縣銀冶宜罷，并請盡罷諸坑冶，語甚切。帝歎息曰：「民困若此，朕何由知。」遣官驗視，酌議以聞。澤在官有政績，然多暴怒。

袁枚《小倉山房文集》卷六《湖北布政使徐公傳》 君諱垣，字紫庭，會稽人也，生而端静。坦中任真，不與人爲同異。以戊午舉人、己未進士入翰林散館，改授户部主事，累遷郎中，記名御史，出爲廣信府知府，南贛巡道安徽按察使。乾隆二十一年，皖江災，刼案屢起，有司以盗報。君審知皆饑民，以搶奪論，全活甚衆。旋擢四川布政使，調貴州，再調湖北。當是時，貴州巡撫周人驥奏開安順、南明兩河運銷銅鉛，行二年，安順灘勢平夷，輸輓尚利。南明灘高，兩山夾峙，每大雨，衆流滙注，所開峽口盡淤，舟不能行。周又護前不敢再奏，有司迎合其意，爲僱駝馬陸運，而仍以水運報。公密奏其狀，且云撫臣以節省運費故苦累民苗，殊乖政體。上韙其言，命總督吴達善勘明停止，官民歡呼。

祝允明《祝子志怪録》卷四《天遣陳常》　成化初，蘇之上塘有煅工陳常者，善鑄瀉。每得人白銀，必入鉛、銅之類造僞而還之，前後侵人財不貲矣。識者見其所制，稱爲陳常銀，惟恐誤得，人咸惡之。一日大雨，大雷震死此工於市，舉體焦灼，而亡其首，人方稱怪。又數月，有人自揚州來者，乃言某月日揚州亦大雨雷震，雨後忽落一首於彼市中，視之，乃此工也。其受報如此。

胡謐《〔成化〕山西通誌》卷九　杜克温，太谷人，爲上都警巡院者，有没入男女，奏許令配偶。吏民爲之語曰：古有杜母，公其父也。官至銅鐵冶都提舉使。

陳道《〔弘治〕八閩通誌》卷六四《人物》　王鬲。字景和，崇安人。皇祐初進士。知□州雩都縣，民索嚚訟難治。鬲至，一感以誠，復圖古之好義者，列其事以誘勸之，甫逾年，訟息而民化。縣南有泉，灌田千頃，忽産鉛、錫，使者聞之，欲置官冶。鬲力争不可，其議遂寢。换朝奉即通判婺州。【略】

俞翊，崇安人。以父日新死事恩澤補官，改秩知上虞縣，事妥民安，吏服其廉。用丞相湯思退薦知饒州，廷臣言翊資淺不當得大郡，思退力言其能，剸繁治劇，不可拘於資格。到郡果有政聲，就除提點坑冶，卒。

又卷六六《人物》　鐘季玉，樂平人。嘗爲江西運判，提點都大坑冶。元兵渡江，季玉徙寓建陽。兵至，不屈死之。

瞿九思《萬曆武功録》卷一《兩京北直隸・礦盜楊戬列傳》　楊戬，成縣人也。徽成寧禮間，有金銀冶，山林茂密，戬常與寧羌人楊二、熊五，文縣人孫長漢，階州人劉東泉，曾緒、吴九堂、龎友科，伏羌人孟林，喜歧山人劉西泉，專以盜冶爲務。

又卷二《兩京南直隸》　李圓郎者，虔州僧也，少通符法。而其黨王子龍好黄白，能化銅、鐵爲金，兩人相爲引重，各以其能號召邑中，邑中少年多有從之遊者矣。

陳邦俊《廣諧史》卷九林金《孔方生傳財》　孔方生，莊山人也，姓錢氏，名萬貫，字積夫。其先世銅川人，大父名璧，與其弟珠。當有虞時，用窮奇薦見舜，説舜以富國之術，舜大怒曰：「是貪黷而自衒者也！」遂抵璧於莊山之麓，錮之，投珠於粤海。珠因潛身入海國夷島，今其子孫獨一種，未甚盛。璧既錮於莊山，遂依土豪金氏居。金氏有女，璧通焉，生四子：曰銅、曰銀、曰錫、曰鉛。銅即生之父也。生以祖爲棄民，乃竊金氏之支旁，改姓錢氏云。生少，氣質極剛；及長，學於段百鍊先生。盡消融，去查滓，其爲人外圓内方，接物行已，流通不滯，居鄉鄙，能傾身濟人之乏。凡貧窮患難不能自存者，得生與處，則無不立效，坐致富貴，其應如神。人無長幼，皆呼之爲兄。以其内方，故號爲孔方兄云。生曰：「是善名我。」乃去舊名，自稱爲孔方生。然生爲人，雖務施，亦好積，大率厭貧求富，每見人家驟消窘，輒棄去，交游達官富人之門，以是有志者漸鄙之。居無何，以内侍火者薦於湯，爲洪爐卿，爲湯鑄幣於莊山之下，後以乾没罪罷去。至湯末，孫紂立，又用崇侯虎薦，爲鹿臺都大提舉，掊克聚歛，無所不至。紂以爲能，封富國侯，食邑鹿臺三萬户，卒致民窮盜起。及武王伐紂，籍其家貲，大賚於四海。生既家散業亡，復流民間爲守藏奴。至秦始皇時，又因李斯、趙高以進，勸始皇行頭會箕歛之法，秦因以亡。漢武帝雅欲興利，生復陰以其術授桑弘羊、東郭咸陽、孔僅之徒，啓武帝以利門，立均輸，置平准，算商車，告緡法，紛紛製作，咸出於生。及海内虚耗，議者皆歸罪於桑、孔，而不知其原實生尸之也。東漢末，靈帝即位，生復爲西邸令，甚見親信，凡進用公卿百執事，皆與之議。當時仕宦無大小内外，非生莫能自達。崔烈爲司徒，亦因生以進。卒滅炎祚。及晉興，生復客右散騎石崇家，教崇與王愷相尚奢僭，致崇族滅。崇被收時，嘆曰：「奴輩利吾孔方生耳！」收者曰：「知生爲禍，何不去之？」崇死後，魯褒作《孔方論》以譏之，生不爲改，自是生無所聞知者久之。至唐德宗朝，生復用，裴延齡舉爲鹽鐵都轉運使，復導德宗立瓊林、大盈二庫，日夜居其中，會計饒縮，奉天之亂，蓋生所致焉。歷唐而宋真宗時，與契丹會澶淵，宰相寇准欲用兵，生謀敚准功，乃請身行講和，遂與契丹結盟而去，自是每歲必奉使而往，卒致宋室卑弱，金人内侵，汴京失守，而生之族亦流播夷狄，不得盡歸中原云。

李元度《國朝先正事略》卷一八《胡恪靖公事略》　胡公寶瑔，字泰舒，江蘇青浦人。父賡雲，進士，官教授。公生有異稟。雍正元年舉於鄉，有同試禮部者托公齎文入都，奴愆於期。公憮然曰：吾義不獨試也，袖筆出。乾隆二年，試授内閣中書，軍機處行走，首輔鄂文端公深器之。六年秋，大學士查郎阿公、侍郎阿里衮公奉命相度奉天三省地形，請以公偕行。時適扈駕木蘭，即由此徧歷諸部，至盛京，過吉林渡松花。【略】在湖南，民貧俗敝，苗猺困兵役之擾。公整飭之，疏定郿桂銅鉛各廠委員，協辦更替之法。在江西奏嚴查鄱陽湖編保甲，以靖積盜。又奏勘明廣信所屬銅塘山，無可墾之地，無可用之材，無可煎之礦，請永行封禁。

曾國荃《〔光緒〕湖南通志》卷一〇五《名宦志一四》 胡寶瑔，歙縣人。乾隆十九年任湖南巡撫，疏言：郴桂二州銅鉛各廠，因距州治較遠，委員董理，一年更替，查廠中弊竇多端，凡抽課收煎支解接手之員，必數月方能講求明白，此數月中已受欺蒙侵漏之□，請倣臺灣瓊州例，令新員與舊員協辦數月，以收駕輕就熟之益。得旨允行。

王棫《秋燈叢話》卷一〇 平原新莊張世珍，舊族也。患癱疾年久不愈，遇一道士，自言浙江馮姓，善醫，以藥酒一杯飲之，沉疴立起，乃深感焉，館於家。馮能攝亡人魂魄現鏡中，雖歿數十載，攝之無不畢肖。又善丹術，張試之銅錫，皆成黄白。遂告貸親友，得數百金，入爐火，經數旬，馮曰：「丹成矣，須藥物點化。」顧本村荒僻無藥肆，張復貸數十金，借騾二頭，令其子偕往村東水務鎮市之。途中頻令張子下騎，撮土置囊中，云有用處。須臾至鎮，有一人自肆中出，呼張子飲，視之，乃其戚杜某也。甫接談，忽家人奔至，曰：「主人病發矣，危甚！」張子驚惶無措，遂以銀付杜，偕馮市藥。奔歸，父固無恙，家人亦未嘗他出。因備述其故，父駭曰：「杜下世已久，惡得尚存？且鎮去村遠，何迅速乃爾？」子恍然悟，啓爐驗視，空如也。馮初策蹇來，尚繫廐中，往覘之，乃紙剪者，揀篋中黄白物，皆還原質。張悔恨無及，病亦復發，而索逋盈門，盡鬻田產償之，竟至赤貧。

王闓運《〔光緒〕湘潭縣志》卷一一《貨殖第一一》 宣宗聖德恭儉，悉罷四方土貢，湘蓮貢亦罷，楊塘遂不復産蓮，今衡蓮猶顯湘蓮如故。舊有名者楊梅洲茄，株洲蘆菔，雲塘橘，石潭石灰、花石、豆乳皆不能出境。異時龘紙多自湘鄉衡陽來，行户亦多其縣人。銅工來自湘陰，近亦多土人。明末藍靛驟盛，官資以養驛馬。石炭卝曰煤礲，大者聚千人，買山採煤，數以致訟，其歲利大者亦不過千金，黄秉元以起其家。初攻卝，衆曰石堅不易攻，秉元曰能堅於飯乎？凡恃卝利者，如飢之必求食，則可得矣。然秉元亦有天幸，諸攻卝者傾家亡身不可勝數。冶鐵取剛必於蕪湖。乾隆中，黄聚泰身往，傭於蕪三年，結良工八人，要與歸，起鑪聽鋼，歲坐致千金，至今鋼坊稱聚泰，南北推其良，西商不復往蕪湖矣。傾銀亦祕術也，黄億順欲學之，陽喑不能言，竟傳其方。

《龍泉縣志》卷一一《坑冶》 聞之昔者，鑿坑之徒悉屬亡命，偶而獲，則肝腦塗地亦不憚，不獲則哨衆刼奪，遂流而爲礦盜，害及一方。今坑場幸已俱廢，既不攤賠，亦不科料，誠國家仁心善政也。

紀事

《三國志》卷四《魏志・齊王芳傳》 〔正始元年〕秋七月，詔曰：「《易》稱損上益下，節以制度，不傷財，不害民。方今百姓不足而御府多作金銀雜物，將奚以爲？今出黄金銀物百五十種，千八百餘斤，銷冶以供軍用。」【略】

嚴衍《資治通鑒補》卷七八《漢紀七〇・後皇帝下之下》 今因平蜀之勢以乘吴，吴人震恐，席捲之時也。然大舉之後，將士疲勞，不可便用，且徐緩之。留隴右兵二萬人，蜀兵二萬人，煮鹽興冶，爲車農要用。蜀有鹽井，朱提出銀，嚴道邛都出銅，武陽、南安、臨邛、沔陽皆出鐵，漢置鹽官、鐵官，艾欲復其利。

徐堅《初學記》卷二七《寶器部・銀第二》 洗礦鑄礫。酈元注《水經》曰：涛水山水源有金銀礦，洗取火合之以成金銀。王韶之《始興記》曰：小首山，宋元嘉元年夏，霖雨山崩，自巔及麓，崩處有光耀，望若辰砂，居人往觀，皆是銀礫，鑄得銀也。

李吉甫《元和郡縣志》卷二六《江南道一・潤州・句容縣》 銅冶山在縣北六十五里，山出銅、鉛，歷代採鑄。

又卷三〇《江南道五・潭州長沙中都督府・平陽縣》 本漢郴縣地，東晉陶侃於今理南置，屬平陽郡，至陳俱廢。隋末蕭銑分置，武德因而不改，七年省，八年復置。銀坑在縣南三十里，所出銀至精好，俗謂之□子銀，別處莫及。亦出銅□，供桂楊監鼓鑄。

李昉《太平廣記》卷七四《道術四・唐武宗朝術士》 唐武宗皇帝好神仙異術，海内道流方士，多至輦下。趙歸真探賾玄機，以制鉛汞，見之者無不竦敬。請於禁中築望仙臺，高百尺，以爲驂鸞馭鶴，可刻期而往。常云飛鍊須得生銀，詔使於樂平山收採。既而大役工徒，所出者皆頑石礦，無從而得。歸真乃齋醮數朝，以御札致於巖穴。俄有老人杖策而至，曰：「山川寶物，蓋爲有道而出。況明主以修真爲念，是何感應不臻？尊師無復懷憂，明日當從請。」語罷而出，莫知所之。是夕，有聲如雷，山礦豁開數十丈，銀液坌然而涌，與入用之數相符。

陳公亮《〔淳熙〕嚴州圖經》卷一《倉場庫務鑄錢監附》 陳泉監在望雲門外。

熙寧七年置，舊取婺州永康縣銅山場銅以鑄錢，今取信州鉛山縣銅、錫爲之，監官廨舍在監東。

顧炎武《肇域志》卷三九《陝西·漢中府》 梓潼郡本廣漢屬縣也。建安十八年，劉先主自葭萌南攻，州牧劉璋留中郎將霍峻守葭萌。張魯遣將楊帛誘峻。峻曰：「小人頭可得，城不可得也。」劉璋將向存、扶禁由巴閬水攻峻，歲餘不能克。峻衆才八百人，存衆萬計，更爲峻所破。成都既定，先主嘉峻功。二十二年，分廣漢置梓潼郡，以峻爲太守，屬縣六，東接巴西，南接廣漢，西接陰平，北接漢中，出金、銀、丹、漆、藥、蜜也。世有雋彥，又侔於巴蜀。梓潼縣郡治有五婦山，故蜀五丁士所拽蛇崩山處也。有善板祠，一曰惡子，民歲上雷杼十枚，歲盡不復見，云雷取去。涪縣去成都三百五十里，水通於巴，於蜀爲東北之要。蜀時大將軍鎮之。有巖田本稻田。孱水出孱山，其源出金銀鑛，洗取，火融合之爲金銀。陽泉出石丹。大司馬蔣琬葬此。晉壽縣本葭萌城，劉氏更曰漢壽水，通於巴西，又入漢川，有金銀鑛，民今歲歲洗取之。

自景谷有步道，經江油左擔出涪，鄧艾伐蜀道也。劉主時，置義守號關尉。剛氏縣涪水所出，有金銀鑛。

顧祖禹《讀史方輿紀要》卷八一《湖廣七·辰州府》 狤狑、犵獠、不狼寨。在府西北大酉山口，其名皆犬屬，蓋盤瓠子孫。志云：「府有廢淘金場，廢水銀場七，廢鐵冶四，蓋皆山溪所産，今否。又有銅柱，在會溪鎮隔江。」《五代史》：晉天福四年，黔南巡、内、溪州刺史彭士愁寇辰、澧州，爲楚將劉勍等所敗，以溪、獎、錦三州降楚，楚王希範因徙溪州於便地，表彭士愁爲溪州刺史，鑄銅柱立之溪州。胡氏曰，會溪城西南一里有銅柱是也。

又卷八五《江西三·饒州府·樂平縣》 龍停湖。在縣西南。四時不竭，下流入樂安江。汰金洲在縣西十五里平沙臨水，唐初有麩金，開元後廢。又西五里至水口亦出麩金。《郡國志》：鄱陽之土出金，披沙淘之，粒大者如豆，小者如麩。山中亦出銀苗云。

又《江西·饒州府·德興縣》 白沙鎮。在縣之樂平鄉十二都，有巡司。【略】金場在縣南二十里，宋時冶金處也。又有銀場在縣東六十里，唐冶銀處。【略】

又卷八六《江西四·撫州府·金谿縣》 金窟山。縣東五里。相傳前代採金處。縣東二里又有銀山，唐時出銀鑛，宋初廢。又西里許爲白馬塢，蓋南唐李煜時採銀場也。皆與金窟山岡脈相接。

又卷九二《浙江四·寧波府·慈谿縣》 車廐山。縣西南四十里。【略】於此又兩里許爲勾餘山，以其在勾章之西東，餘姚之東西也。《山海經》：句餘之山，多金錫少草木。或謂即此山云。

又卷九八《福建四·汀州府·上杭縣》 金山。縣西北十里，邑主山也。巒嶂巑岏，蒼翠如畫，一名紫金山。宋康定間嘗採金，因名。上有三池，名曰膽水。上下二池有泉湧出，中一池則蓄上池之流。相傳宋時縣治密邇其地，水赤味苦，飲則傷人，惟浸生鐵可煉成銅，後縣治既遷，其水遂變，不異常水。山側有百丈漈，高可百丈，懸溜如綫，自石罅出，舊名黄金坑。

平西驛。永興場在縣東五十里。又縣南六十里有通利場。縣境又有金山、利濟、龍山、石門、語口等場，皆宋時採金及銅、鐵處。

又《福建四·汀州府·連城縣》 金鷄場。在縣南金鷄山下。相反又有吕溪場。又郭家山場在縣南三十里。又南有保成場，宋置，以開採銅鐵之利，尋廢。

又卷九八《福建·邵武府·泰寧縣》 大杉嶺。縣西北二十里。【略】峨眉峯在縣北五十里。周圍數十里，高數千丈，類蜀之峨眉峯。之左有三仙巖，泉石幽勝，巖前有三峯，狀如筆架，峯之西即建寧縣界。又七寶峯在縣西六十餘里，高千丈，産金、銀、銅、錫、朱石、黄連、甘草之屬。世傳越王遊獵時，憩此。宋爲銀場，後廢。奸民多盜鑿之，山遂崩陁。

梅口寨。在縣西梅口保。宋紹定五年，統領劉純分忠武軍於此，以鎮羅源筋竹之寇，後廢。又朱口寨在縣東三十里，宋紹定中設，元改爲巡司。尋廢。【略】宋志：縣有螺漈金場，江源銀場。

杭世駿《道古堂全集》卷二八《書後題辭·書宣德彝器譜後》 此明宣德三年工部檔案也，遼陽年中丞希堯從部録出，以宣宗諭旨中有「鑪鼎彝器」四字，遂摘用之，係年氏所定，非實事也。司禮監張斌奉旨，與工部尚書吕棠眼同校勘虚實，計所用之物，暹羅國風磨生鑛洋銅三萬九千六百斤，赤金八百兩，白銀三千六百兩，倭源白水鉛一萬七千斤，倭源黑水鉛八千斤，日本國紅銅一千斤，賀蘭國洋錫八百斤，鋼鐵一萬二千斤，天方國番硇砂三百六十斤，三佛齊國紫□三百斤，渤泥國紫礦三百斤，渤泥國臙脂石二百斤，琉球國安瀾砂三百斤，金絲礬二百斤，晉赤礬二百斤，鴨嘴膽礬二百四十斤，白礬二百斤，黄明礬一百二十斤，寒水石二百斤，出山水銀一千二百斤，辰州府硃砂三十斤，石青三十斤，石緑三十斤，銅緑三十斤，古墨二十斤，黄丹五十斤，文蛤五十斤，硼砂五十斤，方解石二十斤，自然銅一百斤，白蠟一百二十斤，磨光後上色用黄蠟八百斤，造模式用血竭二十斤，無名異二十斤，赤石脂二十斤，雲南黑白碁子各二萬箇，雲南料石一千二百斤，出水煤炭十萬八千斤，湖廣櫟炭十萬斤，松木生柴一萬斤，蘆葦柴三萬斤，楊木桴炭六十斤，光砂一千斤，共三千三百六十五件。有滲金蠟茶藏經流金四色，用赤金作屑，鍊鐐七次，水銀薰擦入骨作雨雪點子，號曰滲金鑄鼎。時物力富饒，取多用弘，故宣鑪爲後世所寶貴。劉氏《帝京景物略》謂：「爲内庫失火，取其煨燼，鑄爐家無實録，不能定失火之虚實，而檔册鑄鼎之年月今猶可考也。」劉氏不知何所本而妄言之，王氏《池北偶談》又襲用其説，尤爲耳食。

彭遵泗《蜀故》卷五《城市》 徙陽城雅州，晉徙陽縣也。産丹砂、雄黄、空青。

著録

洪邁《容齋五筆》卷六《鄱陽七談》 鄱陽素無圖經地志，元祐六年，餘干進士都頡始作《七談》一篇，敘土風人物云：張仁有篇，徐濯有説，顧雍有論，王德璉有記，而未有形於詩賦之流者，因作七談。其起事則命以建端先生，其止語則以畢意子。其一章言澹浦彭蠡山川之險勝，番君之靈傑。其二章言濱湖蒲魚之利，膏腴七萬頃，柔桑蠶繭之盛。其三章言林麓木植之饒，水草蔬果之衍，魚鼈禽畜之富。其四章言銅冶鑄錢，陶埴爲器。

《清朝續文獻通考》卷三八九《實業考一二》 《江西礦務紀略》：江西礦産富饒，皆由本地民人自採，資本不足，作輟無常。光緒三十一年，商部委劉紳景熙爲礦務議員，設法提倡，惟萍鄉煤礦係由湖北漢陽鐵廠撥款，用機器開採。至贛縣銅礦，先由劉紳集資往開，出銅極佳。三十二年奏歸官辦，由寧贛兩省各籌二十萬金委礦師池倅貞銓爲專辦，見出銅質數萬噸，擬運省城銅元廠設鑪化驗。

新建縣石麟岡煤礦，二十九年，陶倅鈞鑠領照開採。徐塘煤礦，三十年，朱道家駿領照開採。石麟因出煤無多，時常停歇。三十一年，隗開運接辦石麟岡背煤礦，共出煤三百餘斛。徐塘礦股未足，用費竭蹶，故出煤不廣。三十二年朱道赴金陵招股，次年興工，出煤二百餘噸。

三十一年，趙樹勛、隗開運稟請集股開陳坊村、康背山煤礦，經農工商礦局給照。

義寧州尹牧葆衷稱楊春華等面稟，以泰鄉四都石壠管煤苗甚旺，前經余姓開採，資本不足，辦無成效，見擬集股，暫用土法開採。

新城縣横港橋一帶河中出産鐵砂，經廣冶等七家稟請試辦三年，期滿再行領照，每歲各鑪攤繳税銀二百三十三兩三錢三分。三十三年，傅令維新稱，所産鐵砂，由兩江查礦委員礦師勘明，並無來源，恐難持久。

宜春産土磺土硝，向無領照開採者。二十八年，易炳勳請開牛宕磺礦，李保真請開魚龍泉山坡磺礦，易家廉請開西坑小塘窩，均經領照，並立可久公司收買私熬硝磺，於郡城設局抽税。次年，三處磺礦先後停辦。三十年，汪令春源稱，離城三里之楊家橋出煤不少，東山下李樹源開挖之礦，月出煤數十擔。又吴丞道立等所開紅龍峰及龍山下煤礦，出煤亦旺。三十一年，馬令肇修稱，傅百昌等開採上角坑煤礦，已請給照開辦。三十二年，阮令保泰稱，百昌報自二月至三月共出煤一萬六千石，嗣後每季可出煤三萬餘石。又，蕭顧之等稟稱，承批曾、鍾、王、張、黄五姓所管峰頂銅礦山場，集股萬元，暫用土法開採。周昺、劉宗義稟，化北鄉霞塘地方有吴家尖礦山，一嶂銅質透露，集股六千元，向山主鄒、彭二姓書立租字，請領照開辦。又據江蘇縣丞梁國柱稟，請札委前往袁州、吉安兩府探取銻砂，解省察驗。又稱該縣修仁鄉、龍下廟前等處銻苗顯露，並有銅苗甚旺，自備資本五千元，與各山主平價租定，請給照保護。

分宜縣姜令振祥稱，東南鄉鍾山峽下滸頭地方，由該處民挖出煤苗有三四千石，其質尚佳，距河亦近，將來或可獲利，當飭稟請給照開辦。

萍鄉縣安源礦煤局，於二十二年湖廣總督張之洞督辦湖北鐵廠，盛宣懷派員帶同洋礦師赴縣勘驗煤質可以鍊焦，奏明於安源設局，續撥官款數百萬購置開煤機器，添洗煤機、洋鍊焦鑪多座，採煤鍊焦運至湖北，爲鐵廠製軌要需。惟萍境礦脈豐厚，易爲外人覬覦，即就民間生計論，開採已二百年，土井數百口，糅雜競争，若不設立範圍，竊恐别生枝節。因先從查井入手，預將安源閤境山場租定，一面擇要收買。至三十一年，設法購盡。於是機礦周圍數十里，土井俱歸礦局管業，將來日可出煤四五千噸。設海疆有事，各國禁煤出口，兵商輪船、工廠鐵路皆將惟萍礦是賴，正不止鐵廠命脈之所關也。礦局自開辦後，截至三十二年閏四月止，自開及歸併商井，總計正井、通風水巷合共井口三百二十一只，礦界周圍共長九十二里七一六五。其礦界外有煤之處，准民間自開燒煤，不得售賣洋人。至豬頭山等處，距機礦已遠，尚存民井十五口，開在機礦之先，仍留作民用。見在安源機礦，日可出煤一千六七百噸。萍民向皆恃土井零賣以供炊爨，其距機遠而煤質次者，准留民間開窑燒煤，永禁將井售賣洋人。若距機礦較近有關正脈之處，民間所需燒煤，即由礦局於扼要之處酌留一井，派員經理，雖得償價甚微，不無虧折。然由局自開，足以杜紛紜而維全局，由總辦萍鄉局張道贊宸繪具地圖，造送礦局井册及留准民開井册兩本。三十二年，湖北鐵廠又委員來萍試辦劉公廟、龍骨沖、白茅等處錳礦，以供鐵廠入鑪鍊鐵時配用材料。其民人集資自採者，均由該委收買，不准轉售他人。開採以後，尚無成效，亦係收買居多，並未照章抽税。三十三年，湖北鐵廠派陶令德先在縣屬峽山口設局開産錳礦，租白茅、烏雅塘兩處招工試挖。

三十三年，新喻縣石令長佑稱：各鄉礦産有已開者，北鄉曰延昌口、蓬巢山、大邊塘、上鐵山煤礦四處；西鄉曰雞坑口、紅土堎煤礦兩處；曰燕坡、昌坊磺礦兩處。有停挖者，北鄉曰花鼓山、毛裏坡、桃子樹、新巢山、善行、巢天、龍金山、崚老山、里鳳形山、木村山、梅楊嶺、下鐵山煤礦十二處；西鄉曰湖九洞、炭山口、老鼠盤、倉高壁、上桐樹坡、蓮花墓、老樟坡山、牛坡塘、尾瑟下煤礦九處；曰茶山、醴泉鋪鐵礦兩處；曰石岡山磺礦一處；南鄉曰銀銅鋪鐵礦；曰横坡里磺礦。以上三十四處，皆係民地。又三十三坑官地煤礦，前由礦政調查局飭禁私售，見尚封禁，其餘各礦迭議紳耆集股，領照購機開採。

玉山縣風扇扭煤礦，於光緒二十八年開辦，三十年加開子礦，出煤頗多，每季有三四十萬斤。三十一年，據楊令承曾稱：汪典史興鑑查得葉家塢煤礦集股先行開採，每日出煤一百石左右。三十三年，風扇扭煤礦以出煤無多，虧本停挖。

二十九年，崔道佛蔭開採鉛山縣佛母嶺煤礦，設同孚煤礦公司，其子崔致恭開採揭家塢煤礦。三十年，梁令樹棠稱同孚每日能出煤百餘擔，佛母嶺以出煤無多，停挖；揭家嶺出煤尚旺。

三十年，樂平縣馮令用霖稱：南鄉藕塘煤礦由蔣如松禀准開採，牛頭山煤礦由朱道子春承辦，南鄉之茅屋場，西南鄉之保家嶺、大山凹、荷樹坳四處煤礦，三十一年，均由郭鞠領照開採，尚有成效。至土人開採之張家山煤礦，已飭集股遵章開辦。茅屋場四處，出煤甚多，煤質亦佳。其紅火煤一種可供輪船及機器廠之用。綠火煤質稍次，運銷縣境及府城各處。三十三年，何令敬釗稱：據袁希祖禀，集股在南鄉銅鼓嶺地方試辦煤礦，擬設美利公司，興工開採。

三十一年，德化縣賀令昌祺稱：奉兩江查礦局委員偕洋礦師，同勘得大城門、金龜嘴地方滴水巖等山鐵礦，比經採獲礦石六十七箱，暫存縣署，聽候提化。三十二年，施令謙稱：城外三山、大勝門、小勝門等處均有鐵礦，坐落縣屬仙居鄉，其間山峰層疊，礦苗蔓延，經汪承豫備價丈購，歸湖北鐵廠開採。沙令上鑄稱：東鄉龍興源楊姓山場有煤礦一處，約出煤三萬餘石。南鄉則乾洞、壠田堡、坂浄水壋、杉木港、大坳、兩峰尖、觀音洞、乾港、張家港、楊樹港、巖下窊，西鄉則王山嶺、桃源、尖瓜山、萬丈紅、杉樹坪，北鄉則爐壋、火屋、袁傳家泉、楊家沙灘等處共有煤礦二十餘處，每礦約出煤三五萬石及數千石不等，均係鄉民自採，刻紳民互議籌資，往滬購買車水機器，先行試驗。

永新縣張令慶霖稱：縣屬惟産鉎鐵，向有本地紳民就近挖取，設鑪鎔鑄，運赴省垣饒州、廣信等處銷售。其於東鄉所産之煤，西鄉大江所産之錳，皆緣成本過重，無人開採。當飭查明設鑪幾座，每月出鐵若干。張令善鐸稱：鉎鐵一項，查明設鑪五座，歲約可出鐵一萬餘斤。錳養一項，土人先誤爲銀，又誤爲鐵，旋寄萍鄉礦局考驗，定名爲錳，惟籌款爲難，未能開挖。三十二年，賀贊元等設保富鐵礦有限公司。石令守謙稱：龍國楚等勘得九西村煤礦，經礦師考驗，煤質甚佳，已諭集股開採。

三十二年，興國縣艾令廷楝稱：瓦子岡出紫銅礦，古龍岡出鐵砂，辣樹下林屋背出鐵苗，葛牛嶺出煤，均於前令歐陽保福任内採取礦苗，送兩江礦政局化鍊。惟葛牛嶺煤礦由業主用土法開挖，出煤無多。

石城縣譚令從炳稱：高田村淘鍊鐵砂，已購到鍊鐵鑪及一切器具，每日可出鐵鍋、鐵罐數十件，獲利尚豐。

藝文

尸佼《尸子》卷上《勸學》 夫學，譬之猶礪也。昆吾之金、【略】而銖父之錫，使干越之工【略】鑄之以爲劍，而弗加砥礪，則以刺不入，以擊不斷。磨之以礱礪，加之以黄砥，則其刺也無前，其擊也無下。自是觀之，礪之與弗礪，其相去遠矣。今人皆知礪其劍，而弗知礪其身，夫學，身之礪砥也。使「干越之工」以下見《御覽》七六七。「礪砥」作「砥礪」。又六〇七引「今人」以下「礪其劍」、「礪其身」上並有「砥」字。《北堂書鈔》八三同。《山海經三》注引：加玄黄砥玄，乃已之譌，古者通以錫雜銅爲兵器。《吴越春秋》言：「赤堇之山破而出錫，若耶之溪涸而出銅，區冶子因以造純鈎之劍。」銖父之錫亦赤堇類也。《御覽》誤錫爲鐵，孫氏據之以改正文，非也。《淮南子・修務訓》云：「夫純鈎，魚腸之始下型，擊則不能斷，刺則不能入，及加之砥礪，摩其鋒鍔，則水斷龍舟，陸剸犀角。」「夫學，亦人之砥也」，本此。

彭曉《周易參同契通真義》卷上《以金爲隄防章第三七》 以金爲隄防，水入乃優游。金計有十五，水數亦如之。臨爐定銖兩，五分水有餘。二者以爲真，金重如本初。其三遂不入，火二與之俱。三物相含受，變化狀若神。下有火陽氣，伏蒸須臾間。先液而後凝，號曰黄轝焉。歲月將欲訖，毁性傷壽年。形體如灰土，狀若明牕塵。

金母在中宫爲水銀隄防，則金水優游，性情相戀。金水逐辰受氣，各得其半，共合一斤之數，既産金砂，母亦不損，故云「金重如本初」也。「其三遂不入」者，真土也，金、火、木爲三物被水火，二者逐辰，與之俱入器中，乃得三性會，二味相拘，變化若神也。金母始因太陽精氣伏蒸，遂能滋液，而後凝結，是名黄轝焉。以至周星陰陽五行功考互滿，退位藏形，盡歸功於中宫。黄帝土德也，故云「毁性傷壽年」。歸土德而化土，則精神狀若明牕塵也。

陳顯微《周易參同契解》卷上 胡粉投火中，色壞還爲鉛。冰雪得温湯，解釋成太玄。金以砂爲主，禀和於水銀。變化由其真，終始自相因。欲作服食仙，宜以同類者。植禾當以黍，覆鷄用其卵。以類輔自然，物成易陶冶。魚目豈爲珠？蓬蒿不成檟。類同者相從，事乖不成寶。是以燕雀不生鳳，狐兔不乳馬，水流不炎上，火動不潤下。

物類相感，有不期然，而自不容不然者。胡粉本鉛燒就，而再投火中，則其色變壞後化爲鉛，冰雪本水結，再得火炁，則後化爲水。至寶之生，本出乎太陽其精。結靈聚秀，初結成砂，則其中已有真汞。真汞離母，則曰水銀，水銀在大冶之中，爲太陽所練，歲久凝爲白銀。

俞琰《周易參同契發揮》上篇 世間多學士，高妙負良才。邂逅不遭遇，耗火亡貨財。據按依文説，妄以意爲之。端緒無因緣，度量失操持。擣冶羌石膽，雲母及礬磁。硫黄燒豫章，泥汞相鍊飛。鼓鑄五石銅，以之爲輔樞。雜性不同類，安肯合體居？千舉必萬敗，欲黠反成癡。僥倖訖不遇，聖人獨知之。稚年至白首，中道生狐疑。背道守迷路，出正入邪蹊。管窺不廣見，難以揆方來。

楊倞《荀子註》卷一一 刑范正，刑與形同。范，法也。刑范，鑄劍規模之器也。金錫美，工冶巧，火齊得。火齊得，謂生孰齊和得宜。《考工記》云「金有六齊」，齊，才細反。剖刑而莫邪已。剖，開也。

孫希旦《禮記集解》卷三六《學記第一八》 良冶之子，必學爲裘；良弓之子，必學爲箕；始駕馬者反之，車在馬前。君子察於此三者，可以有志於學矣。《釋文》：冶音也。始駕者，一本作「始駕馬者」。

王利器《鹽鐵論校注（定本）》卷一〇《詔聖第五八》 御史曰：「嚴牆三刃，樓季難之；山高干雲，牧豎登之。故峻則樓季難三刃，陵夷則牧豎易山巔。夫爍金在爐，莊蹻不顧；錢刀在路，匹婦掇之；非匹婦貪而莊蹻廉也，輕重之制異，而利害之分明也。故法令可仰而不可踰，可臨而不可入。《詩》云：『不可暴虎，不敢馮河。』爲其無益也。魯好禮而有季、孟之難，燕噲好讓而有子之之亂。禮讓不足禁邪，而刑法可以止暴。明君據法，故能長制羣下，而久守其國也。」

張燮《七十二家集》董仲舒《董膠西集》卷一《策·賢良第一》 臣聞：命者，天之令也；性者，生之質也；情者，人之欲也。或夭或壽，或仁或鄙，陶冶而成之，不能粹美。【略】故堯舜行德，則民仁壽。桀、紂行暴，則民鄙夭。夫上之化下，下之從上，猶泥之在鈞，唯甄者之所爲；猶金之在鎔，唯冶者之所鑄。綏之斯俫，動之斯和，此之謂也。

揚雄《揚子雲集》卷五 蜀都之地古曰梁州，禹治其江，渟皐彌望，鬱乎青葱，沃墅千里。上稽乾度，則井絡儲精；下按地紀，則巛宫奠位。東有巴賨，綿亘百濮。銅梁金堂，火井龍湫。其中則有玉石嶜岑，丹青玲瓏，印節桃枝，石鱨水螭。南則有犍牂潛夷，昆明峩眉，絶限峮嵣，堪巖亶翔。靈山揭其右，離碓被其東。於近則有瑕英菌芝，玉石江珠；於遠則有銀鉛錫碧，馬犀象僰，西有鹽泉鐵冶，橘林銅陵，邛連盧池，澹漫波淪。

葛洪《西京雜記校注》卷一《昭陽殿》 趙飛燕女弟居昭陽殿，中庭彤朱，而殿上丹漆，砌皆銅沓黄金塗，白玉階，壁帶往往爲黄金釭，含藍田璧，明珠、翠羽飾之。上設九金龍，皆銜九子金鈴，五色流蘇。帶以緑文紫綬，金銀花鑷。每好風日，幡旄光影，照耀一殿；鈴鑷之聲，驚動左右。

黄暉《論衡校釋》卷一《命禄篇》 智慮深而無財，才能高而無官。懷銀紆紫，漢相國、丞相、大尉、公侯將軍皆紫綬。御史大夫銀印。説文曰：「紆，縈也。」未必稷契之才；積金累玉，未必陶朱之智。或時下愚而千金，頑魯而典城。

馮惟訥《古詩紀》卷一五六《别集第一二》王符《陰真人鍊丹歌》 有物有物，可大可久。採乎鼉食之前，用乎火化之後，成湯自上而臨下，夸父處中而見受。氣應朝光，功參夜漏。白英聚而雪凘，黄酥凝而金醜。轉制不已，神趣鬼驟。金歟玉歟，天年上壽。無著於文訣之在口。許彦周《詩話》曰：蜀道觀中鑿井得一碑，刻文似賦，似賛云云。後有隱士言，是漢時陰真人所著鍊丹法，後雜著於子玉碑，僕恨不得其門户，聊復存之。

馮惟訥《古詩紀》卷一五六《別集第一二》王符《古鏡銘》 漢有善銅出丹陽，和以鉛錫清如明，左龍右虎尚三光，朱雀玄武順陰陽。《十二辰鑑銘》曰：名言之始自有紀，鍊冶銅錫去其滓。辟除不祥宜吉水，長保二親利孫子。辟如□衆樂典祀，壽此金方西王母。

慎懋官《華夷花木鳥獸珍玩考》卷一一《五熟金》 文帝在東宮，賜□五熟金，銘曰：於赫有魏，作漢藩輔。厥相惟鍾，實幹心膂。靖共夙夜，匪遑安處。百僚師師，楷茲度矩。見《三國志》。

《三國志》卷二《魏志·文帝紀》 〔延康元年冬十月〕漢帝以衆望在魏，乃召羣公卿士，告祠高廟。使兼御史大夫張音持節奉璽綬禪位，册曰：「茲爾魏王：【略】饗茲萬國，以肅承天命。」侍中劉廙、常侍衛臻等奏議曰：「漢氏遵唐堯公天下之議，陛下以聖德膺曆數之運，天人同歡，靡不得所，宜順靈符，速踐皇阼。問太史丞許芝，今月十七日己未直成，可受禪命，輒治壇場之處，所當施行別奏。」令曰：「屬出見外，便設壇場，斯何謂乎？今當辭讓不受詔也。但於帳前發璽書，威儀如常，且天寒，罷作壇士使歸。」既發璽書，王令曰：「當奉還璽綬爲讓章。吾豈奉此詔承此貺邪？昔堯讓天下於許由、子州支甫，舜亦讓于善卷、石户之農、北人無擇，或退而耕潁之陽，或辭以幽憂之疾，或遠入山林，莫知其處，或攜子入海，終身不反，或以爲辱，自投深淵；且顏燭懼太樸之不完，守知足之明分，王子搜樂丹穴之潛處，被熏而不出，柳下惠不以三公之貴易其介，曾參不以晉、楚之富易其仁：斯九士者，咸高節而尚義，輕富而賤貴，故書名千載，於今稱焉。求仁得仁，仁豈在遠？孤獨何爲不如哉？義有蹈東海而逝，不奉漢朝之詔也。亟爲上章還璽綬，宣之天下，使咸聞焉。」己未，宣告羣僚，下魏，又下天下。【略】

〔黄初三年〕冬十月甲子，表首陽山東爲壽陵，作終制曰：「禮，國君即位爲椑，椑音扶歷反。存不忘亡也。昔堯葬穀林，通樹之，禹葬會稽，農不易畝，故葬於山林，則合乎山林。封樹之制，作上古也，吾無取焉。壽陵因山爲體，無爲封樹，無立寢殿，造園邑，通神道。夫葬也者，藏也，欲人之不得見也。骨無痛痒之知，冢非棲神之宅，禮不墓祭，欲存亡之不黷也，爲棺槨足以朽骨，衣衾足以朽肉而已。故吾營此丘墟不食之地，欲使易代之後不知其處。無施葦炭，無藏金銀銅鐵，一以瓦器，合古塗車、芻靈之義。棺但漆際會三過，飯含無以珠玉，無施珠襦玉匣，諸愚俗所爲也。季孫以璵璠斂，孔子歷級而救之，譬之暴骸中原。宋公厚葬，君子謂華元、樂莒不臣，以爲棄君於惡。漢文帝之不發，霸陵無求也；光武之掘，原陵封樹也。霸陵之完，功在釋之；原陵之掘，罪在明帝。是釋之忠以利君，明帝愛以害親也。忠臣孝子，宜思仲尼、丘明、釋之之言，鑒華元、樂莒、明帝之戒，存於所以安君定親，使魂靈萬萬載無危，斯則賢聖之忠孝矣。自古及今，未有不亡之國，亦無不掘之墓也。喪亂以來，漢氏諸陵無不發掘，至乃燒取玉匣金縷，骸骨并盡，是焚如之刑，豈不重痛哉！禍由乎厚葬封樹。『桑、霍爲我戒』，不亦明乎？其皇后及貴人以下，不隨王之國者，有終没皆葬澗西，前又以表其處矣。蓋舜葬蒼梧，二妃不從，延陵葬子，遠在嬴、博，魂而有靈，無不之也，一澗之間，不足爲遠。若違今詔，妄有所變改造施，吾爲戮尸地下，戮而重戮，死而重死。臣子爲蔑死君父，不忠不孝，使死者有知，將不福汝。其以此詔藏之宗廟，副在尚書、祕書、三府。」

江淹《江文通集》卷五《草木頌十五首·薯蕷》 華不可炫，葉非足憐，微根儻餌，棄劍爲僊。黄金共鑄，李少君曰：「丹砂可化爲黄金。黄金成鑄爲飲食器，則神仙可見。」青艧争妍。青艧即空青也，久服輕身延年，能化銅、鉛作金，生益州。君謂無妄，我驗衡山。

《宋書》卷一五《禮志二》 漢獻帝建安末，魏武帝作終令曰：「古之葬者，必在瘠薄之地，其規西原上爲壽陵。因高爲基，不封不樹。《周禮》，冢人掌公墓之地，凡諸侯居左右以前，卿大夫居後。漢制亦謂之陪陵。其公卿大臣列將有功者，宜陪壽陵。其廣爲兆域，使足相容。」魏武以送終制衣服四篋，題識其上，春秋冬夏，日有不諱，隨時以斂。金珥珠玉銅鐵之物，一不得送。文帝遵奉，無所增加。及受禪，刻金璽，追加尊號。不敢開埏，乃爲石室，藏璽埏首，示陵中無金銀諸物也。漢禮明器甚多，自是皆省矣。

又卷五一《臨川烈武王道規傳》 照爲《河清頌》，其序甚工。其辭曰：

臣聞善談天者，必徵象於人；工言古者，先考績於今。鴻、犧以降，遐哉邈乎，鏤山嶽，雕篆素，昭德垂勳，可謂多矣。而史編唐堯之功，載「格于上下」，樂登文王之操，稱「於昭于天」。素狐玄玉，聿彰符命，朴牛大螾，爰定祥曆，魚鳥動色，禾雉興讓，皆物不盈眥，而美溢金石，詩人於是不作，頌聲爲之而寢，庸非惑歟。

自我皇宋之承天命也，仰符應龍之精，俯協河龜之靈，君圖帝寶，粲爛瑰英，固業光曩代，事華前德矣。聖上天飛踐極，迄茲二十四載。道化周流，玄澤汪濊。地平天成，上下含熙；文同軌通，表里禔福。燿德中區，黎庶知讓；觀英遐表，夷貉懷惠。卹勤秩禮，罷露臺之金；紓國振民，傾鉅橋之粟。約違迫脅，奢去泰甚。燕無留飲，畋不盤樂。物色異人，優游據正。顯不失心，幽無怨氣。精炤日月，事洞天情。故不勞杖斧之臣，號令不嚴而自肅，無辱鳳舉之使，靈怪不召而自彰。萬里神行，飆塵不起。農商野廬，邊城偃柝。冀馬南金，填委內府；馴象西爵，充羅外囿。阿紈綦組之饒，衣覆宗國，漁鹽杞梓之利，傍贍荒遐。士民殷富，五陵既有慚德；宮宇宏麗，三川莫之能比。閭閈有盈，歌吹無絶。朱輪疊轍，華冕重肩。豈徒世無窮人，民獲休息，朝呼韓、罷酤鐵而已哉。是以嘉祥累仍，福應尤盛，青丘之狐，丹穴之鳥，栖阿閣，遊禁園。金芝九莖，木禾六刃，秀銅池，發膏畝。宜以協調律呂，謁薦郊廟，煙霏霧集，不可勝紀。然而聖上猶昧旦夙興，若有望而未至，闕規遠圖，如有追而莫及，神明之貺，推而弗居也。是以琬碑鏐檢，盛典蕪而不治；朝神省方，大化抑而未許。崇文協律之士，蘊儛頌於外，坐朝陪宴之臣，懷揄揚於内，三靈佇眷，九壤注心，既有日矣。

又卷六二《王微傳》 時論者或云微之見舉，盧江何偃亦豫其議，慮爲微所咎，與書自陳。微報之曰：

【略】至於生平好服上藥，起年十二時病虛耳。所撰服食方中，粗言之矣。自此始信攝養有徵，故門冬昌術，隨時參進。寒温相補，欲以扶護危羸，見冀白首。家貧乏役，至於春秋令節，輒自將兩三門生，入草採之。吾實倦遊醫部，頗曉和藥，尤信《本草》，欲其必行，是以躬親，意在取精。世人便言希仙好異，矯慕不羈，不同家頗有罵之者。又性知畫績，蓋亦鳴鵠識夜之機，盤紆糾紛，或記心目，故兼山水之愛，一往跡求，皆仿像也。不好詣人，能忘榮以避權右，宜自密應對舉止，因卷慚自保，不能勉其所短耳。由來有此數條，二三諸賢，因復架累，致之高塵，詠之清壑。瓦礫有資，不敢輕厠金銀也。

酈道元《水經注》卷二九《湍水》 湍水出酈縣北芬山，南流過其縣東，又南過冠軍縣東。【略】水西有漢太尉長史邑人張敏碑。碑之西有魏征南軍司張詹墓，墓有碑，碑背刊云：「白楸之棺，易朽之裳，銅鐵不入，丹器不藏。案「丹」近刻訛作「凡」。嗟矣後人，幸勿我傷。」自後古墳舊冢，莫不夷毀，而是墓至元嘉初尚不見發。六年大水，蠻饑，始被發掘。說者言，初開，金銀銅錫之器，朱漆雕刻之飾爛然。有二朱漆棺，棺前垂竹簾，隱以金釘，墓不甚高，而内極寛大。虛設白楸之言，空負黄金之實，雖意錮南山，寧同壽乎？【略】

《北史》卷四〇《甄琛傳》 遷河南尹，黄門、中正如故。琛表曰：國家居代，患多盜竊。【略】寇盜公行，劫害不絶。此由諸坊混雜，釐比不精，主司闇弱，不堪檢察故也。今擇尹既非南金，里尉鉛刀而割，欲望清肅都邑，不可得也。里正乃流外四品，職輕任碎，多是下才，人懷苟且，不能督察，故使盜得容姦，百賦失理。邊外小縣，所領不過百户，而令長皆以將軍居之。京邑諸坊，大者或千户、五百户，其中皆王公卿尹，貴勢姻戚，豪猾僕隸，蔭養姦徒，高門邃宇，不可干問。比之邊縣，難易不同。今難彼易此，實爲未愜。

王者立法，隨時從宜，先朝立品，不必即定，施而觀之，不便則改。今閑官静任，猶聽長兼，況煩劇要務，不得簡能下領。請取武官中八品將軍以下幹用貞濟者，以本官俸恤領里尉之任，各食其禄。高者領六部尉，中者領經途尉，下者領里正。不爾，請少高里尉之品，選下品中應遷者，進而爲之，則督責有所，輦轂可清。

歐陽詢《藝文類聚》卷八〇《火部》 晉夏侯湛《釭燈賦》曰：「珠珍寶器，奇像妙工，取光藏煙，致巧金銅。融冶甄流，陶形定容。爾乃隱以金翳，疏以華籠。融素膏於回槃，發朱耀於綺窗。宣耀蘭堂，騰明廣宇。焰煜爚於茵筵，焕炤□乎屏組。」

釋法琳《辯正論》卷六《内九箴篇第六・内周世無機指一》 外論曰：夫銅山崩，洛鍾應，葭灰缺，月暈虧，未見虎嘯而風不生，龍騰而雲不起。今釋迦所説佛力最尊，一念運心無不來應，故凡俗各傾財産，競造塔廟，不恪珠璣，爭陳堂宇。或範土刻檀，寫獯胡之狀；鎔金織素，代夷狄之容。妙盡丹青，巧窮剞劂。一拜一禮，冀望感通。自胡法南漸以來，六百餘載，未聞一人言能見佛，豈胡人頂禮，即感如來，漢國虔恭，不逢調御。若化不到此，即是無靈，誑惑人間，空談威力，而世不能知。其迷二也。

孟浩然《夜泊宣城界》 西塞沿江島，南陵問驛樓。湖平津濟闊，風止客帆收。去去懷前浦，茫茫泛夕流。石逢羅刹礙，山泊敬亭幽。火熾梅根冶，煙迷楊葉洲。離家複水宿，相伴賴沙鷗。

王琦《李太白詩集注》卷八《古近體詩共五十三首其一四》 爐火照天地，紅星亂紫烟。赧郎明月夜，歌曲動寒川。爐火，楊註以爲煉丹之火。蕭註以爲漁人之火。二火俱不能照及天地，其説固非。胡註謂山川藏丹處，每夜必發火光，所在有之。《輿地紀勝》：宣州有朱砂山，石竅中每發紅色，其大如月。又赤溪神龍，初有赤氣衝天，詔鑿之，溪水盡赤。第難定其所咏何處，此解亦未是。琦考《唐書・地理志》：秋浦固産銀産銅之區，所謂「爐火照天地，紅星亂紫烟」者，正是開礦處冶鑄之火，乃足當之。郎亦即指冶夫而言，於用力作勞之時，歌聲遠播，響動寒川，令我聞之不覺愧赧。蓋其所歌之曲，適有與心相感者故耳。赧字當屬己而言，舊註謂：赧郎爲吴音歌者助語之詞，或謂是土語呼其所歡之詞，俱屬强解。赧，乃版切，難，上聲，面慚而赤也。亦作赧，義同。

李白《李太白集》卷二六《表・爲宋中丞請都金陵表》 況齒、革、羽、毛之所生，楩、楠、豫章之所出，元龜、大貝充牣其中，銀坑、鐵冶連綿相屬。刳銅陵爲金穴，煮海水爲鹽山。以征則兵强，以守則國富。横制八極，克復兩京。俗畜來蘇之歡，人多徯后之望。陛下西以蛾嵋爲壁壘，東以滄海爲溝池。守海陵之倉，獵長洲之苑。雖上林五柞復何加焉？

又卷二九《化城寺大鐘銘並序》 噫！天以震雷鼓羣動，佛以鴻鐘驚大夢。而能發揮沉潛，開覺茫蠢，則鐘之取象，其義博哉！夫揚音大千，所以清真心，警俗慮，協響廣樂；所以達元氣，彰天聲，銘勳皇宫；所以旌豐功，昭茂德，莫不配美。金鼎增輝，寶坊仍事作制，豈徒然也？粤有唐宣城郡當涂縣化城寺大鐘者，量函千盈，蓋邑宰李公之所創也。公名有則，係玄元之英蕤，茂列聖之天枝。生於公族，貴而秀出，少蘊才略，壯而有成。西逾流沙，立功絶域。帝疇乎厥庸，始學古從政。曆宰潔白，聲聞於天。天書褒榮，輝之簡牘，稽首三複，子孫其傳。天寶之初，鳴琴此邦，不言而治。日計之無近功，歲計之有大利。物不知化，潛臻小康，神明其道，越不可尚方，入於禪關。睹天宫峥嶸，聞鐘聲瑣屑。乃謂諸龍象曰：「盍不建大法鼓，樹之層台，使羣聾六時有所歸，(仰)〔抑〕不亦美乎？」於是，發一言以先覺，舉百里而感應。秋毫不挫，人多子來。銅崇朝而山積，工不日而雲會，乃採鳧氏撰鳴鐘。火天地之爐，扇陰陽之炭。回禄奮怒，飛廉震驚。金精轉潛以融熠，銅液星縈而璀燦。光噴日道，氣敵天維。紅雲點於太清，紫煙矗於遥海。垣赫宇宙，功侔鬼神。瑩而察之，籲駭人也。爾其龍質炳發，虎形躨跜。縻金索以上絙，懸寶樓而迭擊。傍振萬壑，高聞九天。聲動山以隱隱，響奔雷而闐闐。赦湯鑊於幽途，息劍輪於苦海。景福肸蠁，被於人天。非李公好謀而成弘濟，羣有孰能興於此乎？丞尉等并衣冠之龜龍，人物之標准，大雅君子，同僚盡心，聞善賈勇，贊成厥美。寺主升朝，間心古容。英骨秀氣，灑落毫素，謙柔笑言。海受水而皆納，鏡無形而不燭。直道妙用，乃如是然。常虚懷忘，情潔己利。物是人行，空寂不動。見如來有若上隱，都維那則舒名僧。日暉蘊虚，常因調護。賢哉六開士，普聞八萬法。深入禪惠，精修律儀。將博我以文章，求我以述作。功德大海，酌而難名。遂與六曹豪吏、姑熟賢老，乃緇乃黄，鳧趨梵庭，請揚宰君之鴻美。白昔忝侍，從備於辭臣；恭承德音，敢闕清風之頌。其辭曰：「雄雄鴻鐘砰隱天，雷鼓霆擊警大千。含號烜赫聲無邊，摧摺魑魅招靈仙。傍極六道極九泉，劍輪輟苦期息肩。湯鑊猛火停熾然，愷悌賢宰人父母。興功利物信可久，德方金鐘永不朽！」

又卷三〇《武昌宰韓君去思頌碑》 而兩京、宋城易子而炊骨，吴楚轉輸，蒼生熬然，而此邦晏如，繦負雲集。居未二載，户口三倍。其初，銅、鐵、曾青未擇地而出，大冶鼓鑄，如天九神，既烹且爍，數盈萬億，公私其賴之。官絶請托之求，吏無絲毫之犯。【略】

《唐書・地理志》：永興縣有銅有鐵，武昌縣有銀有銅有鐵。《太平御覽》《本草經》曰：曾青出蜀郡名山。其山有銅者，曾青出其陽。曾青者，銅之精，能化金銀。《莊子》：今大冶鑄金。大冶謂鼓鑄之所。

董誥《全唐文》卷三四八《李白二》 伏惟陛下，因萬人之蕩析，乘六合之謳張，去扶風萬有一危之近邦，就金陵太山必安之成策。苟利於物，斷在宸衷。況齒革羽毛之所生，楩柟豫章之所出，元龜大貝充牣其中。銀坑鐵冶，連緜相屬，刳銅陵爲金穴，煮海水爲鹽山。

杜甫《杜工部草堂詩箋・詩箋外集・酬唱附録》郭元振《寶劍篇》 越勾踐得昆吾山之赤銅，使工以白馬祠昆吾之神，以成八劍。君不見，昆吾鐵冶飛炎煙，紅光紫氣俱赫然。良工鍛鍊經幾年，鑄作寶劍名龍泉。龍泉顔色如霜雪，良工咨嗟歎奇絶。琉璃匣里吐蓮花，錯鏤金環生明月。正逢天下無風塵，幸得周防君子身。精光黯黯青蛇色，文章片片緑龜鱗。非直結交遊俠子，亦曾親近英雄人。何言中路遭棄捐，零落飄淪古獄邊。雖復沉埋無所用，猶能夜夜氣衝天。

杜甫《分門集注杜工部詩》卷三《九日藍田崔氏莊》 老去悲秋强自寬，洙曰：宋玉曰：「悲哉！秋之爲氣也。」興來今日盡君歡。羞將短髮還吹帽，洙曰：孟嘉九日爲風吹帽，笑倩傍人爲正冠。趙曰：借李下不正冠也。藍水遠從千澗落。洙曰：《三秦記》曰：「藍田有州方三十里，其水北流，出銅、鐵、玉石。」

周弼釋圓至注《三體唐詩》卷四包佶《答竇拾遺卧病見寄》 今春扶病移滄海，幾度承恩對白花。送客屢聞簷外鵲，消愁已辨酒中蛇。瓶收枸杞懸泉水，《續仙傳》朱孺子汲溪，見一花犬入枸杞叢中，掘之，根形如二犬。食之，身輕飛於峯上。鼎鍊芙蓉伏火砂。《本草》：光明砂大者，謂之芙蓉砂。《大洞煉真寶經》曰：將丹砂修煉伏火後，鼓成白銀，一返也；將銀化出砂，伏火鼓之爲黃金，二返也。誤入塵埃牽吏役，差將簿領到君家。

黄滔《黄御史集》卷五《碑記銘・丈六金身碑》 釋氏之稱釋迦牟尼佛，千百億化身。而古今之世，以諸佛菩薩，其或鑄成塑成刻成，其或壁繪、幅繪乎像，不可勝紀，況多應現感通之，自其非之乎！我公粵天祐三年丙寅秋七月乙丑鑄金銅像一句，丈有六尺之高。後二十有三日丁亥，繼之鑄菩薩二句，丈有三尺高。銅爲内肌，金爲外膚，取法西天，鑄成東越，巍巍落落，毫光法相。初，我公登壇之三年，己未秋，一夕雨歇，天清風微月明，瑶兔無烟，銅龍有聲。俄，夢天之西際，燿以照物，彩雲罅裂，大佛中座，嶽嶽以覲止，熙熙而啓言，曰：「斷予一臂，衛之一方。」既覺而思，現乎形，昭像也；斷一臂，誓誠也；衛一方，保衆也。始嘉其異，姑然其事。後創其意，乃命自賓席之隷將校，將校之逮步乘，步乘之逮衆庶，其有植信根之深者，暵惠燭之明者，許一以金投吾俸中，將櫝于肆。俟以銅易，而後鳩工鴻鑪，卜境擇日，鑄斯佛於九仙山，定光多寶塔之右，古仙徐登上昇之地。其日，圓空鏡然，江山四爽，槖籥之上，上聲。騰爲烟雲，盤旋氤氳，五色成文。又有羣鳥，或若鴻鵠，或如鷺鵲，交翔而間鳴。自寅而及午，斯佛也一瀉而成。翌日，我公禮閲之，乃與夢中一類。其形儀，長短大小無少，差其一臂，工以之别鑄而會。其像大，工慮其不就，計以一臂别鑄而會之，乃暗符夢中。我公神之，而露其夢。於是迎入府之别亭，磨瑩雕飾，克盡其妙，朝夕瞻拜，時不之息。冬十有二月丙申。

張玉書《佩文韻府》卷七六之三《去聲一七・霰韻三》 採鍊。《宋史・食貨志》：至道二年，有司言定州諸山多銀礦，而鳳州山銅礦復出，採鍊大獲，請置官署掌其事。吕巖詩：九年採鍊如紅玉，一日圓成似紫金。

余靖《武溪集》卷五《記・韶州新置永通監記》 古之建國者，義以制事，材以聚人。八政之先，曰食與貨。即山鼓鑄，三代而然。禹鑄歷山之金，以禦水禍；湯造莊山之幣，以拯旱虐。周以金、錫之利，分隸虞衡；唐以郴、桂之郡，並建罏冶。貨之所産，本無定處，興造之謀，期於便事而已。國家平一諸夏，寵綏四海；開寶興國之際，收復江閩。因其故區，作爲泉布。時移歲積，地産靡常。比年已來，冶民幾廢焉。今天子嗣位之二十七年，特詔翰林學士葉公清臣、宋公祁經度山澤之禁，以資國用，乃僉作奏曰：「謹校郡國産銅和市之數，惟韶爲多，而夐處嶺阨，由江淮資本錢以酬其直，實爲迴遠。謂宜即韶置監，分遣金工以往模之，歲用銅百萬斤，可得成幣三百萬。三分其一以上供，餘復市銅，幾得二百萬，如是則其息無窮矣。」詔下其議於廣東。於時轉運使直太史傳公某知韶州，比曹副郎欒公某協恭承詔，以經厥始。郡有故堞，號爲西州，遺趾高平，宛出郛外，乃相厥土，墨則食焉。凡棟宇之制，管庫之嚴，詢於故實，斷以心匠，模沙冶金，分作有八，刀錯水鏊，離局爲二，並列關鑰，互有隄防。當其中扃，控以廳事。出内誰何警察，目無逃形。其鉛錯之備用，薪炭之兼蓄，别藏異室，布於兩序。出内謹密，前爲大閎。冶官列署於閎之南，羣工屯營於垣之外。市材於山，市甓於陶，雇工於巧。凡手指之勤，筋力之用，率平價而與之金。不發帑貲，不徭民籍，而功用成。爲屋八百楹最，材竹、鐵石、陶瓴之用一百四十萬。惟材木六千資於連山，釘口十萬出自真陽，餘悉辦於韶之境，而民不知役。乃知循良之政，誠自有體哉！以皇祐冠年龍集，己丑三月甲午始築其基，而庀其材，八月辛酉，棟宇完，範鎔備，物有區，工有居。九月己亥，大合樂以落之董舊。巧募新習，勗怠勵惰，授以程准，日課千緡，不愆於素。初郡之銅山，五歲共市七萬。前太守潘君，一歲市百萬，及欒公繼之，乃市三百萬，明年又差倍之。歲運羨銅三百萬，以贍嶺北諸冶。苟非主計者通其神，提綱者揚其職，守士者宣其力，則何以協規矱，成効之速如是哉？且韶被山帶海，雜産五金，四方之人棄農畝持兵器，慕利而至者不下十萬，窮則公剽，怒則私鬭，輕生抵禁，亡所忌憚。綏其覊紲，則鷹摯而陸梁；急其銜勒，則獸駭而踶齧。故境壤雖狹，而獄犴寇抄常倍他境，必資威肅惠和兼被於物，乃成善政。觀此圖功賦事，精至詳簡，則民之受賜，其可知矣。時初以遠方置監，議者不一，故朝廷有以待之。明年四月乃下敕，賜名「永通」。時天子親享明堂之歲五月記。

文同《丹淵集》卷一六《詩四十七首・金牛相别呈誠之》 出則相與望横參，露浥幧頭冷逼簪。驛在金堆隨澗遠，路經銅冶入煙深。過橋住馬應回首，上嶺聞猿想動心。勝事莫過文酒樂，此時銷得各沉吟。

邵浩《坡門酬唱集》卷二二秦少游《贈無咎以既見君子云胡不喜爲韻》 平生懷想人，握手良未易。接君同舍歡，此事非此世。十年淮海夢，一笑相逢地。投分白首期，願言何有既。

賢愚譬觀形，美醜不自見。醫肱待三折，劍鐵要百鍊。磨君古青銅，汰揀寄明辨。一智出千愚，食芹敢忘獻。

張淏《寶慶會稽續志》卷八《金錫》　觀地産之所宜兮，惟金錫之最良。貢品肇於有姒兮，暨蒼姬而加詳。雖歷代之所珍兮，凜英氣其猶秘。甌冶子之神奇兮，爰採取而鍊淬。剖赤堇而出錫兮，山色變而無雲。涸若耶之銅液兮，俯不見夫潛鱗。鑄嶺岌其插天兮，冶井浸而寒冽。前豐隆爲擊橐兮，後雨師爲灑塵。發銅牛之藏屑兮，赭林麓以炊炭。棄右冶之餘滓兮，草木爲之焦爛。炎煙漲乎銅孤兮，寒光浮乎鍊塘。越砥妥其斂鍔兮，鑄浦沸其若湯。合衆靈而成器兮，爲寶劍凡有五。曰湛盧與巨闕兮，蓋珍名之最著。既屬之善相之薛燭兮，復謀之南林之處女。水試則斷蛟螭兮，陸用而剸犀虎。掃欃槍使澌滅兮，伏蚩尤使奔怖。豈吴鈎之敢抗兮，非燕函之能禦。客曰偉哉利器兮，誠爲越國之珍。斯劍客之喜談兮，非文種之願聞。

李流謙《澹齋集》卷三《七言古詩・和錢大虚清映亭韻》　西風振槁如發蒙，危亭創見心眼工。融成水月一合相，有似猛火烹鉛銅。是時素節屬重九，喚客一醉萸菊同。夜深跳魚亂珂璧，起舞大叫騎鯨公。令君心瀾了不起，摩尼返照萬事通。拄頤但覺朝氣爽，繞腰未羨黄金重。高情偶與幽賞會，妙語倒瀉瓊瑰胷。誰將玉笛吹曉月，透袂水濃禁不徹。歸來夢想通明觀，一片湖光眼中見。

陳造《江湖長翁集》卷六《錢弊》　爲家重牆垣，爲民須貨殖。揚廬國北户，東南賴控扼。淮民魚米餘，百貨仰殊域。用銅防外泄，用鐵乃奇畫。一利伏一弊，救弊要得策。持貨貿官券，舍此莫衣食。錢貨天下用，鐵乃限南北。坐令兩淮民，塊處斷貿易。計鐵取券直，十纔收六七。朝賢愛淮民，此困盍矜恤。銅鐵均國寶，通變豈無術。近甸視遠地，未可岐畛域。況今苦倒垂，倚待振焚溺。緣江八郡爾，雜用顧何失。官券朝北來，淮俗暮安宅。即今私鑄斷，胡尚膠今昔。吾貧復淮人，計勢不容默。

陳亮《龍川集》卷二〇《書・與朱元晦秘書》　然亦自要做箇人，非專徇管蕭以下規摹也。正欲攬金、銀、銅、鐵鎔作一器，要以適用爲主耳，亦非專爲漢、唐分疏也。【略】人只是這箇人，氣只是這箇氣，才只是這箇才。譬之金、銀、銅、鐵，只是金、銀、銅、鐵，鍊有多少，則器有精粗。豈其於本質之外，换出一般，以爲絶世之美器哉？故浩然之氣，百鍊之血氣也。

洪咨夔《平齋文集》卷一《古賦・大冶賦》　余宦游東楚，密次冶臺，職冷官閑，有聞見悉篡於策，垂去，延輯而賦之。其詞曰：

堪輿奠位，峙嶽融瀆。合地四與天九，乾爲金而兊屬。發泰媪之珍閟，轉靈脩之妙軸，而築、冶、梟、㮚、段、桃，攻之有六。出智創物，重在泉幣。燧昊俶興，黄虞踵繼。姒乙鼓於莊歷，濟陽九之厄歲；姬姜均於九府，定帛刀之殊制。侈卯金之七福，筦鹽鐵於大農。榆莢之與赤側，獨五銖之適中。宜乎！讖白水而謡黄牛，兆御天之六龍。晉陽崛起，齊秦賜爐。含三體之邈籀，印初生之望舒。雖會昌因州以辨名，不易開元之舊模。彼其輕之，則爲荇葉、耒子、鵝眼、綖環，風飄水浮；重之，則比輪、兩柱、大布、大泉，直百、當千。逞私智以膠擾，夫豈足以操大利之權哉？顥蒼監德，真人起涿。聚五星，摩兩日，嘘風雲，旋斗極，夷崑崙，蕩溟渤。湖湘收波，劒閣失險，而王師飛渡於采石，攬六朝之王氣，混江南之版籍。冶有永平，仍鎮楚澤。列聖重規，同文一軌。穹符象瑜，參鵜叠熾。丱人申其厲禁，九牧修其貢篚。於是監有永豐、永通、阜財、阜民、熙寧、廣寧、神泉、寶泉、豐國、豐遠、富民、惠民，旷分錯跱，不可殫論。時則提封之廣，東枕蟠木，南控丹穴，西瞰大蒙，北薄祝栗。地産物宜，旅充庭實，而萬寶畢萃，莫東南之與匹。蓋其鍾温厚之仁氣，應絜齊之分域。斗牛被飾以晶光，江漢灌輸其靈液。淮海荆衡之壤，厥貢三品；會稽具區之畛，其利金錫。

漢鐵官長丞五十有一，而專其官，以主丹陽之銅。唐諸道置爐九十有九，而重其使，以總江淮之鐵。皆所以斡山海天地之藏，充少府、水衡之積者也。矧火德之王離，薰協氣之嘉生。銅犇牛而流魄，銀走鹿而儲精。鈔鋈矧錯，丹汞之入，非一端之可名。漕軺兼統，肇於興國。都提命官，昉於咸平。合江淮、荆浙、閩廣而建一臺，則景祐之憲度；東治於饒，西治於虔，則元豐之章程。戾淳熙之綜核，始復囊括於永平矣。黄旗紫蓋，天運有屬。醴泉器車，地靈自鬻。冶場之盛，名在斡官者，紛紛其可覆：鈆山、濛山、石堰、岑水、昭寶、富寶、寶成、寶瑞、雙瑞、嘉瑞、大挺、大濟、永興、新興、興國、興利、大富、廣富、通利、通濟，監務坑井，殆幾萬計。有啬而豐，有興而廢。舉斯以旃，特其凡例。然或鐵山之孕銅，或銅坑之懷金，或叁銀而偕發，或且浸而且淋。賜螽、羊僅之言利，莫能研幾而極深。但見汰金有洲，淘金有崗，瑞金有監，通金有場。曳寶氣而貫虹蜺，溢乎麟趾裹蹏之祥。豐城之黄，璨焉瑳瑳。秋菊染霜，寒英欲墮。落亭之紫，爛焉暕暕。春蒲闖水，茸芽尚短。

欒安精鏐，胎瑞坑谷。濬埼磧以采摭，畫墠沙而披漉。大如落萁之豆，小如脱粃之粟；輕如麩之去麧，細如塵之生麯。澄之汰之，倏胂蒲掬。渠陽澤銑，毓奇溪洞。尋苗闞汋之邃，破的礓壁之壅。烣以火則流脂鐵籠之烈；淬以水則春糜鈆杵之重。吉挺旅陳，符採飛動，鑄神鼎而制嘉量，是爲萬世不窮之用。以至銀城有場，銀斜有坑，銀玉有塢，銀嶂有山，寶積張萬寶之空洞，天壽倚一柱之巑岏。立巖牆而弗顧，慨徇利而忘安。巃路深入，閤道橫躡。篝燈避風而上照，梁杠插水而下壓。戽楬深穽之腹，砲泐骿石之脅。捷跳蛙其不繫，磔蒼髯而可鑷。碓山藉礦而殷雷，淘池攪粘而飛霎。流景倒爐，星星曄曄。燒窨熟，奩爐裂，鈆駞沸，灰窠發。氣初走於煙雲，花徐翻於霜雪。它山莫優，朱提則劣，於以供王府匪頒之用，於以補冶臺資本之闕，是二品則然矣。

請復究銅之爲說：劉濞萃逋逃之藪，擅採山之富，而吴之産豐於豫章；卓氏爭王者之利，錮齊人之業，而蜀之産阜於臨卭；歐子破赤堇之山，涸若耶之溪，而越之産不止於鏌鋣、干將。錢幣或造於楚晉，冶鑄多出於齊梁。伏羲以來，銅山四百六十有七，今之大要不過厥色之有三：其爲黃銅也，坑有殊名，山多衆樸。蜿蟺扶輿，鬱積磅礴。巀嶭岑嶒，嵗嵬嶢崅。璘彬蘭斑，熸漾璀錯。磂脉見，函路灼，牛飲盤，天井落。礦紋異采，乍純遽駁。爊苗殊性，欲斷還絡。烏膠綴，金星爍，薂花淡，丹砂渥。鼠結聚團，雞燋散泊。資餌膏油，英潤濯濯。宿炎煬而脆解，紛剞劂而巧斵。批亢轟博浪之椎，陷堅洞混沌之鑿。巖雲欲起而復墜，石火不吹而自躍。磅磅馳霆，剥剥灑雹。丘宗掩耳而疾遯，木客捧心而竦愕。膽寒野伏之夔罔，魂褫泥蟠之龍蠖。繚乎倏隧，黝乎幽壑。潛匳旁呀，陰竅斜郤。共工觸不周而地維斷，神禹闢伊闕而龍門拓。驪山百仞之下穿，昆明萬夫之偕作，曾未媲其功用之博也。逮其籠簣，齊畚臿具，專諸虎攫，孟賁豕負，徙堆阜於平陸，矗岑樓於爐步。熺炭周繞，蕘薪環附。若望而燎，若城而炬。始束緼於畢方，旋鼓鞴於熛怒。鞭火牛而突走，騎燭龍而騰鶩。戰列缺霹靂於焱庉，舞屏翳豐隆於煙霧。陽烏奪耀，熒惑遜度。石迸髓，汋流乳。江鑠融，臍膏注。利固孔殷，鉐再錬而麤者消，鈲復烹而精者聚，排燒而汕溜傾，吹拂而黐窠露。力亦良苦。唯彼泉井，淘沙可鑄。其浸銅也：鈆山興利，首鳩僝功。推而放諸，象皆取蒙。辨以易牙之口，膽隨味而不同，青澀苦以居上，黃醎酸而次中；鑒以離婁之目，泛浮漚而異容，赤間白以爲貴，紫奪朱而弗庸。陂沼既潴，溝遂斯決。瀺瀖澒溶，汩濥瀲冽。銅雀臺之簷霤，萬瓦建瓴而淙淙；龍骨渠之水道，千澮分畦而潏潏。量深淺以施槽，隨跡密而制閘。陸續吞吐，蟬聯貫列。乃破不轑之釜，乃碎不湘之錡。如鱗斯布，如翼斯起。潄之瓏瓏，濺之齒齒。沉涵極表里以俱暢，蒸醸窮日夜而不止。元冥効其巧譎，陽侯獻其恑詭。變蝕爲沫，轉澌爲髓。或浹下簞，自凝珠蕊。且濯且漸，盡化乃已。投之爐錘，遂成粹美。

其淋銅也：經始岑水，以逮永興。地氣所育，它可類稱。土抱膽而潛發，屋索綯而亟乘。剖曼衍，攻崚嶒。浮埴去，堅壤呈。得雞子之胚黃，知土鉐之所凝。輂運塞於介蹊，俺積高於脩楹。日愈久而滋力，礬既生而細硞。是設抄盆筠絡以庋，是築甓槽竹龍以釃。散鋸葉而中鋪，沃鉐液而下漬。勇抱甕以潺湲，馴黐瓢而滂濞。分釃淡於淄澠，別清濁於涇渭。其滲瀉之聲，則糟丘壓酒於步兵之厨；其轉引之勢，則渴烏傳漏於挈壺之氏。左挹右注，循環不竭。晝湛夕溉，薰染翕欱，幻成寒煖燥濕不移之體，疑刀圭之點鐵。若乃卝課登，綱程促，鐵往銅來，錫至鈆續。川浮舳艫之銜尾，陸走車擔之繦屬。出嶺嶠，下荆蜀，絶彭蠡、洞庭而星馳，泝重淮、大江而電逐。四趍圜府，如輻有轂。殷轔軒磕，崩屴復陸。頓之連城，貯之列屋。黑雲隤山而亂委，熊豹谽谺而起伏。蓋不待銷飛廉，鉟瞿曇，而鍾官之用足。於是鑄錢使攷其會，辨銅令第其品。丁夫竭作，匠師歡奮，煤突整潔，炭户充牣。鼓兩儀之籥而大播，役六丁之工而迭運。祝融作，女媧進，一煽濤生海門之微波，再煽日吐扶桑之叠暈，三煽烘朝霞而爛照，四煽洶屯雷而欲震。張格澤之輝焰，迸攙搶之芒潤。夸父即之，汗翻漿而喝；河伯望之，瞳眩花而瞬。澄澈不殺，通明無燼。黑濁之氣竭而黃氣次，黃白之氣竭而青氣應。液爰瀉於兜杓，匣遂明於模印。撅之落落，貫之磷磷。磋之以風車之輣軋，轆之以水輪之砰隱。繒網涓拭，蠱聚摩揗。肉好周郭，堅澤精緊。文勁銀鈎，色瑩玉填。既刮垢以磨光，始結緡而就准。盡東門之漚麻，不足以爲其貫引。百吏告功，三官動色。乃督餫艘，乃輸王國。版曹稽其贏虛之數，起部程其精牏之績。謹內府之登儲，衍外帑之樁積。天子守之以恭儉，冢宰理之以均節。與五銖、開元而並行，異黃榜紫標之私殖。金工鑠之則有禁，蠻舶洩之則有辟。亘京師貫朽而莫校，天下藏鏹而山則也。其或用取鹿皮，制參飛錢，通物之變，扶時之偏，亦本於輕重之相濟，子母之相權。至論殖財，莫如擇使。有管仲則藏富於國，得劉晏則錢流於地。言未畢，客有在旁啞然而笑曰：「子來自番，知泉則詳。坎蛙難語乎海水，醯雞未窺乎天光。獨不聞負扆南面，運塊北之鈞，而鼓四方者乎？盪八卦，範九章，颺關雎，播我將。融庶品於道德之橐，斂衆寶於俊乂之場。磨而不磷者，布在臺省；動之斯和者，坐諸廟堂。旋乾轉坤，闔陰闢陽。陶唐冶虞，規周矩商。禮樂凝俗，易窳而良。仁義鑄人，革否而臧。泰階以平，天步以康。前星爛乎重暉，旄頭澹其不芒。南風薰而民財阜，膏雨時而年穀昌。於以植帝王太平之業，詎止圖霸功之富强？」余乃豁然悟，蹶然起，拜手而系之曰：天不愛道，聖賢興兮；地不愛寶，稼穡登兮；人不愛情，富壽且安兮！化工之巧，莫窮其端兮！

劉克莊《後村集》卷三七《紫磨石》 汞可點爲金，鐵可浸爲銅，勿使鍾官知，一朝此仙童。

方回《續古今考》卷一八《初爲算賦》 鹽鐵則漢初無所取，武帝時，東郭咸陽、孔僅、桑弘羊始征之，有桓寬《鹽鐵論》甚悉。今則池鹽、井鹽、場鹽、坑冶金銀銅鐵鉛錫、魚湖、荻林、酒醋、茶礬、海舶商税之利，無所不征，不見其足，實秦人啓之。

祝穆《事文類聚》前集卷九《天時部·詩話·帖子用鏡事》 唐世五月五日，揚州於江心鑄鏡以進，故宋朝翰苑撰端午帖子詞多用其事，然遣詞命意，工拙不同。王禹玉云：「紫閣曈曨隱曉霞，瑶池九御薦菖華。何時又進江心鑑，試與君王卻衆邪。」李邦直云：「艾葉成人後，榴花結子初。江心新得鏡，龍瑞護仙居。」趙彦若云：「揚子江中方鑄鏡，未央宫里更飛符。菱花欲共朱靈合，驅盡神姦又得無。」又：「楊子江中百煉金，寶奩疑是月華沉。爭如聖后無私鑑，明照人間萬善心。」又「江心百鍊青銅鏡，架上雙紉翠縷衣。」李士美云：「何須百鍊鑑，自勝五兵符。」傅墨卿云：「百鍊鑑從江上鑄，五時花向帳前施。」許仲元云：「江中今日成龍鑑，花外多年廢鷺陂。合照乾坤共作鏡，放生江海盡爲池。」蘇子由云：「揚子江中寫鏡龍，波如細縠不揺風。宫中驚捧秋天月，長照人間助至公。」大槩如此。唯東坡不然，曰：「講餘交翟轉回廊，始覺深宫夏日長。揚子江心空百鍊，只將無逸監興亡。」其輝光氣焰可畏而仰也。若白樂天《諷諫百鍊篇》云：「江心波上舟中鑄，五月五日日午時。背有九五飛天龍，人人呼爲天子鏡。」又云：「太宗當以人爲鏡，監古監今不監容。乃知天子别有鏡，不是揚州百鍊銅。」用意正與坡合。予亦嘗有一聯云：「願儲醫國三年艾，不博江心百鍊銅。」然去之遠矣。端午故事莫如楚人競渡之的，蓋以其非吉祥不可，施諸祝頌，故必用鏡事云。《容齋隨筆》，詳見《鏡門》。

佚名《翰苑新書續集》卷一二《總領類·都大類提舶類》方烏山《賀坑冶都大司》 擢自輔藩，改司泉府。一奏日邊之最，聖德久孚；半提天下之封，使名加大。輿情胥屬，儒效必優。恭惟某官，生廬山之下而挹其高，近濂溪之居而得其正。去之千載，固將會洙泗之傳；覺以一心，抑又契象山之妙。册勳文陣，擢冠禮闈，即典教於頖宫，繼升華於學省。講道於髮引千鈞之際，日耀羣迷；談經於坐奪重席之時，氷融衆難。斯文允屬，善類攸歸。權勢不能挽之來，利禄不能誘之去。蓋嘗慷慨而極陳當世之務，不以扞格而遂易平生之言。屬者分符，俄而易鎮。朝方嚴於楮令，郡恐失於民心。平時既切於撫摩，一旦忍施於科抑。及聞改擢，悉願攀留。卧之轍下者何其多？送之境上者何其遠？細數會稽之父老，今殆過之；自開太末之山川，古未見此。遂奪袴襦之愛，來司寶貨之權。浴鐵之泉寖枯，採銅之山已竭。海道難防於滲漏，奸民弗禁於鉟銷。麋幾孔方，成一阿堵。以裕民之心而裕國，必權輕重之宜；推鑄金之術而鑄人，竚究經綸之大。某猥由璧水，濫竊儒科，屬峒冠之披猖，敢於梗化；俄憲臺之辟致，因以奏功。徒自笑於棄繻，乃更叨於通籍。男邦學制，垂解組於膏火之中。督府出征，俾奉檄於煙塵之際。籌邊適逢於改轍，佐郡曷稱於題輿。版曹有山積之逋，州縣無天雨之賦。若爲施設，庶免曠鰥。豈期幸會之來，獲隸按臨之下。龍門三級，忝嘗攀附於遐蹤。燕厦萬間，願託帡幪之大庇。

又陳簣牕《賀提點坑冶俞郎中》 正朝涣號，圜府升華。舉刺史九路之天，全歸臨照，以君人四海之地，半入甄陶。弄印無以易堯，起家使之拜敞。亶云妙柬，大慰僉諧。某官德宇閎深，量陂汪洋。干將莫邪之氣，上衝斗牛；黄鍾大吕之音，中涵韶濩。久低徊於州縣，旋騰踔於班行。輪寫瑰奇，發揮忠藎。自令干霄直上，贊中禁之謀猷，而獨貼水斜飛，試外臺之勳績。蓋由圜法，正輪上憂。散之易而斂之難，徒有日星之憲；積者寡而用者衆，誰憐天地之藏？田野已爲之顰眉，廟堂幾至於束手。欲辦乃事，其惟我公。昔王夷甫恥而不言，自是清虚之論；而賈洛陽以此進諫，未妨通達之稱。惟徹上徹下而不失之拘，則入細入麤而各由其理。固知猥冗，不礙孤高。欲觀他年造劍之爐，是即今日鑄金之冶。某違離滋久，懷戀冞深。霜雪欺頭，已阻攀於軌躅；塵埃撲面，又弗慣於書題。敢云守壘之微，叨隸使軺之下。雖蹈仁咏義之念，樂與人同；而薰和染教之思，無如我舊。願垂洪芘，以幸孤生。

又方秋崖《通林泉使》 伏以寶冶騰暉，切仰韓文公之斗；銅章課政，有開蘇刺史之天。可無傳鯉之書，告以眠龜之日。恭惟某官，五鳳樓之巨筆，九龍簣之大鏞，繇孔壁汲冢先秦古書以來，口授若決雲夢，凡周誥殷盤莊騷太史所録，手抉以分天章。要是道山神仙之流，蟲絶人間烟火之氣，何至屈臨於圜府，聽其久去於方壺。仰窺上心，斷有深意，謂朝廷榷山澤之利，緊欲上足國而下足民。惟君子知財貨之源，能使輕權母而重權子。俗吏念不到此，吾儒容可忽諸？如其推鑄金以鑄人，即所謂範模而範世。三節召矣，一陶冶之。某鹿鹿無奇，魚魚自守，六題十二體。故家之衣鉢猶存，五車數萬言；矮牕之燈火良苦，迺鬱鬱而居。此豈區區之所期，粤自落南，幾於敗北，偶脱黄茅之瘴，通班紫禁之雲。竟分邑於山間，如置身於井底。飛尚方之舄，敢以硎新而擾爲；有造化之爐，毋曰鑛頑而棄去。

又卷四九《警句》 總攝三官，壞冶一陶，財不期而豐美；阜通九府，陰陽爲炭，道已長於泰交。

天積未紓，政有藉貨財之本，佇觀地上之泉流；化爐小試，便可覘陶冶之功，即聽日邊之璽召。

闡天地之藏於笑談，揮造化之功於掌握。

散之易而斂之難，徒有日星之憲，積者寡而用者衆，誰憐天地之藏。

昔王夷甫耻而不言，自是清虚之論，而賈洛陽以此進諫，未妨通達之稱。

又《結聯》 點鐵成金，實在一陶之功匠；鎔銅合頴，即成百尺之浮屠。

江左之晃夷吾何難富國，汝南之有顔子正賴鑄人。

胡祇遹《紫山大全集》卷二《五言古詩・才答命》 鐵利成名劍，銅良作明鏡。受才苟不佳，莫致千金聘。雖爲愚瞽售，究竟乃僥倖。識者一過目，捉擲糞壤並。見棄誠當然，寶藏諒非正。顧我才不才，何故爲定命。

又卷二一《雜著・論沙汰》 沙汰二字，外若刻薄，内實利益。食不厭精，去糠粃也。鏡不厭磨，去塵垢也。金不厭鍊，去賊銅也。

謝應芳《龜巢稿》卷一《賦類・承露盤賦》 粤古漢武，乾龍御天。身都富貴，心慕神仙。動出塵之遐想，訪妙道之真傳。覬長生而久視，與松喬而相後先也。爾乃氣類翕從，精神感召，秘方畢進，至人胥造。授異術之機，論延年之至寶。匪玉其芝，匪瑶其草。採乾坤之精爽，庶可臻於壽考。於是烹蜀道之美銅，集麗水之良金。既噓霆而煽電，亦穴陽而冶陰。築柏梁之崇臺，卓天表而嶔崟。諒彌高而彌峻，非可計於丈尋，覩其矻若雲峯。壯如砥柱，表斷鰲以立極，縣驤龍而行雨。竊造化之工巧，有鬼神之呵護。爾乃抗以仙掌，冑以金盤。詑颷輪之閃閃，鶩圜規之桓桓。騁怪誕於羣姓，馳雄偉於千官。

張平叔《金丹正理大全諸真玄奥集成》卷一《金丹四百字解》 真土擒真鉛，真鉛制真汞。鉛汞歸真土，身心寂不動。真土者，身中之土也。鉛汞者，身中之水火也。以土克水，則鉛可擒矣，以水克火，則汞可制矣。鉛水汞火，皆爲真土之擒制者，何哉？蓋緣身心俱合，寂然不動，而後火水土三者可以混融爲一，此乃是採藥物，歸爐鼎之内也。【略】

朱砂煉陽氣，水銀烹金精，金精與陽氣，朱砂而水銀。陽氣者身中一點真陽之氣，金精者身中一點真陰之精，以陽火煉之則如朱砂，以陰符養之則如水銀，朱砂水銀乃外物也，以外物而比内丹，神仙不得已而語矣。

木汞一點紅，金鉛三斤黑。鉛汞結丹砂，耿耿紫金色。紅者，汞也，色紅爲一點。黑者，鉛也，色黑重三斤。金中之鉛，木中之汞，兩者凝結，便成丹頭，更加九轉火候，則其色如紫金。

家園景物麗，風雨正春時。犂鋤不廢力，大地皆黄金。家園者，身中之真土也。景物者，身中之藥物也。迨夫一陽來復之後，有風以吹之，有雨以潤之，及至三陽交泰之時，雖犂鋤不廢其力，而大地皆黄芽，自土中而迸出也。以黄金言之，取其黄芽之色如金也。

陳致虚《金丹正理大全諸真玄奥集成》卷一 真鉛生於坎，其用在離宫。以黑而變紅，一鼎雲氣濃。真汞産於離，其用却在坎。姹女過南園，手持玉橄欖。真鉛者，比精之水，而上升於離宫。真汞者，南神之人，而下降於坎户。鉛之與汞，合而爲一，近觀則有紅黑色，遠看則如玉橄欖。

又卷二《還源篇・五言絶句》 鉛汞成真體，陰陽結太元，但知行二八，便可煉金丹。

【略】 汞是青龍髓，鉛爲白虎脂。掇來歸鼎内，採取要知時。

【略】 姹女騎鉛虎，金翁跨汞龍。甲庚明正令，煉取一爐紅。

【略】 蛇魄擒龍髓，龜魂制虎精。華池神水内，一朵玉脂生。

【略】 白雪飛瓊苑，黄芽發玉園。但能知偃月，何處煉紅鉛。

【略】 玉鼎烹鉛液，金爐養汞精。九還爲兒轉，温養象周星。

【略】 氣産非於腎，神居不在心。氣神難捉摸，化作一團金。

【略】 定志求鉛汞，灰心覓土金。方知真一竅，誰測此幽深。

【略】 留汞居余鼎，將鉛入玉池。主賓無左右，只要識嬰兒。

【略】 白金烹六卦，黑錫過三關。半夜三更里，金烏入廣寒。

【略】 汞鉛歸一鼎，日月要同爐。進火須防忌，教君結玉酥。

後序　夫煉金丹之士，須知冬至不在子時，沐浴亦非卯酉。汞鉛二物皆非唾涕，精津、氣血液也。七返者，返本。九還者，還源。金精木液，遇土則交龍虎馬牛，總皆無相。先師悟真篇所謂金丹之要，在於神水、華池者即鉛、汞也。人能知鉛之出處，則知汞之所産。既知鉛與汞，則知神水華池。既知神水、華池，則可以煉金丹。金丹之功成於片時，不可執九載三年之日程，不可泥年月日時而運用。鍾離所謂四大一身皆屬陰也，如是則不可就身中而求，特可尋身中一點陽精可也。

又《翠虛篇·紫庭經》　絳宫天子統乾乾，乾龍飛上九華天。天中妙有無極宫，宫中萬卷指玄篇。篇篇皆露金丹旨，千句萬句會一言。教人只在尋汞鉛，二物採入鼎中煎。夜來火發崑崙山，山頭火冷月光寒。曲江之上金烏飛，嫦娥已與斗牛歡。採之煉之未片餉，一氣渺渺通三關。三關來往氣無窮，一道白脉朝泥丸。泥丸之上紫金鼎，鼎中一塊紫金團。化爲玉漿流入口，香甜清爽遍舌端。吞之服之入五内，臟腑暢甚身康安。赤蛇蒼龍交合時，風恬浪静虎龍蟠。神水湛湛華池浄，白雪紛紛飛四山。七寶樓臺十二時，樓前黄花深可觀。即此可謂鉛汞精，化作精髓盈關源。但去身中尋周天，前弦之後後弦前。藥物平平氣象足，天地日月交會間。虚空自然百雜碎，嚼破混沌輭如綿。番來復去成一錢，遍體玉潤而金堅。赤白换兮白血流，金光滿室森森然。一池秋水浸明月，一朵金花如紅蓮。此時身中神氣全，不須求道復參禪。我今知君如此賢，知君有分爲神仙。分明指示無多語，默默運用而抽添。年中取月不用年，月中取日月徒然。日中取時時易日，時中有刻而玄玄。玄之又玄不可言，元來朔望明晦弦。金翁姹女奪造化，神鬼哭泣驚相喧。雲收雨散萬籟静，一粒玄珠種玉田。十月火候聖胎圓，九還七返相廻旋。初時夾春關脉開，其次膀胱如火燃。内中兩腎如湯煎，時乎挑動衝心源。心腎水火自交感，金木間隔誰使然。黄庭一炁居中宫，宰制萬象心掌權。水源清清如玉鏡，孰使河車如行船。一霎火焰飛燒天，烏魂兔魄成微塵。如斯默默覓真詮，一路逕直入靈真。分明精裡以氣存，漸漸氣積以生神。此神乃是天地精，純陽不死爲真人。若知如此宜修仙，修仙惟有金丹門。

又卷四《翠虛篇·丹基歸一論》　占人有言，得其一，萬事畢。噫！誠哉是言也。此吾所以刻丹經之繁蕪，標紫書之樞要，善爲是也。一也者，金丹之基也，實千經萬論之原，千變萬化之祖也。以要言之，天魂地魄，即日精月華也；紅鉛黑汞，即金精木液也。烏兔即龜蛇也，馬牛即龍虎也，朱砂、水銀，廼黄芽、白雪之骨也，丹砂、秋石乃白金、黑錫之由也。别之爲男女夫婦，體之爲金木水火，類之爲青幽徐惕，象之爲乾坤坎離。或曰河車者，或云黄轝者，或有言交梨火棗者，或有言金砂玉汞者。又如丁翁黄婆之名，嬰兒姹女之號，折爲黑白，分爲青黄。有如許之紛紛，其實陰陽二字，是皆一物也。謂如守一，壇戊巳户，玄關一竅，玄牝之門，神水華池，鉛爐土釜。朱砂鼎，偃月爐，甲黄宫，丹元府，神室，氣府，關元，丹田，呼吸之根，凝結之所，此又皆一處也。復如冬夏二至，春秋兩分，卯酉甲庚，弦望晦朔，子午巳亥，寅子坤申，二十四炁，七十二候，一年交合，一月週迴，離坎之晴，兔雞之月，乾巽之穴，二八之門，朝屯暮蒙，晝垢夜復，人不知以爲果，須依時按節，推氣測候，分拆數法，准則銖爻。故曰視土圭，夜瞻刻漏，謬之甚矣。又豈知週年造化，廼周身之精氣，日夜時刻，廼精氣之變態也。其中有衰有旺，有升有降，有浮有沉，有清有濁，是以聖人以外象證之，殊不知天地氣數在乎一時之工夫也。所以中間有陰陽寒暑之證，有生殺盈虧之狀，小則按百刻，大則如一年，只在一時而然也。然一時即一處也，一處即一物也，人知此之所以爲一，則采取有法，運用有度，斤兩有則，水火有等，與夫抽添進退之妙，沐浴交結之奥，無不防危慮險也。若毫釐之失，則日月失道，金汞異爐，非知造化之深者，莫克知陰陽之義。如是其祕也，一陰一陽之謂道，道即金丹也，金丹即道也。古仙上靈詔人煉七返九還金液大丹者，故廼入道之捷徑耳。故有片餉工夫，自然交媾，廻風混合，百日工靈之語，行之九月，謂之九轉，煉之一年，謂之聖胎。此其所以隱而不露者，以上天祕惜，不欲輕泄此道耳。豈得無禍福於傳授賢否之間乎？既以唾涕、精津、氣血、液爲陰物也。又以泥丸、丹田、心腎、脾肺、尾閭、夾春、口鼻，非真一處也。何從而知金木之所以間隔，水火之所以既濟未濟者哉？能以一之一字，計諸羣經，參詳往哲，勿以神氣爲自然歸復，勿以禪定爲自然交合。審能如是，或恐暗合孫吴，而終非促百脉以歸源，窮九關而徹底。三火所聚，八水同歸者也。至於神入氣爲胎，火煉藥成丹，豈容易明。有曰神衛氣者，有曰神凝則氣聚者，有曰神氣自然歸復者。皓首茫然，反起虚無之歎，夫豈知丹基之真一爲妙哉？若將遊浮靈，揖華佺於空濛、窅靄之上者，得一可以畢萬，故作丹基歸一論，以付學者，白玉蟾，潁川陳泥丸，太乙刀圭之説傳諸後古云。

又卷四《翠虛篇·金丹詩訣》　半斤真汞半斤鉛，隱在靈源太極先。須趁子時當採取。煉成金液入丹田。

二 神符白雪結玄珠，此是金丹第一爐。十二時辰須認子，莫教金鼎汞花枯。

三 水火相交虎遇龍，金翁姹女兩争雄。青去白來然後黑，到紅方且入黄宫。

四 玉爐三轉是黄芽，火裡栽蓮解發花。人在絳宫貪夜月，一杯美酒餌丹砂。

五 四轉紅爐轉四神，添符進火養胎精。龍虎繞爐争造化，巽風吹起水中燈。

六 五轉方成白馬芽，却教六賊運河車。五行俱備雷聲震，正好登樓看汞花。

七 煉成金液玉神丹，擒制龜蛇頃刻間。已是中成消息處，土爐養火莫教寒。

八 天上七星地七寶，人有七竅權歸腦。七返靈砂陰氣消，鉛爐只使温温火。

九 八轉神錦玉清砂，卯酉抽添火不差。渴飲華池饑嚼氣，黄婆終日看金花。

十 九轉紫金成至寶，天門地户自開鎖。三百八十有四銖，散爲三萬六千顆。

一一 青童把鏡照泥丸，五臟祥雲徹上關。子午寅申和巳亥，胎圓數足出崑崙。

一二 移將北斗向南辰，穿過黄庭入紫庭。攢造一年真造化，太陽正照月三更。

一三 上應星辰下應鉛，太陽三十六爻纏。不因法象無山採，誰悟生於天地先。

一四 黄丹胡粉蜜陀僧，此是嘉州造化能。若不見陽真一法，世間還有幾人曾。

一五 紅鉛之髓各真汞，黑汞之精是正鉛。莫向腎中求造化，却須心里覓先天。

一六 靈汞是非是水銀，丹砂不赤人迷人。此般真物誰能識，識者驂鸞脱世塵。

一七 三種真形一種稀，結成靈異少人知。莫言龍虎同源出，便是神仙立兆基。

一八 鎮星合得配中央，佳水能交色變黄。不比凡金銀與鐵，成時全是賴陰陽。

一九 莫近丘墳穢污田，亦嫌戰地産人眠。鍾來靈氣方爲福，便是求仙小洞天。

二〇 山中静處最宜良，或在城中或在鄉。土得厚時丹得厚，妄爲立見有迍殃。

二一 室宜向木對朝陽，兑有明窓對夕光。照顧有名人莫曉，暮陰不得間金牆。

二二 八門運化應時開，進退隨金定往來。莫息明爐并比户，安然二鼎位三台。

二三 六百篇中起伏明，三光須順日虚盈。推移八卦明斤兩，刻漏相參莫住程。

二四 陰火息時陽火消，理分卧立順羲爻。更隨黑白天邊月，六候方經晦朔交。

二五 四時推運逐星杓，晝夜停分百刻昭。鄭重元君重定式，細詳時候已明標。

二六 天上分明十二辰，人間分作煉丹程。若言刻漏無憑信，不會玄機藥未成。

二七 心地虚閑絶萬緣，且宜清静返身觀。要知鐵脊梁之漢，何慮修丹下手難。

二八 言者不知知不言，高談闊論萬千般。雖然眼下無人辨，恐汝縱身被自瞞。

二九 人如得道自嬰兒，不辯閑言是與非。君若不能心眼具，他時追悔問他誰。

三〇 執着之人得不真，朝行暮輟又非誠。誠心修煉見功驗，方是人中識得人。

三一 父精母血結胎成，尚自他形似我形。身内認吾真父母，方纔捉得五行精。

三二　子時氣對尾閭關，夾脊河車透頂門。一顆水晶入爐內，赤龍含汞上泥丸。

三三　氣入丹田養白鴉，斯時方曰結黃芽。華池神水含明月，取得刀圭火似麻。

三四　須知藥得火成丹，又要丹逢火則仙。片餉工夫修便現，老成須是過三年。

三五　大道分明在眼前，時人不會悟歸泉。黃芽本是乾坤氣，神水根基與汞連。

三六　認得根源不用忙，三三合九有純陽。潛通變化神光現，從此朝天近玉皇。

三七　合其天地合其元，子母相逢不敢言。先汞後鉛爲大道，莫教失伴鶴歸天。

三八　此寶從來二八傳，吉年吉月入爐安。千朝火候知時節，必定芽成汞自完。

三九　志默忘言理最端，更無一物可相關。回眸謾着些兒力，一得分明萬事間。

四〇　紅鉛黑汞大丹基，紅黑相投世罕知。兩物若還成戊巳，仙家故曰一刀圭。

四一　日烏月兔兩輪圓，根在先天核取難。月夜望中能采取，天魂地魄結靈丹。

四二　莫謂金丹事等閒，切須勤苦力鑽研。慇懃好問師資學，不在他邊在日前。

四三　未煉還丹先養鉛，龜蛇一氣產先天。虛心實腹方和令，結就靈砂一粒圓。

四四　同行同坐又同眠，終日相隨在目前。認得這些須急採，見之便是水鄉鉛。

四五　不是燈光日月星，藥靈自有異常明。垂簾久視光明處，一顆堂堂現本真。

四六　終日如愚豈有無，謾將間里着工夫。初時玉液飛空雪，漸見流金滿故爐。

四七　靈汞通真變化多，只宜存守不宜過。神符默運三關徹，鉛趁黃河入大羅。

四八　甲龍庚虎鎮相隨，鉛汞同爐始可爲。曾取地天交泰事，自然交媾坎和離。

四九　周天火候至幽微，運動抽添盡有時。氣候何須分八節，只防片餉失毫釐。

五〇　五行四象坎并離，詩訣分明說與伊。只有工夫下手處，幾人會得幾人知。

五一　若未逢師且看詩，詩中藏訣好修持。雖然不到蓬萊路，也得人間死較遲。

五二　晝運靈旗夜火芝，抽添運用且防危。若無同志相規覺，時恐爐中火候非。

五三　震卦行歸西兑鄉，三陽姹女弄明璫。巽風吹動珊瑚樹，入艮歸坤又一場。

五四　握拳閑日守流珠，這箇原來是入途。不見悟真篇内說，真金起屋幾時枯。

五五　誰知前短後長機，十二時中只一時。晦朔望弦明進退，煉成九轉結嬰兒。

五六　崑崙山上火星飛，金木相逢坎電時。藥到月圓須滿秤，急教進火莫蹉遲。

五七　大藥須憑神氣精，採來一處結交成。丹頭只是先天氣，煉作黃芽發玉英。

五八　分明只在片言間，老去殊途有易難。先自刀圭言下悟，漸收九轉大還丹。

五九　兩處擒來共一爐，一泓真水結真酥。刀圭滋味吞歸腹，澆灌黃芽産玉符。

六〇　捉將百脉倒歸源，自會大然汞見鉛。大地山河皆至寶，誰知身里覓先天。

六一　宮中眼底火星飛，雷電掀飜白雪垂。身里漏聲聞滴滴，三尸精血可充飢。

六二　五行四象外邊尋，只在當人一寸心。運用陰陽成妙道，直教瓦礫盡成金。

六三　偃月爐中煅坎離，片時自有一刀圭。寄言師祖張平叔，萬聖千賢總在西。

六四　醉倒酣眠夢熟時，滿船載寶過曹溪。一綫識破丹基處，故去收來絶在伊。

六五　西南路二月華明，大藥還從此處生。記得古人詩一句，曲江之上鵲橋横。

六六　一月三旬一日同，修丹法象奪天功。交加二八爲丹母，望遠徒勞覓虎龍。

六七　尾閭白炁貫丹田，一顆真珠輭似綿。滿地冷光生玉笋，兩池秋水漾紅蓮。

六八　鼎爐火候密推排，煉得純陽氣上來。地户閉時骨體實，天門積漸自然開。

六九　水爲靈府冲和液，火是丹樞混沌精。會在宫中凝結處，自然結藥復生英。

七〇　男兒懷孕是胎仙，只爲蟾光夜夜圓。奪得天機真造化，身中自有玉清天。

七一　鼎中朱橘亘天紅，此是時時養火功。元炁歸爐神不散，春山春水自春風。

七二　金鼎先乾活水銀，水銀乾了大丹成。分明有箇長生藥，點鐵成金不悟人。

七三　涕唾精津氣血液，真僞混淆須辯惑。從無生有是藥材，不可滯他虚幻物。

七四　經云變化在須臾，迷者何求日月踈。但守火爻三百刻，産成一顆夜明珠。

七五　天源一派接崑崙，最隱無過九曲灣。百萬玉龍嘶未斷，一江春月趁漁船。

七六　精神冥合炁歸時，骨肉融和都不知。關節自開通暢也，形容光澤似嬰兒。

七七　分兩須當應兩弦，此般法象合天淵。迴頭問取黄婆看，何必區區待日傳。

七八　鉛汞之宗龍虎根，玄牝之户戊巳門。只向玉壺春色裡，摘校花去問羲軒。

七九　近則三朝遠九句，須知變化有時辰。不知造化長生藥，點汞成金也動人。

八〇　鼎鼎元無藥里尋，尋來出去一般金。鑄成大小多隨意，便是冰壺妙理深。

八一　入鼎須憑重一斤，秤來却是十六星。一星水里真金妙，合作流珠二八停。

八二　坎府坳塘石脚泉，斗星相對射高天。潺湲陽脉通青白，沐浴須教金體堅。

八三　盡道真人總默然，如何也不示言詮。若非驕傲事無語，只是胷中欠汞鉛。

八四　天地初分日月高，狀如雞子復如桃。陰陽真氣知時節，直待三年脱戰袍。

八五　龍虎丹砂義最幽，五神金内汞鉛流。千朝變紫飛雲去，直至大羅天上頭。

八六　用鉛須得乘相合，二姓爲親女唱歌。煉此紫河車地動，白雲相伴鶴來過。

又卷五《金液還丹思圖發微》《真土詩》曰：先天一炁號真鉛，莫信迷徒妄指傳。萬化滋張緣朕兆，一靈飛走賴拘鈐。有形生質皆非正，無質生形始是玄。寄語道流勤學取，用鉛莫錯用凡鉛。

真土者，真鉛真汞也。鉛汞者，太極初分，先天之炁也。先天炁者，龍虎初弦之炁也。此炁生於天地之先，産於虚無之内，非可見可聞，後天地生。涕唾、精津、氣血液及凡砂、凡汞、鉛、銀、礬、硫、雌、雄、硇、膽、五金八石，有中生有，查滓之物也。邪師僞徒，狂妄指傳，以是爲道，費耗資財，終無有成者，良可笑也。殊不知金丹之道亦猶萬物，皆因朕兆，既萌之後，以生以長，譬以真鉛真汞配居金鼎之中，牢固拘鈐，不能飛走，無質生質，結成黄芽，始是玄妙，豈可認彼有形有質之物，而爲真鉛真汞耶？仙翁令人辯此真玉，乃是同類有情之物。龍虎二八初弦之炁，方可結胎，方能發生，莫以凡鉛凡汞認作真鉛真汞也。仙翁言之盡而明之至矣。世人可不諦思之乎？

採取法象

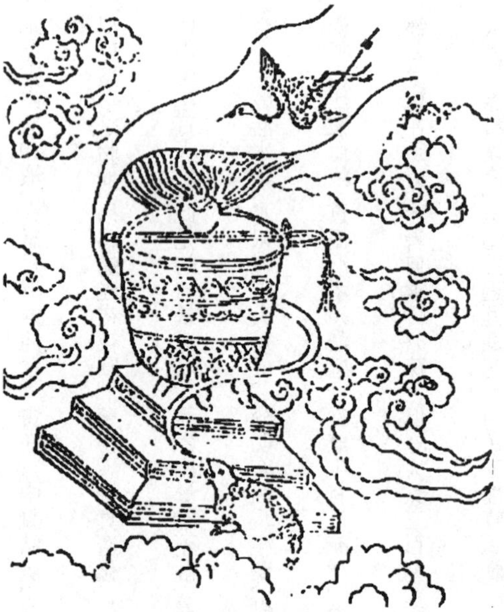

《採取詩》曰：夜半霞光北海明，金丹一粒慶圓成。不因採取知玄妙，枉使飛騰入太清。鶴翅每隨霜色勁，蟾酥多逐月華生。憑他氣類潛通感，運劍追來掌上擎。

煉丹之士既得真師指授鼎器之的，藥物之真，火候之妙，方可下手採取，以煉還丹。夫採取之妙，待彼一陽初動之時，鼓動乾坤之橐籥，搧開離坎之樞機，運真水於天河，焚真火於髓海，循刻漏而森羅萬象，駕河車而直透三關。泥丸風生，絳宫月白，旋採而旋收，漸凝而漸結。崑崙頂上，黍米珠懸，大淵池中，黄金芽長，河光閃爍，明透北海，金丹一粒已慶圓成也。不因真師入破採取之的，焉能使之飛騰而入太清者哉？飛騰之妙，此鶴翅之翩遷隨霜色勁，如蟾酥之流潤，逐月華而生。藥物既已同類，氣候豈不相通。《參同契》云：陽燧以取火，非日不生光。方諸非星月，安能得水漿。二氣玄且遠，感化尚相通。何況近存身，坊在於心胷。陰陽配日月，水火爲効徵。又云磁石吸鐵，隔礙潛通。即仙翁憑他氣類，潛通感運劍追來掌上擎之謂也。

制度法象

《制度詩》曰：擅築三層天地人，九宮八卦布令勻。鏡懸上下祛精怪，劍列方隅鎮鬼神。禹步登時三界肅，罡星指處百魔賓。叮嚀刻漏無差失，片餉工夫萬刼春。

至人修煉金液大還丹，先須投名山，擇福地，巒廻水繞，向陽背陰，不近伏屍丘塚，戰陣沙場，離塵脱俗，高抗清爽去處，起蓋丹室數椽，室内築壇三層，以象三木。壇上有竈，竈上有爐，爐中有鼎，鼎中有神室。外列九宫、八卦、天干地支、四方卓劍，懸以寶鏡，鎮壓鬼神主者。禹步登壇，捧丹入室，步履魁罡，驅妖剪怪，邪魔自然賓伏，不敢賊害丹爐也。循環周星刻漏，以定晨昏，運用陽火陰符，以明進退。纖毫不得差誤。片餉之間，結成一粒，大如黍米，餌之煉之，十月胎圓，自然神妙，點化凡軀，以成純陽之仙，則萬刼長春而不老矣。

《鼎器詩》曰：煉丹全藉鼎和爐，爐鼎乾坤要正模。圓繞五三圍徑一，唇周四八腹臍敷。鼎鉛欲審須中定，陽火將奔在下鋪。不遇至人親指授，教君何處結玄樞。

煉丹全籍鼎爐，以行其造化。丹無鼎爐，如人民之無城郭，居處而無舍宇，

輔佐法象

將何棲止哉？紫陽翁云：先把乾坤爲鼎器，次將烏兔藥來烹是也。鼎器以乾坤爲模範，而有體有用，有内有外，不可一途而取也。曰乾坤鼎器、曰坎離匡郭、曰希夷府、曰赤色門、曰甑山、曰蓬壺、曰玄溝、曰河鼓、曰金鼎、曰玉爐、曰朱砂鼎、曰太乙爐、曰懸胎鼎、曰偃月爐、曰威光鼎、曰造化爐、曰金胎、曰神室、曰陽鼎、曰陰爐、曰上下釜、曰上下弦、曰玄關一竅、曰玄牝之門、曰泥丸宫、曰華池路、曰生殺舍、曰衆妙門、曰中黄宫、曰丹元府、曰交感宫、曰神炁穴、曰混元金鼎、曰造化泉窟、曰曲江、曰華嶽、曰戊巳門、曰甲乙户、曰崑崙、曰氣海、曰神廬、曰母舍、曰汞鼎、曰鉛爐、曰乾宫、曰坤室、曰靈户、曰丹房、曰大淵、曰規中、曰關元、曰丹田、曰絳宫、曰黄庭、曰歸根竅、曰復命關。無非譬喻鼎器神室體用耳。雖然種種異名之不

鼎器法象

同，一言以蔽之，曰乾坤鼎器而已。乾鼎者，即上釜也。其形象天。坤器者，即下釜也。其形象地。兩釜相合，餌丹歸於中宫，象天地人三才也。鼎器模範，要令合格周正，不大不小，不短不長，不闊不狹，皆要相當，方爲美器。不然，有偏陷之患，賊害丹體。其身長一尺二寸，以周歲律，周圍一尺五寸，中虚五寸，分三層上中下等，以應三才。豈非圓繞五三圍徑一乎？爐面周折三尺二寸，明心横有一尺。立唇環匝二寸，唇厚二寸，豈非唇周四八腹臍數乎？四八乃三尺二也。模範既正，鉛汞居中，優游防閑，審杏老嫩，中須定見，使無過不及，皆合於中，則太極真火在下鋪舒，太陰真水在上噏受。匪遇聖師逐節指示，世人焉得自知，憑何決破玄樞，以養聖胎也哉！

九鼎法象

《九鼎詩》曰：金丹秘術絶凡人，六百篇將九道名。帝禹範來奸始怖，軒皇鑄就道名成。選時須合丹家法，用後無令厭物腥。節候换時周復始，煉成龍虎自來迎。

金丹之術百數，妙在神水華池，凡夫豈能識哉？故曰金丹秘術絶凡人也。《火記》三百篇，篇篇相似，出入貫串。《易》有六十四卦，除乾、坤、坎、離四卦，爲鼎器藥物。餘六十卦以行周天火候。修煉金丹有三百日功，每日用二卦直符，即朝屯、暮蒙、朝需、暮訟以至既濟、未濟，周而復始。三百日計六百卦也。九道名，即九鼎也。夏禹範成而奸始怖，軒轅鑄就而道方成。昔黄帝採首山之金，鑄鼎於洞庭湖之君山，丹成而白日駕火龍升天者，此也。九鼎乃九轉之義，陽數極於九而言，非真要煉九鼎而後可以成仙也。選造金鼎之時，要合丹家法度。《鼎器歌》曰：圓三五寸一分，口四八兩寸唇，長尺二厚薄匀，腹臍三坐垂温是矣。古仙有云：金鼎實難造者，良有妙旨故也，豈可妄以己見而有損益於其間哉？又豈令厭穢腥物以迫鼎爐而觸犯丹藥者乎？節候换時周復始，煉成龍虎自來迎者，天上太陰行度日夜行十三度有奇，一月一周天，太陽行度日夜行一度，一年一周矣。丹法攢年簇月，攢月簇日，攢日簇時，攢時簇刻。所謂一刻之工夫，自有一年之節候。《參同契》不云始文使可修終竟武，乃陳候祝加謹慎，審察調寒温，周旋十二節，節畫更須親是也。周而復始，循環運

用，晝夜不息，默運人符，龍虎兩相逢迎，漸採漸煉，旋凝旋結，自然而然結成一粒紫霞赫赤之還丹矣。

《進火詩》曰：子時起火癸時潛，此是晨朝進火篇，呼應陰陽宜默默，息調出入務綿綿。陽爻二百一十六，卦合復臨泰夬乾。刻漏不差時節應，炎炎火裡長紅蓮。

仙翁此詩，備露火候起伏之秘，大爲詳切，自是愚人不知耳。子時起火癸時潛，此是晨朝進火篇。呼應陰陽自默默，息調出入務綿綿者，子爲一晝之首，火候起緒之時也，自子至巳，運行陽火之候，爲朝爲早，屯卦直符也。夫運火者，精調氣候，斡運天罡，順陰陽四時代謝之機，明天地五行生克之理，呼宜默默息用綿綿。莊子云：衆人之息以喉，真人之息以踵是也。玉蟾老仙云：閉極則失於急，縱放則失於蕩，真一子所謂定刻漏，分略時，簇陰陽，走神鬼，蹙三千六百之正氣，回七十二候之要津，運六十四卦之陰符，鼓二十四氣之陽火。天閣在手，地軸由心，天地不能匿造化之機，陰陽不能藏亭毒之木，致使神變無方，化生純粹者也。無名子曰：金宫既砂汞之不萌，一鼎乃蟲螟之互起，大則山崩地圮，金虎與木龍飛騰，小則雨驟風漂，坎男共離女奔逸，此皆叮喻修丹之士煉已純熟，勿使火候差失也。可不慎乎！夫復䷗者，一陽之卦也，以年喻之，則斗柄指子，十一月也。以律言之，則黄鍾是也。以節比之，則冬至、小寒也。以候應之，則鶡鴠不鳴，後五日虎始交，又五日荔挺出，又五日蚯蚓結，又五日麋角解，又五日水泉動也。以時明之，則夜半子也。以月體之，則初一初二初三半也。以卦象之，則屯、蒙、需、訟、師也。以火用之，則進一陽候也。臨䷒者，二陽之卦也。以年喻之，體斗柄指丑，十二月也，以律言之，則大吕是也。以節比之，則大寒立春也。以候應之，則鴈比鄉，後五日鵲始巢。又五日雉雊，又五日雞托，又五日征鳥厲疾，又五日水澤堅也。以時明之，則鷄鳴丑也。以月體之，則初三半，初四初五也。以卦象之則比。小畜、履、泰、否也。以火用之，則進二陽候也。泰䷊者，三陽之卦也。以年喻之，則斗柄指寅，正月也。以律言之，則大簇是也。以節比之，則雨水驚蟄也。以候應之，則東風解凍，後五日蟄蟲始振。又五日，魚陟負氷。又五日，獺祭魚。又五日，候鴈比。又五日，草木萌動也。以時明之，則平旦寅也。以月體之，則初六、初七、初八半也。以卦象之，則同人、大有、謙、豫、隨也，以火用之，則進三陽候也。大壯䷡者，四陽之卦也。以年喻之，則斗柄指卯，二月也。以律言之，則夾鍾是也。以節比之，則春分、清明也。以候

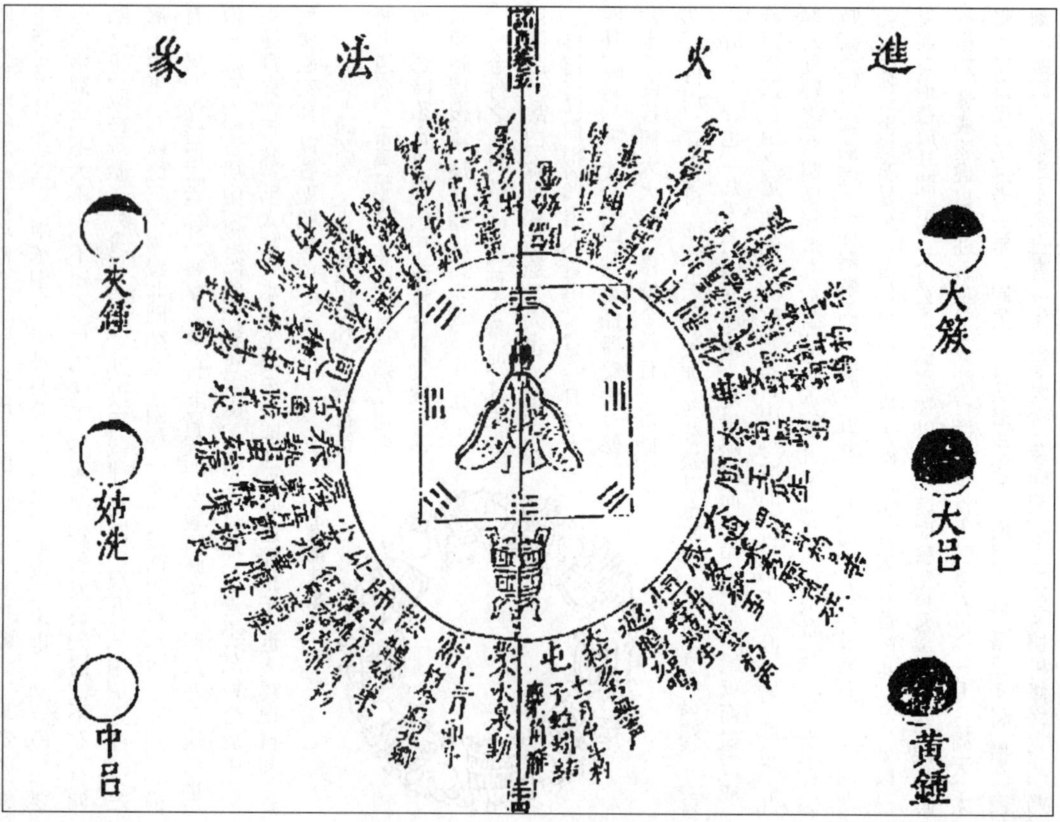

進火法象

應之，則桃始華，後五日鶬鶊鳴，又五日，鷹化爲鳩，又五日，玄鳥至。又五日，雷乃發聲。又五日，始電也。以時明之，則日出卯也。以月體之，則初八半、初九、初十也。

又《華陽吟三十首》 片餉工夫煉汞鉛，一爐猛火夜燒天。忽然神水落金井，打合靈砂月樣圓。

又《贈潘高士詩》 冬至煉朱砂，夏至煉水銀。常使居土釜，莫令鉛汞分。子母既相感，火候常温温。如是既久久，功成昇紫雲。

涵蟾子《諸真玄奧集成》卷五《鉛汞法象・鉛汞詩》 鉛出白金汞產砂，丹家便把此來誇。若將金石爲真藥，猶播禾粺望長麻。坎内黄男名汞祖，離宫玄女是鉛家。分明辨取真和僞，產出真鉛似馬牙。

陳暐《吳中金石新編》卷八《雜記》宋濂《丹井銘》 海虞有虞山。梁天監初，漢天師十二代孫張道裕來隱其下，建招真之館，鑿丹井焉。宋淳熙中，道士李則正浚井，得藏丹石碱，啓之，化爲雙紅鴿，飛入上湖，至今湖中丹光煜煜然。邇年井且廢，莫知其所。周尊師玄真窮日力尋獲之，重加以甓，作亭覆其上。時皇明洪武元年也。然仙家鍊丹必以井，故名山多有之。其在今海虞者，舊廢而新治，豈玄學復興之徵歟？銘曰：「太陰委精自天一，融而爲液養萬物。神丹浴之赤如日，有夫玄巾發我室。雙禽衝霞飛翐翐，靈泉重噴甘逾蜜，飲焉壽與天地畢。」

佚名《詩淵・炭・石炭》 君不見前年雨雪行人斷，城中居民風裂骭。濕薪半束抱衾裯，日暮敲門無處換。豈料山中有遺寶，磊落如磬萬車炭。流膏迸乳無人知，障障腥風自吹散。根苗一發告無際，萬人鼓舞千人看。投泥潑水愈光明，爍石流金寔精悍。南山栗林漸可息，北山頑礦何勞鍛？爲君鑄作百鍊刀，要斬長鯨爲萬段。

佚名《性命圭旨・利集》 先天至理妙難窮，鉛產西方汞產東。水火二途分上下，玄關一竅在當中。此李清庵口訣也。

費元禄《甲秀園集》卷一《賦部・洪都賦并叙》 洪都者，蓋揚州之境，而南斗之分樞也。彭蠡九江，《禹貢》《周禮・職方》載焉。【略】別有山林川澤之勝，海鹽章山之銅。金以砂滌，鎮以冶鎔。造窑治瓷，辨土埏埴。器無苦窳，規以鳳龍。太龢之所保合，土鋼之所烝融。礪砥砮丹，啚彩青宫。絺葛果布，竹箭硇楓。庶土交正，坤悳所豐。千歲鮮苓，五石同攻。僊芽三脊，丹砂九功。霝芝瑞竹，異木合抱。嘉禾三蘳，禎禽奇獸，麒麟騶虞，鳳皇高岡，永平白鹿，甘露慶雲，史不絕書。

陳懿典《陳學士先生初集》卷三六《咏壬戌以降十舉首》 太蒼突兀氣如虹，驚濤浴日扶桑紅。昆陽城下虎豹走，鉅鹿軍前組練雄。新建火候十年功，黄金丹熟堪點銅。光含寶劍芙容色，雪積峨眉天地空。

曹學佺《石倉歷代詩選》卷四〇七《明詩次集五一・文林》 天地造化一鑪冶，萬物銷鑄猶銅鉛。

錢希言《劍筴》卷二《繩釁篇》 晉張協《七命》：「楚之陽劍，歐冶所營。邪谿之鋌，赤山之精。銷踰羊頭，鍱越鍛成。乃鍊乃鑠，萬辟千灌。豐隆奮椎，飛廉扇炭。神器化成，陽文陰縵。流綺星連，浮采豔發。光如散電，質如耀雪。霜鍔水凝，冰刃露潔，形冠豪曹，名珍巨闕。指鄭則三軍白首，麾晉則千里流血。豈徒水截蛟鴻，陸洒奔駟。斷浮翮以爲工，絕重甲而稱利云爾而已哉！若其靈珏則舒辟無方，奇鋒異模，形震薛燭，光駭風胡，價重三鄉，聲貴二都。或馳名傾秦，或夜飛去吳。是以功冠萬載，威耀無窮。揮之者無前，擁之者身雄。可以服從九國，橫制八戎，爪牙景附，函夏承風。此蓋希世之神兵。

傅夏器《錦泉先生文集》卷一《贈趙晴原令上杭序》 吾閩山川自贛而來，汀爲首會，是山川之秀氣，乃惟汀先得之。秀氣在山川，發於物爲寶，發於人爲賢。汀當宋時，常產金、銀、銅、鐵，宋人冶之以佐國課。豐於物必嗇於賢，宋之陋也宜。今諸冶罷矣，山川精氣，所鍾在賢，試嘗論之，必產育賢俊無疑也。珍寶盛而府庫充，其興作實維有司。賢才出而風化易，誰作興之，其無乃惟君責耶！

焦竑《焦氏類林》卷七《器具》 古鑒銘：「漢有善銅出丹陽，和以銀錫清且明。左龍右虎尚三光，朱雀玄武順陰陽。尚方作鑑真大好，上有仙人不知老，渴飲玉泉飢食棗。」

董斯張《〔崇禎〕吳興備志》卷一五《巖澤徵第一一》 弁山者，勾踐於此山鑄銅，銅不鑠，埋之生馬箠。勾踐遺使者取，徙於南村種之，飾治爲馬箠，獻於吳。《吳會分地記》《御覽》所同。

劉侗《帝京景物略》卷三《城南内外・長春寺》 順天米萬鍾「長春寺禮多寶塔偈」：我讀法華經，至現寶塔品。知世尊神力，敢作虛幻觀。長椿水上座，受荊神宗朝。戒珠照苦行，鍊作金剛身。感召首山銅，觔百千萬億。和合金與火，鑄成窣堵波。級級凡十三，剏獲未曾有。更以黄金汁，窣鎏堵波身。多寶佛中央，繞三千諸佛。十八阿羅漢，及八部天龍。頭手足異形，戈戟鐸異執。纓冑甲異製，各載以獅象。豹尾交螭頭，鱗次於瓴甋。種種靈花現，優曇鉢曼陀。出入輪相間，一一肖初級。高乃至丈六，始爲金輪盤。金鉢將金鈴，煒煌燭雲際。檐檐鳴懸鐸，聲光相射摇。各具佛因緣，眉髮毫悉具。惟水能生金，乃有布金者。滿金半亦金，各極金分量。虛空以爲罏，願力以爲炭。智慧以爲鉹，鉹無可鉹故。成金窣堵波，鞏固我皇圖。我來觀塔時，親聞塔説法。【略】

江都鄭元勳《長椿寺訪水齋僧》：門外闤闠門内禪，松垣莎徑肅諸天。聞鐘每報朝開講，下榻深居日似年。齋以水名俱不滓，月從指見十能圓。因緣世上黃金重，鑄作浮圖示大千。

抱甕老人《今古奇觀》卷三九《誇妙術丹客提金》 破布衫兒破布裙，逢人慣説會燒銀。自家何不燒些用，擔水河頭賣與人。

這四句詩乃是國朝唐伯虎解元所作。世上有一夥燒丹鍊汞之人，專一設立圈套，神出鬼没，哄那貪夫癡客，説是能以藥草鍊成丹藥，使鉛化爲金，汞化爲銀，名爲黃白之術，又叫做爐火之事。只要先將銀子爲母，後來覷個空兒，偷了銀子便走，叫做提罐。曾有一個道人將此術來尋唐解元，説道：「解元仙風道骨，可以做得這件事。」解元貶駁他道：「我看你身上襤褸，你既有這仙術，何不燒些來自己用度，却要作成别人。」道人道：「貧道有的是術法，乃造化所忌，却要尋個大福氣承受得起的，方好與他作爲。貧道自家却没這個大福氣，所以難做。看見解元正是個大福氣的人，來投合夥，我們術家叫做訪外護。」唐解元道：「這等與你説過，你的術法施爲我一些都不管，我只管出著一味福氣幫你，等丹成了我與你平分便是。」道人見解元説得蹊蹺，曉得是奚落他，不是主顧，飀然而去。所以唐解元有這首詩，是點明世人的意思。但是這夥里的人，更有花言巧語，如此説話，説他不倒的，他們道神仙必須度世，妙法不可自私，畢竟有一種具得仙骨，結得仙緣的，方可共鍊共修，内丹成，外丹亦成。有這許多好言語説得天花亂墜，不由人不信。且這些言語何曾不是正理，就是鍊丹又何曾不是仙法。只是當初仙人留此一種丹砂化黃金之法，原只爲廣濟世間的人，如今這些貪人擁著嬌妻美妾，求田問舍，損人利己，掂斤估兩，何等肚腸。尋著一夥酒肉道人，指望鍊成了丹，要大大受用一世，遺之子孫，豈不癡乎？只叫他把内丹成、外丹亦成這兩句想一想，難道是擱起内養工夫，單單弄那銀子麽？只這點念頭也，就萬萬無有鍊得丹成的事了。看官你道小子説到此，隨你愚人也，該醒悟這件事没影響，做不得的。却是這件事偏是天下一等聰明的，偏要落在圈套里，不知何故？今小子説一個松江富翁，姓潘，是個國子監監生，胸中廣博，極有口才，也是一個有意思的人，却有一件僻性，酷信丹術。俗語道，物聚於所好，果然有了此好，方士源源而來，零零星星也弄去了好些銀子，受過了好些丹客的哄騙，他只是一心不悔，只説無緣，遇不著好的。從古有這家法術，豈有做不來的事？畢竟有一日成功，前邊些小損失何足爲念，把這事越好得緊了。【略】客人屏去左右從人，附耳道：「吾有九還丹，可以點鉛汞爲黃金，只要鍊得丹成，黃金與瓦礫同耳，何足貴哉？」富翁見説是丹術，一發投其所好，欣然道：「原來吾丈精於丹道，學生於此道最是心契，求之不得。若吾丈果有此術，學生情願傾家受教。」客人道：「豈可輕易傳得？小小試看，以取一笑則可。」便教小童生起爐炭，將幾兩鉛汞鎔化起來，隨在身邊腰袋摸出一個紙包，打開來都是些藥末，就把小指甲挑起一些些來彈在罐里，傾將出來，連那鉛汞不見了，都是雪花也似的好銀。看官你道藥末可以變化得銅鉛做銀，却不是真法了。原來這叫做縮銀之法。他先將銀子用藥鍊過，專取其精，每一兩直縮做一分少些，今和鉛汞在火中一燒，鉛汞化爲青氣去了，遺下糟粕之質見了銀精，盡化爲銀，不知原是銀子的原分量不曾多了一些。丹客專以此術哄人，人便死心塌地信他，道是真了。富翁見了，喜之不勝道：「怪道他如此富貴受用，原來銀子如此容易。我鍊了許多時，只有摺本的，今番有幸遇著真本事的了，是必要求他去替我鍊一鍊則個。」遂問客人道：「這藥是如何鍊成的？」客人道：「這叫做母銀生子。先將銀子爲母，不拘多少，用藥鍛鍊，養在鼎中，須要九轉火候足了，先生了黃芽，又結成白雪。啟爐時就掃下這些丹頭來，只消一黍米大，便點成黃金、白銀，那母銀仍舊分毫不虧的。」富翁道：「須得多少母銀？」客人道：「母銀越多，丹頭越精，若鍊得有半合許丹頭，富可敵國矣！」富翁道：「學生家事雖寒，數千之物還儘可辦。若肯不吝大教，拜迎到家下，點化一點化，便是生平願足。」客人道：「我術不易傳人，亦不輕與人燒鍊，今觀吾丈虔心，又且骨格有些道氣，難得在此聯寓也。是前緣，不妨爲吾丈做一做。但見教高居何處？異日好來相訪。」

吴兆宜《庚開府集箋注》卷五《仙山二首》 金竈新和藥。見《報趙王》。銀臺舊聚神。張衡《思玄賦》：聘王母於銀臺。注：銀臺，仙人所居也。相看但莫怯，先師應識人。石軟如香飯。見《酬薛文學》。鉛消似熟銀。《神仙傳》：尹軌字公度，能銷鉛爲銀，銷錫爲金。後到太和山中仙去。鍔曰：「《雲笈七籤》八公告淮南王曰：『一人能煎泥成金，鍛鉛爲銀，水鍊八石，飛騰流珠。垂龍駕雲。浮遊太清。」蓬萊暫近别，海水遂成塵。見《步虚詞》。

屈大均《廣東文選》卷二四《賦・明孔煦〈擬湖廣賦〉》 其任土貢賦，厥土塗泥，厥田下中，厥賦上下，厥貢羽毛齒革。惟金三品，厥産金石，則漳穀沙金，沅辰麩金，銀鑛鐵冶，丹砂璆琳，水銀銅錫。谷茂苕林，石砮砥礪，邪堇發藏，荆石龍芮，松滋緑青，石鷰石英，石磬石屏。

查禮《銅鼓書堂遺稿》卷一〇《宿南丹礦廠寶王廟僧舍》 向夕僧窗暫寄身，四山近繞石嶙峋。水穿坑礦聲喧市，火煅金銀氣逼人。微月一龕涼夜磬，孤燈半壁浄秋塵。倦憑短榻眠初熟，可有歸家夢似真。

趙德懋《妙香齋詩集》卷四《寶源廠祭山》 寶源勝地自昔傳，礦旺銅豐歷有年。時衰時盛反覆手，好音寂寞望眼穿。我來此處瞻形勢，羣峰卓立中如拳。衆大取小徵孕育，相吉立穴莫遲延。天財地寶隨運會，掘方盈仞已及泉。四圍周匝無終始，下不計尋上通巔。石竇中開啟秘鑰，後之視今今視前。卜日致祭酬神惠，沐手焚香秉心虔。壯負幼戴各努力，菁華弈弈徹中邊。玉已離璞金入冶，光氣常蒸丹竈烟。遠可運都近運局，源源接濟無後艱。道旁舊有冬青樹，英華消歇久無妍。今歲忽然吐繁蕋，喧語嘉植得氣先。花正敷榮早開廠，草木獻瑞信有焉。攀枝小憩聽鶯囀，積日憂思一旦捐。

阮葵生《七録齋文抄・分金罏賦以三品自分功似造花爲韻》 觀陶鈞於物理，審微妙而可參。飭五材以利用，羅萬有而能含。唯智者之所刱，豈庸目之曾諳。異宋斤與魯削，殊粤鏄與燕函。稽庶職於冬官，工原居一，辨良金於禹貢，名厥唯三。原夫金之爲物也，毓質匪凡，貨幣宜審。經人力之採烹，指名山爲倉廪。采色絢其繽紛，寒光耀而淒凜。致用則並於圭璋，錫貢則同於璣錦。冶梟桃枲，審制器之無方；鏐鐵銀鏤，試奇珍之殊品。迹其用寔多，端名各有自。或充吕之珍，或贍農工之器。或滿□其甚難，或官山而甚易。曰從曰革，任變化以生新；宜精宜良，立範模而盡利。象形立法，本合六齊，以均調鼓鑄售欺每合五金而並濟。若思改作以銷鎔，誰復區分其同異。乃有神工絶致，匠巧軼羣，爲罏突兀，範土成文，大異博山之細，高超丹竈之羣。中空洞其回互，外繚繞以氤氲。積炭上炎，雖合同之已化；流珠潤下，任類聚而能分。蓋改煎者之所必用，而好鍛者之所未聞。爾其鼓橐籥，引烈風，火初爛，金在鎔。光爭煜煜，氣自融融，既摧剛而爲柔，堅凝頓釋，即上清而下濁，纖悉無蒙。惟後先之聿判，自高卑之不同。南北東西，聽就班而按部；青黄烏白，儼異位而同功。别貌珠形，只需片時之暇，此疆彼界，能區一器之中。直疑趨造化以作冶，詎止運陰陽而爲工。是其妙極自然，奇難擬似。固默運而無爲，殊不勞而自理。其合也。如涇渭之交流，其分也，如淄澠之異委。譬諸五聲並奏，按節而自别宫商；亦猶六采咸章，辨色而能名朱紫。試問誰爲主宰，欲叩冥冥。藉非鑄自天工，寧能爾爾。觀物理之難窮，會無形之至道。唯聖量之淵涵，握靈樞於窔突。蘊理而萬象森森，時出則真源灝灝。神超迹象，鼓萬物而無心；妙契淵微，納羣倫而普照。信合撰於化工，豈遜能於大造。若夫高下在心，甄陶罔暇，精權度於無形，盡裁成於羣下。小知大受，入藻鑑以俱澄；負質懷奇，投鴻鈞而悉化。使人如器，無憂折鼎之占，篤必因材，悉受良工之冶。試即一物以廣推，固知言小而喻大。

石韞玉《獨學廬稿》初稿卷八《桂陽州作》 征軺百折入蠶叢，桂水東南此郡雄。巫女瓊簫荆俗古，市人銀餅粤商通。山風落木秋原緑，石竈燒鉛夜焰紅。聞道銅官今罷冶，廟謨深遠果無窮。

《張三丰先生全集》卷四《鉛汞相投》 真鉛真汞兩相投，似膝如膠意未休。以汞投鉛如洽日，將鉛制汞若添油。鉛調汞性常依傍，汞愛鉛情樂泳游。内外五行攢簇定，結成赤白大丹頭。

何紹基《東洲草堂文鈔》卷二〇《金在鎔賦以金之在鎔鑄成各器爲韻》 欽大中之建極，運爐牟於在心，既礲瑕而刮垢，羌模古以範今。民氣平而虚堂皎鏡，人材飭而儒席來琛。惟聖有甄陶在和之權，合羣生而共冶。惟人有從革不違之性，譬五行之首金。驗金礫之異品，根土性以潛滋。堇山孕質，麗浦呈奇。蓋乾必以坤爲體，抑兑必以艮爲基。是生枩木、丹砂，乃先有精神之見，時出器車銀甕，或無關陶鑄之爲。惟前民之智者，能取精而用之。其法象效乎崇卑，其神明通乎山海，故合土以型，而息壚徵五物之和，攻木有模，而輪輿見衆工之匯。矧天德之凝爲剛，非元鈞莫發其采；師兩儀爲鼓盪，化裁尚藴於未形。防百度之奇淫，冶忽將因之而在方員。句倨曲直，横從窐隆，侈弇橢羨，單重必範，圜而不過，乃左右之相逢。□□而規，諸白土圭，撮悉准以黄鍾；悦物斯融，取諸台而有冶。虚中能受，視所容以爲鎔。乃辟乃銷，乃挹乃注。飛廉風驅，豐隆電騖。由既化而不化，妙合斯凝；自無形而得形，宛逢其故。彼夫莫邪冶飛，水心劍鑄。縱矜鑪鞴於神奇，詎越錙錘於法度，則見乎鐘無窕槬，鼎利膏亨。昭文事兮吉祥，尊彝璽印；耀武功兮赫炟，戈戟鐃鉦。嘉量稽㮚氏而還，有權有尺；上幣紀葛天而後，爲鬲爲成。若鷺洗羊鐙之錯列，若蓮壺菱鏡之晶瑩，莫不可水可縣，不豐不削，煥乎文章，天然沂鄂。一自貢登，九牧材儲。庶土之菁英，幾經幽湅三商響聽尚方之橐籥，龍虎縱溶，雲靁紛泊。陰陽爲炭，持一矩以不踰，出入於機，肖萬形而自各。稽賢良對策之詞，想動華不應之治，蓋枹鼓不足以喻其微，惟檠盂庶可以方其類。聖天子範以道陳法因民，置握金心於在中，勵銅行於有位，攷權衡於參黍，劑羣情而咸得。其平瞻鼎鼐以調梅，斟六合而莫名其器。

曾燠《賞雨茅屋詩集》卷一一《南漢鉛錢歎》　三銖六參徑九分，苔土未蝕乾亨文。聞有人開劉龔墳，金人銀人列作羣。寶鏡明珠化灰塵，區區數錢何足云。粤人藏之以示客，吾爲粤人三歎息。當時百寶飾宫室，水精爲月珀爲日。卻言國家用不給，鉛錢十當銅錢一。城外行銅城内鉛，乾和循至大寶年。斯時錢少税益煩，税民入城人一錢。幸有宋通元寶出，錢法又禁通南邊。秦漢以來錢作幣，金銀但可攻爲器，粤産金銀不産銅，流風奢靡終須敝。君不見，粤人日望洋船至，花邊銀錢行徧地。

鄧顯鶴《沅湘耆舊集》卷二〇〇《礦徒謡・金三厢銀九場》　明末開礦有害無利，至今遂諱言此事，然桂陽鉛廠、辰州砂廠、鐵廠，固未嘗禁，亦未聞召釁也。吾郡土産瘠薄，生計艱難，專賴一二煤窑、鐵廠，間民無職業者，有所資而得食，然其利甚微。近聞吾楚産金之地頗多，若弛開採之禁，因而乘之，於以濟國用，而裕民生，亦未必非救時之急務也。若云畏礦徒滋事，彼終日役役於煤窑鐵廠者，獨皆良善之民，而召募開採之人，必皆頑梗不逞之徒乎，是又不然矣。

鉛廠鐵廠鏟徧土壤，金礦銀礦委諸草莽。莫聽誑，但看旺不旺，莫問財，但看開不開。

沈壽榕《玉笙樓詩録》卷六《威寧道中紀詠四首》　多財鉛汞與銀阬，利析刀錐競苦爭。黔有水銀廠、鉛廠。

鄭官應《羅浮待鶴山人詩草》外集《聞道自勉》　三教道無二，旁門有萬千。不知周易理，必墮野狐禪。世傳千載鶴，狐鹿亦可仙。人何不如物，壽罕滿百年。魔隨私念起，百病此中生。心死神方活，返觀見月明。萬籟聲俱寂，端居似坐禪。坎離交媾樂，猶勝伴花眠。性要鬧中煉，外圓而内方。抱元常守一，陰極自生陽。修真難亦易，由我復由天。若不積陰德，羣魔作障緣。金丹無價寶，父子戒輕傳。授不論貧富，惟憑德與賢。北派功清浄，須臾不可離。南宗栽接法，老弱最相宜。清浄非頑空，栽接需奇器。氣交形不交，橐籥法天地。花好看將放，蛾眉月出庚。黄鸝歌報曉，人静水澄清。陽火升從子，陰符降自午。一周十二時，調燮分文武。鉛生於癸後，陽産在鉛中。信至依時採，真金透鼎紅。黄白神丹論，擒砂祇用鉛。砂鉛非鑛産，一炁本先天。半斤砂裡液，八兩鉛中精。二氣相交感，西隣寄體成。九池九鼎後，砂死汞能乾。三轉黄轝土，點金誠不難。神室黄轝鑄，金溶火化中。丹成功行滿，拔宅上天宫。

附録《吕祖師敲爻歌》　謝天地，感虚空，得遇仙師是祖宗。附耳低言玄妙旨，提上蓬萊第一峯。第一峯，是仙物，惟産金花生恍惚，口口相傳不記文，須得靈根堅髓骨。堅髓骨，煉靈根，片片桃花洞里春，七七白虎雙雙養，八八青龍總一片。真父母，聚中庭，金公木母性情温，十二宫中蟾魄現，時時地魄降天魂。鉛初就，汞初生，玉鼎金爐未曾經，一夫一婦同天地，一男一女合乾坤。庚要生，甲要生，生甲生庚道始萌，拔取天根並地髓，白雪黄芽自長成。鉛亦生，汞亦生，生汞生鉛一處烹，烹煉不是精和液，天地乾坤日月精。黄婆匹配得團圓，時刻無差口付傳。八卦三元全籍汞，五行四象豈離鉛？鉛生汞，汞生鉛，奪得乾坤造化權。杳杳冥冥生恍惚，恍恍惚惚結成團。性要空，意要專，莫遣猿猴取次攀。花露初開切忌觸，鎖歸土釜勿開關。玉爐中，文火爍，十二時中惟守一。此時黄道會陰陽，三性元宫無漏泄。氣若行，真火爍，莫使玄珠離寶殿。抽添火候切防危，初九潛龍不可煉。消息火，刀圭變，大地黄芽都長遍。五行數内一陽生，二十四時排珠宴。火足數，藥方成，便有龍吟虎嘯聲，三鉛只得一鉛就，金菓仙芽未現形。再安爐，重立鼎，跨虎乘龍離凡境，日精纔現月華凝，二八相交在壬丙。龍汞結，虎鉛成，咫尺蓬萊祇一程。乾鉛坤汞金丹祖，龍鉛虎汞最通靈。達此理，道方成，三萬神龍護水晶。守時定日明符刻，專心惟在意虔誠。黑鉛過，採清真，一陣交鋒定太平。三車搬運珍珠寶，送歸寶藏自通靈。天神佑，地祇迎，混合乾坤日月精。虎嘯一聲龍出窟，鸞飛鳳舞出金城。珠砂配，水銀停，一派紅霞列太清。鉛池迸出金光現，汞火流珠入帝京，龍虎媾外持盈走。聖飛靈，在寶瓶，一時辰内金丹就，上朝金闕紫雲生。仙桃熟，取吞餌，萬化來朝天地喜，齋戒等候一陽生，便盡周天參同理。參同理，煉金丹，水火薰蒸透百關。養胎十月神丹結，男子懷胎豈等閒。内丹成，外丹就，内外相接好延壽。結成一塊紫金丸，變化飛騰天地久。

雜録

孫希旦《禮記集解》卷一五《月令第六之一》 是月也，命工師令百工審五庫之量，金、鐵、皮、革、筋，角、齒，羽、箭、幹，脂、膠、丹、漆，毋或不良。百工咸理，監工日號，毋悖於時，毋或作爲淫巧，以蕩上心。【略】巧，如字，又苦孝反。鄭註：今《月令》無「於時」，「作爲」爲「詐僞」。

鄭氏曰：工師，司空之屬也。五庫，藏諸物之舍也。量，謂物善惡之舊法。幹，器之木也。凡輮幹有當用脂。良，善也。咸，皆也。於百工皆理治其事之時，工師則監之，日號令之，戒之以此二事也。悖猶逆也。百工作器物各有時，逆之則不善，若《弓人》「春液角，夏治筋，秋合三材，冬奠體」之屬也。淫巧，謂僞飾不如法也。蕩，謂動之使生奢泰也。熊氏安生曰：五庫各以類相從：金、鐵一，皮、革、筋二，角、齒三，羽、箭、幹四，脂、膠、丹、漆五。孔氏曰：《考工記》云：「材美工巧，然而不良，則不時也。」故百工所作器物，當因氣序，無得悖逆於時，使物不堅牢。又當依舊常，毋得作爲淫過巧妙，以動蕩在上，使生奢泰之心也。愚謂金，銅錫也。皮去毛曰革。箭，竹之小者，可爲箭笴。幹，弓幹也。脂，亦以柔皮革。《考工記》：革欲其柔滑，而腥脂之則需。膠，鬻獸之皮角及魚膘爲之。丹，朱砂也。審五庫之量，所以預察其材之美也。材美而工巧，則可以爲良矣，然或逆於時則不堅牢，過於巧則生泰侈，故又從而戒之。

《漢書》卷二四下《食貨志第四下》 莽即真，以爲書「劉」字有金刀，乃罷錯刀、契刀及五銖錢，而更作金、銀、龜、貝、錢、布之品，名曰「寶貨」。

【略】 復下詔曰：「夫鹽，食肴之將；酒，百藥之長，嘉會之好；鐵，（曰）〔田〕農之本；名山大澤，饒衍之臧；五均賒貸，百姓所取平，卬以給澹；鐵布銅冶，通行有無，備民用也。此六者，非編户齊民所能家作，必卬於市，雖貴數倍，不得不買。豪民富賈，即要貧弱，先聖知其然也，故斡之。每一斡爲設科條防禁，犯者辠至死。」姦吏猾民並侵，衆庶各不安生。

《宋書》卷三《武帝紀下》 〔永初〕二年春正月辛酉，車駕祠南郊，大赦天下。丙寅，斷金銀塗。以揚州刺史廬陵王義真爲司徒，以尚書僕射、鎮軍將軍徐羨之爲尚書令、揚州刺史。丙子，南康揭陽蠻反，郡縣討破之。己卯，禁喪事用銅釘。

罷會稽郡府。

又卷三九《百官志上》 太尉府置掾、屬二十四人，西曹主府吏署用事，【略】金曹主貨幣鹽鐵事，【略】

《南史》卷九《陳文帝紀》 〔天嘉元年〕八月壬午，齊孝昭帝廢其主殷而自立。戊子，詔非兵器及國容所須，金銀珠玉衣服雜玩，悉皆禁斷。

又卷一〇《陳宣帝紀》 〔太建〕十四年春正月己酉，上弗豫。甲寅，崩於宣福殿，時年五十三。遺詔：「凡厥終制，事從省約，金銀之飾，不以入壙，明器皆用瓦。」

《北史》卷七《齊廢帝紀》 〔天保〕十年十月，文宣崩，癸卯，太子即帝位於晉陽宣德殿，大赦，内外百官普加汎級，亡官失爵，聽復資品。庚戌，尊皇太后爲太皇太后，皇后爲皇太后。詔九州軍人七十已上，授以板職；武官年六十已上，及癃病不堪驅使者，並皆放免；土木營造金銅鐵諸雜作工，一切停罷。

又卷一九《魏高陽王雍傳》 雍表請王公已下賤妾悉不聽用織成錦繡、金玉珠璣，違者以違旨論，奴婢悉不得衣綾錦繡，止於縵繒而已，奴則布服，並不得以金銀爲釵帶，犯者鞭一百。太后從之，而不能久也。詔雍乘步挽出入掖門，又以本官録尚書事，朝晡侍講。

王欽若《册府元龜》卷五〇一《邦計部・錢幣第三》 〔唐玄宗開元〕十七年八月，詔曰：「古者作錢以通有無之鄉，以平大小之價，以全服用之物，以濟單貧之資。錢之所利，人之所急，然絲、布、財、穀四者爲本。若本賤末貴，則人棄本而務末，故有盜鑄者，冒嚴刑而不悔，藏鏹者，非倍息而不出。今天下泉貨益少，幣帛頗輕，欲使天下流通，焉可得也？且銅者，餒不可食，寒不可衣，既不堪於器用，又不同於寶物，唯以鑄錢，使其流布。宜令所在知鑄，委按察使申明格文，禁斷私買銅、錫，仍令造銅器。所有採銅、錫、鉛，官爲市取，勿抑其價，務利於人。」

李林甫《唐六典》卷二二《少府軍器監》 右尚署：令一人，正七品下；後漢分尚方爲三：中、左、右。魏、晉因之。晉過江，唯尚方而已。宋、齊、梁、陳有左、右尚方。北齊亦有三尚方。隋左、右尚方屬太府寺，令三人，正八品下；煬帝始改隸少府焉。開元十八年省一人，令二人，掌造甲胄、具裝、刀、斧、鉞及皮毛雜作、膠墨、紙筆、薦席等事。皇朝因置升爲正七品下。丞四人，從八品下；漢、魏已來，與左尚方同。隋右尚方丞六人，皇朝置四人，開元十八年爲從八品下。監作六人，從九品下。右尚署令掌供天子十有二閑馬之鞍轡，每歲，京兆、河南製革、理材、爍金以爲之，送之於署，令工人增飾而進焉。及五品三部之帳，備其材革，而脩其制度；丞爲之貳。凡刀劍、斧鉞、甲胄、紙筆、茵席、履舄之物，靡不畢供。其用綾絹、金鐵、毛革等，所出方土以時支送。白馬尾，白犛牛尾出隴右諸州，翟尾、孔雀尾、白鷺鮮出安南、江東，貂皮出諸軍州。

【略】掌冶署：令一人，正八品上；《周禮・冬官》：攻金之工六，謂築、冶、鳧、㮚、段、桃也。秦及漢，諸郡國出鐵者，置鐵官長、丞。晉衛尉屬官有冶令、丞各一人，掌工徒鼓鑄；過江，省衛尉，而冶令始隸少府。宋有東冶令・丞、南冶令・丞，齊因之。梁有東冶令，西冶令，從九品下。《選簿》：舊，東冶重，西冶輕。然則梁朝之西冶，蓋宋、齊南冶也。陳因之。後魏無聞。北齊太府寺有司冶令、丞。後周有冶工中士一人，又有鐵工中士一人。隋太府寺統掌冶署，令二人，掌金、銀、銅、鐵器之屬，并管諸冶；煬帝改屬少府，令從八品上。皇朝因之，省一人。丞二人，正九品上；秦、漢已來具上注。隋太府寺統掌冶丞四人，煬帝改屬少府，皇朝因之，省二人。監作二人，從九品下。

掌冶署令掌鎔鑄銅鐵器物之事；丞爲之貳。凡天下諸州出銅鐵之所，聽人私採，官收其稅。若白鑞，則官爲市之。其西邊、北邊諸州禁人無置鐵冶及採鑛，若器用所須，則具名數，移於所由，官供之；私者，私市之。凡諸冶所造器物，皆上於少府監，然後給之。其興農冶監所造者，唯供隴右諸牧監及諸牧使。

諸冶監：監各一人，正七品下；秦、漢内史及諸郡有鐵者，則置鐵官長、丞。《晉令》：諸冶官庫各置督監一人。《宋書》云：「江南諸郡縣有鐵者，或置冶令，或丞，皆吴時置也。」齊、梁有梅根諸冶令。北齊諸冶皆有局丞。隋諸冶皆置監，監有上、中、下三等，皇朝因之，掌鑄兵農之器，以給軍旅、屯田、居人焉。丞一人，從八品上；監作四人，從九品下。

諸冶監掌鎔鑄銅鐵之事，以供少府監；丞爲之貳。

北都軍器監：監一人，正四品上；開元初令少府監置，十六年移向北都。少監一人，正五品上；丞二人，正七品上；主簿一人，正八品上；録事一人，正九品下。軍器監掌繕造甲弩之屬，辨其名物，審其制度，以時納於武庫；少監爲之貳焉。丞掌判監事。凡材革出納之數，工徒衆寡之役，皆督課焉。主簿掌印及勾檢稽失。録事掌受其發辰。

《舊唐書》卷一八上《武宗紀上》〔會昌五年秋七月庚子〕中書又奏：「天下廢寺，銅像、鐘磬委鹽鐵使鑄錢，其鐵像委本州鑄納官，如違，委鹽鐵使依禁銅法處分。其土、木、石等像合留寺内依舊。」【略】

宋敏求《唐大詔令集》卷一一二《政事・財利》《條貫江淮銅鉛敕》 錢貴物賤，傷農害工。權其輕重，須有變通。比者銅鉛無禁，鼓鑄有妨。其江淮收市銅鉛等，先已令諸道知院官勾當。緣令初下，未盡頒行，宜委諸道觀察等使與知院官切共勾當，事畢日，仍委鹽鐵使據所得數勘會聞奏。

沈炳震《唐書合鈔》卷六七《志四三・職官四》 掌冶令，掌鎔鑄銅鐵器物。及塗飾琉璃玉作。丞爲之貳。凡天下出銅鐵州府，聽人私採，官收其稅。若白鑞則官市之，其西北諸州，禁人無置鐵冶及採鐵。若器用所須，具名移於所由官供之。凡諸冶成器上數於少府監，然後給之。

陳均《宋九朝編年備要》卷三《太宗皇帝》〔丁丑，太平興國二年〕九月，嚴私鑄禁錢。以七十七爲百，私鑄小錢者死，每千錢必及四斤半以上。禁江南新小錢，悉令送官給其直。初，李氏歲鑄六萬貫，江南平，增冶匠，亦不過七萬貫。及張齊賢爲轉運使，言民間苦銅錢難得，因訪饒、信、虔州産銅、鉛、錫之所，用唐開元錢料，歲鑄三十萬貫。每歲雖增數倍，錢稍麄惡矣。真宗大中祥符九年夏，江東發運使李溥言：「饒、杭、池、江四州錢監每歲共鑄錢一百二十萬貫，用銅四百五十二萬斤，採取既多，望酌中定額。」真宗曰：「嘗記咸平中，陳恕以江南銅多，請官少市，未幾，銅礦漸少，迄今常苦不豐。如解池鹽，景德中所收數倍，本州亦欲少種，不逾年，雨旱，驟減舊額，是知天地所育皆貴濟用，豈人心可料其增損耶！」

又卷五《太宗皇帝》〔丙申，至道二年，春正月〕辛亥，【略】禁增冶利。轉運司言：「成州金坑歲課少，請遣使按行。」上曰：「朕所寶惟穀，何必言利，剝吾民乎？」遂廢之。是歲有司又言：「鳳州出銅卝，定州出銀卝，請置官掌其事。」上曰：「地不愛寶，當與衆庶共之。」不許。

又卷九《仁宗皇帝》〔癸亥，天聖元年，春正月〕議省浮費，置計置司。【略】錢有銅、鐵二等，銅錢四監在饒、池、江、建四州。至道中，歲鑄八十萬貫，景德末，至一百八十三萬貫。大中祥符後，銅坑多不發。天禧末，鑄一百五萬貫鐵錢。三監在邛、嘉、興三州歲鑄總二十一萬貫銅錢，行於天下，鐵錢止於川峽。産金有商、饒、歙、撫四州及南安軍，産銀有桂陽、開寶、龍焙三監。又五十一場在饒、虔、信、建等州。

又卷一〇《仁宗皇帝》〔己卯，寶元二年〕六月，省乘輿、宫掖浮費。【略】是冬，同修起居注宋祁上疏曰：「兵以食爲本，食以貨爲資，今左藏無積年之鏹，太倉無三歲之粟，南方冶銅匱而不發，承平如此，已自雕困。」

又卷一二《仁宗皇帝》〔癸未，慶曆三年〕六月，詔諸路條茶鹽等利害。詔曰：「議者多言天下茶、鹽、礬、鐵、銅、銀坑冶之有遺利，朕懼開掊刻之政，常抑而弗宣，然尚慮有過取而傷民者。轉運司其諭所部官吏條上利害以聞。」初議欲弛茶鹽之禁，及減商税，既而范仲淹以爲茶、鹽商税之入，但分減商賈之利，固於商賈未甚有害也。今國用未省，歲入不可闕，既不取之於山澤及商賈，必取之於農。與其害農，孰若取之商賈？今爲計，莫若省國用。國用有餘，當先寬賦役，然後及商賈，弛禁非所當先也。其議遂寢。

冬十月，【略】城水洛。初，德順軍之西南二百里有城曰水洛，川平土沃，環城雜氐數萬帳。又有水輪銀、銅之利，曹瑋在秦州時嘗經營不能。

佚名《羣書會元截江網》卷一一《錢帛・皇朝事實》 仁宗慶曆三年，詔曰：「議者多言天下茶、鹽、礬、銀坑冶之有遺利，朕懼開掊克之政，常抑而弗宣，然尚慮有過取而傷民者。轉運司其諭所部官吏條上利害以聞。」並《長編》。高宗紹興十四年，户部奏禁止妄告坑冶之法，上曰：「寧於國計有損，不可有害於民，若富藏於民，猶外府也。」《聖政》孝宗以饒州貢金千兩，民力不支，遂減十分之七，以蘇一部之民。《饒州貢金記》。乾道六年，劉焞奏，蜀中毁錢以爲銅，而乃欲其銅以鑄錢。上曰：「如此豈可？」《聖政》。

李燾《續資治通鑑長編》卷六四《真宗》 〔景德三年，十二月，甲午〕廢在京鑄錢監，改爲鑄鎢務，掌造銅、鐵、鍮石諸器及道具，以供内外出鬻之用。

又卷七一《真宗》 〔大中祥符二年，夏四月〕癸丑。遣使分詣河東、江浙、廣南路銀銅坑冶，撫視役夫，憫其勞也。

殿前侍衛司言：「虎翼已下禁軍，願赴昭應宫効力。」從之。令別定添給，頻與换易。

又卷八〇《真宗》 〔大中祥符六年，三月〕甲寅，江南路提點銀銅鉛錫胡則言：「信州鉛山縣開放坑港，兵卒死傷甚衆。」詔遣使劾轉運司規畫乖當，及提點刑獄司不即聞奏之罪，其役徒休息之。則嘗爲鑄錢監，得吏所匿銅數萬斤，吏懼且死，則曰：「馬伏波哀重囚而縱亡之，吾豈重貨而輕數人之命乎？」籍爲羨餘，釋弗誅。

又卷一七五《仁宗》 〔皇祐五年，冬十月〕壬子，詔：「三司自今京師百萬倉、左藏庫、都商税務、榷貨務、東西八作司、文思院、事材場、南北作坊店、宅麴院、内香藥庫、裁造院、作坊料物庫、西染院、陝西折博務、解州鹽池，緣邊便糴糧草諸茶場、榷貨務、轉般倉、米倉、銀銅坑冶場、鹽井監，仍舊舉官監當，其餘場務課利，不及七萬貫者，悉罷之，令有司選差人。」從宰臣陳執中所奏也。

又卷二三〇《神宗》 〔熙寧五年，二月〕壬戌，詔：「陝西運銅、錫遞鋪兵極爲艱苦，死亡無處無之，及見應色役極多，此去轉不聊生，宜訪問利害，令有司別處置。」既而，三司言：「向者都轉運使沈起、皮公弼請以遞鋪卒二人挽一車，日鋪運銅錫五千斤，以年計之，可運一百七十二萬。道路有雨雪泥水之艱，士卒有風霜暴露之苦，運致不前。欲計傳卒衣糧增給之費，募民車以紓其勞，及增差軍將管押，罷去衙前。」從之。

又卷二四〇《神宗》 〔熙寧五年，十一月，甲寅〕【略】詔：「河北緣邊安撫司提舉榷場賣銅錫。」

庚午，詔：「廣西經略司自今教閲不得追集壯丁，委兩江提舉司犒設。」從和斌請也。京西轉運使吴幾復言：「郢、唐、均、房、金五州易得林木，而淮南鉛、銅積多，若由襄郢轉致鉛銅至郢唐等州，置監鑄錢，可以紓錢重之弊，其利且博。」而中書户房以爲，鉛銅於法當由水漕，今淮南轉致非獨道路迂遠，其間必須陸運，則其費不償所得。」上批：「内庫昨以兩經優賞及頻年應副，邊用闕乏，若朝廷非次別有支遣，必更無可應副。苟如幾復言，就山林可鼓鑄，即且令歲鑄五十萬緡，於内庫封樁，既而罷之。《御集》云：「十一月二十五日下三司，依户部所申。」王安石言：「幾復謂置監鑄錢，開闢山林，可得地耕種，此言不可用。今岑水聚浮浪至十餘萬，所收銅已患無本錢可買，若京西又置監，不惟無本錢可買，又餘無用鉛銅，兼更誘引耕民奔赴坑冶，失本業趨末利。人衆既聚，即難驅逐使散。京西平地，尚乏人耕種，縱開闢山林，豈有人治田？但恐山林無人耕種，而平地之農更棄而爲坑冶，即廢京西農事。」上以爲然。

卷一七九《仁宗》 〔至和二年，三月癸未〕詔三司：「韶州場銅大發，其令轉運司益募工鑄錢。」

又卷一九三《神宗》 〔元豐元年，冬十月，己未〕詔：「潭州瀏陽縣永興場，採銀銅礦所集坑丁皆四方浮浪之民，若不聯以什伍，重隱姦連坐之科，則惡少藏伏其間，不易譏察。萬一竊發，患及數路，如近者詹遇是也。可立法選官推行。」尋詔：「舉京朝官一員監場，管勾本場煙火公事，許斷杖以下罪。」又詔：「坑户限一月首納所藏兵器，限滿不首，依私有法。其保内有犯强盜、殺人、放火、居停强盗及逃軍，私藏兵器甲弩，知而不告，各減犯人二等，並押出場界。情重者，隣州編管。不知情，又減二等。有該説不盡事，令提點坑冶鑄錢司立法，其本場地分排保慮未如法，令朱初平依條編排。癸亥，置監官。十一月甲戌，禁私藏兵器，編排保甲。今并書。

又卷三四七〔元豐七年，秋七月〕庚子，詔增韶州岑水場銅價。從提點鑄錢司請也。（庚戌）詔：「虔、吉州界並爲禁銅鉛錫地分。」從户部請也。

又卷三七五《哲宗》〔元祐元年，四月，乙巳〕詔：「銅、錫、鍮石依舊禁榷，有犯并私造作及與人造作器用，罪賞依嘉祐編敕法。除諸軍官員器用、鞍轡，及寺觀士庶之家古器，佛道功德像、鐘、磬、鐃、鈸、鈴、杵、相輪、照子等許存留外，餘銅器限一百日赴官送納，每斤支錢二百文。限滿不納，杖一百，物没官。」從左正言朱光庭之請也。《新紀》云：「乙巳，禁以銅、鍮石爲器。七月末，劉摯云云，五年正月二十四日，又立禁。」

徐松《宋會要輯稿・食貨三四・坑冶雜録》 元年原書「元年」前有「元祐」二字，被涂去。樞密院言：「乞禁私賣錫、銅、鍮石器，犯者依私有法。」從之。

徐松《宋會要輯稿・職官四三・提點坑冶鑄錢司》 紹聖二年八月十五〔日〕，詔江淮、荆浙、福建、廣南路坑場監官遇闕，并令就近申提點鑄錢司、本路轉運司選差權官。其課利及五萬貫以上處，令轉運、提點鑄錢司互舉。從福建轉運司請也。

十一月六日，詔諸路提點刑獄兼提舉坑冶事。從江西轉運副使馬城請也。

三年二月二十二日，詔諸路應坑冶興發處，并令提刑司差官檢踏，如可采取，關轉運司施行。

【略】元符元年三月九日，權户正〔部〕尚書吴居厚言：「乞今後令提點坑冶鑄錢司據江、池、饒、建州合用銅，每年應副不及，合從本路委不干礙官司劾治，欠數限次年春季補足。」從之。

十二月二十六日，專切措置鐵冶鑄錢監事吕潛言：「應緣鐵冶事，乞并行倉法。」從之。

【略】八月二十九日，詔除坑冶專置司自合依舊外，逐路坑冶事并令本路提舉司同共管勾。

三年四月五日，户部狀：「據荆湖南路提舉常平司申，近承符勘會坑冶事撥隸提舉常平司管勾外，其轉運司并提點坑冶更有是何領職。本司契勘，除舊管坑冶錢系轉運司應副過錢本去處合隸轉運司、提點坑冶鑄錢管勾外，所鑄到錢入常平庫送納，於近降朝旨即無明文許與提點坑冶鑄錢司通管。」詔自降指揮日，舊來坑冶自合屬提點鑄錢、轉運司，自後新置合隸提點司管。余路准此。

十二月五日，（措）〔提〕舉措置江淮等路銅事所狀：「契勘興置膽銅、烹煎膽土及踏發坑冶，興修廢坑，并系創發事務，散在轄下州縣，多無正官，不惟省部出（闕）〔闕〕無人指射，兼本州島所差權官止是時暫苟禄，不肯用心管勾職事。兼契勘台州赤巖場亦系銀銅坑冶，合差監官。乞依今年六月十九日兩浙路提舉司奏舉銀場監官指揮體例，將本所不拘文武官踏逐（奉）〔奏〕舉一次，已后却令吏部依名次差注。」從之。

【略】〔大觀四年〕九月二十四日，户部奏：「據淮南西路提舉常平司申，光州固始縣申：『契勘本縣見管錢坑冶户一十四户，元系自備財力請射烹煉。其所産課利舊系爐户認納每日鐵課，税錢入官，元屬提舉常平司附歷收管，系買納入官，應副鼓鑄夾錫鐵錢使用，其坑冶鑄錢司管干。近准朝旨，應東南州軍鼓鑄夾錫鐵錢并罷，即未審所管坑户合與不合依舊隸提舉常平司收納課利，依場務法召人買撲。』本部契勘，坑冶先系屬提舉常平司管勾，昨爲鼓鑄夾錫鐵錢，撥隸鑄錢司。今來既承朝旨罷鑄夾錫鐵錢，其上件坑冶自合依舊歸常平司。今欲乞申明行下東南路施行。」從之。

政和元年二月二十七日，户部、工部狀：「准都省批送下江淮等路提點坑冶鑄錢潭州置司狀：『乞將江、池，（鐃）〔饒〕州三錢監年額所鑄上件新錢，向去一例依劍州已得指揮，遞展兩月比較賞罰等事。』狀後批：『勘會江淮等路提舉坑冶鑄錢司元申請稱，江、池、饒州錢監物料去處，盡在深山高源去處，其般運緣故與建州錢監事體一般。今來逐部勘當未至詳盡，兼鼓鑄不敷，與起發條限刑名重輕不倫，重别勘當。』金部契勘，年額上供錢，江、饒州等申明依元符鳌折條限鼓鑄樁發，并承朝旨依所申等。今來本司稱江、池、饒州般運物料去處盡在深山高源，與建州錢監事體一般，乞上件四監年額新錢，向去一例依大觀四年四月二十五日已得朝旨，遞展兩月。今勘當，欲依本司所乞外，所是刑名輕重，合取自朝廷指揮。工部今勘當，欲依本司所乞事理施行。所是鼓鑄不敷，除合依崇寧法斷外，有起發條限刑名系屬户部，更乞朝廷詳酌申（間）〔聞〕事。」尚書省勘會，除刑名不銷更改外，詔依户、工部所申。

【略】〔政和〕二年四月二十六日，河東路轉運、提舉常平司奏：「相度到應金銀坑冶之利，并依元豐條法施行。右曹契勘，昨准朝旨，山澤市易皆常平職事，悉以利民，所用錢物令支常平息錢。又續朝旨，自降十一件指揮日，舊來坑冶屬提點鑄錢司、轉運司，自後新置隸提舉司。内提舉司所管坑冶收到課利物色，又准朝旨起赴大觀庫樁管，應副朝廷移用。及收買到銅鉛錫鐵之類，若他司要用，又有法許樁錢兑買。兼逐司所管坑冶事務各不相干，課利設有虧耗，自合措置施行。今來若將新舊坑冶并撥入轉運司，有礙朝旨。本部今勘當，欲下逐路提舉等司，遵依見行條敕施行。」從之。

八月八日，江淮等路提點坑冶鑄錢、廣東路提舉常平司奏：「契勘廣東路鐵坑久來并隸轉運司，續准朝旨，應於新發鐵坑除舊屬轉運司外，盡歸措置銅事司。昨因鼓鑄鐵錢，遂准朝旨撥隸提點司。後來罷鑄夾錫鐵錢，又准朝旨令提點司（摧）〔榷〕買收息出賣。復准朝旨，令提點提舉常平司管勾。逐司（令）〔今〕契勘，廣東路出産鐵貨不多，自來不曾榷買收息出賣，經久難以施行。今相度，欲將廣東一路鐵坑舊屬轉運司、提舉常平司者，即合歸逐司管勾，并依前後條法施行。堪置場官監，依冶法拘收到利；若苗脉微細，不堪置場官監，即所隸監司立定年額課利錢數，召人買撲。所有韶州岑水場要用錫鐵浸造膽銅，即令鑄錢司支撥銅本錢，就便收買使用。」詔依逐司所申。

十二月七日，江淮荆浙福建廣南路提點坑冶鑄錢司奏：「欲乞於諸路州縣場監應有本司錢物去處，并許本司每年於别路或鄰州選差清（疆）〔强〕官一員前去點檢根磨，其所差官不許辭免。除請給外，别添日給驛券一道，仍破遞馬一疋。出過百日，即乞理爲考任，差破人吏二名。除依條合得差出日給食錢外，更日添一百文省，各與差破遞馬。所屬官司承受取會文字，并限二日報。如點檢得諸處官司弛慢不職，欺隱失陷本司錢物，諸般違慢作弊，内官員具職位、姓名申本司，從本司取勘施行。違慢人吏合所委官一面勘決。若被差官承受本司公文，輒敢非理推故，不即前去，亦乞本司勘劾，依條施（從）〔行〕。」從之。

十六日，尚書省言：「勘會東南坑冶，雖專置提點坑冶、鑄錢兩司分領管勾，比歲以來，課利大段虧少，致趁辦鑄錢年額常是不敷，有□歲計。其逐司提點官坐視闕乏，全不用心措置。兼坑冶苗脉興發，採礦烹煉，盛衰不常。近據虔州具到所管坑冶五十餘處，其潭州狀稱，所管坑冶共止九處，内五場久無課利，只有四銅場并皆坑窟，取土□厥深遠，下手興工採打不行。若不令兩司通共那融應副，歲終衮同比較，嚴立殿最之法，則事難辦集，無以勸沮。今欲擬修下條：提點坑冶鑄錢官以兩司應管錢監每歲總計合鑄錢數比較，增一分以上減二年磨勘，三分以上減三年磨勘，五分以上轉一官；虧一分以上展二年磨勘，三分以上展三年磨勘，五分以上降一官。右入江淮荆浙福建廣東路提點坑冶鑄錢司格。諸提點鑄錢，輪委提點刑獄司謂非提點鑄錢置司所在路分者。索取兩司應管錢監總計合鑄錢年額，歲終衮同比較，具增虧實數擬定合該賞罰，保明聞奏。右入江淮荆浙福建廣南路提點坑冶鑄錢司并提點刑獄司令。諸提點刑獄司歲終比較保明到東南提點坑冶鑄錢官應副鑄錢增虧五分以上者，依格賞罰外，取旨升降差遣。右入三省通用令一時指揮。一、勘會東南坑冶歲收課錢監鼓鑄年額，近歲增虧多寡不同，今來提點官既立歲比殿最賞罰，其年額理宜重别參酌立定。欲令所屬將應管坑冶及錢監内從來無額或連年增虧去處，各取政和元年以前五年實增、實虧數目，逐一參照，酌中立定新額，具委無輕重不均，限一月保明申尚書省。其提點官員賞罰，候立定新額比較施行。一、勘會東南坑冶鑄錢，近歲收趁多不敷額，連年虧欠。今來專立提點坑冶鑄錢官殿最賞罰，全藉所委官盡心比較，務要賞罰公當。仍先自虔、潭州比近江南東路，提點刑獄司爲頭取索比較，以後逐年輪轉交割，與以次相比路分管勾比較施行。一、今來新立提點坑冶鑄錢官殿最法，如舊法别有專立賞罰者，自合依舊，各行引用。若内有相妨者，即從重施行。兼提點提轄官既嚴立殿最之法，及約束措置賞罰并檢踏官亦已增賞及弛慢許奏劾冲罷外，其諸路坑冶鑄錢監官亦合别增賞罰。緣舊法輕重不一，欲令提點提轄坑冶鑄錢官將應干監官賞罰參酌，重加增立，務要督責辦集。仍限十日擬立，尚書省檢踏約束。勘會諸路坑冶及鑄錢，其所屬監司、州縣從來避免應副，多不興舉，故朝廷專委官前去提轄措置，自當檢察州縣，督責應辦。訪聞所委提點、提轄、措置官屬惟務收受饋送，不敢盡公措畫，致奉行滅裂，課入虧額，鼓鑄不敷。兼東南提點坑冶鑄錢官既已立定歲比殿〔最〕之法，及諸路所差提轄官亦已約束措置賞罰外，若不逐司差官分頭檢踏，及支借錢本，雇工採打，并增立賞典，優加俸給，禁止收受供饋，則事難辦集。今措置到下項：一、河東、陝西、河北、京西、京東路所委提轄措置坑冶鑄錢官下，各已降朝旨許差檢踏官二員外，欲江、淮、荆、浙等路提點坑冶鑄錢虔、潭兩司各差置檢踏官三員。一、諸路坑冶檢踏官并許於承務郎以上或選人大小使臣内，踏逐諳曉坑冶、有心力人充，仍具名奏差。應采訪興發或有苗脉處，并躬詣檢踏得實，其地不以官私，皆許支破錢本，差人采取烹煉。或人兵不足及無會解之人，即許雇募人工采打，或召人户開採。應一行用度以至燈油之類，并許召保借支官錢應副，候烹採到寶貨，先行還官外，餘充課利。若開採不成及無苗脉，或雖有而微細，其所借官錢并與除破，即不得過三次。若據開採到數能補還所借官錢者，雖過數仍許豁除，別行支借。以上并委當職官子細勘驗支借，不管透誤大支。如敢冒借或大支，罪輕者并徒三年，許人告，賞錢一百貫。仍并同本縣官采取，其本縣官不肯用心，許申提舉、提轄司，改差他官。如委有苗脉者，前官重行黜責。若能檢踏興發、立成課額者，其檢踏并被差官并依檢踏官增賞一倍。一、檢踏官以二年爲一任，隨所理資序給本身及見任或前任請給，仍支驛券。遇出入檢踏，別支券馬。一、應提點、提轄、措置坑冶鑄錢官屬，并不得受例外供饋，內檢踏官不以有無例册，并不許收受諸般饋送。以上如違，其收受并與之者各以自盜論。一、勘會坑冶興發，全藉檢踏官協力盡心，公共相視檢踏，除已增立賞典、優給請俸外，如有不切用心相視檢踏、弛慢不職之人，仰所屬提點、提轄、措置官奏劾，先次冲罷，當議重行黜責。」從之。

三年正月二十二日，尚書省勘會：「昨（會）〔京〕西路提轄坑冶鑄錢官系提舉京西、陝西、川路銀銅坑冶鑄錢事務川：原作〔州〕，據後文改。今來除陝西、京西路已各差官專一提轄措置外，其川路即未曾專行差官。緣川路甚有金銀等坑冶興發，竊慮無專差官提轄措置，因循隨廢，走失山澤利源，深爲可惜。」詔令陝西路提轄措置坑冶官兼提轄措置川陝坑冶，應有合行事件，并依大觀三年四月三十日及今年陝西已得指揮施行。

二月十二日，提轄措置京東路坑冶司狀：「今條畫下項：乞將勾當公事官一員改作檢踏官一員，將來差到正官，如能用心究尋，或招誘使人施功，因而自探得見苗脉，能興山澤厚利，許本司臨時參詳其功力課利，保明申奏，乞朝廷量事推賞。一路新坑有人陳告，便令措置下手開發，其所用錢本等深恐所屬不應副，乞所屬以轉運司系省錢物權行應副，候將來收到課利，申取朝廷指揮，依數兑還等，畫一候指揮。」檢會政和二年九月二十四日敕，河北路坑冶改勾當官一員充檢踏官。政和二年十月十一日敕，京東路坑冶辟置官屬，依河東路措置坑冶司所得指揮。勘會除第一項已降指揮外，詔應緣坑冶本司錢遇闕，許於常平司封樁耆户長錢內支借，餘路依此，并免執奏。余依奏。

【略】四年五月十五日，江淮等路提點坑冶鑄錢司奏：「承敕，潭州提點鑄錢司復移於饒州置司。續奉聖旨，鑄錢司更不復移。本司契勘，若移司饒州，便於奉行職事；止在潭州，必見闕事。伏望更賜詳酌。」詔只就饒州置司。

五年二月十八日，河東路提轄檢踏措置坑冶錢監司奏：「承朝旨節文：『鑄到錢每季令提刑、提舉司分詣，再行看揀，別無粗惡不堪，方行行用。』契勘本路諸監院每季鑄到錢，直至次季看揀了當，方許支樁。其被差官有事故或先承他司差委者，有經半年未曾看揀，委是有妨應時樁撥支遣。今乞將諸監院每月鑄到錢，於次月內令提刑、提舉司再行看揀。如逐司官巡歷未到，不能親詣，即乞令逐司於上旬內就錢監院鄰近州縣差官看揀。如被差官先承他司差務，除軍期急速外，并乞限三日先次起發，於當月內看揀了當，方許承當別司所委事。又提轄措置河北路坑冶鑄錢司奏：『乞應提舉、提刑司所差看揀錢官，并依貢舉差試官法，限三日起發。如敢托故推避，或本州島別作名目占留，不爲依限起發，并乞朝廷立法，加以刑名約束。』看詳今除三路系應副軍期、不可緩慢以每月，餘路每季差官看揀外，今擬修下條：諸提舉常平、提點刑獄司，河北、河東陝西路每月，餘路每季，分詣錢監院看揀已鑄到夾錫錢。如親詣不及，計程前期差官，須管於本季本月終到監院，謂如春季錢春季終、正月錢正月終，所差官到監院之類，即被差官他司不得差委。若承他司差者，俟看揀畢聽赴。應副軍期機速事非。右入政和錢法令。諸被差看揀夾錫錢官不趁期到監院，若妄托事故避免，或官司別作名目占留，或輒差委者，各杖一百。即差委後時，致所委官趁期到監院不及者，止坐所差監司。監司應親詣而不如期到者同。右入政和錢法敕。」從之。

【略】〔政和六年〕四月二十六日，詔：「推行夾錫錢，本以惠四方，行之累年，制作不精，加雜錯易壞，公私病之，遂使惡錢流布，錢輕物重，不勝其弊。已降指揮，永不行用。其提舉官等并罷。」

【略】〔政和六年〕五月十四日，尚書省言：「諸路措置坑冶及鼓鑄銅錢，未有令是何人管勾。」詔除鑄夾錫錢監院依已降指揮廢外，其諸路提轄措置坑冶官吏并依舊存留。

【略】〔宣和七年〕二月二日，詔：「諸坑冶興復之初，全藉官屬專一提振，諸路各置提舉坑冶官一員，仍并理提刑資序。所用錢物，并仰運司應副。如州縣官不切遵奉，公然弛慢者，按劾以聞。內有稽違觀望不職甚者，并許先次放罷，具實聞奏。」

【略】〔宣和七年二月二日〕同日，詔：「已差官分路興復坑冶鼓鑄，仰尚書省悉力舉行。」又詔：「熙豐諸路鑄錢監十九處，歲鑄新錢僅六百萬，富國裕民，具載典彝。即今東南惟存其迹，如上供監分尚以他錢代起，廢法弛令，莫甚於此。利源所失，動數百萬，致公私匱乏，斂取百姓。應廢罷熙丰以來舊鑄銅錢監分并行興復，仍委本路提舉，及與監司、郡守同共措置增敷舊額鼓鑄，不得鹵莽滅裂。應合行事件，條具以聞。」

【略】〔宣和七年〕三月三日，詔：「江淮等路提點坑冶鑄錢司官屬依熙豐員數，余路坑冶官屬并罷。內舊坑冶隸轉運司者，依熙、丰、紹聖法；崇寧以後新坑冶隸常平司者，依崇寧法。提點官令中書省選差。」

【略】〔宣和七年三月〕十二日，中書省、尚書省言：「勘會已降指揮，諸路興復坑冶，專差官提舉措置，合行事件下項：一、以『提舉某路坑冶司』爲名。一、合用印記令工部行下所屬，限十日撥先鑄造，以『提舉某路坑冶司印』爲文，并復褥印匣等全。一、合用公廨并以舊提舉坑冶司廨舍充，如已被他司拘占，或舊無處，或(全)〔令〕採提舉路分與舊不同，合於別州置司者，即從便踏逐，申尚書省。未踏逐到間，許權於寺院治事。一、逐司各置管勾文字官一員，勾當公事官兩員，檢踏官十員。內管勾文字、勾當公事官差文臣，檢踏官通差文武臣，許提舉官於見任得替、待闕待次官內，踏逐通曉坑冶次第人，具姓名申尚書省，下吏部差。一、提舉官序位、理任、借服色、舉官員數、請受、供給、公使錢、當直并接送人兵、遞鋪，水路破船，并依本路提刑官。本司管勾文字、勾當公事官依轉運司屬官，檢踏官依提刑司檢法官見行條例施行。其舉官員數，如提舉兩路已上者從一多舉。一、水路合破人船，許於本路州軍見管無違礙船內踏逐，限一日應副。一、合置人吏并書表、客司、通引人數，并請給等，并依本路提刑司差破，許於無違礙官司指名抽差，限一日發遣，不得占(劉)〔留〕。如無或不足，聽召募。一、應用紙扎、朱紅、發遞角皮筒、油單之類，聽於隨處州縣取索應副，合用價錢於系省錢內支破。一、應取會事，承受官司限一日回報。其申奏行移文字，許入急遞，仍令提刑司進奏官并行承發。一、興復坑冶之初，全藉州縣官協力措置，如勸誘開採寶貨浩瀚，許提舉官保明聞奏，當議優與推恩。弛慢廢職，亦仰舉劾，依降御筆坐違御筆之罪。」從之。

徐松《宋會要輯稿・食貨三四・坑冶雜録》 坑冶雜録 高宗建炎元年，户部言：「山澤坑冶，祖宗舊法：在外隸轉運司，在京隸金部。昨自崇寧二年，將新發及漕司不急應副錢本舊坑悉令常平司應副，始隸有曹。緣新舊坑冶皆系一事，而兩司幹辦條令不一。乞依祖宗舊法撥隸金部轉運司。」從之。

【略】建炎三年，虞部言：「江淮等路提點坑冶鑄錢司張澄奏，乞將管下坑場專責監官點檢，遇銀坑興發，其見元銅、鉛等處如願採作，即先經官認定逐時所賣銅鉛課額比舊數增羨，方得採作。銀坑或未經行使，銅、鉛坑冶之人願作銀坑，亦令兼使。銅、鉛坑冶如不願趁辦銅鉛課利，即不得專使銀坑。仍乞逐冶置歷抄上賣過銅鉛銀數，如銅鉛及得元立定額，其銀價即盡數支給；若或所賣銅鉛不及元立定額數，即未得全支銀價，候次月賣定銅鉛，方得盡行支給。其有銀坑興發浩瀚去處，亦乞依此施行。」從之。

徐松《宋會要輯稿・職官四三・提點坑冶鑄錢司》〔高宗紹興〕二年五月十一日，詔：「鑄錢司鼓鑄錢寶，歲有定數，昨緣有司失職，鼓鑄多不敷額。宣和二年五月二十六日指揮，許取撥二廣五分鹽息錢助買銅本，近公然違戾，將鹽息錢更不買銅，就便兑作所鑄上供錢起發，因此唯務拘刷鹽息，更不修舉鑄錢職事。今後專責兩提點收買銅貨應副鼓鑄，仍每月開具收二廣五分鹽息錢數、收買到銅貨若干、般發往是何錢監、鼓鑄若干，候歲終依法比較賞罰。如敢留襲久弊，兑鹽息錢直作所鑄上供起發者，并依擅行截使移易上供錢物法。」以提舉廣南路茶鹽李承邁言：「韶州永通監自國朝以來年額鑄錢四十五萬貫，於岑水場買銅六分，起付江、池等州錢監外，四分仍舊鑄錢四十萬貫，循環充本。宣和二年，始撥本司鹽息錢五分充買銅本，而錢額益虧。乞還本司樁管，每歲可得錢三十萬貫，以助經費。」故有是詔。

【略】〔高宗紹興〕三年四月二十三日，詔：「提點鑄錢司廨宇安頓錢物及一司公案，今後不許諸官司指占安泊及駐屯兵馬。如違，杖一百科罪。」從提點坑冶鑄錢向宗恕所請也。

【略】〔高宗紹興三年〕九月十六日，詔：「今後虔、饒兩提點官遍詣坑場銅鉛錫所產處，措置應副監院鼓鑄，立限起發歲額，仍委逐路提刑司覺察稽違。」

【略】〔高宗紹興〕五年六月五日，三省言：「提點江淮荆浙福建廣南路坑冶鑄錢司近歲所發額錢，比舊十虧八九。蓋以兩司并兼坑冶、鑄錢，責任既不專一，職事多致弛廢。」詔將饒州司官吏除留屬官一員外，其余官屬、人吏并行減罷，應干見行事務等，權并歸虔州司管。雖有上項指揮，後來多在饒州置司，贛州只系巡歷。

【略】〔高宗紹興五年〕七月二十一日，提點坑冶鑄錢趙伯瑜言：「竊見茶鹽司文移，准敕州縣并限一日回報。如違，以違制科罪。欲望應本司文移應報稽違及輒不應報去處，亦乞詳酌立法。」詔鑄錢司文移，州縣并限二日回報。如應干稽違及輒不應報者，各杖一百。

【略】（高宗紹興〔六年〕）七月十二日，尚書省言：「勘會坑冶鑄錢，昨緣積弊之久，所入不償所費，已降指揮省減官屬及委官講究弊病。訪聞近來尚以催綱、檢踏、檢視爲名，差官幹辦，人數至多，批請驛劵，州縣供億頻仍，甚失朝廷省減官屬、興復利源之意，理宜約束。」詔令趙伯瑜將上件所差官一切寢罷。今後如坑冶發泄興盛，官移物料遲延，委實合行差官，内量事選委，支破合得請給，毋致泛濫。仍不得巧作事因，一□差委，虚破驛劵，支請失錢。稍有違戾，重寘典憲。

【略】（高宗紹興〔〕）七年七月二十日，中書門下省言：「紹興七年三月二十一日敕節文，監司、知州見帶職并曾任監察御史以上及館職更不銓量外，監司、大藩、節鎮、知州差初任通判資序以上人，軍事州、軍、監第二任知縣資序以上人。檢准紹興敕，諸稱監司者，謂轉運、提點刑獄，其提點坑冶、鑄錢、茶鹽、市舶，未有該載。」詔提點坑冶鑄錢依監司、茶鹽市舶依軍州事已降指揮施行。

徐松《宋會要輯稿·食貨三四·坑冶雜録》 十三年原書「十三年」前有「紹興」二字，被涂去。江淮荆浙福建廣南路都大提點坑冶鑄錢韓球言：「竊見諸路提舉茶鹽司昨申降指揮，於從來緊要私鹽所行道路專置巡鹽使臣一員，量置土軍。緣所置巡鹽使臣止管巡察私鹽外，别無兼領事務，所有應干銅、鉛并産錫地分若有私採盜販，皆是違犯禁榷之物，正與私鹽事體一同。欲乞將應專置巡鹽使臣，并一就責委兼管巡捉私販銅、鉛等事務，余并依見行條法。」從之。

【略】十四年，此條當置下條（紹興）「十三年」後。詔：「見今坑冶立酌中課額，委提刑、轉運司，不得别有抑勒，抱認虚數，令有力之家計囑幸免，切致下户受弊」。切，此字疑誤。

徐松《宋會要輯稿·職官四三·提點坑冶鑄錢司》 〔孝宗乾道七年五月〕二十四日，詔鑄錢司每歲認鑄鐵錢三十萬貫，所有合用本錢，令户部科降度牒二百道，余令鑄錢司於所餘銅錢本錢内取撥，應副鼓鑄。

【略】（孝宗乾道八年九月）十七日，詔右從事郎、專一措置處州庫山等處銀場管准特貸命，追毁出身以來文字，除名勒停，決脊杖二十，刺面配連州牢城，仍籍没家財。以准銷錢爲銅以應官課，却將銀銅場合得銀更不抽收歸官，入己盜用，大理寺丞吴淵前去取勘得實，故有是命。

【略】（孝宗乾道九年閏正月）十一日，王楫、李大正狀奏正：原作「臣」，據原稿本卷第一六八頁（見前）改。「臣竊見紹興二十八年指揮，拘收器具數目浩瀚，州縣憚水脚之費，多不解發，亦有（唤）〔换〕易妄用之弊。乞令臣等委官分路取索當時拘收干照根刷。兼民間私有銅鑼系違法禁，欲乞檢舉條令，一就拘收，添助鼓鑄。」詔依。

徐松《宋會要輯稿·食貨三四·坑冶雜録》 〔淳熙〕二年八月十七日，提點坑冶王楫言：「處州所産銅銀鉛坑，歲收銅十萬斤，鉛十五萬斤，通判、令（承）〔丞〕各減二年磨勘，所有守臣、檢踏監官乞一體推賞。」從之。

徐松《宋會要輯稿·職官四三·提點坑冶鑄錢司》 〔孝宗淳熙〕十年二月二十二日，詔諸州所欠鑄錢司錢，七年已前并與蠲放，八年已后行下州縣盡數撥還。【略】

〔光宗紹熙二年〕十一月二十七日南郊赦：「勘會諸路州縣坑冶興發在觀寺、祠廟、公宇、居民墳地及近墳園林地者，在法不許人告，亦不得受理。訪聞官司利於告發，更不究實，多致騷擾。及有坑冶停閉、苗脉不發去處，勒令坑户虚認歲額。可令提點鑄錢司委官詢訪，日下改正。仍檢坐見行條法指揮約束，常切遵守，如有違戾，許人户越訴。」

徐松《宋會要輯稿·食貨三四·坑冶雜録》 端平三年，赦曰：「諸路州縣坑冶興廢，在（觀寺）〔寺觀〕、祠廟、公宇、居民墳地及近墳園林地者，在法不許人告，亦不得受理。訪聞官司利於告發，更不究實，多致擾害。自今許人户越訴，官吏再訟者重寘典憲。及有坑冶停閉、苗脉不發之所，州縣勒令坑户虚認歲額，提點鑄錢司核實追正。」

《宋史》卷一七四《食貨志上一》 宋舊史志食貨之法，或驟試而輒已，或亟言而未行。仍之則徒重篇帙，約之則不見其始末，姑去其泰甚，而存其可爲鑒者焉。篇次離爲上下：其一曰農田，二曰方田，三曰賦税，四曰布帛，五曰和糴，六曰漕運，七曰屯田，八曰常平義倉，九曰課役，十曰振恤。或出或入，動關民生；國以民爲本，故列之上篇焉。其一曰會計，二曰銅鐵錢，三曰會子，四曰鹽，五曰茶，六曰酒，七曰阬冶，八曰礬，九曰商税，十曰市易，十一曰均輸，十二曰互市舶法。或損或益，有係國體；國不以利爲利，故列之下篇焉。各疏其事，二十有二目，通爲十有四卷云。

又卷一七九《食貨志下一》 時諸路轉運司類以乏告，詔户部編次一歲財用出納之數，諸路州縣各爲都籍，以待考較；工部金、銀、銅、鉛、水銀、朱砂等，亦嚴帳籍之法；令諸路各條三十年以還一歲出入及泛用之數。初，比部掌勾稽天下文帳，吏習偷惰，自崇寧至政和，稽違積數凡二千六百七十有餘。於是申敕六曹，以拘督一歲多寡爲寺、監賞罰。

又卷一八〇《食貨志下二》 平廣南、江南，亦聽權用舊錢，如川蜀法。初，南唐李氏鑄錢，一工爲錢千五百，得三十萬貫。太宗即位，詔昇州置監鑄錢，令轉運使按行所部，凡山川之出銅者悉禁民採，並以給官鑄焉。太平興國二年，樊若水言：「江南舊用鐵錢，於民非便。今諸州銅錢尚六七十萬緡，虔、吉等州未有銅錢，各發六七萬緡，俾市金帛輕貨上供及博糴穀麥。於昇、鄂、饒等州産銅之地，大鑄銅錢，銅錢既不渡江，益以新錢，則民間錢愈多，鐵錢自當不用，悉鎔鑄爲農器什物，以給江北流民之歸附者。除銅錢渡江之禁。」從之。

【略】蜀平，聽仍用鐵錢。開寶中，詔雅州百丈縣置監冶鑄，禁銅錢入兩川。明年，轉運副使張諤言：「川峽鐵錢十直銅錢一，輸租即十取二。舊用鐵錢千易銅錢四百，自平蜀，沈倫等悉取銅錢上供，及增鑄鐵錢易民銅錢，益買金銀裝發，頗失裁制，物價滋長，鐵錢彌賤。請市夷人銅，斤給鐵錢千，可以大獲銅鑄錢。民租當輸錢者，許且輸銀絹，候銅錢多，即漸令輸之。」詔令市夷人銅，斤給鐵錢五百，餘皆從之。然銅卒難得。

【略】四年，陝西轉運副使皮公弼奏：「自行當二錢，銅費相當，盜鑄衰息。請以舊銅鉛盡鑄。」詔聽之。自是折二錢遂行於天下。京西轉運使吴幾復建議：郢、唐、均、房、金五州多林木，而銅鉛積於淮南，若由襄、郢轉致郢、唐等州置監鑄錢，可以紓錢重之弊。神宗是之，而王安石沮之，其議遂寢。

又卷一八五《食貨志下七》 熙寧元年，詔：「天下寶貨阬冶不發而負歲課者蠲之。」八年，令近阬冶坊郭鄉村并淘採烹鍊，人並相爲保；保内及於阬冶有犯，知而不糾或停盗不覺者，論如保甲法。

【略】元祐元年，户部言：「商旅販礬，舊聽其便，迺者發運司請用河東例，令染肆鋪户連保豫買，頗致抑擾。」詔如舊制。元符三年，崇儀使林像奏：「禁河北土礬非便。若即河北産礬地置場官買，增價出之，罷運晉礬，則官獲浄利，無運載之勞，民資地産，省犯法之弊。」詔下户部。

初，熙、豐間，東南九路官自賣礬，發運司總之。元祐初通商，紹聖復熙、豐之制。大觀元年，定河北、河東礬額各二十四萬緡，淮南九萬緡，罷官賣，從商販，而河東、河北、淮南各置提舉官。政和初，復官鬻，罷商販如舊制。淮南礬事司罷歸發運司，上供礬錢責以三萬三千一百緡爲額。三年，有司奏減河北、河東并淮南礬額，計十六萬緡。四年，礬額復循大觀之制。五年，河北、河東緑礬聽客販於東南九路，民間見用者，依通商地籍之，聽買新引帶賣，大率循倣鹽法。宣和中，舉比較增虧賞罰，未幾，以擾民罷。

建炎三年，措置財用黄潛厚奏許商人販淮南礬入東南諸路，聽輸錢行在，而持引據赴場支礬。

【略】端平三年，赦曰：「諸路州縣阬冶興發，在觀寺、祠廟、公宇、居民墳地及近墳園林地者」

【略】在法不許人告，亦不得受理。訪聞官司利於告發，更不究實，多致擾害。自今許人户越訴，官吏并訟者重寘典憲。及有阬冶停閉、苗脉不發之所，州縣勒令阬户虚認歲額，提點鑄錢司覈實追正。」

又卷一八六《食貨志下八》 宋初，循周制，與江南通市。乾德二年，禁商旅毋得渡江，於建安、漢陽、蘄口置三榷署，通其交易；内外羣臣輒遣人往江、浙販易者，没入其貨。緣江百姓及煎鹽亭户，恣其樵漁，所造屨席之類，榷署給券，聽渡江販易。開寶三年，徙建安榷署於揚州。江南平，榷署雖存，止掌茶貨。四年，置市舶司於廣州，後又於杭、明州置司。凡大食、古邏、闍婆、占城、勃泥、麻逸、三佛齊諸蕃並通貨易，以金銀、緡錢、鉛錫、雜色帛、瓷器，市香藥、犀象、珊瑚、琥珀、珠琲、鑌鐵、鼊皮、瑇瑁、瑪瑙、車渠、水精、蕃布、烏樠、蘇木等物。

太宗時，置榷署於京師，詔諸蕃香藥寶貨至廣州、交阯、兩浙、泉州，非出官庫者，無得租私貿易。其後乃詔：「自今惟珠貝、玳瑁、犀象、鑌鐵、鼊皮、珊瑚、瑪瑙、乳香禁榷外，他藥官市之餘，聽市於民。」

李心傳《建炎以來繫年要録》卷一七〇 〔紹興二十有五年十有二月，丙申〕右司員外郎兼權户部侍郎鍾世明言：「近年民間銷毁錢寶，法禁雖嚴，尚未止絶，蓋緣出賣器皿，其利不啻數倍。今措置，欲責令州縣，應街市見賣銅器，限半月並拘僱入官，嚴行禁止。其犯人不論輕重，並押赴鑄錢監充役。官吏知而不覺者，從違制論，仍行放罷論。逐路坑冶興廢不常，難以立爲永額。近來鑄錢督責嚴緊，往往銷錢爲銅，上下期於脱責。今欲令逐路提刑司選官檢視坑冶所出多少，令分數認納，不得抑勒。其全無所出去處，即保明申朝廷放免。又近來錢寶多有流入外界，蓋緣場務官司利於收息博易。今欲嚴行禁止，如有透漏，其巡尉并場務官司知而不覺者，以違制論，仍行放罷。犯人許諸色人及徒伴告首，即以隨行財物多寡全行給賞。民間有銅寶興發去處，官司量支貸，聽人户隨多寡輸納，不得抑勒，庶幾諸處銅坑不致隱蔽不告。其金銀等坑及膽水興發處，亦乞依此施行。」從之。

李有棠《金史紀事本末》卷三〇《世宗致治》〔大定五年〕冬，十一月，丙午，和買金銀冶，抑配百姓，奏罷之。十二年詔，金銀坑冶聽民開採，毋收税。二十七年，聽民於農隙採銀承納官課。時定襄退吏誣縣民匿銅者十八村，節度張大節廉得其實，抵吏罪，民立石頌之。又部中銀冶，衆議官榷，大節曰：「山澤之利當與民共，貧而無業者，雖嚴刑，能禁其竊取乎？宜明諭民授地輸課。」從之。明昌二年，計見在金千二百餘錠，銀五十五萬二千餘錠。三年，御史李炳言：「有司奏在官銅數可支十年，請勿令夫匠逾天山北界採銅，恐生邊釁。」從之。用提刑言封諸處銀冶，禁民採鍊。五年，臺臣奏，復召募射買。泰和時，李復亨言：「汝州魯山、保豐，鄧州南皆產鐵，募工置冶可獲利。」從之。貞祐中，宗室從坦奏：「平陸產銀鐵，若以鹽易米募工煉冶，可以資財。」從之。」所載甚詳。

【略】是歲，聽人射買寶山縣銀冶。攷異：《續通考》云：「九年，御史臺以河南府

謝深甫《慶元條法事類》卷二八《榷禁門一·令·職制令》諸巡捕官獲造銅、鍮石之物，所屬監司歲終比較，謂造私銅、鍮石係提刑獄司比較之類。奥最多最少之人，最少謂地分内透漏及犯者多，而獲到數少者。每路各貳員員以聞。

又《榷禁門一·令·賞令》諸產銅、鉛、錫界巡捕官，任内親獲私置鑪烹煉、若賣買不入官應賞者，未獲犯人二斤比壹斤，遣人獲者，各壹斤半比壹斤。

諸獲販有銅、鉛、錫、鍮石、銅礦伍斤以上者，犯人隨行已物全給其賞錢，及物價仍准格。

又《榷禁門一·令·捕亡令》諸巡捕貨人各給印具，録所捕獲物數，若失覺察，本地分停藏、貨易、透漏。若私置鑪烹煉者，聽以所獲犯人刑名、等第互相准折，刑名不等，許通計。並謂已獲犯人者，笞罪貳折杖罪壹，杖罪二折徒罪一，徒罪二折流或配罪壹。其以重罪折輕罪者，准此。於三拾日内別獲犯人、榷貨人，亦聽依此折除。

又《榷禁門一·令·開市令》諸應用銅及鍮石之物不可闕者，謂鍾、磬、鐃、鈸、鈴、杵、照子、鍱鑻之類。文思院鑄造鎸鑿，赴雜賣場立價請買，仍給憑由照會。寺觀大鍾，聽經所在州陳乞勘會，詣實保明申尚書省，得指揮聽鑄。若諸軍合用銅鑼，申降指揮，下軍器所造給。

諸買官造銅器、鍮石之物者，出賣官司具數給引。

諸錫非出產界而官賣者，聽商販及造器用貨易，仍並免税。

諸產錫界内，寺觀及家所有功德像之屬聽留，仍官給文憑，遇損壞賣入官。下條錫器物損壞准此。其寺觀仍具名件置藉及牓示。

諸產錫界内民間所用錫器物，聽於通商處收買，諸當處税務驗寔具數，給公憑，齎詣所居州縣税務覆驗，亦聽貨易。貨易者仍於本務俟憑貨訖，限次日納毀。

又《榷禁門一·令·雜令》諸私銅、鍮石器物及買販，罪賞條禁，於要鬧處曉示。

諸鑄銅器物守臣，月具有無違戾聞奏，并申提刑獄司，仍從本司檢察類奏，如有違戾，具當職官奏裁。

諸舊有銅、鍮石鑄道釋功德像、鍾、磬、鐃、鈸、鈴、杵、相輪、照子、鍱鑻、銅鑼，謂已藉定月及曾經鎸記給憑由，或元経官給買列者。並許存留。

又《榷禁門一·榷貨總類勑令格式·勑·名例勑》諸稱禁物者，貨。同稱貨者，謂鹽、礬、茶、乳香、酒、麴、銅、鉛、錫、銅礦、鍮石。

又《榷禁門一·銅鍮石鉛錫銅礦勑令格·勑·衛禁勑》諸有銅及鍮石者，銅礦及夾雜銅，并烹煉浄銅計數，其盜人許存留之物者免烹煉，每兩除豁三錢。壹兩，杖捌拾；壹斤，加壹等；拾伍斤，不刺面，配鄰州。本城爲人造作器物者，與物主同罪，配亦如之，作具没官。自造者准此。

諸私有鉛，夾雜者，并黄丹砂子并烹煉浄鉛，計數。壹斤，笞伍拾；貳拾斤，加壹等，過杖壹伯；叁拾斤，加壹等，罪止徒三年；出產地分，烹煉，加壹等。

諸犯榷貨，非販者，銅、鉛、銅礦、鍮石。非貳分，得壹分之罪，罪止徒三年，仍免編配。

諸巡捕官任内透漏銅出界，及失覺察，置鑪烹煉，或賣買不入官，以捕得斤數折除外，五拾斤，展磨勘半年，縣尉殿三月；參選伯斤，展壹年，縣尉殿半年；貳伯斤，展貳年，縣尉殿壹年。如係所產去處，各遞加壹等，磨勘、殿選並以壹季爲壹等。專差、巡捕、使臣透漏、失覺察，至貳伯斤，仍降等差遣。其銅礦、鉛、錫拾斤或銅垢以烹煉到浄銅五斤，各比銅壹斤。

諸巡捕人失覺察，本界内停藏。謂經日者。貨易，若透漏有貨，而被佗人告捕獲者，犯人杖罪，笞肆拾；徒罪，杖捌拾；流罪，杖壹伯。若係產銅界内巡捕人透漏、失覺察，私賣銅或私輒鑄造銅器出賣者，各加壹等。

諸出產銅、鉛、錫界内，耆長失覺察，私置鑪烹煉，而爲佗人告捕獲，并同保

父、保正長知而不糾者，並依《界内停藏貨易透榷漏貨法》。

又《榷禁門一・榷貨總類》 一、本官所獲數目，不係任外，如有任外，捕獲者各開説。銅、鉛、錫仍具本處，係出産地分，是私烹煉，或賣買不入官之物。審計院、磨勘司審磨，並同官吏姓名。

又外集卷六二《財用門》 禁令。職金掌禁令，凡金玉錫石丹青之戒令，受其入征者。辨其物之㜅惡與其數量，揭而璽之，入其金錫於爲兵器之府，入其要。上下齊。金有六齊，六分其金而錫居一，謂之鍾鼎之齊；五分其金而錫居一，謂之斧斤之齊。四分其金而錫居一，謂之戈、戟之齊。三分其金而錫居一，謂之大刃之齊。五分其金而錫居二，謂之削、殺、矢之齊。金錫半，謂之鑒燧之齊。注：錫爲下齊，少錫爲上齊。黑濁氣，栗氏爲量，改煎金錫則不耗云云。凡鑄金之狀，金與錫黑濁之氣竭，黄白次之；黄白之氣竭，青白次之；青白之氣竭，青氣次之，然後可鑄也。

又卷八〇《雜門・闌遺・令・賞令》 諸沿流沈失官銅，召募人救，比元失之數有剩者，計所剩准運銅出剩格推賞，即諸色人得闌遺銅納官，而不知主名者，准此，仍止計得處銅價。

又後集卷六八《監司門・都大坑冶》 歷代沿革：唐開元二十五年，監察御史羅文信充諸道鑄錢使。《唐會要》天寶三載，楊睿矜除御史中丞，充鑄錢使。六載，度支郎中楊釗充諸道鑄錢使。永泰元年，劉晏充東都淮南浙江東西湖南山南東道鑄錢使，第五琦充京畿關内河東劒南山南西道鑄錢使。諸鑄錢監，監所在州、府，都督、刺史爲之，副監一人，上佐判之。《續通典》國朝自開寶平胡之後，因其舊置錢監於鄱陽，既而江淮、荆浙、閩廣之地皆有監，係發運使兼提點。咸平三年，以馮亮爲江南轉運副使，兼都大提點江南福建路鑄錢事，内供奉官白承睿同提點鑄錢事。《實録》至景祐二年，始置江浙川廣福建等路都大提點坑冶鑄錢一員，以魏兼爲之，《九朝通略》與提點刑獄序官。按：四年傳：榮宗範知鉛山縣，有詔罷民採銅，皆散爲盜。宗範一切使如故，真宗嘉異，擢提點江浙諸路銀銅坑冶。與此不同，當考。元豐二年，三司言：「江浙等路提點坑冶鑄錢官一員，通領九路水陸，巡按不周，欲增一員，分路提點。」從之。遂定爲兩司在饒者，領江東、淮浙、七閩；在虔者，領江西、荆湖、二廣焉。並《聖朝職略》至元祐元年，以坑冶、鑄錢通爲一司，從淮南提點李深之請也。《會要》政和七年，置提點鑄錢官兩員於饒、虔州。紹興二年，置虔州提點司。從提點王□之請也。雖有上項指揮，後來多在饒州置司，贛州只係巡歷。六年，趙伯瑜乞依嘉祐著令銜内添「都大」二字，與提刑序官。二十六年，詔都大提點坑冶鑄錢司官吏並罷，令逐路轉運司交割。以尚書省言：坑冶鑄錢司近年鑄錢全虧，一司官吏所費不貲，罷之。二十七年，置提領諸路鑄錢官，於行在差侍從或卿監一員，不妨本職兼領，置屬官三員以提領諸路鑄錢所爲名，以户部侍郎榮薿兼。二十九年，從左司諫何溥言，乃復置以江淮荆浙福建廣南路提點坑冶鑄錢公事，繫銜與運判序官。依舊於饒、贛二州置司，輪年守任，專以措置坑冶，督責鼓鑄爲職，祖額一百六十餘萬貫。孝宗乾道六年，併歸發運司。八年，復置此，據提點司題名。八年詔：「鑄錢司依舊置提點官二員，於饒、贛二州置司，除王揖、李大正二人。」九年，兩司分認課額，將江南、淮南、兩浙、潼州、利州路隸饒州司，江西、湖廣、福建分隸贛州司。又王楫等言：「所有舊坑多係江西却慮饒州一司，無從措置，欲於江西管内取撥江州、吉州、撫州、興國軍、隆興府却隸饒州司。」從之。淳熙三年，併贛司歸饒州，王楫專爲提點官，加都大焉。

王圻《續文獻通考》卷七《錢弊考・遼・錢》 〔遼道宗清寧〕九年正月，禁民鬻銅。

《遼史二國外紀》曰：清寧九年正月，禁民鬻銅於夏。又《食貨志》曰：是時詔禁諸路不得貨銅鐵，以防私鑄。又禁銅鐵賣入回鶻，法益嚴矣。

又卷二三《征榷考・坑冶》 〔遼〕聖宗太平五年十二月，禁工匠不得銷毁金銀器。七年五月，西南路招討司奏，陰山中産金、銀，請置冶。從之。復遣使循遼河源，求産金銀之所。

【略】〔遼〕興宗重熙二年十二月，禁夏國使沿路私市金、鐵。

《金史卷四九・食貨志四》 三年，詔減南京出賃官房及地基錢。〔明昌〕二年，諭提刑司，禁勢力家不得固山澤之利。

王惲《秋澗集》卷八一《中堂事記中》 中統二年〔夏六月，二日壬辰〕**【略】**一、隨路應有金、銀、銅、鐵、丹粉、錫碌等等窑冶，附籍漏籍民户盡行罷去，分付元附籍地面官司應當差發。今後許令諸人等有願入狀採打煽煉，不用官本及占役百姓者，據所得數目，官爲斟酌抽分。若元管頭目等願入狀，不用官本及占役百姓興煽者聽，如不願者，許他人入狀承認。

李世熊《錢神志》卷一《圜法第二》 至道元年，廢邵武金場。二年，廢成州金坑。詔曰：「捐金於山，前聖盛德；所寶惟穀，舊史格言。」又廢衢州銀冶。

章如愚《山堂考索》後集卷六二《財用門・坑冶》 開寶三年詔曰：「古者不貴難得之貨，後代賦及山澤，上加侵削，下益雕弊。朕每念兹事，常深痛懷，未能捐金於山，豈忍奪人之利？自今桂陽監歲入白金宜三分減一。」開寶四年詔：「昔漢法作僞，黄金棄市，所以防民之奸弊也，如聞京城之内競習其術，轉相誑耀，此而不止，爲盜之萌。自今犯者，並寘極典。」

佚名《元典章・户部》卷八《典章二二》《課程・洞冶》 立洞冶摠管府：至

元四年月，欽奉聖旨：「道與隨路達魯花赤管民官、轉運司管軍奥魯官、工匠、鷹房，打捕諸色頭目人等，據制國用使司奏，諸路塩場酒税、醋課額，元委轉運司管領外，隨處洞冶出産諸物，别無親臨拘確規畫官司，以致課程不得盡實到官。又隨處爐冶見今耗垛，官鐵數多未曾變易，此上設置諸路洞冶揔管府，專以掌管隨處金、銀、銅、鐵、丹粉、錫碌，從長規畫，恢辦課程，聽受制國用使司節制勾當。今降條畫，逐一區處於後。」

一、諸路係官撥户興煽洞冶，見設官員自備工本，洞冶並聽諸路洞冶揔管府管領催督，趁時煽煉，無得失誤。更爲相驗合辦課程額外，據隨處鑄瀉沙泥人等從本府兩平雇覓鑄瀉。若有虚閑諸色洞冶，並堪以立冶，地面更仰召募諸人，自備工本，起立採打興煽，從長辦課，毋得曠闕辦課月日。

一、諸路山川多有舊來曾立洞冶，往往勢要之家不曾興工，虚行影占，阻當諸人不得煽煉辦課入官。今擬諸路洞冶都揔管府將上項洞冶所出之物取勘見數，召募諸人赴制國用使司入狀立額興煽。若有依前占悋人員，申覆制國用使司定奪。

一、隨處爐冶户，每年合著供爐礦炭等差役，仰管爐官品荅貧富，依理均科。其壙炭出給花名由帖驗數，又將科定數目攢造文册申報洞冶揔管府除外，管爐官再不得一面擅行科差。

一、諸處係官並自備諸色洞冶，採打礦炭大石磁工照依舊例施行。其經行地面所在官司及各處軍民諸色人等，並不得遮當，如違，申覆制國用使司究問施行。

一、諸路洞冶都揔管府合設官吏合幹人等，依轉運司例，於不以是何投下户計内踏逐勾當，並所管隨處洞冶勾當官吏、諸色工役人等，所在官司不得一面勾攝。如有相關公事，仰行移洞冶都揔管府一同皈問。如本府官不在約會管爐冶官，一同取問歸斷。及諸路係官並自備二本洞冶，俱係恢辦官課去處，仰經過宣使軍馬人等並不得搔擾，如違治罪。

一、若有該載不盡合行事理，仰諸路洞冶都揔管府申覆制國用使司照詳施行。

根訪銅鑛：至元二十年六月，福建行省准中書省咨，契勘銅鐵係國家必用之物，除鐵貨已有煽煉處所外，據出銅坑冶未曾經理，擬合根訪出産銅鑛去處，召人興煉，禁約諸人毋得沮壞。於六月初四日奏。奉聖旨：「那般者。欽此。」

鐵貨從長講究：大德元年十一月，中書省近爲各路係官鐵冶累年煽到鐵貨積垜數多，百姓工本煽爐雖是二八抽分納官，中間多不盡實，爲此於元貞二年九月初八日奏准革罷，百姓自備工本爐冶，官爲興煽發賣。除已差官將各處爐冶，見在鐵貨及官鐵從實計點，若有短少，追陪。仍講究如何興煽，備細保結呈省。准此。

鐵課依塩法例：大德七年十一月十一日，中書省御史臺呈河東山西道廉訪司申奏，准塩運司里官吏人等休買塩引者，有臺官人每説如今塩多是官豪勢要之家買有，又官人每根底與錢侍賴，著官人每的氣力做著他每的名字買塩的上頭貴了的緣故，因那般有今後都省官户部官行省官休買要者。運司官他每自來有禁例除外，其餘衙門里官員不禁。欽此。按治河東等處鐵冶都提舉司係辦課四品衙門所據鐵法未審爲塩課一體禁約，緣係爲例事理得此送户部議得，各處鐵冶發賣鐵課合依塩法一體禁治，相應得此除外，咨請依上施行。

劉惟謙《大明律》卷五《户律二・盜賣田宅》 若强占官民山場、湖泊、茶園、蘆蕩及金銀銅場鐵冶者，杖一百，流三千里。

或擅占或官或民之山場以採木，湖泊以捕魚，園林以採茶，蘆場以刈蘆，金銀銅場鐵冶者，不計畝數，並杖一百，流三千里。

黄光昇《昭代典則》卷七《太祖高皇帝》 凡公侯之家，不得强占官民山場、河泊、茶園、蘆場，及金、銀、銅、錫、鐵冶。

楊士奇《東里別集》卷一《即位詔》 一、各處閘辦金銀課，除已煎銷見收在官外，自今并前停止，敢有不遵法度，私自煎銷者，罪之，所差去閘辦人員限十日以内，即便赴京，不許托故稽留，但係舊額歲辦課銀，并差發金銀，不在此例。

佚名《明宣宗章皇帝實録》卷四二 （宣德三年，閏四月，戊戌）禁採番禺縣鉛沙。先是廣東都司奏縣民有私取鉛沙者，門卒獲之，究其所出，在番禺縣西。取沙烹煉可得白金、鉛、錫，當罪私取者，并請官開冶。上曰：「山澤之利，民取之弗問，冶不可遽開。」命巡按御史勘視其實以聞。至是，御史何善奏，同三司官發工匠民丁等深入巖洞取沙礦，每百斤煉銀止四分錢，鉛二十斤，計所得不償所費。上謂尚書夏原吉曰：「朕料鉛沙之烹，所得無幾，若果有銀利，置冶烹煉，豈待今日？彼小民或竊取以求毫末之利，無足怪，朕以宥之不問。其令有司悉填坑洞，國家之利不藉此，民亦免逐末之幣。」

余繼登《典故紀聞》卷九 宣宗聞廣東都司言，番禺民有私取礦砂，煮之可得白金、鉛、錫，請官開冶。命巡按御史同三司官開驗，每砂百斤煉銀四錢、鉛二十斤，因謂尚書夏原吉曰：「朕料鉛砂之烹，所得無幾，若果有銀利，置冶烹煉，豈待今日？彼小民或竊取以求毫末之利，無足怪，朕已宥之不問。其令有司，悉填坑洞，國家之利不藉此，民亦免逐末之弊。」

《明英宗睿皇帝實録廢帝附》卷一 〔宣德十年，乙卯，春正月〕壬午，上即皇帝位，頒詔大赦天下，詔曰：「【略】一、各處買辦諸色紵絲紗羅緞疋及一應物件，并續造叚疋、抄造紙劄、鑄造銅錢、燒造饒器、煽煉銅鐵、采辦梨木板及各處燒造器皿，買辦物件等料，悉皆停罷。其差去内外官員人等，即便回京，違者罪之。一、各處閘辦金銀硃砂銅鐵等課，悉皆停罷，將坑冶封閉。其已辦完，見收在官者，金銀硃砂就令差去人管領來京，銅鐵於所在官司寄庫。差去閘辦内外官員人等，即便赴京，不許託故稽留，若係洪武年間舊額歲辦課銀，并差發者，不在此例。」

《明詔令》卷一八《武宗毅皇帝即位詔》 〔弘治十八年五月十八日〕一、弘治十六年十二月以前，一應造作及年例坐派、買辦、採辦金、銀、銅、錫等箔，榆楊楹椵鐸木楠棗等木，猫筀長節苦水等竹，顔料生漆油麻、銅、鐵、銅絲、鐵絲、翠毛、牛觔、羊角，燒造土欒榜紙散竹筏、黄藤、白圓藤、松香、胭脂、銅青、石花菜、黑鉛、水膠、絨線、肥皂、通草、果品、樟腦、黛石、缸鏀、土硝、薥稭、蘆葦、明礬、紙觔、棕毛、綿紗、牛黄、馬尾、麥穗、稻皮、磁末、白絹、無名異槐花、黄白蠟、蜊殼、課鐵、魚油、翎鰾、藍靛、烏梅、梔子、紅花、茜草、荆條、箬葉、白硝、麂皮、驢皮、前截水牛底皮、黄真牛皮、水和炭煤炸、毛纓、雲母石、野味、高頭紙黄穰瀛沙缸油等，土油、椿磨、板馬、連根、草針條、青花綿布、石黄、青甘、土雜草雜、木鎗桿、綿花等項民間拖欠未徵者，悉皆蠲免，已徵在官者，仍起解赴部，敢有將已徵擔作未徵者，治以重罪。

何士晉《工部廠庫須知》卷七《寶源局條議》 一、鎔化銅斤，惟驗銅爲鼓鑄要領，在爐役利於耗多，在商人利於耗少，稍有低昂，難令心服。舊規：東西二爐通融定耗，似已得平，但二爐所化不過二包，每包不過百斤，而奸商射利，銅難一律，以數十萬之銅而定耗於二百斤之内，偶值其高，則加耗少而爐役虧，偶值其低，則折耗多而商人虧。今後鎔銅，相應添設二爐，臨時抽銅八包，每包取銅五十斤，共四百斤，秤兑下爐，則是合八包而鎔其半，通四爐而酌其中，折耗多寡，庶幾得平，而商爐各輸服矣。

一、酌用水錫。凡鑄錢萬文，用四火黄銅九十斤，必加水錫五斤十一兩二錢，從來久矣。近來商銅日低，錫似宜裁，但銅性燥烈，非用錫引，則稜角不整，字畫不明。倘有四火黄銅，則水錫廼必需之物。前任王員外呈議，以錫易銅，歸重錢内，蓋欲錢體厚重，期於久遠。惟是錢自有定式。如果合式，則錢自不輕。與其以錫换銅，而以四斤五兩四錢八分之數，加重於一萬文之中，不若計銅增錢，而以四斤五兩四錢八分之數加多於一萬文之外。蓋水錫五斤十一兩二錢，價銀四錢五分六釐，照價買浄銅四斤五兩四錢八分，可鑄錢四百八十三文，如鑄錢十萬，即多四千八百三十文錢矣。積而累之，其數無窮，如此，則公家有水錫之費，而亦有水錫之利。爐役無乾没之□，而亦無冒領之名。若後果有四火黄銅，相應仍用水錫，庶不失立法初意。至於嚴禁低銅，成色不足者，依法重處，尤正本清源第一議也。

申時行《大明會典》卷九《吏部八》 金銀場分若干，坐落何山川，所在若干，各開所屬境内或有出産金銀場分，須知總計若干分豁，坐落某處，金場額辦數目若干，某處銀場額辦數目若干，須要稽考實辦數目，以革侵欺隱匿之弊。窑冶各開是何伎器，及甎瓦名色，所屬境内，若有窑冶去處，須要各另開報某窑出産或銅鐵錫歲辦若干。燒窑去處所燒是何器物，或甎或瓦椀楪什物等項名色，逐一開報。

孔貞運《皇明詔制》卷三 一、各處買辦諸色紵絲紗羅段疋，及一應物件，并織造段疋，抄造紙劄，鑄造銅錢，燒造窑器，煽煉銅鐵，采辦梨木板，及各處燒造器皿，買辦物料顔料等件，悉皆停罷，其差去内外官員人等，即便回京，違者罪之。

一、各處閘辦金、銀、硃砂、銅、鐵等課，悉皆停罷，將坑冶封閉；其已辦完，見收在官者金、銀、硃砂，就令差去人員管領來京，銅、鐵於所在官司寄庫；差去閘辦内外官員人等，即便回京，不許托故稽留。

又卷六 一、自弘治十六年十二月以前，一應造作及年例坐派，買辦采辦金、銀、銅、錫等箔，榆、槐、□、椵、鐸木、楠、棗等，【略】民間拖欠未徵者，悉皆蠲免；已徵在官者，仍起解赴部。敢有將已徵捏作未徵者，治以重罪。

顧炎武《日知録之餘》卷二《禁燒金》 宋開寶四年詔：「西漢法，作僞黄金棄市，所以防民之奸獘也。如聞京城之内競習其業，轉相誑耀，此而不止，爲盜之萌。自今犯者，並寘極典。」

又《禁銷金銀箔》　魏齊王正始元年詔曰：「《易》稱損上益下，節以制度，不傷財，不害民。方今百姓不足，而御府多作金銀雜物，將奚以爲？今出黄金、銀物百五十種，千八百餘斤，銷冶以供軍用。」

《齊書》：大明泰始以來，相承奢侈。太祖輔政，上表禁民間不得以金銀爲箔。海陵王延興元年八月乙卯，申明織成金之禁。

《陳書》：後主太建十四年四月庚子詔曰：「朕臨御區宇，撫育黔黎，方欲康濟澆薄，蠲省繁費，奢僭乖衆，實宜防斷。應鏤金銀薄，及物庶化生土、木、人、綵花之屬，及布帛幅尺短狹輕疎者，并傷財廢業，尤成蠹患，並皆禁絶。」

《唐六典》有十四種金：曰銷金、曰拍金、曰鍍金、曰織金、曰砑金、曰披金、曰泥金、曰鏤金、曰撚金、曰戧金、曰圈金、曰貼金、曰嵌金、曰裹金。

《宋史・食貨志》：天聖中，登萊採金，歲益數千兩，仁宗命獎勸官吏。宰相王曾曰：『採金多則背本趨末者衆，不宜誘之。』景祐中，登萊饑，詔弛金禁，聽民採取，俟歲豐復故。然是時海内承平已久，民間習俗日漸侈靡，糜金以飾服器者不可勝數，重禁莫能止焉。《輿服志》：大中祥符元年，三司言：「竊惟山澤之寶，所得互難，倘縱消釋，實爲虚費。今約天下所用，歲不下十萬兩，俾上棄於下民。自今金銀箔線、貼金、銷金、泥金、蹙金線、裝貼、什器、土木、玩用之物並請禁斷，非命婦不得以爲首飾冶，上所用器悉送官。諸州寺觀有以金箔飾尊像者，據申三司，聽自齎金銀工價，就文思院换給。從之。」二年詔：「申禁鎔金以飾器服。」又太常博士、知温州李邈言：「兩浙僧求丐金銀珠玉，錯末和泥以爲塔像，有高褒丈者。毁碎珠玉，寖以成俗，望嚴行禁絶，違者重論。」從之。七年，禁民間服銷金及跋遮那纈。八年詔：「内庭自中宫以下，並不得銷金、貼金、間金、戲金、圈金、解金、剔金、陷金、明金、泥金、楞金、背影金、盤金、織金、金線撚絲裝著衣服，並不得以金爲飾。其外廷臣庶家悉皆斷禁。臣民舊有者，限以一月許回易。爲真像前供養物，應寺觀裝功德用金箔，須具殿位真像顯合增修刱造數，經官司陳狀勘會，指實開奏，方給公憑，詣三司收買。其明金銀、假果、花枝、樂身之類，應金爲裝彩物，降詔前已有者，更不毁壞，自餘悉禁。違者犯人及工匠皆坐。」《仁宗本紀》：康定元年，禁以金箔飾佛像。合而觀之，古來用金之費可知矣。

《西湖志餘》：金箔、銷金之尤者，上供之外，非嚴禁不可。乃今民間首飾、衣袴、器用、文軸、榱題多用塗畫，歲糜不貲。大中祥符間，杭州周承裕私鍊金爲箔，鄭仁澤市千，秋轉鬻他州。事敗，全家徙配。轉運使陳堯佐言：仁澤情同罰異，不可懲奸羡。乃定轉賣者、減造者一等，著爲令。此法似可援引而奏行於今日者也。

《山堂考索》：「淳熙八年，上曰：朕以宰耕牛、禁銅器及金翠等事刻之記事版，每京尹初上，輒示之。

《元史・葉李傳》：賈似道怒李，嗾其黨臨安尹劉良貴誣李僭用金飾齋匾，鍛鍊成獄，竄漳州。

張廷玉等《明史》卷八一《食貨志五・馬市》　大同馬市始正統三年，巡撫盧睿請令軍民平價市駝馬，達官指揮李原等通譯語，禁市兵器、銅鐵。帝從之。十四年，都御史沈固請支山西行都司庫銀市馬。時也先貢馬互市，中官王振裁其馬價，也先大舉入寇，遂致土木之變。

又卷八二《食貨志六》　仁宗時，山場、園林、湖池、坑冶、果樹、蜂蜜官設守禁者，悉予民。宣宗罷閘辦金銀，其他紙靛、紵絲、紗羅、氁緞、香貨、銀砵、金箔、紅花、茜草、麂皮、香蠟、藥物、果品、海味、砵紅戧金龍鳳器物，多所罷減。

徐乾學《資治通鑒後編》卷一六〇《元紀八・成宗》　〔大德二年二月〕乙酉，帝如上都，罷建康金銀銅冶轉運司，還淘金户於元籍，歲辦金悉責有司。

《元史》卷一〇四《刑法志三》　應配役人，隨有金銀銅鐵洞冶、屯田、隄岸、橋道一切等處就作，令人監視，日計工程，滿日放還，充（景）警跡人。

嵇璜等《續通典》卷一一《食貨一一・錢幣上》　〔唐寶應元年〕時諸道鹽鐵轉運使劉晏以江嶺粗賤之貨積之江淮，易銅鉛薪炭廣鑄錢，歲得十餘萬緡輸京師及荆揚二州。代宗大曆四年，關内道鑄錢等使户部侍郎第五琦請於絳州、汾陽銅原兩監增置五鑪鑄錢。許之。七年，禁天下新鑄造銅器，唯鏡得鑄。其器舊者不得貨鬻。德宗建中元年，户部侍郎韓洄上言：江淮錢監歲共鑄錢四萬五千貫，輸於京師，度工用轉送之費每貫計錢二千，是本倍利也。今商州有紅崖冶，出銅益多。又有洛源監久廢不理，請增工鑿山以取銅，興洛源錢監置十鑪鑄之，歲計出錢七萬二千貫，度工用轉送之費貫計錢九百，則利浮本也。其江淮七監請皆停罷。又，天下銅鐵之冶是曰山澤之利，當歸於王者，非諸侯方岳所宜有。今諸道節度、都團練使皆占之，非宜也，請總隸鹽鐵使。皆從之。

憲宗元和元年，以錢少，禁用銅器。二年，禁鉛錫錢。三年，鹽鐵使李巽以郴州平陽銅坑二百八十餘井，以兩鑪日鑄錢二十貫，一年鑄成七千貫，有益於人。從之。

【略】晉高祖天福三年詔曰：國家所資，泉貨爲重，令三京、鄴都諸道州府曉示，無問公私，應有銅者，並許鑄錢，仍以天福元寶爲文，左環讀之。委鹽鐵使鑄樣頒下諸道，令每一錢重二銖四，參十錢重一兩。仍禁以鉛鐵鑄造，雜亂銅錢。凡久廢銅冶處，許百姓取便開鍊，官中不取課利。除鑄錢外，不得接便別鑄銅器。尋以逐處銅闕，難依先定銖兩，令天下有銅欲鑄錢者取便，酌量輕重鑄造，不得八錫并鐵及缺漏，不堪久遠用使。四年敕：今後祇官鑄錢，私下禁復。建泉鑪於欒州，爲石豹冶。

〔宋皇祐中〕時興元府西縣置濟遠監。尋廢。而韶州天興銅大發，歲採二十五萬斤。詔即州置永通監。至和二年，韶州岑水場銅發，詔漕司益鑄錢。英宗治平四年置惠州阜民監。三年，陝西興置鑄錢監，市岑水場銅鉛。

〔建炎〕三年命江池饒錢監以二萬五千緡爲一綱。紹興初併廣寧監於虔州，併永豐監於饒州，歲鑄纔及八萬緡，銅鐵鉛錫之入不及於舊，而官吏稍廪工作之費仍各如故。

又卷一三《食貨一一·錢幣一三》 〔武宗至大〕三年，尚書省言：以銀鈔爲母，至元鈔爲子，宜與銅錢通行。大都立資國院，山東、河東、遼陽、江淮、湖廣、四川立泉貨監六，産銅之地設提舉司十九，鑄錢曰至大通寶。【略】四年【時仁宗已即位】罷至大錢鈔。詔曰：【略】其罷資國院及各處泉貨監、提舉司，買賣銅器聽民自便。

莊烈帝崇楨三年，御史饒京言：鑄錢開局本通行天下，今苦於無息，旋開旋罷，各局所鑄之息不盡歸朝廷，復苦無鑄本，蓋以買銅而非采銅也。乞遵洪武初及永樂九年、嘉靖六年例，遣官各省鑄錢，采銅於産銅之地，倣銀礦法，十取其三，銅山之利朝廷擅之，小民所采，仍予以直。從之。

吳暻《左司筆記》卷六《錢法》 又按：錢法之利於奸民者有二，曰鼓鑄，曰開採。病於良民者有一，曰銷錢。國家創制之始，必立爲輕重之法以權衡天下，而京師鑄錢少，不能於一二歲間遍及海内，於是令直省各開局鼓鑄，逮錢貨通行，而尋即罷去，此國家之良法也。至於五金之冶皆産於山，而寶藏之所出，天地之氣脉繫焉。故《周官·丱人》：掌金玉錫冶之地，而爲之厲禁以守之。若以時取之，則物其地圖而校之，巡其禁令。先王所以防民之姦者至矣。漢孝景後三年詔曰：「農，天下之本也。黄金珠玉，饑不可食，寒不可衣，以爲幣用，不識其終始。間歲用不登，意爲末者衆農民寡也。其令郡國若取庸採黄金珠玉者，坐贓爲盜，二千石聽者，與同罪。」此亦周官之遺意也。是故歷代銅官之迹，或採之官，或採之民，亦不過一時權宜之術，佐國用之所不足，而非百年長久之計。唯漢之銅山一棄於强藩，再棄於佞幸，而深林窮澤遂以生後世奸民之心，是吴、鄧實階之厲耳。唐金、銀、鐵、錫之冶一百八十有六，宋金、銀、銅、鐵、鉛、錫之冶二百七十有一，《文獻通考》云：「唐宣宗時，增銀冶二，歲採銀二萬五千兩。宋元豐中，歲採一萬七百一十兩，銀二十一萬五千三百八十五兩。」而或暴發輒竭，或采取歲久，所得不償其費，歲課不足，有司必責主者取盈。是唐宋之坑冶利歸於上，而史臣猶以爲譏。明太祖時，府軍前衛老校丁成言，河南陝州地銀鑛錮閉已久，採之可資國用。太祖曰：「凡言利之人皆戕民之賊也。」聞元時江西豐城民告官採金，其初歲額猶足取辦，經久民力消耗，一州之人卒受其害。蓋物産有時而窮，歲額則終不可減，有司貪爲已功而不以言，朝廷縱有恤民之心而不能知，此可以爲戒，豈宜效之？是亦懲乎前代之失，而深惡痛絶之者也。然天下游手之衆不務農桑，思欲取天地自然之藏以肥身飽家，而遂執鼓鑄開採之説争言大利，以蠱惑朝聽者無代不有。

慶桂《清高宗純皇帝實録》卷四三七 〔乾隆十八年，癸酉，四月〕庚戌，户部議覆：「署湖南巡撫范時綬等疏稱，酌議郴、桂二州噴廠章程：一、廠務飭該管知州監督，道員總理一切，抽課起運、報銷，委佐貳等官經理，以一年期滿更替。一、礦廠設有委員，應添建廠房，於抽收砂課項下動支，報部覈銷。一、各廠砂課並實貯之銅鉛錫，由該委員監收支放，一年期滿，聽該管道員盤查册報。一、各礦派員專管，仍令該管道員給連三印票，一客販收執，一存廠備案，一解司稽覈。其砂課並銅鉛錫登放各簿，亦鈐道印。一、銅鉛錫砂色責令委員嚴督，商人於估砂時據實分别高下，照例抽課造報。一、焦源河口添設卡一、卡員一。所有卡房并官役薪費，統於增建廠房案内造報覈銷。應如所請。」從之。

松筠《新疆識略》卷九《銅鉛廠口糧附》 乾隆三十七年，將軍舒赫德奏准，於哈什地方開墾地畝，每年所收糧石備給兩廠採挖銅鉛及種地各遣犯口糧，派廠員經管。嘉慶九年，將軍松筠奏言，伊犁採鍊銅鉛廠夫口糧，總須哈什河南屯田收獲小麥二千石，方足一年之需。該屯向係派撥遣犯數十名前往耕種，不但不習耕作，所收麥石不敷，且因毗連厄魯特游牧，每多偷盜，於屯種有名無實，莫若改撥回子耕種，每年交納小麥二千石以供銅鉛廠夫口食等因。欽奉上諭：

「松筠奏伊犁採鍊銅鉛廠夫口食，總須哈什河南屯田收穫小麥二千石，方足一年之需。該屯向係派撥遣犯數十名前往耕種，不但不習耕作，致所收糧石不敷，且因毗連厄魯特游牧，每多偷盜，於屯種有名無實，莫若撥給回子六千户，俾應納官糧，盈餘即可養贍家口等語。著照所請，將哈什河南遣屯地畝改撥伊犁種地之六千回户耕種，仍將本年回子借種厄魯特之地一併撥給。其春稽地方有田二千餘畝，亦准回子耕種，每年交納小麥二千石，以供銅鉛廠夫口食。所有撥往種地之遣犯數十名，即著撤回歸廠當差。」欽此。

嵇璜《清朝文獻通考》卷一七《錢幣考》〔乾隆十六年〕又定解局盈餘銅鉛聽運官報税自行售賣。奉上諭：户部所議銅鉛交局盈餘之處，奏稱滇省運銅每百觔給有餘銅三斤，以供折耗之用，額銅交足外，餘剩令其儘數交局。餘鉛亦照此例。看來從前成例似是而非，解局銅鉛既有定額，不足者責令賠補，則盈餘者即當聽其售賣。蓋盈餘已在正額之外，即不得謂之官物，如應儘解儘收，則從前竟可不必定以額數矣。正額已完，又誰肯儘交餘數？聽其自售以濟京師民用，未嘗不可。但以官解之餘而私售漏税則不可行，而且啟弊，惟令據實納税足矣。尋户部議定，凡交局所餘銅鉛及點錫，令運員據實報明，移咨崇文門照數納税，户部即將餘剩數目行知經過各關，核算税銀，轉行各督撫，俟委員差竣回省之時，於應領養廉項内扣留解部。如有以多報少，隱匿等弊，一經察出，即照漏税例治罪。

又定鉛錫自張家灣運局限期。户部議定：照運銅之例，亦以兩月全行交局。

又卷一七《錢幣五》〔乾隆十五年〕又更定沉失銅鉛處分之例。户部議定：額運内沉失銅鉛，原議一年撈獲，有正協二員者，留協運官在沉失之處，無協運者，留親屬家人，並令境内文武官會同辦理。限内無獲及獲不及數，如不在險隘之地，即將運員題參賠補。倘實係瞿塘三峽、長江大湖及黄河諸險，准地方官出結報該管督撫移咨原辦銅鉛本省督撫，會疏保題，將沉失銅鉛照數辦解，免運官參處分賠。其地方官不慎選船户以致沉失者，照例罰俸。如實係風水驟發，非人力所能防護者，該管官申報，將雇船之官免議。

賈楨《清文宗顯皇帝實録》卷一五六〔咸豐五年，乙卯，春正月，丙子〕又諭：「賡福奏蹓獲銅鉛各礦，設局鼓鑄，以濟經費，並進呈樣錢一摺。烏嚕木齊地方向未開爐鼓鑄，現經賡福督飭鎮迪道和祥等，於羅布淖爾三箇山等處地方蹓獲銅、鉛兩礦，並以鼓鑄工本無款可籌，擬請照熱河章程，暫開捐例各等情。所籌尚屬周妥。著賡福即督同該道州委員等照議實心經理，所有捐貲各生，准其隨時請獎。經理局務各員，如果始終奮□勉，併准其酌量保奏。一切詳細章程仍著妥議具奏，其局名著定爲寶廸，錢面清文即用寶廸字樣。將此諭令知之。」

寶鋆《清穆宗毅皇帝實録》卷八二〔同治二年，癸亥，十月，丁亥〕又諭：「福陞奏滇餉無從商辦，請派大員統率，並豫籌軍餉，請整頓銅廠鹽井各摺片。據稱雲南軍務緊急，勞崇光現駐黔省，往返咨商，動輒數月。賈洪詔尚無入川確信，曾商之駱秉章籌餉赴昭，乃因川省需用浩繁，坐候兩月，無款可籌，瀘局捐項全被張亮基提撥，請揀派親信大員赴滇督辦，在各省酌量籌撥軍餉，運赴昭通接濟。又查滇省向有銅鉛各廠，暨白黑琅等處鹽井，如官爲辦理，每歲可得銀數萬兩。銅鉛各廠知能認真攻採，可期豐旺，用以配搭鑄錢，亦可得數萬兩。但非先籌餉數十萬，不足以爲進攻戰守及採辦銅鉛各廠之資。若銅鑛果旺，可由昭通運川，仍在瀘局鼓鑄，變易銀兩。至於鹽務，遴派熟悉井地之員，認真整頓，再委武弁常川防守，以免再擾，從此可專力進征、剿撫兼用各等語。所籌不爲無見，著駱秉章、勞崇光按照該提督所奏，酌度興辦，以裕餉源。至採辦銅鉛各廠，需費甚多，能否由川省先行提撥若干，此後滇省以銅鉛運川，在瀘局鼓鑄，即可陸續歸償於川省，亦無所損。其鹽井應如何派員整頓之處，並著駱秉章妥籌辦理。賈洪詔疊經諭令，赴川與駱秉章會商滇省軍務，何以此時尚無到川消息，現在行抵何處，著即趲程前進。抵川後將福陞所陳各節，與駱秉章籌議辦法，仍遵前旨，迅駐昭通，不准任意耽延，致負委任。福陞以滇事爲己任，力籌辦法，甚屬可嘉，著即設法先赴昭通，妥籌剿辦。將此由六百里各諭令知之。」

馮桂芬《同治蘇州府志》卷一九《田賦八·錢法》國朝康熙七年，《江南通誌》作六年。詔復各省鼓鑄鑪座，添設蘇州鞏昌等處鑄局，照式鑄字。《乾隆志》。

沈家本《大清現行新律例·核訂現行刑律名例下·五徒三流二遣地方》原修併例文。

一發遣新疆効力廢員，由該省巡撫酌量差使，或派令管理鉛鐵等廠，十年期滿，原犯係流置等罪加重改發者，該撫即奏請釋回，如原犯已至外遣，由本罪發往者，再行留戍五年，限滿，仍具奏請旨。

謹按：新疆鉛鐵廠久廢，例内或派令管理鉛鐵等廠句，應節删，謹將修改例文，開列於後。

修改。

一發遣新疆効力廢員，由該省巡撫酌量差使，十年期滿，原犯係流置等罪加重改發者，該撫即請奏釋回，如原犯已至外遣，由本罪發往者，再行留戍五年，限滿仍具奏請旨。

沈家本《大清現行新律例・核訂現行刑律名例下・五徒三流二遣地方》卷六《田宅》 若强占官民山場、湖泊、茶園、蘆蕩及金銀銅錫鐵冶者，不計畝數流三千里。

陳澹然《權制》卷五《軍餉述・鑛幣鑛務、礦學、錢法、銀錢、玉幣、銀行》 天下之利在因其自然，不必强爲閼塞，而弊之所積，則在推行盡利於其間。國家之大，山澤之鑛無窮，因前明鑛害而禁之，自然之利遂絶。今畿輔滇南雖開鑛政，其事皆攝於官，則名多實寡。前明鑛害在中使，鑛丁聚散視鑛苗消長以爲差，鑛丁皆可爲兵，何憂爲亂。傅鼐嘗用鑛丁爲戰，雲南鑛廠亦助官軍。方今流民轉徙，游勇縱横，非假此以濟其窮，不足以消隱患。宜令直省邊疆鑛地，悉爲開採，按場徵税，則利民利國，且可以杜外夷覬覦之萌，此利之不可勝用者。而其始必以礦學爲之基，則利害明而事易舉，錢法之弊，在重錢，在禁鑄，在番蚨重錢專用，京師則源流皆塞，禁鑄則民銅多廢，奸宄益多，番蚨則利入外洋，而内錢日寡。宜令内外錢法劃示成規，民鑄精者不禁。錢法。摹番蚨輕重鑄銀錢而廣其源，則在增玉幣。

【略】鑛者，天地自然之利，迄無盡藏。金銀銅鐵錫煤硝磺皆可利民利國，閉之則國與民皆困，而外洋之覬覦尤深，且巨利所存，絶未有真能閉者。如甘肅甘州八寶山金鑛、湖南辰州大油山金鑛，提督派兵駐守。伊犂塔爾巴哈臺金鑛，將車派兵駐守。兵民皆暗爲採取，以濟其私，何如以中飽之資足國用，以甦民困。且近時安徽池州煤礦，上官嚴禁，幾釀禍階，禁錮既弛，商民始相樂業，而釐税頓增，此則近事之明驗者。攷鑛政，唐置爐冶五十八，宋置金冶十一，開採六州。銀冶八十四，開採二十三州。後以官採利微，聽民自採，收十二之税於官。金時許民開採而税其十一。惟明宣宗以後，礦屬中官，而天下始病，因噎廢食，豈得謂知大計者哉？康熙間，廷議禁開礦，上曰：天地自然之利，當與民共，不當以無用棄之，要在處置得宜，毋致生事耳。乾隆間，提督張天駿奏開礦，恐聚衆生事，令粤督鄂爾泰議之。奏稱招募居民，聚則爲工，散則耕作，不至別生他患。上諭張天駿議處焉。粤督馬爾泰奏，英德縣銀鑛逼近銅山，請閉。上諭銀亦天地自然之利，可便於民，何必禁。故劉秉恬奏開金川。

【略】特詔允行。嘉慶間，伍彌泰奏塔爾巴哈臺金鑛查辦私開。上諭斥駁，皆未有不准開鑛明文。雖雍正間有慎重開採之諭，其時直隸水利方興，庫貯六千餘萬，直省倉儲三千四百萬石，非若當今邊防日警，庫款日虧，游勇災民無從安置，時艱孔亟，而猶拘守前明弊政而禁止焉。將來各國環起而争，何能禦，此尤勢之不可緩者。攷滇鑛皆有場主，以七長佐理其間，曰客長，司賓客聽斷，曰課長，司出納貨財，曰厨長，司工匠飲食。是三者，場以内皆聽治焉。有爐長、鑲長、銅長、炭長分司採煉之宜。有胥役捕偷漏以防奸宄，令嚴制肅，萬夫無譁，故雍正間，騰越邊外桂家銀廠抗拒緬夷，永昌邊外茂隆銀廠爲猓夷所憚。威遠廳同知傅鼐則嘗結銀廠以禦猓夷，故礦務之衰微特國用日虧，亦邊徼干城之患也。自周官法廢，礦政設於官，則得難償失，設於民則大小咸宜。宜令巨商專集公司召游勇災民，以土法開採，毋煩機器，貴池縣以機器開鑛，折耗尤多，卒以土法獲利，此親見者。以蹈覆車。至於應撤之營，則令營官以恩餉聚其勇爲之，就礦爲營，更番工練，以哨弁經商，而均其利於上下，名曰礦軍，則朝廷無養兵之勞，而收山澤無窮之利。此一舉而數善者。

江淮以南礦務既開，急宜就場鼓鑄，免致解京，擾民耗費，銅船所過，無異寇賊。以招寇盜。近北通州。事，山陝河南之礦，專解京師以防内渴，此經權之宜辨者。

吴其濬《滇南礦廠圖略》卷一《規第十一》 官之所奉者，例也；民之所信者，規也。例所不載，規則至悉，相沿之習，實可久之經矣。定於初開時易，改於既旺後難。無礙田園廬墓，跴有引苗者，皆准開採，例如是而已。不立規模，而從事狐裘蒙茸，其誰適從？故記規。

曰報呈。凡擇有可開之地，具報官房，委硐長勘明，距某硐若干丈，並不干礙，給與木牌，方准擇日破土。

曰石俗讀作擔。分。數人夥辦一硐，股分亦有大小，廠所首需油米，故計石而折銀焉。退出添入，或相承頂，令其明立合同後即無争。

曰討尖。就人之硐分開窩路，即客尖也。本硐願放，亦令明立放約、討約，各頭人居間得鑛之後，抽收硐分或二八、或一九，客尖亦有獨辦、夥辦之不同。

曰洪賬。有赢利之謂也。賣獲鑛價，除去工本，又抽公費。一曰神，廟工及香資也，一曰公，以備差費也，一曰山，山主之租也，一曰水，或分用農田溝水也。

若係官山，無此二項，或併入公件，餘則就原夥石分而分之。

曰廢涮。伙房無人，竈不起火，准其報明官房委勘屬實，給與木牌插立硐口，俟二三個月後，無人來認，方准別人接辦。其或出措工木，及有事故者報明，亦准展限一二個月。廢尖如之。

曰支刎。凡硐管事管鑲頭，鑲頭管領班，領班管衆丁，遞相約束，人雖衆不亂。算找雇價曰刎，預支雇價曰支，皆以三節端午爲小，中秋、年終爲大。走廠之人率以此時來廠，大旺則聞風隨時而集，平廠一經過期，便難招募也。

曰火票。凡鑪起火必請印票，潑鑪時遣役看守，銅則登記圓數，熟課銀廠則押交原山銀餅，以便上平鑿課。

曰察巟。生課銀廠定限時刻出鑛，不准參差，並不准不賣。如此鑛鑪户還價一兩不賣者，逾時即令硐户加價一二錢上課。

曰打頂子。凡而硐對面攻通，中設圓木或石尖頭折回，各走各路。或此硐之尖前行，而彼硐攻通在後，則闢後通之尖，以讓先行之尖。或此硐直行而彼硐横通，則設木爲記，准其借路行走，抑或出篷上底下分路交行。有鑛之硐遇此等事，最宜委勘公斷，既無争奪，即無滋鬧。即或兩硐共得一堂鑛，又尖並行，中留尺餘以爲界埂，俟鑛打完再取此鑛平分。

宋賡平《礦學心要新編》卷中《廠法揭要十則》 一、辦廠要務首在得人。廠中人類不齊，爲首者非和無以聯衆情，非信無以固衆志。而和與信，要在賞罰公明。故有功則賞不吝惜，所以勸也；有過則罰不姑容，所以懲也。以情聯一體，甘苦共嘗，使任事雖勞不怨，受苦不辭，庶幾詐虞胥泯，無事圖功。人數雖多，其心則一，而礦務秩然不紊，夫人和而地利自興。廠中要法，全憑以得人而爲妙也。

一、廠中頭目人等事關首領，務要訂妥，不得使衆工人結黨成羣，結黨則必挾上抬工；又不可使其相惡，相惡則必尋仇滋事。提調者於輕重緩急中調停安頓，使衆工人樂於赴工。又不可恃强凌弱，善爲駕馭，得宜有成功而無憒事也。

一、廠中作工人等俱要訓練。訓練者何？訓從生處起，練自知後得，知後能會意，方熟習規矩准繩。由散中選擇數人，精練一人，以傳十，十以傳百。暇時練手練足練心練膽，諸法先爲講明。蓋練手，則執器既穩，尋脈不致游移；練足則履險如夷，撻礦不慮傾跌；練心則專精任事，不畏難苟安；練膽則壯往圖功，不懼艱苦，精强猛進，日起有功。如此，則由生而熟，規矩自然。亦如軍營之法，千人一心，久而精妙。此訓練之法，不可不亟講之於平日，而遇方能指揮如意。

一、廠中頭目人等務以實心待人。蓋爲上者，事事不致欺下，爲下者，亦事事不敢瞞上，上下情通，聯成一片。尤且内不私親，外不避怨。有功之賞既重，有過之罰不輕，使衆工人等懷德畏威，利益均沾，則能持久。正所謂七寶王爺堂内，有開心見腸之像，即是此意也。

一、廠中用人不可以資格爲限。如果忠實老成，堪任重件者，資格雖淺，亦得重用，否則痞棍市儈，狡猾孟浪之流雖有資格，終不可用。況礦務、廠務，一廠有一廠之規目，自我而興，興得滅不得，是以廠中不敢任意亂興規矩。一山有一山之性情，自我而識，識得方能測繪步脈。一礦有一礦之製法，煅煉自有把握，輕重自有緩急，故廠中立法用人，不可不斟酌，慎重盡善。

一、廠中立法，可除外患爲要。凡開礦之處，不可使附近居民開設酒店煙館，及各項買賣。如有此等，則遠近商販、各處匪徒必假買賣爲名，源源而來，誘串廠丁，生事作弊，甚或□□壞事。能除此弊，則遠來者無地棲身，一切偷漏誘騙不禁自絶，工人等所存辛苦工貲無處花銷，均得實惠，上可養父母，下可畜妻孥。所有一切應用什物、飲食、布疋等件，本廠賬房着人代購，便人取買，按名登記，月終結算，一律簡要公平。

一、廠中定規，每月初一十五犒勞兩日，晚間撻沙。撻沙者，係在衆廠工每人項下挪移一絲，是晚十點鐘時祭施孤魂之用。除正期外，不拘工人自食酒肉，名曰腰勞。照市作價，在賬上扣除外，厨中平常不准用清油炒菜，衹准煮燉。厨房間時上鎖，不得擅入，犒勞正期，每人給肉八兩，酒四兩，此外自行穿吃，在所不禁，然不可過奢，以致耗費。但不准穿長衿，蓋長則不便做事，所以講究統歸一樣，又兼短長之不好者故也。

一、廠中立法要有棚期。棚期者，工人之工口也，照工口計算。而棚期有三要焉，曰漏，曰半，曰花，總以能耐勞苦爲是，並能鼓勵人以除懶惰。滿棚期以一月爲限，半棚期二十日，花棚期十日，能更過滿棚期者，即加增計算，外興紅興黑興彩。如工不能作十日者，即以花班論。如作一二日不能受苦者，衹有飯食，不給工貲。如有工人到廠認工，即交管事帶領進洞試工，能者始准到王爺堂參拜喫飯，如飯後又不能作者，依廠中條規，以十二點鐘時方准出洞，即行逐出廠外。此棚期既定，工人勤惰優劣亦定也。

一、廠中立法除頭目幾人外，餘則羣策羣力，各司各事，量材授職，不能由己。如不稱此職者，改授他事。事事均不能及，另有別故者，則憑衆送客，不得徇情容留，看引進人面子。如何人引進之人，必登簿注明年月，並躭承銀錢事物病故各件，如有虧挪不法重件，惟引進人是問是賠。夫親友之找事，人情也，頭目人之引進親友，亦人情也，原不可厚非。兼之衆長一並用人常事，所緊要關頭在審量，所引進之人能幹何事，及不致誤事，否免後來方人同事頭目輩，或因此水大，至來廠有大小口舌事，亦人衆秉公跟究，不能偏袒，有壞廠規，勿言之不預也。

一、廠中立法以時刻分寸爲工口。一日有一日之工口，一月有一月之工口，一年有一年之工口。每日晨早五點一刻，執堂管事聲頭梆，冒盒提盌振桌散箸，衆工齊集，或洗臉或出恭，後到堂聽點領籤，五點三刻聲二梆，工人等齊喫飯。如二梆不到，錯誤時刻，不准喫飯，並照班期工口折扣。六點一刻連聲三梆，催堂衆工等各執器具隨同白班大管事進洞换班。夜班工人，六點一刻十分，洞內之工人盡出，執籤到賬房换號登簿或烤火等事。六點二刻，執堂又聲出洞工人之頭梆。六點三刻，冒盒依舊提盌振桌散箸，衆工集齊，或洗臉等事。七點一刻，即聲二梆，該工人等均來神堂喫飯。七點三刻，即聲三梆，催食畢。八點一刻，夜班工人等均休息各廠房中。如有人不睡，高聲言語者，有犯廠規巡風，登時指明，以報廠正，晚間到王爺堂前聽罰。九點三刻，冒盒到賬房撻米看油。十點三刻造飯。十一點二刻，將飯揉成餅子，一人二箇。十二點鐘時，着白班管事送入洞中，以作午飯。如夜班工人要食，每人給餅一元。晝三點鐘造飯，四點三刻驗工口。一而十，十而百，接接連連，周而復始，衆工愈作愈精，礦苗日採日旺，願天下實心任事之人，依法行之，則利益無窮期矣。

又《礦務廠中條例六則》 一、用人宜審察也。廠地工役禁用匪人，勿使人多於事。當開廠之時，若招工人，則匪類皆來，反招賊入內。今要議妥善之法，每股户保用三五人，均宜問姓名、年貌、居址，以便給牌立户，造册查核，如來歷不明及無妥保者不准在廠逗遛，如違，立即查究，則廠工無匪徒，一體肅清矣。

一、廠規宜整飭也。既開廠之後，承認之户與用工人，或口角事故宜廠正理處。不得在廠吸食洋烟，争鬬踏博酗酒，燒會結盟偷盜等事。如違，查出某所爲，以十户是問，大則送官懲辦，則廠規整飭矣。

一、廠總宜慎也。當各處紳衿承認後，必須酌定名數，先開承認之户，工人三五名之年貌、姓名、居址，集成十户。一户至十户彙一小册，作爲一廠，第一户定爲廠首。從第一廠至五廠，再彙小册，作爲一圖，第一圖定爲廠長。再核其廠長名數，彙一總册，從某甲起至某甲止，擇其老成練達者，定爲廠總，隨時更换添改，按月呈報，不得稍懈，則廠户無混淆矣。

一、稽查宜認真也。當撻礦之時，每户多寡不一，必須廠總認真稽核，視每户之多少，按日註明入册，再將各户所撻之礦交廠正處收存，再由廠正發交各爐頭收存鎔鍊，均要三面明稱記賬入册，以便查考，不得混淆，以多報少，則礦無侵吞之弊矣。

一、需用各物宜於附近地方公買也。當籌備各物之際，廠户必須會同廠正、司事等在近地採買油米，一切以益本地居民，但彼此照市價公平交易，不得估勒高抬，如有不遵，查出立究，則用物不難矣。

一、省會宜設總局也。當試辦之初，各處紳商良民均各投到，必設局始有居住應待之所。公本宜交總局收存，始由總局發廠辦理，所集公本務期源源而來。廠上所得之礦鎔化成餅不能傾銷，必須解交總局成錠，方知實在情形睈色。總局擇其股實老成練達者充當司事、賬房、巡丁，口食均照章支發，月終稟報廠務。礦務一切公件均自本局辦理，以免錯亂，往返公牘不致貽誤，故總局宜設省垣也。

又《廠務夥規細目列後》 一、議櫃房重地不准閑雜人等擅行出入，最爲緊要之件，外及文案公事房一並禁止擅入，其各凛遵毋違。

一、議廠內人等如工匠告假外，管事務須搜檢有無夾帶礦砂等物，然後放行，以此物攜去無用，免遭踏也。

一、議工匠人等各名下家門親友來會，各自接待，其大鍋飯每餐百錢在各人工價内扣，以杜濫食之弊。

一、議工匠人等不准竊人物件，及廠左右鄰家小菜、雞牲、柴草等類，如蹈斯惡習，除折扣賠價外，立刻逐出。

一、議廠內人等務須和睦，不准戲玩口角撻架，不成事體，如起初不治，以後習以爲常，故初犯者立逐。

一、議工匠人等各有執事，各有專司，不准吸洋烟及偷吞烟丸等事，如自問去不脫烟，可自告辭免行逐出。

一、議廠內人等謹遵廠規，不准揑造謠言，挑惹是非，及棚齊告假等事，違者查出立革，永不收用，各守戒規。

一、廠内人等不准借故推諉，有怠公事，及亂食他人之飲食，及借人物件不還，如違者致成口角，加倍重罰。

一、議工匠人等工貲不得過支，亦不得過存，以免兩誤。

一、議廠内上下人等不准招摇撞騙，查出送官究治。亦不得狂歌號叫，羣聚撻玩，違者議罰。　本廠謹白

朱壽朋《東華續録（光緒朝）》光緒三〇《銅鐵課》　鐵冶自洪武中置，而律有私販銅鐵之條，其後正統中申禁，四川軍民偷採白銅者枷號一月，依律問罪。後又封閉雲南銅場，南州路更嚴私販之令，本人處死，家屬充軍。十七年令。免徵銅課。正德中廣東置鐵廠一所於省城外，就令塩課副提舉專掌鐵課，凡一切事宜聽巡鹽御史總理。其行鐵地方，但有走税夾帶漏報等弊，俱照塩法施行。

按：銅鐵之屬，利用之所，必資可以制器，可以鑄錢，采取固不容已，與金銀不同，但縱弛則生奸，而嚴苛亦易擾，惟當公其利於民而官爲之厲禁爾。

【略】右金銀銅鐵諸課之政令，皆户部掌之而抽分，各局則工部屯田司所掌，今並列於此，從其類也，凡四條。

劉錦藻《清朝續文獻通考》卷一九《錢幣考一》　五十八年諭：銅鉛沈溺，其打撈並無難易之殊，乃向來撈獲數目往往鉛多於銅，自因銅、鉛價值懸殊，水摸等隱匿銅觔，以圖盜賣牟利。節次所降諭旨甚明，此等事總有治人無治法，惟在該督撫飭所屬，遇有沈溺，實力嚴查，如有水摸隱匿銅斤，及鋪户私行售賣者，切實根究，隨案嚴懲。

【略】〔嘉慶〕十一年又諭：領運京鉛關繫緊要，總應隨時催趲，無誤京局鼓鑄。嗣後銅鉛運員到川，務令迅速開行，不得任令藉詞延誤。倘有實係患病者，如爲日無多，尚可俟其病愈催令起程。若察看病難速愈，應即另行派員接運以重局務。

又卷四三《征榷考一五·坑冶》　〔嘉慶〕十九年，諭：蔣攸銛等覆奏粤省查辦匪徒情形一摺，粤省地廣民稠，良莠不齊，全在地方官實力整飭，以期漸革澆風。摺内所稱六浮山及回肚面山二處，有商人黄大通等鐵廠、鍋廠三座，每處工丁一二百名，因恐人衆難於稽查，俱飭令封禁，令該商將各工丁妥爲遣散等語。所辦尚未妥協。上年陝省南山匪徒即因木商停工乏食而起。粤省山内鐵鍋等廠該商等久已利爲恒業，而工丁等亦藉以謀食，今驟加封禁，此數百名失業工丁，豈一二商人即能將其遣散，俾無失所。此等無籍游民，轉致流而爲匪。所有此數處廠座，無庸封禁，應官爲設立章程，或編造丁册，令該商等遞加保結，地方官再按季考察，使各貧民有餬口之地，又不至藏垢納污，方爲正辦。

又卷三七八《實業考一》　又咨：「南洋申明商律内洋商附股字義，准貴督咨，近年華洋合股在中國内地營業者，惟路礦兩事，其設廠製造之利，久爲洋商垂涎所未得，亦即爲保護華商生計之要。前年會議英約，英使馬凱即以此要求，經劉前大臣等堅拒始克於第八款第九節載明，洋商用機器製造，祇能在通商口岸。然約内載有明條，洋商尚句串華商，妄希内地設廠，或藉借資本意圖虧蝕管業者，今查公司商律五十七條所載，原按英約第四款購買股票辦法。惟該約第八款既載有洋商祇能在通商口岸用機器製造，則兩事同載一約，前後參觀内地華商所設公司，不應附設，其義自見。今商律僅論附股，深慮洋商朦串，各省一時不及領會，一經開端，即難堅拒，不可不杜其漸。可否由貴部申明商律五十七條意義，咨行各省備查，以免誤會。查公司律五十七條，一則曰：中國人設立公司凡洋商句串華商，妄圖内地設廠藉詞借款等弊，各該地方官應詳查呈報，不容稍涉含混。再則曰：外國人有附股者，此無論英約第四款意義相合，即歷稽各約款華商公司，無不准洋商附股之專條，則公司律不得不顧計及此，而著爲此條。三則曰：即作爲允許遵守中國商律及公司條例，是於不能禁止洋股之中，爲挽回主權之計，律意顯然，本部實深切致意。見在訂章定律莫不力求審慎。按奏定路礦章程，均載有華商合股，洋股不得過華股之數，又不准以土地抵借洋股。各條蓋深恐權因股重而倒持，地以借款而削弱，特明定界限，以範之。至英約第八款第九節，於機器製造一層，隱以口岸二字爲内地之對鏡。當時議約既難明著内地不得製造數字，則目前定律，豈能顯言内地公司不能附股？況此節下文專注在廠税，而公司律五十七條，專注在中國公司，以力保主權，則與英約所載不相干涉。即合觀詞意，亦兩無觸背。律取槩括體例所限，礙難如約文之可著邊際。嗣後如有洋商希圖内地設廠，自應據約章爲斷。若華公司附搭洋股，自應照定律爲衡。即在洋商，亦斷不能援律文所載，以爲准其在内地設廠之據。是在各督撫達權濟變，操縱有方，就約文律意而會其通，庶幾主權可保。希即查照辦理。」

〔光緒〕三十三年，奉懿旨：從來求治之道，養民爲先，古人重府事，修和外國，亦最尚實業。方今中國生齒日繁庶而未富，生財大道亟應講求，國家特設農

工商部綜理一切。乃數年以來,風氣尚未大開,則官吏勸導之方有未至也。著各將軍,督撫迅飭所屬,極力振興,凡有能辦農工商礦,或獨立經營,或集合公司,確有成效者,即從優獎勵。果有一廠一局,資本逾千萬,所用人工至數千名者,爵賞亦所不惜。應如何分別等差,著該部議奏。朝廷於大小官吏亦以此課其殿最,予以勸懲。敢有怠忽因循,保護不力,定行嚴處不貸。總期地無曠土,境無游民,馴至富强,有厚望焉。

三十四年,農工商部覆奏:侍郎楊士琦奏華商集資刱興瓊崖地利辦法。

【略】

孫詒讓《周禮正義》卷一七《地官・叙官》 卝人,中士二人,下士四人,府二人,史二人,胥四人,徒四十人。卝之言礦也。金玉未成器曰礦。【疏】「卝人」者,《曲禮》説天子六府,六曰司貨。鄭彼注以爲殷制,司貨於周爲卝人。注云「卝之言礦也」者,賈疏云:「經所云卝,是揔角之卝字。此官取金玉,於卝字無所用,故轉從石邊廣,以其金玉出於石,左形右聲,從礦字也。」王聘珍云:「《説文・石部》磺字注云:『銅鐵樸石也。从石黄聲,讀若穬。重文作卝。』注云『古文磺,《周禮》有卝人』。是卝爲磺之古文,本爲卝人之卝,復爲總角之卝。賈疏説非是。」案:王説是也。礦即磺之俗。依鄭説,則卝與礦聲近字異;依《説文》,則卝即磺之古文。鄭、許説字不必盡同。賈氏於小學尤疏,未足馮也。張參《五經・文字》云:「卝,《説文》以爲古卵字。」與今本《説文》不合,恐不足據。云「金玉未成器曰礦」者,與《説文》磺訓銅鐵樸石同。《廣雅・釋器》云:「鐵朴謂之礦。」未成器即所謂樸也。

《史記》卷一《五帝本紀》 舜曰:「誰能馴予工?」皆曰垂可。於是以垂爲共工。舜曰:「誰能馴予上下草木鳥獸?」皆曰益可。於是以益爲朕虞。益拜稽首,讓於諸臣朱虎、熊羆。舜曰:「往矣,汝諧。」遂以朱虎、熊羆爲佐。【略】

《漢書》二四下《食貨志第四下》 於是以東郭咸陽、孔僅爲大農丞,領鹽鐵事,而桑弘羊貴幸。咸陽,齊之大鬻鹽,孔僅,南陽大冶,皆致産累千金,故鄭當時進言之。弘羊,洛陽賈人之子,以心計,年十三侍中。故三人言利事析秋豪矣。

洪邁《容齋續筆》卷一《漢郡國諸官》 西漢鹽鐵、膳羞、陂湖、工服之屬,郡縣各有司局幹之,其名甚多,然居之者罕嘗見於史傳,今略以《地理志》所載言之。凡鐵官三十八,鹽官二十九,工官九,皆不暇紀其處。自餘若京兆有船司空爲主船官,太原有挏馬官主牧馬,元名家馬官。遼東有牧師官,交趾有羞官,南郡有發弩官,嚴道有水官,丹陽有銅官,桂陽有金官,南海有涯浦官,南郡、江夏有雲夢官,九江有陂官、湖官,朐忌、魚復有橘官,鄱陽黄金採,主採金。

《後漢書・百官志三》 考工令一人,六百石。本注曰:主作兵器弓弩刀鎧之屬,成則傳執金吾入武庫,及主織綬諸雜工。左右丞各一人。

《三國志》卷二四《魏志・韓暨傳》 太祖平荆州,辟爲丞相士曹屬。後選樂陵太守,徙監冶謁者。舊時冶作馬排,蒲拜反。爲排以吹炭。每一熟石用馬百匹;更作人排,又費功力;暨乃因長流爲水排,計其利益,三倍於前。在職七年,器用充實。制書褒歎,就加司金都尉,班亞九卿。【略】

李延壽《北史》卷二六《辛紹先傳》 又諸州豪右,在山鼓鑄,姦黨多依之,又得密造兵仗。上表請破罷諸冶。朝廷善而從之。【略】

韋閬字友觀,京兆杜陵人也。世爲三輔冠族。祖楷,晉長樂清河二郡太守。父逵,慕容垂大長秋卿。

《唐六典》卷二二 掌冶署令,一人,正八品上。《周禮・冬官》:「攻金之工六,謂築、冶、鳧、桌、段、桃也。」秦及漢,諸郡國出鐵者,置鐵官長、丞,晉衛尉屬官有冶令、丞,各一人,掌工徒鼓鑄;過江,省衛尉,而冶令始隸少府。宋有東冶令、丞,南冶令、丞。齊因之。梁有東冶令,西冶令,從九品下。《選簿》:「舊,東冶重,西冶輕。」然則梁朝之西冶,蓋宋齊南冶也,陳因之。後魏無聞。北齊太府寺有司冶令、丞。後周有冶工中士一人,又有鐵工中士一人。隋太府寺統掌冶署,令二人,掌金銀銅鐵器之屬,并管諸冶;煬帝改屬少府令,從八品上。皇朝因之,省一人。

監作二人,從九品下,掌冶署,令掌熔鑄銅鐵器物之事;丞爲之貳。凡天下諸州出銅鐵之所,聽人私採,官收其稅。若白鑞,則官爲市之,其西邊、北邊諸州,禁人無置鐵冶及採。若器用所須,則具名數,移於所由,官供之;私者私市之。凡諸冶所造器物,皆上於少府監,然後給之。其興農冶監所造者,唯供隴右諸牧監及諸牧使。

諸冶監,監各一人,正七品下。秦、漢内史及諸郡有鐵者,則置鐵官長、丞。《晉書》:「諸冶官庫各置督監一人。」《宋書》云:「江南諸郡縣有鐵者,或置冶令,或丞,皆吴時置也。」齊、梁有梅根諸冶令。北齊諸冶皆有局丞。隋諸冶皆置監,監有上、中、下三等,皇朝因之,掌鑄兵農之器,以給軍旅、屯田、居人焉。丞一人,從八品上;監作四人,從九品下。諸冶監掌鎔鑄銅鐵之事,以供少府監;丞爲之貳。

李林甫《唐六典》卷二二《少府軍器監》 少府監,監一人,從三品。《漢書・

百官表》云：少府，秦官。掌山海池澤之税，以給供養。有六丞，其屬官有尚書、符節、太醫、太官、湯官、導官、樂府、若盧、考工室、左弋居室、甘泉居室、左右司空、東織、西織、東園匠、十六官令丞。又胞人、都水、均官三長丞，又上林、中十池監，又中書、謁者、黄門、鉤盾、尚方、御府、永巷内者，宦者八官，令、丞、諸僕射、署長、中黄門皆屬焉。少府者，天子之私府，所以供奉之職皆在焉。王莽改曰共工，後漢後爲少府，其尚書、侍中、符節皆屬焉。餘職多所并省。《漢官解詁》云：少府主供養陂池、禁錢、服御、口實、掖庭、中宫。魏因之。晉置功曹主簿五官等員。少府，銀章青綬，五時朝服，追賢兩梁冠，絳朝服，佩水蒼玉，品第三。統材官、校尉、中左右三尚方、中黄、左右藏、左校、甄官、平准、奚官等令，左校、坊鄴、中黄、左右藏油官等丞。及過江，唯置一尚方，又省御府。至哀帝時，桓温表省少府，以并於丹陽尹，孝武復置。宋少府領左右尚方、御府、東冶、南冶、平准等令丞。齊又加以領左右尚鍛署。梁以少府爲夏卿，統材官將軍、左中右尚方、甄官、平水、南塘邸税庫、東西冶、中黄、細作、灰庫、紙官、柴署等令丞，班第十一品，從第四。陳因之。後魏少府、宗正、太僕、廷尉、司農、鴻臚爲六次卿，第二品上。太和末改少府爲太府。北齊不置少府，其左中右三尚方，司染諸冶及細作甄官等署並隸太府寺。至隋煬帝大業五年，始分太府爲少府監，置監一人，從三品。少監一人，從四品。丞二人。統左尚、右尚、内尚、司織、司染、鎧甲、弓弩、掌冶等署。其後又改監爲令，少監爲少令，併司織、司柒爲織染署，廢鎧甲、弓弩二署。皇朝因爲監。龍朔二年，改爲内府監。咸亨元年，復爲少府監。光宅元年，改爲尚方監。神龍元年，復舊。開元初，分甲鎧、弓弩别置軍器監。十一年，省軍器監，其作並歸少府，尋又於北都置軍器監。少監二人，從四品下。

少府監之職，掌百工伎巧之政令，總中尚、左尚、右尚、織染、掌冶五署之官屬，庀其工徒，謹其繕作，少監爲之貳。幾天子之服御，百官之儀制，展採備物，率其屬以供焉。【略】凡五署所脩之物，須金、石、齒、革、羽、毛、竹、木而成者，則上尚書省。尚書省下所由司以供給焉。凡五署之所入於庫物，各以名數，并其州土所生以籍之，季終則上於所，由其副晉於監。有出給者，則隨注所供而印署之。凡教諸雜作，計其功之衆寡，與其難易而均平之。功多而難者，限四年、三年成，其次二年，最少四十日，作爲等差，而均其勞逸焉。凡教諸雜作工業，金、銀、銅、鐵、鑄、鑿、鏤、錯、鏃所謂工夫者，限四年成，以外限三年成，平慢者限二年成。諸雜作有一年半者，有一年者，有九月者，有三月者，有五十日者，有四十日者【略】其所用金、木、齒、革、羽、毛之屬，任所出州土以時而供送焉。其紫檀、櫚木、檀香、象牙、翡翠、毛黄、嬰毛、青蟲、真珠、紫鑛、水銀出廣州及安南，赤麖皮、瑟瑟、赤珪、琥珀、白玉、碧玉、金剛鑽、盆灌、鍮石、胡桐律、大鵬砂出波斯及涼州，麝香出蘭州，銅鉢銅出代州，生銅出銅源監也。【略】掌治署令，一人，正八品上。《周禮・冬官》：攻金之工六，謂築、冶、鳧、栗、段、桃也。秦及漢諸郡國出鐵者，置鐵官長丞。晉衛尉屬官有冶令、丞各一人，掌工徒鼓鑄。過江，省衛尉而冶令始隸少府。宋有東冶令、丞，南冶令、丞。齊因之。梁有東冶令、西冶令，從九品下，選部舊。東冶重，西冶輕，然則梁朝之西冶，蓋宋、齊南冶也，陳因之，後魏無聞。北齊太府寺有司冶令、丞。後周有冶工中士一人，又有鐵工中士一人。隋太府寺統掌冶署令二人，掌金、銀、銅、鐵器之屬，并管諸冶，煬帝改屬少府令，從八品上，皇朝因之，省一人。丞二人，正九品上。【略】監作二人，從九品下。

掌治署令，掌熔鑄銅鐵器物之事，丞爲之貳。凡天下諸州出銅、鐵之所，聽人私採，官收其税。若白鑞，則官爲市之。其西邊、北邊諸州，禁人無置鐵冶及採礦。若器用所須，則具名數移於所由官供之。私者，私市之。凡諸冶所造器物，皆上於少府監，然後給之。其興農冶監所造者，唯供隴右諸牧監及諸牧使。

諸治監，監各一人，正七品下。秦漢内史及諸郡有鐵者，則置鐵官長丞，晉令諸冶官庫各置督監一人。《宋書》云：江南諸郡縣有鐵者，或置冶令，或丞，皆吴時置也。齊、梁有梅根諸冶令，北齊諸冶皆有局丞。隋諸冶皆置監，監有上中下三等。皇朝因之，掌鑄兵農之器，以給軍旅、屯田、居人焉。丞一人，從八品上。監作四人，從九品下。諸冶監掌鎔鑄銅鐵之事，以供少府監，丞爲之貳。

又卷三〇《三府督護州縣官史》　士曹司士參軍，掌津、梁、舟車、舍宅、百工、衆藝之事，啓塞必從其時，役使不奪其力，通山澤之利，以贍貧人。凡州界内有出銅、鐵處，官未採者，聽百姓私採。若鑄得銅及白鑞，官爲市取。如欲折充課役，亦聽之。其四邊無問公私，不得置鐵冶及採銅，自餘山川藪澤之利，公私共之。致瓌異之貨，以備國用，是以官無禁利，人無稽市。凡知山澤有異寶、異木及金、玉、銅、鐵、彩色雜物處，堪供國用者奏聞。

杜佑《通典》卷二三《職官五》　金部郎中一人。《周官》有職金，掌金玉、錫石、丹青之戒令。魏尚書有金部郎，其後歷代多有之。北齊金部主才量尺度、内外諸庫藏文帳。隋盧昌衡字子均，祖孝徵薦爲尚書金部郎，每謂人曰：「吾用盧子均爲尚書郎，自謂無愧幽明矣。」隋初爲金部侍郎，煬帝除「侍」字。武德中，加「中」字。龍朔二年，改金部爲司珍，咸亨初復舊。天寶中改爲司金，至德初復舊。掌庫藏金寶貨物，權衡度量等事。自開元二年置鑄錢使，皆以他官爲之。員外郎一人。改置與户部員外郎同。

又卷二七《職官九・少府監監　丞　主簿　中尚、左尚、右尚、織染、掌冶等五署暴室等丞》　少府，秦官。漢因之，是爲九卿，掌山海池澤之税，以給供養。應劭曰：「山海池澤之税，名曰禁錢，以給私養，自别爲藏。少者，小也，故稱少府。」顔師古曰：

「大司農供軍國之用，少府以養天子也。」天子曰少府，諸侯曰私府，漢時官有私府長，掌禁錢。後光武改屬司農也。王莽曰共工。後漢少府卿一人，掌中服御之諸物，衣服、寶貨、珍膳之屬，朝賀則給璧。後漢東平王蒼爲驃騎，正月朔朝，蒼當入賀。故事，少府給璧。時陰就爲少府，貴傲不奉法，漏將盡，而求璧不得。蒼掾朱暉，遥見少府主簿持璧，乃往紿曰：「試請覩之。」既得而馳奉之，就復以他璧朝。紿，徒改反。凡中書謁者，尚書令、僕，侍中，中常侍，黄門，御史中丞以下皆屬焉。孔融字文舉，以將作大匠爲少府。晉制，銀章青綬，五時朝服，進賢兩梁冠，絳朝服，佩水蒼玉。哀帝末，省并丹陽尹，孝武復置。宋少府領左右尚方、御府、東冶、南冶、平准等令、丞。齊又加領左右銀鍛署。梁少府爲夏卿，位視尚書左、右丞。陳因之。後魏少府謂之六卿，以少府、宗正、太僕、廷尉、司農、鴻臚爲六卿。至孝文太和中，易制官品，遂改少府爲太府。北齊無少府，其尚方等署皆隸太府。至隋煬帝大業五年，又分太府爲少府監，置監及少監，復領尚方、織染等署，後又改監、少監並爲令。大唐武德初，置軍器監，廢少府監。貞觀元年五月，分太府中尚坊、織染坊、掌冶坊署，置少府監。龍朔二年，改爲内府監，咸亨元年復舊。光宅元年，改爲尚方監，神龍元年復舊。監一人，總判。少監二人，通判。初少監一人，太極元年加一人。領中尚、左尚、右尚、織染、掌冶等五署。開元十年五月，於北都置軍器監，至二十六年於五月廢。

丞：漢有六人，後漢省五，而有一丞，其後歷代皆一人。《山公啟事》曰：「中郎衛昱，往爲少府丞，其有損益。」大唐置四人。

主簿：晉置二人，自後歷代一人，大唐有二人。

中尚署：《周官》爲玉府。秦置尚方令，漢因之。後漢主作手工作、御刀劍、玩好器物及寶玉作器。宦者蔡倫爲尚方令，監作祕劍及諸器械，莫不精工堅密，爲後代法。兩漢又有考工令，主作兵器，其職稍同。考工令作兵器，兵器成則傳執金吾入武庫。及主織彩諸雜工，初屬少府，中屬主爵，光武時屬太僕。漢末分尚方爲中、左、右三尚方。魏晉因之，自過江，唯置一尚方，哀帝以隸丹陽尹。宋武帝踐祚，以相府作部配臺，謂之左尚方，而本署謂之右尚方，並掌造軍器。又以相府細作配臺，即其名置令一人，隸門下。孝武大明中，改曰御府。御府，二漢已有之，典官婢作褻衣服補浣之事。魏晉猶置其職，江左乃省焉。後廢帝初，省御府，置中署，隸右尚方。則漢之考工令如宋之尚方令，尚方令如宋中署矣。齊置左右尚方令各一人。梁有中、左、右尚方。北齊亦三尚方，隸太府。隋煬帝分隸少府。大唐省「方」字，有中、左、右三尚署，令、丞各一人。中署掌宫内營造雜作，左署掌車輦、繖扇、膠漆、畫鏤等作，右署掌皮毛膠墨雜作、席薦等事。開元以後，別置中尚使以監之。

掌冶署：秦及漢郡國有鐵官。諸郡國出鐵者，置鐵官長、丞。晉冶令掌工徒鼓鑄，隸衛尉。江左以來省衛尉，始隸少府。宋有東冶、南冶，各置令、丞，東冶令、丞各一人，南冶令、丞各一人。而屬少府。齊因之。江南諸郡縣有鐵者，或置冶令，或置冶丞，多是吴所置。梁、陳有東、西冶。東冶重，西冶輕。其西冶即宋、齊之南冶。北齊諸冶屬太府。後周有冶工、鐵工中士。隋有掌冶署令、丞。大唐於京師置冶署，有令、丞各一人，掌造鑄金銀銅鐵，塗飾琉璃玉作等事。

《舊唐書》卷四四《志第二十四・職官三》 掌冶署令一人，正八品上，丞一人，從九品上，監作四人，從九品下。掌冶令掌鎔鑄銅鐵器物，丞爲之貳，凡天下出銅鐵州府，聽人私採，官收其税，若白鑞則官市之，其西北諸州，禁人無置鐵冶及採鐵，若器用所須具名，移於所由官供之。

嵇璜等《續通典》卷一二《食貨一二》 遼太祖以土產多銅，廣造錢幣，遂致富強，以開帝業。太宗置五冶太師，以總四方錢、鐵。

李慎儒《遼史地理志考》卷三《中京道》 太祖俘蔚州民，立寨居之，採煉陷河銀冶。内蒙古喀喇沁左翼西一百四十里有淘金圖喀喇嶺，蒙古語，圖，有也，喀喇，黑也。又淘金圖河源出喀喇沁右翼西南一百九十里，西南流會烏拉林河，南入灤河，或即陷河銀冶。本朝理藩院則例，康熙五十四年，覆准喀喇沁楊樹溝、雅圖溝、大波羅樹等處產鉛，准令開礦，屬内地者，准民人開採，屬蒙古者，准蒙古開採，所定課額納鉛交錢局。雍正元年，禁止鉛爲五金之母。遼之有銀冶宜也。

李燾《續資治通鑑長編》卷二六六《神宗》 〔熙寧八年秋七月〕知桂州劉彝言：「提點刑獄許彥先、轉運判官傅燮互訟。燮指彥先納金珠，而轉運使李平一亦言彥先獨差官管句告發坑冶。乞移彥先別路，體量理曲之人。」詔荆湖南路轉運判官喬執中乘驛究實以聞。時彥先已除廣南東路轉運副使矣。彥先八年三月五日除廣西憲，五月二十六日改廣東漕，十月二十八日又委李之純，九年十月十八日結絶。

佚名《宋朝大詔令集》卷一六〇《政事一三》《復三部使詔淳化五年十二月辛丑》 銅塩之務，所以籠天下之貨財，度支之司，所以辦邦國之經費，泊民曹之劇任，皆邦計之本源，蓋以司金之耗登，謹府庫之出納。爰從近代，以迄我朝，雖琴瑟改張，俾期於易治，而末塩細碎，益致於滋彰。宜復前規，用爲永制。應兩京十路並復歸三部，各置使一員，每部置判官、推官共四員人，掌兩案公事。別置都監一人，序於判官之下都勾部，以備三部專糾、簿領之出入焉。以總計陳恕爲鹽鐵使；樞密院承旨，左屯衛將軍王延德爲度支使；樞密直學士、屯田張鑒爲左諫議大夫、户部使。左計使魏羽、右計使董儼並罷。

楊仲良《宋通鑒長編紀事本末》卷六六《神宗皇帝·三司條例司》（熙寧二年九月）條例司言：「銀銅坑冶、市舶之物皆上供而費出諸路，故轉運司莫肯爲課入滋失，今既假發運司以錢貨，聽移用六路之財，則東西南經費皆當責辦。請令發運司副兼提舉九路銀銅鉛錫坑冶、市舶之事，條具利害以聞。此以上據本志增入。乃詔發運使薛向、副使羅極兼都大提舉江淮、兩浙、荆湖、福建、廣南等路銀銅鉛錫坑冶、市舶等。」從之。

孫逢吉《職官分紀》卷一一《虞部郎中》 國朝虞部，掌山澤、苑囿、畋獵、取伐木石薪炭柴物之屬，屏絶猛獸、毒藥，及茶礬場，鹽池井，金、銀、銅、鐵、鉛、錫坑冶廢置收採之事。

又卷二二《少府監少監附》 掌冶署，令一人，正八品。《周禮·冬官》：攻金之工六，謂築、冶、鳧、栗、段、桃也。秦漢郡國出鹹者，置鐵官長丞。晉衛尉屬官有冶令丞，掌工徒鼓鑄；過江，省衛尉，而冶令始隸少府。宋有東冶令丞、南冶令丞。齊因之。舊東冶重，西冶輕，然則梁之西冶，蓋宋、齊南冶也。陳因之。北齊太府寺有令丞。後周有冶工中士一人，有鐵工中士一人。隋太府寺有令二人，煬帝改屬少府令從八品上。皇朝因之，省一人。丞二人，正九品上。監作二人，令掌鎔鑄銅錢器物之事，丞爲之貳。

諸冶，監，各一人，正七品下。秦漢内史及諸郡國出鐵者置鐵官長丞。晉令諸冶官庫各置督監一人。《宋書》云：「江南諸郡縣有鐵者，或置冶令，或丞，皆吴時置也。」齊、梁有梅根諸冶令。北齊諸冶有局丞。隋皆置監，監中有上中下三等。皇朝因之，掌鑄兵農之器，以給軍旅屯田居人焉。丞一人，從八品上，監作四人。

諸鑄錢監監各一人。【略】（唐）文宗時天下銅坑五十，歲採銅二十六萬六千斤，許諸道觀察使皆得置錢坊。昭宗末，京師用錢八百五十爲貫，每百纔八十五，河南府以八十爲百云。

馬端臨《文獻通考》卷五七《職官一一·少府監》 少府，秦官，漢因之，是爲九卿，掌山海池澤之税，以給供養。應劭曰：山海池澤之税名曰禁錢，以給私養，自別爲藏。少者，小也，故稱少府。顔師古曰：大司農供軍國之用，少府以養天子也。天子曰少府，諸侯曰私府。漢時官有司府長，掌禁錢，後光武改屬司農也。王莽曰共工。

後漢，少府卿一人，掌中服御之諸物衣服寶貨珍膳之屬，朝賀則給璧。【略】晉制銀章青綬，五時朝服，進賢兩梁冠，絳朝服，佩水蒼玉。哀帝末，省併丹陽尹。孝武復置。宋少府領左右尚方、御府東冶、南冶、平准等令丞。齊又加領左右銀鍛署。梁少府爲夏卿，位視尚書左右丞，陳因之。後魏少府謂之六卿，以少府宗正太僕廷尉司農鴻臚爲六卿至孝文太和中易制官品，遂改少府爲太府。北齊無少府，其尚方等署皆隸太府。至隋煬帝大業五年，又分太府爲少府監，置監及少監，復領尚方、織染等署，後又改監、少監並爲令。唐武德初，置軍器監，廢少府監。貞觀元年五月，分太府、中尚方、織染坊、掌冶坊署，置少府監。龍朔二年，改爲内府監。咸亨元年，復舊。光宅元年，改爲尚方監。神龍元年，復舊，監一人，總判。少監二人，通判。初少監一人，太極元年加一人。領中尚、左尚、右尚、織染、掌冶等五署。開元十年五月，於北都置軍器監，至二十六年五月廢。

中尚書，周官爲玉府，秦置尚方令，漢因之。後漢掌上手工作御刀劍、玩好器物及寶玉作器。宦者蔡倫爲尚方令，監作祕劍及諸器械，莫不精工堅密，爲後代法。兩漢又有考工令，主作兵器，其職稍同，考工令作兵器。兵器成則傳執金吾入武庫，及主織綵諸雜工初屬少府，中屬主爵，光武時屬太僕。漢末分尚方爲中左右三尚，魏晉因之。自過江唯置一尚方。哀帝以隸丹陽尹。宋武帝踐祚，以相府作部配臺，謂之左尚方，而本署謂之右尚方，並掌造軍器，又以相府細作配臺即其名，置令一人，隸門下。孝武大明中，故曰御府，御府二漢已有之，典官婢作藝衣服補浣之事。魏晉猶置其職。江左乃省焉。後廢。帝初省御府置中署，隸右尚方，則漢之考工令如宋之尚方令，尚方令如宋中署矣。齊署左右尚方令各一人。梁有中左右尚方。北齊亦有三尚方，隸太府。隋煬帝分隸少府。唐省方字，有中、左、右三尚署，令丞各一人。中署掌宫内營造雜作，左署掌車輦繖扇膠漆畫鏤等作，右署掌皮毛膠墨雜作席薦等事。開元以後別置中尚使以監之。

掌冶署，秦及漢郡國有鐵官。諸郡國出鐵者，署鐵官長丞。晉冶令掌工徒鼓鑄，隸衛尉。江左以來，省衛尉，始隸少府。宋有東冶、南冶，各置令、丞，東冶令丞各一人，南冶令丞各一人。而屬少府。齊因之，江南諸郡縣有鐵者，或置冶令，或置冶丞，多是吴所置。梁、陳有東西冶。東冶重，西冶輕。其西冶即宋齊之南冶。北齊諸冶屬太府。後周有冶工、鐵工中士。隋有掌冶署令、丞。唐於京師置冶署，有令、丞各一人，掌造鑄金銀銅鐵、塗飾、琉璃玉作等事。

宋少府監，判監事一人，以朝官充。凡天子器玩、后妃服飾、雕文錯彩工巧之事，分隸於文思院、後苑造作所，本監但掌造門戟、神衣、旌節、郊廟諸壇祭玉、法物，鑄牌印朱記，百官拜表案，褥之事，諸州鑄錢監並屬。少府監官各一人，以京朝官及三班使臣充。元豐正官制，置監、少監、丞、主簿各一人，掌百工伎巧之政令，所隸官屬五。文思院，掌造金銀犀玉工巧之物，金綵繪素裝鈿之飾，以供輿輦册寶法物及凡器服之用，監官文臣一員，武臣二員。

李燾《續資治通鑑長編》卷四七《真宗》〔咸平三年，五月，丁丑朔〕先是，宰相張齊賢上言：「今之所患錢貨未至多，望擇使臣往，逐處相度添價，及招誘人户淘採鉛、錫。仍按行銅山，易得薪炭，置監鑄錢，如此二年間，可得百五十萬貫。」既遣虞部員外郎馮亮、未見。內供奉官白承睿往幹其事。庚申，亮等言：「饒、池、江、建州，歲鑄錢百三十五萬貫，銅、鉛皆有餘羨。」乃以亮爲江南轉運副使，兼都大提點江南福建路鑄錢事，承睿同提點焉。

又卷一一七《仁宗》〔景祐二年，八月，己卯〕初命朝臣爲浙江、荆湖、福建、廣南等路提點銀銅坑冶鑄錢公事，其俸賜恩例，並與提點刑獄同。詔朝臣提點銀銅坑冶俸賜恩例，並與提點刑獄同。《實録》在十月乙丑。今并書實録，是月己卯書。徙知楚州屯田員外郎魏兼爲浙江荆湖福建廣南等路提點銀銅坑冶鑄錢公事。蓋鑄錢等事舊屬發運使，既罷發運使，故別置官，然《兩朝國史志》及《會要・職官部》並不載提點坑冶鑄錢，不知何故？姑存此更加考詳。

又卷一二九《仁宗》〔康定元年，十二月〕戊申，屯田員外郎通判河中府皮仲容知商州，兼提點採銅鑄鐵錢事。仲容嘗建議鑄大錢一當十，既而兩制及三司議其事，謂可權行，以助邊費，故有是命。初，韓琦安撫陝西，嘗言陝西産鐵甚廣，可鑄錢兼用。此據琦家傳。於是，葉清臣從仲容議鑄當十錢。【略】本志云：「軍興，陝西移用不足，始用知商州皮仲容議，采洛南縣紅崖山、虢州青水冶青銅，置阜民、朱陽二監以鑄錢。」

又卷一四六《仁宗》 壬子，都官員外郎皮仲容提舉陝西路銀、銅坑鑄錢事。

又卷一六四《仁宗》〔慶曆八年，六月，丙申〕初，陝西軍興，移用不足，知商州皮仲容，康定元年十二月。始獻議採洛南縣紅崖山、虢州青水冶青銅，置阜民、朱陽二監以鑄錢。【略】及張奎徙河東，二年十月，又鑄大錢。【略】未幾，三司奏罷河東鑄鐵錢。而陝西復採儀州竹尖嶺黄銅，置博濟監鑄大錢。據《實録》，在四年。朝廷因敕江南鑄大銅錢，而江、池、饒、虢州又鑄小鐵錢，悉輦致關中。江、池、饒三州見元年十一月。虢州未見，當是范雍所議。數州錢雜行，大約小銅錢三可鑄當十大銅錢一，以故民間盜鑄者衆，錢文大亂，物價翔踴，公私患之。

又卷一九三《仁宗》〔嘉祐六年，六月〕甲戌，富弼起復。【略】上既許〔富〕弼終喪，弼以表謝，因言：「竊聞新授提點銀銅場職方員外郎張述累有封章，乞立儲貳。其詞太過，頗涉匪彝，事合婉微。述乃傷於逼迫，語當秘密。述乃極於張皇，傳開四方，無不驚駭。伏緣張述前知泗州，絶無政舉。臣在中書日亦曾見其闕失事狀，本官必是恐朝廷不用，遂强作此事。雖云納忠而獻直，實掩過以取名。果若憂國愛君，豈肯如此喧布？況提點銀銅場，將來例入職司，如述小人，不合升奬。臣切恐好進之輩，更相倣效，妄陳禍福，頻撓聖聰，陛下或致憂隱，切欲求嗣，即於天聽却成不便。【略】按《實録》：明年正月甲戌，徙知洺州職方員外郎余藻爲江浙等路提點鑄錢坑冶。又按《英宗實録》：治平元年二月己巳，江浙等路提點鑄錢坑冶屯田郎中余藻，提點廣西刑獄職方員外郎張述，提點江浙等路鑄錢坑冶。述蓋代藻者，嘉祐六年未受命也。不知富弼上疏時，述何由已帶提點銀銅場職任。或恐余藻在洺州時，張述已先除提點銀銅場，而《實録》偶不詳，或因富弼言，遂罷述後乃更除也。當考。

又卷一九七《仁宗》〔嘉祐七年，十月，甲午〕度支員外郎、密閣校理蔡杭爲廣東轉運使。先是，岑水銅冶大發，官市諸民，止給空文，積逋鉅萬。姦民無所取資，羣聚私鑄，與江西鹽盜合，郡縣患之，督捕甚嚴。抗曰：「採銅皆惰游之民，銅悉入官，而不畀其直，非私鑄，衣食安所給？又從而誅之，是豈但民犯法也。」因命銅入即償直，民盡樂輸，私鑄遂絶。

又卷二一三《神宗》〔熙寧三年，秋七月〕辛丑，遣發運司管勾運鹽，屯田郎中劉忱同陝西轉運司相度本興置鑄錢監利害以聞，以發運使薛向等請，出上供錢帛二十萬貫匹，買岑水場銅、鉛四百餘萬斤，運至陝西，增鑄錢百萬緡，以備邊計也。

又卷二一八《神宗》〔熙寧三年，十二月，丁巳朔〕詔：「全、道、郴、潭、衡、邵、永州桂陽監，有溪峒蠻猺處，縣主簿尉及逐州監銀銅鉛錫坑冶官，令轉運司依川廣七路法就差。」

又卷二五〇《神宗》〔熙寧七年，二月，庚午〕熙河路經略司言：「岷州新復蕃部，地有金、銀、銅、錫苗脉，乞差左藏庫使劉惟吉兼管銀銅坑冶。」從之。

又卷二五一《神宗》〔熙寧七年，三月，庚申〕三司言：「河北路有銅五十七萬九千九百餘斤，錫九千八百九十餘斤，及市易務於榷場賣銅皆百萬斤。」詔河北西路轉運司相度，若以兩路見在銅錫鑄錢，即當何處置監，具利害比較本息以聞。後詔衛州置黎陽監，歲鑄錢三萬五千緡。

又卷二六〇 〔熙寧八年，二月，丁丑〕詔：「陝西都轉運司與都提舉市易司：『協力興治銀銅坑冶，以其所入爲熙河糴本。』從王韶知熙州日請也。」

又卷二六七 〔熙寧八年，八月，癸卯〕中書言：「江淮等路發運使副並兼置茶鹽礬酒税提舉，逐路巡檢兵甲賊盜都大提舉，江浙荆湖福建廣南路銀銅鉛錫坑冶市舶鑄錢等事職務至衆，無繇辦集，請以江淮、荆浙等路制置塩礬兼發運使副結御，餘事毋得管勾。」從之。

又卷二八〇《神宗》 〔熙寧十年，正月〕己卯，遣侍御史周尹乘驛，齎御香往嘉州峨眉山白水寺。以上批「兩川豐稔，尹常言有母在成都，可因奉使令迎侍」故也。尹言，乞下廣南西路宣撫司，根究交趾略去人，從之。宣撫司言，廣源州初爲州，須兵防託，乞依熙、河、沅州例，配罪人爲牢城。詔出自淮以南州軍，配罪人並配廣源州。郭逵等言，乞就差廣南西路提點刑獄，提舉興置廣源州等處金銀坑冶，從之。

施行，本部看詳。鑄錢坑冶職事，若同轉運司兼領，緣事干本司財計，恐有牽制。及論議不同，其運司人吏亦有畏避，顯屬未便。兼京西、川路銅苗，既有朝旨許本官檢踏措置，其逐路坑冶，若不令專管，亦恐難爲集事。本部今勘，當陝西、京西、川路，應干坑冶職事，欲令本官同領，餘依所乞事理施行。」從之。此五月六日聖旨，據法册增入，當删取其要。尋申明行下，應鑄錢司所領職事，更不令轉運司兼領，止爲銀銅坑冶、鼓鑄銅錢職事，令許天啟通領，所有鑄鐵錢職事自不合干預。

又卷四七二《哲宗》 〔元祐七年，夏四月，甲寅〕金部郎中李傑言：「利州路興州青陽鎮見有銅坑一百餘處，舊係西河邊防財用司舉官招誘收買，又本錢亦是本司計置應副。昨廢罷，本司將上件銅場併入陝西轉運司管勾。自併入，後來，將銅價僅減一半，又本錢多不敷足，雖有所舉，監官無由辦集，採銅之人遂旋散潰，所收漸少，課利日虧。今相度，欲乞每斤量與添錢，多行計置，本錢依舊兼用銀絹，於秤下堆垛。及比附韶州岑水場例，選官量與酬獎，使設法措置，必有所增。」詔：「於利州路常平錢内借錢五萬貫，充買銅本錢，每斤依本處見買價錢，餘並從之。」新本削去。

又卷四八七《哲宗》 〔紹聖四年，五月，己未〕户部狀准：「都省批送同管勾陝西坑冶鑄錢公事許天啟劄子奏，奉使陝西經畫銅利，京西、川路亦許措置，該括六路，或躬自躡行，或委官相度。凡有興發去處，而人未協力，蓋由事權太輕，難以驅策州縣、本司職事。今轉運司官兼領京西、川路州縣，别無條制統攝，欲乞應自來鑄錢司所領職事，更不令轉運使官兼領，通陝西、京西、川路自爲一司，州縣約束，並依本司。陝西已得前後畫一指揮，庶幾事權專一。州縣之吏有法刺舉，則功利可以速成。所有其餘應干條制，並乞依提舉常平司。」

又卷四九〇《哲宗》 〔紹聖四年，八月〕辛卯，户部狀：「元降朝旨，同管勾陝西路銀銅坑冶鑄錢許天啟，銅苗興發，如在京西川路，許前去檢踏。止爲京西及川路與陝西相連接，取令本司委官乃至瀘州界以來檢踏，緣非陝西相連接處，又係靠邊，慮致引惹。乞申明行下，應非與陝西接界州軍，不許前去。」從之。

又卷四九九《哲宗》 〔元符元年，六月，甲辰〕户部言：「提刑司、提點坑冶鑄錢司各據所轄州縣坑冶，催督敷辦祖額，置籍勾考，每歲令比較增虧。提刑司限次年春季，提點坑冶鑄錢司限夏季，各具全年增虧分數，保明奏聞，及申户部點勘。韶州岑水、潭州寶豐、永興銅場，逐路提刑司官每上下半年各巡歷。一到本場按察點檢訖，具措置利害，及本錢有無闕備因依，條畫聞奏，及申户部。」從之。

《宋會要輯稿・食貨三四・坑冶雜録》 八年「八年」前原有被涂「天聖」二字，此與前年號不同無疑。江南東路轉運司言：「信州寶豐縣自淳化五年内銅貨興發，奉□割弋陽縣玉亭、新政兩鄉立爲寶丰縣，虚占官吏，勞役人民，銀利寡少，銅貨絶無。當司相度，可公却并歸弋陽縣，可公：疑誤。其場務仍舊差使臣專監，只作寶豐鎮名額。」從之。

【略】熙寧八年，知熙州王韶言：「熙河路諸州頗多銅坑興發，乞令都轉運與提舉市易司協力興治銀冶，以所入爲熙河路糴本。」從之。

《宋會要輯稿・職官四三・提點坑冶鑄錢司》 舊坑冶鑄錢事，隸轉運司。元豐初，間以他官兼領。至元祐元年，以坑冶鑄錢通爲一司，後時或以别司兼管云。神宗元豐三年二月二十九日，經制熙河路邊防財用司言：「秦鳳路坑冶不許本司經制，乞令轉運使撥還已興置本錢；如許經制，乞發遣陳述坑冶選人楊徽赴本司；其坑冶如係本司創置，并乞隸屬本司。」從之。七月七日，三省言：「江浙等路提點坑冶鑄錢司，舊管五錢監。近年，江、池、饒州增歲鑄額，及興國軍、睦、衡、舒、鄂、忠州創置六監提點官一員，通領九路水陸，巡按不周，欲增置官一員分路提點。」詔以太常少卿錢昌武領淮南、兩浙、福建、江東東路，李棻領荊湖、廣南西路。十月十八日，詔自今秦鳳路告發坑冶，轉運司一季不興置，即令經制熙河路則用司管轄。哲宗元祐元年二月二日，新淮南等路提點坑冶鑄錢事李深言：坑冶鑄錢，舊隸一司，至元豐二年，以荊、廣、淮、浙分爲兩路，韶州岑水等場自去年以來坑冶不發，欲乞兩路提點鑄錢通爲一司。從之。仍每路特借錢一十五萬貫。紹聖二年八月十五，詔江淮、荊、浙、福建、廣南路坑場監官遇闕，并令就近申提點鑄錢司、本路轉運司選差權官，其課利及五萬貫以上處，令轉運、提點鑄錢司互舉。從福建轉運司請也。十一月六日，詔諸路提點刑獄兼提舉坑冶事。從江西轉運副使馬城請也。三年二月二十二日，詔諸路應坑冶興發處，并令提刑司差官檢踏，如可采取，關轉運司施行。元符元年三月九日，權户尚書吴居厚言：「乞今後令提點坑冶鑄錢司據江、池、饒、建州合用銅每年應副不及，合從本路，委不干礙官司劾治欠數，限次年春季補足。」從之。十二月二十六日，專切措置鐵冶鑄錢監事吕潛言：「應緣鐵冶事，乞并行倉法。」從之。徽宗崇寧二年三月二十六日，江淮、荊浙、福建、廣南路提點坑冶鑄錢司奏：與廣南東路轉運司相度，到乞韶州路木場鹽官，今後許通舉常調職官令録，并承務郎以上，或判司簿尉各年未五十，曾經任人并與理本資序，如一任内收買銅貨通補，及得逐年祖額，承務郎以來轉一官選人與改合入官。如任内收銅不及祖額，通比只虧及五釐已下，亦與降等酬獎内選人，與改次等合入官，或與減京官舉主二員。若額外增及一倍，承務郎已上更與轉一官；增三百萬斤，與減三年磨勘；五百萬斤，減三年磨勘。選人并比類逐等酬獎，仍與占射差遣一次。及乞遇提點司巡歷有監官，或權官於本場作過虧失課利，不能幹辦，亦許本司一面選官對替。從之。八月二十九日，詔除坑冶專置司自合依舊外，逐路坑冶事并令本路提舉司同共管勾。三年四月五日，户部狀：據荊湖南路提舉常平司申，近承符勘會坑冶事，撥隸提舉常平司管勾外，其轉運司并提點坑冶更有，是何領職，本司契勘除舊管坑冶錢，係轉運司應副過錢本去處，合隸轉運司提點坑冶鑄錢管勾外，所鑄到錢入常平庫送納，於近降朝旨，即無明文許與提點坑冶鑄錢司通管。詔自降指揮日，舊來坑冶自合屬提點鑄錢轉運司，自後新置合隸提點司管，餘路准此。十二月五日，措舉措置江淮等路銅事所狀，契勘興置膽銅烹煎膽土，及踏發坑冶興修廢坑，并係創發事務，散在轄下州縣，多無正官。不惟省部出闕無人指射，兼本州所差權官，止是時暫苟禄，不肯用心管勾職事。兼契勘台州赤巖場，亦係銀銅坑冶合差監官，乞依今年六月十九日兩浙路提舉司奏舉銀場監官指揮體例，將本所不拘文武官，踏逐奏舉一次已後，却令吏部依名次差注。從之。五年二月十五日，詔：内外冗官頗多，不能振舉事，徒費禄廪，提舉措置河東坑冶鑄錢司，提舉陝西路坑冶鑄錢司，措置河北路鐵冶鑄錢司，措置廣東路坑冶鑄錢司，專切管勾韶州岑水場買銅事，措置磁、邢、相、懷州鐵冶公事，河北鐵冶鑄錢司，准備差使管勾踏逐窟眼官，淮南西路提舉常平司，檢踏坑冶使臣，以上可并入逐路轉運使官兼管勾，其官吏并罷。大觀三年二月十二日，提舉江淮、荊浙、福建、廣東路銅事司言：檢踏坑冶官合置三員，於使臣内抽差帶行，舊請日支食錢二百文省，至今全闕人勾當。緣出産寶貨多在深山窮谷、人迹不到之處，須籍檢踏官分頭勾當。緣是出入辛苦，所得微薄，是致久無人願就。今相度，欲乞將見闕檢踏官三員，不問文武，許從本司，於見任或待闕得替官選舉充，仍乞依條給驛券一道。從之。九月十七日，朝請大夫新差江淮、荊浙、福建路提點坑冶鑄錢景山札子，據本司進奏官申，黔南、廣南路并歸本司，緣景山未曾承准得上件朝旨，未敢於銜内添入黔廣路，欲乞明降指揮。詔銜内添入「黔廣」二字。十月十五日，工部狀：江淮、荊浙、福建、廣南路提點坑冶鑄錢，潭州置司，并新差江淮、荊浙、福建路提點坑冶鑄錢司事狀，乞歲舉官并添置管勾文字一員，及勾當公事官，乞於京朝官選人内於見任得替待闕待次人内指名，奏乞特差支與見任，或前任新任請給驛券一道，隨合入資序理任，其赴任得替并在任遇差出，并破遞馬遞鋪，遇差出轄下勾當，其應干禁約并依監司屬官法，及乞添公使錢，虞部今取會到逐路鑄錢司，每歲舉官員數不等，今勘當欲乞令處潭兩司，各歲舉承務郎已上大小使臣陞陟，通逐路共不得過八員，承直郎已下改官不得過四員，所有乞差管勾文字官，自合遵依大觀元年二月十三日，并今年五月十五日，朝旨并批狀指揮施行，尚書左選勘當所舉承務郎已上充(陛)〔陞〕陟，任使欲依條比侍郎左選，已勘當歲舉改官員數減半奏舉二員，尚書右選勘會，欲乞許令逐司歲舉陞陟大使臣三員，詔逐司每歲各支破公使錢三百貫内。虔州提點司許添差勾當公事官一員，餘依逐部勘當施行。其勾當公事官奏舉請給等，依所乞。四年四月二日，臣僚上言：伏睹大觀二年三月八日，敕諸有冶處，并縣令兼與正官一等賞罰。九月十四日，敕諸路銀銅坑冶并令兼管，其賞罰各減正監官一等。三年正月十九日，敕應有冶處知縣每月一次到冶監點檢催督，如違，杖一百。臣竊謂縣令之職，當先責以治民，要在宣導朝廷德澤，使流通而征賦，獄訟各得其平，不專爲課利設也。百里之内事隨日生，雖敏健者爲之，猶恐有不暇給。今諸有坑冶者，皆崎嶇山谷中，往往去縣不下五十里，亦有多至五七處者。又皆散在四境之內，必責令兼管。又每月遍行則縣事必有廢弛積滯，力所不逮，且既有正監官專任其事，於法所應當辦者，令豈得違，不必使之兼管，均受賞罰也。此皆是一時爲提舉官者，不究事理，徒欲張聲勢，增重其權，妄有陳請，伏望聖慈詳酌罷去兼管及每月一到之法，庶爲令者，得以專意治民，不廢縣事，非小補也。詔大觀三年正月十九日應有冶處知縣每月一次到冶點檢指揮更不施行。九月二十四日，户部奏，據淮南西路提舉常平司申，光州固始縣申，契勘本縣見管錢坑冶户一十四户，元係自備財力，請射烹煉，其所産課利，舊係爐户認納每日鐵課稅錢入官。元屬提舉常平司附歷收管，係買納入官，應副鼓鑄夾錫鐵錢使用，其坑冶鑄錢司管幹近准朝旨，應東南州軍鼓鑄夾錫鐵錢并罷，即未諳所管坑户，合與不合，依舊隸提舉常平司收納課利，依場務法召人買撲。本部契勘坑冶，先係屬提舉常平司管勾，昨爲鼓鑄夾錫鐵錢司，今來既承朝旨罷鑄夾錫鐵錢，其上件坑冶自合依舊歸常平司，今欲乞申明行下東南路施行。從之。政和元年二月二十七日，户部、工部狀，准都省批送下江淮等路提點坑冶鑄錢、潭州置司狀，乞將江、池、鐃州三錢監年額所鑄上件新錢向去一例，依劍州已得指揮遞展兩月，比較賞罰等事狀。後批勘會江淮等路提舉坑冶鑄錢司元申請，稱江、池、饒州錢監物料去處，盡在深山高源去處，其般運緣故，與建州錢監事體一般，今來逐部勘當，未至詳盡，兼鼓鑄不敷，與起發條限刑名重輕不倫，重別勘當金部契勘年額上供錢江饒州等，申明依元符釐折條限鼓鑄樁發，并承朝旨依所申等，今來本司稱江池饒州般運物料去處，盡在深山高源，與建州錢監事體一般，乞上件四監年額新錢向去一例，依大觀四年四月二十五日已得朝旨，遞展兩月。今勘當欲依本司所乞外，所是刑名輕重合取自朝廷指揮，工部今勘當欲依本司所乞事理施行，所是鼓鑄不敷，除合依崇寧法斷外，有起發條限刑名係屬户部，更乞朝廷詳酌申間事尚書省勘會，除刑名不銷更改外，詔依户工部所申。三月十二日，詔：陜西河東興復鼓鑄夾錫錢寶，雖令逐路轉運司管勾，緣漕司職事繁冗，方鼓鑄之初，頗有措置，恐難以兼領，別致稽緩。其陜西、河東路可各差文臣一員，充專切提舉鑄錢。中大夫、提舉亳州明道宮許天啓專切提舉河東路鑄錢，朝散大夫胡簡修專切提舉陜府西路鑄錢。所貴事法專一，早見就緒。二十四日，工部奏：新提舉河東路鑄錢事許天啓劄之，所有序官資任人從請給之類，乞指揮。吏部准大觀元年四月八日敕，專一措置提舉河東路坑冶鐵鑄錢王桓序官，請給人從等，依提舉常平官。許天啓與提舉曾任陜西路轉運副使，詔許天啓與提刑序官。二年四月二十六日，河東路轉運提舉常平司奏，相度到應金銀坑冶之利，并依元豐條法施行。右曹契勘，昨准朝旨，山澤市易皆常平職事，悉以利民，所用錢物，令支常平息錢。又續朝旨自降十一件指揮日，舊來坑冶屬提點鑄錢司轉運司，自後新置隸提舉司內，提舉司所管坑冶，收到課利物色，又准朝旨起赴大觀庫樁管，應副朝廷移用，及收買到銅鉛錫鐵之類，若他司要用，又有法許樁錢兑買，兼逐司所管坑冶事務，各不相干，課利設有虧耗，自合措置施行。今來若將新舊坑冶并撥入轉運司，有礙朝旨，本部今勘當欲下逐路提舉等司，遵依見行，條敕施行。從之。八月八日，江淮等路提點坑冶鑄錢、廣東路提舉常平司奏，契勘廣東路鐵坑久來并隸轉運司，續准朝旨，應年新發鐵坑，除舊屬轉運司外，盡歸措置銅事司。昨因鼓鑄鐵錢，遂准朝旨撥隸提點司，後來罷鑄夾錫鐵錢，又准朝旨，令提點司摧買收息出賣。復准朝旨，令提點提舉常平司管勾，逐司令契勘，廣東路出産鐵貨不多，自來不曾榷買，收息出賣，經久難以施行。今相度欲將廣東一路鐵坑，舊屬轉運司提舉常平司者，即合歸逐司管勾，并依前後條法施行堪置場官監，依冶法拘收到利，若苗脉微細，不堪置場官監，即所隸監司，立定年額課利錢數，召人買撲，所有韶州岑水場要用錫、鐵浸造膽銅，即令鑄錢司支撥銅本錢，就便收買使用。詔依逐司所申。十二月七日，江淮荆浙福建廣南路提點坑冶鑄錢司奏，欲乞於諸路州縣場監，應有本司錢物去處，并許本司每年於別路或鄰州選差清彊官一員，前去點檢根磨，其所差官，不許辭免，除請給外別添，日給驛券一道，仍破遞馬一疋出過百日，即乞理爲考任，差破人吏二名，除依條合得差出日給食錢外，更日添一百文省，各與差破遞馬所屬官司承受取會文字，并限二日報。如點檢得諸處官司弛慢不職，欺隱失陷本司錢物諸般違慢作弊內官員，具職位姓名。【略】

徽宗政和三年九月二十四日，權發遣提轄措置河北坑冶鑄錢李著奏：「檢承崇寧四年十一月二十一日朝旨節文，本路錢監、州通判并依河東已得指揮踏逐奏舉。勘會磁州見置錢監及鑄錢院，全藉通判管勾。今本州島通判劉洙准河東路提轄措置坑冶錢監司奏舉，充隆德府通判，今來若從河東坑冶錢監司所辟，顯於本路錢監、州却有妨闕。伏望許存留劉洙依舊(仕)〔在〕任，候今任滿日再任一次。」詔鑄錢司舉通判指揮更不施行。【略】

〔政和五年〕九月七日，江淮荆浙福建廣南路提點坑冶鑄錢虔州司奏：「檢會元豐二年中書省札子，江浙等路提點坑冶鑄錢司提點官一員，通轄九路，水陸廣闊，巡歷難爲周遍，欲添置官一員，與見任官分領提點。一員於饒州置司，提點淮南、兩浙、福建、江東路坑冶鑄錢；一員於虔州置司，提點荆湖、廣南、江西路坑冶鑄錢。奉聖旨依。續承朝旨，通爲一司，通管九路，就洪州置司。又承敕，鑄錢司分爲兩司，提點荆湖南北、淮南、江東路坑冶鑄錢事，虔州置司；提點江西、兩浙、福建、廣東西路坑冶鑄錢事，〔潭州置司〕。近承朝旨，將潭州司復移饒州，依元豐年所分路分。契勘本司所管坑冶場，昨因發運司申請，欲將提點鑄錢官一員於虔州置廨宇，一員於潭州置廨宇。詔依。兩司各認見今所管路分，已是勞逸得均，方成倫序，偶於去年潭州提點官丘括具陳，乞移潭州司於饒州置司。竊緣當時分兩司，各自任責管勾職事，今來饒州司不顧利害，申乞令虔州司更兼管湖南、湖北兩路坑冶鑄錢職事。緣元降朝旨，爲地理遥遠，難以周遍，及永興、岑水兩處坑場出産銅鉛物料最爲浩瀚，所以分令虔、潭州各就近出産處措置等。今來饒州司申請，意欲并令虔州一司管勾應辦銅料，不惟虔州司獨自抱認自來分定兩司年額責罰，兼虔州司去湖南、湖北路地理遥遠，其饒州司若不管勾湖南、湖北路坑場錢監職事，即更無任責，顯見别無職事。欲望且令虔州提點一司依舊管勾見今所領路分。」尚書省勘會，除依已降指揮饒州置司外，詔所管職事路分并依潭州置司日所得指揮施行。【略】

〔政和五年〕七月十一日，尚書省倉部員外郎、措置東南西路坑冶寶貨徐禋奏：「坑冶興發，莫盛於今日，然而有司憚於應副，州縣以爲生事，或隱而不告，或檢踏不以實，或興置年深未曾立額，或有額而無收，或有收而無額，或有祖額而課利虧欠，或因人户自陳便行停閉。由是官吏得以肆奸，豪强得以擅利，積弊若此，稽考何從！逐路如檢點得有司、州縣依前苟簡，措置失當，欺隱妄謬，當職官吏乞許臣按劾，取旨黜責。」從之。【略】

〔政和五年〕十二日，措置東南坑冶寶貨司奏：「本司元降朝旨，屬官當直人依奉使條格。今來蒙本司差委逐路，深入遠惡山險去處，所有人從、親隨、擔擎人并吏人所乘遞馬，乞依轉運司管勾文字官差出法。」從之。【略】

〔政和六年〕六月十三日，以尚書省言：「諸路坑冶除五路已有專提轄措置官，并淮南、荆湖南北、廣南東西亦已有監司兼管措置外，其江南東西、福建、兩浙慮亦合差監司兼領。」詔江南東路差轉運副使林篪，江南西路差轉運判官張孝純，福建路差轉運副使翁彦國，兩浙路差轉運判官王汝明。【略】

〔政和六年〕十月十四日，陝西、河東路宣撫使童貫奏：「契勘陝西路提轄鑄錢官近已有指揮未得鼓鑄，惟所領坑冶事猶依舊管勾。竊緣坑冶之利，所出不見浩瀚，虚設提轄官吏等，委是冗員。欲望特降御筆，將陝西、河東路提轄鑄錢坑冶官并罷，所有見領職事并歸提舉常平司。」詔令常平司兼領。【略】

〔政和〕七年正月十八日，尚書省言：「新授提舉東南九路坑冶徐禋狀：契勘坑冶置坊官監，今來事初，全藉廉勤之吏協力勾當。欲乞應坑冶監官從本司量見任可存留、廢罷并闕官處，并踏逐六十歲已下有心力、無過犯文武官申朝廷，乞下吏部差注，與理本等資任，不以有無違礙，權許辟差一次。兼契勘坑冶置坊，係是路僻去處，醫藥飲食皆非所便，而又請給微薄，不足養廉。欲乞於權買價錢内，每貫克剋一十文，充監官茶湯錢，每月給不得過一十貫文。」從之。【略】

〔宣和七年〕五月七日，都省言：「檢准四月二十一日〔三〕省同奉聖旨，諸路坑冶令中書省檢會熙豐以來條制，將上取旨。吏、户、工部供到熙豐舊置提點坑冶鑄錢官下項：江淮荆浙福建廣南路提點坑冶鑄錢虔州置司，提點官一員，勾當公事官一員，檢踏官四員，政和二年十二月置一員，政和六年三月添置。江浙荆湖福建廣南路提點坑冶鑄錢饒州置司，提點官一員，充京西路檢踏京西路坑冶鑄錢，及差置勾當公事官一員，檢踏官三員，政和七年八月指揮罷，重和元年十一月復置，見係提轄檢踏措置京西路坑冶鑄錢司。陝西路，政和二年七月差官一員，充陝西提舉措置興復坑冶，及差勾當公事官一員，檢踏一員，重和元年十一月指揮罷，宣和元年十二月指揮復置。宣和二年十月奉御筆，陝西坑冶司罷。河北路，大觀二年五月差官一員，充提舉措置河北路坑冶鑄錢，差檢踏官二員，政和七年八月指揮罷。河東路，政和二年八月差官一員，充檢踏措置坑冶，及差勾當公事官一員，檢踏官一員，重和元年十一月指揮罷，宣和元年十二月御筆復置，宣和三年十月指揮罷。京東路，政和二年九月差官一員，充提轄檢踏坑冶，及差檢踏官二員，政和七年八月指揮罷。宣和七年二月一日，都省札子，奉御筆諸路各置提舉坑冶官一員。宣和七年三月十五日敕，諸路〔興〕復坑冶，專差官提舉措置，逐司各置管勾文字官一員，勾當公事官兩員，檢點官十員。宣和七年三月二十四日，奉御筆，陝西、河東、京西坑冶見三路共差官提舉，路遠山僻，巡按不能周遍，可分爲兩路。今具諸路見差置官屬下項：提舉荆湖南北路坑冶司，提舉官一員，管勾文字一員，勾當公事二員，檢踏官一十員。提舉京西路坑冶司，提舉官一員，〔管〕勾文字一員，勾當公事二員，檢踏官一十員。提舉陝西河東路坑冶司，提舉官一員，管勾文字一員，勾當公事一員，檢踏官一十員。提舉廣南東西路坑冶司，提舉官一員，管勾文字一員，勾當公事二員，檢踏官一十員。提舉江南東路坑冶司，提舉官一員，管勾文字一員，勾當公事二員，檢踏官一十員。提舉京東淮南路坑冶司，提舉官一員，管勾文字一員，勾當公事二員，檢踏官一十員。提舉兩浙福建路坑冶司，提舉官一員，管勾文字一員，勾當公事二員，檢踏官一十員。銅本錢，舊坑冶隸轉運司，熙寧已前係轉運司置場榷買，其本錢係轉運司應副。紹聖四年後來，冶户無力興工，聽就錢監借措留錢。大觀二年後來，舊坑冶轉運司闕本錢，許借常平司錢收買。新坑冶係崇寧二年三月以後興發者，隸提舉常平司。置場官監處，冶户無力興工，許借常平司錢，俟中賣，於全價内克留二分填納。不堪置場召人承買處，中賣入官價錢，以常平司錢限當日支還。契勘諸路坑冶，除江淮等路係提點司專領外，其餘逐路坑冶職事，未置逐司已前舊坑冶係屬轉運司，崇寧以後新發坑冶係屬常平司。」詔提點坑冶鑄錢司官屬依熙豐員數，餘路坑冶官屬并罷。舊坑冶隸轉運司者，依熙、豐、紹聖法；崇寧已後新坑冶隸常平司者，依崇寧法。提點官令中書省選差。

【略】〔政和七年〕六月二十五日，詔：「訪聞虔州、饒州提點鑄錢兩司官，邇來不務通融銅寶，致工匠有端閑之處。仰兩司官輪年于虔、饒州守任，交互巡歷檢察管下坑冶，應干收支見(任)〔在〕銅料，各具關報，通融應副，依格鼓鑄，庶各供備，無有不足之患。」

【略】〔政和七年〕九月十四日，中書省言：「勘會近到朝旨，爲諸路坑冶事務稍已就緒，并催促上供柴炭不須專置官司，遂降朝旨，京東京西河北路坑冶鑄錢司、提舉東南九路坑冶司專切根刷，催促上供柴炭所并罷，令逐路提舉司、輦運司兼領。今來(上)〔止〕爲諸路所置專司官屬稍多，慮州縣艱於應辦，又緣條令各已完備，事法皆已成緒，即比事初不同，理合裁損。竊慮外路官司并不體認朝廷意旨，妄意觀望，便將逐司已成法令公然廢弛，不爲奉行，則使山澤地利不歸公家，在有蠹散。又況諸司前後所得朝旨等，自合一一遵奉施行。」詔令逐路提舉等司，仰將逐件事務一一遵依前後所降朝旨施行，不得妄意亂有隳墮。如少有不(前)〔虔〕，官員并當停廢，吏人支配千里。仍各具已知委狀聞奏。

《宋會要輯稿・食貨五六・金・户部度支・金部》〔高宗建炎元年八月〕十六日，詔常平司見管山澤坑冶，並依舊法撥隸金部。山澤坑冶之利，舊法在外隸轉運司，在京隸金部。

自崇寧二年舊坑新發，漕司不應副錢本，悉令常平司應副，始隸右曹，至是改之。

《宋會要輯稿・職官四三・提點坑冶鑄錢司》〔高宗〕紹(聖)〔興〕元年二月一日，都省言：「訪聞江淮等路提點坑冶鑄錢司近來多是(安)〔妄〕以坑冶興發爲名，擅差見(任)〔在〕城寄居待闕官充檢踏官之類，騷擾州縣，冗費請給。令所在嚴行禁止，如有違犯，本司官并被差官各以違制論，請過俸給并計贓。如實有坑冶興發，合差官檢踏去處，止許時暫遣見任官。」

【略】〔高宗紹興二年七月〕二十二日，鑄錢司言：「本司昨被旨許置幹辦公事一員，檢踏官五員，催綱官二員，後來與諸司屬官一例減罷。緣所隸九路不可闕官。」詔復置幹辦公事一員，檢踏官三員，催綱官一員。

【略】〔高宗紹興〕四年六月十六日，工部言：「崇寧二年五月十一日敕：『修立到條：江、池、饒、建州每年鼓鑄上供新錢，銅料闕乏致虧者，責鑄錢司。鑄錢司不先次應副物料，典級杖八十，官員委發運司具職位、姓名聞奏取旨。』近降指揮，發運司官屬權罷，職事并令逐路漕司分認管辦。竊慮事有相干，欲乞令江東西路提刑司遵依前項條，常切覺察施行。」從之。【略】

〔高宗紹興〕十一年三月四日，江淮荆浙福建廣南路都大提點坑冶鑄錢韓球言：「本司係管東南九路州縣場監路分，職事最多，緣每歲止得薦舉改官四員，今來本司正當措置興復坑冶利源之際，須藉所轄州縣官協心應辦，又以薦舉數少，無以激勸。緣提點官序位、資任并與提點刑獄官一同，今欲乞本司薦舉除文臣與武臣陞陟依舊外，所有薦舉改官及職令員數，乞并依江南東路提點刑獄官條格施行，庶幾薦員稍寬，可以激勸。」從之。【略】

〔高宗紹興十一年〕十月，韓球言：「本司見置檢踏官六員，前此多是在司端閑，時有差出，往往止緣私計，不曾實辦職事。球欲乞以本司所管路分州軍内有緊要錢監、坑冶場職事去處，將檢踏官各認分定專管職事。内一員在饒州本司，一員在信州，一員在建州，一員在韶州，一員在潭州，從本司差委前去逐處，分頭檢踏逐處坑冶，催趁課利物料。所有逐官請給、人從，并各隨所分定逐州支給差破應副。如逐處或有互差幹當事務，即乞從本司臨時差委。」從之。【略】

〔高宗紹興十二年〕十月十日，韓球言：「本司獲奉今年八月十九日敕節文，將韶州曲江、潭州瀏陽、信州鉛山、饒州德興四縣令、丞，今後如點檢得弛慢不職，課利虧欠，并許本司一面先次對移取勘，申奏朝廷，乞賜施行。欲望詳酌，將其餘諸州管下應有坑冶縣分令、丞，如本司點檢得有弛慢不職、課利虧欠之人，并乞依上件四縣令、丞已得指揮，許本司一面先次對移取勘，申奏朝廷，乞賜施行。所貴可以責辦，興復坑冶，早見就緒。」從之。【略】

〔高宗紹興十二年十月〕十一日，韓球奏：「應曲江、保昌、始興三縣知縣，自紹興二年遭賊火殘破之後，至今已經一十年。内曲江縣紹興六年一次差到正官外，自餘年分前後差官權攝，久不交替，場冶利害未嘗究心，以致保昌、始興兩縣亦然，是致課利虧欠，無緣興復。欲乞詳酌，下吏部差注韶州曲江、南雄州保昌、始興三縣知縣正官，前來填闕。詔令鑄錢司奏辟一次。【略】

〔高宗紹興十二年十月〕二十四日，韓球言：「坑冶、鑄錢，祖宗以來係發運使兼提點，至景祐元年，專置都大提點坑冶鑄錢官一員。准嘉祐敕，與提點刑獄序官。依條，提點刑獄在發運判官之上。竊緣發運使係管六路，歲舉改官二十員，縣令十員。如係發運判官三分減一，即今提點官雖歲得舉改官七員，縣令六員，緣提點司所管九路坑場五百一十三處，球近已措置過數内，以採興坑冶計一百七十九處，合趁金銀銅鉛錫鐵課利及鑄錢監院六處，見鑄新錢。其間州縣及場監官内實有材干之人，須藉薦舉激勸，使之辦事，本司所得薦舉改官員數委是數少，伏乞比附發運判官合得員數施行。」詔許通舉改官十員，餘依已降指揮。【略】

〔高宗紹興二十七年八月〕二十七日，三省、樞密院言：「昨緣都大鑄錢司歲額全虧，一司官吏所費不貲，遂行省罷。今諸路運司分認措置，議者或謂諸路銅料有無不等，運司不相統轄，無以通融鼓鑄。雖已委官看詳，未有定議。按唐制，户部尚書、侍郎官領鑄錢使，國朝三司亦分完鹽鐵。今欲參酌舊制，置提領諸路鑄錢官於行在，朝廷通行選差侍從或卿監一員，不妨本職兼領，仍許置屬官二員，踏逐舊司通曉人吏使喚。其合係諸路運司、知通拘催應副職事，并令依舊通管。應干合行事件，令提領官照鑄錢司舊制，審度因革，條具措置，申尚書省取旨。其户部申請指揮更不施行。」從之。【略】

〔高宗紹興〕二十六年十二月十七日，尚書省言：「坑冶鑄錢司近年以來所鑄歲額全虧，而一司官吏所費不貲，理宜措置。」(照)〔詔〕都大提點坑冶鑄錢司官吏檢踏官等并罷，令逐路轉運司交割，措置條具聞奏。【略】

〔高宗紹興二十七年〕九月十四日，户部侍郎兼提領諸路鑄錢司榮嶷言：「准敕差兼提領諸路鑄錢，乞以『提領諸路鑄錢所』爲名。合用印記，欲權就用户部右曹印記使用；仍乞下禮部以『提領諸路鑄錢所印』八(宇)〔字〕爲文，所屬鑄造。已降指揮許置屬官二員外，欲乞并作幹辦公事，其序位、請給、人從依發運司屬官，仍乞從本所踏逐奏辟。」從之。【略】

〔高宗紹興〕二十八年九月四日，提領諸路鑄錢所言：「諸路錢監見行興鑄，除本司屬官二員外，欲時暫更選官二員，分委前去逐監專一措置。」詔朱商卿、吕靖差提領鑄錢所措置官，候措置畢日罷。

【略】〔高宗紹興二十九年〕七月十八日，中書舍人洪遵等上鑄錢司議曰：「泉貨之行於世，如谷帛水火之適於用，自古所不可闕，故必張官置吏以董之。在周之九府，漢之鍾官令、丞，唐之鑄錢使是也。國朝或以漕臣兼領，或分道置使，或釐爲二司。自中興以來，置都大提點，事權太重，官屬太多，動爲州縣之害，但當隨時之宜，爲救弊之計。間者亟行廢罷，事出倉卒，初未嘗下有司討論。既罷之後，又無一定之論。初委轉運使，又委提點刑獄，又委郡守、貳，號令紛紛不一，鼓鑄益少。乃命版曹提領，雖以侍從臨之，然官守不專，勢難逾度，而屬官有幹辦公事，又有措置官，間一差出，州縣承迎甚於使命，則使權視前日又重矣。罷提點一人、官屬十餘人，而總以侍從，置在京官屬四員，下至胥吏之類，額雖減而月給數倍，則官屬視前日又不少矣。異時提點坑冶以一職名官，猶懼不濟，而況版曹錢穀之司，遠在數千里外，符檄往來，安能辦治！屬官之出，不過毛舉細事以塞責耳。今何溥請乞復鑄錢司，遵等切以爲復置便。今參照祖宗舊制及今日利害，畫一下項：一、景佑元年，置江淮荆浙福建廣南等路都大提點銀銅鉛錫坑冶鑄錢公事一員。元豐二年，分置兩司，在饒州曰提點淮南福建江南東路坑冶鑄錢事，在虔州曰提點荆湖廣南西路坑冶鑄錢事。政和七年，提點鑄錢官兩員，輪年於饒、虔州守任。紹興六年，趙伯瑜乞依嘉佑著令，銜内添『都大』二字，與提刑序官，事權太重。今欲參酌祖宗舊制，以江淮荆浙福建廣南路提點坑冶鑄錢公事繫銜，與轉運判官序官，依舊於饒、贛二州置司，輪年守任，專以措置坑冶、督責鼓鑄爲職。如州縣於坑冶弛慢不職，許從本司按劾。其逐歲薦舉所部官，并依未罷司以前員數施行。一、主管文字、幹辦公事舊各一員，檢踏官九員，秤銅官、催(剛)〔綱〕官各二員。官屬既多，往往非理干擾州縣。今欲於饒州置〔主〕管文字一員，贛州置幹辦公事官一員，請給、人從、序位并依轉運司主管文(事)〔字〕、幹辦公事例。韶州、建州各置檢踏官一員，并依准備差遣例。別置秤銅官、催綱官各一員，專差武臣。如係暫闕，不許輒差文臣權攝。屬官請給於逐州支破，兵（給）〔級〕不得過數。逐州知、通、縣令、佐，依舊以提點主管入銜，屬官只許於本司本路差出，及赴本司稟議，不得輒往別路。一、提點司手分、貼司、軍典舊額二十二名，今欲以手分十名、貼司二名、軍典一名爲額。屬官下手分、軍司舊係十六名，今欲逐官下各破手分一名，請受依舊鑄錢司則例。一、提點司淺（剛）〔綱〕船專一裝載銅鐵鉛錫，本司多是差借外人，纔至裝綱，却於州縣差船，實爲騷擾。今後淺綱船不得差借，如有違戾，（今）〔令〕監司覺察按劾。一、諸監兵匠并依見在人數，不得抑勒州郡，虛椿闕額錢糧及科取率分工錢。一、監兵間有技藝工匠，常是占留私役，或借事官員。仰指揮到日，委自提點司量行揀選。如係諸色工匠，不許存留，别行招刺。今後輒差監兵借事，并以違制論。一、錢監官有兩員去處，如一員缺，不許差見任及寄居官權。如并闕，許差本司屬官或見任官一人時暫兼權。一、昨拘收到鑄錢司什物，見椿管激賞庫。」詔依。給舍議罷提領官，其檢踏官於饒州添置一員。鑄錢所見在吏人十四名，發赴本司，令提點官條具本司及屬官下合差置吏人申尚書省。仍令江東轉運司撥饒州錢一千貫，付新差提點官公用，見拘收什物，令具狀赴激賞庫請領。至是議上，從之。

【略】〔高宗紹興〕三十年五月十二日，江淮等路提點坑冶鑄錢公事李植言，乞下江西提刑司撥還舊來廨宇。工部看詳：「提點坑冶鑄錢官多在饒州，其贛州止係巡歷，欲令本州島係官屋宇摽撥充鑄錢司廨宇。一、元計置（上）〔主〕管文字一員，幹辦公事一員，檢踏官三員，秤銅官、催綱官各一員，准備差使二員。内檢踏、秤銅、催綱官乞更不設置，幹辦公事一員乞改作主管文字，係饒、贛兩司各一員，更乞添置准備差使三員。本司并主管文字下乞通置手分十人，貼司（代）〔及〕軍典各五人，共二十人爲額，依舊司則例支給請受。」吏、户部看詳：「内乞踏逐添差大小使臣三員充准備差使，欲共置三員，其餘欲盡依本司所乞。」從之。

【略】紹興〔三十二年（孝宗已即位未改元）〕。十一月二十七日，江淮荆浙福建廣南路提點坑冶鑄錢公事魏安行奏：「本司舊置屬官一十三員，見今止有五員。緣本司所管路分闊遠，闕官廢事，欲於舊檢踏官内復置兩員。」從之。

【略】〔孝宗隆興〔元年〕〕十一月五日，提點坑冶鑄錢公事黄仁榮奏：「本司未廢司以前，置檢點官九員，近獲旨復置兩員，委是闕官幹當。乞將准備差使三員數内改一員充檢踏使臣。」詔依。

《宋會要輯稿・食貨三四・坑冶雜録》 孝宗隆興二年，鑄錢司言：「坑冶監官歲收買金及肆千兩、銀及拾萬兩、銅錫及肆拾萬兩、鉛及壹伯貳拾萬斤者，各轉壹官，知、通、令、丞部内坑冶每年比祖額增剩者，推賞有差。」

【略】〔孝宗乾道〕二年四月十二日，提點坑冶鑄錢司狀：「契勘紹興五年十一月指揮，坑爐户依保甲法，與免身丁。今據興國軍坑户劉介狀，稱被本縣不時差科坑丁作匠，應奉官司，（坊）〔妨〕廢採坑。本司已行約束外，乞降旨，應坑丁作匠并令本縣註籍，與免本身諸般非泛差使。所貴專一用心，興採坑冶。」詔依。

【略】〔孝宗乾道〕三年正月十二日，司農寺丞、兼權提點坑冶鑄錢公事晁公愚奏：「諸路出産坑冶去處五金雜出，銅坑有鉛，鉛坑有銀，銀坑有鐵，所産礦脉厚薄不等。自來銅鉛錫鐵隸提點司，金銀坑隸轉運司，事不歸一，職難兩盡。且如銀坑有銅，轉運司但收銀寶，其所有銅置而不問；鉛坑有銀，即提點司但認鉛數，其所有銀亦恐漕司争占，不敢防閑，遂致百姓夤緣爲奸。如銅、銀雜出，於漕司則稱係是銅礦，當於泉司告發；於泉司則言係是銀礦，當於漕司告發。彼此不照，私自行採，實爲利害。今乞專委提點司拘轄，將轉運司歲收過金銀數目責令提點司抱認，庶幾五金之利全歸公上。」詔依。

【略】〔孝宗乾道三年正月〕十三日，詔：「劉莊士奏對坑冶利害可採，與轉一官。提點坑冶鑄錢司幹辦公事一員，特差劉莊士填闕。」

【略】〔孝宗乾道三年正月〕二十八日，詔江淮荆浙福建廣南路提點鑄錢陳扃所乞自辟官屬指揮更不施行，從臣僚論列也。臣僚上言：「伏觀吏部牒報，新除提舉坑冶鑄錢陳扃札子，以泉司事重，乞自辟差官屬，視其勤惰而爲黜陟，已得旨（已）〔依〕奏。竊詳諸路分置監司，各有官屬，皆是朝廷差置。若曰泉司事重，可以自辟，如總領、轉運、提點刑獄事，顧不重乎？使皆援此例以進，則將何辭以拒之？而況使者易置雖多，屬官未嘗改易，今有以到任未及終更者，將何罪而罷之乎！又有已授而未及赴上者，將無事而抑之乎！審爾，則堂除之目移於泉司，使者之權墉於銓部矣。扃但當躬率吏屬幹辦職事，如有不職，自當奏劾可也。欲望特寢前命。」從之。

【略】〔孝宗乾道〕三年四月一日，詔陳扃所乞復置檢踏一員指揮更不施行，從臣僚論列也。中書舍人梁克家言：「竊見坑冶一司未罷之前，官屬頗多，自紹興二十九年復置，止留主管文字以下七員，後來節次增添，遂至十一員。隆興二年，方減其四。今已有主管文字二員，幹辦公事三員，并劉莊士係權行添置，共四員，檢踏官一員，准備差遣一員。遇有坑冶興發，又許差所部州縣官前去檢踏，今更添置，徒有增官之費而無舉職之實。若局以身率先，督責見今屬官，使之曉夕究心，講求利病，無職案不辦之理。所有録黄，臣未敢書讀。」故有是命。

【略】〔孝宗乾道三年〕五月三日，詔右承奉郎、監饒州永平監兼物料庫嚴管特降兩官放罷，爲在任減克物料，私鑄銅器，從知饒州俞翊之奏也。

【略】〔孝宗乾道〕五年二月十一日，户部尚書曾懷言：「契勘諸路金銀坑冶舊隸轉運司，昨緣晁公愚陳請，盡委提點司拘催。本部竊詳提點司係十一路，坑冶闊遠，何以（機）〔譏〕察！今欲依舊撥隸逐路轉運司，免致失走課入。」詔依。

【略】〔孝宗乾道六年〕閏五月二十九日，江浙荆湖淮廣福建等路都大發運使史正志言：「信州鉛山場額趁黑鉛二十萬斤，依指揮令、丞、監官、知、通如措置及額，減一年磨勘；更於額外五分以上，減一年半磨勘；增一倍以上者，各減二年磨勘。若虧欠亦各展一年磨勘，比額虧五分以上即合對展。後緣當職官專務趁鉛得賞，不趁銅課，續降指揮，如趁鉛外須趁銅及新額一十三萬斤，即與放行鉛賞。照得近年以來，趁銅既不及額，其趁鉛即不該賞，是致當職官不切用心，銅、鉛數少，有妨鼓鑄。今相度，欲將所趁額賞罰依紹興三十一年三月已降指揮，其收趁銅如及新額一十三萬斤，亦乞減一年磨勘，虧欠五分即展一年磨勘。兩項賞罰各不相〔妨〕，庶可責其用心趁辦。」從之。

【略】〔孝宗乾道〕六年四月一日，詔鑄錢司減罷，并歸發運司，存留幹辦公事二員，二員歸發運司。其減罷屬官并依省罷法。

【略】〔孝宗乾道六年四月〕二十四日，尚書省勘會：司農寺丞許子中專一措置鼓鑄鐵錢，其鑄錢司已降指揮并入發運司。乃許子中應鑄錢職事并隸發運司措置。

【略】〔孝宗乾道六年〕八月七日，詔利州路紹興監監官一員、金牛檢踏官一員、紹興監監門官一員、金牛鐵務官一員窠闕，并令轉運司每季使闕集注差官。從利州路轉運判官、提舉鑄錢趙公説之請也。【略】

〔孝宗乾道六年〕十月十八日，發運使史正志言：「本司已興置江州等處錢監，尚闕工匠，照得諸州鐵作院兵匠諸會工作，易爲指教，即目多是空間，欲許從本司逐急刷差，添貼鼓鑄，一年一替。」詔諸州見打鐵甲，於廂軍内刷差前去。

【略】〔孝宗乾道六年〕十二月十三日，史正志言：「契勘諸處鼓鑄銅錢，惟饒州永平監數多。近緣許子中盡數取撥兵匠共三百一十四人前去舒州同安監指教，今永平監闕人鼓鑄。」詔令許子中先發一百人回，令發運司於諸路廂軍内？（例）〔刷〕一百人往同安監習學。

【略】〔孝宗乾道六年十二月〕十九日，吏部狀：「准批下史正志札子：『契勘吉州安福縣連嶺場、信州弋陽縣寶豐銀銅場各監官一員，别無職事，合行省罷，就令縣丞兼監。緣本司已興置鐵錢場四處，權差右迪功郎許孝純監江州廣寧監，右迪功郎徐椿〔監〕興國軍大冶縣富民監，左迪功郎徐之茂監臨江軍新喻縣豐餘監，右迪功郎蔣莊監撫州裕國監，欲望朝廷給降付身。所有省罷場監官請給、人從，許本司拘收。』今欲依本官所乞，仍於逐處縣丞銜内添入兼監逐處稱呼，及正差右迪功郎許孝純等充四處監官。」詔特依。

【略】〔孝宗乾道〕七年二月二十八日，詔右朝請郎、直秘閣江璆除提點坑冶鑄錢，填復置闕。

【略】〔孝宗乾道七年〕三月六日，許子中奏：「先奉旨以司農寺丞兼措置淮西鼓鑄鐵錢，續改差權發（遺）〔遣〕舒州，依舊兼措置淮西鼓鑄鐵錢。緣是郡守，不敢擅出，欲得躬親前去蘄黄等州相視置監去處，措置鼓鑄，所有郡事依條差以次官權行管干。」從之。

【略】〔孝宗乾道七年〕五月十五日，新江淮荆浙福建廣南路提舉坑冶鑄錢公事江璆言：「如信州鉛山、韶州岑水場皆有監官二員，文武各一，然銅鉛鐵料所出浩瀚，乞將（西）〔兩〕場監官文臣係階作本司檢踏官，專一措置本場。所有韶、信兩州幹辦公事，即不時差出，督責諸處場監銅鉛鐵課及催起錢物。」從之。

【略】〔孝宗乾道〕八年三月二十二日，詔知江州李木、通判蔣該、知興國軍向澹、通判王杞、知大冶縣鄭梓各特降一官。以逐監鼓鑄錢虧額，提點江璆按奏，故有是命。

【略】〔孝宗乾道八年〕九月二十〔日〕，提點坑冶鑄錢司申：「據興國軍申：『富民監歲額鑄錢十萬貫，及補填乾道七年未鑄錢。本監見管工匠二百餘人，假令晝夜不歇，未能及額。欲望裁減，令有事力監分均認。』本司相度，欲將興國軍富民監、江州廣寧監歲額量行裁減各一萬貫，却令臨江軍（監豊）〔豐〕余監、撫州裕國監管認，并自乾道八年爲始。」詔依。

【略】〔孝宗乾道八年〕五月七日，新差知處州趙善仁言：「乞依舊令通判、令、丞銜内帶行主管銅銀鉛坑冶職事。如任滿無虧欠，及巡尉任内無私採透漏，即依條推賞施行。」詔依。其推賞一節，令户、工部同敕令所參酌立法申尚書省。其後户、工部同敕令所修立下條：「每歲立定所收銀、銅、鉛數，任滿無虧欠，各與減二年磨勘。巡尉官如任内無私採透漏，候任滿令本州島批書，巡檢與減半年磨勘，縣尉升六個月名次。」從之。

【略】〔孝宗乾道八年〕十一月六日，江東路提點刑獄公事梁俊〔産〕彦奏：「准付下户部尚書楊倓札子：『得旨，半年内鑄到新錢，每次取一貫進呈。』尋取到饒州九月新錢二萬餘貫，内一分係黄銅錢，九分帶鉛、錫錢，取到二貫進呈。得旨，永平監監官令江東提刑司取勘，限十日聞奏。」本司今勘到鄭照、趙師回職爲監官，各不合依鑄錢司公帖，節次將夾雜銅依十分好銅數目支出鼓鑄。兼提點官江璆到永平監，見有鑄到錢一萬四千五百貫文黑色，却令本監分綱起發。自後鄭照、趙師回爲好銅數少，不合節次將夾雜鉛、錫錢衮同黄銅錢在庫，運發至左藏西庫。」詔江璆、鄭照、趙師回各特追三官勒停，户部長貳各降一官，左藏西庫監官各特降兩官，工部長貳各展二年磨勘。

【略】〔孝宗乾道八年〕十二月二十六日，詔鑄錢司依舊置提點官二員，於饒、贛二州置司。左承議郎王楫除江淮荆浙福建廣南提點坑冶鑄錢公事，右宣教郎李大正除江淮荆浙福建廣南路提點坑冶鑄錢公事，并填見闕。

【略】〔孝宗乾道九年閏正月〕八日，工、户、吏部狀：「准批下權發遣處州姚述堯狀：『坑場官吏多與坑户偷瞞官物，及有□銷錢寶之弊，關防未盡。除已委巡尉不妨巡捕往來巡察，及委主簿〔機〕〔譏〕察坑場偷瞞官物，并委知縣點檢，旬具有無覺察保明事狀稽考外，所委官每月各添支食錢五貫文省。欲乞於逐官考内，稽考有無透漏□銷錢寶等事件，批書印紙，庶幾官吏有所激勵。』逐部勘會：點檢、〔機〕〔譏〕察、巡捕官每月添支食錢，欲依所乞；批書所委官印紙事内，知縣、主簿已有立定六項課績批書指揮外，縣尉乞依本官所乞。」從之。

【略】〔孝宗乾道九年閏正月五日〕同日，王楫等申：「契勘鑄錢已有主管官二員，分置在饒、贛二州。又有屬官三員，盡在饒州，今欲擬一員過贛州。今更乞辟置一員，庶幾事體均平。」工部契勘：鑄錢司屬官已差置七員，内主管文字二員，幹辦公事二員，檢踏官一員，各已分撥置局去處外，准備差使二員亦係本司辟差員數，未曾分隸。今勘當，欲下本司各分隸一員使唤。「一、天申聖節并大禮年分進奉銀，欲乞依崇寧上供格法，并照舊例於産銀州軍支係省錢收買，連銜進奉。」户部勘當：欲下江東西、湖南、福建、廣東路轉運司，依崇寧、大觀格，於出産州軍收買，輪流起發，依逐官所乞事理施行。「一、契勘合用印記二顆，饒州已有見行使銅印外，乞給贛州司印。」禮部契勘：欲下工部鑄造一顆，付本司行使，以「江西湖廣福建路提點坑冶鑄錢司印」十五字爲文。詔并依。

【略】〔孝宗乾道九年〕三月十五日，户、工部狀：「檢准乾道八年五月七日知處州趙善仁奏：『處州管下坑冶，乞令處州通判、令、丞依舊例於銜内帶行主管銅銀鉛坑冶職事。候任滿日無銀欠，并巡尉任内無私採透漏，即依條推賞施行。』除許帶坑冶職事外，其推賞一節看詳，如通判、令、丞任滿無虧欠，各與減二年磨勘。巡尉官任内無私採透漏，候任滿令本州島批書，巡檢與減半年磨勘，縣尉升六個月名次。擬送〔教〕〔敕〕令所修立格法。」詔依。

【略】〔孝宗乾道九年〕五月十六日，中書門下省勘會：「諸路各有金、銀、銅、鐵、鉛、錫坑冶，比元豐祖額，今所收不及五十分之一。設或發歇不時，不應自元豐年後九十餘年，更無一興發去處，顯自州縣循習，隱蔽不申，是致失陷財計。」詔令逐州知、通候指揮到日，限兩月講究失陷因依，從實檢踏興廢去處供申。其已前隱蔽并與放罪。仍責委無隱漏及講究不盡事件，具結罪保明申尚書省。

【略】〔孝宗乾道九年〕八月七日，中書門下省勘會：「處州坑冶因乾道七年以後差官措置，一年收到銀二萬二千八百餘兩，銅四萬五千餘斤。諸路各有興發去處，州縣循習，隱蔽不申，是致歲久失陷財計。已降指揮，限月講究，并令提點鑄錢官據所分路分核實，至今未見申到。照得處州坑冶過額之數，合開坐行下逐州知、通并提點官，照應指揮疾速供申，如有違戾，取旨行遣。」詔依。

【略】〔孝宗乾道九年〕十月九日，李大正狀奏：「契勘韶州岑水場趁辦浸銅、淋銅課額，全仰春水浸漬，今年一春闕鐵使用。臣至南雄州，索到收支鐵歷點對，去歲一年之間收鐵五十八萬餘斤，其南雄州只支發過二十七萬餘斤。照得般發銅鐵綱運，係本司主管、通判南雄州林次韓，今已任滿去官。見任通判曹緯自正月到任，至目下已發過鐵五十八萬餘斤，有此不同。欲望特賜處分，以爲勸戒。」詔林次韓特降一官，曹緯特轉一官。

【略】〔孝宗乾道九年十月〕二十三日，尚書省勘會：「諸州軍申到金、銀、銅、鐵、鉛、錫數，往往不及元額，及有申稍無興發去處，多是隱蔽鹵莽。」詔令諸州〔運〕〔軍〕遵依已降指揮，疾速委官子細詢究盡實，結罪保明，申提點司核實，申尚書省。如將來朝廷差官檢踏得稍涉欺隱，當職官吏重作施行。

【略】〔孝宗〕淳熙元年正月十一日，詔：「舒、蘄州住罷鼓鑄鐵錢，逐監已差監官并依省罷法，見役工匠盡數發赴饒州鑄錢司收管。内招到百姓人匠願從便者聽。其鐵炭物料并起赴軍器所。未盡事件，令饒州鑄錢司條具申尚書省。」先是，詔令蘄州分舒州同安監歲鑄鐵錢一十萬貫，就差蘄春知縣兼管。既而以所置監在蘄口鎮，去州城差遠，蘄春知縣難以兼監，許令選差一員奏辟監視，至是罷之。

【略】〔孝宗淳熙元年〕二月十三日，中書門下省言：「提點鑄錢王楫興復坑場，鼓鑄精緻，（各）〔合〕行推賞。」詔王楫轉一官，更減二年磨勘；監督官章洞、監官周椿、沈作賓各減二年磨勘；葉簣減二年磨勘；李大正候所鑄錢起到行在，量度推賞。

【略】〔孝宗淳熙〕二年二月二十二日，提點鑄錢王楫言：「建寧府豐國監已行住罷，今二年間并不興鑄，乞將監轄收支物料鼓鑄錢寶官一員減罷，依省罷法。」從之。

【略】〔孝宗淳熙二年二月〕二十四日，楫又言：「諸處場監官，乞從提點官選擇，辟差一次。如有敗事，舉官同坐。」從之。

【略】〔孝宗淳熙元年〕七月二日，提點鑄錢李大正言：「被旨遍詣所管坑冶州軍，除已到贛、（表）〔袁〕、潭三州外，所有襄、房、辰、（沅）〔沅〕州及二廣、福建去處，乞依潼川、利州路分委各監司與逐州守倅保明申省。」事下工部。本部勘會：「惟京西襄陽府、房州欲依所乞。」從之。

【略】〔孝宗淳熙〕三年五月十一日，户、工部言：「提點鑄錢王楫鼓鑄銅錢遞年虧減，却以打造麻扎及雁（翊）〔翎〕刀爲詞，又乞以元降鑄本舊錢通計新錢起發，失鼓鑄本意。」詔楫降兩官，仍自淳熙三年爲始，須管每年鼓鑄數足，不得拖欠。

【略】〔孝宗淳熙〕五年六月二十七日，詔江淮等路提點坑冶鑄錢公事，可依景佑元年故事，銜内帶「都大」二字，與提刑序官。

【略】〔孝宗淳熙〕十二年三月二十二日，省韶州永通監監官，置潭州衡山縣泉井銅鉛場監官一員。既而都大提點坑冶鑄錢司言「永通監監官全無職事，徒費廩禄，而衡山縣泉井銅鉛新發，二年間趁銅一萬二千九百餘斤、鉛七千五百餘斤」，而有是請。

【略】〔孝宗淳熙〕十三年八月一日，都大提點坑冶鑄錢公事趙師言：「信州鉛山縣坑冶場鋪兵處，因縣道不支衣糧，畫降指揮專委任官別置倉庫支納。竊詳鉛山令、丞各係主管坑冶官，知縣以兼兵馬都監繫銜，趁辦銅鉛，增虧均受賞罰。其鉛山場趁銅兵級，知縣自當管轄，但未有明降指揮，所以不曾干預。今欲將鉛山場兵級，令、丞與監場檢踏官同共統轄彈壓，措置坑冶事務。其場兵衣糧，縣丞專一拘催，及時支散。其餘有坑冶場兵處，亦乞准此。」從之。

【略】〔光宗〕紹熙元年十二月三日，提點坑冶鑄錢司言：「嚴州神泉監鼓鑄合用銅、鉛，係於信州鉛山場等處支撥，緣般運費力，多是空間工役。兼去永平監差遠，鑄料間有不相接濟。今乞只就永平監一處鼓鑄，人力不闕，實爲利便。所是神泉監見任監官候鑄絶物料日，并已差下替人，并乞與對換一等差遣。人吏、專知發歸元來去處，兵匠移填本州厢軍。及處州石堰廠銅礦日來衰微，其監官二員亦乞省減一員，見任人許令終滿，已差下替人亦與對換一等差遣。」從之。

【略】〔光宗紹熙〕二年二月五日，四川總領李結言：「利州紹興監見管工匠一百八十七人，除招刺到監兵子弟及舊收刺軍匠三十六人外，其餘皆是諸處配到貸命之人，晝則重役，夜則鏁錠，無有出期。乞下鑄錢司，日後遇有配到人兵，將在監執役年遠者逐旋填替，發還元本州島軍。内癃老疾病與詳元放停，若筋力尚壯、情理凶惡者，與在州羈管。兼本監軍匠最係重役，而衣糧未能裹足，乞各除舊請外，更與添支米二斗。」逐部指定：紹興監見管兵匠一百八十七人，工匠數足，可以立爲定額。如日後諸處配到人溢額，許將見在老弱之人揀放。如元係軍人願歸本軍、百姓願充厢軍者，聽。其元犯情重、永不放還之人，不許揀放。所乞支米，欲行下本路漕司，於見管米内那融應副，按月支給。并從之。

【略】〔光宗紹熙二年〕七月二十八日，提點江淮湖北鐵冶鑄錢劉煒言：「照應創置提點鐵冶司，事務最爲繁冗，今措置下項：一、照得淮南運司、淮西提刑、提舉常平茶鹽四司，止有屬官并檢法官共三員，内檢法官不許差出。淮南運司舊有添差幹辦公事一員，見今闕人，今乞省并，却移充提點鐵冶司幹辦公事窠闕，就無爲軍置司。一、乞置檢踏官二員，内一員舒州置司，往來兼管舒州、光州錢監事；一員蘄州置司，往來兼管蘄州、漢陽、興國軍錢監事。并許於曾經本路本軍縣差遣任滿及見任官選人内選擇辟差。一、乞置監門官一員，兼受給，專關防滲漏及人匠出入搜檢。許本司於文臣選人、武臣小使臣内通行踏逐有材干、公廉、經任之人。一、照應見今舒州同安監、蘄州蘄春監官元係本州辟差，今乞止許本司差辟。一、照應捕捉私鑄，全藉巡尉，乞將湖北路德安府、復州、漢陽軍、鄂州，江西路隆興府、興國軍、江州，江東路南康軍、寧國府、池州、太平州、建康府，及兩淮州軍都監、巡尉銜内，并帶『巡捉私鑄鐵錢』，任滿批上印紙。」悉從之。

【略】〔光宗紹熙〕三年三月九日，提點鑄錢司言：「竊見建寧府大挺鉛場昨來係坑户撲認浄利，日來興發浩瀚，乞將豐國監監官兼監大挺鉛場，往來管幹兩處職事。若將來大挺場采取盡絶，即仰(往)〔住〕兼。」詔建寧府大挺場創置監官一員，依處州石堰、庫山銀銅場例，作堂闕差人。其豐國監令坑冶司相度，合與不合省罷。既而坑冶司言：「照得舊係建寧府、嚴州、贛州三監與饒州分鑄，今并就永平一監，稍覺難辦。況豐國監有交受南劍等州并大挺場坑冶銅鉛，從本監轉發前來永平監鼓鑄，事體稍重，若省罷豐國監官，深慮福建一路坑場轉發銅鉛遲滯。欲乞仍舊存留，免將來再有申乞復置。」從之。【略】

〔寧宗〕慶元元年十二月三日，右正言兼侍講劉德秀言：「坑冶司凡所總(管)〔官〕屬，自主管文字而下至於監轄坑場幾三十員，隨事之輕重，職之崇卑，莫不皆有責任。唯建寧之豐國監，贛之鑄錢院，舊各置監官一員，後緣銅料不繼，罷去鼓鑄，而監官至今猶存。冶司舊有辟差窠闕凡六，近以其一歸堂除，而今所存者尚有五闕，吉州置司檢踏官、監潭之永興場、監建寧之瑞應場，與夫處之石堰、庫山場監轄使臣是也。乞廢罷前兩監官，少寬州縣冗食之患；舉後五闕皆歸吏銓，以聽公選。」詔吉州檢踏官、潭州永興場、建寧府瑞應場三闕今後堂除，餘并依。其廢罷兩監官，見任人許終滿，差下人依省罷法。【略】

〔寧宗慶元三年八月〕二十九日，中書門下省言：「已降指揮，諸路屬官今後并不許差注本貫及居止在本路者。見任人令終滿，已差下人聽兩易，添差不釐務者非。」詔坑冶司屬官止避本貫及居止處。【略】

〔寧宗慶元〕四年二月五日，中書門下省(下)〔言〕：「嚴州神泉監復置之初，已解到當三新錢三千貫，鼓鑄精緻，見得究心措辦，理宜議賞。」詔監官如三年鑄及十萬貫，減改官舉主兩員。又能催趲工程，即照應已降指揮，更與優異推賞。其知、通應辦無遺闕，每歲各減一年磨勘；如不及全年，計日推賞。

《宋史》卷八五《地理志一》〔京西北路河南府〕河清，畿。開寶元年，移治白波鎮。熙寧八年閏四月，置鐵監。登封。畿。監一，阜財。熙寧七年置，鑄銅錢。

又卷一六三《志》第一一六《職官三》 虞部郎中員外郎，掌山澤苑囿場冶之事，辨其地産而爲之厲禁，凡金、銀、銅、鐵、鉛、錫、鹽、礬，皆計其所入登耗，以詔賞罰，分案四置吏七。

又卷一八五《食貨志下七》 紹聖元年，户部尚書蔡京奏：「岑水場銅額寖虧，而商、虢間苗脉多，陝民不習烹採，久廢不發。請募南方善工詣陝西經畫，擇地興冶。」於是以許天啓同管幹陝西坑冶事。元符三年，天啓罷領坑冶，以其事歸之提刑司。初，新舊坑冶合爲一司，而漕司兼領。天啓爲同管幹，欲專其事，慮有所牽制，乃請川、陝、京西路坑冶自爲一司，許檢束州縣，刺舉官吏，而漕司不復兼坑冶。至是，中書奏天啓所領，首末六歲，總新舊銅止收二百六萬餘斤，而兵匠等費繁多，故罷之。【略】

〔宣和〕七年，提舉東南九路坑冶徐禋奏：「太平瑞應，史不絶書。今部内山澤、坑冶，若獲希世珍物及古寶器，請赴書藝局上進。」蓋自政和初，京西漕臣王璹奏太和山産水精，知桂州王覺奏枕門等處産金及生花金田，提轄京西坑冶王景文奏汝州青嶺鎮界産瑪瑙，其後湟州界蕃官結彪地内金阬千餘，收生熟金四等，凡百二十四兩有奇。蔡京請宣付史館，帥百官表賀，故禋復有是請焉。是時，河北、京東西及徐禋所領九路興修坑冶，類鑿空擾下，抑州縣承額，於是降黜河北提轄官，遣廉訪使者鄭諶并諸路廉訪悉究陳利病真僞。八月，中書奏坑冶寖已即緒，詔京東西、河北路并提舉東南九路坑冶並罷。十一月，尚書省言：「徐禋以東南黑鉛留給鼓鑄之餘，悉造丹粉，鬻以濟用。」詔諸路常平司以三十萬輸大觀西庫，餘從所請。【略】

〔政和〕四月，廣東廉訪黄烈等言：「廣惠英康韶州、興慶府，政和中，寶貨司立坑冶金銀等歲額，或苗脉微，或無人承買，而浮冗之人虚託其名，發毁民田，騷動邀賂。」詔：「政和六年所立額並罷，舊有苗脉可給歲課者如故。」十一月，復諸路元罷提舉坑冶官，其江南路仍令江西漕臣劉蒙同措置。

楊仲良《宋通鑑長編紀事本末》卷六六《神宗皇帝・三司條例司》〔熙寧二年九月〕丙子，條例司言：「常平、廣惠倉條約已行於京東、淮南、河北三路，訪聞諸路民間，多願官中支貸。乞令司農寺遍下諸路轉運司，如有便欲施行，即具以聞，當議遷置提舉官。」詔可。條例司言：「銀銅坑冶、市舶之物，皆上供，而費出諸路，故轉運司莫肯爲，課入滋失。今既假發運司以錢貨，聽移用六路之財，則東西南經費皆當責辦。請令發運司、副兼提舉九路銀銅鉛錫坑冶、市舶之事，條具利害以聞。」此以上據本志增入。乃詔發運使薛向、副使羅極兼都大提舉江淮、兩浙、荆湖、福建、廣南等路銀銅鈆錫坑冶、市舶等。從之。

柯維騏《宋史新編》卷二二《志八・地理上》 徐州大都督彭城郡武寧軍節度。

縣五：彭城、沛、蕭，望。滕、豐，緊。

監二：寶豐、元豐六年置，鑄銅錢，八年廢。利國。主鐵冶。貢雙絲、綾、紬、絹。

又卷四三《志二九・食貨四》 坑冶：凡金、銀、銅、鐵、鉛、錫監、冶、場、務二百有一。開寶三年，詔減桂陽監歲輸課三之一。民鑄銅爲佛像浮圖及人物之無(川)〔用〕者，禁之。銅、鐵不得闌出蕃界及化外。至道二年，有司言定州山多銀礦，鳳州山銅礦復出，採鍊大獲，皆精良，請置官署掌之。太宗曰：「地不愛寶，當與衆庶共。」不許。天聖中，登、萊採金歲益數千兩，仁宗命奬官吏。宰相王曾曰：「採金多，則背本趨末者衆，不宜誘之。」景祐中，登、萊饑，詔弛禁，聽民採取，俟歲豐復故。大率山澤之利有限，暴發輒竭，採取歲久，得不償費，有司督課，惟責主者取盈。帝與英宗每降赦書，輒蠲。冶之不發者，或廢之，或蠲主者負課。有司有請，亦輒從，無所吝，故冶興廢不常，而歲課增損隨之。至治平中，諸州坑冶或增或復，凡二百七十一。熙寧元年詔，天下寶貨坑冶不發，而負歲課者蠲之。元豐七年，户部尚書王存等請復開銅禁，是歲坑冶凡一百三十六所，領於虞部。紹聖元年，户部尚書蔡京奏岑水場銅額寖虧，而商、虢間苗脉多，陝民不習烹採，久廢不發，請募南方善工詣陝西經畫，擇地興冶。於是，以許天啓同管幹陝西坑冶事。元符三年，天啓罷領坑冶，以其事歸提刑司。大觀二年八月，提舉陝西坑冶司改併入轉運司。三年，詔令陝西措置官兼行川路事。六年，川、陝路各置提轄，措置阬冶官。尚書省又奏，五路坑冶已有提轄措置專司，及淮南、湖北、廣東西亦領於監司，其餘路請竝令監司領之。於是江東西、福建、兩浙漕臣皆領坑冶。七年，提舉東南九路坑冶徐禋奏，太平瑞應，史不絶書，今部内山澤坑冶，若獲希世珍物，及古寶器請赴書藝局上進。蓋自政和初，京西漕臣王璹奏，太和山産水精。知桂州王覺奏，枕門等處産金及生花金田。提轄京西坑冶王景文奏，汝州青嶺鎮界産瑪瑙。其後，湟州界蕃官結彪地内金阬千餘，收生熟金四等，凡百餘兩。蔡京請宣付史館，帥百官表賀。故禋復有是請焉。請康元年，諸路坑冶、苗礦既微，或舊有今無，悉令蠲損，凡民承買金場竝罷。宋初舊有坑冶，官置場監外，隸諸路轉運司，内屬金部，其物悉歸之内帑。崇寧已後，廣搜利穴，榷賦益備，乃隸右曹，積之大觀庫。自蔡京始，政和間數罷數復，然告發之地多壞民田，承買者立額重，或舊有今無，而額不爲損。欽宗即位，詔悉罷之。建炎元年復隸金部轉運司，其後坑冶廢興不常，歲入多寡亦不同。理宗時，職坑冶者往往恣横爲民害。蘄州進士馮杰，本儒家，抑爲鑪户，誅求日增，杰妻以憂死，其女繼之。弟大聲赴愬，死於道路。杰知不免，毒其二子一妾，舉火自經而死。紹定五年，夏霖雨爲沴，廷臣訟杰寃，謂致咎之徵，乃罷都大坑冶。【略】

魏峴職云礬：宋因五代之制，搉務置官吏，有鑊户，鬻造入官市，嚴私盜之禁。自熙寧初，礬法始變，東南九路，官自賣礬，發運司總之。元祐初，通商，紹聖復熙豐之制。大觀元年，從商販。政和初，復官鬻，罷商販如舊制。紹興以後，諸路皆置場，給引，歲有常輸。惟漳州之東，去海甚邇，大山深阻，雖有採礬之利，而潮、梅、汀、贛四州之姦民聚焉，其魁傑者號大洞主、小洞主，土著與負販者皆盜賊也。

佚名《羣書會元截江網》卷一一《錢帛・歷代事實》 憲宗元和中，天下銀冶廢者四十處。宣宗增銀冶二，鐵山二十一，銅冶二十七，鉛山二千斤。《唐志》

《宋史》卷八七《地理志第四〇・地理三》 鳳州，下。河池郡，團練。本防禦，乾德元年，降爲團練。崇寧户三萬七千七百九十六，口六萬一千一百四十五，貢蜜、蠟燭。縣三：梁泉，上。河池，緊。開寶五年移治固鎮，有水銀務。兩當，上。至道元年，移治廣鄉鎮。監一：開寶，建隆三年於兩當縣置銀冶，開寶五年升爲監，治平元年罷置官，以監隸兩當縣，元豐六年廢。

《宋書》卷九二《良吏傳・杜慧度》 高祖踐阼，進號輔國將軍。其年，率文武萬人南討林邑，所殺過半，前後被抄略，悉得還本。林邑乞降，輸生口、大象、金銀、古貝等，乃釋之。遣長史江悠奉表獻捷。

《金史》卷五《海陵帝紀》 〔正隆三年〕二月壬辰朔，都城及京兆初置錢監。甲午，遣使檢視隨路金銀銅鐵冶。

又卷五五《百官志一》 〔户部〕員外郎三員，從六品。郎中而下，皆以一員掌户籍、物力、婚姻、繼嗣、田宅、財業、鹽鐵、酒麴、香茶、礬錫、丹粉、坑冶、榷場、市易等事，一員掌度支、國用、俸禄、恩賜、錢帛、寶貨、貢賦、租税、府庫、倉廩、積貯、權衡、度量、法式、給授職田、拘收官物、并照磨計帳等事。《泰和令》作二員，後增一員，貞祐四年作六員，又作八員，五年作四員。主事五員，從七品，女直司二員，通掌户度金倉等事，漢人司三員，同員外郎分掌曹事，泰和八年減一員，貞祐四年作八員，五年六員。兼提控編附條格、管勾架閣等事。令史七十二人，内女直十七人。譯史五人，通事二人。泰和八年增八人。

又卷五六《百官志二》　尚方署

令，從六品。丞，從七品。掌造金銀器物、亭帳、車輿、牀榻、簾席、鞍轡、傘扇及裝釘之事。大定二十年，令不專除人，令人兼。

魏源《元史新編》卷五《本紀四上・世祖上》〔至元二年六月〕庚申，宋安撫劉整籍瀘州十五郡來降，以整爲夔路安撫使，升真定鼓城縣爲晉州，罷金銀銅鐵丹粉錫緑坑冶，所役民夫及河南舞陽薑户藤花户還州縣，出工局繡女。

又卷六《本紀四下・世祖下》〔十九年十二月〕癸卯，詔御史臺得自選其屬，仍參用蒙古人員，罷湖廣金銀鐵冶提舉司，隸各路總管府。

又卷七《本紀五・成宗》〔元貞元年〕十一月甲戌，太白經天，立江浙金銀銅冶轉運司。【略】

〔二年二月〕罷建康金銀銅冶轉運司，歲辦金悉責有司。

又卷九《本紀七・仁宗》〔三年五月〕庚午，置遼陽金銀鐵冶提舉司。

曾國荃《〔光緒〕湖南通志》卷五八《食貨》四《礦廠》　元至元十九年，罷湖廣行省金銀鐵冶提舉司。《元史・世祖紀》。

邵遠平《元史類編》卷三《天王一》〔至元十九年十二月〕癸卯，詔御史臺得自選其屬，仍參用蒙古人員，罷湖廣金銀鐵冶提舉司，隸各路總管府。

又卷四《天王二》〔元貞元年〕十一月甲戌，太白經天，立江浙金銀銅冶轉運司。【略】〔元貞二年二月〕乙丑，立浙西都水庸田司，專主水利，以張九思、梁德珪、何榮祖並平章政事楊炎龍爲右丞，以歲入不敷，罷中外土木之役，后妃諸王所需，非有旨，勿給。罷建康金銀銅冶轉運司，歲辦金，悉責有司。

又卷六《天王四》〔延祐三年五月〕庚午，置遼陽金銀鐵冶提舉司。

陳舜仁《〔萬曆〕應天府志》卷二《郡紀中》〔成宗皇帝元貞〕二年正月，建康溧陽水，賑之，仍弛澤梁之禁。二月，罷建康金銀銅冶轉運司，還淘金户於元籍，歲辦金悉責有司。

胡粹中《元史續編》卷五〔乙未成宗皇帝元貞二年〕罷建康金銀銅冶轉運司，還淘金户於原籍，歲辦金悉責有司。評曰：生財有大道，誠不在於淘冶煎煉也，罷之宜矣。然還淘金户於原籍，而責歲辦金於有司，金何從而出乎？所謂止沸而不能離薪者也。

汪舜民《〔弘治〕徽州府志》卷三《食貨二》　元貞二年二月，置江浙金、銀、銅冶轉運司，增撥户一千六百五十。

《元史》卷一九《本紀》第一九《成宗二》〔元貞元年〕十一月甲戌，太白經天及犯壘壁陣。辛巳，置江浙行省檢校官二員，立江浙金銀銅冶轉運使司。【略】乙酉，車駕幸上都，罷建康金銀銅冶轉運司，還淘金户於元籍，歲辦金，悉責有司，詔廉訪司作成人材，以備選舉。

又卷二五《本紀》第二五《仁宗二》　秋七月庚戌，【略】庚午，置甘肅儒學提舉司，遼陽金、銀、鐵冶提舉司，秩並從五品。

又卷八八《志》第三八《百官四》　金銀場提領所凡七，梁家寨銀場、明世銀場、密務銀場、寶山銀場、燒炭峪銀場、胡寶峪金場、七寶山碙炭場，俱從七品。每所各設提領一員，同提領一員，副提領一員。

畢沅《續資治通鑑》卷一九三《元紀一一》〔大德二年二月〕乙酉，帝如上都，罷建康金銀銅冶轉運司，還淘金户於元籍，歲辦金，專責有司。

又卷二〇三《元紀二一》〔泰定四年春正月〕壬子，以中政院金銀鐵冶歸中書。

徐乾學《資治通鑑後編》卷一六五《元紀一三・仁宗》〔延祐三年五月〕庚午，置甘肅儒學提舉司、遼陽金銀鐵冶提舉司。

〔延祐四年〕十二月丁酉，復廣州採金銀珠子都提舉司。

汪輝祖《元史本證》卷一一《證誤一一・百官志四》　遼陽等處金銀鐵冶都提舉司，秩正四品，掌辦金銀、石甘鐵等課，分納中書省及中政院。七年，以其賦盡歸中宮。案紀延祐三年，置遼陽金銀鐵冶提舉司，秩從五品。七年，歸中政院。此云正四品，當由提舉司改，都提舉司陞秩也。

張鉉《〔至大〕金陵新志》卷六上《本朝統屬官制》　元縣花林市創立淘金總管府，管提領所八處，各有官典人吏。二十三年改立提舉司，二十九年併入金、銀、銅冶轉運司管領。大德二年，宣慰使朱清言其擾民，革罷。

曾廉《元書》卷二二《職官志第七上》　又遼陽等處金銀鐵冶都提舉司，正四品，有同副。【略】

又管領曹州、東明、蒲城、汴梁，本投下民户四提領所，皆正七品，有同副，金銀場七，提領所皆從七品，有同副。又管領大名等路民户，有副鐵冶管勾，所有同副皆屬焉。

《元史》卷一二《世祖紀九》 〔至元十九年十二月癸卯〕罷湖廣行省金銀鐵冶提舉司，以其事隸各路總管府。以建康淘金總管府隸建康路。【略】

又卷一八三《王思誠傳》 行部至檀州，首言：「採金鐵冶提舉司，設司獄，掌囚之應徒配者，鈦趾以舂金鑛，舊嘗給衣與食，天曆以來，水壞金冶，因罷其給，齧草飲水，死者三十餘人，瀕死者又數人。夫罪不至死，乃拘囚至於饑死，不若加杖而使速死之愈也。況州縣俱無囚糧，輕重囚不決者，多死獄中，獄吏妄報其病月日用藥次第。請定瘐死多寡罪，著爲令。」

王圻《續文獻通考》卷二三《征榷考·坑冶》 〔金正隆〕三年二月，遣使檢視隨路金、銀、銅、鐵冶。時初置錢監，因有是命。【略】

〔元延祐〕七年二月，時英宗已即位。括民間係官山場，河泊窰冶廬舍。

又卷九四《職官考·中政院》 遼陽等處金銀鐵冶都提舉司，秩正四品，都提舉、同提舉、副提舉、案牘提控各一員，譯史一人，吏六人，奏差二人，掌辦金銀石甘鐵等課，分納中書省及中政院。七年，盡歸中宮，寶昌庫提領一員，大使一員，掌受金銀石甘鐵之課，以待儲運金銀場提領所凡七：梁家寨銀場、明世銀場、密務銀場、寶山銀場、燒炭峪銀場、胡實峪金場、七寶山石甘炭金場，俱從七品，每所各設提領、同提領、副提領各一員。

又卷九八《職官考·諸提舉》 都大提舉坑冶

遼金無。

元置遼陽等處金銀鐵冶都提舉司，秩正四品，都提舉一員，同提舉一員，副提舉一員，提控案牘一員，譯史一人，吏六人，奏差二人，掌辦金銀石甘鐵等課，分納中書省及中政院。七年，以其職盡歸中宮。檀景等處採金鐵冶都提舉司提舉一人，餘同上少提控案牘一人，掌各冶採金煉鐵榷貨以資國用，隸户部。

皇明不設，遇開採時另差内使或撫按二司官管理。見征榷下。【略】

遼金無。

元有都提舉萬億寶源庫、都提舉萬億廣源庫、都提舉萬億綺源庫、都提舉萬億賦源庫，四庫俱置都提舉，正四品，提舉、同副提舉、知事、提控等員，職掌詳見户部之屬。諸路寶鈔都提舉司置達魯花赤、都提舉，俱正四品，副達魯花赤、提舉、同副提舉等員，更置知事、照磨，隸户部。

遼陽等處金銀鐵冶都提舉司，正四品，設官同上，少達魯花赤、知事、提控等員，隸中政院。檀景等處採金鐵冶都提舉司，秩四品，置提舉、同副提舉，隸户部。

李有棠《金史紀事本末》卷三〇《世宗致治》 〔世宗大定五年〕冬十一月丙午，帝謂宰臣曰：「朕在位日淺，未能徧識臣下賢否，全賴卿等盡公舉薦，今六品以下，殊乏人材，何以副朕求賢之意。」是歲，聽人射買寶山縣銀冶。攷異：《續通考》云：九年，御史臺以河南府和買金銀冶，抑配百姓，奏罷之。

李慎儒《遼史地理志考》卷三《中京道》 太祖俘蔚州民，立寨居之，採煉陷河銀冶。内蒙古喀喇沁左翼西一百四十里，有淘金圖喀喇嶺。蒙古語，圖，有也。喀喇，黑也。又淘金圖河源出喀喇沁右翼西南一百九十里，西南流會烏拉林河，南入灤河，或即陷河。銀冶，本朝理藩院則例，康熙五十四年，覆准喀喇沁楊樹溝、雅圖溝、大波羅樹等處産鉛，准令開礦，屬内地者，准民人開採，屬蒙古者准蒙古開採，所定課額，納鉛交錢局。雍正元年，禁止。鉛爲五金之母，遼之有銀冶宜也。

張輔《明太宗文皇帝實録》卷六〇 是歲〔永樂六年〕，罷處州、温州銀鉛坑冶六十處。

雷禮《皇明大政紀》卷八 〔永樂十四年，十二月〕己卯，貴州左布政使蔣廷瓚請本司及所屬郡縣官，俟六年備日通，具功績赴京考覈。從之。

瓚言：「本司及郡縣俱係新設，大小官員同日之任，今三年例該給由，而蠻夷之人難服易變，若皆依例赴京，水陸往復，動輒經年，況今土貢賦正資清理，金銀坑冶亦須提督，缺官撫字必致乖離，故請俟六年。」【略】

户部尚書夏原吉言：「愛民所以敬天，蠲逋負芻糧，採辦金銀程課，優恤流移，以回天意。」從之。

佚名《明宣宗章皇帝實録》卷四二 〔宣德三年閏四月〕戊戌，上曰：山澤之利，民取之，弗問。冶不可遽開，命巡按御史勘視其實以聞。至是，御史何善奏同三司官發工匠民丁等，深入巖洞取沙礦，每百斤煉銀，止四分錢，鉛二十斤，計所得不償所費。

又卷八三 〔宣德六年九月，丙戌〕行在户部奏：「比者河南民言嵩縣白泥溝，地産銀礦，民私烹煉，宜開官冶，已命主事郭往同三司官，集民丁發地，得銀沙四千餘斤，烹三十餘日，計用人力二千七百工，得黑鉛五十斤，銀二兩，所得不償所費。」上曰：「小人獻利之言不可聽，其罷之。」

又卷五九 〔宣德四年，己酉，冬十月，庚戌〕行在工部奏：「昨内官蒙安言，饒州等府德興等縣浸煉銅鐵，缺匠供役，請以彼處輪班及逃回熟銅等匠六十三人留用，准其班次，緣此等逃匠，朝廷累遣官督取，經一二年不至。今釋其罪，復令就其鄉用工，恐倣效成奸，無以戒後，乞取至京定奪。」上曰：「細民不足以效，姑從之，但後來不足援例。」

商輅《通鑒綱目續編》卷二五 〔癸亥三年春正月〕罷上都諸路金銀冶。

陳道、黃仲昭《〔弘治〕八閩通志》卷二七《秩官》 提舉坑冶司 按《宋史》「掌收山澤之所産及鑄泉化，以給邦國之用。歲有定數，視其登耗而賞罰之。元豐初，分置兩司。在饒者領江東淮浙福建等路。」提點一員，幹辦公事二員，檢踏官六員，稱銅官、鋼官各一員。

張溶《明世宗肅皇帝實録》卷二五〇 〔嘉靖二十年，六月，壬戌〕起原任密云右參將署都指揮僉事周楫分守太平寨營等處。先是，致化通判趙壁，儒士王征、舍餘、王文登各言浙江觀海衛、於潛、開化、松陽、遂陽等縣礦場可採，上命錦衣衛千户蕭鎧勘取。至是，巡按浙江監察御史王紳以所屬礦場僻在山峪，而谿谷小徑通接徽寧江閩等處，一聞坑冶獲金，礦頭四集，甚至拒捕官兵，劫掠村落。況礦脉細微，得不償費，乞通行封閉，嚴加防守。原差採辦官員各令回京，趙壁等欺罔宜罪。巡撫雲南都御史汪文盛亦言，前舍餘、唐弼等所奏大理採礦事俱妄，宜重懲之。工部覆皆如言。

朱吾弼《皇明留臺奏議》又李雲鵠《劾惡璫請寬逮臣疏》 臣等竊惟人臣之罪莫大於抗命行私，莫大於欺君説謊，莫大於逼殺官民。不謂當今聖明在上，乃有陝西税使梁永者，其罪可勝誅乎？頃當停礦分税之旨一下，太平已兆於温綸，而梁永參奏縣官之疏隨出，聖意復因之震怒，逮咸陽知縣宋時際，降咸寧知縣滿朝薦，一時奉有嚴旨。臣等相顧愕然，何上天雨露方施，而忽有雷霆也。即欲具疏請寬，猶恐時際輩或以調停不善致之，不敢冒昧以煩宸聽。尚次且以待，忽接邸報，見陝西巡撫顧其志參劾梁永惡狀，滿紙皆犯國法不赦之條。始知梁永前疏蓋先發制人，以欺我皇上耳。臣等於是不覺髮上指冠，恨不得請上方劍，誅此璫以謝西士之民。謹列其罪狀，爲我皇上陳之。夫明旨不許私設關津，指稱委官，容令棍徒肆行搶奪。而永則潼關、咸陽二處仍要委官自收。此篾旨之罪一。自有礦税以來未聞皇上有用中使鎮守事，而梁永乃敢假稱皇上留鎮陝西，大張威勢。此假旨之罪二。羽翼戴勲等各處網利，日騎驛馬無筭，紛紜騷擾，以致鄉市軍民齊集省城，要殺梁永，要殺吕四、樂綱。永猶晏樂莊園。非都司王繼英飛騎促之入城，則咸陽一火，永何足惜？其地方殘破，不知當作何狀。此激變之罪三。縣官雖小，固受朝命以宰制一方者。昔云郎官上應列宿。今梁永以需索氷片五千斤，逼令知縣郭尚友以引疾去，妄拏淳化縣門皂，致知縣王應選以單騎脱。此凌辱有司之罪四。殺人者抵命，律有明條。胡奉打死王邦治，業被告發正罪矣。永且庇之，誣縣官而欺主上。此誣奏之罪五。占操軍、納亡命，皆律所嚴禁。永占西安衛軍千名，召募李朝仁等數百名，窩藏强盜李鄂等千餘名，身着戎衣，連騎馳騁。即隨從樂綱者，亦常有二三百人，意欲何爲？此不軌之罪六。選净身以充使令，則使快手倪龍等訪有民間子弟稍清俊者，强拿閹割，枉死多命，致王朝陽等數百人咸登鬼録。此故殺之罪七。縱吕四、趙三等强搶人口段芳之男女二人，打掃夫孫其妻桑氏，快手吴邦印妻徐氏、劉一朋妻白氏、盧氏，皆被奸。占三秦之地，幾於無法無天。此縱惡之罪八。誣監生、誣鄉宦、誣客商、誣富民，所嚇不下數萬金，而玉帶、古畫、白玉、黃絲、古銅、寶玩一罟鯨吞。此剥民之罪九。指揮劉應聘以解銀被責死，縣丞鄭思顔以見遲被責死，生員王守胤以送金少被責死，武學生李弘遠以條陳觸犯被責死，馬夫李定等三名以譖言枷責死，段行、樊菊泉、金行、張在羊、毛行、董玉，富民李從敬以需索不遂夾打死，門子小張兒以洩漏詐財密謀責六十死，倡婦劉乖嘴以不會奉承即時勒死。此擅殺之罪十。夫梁永虎視西陲，罪大惡極，若此尚敢庇護胡奉等欲脱之獄，故誣縣官以激皇上之怒。永之奸狡無禮，是尚謂知有朝廷法紀乎？今據撫臣之疏，則時際之責，胡奉等正欽遵聖諭，擒治一二，以洩衆憤，固以禁奸，實以安永也。永奈何不以爲德，而反以爲讐耶！皇上試一思之，孰是孰非，當不待臣等言之畢矣。況邇來中使播惡，處處皆然，趙欽滿載以歸，黃勲歐官倡亂。清明世界，閹宦横行，藉九重之威靈，煽四海之虐焰。不謂陳奉去後，又有陳奉；陳增死後，又有陳增也。世道可勝嘆，元兇可勝誅哉！昔漢臣張綱爲御史時，見當時委縱宦官，恐致禍亂，常感激慨然，嘆曰：「穢惡滿朝，不能奮身出命，掃國家之難，雖生吾不願也。」遂退而上書。臣等一念朴忠，敢後於張綱乎？故垂涕合詞以請，伏望皇上大奮乾剛，將梁永等亟賜重處。仍乞寬宋時際之逮，復滿朝薦之官，使天下之人，知聖明終始得意，寬嚴原無成心，聖德光而國法正，萬代瞻仰，在此一舉。願陛下留神省覽，宗社幸甚！天下幸甚！臣等幸甚！臣等無任激切，待命之至。

茅元儀《暇老齋雜記》卷一九八 管子，天下奇才也，立法於萬世之上，而萬世之下莫之能易。其論鐵者曰：斷山木，鼓山鐵，收徒擊而作之，則逃亡而不守。發民則下疾怨而內敗，故善者與民量其重，計其贏，民得其十，君得其三。近年神宗時開銀礦爲天下厲，不特中使虎也，其立法亦不善。使以此法行金、銀、銅、鉛諸冶，皆可坐享而無弊。近日袁督師崇煥，於薊鎮開鉛礦，亦用此法而辦，但三與十之間，苟無以稽，則又坐失之矣。此所謂治人治法也。

傅維鱗《明書》卷八二《志二〇》 窑冶。窑冶之設，經制浩繁，隸工部營繕、都水，凡鼓鑄、陶甓、灰煤、礦洞、鐵爐、鑄器皆屬焉。

顧炎武《天下郡國利病書・福建》 宋初郡守皆以提點銀銅公事入銜，元豐以後，坑閉，主提點之號。

卞寶第等修曾國荃等纂《〔光緒〕湖南通志》卷五八《食貨志四・礦廠・總記》 〔乾隆八年〕又礦廠設卡稽查偷漏最宜嚴密。如衡州府常寧縣所轄之焦源河口，爲桂陽州偷運銅鉛必由之要隘，所有各處卡丁均著落委員慎選承充，商人不得干預。並著定賞罰，有賣放者，查出治罪；能盤獲者，即以盤獲銅斤變價爲充賞之費。至焦源河口應添設官卡一所，委佐雜一員，專司巡緝稽查，月給薪米銀五兩；書辦一名，月給工食紙張銀一兩五錢；巡欄二名，每名月給工食銀一兩，統於砂税銀內支給。又委員雖各有本任養廉，但管理廠務頭緒紛繁，需用實多，每廠每員月給薪米銀四十兩，以資日用。再每廠設立掌案、書辦二名，每月給工食銀一兩五錢，紙筆銀八錢。庫書一名，月給工食銀一兩五錢。守庫及跟隨巡役八名，每名月給工食銀一兩。水火夫二名，更夫四名，每名月給工食銀六錢。又州同、州判雖屬隨從協辦，但廠座四散，事務繁多，一切往來費用并紙張筆墨，亦所必需，每名月給薪水銀十六兩以資辦公。又郴、桂二廠所收砂税，一半歸官，一半給商，爲建鑪設卡等費。其歸官一半，除給官役工食及運銅鉛至省脚價外，餘者解司充公。二十二年，覆准開採衡州府常寧縣之銅坪嶺、桂陽州之停砂壠，照各廠題定事例抽收砂税銅課。桂陽州之黑白鉛廠，專責成知州就近管理。惟綠紫坳銅廠遠在深山，令委員常駐廠地，并就近兼管。新開之停砂壠銅礦、郴州鉛礦以楓山嶺爲最應歸知州就近專管，毋庸另委專員。各廠統責成衡永郴桂道稽核，移司報銷。二十六年，衡永郴桂道孔傳祖檄議，郴州宜章縣爲郴桂兩廠偷漏銅、鉛、錫要隘，應於縣寧門外設立官卡一所，委佐雜一員駐劄在彼巡緝，月給薪米銀五兩。卡役四名，每名月給工食銀一兩，於郴桂常寧三廠廠費通融撥給。

《清會典事例》卷八九一《工部三・鼓鑄》 向令各廠鑪頭二人分班，在作房直宿，即責成本廠大使查察，如有託故不到，立即傳唤責懲。大使相率容隱，查出揭參，立將某廠某鑪頭某日直宿，報明監督。又議准，工局向來支領工銀料錢，除將奉借應扣數目扣除外，俱係分作四季監督平兑，眼同大使發給匠頭，按名散給匠役。嗣後並由該堂官親往抽平督率散放，如有短平短串等事，無論爲數多寡，即將剋扣之人訊明，送交刑部治罪。咸豐二年諭：工部錢法堂奏鑪匠不遵調度，請將派頭人等，交部審辦等語。寶源局老鑪匠役，於奏定減卯章程，擅不遵依，並聲稱欲撤勤鑪，情殊藐法。上年查出該局鑄有小錢，經該堂官奏明，僅止飭令回鑪重鑄，未加深究。本年又請將該匠等借支款項停扣五年，朕皆俯如所請，屢加體恤。乃該匠役等不知感激，膽敢恃衆把持，玩視功令，實出情理之外，非徹底查辦，不足以儆愚頑。所有派頭韓德俊、闞永年，鑪頭王俊、侯儼，均著交刑部嚴行審訊，將首先不遵調度之老鑪匠役，究出奏明。即著步軍統領衙門，按名查拏，送部懲辦。該堂屬各官應得處分，刑部於定案時聲明請旨。諭：工部錢法堂奏寶源局續辦黝土，請將滿漢監督獎勵等語。此次寶源局續辦黝土，煎鍊廢銅二十餘萬斤，該監督等招商督辦，雖屬著有微勞，究係分內應辦之事，且據援引上届成案，亦僅止於加銜，何以不行照辦，率請優獎，豈以區區者尚未足饜該局員等干進之心耶？文興係京察未經記名人員，乃率請記名以道府用，殊屬非是，且與新章不符。劉名馨係刑部員外郎，向來由郎中截取者，僅以知府簡用，所請俟補郎中後，作爲二年期滿，截取以道府用，尤與定例相悖，所奏著不准行。

王昶《湖海文傳》卷三八《記》余慶長《查慢梭金廠行記》 乾隆丁丑冬十有二月，余以通海縣令奉檄委查慢梭金廠。既望起行，經臨安府，凡三日抵摸黑銀廠，晤廠官王元贊，慢梭其兼管也。云：道僻而多瘴。邀之行，有難色。夕宿廠之西嶽廟。次日，廠官以疾辭。十八日，飭行裝，釋輿乘竹兜馬三匹，僕從、輿馬夫各七人，東南行五十里，抵塔瓦鋪，又五里有山澗，澗南入蒙自界。又四十里，抵個舊廠，商賈輻輳，烟火繁稠。視摸黑迥勝，地產銀、錫、鉛，白錫質良，甲於天下。又南五十里爲龍樹銀廠，又附近之七八里爲蒙自新銅廠，以路紆，均未之去也。晤廠官王鋘觴於彌陀菴，宿。天陰霾，山色不可辨，霧結冰如霰雪狀。自府南來，無營汛，亦無坊店。四十里至浪舊壩，饟於火頭家焉。火頭者，夷民之百夫長也。其民爲「拇雞」。僕從炊於野，立而風餐。犒火頭布一端，鹽、菸各若干兩。午霽而騎，山岡黃茅迷離，蚓路如隙。又三十里抵烏谷，宿茅茨高不及七尺，食鼓菜，其犒火頭如前數。【略】　又二十五里，爲銀礦河，有金塘，其上爲胡關。又二十五里，爲麻黎坡，抵慢梭廠官房宿。二十四日巡視廠地，定情形五條，擬章程五條，以報委查之命。二十五日，旋至龍溪坡，對山西向有泉至山頂下，相傳爲「金田」所在，南注爲河，河經猛喇滙阿墨河，宿陸薩，越四日，回摸黑廠，則除夕也。明日爲戊寅，元日入臨安府，初三日乃旋通海。

史鳴皋《〔乾隆〕梧州府志》卷九《田賦志·賦税》〔懷集縣〕上富山銀礦廠，將軍山銀礦廠，鐵屎坪鉛礦廠，今俱停採。

慶桂《清高宗純皇帝實録》卷四八九〔乾隆二十年，乙亥，五月，壬寅〕黄廷桂又奏：「川省銅鉛各廠，向例舊廠係藩司兼管，其新廠由臬司總理。查前任臬司周琬經管各廠有年，情形熟悉，今陞授藩司，原管廠務應移交臬司公泰，但一易生手，辦理恐未合宜。且錢局事件係藩司專政，而銅鉛有關鼓鑄，事本相連，請將新廠統令周琬一手通辦。至建昌一路廠地，距省窵遠，耳目難周，請委寧遠府知府就近兼管。」得旨：「如所議行。」

又卷八一八〔乾隆三十三年，戊子，九月，乙未〕協辦大學士、公、副將軍、署雲貴總督阿里袞，雲南巡撫明德奏：「滇省銅廠三十餘處，向係糧道專管，布政司無稽覈之責。金銀鉛廠二十九處，又係布政司專管，本地道府不得過問。均屬未協，請將各處金銀銅鉛廠，如係州縣管理者，責成本地知府專管，本道稽查。如係府管理者，責成本道專管，統歸布政司總理。至糧道既不管銅廠，事務太簡，查驛鹽道管驛站、鹽務，政事頗繁，請將驛鹽道所轄之雲南武定二府，改歸糧道管理，所有該道等應換印信，咨部換給。」得旨：「如所議行。」

又卷八四九〔乾隆三十四年，己丑，十二月，壬申〕諭軍機大臣等：「昨據永德奏請，浙省停辦滇銅，而大學士陳宏謀又有請停洋銅之奏，二説俱未允協，已經軍機大臣會同户部議駁矣。至陳宏謀奏豫發工價一節，意欲援爲歷來銅廠虧缺解免，所見非是。但慮及該督撫等或有懲於前事，不肯照常豫發，則辦銅必須周章，自爲近理，已據議覆允行矣。雲貴兩省辦理銅鉛，節年多有虧短遲誤之處，皆由經管大員等經理不善。如滇省道員羅源浩並不力爲清理，以致積欠纍纍，是以將伊革職，追賠治罪。又有黔省之知州劉標甚至從中侵蝕，並有該上司需索分肥之事，現在革審究治。經此番懲創之後，督撫等當董率司道及專管之員，力爲整頓，勿令復蹈前轍，自可使積弊一清。至廠夫採辦銅鉛，若不豫給工價，一切皆無所資，勢難責其墊辦。設或該督撫等存畏首畏尾之見，慮及日後干連賠累，不肯照前豫發，所謂因噎廢食，於銅務實屬有礙。著傳諭該督撫，嗣後應給工價時，仍行豫發，但須按期追令完繳，以清年款，毋任屬員拖延。至向來遲緩之故，亦由廠員督飭不前，乃往往藉口於雇覓夫馬艱難，及米食燈油不能充裕，多方委卸，其意未免以爲近年承辦軍需，不能兼顧銅鉛缺誤，其來已久。前此未辦軍務之時，又將何辭以解？著該督撫等悉心妥協籌辦，務令各項供用無乏，俾銅鉛皆得源源接運，以濟京局及各省鼓鑄。如仍奉行不力，稍有稽延虧少，惟承管之督撫、司道是問。將此切諭知之。」

又卷九三五〔乾隆三十八年，癸巳，五月，甲申〕封閉廣西恭城縣屬回頭山、山斗岡二銅鉛廠。從護巡撫布政使淑寶請也。

又卷一二五二〔乾隆五十一年，丙午，夏四月，丁亥〕户部議准：「調任四川總督李世傑疏稱，鹽源縣屬甲子夸、豹子溝、月花樓銅鉛等廠，近年産銅無幾，抽收乾銅課銀不敷供支，該處要隘有巡役十二名，足可盤查，請將原設外委一員、兵十名裁徹。」從之。

洪亮吉《〔乾隆〕府廳州縣圖志》卷五《徐州府》　銅山在〔銅山〕縣東北八十里，與利國驛連境，舊常産銅，因以名縣。又有盤馬山，在〔銅山〕縣東北九十里。漢時鐵官、唐時鐵冶、宋時利國監皆置于山下，其陽有運鐵河，元人建利國監橋于其上。

又卷四〇《永春州》　銀瓶山在〔大田〕縣東三十里，兼産銀、鐵，舊于此辦銀課，亦置銀冶鼓鑄。明景泰後，罷銀冶，惟鐵尚存。王存云：「尤溪有安仁、龍蓬等銀場，今龍蓬在縣東北一百三十里，安仁即舊安仁司也。」又云：「永春縣有鐵場，在今州西北鐵礦山下。」

又卷二九《廣信府》　丁溪山在〔上饒〕縣東南六十里，舊名鐵山，宋時爲冶鐵之所。山下有銀、銅場。又有銅山在縣西四十五里。銅塘山在縣南一百里。山南屬福建浦城等縣，中産銅、鐵。明景泰中，福建沙縣寇鄧茂七聚衆盜冶，後官軍討平之，遂嚴冶禁，亦名封禁山。

文慶《清宣宗成皇帝實録》卷二九〇〔道光十六年，丙申，冬十月，己未〕又諭：「給事中寅德奏，江西上高縣已革廩生陳泰來，於道光八年間呈報開採袁州府宜春縣登佈里等處銅鉛，經委員勘明無礙田廬，前任巡撫韓文綺不願辦理，坐以呈詞不實，革去廩生，以致宜春等縣諸山所産銅鉛鐵錫匿不具報等語。著陳鑾詳查，原案所稱開井取砂，煎出銅鉛，解存藩庫，是否有案。前任巡撫何以不願辦理？或有窒礙難行之處，確切查明，據實具奏。將此諭令知之。」

吳其濬《滇南礦廠圖略》卷一《丁第九》　曰鑪頭。熟識鑛性，諳練配煎，守視火候，無論銀、銅鑪户之虧成，在其掌握。硐之要在鑲頭，鑪之要在鑪頭。

又《役第十》　《周禮・丱人》：府二人，史一人，胥四人，徒四十人。設官則役隨之，數則視其丱之盈虚而損益焉。俗謂官不可以騶從，視丱、司丱者以役胥爲指臂，且爲心腹矣。衆至千百即設千百長，游徼、嗇夫有街市而無廢，故記役。

曰書記。即胥吏，銅廠曰經書、清書，掌銅銀收支存運之數。銀廠曰課書。掌銀課收支存解之數。均承行諭粘告示，按月造送册報，隨時稟陳事件，人須心地明白，算法精熟，務宜由署派輸，不可任廠保舉。

曰巡役。銅廠以估色爲重，催炭次之。銀廠生課以坐硐爲重，熟課以察罩爲重。至若察私並資勤幹，辨其勞逸，均其甘苦。

曰課長。天平與秤、庫櫃鎖鑰均其專管，銅廠掌支發工本，收運銅觔。銀廠掌收鏨課款，一切銀錢出納均經其手。間有委辦事件，通廠尊之，選以謹厚爲先，才爲次。

曰客長。分漢回旺廠，並分省而以一人總領之，掌平通廠之訟。必須公正老成，爲衆悦服，方能息事，化大爲小。用非其人，實生厲階。此役最要而銀廠尤重。

曰炭長。銀廠有可不設，銅廠則保舉炭户，領放工本，不必家道殷實，而以有山場牲畜爲要。

曰鑪長。銅廠有可不設，銀廠課款攸關，此役爲要。

曰街長。掌平物之價，貿易、賒欠、債負之事。

曰總鑲。亦曰總工，銀廠有之，任與硐長略同，選宜熟悉□引埫色，硤道鑛質。

曰硐長。掌各硐之務。凡硐之應開與否，及鄰硐穿通或争尖奪底，均委其入硐察勘。

曰練役。掌緝捕盗賊。

曰壯練。銅廠有可不設，銀廠人至萬外，必須招募，課賴護解地資彈壓。

魏源《古微堂集・外集》卷八《軍儲篇二》　聞之滇吏曰：礦丁多寡，視礦苗衰旺，礦旺人衆，礦衰人少，礦絶人散，有利則赴，無利則逝，不俟官爲散遣，從無聚而難散之事。凡礦所在，皆有場主，聽其治，平其争，以七長治場事：曰客長，司賓客聽斷；曰課長，司財賄税斂；曰廚長，司工役飲食。有事皆聽治於此三長。又有爐長、鑲長、硐長、炭長，分司採煉。又有胥役游徼，其不法者，巡其漏逸者，令嚴制肅，萬夫無譁。

世續《清德宗景皇帝實録》卷二一二　〔光緒十一年，乙酉，七月〕甲子，諭軍機大臣等：「現在籌辦海防善後，所有鼓鑄製造事宜，銅鐵兩項需用甚殷，叠經諭令岑毓英等開辦礦務，事在必行。兹據維慶奏，四川、雲南宜及時開辦銅礦，臚陳九利，暨川省擴充局務，兼開鐵廠，請飭分別籌辦各摺片，尚多可採。丁寶楨平日辦事認真，即著責成該督，會同岑毓英、張凱嵩按照該將軍所陳各節，並體察各該地方情形，先行籌款，實力舉辦，覈計確需經費若干，即行奏明，由户部籌撥的款應用。原摺片均著鈔給閲看，將此由四百里各諭令知之。」

李鴻章《李文忠公朋僚函稿》卷一九　复丁雨生中丞〔光緒三年五月二十一日〕俄土戰争方始，日本内亂甚長，似臺防目前必可無事。各營疲弱者逐漸裁汰，但酌留精鋭，分守要隘，專致力於鐵路、電線、開礦、招墾等務，得尺得寸，亦可大可久之計也。三十六墩礮船當已至閩，赫德本有留洋弁二人教習之請。春帆既經赴臺，務祈執事察奪主裁，應留洋弁及遴選船主，大、二副等，均飭吴惟允等妥辦是幸。船名如何更易，並乞示遵。筠仙來信，欲就李丹崖所帶學生分習煤鐵、礦務、煉冶諸法，及興脩鐵路、電線理法，未知丹崖到後籌議若何。

官修《〔雍正〕八旗通志》卷一六六《人物志四六・大臣傳三二・滿洲正紅旗三・明德》　〔乾隆三十三年〕九月又合疏，言滇省銅廠三十餘，向係糧道專管，金、銀、鉛廠二十九，係布政使專管，而本地道府無稽查責，耳目未周。請將各處廠務，係州縣管理者，責成本府專管道員稽查；係廳員管理者，責成本道專管，統歸布政使總理。糧道既不管銅廠，事務太簡，將驛塩道所轄之雲南、武定二府改歸管理。均如所請。

閻鎮珩《六典通考》卷二《設官考・地官沿革》　丱人。漢郡縣産鐵者置鐵官。唐有鹽鐵使。宋置提舉坑冶司，凡監冶場務二百有一，或以運司州縣官兼領。金户部郎中掌礬錫坑冶等事。元有採金鐵冶都提舉司，秩正四品。又有鐵冶提舉司、淘金總管府。明天順中開各直省金銀鑛，多以中官提督焉。明中官充鑛使，不常設，萬曆時最爲民害。

閻鎮珩《六典通考》卷四《設官考》　攻金之工：築、冶、鳧、栗、段、桃。秦及漢郡國置鐵官長丞，晉衛尉屬官有冶令、丞，掌工徒鼓鑄，江左省衛尉，而冶令始隸少府。宋有東冶、南冶，各置令丞，屬少府。齊因之，江南諸郡縣有鐵者或置冶令，或置冶丞，多是吴所置。梁、陳有東、西冶。後魏無聞。北齊司冶令、丞，屬太府。後周有冶工、鐵工中士。隋掌冶署令二人，并管諸冶，煬帝改屬少府。唐於京師置冶署，令、丞各一人，掌造鑄金銀銅鐵、塗飾琉璃玉作等事。宋少府所屬文思院，掌造金銀犀玉工巧之物。又有諸路鑄錢監監官各一人。遼有鐵坊使副使、五冶太師等官。金尚方署令、丞，掌造金銀器物。元初立金玉局，後改置總管府，所屬有金銀提舉司。又有鐵冶管勾所二處，隸中政院。明工部虞衡司掌諸冶，飭其材，審其模範，付有司，火器鑄於内府。

劉錦藻《清朝續文獻通考》卷四三《征榷考一五・坑冶》 〔咸豐五年〕又諭：「伯葰奏請將礦廠辦理不善各員分別議處一摺。熱河道裕恒於匪徒窺伺礦廠，聚衆滋事，並不確切查辦。輒據署知州明通等稟復之詞，信爲並無匪徒，以致礦山被匪焚搶，迨該匪逃散後，該道又稟請發兵，實屬遇事倉皇，毫無布置，著交部議處。」

【略】又封閉雲南魁甸廠金礦、永興廠銀礦。

又卷一二一《職官考七・京文職》 第九條，通阜司掌稽核各省所有金銀銅鉛礦務，雲貴等省銅鉛運務，籌鑄金銀銅各種貨幣，核議製造紙幣，代造商家銀行，行使憑票，訂正總分銀行，總分造幣廠各章程，籌畫全國流通貨幣辦法，調查全國需用貨幣數目，稽核銀行造幣廠、印刷造紙等廠局報告，核計各省購買銅鉛各事宜。

又卷三七八《實業考一〇》 又諭：「路礦爲興利要圖，張翼既經簡派，自應殫精竭慮，任勞任怨，力圖報稱。前已特派王文韶、瞿鴻禨督辦所有一切事宜，該侍郎自可隨時會商。王文韶、瞿鴻禨悉心規畫，認真籌辦，以副委任。所請專派大員，著毋庸議。」

又諭：「前江西巡撫德馨著開復頭品頂戴花翎，賞給布政使銜，會同翰林院編修貴鐸辦理奉天礦務。」

宋賡平《礦學心要新編》卷下《初進山採驗布置工匠法》 初進山時，便須安置業主，聯絡四鄰，認定某爲正人，某爲敗類。正人則親近之，敗類則防範之，其能爲禍福於廠務者，尤必駕馭而籠絡之。勿徒恃勢力，使事後呼應不靈；勿虛張聲勢，使事前機事不密。至於開辦，不可多養閒人，徒耗用費。採礦須親自登臨查驗，如果可辦，始造爐煅鍊，試火二三次，便核算炭火人工外，有利無利，不可勉强含糊，以致虧新。尤忌輕信獻礦之人，恐加毛滲汁，以假冒真。試辦之初，不宜多費成本廣修房屋，鋪張揚厲，以圖熱鬧，惟佃民房數間，暫作爐房、賬房而已。礌口宜立三叉柱之，□桿房每間不過百餘制錢，蓋廠未定，而房屋不可先定，以備遷移增減。修房宜近洞口。如礦旺功多，可接連添蓋。合廠通計不過用三四十人，開礌取礦錘手三人，負荒者六人，總共不上十人。每日計開四五尺，一月可開十餘丈。即硤硬荒多，亦不過二三月之久，便見分曉，所費不過百餘金。似此從小辦起，毫無妄費，後有成效，再添爐火。若用全班開爐，到十餘次爐火，再行合盤打算，如有利益，方可接辦。此則步步爲營，萬無折本之慮。若近年所辦各廠，虛張聲勢，人夫轎馬，扛擔挑箱，食物玩具，從人無算。巡風管事，沿途辦站，修造公局官廳廠房，一切動用，崇尚奢侈，迥非商人規模，全是宦場習氣。以外尚有浮冒侵蝕等弊，延至二三月，礦尚未得，成本先虧，以後難暢旺。又辦礦之人動言集股，廠夥必多，各懷異心，一生嫌疑，事必廢弛。若西人上下同利，開一公司，集股雖多，督辦則歸一人，既無欺詐，亦無牽制，故能力著成效，獨專大利。中國風氣未開，人心不齊，莫如一二人，少出貲本，漸次試辦，或有成效，除繳課外，得利若干，擬作股分，以若干作爲貽本股分，以若干作爲人力股分。其各礦廠規，應由隨時斟酌。若銅廠一班一爐，開火晝夜不停，各晝夜班，須錘手鑽手八人，上荒及箱刀與管班雜務六人，負荒出礦者各八人，爐頭兼草皮一切事務。銅礦多用爐，爐有各樣，上下手二人，上炭、下礦、出臊、看火須用二人，扯箱二班，晝夜換替，須用六人，櫃房收發司事二人，帽盒三人，共計三十六人，皆係做事得力，並無間空。如再加兩爐，須添用十餘人；再加三爐，須添三十人，總共須用六十人。若再加若干爐，人依法添派。若加至十爐，礌内之礦必大旺，亦不得格外張大，祇可照數添爐添人做去，廠務賺折俱繫於此。若故意張大，即大做亦大折也。鎌鉛各廠與銅廠大抵相埒，鎌鉛較銅易辦，而用人亦有定數，爐上箱上稍有增減，礌内稍緩急。鎌鉛不用大爐，多用罩子，彼此不同。爐以明火高鍊，罩子以矮鎔。各有分寸法則式，詳《器物圖篇》中。故扯箱可成二人。若用西法打地風，水箱便不須人力，錘手、爐頭、搪堂、選礦、上炭、下礦祇二三人足矣。櫃房及收發司事、帽盒均照前數，洞内錘手祇須四人，上荒帶箱刀管班雜務須用二人，負荒出礦須用六人，通廠計算共須三十三人，亦係内班不停留。銀廠亦與鎌鉛相似，但要擋外面風浪，須善相機勢，方保無虞。所用人數如銅廠之法，倘礦大旺，則多多益善，不拘定法，揆時度勢而已。至於金廠尤爲便捷，凡四人可聯一班，費本更少，包穀油煙草鞋，有數日之用度便可開工。並不造屋，傍崖而居。凡經開挖，必無虧折，如崖金一旺，必須加班，雖數千人亦如此班口，但無治法，最易釀禍，此金廠之所以不易辦也。若河壩沙金祇可養身，利甚微薄，人亦不爭，又不在辦廠之數也。至工匠之班口，有連礌班，有股股班，有晝夜班，有螞蟻搬班等名，至好莫若親班，與螞蟻搬班爲絶好，但工匠等絶不肯爲此班口也，必初定規矩，應以此爲是。凡辦廠，初創時務要詳細，留心斟酌，萬不可增添規模，要知廠務之規模，添得少不得，如後知覺此項爲非，只須過三日便成定規，以後萬難更也。識者辯之。

又卷中《新擬招工條規》 凡同夥辦廠者，不必盡是一處之人，而所用工匠，即可因各商分地招集。其甘願到廠傭工者，務須講明，到底每月工貲若干，即由所顧之商，於其家中按月給發。若一年半載，告假回家，或由廠總開銷，均要領有回票，由本處紳商查驗，方爲無過。如無回票，即是私逃，由廠總知會該處紳商，其工資口食歸該紳商薦主賠出，決無異辭。每月工資一千五百文，牙祭二次，每日散葉菸一次，其作工得力與否，因時照工增減。若辦金廠，則照工懸紅，依所得之數，酌予優奬，凡得金百兩以上者，報明給奬，以示鼓勵。其最多者，爲得頭彩，奬銀五十兩，以至十彩，依次減等。如有連得三四次者，即稟明廠官賞給六品功牌，用示榮身。如不遵廠規，橫行兇惡，依所犯之罰，亦與賞彩，按次相同。招工之法：凡年逾五十者不用，癡蠢無力者不用，面帶輕浮者不用，五官不正者不用，吸食洋煙者不用。雇工俱係生手，礦師自能教習，又必三五人取具連環妥保、地鄰甘結。設有病患不測，與廠無干，惟給周恤錢數千而已。此與保甲招練丁之法相似。工匠須有來歷，不招跑野廠之金夫子。此由廠法十則内推出，諸紳商一體傳觀，如有未妥處，再爲籌商。凡辦廠者，須因人因地，隨時制宜，而立法不外此，故招集砂丁不可不慎之於始。中國人稠，聚易散難，人作苦工並不厭苦，然照尋常工價多不能持久，廠務宏大未可以刻薄行之也。倘辦法失當，難保無事，何者？工在廠中，既有統率，又有責成，兼以連環互保，一人有過，而使衆人皆受其過，動輒得咎，或能自束。若一經犯規，擯斥出廠，無聊無賴，勢必妄行無忌，勾結夥黨，阻擾廠事，妨礙廠事，至使廠事終不能順手以辦。今酌一善法以保之，保之善莫善於借團以保礦，借礦以養團。招工時先於各該處紳商分地所薦引之人，擇其年富力强，忠實精幹有爲者用之，反是則裁汰之。如一廠能容百人，先招百人選練，如一廠能容五十人，先招五十人選練。廠之大小，由此類推。一俟礦師教習有日，視其人一一皆可充作砂丁，即以該地紳商統馭一團，即爲一廠。既係同鄉共井，守望相助，處常則通力合作，如有外警，則羣起抵禦保護，雖制梃亦可代兵刃。若能捍衛出力，而並能得礦最多者，即稟明廠官，於尋常工價外，按功給予優奬，以勵後勁。古人所謂寓兵於農，此則實寓兵於工也。似此較另招保廠勇丁，庶免紛擾，而亦少窺伺尋衅之弊，身親其事者當慎之。

又《廠中忌諱須知》 《禮》：曰入境問禁，入國問俗，入門問諱。忌諱二字，惟廠最甚。洞内洞外，廠房爐房，尤多避忌，須知有此忌諱一説，乃可以制服工人，少生口角，亦使不敢妄造謡言，毫無警懼，因而小心，惟恐出口犯忌，衆必鼓躁，從此肅凜認真做事，亦調護廠務之一道也。其所忌之事，如水叫灰，石叫牛子，眼睛叫二嘓嚕，油叫清水，鋪蓋叫麻花，火房叫帽盒，小孩負荒礦進出者叫螞蟻子，砂丁叫弟兄，掌門叫管事，碗叫蓮花，火叫亮子，炭硐錘手名之曰摸地王。更有精光倒蹋四大忌諱，最爲緊要。至於硐中，即憂患險難等字，均不可説，説即犯忌。一言一動，莫不乾惕，禍福無門，惟人自召，心之善惡，更不待言。至同事諸人，其所忌者，惟其心耳。要知有枉生，即有誤死，趨吉避凶，君子不廢。若有異心，必另生枝節。蓋礦爲地寶天財，人心苟不端方，不惟求福不得，反招天怒，因有意想不到奇禍。第一忌諱，戴紅冬帽之公衙人，如見此輩來廠，則廠必敗，山腹内或作吼聲，如人湧走一般，次日負出之礦，金銀竟化爲烏有。如上年吕太守笙樓在滇，有滇撫張委勘滇廠，當有地方官照例隨帶差役前驅到廠，硐内果發響聲。迨太守至廠中，人以實稟報，初猶疑惑不信，以爲若輩刁狡，爲匿課張本。而廠人復以礦之走，遠近東西據實稟復。太守隨即飭令前導眼同驗試。果不謬，當駭然返，迄今猶籍籍人口，此其明效大驗也。故每見委員辦廠，百無一成，皆白邪之過也。當開爐煅煉之時，正在溜銅之際，忌昧天良之人臨場觀看，看則銅汁自散，爐火飛瀑，躍起傷人。或化不成銅片，或成洒蠟湯，而汁不分，或成和尚頭，而汁不鎔。倘壞一爐，則礦皆莫有，而爐更要擇毀另造，前後計算折本已多，是不可以不慎也。欲求廠旺，必同夥諸人先正心地，此又辦廠者第一要義也。至於駕馭之道，自有權宜，此等工人非尋常職業可比，大都勇悍亡命之流，因我華辦廠缺貲，故工價甚減。若西人開採，則以重價雇工，而金銀廠尤加倍。信夫！重賞之下，必有勇夫，以故驅之，從事易。若中人則反是，使迫以威勢，則愈見其不可行。況硐外之人不能制硐内之人，必平素馭之得其法，臨事始俯首聽命。若徒脅以制之，以紳壓之，此輩口出怨言，恃衆刁頑，必生異心，甚有釀成巨禍者，不獨硐内之礦難出，而全廠之大局廢矣。則言廠務者又忌大恃威勢，素昔預爲布置，以收衆志成城之效焉可。

《宋會要輯稿·職官四三·提點坑冶鑄錢司》 哲宗元佑元年二月二日，新淮南等路提點坑冶鑄錢事李深言：「坑冶、鑄錢，舊隸一司，至元豐二年以荆廣、淮浙分爲兩路。韶州岑水等場自去年以來坑冶不發，欲乞兩路提點鑄錢通爲一司。」從之，仍每路特借錢一十五萬貫。【略】

〔高宗紹興二年〕七月二十日，提點江淮荆浙福建廣南路坑冶鑄錢王□言：「本司闕乏本錢收（有）〔買〕銅鉛物料，以致課額虧損。乞將本司年額上供錢内權借留一十五萬，措置回易，將所獲息錢充循環錢本，其所留錢限次年内先次起發。仍乞置虔州提點司准備差使五員，主管干運，許本司踏逐校尉以上有物力、諳練錢穀士人充選。所有理任、請給，乞并依諸司押綱使臣條例，仍別量支食錢，庶幾有以激勸。」從之。【略】

〔孝宗乾道〕九年正月六日，江瑠言乞支降乾道九年鼓鑄本錢等事，送户、工部勘當：「契勘乾道十年本錢，科降度牒二百道，余令鑄錢司於所餘銅錢本内取撥應副；并乾道八年分本錢（分在）〔令左〕藏南下庫支會子八萬貫，却給降度牒二百道，付本庫給賣價錢撥還。續據江瑠奏，所用本錢已多，方擘劃分俵。四監所欠止三二萬貫，候降到會子支湊充足，樁留會子五萬貫，充來年分本錢。今又准批下江瑠札子，所陳乾道九年本錢，欲乞朝廷指揮下南庫，於支降去年未支會子共六萬貫，并給降度牒一百道，通湊一十萬貫，應副鼓鑄。」詔依。【略】

〔孝宗淳熙〕九年十一月二十三日，詔：「左藏南庫借會子二萬貫文，付坑冶司鼓鑄錢本；却仰本司發回茶引二萬貫文，赴行在都茶場送納。」仍將本引現在之數日下措置給賣，及據撥足本錢，嚴禁拘催，須管鼓鑄及額，毋致拖欠。」以本司言「坑户闕錢採打銅鉛，有妨鼓鑄，乞將元給降茶引五萬貫文給換官會，應副支遣」故也。【略】

〔寧宗慶元〕三年八月十六日，江淮等路都大提點坑冶黄唐奏：「本司歲計支遣錢二十六萬緡，内十九萬緡係省額錢均撥諸州供納外，三萬緡有奇係本司收到坑場所産花利錢，尚欠三萬緡，係逐年拘催到諸州未解錢數補湊支遣。欲乞令本司今後於次年春季之終，取一郡欠數最多者申奏朝廷，主管官量賜責罰，庶幾主管官有以任其責。」户部勘當：「欲下本司照合起條限催發，如有違欠最多去處，仰徑申朝廷取旨施行。」從之。

《宋史》卷一八五《食貨志下七》 靖康元年，諸路阬冶苗礦既微，或舊有今無，悉令蠲損，凡民承買金場並罷。宋初，舊有坑冶，官置場監，或民承買，以分數中賣於官。初隸諸路轉運司，本錢亦資焉，其物悉歸之内帑。崇寧已後，廣搜利穴，榷賦益備。凡屬之提舉司者，謂之新阬冶，用常平息錢與剩利錢爲本，金銀等物往往皆積之大觀庫，自蔡京始。政和間數罷數復，然告發之地多壞民田，承買者立額重，或舊有今無，而額不爲損。欽宗即位，詔悉罷之。

慶桂《清高宗純皇帝實録》卷二四二 〔乾隆十年，乙丑，六月，庚戌〕户部議覆：「前署廣東巡撫策楞疏稱，粤東鼓鑄錢文，部議令將現貯局銅照例配搭鉛錫，先行開鑄，其滇省有無餘銅，可否通融賣給之處，并令咨商辦理。嗣准雲督張允隨咨覆，節省者囊、金釵二廠銅觔以資粤東鼓鑄，所有粤東開爐鼓鑄青錢所需銅鉛錫，應照京局配搭，并照雲貴、湖廣、粤西等省加耗，先設爐六座，每百觔於正耗九觔之外，再加補色耗八觔。粤東現貯局銅九萬六千三百九十一觔零，係抽收正課及收買餘銅之項，每百觔作價一十四兩。至白鉛、黑鉛、點錫照部價時價核算，每正耗銅鉛錫共一百九觔，該價銀九兩九錢七分零，除耗不算外，每鑄錢一千，需成本銀八錢五分二釐零。照例每錢一千文，作銀一兩，除扣還成本，尚獲盈餘銀一錢四分七釐零。再，所需色耗，援照湯丹廠銅之例加給，毋庸作價。查現貯局銅每百觔原給商價銀十兩，今留爲鼓鑄，每百觔銀十四兩，是每百觔盈餘銀四兩，所有色耗八觔，統於此項扣出抵款，於乾隆九年分地丁項内，撥鼓鑄工本銀五萬兩，於司庫收貯。其錢局查有裁缺，觀風使衙署改爲寶廣局，添蓋爐座所需工科銀，統於乾隆九年分田房稅羡内動支。至需用器具什物，先於工本銀内借給，工匠製造於應得工錢内扣還，責成布政使爲總理，糧驛道爲協理，再委府佐一員爲監鑄，雜職一員爲巡查，設書辦小書四名，所需薪水工食一切雜用，均於餘息錢内動支。臣部查粤東鼓鑄應給爐匠工料錢，應按該省食物時價支給，未便照別省支銷，餘皆應如前署撫所請。」從之。

劉錦藻《清朝續文獻通考》卷四四《征榷考一六·坑冶》 〔光緒十九年〕又諭：「户部奏遵撥銅本銀兩一摺。雲南銅本銀兩，鼓鑄攸關，見經户部遵旨籌撥，由湖北省二十、二十一兩年應解部庫旗兵加餉項下，每年撥銀五萬兩，西征洋款，改爲加放俸餉項下，每年畫撥銀十萬兩，著即分年迅速籌撥。」

又卷三八九《實業一二》　又山東巡撫孫寶琦奏：「撥助湖南華昌錬礦公司銀三萬兩，由籌賑局賑捐項下支撥，請飭部立案。」

顔世清《約章成案匯覽》乙篇卷三十八下成案《閩督許奏福建礦務擬由洋商公司承辦摺光緒二十八年》　奏爲閩省礦務擬由洋商承辦現與妥定章程酌定辦法以闢利源恭摺仰祈聖鑒事：竊維中國地大物博，礦産之富甲於五洲，洋人來華遊歷探測殆遍，僉以棄利於地，深爲可惜。近來風氣漸開，各省華商間有設立公司自行開採，然或因資本不足，或因礦師難延，或因機器難購，旋作旋輟，毫無成效，僅直隸開平煤礦經理得法，始獲厚利，然糜款至數百萬，經營幾二十年，亦可見收效之匪易矣。查礦務辦法大約有三：曰官辦，曰商辦，曰官督商辦。但官辦則公款難籌，商辦則私財不給，官督商辦則商恐受制於官，亦不能見信於人，瞻顧徘徊，事機坐失。光緒二十四年，京城礦務鐵路總局奏定章程，通行各省，於興利防弊之法，極爲周備，惟集款以多得華股，并須已集華股十分之三，方准招集洋股，自係爲獨操利權起見，無如中國富商於開礦之事，素未講求，斷不肯以鉅資輕於一擲，欲糾集公司，則辦理毫無把握，大都疑沮觀望，即使准招洋股，而洋人以承辦者係屬華商，更不肯輕附股分，若必照此辦法，是中國永無開礦之日，徒託空言，於事何補。近年山西、河南、四川等省開礦章程，名爲華洋合股，實則仍係洋商承辦。洋人開礦向有專門之學，其勘礦最精，其集資最厚，其辦事最信，此處不成，另開他處，心志堅定，必求選獲佳礦而後已。非若華人之急功近利，一蹶遂不復振也。臣愚以爲，與其歸華商承辦，招集洋股，而洋人決不願附，不如由洋商承辦，而華股轉可多招，即如美國之鐵路公司，英國之滙豐洋行，粤東紳商多購其股票，以爲世守之業，蓋以事歸商辦，款係公司，與其國家無涉，斷無藉此攘奪之理。去年，北方變亂，官辦鐵路皆被佔據，獨開平礦局因係公司，猶得保全，是爲明證。閩省崇山峻嶺，綿亘千里，礦産甚多，據法國領事屢次來署商議，現有該國商人魏池擬請准於邵武、建寧、汀州三府屬，擇礦開辦，設立華裕公司，仿照四川章程，由官派員設局，凡勘苗購地，内地交涉之事，均歸官局經理，該商另與大東公司法商立約，籌集資本，一切開採工程歸大東公司承辦，仍係華洋合股，互相維制，以五十年爲限，限滿統歸中國收回。大東公司於開辦時，願將股分票按每百張先抽五張送與礦務官局，華裕公司各得其半。又將紅利票按每百張先抽八張，以充閩省公用。又按每百張抽二十五張報效公家，作爲租課，其出口海關税，仍照章完納，此項股票，可照時值售繳現銀，將來開礦盈虧，概與官局無涉。臣飭藩司洋務局，與法領事詳細商酌，擬定合同二十三條，先行簽字，約内聲明，俟礦務總局核議奉旨允准後，方能開辦，如奉議駁，此項合同應即作廢。臣覆加查核所擬辦法大致參仿四川等省章程，於主權利權均無妨礙，尚可准行，除將合同底稿抄咨外務部礦務總局核辦外，仰懇敕下該衙門，迅速議覆，以便轉飭遵辦。所有閩省礦務，現與法商議辦緣由，理合恭摺具陳，伏乞皇太后、皇上聖鑒訓示。謹奏。光緒二十八年三月初二日奉硃批：外務部議奏，片併發。欽此。

王天與《尚書纂傳》卷四《禹貢第一·夏書》　〔荆州〕厥貢羽毛齒革，惟金三品，杶榦栝柏，礪砥砮丹，惟箘簵楛。三邦厎貢，厥名包匭菁茅。厥篚玄纁璣組。九江納錫大龜。

漢孔氏曰：土所出與揚州同。林氏曰：《職方》：揚州其利金錫，荆州其利銀、丹、齒、革，則荆、揚所産可見。《左傳》重耳對楚子曰：「羽毛齒革，君地生焉。」又聲子曰：「如杞梓、皮革，自楚往也。」又鄭伯朝楚，楚子賜之金，既而悔之，曰：「無以鑄兵，故以鑄三鍾。」則羽毛、齒革、金木，貢於荆宜矣。

〔梁州〕厥貢璆、鐵、銀、鏤、砮磬，熊、羆、狐狸，織皮，西傾因桓是來。

漢孔氏曰：璆，玉名。曾氏曰：蜀郡卓氏、程氏，皆以鐵冶富，擬封君。則梁州之利，尤在於鐵。夏氏曰：銀，白金也。漢孔氏曰：鏤，剛鐵。唐孔氏曰：鏤者，可以刻鏤。説見「荆州」。林氏曰：徐貢浮磬。此貢石磬，豫又貢磬錯，則知當時樂器磬最爲重。

王闓運《尚書箋》卷三《虞夏書三》　厥貢鏐鐵銀鏤砮磬。鄭曰：黄金之美者，謂之鏐，鏤，剛鐵，可以刻鏤也。箋曰：鐵，黑金；銀，白銀；鏤剛石，漢謂之昆吾刀，今金剛鑽也，剛鐵即煉鐵耳。

魏源《禹貢説》卷上《釋〈禹貢〉貢賦五》　問：「厥貢惟金三品，而後世麩金之進奉、銀鑛之税額以爲敝政者何？《周禮》揚州其利竹箭、金、錫，不言齒革羽毛之産，故鄭氏以錫貢爲金錫之貢，且《史記》《漢志》並無惟木之文而王肅異誼者何？」曰：「古者賦民，惟粟米布縷之征，無以錢爲田賦者。有之，自楊炎兩税始。尤未有以銀准錢而爲賦者，有之，自明代始。金銀銅三品，即黄金、白金、赤金，虞夏之上中下三幣。《平准書》《食貨志》既不以爲田賦，惟所産之地以充歲貢，非若後世之賦有金而貢反無金，故賦外之徵求，爲厲民之大禁也。《考工記》言吳粤之金錫，《漢志》豫章有黄金之採，吳東有章山之銅，是揚州固産五金。然古者上幣、中幣皆完質相授，無鑿鎔之事。以一鎰爲一金，二十四銖爲兩，二十四兩爲鎰，其質方寸。必用錢至萬，始以一金當之，即白金亦以飾器不爲幣，故惟刀布之用最廣。且範銅不但鑄幣之用，爲度量，爲鐘簴，爲兵，爲鼎，故鄭氏以金三品爲銅三色，此誼可通者也。至錫爲五金之齊，不列於幣，以釋錫貢，則于文不詞，于事不典。王肅曰，橘柚錫命，則貢之不常入。以荆州納錫大龜，豫州錫貢磬錯證之，雖差勝鄭義，然賓祭歲歲常經，即仍是歲歲常貢，何必多此一錫耶？蓋與荆之大龜，豫之磬錯，惟諸侯入見則貢之，以充大饗，庭實不常貢也。荆州納錫，《史記》作「入賜」，《說文》：「贛，賜也，賜，予也。」子贛名賜，古者下之貢上亦稱錫，故《堯典》曰：「師錫帝洪範」，曰：「惟時厥庶民，錫女保極。」《召誥》：「太保乃以庶邦冢君出取幣，入錫周公，旅王若公。」此諸侯貢稱錫之明文也。若謂元龜大寶，故以錫貢重其詞，則橘柚口實何以尊王瑶琨珍木乎？元龜象齒，大貝南金，淮夷所産，荆揚南界閩粵，商旅貿遷何難，市諸鳥語之夷以充方貢乎？此誼鄭、王皆失之，當以《史記》「入賜」之訓爲古。」

胡渭《禹貢錐指》卷九　厥貢璆、鐵、銀、鏤、砮、磬。《釋文》：璆，音虯徐，又居虯反，又閭幼反。鐵，天結反。鏤，婁豆反。

簡朝亮《尚書集注述疏》卷三《禹貢》　《唐志》：新州貢金銀，廣州貢銀。新州者，今廣東肇慶府新興縣也。廣州者，今廣東廣州府也。

《唐志》：蒙州貢麩金，賀州貢銀，蒙州者，今廣西平樂府永安州也。

《漢志》：犍爲郡朱提縣山出銀，蓋朱提者，縣以山名也。

陳希旦《禮記集解》卷二四《禮器第一一二》　內金，示和也。束帛加璧，尊德也。龜爲前列，先知也。金次之，見情也。丹、漆、絲、纊、竹、箭，與衆共財也。其餘無常貨，各以其國之所有，則致遠物也。其出也，《肆夏》而送之，蓋重禮也。**【略】**「內金」以下，言諸侯來朝，所以享天子者也。內，謂先內之於廟也。示和者，金可爲鍾，取其聲之和也。束帛加璧，尊德也者，餘物皆陳於庭，而束帛加璧則執之以升堂致命，君子於玉比德，故尊之也。龜爲前列者，陳於庭而最在北也。先知者，龜能前知，故貴之，而在諸物之前也。金次之者，金雖先入，而陳之則在龜之後也。見情者，聲和則情和也。丹、漆、絲、纊、竹、箭，又陳於金之後，示與天下共此物而不私也。《覲禮》三享，皆束帛加璧，庭實唯國所有，龜也，金也，丹、漆、絲、纊、竹、箭也，皆三享中所有之庭實也。**【略】**鄭氏曰：荆、揚二州，貢金三品。荆州納錫、大龜。荆州貢丹，兖州貢漆、絲，豫州貢纊，揚州貢篠蕩。《儀禮觀禮》註曰：「初享或用馬，或用虎豹之皮。**【略】**其次享，龜也，金也，丹、漆、絲、纊、竹、箭也。其餘無常貨。此地物非一國所能有，唯所有。分爲三享，皆以璧、帛致之。」

《史記》卷二《夏本紀》第二　淮海維揚州：彭蠡既都，陽鳥所居。三江既入，震澤致定。竹箭既布。其草惟夭，其木惟喬，其土塗泥。田下下，賦下上上雜。貢金三品，集解：孔安國曰：「金、銀、銅。」鄭玄曰：「銅三色也。」瑶、琨、竹箭，齒、革、羽、旄，島夷卉服，其篚織貝，其包橘、柚錫貢。均江海，通淮、泗。

荆及衡陽維荆州：江、漢朝宗于海。九江甚中，沱、涔已道，雲土、夢爲治。其土塗泥。田下中，賦上下。貢羽、旄、齒、革，金三品，杶、榦、栝、柏，礪、砥、砮、丹，維箘簬、楛，三國致貢其名，包匭菁茅，其篚玄纁璣組，九江入賜大龜。浮于江、沱、涔、(于)漢，踰于雒，至于南河。集解：孔安國曰：「北據荆山，南及衡山之陽。」

【略】　華陽黑水惟梁州：汶、嶓既蓺，沱、涔既道，蔡、蒙旅平，和夷厎績。其土青驪。田下上，賦下中三錯。貢璆、鐵、銀、鏤、砮、磬，熊、羆、狐、狸、織皮。集解：孔安國曰：「璆，玉名。」鄭玄曰：「黄金之美者謂之鏐。鏤，剛鐵，可以刻鏤也。」

《漢書》卷六上《地理志第八上》　華陽、黑水惟梁州。岷、嶓既蓺，沱、灊既道，蔡、蒙旅平，和夷厎績。厥土青黎。田下上，賦下中三錯。貢璆、鐵、銀、鏤、砮、磬，熊、羆、狐、貍，織皮。師古曰：「璆，美玉也。鏤，剛鐵也。磬，磬石也。璆音虯。」

又卷九九中《王莽傳第六九中》　初設六筦之令。命縣官酤酒，賣鹽鐵器，鑄錢，諸采取名山大澤衆物者税之。又令市官收賤賣貴，賒貸予民，收息百月三。犧和置酒士，郡一人，乘傳督酒利。禁民不得挾弩鎧，徙西海。

《後漢書》卷一〇上《皇后紀上·和熹鄧皇后》　減大官、導官、尚方、內者服御珍膳靡麗難成之物，自非供陵廟，稻粱米不得導澤，朝夕一肉飯而已。舊太官湯官經用歲且二萬萬，太后勑止，(曰)[日]殺省珍費，自是裁數千萬。及郡國所貢，皆減其過半。悉斥賣上林鷹犬。其蜀、漢釦器九帶佩刀，並不復調。蜀，蜀郡也。漢，廣漢郡也。二郡主作供進之器，元帝時貢禹上書「蜀、廣漢主金銀器，各用五百萬」是也。釦音口，以金銀緣器也。止畫工三十九種。又御府、尚方、織室錦繡、冰紈、綺縠，金銀，珠玉，犀象，瑇瑁，雕鏤翫弄之物，皆絶不作。

《魏書》卷一〇三《高車傳》　納彌俄突，國人殺跋利延，迎彌俄突而立之。彌俄突既立，復遣朝貢，又奉表獻金方一、銀方一、金杖二、馬七匹、駝十頭。

酈道元著趙一清注《水經注釋》卷一三《㶟水》　《魏書·食貨志》云：「世宗

延昌二年秋，恒州上言：『白登山有銀鑛，八石得銀七兩，錫三百餘斤，其色潔白，有喻上品。』詔置銀官，常令採鑄。」元魏金田之制殆彷曹氏，歸權于上之意乎？金田即銀鑛。《禹貢》：荆州貢金三品，叔治黄白異議，蓋舍銅而專言金銀之利也。

《北史》卷九八《高車傳》 彌俄突既立，復遣朝貢，又奉表獻金方一、銀方一、金杖二、馬七匹、駝十頭。

《舊唐書》卷四八《食貨志上》 其百姓有邸店行鋪及鑪冶，應准式合加本户二等税者，依此税數勘責征納。

又卷一九七《西南蠻・南詔傳》 九年四月，牟尋乃與酋長定計遣使：趙莫羅眉由兩川，楊大和堅由黔中，或由安南。使凡三輩，致書與韋皋，各賫生金丹砂爲贄。三分前皋所與牟尋書，各持其一爲信。歲中，三使皆至京師，且曰：「牟尋請歸大國，永爲藩國。所獻生金，以喻向北之意如金也；丹砂，示其赤心耳。」上嘉之，乃賜牟尋詔書，因命韋皋遣使以觀其情。

《新唐書》卷四一《地理志五》 睦州新定郡，上。本遂安郡，治雉山。武德七年曰東睦州，八年復舊名。萬歲通天二年徙治建德。天寶元年更郡名。土貢：文綾、簟、白石英、銀花、細茶。有銅坑二。

又卷四二《地理志六》 榮經。中下。武德三年置。有邛崍山，有關。有銅。

【略】

〔劍南道〕茂州通化郡，下都督府。本汶山郡，武德元年曰會州，四年曰南會州，貞觀八年更州名，天寶元年更郡名。土貢：麩金、丹砂、麝香、狐尾、羌活、當歸、乾酪。

瀘州瀘川郡，下都督府。土貢：麩金、利鐵、葛布、班布。

李林甫《唐六典》卷三 八曰江南道，古楊州之南境，【略】凡五十有一州焉。【略】厥貢紗編、綾綸、蕉葛練、麩金、犀角、鮫魚、籐紙、朱砂、水銀、零陵香。【略】辰、錦二州光明砂、水銀；溪、錦二州朱砂。

十曰嶺南道，古楊州之南境，【略】凡七十州焉。其五府又管羈縻州。【略】厥貢金、銀、沈香、甲香、水馬、翡翠、孔雀、象牙、犀角。【略】融、象二州貢金，桂、邕、昭、柳等五十餘州貢銀，桂州銅盤，連州細布、鍾乳，崖、欽二州高良薑，廣州竺席、生沈香、水馬、甲香、鼊皮、籐簟，廣州、安南並貢龜殼，循、振二州五色籐盤，振州班布食單，安南及潮州蕉，安南檳榔、鮫魚皮、翠毛，愛、龐等州孔雀尾，驩州象牙藥、犀角、金簿黄屑、沈香，漳、潮等州鮫魚皮、甲香，韶州竹子布，岡州甲香、詹糖香，廣、潮、高、循、峯、邵等州及安南蚺蛇膽，春、韶、瀧，廣等州石斛，雷州絲電，富州班布、白石英，蒙州麩金，古州蠟，容州朱砂、銀。

又卷二二《少府軍器監》 中尚署令，掌供郊祀之圭璧。【略】其所用金、木、齒、革、羽毛之屬，任所出州土以時而供送焉。其紫檀、櫚木、檀香、象牙、翡翠、毛黄、嬰毛、青蟲、真珠、紫鑛、水銀出廣州及安南，赤麖皮、琴瑟、赤珪、琥珀、白玉、碧玉、金剛鑽、盆灌、鍮石、胡桐律、大鵬砂出波斯及涼州，麝香出蘭州，銅鉢銅出代州，赤生銅出銅源監也。

元稹《元氏長慶集》卷三六《中書省議賦税及鑄錢等狀》 右據中書門下狀，欲令諸道公私銅器各納節度、團練等使，令本處軍人鎔鑄。其鑄本請以留州、留使錢年支未用物充待，一年後，鑄銅器盡勒停。其州府有出銅、鈆可以廣鑄處，每年與本充鑄者。臣等約計天下百姓有銅器用度者，分數無多，散納諸使，斤兩蓋寡，創置爐冶器具頗繁，一年勒停，並是廢物。軍人既未素習鎔鑄，亦恐甚難。又每年留州、留使錢額，本約一年用度支留，若待鑄得新錢，然遣當州給用，必恐百事久闕，不應時須。臣等商量，請令諸使諸州一切在所，許百姓以銅器折納税錢，并度支給價收市。每年每季隨便近有監冶處，據數送納，所冀鑪冶無創置之勞，工匠有素習之便，不煩鑄本，自有利宜。其州府出銅、鈆可廣鑄處，請委諸道有銅、鈆處長吏，各言利害，具狀申陳，參酌衆情，然議可否。以前據中書門下奏請，令中書門下兩省重議，可否奏聞者，臣等謹議如前。謹録奏聞。伏勑旨。

王欽若《册府元龜》卷四九二《邦計部・蠲復第四》 及天成二年終，已前諸道銀銅鐵冶，鉛、錫、水銀坑窟，應欠課利兼木炭農具等塲欠負，亦與放免。

樂史《太平寰宇記》卷一五八《嶺南道二・恩州》 土産：金、銀。已上貢。

又卷一六五《嶺南道九・澄州》 土産：貢金、銀。

又卷一六六《嶺南道一〇・管羈縻州》 土産：葵山多葵，葉堪爲笠。金、銀、鈆作貢。

又卷一六二《嶺南道六・桂州》 土産：朱砂、冷石、零陵香、桂心、銀、麖、簟、銅器、蚺蛇、蟾。

彭元瑞《五代史記注》卷六〇下《職方考第三・恩州》 《太平寰宇記》：土産金、銀，已上貢。

倪輅《南詔野史》《宣仁皇帝》 宋大觀二年即位，改元日新。二年中元節，各方貢金、銀、羅綺、犀、象珍寶萬計。

《宋會要輯稿・職官二七》〔神宗熙寧二年九月〕是月，詔江南等路提點銀坑冶司所轄金銀場冶，收到金銀課利，今後并依久例，盡數入內藏庫，委所屬州軍至次年春季起發赴庫交納。及仰提點坑冶司每年據場冶申到所收金銀細數，攢寫爲一賬，申三司拘催內藏庫錢帛案。其拘催案據賬照勘訖，翻録下內庫庫薄抄上，候年終納絶勾銷訖，具狀以聞。及申拘催案，如過期綱運未至，即申舉催促。其他路分場冶，不係江南等路提點坑冶司所轄者，即仰本路提點刑獄司准此施行。【略】

〔欽宗靖康元年〕三月二十三日，內藏庫言：本庫自太平興國三年肇建，至大中祥符四年，御製御書立銘。其貯積經費外，餘財所以募士戍邊，振乏固本，皆有成法。比年諸路歲入坑冶金銀至爲稀少。檢准熙寧二年聖旨，應江南等路提點刑〔銀〕銅坑冶司所收金銀課利，今後并依久例，盡數上供入本庫。其他路場冶不係坑冶司所轄者，仰本路提點刑獄司依此施行。

《宋會要輯稿・職官四三・提點坑冶鑄錢司》〔政和五年〕十月二十四日，提轄措置陝西川路坑冶、催促鑄錢蔣彝奏：「契勘本路坑冶久失措置，亦有元未曾立額去處，其間縱有舊額，增虧不一。如同州韓城縣兩場祖額各六百萬斤，陝〔府〕閺鄉縣金冶歲額八百兩，比年以來，全然虧少。今來若便以五年之數立爲額，不免減落課利，兼恐場冶因此不肯用心。又如虢州朱場〔陽〕縣金場及陝府湖城縣金場等處，見今措置興發，既許用常平錢穀，即坑冶本錢不闕。欲乞一面且行措置催趁寶貨，候至今年終，各見所入多寡，自來年正月立爲新額。」詔依所乞，立爲永額，仍令户、工部注籍拘收，須管趁辦收及新額，候至來歲終，即具〔一〕全年逐州軍實收到新額物數別無虧損，〔係〕〔保〕明申尚書省，參酌多寡，取指揮推賞。如諸路更有似此增立新額課利去處，并依此。仍具合增立額物數申尚書省。【略】

〔孝宗乾道七年〕十一月二十三日，工、吏部狀：「准都省批下提點鑄錢司申：『契勘江西路興置江州廣寧監、撫州裕國監、臨江軍新喻縣豐餘監、興國軍大冶縣富民監，歲鑄錢三十萬貫。緣本司所轄坑場錢監路分稍遠，全藉州縣當職官協濟應辦，欲望朝廷札下錢監州軍，依已得指揮，令守臣提領，知縣兼監，督趣鼓鑄，無致闕□。如歲終拖欠，即從本司具當職官申乞施行。』本部勘會，近據鑄錢司申，乞下逐州軍知、通，據歲額應辦鼓鑄每歲及額，特與減年磨勘；如或虧欠分數，乞與展年。已降指揮，候鑄及所定課額，即〔無〕〔與〕推賞。今勘當，欲依所乞事理施行。」從之。

《宋會要輯稿・食貨三三・坑冶上》邕州填乃場，熙寧六年置。銀虢州治務，舊置商州豐陽縣砂銀冶。

銀。西京，伊陽縣場。登州，場一，元額七十兩，元豐元年收五百一兩。萊州，元額三百四十二兩，元年收一百三十六兩。唐州湖陽縣花山場一。鄧州長安坑場、粟平冶場，元額七百二十兩，元年收四百兩。衛州共城縣場一，商州上洛陽縣龍渦場，熙寧七年置；洛南縣麻地棱冶，八年置；鎮北冶場，九年置，元額九千七百九十七兩，元年收六千九百六十兩。虢州，銀煎冶百家，川欒川蜜崖冶，姚谷冶，石甕冶，朱陽縣七場，元額三萬四千五百七十三兩，元年收二萬五千六百四十二兩。鳳翔府横正場，元額一千八百八十五兩，元年收九百二十九兩。秦州子路、白石、黄欒、黄金、保安、床谷、東毗、白花、白草、青陽、黄城、臨金十二場務，元額二百二十二兩，元年收一百四十九兩。隴州元額七萬七千二百六十二兩，元年收四千三百二十二兩。鳳州元額一百六十兩，元年收一百八十四兩。越州元額二百九十兩，元年收六十三兩。衢州元額六千五十六兩，元年收六百九十五兩。處州遂昌縣永豐場，熙寧三年置；樓溪場，五年置，六年并入永豐松陽縣。竹溪場，六年置，八年罷。高亭場，十年又置通泰一場，元額三千四百七十五兩，元年收百三十四兩。饒州德興二場，元額二千二百三十七兩，元年收一千二百四十五兩。信州上饒縣丁溪場，熙寧七年置，十年罷；貴溪縣一場，鉛山縣一額，元額一十萬三千三〔百〕九十三兩，元年收三萬五千九百五十七兩。虔州瑞金縣九龍場，熙寧五年置，贛縣蛤湖場，十年置，元額三千七百二十二兩，元年收二千四百七十二兩。建昌軍元額九千一百七十九兩，元年收五千一百一十六兩。南安軍大庾縣穩下務，熙寧十年罷。潭州衡山縣黄簳場，熙寧九年罷；瀏陽縣永興場，熙寧七年置。元額一萬六千六百七十三兩，元年收二萬八千七百五十七兩。衡州醒衡坑一，元額六千三百兩，元年收二百四十六兩。道州元額闕，元年收一百三十兩。郴州雷溪坑，熙寧八年置，元額三千五百五十三兩，元年收二千九百九十三兩。永州魯家源場，熙寧九年罷。桂陽監都銀坑置，元額二萬七百三十二兩，元年收八百七十五兩，又土貢五十兩。邵州土貢一十兩。鄂州土貢三十兩。福州長溪縣玉林場，熙寧七年置，元額一千六百四十兩，元年收二千八百二十一兩。建州浦城縣潘家山場，熙寧八年，并入通德建安縣石舍場。熙寧元年置。丁地坑，二年六月置。建陽縣武仙場，十一月置。黄柏洋場，四年置。瞿嶺場，五年置。元額一萬二百七十七兩，元年收八千八百一十二兩。泉州清溪縣龍崇場，熙寧三年置，元額三兩，元年收四兩。南劍州將樂縣安福場，舊置，熙寧七年，召人認額。尤溪縣漆坑場，七年置。梅營龍逢二場，九年罷。又龍泉場、石城場、新興場，元額二萬五千六百一十兩，元額收五萬一千二百二十七兩。汀州、寶應坑，熙寧四年置，五年罷。太平場，八年八月置，十二月罷。赤水場，舊罷，九年罷，元額四千七十五兩，元年收二千三百二十兩。漳州、龍巖縣寶興場，熙寧六年置，元額五百五十兩，元年收九百一十五兩。邵武軍太平場，熙寧二年置；黄分坑，九年罷。又寺城場，元額四千二百九十兩，元年收二千九百一兩。廣州大利場，熙寧二年置；大富場，五年置。又錢糾場、挂角場、香山崖場，元額三百三十一兩，元年收二百七兩。韶州鄒崗場，熙寧三年置，五年罷。石膏場，七年置，元額九千四百八十八兩，元額收四百二十兩。循州，元額一萬五千六百五十兩，元年收三千二百四十一兩。潮州豊濟場，熙寧六年置；烏門場，七年置，十年罷。又石院場，元額八千二百八十九兩，元年收同。連州陽山場，熙寧五年置。又同官場、銅坑，元額三千五百五十五兩，元年收二千七百七十四兩。賀州市銀場，臨賀縣太平場，元額二百六兩，元年收同，又土貢一十兩。端州元額二百五十三兩，元年元收五十八兩，土貢一十兩。康州雙涌場，熙寧七年置，九年罷。土貢一十兩。南恩州，土貢一十兩。英州，元額五千五百三十六兩，元年收七千二百三十六兩。惠州，元額二千二百八兩，元年收一千四百八十兩。新州土貢一十兩，封州土貢一十兩。梅州土貢三十兩。昭州土貢一十兩。梧州土貢一十兩。藤州寶錫場，熙寧五年置，元額四百一十兩，元年收二百九十八兩，土貢一十兩。融州吉帶場，或作鉛場，未詳。龔州土貢一十兩。潯州土貢一十兩。貴州土貢一十兩。柳州、土貢一十兩。宜州寶富場，熙寧五年置，元額一萬九千四百八十六兩，元年收三千二百五十四兩，土貢一十兩。賓州土貢五兩。横州土貢一十兩。化州十貢五兩。高州，元額一百三十二兩，元年收同，土貢五兩。白州土貢一十兩。鬱林州土貢五兩。廉州土貢一十兩。瓊州土貢一十兩。昌化軍土貢一十兩。寓安軍，土貢五兩。銀坑冶，祖額總計四十一萬一千四百二十兩，元豊元年收總計二十一萬五千三百八千五兩。

《宋會要輯稿・食貨三四・坑冶雜録》 七年，工部言：「知台州黄巖縣劉覺民乞依熙寧法，以金銀坑冶召百姓採取，自備物料烹煉，十分爲率，官收二分，其八分許坑户自便貨賣。江西轉司相度江州等處金銀坑冶，亦乞依熙豐法。」從之。

嵇璜等《續通典》卷一一《食貨一一・錢幣上》 〔宋太平興國〕八年，詔增市鉛、錫、炭價，於是得銅八十一萬斤，鉛二十六萬斤，錫十六萬斤，歲鑄錢三十萬貫。

〔高宗紹興二十九年〕以李植提點鑄錢公事。植言：歲額内藏庫二十三萬緡。右藏庫七十餘萬緡，皆至道以後數也。紹興以來，歲收銅二十四萬斤，鉛二十萬斤，錫五百斤，僅可鑄錢一十萬緡。諸道拘到銅器二百萬斤，附以鉛、錫，可鑄六十萬緡。然拘者不可以常，唯當據坑冶所産，工部權以五十萬緡爲額。【略】東南十一路一百一十八州之所供，有坑冶課利錢、木炭錢、鉛本錢，約二十一萬緡，比歲所收不過十五六萬緡耳。歲額金一百二十八兩。銀無額，以七分入内庫，三分歸本司。銅三十九萬五千八百斤。鉛三〔十〕一萬七千九百斤。錫一萬九千八百七十五斤。鐵二百三十二萬八千斤。比歲所榷，十無二三。

鄭伯謙《太平經國之書》卷三《税賦・論九賦九貢》 今考之《周禮》，國中四郊之賦，閭師征之；野之貢賦，縣師征之。委人征薪芻木材；獸人廛人收皮毛筋角；角人斂齒角羽翮；丱人收金玉錫石；澤虞取國澤財物；掌葛掌染草則征絺綌、染草，以當邦賦；掌炭、掌荼則征灰炭、茅莠以當邦賦。其始也以九穀爲主，而其終則皆以九職之物充賦。其始也以五等定輕重，而其終則皆以年之上下出斂法。熟讀一書，其所以孜孜於田賦之者，蓋以其未始立法也。【略】八州在王畿之外，諸侯之國也，田賦之下於是始立爲貢篚之制焉。有金、木、鉛、石之貢，有漆、絲、羽毛之貢，有球琳琅玕、銀、鏤、砮磬之貢，此則太宰之九貢也。

陳桱《通鑑續編》卷一八 〔孝宗皇帝乾道八年金大定十二年〕冬十二月，金聽民採金銀坑冶，勿收税貢。

商輅《通鑑綱目續編》卷一六 〔乾道八年金大定十二年〕冬十一月，金去金銀坑冶之税。不禁民採。

發明：治國者，不以專利於國，惟當公利於民。專利於國，則利國而瘠民；公利於民，則益民而薄國。然國有常賦足供其需，不必他求以附益也。蓋坑冶金銀，地之所産，金能去其賦税，不禁民採，則是有公利於民之心也，大定之治不亦宜乎！故特書以予之。

吕祖謙《歷代制度詳説》卷七《錢幣・制度・坑冶》 青州貢岱畎，絲枲、鉛、松、怪石。疏云：鉛、錫也。岱山之谷有此五物。揚州貢金三品。注云：金、銀、銅也。疏：鄭元以爲金三品者，銅三色也。荆州貢金三品，與揚州同。梁州貢璆、鐵、銀、鏤、砮磬，並《禹貢》注，鏤，剛鐵也。疏云鏤者，可以刻鏤，故爲剛鐵也。卝人掌金玉錫石之地，而爲之厲禁以守之。若以時取之，則物其地圖而授之，巡其禁令。《地官》卝之言礦也。金玉未成器曰礦。卝，華猛號猛二反。

李燾《續資治通鑑長編》卷九七《真宗》 〔天禧五年〕天下户八百六十七萬七千六百七十七，口一千三百九十三萬三百二十。所收租税，比至道末，穀增一百七萬五千餘石，錢增二百七十萬八千餘貫，絹減萬餘匹，絁紬減九萬二千餘匹，布增五十萬六千餘匹，絲綫減五萬五千餘兩，綿減一百一十七萬五千餘兩，茶增一百一十七萬八千餘斤，芻茭減一千一百萬五千餘圍，蒿減一百萬餘圍，炭減五十萬四千餘秤，鵝翎、雜翎增十二萬九千餘莖，箭簳增四十七萬隻，黄蠟增五萬餘斤，又鞵八十一萬六千餘量，麻皮三十九萬七千餘斤，鹽五十七萬七千餘石，紙十二萬三千餘幅，蘆蕟三十六萬餘張，大率名物約此。其折變及移輸比壤者，視當時所須焉。

至道末，上供錢一百六十九萬二千餘貫，金一萬四千八百兩，銀三十七萬六千兩，絲七十萬五千兩，綿四百九十七萬兩，紬三十七萬九千匹，絹一百七十萬八千匹，絁五萬二千匹，布一百一十萬六千匹，又榷利所獲總一千一百二十三萬三千餘貫。國家率三歲一親郊祀，共計緡錢常百五十餘萬貫，大半以金銀、綾綺、絁絹平其直而給之。大凡邦國内外舉一歲之費，錢一千六百九十三萬餘貫，金一萬四千八百七十兩，銀六十二萬餘兩，絹三百三十三萬三千餘匹，紬九十萬三千餘匹，絁五萬九千餘匹，綿七百四十五萬兩，絲綫一百六十四萬兩，布二百六萬三千餘端，粟二千一百九十四萬石，芻三千二百萬六十圍。舉一歲京城給文武官、三班使臣及諸司人等奉錢四萬五千八百餘貫，給以他物者九萬一千四百餘貫，禄粟五萬一千餘石，糧五十四萬二千餘石。騎軍一歲給錢六十八萬餘貫，都虞候已上禄粟一萬四千餘石，糧一百一十八萬餘石。步軍一歲給錢七十一萬餘貫，禄粟七千八百餘石，糧一百八十二萬九千餘石。大抵若此，而亦有盈縮焉。

天禧末，上供惟錢帛增多，餘以移用頗減舊數，而天下總獲錢二千六百五十三萬餘貫，金萬四千四百餘兩，銀八十八萬三千九百餘兩，絲四百一十七萬二千餘兩，綿一千八百九十九萬一千餘兩，絹一百五十五萬二千餘匹，紬九百四十一萬五千餘匹，綾三十四萬四千餘匹，絁一十三萬七千餘匹，紗縠二萬五千餘匹，錦綺二萬八千餘匹，布三百五萬七千餘匹，茶七十六萬餘斤，鹽一十六萬三千八百餘石，香藥、真珠、犀、象七十萬餘斤條片顆，竹木、蘆箔三百六十餘萬條片，五穀二千九百八十三萬餘石，草三千萬餘圍，木炭、薪蒿三千餘萬斤束。總費錢二千七百一十四萬餘貫，金一萬三千五百餘兩，銀五十八萬餘兩，絲三百六十三萬二千餘兩，綿一千六百五十萬餘兩，紬七十六萬四千餘匹，絹四千一百七十三萬七千餘匹，綾十萬七千餘匹，絁五萬二千餘匹，羅二萬七千餘匹，紗緞一萬一千餘匹，錦綺六千七百餘匹，布一百二十九萬七千餘匹，茶三十六萬六千餘斤，鹽十一萬八千餘石席，香藥、真珠、犀、象五十二萬三千餘斤條片顆，竹木、蘆箔一百二十三萬二千餘條片，五穀三千四百五十八萬二千餘石，草三千四百五十八萬三千餘圍，木炭、薪蒿四百五十萬餘斤束。景德郊祀七百餘萬，東封八百三十餘萬，祀汾陰、上寶册又增二十萬。丁謂爲三司使，嘗著《景德會計録》以獻。林特領使，亦繼爲之。凡舉大禮，有司皆籍當時所費以聞，必有優詔獎焉。【略】

〔天禧五年〕至道末，天下歲課金若干兩，此數當求別本，三朝史志偶脱。銀十四萬五千餘兩，銅四百一十二萬餘斤，鐵五百七十四萬八千餘斤，鈆七十九萬三千餘斤，錫二十六萬九千餘斤。天禧末，金一萬兩，銀八十八萬三千餘兩，銅二百六十七萬五千餘斤，鐵六百二十九萬三千餘斤，鈆四十四萬七千餘斤，錫一十九萬一千餘斤，水銀二千餘斤，朱砂五千餘斤，然金銀除坑冶丁税和市外，課利折納互市所得皆在焉。

又卷三八九《哲宗》 〔元祐元年，十月，丙申〕陝西轉運兼提舉銀銅坑冶鑄錢司言：「虢州界坑冶户聽得銀貨除抽分外餘數並和買入官，費用不足。乞依舊抽納二分，只和買四分，餘盡給冶户貨賣。」從之。

又卷四四一《哲宗》 〔元祐五年，夏四月，癸丑〕湖南轉運司言：「應金、銀、銅、鉛、錫興發，不堪置場，官監依條立年額課利，召人承買，而地主訴其騷擾。請先問地主如願承買，檢估已業抵當。及所出課額利錢數已上，即行給付，如不願或已業抵當不及，即依本條施行。」從之。

梁克家淳熙《三山志》卷一四《版籍類五·爐户坑冶附》 爐在州及縣七十一户。

州：爐户四。高爐二，歲各輸四千省；小爐二，歲各輸二千省。

閩縣：爐户四。歲各輸三千一百一十七文省。
侯官縣：爐户八。歲輸同上。
連江縣：爐户八。歲各輸六千一百一十七文省。
蔣洋南北山鐵坑。加賢上里。淳熙三年，佃户歲輸五千省，五增一千省。
長溪：爐户二十三。高爐八，歲輸各三千一百一十七文省。平爐十四，一千九百五十文省。小爐一，一千三百省。
玉林場。熙寧間發，六年，收銀五百七十八兩，鈆四千九百五十斤。七年，收銀一千三百六十七兩，鈆一十萬八百四十八斤。置監官，紹興三年三月停。
錢馬坑。政和三年發，歲收銀十九兩，銅三百八十四斤，後歇。
小葉坑。宣和元年發，月收銀四兩，銅四百斤，後歇。
師姑洋坑。平溪里。政和三年，佃户歲二分抽收鐵七百斤，八分拘買二千八百。
新豐可段坑。同里。乾道九年，佃户歲二分抽收鐵四百斤，八分拘收買一千六百。
南平北山。柘陽里。紹興二十二年，佃户歲二分抽收鐵一百斤，八分拘買四百。
銅盤等處。化東里。紹興二十一年，佃户二分抽收鐵八十斤，八分拘買四百。
東山小乾鐵砂坑。淳熙三年，佃户歲輸錢二十二千五百五十省。
柄羊埕鐵坑二。淳熙六年召佃。
新南、安民二里、大溪嶺下等鐵坑。淳熙四年，佃户歲輸五千省。
北峯院後坑、牛皮灘、瀾灘、茶洋溪邊。遥沓里。淳熙六年發，銀礦細微，未有采者。
長樂：爐户一。歲輸同閩縣。
福清：爐户二。歲輸同長樂。
東窑場。江陰里。鐵沙場，紹興二十三年發，佃户歲納錢七百四十六千七百五十三文省。
玉據場。同里。鐵沙場，乾道元年發，佃户歲納九十千三百省。淳熙七年退佃，未有承者。
南匿場。臨江里。鐵沙場，地名高海魚臺，乾道元年發，佃户歲納五十六千二百省。
練木嶼。安夷南里。
高遠場。南匿里。並鐵沙場，淳熙二年發，歲總輸二十一千省。
古田：爐户四。歲輸同福清。
寶興場。移風里。天禧二年發，明道元年，歲收銀九百二十五兩，以天聖四年閏五月所收九十五兩爲閏月租額，紹聖二年罷。建中靖國元年，銅發，歲課錢六十一千五百省，後歇，累減分數，境無佃者。
壠溪坑。邵南里。崇寧三年，歲輸二千八百省，鈆百八十斤。
鄭洋場。崇寧元年發，歲課錢二十千，後歇。
游老坑。保安里。崇寧二年發，歲課錢九千省，後歇。
温洋場。新俗里。宣和元年發，建炎中建，寇焚蕩，因廢。
錐彎場。新俗里。大觀中發，再踰時而閉。
猿溪等處。移風里。淳熙元年，佃户季輸鉛二十觔，豐國監納。
莒溪坑。淳熙三年，佃户借工料錢二百十省，烹鍊得銅一百一十六斤，准錢五十八千二百三十四省，今未有佃者。
保東鐵坑。崇禮里。淳熙三年，佃户歲輸六十千省。
五羊峯銀坑。淳熙五年委官烹煉，作十五斛，得銀五星，未有佃者。
【略】 永福：保德場。慶曆二年發，佃户歲輸銀二十六兩，元豐三年罷，紹聖爲銅場，建中靖國元年廢。
黄洋場。嘉祐四年發，熙寧四年，收銀八百二十六兩，銅二萬二千八百七十五斤，以使臣監。五年，增置監官。七年，收銅四萬觔，豐國監納，元豐三年罷。
五龍場。紹聖四年發，歲輸銀八兩，今歇。
銀斜坑。政和五年發，歲輸銀八兩，今歇。
龍場。政和元年發，歲輸銀十五兩，今歇。
寧德：爐户七。歲輸二千二貫省。
寶豐場。東陽里。去玉林場七十里，車盂場百五十里，元祐二年發，宣和中歇。惟西南山一二條坑户歲輸銀五十二兩，紹興二年罷。十二年，運司措置興復。十五年，通寶瑞場輸銀百五十兩，後歇。乾道二年，輸銀七兩。淳熙五年，輸銀六兩。
寶瑞場。地名郭洋。元祐中發，紹聖元年以官監。盛時歲收銀四十四萬兩，商税五百餘緡。紹聖四年，名寶瑞。靖康中，寶山十八所停廢，惟西山六坑歲猶收千二百六十七兩，商税錢四十緡，紹興六年罷。十二年，措置興復，通寶豐場收銀，後歇。乾道三年，佃户歲輸銀六兩；七年，輸四兩。
車盂場。元豐初發，四年置巡探。八年，令銅赴豐國監納，後歇。
新興坑。安樂里。政和六年發，月收銀百六十兩六錢，銅四千七百七十四斤，鉛一千五百九十三斤。銀赴州常平庫納，銅、鉛建州豐國監納。後月收銀四十兩，銅、鉛無。淳熙中，佃者歲輸銅三十斤。

寶豐場。八坊後洋坑。佃户歲輸鉛六十斤，後減爲四十斤，淳熙五年，增爲七十觔，豐國監納。

林家地、龍桉嶺等處銅坑。淳熙五年，佃户歲輸銅二十斤，豐國監納。

陽陵山鐵坑。縣東。政和五年發，佃户歲輸一千三百斤。

羅源：爐户八。歲輸四十千省。

【略】懷安：高務坑。微細，歲輸錢二千省，今歇。

坑冶自國初至祥符，閩惟建、劍、汀、邵有之，見《景德會計録》。天禧中，州始興發，至皇祐，銀纔兩場爾，鐵獨古田、莒溪僅有也。見《皇祐會計録》。時莒溪附汀州見。嘉祐之後，銀冶益增。熙寧間，銅、鉛乃盛。崇寧用事者仰地寶爲國計，檢踏開採，所至散漫。政和以來，鐵坑特多，如長溪至四十一所，今三十七所歇，惟四所舊坑，餘復新發之類。至于今礦脉不絶。抽收拘買立數之外，民得烹鍊，於是諸縣爐户籍於官者始衆云。

佚名《錦繡萬花谷》卷一五《國賦》 唐銅、錫、銀之冶凡六所，而五在江浙，歲入十數萬緡，國朝則百餘萬緡矣。唐之鹽利，劉晏增六百萬緡，本朝乃二千萬緡矣。

章如愚《山堂考索》後集卷六二《財用門・坑冶》 禹以歷山之金鑄幣，而贖民之無饘賣子者。《禹貢》：青州貢岱、畎、絲、枲、鉛、松、怪石。揚州貢金三品。荆州貢金三品。梁州貢璆、鐵、銀、鏤、砮、磬。

【略】至道末，天下歲課金若干兩，銀十四萬五千餘兩，銅四百一十二萬餘，金、鐵五百七十四萬八千餘斤，鉛七十九萬三十餘斤，錫一十六萬九十餘斤。天禧末，金一萬兩，銀八十八萬三千餘兩，銅二百六十七萬五千餘斤，鐵六百二十九萬三千餘斤，鉛四十四萬七千餘斤，錫一十九萬一千餘斤，水銀三千餘斤，朱砂五千餘斤。然金、銀除坑冶、丁税和市外，課利、折納、互市所得皆在焉。

【略】祖宗時，金歲入五萬餘兩，自景德至寶元，金增五萬五十餘，銀增至二十一萬斤。

趙彦衛《雲麓漫鈔》卷二 取銀之法：每石壁上有黑路乃銀脈，隨脈鑿穴而入，甫容人身，深至十數丈，燭火自照。所取銀鑛皆碎石，用臼擣碎再上磨，以絹羅細，然後以水淘，黄者即石，棄去；黑者乃銀，用麵糊團入鉛，以火煅爲大片，即入官庫。俟三兩日，再煎成碎銀，每五十三兩爲一包，與坑户三七分之，官收

三分，坑户得七分。鉛從官賣，又納税錢，不啻半取矣。它日，又鍊每五十兩爲一鋌，三兩作火耗。坑户爲油燭所熏，不類人形。大抵六次過手，坑户謂之過池，曰過水池，鉛池、灰池之類是也。

馬端臨《文獻通考》卷一八《征榷考五》 欽宗靖康元年，諸路坑冶苗礦微，或舊有今無，悉令蠲損。凡民承買金銀並罷。高宗建炎三年，詔：「福建廣南自崇寧以來，歲買上供銀數浩大，民力不堪，歲減三分之一。」七年，工部言：「知台州黄巖縣劉覺民，乞依熙寧法，以金銀坑冶召百姓採取，自備物料烹煉，十分爲率，官收二分，其八分許坑户自便貨賣。江西運司相度江州等處金銀坑冶，亦乞依熙豐法。」從之。十四年，詔：「見今坑冶立酌中課額，委提刑轉運司，不得別有抑勒，抱認虛數。令有力之家計囑幸免，切致下户受弊。」

【略】〔孝宗隆興二年〕，鑄錢司言：「坑冶監官，歲收買金及四千兩，銀及十萬兩，銅、錫及四十萬兩，鉛及一百二十萬斤者，各轉一官。知、通、令、丞部内坑冶每年比租額增剩者，推賞有差。」

《宋史》卷八九《地理志五》 〔利州路〕利州，都督府，益川郡，寧武軍節度。舊昭武軍，景祐四年改。【略】貢金、鋼鐵。

又卷九〇《地理志六》 〔廣南東路〕肇慶府，望，高要郡，肇慶軍節度。本端州，軍事。元符三年，升興慶軍節度。大觀元年，升下爲望。重和元年，賜肇慶府名，仍改軍額。元豐户二萬五千一百三。貢銀、石硯。縣二：高要，中。有沙利銀場，浮蘆鐵場。四會。中。舊隸廣州，熙寧六年來屬。有金場、銀場。

新州，下，新興郡，軍事。開寶五年，廢平興縣。元豐户一萬三千六百四十一。貢銀。縣一：新興。中。咸平六年，移治州城西。

德慶府，望。本康州，晉康郡，軍事。開寶五年，廢州及悦城、晉康、都城並入端溪，以隸端州，尋復爲州。大觀四年，升爲望郡。紹興元年，以高宗潛邸，升爲府。十四年，置永慶軍節度。元豐户八千九百七十九。貢銀。縣二：端溪，下。有雲烈錫場。瀧水。下。舊隸瀧州，州廢，以縣來隸。有羅磨、護峒二銀場。

南恩州，下，恩平郡，軍事。舊恩州。開寶五年，廢恩平、杜陵二縣。慶曆八年，以河北路有恩州，迺加「南」字。元豐户二萬七千二百一十四。貢銀。縣二：陽江，中。有海口、海陵、博膩、遂訓等四砦，有鉛場。陽春。下。熙寧六年廢春州，併銅陵縣入陽春來隸。有欖徑鐵場。

【略】〔廣南西路〕邕州，下，都督府，永寧郡，建武軍節度。開寶五年，廢朗

寧、封陵、思龍三縣。大觀元年，升爲望郡。紹興三年，置司市馬于横山砦，以本路經略、安撫總州事，同提點買馬，專任武臣；隆興後文武通差。寶祐元年，兼邕、宜、欽、融鎮撫使。元豐户五千二百八十八。貢銀。縣二：宣化，下。景祐二年，廢如和縣入焉。武緣。下。景祐二年，廢樂昌縣入焉。砦一：太平。舊領永平、太平、古萬、横山四砦，《元豐九域志》止存太平一砦。金場一：鎮乃。

【略】　容州，下，都督府，普寧郡，寧遠軍節度。開寶五年，廢欣道、渭龍、陵城三縣。元豐户一萬三千七百七十六。貢銀、珠砂。

《宋史》卷一七《食貨志上二》　宣和元年，臣僚言：「方量官憚於跋履，並不躬親，行纏拍峰，驗定土色，一付之胥吏。致御史臺受訴，有二百餘畝方爲二十畝者，有二頃九十六畝方爲一十七畝者，虔之瑞金縣是也。有租税十有三錢而增至二貫二百者，有租税二十七錢則增至一貫四百五十者，虔之會昌縣者是也。望詔常平使者檢察。」二年，遂詔罷之。民因方量流徙者，守令招誘歸業；荒閑田土，召人請佃。自今諸司毋得起請方田。諸路已方量者，賦税不以有無訴論，悉如舊額輸納；民逃移歸業，已前逋欠税租，並與除放。

【略】宋制歲賦，其類有五：曰公田之賦，凡田之在官，賦民耕而收其租者是也。曰民田之賦，百姓各得專之者是也。曰城郭之賦，宅税、地税之類是也。曰丁口之賦，百姓歲輸身丁錢米是也。曰雜變之賦，牛革、蠶鹽之類，隨其所出，變而輸之是也。歲賦之物，其類有四：曰穀，曰帛，曰金、鐵，曰物産是也。

【略】　凡歲賦，穀以石計，錢以緡計，帛以匹計，金銀、絲綿以兩計，藁秸、薪蒸以圍計，他物各以其數計。至道末，總七千八十九萬三千；天禧五年，視至道之數有增有減，總六千四百五十三萬。其折變及移輸比壤者，則視當時所須焉。

又卷一八五《食貨志下七》　宣和元年，石泉軍江溪沙磧麩金，許民隨金脈淘採，立課額，或以分數取之。十月，復置相州安陽縣銅冶村監官。先是，詔留邢州綦村、磁州固鎮兩冶，餘創置冶並罷，而常平司謂銅冶村近在河北，得利多，故有是命。六年，詔：「坑冶之利，二廣爲最，比歲所入，稽之熙、豐，十不逮一。令漕臣鄭良提舉經畫，分任官屬典掌計置，取元豐以來歲入多數立額，定爲常賦，坑冶司毋預焉。」時江、淮、荆、浙等九路，坑冶凡二百四十五，鑄錢院監十八，歲額三百餘萬緡。五月，詔：「坑冶舊隸轉運司者，如熙、豐、紹聖法；崇寧以後隸常平司者，如崇寧法；其江、淮等路坑冶官屬，如熙、豐員數，餘路官屬並罷，仍令中書選提點官。」

【略】　宋初，諸冶外隸轉運司，内隸金部；崇寧二年，始隸右曹；建炎元年，復隸金部、轉運司。隆興二年，坑冶監官歲收買金及四千兩、銀及十萬兩、銅錫及四十萬斤、鉛及一百二十萬斤者，轉一官；守倅部内歲比祖額增金一萬兩、銀十萬兩、銅一百萬斤，亦轉一官；令丞歲收買及監官格内之數，減半推賞。

慶元二年，宰執言：「封樁銀數比淳熙末年虧額幾百五十萬。今務場所入歲不滿三十萬，而歲奉三宫及册寶費約四十萬，恐愈侵銀額。欲權以三分爲率，一分支銀，二分支會子。」上曰：「善。」

《金史》卷四九《食貨四・鹽》　鹽。金制，榷貨之目有十，曰酒、麴、茶、醋、香、礬、丹、錫、鐵，而鹽爲稱首。

【略】　金銀之税。大定三年，制金銀坑冶許民開採，二十分取一爲税。泰和四年，言事者以金銀百分中取一，諸物取三，今物價視舊爲高，除金銀則額所不能盡該，自餘金銀可並添一分。詔從之。七年三月，户部尚書高汝礪言：「舊制，小商貿易諸物收錢四分，而金銀乃重細之物，多出富有之家，復止三分，是爲不倫，亦乞一例收之。」省臣議以爲如此恐多匿隱，遂止從舊。

【略】　二十年正月，定商税法，金銀百分取一，諸物百分取三。

又卷五〇《食貨志五》　金銀之税。世宗大定五年，聽人射買寶山縣銀冶。九年，御史臺奏河南府以和買金銀，抑配百姓，且下其直。上曰：「初，朕欲泉貨流通，故令行，豈可反害民乎。」遂罷之。十二年，詔金銀坑冶，恣民採，毋收税。二十七年，尚書省奏，聽民於農隙採銀，承納官課。明昌二年，天下見在金千二百餘鋌，銀五十五萬二千餘鋌。

三年，以提刑司言，封諸處銀冶，禁民採煉。五年，以御史臺奏，請令民採煉隨處金銀銅冶，上命尚書省議之，宰臣議謂：「國家承平日久，户口增息，雖嘗禁之，而貧人苟求生計，聚衆私煉。上有禁之之名，而無杜絶之實，故官無利而民多犯法。如令民射買，則貧民壯者爲夫匠，老稚供雜役，各得均齊，而射買之家亦有餘利。如此，則可以久行。比之官役顧工，糜費百端者，有間矣。」遂定制，有冶之地，委謀克縣令籍數，召募射買。禁權要、官吏、弓兵、里胥皆不得與。如舊場之例，令州府長官一員提控，提刑司訪察而禁治之。上曰：「此終非長策。」參知政事胥持國曰：「今姑聽如此，後有利然後設官可也。譬之酒酤，蓋先爲坊場，而後官榷也。」上亦以爲然，遂從之。

墳山、西銀山之銀窟凡百一十有三。

施國祁《金史詳校》卷四〔《金史》〕卷四九《食貨志四》 金銀之税。二十分取一爲税。此下當加五年，聽人射買寶山縣銀冶。九年，御史臺奏：河南府以和買金銀，抑配百姓，且下其直。上曰：「初朕欲泉貨流通，故令行，豈可反害民乎？」遂罷之。十二年，詔金銀坑冶恣民採，毋收税。二十七年，尚書省奏：聽民於農隙採銀，承納官課。

魏了翁《古今考》卷一八《附論：秦力役三十倍於古，田租口賦鹽鐵二十倍於古》 紫陽方氏曰：【略】鹽、鐵則漢初無所取，武帝時東郭咸陽、孔僅、桑羊始征之。有桓寬《鹽鐵論》甚悉。今則池鹽、井鹽、塲鹽、坑冶金、銀、銅、鐵、鉛、錫，魚、湖、荻、林、酒、醋、茶、礬、海舶商税之利，無所不征，不見其足，實秦人啓之。」

曾廉《元書》卷五《世祖本紀第五上》 〔元太祖二年〕六月，禁諸王擅招民，及私徵錢。定鹽酒課税法。定中外官乘馬數各有差。乙卯，詔有司歲時釋奠孔子廟及書院，諸官使臣軍馬侵褻者罪之。庚申，宋潼川安撫副使知瀘州劉整舉所屬降。詔罷金、銀、銅、鐵、丹粉、鉛碌坑冶所役民夫。

王惲《秋澗集》卷八五《爲運司併入總管府選添官吏事狀》 照得隨路總管府，自至元元年止是管領民訟差税而已，以故總府州縣往往員數不備，其或闕員去處多不補差，今者已將運司所管酒税、醋税、倉庫、院務、工匠、造作、鷹房、打捕、金、銀、銅、鐵、丹粉、錫碌、茶場、窑冶、鹽、竹等課，并奧魯諸軍盡行併入各路總管府通行節制。管領比之在先職掌事務，其繁冗增劇，豈止數倍之上？所賴用得其人，員設必備，方可辦集。不然，將來事有失悮，不惟官吏枉被罪戾，且以員數不敷爲辭。

魏源《元史新編》卷五《本紀四上・世祖上》 至元〔十三年十二月〕庚寅詔諭新附府州軍縣官吏軍民曰：昔以萬户千户漁奪其民，致令逃散，令悉以人民歸元籍州縣。凡管軍將校及宋官吏，向有以勢奪民田廬者，俾各還本主，無主則以給附近民之無産者。其田租、商税、茶鹽、酒醋、金銀鐵冶、竹貨、湖泊課程，從實辦納。故宋繁冗科差，如聖節上供、經總制錢等百有餘條，悉與除。

《元史》卷八八《志八之中・食貨中・歲課》 天地精英發於山川，以供民用，則有金、銀、珠、玉、銅、鐵、水銀、朱砂、碧甸、鉛、錫、礬、硝、鹻、竹木之材。王者因其自然之利，以利民，後世或遂以之病民而利國，於是天愛其寶，貨棄於地，而黄老捐金沈璧之論興焉。元興，因土人呈獻而定其歲入之課，多者不盡收，少者不强取，西中使、貴璫、采寶監税四出擾民者，終世無之。其制尚不悖於古。凡天下産金之所，若腹里之益都、檀、景，若遼陽省之大寧、開元，若江浙省之饒、徽、池、信，若江西省之龍興、撫州，若湖廣省之岳、澧、沅、靖、辰、潭、武岡、寶慶，若河南省之江陵、襄陽，若四川省之成都、嘉定，若雲南省之威楚、麗江、大理、金齒、臨安、曲靖、元江、羅羅、會川、建昌、德昌、柏興、烏撒、東川、烏蒙。産銀之所若腹里之大都、真定、保定、雲州、般陽、晉寧、懷孟、濟南、寧海，若遼陽省之大寧，若江浙省之處州、建寧、延平，若江西省之撫、瑞、韶，若湖廣省之興國、郴州，若河南省之汴梁、安豐、汝寧，若陝西省之商州，若雲南省之威楚、大理、金齒、臨安、元江。産珠之所若大都，若東京，若羅羅，若水達達，若廣州。産玉之所若于闐，若匪力沙。産銅之所若腹里之益都，若遼陽省之大寧，若雲南省之大理、澂江。産鐵之所若腹里之河東、順德、檀、景、濟南，若江浙省之饒、徽、寧國、信、慶元、台、衢、處、建寧、新化、邵武、漳、福、泉，若江西省之龍興、吉安、撫、袁、瑞、贛、臨江、桂陽，若湖廣省之沅、潭、衡、武岡、寶慶、永、全、常寧、道州，若陝西省之興化，若雲南省之中慶、大理、金齒、臨安、曲靖、澂江、羅羅、建昌。産朱砂、水銀之所若遼陽省之北京，若湖廣省之沅、潭，若四川省之思州。産碧甸子之所若和林，若會川。産鉛、錫之所若江浙省之鉛山、台、處、建寧、延平、邵武，若江西省之韶州、桂陽，若湖廣省之潭州。産礬之所若腹里之廣平、冀寧，若江浙省之鉛山、邵武，若湖廣省之潭州，若河南省之廬州。産硝鹻之所，若腹里之晉寧，皆其著者也。而竹木之産，所在有之，又不能悉設所，今著其有税課者於篇。【略】

鉛，錫在湖廣者至元八年辰沅靖等處轉運司印造錫引，每引計錫百斤官收鈔三百文，客商買引赴各冶支錫，販賣無引者比私鹽減等杖六十，其錫没官。此鉛錫課之興革可攷者。

歲課之數：天曆元年。鉛錫課。江浙省額外鉛粉八百八十七錠九兩五錢，鉛丹九錠四十二兩二錢，黑錫二十四錠十兩二錢。江西省錫十七錠七兩。湖廣省鉛千七百九十八斤。

方以智《通雅》卷四八《金石》 元成宗定遼陽等處都提舉司，掌辦金、銀、砶、鐵等課。

畢沅《續資治通鑑》卷一九六《元紀一四》 今覈其數，自大德六年至至大元年所出，凡六千三百餘道，皆干田土户口、金銀鐵冶，增餘課程、進貢奇貨、錢穀、選法、詞訟、造作等事害及於民，請盡追奪之。今後有不由中書者，切乞勿與。制可。

金履祥《通鑒前編》卷一　厥貢璆、鐵、銀、鏤、砮磬，熊羆、狐狸、織皮。梁州産鐵。《漢書》：蜀卓氏、程氏皆以冶鐵富擬邦君。

傅恒《通鑒輯覽》卷九七《元》〔癸亥三年春正月〕罷上都諸路金銀冶。上都雲州、古望雲川地，遼置縣，金爲州，後廢。今赤城縣北雲川堡是。興和、金撫州地改，元改興和路，今張家口外鑲黄等旗牧廠地是。宣德、金置州，元改爲府，今宣化府是。奉聖州，遼置，今宣化府保安州是。及雞鳴山、在今宣化府。房山、黄蘆、三叉諸路金銀冶，聽民採煉，以十分之三輸官。

邵遠平《元史類編》卷一〇《天王八》〔至止十二年五月乙卯〕罷苽兒棚等場金銀課。

胡粹中《元史續編》卷九　罷上都諸路金銀冶。上都、雲州、興和、宣德、蔚州、奉聖州及雞鳴、房山、黄蘆三山諸金銀冶並罷，聽民自採煉，以十分之三輸官。

曾廉《元書》卷二四《食貨志第九》　其山林川澤之産，若金、銀、珠、玉、銅、鐵、水銀、朱砂、碧甸子、鉛、錫、礬、硝、鹻、竹木之類，皆有提舉司，或總管府收其歲課。其産地皆具於《寰宇志》中。而阿合馬以言利進議，增鹽課并興鼓鑄，以農器易粟，遂立尚書省，人皆言其挾宰相權爲商賈罔羅天下大利矣。

《元史》卷九四《食貨志二》　鉛錫課：江浙省，額外鉛粉八百八十七錠九兩五錢，鉛丹九錠四十二兩二錢，黑錫二十四錠一十兩二錢。

江西省，錫一十七錠七兩。

李東陽《明會典》卷三五《户部二二》〔洪武〕十八年，令酒醋課、諸色課若有布帛米穀等項，俱折收金銀錢鈔，除量存各司府州縣祭祀所用，餘令各該司局等官親齎具奏。有司帶辦者差吏管解，俱次年正月起程；直隸府州，限正月以里；各布政司限三月以里到京。若金、銀、鉛、硃砂、膽礬、黄丹、青緑、毛纓、碧甸子、鍾乳粉、椶毛、水銀俱起解本色；其餘魚、茶、酒、醋、礬、硝、鉛粉、黑錫、粉錫、石膏，商税窯課等諸色課，俱折收金銀錢鈔。

徐象梅《兩浙名賢録》卷一四《輔弼・户部尚書少保兼太子少傅夏惟喆原吉》〔永樂〕十九年，三殿災，吉言愛民所以敬天也，乞蠲逋負及芻糧採辦金銀課程，優卹流移，以回天意。從之。

劉球《兩溪文集》卷一　厥貢：羽、毛、齒、革，惟金三品，杶、榦、栝、栢，礪、砥、砮、丹。

這是《尚書・禹貢篇》紀載荆州所貢的方物。貢是下面的人貢獻其物於上。那時禹受舜命，平水土成功，乃命九州各以其物來貢。荆州是今湖廣地方，所貢最多。其言「厥貢」，是説荆州其所該貢的，何者是荆州該貢的「羽毛齒革」，羽是鳥羽，毛是獸毛，可做旌旄；齒是象齒；革是犀兕的皮，可做車甲。「惟金三品」，是那金、銀、銅三樣的金，可做器用。杶、榦是杶木，可爲弓榦。栝與柏都是木，可爲棟宇。砥礪都是磨石，砮是做箭鏃的，石丹是丹砂，可做藥的，這等都是該貢的。

劉寅《敏求機要》卷一六《物産服食器用》《三品金・五品金・七寶》　貢金三品：金、銀、銅。五金：金、銀、銅、鐵、錫。七寶：五金加鍮、鈆。二十四兩爲一鎰。

陳鶴《明紀》卷一三《英宗紀一起正統元年丙辰訖正統八年癸亥凡八年》　時百官月俸皆持帖赴領南京，米賤時，俸帖七八石僅易銀一兩，而定例歲賦不征金銀，惟坑冶課有之，入内承運庫，若歲賦偶有折收，則送南京供武臣禄，而各邊有緩急亦取足。

佚名《明英宗睿皇帝實録廢帝附》卷六五〔正統五年，三月〕乙巳，巡撫河南山西行在兵部左侍郎于謙奏：「山西民已貧困，所解大同折糧金銀諸物甚不易得。近聞彼處巡撫官以金銀成色不足，抑令煎銷，不惟延候日久，且所用黑炭、黑鉛等物并虧折之數何從出辦？乞令銀一兩折米二石，金六錢折銀一兩，收庫支用，則民免稽延，不悮農種，官軍亦得其便。」上謂户部臣曰：「謙所言良是，其速行之。」

張懋《明憲宗純皇帝實録》卷一二〇〔成化九年，九月，癸丑〕户部言：「比者内承運庫太監林繡奏，本庫自永樂年間至今，收貯各項金七十二萬七千四百餘兩，銀二千七十六萬四百餘兩，累因賞賜，金盡無餘，惟餘銀二百四十萬四千九百餘兩。今欲册封及後賞給，俱各儲金備用，但天下累奏災傷，既無官錢支買鋭糧折納，且湖廣金場以課少而閉，雲南折銀以民窮而止。今宜行令浙江、福建、雲南鎮守巡撫三司等官，於閘辦銀課内，浙江折金三百兩，福建二百兩，雲南五百兩，仍以浙江等處折糧銀，改折浙江金四百兩，松江、常州俱一百五十兩，蘇州三百兩。其雲南逋歲辦差發金銀及各處贓罰金盡數差解，以應急用。」疏上，詔令所擬折納各倍其數，仍於産金地斟酌取之。

商輅《通鑑綱目續編》卷二五 上都、雲州、興和、宣德、蔚州、奉聖州及雞鳴山、房山、黄蘆三義,諸金銀冶,聽民採煉,以十分之三輸官。

丘濬《大學衍義補》卷二九《治國平天下之要・制國用・山澤之利下》 宋朝金銀銅鐵鉛錫之冶,總二百七十一,皆置吏主之。大率山澤之利有限,或暴發輒竭,或採取歲久,所得不償所費,而歲課不足,有司必責主者取盈。

臣按:宋朝坑冶所在如此之多,而元朝之坑冶亦比今日加十數倍,何也?蓋天地生物,有生生不已者,穀粟桑麻之類是也;有與地土俱生者,金銀銅鐵之類是也。昔者,聖王定爲取民之賦,有米粟之征,有布縷之征,而無有所謂金銀銅鐵之征者,豈不以山澤之利,與土地俱生,取之有窮,而生之者不繼乎?譬之山林之上,有草木焉,有土石焉,其間草木取之者既盡,而生之者隨繼,故雖日日取之,歲歲取之,而不見其竭也。若夫山間之土石,掘而去之,則深而成窪,舁而去之,則空而留迹。是何也?其形一定故也。是以坑冶之利,在前代則多,在後代則少,循歷至於今日,尤其少焉。無足怪者,我朝坑冶之利比前代不及什之一二,間或有之,隨取隨竭。曩者固已於浙之温、處,閩之建、福開場置官,令内臣以守之,差憲臣以督之,然所得不償所費。如宋人所云者,今則多行革罷,而均其課於民賦之中矣。雖然,今日不徒不得其利,而往往又罹其害,蓋以山澤之利,官取之則不足,民取之則有餘。今處州等山場雖閉,而其間尤不能無滲漏之微利遺焉,此不逞之徒所以猶囊槖其間,以競利起亂也。爲今之計,宜於坑場遺利之處,嚴守捕法,可築塞者築塞之,可柵塹者柵塹之,俾其不至聚衆争奪,以貽天下生靈之害可也。以上坑冶。

又卷三〇《治國平天下之要・制國用・征榷之課》 《元史》額外之課凡三十有二,其一曰曆日,【略】十九曰山澤。

臣按:《元史・食貨志》有所謂歲課山林川澤之産,若金、銀、珠玉、銅、鐵、水銀、朱砂、碧甸子、鉛、錫、礬、鹻、竹木之類。其利最廣者,鹽法、茶法、商税、市舶四者,外此又有所謂額外課凡三十二。謂之額外者,歲課皆有額,而此課不在其額中也。嗚呼!元有天下,其取之民課額之名目乃至如此之多,當時之民,其苦可知也。我朝一切削去,十存其一二,亦不聞國用之不足。臣意當時亦徒有此名目,以爲姦人之資而已,國家未必賴其用也。史書之以垂戒後世,以見其國脈之所以促,有其因耳。嗚呼!其尚永鑒之哉。

《明詔令》卷一七佚名《即位詔》 〔成化二十二年九月初六日〕一、各處一應歲辦坐派,拖欠生漆、桐油、翠毛、藍靛、烏梅、槐花、梔子、魚油、翎鰾、折納、黄白、麻、□砯、生熟銅、鐵、金箔、銀絲、鐵線、紅花、茜草、棕毛、圓藤、杉、楠、檀、椵、榆、槐等,木□筀等,【略】白硝、雜皮、驢皮、前截羊毛、羊角、水牛底皮、黄真牛皮、水和炭煤炸、瀛沙、土硝、磁末、毛纓、白猪鬃、雲母石、野味、缸罎、高頭等紙、黑鉛、青緑等項顔料,并福建、浙江歲辦課鐵,自成化二十二年二月以前,未徵者悉皆蠲免,已征者照數起解。該部另項收貯,以備别用。敢有將已徵捏作未徵者,治以重罪。其明年歲辦之數,以十分爲率,量免五分,以寬民力。

佚名《諸司職掌》之《户部》 各布政司并直隸府州課程錢鈔,并金、銀、布帛等項折收,總計三百六十三萬七百七十八錠有零。外有各處土産,茶、鹽、硝、礬、朱砂、水銀等物,雖有定額,數目瑣碎,難以備載。

唐冑《〔正德〕瓊臺志》卷一一《土貢》 按:【略】出於正供之外,多非土地所産。白真牛皮、水牛底皮、白硝、麂皮、生銅、【略】黄熟銅、紅熟銅、生水牛皮、百藥、梔子、水膠、鐵線、金箔、【略】折銀少至百。

張溶《明世宗肅皇帝實録》卷三三九 〔嘉靖二十七年,八月〕庚午,上諭工部:「令以節慎庫所貯礦銀進用。」尚書文明奏:「礦銀六萬三千餘兩已送大工支用,存者無幾。」上謂:「此銀原備内用,何得擅支?」令以别項銀補還。既而,復諭户部:「朕昨問内庫查取礦銀,該部止入三之一,其餘如常支用。天子不問有無司財,自有司事固是,但今寶藏止數萬金。祖宗時至有數十萬者,不給于用,内侍亦不敢言,雖已奏下部臣處置,尚未報納,乃敢輒留欽取礦銀?此仍示其擅者,其令進用。又金母生沙金,于所産地採獻。」户部言:「開礦取金乃工部事,惟各省解運内庫跟,則責在户部,第今無解至者,請以太倉二十萬兩先進。」

又卷四三六 〔嘉靖三十五年,六月〕壬寅,户部主事任之賢進四川礦石、礦砂、夾石銀脈、夾金礦石并麩金七十九兩。

又卷四三八 〔嘉靖三十五年八月〕乙未,以明日孝慈高皇后忌辰,奉先殿行祭禮,上以四川所取銀礦,鎔之得銅,疑奉使者不忠所事,以大學士嚴嵩對,蜀礦類産徼外夷城,蠻獠每拒險阻,王人必多方宣諭,然後可入,其取礦視他省最爲不易,鎔礦得銅,當由辯别未審。自後第令以熔成金銀解進爲善耳。

又卷五一〇 〔嘉靖四十一年,六月〕丁丑,鎮守雲南黔國公沐朝弼等進礦金四百兩,礦銀一萬兩。

又卷五五八 〔嘉靖四十五年,五月〕癸巳,上諭户部:「雲南礦金銀久不見追，前次金數太少，必至二三千兩，銀萬餘兩方可解用。其行催買足色九成金各三千，八成七成金各三千，庫銀十萬，分爲二次以進，並催廣東、雲南珠石未至者。」

盛儀《〔嘉靖〕惟揚志》卷八《田賦志》 揚州府歲辦顔料二硃二千斤，靛花青五百斤，藤黄五百斤，黑鉛一千斤，烏梅二千斤，黄熟銅一千斤，紅熟銅一千斤，生銅二千斤，生水牛皮一百張，黄牛皮一百張，錫五千斤，牛觔二百斤。

陳侃《使琉球録》《羣書質異·大明會典》 貢物：【略】生紅銅、牛皮、櫂子扇、刀、錫。

陳全之《蓬窗日録》卷二 況諒山名雖七州十二縣，其所出土賦亦薄。載觀前後地形，源泉疏地脉，田隴上山腰，敗石横危徑，枯柴舖新橋，安南歲時賦其土産，只是布、白麻、皮、鹽焇、竹紙、桐油耳，其視望江賦黄臘、蜂蜜、桂皮，新安則賦象牙、犀角，大原宣化則賦金、銀，鎮蠻、大平則賦馬、絹。以至安出、金靖、安雲屯産珠、玳瑁，石室、勾漏産水銀、硃砂，及交州所出香椒蚺蛇并綿，白磁盞等物，其貧富尤不侔也。

王圻《續文獻通考》卷二三《征榷考·坑冶》 〔金世宗大定十六年〕十二月，詔金銀坑冶，聽民開採，毋得收稅。

【略】 元興，凡金、銀、珠玉、銅、鐵、水銀、朱砂、碧甸子、鉛、錫之類，皆因土人呈獻而定其歲入之課。

【略】 〔元大德〕二年十一月，罷徐邳鑪冶所進息錢。

【略】 〔元〕文宗天曆元年，金、銀、銅、鐵、鉛、錫歲課之數：

金課：腹里，四十錠四十七兩三錢。江浙、江西、湖廣、河南、雲南五省，共四百四十六錠一百十六兩一錢。四川省，麩金七兩二錢。

銀課：腹里，一錠二十五兩。江浙、江西、湖廣、雲南四省共一千五百五十六錠八十六兩。

銅課：雲南省，二千三百八十斤。

鐵課：江浙省，額外鐵二十四萬五千八百六十七斤，課鈔一千七百三錠一十四兩。江西省，二十一萬七千四百五十斤，課鈔一百七十六錠二十四兩。湖廣、河南、陝西、雲南四省，共四十二萬一千二百二十六斤。

鉛、錫課：江浙省，額外鉛粉八百八十七錠九兩五錢，鉛丹九錠四十二兩二錢，黑錫二十四錠一十兩二錢。江西省，錫一十七錠七兩。湖廣省，鉛一千七百九十八斤。

【略】 〔元〕順帝至元元年六月，有司言：甘肅薩爾斡産金銀，請遣官稅之。

【略】 鉛、錫在湖廣者，至元八年，定鉛、錫課。令辰、沅、靖等處轉運，印造錫引，每引計錫一百斤，官收鈔三百文。客商買引，赴各冶支錫，販賣無引者，比私鹽減等，杖六十，其錫入官。

【略】 《大學衍義補》曰：「聖王取民之賦，無所謂金、銀、銅、鐵之征者，豈不以山澤之利，取之有窮而生之不繼乎？我朝坑冶之利，比前代不及什之一二，間或有之，隨取隨竭。曩者，浙之温處，閩之建福，開場置官，内臣守之，憲臣督之，而所得不償所費。乃多行革罷，均其課於民賦中。然今不徒無其利，而又受其害，各處不逞之徒，往往以競利起亂焉。所宜嚴守捕法，築塞之，柵塹之，庶不至聚衆争奪，貽禍於一方生靈耳。」

又卷二四《征榷考·雜征斂山澤津渡》 元〔文宗天曆元年〕臣等謹按：以上皆歲課也，外尚有金課、銀課、銅課、鐵課、鉛課、錫課、礬課。各歲額詳見坑冶，鹽鐵二門。【略】

查鐸《查先生闡道集》卷一《奏疏》 户科署科事右給事中臣查等謹題，爲懇乞聖明軫念遠方，議採買金兩免作年例，以紓民力事：近奉聖諭，著雲南照隆慶元年例，採買金三千兩，年例金二千兩，共五千兩，每歲進用户部。知道。欽此。夫年例乃惟正之供，採買則額外之征。皇上節儉天成，正供之外豈加輕征？乃今金數倍增，必因内帑缺乏，故有此諭也。但定爲年例，則望皇上更加意焉。臣等切惟天下皆皇上之財，則皆惟皇上之用也。然必定之以例者，蓋國家制用無窮，而天地生財有數，故量其地之所産，與其力之所堪，定之以爲例。每歲額辦，庶上不病國，下不病民，此祖宗制賦之深意也。金雖産於雲南，地方不甚廣遠，金礦亦無幾處，故定爲年例二千兩，然每歲徵解常不及期。嘉靖年間，亦常採買，蓋間一行之，未嘗以爲例也。伏蒙皇上登極，奉詔停止，一時臣工，莫不稱誦儉德。然嘉靖四十五年，奉旨採買金兩業已將完，彼處官司苦於變價之難，仍復解進。該部查得已經奉詔停止，因將前金准作節年拖欠及該年年例之數，蓋亦征解之難而曲爲之處也。夫數止二千且征解不前，況五千乎？間行採買且至遲延，況每歲乎？每歲增金三千兩，則計其起派之數，解運之需，每歲須用銀三四萬兩，勢固甚難也。官既難辦，不得不加派於民。該省遠在萬里之外，土夷雜處，民易爲亂，自鳳繼祖倡亂以來，盜賊充斥，每歲用兵，民力疲矣。若復加此額外之征，其何以堪？伏乞皇上軫念遠省，加意體恤，年例金每歲仍定二千兩，照常解進。如果缺用緊急，或令該省辦價，間行採買，無以爲例，庶上用既充，地方不困，小民幸甚！臣等幸甚！隆慶四年七月日奉聖旨：已有旨了。

朱吾弼《明留臺奏議》 臣等竊謂皇上以不忍加派小民之美意，爲礦税之權宜，反以礦税之中使，震驚二祖之陵廟，傷殘三楚之士民，而皇上大孝，不克妥二祖在天之靈，皇上深仁，不克庇二祖湯邑之人。若陳奉者，縱諸臣參之未足憑，而内臣李道參其違逆矣，魯保參其慘烈矣，彼固輔車相倚，唇齒相依者，二内臣曾何所憾而參之乎？皇上業已洞燭切責之矣，矧武漢激變，荆襄激變，承天大激變，皆天下奉差中使所未有。臣等謂奉之福過災生，貪極志滿，天怒人怨，願皇上赫然械繫，置之法即。守備杜茂靡思鴻雁之安□□助豺虎之縱横，竟任狐鼠之憑依，漫爲鬼蜮之疢毒，亦當罷還閑宅，爲罔上黨惡者戒。至指揮周之屏等之違制擅兵，司房藺榮等之假公濟私，一一行撫按提問，不少假借，使羣小不敢依城社以逞。此楚變之可駭，臣等不得不爲皇上言之者。夫蚓吹不足動聽，蝸鳴祇多聒耳，臣等非不自諒，亦知東倭西播不勞奏凱，皇心驕侈，凡有言者目之爲私憂過計，不知秦之亡也不在六國之衡命，而在一豎之指鹿；唐之衰也，不在藩鎮之跋扈，而在清流之投濁。民心已失，士氣已喪，皇上可謂金甌之無缺，可付無賴之刑餘乎？臣等謂奉不戮，天下之爲奉者益放膽而行，無所忌憚；承天之士民不宥，天下之爲士民者益重足而立，無所赴愬究也。底於不可知不忍言，其時欲執奉、茂而寸斬之以謝天下，無及矣。伏願皇上大奮乾剛，念承天爲聖祖濬發之鄉，體聖祖加厚之心，予士民生全之路，陳奉可斬，杜茂可逐，別選内臣之忠實廉愛者以代二豎之任，庶幾祖陵妥，楚民安，而宗社生靈將鞏奠萬萬年無窮極矣。臣等無任懇切，禱祈之至。

朱吾弼卷十四《參粤璫勾夷疏》 萬曆三十年閏二月上。夫礦之害軍民，税之害商旅，礦税中官之肆害，無上下大小遠邇之遺。諸臣耳聞目擊，形之章奏者，言人人殊，不啻燭照。數計皇上亦既洞悉，曾未聞有放肆無忌、無君無法，勾夷釀亂，如廣東税使李鳳，又甚於陳奉者。臣等待罪南臺，得之風聞，意不其然，乃詳質之官於廣，商於廣，及廣之官吏、商賈南來者，莫不縮頸吐舌，懼廣人禍將不測。或曰李鳳公署扁字，擅改聖旨之賜，朱其户壁，僭擬王者之居，而堂題華夷貢賦侈然若九重莫嚴矣。或曰李鳳藐視詔旨，高坐不出趨迎，任委官市井之輩，峩冠高輿，輕侮詔使，即萬壽諸賀大禮，皆公然不行矣。或曰聽信姦棍誘説，挖寶掘地，得大鐵貓一箇，重數百斤，乃昔大盗黄蕭養等叛亂事敗而埋藏者。李鳳輒示人，以爲天賜興王之兆，迎至殺牲吉服行祭。民間喧傳無君之人；得反賊之物，大爲駭怖矣。或曰香山濠鏡澳有三巴和尚者，巨富，李鳳親往需索，激變黑夷，干戈相向，不得志而歸，日增兵增船，又打死羅通事。香山軍民澳門漢夷恐大兵勦洗，非署印湯同知出示安撫，人心驚惶，幾成大亂。上年八月，突有海船三隻，其船與人之高大皆異常，而人又紅髮紅鬚，名曰紅毛夷，將至澳行劫，澳夷有備，執殺紅夷二十餘人而去。皆謂李鳳深恨澳夷，曾遣人啗之以利，勾來滅澳，此實澳門前所未有。李鳳仍遣船追送不及，澳夷且日懼紅夷必懷報復，再擁衆至矣。或又曰李鳳時時有人往來暹羅、日本等國，示以澳門殷富，餌其來澳，一雪三巴和尚不遂索騙之耻。至於珍寶奇貨，堆如山積。美婦艾女，聚如市門。弁髦文武百官，草芥漢夷衆命，冠帶之濫給，等於天官部。刑罰之慘施，酷於鎮撫司。征斂之横暴，甚於劫奪盗。所任用左右，非逋寇亡命之輩，則積蠹漏網之徒，真虎而翼飛而食人。故珠使李敬，以同類且甚惡而痛絶之。蓋罄南山之竹，莫寫其贓罪者。臣等訪詢既真，質證甚確，憂切於衷，義形於色。竊謂鳳之無君無法，辱官虐民，惡既貫盈，皇上赫怒，徐置典刑，自足伏辜。惟是紅夷、暹羅、日本之勾引，萬一諸夷輕信，倚鳳爲内應，鳳之意雖在滅澳夷，逞其雄心，不知澳夷騷動，全廣漸無寧日；全廣騷動，天下漸無寧日。在在實苦礦税，人人易與爲亂，其時縛鳳寸斬以謝天下，晚矣！臣等切思欲杜亂萌，礦税必不可不罷，中使必不可不撤。逆惡釀亂如李鳳，又不可不亟逮正法，以安澳夷，寧全廣，杜紅夷羣醜之窺伺也。且聞李鳳所進正税及孝順土儀諸物，不過數十萬，其所私藏寶玩金銀珠幣不下數百萬。皇上試行該省撫按官查而籍之，於大工之助非小，何故任其剜人胃肉，填鳳谿壑，爲國家禍本耶？李鳳贓私狼戾，臣等遠已知其槩，撫按官近必知其詳，伏乞勑下錦衣衛，杻解李鳳入京正罪，着落撫按官籍其所有，造册差官解進。撥置羽翼惡黨一一提問，追贓，究擬，庶中夏更生，外夷懾服，懽聲遍海隅，祝聖天子萬壽無疆，而億萬年治安之慶，端在是矣。臣等無任懇切，待命之至。

馮琦《經濟類編》卷三六《財賦類二・理財》 英宗時，上都、雲州、興和、宣德、蔚州、奉聖州及鷄鳴山、房山、黄蘆、三義諸金銀冶，聽民採煉，以十分之三輸官。

湯日昭《萬曆温州府志》卷一五《藝文志》何光遠《減鐵課序》 《禹貢》梁州

貢鐵，蓋六府養民，金居其一。聖人裁成輔相，以利用厚生，是亦因利而利之之義也。然金與琳琅、大龜、熊皮、海錯、橘柚、蠶絲、絺紵之類，皆有貢。至於鐵，較之諸貢，尤不可缺，故有鹽鐵之官以專主之。今之賦，其古之貢歟？泰順，邑萬山間，里少地闊，銀場、鐵冶，他邑莫之並逾。年既遠，所有者不可得如前，所賦者不能減於後，以聖人利民之具而卒爲病民之端，以此知天下利源不可開，一開而不可復塞，良可歎已，嗚呼！君上之立法，匪下之議法，求便於民可也。范侯不忍坐視，首命耆民林贊具本于朝，下屬郡推官周公珙、鄰邑知縣王公約同范侯勘白之，得減其課三之一，百姓雀躍，以爲吾侯下車，即以是而爲民，則無往而不爲民也。昔王堯臣不榷蜀井之鹽，何易于焚榷茶之詔，而天子不之咎，察使不之劾焉，堯臣易于俱至顯位，范侯所造容有艾乎！《易》曰：「損上益下，其益無疆。」范侯所損者小，所益者大矣。

談遷《國榷》卷八〇 〔乙巳萬曆三十三年一月乙巳〕巡撫廣西右僉都御史兼兵部右侍郎楊芳國言，稅監沈永壽以土產金銀鉛錫，派有司包解。永、康、思、恩等州縣，原無礦峒，亦派千三百金，宜免。不報。

陳子龍《明經世文編》卷三六九《上吳自湖翁大司馬軍需》 一、請開各處銀礦之利。聞昔之大商知盈縮之計者，每擇出產銅鐵金銀之山以居，卒收百萬之貲，未聞執紀綱之柄，總百粵之財，攬山川寶藏之都，而束手嘆窘乏者也。銀礦出廣東西甚多，近年厲私開之禁，犯者罪至死，亦以盜賊所趨，爲地方害故也。今禁之數年而盜賊彌熾，豈礦之爲祟？竊以爲且弛此禁。凡有礦所在，聽民納餉開煎，以裨國課，或擇利大而害博者，就撥軍馬一枝駐劄其地，揀清廉才幹軍文職官統之，官自開煎，倘得足給工費，亦養此　枝無糧軍卒，況或有羨餘，以充別餉哉。昔朝廷責雲南取礦銀，都堂下各府，各府少得利，獨龐知府親身監煎數月，得銀五六萬兩，此一明徵也。傳稱有人此有土，有土此有財，所謂財者，豈專在田畝間。《虞書》：水火金木土穀，謂之六府，六府者，財貨所都，土穀其一耳。

孔貞運《明詔制》卷一〇 〔萬曆四十八年　〕各省直等處額解四司料、銀段價磚料、生熟鐵、黃白麻、磚匠、綮麻葦夫葦課車價班匠柴夫、木柴、樵炭、銀山場地、租河道、退灘地畝、籽粒、鐵冶、民夫、麂皮、活鹿、天鵝、狐皮、翎毛等項，本折自萬曆三十五年起至四十一年止，已征在官者，截數起解，不許隱匿，拖欠在民者，盡行蠲免。

佚名《明熹宗哲皇帝實録》卷六八 〔天啓六年，閏六月，丙辰〕四川巡按吳尚默因貢扇允折，并議將茶、蠟各項俱請改折。得旨：「扇柄已有旨折價助工，其生絹、銀硃、生漆、銅、錫、牛角、藥材、蠟、茶等俱上供急需，仍宜征解本色應用。吳尚默何得輕議改折？姑不究。」

畢自嚴《度支奏議》卷四《新餉司視草議停南部新廠并山西鼓鑄疏》 題爲鑄局復開鑄，本當復謹請關鈔稅銀以濟鼓鑄，以佐新餉事：專理新餉山東清吏司案呈：崇禎二年三月二十四日，奉本部送准南京户部咨前事內稱：國計匱詘，議者欲廣鼓鑄，以濟軍需，然鑄必需銅鉛，而銅鉛又必需鑄本，本厚則息饒。及查先年□本原係事例，并三關稅銀，向因停鑄之後事例已經題留南部充餉，三關稅鈔，又歸銅差買銅，此外並無解北銀兩。近銅差雖已歸并南部，而各關稅鈔嚮日充爲銅本者，又見督部題令各關照舊買銅徑解，則銅差之本亦無着也。如事權不一，綜核未便，而諸關稅鈔須盡解北，則兩差即應并裁，總求有益於軍需，似難久滋大築。室若夫制錢應請之式、銅差未清之局，悉聽議定酌發等因到部送司。又奉本部送准山西巡撫耿如杞會同巡按山西監察御史祝徽咨稱：鑄錢以銅爲本，銅賤則鑄廣，鑄廣則息多。山西地不產銅，買於陝西，但價昂路遠，銅本所費甚多。委官易買又稱賠累。及至鑄成銅錢，以六十五文筭銀一錢，計息尚微。民間百文尚不肯使，委屬窒礙難行。除太汾二府錢息銀兩，委官同知呂希尚、通判時崇古各造册呈解，布政司轉解户部交納外，惟有太原府局下剩窩鉛一萬一千三百六□餘斤、青鉛八十五斤有零，欲變原價，勢□不能據議給散。標太二營、鴈門等三關以爲捍□火砲鉛子之需，誠爲便計。其山西委難鼓鑄，煩爲具題停罷，剩鉛准令給散各營火砲鉛子之用等因，到部送司，案呈到部。除北局鑄本照督臣議暫留，臨清等四關額銀選爐頭充買，滸墅等三關徑解南部主事畢生輝募商督運，俟銅鉛充足，合併歸南外，該臣等看得南部新廠鼓鑄，已於天啓五年停罷矣。蓋南北異宜鑄錢，□北多不能行，罷之誠是也。後該錢法侍郎靳於中題查，省直鑄息奉有南户部所欠銅本，刻期解進，省直撫按各將鑄息多寡查明奏報，應否停止，核實具奏之旨，因而通行，查覈隨准。南部咨稱：新廠鑄本一十三萬一千九百四十兩零，得息銀八萬四千二百三兩有奇，比各省直爲獨盈，於國計不無少補等因。又該陝西、湖廣、雲南密鎮俱稱本少息饒，應准開鑄山東、浙江、江西、福建、廣東、河南息微錢阻，俱行停罷。該臣部署印□□王家楨於崇禎元年四月內查照：省直原咨應開應罷，題奉欽依訖，惟山西一省則因回咨未至，行止未定，至元年九月內臺臣姜兆、張條議兵食疏內有增鼓鑄一款，臣部遵奉確議之旨：該司簡查舊案，將原准開鑄省直覆，令各報鑄息。蓋欲省直自措鑄本，不煩臣部設處，可濟軍需之急耳。今南部以鑄本無着，咨令臣部議處，無米索炊，南部固難措手。第買銅一事，弊竇多端，南户有一舊廠，鑄錢自用，又欲立一新廠爲北鑄錢，不過銅商爐頭相與競刀錐之利，爲囊橐之謀耳，於國計未必有當也。若南北鑄局并行，措本，頭緒益紛，稽查匪易，與其滋混淆以飽奸商之腹，似不若將南部新廠仍舊已之之爲便也。臣部前此原未倡言議復，今政不妨轉圜議罷也。至於山西鼓鑄，據稱銅貴利少，所鑄之錢民不樂用，更難强之使行，并應停止。其局内原剩窩鉛，姑聽爲火砲鉛子之用，既經咨會前來，相應具題恭候命下臣部，行文南京户部，并山西撫按，遵照停止施行。崇禎二年四月初三日具題，本月初六日奉聖旨：利權不宜混雜，恐姦弊難稽，停止南部新廠及山西省鼓鑄，俱如議行。欽此。

黄道周《榕壇問業》卷一三 及雞鳴山、房山、黄盧、三義諸金銀冶聽民採煉，以十分之三輸官，此皆未爲瑣屑也。而悉寘不道，孤注於田畝，豈爲能得其大者乎？如賞罰與奪，自是八柄上事，大司農之所不徵。

查繼佐《罪惟録》卷一〇《志・貢賦志》 丁字庫裸解入數：凡黄熟銅，池州府三千三百九十斤，鳳陽府五千三百一十二斤，淮安府五千一百七十三斤零，揚州府三千三百七十六斤，福建一千三十七斤，山西二千七百三十八斤，河南八千一百七十六斤。

以上合四府三省共觧黄熟銅等料二萬九千二百二斤。

又《貢賦志總論》 凡油、漆、銅、鉛等料，浙江油漆五萬二百八十九斤，江西生漆三萬七百三十二斤零，湖廣生漆二萬四千九百六十六斤，福建生漆一萬一百六十六斤，廣東生漆、銅、鉛等料二萬四千一百四十八斤。

以上合五省共解油、漆、銅、鉛等料十四萬三百斤。

凡銅、錫等料，應天府生銅二千六百五十五斤，福建錫一千五百九十斤，山東銅、錫等料七千九百一十四斤，山西錫一千三百五十斤，生銅七百四十斤。

以上合一府、三省共解銅、錫等料一萬四千二百四十九斤。

凡黄蠟福建一千一百五十二斤，山西一千四百三十五斤

以上合二省共解黄蠟二千五百八十七斤，供用庫雜解入數

凡芝麻順天府八百十四石零，保定府五百三十石，河間府六百七十五石，真定府八百二十石，順德府八百【下缺】

馮甦《滇考》卷下《珍貢》 語云：金生麗水，今麗江其地也，【略】 天啓水烏之亂，奉旨暫停，事平再進，銀鑛約有二十三所，皆置場委官，又使千户張國臣赴京上疏，請開寶井於猛密。先是，寶石之取盛於成化，然止在京購買。嘉靖丁亥，始遣官至滇，歲動布政司及永昌府銀八千，散之民間，民間鬻男販婦，不充所值，因而逃亡。其後六慰變亂，猛密寶井已爲緬所據。國臣又倡此議，巡撫陳用賓懼開邊禍，連疏陳諫，始仍舊例，然猶每歲布政司獻寶石三百六十兩有奇，礦金四百兩，礦銀一萬兩。税監楊榮竟以貪酷激變，於三十四年正月八日爲衛軍所殺，舉火焚公署，闔府百餘人俱死焉。

吴曮《左司筆記》卷一〇《雜税》 明制之最重者曰魚課，置天下河泊所設勘合六百八十九道，嘉靖課總三百一十七萬七千一百一十貫。其餘金銀課、銅鐵課、水銀課、礬課、珠池課，皆有定額，今之天下諸税二及前代百分之一，而鐵官榷酤諸秕政不復行於宇内，可謂前古所未有矣。而其間四海之大，九重之遠，或有官税十之一二，吏税十之四五，而雖雖之民，且疑爲國家課額，而供輸不敢或後者比比也，此其弊朝廷不能悉之，户部不能察之，而地方之大吏苟能盡心釐革，俾天下之吏，不得爲奸，而天下之民得有餘財，雖曰周公之法，亦何以易此哉？

又卷一一《物産》 元興，因土人呈獻，而定其歲入之課凡八等：曰金課、曰銀課、曰銅課、曰鐵課、曰鉛錫課、曰礬課、曰硝鹻課、曰竹木課，又有珠玉、硃砂、水銀、碧甸子諸課，皆置有司以掌之【略】。《元志》【略】硃砂、水銀在北京、湖廣採煉。

張英《淵鑑類函》卷一三四《政術部一三・鹽鐵》 明初，取用諸課，皆因各處土産，礬、鐵、水銀、銅、錫有常額。

《明史》卷七七《食貨志一》 《記》曰：「取財於地，而取法於天。富國之本，在於農桑。」明初，沿元之舊，錢法不通而用鈔，又禁民間以銀交易，宜若不便於民。而洪、永、熙、宣之際，百姓充實，府藏衍溢。蓋是時，劭農務墾闢，土無萊蕪，人敦本業，又開屯田、中鹽以給邊軍，餫餉不仰藉於縣官，故上下交足，軍民胥裕。其後，屯田壞於豪强之兼并，計臣變鹽法。於是邊兵悉仰食太倉，轉輸往往不給。世宗以後，耗財之道廣，府庫匱竭。神宗乃加賦重征，礦税四出，移正供以實左藏。中涓羣小，横歛侵漁。民多逐末，田卒汙萊。吏不能拊循，而覆侵刻之。海内困敝，而儲積益以空之。

又卷七八《食貨志二》 洪武十七年，雲南以金、銀、貝、布、漆、丹砂、水銀代秋租。

又卷七九《食貨志三》 英宗時，始設太倉庫。初，歲賦不征金銀，惟坑冶稅有金銀，入内承運庫。其歲賦偶折金銀者，俱送南京供武臣禄。而各邊有緩急，亦取足其中。

又卷八二《食貨志六》 歲入之數，内承運庫，慈寧、慈慶、乾清三宫子粒銀四萬九千餘兩，金花銀一百一萬二千餘兩，金二千兩。

又卷二一九《張四維傳》 雲南貢金後期，帝欲罪守土官，又詔取雲南舊貯礦銀二十萬，皆以四維言而止。

又卷二二〇《温純傳》 礦稅使四出，有司逮繫纍纍，純極論其害，請盡釋之，不報。已，諸閹益横，所至剽奪，汙人婦女。四方無賴奸人蠭起言利：有請開雲南塞外寶井者；或又言海外吕宋國有機易山，素産金銀，歲可得金十萬銀三十萬；或言淮、揚饒鹽利，用其策，歲可得銀五十萬。帝並欣然納之，遠近駭震。純言：「緬人方伺隙，寶井一開，兵端必起。余元俊一鹽犯，數千贓不能輸，而欲得五十萬金，將安取之？機易山在海外，必無徧地金銀，任人往取；不過假借詔旨，闌出禁物與番人市易，利歸羣小，害貽國家。乞盡捕諸奸人，付臣等行法，而亟撤稅鹽之害民者。」亦不報。當是時，中外争請罷礦稅，帝悉置不省。純等憂懼不知所出，乃倡諸大臣伏闕泣請。帝震怒，問誰倡者，對曰：「都御史臣純。」帝爲霽威，遣人慰諭曰：「疏且下。」乃退。已而卒不行。廣東李鳳、陝西梁永、雲南楊榮並以礦稅激民變，純又抗言：「稅使竊弄陛下威福以十計，參隨憑藉稅使聲勢以百計，地方奸民竄身爲參隨爪牙以萬計。宇内生靈困於水旱，困於採辦、營運、轉輸，既囂然喪其樂生之心，安能復勝此千萬虎狼耶！願即日罷礦稅，逮鳳等置於理。」亦不報。

又卷二二二《張學顔傳》 學顔隨事納諫，得停發太倉銀十萬兩，減雲南黄金課一千兩，餘多弗能執争。而金花銀歲增二十萬兩，遂爲定額。人亦以是少之。

萬斯同《明史》卷一〇四《志七八·食貨一〇》 永樂間，遣官湖廣貴州採辦金銀課。又開煎福建浦城縣馬鞍等坑三所，設貴州太平溪、交趾、宣光鎮金場局、葛溪銀場局，不産金銀坑冶亦屢有革罷。而福建歲額增至三萬二千八百餘兩，浙江增至八萬二千七十餘兩。宣宗立，銀屏山副使奏本場納銀，季五百七十兩，自永樂中遣官牐辦數倍，其數季二千七百餘兩，民貧逃亡，乞仍舊額。帝曰：遣官牐辦，正欲察其奸弊，乃反倍增其課，虐民甚矣，其廉減之。然宣宗時，福建增至四萬二百七十餘兩，浙江增至九萬四千四十餘兩。不足則督坑首冶夫賠納。

劉斯樞《程賦統會》卷一八 【略】詢其國人云：故疆東連哈密，西至撒馬兒罕，後爲鐵木兒駙馬侵奪。今西至脱忽麻，北與瓦剌相接，東南抵于闐、阿端。其于闐有河，河中産玉，亦産寶石、金、銀。

土産：銅、鐵、鉛，雌黄，胡粉，馬駝犂牛，孔雀，氍毹，白氎布，阿魏。

鄂爾泰《（雍正）雲南通志》卷一一《銀、銅、鐵、錫、硃砂》 一、征金廠年該課金一十四兩五錢二分，遇閏加金一兩二錢一分；銀、白銅、鐵廠年共該課銀二百六兩二錢二分。

媽泰白銅廠坐落定遠縣地方。康熙二十四年，總督蔡毓榮於「謹陳籌滇第四疏爲亟議理財以佐邊餉事」，年抽課銀二十四兩，遇閏加銀二兩。

一、征金廠年共該課金五十九兩五錢六分，遇閏加金二兩四錢；銀、錫并硃砂，白銅廠年共該課銀七萬七百八十三兩七錢七釐六毫八絲二忽，遇閏加銀三百五十三兩四錢五分七釐七毫四絲五忽；銅廠年共該課銀一萬八百二十五兩七錢九釐三毫五絲。

【略】 附無額廠課：

龍樹等廠底母餘息。雍正八年，總督鄂爾泰「爲底母餘息以充公用事」題明，將龍樹等廠所出底母賣給各銀銅廠民。【略】銅觔餘息。各銅廠於額例抽收外，豫發工本，收買餘銅。各廠每觔三四分以至五六分不等，雇脚發運省城賣給官商，及加耗運供鼓鑄，照定價每百觔九兩二錢核筭。除歸還銅本運脚廠費等項外，所獲餘息儘數歸公，但年辦銅觔衰旺不一，餘息盈絀不常，原無定額。

白銅餘息。媽泰白銅廠并新開大姚縣茂密白銅子廠，發紅銅到廠賣給硐民，點出白銅每一百一十觔抽收十觔，照定價，媽泰廠每觔三錢六分，茂密廠每觔三錢，變價以充正課外，所獲餘息儘數歸公，但白銅售價遲速不等，硐民採煉多寡不一，原無定額。

爐墩小課。茂密白銅廠爐多寡不一，廠委每爐每日抽白銅二兩六錢六分，以資廠費。【略】

白龍、金釵、銅礦箐等廠銀課。各銅廠撤出之鉛，微有銀氣，煎出銀課多寡不一，廠委每兩約抽收銀六分一錢不等，以資廠費。雍正二年，查奏銅觔利弊事案内，准於廠費開銷。【略】

寨子山等廠石緑礦課。各銅廠微出顏色緑，礦廠委每一百二十五觔抽二十五觔，每百觔變價一兩五錢，以資廠費。雍正二年，查奏銅觔利弊事案内，准於廠費内開銷。【略】

白龍廠石青礦課。廠銅夾有顏色青，礦廠委每一百觔抽收六觔，每觔約變價三錢，以資廠費。雍正二年，查奏銅觔利弊事案内，准於廠費内開銷。【略】

金、銀、銅、鐵、錫、鉛、水銀。【略】滇産五金，其來舊矣。第時出時竭，亦難專指定在，玆附於食貨之後。

又《廠課》　本朝康熙二十四年，總督蔡毓榮題定金沙江金廠、石羊、南北衙銀廠，媽泰等白銅廠，及各州縣地方鐵廠課額。四十四年，總督貝和諾奏稱青龍等廠銅課、個舊廠錫課、西里硃砂廠課銀。【略】

通省總數：

金廠年該額徵課金七十四兩八分，遇閏加金三兩六錢一分。

又卷二九之四《奏疏·本朝一》石琳《進呈編輯全書疏》　無征之場課宜豁也。查新平縣明直銀場、易門縣老場銅廠，自明至今開採年久，今苗斷礦絶，商匠逃散，課税無徵，官民賠累不堪。經臣援詔具題，部議未允。但礦廠非同田地，有耕有獲，錢糧易辦，此乃全憑造化，有無難必。今既硐老山空，而課税不免，節年俱係各官捐賠，但年復一年，焉知不□累小民，豈可以賠補之項刊載全書。今議將新平之明直場課銀三百三十兩九錢六分，遇閏加銀二十七兩五錢八分，易門之銅課銀二兩，老場爐課銀二十一兩六錢，一併於全書内除免者也。以上各款，如屯賦之太重，乃明時之相沿，但時異勢殊，軍既爲民，衛所既併州縣而壓欠歲積，官民交累，又加鹽課之過重，商竈困於征輸，夷民苦於淡食。又如開化之加糧，元江之新增，乃吴逆邀功横徵，麗江之喇普失額銀米，係吴逆割送□番，以及建水之私□，亦係吴逆摻查貽累。通海、南安二州縣之重糧，又新平、易門之明直老場荒廢賠課，今當更造全書。聖諭諄諄，惟恐一夫不獲其所，此正邊境黎民猶解倒懸之日也。臣遵旨會同經管錢糧諸臣再四參酌，敬陳各條，恭候聖裁，以垂永久。再，照石羊等廠，歲有額課，但苗礦之有無，難期永遠，今雖造報，似未應刊入全書，仍照舊每年將抽獲之課，造册報銷可也。

朱奇齡《續文獻通考補》卷二四《食貨補三銅鐵課》　鐵冶自洪武中置，而律有私販銅鐵之條，其後正統中申禁。四川軍民偷採白銅者，枷號一月，依律問罪。後又封閉雲南銅場，南州路。更嚴私販之令，本人處死，家屬充軍，十七年令。免征銅課。正德中，廣東置鐵廠一所于省城外，就令鹽課副提舉專掌鐵課。凡一切事宜，聽巡鹽御史總理，其行鐵地方但有走税夾帶漏報等弊，俱照鹽法施行。

按銅鐵之屬，利用之所，必資可以制器，可以鑄錢，採取固不容已，與金銀不同，但縱弛則生奸，而嚴苛亦易擾，推當公其利于民，而官爲之厲禁爾。

王先謙《東華録》《（康熙）八〇》　（康熙四十六年秋七月）戊戌，户部議覆：「雲南貴州總督貝和諾等奏，雲南金、銀、銅、錫等礦廠自康熙四十四年冬季起，至四十五年秋季止，一年之内共收税額銀八萬一百五十二兩零，金八十四兩零，應駁回令該督據實嚴查加增。」上諭大學士等：「雲南礦税一年征銀八萬兩零，用撥兵餉，數亦不少，若又令增加，有不致累民乎？此所得錢糧即敷所用矣，本發還，著照原奏議結。」

馬齊《清聖祖仁皇帝實録》卷二三一　（康熙四十六年，丁亥，冬十月）己亥，户部議覆：「雲南貴州總督貝和諾等疏言，雲南金銀銅錫等礦廠，自康熙四十四年冬季起，至四十五年秋季止，一年之内，共收税額銀八萬一百五十二兩零，金八十四兩零。應駁回，令該督據實嚴查加增。」上諭大學士等曰：「雲南礦税一年徵銀八萬兩零，用撥兵餉，數亦不少，若又令增加，有不致累民乎？此所得錢糧即敷所用矣，本發還，著照原題議結。」

永瑢《四庫全書總目》卷八四《史部四〇·政書類存目二·歷代山澤征税記一卷編修程晉芳家藏本》　國朝彭寧求，字文洽，長洲人。康熙壬戌進士，官至左春坊左中允。其書臚叙歷代山澤征税諸政，然海税之加，不知起於漢宣帝鹽鐵之税，不知起於《管子》。既彙叙歷代税法，而遼代之置銀冶、鐵冶，金之和買金銀冶，及大定中罷金銀坑冶之税與採買隨處金銀銅冶之法，元之鐵冶、銅冶、銀冶、淘金諸政特置官司，載於史志者，皆略而不及，殊未爲賅備也。

官修《清會典事例》卷八九二《工部·鼓鑄》　（康熙）五十四年議准，寶源局每年共需銅鉛二百十有六萬斤，停止商辦。令江蘇、安徽、江西、福建、浙江、湖南、湖北、廣東八省動支正項錢糧，每省辦紅銅十有八萬八千九百七十六斤十三兩有奇，共解寶源局銅一百五十一萬一千八百十四斤八兩四錢。每銅一斤，價銀一錢二分五釐。

王謨《江西考古録》卷七《物産·銀》　《禹貢》：荆揚貢金三品。《孔傳》：三品謂金、銀、銅，故《爾雅》以銀爲白金也。按《唐書·地理志》：饒州、樂平、信州、弋陽、撫州、臨川、江州、尋陽俱有銀。《元史·食貨志》曰：産銀之所，江西省曰撫州、瑞州，然亦以出饒州者爲上。

官修《清會典則例》卷四九《户部・雜賦上》〔乾隆〕十一年，題准四川開採沙溝、紫古哵銅廠、長寧鉛廠，内煎獲銀，委官煎驗分晰銀銅鉛，計算有虧商本，仍以二八收課，俟將來礦砂旺盛，仍照四六收課。又題准福建尤溪縣鐵爐户，歲納課銀十有四兩三錢有奇。【略】十二年，題准開採貴州威寧州屬大化里新寨地方銀鉛礦砂，每出鉛百斤，收課二十斤餘，鉛歸官收買，每百斤給價銀一兩五錢。【略】〔乾隆〕十二年，題准開採貴州威寧州屬大化里新寨地方銀鉛礦砂，每煎銀一兩，收課四錢。

【略】廣東惠州府永安縣粗石坑，潮州府豐順縣雙山崠，嘉應州大禾砰，各銀鉛礦，均每銀一兩，收課四錢五分。

傅恒《平定准噶爾方略》正編卷八三 伯德爾格等十户應交金十兩，請俟商人通行後再行交納。【略】一、和闐難得銅鉛，向雖藉葉爾羌等處錢文行使，現在咨取内地匠役在葉爾羌鼓鑄，俟鑄出時酌量撥解。

屠述廉《〔乾隆〕騰越州志》卷五《廠課》 廠課者，明礦課有明光場，額徵礦爐課商税銀一千七百八十兩七錢六分。昔明光最旺，爐有五十一座；乾硐次之，號陰陽礦，配煉斯成。自乾硐坍塌，止有明光。後礦砂漸薄，正課日虧，今已封閉。現在州屬止有鐵廠三處。阿幸鐵廠、沙喇鐵廠、水箐鐵廠皆年納正課銀四兩，盈餘銀五十兩，共歲納正課銀十二兩，遇閏加銀一兩，共歲納盈餘銀一百五十兩。

洪亮吉《〔乾隆〕府廳州縣圖志》卷二《永平府》 土貢：鹽、金、丹錫、鐵、紙、鷹鶻、石灰、蔓荊子、香白芷、梨、鯽。

又卷四六《遵義府》 土貢：布、金、水銀、硃砂、蠟、雄黄。

又卷四《宣化府》 土貢：金、銀、水晶、瑪瑙石、礬紅石、花班石、磁石、石炭、煤、礬。【略】

又卷五《江寧府》 土貢：銅、鐵、葛布、石、慈石。

又卷八《太平府》 土貢：銅、鐵、鰣魚、蓴菜、石緑、紗、烏昧艸。

又卷八《寧國府》 土貢：銅、鐵、苧、紙、薑、茶、漆。

又卷八《池州府》 土貢：銅、鐵、苧麻、棕、茶、紙、漆、薑。

又卷九《滁州》 土貢：貲布、絹、銅。

又卷一〇《平陽府》 土貢：銅、鐵、礬、石炭、麻布、蠟燭、黑瓷、葡萄、藥。

又《潞安府》 土貢：銅、鐵、磁器、綾紬、麻布、石蜜、墨、紫艸、長理石、赤石脂、不灰木。

又卷一一《大同府》 土貢：銅、鐵、瑪瑙、石緑、緑礬、花班石、凝水石、碾玉沙、鹽。

又卷一二《澤州府》 土貢：銅、錫、麻布、石炭、蜜、蠟、野雞、石雄、石英、禹餘糧、茯苓、紫艸、茅香、鐵。

又《平定州》 土貢：銅、鐵、礬石、煤炭、磁器、梨。

又卷一三《解州》 土貢：銀、銅、鐵、錫、鹽、礬、葡萄、藥。

又《絳州》 土貢：貲布、縠、氈毯、梁米、鉛、靛、銅、鐵、膽礬。

又《山西布政司忻州》 土貢：鹽、石炭、解玉砂、雲母石、麝、蟾酥、豹尾、白雕羽。

又卷一四《兖州》 土貢：交綾、尼巖硯、柘硯、梁公硯、巧石、黑瓷器、鐵、錫、楷木、伏苓、雲母石、紫石英。

又《泰安府》 土貢：紫石英、元石、石鍾乳、繒絲、阿膠、防風、挂劍艸、銅、鐵、繭綢、蒼朮、桔梗、全蠍。

又卷一八《彰德府》 土貢：沙絹、木綿、鐵、銅、錫、磁石、席、紙、煤木、紅礬、胡粉、花石葫蘆、藥。

又卷一八《衛輝府》 土貢：綾絹綿、宫粉、青鐵、珉石、錫、碾石、青甆、竹、鹻、紫班石、藥。

又卷一九《河南府》 土貢：銀、鐵、錫、膽礬、瓷器、蜜蠟、研、果、竹、花、麝香、黄丹、藥。

又卷二〇《南陽府》 土貢：銅、鐵、錫、絹、絲布、木、棉、麻、靛、漆、礬紅、石青、屏風石、香橙、羊桃、白菊花、白花蛇、緑毛龜。

又《汝州》 土貢：絁、鐵、錫、石灰、蜜、橡、綿栗。

又卷二一《西安府》 土貢：玉石、銅、鐵、紗絹、韡、氈、竹、雙皂莢、櫻桃、藕粉、紅花、蠟、藥、磬石、瓷器、硫黄、粉土、礬、石脂、啗馬藥。

又卷二二《漢中府》 土貢：金、鐵、硃砂、縠、布。

又《興安府》 土貢：金、自然銅、石青、石緑、碧鈿、紙、茶、椒、漆、蠟、蜜、降香、白膠香、麝香、熊膽、藥。

又《陝西布政使司・漢中府》 土貢：金、鐵、硃砂、縠。

又卷二三《鄜州》 土貢：鐵、銅、麻、席、土硫黄、藥。

又《商州》 土貢：弓、麻布、楮皮、千枝柏、石青、朱砂、枳殼、天南星、麝香、熊白。

又卷二四《鞏昌府》 土貢：金、鐵、褐、龍須席、鹽、研石、餤硝、麝香、犂牛酥、鸚武、雕翎、瑪瑙、漆、藥。

又《平涼府》 土貢：銀、銅、鐵、絹、麻布、鸚武、龍須席、氈、黑瓷器、藥。

又卷二六《秦州》 土貢：銀、銅、鐵、鹽、花石屏、石膽、馬麂、鸚武、錦雞、芎藭。

又《階州》 土貢：金、麻布、鹽、雄黃、水銀、緑礬、仇池石。

又卷二七《杭州府》 土貢：銅、鹽、綾、紗、茶、漆、地黃、黃連、黃精、牛膝、石膏、楊梅、銀杏、冬筍、鱘魚、紙、鉛粉。

又《湖州府》 土貢：銅、錫【略】鉗鍋、礦灰石、鍾乳石。炭煤、鏡。

又卷二八《金華府》 土貢：鐵鑛、綿、紵布、紙、漆、香杭、銅、葛粉、藥、膏棗、榧子、酒、熏蹄。

又《處州府》 土貢：綿、絹、紵布、麻、葛、紙、漆、銀、鉛、鐵。

又卷二九《南昌府》 土貢：銅、鐵、葛、紵布、茶、梅煎、甘橘、藥、蠟。

又《饒州府》 土貢：金、銀、銅、茶、紗、紵布、瓷器、煤。

又《廣信府》 土貢：金、銀、銅、鐵、鉛、青碌、空青、水精器、綿藤紙、葛粉、茶、瓷器。

又卷三〇《撫州府》 土貢：金、銀、銅、鐵、絲布、葛、苧布、竹箭、朱橘、柘木、椑侯柿、黃精、菖蒲、紙。

又《瑞州府》 土貢：銀、石青、石碌、黃丹、茶、紵、紙、南燭子、紫竹、牛尾狸。

又《袁州府》 土貢：銅、鐵、紵布、葛、酒、紙、茶、地黃、竹鞢。

又《贛州府》 土貢：金、銀、銅、鐵、錫、紵布、石蜜、砷、漆、茶、糖、斑竹、茉利、竹梳箱。

又《南安府》 土貢：錫、鉛、鐵、茶磨石、竹紙、箭竹、扁竹、仙茅。

又卷三一《武昌府》 土貢：銀、鐵、銅、麻、茶、火紙、鱘鰉魚、煤。

又卷三三《長沙府》 土貢：鐵、鉛、硃砂、水銀、海金沙、苧布、茶、鸕鷀。

又《永州府》 土貢：鐵、錫、細葛、綄綫、尅絲、石燕、青碌、石磬、煤、石屏、香茅、零陵香、方竹、茶、異蛇、斑竹。

又卷三四《澧州》 土貢：鐵、石青、石緑、漆、桐油。

又《郴州》 土貢：銅、錫、鐵、絹、葛、茶、茜草。

又卷三五《成都府》 土貢：麩金、銅、鐵。

又《重慶府》 土貢：金、鐵【略】丹砂、石膽。

又《保寧府》 土貢：金、鐵。

又卷三六《夔州府》 土貢：金、鐵、錫。

又《龍安府》 土貢：金、鐵、錫、水銀。

又《寧遠府》 土貢：銀、銅、鐵、鹽、碧。

又卷三七《嘉定府》 土貢：麩金、鐵、絹、布、紫葛、鹽、茶、藥、麝香、荔枝、橘柚、海棠。

又《潼川府》 土貢：銀、銅、鐵、鹽、綾絹、葛、柑橘、藥、空青、糖、鞁鞢。

又卷三八《資州》 土貢：金、鐵、鹽、絹、葛、麻、藥、柑、蔗、高良薑。

又《綿州》 土貢：金、銀、鐵、鹽【略】縷金銀器、緋紅。

又《茂州》 土貢：金、丹砂、麝香、藥、麻布、狐尾、乾酪蜜、芋、五角牛。

又《酉陽州》 土貢：麩金、水銀、丹砂、布、蠟、犀角。

又《忠州》 土貢：金、鐵、鹽、緜紬、藥、柑橘、蜜蠟、文鐵刀、蘇薰席、紙。

又《瀘州》 土貢：麩金、鹽【略】石青、石緑。

又卷三九《福建府》 土貢：鹽、金、鐵、綿絹【略】金銀沙、香櫞、末麗、素馨。

又《延平府》 土貢：銅、鐵、茶、白紵布、紙、石、金橘、茴香、折笋。

又《建寧府》 土貢：銀、銅、鐵、綿絹、練布、茶、偃鼠皮、紙被、兔。毫琖。

又卷四〇《汀州府》 土貢：金、銀、銅、鐵、錫、蠟、鼹鼠皮、茶、鼊甲、紙。

又《龍巖州》 土貢：苧布、葛布、鉛、鐵、石筍、石竹、香茅。

又卷四一《廣州府》 土貢：銀、鐵、錫、布、鹽。

又《韶州府》 土貢：銀、銅、鐵、鉛、布、蘭桂、甲香、水馬、蚺蛇、鮫魚皮、鍾乳、石斛、英石。

又《惠州府》 土貢：銀、錫。

又《嘉應州》 土貢：銀、錫。

又《肇慶府》 土貢：金、銀、銅、鐵、鉛。【略】

又《肇慶府》 金場在〔四會〕縣西一百里，昔劉氏置場採金於此。又王存云：「高要有沙利一銀場，德慶有雲烈一錫場，高要有浮蘆一鐵場，陽春有攬徑一鐵場，陽江有陽江一鉛場。又太平場在縣東三十里，元豐五年嘗置銀冶，元祐七年廢。」

又卷四二《廉州府》 土貢：金、銀、珠、翠羽、玳瑁、鹽。

又《瓊州府》 土貢：金、銀、珠、玳瑁。【略】

又《連州》 土貢：銀、銅、鐵、丹砂、布、藥。

又卷四三《柳州府》 土貢：金、銀、鐵、布、香、槵子、桂心、藥、蚺蛇膽。

又《慶遠府》 土貢：銀、錫、丹砂、布、楮皮紙、藥。

又《思恩府》 土貢：金、鉛。

又卷四四《平樂府》 土貢：金、銀、銅、鐵、錫、鍾乳、焦布、竹布、花簟、弓、千金藤、蚺蛇膽、石斛、白蠟、黎母汁、觜蠵、鉛粉、降香。

又《潯州府》 土貢：金、銀、鉛、紵布、桂、鐵力木、葵、弔絲竹、糖牛、肉桂。

又《南寧府》 土貢：金、銀。

又卷四五《曲靖府》 土貢：鐵、石緑、棉花。

又卷四六《楚雄府》 土貢：墨、鹽、金、銀、礬石。

又《永昌府》 土貢：金、銅、琥珀、瑪瑙、碁。

又《大定府》 土貢：鐵、銅、硃砂、漆【略】。

又《麗江府》 土貢：鹽、金、鐵、麝香、無芒黍、氂牛、葡萄、琥珀、滑石、自然銅、青石、花馬石、漆、海棠果、青銅魚、榧子、石耳。

又《永北廳》 土貢：氂牛、鹿茸、金、銅、鹽。

又卷四八《銅仁府》 土貢：葛布、金、鐵、硃砂、水銀、竹箭、楠木、杉木、黄楊木、蠟。

楊錫紱《四知堂文集》卷一〇《奏疏・敬陳清釐礦廠疏》 爲敬陳清釐礦廠之事宜仰祈睿鑒事：竊查湖南郴州、桂陽州出産銅、鉛，先經康熙五十一年京商開採，至雍正十二年封閉。乾隆七年復請招商開採，一應事宜，俱照京商舊例辦理，嗣經前撫臣蔣溥暨臣前任内先後奏請，增改章程，節准部覆，現在仍歸商辦，責令知州督率，并衡永郴桂道總理稽察在案。緣該二州礦砂内原有銀氣，復採以來，未經報明，又抽收砂税鉛税之法未盡妥協，臣前任内行委衡永郴桂道朱陵親往查勘試煉，未經辦竣離任，朱陵亦奉旨調任辰永沅靖道接任。撫臣開泰以朱陵所查尚有未盡，又委衡永郴桂道王秉和會同辰永道朱陵再往勘煉，仍有指駁未經辦竣。臣復任查卷與布政使周人驥將朱陵等先後勘煉禀詳悉心確核，其間實在情形與未盡事宜有尚須清釐更正者，敬爲我皇上陳之：

一、砂税即屬銀税，應據實聲明也。查郴、桂礦廠康熙年間京商原以銀礦報採，第銅砂内無銀，惟黑鉛砂内帶有銀氣，多寡不等，商人不能逐爐督鍊計銀抽税，因就砂夫採獲之砂估看銀氣之重輕，評定砂價之貴賤，砂夫賣與爐户、商人，照價一八抽税。當時報作銀税，其實即砂税也。乾隆七年復採，照依京商辦法仍抽砂税，惟恐名實不符，改去銀税之名，直稱砂税。又慮干部詰，聲稱鉛内出銀不過滴汗成珠，爲數無幾，止堪賞給爐户，出結送部在案。臣前委衡永道朱陵前往試煉，黑鉛砂内無銀氣者十之三四，每百觔價值不過數分，其有銀氣之砂賣與爐户，價自四五錢至二兩不等，試煉得銀之數亦自四五錢至二兩不等，各如賣價，不相上下。爐户煉銀止敷抵還砂價，其火工之費則取償於鍊出之鉛。查各省礦廠並不先抽砂税，湖南則未抽鉛税之先預抽砂税，原因砂内出銀之故。從前銀税即砂税，此日砂税亦即銀税了，歷係據實辦理。但云滴汗成珠爲數無幾，止堪賞給爐户，殊屬含混。今砂税之名請仍其舊，惟砂税即銀税，所當據實聲明，以備稽考。

一、砂税抽分應官商各半也。查礦廠各費原應取給於税項，但亦不容冒濫。郴桂銅鉛之税全數歸公，惟砂税則一半給商，爲廠卡公費，所餘一半又商與官對分，計砂税十分，以五分給商爲公費，又另給商二分五釐，商共得七分五釐，官税只二分五釐而已。此原京商開採題定章程。乾隆七年復採，奏明照辦在案。惟是砂夫採挖工本取償於砂價，爐户買煉工本取償於銀鉛。商人不過設廠估色，設卡巡查，並無採煉工本，約計郴桂二州每年砂税共有銀七八千兩，商人廠卡各處丁役辛工飯食等項，歲須三四千兩。以砂税之半取給，已屬充裕，其另得之二分五釐，現在并無開銷，未免冒濫。查開採之始，建造廠卡房屋，置備什物，自多費用，數年以來取償有餘。從前原照題定之例辦理，難以究追，此後自應改正。請自乾隆十六年起，抽收砂税，每十分内先歸官税五分，餘五分爲商人廠卡公費，則商人辦公仍屬有資，而官税每年可增銀一千八九百兩。倘砂税收多報少，捏混滋弊，查出嚴追商人，該州亦嚴參議處。

一、黑鉛抽税宜改毛鉛也。查鉛砂初煉爲毛鉛，再煉爲净鉛，毛鉛百觔先煉净鉛七十五六觔，有渣二十四五觔，將渣再煉，可得銅一觔七八兩，又得净鉛約及二十觔，折耗渣三觔十餘兩。向例以毛鉛有渣必俟煉成净鉛始行抽税，今加查核毛鉛之渣，仍有净鉛并銅可得，現在恐銅透漏，即以渣作税，税外餘渣又官爲收買，煉出銅鉛，以供鼓鑄，是毛鉛并不遜於净鉛也。毛鉛百觔先煉净鉛七十五，共少抽税七八萬觔矣。從前未經細核，相沿舊例，以浄鉛抽税，不便追問，應自乾隆十六年起，爐户煉出毛鉛，即照二八之例核定應抽税數，俟煉出鉛渣以渣作税，其餘渣一并官買交商，再煉銅鉛。如此，每年又可增税鉛七八萬觔，於公項不無裨益。

以上三條，臣與布政使周人驥，就調任衡永郴桂道朱陵等先後勘煉詳稟，逐一察核，又與郴州知州明通、桂陽州知州汪度面相講論，實應急爲釐正。内砂税即爲銀税，止須據實聲明，鉛税即抽毛税，亦止須飭州遵辦，於章程并無更張，惟砂税半爲廠費，餘俱歸官，與前辦章程有異，應自乾隆十六年報銷册内更正。臣謹將查核清釐緣由恭摺奏明，伏乞皇上睿鑒。

又卷一一《奏疏·奏明銅鉛價值不敷實難核減疏》 爲銅鉛價值不敷，據實陳請聖鑒事：竊查湖南郴、桂二州開採銅、鉛，其間實在情形與未盡事宜有尚須清釐更定者，臣前經恭摺奏明在案。兹查該二州承辦銅、鉛，部價核之，試煉工本實在不敷，亦有不敢壅於上聞者。查郴、桂銅觔除抽税外，餘銅盡歸官買，以供本省鼓鑄。臣前任内曾委驛鹽道鍾昭前往試煉，每銅百觔實需火工銀一十二兩，向來每百觔抽税二十觔，餘八十觔給價九兩六錢，爐户實本二兩四錢，故偷漏之弊種種百出，土商易經世審究有案。臣前於請歸官辦案内議免抽税，按百觔給價十二兩，部未准行。又於仍歸商辦案内議抽税外，按八十觔給價十一兩二錢八分，復經部駁。惟是試煉火工銀十二兩止給價十一兩二錢八分，是尚虧本七錢二分，臣因爐户經年燒煉可以通融牽算，故酌定此價，若再議減，必偷漏之弊仍起，查禁過嚴，將爐户逞刁逃匿辦理，實多掣肘。又黑鉛一項從前抽税外，聽憑外售，近年京局歲需七十萬五百七十一觔，俱歸湖南辦解，每年除税鉛外，應向爐户收買五十餘萬觔。前經調任衡永道朱陵親往試煉，黑鉛百觔實需火工銀三兩五錢，前任撫臣開泰題請照給，部臣因康熙年間京商開採黑鉛百觔止報價二兩八錢三釐，兩次議駁，不准加增。惟查京商鉛價係將所抽税鉛變銀起解，據報之價原難作准，况距今數十年，米炭價貴，礦深砂遠，工力亦艱，若限以京商之價，歲辦五十餘萬觔，虧缺不啻萬計，掣肘尤甚。臣蒙恩復任，查核郴、桂歲出銅十餘萬觔，尚敷本省鼓鑄，惟辦運每多遲延，至近年所辦京局黑鉛俱難副部，限臣嚴加督催，乾隆十五年下運，今年二月始能起解，其郴州補辦十四年之鉛，更至三月始能起解，俱經臣先後奏明。據郴州知州明通、桂陽州知州汪度疊次稟詳，銅、鉛部價不足，歷係多方設法勉力湊解，現在挪墊甚多，難再支持，臣確加訪察，委係實在情形。伏念錢糧原應慎重，絲毫難容虚冒，但銅價有鼓鑄餘息之可償，黑鉛關京局鑄務之要，既屬實在情形，何敢不據實再行上請。兹臣與布政使周人驥再四酌議，銅觔除抽税外，每八十觔該工本銀十二兩，前請給銀十一兩二錢八分，已無可再減，黑鉛除抽税外，每八十觔該工本銀三兩五錢，但爐户經年燒煉，尚可通融，應減去三錢，請給銀三兩二錢，現在分案具疏題請。臣謹恭摺將情形再行陳明，伏乞皇上睿鑒。

張廷玉《清朝文獻通考》卷一三《錢幣考》 若夫鼓鑄所需，首在採銅，山礦所開，海航所市，歲以數千百萬計。若錫若鉛，亦各隨所産，京省諸局悉取給焉。其收買有時，其運輸有限，權衡定制中外交資求之。

夫幣之堅而可久者，莫過於金。金有三品，或黄或白或赤，而錢特居其一。周制黄金方寸而重一觔。《國語》註：虞、夏、商、周黄金爲上幣，銅錢爲下幣。《漢書》：秦并天下，黄金以鎰名者爲上幣，銅錢識曰半兩爲下幣。漢代復以觔名金，用金多以千萬觔計，蓋其時但以黄金爲幣。若白金之用，惟漢武之白選，王莽之銀貨，一見於史，而後亦漸廢固，不皆以爲幣也。魏晉以後金日少而昂，幣始專用錢，六朝迄唐交廣之域以金銀爲幣，然止限於一隅。至金時鑄銀名承安寶貨，公私同見錢用，此以銀爲幣之始。前明中葉，令各處税糧得收納白金，而銀之用益廣。臣等謹按太祖己亥年二月，始命以滿洲語製爲國書，嗣後議開金、銀礦及鐵冶，蓋五金之利已由此肇興。

又申假銀及行使低銀之禁。臣等謹按，銀乃幣之一端，魏晉以前以黄金爲通行之幣，金、元以後以白金爲通行之幣。漢時僞黄金之律，馬考亦載入錢幣門。自銀既盛行，與錢互相流轉，假銀與低銀足爲市易之害。考國初定僞造金銀者，杖一百，徒三年，爲從及知情買使者減一等。至康熙年間定，凡造錫鏍充假銀者，杖枷流三千里。乾隆五年復定，凡用銅、錫、鉛、鐵藥煮爲假銀，行使者係旗人，鞭枷發黑龍江；係民杖枷發雲貴川廣烟瘴少輕地方，爲從及知情買使者擬流；其將銀鑿孔傾入銅、鉛，及將銅、鉛傾錠外包以銀使用者，仍照杖徒原律定擬。互詳刑考。新莽時黄金一觔，直錢萬，銀八兩爲一流，朱提銀一流直錢一千五百八十，他銀一流直錢千。以古稱比後世三之一計之，金一觔實爲今五兩有奇，而直止萬，銀八兩實爲今二兩八錢有奇，而直止千。有奇及千，則漢時錢貴可見。而金價但五倍於銀，則以金多而易得也。宋真宗嘗論咸平中金兩五千，銀兩八百，是金銀之直已較貴於漢。盛京及延綏鎮錢文尚非急需，採買銅觔亦甚不易，應請暫行停止。從之。

〔順治〕七年，議令臨清、淮安、滸墅、蕪湖、北新、九江六關各增支税銀一萬兩，辦銅解寶泉局。

又議定，工部與蕪湖、龍江、南新、荆州四關及蘆政差分辦寶源局額銅。工部疏言：寶源局鼓鑄每年額需銅一百八十萬觔，本部司員悉買自商販之手，銅數太多，轉得藉口難購。應兼令蕪湖、龍江、南新、荆州四關差，及蘆政差動支歲課銀辦銅解局。定各差分辦九十萬觔，部辦九十萬觔，則採購較易，可源源接鑄。從之。

又卷一五《錢幣考三》 〔雍正七年〕又定解運銅鉛於正額外報税之例。户部議定：嗣後凡有銅鉛到關到局，令該管官察驗批文，如與原解數目相符，免其輸税。若正額之外多出觔數，即係私販，令其照數報税。

嵇璜等《清朝文獻通考》卷四〇《國用二》 鉛錫礦：山西交城縣、平定州鉛廠二八收課。湖南郴州、桂陽州鉛廠二八收課。同州府鉛廠二八收課。四川建昌青礦三分收課。廣東錫廠二八收課。廣西鉛廠宣化縣二八收課，恭城縣蓮花石二八收課；大有朋山每百斤收課十五斤。雲南蒙自縣錫廠收課銀三千一百八十六兩，羅平州平彝縣各鉛廠每百斤收課十斤。貴州威寧州、都匀府各鉛廠均二八收課。

慶桂《清高宗純皇帝實録》卷一六二 〔乾隆七年，壬戌，三月，丁卯〕户部議准：「四川巡撫碩色奏稱，建昌、永寧二道所轄銅鉛廠鑛苗甚盛，不礙田園廬舍，除例給廠費外，現議委員專司抽課，取具商匠結册，查核銅數彙報。其長寧、雲陽等處産黑白鉛鑛，應准一體開採。」從之。

又卷一八五 〔乾隆八年，癸亥，二月，丁未〕户部議准：「前任湖廣總督孫嘉淦疏稱，郴州、桂陽州礦廠銅、鉛夾雜，地非苗猺，尚可開燒，抽得税額，併收買商銅，於鼓鑄、國帑均有裨益。」從之。

又卷一九五 〔乾隆八年，癸亥，六月，己巳〕户部議准：「廣東布政使托庸疏稱，粤東銅鉛礦廠請招商開採，核計商費工本，酌量抽收，餘銅照時價，每觔一錢七分五釐，交官收買。其銅鉛礦内間雜金、銀各砂，應照滇黔例，分別抽課充餉。」從之。

又卷二五九 〔乾隆十一年，丙寅，二月，壬戌〕户部議覆：「四川巡撫紀山疏稱，覆查沙溝、紫古喇二銅廠礦内夾産銀星，採煉維艱，與全出金銀者不同，已委員試驗，詳計實虧商本，難以照會典四六之例抽課，請照前議，以二八抽收，用紓商力。應如所請。」從之。

又卷三二二 〔乾隆十三年，戊辰，八日，癸巳〕又諭軍機大臣等：「貴州銅鉛餘息一案，乾隆十一年總督張廣泗摺奏，經軍機大臣議覆，准其留充公用，朕以黔省乃苗疆重地，此項銀兩既已歸公，恐將來遇有公事辦理，或致妨礙，因傳諭孫紹武，令其查奏。今據愛必達奏稱，銅鉛餘息每年共二萬餘兩，自十一年張廣泗奏明以後，始有廠局羨餘名目，其未奏歸公以前，每年並無定數，亦無案據。而餘鉛息銀則係十一年始行奏請，實非舊有之款，黔省現在地方公事有額支銀兩、田租課税及奏明之廠局羨餘，酌劑辦理，尚可不至拮據等語。黔省一應公用，既有各項銀兩堪以敷給，自可如愛必達所奏辦理，但銅鉛息銀一項，自愛必達補授藩司，詳悉查核，張廣泗恐其發露，始行奏請歸公，目下既經查明，各項公費已有動支之款，則從前未經奏明之時，此項銀兩歸於何處，即或張廣泗另有因公動用之事，亦豈全無支銷數目？外省錢糧事件常有隱伏之弊，司事者恐有後慮，輒抽滅文卷，以掩其跡，令人無可稽核。積習相沿，匪伊朝夕。可傳諭愛必達，令將此事前後收支緣由數目，留心密查，據實奏聞，朕亦不過欲悉此事之梗□，不必過於張揚，急爲綜覈，稍露形迹也。」

又卷四六二 〔乾隆十九年，甲戌，閏四月，庚申〕湖廣總督開泰、湖南巡撫范時綬條奏寶南局添鑪鼓鑄各事宜：「一、添鑄五鑪，應照乾隆七年題定銅鉛錫觔兩配用。一、原設五鑪，今添五鑪，歲共需正耗銅一十九萬六千餘觔，遇閏加增銅一萬六千餘觔，請將郴桂兩廠所産銅，除抽税外，餘銅照部定價動支地丁銀收買。又歲需白鉛一十六萬餘觔，遇閏加增一萬三千餘觔，除郴廠照舊收買税餘供用外，應令桂廠委員亦於税餘白鉛内照即定價請領地丁銀收買。【略】一、寶南局自開鑄以來，配用點錫係動項採買，並郴、桂等處刨試存局税錫四萬餘觔，搭用皆照每百觔脚價銀一十六兩二錢合計成本。查前項錫將次用完，今有存局郴州柿竹園錫礦所抽税錫，應請動用。查税錫每觔價銀一錢五分七釐，水陸脚費銀一釐九毫零，應照每觔價脚銀一錢五分八釐零合計成本造報。【略】」下部議行。

又卷九八七 〔乾隆四十年，乙未，七月，庚午〕諭軍機大臣等：「據管理錢法侍郎金簡等奏請飭催京局銅鉛一摺，若照常依議發行，該督撫等接奉後，仍未必經意，尚恐有名無實。運京銅鉛一事，朕曾屢降諭旨，令該督撫等實力妥辦，無許遲延，兼令沿途督撫實力催趲，並令將入境出境日期隨時具奏。邇年以來，滇省督撫於起運開幫，未嘗不如期奏報，各省督撫於銅鉛過境，亦未嘗不照例奏聞，而各運船隻違限如故，皆由各督撫視爲具文，不實心辦理所致。而其弊大率藉守風守水爲由，任意稽延，習而不覺，在本省督撫，委運既不派明幹之員，且一經起程，即藉以卸責。其在川省瀘店裝運，每不免躭延之處，又以事非專責，亦聽其稽遲。至於沿途督撫，遇有運官到境，雖查報出入日期，總以非其統轄之員，不肯認真催督，及開報守風守水日期，又多拘於向來之例，不肯切實稽查銅鉛違限之故，大概不離此數者。試思江湖即有大風，多不過三日四日，或爲水阻，亦何至半月經旬，督撫等豈可率意徇情，致令藉端違限乎？著嚴切傳諭各該督撫，嗣後領運銅鉛之事，各宜加意經理，仍將遵照此旨辦理緣由，各據實奏聞。此次傳諭之後，若委員庸劣致誤運限者，惟滇省督撫是問。若瀘店躭延致逾定期者，惟川督是問。若仍照前妄報守風守水，聽其任意逗遛者，在何省違限，即惟該省督撫是問。該部嗣後遇銅鉛到局，均照此覈計，如或遲逾程限，即據實參奏。將此傳諭各該督撫，並令户工二部堂官知之。」

楊潮觀《治平彙要》卷五《征榷》 一曰礦稅。禹采歷山之金鑄幣，湯發莊山之金賑民。《周禮·卝人》之職，金玉錫石始有禁。《管子》鐵官之數，鍼刀耒耜始有稅。漢武帝時，郡出鐵者置鐵官，郡不出鐵者置小鐵官，而私鑄有釱趾之令，于是鐵禁始嚴矣。魏宣帝時，長安奏麗山有銀礦，恒州奏白登山有銀冶，而採鑄有銀官之設，于是銀冶始開矣。唐時，銀冶凡五十八，宋初金銀銅鐵鉛錫之冶，總二百七十一。有明間於浙閩取之，然山澤之爲利有限，或暴發輒竭，或採取歲久，所得不償所費，而歲課不足，有司必責主者取盈，于是民多擾累矣。權萬紀之言，非唐太宗，誰其黜之！

穆彰阿《（嘉慶）大清一統志》卷一一五《寧國府三》 銀、銅。南陵、寧國二縣出。《唐書·地理志》：宣州貢銀、銅器。

又卷一一九《池州府二》 銅、鐵。《新唐志》池州貢鐵，有鉛坑。又秋浦、青陽有銀，有銅，南陵有銅、有鐵。《寰宇記》銅陵縣自齊梁之代爲梅根冶以烹銅鐵。《明統志》銅鐵鉛錫皆銅陵縣出。

鄭光祖《醒世一斑録·雜述》卷六《中甸風土》 中甸、維西本西藏地，乾隆中土地日闢，遂以兩地並屬於滇麗江府中。甸去府五站，同知駐焉。武職有都司千總。當地有土守備二，土千總八，聽夷人詞訟，爲同知所屬。其地多寒少暑，五月尚飄雪霰，六月尚衣綿裘。冬雪未厚，有緊急公務，土官差人開路，尚可藉當地毛牛力。若雪厚路封，行人斷絶矣。風俗信佛教，重喇嘛，凡寺廟俱喇嘛居焉。

有金廠一，每年額課黄金十二兩，每日收沙金六七錢，合計一歲可得沙金二百餘兩。每沙金二兩銷成淨金一兩。

有銀廠三，每歲額課紋銀八百兩。

有銅廠，凡廠上取挖銅礦者一等人，買礦煉銅者一等人，販銅及遠者又一等人。開爐煉銅者名爐户，藩司頒發循環簿登數。

凡買礦煉銅不拘何處人，但先向官領銅價，然後至廠上買礦。煉銅礦十擔，必須入鐵礦二擔每擔錢二百文。同傾，不然不化，約用炭八百觔。爐下做塘窖深六七尺，圓徑二尺，口稍大，底稍小。礦化，銅汁流滿一窖，乃潑以米飲湯，若潑水，銅必飛濺。其聲如沸，面結一餅，伸大鐵鉗夾而拖起一片，再潑再拖，層累如其窖焉。冷定，悉扛入官房，三六九日分之。每百觔扣三十觔入官，曰帑銅，官價給銀六兩一擔，先已領付民價或至八九兩。又扣十觔，分作數項，官得一項名養廉銅，書辦人等亦各有分項，官收銅照官價給以銀也。此乾隆間事。

嚴可均《鐵橋漫稿》卷七《文類五·沈屺望傳》 金鳳山，丹流丹水。龍峯龍山。娥璧，峯。穴藏三品之金。商州産金及硃砂。宋熙寧中，且所産微薄，詔罷貢金。

吴其濬《滇南礦廠圖略》卷二《銀廠第二·子廠》 永北廳東昇廠，在浪藁土舍地方，永北廳同知理之。道光十一年開，每銀一兩，抽課銀一錢三分五釐，以銅銀兼出，十五年咨部，歸入得寶坪銅廠。

又《金錫鉛鐵廠第三》 麗水之金，三代有之矣。金之課始於元，至一百八十餘錠，明以銀八千餘兩折買金一千兩，曰例金。其後增耗金而減價銀，後又加貢一千兩，未行，復加貢三千兩。巡撫沈儆炌一疏，仁人之言，其利溥哉。我朝初課金七十餘兩，遞減至二十八兩餘，深仁厚澤，迥邁前古。若錫、若鉛、若鐵皆有額課餘利及於民者博矣，故記金錫鉛鐵廠。附白銅。【略】

定例每百觔抽課十觔，充公五觔，通商十觔，通商鉛每百觔仍抽課十觔，充公五觔。課鉛變價充餉，公鉛變價充公，以支廉食，自一兩八錢二分至二兩。餘鉛每百觔工本銀，白鉛自一兩二錢八分至二兩，黑鉛自一兩四錢五分至一兩六錢八分四釐。每工本銀一百兩扣餘平銀一兩五錢，亦充公，按年分册造報。

【略】 金廠四。嘉慶十五年，定額課金二一八兩八錢六分五釐三毫，閏加一兩四錢六分二釐九毫，附次年顏料貢帶解赴户部交納。

麻姑廠在文山西南，近越南及臨安界，開化府知府理之。雍正八年開，每金床一張月納課金一錢三分，臘底新正減半抽收，額課金十兩零一分，閏加九錢一分。

金沙江廠在永北西南金沙江邊，接賓川界，永北廳同知理之。康熙二十四年開，每金床一張月納課金一錢，額課金七兩二〔銀〕〔錢〕六分，遇閏不加。

麻康廠在中甸兩，其東則安南銀廠，中甸廠同知理之。乾隆十九年開，每金一兩抽課金二錢，額課金十一兩二錢，閏加五錢。黄草壩廠在騰越西，又西則大盈江賁達土司地，騰越廳同知理之。嘉慶五年開，按上中下三號塘口抽收，上溝抽課金一錢五分，中溝抽課金八分，下溝抽課金四分，額課金三錢九分五釐三毫，閏加三分二釐九毫。

鄭珍《〔道光〕遵義府志》卷一九《坑冶》 《唐志》載，溱州土貢丹砂，而採冶無聞焉。宋坑冶在川湖者數十所。元歲課朱砂、水銀于四川思州，鉛錫于湖廣靖州。明礦冶在川湖雲貴者，幾于無處蔑有，然皆不及播，可知丹砂諸物，非遵義所常有，不得以前代曾經入貢，視爲定産也。國朝以來，丹砂銀礦，採驗無效，白鉛則旋開旋停，非明徵歟。《宋志》曰：山澤之利有限，或暴發輒竭，或採取歲久，所得不償其費，而歲課不足，有司必責主者取盈，重爲民累。遵義冶場，即坐斯病，自嘉慶初，恩旨嚴行封閉，仍罪私開，遵民仰沐深仁，永得聊生安業矣。兹具著採停始末，俾來者考其無益，勿輕言利孔也。

魏源《古微堂集》外集卷八《軍儲篇二》 難者曰：「貨源之爲急標，開礦之爲濬源，則聞命矣。若夫聚衆則難散，邊夷則易釁，税課將滋弊，則若之何？工鉅而無款可籌，費重而無礦可驗，則若之何？」曰：「亦知雲、貴無歲不開銀礦，國家無歲不徵礦税乎？《大清會典》：正供歲入之數，雲南銀場，歲課六萬七千三百兩有奇，永昌府及廣東無定額。雲南金礦，歲課金六十兩有奇，貴州、思南府無定額，雲南銅礦，額課銀萬八百有奇，四川、兩廣無定額。雲南鉛錫礦，課錫三千有奇，山西、湖南、四川、兩廣無定額。豈滇、黔之礦不聚衆，不徵税，而他省獨患衆患税乎？豈滇礦不邊外夷，黔礦不邊苗疆，而他省獨患其邊夷乎？甘肅甘州八寶山之金礦，湖南辰州大汕山之金礦，提督派兵守之，乘夜偷挖，至今爲兩提標之優差。伊犁塔爾巴哈台之金礦，將軍派兵守之，客民串謀潛挖，至今爲駐防之利藪。廣東瓊州之銀礦，挖砂百斤，煎銀六十兩，其工費僅六兩。此外，四川馬湖、建昌番地之礦，浙江温處之礦，所在皆是。但官不禁民之採，則荷鍤雲趨，裹糧鶩赴。官特置局税其什之一二，而不立定額，將見銀之出不可思議，税之入不可勝用。沛乎若泉源，浩乎如江河，何必官爲開採，致防得不償失，財不足用乎？聞之滇吏曰：礦丁多寡，視礦苗衰王，礦王人衆，礦衰人少，礦絶人散，有利則赴，無利則逝，不俟官爲散遣，從無聚而難散之事。凡礦所在，皆有場主，聽其治，平其争。以七長治場事：曰客長，司賓客聽斷；曰課長，司財賄税斂；曰廚長，司工役飲食，有事皆聽治於此三長。又有爐長、鑲長、硐長、炭長，分司採煉。又有胥役，游徼其不法者，巡其漏逸者，令嚴制肅，萬夫無譁。故雍正、乾隆中騰越邊外爲桂家銀場，爲緬夷所憚，永昌邊外有茂隆銀場，爲猓夷所

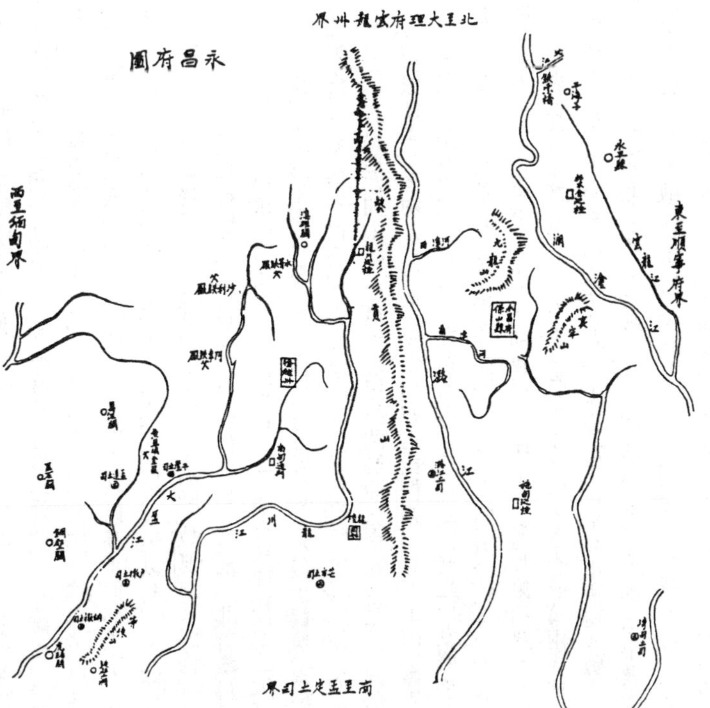

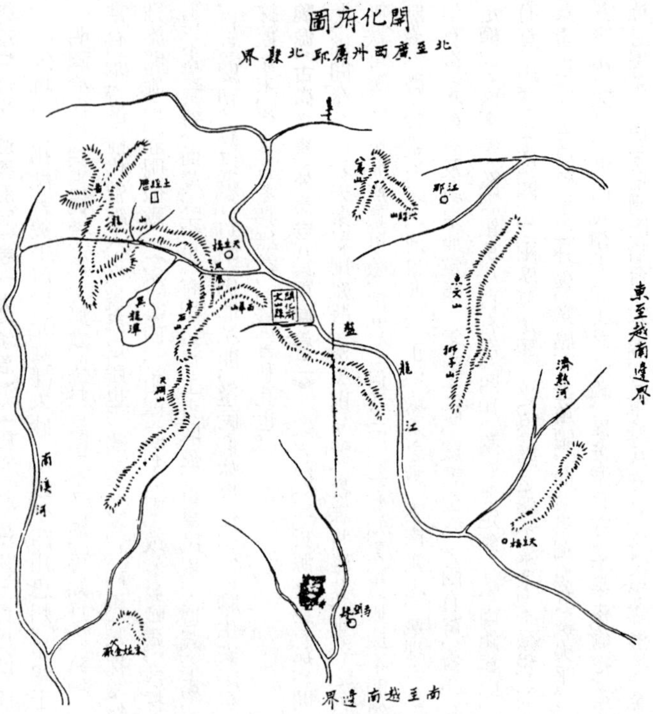

悍。及桂家場之宮里雁爲邊吏誘殺，茂隆場之吴尚賢獻場於朝，反爲官所捕治，於是兩場之練勇皆潰散，緬夷遂猖不可制。乾隆末，威遠廳同知傅鼒結礦場之練勇以禦猓夷，斬馘數百，亦稱奇捷。凡開礦之地曰場，邊人譌言爲廠，今並改正。是則有礦之地，不惟利足以實邊儲，且力足捍外侮，何反畏其生内患？從來但有饑寒之盗賊，豈有富足之盗賊乎？且銅、鐵、鉛、錫、煤炭、硝、磺諸場，何一不聚衆者？國家大兵大役，何一不在得人？而可委之閹宦行以苛暴者。秦、隋黷武亡國，後世不聞禁用兵。元代開河致叛，後世未嘗廢治河。明季加賦致寇，本朝未嘗不徵租税。豈有懲色荒而禁昏姻，惡禽荒而廢蒐狩乎？」

難者又曰：「古幣用黄金，其用金之多，倍蓰今日。王莽敗時，省中黄金六十萬斤；梁孝王死，有金四十萬斤；漢王予陳平金四萬斤，間楚君臣；其餘諸帝之賜臣下金輒數百斤計，北魏造佛像，用赤金二萬五千斤，或赤金十萬斤。古金之多如此，而民間淘採之方，官府征斂之法，史册無聞焉。管仲、桑宏羊、孔僅之徒，始言天地之藏，當取以富國，而不可爲豪强所擅。然其説不過曰鹽、曰鐵，不聞有榷金之政。蜀卓、程鄭，皆擅冶鐵以殖貨；吴濞、鄧通，皆鑄銅山以致富，未聞其藏金之數。漢令私鑄鐵者鈦左趾。博士使郡國，矯詔令民鑄農器者罪至死。此令後唐長興二年始除，止畝納長農器錢一文五分。鐵官凡四十郡，而不出鐵者，又置小鐵官，徧於天下，獨未聞有犯金之禁，何哉？鐵，至賤也，而榷之析秋毫；金，至貴也，而弛禁若水火。謂小民不盗採，有是理乎？馬端臨亦求其説而不得，因謂漢世不貴難得之貨，有古人遺意。夫不貴難得之貨，曷爲百金中人什産，千金坐不垂堂，而家累千金，三致千金，輒列名《貨殖》耶！桑、孔心計，下至告緡算車，鹿皮薦璧，而獨疏網於金幣，是誠何説？」曰：「《周官·卝人》：掌金玉石錫之地，而爲之厲禁以守之。若以時取之，則物其地圖而授之，巡其禁令。此坑冶開閉禁令之始。《禹貢》：『荆州厥貢，惟金三品；梁州厥貢，鏐鐵、銀、鏤、砮、磬。』此貢金之始。《管子》言：『禹湯鑄歷山、莊山之金爲幣，以救水旱。珠玉爲上幣，黄金爲中幣，刀布爲下幣，以權衡萬物，以高下而御人事。』此制貨幣之始。蓋自太昊鑄金，神農立市，下至三代，名山大澤不以封，金之開採，已足以備宇宙之用。及至漢世，金無耗減，惟恐過多則賤，故無事於開採。既無開採，則亦無征榷，而藏在山澤。守自卝人者，民無從私立坑冶。非若鐵爲日用農器所必需，銅爲鑄兵鑄泉時所用。有官採官鑄之榷，即有私採私鑄之禁，日增月益，法令斯繁，非民樂犯銅鐵之禁，而不趨採金之利也。及後世鑄像、寫經、融箔飾器耗金之事日多，始不得不從事於坑冶。然唐初置陝、宣、潤、饒、衢、經諸州銀冶五十八，而憲宗元和中，特申重銅輕銀封閉坑冶之令，於是天下銀冶，廢者數十，歲採銀僅萬二千兩。宣宗增銀冶二，亦止歲採銀二萬五千兩，微不足數。計坑冶之盛，實始於宋代。其見於《文獻通考》者，登、萊、商、饒、沂南、思六州金冶十有一，登、虢、秦、鳳、商、隴、越、衢、饒、信、虔、郴、衡、漳、汀、泉、福、建、南劍、英、韶、連、春二十三州，南安、建昌、邵武三軍，桂陽一監，共銀冶八十有四。自太宗至道末及神宗元豐初，大約天下歲課金萬餘兩，銀二十餘萬兩。惟天禧末歲入銀八十八萬三千餘兩，則除坑冶外，丁税利市、折納互市所得皆數之。或出自商旅，或來自外夷，非盡坑冶之數。其時礦苗微，歇者屢，朝恒下蠲除之令。各路坑冶，皆官主之，故江、淮、荆、湖新發之礦，漕司慮發本錢，往往停閉。至建炎七年，工部乞依熙寧法，以金、銀坑冶召百姓採取，自備物料烹煉，官收十分之二，其法始一變。金世宗大定三年，金、銀坑冶，許民開採，二十分取一爲税。此皆宋以來開採之事，未嘗有礦徒擾民、礦税病民也。明太祖、成祖、仁宗屢慎重開礦之事，然陝西商縣鳳凰山銀坑八所，福建尤溪縣銀屏山爐冶四十二座，浙江温、處、麗水、平陽等縣銀場局，皆始於洪武之世，永樂遣官赴湖廣、貴州采辦金銀課，又開福建埔城縣馬鞍等坑三所，設貴州太平溪、交阯宣光鎮金場局，葛溪銀場局，雲南大理銀冶，而福建歲額增至三萬餘，浙江增至八萬餘。宣宗頗減福建課，其後增至四萬餘，浙江增至九萬餘。英宗初，下詔封坑穴，撤閘辦官。既而奸民私開坑穴相殺，嚴禁不能止，言者請復開銀場，則利歸於上，而盜無所容，乃命侍郎王質往經理，分遣御史提督，而奉行不善，供億過於公税，是則閉與開兩失之矣。自是以後，礦事遂屬於中官。天順四年，始命中官分赴雲南、四川、福建、浙江，於是雲南十萬有奇，四川萬三千有奇，浙閩如舊，總四十八萬三千有奇。成化時，中官開湖廣武陵等縣金場，則得不償費，一小擾。武宗時，復聽内官奏開閩、浙銀場，則無礦責銀，再小擾。至萬曆二十四年，衛千户仲春奏請開礦助大工，於是河南之汝南，山東之沂州、沂水、蒙陰、臨朐、費、滕、棲霞、招遠、文登，山西之夏邑，中使四出，計十年間共追礦税銀三百萬兩，每歲亦不過三十萬，而奸璫乘勢誅索中飽，不啻倍蓰，利歸下怨歸上，爲任璫之極弊。回思洪、永、宣德時何政？唐、宋、金、元時何政？乃以此爲封禁之口，實開冶者之厲戒哉！更考國朝列聖之詔令：康熙五十二年，大學士九卿議奏，久經開礦之地，如雲南、湖廣、山西等縣處，本地窮民自開，地方官宣明記册。其别省人往開，及本處富户霸占者，罪之，其他省未開採者，禁之。上曰：『有礦之地初開即禁則可，若久經開採，貧民措貲覓利，藉資衣食，忽然禁止，則已聚之民毫無所得，恐生事端。總之，天地自然之利當與民共之，不當以無用棄之。要在地方吏處置得宜，毋致生事。』乾隆三年八月諭曰：『兩廣總督鄂彌達議覆提督張天駿礦山開採恐滋聚衆之奏。據稱，銅礦，鼓鑄所需，且招募附近居民，聚則爲工，散則耤作，并無易聚難散之患，地方大吏原以整頓地方，豈可圖便偷安，置國計於不問。張天駿藉安靖之名，爲卸責自全之地，其交部議處。』四年六月，廣督馬爾泰奏：『英德縣長岡嶺銅坑近有煉出銀礦，請給商人工費。惟該縣洪礤礦出銀過多，及河源縣銅礦偪近銅山，均請封閉。』諭曰：『銀礦議閉之説，豈因開銀獲利者多，則開銅者少乎？不然，銀亦天地間自然之利，可以便民，何必封禁？其詳議以聞。』四十二年二月諭曰：『劉秉恬奏，促浸、攢拉二水沿河之地可以開礦採金，是以呼爲大小金川。朕思金川之雍中剌麻寺有金頂産，則産金自屬不妄，若所産金沙果王，不如官爲勘驗試採，爲兩金川設鎮安營之費。』嘉慶元年六月，諭曰：『據伍彌泰奏，昨委侍衛巡查塔爾巴哈台所屬之達爾達木圖、烏蘭託羅輝等處禁山，適有偷挖金兩之衆，獻出金沙六十兩，因復派兵拏辦等語。向例嚴察新疆産金之地，特恐匪徒聚衆生事，今既畏懼獻出金沙，尚屬遵法，何得派兵拏辦。儻有一二流離貧民偷挖金兩，斷不可若此辦理也。』此皆列代聖訓未嘗不許開礦之證，與《會典》載雲南礦課相表里。」或曰：「雍正中，世宗不有慎重開采之諭乎？」曰：「是時朝廷百廢備舉，方興直隸水利，清耗羡歸公，户部庫貯六千餘萬，直省倉儲三千四百萬石，外洋無透漏之銀，司農無竭蹶之嘆，天子不言有無，本强不問標末，帝王之道，張馳各因其時也。故普賜田租之事可行於文景，不可行於宣元，礦課開採之事可不行於雍正，斷不可不行於今日。」

林則徐《林文忠公政書》丙集《雲貴奏稿》卷九　清咸豐九年案查嘉慶十六年間，户部議覆雲南銀廠十六處抽收課税，以二萬六千五百五十兩零爲每年總額，准以此廠之有餘補彼廠之不足，不必分廠核算，務期總額無虧。如收不足數，著落分賠，遇有盈餘，儘數報解。迨嘉慶十九年，白沙一廠衰竭封閉，奉旨開除。此後定有課額者，共止十五廠，年應抽解課銀二萬四千一百一十四兩零，載在户部則例。其奏准儘收儘解之廠，則例所載，衹有角麟、太和、悉宜、白羊四處。嗣又據續報，永北廳之東昇廠，東川府之碘山廠，新平縣之白達母廠，此内惟東昇一廠歷年出産較多，所抽課銀尚可以補各廠之缺。若碘山、白達母二廠，則皆於鉛鑛内抽取，殊不濟事。其已定課額之十五廠内，如南安州之石羊、土革鎮，雄州之銅廠坡，會澤縣之金牛，永平縣之三道溝，實皆歷年廢歇。因課額早定不敢短絀，或以未成之子廠，先行劃補，或由經管之有司，自行賠解。檢查歷年奏銷册内，均與開化府鶴慶州、永北廳之金廠四處一同按額解課，總數竝無虧短。除課金贏餘無多不計外，其報撥課銀、節年贏餘，自一二千兩至六七千兩不等。此臣等於未奉諭旨之先，因欲整飭廠務，即已分别查明之實在情形也。【略】

張佩綸《澗于集》奏議卷三《整頓滇鑛片光緒九年七月初七日》　再，滇産五金最富。法據西貢後，遣特拉格來等游歷雲南，舒裴專測鑛脈紀述甚詳，歸與越南約，陽通滇商，陰覬鑛利也。臣詢之滇中官民，皆言名山大冶寶苗湧現，利用無窮，即經行斷巖廢穴，亦金沙燦爛，銅壁孤撐，土人畚鍋其間，終日所獲足以自給。峒老山空，銅少本折之説舉不足信。伏念周有丱人，漢有銅官、鐵官，五金爲日用之常，如布帛菽粟。乃自明以奄寺理鑛稅，而世以開鑛爲弊政。泰西通市，化學流行，直隸豐灤屬境機器出煤有效矣，而世則猶以機器開鑛爲弊政。不知我朝自康熙以來，滇、蜀各省鑛廠著户部册籍者至詳，殆非明季苛稅比。而泰西機巧，恃銅鐵爲要，需精器利兵，國以强弱。今日而議鑛務，豈可狃古説之迂，安土工之拙哉？竊嘗推究物性，測驗民風，以爲開東南之鑛，不如開西北之鑛，一阜溼近水，一嚴凝多山也。開西北之鑛又不如開滇、黔之鑛，一風氣未化，一習俗不驚也。滇省銅廠及金、銀、鉛、鐵各廠，何止二三百所，三迤之産，足敵歐羅巴一洲。即無法人耽逐，亦當振興銅政，緜衍泉流，收安邊足用之效，況於藉地利以遏敵謀耶！惟是坑冶太多，非殷商巨本不能大舉；銅沙太雜，非洋器精鍊不能堅純。外國有穿峒之器，有吸水之器，有分銅硫、鍊鐵鏞、配鈣養、鉛養、鈉養之器。若招商集股，購置洋機，與官本相輔而行，似收利宏而見功更速。雖置器必需巨款，而用器須聘洋人，深恐物力不貲，羣情易沮，然視法人闌入滇疆，役吾之民，奪吾之利，得失利害不辨自明矣！大凡鹽鐵之政，得人則利，失人則弊。唐炯長於理財，勇於任事，若令興辦鑛務，爲天地自然之利，必能裕課便民。伏請飭下該撫，將滇省鑛廠官辦、商辦孰便？洋法、土法孰宜？悉心定議具奏。抗鄰國無厭之請，裕邊方不匱之源，或五年或七年，成效當有可觀，是亦富强之本計也。管見附陳，伏祈聖鑒施行。謹奏。光緒九年七月初十日奉上諭：雲南素産五金，乃天地自然之利。該省銅政久經廢弛，本應整頓規復，以資鼓鑄而利民用。此外金、銀、鉛鐵各鑛亦復不少，均爲外人覬覦，自宜早籌開採，以廣中土之利源，即以杜他族之窺伺，實爲裕國籌邊至計。惟經費較鉅，籌款維艱，近來各處開採煤鑛皆係招商集股，舉辦較易。若仿照辦理，廣招殷實商民，按股出資，與官本相輔而行，則衆擎易舉，事乃克成。前據岑毓英等奏整頓銅政章程五條，業經户部議覆准行。昨據署左副都御史張佩綸奏稱，招集商股開採滇鑛，爲富强本計，不爲無見。岑毓英、唐炯身膺疆寄，於滇省鑛務必能留意講求，實心經畫，著即詳細會商，妥速籌辦。新任藩司龔易圖到任後，並著飭令將籌款招商等事妥爲經畫。總期事在必行，毋得視爲不急之務，日久辦無成效，坐失事機。至各處鑛苗應如何先行相度，或仍應購買外洋機器，以利開採，均著豫爲籌議，一俟款項集有成數，即可剋期興辦，不至遲誤。張佩綸原片著鈔給閱看，將此由四百里各諭令知之。欽此。

丁寶楨《丁文誠公奏稿》卷二五《查明川庫收支數目摺光緒十一年六月十六日》 一、收寧遠府會理州，每年經征西流、甲豹等廠水銀、乾銅課並白銅青礦課銀二千九百餘兩。

卞寶第等脩曾國荃等纂光緒《湖南通志》卷五八《食貨四・礦廠・銀礦》

蓋因康熙、雍正年間，銀氣旺盛，是以報抽稅銀，後因黑鉛砂内出銀無幾，是以將銀稅改爲砂稅，現今銀氣復旺，除銅砂、白鉛砂及無銀氣之黑鉛砂，所抽稅銀及砂稅照舊辦理外，其有銀之黑砂定爲銀稅。【略】

國朝康熙五十二年題准，郴州黑鉛礦産有銀母，除商人工本外抽稅一半。雍正四年，覆准郴州九架夾地方所出礦砂，黑白夾雜，准其黑白兼採，除白鉛照收外，其黑鉛内煎出銀兩，除工本外，一半抽收，所餘黑鉛仍按二八抽收。乾隆八年題准，黑鉛内出銀無多，鑪户止肯鍊鉛，不肯提銀，毋庸抽收銀稅。十八年覆准，黑鉛銀氣復旺，仍照例抽稅。三十二年，礦産漸衰，仍停止抽稅。【略】

雍正四年，覆准郴州九架夾地方，所出礦砂，黑白夾雜，准其黑白兼採，除白鉛照收外，其黑鉛内煎出銀兩，除工本外，一半抽收，所餘黑鉛，仍按二八抽收。乾隆八年題准，黑鉛内出銀無多，鑪户止肯鍊鉛，不肯提銀，毋庸抽收銀稅。十八年，覆准黑鉛銀氣復旺，仍照例抽稅。三十二年，礦産漸衰，仍停止抽稅。【略】

荆州厥貢惟金三品，《禹貢》。孔安國傳金銀銅也。

又卷六〇《食貨志六・物産一・總記》 荆州厥貢羽毛、齒革，惟金三品，杶、榦、栝、柏，礪砥、砮、丹，惟箘簵楛，三邦底貢，厥名包匭菁茅，厥篚玄纁、璣組，九江納錫、大龜。《禹貢》。荆州其利丹銀，其畜宜鳥獸，其穀宜稻。《周禮・職方氏》。

荆州其利丹銀、齒革，穀宜稻。《漢書地理志》。

江南道，岳潭衡永道郴邵七州屬西道採訪使，辰錦敘溪四川屬黔州採訪使。厥賦麻紵，厥貢金、銀，紗綾蕉葛緜練鮫革紙、丹砂。山南道，澧朗二州屬東道採訪使。厥賦絹布、緜、紬，厥貢金、紵、漆。《唐書・地理志》。

荆湖南北路有材木茗荈之饒，金、鐵、羽毛之利，其土宜穀稻。《宋史・地理志》

又卷五八《食貨志・礦廠・總記》 十八年覆准，湖南礦廠所有礦夫采獲銅砂以及黑白鉛砂定例於未煎鍊之前，先抽砂稅；煎鍊之後，復稅銅鉛。蓋因康熙、雍正年間銀氣旺盛，是以報抽稅銀後，因黑鉛砂内出銀無幾，是以將銀稅改爲砂稅。現今銀氣復旺，除銅砂、白鉛砂及無銀氣之黑鉛砂所抽稅銀，及砂稅照舊辦理外，其有銀之黑砂定爲銀稅，另立一條，照例抽收。至礦夫采獲銅鉛礦砂，賣與商人煎鍊時，定例每砂價一兩以五錢爲採挖工本，其餘五錢，官稅二錢五分，給商二錢五分。但商得砂稅之半已屬充裕，其另得二分五釐，竝無開銷。嗣後先歸官稅五分，其餘五分給商，以爲廠卡公費等項之用。又覆准，湖南各廠銅、鉛、錫砂色等次甚繁，難以預定價值。從前造册，止將賣過石數籠統開報，嗣後應責令委員嚴督商人，於估砂之時分別高下，每百斤賣價若干，據實開報，照例抽稅，年底分晰造册報銷。又郴、桂兩州礦廠開採鉛砂，及客販鍊出之黑鉛渣内，有銅可濟礦廠。定例每浄鉛一百斤，抽課二十斤。今所餘鉛渣既可再鍊復獲銅鉛，應將鍊出銅鉛，再按二八之數抽收課稅。

曾國荃《〔光緒〕山西通志》卷一〇〇《風土記下・物産》 舊《通志》曲沃紫金山舊産煽，全爲煽母，故以爲名。解州車軔谷有銀沙洞，今禁不採。垣曲折腰山中鐵旁高舊出鋼鑛，鑿久摧折，故名。鉛出鳳臺。《説文》：青，金也，有銀坑處産之。澤無銀坑而特有鉛。案：《會典》，山西交城縣平定州鉛廠二，入收課。又山西例採辦高錫十萬斤。雍正中部議准以鐵代錫。舊傳太原、太平、澤潞等山出金銀礦。明萬曆中，遣中使開採。大率礦沙一斤，得銀三五錢不等。亦有全無所得者。計其工費不啻倍蓰，礦亦隨竭。

國朝康熙四十六年，陽曲民高宏化等指稱太原等金、銀、銅礦，每歲願輸銀二十萬兩，自備人工開採。下部行查。巡撫噶禮將康熙十四年以後歷年卷案，均屬挖取無砂，久奉封塞題覆。高宏化等復行瀆請，乃命户部郎中赫都押解高宏化等十人至晉同地方踏勘。是年九月，同巡撫噶禮、布政司永泰赴繁峙、應州等處開挖無驗。十一月赴聞喜衛坡，即宏化所稱魚坡灣者開挖二晝夜，得銅砂二十斤。又赴夏縣温峪山開挖三晝夜，得銀砂二十餘斤。而同部員封固，還省覓匠煎鍊，所採銀砂並無銀色。銅砂雖有銅星，不成分數。遂將高宏化等交部員押解回京覆奏。宏化議罪發落，礦洞永行封塞。案咸豐七年光緒三年於安邑絳縣各處試行開採，皆以所得不敷工本中止。

土石之屬，前代貢有鹽花、消石、礬石、石膏、青緑、白石英、解玉沙。

《唐志》：太原府貢石礬，汾州貢石膏、消石，澤州貢白石英，代州貢青緑彩，霍州貢鹽。《通典》：常貢：太原府礬石三十斤，西河郡石膏五十斤，消石五十斤，高平郡白石英五十九小兩，雁門郡熟青、熟緑各二十兩。《九域志》：太原府貢礬五十斤，定襄郡貢解玉砂五十斤，雁門郡貢青緑各一十斤，解州貢鹽花五十斤。《金志》：大同府貢煎鹽、碾玉砂、石緑。

《舊通志》：【略】硝，本作消，取應之渣滓，再加煎鍊遂成硝。工部歲採買無定額。太原硝皆出人力，貧民借以自活，惟朴硝生於鹽鹵。朴者，本體未化之意，出解州水池中。礬有白礬、黄礬、緑礬、黑礬、絳礬、柳絮礬、自流礬。《本草》云：白礬出晉州、慈州，緑礬出隰州。《一統志》云：太原交城平定、臨汾、大同俱出。唐於晉州置平陽院，以收其利。開成三年，度支奏罷之，以礬山歸縣。五代創務置官吏。宋制晉、慈、隰州、汾州靈石皆置場。隰州場，太祖時，以地接河東境，罷之。太平興國三年，邳州牙吏卜美請募工造鑊名礬，輸官課，詔從其請。監石場，至道初廢，景德元年復置，大中祥符八年又廢，其礬徙就晉州慈州場日芥泉。又置官典領。有鑊户煮造入官市。晉、汾、慈州礬以一百四十斤爲一數，給錢六十。隰州礬減三十斤，給錢八百。汾州每馱二十四貫五百，又增五百。隰州每馱四貫六百。白礬，汾州斤百九十二錢。緑礬，斤七十(銀)〔錢〕。晉州折博務額錢一十六萬貫，許商人入中，筭請生礬，上京煎鍊，賣與通商路分客人。《宋史》建隆三年，禁私販幽州礬，其後定令，私販河東幽州礬一兩以上、私煮礬盜官販者，胥重律。後又命晉州制置礬務，許商人輸金帛、絲緜、茶及緡錢，官以礬償，凡歲增課八十萬貫。淳化元年，有司言：晉州官礬帶積，蓋小民多就山谷僻奥處私煮，以侵其利，而緑礬價賤，不可與晉州礬均法，詔如私鹽例。慶曆元年，河東轉運使於晉州置鍊礬務，官置鍋，自鍊熟礬，招客而六户，年額如故。又河東轉運使薛顔請晉慈礬一切入緡錢。久之礬積益多，復聽入金帛、芻粟。又神宗時，隰州商尹奇貿温泉礬，有羨數云：官潤之守，彼械訊何東大理正杜純，曰奇情止，爾若傅致其罪，恐民無敢復貨礬，則數百萬之儲，皆爲土石，請没其羨而釋其人。

長順等《吉林通志》卷三四 金。唐天寶七載，黑水靺鞨獻金、銀。《册府元龜》女真其地多金、銀。《契丹志二十五》今麻衣河、古洞河及琿春、寧古塔三姓等處皆産。《採訪册》

陳澹然《權制》卷五《鑛務》 攷鑛政，唐置爐冶五十八，宋置金冶十一，開採六州；銀冶八十四，開採二十三州。後以官採利微，聽民自採，收十二之稅於官。金時許民開採，而稅其十一。惟明宣宗以後，礦屬中官，而天下始病。因噎廢食，豈得謂知大計者哉？

閻鎮珩《六典通考》卷九五《市政考・山征》 宋金、銀、銅、鐵、鉛、錫監冶、場務二百有一。

顔世清《約章成案匯覽》乙篇卷一三上《章程·各國税則類·進口銅鐵鉛錫類》

生銅如銅磚之類	每百觔 壹兩
熟銅如銅扁、銅條之類	每百觔 壹兩伍錢
生鐵如鐵磚之類	每百觔 柒分伍釐
熟鐵如鐵條、鐵板、鐵箍之類	每百觔 壹錢貳分伍釐
鉛塊	每百觔 貳錢伍分
鋼	每百觔 貳錢伍分
錫	每百觔 壹兩貳錢伍分
馬口鐵	每百觔 肆錢
日本銅	每百觔 陸錢
鉛片	每百觔 伍錢伍分
白鉛按各國註云，只准按章程發賣。日本註云只准按章程進口。	每百觔 貳錢伍分
黄銅釘、黄皮銅	每百觔 玖錢

劉錦藻《清朝續文獻通考》卷四五《征榷考一七·坑冶》 又唐炯奏：略稱：「上年曾辦出白鉛五十萬，黑鉛四十萬解交貴州，報明在案。查礦山年來白鉛礦砂日少，礦質亦薄，不能不推廣以供京運，因於昭通府屬之龍街老廠設法調辦。又探得東川府屬之小街，礦苗發露，開設新廠，半年以來漸見起色。惟龍街廠廢弛已久，小街廠礦苗雖旺，而炭斤購運不易，廣民慮有虧折，尚多觀望。乞恩准免課三年，俾窮民得資生活，踴躍開辦。」

【略】又湖南巡撫岑春蓂奏：「常寧縣屬水口山、龍土山鉛礦，平江縣黄金洞金礦，新化縣錫鑛山銻鑛等處出砂甚旺，每年可獲贏餘三四十萬兩，見派留美學生江順德開辦提鍊黑鉛廠，試辦伊始，工繁費鉅，經過關卡，擬請暫免税釐。」

范曄《後漢書》卷五七《劉陶傳》 時有上書言，人以貨輕錢薄，故致貧困，宜改鑄大錢。事下四府羣僚及太學能言之士，陶上議曰：【略】竊見比年已來，良苗盡於蝗螟之口，杼柚空於公私之求，所急朝夕之餐，所患靡鹽之事，豈謂錢貨之厚薄，銖兩之輕重哉？就使當今沙礫化爲南金，瓦石變爲和玉，使百姓渴無所飲，飢無所食，雖皇羲之純德，唐虞之文明，猶不能以保蕭牆之内也。蓋民可百年無貨，不可一朝有飢，故食爲至急也。議者不達農殖之本，多言鑄冶之便，或欲因緣行詐，以賈國利。國利將盡，取者争競，造鑄之端於是乎生。蓋萬人鑄之，一人奪之，猶不能給；況今一人鑄之，則萬人奪之乎？雖以陰陽爲炭，萬物爲銅，役不食之民，使不飢之士，猶不能足無猒之求也。夫欲民殷財阜，要在止役禁奪，則百姓不勞而足。陛下聖德，愍海内之憂戚，傷天下之艱難，欲鑄錢齊貨以救其敝，此猶養魚沸鼎之中，棲鳥烈火之上。水木本魚鳥之所生也，用之不時，必至燋爛。願陛下寬鍥薄之禁，後冶鑄之議，聽民庶之謡吟，問路叟之所憂，瞰三光之文耀，視山河之分流。天下之心，國家大事，粲然皆見，無有遺惑者矣。

李世熊《錢神志》卷一《靈産》 《魏書》云：魏宣武時，有司奏長安驪山有銀鑛，二石得銀七兩。其年秋，桓州又上言白登山有銀鑛，八石得銀七兩。詔竝置銀官常令採鑄。又漢中舊有金户千餘家。常於漢水沙淘金，年終總輸。後臨淮王彧爲梁州刺史，奏罷之。《魏書》又云：銀出始興陽山。又出桂陽之安縣。

《舊唐書》卷四八《志第六·食貨上》 左監門録事參軍劉佚上議曰：【略】今之錢即古之下幣也。陛下若舍之任人，則上無以御下，下無以事上，其不可一也。夫物賤則傷農，錢輕則傷賈。故善爲國者，觀物之貴賤，錢之輕重。夫物重則錢輕，錢輕由乎物多，多則作法收之使少；少則重，重則作法布之使輕。輕重之本，必由乎是，奈何而假於人？其不可二也。夫鑄錢不雜以鉛鐵則無利，雜以鉛鐵則惡，惡不重禁之，不足以懲息。且方今塞其私鑄之路，人猶冒死以犯之，況啓其源而欲人之從令乎！是設陷穽而誘之入，其不可三也。夫許人鑄錢，無利則人不鑄，有利則人去南畝者衆。去南畝者衆，則草不墾，草不墾，又鄰於寒餒，其不可四也。夫人富溢則不可以賞勸，貧餒則不可以威禁，法令不行，人之不理，皆由貧富之不齊也。若許其鑄錢，則貧者必不能爲。臣恐貧者彌貧而服役於富室，富室乘之而益恣。昔漢文之時，吴濞，諸侯也，富埒天子；鄧通，大夫也，財侔王者。此皆鑄錢之所致也。必欲許其私鑄，是與人利權而捨其柄，其不可五也。

陛下必以錢重而傷本，工費而利寡，則臣願言其失，以效愚計。夫錢重者，猶人日滋於前，而鑪不加於舊。又公錢重，與銅之價頗等，故盗鑄者破重錢以爲輕錢。錢輕，禁寬則行，禁嚴則止，止則棄矣，此錢之所以少也。夫鑄錢用不贍者，在乎銅貴。銅貴，在採用者衆。夫銅，以爲兵則不如鐵，以爲器則不如漆，禁之無害，陛下何不禁於人？禁於人，則銅無所用，銅益賤，則錢之用給矣。夫銅不布下，則盗鑄者無因而鑄，則公錢不破，人不犯死刑，錢又日增，末復利矣。是一舉而四美兼也，惟陛下熟察之。

章如愚《山堂考索》後集卷六二《財用門·坑冶》 太宗興國八年詔：「大通冶歲輸鐵上方，鑄兵器煅鍊，十分纔得其四五。自今大通冶鐵先鑄成器，俾官倅治之，無使負重致遠，匱民焉。」《會要》至道元年，廢邵武軍歸化縣金場，已配買金百姓送納建以棄命自例者，詔：永不得興置，工匠悉放歸農。後本軍復上言，請興置是場。真宗以先帝恐害，及久已得停廢可從也，遂罷其奏。至道二年，陝西奏成州金坑歲不登，望遣使按行，更正新制。詔曰：「捐金於山，前聖之盛德；所寶惟穀，舊史之格言。朕緬慕太古之風，不貴難得之貨。其成州兩處金坑並宜停廢。」又廢衢州銀冶。

《遼史》卷一七《本紀一七·聖宗八》 〔太平七年〕五月，清暑永安山西南路招討司奏，陰山中産金、銀，請置冶。從之。復遣使循遼河源，求産金、銀之礦。

《金史》卷一二《列傳六〇·奥屯醜和尚》 又曰：平陸産銀、鐵，若以鹽易米，募工鍊冶，可以廣財用，備戎器，小民傭力爲食，可以息盜。

又卷八八《列傳二十六·石琚傳》 上與宰臣議鑄錢，或以鑄錢工費數倍，欲採金銀坑冶，上曰：「山澤之利可以與民，惟錢幣不當私鑄。若財貨流布四方，與在官何異。」琚進曰：「臣聞天子之富藏於天下，正如泉源欲其流通耳。」上問琚曰：「古亦有百姓鑄錢者乎？」對曰：「使百姓自鑄，則小人圖厚利，錢愈薄惡，古所以禁也。」

又卷一二二《忠義傳二·從坦傳》 又曰：「平陸産銀鐵，若以鹽易米，募工鍊冶，可以廣財用、備戎器，小民傭力爲食，可以息盜。」

李燾《續資治通鑑長編》卷一二〇《仁宗》 廣南西路轉運司言：宜、藤、融州産白錫、黑鉛，可於梧州置鑄錢監，以十五萬緡爲額，所出息錢即乞還見欠内藏庫，及積欠上供錢七十萬緡，候還足並封樁，以應軍需。詔：廣西財利久苦窘乏，近歲軍興，尤覺不支，可依所奏。

茅坤《唐宋八大家文鈔》卷三八《廬陵文鈔一〇·書·論河北財産上時相書》 自古邦國財産之利必出山澤，故傳曰：「山海天地之藏也」。自兩漢以來，摘山煮海之利必歸公上。而今天下諸路山澤悉已之，無遺利矣。獨河北一方，兵民所聚，最爲重地，而東負大海，西有高山，此財利之産，天地之藏，而主計之吏皆不得取焉。祖宗時，哀閔河北之民歲爲夷狄所困，盡以海鹽之利乞與疲民，此國家恩德在人已深而不可奪者也。西山之長數百里，其産金、銀、銅、鐵、丹砂之類，無所不有。至寶久伏於下，而光氣苗礦往往溢發而出，地官禁之不許取，故捨此，惟有平地耳。河北之地，四方不及千里，而緣邊廣、信、安、肅、順、安、雄、霸之間盡爲塘水，民不得耕者十八九。澶、衛、德、博、濱、棣、通、利、大名之界東與南，歲歲河災，民不得耕者十五六。今年大豐，秋税尚放一百萬石。滄、瀛、深、冀、邢、洺，大名之界西與北，鹹鹵大小鹽池，民不得耕者十三四。又有泊澱不毛，監馬棚牧，與夫貧乏之逃而荒棄者不可勝數。大山大海之利既不可取，而平地堪出財賦者，又有限而不取，其取者不過酒税之入耳。其入有數而用度無常也。故雖僅桑之心計，捨山澤與平地不能爲之，此所謂不可爲者一也。及其用有不足，不過上干朝廷，乞銀絹而配疲民，號爲變轉爾。此近年之弊也。

楊時《龜山集》卷四《劄子·論時事宣和七年三月》 六、坑冶。坑冶，利之所在，有鑛苗去處，不待勸率而人自尋逐矣。凡坑户皆四方游手，未有賫錢本而往者，全藉官中應付，令烹鍊到銀、銅入官，而錢不時得，則坑户無以自給，散而之他，此歲課所從耗失也。取鑛皆穴地而入，有深及五七里處，僅能容身，一有摧陷，則無遺類矣。非有厚利，人誰爲之？縱大興發，亦民間私自貨易，官中亦無所得，雖有重法不能禁也。若以數千萬緡分在諸場中，使以時給與，則坑冶自興，不須他求也。泉布所以權物重輕，通有無，其利柄當操之在上。禁私鑄非以取利也。今錢一千重六觔，銅每觔官買其直百錢，又須白鉛和之，乃能成錢，除火耗到磨損折，須六七觔物料乃得一千銅。自岑水、永興數千里運致，其脚乘又在百錢之外，薪炭之費、官兵廩給、工匠率分，其支用不貲一二。細計千四五百錢，本方得一千，何利之有？方財用匱乏之時，欲興鼓鑄，取利以紓目前之急，非長策也。然比年鼓鑄，歲額不敷，非特官吏弛慢所致，無銅故也。但取會諸監虧欠，因依其説，自見今遣使諸路，未必有新坑可採，鼓鑄亦未必有銅。使者持節而往，必不肯坐視不爲之計也，不過督責州縣，認定歲額，取諸民而已。一不應辦，則以不職罷之，誰敢不從。銅非民間所有，督迫之嚴，不免毁錢爲銅以輸官，更舊爲新，徒費工力，所損多矣。元符中，亦嘗遣使踏逐坑冶，姦吏詭妄百出，乃以新坑銅量增價市之，歲終與舊坑銅通融以充歲額。監官無虧課之責，不復檢束，而坑户得以自便，以舊爲新，冒取善價，而新坑實無有也。其欺罔莫此爲甚。或恐諸路引此例施行，不可不察也。宜令諸路，如坑冶不至興發，或無銅鼓鑄，不得令諸郡虚認歲額，州郡亦不得依隨虚認數目，庶幾不至大段搔擾，而民不受弊矣。

《宋會要輯稿·食貨三四·坑冶雜録》 〔紹聖元年〕，福建路轉運司言：

「建州浦城縣唐岱坑銀銅，岱：疑當作『代』。可置場冶。」從之。

《宋會要輯稿·職官四三·提點坑冶鑄錢司》［高宗紹興］二十九年閏六月十九日，左司諫何溥言：「鄱陽之坑冶，永平、永豐兩監當諸路鼓鑄之半，鉛錫銅錢，四面輻湊，祖宗以來置司其地，宜矣。當其盛時，歲鑄緡錢不下數十萬。比年有司措置無法，弊事毛起，計其所得，不償所費，遂請廢罷。朝廷因用其言，初欲分隸漕司，而諸路隔越，不相統轄，其勢無以通融，遂議總制於版曹，創置屬官，其捧檄一出，疾驅而歸。第不(遇)[過]條具數端藉手以復命而已，其利害經久之策，何從考究而得其實！況提領端坐省部，屬官間走道途，而可以責辦數千里之遠者乎！望特詔大臣，令有司從長措置，依舊置司饒州。」詔令給舍議。

【略】［寧宗］嘉定十五年七月二十二日，臣僚言：「銅錢寖少，楮券寖輕，不可不慮。夫錢者，本也；楮者，末也。中興之初，分鑄於虔、饒二州，除椿留外，歲(鮮)[解]緡錢四十九萬。今總九路爲一司，歲額近有十五萬，乃累政積壓，至五十六年之錢猶未起發，尚何望其佐國之經費乎！彼司提點之職者，亦非不欲課額登足，積弊相仍，難以頓革，非上之出令有以申嚴之，則人心未易聽從。夫其爲弊固多端，而關於利病之大者有三焉：一曰□銷滲漏之多，二曰本錢支遣不敷，三曰官屬體統不一。夫銅爲有限，而用之者無窮，勢家器具、商賈般載，散之外境，安得而不耗？此□銷滲漏之弊也。坑冶本錢，朝廷於諸郡科撥，歲總十九萬緡，而州郡馴習拖欠，每歲纔及十三四萬，故工役之費卒不能給。此本錢支遣不敷之弊也。國家張官置吏，有長有屬，使之作統相維，□(刀)[力]裨贊，而冶司所總之路既廣，故有檢踏布於江浙、湖廣間，分司以董之。顧乃闕到之官，任滿解職，與冶司邈不相關，其貪者殘克本錢，繆者虧折銅課，不恤也，所謂相維、裨贊之意何在！此體統不一之弊也。乞申飭有司，檢照累降指揮，嚴漏泄之禁，官民之家不得以銅爲器玩；每郡專委通判檢察，其料撥本錢去處，亦專委通判拘催，如額解發，違許冶司奏聞；分司檢踏官并要赴冶司銓量，然後之任。如此，則三者之弊可革，而錢、楮庶乎可以相權，實正本澄源之策也。」從之。

王安中《初寮集》卷三《劄子·論妄興坑冶劄子》 臣竊惟自昔神考之世，凡山澤之利，掌於常平，仁民愛物之意，具諸成憲。陛下親政之初，諸路坑冶，惟舊係轉運司錢本者，自屬漕司外，其餘告發、檢踏、烹煉費用等，並以常平條令從事，官無冗員，職有常守。後因增廣鼓鑄，乃於河北、河東、京東西、陝西權差措置坑冶官屬。考於初令，固曰權差，又曰候措置。就緒，即行減罷。積歲於此，既無鼓鑄，惟陝西、河東出自御筆，已併歸常平司，若河北、京東西曾未及省，而九路措置之使且復出矣。河北之鑿空擾下横下，横及無辜，既已考驗，陛下沛然親灑宸翰，令具所費所得來上，則官司遷延顧待蠹耗財力之迹，臣預知其無所逃於睿斷。若夫京東西與九路之弊，獨可弗慮乎？京東西之近，其無異於河北、陝西、河東者，固不待臣言而後知。至於九路之事，跨地遼遠，體勢甚重，臣敢不爲陛下詳言之。頃者，朝廷遣徐禋往東南措置銅事，其後又益以寶貨，禋復命於朝，圖繪之數增舊十倍，乃奏請分委所部，禋蓋不虞朝廷使之自行也。方禋爲此，數時峻文移，禁錮人吏，逼監司守令承認開掘。江西洪州有嚴陽山，苗脉久不興發，禋必欲有得，不復愛惜人力，開掘深入，至命官何撫者暴露，得疾以斃。最後，禋遣屬官監守烹煅，僅得錙銖。州縣不得已，承認數十兩之額。所謂錙銖者，人固疑其所自來；而數十兩之額，人固疑州縣欲取之他也。以此一事言之，則九路之數，豈皆確然可信哉？禋既不免自行，計窮情得，則使事之外，別立説以規自免，曰：「若或得希世珍異、古之寶器，乞納書藝局坊。」陛下聖德撫運，庶邦萬民，惟正之供，而珍異古器之入，自有司存，如禋外臣，豈其所職？蓋欲挾此以濟欺誕騷擾之計耳。遠方異事，初或可爲，弗窒其源，害將甚大。今訴訟之詞，已有願以田没官者矣。矧官屬吏額，視發運司舟船人從，劵給公使之費，又不特如河北京東西而已也。若夫東南舊來寶藏，厲禁嚴密；鼓鑄錢貨，又有近降御筆，令兩司通融趁辦。而青碌之類，考於明堂第賞之書，亦止逐路監司之效。設有非泛拋索，何必更禋輩侵官？臣愚，欲望睿慈加惠天下，以今來體究河北銅礦御筆指揮下京東西，及禋領九路後來興修坑冶處，監司依應體究，仍乞檢會陝西、河東已降御筆，參酌處分，庶幾不失政事之體，稍去冗官蠹耗之弊，遠近幸甚。

華岳《翠微北征録》卷一《平戎十策·財計》 銅監、鐵監之附鑄，倍於疇昔之數，何鼓鑄之額比舊爲不增邪？銀坑、銅坑之烹煉過於祖宗之額，何泉貨之數比舊爲反欠邪？

劉遠可《璧水羣英待問會元》卷八五《財計門·錢幣附坑冶、銅禁》 今日錢少之由：今日之患，止在於銅不增於舊，而日益以少爾，愚嘗觀昔之議者，不患錢少，而患銅乏不滋也。孔穎達則欲重其銖兩，以防盜竊之私，高誨之則欲輕其銖兩，以滋冶鑄之數，張滂則欲正刑而重挾銅之律，徐安則欲刊利而置私鑄之令。錢之所以不增於舊者，由鑄之不廣，而民以爲利故也。何則？爐鑛必處於崖谷險固之中，而民之採於山者，上冶下潦，櫛風沐雨，於萬死一生之地焉，苟非上之人以厚利誘之，使不計其患，則避患規利而飛散者有之，此魏之崔亮所以欲按求寶貨而廣開其地也。錢之所以日益少者，由卒徒不增，而上無以爲利故也。何則？官司必督旦暮鞭朴之嚴，而工之役於冶者，雖盛暑鬱燠，毒燎虐燄，流金爍石，而不得息焉，苟非上之人以優給縻之，使不憚其勞，則惡勞而亡者有之矣，此唐之韋倫所以欲嘯工聚泉而卒徒之多也。

事料坑冶：禹任土作貢，荆楊貢金三品，梁州貢鏐、鐵、銀、鏤。《〔禹貢〕〔周官〕》：匪人掌金玉錫石之地，而爲之厲禁以守之。漢吴有章山之銅，丹陽郡有銅官，蜀有嚴道、邛都、益郡，皆産銅之地。《地理志》：唐銀銅錫之冶一百六十八。《唐志》：太宗時，權萬紀奏宣饒部中鑿山冶銀，歲可得數百萬。上曰：「以利規我耶？」

《元史》卷五《本紀第五·世祖二》 甲午，博都觀等奏請，以宣德州、德興府等處銀冶，付其匠户，歲取銀及石緑、丹粉輸官。從之。

阮元《〔道光〕廣東通志》卷一八七《前事略七·明一》 宣宗宣德三年三月，禁採番禺縣鉛鈔。《黄志》先是，廣東都司奏：縣民有私取鉛鈔者，門卒獲之，究其所出，在番禺縣西取砂烹煉，可得白金、錫、鉛，當罪私取者，并請官開冶。上曰：「山澤之利，民取之勿問，冶不可遽開。」命巡按御史勘視其實以聞。至是，御史何善奏：同三司官發士匠民丁等深入巖洞取沙礦，每百斤煉銀止四錢，鉛二十斤，計所得不償所費。令有司悉填坑洞，國家之利不藉此，民亦免逐末之弊。《實録》。

王圻《續文獻通考》卷二三《征榷考·坑冶》 宣宗貞祐中，宗室子從坦奏：「平陸産銀鐵，若以塩易米，募工煉冶，可以資財，備農器，小民傭力爲食，可以免盜。」從之。

〔世宗中統三年〕八月，博都歡等奏請，以宣德州德興府等處銀冶，付其匠户，歲取銀，及石緑丹粉輸官。從之。

張萱《西園聞見録》卷九二《工部六·坑冶》 丘濬曰：宋朝金銀銅鐵鉛錫之冶，總二百七十一。【略】

又曰：置吏主之，大率山澤之利有限，或暴輒竭，或採取歲久，所得不償所費，而歲課不足，有司必責主者取盈。臣按宋朝坑冶，所在如此之多，而元朝之坑冶，亦比今日加十數倍，何也？蓋天地生物有生，生不已者，穀粟桑麻之類是也，有與地土俱生者，金銀銅鐵之類是也。昔者，聖王定爲取民之賦，有米粟之征，有布縷之征，而無有所謂金銀銅鐵之征者，豈不以山澤之利與土地俱生，取之有窮，而生之者不繼乎？譬如山林之上，有草木焉，有土石焉，其間草木取之者既盡，而生之者隨繼，故日日取之，歲歲取之，而不見其竭也。若夫山間之土石，掘而去之，則深而成窪；舁而去之，則空而留迹，是何也，其形一定故也。是以坑冶之利，在前代則多，在後代則少。循歷至于今日，尤其少焉，無足怪者。我朝坑冶之利，比前代不及什之一二，間或有之，隨取隨竭。曩者，固已于浙之温處，閩之建福開場置官，令内臣以守之，差憲臣以督之，然所得不償所費，如宋人所云者，今則多行革罷，而均其課于民賦之中矣。雖然今日不徒不得其利，而往往又罹其害。蓋以山澤之利，官取之則不足，民取之則有餘。今處州等山場雖閉，而其間尤不無滲漏之微利遺焉。此不逞之徒，所以猶囊索其間，以競利起亂也。爲今之計，宜于坑場遺利之處，嚴守捕法，可築塞者築塞之，可柵塹者柵塹之，俾其不至聚衆争奪，以貽一方生靈之害可也。

陳子龍《明經世文編》卷一〇三梁材《梁端肅公奏議二·駁議差官採礦疏》

該武定侯郭勛，奏稱開設礦課以資國用事，已蒙皇上勅下户部等衙門會議，題奉欽依，稱咨山東、河南、順天等府各該撫按等官踏勘，如果礦脉發見，從長集議採取去後。近該巡撫薊州等處，送到礦砂六十斤，工部煎銷，合用蜜陀僧、白炭、工食費過銀七兩一錢，得銀一十五兩二錢四分三釐，題送内府承運庫收訖。臣日夜思惟，礦課一事，無損于民，有益于國。今泛行各處所司不肯體訪下情，拘泥舊案，所以心思徒勞，功難就緒，真所謂良材付與拙工，有用置之無用。古語有曰：耕當問奴，織當問婢。欲取山澤之利，豈可不問山澤之人。必須專委官員統領熟知礦脉人役，藉其力以征其課，則事易集而民不擾，富國安民，蓋不難矣。近據營州中屯衛後所正千户景時武下舍餘景時文，具揭稟爲不費在庫錢糧，不勞官撥人，取夫山川未判之財，以犒礦夫，得天地自然之利，以資國用事。開稱嘉靖初年，有順天府昌平州懷柔縣民胡臻等，家道殷實，專一出錢供給礦徒，在于薊州迤西接連平谷地名瀑水偷礦爲生。嘉靖二年事發，曾被巡撫孟都御史提獲，各罰銀千有餘兩，以贖其罪，當將礦洞封閉，令人看守。比年時文曾被牽連事内，所以備知詳細。近奉欽依採取礦銀，所得不償所費，未見成功。時文見得瀑水原封礦洞，已被日前偷挖，約深數丈。每礦百斤，必須用蜜陀僧百五十斤，碾爲細末，入火煅煉，鎔化爲汁，然後煎銷，始得成銀。大約礦砂一斗得銀六兩上下，每日取砂數多，所以得銀不少。且瀑水礦洞離京一百餘里，又無山險水隘，委的礦脉甚盛。莫若仍招日前已得礦利殷實之家，責令出錢供給器具蜜陀僧、白炭、工食之費，僉充素有身家舊時曾做礦徒爲首者，以爲礦甲，報出平日所率善識礦脉、熟知煎銷軍民有籍之人，以爲礦夫，在于瀑水原封舊洞協力挖取礦砂，就在平谷縣擇一空大去處，立爲爐場，將日逐所取礦砂，委官差人押送爐所，照數驗收，接續監視礦甲人等，眼同煎銷成銀。以十分爲率，除三分納于官課，以五分給辦器具、蜜陀僧、白炭、料物、飲食之類，其餘二分以償礦甲人等工力之資。似此則礦甲礦夫及供給人等，俱得其利，誰不樂從。比之動支在庫錢糧，派撥在官人夫，大不相同。等因到臣看得此輩生長其地，熟知礦脉，與其任彼竊取以肥家，孰若招來公取以資國。若彼情不遂，則我事難成。必上下相資，官民兩便。其言似宜俯從。但恐一面之詞，難以盡信，連人送發後府經歷司，再三研審，相應取供，備呈前來。臣竊思前次取礦，付之撫鎮等官，已經半年之上，未能成效。再付之與彼，亦恐嫉忌延捱，不能如其稟報，緩不濟事。伏望聖明體念國計，洞察機微，特勅司禮監并錦衣衛，查照先年開取礦課事例，從公推選歷練老成監官，或長隨奉御，及能幹廉静千户各一員，齎勅前去，會同彼處參將守備官，將景時文立爲礦甲、胡臻編爲供給礦户礦夫，照依前項供報事情，設立煎銷銀場。限三箇月以里，但有成效，先行奏報。所得礦課，照例分收進用，若有虚詐，從重究治。差去内外官員止給夫馬皂隸廪給口糧，不得浪費一應官錢物料。合用委官，就于彼處軍衛有司官吏選取任使，參將守備官，務要用心防衛護解銀課，不得坐視以致疎虞。其撫鎮官亦不得坐使奸人禁治原日礦徒，阻撓成功，以掩前愆。礦場倘有未備，悉聽差去官員從宜計處。若是此礦果然用力少而成功多，常川採取，脉盡告止，庶免科擾百姓，貽患地方。寔天賜皇上自然之財，以足國用。比之前代賣官鬻爵，科取下民，不相侔矣。若此一處得課，其各處礦洞，亦可一例推衍而行，伏乞聖明采納施行等因。奉聖旨：户部會官議處來説。又該御史陳哀，奏爲乞遵舊制復礦場以靖地方，以蘇民困，以張國威事：奏要先行福建布政司，將有礦場分，照舊開辦，隨人定課，不爲常額，俟礦脉微細，聽其自罷，不爲拘制等因，奉聖旨：一併議了來説。又該遼東自在州撫住達官捕盜指揮同知王綬，奏爲山澤久産銀鉛，乞恩設官便民煎納，開設國課，以資工料，以肅地方事：奏稱遼陽南山一帶，相接蓋州、金州地方，山澤中有鉛礦，乞要行取二樣礦砂，煎約成色高下，委令人員，專在金州地方，督併願自投首煎砂民人夫匠，量丁日辦鉛斤銀兩，運送赴京等因，奉聖旨：户部知道。該本部會同後軍都督府武定侯郭勛，吏部右侍郎張邦奇等，看得各奏稱開復礦場一節，無非欲取天地自然之利，以爲國家經費之資。況有累朝前項行過事宜文案具存，昭然可考。即今大工繼興，財用爲急，所據各該礦場，相應以次採取。户部先行移咨山東、河南、順天等府，各該巡撫都御史，及咨都察院轉行各該巡按、御史等官，各親詣薊州、沂州、嵩縣等處，將一應有礦山場，眼同踏勘。如果礦脉發見，堪以採取，即便從長集議，每處合用委官幾員，人夫若干，廠房若干，器具若干。委官選其廉能，人夫不拘遠近，或編立行伍，或更迭分番，籍其年貌貫址，議其工食課銀。務在寬平，毋事苛刻。廠房先儘附近寺觀，否則就山採木，隨宜搭蓋，以便棲止。具器借支在庫官錢，逐一如法整造。每日所得礦砂，煎銷完日，就于附近州縣，差人給文，徑赴工部交納，不得科派里甲，騷擾地方。此外若有一應未盡事宜，悉聽各官斟酌舉行，務從民便。再照採礦本以利用，委任全在得人，得其人則幹理詳慎，而事妥民安；不得其人，則處置乖方，而利不償害。仍各請勅一道，賫付各該撫按官，欽遵行事。行之以漸，持之以久，御之以寬，使人不知勞，而事克就緒，上以助經費之資，下以消地方之患等因。題奉聖旨准議，已經通行請勅，各欽遵訖。續爲欽奉聖諭事：該巡撫順天都御史黨以平，題稱採打前後，共得礦石六十斤，眼同兵部差來千户王棨，責令做手撿分三等，封收在官，用櫃裝盛。隨將礦洞照舊封閉外，將原採礦石，裝封完固，具本開坐進呈等因。題奉聖旨：該本部議擬前項礦石，先該文武重臣會本題知，傳示兵部差官，先取少許進呈，以驗成色，方好各處開取。今該巡撫都御史黨以平，委官于産礦處所，採取少許，仍以原來木櫃裝封完固，差官解送前來，相應轉送等因。題奉聖旨：還著工部煎銷成色來説。又爲前事，該工部尚書林庭㭿等題稱，行據南城兵馬指揮司，選取諳曉煎礦銀匠陳瓚等，眼同司務朱子恭，將原來礦石，逐一稱兑，各除正數外，上等稱多十兩，中等多七兩，下等多三斤十兩，封收在官，以備稽考。將正數督匠煎銷，上等二十斤，煎足色銀九兩八錢一分，計每斤實煎出銀四錢九分五毫。中等一十斤，煎足色銀一兩八錢一分三釐，計每斤實煎出銀一錢八分一釐三毫。三等三十斤，煎足色銀三兩六錢二分，計每斤實銷出銀一錢二釐六毫六系六忽六微。共銷出銀一十五兩二錢四分三釐。其銷礦合用物料，買過蜜陀僧一百斤，用銀三兩五錢，白炭三十一包，用銀二兩四錢八分；項罐兩箇，用銀七分。自十五日起至八十日止，共四日，銀匠二十一工，用過工食銀一兩零五分。三項共用過銀七兩一錢。詢訪得各處礦場，每歲冬後春前，山泉消涸，礦脉盛旺，可以採取。今非其時，是以礦脉微細，煎銷數少。又恐採礦各官，不識礦脉，止憑地方人匠，隨意採取，或未暇于揀擇，似難以此一處槩論其餘。該今據前因，理合隨本進呈，仍勑户部查照勳輔重臣會題事理，徑自復奏等因。該本部議擬，題奉聖旨：還照原議舉行。經通行欽遵去後。又查得永樂、宣德、正統、天順年間，即差内官、給事中、御史、辦事官、監生往來公同煎辦。今該前因。通查案呈到部，看得武定侯郭勛所奏開設礦課，以資國用一節，無非富國安民之意。但先該廷臣會議，請勑各該撫按官欽遵行事，今方數月，尚未奏報前來。若遽選差司禮監内臣錦衣衛千户領勑前去，會同參將守備官煎辦銀課，方行忽改，事欠責成。所據以熟識礦脉之人，充採取礦夫之役，即以所取之財，用爲工料之費，事省民安。相應議處，欲候命下本部移咨，各遵照先奉勑諭。并令武定侯所奏景時文，開報事宜，再加體審斟酌舉行。惟取利于成功，不必拘泥舊案，的限三箇月以里，但有成效，星馳差人先行奏報，不許朦朧隱匿，致悞供用。伏乞聖明裁處。

又卷一〇五《准放折俸等項支用疏疏通錢法》 看議得南京吏部司務朱希臯奏稱，户、工二部請開，納銀入監，開礦煎銀，不若倣古採銅充賦，設官鑄錢，及嚴禁其僞，以行其真，新錢既成，凡祭祀賓客、喪紀軍旅、賜予興作、俸禄之用，皆於此取給，比之納例開礦得失相去萬萬一節，只見本官目擊時艱、革弊裕國之意。

王圻《續文獻通考》卷二三《征榷考・坑冶》 〔金章宗明昌〕五年九月，初令民撲買隨處金、銀、銅冶。御史臺復奏：請令民採鍊隨處金銀銅冶。帝命尚書省議之。宰臣議謂：國家承平日久，户口增息，雖嘗禁之，而貧人苟求生計，聚衆私鍊，上有禁之之名，而無杜絶之實，故官無利而民多犯法。如令民射買，則民壯者爲夫匠，老稚供雜役，各得均齊。而射買之家亦有餘利，如此則可以久行，比之官役、雇工糜費百端者有間矣。遂定制，有冶之地，委謀克、縣令籍數召募射買，禁權要、官吏、弓兵、里胥皆不得與視舊場之例。令州府長官一員提控，提刑司訪察而禁治之。帝曰：「此終非長策。」參知政事胥持國曰：「今姑聽，如此後有利，然後設官可也。譬之酒酤，蓋先爲坊場，而後官榷也。」帝亦以爲然，遂從之。墳山西銀山之銀窟，凡百一十有三。

【略】 臣等謹按：坑冶誅求抑勒，有極擾民者紀載。紹定五年五月，臣僚言積陰霖淫，自夏徂秋，疑必有致咎之徵。比聞蘄州進士馮杰，本儒家，都大坑冶司，抑爲鑪户，誅求日增，杰妻以憂死，其女繼之，弟大聲因赴愬死於道路。杰知不免，毒其二子一妾，舉火自經而死。民冤至此，豈不上干陰陽之和。乃詔罷都大坑冶魏峴職。觀此，則理宗時，坑冶之害有不可勝言者矣。

【略】 〔熹宗天啓三年正月〕順天巡撫岳和聲請設冶局。從之。和聲奏：「灤州所轄偏山鉛礦堪以採鍊。查遵化舊亦有鐵礦，後竟封閉，宜各設一廠採鑄，以佐軍需。更聞灤州有銅礦一所，質粗脈微，工價稍費，當銅絀之日，堪爲鑄錢之資，宜專委兵工司官一員，刻期採鑄鉛鐵，隨給局匠打造盔、甲、刀、銃諸器及鉛彈等物，以濟寶源阜財之用。」命議，行之。至七年七月，太監楊潮奏：「一片石西界忽有鉛礦，可資火器。」帝命會同督撫道臣開採，務嚴杜軍民侵盜，其安鑪煅法，啓閉委官，俱如議行。

陳仁錫《無夢園初集》《漫集一・輶軒紀聞・紀關門外鑄錢屯田》 關門月餉，聞歲以數百萬計，盍若移餉鑄錢，而即以錢給餉。度鑄錢之息，每一百萬可溢二十萬，遂可減司農之額，或以供軍前別需。總之，利在上也。至於月餉散錢，又無砍鑿折耗之患，則下之利更普矣。他如硝磺、銅、鉛，關門内外各有出産之處，誠取之有道，可用而不竭，所省帑金又不貲，是不加餉，而餉有餘之議也。

楊嗣昌《楊文弱先生集》卷二五《恭承召問邊腹情形疏》 近該總督盧象昇大開屯田，一靠天年雨水，二者邊烽不來蹂躪，保得兩年有秋，便是根本之地。至如山西，表山里河，地方狹猛，臣到代州一帶，稍覺膏腴。若寧武、鎮城菜也不生一莖，却有銅、鉛、煤炭便易地方，可以大興鼓鑄。上諭：先年各邊開鑄，又説京錢不行，要請禁止。臣對：京錢不能行到宣大、山西，宣大、山西之錢亦不能行到京師，原不相妨，且京師所患只是銅本少。既銅本少，不能買銅，禁鑄何益？臣知山西之銅出在陝西隴州等處，山西客商販貨到彼，若换銀回家，恐路途受盜賊之害，所以换銅回家，保得貲本，聚於曲沃，源源往來。其窩鉛出在陽城等處，煤炭又便。若大開鼓鑄，可捄山西之貧。上諭申飭民運數語，臣偶記不真，不敢忘述。

董應舉《崇相集》卷二《疏二・錢法疏》 爲錢法事權未定，謹申明旨陳末議以祈聖裁事：「臣聞周官九府，管氏四權，以霸以王，皆錢焉。出漢唐以來，無世不事鼓鑄，其法可得而言也。錢出于銅，《管子》有封山之令，以專其銅于官。漢大農丞主鹽鐵，復置上林、均輸、鍾官、辨銅令丞，廢銷郡國所鑄錢，令輸其銅入三官，以專其鑄于上林。唐令出銅所在置監，蓋銀、鐵、錫冶外，銅冶九十有六。宋亦時時採銅，令所在置監，輸錢京師，皆就銅所出地以便鑄也。封山之外，則有禁銅器、收一切惡錢、禁人買銅錫、禁以銅爲佛像。其銷錢爲佛像者，以盜錢論。宋則有罪者以銅贖，官民同之。蜀先主至取帳鈎充鑄，皆節銅以爲錢資。故曰：銅不佈下，則盜鑄無資。盜鑄之害，吴王濞以亂漢，項梁取計參木以亂秦，故歷代謹之，犯者必死，輕則戍，利之所在，非重法莫能禁也。我朝户工職鑄，即漢三官之法，皇上特命鼓鑄荆州，以收銅權，而便流布。即唐宋所在置監之意，命錢以嘉靖錢爲式，而勅書錢以一錢四分爲准。臣愚，以嘉靖有四火錢，錢質肉好，非如今市坊所有嘉靖末錢，僅重一錢而已也。錢質肉好而加重，則奸鑄無利，不禁自止。又令天下贖罪以銅，其他非銅所出之地，或以銅器及奸惡錢秤納如銅之價，民得以銅器、惡錢除罪，愈于禁之，又愈于收之。【略】至于禁銅器之法，當自官府始。嫁娶、邸舍、薰爐、器物，糜銅不貲，若易以鐵、錫，何不可哉？違者以公罪論。有鬻此者，入其器物，勿售。凡此皆臣所日夜圖度以副成命者，顧事權浸不得如明旨。蓋鼓鑄荆州，本以銅聚費輕而權一也，今南北各部、各省悉買銅于荆，則銅價日躍，而荆之資鑄者少矣。即買銅官，間有乘貴爲利者，安從詰之？又各處鑄錢制不一，而真僞難辨，奸鑄乘之而起，紛不可詰。如是，則銅權既分，錢權又散，私販私鑄之禁不得施，何用臣爲？臣愚，以爲各處競買，徒爲銅商增價，價貴而利微，孰若以銀與臣，得酌嬴奇，使奸商不得挾銅以市重。又荆鑄工費省于北，運錢以入，愈于運銅，似亦一便也。且事出一手，法令易行，分督各省道，詰奸鑄者以捕獲爲賞罰，或可少弭，孰與處處號鑄錢，輕重不等，而借奸盜以口實乎？凡事，制一則難欺，權一則易達，皇上命臣甚明而下不必尊信，取本于鹽，既爲一二鋪綱奸囤所滯，取鑄于銅，又爲各處競買所分，臣將何資以鑄，且亦非陛下所以遺臣意也。」

朱奇齡《續文獻通考補》卷二四《食貨補三》　鹽茶山澤之利也，而山之所產，地之所生，貸賄不一，唐宋以來，既已搜括無遺矣。明代因之，若金若銀，若銅若鐵，若水銀、礬、錫之類，皆有常課。至于銀礦、珠池，間或差官暫取，隨即封閉守視，其禁甚嚴，然亦非國初之舊典也。洪武元年，近臣有言山東舊有銀場可興舉者，太祖曰：「銀場之弊我深知之，利于官者少，而損于民者多，況今凋瘵之餘，豈宜以此重勞民力。昔人有拔茶種桑，民復其利者，汝豈不知之？」言者慚而退。七年，命置鐵冶，凡一十三所。時廣平府吏王允道言磁州臨水鎮產鐵，元時嘗於此置冶設官，歲收鐵百餘萬斤，請如舊制。太祖曰：「朕聞治世天下無遺賢，不聞天下無遺利，且利不在官則在民，民得其利則利源通，而有益于官，官專其利，則利源塞而必損于民。今各冶鐵數尚多，軍需不乏，若復設此以擾之，是又驅萬五千家于鐵冶之中也。」元時置爐丁萬五千户，杖之流海外。又廉州府巡檢王德亨上言：「家本階州界，于西戎有水銀坑冶及青緑紫泥，願得兵取其地以歸于朝。」太祖謂户部曰：「盡力求利，商賈之所爲，開邊啓釁，帝王之深戒。今珍奇之產，中國豈無？朕悉閉絶之，恐此途一開，小人規利，勞民傷財，爲害甚大。況控制邊境，貴于安静，苟用兵争利，復擾不休，後雖悔之，不可追矣。」弗聽。二十年，衛軍丁成言陝州地有銀礦，採之可資國用。太祖謂侍臣曰：「凡言利之人，皆民之賊也。當聞故元時，江西豐城之民告官採金，其初歲額猶足，取辦經久，民力消耗，一州之民率受其害，此可以爲戒，豈宜效之？」臨淄縣丞王基言乞發山海之藏以通寶路，太祖召而詰之曰：「汝云發山海之藏，須人力乎？自發乎？況發之未必得，而勞莫甚焉。昔唐太宗罪權萬紀，爲其言利，而本進善也。汝之言果導人君以善乎？」遂黜之。永樂十年，廣西河池縣民言縣有銀礦大發，長沙府民言其鄉產銅，成祖曰：「獻利圖僥倖者，小人也，國家所重，在民不在利。」皆斥之。通政使趙彝奏山西民言介休出五色石，可爲器用。帝曰：「官府求一物，即百姓受一害，況此石饑不可食，寒不可衣，累民何用？」不許。洪熙元年，學士楊士奇入奏，言恩詔甫下兩日，折薪司傳旨賦棗，以供官中香炭之用。八十萬民何以堪，命減其半。仁宗嘗謂工部曰：「古者土賦隨地所產，不强其所無，比年如丹漆、石青之類，所司更不究物產之地，一概下郡縣征之，郡縣逼迫小民，鳩斂金幣詣京師，博易輸納。而商販之徒乘時射利，物價騰踊，加以官吏爲奸，民費不貲，今宜切戒此弊。凡合用之物必于出產之地計直市之，若仍蹈故習，一概科派毒民者，罪不宥。」宣德元年，錦衣衛力士寧直言山西中條山產膽礬，乞令有司採進。宣宗曰：「膽礬何切于用？若礬可利民，聽其自採。」三年，廣東都司言番禺民有私取礦砂，煮之可得白金、鉛錫，請官開冶。帝謂侍臣曰：「朕料鉛砂之亰所得無幾，若有厚利，豈待今日？彼小民或竊取以求毫末之利，無足怪，朕已宥之不問。其令有司悉填坑洞，免民逐末之弊。」又户部奏，内府歲用香臘銀硃凡三萬餘斤，當下郡縣支錢辦之。帝曰：「所買太多，稽其可省者省之。其買物官錢，近爲有司剋減，屢有告發者，必令從公，無蹈前轍。」英宗初即位，下詔封坑冶，民大蘇息，後以科參開銀場之弊，命大臣往爲經理，于是銀課比宣德間減半，然視洪武間已十倍矣。而内外官屬供億之費過于公稅，民甚苦之。成化十年，内費日侈，帑金漸乏，乃命寶慶等府開原額金場，淘煎以進。所開二十二場，歲役民夫五十五萬有奇，死者無算，僅得金五十三兩。巡撫等官奏　工多金少，徒害生民，請以贓罰銀易金應用。從之。嘉靖中，新更祀典，須珍寶青黄玉，屢行採取，奉行者耗庫藏不貲。萬曆二十四年，分遣内官往畿内、河南、山東、山西、陝西、浙江、湖廣、雲南各處開礦，都御史張養蒙疏陳五事，其一論進獻之弊，有曰：王百户捏無影之異寶，騙久絶之侯；張主簿購無用之白鹿，復已褫之官，則當時羣小之以利進可知。給事中包見捷疏論臨清稅使擾民，必至生變，一月三疏，降爲典史，未幾臨清百姓毆稅使馬堂，中官幾死，朝廷之威大褻，而見捷言若左券。二十九年，武昌民變，圍稅使陳奉，中官奉匿楚王府，遂執委官六人投之江，并疑巡撫庇奉，焚其公廨。蘇州饑民倡義，毆殺稅使委官七人。三十一年，各處稅監進金銀珠寶者相望于道，禮部侍郎郭正域疏諫，不報。三十二年，兩廣總督戴耀極言中官採珠之害，時又有以浙江土産回青獻者，事下礦監，劉忠委官搜索，所至騷然。内官楊榮在雲南殘害軍民，軍官賀世勛等糾衆焚其第，殺之。神宗大怒，以輔臣言，止坐世勛。當時輔臣朱賡有請止礦稅之疏，辭甚凱切，然終不能革也。一代山澤之令，大略如此，其各項課程並詳于後。

按：昔者聖人抵璧于山，投珠于淵，貴五穀而賤金玉，故風俗樸茂，民安物阜，而天下太平也。其或資之以爲宗廟之器，甲兵之用，則有時乎取之。又或不得已而遇天災水旱，于是量資幣，權輕重，以救民，則有時乎取之。如禹有五年之水，則採歷山之金以鑄幣，湯有七年之旱，則採莊山之金以鑄幣，以通有無，以贍乏絶，是皆一時權宜之計，未嘗專倚辦于此也。後世視貨賄太重，而菽粟反輕，凡百用度必取辦于錢，用錢不已，轉而用鏹。上而軍國饋餉之資，下而市井銖兩之故，莫不恃此以爲辦，此貨之所以日貴而日寡，穀之所以日賤而日靡也。聖王在上，能使黄金與土同價，斯善之善者也。即不然，亦當立法以疏通之，不得視爲不易之法因仍而不變也。且夫銅、鐵、錫、礬、水銀猶可以備器用，金、銀、珠寶不過節觀之具，天下至無用之物也，資之爲幣，以補不足，則可恃之以爲國計之本，利用之源謬矣！存堯舜之心者，尚其貴用物而賤異物，庶乎其可哉？

賀長齡《清經世文編》卷五二《户政二七・錢幣上・檀萃》

《復當事論廠務書》　　倪蛻

凡採取五金之處，古俱曰冶場，今音訛曰廠。按《周禮・司徒職》：「礦人，掌金玉錫石之地，而爲之厲禁以守之。若以時取之，則物其地圖而授之，巡其禁令。」此古冶場之所自始，而今礦廠之所由名。然今天下之廠，於雲南爲最多，五金而外，尚有白銅、硃砂、水銀、烏鉛、底母、硝磺等廠，大小不止百餘處也。今請言銀廠。歷考載籍，雲南之廠，肇自明時，管理者爲鎮守太監，其貼差小閹，皆分行知廠。今迤西南北衙廠，尚其遺也。初亦不立課額，以漸增至三萬有餘。逮峒老山空，礦脈全斷，兇閹以此課款，迫令攤於民田，廠俱封閉。以後或開或閉，聽民爲之。至康熙二十一年，滇省蕩平，廠遂旺盛，嗜利之徒，游手之輩，具呈地方官，查明無礙，即准開採，由布政司給與印牌，謂之廠官。繁纓塾坐，先馬執殳，居然官矣。於是擇日出示，開鑪試煎，每用礦砂，不計多寡，煎罩之際，廠官、課長、硐領，各私投塊銀於内，以取厚汁之名。因即宰牛祀山，申文報旺，此名一傳，挾貲與分者，遠近紛來，是爲米分。廠客，或獨一人，或合數人，認定峒口，日需峒丁若干進採。每日應用油米鹽菜若干，按數供支。得獲銀兩，除上課外，分作十分，鑲頭、峒領共得一分，峒丁無定數，共得三分，廠客則得六分。若遇大礦，則廠客之獲利甚豐，然亦有礦薄而僅足抵油米者，亦有全無礦砂，竟至家破人亡者。此關乎時命，亦不可必得之數也。至上課之法，則品定礦觔，入鑪煎罩成汁。較定三拍，以鐵爲之，如戥盤而有柄，上拍可兩許，此爲解上官課；中拍可五錢，是廠官養廉；下拍可二錢，係課長及諸役分支。商民所開之廠，大概如此。至於踹獲大廠，非常人之所能開者，則院、司、道、提鎮衙門，差委親信人擁貲前去，招集峒丁，屏辭米分，獨建其功，並不旁貸。雖獲萬兩，亦與商民無與，然有本有利，諸無怨辭。當其時廠未陞課，又極興隆，是絲絲入扣，官民皆優裕有餘貨矣。及康熙四十七八年，貝制軍始報課二萬七八千兩，至今二十餘年，陸續增至七萬兩。先以年多缺額之故，裁去廠官，分屬府廳州縣管理，以便參處。嗣有存庫公銀一項，年年撥出補額，已數載於兹。雲南銀廠始末，頗盡於此。然雲南之廠，雲南之害也。廠分既多，不耕而食者，約有十萬餘人，日糜穀二千餘石，年銷八十餘萬石。又係舟車不通之地，小薄其收，每憂饑殍，金生粟死，可勝浩歎。故唐憲宗詔曰：「銅可資於鼓鑄，銀無益於民生。天下見採銀坑，並宜禁斷。」蓋亦見及乎此。已且近廠之地，食物必貴，盜賊必多，雞犬不寧，齎鹽告匱，此則民之害也。煎鍊之鑪煙，萎黄菽豆；洗礦之溪水，削損田苗。此又民之害也。有礦之山，概無草木；開廠之處，例伐鄰山。此又民之害也。藏亡納叛，不問來蹤，大慝巨兇，因之匿迹，此又民之害也。舍其本業，走廠爲非，翦綹賭錢，詐騙無忌，此又民之害也。流亡日集，奸匪日滋，刦殺句連，附彝索保，此又民之害也。至若鄖遞廠文，供億廠役，種種難罄，亦無一而非爲民害者，是資於課者無多，而害於民者實甚，而謂百姓樂於地方有廠者，豈其然乎？今承下問，謹將悉知之利害具陳，惟鑒照而加之意焉。

張廷玉《清朝文獻通考》卷一五《錢幣考三》〔雍正〕又開四川鼓鑄局。先是四川於康熙四十二年奏開寧遠府屬各銅廠，至雍正元年，已請鼓鑄，以礦砂未旺，復經議停。至是巡撫憲德奏請開局，於省城成都府設爐八座，錢幕滿文，鑄寶川二字，每年開鑄二十四卯，用銅鉛三十二萬觔。採買滇銅及黔鉛應用，如本地採得礦銅，亦即添補供鑄。以所鑄錢配給兵餉及各官養廉，户部議如所請，從之，停江蘇寶蘇局鼓鑄。

又卷一七《錢幣考五》 又開陝西鼓鑄局。陝西巡撫陳宏謀奏言：陝省錢價日昂，前經部派官商辦，交洋銅三十萬觔，見已運到。其黑鉛一項，業經在本省開採。所需白鉛、點錫已委員赴漢口採買。請開局於省城西安府，設爐十座。又令廣東寶廣局增額鼓鑄。廣東巡撫岳濬奏言：粵東各礦出銅有限，而外洋夷船載至者亦少，惟有取給滇銅。見在已辦回湯丹廠、金釵廠銅共四十萬觔，請加辦鉛錫，不必再添爐座。每年按原定之卯，加倍鑄錢，以湯丹、金釵二廠銅各半配用。户部議如所請。從之。臣等謹按：嗣後寶廣局以收買洋銅，議於十分中以湯丹廠銅五分、金釵廠銅二分、洋銅三分配鑄。至二十年以後，復改大銅廠與金釵廠銅對搭分買。備料興工之用。查順寧府之寧台山廠並附近蘆塘等處近年礦砂旺盛，積銅甚多，若加耗煎净，儘堪適用。其鼓鑄所需鉛錫，亦易撥運。【略】户部議如所請，從之。

慶桂《清高宗純皇帝實録》卷三七〔乾隆二年，丁巳，二月，戊子，貴州提督王無黨〕又奏：「夷地開廠，米糧食物壟斷叢奸，銅鉛二項爲鑄局所需，自不可禁。銀錫等廠，宜因地因時，以爲開閉。」得旨：「據云銅鉛爲鑄局所需，不可禁，則銀錫亦九幣之一，其可即行禁採乎？且禁銀錫之廠則爲此者，將轉而求之銅鉛之場矣？游手耗食之人如故也。此奏雖是，而未通權。」

又卷九五〔乾隆四年己未六月〕兩廣總督馬爾泰奏：「英德縣長崗嶺開礦煉銅，內有煉出銀兩，請歸該商工費之用。又河源縣銅礦，貼近銀山，及英德縣之洪磜礦，出銀過多，恐謀利滋事，應請封禁」。得旨：「所奏俱悉，惟在實力行之，但所謂銀礦應閉之説，朕尚不能深悉，或者爲開銀利多，則開銅者少乎，不然，銀亦係天地間自然之利，可以便民，何必封禁乎，卿其詳議以聞。」

又卷一三七〔乾隆六年，辛酉，二月，乙丑〕刑部尚書署湖廣總督那蘇圖奏：「楚省錢少，民間所用不特沙板、漏風、鵝眼、榆莢等錢公然配搭，甚至將前代廢錢，并指頂大之小銅片作爲錢形，以及鐵錫等造作埋藏舊錢攙雜行使，屢禁不止。每千換銀一兩二三錢，軍民苦累，奸徒乘機私鑄，需錢甚亟，鼓鑄刻不容遲。查滇省現有金釵廠銅可酌撥一年，而漢口鉛錫俱可就近採買，請即開局鼓鑄。再，滇銅採買者多恐不能源源接濟。聞北南二省俱有銅廠可開，現在察訪籌辦。」得旨：「所議俱屬妥協，竭力辦理可也。」

琴川居士《清奏議》卷六八福康安《覆奏滇省銅鉛各廠毋庸封閉疏 乾隆六十年》 大學士、雲貴總督臣福康安謹奏爲遵旨定議覆奏仰祈聖鑒事：竊臣等欽奉上諭：御史王城奏寶泉、寶源二局現已減卯，雲貴、四川、湖廣等省亦停止鼓鑄，請暫行停減採挖銅、鉛，以杜私鑄等語。雲貴、四川等省現在正需籌辦停鑪及收繳小錢各事宜，頭緒紛繁，若復封閉礦廠，地方官何暇常川前往查驗。且封廠之後，奸民惟利是趨，勢必前往採挖，是所謂封廠仍屬有名無實。況廠徒人數衆多，一經封閉，此等貧民餬口無資，更恐滋生事端。王城所奏，止知其一，不知其二。但該御史既有此奏，著交與雲貴、四川各督撫，將所言是否可採，或應如何在於各該廠設法稽查，倍加嚴密，以防透漏。於廠務更爲有益，一併悉心妥議，具奏。欽此。臣等跪讀之下，仰見我皇上權衡廠務，燭照無遺，於優加軫恤之中，仍寓慎密防閑之至意。伏查滇省採辦銅觔，以供京外各局鼓鑄之用，每歲共需額銅一千餘萬觔，均係取資各廠。現在京局及各省爐座雖分別減卯、停鑄，而年額銅觔仍照舊解運、採辦。蓋因鼓鑄攸關，銅觔轉運需時，必須廣爲儲蓄，以資源源接濟。寧使預備有餘，無俾稍有缺乏。是以所開各廠均未便酌議封閉。且廠民尋苗覓引，跴獲一廠，非費本開挖，不能成礌獲礦，而礌硐窩路，均在山腹低陷之中，又須隨時修理洩水，庶無淹浸。若封閉停採，失於興修，即成廢硐；不但已成之廠，棄之可惜，設將來仍須攻採，則提辦廢礌，較之開挖新硐更爲費力。況每廠砂丁不下千計，一旦失業無歸，必致轉而爲匪。誠如聖諭：此等無業貧民餬口無資，更恐滋生事端。若酌議安置，則人數繁多，亦難分派管束。查滇省各廠或委員經管，或歸地方官承辦，其應辦額銅稍有短少，即于參處。各該員自顧考成，自不敢不嚴密稽查，以防偷挖走漏。一經封閉，各地方官轉得卸責，而廠徒人等祇知圖利營生，必致潛踪私挖不已，積久又圖私鑄，是欲封廠以杜弊，轉足以啟弊端，殊非慎重銅政肅清錢法之道。臣等與各司道悉心籌議，所有滇省各銅廠，應請照舊開採，毋庸封閉。臣等仍督同該管道府，並嚴飭各廠員加意整頓，實力稽查，務期礦旺銅豐，依限撥運，不使稍有短絀、透漏，庶廠務悉歸實效，而諸弊亦可肅清。至滇省黑白鉛廠共止三處，每年額辦有定，除抽課通商外，其餘係供本省局鑄及各營操演鉛彈之用。今鼓鑄雖停，而民用所需，軍火所資，均不便於缺乏。且鉛廠沙丁攻採謀生，相安已久；若一經封閉，亦恐廠民失所依歸，而奸徒轉致偷挖滋事，應仍舊辦理。其貴州通省鉛廠較多，體察情形，亦與滇省各廠相仿。臣福康安已札商撫臣馮光熊，再加查核，妥協會議，另行具奏。所有滇省鉛、銅各廠應請毋庸封閉緣由，臣等合詞恭摺覆奏。

龔景瀚《澹静齋詩文鈔・文鈔》卷二《上蔣布政使論鹽灋書》 利權不可以假人，今官不配鹽，則無人爲之經理，游手無賴之徒，羣集其中，趨利如騖，是縱之使争也。如雲、貴之銀冶、銅場，口外之金廠，所在成羣，事端滋起，既不可以驅逐，又不易於稽查，積久生奸，必釀事變，其弊二也。

陶澍《陶雲汀先生奏疏》卷一《侍御稿・請嚴湖南礦廠之禁摺子》 奏爲奸民盜開礦廠請旨嚴行封禁事：竊臣聞湖南辰州屬之沅陵縣有地名大油山，在清浪灘之上，山險水惡，數十里人烟絶少，最利藏奸。前年此山偶出金礦，輒有奸民乘機盜挖。數月之間，聚衆數千，地方官往捕，當經嚇散，而根株未靖，仍有偷挖之事。本年辰沅飢饉，百姓乏食，咸以此山有金可採，冒死争赴，併有他處聞風而往者，日聚日多，其勢復將犯禁。查大油山蕞爾一區，爲山甚小，無論礦竭之日，難於遣散。而此時辰沅荒歉，穀米騰貴，本地之民尚且乏食，安能供此日益月增之衆？況礦徒兇横者多，往往不顧身家性命。沅陵偪近苗疆，山深地阻，聚此千百無藉之徒於險惡之區，爲聚而難散之勢，其爲害誠非淺鮮。現雖有官駐守，誠恐員微力弱，難資彈壓，應請敕下湖南巡撫，速飭該府親往，設法遣散，毋使奸民嘯聚，致釀事端。仍將此山永行封禁，以絶希冀之心，而杜將來之患。再者，湖南所屬如安化、攸縣、新化、邵陽、武岡、新寧、東安、辰谿、瀘溪、石門、慈利、永定、桂陽、桂東、臨武各州縣，向産鐵礦，有題明開採者，亦有私行開挖者，因係内地，尚無妨礙。然礦洞幽深曲折，易於窩藏盜竊。且穿崖越嶺，長至二三里及四五里不等，往往洞口開於此山，而偷挖彼山之礦。甚者斷山截脈，壞及墳塋住址，殘毀可傷，争端易起，聚衆械鬭，涉訟釀命者，不一而足。竊思此等礦山雖未能盡行封禁，亦宜妥爲防範，毋使滋生事端。應并請賜諭該地方官，剴切出示，毋許偷挖。如有鑿毁人家墳地及窩藏盜竊者，從嚴辦理；有犯即懲，於以澤枯骨，而靖奸藪，地方幸甚！臣爲預防礦徒爲害起見，是否有當，伏祈皇上睿鑒。謹奏。

嘉慶十九年九月十七日具奏，本日奉諭旨一道：寄交湖南巡撫，查明封禁。

丁寶楨《丁文誠公奏稿》卷二六《遵旨查覆川省礦務情形摺　光緒十一年十月初三日》 奏爲遵旨查明川省礦務開辦情形，未見確有把握，謹據實覆陳，恭摺仰祈聖鑒事：竊臣准軍機大臣字寄，光緒十一年七月二十八日奉上諭：現在籌辦海防，善後所有鼓鑄製造事宜，銅、鐵兩項需用甚殷。叠經諭岑毓英等，開辦礦務，事在必行，兹據維慶奏四川、雲南宜及時開辦銅廠。

劉錦藻《清朝續文獻通考》卷四三《征榷考一五・坑冶》 嘉慶元年，題准廣西盧架山銀鉛廠，准其封閉。

《舊唐書》卷一七上《敬宗紀》 〔寶曆元年閏七月甲申〕詔度支進銅三千斤、金薄十萬翻，修清思院新殿及昇陽殿圖障。

《宋會要輯稿・食貨三四・坑冶雜録》

鄱陽、樂平、浮梁、德興歲和買金五百四十二兩八錢，德興銀一千七百四十九兩五分，銅二十一萬一千七百三十四斤二兩，而《中書備對》則云：歲買金三十四兩，銀二千一百三十七兩，銅七百四十斤。有買金場，一在城下，一在利陽務，一在德興縣。又有市銀院買銅場，皆在德興。今金、銀、鉛皆無，惟有浸銅，及鐵課利錢亦不敷。

《宋會要輯稿・職官四三・提點坑冶鑄錢司》 〔政和〕八年十一月十四日，江淮等路提點坑冶鑄錢饒州置司奏：「契勘江、池、饒州錢監鼓鑄錢額上供，全仰韶州岑水、潭州永興、信州鉛山三大場并新發坑場收趁銅料應副，全藉兩提點官不住往來巡察等。照會逐場相去遼遠，動涉三四十程，每遇出巡，其不通陸路處自合乘船外，有通陸路去處，又却道程迂遠，理欲徑便乘船前去。緣有礙大觀四年三月二十五日指揮，不免陸行，却成迂滯，恐爲未便。今相度，兩提點官如遇出巡管下坑場錢監，點檢驅催物料，應副錢監鼓鑄上供額錢，經由去處不以水陸路，并從徑便。」從之。【略】

〔高宗紹興二年〕八月七日，尚書省言：「訪聞提點坑冶鑄錢虔、饒州司舊管小料七綱，共計船二百八十只，般運嶺南銅鉛物料。依紹聖四年二月十一日敕旨，應經過州縣不得截留附搭，亦不許借數别裝官物。累年以來，多是過軍虜奪前去，今止有綱船一十七只，致綱運有闕。」詔虔、饒州提點鑄錢司，應官、客船過往，有軍馬及他司州縣輒敢拘占截撥者，依紹興二年三月二十二日指揮科罪。仍許梢工越訴。先是，臣僚言，乞禁止官司拘占民間舟船。有旨，應官吏軍下使臣等輒干州縣，亂作名色指占舟舡，及州縣因作非泛使命經過差人捉舡，并徒一年，許船户越訴。【略】

〔孝宗隆興元年〕十月十六日，户、工部狀：「准批下提點坑冶鑄錢司申：『從來般擔銅鐵等，係是和雇人夫。紹興二十八年，承南安軍差到鋪兵六十人，前來岑水場銅鐵軍般運，多不遵依程限，搔擾鄉村。今相度，欲依舊和雇人夫般運，官司計量鐵數多少，支給錢米，委是省費，經久利便。』逐部勘當，欲依所乞事理施行。」詔依。

唐順之《荊州稗編》卷一一《户八・元歲課》 鈆錫在湖廣者，至元八年，辰、沅、靖等處轉運司印造錫引，每引計錫一百斤，官收鈔三百文，客商買引，赴各冶支，販賣無引者，比私鹽，減杖六十，其錫没官。此鈆錫課之興革可攷者然也。

《宋史》卷一七五《食貨志上三》 初，荊湖、江、浙、淮南諸州，擇部民高貲者部送上供物，民多質魯，不能檢御舟人，舟人侵盜官物，民破産不能償。乃詔牙吏部送，勿復擾民。大通監輸鐵尚方鑄兵器，鍛鍊用之，十裁得四五；廣南貢藤，去其麤者，斤僅得三兩。遂令鐵就冶即淬治之，藤取堪用者，無使負重致遠，以勞民力。【略】廣南金銀、香藥、犀象、百貨，陸運至虔州而後水運。

吕震《〔宣德〕鼎彝譜》卷一 宣德三年三月初三日，司禮監太監吴誠賫出聖諭一道，勅諭工部尚書吴中：「朕自御極以來，荷賴皇天垂佑，海宇清寧，黔首奠安，四夷賓服，重譯獻琛而至者三十餘國。朕惟涼德，實深内疚，因見郊、壇、太廟、内廷所在，陳設鼎彝式範鄙陋，殊□古制，是以深繫朕懷。今有暹羅國王刺迦滿靄所貢良銅，厥號風磨，色同陽邁，朕擬思惟所用，堪鑄鼎彝，以供郊壇太廟内廷之用。今着禮部會同太常寺司禮監諸官，參酌機宜，該鑄鼎彝自上用之外，以及頒賜各王府，兩京文武衙門，數目多寡，款式巨細，悉倣《〔宣和〕博古圖録》及考古諸書，並内庫所藏柴、汝、官、哥、均、定各窑器皿款式典雅者，寫圖進呈揀選，照依原樣勒限鑄成。今特勅爾工部可速開冶鼓鑄，應用工匠，金、銀、銅、鐵、鉛、錫、藥料可着實明白開册具奏，毋得隱冒侵欺，察出治罪。欽此。」

太子太保、工部尚書臣吴中接到禮部移會，遵旨開冶鼓鑄鼎彝，以供郊、壇、太廟内廷之用，共計一百一十七款，通計三千三百六十五件，照依原降款式，謹遵欽限鑄造。該用金、銀、銅、鐵、鉛、藥，遵旨明白開載，具册上聞，伏候聖裁頒發。〔宣德三年四月疏〕。

《鑄冶須知》黄册一本，鈐印進呈御覽，所應頒發各項物料須至册者。

計開：

暹羅國洋銅三萬九千六百觔，赤金八百兩，白銀二千六百兩，倭源白水鉛一萬七千觔，倭源黑水鉛八千觔，日本國生紅銅一千觔，賀蘭國花洋斗錫八百觔，天方國番硇砂三百六十觔，三佛齊國紫礦石三百觔，渤泥國紫礦石三百觔，渤泥國臙脂石三百觔，金絲礬二百觔，晉礬二百四十觔，黄明礬一百二十觔，白明礬二百觔，寒水石二百觔，出山水銀一千八百觔，辰州府硃砂三十觔，梅花片石青三十觔，石緑三十觔，古墨二十觔，銅緑三十觔，黄丹五十觔，硼砂三十觔，方解石二十觔，白蠟一百三十觔，黄蠟八百觔，血竭二十觔，無名異二十觔，赤石脂二十觔，光砂一千觔，雲南黑白棋子二萬個，雲南料石一百二十觔，煤炭十萬八千觔，櫟木炭十萬八千觔，松木柴十二萬觔，蘆柴三萬觔，楊木烰炭六百觔，石灰四十石，皇磚四萬口，黄砂三石，玉田砂三石，大毛樫竹三百莖，鐵力木十六根，杉木一百二十根，官瓦六萬片，大風箱二十具，大小陽罐二萬個，大小烊銅鐵罐四百個，烊銅大鐵篩十具。圍徑一丈一尺。勾管爐冶鼓鑄局官二員，提舉爐冶鼓鑄局官二員，鼓鑄局匠人六十四名，鼓鑄局風箱夫二十名，鼓鑄局水夫十名，鼓鑄局火夫十名。

臣吴中等誠惶誠恐，稽首頓首，遵旨謹奏所列應用金、銀、銅、鐵、藥料、什物大小、臣員工匠，俱已估計明白，真實無虛，謹於宣德三年四月二十日，率本部大小臣員恭詣乾清宫，具本隨册上達天聽。倘蒙俞允，乞命司禮監太監臣到臣部，限同勘校虛實，以便具本恭詣内府及各衙門，領取應用物料施行，庶可依限鑄成上進，伏祈賜垂睿覽，臣等無任榮遇之至。〔宣德三年四月疏〕。【略】

又卷二

宣德三年四月二十四日，上御乾清官瑤華殿，勅諭司禮監太監吴誠，工部尚書吴中等：「所上册本，朕已親覽，所費浩大。今着爾可往工部校勘虛實。其金、銀、藥料等物作何用度，可酌量裁減的，實具本奏來。欽此。」

司禮監一本爲欽奉上諭事：司禮監太監臣吴誠，於宣德三年四月二十四日奉聖旨，命臣前往工部，查勘所奏鑄造鼎彝、應用金、銀、藥料物件，臣與部臣吴中等細加酌量，鑄造鼎彝大小輕重估計該用物件裁減十分之二，具册上聞，恭呈御覽，倘聖恩俞允，勑諭付外施行。

今將裁減物料清册具奏如左：

暹羅國風磨銅原册三萬九千六百觔，今裁減七千九百二十觔，實該三萬一千六百八十觔，此銅作鑄造鼎彝諸器用。

赤金原册八百兩，今裁減一百六十兩，實該六百四十兩，此金作商嵌泥金、流金鼎彝用。

白銀原册二千六百兩，今裁減五百二十兩，實該二千零八十兩，此銀作商嵌泥銀流銀等雜用。

倭源白水鉛，原册一萬七千觔，今裁減三千四百觔，實該一萬三千六百觔，此鉛作鉛磚鋪鑄冶局地雜用。

倭源黑水鉛，原册八千觔，今裁減一千六百觔，實該六千四百觔，此鉛作鉛磚鋪鑄冶局地並雜用。

日本國生紅銅，原册一千觔，今裁減二百觔，實該八百觔，此銅作烊銅用。

賀蘭國花洋錫，原册八百觔，今裁減一百六十觔，實該六百四十觔，此錫作烊銅用。

鋼鐵，原册一萬二千觔，今裁減二千四百觔，實該九千六百觔，此鐵作煉銅。

大鐵篩十具，每具一百二十觔，共該一千二百觔，餘存作食鍋、鐵罐、鉗、鎚、刀、碪等雜用。

天方國番硇砂，原册三百六十觔，今裁減七十二觔，實該二百八十八觔，此砂作鼎彝點染硃砂斑色用。

三佛齊國紫礦石，原册三百觔，今裁減六十觔，實該二百四十觔，此石作鼎彝點染紫葡萄斑色用。

渤泥國紫礦石三百觔，今裁減六十觔，實該二百四十觔，此石作鼎彝點染棗斑色用。

渤泥國臙脂石，原册二百觔，今裁減四十觔，實該一百六十觔，此石作鼎彝點染桑椹斑色用。

琉球國安瀾砂，原册二百觔，今裁減四十觔，實該一百六十觔，此砂作鼎彝點染磨光模坯用。

金絲礬，原册二百觔，今裁減四十觔，實該一百六十觔，此礬作鼎彝點染蠟茶色用。

鴨嘴膽礬，原册二百四十觔，今裁減四十八觔，實該一百九十二觔，此礬作鼎彝點染鸚羽緑脚地用。

黄明礬，原册一百二十觔，今裁減二十四觔，實該九十六觔，此礬作鼎彝點染蠟茶色脚地用。

白明礬，原册二百觔，今裁減四十觔，實該一百六十觔，此礬作鼎彝點染各色脚地用。

出山水銀，原册一千八百觔，今裁減三百六十觔，實該一千四百四十觔，此水銀作鼎彝流金、商金、鑠金之用。

辰州府硃砂，原册三十觔，今裁減六觔，實該二十四觔，此硃砂作鼎彝硃砂斑色。

梅花月石青，原册三十觔，今裁減六觔，實該二十四觔，此石青作鼎彝點染石青斑色用。

石緑，原册三十觔，今裁減六觔，實該二十四觔，此石緑作鼎彝點染石緑斑色用。

銅緑原册三十觔，今裁減六觔，實該二十四觔，此銅緑作鼎彝點染緑色脚地用。

古墨，原册二十觔，今裁減四觔，實該一十六觔，此墨作鼎彝黑漆古蟹殼青顏色用。

黄丹，原册五十觔，今裁減十觔，實該四十觔，此丹作鼎彝鉛古色脚地用。

硼砂，原册三十觔，今裁減六觔，實該二十四觔，此砂作鼎彝水銀古脚地用。

方解石，原册一百三十觔，今裁減二十六觔，實該一百零四觔，此石作鼎彝各色脚地用。

白蠟，原册一百三十觔，今裁減二十六觔，實該一百零四觔，此蠟作鼎彝發光顏色用。

黄蠟，原册八百觔，今裁減二百六十觔，實該五百四十觔，此蠟作鼎彝蠟模坯用。

無名異，原册二十觔，今裁減四觔，實該十六觔，此無名異作鼎彝青磁色用。

血竭，原册二十觔，今裁減四觔，實該一十六觔，此血竭作鼎彝朱紅斑色用。

赤石脂，原册二十觔，今裁減四觔，實該一十六觔，此石脂作鼎彝海棠紅脚地用。

雲南棋子，原冊二萬個，今裁減四千個，實該一萬六千個，此棋子作鼎彝磁泑色用。

雲南料石，一百二十觔，今裁減二十四觔，實該九十六觔，此石作鼎彝磁泑色用。

煤炭，原冊十萬八千觔，今裁減二萬一千六百觔，實該八萬六千四百觔，此煤炭鑄冶烊銅用。

櫟木炭，原冊十萬八千觔，今裁減二萬一千六百觔，實該八萬六千四百觔，此櫟炭作鼎彝鑄造烊銅用。

又卷三 工部一本爲遵旨欽頒鑄冶物料事：宣德三年五月初一日，叨蒙聖恩俞允，裁減鑄冶鼎彝應用材料，理合具題遣官恭請內庫並各署管衙門領取，謹具差官員名及該領物件上達天聽，應否伏候上裁，臣吳中等不勝惶懼之至。

謹開：

工部營繕司主事臣王玉益、工部都水司主事臣米寶、鑄冶局大使臣張護、鑄冶局大使臣許百祿。

今撥營繕司主事臣王玉益賫摺本恭詣內豐積庫，領取赤金六百四十兩，白銀二千零八十兩。

又賫摺本恭詣內節慎庫領取風磨銅三萬一千六百八十觔，白水鉛一萬三千六百觔，黑水鉛六千四百觔，紅銅八百觔，洋錫六百四十觔，鑌鐵九千六百觔。

今撥都水司主事臣米寶賫摺本恭詣戊字內顏料庫，領取安瀾砂一百六十觔，硃砂二十四觔，石青二十四觔，石緑二十四觔，銅緑二十四觔，古墨十六觔，白蠟一百零四觔，黄蠟五百四十觔，黑白棋子一萬六千個，料石九十六觔。

又撥都水司主事臣米寶賫移會到太醫院，領取番硇砂二百八十八觔，金絲礬一百六十觔，紫石二百四十觔，紫礦石二百四十觔，晉礬一百九十二觔，胭脂石一百六十觔，黄明礬九十六觔，白明礬一百六十觔，水銀一千四百四十觔，方解石一百零四觔，血竭一十六觔，無名異一十六觔，赤石脂一十六觔。

今撥鑄冶局大使臣張護賫移會到司禮監惜薪司，領取煤炭八萬六千四百觔，木炭八萬六千四百觔，松柴九萬六千觔，蘆柴三萬觔。

今撥鑄冶局大使臣許百禄賫移會到皇木廠，領取鐵力木十六根，大杉木一百七十根，大毛椏竹三百莖。

又撥鑄冶局大使許百禄賫移會到皇磚廠，領取石灰五十石，皇磚三萬二千口，官瓦四萬八千片，黄砂六石，玉田砂六石，陽城罐二萬個，烊銅鐵罐一百六十個，本部營繕司特造大小風箱二十具。

以上各項物料已經撥官領取，爲此上達天聽，臣等不勝榮遇之至。宣德三年五月謹疏，隨冊恭進，六月十五日奉聖旨：「知道了。」

佚名《明詔令》卷一七《皇子生詔》〔弘治四年九月二十四日〕一各處額辦、派辦物料，除軍需應用器皿外，其餘硃、漆、油、麻、銅、青銅、鐵等，綿、翎、鰾、梔子、槐花、烏梅、藍靛、翠毛、箬葉、圓藤、芒苗苕、竹掃等。【略】竹、軟篾、板枋、白硝、雜皮、水牛底等，皮皂、縐紗、水膠、墨煤、雜草、羊毛、羊角、牛觔、牛角、煤炸、瀛沙、磁末、毛嬰、白猪鬃、雲母石、缾罈、高頭、欒白榜等，紙等項，自弘治二年十二月以前，拖欠未徵者，悉與蠲免。已徵在官者，仍解本部，并各處收貯，以備別用。

張溶《明世宗肅皇帝實録》卷一二三〔嘉靖十年，三月，辛丑〕【略】內承運庫奏乏金珠寶石，行雲南查催進用。金取本庫所貯足色金，量分成色，攙以太倉庫銀，置造器物，或俱行順天府召商收買。

吴瑞登《兩朝憲章録》卷一七〔嘉靖四十二年癸亥四月〕丙寅，雲南進礦金四百兩，礦銀一萬兩。

張溶《明神宗顯皇帝實録》卷二三〔萬曆二年，甲戌，三月，己卯〕戶部題：「萬曆二年分行各省，直歲辦甲丁二庫物料：甲字庫銀硃三萬五千斤，【略】黄丹四萬二千斤，碌礬一萬五千斤，紫草一千四百斤，明礬四萬二百斤，光粉一萬五千斤，黑鉛二萬一千斤。【略】丁字庫生漆十一萬斤，桐油九萬八千斤，黄熟銅三萬三千斤，紅熟銅二萬五千斤，黄蠟二萬斤，錫二萬斤，牛筋四千，黄牛皮一千張，生銅一萬斤。」從之。

汪應蛟《計部奏疏》卷一《錢價南北倍殊敬議南鑄北用併議新舊兼行疏》

蓋緣銅、鉛產自蜀楚，去南京稍近，轉販至北則水脚多費。

何士晉《工部廠庫須知》卷三營繕司召買 天大青十二斤，每斤銀二兩，該銀二十四兩。

天二青十二斤，每斤銀一兩四錢，該銀一十六兩八錢。

天三青十二斤，每斤銀七錢，該銀八兩四錢。

石大青五十斤，每斤銀七錢，該銀三十五兩。

石二青五十斤，每斤銀四錢五分，該銀二十二兩五錢。
石三青五十斤，每斤銀二錢八分，該銀一十四兩。
天大碌二十五斤，每斤銀一錢二分，該銀三兩。
天二碌二十斤，每斤銀一錢一分，該銀二兩二錢。
天三碌二十斤，每斤銀九分二釐，該銀一兩八錢四分。
硇砂大碌五十斤，每斤銀一錢三分，該銀六兩五錢。
硇砂二碌五十斤，每斤銀一錢一分，該銀五兩五錢。
硇砂三碌五十斤，每斤銀九分，該銀四兩五錢。
硇砂枝條碌五十斤，每斤銀九分五釐，該銀四兩七錢五分。
紅熟銅絲一千五百斤，每斤銀二錢一分，該銀三百一十五兩。
石大碌五十斤，每斤銀七分，該銀三兩五錢。
石黄六十斤，每斤銀四分二釐，該銀二兩五錢二分。
燒造土二萬九千斤，每斤銀六釐，該銀一百七十四兩。
雄黄二十斤，每斤銀三錢五分，該銀七兩。
銅青二十斤，每斤銀六分，該銀一兩二錢。
乾胭脂二十斤，每斤銀四錢，該銀八兩。
皮硝四千斤，每斤銀五釐，該銀二十兩。

畢自嚴《度支奏議》卷八《新餉司・覆錢法堂任内鼓鑄本息疏》 題爲遵例恭報年終鼓鑄本息，以備銷筭事：專理新餉山東清吏司案呈，崇禎二年十二月十七日奉本部送户科抄出督理錢法本部右侍郎曹珍題前事，十二月十五日奉聖旨：這鼓鑄本息給發等項，各與銷筭，陽山鉛穴議妥採買，米世發等准紀録。該部知道。欽此。欽遵抄出到部送司，案呈到部。該臣等看得生財裕國莫利於鼓鑄，然其中錢銅之收發，子母之循環，萬緒千端，最稱煩劇，非得才幹廉明者以綜覈之，未易易也。今該錢法督臣曹珍年終奏繳，臣按原疏而覆勘之，自崇禎二年四月初三日任事起，至十二月初一日交代止，凡九閲月，共收過銅鉛并舊管銅鉛共值銀一十八萬六千一百六十六兩六錢七釐，鑄成制錢，除給匠作工料外，值銀二十萬八百五十八兩四錢九分。内除發過各鎮月餉，并給京營官軍俸糧布花，及城軍援兵塩菜行糧等錢，共值錢一十八萬六千一百六十六兩六錢七釐，抵充銅本外，獲息一萬四千六百九十一兩八錢八分三釐。又用息銀零買雜銅鑄錢，除抵還原本外，生息五千二百七十兩五錢五分八釐。通共息銀一萬九千九百六十二兩四錢四分一釐，内夏秋冬三季共進過制錢七百五十一萬五千文，值銀一萬一千五百六十一兩五錢三分八釐。又給發爐商潘堯年等收買銅鉛錢值銀八千一百八十七兩三錢五分五釐，尚存息錢值銀二百一十三兩五錢四分七釐，撥入局本項下。此任内九個月鼓鑄本息出入之正數也。其苗郎中貯庫銅共該補還餉本五萬七千四百六十兩七錢五分七釐，除七月以前還過三萬四千二百三兩六錢六分八釐發餉具題外，尚欠二萬三千二百五十七兩八分九釐續經補發充餉。訖至于題留局息五萬六千一百五十三兩六錢九分，自八月以至十一月終，又生息二千四百六十八兩二錢八分六釐給作京軍料草。訖此又八月後，留局息本内生息之數也。至於補輕樽節錢除七月以前業經報入清查本息疏内不筭外，自八月以後，又得補輕錢一十萬九千九百零九文，淘渣鑄出等錢一十萬六千零三十六文，共值銀三百三十二兩二錢三分零。此又在息數之外者也。以上自崇禎二年四月初三日起，至十二月初一日止，通共獲息二萬二千七百六十三兩五錢五分九釐。除作正開銷外，實存局庫息銀三百三十二兩八錢三分，見在湊發充餉者也。查陽城鉛穴甘石叢生，可以鎔銅，可以錬鉛。去年該督臣兑給關税二萬兩，批委爐頭周弘道等前往採辦，業經試有成效。且本山距京不遠，運納可期，嗣此價省，而息自饒矣。督臣以本少不能周轉，疏請欲留關税之半，以充採辦之資，又准錢法侍郎康新民咨請添設鑄本，以復原額，蓋沃其本，所以廣其利。督臣之留心錢法，無非爲國生財，臣亦奚吝而不爲乎？第目前錢糧正苦匱乏，供應不支，增本之説似容徐議可也。臨清等八關税銀共一十五萬，原解南部銅差辦買銅鉛解局鼓鑄，去年因銅鉛不繼，停爐以待，議將崇文門課銀一萬兩解局，以爲零買古錢襍銅之用。其臨清、河西、淮安、楊州四關額税五萬二千五百兩，暫兑爐頭赴領採買，接濟鼓鑄，俟銅鉛充足，仍歸南部等因，題奉欽依在案。爲今日生意便宜計，合無仍將臨清等四關税銀五萬二千五百兩，再准兑留一半，遴委殷實爐頭就近採買，務期一年兩轉，立爲成規，依限完納。其崇文門課銀一萬兩，去年解局以爲零買古錢襍銅之用，今歲仍當倣照此例。又查去年爐頭周弘道等兑領臨清等四關税銀五萬二千五百兩，往陽城開採盧甘石者，迄今一載尚未報完。雖事屬創始，遽難一槩責成，然而遲滯經年，不無情弊？該局亟應查照原限，速爲追此通完，倘仍前稽緩，定行參送，以杜效尤之漸也。至于滸墅、北新、九江三關税銀八萬七千五百兩，各關照例解交銅差，遴委殷實銅商催督上緊採買，按期解納，毋使奸商侵欠，庶於鑄務有裨。及查陽山鉛穴夙稱利藪，所産窩鉛堪充鼓鑄。崇禎元年，該前督臣孫居相於邊計告急疏内，曾有開採廣東陽山鉛穴之議，去年又該督師總督撫按諸臣會題行引足餉償貸鼓鑄并報開採一疏，奉有鉛礦事宜，該部即與覆行之旨業該臣部覆奉欽依，通行該省撫按，酌議舉行去訖。今復奉旨：陽山鉛穴議妥開採。臣簡閱成案，參酌輿情，咸謂採此鉛穴，佐鑄生財，上下兩利，似屬妥便可行。合無聽令兩廣督臣約束商民，設法採買，以供鼓鑄。因生成之利，導不涸之源，裕國濟時，良非小補。統候聖明之宸斷，而非臣部所敢擅專也。其佐理司官例應叙録，如協佐錢法員外郎米世發以經國之心運生財之道，秋毫悉歸實用，可謂有才有守。原任專理新餉山東清吏司郎中，今陞河北道范鑛，心同止水，才若轉環，當軍興旁午，而四應周流，勞績懋著，允宜優擢。專理邊餉山西清吏司郎中王肇生，材識深沉，品格卓邁，當匱詘之時而權宜措辦，邊圉攸賴，勞績居多。督理銅務南京户部江西清吏司郎中畢生輝，清貞自砥，經濟獨優，剔釐勞怨，不辭轉輸，緩急有□。茲四臣者，均於局務有裨，相應紀録優叙，以示激勸者也。既經具題前來，相應覆請，恭候命下臣部，移咨吏部并錢法堂及各關寶泉局，一體遵奉施行。崇禎三年三月初九日具題，本月十三日奉聖旨：欽此。【略】

題爲清查本息出入之數，并權子母相生之法，以裨實用，以裕國計事：專理新餉山東清吏司案呈，崇禎二年八月初七日，奉本部送户科抄出督理錢法本部右侍郎曹珍題前事，本年八月初三日奉聖旨：該部即與勘覆，其見在并給買銅鉛銀兩留作鑄本，依議行。欽此。欽遵。又先該巡視中城等御史李長春等題爲極言錢法之壞，與奸胥奸商交通之情，仰懇聖明講求畫一之政，以裕國而因以便民事，奉聖旨：制錢裕國，正須便民，前有旨六十五文行使，今復壅阻，違旨病民，致壞錢法，巡視與有責任。這奸胥奸商串通傳訛，收售射利等弊，爾每既知源委，便指實參拏重處。私鑄私販，京城内外，設法訪拏。至於局内人匠夾帶低銅，官爐借鑄，耗蠹更多，着督理嚴查。爾每巡視及巡緝衙門體訪得實，管局司官以通同究治。該部還先行嚴訪，其餘疏通事宜一併從長議奏。該衙門知道。欽此。欽遵抄出到部送司，案呈到部。該臣等看得《周官》理財有九，而泉府之制居其一，利民裕國誠重之矣。然而耗蠹之弊有陰陽之分，私鑄多而官鑄少，其弊爲陽耗，是明蝕我利孔者也，其法在於疏通。滋息多而侵漁更多，其弊爲陰蠹，是暗蝕我利孔者也，其法在於查核。今督臣簡從前之舊案，清今日之頭緒，徹底打筭，權衡於出入之間，較量於子母之數，已朗若列眉矣。但八年内鼓鑄本息將鉅萬計，而款項旁雜，事關錢糧，豈敢不再加詳慎覆行。該局協佐錢法員外即米世發，將歷年本息細造清册到部，按其總撒互加參勘，自天啟元年開局起，至崇禎元年十二月終，止計七年内收過銅鉛共值本銀一百一十四萬四千四百二十兩九錢八分，節年解過太倉給還鎮餉進過制錢等項共值銀一百四十七萬七千六百二十六兩七錢四分五毫，其節年存庫銅鉛銀錢共值銀一十萬一千二百八十三兩九錢一分一釐八毫。除抵還歷年餉本外，共計獲息四十三萬四千四百八十九兩六錢，此七年内本息出入之數也。及查歷年以來，雖有四十三萬之息，而傳留銅鉛之内，尚有歷來未還各鎮五萬七千四百六十餘兩。原係餉本，督臣以爲本不還盡，不可以筭利，故當照數抵還。此局息而未始非局本也。崇禎二年正月起至七月終，止新收舊管銅鉛共值銀二十萬二千八百二十五兩五錢零，共生息一萬五千六百二十五兩九錢三分八釐，共銀二十一萬八千四百五十一兩四錢零，除給發各鎮餉并進春夏二季上用制錢，并造法馬等項值銀一十三萬九千零四十兩六錢二分六釐四毫，而相傳存局作鑄本者，尚有實息銀五萬六千一百五十三兩六錢九分外。從來所欠餉本五萬七千四百六十兩零，除已還者三萬四千二百三兩六錢零，尚扣留在局抵還者應有二萬三千二百五十七兩零，合前數共該有七萬九千四百一十兩柒錢零。此又存留抵還并作鑄本之數也。八年抵帳總撒井然，且省試更勤，於工作防閑倍密，於爐丁督臣之綜覈，司官之佐理可謂極其詳明，而從來溷湄之弊於此盡清矣。第今日之鼓鑄不患銅本之不充，而患銅鉛之不繼，不患外解之巧侵，而患考成之不飭。何也？大都買銅各商急公念輕，侵漁念重，不專監督之責，難釐積習之奸案。查天啓七年臣部原題監督銅務一差，要之三年，以專其任課之完欠，以考其成。近銅務雖已歸併於南部，而成法不宜紛更於曩昔，嗣後應照原題事例，各管關主事將原派銅本分作四季解送銅務監督，每季務足四分之一。解不如額者，不准考覈。銅務監督每年將應解銅鉛亦分作四季運納寶泉局，每季務足四分之一，運不如額者，不准考覈。寶泉局除鑄息另筭外，亦將本銀分作四季，歸還新舊兩庫充餉，每季亦務足四分之一，還不如額者，不准考覈。夫如是，則督責既專，銅鉛易集，源不滯而流自弘，生生不息，利莫大焉，其於疏通事宜、鑄務長策，或少補濟於萬一也。既經具題前來，相應覆請，恭候命下臣部，移文各衙門，遵奉施行。崇禎三年三月初九日具題，本月十三日奉聖旨：是。欽此。

允祹《大清會典》卷一四《户部·錢法》 凡銅之良者，產於雲南，召商開採，歲輸京師五百七十萬四千斤有奇，分爲六運，承運官正副二人，以府貳牧令爲正丞，倅爲副。以九十日爲一運，由尋甸東川水陸兼運，至四川之永寧，下三峽，沿於江漢，經湖南北、江西、安徽、江蘇達於運糧河，由運糧河達於京。自起運至京以十有四月爲期。運舟由有司和雇，舟不堅固致損敗者，經理之有司論。其觸險沉溺者，所在有司責令雇水手探取銅，有遺失者責償。其輸納於部也，必辨色之高下，以定其數，色惡數不足者，承運之官論。持衡不平致有輕重低昂者，主藏之吏論。

凡商賈有挾重貲願航海市銅者，官給符爲信，聽其出洋往市於東南日本諸夷，舟回，司關者按時直收之，以供官用。有餘則任其售於市肆，以便民用。

凡白鉛、黑鉛産於湖南、貴州，亦召商開採，歲輸京師白鉛三百八十四萬千九百十有四斤，黑鉛七十萬五百七十一斤。分爲上下二運，上運起自四月，至十月抵京，下運起自十月，至次年三月抵京。錫之良者，産於南洋諸夷國，番舶之以時至者，由廣東和買，歲輸京師二十一萬千七百十有二斤，均以佐雜官承運。

凡運銅及鉛錫皆有定限，計日到京，逾期者論。經行之地，所在有司督催出境，毋許淹留，法與督漕同，催行不力者糾劾。凡直省奏准開鑄者，直隸、山西、江蘇、江西、福建、浙江、湖北、湖南、陝西、四川、廣東、廣西、雲南、貴州十有四省。惟雲南即山採銅，其他或收本境廢銅，或買雲南餘銅，各隨其地之宜，作之泉布，以利民用，一面鑄清文寶字，並本省一字，其餘輕重制度，咸如京局。

卞寶第等修曾國荃等纂《〔光緒〕湖南通志》卷五七《食貨志三·錢法》 〔雍正〕十一年部議，【略】再湖南、湖北、廣東三省，每年額辦滇銅一百六十六萬三千一百九十九斤十兩零，運交京局每百斤價銀十四兩五錢。若將三省額銅在滇省鼓鑄，每百斤價銀十兩三錢，較運京鼓鑄可節省銅價銀六萬九千八百五十四兩三錢八分六釐零。所需鉛斤一百六十六萬三千一百九十九斤十兩零，即今貴州照依廠價每百斤一兩三錢，解運滇省供鑄，較商人辦運每百斤四兩七錢五分之價，可節省鉛價銀五萬七千三百八十兩三錢八分八釐零。前項銅鉛照依京局對成配搭，儘數鼓鑄。【略】

〔乾隆〕四十四年奏准郴桂礦廠銅質日低，内夾黑鉛鑄錢，墜結罐底，致鑄出錢文未能足數。將鑪户應得火工錢文補額，雖以罐底黑鉛變價給還，究不敷其火工之費，奏請除去黑鉛改易白鉛。又因郴桂礦廠不敷二十鑪配鑄之用，奏請裁減存鑪十五座，每年采辦銅三十萬斤内外。鑄出局錢，除例給火工外，獲錢六萬三千二百八十餘串。五年，部議各省鼓鑄改用浄銅、白鉛、黑鉛、配鑄。湖南礦廠産銅日低，原有黑鉛夾雜，奏准每百斤以浄銅五十二斤，除去黑鉛六斤八兩，增入白鉛四十八斤配鑄。又因産銅短絀，自六年爲始，委員赴滇採買銅斤湊用。【略】

謹按：寶南局鼓鑄錢文，舊係按年籌議、委員赴滇采辦高低銅斤，赴漢買運黔省白鉛，及本省桂廠辦解銅鉛，均照采辦高七低三搭放。每運到滇省高廠高餉一百斤，例加耗銅三斤、餘銅一斤，該脚價銀十四兩零。金釵廠低銅一百斤，例如耗銅二十三斤、餘銅一斤，該脚價銀十二兩零。所有例加耗銅，隨正銅補給，其餘銅一項作正銅開銷。本省桂銅一百斤，該脚價銀十三兩零。漢鎮白鉛一百斤，該脚價銀四兩零。本省桂廠白鉛一百斤，該脚價銀三兩零。【略】

道光元年咨准，裁減五鑪，歲額仍應鼓鑄三十六卯，每歲只需正耗銅鉛三十九萬二千四百斤，内用桂陽州銅四萬四千零四十八斤，滇省高銅十一萬二千斤，低銅四萬八千斤，桂陽州白鉛五萬八千三百五十二斤，赴漢鎮採買白鉛十三萬斤。其減鑪章程即從嘉慶二十五年四月初一日爲始。所有採買滇銅、白鉛，亦即從委員採買二十五年銅鉛爲始。四年因滇銅買運需時，本省桂銅年久砂竭，致鼓鑄仍復缺額。【略】其買運銅斤既需補卯，自本年辦運銅斤起，每運加買銅四萬斤，仍符舊額二十萬斤之數，以供鼓鑄。俟補足缺額，再行奏明停止。又奏准，前委員赴滇買運嘉慶十一二兩年銅斤，低潮不敷鼓鑄，致折耗銅十萬三千八百四十四斤零，酌議分別捐賠銀兩歸補。並支提應配漢鎮白鉛九萬五千八百五十六斤零，照例變價。

張廷玉《清朝文獻通考》卷一六《錢幣考四》 臣等謹按：嗣後寶福局每年買雲南金釵廠銅並收商販洋銅配鑄，其所需鉛、錫由湖廣漢口收買，尋以金釵銅多有折耗，議於十分内用滇銅四分、洋銅六分。後又以者囊廠銅與金釵廠銅對搭，分買金釵廠銅每百觔價銀九兩，者囊廠銅每百觔價銀十一兩。【略】

臣等謹按：海外諸國多産銅錫，銅觔來自東洋。其出入由江浙海口，皆江浙商人出洋採辦，官爲給照，歲有常額。點錫來自南洋，自内地商人販運之外，復有外國夷商及附居澳門之西洋夷商載運進口，各隨市舶之便，無一定之期與一定之額也。凡南洋互市之地，若噶喇吧、呂宋諸島，不下數十國，其水程近者或數十更，遠者至二三百更不等。自康熙二十三年，始開海禁，五十六年復禁往南洋，惟聽各國夷船自來。雍正五年，仍令内地商船亦照常往市。其時商販之錫，並資民用。乾隆五年，定以點錫配鑄青錢。於是京局及各省局鼓鑄多於粵東取給焉。至於點錫之外，若西洋諸國商船，亦間有銅、鉛，悉隨時和買，以充本省鑄局之用。溟渤之涯，雲帆相望，大瀛一統之閎規實爲超軼前古者也。【略】

又開廣西鼓鑄局，兩廣總督慶復奏言：「粵西久未開鑄，惟賴滇省運錢以濟兵民之需。查本省恭城縣之回頭山廠，及懷集縣之響水廠、河池州之將軍山廠，歲約共產銅十餘萬觔，向係變價充餉。請即配買鉛、錫以供鼓鑄。開局於省城桂林府設爐十座，錢幕滿文鑄寶桂二字，每年開鑄三十六卯，用銅、鉛、錫二十一萬六千觔，再加耗二萬一千三百餘觔，鑄青錢二萬八千八百串。其各銅廠若用心調劑，尚可較前旺盛，偶有不敷，赴滇採買，添補所需鉛錫，亦相度開廠以資接濟。【略】

增定貴州辦白鉛、黑鉛，廣東辦點錫額數。户部議定：京局現在加卯鼓鑄，每年應令貴州加運白鉛一百二十五萬觔，共爲四百四十一萬觔，内解户部二百九十四萬觔，解工部一百四十七萬觔。加運黑鉛二十萬五百七十一觔，共爲七十萬五百七十一觔，内解户部四十六萬七千四十七觔有奇，解工部二十三萬三千五百二十三觔有奇。令廣東加運點錫六萬一千七百十三觔，共爲二十一萬一千七百十三觔，内解户部十四萬一千一百四十二觔，解工部七萬五百七十一觔。

又卷一七《錢幣考五》〔乾隆二十六年〕又令貴州、湖南起運京鉛，罷協運官，並定貴州辦鉛仍分四運。户部奏言：貴州、湖南承辦白黑鉛觔，向係分派正運、協官各自領鉛，先後開運船。其正運所領鉛觔雖多於協運，然正運係府佐等官，沿途足資彈壓，即遇舟車需費，亦易於應辦。協運既係雜職微員，一切每多竭蹶，於公事不免貽悮。請照雲南運銅之例，專委同知、通判、知州、知縣等官管解。其廣東辦解點錫向無協運之例，嗣後仍毋得委雜職等官。至於鉛觔分運宜酌量均派。湖南所解黑鉛爲數較少，應照舊爲上下兩運。貴州所解白鉛原額四百四十萬餘觔，近又有添辦之數，仍應分爲四運。從之。

〔乾隆〕二十七年，令解京鉛錫運局車價皆預行撥解。户部奏言：貴州、湖南、廣東承辦鉛錫俱由張家灣陸運至局，其車價銀向係運官攜帶，臨時交張灣巡檢代雇車輛。往往有交價濡遲，巡檢借端推諉，以致不能速運。必得部中督催始克運竣者，蓋緣車價既入運官之手，即不免沿途挪用，而巡檢因係私相交兑，亦遂任意遷延。應請嗣後解運鉛錫，除一切途中必需之費仍發運官隨帶備用，其自張灣運局請照運銅車價預解坐糧廳之例，行令貴州等省計一年所需，預行撥解通永道庫存貯，俟運船抵灣，該道核算應用之價照數發張灣巡檢雇車起運，一面將發價日期呈報錢法衙門扣限查催。從之。

又定京局交收銅鉛錫限期。户部奏言：向例銅觔到局，監督呈明錢法侍郎，驗定成色，即令交收。俟全數兑完之後，給發回批。乃運官每易遷延時日，不能作速交清。嗣後請定限兩月全收，如有觔數短少，勒限十日令赴局補交。其各省解到鉛錫，亦照此一體辦理。仍將局内收清日期先行知照該撫，以便飭令運官回任報銷。從之。

又定廣東、湖南運京鉛錫程限。廣東布政司胡文伯奏言：雲貴辦運京局銅鉛均經議定程限，其餘省分解京鉛錫未經定期，恐委運各員沿途任意逗遛，或致誤公。經户部議言：直省辦解鉛錫，由本省前至張家灣抵京，其間經涉江湖，實在需日若干，應令直省各自核計定限。嗣經廣東巡撫明山議定，廣東辦解點錫自廣州前至通州之張家灣，中間多係灘河逆流，南雄而上俱由陸運，山路亦復崎嶇，運解原非易易，應酌定程期，以十閲月解京爲限。湖南巡撫喬光烈議言：長沙領運黑鉛直自漢口運抵張家灣，原照貴州運銅之例，定限五閲月。其自長沙前抵漢口，中隔洞庭，水寛風逆，勢難冒險前進，應酌以一月爲期。中途遇有守風守凍日期，仍准沿途地方各官結報核辦。户部議：如所請，從之。【略】

又奉上諭：雲貴運送銅鉛一事辦理日久，諸弊叢生，經朕於營私虧缺之委員嚴加懲處，並令該部詳議定例，沿途督撫自當實力遵辦。但向來銅鉛運京原有定例，委員往往逾違，及至抵京交部，又復掛欠纍纍，總由委員捏報事故，所至停滯，以便作弊。而各該省督撫以事不關己，雖有催趲之例，不過行文查報了事，遂至委員任意朦混，肆無忌憚，不思銅鉛有資鼓鑄，本屬公事。凡運送船隻由該省起程，於何日出境之處，已傳諭雲貴督撫奏報。其沿途經過，各省分督撫大吏均有地方之責。雲貴督撫既鞭長莫及，而各該督撫復視同膜外，殊非急公之道。嗣後銅鉛船隻過境出境日期，及委員到境有無事故，並守風守凍緣由俱應詳查明確，隨時具摺奏聞，一面飭屬督催，毋令仍蹈前轍。至運送官物，其小者仍照常辦理。他省餉鞘木植之類，悉宜留心查催，不得任其遲滯，致滋弊端。著一併傳諭各督撫知之。【略】

〔乾隆十一年〕議以貴州餘鉛運至湖廣漢口、令各省收買以供鼓鑄。貴州總督張廣泗奏言：「黔省威寧州水城廳等處開採白鉛，出産旺盛，歲自辦解京局。正耗鉛四百數十萬觔之外，本省鼓鑄及川省收買，又約需一百萬觔，計多餘鉛三百萬觔。但礦廠衰旺不常，請每年額外預辦二百萬觔存貯，以備接濟，尚有百萬餘觔，動藩庫公項銀儘數收買，運至四川之永寧，下船抵赴漢口發賣，以供江浙等省錢局採辦之用。」大學士等議：如所請，從之。臣等謹按：黔省各鉛廠於乾隆四年議定二八抽課外，餘鉛以一半官收，一半聽廠民自售。九年復以廠民未能廣爲售銷，定餘鉛全數官爲收買。自九年以後，新開各廠皆照此辦理。是年，復以鉛觔積産滋盛，奏定運往漢口之例。至十三年，以礦産更旺，除解京及黔蜀供鑄并存貯二百萬觔，運往湖廣一百萬觔外，每年又餘白鉛五百萬觔。户部議：各省見俱開鑄，需鉛甚多，令仍動項收買添運至漢口發賣，並將鉛本脚費核定價直行知各省，畫一買用。尋議定：撥蓮花廠鉛二百萬觔，福集廠鉛一百三十萬觔，萬福山廠鉛一百三十萬觔，濟川廠鉛二十萬觔，天星廠鉛二十萬觔，共爲五百萬觔。各廠工本原有多寡不同，均匀配算，每百觔廠價一兩四錢八分，加以水陸運脚，以價銀三兩六錢六釐銷售，所售之銀即抵還工本。十四年，以直隸、江蘇、浙江、福建、江西、湖北等處每年採買白鉛止約用二百萬觔，無需五百萬觔之多，復議定：歲以二百萬觔運至漢口，合之前議解京各項約需九百餘萬觔之數，黔省歲産鉛一千四百餘萬觔。除抽課外，餘鉛仍半歸官買，半聽商賣，儘足敷用。嗣後至二十四年，復以每年收買廠鉛，積存福集等廠者二千餘萬觔，積存瑪姑廠者三千餘萬觔，壅滯不銷，久懸帑本。若槩由川江至楚，恐致擁擠京鉛。議開濬省城至平越府河道，徑由黔省水程直達湖廣，陸續分運鉛觔，仍赴漢口發賣通商。其柞子廠黑鉛積存亦多，並一體發運。

又卷一八《錢幣考六》〔乾隆四十一年〕又户部議：運京銅鉛經吏部以運員開行以後定有逾限處分，而開行以前遲逾，向無定例，伏思處分之輕重，總以限期爲權衡，其未經開行與既經開行責任各有攸歸，自應分晰酌定，以昭畫一。查向來運銅委員抵瀘州領兑，過秤打包，僱船裝運，定限五十五日者，原因在永寧、瀘州兩地分領予限，是以寬餘。今既在瀘州一處領兑較便，應酌減二十日，止准扣限三十五日，作爲開行以前之定例。至鉛運委員自永寧領兑裝運赴瀘州，向來予限三十日，自瀘州至重慶予限二十日。在重慶鎔鉛，按照每日鎔化二萬餘觔計算，照舊每運限三箇月。又在重慶僱船開行，限二十五日，應請均作爲開行以前之定例。合計前後限期雖分，而於舊例仍無增減，嗣後運員任意逗遛以致開行逾限者，即照違限議處，不准扣除定限。如此，則各該員自顧考成，益加迅速儧辦，於京運實屬有裨。從之。

貴州巡撫裴宗錫言：近年滇銅豐旺，現又增給廠價，商民採挖踴躍，除供京省外應有餘剩，而黔省自減爐以後，不惟鑄息缺額，而官錢既少，市價增昂。請撥滇銅之有餘補黔局之不足，將原減爐五座復加安設在滇省，每年只加撥銅十一萬一千觔，爲數無多，亦屬易辦。户部議如所請，從之。

〔乾隆〕四十六年，户部議：查四川寶川局新舊設爐四十座，歲需本省銅一百四十萬觔。嗣因該省銅觔不敷接鑄，奏減新舊爐鑄十二卯。今據該督文綬奏：近來各廠産銅歲止七八十萬觔，請再停十二卯，連前共省銅六十萬觔。核計近年出銅之數足供配鑄。其每年應用黑鉛四十九萬八千觔以供正鑄。近年本省各廠産鉛四五十萬觔，除供加卯應用外，尚餘二十餘萬觔。請嗣後存積三四年，核計足敷舊爐正鑄一年之用，即將黔鉛停買一年。現在局存黔鉛一百五十九萬餘觔，足敷兩年鼓鑄。所有本年應買黔鉛緩至來歲，秋間再行酌辦。得旨：允行。

四十九年，四川總督李世傑奏稱：欽奉諭旨：銅鉛一到川省，即係該督應辦要件，此項船隻著交沈清任率屬妥辦，以專責成等因。沈清任止能於所轄之重慶地方照料，其自永寧至瀘州，瀘州至重慶，自應一體專派大員督同地方官代爲僱備。查永寧道駐劄瀘州，銅鉛兩運所過地方，皆其專管，應請即責令該道督同永寧縣知縣、瀘州知州按照定價代爲僱辦。倘有疎虞，即將船户柁水送至所在地方官，追出原領脚價，枷示河干。其經過漢口、儀徵兩處，均應換船裝運，亦應查照此例，一律辦理。請敕下湖北、江蘇各巡撫，嚴飭各地方道員督屬，代爲僱辦，以昭慎重。户部議：如所請行。

海寧《晉政輯要》卷八《購辦鉛錫價脚限期並附》 查鼓鑄錢文，必須配以黑鉛、白鉛、點錫三項，乃可鑄錢，如紅銅二十五萬觔，必須配以白鉛二十萬七千五百觔，黑鉛三萬二千五百觔，點錫一萬觔，共成五十萬觔。除銅觔一項向係山西殷商承辦外，其鉛、錫歷年係委知縣、丞倅等官赴漢口購辦。每運採辦鉛、錫二十五萬觔，乾隆三十一年定例，限九個月辦竣。鉛、錫運晉交足等因，奉旨：依議。欽遵在案。所有鉛、錫價脚、限期各案開列於後。

計開：

一、白鉛每百觔價銀三兩六錢五分六釐零，購辦二十萬七千五百觔，共該銀七千五百八十六兩二錢。

一、黑鉛每百觔價銀三兩八錢六分四釐，購辦三萬二千五百觔，共該銀一千二百五十五兩八錢。

一、點錫每百觔價銀一十七兩一錢，購辦一萬觔，共該銀一千七百一十兩。

一、鉛、錫運脚銀四千三百八十二兩五錢。

一、馱銀運脚、官役、盤費等項銀二百五十兩。以上鉛錫二十五萬觔，共該銀一萬五千一百八十四兩五錢。

又户部咨一件，酌定辦鉛限期等事，廣西司案呈，内閣抄出山西巡撫彰奏稱，接准部咨令，將委員採辦銅、鉛、錫觔等項，分别道里遠近，酌定限期具奏辦理等因。臣查山西省鼓鑄錢文所需銅觔向係招商承辦，分作五運，赴江蘇、湖北二省就便採買，先給銅價三分之二，聽該商人等按年運回交局，再行找給銅價，從無貽悞，與别省委員採辦者不同，似可毋庸另定限期，經臣咨明户部在案。惟配鑄之黑白鉛及點錫，係委員赴湖北漢口鎮採買，自應酌定限期，以免遲延。兹據布政使喀寧阿詳稱，自山西省城委員領齊價脚等銀三萬餘兩，僱騾馱運至湖北漢口鎮，計陸路一千七百里例，應按站撥兵防護，每日止行五六十里，約需一個月。該委員到彼，會同漢陽縣選擇商牙按時採買，逐一鎔净，過稱捆包，俟足數之日裝載起運，約需三個月。自漢口鎮辦齊裝船，由長江順水至江南之儀徵縣進口，計水程一千五百三十里，江中風色不定，約需一個月。迨抵儀徵縣之後，另换船隻裝載開行，約需二十日。由揚州、淮安等處入運河，至故城縣之鄭家口止，俱係逆水，計程一千九百四十九里。沿途溯流而上，僱夫挽縴，過閘守風，約需兩個月。自鄭家口起岸，僱車運至獲鹿縣計陸路四百二十里。又自獲鹿縣僱騾運至山西省城交卸，計陸路四百八十里。俱係僱用民間車騾，陸續起運，約需三四個月，方得完竣。以上往返途程陸路共二千六百里，水路共三千四百七十九里，若沿途並無阻滯，趕□辦運，約需一年，始能運回。倘或漢口鎮鉛、錫未足，守候需時，或途中河凍水涸，致被阻滯，應令委員於所在地方官報明取結，按期扣展等因議詳前來。臣查山西省應用配鑄鉛、錫，每次委員赴湖北採辦，共有五十萬觔之多，該委員在彼購買，秤收裝包起運原需時日，又經由長江、黄、運等河，難免守風阻滯，迨船至□□、鄭家口地方，又經陸路轉運，必需將鉛、錫起岸停頓，僱覓車騾陸續馱載，核計往返程途雖止六千里，而所辦鉛錫之數既多，則水陸重運，不無險阻，勢難迅速，實需一年之限，方能全數運至省局，所有山西委員赴湖北辦鉛應請定爲一年期限，如該委員無故逾限，任意遲延，即行查參議處等因。乾隆三十一年五月初六日，奉硃批：該部議奏。欽此。欽遵於本月初七日抄出到部。臣等覆查，各省設爐鼓鑄錢文委員赴各處採買銅、鉛、點錫，向未定有限期，嗣經吏部議覆。調任湖北巡撫李因培參奏委員漆浩美辦運銅觔遲悞案内，議令辦銅各省酌定限期覆奏等因，知照到部，經臣部通行鼓鑄各省分，將委員採辦銅、鉛、錫觔等項，分别道路遠近，酌定限期具奏辦理等因在案。今據山西巡撫彰奏稱，山西省鼓鑄錢文配用黑白鉛觔、點錫，係委員赴湖北漢口鎮採買，統計往返陸路二千六百里，水路三千四百七十九里。該員赴湖北購買，秤收裝包起運，原需時日，又經由長江、黄、運等河，難免守風阻滯，迨至鄭家口等處地方，陸路轉運必須將鉛、錫起岸停頓，顧覓車騾，陸續馱載，核計往返實需一年，應請定爲一年限期，如該員無故逾限，任意遲延，即行查參議處等語。查，先經臣部於護理陝西巡撫湯聘酌議採辦銅鉛限期案内議准，順水每日限行五十里，逆水每日限行三十里。今山西省委員赴漢口採買鉛、錫，臣部按摺内所開各處里數日期核計，内自漢口至儀徵縣，計順水程一千五百三十里，酌限一個月，又自儀徵至鄭家口地方，計逆水程一千九百四十九里，酌限兩個月，查與順水限日行五十里、逆水限日行三十里之數符合。其自該省領銀至漢口定限一個月，儀徵换船過載定限二十日，亦與陝西及辦運京銅限期相符。至委員在漢口採辦齊全裝包起運，請限三個月爲期。

鄂輝《清奏議》卷六七《籌議運銅事宜疏》〔乾隆五十六年〕四川總督臣鄂輝跪奏，爲遵旨籌議銅運事，宜仰祈聖鑒事：竊臣前奉上諭，以滇省辦運京銅，程途遥遠，令臣於銅船到境時，派委勤幹道員照料，押運出境，並令籌定章程，妥議具奏，臣隨將派委道府護送緣由先行恭摺覆奏在案。伏查銅鉛運京，水程幾及萬里，而川省爲首先登舟之地，辦理尤宜詳慎。惟川江水勢與長江運河情形迥别，從前立定章程，於催趲防護各事宜實已至周且密，無可再議，但於川江行走之處，尚未籌及。銅、鉛兩運攸關京局鼓鑄，自當精益求精，以期悉就安穩。臣叨蒙聖恩，畀以總督重任，並於奏報京運事宜案内屢奉硃批，諄諄訓示，敢不竭力駑駘，用冀運行無誤。兹半年以來，廣諮博採，體訪輿情，並令沿江道府各抒所見，條議具陳，復與司道等再三酌議，内有應行酌定者數條，爲聖主陳之：

一、銅鉛船隻宜酌減裝運，以期穩妥也。查向例裝載銅鉛，每夾□船一隻以七萬觔爲率，蓋恐裝載過少，反啟船户人等私裝貨物之弊，是以足其受載，以杜私裝。但查重慶下宜昌寸節皆灘，船隻一到，灘口波翻浪激，疾若飛鳥。銅鉛船隻體質較重，轉掉未免欠靈，稍有毫釐之差，即難免碰觸之慮。應請嗣後每夾船一隻，減裝銅鉛五萬觔。並飭經過地方官協同運員嚴查船户，毋許違例夾帶私貨，庶受載稍輕，轉掉無虞笨滯。即舵水人等亦易爲力，而每運不過添船四五隻，所需水脚無多，各運員稽查照料，均不致掣肘，於京運銅鉛不無裨益。至一入長江，並無灘險，到换載時應仍以七萬觔爲限，毋庸酌減。

一、銅鉛船隻宜另定開行月分也。查每年滇銅八運，黔鉛四運，向定每年於八、九、十、十一、十二、正、二、三、八個月按起開行，其四、五、六、七等四月不在開行之限。蓋因盛暑秋初，江水泛漲，駭浪驚濤，望如鼎沸，是以停其開運。殊不知臘底春初，水勢枯落，各灘盡現，嵯峨怪石，布滿江心，屈曲盤旋，險礙不異泛漲之候。查向來川中重載客船，每届臘正兩月，拉縴上游沿邊行走者居多，其由江心大溜放流直下者甚少，蓋惟恐冒險開行，難保不無損失。惟銅鉛攸關京局鼓鑄，各運員等迫於例限綦嚴，不得不勉强行走。是於民船不敢開行之際，反使京運船隻冒險放流，殊非慎重。京運之道，應請嗣後銅鉛船隻每年春夏在二、三、四、五月，秋冬八、九、十、十一等月按八個月放行，其六、七、十二、正月俱停。其開運並咨明雲貴督撫，飭令運員預爲料理，查照月分，按起如期到川，領運前進，如此避險就夷，庶銅鉛可無失利之事。

一、攬造船隻之户，宜令官爲驗充也。查川江重載大船，只能順流而下，不能逆流上行，是以海運銅鉛到川，有一種包造船隻之人名曰攬頭，又名扳主，向運員預領脚價造船應載。前於四十八年間，經督臣李世傑奏明，接到滇黔京運來咨，即札行江北廳，令其傳知攬頭，預將船隻造就，聽運員到來雇用等因，經部議奏准在案。惟是重慶一帶向無船行，此等攬頭散處河干，雖屬江北同知管束，並未取造花名存案，與別省設有行户者不同。其船隻造成後更有奸滑攬頭利銀兩可以預領，迎赴前途，自向運員營求包攬。是雖有江北同知傳知飭造之名，其實各運員已自行預先雇定辦理，似未周到。應請嗣後飭行江北同知，在於各攬頭中慎選殷實老成之人，令其承充，並取具保結，造具花名文册，呈報藩司川東道衙門備查。一得京運起程之信，即於此數人中挨次派令造船，承值造完之日令江北同知就近察驗，如有板薄釘稀，即將攬頭責處，並飭其另行改造。其頭舵水手亦責令按船配雇，如有疏失，查造定例追出原領脚價，將頭舵攬頭枷示河干，永不許再行攬頭，並將船隻變價以充撈費。其攬頭舵水姓名亦造册移咨運員查考，倘運員到川或有私用册内無名之攬頭，混行包攬承載，許江北同知查明具報，懸候核辦。如此明立章程，庶攬頭不敢私自包攬，於銅船更爲有益。

一、各處灘宜設立灘師，幫同放運也。查川江各灘水勢情形各有不同，惟熟於該處水性之人方能隨時知其平險，工於避就，銅鉛船隻所募頭舵人等雖係往來經歷老於操舟，究不若本地土著專於一處者尤爲諳習，應請仿照救生船之例，於報部各險灘處所酌募灘師四五名，按所在州縣捐給工食，令其常川在灘，專放銅鉛船隻。如果過灘安穩，聽運員量加犒賞，以示鼓勵。如有失事，即將該灘師革退，枷示河干，以昭炯戒。仍令各地方官將境内險灘應行添設灘師之處，及灘師姓名造册報查。

一、打撈沉溺銅鉛應明立水摸賞罰，以示懲勸也。查銅鉛船隻失事，例應報明地方文武斟詳，一面多雇水摸，設法打撈，以冀全獲。但運員不能親身守候，不能摘留家人在彼監視。而地方官員又因事屬他人，不肯懸立重賞，鼓勵衆心，以致撈獲寥寥。且恐不肖水摸心存覬覦，捏報水深石利無從立足，以爲偷摸地步，應請嗣後如遇銅船失事，即雇備水摸探量水勢，設法打撈。並於水摸中，揀選誠實一人，點爲水摸頭，專司督率。如能一月内全獲者，於例給工價外，著令該地方官賞給銀五十兩；限外十日或半月内全獲者，以次遞減所賞銀兩。臣即捐廉發還。三月内全獲者，毋庸獎賞。倘限内稀少撈獲，或逾限不及一半者，即將水摸頭嚴行比責，枷示河干。如有捏報偷摸弊實，加倍治罪，庶沉溺銅鉛可期多獲，並可杜水摸偷撈之弊。以上各條謹就臣體訪所及，並參酌地方實在情形，固不敢妄議更張，亦不因循拘泥，謹據實奏聞。

官修《清會典事例》卷八九二《工部・鼓鑄》〔乾隆〕五年議准，京局改鑄青錢。應需黑鉛五十萬斤，令雲貴總督於柞子等廠收買，分解兩局。每年減辦白鉛五十六萬斤。至點銅錫十五萬斤，令廣東巡撫辦解。【略】

〔嘉慶〕九年，奉旨：滇黔額運銅鉛，京局鼓鑄攸關，自當按運源源接濟，方無貽誤。且運鉛經過各省，均經朕派出藩臬大員，沿途催趲，是其專責。如果實力督催，何至行走延緩。俱著傳旨嚴行申飭，所有現在業經抵津各運銅鉛，著直隸總督嚴催，趕緊運通。並著倉場侍郎轉飭坐糧廳大通橋各監督，俟各運銅鉛一到，毋得拘泥定限，務於凍河以前，設法趕運交局，以資接濟。其在清河漢口等處各運銅鉛，不迅速輓運，恐不免守凍，來歲開行，必致糧艘擁擠，殊有關繫。著各該督撫上緊催趲。若再有遲逾，即著該督撫查明於何處躭延，將承催不力之藩臬，指名參奏。十一年諭：領運京鉛，關繫緊要，總應隨時催趲，無誤京局鼓鑄。嗣後銅鉛運員到川，務令迅速開行，不得任令藉詞延誤。儻有實係患病者，如爲日無多，尚可俟其病愈，催令起程。若察看病難速愈，應即另行派員接運，以重局務。十五年奉旨：銅斤有關鼓鑄，豈得任意稽延。著兩江、直隸、山東各督撫，一體飭令各該地方官，及經理銅鉛運務之藩臬各員，實力嚴催，勒限趲運，毋任稍有玩延，致滋貽誤。仍著將各運銅船出境、入境日期，及有無逗遛情事，隨時具奏。儻該運員等有藉故逗遛，及各該地方官未能實力督催，致有遲緩，並著嚴參示懲。【略】

〔嘉慶十七年〕又諭：銅鉛爲鼓鑄攸關，長途運載，理宜加倍慎重。其間遠涉江河水風之險，固所不免。而不肖運員，竟有短帶銅斤，或沿途盜賣者，亦捏報沈溺，以掩飾其虧短，不可不嚴行查辦。由滇黔至京經過各省，俱派有藩臬大員，專司督催稽查。原爲剔除弊端，嗣後銅鉛船隻過境，遇有沈溺者，著該地方官報明該督撫，及專司查察之藩臬。如水次去省較近，即令藩臬親往查勘。其離省較遠者，督撫專派道府大員前往查勘。若查有捏報情事，據實詳揭，該督撫即將運員嚴參究辦，毋稍輕縱。至銅鉛質體笨重，必須船身堅固，方足以資運載。並著派出之藩臬，隨時稽查，如查有板薄釘稀，易致損壞者，查出將承辦之員，一併揭報參處。並嚴禁夾帶私貨，以利遄行。其節年沈溺銅鉛，應行勒限打撈。及應繳撈費，並著一體據實查催，毋致懸宕。

〔道光〕十一年覆准，銅鉛在途沈溺，運員自行採買運解者，由經過地方官驗明斤重塊數，飭令另行裝儲。一面造具册結報部查覈，一面知照接護省分，查驗放行。仍將沈溺銅鉛，依限打撈，遇有撈獲，隨時咨明辦解省分委員帶解，抵補歷年挂欠，仍由該省將准銷銅鉛價值運脚銀兩，發給墊買之員承領。並咨倉場轉飭坐糧廳，凡遇買補銅鉛抵通，另行點驗裝車，以便分別驗收。【略】

〔道光〕十七年諭：銅鉛攸關鼓鑄，自應迅速趲運，無誤期限。遇有在途守風阻水等事，例由地方官取結詳明督撫咨部備查。近來咨部遲延，部中漫無督查，殊非慎重辦公之道。嗣後銅鉛各運，如有風水阻滯情節，著沿途各督撫即將該運員因何躭延日期之處，確切查明，務於各運抵京以前，聲明到部，以憑考察。儻有徇隱捏報情弊，著即指名嚴參，毋稍姑息。

慶桂《清高宗純皇帝實録》卷一三〇〔乾隆五年，庚申，十一月，辛未〕户部議覆：「雲南巡撫張允隨疏稱，滇省改鑄青錢，請用板錫配鑄等語。查該省點銅價貴，赴粤採買亦難，應如所請，以個舊廠板錫搭配鼓鑄。」從之。

又卷一三四〔乾隆六年，辛酉，春正月，癸酉〕淮鹽政兼管揚州關稅准泰奏請：「各關官辦銅觔鉛錫，過查驗數目相符，免其輸税，有額外夾帶，即將夾帶之貨照例徵收。運載船隻係給水脚應仍納船料，則司庫免致開銷，解員亦不至延滯。至商人領帑辦銅，與官辦無異，應否一體免税。」得旨：「該部議奏。」尋議：「官辦止納船料，商民領辦，既經徵課，未便更張。」從之。

又卷一八五〔乾隆八年，癸亥，二月，辛亥，户部〕又議覆：「貴州總督兼管巡撫張廣泗疏奏黔省辦解京局鉛觔事宜：一、應解寶泉、寶源兩局黑白鉛觔，請分上下兩運，依限解交。於當年十月起解者，於次年三月到部；於當年四月起解者，於九月到部。解員逾限，照例題參。應如所請。一、蓮花砂硃等廠礦砂既薄，食物俱昂，鑪民無利可圖，人散鑪停，出鉛日少，請將每觔一分有零，原價定爲一分五釐，一面收買，一面發運。應暫如所請，如遇産旺鉛多，即據實酌減。一、黔省加運鉛觔由威寧發運者二十餘萬，運脚維艱，請照滇省題請，運銅百觔，每站給運脚一錢二分有零之數，一例給發。查滇撫張允隨所題，經部咨行令確查，尚未題覆，今應令張廣泗一併會議，具題再議。一、蓮花、砂硃二廠鉛觔均由威寧一路雇運，因滇銅擁擠，必須陸續起解，額設人役不敷稽查，每有脚户偷竊等弊。今請於威寧所屬之威家灣，並畢節、永寧二屬共設書役十三名，逐站註單遞交，其工食於水脚節省項下動支。應如所請。一、黔省起運，俱於重慶雇覓大船，載至漢口更换，每有壞船之患，請照運銅之例，製備蔴繩浮槓，以備沈溺標記。應如所請。其繩槓價銀若干，如沿途無用，將來作何報銷之處，均未詳晰聲明，仍令查明報部。一、黔省辦運京鉛，係沿途雇募船隻，每多勒揹躭延等弊，請令各地方官協同雇給，責成行户具結承保。應如所請。至請將他省黑白鉛觔題請分解，查廣西産鉛已題定，留供本省鼓鑄，湖南鉛礦開採多寡尚難豫定，所有京局需鉛，應仍令張廣泗照數採辦，依限解部。」從之。

又卷二一四〔乾隆九年，甲子，夏四月，戊午〕大學士鄂爾泰等議覆：「陞任湖廣總督阿爾賽奏稱，湖北鼓鑄用金廠銅，成色低潮，請不必照京局配用黑鉛，應將買備漢口客銅試鑄，每百觔用金廠銅三十一觔，漢口銅十九觔，除去黑鉛，用白鉛四十八觔，點錫二觔等語。查湖北所用銅本非京局用滇省湯丹廠淨銅可比，若必照加黑鉛，恐錢文黑暗，應如所請，增白鉛配鑄，仍可杜絶私銷。至所稱金釵廠銅低潮，配以漢口銅鼓鑄，又因客銅無幾不敷應用，請截留滇銅十萬觔配鑄，即於范毓馪解楚銅内，令先撥運十萬觔解京運項。查滇省運京額銅原未可輕議截留，但本年正月内户部議奏，范毓馪辦運洋銅案内於乙丑年爲始，每年以二十五萬觔分運湖北，今事在急需，請截留十萬觔，仍於應解湖北銅内還項，是屬有抵之項，不須另行採買，亦應如所請。」從之。

又卷二二〇〔乾隆九年，甲子，秋七月，甲申〕户部議覆：「廣東按察使張嗣昌奏稱，粵東需錢甚廣，每庫紋銀一兩换錢七百餘文至八百二十文不等，且薄小破爛，雜以前代古錢，蓋因錢少價昂，相沿行用。查粵東存留局銅現有九萬六千餘觔，且與滇省金釵、者囊兩廠相距不遠，尚可採買二十萬觔至需，用配合之點銅。黑白鉛俱本省出産，採辦亦易，仰懇開鑪鼓鑄濟用。應如所請，令該督撫將現貯局銅配搭鉛錫，先行開鑄，至滇省兩廠有無餘剩銅觔，應咨該省督臣酌辦。」得旨：「依議速行。」

又卷二四八〔乾隆十年，乙丑，九月，壬午〕户部議准：「貴州總督兼管巡撫事張廣泗疏稱，湖南郴、桂二廠每年所出鉛除該省鼓鑄外，尚餘商鉛，請照湖南市政使長柱原議，自乾隆十年爲始，每年在郴桂二廠收買白鉛十萬觔、黑鉛二十萬觔運京。其黔省上下兩運，每次減辦白鉛五萬觔、黑鉛十萬觔，俾威寧一路既得從容辦理，而餘出馱脚，亦可雇給滇省運銅。」從之。

又卷二五四〔乾隆十年，乙丑，十二月，辛亥〕户部議覆：「護江蘇巡撫安寧疏稱，江蘇每年鼓鑄需用黑白鉛觔向由楚辦，現聞黔省鉛廠甚旺，請照江西改辦例，亦改由黔省辦買，並酌動錢本銀兩，專員賫解黔省，交該省委辦京鉛之員帶辦，協同蘇省委員運到儀徵，换船交卸。查黔省黑鉛於江西改辦時，已據該督咨覆，並無多餘，江蘇鼓鑄需用黑鉛，應令該撫另行籌辦，所需白鉛准改由黔省辦買，但該護撫所稱動項委解辦運之處，是否可行，應令貴督酌籌咨覆蘇撫，妥協辦理。」從之。

又卷三四四〔乾隆十四年，己巳，秋七月，辛亥〕户部議准：「雲南巡撫圖爾炳阿奏稱，滇省臨局鼓鑄需用白鉛，向於卑塊二廠買運。查普馬山鉛廠礦砂旺盛，距臨局三站，每百觔需脚價銀二錢七分，較卑塊節省銀七錢二分，應自庚午年始，照卑塊例在普馬山買鑄。」從之。

又卷三四七〔乾隆十四年，己巳，八月，乙未〕大學士等議准：「廣西巡撫舒輅奏添鑄錢各事宜：【略】一、添鑄所需白鉛，委員前赴常德截買黔鉛，除去運漢水脚、鎔化火工，每百觔定價銀三兩四錢八分一釐零，運回供鑄，據實報銷。【略】」從之。

又卷六二五〔乾隆二十六年，辛巳，四月，丁酉，貴州巡撫周人驥〕又奏：「黔省白鉛原議每年酌撥二百萬觔運赴漢口，售供各省鼓鑄之用，自後遞加至三百四十萬觔。現今漢局鉛觔充裕，請將加運之一百四十萬觔停止，仍照原議每年撥運二百萬觔，或有不敷，即於新開河道所辦樂助、福集二廠運漢鉛内分銷。」報聞。

又卷六八四〔乾隆二十八年，癸未，夏四月，癸巳〕又諭曰：「馮鈐奏，粵西幹盧二廠開採年久，出鉛漸少，請令湖南仍買黔鉛，不必赴粵西購運，至粵東一省需鉛無幾，仍令赴買一摺。各省鼓鑄錢文並需鉛觔應用，該撫雖因該省廠鉛稀少，奏停湖南採買，而以同一總督所轄之廣東則又仍聽購運，未免意存畛域，所奏殊未允協。且摺内稱將楚南二十八年所需白鉛二十萬觔停其買運，是湖南需鉛即在本年此時，諒已委員赴粵，又豈可聽其徒手而回，致誤該省鼓鑄耶？著傳諭馮鈐與陳宏謀彼此會商，通融籌辦，將現在所存廠鉛酌量配給，務令兩省鑄局均無貽誤。至幹盧二廠現在出産無多，或可於該廠之外，再爲相度，設法開採，使鉛觔益加充裕，更爲妥協。並將此傳諭陳宏謀知之。」

又卷七六四〔乾隆三十一年，丙戌，秋七月，辛未〕户部議覆：「廣西巡撫宋邦綏疏稱，柳州府屬融縣四頂山開採白鉛礦砂抽課各事宜：一、四頂山産白鉛礦砂，因無煤炭不能煎煉成鉛。查羅城縣屬冷峝山躧有煤路，可以運往，就煤煎煉。自乾隆二十九年四月試煎起，至三十年十一月止，共抽正課撒散白鉛十四萬七千餘觔，請准開採煎煉，照例每煉鉛一百觔，抽正課二十觔，撒散三觔。一、冷峝廠陸續起鑪四十四座，煤壟三十二處，工丁及買賣人等漸衆，其鉛礦自融縣運至牛鼻墟，另換小船撥運抵廠，稽查巡防，登記造報，在在需人，應添設書記二名，巡攔八名，巡役四名，照依盧架廠之例，支給工食，在抽收撒散鉛觔變價銀兩内報銷。一、課撒鉛觔自冷峝廠至臨桂縣蘇橋，一路運至省局。查臨桂縣南陡河道業已修復，鉛觔運至蘇橋，即可由水路運省局，較蘇橋旱路可以節省。計自廠至局，每鉛每觔共需水陸運脚銀二錢三分一釐，如遇錢局需鉛甚殷，或值秋冬，南陡河水涸，仍請雇夫挑運，運費在鼓鑄工本銀内報銷。一、該廠雖開採有效，尚未大旺，應召募殷商協辦，將採煤煉鉛、抽收課撒、調劑商鑪事務，責成羅城縣知縣就近兼管督察。其四頂山採煅工丁、水陸脚夫、船户，責成融縣知縣彈壓稽查，不必另設廠員，俟大旺日再設專員管理。均應如所請。」從之。

又卷八五五〔乾隆三十五年，庚寅，三月，甲午〕户部議覆：「護廣西巡撫布政使淑寶奏稱，粵西省鑄局共存鉛一百七十萬五千餘觔，除粵東西兩省需用外，餘鉛一百一十萬二千餘觔，尚有本年冬季應抽廠課及收買白鉛。應如所請，次第撥百二十萬觔，於三十五年二月春水發生，灘陡易行時，委員分幫勒限，星運漢口接濟。各省交湖撫傳各委員按到楚先後，挨次秤交。」從之。

又卷八七四〔乾隆三十五年，庚寅，十二月，庚辰〕又諭：「據彰寶等奏，查出威寧鉛廠歷年舊欠白鉛一百五十六萬餘觔，又廠員張祥發任内，新欠白鉛三十四萬九千餘觔，詢係署威寧州知州高偉未將工本發足，逐季通融辦理。又接受王葆元交代，有歷年未完秋糧及採買莜折等米五千一百石零等語。此事大奇，實出情理之外。上年審究劉標虧空一案，各項積弊已應徹底清釐，何以尚有舊欠？況前任王葆元正係查辦劉標虧空之員，輒敢代爲朦蔽，而署事之高偉接收交代，並不據實呈明，於本任支放廠員工本，又復仍前滋弊，竟不如期給發，致鉛觔新舊皆有短少，情弊尤屬顯然。張祥發、王葆元、高偉俱著革職，與案内有名人犯交三寶一併嚴行審訊，迅速定擬具奏。」

又卷九〇六〔乾隆三十七年，壬辰，夏四月，丁卯〕户部議覆：「護廣西巡撫布政使淑寶疏稱，先據商人瞿釙濤呈開融縣馬鞏地方螺塘等山煤礦，採運四頂山白鉛礦砂，就煤煎鍊一案，經調任巡撫陳輝祖咨部覆准，試採煎鍊有效，即將一切事宜具題查覈。兹自乾隆三十五年四月建鑪起，至三十六年六月止，每礦砂百觔約鍊出鉛十九觔，及二十一二觔不等，共鍊出白鉛五十八萬二千一百零，每百觔照例抽正課二十觔，撒散三觔，共抽正課鉛十一萬六千一百零，撒散鉛一萬七千四百零等語。查與該省鉛廠抽課定例相符，應如所題，准其將四頂山白鉛礦砂運赴螺塘等山，就煤煎鍊。經管官如有侵漏情弊，指名題參，仍將所收鉛觔造册報部查覈。至所稱正課白鉛解局供鑄，定價每百觔二兩三錢，撥歸礦廠奏銷，撒散鉛觔時價每百觔折紋銀二兩六錢六分，按季給商變賣。亦應如所題辦理。其商餘鉛觔請照冷崗廠例，暫爲收買一半之處。查冷崗廠係隔屬運砂，運費繁重，是以准其分半官買，以紓商力。今該廠情形迥别，未便援照，應令照例全數官爲收買，以供鼓鑄。又疏稱，解運課買白鉛所需水陸脚費，請照盧架廠，五十里爲一站，每鉛一百觔，旱程給銀一錢六分六釐，水程給銀一分零七毫之例，在於鼓鑄工本銀内動給報銷。應如所請，照該省盧架廠運鉛例辦理，仍將自廠運局用過脚費銀兩，造入鼓鑄奏銷册内報部查覈。【略】」從之。

又卷九一一〔乾隆三十七年，壬辰，六月，癸巳〕户部議覆：「湖北巡撫陳輝祖奏稱，川江入陜，由巴東歸州至東湖縣四百餘里内，灘勢甚險，近年銅鉛船隻沉溺不一，非用小艇全數起剥，難以避害。查每運滇銅七十餘萬，應剥十分之四，例准銷銀八十八萬兩。若每運再加一百三十餘兩，即可全剥。黔省鉛觔亦即仿此項增費，援照東川、尋甸等陸運銅百觔，搭運五觔之例，節省脚費以充剥項等語。查湖北省新灘、空舲峽等處，俱有名險灘，若銅鉛船每運全行起剥，不過增費一百三十餘金，所全實大，應如所奏辦理。但請增剥費，援照東川、尋甸例，每百觔加添數觔，固屬通融之道。第近年銅鉛各廠所出未旺，請勅下雲貴撫臣，妥協籌備，儻不敷加添，應另法措辦。」從之。

又卷九九七〔乾隆四十年，乙未，十一月〕是月，吏部奏定例：「滇省解運京銅自瀘州領運，限九個月抵通，换船换簍，限六十日，統計限十一個月。如逾限一月以上者，領解官革職戴罪，管解、委解上司降三級留任，沿途催趲官員照催趲不力例議處，悉按所過境内違限日期多寡分别罰俸，降調革職。又例載各省委員赴雲南等省採辦銅錫鉛觔，有無故遲延、逾限一月以上者，領解官革職戴罪，管解完日開復各等語。竊思運京銅觔關係户工二局鼓鑄，固應上緊趲運，嚴定處分而外，省派赴滇黔諸省採辦銅觔等項亦均關緊要，若同屬逾限一月以上，一則議以革職，一則例准開復，未免輕重懸殊。再，逾限之期例文統言一月以上，而凡不及一月并兩月以上至半年者多寡不等，亦不應漫無區别。且運京鉛錫與銅觔事同一例，原例内專言銅觔不及鉛錫，立法亦未詳備，今臣等悉心酌議，嗣後各省運京銅錫鉛觔除一切章程仍遵舊例辦理，如正限之外逾限不及一月者，降一級留任，委解上司照例罰俸一年；逾限一月以上者，降一級調用；兩月以上者，降二級調用；三月以上者，降三級調用；四月以上者，降四級調用；五月以上者革職，委解上司仍各降三級留任。其各省派赴滇黔等處採辦銅錫鉛觔，如於採買完竣起運之後，沿途無故遲延，逾限不及一月者，照舊例免議；一月以上者，罰俸一年；兩月以上者，降一級留任；三月以上者，降一級調用；四月以上者，降二級調用；五月以上者，降三級調用；至半年以上者革職。再查，運京銅鉛有無違限，向俱於抵通後統行合計，應請嗣後運京銅鉛等項過境，如有無故遲延，不在例准扣限之内者，各督撫按照運員所遲月日，將催趲不力之各地方官職名咨部，俟該運員抵通後，移咨户工二部確覈。除運員逾違統限例應議處者，沿途地方官仍各按所過境内逾限日期多寡，分别罰俸降調革職外，至運員並未逾違統限，例得免議者，其中途所過省分有逾程限，該地方官催趲不力，仍各予以處分。應令該督撫將銅鉛船隻入境所過州縣各程限、日期逐一分晰覈算，咨明户工二部存案，遇有違限，咨參到部。如原限應行四日而行至五日以上者，專催官罰俸一年，督催官罰俸半年；應行四日而行至六日以上者，專催官降一級留任，督催官罰俸一年；應行四日而行至八日以上者，專催官降二級留任，督催官罰俸二年；應行四日而行至九日以上者，專催官降三級留任，督催官降一級留任。其餘多寡程限不同，皆照此例覈算，至已過州縣所違之程限，如入境後能爲趲出者，該地方官應酌予紀録一次；其有能上緊催趲，於未届正限之先即已出境者，亦准予紀録一次，以示鼓勵。如此詳悉定例，分別勸懲，則運員及沿途地方官各知趕緊趲運，自不敢遷延從事。」從之。

又卷一〇二五　〔乾隆四十二年，丁酉，正月，丙申〕貴州巡撫裴宗錫奏：「從前試採鉛廠，奏明在案。兹查松桃廳屬巴壩山一處即名大豐廠，地近楚省；遵義縣屬新寨一處，地近川省，所産純係白鉛，礦砂盛旺，足資撥運，請以大豐廠鉛全撥楚省額運，新寨鉛酌撥京運一百餘萬觔，較蓮花福集廠辦理既易，兼可節省水陸脚費四萬餘兩。其蓮花、福集二廠減運鉛觔，仍照數積貯。」得旨：「嘉獎。」

又卷一〇二八　〔乾隆四十二年，丁酉，三月，戊辰，户部〕又議覆：「貴州巡撫裴宗錫疏稱，普安州屬連發山産有白鉛，現在開嘈試採，獲礦頗旺，每月約出鉛四五萬觔，應准其開採，仍照例抽課採買，以資鼓鑄。」從之。

又卷一一二一　〔乾隆四十九年，甲辰，十二月，庚戌〕貴州巡撫永保奏：「黔省威寧各廠黑白鉛觔，由威寧運畢節，達川省永寧鉛局。查各廠至畢節，站遠山多，路險徑雜，不無攙前落後，間有逾期未到。如不設法督催，設遇各省並年採買，勢必輓運不及，且難保無中途盜賣情弊。現責令近駐威寧之貴西道，督率大定府知府，將已發各鉛督催收發轉運。並委試用佐雜等四員，交該道府派於沿途，分駐專司催趲，每五日將催過號數報該道府及臣衙門。其畢節總路另委員駐劄，將收到轉發各數按日報查，並檄飭永寧局委員，將已收者，隨時查報，以歸覈實。」得旨：「嘉獎。」

又卷一二五六　〔乾隆五十一年，丙午，六月，丙子〕廣西巡撫孫永清奏：「四頂山廠向産白鉛，供本省及廣東鼓鑄之用，近因馬窴、冷峝二廠煤觔漸乏，不敷煎煉，出鉛漸少。」部議：「間年採買，兼買楚鉛補足。查羅城縣屬長安官山有新産煤礦，鉛商試採，每鑪每日煉砂一百二三十觔，每砂百觔煉鉛十八九觔至二十觔不等，計每歲可得鉛七萬觔有奇，除以二分半歸商作本，可抽正課五萬餘觔，兩年可得十萬餘觔。若以此項鉛觔並收，買馬窴、冷峝二廠餘鉛，湊撥廣東共有鉛二十餘萬觔，足抵舊額。且廣西鉛價每觔三兩七錢，較之楚鉛四兩二錢，亦屬便宜，於鼓鑄實有裨益。」報聞。

又卷一三一一　〔乾隆五十三年，戊申，八月，戊午〕貴州巡撫李慶棻奏：「黔省福集、蓮花二廠歲供京楚兩運白鉛六百餘萬觔，每年所産有一百餘萬觔缺額。自乾隆四十五年始，俱以舊存餘鉛湊撥，日形支絀。查廠産不旺之故，實緣開採已久，峒日深，且挖取時遇山泉，常需雇工淘水，工費更增。而福集廠每鉛百觔價一兩四錢，蓮花廠價一兩五錢，又每百觔抽課二十觔，計鑪丁得數每百觔僅獲工本一兩一二錢，自難踴躍赴採。請照滇省加增銅價例，每百觔加價三錢，即於解運京鉛節省水脚銀六萬餘兩内撥補養廉等項外支給。」得旨：「如所請行，該部知道。」

又卷一三七五　〔乾隆五十六年，辛亥，三月，乙未〕湖南巡撫馮光熊奏《籌議護送銅鉛章程》：「查每年滇黔運京銅鉛，俱經過湖南巴陵縣境，係岳常澧道及岳州府所轄，岳常澧道駐劄澧州，距岳郡較遠，岳州府近在同城，請嗣後准到滇黔知照之文，即飭岳州府馳往界首，迎護督送出境。又南省辦運京鉛，自省城開行至湖北嘉魚縣出境，其長沙至巴陵交替，應責成長沙府照料，巴陵至湖北嘉魚，即令岳州府護送出境，並令該管長寶道、岳常澧道稽查。再，滇黔銅鉛自四川重慶換船開行，若俟地方官具報，上司轉咨，未免紓遲，現咨明川省，令重慶府於換船開行五日前，即繕傳單，沿河飛遞來楚，以便迎護。又船隻入巴陵縣觀音洲，經上翻嘴、下翻嘴、荆河腦、白螺磯、楊林磯，在在危險，應照例刊知單，並令多雇熟諳水手，小心保護，以免疏虞。」得旨：「行之在人，立法而不實力行之，何益？」

又卷一四二七　〔乾隆五十八年，癸丑，四月，戊辰〕陝西巡撫秦承恩奏：「寶陝局截至本年四月，上卯局存滇銅並本省略陽廠銅，暨官商運到洋銅共一十五萬九千餘觔，均係高銅，其低銅僅三百九十餘觔，按之高七低三定例，不敷配鑄。應請自下卯起，照上届於原用銅百觔數内，減用銅二觔，加白鉛二觔，搭配鼓鑄，俟採辦滇銅到陝，仍照高七低三舊例辦理。」報聞。

官修《雍正八旗通志》卷一六三《人物志四三・大臣傳二九・滿洲正白旗八・伊勒圖》　〔乾隆〕四十四年疏言：「伊犁鑄錢所需銅，前奏歲由南路各回城辦運，兼配黑鉛錫，鑄以放餉，嗣烏什將庫存停運，葉爾羌銅及喀什噶爾舊存銅運至寶伊局配鑄。今銅已用完，祇存辦運之銅，將來鑄錢日少。查伊犁所屬哈爾海圖地方産銅，臣就近赴山試採，二三年間，已獲九千餘觔，應酌量加鑄，庶錢可流通，而餉銀亦可減調。」報聞。

王柏心《百柱堂全集》卷三七《上胡潤芝中丞書》 邇來敝省各市鎮，聞坐錢荒，此事於行軍最不便，莫若廣行鼓鑄以救之。昨有黔人朱龍峰過談，渠曾佐運銅鉛，習知起運多寡。據云滇黔銅鉛皆會於蜀之瀘州銅鉛局，始行起運出江，向例每年正運四起，加運二起，押運官均赴瀘，領運北上。正運一百一十餘萬，加運八十餘萬，每年銅鉛合計一千餘萬，比年軍興，計已停運，然積滯在瀘者不少，瀘州薪炭甚富，蜀中鑪頭工匠，想復不少，若就彼處鼓鑄，瀘在江濱，輕舟至楚，不過半月，若積滯銅鉛，不敷鼓鑄，則由滇黔源源運赴，道里亦近。此舉若成，以濟軍需，以便民生，化無用之物爲有用之財，分所鑄十之三爲工費，不必另籌墊發，近在水次，轉輪極便，或爲二品，子母相權，更易流通。若軍務告竣，則運錢解京以代銅鉛，官吏舟楫省費無涯爲物重滯，盗賊探囊胠篋者亦可息其覬覦。俟錢幣周行四方，然後罷運。似乎此舉爲救時之上策，濟軍之良計，執事以天下爲己任，故敢以芻。

《李文忠公奏稿》卷二三《機器局動用經費摺同治十三年五月初六日》 計開：**【略】**開除項下，一給發採買外洋銅、鐵、鋼、鉛、木植、煤炭、硝磺、漆、油、鏹水雜物及起運器料、公司保險、輪帆各船脚價等項庫平銀十三萬五千六百四十兩五錢一分四釐五毫四絲四忽。

陶澍《陶雲汀先生奏疏》卷三二《上冬守凍銅船全數催儹出境摺片》 再查，上冬在河口及北運河一帶守凍銅、鉛船隻，前經奏明，飭令隨漕前進。兹據催儹員弁具報，滇、黔兩省領運委員沈改之、楊佩芝、方若麟、周誦芬、王壽覺、羅崇興、周孚作等七起，共計銅鉛船九十一隻，於三月十七日至四月初五日先後催出黄林莊交界，由東省撥護催儹前進等情，謹附片奏聞。伏乞聖鑒。謹奏。

道光十一年四月十四日附片具奏，五月初三日奉到硃批：知道了。欽此。

《林文忠公政書》乙集《湖廣奏稿》卷一《銅船夾私越卡摺》 奏爲銅、鉛兩幫船隻均越過鹽卡，不聽查驗，並於後幫追獲私鹽，請旨將失察之運員，及不即據實禀明之護總兵交部分別議處，以肅鹺政事：竊照淮鹽銷路惟楚省引額最重，而鄰私侵灌，亦惟楚省路徑最多。其尤甚者，四川江船順流直下，船艙夾帶，視陸路不啻什倍。而滇、黔銅、鉛皆由川船裝載，藉差夾帶，視他船又不啻什倍。是以嘉慶二十三年奏准，於湖北巴東縣之官渡口一帶設立總卡，川船經過皆須查驗放行。嗣因銅、鉛艙隻不聽稽查，道光十五年六月間，前督臣訥爾經額奏奉上諭：銅鉛船隻自四川裝運北上一路收買川鹽入楚售賣經由卡隘並不聽候查驗，自非督飭嚴查，不足以資鎮壓。嗣後銅、鉛船經由宜昌府所屬地方，著即飭令該鎮總兵親督卡運各員查驗催儹。倘有水手抗拒及逃散挾制等事，即拏交地方官究辦。一面代爲雇覓水手，迅速開行，以副例限。並著雲貴、四川各督撫嚴飭運員，務將船價、水脚照數給發，不准稍有剋扣。運船過境，飭令沿途各州縣加意稽查，如有私行售給該船户鹽斤，即行嚴拏懲治。倘不認真查辦，一經楚省查出夾私情事，即著行知川省覈實查參等因。欽此。仰見聖主整飭鹺綱杜私衛引之至意，歷經欽遵查驗，無夾帶者立即放行。乃本年三月間，據禀貴州龍泉縣知縣童翬領運鉛船二十六隻，過官渡口並不泊岸，順流直下，經巴東縣知縣饒拱辰派役隨同卡員追赴下游之新灘，交護宜昌鎮倭仁布就彼驗放。又四月間，據禀有署雲南大關同知彭衍墀領運銅船二十四隻過官渡口，亦不攏卡，兵役追至斗山沱，經倭仁布等起獲水手所帶私鹽七百九十三斤，當即换雇水手，仍護送開行前進等情。臣查彭衍墀所管銅船既有起獲私鹽，雖係水手夾帶，而該運員失於覺察，且任聽越卡不泊，咎實難辭。至童翬所管鉛船雖無起獲私鹽，而該船越過官渡口卡，而至新灘，已歷一百七十五里，該處路可以通私，安知非於越卡之後，將鹽賣完，始聽驗放。其於船户冒越避查，亦有失察之咎。當此疏引杜私之際，誠恐相率效尤，大妨鹺務。相應請旨將雲南運銅委員署大關同知事、晉寧州知州彭衍墀、貴州運鉛委員龍泉縣知縣童翬交部分別議處，以示懲儆。至護宜昌鎮總兵倭仁布理應欽遵諭旨，親督卡運各員查驗，若該船不聽搜查，即應禀揭，乃該護鎮僅以趕往新灘截驗一語，含糊具禀，並不將該船越卡情形明白聲敘。迨閱巴東縣知縣饒拱辰禀内始有該船並不泊岸，順流直下，派役尾追之語。飭查屬實，是倭仁布前禀顯係意存遷就，亦應請旨將護宜昌鎮總兵之該鎮中軍遊擊倭仁布一併交部議處。臣仍嚴飭該卡文武，嗣後有船即驗，既驗即放，不得聽其飛越，亦不許稍有躭延，庶於鹽務銅運兩無妨礙。抑臣更有請者，向來銅鉛船隻在川買私諸弊久荷聖明洞鑒，是以特蒙勅諭，雲貴四川各省禁遵員之短發水脚懲沿途之賣給船鹽，聖諭煌煌，咸宜恪遵查辦。以臣訪聞，近來銅鉛船隻多於川省瀘州馬頭，及酆都縣之離沱子、忠州之洋渡溪、雲陽縣之城河口、巫山縣之江東嘴、青石峽、跳石一帶裝買廠店川鹽，其經過夔州關口，亦因書役得規，聽其偷漏，實爲淮綱之害。合無仰懇，勅下四川總督轉飭夔州府，於各船過關查税之便，將所帶私鹽一併認真查起，並飭瀘州、酆都、忠州、雲陽、巫山各州縣，欽遵前奉諭旨，加意稽查。如廠店私將川鹽賣給船户，即行嚴拏懲治。倘意存膜視，再經楚省獲私，除失察透私之州縣咨會川省查參外，其縱漏之夔關一併查取職名，照例議處，俾各顧考成，不分畛域，以清川私來源。臣爲籌疏淮引起見，謹繕摺具奏，伏乞聖鑒訓示。謹奏。

阮元等《道光廣東通志》卷一七九《經政略二二·鼓鑄》　委員赴廣西採買白鉛十四萬一百六十斤，所需鉛價運脚盤費於鼓鑄工本内動支。《司册》

一、採買雲南金釵廠銅，每正銅百斤加耗銅二十三斤，餘銅一斤。銷價銀九(南)〔兩〕。其各廠高銅每正銅百斤加耗五斤，餘銅一斤。銷價銀一十一(西)〔兩〕。《則例》

一、採買白鉛每百斤價銀二(南)〔兩〕五錢二分一釐。

一、銅斤運脚自剥隘至百色，每站每百斤給銀(西)〔兩〕分，前赴廣東省城，每站每百斤給銀一分五釐。

一、委員買運廣西白鉛，自廣西鉛局挑運卜鉛，每百斤給挑脚銀三釐，前至廣東省城，每站每百斤給銀一分五釐。

一、採辦滇銅自剥隘回省限八十二日。

一、領銀至廣西辦鉛，限三十五日。鎔鉛兑運回省限六十五日。

一、錢局需用銅斤委買由滇辦運，自封川縣入境至南海縣止，經過各府皆照依所管地方(糧)〔量〕自押運護送交替。

一、委員赴雲南買銅，自起程日至竣事每口給飯食銀二錢，銀役日給飯食銀三分八釐七毫。解運銅價自剥隘至雲南省，每站每百斤給脚價銀一錢二分九釐二毫。

一、赴廣西買運白鉛，自起程日至竣事給盤費銀十兩，每日飯食銀二錢，跟役共給盤費銅十二兩，每日飯食銀三分八釐七毫。《則例》

錫珍《吏部銓選則例》之《漢官則例卷八一八·雜例·押運抵通無欠議敘》

江南等省押運抵通無欠，分別議敘：

一、江南、浙江、江西、湖廣押運同知、通判抵通，如一次無欠，加一級，二次無欠，加二級，三次無欠，不論俸滿即陞。其河南、山東押運同知、通判抵通，一次無欠，紀録二次，二次無欠，紀録三次，三次無欠，加一級，四次無欠，不論俸滿即陞。掛欠詳載處分則例。均應自初次起至三次、四次並無間斷，將船糧押運抵通全完，照例議敘。儻其中有失風失火等事，下次押運抵通全完，均照初次之例議敘，不准前後接算。至未邀議敘之先，已經陞任人員，例應即陞者，准其於陞任内紀録四次，例應加級者，准其於陞任内紀録一次，其押運官員俱令該督撫出具考語，咨送吏部，抵通之日船糧起卸通完，倉場侍郎即行給咨送部，吏部亦即循例帶領引見，不得遲滯。如恭遇皇上巡幸，運員未便久候，吏部奏明，令該員親身押運回空，免其引見。

嘉慶十年七月奉上諭：「吏部奏浙江糧道穆克登布押運抵通，可否准其引見一摺，向來各省丞倅等官如押運漕糧、銅觔等項抵通，有送部引見之例，至浙江等省糧道押運從前原祇至淮而止，自無由引見。嗣經定議，令各道員直押抵通，而於引見一節並未議及，因思丞倅等員押運無誤，尚加恩准其引見，況道員職分較大，如果督催趲運，經理妥協，豈有轉不令其引見之理？但官員等引見，總須該省督撫出具考語，咨部辦理。即如上年江安糧道李奕疇三次押運抵通，係由陳大文奏請出考咨部引見，今浙江糧道穆克登布未經該撫出具考語，且本年河南、山東、江南等省押運道員皆未引見，亦未便辦理歧異，穆克登布，著毋庸帶領引見。嗣後各省押運道員均著該督撫照丞倅押運糧船咨部引見之例，出具考語，給咨送部。如果沿途催趲認真，並無過失，俟到通交糧完竣後，准其由倉場侍郎查明送部引見。欽此。」又嘉慶十一年二月奉上諭：「各省押運道員前經降旨，令該督撫出具考語給咨送部，俟抵通交糧完竣，即由倉場侍郎查明移咨吏部，帶領引見。兹據瑚圖理奏，湖北省道員押運向止趲抵臨清閘口，即移交東省接催前進，例不抵通，可否請將該省道員俟押漕三次後，准其出考給咨送部引見等語。湖北等省距通州較遠，即令中途交替，其所歷程站比之豫東、江浙等省勞逸維均，自應一體示以奬勵。嗣後湖北省及湖南、江西兩省糧道已屆三次，如果催趲認真，並無過失，即著該督撫出具考語給咨，由倉場侍郎查明送部引見。此外，豫東、江浙等省糧道直趲抵通者，亦著俟押運三次後，送部引見，以歸畫一。欽此。」欽遵恭纂入例。

道員督辦海運三次全完：

一、道員督辦海運三次全完，並無過失，准由該省督撫出具切實考語，由倉場侍郎查明給咨送部引見，毋庸另給議敘。

錫珍《吏部銓選則例》之《漢官則例卷八一八·雜例·承運銅鉛無欠議敘》

一、雲南、貴州知府、同知、知州、通判、提舉、知縣承運銅鉛抵京，依限運交足數，户部帶領引見後，知照吏部查明，如係實授人員，任内並無不合例事故，與卓異之例相符者，准其入於卓異班内，以應陞之缺，遇卓異到班時，先儘陞用。題署人員准其先以卓異註册，俟奉旨實授後，遇卓異到班時，亦照實授人員之例，一體先儘陞用。其試用候補人員果能依限運交無欠，亦於引見後知照吏部，查係曾經實授，緣事離任，仍發原省或起復赴補揀發者，無論知府、同知、知州、通判、提舉、知縣均歸於雙單月，如無坐補原缺並親老告近之員，即行選用，得缺後將卓異之案帶於新任，遇卓異到班時，與本項卓異人員統較引見日期，先後照例陞用。如由部銓選以及題補題署者，均俟咨報到任後再行陞用。如由委用曾經題署，尚未實授，仍赴原省。及初任揀發之知府、同知、知州、通判、提舉、知縣承運並無逾限虧欠者，知府、同知、知州、通判，提舉歸於雙單月，各積各缺，與正班應用人員分缺間用，先用正班一人，次用承運銅鉛一人。知縣准其歸於雙單月，無論是否積缺，一併計算，五缺之後，選用一人。初任分發試用知府、同知、知州、通判、提舉、知縣均令各回原省，毋庸計其從前，到省先後，遇有應題應調應選之缺，悉准該督撫題請補用。以上委用並初任揀發、分發試用各員均於銓補得缺後，即將卓異之案查銷，改爲加一級帶於新任。如係勞績保歸候補人員，准其先以卓異註册，令回原省，俟補缺到任後，入於卓異班内，以願陞之缺，遇卓異到班時，先儘陞用。其坐補原缺人員准其先以卓異註册，俟回原省坐補原缺，到任後，入於卓異班内，以應陞之缺，遇卓異到班時，與本項卓異人員統較引見日期先後，先儘陞用。至實授現任人員領運京銅，如於差次緣事降革赴部引見，仍以原官補用。又經户部以運銅無虧帶領引見，仍回原省，以原官補用者，應令到省後歸於候補班内，照例題補，俟得缺後，准其將卓異之案帶於新任，遇卓異到班時，統較引見日期先後，照例陞用。

錫珍《吏部銓選則例》之《漢官則例卷八一八·雜例·接運銅鉛無欠議敘》

一、滇、黔二省領運銅鉛各官，沿途遇有丁憂、病故、降革等項事故，即由經過省分之督撫另行委員盤查交收接運。無論同知、知州、通判、知縣，若在儀徵以南接運到京，果能依限解交足額，於户部帶領引見後，知照吏部，查係實授人員任内，並無不合例事故，與卓異之例相符者，准其入於卓異班内，按引見日期先後陞用。題署人員按實授奉旨日期陞用。至候補各員如係曾經得缺實授之員，俟得缺後，將卓異之案帶於新任，遇有應陞之缺，照例陞用。如未經實授及初任揀發者，遇有該省應題應調應選之缺，悉准該督撫酌量補用。其初任分發試用人員遇有陞調所遺之缺，本班到班，准其先行補用，均於補缺後即將甄敘之案查銷，概毋庸歸部銓選。其湖南等省領運鉛觔人員亦即照此辦理。至儀徵以北距京較近，凡接運之員依限抵京運交足數者，應准其加一級。

王慶雲《石渠餘紀》卷五《紀銅政》附載：《鉛錫》 國初鑄錢之鉛，由各關兼辦。康熙二十三年，始發商辦解。五十九年，以湖南桂陽州税鉛十二萬斤解京配鑄。雍正初，大定産鉛漸多。十二年。停商辦。令貴州歲辦額鉛自五年改錢齊爲銅鉛對鑄，歲增京鉛至三百六十餘萬斤，而黔廠所出實不止此數。雖倍舊價爲一兩三錢，而較商辦之直省七之五蓮花銖砂之産不脛而至。時黔鉛日旺，而楚産漸微，蓋五金與水同性，溢於此必消於彼，向之滇銅出而洋銅稍衰，亦是理也。乾隆初改鑄青錢，減貴州白鉛五十萬斤，運黑鉛後，黑鉛與湖南迭辦，時有增減。初令廣東辦點錫十五萬，隨開礦抽課，竝收餘錫，後又收買洋錫。黔鉛百斤，價一兩五錢。粵錫百斤，十三兩有奇。十年，黔鉛歲産至一千四百餘萬斤，是爲白鉛之極旺。二十七年，定白鉛歲額四百二十四萬，再逾年，增十有五萬，今《則例》歲額四百三十九萬餘斤是也。今黑鉛歲額黔運四十七萬，楚運二十五萬。其點錫配鑄之法，自乾隆五十九年以後，即不復用，惟貴州鉛本歲需二十九萬兩，猶當時所定云。

又附：《銅運改道議》 滇銅兩運，寄存武昌數月矣，此後江路即通，而豐工漫溢河湖底定無期，京局之銅何以爲繼？昨議由武昌船運入襄河，北抵樊城，新野水路，見後。再由樊城陸運經内黄楚望入衛河滑縣道口，見後。北上，其首尾襄衛，兩水舳艫相望，豫省又有軍船可資灑帶。兩運之銅一百十萬斤，抵米不過一萬七八千石。豫省軍船三百餘隻，每船不過裝五六十石。南北利涉豪無疑義，所難者陸運千三百里耳。驛程見後。事屬創始，人多疑慮，然但能體卹車户，責成攬載，亦可必成而無弊。常見商販藥材、布匹皆以貨物責成車户攬載，未嘗逐車使人管押，而從不短少偷竊者，以雇價足供人馬料食，而無牽制剋減之累也。若拘執文法，官兵護送，吏役稽查，繁費誨盜，終亦不行而已。

案：銅、鉛各運向例沿江溯淮，經三閘五壩泝流而上，其間讓漕插檔、阻風守凍，甚而挖淺撥運，又甚而沈溺打撈，勞力傷財，經年累月，其不虧短者尠矣。若果陸運得有把握，以後銅、鉛各運擬自荊州至大澤口，盤隄換船更省，沿江泝漢之路千有餘里。案：《水道提綱》，漢水至潛江縣北境大澤口有支津，西通荊州府，諸湖交會，即古之雲夢澤。又案：《圖書集成》，自荊府之沙市在大江北岸。至潛江縣之大澤口，在漢水南岸。其間有大白、紅馬諸湖，《方輿紀要》所謂江陵東北三海八櫃，與漢水通者是也。此處盤隄當必不遠。自樊城至内黄縣楚望陸運驛程：

湖北襄陽府北岸爲樊城，陸運由此啓程，六十里襄陽縣吕堰驛，以下均照兵部驛站里數開列。六十里新野縣湍陽驛，如由漢江入白河，水路可至新野，省陸程百一二十里。《水道提綱》云：白河源流行七百餘里，合湍唐諸水，南陽全府羣流畢會，實入漢之巨川也。六十里南陽縣林水驛，六十里南陽縣宛城驛，六十里南陽縣博望驛，六十里裕州赭陽驛，六十里葉縣保安驛，六十里葉縣滍水驛，六十里襄城縣新城驛，六十里長葛縣石固驛，五十五里新鄭縣永新驛，自此以上爲雲貴大道。四十五里新鄭縣郭店驛，五十里鄭州管城驛，四十里滎澤縣廣武驛，渡黄河。七十里獲嘉縣元邨驛，六十里新鄉縣新中驛，五十里汲縣衛源驛，五十里淇縣淇門驛，由此東北達濬滑兩縣，皆臨衛河，水盛則大船亦可至滑縣之道口鎮。六十里湯陰縣宜溝驛，七十里彰德府安陽縣鄴城驛，自此以上爲西大道。百十里内黄縣，由前淇縣湯陰道上東北可達内黄，省陸路百里。三十里楚望集入衛河。衛河由此東過大名、冠縣、館陶至臨清州，與南運河合流，北抵直沽，無閘座。

以上陸路驛程計一千三百五里。

又案：《方輿紀要》引志云：衛水，小水也。後漢建安九年，曹操於淇水口下大枋木遏淇水，東入白溝，衛水至濬縣名白溝，是時淇水入大河，以操遏，使東北流。以便漕運。然則衛本小水，得淇而始可通漕，故元初漕舟亦自封邱陸運至淇門，衛輝府東北五十里有淇門鎮，淇水入衛處。入於御河，達於京師。御河即衛河。若銅運由淇門鎮上船，比楚望又省陸程二百餘里。

經元善《居易初集》卷一《上盛杏蓀觀詧利國礦條陳庚寅二月》 一曰建爐廠，查外洋安設鎔鐵爐，每擇産煤富旺之區，以便運鐵就煤。今利國鐵礦，南距青山泉煤窑三十五里，北距嶧縣棗莊煤窑九十里，而利國爲適中之地。雖青山泉比棗莊較近，且已見煤，惟煤質稍鬆，必須攙和嶧煤三成，方能煅燒焦炭，供鎔鐵之用。而鎔爐日夜無休，需水甚多，青山泉棗莊均在陸地，不若變通辦法，改爲運煤就鐵，煤經燒煅焦炭，質僅六成，運脚已可減輕。兼之利國産鐵礦山，均濱臨微山湖，由湖口牐入運河，一水可通。即由韓莊落船入運河，亦祇陸路八里，建設鐵路所費無多。相度地勢在總局之西北，西馬山麓最爲合宜。是山伸入湖中，三面臨水，建廠設爐，吸水永遠不竭，且空氣涼爽便於工作，地址又高，可永免湖水淹灌之患。如建築馬頭，安置鐵軌起重繩架，將來提取機器入廠，運送鐵料落船，大省人工搬運之費。照此佈置，則與前蓋之總局房屋毘連，不致置諸空曠矣。

一曰驗煤層。夫天生煤鐵本屬相連，以供鎔化之用。即使相距百里，在造物視之猶咫尺間耳。利國鐵礦從來祇知有嶧縣之煤，宋時三十六冶想皆取資於此。但開採至今已千有餘載。民間廣挖煤窑，近地淺層之煤漸已掘盡，以致廢井積水甚多，提吸需費不貲。於此置機大舉，恐有峒老之虞，似無把握，惟青山泉之煤爲創開生地，可期取用無窮。現在所開各井深僅二十丈，煤質較鬆，尚非愜心之選。此次沿途相度，見該處地方居山之陽，平疇數十里，三面羣山環抱。山背皆係青石。而山之西南東南，相距數里之地，均有黄石顯露。諺云青石山，黄石嶺，不出金銀便出汞。此言雖俚，而合諸西國礦學石層之理，不謀而合，正可就彼兩處，用鑽地機器，扦深五六十丈。如果探得確有厚層佳煤，方照西法大辦設機開採，作一勞永逸之計。則目前試驗煤層，爲入手第一要義也。

一曰疏水道。凡剏辦煤鐵諸礦，以籌運道爲先務，而陸運尤不如水運之廉。若運道艱滯，則雖有精鐵佳煤，亦無從措手。查青山泉地方，距煤井西南半里許，有泉河一道曰屯河頭，即所謂青山泉也，如將煤井漸移而南，則煤層愈佳，離水愈近。此次往勘正屆嚴冬，見水深盈尺涓涓不竭，河面闊有二三丈，向東南更闊，經泉河圩十八里，流入荆山橋正河。此河上流即藺家壩，爲微山河之尾閭。水有源頭，自荆山橋以下可通舟楫。河面闊七八丈十餘丈，深至七八尺丈餘不等。夏秋之間，雖千石大艘亦可往來。懼冬令水淺時，恒有兩岸居民疊石爲渡，故中流間有淤成淺渚者。再向東北迤邐過宿羊山，至老龍潭口，流入邳州運河，計程一百里。此青山泉抵運河水道之情形也。如果大辦煤鐵，需用大宗機器鍋爐，斷非陸運所能致，必須將荆山橋正河，用挖泥機船逐段撈淺，再將由泉河圩口，至屯河頭十八里，舊河開浚深通。將來機器由此河運入，煤鐵由此河運出，獲利方有把握。蓋既經大舉，除供鎔鐵外餘煤正多，若不籌定運銷之路，何能佔擱巨本。利國鎔成之鐵，雖可由韓莊繞道下駛，但間有糧艘過運，湖口堵牐蓄水，冬令淺涸之時諸多窒礙。況山青山泉至利國，三十五里已建鐵路一道，則兩地煤鐵循環轉運，庶幾水陸均便。即下游清淮一路，糧食雜貨，向從陸運至徐州者，亦可改由此河水運，沿河民田年年苦旱者，亦可藉資灌溉。是此河一開，匪獨爲煤鐵兩礦疎通咽喉，且關徐郡農田商務，國計民生之命脉也。估計從屯河頭至泉河汀口，開深八尺而底扯寬四丈，每里土方五千七百六十方，十八里共計土方十萬三千六百八十方。每方約挑夫工食一百五十文，連築壩約需現銀一萬二千兩。再將荆山橋正河酌量撈淺，而於泉河口老龍潭等處，仿照西法添設雙牐三座，以束水勢，約需現銀一萬八千兩，兩共計銀三萬兩。如果開浚之後，可以護拙兩岸民田畝捐，或徵收過牐船鈔，則目前祇須籌墊，日後仍可歸償也。

一曰建鐵路。凡外洋辦理礦務，無論運鐵就煤，運煤就鐵，皆須建造鐵路以利轉運。然煤礦之鐵路，與驛站大路不同，祇須輕便簡省。查歐洲鐵路其式不一，軌度自二尺至七尺寬窄，亦各不同，而煤礦之軌只須寬三尺，與從前吳淞之鐵路相似。近來泰西更有新式高脚鐵路，爲軍營轉運餉械之需，在空中行走不佔地面，隨處布置，隨時可以拆卸，大省購地築基之煩，倘遇地形凹凸山路崎嶇，以鐵柱之短長，配地形之高下，如過河渡澗即用長脚，不啻代橋柱之用，故其經費較平常鐵路，不過十之三四。青山泉造至利國，計程三十五里，大約六七萬金足敷開辦，而每年節省運價於無形者甚鉅。查青山泉每輛牛車運煤一噸至利國車價一千五百文，每日煤鐵往還僅各運一百噸，須費三百千文。以一年計算，已須十萬八千千文。且利國驛係五省入都孔道，星軺冠蓋絡繹往來，如建於正站之傍，則官商行旅無不目覩其利便，大足開內地風氣之先。將來本廠自製鐵軌既成，即可由徐州造支路至開封。南北分馳接建幹路，似亦盈科而進之辦法也。抑更有請者，我中國建造鐵路，重在鞏固邊防，轉運天庾爲首要。竊惟邊防以東三省爲至急，漕運以浦口爲最便，若能先由浦口達徐州，循中大道驛站造至京都，路既寬平，施工較易。又道出利國驛，即以自製鐵軌，隨造隨運，則不勞而理，事半功倍矣。不揣愚魯，姑妄言之。

金武祥《粟香隨筆》之《粟香三筆》卷三 滇南所産銅、鐵、錫、鴉片烟，取道紅河出洋，各項洋貨又取道紅河入滇，愈行愈熟，已成通衢。

劉錦藻《清朝續文獻通考》卷二〇《錢幣二》〔咸豐二年〕又諭：户部奏籌議川楚封存銅鉛改道運京一摺。見在京局銅錢短絀，各起運員多因江路梗阻，不能抵通。湖北省城見有存留兩運銅斤，四川巴縣見有截卸四運鉛斤，據該部奏請，均令運赴樊城或河南新野縣，登陸即用商販雇車攬載包裝包卸之法運抵河南内黃縣，計陸程一千三百餘里。即由楚旺集入衛河，交豫省運糧軍船灑帶，歸各運員押運，以期迅速抵通，接濟京局之用。著裕瑞、吴文鎔、崇綸、英桂按照該部所指程途辦法，派委道府大員悉心籌辦，親往督理監押各運員遄行，各按省分交替。飭令經過州縣一體照料，以利運務，而資鼓鑄。此係必應變通之舉，該督撫等務當迅速妥籌辦理。

又卷二一《錢幣考三》〔同治〕六年諭：蘇廷魁奏，銅鉛船隻改由河運，請飭山東省迅撥運河挑工，另案工程經費一摺。黔省辦運京鉛，近因江路疏通，仍照舊章，由四川重慶、江南儀徵以達通州。此等船隻笨重，甚於采船，若不將運河淤淺段落妥爲挑挖，誠恐銅鉛到境，致有阻滯。京局鼓鑄關係非輕，且本年江北漕米雖已停運，而小米幫船及鹽斤軍火船隻仍須行走，乘此大汛未交，正可將另案工程及時擇要興修。所有該河督前次奏請飭撥另案銀五萬兩，著丁寶楨督飭藩司迅速如數籌撥解交蘇廷魁，以便將要工趕緊興辦，庶於京鉛北上不致貽誤。

又卷四四《征榷考一六》〔光緒〕十八年，又奏，略稱：「查光緒十二年，准户部咨，貴州撫臣潘霨奏採辦銅鉛煤鐵硝磺各章程，奉旨：准其開辦，運往各省售賣。臣以硝磺例禁綦嚴，咨請停止入川。旋准黔省咨覆，薰磺係民間薰物之用，未便併禁，由前升司等議，准運赴彭山縣城，報告設店銷售，商人購磺，須由地方官查明，出結印票，無者不准私相買賣。近因黔省志在多銷，不得已通融辦理，每商一票，每票不得過百斤。乃近年頗有私磺入川，如樂山、彭山、資州等處，迭經查獲磺斤，每起一二千三四千斤不等，該委員輒藉詞官礦，出頭扛護。臣從寬免罰，原冀寬其既往，以儆將來。刁員奸商恃官礦爲護符，運川動輒鉅萬。月前瀘州知州李玉宣查獲私礦三萬二千餘斤，以一粟百斤計之，已合三百票，爲一票實難保無濟匪情事。當經批飭，充公究辦。查黔員運磺，豈必運售於匪，然輾轉分售，不至濟匪不止。薰磺爲川民所需，川商自可領票，赴黔購買，何勞黔員運送來川？黔省松溉一局，界連永川，擬請嗣後黔磺，祇准囤積於黔省適中之地，川商如有採買者，由官給與印票，註明十斤之限，聽赴黔局採買。其彭山一局，深入腹地，五方雜處，稽察難周，應即撤局，以昭慎重。硫磺、薰磺本無區別，皆可以資軍火。川省人心浮動，伏莽堪虞，去年萬縣崔英河之謀逆，茂州何三木匠之聚衆謀叛，皆用火器轟人，幸皆登時撲滅，此後流弊防不勝防。川省歲協黔餉數十萬，黔省所收磺利計亦甚微，黔磺害川，亦非黔省之利。臣於此次奉旨後，即檄兩司通飭各屬，恪守舊例，以十斤爲限。再查照通融舊章，每票亦止百斤，此次一票至三萬餘斤之多，如係官磺，應請飭下貴撫，查取委員銜名，照私售硝磺例，嚴加議處。如係私磺，即由川省將該私販，照例治罪。」如所請

行。【略】

〔光緒十八年〕又諭：「有人奏銷售硝磺斤數增多，利小害大一摺，據稱貴州委員赴川滇等處設局銷售硝磺，川省州縣發給印票，一人一票，准購百斤，恐奸民販運貽害地方。請飭仍照舊章辦理，硝磺每票准購百斤有無流弊，著劉秉璋、王文韶體察情形辦理。

又卷三八九《實業一二》〔宣統元年〕又湖廣總督陳夔龍奏：「鄂省官辦硝磺，先由善後局招商發給執照，採運往往遲延，或運不足數。近年兵工鋼藥廠製鍊鏹水，需磺尤夥，自設礦政調查局後，即歸該局兼辦，察度需用數目，先期濟運，並委員圈山開採，稽察私販。此次裁局歸勸業道管理，應將硝磺畫出專辦，名曰硝磺總局，刊刻關防，派員辦理，以供兵工、鋼藥廠之用。」

薛福成《出使日記續刻》卷七《光緒十八年癸巳五月・初十日日記》 光緒元年，進口洋貨洋藥價銀二千五百三十五萬餘兩，洋布、棉紗價銀二千零六萬餘兩，內棉紗價銀二百七十四萬餘兩。呢、羽絨、氈類價銀四百五十六萬餘兩，雜樣布價銀十七萬餘兩，銅、鐵、鉛、錫類價銀四百二十二萬餘兩，雜貨價銀一千三百四十二萬餘兩，統共洋貨價銀六千七百八十萬餘兩。光緒九年，進口洋貨洋藥價銀二千五百三十四萬餘兩，洋布、棉紗綫價銀一千二百零四萬餘兩，內棉紗棉綫銀五百二十四萬餘兩。呢、羽絨、氈類價銀三百八十九萬餘兩，雜樣布價銀八萬餘兩，銅、鐵、鉛、錫類價銀四百六十七萬餘兩，雜貨價銀一千七百五十二萬餘兩，統共洋貨價銀七千三百五十六萬餘兩。光緒十六年，進口洋貨洋藥價銀二千八百九十五萬餘兩，洋布、紗綫價銀四千五百零二萬餘兩，內棉紗棉綫價一千九百三十九萬餘兩。呢、羽絨、氈類價銀三百六十四萬餘兩，雜樣布價銀十三萬餘兩，銅、鐵、鉛、錫類價銀六百八十七萬餘兩，雜貨價銀四千二百四十六萬餘兩，內米價一千一百四十四萬餘兩。統共洋貨價銀一萬一千七百零九萬餘兩。光緒十七年，進口洋貨、洋藥價銀二千八百三十三萬餘兩，洋布、紗綫價銀五千三百五十九萬餘兩，內棉紗棉綫價銀二千零九十八萬餘兩。呢、羽絨、氈價銀四百六十九萬餘兩，雜樣布價銀十萬餘兩，銅、鐵、鉛、錫類價銀七百二十五萬餘兩，雜貨價銀四千零三十二萬餘兩，內煤油價銀五百二十六萬兩，米價銀六百五十九萬餘兩。統共洋貨價銀一萬三千四百萬餘兩。

又《光緒十八年癸巳五月・十二日日記》 光緒六年，進口洋貨、洋藥價銀三千六百五十三萬餘兩，洋布、紗綫價銀二千二百五十九萬餘兩，內棉紗棉綫銀三百十九萬餘兩。呢、羽絨、氈價銀四百九十五萬餘兩，銅、鐵、鉛、錫價銀四百十三萬餘兩，雜貨價銀一千三百八十八萬餘兩，統共洋貨價銀八千二百二十二萬餘兩。光緒十二年，進口洋貨、洋藥價銀二千四百九十八萬餘兩，洋布、紗綫價銀二千九百零四萬餘兩，內棉紗棉綫銀七百八十六萬餘兩。呢、羽絨、氈價銀五百六十三萬餘兩，銅、鐵、鉛、錫價銀五百三十一萬餘兩，雜貨價銀二千二百四十一萬餘兩，內火油二百二十一萬餘兩，米價八十九萬餘兩。統共洋貨價銀八千七百四十七萬餘兩。光緒十四年，進口洋貨、洋藥價銀三千二百三十三萬餘兩，洋布、紗綫價銀四千四百四十三萬餘兩，內棉紗棉綫價一千三百七十五萬餘兩。呢、羽絨價銀五百零九萬餘兩，銅、鐵、鉛、錫價銀六百八十八萬餘兩，雜貨價銀三千五百九十萬餘兩，內米價九百六十三萬餘兩，火油二百二十一萬餘兩，自來火一百零八萬餘兩。統共洋貨價銀一萬二千四百七十八萬餘兩。

劉浩等《民國文獻資料叢編・史料旬刊》第三册《修建寧壽宮工程案》 按例約用買辦：黃蠟一百六十五斤四兩，每斤銀二錢四分。計銀三十九兩六錢六分。松香一百十斤，每斤銀三分。計銀三兩三錢。燈油二十七斤八兩，每斤銀五分。計銀一兩三錢七分五釐。三寸鐵釘二十五斤八兩，每斤銀三分。計銀七錢六分五釐。檾蔴六十八斤十三兩，每斤銀二分二釐。計銀一兩五錢一分三釐。秫稭一百六十五個，每個銀三分。計銀四兩九錢五分。土坯四千五百五十四塊，每百塊銀七分。計銀三兩一錢八分。化銅罐一百三十七個，每個銀一錢。計銀十三兩七錢。糞土四十一筐，每筐銀三分。計銀一兩二錢三分。立黃土三百二筐，每筐銀一分。計銀三兩二分。磨炭三斤五兩，每斤銀五分。計銀一錢六分五釐。磨石六斤十兩，每斤銀六釐。計銀三分九釐。

共用買辦銀七十二兩八錢九分七釐。

通共約用工價買辦物料焊藥銀五百五十五兩八錢三分五釐。

行取：紅銅條六百二十七斤七兩，西紙八百八十一張，鐵絲七十二斤四兩，黑炭一千三十二斤，渣煤七千五百七十四斤。

鑄爐處：黃銅三千九百三十五斤，燒古銅龜一對，各通高二尺六寸，共約重黃銅三千九百七十六斤六兩。

按例約用外僱：撥蠟匠二百八工五分，鑄匠三百七十工，鏨匠七百四十工，鏨花匠一千九百五十二工五分，銼刮匠七百四十工，磨匠一百十六工，燒古匠六十六工。

以上共用撥蠟鑄鑿等匠四千一百九十三工，每工銀一錢五分四釐。計銀六百四十五兩七錢二分二釐。

壯夫二百三十一名，每名銀八分。計銀十八兩四錢八分。

按例約用買辦：黃蠟一百六十七斤，每斤銀二錢四分。計銀四十兩八分。松香一百十一斤，每斤銀三分。計銀三兩三錢三分。燈油二十七斤十三兩，每斤銀五分。計銀一兩三錢九分。三寸鐵釘二十七斤十三兩，每斤銀三分。計銀八錢三分四釐。秫秸一百六十七個，每個銀三分。計銀五兩一分。化銅罐一百三十九個，每個銀一錢。計銀十三兩九錢。檾蔴六十九斤九兩，每斤銀二分二釐。計銀一兩五錢三分。土坯四千五百九十二塊，每百塊銀七分。計銀三兩二錢一分四釐。糞土四十二筐，每筐銀三分。計銀一兩二錢六分。立黃土三百二筐，每筐銀一分。計銀三兩二分。磨炭三斤九兩，每斤銀五分。計銀一錢七分八釐。磨石七斤三兩，每斤銀六釐。計銀四分三釐。西綠四斤十五兩，每斤銀五錢。計銀二兩四錢六分八釐。膽礬四斤十五兩，每斤銀六錢。計銀二兩九錢六分二釐。硇砂四斤十五兩，每斤銀二兩四錢。計銀十一兩八錢五分。

共用買辦銀九十一兩七錢八分九釐。

通共約用工價買辦物料銀七百五十五兩九錢九分一釐。

行取：西紙八百九十張，鐵絲七十三斤，黑炭一千四十三斤，渣煤七千六百五十四斤。

鑄爐處：黃銅三千九百七十六斤六兩。

燒古銅鶴一對，各通高五尺六寸五分，共約重黃銅二千一百八十四斤。

按例約用外僱：撥蠟匠一百十四工五分，鑄匠二百三工，鑿匠四百六工五分，鏨花匠一千四十一工，銼刮匠四百六工五分，磨匠七十工，燒古匠三十九工，以上共用撥蠟鑿鏨等匠二千二百八十工五分，每工銀一錢五分四釐。計銀三百五十一兩一錢九分七釐。

壯夫一百二十七名，每名銀八分。計銀十兩一錢六分。

按例約用買辦：黃蠟九十一斤十一兩，每斤銀二錢四分。計銀二十二兩五釐。松香六十一斤二兩，每斤銀三分。計銀一兩八錢三分三釐。燈油十五斤四兩，每斤銀五分。計銀七錢六分二釐。三寸鐵釘十五斤四兩，每斤銀三分。計銀四錢五分七釐。秫秸九十二個，每個銀三分。計銀二兩七錢六分。化銅罐七十六個，每個銀一錢。計銀七兩六錢。檾蔴三十八斤三兩，每斤銀二分二釐。計銀八錢四分。土坯二千五百二十三塊，每百塊銀七分。計銀一兩七錢六分六釐。糞土二十三筐，每筐銀三分。計銀六錢九分。立黃土一百六十八筐每筐銀一分。計銀一兩六錢八分。磨炭二斤二兩，每斤銀五分。計銀一錢六釐。磨石四斤五兩，每斤銀六釐。計銀六分五釐。西綠二斤十五兩，每斤五錢。計銀一兩五錢六分八釐。膽礬二斤十五兩，每斤銀六錢。計銀一兩七錢六分二釐。硇砂二斤十五兩，每斤銀二兩四錢。計銀七兩五分。

共用買辦銀五十兩八錢四釐。

通共約用工價買辦物料銀四百十二兩一錢六分一釐。

行取：西紙四百八十九張，鐵絲四十斤二兩，黑炭五百七十三斤，渣煤四千二百五斤。

鑄爐處：黃銅二千一百八十四斤。

熙和軒安設燒古銅鹿一對，各通高五尺五寸，共約重黃銅一千三百三十五斤。

按例約用外僱：撥蠟匠一百工，鑄匠一百七十七工五分，鑿匠三百五十五工，鏨花匠八百五十二工，銼刮匠三百五十五工，磨匠七十九工五分，燒古匠六十二工五分。

以上共用撥蠟鑄鑿等匠一千九百八十一工五分，每工銀一錢五分四釐。計銀三百五兩一錢五分一釐。

壯夫一百一十名，每名銀八分。計銀八兩八錢八分。

按例約用買辦：黃蠟八十斤，每斤銀二錢四分。計銀十九兩二錢。松香五十三斤六兩，每斤銀三分。計銀一兩六錢一釐。燈油十三斤五兩，每斤銀五分。計銀六錢六分五釐。三寸鐵釘十三斤五兩，每斤銀三分。計銀三錢九分九釐。秫秸八十個，每個銀三分。計銀二兩四錢。化銅罐六十七個，每個銀一錢。計銀六兩七錢。檾蔴三十三斤六兩，每斤銀二分二釐。計銀七錢三分四釐。土坯二千二百塊。每百塊七分。計銀一兩五錢四分。糞土二十筐，每筐銀三分。計銀六錢。立黃土一百四十六筐，每筐銀一分。計銀一兩四錢六分。磨炭二斤七兩，每斤銀五分。計銀一錢二分一釐。磨石四斤十五兩，每斤銀六釐。計銀二分九釐。西綠四斤十一兩，每斤銀五錢。計銀二兩三錢四分三釐。膽礬四斤十一兩，每斤銀六錢。計銀二兩八錢一分二釐。硇砂四斤十一兩，每斤銀二兩四錢。計銀十一兩二錢五分。

共用買辦銀五十一兩八錢五分四釐。
通共約用工價買辦物料銀三百六十五兩八錢八分五釐。
行取：西紙四百二十七張，鐵絲三十五斤，黑炭五百斤，渣煤三千六百七十斤。
鑄爐處：黄銅一千三百三十五斤。
收拾見新銅鼎爐二對，配造紅銅臺撒樓子四座，各通高四尺九寸，内週身磨光出亮並收摟攢焊重簷紅銅樓子四座，共重六百二十七斤七兩。
按例約用外僱：大器匠一百六十三工，合對匠一百五十六工五分，銼刮匠一百九十六工，收摟匠七工，攢焊匠十工，掏銼匠一百三工五分，磨匠一百六工五分，燒古匠一百八十五工。
以上共用大器合對銼刮等匠九百二十七工五分，每工銀一錢五分四釐。計銀一百四十二兩八錢三分五釐。
化銅工銀三兩九錢八分六釐，打銅工銀三十兩四錢七分一釐，焊藥銀二兩四分九釐。
按例約用買辦：化銅罐十七個，每個銀一錢。計銀一兩七錢。磨炭三斤五兩，每斤銀五分。計銀一兩六分五釐。磨石六斤十兩，每斤銀六釐。計銀三分九釐。西绿十三斤十四兩，每斤銀五錢。計銀六兩九錢三分七釐。膽礬十三斤十四兩，每斤銀六錢。計銀八兩三錢二分五釐。硇砂十三斤十四兩，每斤銀二兩四錢，計銀三十三兩三錢。
共用買辦銀五十兩四錢六分六釐。
通共約用工價、買辦物料、焊藥銀二百二十九兩八錢七釐。
行取：紅銅條六百二十七斤七兩，鐵絲十九斤九兩，黑炭一百八十斤，渣煤一千五百八十斤。
以上成造銅鼎、爐、龜、鶴、鹿及收拾見新鼎爐配造紅銅臺撒樓子等共約用黄銅一萬一千四百三十斤六兩。
工價物料銀二千三百十九兩六錢七分九釐。
行取：紅銅條一千二百五十四斤十四兩，西紙二千六百八十七張，鐵絲二百三十九斤十五兩，黑炭三千三百二十八斤，渣煤二萬四千六百八十三斤。
【略】
按例約用買辦：化銅罐三千三百三十六個，每個銀一錢。計銀三百三十三兩六錢。立黄土二千一筐，每筐銀一分。計銀二十兩一分。糞土六百六十七筐，每筐銀三分。計銀二十兩一分。土坯十萬八千七百七十塊，每百塊銀七分。計銀七十六兩一錢三分九釐。檾麻一千六百二十六斤，每斤銀二分二釐。計銀三十五兩七錢七分二釐。秫稭四千三個，每個銀三分。計銀一百二十兩九分。磨炭二十七斤五兩，每斤銀五分。計銀一兩三錢六分五釐。磨石一百七斤二兩，每斤銀六釐。計銀六錢四分二釐。西绿六十四斤四兩，每斤銀五錢。計銀三十二兩一錢二分五釐。膽礬六十四斤四兩，每斤銀六錢。計銀三十八兩五錢五分。硇砂六十四斤四兩，每斤銀二兩四錢。計銀一百五十四兩二錢。
共用買辦銀八百三十二兩五錢三釐。
通共約用工價買辦物料銀七千四百四十六兩七釐。
行取：鐵絲八百四斤，黑炭二萬五千二十斤，渣煤十八萬三千五百斤。
【略】
買辦：化銅礶四千四百三十八個，每個銀一錢，計銀四百四十三兩八錢。
【略】磨石二百十九斤十一兩，每斤銀六釐，計銀一兩三錢一分八釐。磨炭五十四斤十四兩，每斤銀五分，計銀二兩七錢四分三釐。西绿一百三十一斤十三兩，每斤銀五錢，計銀六十五兩九錢六釐。膽礬一百三十一斤十三兩，每斤銀六錢，計銀七十九兩八分七釐。硇砂四十三斤十三兩，每斤銀二兩四錢，計銀一百五兩一錢五分。共用買辦銀一千五十五兩九錢。
外僱：揚銅匠一千三百八十一工，番砂做模匠六千九百七工，倒火匠九百二十一工，卸罩匠四百六十工，鏨粗匠五千九百八十六工，鏨細匠一萬一千九百七十工，銼粗匠五千五百二十六工，銼細匠一萬二千八百九十七工五分，嵌補匠一萬五十四工五分，磨石匠七百九十一工，磨炭匠三百九十五工，出亮匠一百三十二工五分，燒古匠一千七百五十七工五分，共用外僱匠五萬九千一百七十九工，每工銀一錢五分四釐。計工銀九千一百十三兩五錢六分六釐，共節省工一萬五千九百四十工五分，計節省工銀二千四百五十四兩八錢三分七釐。外僱壯夫七千三百九十八名，每名銀八分。計銀五百九十一兩八錢四分。
以上除節省外實用買辦物料工價銀一萬七百六十一兩三錢六釐。
行取：營造司鐵絲一千七十斤，黑炭三萬三千二百九十斤，渣煤二十四萬四千一百三十斤。
鑄爐處毀銅十二萬六千八百二十四斤八兩。

《礦務檔·河南礦務·福公司在河南礦務案》外務部發英使朱邇典函《駁拒福公司在內地售煤》 宣統元年閏三月二十四日，發英朱使信稱：本月二十二日接准來函，以福公司總董與豫省地方官定立合同，係爲保持和平免生糾葛而立，應由豫撫出示，禁止阻撓人民購買該公司之煤，請電豫撫即將允出之示，速爲張貼，於公司在河南之生意，妥爲保護等語。又附件開列二條，謂原議尚有不甚完善之處，宜添入以免誤會等因前來。查此事近准豫撫來電，開列議單九條，並稱公司如在內地售煤，各煤窑生計有妨，尤恐易釀事端等語。本部詳加查閲，該議單內並無允准出示曉諭之明文，且第三條明載福公司所出之煤，議定遵照通商條約，不在內地開設行棧賣煤等語。是該公司所請就地售煤之處，既與通商條約及此次議單不符，尤於小民生計有損，自應仍照原議爲妥，相應函復貴大臣查照轉飭該公司遵照可也。

《礦務檔·安徽礦務·籌辦安徽礦務》總署《池州礦局試採銅鉛等礦宜購求西洋煉法》 欽命總理各國事務衙門清檔開辦礦務。光緒十年正月初九日，行南洋大臣左宗棠文稱：光緒九年十二月二十一日，准貴大臣咨稱，安徽池州煤鐵局加添資本，試採銅、鉛，以濟要需一摺，會同北洋大臣，安徽巡撫具奏，抄稿咨送前來。查煤、錢之礦，中國各省地方，所在多有，近年雖逐漸開採，而製造大器、軍器等用，仍不能不取資外洋。今原奏稱，池局所挖之煤，雖不及洋產，而各局多向購用，今復兼採銅鉛，亦爲鼓鑄製造所必需。因中國所產不敷，購資外洋，日增月益，實屬漏卮等語。竊謂中國地大物博，山川蘊蓄精華，久爲西人所欣羡，將來礦務推行日廣，不患出產之不足，而患煉法之未精。西國於煉銅煉鐵，苦思力索，著有成書。其錘鎔審驗，均以機器鼓動養氣，化粗爲精，使銅鐵渣滓盡去，精英畢呈。用以製器，大而船砲，小而丸彈，莫不堅緻。池局現既兼採銅鉛，向來煤鐵出產相連，該局務宜審別礦苗，尋求鐵脈，將所產銅鐵，一併講求西洋煉法，俾愈煉愈精，足敵洋產，將各局製造軍火所用銅鐵，取資中國，無須購自外洋。不但嚴塞漏卮，於自强之策，亦非小補。尚希分飭開採諸局與礦師工匠等，加意講求，期收實效，是所盼切，相應咨行貴大臣查照施行。將該局所產煤、鐵、銅、鉛各種質理精粗，礦產衰旺，分別詳報，並近來如何購器精煉之處，迅速咨復可也。

《礦務檔·湖南礦務·籌辦湖南礦務》俞廉三《湘紳創設阜湘沅豐二總公司分辦全省礦務暨籌設煉礦總廠礦務學堂事》 光緒二十八年七月十九日，軍機處交出俞廉三鈔摺稱：爲湘省紳商集股設立煉礦總廠，並分設全省各路礦務總公司，以興地利，恭摺仰祈聖鑒事：竊湘省礦務，自前撫臣陳寶箴奏請開辦，原欲廣開利源，爲自强之本，設局迄今，經臣隨時整頓，以官本不充，商力未厚，規模粗具，利益尚微。近年田收歉薄，商業衰疲，生利之源，日涸一日，復經臣督飭各屬紳耆妥籌補救，上期有裨國計，下求有益民生。自非將全省境內所有礦產，合力開採，不足以盡未發之藏，收自然之利。至採獲礦砂，尤必自能提煉，方可操縱自如，銷路無虞停滯。兹據前刑部右侍郎龍湛霖，前國子監祭酒王先謙等，分勸閤省殷實紳商，合集鉅貲，並招內地各省官商股份，公司商定仿造各種西法煉爐，創設總廠，承煉全省所產礦砂，設立阜湘礦務總公司，承辦中路南路各屬礦山；又據候選道黃忠浩，前甘肅候補知府喻光容等，陸續招集多股，設立沅豐礦務總公司，承辦西路各屬礦山，先後呈請奏咨立案。並聲明股本如有不敷，再行酌借洋款，認息償還，與國家無涉等情。伏念朝廷振興礦務，明詔迭頒，即無妥商承辦，尚應廣爲招致，況經閤省紳商通力合作，自宜因勢利導，以責成功。當經擇派紳董候選道蔣德鈞，分省試用道朱恩紱，員外郎職銜王銘忠，經理阜湘總公司事宜；江蘇試用道翟衡璣，進士黃霖，經理沅豐總公司事宜。並派礦務局提調分省試用知府黃篤恭協同經理，令其悉心規畫，迅速興辦。仍飭由局酌發官本，使利權操之自上，並飭查照部局定章，呈繳井口出口各稅，俟獲有贏餘，提成報効國家，毋許稍有隱漏。又查各國礦學，皆有專門，內地向不講求，以致動虞虧耗。今宜督令公司紳商，各就煉廠礦場，建設學堂，延聘外洋礦師工程師，兼充教習，分科課授，務取專長，庶幾數年之後，可兼收作育人材之効。據藩臬兩司會同礦務局，詳請奏咨前來。臣維民困之難甦，由於商業之不振，蓋商權不能歸一，則彼此互競，無以杜爭奪之萌，商情不能歸一，則彼此相猜，尤無以成團聚之體。泰西各國商務動設總公司，用能深相聯絡，馴致富强，故求目前整頓之方，誠非分設總公司，不足挽散漫紛紜之弊。湘省礦產繁夥，如能衆情翕合，採西人所長，持以堅定之力，暫時雖未必遽獲厚利，而各處無業貧民，已得就廠傭趁，衣食取給有資，不致流而爲匪。將來逐漸擴充，其收效必不止此。臣爲維持礦利起見，合無仰懇天恩俯准，勅下外務部統轄礦路總局，將湘省紳商所設煉礦總廠，及分辦全省各路礦產之阜湘沅豐總公司，分別立案，以專責成。除咨呈查照外，謹會同湖廣總督臣張合詞恭摺具陳，伏乞皇太后、皇上聖鑒訓示。謹奏。

光緒二十八年七月十九日，奉硃批：外務部、路礦總局知道。欽此。

又外務部收湖南巡撫俞廉三文附開辦鍊礦總公司章程《湘紳創設鍊礦總廠暨阜湘沅豐二總公司承辦礦務事請查照立案》 光緒二十八年七月二十九日，湖南巡撫俞廉三文稱：案准刑部右侍郎龍湛霖，前國子監祭酒王先謙，前山東布政使湯聘珍，雲南迤東道陳啟泰，湖北候補道陳兆葵，江蘇候補道李維翰，候選道張祖同，前甘肅寧夏府知府黄自元，四品銜分省補用同知聶緝槼，分部郎中郭承煒，分省補用知府朱恩紆，候選道蔣德鈞，分省補用道朱恩紱，員外郎職銜王銘忠等呈稱，爲創設湖南鍊礦總廠，承鍊湘省各種礦砂，並設立阜湘總公司，開採中路南路各屬礦山，懇准合辦，以維礦政，而保利權事：竊維湘省自興辦礦務以來，迭經整頓維持，迄今日有起色，惟内地向不講求化學，土法提鍊虧折堪虞，是以售銷礦砂，收其餘利，此固一時權宜之計，而有待於後圖者也。爲今之計。似宜急設鍊爐，延聘東西各國專門礦學家，分别研究採鍊各種礦質，期於能製器物而止，然後可以稍塞漏巵，藉圖補救。查洋商販運礦砂，回國化鍊，復行運入中國銷售，遠泛重洋，其獲利猶且倍蓰，則在湘省就地提鍊，如能得法，利更可知。紳等擬先集股本銀二百萬兩，創立鍊礦總公司，先於岳州建設總廠，延聘外洋工師，提鍊各種礦砂。凡屬湘省所產，無論何項礦質，概歸公司承鍊，並於中路南路各屬勘採礦山，以便自行提鍊，免虞缺乏。如股本不敷，再由公司酌借洋款，以資推廣。所有爐税井口税及出口正税，一律照章完納，仍擬於贏餘項下，酌提報効銀兩，以裨國計。惟總公司包舉全省，應由官局主持，方符體制，擬請飭局酌發官本，作爲官商合辦，庶得以内承董督，外資保護。謹擬開辦大略章程六條，另繕清摺呈鑒。如蒙俯允，懇請奏咨立案。無論華洋商人，不得在湘省另設鍊廠，中路南路礦山，亦不得於此次定章之外，别議辦法。並懇札委紳董數人，經理其事，以固商本。所有採鍊各項詳細章程，統由奉委紳董於開辦後，再行擬定候核。紳等伏查湘省物力艱難，商務窳敝，當此償款數鉅，羅掘一空之際，若非就本省自然之利，竭力經營，萬難支持危局。紳等謹殫全省紳商之力，並招内地各省官商股分，創辦此舉，一切章程，必須量予變通，庶幾因勢利導，可以覘成功而收實效等情，並録呈開辦章程六條前來。當經本部院批示：據呈創設公司，提鍊湘省所產礦砂，并採中路南路各屬礦山，誠爲急要之圖，自應刻速興辦，惟造端宏大，非悉心經畫，難期周妥。所擬開辦章程六條，及呈稱各節，有無窒礙，仰布、按二司會同礦務總局，即日詳議具覆，候核明奏咨辦理。茲事體大，必須遴擇紳董，以專責成。查蔣紳德鈞，朱紳恩紱，王紳銘忠，皆可派委經理其事，仍加派黄紳篤恭協同經理，以收集益之效，而成經久之規。應否酌發官本，併仰核議詳辦，原呈清摺鈔發。復據候選道黄忠浩，甘肅候補知府俞光裕，江蘇試用道翟衡璣，貢士黄霈，優貢知縣周聲洋，辰州府學訓導沈克剛，湖北候補縣丞黄式崇，候選訓導楊昭楧等稟稱，爲集股設立沅豐公司，開採湘省西路各屬礦山，懇准奏咨立案事：職等竊見湘省西路，與黔蜀接界，山深巖險，鑛産繁多，職忠浩等籍隸偏沅，夙知形勢，又嘗湊集貲本，分採黔金礦，溆浦、芷江等處鉛礦，數年以來，日興工作，以民風强悍，運道艱險，未能遽收宏效。職光容等曾奉憲札，開採西路各屬鑛山，於勘測苗綫，認鑛質，略有閱歷，亦稍習邊方情形，因相與會商辦法，務使寶藏盡興，於國帑支絀之際，稍拓利源，於邊氓窮蹙之餘，藉謀生計。再四籌維，擬合羣力以圖，不蹈見小之習，權就本地紳商，籌集股本銀二十萬兩，先行開辦，仍招内地各省官商股份，以爲徐圖推廣之地，延聘礦師，徧勘辰永沅靖及四廳等處各種鑛山，分别化驗，次第開採。惟是西路偪近苗疆，風氣未開，勸導彈壓之事，不能不惟長官是賴。如蒙核准，擬請即以現設之辰永沅靖礦局，督理西路總公司事宜，以資督率，而承規畫。無論何處商民，不得更於西路别立公司，俾歸畫一。其黔蜀等省商民，採運礦砂，如有願歸總公司收買者，亦可酌量情形，公平價收，不敢稍存歧視。所有應繳之井口出口税項，及將來獲有贏餘，提成報効，悉照部局定章辦理。職等爲維持礦利起見，理合稟乞察核等情，復經批示據稟已悉。湘省西路礦山，蘊藏甚富，從前由局派員開採，未竟其功，當此振興礦務之時，急應廣籌興辦，以期盡發其藏，稍裨國計。該職等議集股本，設立西路總公司，搜採礦苗，大興地利，自應如稟准行。查前據龍紳湛霖等請設鍊礦總廠，並設中路南路礦務總公司，業飭藩臬兩司會同礦務總局核議在案，仰即併案議詳，以憑奏咨立案。勿延稟發仍繳先後分行司局核議去後。旋據藩司張紹華，署臬司繼昌，會同總辦礦務局道員劉鎮，夏獻銘詳稱，伏查採獲礦砂，必須自行提鍊，方能操縱自如。歷年以來，迭次籌設各種西法鍊爐，以經費不充，暫未興辦。即中路南路各礦，雖經官商悉力開採，究之未能偏及，遺利甚多。諸紳呈請創設阜湘總公司，承鍊湘省各種礦砂，並採中路南路各屬礦山，籌集貲本，以爲廣開利源之計，實與本局積年規畫之初心，不謀而合。應請作爲官商合辦，以期互相維繫。仍先行酌發官本，俟議有成數，再行詳定。湘省商業衰疲，生利之源，日涸一日，況值庫款奇絀，百端羅掘之時，若就自然之利，合羣力以經營，奚以甦民困，而裨國計。核閲開辦章程各條，均尚妥善，不至别形窒礙，於維持聯絡之中，具見用心。即呈稱延聘外洋工師，及由公司酌借洋款各節，均屬可行，擬請札飭經理紳董，妥慎從事。又查黄道忠浩等所禀各節，龍紳湛霖等所設創設之阜湘總公司，大致相同，應請遵照憲批禀准行。至辰永沅靖礦局，設在辰州，現在該局事務，尚不甚繁，於西路總公司事宜，自可兼顧。如蒙核准，擬即由局飭知該局爲之督理，庶於官有稽察之權，於商獲保護之益，實爲兩便。所有詳細章程，即飭該局督同擬定，禀候查核。惟阜湘鍊礦總廠設立在前，原呈内有承鍊全省各種礦砂之文，又當於辰州分設鍊廠，將來西路採獲各項礦質，自宜照章辦理，以歸畫一。至爐税、井口税、出口正税，及獲有贏餘，提成報効國家銀兩，概應責成各該公司紳董，查照部局定章呈繳，仍由本局隨時派員稽核，毋許隱漏。迭奉前因，理合會商詳覆，俯候察核，准將中路南路各礦，概歸阜湘總公司承辦，西路各礦，概歸沅豐總公司承辦，並由阜湘設立總分鍊礦爐廠，承鍊全省礦砂。專案奏明。並將呈禀章程，分咨外務部統轄礦務鐵路總局，核明立案，實於湘省礦政，大有裨益等情。據此。又經批示據詳已悉。候即專案奏明，並分咨外務部統轄礦務鐵路總局查照立案，仍仰礦務局分别移飭遵照。查前據龍紳湛霖等呈請設立總公司，業由本部院擇委紳董數人，經理其事。所有黄道忠浩等禀設西路總公司一案，應即派委翟紳衡璣，黄紳霦，充當紳董，以專責成，並派黄紳篤恭協同經理。仰即知照。此繳印回在案。除會同湖廣總督部堂張，於本年六月二十四日，恭摺具奏，並先行電咨外，相應鈔録摺稿，並龍紳湛霖等所議開辦章程，咨呈外務部，謹請查照立案，實爲公便。須至咨呈者。

原奏詳見七月十九日軍機處抄摺内。

照録章程。

謹擬開辦鍊礦總公司大概章程六條，開呈察核。

一、本公司於岳州設立總廠，購備機器，建造西法各種爐座，並擬於省城、寶慶、衡州、柳州、常德、辰州等處，及凡有鑛各州縣，設立分廠，以便因地制宜，隨時化鍊。

一、湖南全省各礦，除本省官辦隨時交鍊外，其餘無論何處，何項礦砂，何時開辦，概歸本公司承鍊，不准逕運砂質出境，亦不得就山另設爐座，私行提鍊。

一、各處商廠，如願將所採之砂，售與本公司，即當按照砂觔成色，公平給價，再由本公司提鍊後，運出售銷。其各處商廠，自有銷路，上請本公司代爲提鍊者，即由本公司面與該商廠議定，每一噸鍊費銀若干，本公司即當代爲提鍊，再由該商廠自行售銷。

一、本公司開辦之後，即於中路長沙、岳州、常德、澧州，及南路寶慶、衡州、永州、柳州、桂陽州各屬，徧勘産礦山地，次第開採，自行提鍊。其從前禀定有案，現已開辦之各商礦，仍聽照舊採取，由本公司照章收買提鍊。自此次禀准之後，如再有商民擬於中路南路各屬，勘採礦産，及或前已買山，日後始行開採者，均須先行關白本公司，併股合辦，以專責成，而保權利。

一、鍊廠應繳爐税，遵湖南礦務總局定章完納；礦山出砂，應繳井口税，遵礦路總局定章完納；已鍊礦質起運出境，應繳出口正税，遵海關新章，在岳州税關完納。

一、官商擬暫共集股本銀二百萬兩，每一百兩爲一股，合二萬股，作一次收齊，週年官息七釐。每年總結一次，除應繳税項，及經費官息各項開支外，所有贏餘，分作十二成，以二成報効國家，以一成作公積，以一成提分在事出力諸人紅成，其餘八成分給股及按股均攤。

又龐鴻書《衡州鍊廠設立礦化學堂咨呈章程暨課程表等》 光緒三十一年八月初七日，收護理湖南巡撫龐文稱：查接管卷内，據湖南礦務總局司道詳稱，光緒三十年十一月十四日，奉前撫憲陸札開，准商部咨開，十月初二日，内閣鈔交湖南巡撫奏衡州鍊廠設立礦化學堂片奏硃批：該部知道。欽此。欽遵等因前來。查礦化之學，中國尚少專家，既據貴省現就衡州鍊廠，附設學堂，挑選學生，宏施教育，俟學成後，或即派往外洋，專習礦學，或留備總分公司添設鍊廠之用，其於實業大有裨益。惟該堂開辦日期，及辦事規條，學生年貌姓名籍貫，務希詳細咨部，樂觀厥成。至衡州鍊廠，共有幾所，本部無案可稽，希即迅飭礦務總局，將前後卷宗鈔録到部備案，並隨時申報辦理情形，以憑察核可也等因。又於二十四日奉札内開，准户部咨開，湖廣司案呈署湖南巡撫陸奏湘省鍊廠附設礦化學堂一片。光緒三十年九月二十八日，奉硃批：該部知道。欽此。欽遵由内閣鈔出到部，雲南司付送前來。查附片内稱，湘省礦産自設立總公司後，於衡州設立鍊廠，今於衡州鍊廠附設礦化學堂，其建造學堂，開辦常年各經費，即由礦務總局籌辦，不另開支正項等語。查該省設立礦務總公司，衡州設立鍊廠各案，及一切章程，均未據報部，相應咨行湖南巡撫轉飭查明，速將章程鈔録送部，以憑查核可也等因。蒙此。伏查本局開設鍊廠，現在小辦期内，學堂本係附設，上次詳定章程，係屬權宜辦法，申明隨時酌量更改在案。今既奉商、户部咨調，自應分別現在將來辦法，詳細釐定章程，呈請察核。除衡州鍊廠及礦務總公司全案章程，鈔録另文用呈外，所有重訂礦化學堂章程，及課程表緣由，理合詳請分別轉咨等因，移交到本護部院。據此。相應咨呈。爲此咨呈大部，謹請查照施行。

照録抄件。

湖南礦務總局籌辦衡州鍊廠附設礦化學堂章程。

立學總義章第壹。

第一節、本學堂宗旨，在造就普通礦學，注意於提鍊冶金石科實地試驗，以儲擴張鍊廠之才，俾免借材異地。

第二節、本學堂係專爲研究礦學冶金而設，一切開辦常年經費，皆由礦務局支給，與各學堂之隸於學務處者不同，所有堂内事宜，應由本局主政，咨明學務處備案。

第三節、本學堂辦法，須分兩期，目下鍊廠在小辦期内，本學堂教法科程，亦不能十分完備，擬先招考具有英文算學普通資格之學生二十人，作爲豫科，專習冶鍊，以應急需。俟鍊廠大辦期内，再議擴張，另招新班，照所定正科科目辦理。

科學程度章第二。

第一節、本學堂所定正科科程，係就中學堂畢業者而言，必須英文已研究數載，數學習至代數、平面、立體、幾何、平面、三角術，理化、圖畫寫生、幾何畫，亦有根柢，方爲合格。

第二節、本學堂注重冶金，於舍有金屬各礦石中，教以采取之技術，與關乎此等技術之學理，以養成製鍊之才。故本堂生徒於冶金專門學外，物理、化學、礦物學，不可不明，以期熟於關乎金屬之分析。冶金用之機器，不可不講，以期備有使用此等機器之知識。至採掘礦石，爲採礦學；辨別礦質，分離巖石，爲選礦學；亦必令生徒十分領悟。誠以冶金與採礦業有密切之關係，非熟習採礦，則知識必不完備。兹將本學堂各科學之要旨、性質，與夫教授之命意，詳述之：將來聘請教習，即以此分科，或專授一科，或兼授數門，分別繁簡，以類相從，應俟臨時酌定。

甲、數學：數學爲專門學之基礎，然與其授以深遠之學理，何如練以敏捷之妙用。本學堂教法，自初等平面幾何起，至代數學三角術而止，所有高尚複雜之算理，概行從略，惟必須多演問題，使能捷於運用。

乙、物理學：物理學與數學，同爲專門學之基礎，應就序論力學、固體論、流體論、静學氣體論、熱學、磁氣學、静電氣學、流動電氣學等，工業上之關係較深者授之，而於各學聯絡之中，尤宜置意。

丙、化學：化學分有機、無機兩門，其無機化學，則就化學中之重要原則，及主要之化合物製造法，並性質效用等授之，以興其化學之觀念。其有機化學，則授以化學之定義，化合物與化合物之構造均等系屬分歧體，及均等系屬分歧體之製造法等類。

丁、機械工學大意：以養成機械上之概念爲主，於機械運動之原理，各種發動機之構造，與其利害等事，擇要教授。

戊、電氣工學：爲後日應用電氣時，圖其便益起見，凡各種發電機、電動機、蓄電池等之理論構造，與夫作用之大意，皆宜講授，而終之以電燈、電力、電報、電話、避電針、電氣分解中之各種機械器具之構造，應用試驗設法之大旨等，俱當令其研究而演習之。

己、礦務學：礦務通論，則授以礦務之自然分類法，就箇箇礦物，而使知其性質産地應用等事。學堂中當備各種參考礦物，使生徒親檢各礦物，判別其所具之特性，總以養成其確實之觀察力爲主。至礦物識別，使學生各就講義中所得礦學之知識，佐以小刀、條痕盤、磁石等簡易器具二三事，就物理上之特性，於多種識別用之特殊礦物表本中檢定之。至就化學之特性，鑑定礦務之事，屬於吹管分析化學分析之範圍中，故礦物識別，於試用一二酸類外，不他及。

庚、冶金學：冶金通論中，先授以冶金術之重要材料，即鑛石鎔劑燃料等，與冶金方法，及冶金中之生成品，耐化材料、冶金罏、烟囱送風機、除塵機、除烟機等關於金屬之普通規則。然後於冶金特論中，由銅、鉛、銀、金、馬口鐵、安的摩尼、鋅、錫等，順次授以采取此等金屬之方法，及關於此等金屬副産物之事，漸及産額稀少之其他金屬。要之，金屬中，當以銅、鉛、金、銀、銻、鋅六品爲主，六者産多而用廣，又爲湘省鑛物藴藏最富之品。講求冶金時，須備冶金用之各種鍊罐模型多種，並礦石冶金生成品之標本，當令生徒時時參觀，以期易於理會，至講授鐵冶金學亦然。

辛、鐵冶金學：範圍最廣，研究之事又最細，非普通冶金學所能備，故離各種金屬而專究一鐵，名之曰鐵冶金學。蓋冶金學自第二年初學期課起，而鐵冶金學則自第二年第二學期課起，必俟冶金通論講授後，於冶金之普通知識已具，然後授以冶金學中關於鐵者，使於特別研究時，易於領會。至其講授之秩序，首自鐵之分類、製鐵歷史、鐵礦鎔劑等；次銑鐵之性質、製法、用途，與製造銑鐵用之各種重要鍊爐、機械器具；終以可鍛鐵即熟鐵及鋼。之性質、製法、用途，與製可鍛鐵時必不可少之各種鍊爐機械器具等事。

壬、吹管分析：吹管分析者，欲使未經驗定之礦物，但憑一枝吹管，少許試藥，或就化學藥品之於玻瓈管内，與木炭上之反應，或就焰色與鎔解之程度等，頃刻間鑑定其成分之法也。其鑑別礦物性質，比之化學分析之於精密衡量，須經許多周折，方得真解者，較爲便捷。而最當教授之際，教習將吹管分析法之理論方法，與吹管之使用整理法等，一一講解指示，務使學生各自實修，俟稍嫻熟，然後與以未曾識別之礦物，及藥品等，使如法驗定之。

癸、試金術：試金術者，分晰礦石中所含有之各種金屬與燃料之定量法也。有乾式、溼式兩種：乾式用以分金、銀、銅、鉛之數爲主，於烙鑪風鑪中行之；溼式則大體與化學分析法相同，惟擇其適於各種金屬確實而迅速者用之耳。務令於頃刻之間，將定量得以析出爲主，先由講堂中，授諸生以理論方法，然後於實修工場中，自檢取試料擣碎礦石，舂成礦粉，以至定量之驗定而止，任令學生自爲教習，但於工場中監督之。

子、採礦學、選礦學大意：採礦、選礦，屬於採礦科，與冶金科極有關係，故於第三年授以坑内操業，礦牀及礦牀斷層、坑内運送、地下排水、坑内送風，與選礦原則、選礦方法等學，使學生畢業後，就職礦山，於精鍊以外，兼可從事採礦選礦諸職。

丑、製圖：授以正寫投象法之確實圖法，圖寫適當之機械各部，並就各種機械，使抄成圖本，以使機械之作用愈明，且時設爲問題，使習練計畫製圖之法，總以養成縝密之觀念爲生。

寅、化學分析：自各種酸鹽基鹽之定性分析起，以至普通之重量究量分析等，一一講授，而馴至於工業分析之實驗而止。其工業分析法，宜選工業中最重之品物爲之，並令參攷標本，愈多愈妙。

卯、英語：以增進生徒之講解誦讀力爲主，使就學堂所備之教科書，自行解釋，於文法辭句之運用，留意講求。其英文報章新聞雜誌，以及各家著作有關於專門之學者，令自行誦讀，務使流覽各書，了無疑慮。又令與各教習習練會話之法，與夫英語特質語尾交換等事，以期他日出而任事，與他國人酬酢應對。

辰、工業經濟：先發其工業經濟之概念，然後將製作論、價格論、工金論、利息利潤論，以至工業發達論、近世工業律新論、勞動保護論、工業聯合論等，次第授之。

巳、工業建築法：自選擇地方起，逐漸授以地礎構造，衛生防備諸論，與夫磚瓦煙囱指鐵製者。之優劣，以至製圖策畫工費預算之方法，設計之概略等事。

午、簿記：本學堂之教以簿記者，其宗旨以養成生徒自工業原料起，至製成出售而止之整理此等會計之知識也。故於帳簿之組織方法，與夫記載法等，俱當使習練有得，庶於就職工場之時，運用得以無憾。講義分帳簿組織之原理，與記載之實修兩事。自易於記載之普通簿記入手，馴致實習工業簿記而止。其在普通簿記，則授以簿記定義，與受授之理，貸借之理，分類之法、帳簿定義、帳簿組織法、決算原理、交易例題之記載分類法等。工業簿記，則授以各種帳簿之組織法，及記入法等，並須設爲問題，以練習記載之事。

未、實修：第一學年爲冶金實修之預備，自熟鍊夫火酒燈、吹管之使用法，玻璃棒、玻璃管之屈折截斷法，各種鹽類結晶之精製法，天平機械器具等之整理法，乾式試金術用之骨灰盤製造法，風鑪烙爐之使用法等。一年以後，入化學分析，俟分析習鍊純熟，然後歸入冶金工場，從事於試金術吹管分析等事，而終之以冶金之實地試驗之，所得成績，列説報告，以覘所學。

申、兵式體操：其命意在使各生身體强健，有活潑之精神，而仍守嚴確之紀律，其課程分柔輭體操、器械體操、各箇教練、小隊教練、中隊教練等目。

入學畢業章第三

第一節、入學之資格，以中文優長，具有各種普通學者爲合格。卒業之程途，以能識別礦質實地鍊化爲合格。

第二節、招選學生，須中學堂畢業，或程度與中學卒業相符者，先由本局先期試驗註册，再請撫憲局試録送。其格式如下：甲、品行謹飭，文理通明。乙、未經他學堂犯規黜退。丙、年齡在二十五以下，十八歲以上。丁、口齒靈敏，記力未減。戊、專心求學十年不改志願。已、不應歲科試。庚、聲明出身籍貫住址。辛、須有切實保證人。壬、畢業後須任本局義務五年。

第三節、豫科以二年爲畢業期，屆期或選入正科，或留廠供職；正科以三年爲畢業期，不得中輟。

第四節、本學堂概免收取學費，以示優異，如有中途退學者，由官追繳學費，不准規避，因犯規被革者，一律追繳。

第五節、學生入學之初，程途未齊，須依本學堂所定班次就學，不得任意參差。

第六節、學生長假誤學，一律降班，不准通融。

第七節、學生於入學三月内，作爲試習期，自揣憚於守法，或不勝科學程途者，准其告退。

第八節、學生屢試不及格，自知記力性情難於勝受者，應由教習試明撤退，免繳學費。

第九節、正科三年畢業後，由本學堂試驗，呈由本局覆驗，給予文憑，最優者，選送英美日比，研究礦鍊各學；其次委充各路勘礦開礦鍊礦職司。或留鍊廠任事，皆須聽本局調遣五年，以盡義務，違者追繳學費。

在學規則章第四。

第一節、奏定章程管理通則，本極詳備，本學堂悉遵定章辦理，並酌量增補，以昭周密。

第二節、教習所演講義，學生所録筆記，皆須隨時呈驗。

第三節、學生自脩時間，須受教習管理之督察，不得任意遊玩，致自修一業，有名無實。

第四節、學生除假期星期外，不准出門，如有特別急事，偶一假出，必由特許。

第五節、一班之中，功課必須一律，不得稍有參差，如因事缺課，或質性較鈍，准其於自修時補足，或延長其自修時間，否則即行降班，不准遷就。

第六節、學生須知學堂爲勤苦習勞之地，所有起居服食，不得借口衛生二字，求全責備。不准驅使公役，以營私事，並不用自出己資，特別享受。

第七節、操衣操帽，必有特別事，傳令整隊，方准出堂。其餘星期假出，一律常服，免襲皮毛，而駭觀聽。

第八節、本學堂年假著假，學生有道遠不及回家者，仍准寄宿，其管理章程，與開學時無異。

第九節、本學堂詳細章程，應分門別類，一一詳加考訂，務令每事皆有規則可守。

《礦務檔》龐鴻書《銅元劃歸礦局設立鍊廠暨礦業學堂請查照立案》 光緒三十二年十月十六日，收湖南巡撫龐文稱：據辦理湖南礦政調查局司道詳稱，竊查礦務爲方今要政，欽奉光緒三十一年八月通飭各行省設立調查局上諭：諄諄以權自我操，利不外溢爲宗旨。本局職司礦政，敢不悉心研究，遇事改良，以闢利源，而宏實效。伏思湘省自光緒二十一年奏立礦務局，成效以冰口山鉛礦爲最著。近則銻煤銅硫，皆日有發達之望。然以艱辛所出之砂，不能自行化鍊，以濟實用；售價之漲落，聽之洋商，失利已不止倍蓰，況抑勒挾制總總受欺，德商禮和白鉛之糾葛，英商萬泰銻砂之要索，雖皆和平議結，虧累更不可勝言。大成湘裕兩公司自訂合同，拋貨洋商過多，致英德領事屢來詰問，本局恐成交涉，代爲補苴，虧失利益十餘萬有奇。取之錙銖，棄如泥沙，深堪疾首，是提鍊廠之設，萬不可緩者也。曾查裕成、三和開鍊廠於上海，德商禮和、粵商肇興開鍊廠於武漢。近日德商瑞昌洋東，又思於湖南省垣外，自設鍊鑪，包銷礦砂，雖已婉言辭却，官局若不自行興辦，覬覦仍恐不免。一經洋商或華商暗入洋股，開設内地，藉鍊廠而收買礦砂，陰圖礦產，流弊滋多，難以防察。擬請將礦局堆棧毗連之銅元新局，俟停鑄之日，劃歸礦局，設立鍊廠，煙罏既免閒廢，機器亦可擇用。一面馳赴滬漢各鍊廠，考求情形，延訪工師，先行試驗，徐圖擴充，自屬事半功倍。省垣鍊廠既經官辦，自應總攬全省礦砂，或收買商砂，或代商礦承鍊，自必會同紳商妥訂章程，以廣公益。惟無論洋商、華商，均不得率行添設，以侵權限。夫黑鉛可以提銀，硃砂可以鍊汞，純銻爲炸藥之用，白鉛爲銅元局鎗砲廠之用，如能講求製造，不獨有裨礦政，並且有益商務，收利權而杜隱患，實爲切要之圖。查銅元新局開辦之始，曾借用本局銀二十萬兩，作爲開辦經費。歷年以來，尚未歸還，將來如果停辦，此項鉅款，既難收回，似應將空間之局屋鑪廠，劃歸礦局，開辦要工，最爲允當。雖銅元局屋機件等項，原來成本，尚不止此，惟同屬以公濟公，應請毋庸給價。□有更請者，欲興礦業，尤在先儲礦才，而礦學之精，必由實驗而得。鍊廠之設，即礦務學堂之預備科也，擬在鍊廠之側，設立礦業學堂，朝夕漸摩，自有心得，既宏實業，又造通才，實爲公便。如蒙俯允，敬懇先行咨部立案，以杜覬覦。再由本司職道等妥議詳細章程，詳請示遵等情，到本部院。據此。除此據詳已悉。仰候先行咨部立案，再由該局妥議詳細章程，具覆核奪繳印發外，相應咨呈，爲此咨呈外務部，謹請查照立案施行。

《礦務檔》總署收黑龍江將軍依克唐阿文《詳陳擬在松花江口設立轉運糧棧等情》〔光緒十五年〕九月十四日，黑龍江將軍依克唐阿文稱：據齊齊哈爾礦務局案呈，光緒十五年八月初十日，據奏派督理黑龍江等處礦務吉林候補道李金鏞稟稱，竊職道查開礦之舉，以辦糧爲第一要務，計自漠河奇乾河兩處先後設廠以來，辦理倏逾半載，礦丁日益增聚，局勢日益開展，而糧則近地無所産，近市無可購，一切食物，無不仰給於數千里外。竊念購糧愈遠，則轉運愈難，愛琿雖祇距千五百里，而産糧不敷本地人食。至欲往他省採買，更覺不易，祇有呼蘭綏化，雖水路距漠三千五六百里，尚爲適中之地，素稱裕米之區，又爲水陸碼頭，故商販麕集，並知該處素有民船，裝貨行三姓，出松花江口，往來於俄境之布里。職道探問下行六十里俄鎮，有名錫爾沽者，可椗輪船，轉運糧食貨物，雖裝卸周折，反能捷速，是以職道於未開江前，即派候選通判張維賢，帶領司事勇役人等，前赴錫爾沽，租房料理裝儎轉運一切。旋據該倅稟報，自抵錫爾沽後，租住俄屋，及在該地辦事，諸多不便。每人皆須買票，勒取捐錢，並僱工裝卸貨件，種種挾制，姑可忍耐，惟地屬陡坡，糧船停泊待卸，波濤風險，大爲可慮。不如在松花江口，蓋屋立局，民船輪船，到彼裝卸，較爲妥便，並有曲港平坡，停船於此，風險可避等情。職道前之設局錫爾沽，原是一時權宜之計，既據該倅稟稱各節，不能不思亟亟遷移。故即將以上情形，咨請三姓副都統，札飭該處卡倫官兵，俟錫爾沽轉運局員司勇役人等及輪船到時，妥爲照料，並函囑該倅親往相地設局。嗣得該倅稟復，稱已遵即前往該處履勘，其地即是拉黑蘇蘇卡倫，當詣謁該卡倫官。據云，輪船不能在此口岸停泊裝儎，係奉上命，專守在此，並暗令該處居民，連屋亦不准租賃與我，直以外族視之，不得已仍回錫爾沽，致被俄人耻笑。近更事事刁難，以致前由呼蘭運到油酒一百六十箱，俄官謂犯彼國之禁，盡數打鑽入官等情。職道當即電請俄督廓爾孚，飭速將油酒放行，旋據電覆，謂須與海蘭泡固畢爾那托爾商辦，當即去電，尚未得覆。至拉黑蘇蘇卡倫官兵，乃執守舊章，無足爲怪，而職局咨請三姓副都統，事將兩月，未接覆文，亦恐拘泥不行。查愛琿黑河屯黑龍江右，俄輪在中國裝糧，往來停泊，已歷有年，並無禁止明文，松花江口亦在黑龍江右，代我裝貨，事同一律。若俄人自行駛輪而前，是應禁止。若俄輪爲我所僱，則與我輪無異，自應一體在口停泊裝儎。查咸豐八年愛琿添立條約，彼時尚無輪行，故條約内並無論及輪船之事。職道自蒙奏派辦理礦務，於章程内本有自造輪船一條，旋因機器由陸路轉運爲難，由海道則被俄截阻，以至暫稅俄輪，爲無可如何之策。然日夜籌思，無論百計千方，必當自備二輪或三四輪，方有所恃，如一二年内辦妥，便須進松花江，至三姓、呼蘭運糧，若專用民船，既極遲滯，又易生意外之端。年來呼蘭盜賊充斥，始尚專劫陸行，今年則水陸並劫。日前接呼蘭辦糧委員由伯都訥轉來急電稟報，六月二十四日晚間，糧船行至巴彦蘇蘇白楊木，被盜劫去現銀二千兩，行李一切，俱已摽掠一空等情前來。職道深知該處水陸兩途，均不安靖，時以爲憂。近聞白晝劫搶，每於近城市鎮，結黨聚衆，出没無常，目無官兵。商民被劫，而不敢呈報。綁人勒贖之案，時所常有，行者各有戒心，遠人皆爲裹足。初以爲官糧無慮也，今若此，則盜賊之猖獗，胡所底止。此後民船裝送糧糈，雖派兵護解，亦難資保衛，惟有急於自備俄輪往運，多添軍械護勇，以爲之防，或可藉免他患。若謂我輪行於松花江，恐俄輪踵行，職道謂松花江既未通商，俄輪必不能來，且勢之所不能來者有二：松花江設有卡倫，自輪皆掛龍旗，兼有押運委員，易於立辨，安能即容俄輪混入。再俄輪非日每就地購燒木柴，不能行動，沿江居民，嚴禁不准賣與該輪，彼即有技莫施，設能將來與之通商，准其輪行此江，亦必有一定限制。夫杜漸防微，固是籌邊之要，而審時度勢，當即因地之宜。蓋我輪實有購之不容或緩者，況購輪之後，所有行輪各事，亦須預籌萬全之道。此間近地不産煤炭，俄輪往來，皆燒木柴，故俄境沿江每一屯站，皆備木柴出售。若我輪欲入松花江，一路亦須預備木柴，不早未雨綢繆，待至臨渴掘井，未有不悞事者。然入松花江至呼蘭，計程一千五六百里，路經各卡倫，並富克錦、三姓、巴彦蘇蘇等處，倘竟節節阻攔，反致悞事，不若於未事之前，先爲妥辦，庶可於臨時之際，得利遄行。爲特稟求憲台，可否咨明總署，並懇賜速奏請，職道派員在松化江口，蓋設轉運糧棧等屋，並於輪船購成後，任憑駛往三姓、呼蘭一帶，採辦糧貨，往來出入，毋得或禁。在職道爲礦務大局起見，不得不籲懇詳陳，是否有當，伏乞俯允，批飭祇遵，實爲公便等情，到本將軍。據此，除批據稟在松花江口蓋設轉運糧棧，並於沿江預備柴油，以便輪船往來需用，庶期駛往三姓呼蘭，採辦糧貨各等情已悉。查礦務之開，原爲興利實邊，裕國贍軍起見，所請委係因公，自應照辦。惟俄輪出入江口，爲國大禁，該道果能確有把握，購獲俄輪，即爲我輪，以我官兵駕我火輪，出入我江口，誰敢沮格。若仍是俄輪，僅祗僱募，遽以俄人駕輪入境，大干例禁，不惟三姓卡倫不敢放行，竊恐咨奏，而朝廷總署亦未必允准。該道既經稟請北洋大臣、吉林將軍，應俟批回到日，再行核辦。此繳印發外，相應咨呈，爲此咨呈總理各國事務衙門鑒核施行。

《礦務檔・雲南礦務・籌辦雲南礦務》總署給赫德劄《商務大臣擬定運銷滇鉛辦法希轉飭各税關照辦》〔光緒二十七年〕二月二十二日，給總税務司赫德劄稱：光緒二十七年二月初十日，接准會辦商務大臣宗人府丞堂盛咨稱：據雲南礦務駐渝公司職商李正榮稟稱：竊照雲南礦務，重慶、漢口、上海皆有運銷公司。重慶上接滇運，來路尤關緊要，是以奉委職商，駐紮經理。礦産銅、鉛，用土民以土法開採，供給京運，旋經督辦礦務大臣唐奏明，停運京鉛。礦産鉛觔，仍准由商販運，仰蒙恩旨，奉部核准，行知滇礦，遵將所産青鉛、白鉛，由滇運渝，轉運下游行銷。職商前赴重慶關，報運青鉛，照章納税，裝船下駛。白鉛以有關章，列作軍火，祇准由官採辦，關章亦無税則，遂即退關函告，滇礦頓生疑阻。正擬停採，旋有江南製造局、浙江善後局，因鑄錢前來訂購，將前運存渝者報關，蒙前關道憲，以此即由官采辦，雖無税則，官物例准免税。一面呈請奏報，一面告知税務司，並繕發印文，飭驗放行，得以及時接濟蘇浙要需，未至貽誤。職商馳告滇礦，始悉有此疏銷之法，開採不遺餘力。其初每年浄出一百餘萬觔，近已增至二百餘萬斤，以後所出之數，尚難限量。函復職商，設法廣銷。無如由滇運渝，水路艱險，需時月餘。由渝裝載旗船，運至宜昌，裝輪遞轉至漢或滬，又將一月。公司雖竭招徠之法，各省總有遲滯之嫌。職商等正在躊躇，忽遘時變，大局至此。竊謂白鉛爲用甚廣，不僅軍火，此後滇礦白鉛，即盡以供給東南各省軍火之需，恐尚不足，亟應預運滬漢大埠，以便官中隨辦隨用，不誤要需，稟商督辦礦憲，以雖有准由商運奏案。今昔情形不同，既有關章，現擬預運滬、漢，存候官辦，但尚無官辦明文，即近乎商運，攸關商務，飭即前來稟陳辦法候示。職商伏思此項白鉛，係中國自有礦産，滇礦於渝、漢、滬又皆有運銷公司，如援照此口運至彼口定章，由滇運渝後，職商即報明重慶關，聲明此係預運滬漢公司，存候官辦，邀免納税。滬漢公司收到後，即將運存數目，憑關單報明各本關，以備稽考而免影射。各省官辦時，並即聲明，此係免税，就議定鉛價内核除，以昭平允。此一辦法也。倘以礦産本應報効國家，預運存候官辦，究尚無官辦明文。查海關章程進口税則，白鉛每百觔納税銀二錢五分，擬請比照辦理，由滇運渝後，職商即報明重慶關，聲明此係預運滬漢公司，存候官辦，每百斤納税銀二錢五分，以後不再重徵。滬漢公司收到後，仍將運到數目，憑税單報明各本關，以備稽考而免影射。將來各省官辦時，所有已納税項，核入鉛價之内，由公司將税單隨鉛交納，聽憑各省自向海關清釐，公司不問。此又一辦法也。二者如何爲宜，乞賜鑒核批示，並懇分咨立案等情。據此，除批據稟滇礦、銅、鉛，用土民以土法開採，及鉛斤京運停止，仍奏准由商販運。白鉛以格於關章，祇准由官采辦，免税運銷，現擬由渝預運滬漢，存候官辦，酌擬辦法。本大臣夙聞滇礦鉛苗，較銅苗暢旺，可藉鉛之有餘，以補銅之不足，土民賴以謀生甚衆，於滇礦滇民既屬有益。且白鉛爲用甚廣，尤爲中國自有之利，似應奏請免税運銷，以示維持而資鼓舞。惟現值税章商改未定，大局關繫，未便自我開端。查各省官物，向歸招商局輪船專運，奏准有案。應如稟在重慶關，比照進口白鉛税則，每百斤報完税銀二錢五分，運至宜昌，裝載招商局輪船，轉運至漢口或上海，沿途經過各關，勿再徵納税項，該職商即應馳告滇礦，速採速運，務期足供官中要需，免再疑阻。至由渝報運完税，仍即聲明存候官辦緣由，並知會滬漢公司，於收存後務即報明各本關，以備稽考而免影射。至官辦之時，可勿隨繳税單，以歸簡便。本大臣已經面商駐滬裴副總税務司，以爲事屬可行。除分咨外，相應咨呈，謹請查照施行等因前來。查滇産白鉛，爲中國自有之利，本應援官物免税之例，暢其銷路。惟預運存候官辦，究與由官採辦者不同，該大臣所擬各節，既與商務有益，並與税章無背，本衙門覆加查覈，洵屬可行。除咨覆照准外，相應札行總税務司查照，轉飭各該關税務司遵照辦理可也。

又外務部收法館魏武達致高左丞信《抗議滇省禁運鉛鐵出口等事》 宣統二年六月二十六日，收法館魏武達致高左丞信稱：頃馬大臣接到蒙自來電言，該處有因開礦暴動情事，此舉顯爲排外起見，囑即函達台端，並言渠于禁運鉛、鐵一事，迄今不得回電，亦甚詫異。此事似不應滋生難端，照此禁令，及各阻礙情形，似顯與條約相背。至地方官態度，亦似有縱容民間仇視之意。

《礦務檔》附録《大事年表》 光緒十年，甲申，正月初九日（一八八四、二、五），總署咨南洋大臣左宗棠，責令池州礦局講求西洋煉法，並另函山西巡撫張之洞請就産鐵地方招商鎔鑄。【略】

〔光緒二十六年　庚子〕五月，吉林三姓等處礦廠被俄兵佔踞。【略】

〔光緒二十八年　壬寅〕六月二十四日（七、二八），湖南巡撫俞廉三奏設阜湘、沅豐兩礦務總公司，並籌建鍊鑛總廠，採鍊湘省各礦。

七月初一日（八、四），韓國鈞與福公司柯瑞簽訂福公司運礦支路章程。

【略】

〔光緒三十年　甲辰〕二月初三日（三、一九），德商瑞昌公司安涉邇蘭柯士請設長沙五金錬廠（拒之）。【略】

〔光緒三十二年丙午〕十月十六日（十二、一），外務部收湖南巡撫龐鴻書咨，湘省礦務總局設立長沙錬廠暨礦業學堂。

楊伯峻《春秋左傳注·襄公十二年》　十二年春，莒人伐我東鄙，圍台。季武子救台，遂入鄆，皆詳《經》《注》。取其鐘以爲公盤。

佚名《列子》卷三《周穆王第三》　周穆王名滿，昭王子也。時，西極之國，有化人來，化幻人也。入水火，貫金石，反山川，移城邑，乘虛不墜，觸實不硋，該音礙。千變萬化，不可窮極。既已變物之形，又且易人之慮。能使人暫忘其宿所知識。穆王敬之若神，事之若君，推路寢以居之，引三牲以進之，選女樂以娛之。化人以爲王之宮室卑陋而不可處，王之廚饌腥螻而不可饗，螻蛄臭也。王之嬪御膻惡而不可親。【略】居亡幾何，謁王同游。王執化人之祛，音墟。祛，衣袖也。騰而上者，中天迺止，暨及化人之宮。化人之宮，構以金銀，絡以珠玉，出雲雨之上而不知下之據，望之若屯雲焉。耳目所觀聽，鼻口所納嘗，皆非人間之有，王實以爲清都紫微，鈞天廣樂，帝之所居。

楊伯峻《列子集釋》卷五《湯問篇》　造父之師曰泰豆氏。【略】造父之始從習御也，執禮甚卑，泰豆三年不告。【略】造父執禮愈謹，乃告之曰：「古詩言：『良弓之子，必先爲箕；良冶之子，必先爲裘。』〔注〕箕裘皆須柔屈補接而後成器。爲弓冶者，調筋角，和金鐵亦然。故學者必先攻其所易，然後能成其所難，所以爲諭也。〔解〕箕者，所以造弓之具也；裘者，所以扇冶之具也。《老子》以爲橐籥，今之鞴袋也。彼以約弓之牀，此以扇火之鞴，非弓冶，而弓冶必資之也。汝先觀吾趣。〔注〕趣，行也。《釋文》云：趣音趍，下同。趣如吾，然後六轡可持，【略】六馬可御。」造父曰：「唯命所從。」

又《仲尼篇》　伯豐子之從者越次而進曰：【略】「大夫不聞齊魯之多機乎？〔注〕機，巧也。多巧能之人。有善治土木者，有善治金革者，有善治聲樂者。」【略】

王先謙《荀子集解》卷五《王制篇第九》　王者之等賦政事，財萬物，所以養萬民也。【略】田野什一。關市幾而不征。幾，呵察也。但呵察姦人而不征稅也。《禮記》幾作譏。山林澤梁，以時禁發而不税。石絶水爲梁，所以取魚也。非時則禁，及時則發。《禮記》曰：獺祭魚，然後漁人入澤梁。草木零落，然後入山林也。相地而衰政。相，視也。衰，差也。政爲之輕重。政或讀爲征，衰，初危反。盧文弨曰：齊語正作相地而衰征。韋昭注云：視土地之美惡，及所生出，以差征賦之輕重也。理道之遠近而致貢。理，條理也。貢，任土所貢也。謂若百里賦納總，二百里納銍之類也。王念孫曰：小雅信南山傳曰：理，分地里也。謂貢以遠近分也。上句相地而衰政，衰與分義相近。楊説未確。通流財物粟米，無有滯留。貿遷有無化居，不使有滯積也。使相歸移也。四海之内若一家。【略】

北海則有走馬吠犬焉。然而中國得而畜使之。海謂荒晦絶遠之地，不必至海水也。走馬吠犬，今北地之大犬也。【略】南海則有羽翮、齒革、曾青、丹干焉，然而中國得而財之。翮，大鳥。羽。齒，象齒。革，犀兕之革。曾青，銅之精，可繢畫及化黄金者，出蜀山、越嶲丹干、丹砂也，蓋一名丹干。干讀爲矸，胡旦反。或曰丹，丹砂也。干當爲玕。《尚書·禹貢》：雍州球琳琅玕。孔云：石而似玉者。《爾雅》亦云：西北方之美者，有球、琳、琅玕焉，皆出西方。此云南方者，蓋南方亦有也。王念孫曰：楊前説以丹干爲丹砂，未知是否。後説以干爲琅玕，非也，琅玕不得但謂之玕。《正論篇》云：「加之以丹矸，重之以曾青，犀、象以爲樹，琅玕、龍兹、華覲以為實。」丹矸即丹干也。既言丹矸，又言琅玕，則丹干之干非琅玕明矣。東海則有紫紶魚鹽焉。然而中國得而衣食之。紫，紫貝也。紶，未詳，字書亦無。紶字當爲蚨。郭璞紅賦曰：石蚨應節而揚葩。注云：石蚨，龜形，春則生花，蓋亦蚌蛤之屬。今案本草謂之石決明。陶云俗傳是紫貝，定小異，附石生，大者如手，明耀五色，内亦含珠。古以龜貝爲貨，故曰衣食之。蚨，居怯反。盧文弨曰：注蚨元刻作蜐同。今從宋本。王引之曰：下文云中國得而衣食之，則紫紶爲可衣之物，魚鹽爲可食之物，較然甚明。紫與茈通。管子輕重丁篇：昔萊人善染練茈之於萊純錙緺綬之於萊亦純錙也。其周中十金，是東海有紫之證。紶當爲綌，右傍谷字，與去相似。（綌之譌紶，猶卻之譌却也。説見榮辱篇）葛，精曰絺，麤曰綌。（周南葛覃傳）禹貢：青州厥貢鹽絺海物惟錯有絺則有綌矣。《管子輕重丁篇》：東方之萌，帶山負海，漁獵之萌也。治葛縷而爲食，言以葛爲絺綌也。是東海有綌之證。紫與綌皆可以爲衣，故曰中國得而衣之。楊注大誤。西海則有皮革文旄焉。然而中國得而用之。《禹貢》：梁州貢熊羆狐狸織皮。孔云貢四獸之皮。織皮，今之罽也。旄，旄牛尾。文旄，謂染之爲文彩也。故澤人足乎木，山人足乎魚，農夫不斲削不陶冶而足械用，工賈不耕田而足菽粟。故虎豹爲猛矣，然君子剥而用之。故天之所覆。地之所載。莫不盡其美，致其用。物皆盡其美而來爲人用也。上以飾賢良，下以養百姓而安樂之。飾謂身服，養謂衣食。夫是之謂大神。能變通裁制萬物，故曰大神也。郝懿行曰：釋詁神者，治也。然則大神謂大治。猶禮運云大當也。楊注以變通裁制萬物爲言，亦即大治之意。詩曰：天作高山，大王荒之。彼作矣，文王康之。此之謂也。《詩周頌天作之篇》荒，大也。康，安也。言天作此高山，使興雲雨。大王自豳遷焉，則能尊大之。彼大王作此都，文王又能安之也。

焦循《孟子正義》卷二〇《萬章下》　孟子曰：「伯夷，聖之清者也；伊尹，聖之任者也；柳下惠，聖之和者也；孔子，聖之時者也。孔子之謂集大成。集大成也者，金聲而玉振之也。金聲也者，始條理也；玉振之也者，終條理也。」【略】

胡培翬《儀禮正義》卷一《士冠禮一》　夙興，設洗，直於東榮，南北以堂深，水在洗東。【略】洗，承盥洗者棄水器也，士用鐵。【略】云洗承盥洗者棄水器也者，古者盥手洗爵，皆一人挹水從上沃之，故曰沃盥，又曰沃洗。其盥洗時下注之水，謂之棄水，別有器承之，使不溢地，其器名曰洗也。云士用鐵者，賈疏云：案《漢禮器制度》：洗，士用鐵，大夫用銅，諸侯用白銀，天子用黃金也。《三禮圖》引《舊圖》云：洗高三尺，口徑一尺五寸，足徑三尺，中身小，疏中，士以鐵爲之，大夫以上銅爲之，諸侯白金飾，天子黃金飾。據此則天子、諸侯之洗亦銅爲之，但有飾爲異耳。【略】

王聘珍《大戴禮記解詁》卷七《勸學第六四》　君子曰：【略】是故木從繩則直，金就礪則利，君子博學如日參己焉，故知明則行無過。《詩》云：「嗟爾君子，無恒安息。靖恭爾位，好是正直。神之聽之，介爾景福。」神莫大於化道，福莫長於無咎。《廣雅》云：「礪，磨也。」【略】

孫希旦《禮記集解》卷二一《禮運第九之一》　後聖有作，然後脩火之利，笵金，合土，以爲臺榭、宫室、牖户。以炮以燔，以亨以炙，以爲醴酪；治其麻絲，以爲布帛。以養生送死，以事鬼神上帝，皆從其朔。【略】

鄭氏曰：作，起也。脩火之利，謂孰治萬物。笵金，謂鑄作器用。合土，謂瓦瓴、甓及甀、大。樹，器之所藏也。炮，裹燒之也。燔，加於火上。亨，煮之鑊也。炙，貫之火上。以爲醴酪，蒸釀之也。酪，酢截。朔亦初也。陳氏澔曰：笵字從竹。以土曰型，以金曰鎔，以木曰模，以竹曰笵。笵，金，爲形範，以鑄金器也。合土，和合泥土，以爲陶器也。

又卷二二《禮運第九之二》　故聖王所以順，山者不使居川，不使渚者居中原，而弗敝也。用水、火、金、木，飲食必時，合男女，頒爵位必當年、德，用民必順。

鄭氏曰：小洲曰渚，高平曰原。山者利其禽獸，渚者利其魚鹽，中原利其五穀，使各安其所，不易其利以勞敝之也。用水，謂漁人以時漁爲梁，「春獻鼈蜃，秋獻龜魚」是也。用火，謂《司爟》「四時變國火以救時疾」，及「季春出火」，「季秋納火」也。用金，謂《丱人》以時取「金、玉、錫、石」也。用木，謂《山虞》「仲冬斬陽木，仲夏斬陰木」。【略】愚謂山者不使居川，渚者不使居中原，因乎地利而順之也。用水、火、金、木，飲食必時，因乎天時而順之也。用水、火、金、木、飲食之事甚廣，鄭氏所言，特略舉其一端耳。

又卷三六《學記第一八》　鄭氏曰：良冶之子，必學爲裘者，仍見其家錮補穿鑿之器也。補器者，其金柔乃合，有似於爲裘。良弓之子，必學爲箕者，仍見其家撓角幹也。撓角幹者，其材宜調，調乃三體相稱，有似於爲柳木之箕。始駕馬者反之，車在馬前，以言仍見則貫，即事易也。君子仍讀先王之道，則爲來事不惑。孔氏曰：良，善也。冶，謂鑄冶也。積世善冶之家，其子弟見父兄鋦鑄金鐵，使之柔合，以補治破器，使之完好，故子弟仍能學爲裘袍，補續獸皮，片片相合，以至完全也。善爲弓之家，使角幹撓屈調和以成弓，故其子弟亦觀其父兄世業，仍學取柳和軟，撓之成箕也。始駕，謂馬子始學駕車之時。反之者，駕馬之法，大馬本駕在車前，今將馬子繫隨車後，故曰「反之，車在馬前」。所以然者，此駒未曾駕車，若忽駕之，必當驚奔，今以大馬牽車於前，而繫駒於後，使此駒日日見車之行，慣習而後駕之，不復驚也。三事皆須積習，非一日所成。君子察此三事之由，則可以有志於學矣。

魏了翁《尚書要義》卷二　三三、孔傳：黃金，《吕刑》黃鐵皆銅，漢改黃金：此以金爲黃金，《吕刑》「其罰百鍰」傳爲「黃鐵」，俱是贖罪，而金鐵不同者。古之金、銀、銅、鐵，總號爲金，別之四名耳。《釋器》云：「黃金謂之盪，白金謂之銀」，是黃金、白銀俱名金也。《周禮·考工記》：攻金之工，築氏爲削，冶氏爲殺矢，鳧氏爲鐘，栗氏爲量，段氏爲鎛，桃氏爲劒，」所爲者有銅有鐵，是銅鐵俱名爲金，則鐵名亦包銅矣。此傳黃金、《吕刑》黃鐵皆是今之銅也。古之贖罪者，皆用銅，漢始改用黃金，但少其斤兩，令與銅相敵。故鄭玄駁異義，言贖死罪千鍰，鍰六兩大半兩，爲四百一十六斤十兩大半兩銅，與金贖死罪，金三斤爲價相依附，是古贖罪皆用銅也。實爲銅，而謂之金鐵，知傳之所言，謂銅爲金鐵耳。漢及後魏贖罪皆用黃金，後魏以金難得，合金一兩，收絹十疋。今律及復依古死罪，贖銅一百二十斤，於古稱爲三百六十斤。孔以鍰爲六兩，計千鍰爲三百七十五斤，金贖輕於古也。誤而入罪，出金以贖，即律過失殺傷人，依其狀以贖論是也。吕刑所言疑赦乃罰者，即今律疑罪，各從其實，以贖論是也。疑謂虛實之證等，是非之理，均或事涉疑似，旁無證見，或雖有證見，事非疑似如此之類。《釋言》皆爲疑罪，疑而罰贖，《吕刑》已明言，誤而輸贖，於文不顯，故此傳指言誤而入罪，以解此贖。

孔安國傳孔穎達疏《尚書注疏》卷三《虞書·舜典第二》　正義曰：此以金爲黃金。《吕刑》「其罰百鍰」傳：爲黃鐵，俱是贖罪，而金、鐵不同者。古之金、銀、銅、鐵總號爲金，別之四名耳。《釋器》云：「黃金謂之盪，白金謂之銀」，是黃金、白銀俱名金也。《周禮・考工記》：攻金之工，築氏爲削，冶氏爲殺、矢，鳧氏爲鍾，栗氏爲量，段氏爲鎛，桃氏爲劍。其所爲者，有銅有鐵，是銅鐵俱名爲金，則鐵名亦包銅矣。此傳黄金，《吕刑》黄鐵，皆是今之銅也，古之贖罪者皆用銅，漢始改用黄金，但少其斤兩，令與銅相敵，故鄭玄駁異義言。「贖死罪千鍰」，鍰六兩大半兩，爲四百一十六斤十兩大半兩，銅與金贖死罪，金三斤爲價相依附，是古贖罪皆用銅也。實謂銅而謂之金、鐵，知傳之所言謂銅爲金、鐵耳。漢及後魏贖罪皆用黄金，後魏以金難得，合金一兩收絹十匹。今律乃復依古死罪贖銅一百二十斤，於古稱爲三百六十斤。孔以鍰爲六兩，計千鍰爲三百七十五斤，今贖輕於古也。誤而入罪，出金以贖，即律過失殺傷人，各依其狀，以贖論是也。鄭云：有錫則貢之，此州有錫而貢之，或時無則不貢錫，所以柔金也。

《南史》卷七八《夷貊傳上・林邑國》 國王事尼乾道，鑄金銀人像，大十圍。

高士奇《左傳紀事本末》卷五一《句踐滅吴・補遺》 〔《吴越春秋》〕計硯對曰：「夫興師舉兵，必且内蓄五穀，實其金銀，滿其府庫，厲其甲兵。凡此四者，必察天地之氣，原於陰陽，明於孤虚，審於存亡，乃可量敵。」

趙曄《吴越春秋》卷四《闔閭内傳》 請干將鑄作名劍二枚。干將者，吴人也，與歐冶子同師，俱能爲劍。越前來獻三枚，闔閭得而寶之，以故使劍匠作爲二枚：一曰干將，二曰莫耶。莫耶，干將之妻也。干將作劍，采五山之鐵精，六合之金英。候天伺地，陰陽同光，百神臨觀，天氣下降，而金鐵之精不銷淪流。於是干將不知其由。莫耶曰：「子以善爲劍聞於王，使子作劍，三月不成，其有意乎？」干將曰：「吾不知其理也。」莫耶曰：「夫神物之化，須人而成。今夫子作劍，得無得其人而後成乎？」干將曰：「昔吾師作冶，金鐵之類不銷，夫妻俱入冶爐中，然後成物。至今後世，即山作冶，麻絰葌服，然後敢鑄金於山。今吾作劍不變化者，其若斯耶？」莫耶曰：「師知爍身以成物，吾何難哉？」於是干將妻乃斷髮剪爪，投於爐中。使童女童男三百人鼓橐裝炭，金鐵乃濡，遂以成劍。陽曰干將，陰曰莫耶。陽作龜文，陰作漫理。干將匿其陽，出其陰而獻之，闔閭甚重。既得寶劍，適會魯使季孫聘於吴，闔閭使掌劍大夫以莫耶獻之，季孫拔，劍之鍔中缺者大如黍米，歎曰：「美哉！劍也。雖上國之師，何能加之！夫劍之成也，吴霸。有缺，則亡矣。我雖好之，其可受乎！」不受而去。闔閭既寶莫耶，復命於國中作金鈎，令曰：「能爲善鈎者，賞之百金。」吴作鈎者甚衆，而有人貪王之重賞也，殺其二子，以血疊通作釁。金，遂成二鈎。獻於闔閭，詣宮門而求賞。王曰：「爲鈎者衆，而子獨求賞，何以異於衆夫子之鈎乎？」作鈎者曰：「吾之作鈎也，貪而殺二子，疊成二鈎。」王乃舉衆鈎以示之：「何者是也？」王鈎甚多，形體相類，不知其所在。於是鈎師向鈎而呼二子之名：「吴鴻、扈稽，我在於此，王不知汝之神也。」聲絶於口，兩鈎俱飛着父之胸。吴王大驚，曰：「嗟乎！寡人誠負於子。」乃賞百金，遂服而不離身。

魏翔鳳《管子校注》卷八《小匡第二〇》 桓公曰：「卒伍定矣，事已成矣，吾欲從事於諸侯，其可乎？」管子對曰：「未可。若軍令則吾既寄諸内政矣。夫齊國寡甲兵，吾欲輕重罪而移之於甲兵。」公曰：「爲之柰何？」管子對曰：「制：重罪入以兵甲犀脅二戟，輕罪入蘭盾鞈革二戟，蘭，即所謂蘭錡，兵架也。鞈革，重革，當心著之，所以禦矢。小罪入以金鈎，三十斤曰鈎。分宥薄罪入以半鈎，分宥，謂從坐者分其首犯而寬宥之。無坐抑而訟獄者，正三禁之而不直，則入一束矢以罰之。【略】美金以鑄戈劒矛戟，試諸狗馬。惡金以鑄斤斧鉏夷鋸欘，試諸木工。」夷，鋤類也。鋸欘，钁類也。

又卷一〇《君臣止第三〇》 所欲者，能得諸民，故賢材遂。所惡者，能除諸民，故姦僞省。如冶之於金，陶之於埴，制在工也。廢置之由君，若金埴之由工也。

又卷一七《禁藏第五三》 夫法之制民也，猶陶之於埴，冶之於金也。人之從法，若埴、金之從陶、冶也。

又卷二二《山至數第七六》 桓公問於管子曰：「昔者周人有天下，諸侯賓服，名教通於天下，而奪於其下，何數也？」管子對曰：「君分壤而貢入，市朝同流。黄金，一筴也。江陽之珠，一筴也。秦之明山之曾青，一筴也。此謂以寡爲多，以狹爲廣，軌出之屬也。」

又卷二三《揆度第七八》 管子曰：「善正商任者省有肆，省有肆則市朝間，市朝間則田野充，田野充則民財足，民財足則君賦斂焉不窮。今則不然，民重而君重，重而不能輕；民輕而君輕，輕而不能重。天下善者不然，民重則君輕，民輕則君重。此乃財餘以滿不足之數也。故凡不能調民利者，不可以爲大治。不察於終始，不可以爲至矣。動左右以重相因，二十，國之筴也。鹽鐵二十，國之筴也。錫金二十，國之筴也。五官之數，不籍於民。」

程本《子華子》卷上 公仲承問於程子曰：「人有常言：黄帝之治天下也，百神出而受職於明堂之庭。帝乃採銅於首山，作大爐焉，鑄神鼎於山上。鼎成，羣龍下迎，乘彼白雲，至於帝鄉。羣小臣不得上升，攀龍之胡，力顫而絶。帝之弓裘墜焉，於是百姓奉之，以長號名之曰烏號之弓，而藏其衣冠於橋陵。信有之乎？」

《文子下》 老子曰：「衰世之主鑽山石，挈金玉，擿礲蜃，消銅鐵，而萬物不滋。刳胎焚郊，覆巢毁卵，鳳凰不翔，麒麟不遊。構木爲臺，焚木而畋，竭澤而漁，積壤而邱處，掘地而井飲，濬川而爲池，築城而爲固，拘獸以爲畜，則陰陽繆戾，四時失序，雷霆毁折，雹霜爲害，萬物焦夭處於太半，草木夏枯，三川絶而不流。」

荀悦《漢紀前漢孝文皇帝紀上》卷七 曠日十年，下達三泉，采合金石，冶銅錮其内，漆塗其外，被以珠玉，飾以翡翠，中成遊觀，上成山林，爲葬埋之奢乃至於此。

王益之《西漢紀年》卷五《文帝》 〔元年〕十一月，癸卯，晦，日有食之。詔：「舉賢良方正能直言極諫者，以匡朕之不逮。」潁陰侯騎潁川賈山上書言治亂之道，借秦爲諭，名曰至言。其辭曰：「【略】〔秦始皇〕死葬乎驪山。吏徒數十萬人，曠日十年。下徹三泉，合采金石，冶銅錮其内，漆塗其外，被以珠玉，飾以翡翠，中成觀游，上成山林，爲葬薶之侈至於此，使其後世曾不得逢顆口果反敝冢而託葬焉。」

王松年《仙苑編珠》卷上《劉安接士八仙降庭》 《神仙傳》：淮南王劉安好道，聞有術之士，不遠千里，卑辭厚禮以迎之，時感八仙降焉。一人能坐致風雨，立起雲霧；一人能束縛虎豹，召致蛟龍；一人能分形易貌，坐在立亡；一人能乘虚步空，越海凌波；一人能入火不灼，入水不濡；一人能千變萬化，恣意所爲；一人能防災度厄，長生久視；一人能煎泥成金，凝汞爲銀也。

安世鳳《墨林快事》卷二《梁山鋗》 此宣帝元康之元所製。其云梁山銅二斗，鋗蓋用梁山之金，非必造自梁山也。孝王之國即我地，是産銅之説自古未聞，必梁益之梁，正惟金數耳。此末有扶字，豈扶風市梁銅而造乎？字十有五，整栗典重，有三代之風，是西京最佳字。自昔苦初漢之少遺蹟，今合諸器銘不下數十種，窮兒暴富，歐公有爽，必妒於九京耳。天啓乙丑八月朔。

葛洪《神仙傳》卷六《淮南王》 乃以方上武帝言：「臣能凝汞成白銀，飛丹砂成黄金。金成服之，白日昇天，神仙無窮。身生朱陽之羽，體備圓光之翼，竦則凌天，伏入無間，控飛龍而八遐已遍，駕白鴻而九陔立周。」

王利器《鹽鐵論校注》卷一《力耕第二》 大夫曰：「王者塞天財，禁關市，執准守時，以輕重御民。豐年歲登，則儲積以備乏絶；凶年惡歲，則行幣物；流有餘而調不足也。昔禹水湯旱，百姓匱乏，或相假以接衣食。禹以歷山之金，湯以莊山之銅，鑄幣以贖其民，而天下稱仁。往者財用不足，戰士或不得禄，而山東被災，齊、趙大饑，賴均輸之畜，倉廩之積，戰士以奉，飢民以賑。故均輸之物，府庫之財，非所以賈萬民而奪奉兵師之用，亦所以賑困乏而備水旱之災也。」【略】

《復古第六》 《漢書・食貨志》下：莽病細民苦之，復下詔曰：「夫鹽，食肴之將；酒，百藥之長，嘉會之好；鐵，田農之本；名山大澤，饒衍之臧；五均賒貸，百姓所取平，卬以給澹；錢布銅冶，通行有無，備民用也：此六者，非編户齊民所能家作，必卬於市，雖貴數倍，不得不買；豪民富賈，即要貧弱。先聖知其然也，故斡之，每斡爲設科條防禁，犯者辠至死。」【略】

《張湯傳》：會渾邪等降，漢大興兵伐匈奴，山東水旱，貧民流徙，皆卬給縣官，縣官空虚。湯承上指，請造白金及五銖錢，籠天下鹽、鐵，排富商大賈，出告緡令，鉏豪彊并兼之家，舞文巧詆以輔法。（何焯《義門讀書記》曰：「鹽、鐵出於弘羊，告緡出於楊可，然非倚湯不能取信於天子，以酷虐助而成，故惡皆歸之湯。」）

又附録《紀事荀悦〈前漢紀〉》 卷一三：「元狩四年。【略】於是孔僅爲大司農丞，領管鹽、鐵。桑弘羊，洛陽賈人子，以能心計，年十三爲侍中，言利事皆析秋毫，而始算緡錢及車船矣。其後，弘羊請置大司農部丞數十人，分主郡國，各得往置均輸、鹽、鐵官，令遠方各以其物商賈所販賣爲賦，而相准輸，置平准官於京師，都受天下委輸諸物，官盡籠天下之貨物，貴則賣之，賤則買之，富商大賈無所牟大利，物皆反其本，而物不得踊貴，故抑天下之物，名曰平准。又令民得以粟補吏，罪人得以贖死，及入粟爲吏，復各有差；於是民不益賦，而國用饒足。乃賜弘羊爵左庶長，黄金二百斤。會天大旱，上令百官請雨。太子傅卜式言於上曰：『縣官當衣食租税而已，今弘羊令吏坐市列肆，販賣求利；獨烹弘羊，天乃雨。』」

卷一五：「征和四年。是時，天下疲於兵革，上亦悔之；而搜粟都尉桑弘羊與丞相、御史大夫奏言：『故輪臺以東，皆故國處，有溉灌田，其旁小國，少錐刀，貴黄鐵，綈繒可以易穀。臣愚以爲可遣屯田卒詣輪臺，置校尉二人，通利溝渠，田一歲有積穀，募民敢徙者詣田所，就畜積，爲産業，稍稍築亭，連城而西，以威西國，輔烏孫爲便。』事上，上乃下詔，深陳既往之悔，曰：『前有司奏欲益民賦以助邊用，是困老弱孤獨也；今又請田輪臺。曩者，朕之不明，興師遠攻，遣貳師將軍，【略】貳師軍敗，士卒散離略盡，悲痛常在朕心。今有司請遠田輪臺，欲起亭燧，是唯益擾天下，非所以憂民也，朕不忍聞。當今務在禁苛暴，止擅賦，務本勸農，無乏武備而已。』由是不復出軍，封丞相爲富民侯，而勸耕農，自是田多墾闢，而兵革休息。」

又附録三《論人》鍾惺《讀平准論》 平准之法，是武帝理財盡頭之想，最後之着，所以代一切興利之事，而救告緡之禍。所以窮而變，變而通，其道不得不出於此者也。何也？文、景殷富，而武帝以喜功生事，化而爲虚耗之世，鬻爵鬻罪，而鬻爵鬻罪不效也，鹽鐵，而鹽鐵不效也，鑄錢制皮幣，而鑄幣不效也，酬金，而酬金不效也，風示百姓，分財助縣官，而分財不效也，募徙民，而徙不效也，事至此而勢已窮矣。

黄暉《論衡校釋》卷二《無形篇》 五行之物，可變改者，唯土也。埏以爲馬，埏，水和土也。變以爲人，是謂未入陶竈更火者也。《史記·大宛傳》索隱曰：「更，經也。」如使成器，入竈更火，牢堅不可復變。今人以爲天地所陶冶矣。以讀作「已」。形已成定，何可復更也？

又《率性篇》 天道有真僞，「天」疑當作「夫」。真者固自與天相應，僞者人加知巧，亦與真者無以異也。何以驗之？《禹貢》曰：『璆琳琅玕。』〔璆、玉也，琳、珠也，琅玕、珠之數也。〕者 「璆玉也」以下十二字據御覽八〇五引增。「者」字當據御覽引刪。仲任於引經文下，加以訓釋，（詳儒增篇注）此其例也。以琳爲珠，故下文以琳與魚蚌之珠，隨侯之珠相較；以琅玕爲珠之數，故下文言真珠不及之。璆琳，舊説並云美玉名。鄭注《尚書》云美石。此謂琳爲珠，未聞。御覽三六引淮南地形篇注：「璆琳琅玕、珠名也。」又與此異。琅玕、珠之數，與説文、郭注爾雅山海經、尚書譌孔傳、御覽八〇三引淮南地形篇許注説同。此則土地所生真玉珠也。段玉裁曰：真玉謂璆琳，真珠謂琅玕。又於説文玉部注曰：鄭注尚書云：「琅玕、珠也。」出於蚌者爲珠，則出於地中者爲似珠。似珠亦非人爲之，故鄭王謂之真珠也。暉按：段氏未知此有脱文，故强之説。真玉謂璆，真珠謂琳。然而道人消爍五石，抱朴子引金簡記曰：「五石者，雄黄、丹砂、雌黄、礬石、曾青也。」又金丹篇曰：「五石者，丹沙、雄黄、白礬、（據御覽作「礬」）曾青、慈石也。一石輒五轉，而各成五色，五石而二十五色。」吴曰：抱朴子言丹，論衡言玉，神仙家亦有服玉之法，則丹玉類同矣。作五色之玉，比之真玉，光不殊别。兼魚蚌之珠，「兼」疑涉「魚」字形近譌衍。與《禹貢》璆琳，皆真玉珠也；段玉裁曰：當云「魚蚌之珠，與禹貢琅玕，皆真珠也。」今文譌臆不可讀。暉按：段説非也，今本不誤。真玉謂璆，真珠謂琳。段氏於説文注引此文「璆琳」下意增「琅玕」二字，亦非。【略】

陽遂取火於天，五月丙午日中之時，消鍊五石，鑄以爲器，磨礪生光，仰以嚮日，則火來至，御覽二二引「遂」作「燧」。周禮司烜氏：「以夫遂取明火於日。」鄭注：「夫遂，陽遂也。」淮南天文篇：「陽燧見日，則燃而爲火。」高注：「陽燧，金也，取金杯無緣者熟摩令熱，日中時以當日下，以艾承之，則燃得火也。」藝文類聚火部引淮南舊注曰：「日高三四丈，持以嚮日，燥艾承之，寸餘，有頃，焦，吹之，即得火。」古今注、搜神記並無鍊五石説。唯太平廣記一六一引淮南許注云：「陽燧，五石之銅精，圓而仰日，即得火。」衆經音義引文同。是與仲任説合。「五石」義見前。抱朴子登涉篇：「以五月丙午日日中擣五石下其銅，以爲劍」，鑄陽遂鑄劍，並於五月丙午日鍊銅，蓋相傳有此術也。此真取火之道也；「此」各本並誤作「比」，今從御覽引正。今妄取刀劍之鉤〔偃〕月〔之鉤〕，【略】摩拭朗白，仰以嚮日，亦得火焉。

又卷二三《言毒篇》 其在人也爲小人。故小人之口，爲禍天下。小人皆懷毒氣。陽地小人，毒尤酷烈，故南越之人，祝誓輒效。諺曰：「衆口爍金。」口者、火也。五行二曰火，五事二曰言。言與火直，故云爍金。道口舌之爍，不言「拔木焰火」，必云「爍金」，金制於火，火口同類也。

藥生非一地，太伯辭之吴；温氣天下有，路畏入南海。

魏伯陽《大丹記》 藥熟，别減入金合中，養六十日，三兩成紫光河車，能點木、瓦、石、鉛、錫、銅、鐵並爲紫磨金，火數如前，金主四，土主五，内用金合，外用土鼎，呼爲九家翁。

不下金。《論衡·量知篇》云：「銅錫未採在衆石之間，工師鑿掘，鑪橐鑄鑠乃成器。未更鑄橐名曰積石，積石與彼路畔之瓦、山間之礫一實也。」昭廿九年《左傳》云：「遂賦晉國一鼓鐵，以鑄刑鼎。」杜注：令晉國各出功力共鼓石爲鐵。疏云：冶石爲鐵，用橐扇火，動橐謂之鼓。

《史記》卷一〇《孝文本紀》 孝文帝從代來，即位二十三年，宫室苑囿狗馬服御無所增益，有不便，輒弛以利民。嘗欲作露臺，召匠計之，直百金。上曰：「百金中民十家之産，吾奉先帝宫室，常恐羞之，何以臺爲！」上常衣綈衣，所幸慎夫人，令衣不得曳地，幃帳不得文繡，以示敦朴，爲天下先。治霸陵皆以瓦器，不得以金銀銅錫爲飾，不治墳，欲爲省，毋煩民。

又卷一二《孝武本紀》 其後，天子苑有白鹿，以其皮爲幣，索隱 案：《食貨志》皮幣以白鹿皮方尺，緣以繢，以薦璧，得以黄金一斤代之。又漢律皮幣率鹿皮方尺，直黄金一斤。以發瑞應，造白金焉。[索隱]案：《食貨志》白金三品，各有差也。正義白金三品，武帝所鑄也。如淳曰：「雜鑄銀錫爲白金也。」《平準書》云：「造銀錫爲白金。以爲天用莫如龍，地用莫如馬，人用莫如龜，故曰白金三品。其一曰重八兩，圓之，其文龍，名曰白選，直三千；二曰重差小，方之，其文馬，直五百；三曰復小，隋之，其文龜，直三百。」《錢譜》云：「白金第一，其形圓如錢，肉好圓，文爲一龍。白銀第二，其形方小長，肉好亦小長，好上下文爲二馬。白銀第三，其形似龜，肉好小，是文爲龜甲也。」

楚人鮫革犀兕，所以爲甲，堅如金石；宛之鉅鐵施，鑽如蠭蠆，輕利剽遬，卒如熛風。然而兵殆於垂涉，唐昧死焉；莊蹻起，楚分而爲四參。是豈無堅革利兵哉？其所以統之者非其道故也。

又卷二八《封禪書》 後四十八年，周太史儋見秦獻公曰：「秦始與周合，合而離，五百歲當復合，合十七年而霸王出焉。」櫟陽雨金，秦獻公自以爲得金瑞，故作畦畤櫟陽而祀白帝。

其後百二十歲而秦滅周，周之九鼎入於秦。或曰宋太丘社亡，而鼎没於泗水彭城下。【略】

自威、宣、燕昭使人入海求蓬萊、方丈、瀛洲。此三神山者，其傅在勃海中，去人不遠；患且至，則船風引而去。蓋嘗有至者，諸僊人及不死之藥皆在焉。其物禽獸盡白，而黄金銀爲宫闕。未至，望之如雲；及到，三神山反居水下。臨之，風輒引去，終莫能至云。世主莫不甘心焉。及至秦始皇并天下，至海上，則方士言之不可勝數。始皇自以爲至海上而恐不及矣，使人乃齎童男女入海求之。船交海中，皆以風爲解，曰未能至，望見之焉。其明年，始皇復游海上，至琅邪，過恒山，從上黨歸。後三年，游碣石，考入海方士，從上郡歸。後五年，始皇南至湘山，遂登會稽，並海上，冀遇海中三神山之奇藥。不得，還至沙丘崩。

又卷三〇《平准書》 於是縣官大空，而富商大賈或蹛財役貧，轉轂百數，廢居居邑，封君皆低首仰給。冶鑄煮鹽，財或累萬金，而不佐國家之急，黎民重困。於是天子與公卿議，更錢造幣以贍用，而摧浮淫并兼之徒。是時禁苑有白鹿而少府多銀錫。自孝文更造四銖錢，至是歲四十餘年，從建元以來，用少，縣官往往即多銅山而鑄錢，民亦間盗鑄錢，不可勝數。錢益多而輕，物益少而貴。有司言曰：「古者皮幣，諸侯以聘享。金有三等，黄金爲上，白金爲中，赤金爲下。[集解]《漢書音義》曰：「白金，銀也。赤金，丹陽銅也。」[索隱]《説文》云：「銅，赤金也。」注云：「丹陽銅者。」神異經云西方金山有丹陽銅也。今半兩錢法重四銖，而姦或盗摩錢里取鋊，[集解]徐廣曰：「音容。」吕静曰：「冶器法謂之鋊。」錢益輕薄而物貴，則遠方用幣煩費不省。」乃以白鹿皮方尺，緣以藻績，爲皮幣，直四十萬。王侯宗室朝覲聘享，必以皮幣薦璧，然後得行。

又造銀錫爲白金。[集解]如淳曰：「雜鑄銀錫爲白金也。」以爲天用莫如龍，地用莫如馬，人用莫如龜，故白金三品：其一曰重八兩，圜之，其文龍，名曰「白選」，直三千；二曰以重差小，方之，其文馬，直五百；三曰復小，撱之，其文龜，直三百。【略】盗鑄諸金錢罪皆死，而吏民之盗鑄白金者不可勝數。【略】

太史公曰：農工商交易之路通，而龜貝金錢刀布之幣興焉。所從來久遠，自高辛氏之前尚矣，靡得而記云。故《書》道唐虞之際，《詩》述殷周之世，安寧則長庠序，先本絀末，以禮義防於利；事變多故而亦反是。是以物盛則衰，時極而轉，一質一文，終始之變也。《禹貢》九州，各因其土地所宜，人民所多少而納職焉。湯武承獘易變，使民不倦，各兢兢所以爲治，而稍陵遲衰微。齊桓公用管仲之謀，通輕重之權，徼山海之業，以朝諸侯，用區區之齊顯成霸名。魏用李克，盡地力，爲彊君。自是之後，天下争於戰國，貴詐力而賤仁義，先富有而後推讓。故庶人之富者或累巨萬，而貧者或不厭糟糠；有國彊者或并羣小以臣諸侯，而弱國或絶祀而滅世。以至於秦，卒并海内。虞夏之幣，金爲三品，[索隱]即下「或黄，或白，或赤」。黄，黄金也。白，白銀也；赤，赤銅也；並見《食貨志》。或黄，或白，或赤；或錢，或布，或刀，或龜貝。及至秦，中一國之幣爲〔三〕〔二〕等，黄金以溢名，爲上幣；銅錢識曰半兩，重如其文，爲下幣。而珠玉、龜貝、銀錫之屬爲器飾寶藏不爲幣。然各隨時而輕重無常。於是外攘夷狄，内興功業，海内之士力耕不足糧饟，□女子紡績不足衣服。古者嘗竭天下之資財以奉其上，猶自以爲不足也。無異故云，事勢之流，相激使然，曷足怪焉。

又卷四一《越王句踐世家》 至楚，莊生家負郭，披藜藋到門，居甚貧。然長男發書進千金，如其父言。莊生曰：「可疾去矣，慎毋留！即弟出，勿問所以然。」長男既去，不過莊生而私留，以其私齎獻遺楚國貴人用事者。

莊生雖居窮閻，然以廉直聞於國，自楚王以下皆師尊之。及朱公進金，非有意受也，欲以成事後復歸之以爲信耳。故金至，謂其婦曰：「此朱公之金。有如病不宿誡，後復歸，勿動。」而朱公長男不知其意，以爲殊無短長也。

莊生間時入見楚王，言「某星宿某，此則害於楚」。楚王素信莊生，曰：「今爲柰何？」莊生曰：「獨以德爲可以除之。」楚王曰：「生休矣，寡人將行之。」王乃使使者封三錢之府。集解《國語》曰：「周景王時將鑄大錢。」賈逵説云：「虞、夏、商、周金幣三等，或赤，或白，或黄。黄爲上幣，銅鐵爲下幣。」韋昭曰：「錢者，金幣之名，所以貿買物，通財用也。」單穆公云：「古者有母權子，子權母而行，然則三品之來，古而然矣。」駰謂楚之三錢，賈韋之説近之。　楚貴人驚告朱公長男曰：「王且赦。」曰：「何以也？」曰：「每王且赦，常封三錢之府。昨暮王使使封之。」朱公長男以爲赦，弟固當出也，重千金虚棄莊生，無所爲也，乃復見莊生。莊生驚曰：「若不去邪？」長男曰：「固未也。初爲事弟，弟今議自赦，故辭生去。」莊生知其意欲復得其金，曰：「若自入室取金。」長男即自入室取金持去，獨自歡幸。

又卷八七《李斯列傳》　斯乃上書曰：今陛下致昆山之玉，有隨、和之寶，垂明月之珠，服太阿之劍，乘纖離之馬，建翠鳳之旗，樹靈鼉之鼓。此數寶者，秦不生一焉，而陛下説之，何也？必秦國之所生然後可，則是夜光之璧不飾朝廷，犀象之器不爲玩好，鄭、衛之女不充後宫，而駿良駃騠，不實外廐，江南金錫不爲用，西蜀丹青不爲采。所以飾後宫充下陳，娱心意説耳目者，必出於秦然後可，則是宛珠之簪，傅璣之珥，阿縞之衣，錦繡之飾，不進於前，而隨俗雅化佳冶窈窕趙女不立於側也。

又卷一一八《淮南衡山列傳》　淮南王安爲人好讀書鼓琴，不喜弋獵狗馬馳騁，亦欲以行陰德拊循百姓，流譽天下。時時怨望厲王死，時欲畔逆，未有因也。及建元二年，淮南王入朝。素善武安侯，武安侯時爲太尉，乃逆王霸上，與王語曰：「方今上無太子，大王親高皇帝孫，行仁義，天下莫不聞。即宫車一日晏駕，非大王當誰立者！」淮南王大喜，厚遺武安侯金財物。陰結賓客，拊循百姓，爲畔逆事。建元六年，彗星見，淮南王心怪之。或説王曰：「先吴軍起時，彗星出長數尺，然尚流血千里。今彗星長竟天，天下兵當大起。」王心以爲上無太子，天下有變，諸侯並争，愈益治器械攻戰具，積金錢賂遺郡國諸侯游士奇材。諸辨士爲方略者，妄作妖言，諂諛王，王喜，多賜金錢，而謀反滋甚。

又卷一二九《貨殖列傳》　凡編户之民，富相什則卑下之，伯則畏憚之，千則役，萬則僕，物之理也。夫用貧求富，農不如工，工不如商，刺繡文不如倚市門，此言末業，貧者之資也。通邑大都，【略】銅器千鈞，素木鐵器若卮茜千石，【略】筋角丹沙千斤，【略】此亦比千乘之家，其大率也。佗雜業不中什二，則非吾財也。

《漢書》卷六《武帝紀第六》　四年冬，有司言關東貧民徙隴西、北地、西河、上郡、會稽凡七十二萬五千口，縣官衣食振業，用度不足，請收銀錫造白金及皮幣以足用。應劭曰：「時國用不足，以白鹿皮爲幣，朝覲以薦璧。又造銀錫爲白金。見《食貨志》。」初算緡錢。

五年春三月甲午，丞相李蔡有罪，自殺。文穎曰：「李廣從弟，坐侵陵壖地。」

又卷七《昭帝紀第七》　五年春正月，廣陵王來朝，益國萬一千户，賜錢二千萬，黄金二百斤，劍二，安車一，乘馬二駟。

又卷九九中《王莽傳第六九中》　又曰：「予前在大麓，至於攝假，深惟漢氏三七之阸，赤德氣盡，思索廣求，所以輔劉延期之(述)〔術〕，靡所不用。以故作金刀之利，幾以濟之。然自孔子作《春秋》以爲後王法，至於哀之十四而一代畢，協之於今，亦哀之十四也。赤世計盡，終不可强濟。皇天明威，黄德當興，隆顯大命，屬予以天下。今百姓咸言皇天革漢而立新，廢劉而興王。夫『劉』之爲字『卯、金、刀』也，正月剛卯，金刀之利，皆不得行。服虔曰：「剛卯，以正月卯日作佩之，長三(尺)〔寸〕，廣一寸，四方，或用(五)〔玉〕，或用金，或用桃，著革帶佩之。今有玉在者，銘其一面曰『正月剛卯』。金刀，莽所鑄之錢也。」博謀卿士，僉曰天人同應，昭然著明。其去剛卯莫以爲佩，除刀錢勿以爲利，承順天心，快百姓意。」乃更作小錢，徑六分，重一銖，文曰「小錢直一」，與前「大錢五十」者爲二品，並行。欲防民盗鑄，乃禁不得挾銅炭。

又卷二四下《食貨志第四下》　黄金重一斤，直錢萬。朱提銀重八兩爲一流，直一千五百八十。它銀一流直千。是爲銀貨二品。【略】

秦兼天下，幣爲二等：黄金以溢爲名，上幣；銅錢質如周錢，文曰「半兩」，重如其文。而珠玉龜貝銀錫之屬爲器飾寶藏，不爲幣，然各隨時而輕重無常。

漢興，以爲秦錢重難用，更令民鑄莢錢。【略】

稽市物，價騰躍，米至石萬錢，馬至匹百金。天下已平，高祖乃令賈人不得衣絲乘車，重税租以困辱之。孝惠、高后時，爲天下初定，復弛商賈之律，然市井子孫亦不得(宦爲吏)〔爲官吏〕。孝文五年，爲錢益多而輕，乃更鑄四銖錢，其文爲「半兩」。除盗鑄錢令，使民放鑄。賈誼諫曰：

法使天下公得顧租鑄銅錫爲錢，敢雜以鉛鐵爲它巧者，其罪黥。然鑄錢之情，非殽雜爲巧，則不可得贏；而殽之甚微，爲利甚厚。夫事有召禍而法有起姦，今令細民人操造幣之勢，各隱屏而鑄作，因欲禁其厚利微姦，雖黥罪日報，其

勢不止。乃者，民人抵罪，多者一縣百數，及吏之所疑，榜笞奔走者甚衆。夫縣法以誘民，使入陷阱，孰積於此。【略】

賈誼諫曰：法使天下得顧租鑄銅錫爲錢，敢雜以鉛鐵爲它巧者，其罪黥。然鑄錢之情，非殽雜爲巧則不可得贏，而殽之甚微，【略】民，使入陷阱，孰積於此！曩禁鑄錢，死罪積下；今公鑄錢，黥罪積下。爲法若此，上何賴焉？師古曰：「微謂精妙也。言殽雜鉛鐵，其術精妙，不可覺知，而得利甚厚，故令人輕犯之，姦不可止也。」【略】

僅使天下鑄作器，三年中至大司農，列於九卿。自造白金五銖錢後五歲，而赦吏民之坐盜鑄金錢死者數十萬人。其不發覺相殺者，不可勝計。赦自出者百餘萬人。然不能半自出，天下大氐無慮皆鑄金錢矣。【略】

羲和魯匡言：「名山大澤，鹽鐵錢布帛，五均賒貸，斡在縣官，唯酒酤獨未斡。」【略】

後五歲，天鳳元年，復申下金銀龜貝之貨，頗增減其賈直。而罷大小錢，改作貨布，長二寸五分，廣一寸，首長八分有奇，廣八分，其圜好徑二分半，足枝長八分，間廣二分，其文右曰「貨」，左曰「布」，重二十五銖，直貨泉二十五。貨泉徑一寸，重五銖，文右曰「貨」，左曰「泉」，枚直一，與貨布二品並行。又以大錢行久，罷之，恐民挾不止，乃令民且獨行大錢，與新貨泉俱枚直一，並行盡六年，毋得復挾大錢矣。每壹易錢，民用破業，而大陷刑。莽以私鑄錢死，及非沮寶貨投四裔，犯法者多，不可勝行，乃更輕其法：私鑄作泉布者，與妻子没入爲宮奴婢；吏及比伍，知而不舉告，與同罪；非沮寶貨，民罰作一歲，吏免官。犯者俞衆，及五人相坐皆没入，郡國檻車鐵鎖，傳送長安鍾官，愁苦死者什六七。

又卷二五上《郊祀志第五上》 自威、宣、燕昭使人入海求蓬萊、方丈、瀛洲。此三神山者，其傳在勃海中，去人不遠。蓋嘗有至者，諸僊人及不死之藥皆在焉。其物禽獸盡白，而黄金銀爲宮闕。未至，望之如雲；及到，三神山反居水下，水臨之。患且至，則風輒引船而去，終莫能至云。世主莫不甘心焉。【略】

其明年，平使人持玉杯，上書闕下獻之。平言上曰：「闕下有寶玉氣來者。」已視之，果有獻玉杯者，刻曰「人主延壽」。平又言「臣候日再中」。居頃之，日卻復中。於是始更以十七年爲元年，令天下大酺。平言曰：「周鼎亡在泗水中，今河決通於泗，臣望東北汾陰直有金寶氣，意周鼎其出乎？兆見不迎則不至。」於是上使使治廟汾陰南，臨河，欲祠出周鼎。人有上書告平所言皆詐也。下吏治，誅夷平。是後，文帝怠於改正服鬼神之事，而渭陽、長門五帝使祠官領，以時致禮，不往焉。師古曰：「汾陰直，謂正當汾陰也。」

又卷三五《吴王劉濞》 及景帝即位，錯爲御史大夫，説上曰：「昔高帝初定天下，昆弟少，諸子弱，大封同姓，故孽子悼惠王王齊七十二城，庶弟元王王楚四十城，兄子王吴五十餘城。封三庶孽，分天下半。今吴王前有太子之隙，詐稱病不朝，於古法當誅。文帝不忍，因賜几杖，德至厚也。不改過自新，乃益驕恣，公即山鑄錢，煮海爲鹽，誘天下亡人謀作亂逆。今削之亦反，不削亦反。削之，其反亟，禍小；不削之，其反遲，禍大。」

又卷三六《楚元王傳》 秦始皇帝葬於驪山之阿，下錮三泉，上崇山墳，其高五十餘丈，周回五里有餘；石槨爲游館，人膏爲燈燭，水銀爲江海，黄金爲梟雁。珍寶之臧，機械之變，棺槨之麗，宮館之盛，不可勝原。

又卷六三《劉旦》 旦遂招來郡國姦人，賦斂銅鐵作甲兵，數閲其車騎材官卒，建旌旗鼓車，旄頭先敺，郎中侍從者著貂羽，黄金附蟬，皆號侍中。

又卷七二《貢禹》 今大夫僭諸侯，諸侯僭天子，天子過天道，其日久矣。承衰救亂，矯復古化，在於陛下。臣愚以爲盡如太古難，宜少放古以自節焉。《論語》曰：「君子樂節禮樂。」方今宮室已定，亡可奈何矣，其餘盡可減損。古時齊三服官輸物不過十笥，方今齊三服官作工各數千人，一歲費數鉅萬。蜀廣漢主金銀器，歲各用五百萬。三工官官費五千萬，東西織室亦然。廄馬食粟將萬匹。臣禹嘗從之東宮，見賜杯案，盡文畫金銀飾，非當所以賜食臣下也。

又《王貢兩龔鮑傳第四二》 又言古者不以金錢爲幣，專意於農，故一夫不耕，必有受其飢者。今漢家鑄錢，及諸鐵官皆置吏卒徒，攻山取銅鐵，一歲功十萬人已上，中農食七人，是七十萬人常受其飢也。鑿地數百丈，銷陰氣之精，地臧空虚，不能含氣出雲，斬伐林木亡有時禁，水旱之災未必不繇此也。自五銖錢起已來七十餘年，民坐盜鑄錢被刑者衆，富人積錢滿室，猶亡厭足。

又卷九一 此其章尤著者也。其餘郡國富民兼業顓利，以貨賂自行，取重於鄉里者，不可勝數。故秦楊以田農而甲一州，翁伯以販脂而傾縣邑，張氏以賣醬而隃侈，質氏以洒削而鼎食，濁氏以(冒)[胃]脯而連騎，張里以馬醫而擊鍾，皆越法矣。然常循守事業，積累贏利，漸有所起。至於蜀卓，宛孔，齊之刀間，公擅山川銅鐵魚鹽市井之入，運其籌策，上爭王者之利，下錮齊民之業，皆陷不軌奢僭之惡。又況掘冢搏掩，犯姦成富，曲叔、稽發、雍樂成之徒，猶復齒列，傷化敗俗，大亂之道也。

又卷九五《南粵》 陸賈至，南粵王恐，乃頓首謝，願奉明詔，長爲藩臣，奉貢職。於是下令國中曰：「……高后自臨用事，近細士，信讒臣，別異蠻夷，出令曰：『毋予蠻夷外粵金鐵田器；馬牛羊即予，予牡，毋與牝。』」

又卷九七下《孝成趙皇后》 皇后既立，後寵少衰，而弟絶幸，爲昭儀。居昭陽舍，其中庭彤朱，而殿上髹漆，切皆銅沓(冒)黄金塗，白玉階，壁帶往往爲黄金釭，函藍田璧，明珠、翠羽飾之，自後宫未嘗有焉。姊弟顓寵十餘年，卒皆無子。服虔曰：「釭，壁中之横帶也。」晉灼曰：「以金環飾之也。」師古曰：「壁帶，壁之横木露出如帶者也。於壁帶之中，往往以金爲釭，若車釭之形也。其釭中著玉璧、明珠、翠羽耳。藍田，山名，出美玉。釭音工，流俗讀之音江，非也。」

又卷九九上《王莽傳》 有司奏：「故事，聘皇后黄金二萬斤，爲錢二萬萬。」莽深辭讓，受四千萬，而以其三千三百萬予十一媵家。羣臣復言：「今皇后受聘，踰羣妾亡幾。」有詔，復益二千三百萬，合爲三千萬。莽復以其千萬分予九族貧者。

徐松《漢書西域傳補注》卷上 得漢黄白金輒以爲器，不用爲幣。補曰：黄金即漢所賜大宛幣。吴氏仁杰云：黄金謂銅，白金謂銀、錫，皆可作兵器。《婼羌傳》云山有鐵，自作兵。《難兜傳》云有銀、銅、鐵作兵。《越絶書》：赤堇之山破而出錫，若邪之谷涸而出銅，歐冶子因以爲劍。郭景純謂古者通以錫雜銅爲兵器。

五月，更造貨：錯刀，一直五千；契刀，一直五百；大錢，一直五十，與五銖錢並行。民多盜鑄者。禁列侯以下不得挾黄金，輸御府受直，然卒不與直。

《後漢書》卷一三《公孫述傳》 蜀地肥饒，兵力精强，遠方士庶多往歸之，邛、筰君長皆來貢獻。李熊復説述曰：「今山東飢饉，人庶相食；兵所屠滅，城邑丘墟。蜀地沃野千里，土壤膏腴，果實所生，無穀而飽。女工之業，覆衣天下。名材竹幹，器械之饒，不可勝用。又有魚鹽銅銀之利，浮水轉漕之便。

又卷四八《翟酺傳》 酺上疏諫曰：「【略】夫儉德之恭，政存約節。故文帝愛百金於露臺，飾帷帳於皁囊。文帝常欲作露臺，計直百金。曰：「百金中人十家之産，何以臺爲？」遂止不作。又東方朔曰：「文帝集上書囊以爲殿帷。」或有譏其儉者，上曰：『朕爲天下守財耳，豈得妄用之哉！』至倉穀腐而不可食，錢貫朽而不可校。今自初政已來，日月未久，費用賞賜已不可筭。斂天下之財，積無功之家，帑藏單盡，民物彫傷，卒有不虞，復當重賦百姓，怨叛既生，危亂可待也。」

又卷四九《王符傳》 王符字節信，安定臨涇人也。【略】志意藴憤，乃隱居著書三十餘篇，以譏當時失得，不欲章顯其名，故號《潛夫論》。【略】

《浮侈篇》曰：【略】或刻畫好繒，以書祝辭；或虚飾巧言，希致福祚；或糜折金綵，令廣分寸；或斷截衆縷，繞帶手腕；或裁切綺縠，縫紩成幡。皆單費百縑，用功千倍，破牢爲僞，以易就難，坐食嘉穀，消損白日。損或作「捐」。夫山林不能給野火，江海不能實漏巵，皆所宜禁也。

昔孝文皇帝躬衣弋綈，革舄韋帶。而今京師貴戚，衣服飲食，車輿廬第，奢過王制，固亦甚矣。且其徒御僕妾，皆服文組綵牒，錦繡綺紈，葛子升越，筩中女布。犀象珠玉，虎魄瑇瑁，石山隱飾，金銀錯鏤，窮極麗靡，轉相誇咤。

又卷五二《崔駰傳》 昔堯含戚而臯陶謨，高祖歎而子房慮；禍不散而曹、絳奮，結不解而陳平權。及其策合道從，克亂弭衝，用將鏤玄珪，册顯功，銘昆吾之冶，勒景、襄之鍾。《墨子》曰：「昔夏后開使飛廉鑿於山，以鑄鼎於昆五。」蔡邕《銘論》曰：「吕尚作周太師，其功銘於昆吾之鼎」也。

又卷六七《夏馥傳》 及儉等亡命，經歷之處，皆被收考，辭所連引，布徧天下。馥乃頓足而歎曰：「孽自己作，空汙良善，一人逃死，禍及萬家，何以生爲！」乃自翦須變形，入林慮山中，隱匿姓名，爲冶家傭。親突煙炭，形貌毁瘁，積二三年，人無知者。後馥弟静，乘車馬，載縑帛，追之於涅陽市中。遇馥不識，聞其言聲，乃覺而拜之。馥避不與語，静追隨至客舍，共宿。夜中密呼静曰：「吾以守道疾惡，故爲權宦所陷。且念營苟全，以庇性命，弟柰何載物相求，是以禍見追也。」明旦，别去。黨禁未解而卒。

又卷七二《董卓傳》 諸袁門生又聚董氏之尸，焚灰揚之於路。塢中珍藏有金二三萬斤，銀八九萬斤，錦綺繢縠紈素奇玩，積如丘山。

又卷七八《宦者傳・蔡倫》 蔡倫字敬仲，桂陽人也。以永平末始給事宫掖，建初中，爲小黄門。及和帝即位，轉中常侍，豫參帷幄。

倫有才學，盡心敦慎，數犯嚴顔，匡弼得失。每至休沐，輒閉門絶賓，暴體田野。後加位尚方令。永元九年，監作祕劍及諸器械，莫不精工堅密，爲後世法。

又《志第五・禮儀中》 仲夏之月，萬物方盛。日夏至，陰氣萌作，恐物不楙。其禮：以朱索連葷菜，彌牟(朴)蠱鍾。以桃印長六寸，方三寸，五色書文如法，以施門户。代以所尚爲飾。夏后氏金行，作葦茭，言氣交也。殷人水德，以螺首，慎其閉塞，使如螺也。周人木德，以桃爲更，言氣相更也。漢兼用之，故以五月五日，朱索五色印爲門户飾，以難止惡氣。日夏至，禁舉大火，止炭鼓鑄，消石冶皆絶止。至立秋，如故事。是日浚井改水，日冬至，鑽燧改火云。

王先謙《後漢書集解・後漢書》二三《郡國志五第二三上》 朱提。《南中志》曰：縣有太淵池水，名千頃池。西南二里有堂狼山，多毒草，盛夏之月，飛鳥過之不能得去。《蜀都賦》注曰：有靈池在縣南數十里，周四十七里。集解：惠棟曰：《華陽國志》作堂蜋山，云山出銀、鉛、白銅、雜藥，有堂蜋、附子。山出銀銅。案前書，朱提銀重以八兩爲一流，直一千五百八十，他銀一流直一千。《南中志》曰：舊有銀窟數處。《諸葛亮書》云：漢嘉金、朱提銀，採之不足以自食。**【略】**

葭萌。《華陽國志》：有水通於漢川，有金銀鑛，民洗取之。**【略】**

剛氏道。《華陽國志》曰：涪水所出有金銀鑛。

蕭常《續後漢書》卷二七《吴載記四》 〔諸葛〕恪，字元遜。少知名，有口辯。**【略】**弱冠拜騎都尉，與顧譚、張休等侍太子登爲賓客友，由中庶子轉左輔都尉。天子嘗遣費禕來聘，禕食餅，作《麥賦》，恪亦作《磨賦》，咸稱善焉。權問恪：「卿何如滕胤？」對曰：「登階躡履，臣不如胤，回籌轉策，胤不如臣。」以丹陽山險，民多果勁。**【略】**其幽遠之民，未嘗入城邑，對長吏，皆持兵於林莽，逋亡宿惡，逃竄其間。山出銅鐵，自鑄甲兵，俗好武習戰，恃勇尚氣。**【略】**時出爲寇。

《三國志》卷五《魏志・武帝卞皇后》 〔建安〕二十四年，拜爲王后，策曰：「夫人卞氏，撫養諸子，有母儀之德。今進位王后，太子諸侯陪位，羣卿上壽，減國内死罪一等。」二十五年，太祖崩，文帝即王位，尊后曰王太后，及踐阼，尊后曰皇太后，稱永壽宫。《魏書》曰：后以國用不足，減損御食，諸金銀器物皆去之。 明帝即位，尊太后曰太皇太后。

又《魏志・后妃傳・文帝甄皇后》 文昭甄皇后，中山無極人，明帝母，漢太保甄邯後也，世吏二千石。父逸，上蔡令。后三歲失父。後天下兵亂，加以饑饉，百姓皆賣金銀珠玉寶物，時后家大有儲穀，頗以買之。后年十餘歲，白母曰：「今世亂而多買寶物，匹夫無罪，懷璧爲罪。又左右皆飢乏，不如以穀振給親族鄰里，廣爲恩惠也。」舉家稱善，即從后言。

又卷六《魏志・董卓傳》 建安三年四月，**【略】**遂殺卓，夷三族。後卓故部曲收所燒者灰，并以一棺棺之，葬於郿。卓塢中金有二三萬斤，銀八九萬斤，珠玉錦綺奇玩雜物皆山崇阜積，不可知數。

又卷三〇《魏志・三韓傳》 以瓔珠爲財寶，或以綴衣爲飾，或以縣頸垂耳，不以金銀錦繡爲珍。

又《魏志・倭國傳》 景初二年六月，倭女王遣大夫難升米等詣郡，求詣天子朝獻，太守劉夏遣吏將送詣京都。其年十二月，詔書報倭女王曰：「制詔親魏倭王卑彌呼：帶方太守劉夏遣使送汝大夫難升米、次使都市牛利奉汝所獻男生口四人，女生口六人，班布二匹二丈，以到。汝所在踰遠，乃遣使貢獻，是汝之忠孝，我甚哀汝。今以汝爲親魏倭王，假金印紫綬，裝封付帶方太守假授汝。其綏撫種人，勉爲孝順。汝來使難升米、牛利涉遠，道路勤勞，今以難升米爲率善中郎將，牛利爲率善校尉，假銀印青綬，引見勞賜遣還。今以絳地交龍錦五匹、絳地縐粟罽十張、蒨絳五十匹、紺青五十匹，答汝所獻貢直。又特賜汝紺地句文錦三匹、細班華罽五張、白絹五十匹、金八兩、五尺刀二口、銅鏡百枚、真珠、鉛丹各五十斤，皆裝封付難升米、牛利還到録受。悉可以示汝國中人，使知國家哀汝，故鄭重賜汝好物也。」

又卷三一《蜀志・後主傳》 〔景耀六年冬〕艾得書，大喜，即報書，遣〔張〕紹王隱《蜀記》曰：又遣尚書郎李虎送士民簿，領户二十八萬，男女口九十四萬，帶甲將士十萬二千，吏四萬人，米四十餘萬斛，金銀各二千斤，錦綺綵絹各二十萬匹，餘物稱此。〔鄧〕良先還。

又卷四二《蜀志・郤正傳》 其文繼於崔駰《達旨》。其辭曰：「昔九方考精於至貴，秦牙沈思於殊形。薛燭察寶以飛譽。《越絶書》曰：昔越王句踐有寶劍五枚，聞於天下。客有能相劍者名薛燭，王召而問之：「吾有寶劍五，請以示子。」乃取豪曹、巨闕，薛燭曰：「皆非也。」又取純鈎、湛盧，燭曰：「觀其劍鈔，爛爛如列宿之行，觀其光，渾渾如水之將溢於塘，觀其文，涣涣如冰將釋，此所謂純鈎邪？」王曰：「是也。」王曰：「客有直之者，有市之鄉三，駿馬千匹，千户之都二，可乎？」薛燭曰：「不可。當造此劍之時，赤堇之山破而出錫，若邪之谿涸而出銅，雨師掃灑，雷公擊鼓，太一下觀，天精下之，歐冶乃因天之精，悉其伎巧，一曰純鈎，二曰湛盧。今赤堇之山合，若邪之谿深而不測，歐冶子已死，雖傾城量金，珠玉竭河，猶不得此一物。有市之鄉三，駿馬千匹，千户之都二，亦何足言與！」瓠梁託絃以流聲」**【略】**

又卷四三《蜀志・李恢傳》 恢身往撲討，鉏盡惡類，徙其豪帥於成都，賦出叟、濮耕牛戰馬銀犀革，充繼軍資，於時費用不乏。

又卷六四《吴志・孫琳傳》 帝於宫中作小船三百餘艘，成以金銀，師工晝夜不息。【略】

施岑《西山許真君八十五化録》卷中《金玉化》 祖師隱居西山，有方士點銅鐵爲金，化石爲玉，欲售其方。祖師曰：「得無變乎？」方士曰：「五百年後復還本物。」祖師曰：「必誤後人。」卒不受。詩曰：燕然幽隱在山林，方士懷奇特訪臨。埋石噓呵成美玉，頑銅點化作堅金。豈因利術生貪性，焉被資財損道心。弗是祖師堅不受，他年惟恐悮人深。

干寶《搜神記》卷三 上黨鮑瑗家多喪病貧苦，淳于智卜之曰：「君居宅不利，故令君困爾。君舍東北有大桑樹，君徑至市，入門數十步，當有一人賣新鞭者，便就買，還以懸此樹，三年當暴得財。」瑗承言，詣市，果得馬鞭，懸之三年，浚井得錢數十萬，銅鐵器復二萬餘，於是業用既展，病者亦無恙。

酈道元《水經注》卷一九《渭水》 又東過霸陵縣北，霸水從縣西北流注之。秦始皇大興厚葬，營建冢壙於麗戎之山，一名藍田，其陰多金，其陽多玉。始皇貪其美名，因而葬焉。斬山鑿石，下錮三泉，案錮近刻訛作涸。以銅爲槨，旁行周迴三十餘里。上畫天文星宿之象，下以水銀爲四瀆百川五嶽九州，具地理之勢，宫觀百官，奇器珍寶，充滿其中。令匠作機弩，有所穿近，輒射之。以人魚膏爲燈燭，取其不滅者久之。後宫無子者，皆使殉葬甚衆。墳高五丈，周迴五里餘，作者七十萬人，積年方成。而周章百萬之師，已至其下，乃使章邯領作者以禦難，弗能禁。項羽入關，發之，以三十萬人，三十日運物不能窮。關東盜賊銷槨取銅，牧人尋羊燒之，火延九十日，不能滅。

又卷三二《涪水》 涪水出廣魏涪縣西北。

涪水出廣漢屬國剛氐道徼外，東南流逕涪縣西，王莽之統睦矣。臧宫進破涪城，斬公孫恢於涪，自此水上。縣有潺水，出潺山。水源有金銀礦，洗取火合之，以成金銀。

又卷四〇《漸江水》 北過余杭，東入於海。東有銅牛山，山有銅穴三十許丈，穴中有大樹神廟。山上有冶官，山北湖下有練塘里。《吴越春秋》云：句踐鍊冶銅錫之處，采炭於南山，故其間有炭瀆。句踐臣吴，吴王封句踐於越百里之地。

杜臺卿《玉燭寶典》卷四 《尚書考虚燿》曰：「氣在於夏，其紀熒惑，是謂發氣之陽，可以毁消金銅，舉與氣同光。」

虞荔《鼎録》 昔虞夏之盛，遠方皆至，使九牧貢九金，鑄九鼎於荆山之下，於昆吾氏之墟，白若甘撫之地，圖其山川，奇怪百物而爲之備，使人知神姦，不逢其害，以定其祥。鼎成，三足而方，不炊而自沸，不舉而自藏，不遷而自行。九鼎既成，定之國都。桀有亂德，鼎遷於殷，載祀六百；殷紂暴虐，鼎遷于周，成王定鼎於郟鄏，卜世三十，卜年七百，天所命也。及顯王，姬德大衰，鼎淪入泗水。秦始皇之初，見於彭城，大發徒出之，不能得焉。

金華山皇帝作一鼎，高一丈三尺，大如十石甕，像龍騰雲，百神螭獸滿其中。文曰：「真金作鼎，百神率服。」復篆書三足。

漢孝景帝鑄一鼎，名曰食鼎，高二尺，銅金銀雜爲之，形若尾，甑無足，中元六年造。其文曰：「五熟是滋，君王膳之。」小篆書。

武帝登泰山，鑄一鼎，高四尺，銅銀爲之，其形如甕，有三足。太始四年造，其文曰：「登於泰山，萬壽無疆。四海寧謐，神鼎傳芳。」大篆書。

元鼎元年，汾陽得寶鼎，即吾丘壽王所識之鼎。高一丈二尺，受十二石，雜金、銀、銅、錫爲之。四面蛟龍，兩耳能鳴。三足馬蹄，刻山、雲奇怪之象，紀靈圖未然之狀。其文曰：「壽考天地，百祥臻侍。山伏其靈，海伏其異。」此銘在底下，又别有銘，或浮或沉，皆古文複篆，此上古之鑄造也。總有九枚。

昭帝元平元年，於藍田覆車山鑄一鼎，高三尺，受五斗。刻其文曰：「宜君王，和四方，調滋味，去腥傷。」小篆書，三足。

諸僧《梁皇懺法》卷四《顯果報之餘》 《長阿含經》云：「閻羅大王所住之處，在閻浮提南金剛山内，王宫縱廣六千由旬。」《地獄經》云：「住地獄間，宫城縱廣三萬里，銅鐵所成。晝夜三時有大銅鑊，滿中烊銅，自然在前。有大獄卒卧王熱鐵床上，鐵鉤擘口，烊銅灌之，從咽徹下，無不焦爛。彼諸大臣亦復如是。」

孝元皇帝《金樓子》卷一《興王篇第一》 漢太宗恒即位，宫室、苑囿、車騎、服御無所增益。有不便，輒弛以利民。嘗欲作露臺，臺基已成，將構，召匠計之，直百金。乃曰：「百金，中人十家之産也。吾奉先帝宫室，嘗羞之，何以臺爲？」身衣弋綈，所幸慎夫人衣不曳地，幃帳無文繡。【略】兵器無刃，以示敦朴，爲天下先。霸陵皆瓦屋，不以金、銀、銅、鐵爲飾，因山不起墳。

又卷五《志怪篇第一二》 玉之精爲白虎，金之精爲車渠，楓脂千歲爲琥珀；銅之精爲奴，錫之精爲婢，松脂千歲爲茯苓。

夜在山中見胡人者，銅鐵精也，見秦人者，百歲木也。中夜見火光者，亦久枯木也。

周武帝《無上秘要》卷二二《三界宮府品》 右九華真妃所居。七宮：右在神洲三山，其宮七變，朝化爲金，中化爲銀，暮化爲銅，夜化爲光，或化爲山，化爲水，或化爲石。右出《洞真經》及《道迹真迹經》。

又卷二五《三皇要用品》 第三，【略】召地中百精，金、銀、銅、鐵、璧玉、寶物問，皆知所在，欲取者取，不取復止。

太清真人《神仙九丹經》卷上《前闕》 真人曰：第二之丹名神符，本生太陽河伯餘。本生太陽者，言水銀本生太陽也。太陽者，丹砂也，生於丙丁。丙丁者，火精，上爲熒惑星，下爲丹砂也，故言生於丙丁。丙丁居南方，爲太陽，故易營虚日，南方爲太陽。太陽者，丹砂生於日，日生於火，火日之子。比方壬癸爲太陰，太陰者，水也，故易營虚月。比方生磁石，磁石者，鉛也。其精上爲北辰星，生坎。坎位在北方，離位在南方。河伯餘者，水銀也。【略】取水銀多少自在，置赤土益中，飛之九上九下，和以鯉魚膽，復取水銀多少自在，復封塗閉固如法，丹華法復九上九下，和以龍膏，名曰神符。

《南史》卷四《齊武帝紀》 〔建元四年〕上少有大量，喜怒不形於色，深沈静默，常有四海之心。博學，善屬文，工草隸書，弈棊第二品。雖經綸夷險，不廢素業。及即位後，身不御精細之物，主衣中有玉介導，以長侈奢之源，命打破之。凡異物皆令隨例毁棄。後宮器物欄檻，以銅爲飾者，皆改用鐵。内殿施黄紗帳，宫人著紫皮履。華蓋除金華爪，用鐵回釘。每曰：「使我臨天下十年，當使黄金與土同價。」欲以身率下，移風易俗。【略】

又卷五《齊廢帝紀》 又别爲潘妃起神仙、永壽、玉壽三殿，皆帀飾以金璧。其玉壽中作飛仙帳，四面繡綺，窗間盡畫神仙。又作七賢，皆以美女侍側。鑿金銀爲書字，靈獸、神禽、風雲、華炬，爲之玩飾。椽桷之端，悉垂鈴佩。江左舊物，有古玉律數枚，悉裁以鈿笛。莊嚴寺有玉九子鈴，外國寺佛面有光。

又卷一五《徐羨之傳》 緄子君蒨，字懷簡，幼聰朗好學，尤長丁部書，問無不對。善弦歌，爲梁湘東王鎮西諮議參軍。頗好聲色，侍妾數十，皆佩金翠，曳羅綺，服玩悉以金銀。

又卷一六《王玄謨傳》 玄謨從弟玄象，位下邳太守。好發冢，地無完槨。人間垣内有小冢，墳上殆平，每朝日初升，見一女子立冢上，近視則亡。或以告玄象，便命發之。有一棺尚全，有金蠶、銅人以百數。

又卷二七《孔琳之傳》 琳之於衆議之外，别建言曰：夫璽印者，所以辨章官爵，立契符信。帝王公侯之尊，不疑於傳璽，人臣衆僚之卑，何嫌於即印？載籍未聞其説，推例自乖其准，而終年刻鑄，喪功消實，金銀銅炭之費，不可稱言，非所以因循舊貫，易簡之道。愚請衆官即用一印，無煩改作，若新置官，又官多印少，文或零失，然後乃鑄，則仰裨天府，非唯小益。

又卷三六《沈演之傳》 上欲伐林邑，朝臣多不同，唯廣州刺史陸徽與演之贊成上意。及林邑平，賜羣臣黄金生口銅器等物，演之所得偏多。上謂曰：「廟堂之謀，卿參其力，平此遠夷，未足多建茅土。俟廓清舊都，鳴鸞東岱，不憂河山之不開也。」

又卷四三《齊南平王鋭傳》 州鎮姑孰，於時人發桓温女冢，得金巾箱，織金篾爲嚴器，又有金蠶銀繭等物甚多。

又卷五〇《劉虯傳》 之遴好古愛奇，在荆州聚古器數十百種，有一器似甌可容一斛，上有金錯字，時人無能知者。又獻古器四種於東宫。其第一種，鏤銅鴟夷榼二枚，兩耳有銀鏤，銘云：「建平二年造。」其第二種，金銀錯鏤古罇二枚，有篆銘云：「秦容成侯適楚之歲造。」其第三種，外國澡灌一口，有銘云：「元封二年，龜兹國獻。」其第四種，古製澡盤一枚，銘云：「初平二年造。」

《北史》卷三《魏孝文帝紀》 〔太和十一年〕十一月丁未，詔罷尚方錦繡綾羅之工，百姓欲造，任之無禁。其御府衣服金銀珠玉綾紬錦，太官雜器，内庫弓矢，出其大半，斑賚百官及京師人庶。【略】

又卷一〇《周武帝紀》 〔建德五年十二月〕丙寅，出齊宫中金銀寶器珠玉麗服及宫女二千人，班賜將士。以柱國趙王招、陳王純、越王盛、杞公亮、梁公侯莫陳芮、庸公王謙、北平公寇紹、鄭公達奚震並爲上柱國，封齊王憲子安城郡公質爲河間王。諸有功者封授各有差。癸酉，帝帥六軍趣鄴。

又卷一五《魏諸宗室・常山王遵傳》 順發矢即中，帝大悦，并賞金帛。順仍於箭孔處鑄一銀童，足蹈金蓮，手持劖炙，遂勒背上，序其射工。

又卷一八《元澄傳》 時太后鋭於興繕，在京師則起永寧、太上公等佛寺，工費不少，外州各造五級佛圖。又數爲一切齋會，施物動至萬計。百姓疲於土木之功，金銀之價爲之踊上。削奪百官禄力，費損庫藏。兼曲賚左右，日有數千。澄上表極言得失。雖卒不從，常優答禮之。政無大小，皆引參預。澄亦盡心匡輔，事有不便於人者，必於諫諍，殷勤不已，內外咸敬憚之。

又卷二四《崔逞傳》 後與方士韋文秀詣王屋山造金丹，不就。真君初，卒。

又卷四七《袁翻傳》 后議選邊戍事：【略】自比緣邊州郡，官至便登，疆場統戍，階當即用。或逢穢德凡人，或遇貪家惡子，不識字人溫恤之方，唯知重役殘忍之法。廣開戍邏，多置帥領，或用其左右姻親，或受人貨財請屬，皆無防寇禦賊之心，唯有通商聚斂之意。其勇力之兵，驅令抄掠，若遇强敵，即爲奴虜；如有執獲，奪爲己富。其羸弱老小之輩，微解金鐵之工，少閑草木之作，無不搜營窮壘，苦役百端。【略】

又《祖珽傳》 既見重二宫，遂志於宰相。先與黄門侍郎劉逖友善，乃疏侍中尚書令趙彦深、侍中左僕射元文遥、侍中和士開罪狀，令逖奏之。逖懼，不敢通，其事頗泄。彦深等先詣帝自陳。帝大怒，執珽詰曰：「何故毁我士開？」珽因厲聲曰：「臣由士開得進，本無心毁之。陛下今既問臣，臣不敢不以實對。士開、文遥、彦深等專弄威權，控制朝廷，與吏部尚書尉瑾内外交通，共爲表里，賣官鬻獄，政以賄成，天下歌謡，若爲有識所知，安可聞於四裔？陛下不以爲意，臣恐大齊之業隳矣！」帝曰：「爾乃誹謗我。」珽曰：「不敢誹謗，陛下取人女。」帝曰：「我以其儉餓，故收養之。」珽曰：「何不開倉振給，乃買取將入後宫乎？」帝益怒，以刀鐶築口，鞭杖亂下，將撲殺之。大呼曰：「不殺臣，陛下得名；殺臣，臣得名。若欲得名，莫殺臣，爲陛下合金丹。」遂少獲寬放。【略】

又卷八九《藝術傳上・由吾道榮》 又有張遠遊者，文宣時，令與諸術士合九轉金丹。及成，帝置之玉匣云：「我貪人間作樂，不能飛上天，待臨死時取服。」

又卷九〇《藝術傳下・徐謇》 孝文遷洛，稍加眷待，體小不平，及所寵馮昭儀有病，皆令處療。又除中散大夫，轉侍御師。謇欲爲孝文合金丹，致延年法，乃入居嵩高，採營其物，歷歲無所成，遂罷。【略】

又卷九三《僭僞附庸傳・乞伏國仁》 初，官軍未入之間，牧犍使人斫開府庫，取金銀珠玉及珍奇器物，不更封閉，百姓因之入盜，巨細蕩盡。有司求賊不得。真君八年，其所親人及守藏者告之，乃窮竟其事，搜其家中，悉得所藏器物。【略】

又卷九四《高麗傳》 太武時，釗曾孫璉始遣使者詣安東，奉表貢方物，并請國諱。太武嘉其誠款，詔下帝系名諱於其國。使員外散騎侍郎李敖拜璉爲都督遼海諸軍事、征東將軍、領東夷中郎將、遼東郡公、高句麗王。敖至其所，居平壤城，訪其方事，云：去遼東南一千餘里，東至栅城，南至小海，北至舊夫餘，人户參倍於前魏時。後貢使相尋，歲致黄金二百斤、白銀四百斤。時馮弘率衆奔之，太武遣散騎常侍封撥詔璉，令送弘。璉上書稱當與弘俱奉王化，竟不遣。太武怒，將往討之。樂平王丕等議待後舉，太武乃止。而弘亦尋爲璉所殺。

李燾《續資治通鑑長編》卷一〇四《仁宗》 天聖四年二月庚戌，玉清昭應宫使王曾請下三館校《道藏經》，從之。上因言：「其書多載飛煉金石方藥之事，豈若老氏五千言之約哉？」張知白曰：「陛下留意於此，乃治國清净之道也。」

又卷九八《真宗》 〔乾興元年〕允恭坐擅移皇堂，并盗庫金三千一百一十兩、銀四千六百三十兩、錦帛一千八百匹、珠四萬三千六百顆、玉五十六兩及當進皇堂犀帶一、藥金七十兩，又坐嘗令取玉帶賜輔臣而竊取其三，於是杖死於鞏縣，籍其家，弟侍禁、寄班祇候允中決配郴州編管。

杜公瞻《編珠》卷二《住處部・百金刀千户劍》 楊泉《物理論》曰：「有阮師之刀者，天下之寶。初，阮師作刀於七月庚申日，遇金神教以水火之齊，五精之鍊。依行其術，作刀三年而喪明，刀長不過四五尺，一口不至百金，請不得也。」《吴越春秋》曰：「秦客薛燭善相劍，越王以純鉤示之。王曰：『客有買此劍者有市之鄉三十，駿馬千疋，千户之都二，其可與乎？』燭曰：『不可。臣聞王之造此劍，赤堇之山破而出錫，若耶之溪涸而出銅。歐冶子因天地之精，悉其伎巧，造爲此劍。佩此者吉，宜王帶之，不可遺人。』」

釋吉藏《中觀論疏》《觀合品第一四》卷一七 如金雜銅，則非真金。如是若有性，則不須衆緣。若從衆緣出，當知無真性。又性若決定，不應待他出，非如長短，彼此無定性，故待他而有。

佚名《黄帝九鼎神丹經訣》卷四《明防辟惡邪魁守神保身》 山中銅鐵精，見爲胡人，勿怪，是其所作不爲害也。

又卷九、十同卷《鍊金銀法》 消新出鑛金銀投清酒中、淳醯中、若真蜜中二百度，皆得柔潤，握之亦出指間，直漬之多白，亦堪服餌爾。消投猪脂中一百遍，亦得成柔金，打爲薄細，剪下投無毒水銀爲泥。率金一兩，配水銀六兩，加麥飯半盞許，合水於鐵臼中，擣千杵，候細好，傾著盆中，以水沙去石。詳審存意，勿今金隨石去，以帛兩重絞去半汞，取殘汞泥置瓷器中，以白鹽末少少漸著，研令碎，著鹽可至一盞許即止，研訖，篩麤物，更研令細，惣置土釜中，覆薦以鹽末飛之。半日許飛去，汞訖沙去，鹽即自然成粉。以此金粉一兩和鍊丹砂五兩，丹砂取光明映徹者，以上醋微火煮之，數添，勿令醋竭。宜用鐵器，三十六日成也。鍊訖，仍擣研，以水烹，取細者和棗膏爲丸。

又《鍊藥使不散法》 臣按：【略】太陰者，鉛也；太陽者，丹砂也。二物相生，成其大藥。九鼎之法，長生之道，原始要終，莫不皆以丹、鉛二物爲主也。故《真人歌・九鼎第一・定外丹之華》曰：「父在神山母在河，本在南越亦在巴。出於武陵會長沙，先祖昆弟豫章家。道士將我遊五華，子明配鉛與赤蠢。變化生彼玄黄多，流珠熠燿内懷河。合彼雄水及丹砂，轉相會合成一家。【略】」又狐子歌云：「草得陰陽，精氣常青；石得陰陽，精氣常形；天得陰陽，精氣常生。故化萬物者，莫不以陰陽爲父母也。陽氣爲天，陰精爲地，天氣爲靈，地精爲寶。二物成丹，服之長生。」又五石者，丹砂，太陽之精也；磁石，太陰之精也；曾青，少陽之精也；雄黄，石上之精也。感陰陽之正氣，配五方之正位，能相制伏，無所發動，調鍊去毒，故能令人不死者也。

又伏鍊水銀要用陽月、陽日、陽時，假得餘法失此，是即毒亦不盡。但問三陽，雖失小法，其毒亦盡。鉛汞者，陰陽精也，若不得此三陽時，日月陰氣之精不可制也。黄白者，太陽之精氣也；左味者，朝陽之津汋也；金賊者，夕陽之筋髓也。用三陽之氣味以制鉛汞，萬無不盡。俗不解此耳，和合服，即煞人，不可不慎。直用酢煮之，去道愈遠矣，此並陰陽相制之義也。

佚名《黄帝九鼎神丹經訣》卷九、十同卷《明用金銀善惡服鍊方法》 臣聞金銀二寶能鎮心腑，所以孤剛子服玄珠法以之爲鈎留也，然金之善惡不可不擇。若銀雜，則其色青黄；若金雜，則其色紫赤，燒之有黑，燻在肌上，並不可用也。若好金者，其色黄赤，百鍊不耗，求雖得之，猶應打爲薄。依俗間法，以鹽土炮之一日夜，又出之，更鎔更打，炮燒，取不耗乃止。是知金以欲用，不可以市得之物即任服食也。古者狐剛子作七轉鍊金粉法皆用鑛金，今合神丹亦宜鑛金，新出者爲上。凡服金銀，金銀多毒，必須鍊毒盡，乃可服之。是以狐剛子立五金盡有毒，若不鍊令毒盡，作粉，假令變化得成神丹大藥，其毒若未去，久事服餌，小違禁戒，即反殺人。是故狐剛子其有《出金鑛圖録》，今取其要者列之如左：

凡金鑛或在水中，或在山上。水中者，其如麩片、碁子、棗豆、黍粟等狀，入沙石土下三寸或七寸，此爲水南北流，金在東畔；入沙石土下五寸或九寸，此謂水東西流，金在南畔生，皆是第一上金也。山中者，其形皆圓，根脉向陽，入地九尺或九十尺，雜沙夾石土而生。赤黄色，細膩，滑重，折之不散破。以火消鎔，色白如銀；以藥攪和，合入八風，淘石鍊成之。此謂山東西者金。在北陰中，帶水雜沙挾石出，而生深淺如上也。入雜沙，挾土下，根脉向陽，或七尺形質如上，此謂山南北者金，在西陰中生也。此謂第二金也。變白攪和，入八風爐，淘石鍊如上。其金鑛若在水中，或在山上，浮露出形，非東西南北陰陽質處而生，大小皆有稜角。青黄色者，盡是鐵性之鑛，其似金，不堪鼓用。

趙蕤《長短經》卷一《論士第七》 歐冶能因國君之銅、鐵以爲金爐、大鐘，而不能自爲壺、鼎、盤、盂，無其用也。

章潢《圖書編》卷三四《論東南古今盛衰》 唐朝出銅鐵銀錫之冶，凡六州，而五在江浙。宣、潤、饒、衢、信州。

《舊唐書》卷九《玄宗紀下》 〔天寶三年〕夏四月，南海太守劉巨鱗擊破海賊吴令光，永嘉郡平。敕兩京、天下州郡取官物鑄金銅天尊及佛各一軀，送開元觀、開元寺。

又卷二二《志第二・禮儀二》 其年〔天册萬歲二年〕，鑄銅爲九州鼎，既成，置於明堂之庭，各依方位列焉。神都鼎高一丈八尺，受一千八百石。冀州鼎名武興，雍州鼎名長安，兖州名日觀，青州名少陽，徐州名東原，揚州名江都，荆州名江陵，粱州名成都。其八州鼎高一丈四尺，各受一千二百石。司農卿宗晉卿爲九鼎使，都用銅五十六萬七百一十二斤。鼎上圖寫本州山川物産之像，仍令工書人著作郎賈膺福、殿中丞薛昌容、鳳閣主事李元振、司農録事鍾紹京等分題之，左尚方署令曹元廓圖畫之。鼎成，自玄武門外曳入，令宰相、諸王率南北衙宿衛兵十餘萬人，并仗内大牛、白象共曳之。則天自爲《曳鼎歌》，令相唱和。其時又造大儀鐘，斂天下三品金，竟不成。九鼎初成，欲以黄金千兩塗之。納言姚璹曰：「鼎者神器，貴於質朴，無假别爲浮飾。臣觀其狀，光有五彩輝焕錯雜其間，豈待金色爲之炫燿？」乃止。其年九月，又大享於通天宫。以契丹破滅，九鼎初成，大赦，改元爲神功。

又卷一五三《劉迺傳》 乃常以文部選才未爲盡善，遂致書於知銓舍人宋昱曰：《虞書》稱：「知人則哲，能官人則惠。」巍巍唐、虞，舉以爲難。今夫文部，既始之以掄材，終之以授位，是則知人官人，斯爲重任。昔在禹、稷、皋陶之衆聖，猶曰載采有九德，考績以九載。近代主司，獨委一二小冢宰，察言於一幅之判，觀行於一揖之内，古今遲速，何不侔之甚哉！夫判者，以狹詞短韻，語有定規爲體，亦猶以一小冶而鼓衆金，雖欲爲鼎爲鏞，不可得也。

《新唐書》卷五四《志四四・食貨四》 於是積之江淮，易銅鉛薪炭，廣鑄錢，歲得十餘萬緡，輸京師及荆、揚二州，自是錢日增矣。

大曆七年，禁天下鑄銅器。建中初，户部侍郎韓洄以商州紅崖冶銅多，請復洛源廢監，起十鑪，歲鑄錢七萬二千緡，每千錢費九百。德宗從之。

江淮多鉛錫錢，以銅盪外，不盈斤兩，帛價益貴。銷千錢爲銅六斤，鑄器則斤得錢六百，故銷鑄者多，而錢益耗。判度支趙贊採連州白銅鑄大錢，一當十，以權輕重。貞元初，駱谷、散關禁行人以一錢出者。諸道鹽鐵使張滂奏禁江淮鑄銅爲器，惟鑄鑑而已。十年，詔天下鑄銅器，每器一斤，其直不得過百六十，銷錢者以盜鑄論。然而民間錢益少，繒帛價輕，州縣禁錢不出境，商賈皆絶。浙西觀察使李若初請通錢往來，而京師商賈齎錢四方貿易者，不可勝計。詔復禁之。二十年，命市井交易，以綾、羅、絹、布、雜貨與錢兼用。憲宗以錢少復禁用銅器。

《舊唐書》卷一四九《令狐峘傳》 峘上書諫曰：〔略〕班固《漢書・劉向傳》，見論王者山陵之誡，良史稱嘆，乃古芬芳。【略】昔宋文公始爲厚葬，用蜃炭，益車馬，其臣華元、樂舉，《春秋》書爲不臣。秦始皇葬驪山，魚膏爲燈燭，水銀爲江海，珍寶之藏，不可勝計，千載非之。宋桓魋爲石椁，夫子曰「不如速朽」。子游問喪具，夫子曰「稱家之有無」。張釋之對孝文曰：「使其中無可欲，雖無石椁，又何戚焉？」漢文帝霸陵皆以瓦器，不以金銀爲飾。由是觀之，有德者葬逾薄，無德者葬逾厚，昭然可覩矣。

陛下自臨御天下，聖政日新。進忠去邪，減膳節用，不珍雲物之瑞，不近鷹犬之娱。有司給物，悉依元估，利於人也。遠方底貢，唯供祀事，薄於己也。故澤州奏慶雲，詔曰「以時和爲嘉祥」；邕州奏金坑，詔曰「以不貪爲寶」。恭惟聖慮，無非至理。而獨六月一日制節文云「應緣山陵制度，務從優厚，當竭帑藏，以供費用」者，此誠仁孝之德，切於聖衷。伏以尊親之義，貴於合禮。陛下每下明詔，發德音，皆比蹤唐、虞，超邁周、漢。豈取悦凡常之目，有違賢哲之心，與失德之君競其奢侈者也？臣又伏讀遺詔曰：「其喪儀制度，務從儉約，不得以金銀錦綵爲飾。」陛下恭順先志，動無違者。若制度優厚，豈顧命之意耶？

趙翼《廿二史劄記》卷一九《唐諸帝多餌丹藥》 古詩云：「服食求神仙，多爲藥所誤。」自秦皇、漢武之後，固共知服食金石之誤人矣。及唐諸帝，又惑於其説，而以身試之。貞觀二十二年，使方士那羅邇娑娑於金飆門造延年之藥。《舊書》本紀。高士廉卒，太宗將臨其喪，房玄齡以帝餌藥石，不宜臨喪，抗疏切諫。《士廉傳》。是太宗實餌其藥也。其後高宗將餌胡僧盧伽阿逸多之藥，郝處俊諫曰：「先帝令胡僧那羅邇娑娑，依其本國舊方合長生藥，徵求靈草異石，歷年而成，先帝服之無效，大漸之際，高醫束手，議者歸罪於胡僧，將申顯戮，恐取笑外夷，遂不果。」《處俊傳》。李藩亦謂憲宗曰：「文皇帝服胡僧藥，遂致暴疾不救。」《憲宗本紀》。是太宗之崩，實由於服丹藥也。乃憲宗又惑長生之説，皇甫鎛與李道古等遂薦山人柳泌，僧大通，待詔翰林。尋以泌爲台州刺史，令其採天台藥以合金丹。帝服之日加燥渴。裴潾上言，金石性酷烈，加以燒煉，則火毒難制。不聽。帝燥益甚，數暴怒，責左右，以致暴崩。《憲》、《穆》二《紀》，及《裴潾》、《王守澄傳》。是又憲宗之以藥自娱也。穆宗即位，詔泌、大通付京兆府決杖處死，是固明知金石之不可服矣。乃未幾聽僧惟賢、道士趙歸真之説，亦餌金石。有處士張皐上書切諫，詔求之，皐已去，不可得，尋而上崩。是穆宗又明知之而故蹈之也。敬宗即位，詔惟賢、歸真流嶺南，是更明知金石之不可服矣。尋有道士劉從政説以長生久視之術，請求異人，冀獲異藥。帝惑之，乃以從政爲光禄卿，號昇玄先生，又遣使往湖南、江南及天台採藥。《敬宗本紀》。是敬宗又明知之而故蹈之也。武宗在藩邸，早好道術修攝之事，及即位，又召趙歸真等八十一人，於禁中修符籙，鍊丹藥。《武宗本紀》。所幸王賢妃私謂左右曰：「陛下日服丹，言可不死，然膚澤日消槁，吾甚憂之。」《王賢妃傳》。後藥發燥甚，喜怒不常，疾既篤，旬日不能言，宰相李德裕請見不得，未幾，崩。是武宗又爲藥所誤也。宣宗親見武宗之誤，然即位後，遣中使至魏州，諭韋澳曰：「知卿奉道，得何藥術，可令來使口奏。」澳附奏曰：「方士不可聽，金石有毒不宜服。」《澳傳》。帝竟餌太醫李玄伯所治長年藥，病渴且中燥，疽發背而崩。懿宗立杖殺玄伯。《崔慎由》、《畢誠》二《傳》。是宣宗又爲藥所誤也。統計唐代服丹藥者六君，穆、敬昏愚，其被惑固無足怪，太、憲、武、宣皆英主，何爲甘以身殉之？實由貪生之心太甚，而轉以速其死耳。李德裕諫穆宗服道士藥疏云：「高宗朝有劉道合，玄宗朝有孫甑生，皆能以藥成黄金，二祖竟不敢服。」《德裕傳》。然則二帝可謂知養生矣。其臣下之餌金石者，如杜伏威好神仙術，餌雲母，被毒暴卒。《伏威傳》。李道古既薦柳泌，後道古貶循州，終以服藥歐血而卒。《道古傳》。李抱真好方術，有孫季長者爲冶丹，云服此當仙去，抱真信之，謂人曰：「秦、漢君不遇此，我乃遇之，後升天不復見公等矣。」餌丹至二萬丸，不能食且死，道士牛洞玄以豬肪穀漆下之，病少間。季長來曰：「將得仙，何自棄也。」乃益服三千丸而卒。《抱真傳》。斯真愚而可憫矣。惟武后時，張昌宗兄弟亦曾爲之合丹藥，蕭至忠謂其有功於聖體，則武后之餌之可知，然壽至八十一。豈女體本陰，可服燥烈之藥，男體則以火助火，必至水竭而身槁耶？

馮夢龍輯《智囊補・明智部・經務》卷八《高郁》　楚王馬殷既得湖南，不征商旅，由是四方商旅輻輳，湖南地多鉛、鐵，軍都判官高郁請鑄爲錢，商旅出境，無所用之，皆易他貨而去，國用富饒。

釋延壽《宗鏡録》卷七四　火以執爲性，未必皆燒，如雲中、身內之火何不焚爇？地以堅爲性，且如銅、鐵，遇鎔成水，剛柔不定。水以濕爲性，因火即乾，又寒堅煖釋，凝流無體。

釋選寧《東坡先生物類相感志》卷一八《金玉部》　金泥：欲以金銀爲，以水銀糅之，使其消化爲泥，而鍍物是也。

樂史《太平寰宇記》卷一〇《江南西道三・池州》　池州池陽郡，今治貴池縣。【略】土産：銅、銀、鉛鑛、茶、苧。

又卷一〇七《江南西道五・饒州》　土産：麩金、銀、銅、茶、簟。按：《郡國志》云：鄱陽之土出金，坡沙淘之，粒大者如豆，小者如麩。亦生銀苗於山中。

又《江南西道五・信州》　土産：貢金、銅、青碌、空青、鉛、銀。

李昉等《太平御覽》卷八一二《珍寶部一一・銀》　《周禮・夏官下》曰：正南曰荆州，其利丹銀。

《爾雅》曰：白金謂之銀，其美者謂之鐐。郭璞曰：遼音也。

《孝經援神契》曰：神靈滋液有銀甕，不汲自滿。

《史記・封禪書》曰：殷得金德，銀山溢。蘇林注曰溢出。

又曰蓬萊、方丈、瀛州，此三神山，黄金、白銀爲宫闕。

又《大宛傳》曰：安息國以鐵爲錢，錢如其工面。王死，輒更錢，放王面焉。

又曰舜爲父母淘井，將銀錢安鑵中，與父母。

《漢書》曰：王莽時，珠堤銀重八兩，一流直千五百八十。張晏曰：珠堤，縣名，屬□爲出銀池銀一流直千，是爲銀貨。

又《西域傳》曰：無雷國出銀。

司馬彪《續漢書》曰：大秦國以金錢爲錢。十銀錢當一金錢。《魏志》曰郭脩手刃蜀大將軍費禕，追加褒寵謚曰威侯。子龍加爵拜奉車都尉，賜銀千餅。

魏武《上雜物疏》曰：御物中宫貴人、公主、皇子純銀漆帶鏡一枚。西貴人純銀參帶，五皇子銀匣壹，皇子雜用物十六種，純金參帶、方嚴四具。

又曰，御物及貴人公主皇子有純銀香爐也。

《魏志》曰：穢國男女繫銀，廣數寸，以爲飾。

《蜀志》曰：先主平蜀，賜諸葛亮等銀千斤。

《吴志》曰：孫皓時，言掘地得銀長一寸，廣一分，刻上有年月，於是改年爲天策。

又曰：婁圭爲劉表所圍，圭飲食健兒數百人，人賜銀一斤，使擊表。

《晉故事》曰：成帝咸康元年，有司奏上元給賜衆官銀檢金部見銀一萬五千兩，充給。

《宋起居注》曰：廣州刺史韋朗鏤銀銘二枚。

《齊書》曰：明帝每存儉約，欲鑄壞太官元日上壽銀酒鎗，尚書令王晏等咸稱盛德。蕭頴胄曰：朝廷盛禮，莫過三元，此一器既是舊物，不足侈。帝不悦。後預曲宴，銀器滿席，頴胄曰：陛下前欲壞酒鎗，恐宜移在此器也。帝甚慙。

《南史》曰：梁季直，丹陽和陵人也。祖愍祖，宋廣州刺史。父景仁，中散大夫。季直早慧，愍祖甚愛異之，嘗以四函銀列置於前，令諸孫各取其一。季直時年四歲，獨不取。曰：若有賜當先父伯，不應度及諸孫，故不取。愍祖益奇之。

《陳書》曰：周文育從南海出，至大庾嶺，遇卜者卜之曰：君比下不過作令長，南入則爲公侯，又當暴得銀二千兩，若不見信，以此爲驗。其夕宿於逆旅，有賈人求與文育博，文育勝之，得銀二千兩，旦遂却入嶺南。

崔鴻《十六國春秋・前趙録》曰：聰引帝入讌語，帝曰：卿爲豫章主時，贈朕柘弓銀研，卿頗憶不？曰：臣安敢忘之？但恨爾日不得早識龍顔。

又《後趙録》曰：大武殿室皆銀楹、金柱。

《後魏書》曰：銀出始興陽山縣。又出桂陽安縣。驪山有銀礦，二石得銀七兩。白登山亦有銀礦，八石得銀七兩。宣武帝詔，並置銀官，每令採鑄。

又曰：孝明皇帝開恒州銀山之禁，與人共之。

又《珍寶部一一・錫》　《漢書》曰：或盜靡錢質而取鋊。如淳曰：或曰民盜靡漫面而其鋊以更鑄作錢。

《東觀漢記》曰：「曹褒寢則枕鋊。」

《范了計然》曰：「黑鋊之錯，化成黄丹，丹再化之成水粉。」

《淮南子》曰：「鈆不可爲刀。」

又曰：「鈆之與丹異類殊色，而可以爲丹者，誠得數也。」

《抱朴子》曰：「愚民不信黄丹及胡粉是化鈆所作。」

《吴越春秋》曰：禹登委山得五金，簡青玉爲字，編以白銀。

《列子》曰：「周穆王執化人之祛，騰而上天。暨化人之宫，構以金銀，絡以珠玉。」

《穆天子傳》曰：「天子乃賜曹奴之人戲黄金之鹿、銀麕。今有地中得玉豚金狗之屬，皆古者賂夷狄之奇貨」

《淮南子》曰：「夫淇衛箘簬，飾以銀、錫，有薄縞之幨，不能獨穿也。」

《抱朴子》曰：「銀但不及金玉，服可地仙。」

《白虎通》曰：「王者易姓而起，必升封太山何？報告之義。或曰：封金銀繩，或曰石塗金銀繩，封之以印璽。」

又曰：「披圖視觀，天子之寶器有燭銀。銀青精光如燭。」

《瑞應圖》曰：「王者宴不及醉，刑罰中人不爲非，則銀甕出。」阮諶《三禮圖》曰：「牛鼎受一斛，天子飾以黄金，錯以白銀。」《幽明録》曰：「徐琦每見一女子，姿色甚美，便解臂上銀鈴贈之。」

《後魏書》又曰：「太武皇帝和平二年，詔中尚坊作黄金合盤，鏤以白銀，鈿以玫瑰。」

《唐書》曰：「武德中，方術人師市奴合金銀並成，上異之，以示侍臣。封德彝進曰：漢代方士及劉安等皆學術，唯苦黄白不成金銀，爲食器，可得不死。」

《桂陽記》曰：「臨賀山有黑銀」。

桓子《新論》曰：「淮南王之子娉迎道人作爲金銀。」又云：「字金與公，鈆則金之公，而銀者金之昆弟也。」

《茅君内傳》曰：「取鈆十斤安鐵器中，猛火燒之三沸，投九轉之華一銖於鈆中，攪之立成黄金。」

《神仙傳》曰：「尹軌字公度，有一人遭父喪，當葬而貧窮汲汲。公度過省之，孝子説甚辛苦。公度愴然曰：卿假求數十斤鈆，得否？孝子言猶可得耳。乃具一百斤。公度將入前山中，架小屋下，於爐火中銷鈆。以其所帶管中藥，如棗大投沸鈆中，攪之皆成好銀，以與之。告曰：『念卿貧困，故以相與，慎勿多言。』」

《述異記》曰：「河間有兩鈆成，漢世天雨鈆。」

《地境圖》曰：「草青莖赤，秀下有鈆。」

玄中記曰：「鈆、錫之精爲老婢。」【略】

《黄銀》《廣州記》曰：廣州市司用銀易米，遂成縣，任山又有穴有銀砂。

《禮十威儀》曰：「君乘金而王，則黄銀見。」

《隋書》曰：「辛公義爲牟州刺史，時山東霖雨，自陳、汝至於滄海，皆苦水災。境内犬牙，獨無所損。山出黄銀，獲之以獸。詔水部郎婁剬就公義禱，乃聞空中有金石絲之響。」

《唐書》曰：「太宗嘗賜房玄齡黄銀帶，顧謂曰：昔如晦與公同心輔朕，今日所賜，唯獨見公。因泫然流涕。」又曰：「如聞黄銀，多爲鬼神所畏。命取黄金帶遣玄齡親送於靈所也。」

《錫》《周官·考工記》曰：「凡鑄金之狀，金與錫黑濁之氣竭，黄白次之，黄白之氣竭，青氣次之，然後可鑄。」

又卷二二九《器玩一·昆吾山》 昆吾山，其下多赤金，色如火。昔黄帝伐蚩尤，陳兵於此地，掘深百丈，猶未及泉，惟見火光如星。地中多丹，鍊石爲銅，銅色青而利。泉色赤，山草木皆勁利，土亦剛而精。至越王句踐，使工人以白牛馬祠昆吾之神，採金鑄之，以成八劍：一名掩日，以之指日，則先晝暗。金，陰物也，陰盛則陽滅。二名斷水，以之畫水，開而即不合。三名轉魄，以之指月，則蟾兔爲之側轉。四名懸翦，飛鳥遊蟲遇觸其刃，如斬截焉。五名驚鯢，以之泛海，則鯨鯢爲之深入。六名滅魂，挾之夜行，不逢魑魅。七名却邪，有妖魅者見之，則止。八名真剛，以之切玉斷金，如刻削土木矣。以應八方之氣，鑄之者，王子年。《拾遺記》

又卷三四三《兵部七四·劍中》 又曰：吴主孫權黄武五年採武昌山銅鐵作十口劍，萬口刀，各長三尺九寸。刀頭方皆是南鋼越炭作之，上有「大吴」篆字。又曰：吴孫權赤烏中有人得淮陰侯韓信劍，帝賜周瑜。

張君房《雲笈七籤》卷六八從八《中三品·鑪鼎火品第八》 夫大丹爐鼎，亦須合其天地人、三才五神而造之。其鼎須是七反中金二十四兩，應二十四氣。内將十六兩，鑄爲圓鼎，可受九合。八兩爲蓋，十六兩爲鼎者，合一斤之數。受九合，則應三元陽極之體。蓋八兩則應八節。鼎并蓋則爲二十四，合其大數，然後其合了紫金砂入於鼎中，緊密固濟，莫令泄陽氣，則致於爐中。《造鑄訣》：於甲辰旬中，取戊申日，於西南申地取浄土，先壘上爲壇，壇高八寸，廣二尺四寸。壇上爲鑪，鑪高二尺四寸，爲三台，象通氣。上台高九寸，爲天關九竅，象九星；中台高一尺，爲人關，十二門，象十二辰門，門皆須具扇；下臺高五寸，爲地關，八達象八風，其内須徑一尺二寸。然致鼎於鑪中，可懸二寸，下爲上臺子承之，其臺子亦高二寸大小，令與鼎相當，然後運火燒之。

王夫之《宋論》卷四《仁宗》 至於後世，民用日繁，商賈奔利於數千里之外，而四海一王，輸於國餉於邊者亦數千里而遥，轉輓之勞無能勝也。而且粟米耗於升龠，布帛裂於寸尺，作僞者湮溼以敗可食之稻麥，靡薄以費可衣之絲枲，故民之所趨，國之所制，以金以錢爲百物之母，而權其子，事雖異古，而聖王復起不能易矣，乃其所以可爲百物之母者，固有實也。金、銀、銅、鉛者産於山，而山不盡有，成於煉而煉無固獲，造於鑄而鑄非獨力之所能成，薄貲之所能作者也。其得之也難，而用之也不敝，輸之也輕，而藏之也不腐，蓋是數物者，非寶也，而有可寶之道焉。

李覯《直講李先生文集》卷二八《書・上蔡學士書》 同郡有鄒子房，自前年游京師，去年秋，寄書於其家，自言因奏封事得恩爲齋郎。【略】又給憑由，使興置銀銅坑冶，因緣形勢，蒙蔽州閭，萬目蚩蚩，無敢明辨，噫可怪也。

魏泰《東軒筆録》卷一〇 英宗素憤戚里之奢僭，初即位，殿前馬步軍都指揮使李璋家犯銷金，即日下有司，必欲窮治。知開封府沈遘從容奏曰：「陛下出繼仁宗，李璋乃仁宗舅家也。」英宗惕然曰：「初不思也，學士爲我平之。」遘退坐府，召衆匠出衣示曰：「此銷金乎？銷銅乎？」匠曰：「銅也。」沈即命火焚衣而罷。

余靖《武溪集》卷八《寺記・潭州興化禪寺新鑄鐘記》 金鼓所以警衆也。衆之攸居，非夫疾譟大呼，安能齊一？必以聲宏碩而遠聞者爲其節焉。京洛之制睥睨，置鐘節昏曉也。舍衛之法，衆集撞鐘，節進退也，則知鐘之爲用尚矣。興化禪寺，唐景福中所建。其營造之因，景物之美，則寺記存焉。國家承天立極，四聖繼統，日月所照，罔不丕冒。民去兵火之厄將百年矣，由是僧徒之博識雄辨者得以佛事率導其間，故其金璧莊嚴之像，楩柟輪奂之室，日完月構，時興歲廣，不得不益壯而增華也。凡百供器，還視初制，豈不狹小哉？鐘之當易，宜矣！本朝銅禁尤嚴，私無鉄蓄，僧坊道具，官爲製而給之，惟鐘之巨，則許入金而賦銅焉。長老僧紹銑以易鐘事聞州，内閣劉公爲之上白，朝旨從之。迺募信士，得豫章朱氏捨錢二百萬，爲檀施之首，衆遂響從。購良冶於餘杭，積勞數千工，用梟氏之劑，事皆素練以恭謝。改元之明年正月三日，鼓鑄於寺之東隅，羣僧讚唄，以俟其成，鄉坊士女捐金錢以助其緣。自寅訖巳，一鼓而就，越三月陞之重屋，會闔郡僧俗食而擊之，聲聞數十百里，真招提之壯觀也！自鎔範及考擊之始，予與羣官偕往視之，既嘉其工之巧而賞之，仍鐫名於鉦銑之間，紹銑又伐石乞詞以誌歲時。嘉祐二年四月日。

陳均《宋九朝編年備要》卷一八《神宗皇帝》 〔熙寧二年九月〕尋詔：京西、淮南、兩浙、江西、荆湖六路各置鑄錢監。江西、湖南以十五萬緡，餘路以十萬緡爲額。又以興國軍、睦、衡、舒、鄂、惠州既創監六，通舊十六監，水陸回遠，增提點之官。於時諸路大率務於增額。詔惠州、永通、阜民監舊額八十萬，至熙寧十年增三十萬及折二，凡五十萬。其後衡州、黎陽監歲增折二，凡五萬緡。西京阜財監歲增市易本錢凡十萬緡，興州濟泉監歲增七萬二千餘緡，陝西三銅錢監各歲增五萬緡，而睦州則創神泉，徐州則創寶豐。梧州以易得錫鉛，興造萬端，有司日夜講求於内，使者四十餘輩分行營幹於外，造端宏大，創法新奇。或言京師邸店議置監官，夔路深山，當行酒禁，拘收僧尼常住，減刻兵吏廩禄。甚者至以爲欲復肉刑，凡七千餘言。軾不爲安石所喜，使權開封推官，欲以多事因之，而軾決斷精敏，論事不休。

李燾《續資治通鑑長編》卷二七七 〔熙寧九年，秋七月，辛巳〕是秋，宣徽南院使、判應天府張方平上表乞致仕，詔荅不允。方平因奏疏論率錢募役之害。曰：「臣竊爲天之生民，以衣食爲命，故衣食者，人事之確論，非高談虚辭之可致者也。昔者，聖人所以治民之道别其四業，任之九職，農夫効稼穡之力，虞衡主山澤之利，百工飭庀八材，商賈阜通貨賄，各率所事，以奉其上。而上之所以取於民，惟田及山澤，關市，此財用之所出也。沿革損益，雖歷代不同。要之必本於此，過是則非王制矣。伏見近制募役之法，令人户等第輸錢。夫錢者，人君之所操，不與民共之者也。人君以之權輕重，而御人事，以平准萬貨。故爲國者，必親操其柄，官自冶鑄，民盗鑄者，抵罪至死，示不得共其利也。夫錢者，無益饑寒之實，而足以致衣食之資，是謂以無用而成有用，人君通變之神術也。本朝經國之制，縣鄉版籍分户五等，以兩税輸穀帛，以丁口供力役，此所謂取於田者也。金、銀、銅、鐵、鉛、錫、茶、鹽、香、礬諸貨物，則山海、坑冶、場監出焉，此所謂取於山澤者也。諸筦搉征筭，斥賣百貨之利，此所謂取於關市者也。惟錢一物，官自鼓鑄。臣向者再總邦計，見諸鑪歲課上下百萬緡。」

王黼《宣和博古圖》卷二六《周雲雷磬》 右通長一尺七寸二分，闊八寸四分，厚九分，重二十斤。無銘，且磬以立辨。詩曰笙磬同音，則非止於立辨，乃所以合樂也。魯饑，臧文仲以王磬告糴於齊，書言「泗濱浮磬」，則磬者以玉石爲之，是磬復以銅爲，豈金磬之謂歟？蓋銅者，五金之數，得非取其久而不變耶？其形制狀獸，鼓與股盡飾雲雷，制作典古，實周物也。

又卷二八《鑑總説》 昔黄帝氏液金以作神物，於是爲鑑，凡十有五。採陰陽之精，以取乾坤五五之數，故能與日月合其明，與鬼神通其意，以防魑魅，以整疾苦，歷萬斯年，而獨常存今也。【略】凡五金之序，黄金爲上，白金次之，銅又次之，而鐵、錫爲下，故斯鑑以銅先焉，鐵次之。

曾慥《道樞》卷一七《混元篇》 金鎖者，何法也，取白虎首經二六二七半以爲土，取三五一以爲金。金者，西方之正氣也；鈆者，白虎之真氣也。鎖者，閉也，閉陽中之真氣者也。汞者，青龍之真精也。夫至精者，本乎四象，真氣之所化，故無形質焉。鈆汞者，惟土能制之，於是氣得鈆汞，始立體象，而爲二氣。二氣相逢，然後成寶，故用密機暗奪虎鈆，歸於青龍之位。鈆者，本虎宫所住之物，返歸青龍之位，如不受殺氣，犯破元神，五藏相順，復住青龍之元宫焉。既有其鈆，鈆能制汞，汞既逢鈆，自然相應而爲寶，此金鎖也。玄珠砂者，何也？取西方真色之金十有二兩至於十有五兩，經鍊者，不可用也。金木相會，心不可亂，而專意，焉用陰陽之數。意亂則止夫玄珠者，四象所成也。故以金水火土而成焉。木則龍，龍則陽也。金則虎，虎則陰也。汞成龍，陽中之至精也；鈆成虎，陰中之至精也。陽中有陰，故鈆能住汞，汞能應鈆，鈆汞相和，玄珠立就矣。先用暗機，取真鈆返歸於青龍之元官，結就丹砂，故汞自留鈆也。鈆汞者，龍虎之精，二氣各得其鈆，自然共聚，其名曰玄珠。何以知之？蓋汞伏於真鈆。在於元宫，復令金木相交。受金之所克，若夫心動則真氣降泄，宜深制之可也。於是不使出返本位，去位不能，故復入於元宫，與鉛相合，此會合之合者也。

又卷二六《九真玉書篇》 亥、子、丑之時者，應天之冬者也。陰升於天心，陽降於水府，温養於腎，變煉於骨，亦如山石受天地陰陽升降之氣，化成金銀、丹砂、銅鐵者也。

又卷三五《衆妙篇》 陰真君名長生。曰：北方正氣者，河車也。東方甲乙者，金砂也。二者含養歸於一體，朱雀調運則金花生矣。花者，天地之寶也。酉者，虎也。卯者，龍也。龍虎相生，斯合同矣。龍之正位者，六八也。虎之所生者，在於一宫也。採之有日，取之有時，差其氣候，是亦徒勞焉爾。求鼎於中宫，温養其火候，審春陰陽，安其爐室，須擇其地，而隱密焉。保而勿失，此天地之機也。陽者，真砂也。陰者，真汞也。無質生質者，還丹也。鍊之餌之，斯成仙矣。黄芽者，天地所生也。砂者，水之精所成也。二者同於一體，西方升其王氣，其得道則在乎中華焉。不達於此，未見不喪其家者也。

又卷三二《參同契上篇》 道生一，一生二，二生三，三生萬物，至藥之理，其畢於斯歟！孰能知道之始哉？其惟伏羲氏而已矣。於是有大易者，元始之氣，造化之用也。故混沌之初，玄素胞胎中有真精，能親所親，其自然者耶。水流濕，火就燥，人能通乎道，道亦通乎人矣。人道相通，謂之聖人。故玄者，人之不昧者也，蓋不知其能育白金焉。夫一陽處乎五陰之下，初九潛龍之位也。玄功歸一，萬物生焉。故曰：腎者太極也，處其陰陽而能化育者，莫大乎日月。日月者，太易也，至藥也，陰陽之邪郭也。於是陰陽含養而産白金，生一之道也。玄主乎静神魂，神魂静則通靈徹視矣。物象既立，謂之太初混沌，合而別一氣，謂之真一，斯九二見龍在曰之象也。經曰：得乎一，萬事畢。故真一者，主乎骨之髓，關雎之淑女也。是以成真一者，玉質而金聲，真一所謂也，自無生於有，自有返於無，還丹之根蒂也。夫焉至藥而不知真一者，吾未見其有成也。將欲鍊之，必考諸五行之精。於是白金、黄芽者，丹之母也；金質而汞者，非汞之形也，其乃金葩凝液，抱一含真，以脱五行者也。於是有太始焉，一主於火，二主於土。南方者，離也，故主火，火能生土者焉，而無正形。其寄位於丙丁者也。陰者，道之本也，藥之基也。陽者，形之始也。汞之未變陽，不可獨立；陰不可自生也。是以陽因陰而有者也，陰稟陽而孕者也，二者和合而大道成矣。火者，生土也，土者育萬物也，故藥之用土以能生長乎。汞爲萬物之基焉。土之數五，屬乎脾，旁該四象，四藏也。於是五宫五帝游於九天，稟道以生一。然則土也者得位乎九五，其最尊者歟？□人之神三萬有六千，其形影萬有二千，其精光千有二百，其魂有三，其魄有七，其神有五，皆以依乎五藏，以脾爲之主，故藥之中以土之德爲尊焉，以其能化五行而成至藥也。太素者，本也，本立而道生矣。三丹者，其皆資於斯者歟？其上應乎三天之宫，是謂上清之火，王清之金，太清之土焉，其西七魄也，其東三魂也。魄者，陰之精，主秋之氣，肅殺者也。魂者，陽之精，主春之氣，發生者也。是以龍虎相對，魂魄相依。經曰：震者，木之精也，丹砂也。

木之精得金乃并而爲大丹之君焉。火爲父，氣爲使歟？志士者其唯察五行之相生更王，則成大丹矣。經曰：三、五、一者，天地之至精也，居四時而能生成者，春也。三者何以生萬物乎？斯天地之化氣而成人物禽獸者也。吾之萬物者，金銀也，三者補氣增筋力益精神者也。坎，陰也，執一者也，陽父之形其見者五也。三者木之靈也，大丹之道，此其玄關哉？物之太極未有不返者也。

地處於混沌如雞子焉，判爲二儀，二儀者，大地也，乾坤也，陰陽也。父者，其清乎？地者，其濁乎？萬物育於中矣，其猶藥之中以汞變化萬物者歟？故至人者先立鼎以象天地，於是日月星辰四象五行因鼎而立焉。其鍊之也，不失乎星點，含五行之色象而後爲至也，夫陰陽不交，天地斯閉塞矣。若天降地騰，山澤通氣，不可不交，故天地有開闔焉，日月有交映焉。至人則而行之，三十有六旬一啓發，滌濯增合焉。此其九轉者耶？全乎四象者，斯通於靈矣。四象者，青龍也，白虎也，朱雀也，玄武也，在易爲四象，在人爲四支，在天爲四時，在地爲四極，在藥爲四種。

青龍者，陽也，木而主生成者也。白虎者，陰也，金而司殺者也。朱雀者，陽也，日也有父焉，主於南方有土焉，主於巳能生長者也。玄武者，陰也，月也，有水焉，主於北方有土焉，主於戊能戡三彭，藥之基者也。其或交合焉，入於中宫不離於戊巳者也。九轉者，四神五行位於内，二象位於外，四神一飛一伏爲其用者也，二象一佐一助爲其補者也。吾之筋骨血肉神氣惡可不足一焉，不足於一則爲瞶爲疾矣。吾之藥成，必陽得陰者也。於是能含護之至三百有六十焉，斯凝胎則可以還神固形，玉髓金筋，登乎真人之録矣。（失）〔夫〕不通至理而修諸旁通之方，雖制其汞，伏於火而死，而不知適足以夭折萬生歟？其猶畫地爲鏡，祈以照膽，冶鉛爲刀，祈以勦鯨，亦不明矣。失至藥者，法諸天，法諸地，法諸人，而後可也。氣之青者，天也。其日月五曜及經星列焉，不失日月星辰之點，則其光通達矣。如無此象，徒爲伏於火而已，爾非至藥也。吾藥之數合於日月五曜之交，或失之銖累，差之君臣，則必害吾生矣。氣之黄者，地也，厚則安静，斯土之用歟？其必得汞之類而爲之焉。五嶽、四瀆安則不傾，有山川焉，有品彙焉，各利其方所，於是五嶽爲爐，汞化萬物，天覆之，地載之，人民安之。天地者，鼎也；人民者，汞也。夫人之形本五行而成，故其補之，則必以五行之精氣。

昔者女媧氏鍊五色石以補天之闕者，其善喻乎！骨，金也，血，水也；肉，土也；氣，木也；暖，火也，斯豈世之所云五行哉？四者管攝，始得謂之至藥焉。吾求汞之同類，各鍊其精爲之不可以非其類使雜焉。語曰：狐兔不乳驥，燕雀不卵鳳，其謂此歟？五行者留神以補其形，是爲龍虎焉。不知五行，則以他人爲父母矣。故氣者，本也；骨者，虎也；血者，木之象也；肉者，土之象也，不死之道其在離宫乎？既知五行，則身有主矣。五行者，親於汞者也。五行相配生成吾藥者也。金生水，水生木，木生火，火生土，土生金。故春，木也；夏，火也；秋，金也；冬，水也，四時之季土也。木之主仁，而能生成，故丹者，木之精也。木者，能生火，則丹者，木之子歟？十有一月一陽爻生矣。十有二月至於正月，其皆爲春歟？火主禮而能滋茂，吾藥至於斯時亦然矣。故火也者，堅萬物而不朽者也，聖人於是鍊陰藥以成陽藥，則陰身歸於陽位矣。形固神備，至賓於天者，火之功也。是以金丹者自春而發生，夏而滋隆，譬夫草木猶禀四時而成，況吾丹哉！

火至二者，能生於土也。二月、三月、四月其皆爲夏歟？四時之季有土，土主信，故無棄於生成，思沃執於擇物，雖得中位，亦不執四維焉，然於四象資土而生者也。萬物因土而生者也。吾藥之土出於華池，因火而生者也。其寄治於丙丁者，明土之所生者也。木以火而成土焉，土能生金，故土有五德焉，羅絡終始，爲藥之用者也。土主四季也。秋主義也，吾之藥至於七月而生成，何也？主秋之使草斯秀矣，吾藥至於斯時，九還七返，亦已畢矣。過仲秋之金，其氣盛月之二魄，蟾兔也。三五圓明，吾之藥於是金體成實矣。曰卯曰酉，二八之門也。曰寅曰申，陰陽之祖也。此殺生以時不可以踰者也。何以言之，金生於水者也。秋金之功退，而禪位，五月、六月其位水也。一陰爻生而爲金，故至於七月者無生育矣。何也？秋令也，其在於人也。腎爲智，智者，藏也，總五行四象而潛運其化者也。聖人則之，是爲大化，基穴之始也，三事者由此根而生乎？其在於時也。主平氷壯雪盛，萬物遁藏者也。聖人則之，用火彌年，四氣備矣，故十月脱胎，自寅而至亥，藥之功終矣。

懵人以爲十月脱胎而弗知四氣不金焉。夫丹之成也，必四時更用，自其初也，至於十月，蓋已一歲矣。矧胎之中亦有沐浴濯周者二焉，四時足而後脱矣，於是四氣周矣，五行具矣，含曜星羅矣，此至藥之始成者也。八月、九月、十月斯爲冬焉，五行極王而乃禪即成化之功，歸於紫色，此無爲自然之理也。故曰陰陽者，三皇之祖也。水也、土也，二者何先？其惟根源之杞梓乎？華池者，虎之胎也，卯門者，龍之趾也，四象五行生成而不窮者也。夫藥者，無以克之，則不伏焉。金之克木者，木斯歸金矣。木之克土者，土斯歸木矣。土之克水者，水斯歸土矣。

五行之雜，又有十焉，姑言其二。甲者，庚之婦也，丙者，壬之婦也，所克老婦之財也。夫不明五於大其諧和不知君臣，爽其錙銖而望藥之成，其猶梯而登天，鍼而釣海者哉。故不知所以制伏，則神氣不交焉。黄帝曰：金丹之要在乎神水華池。何謂也？以陰一而制陽一者也。天老曰：白者金之精，其所謂陽一歟？黑者水之基，其所謂陰一歟？水者道也，三一之義也。三一者，三丹田也耶！吾能守之，則乘龍□游於上清矣，三者俱得乎一者也。夫能知焉，則吾之藥已過半矣。是以金由水而生，水由金而長，金水合度，其藥兹至，入必窮水火，水火内五行也，非外水火也。此道也，三星以之垂範焉，予孔子陳十翼以輔之。德者德也，修之於身，其德乃真。真者，何謂也？金液灌形者歟！修乎外者，非吾所謂真也。老子曰：上德不德，不以德爲德而下求之者也。故上德者水也，下德者金也，吾金丹有陶鑄之理，日月之候，日盈月滿而更相禪焉。經曰：德主生氣是也。陰陽之數備矣，五行推運，清濁卷舒，陽勝漸交，陰伏而歸寶，此所謂真德之德也，惡有不成丹哉？五行成於土者也，人而服之，化氣成寶，斯長生矣，謂之真人。故曰土有五德，非世所謂仁義禮智信之德者也。日者，積陽之精也，其數九焉，在天成象，在地成形，合和萬物，布氣以生靈者也。其中有踆焉，陰之精也，其象含護，魂魄相經，是以離之支火之宫，亦得九焉，結氣朱英，鍊之固形，於是參乎二五一之玄矣。故日者，其主血脉，丹之父也。古之至人鍊日之精，其身歸於純陽，而游太清矣。月者，陰之精也，積而成坎，居水之方，其數一焉。吾丹之有金者，其猶月乎，陽而交乎陰，凝而成質者也，故坎之象内陽外陰。夫日月之行有淹速，藥之性有燥緩。陽，燥也；陰，緩也。藥乃不然，陽，緩也；陰，燥也。燥也象月之行焉，緩也象日之行焉。日之行也，晝夜一度，一歲周天矣。月之行也，晝夜十有二度，一日周天矣。故日月者一歲十二度合焉，聖人於是取象，以三十日者日月之合次也，則開鼎焉，增滌吾藥也。日有烏，月有蟾兔，何也？烏者，陰之精氣也。蟾兔者，陽之精氣也。二氣含護，還之自然。二氣爲内象也，二氣爲外象也。日月二用，爲藥之郛郭也。郛郭者，何也？金鼎也坎離配合而焉之歟。故坎，陰也，月也；離，陽也，日也，水土金三物同者也。二氣交合於鼎之内，舒光照曜，其猶日月連環乎六合之中者歟！餌之鍊之，千日而陰盡不死矣。吾試立象證諭焉。玄武者，陰也；蛇者，陽也；龜者，陰也；牝牡之義也，金龜之道也。龜蛇之配合，蓋天地陰陽之自然者也。故至藥者，須配合陰陽，採摘精微通神合真，君臣有度，於是應日月之交會，順四氣之周流，然後爲至也。交合者，何道乎？坎男離女配合乎日月，而潛合焉，盡一元氣而芽藥成矣。元氣者，六旬也。於是建寅之辰終始於申者，七返也。自子而至於申者，九還也。七返之理畢矣，是以至藥者，晦朔交合，務易子孫生長之義，終始於此矣，是火之用也。天者，晝夜一周，其行三百六十有五度，日月星辰，周天而旋，於是天降地騰，日一合焉，萬物以之生化者也。五日者，一元氣之象，六十時也。然則一月有六元，是爲三百有六十時，其旬有五日，爲陽象乎？春夏其旬有五日，爲陰象乎？秋冬則一月者具，四時生成之道矣。吾可以象乎一歲之火候，用卦節開鼎器焉。一日一夜其時十有二，其六爲陽也，其六爲陰也。二元十日也，日用火有節，亦有進退，消息之宜，存於其間。子午分升，降消息焉。消者用其時也，息者不用其時也。日月者三十日而一交焉，十有五日而圜者，二時之象也。半年也。至晦而陰者，一歲之象也。於是藥全伏矣。朔日爲生，故吾之藥則而象之以加損洗濯焉。此歲月日時之候也。經曰：三十輻共一轂，此日用火之法也。聖人於是託易象立卦節焉。屯也，蒙也，明受於朝暮，故朝用乎屯，暮用乎蒙，則不愆於晦明矣。既，濟也；未，濟也，月之始終用事者也。孰知陰之中有陽者乎？猶鉛之中有白金者也，故黄芽産於河車，此何道也？鉛汞爲之，於是陰□含乎陽華，斯内象之精也。譬夫父母傳氣而成身，身之扶虚者，精華之氣也。彼有以金、銀、鉛花、朱砂爲黄芽者，猶内肉以爲胎，可乎？孰知陽之中亦有陰者乎？陽之含陰，如日之有烏焉，陰陽潛應之義也。故汞生於砂，陽中有陰歟！汞陰類而含陽性，離外陽而内陰者也。白金産於河車者，陰含陽也。其雲之從龍，風之從虎歟？陰陽自然之道也。夫吾之至藥，其禁成，其條理，各有方焉，是豈簡牘可傳哉？其精也，更爲主賓，互相含養，採四氣，鍊五行，然後而爲至藥矣。於是可以還骨髓，益壽考，豈不賴四神之精，五行之粹耶？彼孤陰寡陽而成藥者，惟可已疾而止爾，安能返老歸真也哉？其故何也？神氣不全矣，或見砂之伏於火，旁狀於汞，乃曰獨汞可以成藥者，是男可自生，女可自孕，生民以來未之有也。吾試言九轉之法象，吾嘗爲之圜焉。内曰中，黄宫戊己之位，其外曰黑，次曰白，次曰赤，次曰青。青龍位於東，白虎位於西，朱雀位於南，玄武位於北。又有日月星辰焉，五行生克焉，白金種象乃使通靈徹視矣。經曰：鑄之斯爲珠焉，此神仙之造化者也。以之爲杖，刑戮自如；以之爲鏡，可伐精魅。夫太易者，日月星辰不足爲高也，四周八極不足爲遥也。近在諸身，遠在天地。天也，地也，人也，若得一則皆爲之大。大者，象形者歟？大字一人爲大也。一者，真一也，得之者位真人矣，可以變化無極，策神召靈，神丹之力也。夫納金木水火土焉，有青黄赤白黑焉。四象分鎮，五神無□，七曜含章，羅縷規矩，先天之基，後天之宜，可以灌體脱肌，天涯永適矣。易者，易也。易含萬象，故聖人窮乎日月，於是通幽洞冥焉。然天之易十有六，地之易十有六，人之易十有六，鬼之易十有六，合乎六十有四矣。若天垂象於天，則五星游於列舍，明禍福焉。旦夕分暉，掌陰陽之交顧焉。垂象於地則化氣，萬類播植以時矣，巢處穴居，各安其所矣。垂象於鬼，則使無形之形削罪籍而生矣。垂象於人，則身神並飛，驂龍乘雲，揖九天，遨三官，壽同三光矣。聖人於是託易象而鍊元氣，以固形而保神。納四象以通靈，採五行以制伏，周乎二十四氣，而至藥成矣。方其十月而士胎，合乎天地之造化，此道也可以使之返本還元焉。夫人禀元氣以成形，然爲陰之積滯，火欲返陰還陽，千日而後陶冶其形，使皮也毛也，骨也肉也，其變金玉，則升天而位乎真人矣，此志士所以鍊藥鍊身而爲之者歟。彼望大丹而升天亦已惑矣。古之上升者素服下丹，故遇上藥而獲升天，蓋本有之也。

昔者黄帝鑄九鼎於荆山之野，以象九州焉。一宫者真也，二宫者荆也，三宫者青也，四宫者徐也，五宫者豫也，六宫者雍也，七宫者梁也，八宫者兖也，九宫者揚也。各占其方之吉凶，非至藥之用也。惟其出世之藥，其祖三皇，三皇者，何謂也？曰天皇，曰地皇，曰人皇。三皇嘗有遺文言三門焉，三門有三鼎，三三者九也。於是有上仙之上藥，中仙之上藥，下仙之上藥，此九轉還丹者也。次之有金液之道，亦還丹之理也。捨是其小，小者止可已疾而已爾。故三皇之大丹者，出世之根本也。丹之中有三丹焉，應乎三天、三五、三光、三才者也。三丹之中有九尊焉，應乎九州、九宫、九氣、九天、九地者也。所應者每宫宿皆有神護助之矣，其名曰九品，於是謂之九鼎焉。一鼎之中，吾有洛陽之大鼎，其白如練，其壇三層，其爐八面，炎帝入於離門，陰雲旋於坎中，故爲一世界天地，日月星辰，二十八宿，四神五行，君臣人物，土地山川，金臺玉樓，寶花異果，玉液甘泉，其香襲人，餌之者超於上仙，游於芝府。老君曰：吾非自然者也，學而得之者也。三丹之爐，其大體、其火數各異焉。有二圖，見别卷。

夫修至藥必置鑪，鑪者鼎也，垣郭也。鼎而無鑪，猶人無舍也，城無郭也，其何以安之哉？故鑪者，鼎之户也。金於鑪以避風隙，則三氣不散矣。壇有三層，爐有八面八門十二干交互，隨斗所建焉。其象軀山，大小從所便焉。經曰：先天地而生，旁有垣闕，肖蓬萊者也。於是在乎上知天文，下知地理，中知人情，明閑卦象，通會陰陽，識四序之休王，得日時之升降，火候進退，生殺合儀，此修至藥之先務也。若夫率爾用心，未有不失之者也。且夫天地之立也，陰陽有界隔，子午有正位，春生秋殺，天地之自然也。日月有交，陰陽有位，至藥有象，火候有卦，用之如循環之道焉。正月者，九二也，丹體和合，修生之時也。其卦泰䷊，其律太簇。泰也者，乾下而坤上也。泰始輻輳，剛柔得中，寅泰發生，芽兆滋隆，四象歸一，混混濛濛，君子在位，彰德惟洪，此其爲陽息者也。二月者，九四也。汞化成金者也。其卦大壯䷡，其律夾鐘。大壯也者，乾下而震上也。陽爻漸壯，乾一化坤，翡翠榆莢，混然同根，清氣相薄，勝負難分，或沉或浮，結象卯門，此其爲陽息者也。三月者，九五也，洗濯微□光曜，進功鮮明者也。其卦夬䷪，其律姑洗。夬也者，乾下而兑上也。五陽一陰，斯已其體，陰陽相薄，剛柔得紀，陰夬潛消，飛龍之世，此其爲陽息者也。四月者，上九也，夫王之時，密其□□者也。其卦乾䷀，其律仲吕。剛徤潛龍，螣蛇於□□□□□□有紀，表有法則，陰陽祖始，陽極則沉，善防□□，此其爲陽息者也。五月者，初六也，至藥陽用而在乎陰位者也。其卦姤䷫，其吕蕤賓。姤也者，乾上而巽下也。始結其端，霜雪其素，胎滯蒙肥，陰爲陽主，道之樞機，伏藏爲户，覆霜之至，堅氷寒冱，此其爲陰息者也。六月者，六二也，化柔成剛，其道乃亨，世止以永爲意者也。其卦遁䷠，其吕林鐘。遁也者，艮下而乾上也。遁潛晦迹，畜養安居，不顯令名，俟時而舒，凝液既畢，方直乘輿，此其爲陰息者也。七月者，六三也，汞性惟剛，藥至斯時生成已息者也。其卦否䷋，其吕夷則。否也者，坤下而乾上也。否立間隔，陽已結更，天地得體，剛柔敵爻，殺氣相臨，陽晦陰消，靡美貞吉，含章諷謡，此其爲陰息者也。八月者，六四也，金氣王矣，藥成質矣，蟾兔所以圓明者也。其卦觀䷓，其吕南吕。觀也者，坤下而巽上也。斗建南吕，觀彼權衡，以育元氣，更衰代榮，卯酉二門，榆落薺生，括畜其萌，咎乃不行，此其爲陰息者也。九月者，六五也，神氣化藏火，之基者也。其卦剥䷖，其吕無射。剥也者，坤下而艮上也。剥以毁體，淪寂其肌，還返既老，精凝不飛，否極則泰，消化形微，元吉兹亨，黄下之衣，此其爲陰息者也。十月者，上六也，至藥已成者也。其卦坤䷁，其吕應鐘。坤柔化氣，灰土爲形，幽理泉井，陽玄陰經，結法可度，輪環生成，先迷灰爐，復禪縷輿，龍戰飲血，崇功令名，此其爲陰息者也。十有一月者，初九也，陽氣之潛迹者也。

其卦復䷗，其律黃鐘。復也者，坤上而震下也。復陽氣潛，畜茲陰德，混茫其形，張時法則，爲衆紀綱，先迷後得，此其爲陰息者也。十有二月者，九二也。芽孽已滋，斗建子丑，禪位之始者也。其卦臨䷒，其律大吕。臨也者，兑下而坤上也。臨爐周竟，見龍在田，暉曜分赫，玆始而遷，遞推主賓，不爲物先，黎蒸得嘗，後勿爲前，此其爲陽息者也。

天老曰：前之所列，如繩貫珠，綸緒可則，開神仙之綿密者歟。吾將明其用焉。復者以顯喪朋，而初起火者也。何也？坤六，爻陰也，其始一爻，變而爲陽，故陽之一爻在乎五陰之下。六爻俱陰者，得其朋也。一爻變陽者，喪其朋也。復也者，上坤下震，此黃芽之初養蒙之象，變化之術也。震者☳，以顯其變者也。乾六，爻陽也。震爲乾之長子者也。何也？坤者下變，斯成震也，震者上變，斯成艮也，所以爲長子而繼體於乾歟。故坤者乾之位也，乾者坤之位也，互爲主賓焉。十有一月，坤之一爻變乎陽，至於四月，則六爻備而歸於乾位，用事者也。巽者☴，以顯其成者也。日，陽也，月，陰也。自一日而至於十有五日，則月變而成乾也，於是震用事者也。金氣圓滿至於十有六日，變乾之一爻而爲巽，一陰生矣。長爻，陽也，短爻，陰也。汞性剛而難伏者也，於是變剛爲柔，全藥之質成乎柔矣。故巽受乾之化，十有六日而月出巽地，藥自朔旦而生，至是則火亦欲伏矣。屯者䷂，坎上而震下也，以明吾之用日之火、月之火者也。故朝之用者，屯當其直焉，夕之用者，蒙當其直焉，晦朔之用者，則既濟未濟焉。凡至晦朔之際，開器以受陽之一爻焉。月十有五日爲陽，降陽之正位至於十有六日，其陽折損，故曰即虧，以變乾爲巽，是剛而爲柔者也。兑者☱，以顯其平者也。日月者，三十日一合焉，既合三日而始見矣。故八日謂之上弦，二十有三日謂之下弦。弦者，平也。是以一日至於八日，月之增其平者半，十有五日，至於二十有三日，月之虧其平者半。吾之用火一日至於八日，金水相入矣。二十有三日，而藥成不動，斯其平者歟！艮者☶，以明其形者也。夫金生於巳，王於酉，墓於丑。秋者，金王之時也。八月十有五日其形圓明，而吾之藥至於斯也，乾體方就，五色暉曜，日以堅實焉。丑者，金之墓，艮之位也，藥至於艮，明成形矣。金非金不見者也。二十有三日，則見於丙地，下弦不動，吾之藥其伏矣，乾者以顯其剛者也。月之一日，陽之爻交體相生，至十有五日，圓明矣。吾之藥用火至十有五日，金水合而俱得其所矣。汞陽而性剛，難伏者也，以法制之，斯不動焉。東方者，木之位也，金得木而榮。十有五日則月在乎東方甲之地也，斯盛滿於甲矣。坤者以顯其化者也。坤之一爻其變成震，震者，木也，陽也，坤者，陰也，然以五土養乎一陽。一陽者，木也，汞是也，象鉛之有銀者也。故曰坤者其爲震之母歟。

【略】

元陽子曰：龍虎者，鉛汞也；金虎者，鉛也，還丹之根本也。鉛之色黑，屬乎北方壬癸之水，水之數一者也。夫能知其一，則萬事畢矣。故鉛者，其含五色，其禀五行之英，斯仙人之禄也。老子曰：抱一守中子身自冲，夫一之道大矣哉。吾觀夫三黃一黑，可以不死者歟！何謂也？此靈丹之名也。在人爲三，以一修三，斯飛仙矣。三者，木也，鉛也，丹砂也。一者，水也。丹砂者，南方太陽之精，其精爲汞，汞者，青龍也，木中數也。木出火，火赤而屬南方，是以東方父母之位也。木精得乎金，其并鉛者歟。鉛者，金也。青龍居於東方，青龍木精。是爲中男焉。鉛之金其位在酉，其居西方，其白虎者歟。是爲中女焉。二十四聖歌曰：中男中女，子午居卯酉之門，唯日月分明長，最爲初焉。中男禦乎少女，皆成乎灰，共乎水土，此五行之大數也。丹砂出乎汞，汞者，陽之精，好飛而難伏，是爲姹女者耶。故曰：河上姹女，靈而最神，得火即飛，不見垢塵。虎隱龍匿，莫知所存，將欲制之，黃芽爲根。黃芽者，鉛也水也。汞者，火也。水能克火者乎？木之性直而克於金，水之性柔而克於土。土之性厚而克於水，金之性堅而克於火，此鉛汞之深根，大道之以漸而進至於通靈焉。

吾有納胎元氣延生之理，試申言之。夫天地太初，元和之氣終歸於一者也，能生萬物，故乾坤者受乎元氣者也。水者，汞之母也，其生金，金復變化焉。陰鍊夫玄陰之精，其初起火以相合而用卦也，旬加一爻，至於既濟，終而更始，於是日月相交而還丹絶然而出矣。北方以取河車，河車者，水基之中，是爲汞者也，必得南方朱雀之一，使水火之氣合以成還丹者也。西方之金隨陰陽而鍊，出乎碧水，其花如玉焉。龍蛇者，金火也。其初入爐制伏未定，須密固刀圭之器，不可泄焉。夫金花也，汞也。其成還丹則生於萬物，制其死生，齊於天地，非八石五金之倫也。姹女者，汞也，玄陰之精者，水基也。二氣合而歸於一，還丹成矣。河上非有汞也，合於陰律，火候也。二氣合焉，則蕩蕩乎火盛而藥成，其神如龍，不可知矣。然隨其晦朔，察其火候，以視其客質焉，於是還丹之方盡矣。

葛稚川問於鄭思遠曰：「人權輿於陰陽者歟？陽精魂立，陰精魄成，兩精相薄而成神，明神之逝也，形斯斃矣。敢問神可全乎？形可延乎？」思遠曰：「神以道全，形以術延者也。」稚川曰：「道之旨何如？」思遠曰：「取金之精，合石之液，結爲夫婦，列爲魂魄，一體混沌，兩精感激，河車覆載，鼎候無忒，洪爐烈火，烘陷熻赫，烟未及黑，陷不假碧。如蓄扶摇，若藏霹靂，姹女氣索，嬰兒聲寂。透出兩儀，麗於四壁。時歷幾多，馬馳一驛，宛其死矣。適然從革。惡默善遷，情回性易，紫色内達，赤芒外射。熠若火生，乍凝血滴，號曰中還。退藏於密，霧散五内，川流百脉，骨變金植。顔回玉澤，陽德乃敷，陰功乃積。南宫度名。北帝落籍。」稚川曰：「天地至大者也，人身至小者也，夫能制至精以成藥，孰測其淺深哉？夫氣雙則和矣，體獨則愀矣，和則壽，愀則夭矣。一陰一陽之謂道，一金一石之謂丹。石者，乘陽而熱者也。金者，乘陰而寒者也，其猶水流而趨濕，火動而就燥乎？」思遠曰：「陽終於巳，陰極於亥，其爲四時，周行不怠者也。且夫石液隱於鬼，全精在於山，此孤陰之變化，可待乎九幽者也。未若乎君乎，好俅配乎淑女，於是陰陽得中，魂魄無外矣。然如之何其伏鍊石液乎？採於蠶食之先，用乎火化之後，盛陽自上臨下焉，□釜虛中而受焉，周旋乎日月，伺候乎五伏，橐籥疾鼓，金汁斯不走矣。以水傾之，則自有而入乎無者也，以火温之，則自無而入乎有者也，素粉委而雪爲慙矣，黄酥凝而金爲醜矣，轉制不已，神超鬼驟，提挈乎魂氣，斯可與天地齊齡歟！魏先生曰：三五與一，天地之精也。夫孰知其歸於一哉？一者水之數也，五行之始也，蓋能生天地爲牝牡，還日精於月窟，結純粹於中氣，紫靈潛運與其同合者也。易者吾言乎至道，故乾坤運而品彙，貞坎離用而金水并，此道之樞也。牝牡相得，氣交體合，北道之用也。日月運矣，寒暑節矣，滋液潤澤，施化流通，此道之驗也。陰伸陽屈，陽用陰潛，一往一來，推情含性，此道之三反也。其故何哉？剖一氣以法乎天地，自有爲以合乎無爲者也。夫豈假於他哉？神農氏曰：知白守黑，可以不死。何謂也？白者，金之精也，非世之所謂金也。黑者，水之基也，非世之所謂汞也。鉛者，其外黑，其内金花。金花者，青龍也。其卦爲乾，居於木位，其數三者也。彼褐懷玉，外爲狂夫，斯爲白虎者也。又爲丹砂、爲汞、爲坤，居於土位，其數五者也。故曰三五和諧，八石之綱紀也。合三五而言之，其數八矣。故曰金者，水之母也，其母隱子胎焉。水者金之子也，其子藏母胞焉。其故何也？金水合孕，韞匱於母中，須造化而生者也。故曰長子繼父體，因母立兆基，斯砂産於金，故汞流而爲子歟。以金養子，繼體而榮，此自然之妙也。潛通訣曰：玄白生金公，巍巍建始初，此丹砂生於鉛者也。金碧篇曰：赤髓流爲汞，汞非外也。其乾坤交合受氣而生者乎？天氣降，地氣應，陰陽交而汞流矣。其父戊巳，其母黄金。白是觀之丹砂者，合三才應五行而生者也，豈口之所可云哉？經曰：植禾當以粟，覆鷄用其子，此鉛也，汞也，非其類不相爲用者歟。情分於性，性繼乎情，情性相依，還返自然，是爲變化。然則乾坤也，牝牡也，金水也，土木也，性情也，雖其出同而其名異矣。不合其類，則不能入焉。故曰同類相從，此之謂也。水以土克者也，金以木榮者也。唯其相克相生，故更爲父母焉。汞非五方之正位也，丹砂非龍虎之配合也，不同其類則不可合矣。故曰莫壞我鉛，俾我命金；莫廢我車，俾我返家。故曰鉛斷河車空，所作必無功矣。鉛破河車絶，所作無所出矣。是以鉛之中有金者也，金之中有還丹者也。能見其實而識之，斯得道矣。然寧修鉛中之金，不可修金中之寶也。吾於是知龍虎本乎一者也。世之人用意逾巧，去真彌遠。或曰用鉛耶，或曰用汞耶。誠用汞也，則乾坤其可直乎？剛柔其可分乎？誠推鉛爲之也，則金水何由而生乎？還返何由而行乎？如是惡得變化由其真哉。古先全人贊鉛而不及汞，何也？豈以二者共成，不得不兼而美之乎？必以汞爲主，假鉛氣而成，何得造本而舉末耶？道果隱於不言者哉，後之人惑之，是欲耕石求稻，難乎有獲矣。鉛之中有砂汞，猶人之有情性，非外物也，砂汞於鉛非雜類也。三一之道，修情合性，性合然後歸根復朴矣。金液之方以金養汞，然後返魂還元矣。外物爲情，則性不可合矣，三宫其可固乎？水銀爲汞，則鉛不可親矣，八石其能妙乎？八石者，三五之異名也。性主處内，立置鄞鄂，情主管外，築植城垣。是知砂汞者，鉛之情也。元氣者，人之根木也。金主營外，猶吾之情焉。汞主治内，猶吾之性焉。以金制汞，則推情合性之義也。含精養神，則修性合真之道也。東方甲乙木，青龍也，西方庚辛金，白虎也。龍呼於虎，虎吸其精，兩相飲食，俱相貪榮，何也？龍爲情也，虎爲性也，相依還返之旨歟！故曰：太陽流珠，常欲去人，卒得金花，轉而相因，化爲白液，凝爲正堅，金花先唱，有頃之間，解壞爲水馬，齒□干，是豈世之所謂汞與丹砂者乎？夫吾既已言知白守黑之理矣，於是太玄之精，爲道之根，水馬樞紐，天地鍛鍊，陰陽契於自然，侔於造化，故定二弦之數，以二八合於上下，得乾坤之體焉。吾稽乎太易之卦，極乎天地之用，故六天者有三百八十四神存乎其中矣。乾之策二百十有六，坤之策一百四十有四，引而伸之，類而長之，總二萬五百有二十，所以應萬物之數，備剛柔之體者乎？天之數二十有五，地之數三十，故天地之數五十有五，所以成變化而歸還返者也。若夫天者，積陽也，地者，聚陰也。天否地間，神明見矣。元化一施，其用無極，亦在金水水火之合焉。其寒暑衰榮，若春夏秋冬晝夜之相易也。金生水，水生(水)〔木〕，木生火，火生土者，陽之用也。土克水，水克火，火克金，金克木者，陰之用也。此其相生相殺，迭盛迭衰，合乎天地四時而成實萬物者也。日者，陽精也，月者，陰魄也。金生於月，則坎之男也。珠生於日，則離之女也。金爲月之精，以處乎陽位。汞含離之氣，以應乎陰爻。於是用天地之靈，孕日月之精，陰盡陽生，否極泰汞，是以金入於烈天，其色不奪於光，由開闢已來，日月不虧，其明者蓋有金水營於內，水火應於外，乾健不息，以致用日彩不鑠而益根也。日月者，所以能長且久，萬物終始者焉。龍虎配合，斯道之魁柄也歟！其合於天地之准，陰陽之數，故能使天地潛應，如連珠合璧轉於無窮。前聖修之，斯能先天地，首萬物，獨立長世，神形不化者也。推其至，當蔽之以一言曰：砂汞者，無乾坤不可得矣。龍虎者，捨金公無自入矣，及乎大藥既成，斯有服之之方焉，甲子之旬，其日直於建，至於癸亥，是爲節候，吾則三日齋，存神定思，以服之。六十日者，一節也。甲子之中而日不直建，則滿也，定也，開也，亦可矣。其服也始於十有一月，於是六旬而後身輕能行矣。次六旬而四支通利矣，次六旬而顏色有光矣，次六旬而五藏實而凶邪遠矣，次六旬而體堅强矣，次六旬而耳目聰明矣。此一歲之驗也。次六旬而手爪有光矣，次六旬而影響顯彰矣，次六旬而精氣益長矣，次六旬而髮白還黑矣，次六旬而牙齒堅剛矣，次六旬而矣。此二歲之驗也。

又卷三三《參同契中篇》 草衣子世傳漢婁敬著參同契，自號草□子云。曰：吾嘗觀五行生克之理，測日月短長弦望晦朔之因，改移南辰，轉機北斗，於是知四時八節，七十有二候，二十有四氣，鍊藥於黄庭之中，得陰陽之造化二十有六變焉。水中之鉛者，吾命之元也。補其清髓，斯不死矣。夫欲鍊其鉛者，必藉汞焉。汞者，身中之寶也。鉛汞結而成丹，斯爲仙於世矣。一物歸於三形，則其身自榮矣。變轉合於一體，斯識乎夫婦者也。採陰中之陽，水火既濟，嘗乎刀圭，則身自昌矣。修身莫大乎存息，存息者，三形作一磔者也。能及乎千息，其登三清矣。何哉？神也，息也，氣也，其歸於一焉。精也，液也，九乃合成焉。此丹之至要也。夫吾之丹豈若世之用金銀爲郛郭者哉？金銀外物也，惡能變化乎？吾之藥其唯汞而已，取銀之精，鍊金之津，而互換焉，不離於造化者也。三五與一者，道之真也，配以一陰一陽，周於七十有二候，即於十有二元而九轉焉。自甲子爲之始，服之可以永年矣。左腎者，主於津，謂之曰朝帝君焉。其逆行則化爲液，其在口則爲華池之水。夫河出於崑崙之山，其水之氣上騰爲霧，天之氣下降爲露，陰陽相合以爲膏雨，而滋榮萬物者也。其猶左腎之生津焉，以嚥納之，歸於五藏六府而化爲血，以榮其身，致光澤焉。故萬物無陰陽之氣，則不生，五藏六府無其津則病矣。右腎主於命者也，其生精則上朝於帝君，下流入於橐籥焉。【略】何則？精化爲寶，久而鍊之，斯爲金丹焉，是人之性命者也。故神也，息也，氣也，一物而三形者也。津與精竭，則性命終矣。中宫之正氣，其黄者土也，而脾主焉，是爲丹田，而性命之根元也。腎之左右，其黑白之津精相合而入於中宫，此所謂鼎者也。金木者相克也，得中宫之氣則性命乃成焉。何謂也？土生金，金生水，水生木，木生火，火生土也。故津也，精也，列於中宫，歸於上丹，而根元於是生矣，此大藥之本也。日用四時，閉其息而鍊之，金精不泄，則大藥成矣。息者火也，氣者木也，斯固濟之道也。鉛生於左腎，其外黑，其内白，白主於銀者也。何以變木之氣乎？木之正氣爲陽而主於北方，屬於子之位者也，銀見其時則死矣。陽氣養之，其變爲黄，於是用其四時，尋其戊巳，使三體運轉於中宫，則鉛變其刀圭，其味美矣。坎户以之合成，則金精生於真水也。汞者生於右腎，其精白，主於金者也。何以變金之精乎？自離宫而生金之氣主於南方，屬於午之位，此陽中之金也。金，陰數也，上列於中宫，則鉛花見矣。受氣于鼎以爲之表里，求於戊巳以成丹，一物三形，復返乎正體，於是真水生於離宫，鉛汞相投，其味益美矣。如是，則龍從鉛變，虎從汞變焉。何也？龍者，木也，生於鉛者也，其色青而主於氣焉。吾嘗推而觀之，則龍者蓋金之孫，水之子也。金三反以克木，則其寶成矣。其聚爲酪，其散爲酥，何也？龍本生於水，是爲卯之宫也。西方之白虎，其所畏懼者也。於子之後，閉其氣以存千息，則龍潛於田而不升矣。故曰：日魂生乎震，欲修其身，養其命者，宜識所謂龍歟！虎者，金也，水也，生於汞者也，其色白而主於精焉。吾嘗推而觀之，則虎者蓋火之孫，土之子也。火三反以罰金，則其寶成矣。其聚爲流珠，其散爲甘露，何也？虎本生於金也，其性剛强，於午之前三克與龍戰焉，降在中宫，其身自昌矣。故曰：月魄生於兑，欲修其身養其命者，宜識所謂虎歟！於是鉛汞合成丹矣。鉛者，日之精也，木之正氣也。汞者，月之華也，金之奠氣也。木者，甲也，金也，庚也。真正相合，甲庚相承，則大藥成矣，故真陰真陽津精相吞。晝夜十有二時，運轉其身，各爲流珠，聚於丹田，此其爲火藥者也。聚則陰陽結矣，散則流珠徧海涯矣，此時鉛汞之合者也，未覩龍虎之相伏者矣。相伏者，何也？日用四時陰陽交戰，聚於五勝之地者也。上者斯爲龍木之津，下者斯爲虎金之精，龍歸於下，虎騰於上，至於中宫，則龍虎相伏而歸於一矣。此何道也？戊巳在其內，水火運焉以成乎既濟之道，則鼎中之金成矣，龍於是乎變而爲嬰兒，虎於是乎變而爲姹女焉。嬰兒者，陽也，真氣也，其名則金公也，玉液也，華池之瓊漿也。故木之運在於中宫，是爲大藥之根元，虚無之真體，杳冥恍惚之正機者也。其能配乎姹女，必黄婆爲之合焉。姹女者，陰也，真精也，其名則玉女也，金液也，白水也。故金之運在於明堂，明堂之中有洞房焉，姹女之所居也。吾能得之，則火藥成矣，是爲空中之實，氣中之物，得於杳冥恍惚者也。其始何如哉？自血爲精，五行之變也，閉其神息，則藥自止焉。黄婆者，中宫也，丹田也，其名則鼎也，爐也，石室也。四象五行者，全藉乎戊巳之真土，何也？萬物生於土，故土者，四象之室，五行之主也。不得其土，則四象無君，五行失主矣。吾嘗謂黄婆者火藥之宗也。中官之土所以爲壇者何也？壇者爐也。壇者下有三層，必得五方以取真土，故下有一層，其高一尺有二寸，應乎一歲之十有二月，一日之十有二時也。下有八卦，其中一尺，應乎十干也。八卦之上一層其高八寸，應乎二十有四氣也。上方圓一丈有六尺，應乎十有六兩之數也。四面植刀，應乎四時也，八方復懸鏡焉。吾於是日用四時擇乎鉛汞，於九一之中審火之候，於體之中取陽變而爲爐。爐者，陽也，神室也，金丹之樞紐也，内神成形，用以鍊丹，固濟其門，爐門也。審其火候，其銖兩徐加焉。勿使有濕氣，下火勿遽，一鍊一劑如復鍊焉，則已鍊之爐不可用也，其神傷矣。鼎者，用土以變成之者也，非世之所爲之鼎也。陰陽造化乎真土，冶金而爲之歟！口勿巨，腹勿大，耳勿鈂，小足勿寬，狹鼻勿薄，而高下得其數。口無漏其氣，然後可用也。是鼎也，其唯在吾身而已，中宫之真氣可成者也。然鼎之變有十病焉：一曰春夏秋冬之鐵，二曰其模不均，三曰懸胎以鑄，四曰其腹火，五曰其足短曲，六曰厚薄不齊，七曰口耳狹小，八曰砂竅漏氣，九曰鐵黑不白，十曰鑄不以時。夫以二八鑄之，則丹可成矣。丹之一轉是爲白雪，白雪者，鉛汞相投，金木相克，合而爲一氣，生於其鼎。其凝也，如仲秋之露，深冬之霜，名曰神符，其子午運行者也。丹之二轉是爲一氣，二氣者，鉛汞相結，金木相伐，鍊其火藥，有黄氣生焉，如春之氷，其色青白，其光紅赤，猶未至於成也，始可去疾矣。水火不差於二九，則進而登於九轉焉。丹之三轉是爲黄芽。黄芽者，鉛汞相投傳於五藏，入於中宫，會於五行。夫戊巳者，土也，金木之氣而得乎土，如君有臣，子有父，賓有主，可以運用焉。閉其息存其意，杜天之關，鎖地之户，歸於下丹田，於是火藥之根蒂生矣。受土之氣，故其色黄，此神息氣歸於一體，龍虎降於鼎者也。丹之四轉，是爲四神。四神者，白虎金也，青龍木也，玄武水也，朱雀火也。用寅用申，以運其四象，入於中宫，朝于赤城，時至於卯酉，行功運轉，於是四者焉嬰兒姹女合矣。此四九之轉也。默而存想，神光見矣。丹之五轉是爲白馬芽。白馬芽者，五行備矣，五藏之正氣得精津以相結，於是氣也，息也合於戊巳日，用巳亥爲之運行，上朝於泥丸焉。至於卯酉則般運而歸於下元焉，入於鼎，用文武之火以養之，當丑之時，存想則有白氣出矣，於是丹田之藥其生如馬之牙而發白光焉。此九五之數始絶，諸味三屍其匿矣。丹之六轉是爲玉液。玉液者，三陰三陽交戰而龍虎伏矣，嬰兒爲夫，姹女爲婦，而鉛汞合矣。於之後午之前，運用而閉息焉，六府之真氣自生矣。六神既金，而爲之配，合度乎重樓十有二環，下朝於赤城，入於蘭堂紫府，而復入於鼎，玉液結而龜蛇見矣。丹之七轉是爲靈砂。靈砂者，七返也，外應於北斗焉。夜之五時於其七竅之内以行五藏之真氣，朝則行乎皮之下，暮則流乎骨之上，氣行則血斯順矣，血流則氣斯行矣，其歸於元，則化爲金精焉。氣逆則血止而斯疾矣，故存精補髓者大藥之謂也。其色赤散而爲流珠，聚而爲塊，在於其鼎運動，失其時則隨其光而飛逝矣。吾常行功於寅申之時，閉其息存其神可也。丹之八轉是爲神砂。神砂者，日用四時運行八卦，火候無差，調伏而固濟焉。於是閉其息，存其神，飢餐元和之氣，渴飲華池之瓊漿，五穀除而諸味絶，金精不泄，於是天關不閉而地户自鎖矣。丹之九轉是爲金砂。金砂者，陰之爻一百九十有二，其爲金八兩焉。陽之爻一百九十有二，其爲銀八兩焉。其散爲三萬六千元，其聚斯爲金丹，方圓五寸，其重十有六兩，是爲三百八十有四銖，此日精月華二氣造化之所成者也。餌之一圓，其壽千歲，蓮出於火中矣。三物一形，何謂也？金也，木也，土也，聚而歸於中宫，斯正氣也。人之性命根元繫焉，故爲青黄白，生於腎之左右，聚於丹田爲一形，散而爲三物者也。是以三魂陽也，得之則身斯榮矣。氣化爲血，血化爲精，如寳餅焉。金也木也土也，變而爲液，而火返爲金，鍊之斯爲真金焉。三物何以爲一體乎？水也、土也、金也，聚之斯爲神，散之斯爲血爲精爲鼎，此吾之中宫也，心也，腎也，脾也，斯赤黄黑者耶！故曰：三一之數也，聖人所以存三守一焉，是以散則爲三，聚則爲一，而變秋石於丹田者也。丹既九轉矣，鍊乎外黑而變爲九色，入於中宫，成乎紫金，自然體健身輕而爲地仙，此何道也？四象五行皆以爲土，斯丹之祖也。九轉通於造化，百日而功立矣。夫如是，其必存想焉。方百日之功立乃於子之後午之前，與夫丑寅申巳亥之時，趺坐千静室，密圓其户，暝目握固，閉其精，存其神，想夫五藏之真氣，出於中宮而見乎前，如五色之祥雲而生於鼎焉，是焉丈夫而生男者也，於是日魂月魄水火之氣變成金木之體矣。日魂者，陽也，火之氣也。月魄者，陰也，水之氣也。水火者相生而相克者也。及其内成，則日爲嬰兒，月爲姹女，不離乎洞房，見金公於王堂之内，姹女孕矣，十月而變真人焉，其名曰正陽，斯大藥之宗也，修真養命之根元也。能識恍惚之鉛汞者，真龍虎也。何以知夫金木相成，水火變乎正氣，甲庚相乘者乎？草衣子曰：月之三日，則月見乎西南之庚，是爲得朋，何也？月者，水之正氣也，金之所生也。所以見於庚，是爲上弦，其爲金八兩焉。二十有八日見於甲，是爲喪朋，何也？甲者，木也，其精爲日，見於東北焉，故日者，火之正氣，克於金者也。所以二十有八日，月見於東北而□，太陽見而月没，是爲下弦，其爲銀八兩焉。金銀合而爲十有六兩，陰陽之爻各一百九十有二，是爲三百八十有四銖，此十有六兩之數也。吾觀夫弦望增虧盈異而於子之後，定其神息，午之前閉其氣至於千息，則金銀之數無失矣，雖然吾不可以不知日月八卦陰陽之變焉。十有一月斗建於子，地雷復䷗者也。於是一陽始生，戰於五陰，故凡子之時，皆陽之初也。吾以起功焉，金丹見而藥有根矣。運入於爐，以養其正金焉。正月者，斗建於寅，地天泰䷊者也。上爲三陰者，地也，下爲三陽者，天也，陰陽於是交戰焉。陰陽之爻各九十有六，陰者爲金四兩，陽者爲銀四兩，凡寅之時皆泰之卦也，是爲交合而初定乎三返者也。其陽欲勝，則返歸於元，故銀表金里，狀如胡蘆，運養神砂以鎮丹田焉。四月者，斗建於巳，純陽乾䷀者也。乾者，金也，白元之君見而真情悦矣，合於四方，其水運天。凡巳之時，大藥反轉而右旋入於丹田，透於尾閭，般運復入於上元之崑崙，斯返背逆流補於泥丸者也。五月者，斗建於午，天風姤䷫者也。一陰而戰，千五陽也。凡午之前一陰始生，故前其三刻辨陰陽之元以行功焉。何以行功歟？用鉛以求鉛者也。一陰生則其乾破崙，金見於土不歸其母，金丹變而入於玉泉焉。七月者，斗建於申，天地否䷋者也。三陽處於上，三陰處於下，陽與陰戰者也。見其上弦，其爲金八兩，其爲銀十有六兩。凡申之時皆否之卦也，是爲七返者歟？嬰兒姹女共於一坑，於申之時運其火之候，丹成而朝三清矣。十月者，斗建於亥，純陰坤䷁者也。凡亥之時，皆坤之卦也。大藥順西而右轉，度於重樓十有二環，復下絳宮，朝於赤城之帝君，運而入於丹田，是爲九還者也。二月者，斗建於卯，火水未濟䷿者也。火處於上，水處於下，其卦不用乎火，其名曰開爐。凡卯之時，使氣吐清濁，運養其血以增化金精焉。未濟者，鼎也。四象得土則交并矣。中宮戊巳者，藥之主乎唯鼎也，其中不可有水之聲焉。八月者，斗建於酉，水火既濟䷾者也。水處於上，火處於下，其卦雖用而不行，其名曰沐浴。夫既濟者，真鼎也，九一之數既濟，龍虎降矣，此修真之初也。謂之第一程。其要在乎識夫婦之情焉，吾之藥至於斯亦已極矣，於是變真氣爲内火以焚其身。内火者何也？運行五藏之純陽者也。其陰既絶，則血化爲精，精化爲髓，髓轉爲身，以成白乳，功滿則其體通明矣。寒則運行於心氣，熱則運行於腎氣，自然不寒不熱矣。運行於火候之氣，則火自生，而元君者龍吞虎納，與三官之主居於金殿，千日之後紫雲自興於足矣。

又卷三四《參同契下篇》　雲牙子魏翱字伯陽，漢人，自號雲牙子云。游於長白之山，而遇真人，告以鉛汞之理、龍虎之機焉，遂著書十有八章，言大道也。夫恍惚者，鉛汞也。杳冥者，龍虎也。此陰陽造化之根源也。元陽子曰：伯陽既著參同契，元陽子注釋其義。陰陽者，從黑而生白，是水之數一。水生金，金數三，水者，謂之離，生於坤爲地，爲陰，爲母，爲女，其生氣是爲金。金者，在於西北。屬於乾，爲天，爲陽，爲父，爲男，故曰離宮有象，藏乎真水；坎户含華，隱乎正金。以乾生三男，坤生三女，變化而爲八卦，更相生養而成八之數焉。雲牙子曰：朱砂也，黑錫也，雄黃也，鍛之中鍊之，則成二氣矣。元陽子曰：在乎其身，非求於外也。雲牙子曰：變轉白雪黃芽，方其下火，宜加審焉。元陽子曰：朱砂、黑錫爲雄黃制之，復以文火鍛之，其變白雪，其成黃芽。雄黃者，土也，五數返爲一者也。雲牙子曰：雖改易河車之體，及其七返，則因乎翻既濟焉。元陽子曰：見其寅者，木也。見其申者，金也。金能伐木，爲之七返，藏在是焉，肝也，肺也，其在外爲東西焉。金者，精也。木者，津也，津、精相合而成丹砂者也。何也？精從離宮，下而産鉛，津從坎宮，上而産汞。離坎者，水火既濟之鼎也。河車者，北方之正氣也。轉入於東宮，其地甲乙斯作金花歟。雲牙子曰：九轉而成紫金之砂，化之爲寶，其金滿家。元陽子曰：鉛也，汞也，雄黃也，鍛之成大藥，返見於乾坤，其陽一百九十有二銖，是爲金八兩；其陰一百九十二銖，是爲銀八兩，合於卦爻之三百八十有四，而還丹成矣。雲牙子曰：先辨其藥，及見其苗，然後方知根橐籥焉。元陽子曰：丹田之下，左爲橐，右爲籥，中有臺焉。藏乎日月之根，晝夜輪轉，四時環周，鍊於三田，此三魂之要大藥之源也。大藥者何也，茯苓安其魂，人參定其魄，然非世之所有者也。茯苓者，其内黑，其外白。人參者，其外赤黃，其内白青。此苗見矣，當辨其根。雲牙子曰：採取者當用二八之真焉，其藥之中有酪有酥。元陽子曰：二八者卯酉也，十有六之數也，是爲金木相克。上用於卯，下用於酉。卯者，龍之血也。酉者，虎之血也。二體相合，則爲酪爲酥，爲日月之魂魄。南宫者，日也，離也。北宫者，月也，坎也。於是成水火之本基，合鈆汞之類者也。雲牙子曰：文武火之中其相制歟？元陽子曰：大武之火，四時之功程也，閉則納氣以行九一之數，採木火之津者，其相制也，合金水之精者，其下功也。入於中宫用土而成大藥焉。雲牙子曰：緩擣之，其功其數無差，而後可也。元陽子曰：是功程之數也。閉則納氣以心，默數之九息一噏，自九而日增之。至於百息而納氣焉，爲之日月導引，採陰陽之造化，日月之精華，於是金之津、玉之精九一而採之，是爲緩擣者也。復行三一，是爲文或之九也。火者，其息也，其真土也。雲牙子曰：和合玉液之漿，鍛之成丹砂。元陽子曰：玉液者，其名瓊漿，其名天酒，是華池之水也。既採其藥於是，必以津精相投焉，閉其息而存縮之，抽吸之，得土以相合，以息爲火而鍛鍊焉。雲牙子曰：金液還丹本乎鉛，汞，爲之其餌之也。烏爲鳳，蛇爲龍。元陽子曰：還丹結成朱雀，吾見其爲鳳矣。吾駕騰蛇而見其爲龍焉。雲牙子曰：用功四時者，春秋是也。元陽子曰：立春也，立夏也，立秋也，立冬也，是之謂四時焉。四時各七旬有二日，以爲木火金水四象，是之謂四孟之首焉。寅申者，金木相刑之大藥也。大藥者，二百八十有八年之數也。吾小用之，則於四孟各四旬有五日，則一百九十日之數也，日月四時則亦一百九十之數焉。且陰陽造化長生之小數，吾於是行功焉。雲牙子曰：巳亥爲還者，八卦之首也。元陽子曰：巳者，火。巳，四月純陽之體，其卦應乎乾而爲天焉。亥者，水也，十月純陰之體，其卦應乎坤而爲地焉。天地相合，則六陽六陰備矣。自子至巳始於地雷復䷗之卦，其卯六陰，半年之數也。自午至亥始於天風姤䷫之卦，其爻六陰，半年之數也。故金丹者得真氣之九還，是爲水火既濟，水火相克，制之得乎正體，斯合一斤之數者也。雲牙子曰：月會於甲庚，日會子壬丙，相克相包而求子，四象者乎？元陽子曰：甲者，木也，東北之位也。月至於二旬有八日，於東北而喪朋焉，何也？陽生而陰滅者也。庚者，金也，西南之位也。月至於三日於西南而得朋焉，何也？陰生而陽滅也。壬者，水也，陽生於日魂者也。丙者，火也，陰生於月魄者也。金之氣乃陽中之陰，爲日之魂。木之氣乃陰中之陽，爲月之魄焉。故曰陰陽造化，其生分坎離者乎？坤之相克，其包爲著。包者，藏也。壬生甲，丙生庚，此金木水火四象之相求者也。得入子中官之鼎，則大藥可成矣。經曰：木爲青龍，金爲白虎，日爲朱雀，月爲玄武，四象交會入於中官。其長生不離於戊巳之土，且以鍊藥者，必識虎焉。陽得其陰，則自然含互矣。雲牙子曰：水大飜成真鼎之器，河車運而戊巳留矣。元陽子曰：四象者生於戊巳，是爲中官之尊者也。故四象者制戊巳而成，無戊巳則四象無主矣。戊者，土也，巳者，糞也，相合爲一，老子所謂天得一以清，地得一以寧，神得一以靈者乎？四象所以合而爲一者，萬物無不因乎土者也。金也，木也，水也，火也，入於中宫，是爲歸於鼎，鼎者丹田也。雲牙子曰：青龍白虎生於南北，擒制相伏而游於鼎中。元陽子曰：青龍者，木也，生於坎户。白虎者，金也，産於離宫。是以青龍爲鈆，從北而生者也。白虎爲汞，從南而生者也。汞生砂，其外赤而應乎陽，内生水銀焉。鈆生於石礦，其外黑而應乎陰，鍊出白錫焉。鈆者，津也，其名曰玉液、曰華池之水。汞者，精也，其名曰曾青、曰法水，二者一體也。至於中元朝於赤帝，分配於上下者。上者，鈆之陽也。下者，汞之陰也。陰陽相和而得乎黄婆，則成大藥。此龍虎游於鼎中者也。雲牙子曰：金公求於黄婆，以與玉女會焉。元陽子曰：金公者，鈆也。其名曰嬰兒、玉女者，汞也。鈆汞相合入於中宫。黄婆者，居鼎之中。鼎之中者，丹田也，土也。一生五，五合於一，謂之十干，此六合之數也。是爲日精月華、日魂月魄、銀表金里之體也。雲牙子曰：鈆汞之生本一體者也。元陽子曰：鈆汞者下元命門之根也。橐籥之中産乎二腎，左者壬也，右者癸也。腎之二氣合而爲一，是爲鈆汞焉。上下飛騰，分乎南北，離宫坎户以爲之配，上下飜覆而鈆汞變矣。鈆者，陽也，其名曰金公，曰嬰兒。汞者，陰也，其名曰離女，曰姹女。經曰：坎男離女，而爲夫婦，水火成之，黄婆爲之母，能保此者，真水火也。雲牙(乎)〔子〕曰：金銀者真宗的也，上下飛騰，而二名者歟？元陽子曰：金銀者，陰陽之氣也，上下者，二弦也。月之三日見於庚，二十有八日見於甲，八日、二十有二日各見於離之宫，此陰陽變轉造化而成形者也。前十有五日而圓，後十有五日而闕，此二八之基，陰陽之數，六爻俱備者也。是以日魂月魄生於坎離，乃金求之氣，因水火而成胎胞，抱養以變還丹之色而爲四神之丹焉。雲牙子曰：陰陽飜變而爲九域，坎户離宫顯其變通。元陽子曰：採陰陽之正氣，存精而成者也。其數則用七、八、九、六而已，其時則用寅申巳亥而已，於是下火鍛之，鈆勿使飛，汞弗使走，惟安於中宫之鼎，可以變白馬之牙，用其刀圭，自成玉液矣。其名曰黄芽，將欲成乎七返，則用寅以爲始，其卦應於泰，是爲三陰三陽交合之位，其内應於肝，其外象於卯，故寅者木也，四孟之長也。震者仲也，可以用寅不可用卯焉。

申者，其卦應於否，否極泰來，泰來否至，交合隨時，是以三陰三陽返覆而生，其内應於肺，其外屬於酉。酉者，西方之金也。申者，長也，兑者，仲也，可以用申不可用酉，自寅至申，龍虎自足而爲七返焉。靈砂二變而還於九域，九域者，九轉之門户也。一曰谷神，二曰乾關，三曰華池，四曰牝門，五曰魂牕，六曰天户，七曰知牖，八曰希夷，九曰九域。自黑而生九色氣白黃赤緋緑碧紅紫。者，由此而入也，本乎心腎之飜成者也，是謂離宫坎户焉。離，陰也，心也。坎，陽也，腎也，陰陽之變也。雲牙子曰：日月之魂魄者，仙人之所惜也，蓋能鍊三田而作玉珠，仙人食其刀圭焉。元陽子曰：日魂月魄者，精也，氣也，陰陽之真氣也，人之根蔕也。精氣往來於三宫之中，鍊其三官而還於丹田，斯作紫金，方圓彌寸，其重一斤，此陰陽正氣結而成者也。中宫之鼎其名曰刀圭。刀圭者，土也，謂之黄芽焉。雲牙子曰：日魂月魄出於坎離。元陽子曰：木氣從坎户而生，上應於鉛，謂之玉液，在於華池。左竅之所出其名曰日魂焉，金潔坎離宫而産，下應於汞，謂之金液，四時上下往來交感，不離於丹田。於丹田也。由即閭右竅而上行，其名曰月魄，渴其變爲液硃，入於泥爲骨，變爲金髓，變爲珠矣。雲牙子曰：因乎壬丙，入於希夷，甲會於庚，而伸機變焉。元陽子曰：丙者，火也，壬者，水也，水火既濟而藥成矣，故曰希夷。希夷者，五行之根，從土而生者也。夫九轉者亦從此而結，是爲還丹焉。田者，木也，庚者，金也，金木相刑乃成真正者乎？金木者，藥之本也，知此以修鉛承，則金於神機歟！雲牙子曰：復之爻姤之體，其爲二基耶！元陽子曰：復爻者建子之月，一陽初生是焉。子之後者也。姤體者，建午之月，一陰初生，是爲午之前者也。雲牙子曰：用六時可以調其息氣。元陽子曰：六時者，六合之數也。雲牙子曰：卯酉飜騰，應其髓在乎三田，可以相制鍊焉。龍虎既見，可以檎矣。元陽子曰：卯者木也，其應二月。酉者，金也，其應八月，金木之相制者也。木者，其氣化液謂之鉛，乃陽，青龍之真氣也。金者其氣化血，其血化精，謂之汞，乃陰，白虎之真氣也。六時變轉以鍊之，可去三蟲矣。雲牙子曰：龍生火中，其見神光，虎生水中，其性堅剛。元陽子曰：龍者，木也，氣也，從離宫而上，入於天關，其化成津。吾舌之下有二竅焉，其左主津，其右主氣。腭之中有二竅焉，其左納津液，其右生涕涎。木者從坎户之所生，在於艮，宜用其寅。寅者，真木也，用息以烹之。息者，火也，其津如銀，上結者成酥，下就者成液，是爲太陽之酥，與精合而爲丹，斯有神光矣。虎者，月華也，金之氣也，金木相刑氣與精合，在鼎之中，其色雲母。雲牙子曰：丙壬交會則變二氣矣。元陽子曰：丙者，離也，火也，心也。壬者，坎也，水也，腎也，水火相克而成既濟矣。坎爲鉛，離爲汞，鉛鍊出白銀，汞返成朱砂，二者合而鍛之，則爲二氣之砂。雲牙子曰：田中馬芽其生如筍。元陽子曰：二氣之砂運入於丹田，鍛之如竹之萌，如白馬之芽。雲牙子曰：金木相交而歸於鼎，水坎調伏入於雄坑。元陽子曰：金者，水也。汞者，陰也。木者，火也。鉛者，陽也。金爲精，木爲津，四象調伏，運子中宫之鼎，閉息存氣入於雄坑。雄坑者，鼎也，土也。雲牙子曰：五行成合則能通變矣，玉液雲砂并乎九轉。元陽子曰：其藥從腎宫而下，於是玉泉凝結矣。蓋金之氣出入於離宫，下轉于腎而爲血，血化爲精，其名曰金精。上結則曾青焉，下成則法水焉，其性好飛，鍊之堅剛則成寶矣。雲牙子曰：二獸相逢自能制伏，見乎黄君，其身則昌。元陽子曰：龍而下虎而上者，相逢也。如是則自然合而歸於一，此制伏者也。黄君者，鼎之土也，鉛汞爲土所制則歸於中宫，何也？吾閉千息則鉛汞上下流轉於三田之中，復返於下元，入於蘭臺，而成紫金，其身則昌矣。雲牙子曰：任從三官往來之變，飢則食於玉液而勿急忙焉。元陽子曰：三宫者上曰泥丸，中曰絳宫，下曰蘭臺石室。夫日精月華四時上下往來，朝於元君，又有赤帝君居於中焉，黄元君居於下焉，因氣以養精，因精以養神，神能通變三，三則九矣。學者但能養氣住息，飢吞冲和之氣，渴飲華池之漿，於是亦可使氣化血，血化精，精益於脉，脉補於肉，肉增於髓，髓壯於筋，筋潤於髮，髮返於黑，而後金骨既成，變老爲童焉。夫惟閉息而心默數之及於千息，則五穀自除，飢渴絶矣。烹之玉液以潤五藏，以利六府，至於萬息，則可以仙矣。雲牙子曰：閉天關扃地户，其藥未成不可以狂。元陽子曰：天關不入，地户不出，此修生之要也。若夫飡霞服氣，用藥以辟穀，此乃狂者之作，去仙遠矣。故經曰：惟用身中汞，勿於諸境取之。雲牙子曰：金津生於坎户，玉液産於離宫。元陽子曰：金津者，精也。坎者，腎也。玉液者從離宫而來，與精相合而歸中宫，以成大丹。大丹者，鉛汞也。雲牙子曰：二者本一而已，分配而爲二儀者也。元陽子曰：鉛爲津，汞爲精，因氣而化者也。至於離宫而復分配乎上下，此陰陽之造化乎？蓋一物而二體焉。及其相合用息以鍊之，大藥既成，五穀除而三蟲亡矣。雲牙子曰：於恍惚求之，則杳冥之中自有形焉。元陽子曰：恍惚有物，其虚中而實，是謂陽氣也。杳冥有精，其無中而有，是謂陰精也。精與氣合而爲神。神者，息也，息者爲土爲火。火非養土，土能存火，故曰一體而爲三者歟！雲牙子曰：空之中有實精焉，無之中能成道焉。元陽子曰：空爲實者，運精以補腦乎？無而成者，氣化津，津化血，血補精乎？精者，神也，神存則體健，神去則體絶，能養精氣，兼存其神，則其遠自成。故曰純陰不成胎，純陽不結砂。雲牙子曰：因於造化之體，陰陽變通，其身榮矣。元陽子曰：精氣相感而生正氣，正氣者，人之根蒂也，正氣散而神不聚矣。神息者，命也，是乃金木之宗乎？體能造化，其身悦澤而返童者也。雲牙子曰：九還七返者，乾坤之功程也。元陽子曰：自寅至申，申復至寅，各半歲之象也。故曰返焉，是爲夾背而上，至於腦户，復下至於玉泉，亦曰七返焉。自巳至亥，亥復至巳，由尾閭入於金鎖骨，中道而上入於泥丸，度於重樓十有二環巾，朝於赤帝流行至於丹田，朝於黄元，而後入於金堂，有七天大夫收之納於寶藏：一曰神珠，二曰寶龜，三曰赫赤金丹，其光九色，故曰九還焉。雲牙子曰：神水曾青者，土名也，上下通流而各行焉。元陽子曰：神水者，津也。主於舌之下，從腎而逆上穿於離宫而過，其名曰華池之漿。曾青者，精也。從右腎而逆，上過於離宫，復下出於玉泉，入於希夷。雲牙子曰：神水者出於丙丁，曾青者出於壬癸。元陽子曰：丙者，南方也，生於巳。丁者，亦南方也，生於未，皆屬於陽焉，夾，其離者也。其西者，陽也；其中者，陰也。是生神水曰玉液，曰鈆，曰龍，曰嬰兒，曰金公，曰太陽酥。壬者，北方也，在於亥癸者，亦北方也，生於丑，皆屬於陰焉，夾其坎者也。其西者，陰也；其中者，陰也。是生曾青曰金津，曰汞，曰虎，曰姹女，曰玉質，曰法水。經曰：五行者，留神保神，是爲龍虎者也。不悟五行之精，猶以他人爲父母歟？水主乎氣，金作乎髓，肉爲乎土，血爲乎水，故不死之道在乎離宫焉，識乎五行則身有主矣。還丹者，水銀之精也，殊質不可以爲侶也。雲牙子曰：於其中宫而尋鼎器，八門相對，斯應於功程乎？元陽子曰：中宫之鼎者，黄元君也。八門者，何也？曰：休，曰生，曰傷，曰杜，曰景，曰死，曰驚，曰開，於是日用乎八卦，起於八宫，使藥運用如功程焉。雲牙子曰：用乎水火而成既濟。元陽子曰：水火者，津精也，氣息也。上水下火鍊之而成丹，勿有差焉。雲牙子曰：日精月華相合而鍊之則成砂焉。元陽子曰：日精者，陽也，木之氣也。月華者，陰也，金之氣也。雲牙子曰：知其白，守其黑，其名曰河車。元陽子曰：陰而黑者也，陽而白者也。陽爲鈆，用火以鍊之，内有白錫見焉，是以知其白守其黑。黑者，水之數一也，内者金之數四也，得一而後生一，是爲陰陽，是爲日月之精華，此河車也。經曰：北方正氣爲河車，東方甲乙成金花，此之謂也。雲牙子曰：運行中宫之内，丹田生乎黄芽。元陽子曰：以日精月華、日用四時而運轉。入於中宫者，精也，鈆也，河車也。日華者，汞也，金花也。中宫者，土也。鈆汞見土斯生黄芽者歟？雲牙子(田)〔曰〕：穀氣消矣，其陰盡矣，金花見矣。元陽子曰：知夫鈆汞者，下丹田真氣所生也。但閉息存神以養其氣，息閉至於千數，則五穀之死氣除矣，不飢不渴，其神存而真氣日生矣。饑飡元和之氣，渴飲天池之玉漿，其香如菊，故曰金花。雲牙子曰：海之中無穢質矣，三蟲之去漸遠矣。元陽子曰：水穀之海，其滓所藏，採鈆鍊汞，至於百日，閉息養氣至於千息，其滓除矣。【略】雲牙子曰：其形起於金骨，伴於浮查。元陽子曰：鈆汞之鍊也，日月四時運轉三宫，百日而金丹成矣，閉息養氣至於萬數而金骨變矣。意有所之，乘飛雲登浮查者，五假之仙也。雲牙子曰：從一至十可以分配於歲月之程。元陽子曰：一而至十，十而至百，百而至千，千而至萬，萬而至億，億而至(治)〔兆〕，兆而至垓，此數也。一日一夜爲百刻者，大小之數也。何也？一日十有二時，其六爲陽，自子至於巳者也。其六爲陰，自午至於亥者也。晝夜百刻二十分四十有四秒，七十有二變，其象一歲焉。十月者，十歲也，此其小者也。一歲十有二月，其六爲陽，自十有一月至於四月者也。其六爲陰，自五月至於十月者也。此其大者也。雲牙子曰：日也，時也，運也，此其數也，在乎度陰陽之情而已。元陽子曰：日者與時同者也。養性鍊命者，可用四時四孟焉。四時謂立春、立夏、立秋、立冬之日。時可用寅申巳亥焉，此七返九還者也。寅，木也；申，金也；巳，火也；亥，水也。是爲四象焉。納於中宫，是爲五行焉。寅，金也；巳，水也；申，木也；亥，火也。納於中宫，䣾配坎離，故曰七返者也。經曰：離有真水，坎有正金，故曰九還者也。此陰陽之情也。雲牙子曰：六合與衝破神機互包成。元陽子曰：子丑、寅亥、巳申、午未、戌卯、酉辰，此六合也。子午、卯酉、巳亥、寅申、辰戌、丑未，此衝也，於六合以運轉，於其衝以行功，乃天機包成者也，依此而行則無差矣。雲牙子曰：功之成也，大則九載，小則百日。元陽子曰：九載者，其小功猶二十有七焉。百日閉息，則金丹立成，愈於九載之難也。雲牙子曰：寅申并於巳亥，而子午轉其金丹焉。元陽子曰，寅申巳亥者，四時也，日月之功程也。子午者，導引般載，從乎尾閭，而逆上入於泥丸，復順轉歸於丹田，於是具性見矣，金晶變矣。其法子之後，午之前，生氣之時，可以用功焉。此玉液金晶之名也。雲牙子曰：卯酉開爐而浴之，其參銖分兩均矣。元陽子曰：卯酉時與日同。不可進火，可以沐浴焉。寅申巳亥，可以進火。其用一銖二參七忽七絲七秒，火不可急行也，可以徐加其數焉。火者，何也？閉息養氣存神之數也，自九而增加，至於萬，則金丹成矣，嬰兒見矣，十月解胎而子母成矣。雲牙子曰：銀表金里神室合於子形。元陽子曰：銀表者，鉛也。金里者，汞也。此龍伏虎之津，虎伏龍之精歟。神室者，陰陽相制也。二者相結而如雞卵，謂之合子形也。雲牙子曰：安於中宮之鼎，然後用卦體行之。元陽子曰：中宮者，丹田也，青黄白者，丹之命也；卦體者，陰陽銖兩大易爻數火之准也。雲牙子曰：乾生於坎者，金精也。元陽子曰：乾者，金位也。其應西北，旬有五日，月照於庚方，與甲乙之木合氣者也。雲牙子曰：坎生於艮，而出石也。元陽子曰：坎者，水也，金所生焉。水產於艮，艮者，山也，其應東北。二旬有八日，月之下弦者也。雲牙子曰：震，木水石產於山中。元陽子曰：震者，木也，卯之位也，金之孫，水之子也。從山所出焉，是爲二陰一陽，日月相望而生氣，以爲日之精，其名曰龍土，初九之數也。雲牙子曰：巽爲風，生乎土中。元陽子曰：其位西南，坎之女也，其生於木焉。春生萬物，是爲二陽一陰，陰在於下，三十日而成華者也。雲牙子曰離者朱雀也，其藏於土。元陽子曰：離者，從震所產焉，因風而成。其體爲火，是爲朱砂，中有水銀，其應於午，屬干地也。何以藏於上乎？坤在西南，與乾夫婦也，六十日而成紫精矣。雲牙子曰：允出於坤，宮自合其情。元陽子曰：兑者，西方也，酉位也，坤所產焉。於是日月相望，月增日虧，是爲一陰一陽，陽在於下九十日而成紫金砂矣。雲牙子曰：子之後復之，初卦也。寅申交泰，七返也。元陽子曰：復者，五陰一陽，見龍在田也。自子至於申爲否，三陰三陽，故曰七返。雲牙子曰：午之前遇來，相應者也。巳亥者，乾坤之九還成矣。元陽子曰：午者，一陰初生，行功之候也。時與月同。其卦爲姤，五陽一陰，履霜堅冰也。巳者，乾之卦也，六陽之數足矣。陽者爲銀八兩，陰者爲金八兩，金銀相合，其重三百八十有四銖，此一斤之數也。九還者，九轉也，九色備矣。雲牙子曰：艮投於坤，其陽將盡，運乎陰陽，九月之程者也。元陽子曰：艮者，東北也，一陽二陰也。坤者，西南也，三陰也。艮投於坤，其卦爲剥，九月之象也。一陽五陰至於十月，陽盡而坤見矣。雲牙子曰：兑入子乾，其陰欲絶，卦分於節令者，九三經也。(元)[元]陽子曰：兑者，西也；乾者，西北也。俱爲金焉，入於乾，是爲夬，三月之象也。五陽一陰至於四月，陰絶而乾成矣，此九還也，大醫於是乎成紫金之丹。雲牙子曰：上弦者，月之初也，生於庚位。元陽子曰：月之三日，月出於庚，是爲金晶之氣，初生者也。於是陰爻之重十有二銖，其名曰月魄。雲牙子曰：下弦月之喪也，其在甲地。元陽子曰：月之二十有八日，月出於甲，太陽見矣，於是爲木晶之氣，初生者也。陽爻之重十有二銖，其名曰日魂，日月相合，其重一兩。易曰：西南得朋上弦也，東北喪朋下弦也。得朋者，日没而月生也；喪朋者，月没而日生也。此陰陽之爻數也。故鉛生於木，爲陽，爲銀，爲表，爲夫焉。汞生於金，爲陰，爲金，爲里，爲婦焉。其合成四象者也。雲牙子曰：七八者，日月相望也；二八者，陰陽相備也。元陽子曰：日月者，十有五日一望焉。日月相見，初生者也。前乎十有五日者，二日也，日增月虧。後乎十有五日者，八日也，月盈日虧，是爲六陰六陽，其爻備矣。其陰陽之重各一百九十有二銖，一斤之數也。雲牙子曰：月者，八與二十三對者也，其生之辰俱在乎離。元陽子曰：八日，二十三日，月之出，日之没俱在於南。南者，離也；離者，火中有水焉。月者，金之氣於水爲子焉。雲牙子曰：陰陽配對者，金也，銀也，大藥相見相契矣。元陽子曰：金者，陰也，月也；銀者，陽也，日也。汞得鉛而成大藥，此日月之契合也。雲牙子曰：存其神息則丹成矣。元陽(于)[子]曰：神者，氣也，水也；息也，血也，水也。息者有五穀焉，又爲土爲金爲水爲木爲火者乎？血者，水也，於是又爲髓爲精。精者，神也。夫能存其精氣，於是津氣相合，養其命而延年矣。雲牙子曰：九轉則三清之，天符其至矣乎？元陽子曰：既識鉛汞，鍊之成丹，鎮於三宮，日用其卦，六時以運轉之，天關不入，地户不出，斯無漏者也。天符宜其至矣。雲牙子曰：七變者，從一氣生者也。神符白雪者，自乎甲庚者也。元陽子曰：七變者，七返也；氣者自丹田真氣之所生也。甲庚者，金木之相刑也；神符白雪者，精津相合在乎鼎也。雲牙子曰：用意於寅申，勤行火候，存其白黑，以返金晶。元陽子曰：寅者，木也，鉛也。申者，金也，汞也，自寅至亥而鍊之也。雲牙子曰：日用者，四時也，八卦也，大藥可以變童嬰矣。元陽子曰：日用者，一日爲一歲也。四時者，寅申巳亥也。八卦者，乾、坤、離、坎、否、泰、復、姤也。三百二十日，大藥成矣，一千三百日，三蟲亡矣。雲牙子曰：三蟲滅則坦然無慮可以養金精矣。元陽子曰：於是五穀絶矣，金精自住矣。雲牙子曰：天關閉矣，地户牢矣，中宫嬰兒翫乎日月。元陽子曰：天關閉則諸味不入，地户牢則下無漏矣。中宫者，丹田也，中有鉛汞，其名曰嬰兒，翫乎陰陽之正氣者乎？雲牙子曰：明堂之前有玉池。元陽子曰：明堂者，橐籥也，精海也，洞房也。雲牙子曰：黄婆於是婚奼女焉。元陽子曰：鉛汞見土乃歸於一者也。雲牙子曰：結就則真胎脱矣，推於二十四氣，十月則其期也，於是頂門產乎嬰兒。元陽子曰：正氣漸結於丹田，返乎童子之色，此胎脱者也。卯酉之月不可下火，可以沐浴，故一歲所用者十月而已，存想真氣，自其頂門游行出入，此其嬰兒者也。

又卷三六《大還丹篇》 元君曰：太陽元精生其不生者也，太陰元精死其不死者也。生不生者，長生門也；死不死者，歸道根也。太上曰：太陽元精何謂歟？元君曰：陰陽變化而生五行，五行相生而孕靈化，何者？土之精生靈液，靈液之精生白金。白金，水之精，生赤明靈砂，靈砂之精生太陽之光，太陽之精生元氣，元氣生神明。神明者，通之門也。故太陽者，元陽之謂也，始孕乎白金。水之胎而爲赤明靈砂之門，以合元氣，通神明，順陰陽，返五行，於是元精自生。夫子玄曰：其要曰大還丹。夫所謂大還丹者，日魂月魄之所致也。自南方之火位襲化北方壬癸之中，歷涉五行，色含五彩，功齊於天地，難測究矣。其方十有二以象乎一歲：其一曰華池玄元始生之氣，造化天地之象，三五之數，雄雌清濁，未分潛龍之位也。君子守道俟時而得之者，其鼎爐焉。經曰：知白守黑，神明自來，是知玄爲萬物之母，聖之所祕也。其二曰白金黄芽，蓋自華池錬金花者也。凝結而爲混沌，屬乎丹衣之初地玄關未啓，陰從虎，陽從龍，艮力三旬而伏，離宫九轉而歸，於是乎爲白金黄芽，非五金八石之化也。其由乾坤結精，太玄流液感氣而成，譬夫父母傳氣而生者耶！故吾之至藥，坎之男，離之女，情性相依，結氣而爲之矣。其象易之九二，見龍在田者也。其三曰五行。夫水生木者，汞也，非世所謂汞也。水生火者，靈砂也，非世所謂靈砂也。火生土者，神氣也，非世所謂土也。土生金者，白金也，非世所謂金也。金生水者，黑水也，非世所謂水也。金克木，水克火，土克水，火克金，土强乎！四時之季，各旬有八日，爲之羅絡，故五行生克而成至藥焉。故曰：持歸天上而授以水中之金，於是火盡，三年之後，九轉深矣，及日之夕，玄鶴唳乎清陰焉。其四曰四象，青龍也，白虎也，朱雀也，玄武也。青龍司乎東方，木也，汞也。其干甲乙，澄之不清，撓之不濁，近不可取，遠不可捨，如龍潛藏變化而無極者也。白虎司乎西方，金也。其干庚辛，得真一之位，至精之所致也。故聖人言兑女爲青龍之婦，是乃五行相生，由是至精真氣凝結降伏而不動者也，得其一則萬事畢矣。朱雀司乎南方，火也，朱砂也。其干丙丁，割液成龍，結氣成虎，其氣騰則爲天焉，降則爲地焉，故大丹者見乎火則飛矣，朱雀之象也。玄武司乎北方，水也，黑也。其干壬癸。老子曰：上善若水，非鈆非錫，非石之類也。所謂元精之神、河車之神，水者也。生乎天地之先，能柔能剛，能育萬物，吾之鼎必使四象具焉。所謂四神丹者也，四位成塵則復歸其舊主，如水宫之獲獸，金闕自爲隣矣，結伴者情合者也，因乎媒則道益親矣。其五曰明乎鈆汞之真。鈆者坎，結白而爲之也；汞者離，流液而爲之也。於是乎河車之水、離龍之火合焉，因木以長養之，則澄清而無涯矣。故鈆中有金，金巾有還。是知黑水之中其生白金，白金變黄金矣，黄金變紫金矣。其舍五色，其名曰大還丹。何也？白金者，從鈆而出，因水而生，是以龍虎自東西而得變化以爲黄芽。黄芽者，依土而生，得土之性。故四黄芽。水與黄相雜，月與黑相交，故運扇黑日白月，取其子母爲一體，鳴鶴在陰之象也。斯虎嘯龍吟，物類相感者也。故汞爲性，鈆爲情，二者相合焉。夫謂自然之常道，豈外之物乎？其六曰日月，乃天地之精，藥之王也。坎，男也，其象爲月。離，女也，其象爲日，日有踆烏，陰之類也。月有顧兔，陽中之屬也。白金産乎河車，陰中之陽也。汞産乎靈砂，陽中之陰也。其形質何如哉？玄而又玄者也。故日月在乎手，造化生其身，故左腎爲日，右腎爲月，艮乃於離宫採藥送歸於坎户。玉爐金鼎而用八卦，黑水河車般載砂汞，此聖相傳賢相授者也。其七曰明藥色，藥之根與玄水相生者也。於是乎主白金，白金變黄金矣，黄金變紫金矣。得白金者爲地仙，得紫金者爲天仙，此何道也？一物而有五彩者也，非世之藥以火養之，以匱盛之無變化者也。吾之藥者，日月運乎至寶於乎之時下功不厭其多，惟六月不用火焉，陽神光以其兆立矣，陰律之中其潛輝矣，識嬰兒者必搴乎姹女之帷焉。故無麤不包，無細不入，垂象於天，自生光明；垂象於地，則寃魂離乎塗炭；垂象於身，則形神并飛天矣。其八曰九還七返。九還者，大而一年，小而一月，猶北斗之度晝夜周矣。天降地騰，生化萬物，自寅至申，七返者也。返而復至乎坤，九還者也。夫欲進乎神仙，必得乎三千有六百年之正氣而後可焉。今舉以明大，以一日之時十有二，其六陽，其六陰，陽肖春夏，陰肖秋冬，於是一時者，一日之象也；一日者，一月之象也。月有三旬，斯爲三百有六十時，一歲之象也。推而上之，以十二時者，十二月也。三百有六十日，其猶三千有六百年歟？故人以十月而成身，丹以十月而脱胎，人道豈不相通也哉？其九曰擇友。君無友則喪其國，臣無友則失其忠。庶人無友則亡其家，道無友則隳其真，得其友則擇日之相生。相生者何謂也？進其王氣者也，一舉流珠則五彩明矣，曰春曰夏曰秋曰冬。隨其氣之汞者，則陰陽顛倒，其事先留矣。其十曰金鼎。金鼎者，上應乎天，中應乎人，下應乎地。天地相應，人斯昌泰矣，天傾地側，萬物斯喪矣。故易曰：先天而天，弗違後天，而奉天時，天且不違者，主此道也。夫所謂鼎者，非所謂鼎也，外方内圓，形如雞乎？其大一寸，從無入有，是爲混沌，造化之氣，幽關在其中央者也。黄帝鑄鼎於荆山，有尺度焉，其高一尺有二寸，其重七十有二斤，其圍一尺有五寸，其足去地二寸有半，底之厚二寸。其身之厚一寸有半，其深六寸。其蓋一寸有半，其耳一寸。其受物三升有半。鼎之上，天水也，其下地火也。四周有二十八宿焉。鼎火不可修藥者，其病有十焉，草衣子嘗言之矣。其十一曰太一之爐，斯乾坤爲爐，陰陽爲鼎者也。其象五嶽。月十有二支，隨斗所建而立壇焉。其壇三層，其爐八門。爐之高二尺，其厚六寸，其圍三尺有五寸，其門之高二寸，其闊半寸。十有二支，其周一寸，故爐者鼎之城也，不可使邪氣侵焉。其十二曰華池之爐。上有黑月，下有白日及聚猴之坐從。建子之月，下功用火，依八節以行焉。立八門以應八風，冬至朔風，立春條風，春分明□風立夏交風，夏至景風，立秋涼風，秋分閶闔風，立冬廣漠風。於是八卦設位子外，右月左日，吾之藥三百八十有四銖。一歲者，三百有六十日二十有四氣也，故日當二十有五銖有半參焉。陰陽之氣及於冬至，逢子之辰於後以起火焉，至坤而終。十一月者，復也。開驚門，應生門，是爲冬至，一陽生一兩一銖半六參一黍。至於月終，則陽生三十二兩，其龍猶潛伏焉。大火一斤，用三日，小數則用火四兩，而三尸自滅矣。故曰：白虎未能擒制伏，青龍從此游翱翔。此之謂也。十二月者，臨也。開傷門，應塞門，至月之没得陽氣六十四時，是爲九二見龍在田者也。用火八兩，大數三日，陽生九二，上有九五相應，藥凝結者也。故曰：臨卦之中運青龍，象春節氣雨濛濛。海波漸高冲蓬島，玉户關牢避塵風。配合四象歸戊己，陰陽誰信有神功。此之謂也。正月者，泰也。開驚門，應生門，至月之終得陽氣九十六時，是爲九三君子進德修業者也。陽氣下降，雨水相交，烹鍊太陽，大數用火八兩，行三日見境，小數四兩，用九日焉。故曰：泰卦方知二氣平，鼎中真藥甚分明。龍吟虎嘯真堪聽，電轉雷聲蟄轉驚。春境漸生真火降，手摶日月入金城。此之謂也。二月者，大壯也。位居九四，至月之終，陽氣得一百二十八兩，不可用外火者也。故曰：壺中日月添精氣，鼎内紅蓮涌碧波。側耳聽聲聞姹女，嬰兒見藥便篩羅。此也謂也。三月者，夬也。開驚門，應傷門，位居九五，至月之終，得陽氣一百六十兩，是爲飛龍在天者也。大數以火二斤，用三日，小數四兩，用十五日。故曰：制伏白虎非容易，降伏青龍不偶然。已沸鼎中飛紫粉，看看火内化金鉛。此之謂也。四月者，乾也。開傷門，應驚門，至月之終，得陽氣一百九十二兩，位居上九，用火二斤八兩，其時火盛，用三日，小數用火四兩，行十八日。故曰：調和氣候依時節，五行鍛鍊入元宫。此之謂也。五月者，姤也。開休門，應生門，其陰生一兩一銖半六參一黍，陽盛亦然，至月之終，陰氣得三十二兩，用火二斤，行三日，小數用四兩，行十八日。故曰：離宫採藥付元神。此之謂也。六月者，遁也。開休門，應驚門，位居六二，至月之終，陰生四斤，用火一斤八兩，行三日，小數用火四兩，行二十一日。故曰：旋源海水聽更漏，暗想紅蓮滿十洲。此之謂也。七月者，否也。位應於寅，至月之終，陰生六斤，火數用火一斤，行火一斤，行三日，小數四兩，行二十四日。故曰：黄芽漸吐金花發，白雪澄來海自深。此之謂也。八月者，觀也。開傷門，應塞門，位應於卯。至月之終，陰生八斤，於是行内火小數二十七日。九月者，剥也。開驚門，應生門，位應干辰。至月之終，陰生十斤，用火八兩行三日，小數四兩行三十日。十月者，坤也。開休門，應驚門，位應於巳時，爲六龍戰於野，其血玄黄，其道成矣。至月之終，陰生一百九十二兩，大數用火四兩，行三十日，小數亦用四兩，行三十日。乾，天門也。坤，地户也。乃陰陽之主乎？起於建子之月。月有卦，積爲三百八十四爻，此藥畢矣。故自子至於巳，純陽用事，是爲陽求於陰，水入於金者也。自午至於亥，純陰用事，是爲陰求於陽，水爲凝結，其金消散，而入於水者也。是以水得火而騰躍，金得水而潛匿，斯乃相擒制而凝爲大丹者歟？審乎歲月日大小之數，陽生所得銖兩之多寡，如爻動時，開其門户，隨斗月建，生殺有時，不得踰越焉。元君曰：此道也。先除色境以逐九蟲，三日而無夢，七日而變童顔也。

徐松《宋會要輯稿·職官四三·提點坑冶鑄錢司》 高宗建炎四年三月十七日，江淮荆浙福建廣南路提點坑冶鑄錢孫莊言：「本司歲用銅、鉛、錫、鐵，唯藉荆廣路坑場出産，其合要本錢全仰二廣五分鹽息錢應副。以地遠烟瘴，前後提點官罕曾親到，致官吏弛慢，積弊百端。今太后、六宫及從衛百司、官兵已到虔州，所有本司欲望許令於荆廣路踏逐衝要軍州，權置廨宇，候太后、六宫、從衛百官還闕日，仍舊歸司。」從之。【略】

［孝宗乾道七年五月］十七日，江璆札子：「契勘江西路四監鐵錢已鑄到三萬餘貫，畫旨每二萬貫令淮東轉運司雇舡裝載，下通、泰州鹽場，充亭户本錢，却兑換客人納到銅錢，從淮東提鹽司計置起赴左藏南庫樁管。後來撥隸本司，督責鼓鑄，通前計鑄到鐵錢一十萬一千餘貫。欲望朝廷札下淮東轉運司，速行計置舟船，前去逐監般取，委自知、通裝發，往通、泰州兑换銅錢，起赴左藏南庫交納。」詔依，令提舉鹽事司兑換銅錢，發赴左藏南庫交納。

李心傳《建炎以來繫年要録》卷八七　乙未初，榷鉛錫。應産鉛錫坑冶盡行封樁，具數併價申部令榷貨務依茶鹽法措置，印造文引許客人筭請給賣齎赴指定州軍坑場。

葉廷珪《海録碎事》卷三上《地部上・總載山門》　福禄嶺，在懷集縣，多産金、銀、鉛、銅。

又卷四上《地部下・京都門》　梅根冶，池州銅陵縣，齊梁之代爲梅根冶，烹煉銅、鐵，庚子山謂東南以梅根作冶者也。

又卷一五《商賈貨財部・金門》　辱金：金曾在丘塚及爲釵釧、溲器，陶隱居謂之辱金，不可合煉。

洪邁《容齋三筆》卷一一《宫室土木》　秦始皇作阿房宫，寫蜀荆地材至關中，役徒七十萬人。隋煬帝營宫室，近山無大木，皆致之遠方。二千人曳一柱，以木爲輪，則戛摩火出，乃鑄鐵爲轂，行一二里轂輒破……宜聖庫之銀朱，桂州之丹砂，河南之赭土，衢州之朱土，梓信之石青、石緑，磁相之黛，秦、階之雌黄，廣州之藤黄，孟澤之槐華，虢州之鉛丹，信州之土黄，河南之胡粉，衡州之白惡，鄆州之蚌粉，兖澤之墨，歸歙之漆，萊蕪、興國之鐵，其木石皆遺所在官部兵民入山谷伐取。又於京師置局化銅爲鍮，冶金薄，鍛鐵以給用。

周去非《嶺外代答》卷六《器用門・梧州鐵器》　梧州生鐵在鎔，則如流水，然以之鑄器則薄，幾類紙，無穿破，凡器既輕且耐久。諸郡鐵工煅銅，得梧鐵雜淋之，則爲至剛，信天下之美材也。

吴箕《常談》　金有三等，黄金爲上，白金爲中，赤金爲下。孟康曰：「白金，銀也。赤金，丹陽銅也。」今不聞丹陽有銅曰赤金。唐太宗賜房玄齡黄銀帶曰：「世言黄銀，鬼神畏之。」更取金帶賜杜如晦家。今人亦不復見有黄銀。淮南王與方士爲藥金，劉更生得其書，幾致殺身。而壽春八公山，至今有人時得藥金於淮南祠旁者。

吕祖謙《宋文鑒》卷四七張方平《論免役錢》　金、銀、銅、鐵、鉛、錫、茶、鹽、香、礬諸貨物，則山海坑冶場監出焉，此所謂取於山澤者也。

魏了翁《古今考》卷三七《贖刑金鐵之辨》　疏：【略】《舜典》之「金作贖刑」，傳謂黄金，其罰百鍰，此言黄鐵。古者金、銀、銅、鐵總號爲金，今别之以爲四。古傳黄銅、黄金，皆今之銅也。古之贖刑悉皆用銅。

魏了翁《古今考・古贖罪用銅唐復用銅》　古金、銀、銅、鐵，總號爲金。《爾雅》：「黄金謂之璗，白金謂之銀」，是黄金、白銀俱各名金也。《周禮・考工記》：攻金之工，築氏爲削，冶氏爲殺、矢，鳧氏爲鐘，栗氏爲量，段氏爲鎛，桃氏爲劍，其所爲者，有銅，有鐵，俱名爲金，則鐵名包銅也。古贖罪皆用銅，漢始改爲金，但少其斤兩，與銅相敵。漢贖死罪，黄金三斤；古贖死罪，銅千鍰，鍰，六兩。爲銅四百一十六斤，恐未的。後魏以金難得，金一兩，收絹十疋。唐律依古法，死罪贖銅一百二十斤，於古稱爲三百六十斤。唐之一斤，古之三斤。孔以鍰爲六兩，計千鍰爲三百七十五斤。如此，則古六兩，今之二兩。古今稱不同，别攷。

潛説友咸淳《臨安志》卷八《行在所録・院》　文思院在北橋之東，紹興三年三月，工部請倣京師舊制，監官分兩界，上界造金銀珠玉，下界造銅鐵竹木雜料。隆興二年，用左司葉顒請，兩界監官廳解舍，毋得與本院隣牆，皆以防弊欺也。

楊輝《楊輝算法》卷上《田畝比類乘除捷法》　銅三十六鉈，每鉈重四十八斤，問共若干？

答曰：一千七百二十八斤。

楊輝《詳解九章算法》　比類。出錢一十貫，買銅一斤九文，買錫一斤七文，欲共斤數相等，問幾何？答曰：各重六百二十五斤，銅價五貫六百二十五，錫價四貫三百七十五。《術草》曰：併銅、錫價十六爲法，以出錢十貫爲實，實如法而一。

章如愚《山堂考索》後集卷五二《財門・唐賦税鹽茶酒錢楮坑冶銅禁》　宋朝生財之法，多因於唐，今日乏財之患，乃甚於唐。愚嘗讀唐《食貨志》而竊疑之。昔歐陽公作《唐書》諸志，而其於食貨尤詳，曰賦税，曰茶鹽，曰榷酤，曰銅錢，曰飛錢，曰坑冶，曰銅禁，皆次第而歷言。其本末是非特爲唐設也，所以見我朝之源流相因如此也。【略】唐之銀、銅、鐵、錫一百六十餘萬，韓洄建議，請山澤之利，宜歸王者。自是皆隸於塩鐵使，是坑冶之利在唐爲盛。貞元之初，張滂奏江淮鑄銅爲器，文宗時，李珏請禁銅器，一切市之於官，是禁銅之法在唐爲嚴。【略】坑冶之利，非不置使以專掌，而採於山者有限，而生於地者易窮。銅器之禁，非不中明其法以嚴禁，而今日稍稍知懼。數月之後，浸以如故，何乃用唐之法，而終不能以如唐歟？豈古今之異宜而事勢之不相類歟？豈法制之未備而不能窮其利歟？又豈非謀議之臣尚有餘智而未能以悉計歟？非也。蓋唐劉晏、李巽、韓洄之徒，或爲户部，或爲度支，或爲轉運，或爲鹽鐵，皆能通知其財貨之本末，而後隨其盈虛損益之勢，斟酌而斡旋之，故能使利源不竭，而國賴其用。今之尚書版曹，所以總財貨之權，其次則有司農，有常平，有轉運坑冶，往往朝而處之，暮而易之，未有能通知其本末之所在者，雖知其賦税之當減者也，茶塩之當去也，搉酤之當罷也，鑄錢之當多也，楮幣之當重也，坑冶之不可以不盈也，銅器之不可以不禁也，大抵隨事而議，隨弊而救，而不深明其所以然之，故此其患在於士大夫以財賦之職爲假途也。天下之事皆易知，惟財計之弊非深明，其利害則未易論也。況利源之在天下，本末常竭，而今日東南之地又自古財用之區，曩時之國於此者，玉帛之餘波。及他國封於此者，銅鹽之利偏於天下，或獨倚辦偏方以成鼎峙之勢，或專領江淮以當租税之半，而國家全盛之時，備禦西戎北狄，宿兵方鐃，使無缺事，亦皆仰給於東南，安有曩時皆然，而今獨不然耶？執事試以愚言思之，財用之乏，非所憂也。

又卷六二《財用門·坑冶》 高宗麟德二年，廢陝州銅冶四十八。【略】

慶曆三年六月甲辰，詔曰：「議者多言天下茶、鹽、礬、銅、銀、坑冶之有遺利，朕懼開掊克之政，常抑而弗宣，然尚慮有過取而傷民者。轉運司其諭所部官吏，條上利害以聞。」《長編》。

鉛汞法象

陳楠《金丹正理大全諸真玄奥集成》卷五 鉛汞詩曰：鉛出白金汞産砂，丹家便把此來誇。若將金石爲真藥，猶播禾䅌望長麻。坎内黄男名汞祖，離宫玄女是鉛家。分明辨取真和僞，産出真鉛似馬牙。

世上狂妄邪師，因見丹經紫書，以真鉛真汞爲大丹藥，遂倩爲土石中出，鉛礦中所提白銀爲真鉛，朱砂中所抽水銀爲真汞，便將此訣寶秘，以爲大丹之基，誇獎誘惑，盲聱世人，自高自是，以非賫金信質，誓不輕傳。世之愚夫，見其高談闊論，覬覦世利，將謂點銅乾汞以濟身家。殊不知鉛、銀砂汞、金石草木乃後天地生，查滓有形之物，氣類不同，焉能成丹。縱有成者，上可濟貧救困，助道之資而已。豈肯合我之體，而居以點化凡軀，問陽换骨而形神俱妙者哉？若將金石砂汞爲真鉛、真汞者，猶種禾黍而望長麻，不亦愚乎？豈知真鉛産在坎宫，真汞生居離位。坎乃北方正氣，屬水。水爲金子，水返産金，母隱子胎，故虎向水中生也。虎含在西曰兑，兑金生水，水中産金，是爲真鉛。陰中之陽，外雌而内雄。中含戊土，故曰黄男。雖然鉛是兑宫。金水所産，而坎中陽爻原屬於乾。刼運未交之先，乾因顛蹶，馳驟悮陷於坤乾之中。爻損而成離，離本汞居，故目坎内黄男名汞祖也。離乃南方正氣，屬火，火爲木子，火還孕木，子藏毋胎，故龍從火裡出也。龍家在東曰震，震木生火，火中産砂，是爲真汞。陽中之陰内雌而外雄，中含已圡，故曰玄女。雖然汞是震宫木火所生，而離中險爻原屬於坤，混沌擷落之後，坤□含受孳育，得配於乾坤之中。爻實而爲坎，坎本鉛含，故曰離中玄女是鉛家也。若能識真辨僞，知得真鉛、真汞根源出處，採而餌歸黄金室内，調水運火，行一時得藥之功，煉十月脱胎之事，工夫自到，真丹自結，生成一味白馬牙也。此乃金丹之真景象，非譬喻也。昧之者，雲泥異路；知之者，針芥相投，希微哉鉛汞産出之真馬牙也噫！

沈約《宋書》卷九《後廢帝紀》 凡諸鄙事，過目則能，鍛鍊金銀，裁衣作帽，莫不精絶。未嘗吹篪，執管便韻。

又卷三〇《五行志一》 晉惠帝元康中，婦人之飾有五兵佩，又以金、銀、瑇瑁之屬爲斧、鉞、戈、戟，以當笄□。干寶曰：「男女之别，國之大節，故服物異等，贄幣不同。今婦人而以兵器爲飾，又妖之大也。遂有賈后之事，終以兵亡天下。」

又卷九四《恩幸傳》 挾朋樹黨，政以賄成，鈇鉞創痏，構於筵第之曲，服冕乘軒，出乎言笑之下，南金北毳，來悉方艚，素縑丹魄，至皆兼兩，西京許、史，蓋不足云，晉朝王、庾，未或能比。【略】

《宋史》卷八八《地理志四》 ［江南西路］興國軍，同下州。太平興國二年，以鄂州永興縣置永興軍。三年，改興國。崇寧户六萬三千四百二十二，口一十萬五千三百五十六。貢紵。縣三：永興，望。大冶，緊。南唐縣，自鄂州與通山並來

隸。有富民錢監及銅場、磁湖、鐵務。通山。中。太平興國二年，升羊山鎮爲縣。紹興四年，又爲鎮，五年復。【略】

〔江南西路〕南安軍，同下州，淳化元年，以虔州大庾縣建爲軍。崇寧户三萬七千七百二十一，口五萬五千五百八十二。貢紵。縣三：南康，望。《元豐九域志》南安軍領縣三，《崇寧地理》不載南康縣。據《元豐志》，南康係望縣，有瑞陽錫務，不知併於何時。大庾，中。淳化元年，自虔州與上猶、南康並來隸。上猶。上。有上田鐵務。嘉定四年，改南安。【略】

〔荆湖北路〕鄂州，緊，江夏郡，武昌軍節度。【略】貢銀。縣七：【略】監一：寶泉。熙寧七年置，鑄銅錢。南渡後，升武昌縣爲壽昌軍。

峽州，中，「峽」字舊從「硤」，今從「山」。夷陵郡，軍事。建炎中，移治石鼻山；紹興五年，復舊。端平元年，徙治於江南縣。崇寧户四萬九百八十，口一十一萬六千四百。貢五加皮、芒硝、杜若。縣四：夷陵，中。有漢流、巴山、麻溪、魚陽、長樂、梅子六砦，及鉛錫場。宜都，中。長楊，中下。有漢流、飛魚二鹽井。元豐五年，廢新安、長楊二砦。遠安。中下。

王圻《續文獻通考》卷二三《征榷考·坑冶》金銀 《遼史食貨志》曰：「帝於潢河北陰山及遼河之源，各得金銀卝，興冶採錬。自此以迄天祚，國家皆賴其利。」

《金史》卷六《世宗紀上》 大定元年丁巳，出内府金銀器物贍軍，吏民出財物佐官用者甚衆。【略】

又卷一〇《章宗紀二》 〔明昌五年九月〕戊辰，初令民買撲隨處金、銀、銅冶。【略】

〔明昌六年三月〕戊戌，以北邊糧運，括羣牧所、三招討司猛安謀克、隨乣及迭剌、唐古部諸抹、西京、太原官民駝五千充之，惟民以駝載爲業者勿括。以銀五十萬兩、錢二十三萬六千九百貫以備支給。銀五萬兩、金盂二千八百兩、金牌百兩、銀盂八千兩、絹五萬匹、雜彩千端、衣四百四十六襲以備賞勞。

《元史》卷一九《成宗紀二》 〔元貞元年十二月〕癸卯，定諸王朝會賜與：太祖位，金千兩、銀七萬五千兩；世祖位，金各五百兩、銀二萬五千兩；餘各有差。

《金史》志第三九《百官四》 印制。太子之寶。大定二十二年，世宗幸上京，鑄「守國之寶」以授皇太子。二十八年，世宗不豫，以皇太孫攝政，鑄「攝政之寶」。貞祐三年十二月，以皇太子守緒控制樞密院，詔以金鑄「撫軍之寶」，如世宗時制，於啓稟之際用之。

百官之印。天會六年，始詔給諸司，其前所帶印記無問有無新給，悉上送官，敢匿者國有常憲。至正隆元年，以内外官印新舊名及階品大小不一，有用遼、宋舊印及契丹字者，遂定制，命禮部更鑄焉。

三師、三公、親王、尚書令並金印，方二寸，重八十兩，駝紐。一字王印，方一寸七分半，金鍍銀，重四十兩，鍍金三字。諸郡王印，方一寸六分半，金鍍銀，重三十五兩，鍍金三字。國公無印。一品印，方一寸六分半，金鍍銀，重三十五兩，鍍金三字。二品印，方一寸六分，金鍍銅，重二十六兩。東宫三師、宰執與郡王同。三品印，方一寸五分半，銅，重二十四兩。四品印，方一寸五分，銅，重二十兩。五品印，方一寸四分，銅，重二十兩。六品印，一寸三分，銅，重十六兩。七品印，一寸二分，銅，重十六兩。八品印，一寸一分半，銅，重十四兩。九品印，一寸一分，銅，重十四兩。凡朱記，方一寸，銅，重十四兩。

又卷四六《食貨志》 若錢法之變，則鼓鑄未廣，斂散無方，已見壅滯。初恐官庫多積，錢不及民，立法廣布。繼恐民多匿錢，乃設存留之限，開告訐之路，犯者繩以重罰，卒莫能禁。州縣錢艱，民間自鑄，私錢苦惡特甚。乃以官錢五百易其一千，其策愈下。及改鑄大錢，所准加重，百計流通，卒莫獲效。濟以鐵錢，鐵不可用，權以交鈔，錢重鈔輕，相去懸絶，物價騰踊，鈔至不行。權以銀貨，銀弊又滋，捄亦無策，遂罷銅錢，專用交鈔、銀貨。

又卷五六《百官志二》 金銀庫都監，正九品。本把八人。

又卷五八《百官志四》 符制。初，穆宗之前，諸部長各刻信牌，交互馳驛，訊事擾人。太祖獻議，自非穆宗之命，擅製牌號者置重法。自是，號令始一。收國二年九月，始製金牌，後又有銀牌、木牌之制，蓋金牌以授萬户，銀牌以授猛安，木牌則謀克、蒲輦所佩者也。故國初與空名宣頭付軍帥，以爲功賞。

又卷七六《太宗諸子·完顏宗磐傳》 皇后生日，宰相諸王妃主命婦入賀。熙宗命夫樂，曰：「宗磐等皆近屬，輒搆逆謀，情不能樂也。」以黄金合及兩銀鼎獻明德宫太皇太后，并以金合、銀鼎賜宗幹、希尹焉。

又卷七九《王倫傳》 明年，宋以倫爲端明殿學士，簽書樞密院事，進金器千兩、銀器萬兩，復來請天水郡王喪柩，及請母韋氏兄弟宗族等。

又卷一二四《郭蝦蟆傳》 蝦蟆度不能支，集州中所有金銀銅鐵，雜鑄爲砲以擊攻者，殺牛馬以食戰士，又自焚廬舍積聚，曰：「無至資兵。」

又卷一三三《叛臣傳・移刺窩斡》 平章政事移刺元宜、寧昌軍節度使宗敘入見，詔使自中道却還軍中，宣諭元宜，謀衍注意經略邊事。師久無功，尚書右丞僕散忠義願効死力除邊患，世宗嘉歎。六月，忠義拜平章政事兼右副元帥，宗敘爲兵部尚書，各賜弓矢、具鞍勒馬。出内府金銀十萬兩佐軍用。

董增齡《國語正義》卷三《周語下》 景王二十一年將鑄大錢。〔解〕景王，周靈王之子景王貴也。二十一年，魯昭之十八年也。錢者，金幣之名，所以貿買物，通財用也。古曰泉，後轉曰錢。賈侍中云：虞、夏、商、周金幣三等，或赤或白或黄，黄爲上幣，銅、鐵爲下幣。

熊忠《古今韻會舉要》卷二五《入聲・一》 《詩詁》曰：《詩》「陰靷鋈續」。又「沃以觼軜，厹矛鋈錞。」毛云：白金也。鄭云：白金飾續靷之環，軜之觼，以白金爲飾。孔疏云：白金謂之銀，其美者謂之鐐。然則白金不名鋈，言鋈者，謂銷白金以灌鋈靷環，非訓鋈爲白金也。金銀銅錫總名爲金，未必皆白銀也。今詳詩言，鋈續、鋈錞則是以鐵爲質，以他金灌沃其外，其名爲鋈。猶今人以銀爲質，金鍍其外，其名爲鍍也。鄭釋鋈續，不云白金爲環，但云以白金飾環，猶未瑩徹。今人作門環，皆以鐵爲質，而灌以錫，古所謂鋈歟？

王惲《秋澗集》卷七三《題政和鼎識後》 鼎之爲器鎮方，所辨神姦，惟其制作創於夏后氏，故後世寶重，至有力求而不可得者。唐武后妄意制作，固無可論，崇寧倣而爲之，還復不能保，當時神秘，不啻宗社之重。一旦其鼎之神主爲鈍軒几席間物，吁可嘆也。鈍軒遼金公侯裔博古有學識，既得銅主，廼爲奇遇，訓名字焉，後以技能命監鑄太宫鐘鼎，實應開先之兆。子穆復繪圖懇諸公題跋，於以重古物而揚父美，由是知物之無間，重輕大小，由德而後可保，因所好而聚，待人而後傳也。

嵇璜等《續通典》卷一三《食貨一三・錢幣下》 〔至大〕三年，尚書省言，以銀鈔爲母，至元鈔爲子，宜與銅錢通行。大都立資國院，山東、河東、遼陽、江淮、湖廣、四川立泉貨監六，産銅之地設提舉司十九鑄錢。

熊太古《冀越集記》卷上《五行分形氣》 乾爲金，兑爲金，金有剛柔也。坤爲土，艮爲土，土有高廣也。震爲木，巽爲木，木有堅脆也。惟離火、坎水各一卦，蓋水火以氣言，金木以形言。氣以成形，故木徑而搗之則有水，乾而鑽之則有火。金敲之則有火，鎔之則有水也。

蘇天爵《元文類》《國朝文類》卷四二《憲典總序・金工》 攻金之工，以煅鍊爲職，器以適用，而等威之辨實行乎其間。若符印所以示信也，而印鈕之制，則有龍、獸、駝、龜之別。金銀銅雖異，而又有三臺二臺之辨焉。符牌之分金銀固也，而有三珠雙箄之異，如此而后品秩之崇卑，較然有不可紊者矣。其它如祭器以致敬，銅人以驗鍼炙，步占之渾儀，沙門之佛像，與凡器用之需，莫不取給焉，故雜造有府，器物有局。又立民匠總管以總之，其制度亦詳矣哉。

梁寅《策要》卷四《坑冶》 六府之修，金與其一。荆、楊之貢，金有其三。夫五金者，藏於山川砂石之中，而出以爲人之用。雖云地不愛寶，而其出有時，興廢無定，此有所洩則彼有所闕，不可常得也。國家之金貢，期無乏用可矣，若過求之則非也。倘輕信言利之人，增置坑冶之所，則勞費一方，爲患無已。唐太宗之黜權萬紀，蓋慮之深遠。明君重五穀，而賤金玉，固當如是哉。

盛如梓《庶齋老學叢談》卷下《黄白之術》 初，大茆君因丹陽歲歉，人多餓死，取丹頭點銀成金，化鐵爲銀，以救饑者，故後人煅粉點銅，名曰丹陽；以死砒點銅，名曰點茆，或名隔窻取母，或名玉女翻身。如漢王陽、婁敬，唐成弼，宋王捷爲之以助國用，不可謂世無此法也。但得之者如龜毛兔角，爲之致禍者十常八九，如韓魏公明道、東坡得之而不爲，陳公亮爲之即病指疽而死。或爲之以成緣事，不私用一錢，如克文禪師、顔持約是也。或遇仙授而亦不爲，如《夷堅志》載陽大明，《野語》載許公言是也。《春渚紀聞》第十卷皆説此事，凡十餘條，無非勸戒。近代雲間儲君泳著《祛疑説》尤詳備，謂學之者多致敗家，皆仁人之用心也。余謂彼有此術，自能致富，惟恐人知，豈肯向人説，故能者不説，説者不能。神仙傳授必擇可付之人，不待其求，不要其謝。自眩其能乃是騙術，欲學之者已懷欺詐，此鬼神之所不容，可謂學道之士乎？《黄竹外文集》載陳珪左道，今江湖間此輩甚多，謂之爇客。近觀《中州爲政九要》，謂人自取貧者有十一，要貧學燒銀，其言簡而切，因書之，以爲規利學僞者之戒。

趙道一《歷世真仙體道通鑒》卷五一《車四》 蔡元長初登第，爲錢塘尉，巡捕至湯村，薄晚休舍。有道人狀貌甚偉，求見。蔡平日喜接方士，亟延與語，飲之酒而去。【略】道人矍然起謝曰：「某乃車四也，賴公脱此大戹，又可活一甲子，已度第三次矣，自此無所患。公當貴極人爵，吾是以待免，如甚不然，與公旨死矣。念無以報，吾有藥能化銅鐵，爲金銀，公欲之否？」蔡拒不受，强與乾汞一訣，曰：「他日有急當用之。」天且明，别去，後不復見。蔡以其説傳中子脩。蔡死，脩家竄廣西，賴是以濟。蔡之客陳丙嘗爲象郡守，亦知其祥。

佚名《居家必用事類全集》戊集《寶貨辨疑古宋掌公帑者所箸》 金：金子十分至半錢，對樣分明石上試。更看里夾幾多般，剪錯開時無疑忌。黑昏銅物在其中，淺淡蓋縁銀在内。銀有六分金有四，一處銷成全不類。要見良金方法真，膽礬燒煅黄即是。色白聲鳴嚚子多，入手輕肥驗假僞。凡辨夾金鋌或夾嚚皿，用淡金或銀，使赤金葉裹就，熱砑上鋌子，僞造鎚痕嚚皿看底足，有縫即是，如無縫，看唇厚，入手硬，夾嚚也。

傅維鱗《明書》卷五《本紀三·太宗文皇帝本紀》 〔永樂六年〕十二月，鑄行在府部諸衙門印，罷温處銀鉛坑冶。

曹昭撰《新增格古要論》清惜陰軒叢書本王佐增《紫金》 紫金：古云半兩錢即紫金。今人用赤銅和黄金爲之，然世人未嘗見真紫金也。

烏金。後增。

金棌藥。後增。

用餤硝、緑礬、鹽留窑器，入乾浄水調和，火上煎，色變即止。然後刷上金器物上，烘乾，留火内略燒焦色，急入浄水刷洗，如不黄再上，然俱在外也。 佐有人傳云，用好青緑鎔成，要泡鵝油淬之，和銀則軟。

佚名《明武宗毅皇帝實録》卷二 〔弘治十八年，六月，戊寅〕工科給事中許天錫等條陳鼓鑄弘治通寶事宜十事：【略】四、考鑄法，鑄錢須兼用錫，則其液流速，而易成。今專用乾銅，是以難耳。乞每銅一斤重加好錫一二兩，有將鉛錫抵銅以盜論。

陳九德《明名臣經濟録》卷四《保治弘治》倪岳《會議災異陳言事》 一、減造軍器。竊惟軍器所以禦戎，固不可不預爲成造，而財力費於無用，尤不可不量爲區處。查得南京兵仗局前廠連年成造盔甲、鎗刀、弓箭、撒袋、圓牌等項軍器共七萬六千餘件，收貯南京戊字庫，聽候應用。誠國家思患預防，修武備，禦寇盜，萬世之良策也。但承平日久，軍器少用，未免法出弊生。今計該司歲用生熟鐵一十一萬七千九百餘斤，木炭、木柴四十餘萬，生水、白硝、黄牛鹿雜等皮三千三百餘張，翎毛觔角、箭竹、雜木約二十七八萬。其餘銅、錫、銀硃、靛青、油漆、魚線、水膠、綿、苧布、絲絹劄等項料動以千百計，軍民人匠、班匠共六百五十五名，外顧工銀二千八百五十餘兩，然所造前項軍器大抵多被剋減工料，成造不堪。

宋詡《宋氏家規部》卷四《金類·鑄造》 生銅起秀，熟銅不起秀。《禮》曰：「范金有鎔松香黄蠟爲範而鑄者，有爲型而鑄者，皆良。古三代、秦、漢、晉、隋、唐、宋、元器，凡銅入土，千年色純，青如翠。入水千年，色純緑如西瓜皮。有不入水土而秀者。蓋秀銅先紫 而有紅，而後有緑□一層，而復秀一層，甚有穿蝕去處，有如臘茶色，或漆色，皆非水土中物。惟鏡有水銀秀，則在古塚内爲水銀流入銅中而發也。三代用陰識，其字凹入。漢用陽識，其字凸。今有蝕漏者，多以黄蠟、白蠟、松香鎔化，醒緑加銅，緑紅加銀末，調和松香蠟内補之。錢則視其周郭肉好也。識音志。新見銅有同鑄年號，至百餘年後得人手玩弄者，則有色、紅色、緑色，其不經人手者，則亦如新有僞者。其法以水銀雜錫末，即今磨鏡之藥，先上於新器上，令匀，然後以釅醋調細硇砂末，筆染匀上，候如臘茶麵色，急入新汲水，滿浸即成臘茶色。候如漆，急入新水，浸成緑色，浸稍緩則變色矣。若不入水，則成純翠色。三者並以新布擦，令光瑩。其銅腥爲水銀所匱，並不發露，然擊之則有聲。又有截斷其器之口，而復銲之，則聲亦不能響鳴也。荸薺蝕爲痕，此亦可辨。箱嵌起於夏時，於銅上嵌以金銀絲，其細如髮。發郎初起於發郎，用銅爲花蘭，嵌以五色□子曰□食窑。又曰鬼國窑。今金銀點色爲發郎者，蓋做此而造，亦曰發郎耳。流金、流銀有錯，以金銀者鍛造，不易秀，秀亦不透。

焦竑《焦氏類林》卷七《器具大戴禮》 楚昭王卧，寤而得吴王湛盧之劒，問風胡子曰：「寡人卧，寤而得寶劒，不知其名是何劒也。」對曰：「此謂湛盧。臣聞吴王得越所獻寶劒三枚，一曰魚腸，二曰盤郢，三曰湛盧。魚腸已用殺吴王僚也，盤郢以送其死女，湛盧五金之英，太陽之精，可以折衝拒敵。然人君有逆理之謀，其劒即出，故去無道以就有道。」《吴越春秋》

蒲元性多奇思，於斜谷口爲諸葛武侯鑄刀三千口，刀成言：「漢水鈍弱，不任淬用。蜀江爽烈，是大金之元精。」命人於成都，取江水。蒲以淬刀言：「雜涪水，不可用。」取水者捍言：「不雜。」蒲以刀畫水言：「雜八升。」取水者叩頭，云於涪津覆水，遂以涪水八升益之。尋以竹簡納鐵珠滿中，舉刀斷之，應手虛落，名曰神刀。《太平御覽》

文曰：南西卷縣夷帥范椎奴也，嘗牧牛澗中，獲二鯉魚，化成鐵，用以爲刀，刀成，乃對大石嶂而呪之曰：「鯉魚變化，冶成雙刀，石嶂破者，是有神靈。」進斫之，石即瓦解。

古人鑄刀以五月丙午，取純火精以協其數，故王粲銘曰：「相時陰陽，制兹利兵。」《虞喜志林》

阮師之作刀，七月庚午見金神於冶監之門，教以水火之齊，用陰陽之候，取

剛柔之和。《物理論》

古鑑銘。漢有善銅出丹陽，和以銀錫清且明，左龍右虎尚三光，朱雀玄武順陰陽。尚方作鑑真大好上有僊人不知老，渴飲玉泉飢食棗。夏后開使蜚廉折金於山，而陶鑄之於昆吾，是使翁難雉乙卜於白若之龜曰，鼎成三足而方，不炊而自烹，不舉而自藏，不遷而自行，以祭於昆吾之墟。上乙又言，兆之繇曰，饗矣逢，逢白雲，一南，一北，一西，一東九鼎成，遷於三國。墨子

元鼎中汾陽得寶鼎，即吾丘壽王所識之鼎，高一丈二尺，受十二石，雜金銀銅錫爲之。四面蛟龍，兩耳能鳴，三足馬蹄，刻山雲奇怪之象，其文曰：壽考天地，百祥臻侍，山伏其靈，海伏其異。梁虞荔鼎録

蕭何爲丞相鑄一鼎，大如三石甕，自表已功，其文曰，紀功鼎。亦是何自作署，書體四足。同上

王允字子師，郭林宗見而器之。允自鑄一鼎曰，千里八分書。同上

魏武帝鑄鼎於白鹿山，高一丈，紀征伐戰陣之能。古文篆書四足，更作鼎與太子，名曰孝鼎，刻古來孝子姓名小篆書。同上

管仲曰，割盧山發，而出水金從之，出蚩尤受之以作。

張時徹《芝園外集》卷一九 石不可以爲玉，而可以攻玉；鉛不可以爲金，而可以範金。小人不可以爲君子，而可以玉成君子。舜之成聖也以象，文王之成聖也以崇侯，周公之成聖也以管蔡。

陳全之《輟耰述明萬曆十一年林熊少泉刻本卷四》 物産金、銀、琥珀、水晶、硫黄、水銀、銅錢、白珠、青玉、蘇木、胡椒、細絹、花布、螺鈿、漆器、扇、犀、象、刀劒、鎧甲、馬。

涵蟾子《金丹正理大全諸真玄奧集成》卷一《金丹四百字解》 真土擒真鉛，真鉛制真汞。鉛汞歸真土，身心寂不動。

真土者身中之土也，鉛汞者身中之水火也。以土尅水則鉛可擒矣，以水尅火則汞可制矣。鉛水汞火，皆爲真土之擒制者何哉？蓋緣身心俱合，寂然不動，而後火水土三者可以混融爲一，此乃是採藥物歸爐鼎之内也。

虚無生白雪，寂静發黄芽。王爐火温温，鼎上飛紫霞。

白雪須要空虚而生，以其無中生有。黄芽須待火養而生，以其火能生土。正如天地之間，當子丑之月，陽氣未萌，是物泯於無也，則白雪自天而下。及寅卯之月，陽氣漸盛，是静中有動也，則黄芽自地而出矣。白雪黄芽，既見發生，則王爐之火，但要温養，自然鼎上紫霞騰空而飛，若火大武，則衝散矣。

華池蓮花開，神水金波浄。夜深月正明，天地一輪鏡。

華者，花也。花者，猶火也。神者，心也，心屬火也。金丹之要在乎神水華池，即是水火既濟之理。水中有波瑩然潔浄，則火里生蓮自然開花矣。若到夜半子時，一陽初□其月正明，透體金光，照見天地之間，如一輪之明鏡也。

朱砂煉陽氣，水銀烹金精。金精與陽氣，朱砂而水銀。

陽氣者，身中一點真陽之氣。金精者，身中一點真陰之精。以陽火煉之，則如朱砂，以陰符養之，則如水銀。朱砂水銀，乃外物也。以外物而比内丹，神仙不得已而語矣。

日魂玉免脂，月魄金烏髓。掇來歸鼎中，化作一泓水。

魂王木，木能生火，故神者，魂藏之。魄主金，金能生水。故精者魄藏之。苟能吸風而養神，吸氣以養精，精神混合，調和於鼎内，則化爲一泓水矣。

藥物生玄竅，火候發陽爐。龍虎交會時，寶鼎産玄珠。

藥物者，烏肝免髓，紅鉛黑汞也，皆生於玄竅之中。若能奮三昧之火，發陽爐之内，則龍虎交會，煉金木生黄芽，而後産一粒之玄珠。

此竅非凡物，乾坤共合成。名爲神氣穴，内有坎離精。

玄牝之竅，非凡間物，未有此身，先有此竅。不在上，不在下，不在中間，所謂先天一竅是也。方其生身之物，乾父之精，坤母之血，相共合成，乃神氣之穴而藏水火之精。

木汞一點紅，金鉛三斤黑。鉛汞結丹砂，耿耿紫金色。

紅者，汞也，色紅爲一點。黑者，鉛也，色黑重三斤。金中之鉛，木中之汞，兩者凝結便成丹頭，更加九轉火候，則其色如紫金。

家園景物麗，風雨正春時。犁鋤不廢力，大地皆黄金。

家園者，身中之真土也。景物者，身中之藥物也。迨夫一陽來復之後，有風以吹之，有雨以潤之。及至三陽交泰之時，雖犁鋤不廢其力，而大地皆黄芽，自土中而迸出也。以黄金言之，取其黄芽之色如金也。

真鉛生於坎，其用在離宫。以黑而變紅，一鼎雲氣濃。真汞産於離，其用却在坎。姹女過南園，手持玉橄欖。

真鉛者，北精之水，而上升於離宫。真汞者，南神之人，而下降於坎户。鉛之與汞，合而爲一，近觀則有紅黑色，遠看則如玉橄欖。姹女過南園而乘龍，嬰

兒往北地而騎虎。龍蟠金鼎，虎繞丹田，雲從龍，風從虎，其一鼎之內，靄然雲氣之薰蒸矣。

震兌非東西，坎離不南北。斗柄運周天，要人會攢簇。

震兌坎離，非凡間之東西南北，乃周天之卦氣也。正如斗柄之指月建，一日一周天，身中之起火符，須刻一周天，若不能攢簇五行，則何以同柄之運轉。

火候不用時，冬至不在子。及其沐浴法，卯酉時虛比。

大凡火候，非子時冬至，午時夏至也。及其沐浴，非卯時春分，酉時秋分也。人之一身纔起火，周天自有抽添沐浴，非可拘泥於四時也。

金花開汞葉，王蒂長鉛枝。坎離不曾閑，乾坤今幾時。

金花者，金精也。上有金花，能開汞葉。玉蒂者，玉液也，下有玉蒂，能長鉛枝。人能使坎離之運用，不至閑散。

盧翰《掌中宇宙》卷一二 又曰：真鉛在造化窟中而生，真汞居造化身中而生，不能持心煉已，則汞走，不能依時臨爐，則鉛凝。

劉三峯曰：坎中鈆者却是性。又曰：鉛是汞之母。

金丹問答曰：金公者，金邊有公，乃鈆也。紫陽曰：要能制伏覓金公。又曰：嬰兒何在，在腎。

道光曰：丹法七十二品，欲學天仙，唯金丹至道而已。此蓋無中生有，採天地未判之前，鍊混元真一之氣，非後天地生五金八石，朱砂、水銀、黑鉛、白錫、黄丹、雄黄、雌黄、砒粉、秋石、草木灰霜雪冰査滓煮伏之，類及自身津精氣血液，有中生有等物也，唯真一之氣。聖人以法追攝於一時辰內，結成一粒，大如黍米，號曰金丹，又曰真鉛等名色。人得餌之，立躋聖位。此乃無上九極上品天仙之妙道，世人罕得而遇也。

金丹之成數有四

六居七返八歸九還。

道光曰：返者返本。還者還元。天一生水，地以六數成水居北積坎陰之氣爲真水，故曰六居地二生火。天以七數成火，返南孕離而生砂，故曰七返朱砂。返本天三生木地，以八數成木居東處震而爲汞，故曰八歸地四生金。天以九數成金還西化兑而爲金，故曰九還金液。還真天五生土地以十數成土，居中變而爲丹也，故曰金丹。

《抽鉛添汞》 抱一劉子曰：天地抽鈆添汞而生産萬物，得其長生。冬至一日，地中陽氣上升直至於天，此是天地抽鉛也。夏至一日，天中陽氣下降至於地，此是天地添汞也。天地翻一氣，而春、夏、秋、冬，金、木、水、火土四時俱備，戊巳無形，隨四時而運轉。

張瀚《張恭懿松窗夢語》卷四《百工紀》 語云：璧玉不御，則下鮮玩好；雕刻不飾，則民絶曲巧。言上者表，下者景，所從來遠矣。昔者聖王御世，因民情爲之防，體物宜導之利，阜財用而齊以制度，厚利用而約以准繩。是故粢非不足於簠，而不耕者不以祭；帛非不足於杼，而不蠶者不以衣。元纁筐篚非不足，而納采無過五兩；節車駢馬非不足，而不命則不得乘。故天下望其服，而知貴賤；覩其用，而明等威。此上下辨而民志定也。今之世風侈靡極矣，賈子所謂月異而歲不同已，此豈可以剖斗折衡裂冠毁冕以止之哉？禮曰：國奢則示以儉，儉則示之以禮，自非主持世道者申令甲之條，宣畫一之規，正車服器用之等，別吉凶食用之宜，何以定民之心志乎？今天下財貨聚於京師，而半産于東南，故百工技藝之人亦多出於東南，江右爲夥，浙直次之，閩粤又次之，西北多有之，然皆衣食於疆土，而奔走於四方者亦鮮矣。今輦轂之下，四方之人咸鱗集焉。其在官者，國初以工役抵罪，編成班次，有五年、四年一班者，有三年、二年、一年一班者。其造作若干、成器若干、廩餼若干，皆因其多寡大小而差等之，精粗美惡亦然，其大率也。自後工少人多，漸加疎放，令其自爲工作，至今隸於匠籍。若閭里之閒，百工雜作，奔走衣食者尤衆，以元勳、國戚、世胄、貂璫極靡窮奢，非此無以遂其欲也。自古帝王都會易於侈靡，燕自勝國，及我朝皆建都焉，沿習既深，漸染成俗，故今侈靡特甚。余嘗數遊燕中，覩百貨充溢，寶藏豐盈，服御鮮華，器用精巧，宫室壯麗，此皆百工所呈能而獻技，巨室所羅致而取盈。蓋四方之貨不産於燕，而畢聚於燕，其物值既貴，故東南之人不遠數千里樂於趨赴者，爲重糈也。故終没於衣食中貴得而貴用之，所入僅足以償其勞，不得能餘資以享其逸，則百工之事，奏技薄而呈能淺也。此有知盡能索不能逃，大抵皆爲財用耳。且京師者，四方之所觀赴，天子者，又京師之所視效也。九重貴壯麗，則下趨營建，尚方侈服御，則下趨組繪，法宫珍奇異，則下趨雕刻。上有好者，下必甚焉。故曰：理人之道，當防淫泆之原，抑末務而開本業。今也散敦樸之風，成侈靡之俗，是以百姓就本寡而趨末衆，皆百工之爲也。夫末修則人侈，本修則人懿，懿則財用足，侈則饑寒生，二者相去徑庭矣。夫百工之事固不可廢也。國有沃野之饒，而不足於食，器械不備已。國有山海之貨，而不足於財，工作不備已。

今使有隴西之丹砂羽毛，荆揚之皮革骨象，江南之楩梓竹箭，燕齊之魚鹽氊裘，梁兗之漆絲絺紵，非百工爲之，呈能而獻技，則雖養生奉終之具亦無所資。故聖王作爲舟檝之用，以通川谷，服牛駕馬，以達陵陸，致遠窮深，所以來百工而足財用也。故曰：四方之貨待虞而出，待商而通，待工而成，豈能廢哉？然聖王御世不珍異物，不貴難得之貨，恐百工炫奇而賈智，以趨於淫，作無益而害有益，棄本業而趨末務，非所以風也。夫排抑工賈，防塞利孔，作法於涼，猶恐其奢，而況上爲之倡乎？古之爲工也，因其所能，不示以奢，男效其耕，女效其織而已。如釋其所有，責其所無，則雖良工所擅與庸工所就，勞逸異趨，巧拙殊軌，皆非天之所生，地之所産也，亦人力之所爲耳。以人力所可爲，則逞其無涯之欲，何所不至。勢不至於以虛易實，去農就工不止也。是以善爲國者，令有無相濟，農末適均，則百工之事皆足爲農資，而不爲農病。顧低昂輕重之權在人主操之爾。我太祖高皇帝掃除胡元，奄有中夏，時江西守臣以陳友諒鏤金牀進，上謂侍臣曰：「此與孟昶七寶溺器何異？以一牀榻，工巧若此，其餘可知。陳氏父子窮奢極欲，安得不亡！即命毀之。其卓識遠見。度越尋常萬萬矣。列聖相傳，咸遵是軌，上供之物，俱有定數，節儉之風，流播至今。故輕徭薄斂，恒先本務，而凡有興作，不以妨民。其湛恩瀸澤，浸灌人心，有以也。邇來國事漸繁，百工技藝之人疲於奔命。廣厦細旃之上，不問儉樸而聞奢靡，深宫邃密之内不聞節省，而聞浪費，則役之安得忘勞，勞之安能不怨也。近代勞民者莫如營作宫室，精工玩好。先臣劉球上疏云：土木之工不息，天地之和有乖。《春秋》於勞築之事悉書示戒，正爲此也。今營作頻年不休，雖不煩民役軍，然軍亦國家赤子，賴以禦暴赴□，豈宜獨役而不加恤哉？王恕之疏曰：始臣聞朝廷軫念東南，特遣近臣賫發内帑，前來賑濟，不勝欣忭。已而内侍裝載私鹽，收買玩好，聲勢張皇，騷擾郡邑，臣恐遠近聞之，將謂陛下惟珍奇是好，非社稷之福也。二公所言豈惟一時讜論，實萬世忠謀。使人主録之座右，其所裨黼扆者，豈淺鮮哉？至於民間風俗，大都江南侈於江北，而江南之侈尤莫過於三吳。自昔吳俗習奢華，樂奇異，人情皆觀赴焉。吳制服而華，以爲非是弗文也；吳製器而美，以爲非是弗珍也。四方重吳服而吳益工於服，四方貴吳器而吳益工於器，是吳俗之侈者愈侈，而四方之觀赴於吳者，又安能挽而之儉也。蓋人情自儉而趨於奢也易，自奢而返之儉也難。今以浮靡之後而欲回樸茂之初，胡可得也！矧工於器者終日雕鏤，器不盈握而歲月積勞，取利倍蓰。工於織者，終歲纂組，幣不盈寸，而錙銖之縑勝於尋丈，是盈握之器足以當終歲之耕，累寸之華足以當終歲之織也。茲欲使其去厚而就薄，豈不難哉？故曰：雕文刻鏤，傷農事者也；刺繡組錦，傷蠶事者也。夫農桑，天下之本業也。工作淫巧不過末業，世皆舍本而趨末，是必有爲之倡導者，非所以御輕重而制緩急也。余嘗入粤，移鎮蒼梧，時值燈夕，封川縣餽一紙燈，以竹篾爲骨，花紙爲餙，似無厚重之費。然束縛方圓，鏤刻文理，非得專精末業之人積累數旬之工，未能成就，可謂作巧幾於淫矣。燈夕方徂，門隸請燬，積月之勞，燬於一旦，能無可惜。余禁止之。因思吾浙之俗，燈市綺靡甲於天下，人情習爲固然，當事者不聞禁止，且有悦其侈麗，以炫耳目之觀，縱宴遊之樂者。賈子生今，不知當何如太息也。夫爲人上者，苟有益於下，雖損上猶爲之；如有損於下，雖益上不爲。今之世風上下俱損矣，安得躬行節儉，嚴禁淫巧，袪侈靡之習，還樸茂之風，以撫循振肅於吳越間，挽回叔季末業之趨，奚僅釋余桑榆之憂也。

郎瑛《七修類稿》卷四〇《事物類》《武當殿像》 太岳太和山，玄武修真之地也，以非玄武，不足以當此山，故曰武當。今崇奉爲宫殿、觀祠者三十六焉，絶頂冶銅爲殿，飾以黄金，範金爲像，照耀上下，皆我太宗文皇帝之勑建也。至若太和宫之聖像、從官，皆銀爲之，而飾以金；神帥十人，皆銅爲之，而鍍以金。玉虚宫之聖像與從官者，皆銅而金鍍之。水火二堂以銀以銅，各從其像。其供器銀鍍金者十有四，銅鍍金者二十有二，此憲宗皇帝之所范也。一得於太宗道宫碑文，一得於憲宗神像之記。世人不知。咸以武當金殿聖像種種皆黄金，非也。

徐元太《喻林》卷八一《德行門·自修》 金錫有其質，鍊之故益精；圭璧有其實，琢磨乃成器。《毛詩正義·淇澳》。

又卷九四《學業門·求益》 銅錫未採，在衆石之間。工師鑿掘，鑪橐鑄鑠，乃成器。未更鑪橐，名曰積石。積石與彼路畔之瓦、山間之礫，一實也。王充《論衡·量知篇》。

李時珍《本草綱目》卷八《金石部·錫銅鏡鼻》 釋名。弘景曰：此物與胡粉異類而共條者，古無純銅作鏡，皆用錫雜之，即今破古銅鏡鼻爾。用之當燒赤納酒中。若醯中出入百遍，乃可擣也。志曰：凡鑄鏡皆用錫，不爾即不明白，故言錫銅鏡鼻，今廣陵者爲勝。時珍曰：錫銅相和，得水澆之極硬，故鑄鏡用之。《考工記》云，金錫相半，謂之鑒燧之劑，是也。

又《金石部·銀膏》 集解：恭曰：其法用白錫和銀薄及水銀合成之，凝硬如銀，合煉有法。時珍曰：今方士家有銀脆，恐即此物也。

羅懋登《西洋記》明萬曆二十五年刊本卷一第六回《碧峰會衆生證果，武夷山佛祖降魔》 碧峰道：「你到西岳來看見個甚麽神聖？」飛唤道：「看見個金天順聖大帝，姓善名望。」碧峰道：「他職掌些甚麽事理？」飛唤道：「他職掌的是人世上金、銀、銅、鐵、錫五寶五金，陶鑄坑冶，埴埏坯坮，兼管些羽毛飛類，鳥雀鸞凰。」

張萱《西園聞見録》卷九二《工部六・坑冶前言》 □□□曰：「山東物産豐饒，甲於天下，其用之廣而利之溥者，惟鹽、鐵乎？粤自管仲相齊，實興厥利。」管仲之言曰：「利出一孔者，其國無敵；出二孔者，其兵不詘；出三孔者，不可舉兵。」當時鹽、鐵之征，雖少男少女之所食，一鍼一刀之所用，無弗算及，卒能以一國兼二國之籍者六十萬人，而常籍不預焉。及觀其立法，不過税之而已。鹽雖官嘗自煮，亦權時取利之計。鐵則官未嘗冶鑄也。自漢武帝用桑弘羊、孔僅領之，乃官自煮鹽，鑄鐵官二十八郡，而山東居二十二。元鼎中，徐偃奉使膠魯，國聽民便，宜鼓鑄，御史大夫遂得以矯制劾之。昭帝時，賢良文學之士請罷鹽鐵，與大夫桑弘羊極論利害。大夫曰：「鹽鐵之利，佐百姓之急，奉軍旅之費。」文學曰：「王者不蓄，藏富於民。」大夫曰：「豪人擅用專利，恐滋貪暴。」文學曰：「禍在蕭牆，不在胸邴。」於是屢罷屢復，卒未有能去之者。唐開元、天寶之間，劉晏請檢校鹽鐵，諸州著爲貢額。第五琦、劉晏之徒法益詳密，綾絹、玳瑁、漆器許代鹽鐵。其後肅宗計淮西，皇甫鎛、程異又從而濬導之，諸道競以羨餘取寵也。而其弊也，至立爲蠶鹽、食鹽等名。察民貧富，據日俵散，抑勒取錢，民受其擾害，倍用輸徵。其鐵官則親爲鼓冶，民間農器不給，或至木耕手耨，鐵官抑配逼迫，害與鹽等。宋鹽利多取諸河北，鐵官亦不常設。南渡以後，山東陷於金、元，不足言已。元人於青增置鹽場，開立洞冶寶民，通利昆吾，元國富國之名立而民困極矣！嗟乎！作法於涼，其弊猶貪，作法於貪，弊將安之，君子所以追恨夷吾之作俑也。國朝鐵器無禁，濟南、萊蕪、登、萊等處前代鼓煽諸冶，今皆爲廢坑矣，惟鹽則分場置司，官自煮之，而行之商賈，小民負販亦置不問。豈非得中正之法乎？宋儒胡寅有言：「山澤之利盡捐之民，則縱未作資遊惰，盡屬之官，則奪民日用，而公室有近寶之害。惟官爲厲禁，俾民取之而裁其入税，則政平而害息。」此則行之今日而有驗者也。雖然管仲立法苛重，然國勢實籍富强，漢唐以來咸佐軍需，計其所入，歲不下數千萬。今鹽鐵之税於山東者，曾不違古十分之一，而民不加饒，何哉？蓋古今地利盈縮不齊，《禹貢》揚州田下下，今獨稱富饒；雍州田上上，今半爲瘠壤。勢當富强全勢之齊國，以例凋殘窮困之山東，又何怪乎其不類也。登州之金三千九兩，萊州之金四千一百五十兩，此宋皇祐中之貢額也，今果有是否乎？青、齊、鄆、濮、淄、濰、沂、密、登、萊諸郡皆説平絶市，此宋太平興國之税法也，今果有是否乎？由是觀之，則山東物産之不逮往昔，又不特鹽鐵爲然矣。司國計者，酌古今之勢，豐儉之宜，以定征税之設，則勿過取而加賦焉，東人之凋瘵，庶其少瘳哉。

朱吾弼《明留臺奏議・參横璫辱宗室疏》 臣等聞之《詩》曰：懷德維寧，宗子維城。無俾城壞，無獨斯畏。言宗盟之當篤也。又曰：匪教匪誨，時維婦寺。而宋臣朱熹《集註》引歐陽修嘗言：宦者之禍甚於女寵，其言尤爲深切。言閹寺之難仕也，履雖新不可上加於冠，冠雖敝不可下置於履，故綦隆之世，冠履上下，名分截然，毫不敢干，凡以肅紀綱而尊朝廷耳。何江西礦税太監潘相敢於慘辱宗親，謾肆欺奏，反使冠履易位，紀綱掃地乎？臣等聞之相顧失色，扼腕傷心，錯愕咨嗟，曰諸璫不敢逆犯宗室，匪直祖宗開國以來所未前有，即近日假礦税作威煽虐横肆無忌者，誣奏撫按，論逮司府，致死縣令，各官曾無敢於欺君犯分，不顧天潢之親者。詎知麽麽潘相，遂恣其凶狠，竟綑打樂安王府奉國將軍謀托及宗達一宗，一旦無法無君也。臣等未得江西撫按揭帖，悉其多官參看云何，但從江西来者，詢其所見所聞，頗詳頗真，質之潘相、張問達二疏，潘相之下犯上，履加冠，又恣意捏奏，已無朝廷無紀綱矣。皇上乃下潘相之疏，戒宗室究首惡，罷知縣李鴻以同寅協恭示撫按官，而於科臣張問達之疏尚留中未下，豈主潘相先入之言乎？抑待撫按奏至而後併下乎？臣等有所未解矣。皇上試虚心詳閲潘相、張問達二疏，相之飾虚，問達之據實，相之綑杖二宗，二宗之無辜受害，犁然較若黑白者，臣等姑先陳所知之詳且真者，而後據潘相疏語折之可乎？

程明善《嘯餘譜》《律吕・五行象》 金之質爲汞、爲銀、爲金、爲銅、爲鐵、爲鉛。金之物爲鹿爲馬爲麟，候爲虎，爲牛豕、爲毛蟲；金之物器爲斧鉞、爲印節，爲炬爲弓矢爲簡爲械。

劉仲達《劉氏鴻書》卷七八《珍寶部・銀》 《漢武紀》：收銀錫造白金，則銀與白金昭然爲二物。猗覺寮

《唐本草注》云：有黄銀，本經不載。俗云爲器辟惡，乃爲瑞物，始知黄銀自

一種銀，非金也。

林水源里有室，室前磐石上列羅十瓮，中悉是餅銀。采伐遇之不得取，取必迷悶。晉太元初，民家僕密竊三餅歸，發看有大蛇，螫之而死。其夜神語曰：君奴不謹，盜銀三餅，即日顯戮。備視則奴死銀在矣。王歆《始興記》。

隗炤，汝陰鴻壽亭民也，善易。臨終書板授其妻曰：「吾亡後當大荒，雖爾，慎莫賣宅也。後五年春，當有詔使來頓此亭，姓龔，此人負吾金，即以此板往責之。勿負言也。」亡後果大困，欲賣宅者數矣，憶夫言輒止。至期，有龔使者果止亭中，妻遂賫板責之。使者執板不知所言，曰：我平生不負錢，此何緣爾邪？妻曰：夫臨亡，手書板，見命如此，不敢妄也。使者沉吟良久，乃命取蓍筮之，封成抵掌嘆曰：妙哉！隗生可謂鏡窮達而知吉凶者也。吾不負金，賢夫自有金，乃知亡後當暫窮，故藏金以待太平。所以不告兒婦者，恐金盡而困無已也。知吾善易，故書板以寄意耳。金五百觔盛以青甖，覆以銅柈，埋在堂屋東頭，去地一丈，入地九尺。妻還掘之，果得金，皆如所卜。《搜神記》。

錢希言《劒筴》卷一《硎采篇·歐冶子五劒》 越王元常，《左傳》《史記》俱作允常。使歐冶子造劒五枚，大刑三，小刑二。一曰湛盧，二曰純鈎，三曰勝邪，一名盤郢，亦曰豪曹。四曰魚腸，五曰巨闕。當造此劒之時，赤堇之山破而出錫，若邪之溪涸而出銅，雨師灑掃，雷公擊橐，蛟龍捧鑪，天帝裝炭，太一下觀，天精下之。歐冶子乃因天之精神，悉其伎巧。《吳越春秋》。

瑶劒名純鈎、湛盧、豪曹、魚腸、巨闕五劒，皆歐冶子所作。龍泉、太阿、上市三劒皆楚王者。《博物志》。

吳既滅越，棲勾踐於會稽之上，地方千里。勾踐得范蠡之謀，乃示民以耕桑，延四方之士，作臺于外，而館賢士。今會稽山有越下臺，又有越王鑄劒洲。《述異記》。

若邪谿，《吳越春秋》所謂歐冶涸以成五劒。谿水上承嶕峴麻谿，谿之下孤潭，周數畝，甚清深。有孤石臨潭，垂崖俯視，猨狖驚心，寒木被潭，森沈駭觀，上有一櫟樹。謝靈運與從弟惠連常游之，作連句，題刻樹側。麻潭下注，若邪谿水至清，照衆山倒影，窺之如畫。《水經注》。

銅牛山：山有銅穴三十許丈，穴中有大樹。神廟山上有冶官山，北湖下有練塘里。《吳越春秋》云：句踐鍊冶銅錫之處。採炭於南山，故其間有炭瀆。句踐臣吳王，賜句踐於越百里之地，東至炭瀆是也。《水經注》。

漢孫卿《劒銘》：天生五材，金德惟剛。從革庚辛，含景吐商。辨物利用，勛伐彌彰。暨彼良工，歐冶干將。爰造瑶劒，巨闕塞陽。上通皓靈，獲茲休祥。剖山竭川，虹霓消亡。曜威曜武，震勛遐荒。楚以定伯，越以取彊。梁江淹《橫吹賦》：鄣山錫刃，邪谿銅鋒，皆陸斷犀象，水斬蛟龍。唐李嶠《瑶劒篇》：吳山開，越谿涸，三舍合冶成瑶鍔。淬綠水，鑒紅雲，五采晱起光氛氳。背上銘爲萬年字，胸前點作七星文。龜甲參差白虹色，鹿盧宛轉黃金飾。駭犀中斷寧方利，駿馬羣驅未擬直。風霜凛凛匣上清，精氣遥遥斗間明。避火朝穿晉帝屋，逃難夜入楚王城。

謹按：《建康志》：溧陽縣南八十里石屋山西有鑄劒阬在焉，相傳吳王使歐冶子鑄劒於此。又按：山東青州南有冶原，山水幽絶，亦傳是歐冶子鑄劒之地。冶吳人豈亦嘗聘於齊耶。

又《昆吾劒》 昆吾山其下多赤金，色如火。昔黃帝伐蚩尤，陳兵於此地，掘深百丈，猶未及泉，惟見火光如星，地中多丹，鍊石爲銅。銅色青而利泉色赤，山草木皆劒，利土亦鋼而精。至越王勾踐使工人以白馬白牛祠昆吾之神，採金鑄之，以成八劒之精。晉王子年《拾遺記》。

又《硎採篇·干將莫邪二劒》 闔閭元年，始任賢使能，施恩行惠，以仁義聞於諸侯。仁未施，恩未行，恐國人不就，諸侯不信，乃舉伍子胥爲行人，以客禮事之，而與謀國政。城郭以成，倉庫以具，闔閭復使子胥屈蓋、餘燭傭習術戰騎射御之巧。未有所用，請干將鑄作名劒二枚。干將者，吳人也，與歐冶子同師，俱能爲劒。越前來獻三枚，闔閭得而瑶之，以故使劒匠作爲二枚：一曰干將，二曰莫邪。莫邪，干將之妻也。干將作劒，採五山之鐵精、六合之金英，候天伺地，陰陽同光，百神臨觀，天氣下降，而金錢之精不銷淪流。於是干將不知其由。莫邪曰：「子以善爲劒聞於王，使於作劒，三月不成，其有意乎？」干將曰：「吾不知其理也？」莫邪曰：「夫神物之化，須人而成。今夫子作劒，得無待其人而後成乎？」干將曰：「昔吾師作冶，金、鐵之類不銷，夫妻俱入冶爐中，然後成物。至今後世即山作冶，麻絰蔓服，然後敢鑄金於山。今吾作劒，不變化者，其若斯耶？」莫邪曰：「師知爍身以成物，吾何難哉？」於是干將妻乃斷髮翦爪，投於爐中，使童女童男三百人鼓橐裝炭，金鐵刀濡遂以成劒。陽曰干將，陰曰莫邪，陽作龜文，陰作漫理。干將匿其陽，出其陰而獻之，闔閭甚重。《吳越春秋》。

匠門又名干將門。東南水陸二路，今陸路廢，出海道通大萊，沿松江下滬瀆。闔閭使干將於此鑄劍，林五山之精，合五金之英，使童女三百人祭爐神鼓槖，金銀不銷，鐵汁不下。其妻莫邪曰：「鐵汁不下□有計？」干將曰：「先師歐冶鑄劍之穎，不銷親鑠耳。以□□成物□□可，女人聘鑪神當得之。」莫邪聞語，□入鑪中，鐵汁出，遂成二劍。雄號干將作龜文，雌號莫邪鰻文。餘鑄得三千，並號□□文劍。干將進雄劍於吴王，而藏雌劍，時時悲鳴，憶其雄也。唐陸廣徵《吴地記》。

又卷二《繩豔篇·江淹讚劒》 永明初，始造舊宫，鑿東北之地，皆平岡迤隴，尤多古冢墓。有人得銅劒，長尺五寸。余既借看，歎其古異。按《山海經》曰：昆吾之山，其上多赤銅。郭璞注曰：此山出金如火，以之切玉，如割泥也。《越絶書》曰：赤堇之山破而出錫，若邪之溪涸而出銅，歐冶鑄以爲純鉤之劍。又汲冢中得一銅劍，長三尺五。及今所記干將者，亦皆非鐵，明古者以銅錫爲兵器也。春秋迄於戰國，戰國至於秦時，攻争紛亂，兵革互興，銅既不充給，故以鐵足之。鑄銅既難，求鐵甚易，是故銅兵轉少，鐵兵轉多，年甚一年，歲甚一歲，漸染流遷，遂成風俗。所以鐵工比肩，而銅工稍絶，二漢之世逾見其微。及漢建安二十四年，魏文帝爲太子，時鑄三瑶刀、三七首，天下百錬之精利而悉是鑄鐵，不能復鑄銅矣。按：張華《博物志》亦稱鑄銅之工不復可得，惟蜀地、羌中時有解者。由此言之，斯妙久絶，故爲此讚，以明古今之事焉。讚曰：悠悠開闢，式聖式賢。蚩尤鑄銅，爲兵幾年。天生五才，寔此爲先。既古既曩，誰測誰傳？紛紛百代，事無不異。況乃金鐵，國之利器。風胡専精，歐冶妙思。於古則出，於今則秘。聞之釋經，萬物澹薄。在古必厚，在今必惡。徒多徒異，徒鏇徒銷。聊舉一概，以明鴻略。《江文通集》。

又卷二《繩豔篇·薛燭相純鈎劒》 昔者越王句踐有寶劒五，聞於天下。客有能相劒者名薛燭，王召而問之，曰：吾有瑶劒五，請以示之。薛燭對曰：愚，理不足以言大王請。不得已，乃召掌者。王使取豪曹。薛燭對曰：豪曹非瑶劒也。夫瑶劒，五色並見，莫能相勝。豪曹已擅名矣。非瑶劒也。王曰：取巨闕。薛燭曰：非瑶劒也。瑶劒者，金錫和同而不離，今巨闕已離矣，非瑶劒也。王曰：然巨闕初成之時，吾坐於露壇之上，宫人有四駕白鹿而過者，車奔鹿驚，吾引劒而指之，四駕上飛揚，不知其絶也。穿銅釜，絶鐵鑣胥，中決如粢米，故曰巨闕。王取純鈎，薛燭聞之，忽如敗。有頃，瞿如寤，下階而深惟，簡衣而坐。望之，手振拂揚，其華燁如芙蓉。如出觀其釽，爛如列星之行。觀其光，渾渾如水之溢於塘。觀其斷，巖巉如瑣石。觀其才，煥煥如冰釋。此所謂純鈎耶！王曰：是也。客有直之者有市之鄉二、駿馬千匹、千户之都二，可乎？薛燭對曰：不可。當造此劒之時，赤堇之山破而出錫，若耶之溪涸而出銅，雨師掃灑，雷公擊槖，蛟龍捧鑪，天帝裝炭，太一下觀，天精下之，歐冶乃因天之精神，悉其伎巧造爲大刑三、小刑二：一曰湛盧，二曰純鈎，三曰勝邪，四曰魚腸，五曰巨闕。吴王闔閭之時，得其勝邪、魚腸、湛盧。闔閭無道，子女死，殺生以送之，湛盧之劒去之如水。行秦過楚，楚王卧而寤，得吴王湛盧之劒，將首魁漂而存焉。秦王聞而求，不得，興師擊楚，曰：與我湛盧之劒，還師去汝。楚王不與。時闔閭又以魚腸之劒刺吴王僚，使披腸夷之甲三，事闔閭，使專諸爲秦炙魚者，引劒而刺之，遂弑王僚。此其小試於敵邦，未見其大周於天下也。今赤堇之山已合，若耶溪深而不測，羣神不下，歐冶子即死，雖復傾城量金，珠玉竭河，猶不能得此一物，有市之鄉二、駿馬千疋、千户之都二，何足言哉？漢趙曄《越絶書》。

又卷二一《蘂淵篇·神仙制劍法》 太極真人《石精金光藏景録·形神經》曰：制劒之法，上宰摠真，西城王君昔授於紫陽公施行，道成，摠真昔用劒解之，□又授九轉丹方於里張先生，即此周人也。《金光藏景録》漱龍胎而，決服瓊英，先師王西城北，是飲丹後用劒解，而不言服九轉者，當是雖授而不遂合用，後以付門弟子茅君，亦是受而不用，故云付耳。茅君傳南岳魏大人，傳楊君。故安妃云，可尋劒解之道，但不知遂用不耳。許長史既服腴石，或當不必爲其事，椽從鎮南夜解，則又非此法。椽，許長史子也。若是太清解及單用劒者，應不得及望故鄉，而椽遊處方臺，還夲居也。神劒用之而解化，則能遊宴太極。採五星之靈，焕七元之威光，以範儀烈映真氣。故軒轅橋山之葬，劒舄在焉；王子渤海之家，劒鳴空槨；王喬京陵之基，劒飛冲霄。其斯實真驗，九玄精應太靈神方靈致威劒之妙化也。諸以尸解者，以劒代身，五百年之後，此劒皆自然還其處。以劒解者，不必止是。用丹書者，空劒亦可。幽響無聞，恍惚難尋，不可得言矣。不可得言，爲之者，見之者，惟當應之於心耳。【略】營造劒之時，先齋戒百日，乃於幽隱處，近清泉，立西向屋，作竈口亦西向，善鍛人錬好鐵生鋌合錬成，令得八觔爲足也。若欲窮其精理，當用竹炭，又以銅、錫柔沃。如此用歲月功夫殊多，所以古人作劒三年，然後成也。薛燭亡歐冶鑄劒，赤堇之山破而出錫，若耶之溪涸而出銅，今以此合燒，則煉多而不燥，剛利而銷。其鍛人亦須温良，新衣沐浴，造劒之日，尤不得飲酒食肉及遊履淹穢。

又《藥訣篇・抱樸子制雌雄劍》 葛洪常以五月丙子日，日中時鑄五石，下其銅。五石，即雄黄、丹沙、雌黄、礬石、曾青也。皆鑄粉之，以金華池漆之，内太一神鼎中，下以桂薪燒之，銅成，以銅炭冶之。取其牡銅，則以爲雄劍；取其牝銅，則以爲雌劍。帶之以入河，則蛟龍巨魚，而水神毫不敢進也。欲知銅之牡牝，當令童男童女俱以水灌銅，以其在大中，當赤時也，則其銅自分爲兩叚，有凸起者，則牡銅也，凹陷者，則牝銅也。《金簡記》。

王同軌《耳談類增》卷二四《玄旨篇中・劉清溪》 李少師春芳與語還丹之術，曰：「公老矣，差可必房中延年耳。」李因問曰：「公斷器既多，畜養又衆，大費金錢，亦能治黄白乎？」胡曰：「此易事耳，余授祖師秘法不敢傳，但微得沂州礦爲公一方作戲耳。」李以礦碎之，雜少藥，置陽城罐，以鐵線綴之，而以黄置爐中，七七日取出，則礦中銀，如水浸燕窩茅狀。令置銅一斤，約四分，鍛之成大餅，以貿易無窒也。比還越中，陶中丞大順時以武選郎在籍，因戚里有沂州礦者，更試之，亦然。

董斯張《廣博物志》卷三二《武功下》 昆吾山其下多赤金，色如火。昔黄帝伐蚩尤，陳兵於此地，錬石爲銅，銅色青而利，泉水赤山，草木皆劍，利土亦銅而精。至越王勾踐，使工人以白馬、白牛祠昆吾之神，採金鑄之，以成八劍之精：一名揜日，以之指日則光晝暗。（金，陰也，陰盛則陽滅。）二名斷水，以之劃水，開即不合。三名轉魄，以之指月，蟾兔爲之倒轉。四名懸翦，飛鳥遊過，觸其刃如斬截焉。五名驚鯢，以之泛海，鯨鯢爲之深入。六名滅魂，挾之夜行，不逢魑魅。七名却邪，有妖魅者見之則伏。八名真剛，以切玉斷金，如削土木矣。以應八方之氣鑄之也。其山有獸，大如兔，毛色如金，食土下之丹石，深穴地以爲窟。亦食銅、鐵，膽腎皆如鐵。其雌者色白如銀，昔吳國武庫之中兵刃、鐵器俱被食盡，而封署依然。王令檢其庫穴，獵得雙兔，一白一黄，殺之，開其腹而有鐵膽腎，方知兵刃之鐵爲兔所食。王乃召其劍工令鑄其膽腎以爲劍，一雌一雄。號干將者，雄；號莫邪者，雌。其劍可以切玉斷犀，王深寶之，遂霸其國。《拾遺記》。

又卷三七 黄金之氣爲火，白金之氣爲雄雞，銅鐵爲胡人，銅器之精爲馬，美玉之氣爲美女、載燭。金至百斤以上，其精爲羊。《中記》。玉精爲白虎，金精爲車馬，銅精爲僮奴，鉛精爲老婦。《中記》。

鄺露《赤雅》卷下《白貘》 貘生銅坑中，象鼻犀目，牛尾虎足，食銅、鐵，不茹他物。衣其皮，殺鬼精。錬糞爲兵，可以切玉。接溺爲水，可以銷鐵。有十頭者，謂之白貘。《蜀都賦》：「戟食鐵之獸，射噬毒之鹿，」則指貊也。貊似熊，與貘不同。

陳仁錫《八編類纂》卷二七《户曹山澤之利》 漢武帝從鹽鐵丞孔僅、東郭咸陽言，置鐵官凡四十郡。郡不出鐵者，置小鐵官，使屬所在縣。敢有私鑄鐵器者，鐵右趾，没入其器物。

□□□曰：孔僅、咸陽所言前之屬少府者，其利微，今改屬大農，則其利盡。此聚斂之臣，飾説以盡其私也。管仲之鹽鐵，其大法税之而已。鹽雖官，嘗自煮以權取時利，亦非久行。鐵則官未嘗治鑄也，與桑孔之法異矣。

臣按：漢置鐵官四十郡，不出鐵處，又置小鐵官，則是鼓鑄之官幾遍天下，而民間之一刀一鍼、一斤一鋸皆有税焉。我朝惟於出鐵之處□徒冶冶，又多捐之，於民不取焉，一何仁厚之至哉。以上言鐵

漢武帝鑄黄金爲麟趾褭蹄。

臣按：昔人有言，漢武帝置鐵官徧於天下，未聞有範金之禁。鐵至賤也，而榷之析秋毫，金至貴也，而用之如泥沙。然則國家之征利，無資於金也。貨殖傳所載蜀卓氏、山東程鄭輩之富，皆言其擅鐵冶之利，而未聞有藏金之事，上下之間好尚如此。

後漢明帝永平十一年，巢湖出黄金，盧江太守取以獻。

元魏宣武帝延昌三年，有司奏驪山有銀礦，二石得銀七兩。又恒州言白登山有銀礦，八石得銀七兩，詔並置銀官，常令採鑄。

臣按：採銀之官，始置於此。

唐太宗貞觀初侍御史權萬紀言，宣饒二州銀大發，採之歲可得數百萬緡。帝曰：「朕之所乏者非財也，但恨無嘉言可以利民耳。卿未嘗進一賢，退一不肖，而專言税銀之利。欲以桓靈待我耶。」迺黜萬紀。

宋太祖開寶三年詔曰：古者不貴難得之貨。後代賦及山澤。上加侵削，下益刓敝。每念兹事，深疚於懷。」宋能捐金於山，豈忍奪人之利。自今桂陽監歲輸銀課自減三分。

太宗至道二年，有司言鳳州山内出銅井，定州諸山出銀鑛，請置官署掌其事。上曰：「地不愛寶，當與衆庶共之。」不許。

太宗問秘閣校理杜鎬曰：「西漢賜與悉用黄金，而近代爲難得之貨，何也？」鎬對曰：「當是時佛事未興，故金價甚賤。」

真宗語大臣曰：「京師士庶衣服、器玩多鎔金爲飾。」迺詔申明舊制，募告者賞之，自今乘輿服御塗金繡金之類亦不須用。

宋朝金銀銅鐵鉛錫之冶，總二百七十一，皆置吏主之。大率山澤之利有限，或暴發輒竭，或采取歲久，所得不償所費，而歲課不足，有司必責主者取盈。我朝坑冶之利比前代不及什之一二，間或有之，置取隨竭。曩者固已於浙之温處、閩之建福，開場置官，令内臣以守之，差憲臣以督之，今則多行革罷，而均其課於民賦之中矣。雖然今日不徒不得其利而往往又罹其害。今處州等山場雖閉，而其間尤不能無滲漏之微利遺焉，此不逞之徒所猶囊橐其間，以競利起亂也。□述言坑冶。

宋應星《天工開物》卷中《燔石第一一卷》 宋子曰：「五行之内土爲萬物之母，子之貴者，豈惟五金哉？金與火相守而流功用謂莫尚焉矣。石得燔而成功蓋愈出而愈奇焉。水浸淫而敗物，有隙必攻，所謂不遺絲髮者。調和一物，以爲外拒，漂海則衝洋瀾，粘甃則固城雉，不煩歷候遠涉，而至寶得焉。燔石之功殆莫之與京矣。至於礬現五色之形，硫爲羣石之將，皆變化於烈火，巧極丹鉛，爐火方士縱焦勞唇舌，何嘗肖像天工之萬一哉？」

方以智《物理小識》卷七《金石類》 銅錫鑄劍。江淹言，古以銅錫爲兵器，引昆吾之劍爲銅。歐冶合赤瑾之錫、若邪之銅而著純鉤，汲冢中得銅劍。淹爲吴興令，鑿池得銅箭鏑。又有人得銅斧，其微也。愚者曰，鉛錫入赤銅而熏煉之，其利鋒乃出。今有作銅刀者入錫則響。銅磨之即可剔頭。贊寧曰，煉時童男童女以水灌銅，銅自分兩端，凸起者牡，凹者牝，干將、莫邪以此分乎。

又《器用類》 鑄法。錫銅相和，得水澆之極堅。世言秦鏡白銅，古詩有青銅鏡，中亦有錫。錫和水銀急不相脱，以入銅則尤明，考上所云鑑鐩之齊，令升所記是矣。今磨鏡之藥乃錫(水銀)也，定證錫汞煉銅之元。

鏡背紋。世有日中見鏡背盤龍入室，則隱者有鏡背，久久青斑似花者，人不解其故，以爲異寶。此假作者先以精銅少劑鑄鏡鑿龍，或花其背，復鎔倍錫之銅劑填之，磨使平，又以鉛蓋其面，日中照之，則龍文盡出。博物如沈存中，猶訝透光之奇。吾衍始明之智，因推自生若花者，銅劑多，久則緑，更久則翠，因(水銀)氣乃生硃砂水銀。其錫劑多者，久則黯緑，更久則黑，或加漆。今漸生者，遇地氣或鹽醋氣，銅地日變生色，與錫地所變之色異也。【略】

今陸子剛之治玉，鮑天成之治犀，朱碧山之治銀，趙良璧之治錫，馬勳之治扇，吕愛山之治金，石小溪之治瑪瑙，蔣抱雲之治銅，皆比常價再倍。

伍守陽《金丹要訣・先天契后天説》 凡銀、凡鉛、凡砂、凡汞，互相制煉而成土硫，是有形者，終歸於有，形本乎地者，親乎下也。

伍守陽《仙佛合宗語録》 又問曰：「方士既非實有知能，每聞其入門時，亦能成銀可用者，又是以何巧僞而爲能乎？」答曰：「全是假銀，但可欺誑愚人而已。或是僞造假物，非銀而略似銀，每欺人曰此銀也，而使用害衆，又或僞造假物，稱曰丹藥，私地墊入真銀於内，名曰墊手。」

偏世間皆以此等尋訪外護，出本銀燒煉，皆提拐銀罐而逃，故方士類中有諺云：作方士，提罐一人，每有三個死。凡提銀得手，快活死；逃出了門，走個死；追獲了，打個死。然墊手是方士拐子總法。

又有以銀制成灰如末藥，便詐稱爲我已鍊成之丹藥，點入銅汁中，大火銷去銅，而銀末復體爲銀。愚夫俗子未能識破，誰敢不信，此二墊法也。又有以銀制如銅樣，詐爲出山生銅，寄賣於店中，或巧立爲異名，令買者得之，彼以不相干之藥，詐點之，銅亦復體爲銀。淺見寡聞之初學，誰敢致疑而識詐，此三墊法也。入門有成以取信於人者，類皆如是而已，無真能也，但取信於人，而人信之由貪鍊者之，必遭其拐騙也。其不貪鍊者，任方士有多詐能，而進身無地，能明真丹經之理者，則方士無投詐之隙，而詐煉無所施矣。再舉所以爲教者言之，此下一段皆言方士教人之法。

或教人以草藥制水銀假死。

《丹經》云：諸般草木皆非道。

配真銀爲用：

《玉清内書》云：用凡水銀爲丹者，妄人也。又云：若用水銀爲金丹，即不是真丹。以水銀之質鬆浮不配，不堅硬故也。或教人制紅銅假白，謂之紅銅，皆去血配真銀爲用，以紅銅之質，雖能假白如銀，而不能純白，不配則不能去耀眼之黄色故也。此物雖可像銀，待用後煎傾點硝點鉛，則假質猶然敗壞而復折去，名曰掩暫，爲其祇能掩人暫時之目，乃喪人心滅天理者爲之。如是假法曰養砂，不盜母者曰養砂，盜母者曰青金，曰白金，曰青天硫，曰黄天硫，曰死硫，曰死雄，曰死砒，曰死等三千六百餘門。故《海客論》亦曾指其僞言，所云秋石本河車、黄芽一類，及誑曰尿精聖。無知乃鉛汞精髓，妄曰青鹽。更以萬般草木藥物或言出於河北，或言産於三吴，或言仙草在嶺南，或言真藥在西蜀，或言鷄子鉛出鄱陽湖，蓋鄱湖中有所謂大磯山、小磯山，安呼磯字爲鷄，而山荒絕無物產者。又有指稱蜈蚣山出此鉛，然此山在大磯，隔水三五里許，又名蛇山長故也，乃水中一白沙土洲而已，非山也，高不踰一丈二三丈者，耕種之地，民衆之居，絕無鉛穴，乃方士妄言，以欺遠方不見者與輕信者。

胡我琨《錢通》卷二四《論策》 按：錢幣之權當出於上，則造錢幣之司當歸於一。漢時常令民自鑄錢，及武帝則專令上林三官鑄之，而天下非三官錢不得行，郡國前所鑄錢皆廢銷，輸其銅三官。然錢以銅鐵鉛錫而成，而銅鐵鉛錫搬運重難，是以歷代多即坑冶附近之所置監鑄錢，亦以錢之直日輕，其用日廣，不容不多，置監冶鑄以供用。《綱目斷》。

傅汎際《寰有詮》卷三《論五金與雜類之不含生者繇天施否七支》 疏：論五金等其義有三：一、受成者，二、質者，三、其作者。論其所受成者，在氣、水、土三行，而其要尤屬於土。論其質者說有二：其一，謂水土爲五金之質，因開鑛之時所見惟水土耳，二者皆爲金質。又金體之重可證其繇土，金液之鎔可證其繇水也。其二，以在地石中，濕氣爲五金之近質、切質，如霜露然，一因土升之氣，一因氣行，冷勢相抱，凝成霜露也。五金者，地内之濕氣乘土行之，乾冷凝沍而成，嘗有濕氣從土而上空中，結成銅鐵者。伯兒細亞國空中曾雨銅鐵，又瓦稜國虛空雨石，其石内有銅鐵。蓋凡空中之變化，皆繇土升之氣而成，則空中銅鐵，其質亦屬此氣。可見地内所成之五金，其質亦非他物矣。且氣升土上，其動易散，尚或成金，況在地内之氣，豈不能結成雜類乎？其三，謂五金之質雜濕乾二氣而成，蓋凡空中變化既繇濕氣、乾氣而成。濕氣者，水出之氣；乾氣者，土出之氣也。則地中變化，豈得不繇二者，故亞利謂五金一分爲水，一分不爲水。爲水者，繇水而成之氣也；不爲水者，繇土而成之氣也。觀其□火而鎔，可證其藏乾濕二氣，乾故□火，濕故鎔流。

以上三說不同，其義則一。第一說以水土爲五金之質，但指遠質而言。蓋凡屬有形，莫不以四行爲遠質，但既落於雜糅，勢皆不同，或火或氣，或水或土，各以其一爲雜者之要分，以主其動，而其餘第爲其各分，以從主者之動也。今論五金遠質，雖兼有四行，然水土爲其主，故獨舉此二者耳。第二說以濕氣爲五金之質，此但論其近質之要分，非論近質之全。第三說以乾濕二氣爲五金之近質，則其近質之全者矣。合此三說，義始備也。

論五金之作所以然，其說有二：一謂天主化成大地之時，併亦化成五金之屬，蓋其時氣、水、土皆得賁飾。空有鳥，地有獸，木有魚，則土之有五金也，似從厥初而已備矣。次天主化成，大地之初併亦化成。地内之石似大地之骨，然五金大都藏在石内，實爲大地之骨，則天主初時即化成之，宜也。又，天地化成功訖，其爲圜滿，即無減於今之所有，則地必含五金之屬，不然，寰宇豈得謂之圜滿乎？二說謂天主化成天地之時竝造五金，厥後五金又緣天施逐漸滋生，蓋天主化成天地，既造草木鳥獸之類，而又賦以各傳其類之德。是時化成五金，亦以傳生此之能，賦之於因性之作者，人所目睹。鑛中五金之生，日漸加增，空中亦結而降。又海内生產珍珠，以漸而成，則化成大地以後，五金又自漸生漸多，固無疑也。或問五金之作所以然，誰屬？曰：論厥初肇有之五金，即在初造天地之時，此之總所以然，與司所以然同出一原，絕不籍遠質與近質，一憑天主所命，自無而有。論後生之雜者，其司作者乃形天所施之德。蓋形天能生冷熱諸情，四情者，所以具其質之器者也，則天生四情自能備具五金之質，具其質者亦能生其質之模矣，惟論無靈之性。蓋性之作者，雖能具備人身之質，然生其靈性者，惟天主能之。則天固能生五金者也。次凡因性之效，皆有因性之司所以然，五金雜類皆爲因性之效，而下域四行之性，無能作其效之所以然者，則其作所以然，惟天而已。所謂無能作其所以然者，蓋凡不同類者，其作者之貴必過其效。作者之所無不得施其效以有，今五金之模之情，貴於四行之模之情，則五金之性自亦貴於四行之性，而四行不得爲五金之作者，夫下域之物既無能爲五金之作者，而天之貴又過於諸雜而無生之物，故惟形天能爲五金之作所以然。

駁：或曰性之所以然者，苟用約而可以成，則不必更求其多，此乃理學通論，則四行足爲五金之作者。蓋四行各含其情，火含熱，氣含濕，水含冷，土含乾，能具五金之質。能具其質，亦能引進其模以生之，奚必謂天爲其司作者乎？

正：曰四行本性所有，但能爲同之作者，生同類之效者，是謂同類之作者，生不同類之效者，是謂不同類之作者。故但生同類之效，如火自向於生火，水自向於生水，其或亦生不同類之效，此非其本性所向也，惟偶然之效耳。何以故？凡作者不自向於生其所無，四行不含五金之模，何緣得向五金而生之乎？五金之生，必於四行以外別有本然之作者。夫形天爲不同之作，具諸無生者之模，則凡無生之物之效，莫知其繇誰而作者，必繇形天所施之德，以司其作耳。

駁：或曰，凡作者或其效同類，或其效不同類，其同類者模函能施之效，其不同類者超函能施之效。若謂天函五金，則非模也，非超也，何得爲五金之作者乎？蓋凡模而函者，其作效必歸一類，如生火之火與受生之火，皆一類之火也。天與五金不同，則非模而函者可知。凡超而函者必宜絶倫而上，如人有靈性，超然神妙，能函覺生兩魂也。夫形天與五金皆歸一倫，皆屬有形無生之物，則形天安得超然抱函五金之模？

正：曰所謂絶倫而上者，其義有三，或與其物不同宗不同類，如靈覺二魂，各有本宗，但靈者能統覺者。或與其物同宗，却不同類，如覺魂生魂，皆屬有形一宗，然而各居本類。其上者該，其下者或與其物同一宗、同一類，然而超然之性之貴過於其所施效之貴，如光與熱，雖居同類，而光之貴踰熱之貴也。此皆所謂絶倫而上，超然而函者。今論形天之函五金，當從第二三義。蓋形天之與五金，皆屬有形，則同宗者，而一屬壞，一不屬壞，則不同類不同貴者也，是亦謂之絶倫而上，故能超然而函五金之模，能生之，能成之也。

駁：或曰，謂天生五金者，因其體乎？因其德乎？謂因體而生者，體必相接。今天非與地接者，若因所施之德，或爲日星之光，或爲天所藏之他力，則日星之光非能通達厚地，至其内而生其效，論他藏力，凡貴者所不能施，豈其賤者能之？天所該之依賴者莫貴於光，光所不能，其藏力又豈能之？況天之光與他諸藏力皆屬有形，總不能通地之厚，透石之實以生其效也。

正：曰光與所到之處，此二者亦爲生五金之器具，然天之生此類也，其切要之器尤繫藏德之力，以其德甚精微，故雖非人目所睹，然而能透大地，能達深海，以成其效也。

駁：或曰，因性之作者，不得越在中之物，以先施在遠之物。如日之光，若先未照中氣，豈得照及下地乎？夫天之藏德，未施於在中之分，五金遠在地内，豈可謂繇天而施者？

正：曰凡作者皆就其界之容德而施效焉，譬蠟與泥，竝受日光所施之，然蠟則照而鎔，泥則照而堅也；又日光照而生熱，然而日輪上下諸天則照而不熱，月天以下則能照亦能熱也。凡此皆因各物之容德而然者。産金之處原有能出此效之緣引，故天德之施可成其效。若無緣引，雖受天施，未必有其效矣。故不但地内，即地面之上，天亦爲生五金，緣其處所本具，此效之緣引。故又所謂未施於中，不得施於遠者，非曰作者遠施之效必先經施於中也。日光熱地，不熱所經之天，惟是作者之德施於遠者，必宜先施於近耳。蓋凡德之所行，若非先有某效於中，不能徑生某效於遠。譬之日光，設不生照於近，豈能生熱於遠乎？天生五金之德，論遠論中，必生其效。然中與遠之效有不同者，所生於遠，其效爲五金；所生於中，其效爲同類之德爲夫。凡依賴者不得離此一底，而越賴他底，其生其存必關於原底故也。天之施德，乃依賴者欲至地内之他底，以成所向之效，中間須生同類之德，其德又互生互繼，至於具緣引處乃成其效。譬如物所射像爲依賴者，豈能徑離中分以至人目，惟其像互生互繼，乃至於目，令得成其見也。

《明史》卷四三《地理志四》 〔江西廣信府〕鉛山府南。元鉛山州，直隸江浙行省，治在八樹嶺之南。洪武初，降爲縣，遷於今治。西南有銅寶山，湧泉浸鐵，可以爲銅。又有鉛山，産鉛銅及青緑。

又卷七九《食貨志三》 兩京庫藏，先後建設，其制大略相同。内府凡十庫。内承運庫，貯緞匹、金銀、寶玉、齒角、羽毛，而金花銀最大，歲進百萬兩有奇。廣積庫，貯硫黄、硝石。甲字庫，貯布匹、顔料。乙字庫，貯胖襖、戰鞋、軍士裘帽。丙字庫，貯棉花、絲纊。丁字庫，貯銅鐵、獸皮、蘇木。

又卷二〇九《楊最傳》 世宗好神仙。給事中顧存仁、高金、王納言皆以直諫得罪。會方士段朝用者，以所煉白金器百餘因郭勛以進，云以盛飲食物，供齋醮，即神仙可致也。帝立召與語，大悦。朝用言，帝深居無與外人接，則黄金可成，不死藥可得。帝益悦，諭廷臣令太子監國，「朕少假一二年，親政如初」。舉朝愕不敢言。最抗疏諫曰：「陛下春秋方壯，乃聖諭及此，不過得一方士，欲服食求神仙耳。神仙乃山棲澡鍊者所爲，豈有高居黄屋紫闥，袞衣玉食，而能白日翀舉者。臣雖至愚，不敢奉詔。」帝大怒，立下詔獄，重杖之，杖未畢而死。

又卷二五四《張瑋傳》 他十庫所收銅錫顔料皮布，非州縣土産者，悉解折色，且盡改民解爲官解，以救民湯火。所司多議行。

又卷四三《地理志四》 〔江西饒州府〕德興府東。東有銀山，舊産銀。北有銅山，山麓有膽泉，浸鐵可以成銅。【略】

〔江西〕廣信府元信州路，屬江浙行省。太祖庚子年五月爲廣信府。領縣七。西北距布政司六百三十里。

上饒倚。西北有靈山，舊産水晶。南有丁溪山，産鐵。又南有銅山。

曹學佺《蜀中廣記》卷六七《方物記第九·五金》 又有刺雀瓦山，産碎金。革石瓦山，産銀礦。《寧番志》：瀘沽橋去衛南八十里，其水與長汀水交流而下注金沙江，是滇蜀争界處。

常璩曰：「晉壽縣本葭萌城，有金銀礦，民今歲歲取洗之。」《梁州記》曰：

「益昌縣東山西北有金、銅，谿出金。」【略】

《續博物志》：後唐同光中，莊宗平蜀，得王衍金銀，命悉鎔之爲金塼、銀塼，約重三百斤。一塼開一竅，二人擔之。上有匠人名曰馮高。過荊南，高季興曰，馮高主屬我坑，官吏持而有之，儲爲一庫。建隆中没入京師，斤兩封緘如故。

【略】

《華陽國志》云：「涪縣有孱水出孱山，其源有金、銀礦，洗取火融合之爲金、銀。」按：涪縣孱亭，今之左綿及屬縣地。

又卷七三《神仙記第三・川西道三》 《雲笈七籤》云：「晉道士張蓋蹋精思於岷山石室中，得岷山丹方。其法鼓黄銅，以作方諸承取月水，又以水銀覆之，致日精火其中，長服之不死。又取此丹置雄黄銅燧中，覆以汞，暴二十日，發而冶之，以井花水服，如小豆大，百日盲者能視，百病即愈，髮白還黑，齒墮更生。」

錢謙益《牧齋有學集》卷二二《序・贈覺浪和尚序》 長公常問和尚：「如此世界壞極，人心壞極，佛菩薩以何慈悲，方便救濟，請明白提醒，勿以機鋒見示。」和尚以手作圓相，曰：「國初之時，如一錠大元寶相似。」長公疾呼曰：「開口便妙了，速道！速道。」和尚曰：「這一錠銀十成足色，斬碎來用，却塊塊是精的。人見其大好，乃過一爐火，攙一分銅，是九成了也。九成銀還好用，再過第二手，又攙一分，是八成了。八成後攙到第三第四，乃至第七八手，到如今只見得是精銅，無銀氣矣。」長公曰：「肰則如何處之？」和尚曰：「如此，則天厭之，人亦厭之，必須一并付與大鑪火，烹錬一番，銅鉛錫鐵都銷盡了，肰後還他國初十分本色也。」

方以智《浮山集》文集前編卷四《曼寓草上・錢鈔議》 錢法之足以裨國也，鑄百萬緡，則天地間生百萬緡之用矣，豈徒與商氓牟贏餘之計耶？【略】今官遣市銅於南楚，每石直銀一斤。正赤，按廣市，日本銅每石九兩，加倭鉛、盧甘，十劑四六，則色正黄，而墮地鏗然也，肉好摩鋊。其重一錢概直者釐十倍於銀，是斤銅記加而得三百餘。

黄宗羲《明儒學案》卷一〇《姚江學案・文成王陽明先生守仁附許半圭　王司輿》 學者學聖人，不過是去人欲而存天理，猶錬金而求其足色耳。後世不知作聖之本，却專去知識才能上求聖人，疲精竭力，從册子上鑽研，名物上考索，形迹上比擬，知識愈廣，而人欲愈滋，才力愈多，而天理愈蔽。正如見人有萬鎰精金，不務煅錬成色，而乃妄希分兩，錫、鉛、銅、鐵雜然投之，分兩愈增而成色愈下，及其稍末，無復有金矣。

屈大均《廣東新語》卷一六《器語・鐘》 五仙觀有大禁鐘，洪武初，永嘉侯朱亮祖所鑄，然不敢擊。歲乙酉，有司命擊之，城中嬰兒女死者千餘。於是嬰兒女皆著絳衣，繫小銀鐘以厭之。越一年城破，乃止勿擊。鐘有雌雄，其雌者向飛入白鵝潭，往往與城中鐘相應。予詩：雌雄海底應鐘聲。鐘故能飛，宋政和中，合浦靈覺寺鐘，一夕飛去。既明，懸於空中，其半猶溼。居人言，江灣每夜有鐘吼聲，是必與龍鬥也。察之果然。乃去鐘頂上龍角，遂不復飛，而名其地曰鐘灣。每灣中風起，有一物大如車輪，藍色，騰躍波中，必嘗與鐘鬥者也。鐘，金也。龍，木也。金木相鬥，其必有不得其平者歟。

又《器語・錫鐵器》 錫器以廣州所造爲良。諺曰：蘇州樣，廣州匠。鐵冶亦然。廣州之佛山多冶業，冶者必候其工而求之，極其尊奉。有弗得則不敢自專，專亦弗當，故佛山之冶遍天下。石灣多陶業，陶者亦必候其工而求之，其尊奉之一如冶，故石灣之陶遍二廣，旁及海外之國。諺曰。石灣鋼瓦，勝於天下。

張岱《夜航船》卷一〇《兵刑部》 鍛錬。鍛，椎也。鍛錬猶言精熟也。深文之吏入人之罪猶鍛錬銅鐵，使之成熟也。

顧炎武《日知録》卷一一《銀》 唐宋以前，上下能行之貨，一皆以錢而已，未嘗用銀。《漢書・食貨志》言：「秦並天下，幣爲二等，而珠、玉、龜、貝、銀、錫之屬爲器飾，寶藏不爲幣。」孝武始造白金三品，尋廢不行。謝肇淛曰：「漢銀八兩，直錢一千。當時銀賤而錢貴，今銀一兩即直千錢矣。」《舊唐書》：「憲宗元和三年六月詔曰：天下有銀之山，必有銅礦。銅者，可資於鼓鑄。」

李世熊《錢神志》卷一《靈産》 最下者蒙山銅，又曰銅鑛，如薑如鍮，有銅星入爐，傍溢者爲自然銅，亦名石髓鉛。鑄錢則加倭鉛，若鉛六銅四，則鑄色黑而墮即碎矣。

閻若璩《潛邱札記》卷一 古者不分銀錫，而銀皆稱錫。《衛風》：如金如錫。金爲黄金，則錫非銀乎？《考工記》：攻金之工皆曰金錫。金即銅，錫即銀也。故曰金幾分，錫居幾，以爲斧斤戟刃之屬。栗氏爲量，煎金錫，聲中黄鐘之宫，假如以今之錫，豈可摻和作斧斤戟刃而量能聲中宫乎？況今之錫與銅亦不可摻和以冶也，《史・平准書》《漢・食貨志》皆稱銀錫，漢武造銀錫爲白金，其稱猶爲近古也。

《越絶書》：赤堇之山破而出錫，若邪之谷涸而出銅，歐冶用以爲純鈎之劍。尤可證鑄兵用銅，蓋必兼以銀乃淬利也。

陳廷敬《杜制錢銷燬之弊疏》 臣陳廷敬謹奏爲敬籌杜制錢銷燬之弊事：竊惟銅鉛之微物，製爲錢貨之重寶，愚民牟利，法久弊滋，所貴因忖制宜務在便民□國。【略】總計寶泉、寶源二局每年各關動支税銀二十五萬三千兩，辦解銅三百八十九萬二千三百零七斤十一兩，内除耗銅三十五萬三百零七斤十一兩，净銅三百五十四萬二千斤，現行例鼓鑄錢四十萬零四千八百串，直銀四十萬零四千八百兩，今若改重一錢，仍每串作銀一兩計，每年多鼓鑄錢十六萬一千九百二十串，直銀一十六萬一千九百二十兩。臣所謂利於民而亦利於國，此也。再察前經户部等衙門議覆，錢法侍郎田六善條奏，令天下産銅鉛地方，聽民開採，行令直省督於産銅鉛處，令道官總理，府佐官分管，州縣官專責，税共二分，分别紀録加級。至今開採寥寥，皆因地方官徵收其税，滋爲弊端，以至徒爲收税之名而無開採之實。此後應一切停税，聽民自行開採，則銅日多而錢價亦因可以得平也。

陳瀏《匋雅》中卷 海鹽朱氏《陶説》謂吕愛山冶金，朱碧山冶銀，蔣抱雲冶銅，趙良璧冶錫，今則銅器且不得一見，所謂金、銀器、錫器更屬無從寓目。大氐金、銀各器，典守頗嚴，不至遺失，其流落人間者，又必鎔化兑用，銷歸烏有，此金、銀不如瓷、銅之一證也。

官修《數理精蘊》下編卷一〇線部八《方程》 設如有銀買銅、錫、鉛、鐵，各不知價，只云銅三斤比錫二斤、鉛二斤、鐵四斤價多一錢，又銅二斤、鉛一斤比錫二斤、鐵二斤價多二錢，又銅一斤、錫二斤與鉛二斤、鐵八斤價相等，又銅五斤、鐵三十斤比錫四斤、鉛二十四斤價少二錢，問銅、錫、鉛、鐵各價幾何？

法先以銅三斤爲正，錫二斤、鉛二斤、鐵四斤俱爲負，價多一錢爲正，列於上。又銅二斤爲正，錫二斤爲負，鉛一斤爲正，鐵二斤爲負，價多二錢爲正，列於下。乃以下銅二斤遍乘上銅三斤、錫二斤、鉛二斤、鐵四斤，價多一錢，得銅六斤爲正，錫四斤、鉛四斤、鐵八斤俱爲負，價多二錢爲正。又以上銅三斤，遍乘下銅二斤、錫二斤、鉛一斤、鐵二斤，價多二錢，得銅六斤爲正，錫六斤爲負，鉛三斤爲正，鐵六斤爲負，價多六錢爲正。於是以上層爲主，兩下相較，則銅各六斤，彼此減盡。錫兩層皆負，故相減餘二斤，本層少乃變負爲正。鉛一正一負，故相加得七斤，仍依本層爲負。鐵兩層皆負，故亦相減餘二斤，仍依本層爲負。價兩層皆正，故亦相減餘四錢，本層少乃變正爲負，即錫二斤比鉛七斤、鐵二斤價少四錢也。蓋銅彼此減盡，錫上層少四斤，下層少六斤，是下層比上層所少爲二斤，即上層比下層多二斤也。鉛上層少四斤，下層多三斤，下之所多即上之所少，是上層比下層少七斤也。鐵上層少八斤，下層少六斤，是上層比下層所少爲二斤也。價上層多二錢，下層多六錢，是下層比上層所多爲四錢，即上層比下層少四錢也。錫多二斤，鉛少七斤，鐵少二斤，價即少四錢，故爲錫二斤，比鉛七斤、鐵二斤價少四錢也。次以銅二斤爲正，錫二斤爲負，鉛一斤爲正，鐵二斤爲負，價多二錢爲正，列於上。又銅一斤、錫二斤爲正，鉛三斤、鐵八斤爲負，相等作一空位，列於下。乃以下銅一斤遍乘上銅二斤、錫二斤、鉛一斤、鐵二斤，價多二錢，仍得原數。又以上銅二斤遍乘下銅一斤、錫二斤、鉛三斤、鐵八斤，得銅二斤、錫四斤，仍爲正，鉛六斤、鐵十六斤仍爲負，相等無可乘，仍爲空位。於是以上層爲主，兩下相較，則銅各二斤，彼此減盡；錫一正一負，故相加得六斤，仍依本層爲負；鉛一正一負，故亦相加得七斤，仍依本層爲正；鐵兩層皆負，故相減餘十四斤，本層少乃變負爲正；價多二錢與相等，無可加減，仍得二錢爲正。即鉛七斤、鐵十四斤比錫六斤價多二錢也。蓋銅彼此減盡，錫上層少二斤，下層多四斤，下之所多即上之所少，是上層比下層少六斤也。鉛上層多一斤，下層少六斤，下之所少即上之所多，是上層比下層多七斤也。鐵上層少二斤，下層少十六斤，是下層比上層所少爲十四斤，即上層比下層多十四斤也。鉛多七斤，鐵多十四斤，錫少六斤，而價即多二錢，故爲鉛七斤、鐵十四斤比錫六斤價多二錢也。因首色銅數減盡，則錫即轉而爲首，應爲正。今錫六斤爲負，則重列三色之際，不能一體，須俱變其號，然後爲順，故將錫六斤變負爲正，而以鉛七斤、鐵十四斤價多二錢，俱變正爲負，蓋原鉛七斤、鐵十四斤比錫六斤價多二錢，今變爲錫六斤，比鉛七斤、鐵十四斤價少二錢也。若以下層爲主，則相加應依下層爲正，即不用變。次以銅一斤、錫二斤爲正，鉛三斤、鐵八斤爲負，相等作一空位列於上。又銅五斤爲正，錫四斤、鉛二十四斤爲負，鐵三十斤爲正，價少二錢爲負列於下。乃以下銅五斤遍乘上銅一斤、錫二斤、鉛三斤、鐵八斤，得銅五斤、錫十斤爲正，鉛十五斤、鐵四十斤爲負，相等無可乘仍爲空位。又以上銅一斤遍乘下銅五斤、錫四斤、鉛二十四斤、鐵三十斤，價少二錢仍得原數。於是以上層爲主，兩下相較，則銅各五斤，彼此減盡；錫一正一負，故相加得十四斤，仍依本層爲正；鉛兩層皆負，故相減餘九斤，本層少乃變負爲正；鐵一正一負，故相加得七十斤，仍依本層爲負；價少二錢與相等，無可加減，仍得二錢，本層無數乃變負爲正，即錫十四斤、鉛九斤比鐵七十斤價多二錢也。蓋銅彼此減盡，錫上層多十斤，下層少四斤，下之所少即上之所多，是上層比下層多十四斤也。鉛上層少十五斤，下層少二十四斤，是下層比上層所少爲九斤，即上層比下層多九斤也。鐵上層少四十斤，下層多三十斤，下之所多即上之所少，是上層比下層少七十斤也。價下層少二錢，即上層多二錢也。錫多十四斤，鉛多九斤，鐵少七十斤，價即多二錢，故爲錫十四斤、鉛九斤比鐵七十斤價多二錢也。【略】即錫每一斤之價也。再以銅三斤比錫二斤、鉛二斤、鐵四斤價多一錢計之，則錫二斤價四錢，鉛二斤價二錢，鐵四斤價二錢，共八錢，銅三斤既比錫二斤、鉛二斤、鐵四斤價多一錢，則加一錢共九錢，爲銅三斤之共價，以銅三斤除之，得三錢，即銅每一斤之價也。

又卷三〇體部八《各體權度比例》　設如黃銅一條重三百七十四兩，問積幾何？

法以黃銅寸方重六兩八錢爲一率，一寸爲二率，今所設黃銅重三百七十四兩爲三率，求得四率五十五寸，即黃銅之積也。

設如熟鐵一塊重十六兩，欲鎔爲正方體，問每邊幾何？

法以金方邊一寸爲一率，銀方邊一寸二分三釐爲二率，今所設之金球徑二寸二分六釐爲三率，求得四率二寸七分七釐有餘，即銀球之徑數也。此法蓋因各色俱爲正方體，其重數俱設爲十六兩八錢，與金寸方等，故金方邊爲一寸，銀方邊爲一寸二分三釐，水銀方邊爲一寸一分一釐，鉛方邊爲一寸一分九釐，銅方邊爲一寸三分一釐，鐵方邊爲一寸三分六釐，錫方邊爲一寸三分九釐【略】

又卷三四末部四《借根方比例·線類》　設如有金、銀、錫、銅四色不言重數，但知共數五分之二爲銅數，金、銀、錫共數七分之四爲錫數，金、銀共數八分之五爲銀數，金重三千零二十四兩，問四色各重若干？

法借二百八十根爲共數，用三分母連乘之數，取其可以度盡也。取其五分之二得一百一十二根爲銅數；與二百八十根相減，餘一百六十八根爲金、銀、錫之共數，取其七分之四得九十六根爲錫數；與一百六十八根相減，餘七十二根爲金銀之共數。又取其八分之五，得四十五根爲銀數，與七十二根相減，餘二十七根爲金數，是爲二十七根與三千零二十四兩相等。二十七根既與三千零二十四兩相等，則一根必與一百一十二兩相等，四十五根必與五千零四十兩相等，即銀數九十六根必與一萬零七百五十二兩相等，即錫數一百一十二根必與一萬二千五百四十四兩相等，即銅數四數相加共得三萬一千三百六十兩。以所借共重二百八十根與每一根之一百一十二兩相乘，亦得三萬一千三百六十兩，爲四色之共數也。此借衰互徵法。

設如甲、乙、丙三人各有銀買銅、鐵、錫三色，甲買銅二斤、鐵二斤、錫一斤，共銀九錢，乙買銅三斤，比鐵六斤、錫二斤之價多二錢，丙買銅二斤、鐵四斤，與錫四斤之價相等，問銅、鐵、錫每斤各價若干？

法借一根爲錫每斤之價，則甲錫之價即爲一根，乙錫之價爲二根，丙錫之價爲四根，而甲銅之共價爲九錢少一根仍少鐵二斤。乃以甲銅二斤爲一率，銅價九錢少一根仍少鐵二斤爲二率，乙銅三斤爲三率，求得四率一兩三錢五分少一根半仍少鐵三斤，爲乙銅三斤之價。內減比錫二斤鐵六斤所多之二錢餘一兩一錢五分少一根半，仍少鐵三斤，與乙錫二斤之共價二根多鐵六斤相等。一兩一錢五分少一根半少鐵三斤與二根多鐵六斤，各加鐵三斤，得一兩一錢五分少一根半，與二根多鐵九斤相等。一兩一錢五分少一根半與二根多鐵九斤，再各減去二根餘一兩一錢五分少三根半，與鐵九斤相等，即鐵九斤之價爲一兩一錢五分少三根半也。又以甲銅二斤之共價九錢少一根仍少鐵二斤，即爲丙銅二斤之共價。丙銅與甲銅俱爲二斤，故其共價相等，省一四率也。加鐵四斤，得九錢少一根多鐵二斤，與丙錫四斤之共價四根相等。九錢少一根多鐵二斤與四根各加一根，得九錢多鐵二斤，與五根相等。九錢多鐵二斤與五根，再各減去九錢餘鐵二斤，與五根少九錢相等，即鐵二斤之價爲五根少九錢也。前所得鐵九斤之價爲一兩一錢五分少三根半，今又得鐵二斤之價爲五根少九錢，此二分雖同，而斤數不一，故又以鐵二斤爲一率，今所得之鐵二斤之價五根少九錢爲二率，前所得之鐵九斤爲三率，求得四率二十二根半少四兩零五分，爲鐵九斤之價，乃與前所得鐵九斤之價一兩一錢五分少三根半相等。二十二根半少四兩零五分，與一兩一錢五分少三根半，各加四兩零五分得二十二根半與五兩二錢少三根半相等。二十二根半與五兩二錢少三根半，再各加三根半，得二十六根，與五兩二錢相等。二十六根既與五兩二錢相等，則一根必與二錢相等，即錫每斤之價也。鐵二斤之價既爲五根少九錢，則以五根之共數一兩內減去九錢餘一錢，爲鐵二斤之共價，半之得五分，即鐵每斤之價。於甲共銀九錢內減去鐵二斤之價一錢，又減去錫一斤之價二錢，餘六錢爲銅二斤之共價，半之得三錢，爲銅每斤之價也。其乙銅三斤之共價爲九錢，乙鐵六斤之共價爲三錢，乙錫二斤之共價爲四錢，是銅三斤比錫二斤、鐵六斤之價多二錢也。丙銅二斤之共價爲六錢，丙鐵四斤之共價爲二錢，丙錫四斤之共價爲八錢，是銅二斤、鐵四斤與錫四斤之價等也。此三色和較兼用方程法。

又卷三九末部九《比例規解·五金線》　自甲樞心至乙丙兩股之末，作甲乙、甲丙二錢，用各體權度比例定率數，金重十六兩八錢，水銀重十二兩二錢八分，鉛重九兩九錢三分，銀重九兩，銅重七兩五錢，鐵重六兩七錢，錫重六兩三錢，爲各體正方一寸輕重之比例。定率數有三十餘種，尺不能盡載，惟此數者其用爲多，故止載此。若重數相等，則其積數必不同，故又用轉比例之法求其體積之比例。命金之積爲十億，則與金同重之水銀積爲十三億六千八百零七萬八千一百七十五。水銀重十二兩二錢八分爲一率，金重十六兩八錢爲二率，金積十億爲三率，得四率即水銀積。餘仿此。鉛之積爲十六億九千一百八十四萬二千九百，銀之積爲十八億六千六百六十六萬六千六百六十六，銅之積爲二十二億四千萬，鐵之積爲二十五億零七百四十六萬二千六百八十六，錫之積爲二十六億六千六百六十六萬六千六百六十六。既得各體之積數，乃開立方，求其方根，則金之數爲一千，水銀之數爲一千一百一十，鉛之數爲一千一百九十一，銀之數爲一千二百三十一，銅之數爲一千三百零八，鐵之數爲一千三百五十八，錫之數爲一千三百八十六。爰將各根數於分釐尺上取其度，按度截比例尺之甲乙、甲丙二線，即成五金線也。

陳元龍《格致鏡原》卷五八《燕賞器物類二・香爐》 《妮古録》：傳宣德時，内佛殿災，金銀銅像渾而液，因用鑄爐非也。宣廟欲鑄爐，問鑄工，「銅何法煉而佳？」工奏：「煉至六則現殊光寶色，異恒銅矣。」上曰：「煉十二煉。」十二已條之置鐵鋼篩格，赤炭鎔之，其銅之精萃者先滴，則以鑄爐；存格上者，乃銅之查滓，以作他器。

戴名世《南山集》卷三《序・馬宛來稿序》 採金於山，其始塊然土也。而爲金，爲錫，爲銅，爲鐵，雜出於其間，而莫能辨，有良工者取而置之鑪冶之内，鎔化鍛鍊，於是精粗各別，美惡互分，有金焉、錫焉、銅焉、鐵焉。而金又有良焉，有不良焉。金布於市，適於用，而不知始採之之難如此。今夫有司之衡文於場屋之中，亦猶工之採金於山也。乃往往去其良金，而惟錫與銅、與鐵之是收，且儼然名之曰是良金也。而錫與銅、與鐵一旦獲良金之名，久亦自以爲果良金也，於是以布之於市，而市亦用之。當斯時也，爲良金者，委棄於泥塗之中，而過者曾莫之顧，豈不異哉？雖然，金、錫、銅、鐵之用，終不可混也，精粗美惡之質終不可掩也，吾未見夫良金者之終委棄於泥塗也。彼夫錫與銅、與鐵之得，意以去而爲良工者之所竊笑久矣。儀封馬君宛來，以吾友湯太史、孟升之書來訪我於金陵，孟升盛稱其文，余閲之，光采炫燿而目不給賞者，果良金也。異日者，有良工焉採金於中州，而得良金焉，必宛來也。夫因書以復於孟升，以爲何如也？

倪濤《六藝之一録》卷一八《金器款識一八・漢十二辰鑑三器》 内層：巳午未、申酉戌、亥子丑、寅卯辰。

外層：壽。金石。西王母飛來言之，始有紀。鍊冶銅錫，去其滓。辟除不祥，宜古術，長葆二親，利孫子，辟如衆樂，典祀。徑七寸，重二斤，四銘五十五字。

吴襄《子史精華》卷一五三《珍寶部一・五金》 銀官。又漢中舊有金户千餘家，常於漢水沙淘金，年終總輸。後臨淮王彧爲梁州刺史，奏罷之，其鑄鐵爲農器兵刃，在所有之，然以相州牽口冶爲工，故常鍊鍛爲刀送武庫。

王棠《燕在閣知新録》卷二一《金》 漢時不重金，故賜臣下黄金多至數百斤。王莽末年，省中尚有六十餘萬觔。貨殖傳不言黄金，故金多而用之如泥沙也。後代重金，故金少。宋太宗問杜鎬曰：「西漢賜予悉用黄金，而後代爲難得之貨，何也？」鎬對曰：「當是時，佛事未興，故金價甚賤。」棠攷此語，誠爲不謬。《草木子》云：「金一爲箔，無復再還元。」於是方知金貴之由。

沈青峰《雍正陝西通志》卷四一《鹽法》 宋坑冶，金産商州，銀産鳳州，有監，秦、隴、興元有三務。鐵産鳳翔，同州有冶，鳳耀坊州有務。水銀産商、鳳二州，有場。朱砂産商州，有場。《宋史・食貨志》。

慶桂《清高宗純皇帝實録》卷一三 〔乾隆五年，庚申十一月，辛未〕户部議覆：「雲南巡撫張允隨疏稱，滇省改鑄青錢，請用板錫配鑄等語。查該省點銅價貴，赴粵採買亦難，應如所請，以個舊廠板錫搭配鼓鑄。」從之。

又卷四一四 〔乾隆十七年壬申五月〕甲子，户部議覆：雲南巡撫愛必達奏稱，滇省歲需官兵俸餉銀九十萬餘兩，除支本省地丁商税外，尚少二三十萬，而存貯銀不過五十萬餘，每俟他省撥協。查本省産銅旺盛，積年所存，供京省鼓鑄外，尚有一千八九百萬觔，鉛錫亦皆土産。現湯丹、大水、碌碌等廠地，一届開課之期，錢價頓貴，廠民受虧，請於附近各廠之東川府，除舊鑪二十座外，添設五十座，每年需工本銀十萬六千八百兩零，共鑄出本息錢二十二萬四千餘串，除去物料工食之費，餘錢搭放銅鉛價脚等用，每銀一兩，照兵餉例給錢一千二百文，除還工本外，每年可獲息銀四萬三千餘兩，所需工本於積存銅錫銀内借動，約二年半歸還，嗣後以息作本，應如所請，增鑄錢文，搭放易銀，以資備貯。從之。

李鍇《尚史》卷二三《黄帝諸子傳・蚩尤》 《管子》：黄帝問於伯高曰：「吾

欲陶天下而爲一家，爲之有道乎？」取之遠矣修教十年而葛盧之山發而出水，金從之，蚩尤受而制之以爲劍、鎧、矛、戟，是歲相兼者諸侯九。雍狐之山發而出水，金從之，蚩尤受而制之以爲戟、芮、戈，是歲相兼者諸侯十二。

卞寶第曾國荃等《光緒湖南通志》卷五七《食貨志三·錢法》 乾隆十三年滇銅用完，郴桂産銅漸旺，銅色較高，仍照原例除去白鉛六斤八兩，配入黑鉛。十九年奏准添鑪五座共十座，每鑄銅鉛錫百斤内用郴桂銅五十斤，白鉛四十一斤八兩，黑鉛六斤八兩，點錫二斤外加鑪耗銅鉛錫九斤，一例配用，共歲需正耗銅十九萬六千餘斤，白鉛十六萬餘斤。遇閏加增銅一萬六千餘斤，白鉛一萬三千餘斤，所需價銀動支地丁銀兩，於郴桂兩礦所産銅鉛内收買，供鑄所需運脚銀兩，照例於砂税銀内動用。其配用點錫每斤價銀及運費共銀一錢五分八釐零，黑鉛於郴桂兩廠餘存税鉛内，儘數解局供鑄。

鄂爾泰《乾隆貴州通志》卷一五《食貨·物産》 〔大定府〕銀礦、銅礦、黑鉛、白鉛。俱出威寧名廠，畢節亦有黑鉛廠。

許容《乾隆甘肅通志》卷五《山川·洮州衛邊外山水附内》 石鏡山在衛西南番界，山石皎潔，可鑑形體，故名。中有銅窟，隋代常採鑄之。

又卷一〇《關梁·華亭縣》 蕭關在縣西北，東接鎮原，北通固原，今曰牛營山。【略】又《九域志》：華亭縣有黄石河一鎮，又有鐵冶、銅場、鹽場、茶場。

郭起元《介石堂集》古文卷四《策·廣鑄錢》 寶源、寶泉二局不惜工本，銅質精良，方員肉好，康熙、雍正、乾隆錢胥重一錢四分，可謂損上益下之至矣。每錢八十，准銀一錢，法令畫一，無往代紛更之弊，宜乎民間樂生安業，欣欣然於泉布流通之日。而蚩蚩者氓常咨嗟嘆息於制錢之少，奸人黠匠私鑄鉛錫錢，販與市儈雜用罔利，制錢七八雜以私鑄二三，向時猶揀擇相争，今則竟自持去，可見官錢日少，民共諒其不可多得也。爲今計者，亦曰廣鑄而已矣。原鑄之所以不廣，由於買銅而非採銅也。國家鑒前代開冶之害，一切銀、銅坑俱封不開，而民間括銅，往往胥吏侵漁，入官者少，故購銅於海洋，道遠費重，至不以時。竊以銅與銀異，銀坑利重啓争，宜閉，銅坑利輕用廣，宜開。凡雲南、江西、湖廣等處産銅坑場，胥宜以時開鑿，設官募工採煉，以資冶鑄。其民間舊銅，令捐例贖鍰之人，以是充辦，則銅至者多，而出錢必廣矣。然更有説焉。臣於康熙中年見用錢者，順治、康熙錢相半，斤兩尚輕，每錢一百准銀一錢，物不昂貴，銀本亦省。今以銀一兩易錢八百或七百餘，而物價不減，本銀多耗，民間疑制錢大重，是以私鑄易行。今誠於制錢之外，另鑄輕文重一錢，與制錢相輔而行，制錢六七，輕錢三四，物價可平，銀本不耗，而私鑄無所容其奸，有合於以子權母，亦因時制宜之義也。

翁方綱《復初齋文集》卷一〇《擬師説二》 天下之學務實而已矣，古今之學適用而已矣。今有煎金者，其金最良或次良，極而殺之，至於最下之金，然皆金也。夫且或多其銖兩以准之，則下者可以躋於高，次良者可以躋最良矣。有人焉操銅、連、鉛、錫以假爲金，則有司得窮治之矣。何者？物徵於實，實徵於用也。

袁枚《隨園隨筆》卷一五《政條類·漢金多銅少》 東漢祠廟碑碣，凡士民出錢至百文者，無不高列姓名，洪氏《隸釋》以其時爲錢重幣輕之証。余按班氏《食貨志》黄金一斤直錢萬，未提一流錢千五百八十，他銀一流錢千，是金、銀多而銅少之証矣。

張澍《續黔書》卷一《假銀》 銀有十七種，美者有黄銀，出蜀中，其天生牙，狀如亂絲，生銀狀如硬錫母砂，銀色理赤光，黑鉛銀得子母之氣，咸真銀也。其假者，有水銀、銀草、曾青、石緑、雄黄、雌黄、膽礬、靈草、丹陽、銅、鐵、白錫，諸名皆以藥製成者。黔市通用銀，名垂絲甚潮低，而江西流民巧詐滋甚，日造僞者，非惟紿鄉愚，且用以欺官長，所謂爲盜不操矛戟者也。有得者以視余，瑩白精好，翦之則鉛實，僅面皮爲銀，然薄如蟬翼，真鬼工也。以較慕容超之鐵胎奚翅過之。案：漢孝景時，律造僞黄金與私鑄錢者，同棄市。唐文宗太和三年，依中書門下奏，以鉛錫錢交易者，過十貫以上，所在集衆決殺。今假銀之罪，不下於僞黄金，而重於以鉛錫錢交易，宜比前代之法，置之重典，庶可以革奸而返樸也。

嵇璜《清朝通典》卷一〇《食貨一〇》 五年，改鑄青錢。每紅銅五十斤配合白鉛四十一斤八兩，黑鉛六斤八兩，再加點錫二斤，配合鼓鑄。

劉浩等《民國文獻資料叢編·史料旬刊第三册》《修建寧壽宮工程案》 奴才英廉、劉浩、金輝謹奏，爲約估銅斤工料銀兩事：遵旨寧壽宮皇極殿前添安燒古銅缸二件。欽此。欽遵。隨交鑄爐處官員等按前造過銅缸節省之例一體詳加估計，成造口徑五尺銅缸二件，共約用黄銅一萬七百十四斤，買辦物料及匠夫工價銀兩，共估用銀八百五十八兩九錢七分八釐。所需銅斤即在鑄鑪處杵頭銅内動用，工料銀兩請向廣儲司銀庫領用，至煤炭、鐵絲等項俱由各該處行取應用，統俟工竣之日，奴才等另行派員詳細核銷。謹將約用工料銀兩細數，另繕清單，一併恭呈御覽。爲此謹奏。乾隆四十年二月二十八日具奏。奉旨：知道了。欽此。

成造口徑五尺銅缸二件，共約用銅一萬七百十四斤。按例每銅重一百斤用鑄匠十三工三分，計九百九十七工五分，按例節省二成。計節省工一百九十九工五分，淨用鑄匠七百九十八工。鏨匠二十六工六分，計一千九百九十五工，按例節省二成。計節省工三百九十九工，淨用鏨匠一千五百九十六工。銼刮匠二十六工六分，計一千九百九十五工，按例節省二成半。計節省工四百九十九工，淨用銼刮匠一千四百九十六工。化銅礶五個，計三百七十五個。【略】黑炭三十七斤八兩，計二千八百十二斤。渣煤二百七十五斤，計二萬六百二十五斤。每銅重十二斤，用壯夫一名，計六百二十五名。共約計嵌補釘三千塊，每四塊用嵌補匠一工，計七百五十工，按例節省二成。計節省工一百五十工，淨用嵌補匠六百工。磨光出亮共折見方尺一百三十尺，每尺用磨石二兩，計十六斤四兩，磨炭五錢，計四斤一兩，磨匠一工計一百三十工，按例節省二成半。計節省工三十二工五分，淨用磨匠九十七工五分。燒古共折見方尺一百三十尺，每尺用西碌一兩二錢，計九斤十二兩；膽礬一兩二錢，計九斤十二兩；硇砂一兩二錢，計九斤十二兩。約用買辦化銅礶三百七十五個，每個銀一錢，計銀三十七兩五錢。【略】外僱揚銅匠一百十六工，番砂做模匠五百七十三工，倒火匠七十八工，卸罩匠三十九工，鏨粗匠五百五工，鏨細匠一千十一工，銼粗匠四百七十九工，銼細匠一千八十九工，嵌補匠六百工，磨石匠五十八工，磨炭匠二十九工，上亮匠十工五分，共用外僱匠四千五百八十七工五分，每工銀一錢五分四釐。計工銀七百六兩四錢七分五釐。共節省匠一千二百八十工，計節省工銀一百九十七兩一錢二分。外僱壯夫六百二十五名，每名銀八分。計銀五十兩。以上除節省工銀一百九十七兩一錢二分外，共實約用買辦物料工價銀八百五十八兩九錢七分八釐，行取營造司鐵絲九十斤七兩，黑炭二千八百十二斤，渣煤二萬六百二十五斤，鑄爐處杵頭銅一萬七百十四斤。【略】

奴才英廉、劉浩、金輝謹奏爲奏銷工料銀兩銅斤事：遵旨成造寧壽宫後所各殿宇院内安設燒古銅缸二十八件内，口徑五尺銅缸八件，口徑四尺銅缸二十件，俱已造成。其口徑四尺銅缸二十件，業於本年九月内陸續安設。其口徑五尺銅缸八件，現存鑄爐處，俟明春駕幸圓明園後，奴才等再行運往敬謹安設。今據鑄爐處官員等報銷成造燒古銅缸二十八件，按例共用鑄鏨銼刮磨光出亮燒古等匠七萬五千一百十九工五分，壯夫七千三百九十八名内，按二成節省鑄鏨嵌補等匠九千五百九十八工，按二成半節省銼刮磨匠六千三百四十二工五分，共節省各項匠工一萬五千九百四十工五分，計銀二千四百五十四兩八錢三分七釐。除節省外，仍實用各項匠夫工價銀九千七百五兩四錢六釐，買辦物料銀一千五十五兩九錢，用過鑄爐處各處交來雜項廢銅十二萬六千八百二十四斤八兩。呈報前來，奴才等即派查核房員外郎連城委署主事福寧覆加丈量稱驗銅缸斤兩，及所用工料銀兩數目，均與先造過銅缸之例相符。謹將用過工料銀兩，分晰細數敬繕清單，一併恭呈御覽。爲此謹奏。乾隆三十八年十二月初四日，交總管太監桂元等轉奏。本日奉旨：知道了。欽此。

成造銅缸二十八件内，口徑四尺二十件，口徑五尺八件，共用黄銅十一萬六千八百二十四斤八兩。每銅重一百斤，用鑄匠十三工三分，計一萬一千八百工，按例節省二成，計節省工二千三百六十一工，淨用鑄匠九千四百四十六工。鏨匠二十六工六分，計二萬三千六百十四工五分，按例節省二成。計節省工四千七百二十三工，淨用鏨匠一萬八千八百九十一工五分。銼刮匠二十六工六分，計二萬三千六百十四工五分，按例節省二成半。計節省工五千九百三工五分，淨用銼刮匠一萬七千七百十一工。化銅礶五個，計四千四百三十八個。立黄土三筐，計二千二百六十三筐。糞土一筐，計八百八十七筐。土坯一百六十三塊，計十四萬四千七百塊。蒜蔴二斤七兩，計二千一百六十三斤。秫稭六個，計五千三百二十六個。鐵絲一斤三兩三錢，計一千七十斤。黑炭二十七斤八兩，計三萬三千二白九十斤。渣煤二百七十五斤，計二十四萬四千一百三十斤。每銅重十二斤，用壯夫一名，計七千三百九十八名。共嵌補釘五萬二百七十五塊，每四塊用嵌補匠一工，計一萬二千五百六十八工五分，按例節省二成。計節省工二千五百十四工，淨用嵌補匠一萬五十四工五分。磨光出亮，共折見方尺一千七百五十七尺六寸。每見方一尺用磨石二兩，計二百十九斤十一兩。磨炭五錢，計五十四斤十四兩。磨匠一工，計一千七百五十七工五分，按例節省二成半。計節省工四百三十九工，淨用磨匠一千三百十八工五分。燒古共折見方尺一千七百五十七尺六寸，每見方一尺，用西碌一兩二錢，計一百三十一斤十三兩。膽礬一兩二錢，計一百三十一斤十三兩。硇砂一兩二錢，計一百三十一斤十三兩。燒古匠一工計一千七百五十七工五分。

鄭光祖《醒世一斑録・雜述》卷二《銀廠》 乾隆末，永善縣離城三十里有金沙廠，商賈輻湊，縣設官房徵稅。山頂一峯曰老君冠子，其内開挖已久，空等蜂房，衆方慮必有覆壓之禍，不知後竟何如。近聞廠已大衰，人烟冷落，所有青龍廠洞深已四十里，殆將歇絶矣。

曩時魯甸廳烙馬廠已經衰絶，再在前十年，廠經大旺，得硔必如一室之大。既盡，搜剔旁苗有歧可入，挖至數丈必又得如一室之大。與金沙廠相距三百里，同屬昭通一府，而銀苗各異。

曹振鏞《清仁宗睿皇帝實録》卷二六 〔嘉慶三年，戊午春，正月，甲午〕是月，兩廣總督吉慶、廣東巡撫陳大文奏：「廣東省局鑄錢，向以粵鹽易换滇銅供鑄，嗣經停運，奉旨以銅六鉛四配鑄，惟存局滇銅，鍊色不過在八成以上。查省城所賣石碌銅，産於瓊州黎地，黎人檢挖，售作顔料，餘剩沙石，架爐煎鍊，每百斤可得銅十五六斤不等，其色十分純足，若以之鑄錢，自必出色。當與司道會商試辦，委係堅亮，覈計脚費，較之滇銅尚有節省，於錢法實有裨益。」下部知之。

王昶《湖海文傳》卷三八余慶長《查慢梭金廠行記》 乾隆丁丑冬十有二月，余以通海縣令奉檄，委查慢梭金廠，既望起行，經臨安府，凡三日抵摸黑銀廠，晤廠官王元贊，慢梭其兼管也。云道僻而多瘴，邀之行，有難色，夕宿廠之西嶽廟。次日，廠官以疾辭。十八日，飭行裝，釋輿，乘竹兜馬三匹，僕從輿馬夫各七人，東南行五十里抵塔瓦鋪。又五里有山澗，澗南入蒙自界。又四十里抵個舊廠，商賈輻輳，烟火繁稠，視摸黑迥勝地，産銀、錫、鉛、白錫，質良甲於天下。又南五十里爲龍樹銀廠。

陳忠倚《清經世文三編》卷三《學術三》王之春《自强切要疏》 一、人材宜急造就也。歐美兩洲各國勃焉，興起之機在學問日新，工商日旺，而其絶大關鍵，不過恃火輪、舟車及電線諸務而已，實則此天地間公共之理。不知此皆吾輩載籍所已言，其賢智者不暇考求，中下者不及知，或轉駭他人之强盛，而推之過當，或以爲堂堂中國，何致效西人，而擯之過嚴。臣以爲皆所見之不廣也。《墨子》《魯問》《公輸》諸篇，機器船械之學所自出也。《旗幟》一篇，西人旗燈之所自法也。近中則所見大，景亦大，遠中則所見小，景亦小，今之作窺遠鏡、顯微鏡者，皆不越此兩語範圍也。《吕氏春秋・似順論》云：漆淖水淖，合兩淖則爲蹇，溼之則爲乾；金柔錫柔，合兩柔則爲剛，燔之則瞢。又考《氾訓論》云：老槐生火，久血爲燐。《博物志》云：積艾三年，焚之若鉛錫。此化學之所自出也。《主述訓》云：衆智所爲無不成也，千人之羣無絶梁，萬人之聚無廢功，西學各事之所以能勝人者，率此術也。至於易之雷電合而章，書之潤下作鹹五語，《漢書》之洗金以鹽，濯錦以魚等句，一皆化學、電學、格致諸學之權輿也。《管子》云：上有丹鉛，上有丹砂者，下有黄金；上有磁石者，下有銅、金；上有鉛者，下有銀；上有赭，下有鐵，此山之見榮者。即礦學之宗旨也。

賀長齡《清經世文編》卷五二《户政二七・錢幣上・檀萃〈廠記〉》 募隆之出，由吴尚賢家貧走廠，抵徼外之葫蘆國，其酋長大山王蜂筑信任之，與開茂隆廠，大贏。銀出不貲，過於内地之樂馬廠。二廠東西競爽。故滇富盛，民樂而官康，尚賢志漸張，思假貢象得襲守，大吏謾之。隨貢行，貢既進，不能如所望，怏怏回。恐其回廠生變，拘而餓死之，廠遂散。蓋蠻方之所憚者，募隆吴尚賢，桂家宫里燕，後又誘殺宫里燕，滇人所謂自去防邊兩虎，而邊釁生矣。論者以銀幣之濟中國者，首則滇之各廠，次則粵海花銀。滇昔盛時，外有募隆，内有樂馬，歲出銀不貲。自尚賢死，募隆遂爲夷人所據，而樂馬亦漸衰，於是銀貴錢賤，官民坐受其累。況啓釁召兵，如往者征緬之役，騷動幾徧天下。數十年來，元氣尚未充，由官之措置乖方，甚哉守邊者，宜用有學問通達治體之重臣也。故著明銀廠之開，可以實内地，廠民之保廠，足以防邊。始嘗爲論，以告於上官，因無見省者，乃書於此，以爲後之守邊者取法焉。募迺廠，孟連土司之東土司刁氏，世擅其地。雍正八年，刁派夷獻此廠，願歲輸廠課銀六百兩。總督鄂爾泰以聞，上嘉之，爲減其半。寧臺諸廠，介黑惠、瀾滄之間者，出銅；自湧金山而至於悉宜、募隆、募迺，在諸土司地滚弄江内者，皆出銀。古者重銅，以充鼓鑄爲錢幣，而銀幣不行。數百年來，錢銀并行，而銀幣尤盛。凡額征、輸納、餉運、俸廉，歲百千萬，皆以銀，故銀出之豐嗇，尤爲民生之利病。説者必欲錮銀廠，使廠民專趨於採銅，銅亦勉强支撑，而銀日見其缺，以不度於時勢，而各欲濟其私也。自古以來，未有不重廠務也。其山有廠者，必謹封而祭之，申其厲禁，感召山靈，而寶藏興。黄帝於山之見榮者有然，距封十里而爲一壇，乘者下，行者起，犯令者死不赦。修教十年，葛盧雍狐之山，皆發而出水，金從之，受而制之，其嚴如此。今任廠民之自爲，官不爲修其祀，宜乎山之見水不能常也。夏水商旱，禹發歷山之金，湯發莊山之金，作幣以濟民。文武之王天下，取牛氏邊山之玉，汝漢右洿之金，赤野末光之珠，皆距周七八千里，深遠而至難。珠玉爲上幣，黄金爲中幣，刀布爲下幣。刀布即今錢也，而已居金之下矣。銀，白金也。白金之幣，行之久，執錮銀開銅之偏論，原非所通，主者亦皆附和，心不能白，能不動山靈之訶乎。昔貢禹奏言：古者不以金錢爲幣，專意於農。故一夫不耕，必有受其饑者。今漢家鑄錢，及諸鐵官，皆置吏卒徒攻山取銅鐵，一歲攻十萬人已上。中農食七人，是七十萬人，常受其饑也。鑿地數百丈，銷陰氣之精，地藏空虚，不能含氣出雲，斬伐林木，亡有時禁。水旱之災，未必不繇此也。自五銖錢起已來，七十餘年，民坐盜鑄錢，被刑者衆。富者積錢滿室，猶亡厭足，民心摇動。商賈求利，東西南北，各用智巧，好衣美食，歲有十二之利，而不出租税。農夫父子，暴露中野，不避寒暑，捽草杷土，手足胼胝，已奉穀租，又出稾税，鄉部私求，不可勝供。故民棄本逐末，耕者不能半。貧民雖賜之田，猶賤賣以賈，窮則起爲盜賊，何者？末利深而惑於錢也。是以奸邪不可禁，其原皆起於錢也。疾其末者絶其本，宜罷採珠玉金銀鑄錢之官，亡復以爲幣。市井勿得販賣。除其租銖之律，租税禄賜，皆以布帛及穀，使百姓壹歸於農，復古道便。竊案貢公之奏，謂攻採消陰氣之精，不能含雲出雨。是時銅鐵之官，徧於各郡國。今遠在滇黔，未能以一方雲雨及天下，其爲害猶屬渺茫。至謂一歲受饑，且七十萬夫。此根本切實之論。今合順寧諸廠，其人之多，不可算數。況總全滇諸廠而計之，則其數豈止七十萬哉？而以食七人爲算，則受饑且七百萬人矣。且錢以准貨，不過此數，以流轉無甚大耗。今滇南供京局，及各省局以斤計，銅歲千二百萬，錢出之多，宜公私山積。而今富家未聞有積錢滿室者，錢質雖大，積數年自碎，故無積之者。又不可銷，銷即不可爲器物，故無銷之者。積與銷俱無，而錢不見盈，則歸於何處耶？嘗以此義語於通人，俱不能解也。

又《户政二七・銅・錢幣上・顧炎武〈日知録・論錢幣〉》　古有三幣，今亦有三幣，古之三幣，珠玉、黄金、刀布，今之三幣，白金、錢、鈔。古之爲市者，以其所有，易其所無，皆粟與械器耳。粟與械器，持移量算，有所不便，則於是乎代之以金。金者，所以通粟與械器之窮也，所謂大不如小也。物有至微，釐毫市易，則金又有所不便，於是乎又代之以錢。錢者，所以通金之窮也，所謂頓不如零也。千里齎持，盜賊險阻，則金與錢又俱有所不便，於是乎又代之以楮。楮者如唐之飛錢，今之會票，又所以通金與錢之窮也，所謂重不如輕也。識三幣之情，則知所以用三幣之法矣。

錢之重輕，自當以一錢爲率。錢之價值，斷當以每一文，准銀一釐爲率。若錢太輕，則銅不敵銀，銅不敵銀則多費。錢太重，則銀不敵銅，銀不敵銅則難用。今之薄小低錢，固非法矣。至京師黄錢，每六文准銀一分，亦未爲得也。

今朝廷用錢，每便於發，不便於收，每便於下，不便於上，此由純用小錢，無子母相權之法故也。天啓時，嘗鑄當十錢，每大錢一，當小錢十，其重以一兩爲率。愚謂今後凡遇官民交易，勢當用錢者，小錢難於箇數，竟用當十大錢，出入瞭然，無耗損兑折之弊，亦一法也。

自古三幣，皆用金若銅，未有用楮者。唐憲宗時，令商賈至京師委錢諸路進奏院，及諸軍諸使富家，以輕裝趨四方，合券，乃取之，號曰飛錢。此楮法所由起也。然此特以楮券錢，而非即以楮爲錢。宋張詠鎮蜀，患蜀人鐵錢重，不便貿易，設質劑之法，謂之曰交子。高宗時，又有會子，始以楮爲錢，然猶用官錢爲本。至金元之鈔則直取料於民，不復用官錢爲本，所費之值，不過三五錢，而欲售人千錢之物，民雖愚，豈爲所欺哉。且鈔易昏爛，不久仍廢，則楮幣之無用可知矣，必欲行楮幣之法，須如唐飛錢之制然後可。今人家多有移重貲至京師者，以道路不便，委錢於京師富商之家，取票至京師取值，謂之會票。此即飛錢之遺意。宜於各處布政司，或大府去處，設立銀券司，朝廷發官本造號券，令客商往來者，納銀取券，合券取銀，出入之間，量取路費微息，則客商無道路之虞，朝廷有歲收之息，似亦甚便。

又《户政二七・銅・錢幣上・顧炎武〈日知録〉》《六經不及貨泉論》　太公爲周立九府圜法，錢圜函方，輕重以銖，而泉布之法，遂以行天下，迄今二千年不廢。而六經語孟，無及貨泉者。考《國語》周景王二十一年，鑄大錢，時當昭公之十八年，孔子年二十九矣，而孔子生平與之釜，與之庾，與之粟九百，未嘗以泉爲貨也。孟子之世，第言農有餘粟，女有餘布，且曰聖人治天下，使有菽粟如水火。可見當時，第以粟布爲交易，而未嘗用錢。《小雅》握粟出卜，顧氏炎武曰：古時用錢未廣，問卜者亦用粟，漢世猶然，未嘗不歎當時風俗之淳，人心之厚，迥非後世之所能及也。後之儒者，因財用匱竭，議欲返古，如陸贄、白居易之徒，謂粟可耕而得，帛可織而成，至錢非官鑄不行，是責民之所無，不知用粟帛爲便。然考魏文帝黄初二年，罷五銖錢，使民以粟帛爲市。至明帝世，凡四十年，宜可以家給人足，而但見其害，不見其利，行用既久，巧僞漸生，民競溼穀以要利，作薄絹以爲市，雖重刑罰以懲之，不能禁也。是以司馬芝等議，用錢非徒豐國，亦以省刑，乃更立五銖錢。至晉安帝元興中，桓元輔政，又欲廢錢用穀帛。孔琳之議曰：錢之爲用，既無毁敗之費，又省運致之苦，至穀帛本以爲衣食，用以爲貨，則致損甚多，勞毁於商販之手，耗棄於割截之用，是唯兵亂積久，所以暫廢，漢末是也。魏明帝時，錢廢用穀，四十年□以不便於人，復行五銖河西荒亂，之已試者乃止。前涼張軌參軍索輔言於軌曰：晉太始中，亂遂不用錢，裂匹以爲段數，縑布既壞，市易又難，徒壞女工，不在衣用，今中州雖亂，北方全安，宜復五銖，以濟通變之會。軌從之，准布用錢，錢遂大行，人賴其利。由是觀之，可見白居易所謂私家無錢鑪，平地無鉛山者，第執一偏之説，而未睹廢錢之害。獨怪夫自太公制九府，以迄孔孟之世，七百餘年，錢尚未通行於天下，豈溼穀薄絹之姦僞，當時未之有邪，割截運致之耗廢，以爲無足患邪。再四尋求其故，蓋古者，惟商賈通行四方，廢置鬻財，其時所謂財者，皆黄金龜貝之屬。故史云：家累千金，孟子亦有餽百鎰七十鎰，五十鎰者，其餘交易皆不出鄉，民各以其土之所入，通工易事，計莫便於粟與布。故詩曰：抱布貿絲。又曰：握粟出卜。雖至微小，無用錢者。又古者分土而治，太公爲周制圜法，意惟王畿及本國行之，不必通行各國，故終周之世，六經《語》、《孟》，無貨泉之文。若今日而欲返古，竊恐溼穀薄絹，其巧僞更甚，刑獄日繁，怨謗交起，余未見其可也。

按白居易之策，止欲復唐初租庸之制，以穀帛供賦税，主於便農，而未嘗以是厲商也，故其詩亦云：胡爲春夏税，歲歲輸銅錢。又云：庸必算丁口，租必計桑田。正與古者農用粟帛，商用貨財之制相符，震滄此辯未中白氏之失，然其考古便民之實，則無以易之矣。

又《户政二七·銅·錢幣上·顧炎武〈日知録·古者貨貝論〉》 三代之世，家給人足，而今世輒不免於財匱，議者以爲户口之日多，而不盡然也。自古迄今，泉貨交易，因時遞變，而日趨於難，至今日之用銀而極矣。是非其耗之者多，而出之者先隘。今日之所爲貨者，非古之所爲貨故也。古者貨貝而寶龜，貝有五，《漢書食貨志》：以大貝、壯貝、幺貝、小貝、不成貝爲五貝。貝者，海中介蟲也。《説文》云：其甲人之所寶，即今瑇瑁，取之不盡，用之不竭，不費人工，不煩羅致，故自古曰財，曰貨，曰寶，文皆從貝。《禹貢》：厥篚織貝。《盤庚》：具乃貝玉。《顧命》：陳列大貝。《中庸》論水之不測曰：貨財殖焉。是海爲天府，可以贍天下之民生日用，使家給人足，户有蓋藏者也。自太公爲周立九府圜法，錢圜函方，輕重以銖，而交易之法，於是乎始變。然錢特以通貝之窮，而仍不廢貝，故《小雅》曰：「錫我百朋。」此外惟黄金與粟布。孟子之世，王餽兼金百鎰。又曰農有餘粟，女有餘布，周之泉貨蓋如是。秦并天下，黄金爲上幣，銅錢文曰半兩，重如其文，而龜貝第爲器飾，不爲幣，而民始重困。漢興，爲秦錢重難用，更鑄四銖錢，錢益多而輕，物益少而貴。武帝征伐四夷，國用空竭，乃以白鹿皮方尺爲皮幣，直四十萬。又造銀錫白金，雜鑄銀錫爲白金。凡三品，民弗寶用，歲餘率廢不行。元帝時，貢禹奏言鑄錢採銅，使民棄本逐末，宜罷採珠玉、金、銀鑄錢，官毋復以爲幣。租税禄賜，皆以布帛及穀。議者以爲交易待錢，布帛不可尺寸分裂，議遂寢。自魏孝文創爲均田，而周、齊、隋、唐因之。其賦於民也，有租庸調。自楊炎變爲兩税，一概税錢。陸贄論之曰：米可以耕而得，布帛可以織而成，至錢非官鑄不行。是棄民之所有，而責之以所無也。由是言之，錢特以佐粟帛之窮，聽民自交易，則民利其利，害不較然哉。考唐之世，凡租賦廪賜軍糧賂遺贓罰，皆以繒帛，無用銀者。白居易詩云：「進入大盈庫，歲久化爲塵。」李光顔爲節度使，大盈庫發繒破裂，軍士負而焚之，光顔至欲自刎，長孫順德受人繒，事覺，太宗更賜繒以愧其心。段秀實以司農徵，過岐，朱泚自致大綾三百匹。皇甫湜爲裴度作碑，字索三縑。惟嶺南數州，以銀爲交易。故張籍詩云：「海國戰騎象，蠻州市用銀。」而今通天下行之，豈不異哉。北宋盛時，元祐會計，歲入銀止五萬七千兩。其時西蜀有交子務，交子若今會票，後更名會子。止因錢重難致，以便商賈，官爲置務以理之，其後遂爲鈔。紹興初於邊郡用之，以便軍興。然李道傳於理宗朝上言，楮幣之换，官民如仇，鈔法之行，商賈疑怨。則宋時已有此患。金、元之世，皆用鈔爲交易，然質輕而欲重用之，鈔益賤而物日益貴，不便於俗，難以通行。明洪、永兩朝，設爲嚴法以流通之，而率莫能强。至宣德三年遂停止。自是而自上及下，皆以銀爲寶貨，至於今不改。夫銀取之沙泥之中，鎔之爐冶之内，況其礦在遥遠之地。非如貝，取之水族，物既多而工亦不費也。富人扃鐍之，可以累世居奇，射利非如粟，久則腐帛，久則朽民，不煩戒飭，自能流通而不滯也。今自秦之廢貝，至今二千餘年，銀之通行，纔四百載，而民生乏匱，銀煎難得，上厪當貯之憂。夫法久則弊，弊則更。余故遠追三代以上以迄今世，竊以爲宜復貨貝，與錢並行，凡租税禄賜皆用之，而粟帛聽民以本色交易。庶乎財貨流衍，國用充足，爲億萬年無窮之計。謹書之以備采擇焉。

那彦成《那文毅公奏議》籌畫回疆善後事宜奏議卷七六《變通回疆錢法》附《恭謝天恩》 道光八年三月二十五日，會同阿克蘇辦事大臣長公清，奏爲阿克蘇鼓鑄當五普爾錢文，酌量增改以利用益帑事：「竊查阿克蘇錢局所鑄普爾錢文向係普爾錢一文，當制錢五文行使，每銀一兩兑换普爾錢二百四五十文。自前年軍興以來，錢價昂貴，每銀一兩僅换錢八九十文，現今錢價稍平，已换一百餘文不等，食用因之增昂，兵民甚屬拮据。維時揚威將軍、大學士長齡奏准添鑄銀錢，與普爾錢兑用，而回性多疑，惟恐以銀鑄錢，或有銅鉛攙和，未得足色，不願行使，以致一年有餘不行，而錢價亦不能平減。茲臣那彦成與辦事大臣長清公同籌議，每年采取銅觔只得此數，不能增多，無由添鑄，而商民回户生計所關，亦不可不亟爲調劑，必需利於民生而尤無費國帑，方爲有益。臣等再四商酌，自應量爲變通。伏查阿克蘇錢局鼓鑄普爾錢文舊例，每錢一文計重二錢，經參贊大臣舒赫德奏明，每文酌減五分，改爲重一錢五分。復經參贊大臣綽克托奏明，每文再減三分，作爲重一錢二分，均作爲以一當五行用。奉高宗純皇帝硃批：『好。欽此。』欽遵在案。現在錢局每年收額銅二萬一千一百一十四觔七兩，除火耗外，共鑄錢二千六百七十三串一百二十七文，搭放兵餉每餉銀一兩合錢二百二十文，共合銀一萬二千一百五十兩五錢七分七釐，計錢一文僅重一錢二分，似難再爲酌減。今擬以歲收額銅十分之七，仍舊鑄重一錢二分，以一當五錢一千八百七十一串一百九十文。再以額銅十分之三，改鑄重一錢五分以一當十錢六百四十一千五百五十文，所鑄錢文模式圍圓較當五錢加寬一線，背面各添鑄五字、十字以示區別。按銀一兩合錢一百十文，共合銀五千八百三十二兩二錢七分，即以十分之三銅觔而論，前鑄當五錢僅合銀三千六百四十五兩一錢七分，今改鑄當十錢，每文雖加重三分，實省銅九分，共省出銅三千六百八觔十一兩五錢。合之錢數，增出當五錢四百八十一千一百六十三文。再以工計，又省工錢二十三千文。統計省銅與工及增出錢文，實長餘銀二千二百九十一兩六錢五分，即可照數少調內地經費，以爲按年添撥兵餉之用。臣復廣爲查詢，商民回子等僉稱，以當五錢與當十錢相間通用，實爲便利，事屬可行。臣等愚昧之見，現查阿克蘇銅廠開挖年久，銅觔未能豐旺，與其多方采辦，苦累兵回，徒滋糜費，不若將現鑄錢文作爲當五、當十兩様分别行使，可期泉布充盈。應請將錢局額銅試鑄十分之三當十錢先爲行用，如果能平減市價，流通無弊，隨時酌量，再爲加增改鑄當五、當十錢各十分之五，永遠通行，實於回户商民均有裨益，而帑項亦可稍爲節省。當五、當十錢模式恭呈御覽。謹奏。」

道光八年四月二十二日，軍機大臣字寄，奉上諭：「那彦成等奏阿克蘇鼓鑄普爾錢文酌量增改一摺。據稱阿克蘇銅廠開挖年久，銅觔未能豐旺，與其多方采辦，苦累兵回，徒滋糜費，不如將現鑄錢文作爲當五、當十兩様分别行使，請將餞局嶺銅十分之三試鑄當十錢文，先爲行用，如果能平減市價，再爲加增改鑄當五、當十錢各十分之五，永遠通行等語。普爾錢文爲商民回户生計所關，向係以一當五，行用多年，茲那彦成等請改鑄當十錢相間通行，事屬創始，必須試行無弊，方爲妥協，著詳加體察。如果通行便利，固屬甚善，倘有輕重攙襍，格礙難行之處，即據實奏明停止。」

陳壽祺《左海文集》卷三《唐天祐四年琅邪王師子銅鑪銘釋文》 鑪以漢建初慮虒尺校之，高三寸七分，内深如之。大凡銅重十六觔一兩十一銖，其一足缺，今所補鑄也。繞脣銘曰：弟子鹽鐵出使巡官、主福、建院事、檢校尚書禮部郎中、賜紫金魚袋王延翰奉爲大王及國夫人大王國夫人上並空一字。鑄造師子香爐壹口，捨入保福院，永充供養。天祐四年九月四日題。案唐書食貨志貞元初德宗以崔造爲相，奏廢諸道水陸轉運使及度支巡院。既而詔諸道有鹽鐵處，復置巡院。乾元元年，鹽鐵鑄錢使第五琦初變鹽法，就山海、井竈近利之地置監院。鹽鐵使劉晏以出鹽鄉因舊監，置吏亭户。法然則諸道有鹽鐵巡院官。福州候官有鹽監，唐末未改。銘所謂「鹽鐵出使巡官」者，即鹽鐵巡院官也。「主福建院事」者，即候官之監院也。唐制大小官多加檢校兼銜。

又《南詔德化碑攷》 一入朝，册爲雲南王。天寶初，遣孫鳳伽異入宿衛，拜鴻臚卿。七載，歸義死，閤羅鳳立襲王，以鳳伽異爲陽瓜州刺史。鮮于仲通領劍南節度使。故事，南詔常與妻子謁都督過雲南，太守張虔陀私之。又多所求丐，閤羅鳳不應，虔陀數詬靳之，由是怨怒，反發兵攻虔陀，殺之。取姚州及小夷州三十二。明年仲通自將出戎、巂州，分二道，次曲州、靖州。閤羅鳳遣使謝罪，願還所虜得自新，且城姚州。如不聽，則歸命吐蕃，恐雲南非唐有。仲通怒，囚使者，進薄白崖城，大敗引還。閤羅鳳遂北臣吐蕃，吐蕃以爲弟。夷謂弟鍾，故稱贊普鍾。給予金印，號東帝。揭碑國門，明不得已而叛。嘗曰我上世世奉中國，累封賞，後嗣容歸之。若唐使者至，可指碑澡祓吾罪也。其碑即此石刻是也。楊升菴南詔野史云：立石大和門外。又云在大理府城南太和邨古城，故清平官鄭回撰文，流寓唐御史杜光庭書。今剥落矣。

宋翔鳳《樸學齋文録》卷一《策問課興魯書院諸生》 問：惟金三品貢於揚、荆，孔傳以金、銀、銅爲三品，康成以銅三色爲三品，古者又以錫爲銀，以鉛爲錫，能辨其説歟？漢有錢官、長丞，唐、宋有鑄錢監，並即山鑄錢，能考其制歟？唐時如商州、河中、揚州、饒州、信州並有銅穴鉛坑，因置監立冶，近代以來則採自滇黔邊地，雖盈虚由於地利，而利害順於人情，豈坑冶有傷於種植，邊荒足供乎搜採歟？宋代鑄錢之額十倍於唐，而出銅、鉛之額數十倍於唐，乃不數十年而錢法敝壞，始鑄鐵錢，終行楮幣，豈有司侈言地産而不知盛衰？米粟，人可致力，而猶懼其取盈，銅、鉛，地之自然，豈能責以成數，則流極之果由定額歟？夫銅、鉛爲錢法之本，所以裕國用、通民財、絶奸慝、廣地員者，固有在也，試略陳所得焉。

王鎏《錢幣芻言》《與包慎伯明府論鈔幣書》 予持行鈔之説，惟慎伯先生深以爲是然，意見亦稍有異同，大約先生尚欲銀鈔兼行，而鄙見則既有錢鈔二者爲幣，銀自可廢耳。會予重刊《錢幣芻言》，因以藁本就正先生，先生答書稍遲，而刊本已竣，不可復改，乃舉其書中三十餘條細加商榷，當還質之先生。誠以此事爲民生國計之所關，不可不詳辨，以俟天下之公論。予非敢專己自是，而拒良友之規箴也。

來書云，白銅别是一種産處，每斤值銀二兩許，至難得。此外止有紅銅，是本質加鐵，則爲現行之白銅，加錫則爲響銅，以爲樂器，加白鉛則爲青銅，加黑鉛則爲黄銅，李穆堂先生之疏，蓋未知物性也。

按：李公之疏言禁銅之法，必將一切打造黄銅、紅銅、白銅之鋪盡行禁絶，最是千古名言，縱未深悉銅性，不足議也。

吴其濬《滇南礦廠圖略》卷二《鑄第十二》 因山鑄銅，功力省而銅質精，故吴以富。宋以後江淮冶場無産也，或購之海舶。今滇銅徧天下，凡直省皆置銅官鑄錢，而滇省及東川鼓鑄尤多，寧臺場舊亦議設鑪，未果行，其所需黑白鉛皆就近採獲，無藉材於異地，故記鑄。

雲南省開局鑄錢始於順治十七年，旋停，康熙二十一年復開。嗣後各屬以次增置鑄錢，分運各省。設於府者爲大理、臨安、曲靖、廣西、今直隸州。東川、順寧，設於州者爲霑、益，設於縣者爲禄豐、蒙自。時置時停，惟省城、臨安、大理、東川四局最久。嘉慶四年，臨安、廣南、東川、楚雄、永昌設鑪，係因收買小錢改鑄，鑄竣即裁。

三色配鑄定於嘉慶六年，每百觔用銅五十四觔，白鉛四十二觔十二兩，黑鉛三觔四兩。有正鑄，每銅百觔加耗十觔四兩。嘉慶九年，改定各廠銅加耗照舊。寧臺廠銅每百觔加局耗八觔，共一百八觔。每百觔加煎耗一十七觔八兩，計加銅一十八觔十四兩四錢，共銅一百二十六觔十四兩四錢。每百觔加民耗三觔二兩，計加銅三觔十五兩四錢五分，總計正耗銅一百三十觔十三兩八錢五分。白、黑鉛不加耗，每銅鉛百觔給挫磨折耗九觔。有帶鑄銅鉛加耗、不加耗及挫磨折耗，與正鑄同。有外耗銅鉛加耗、不加耗，與帶鑄同，不給挫磨折耗。

每錢一文鑄重一錢二分。

每年正鑄、帶鑄、外耗共鑄净正息錢三萬六千一百五千七十文，搭放迤東道曲靖、東川、昭通三府屬養廉等項，成數與省局同。每放錢一千二百文，易回銀一兩，共易銀三萬八十七兩五錢五分。除銅本脚銀一萬四千八百二十五兩零，正銅每百觔價銀七兩四錢七分六釐五毫，耗不給價。白鉛本脚銅三千六百一十兩四錢九分三釐零，每百觔價銀二兩三錢。黑鉛本脚銀二百六十二兩二錢五分七釐，每百觔價銀二兩二錢。共除鑄本銀一萬八千六百九十八兩四分零，實獲鑄息銀一萬一千三百八十九兩五錢一分零。支銷湯丹、碌碌、大水溝、茂麓水洩外餘存。

每鑄十日爲一卯。每卯正錢銅、鉛八百五十七觔二兩二錢八分五釐零，除挫磨折耗七十七觔二兩二錢八分五釐零，實净銅鉛七百八十觔，鑄錢一百四千文，支銷匠工錢一十二千文，物料錢五千二百三十二文零，加添米炭價錢二千四百七十文，實净存錢八十四千二百九十七文零。帶鑄銅八十五觔十一兩四錢二分八釐零，除挫磨折耗七觔十一兩四錢二分八釐零，實净銅鉛七十八觔，鑄錢一十千四百文，支銷物料錢五百五十三文零，實存净錢九千八百四十七文。外耗净銅鉛七十七觔二兩二錢八分三釐零，鑄錢一十千二百八十五文，支銷官廉役食錢四千五十七文，實净存錢六千二百二十八文。閏月增卯。

省城寶雲局按察使理之，以爲巡察官，設鑪二十八座。每鑪每月三卯，年共計一千八卯，鑄用正耗銅六十二萬三千五百六十觔十五兩八錢二分五釐。内九成咨廠正板銅四十九萬九千六百八十五觔五兩四錢二分，加耗銅五萬一千二百一十七觔十一兩九錢五分五釐一成。寧臺正板銅五萬五千五百二十一觔，加耗一萬七千一百三十六觔十四兩四錢五分。應撥銅觔原無定廠，近以元江、青龍廠、武定、大寶，緑脚廠羅，次大美廠、寧州緑礦硐廠、定遠秀春廠爲專供，路南紅坡、大興、發古三廠，易門、義都、萬寶、香樹坡三廠，楚雄馬龍、寨子箐二廠委員，寧臺廠爲酌撥。白(銷)〔鉛〕四十三萬九千五百三十八觔五兩二錢二分四釐，會澤者海廠、平彝卑塊二廠各半運供。黑鉛三萬三千四百一十五觔三兩一錢四分二釐。尋甸妥妥廠運供。

每年正鑄、帶鑄、外耗共净鑄正息錢一十萬一千九十五千三百四十四文零，搭放迤西道雲南各府屬養廉廠本、一成。運脚、半成。祭祀、鋪工餼糧、驛堡。全放。每放錢一千二百文，易回銀一兩，共易銀八萬四千二百四十六兩一錢二分。除銅本脚銀五萬一千七十八兩九錢八分零，每正銅百觔銀九兩二錢，耗銅不給價脚。白鉛本脚銀一萬七百六十八兩六錢八分零，黑鉛本脚（鑄）〔銀〕七百一兩七錢一分零，共除鑄本銀六萬二千五百四十九兩三錢八分零，實獲鑄息銀二萬一千九百九十六兩七錢四分零。支銷寧臺、大功、得寶坪、義都等廠水洩外，餘銀入册報撥。

東川寶東局，嘉慶二十二年復開。知府理之，以者海巡檢會澤縣典史輪充巡察官。設鑪十座，每鑪每卯配鑄銅鉛數目與省局同。

每年用銅一十九萬八千二百八十七觔，收買湯丹等廠商銅供用。白鉛一十五萬六千九百七十七觔零，者海廠辦供。黑鉛一萬一千九百三十三觔零。

張鑑《冬青館乙集》卷三　唯款甾川下有金字。考《水經》：巨洋水出朱虛，過臨朐縣東。道元注：「入臨朐縣，熏冶泉水注之。麓之側有一祠曰之爲冶泉祠。按：廣雅：金神謂之清明。斯蓋古冶官所在，故水取稱焉。」水色澂明清冷特異，中有古壇，參差相對。今考《廣雅・釋天》異祥與此正同。而《法苑珠林・六道篇》引作「金精謂之清明神」，與精無甚異。臨朐實甾川，懿王子劉奴分國，或者劉奴鑄此鼎以供祠歟？然《禹貢》厥貢惟金三品。安國注：「金、銀、銅也。」古兵器皆用銅，故曰金革之事。樂器用銅，亦曰金奏作於下，則銅鼎亦可言金鼎。道光辛丑風涇程君蘭川得此鼎，走人持鼎來問，略書其見，於史者質之。至鼎之完好生沙活翠，其爲漢器殆無可疑者。又甾字作菑，考武班碑，齊國臨菑正作菑，而景君碑淄亦作菑，筆跡雖小異，漢隸書甾字皆如此。亦一證也。

鄧顯鶴《沅湘耆舊集》卷九三《大湊山歌有序》　大湊山，在桂陽州城西。鉛錫銅廠在焉，又名寶山廠，爲州刺史所司。

姚元之《竹葉亭雜記》卷三　硇砂出庫車。徐星伯云，其山無名，在唐呼爲大鵲山。其山極熱，夜望之如列燈。取砂者，春夏不敢近，雖極冷時，人去衣，著一皮，包露兩目，入洞鑿之。然不過一兩時即出，而皮包已焦，不能逾三時也。其砂著石上，紅色星星，取出者皆石塊。每石十數斤，不過有砂一二釐許。攜此者，用瓦罐盛石，密封其口，罐不可滿，蓋火氣特重，滿則熱甚，砂走也。然受風亦走，受潮溼亦走。賈人攜此，每行十數日，遇天氣晴明無風時，揭其封，以出火氣。星伯過庫車時，曾攜數石，密封之，及抵伊犁，則石皆化成黄粉，而砂已不見矣。故攜此甚難。即其地亦不易得，惟白色成塊者不化，乃其下等也，然可以及遠。內地所謂硇砂類，即此耳。

周壽昌《思益堂集・日札》卷四　直省俱用銀，惟江蘇、浙江、福建、兩廣用洋錢。江浙閩三省洋錢光致，曰光板，重七錢三分。兩廣多破爛，曰爛板，重七錢。相傳洋人取中國高銀，至彼國以藥煉之，攙以銅，製成錢，即如中國高銀，但不能復鎔成鋌耳。道光初年，浙江長吏曾出示禁用，市井譁擾，以爲不便，不踰月復故。蓋已成積重之勢矣。又四川、雲南之銅每百斤輒有銀數兩，中國之水不能出銅中之銀，惟外洋能出之。奸民每將紅銅賣與洋船，俟銀既淨，然後復入，中國謂之條銅。他省所出，想亦如是。是今日所用洋銅名産於洋，而實即出中國者。此段見乾隆時楊農先學士椿奏疏。此銀與銅所以下洋，而中國銀貴銅少之患也。

方濬師《蕉軒隨録》卷一〇《金銀銅輕重》　金立方一寸重十六兩八錢，銀立方一寸重九兩，銅立方一寸重七兩五錢。

郭嵩燾《郭侍郎奏疏》卷一二《論俄事疏直隸總督肅毅伯李代進》　往時河南設有銅廠、鉛廠，竝近距特克斯河，而辦理不甚如法。山北煤鐵各廠，則尚未開採，西洋人羣視爲上腴之地。伊犁所屬九城，專駐兵弁，其膏腴竝在河南山北，西至霍果斯，亦設有一城，距伊犁不逾百里，所設額爾格齊罕諸卡，皆在五百里以外，今畫分霍爾果斯河屬之俄人，則伊犁一河亦截去四之三，而五百里之屯卡皆棄置之矣，畫分特克斯河屬之俄人，則舊設銅鉛各廠，亦與俄人共之。

陳澹然《權制》卷五《軍餉述》　天下之利，在因其自然，不必強爲閼塞，而弊之所積，則在推行盡利於其間，國家之大，山澤之鑛無窮，因前明鑛害而禁之，自然之利遂絶。今畿輔、滇南雖開鑛政，其事皆攝於官，則名多實寡。前明鑛害在中使，鑛丁聚散，視鑛苗消長以爲差，鑛丁皆可爲兵，何憂爲亂？傅鼐嘗用鑛丁爲戰，雲南鑛廠亦助官軍。方今流民轉徙，遊勇縱横，非假此以濟其窮，不足以消隱患。宜令省邊疆鑛地悉爲開採，按場徵税，則利民利國，且可以杜外夷覬覦之萌，此利之不可勝用者。而其始必以礦學爲之基，則利害明而事易舉。錢法之弊在重錢，在禁鑄，在番蚨：重錢專用京師，則源流皆塞；禁鑄則民銅多廢，奸宄益多；番蚨則利入外洋，而內錢日寡。宜令內外錢法劃示成規，民鑄精者不禁錢法，摹番蚨輕重鑄銀錢而廣其源，則在增玉幣。

馬建忠《適可齋記言》卷二　接奉來諭，囑就中國情形擬成出使學堂章程。竊思遺使各國，歲費帑金數十萬，無裨國是，是朝廷必不得已之舉，不過多開一仕途，適以逞鑽求者之志而已。夫今天下之自詡稍通時務者，莫不曰治本在富强，採礦煉鐵防口設險，則國庫殷實，而兵力日振，以臨歐洲，孰不震懾？若出使者不過聘問專對之才耳，烏足以言治本？然而爲此言者，業已閲數十年矣，而鑛山無恙也，磁鐵宛在也，砲壘戰艦或有之而不適用也，或適用而未成軍也。至於出使則軺車幾遍歐洲矣。是則所謂治本者至今未能行，而所謂治末者反爲外人制而先行，則爲今之計，亦姑即向所謂不必先行者，爲之設一可以先行之法，使人以制我者而我反以制人，庶幾補牢顧犬之猶未遲晚也。

許景澄《許文肅公遺稿》卷五《致總理衙門總辦函光緒十一年十一月》 逕啓者：十月二十日奉達德字二十三號函想已入鑒。弟即以次日啓行，順道赴克虜伯礮廠遊覽。到廠之二日得比國外部轉電，其王因西班牙王新卒，與有姻婭，例不見客者二旬。遂以二十五日先抵巴黎，業經電陳在案。洋藥一案德外部復稱，將弟咨稿鈔交巴使，即飭告巴使，逕陳鈞署以達本國之意。劼侯代擬咨稿極費經營，彼竟答以遁詞，可謂狡滑之極。因其函無一辨論公事語，故不譯呈，已將原洋文稿送英館矣。克虜伯鋼礮名冠歐洲，弟歷閱諸廠，乃知鑄礮之鋼所鍊獨別其法，以小塊鍊成之鋼與熟鐵各半，盛以鉛罐，閉塞其口，列置土銼四圍，炙以碎煤其上，又封以鐵板，俟數時許鋼鐵鎔化爲一，乃啓封出罐，傾聚模內，區其模量爲礮之大小。其以外套納內管，及厚鋼開花彈斂圓成銳兩項工程，則秘不使閱。其鍊鋼法有四，而以罐鋼爲最精，非英阿姆斯湯廠所及也。弟自德啓行後，即留參贊朱宗祥照料一切。比和之行，擬俟中旬。鈞署八月二十二日賜函，業已誦悉，義國養生，會當可以宕筆作結，奏報往法齎遞國書，原摺並已領到。弟遊克廠，適值陰雨入屋，薰炙出則沾濡。追來法都，又多酬應，孱軀本圖調攝，乃轉增疲。詞意草率，並希亮及爲幸。德國開議院宣詞附呈。

又《致總理衙門總辦函光緒十一年十一月》 逕啓者：前奉布法字第二號函，計已達鑒。弟以初十日自巴黎啓行赴比，即夕抵其伯魯色都城。次日比主延見，齎遞國書禮畢，又見其妃。十二日邀宴宮内，隨帶參贊隨員，均預其列。其僚紳集者五十餘人，蓋以中國遣使爲榮，藉爲表示國衆之舉。其國長於製造，於礮臺工制，尤爲著名。爰於十四日赴其司來地方，其鋼鐵大廠曰廓克立耳包，造輪路火車諸料，及兵商、輪船、汽機等物，俄國新製大輪船二艘，其汽機在此定造。兼製小鋼礮，□不著名。廠地依山，山有煤鑛，挖煤、鍊鐵鋼各事皆聚於一地，規制頗極利便。西國推爲伯克虜廠之次，英法名廠尚無此閎博也。十六日抵安佛斯爾地方，閱其陸路礮臺二處，其制外爲斜坡，内爲有水之濠，其内爲外堡，堡内有濠，内爲内堡，工料皆用磚，而牆外牆面均蒙厚土一丈數尺，以禦礮擊。此本西國築堡常式，特其堡牆曲折而凸，面面照應，守臺官出圖指點，覺於平線交點等法，布置至密，倉卒履歷，媿未能探其詳也。海口有鐵甲礮臺，其兵部導閱之員，謂部令以臺工未成，請俟他日，乃乘小輪船循河溯洄，望見鐵甲臺交岸對峙，每臺爲三座，每座二礮，其一臺早經竣工，因微詰靳閱之故，則云中比風馬不及，無所忌慮。我部之意，實以當時甲臺初行，爭新構造，用款甚鉅。今漸知其不甚適用，乃不愜心之事，故不願使者觀之。弟又詰其不適用之故，答以臺有定所，敵船易於測准。近年船礮增猛，臺甲薄則不支，若過厚則地基難承，旋機易損。因指已竣者，密告曰：此臺未及三年，旋轉已不靈便，恐議院責誚妄費，我部至今諱言之。又指甫造者曰：此臺極得地勢，工料亦精，然甲板稍薄，難禦大礮，仍以爲憾。弟查鐵甲礮臺爲德國葛魯雙廠創製，一時推重。德於勃雷門海口，曾築一臺。【略】 及今十年，他口竟不復作，今比員之言如此，殆以日久考驗利少弊多。致生異議歟！十七日，馳抵和蘭之哈克都城，晤其新任外部，具道國主養病在鄉，不能躬親接見，仍以轉遞國書爲請。弟詢訪各國公使，皆言和主耄年久病，今歲僅於開議院時來都，即日而去，新到使臣所遞國書，無不由外部接收，在和國已爲成例。弟遂以十九日恭捧國書，赴外部轉送和主領受訖。查和國水師海口二處，其一曰阿姆斯德達姆，爲近海内口，弟先以十八日略涉其地，有小鐵甲船三艘，喫水數尺，專行淺水，皆旋臺舊式。又蚊子船數艘，其造船官廠模局亦小，船礮初用阿姆斯湯，近皆改用克虜伯。

李鴻章《朋僚函稿》卷一八《十月十五日復吴春帆京卿》 惟中國若不開采鐵礦，講求鍊鐵鍊鋼之法，則無論何等新式，俱描繪不出，深爲焦急。唐景星欲挖開平煤鐵，但該處鐵石分數多少，尚未考校。煤質僅與臺灣相埒，未知有無成局。

孫寶瑄《忘山廬日記》 丙午。陰曆光緒三十二年西元陽曆一千九百六年。［正月十六日］薛叔耘曰：「西土之精礦學者，稱地中之金、玉、銀、銅、鋁、鉛、鐵、錫、煤等物多系太古以來所含孕，非若五穀草木之隨取隨産也。」余於是知宇宙間開闢日久，人民日多，攻取日繁，千萬年後必有銷竭之一日。即就我國論之，古諸侯營築宮室，椅桐梓漆皆可就地取材，今則中原千里濯濯，未聞有巨材可伐，東南數省民間營造，皆用江西、閩、廣之木，遠者運自南洋諸島，足征腹地之無材。漢蕭何造未央宮，規模宏麗，而終南山巨木用之不窮，不過藉民力伐之運之而已。明代營造宮室始採木於黔、楚、川、滇，迄今觀明舊殿，有歎其無從再得此巨木者。竊恐數百年後，川、滇、黔、楚以及江西、閩、廣採伐又將罄竭矣。古者圭璧璜琥，禮數甚詳，雍州貢球、琳、琅玕，梁州貢璆，而大夫士皆佩玉，若不産於我國，豈能供用如此之廣。今遍稽十八行省，未聞有産玉之地，惟雲南尚出翠玉，此外玉料則須採之緬甸、和闐。《禹貢》荆、揚二州貢金三品，今則江浙、湖廣未聞有著名産金之地，户部鑄錢專恃滇銅、倭銅，而西洋銅、鐵之歲運我國，至值銀六百餘萬。山西、湖南雖稍出鐵，甚屬寥寥。昔漢惠帝取宣平侯女，聘以黄金二萬斤，則今之三十二萬兩也，寶幣之充羨若此。迨乎文帝立配，一依孝惠故事，然黄金似已不足，以錢代之，錢至二萬萬，則又今之二十萬緡也。若論近今三十二萬兩之金，價可得一千萬緡，其價之高下相懸又若此。竊意二千年來，我國出金甚寡，僅以前古所有輾轉流傳，而銷磨熔鑠，日用日少，日少日貴，勢所必然。其尚不至罄絶者，或以新舊金山及俄羅斯與南美洲諸國出金甚富，時有流入也。大抵寶物之稀，皆因我國開闢最早，取之愈盡，用之愈竭，雖西洋礦師謂我國寶藏甚富，然其上層古法所能取者，殆已罄竭無餘，若用機器開挖之力，則我國未洩之寶氣固猶多於外洋。蓋因千餘年來卝政不修，轉得藏富於地，邇來覬覦者多，勢難久閟，是礦務必將陸續興舉。再到四五千年，當有告罄之勢，而外洋必已先罄。彼時物産精華，中外並耗，又將如之何？忘山曰：人果爲天地之蠹。

俞樾《茶香室經説》卷五《周禮上・生材》　《大司徒》頒職事十有二：九曰生材。鄭司農云：生材謂間民無常職，轉移執事。元謂生材養竹木者。愚按：間民轉移執事不得謂生材，先鄭説固非。養竹木者已包於二曰樹藝之中，後鄭説亦非也。此生材，蓋天地間所生之材，乃自然之美利，但須人力取之，故亦列十有二職之内。如《爾雅》所謂醫無閭之珣玗、琪，華山之金石，霍山之珠玉，崑崙虚之璆、琳、琅玕，皆是也。《淮南子・地形篇》：高者爲生，下者爲死。邱陵爲牡，谿谷爲牝。水圓折者有珠，方折者有玉。清水有黄金，龍淵有玉英。土地各以其類生，此必古生材之遺法。又云：「埃天五百歲生缺，缺五百歲生黄埃，黄埃五百歲生黄澒，黄澒五百歲生黄金。清天八百歲生青曾，青曾八百歲生青澒，青澒八百歲生青金。赤天七百歲生赤丹，赤丹七百歲生赤澒，赤澒七百歲生赤金。白天九百歲生白礜，白礜九百歲生白澒，白澒九百歲生白金。元天六百歲生元砥，元砥六百歲生元澒，元澒六百歲生元金。」鑿鑿言之，或亦非誕也。

袁大化《新疆圖志・實業志二・工》　漢唐以來，西域言工藝者，若鄯善之能作兵，于闐之善攻玉，高昌之繡文、胡錦花蕊布，龜兹之琵琶、箜篌，罽賓之民雕文刻鏤，治宫室，織罽氈，善金、銀、銅、鐵爲器之屬，大都以工巧著聞於時。自天方説興於是，天山南北之人，睢睢盱盱，偷惰呰窳，寖成風俗，嗜好飲食奉生送死之具，咸務爲薄嗇簡陋，取給日用而已。

盛宣懷《愚齋存稿》附録《行述》　九月赴漢陽驗新鋼廠，赴萍鄉驗大煤槽。漢廠出鋼精純，頡頏歐産，固由於冶鐵萍煤本質之美，亦由於新造馬丁鑪煉法之精。適德膠州總督過漢閲廠，詫曰：不意中國亦有一事能造其極。府君因憶戊戌歲，日本伊藤公來華，曾謂府君曰：「公辦成輪船，電報兩局，譬如破屋，内有兩張好桌子。」府君以其言輕侮，常誌於心，以爲警戒。今鋼鐵廠倖告成功，如伊籐言亦一好桌子，不若永歸商辦，庶幾痛癢相關，可由其同保守，而馴致發達。質之鄂督趙公，亦表同情。府君於一兩月間徧歷鄂、湘、贛勘閲廠礦，復籌商川路定軌及萍礦防營等事，疲勞過甚。冬令初寒，舊恙萌發。

章炳麟《訄書》第四三《制幣》　陟皇之赫戲，諏素王之眇論。方時困窮，而害金播飛如熒火。白選弗臧，空名之劑，其艱阻如行冰上，所以厚生安在？制幣之本，自有蹠無，自無蹠有。從革而下，皆可以爲幣。從革而上，皆不可以爲幣。昔王鎏言紙幣之利，而魏源持玉幣以相詰難。夫玉不從革者也，因璞爲大小，勿能以意壹其形笵，其不便一矣。抵觸而碎，直千者不當一，其不便二矣。追琢之功，勞於□金十倍，必有定形，則曠日持久，成幣勿能多，若苟取佩環而鐫其等直，則貴賤無所准。鎔金易，故既鑄未鑄，其直不相遠。斵玉難，故磋琢以後，其直遠過於璞。又其貴賤不能以方率、重率之大小爲比例，故最無以得准。其不便三矣。古者或用蠙珠與五品之貝，雖不從革，猶無待雕鏤，故可資亟耳。若玉，則惟以六瑞爲葆臧，或以氣羅，不施於市閭，不齎於化居之賈，故曰上幣。彼源之迂，其猶黄初之用帛邪。大穀帛者，於民生爲至急，而不可以爲幣。然則爲幣者，必至無用者也。故其始以金、銀、赤銅相轉，而其極至於用紙幣。紙幣則數寸之□爰耳，而足以奔走食貨，何者？綿薄易舉，自從革而下，其裁制莫易此；行旅之齎，又便其輕也。且夫唐宋之飛錢、交會，必有帑儈以爲本，今東西雖異度，其儲臧固足以相任。以中國之匱乏，官無見錢，卒然以紙幣下行，其無根株也，汎汎如海閭屈龍乎？誰其信之？是故今之制幣者，將先取夫有用無用之間。夫精鏐、白鐐之見鏠刃也，不若鐵，其於以爲鐘鏞華藻鏄鱗之可觀，而其發聲也，不若銅，然則金、銀者愈於無用，必其爲有用，則猶未也。故銅鐵之攻堅利用者，皆俛而聽命，而聖王以莊山之金、朱提之銀爲珍幣。今龍圜徧鑄矣，然惟湖北、廣東者獨盛，其佗猶滯，則雜質之殺者多，而民又時灌藥汁以鎔其周郭也，必刑無赦。及夫鑄金之議，則中國方以爲大命，非獨便於關税國責而已。不鑄則生金日泄，而鍊餅者日貴。西方之金一兩，當銀十五兩，其於吾易，則當三十兩，所得倍稱，故泰西隱益，而中國隱損，其耗無蓺極。既鑄金，則以金相易，而欲爲抗墜者，無所藉其饒多矣。且夫兩幣既足，則民信官府如刻漏，不待表掇之建，肥胡之立，而所發沛然足以流衍。吾乃陟高北而宣言曰：紙幣行矣。其行之久，雖卒暫無見錢，顧可以相攝代，若宋之湖會，民給其欲。其旋如磨石，至於九野九千九百九十九隅，輕齎以買。神州之商，潼滃蔚薈，相集相錯，以成大羣，而後可與西商格拒。然則所鑄於九府者一，而給民之求者二。故曰：自有蹠無，自無蹠有，必先取於有用無用之從革，而至無用者從之如形景，則厚生之大衢已，然而非革命者猶若不能行也。今之政府侜張爲幻於上，鑄龍圜者自言十六銖，即三分兩之二。及以地丁内税，而不當十二銖。不及二分兩之一。以此婁民，故符章刀布之足以明徵定保，必俟諸後起者。

顧國詔《光緒龍泉縣志》卷一一《物產》 貨之屬：黄銀、即淡金。白銀、舊有銀坑數處，採礦鎔銀，今閉。銅、鉛、鐵。

應祖錫《佐治芻言》第二〇章《論人工能定物料之價值》 第二百三十六節：物之貴賤不等，而所值之價無不由人工而定。黄金得之極難，故價值各國相等，即他物價有漲落，亦未嘗不由人工之故。如煉銅、鐵者視煉金較易，故其價亦較廉，若銅、鐵比黄金更費人工，其價未必不貴於黄金也。又如度時表内之擺有一小簧，其細如髮，以輕重論其價，當數倍黄金。又有以繪事名家者，以紙絹繪成畫幅，若售與人，必不肯照分兩以黄金對換，此皆以人工定價之明證也。

徐壽基桂瑶《續廣博物志・製造》 鹽滷柔鐵，荸薺消銅。金遇汞銅而蝕，石遇鶴糞而爛。刻玉者塗以蝦蟇之脂則軟而可攻。物莫堅於金銅鑽石，然以羚羊角揉之而亦碎，故至剛者惟柔克之。

濯錦以魚，洗金以鹽，浣布以灰，見王符《潛夫論》。又硤錫以茄，洗油以蜜，煮羊以䶉，煮鼈以蚊。

《元史》卷一二《世祖紀九》 〔至元十九年九月〕丁卯，安南國進貢犀兕、金銀器、香藥等物。【略】壬申，賜諸王阿只吉金五千兩、銀五萬兩。

曾廉《元書》卷一七《寰宇志第二下》 韶州路。下。宋州隸廣東路，至元十五年爲路，產銀、鉛、錫，有銅冶場。

張之翰《西巖集》卷一三《議盜》 竊思盜者，古今之通患。去盜之術無他，使斯民崇本而已。昔一夫受田百畝，力穡作勞，春耕秋穫，惟知仰事俯育，奚暇他及，是以非意不萌，戾心不起，盜何從而發？今盜賊繁多，在淮及北且未論。觀南方歸附以來，負販之商，游手之輩，朝無擔石之儲，暮獲千金之利，始則茶商，終則因茶而爲盜；始則鹽商，終則因鹽而爲盜；始則銅鐵鉛礬之商，終則因銅鐵鉛礬而爲盜；始則海運之夫、蕃船之商，終則因海運蕃船而爲盜。皆由逐什一之利，終不免爲盜賊之歸，是天下之盜常起於利孔之一誘。

劉錦藻《清朝續文獻通考》卷二一《錢幣三》 〔光緒〕二十二年，户部議覆：御史王鵬運奏制錢日少，產銅日稀，請禁止輪船運錢出口，並開辦礦務鼓鑄銀圜，以維大局一摺。竊查原奏内稱，近來京師錢價日貴，銀價日賤，咸歸咎於私鑄之充斥，銀號之把持，而不知皆非也，其間有漏卮，不可不亟思補救。當光緒十一二年間，越事初定，即有日人串同内地奸商，以銀易錢，裝運出口，以致各省錢價陡長，銀價愈低，於是乃有鼓鑄制錢之議。滇南產銅日少，遂不得不購買洋銅，倭商購去中國制錢，將其中金銀提出，已足敷購錢資本。及購銅議起，以净銅售諸中國，本一而息三倍之，天下之利孰大於是？

又卷三七八《實業》 至五金各鑛，如果開採有效，則農林之資本，工藝之原料均可於此取資。甘肅礦產富饒，西寧、肅州、敦煌等處嚮用土法淘取沙金及各屬煤炭等礦，公家照章抽税。此外如石金銅礦非機器不能鎔鍊。若不趕爲籌辦，則棄利於地。當與比人林阿德訂購化銅、淘金各機器，於平番縣之窑街購地設廠，聘請洋匠，修房安機。見在穵存礦質一百餘萬斤，業經開爐試鍊。又以振興礦務，必預備人材。先於光緒三十二年設立礦務學堂，聘比國化驗師賀爾慈爲教習。甲班學生畢業二十餘名，均發往窑街，同洋匠實地練習，以爲將來接辦金、銅各礦之地。生熟鐵貨乃民生日用大宗，向仰給於外來，因於省城河北設立官鐵廠，礦則運之鐵石山，炭則採之水岔溝。上年清理財政，爲節省經費起見，以窑街附近探有鐵鑛，且與炭山相近，遂歸併銅廠兼辦，已將原廠裁撤，詳請具奏。

《漢書》卷九六上《安息國》 自宛以西至安息國，雖頗異言，然大同，自相曉知也。其人皆深目，多須顇。善賈市，爭分銖。貴女子，女子所言，丈夫乃決正。其地（皆）〔無〕絲漆，不知鑄鐵器。及漢使亡卒降，教鑄作它兵器。得漢黄白金，輒以爲器，不用爲幣。

《後漢書》卷七八《西域傳・大秦國》 所居城邑，周圜百餘里。城中有五宫，相去各十里。宫室皆以水精爲柱，食器亦然。其王日游一宫，聽事五日而後徧。常使一人持囊隨王車，人有言事者，即以書投囊中，王至宫發省，理其枉直。各有官曹文書。置三十六將，皆會議國事。其王無有常人，皆簡立賢者。國中災異及風雨不時，輒廢而更立，受放者甘黜不怨。其人民皆長大平正，有類中國，故謂之大秦。

土多金銀奇寶，有夜光璧、明月珠、駭鷄犀、珊瑚、虎魄、琉璃、琅玕、朱丹、青碧。刺金縷繡，織成金縷罽、雜色綾。作黄金塗、火浣布。又有細布，或言水羊毳，野蠶繭所作也。合會諸香，煎其汁以爲蘇合。凡外國諸珍異皆出焉。

以金銀爲錢，銀錢十當金錢一。與安息、天竺交市於海中，利有十倍。其人質直，市無二價。穀食常賤，國用富饒。鄰國使到其界首者，乘驛詣王都，至則給以金錢。

又卷八五《東夷傳・高句麗》 其國東有大穴，號襚神，亦以十月迎而祭之。其公會衣服皆錦繡，金銀以自飾。大加、主簿皆著幘，如冠幘而無後；其小加著折風，形如弁。無牢獄，有罪，諸加評議便殺之，没入妻子爲奴婢。其昏姻皆就婦家，生子長大，然後將還，便稍營送終之具。金銀財幣盡於厚葬，積石爲封，亦種松柏。其人性凶急，有氣力，習戰鬬，好寇鈔，沃沮、東濊皆屬焉。

《魏書》卷一〇〇《高句麗傳》 其公會，衣服皆錦繡，金銀以爲飾。好蹲踞。食用俎几。出三尺馬，云本朱蒙所乘，馬種即果下也。後貢使相尋，歲致黄金二百斤，白銀四百斤。

《南史》卷七八《夷貊傳上・丹丹國》 丹丹國，中大通三年，其王遣使奉表送牙像及畫塔二軀，并獻火齊珠、古貝、雜香藥。大同元年，復遣使獻金銀、瑠璃、雜寶、香藥等物。

又《夷貊傳上・干陁利國》 干陁利國，在南海洲上，其俗與林邑、扶南略同，出斑布、古貝、檳榔。檳榔特精好，爲諸國之極。宋孝武世，王釋婆羅那鄰陁遣長史竺留陁獻金銀寶器。〔梁天監〕【略】十七年，遣長史毗員跋摩奉表獻金芙蓉、雜香藥等。普通元年，復遣使獻方物。

又《夷貊傳上・天竺迦毗黎國》 孝武孝建二年，斤陁利國王釋婆羅那隣陁遣長史竺留陁及多獻金銀寶器。後廢帝元徽元年，婆黎國遣使貢獻。

李文鳳《越嶠書》卷四《宋》 〔至道三年〕九月，桓貢金銀、七寶椅、犀角、象牙、細絹。詔以方物陳於萬歲殿之靈坐，許其使人行祭奠禮。【略】

〔大中祥符〕五年四月，公蘊遣李仁美貢金銀、紗羅、犀角、象牙等物，對於崇政殿。仁美乞赴謝寺觀燒香瞻禮，及觀天竺國所進獅子，仍令使臣管伴。

又卷七《黎氏》 太平興國八年，桓遣貢金銀犀象等物。雍熙二年，桓貢金龜鶴香爐、象牙、白抹絹萬疋，賀乾明節，賜其使衣各一襲，銀帶鞍勒馬五疋。桓貢金銀方物。

王欽若《册府元龜》卷九六〇《外臣部》 難兜國種五穀、蒲萄諸果，有銀銅鐵作兵，與諸國同屬罽賓。

李攸《宋朝事實》卷七《道釋》 大中祥符元年，增宫名曰玉清昭應，凡役工日三四萬。【略】其采色則宜聖庫之銀硃，桂州之丹砂，河南之赭土，衢州之朱土，梓州之石青、石緑，磁、相之黛，秦、階之雌黄，廣州之藤黄，孟、澤之槐花，虢州之鉛丹，信州之黄土，河南之胡粉，衛州之白堊，鄆州之螺粉，兖、澤之墨，宣、歙之漆，賈谷之望石，萊蕪、興之鐵；其木石皆遣所在官部押兵民入山谷伐取，挽輜車泛舟航以至，餘皆分布部綱輸送。又於京師置務，化銅爲鍮，冶金箔、鍛鐵以給用。

趙汝适卷上《諸蕃志・志國・闍婆國》 以銅、銀、鍮、錫雜鑄爲錢，錢六十準金一兩，三十二準金半兩。番商興販，用夾雜金銀，及金銀器皿、五色纈絹、皂綾、川芎、白芷、硃砂、緑礬、白礬、鵬砂、砒霜、漆器、鐵鼎、青白甆器交易。此番胡椒萃聚，商舶利倍徙之穫，往往冒禁潛載銅錢博换。

馬端臨《文獻通考》卷三三四《裔考七・交趾》 土産：生金及銀銅、朱砂、珠貝、犀象、翠羽、車渠諸香及鹽漆吉貝之屬。

張廷玉《清朝文獻通考》卷一七《錢幣五》 惟是史稱：龜茲國能鑄冶，有鉛。又疏勒、姑黑、難兜諸國多出銅、鐵。今回地之阿克蘇、烏什、庫車、沙雅爾諸城即其故境，蓋其饒於礦産，自昔而然。

姚瑩《康輶紀行》卷一一 異域諸國産金、銀者，班書言罽賓國有金、銀、銅、錫，以金銀爲錢，文爲騎馬，幕爲人面。烏弋山離國錢貨金珠皆與罽賓同，其錢獨文爲人頭，幕爲騎馬，以金銀飾仗。安息國亦以銀爲錢，文獨爲王面，幕爲夫人面，王死輒更鑄錢。大月支國錢貨同安息。范書言，大秦國在海西，多金銀奇寶，以金銀爲錢，銀錢十當金錢一，與安息、天竺交市於海中，利有十倍。天竺國土出金、銀、銅、鐵、鉛、錫，趙汝适《諸蕃志》言，闍婆國領兵者歲給金二十兩，勝兵三萬，歲亦給金有差。婚無媒妁，但納黃金女家。罰罪者，隨輕重罰金以贖。以銅、銀、錫雜鑄爲錢，錢六十準金一兩。蘇吉丹國民間貿易用雜白銀爲幣，狀如骰子，上鏤番官印記，六十四隻準金一兩，名曰闍婆金。大食國巨富，金銀以量爲秤。層拔國産生金。蘆眉國金銀爲錢宴。陀鑾國有大山有井，每歲兩次水溢，流入於海，所過沙石經此水浸，皆成金。合山人常祭井，如銅、鐵、鉛、錫用火燒紅，取水沃之，輒變成金。《坤輿圖説》言，熱爾瑪尼亞之屬國波夜米亞生金塊有重十餘斤者，河底常有金如豆粒。諾而忽惹亞國，歐羅巴稱第一富庶，多五金，財貨貿易不以金銀，以物相抵。莫諾本大彼亞國黃金最多，地無寸鐵，特貴重之。百爾西亞國一塔以黃金鑄成。亞喇比亞國土産金、銀。以西把尼亞國産五金，有名城曰巴未利亞，近地中海，爲亞墨利加諸舶所聚，金銀如土。歐羅巴州大小七十餘國出五金，以金、銀、銅鑄錢爲幣。伯西爾國有銀河，水味甘美，湧溢平地，水退，布地皆銀沙銀粒。金加西臘國地出金、銀，天下稱首。其鑛有四，坑深者二百丈，役者常三萬人，所得金銀，國王什取其一。其山麓有城名曰銀城，百物俱貴，獨銀至賤。貿易用銀錢五等，大者八錢，小至五分。金錢四等，大者十兩，小者一兩。歐羅巴自通道以來，歲歲交易，獲金銀甚多。白露大小數十國廣袤萬餘里，出金鑛，取時金土互溷，別之金多於土，故金銀甚多，國王宫殿皆黃金爲板飾之。獨不産鐵，兵器用燒木鍩石，今漸知用鐵，然至貴。餘器物皆金銀銅三種爲之。右凡海外異域諸國産金、銀者略見於此。以余所聞見，蜀滇諸土司境內及打箭爐外至前後藏及阿里，其産金之地尤多，而土司夷人皆愛惜之，甚恐漢人開採，大吏亦體盛代示禁之意，恐生邊釁，皆寘之不復事採取，故邊境稍安，此豈外夷貪利所能仰企萬一者。右異域産金銀。

王先謙《東華録·雍正六》〔雍正三年夏四月己丑〕先是，雲南總督高其倬奏：雲南開化府與交趾接壤，有內地舊境失入交趾，今因開銅礦，經布政使李衛詳報，臣隨委開化總兵馮允中勘查，今查出都龍廠之對過鉛廠山下一百二十九里，又南狼、猛康、南丁等三四十寨皆被交趾占去。伏查《雲南通志》載，開化府南二百四十里至交趾賭呪河爲界，今交趾呼爲安邊河是也。後明季因其地曠遠，將塘汛移入內地，另指鉛廠山下一小溪强名爲賭呪河，已失去一百二十里。本朝康熙二十二年，鉛廠下小溪內斜路村六寨復入於交阯，以見在之馬伯汛爲界，較明季又失去四十里。若論舊界，應將二百四十里之境徹底取回。臣見在移咨安南國王，交阯之都龍、南丹二廠皆在此內，交阯倚爲大利，必枝梧。

薛福成《出使日記續刻》卷三《光緒十八年壬辰二月二十九日記》 墨西哥境內大半高原，最高之嶺皆高於海面一萬數千英尺。諸火山皆已熄滅，國中礦産甚富，開採最早，銀礦所獲尤豐。自前明嘉靖至今日所鑄金洋員一百十四兆三十八萬有奇，銀洋員三千一百五兆九十七萬有奇。國中有鐵路五千五百英里，大半爲英商公司建造，國債有英金十兆五十萬鎊，每歲進口貨值洋銀四十四兆五十萬員，出口貨值六十兆十五萬餘員，各類礦質出口數歲計洋銀三十八兆七十八萬餘員。國政大致同米利堅。伯理璽天德一人，四年一舉。歲入之款約英金四兆九十六萬餘鎊，歲出五兆八十七萬餘鎊。通國電綫三萬二千四百英里，德律風綫四千三百英里。民間多奉天主教，而境內絶少教堂，耶穌教亦興盛，又有墨西哥新教，其源蓋出於耶穌教云。

劉斯樞《程賦統會》卷一八《外譯·拂菻在嘉峪關外萬餘里》 土産：金、銀、珠、西錦、千年棗、馬、獨峯駱駝、巴欖、五色玉、夜光璧、木難珠。

美國阿發滿譔英國傅蘭雅口譯新陽趙元益筆述《冶金録》卷上《範模造法》 此卷論範模造法。冶人之事創於古昔，後人精益求精，法既備而器亦愈多。世間利用之器、陳設之器、工細之器，大半皆由金類鎔鑄而成。造範模者實爲工藝中巧妙之事，而甚有益於民生日用者也。西國有極大之器具，重三十餘噸者。又有古功臣之遺像，及今名人之像，以及最細最巧之銅鐵等器，如鐘表中機件之類，皆能顯出造範模者之心思與手法也。範模之事，其要有二：一爲作模，二爲作樣。模者，所以受已鎔之金類而使成其形體者也；樣者，所以成模者也。凡鎔鑄金類，無論何種所作之範模，理法均屬相同。即如鑄鐵或紅銅、黃銅、錫、鉛等金類，所作之模，其中所用之材料，并鎔鑄之法，不同之處甚少。凡作範模所用之材料，最要者爲各種砂子、生泥、熟泥、石膏、黑料并各種金類。詳論如左：

砂：範模所須之材料，最適於用者砂也。較別種材料用之甚廣，因砂質各粒間有極細之孔，可以通水與氣，而其形不致改變。又遇已化鎔之金類，雖極熱而能不爲其所鎔，亦不爲其所爇，此砂之所以適於用也。砂之類作模最宜者有數種：以化學之法化分之得其原質，彼此相同，惟顆粒之形與色，或有不同耳。每重一百分中，有砂九十三分至九十六分，泥三分至六分，又鐵鏽少許。凡砂內含鈣養或鎂養者，乃養氣與金類化合之料，不合於作模之用。若鑄銅、鐵之器，尤不可用也。蓋砂內含鈣養、鎂養等，其質嫩密，其形易改，且不通空氣，有化鎔之金類傾入其中，則沸而噴出，所以不合於用也。總之，用各種金類鑄成各種之器，所用之砂，又各不同。有如鑄成此種物件，所用之砂須鬆而有粘力者；又鑄成他種物件，所用之砂須極細而有大粘力者。作極細之範模所用之砂，其中不可有粗大之顆粒，若有之，則所鑄之形不能清楚。所以作各種範模，以各種合用之砂爲定例。

作範模所最合用之砂，常在大河之邊得之，高山之巔亦偶有之。若從山内之河所得之砂，其粒太粗，其性甚軟，爲不合用。出最好砂子之處常在最古之火成石即鎔結石。之相近處。因此種石之山，有水從其中流出，而經過其傍之熱變石，或泥石等，其水即洗其石成沙而積於下流之河邊也。如砂内所含之鐵不過多，即爲作範模之最好者。凡出煤之地常有好砂，因其河邊之平地，大半爲此砂積成。但用此種砂作模而鑄重大之器，苟遇金類化鎔之大熱，有時亦能自鎔，必加以枯煤粉或硬煤粉調勻之，則可用矣。第三層土石現出之處，詳地學中。或在海邊必出好砂，惟灰石與火山之處好砂最爲難得。凡砂内所含之鐵，或石灰或雲母石，無粘合之性，又能收水太多，此種之砂用以作模，鑄成之物其面必粗矣。試生砂可用之法：必擇其暗黄色者，以手搏之易於成形，則爲可用，若以手搏之而其質竟能不粘於掌中，且有手紋印於其上，則爲極細之砂矣。如其色或爲白色或爲灰色，其性必甚硬或甚軟，爲不可用。作生砂範模尋常用有孔之鬆砂，其與砂調和之泥不可似乾模之多，否則此種模不能鑄極細之件也。作乾模所用之砂，必用最細而最結實者，若鑄重大之器，亦可用粗而有粘力之砂。

作模心砂：此種之砂極不易得，必擇其質粗而鬆，而又有大粘力者，常於火成石之山邊取之，或於其頂上取之。此等石初爛之時，其中所含之泥可使之粘合，而砂上從未生過花草，所以無動物、植物之形迹。此爲石爛時所成之砂，最合於用。如不能得，則取水中大石碎下之砂，或取於大河之邊，或取於海邊，或以別種之粗砂，與細而結實之砂和合之。間有以泥調和者，而所用之泥必不可多，又有取鎔鐵爐中所出之渣滓磨碎而添泥，或酵或豆粉或馬糞調勻用之。然用豆粉與馬糞切不可多，因此物熱時能發多氣，而氣可使傾入之金類噴出也。

凡作模心之砂，衹能用一次，已用一次則爲舊砂，不可用矣。燒過之砂，與陳粉調和之砂，亦不可用。

生泥：砂中之用泥，使砂之性有粘力也。無論何種之砂，皆可用之。常用者爲白色含鋁之泥，或含鋁之土，或最細之泥。用法：將此種泥置於水中化之，將此水傾入砂中調和之，或將此種泥曬乾磨粉，用細絹篩篩之，與砂調和。最好之法，將砂子與泥水調和，溼而磨之。凡用泥砂之和數，依砂之性并泥之粘力，及模心之大小粗細而定。大約作模心之砂，用砂九分，泥一分，若大而繁形之模心，所用之砂較之小模心所用之砂，應更堅固。

熟泥：熟泥即生泥所作，尋常爲做磚之泥，其含鐵或含鈣養或鎂養或鏀類者不可用也。因有此種質能令泥軟而密，傾入化鎔之金類與之相遇，易爲其所鎔而金類亦即時噴出也。如鑄重大之鐵器，熱度過大，尤易化鎔。所以作模之人，無上好熟泥，衹可照前法，用砂與生泥調和之。凡熟泥作模必以木屑或毛、或切細之草，磨成細粉調和之，如此則有粘力而又能通氣也。

黑料：煤粉、硬煤粉、筆鉛皆爲黑料，與砂或泥調和塗於模面，其色甚黑。

常有數種砂，遇已鎔之金類，受其大熱而壞者。若砂質甚粗，已鎔之金類遇之，能入砂粒間空隙之處，鑄成之物其面必粗、面不平。加黑料一層於模之外面，則遇已鎔之金類，受其大熱不致燒鎔，所成之器外面必平滑。此黑料之所以有益也。最好之黑料爲筆鉛，但用之太多，則填塞砂中之孔，不能通氣，所鑄之物必不佳。其次則爲硬煤粉，但用之太多，則砂不堅固，磨之太細，則易塞砂中之孔，而氣又不通。煙煤粉用之能令砂軟，不過取其鬆而使氣易散耳。且用之有數弊，所成之物，雖面甚平滑，而物之邊角花紋不能顯出。一也。用此粉於鑄鐵之模中能改變鐵之性情，紋粗而質軟。二也。令鐵色變爲灰色。三也。如所鑄之鐵爲二號猪鐵，尚爲合宜。大器之模或火爐板之模，用枯煤粉與砂調和爲最好，因枯煤粉能令砂鬆而不減其堅固也。但用此粉作模之外層，則所鑄之物面不能平滑耳。硬木燒炭磨成細粉，亦可用之。如用此粉一分，砂九分，調和之，鋪於模而鑄小件甚佳。若所鑄之物爲極細之件，其内不可有煤粉或炭粉，必用細而結實之砂，否則所成之物，其面不能清楚，最小之模，用黑料之法，或以燭火所發之煙，或以油松木之煙。

又《範模造法·用諸物成模法》 作模之人所用之物多而價昂，或用生砂作模，或用乾砂作模，模成於箱内。所用之箱或以木或以鐵爲之。作泥模用鐵板與心軸、熟鐵桿、熟鐵箍、鐵絲等物。

箱。作模而用箱者，所以包已成之模於中，不使散開也。箱分上下兩爿，如第二圖甲爲上箱，乙爲下箱，丙爲箱，而箱内

第二圖

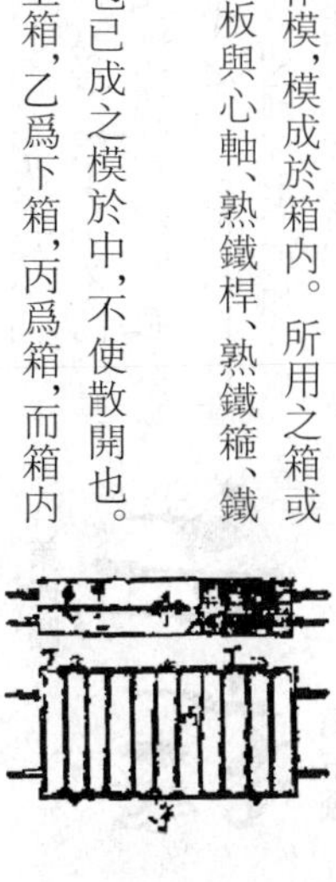

有隔板，上箱之板常寬於下箱之板。無論木箱與鐵箱隔板，總以木者爲佳，且活動而可任意置之，與所鑄之物相近。丁丁丁爲三箇鐵釘，一端尖而細，一端圓而粗，令箱之兩爿可使漸相切合。如模有高突者，釘之長與箱之高略等。箱邊之兩鉤有相配之眼，箱之上下兩爿可鉤之，使相連。此鉤須結實而不過重。著鉤之眼通過木，而轉脚使固。如爲鐵箱，則做成之時，眼已在箱上矣。箱必有四柄，可令其移動。極大之箱與極小之箱祇用兩柄，在於箱之兩短邊。最要之事，柄必牢固，砂裝滿於箱中，以柄起箱，可無斷裂之險。箱柄必對準重心，用起重器掛之，可以轉動，如第三圖爲起重車起箱之法，所以試箱之堅固與否。若不能任砂與鐵之重，則箱易彎而模裂砂落，爲不可用矣。凡大箱應以鐵爲之，模圓而箱亦圓，箱之形常合於模之形也。然尋常諸箱皆欲其形合於所鑄之物，則每換一新件，須換一箱，豈不費事，所以常用之箱皆作方形，任作何件之模，皆可便用也。箱之四角常多空處，填滿砂則箱太重，所以上下兩箱之四角，或用木塊鋪滿，或用鐵夾板分開，令空。然有時不必移動下箱，則四角填砂亦屬無妨。若下箱必定移動，或必須反轉，則方箱之四角，可任用上兩法爲之。方箱而容圓件，必有過重之弊。設有便用起重車，則多起數磅亦不妨。無論箱用何種，箱面與模面之相距極近，須二寸，用木箱者，相距之尺寸更大也。設箱與模太近，則砂薄而模易漏也。

第三圖

容模之箱，内面切不可平滑。砂在箱内不致分散者，一因砂有粘力，一因箱之内而粗毛也。然大箱之内面雖粗毛，而砂之粘力不敷，尚易分散。可於箱之内面周圍通過數長釘，有阻砂之力，不使分散。生鐵箱鑄成時，釘已預備在内，因鑄箱時在砂模之面，鑿成多孔，如此則箱之内面可以托住。用釘之法，砂仍不能緊密，尚爲不便。設砂之各處鬆緊不勻，則太鬆之處不能當鎔料之大壓力，而砂必分散，所鑄之件不能合式。所以，又設一法，能使砂之粘力甚大。其法於箱之内面密置夾板，先拭泥水於箱與夾板之内，能使箱内之砂有粘力。

容模之箱應以生鐵者爲佳，如用木者雖稍便宜，然久之則須更换新箱，其費亦大，且木者易被鎔料燒壞致漏，所鑄之件不能合式，又上下之釘不能配而易彎。凡空心器與各種花紋之器，必用鐵箱，否則不能成，因鐵箱雖重而能有穩當之益也。

小器具。作模所用之小器具，其形各處不同。此言其常用者，如第四圖。甲。甲爲硏鏟，大小不同。其最小者長一寸半，寬半寸，用此鏟能硏平砂面，撤去餘砂，又能硏平黑料，補好模面受傷之處。鏟與柄皆以金類爲之。乙。乙爲硏器，其面或如圓柱形，或如球形。丙爲陰面鏟，若模中有陰面不能用平面鏟者，此鏟可及之。以上各器常以黃銅爲之，不致生鏽。器之面必須光滑，而形亦須極準也。

第四圖

杵之形象各不同，如第五圖用木與生鐵爲之。木杵上車牀令圓，壓砂於箱内，與箱之四角皆用之。鐵杵頭徑二寸至四寸，長二尺至四尺，其末甚尖，能刺入砂中。

第五圖

以上各器之外，另有數種器具，如鏞鏟可運砂於箱内，使之調勻。大小粗細之篩，可以篩砂。小風箱可噴出乾鬆之砂於模上，又能吹去所餘之黑料。鐵鍋爲盛分砂之用。噴壺爲噴水之用。細蔴布袋爲裝黑料、碟粉、筆鉛、豆粉之用。大刷帚爲刷物與上油之用。鐵針、紅銅針徑八分寸之一至四分寸之一，長六寸至二尺，或多尺，自頭至末皆尖殺，分砂。上下兩箱分開處所用之砂，爲之分砂，或用河砂，或用海砂，或用火爐所出之渣滓磨細之，或用鑄成之器所刮下之砂。所用之豆粉，亦可用別種穀粉代之，然用豆粉爲最宜。又有瑣屑之器，如方圓橢圓長方等形之釭，刺砂路使鎔料通氣。又有大小螺絲、鐵鎚、木鎚、鐵桿火鉗、拔釘之鉗等物，皆須預備。

又生砂模　模有三種：一爲生砂模，一爲乾砂模，一爲泥模。

生砂模，鑄輕鐵器者常用之，如輪機内無甚要緊之小件、火爐之板爐柵、礮彈輪轂、引水之鐵管、引碟氣之管等。用生砂之法作小件之模或鐵輪之模法：用極平之板置於兩箇櫈上，或置於裝滿之箱上，將木樣置於板上，平面在下，如木樣分兩爿，則將一半置於板上，而上下接住之處（如第六圖爲平視形）板用松木，大者厚二寸，小者厚一寸。木樣置於板上之後，使之平穩，與板不切合之處鋪砂於板，將箱之下半爿，倒覆於木樣之上，有人於倒覆之前鋪一寸厚之細砂於木樣之上，而後倒覆之，則箱與樣不甚震動，而成模甚準。此一寸厚之砂用細篩篩上，必爲新砂，第一層厚八分寸之一至四分寸之一，再加數層，至有模面上之細砂其厚一寸或

第六圖

一寸有餘。凡砂有粗粒，不可與木樣相切。設木樣爲甚繁之式，切面之砂必用手壓緊模面，已成之後，用粗篩篩粗砂於箱内，令與箱面平，用木鎚將砂搗緊，每搗緊一次再加砂而搗之。如此箱内裝滿之砂，各處鬆密甚匀，其餘砂以木片刮去。若箱内有隔板，則箱内之砂各處鬆密極難平匀，所以平常之模下半箱不用隔板，則箱與底板反轉之後，前之爲底者，今變而爲面矣。木樣大而箱重者，則必以箱之上下兩板用法緊連於箱之邊，則箱反轉時板不移動。箱内有隔板而箱無底者，反轉之後，必置於極平之地面上。箱内無横隔板者，反轉之後，必置於木板上。底木板連於木樣者，如輕而有花紋之桿，輕而有花紋之火爐等器，則反轉之後用木鎚或鐵鎚打木板之背，使砂與木樣相離，不傷模之面。箱内有長釘與下半箱相連，而直通至箱底，則收拾箱内之模有，此長釘喫緊木樣，在砂内不致移動也。平常用釘不過在上半箱内，有時木樣不置於極平木板上，而將上半箱仰置，裝砂搗緊而刮平之，將木樣置於砂面嵌入於砂中，再將下半箱覆於其上，其餘各事如前。然用此法作模極遲，且木樣常壓底而失其真形，所鑄之件不能合式也。撤去底板之後，分砂之上半面用刀壓平，餘砂撤去，木樣與砂與箱之面皆極平，此面名曰分面。分面之上用手布分砂一層，愈薄愈佳，令上下兩爿砂模不相粘合爲度。布此分砂之後，木樣之面亦必有之，所以必用小風箱吹去木樣面之砂，若不吹去，所鑄之件面不平滑。模之下半已成，必將木樣之餘件置於上面，上半箱覆於下半箱之上，鈎入於眼，極爲緊切。先布一層細砂於模面，再用粗砂，木鎚打緊如下半箱之法。遇木樣平面而式簡者，上半箱内之隔板易於配成，與木樣相距半寸爲度。如木樣之面不平，而又凸入上半箱内，則隔板與之相切處必鋸去而讓之，所以前言隔板以木者爲佳也。凡箱之小於一尺者，可不用隔板矣。

進鎔料路：上半箱面鋪平之後，未去木樣之前，預作鎔料之進路。作路之法：用木釘數箇，略如喇叭之形通入上箱之内，排列此各釘最難合法。若木樣甚薄，面鎔料爲鐵，則作模之人必須留意，鑄成器之好壞，在此路之合法與否。若木樣爲厚重之形，其厚或有半寸餘而面積不大，則一路已足用矣，反之則必再加多路。平常作路在木樣之旁，倘作此路而箱之大尚嫌不足，則不用此法亦可。鑄極薄之板其路徑至板者，則路必極長而窄。凡鑄圓器具如輪與滑車等物，其路必在外。凡作模無論各路在内在外，必另備氣路徑通至木樣。如所鑄之物最輕最薄而有花紋者，則定各路之方位爲最難，必熟悉此事之人方能一見即定其方位也。作路之公法：令已鎔之金類行最近之路而滿於模中，則令類雖行過模中窄路之後而稍變冷，與寬處仍易相連。如一路不敷，則用兩路或多路，皆依模之形而定其數。已鎔之金類行過各路，必在同時，如此模可速滿而各路所進之鎔料易於連合也。

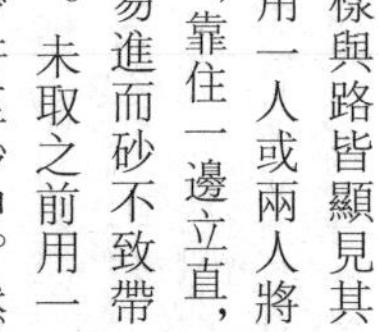

第七圖

鑄鐵輪之模已成之後，其外形如第七圖，木樣與路皆顯見其方位。上半箱裝滿砂而刮平之後，則拔去其鈎，用一人或兩人將上半箱取起，或用起重車起之更好。上半箱起時，靠住一邊立直，將作路之木釘取出，路之内面必堅而平滑，鎔料易進而砂不致帶入也。上半箱已成後，即預備取出下半箱之木樣。未取之前用一小刷帶水中浸溼，在木樣邊之砂面運之，則水有少許至砂中。然後用手指壓砂之邊而知砂漬水與否。如覺太鬆，則取出木樣之時或傾入鎔料之時，砂必移動，則必添砂壓緊，用刀刮平。至各處妥貼之後以刀研平全砂之面，始可取出木樣。然其事甚難，因常有砂粘在木樣之面而帶出也。再簡之法：用起重螺絲旋入木樣之面，用木鎚輕敲木樣之上面，待起至數分，或敲木樣之邊或敲其角或敲起重之螺絲或特意預備數釘而敲之，皆臨時之手法也。

起重螺絲末尖而綫粗，爲起木樣而設。若用金類爲樣，則此樣預作螺絲孔，與起重之螺絲相配。凡花紋多之樣及最繁形之樣，起時難免不傷砂模，補之之法：將刷帚灑水於傷痕依傷痕之大小以定其所加砂之多少，模内所有凸起之處亦須稍加以水，將已取出之樣用乾刷拭浄，輕置於前模内，再用螺絲起之。此爲第二次手法，若非繁形之樣不必如此也。

上黑料法：模面上黑料之法：用細蔴布袋，内盛黑料或木炭粉，手持此袋向模上摇動之，則模面得極薄而平之黑料一層。設模之面爲新砂，則黑料可粘於砂面，即將木樣拭乾，置於模中，則模之内面極平滑，再將此木樣外之砂用刀壓平一次。若模面非新砂，則黑料不粘，此法爲不便，所以必加穀粉或豆粉一層然後上一層黑料，將此木樣放入。用黑料與豆粉不過太多，如太多鑄成之件面不清楚。若模面爲新砂而黑料爲極薄一層，鑄成之件可以平滑。好手作模即不用豆粉黑料，亦可將木樣置於模中，分面内必劃出鎔料之進路，前作路時所用木釘之形，已在下半箱砂内。此各路與木樣相遇處，必有槽深或四分寸之一，内窄而外寬。件已鑄成，易將此餘件斷去。設一槽不足，則一路可分兩槽而略寬之，則已鎔之金類更易進也。又可拭木使溼，則已鎔金類更難衝壞。以上工夫，已成之後取出木樣，將上半箱輕置於上，連固有鈎，可用金類，傾鑄成形矣。

若木樣凸入上半箱内，或木樣分上下兩爿，則上半箱與下半箱同此一式而爲之。取出路釘之後，用板一塊置於箱上，將此箱反之，則樣可向上矣。起樣之工夫，略與下箱同，更須謹慎耳。補模之傷痕手法不到，則反置之時所補之砂必脱下也。

設木樣釘於木板，必先取起而後將上半箱裝砂，則上半箱必安置平滑之板，用刀研之，甚光滑，如此徑置於上。如用此法，則用豬鐵壓緊上箱而不用鈎，此種法極易而不費時，不過極斜極低之樣更好用耳。

生砂模應用之砂：用生砂模鑄器，似易而實難。作此種模必須極好方無差誤，最要之事，在乎用砂之得宜。作極小極薄之模，必用有大粘力之砂，然不可太溼，因此種砂質收水甚多，外面不覺其溼，俟鑄器時，方知其弊也。能於火中燒一次或多用之則亦可用矣。或少加木炭粉，枯煤粉或硬煤粉最妙。若作大模，則不可用堅固之砂。模愈大則所用之砂宜愈軟而愈粗，即木炭粉亦不可用矣。若用溼砂，則化鎔金類傾入模中，必發水氣與炭氣，此各氣必有能出之路，用粗鬆之砂，則此氣易出也。模心之砂宜更粗，不可與作模之砂調和。若廠中多作模心，無論其大小，必另擇房外之空處取出模心，留砂於此，不致與屋内常用之砂混和也。凡鑄廠中，應多預備舊砂，每日加新砂於内，因砂愈舊而愈軟也。作模之砂，每用一次後必加水令溼，則有粘力，所加之水無一定之數，須隨時酌之。每過七日將所有之砂通篩一次，棄去木屑鐵塊及成塊之砂，則臨用之時可不必再篩矣。鑄重大之件，用生砂而椎築太實，氣不能通，則模易碎。若鑄小件，砂内用釘刺孔，可以通氣，大約鑄重大之件，此法又不能用也。總之，刺孔之法求砂之鬆耳。若鬆之過甚，則化鎔金類從模之凸處衝動，而各處不平矣。各種之砂與各器之形，其用法不同，如砂鬆而黑料用之甚多，所鑄之器面粗而不清。如砂細而結實，則有氣入鎔料，必致噴出，或模散開，雖能鑄成，中必有多孔。以上各事之弊，不第在砂質與模形也，即金類之性情，天時之冷熱，空氣之燥溼，皆與鎔鑄之事有相關。管理此事者經營盡善，調劑有方，可免去一切之弊，而所鑄之器必能合式。

作生砂模有專司：作生砂模之法極難講究，應依所售之各器分門别類，每人管理一門之事，祇預備一種材料，如此則因才而使各顯其能，主人必獲利也。美國有一人在鑄廠中八年，專鑄一種平底之鍋，甚是合式，人争購之以饋遠，以後獲利甚多，令他人仿製，萬不能及，而利亦不能得其半也。令此人鑄别種器具，亦不能合式，此即分門管理之實據也。

不用箱作模法：用此法作模，雖省去用箱之煩，而所鑄之件外面甚粗，然有時鑄粗鐵器不屑用箱作模，而用此法，如鑄廠内各模之鐵板，並爐栅等是也。其模作於屋中地下之砂内，法從地面挖去泥，深二尺，寬廣合於所作極大之模，或大於模形亦可。挖成之後，先鋪小礫石，厚半寸，上鋪一層粗木炭粉或枯煤粉或硬煤粉，再用篩篩上一層極粗之土或河砂，再篩一層平常做模之砂，用直木條兩根一置此邊，一置彼邊，成平行線而用酒準置其上，使之極平，再用直木條靠兩木條概去砂面之凸處，補平其凹處，使砂面極平。尚未能光，再用極細之砂篩於面上，將直長之棍軸（此棍軸以木爲之圓徑六寸至八寸。）在兩木條之内運轉數次，來往極平木條上，如有砂泥，亦須撤去。如此則砂之上面極光，若嫌其鬆，加極細之砂，如前法運轉數次，以砂之疎密能當鎔料之壓力爲度。然後將兩邊之木條撤去，以木樣置於平面上。如木樣有凸形，則以凸處向下，然木樣大半置於砂面者居多。設樣爲板形，必須置於砂之外面，用手法將四面之砂擁而圍之，其厚與高以能當鎔料之壓力爲度，取出木樣之後，此模宛似矮牆之形，作一路以引鎔料流入模中。設所作之模有模心者，必用鐵塊壓住，否則遇已鎔之金類必致上浮。傾入鎔料之後篩砂於上面，成極薄一層，則熱不傳散，屋内不致甚熱也。

用一箱作模法：凡照平滑之式鑄器而不必求其極準者，將木樣壓於地面之砂内令平，用箱蓋上。凡鑄廠，地面之砂應深二尺餘，法在砂内劃一溝或挖一孔，其大小與樣同。如砂太乾，少加以水；如砂太溼，則加乾砂少許於面上，令所鑄之件不遇溼砂爲度。再以前法使砂面極平，將木樣置於砂之平面上，而壓入砂中。模之四邊用砂圍住，其厚與高，以能當鎔料之壓力爲度，如此則不用下半箱而以上半箱置於上面，四邊用桿靠箱打入地中，不使移動。上箱之做法與用兩箱之法同，其稍異者：箱必用重物之壓力方能當鎔料之壓力耳。設木樣甚大或樣之上面甚平，而鑄廠中無起重車，則可用生鐵架代上箱。作此生鐵架之法：有對角縱横條極多，其形如網，罩於平砂面之上，而其面上蓋一層粗泥令乾，用此法亦可鑄件，但不及兩箱之妙也。若所鑄之件不求其甚佳，不得已而用此法，亦可勉强成事耳。凡大鑄廠中，必多預備木鐵箱，合於各種之用，其資本必大而房屋亦必寬，如此可獲大利。因各種工夫預備各種之箱，則成事易，而速鑄成之件可爲上等之物故也。

作齒輪模法：凡用生砂模鑄齒輪，小者易而大者難。今試言鑄大齒輪之法：凡齒輪之樣，分爲輻與周二事，此法勝於別法能甚準也。若輪輻與輪周并而鑄之，則冷時輻之尺寸能縮小，所以周不能得正圓之象，此書論鑄有輻之輪而輻之分處則成橫剖面形。

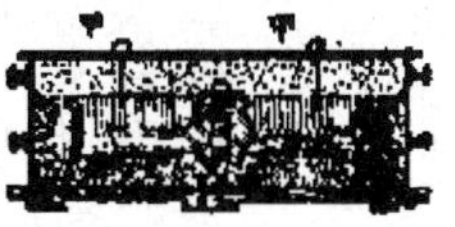

第八圖

如第八圖爲鑄輪之模與箱預備起上半箱時之直剖面形圖，內之砂上箱之色淡下箱之色深，輪之面甚平輪之邊可斜，輪輻不能從下箱取出，所以分輻樣爲上下兩爿。輻樣之上半用螺絲釘甲，甲連於上箱之上而通過砂子連住箱上之板，此兩箇螺絲必旋緊至不能移動。起下半樣之法必各處同時向上而起，如齒輪甚大，必用十人或多人方能成事。起時其人手持螺絲釘旋於木樣中，一面起樣，一面拍樣之面，不令砂起，然未起樣之前必用溼砂與刀補好起上半箱時所損傷之砂。設砂不甚鬆，恐不能通氣，則必刺多孔放氣出去。刺孔之法依砂之好壞鬆密而定，密細之砂，刺孔必多，粗鬆之砂，刺孔必少。若下箱之樣甚平滑而面已上漆，則可多澆水於模中。設木樣鬆粗而未上漆，則用水必少，而木樣必速起之，凡做模之工夫愈速愈佳，因木樣必從砂中取出，恐其得水而漲大也。即金類之樣，亦不可久留於砂中，夜間更不可也。

作齒輪之模難免模無傷痕，且有齒之處最易傷損，則必補之。其法必另預備輪齒，數齒相並，模內傷痕易於補好，且易於取出也。補之之法：用溼砂與刀及壓平器作輪模，此摩光之壓平器最爲便用。補好後模面須壓平，再篩黑料一薄層而壓平之。

下半箱已成之後，則將上半箱反置而木樣向上，或此箱極重，或以起重車起後而無法令其反置，即以起重車懸之箱面向下，用木柱墊穩，因人在箱下作工恐猝然墜下而受傷也。一人在底補其傷痕，一人在上面旋開螺絲釘，預備將木樣放下。若轉鬆螺絲釘時，砂有欲墜之勢，即撥轉螺絲而於其所欲墜之處灑水壓緊，然後木樣可以放下矣。有人用細銅絲作鈎，用泥水沾溼而圍住木樣之進，不使墜下。砂內傷痕收拾之後，模之各處壓平，上半箱已成。不可用碟粉與黑料加於上半箱模內，所以鑄成之件，上面必不能平滑。凡木樣必分爲上下兩爿，則上半箱應反轉，因從下面做上半箱之模極難而不甚準，上半箱欲反轉者，箱之兩邊各鑄一柄，對準重心，而箱亦須結實也。起箱時必留意各處，平勻竪立，如起時已歪，則砂落而模壞。箱料太薄，則易彎而砂亦易漏。上下兩箱之模已成，必作進金類之路，而上下兩箱可以相合。大箱不必用鈎，可置極重之物，或用螺絲壓緊，常法用木板置於箱上，板上加猪鐵等重物，有此壓力亦平勻矣。凡齒輪模之進金類之路應在兩輻中，徑與周應有二三槽，從各路至輻與周。如大輪應多設進金類之路，此路闊二寸，外口大而內口小，從各路引金類進模之小槽應比路之內口更小，傾入金類時路中必滿材料，如有渣滓和於已鎔金類中，則不能徑入模中矣。

凡鑄大器，往往有差，即諳練此事者，亦不能預保其不差也。然有幾種要法可免之：即如作生砂大模，切不可用細而結實之砂，因此砂不能通氣，能使鎔金類內生多孔；多加碟粉則太軟，不能當金類之壓力，又不能受取起木樣之工夫；用粗重之砂做大器之模，則鑄成之件外面必粗毛。有數法能免此病：不可用碟粉與粗砂調勻，因太軟而發氣太多，可用粗鬆之砂做模，模面用細砂一層，厚四分寸之一，或其厚以能抵鎔料之壓力爲度，此細砂外上黑料一層而壓平之，則所鑄之件面甚平滑。加碟粉於砂內，必被已鎔金類燒壞而所鑄之面必甚粗，總之大器之模加碟於砂中，已鎔之金類仍要通過砂之粒間，如模面無碟，則面內更無用也。

第九圖

作模常用兩箱：凡作模所用之箱常以二層爲則，雖樣式甚繁，而可另設變法，祇用兩箱設木樣難於分開而競無別法，可以用模心之法：如第九圖爲鑄滑輪之模之箱，圖內虛線即模之分處，下半箱裝滿砂而反轉之後則砂爲滑輪之周者，必割去之。上面壓平，散分砂於面而吹去在模上之分砂，然後置樣之上爿，而用新砂壓進滑輪之槽，即爲模心。如圖，此模心爲與樣同高，而對箱之邊，再以面壓平，而散一層分砂，然後置上半箱於上，而加砂成模，兩箱之砂已滿，箱之上面置一板，將板與全箱反轉，而以下半箱取起，撤去樣之下半，再將兩層箱合之。如前反轉，則取起上半箱，撤去餘半木樣，當箱反轉之時而撤去木樣，生砂模心雖無粘力，因有外邊扶之，不致斷裂，依此法做繁式之模，只須用模心之法即成矣。若不能用生砂模心，必用乾砂模心而樣內必留容模心之處。此事在下數處詳言之。

鑄小齒輪法：小鐵器結實爲上，平滑次之，此器之樣與模非巧手不能爲，即如紡紗織布器內之各小件必平滑結實而能受鎚打之力方佳。一物內得許多佳處最難，所用之砂與添碟粉之數必須合於一定之法，做樣之人亦須知各樣皆有巧法。即如小齒輪之樣，此各齒極難平行，必用鉛鑄於樣，齒輪之外成環形，內面有齒，與樣齒輪之空處相錯，有此鉛環，則作小齒輪模不甚難矣。欲在砂中取出輪樣之時，將鉛環置於輪間外之砂面，以其内齒對準樣輪之齒凹，則鉛之重能壓砂不上，樣輪可自鉛環之内取出，否則輪齒間之砂，必隨齒輪而上矣。

作花紋物件之模：作各種花紋物件之模，欲其可觀而合用，如花紋鐵闌干是也。如闌干一面平，一面有花紋，能在鑄廠中作模而不必用箱，此法雖可省工，而不及用箱之結實也。粗闌干之模，常用鬆砂，内添碟粉數分，然必知凡用碟粉做模所鑄之件，花紋不能清楚。如樣有雕刻之紋，非但砂内不可多添碟粉，即做黑料亦不可多用碟粉也。凡有花紋之器，清楚爲上，堅固次之，所以砂内之碟粉愈少愈好，而豆粉與穀粉切不可用也，模之面用一層新細之砂，厚約十二分寸之一，外加硬木炭細粉，極薄一層。凡花紋之樣，必常令花紋有斜面，易與模相離。如爲金類之樣而磨之光滑者，可多次置於模内，而補模之傷痕以分毫不差爲度，模之面加黑料一層爲最後之工夫，平常之闌干一面有花紋可在木箱内爲之，若兩面有花紋則必用鐵箱。茲將作生砂花紋模之法詳述之：如第十圖爲闌干各節之間所用花紋之空心柱，如第十一圖爲横剖面形。樣分四面爲四塊作模之法，將樣之一塊置於板上，而下層之箱放在上而盛滿砂，而反轉之鋪平砂面，加上甲甲兩塊，必用數塊小方板置於其間，其尺寸等於樣内面之乙方，令不移動，分砂已布之後，中箱可置於上，兩邊能分開而用鈎使相連，每邊可獨自撤去甲，甲與乙之間鋪滿砂而壓緊，樣與箱面爲極平，再將樣之第四塊蓋於上面而布分砂，將上層箱覆其上，盛以砂而壓緊。作進金類之路，用木釘自上箱而通過中箱至下箱而止，鐵柱厚半寸。餘者必有四路，更薄者必有六路，柱之兩端在上半，箱各作一門，各箱裝滿，用板蓋於上箱之面，將全箱翻轉，取起下層之箱，依法去其木樣。木樣之四塊，皆必用螺絲通過砂模而相連於箱，模之下半必結實而不必再加修飾，因模已合定，不便再修飾也。後來將模心乙間之諸小方板取出，加砂補其空下面工夫成功之後，下層箱仍可合上，反轉全箱取出作路之釘，將上層箱取開并木樣撤去，置於一處，將中箱之兩邊取開，亦各取去木樣，其所連中箱與下箱之釘不可太緊，因中箱之兩邊須斜而向内放下，不可直放下也。取去中箱與下箱内之木樣，工夫甚易，不必贅言。此種模砂，應用鬆細之砂，用枯碟粉調和，如砂密而實，則模易裂開，用此法能作許多花紋之樣，必留意將樣依法分之，得數塊，欲其不錯最爲難事。

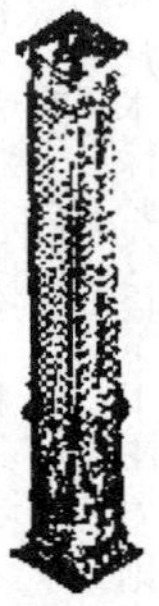
第十圖

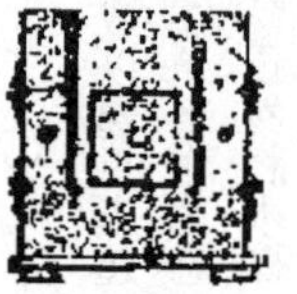
第十一圖

作空心器模法：空心器具雖形象不同，而做模之法略同，此種工夫爲做模之最妙者也。一人衹能講究一門之事，如鍋、水盂、茶壺、火爐、爐柵、鎖絞鏈等件，爲尋常日用之物，工藝家謂之空心器。此種器具花紋不可差，應平之處須平，厚薄亦不可差，大約以輕者爲妙。所用之細砂，可多加碟粉調和，亦可用黑料與硬碟粉上一薄層於模面。美國所鑄之火爐能省碟而好看，此火爐之模甚簡便，所以此書不必詳細言之。小空心器具，極薄者多，所以砂不能粘於金類之面，衹須做合式之樣，易於鑄成好件。省費之法：絞鏈鎖刀等小器可以十箇或二十箇置於一箱，用一條通路引鐵汁從此路而分入模中，一箱内能容幾模，依模之大小而定，又依一次能鎔之金類而定各模之形相似者更便也。

第十二圖

作水壺模法：常鑄之水壺如第十二圖，亦空心器也，其底略小，便於入火爐之圓孔而與火切近也。又有一種水壺，其底不縮小，而有三短足或多短足，此種木樣與水壺之形相同，不過嘴或爲空心或爲實心皆可。箱必用三層，中箱分作兩爿，而其分處適當口之中，所以兩箱撤去之時，嘴管可以取出。依此法木樣之上半爿，必在中箱分開之處而分之，非第不好看，木樣亦易受傷。最妙之法：將中箱整塊獨成，在甲甲與乙乙分之嘴管之處，上層箱之砂，下入中層箱内至嘴管之口爲止，而順嘴管之彎處分砂，中箱與下箱在壺口之邊而止，而此處之模心亦分開。觀圖中深淡之處甚明，木樣衹能在甲甲線過嘴管分之，做水壺下半之模，將壺底半箇木樣合於板上，再以本圖之上箱覆其上，裝砂壓緊，將箱反轉而加樣之餘半，置中箱於上箱之上而相連，兩箱若能相連後而併入砂壓緊亦甚便捷。在木樣外中箱中鋪滿多砂，最後壺中壓滿砂，下箱與中箱分開之而依圖而爲之，下箱砂已裝滿，此時箱已倒置而壺底在下，即將下層箱取開，次將中箱取起，而取去其木樣之上半，再將中箱與下箱置上，以全箱反轉，則水壺之方位如本圖。然後取起上層箱，撤去樣之下半而裝其嘴管，此嘴管之模心另在一模心箱内爲之。取出進（全）〔金〕類之路釘此，釘形甚扁，一邊薄而斜，一邊寬三四寸，口闊四分寸之一。再以上層箱置於上，則模之各事已備。

凡空心器之木樣必極準，否則模之差更大於樣之差。此樣或以木或以泥或以黄銅爲之，而必用車牀等器令其無分毫之差，再加磨工令平滑，用法分爲若干塊，如器之足與柄以及一切凸處皆另爲之，不與此大樣相連。尋常之空心器其口向下而鑄之，若爲罩蓋等之用，則口向上。若模心有一甚窄之頸而懼鎔料令模心浮起，用薄鐵作十字形之桿，竪入模心中，而連於箱底可也。所用黑料，筆鉛爲最佳，若研甚平滑，則所鑄之物外面亦必平滑也。

作空心器之模常用鐵箱，如所用之鐵箱甚是講究，所鑄之件合式而甚準，久之所省實多，如用木箱或用鐵箱而不佳，則往往誤事。此將鑄鐵箱之要事詳言之，如做模之人要照此一式而作二十箇鐵箱之模，設此一箱作之不差而可相配互换，則第一箇箱之模做好之後，不必再用板，其第一箇成模之上箱即爲下箱，而相配之。上層箱之砂須搗之結實，上層箱分面做好之後，則做第二箇下層箱之模，木樣必常留於下層箱内，依此法第一箱之上層，做第二箱之下層，其餘各箱依此類推。各箱之兩層箱作模相連，有時最後之數箱内有一箱與初起之箱内之一箱不相配，然所鑄之件，亦不見甚差也。依此法做模必須巧手爲之，否則難免無差。

以上各件之外，用生砂模之法尚有數件，此書不必詳言。即如鑄房屋内所用之生鐵物件與門户之鍵、門户之架柱與闌干等，其模作之亦甚易也。

箍砂之模：有一種模，其外面用生砂，内面用乾砂之模心。作此種模者，必熟悉此模心所用之材料與其作法。前所言者，祇講明何等之砂可用耳，此須考求作模心之法，并何種模心當用何種之砂，凡模心必謹慎爲之，如式樣不準，則所鑄之件必不能成，或成其形而中不結實也。

模心：用模心之法所以鑄空心之器，而木樣不能做成欲鑄之件之式，模心之式各不相同，尋常之模心如用鬆砂，其中不含動物、植物與碟，砂内含泥又不過多，成後依法令乾，則其工亦無甚難。然有一事必不可差，凡生砂模必待臨傾鎔料之時安置模心，所有鎔料蓋住模心之處，其砂必更堅固，凡模心外多有鎔料蓋住，祇有一二箇小孔放出空氣，如小管之模心是也。故其砂必加新砂調和之，砂内所含之泥或含有粘力之質必適足以成模心，乾時不致散開。砂粒之角甚多者，如磨粉之石，則較之火砂或海砂更好，因海砂與火砂之角常多磨没也。有時泥水之外，亦用酵水或豆粉水加於模心之砂，令其更堅固，但此各種水應謹慎用之，因其能發多氣，則模内之孔爲氣所塞也。最好之模心砂，不須另加材料，所以凡作模之人必考求鄰近地方所出合用之砂也。凡模心或爲長或爲薄，則必用鐵絲或小鐵桿泥水溼之，藏於模心内作骨，令其堅固，模心用完之後可將鐵骨拔出，後仍可用。設模心甚長，或砂甚堅固，則必另用長鐵絲刺通内，而然必留意，不可刺穿外面也。設模心或爲彎曲之形，不便刺通，可用繩一二根順模心之鐵絲平排，則模心乾時抽去，此繩可留空於内。如模心甚長不能受金類之壓力，不能任自己之本重，則必用鈎或釘托住之，所用之釘，其式平頭而稍寬，凸處之分寸同於模與模心之相距。即物之厚也，所用之鈎爲鐵皮，摺轉如匚形，或爲兩塊鐵皮用帽釘釘於大釘之上，其相距等於所鑄材料之厚。凡模心外面上黑料一層，此亦緊要之事，因模心所成器具之空處極難著手，故模心之砂易與鐵面相離，亦是要事。模心所加之黑料水與泥模所加之黑料水同，閲後作泥模之法，則知作黑料水之方矣。模心做成之後取出，即上黑料水而曬乾。

作常式小模心：所用模心之箱如第十三圖甲爲兩塊板，其兩端有凸方形兩塊板，可任便移動。另置於一塊平板上，用砂盛滿其中空處，即成模心。模心之横剖面形不同者，則箱亦必不同；模心剖面形相同而長短不同，則可在一箱内爲之作圓，模心所用之箱如本圖之乙是也。作球之模心必在球心之空處作之，各形之模心亦然，然尋常鑄器模心非必不可少之物，不過用模心能省，作木樣與模之時又能令所鑄之件更無錯誤耳。

第十三圖

作花紋鐵柱之模：作花紋鐵柱模之法必詳細言之，用此法能鑄數種鐵柱，亦能鑄數種鐵管。如第十四圖爲柱之木樣，已在砂中成模，而預備取出木樣之式，甲甲爲模心之外端，取出木樣之後，其内有空處，再將模心之兩端拔出，仍置於箱内，可用通過模心之桿扶之。然柱之上端花紋甚多，則用生砂模難與柱相連鑄成，若分鑄之恐不牢固，所以本圖爲相連而鑄之之法：柱之木樣之上，其初不用上段花紋之木樣，但用六邊形或八邊形之木塊代上段花紋之樣，如第十五圖之虚綫爲六邊形之塊之横剖面式，木樣從上至下有數凹處而平分兩爿，分處遇對面兩凹之中，設兩爿分處在凸處花紋之中，則花紋不能清楚；設凹處有傷痕不甚妨害木塊，非但分兩爿，各爿再分三分或多分，而各分用木螺絲令木塊相連，其螺絲與木塊一分取出之後，則木塊可逐分取出。然

第十四圖

一塊之模必先補成，然後可將第二分木塊取出，上段花紋副模做法如下：六塊之花紋或相同，不過刻出一塊花紋木樣即可，做成此木樣之外作一副模箱，此箱內所作之副模必能恰滿模內六邊形之一分，此種副模正與模相配，而此一分空處一面有上段作花紋之模，一面切近本模之砂，兩旁面又與兩分副模相連，所屬於上半箱之副模可用鐵絲或鐵桿通過其中，與箱相連。各模安排之後，則模心亦置好，兩層箱可以相合，其餘各事如前。置模心之時，必留意不使有隙，如有隙，則鎔料能通至模心之底而噴出，所以見有小裂紋必用生砂補好。若恐模心不穩，必用鐵絲箍之甚固，箱之兩端必留一小孔，能通模心放氣之孔，此各孔與模之內面不相通，所以不致有鎔料從此路而出也。所進金類之路，依常法而爲之，設此路能斜立而鑄者，必從箱之下段另用小箱，其空之高等於大箱路口之高，而箱上之孔應爲箱之最高點，傾入金類之路必令材料究滿，則各種異質不能隨鐵而至模內。此柱鑄成之後，或傾入熱金類之後，必燃火於柱之兩端，則柱心內所積各種氣自能燒盡，若不以火燃此氣，則自能生火而撐裂其模。

第十五圖

凡引水引碟氣等鐵管，其法略與柱同，所有分別不過在模形耳。凡鐵管模心之形，必同於管之內面。如第十六圖爲作引水管與碟氣管模心箱之直剖面式，此種箱亦有用木爲之，然木者易彎，所成之模心常不能直，所以必用鐵者爲佳。其模心之箱常爲圓形者，厚約半寸，底有兩方足，此足外有鐵彎條，用時可連上下兩爿，緊合此模心。箱之內膛必最準，而圓箱兩半相連處不甚尖鋭，必作一鈍角之邊，如此箱可平置而作模心，然做模心之箱平置者必須大本領之人方能用之，所以用此法者甚少。尋常之法：將箱豎立或斜之而裝滿砂，此三法內斜之爲最便也。將砂搗緊之法：用極長之鐵桿，如模心極薄其徑爲一寸半者，此模心之心即爲鐵桿，而桿之傍有鐵絲，兩物在一處壓進模心，未去箱之前，其鐵絲抽去留下一孔，可以放氣，如更厚之模心徑三寸或多寸者，其中之桿或爲熟鐵管或爲生鐵管，而管之内面作多孔，不有此孔氣則無路可出矣。凡重模心用泥爲者，在後詳述之。管之兩端較之模心長數寸，則此模心曬乾之時，可藉以轉動，即上黑料之時將模心轉動，亦必用此二三寸之長以爲樞也。

第十六圖

用鐵板成模法：作模之法有時必先撤去模之一塊，而後取出木樣，則必用生鐵板，板上有柄可以取出，即如斜齒輪輻中之砂并齒輪面等物，至一切木樣之形太深，斷不能取出木樣而不傷此模。如汽機之底架或車牀之架或頂住房屋之板并一切所有模砂三面遇鎔料者，必用此法爲之。然此各種器所取出之砂模必曬乾，而如作模心之法、用鐵板之法，作斜齒輪模其法如下：如第十七圖，在鑄廠之地面內作斜齒輪模之剖面式，砂面令平，而所有與木樣相遇之砂，必篩之。令細模之分面在甲甲線輪輻之間，置生鐵板乙乙板上有熟鐵柄，此板非用箱所成，厚半寸至四分寸之三，各板之形必合於所置之處，如斜齒輪必是三角形，比所置之孔周圍小於二寸，此板置於分模之處或壓入砂内深四分寸之一，後用小鐵桿或鐵絲蓋於上面，或用木桿浸入泥水中，然後置之。桿之四面皆透出板外，差與木樣相切，板上高處之砂可壓住桿之不透出之一段，桿已置之合式，則各輻中間之空處將砂鋪滿，與木樣相平，此亦爲模之分面。木樣蓋住之後，撤去木樣上面之箱，則以鐵板上之柄丙取起各輻間之砂，如太重則必用兩柄。所取起之各塊亦如安置模心之法：上黑料而曬乾，待木樣撤去之後，而模之別處皆預備，則用板所做之模心模進，再以上箱蓋之，可傾鎔料於模中，依此法作模各處用之，甚多因其便捷而省時也。

第十七圖

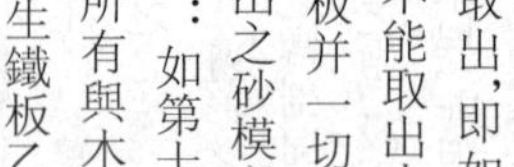

乾砂模：作此模之工夫最有趣味，大半鑄成銅器具或花紋鐵器皆用此法。因乾砂模鑄器質紋平勻而堅固，幾與泥模同鑄成之件，較之泥模所鑄者更屬合式，因泥模常有縮小之弊，所鑄之形往往不準也。作乾砂模之質有二種：一爲輪機之軸或管子并一切堅固而美觀之器之模，皆用新砂與用遇之泥調勻，作此模之手法同於生砂模而略易之，總不用碟粉與砂調和，所以砂模更覺堅固；一用新砂爲模亦甚易，易成後加黑料水置於乾爐內十二小時至二十四小時，砂內一切之水化氣而乾，加黑料之住亦用拭帚，必留意不可傷損模之邊角花紋，諳於此事者能以砂調勻堅固，而鬆所鑄之件更能清楚。凡作乾砂模必用堅固之鐵箱，因木箱不可入於乾爐內，恐爲火熱而壞也。所用横隔板亦以鐵爲之，鑄長大之輪軸必有極堅固之箱，因鑄時大半豎立或斜立，箱內所受之壓力極大，可用雙曲鐵桿鉤住而使不動，鐵桿直時之長必長於箱之高六寸，將其二端折成方角如匚形，二曲之相距稍大於箱之高，用此鉤於箱外，可緊合箱之各層，此壓緊之法用小桿插入箱上，漸壓之甚緊可不傷模，此事以下言之甚詳。凡乾砂模之箱而端必有旋動之柄，以箱挂起易於旋轉，因上黑料水并曬乾之時必須轉動也。作各種堅固之模必用乾砂模之法，而用極堅固之箱鑄時必令模豎立或斜至三十度至四十度，則各種氣易放出而模心不受傷。凡管子等器平置鑄之，一邊必壞，所以管之上面常鬆而不堅，上薄下厚也。且有一病，有鎔金類使模心浮起，無論用何法治之亦難免此病。

作大管之模：乾砂模與生砂模之別不過砂内所加之物與上黑料水及曬乾之三事耳，所以生砂模法既已詳言之，今亦不必詳解乾砂模之法，而衹言夫引水管之模，不第表明乾砂模之法，又可引出作泥模之法矣。凡引水之管徑大於十二寸者，應用乾砂作模，而以泥作模心。引水管平常八尺至九尺長爲一節，小管子長五尺至六尺爲一節，木樣做成管之外面，兩端有包住模心塊長或六寸，木樣可將一塊之實心木而爲之，或可用木板釘合而爲之更清楚，而邊角分兩爿，用常法做模已成，則上黑料水，再用鐵路所行之小車或用起重車送入乾爐中。設鑄廠内無乾爐，或因箱太重無法移至乾爐内，可將數箱聚置一處，用磚圍如牆形，上用鐵皮蓋之，内面用枯煤或用木炭硬煤在牆内生火，亦可烘乾，然此法不甚便捷，衹可暫爲之耳。

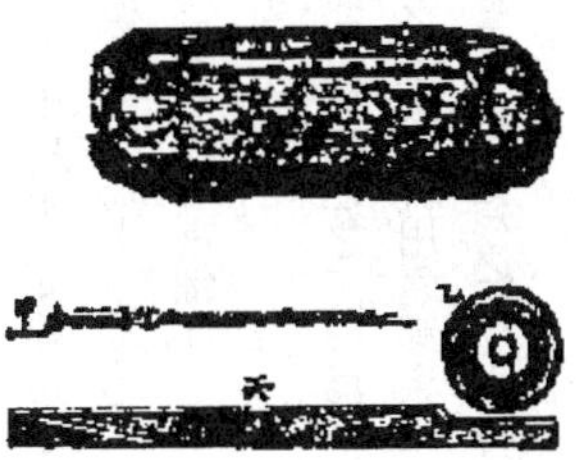

第十八圖　第十九圖

泥模心易於作之，只須模心内之管并泥板上泥所用之板，故謂之泥板。與泥皆準而無差即可成矣。模心之管不可用木，宜用生鐵，面有多孔，管小於模心三寸，其外繞粗草繩，繩外加泥，其厚以合於模心爲度。用草之意：令模心易通各氣，此模心内管之，而端有生鐵樞，外圓内方。方孔之内，可用方頭曲柄令其轉動，用螺絲與管相連，中空之處可容所放之氣，愈多愈佳。如第十八圖爲模心内管置於鐵架上，預備上草繩與泥，所用之架長三尺至四尺，面有缺口，如數峯排立，形可容大小之樞。做草繩所用之稻草宜稍溼而軟，易於繞住，做繩之法如第十九圖：甲爲小曲柄，用鐵條徑四分寸之一者曲成之，曲之前套小木管以便執持。作草繩之事，常令小童間時爲之以備用。上草繩之法：令模心管之樞靠於鐵磴上，如第十八圖：以繩之端縛於管端甚緊，以曲柄轉動，繩緊而密。設繞之太鬆，則鑄管之時被鎔鐵壓小，而(夫)〔失〕其形，則鑄成之管亦受傷而無用。如第十九圖：乙爲模心之横剖面鐵管、鐵樞、草繩、泥皆可顯見，所加之泥極薄一層，所以護蔽草繩面之粗毛，泥乾之後再置於架上，而用泥板上泥，板之兩端必靠於二架而切近於模心，距模心中心之尺寸等於模心之半徑。此板之形甚直，再連正交之板以作模。

模心草繩外泥層之厚，與泥質之鬆密、金類之厚薄、受金類壓力之大小、時之長久，有相關尋常引水之管。

不用模心鑄鐵管法：數年之前，有人造一種輪機，可不用模心而鑄成管子。其法用内面極光滑之鐵管爲模，平卧繞其軸而轉之，一端傾入鎔料，則必流動於模中，而成管各處平勻。但未知所放之管究可合用否？從未有人言及此事。設能想法見此種鐵管而比較其優劣，則凡鑄廠中皆有裨益也。

作細巧花紋之模：

以上所論作模之法，大半爲粗重鐵器之模，兹將最細花紋之器或佩帶之器之模詳論之。凡鑄鐵之模與鑄銅之模大致相同，其分别不過在器之厚薄耳，蓋有花紋之銅器須極薄者方能清楚，鐵則無論厚薄皆能清楚也。鑄細巧之器，擇作模之砂爲最要之事，所用之砂，净細爲佳，其中另加泥類之物愈少愈妙，碟粉等物切不可加。此種砂加水雖少，而有粘力，以手搏之，則手紋印於砂上，將鋒利之刀，可以切成極薄之片，如有異質，可用細蒒篩之。若用極細之寶砂，較之别種砂更好。

鑄極細銅鐵器之模，其法將砂盛於小鐵箱内，打甚緊密，模已做好，砂已曬乾，如爲鑄銅之用，則每作模一次必用最細之絹篩，篩一層極細之新砂。如砂之厚不過十二分寸之一或八分寸之一，不用黑料，則鑄成之件甚是清楚。如鑄鐵之模模成之後上以黑料，不用木炭與筆鉛，因太粗也，宜將箱覆轉模面向下，薰以燭火之黑煙，或以松節燒煙，受極薄之黑煙一層爲度，設受煙過厚，則鑄成之件必壞矣。如欲鑄成形式甚簡之物，工夫甚易，若形式甚繁，不能用螺絲令其相連，各小塊必將全塊鑄成也。如爲人像或柱等物，工夫最難，然此種工夫甚有趣味，只須説鑄幾種物件之法，表明其大略即可矣。

第二十圖

作鹿模法：作鹿模之法，如第二十圖，一望而知。鹿之身與其角，不能用一模而鑄之，必另作一模用螺絲連於其身與其頭，板與身可在一模中鑄之。設分開鑄之，然後用螺絲連之更便。作身模之法，必將木樣分爲兩爿，其分面順背脊至胸木樣。一半之模已成，所有不能取起之砂，圍住木樣之半，即割去之。此爲上下兩箱分做之法：分面磨光，加些分砂，後來將木樣之半加於下半箱之上，則上半箱不能取起之處必預備模心，即如兩前足之間，必依圖之虚線作一模心，自鼻至耳亦須模心，自耳至背亦必作模心，各模心必用新砂爲之，因用舊砂極難移動搬運也。有人作小模心之内，骨用細生紙或極薄之油紙爲之，但此模如太大，其中必裝鐵絲，可以堅固，上半箱鋪滿砂。模心已成，面分砂鋪好，則上半箱取起，撤去木樣之一半，將箱關閉，再將全箱反轉而取起下半箱，撤去餘半之木樣，如是則模已成。如做槽面滑車之模，手法無異。用此法作模不撤去模心，然此法不過木樣是輕者，故能分開用之。設樣爲金類所作，則重而難分，而取起上面之箱之後模心必移過，其移動之數以能取起金類之樣爲度。大模心衹能用鐵絲於中，而用分砂使其分開，極小之模心可以靠紙面爲之，如拉紙，模心可以隨之而出樣。從砂中取出之後，則模心置於一處，箱移近火爐令乾，模心置於應置之方位，或用最細鐵絲鉤至穩便之處甚妙。用釘將模心釘於模上，甚屬牢固，箱移動之時，模不致有受傷之患。曬乾此模費一日之工，即將上下兩爿相連，用雙曲鐵桿或用螺絲連得甚緊，可傾鎔金類。如所鑄之件用銅則模不上黑料水，如用鐵則必照前法上黑料水，如鹿角之模與鹿所伏之板。此工夫甚易，精於此事者能做兩箇鬆模心，一在上，一在下，平時將模之一分并相配之模心曬乾，而後將别模心加上爲最妙。尋常細件之模内，各小砂模心極細極脆，厚或八分寸之一，而面積不過半寸。

作多花紋模法：凡欲鑄成多花紋之物，或分做各件而用螺絲連之；或爲細巧玩弄之物，用銲金連之；或用帽釘連之，如細面有鋼光之鐵器，所用之銲金用銀與金相和爲之，而用吹火筒銲之。凡銅件而外面欲鍍金者，用同類之銲金，尋常鑄件所用銲金或以銅或以錫爲之。

細巧之玩物以黄銅鑄者，空心者較多，不第能省料，而花紋更能清楚，又能省鑿去餘金類之工夫。然此種模不能用碟粉砂，易被金類燒壞，能令金類速冷爲最妙，如能速冷，面可平滑。作此種模心工夫甚難，如形式甚繁，則必分多塊，各塊相連即成模心。如以鐵鑄成小件，即如小於六寸或八寸者，不用空心之法。若大於六寸或八寸之小件，可用空心之法，因鎔流之鐵抵力稍大可以燒壞砂也。

凡用鐵鑄極小之物件，其模用最好之細砂，所鑄之小件，花紋最細而清楚，如髮與細棉線，亦可用鐵依其形式而鑄成極能清楚。如蠅之翼，其面上之毛與紋亦可用鐵鑄成，以顯微鏡看之，歷歷可辨。樹葉爲樣，亦可成模，所鑄成之鐵葉其形與原形不爽毫釐也。

泥模：用泥成模最爲堅固，做此種泥模之人，自已作樣，有時將木樣納入泥中而成模，作泥模者，易於作樣，亦不能有他法可得便宜也。任何形之樣，皆可用泥模鑄之，然用泥模其費大於用砂模，不能用别法者，始用泥模也。器之形式簡便，而其體重大者，用泥模之費大約與砂模相等。

凡泥模必分數塊而做成空架，與造房屋之法無異，所以凡要緊之泥模，必先定其作法與各事前後之次序，而畫其大小尺寸之圖，各事已定，然後爲之。不明此事者，不知預定其做法，率意動手，及做至一半工程，方知不能用此法而成，則必毁之而重爲，徒費工夫矣。凡做泥模之泥，質爲第一要事，做模之人，必須謹慎管理此事，因泥質必與所鑄之件相配，一種模合用之泥，别種模不可用也。無論做何種模，其泥必細而鬆，乾時縮小之度必爲極小者。且模乾之時，結力甚大，否則熱金類之壓力必能壓壞此模也，或成細膩之粉，鑄成之物必壞。如泥質緊密，氣不得通，則熱金類所生之各種氣能令金類中有泡，而所鑄之件有許多空處，或氣甚多，則自能生火而轟裂，金鎔金類四面噴散必至傷人。設泥模乾時縮小太甚，則必有小裂紋，或模面有數處不平正，則傾入熱金類之時，面上頗覺粗毛。泥之性情，最宜考究，若能通氣而不能鎔金類，則爲可用之泥也。

尋常泥模所用之材料，即爲做磚之泥，而添成顆粒之砂，或用過之粗砂，或用過模心之砂亦可。然若干泥添若干砂，其數不能預定，因各處之砂與各處之泥皆不同也。即鑄各種之器具所應用之泥砂，亦不相同，必熟悉此事之人留心用之。厚重之器并薄小之件，其作模之泥必更堅固，有人用熟皮廠内所刮去牛馬之毛與泥調和，令能通氣，或用木屑、馬糞、稻草等切碎用之。泥内無論加何種材料，必調攪極勻爲度，泥模各處所用之泥各處不同。即如模面須用一種泥，而模之内體更須一種極堅固之泥，尋常之模更軟，多加稻草或馬糞俱可。凡模與木樣相切之處即是熱金類相切之處，必於火内燒紅爲度，非第燒去其中所含之水，又滅去所能生各種氣之異質，又滅去一切動物植物之質。凡泥模内所生各種氣質，爲水氣、炭養氣，炭養氣或淡輕氣用火燒之，則得藍色，而煙火之内，能見緑黄色之細點。

作簡式圓形之模：凡圓形之物件，或全球形、或截球形、或橢圓形、或圓柱形等，其作模之法：用泥板與鐵軸相連，令板繞軸轉動，即能刮成模之圓形。凡泥模欲分數塊而爲之者，必在起重車之傍，便於取起也，或在地坑中做之亦可。如第二十一圖爲地坑中鑄燒皮皂之大鍋之形，此種之鍋旁作圓柱形，底爲圓球形，而邊甚寬，邊上有豎圈，爲托住所置之木板之用，凡作鍋模並鑄鍋皆覆之。設鍋能向上豎立而鑄之，則緊要之處，可甚堅固，然欲依定法而做模心，不得已必覆而鑄之。如本圖之法，不用起重車，即在鑄廠中挖一深坑，深以足容模體爲度，寬以足容作模之人周圍行動爲度。第一事，做成圓鐵圈以爲基板，厚四分寸之一至一寸，其內徑小於樣之內徑十二寸，

第二十一圖

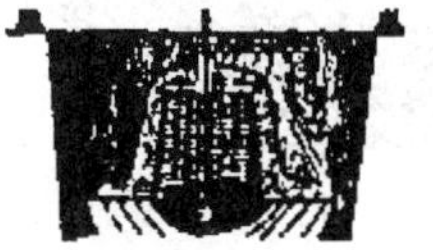

大徑大於樣之大徑八寸至十二寸。此板置於坑面以極平爲度，用磚砌於其底，其高六寸至八寸，鐵圈之中立一圓生鐵柱或生鐵塊，徑打至地坑中，用砂包護，不令於烘乾時燒壞，此柱上有一圓孔，可以接住方軸之下尖。此熟鐵方軸徑一寸半至二寸，上端爲圓樞，下端爲圓錐形，入於所打至地內之柱上段，圓樞入於一塊木板，木板二端以重物壓之，不致移動。此鐵軸必合於垂線，不可稍斜，其下端必在圓圈之心，軸旁橫連一活桿，此桿即爲二根鐵條相夾而成，又鑽多孔，用螺絲連於軸上，活桿與軸相連處接住方軸之兩面，用螺絲相連，桿不能鬆動。泥板厚一寸，用松木之無節者爲之，以螺絲連於活桿上，先用泥板作鍋內面之形，并其口與邊之形，令板靠住此軸而轉動，則所成之形，必與鍋內面尺寸相同。起手作模之工夫，在地下之鐵圈，用磚砌四寸厚之圓牆，牆與泥板相距二寸，高六寸，鋪一寸半厚之鐵板，此板上又有各鐵板縱橫置之，各鐵板之長必通於所作磚牆，而爲模之頂各磚靠於各鐵條。設鍋之底爲半球形，則不用鐵條而用磚砌成一弧面形亦可。尋常之磚足受熱金類之壓力，但鐵軸之周固處必留小孔，則其中所欲生之火可從孔而出氣。此第一箇，用磚砌牆在模之下，用硬煤或木炭火烘乾，砌牆所用之炭，必用泥爲之，必易於通各種氣質，又必能堅固，尋常加馬糞於內，此泥大半用砂爲之，每層厚半寸至一寸，所用之磚，爲燒成硬而青色者，而未燒鎔至極硬也。

分模之事，應用起重車，倘無起重車，可用滑車令人將繩拉起。第一事，用一鋒利平口之鐵鏟將模之鐵底板，離開模心之鐵底板，稍鬆爲度。後來可將模用起重車起於坑上，令其靠住兩木樑或置於乾燥而穩便之處。取起模之後，模心外所加之一層泥，即代材料之厚須刮去之。而模心頂上之孔用磚一塊塞住，外用泥補平，後將外模之頂孔亦補好，留孔徑 一寸，模上一切傷損之處亦須補好，已乾之後將模上黑料水一層而烘乾之。

黑料：所用之黑料水大半爲木炭粉與泥在手中調和者，分開模之時黑料已去其大半，以後再上滑泥水一層，則其餘黑料亦不可見矣。凡鑄廠之中，常預備現成之黑料，用此水有二事：一能令模之各件易於分開；一爲做成模之面能令平滑。此第二事之做法：用最細之筆鉛，其中加木炭粉少許，而添入滲過馬糞之水，有人添豆粉或牛皮膠，然用此二物不及用馬糞水之妙，而此水不可太淡也。

上黑料水之後，所用之滑泥水必留意上之，不可令模之邊角受傷，設能不用上滑泥水之法更妙。即如用完泥板之後，而不加別種手工，下論作氣筒之事，亦以此法作之。若模之各件烘乾之後，則於模邊作一二寸徑之孔，爲傾入金類之門，後來模子加於模心之上，模必準合前置之方位，而其底與模心之底相切甚準，再將一管斜入模心之底，徑至模心之中，能引模心中之氣向外而至地面，此管或爲鐵或爲乾泥或爲砂，留一孔而爲做管之用亦可。第用砂中之孔，不及用鐵管之穩也，因砂中之孔易塞而氣不能通，在其中可以轟散。坑内模外用砂鋪滿，須用壓緊之法，令三人用鐵杵齊搗之，則不覺震動而模不受傷。但鋪滿砂時，必留一進金類之門，有人以此門作於模上，第不如在模底之爲穩也。作路之法，或用木樣，或用木釘，與作生砂模無異。然此法亦不足恃，因所作之路必甚長而拔出釘時砂易塞孔，或鎔金類傾入時，可以帶其餘砂徑入模內，鑄成之件必不結實。最好之法，先用泥作長管，用火燒硬，則管之每塊小段可以接於別管之大段，如此則路可任作。若干長而模外鋪滿砂時，用杵搗緊，不致壓壞其管也。模之頂上亦作一路，或用燒硬之泥管爲之，或於砂中作之，第用硬泥管爲最穩固之法也。模上之砂面必加多猪鐵塊或別種重物，或將鐵桿用螺絲徑通至模底板，如此傾入金類時模不移動，亦不傷損也。傾入金類之前，模以上之路必用一乾泥塞塞之，而熱金類從下而至上，已至路口，則將泥塞拔去。傾出熱金類之時，通入模心內之管口上，必用乾木花或乾草著火燒之。

凡鑄成大件，則模上必有出金類之門，初傾入金類之時，不可拔去。此出金類之門，在最高之點，即金類中所有之異質必能浮至其處，熱金類中即有異質浮出，所鑄之器必合式而堅固，因材料甚净也。所以出金類之口，更寬大於進金類之口，用泥塞住出金類之路，必俟金類已出，然後拔去，亦爲要事。因出金類之門若不關住，則模中所有熱氣必上浮而至路口，極爲猛烈，且模中容積愈大，則

傾入金類之體積亦愈大，而所出之各種熱氣愈多愈猛，易令模之泥或砂破裂。設塞住此口，則氣不能從路而出，必通至模内，從砂泥顆粒之空隙處而出，能免裂開之病，所鑄之件可以更佳。設模祇有進金類之路，而無出金類之路，則必令鎔金類恆滿於進金類之路，空氣不能通過。若傾入金類之時忽然停止，則空氣自此路而入模中，令金類變冷，令砂子鬆裂，塞住此路，或將模撐開，凡鑄件之時，往往誤事，大半因此故也。如用一箇進金類之路，則路口必寬大若一小池，然即從小池内鐵汁之面，取起浮於面上之異質。凡作空心器之進金類之路，必爲扁形，一端甚細，一可令鑄成之器與路之材料相連處易於截斷，又可令傾入金類之時易於充滿也。

作模心内通氣管：凡鑄重大之物件，通至模心之管必以鐵爲之，作此管之工夫亦爲要事。設管子閉塞，模必轟裂，模心空處所包住之空氣并砂粒中之空氣并模中之動植物所生之炭養氣發出最爲危險，無論何種模，皆能毀壞也。此通氣管之口，可用木花著火燒於口上，先將鐵絲布置於其口，則木花或泥不致落下而塞住，但模中未傾入金類之前而管中有火，則氣必轟裂也。

撤去模心法：鎔金類傾入之後，已結而未冷之時，必挖去其模而撤去模心之一分。凡内圓之物件，如模心甚硬而堅固，因金類冷時必縮小，而有模心在内不能縮小，則必裂開，所以模心大半以砂爲之，所用之泥不過令其有粘力不致散開耳。用磚所作之模心較之專用泥作模心更好，必用砂灰做節，而每層之砂甚厚，因磚本堅固，則傾入金類之時，可以阻住模心不致散開，金類冷時縮小，因磚相連極鬆，可以讓之。凡鐵管作模，因冷時不肯讓其縮小，則所鑄之件必致裂開，所以用鐵模心外面必有草繩或砂一厚層，則縮小之時能讓之。凡鑄物之後，撤去模心愈早愈妙，如不能全去，即撤去一分而讓其縮小，亦可以免裂開之弊。

内外模分做法：不論鑄成物件之厚薄，而作泥模爲最便之法。無論何種鐵筒，或爲汽筩，或爲空氣筩，或爲尋常之筩，工夫略同。此將作汽筩之模詳論之，因其工夫較之他種之模更煩也。如鑄窄小汽筩，作定模心，而模能移動最妙。設模欲分開，則此法用之甚便，然模本不應分開，如欲分之，則難準合。如第二十二圖模心與模合於一處，而做之模定而不能移動，如移動之則有裂紋，故必於地坑中爲之，其法與前論作皮皂鍋之法無異。

第二十二圖

第二十三圖

如第二十二圖爲短汽筩之模，近時螺輪船常用之，其汽路與平面之木樣爲實心者，如第二十三圖，此圖爲上視與旁視之圖。此木塊之長爲汽筩二箇折邊之長，如折邊内有横於汽孔之物件，必在此木樣内做其式，其三箇模心外端伸出而靠住於外模中，模心之内端自出汽管之孔伸出靠住，如第二十三圖。木樣之内面，與汽筩之外面相配，合於泥板旋轉之軌。作模之法：先置鐵底板，而竪立之鐵軸，再以泥板和螺絲連於軸之桿上，泥板略似折邊之板，而上下有二箇彎處，中或有凸，能成圍住汽筩之凸圈，用磚砌外模必留二寸或二寸半之空，可以加泥汽孔之木樣嵌於砌磚之内，正與泥板旋動之時相切，木樣與磚相切之間。上一層泥磚砌之牆將乾之時，上一層泥其泥與乾草調勻，必作之甚堅，圖因所受之壓力甚大，而泥不能抵住，汽筩必壞也。此一層泥外面已乾之後，再上一層與牛馬毛調和之泥，此層必遇著泥板，則末層爲泥木極薄一層，則此工夫已成，依此法做之模之面甚平滑，與已車平之汽筩無異。如所用泥有縮小之弊，或所加末層之泥太厚，則模之面必極粗毛。設上末層泥水之時，模之面尚未乾，亦有此病。設所作之模甚好，則而甚平滑，邊線角皆能清楚。已上工夫已成，即上黑料水，而上黑料水之工夫，必更加謹慎。乾之時，用一大圓面之板與汽筩之外周相配，而用此物磨平模面，上黑料水之前必作進汽路與平面之模，凡與木樣相切之面，用和牛毛之泥塗之。而模心之外端，入於此模所留下之孔内而易入之，其泥分二三層塗之，約共厚二寸，徑遇磚牆，其木樣爲方，而所連出汽管之樣爲圓，圍在泥内，可將模割成槽，則木樣始可自模内取出。此汽路與平面之模，外面抱以彎鐵條，汽筩模外面亦抱以彎鐵條，此各鐵條之端，在二模分節處相遇，其端成鉤，用鐵絲與泥收在應當之處。設模作之甚堅，則依此法用鐵條連之甚便。設模欲靠住鐵條而作之太軟，以上之連法不妙，所鑄之件易壞也。第用鐵條連模其費甚大，能不用鐵更好，即如本圖汽筩，不必用鑄條相連。其汽路之木樣撤去之後，預備合模，如用磚合之，其磚從底下逐層砌成，做磚工夫之間，用鐵絲繞住汽筩而縛定汽孔之模，則砌磚之工夫已成之，後從外加火烘乾，或内外並加火烘乾皆可。

汽路模心：汽路之模心應堅固而鬆本，長必等於汽路另加兩外端，此種模心在尋常之模心箱内爲之，然此法不佳，因木能彎壞，如過一邊結實一邊爲熱，則更能彎壞。作模心最好之法如用作模心箱之木樣，徑在鑄廠地坑内作模，而鑄成模心箱，用此種鐵箱不必多費工夫，可以成好而準之模心。如汽路模心，用結實之泥爲之，其模心內有多鐵桿，用四分寸之一或半寸方之鐵條而照此模心成彎形，此模心內之鐵桿或鐵條先醮濃泥水，然後置於模心中。

模心鐵桿之外，可用蔴繩或棉繩或稻草等物，皆可置於模心中，則烘乾模心之時可以燒盡，留下空處能通風氣。此種繩可多用之，第必爲細者，設有鐵漏至模心之內，則可以阻塞之。作模心所用之泥，其中可添牛毛，然此事必依泥之好壞而定。模心在箱內做成之後，可用碟生火，面模心置於火中，加熱至紅，且必四面能遇空氣騰上，在模心中之動植物水炭等，皆可燒盡，燒完之後，則上一層黑料。此黑料爲筆鉛與泥調和者，所用之泥以少爲貴，此模心置於模中，爲最後之一層工夫也。

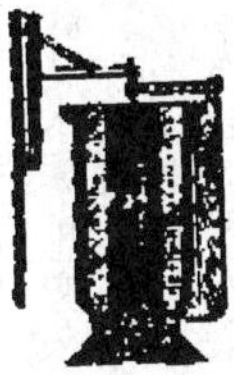

第二十四圖

汽筩模心：作汽筩外模之時，另有人在相近處作筩內之模心，法與前同。如第二十四圖，作模心之處必用起重車，能移模心而至模中。模心靠一塊鐵板，此板之徑比外模之內徑小六寸，能靠住外模之底鐵板。此模心用磚砌成，外加泥一層，再加黑料水磨光，預備置於模中。此模心有二箇切面，一在上，一在下，皆成四十五度之角，此兩切面之用，令模心不離其方位。設所用之鐵甚鬆，如硬碟所鍊成之鐵或用木炭所鍊成之鐵，則汽筩模內空處必引長至折邊之上，「如前第二十二圖」使鐵中所有之異質浮於上面，面汽筩鑄成之後，可截去之。設生鐵之質甚密，其中不生多孔，而無異質浮於上面者，則不必用上法爲之。出鎔金類之門，必在引長之處作之，設無引長之處，則作於汽筩邊之上。出金類之門，至少必有二箇或三箇。如汽筩之徑甚大，而鐵疑其不合用，則出金類之門必再加數箇模心置於其處之前，挖成二箇容汽路模心之孔。汽路模心僅以此兩端靠住而掛起，則模心易於竪起，所以模心所靠之孔必作之甚深，必有鐵桿過其中而收牢於應當之處，汽筩之模心置之甚準，而相連甚牢，靠住外模之板上而用鐵劈連於模心之鐵板上，必鐵底板未相切而模之切而已。

汽路之模心其形甚繁者，不易相連於應置之方位，其中之出氣孔極難爲之，然如本圖所定作汽筩之法，無甚大難。因有二箇模心之外端甚屬堅固，且因汽箱小，則模心不能大，若汽箱之兩邊能露模心之外端，則亦無甚大難，因模心能靠住三點而作之，頗能穩當也。若其餘兩箇模心其堅因祇能容二箇堅固模心鐵在內，則爲尤便，若無此種便法，而恐模心向上離其方位，則必用帽釘置於汽路之模心與模子之間，如此模心能相連結實，如汽筩之模心，則無別法與汽筩相連也。

汽路內用帽釘之法不佳，苟能不用最妙。所用之帽釘，必最堅固，而爲上等熟鐵所作者用之，否則熱金類能鎔之，則較之無此釘之時，更不妙也。因作模之人，以釘爲可恃之物，而不知釘竟不足恃也。且容鐵愈多，則熱度愈大，而帽釘愈易鎔。設帽釘之鐵不甚淨，中有渣滓，則所含之養氣必與生鐵之炭化合成炭養氣，此氣不能散開，因在鑄成之器之中不能放進，而此氣未升起之前，遇模子之鐵已凝結矣。

作泥模餘論

凡作泥模，最宜謹慎者，汽筩之模也。因汽筩之外面必須平滑，其中材料必須結實而無孔，茲將作汽筩必當謹慎之事詳述之。所用之泥，必堅固而鬆；所上之各層泥必烘之甚乾；上黑料之前，其泥面必已平滑；汽路之模心必燒之極熱而硬；模心之放氣孔必甚小。置之之法：能令熱鐵入於其內，托住模心。帽釘用之愈少愈妙，苟能不用最妙，模之各處必烘之甚乾。以上皆爲緊要之事。坑中砂已鋪滿，用杵將砂搗緊，此種工夫，各種之模大致相同。

設汽筩不合於尋常汽筩之形，或有一箇折邊，或有二箇折邊而成方形，或另加汽路，或有花紋，則必用木或金類作樣。作模之時，置於應置之處，模未成之前必取出之。

第二十五圖

作無法之形模：設所作之模其中不能用一軸，則必用手作一泥板，或在木樣之上作泥板，有幾種模心並用此二法。如第二十五圖爲彎管，其模心必以泥爲之，一箇模心祇可用一次，其外模或用砂或用泥皆可，因管甚彎，大約不能在砂中用木樣作模。第一事，將一塊板依所定管之尺寸而畫一圖，又畫兩三箇剖面形，而其長必足容模心外之兩端，將此畫板付與鐵匠，又付與鐵條二三根，令鐵匠彎此鐵條如模心之形，相連而作模心內鐵條。設管之長過於八寸，則各鐵條必以小鐵圈圍而連之，即成模心之內鐵管。此鐵條依常法用草繩圍之，後來用手加泥一層，必依所畫之圖不差爲要。最後之一層泥必甚薄而磨甚平滑，然後可上黑料水，第管端之折邊必留意得其相距之角，不可有差。此種管常爲兩管相連之用，必兩端有折邊，用二板爲其樣板，與相配之管之折邊相同。用木板作架，先於所有接管之處取一板釘之，「如第二十六圖」各板用木條與釘相連成架，而靠其折邊之外畫一線。此架之外，再用板作一架，與管之向内之尺寸相同，管每長一尺，必加八分寸之一爲縮小之地步。管之内徑，在第二箇架，先畫好而後相合。將前所作之模心置於此架上，其方位爲横管，與所連之兩管之方位相同。則模心與架相連之後，再加泥一層於模心之外，其形必與所作之管形相同，其折邊必連於其上。此泥曬乾之後，則從架取去烘乾，上黑料水，而後加泥成管之外形之模，此模必用鐵連之，尤必留意於模之分開處不可加鐵條。如管甚細而輕者，則可用鐵絲，每根鐵絲相距若干兩，圍住此模。此模之分開處依尋常之法作之，即順此管作兩槽，其方向能令模分成両分，而各分必從模心易於取出。如取去模之時，其折邊之泥樣傷而落下，模心不受傷，亦無妨也。模面必依尋常之法成之，合模之兩爿後，周圍照常法加砂用手打緊，但不用帽釘，則無别法可托住管之模心，所以模心與模之間必多置帽釘。傾鑄金類之事，其法與别種之模同。

第二十六圖

如所鑄之器其形更繁，則作模之人必依其形而定作模之法。常有甚繁之形，尋常之人觀之，必以爲無法可作模。熟悉此事之人，仔細觀其木樣，思慮久之，可得其便法而工夫易成。設木樣分二塊尚不能作，則必分三塊或四塊或多塊爲之，不過所分塊數愈少愈妙。凡模必留意預備，令各種氣有放出之路，若鑄器之模，必欲多用數箇鐵底板，而模可更加堅固者，多用亦無妨也。

作橢圓形模法：凡作橢圓形或直線形或三角形體之模，必先作配其形之底板，因不能用立軸之法也。如作橢圓形之浴盆而不用木樣，則先作一橢圓形之板或圈，其形必與浴盆之上邊相配。如第二十七圖，甲爲泥板，與底鐵板相切甚準，手持泥板圍住底鐵板而移動，則模易準。設有凸處或不合真形之處，必另用手工爲之。凡直線形之體，作模之法亦同。如第二十八圖爲彎管之模心，亦靠住鐵底板而作之。甲爲泥板，祇能作模之平面處，或鐘形之

第二十七圖

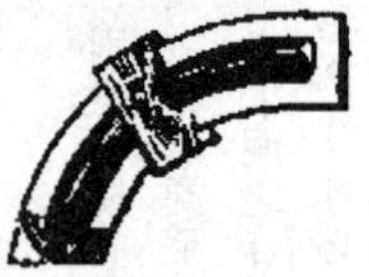

第二十八圖

口亦可作之。設有折邊，必另作一木樣依此法作模心，一次祇得其半，以後可將模心之兩爿用溼泥與鐵絲相連。此種物件，尋常先作木樣而用砂爲模，因不用砂作模心，則必以泥爲之。凡不用木樣而作方體之模，與前言橢圓等形之法同，然此種模比橢圓等形之模必更堅固，因平面任鎔流之金類之壓力大於圓面，所以不堅固之模則模與模心易於壓開，作模之人必謹慎管理此事也。

作繁形模法：凡作極繁形體之模，最妙之法先作其木樣，即使不用此木樣作模，而有此實體之樣較之，看平面圖易於明晰。凡鑄繁形之器，如大汽機之架、座等物，必用泥作其模，則工夫易成，即如大輪船之汽機之架、座，一物而用四十餘噸之鐵，在一時内傾鑄。若用砂作模，即使極其謹慎，必被鎔鐵壓壞也。此種繁形之模，幾分恃圖而爲之，幾分恃金類與木樣而爲之，兹將作螺輪模之法詳細言之。如第二十九圖，螺輪或用鐵或用紅銅、黄銅、礮銅等鑄之，無論何種金類，其法皆同。木樣有四翼而彎如乙，此種螺輪翼先做其木樣爲最妙。在乙圖，虚線分成兩爿，第作模之人，大半不肯用木樣而喜自用手法作模。尋常之法，將木樣藏於泥内，模已乾而取出。用此法作模之工夫極易，祇用一鐵板爲底，而上面作其一爿之模，翼中所有空處内用磚，外用泥補滿其中空處，四箇木樣之翼用木螺絲連於輪轂，依此法木樣可分數塊而取出。木樣上爿分面、分象限形之板而作，其分面向下，則每四分之一靠象限之鐵板四塊皆置於模之下半，但此四翼邊尋常作之甚鋭，而欲其厚薄不差，亦非易事。最妙之法，用手作其模，分上下兩爿如前法，則模之面更容易準，面鬆密皆極平匀。又有一法，在輪轂處分開木樣之各翼另做一模，轂亦另做一模，則以各模相連而成，然第一法比此更穩，輪亦平滑而準也。

第二十九圖

作各種銅人物之模：太古時之人所作之銅人像甚佳，近時所作之銅人像不能及也。如希臘國在亞立山太之時所作銅像極大，處處有之；如羅馬國侵入希臘國之時，在雅典城内得銅人像三千箇，路德城内亦得銅人像三千箇；路德城内又有銅人像高一百三十尺，鑄成後五十六年因地震傾裂，九百年之後，有本處國王將剩下之銅塊賣去，共重三百六十噸。數百年以前，禮拜堂之大門并城門皆用銅爲之，即如夫路倫次禮拜堂之門，極細而佳，後有名士見而美之曰：「仿佛閶闔洞開矣！」可見當時製造之精巧也。

凡用金類鑄成名臣之像，皆欲令後人不忘其平生之功業耳。古人所鑄之各種銅像，或於紅銅中添和他種金類，其重若干，無一定之數；或有甚堅固者，皆偶然而得之也。作像模法：作大銅像之模，或爲金像，或爲半像，古人未列於大工藝之中，亦未有人著書詳論此事。希臘國滅後數百年，泰西無人以此事爲業者，然希臘國時所鑄之像其形甚準而甚巧，其作模之法用軟泥爲樣，而此樣即爲模心，乘泥溼時爲之，與人形無異。近今之人，用泥爲樣，而從樣作模，模已成時，燒乾將模分開，模心與模燒紅，則模心縮小若干，所鑄之像亦縮小若干，無妨也。依此法作模，必大本領之人方能爲之，因此種模祇可用一次，如或不成，則前功盡棄矣。

法國作像模法：西曆紀歲一千六百至一千八百年之間，用一穩便之法作像之模，不過費用甚大耳。作大像之模用石膏代泥，因成大塊之泥烘乾之後，縮小太多，此石膏加於鐵架之外面，成像之樣或已有實像，則在樣外加一層石膏。未上石膏之時，必用法定石膏成若干塊，後來可以分開，灑油一層於石膏之面，然後另將蜜蠟六分，白色柏油一分，加牛油或尋常之油少許，調和而煖之，用毛刷拭上第一層於各塊模之面，其餘各層任意爲之。而蠟厚若干，即爲鑄成像之材料之厚若干。再用大小鐵條并鐵絲，鐵絲布作模心之架，其形略同於鑄成之像，再將所得蜜蠟之殼一層從各塊石膏模取出，連於模心之架上，仍將石膏模套於蠟面之外，而預備作模心之材料。用石膏二分，細磚粉一分與水調勻成漿，傾入模中，所傾入之處在模中愈高愈好。此材料凝結甚連，撤去外石膏，模蠟之傷痕須補平之，刺小孔數箇，爲鎔流之銅放氣之用。路以蠟爲之，厚半寸至一寸，著於樣上，必爲不關緊要處，用細鐵絲扶持路之應當處，不令其動。以上工夫已成，則必作其真模，此模依尋常之法，用泥與砂與牛毛成馬糞調勻，於蠟面必先上膠一層，此膠爲極細磚粉與雞卵白調勻，或與牛皮膠調勻皆可。用毛刷上膠於蠟面之各處，再加一層與牛毛調和之泥，外面再加一層與馬糞調和之泥，泥外用鐵條幫起，外面再加磚一層，磚外亦加鐵條。此模之底與四周預備火爐内外平勻加熱，至紅爲度，下置一器，收其已鎔之蠟，而知蠟有若干體積，則所鎔之銅亦須若干體積。此種作模之法，不可謂不繁，不過最穩而不致有差耳。石膏之模可任用多次而不壞，其益處較之希臘國之法尤大也。

設做像之人爲巧手，可想法省去前所言之工夫。即如做石膏模之後，其中置鐵架用模心之材料，傾入模中令滿，則石膏之模撤去，從模心刮去一層，其厚若干，必爲所鑄之銅之厚，再將模心置於石膏模中，傾蠟令滿，蠟之外面作泥模，如前法。

近時之人造銅像，無一定之法，各用其心思平法而奏其能。有先作模心，其外面之泥用手加之，入爐燒紅，外加蜜蠟刻成樣蠟，外加泥模，加熱鎔去蜜蠟，依常法將金類傾入模中，第用此法，其樣祇能用一次。有以前法作模心，後於石膏模中傾蠟成一蠟殼，其餘各事如前者。此法與前法之分别，在乎作模心之工夫耳。

鐵樣：造鐵像所用之材料較之銅像更多，其模必燒之甚硬。其法先作模心，模心上雕刻人物，各有其樣，樣外加一層泥代材料之厚，模必分開如常法，則撤去代材料之厚之泥，極謹慎將模之各塊合好。此種樣祇能用一次，如不能合式，必重作之。設有現成之樣，則可從其樣作模，不過模心必用手法爲之。凡模心與模，必多預備鐵條與帽。且銅之異質本不多，不致浮於面上而閉塞此路也。

用泥或砂并用鐵板作模：鐵路車之小鐵輪或馬車輪之轂，或開金礦所用之車輪，其輪轂處空心。依鐵柱或銅柱作一模心，此柱少尖，則輪成之後，因其有小段，則能取出。取出此模心須乘其已凝結而極熱之時爲之，但作模心之時，不可令其鬆動也。

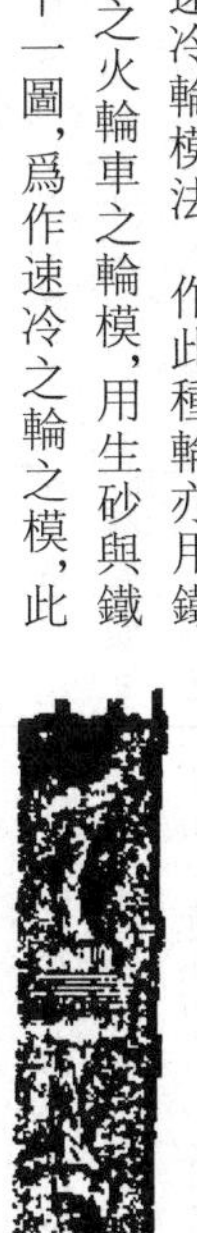

第三十一圖

作火輪車速冷輪模法：作此種輪亦用鐵爲模，鐵路常用之火輪車之輪模，用生砂與鐵爲之。如第三十一圖，爲作速冷之輪之模，此模用三箱爲之，下層箱爲尋常之箱，祇能容砂，而托住中模心與中箱；上層箱亦然；中層箱爲極堅固之生鐵圈，或灰色鐵或雜色鐵皆可用之，用車牀將内面車平，爲輪邊之陰紋。中層箱之重若干，不可少於所鑄之輪之重若干，設中層箱加重三倍，亦可。其各層箱依尋常之法而用耳與釘相連，相連之件須配合，不可太緊。鑄此種輪之最難者，令輪縮小之時，各處牽力平勻，設不平勻，其輪易碎，凡有輻之輪易犯此弊，所以輪轂應分二塊或三塊。未連至車軸時，先用熟鐵圈套於上甚牢，近時作此輪之常法不用輪輻，第用摺紋之圓板以代輻，則其輪轂可以一次爲之，所以鑄成之輪，材料縮小之牽力，較之用輻之輪更能平勻。此種輪盤，其轂與輪邊之中無空處，其材料厚四分寸之三至一寸，依此法而鑄此種輪，其邊之外面，必當硬如鋼，然其輪邊之中應爲軟而灰色。如令輪邊速冷，則外面之硬極易得之，然冷之太速，則内面變爲甚硬，此種輪成後之高下，皆在乎材料之好壞耳。此種輪已鑄之後，少傾，必當開其模面，取出其中之砂，令其速冷。用此法所鑄之輪，不致易壞。不第車輪當如此也，即別物亦然，因冷時内外平勻，爲鑄物中最要之事。所鑄成之器，其薄處之冷自速於厚處之冷，則必斷裂，設能用法令各處之冷甚屬平勻，則無此病矣。

作外面速冷軋輪模法：用應與砂并之而作模，各種工夫内最緊要者，作速冷之軋輪。如美國之皮次白格地方，有大鑄廠，所鑄速冷之軋輪甚佳，兹特言其作輪之公法。模分三塊而成，如第三十二圖，下層箱或用鐵或用木爲之，其中滿盛新砂或泥與砂調勻。此箱之内，置一箇木樣，爲輪之軸與頸。模之中層箱爲速冷之軋輪，用一箇極重空心鐵柱，其内面用車牀車之甚平滑。模之上半亦用一箱，較之下層箱更高，因欲能容釘，又必烘乾，若謹慎爲之，所鑄之像不致有悮也。

第三十二圖

平面陽紋：平面之陽紋或爲人物，或爲花草，其法用鐵箱與乾新砂作其模。設樣爲繁形而不能從模中取出，則必多用副模，而模面用極堅固之細砂，而全用副模爲之，聚爲一塊副模之上，必加尋常作模之砂，同時曬乾。副模與砂之分處用尋常之分砂爲之，第欲省去分模之工夫，則於木樣上擇其最便當之方向割開，而或容易取出之塊。此種作模之法較之他法爲便宜，凡尋常器具之模皆用此法爲之。

作鐘模法：尋常用砂成模，其樣或爲金類，或爲木，而砂模用火爐烘乾，如前法鑄小鐘重一百磅至二百磅之模，其法甚易，兹特將作大鐘之樣詳論之。凡鑄鐘一事，最緊要者定鐘之形，并定銅之體用何原質而配成。如第三十圖爲鐘之模，已置於地坑中，預備傾入鎔流之銅。作鐘模之法與前所言肥皂鍋模之法大略相同，模心之底用鐵板加磚砌成模心之形，外面加一層牛毛調和之泥，厚四分寸之三至一寸，外面再加一層泥與磚粉加馬糞水調和者，其中另加腦砂少許，模心上之一層泥砂與砂，代鐘之材料之厚，外面再用極細泥水，令其面平滑。凡鐘外面所有之花紋或文字，則用蠟或用木或用金類作其樣，或用膠或用蠟或用灰令其相連。若花紋或文字，必隨模取出，而後取去，否則模不能分開。花紋文字用牛油與蠟調和者，可連於代材料一層厚之模上，少加熱則油蠟鎔去，而花紋文字印於模上。做模之法，將代材料厚之一層，磨甚平滑，因不可用碟粉，則用木灰一薄層。如模心與代材料厚之一層，其分處亦加木灰，先用毛刷上漿一層，其漿爲泥與磚粉與馬糞水調和者，此一層必極薄極細。外面上泥一層，此泥與牛毛調和者，又於外面上一層泥，此泥與切細乾草調和者。

第三十圖

鐘頂用木樣成模，在竪軸取出之後面爲之，再作懸鋪之追，其圈或鐵或鋼。此圈之根，必入鎔質之内，則鐘鑄成之後其圈相連甚固，取起模時，其面已合式，不必再費手工。設有小疵，不必理會，鐘成之後而有凸處，可鑿去之。模面祇可上木灰一層，模乾之時可置於模心上，預備傾入鎔流之銅也。模心之内，或將砂鋪滿，或空之亦可，因鑄鐘之銅不生多氣，無轟裂之危險。模心外用鐵條包之，但模之堅固，在乎坑内之砂打壓甚緊也。傾入材料之路，在鐘之頂，設鐘頂有花紋或文字，則路設於其旁。出材料之路，鑄鐘一事不必用之，因材料未至模中之時，必已令其極淨，餘料，凡鐵内所有之異質皆在此中。上下兩層箱之砂必烘之甚乾，鑄廠中有時以輪之，而端之模用泥爲之，徑與軋輪相連，如此則軋輪兩端之軸心必在一直線内，設用前法而鑄之，令鎔之耳與釘相配甚準，則亦可無差。然軋輪壓面鐵模之重，必多於輪重爲三倍，而外面必加熱鐵圈不使散開，因鐵模非堅固之生鐵爲之，必有開裂之弊，鑄此種輪模之鐵必最堅固，而顆粒最細者，而灰色之鐵亦不可用，因傾入鎔鐵於其中，亦與之同鎔也。凡能鑄上好軋輪之鐵，亦可鑄上好軋輪之模，模之而上黑料一層，與別模同，不過上黑料必較之他模更須堅固，則能受鎔鐵之磨力。所用之黑料，爲最細之筆鉛，并最細之泥調和者，所上之黑料一層必模薄，如不薄，自能成片落下，反生諸弊也。鑄軋輪最要之事有二，鑄之之法，與材料之好壞，第軋輪或爲速冷之軋輪，或爲別種軋輪，總須令鐵從底入模，若從上而入模者，無用也。各種鐵又各有其最好鑄法，能得最好之軋輪，如第三十三圖爲常用之法，下層箱上邊之式，甲爲進鐵之路與槽，從上觀之，而引至軋輪之下頸，而其槽繞頸若干遠則與模相切，而成切線之方向，則鎔鐵進路之後，必周繞軋輪之頸而轉動，所有重而淨之鐵必向模之内面，而成輪之外面，所有壞鐵與異質聚於中間。

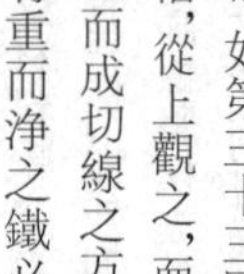

第三十三圖

鉛錫等器之模：用泥砂與鐵作模之外，有全用鐵或紅銅或黄銅或礮鋼爲模者，此種模可鑄錫、鉛、白鋼、鋅、印書之字鉛等。黄銅模較之鐵模更佳，因不易生鏽，且磨之更能光亮，不致粗糙。做此種模之理與砂模無異，如將金類之模分爲二箇或多箇，則各分必加一柄，其長以不令模之熱傳至人手爲度。模之各分必配之極準，或用耳與釘連之，或用劈連之。未傾入金類之時，模必加熱甚足，加熱之故，因有時用此種模鑄物，少傳其熱於模，則金類未成物形而已凝結也。此種模每用一次，必揩磨甚光，用油布揩一次，則模之面得極薄之油一層。又有幾種金類可以用散達拉格粉即芸香也，詳論於化學中。與雞卵白調和，以代油，鑄攙金類之物皆用之，如鑄純金類之物，則用油爲妙也。

銅器之模：作此種模不必詳論，祇言其大略。如欲作鑄紅銅片之模，用生鐵之箱，鐵厚半寸至二寸，然此箱必易開，若紅銅極熱，能與鐵面黏合而難分。模之面必極淨而有光，否則紅銅必生許多小孔，雖成片而不可用矣。鑄黄銅片之法與紅銅無異，不過黄銅片可以用兩塊平面石相合鑄之，爲最便之法。所用之石，或爲花鋼石，或爲細石英，而用鐵條作箍包其邊，石之兩面，其相距等於頂住鐵柱之厚，此種模必須起重車起其上面之石也。

印書鉛字板：凡以易鎔之金類而鑄物件，其模必皆用石膏爲之。印書之字板常用此法，鉛字之上傾入最細之石膏一層，已有此一薄層，再加粗石膏一厚層，然後置於火爐内，用微火烘乾爲度，再置於鎔鉛鍋内，模已冷則撤去石膏，所得之板可謂印書之用。用此法字板之好壞在乎做手之高下。

又有一法：將刻圖之木板或擺好之鉛字板，待金類臨結之時，壓於面上。用此法者，必須巧手方能爲之，所得之字板比近時常用之法更能清楚，用此法印圖極細而可觀。即如法蘭西圖、京都之圖，以及著名之圖，其圖板皆依此法而作也。做模所用之金類爲鉛中加鋼少許，預備硬紙之箱，其尺寸合於所欲得鉛板尺寸，則傾出之鉛厚不過八分寸之一，而靠於平面桌上，而冷時極爲平匀。另有人預備木板之圖或擺好之鉛字，待鉛凝結之時壓於面上，如做此事之人果屬巧手，則所得之板必較近時所用石膏之板更覺清楚。第一次所得之板爲陰紋之模，若欲得陽紋之板，所用之材料與鉛字之材料無異，或用更易鎔之材料亦可。其法仍用一紙箱將已鎔材料傾入其中，待臨結之時，全模壓於面上，則所得之板爲陽紋之正板矣。紙箱之外，加一塊薄鐵板，可免做模之熱金類四散而傷人，板之外面，因與養氣化合而成鏽一層，故兩種金類不能相連。曾有人設立器具而作此等字板，工夫甚易，即非大本領之人，依法而做亦可成也。所用之金類能鎔之熱度從全鎔之熱度起，至能在熱水中鎔之熱度爲止。金類在熱水中化鎔之方，詳於本書下卷。

壓成或鑄成各小件：凡陽紋或陰紋之小件，可以就其樣而作模，而從此模鑄物，其多少可任意爲之。所用之材料或爲蠟或爲紙或爲鯨魚之鰓或爲牛角或爲玻璃或爲硫磺皆可用之。而其工夫爲細而巧妙者，即如鑄各種金、銀、銅之錢，或鑄器皿或鑄金類之板，第紅銅板、黄銅板、銀板所鑄之陽紋，有用木做小盒，用模壓花紋於面者，如模之陽紋不同，陰紋能同，此種工夫必擇其幾種論之。凡鑄小件易而大件難，且愈大則愈難，用此法能得壓而成模之法，即如有軟物不能徑得，其模必先壓得其形，而從其形而爲模。

壓蠟成形：蠟爲便用之材料，而黄蠟爲尤佳。未用之前，先令其煖，然後用手搏之，令其質平匀而堅固，且遇他物不致相黏。然用蠟之病，因不甚堅固，所以祇爲軟物。花紋極細極清而不能受熱與水者，則用蠟竟不傷損，另用石膏得其模，預備此石膏之樣，可再用砂作其模。

饅首碎屑成模：凡硫磺或石膏等物，欲得其模，可將饅頭碎屑用手搏之極匀，壓於其面，即得其模，雖乾而不裂也。

火漆成模：物有因化汽之熱而受傷者，可用火漆爲模，所用之火漆必爲上等者，而置於小金類鍋中，下點一燈令其漸鎔，已鎔之後，其結甚連，可以物壓於火漆中而成。火漆之模或用泥或用石膏做成物件，若火漆在小金類之鍋中，可以做一箇砂模，然火漆不可有泡在内，而所用之樣必爲最净者。

硫磺成物形：硫磺爲最好之材料，不過成之甚難耳。其法有二：如硫磺加熱至將沸之熱度，則成有黏力之膏，速傾於熱水中，仍有軟膏之性，所傾出之大小各塊可相連而搏成一塊，用此膏壓於物面上，則有極細之花紋而得極清楚之形，過數日後，則復其硫磺之原性矣。又有一法更覺便捷，將硫磺加熱至能鎔後，再加熱得清流質，久之變樱色而成韌性，至末燒至有藍色之火，速傾於板上，漸冷而變爲流質，再冷忽結，臨結之時，將樣壓於其面。則所得之形甚是清楚。

玻璃成物形：玻璃成形，極能耐用，不過作之甚難。凡錢或牌等物欲以玻璃作其模，用一箇鐵圈高半寸或四分寸之三，其徑稍大於樣之徑，置於樣上，再將枯石粉此粉出於考夫地方。加水令稍溼，不用别種枯石粉者，因其中所含之質不合用也。模之面必爲此粉之最細者，而用細篩篩於其上圈，若粉已滿，如作砂模法壓緊，取去樣之後，令模漸乾，然後緩緩加熱至燒去一切水與溼氣爲止。模上置一塊易鎔之玻璃，稍大於其樣，用爐火加熱則玻璃鎔而滿於模中，然枯石粉不能同鎔也。如欲玻璃有各種顔色，先鎔有色之玻璃至於所欲得樣之處，然後再加别種玻璃融洽於其上，然此法必用兩模而功夫亦分兩次，第一箇模祇得一有色之玻璃，必將其背而磨平，則第二層可融洽於其上，凡此種工夫所用之玻璃即作假寶石之玻璃也。

泥成物形：泥爲最易成形之材料，不過易縮小而裂開，此大病也。如做陽紋花紋之瓷器，可將白泥放入銅模，用刀壓平背面。如欲加各顔色，其顔色必須耐火者，則將未燒生瓷器壓於其背，自能黏合。然泥有縮小之病，有一法可變爲益處，設樣太大而欲變小，則屢次做模得其新形，乾後再做一箇新形，如此每次形變小，其大略不差，但不及原式之清楚耳。

假木花紋：將膠五分、魚膠一分以水消化之，與細軟之木屑調和成膠，則無論金類、硫磺、石膏、木之模，外面加油極薄一層，將此膠用手壓入模中，第所成之件不能清楚，有進可以代木上所刻之花紋。此種假木花紋外而可以加漆或金箔，不過此種物件不可受熱，膠内加火石細粉或枯石粉或細砂等少許，則所成之件更能清楚，膠内不可加泥，因泥性必消化於水也。

用别種材料於金類之外，做成物件不過便於作模之樣耳。

石膏：作模與樣之材料，石膏爲最要之物。其法用石膏塊磨成細粉，火爐加熱燒去其中所含之水。設加熱太大，則其質必壞；設加熱太少，則以後調成膏凝結慢而蝕水太少。如石膏久遇空氣，則加水之後不能凝結，所以必再入鐵鍋燒之而後成膏，能蝕水凝結。凡用石膏之人，必熟悉此事者方能無差，以下將用石膏之法詳論之。

用石膏之第一要事，必周知其性。即如所用石膏爲新買者，則置於鍋中加熱至紅，屢次調之，則以後用時無所疑慮。如各種石膏變得極韌，其用水之數各不相同，必試後方知用水太少，所成之物必硬。如所得之膏爲極濃，用之最難清楚。如用煖水，則所成之物更韌，石膏漿必時時調攪，無片刻之停，否則所成之物其内必有許多空處。最妙之法：先鋪一層極細石膏漿於模面，乘其未乾之前，用濃膏加之，則所成之件清楚而堅固，石膏中不可有異質，因能減其堅固也。如石膏衹爲做樣之用，可加熱石灰三分之一，則石膏凝結甚慢，如未結之前尚欲改形，則甚便。設有浄石膏，其中加些石灰，做模用之甚好，即如鑄金類之模亦可用之。以石膏作模而鑄金類，最好加最細浮石粉三分之一，又加泥少許。凡用石膏所成之物最爲堅固，所燒新買之石膏不可過稀。凡樣能不漏水，則外面易做石膏之模，所以有樣而欲做石膏之模者，必先上不通水之漆可不通氣。凡樣面上漆，必薄而平勻，則樣不致改變其形，而細孔不致填塞。即如木上所刻之圖等物慾做石膏之模，即於樣面上一層油或肥皂水，置於一平板上或平面桌上，外面用上過漆之厚紙或錫板等輕而能彎之物圍於樣外，必甚緊切，其高等於所欲做石膏模之厚，設更高亦不妨。再將石膏置於尋常之小缸内，加多水調和，停片時，則石膏之粗者沉於水底，細者浮於水中尚未沉下，則將此水緩傾於樣上，而屢次輕擊之，則石膏可至樣之最細之孔中，而樣面所生之細泡可以浮上。缸底之粗石膏可以棄去，或留燒一次亦可。過五分至十分時，石膏已沉盡積於樣而成一薄層，將清水傾出，再將濃石膏置於此一薄層上，第一次所加之石膏必極薄，如太厚則軟而鬆易通水不可用也。此兩層石膏相連甚屬堅固，外面甚是清楚。此種模烘乾而燒去一切水氣之後，可用鑄易鎔之金類，以成物件，即蠟、硫磺等皆可爲之。如欲將此模即做石膏之物件，必先上一層漆，所用之漆名曰舍來克膠，或將此模醮鎔蜜蠟亦可，但上漆較好於上蠟也。第一層石膏可用駱駝毛所作之軟筆拭上之。第此法甚難，從模中取出無一定之時，太早則所成之物甚軟而易碎，太遲則黏合於模面而不能分開。如做小物件而石膏極濃，大約十分時至十五分時已足，如做大物件，必一刻時至四刻時，可從模中取出。其樣面必加油一層，照前所言之法。然上油工夫不可草率，如最清之油，亦可填塞樣面最細花紋之處，則石膏不能入其中。又有一病，所成之件，油入於其中，必常軟而不能乾硬，所以已成之件，雖清楚而一遇别物則有傷痕，樣面加一層白肥皂水，較好於油，然爲木樣則不平滑，或有漆則所成之件難與模面分開。尋常之用，可用最濃之肥皂水加油少許，爲最妙之法。如用油則已成之件必有油色，不能極白，若用白肥皂水，則所成之件其色甚白。

石膏作模：此種工夫本無甚趣味，若詳言之，亦無益於製造之事，然人苟能明其法，則各種人像可知其造法，故此書言其大略也。繁式之像有三法：第一法，將模與所成之件先分多塊而爲之，以後各塊用螺絲相連，然此法極笨而不足恃，所成之物其形必不能甚準。一人作模、一人分做各塊，一人相連各塊，三人之工夫，極難無差如金類之像，各塊必用螺絲相連，而石膏連接之處要磨平，且此種像不甚堅固而相連之處亦必顯出也。

第二法，鋪石膏一薄層於樣上，厚四分寸之一至半寸，外面上黑料一薄層，其黑料爲細木炭粉與膠水調和者，外面再加石膏一層，厚二三寸或多寸，其厚必依樣之大小爲度。此石膏用泥刀上勻，待外層將乾，用黑石粉作線，而分外口爲若干塊，其分處欲便於任取模之一塊也。第樣不顯露於外，作模之人必熟悉其中之樣之若何，方可下手，否則無從畫此黑線也。有人於樣之不著緊要處露出一塊可容易畫分模之黑線所露出之處，後來再以石膏補之而得其模。分開之法，或用鑿或用鋸徑分至黑料一層，則知將及内樣，此法極易而便捷，模亦甚準，然各塊相切之而其邊易於磨去，則造成之件面必粗毛，如做石膏像此法尚不爲精妙，用過數次後，模已壞矣。用此模鑄物之時，用繩帶圍模之各塊而使之相連。

第三法：工夫甚遲而做法繁重，不過最穩當而最準，如用模謹慎，用邊六十餘次，尚不失其形。此種模之做法與鑄金類模之做法大略相同，將其樣之外面用鉛筆畫線，分其而得若干塊，所畫之分線必爲便於取模之計，必於樣之外面擇其最便之處，用最細之泥圍住一塊。若築小牆然其牆必少向外斜，於此小圈之内鋪滿石膏漿，待石膏凝結之後將所成一塊之模取出，用刀切平外邊，其外邊必向外斜，可便於與別塊相合也。各塊相連，若橋面石塊相合，然模之各塊相配，中空面不致傾塌也。各塊之二箇對邊彼此凹凸相配，甚屬堅固。第一塊做好之後，置於一處，再用泥圍住第二塊之三面或多面，面第一塊模之邊爲第二塊之一面，須有凹凸相切之形，再傾入石膏漿而待其乾，則爲模之第二塊已成，依此法樣之各處做模之各塊如模大面繁者，分至五十餘塊，末塊自可不用泥圍住，因周圍有各塊圍住，又可不用凹凸面，先取去此塊則別塊易於取出矣。樣已蓋好，則模之外面切平，切平之後，則外面又作第二層之模，第二層之模不過分二分或三分。第一層模之各塊必在第二層模之中，配之甚準。如防模側轉而第一層之各塊落下，則塊上用鐵絲圈而用繩圍之極緊，此繩徑通過第二層之模而在外面縛緊，第二層之模亦可以做凹處與第一層模之凸處相配。尋常之模不用此凹凸法亦可，其全模仍用帶圍遶之面，令其相連。

石膏作大像：石膏可做空心之大像。先作細石膏漿，傾入模内，將模摇動之，則模之全面得一薄層石膏，再加一層粗石膏漿亦可，平勻於模面，依材料厚若干面多加幾層，如欲得更堅固之處，或用手或用泥刀，多上石膏。尋常像模，不必作進材料之路，因像底空處甚大，材料可從此進也。

凡尋常做石膏像等物樣，與模上一層油或上一層肥皂，如有極貴重之像，欲以此像爲樣而做其模，而像面用油或肥皂則像已壞，則必用錫箔貼於其面，然錫箔之接處不可顯露，必用一毛刷輕輕打入像面花紋或凹凸之彎面。

如欲作人像，則將石膏傅於其面，因所欲得之模不過面上各部位之界限，故將溼布周繞於面旁，則石膏不致污於別處，鬚髯與眉必用漿貼錫箔於其上，且用二管塞於鼻孔中，則石膏在面，仍可通氣。若爲死尸而欲作其像，更易爲也。石膏漿須厚薄適中，取去之時，用其外面作樣，耳與頭髮等，做像之人觀而爲之。

硫磺鑄成物件：用硫磺鑄成物件極能清楚，不過其質甚脆，僅可爲小物。以金類等材料作模者，不必加油可以鑄之，如將洋錢外面用紙團團住，傾入已鎔硫磺，硫磺不極熱紙不燒壞。凡鎔硫磺鑄物，其熱不可過大，硫磺加熱之時，變成明流質，此爲最好之時，若再加熱則變爲膏而不能傾出，尤必留意不令硫磺焚燒，如焚燒則變爲昏暗之灰色。硫磺又可與別物調和而加其堅固，如石膏一分硫磺兩分同鎔之，可不甚脆，而能鑄最細之花紋。又西班牙國所出之椶色粉或火石粉或泥粉皆可與硫磺調和，又銀一分、硫磺三分同鎔調和，可鑄成極精楚而堅固之物件。

用蠟鑄物：用蠟與別物調和，易鑄成物件，然所成之物易於縮小。且蠟鎔而鑄之時，不可甚熱或甚冷，如甚熱則面上細紋必壞，甚冷則不清楚。蠟可與筆鉛或銀硃或白鉛粉或石膏等物調和而用之，如所用模之材料能收水，則必須極冷或極溼時用之，否則鑄物不能成也。模之面已有蠟一薄層凝結，其餘之蠟傾入鍋中，鑄成之物蠟薄則縮小甚少，蠟厚則縮小甚多。

火漆膠等鑄物：火漆、魚膠、牛皮膠亦可爲鑄物之用，常用做小件，但有一種材料能作凹凸之模，兹特詳細論之。其法將牛皮膠八分、糖漿其色黑者。四分，調勻令沸，再緩緩添熱胡蔴油一分傾於樣上，已結之時，容易取起。此種模可作石膏之物件，因其有凹凸力，可口甚小而内容甚大形之花紋。此種模只能用六次至八次已壞，但作模容易，雖易壞亦不妨也。石膏物件用此法殊便。

白礬鑄物：白礬亦可以鑄成物件，不過鎔時不可加甚大之熱而致燒成顆粒之水也。傾入小模中，可以成物之形，如白礬每三十分加硝一分更妙，鑄成之件，色白而不透明，如礬石五分、鹽一分并和鎔之，則鑄成之物極能透明。硝亦可用熱金類之模鑄成，物件極細而色白如玉也。作動植物模法：萬物之内已成形者，無不可以作其模，如禽鳥蟲魚以及枝葉花果等是也。兹將作蠅模之法論之。其法用已死之蠅，其足置於一蠟圈上，則足與身之各件易置於所欲得之式，此蠟圈又爲入鎔金類之路，再將此物用細而軟之毛刷、用極薄之舍來克膠消化於醇；灑於其上極薄一層，曬乾之後，置於小紙匣中，用細金類絲扶持於便當之處。模成之後，取去金類絲處即爲通空氣之路，再擇極好之處用尖木釘刺紙匣成進材料之孔，將極細石膏三分、極細磚粉一分調勻，再將水若干添白礬少許，并脳砂少許於水中調勻，將此水與前料調勻成稀漿，傾於紙匣内，如樣不甚細微，可將紙匣動摇如爲極細之様，可先用軟小之駱駝毛刷上稀漿一薄層，然後將餘漿傾於其上，凝結之後，則撤去紙盒而漸加熱至極乾。水乾之後，仍漸加熱至紅如血色爲度，則動物之質盡行燒滅，如專用石膏而不加磚粉，則不能當此大熱也。添脳砂者，可令動物植物之體燒滅甚速，燒紅之模不可驟冷，必須緩冷，與前之緩熱無異，否則自能裂開，冷後傾入水銀於模内，以模摇動，再加水銀至滿，則物質之餘灰可以浮出。如此屢次洗滌，則各種異質皆能去之。用此種模之時，必先加熱，但所加之熱依模之大小金類之性情而定，如樣極細而極薄，又用凝結甚速之金類，則所用之模應更熱於用厚様，與緩凝結之金類，此種模鑄成小物用銀最佳，鑄字鉛或銲錫之銲金并易鎔之各金類皆可。鑄成之後，如模與金類能甚熱，則所鑄之物能顯出樣之極細花紋，收藏此物可作以後鑄物之樣。如有大物件，亦可照此法爲之，然非巧手恐不能成也。

陽湖趙宏繪圖

《冶金録》卷下《各金雜質・新鑄之物有古銅色法》　黄銅等之雜質，久遇空氣則外面變成深緑色，可用法將新鑄之件，亦得此種顔色。其方用銅緑二分、磠砂一分、醋酸消化之，令沸，漏去其渣滓，然後添水甚多，令淡。將新銅器置於其内，或用刷帚醮水刷之亦可。待其顔色已合意，則可取出，其色如古銅。又有一法：用磠砂一分、鉀養二、果酸三分、鹽六分，用熱水十二分，調和化盡。另將銅養、淡養、水八分，調入其中，將其水在溼處上之。用此方，能令銅之顔色，緑色中少帶紅色。銅之雜質，可以令其得各種深淺之古銅色。從深紅色起至淡黄色止，又從深緑色起至淡緑色止。將銅器浸於鹽强水中一刻，則變紅色，浸在淡輕養内，則所得之色，比本色更白。將磠砂與鉀養、草酸等分，在多水内消化，而在暖室或太陽光内，用刷帚上之，則得最光明之淡緑色。如上時，用一毛刷擦之，則其色更佳。如欲其略深而爲黑色，可以將上方之水，上於器面，必先預備鉀硫，消化於水而放於大盆内，則發輕硫氣。此銅器遇所發之輕硫氣，則得平勻之黑櫻色。此種顔色已合意，則將銅器用清水洗之曬乾或烘乾，而乘其未冷，用毛刷擦蜜蠟一層於其面。擦時必留意熱之多少，不可燒壞蜜蠟爲要。

又有一法，能令各種鑄成之物，有古銅色，即如上古銅色油。生鐵可以浸於銅養、硫養、淡水中，或浸於銅養、緑養水中，鐵從此水内得銅一薄層，則洗之而上油漆一層。依此法，所有變爲古銅色之物，可任意先上一顔色，或爲淡緑或爲深緑，或爲藍緑，上油色之後即上最净之漆一層，將乾之時，用金類之細粉，包於布袋中，撲於其面。常用之金類粉，即錫硫也。其色深淡皆有，頗能悦目。或用紅銅之細粉，或用金箔、銀箔等，或用乾油色。此種器所上之金類粉，必在陽紋之處，并用時常磨擦之處，不知造作之事者，必爲真骨董矣。以上各物之外，須上酒漆一層，則工夫已成。

又《銅雜質鍍金》　其法有二：一爲用汞之法，二爲用電氣之法。用汞之法，先將器之面磨甚平滑，不拘明暗，將金葉一分，放於礶中，熱至將紅，傾入汞八分，則二物自能化合。傾於冷水中，將其餘汞壓出，再將所得之稠質，放於軟皮袋或布袋内，再壓一次，則其稠質所含金一分、汞二分，以之擦於所要鍍金之物件。若先將其銅器上一層淡汞養、淡養水并硝强水調和，則其稠質易於粘合，置於不發煙之爐平勻加熱，水銀飛散，所賸下之金，在於器之面矣。電氣鍍金之法另有專書詳之，故不贅焉。

又《鐵鍍金》　將鐵器磨甚光亮，再將金粉浸於硫以脱内消化之，用刷拭上。又用研光之法。但用此法鍍金，不能耐用。

又《紅銅、黄銅鍍錫》　將銅器之外面，用極淡之硫强水洗之，而以清水洗之，再以細砂擦之，錫必先鎔。又必將銅器加熱，至錫鎔之熱度，而再擦松香一層，將布或蔴絲浸於水中令溼，則以布醮已鎔之錫擦於器面，即成。生鐵亦可用此法鍍錫。其面必須挫平而無鏽，方可鍍之。如未鍍錫之前，將錫養、緑養與磠砂等分，與水稠和，而上於鐵之面，則鍍錫更易。又有更便之法，將鐵器放入大熱度之錫與鉀養水中。作此水之法：將錫養消化於鉀養水，再添薄錫片於内，如紅銅、黄銅器，數分時即成。

《紅銅、黄銅鍍鋅》　將鋅加熱，至變霧質，將銅器沾其霧質。有時令其面之數處有黄金色，其法可任意護其他處，而露其數處，沾此霧質，即成黄金色。又有鍍鋅法：將其物磨之甚净，醮鋅緑水，此水内必另加幾塊鋅。作此鋅緑水之法：將鋅浸入鹽强水中消化，漸加至不消化爲度，或將鋅用磠砂消化之，亦可。

《金類之器上玻璃與磁油》　鐵器之面上白磁油可爲炊飯之鍋。其法先用强水洗其面極净，面用細砂擦之，再將白磁油與水調和，鋪一層於其面後，加熱與作磁器之法同。此法美國不多用之，因費大而器不能耐用也。近來英國設立新法，在鐵器之面，上一層白玻璃，或各種顔色之玻璃，但此法恐不能耐用，且不及磁器之便宜而觀美也。

鐵鍍銀。此法必用電氣而成之。鐵器須極淨而無油穢，再將鉀衰與新成之銀緑，加水摇動，至消化爲度，所用之銀緑應有餘，若不能全消化，加少許鉀衰，必能消盡。再將此水漏過，得其明亮之水，置於玻璃杯内，以鐵器浸於水中，用銅絲連於金類電氣箱之鋅板。又有銀片，亦用銅絲連於金類電氣之銅板，二物相離稍遠，過數分時，雖面積極大之鐵器亦能鍍銀。【略】

又 此卷論各金類之雜質。鐵之雜質。

凡以金類加於鐵中令其易鎔，所加之質或爲金類，或爲非金類，皆可用之。昔時所鑄各物鐵與他質相合者，不常用之，近時又多變法，能將鐵器鍍金銀并上玻璃磁油，將來鐵器必多用雜質爲之，故詳述如左。

硫。鐵中含硫則易鎔，較之淨鐵更易生鏽，鐵含硫少許亦無妨。但每鐵百分含硫多於一分，則冷時鐵性甚脆，即熱時亦能脆也。

炭。生鐵所含之炭爲百分之二或至百分之六，因能易鎔，含炭過多，則鐵變脆，含炭太少，則硬而脆。凡極硬生鐵，能磨光如硬鋼。

燐。鐵含燐，冷時性脆，若鐵不和别質而含燐，其色光而白且甚硬也，但易生鏽耳，凡鐵二百分之内含燐一分，則鐵之性情大改變矣。

矽。矽爲生鐵常含者，熱風鐵含矽多於冷風鐵，鎔鐵所燒之煤，或鐵礦内有硫或燐，則熱風鐵含此二物，較之冷風鐵稍多。凡鐵含矽則硬而脆，其性情與含燐者同。

鉀。鐵含鉀，其色白而質亦脆。

鉻。鐵含鉻則其質之硬，幾似金剛石，但令鐵與鉻相合，非易事也。

黄金。黄金與鐵化合最易，可爲玩弄小鐵器之銲金。

銀。鐵含銀少許則硬而脆，又易生鏽。

銅。銅與鐵相合，則熱時甚脆，冷則更堅結，但鐵含銅不可多於四百分之一，多則冷時亦脆。

錫。錫與鐵相合，其質硬而最佳。如錫與鐵相和各半，其色最白，堅光如鋼。

鉛。鉛與鐵相合，其數不能過多，其質爲軟而韌。

崔國因《出使美日秘國日記》卷二《光緒十六年正月》 二十五日。大雨，申刻見日。嘗聞美國之富，出於礦産之饒。兹將美國一千八百八十九年，即中國光緒十五年，此一年中各省所出煤、鐵、金、銀、銅、錫各項若干，計值若干，詳細譯出分類，録備考據。邊西梵尼亞省九江地，有採白煤之田，共四百六十一處，共出白煤四千零六十六萬五千一百五十二頓，值銀六千五百七十一萬八千一百六十五圓。伊連内司省六十江地，有大小煤礦與煤窟共一千零七十二處，共出煤一千二百一十萬四千二百七十二頓，值銀一千一百七十五萬五千二百零三圓。阿埃阿省二十九江地，有大小煤礦與煤窟共二千零六十八處，共出煤九百九十七萬六千七百八十七頓，值銀九百三十五萬五千四百圓。埃阿亞省共有大小煤礦與煤窟三百九十五處，共出煤四百零六萬一千七百零四頓，值銀五百三十九萬二千二百二十圓。西華前尼亞省三十五江地，有大小煤礦與煤窟共一千一百十一處，共出煤六百二十三萬一千八百八十頓，值銀五百零八萬六千五百八十四圓。阿拉巴麻省九江地，有大小煤礦與煤窟共六十六處，共出煤三百三十七萬八千四百八十四頓，值銀三百七十萬七千四百二十六圓。美穌利省共有大小煤礦與煤窟四百七十九處，共出煤二百五十六萬七千八百二十三頓，值銀三百四十七萬八千零五十八圓。哥拉黎都省共有大小煤蘭與煤窟九十三處，共出煤二百三十六萬零五百三十六頓，值銀三百六十萬五千六百二十二圓。諫沙司省共有大小煤礦與煤窟四百二十二處，共出煤二百二十三萬零七百六十三頓，值銀三百二十九萬四千七百五十四圓。美國馬理蘭省阿力根尼江地，即中國一縣之大。有大小煤礦與煤窟四十一處，蓋列江地有大小煤礦與煤窟三十九處，共産煤二百九十三萬九千七百十五頓，值銀二百五十一萬七千四百七十四圓。此係出礦之價。煙甸亞拏省十九江地，有大小煤蘭與煤窟共三百五十處，共出煤二百八十四萬五千零五十七頓，值銀二百八十八萬七千八百五十二圓。堅得基省四十五江地，有大小煤礦與煤窟共一千八百四十一處，共出煤二百三十九萬九千七百五十五頓，值銀二百三十七萬四千三百三十九圓。田尼西省十六江地，有大小煤礦與煤窟共八十二處，共出煤一百九十二萬五千六百八十九頓，值銀二百三十三萬八千三百零九圓。華盛頓省有煤礦十二處，共出煤九十九萬三千七百二十四頓，值銀二百二十萬三千七百五十五圓。歪阿明省共有大小煤礦與煤窟二十五處，共出煤一百三十八萬八千九百四十七頓，值銀一百七十四萬八千六百十八圓。煙甸屬地共有煤蘭十處，共出煤七十五萬二千八百三十二頓，值銀一百三十二萬三千八百零六圓。滿天拿省共有大小煤礦與煤窟三十處，共出煤三十六萬三千三百零一頓，值銀八十八萬一千五百二十三圓。紐墨西哥屬邦共有大小煤蘭與煤窟三十處，共出煤四十八萬六千九百八十三頓，值銀八十七萬二千七百八十五圓。華前尼亞省八江地，有大小煤礦與煤窟共五十八處，共出煤八十六萬五千七百八十六頓，值銀八十萬四千四百七十五圓。嘉里寬尼亞柯利根省共有大小煤礦與煤窟十一處，共出煤十八萬六千一百七十九頓，值銀四十五萬一千八百八十一圓。阿諫沙士省共有大小煤礦與煤窟二十四處，共出煤二十七萬九千五百八十四頓，值銀三十九萬五千八百三十六圓。友打屬邦共有大小煤礦與煤窟十一處，共出煤二十三萬六千六百零一頓，值銀三十七萬七千四百五十六圓。的沙士省共有大小煤礦與煤窟十處，共出煤十二萬八千二百十六頓，值銀三十四萬零六百十七圓。佐治亞省兩江地北加羅黎拏省有煤田，共出煤二十二萬六千一百五十六頓，值銀三十三萬九千三百八十二圓。米施根省六江地，有大小煤礦與煤窟共十二處，共出煤六萬七千四百三十一頓，值銀一十一萬五千零一十一圓。的得打尼巴拉司加省共有大小煤礦與煤窟三百四十三處，共出煤三萬零三百零七頓，值銀四萬六千三百三十一圓。米施根省有鐵礦七十三處，共出鐵五百八十五萬六千一百六十九頓，值銀一千五百八十萬零五百二十一圓。紐約省有鐵礦三十五處，共出鐵一百二十四萬七千五百三十七頓，值銀三百一十萬零二百十六圓。邊西梵尼亞省有鐵礦一百八十九處，共出鐵一百五十六萬零二百三十四頓，值銀三百零六萬三千五百三十四圓。民尼穌打省有鐵礦四處，共出鐵八十六萬四千五百零八頓，值銀二百四十七萬八千零四十一圓。威司根先省有鐵礦十六處，共出鐵八十三萬七千三百九十九頓，值銀一百八十四萬零九百零八圓。阿拉巴麻省有鐵礦四十五處，共出鐵一百五十七萬零三百十九頓，值銀一百五十一萬一千六百十一圓。紐遮施省有鐵礦二十四處，共出鐵四十一萬五千五百十頓，值銀一百三十四萬一千五百四十三圓。華前尼亞西華前尼亞省有鐵礦三十八處，共出鐵五十一萬一千二百五十五頓，值銀九十三萬五千二百九十圓。田尼四省有鐵礦十六處，共出鐵四十七萬三千二百九十四頓，值銀六十萬六千四百七十六圓。美穌利省有鐵礦八處，共出鐵二十六萬五千七百十八頓，值銀五十六萬一千零四十一圓。萬埃阿省有鐵礦七十處，共出鐵二十五萬四千二百九十四頓，值銀五十三萬二千七百二十五圓。哥拉黎都省有鐵礦十八處，共出鐵十萬九千一百三十六頓，值銀四十八萬七千四百三十三圓。佐治亞北加羅黎拏省共有績礦十七處，共出鐵二十五萬八千一百四十五頓，值銀三十三萬四千零二十五圓。幹匿地葛緬馬撒朱昔省共有鐵礦七處，共出銀八萬八千二百五十一頓，值銀二十六萬五千九百零一圓。埃打賀濱天拏省有績礦七處共出鐵二萬四千零七十二頓，值銀十五萬八千九百七十四。圓堅得基省有鐵礦四處，共出鐵七萬七千四百八十七頓，值銀十三萬五千五百五十九圓。紐墨西哥屬邦友打屬邦共有鐵礦兩處，共出鐵三萬六千零五十頓，值銀七萬九百五十六圓。地拉威馬理蘭省共有鐵礦十四處，共出鐵二萬九千三百八十頓，值銀六萬八千二百四十圓。柯利根華盛頓省有鐵礦三處，共出鐵二萬六千二百八十三頓，值銀三萬九千二百三十四圓。的沙士省有鐵礦兩處，共出鐵一萬三千頓，值銀一萬九千七百五十圓。

哥拉黎都省共出鉛七萬零七百八十八頓，值銀二百一十萬一千零十四圓三角一分。美穌利省共出錫九萬三千一百三十一頓，值銀二百零二萬四千零五十七圓一角四分；共出鉛四萬四千四百八十二頓，值銀一百五十七萬一千一百六十一圓零四分。埃打賀省共出鉛二萬三千一百七十二頓，值銀一百零四萬二千六百二十九圓三角一分。友打屬邦共出鉛一萬六千六百七十五頓，值銀七十六萬三千三百二十九圓零九分。威司根先省共出錫二萬四千八百三十二頓，值銀四十萬零五百六十七圓零八角六分；共出鉛一千六百七十八頓，值銀六萬四千零六十二圓五角三分。滿天拏省共出鉛一萬零一百八十三頓，值銀四十五萬六千九百七十五圓四角。埃阿亞省共出錫四百五十頓，值銀三千六百圓。諫沙司省共出錫三萬九千五百七十五頓，值銀二十九萬九千一百九十二圓零五分；共出鉛三千六百十七頓，值銀十萬三千二百三十六圓四角六分。邊西梵尼亞紐遮施省共出錫六萬三千三百三十九頓，值銀十七萬五千零五十二圓零二角。紐墨西哥屬邦共出錫一百四十頓，值銀二千五百二十圓；共出鉛四千七百六十四頓，值銀十七萬零七百五十四圓零五角九分。華前尼亞田尼四省共出錫一萬二千九百零六頓，值銀十四萬一千五百六十圓；共出鉛二百六十八頓，值銀一萬零七百二十圓。阿林宣拏屬邦共出鉛三千一百五十八頓，值銀九萬八千七百四十七圓八角四分。尼黎打省共出鉛一千九百九十四頓，值銀七萬二千六百五十三圓零六角四分。伊連內司省共出鉛一百七十三頓，值銀四千八百圓。南的哥打省共出鉛一百一十六頓，值銀四千六百五十三圓四角四分。阿諫沙士省共出錫一百三十頓，值銀三千二百五十圓；共出鉛二十頓，值銀四百圓。嘉里寬尼亞省共出鉛五十三頓，值銀一千九百九十九圓六角五分。滿天拏省出銅九千七百八十六萬八千零六十四磅。米施根省出銅八千七百四十五萬五千六百七十五磅。每頓計二千磅。阿林宣拏屬邦出錫三千一百三十六萬二千六百八十五磅。紐墨西哥屬邦出銅三百八十八萬三千零十四磅，鎔錫鉛屬共出銅三百三十四萬五千四百四十二磅。哥拉黎都省出銅一百十七萬零五十三磅。埃打賀省出銅十五萬六千四百九十磅。嘉里寬尼亞省出銅十五萬一千五百零五磅。歪阿明省出銅十萬磅。華孟省出錫七萬二千磅。友打屬邦出銅六萬五千四百六十七磅。尼華打省出銅二萬六千四百二十磅。華前尼亞田尼亞省出銅一萬八千一百四十四磅。

哥拉黎都省出金值銀三百八十八萬三千八百五十九圓，出銀二千三百七十五萬七千七百五十一圓。滿天挐省出金值銀三百一十三萬九千三百二十七圓，出錫一千七百四十六萬八千九百六十圓。嘉里寬尼亞省出金值銀一千二百五十八萬六千七百二十二圓，出銀一百三十七萬三千八百零七圓。尼華打省出金值銀三百五十萬六千二百九十五圓，出銀六百零七萬二千二百四十一圓。阿林宣挐屬邦出金值銀九十一萬零一百七十四圓，出銀二百三十四萬三千九百七十七圓。的哥打省出金值銀三百零九萬一千一百三十七圓。埃打賀省出金值銀一百九十八萬四千一百五十九圓，出銀四百零五萬六千四百八十二圓。柯利根省出金值銀九十六萬四千三百零九圓，出銀二萬三千三百八十二圓。阿拉司加屬邦出金值銀九十萬四千六百五十圓，出銀一萬一千九百十八圓。紐墨西哥屬邦出金值銀八十一萬五千六百五十五圓，出銀一百六十一萬七千五百七十八圓。友打屬邦出金值銀四十八萬七千六百六十六圓，出銀九百零五萬七千零十四圓。的沙士省出金值銀六千八百二十八圓，出銀四十一萬八千一百七十三圓。華盛頓省出金值銀一十八萬六千一百五十圓，出銀三萬六千八百零一圓。北加羅連挐省出金值銀十四萬六千七百九十五圓，出銀三千八百七十九圓。佐治阿省出金值銀一十萬零七千六百零五圓，又出銀四百六十四圓。米施根省出金值銀八萬七千零四十圓，出銀一萬八千八百八十五圓。南加羅連挐省出金值銀四萬六千八百五十三圓，出銀二百三十二圓。歪阿明省出金值銀一萬四千五百十二圓。馬理蘭省出金值銀一萬零三百六十九圓。華前尼亞省出金值銀四千一百圓出銀十三圓。阿拉巴麻省出金值銀二千五百三十九圓出銀一百圓。因查美國所出之煤共九千九百六十九萬餘頓，值銀一萬三千一百五十五萬餘圓；鐵一千四百五十一萬餘頓，值銀四千五百四十二萬餘圓；鉛錫四十一萬餘頓，值銀九百五十一萬餘圓；黄金值銀三千二百八十七萬餘圓；銀值銀續六千六百二十六萬餘圓，合而計之共值銀二萬八千六百零三萬餘圓。銅值尚未計焉。分而較之，煤之所值爲最距，次則銀，次則鐵，又次則金。金之所值不及煤價之半，證以因前所聞開礦之利，以煤爲最重，信不誣也。中國之金産於北，今則臺灣、越南、山東皆有之，續産於湖南，今則湖北皆有之。鉛、錫與銅産於雲貴，而銅尤旺。惟歐洲礦學家皆謂中國之煤爲最多，且云一省之煤可以敵英、法、德、比各國之煤。然則中國之寶藏藴於地者，固極天下之至富也，擅天下至富之權有創之者，仿美國而開採之，何患財用之不足哉！但必興礦路，則遠水之礦，方能運出耳。續朝鮮公使醼　美國可耕未耕之地，向有九萬萬六千英畝，乃十年前已耕之地，已有五萬萬三千六百零八萬一千八百三十五英畝。至近年來已耕之地必更多，未耕之地必更少，共未耕之地又大半爲鐵路公司所有，將來人煙益多，空地益少云。因嘗於同治十二年考外國民數表，美國只三十六兆人耳，以美國之地處美國之人，五百年中不憂人滿。乃至光緒十七年中間，僅十八年而其民數已增至六十餘兆，此非其民之生息蕃衍，實客民之入籍者多也。美之深識者，遂隱隱有人滿之慮，擇其易禁者而禁之，遂與華人爲難，夫禁華人而果不憂人滿乎哉。因竊以美之禁，自華人始，不自華人止也。

二十六日，晴。

歐洲各國查阿非利加地方，礦土山林人迹不到之處，樹木陰森干霄蔽日者，約計有一白零七萬五千二百萬株，其小者則如恒河沙數，材木之多，棄而不用爲可惜也。因查此游歷者之言也，不游阿洲安知阿洲之土産，即已知之能不惜之，且垂涎矣。子有衣裳弗曳弗婁，子有車馬弗馳弗驅。歐洲各國皆詩之，所謂他人也，其將入室乎。

二十七日，晴。

礦務委員徐麟光來見，爲至美購開礦機器，並訪查開礦之法。因謹按歐墨兩洲，均以開礦爲重，謂爲天地自然之利，即禮所云貨惡其棄於地之意。又謂煤鐵二者乃富强之至寶，蓋以槍砲、兵輪、火車均非煤鐵不能成，而機器各局所以製造槍礮、輪船、鐵路、火車者，亦均恃乎煤鐵。推之鐵甲、礮臺、起重機器，均煤鐵是賴，則以煤鐵爲富强之本，信乎然也。

二十八日，晴。

越南地方分爲四省，其版圖大於日本，而民數遜之，一交趾六萬英方里，人數一千二白萬；一安南中省十萬六千英方里，人數六百萬；一安南南省二萬二千餘英方里，人數一百六十萬；一安南西省三萬二千英方里，人數一百五十萬。

共合中國三省之大。法國踞此，現在晴北路以通廣西、雲南，開西路以勦復生番，並通暹羅，開西北路以通緬甸，此近日之布置也。法國由東京至富蘭團地方，已造鐵路，先行開車試辦，以示越南民人有利無弊之意，且邀請該處紳士搭坐火車來回，俾知鐵道有礦，係於國計民生之處云。因槍二十年前法人垂涎越南，歐洲各國皆知之，至見於報。中國亦知之。與爰派徐延旭往查，始知東京已爲法人所踞，思有以防之，而究無補於越南之滅亡者，經不及事也。中國非無卓識之人，而不免囿於緩之習，及今日而振作，尚未遲也。雖然，不可以再緩也，緩白機兵腴前，在浙江洋面測探水綫，現奉水師提督之命仍駛各海道，未經測量之處，復行查振，以竟全工云。

二十九日，晴。

美國之地廣而膏腴，民之中農居半。美國向分三黨，一曰南黨，一曰北黨，一曰工黨。今年又立一黨名農黨，刻聞農黨意欲國家多造鐵，鐵紙幣云。因查美之南北黨，南不相下，前三十年曾交戰矣，共舉總按也，則南北黨各舉一人，再由各省之民擇定。故工黨可南可北，袒南則南盛，袒北則北盛，而南北兩黨莫不牢籠之，以爲得總，總議紳之券，而工黨氣燄遂大矣。

又卷四〔七月〕二十五日，晴。美廷有諭，令購白鐵以爲軍器之用，美商因留意鑛産，鍊白鐵以求利益。因查白鐵者，非中國所用之尋常白鐵，乃外國所名爲尼克耳，又名爲鎳，向産於德國，其色如銀，故歐洲稱之爲德國銀。其質之堅過於鋼，而不生鏽，近美國亦産。此用爲鐵甲較鋼尤堅，彈之能透鋼者，尚不能透白鐵也。

又卷五〔光緒十六年十一月〕二十五日，晴。考地球各國所産銅，按年計之，美國七萬頓，大吕宋四萬頓，南花旗各國三萬頓，德國三萬頓，日本一萬頓，新金山七千頓，阿非利加七千頓，俄國四千頓，那威二千頓，英國一千頓。考各國所産鐵數，按年計之，英國一千三百萬頓，美國六百四十萬頓，德國四百二十萬頓，吕宋四百萬頓，法國二百三十萬頓，俄國一百萬頓，奥國七十九萬頓，意國二十萬頓，比國十八萬頓。考各國商船，英國七百二十萬頓，那威國一百五十萬頓，德國一百二十四萬頓，法國九十七萬頓，意國八十九萬頓，俄國四十九萬頓，奥國二十九萬頓，和國二十五萬頓，比國八萬六千頓。因按《曲禮》云：貨惡其棄於地也，力惡其不出於身也。左氏云：因地之利。地球各國所講求而興之者，實合此義。其所興之數較多者，其國亦較强，治國者可知所先務矣。

杞廬主人《時務通考》卷二四《化學六・原質下》 論鈀銈銠鐚鈘：此數質，世間尠少，産白金鑛中，形狀與白金相仿。鈀色比白金尤麗，溶液甚難，可鑄爲薄，可牽爲線。若可多得，定有大用，緣白艷而硬，且鎔化不易也。鈘舊金山之黄金鑛中産有此質，與鐚相合。各雜金類中，推鐚及鈘質爲最硬。鈘質色白而脆勁，化液比白金尤難，質比白金尤重，蓋水一此重□也。洋鋼筆恒鑲金剛石或鈘，質取其硬而能經久也。

又《化學一三・雜録》 論煤之用。煤之爲用甚多，實非數語之所能盡。即英國而論，非特有煤，其豐富興盛當減色矣。製造各等機器物料之藝匠，均賴乎煤價甚廉，故造成各貨物，價不昂貴。冬令罏火暖室，非煤價廉，不能隨意烘燃。若夫火車鐵路、輪船航海，固皆舍去煤力，一時亦不能行也。中國産煤處甚多，後時皆可有各種製造，增益若許興隆，織造局以機器織布，其冲動機輪之水氣力，即以煤火爲原根。無煤火力，羊毛雖織爲哈喇大呢絨錦，價值不能若是廉賤也。自兹以往，中國各産煤處，均賴煤力以織。夫哈喇呢絨布疋物價既減，各地人民即不慮夫無力購衣矣。各種金類之器械使物，煤多處陶鎔甚易，故價賤，煤少處陶鎔過難，故價貴。中國宜急講者，無煤之處，即種蠶桑樹藝五穀；有煤之地即立機器局，興工織造。由此年復一年，物阜財豐，人民多爲富有，斯時之窮困交迫氣象，可減去數分矣。【略】

論燒之源。日耳曼人名比綽，悟得新理，以爲萬類之中有一物焉，謂之火精，能燒之物，皆有火精在内。燒時所見之光，因火精發出甚速而生也。如油燭之能燒，因其料内有火精發出而生光，其料亦隨之散去。硫黄之焚有藍光與臭氣，亦是火精散出，故餘賸者爲酸水。燐爲火精與酸水合成，因相合甚鬆，故稍熱而火精外散。金類除金、銀之外，用大熱煆之，則燒而成灰，此因火精與灰成金質，故煆而發出火精，所賸爲灰，如鐵之變鏽是也。又如木與煤炭之類能發大熱，其中火精極多，故能傳熱於別物。鐵質之内火精甚多，必用煤炭鍊之，傳其火精而成精鐵。惟金銀之火精相合極緊，雖煆以烈火。而火精不出，故不致燒而爲灰。顧火精之爲物輕虚無跡，一出於物質而不見。非若所賸之灰如木灰鐵灰，即鐵鏽。可收取而存之也。地球上空氣之外層，周圍皆係火精之火，乃萬物之火散出而上升也。繼爲此説者，火精出一物，必有一物收之。其初出時聽見者即爲火，後雖不見，必有收之者也。所以物之能燒，必有空氣，無空氣而不能燒矣。步里司德里言：養氣自不能燒，遇别物始能燒，乃養氣自無火精，急奪别物之火精耳。此火精之理，乃前人之舊説，似有巧思，然揆諸物理，尚屬費解。所言硫黄與燐，並爲二質所成。一則爲火精，一則爲硫養，一則爲火精，一則爲燐養矣。尚未明養氣之化合，故以鐵燒而爲灰，殊不知鉛鐵等金，燒後更重。火精既爲□質，必有本質之重，既出當減輕，何以反重。説者謂火精最輕，藏於物質之内，即能浮托其物，出則物質加重矣，□則既有輕重，自必有體，何以火精出而鉛灰鐵鏽之體反大。既能浮托物質使輕，必與鉛灰鐵鏽每點相間，何以鉛鐵之質實而重，鉛灰鐵鏽鬆而輕。説者又謂灰鏽之與火精，非每點相間，乃融和於中。火精能將其質收縮緊密，故未出之前，質小而實，出則鬆而輕也。九十年以前，各西國皆信火精之理，以後法國人拉夫西愛，試驗化學，剏法以證其謬。將玻璃瓶先盛水銀若干，再入養氣滿之，封之緊密，權其共重，加熱至六百度，則水銀與養氣化合，而成升丹，再權之，仍與共重等。後將其瓶開一小孔，聞有空氣自外入内之聲，此乃甑内爲真空，始知水銀並未出何火精，而養氣反爲水銀收去矣。故升丹之重，較重於水銀，後將升丹另成一器，加熱至九百度，水銀又與養氣化分，分權水銀與養氣之重而總計之，適與丹重等。故知丹内亦無火精，乃養氣化分而出也，又知水銀爲原質，並非火精與丹化合之物。又將燐質置於罩中，亦滿以養氣，燐燒而養氣收入，燐乃加重，而養氣減輕，皆有确數可攷。又鐵絲燒於養氣之内，所成鐵養之重，即鐵與養氣二重之和，以此數相證，並無所謂火精也。後又知物質燒於養氣之内，與燒於空氣之内相同。且即攷驗空氣之内有二氣，一能使物燒，一則不能，即淡氣也。因知物質之燒，乃收入養氣，而非發出火精也。此説佈傳各國，笑之者多。十餘年之内，止有一拉不拉司信之。再數年後，始得遍處皆信，而化學之端，自此起焉。

論燒之義。燒有二義：一、原質與原質化合，成新質而生熱，此爲化學之事；一、養氣與能燒之質化合，而生熱生焰，此乃日用之事。凡常言之燒，大抵如是。間有物質在養氣之内焚燒，不覺生熱與焰，又有物質不藉養氣亦能燒者，如銻粉或銅箔，乃遇緑氣而生熱生焰。此外如木類之腐爛，金類之生鏽，亦即養氣之化合。雖亦生熱，而不見生焰。統論萬物，可分爲三等：其一燒物者，此物能使物燒，而不能自燒，如養氣緑氣弗氣碘溴之類；其二能燒者，此物既熱遇燒物之物而燒，如煤炭草木之類；其三不燒者，此物自不能燒，亦不燒物，雖加大熱亦不燒，如鐵鏽泥砂之類。第三等皆係燒過之物，故不能再燒。

論燒之别。燒有難易之别，難者遲而易者速，遲則爲燒，速則爲爆，如油燭之類，能燒之質與燒物之質，漸漸相遇，故謂之燒。如火藥之類，□物猝然相遇，則謂之爆。

論燒之理。物若改變其形質，必改變其熱冷，然物燒而能生熱，尚未知其所以然。如炭與養氣化合成氣質，輕氣與養氣化合成流質，俱生大熱，雖極難鎔之物，亦爲所鎔，但所生之熱，不依所燒之物，而依所化合養氣之數，故燒時所生極大之熱，即此物能與極多之養氣化合也。如輕氣一磅，與養氣八磅化合，炭一磅，與養氣二磅，又三分磅之二化合，所以燒輕氣若干，比燒等重之炭，生熱三倍矣。能燒之物，與養氣化合，而物之多少等則無論遲速，所生之熱數常等。若或遲或速而物有多少，則其熱數亦異矣。木在空氣内腐爛，因與養氣化合，亦燒之意，惟甚遲，若燒於爐中則甚速。故腐爛所生之熱，極微而人不覺，乃爲空氣所傳也。總計極微之熱，而較爐中之烈火，其熱數仍相等，惟物與養氣化合所須之熱度，各有不同。或同此一物，而化合有速速，所需之熱度亦不同。如燐與養氣，熱至七十七度，其燒遲，熱至一百四十度，其燒速。若於黑暗之處，將鐵板加以不紅之熱，置燭油之塊於其上，則鎔而化氣。再遇養氣而燒，且見淡焰。將鉑絲繞成螺絲形，加熱至紅。次將小杯盛以脱數滴，醇酒亦可。置於下。其氣上升，與空氣融合，遇紅熱之鉑絲，則與養氣化合而燒，鉑絲常紅熱而不冷，至以脱既盡而始冷，其燒時成一惡氣，人之眼鼻皆畏之。又將鉑絲如前鉑絨亦可。置於燈上，燈内盛以脱或醇，燃其燈，至鉑絲紅熱而吹熄其火。燈内之氣，仍循炷上升，鉑絲能紅熱數時。

論燒後之質加重。物燒之後，其質雖毁而不滅，且必反重於原體。其加重之數，即所收養氣之數，此可以确據證之。將燐二釐納爐，止能得此限三分之二，其次者止得此限之半，然鍋爐雖極精，熱亦不能全得。其失熱之故有二：第一、熱自煙通散出，第二、餘燼不能燒盡。能將銅爐精益求精，空氣多而又多，則兩病皆免矣。設空氣不足，止得爐内應需之半，餘燼亦可燒盡，惟炭皆成炭養而不成炭養，則一磅炭之生熱，不能化十三磅之水，而但有五分之一，不過使水二磅半化汽而已。此不但所生之熱甚少，且所成炭養之體積甚大於炭養，故容熱多而散去也。尋常之鍋爐，費熱固不至此，然不知此理，竟有費熱而不覺者，故鍋爐之内，果以應需空氣之數而與之，則燒料内之炭，盡成炭養，而得最大之熱。

論物熱生光。物之燒而有光，因燒時之熱而生，如定質與流質，指已鎔之金類。加熱至九百七十七度，則能生光，其光之色，依所得之熱度而成七級，以三角鏡所分爲準，次第相加，即正紅金黄正黄正緑正藍深藍淡紫，熱至二千一百度，則各色相合而成白，名爲白熱。故焰之生也，乃焰内有定質之細點，燒白而極熱也。焰内設與定質，雖熱極而光仍小，如養氣與輕氣合燒，爲世上最火之熱。然日中不見其光，若在焰内添一定質，如石灰毬之法，則明耀如日，且不能當。燐質燒於養氣之中，光亦甚明。若燒於緑氣之中，光幾不見，因燐於養氣内所成之燐養，即定質也，受熱而生光也，於緑氣内所成者爲氣質，氣質之點，雖熱不明。

論燭燒之理。燭爲生光之物，其發焰需氣若干，能自添油若干。設純蠟一塊而不用炷，固亦可燒，但其火必將盡鎔其蠟而盡燒之。如是必有濃煙，因炭不能燒盡也，所以知用炷之妙，可以不費。蓋燒時之熱，漸鎔其油成一杯形，而炷係棉花燈草之類，體内之紋，湊成小管無數，油以緣附之力循之而上，至於熱處則化氣。

論火焰之形。燈燭之火焰，常爲圓尖形，因四圍之空氣，被火燒熱而上升，引其火焰同上也。其形分爲三層，中心處爲氣質，乃燒料所化，其熱未至焚物之限，故不生光。内層即爲生光之處，空氣内之養氣，與燒料内之輕氣，在此化合，而炭質在氣内透上，燒至白熱而生光，外層中，爲養氣與炭質化合之處，其光甚淡，燈燭既精，所有炭質盡燒而發光，若不精則不能燒盡，而變爲煙。煤氣燈亦可見此三層，焰下常有淡藍色之暗光者，因此處空氣内之養氣，能將内層所散之輕氣與炭質同時化合，故無定質之炭生明光也。又如燈燭之炷，其焰之熱止能使成炭形，而不能使燒，因四圍有燒質阻之不得遇空氣也，所以各種能生光之氣，中心俱不能燒，而所燒正在外層。欲知其據，可將玻璃片蓋於焰上，外層之火成一圈，中心黑而無火。或將鐵絲布蓋於上，則火爲所隔而不能過，亦見一光圈而中黑，故火焰中心，不能燬物。試盛濃酒於淺杯，用火燃之，將白木條横架於杯上，少頃取視，中節不燬，而止燬其外端，又將燐少許，置於極小圓匙内燃之，納諸大火焰之中心，即熄。取出則又燒。

許景澄《西北邊界地名譯漢考》卷下《霍達列克》 洪圖無。在阿勒騰嶺之北麓有金礦，車尒成人以夏令往挖。

又《喀瑪特亮噶尒》 洪圖作喀瑪特良戛尒，地有金礦，兼産玉。

又《索尒戞克》 俄游記稱，地有金鑛十四處，周方約一百二十里，高七千五百尺，居民挖得金砂，乏水淘洗，以器向風簸之。又尼雅河上源曰烏魯克河，圖未標名。河左亦有金鑛十餘處，而地更高，亦苦無水，新疆官牘一作梭尒瓦克。

又《薩雷克吐斯河》 洪圖無水，出山嶺池南，下流注於托闌霍札河。俄游記稱，河之上流有金鑛曰坎波拉克，高一萬四千尺，距河尚二里許，取水不便，惟於夏令日暮，乘積雪流爲水，以之淘沙。

又《塔什庫尒》 洪圖無。踰阿克河而南約三日程，有金鑛，現已停采。

又《莫羅札河》 新疆官牘作麥佳，此河上流受支水甚多。俄游記稱，地有金鑛二處，在西者積砂厚至二三百尺，土人挖采，相傳已數百年，其東澗中河畔均産金砂，現無挖采者。

又《闊帕》 有金鑛數處，砂净且大，甲於諸鑛，惟枯澗乏水，亦用簸風法淘沙，新疆官牘一作卡拔。

又《托尒肯》 洪圖無。在穆斯廓甫嶺之北。俄游記稱，有金鑛在平地，亦可畜牧，距此東北相近有煤鑛。

又《愛企庭》 洪圖無。俄游記稱山中平地，在崑崙與喀喇闊隆兩大嶺之間，有金鑛最著名，載於西曆一千八百六十二年印度通商書，從前挖鑛人多至千餘。

又《索尒庫尒》 洪圖無。俄游記稱金鑛在庫尒西南上，人近年所尋得。

徐繼畬《瀛寰志略》卷二《南洋各島》 又謝清高《海録》云：「古達，息力大山西北一國也。王居埔頭，有荷蘭人鎮守。由埔頭買小舟，沿西北海順風約一日到山狗王，地名。爲粤人貿易耕種之所。由此登陸東南行，一日到三畫，又名打喇鹿，其山多金。内山有名喇喇者，有名息邦者，又有烏落、新泥黎各名，皆産金。而息邦所産爲佳。巴薩在古達南，沿海順風約日餘可到，地不産金。華人居此者，惟事耕種。」

〔美國〕代那撰〔美國〕瑪高温、金匱、華蘅芳譯《金石識别》卷六 得礦而分鍊之，以得純金，其法有三：

一、除其呆呧；二、除其連合之物；三、除其連合之金。呆呧之大塊者開取時，可揀擇而去之，其細者打碎而淘汰之。

易鎔鍊之金，其金如生成自然，未與他物化合者，則以其礦研碎，入爐燒之，其金即能流出。如别斯末斯是也，又灰安的摩尼亦然。

黄金恒爲撒星形，則以其礦研碎淘汰之，取其重者，以水銀灌之，則黄金從呆呧中出，與水銀相連，如水化鹽，熱之升去水銀，即得純金。

鐵礦除開取時揀去呆吘之外，再無除汰呆吘之法。

除雜物之法，有時但用熱。如硫磺、水銀礦及硫磺鉛礦，熱之以升去其硫磺是也。

有用他物以引去其雜物者。如養氣鐵，以木炭屑和而熱之，則養氣與炭相連爲炭，養氣升去而鐵得純。

有時兩三種金，和合在一礦，則須分開其連合之金。其法或與之養氣，或燒去一物。如鉛中有銀，則用火熱之，以風吹之，使養氣與鉛連爲渣滓而銀得純。

又卷七《白鉛》 以銅及白鉛礦同鍊，可徑得黄銅。法用銅及烘好之開來蠻，和木炭入罐鍊之，計四十磅銅，六十磅開來蠻，得六十磅黄銅。

以銅及烘過之白倫脱，亦可徑鍊得黄銅，惟不甚浄。

有人云，以銅倍來底斯與白倫脱烘而鍊之，亦能得黄銅，惟其黄銅亦不甚佳。

花旗之黄銅，非徑由礦鍊得，乃以白鉛與銅攙合而成，其股劑之數，詳見銅。

天竺國有一攙金，用銅十六錫二相攙，每三分再攙白鉛十六分，名曰别奪利。

〔美〕亞倫撰〔英〕傅蘭雅應祖錫譯《銀礦指南》第三章《論礦中分銀新法》第二二節《論用銅鐵各料之數》 嘗有人問余曰：「木桶内之礦所含銅已不少，何必又用銅塊或銅球耶？」余答之曰：「此法需於水内銷化之銅，與未銷化之銅。其礦内之銅本無金類形狀，又與炭養氣已相化合，所以不得爲銅。譬之鐵銹，雖爲鐵所成，而其實非鐵，固不能以鐵銹爲刀鎗也。即以銅論，如此法内所用銅球或銅塊，其能以他料代之耶？然此種礦所含之銅質，亦有法用之者。若於木桶内進礦粉，及鹽、皁礬之外，另添鐵屑若干，則各料互相變化，便可省銅球所化之銅料，而以礦内所含之銅代之，其漿内應含之銅質，亦不致缺少。但此種變化之理，不必於書中詳言之。蓋其説甚長也。至法中所用鐵屑，當就礦之情形配之，如每礦一頓，所配鐵屑至少以二磅爲限，極多以五十磅爲限。其礦含銀多者，則所配鐵屑又當加多，然必視礦含銀之成色以定其數。蓋鐵屑過多，則所成之膏，含紅銅亦必過多。其有用銅屑者，不過爲節省起見，即不用亦無礙也。又除含銅養炭養之銀礦外，俱不必用鐵屑，惟造銅緑，則不得不用。凡用鐵屑必能斟酌其數，不使過限方妥。法内不用鐵鍋而必用木桶者，亦恐用鐵鍋則不免鎔化鍋體，致混淆其鐵之數耳。」

又第二六節《論含緑氣之礦》 美國常見之礦，大半爲雜礦，難遽定其所含之銀爲何形狀，並與何質化合，其應用何法施鍊，亦不能一見即決，必預先試驗，方能定計。有數種礦不能生鍊，必先於露天作堆煅之，或於窑内亦可，煅後乃能鍊出其銀。試驗法：將礦成一小堆煅之，復從已煅礦内，分出五磅，揀其中等者試之。若其礦爲含緑氣者，則不必先煅，可於桶内或盆内，徑以鹽與水銀，照前法分出其銀。然美國開礦人所稱爲含緑氣之礦，半皆錯誤，蓋百種内難得一種含緑氣者。尋常之礦，類皆劣金類合於各色之土耳，其有銀無銀，尚未可必也。

又第二七節《論水銀膏》 法中所需之分銀器，爲鐵罐或鐵桶，或鐵底之木桶，並木杵。其杵底當稍闊作靴形，可省水銀之糜費。余前慣用之器，下節中有言及者。其法從旋轉木桶内，傾煖漿於分銀器内，其時漿内含銷化之銅若干，不添水而以木杵研之，則器之鐵底上，當成銅合水銀之膏。如此，則水銀可得回十之八九。故其水銀合水銀膏，不可令留分銀器内。如留器内，必與銅合水銀所成之膏相并，而糜費必多。但當留其膏於槽内，引入凹處，用海絨洗浄，即以鐵管引入篩器中。

分銀器中所得之劣水銀膏，有三種用法：其一，將膏仍置於旋轉木桶内，可作紅銅料用，亦可免銷化其紅銅球，第不可多用，多則有礙於所成之銀。其二，將膏於甑内蒸之，則能分開其紅銅，與尚含之銀若干。再碎其所成銅合銀之絨，分爲二三等，將其含銀多者鎔化出售，而所得之近乎浄銅者，可留爲將來造銅緑用。其三，可將蒸得之金類鎔化之，鑄成條或球，以備於旋轉木桶内用之。

照此法，則旋轉木桶内並銅緑、青礬所費之紅銅，皆能得回。但分銀器之鐵底，必爲鎔去若干。如礦含銅養炭養者，能分出紅銅極多，故以此法分含銅之礦，亦能獲利，若能用亨得與都固拉司之法，則獲利當更厚矣。

摩奴府内所産銀礦，若用木器分之，其水銀每多變爲紅色粉，即刻散去，粉内亦不能辨水銀之滴。亦有便法，能於此粉内分出水銀。蓋用鐵底之器，則其鐵自能化分其紅粉，令不散。但漿内必須含銷化之銅質若干，否則其粉仍不能化分。若其漿於旋轉桶内合法爲之，則倒出時必已含銷化之銅質在内。待漿在分銀器内若干時後，另沖水令滿，然後可開塞門放出之。此法另有特設之合水銀器，説見下數節。

又第四章《論鍊已煅之礦并煅礦法》第三〇節《論礦含劣金類》 常人皆言煅礦之意，不過欲煅去其劣金類而已，其説雖極背謬，而化學家與礦師人等，亦有佩服其言者。故人常謂無論何種礦，若能先煆，其所得銀之成色必佳。然其所以用銀礦合鹽煆之之故，實欲使各種銀質之難化者皆變爲一種易化之質耳，此質即銀綠是也。若能於此時使劣金類不變化，便能得上等成色之銀，因其劣金類不能於鐵盆内分出故也。但煆礦時不特令銀之雜者變爲銀綠，尤必令其劣金類之質亦與綠氣化合。其所成之質，在煆時不必即能飛散，若能改變其法，使劣金類之與綠氣化合者，更不能與水銀化合。其法乃穩，特恐此改變工夫，縻費既多，用度又大，未必皆能得法耳。且鐵盆内所有變化，初則令劣金類與綠氣化合，繼復令所成之質再化分，則必仍與水銀相遇而化合矣。即或於鐵盆内加以鉀養或鈣養，亦不能全免此弊，蓋用鉀養鈣養之數既足，亦能礙銀與水銀之相合也。

又第三一節《論煆礦時令礦受綠氣》 煆礦時使礦受綠氣，本非奇異難成之事，乃有謂其法甚巧而難於奏功者，妄也。向用此法之人，既非格致名家，又非才識卓絶，皆能屢用屢效，可見欲講求此法者，亦惟耐心爲不可少耳。用法者，如初次不效，當再試之，數次後自能漸漸得法。凡建立一廠，專爲人代鍊銀礦者，所用之法，必求其最可靠者，務使百發百中。即料理鍊礦之人，亦非識見精明，熟於礦務者不可。若粗有見識之人，自煆已礦，雖一二次未能成功，亦無人責備其後，故不妨漸漸試驗，久之亦能得法也。若大廠可用煆礦機器，如斯底底非勒得與懷得，與布兒克那等之機器，皆可購用。至小廠每日鍊礦不過二頓，其資本亦係開礦人自出，則不如用倒焰爐爲便。此種爐下節另有論説，如資本較多，可購一布兒克那之機器，每六日能用一二日，餘時停止不做，用此爐亦有便宜。

〔英〕奥斯吞著舒高第鄭昌棪譯《鍊金新語》第一章《提金類法與化學相關》 四十年前，鍊金類名師潑收在礦務學堂昌言云：我英國家鍊金類之事實，與通國百姓興衰有大關係。近四十年來，鍊金類事，大有生色。考究礦務，見識加廣，興辦亦加擴充，機器時改新様，較前更精且巧，而礦學愈深愈難矣。夫鍊金類非僅欲曉礦質提金類之法，且更欲曉金類合用之處，用各種精巧機器以料理之，料質純雜各適所用。並令學者精究格物化學，及製造法，更須明曉簡便辦法。鉛於露處燒鎔，任與空氣相遇，鉛面結有易鎔之物，名曰鉛養，任其流去。鉛内含有珍貴之質，不與鉛同化鎔者，可澄清以取之。是古時已曉提鍊法，猶太國書籍内曾提及此事，謂鉛内可提銀。鉛經火鎔，浮於面者撇去，則所存爲銀也。一千六百年時，皮林固峭云：天不生鉛，則含石礦質，難以提貴金類。有鍊丹者愛爾喀密斯脱用此法，或獨鎔鉛，或兼雜質鎔之。凡物鎔化後斤兩減少，而鉛獨加重十分之一，是一奇事。法都城巴黎斯鑄錢局估金類師梯斐用估凈質法，試驗金類多少。化學師拉復雪加意講求，知鉛鎔後加重，非由火而來，實有化合之質在内也。加重者即爲養氣。何也？露鎔即加重，若封密而鎔之，則分兩不加增。試加入養氣，即與露鎔加重數無異。以是知之，鍊金類試驗物質，莫妙在高熱度時。五十年前所用熱度，高於鎔白鉛以上者，尚無人考驗。一千八百五十六年，法國化學家特肥爾於高熱度到青白色，即白金化氣矽養亦鎔之熱度，與尋常化合化分之熱度，或有更變，或竟相反。特肥爾與脱羅斯脱試驗，定何等熱度爲鎘西名開特迷亞姆。沸度，何等熱度爲鋅沸度，當分隔火燄試驗時，新得情形，與尋常燒法大異。金類之性，因燒鎔而略帶雜質，其性即大異，是爲鍊金類一大奇事。一金類微含他金類質，性即改變，是知此項技藝細微之間，關係甚大。物之珍貴，所含甚微，一噸之内，衹有數釐，如五百萬份礦質内，有一份黄金，猶值得提之。或含極微他質合用者，亦必提出。其詳見後。

又第二章《金類》 錫在銅内所發徵驗，及製造性，可於第十六圖觀之。上兩條彎

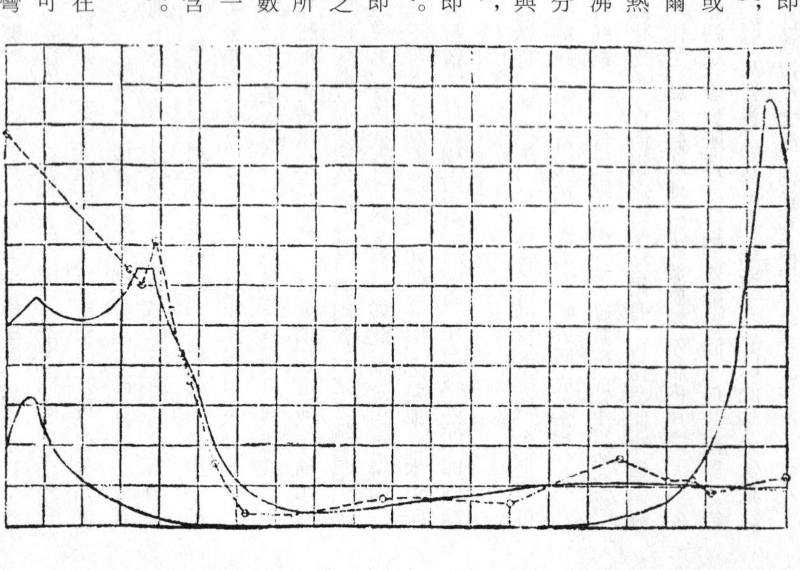

第十六圖

線，指明牽力數。其第一條，爲博物師曼勒脱所畫。第二條係美國家派員試驗得之。大意銅内加錫，即減少傳電力而加其抵力，至多錫加百分之七，各徵驗逐層匀稱。此銅錫雜質，以化學記號言之，爲錫銅三、錫銅四，雖其化學分劑，相去甚微，而受擊裂紋，大相懸殊。錫銅四裂紋爲黄灰色，有玻璃碎裂花紋，錫銅三裂紋色藍，有粗糙裂形。錫銅三重性，較大於銅錫本重性之折半數，殊足異也。外來物質徵驗與金類關涉者，如鋁雜質銅，西名孛郎遲。爲最明顯，百分内鋁居十分，銅居九十分，軋成板片，每方寸可抵當十萬磅至十二萬磅重牽力；鑄成之件，每方寸能抵當七萬磅至八萬磅重牽力。此雜質銅，潑收考究出來，色甚似金，若鋁少加，其徵驗又異，如第十七圖。一千八百七十八年，勿埒兑爾斐亞格致書院，各國派員會議各種鐵新名，照所含炭質多寡而定。一、豬鐵，内含炭百分之二·三或略多，鎔化熱度較少。照桑剔獮留寒暑表，百分度。用一千零七十五至一千二百七十五熱度，豬鐵可鎔，然不能錘。甲爲白豬鐵，内含炭質與鐵相融，此鐵甚硬且脆，而色白，特製成爲可錘之鐵。乙爲灰色豬鐵，内含數份炭質，似筆鉛形，此鐵甚輭而韌，色灰且黑，可製爲錘鐵或作鑄料。二、鋼，含炭百分料之一·六至〇·四，鎔度爲一千四百熱度，桑剔獮留表，餘同。燒至紅熱度，猝然急冷，即大加其硬性。三、融接鐵含炭質不及百分之〇·四，鎔度爲一千六百以上熱度，不令加硬。各格致家聚議，有四種：一曰融接鐵，即可錘之鐵，内含尋常雜質，在熱度内錘令融接，非於鎔化時調和也，并不能以尋常急冷法，令其加硬，昔人名之爲鍊鐵。即中國稱爲熟鐵是也。二曰相似之雜質鐵，不論用何法令加硬者，可名爲融接鋼，昔人名爲掉鋼。三曰各種可錘雜質鐵，鎔爲鐵錠，不能用常法加硬，可稱爲錠鐵。四曰各種鋼，與上相似，不拘何法可令加硬，可稱爲錠鋼。

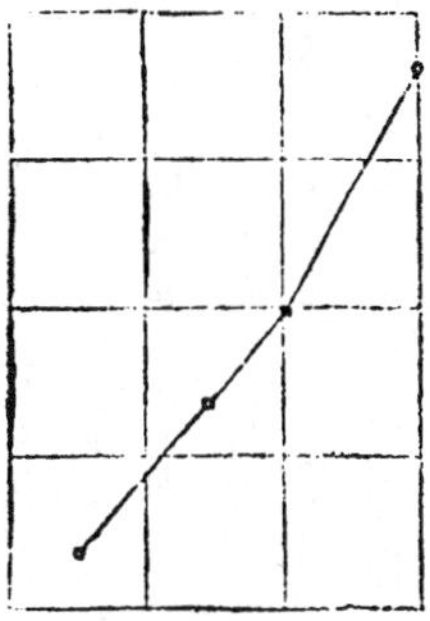

第十七圖

色：金類之色與成色相關，即如鐵雜含炭矽硫燐，並他原質，則鐵成白色，顔色有參差，測其含質光彩，以有大回光耳。光彩高下，與金類成色，並磨擦工夫，可於光彩辨雜雜之料而銅尤明顯。

鎔性：各金類皆可鎔化，然有極高熱度，甚難測驗。祇在□千熱度以下鎔化者考究之，其最要金類鎔度，列表於後。鉀質在一百八十熱度，即化爲氣，若以所化之氣之壓力錮禁之，亦可鎔成流質。

金類熱度大加，從紫紅色至明紅色，漸加明亮，成耀光白色。溥葉將金類各色，配相當熱度如下：

熱度	
五百二十五	初紅色
七百	暗紅色
八百	櫻桃紅色
一千	明櫻桃紅色
一千二百	白色
一千五百	耀光白色

從鎔化流質，變爲定質，金類往往併塊，以前含有氣也，一成定質，即逐所含之氣，令其面有迸碎裂狀。即如銀在鎔時，收受養氣，迫變定□養，氣即爲所逐，若鋼變成定質，日久尚有逐發所含之氣。金類自流質變定質，有忽然徑變者，有變稠質而後成定質者，此其中大有關係。白豬鐵甚合用乾掉法，以必先爲稠質而後成定質也。灰色豬鐵則不然。金類鎔化後結成定質，尋常多成顆粒，外似融匀而内未盡然也。金類有令成氣而得者，或電氣化分而得者，皆易變成微細顆粒。顆粒結成，大都立方式。如白金、赤金、白銀、鉛、鐵皆然。此外錫鋅亦然。錫之顆粒亦四角形，而不必立方。鐵炭二又稱斯披獮爾愛生，即鏡面鐵，所結顆粒，照斜立方式。銻鉮鋅所結顆粒，六角形。鉍之顆粒六面斜方，似立方而不整。錫鋅鉛顆粒兼二式。金類顆粒，爲極要關係，或由於久振動，或極冷，或寒暑猝變，或含不清潔外物，變成顆粒，致不能用。其成顆粒法，又可表明金類品式之高下，如豬鐵視斷處顆粒，又表明含外來雜物。鉛以熱汽鍊净者，有一層銻皮，以其有顆粒而得辨明也。拍聽生從鉛内提銀，亦以鉛結顆粒而别之也。

融接：融接者，金類鎔化後，冷時經過稠質情形，尚未成定質，可用外勢力，或錘力，令微細質點接連。鐵及白金在白熱度時，皆如是融接。冷時金類兩潔净面相併合，亦可融接，惟融接不似上之匀合耳。金類傳電傳熱之易者，快慢次序相等。鐵、鎳、鈷皆可成吸鐵，略加炭，令鐵變鋼，易留吸鐵性。有數種金類，有傳聲之性，受擊所發聲音，與外來夾雜之物，大有關係。如鉛加銻，所發之聲更尖，錫在尋常熱度，鋅在一百六十熱度，而彎折之，即出一聲，咸以爲顆粒面子彼此磨擦所致。

又第三章《雜質金類》 金類彼此相加關係：約三十年前，曼剔生試驗定質雜金類阳電緣由，以爲金類相併而成雜質，有時一原質，有時兩原質，皆變異式情形。查得銀傳電力爲一百數，略加赤金，銀即速減其傳電之力。净銅通電力爲九十八數，略加錫質，即大減其通電之力。前二十九圖彎線表明之，查所加之錫甚微，斷不致與銅成化合之質，此必加錫之銅，已成異式耳。祇此一原質微細數，已足令大份之原質感動而成異式。海底電纜有一情形與此相同，電局全視傳信之速。潑黎斯謂電纜照現在净銅爲之者較一千八百五十八年銅電纜傳信更加倍迅速，以今人皆知電纜須用净銅，彼時尚未識銅雜質之阻電也。湯姆生於一千八百六十年論用銅通電須純净爲貴，而述不純不净之奇驗。今确知銅内加鉍有千分料之一阻電力必大加，電報生意可歇矣。微細外物相加之關係，如加於鐵效尤著明，下章詳之。赤金如加鉍千分料之二，即不能成金錢，以模打易碎也。如此類者甚多。肥文云，揀選净銅，加銻千分料之一，即變壞銅。欲究其根由，須查原質之質點，與所加他質之質點，有何關係。金類黏力，因熱度查之，或以外來勢力試之。余費幾許工夫，考驗伸長性，或原質，或雜質，加他質金類，逐層試驗，兹以赤金論如下：一、赤金能令提極純净。二、赤金不易受養氣。三、确驗赤金無關閉汽質之弊。最清潔之金，每方寸加以七噸重數，其伸長百分内之三十分始斷。官號金百分料，净金居九十一，銅居九分，每方寸加十八噸重數，其伸長百分内之三十四分而後斷。有數重金類，加千分之一、或萬分之一、或千分之二於赤金内，則黏力大減。哈戚脱於一千八百三年已指明之。余曾試净金，加各金類，或加非金類，以千分之二爲率，有幾種大減伸長力與行長力，亦有轉加此二項力，或加一項力。一千八百二十六年，梅令創驗同性原質之質點彼此關係。化學家踵行考究各原質性之異同，編成一表，由是得按時之例，即指明原質各性，由質點重數按時本分。瑪約又指明原質質點體積，彼此關係。質點不論何等微細，總有體積，各原質有各本體積。質點所佔地位，尚未確實查明，然其大略分寸，可以揆度而知。將限定質點若干數，所佔地位得若干分寸，而照若干數，分若干份，即得其一質點地位。查原質質點，比較體積法，將質點重數以重率約之，即得。如赤金質點重數爲一九六・二，以輕氣爲一，赤金質點重數，倍於輕氣質點一九六・二。而其重率爲一九・三，重率較重於水之謂。即爲赤金體積。或照法國米特言之，即一百九十六・二之格蘭姆每格蘭姆十五釐。所佔地位一〇・二立方桑的米特。若鉛之質點體積爲一八・一，鉀之質點體積爲四五・一，試問體脆緣由，抑照其所有本性乎？果爾，則其本性之相差，與脆性之各異，可挨次編表否。瑪約以質點重數，並質點體積，二數爲縱横線，指明原質

$\frac{一九六.二}{一九.三}$ ——— 一〇.二

質點，可依彎線成環，見第一、第二圖。線之最高爲錏、鉫、鉀、鈉、鋰，技藝家所需金類在下環。余細細考驗，瑪約表下層各原質，加於金内，即加其脆性。由是觀之，金類及他不净之質，或有關質點重數，或有關質點體積，知相差數，不是專從質點重數而來。以銅之質點重數六三・二，在净金内所減韌力，與銈同。銈之質點重數爲一〇・四，可見質點重數不同，而所害韌力則同也。又與鋁同。鋁之質點重數爲二七，則亦可見非專係質點重數也。由下表觀之，金類之減赤金韌力行長力，其質點體積必較大，金類之加赤金韌力行長力，其質點體積與金同，或更小，且銀之質點體積，與金同。略加銀於金中，於韌力行長力無損也。

所加原質	牽力限每方寸加噸數	三寸料作百分算 每百分之伸長分數	百分内夾雜不净各物	質點體積
鉀	不及〇・〇	極微	不及〇・二	四五・一
鉍	約〇・〇	又	〇・二一〇	二〇・九
碲	三・八八	又	〇・一八六	二〇・五
鉛	四・一七	四・九	〇・二四〇	一八・〇
鉈	六・二一	八・六		〇・一九三
錫	六・二一	一二・三	〇・一九六	一六・二
銻	約六・〇		〇・二〇三	一七・九
鎘	六・八八	四四・〇	〇・二〇二	一二・九
銀	七・一〇	三三・三	〇・二〇〇	一〇・一
鈀	七・一〇	三二・六	〇・二〇五	九・四
鋅	七・五四	二八・四	〇・二五〇	九・一
銈	七・七六	二五・〇	約〇・二一	八・四
錳	七・九九	二九・七	〇・二〇七	六・八
銦	七・九九	二六・五	〇・二九〇	一五・三
銅	八・二二	四三・五	〇・一九三	七・〇
鋰	八・八七	二一・〇	〇・二〇一	一一・八
鋁	八・八七	二五・五	〇一八六	一〇・六

表内相差之質點體積，與每方寸所加噸數，如下第三十一圖表明之，净金韌力限每方寸加七噸重有數原質，查得有異常之性。除異式情形外，其緣由尚未明曉，顧可約略測之。如以五球爲一定體積，排列令各相遇，若加以更小體積於間隙中，令無空隙，便加韌力，倘或加以同體積之物，則其排列更鬆散矣。凡顆粒内所加質點，能令緊切，韌力即加，全塊金類，大率如是。金類有收縮之理，此足以悟異常之性也。圖内赤金體積居一〇·一，牽力限在七噸，如加以錳，則韌力遂加，幾近八噸，以體積較小也。若加以鉍，則韌力即不及一噸，以體積有二〇·九之大也。加以鎘則縱横兩線有參差，以韌力減而伸長數則大增。加以碲與鉍，則縱横兩線，更有參差，以鉍與碲皆有害於金之行長數。而韌力碲較勝鎘所引伸長數最大，鋁銦鋰之韌力多而體積反不小，顧其體積雖大，而能加金之韌力，反減金之伸長數，是可異也。海特斐爾近考鋁銅製造性，指明鋁加於鋼内，與加矽同。可知鋁矽二種製造性雖不侔，而加於鐵反有相同之徵驗，且鋁矽二種質點體積又相同。

第三十一圖 不净之物勢力在赤金内

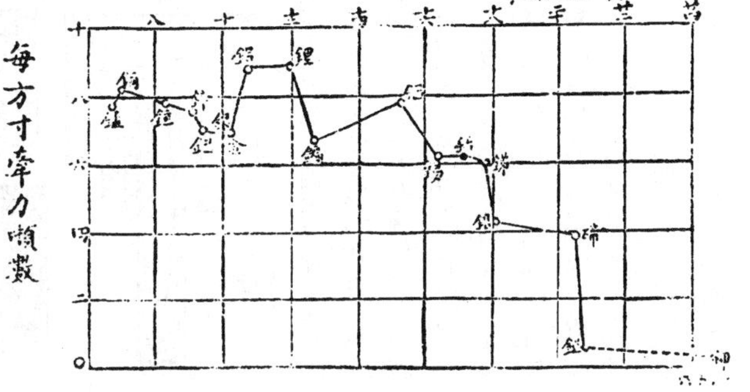

又第二章《金類》 水之爲物，結成定質時，必澄去穢物，而浮面凝結成冰，清潔無色，即有夾雜他物，總不如沈下之多也。金類成定質時，亦必澄去穢濁之物，若雜質金類，一原質收受他原質而已，收受既飽足，所多餘者自屏去。此䈁脱留格物師考究得之也。銅、銻、鉛三項情形最明顯。英國家錬金類學堂試驗銅、銻、鉛雜質，銅、銻先照原質化學分劑合成雜質，色成青蓮，復吸受鉛銻至飽足，而餘鉛逐聚一處，居於中心，色灰，其分界之線極分明，是則無異浮面清潔無色之冰，於穢濁之水結成也。更有冰膠，與金類變定質相同者，水冷至〇度下八度，反不冰膠，若攪動之，即結堅冰。以桑剔䈁留寒暑表測之，仍是〇度。一千八百五十八年，化學師阜留兑論冰形醋酸、硫黄燐，及數種金類在鎔化時，亦有以上性情，冷過於成定質表度之下，反不凝結。荷蘭樊黎姆斯對克指明一粒金、一顆銀鎔後，令其冷過定質限度，而反不能結爲定質。若以金類尖鋒微攪動之，隨即凝成定質。其表度降至負度時，鎔化熱氣，隱藏於中，迨一撥動，熱氣還至鎔度，仍回至成定質限度，而發有耀光也。吾人於此可留意金類原質，或雜質内稍有參差，令鎔度大改，即如赤金之净者，加以百分料之二矽，在蠟燭火内燒輭，其鎔度祇四百十二熱度，與鋅一般。若不加矽，則爲純金原質，鎔度在桑剔䈁留表須過一千度。

又《論金類性金類西名茂脱兒》 拉吾爾查如何減少含物流質之冰度，即成流質度。用一極小分劑之物質，化於一百分劑之鎔物内，令減此鎔物冰度。桑剔䈁留表·六二度，尚未得減少冰度确據。嗣海考克、耨佛爾二人考驗兩事：一、鈉、錫加以他金類，如何減少冰度。二、金類鎔爲流質時，查微細顆粒重數。二人循照前格物家拉吾爾所設之例，查考減少冰度，所有被鎔物重數，與所鎔之物重數，有 定分劑。即如鋅微細顆粒，或汞之微細顆粒，是爲獨質點，鎔化於鎔錫中。照拉吾爾第二例，於一鎔物内，加以被鎔物，以比較冰度減數。查得被鎔物微細顆粒重數相同者，所減冰度，彼此皆同，不論被鎔者之爲何物也。上言純金内加矽，金久變爲稠質，此稠質内或有幾分定質，而近於流也，恰未深求。賴收循拉吾爾汽壓力法，已查得幾種金類微細顆粒重數。將已知分兩之金類，鎔化於鎔物内，測量鎔物化汽之汽壓力，因此金類而汽退減若干。查金類質點，與物之微細顆粒，的確相同，以此金類業已化爲汽。查考其性，知其質點，實與微細顆粒同也，惟鈉之質點有不同耳。一假銀錢，或鉛爲之，木板上擲之，無峭聲。一千七百二十六年，李麥留查得鉛質，有時聲與鐘鈴同，函告黎麥，黎麥奇之。因查鉛於何等情形作峭聲，乃告法之格物院云，鉛聲呆木，固然。然遇巧得有峭聲。鉛澆如菌式，面須光滑，邊皆圓整，純鉛較市售之鉛聲略差。凡鉛經錘過，聲即呆，惟鑄鉛之排列法，非錘所能及。錘則其絲紋變樣，即顆粒亦變樣也。以顆粒圓者變爲扁形，或伸長，填其空處，即不能震撼作聲浪也。此言與斐諾爾斯論顆粒之漲法極相關，亦與黎麥所論金類質料換位置之意相關。即今人所謂金類内料質有流動之意也。黎麥此試驗，足開以下法門：定質雖危，而有時能流動，即如一條火漆，以蜜蠟爲之。兩端擱於物，在尋常天氣内，不數旬而中輭低下，以兩端料質流動至其處，因而重墜，一擊即斷也。湯姆生用一條金絲，墜以半斷限之重數，雖至一百萬年之久，而不致於斷，以料質流動，不至於斷。顧其重墜之法，果能合度，易令金類料質乾流，即定質流動也。如第十八圖，一號之具，底有圓管洞，上置鉛，在尋常空氣壓力内，恒久不動，若加重壓力，鉛爲行動，顯見鉛爲稠質，以易流下管洞也，且迸射成條，條端圓渾。脱勒斯卡精細試驗，鉛内顆粒，一經壓下管洞，似稠質迸射一般。如其試具常加滿鉛質，其流行可以不斷。條之長短，視壓力如何。試具内鉛質漸少，定質鉛流行將盡，迸射條有荷包收口形，條之上端，成漏斗形，數層皆同中心，有褶形空處。條在管洞内並不充滿，可於十八圖二號諦視之，以是知流有二種，一爲定質之流，一爲流質之流也。金類定質，用鐵杵撞出圓片，下襯模板，如打金銀錢然。圓片較薄於原金類板，以料質擠滿空隙，從四邊流往，撞具與下圓洞模，如剪物之剪一般。十八圖之三號，其具之洞在旁，鉛受壓後從旁洞迸射有疊層形。以快鋒鏍子鏍金類面，亦有上之徵驗。如十八圖四號，鉛片有隨鏍彎下形，與第十九圖鏍金類法，比較徵驗，顯然可見。第十九圖乾流情形，即鏍子經過處，有隨鏍彎下形，鏍未經之處，仍作直線形。圖内已線，表明因外力改變形狀，戊線表明金類片原形。用心匠人，知所鏍式樣甚多，其所以不同者，脱勒斯卡已表明之。定質金類，一如稠質流動，於技藝家大有關係。以鐵鋼及他金類，打成一物，或軋成一式樣，全恃其質有乾流之性，兼恃工匠有識見者，因其勢而導之。鐵之乾流線，可於磨光面子諦視之，浸於汞綠水以蝕其面，或浸於鉻養水，令緩緩蝕去其面。如金類料質内有輭硬不同，化合有不匀稱，或有斷隙處，以料質夾雜礦質渣爐，一經浸蝕後，即顯金類乾流形狀。其如何乾流，有下圖表明，第二十圖，熟鐵十字形塊横剖形；第二十一、二十二圖，軌條横剖形。脱勒斯卡試金類，非用無渣爐之净質，所以比較二十一圖横剖形舊軌條，此舊軌條以掉鐵爲之，與二十二圖倍生麥鋼軌條，係鑄鋼軋成，可見金類之錘打與軋，

第十八圖

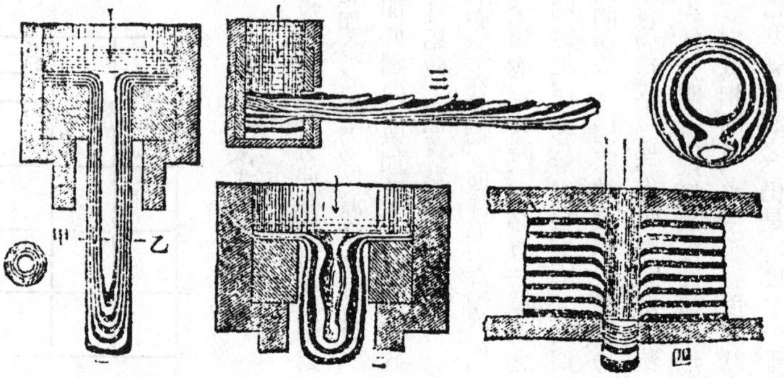

皆有乾流形性。如夾雜爐渣，其流行絲紋，更形明顯。倍克福趣橋論云，我如有權造橋，所用抵當重壓之料，要能任三十四噸至三十七噸之鋼。以之試驗，須將鋼柱兩端重擠之，每方寸能受四十五噸擠力，柱之四圍，亦以鋼抵緊之。經此試驗，尋常祗任三十五噸者，至是能抵七十噸重鋼柱之用。福趣橋上，有四萬二千噸鋼，其中祗一半受重壓力。金類皆如是試驗，百分中可增六十分抵力，以是知金類有乾流性，非論之過也。製錢法甚古，所印花紋實模印稠質，一般壓力壓令金類乾流充滿空隙，賞牌由模製出，揭模視之，即見金類乾流至最深凹處。技藝家製含鉛錫器具，工匠知料質有乾流性，如紡紗紡金類也。

第十九圖

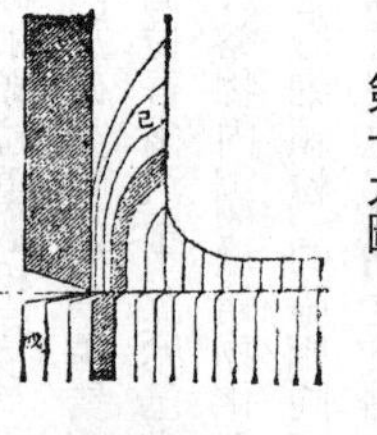

第二十圖

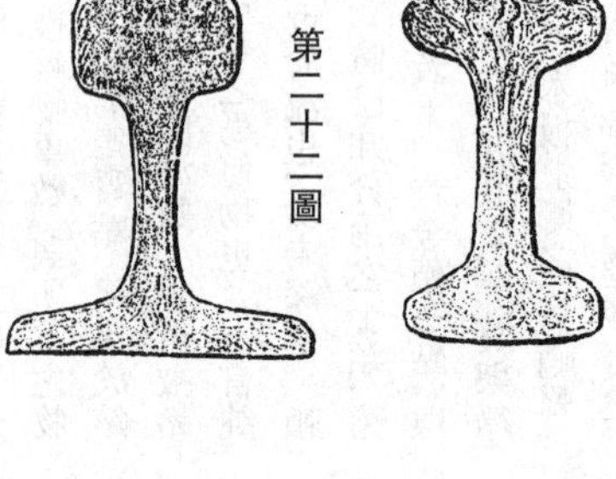

第二十一圖

第二十二圖

金類在壓力下乾流情形，上已明言。若拖之墜之，試其牽力，如銅或鋼，兩端拔之，匀放伸長，到凹凸力極限，必永久伸長，不復還原。凹凸力極限既過，不復多伸長。如堅硬之鋼，凹凸力極限，即爲斷限。又或物質化合，略有參差，即足改其本性，使稠質近凹凸力極限而即斷也。金類屑即細顆粒，在尋常空氣壓力内，永久不肯併合，以相遇之面少也。若相遇之面多者，其徵驗不同。壓力試微細金類屑，即表明定質與流質相關。阜留兑查得兩塊冰，壓合一塊，即不能分。冰在融時，小塊每有相併之性。冰河流動情形，非因稠質而流，以冰與冰有相就之性。不然，何以流也。冰流欲重相凝結，人固知之。鉍性似冰，變定質反漲大。懷克勝試知鉍有再結之性，與冰同，以故凝結反漲。史百齡論雜質金類微細顆粒併合，非以稠質之故，金類屑用壓力壓成塊，如鋅如鉍，壓可成塊而不

能牽長。試問此屑末併合，非其有彼此争相重結性乎？抑重結之性果專屬冰也。重結性專屬冰，照造物化學格物之理言之，似未通也。冰有重結性，不得謂他物質無此性，如查得他物有再結之性，則他物亦可歸入再結一類。要用若何壓力，用若干熱度，有若干時候，而後再結，三者皆有一定分限，得以成此奇驗。吼姆忽爾蚩聽特爾謂壓力少者，冰之再結較緩。史百齡言鈉養淡養、鈉養燐養研細末，置瓶内，能併結成塊，結力鬆者，微細顆粒面相遇不密也。若金類末以大力壓緊，不令有空隙，即融合爲結實塊，以微細顆粒排緊故也。此即氣質因壓力變爲流質之理也。克勞雪論氣質流質原由極精，亦以此理爲然，謂氣質者微顆粒彼此鬆散耳，若用壓力，並得相合熱度，其顆粒自相引合，氣質即變流質，如再減熱度，亦可變爲定質，金類强令成末。

即是使原結成堆之顆粒，彼此分離，將一塊定質，以鎈刀鎈之，即變氣質，如樟腦然，用壓力壓緊其氣，仍成定質。

有金類因壓力併合成塊，或其顆粒不盡由壓力併結，以彼此有牽引性。此牽引性，湯姆生考驗，以爲確實有之。凡兩物相距，合顯微鏡下看有十密理米脱之度，即能牽引關閉氣質。金類吸引氣質，特肥爾脱羅斯脱查知輕氣能穿過白鐵板及鐵，均在紅熱度時，白鐵板以鎔料澆成者。銀在鎔時能吸引同體積養氣，人固知之。特肥爾試驗，以另有一種微細孔眼，較筆鉛及窑砂料細眼更細，以其料質熱漲，顆粒鬆散，致成細眼。㾄留喊姆言氣質穿過金類，以此金類早有氣質吸引在内，大約已變流質，所以能吸氣質。彼時人皆知金類内夾雜一原質，仍可變爲氣質，累及金類製造之性。鈀能關閉氣質，尋常輕氣居多，將紅熱之鈀，在輕氣内緩緩候冷，則鈀箔，或鈀絲，關閉輕氣有几百倍體積之多。金能關閉・四八體積之輕氣、・二體積之淡氣。銀能關閉・七體積之養氣。熟銅能關閉・三〇六體積之輕氣。論鍊鐵一道，關閉氣質在内之説，頗屬緊要。倍生麥鍊鋼法，鍊時空氣吹入其中，養氣與鐵融洽，然則養氣如何與鐵融洽，將成鐵養乎？抑養氣消化乎？尚無有宣究之者。迷雷謂鐵内養氣，實消化於中，錳如加入鐵内，易於分出養氣，若鐵尋常含輕氣，大都是氣質，或爲阿摩尼阿，有時或不是氣質形狀，看來非果兩相化合，以易於逐出也。即如金類成定質時，或在真空内燒紅，或鑽法，將不化合之輕氣，可逐出也。欲免逐出，在變定質時加以壓力，則氣質可留，在未變定質之前，加以錳，或矽或鋁，則氣質不致外散。大約輕氣在鐵冷時結成定質，氣質即留於其内。開爾推由電鍊成之鐵内，取出二百五十倍體積之輕氣，其法將鐵在真空時用電火燒熱，其所以用電鍊者，要金類微細顆粒清楚，排列不亂耳。㾄雷喊姆謂炭養爲鐵所化鎔，使鐵成鋼，炭養居其大份。今確知矽錳，足令鐵留炭養，並輕氣淡氣化融於鐵中。金類定質，有幾種能收吸流質，且甚速。一千七百十三年，荷蘭化學家亨勃論有一質能鑽金類而過，並不化烊，並有幾種物能穿過金類而不擾亂顆粒，如水銀能鑽入金類，而不累及顆粒，水銀鑽錫而過甚速。以一條錫，闊一尺，厚半寸，在三十秒時，水銀已鑽過，致此錫條易斷，此錫條未經水銀鑽時，雖摺疊而無斷折形。

定質金類化成氣：兑瑪收云，金類在真空内化氣，較在尋常空氣内可減少熱度。予謂金類如白金即鉑。化氣，可在真空内大減其熱度。梅髯謂水銀在極冷度内變定質，又不免化氣於空中，不必由流質化氣也。

金	鋁	鎘	鎂	錫	鉛	鈶	鈣	鈉	鉀	錳	鈷	鎳	鐵	銅	鈀	鉑	鋅	銀	鉍
九七九	八二一	七六〇	七二六	六五一	五七〇	五六五	四〇五	四〇〇	二三〇	一四五六	一四五〇	一四一〇	一三七五	一三六〇	一二〇〇	一一〇七	一〇七七	九九〇	九八四

〔英〕奧斯呑著舒高第鄭昌棪譯《鍊金新語》第二章《論金類性金類西名茂脱兒》　裂紋：金類面之裂縫，一由其本性而來，一由其如何凝結而來。如熱時猝然急冷，則不及結顆粒；若緩待其自冷，則自成顆粒。錘之又久，常常振撼。或冷甚，金類能自分顆粒。凡有累其結力，或累其成顆粒法，即與裂紋有關。如鉛在熱度折斷，則折處有參差形，似斷竹篾然。若在冷時折之，則無此形。

錘度：錘金類，用緩力，或急力，錘至某度，金類伸長久延，以不碎爲度。若分成顆粒之金類，則不可錘，錘即碎矣。如入火再煉，又可大都金類軋後，或久敲後，則不可再錘。如入火再煉，又可錘之。將金類燒至高熱度，任其自冷，則本性可復，欲屢錘則屢燒之。熱度之高下異，則金類之性亦異。有在紅熱時可錘，冷則不能錘，謂之冷絀。亦有冷時可錘，紅熱時不能錘，謂之紅絀。又有不拘冷熱，皆可錘，有冷熱時皆不能錘。鋅放冷時熱時有脆性，然燒至一百五十熱度，則可錘。凡金類錘度，視成色之純雜，隨便試驗，或敲或軋皆可。

抽絲性：抽絲性，即金類可抽成絲之性也。尋常抽拽時熱度過高，則抽力減少，然無一定比例。鐵在一百熱度較在〇度時抽力減少，加熱至二百度，抽力即增。金類可錘即可抽，然此二性不平行，若照錘度而論，其次序如下：

錘度最大者第一金，次銀，三銅，四錫，五白金，六鉛，七鋅，八鐵，九鎳。抽絲性次序如下：第一金，次銀，三白金，四鐵，五鎳，六銅，七鋅，八錫，九鉛。牽拽緩急，與錘及抽絲性大有關係。

行長性：金類性各不同，各質内微細顆粒結力，在重墜時不肯分離，而有伸長之性。

韌力：金類物質内微細顆粒之結力於過其凹凸力限時，仍不肯斷離。

堅硬性：金類質内微細顆粒，能抵敵外物之勢力，各種金類堅硬性不同，博物師薄湯試驗之功，頗稱美於世，照其試驗各質堅硬次序列表於下：金剛石堅硬數爲三千〇十，以下二十種金類，以次遞降。

測算以上金類物質堅硬分數，在若干分秒時，切若干深淺，知各質堅硬數，與重性數，爲質點重數所分成之數，有比例。如銅堅硬數一三六〇，與其重性八・八，爲質點重數六三・四所分，猶之錫堅硬數六五一，與其重性七・五，爲質點重數一一八所分，其式如下：

$$一三六〇：\frac{八.八}{六三.四}∷六五一：\frac{七.五}{一一八}$$

金類質凹凸力越大，質越堅硬，熱度越高，質越輭。勃明亨書院格物師推納，前從予考究金類堅硬數，得有新法試驗之：

脆性：金類質經過外來勢力，如有物擊，或寒暑變更，微細顆粒之結力，即爲阻隔。又金類成色，净與不净，亦有大關係。【略】

一千八百四十五年時，化學師瞿爾云：查金類重率，須於鎔時比較，以金類鎔爲流質，已無結力。微細顆粒排列法，亦無與相關。予與麥勒脱照法試之，將一具灌足已鎔流質金類，與同體積水比較分兩，欲測其具之容積，將其具燒至金類鎔度，而盛滿水，即以此水體積，與同體積流質金類比較，即得其重數。予與賴脱生設一新具名俺夸雪彌脱，查出數種金類流質重數，列表如下：

	定質重性	流質時結實數		自定質至流質時比較體積每百分相差數	
		用麥勒脱法	用俺夸雪彌脱法		
鉍	九・八二	一〇・〇三九	一〇・〇五五	減小	二・三〇
銅	八・八〇		八・二一七	加大	七・一〇
鉛	一一・四〇	一〇・六五〇	一〇・三七〇	又	九・九三

（續表）

	定質重性	流質時結實數		自定質至流質時比較體積每百分相差數	
		用麥勒脱法	用俺夸雪彌脱法		
錫	七・五〇	六・九七四	七・〇二五	又	六・七六
鋅	七・二〇	六・五五〇	六・四八〇	又	一一・一〇
銀	一〇・五七	九・四六〇	九・五一〇	又	一一・二〇
鐵	六・九五		六・八八〇	又	一・二〇
生鐵四號雜號豬鐵	七・一七	六・六五〇			

$$〇.〇〇四一八：一.〇∷一三九〇〇〇：天$$

$$戊=\frac{己}{丑}$$

$$每方寸三三二五〇〇〇〇磅=\frac{一三九〇〇〇}{〇.〇〇四一八}=戊$$

【略】金類流質定質時相似之性：一千七百十三年，黎麥謂如何可令金類行長，金類流質定質性情相似，人所共知，非謂其微細質點内動静相同也。定質有一定外貌，不易更改，或改亦甚緩，欲令迅速改變，須加以大勢力而後可。流質並無一定式樣，所成式樣，即照器具而定。其顆粒動静甚大，其禦敵攙雜之力甚微，上無激迫之力，而順其自然之性。其面必平，若稠質情形，居於流質顆粒定質之間，其界限彼此漸異，稠質略有禦敵更改式樣之性。好似一薄像皮球，灌數分水在内，此一抑即彼一掀也。鐵經熱度而柔輭，已向稠質地步，屢加熱後，即近氣質情形。金類爲定質榜樣，欲考究定質作用，與在流質時同。有數種金類，從流質變至定質，有幾多情形，與幾種流質情形同。金類至變定質時，將夾雜穢物，逐漸澄去，有浮至面上凝結性情。因思金類定質流質間，關涉彼此同性如下：

一、受壓力時流行定質受壓力即行長之意。

二、受壓力時質内改變情形。

三、收吸氣類。

四、收吸流質。

五、消化。

六、化成氣質。

七、面上牽力。

又《金類》 金類凹凸力、行長性、久延性：製造金類講求質性，初以爲機器官名分，非鍊金類專職也。然鍊金類職分，不特從曠質内提鍊，兼且配各用處材料，所以鍊金類者，應明曉緊要金類，及雜質金類之製造性情，須親加試驗考求，非人云亦云也。凹凸力者，物受外勢力而改度，勢力過後即復其原之謂也。外勢力加至無可加，是爲凹凸力極限，勢力去仍即復原。若外勢力加過其限，則勢力去而不肯復原，物之改度遂久延矣。在凹凸力極限内，金類伸長多少，視外來勢力輕重如何，有一定不易之性。勢力逾其極限，則凹凸力已失，勢力屢加，屢可伸長，即改用極輕勢力而亦不縮還原矣。外來勢力，或噸或磅，與一條金類物一寸方體積，作爲試凹凸力數根，即如一條一寸方體積之鋼，加以外勢力十三萬九千磅，即到其凹凸力限，其伸長數爲〇・〇〇四一八寸，即千分寸之四有奇。欲令伸長一寸，可以比例得之。如此天字等於三十三百二十五萬三千五百八十八磅，即每方寸著力伸長一寸之重數，此凹凸力數根，與原式伸長數有一定比例，猶之外來勢力若干數，與其伸長數有一定比例。總之，凹凸力數根，因外來勢力，爲受此勢力者所分，而得分成之數。格物師恩温論對數根如下：己爲一份面積上外來勢力數，丑爲一份長數内之伸縮數。取一份而言，可得全份比例。照格物師霍克之例言之，戊即凹凸力之系數，或即格物師容之數根。假如一種極堅之鋼，凹凸力限甚小，而能抵禦外來勢力之數甚大，外來勢力屢加至極限，即每方寸加十三萬九千磅，其伸長數止〇・〇〇四一八，即博物師闞納特查得簡法。欲定一定之伸長數，如一條十寸長一寸方金類條，每方寸面積受外來勢力一千磅，其伸長數爲千分寸之若干數。以此比例求之，亦可得每方寸凹凸力數根，如天。測量金類力量，須究以下諸端：一、凹凸力之極限；二、凹凸力限内能抵幾何外來勢力；三、凹凸力内能受最大勢力數；四、未斷之前，能抵擋幾何著力數，其變形何若；五、伸長力至極限處，或能抵當外來幾何勢力而尚不斷之限。尋常要考究凹凸力限數，外來勢力加至何等重，尚能抵當而不斷之限。欲究絞力壓力之限度，恩温闞納特二人書内已詳言之，兹不及述。試金類者，最要考究凹凸力限，如一鐵條，或鋼條，以箝銜緊兩端，而重墜以外來勢力，其鐵體一律伸長，此金類所用外來勢力有一定限數。至其限而放之，鐵體自能縮還原度，此謂之凹凸力限。若至其限而不放，祇加纖微勢力，即變爲久延，不能縮還原度，所以欲求凹凸力确實極限，須用細巧器具試之。至凹凸力極限處，則其所著力數，與外來勢力數，不能相抵。著力數視横線，外來勢力視縱線，勢力加重則彎形愈彎。其各交點在彎線上某處，即可知各試驗分度也。至凹凸力限處，彎形本不多，尚離垂線不遠，若到極限，金類條内微細顆粒排列法業已改變，即不能復原。其斷限緩速，即表明此金類條在軋或錘時工夫如何也。奥斯芒云：鐵與鋼因外來勢力，令久延變形，由其金類顆粒内質點排列俱改。此言於下章論鐵質異式加詳焉。惠爾生查究彎線表外來勢力，而本質得其著力數。其如何彎數，即指明鋼條如干著力數，因漸漸加外來勢力重數，鋼可由凹凸力定質，漸變爲稠形流質。惠爾生將各異等硬性鋼之彎線，分别誌之：如第一圖一二三四，與汽在各異等熱度時，得外來勢力並著力所成之彎線相同。圖内之甲、己、乙、戊、丙、丁處形似斷折，實係料質變式改形，而成此曲線。第一、第二圖，惠爾生表明試鋼彎線之相讓分限，並俺德羅表明無水炭養由氣質變成流質情形，大抵金類質内微細顆粒排列法更改，外來勢力久延著力，即金類質之斷限或增，而伸長數必減少，且重力久延，又加凹凸力限，即是金類質内顆粒排列更改之證據。如重力緩緩漸加，則其著力彎線形亦較平。梅得闌試驗造礮所用之之比。試一百噸之具，活砝碼有一噸重。如寅，砝碼移至丙一端，即足抵五十噸重力。若試驗一百噸者，將寅砝碼移回至定點丙一端，又加一噸重，斯可耳。一噸重砝碼，在桿上進退，有螺絲旋行，每移行三寸許，即試驗鋼料加一噸重數。砝碼上有佛逆，可測百分噸之一之數。脟林活試驗機器，如第六圖，闞納特工作處有之。此具爲横卧形，有二桿，一曲尺形如己二己一，其重比例己二與己一即五與一之比。直桿丙一與丙一，猶二十與一之比。此試具桿總比例，猶一百與一之比。其重力由壓水櫃而來，如乙。欲測若干重數，視直桿上寅砝碼移行而得之。郭爾納試具，如第七圖，爲雙桿竪立機器，可試二十噸重料，或用壓水櫃，或用旋螺柱，若所試之物輕者，己一己二處可分開，作簡便試法。此種機器國家礦務學堂用之。第八圖即此具之深看形。試驗機器莫妙於自記金類所受外來勢力重數，並伸長數，在紙上劃出縱横線而並得其彎線。具之簡便，莫如韋克斯堆所造機器。如第九圖，圖内鉛筆行動，外來勢力，由水櫃而來，非由秤盤重物也。其銅絲扣於所試金類，行過轆轤，盤繞於輪，以牽連於鼓體。此銅絲能表明伸長數。其鉛筆循軸線方向移行，所行之數視外來勢力輕重而顯。金類伸長，鼓即旋行，得此鉛筆與鼓同時皆行，鼓上所有之紙，即劃成彎線。如鉛筆與鼓各自分行，則鉛筆於紙上劃縱横線，以鼓旋成縱線。鉛筆隨軸而進，則成横線。鼓與鉛筆同時並行，所以成一條彎線。下表即指明數種金類極限伸長力、每方寸面積、加若干外來勢力磅數。

	磅十六兩		磅
少炭質之鋼	九〇〇〇〇	生銅	一九〇〇〇
多炭質之鋼	一三二〇〇〇	銅片	三〇〇〇〇
鉛皮	三三〇〇	銅銷	三六〇〇〇
錫	四六〇〇	銅絲	六〇〇〇〇
鋅	七〇〇〇	軟生鐵	一三四〇〇
	八〇〇〇	中號生鐵	一六五〇〇
净金	一五六八〇	堅生鐵	二九〇〇〇
鉑	一五〇〇〇	熟鐵板	五一〇〇〇
鋁片	二四〇〇〇	熟鐵條及銷	六〇〇〇〇
鋁絲	三〇〇〇〇	熟鐵箍	六四〇〇〇
鋁條	二八〇〇〇	熟鐵絲	九〇〇〇〇

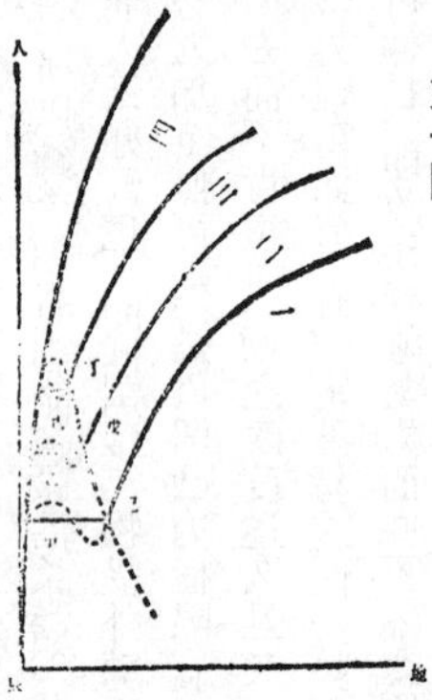

第一圖

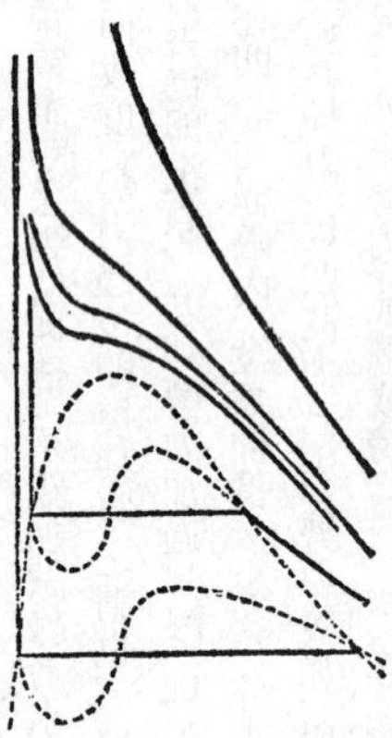

第二圖

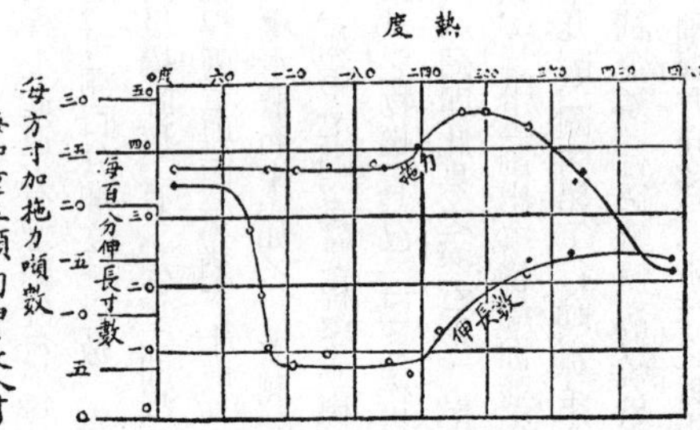

第三圖

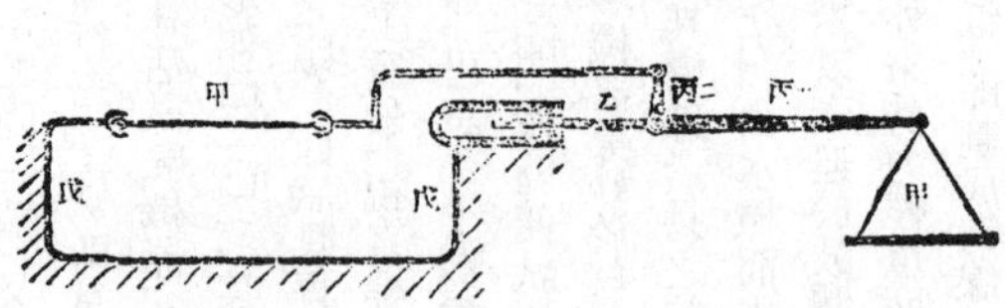

第四圖

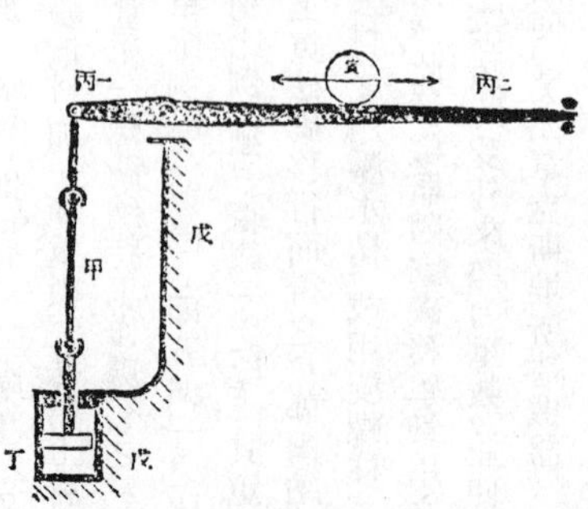

第五圖

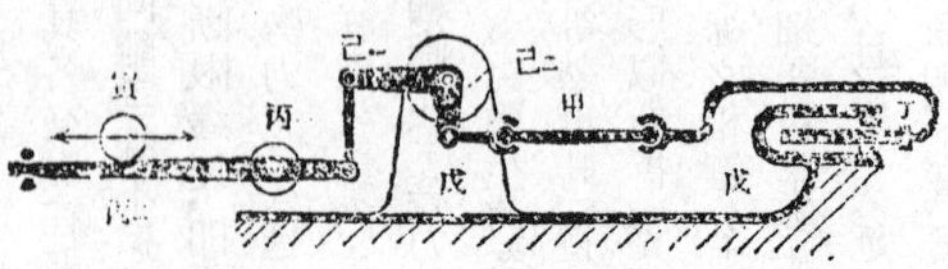

第六圖

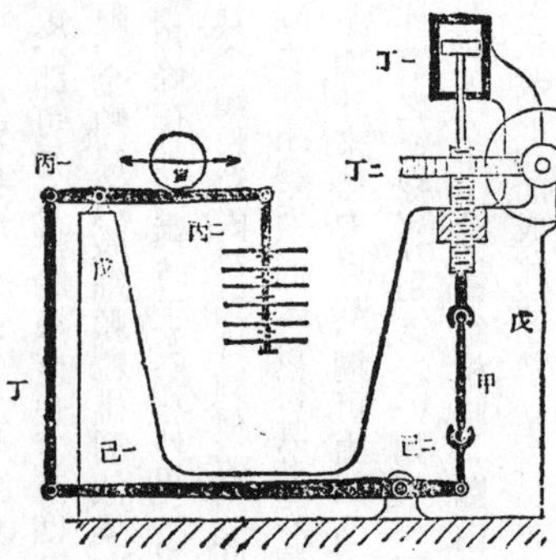

第七圖

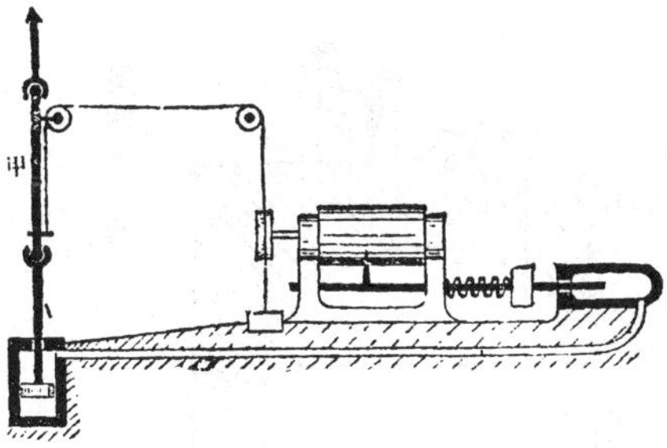

第九圖

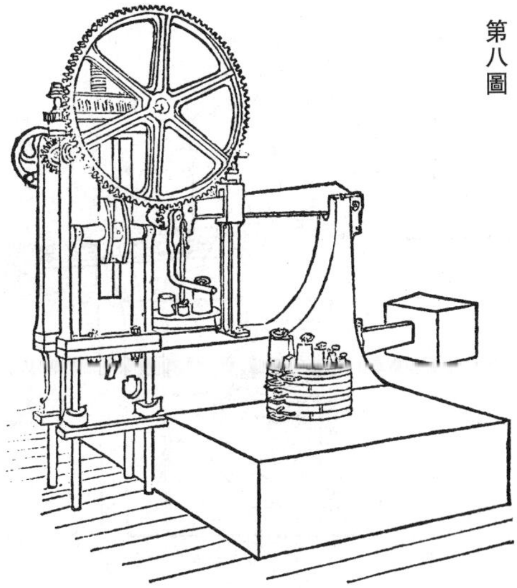

第八圖

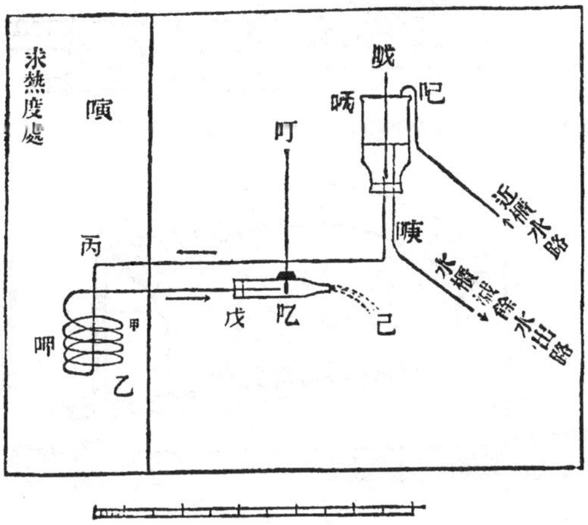

第四十四圖

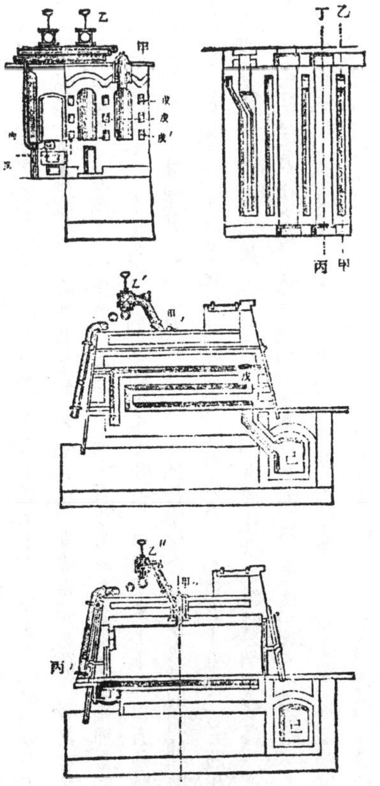

第四十七圖

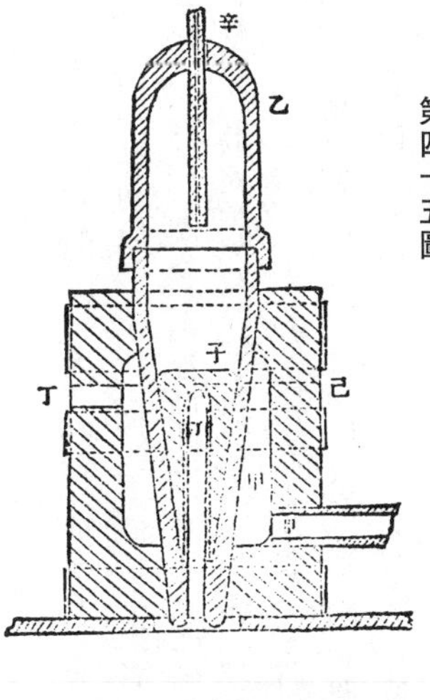

第四十五圖

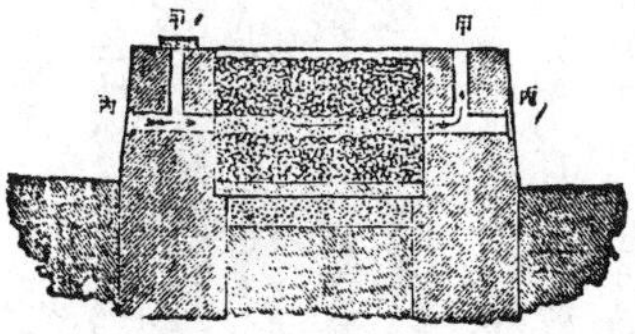

第四十六圖

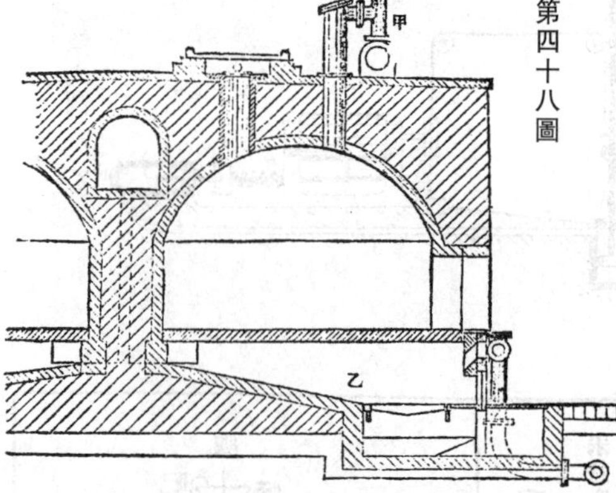

第四十八圖

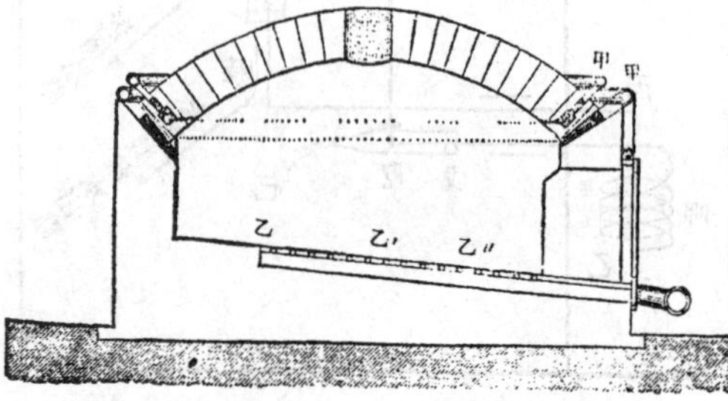

第四十九圖

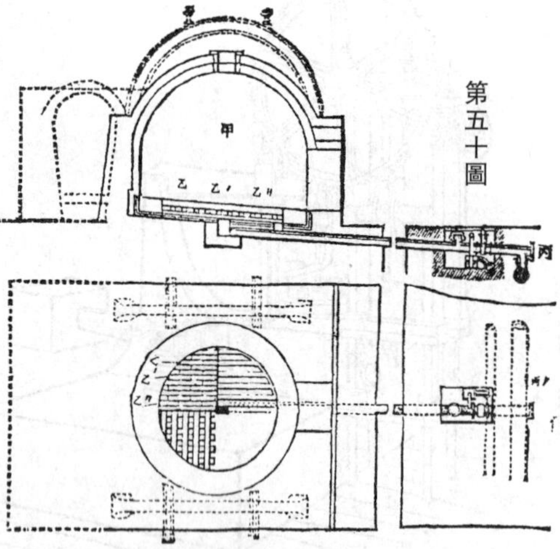

第五十圖

又第三章《雜質金類》　前人查驗：金類彼此併合，頗得製造之宜，所以技藝所需金類，不求純浄，此前人早經明曉。雜質金類，名曰阿勢亥，此拉丁文，寓併合之意。化學名家郭瑪曾言雜質金類，今人不甚考求，以爲雜質相併，發有異性，區區試驗，尚未精審耳。顧雜質金類，不知凡幾，欲盡查驗甚難。尋常金類三十種，每種取一分劑，兩相化合，計有四百三十五雙股雜質金；如以三種金類化合，計有四千零六十雜質金；如以四種金類化合，計有二萬七千四百五種雜質金；如於三十種内取四種，以與其餘二十六種各相化合，又挨次遞取四種，與各種化合，如是上所説雙股化合之雜質金，即變成五千六百五十五種；三股化合之雜質金，又成二十四萬七千六百六十種；四股化合之雜質金，即變爲一百零一萬三千九百八十五種。雜質性情，尚未查明，而查驗性情，實不可忽略。近時鍊金類書，日出未艾，人所不料。古時化學初起，即留意雜質金類，其試驗每甚確，所以礦質鍊出純金料，又彼此提清，金類分明，即知此金類原質與他金類原質有相合之性。由是知雜質性情，與浄原質不同，而用處且加廣。古用金類有求純浄，今技藝家喜用雜質，如銻無獨用，衹爲湊合雜質之料。許里曼查希臘古蹟，有新出土之器物首飾，大都雜質金銀，雜質銅錫，雜質鉛銀，及他雜質，可見古時已曉雜質之用。四五百年前，人以爲金類攙雜金銀中，即料爲變壞，惟化學家製雜質金類，必限分劑以合之。

雜質金類化合各意見：一千六百年至一千八百年，有化學名師四人，當時倡始化學，至今仍踵而行之。四人曰黎麥、曰祈勒、曰摩輿孛黎克、曰阿郤。黎麥考究金類微細顆粒，經熱度而改變。祈勒考究流質金類，各種彼此消化。摩輿孛黎克考究雜質金類黏力，依照製造性情顯出者。阿郤考究金類原質，並雜質金類電氣諸性。黎麥論鋼從高熱度，猝令急冷，倍爲堅硬，以諸種硫類鹽類微細顆粒内熱氣，逐至顆粒間隙處，顆粒即變式樣。並指明熱鋼速冷，其性與輭鋼極異。一千八百六十七年，曼剔生云，有雜質内之原質金類，皆變異式，含炭之鐵，與他雜質金類情形相同，可知所成異式金類，非照化學分劑合成也。祈勒比較雜質金類，與流質消化他質同。其書表明金類在彼此消化分劑，且言銅與銀，並銅與金，彼此皆易於消化，以是銅不能以金或銀，從鐵内化分而出。此言即指金類有彼此牽引併合之情，如銀從金提出，須用硫與鐵。又指明二種金類消化一金類也。摩輿孛黎克考雜質金類製造性，在一千七百初年，已查得金類及雜質金類之牽力。又論物質有實在黏力，以抵禦縱線之斷勢。如黃銅，並含鉛之錫，有行長性，惜彼時製造家不與同考究耳。阿郤之書，出於一千七百八十四年，試驗多股雜質金類，並金類净原質，指明傳熱傳電，爲數相同。今雜質排爲一類，皆可傳熱傳電，皆宗其旨也。雜質所消化之金類，皆係原質，至一千七百初年始知之。一千七百九十二年，法國圖喊麥始論雜質所消化金類，須用净原質，可得確實試驗，用熱度鎔化時，須用有密蓋之具，不任其氣走漏，及外質攔入。從前化學家尚未計及此。六七十年前，論雜質金類者日衆，考究如何令料質堅實之數，如何令雜質金類，可得低熱鎔度，緩冷後所顯之性。一千八百二十七年，愛曼查出鉛錫雜質料成定質性情。一千八百三十一年，羅特孛克亦查鉛錫在流質時性情。婁諾以有數種易鎔雜質料之容熱率，近百度時，容熱率更大於本料，彼此相併，容熱率之中數。可見未相併時，彼此之熱度，皆隱於中，至是始顯出也。丕生因是考究雜質金類之隱熱，與容熱率。近數十年間，所出鍊金類書惟曼剔生爲最著，考求金類，並雜質金類之阻電力，由是知金類顆粒排列有不順，而爲異式，與夙曉情形，大相迥別。考求雜質顆粒排法甚難，欲求憑證，照下法求之：一、將雜質金類性，與本金類未合時之原質性，各相比較。二、雜質金類，從流質變定質時情形考究之，並從定質變流質時考究之。三、欲求雜質金類在定質時常有之性，如鎔度、重率、容熱力阻電力、傳電力，並製造性情，如黏力、行長力。

查驗成雜質法有三：一、鎔化即令金類融合。二、金類粉可用壓力併成定質。三、用電氣鍍法。

鎔成雜質金類：鎔冶爲尋常所用之法，先將物質鎔爲流質，然後加以他原質。有將他質鎔化後加入，有徑以定質加入，所得雜質金類性，與本原質性迥別。各金類鎔度有一定，除鎔化所需熱度外，相併之金類，有時發出溢數之熱度，亦有時熱度不足數。金類相併，有溢數熱度，如鋁與銅，如白金與錫，如鉀與銻，如鉍與鉛，如金與新鎔錫。其熱度反減不足數，則如鉛與錫，相併時即發冷氣。欲求金類徵驗，須有精巧器具，乃能查知之。有數種金類相併時，大減熱度。莫阿試而得之，以同體積之鉛錫鉍三質，鎈成細粉，併於八倍體積之水銀內，迅爲掉和，器具並不傳熱，而此掉和物質熱度，與所在房屋內十七熱度，均降至〇度下十度。試驗金類熱度，須用桑剔𤢑留寒暑表，是書所論熱度皆是。若具內有水，即水膠，此指明金類以水銀鎔之，當時成水膠和物。【略】

以壓力併合金塊：一千八百七十八年，比利斯國黎愛柱大書院博士史百齡專究物質受壓力徵驗：金類粉在尋常空氣壓力內，不能結成定質塊，若令其顆粒面相遇緊切，則情形有異。史百齡試用壓力器具，如第二十三圖，金類粉置於其具中，甲鋼柱下鋼匣空處，鋼匣兩半合成，外束以鋼箍，有螺旋緊。此具以礟鐵爲之，有抽具令鋼匣内真空。其壓力挺桿，由中管壓下，挺桿頂每方寸加二千倍空氣壓力，即加十三噸重數，鉛粉即壓成定質塊，此鉛塊莫有辨其爲鉛粉壓成者。若再加五千倍空氣壓力，此鉛不復抵禦壓力而變爲流，與流質無異，在器具隙處迸射而出。挺桿下壓，一直到底，其鉛質竟如水逐盡。至於結顆粒形金類徵驗，更奇。鉍結顆粒形，質甚鬆脆，然以極細鉍粉，加以六千倍空氣壓力則成塊，一似鎔後結成，而有結顆粒形之碎紋。錫粉壓緊即成塊，如具下有細孔，錫由細孔出，即成錫絲，有時發錫折時之尖聲。各金類粉在若干壓力下成塊，分列有表：

第二十三圖

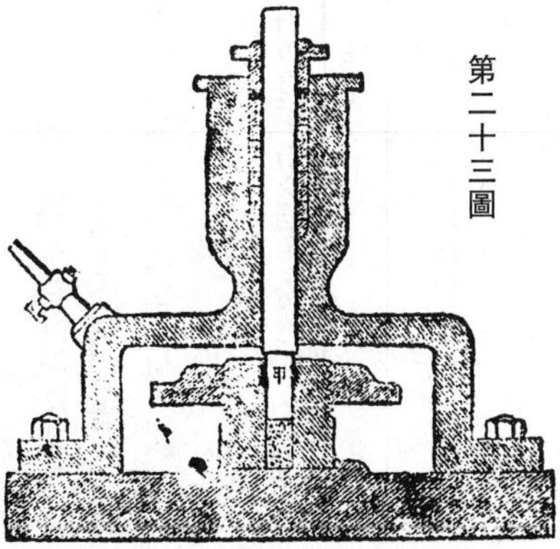

鉛	併塊　每方寸噸數	十三
錫	又	十九
鋅	又	三十八
銻	又	三十八
鋁	又	三十八
鉍	又	三十八
銅	又	三十三
鉛	成流	三十三
錫	成流	四十七

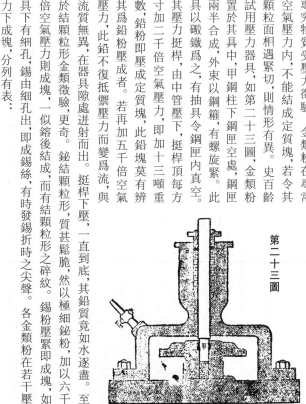

若然，定質可相併合，不必如古昔化學家，謂彼此銷融而後併合也。有兩種無水鹽類物，鉀碘與汞綠二，此皆無水雜質，在盆内磨細，即相併而變爲汞碘，白色變爲朱色。定質金類併合，抑能與化學化合者同匀融乎？莫阿謂黏力，即化學家所稱愛力是也。前言金類物相併，引出冷度，令水冰結，即是之證。史百齡謂如用二十三圖壓力器具，令金類粉成塊，他金類亦可壓合爲雜質。金類粉於冷時併合成定質塊，可無庸更經熱度也。試以鉍十五分劑，鉛八分劑，錫四分劑，鎘三分劑，共磨成細粉，以壓力具壓之，即成雜質金料，能在百度熱度内鎔化，但壓力須用兩次。初次壓成塊後，再銼令極細，而復用壓力具壓之，始能匀徧，如是得雜質金類，即在沸水内能鎔化。其實鎔化之度，衹九十八熱度。查其中最易鎔者爲錫，然亦須二百二十七度。然則此四原質，非彼此融洽，安能臻此。或謂壓力發有熱氣，其熱足以鎔其末，非盡由壓力而然。是説也，史百齡早經料及。史百齡云，壓力行甚緩，非若猝擊能發熱氣，縱令壓勢内一切工夫，均變爲熱氣，不過令十密理米脱高，八密理米脱直徑之鋼柱，在四十度又・六四熱度，能令匀徧融洽乎。可見壓力實能令金類粉併合成定質塊，與火鎔結成者無異。史百齡又取一生物名福龍，其質甚硬，在桑剔猗留表二十八熱度内，便自鎔化，取壓力壓之，如壓金類然。福龍粉上加有鉛丸，乃壓後，鉛丸仍在粉面上，若壓力有熱氣發出，有二十八度，福龍自鎔爲流質，鉛丸應沈下矣。何鎔福龍之二十八熱度，未曾傳出乎？吾儕一定可説金類粉因壓力成定質塊，非由熱氣鎔合也。

由是觀之，金類彼此自行成雜質，衹要微細顆粒，相遇緊切，自能融合爲塊也。【略】

〔電氣鍍成雜質金類〕凡礦質或雜質内最易鎔化之金類，先已鎔化流去。其體質堅者，熱度或未足鎔化，則尚存而不流。是雜質金類澄定之法，最宜講求。如鉛鋅於鎔時，掉令匀徧，傾於深模内，緩緩候冷，其彼此分清，幾於分盡，即於鋅取其一角敲之，極易碎，彼邊所分之鉛，可撳令扁。又如用三種金類，鉛銻銅鎔時，掉令匀徧，傾於長圓模内候冷，銅與銻固併合，而鉛盡屏逐於中心。將此圓柱斷折，而視其斷端，外圈爲青蓮色銅銻雜質料，圍繞鉛心。銀銅雜質亦然。金與銅鎔時掉和，内惟一金類澄定，他質或屏於内，或逐於外，照其分劑而内外之也。顧此分清並不分盡，鉛内必百分内留一・六之鋅，鋅内有一・二之鉛。銅銻内留鉛甚微，鉛内亦略存銅銻。此相含，而非真分清也。猗脱留講求此事，大意以爲有數種金類，由熱而冷，似花剛石結成法。花剛石燒鎔透光，候冷，有一定分劑之物質點，如石英是也。其餘化鎔之質，無一定分劑，如千層鏡是也。雜質金類情形，大略相同。鉛與鉍，或鉍與錫，燒鎔後，有一種雜質，爲其所分別，如花剛石之成石英一般。其末一層所結雜質，最易鎔化，其併合分劑，非照金類質點分劑。前人謂小熱度雜質金類分劑，須照化學質點分劑成者不确。並云，有數種金類，彼此併合，照各大小分劑而成。如小分劑金類質，融合於大分劑金類質。現考驗其説，果與高熱度金類雜質，可比例以觀否。試得銀銅雜質料，鎔度在桑剔猗留表九百四十度以下者，亦有此情形。其他須高熱度鎔者，尚未明曉。今曼特里爾正在試驗，俟其出書後，乃可得其底蘊。其大旨在熱度高至能分雜質金類以上度數，則雜質金類，彼此消融，當有一定分劑，依照化學質點分劑化合而成。凡化學之化合物質，有一定分劑，熱度在能分雜質鎔度以上，必可合，亦可分，即物質消化，亦有此情形。尋常熱度内物質，亦有能合能分。澄定徵驗銅銀雜質料甚明顯，鑄錢處雜質金類候冷時，其中有聚集多堆，成有分劑之雜質料。或有幾堆，未經併合，而爲浄銅浄銀，迨澄定結塊，質料竟不匀稱。格致家細加考驗，近數年來，表明含銅銀錠質料，本不融匀。賴佛爾試驗金類，澆於立方鐵模，其四邊有四十五密理米脱，或澆於五十密理米脱直徑空心球内，查得銀銅雜質料，欲其匀融，須百分料有七一・八九銀，餘銅乃匀，以爲此即雜質之相配分劑。照化學分劑而言，爲銀三銅四，其他銀銅雜料，以爲即有分劑已成雜質料，與多餘之金類相併而已。一千八百七十五年，予用賴佛爾法重加試驗，所謂七一・八九銀分劑，似未必盡然。銀銅雜料，全視其涼法如何，緩涼合法，有多種參差分劑雜質，亦能匀稱。惟七一・八九銀之分劑，無論急冷緩冷，無不融匀。此其異也。欲查澄定法之緩冷，有何徵驗，用立方模子，約四五密理米脱大，以火磚製成，如第二十四圖。

立方模内雜質中間垂面一片試得各分内銀有千份之若干份

甲	九二五・七
乙	九二五・〇
丙	九二五・〇
丁	九二五・〇

（續表）

戊	九二五·〇
己	九二四·三
庚	九二五·〇
辛	九二五·三
壬	九二五·三
癸	九二五·三
子	九二四·三
丑	九二五·三
寅	九二五·三
卯	九二四·四
辰	九二五·〇
巳	九二四·三
午	九二五·〇
未	九二五·三
申	九二五·〇
酉	九二四·九
戌	九二四·三
亥	九二四·七
天	九二四·九
地	九二四·九
人	九二五·三

橫剖一片各分份差數

一	九二五·八
二	九二五·〇
三	九二四·九
四	九二四·九
五	九二五·〇
六	九二五·一
七	九二五·一
八	九二五·一
九	九二五·〇
十	九二五·〇

八角各分份差數

甲	九二四·一
乙	九二四·一
丙	九二四·一
丁	九二四·四
戊	九二四·〇
己	九二四·二
庚	九二四·二
辛	九二四·九

試驗用浸法測銀中數，有九二四・九，中間銀數最多爲九二五・七，下角銀數最少爲九二三・九，中數爲一・四。第二十五圖，即合上表列各分份之記號。賴佛爾又指明貴金類，與鉛鎔勻，令成定質，貴金類分劑少者，必屏逐於中心。高蘭拷茄並云，銀九八四・三七加鉍一四・八，鎔勻在露天澆於錠模，計重一千英兩，中間緩結者銀數較多。丕鰲閣重加考究，將十三磅重金錠，用澄定法，試其各分份差數，一千分內金居九百，餘百分內銅居多。謂此次試驗，未見澄定法之徵驗，顧貴重金類技藝家製用有關，因復試驗，求確實證據如下：

一、金錠有九百八十四・七之净金，餘爲銀。迨鎔化灌於球形鐵模，此金銀料澆時，較模子熱度更加，至末次凝結一塊，在球中較中心略高，球徑三寸，重一百四十英兩，即於徑之最大處竪剖一圓片，厚八分寸之三，重三十一英兩，縱横軋令扁薄，以備剪開查驗。面分各份，加號碼作記認，剪分八十二塊，仍無從查顆粒排列證據。其上份較下份，更富餘十萬分之八分。止此差數，在平面看出，即不以爲顆粒重更排列緣由。足見高品純金非若銀之屏逐賤金類也。然純金内略加鉛，或鉍，並他金類，即顯有微細顆粒結法，並他更改情形。今金銀或銅，雜合鎔化，變爲定質，不能得其不勻之證據。麥推試驗，金九百分，鉑一百分，鎔澆於球形模，白金必屏聚於中心，外層金九百分，鉑居九十八分，而中心一塊，有八百四十五分金，一百四十六分鉑，是則金變定質時，必與白金相分。若與銅或銀攙雜，即極細心查驗，亦無以辨晰。澄定法在鍊金類中，鍊鋼用處最多。以一錠緩冷鋼，内有燐及硫，或炭，或甚少之錳與矽，皆分逐於末次成定質處。施奈勒斯將錠鋼，與底平剖一片，即於片之一角起線之中心，依線勻鑽六孔，取其鑽下之鐵屑，分別試驗，可較其雜質之多寡，詳見下表。驗底層質料雖勻，而炭硫燐在上層，漸近中心則漸多，勢將屏聚於中心也。

	層頂			層底		
	炭	硫	燐	炭	硫	燐
一	四四・〇	二三〇・〇	四四〇・〇	四四・〇	八四〇・〇	〇六〇・〇
二	四五・〇	八四〇・〇	〇六〇・〇	二四・〇	六五〇・〇	二六〇・〇

（續表）

	層頂			層底		
	炭	硫	燐	炭	硫	燐
三	七五・〇	〇八〇・〇	六八〇・〇	一四・〇	八四〇・〇	四五〇・〇
四	一六・〇	六九〇・〇	七九〇・〇	〇四・〇	八四〇・〇	四五〇・〇
五	八六・〇	〇二一・〇	一一一・〇	八三・〇	八四〇・〇	八五〇・〇
六	七七・〇	七八一・〇	二四一・〇	七三・〇	四四〇・〇	二五〇・〇

是可知與鋼製造性相礙之質，必漸聚於上層。尋常造礮所用之鋼錠，每取其上層，而孰知上層實夾雜不純也。此後料之純雜處，人皆知之。凡鑄造鎔錘料質，澄定法斷不可忽，前人疏略，致製器不固，全係乎此。法人倫考雪表明豬鐵澄定法甚明晰，將鐵細塊燒九十四熱度，延久一百小時許，鐵細塊面有細珠漬出。取此細珠試之，有百分料之四至六燐，有・六至・八之矽，有一・五以下之筆鉛炭，有一・二四之雜炭。當未試驗之前，豬鐵本有一百分内之三・五炭，二・六之矽，一・九之燐。此細珠由豬鐵漬出，矽炭減少，而燐逐出加多。鉛錫鋅同鎔，勻化後，錫之分劑多者，不致彼此相分。若錫較少，則此雜質分兩層，每層皆爲鉛錫鋅。賴脱湯姆生查此分層細情，其重之一層爲鉛，其中含鋅質飽足而加錫。其輕之一層爲鋅，内消化鉛質飽足而加錫。此二雜料，每互爲乘除，如重之一層鋅與鉛分劑相稱，而後錫亦照分劑而勻偏也。錫之數少則鋅鉛所收錫數愈少，其餘之錫，即歸入輕之一層也。錫若數多，則重之一層，即收多餘之錫矣。

此鑄具可容易燒紅，緩緩候冷令勻。

下表□明一千份雜質料有九百二十五分銀、七十五分銅。緩冷則有千分内相差中數一・四總算勻稱。又一塊同體積，令其急冷，千分内相差有十三分。【略】

第二十四圖

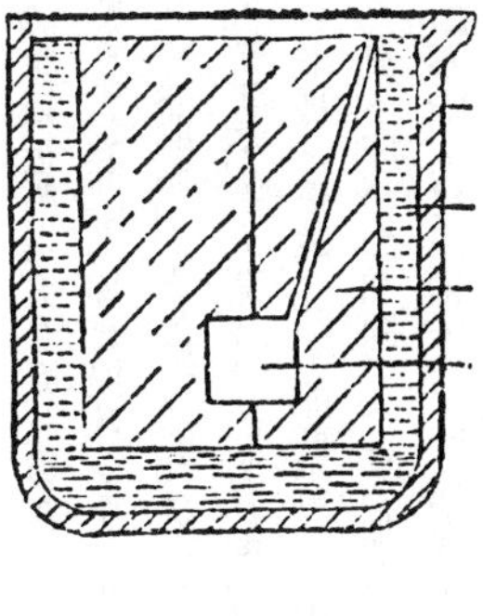

第二十五圖

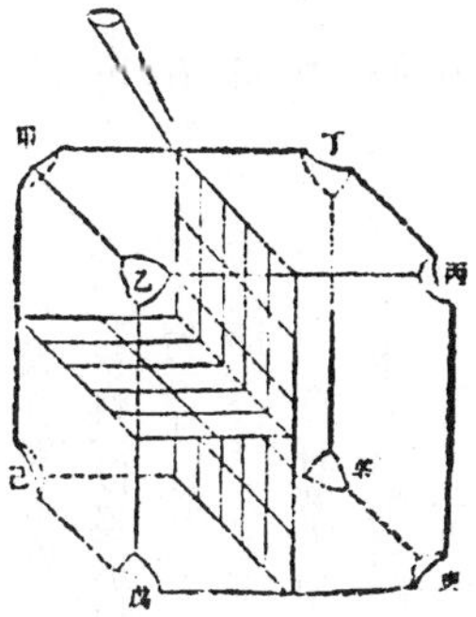

雜質金類在高熱度時通電情形：昔人皆知雜金類加熱度，則電力亦加，然無簡便測量火力具，以是試驗尚未精确。削脱里葉有測量火力具，試得金類鎔化之前，顆粒排列不改者，阻電力照熱度而加。有數種金類原質，如鐵經一定熱度，顆粒排列，明明改樣。有雜質金類經熱度後，顆粒排法漸漸更改。此等情形，皆在阻電力之忽然更變，及漸漸更變看出。有雜質銅，名德國銀，係銅鋅鎳鐵雜質，從尋常熱度起，至鎔化以上高熱度，試得情形亦然。

第二十八圖

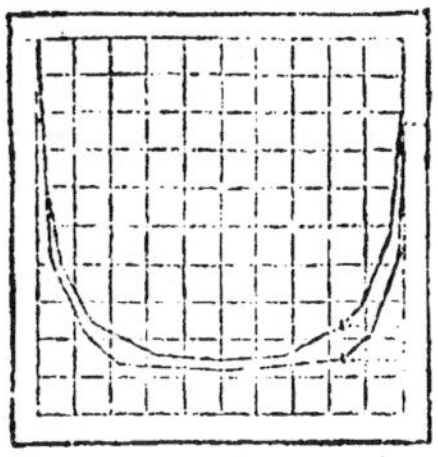

第二十九圖

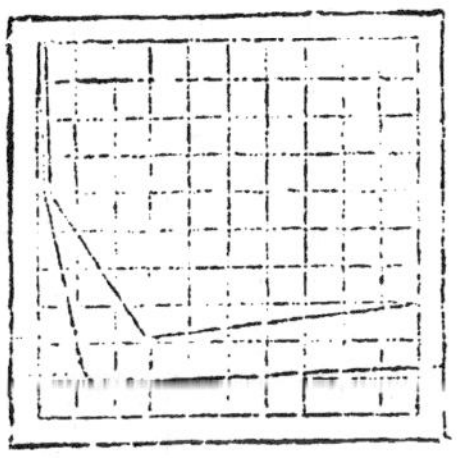

第三十圖

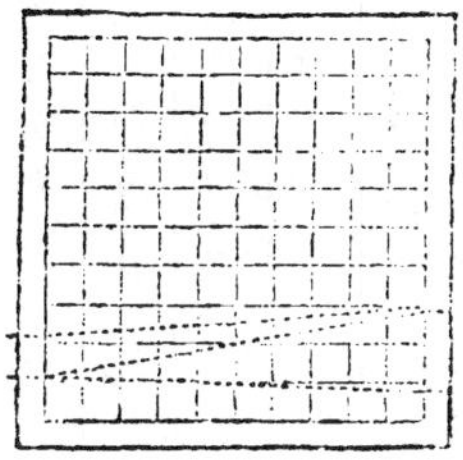

雜質金質在定質時，電氣經過情形：消化雜質料成定質時其徵驗有異，以電氣經過定質雜金類，即表明雜金類有确實分劑之分別，又表明數種雜金類，有異式情形，一千八百六十年，曼剔生認雜金類通電情形，以三條線表明之，一爲第二十八圖馬蹄鐵式線，二爲第二十九圖曲尺式線，三爲第三十圖之直線，又銀内加金，通電力即減，銀如圖一百號，其線漸彎而上升，至金通電力號上。

銀銅雜質料，銀爲一百號，銅爲九十六號，馬蹄彎線有斷處，如二十八圖内之點，即顯明雜質金類情形，爲銀七一・八，此雜質料實合化學分劑。二十九圖曲尺線，指明雜質銅料通電情形，化學名錫銅三，錫銅四，其錫銅三，有百分料之六一・八銅，錫銅四，有百分料之六八・二銅，此亦合化學分劑，其時勞妻亦以爲然，勞妻查但紐爾電瓶内鋅片取出，而易以銅鋅相併之片，電力與用凈鋅片同，即銅片内鋅居千分之一，其電力仍然，如將鋅片取出，而以銅鋅化合之雜質料易之，但鋅不少於百分之六十七，則量乾電具之針不斜，如鋅止六十七分，量具之針即斜移，此足以見鋅性，勞妻意謂此必變成一相併金類其分劑爲銅鋅二，凡雜質金類，鋅質較多，即顯鋅性，錫銅雜質料亦然，雜質料内之錫，過於錫銅三併料分劑，即顯錫之性，此言與查驗銅錫雜質結實力通電通熱之性相符，如雜質内錫之分劑，較錫銅三之錫加多者，磨爲細末，置於銅盃以代銅緑電瓶之鋅，其多餘之錫，漸漸消去，祇成錫銅三如電不斷週，錫銅三如原質一般，不爲電所分，如電一斷，則硫强藥水，必爲化分之，化學家用强酸鹽類水試驗水銀金類膠即鏡背所用者。之電力，表明祇以一分劑鋅，加於二三・六兆分劑汞内，與鋅硫三消化成流質内之凈汞，相爲正負電，郭阿以二分純凈汞亦能作電分物，此二份凈汞，爲不洩電之白金絲，接連於互指針測電具此測電具之電數，有一百獲姆之多，獲姆即阻電力數。略用薄水銀金類膠，加於一份凈汞内，令測電具之針微偏，用顯微鏡觀之，方見針之微偏，可見二份凈汞，本無稍異，而微加金類，其異即顯。

	鉀緑十釐消化於一百二十桑剔米特立方體積水内	輕緑一釐或輕硫養一釐消化於一百二十桑剔米特體積水内
	水銀分劑	水銀分劑
鎂	一三,四三〇,八五八,八〇六	一一〇,二七四,〇〇〇,〇〇〇
鋅	一八,〇三四,四八二,七五八	一〇四,九五〇,〇〇〇,〇〇〇

（續表）

	輕緑一釐或輕硫養一釐消化於一百二十桑剔米特體積水内 水銀分劑	鉀緑十釐消化於一百二十桑剔米特立方體積水内 水銀分劑
鎘	一八四，八二八，四三二	一〇，四〇四，二二五
錫	三八，九〇〇，〇〇〇	八，八三二，六三二
銅	一五，四八四，三七五	一，六四〇，一六〇
鉍	九，七六二，三〇〇	一，六二二，〇〇〇
鉛	五，六五一，一四九	一，〇五〇，三四一
銀	九〇五	七九

上表内金類濕電勢力次序，與獨用金類勢力同，水銀金類膠，用久則電力緩，掉之則電復原，水銀金類膠之淡者，電力退最速。【略】

金類變異式情形在雜質更異。三十年來，曼剔生一一查考，其中最要者，金類從尋常情形，變至異式情形，此情形在雜質併和時尤有之。錫銅雜質所顯彎線，見二十八九三十等圖。表明銅之隱傳性。若加以微細錫質，隱傳之力即大減。初以爲錫之數甚微，未必即照化學分劑合成異質。然以其情形考之，凡金類在鎔化時，與他金類化合，令微細顆粒情形大改，便成異式情形，因大減其隱傳之性，是論實爲近時考究金類之要義。一塊銻中有結成之鋅，李麥留因考究之如下：此鋅由銻而來，銻質提鍊令净，即顯所含鋅顆粒，或銻内之鐵，令鋅顆粒顯出。此言表明微細金類數，雜和於金類，即結成星式之點。實啓吾儕考究法門，其理與鍊金類，有大關係。欲明其理，祇取證據以表之。同一質料，以爲造橋梁之具，一能抵當重數，一不能抵當。用化學法查其物質，亦不得其所以然。乃後試驗之，果不同。今知同一金類，加以他原質之極微者，而性即大變。所加之質甚微，斷不能成化學工夫，然所加他原質質點，質點不能復分剖。實有勢力用處，此與格物之理相關。且所加他質點，既不能復行剖分，安能與本原質散處和勻，如化學分劑之成異質耶。按金類之加他質雖微，而全體即變異式，猶之人種痘苗，雖屬極微，而全身變成異式也。即如一鑄罐内取兩杓純净之鉍，一杓内加以極微之碲，分傾於模内，候冷驗之，有碲之鉍，變微細成形顆粒，無碲之鉍，結成鏡形大片。其回光與鏡無異，非若有碲者之光碎而不净也。若僅觀其面，則以爲此極相異之質，而不知同一鉍質也。所異者祇此所加之碲，碲不過居二千份之一份耳。鍊金類者往往有多奇驗，近百年來，照格物之理，已編集成書。一千七百八十一年，陪奇曼查鋼與鐵之異，異於含炭耳。化學家踵行試驗，果然，咸奇之。一千八百三年，陶爾吞表明質點之意，化學由是大明。是年陪託留出一論，論化學内静重學之理，比較物質彼此相感之勢，皆依照彼此愛力數，並比例數，以究各物質若干體積。而其時有潑羅斯駁之，瑪約謂駁陪託留之説，與化學家有關係。化學中之奇驗事，不依照已定之質點分劑而論者，非正化學也。彼時英國有一化學家哈咸脱繼踵考驗，有開文迭些助之，將所考情形，送國家大格致會，論各種金類極微之數，加於金類原質内，變成雜質料，得化學徵驗，意與陪託留同。自兹接續考驗，如用熱高度合法，可更變顆粒内之質點。目前祇知令顆粒排列法更改，不能令質點更改，質點排法有更改，早有人提及也。人今大略明曉，除不恒性之原質外，更有異式情形，物内質點排列較尋常不同也。現所要考究者，技藝家所需金類，及雜質金類顆粒情形。化學家不甚講求金類原質純净時情形，並所顯各不同之性，由一異式情形，到第二異式情形。孛齊里亞斯瑞典人。以銖西名奥斯米亞姆。與鉩在異式情形考求之。一千八百四十六年，瞿和爾潑留翻查有幾種金類，在異式情形時，有各不同之體質，雖照化學法化分之，而不能辨其異式之相差，然其性實大不相同，如是者金類不一而足。【略】

雜質金類顔色：金類彼此融洽，既查徵驗，又欲查所加金類微數，能令金類大塊光采有異，或令金類化學性變更，至於在浸藥水内一過，其色即變。若未加金類之原質，浸藥水内色仍不變，此例甚廣，不可枚舉。一塊紅銅，並一塊灰色銻，相併後，如銅五十一分，銻四十九分。所成雜金類顔色，爲明顯青蓮色，化學家早知之。以其料脆而難鍊，技藝家不復用焉。銅内稍加以錫，令硬，製造性可作爲新雜料。錫與銅略加鋅及鉛，在露天空處，作濃淡紫絨色，以紫色起絨，如上古紫銅色，爲雜金類内最要者。銅加鋅，即黄銅是也。雜金類内金類顔色不一，婁特孛將雜質金類常用者，編次序如下：錫鎳鋁錳鐵銅鋅，鉛鉑銀金，此次序挨次褪色，以後一項原質顔色，爲前一項原質顔色所掩，如歐洲鎳錢雜質料，此料内有三分紅銅，一分白鎳，鎳如是少而竟掩銅之紅色。日本技藝家所用雜金類最著者如下：其名爲削孤獨，分兩號：

	一號	二號
銅	九四・五〇	九五・七七
銀	一・五五	〇・〇八
金	三・七三	四・一六
鉛	〇・一一	共一〇〇・〇一
鐵鉮	甚微	
	共九九・八九	

	三號	四號
銅	六七・三一	五一・一〇
銀	三一・〇三	四八・九三
金	甚微	〇・一二
鐵	〇・五一	〇
	共九九・九〇	共一〇〇・一五

削孤獨二號，九十五分銅而有四分金，然金之分數不同，有他雜質類，只用金一・五，又一種雜質金類名希婆伊妻，亦分二號。

更有參差其數，料質略異者，不一而足，而此二種中貴重金類，恰不顧惜，只要圖其徵驗顏色之好，其需用金銀處，仍愛惜焉。削孤獨雜質料內，用金不少，浸於藥水，其面顯紫金色甚富足。希婆伊妻雜質料爲銀灰色，在尋常天氣其色逾顯。二種合併又名赳希婆伊妻，即一份削孤獨之富於金者，二份希婆伊妻之富於銀者。日本技藝家製浸金類藥水，較歐洲人尤著。倫敦燥鏗星吞博物院有一宗橢圓式盆，五十七箇，無花紋，亦有多花紋，由日本定製，表明日本金類及雜質金類技藝。裘明魯地學博物院有盆二十四箇，爲有名鍊金類師哮斯推脱高福留所贈，附有票簽，知日本技藝家有三種浸金類藥水，其分劑如下，法須燒煮令沸時浸之。

	一號	一號	三號
銅養醋酸	四百三十八釐	八十七釐	二百二十釐
銅養硫養二	二百九十二釐	四百三十七釐	五百四十釐
硝	〇	八十七釐	〇
食鹽	〇	一百四十六釐	〇
硫黄	〇	二百三十三釐	〇
水	一軋倫	〇	一軋倫
醋	〇	一軋倫	五錢

常用者爲第一號紅銅，在第三號藥水內煮令沸，即變爲暗紅色。第一號削孤獨雜金類，在第三號藥水內浸煮，變爲紫色。削孤獨略含赤金，即變色。若銅內加銻浸後，色與純銅又異。日本所出東洋銅，每從雜質礦鍊出，其鍊法較之歐洲不周到。其名東洋銻者，實一種銅，名古魯彌，掉和於錫鉻及他質。技藝家因出多種雜色，以應行市，雖於所以然之理有未曉，而采擇雜色，頗有見識，色之深淺，視外加之金類多寡耳。技藝家有一雜色，用處最多，日本人所創，名莫枯牟，有樹木紋理，今少見矣，前日本那閣耶一省最多。第三十二圖即其製法。用金葉銀葉，並希婆伊妻之各雜金類葉，削孤獨之各雜金類葉，並古魯彌葉層疊之，鑽洞上大下小，深淺不一，如圖甲乙，然後敲令平，大顯花紋，更有一法，將層疊金類葉，用圓鈍錘，於其背敲令凹，則金類葉正面凸出，如甲乙丙，將凸處銼平，各色如樹心花紋，以相配藥水煮浸，其色更顯。此法花樣可層出不盡，與製刀面礮體花紋同理。日本技藝家將金類原質雜質，在高熱度，難鎔金類之變定質時，加他金類及雜金類，則得各金類本色。如已鎔之灰色銀銅雜料，於鎔銅將變定質時，傾入而掉和之，不盡融勻，而有參差斑點紋理。東洋於細巧物件，每用此雜金類料。

第三十二圖

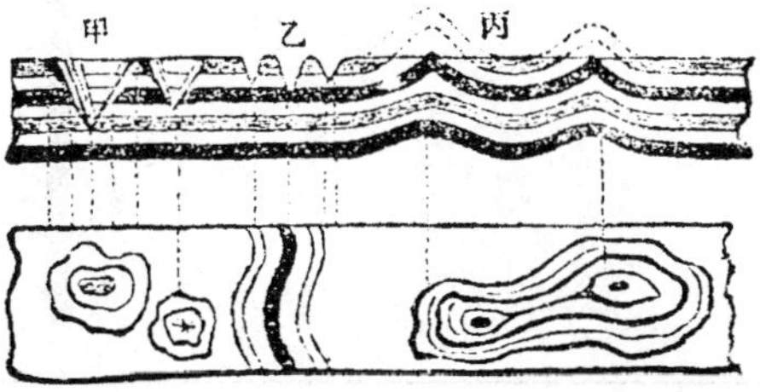

技藝所需雜金類：以下表單，指明雜金類併和各料，不過得其要略，凡金類所加外物雖微而性即異，詳見他書。近來孛郎晤斯銅錫鋅併質。甚大有用，其最古者，燐孛郎遲、孔資爾查得之，現製造家用頗廣。孛郎遲加燐，令其性脆，所加之數，止令足逐養氣爲度。其數少，故所成之料，倍堅而不脆。孛郎遲加燐百分料之二，或百分料之四，令其多收錫質。有含錳之孛郎遲，製成條子，每方寸有二十七噸牽力，如冷後軋成者，可勝三十七噸牽力。此料不鏽，所以用製螺輪葉。其含矽之孛郎遲，合電線之用，一種電線，每方寸有二十八噸牽力，通電力爲九十八。頂好電線通電力爲一百。又一種電線，爲德律風用，每方寸有五十二噸又四分噸之三牽力，通電力爲四十三，净銅每方寸牽力十七噸，傳電力爲一百足數，代爾他雜質金類色黃，重率八・四，鎔度法侖海表一千八百度，在沙泥具煮成者，每方寸有二噸牽力，若錘或冷軋每方寸有四十噸牽力。

雜質銅表

金類名	銅	鋅	錫	他原質	註
黃銅	三至七二	二七至三			著名黃銅
又	七〇・二九	二六・二六	〇・一七	鉛〇・二八	抽絲用鉛如加百分之二甚脆，錫可加〇・一至〇・五。
們子銅	六〇至六二	三八至四〇			包船底用。
□銅	五五・三三	四一・八〇		錢四・六六	奧國造礮。
愛處銅	六〇・〇〇	三八・一二		錢一・五	英國固銅愛處銅力甚大，每方寸可抵八萬五千八十磅。
摩西金(雜色之謂)	六五・〇〇	三五・〇〇			
□處陪克	八三・三三	一六・七六			
孟亨金	八〇至八八	二〇至一二			
礮銅	九一・〇〇		一九・〇〇		
鐘銅	七六・五		二三・五〇		
又	七五・八		二五・二		倫敦韋斯明斯德禮拜堂大鐘開爾闌皮後開式爾天文遠鏡。
鏡銅	七〇・二四	極微	二九・二二	□□鎳鐵	
又	六・六		三三・四		
又	六八・一		三一・九		英國勞斯脱天文遠鏡。
孛郎遲	□□・〇	一・〇	四・〇		英國鑄孛郎遲錢用。
又	八二・七	一・八	四・七	鉛九・九	
又	一・四	六・〇	五・九	鉛一六・三	日本技藝家用。
又	七四・〇	一〇・〇	一・〇	鉛一五・〇	又
又	八三・五		五・一五	鉛八・三鐵三	中國技藝家古銅。
又	九□・〇		五・九〇	鐵〇・一	阿爾闌二千年前出地刀。
又	八八・四六		一〇・〇四	鉛一・五	埃及國古鑿子。
又	八〇至九〇	七・〇	一八至一二		古希臘北省錢。
鉛孛郎遲	九〇・〇〇			鉛一〇・〇	重輪轂襯圈 每方寸牽力九萬六千四百三十四磅。
燐孛郎遲	八二・二〇		一二・九五	鉛四・二八 燐〇・五二	
錳孛郎遲	八三・四五			錳一三・四八□一・二四炭〇・一一	灰黃色。
又	八一・〇三			錳一六・八六□一・六七炭〇・〇六	
□孛郎遲	□九・九四		〇・〇三	微□□	白黃色。
又	□□・一二	一・一二	一・一四		電線用。
代爾他銅	五五・一〇	四三・四七		鐵一〇・八鉛〇・三七□〇・一〇	德律風線。

鎳銅雜質表

	銅	鎳	鋅	他質	
鎳錢	七五·〇	二五·〇			
八方中國古錢	四三·八	一五·六	四〇·六		中國雜質金
英國日耳曼銀	六一·三	一九·一	一九·一		
伯林銀	五二·〇	二六·〇	二二·〇		
賽飛爾特日耳曼銀	五七·〇	二四·〇	一九·〇		
像白金	〇	〇	〇	此即一種日耳曼銀加鎢百分之一至二	大阻電力在熱度不改
古錢	七七·五八	二〇·〇		鐵一·〇四 鈷〇·五四 錫〇·〇三	西曆前二百年錢

雜質錫表

	錫	銻	銅	他質	
大英鉛	九〇·六二	七·八一	一·四六		陪恩明片
白色雜質金	八二·〇〇	一二·〇〇	六·〇〇		襯圈
又	五三·〇〇	一〇·六〇	二·四〇	鉛三三·〇鋅一·〇	
愛些陪雷雜金	七七·八	一七·四		鋅二·八	
鑞	八〇·〇			鉛二〇·〇	照鉛多少加鎔熱度
細銲金類料	六六·六			鉛三三·三	
錫銲金類料	五〇·〇			鉛五〇·〇	
錫匠銲藥	三三·三			鉛六六·六	

雜質鉛表

	鉛	銻	錫	他質	
鉛字料	七〇·〇	一八·〇	一〇·〇	銅二·〇	澆鉛字版用
又	八二·〇	一四·八	三·二		
襯墊料	八四·〇	一六·〇			緩行輪轂用
又	六〇·〇	二〇·〇	二〇·〇		
槍彈	九九·六			鉮〇·二至〇·三五	

雜質鋅表

	鋅	錫	銅	他質	
禦磨擦料	八五·〇		五·〇	銻一〇·〇	配襯墊用
排別脫料	六九·〇	一九·〇	四·〇	銻三·〇鉛五·〇	黎孛查得

雜質鉍表

	鉍	鉛	錫	鎘	鎔度桑剔司留表
紐敦料	五〇·〇	三一·二五	一八·七五		九五
羅斯料	五〇·〇	二八·一〇	二四·六□		一〇〇
達式脫料	五〇·〇	二五·〇〇	二五·〇〇		九三
獲□料	五〇·〇	二四·〇〇	一四·〇〇 一二·〇〇		六六至七一
律撲韋茲料	五〇·〇	二七·〇〇	一三·〇〇 一〇·〇〇		六〇

鑄錢雜質料表

	金	銅	銀	他質	大英定額
金錢	九一·六六	八·三三			拉丁後裔意口西班葡萄美國用。
又	九〇·〇〇	〇·一〇			西曆二百六十五年羅馬錢

（續表）

	金	銅	銀	他質	大英定額
又	一·三三 八二·七三	一五·九三			西曆前三十一年羅馬古錢
銀錢	○·一	七·一	九二·五○	鉛○·二	
金錢	四○·三五	一九·六三	四○·○二		西曆前五十年英國錢
銀錢		七·五	九二·五○		大英定額

【略】

一千八百七十八年，希曾孛格得一新銅，其重率較尋常銅略小，在空氣内與養氣化合亦甚速；與硝强水相遇，其情形與尋常銅不同；與淡硫强水相遇，延久變爲尋常銅。弗里些以爲錫亦有此異式之事，希曾孛格謂銀有異式亦然。郭阿謂銻、鎳、鈀，從一異式，又變第二異式，有無關閉汽質，其驗與净金類不同。凡金類異式情形，與由生物而來之異式情形，較不甚明顯，以無由確指異式爲何等情形，以便爲技藝家之用。【略】

電氣在鎔冶金類行法：查雜質金類與鹽類消化水内相同情形，於電週通過雜質金類而察之。先將已鎔流質之雜質金類，令電氣經過之，如雜質金類，係尋常化學消法，前言雜質金類流質，爲消化金類是也。則用盈額之電氣經過之，雜質金類應彼此相分矣。最要查明雜質金類，抑能如消化鹽類水，與電關涉否，或雜質金類行爲，與净金類原質不能化分否。一千八百六十一年，徐拉定試驗汞油鈉膠，以電氣化分，分出金類原質。獲拔克重加試驗，用第二十六圖機器，汞油鈉膠，置於二璃盃，如甲甲，欲令相通，即轉開中間總璃管擋塞門，用吸具，令兩璃盃之汞油鈉膠，吸上相遇，璃盃汞油鈉膠面空處，用輕氣由丙丙、丙三璃管抽入，電氣從電具銅絲，由銅桿通入璃盃汞油膠内，由是電週相通。乃查驗之，膠未爲電所分，一無改樣。復用W三曲式管，灌以鎔化雜質金類流質，而以電通之，亦未見有化分之跡。一千八百八十七年，英國大總會内主電分金類之員，命我考究電分一事。余用極濃大力電氣，試有數種鉛金，或鉛銀，電不能分。即用三百倍電力，亦不能分。如第二十七圖，雜質金類如丙丁，鎔灌於戊火磚洞管，兩洞管底相通，電具銅絲接連甲乙熟鐵梗。將試驗各情呈明大總會。總之雜質金類行法，一似金類原質，非若含鹽類水質之可以電分也。勞柱云，真正雜質金類，依化學分劑而化合者，不能電分。大抵不能分之雜金類，與能分之雜金類之間，必有從不能分挨次至能分，可以編成一例也。【略】

金類從雜質金類分出，亦有異式情形。有數種雜金類，可作變定質之融化物，以相配消化物如强酸，往往有種金類爲强水消化，有種金類强水所不能消化。即如一小塊鉀，與金相併之雜質料，有十分金，九十分鉀，置於水，鉀即發火，將水化分，金即爲黑色末，沈於水内。此黑金即是異式之金，爲含水金養三。將此黑金燒成暗紅色，即復爲尋常赤金。日本人由金銅雜質，分出其金。用一種浸法，銅即明亮，以其中含百分之二赤金也。瞿和爾試驗鐵由水銀金類膠分出，一遇空氣即發火，與尋常鐵大不同，其實爲一種異式鐵。毛商將鉻錳鈷並鎳，從水銀金類膠分出，遇空氣亦發火。金類爲水銀感動，而變異式，試驗如下：一片鋁常顯露於空氣内，不受養氣。水銀露於空氣内，在尋常熱度，亦不受養氣。然鋁片面塗一層水銀，即迅與養氣相合，鋁片上成白色鋁養，如薄皮，可揭下，此鋁确與水銀相併而改其常也。前言微細易鎔之金類屑，掉於水銀内，即甚冷，水銀内所隱藏之熱發出鎔化金類屑，故變冷。加以水即冰，雜質金類之已鎔者，令成細末，則微細顆粒，與未鎔雜質金類之顆粒，排法不同。欲講求金類不多變異式花樣，殊爲不易。曼壽托以鎔化之錫，掉和於鎔化之鉛，所減熱度尚不甚，是減熱度，不獨金類屑掉和水銀有之也。史百齡將雜質金類屑，以壓力壓成定質，查得鉛錫雜質料從鎔時候冷，所發熱氣，較測算應得之熱度更多，此非測算之錯也。其相差實多，以一百格蘭姆重數内所得熱度有數百開樂利，開樂利者燒一千格蘭姆水熱度，較尋常熱高一度之謂。所以揆度鎔錫加於鎔鉛内，其顆粒中質點排法過疏爽，即減少其變異式之數。凡變異式，必需熱氣，而熱氣爲所發散，即所以減少花樣也。譬之每顆粒鎔鉛有五箇質點，每顆粒鎔錫，亦有五箇質點。如一顆粒鉛，加於三顆粒錫内，成雜質料，爲鉛錫三，其中有五份鉛錫三矣。然每顆粒有四質點，非仍五質點也。此顆粒改變，必需熱氣，然後能改變，以熱氣爲所收入而外面變冷也。是則論理宜然，試驗亦然。做雜質金類，必做顆粒改變工夫，而收用熱氣也。兑孛留試驗雜質金類，略高熱度，令金類變異式，以九十五分鋅，與五分銻，合成雜質料，置於鹽强酸即消化大半之鋅而留顯色銻。此銻雜質料，仍作一百分派，内有八十分之銻，二十分之鋅，在真空内熱至四百度，桑剔觪留表。略有爆聲而無汽放出。自是以後雖置於合强水硝鹽强水內，亦不能消化。若熱度未加之前，此雜質易於合强水消化，是則又有一種特設同分劑金類雜質也，即一種不恒性易消化之雜質金類，衹略加熱度，即不能消化。

〔英〕奥斯吞著舒高第鄭昌棪譯《鍊金新語》第四章《熱度料理金類、鍊令堅硬復還本性》 金類鍊法：金類製造性因熱度料理而改變，鋅之更改本性，前已明言矣。熱度能令金類微細顆粒更改排列法，已無可疑，如何更變，視本金類與雜金類本性，並料理法，須悉心詳究。用熱度料理有三項：一曰鍊，一曰令堅硬，一曰復還本性。鍊者，可謂之釋其著力。金類著力，因錘或軋或牽而來，亦因高下熱度緩冷急冷而來。即如金類或雜金類，既因軋而硬者，燒至明紅度，令其緩冷，可免其過硬之弊。銅之冷法，不拘緩急。今知有數金類至堅硬地步，欲鍊者不必高熱度，即不到百度，亦足鍊之，惟冷法之緩急實關緊要。孛郎遲百分料內錫居二十分者，急冷時反易於錘。有數種雜質鐵，加錳過百分之七者亦然。是以鐵過堅硬，衹須略加錳可也，製造家所最著意者惟鐵與鋼。

又第五章《燒料》 燒料分類：燒料者不論何物，在空氣內燒燃，迅發熱氣而用之也。凡物含炭或輕氣多者，燒須值得。又有燒後所得之物，如焦煤、煤氣二項。鍊金類則用之。大例燒物衹取其熱氣耳。燒物有古今之別。其類有二：一由天生，一由人爲。天生者包括樹木，及各種金石類內所得燒料：一柴草、或濕新煤、一作土煤。二木煤、三煙煤、四白煤。此外又有各種流質輕炭，火油之類。出産甚多，用之亦合算。美國噴雪阜尼亞省等處地內自出煤氣，鍊金類者用之甚廣。人爲者，壓緊燒料，如炭團之類。大都物質碎屑，壓成磚塊一乾燒料，即物料內酸質，並易騰散之氣，用熱逐出如木煤土煤，皆如是製成二焦燒料，如焦煤，或木炭三流質氣質燒料。一從天生燒料蒸出，炭氣按格物一體積數，即十分米特之一，立方數，一米特約英度三十九寸有奇。製具煤氣，即由上七十五份炭質而來，稱之有五五一・一九份，內有不能少之淡氣三七六・一九份，炭養一七五份。燒水氣及製具煤氣所發熱氣數如下：水氣四・一六輕與二九四〇〇氣相乘，等於一二二三〇四，五八・三四炭養，與二四〇〇氣相乘，等於一四〇〇一六，二者相併，爲六二一・五〇，共得熱度，有二六二三三二〇開樂利，製具煤氣，一七五・〇〇炭養，與二四〇〇乘等於四二〇〇〇〇，三七六・一九淡，二者相併，爲五五一・一九，共得熱度，有六八二三三二〇開樂利，以上炭質數，徑行燒燃，無所狼藉，所得熱度，即有八〇〇〇〇開樂利，與上法相比，百分內缺少一四・七一數，幾爲八五折矣，且以其所用者爲焦煤，焦煤內亦失幾許燒料，并製焦煤亦多費也。陪爾測得煤與製具煤氣，及水氣所發實力數。

煤	百分內所得數	八三・九三
製具煤氣	又	七一・一四
水氣	又	七八・八〇

又第六章《鍊金類法之料並所得之物》 礦質：礦質者，鍊金類師以爲金石類在火內鍊成之物，工價合算者是也。礦質未送鎔冶處，先於礦外洗净料理，凡與礦質相雜之土物，爲包礦石、夾層料，又爲孕料。礦質合金類如下：一、純净原質料，如金銀銅汞。二、與養氣相併，如鐵二養、三錫養。三、原質與養及水相併，如含水鐵二養三。四、含成鹽類底質，如銀緑。五、與硫鉀銻相併，如鉛硫礦。六、與酸質相併之鹽類，如鉛養硫養三，又礦質與各原質相併。七、原質各分劑，與他質相併，而復攙和，如阿素來得，即二銅炭養三、加銅二。輕養。八、有數分劑之一原質，與他質相併，而成礦質，如拍辣其來脱，即三銀二硫加銻二硫三。九、合數相併礦質而成者，如鉛硫礦加鋅硫礦，又如司巴的格鐵礦，即鐵炭養三，與鐵硫二礦相併。礦質之貴賤價值，全視所含金類何等，採取難易而定。假如鐵礦所含之鐵，不及百分之三十分者，鎔之殊不合算。鐵鉛或鋅等礦所含金類，不及百分之半，礦苗不旺，亦不值鎔鍊。又若銅礦，百分又二十五分，即以爲旺礦。又含赤金之礦，如每噸含數兩赤金者，此礦即貴重。【略】

鎔冶配料：爐內鎔礦質，欲分清其夾雜之物，須加數料其內，令成金類渣滓，所加之物，即名配料。鎔金類所加配料不一，如土物鹻類物金類物是也。鹻類配料甚貴，尋常不恒用，惟分清後而又欲提净，則用之。大都土質配料如下：一、石灰，爲除矽養之最利底質，須用净石灰，或鈣養炭養二，即白石粉，或灰石。爐之大者用灰石，鎔鐵用灰石居多，因鐵礦大都有浮寄之矽養也。多路美得，亦頗用之。多路美得，即鎂鈣二炭養三。二、鈣弗作配料，甚合含矽養鋇養石膏礦質之用。一用鈣弗，則鋇養石膏最易鎔化。在加氣鎔爐內，欲除鐵礦燐質，又宜用鈣弗，惟其價昂，用者不多。出渣滓查之，鈣弗仍是鈣弗，毫不改變。用鈣弗則礦質易鎔，爐內礦質，可通成流質甚薄也。三、鋇養爲最利之底質，礦質含有鎳司貝斯，即含銅鉀硫雜和之質，鋇養能提出硫黄，使鎳凝結成段，去銅即得純鎳。四、含鉛養石，即如泥端石是也。鎔含多石灰礦質用之，尋常含泥兼含灰。礦質在鎔爐內，已泥灰調勻，似無庸加含鉛養石也。五、含矽料，即如白石英是也，天生含矽養二之質，含矽礦渣，欲除礦質內鹽類底質則用之。

提鍊配料：一、以金類鍊金類，或爲分清金類之用，或令原質凝聚，假如分清鉛硫礦則用鐵。又鋅，爲鉛礦提銀之用，又水銀爲凝聚赤金之用。二、含養金類，爲提净金類之用，假如提净鐵質，則用鐵礦質，或錘下鐵屑亦可用。三、鎔爐所出渣滓，可令鎔爐內金類成薄流質，或數種渣滓攪和，再能提出金類。又於鎔冶細碎礦質時，加之，可免爐内細礦質架空之弊。其化學性各依各質爲徵驗，鹻性渣滓，能收矽養，反是酸性渣滓，亦收鹻性之質。鹻性渣滓，鎔爐罕用，惟於鑄罐爲查驗之用。四、鐵硫二礦並吸性鐵七硫八，在鍊含養之金類礦質爐內，使硫與養化合，而成無水硫養二。又數種含硫礦質，如鋅硫，難以鎔化，加以鐵硫二礦，則易鎔化。煨礦質或在爐，或在堆，須用下料：一、料理銀礦，須用鹽，令成銀綠。二、在煨净銅等，須用石灰，令收酸質。三、鐵養硫養三，爲料理銀礦質，含有鐵硫二礦，則用之。

揀選鎔化配料：包礦石含有矽者，欲加二種鹽類底質，令成易鎔之矽養二。包礦石含泥者，加一種鹽類底質，即足成二矽養二。包礦石係鹻性，含石灰鎂養鋁養，或鐵，則以含矽鎔料加之。包礦石有二三種底質，衹加白石英可也。如含一種底質，須加石英，再加泥，或矽養二。又含矽之渣滓亦合用。鎔爐渣滓，在鍊金法，以矽養與土質，並金類養氣相併而成矽養，名曰鎔爐渣滓。西名司來搿。總之，司來搿爲鎔爐廢物。若欲提净金類，則含金類之雜和不净物，與養氣相併而成渣滓，是司來搿大都金類養也。再鎔化之，求其所含金類而提之，所餘司來搿，即爲灰渣，爲數不多矣。矽養渣滓內，與矽養相併底質，如石灰、鋁養、鎂養、鐵養、錳養、鋅養，若鐵二養三、錳養三，爲難得有之質，更不常有者。鋇養，並用炭加氣爐渣滓內之鹻類，此外總不免有數份金類狼藉，此狼藉金類，有與矽養化合，其餘不化合廢金類，與渣滓攙和。有數種含養質土質，如鋅養鉛養，不但不令渣滓變爲易流之物，且併結成垢沫，與渣滓不能分清。更有尖頂鎔爐渣滓內常有鈣弗，每豬鐵復鎔時，常用鈣弗石爲配料。鈣弗鎔時不自化分，惟與渣滓拌和而已，加氣鎔爐渣滓內之鈣硫，其性亦然。渣滓內化學分劑不一，若明明有顆粒成形，即有化學分劑，總可測化學格式。如無顆粒成形，或不成顆粒，而並無相結形狀，則爲數種矽養二質相併之物，或一種矽養二質化於他種矽養質內之物。矽養二即矽一質點，養氣二質點。各種矽養質有各分劑如下：二質養矽養二，此質字即代替渣滓內各種原質之號。鍊金類師所稱一本矽養二是也，即非酸非鹻之矽養二，其中酸質鹻質之養氣分劑相等。化學家非酸非鹻矽養二格式所謂質養矽養二，即鍊金類家所謂二矽養二，因酸質內所有養氣，倍於鹻質內養氣也。

化學格式自一本矽養二演之如下。

四質養 丄 矽養$_{二}$ ＝ 質$_{四}$矽養$_{六}$ 即減矽養$_{二}$

四質養 丄 矽養$_{二}$ ＝ 質$_{二}$矽養$_{四}$ 即一本矽養$_{二}$

質養 丄 矽養$_{二}$ ＝ 質矽養$_{三}$ 即二矽養$_{二}$

二質養 丄 三矽養$_{二}$ ＝ 質$_{二}$矽$_{三}$養$_{八}$ 即三矽養$_{二}$

四質養 丄 三矽養$_{二}$ ＝ 質$_{四}$矽$_{三}$養$_{十}$ 即加半矽養$_{二}$

鹽類底本係質二養三者格式如下：

四質$_{二}$養$_{三}$ 丄 三矽養$_{二}$ ＝ 質$_{八}$矽$_{三}$養$_{十八}$ 即減矽養$_{二}$

二質$_{二}$養$_{三}$ 丄 三矽養$_{二}$ ＝ 質$_{四}$矽$_{三}$養$_{十二}$ 即一本矽養$_{二}$

質$_{二}$養$_{三}$ 丄 三矽養$_{二}$ ＝ 質$_{二}$矽$_{三}$養$_{九}$ 即二矽養$_{二}$

二質$_{二}$養$_{三}$ 丄 九矽養$_{二}$ ＝ 質$_{四}$矽$_{九}$養$_{二十四}$ 即三矽養$_{二}$

四質$_{二}$養$_{三}$ 丄 九矽養$_{二}$ ＝ 質$_{八}$矽$_{九}$養$_{三十}$ 即加半矽養$_{二}$

鹻性底本酸性底本之養氣比較數如下：

	鹻底本內養氣	酸底本內養氣
減矽養二	二	一
一本矽養二	一	一
二矽養二	一	二
三矽養二	一	三
加半矽養二	二	三

每逢加半矽養二，可化成一本矽養二二矽養。假如質四矽三養十，等於質矽養四二矽養三，又質八矽九養二十，等於質四矽三養十二，並二質二矽三養九。若一矽養二內，只含一鹽類底本，即名一本底質，或謂爲矽養二。又若有二底本，或更多者，即名雙矽養二，或謂爲多鹽類底本矽養二，而格式即以⊥記號併連矽養二也。渣滓鎔度，全視其中矽養，及鹽類底質之多寡，以分難易。減矽養二最易鎔化，而成明净流質，其凝結甚速，且易裂碎，而其色暗，以鹽類底本多而性重。凡一本矽養二，難以鎔化，其流質不甚明净。二矽養二尤爲難鎔，惟成稠質而抽成絲條，尋常爲玻璃凝結甚緩。三矽養二欲成流質既難，凝結又緩，欲鎔化須熱度甚高也。最易鎔之矽養二，內含鹻類質，其次內含鉛鐵錳銅，又其次內含泥土，以是單矽養二，較雙矽養二更難鎔也。

滓渣亦甚有用，鎔金類除鐵外，所得渣滓，可爲鍊金類配料之用。渣滓能提矽養二，及鹻性底本，如渣滓含鐵，可用以提他金類。有時渣滓可以製磚，合於無大壓力造作之用。鎔鐵所得渣滓，璃質極少者，可鋪馬路。渣滓含璃質多者，可用以鋪鐵路，食軌下擱木易乾燥。渣滓大塊，作尋常路用，或作磚置於關緊火爐燒至白熱，則其中璃質消鎔，而蓋以煉屑及灰，俟其緩冷，令更堅結。麤粒渣滓十分劑，與石灰一分劑擾和，製磚甚合。加氣爐之渣滓，不多酸質者，磨粉與石灰燒之，即成水泥，足可與帕得蘭西們脱相媲。近時造渣滓西們脱更精，想日後加氣爐渣滓必將大用。各國合用渣滓化分分劑，如下表：

	石灰	矽二養	二鋁二養	鐵養	鎂養	鈣硫	錳養	微細他質	總計
英國	三二·七五	三〇·〇〇	二八·〇〇	〇·七	五·二五	一·九〇	〇·六〇	〇·七五	一〇〇
西班牙	四七·三〇	三二·九〇	一三·二五	〇·四六	一·三七	三·四二	一·一三	〇·一七	一〇〇
法國	四七·二〇	三一·六五	一七·〇〇	〇·六五	一·三六		〇·八五	一·二九	一〇〇
瑞士	四五·一一	二六·八八	二四·一二	〇·四四	一·〇九	一·八六	〇·五〇		一〇〇
德國	四八·五九	三〇·七〇	一六·四〇	〇·四三	一·二八	二·一六	微甚	〇·四二	一〇〇
比利時	四四·七五	三二·五一	一三·九一	〇·四八	二·二〇	四·九〇	〇·六〇	〇·六五	一〇〇

渣滓先由爐衝入水內，令分散成細粒，以滚輪碎之。其黏韌塊令風乾，置磨內碾細之，用篩以去麤粒，乃以新石灰灑以水，令潮篩之。石灰二十五分，加於渣滓粉七十五分，擾和之，可作水泥用。獝羅斯克勞特計算每年出産六千噸，並機器等費，值英銀六千磅。此種西們脱，較輕於帕得蘭西們脱，在水內變硬工夫較緩，儲棧房可耐久。露積空氣內收無水炭養二，較帕得蘭西們脱更速，其顆粒排緊，甚合於水下工作，爲船塢橋脚，閘基揰岸攔水壩最佳。加氣爐所出渣滓，可作渣絨，或謂之矽養絮法將汽水噴於由爐衝出一條渣滓上半許，即成渣絨。體甚輕而能禦火，以爲不傳熱不傳聲之具甚合，且甚鬆，不吸潮濕，又可遮蓋汽管、熱氣管。德國雪律卸等處，鐵礦煤礦，相距甚近，以加氣爐所出渣灰填塞煤洞。瑞典國加氣爐渣磨細，以膏濕草地，以渣內有石灰也。倍生麥鍊鋼廠所出渣滓，內含燐質，可以膏田，每年約有數千噸。查其所含之燐，在地土內易於消化。

計算鎔爐出産：欲鍊金類，少用煤而得金類多，須測算礦質與配料确實相宜，其難於料理之礦質，所用配料，須令變好稠質，不使變爲流質。其成渣之物勿過早鎔化，須令其中金類分清後，而後鎔之。用生煤或焦煤爲燒料。其灰之多少，並所成之物，須留意有矽養二而取之。若用木炭爲燒料，則可不論，以其灰甚少，惟炭灰內有合配料之鹻類。測算之法：如一種鐵礦質，用焦煤鎔之，欲其成灰色豬鐵，配料應用石灰數須算定。凡諳練者應用何等料配之，皆有一定，用焦煤加氣爐渣滓內，應有一本矽養二。用木炭爐渣滓內，應有加半矽養二、二矽養二。

提鍊金類，金類由礦質鍊取如下：

一、澄提法，凡易鎔金類，從不易鎔金類，或包礦石，在低熱度提出，此以熱度高下爲提取法也。取鉍及銻硫三，又銅礦質內提含銀之鉛皆如是。

二、蒸法，或蒸爲流質，或蒸爲定質，礦質煨熱，令金類成氣而升騰，俟濃結成流質，或凝結成定質。如水銀礦質，用蒸成流質法提之，鋅礦質用蒸成定質法取之。

三、用高熱度提鍊金類養氣，凡金類與養氣無大愛力者，祇燒之，金類即放養氣。尋常取法，將含養氣金類礦質與炭質，或他質，與養氣有愛力，較本礦質更大者，亦可提出養氣，用是净炭之外，炭養，或炭二輕四，或輕皆是也。提銅礦、鉛礦，則用硫以提養氣。其格式如下：

鋅養 丄 炭 ══ 鋅 丄 炭養

二鉛養 丄 炭 ══ 二鉛 丄 炭養二

鐵養 丄 炭 ══ 鐵 丄 炭養

鐵養 丄 炭養 ══ 鐵 丄 炭養二

三鐵養 丄 炭輕四 ══ 三鐵 丄 炭養 丄 二輕二養

鐵養 丄 輕二 ══ 鐵 丄 輕二養

鉛硫 丄 鉛硫養四 ══ 二鉛 丄 二硫養二

銅二硫 丄 銅硫養四 ══ 三銅 丄 二硫養二

四、含硫金類分法，以鐵在高熱度分之，鉛並銻由礦質分法亦然。提鉛格式如下：鉛硫丄鐵，鉛丄鐵硫。

五、用鎔化之鉛，提金類礦，如赤金白銀提法。其格式如下：

(銀丄銅)丄鉛＝(鉛丄銀)丄銅

六、以已鎔之鋅提取者，如由鉛提取金銀，此巴克斯法也。

七、用冷水銀提取法，即汞膏法，從礦質提金銀用此法，所有水銀得熱度騰去。

八、用濕提法，如金類養，或金類硫，有時硫質消化於强水，如分清金銀，又如提銅與鎳。又先令礦質或金類緑，再化於鹽水內，或化於鈉硫二養二水內，如凹瑺斯丁取銀法。或將金類礦質化於金類硫强酸水，如緑礬。即稽福瑺爾法。又可以含養之金類，與鹽類相併而提之，如特瑺留斯取銅法。

三銅養丄二鐵緑二＝鐵二養三丄銅緑二丄銅二緑二

九、用電氣化分，如鍍銅法。

十、以甚愛養氣之物，與金類底質之鹽類相併，如銅養硫養三。而銅即提出。又如金緑水內，加以鐵養硫養三，而金始澄定，或鋁緑水內加以鈉，而鋁可提清。

十一、成顆粒法，如拍聽生取銀法。

烘鍊法：一、陸斯聽烘法；一、開爾散烘法，又皆以爲逐去礦質內水，及無水炭養二並硫，將礦質烘熱，不到鎔度。然開爾散烘法，祇逐出無水炭養二，及騰化之物，如阿摩尼阿之類。陸斯聽烘法，祇照化學有變性，加一原質而已。陸斯聽烘法，鍊金類家以爲妙法，料理礦質，先須令其鬆散，以便鎔化。其烘法不一。其一，令金類收養氣，如礦質烘時噴以空氣。其二，爲剔減烘法，礦質內加以剔減物烘之，令剔減無用之物，又欲得含緑物，以去含養物，必加食鹽以烘之，此即緑烘法。銀礦質用之甚佳，高熱度內食鹽，與含硫養三物相併，則化去硫養三而成含緑金類。其法或矽養二，並無水硫養三，與食鹽相併而得緑氣，或空氣內水氣與鹽內緑氣相併而成鹽强酸。亦有先烘令成含硫養三之物，而後用濕鍊法，其熱度甚低，添數分天氣，此之謂硫養三烘法。

發養氣之物：取養氣於天空，最爲簡便，空氣內所含炭養二氣，固不足計論，惟空氣內之水氣，在尋常熱度內，與天空內乾空氣相比，居一萬分之六十二分，水中含有養氣，居九分之八，乾空氣內之養氣，居四分之一，所以空氣愈潮濕，則發養氣更多。然水氣有發冷之性，每與養氣相消。欲用濕空氣，惟將其所含之輕氣釋放，令輕氣與硫礦或他非金類相化合，則所存爲純養氣。所用空氣，或照尋常空氣壓力，風雨表水銀，爲空氣壓力所送，至七百六十密理米特，爲一尋常空氣壓力。一密理米特，爲千分米特之一。一米特合英度三十九十有奇。或加重數倍，因空氣壓力加多，則爐內熱度愈增也。有數種金類，向養氣有大愛力，莫便於由水內取養氣。又有金類取養氣，須在大熱度內爲之。若將水化分，必收去多許熱氣，所以在水氣內分出養氣，只賴其發冷之力。如細鍊熟鐵，取養氣必發冷性也。由鉛分鋅，亦用水氣，愛養氣之金類硫質，煨至紅熱度，噴以汽水，其硫即與汽水之輕相併騰去，所有金類即與養氣相併。此法烘鐵硫用之。又料理銅硫、銅鉮硫、銅銻硫，並銀硫、銀鉮硫、銀銻硫亦用之。金類養質，往往作爲發養氣之物。尋常取養，如錳養、鐵養、鉛養而銅養，則取者殊少。若錳養二，提清金類用之。鐵養或鐵矽養二，可爲導引空氣內養氣之用。鐵矽養二含矽養二不及三分之一，鎔化時露處空中，所存之鐵，漸漸收空中養氣，而成有吸鐵性之顆粒，矽養二在浮面，不易鎔化，鐵性重故下沈也。有時金類面上結有渣滓，所成吸性鐵養，將養氣移送於所鍊金類，而其鐵仍收空中養氣，再變鐵養。此所謂導引也。掉鍊鐵時，有一層鐵渣屑，即其導引養氣之明驗也。鉛養爲迅發養氣之用，以養氣易於離鉛，然未免過費，且所發之養氣，衹百分内之七分。鉛養與鉛硫同受熱度，則易得净鉛，其格式如下：

二鉛養⊥鉛硫＝三鉛⊥硫養二

鍊金類有用銅養、銻養爲發養氣之物。銅硫、銅養同受熱度，則得净銅。細鍊銀及銻，則用鉀淡養五、鈉淡養五。希登鍊法，有幾種豬鐵，用鈉淡養五，令所含燐與釩，化成鈉養燐養三、鈉養釩養三，而得净鐵。金類硫養三，每用爲發養氣之物，以硫養三能將養氣移送於含硫之質，而鍊成净金類。加氣爐鍊鐵，所有無水炭養二，又爲發養之物。其詳見後。

剔減物質：金類化合他質，而分清之，謂之剔減。大都用炭質與輕氣，或炭與輕化合物，有時用鐵或錳或鉛，或含硫物，或鉀，或含鉀物，以爲剔減之用。剔減物質之得用者，莫妙於不含養氣，並無無用之物，如木植土煤木煤，皆含有水，並含養氣，實不及煤之功夫。煤而富於炭質者，以爲剔礦物，大勝於含養之煤。燒炭質需用養氣多寡不等，照本炭質數加三分一，或多至一倍。又加三分二，視其用何等含養物，又視其熱度大小，又視其應去養氣若干，並所用炭質之多寡，彼此互爲消長。以是收養氣少者，成爲炭養，收養氣多者，成爲炭養二。鉛養銅養易於剔減，亦有僅成炭養二而提鍊已净。至若鍊鐵，僅成炭養二，剔減尚未能净，須俟其再成炭養，而後爲净鐵。何則？因其成炭養二，足見鐵内尚多養氣。至再鍊而剔減成炭養，則鐵内無多養氣，已可知矣。以定質炭爲剔減物，其法頗緩，即如炭養未成，用西們脱法，今炭性漸漸鑽入而始成，炭養氣鑽入含養礦質内，盡收養氣，乃變爲炭養二，以一分劑重數炭養，即變爲一・五七炭養二。瑺爾納陪爾指明尋常低熱極劇之剔減物，炭收炭養二之養一分劑而騰去，所存僅爲炭養，復收鐵養之養氣，仍爲炭養二。又分一分劑騰去，由是遞爲剔減，則鐵内之養，漸被收净矣。下章論加氣爐及之。此外更有金類並非金類，用以爲提養氣之用，如鐵可提銅養、鉛養、汞養之養氣，並其鹽類物如銅鉛鹽類物之類。之養氣。鈉則提鹽類物所有之鎂鋁，以能化合鹽類物之養氣，而自成爲鈉養。含硫養二、鉀養二之物，亦有爲剔減之用，以其能收他質内養氣，自成爲硫養三、鉀養三也。鐵硫二、鋅硫二和渣滓燒之而收養氣，即成鐵養、矽養二、鋅養、矽養二，其硫銅質爲澄定物矣。

化學化法：提金類法，有數種含硫物與礦質相併，化成金類含硫物，料理銀銅，每用是法。鐵硫二礦，又銅硫二、鐵硫二礦，又鋇養、硫養三，又鈣養、硫養三，有時他種金類硫二礦，亦如是借以爲用。鎳鈷與鉀相化之性，猶之銀、銅與硫相化之性。鎳鈷之金類，與鉀有大愛力，而不爲渣滓矽養二所併。緑質爲料理金銀礦質之用，或用其氣質，或用鹻類緑二養二。有從他物取緑，如鐵二緑三、銅緑三、汞緑三，皆爲發緑氣之物。令成緑二，尋常以鹽類酸澆於含多養之物，即成緑三之質。假如鹽强酸澆於鐵二養，即變爲鐵二緑三。鍊銀則用碘，鍊金則用鎳化含金類所用之物，不一而足，最要者爲水，水能消化鐵養硫養三、銅養硫養三、鋅養硫養三。其他鹽類物，以鹽類水化之，即如銀緑可化於鈉緑水。即食鹽水。鈣緑鈉硫三、並淡輕三炭養二，亦可用以化銀，含硫養並鈣各物，今鍊銀者多用之。金類養物，常以酸質消烊之。赤金與白金即鉑。以硝鹽强酸化之。硝鹽强酸名爲皇强酸，一作合强水。金銀成膏，用汞爲消烊物。提鍊金類，尋常化學物質，常以爲化分化合之用，惟價昂則用者少耳。

又第七章《鎔爐》

鎔爐料：鎔爐外周，用尋常物料，惟爐内膛面禦大熱度，並禦金類養刷蝕之患，須以耐久料爲之，或用天生堅物，如沙石。沙石之佳者，含石英顆粒，以矽質沙泥圬之，含石英之佳矽養，能禦各高熱度。惟有養氣、輕氣，雙管齊吹之熱度，則不能禦耳。矽養沙石堅者，爲麤顆粒磨石，用頗合法。英國惠爾斯省岱納斯石，即是磨石，内含矽養百分之九十八分。將此石磨成粉，加以石灰，或泥土，令有黏力而壓作磚，可禦大熱度。此種磚配造倒燄爐之環頂，以能隨熱度而漲伸也，惟不能禦金類養物之刷蝕耳。鎔鋼爐用岱納斯磚，爐即隨熱度而漲縮，漲則牽條須旋寬，縮則牽條須旋緊。矽養磚用時，越熱越好，爐内熱度，須由漸而加。戥尼斯特，本矽養料，似岱納斯石，由姚克地方下煤層取出。耐久之物有三種，一爲酸性，如岱納斯石、戥尼斯特。一爲鹻性，如跑克賽特、一作波格歲得。陶陸埋脱、一作多路美得。鎂養炭養二礦。一爲中立性，如筆鉛、鉻鐵礦火泥。鹻性料，人所常用。跑克賽特能禦金類養，西們斯鎔爐用之。法將百分之三泥土，而泥土内須含百分之六筆鉛，合百分之九十七跑克賽特而烘之，跑克賽特幾乎盡爲含水之鐵二養三、鋁二養三。其確實分劑如下：鋁二養三五十分至六十分，鐵二養三二十四分至二十五分，矽養二三至五，水十至十五。倍生麥製鋼法，用鹽類性料，所以鹻性耐久之物，人多用之。曩時倍生麥鍊鋼爐，皆以戥尼斯特、岱納斯石料圬之，爐膛可容五噸重鋼。顧所圬之料，不能盡去鐵含之燐，惟鹻性料可以化去燐質。石灰固爲耐久之物，然易收水質最易鬆散。鎂養亦不合用。製磚或兼用鎂養炭養二，然價貴，亦殊不值得耳。石灰與鎂養攙和，以之製磚圬爐頗合。此料由烘陶陸埋脱得來，搽以黑柏油，可禦空中潮濕。耐久料有以下分劑：鎂養炭養二八十八分，鈣養炭養二七分，矽養二四分，鐵二養三、鋁二養三一分。倍生麥鍊鋼用鹻性耐久物，所出渣滓多燐，以爲膏田之用。德國各廠所出此種渣滓膏田物，每年多至四十餘萬噸。火磚大半以火泥爲之，加以石英，并燒過泥土。火磚雖有筆鉛，而不及經久鑄罐筆鉛之多。火泥大都用含水之鋁矽養二，其分劑如下：矽養二五十至五十五分，鋁二養三三十至三十五分，水十至十五分。料内含石灰、鎂養、鉀養、鈉養過百分之一者，火泥必至融結。含鋁之泥，含石灰鎂養鉀養鈉養不及百分之七者，尚不害其耐久之性。尋常泥内含此數質，或含有鐵養，即不可用。尋常駭爾即泥板石。熱度未高即鎔，因其内含多許鹻性養物，並鐵養耳。泥之黏韌力，視其顆粒之麤細，及含水之多少，一經烘燥後，雖再加水而不復韌黏，以烘燥後顆粒情形改變耳。火泥經燒必縮，即將所含之水盡行逐出，而燒之，亦仍縮小。燒至一百熱度，尚不害黏韌力，惟將所含之餘水逐出耳。泥之佳否，全恃有自主矽養二。此矽養二不與他物化合，故云。温射火磚，在無高熱度處用之尚不爲害。法將一分火泥，與一分沙泥對拼。圬火磚所用灰沙，即用火磚料，或用韌泥，若以石灰製成灰沙，即不可用，以不能禦大火力也。

鑄罐：鍊金類更有鎔爐内之鑄罐，如製生鋼、鋅、司莫得。即鉀鉻，或鉀鎳，與鐵相和。銻或用管或用墨勿爾斯，即小風爐並骨灰盃。比利時國、德國鎔鋅皆用之，或用曲頸甑鎔鉀，或用阿吕臺爾，前人鎔水銀用之。此種器皆用耐久料爲之。鑄罐之用，一爲敵高熱度，一欲其有漲縮力，能禦冷熱之驟，一能禦含養金類之剥蝕，在熱度内不致有脆裂柔嫩之弊。法用泥筆鉛炭精，燒煤氣所成炭質。其泥製法，二分劑生泥，一分劑燒泥，或舊而清潔甑罐粉，置火内不致收縮，欲試驗火泥，將一塊多尖角者，置於墨勿爾斯，燒成白熱，候涼，視其角鋒有無碎裂。再埋入鑄罐滿足炭屑中，復置於剔減爐内燒之，試驗鑄罐有無剥蝕。將罐置銅及半而鎔之，加硼砂少許，令沿邊成一圈，中間净銅，任其收受養氣。倘鑄罐非上等質者，四邊硼砂，收此銅養，迅即齧蝕鑄罐，罐内銅重，罐亦受累。如鑄罐一無疵累，又知其他妙處，製鑄罐之泥，須細查不可有鐵硫二礦質、鉀養鈉養，愈微愈佳，略含石灰，尚無大礙。筆鉛鑄罐，以泥土與筆鉛製成，泥土五十一分，筆鉛四十九分。筆鉛之佳者，指捻之覺甚細膩，用時須試之。錫蘭島筆鉛，有七九·四炭質，一五·五之灰，其餘爲飛騰之物。其灰内間有百分之十二鐵二養三，須以硫强酸先爲提出，而後可用。筆鉛選得佳者，先磨而復篩之，掉和於火泥以水團之，製成何式鑄罐，候乾，置窑内烘之，有養氣之空氣勿帶入。窑中欲免潮濕鹹性，並免寒暑迅變之弊，將新罐浸於泥湯内，乾後抹以石油，再抹以黑柏油。倫敦拔脱西筆鉛鑄罐廠，即如是製成，鎔赤金四十次後，罐仍無恙。金綠銀綠分提綠氣之罐，先浸於硼砂水内，俟乾烘之，硼砂烊後，能塞微細空隙，可免銀絲走漏。

爐有三種：一、哈脱，柵爐。一、福聚，打鐵爐。一、否納斯，火爐。皆鎔金類礦質經大熱度之用。爐體用耐久料，能禦大火力，爐外抹以尋常料，令緊切相輔。爐有兩用法，一則鎔物與燒料相遇，並不另設火柵，其造法有高下，如衝天爐柵爐。一則礦質與燒料相隔不相遇。另有柵爐生火處，其造法較次，非常燒不絶者，如倒燄爐，並煤氣爐。又如烘爐，倒燄爐所鎔之物，只與燒料之火燄相遇，烘爐則所鎔之物，絶不與燒料所發氣質相遇，惟傳熱氣以烘之，如鑄罐或小風爐骨灰盃，或乾蒸具，可由爐取出也，或與爐相連。倍生麥鍊鋼爐則不類，因其鎔料所含雜料，用風箱趕入爐，令雜料作燒料燒去也。一、哈脱，用自來空氣，如露天烘柵爐及窑等，又如澄提柵爐，爲澄提含銀之銅礦質用。又有用風箱者，如打鐵爐、提鐵爐。二、卸夫，煙通即在爐上，一爲吸風爐，烘鐵礦質用之；一爲吸大風爐，有高煙通，如衝天爐，並圓頂衝天爐。三、倒燄爐，一空氣自行入爐，掉鐵爐是也；二用風箱，骨灰盃爐是也。四、製有固閉具之爐：其用不一，一爲鑄罐爐，如特肥爾衝天爐；二爲乾蒸具之爐，如鎔蒸鋅及水銀甑；三爲鎔管火爐，鎔鉍用之。四爲骨灰盃鎔鉀之爐；又尋常鍊爐。五、鎔爐，尋常試驗。六、烘爐，料理鉀用。七、澄定爐，料理鉍用。八、爲蒸爐，料理鋅汞用。九、蒸鉀養三酸爐。十、爲製鋼爐。以鐵埋於炭中，燒鍊成鋼。不論空氣自入爐，與風箱趕空氣入爐，各爐燒料皆同，而燒後所得之物各不相同。爐之大小式樣不一，其徵驗亦不一。以其大有參差，每時所燒之物又不等。燒果得力，所得熱度開樂利之多少不等，比較火力，竟有二千四百七十三開樂利，至八千零八十開樂利之懸殊。即如炭質燒至成炭養，火力只二千餘開樂利。若燒至成無水炭養二，火力有八千餘開樂利。爐若生火處不另設，其最切緊一段，即其燒礦質處，火力最大一帶。名爲熱帶。下同。瑸羅納云，燒料照一定燒法，所得熱度，與本燒料重數有比例。其熱度視燒之緩急而分，蓋火力切緊一帶容積數，與燒料重數有關係，容積燒料少者，熱度每愈高也。桶形爐爲烘鐵礦石之用，每二十四小時燒四噸又十二擔之煤，成一百十五噸鐵養炭養二。爐高三十三尺，容積有八千立方尺。所以燒去無水炭養二，並潮濕，不僅在切緊一帶也。火力切緊一帶，只一千四百立方尺，較之奥姆斯培新式衝天爐則有異。爐高七十六尺，每二十四小時鑄成豬鐵八十噸。用風箱趕風入爐，因其内堆積礦質配料燒料，深厚而不通氣，火力只在切緊一帶。此一帶容積，不過三百立方尺，所得較前更多也。爐另設生火處者，尋常爲倒燄爐，亦有桶形衝天爐，另設火栅添助熱度。其所以令燒料與礦質相隔者，欲免化學化性，并管理爐内燒料所得之物。如爐内鎔物慾合養者，切不可有炭養攙入。若用剔減法，又不可仜無水炭養二攙入。法國倒燄爐分兩槪，一爲生火處，一爲工作處。熱度自烘鐵礦暗紅熱度，而至鎔鋼之大熱度。火栅與工作處，容積懸殊，爺羅納有一定比例。下表即指明每小時燒料合爐栅生方尺：

每方尺煤磅數	爐
三至八止	烘二硫養礦質爐
八至二〇止	承定錫爐
一二至一六	鎔鉛礦爐
一五至三〇	鎔鋼礦爐
二〇至三〇	掉爐
四一至八一	□鍊鋼爐
八一至一〇二	移動爐

爺羅納又謂火力切緊一帶容積與煤有一定限制，爐發熱度，欲急欲緩，亦有分别，欲緩燒每擔煤須合若干容積：

緩燒		容積
	燒磚	一千七百九十四立方尺
	烘銅礦質	五百三十八立方尺
	鍊鋅剔減法	一百〇一立方尺

欲急燒每擔煤須合若干容積：

急燒		容積
	尋常掉爐	十七立方尺
	史旺西澄提銅爐	五十立方尺
	提鍊鋼倒燄爐	二半至三半立方尺

哈脱者，露烘栅爐，爲矮爐所料理之物，與定質燒料相遇，烘礦質，或成堆，或窑，均包括在内。燒料用法皆同，燒時四圍一無遮闌，故名露烘。烘銅礦質尖堆無遮蔽，地址約三十方尺。尋常均在平地，先鋪木柴一尺高許，加以一層炭，乃加一層礦質，層層相間而上，至十尺高，不必另加燒料。由煤礦挖出之鐵礦石，亦能自燒也。德國曼尺斐爾銅礦質所含烟煤料，足敷於烘礦質之用。若含硫礦質，先鋪一層木柴，其硫即接燃，焦煤爐與此哈脱相同。曩昔澄提礦質鍊法，所用火爐亦如是。用風箱趕風之栅爐，亦可鎔礦質，亦可配高熱度用，如錘融金類，或鎚打不易鎔之金類。昔人提鍊熟鐵，每用栅爐。爐式長方，風洞斜下，空氣可直入鐵鎔處，鐵内所含之矽，即變矽養，矽養合一份鐵，成鐵養矽養二。此法今不行。惟有一種熟鐵，特意照此製之。鍊鐵礦所用爐，有一種淺栅爐，名爲礦質哈脱。其膛立方式，闊二十二寸，襯有生鐵，爐背有風洞，爲吹風入爐之用。前面有斜槽石，已鎔之鉛，由斜槽流下，以罐受之。約十二小時，可出一噸或噸半鉛。哈脱在窑，加礦質時，所有燒料，不論定質氣質，一經冷物，必不能燒盡，所存炭養居多，爐之熱帶，即火力切緊處。有一定限處。德國匠目哮甫曼想一新法，窑之熱帶火房，可隨意遞换，又省燒料。尋常窑煤氣一直向上，無有門閘限閉，生冷礦質，一直加下，致損熱度。哮甫曼窑所用燒料，早安置各火房，而氣質任其流通。窑式圓，一圜周火道，如寅，寅火道分火房十二間，或十六間，各相通，惟一間用鐵閘板閘斷，令兩邊不通。置閘板各房皆有閘槽，如卯卯，閘板即在卯槽升降啓閉。每兩槽有火衖，如戊戊，均有扇門，門啓與總煙通相通。每間有門，如乙乙，即通窑外，只可兩門並開。所有周圜火房，均滿置礦質，只空一間，此空間可逐日遞换地步。圖内己處，有閘板，閘後爲第十六間，加新礦質，空氣由閘板前第一間，即空間通入。第二間之門亦可開，此間燒烘工夫較久，空氣通入，不患其洩熱氣，以即須撤空也。空氣入第二間，遞傳第三第四間，而至閘板之後，由已開扇門之火衖出煙通。每二十四小時，鐵閘板即移至第一間，將鐵板前第二間撤空，而新料加入第一間，空氣仍旋繞入内，愈進而熱氣愈大。每日遞更地步，即熱帶之熱度亦遞移也。以是空氣其料質出爐進爐處，熱度已殺，不爲空費熱氣，只須火衖扇門挨次啓閉如法即是矣。倘或空氣不整，屋頂可開窗進風。每間容積數不一，二百八十二立方尺，多至一千七百六十五立方尺。欲裝卸之便，熱度之匀，窑身不可高過九尺。第五十五圖，爲日斯巴尼亞國喀脱勞尼地方矮栅爐，名喀脱闌爐，礦質提鍊，能速成熟鐵。爐以生鐵磚築成，地基用沙石，風洞以銅皮爲之，以水法

趕空氣入爐。空氣管高十五尺，管上口接水櫃之門，門啓水由管至風箱。氣爲水送，每方寸有一磅半至二磅壓力，風箱空氣，横入栅爐。衝天爐者，燒料與礦質皆置在一處，爐體直竪，其燒礦質，或含石灰之石，用自來空氣，爐之上體即作煙通。爐式不一，各隨礦質所宜，或蛋形，或圓柱形，或尖圓頂。小窑烘物勻稱，熱氣不致虚糜，用亦經久。造用特設之磚。高下尺寸，視礦質大小，及易鎔與否，其容積亦然。圓式大窑，欲熱度勻稱頗難，以是大窑有橢圓式、長方式、方角均作鈍角。烘鐵礦質之窑，每用此式。英國克里蕪闌窑。圖内比例尺寸，一寸爲十尺。右爲窑外形，左爲横剖形。内鑲火磚，外以熟鐵板包裹。窑之架爲圜箍式，以生鐵爲之，而架上用磚疊築，層累而上，其下有脚，亦生鐵爲之，如乙乙。窑底與地基相距數尺，窑基鋪鐵板如丙，其中間墳起，作立錐形生鐵墩，如丁，高八尺，墩基徑八尺。鬆散礦質，即由鐵墩四面瀉下，加添礦質與煤。有鐵臺，如戊。窑下體鐵板，每板有洞，如己己，爲空氣所入之處，平時關閉，或爬梗阻之物則啓之。窑高三十三尺，其中徑之最大者，有二十四尺，可容八千立方尺。每一星期，可出礦質八百噸。每二十五噸礦質，用煤一噸。奥國史體里亞窑内，有層級火栅，比例尺寸如前。甲處以石築之，内鑲襯火磚，如乙，火栅如丙，窑底生鐵爲之，如丁。各衝天爐之炭養，爲剔減物，假如烘鉛礦質，熱度須緩，須留意勿令空氣多入，致剔減過甚。否則熱氣過大，所含碎塊之鐵，亦被鎔化，融成大塊，爐有阻塞之患矣。風洞處所成炭養，爲鎔渣滓金類之用，其炭氣又爲剔減之用。所最宜著意者，爐之熱帶處，熱有若干度，近風洞處，熱度最劇。其熱度與熱帶處容積，並每小時燒料分兩，大有關係，以是容積數與燒料數相稱，則熱度得力矣。衝天爐如用趕風入爐法，或風箱，或吹風汽機，鎔豬鐵用之。昔用木炭，今用焦煤，或煤，或白煤。用焦煤者，高七十尺至八十尺，甚有高至百尺者。内襯火磚，外包熟鐵，不似向之盡用磚築覆釜形也。上口加礦質燒料，兼有調勻緩下之法。窑下段收縮處，周圍有風洞，或五或八，洞作平卧式，用烘熱空氣者，以水法趕風。見五十五圖。風洞處燒料帶火而下，火燄甚急，有二千餘熱度。窑徑最大處，名跑息斯。近窑底圓柱形，名哈脱，如庚，此即鎔化金類聚集之處。窑頂四圍，有露臺，爲加料之用。爐上口有兩蓋，上爲盃形，下爲覆釜形，如甲。下蓋可升降，降則加料。料由覆釜蓋卸下，升則兩蓋相闔矣。燒過之廢煤氣，由己管通入窑，以烘空氣。窑體築於箍式生鐵架上，有生鐵架脚，距地數尺，人可出入料理。哈脱前有壺嘴式凸形，開有長方槽形之洞，以火磚爲之。洞有鐵板閘，閘上有洞，可放渣滓。閘底有竪隙，可放鎔化之鐵，流入沙模，成三尺長豬鐵。新式大吹風衝天爐，每二十四小時，可出七十五噸至一百噸豬鐵。其小者，可出五噸。有時爐内梗阻，下段已鎔，而中段之未鎔者，猝然落下，須慎防之。料量鐵事由來久矣，而其間化學情形，只近時考究出來。裴爾賴脱二人，實倡始考驗礦質，先須烘令鐵養炭養二變爲鐵二養三，並逐去其水，令礦質鬆散。有時礦質天生爲鐵二養三。尋常鐵礦質情形如下：

紅鐵礦即鐵二養三，或少含土質。

吸性鐵礦即磁石，爲鐵二養三並鐵養，或雜土質。

司巴的格鐵礦鐵養炭養二、錳養炭養二，成顆粒形。

泥鐵石鐵養炭養二，多含泥土。

紫鐵礦含水鐵二養三並土質。

炭養二鐵礦質，如不先烘，即失無水炭養二，祇存鐵養，爐之上段，往往如是，是則礦質祇爲鐵養並土質。尋常燒料用焦煤，或木炭。如用生煤，爐頂一份，變爲焦煤，每墜下至風洞處，變爲炭質，或即燒成炭養，或先變爲無水炭養二，即爲所燒之養氣燒之，變爲炭養，其淡氣仍不變。如風有潮濕帶入，即變爲炭養與輕氣。輕之多寡，則視外來空氣潮濕何若。爐内氣質，略有輕氣，無關緊要，以爐頂發出之氣質内，必有礦質所放輕氣帶出。其輕氣出數，與先時帶入爐之數，並無增減。倘輕氣由爐内化分而出，固有礙也。熟諳提鍊者，每謂潮濕入爐多，則需用柴火亦多，所以入爐之空氣，變二分劑淡氣，一分劑炭養所併之雜質。雜質由爐上騰，與礦質相遇，變出多許化學分劑出來。賴脱試驗化法如下：

甲、含多養之金類爲炭養所剔減而成少養之金類，並成净金類。

㈠ 鐵天養地上炭養＝鐵天養地丅一上炭養二

㈡ 鐵天養地上地炭養＝天鐵上地炭養二

乙、以無水炭養二令金類含養，並金類少養者加養。

㈢ 天鐵上地炭養二＝鐵天養地上地炭養

㈣ 鐵天養地丅一上炭養二＝鐵天養地上炭養

丙、炭養剔減成炭。

㈤ 天鐵上地炭養＝鐵天養地上地炭

㈥ 鐵天養地丅一上炭養＝鐵天養地上炭

丁、剔減炭與鐵養化合爲無水炭養$_{二}$

㈦ 二鐵$_{天}$養$_{地}$丄炭＝炭養$_{二}$丄二鐵$_{天}$養$_{地}$ 一

㈧ 二鐵$_{天}$養$_{地}$丄$_{地}$炭＝$_{地}$炭養$_{二}$丄二$_{天}$鐵

戊、無水炭養與剔減所成之炭化合

㈨ 炭養$_{二}$丄炭＝二炭養

尋常天氣熱度内炭養與鐵$_{二}$養$_{三}$雖無干涉，然至一百五十熱度，即有交涉。反是如無水炭養$_{二}$，在三百熱度尚無交涉情跡，至四百熱度，即有發動；至六百度，則變動更劇。二號格式，欲剔減鐵$_{二}$養$_{三}$，非白熱度不能，至白熱度時鐵爲化分炭養，如五號格式。爐不拘某段，各種化學化性，同時皆作工夫，惟緩急有不同耳。如甲號、丁號剔減爲净鐵，乙號丙號令鐵合養，丙號又剔減成炭，丁號戊號令炭合養。所以各徵驗雖有同，而作此徵驗之勢，各有不同，勢之彼此大關涉，由裴爾賴脱兩人查得之。論鐵養變化情形，爐又分爲三段，在頂高一段，甲丁化性，較乙丙化性更劇，所以剔減鐵$_{二}$養$_{三}$甚速。此一段丙號化性，較丁戊化性尤劇，以是炭質澄提，在彼處爲多。石灰石配料，變成石灰，用生煤者即變爲焦煤，以鐵養炭養$_{二}$代鐵養者，變爲鐵養。總之，剔減法澄提炭質，與成含養工夫，同時並作也。在爐之中段，剔減鐵之性，幾與鐵合養性相等。其成炭之性，與炭合養之性相等。此處剔減工夫較緩，惟經過此段，熱氣加大耳。爐之下段，尚有未剔減之鐵，即爲剔減，因風洞近處，有衰質故也。剔減之鐵，與炭質相遇而鎔化，且有矽燐硫等質，係隨礦質帶進，而於此併和也。又礦質非金類質，及配料内石灰，亦併化鎔而成渣滓。入爐之淡氣，不過爲冲淡之用，而在爐之下段則不然。鉀氣鈉氣初生之時，固驟與炭及淡相遇，三質併成金類衰。鉀養鈉養是也。金類衰與未剔減之鐵$_{二}$養$_{三}$相遇，令鐵$_{二}$養$_{三}$變爲净鐵，而金類衰自成爲衰養物，以化分而成含鏮之炭養$_{二}$，將淡氣放去也。爐之上段，所結鏮性鹽類，因重而沈下，至風洞近處，鏮類物屢屢下上，當帶進之時，爲數甚少，轉輾堆垛漸大。有時每噸鐵成時，近風洞處，鏮類質積有四擔數，衰質有二擔數。爐熱既久，風常吹入，剔減更周到也。鎔鐵者爐内有一定熱度之限，在八十尺高衝天爐，各項需用熱度，如克里蕪蘭礦質，成二十擔豬鐵者，其數如下：

爐常需用熱數

從鐵$_{二}$養$_{三}$剔減净鐵，每擔需三萬三千一百零八尤納子熱氣。按尤納脱即起碼之謂，見第五章熱率。

吸炭質數	一千四百四十
剔減燐硫矽	四千一百七十四
鎔化豬鐵	六千六百
爐外傳費熱氣	三千六百五十八
風洞水法傳費熱氣	一千八百十八
餘項傳費熱氣	三千二百零八
以上共五萬四千尤納子	
各項浪費熱數	
鎔化渣滓	一萬六千七百二十
由石灰石逐出無水炭養$_{二}$	五千零五十四
化分無水炭養$_{二}$	五千二百四十八
化分空氣潮濕	二千七百二十
焦煤逐出水氣	三百十三
以上共三萬零五十五尤納子	
走洩氣質所帶熱氣	八千八百六十
以上總共九萬二千九百十五尤納子	
烘熱空氣帶入熱氣	一萬一千九百十九
净需焦煤熱氣	八萬零九百九十六尤納子

欲得此熱氣，並欲省燒料者，作燒料之炭質，須盡數化成無水炭養$_{二}$，此則剔減鉛養則能之耳。上言剔減鐵礦質甲乙丙丁戊九項，各勢力不相等，而不能將炭質盡變爲無水炭養$_{二}$，所變只百分内三十五分至四十分，其餘皆成炭養而騰去。由是以觀，欲令爐内得八萬餘尤納子熱氣，則所需炭質甚多。燒料欲節省，須無水炭養$_{二}$越多。炭養越少，其相差數，關於熱氣，並氣質流通緩急，調勻無阻。大凡設法無水炭養$_{二}$燒炭質節省，定質之炭分二份，一燒於鎔化熱帶，一燒於剔減熱帶。在剔減熱帶，燒定質炭而成，在鎔化熱帶，以燒氣質而成。以理度之，欲炭質落至風洞一帶成炭養爲最合宜。衝天爐分類，最大直徑與高低尺寸有比例，計分三種：一、矮爐，高不過三直徑，或更少。二、中等爐，高數在三四直徑之間。三、高爐，高數在四直徑已上。

鎔鐵所用十式衝天爐表

	立方容積數	總高數	火棚直徑	窑徑最大平面	窑頸直徑	每日出金噸數	工作時限	每噸金類燒料數
	立方尺	尺寸	尺寸	尺寸	尺寸	噸	鐘點	磅
一	三〇〇〇〇〇	八五〇	八〇	二八〇	一九〇	七〇	一五〇	二三〇八
二	一八〇〇〇	八〇〇	一一〇	二二〇	一六〇	二七〇	二一	一八六三
三	一五〇〇〇	七五〇	一一〇	二〇〇	一五四	一七五	二四	二一一六
四	一四〇〇〇	七五〇	八〇	二一〇	一四〇	一〇七	三六	二一三〇
五	八八二四	七三八	九六	一五六	一一九	一四二	二〇	一九四三
六	六六七六	七二四	八六	一五〇	九六	一一四	一九	一六九七
七	二〇〇〇	五〇〇	五六	一〇〇	五六	四八	八	一八七〇
八	一八七二	四九八	四六	一〇四	三四半	二四	一〇	一三六五
九	一二三〇	三七三半	五八	八四半	三一半	二四	四	一六五三
十	一〇〇〇	三七六	五六	七〇	三〇	二〇	七	一五八五

一至六燒料用焦煤，七至十燒料用木煤。

一號在英國紐拋脱，二號在美國撇子陪克，三號、六號在美國北息卡郭，四號在英國隆斯堆，三號在英國蘭開旭，五號在美國郁寧，三號、四號、六號亦有在鬱寧，二號又在息卡郭，七號在美國密助妻省，八號在奧國脱里拔克，九號在奥國希福勞，十號在奧國阿生納士。一至四爲中等爐，高與直徑比例，不及四數。餘六號爲高爐，高與直徑比例，過於四數。以下爲矮爐，高與直徑比例，不及三數。

	地名	容積數	高	窑頸直徑	跑息斯直徑	每日出金數
		立方尺	尺	尺寸	尺寸	噸
十一	法國郎肥	一四六五六	六五	一三六	一三〇	四〇
十二	英國克來侖蚩	六〇〇三	五〇	七一〇	一六六	三〇
十三	英國湯納陪	一二七八四	六〇	一四九	二〇〇	
十四	英國奥姆斯陪	四〇九八四	九〇	一五九	三〇〇	

此四號爐，料理不甚便利，以其窑頸直徑過窄，加料時欲令匀徧，殊不易耳。華兒須云，跑息斯最寬尺寸，若在鎔冶地步，則風洞一帶，常有燒料。又謂煙通以窄爲貴，剔減力與吸炭力，可照數加增也。第五十九圖爐式，亦足表明之。以上六號、八號燒料數少者，非爲烘熱空氣多而增熱度，亦非料質在爐時候多也，煙通較窄耳。

向來爐內廢氣，任其由爐頂口騰去。自設新法，用以烘熱空氣，爐頂有蓋閼閉，而搜括廢氣燒之。此法派利所創，用盃錐蓋，盃者蓋似盃形，空其底如漏斗。錐者上鋭下奓，似覆釜形。二件合成蓋，隨意可啓閉。爐上頂口以生鐵盃形蓋蓋之。盃下口徑，半爐口徑，盃蓋下有覆釜形蓋，蓋降則加料，料由盃漏下，即在釜蓋四面卸落。蓋升則閼閉矣，廢氣乃由旁管通行，盃錐蓋如第六十圖。德國有爐，由爐上口中心取廢氣，如蘭芹方哮甫爐是也。欲加料質，蘭芹爐口，將鐘形管蓋舉起，乃加之。方哮甫爐之鐘形蓋，亦必令降而後加料，欲蓋閉不洩，有水槽以閼之。凡料質入爐，由上而下，作何形狀，有黎恰子勞柱考察之。製一小爐，模照湯姆生廠式，高四十寸，每半寸比例一尺，其三面以木爲之。其前用玻璃，亦用盃錐蓋，下出料若干，上口亦加料若干，由玻璃處窺見料質絡繹卸落情形。其料質以石英代之，顆粒麤細攙和。如下表：

石英顆粒體積	初度	二試	三試	四試
一號篩孔能漏半寸方而不能漏過四分寸之一方	三八·七四	五一·六六	六四·〇	七六·〇八
二號篩孔能漏四分寸之一方而不能漏過八分寸之一方	二·五六	一·八一	二·〇	二·四三
三號篩孔能漏八分寸之一方而不能漏過十六分寸之一方	一三·六七	一一·一七	九·〇	六·三九
四號篩孔能漏十六分寸之一方而不能漏過三十分寸之一方	四·五六	三·三二	二·〇	一·四〇
五號篩孔能漏過三十分寸之一方	四〇·四六	三二·〇二	二二·七	一三·六九

如法試之，照其影相而比較之，俾知爐口應用何等蓋，及何等料質。影相片照相情形：一、爐蓋漏斗洞合配者，顆粒落下分三條，外兩條細顆粒，內一條麤顆

粒。二、爐蓋漏斗洞較小者，加料滿足，顆粒落下分五條，中一條麤粒，外一圍細粒，又外層麤粒。三、爐口不用蓋，爐上段較小，加料麤細較勻，而麤細在外層較多。四、爐用聚中心漏斗，顆粒分三條，細者居中，麤二條在外層。五、用小漏斗加料，有高下參差，顆粒分三條，或五條。六、麤顆粒沈下較迅，設法令熱氣調勻。一千八百五十七年，脱魯闌立意將衝天爐，自哈脱至爐頸加寬。一千八百六十二年，賴息脱用此法，爐爲狹長方式，開有風洞，或六或八，彼此各不相對。哈脱下即生火處，裝有火栅，有槽通牆外，烘熱空氣，鎔冶熱帶，火力調勻，燒法得力，出料頗多。俄之尤賴爾省有賴息脱爐，爲鉻鐵用。他國鎔鉛礦、銅礦，間亦用之。德之哈梓山間，鎔鉛礦賴息脱爐，高二十尺，長七尺六寸，頂口闊四尺六寸，爐底闊三尺，前後有風洞五箇，近時兩端亦開風洞。來特肥爾地方火爐，愛斯們曾論之。甲處以磚築成，下有生鐵架柱，如丙，鐵板如乙。架之上均用磚，下爲鎔臺處。哈脱以上，爲生鐵板夾道，似扁箱接連，内有冷水流通，爐内熱度，惟此處最大，自有冷水夾道，而鐵板熱不過七十度。鐵夾道似扁箱，取以更換亦便，由熱而冷，亦不致有收縮。此爐能燒十二箇月，晝夜不熄。來特肥爾長方爐圖，比例一寸爲九尺，爐大小各處不同，每日出料亦不同，自十五噸至四十噸不等。水夾道如圖丁，以十二箇鐵箱鑲合而成，有螺釘旋緊。其風洞，如戊。爐繞有冷水總管，流入水夾道，下即哈脱，以生鐵鑄成。内襯火磚，如庚。哈脱鐵板，包鉛井在内，如辛。壬爲槽嘴，鉛鎔流質由此出。其嘴與爐内鉛面平，已鎔之鉛，於槽嘴用杓出之。爐旁夾道有洞，可放渣滓，去其土塞，由子槽流出。放渣滓時，有多氣質，騰由喇叭口之氣管上行。風洞有篷布管，如卯，接連於總氣管，風洞管向上彎處，有罨門，如寅，由此可窺爐内情形。加料之洞，如六十二圖辰，有門，如己，其啓閉用鍊與錘升降之。爐上段作煙通用，如午。有煙道，如未，通至塵房，氣由塵房穿過，氣即澄清。撒兒遲衝天爐，美國拷禄拉度多用之，歐洲用以鎔鉛銅雜質礦。爐之長數，較爐徑不止三倍。爐上段最寬，漸下漸削，風洞開於哈脱處。爐頂有熟鐵圓領，料即於是處加入。其式之最新者，德國勿賴孛地方用之。倒燄爐式不一，一爲生火處，或用尋常火栅。一鎔鍊處，燒料與礦質相隔，間有火橋，以堅火磚築之，橋底有空氣道，俾橋少殺熱氣。橋並有氣洞，任空氣入燃。火燄過此橋，爲爐頂所抑，即彎向下，以燒礦質。爐頂與鎔鍊處，相距有一定限制，視造法如何，有以爐頂熱度回射礦質，或爐頂逆折火燄，徑燒礦質。爐内氣質，從鎔鍊處經過火道至煙通，廢氣即由煙通出。有時煙通爲通氣之助。煙通下脚，有空氣門，或火道亦開空氣門，並生火處燒料鬆緊，於以能主持爐内空氣。或令金類加養，或剔減金類，或中立不加減。距乙生火處遠者，置礦質較小，以熱度緩也。距乙處火栅近者，熱氣極盛，則置大礦質。第六十五圖之掉鎔爐，料質雖掉而仍聚甲處，鎔成流質。爐底平，如欲其十分鎔化，爐底亦須凹也。熱度不極高，或烘鉛礦，即火磚略楛者亦可用。欲鎔銅礦，爐底須用矽養二矽泥，擣成二尺厚，若用火磚，恐銅嵌入磚縫也。英國韋爾斯省史旺西地方之爐，以耐火沙泥爲之。此沙泥百分内，有八十八分矽養二也。鎔鉛礦爐底，有以爐内所出灰渣爲之，夸脱掉鎔爐底，以沙泥爲之。猶羅納算得各等提鍊爐，各有限定尺寸。史旺西倒燄爐，爲提鍊銅礦用者，燒硬白煤。其鎔鍊處寬有一百五十八立方尺，生火處截面，有十九方尺，每一方尺，每小時需用硬白煤二磅又十分磅之三，鍊得物質體積，有八立方尺又十分方尺之三。計此時爐内料質共重十噸。熱度須高以鎔銅質也，然尚不及掉鐵爐之熱度。掉鐵須屢掉，不令熱度稍減也。又掉鐵爐提鍊處容積，較倒燄爐生火處截面略小。惠爾斯省掉鐵爐鎔鍊處容積，有三十五立方尺，生火處截面爲九方尺，每一方尺每小時燒煤三磅又十分磅之六，所鎔礦質體積，有三立方尺又十分立方尺之九，計是時所燒料質只重四擔。

各等倒燄爐

		哈脱長數	哈脱中間闊數	火處長數	火處闊數
一 德國長底烘窑	尺寸	三九〇	九〇	六六	一六
二 智利國哈華鎔銅	尺寸	一六六	一一六	五八	五三
三 南惠爾斯黎佛鎔銅	尺寸	一六〇	一二〇	四〇	四〇
四 拔脱鎔銅	尺寸	一四六	一一六	四六	四〇
五 鎔鉛流爐	尺寸	一一六	七〇	二六	二六
六 勿林妻言鎔鉛	尺寸	一一〇	九六	二六	四三
七 南斯塔福駭掉鐵爐，礦務學堂有此式	尺寸	五三	四九	三九	三九
八 英國骨灰盃爐	尺寸	一九	四〇	二〇	一一〇

（續表）

		火處低於橋面數	火橋高於哈脱數	煙通高數
一 德國長底烘窑	尺寸			
二 智利國哈華鎔銅	尺寸	一五	一二	
三 南惠爾斯黎佛鎔銅	尺寸	三六		
四 拔脱鎔銅	尺寸	二四	一四	五〇〇
五 鎔鉛流爐	尺寸	二六	一〇	
六 勿林妻言鎔鉛	尺寸	一九	〇九	
七 南斯塔福駭掉鐵爐，礦務學堂有此式	尺寸	一六	〇六	三〇至五〇
八 英國骨灰盃爐	尺寸	一九		

其一、德國爐烘狩里奈鉛流礦，爲一長底烘窑，有四門，爐近煙通處，每六小時加生礦料十五擔，每二十四小時可烘三噸礦質。其二、智利鎔銅倒燄爐，鎔礦質、鎔青金類、並烘礦質各爐，尺寸俱同。烘礦質約七小時半，加料三噸，又百分噸之五十二，需煤五二噸。即百分噸之五十二。其三、南惠爾斯鎔銅爐，尺寸與鎔礦爐鎔澄定塊爐同，澄定塊如青雜質金類、白雜質金類。又與鎔起泡銅爐同。其四、美國拔脱鎔礦質爐，加料三噸又十分噸之三，約五小時，需烟煤十擔。其五、惠爾斯省亢你斯鎔鉛流爐，兩旁皆有門，加料以烘乾礦質二噸，鋪於斜度底，約三小時即鎔，乃攙以石灰生煤，並舊鐵二擔於門口，掩閉其門而再鎔。用鐵桿鑽破門塞，俾鉛由門洞流出，此爲已剔減淨鉛，以桶受之。其澄定之料，即鐵化合鉛含之硫，而成鐵硫，鉛流盡，渣滓亦由是出，總計不過八小時。每噸礦質，需煤九擔。其六、勿林妻言爐，鎔鉛用，兩旁各有三門，前門爲掉勻料質，後門爲渣滓出路，其頂低而斜向煙道，中有漏斗爲加料用，其内四圍皆斜下向井，即聚鉛處。前面爲出料之路。常例加礦質二十一擔，燒煤十二擔，至下六擔。其七、南斯塔福駭掉鐵爐，頂低平，略斜上煙道，旁有洞，高爐底十寸許。洞口以火磚料板爲門，懸於撬桿，可升降以啓閉之。門下出鉛處，當鎔化時，洞用泥沙塞之。其八、骨灰盃爐，以空氣熱氣兼用法，以分銀於鉛。爐底以骨灰爲之，可抽移。骨灰可禦鉛養刷蝕之患，鉛養從銀礦内之鉛，與空氣相合者。此移動之爐底，名胎斯脱，爲一橢圓形之熟鐵盤，鋪滿骨灰，一端有洞數箇，鉛養由是流入受具，胎斯脱鉛養漬入，有空氣洞進氣。德國骨灰盃爐，其頂可移，其底不可移。爐底圓而凹，直徑八尺至十尺，以含鈣養之土製成。爐頂爲可移之鐵蓋，以泥固閉之。旁有斜風洞，可任空氣入内，鉛養則於彼旁洞流出。倒燄爐用氣質爲燒料者，西們斯鎔鋼回熱爐是也，火柵常開。製鋼有三法：一以豬鐵舊鐵掉和成之，一以豬鐵與富足鐵養鎔成之，一兼用此二種料成之，名西們斯瑪聽法。西們斯回熱爐，以耐久火磚築成，多設孔道，如蜂窠然。一道進空氣，一道通廢氣，互相出入，空氣漸近熱處而成燒，廢氣由長孔道出而漸冷。造法視空氣廢氣漲力何若，漲力小則火房氣道用火磚成之，漲力若大，則全副用熟鐵皮包裹。常式回熱爐似倒燄爐，兩端皆有火柵煙道，房間下排以火磚，多留空隙，俾空氣煤氣皆得通行。其可燒之煤氣等質，由空道入一房間，空氣則由他空道進一房間，於是煤氣空氣均在哈脱相遇，空氣即燃煤氣，以助燒生煤。其燒過之廢氣，通火房及鎔鍊處，沿路以熱傳於磚，至末後出煙通。各氣道行處有兩扇門，一啓一閉，可令氣反行。磚熱至廢氣熱度相近，則轉扇門至九十度以啓之。煤氣入已熱之房間，空氣進彼房間緩緩升上，借磚熱以爲熱，到哈脱又與煤氣相遇，成燒而發熱氣。熱度之大小，視空氣帶熱之多寡。燒餘廢氣，在哈脱已算重做一番工夫，而由他道出煙通，循環無端，熱無狼藉。扇門挨次啓閉，令空氣與可燒之煤氣，得熱而燒，熱度由是增高矣。否則欲得此高熱度，傷煤必多。廢氣由爐放出，不令熱高於百度或百五十度。每逢燒兩磅煤之煤氣，須合所經過煙道磚面積，不少於十四方尺，或十五方尺。窟房磚排法，不拘一格，只求空處多爲貴。窑房底環形，俾氣可繞底而過，須小心防範煤氣與空氣猝遇而炸，欲免其弊，惟減空氣而已。回熱爐之妙可主持入爐之空氣，可令金類加養，可令金類剔減，並可令中立不加減。煤氣不由爐内火房而來，另有氣道通入。製煤氣具爲一火柵，加足燒料，煤即變炭養，並輕氣及輕炭，此三氣質，由空洞通入爐而燒。此氣質從製具出來，約熱有三百五十度，用虹吸法令通行極快，虹吸内氣升漸涼漸凝重而降亦速矣。西們將舊式火柵平頂爐，改爲覆釜形，洞爲平卧式。煤氣燒時，上不及頂，下不及底，其功用在於傳射熱氣，爐亦可以經久。新式西們爐所出氣質，有數份經過氣質復原所，即火磚排列地窟處。有數份經過製具火柵，復變爲可燒之氣質，令蒸出煤内輕炭質。製煤氣具，能令廢氣變爲有用之氣，一路經行處，隨帶熱氣而

來，並幫助火力，欲令氣質速入製具，可用水汽趕之。水汽爲爐内廢氣燒得熱甚，水汽與廢汽相併，變爲栅下上升之甚熱風。甚合烘熱錘融之用，此係傳熱爐，其火燄如彎月，左右移射。甲甲爲空氣順逆行之復原處，乙即製煤氣具，已爲加料漏斗，卯卯爲火栅，戊爲鎔鍊處，與製具相通，丙丙空洞，可燒之煤氣，由此入戊鎔鍊處。煤氣道路，有丁丁扇門管之，扇門上系横擔兩端，彼昂此俯，即一啓一閉，兩路可互換反行。只側面一路如庚，通鎔鍊處，辛辛爲通鎔鍊處之空氣洞，並有路子子下通甲甲氣質復原處，壬壬爲水汽噴射處，即在廢氣回路，可留滯地窟烘熱之，彼端丁門癸門則反是。癸癸爲閘門，空氣由此入，丁門閉則癸門啓，空氣入内，將數份廢氣趕至火栅。辰辰爲鉸鏈蓋，與丁扇門牽連，而啓閉則相反，啓則任鎔鍊處廢氣經過此辰洞而至火栅。巳巳爲栅門，通製具，可料量製具之通塞。乙製具煤氣由呐路經過叮扇門，至咦煤氣房，進燒處燒之。空氣由呷處而來，經過吁路至啐空氣洞，至啐咦燒處，空氣與煤氣遇則燒，火燄彎射戊鎔鍊處，所有廢氣向對面啐咦而去，有數份行至甲處，經由癸門而至煙道以蒸煤，有數份經過庚處，爲水汽噴射，逐入辰鉸鏈蓋，至製具火栅下，成可燒氣質。由是管爐者，隨時令横擔昂俯，以啓閉丁癸兩門，氣質遂此出彼入，互相順逆行而爲通窒。當製具初生火時，用水汽逐火燄，俾爐内氣質分輕重而行動也。此種新式爐，不但省燒料工夫，並無狼藉金類，造費較舊式回熱爐，不過五分之二。其提鍊所獲，與舊爐相等。另用製氣具，及回熱具之地窟，所佔地步亦少。倒燄爐之新式者，鎔鍊處加高，加料質如灰塵四散而下，自底至頂，均有火燄。其火由爐下旁而進，鎔鍊中段，或通或阻，以是料質散下，有急有緩。其無阻之爐，爲史推脱勿爾特地方之烘銀礦爐。其有阻之爐，爲垢斯吞吼勿並哈生克黎佛兩處爐是也。史推脱勿爾特爐所鍊礦質，先磨成碎粉，與食鹽相和，從爐頂口倒下。甲爲爐鎔鍊加高處，其頂乙處有篩散礦質粉之具，礦粉緩緩沈下，與戊戊兩處而來之火燄相遇，氣質横入己火道，隨帶數份金類礦粉而行，有丑處火燄鍊之，從旁助鎔金類粉，下至寅氣道，已盡鍊透變爲含緑質。大份由丁處門出，辛處有生鐵板槅，金類礦粉過此漏下壬處，從子門取之。庚庚爲氣道橋，以生鐵爲之，生火處及環頂，用火磚築成。竪處高有三十尺至三十五尺，底四尺方，或五尺方。每二十四小時，約烘四十噸礦料。美國游叨之爐，每日能烘六十四噸。此含緑烘法，速而且净，既省工夫，又省燒料。有固閉具之爐，礦質與燒料不同在一處，用有閉之具，或與燒料遇，或與火燄遇，或與製具可燒氣質之火燄遇，視所鍊若何而定。倘專令烘，則用骨灰盃法，鎔鍊則用鑄罐，蒸則用甑。鑄銅匠之吹風爐，與尋常試驗爐相似，其式大小不一，鎔鋼用煤氣燒之。鑄罐爐不過一長式哈脱耳，鑄罐每對埋燒料中，哈脱之頂可移動，所埋鑄罐，可由頂取出，兩旁有氣質復原處，造法與他爐復原處同。比利時國鎔鋅礦爐，爲一蒸具爐，蒸具以火泥爲之，其頸如魚腹，鋅鎔後即凝結於中。用熟鐵皮管接於其頸，鋅養即留於上。蒸具層疊排列於圓頂間，而其下即生火處。新式爐亦用煤氣燒之。爐成對，每對背依背。唵猗留地方兩面爐，每面有一百六十蒸具，每蒸具置十二磅半之烘乾鋅硫粉，並十二磅半不結塊之煤屑，掉和蒸之。比國鎔鋅爐外形，鍊水銀礦質，亦用蒸具爐。其化氣凝結處魚腹形，以缸甏料製成，或用阿魯代爾，彼此套緊，水銀礦質，先於圓窑烘之，窑周圍有洞，每洞裝阿魯代爾，水銀烘成氣，即通至阿魯代爾，得冷即凝。凝後將阿魯代爾拔出，傾於盛具，即爲净水銀。日斯巴尼亞國阿爾梅騰産水銀處新式爐，有十六行阿魯代爾。鎔管爐提鍊鉍質，用澄定法。鉍之鎔度爲二百六十四度，以其質易鎔，熱度不高，其夾雜他質之重者未即鎔，而鉍已成流質，鉍可取出矣。近時此法不甚行，大都鎔法兼水法。德國希内孛地方，澄定鎔爐有一排生鐵管，管式橢圓，管内澄定金類，而流質流入受具。閉具之爐，爲製鋼用，於可錘鐵内加炭質，謂之西們丁法，即膠凝之謂。形長方，有丙丙煙通，甲爲火處，分兩份，每邊有長方火磚器具，即變質處如乙。長八尺，或至十五尺，闊三尺，深三尺，火燄熱度甚高。燒料之煙氣等，上騰於戊罩，罩約高四十尺，所有熱氣，容留於戊處，而傳射於其具。丁爲人洞，啓之令冷，以便出料。倍生麥變質爐，西名亢阜脱。一端略圓，一端略尖，此其初次製用之式。與尋常鎔爐不同，兩旁有耳樞，如礮耳然。擱於耳架，令可昂俯，一邊架有齒輪，所以升降之。俾變質爐傾瀉金類質時，側至一百七十度許，彼邊耳中空，風可貫入。風管通至爐底夾道，有十餘火泥風孔，徑八分寸之三，通入爐内。倍至麥法，一千八百五十五年十月領有部帖，在大英技藝會宣講其技，謂製熟鐵可不用燒料。顧倍生麥鑄豬鐵時，欲去炭矽及他質，亦何嘗不用熱氣，惟續即令成熟鐵，不需異時耳。倍生麥用壓緊空氣，由細孔迸射鎔鐵内，迅燒去鐵内炭質，及矽與錳，製成三噸熟鐵，只需二十分時。而各國熟鐵廠，皆動色駭異。以掉鐵爐成三噸熟鐵，須二十四小時也。倍生麥製佳鋼，不能不精選鐵料。鋼質内如含有千分之一至二之燐，鋼即脆而爲冷絀。見第一章錘度下。倍生麥於燐，未有妙法以祛之，以是倍生麥鋼，必用清净豬鐵。一千八百五十五年以前，英國每歲售鋼，有五萬一千噸，每噸價值英銀五十磅。今息斐爾一城，每年出鋼八十三萬噸。統歐羅巴全洲，每年出鋼三百萬噸，每噸價約英銀七磅至十磅。倍生麥初起變質爐爲球形，熱氣傳失較少。先將豬鐵在覆釜形爐鎔化，或由衝天爐流入變質爐，以壓緊空氣通入，以燒去鐵内雜質。其燒法有二：一、成渣法，即令筆鉛炭聚集，矽質加養而成鐵矽養二、錳矽養二，約五六分工夫可得。二、沸法，所有炭質得空氣而含養，即成炭養，約七八分工夫可得。鍊鋼初層，火燄紅黄色，至二層沸滚時，火燄火星顔色甚豔，有小爆聲。初層光燄少，以燒成定質，變成矽養錳養。第二層所成之物，皆爲氣質，如炭養之類。此層工夫，火燄甚多，迨炭燒盡，火燄即息。熟鍊者一看即知，至此層即止燒，否則鐵將收養氣矣。常法先將鐵内炭質提去，然後加以所需之史批𤥎爾愛興。即鐵四炭，即鐵分劑九四·九二，炭分劑五·〇八。史批𤥎爾愛興，含有錳養，未始無用。大都錳與鐵所放之養有關涉，亦能阻禦硫磺，如止需錳，則加鐵錳礦質，以其中錳數，較炭在史批𤥎爾愛興更多。壓緊空氣吹入之時候久暫，視豬鐵等類多少，並氣之壓力多少而定。如鐵所含之矽錳不多，則吹風時候，或十五分至二十分之久。如矽錳多者，吹風或需三十分之久。其狼藉之鐵，難得過百分之九或至十二。此指豬鐵由衝天爐流出，速入變質爐而言。若鐵在覆釜爐再鎔，則鐵狼藉數，有百分之十五分。其時兩副變質爐同時工作，每二十四小時可做十次或十五次工夫。倘變質具爲活底者，可做二十次工夫。倍生麥變質爐，係請垢爾克留斯繪得者，爲倍生麥鹻性變質法用。若礦質多酸性，則燐難提出，因變質爐之鑲襯料，幾盡以矽養二爲之。燐養類之力，不及矽養類之力，而燐爲矽抑，燐不能越出矣。欲去燐質，須用有鹻性渣滓。倘豬鐵内矽質，不變爲矽養，究不能令其變鹻性。且爐内襯磚，以矽養二爲之，鐵仍收酸性之質也。一千八百三十五年，陪體後指明掉鐵爐用鹻性渣滓，可以提燐。脱納𤥎里納二人試之，用鹻性襯磚代倍生麥酸性襯磚，以提除其燐，而多有不便之弊。迨我礦務學堂施乃勒斯、湯麥斯、垢爾克留斯三人悉心料理，用陶老麥脱，即鎂養二炭養三。烘以高熱度，然後磨成細粉，與烘熱無水他爾即黑柏油攪和，以二百倍空氣壓力，壓成磚式。變質具之底，亦用此料。鋪平而杵緊之，燒至紅熱度，則所餘之他爾亦燒去。如變質具全用此料襯之，而鐵質多加石灰，則所出渣滓，即多鹻性，與燐相併，燒成燐二養五。豬鐵生變質具鍊之，如鐵内多太質，則與用酸性變質具無異，勢必多加石灰，則所出渣滓加多，而鐵亦不净。以是配鹻性變質具，亦須擇白色豬鐵，以此鐵内矽質微也。如是爲之，初則熱氣少，迨壓緊空氣吹入，則熱度加高，以燐與養相併之故也。應將豬鐵在覆釜形爐燒至高熱度，加以熱石灰，所有風洞加大，所吹空氣壓力亦加大，則燒加熾也。倍生麥鹻性變質具，配最相宜之豬鐵分劑如下：矽〇·五至一·八，硫少於〇·三，燐〇·八至三·〇，錳少於二·五，炭約三·〇。鐵中之硫，不能提盡，豬鐵内含硫，有百分之·三，尚屬無關緊要。用鹻製鋼，所得渣滓，有大用處。以其中大半石灰，及燐養五居百分之十三分至二十分，農家用以膏田，殊爲肥腴。一千八百八十九年，垢爾克留斯計算鹻性渣滓，出有六十萬噸，内含燐養五居百分之十七，石灰居百分之六十，縱未必盡合各種地土之用。地土内有鈣性，即不合用。地土含有酸性，如有土煤及爛泥，極爲合用。此六十萬噸渣滓，在廠出售，每噸值英銀二十先零至三十先零。先零一作喜林。渣内燐養五與鈣併和，甚異常例。常例燐養五一分劑，與鹻類三分劑相併，謂之三本之燐養五，不能消化於水，獨此渣滓内一分劑燐養五，與四分劑鹻類相併，甚爲消化。先將此種渣滓磨成細粉，以之膏田，尤易爲草木所收。近數年間製造廠復用倍生麥舊式變質爐，通氣孔道平卧式。𤥎里否脱變質具通氣孔道近底邊，送氣之力緩，每方寸約五六磅重，扇門自行啓閉。此具可容一噸至三噸料。陸勃變質具係小式，容一噸有奇。通氣孔道在不等角度，令鎔化之流質，隨氣旋行勻遍也。氣孔道在變質具高處，將變質具一端顛簸之，令變質具通氣孔道，或高或下，視顛簸何若，扇門如何啓閉，則通入之空氣體積與壓力有多少之殊。具之左右有耳樞，枕於有鉸鏈之耳架，並可旋行，小技藝家鍊輭鋼頗合用。照𤥎里否脱法料内炭質減少，即微含燐亦無礙。製造家將倍生麥變質具，用以鍊銅。一千八百八十年，法國曼吼以澄定法鍊銅，在阿肥㚖設廠鍊之。凡惠爾須法，不能省煤，可以此具代之。惠爾須法，從礦質取生銅，經六次至八次烘鎔而後得之。烘鎔用倒燄爐，未免多耗燒料。用曼吼法，只在變質具將空氣吹入澄定銅料，可抵倒燄爐三次工夫。有新式變質具，爲平卧圓柱形，可容一噸澄定物，兩端枕於空樞，令軸旋轉，一端有數氣孔，與軸平行，空氣由此入。鎔鍊時氣孔口可隨意令其高下，陸續剔減，净銅沈於具底，軸則緩緩轉旋，澄定銅轉上，而氣即由澄定料貫入，所鎔之銅，不致激冷。吹氣約十五分時候，或二十分時候，用惠爾須製白雜質金類法，可提出起泡之次銅。此種澄定塊，百分有五六十分青雜質金類，須兩次提鍊，澄定料在倒燄爐鎔化，隨即流入變質具也。

又第八章《空氣入爐法》　空氣通流：爐内燒成之各氣質通流，則空氣入爐，有養氣入燒料。欲彼此通流有二法如下：一將燒成之氣質汲上，一逐進配燒之空氣。其汲上一法，因爐内空氣極薄，爐外空氣必猛入，以補其不足。其逐進一法，以爐内壓力較大於爐外空氣，則氣質由煙通推出矣。二法通流理屬一致，而燒法則有氣薄有壓力之别。煙通爲一竪管，可容燒熱之氣質，氣質熱則漲薄，較尋常天氣内同體積煙通之空氣更輕。輕重既不等，火門下空氣壓力加大，即流動以補氣之薄處。冷氣管之氣，較重於熱氣管，氣之數，即由其燒熱煙通所耗空氣缺數而知之。欲知煙通所出氣質體積，視煙通高低數，並熱度，及氣質重性，又氣質通流時彼此磨擦阻力，並火栅燒料塊間空隙總數。空隙愈小，則空氣通流愈快，燒料亦燒得盡。顧空隙減小，由於火栅減小之故，非燒料緊密之謂也。燒料若遇密，磨擦力轉加而通流便不快焉，所進空氣亦減少焉。火栅小則燒力急，火栅大則燒力緩。空氣行動快，即燒法快，可燒成無水炭養二。空氣行動緩，即燒法緩，只燒成炭養。總之，欲得大熱氣高熱度，則用小火栅以取急燒之法。煙通高低，視燒法快速，及火栅上燒料體積高數，並火栅距煙通間煙通之通阻。煙通所放氣質熱度愈高者，煙通愈低。爐之燒力不快，磨擦力小者，氣質迅出煙通，則煙通不必高至三十三尺。錘融爐、掉鐵爐等燒力欲快，則煙通至少須五十尺高。若氣質經過曲管，沿途磨擦力多，或令作别樣工夫，如趕風小汽爐，氣質復燒用者，煙通須高六十尺、八十尺，或高至一百尺。煙通爲多爐之用者，各爐所來氣質均由此總煙通併合而出，其丈尺須照衆氣質通流最小速率而定。最小速率，每秒時行六尺半，如衆爐齊燒，煙通高至一百三十尺，至一百六十五尺，庶免挂一之弊。總煙通受各爐氣質通流暢者，總匯處令各平行而上，否則互相磨擦，上層吸力滯矣。爐與煙通相接處，各有扇門，不燒之爐，扇門關閉，不令冷氣攔入煙通也。煙通内膛上下大小一律，或向頂漸小，可免風颶之患。煙通邊與垂線相交之角有半度至一度半許。氣質受冷多少，與通流有關係，所以煙通用磚砌成，較用鐵更佳。煙通内膛須光滑，免有阻滯。一千八百二十六年，丕克留初考煙通氣質，出有全論，然試驗未全，不能得其中數。休勒扣斯納細究鍋爐煙道氣質，與牟尼同究燒料燒法，以爲燒料燒盡甚難，化分氣質，表明燒料内總有未曾燒盡之物。縱使燒料排列甚薄，空氣逐進，有百分内五十分之多。即如每磅煤，加以二百四十立方尺空氣燒之，尋常只一百二十八至一百六十立方尺。仍有多許未燒盡者，又表明燒料百分中有二十分輕氣未燒，輕氣即在相合機會，較炭養更難燒。薄層燒料燒成白熱度時，氣質内亦尚有未燒之炭質，變爲輕炭，較炭養更多。欲得作榜樣氣質，須視煙道如何位置。欲考烟煤，須近白熱度時取而驗之。閉爾推謂取爐内氣質，非燒後即取，因白熱度燒料所發氣質，含有炭養居多，迨涼後炭養與養氣乃相併。倫敦工部局，於一千八百八十二年派員查察各製造廠烟霧之弊，余亦奉派在内。屢加試驗，得八十五項，表明炭盡燒成無水炭養二時之重數，與變爲輕炭或炭養之重數比較，其燒合度者，一千與四之比，燒不合度者，一千與三百七十五之比。内有九項過二百分，有三項不及一千與十比。休勒扣斯納，有十七項，其比例一千與十比，至一千與二百十一比，相差之數，皆以空氣加減而分。其未燒輕氣，變爲輕炭等物，一千分僅三分，至一千分僅十六分。其變爲烟煤空費炭數，燒去料内不過百分之一，常例中數大略不過百分内・五至・七五。

吹氣汽機：欲吹壓緊空氣，其法甚多，兹略論之，此乃汽機製法，係機器畫圖匠職司，與錬金類師無涉。曩昔吹風法，不過用皮風箱，初起單行，嗣改雙行法，往往不滋潤而燥裂，乃復改用木風箱，有鞲鞴抽送。繼又改以生鐵代木，作圓柱形，近今尚多用之，吹風頗急。他如吹風面積大而壓力輕者，風扇及吹管是也。吹氣筩即生鐵圓柱形風箱，裝有鞲鞴，以汽機曲拐柄抽送，鞲鞴往復，皆能吹氣。是即雙行法也。每一往復，鞲鞴前後，皆有氣逐入積氣具，或送入總氣管。吹氣筩之一端，與空氣相接，彼端與總氣管相接。筩各端皆有相配扇門，隨抽送以爲啓閉，由直行汽機行動之，或有用槓桿汽機。歐洲諸國吹氣汽機，有横卧，有直行，有凝水機，或康胖法，所吹氣數甚大。詳見下文。惠爾須南之陶勒斯地方著名吹氣具，氣筩徑一百四十四寸，鞲鞴往復路亦一百四十四寸，兩端進空氣之扇門面積共有五十六方寸。通總氣管兩扇門面積共十六方寸。汽機之抽氣筩徑五十五寸，鞲鞴往復路十三尺，每分時可得氣五萬一千立方尺數，每方寸有三磅半壓力。英之紐潑，有四副直行吹風汽機，其抽汽筩徑三十二寸，吹風筩徑六十六寸，鞲鞴往復路四尺。所用之汽，由八副果臬書爐而來，每方寸壓力五十五磅。爐長三十五尺，徑五尺半，煙道徑二尺又四分尺之三。燒料用廢氣，每分時汽機可行二十四週，各爐每分時可送熱氣八千立方尺，熱氣壓力每方寸四磅半。美國撇子孛之羅賽鍋爐，所用吹風筩徑八十四寸，抽汽筩徑四十二寸，鞲鞴往復路六十寸，飛輪徑二十四尺。每日出産有三百四十噸鐵，每星期得鐵一千九百四十六噸。熟鐵廠用吹風法，用離心扇。扇葉在軸如螺線。扇雖簡便而用處不多，以其壓力不甚大也。欲取大壓力，則用羅脱吹風具，係一鐵筩，内裝兩生鐵扇葉，以皮帶旋軸行之，每分時可旋四百週，扇葉鐵箭距有一定分寸。吹風由不洩氣之熟鐵皮管，或鋼管，或大總鐵管，通至熱氣火爐。

熱氣爐：燒之熱度得添熱空氣，則熱更增加，以是添空氣之熱者，所省燒料實多。熱氣有若干開樂利，爐内所添熱度與相等。所添空氣，令熱與本爐同，以本爐值價之燒料燒之，未免耗費。今以燒餘廢氣，設法令重燒以增熱度，固爲省費，然用本爐燒料燒之，未始不合算。以燒煤可多得無水炭養二，不比燒廢氣，多炭養也。運行熱氣，有用鐵，有用火磚。一千八百二十八年，内爾生在猗來斯廓，初次將送爐之空氣先令燒熱。計用煤一百磅，燒熱其氣送入鎔爐爐内，可省煤三四百磅。當時衆猶不信，嗣經鍊鐵匠漸加試驗，果如其言，乃恍然。内爾生法，實爲鍊鐵家得未曾有之良法。鍊金類所用生鐵熱氣爐，一千八百三十三年，法孛巨福新造一熱氣爐，内有生鐵管十六條，接成旋曲之螺管，置於近鎔爐口之緊房，用爐内所出廢氣燒之。又有略異者，熱氣管内分有隔層，俾空氣曲曲行走，在爐時較久而得熱愈多。緊房以火磚築成，式略長，有一人字式生鐵管，下與兩條平卧總管相接，埋於長方火栅兩旁，以火磚造成，名手槍爐，以生鐵管隔層相通處，形如手槍柄也。鍊金類家用兩種迴熱氣爐，其意令火爐陸續收熱，轉傳於初進之空氣。一千八百六十年，考潑始用之。製法與西門迴熱爐同，外包熟鐵，以禦氣之壓力。考潑爐爲一鐵皮墻如壬，式圓，頂作覆釜式，如乙，襯以火磚。己爲圓式火燄道，火燄道自底至頂。其餘地步，以火磚造成。迴熱爐蜂窠管，如未，由鎔爐來之廢氣，從庚扇門而進，在卯處燒之。需用之空氣，由甲扇門入。火燄從蜂窠管倒下，由亥煙通扇門出。如是火磚、蜂窠管皆燒熱矣，庚甲亥三扇門關閉，冷氣由丙扇門放進，經過火磚蜂窠管，收熱氣而變熱，反行從辛扇門入鎔爐。凡造蜂窠管，别有一種有洞火磚。考潑迴熱爐有兩副，一送熱氣入鎔爐，一將蜂窠管燒熱，挨次調用，若更多備一副尤妙。爐高四十尺至六十五尺，徑二十六尺至二十八尺，與上手槍爐比較，燒料可省百分之二十，而加力亦有百分之二十分，每成一噸鐵，可省焦煤五擔。八十三年，查得歐洲與美國，共有此種爐三百六十座。揮脱惠爾烘空氣爐，爐爲圓柱形，内分隔層，作垂線形隔牆。各隔層之頂與底，挨次聯貫相通，俾氣在其中盤旋上下行。其從鎔爐來之廢氣，由呷扇門入，得甲隔層空氣燒之，火燄即在隔層内升降盤旋，而由丙路出煙通。爐既烘熱，呷扇門並煙通扇門均關閉，冷氣由丁門入，在隔層中反行，至乙處已變成熱氣。爐内隔牆，以火磚築成，厚五寸，舊式高二十五尺，近加高有七十尺，徑二十五尺，頂亦覆釜形。迴熱爐之用火磚造，與鐵造者，比較利益。黎孟試驗如下：

火磚爐能收熱度甚高，無所阻礙，祇須廢氣内無齷性料以害火磚，斯可矣。

鐵造迴熱爐，熱度祇加至鎔生鐵地步，既到生鐵鎔度，鐵即輭，熱度不能再加矣。

吹入之氣，冷熱乘除不甚速，亦無須時刻料理啓閉，火磚受熱面積甚大。此種爐造價固昂，而用之費較省多矣。

鐵爐造費較省，而熱度頗勻，然有一弊，内鐵管每易損壞，常須修理，以是用時之費較多，換出舊料，尚值價耳。

舊式火磚爐，不易於清理，欲便於清理，造須加工，所費加昂。

鐵爐内清理較便捷。

管理火磚爐者，須諳練熟手，以料理工夫繁瑣，啓閉扇門須按時也。

鐵爐則尋常工人，可以料理之。

火磚爐收受廢氣之熱甚多，及至廢氣出煙通時，已無甚熱矣，以是爐内積熱較大。用火磚爐則用焦煤噸數較鐵爐更省，焦煤既省，鎔爐内氣質較輕。陪爾測算，每成鐵二十尤納子，按尤納子，西國起碼數之謂。火磚爐可得一百二十二尤納子之廢氣，鐵爐可得一百二十九尤納子之廢氣。餘以爲百分内又加有十分空氣，則是燒成二十尤納子之鐵，所用燒料，在火磚爐旋行熱氣，當有二百十二尤納子，鐵爐旋行熱氣，當有二百四十尤納子。二數照以下派法：

火磚烘爐：鎔爐來廢氣之熱度八萬三千七百開樂利

應扣除因燒其料所耗熱氣，即二百十二尤納子，乘於一百八十九度，又乘於容熱率〇・二四。　九千六百十六

扣去因傳熱所耗百分之十　八千三百七十

一萬七千九百八十六

剩可用熱度　六萬五千七百十四

扣烘爐氣質熱數　一萬六千零十八

總計鎔爐實在熱度　四萬九千六百九十六

鐵烘爐：鎔爐來廢氣熱度　八萬八千五百開樂利

應扣除因燒其料所耗熱氣，即二百四十，乘於六百二十四度，又乘於容熱率〇・二四。

三萬五千九百四十二

扣去因傳熱所耗百分之十　八千八百五十

四萬四千七百九十二

剩可用熱度　四萬三千七百零八

扣烘爐氣質熱數　一萬一千五百八十四

總計鎔爐實在熱度　三萬二千一百二十四

烘爐不論火磚與鐵，烘熱廢氣，迴入鎔爐總管，須用火磚襯之。

又第九章《鍊金類各成法》　鍊金類次序，由礦質取各金類法彙記如下：

甲　乾鍊法：

第一

其一用配料鎔。

用衝天爐或倒燄爐　一金　二銀　三鉛　四銅　此法祇合金類不與他原質化合者。

用管之爐　五鉍　用澄定法

其二烘法

用窑或倒燄爐　一汞　含硫須用多空氣

用蒸具　二鉀　含硫與鐵須逐去空氣，兼用凝結具。

第二

其三用炭質剔減養氣。

用衝天爐或火柵或鑄罐　一銅　二鉛　三銻　四鎳　含硫或含鉀者，先令烘而後鍊。

用倒燄爐　五鐵　六鎳　七錳　八錫　九鉍　在爐鍊時，釋放他質而收炭質。

用蒸具爐　十鋅　十一鉀　十二鈉　先將礦質烘令變爲氣質。

用電熱爐　十三鋁

第三

其四，結濃含硫：尋常濃結後含硫物質，與含養物質互相化換，或含硫物質與含硫養三物質互相化換。

用倒燄爐　一銅　二鉛　先略烘之，有時鉛銻逐去硫質，以分出純金類，每用賤金類。如

用澄定爐　三銻

第四

其五，含硫物或含鉀物，令結濃後，照第二第三法提鍊之。

用倒燄爐或衝天爐　一金　二銀　三鎳　四鈷

第五

其六，在他金類内結濃而鎔鍊之。

用衝天爐或倒燄爐　一金　二銀　三鉑　將金類結濃或提净，一用骨灰盃法。二用令成顆粒法，即拍聽生法也。三用澄定法。四用濕鍊法。五用他金類之更大愛力，如拍克法用鋅是也。六用蒸法，如料理金類汞膏。

第六

其七，由鹽類物質提取金類。

用倒燄爐或鑄罐　一鋁　二鎂　以鈉提出生鹽物質。

乙、汞提法：

搖槽西名克留特爾　淘金沙之水槽　水下錘具　簸具　金　此料理金礦質所用。

堆法　桶具　襯銅皮脚桶　生鐵盆　銀　拍旭法　德國勿賴孛法　開孰法　汞膏新法

丙、濕鍊法：消烊物質皆在瓷器内，或生鐵盆或木桶襯有瓷料者。

其一，消烊於强水内。　一金　用合强水即硝鹽强水。

二鉑　又

三銀　硝强水或硫强水

四鉍　鹽强水

五鎳

六鈷

七鋅

八銅

九鉛　本含硫或含鉀,用互换法烘熱而得含養質,在鹽强水内化烊。

其二,烘成含硫養三質以水提之。

一銀　稽福㾮爾法用鐵提之。

二銅

其三,與食鹽同烘,由是得易於消化之含緑物。

一銀　奥㾮斯丁法並方派得勒法郎美等法。

二銅

其四,用緑氣令成易消化之含緑物。

一金　潑來脱納等法有時以溴代緑得易於消化之溴物。

二銀　金内如有銀絲可用鈉硫二養二或鹽滷提之。

其五,脱卸法

一銀　以賤金類代其位置,令本銀質脱卸。

二銅

三金　或令脱卸,或以氣質剔減之。

四鉑

五鉍

六鎳

七鈷

八鉛

九鋅　脱卸後以乾鍊法剔減之。

丁、電氣化分法:今此法用以提净銅質,從礦質内以電氣化分法,提出金類,然人僅不過試用之而不常用也。

一銅　由起泡銅或澄定銅電分之,豁脱法。

二鉛

三金　於電氣初化分緑氣,以提净金質。

四鋁　鋁含溴或含碘,或含緑,或含弗,而成似鹽類質,則以電分之濮秋法。

五銻

是編不復詳細備載,而亦不必詳究,如欲深究,可由各種技藝書攷之。凡鍊金類學問,先要明曉大概情形,與近新鍊金類廠證驗。或化學書所論如何,亦可比較。是編祇擇數種著名鍊法,略加論説,並擇最繁難者,俾曉惠爾斯蘇旺西,美國騰佛,德國勿賴孛地方,鍊金類廠考究諸法,較之尋常書籍所陳,似更深一層矣。【略】

烘法:㾮斯敦霍勿地方之爐,每烘一排,有二千五百擔礦質。在窑或鉀爐烘者,每次六百擔,烘三千擔生料,可得二百擔鋅。六千至七千擔成堆者,可供爐十晝夜之用。每爐每日可烘一百八十擔。烘爐爲單底倒燄爐,長四十尺,闊十尺,各旁有門十一扇。爐若專烘鉛硫礦者,每旁有門十五扇,兩旁同時料理。火橋心空,底用一層火磚,磚係二份生泥、一份熟泥爲之,内有百分之六七十分矽養二,襯以尋常磚而下爲鐵板,支於鐵柱。倘火柵、火橋用久消蝕者,以長柄鐵鈔,鈔灰砂搪之,係一份泥土二份石英礦質合成。敲令堅緊可也。每次每爐烘有三十四擔,一排五爐,每烘百七十擔,近火橋處任其凝結併塊,隨後移去,以次挨推而上。每份爲兩門地步,火處分兩火柵,便人料理。此種長底爐,有磚築長煙道内,氣質結成定質,每六閱月,可收二千七百擔至三千擔。定質内亦有銀,每百分居·〇一至·〇二,鉛居十至二十八,無水鉀養三居四十至五十五分。煙道内無水硫養二,氣質過淡,無所用之。每次烘提料,鉛硫礦居百分之三十至四十;少鉛質之鉛礦,居二十至三十;少石英之石英礦,居十至十五。其餘雜質,居五至十。礦質烘成稠質時,傾於鐵皮小車,尚有百分之五至七硫質將結定質,即由小車傾出,每塊約拳許,有烘透者,有未透者,視鉛硫礦料變樣與否,而定工價。德國撒爾斯爐風洞有八,小爐風洞有四。每次烘礦質四百五十擔,鐵銅硫礦八十擔,已烘過雜料四十擔,爐渣五百五十擔,石英礦質二十擔,共一千一百四十擔。鍊得含銀之鉛八十八擔,内有百分料之·四至一銅質,並澄定料二十擔,且往往有司貝斯含鎳料。加燒料,焦煤居中,以大塊礦質圍於外。燒爐往往阻塞,大都鐵硫,或鋅硫,每在跑旭處。跑旭即爐腹火燄所到處。欲通其阻塞,惟將爐下截一邊磚敲去,乘熱取出阻物。鐵硫每在爐四周成一圈,須取去。爐之哈脱,在鐵板上,平砌尋常磚三層,上加火磚二層,約共厚十六寸,再加十六寸火磚。鎔鍊時吹風之力,有十寸又四分寸之三,至十三寸又四分寸之一水壓力。鎔爐渣時，有七寸至十寸之水壓力。此力由二十四馬力之水輪機器而來，晝間助澄定爐提净爐吹風，夜間助衝天爐吹風，又爲抽水鞲鞴之用。又有二十四馬力汽機，爲衝天爐澄定爐之用。又有十五馬力汽機，爲衝天爐熟鐵竈吹風之用。又有八匹馬力汽機，爲衝天爐吸風，並舉重之用。每衝天爐二十四小時，可用礦質一千四百至一千五百擔，其中烘提礦質六百擔至七百擔，鎔爐渣五百擔至五百六十擔，雜料二百五十擔至三百擔。需用焦煤約一百十五擔，至一百二十擔。每擔焦煤，可燒礦料一百十二擔之數。鎔化後，可得鉛一百十五擔，澄定鉛三十六擔。每爐五人料理，每十二小時換一班。爐下鎔工一人，副手三人，爐上加料一人。工價每擔料半本士。火栅隨時加添燒料，如有澄定料與渣流出，則燒料少加。

鉛	含銀百分料之·五至·六
澄定鉛料	鉛居百分之二十五至三十 銅居百分之六至十五 銀居百分之·二至·二五
爐渣	銅居百分之·三 鉛居四至五 銀居·〇〇三至·〇〇四

鎔渣三分劑矽養二與一分劑二矽養二相併，渣内含銀不過百分料之·〇〇二，並鉛數一·五者，可棄之。鎔渣不等，有用渣九百擔，含鉛料四十五擔，敲破哈脱料十二擔，鎔後可得次鉛五十二擔，需焦煤八十五擔。鎔雜料一、渣内錬出澄定料五擔，由礦質烘出澄定料十二擔，已烘之銅澄定料二擔，已烘之雜物澄定料五擔，皆併和之，而取二擔鎔之。須加鉛硫礦烘渣四擔半，並渣四擔。二、礦質渣三擔，富鉛雜料渣三擔，烘經一次礦質澄定料一擔半，需焦煤半擔，每二十四小時，加含鈣養之土十二擔，破舊哈脱十二擔，鉛沫十二擔。三、用渣十二擔，烘經二次礦質澄定料二十五擔，鎔鉛所出之渣四十擔。鎔礦渣，可得渣鉛含銀百分之·四，澄定料含鉛百分之十至二十，澄定料含銅百分之二十至三十，次渣含銀百分之·〇〇一五，鉛百分之一·五至二。司貝斯澄定料，與鉛較，不過居三分之一。渣滓每含鋅養居百分之九。澄定之塊敲碎後置窑内，或置棚爐烘之，可作撇爾斯鎔爐之加料。或置倒燄爐，與矽養二銀養硫養三結濃。

鎔提司貝斯：司貝斯一百五十擔，礦渣六百七十五擔，不净之鉛養四擔，雜質鉛四十四擔，破舊哈脱五擔，鈣弗石四十擔，需集煤七十五擔，所得鉛五十四擔，提濃司貝斯一百二十一擔。提濃司貝斯法：屢烘屢提，俟其中含鎳有百分之二十分，即可出售。次鉛送澄定料爐鎔之。澄定塊在窑或棚爐烘之，鎔令結濃，俟銅有百分之三十，便名爲澄定銅塊，乃置倒燄爐提净銅，而分其不潔之鉛若干，含鉛養之物若干。由以上各種物料提鉛，用剔減鎔法，如多銀質之鉛礦，提出鉛養内，有百分料之七十八分鉛質，用小撇爾斯爐有四風洞者。每二十四小時，鎔鉛養一千五百擔，鉛礦渣四百五十擔，前鎔爐所出渣五十擔，用焦煤一百三十擔。提錬得鉛，先澄定而後清提。次鉛置拍聽生罐鎔之，並渣滓百分含鉛十分，此渣分半歸第二次提錬，餘歸第一次鎔礦爐。【略】

由鉛礦爐得來含銅之澄定塊，其中銅質甚少，而鐵硫二、鉛硫二居多，此種鎔爐鐵質，一爲剔減出來之料，每與硫質合併，一爲鋅並鋅養，變成渣滓。渣滓成黏韌質，難以鎔化，必須加以鐵養乃可免此情形。以此澄定料置窑内烘之，使發出無水硫養二，以爲硫强酸料。烘餘之澄定料，可加於鎔渣爐内，所有鉛養，可剔減而成鉛質，是即爲第二次澄定料。較初次澄定料，銅多而鉛少。此多銅澄定料，不可置窑内再烘，慮窑烘必結塊，須在棚爐烘之。棚爐以磚築成，似馬棚無頂，周圍牆低，其底向内斜下。架以木柴，以澄定料置其上，而上蓋以烘乾之細末銅鐵硫礦。棚爐排列，背與背接，中有夾層爲煙道，煙道烘出之氣質，由爐背牆洞而來，引至製硫强酸處。棚爐外口火槅生火，以燒木柴，澄定料内硫質發出熱氣，足以續木柴之火，不必再加燒料。烘後再如法料理，俟其中銅質祇存百分之三十五分爲率。更有一法，將初層澄定料烘後，置圓頂衝天爐，與鉛渣及他配料剔減料同烘，便得富足金類之澄定料。向所含之鉛，已剔減而流去，顧鉛必挾銀而流。澄定料内貴金類遂不多，至三十五分許，即送惠爾須倒燄爐，錬至白色銅礦地步，或成瘂形銅，即百分料内有七十五分至八十五分之銅，送德國哈爾斯孛里克廠，另有法烘之。澆硫强水於銅，令變爲銅養硫養三。其中仍有鉛與金銀未經分出者，以硫强水過多，鉛及金銀爲硫牽住，惟再加以銅質，硫與銅有愛力相合，而金銀與鉛，即爲釋放矣。分出鉛質，置倒燄爐再提之。

司貝斯：含鎳料。此物渣滓内罕見，所有鎳與鈷，照澄定銅法提之。先將料烘乾，然後加以配料鉛渣，並剔減物，在小衝天爐重鎔之。鉛質先行流出，鉛挾銀流，於是司貝斯之鎳與鈷，更形富足，可集團於他廠以濕法提鎳鈷。其含有金銀者，國家再爲收回。礦渣照前法料理，第二次錬出之渣，鉛質既微，可棄之，以百分内含鉛只二分半，銀居百分之・○○四五，鋅養居百分之二十分。爐内騰出汽霧，有許多鉛養，並鋅養，及無水鉮養三。此鉮養三收貯再蒸之，可以出售。鉛養鋅養留在爐底，以爲加入衝天爐之用。凡礦質屬鉛銅鋅並銀提錬後，得鉛鋅及鉍與銀與金及鉮各成原質，惟銅爲銅養硫養三。此外，如鐵養硫養三，錳養硫養三，若鎳與鈷則由鉮養取出，如司貝斯是也。鉮有成原質取出，大都爲無水鉮養三粉，又爲紅黄白色鉮玻璃。各種礦大都含有銀質，爐内鎔物爲鉛礦，而分出加里那，即鉛硫礦，百分有三十分有奇之鉛亦有十五分至二十分，爲鉛質之最少者。究其中數，百分内鉛居四十分，銀居百分之・○一五。礦質尋常數如下表：

		鉛 每百分料居	銀 每百分料居	硫 每百分料居
號一	加里那	七九	○・○一一	
號二	又	七四	○・○一二	
號三	又	六五	○・○一二	
號四	又	八○	○・○○八	
	鉛質少者	二六	○・○六○	
	又	二七	○・○二○	
	石英礦		○・○二六	
	又		○・○五○	
	一名貝里底斯 拍來斯 石瑛 并鐵二硫礦		○・○一○	一六
	又		○・○一五	一三
	拍來斯		○・五四○	二○
	硫礦		○・六○○	三一
	又		○・二四○	三○

（續表）

		鉛 每百分料居	銀 每百分料居	硫 每百分料居
	又		○・○三五	三五
	鉛礦並鉮	二三	○・四五○	鉮
	又	三九	○・一○○	一六
		鉮		
	鋅硫礦	三八	○・○四四	
	又	四○	○・○二○	

收購礦質，鉛至少須居百分之十五分，每加五分，可增其價如二十五分、三十分、三十五分是也。礦含金銀，名地勒士礦，分三等：一拍來斯，百分料硫居二十至四十；一、石英礦，百分料硫居十分至十九；一、司派瀆斯，即鐵炭養三，百分料硫至多不過九分。硫居百分之二十四，可出價購之。每增五分，則加其價。銅居百分之一，可購之，不及一分，則不作價。鋅礦質内所含之鉛，不得逾百分之五。鋅若祇百分之三四，即不名爲鋅礦。銅礦質，銅居百分之一至十五。鉮礦質，鉮居百分之十。鋅礦質，鋅居百分之三十至四十。硫礦質，硫居百分之二十五。金居百分之・○○○五以上者，給價。銀居百分之・○○四以上者，亦給價。秤礦質，主客當面秤之。約五擔爲一秤，秤之仔細與否，全視礦質所含之金類富足與否。銀居百分之・○一至・○五者，秤不可十磅相差。銀如居百分之・五○至五者，秤必精審・一磅數。銀居百分之五分以上者，秤必精審・○二磅數。倘富於金者，磅必精審・○二磅數。每二百擔礦質，取少許置木盆以爲記。每堆插牌標識，註明潮濕若干。試潮濕法，取七十五格蘭姆礦質，置銅鈔上烘之，烘乾後，復秤之，其減少數，即潮濕數。併堆法，將各等礦質逐層鋪上，層數之厚薄，視料之良楛，乃將所鋪礦質，分割多條，鈔成尖堆。【略】

由是而得澄定料，欲取富金銅雜質料，其法有二：一、同時烘提鎔化，一、提清初層雜質料，要令澄定料内之金，併結爲富足金銀雜質，其餘雜料，另居一份。此與蘇旺西地方提錬最上銅質同。阿郭地方，以提剩金料澄定片十二噸，加於倒燄爐哈脱上，略令收養氣，即令鎔化。至將鎔盡時，含養含硫物之硫與養，各出而相併，而得化净之銅質。澄定料内之金，均爲銅所收。爐内流出之鎔料，入沙泥模子。近口先出之銅，最貴重，有含金之銅片。此雜質銅，名金底質銅，與後出之銅，統共合算，居十五分之一。每噸底質，金居一百兩至二百兩，銀居三百兩，將底質提錬，可得净金銀。痣面銅，每噸含金有十分兩之一二，銀有九十兩許，銅居百分之七十七。將銅略碎，而烘提磨細之，再加烘提，而得銀養硫養三。此即仿嵇福犄爾料理富足銀質澄定塊法。以其内含金極微，不必用以上爐提錬。提剩之料，幾盡爲銅養，每噸含銀不及十兩也，乾裝桶内，售於製銅養硫養三廠，或於倒燄爐加小塊煤剔減，取出黑色銅。

勿賴孛錬法：勿賴孛爲德國薩克遜餒省，提錬金類著名之地，初衹錬本地礦產，今則各處礦質，送彼提錬，附近更有二處提錬金類。提錬礦質，大份鉛硫礦内，亦有銀與銅，有爐可錬鋅礦，並鉀銻氣質，兼製硫强水。即硫養三。或於尋常鉛房製造，或含無水硫養二氣質，經過有細孔之爛泥磚片，磚以鍍鉑之不灰木塗抹，免强水蝕壞。鉛礦本含鉍，大份聚於骨灰盃火處，鉍即由是提出。礦質含有銅鎳鈷亦有法以提之。大份由鉛礦分別出來。提剩料内，有貴重金類，甚爲富足，以是分廠提錬之。其料理提剩物工夫，較勝於他廠。鉛礦與銅礦，並含銀含金之提剩物同鎔時，用六十四圖撇爾斯爐。爐外周有熱水圍遶，俾熱不外散。此法始於一千八百六十五年，其大意，礦質先行烘提，熱度正好併塊，在衝天爐内各相交搭，不致散落。以長形底倒燄爐烘礦質，令收養氣，庶併塊交搭，礦内硫質收受養氣，而金類質大半變爲含養物，加熱度令略鎔。由爐取此烘提物，置於鐵皮小車，任結定質，敲成相配之塊，照錬法精粗，分爲等第。如其中有無未烘提之硫養二，編爲一二號，乃拌和於焦煤紫煤，置撇爾斯爐鎔之。爐内所置物質有鐵，以是用冷空氣吹入爐中，令鐵不致過於鎔化，致剔減過甚。由是爐内未鎔之鐵少，鐵仍含於他質。鎔出各質，一鉛；二澄定塊，即鎔和之鉛硫二銅硫二；三渣滓；四鉛氣質，即鉛養炭養二。又得一物，名司貝斯，即含鎳礦渣。礦質本有貴金類並銅，及雜質他金類，皆含於鉛内。此種鉛先須錬提他金類，然後照法取銀。如鉛内盡雜質，以澄定法提之。欲省澄定工夫，將爐内物質錬至極清，令鉛獨含銀質，而剔減銅質令極少。鎔礦質所出之渣，尚有多鉛，仍須復錬。渣内之鉛，夾雜甚多，與他雜質同錬，惟夾雜貴金類者，不可在此爐同錬，須另行料理。凡鎔渣滓而取銅，必其銅數較礦質内銅數更多者，乃爲合算。礦質渣與少銀少鉛之料，合併提錬，如鎔礦質法。所得之物，如鉛司貝斯澄定塊、渣滓氣質，鉛少而不清潔，司貝斯較多，澄定塊富於銅。【略】

澄定不潔鉛：勿賴孛地方斜底倒燄爐，每日料理五百擔，銅與餘鉛，停於澄定所餘之雜料，留於斜底。鉛當未鎔時，含有百分之·五銅，迨鎔後，鉛先流去，亦帶有百分之·〇七銅。其留於斜底之鉛，與總共鉛質計較，亦居百分之五。所留物料，除鉛外，尚有十五至十八之銅。應將斜底留料，送撇爾斯鎔渣爐。拍聽生鎔罐浮面之沫，撈取傾於倒燄爐，加木煤鎔之。欲澄定含銻之鉛，熱度須低。爐下火井，常用木柴生火，以免鉛變定質。鉛内含銀，有百分料之一·五，用骨灰盃爐錬之，即與拍聽生法錬濃之鉛同。錬鉛如不潔，則提錬之，再以拍聽生法提之。提清法，鉛置於倒燄爐，聚養氣内鎔之，所得之料，爲各種鉛養。英國名律他聚，德國名阿伯司德律扣。此爲不潔之鉛養，因其拉雜之物，其數不一，以是形色各異，有暗灰色，似石，有淡黄色，成顆粒形。一爲含錫之鉛養末。一爲錫融洽之鉛養。一爲鉀鉛養。一爲銻鉛養。一爲不净之雜鉛養。一爲純净鉛養。凡此夾雜之料，用成聚養氣法，逐漸剔減之。先將錫與鉀剔出，欲提清四十擔之鉛，須五十小時。由礦質提鉛逐層所得之料如下：含錫鉛養十擔内，有百分料之一一·三錫，一四·四鉀，二·八之銻。含鉀鉛養二十擔内，有百分料之八·五銻，八·九錫，八·七鉀。含銻鉛養十擔内，有百分料之六·八銻，一·三錫，四·四鉀。不潔鉛養十擔内有百分料之三·一銻，·五錫，二·〇鉀。欲提清鎔渣而來之鉛，又有相同之雜質鉛養，惟含錫獨少。哈而司孛克廠，清提所用掉匀法，以空管插於金類流質内，管上口接連水汽管，逐水汽由管入爐以掉之錫鉛養内提銀。先將九十擔渣鉛，置提清爐内，加十五擔鉛養，以九十六份鉛養，與四份煤屑，攙和鎔三小時。再如法加十五擔鉛養與煤屑，鎔三小時。屢屢加鎔，令爐滿，由是銀皆在鉛内，其無銀之鉛養，在更小撇爾斯衝天爐提之。鉛既提清，乃以拍聽生法提銀。凡含銻鉛養提銀，亦用此法，惟銻易鎔，生次用二十四擔，含鉀鉛養，並不潔鉛養，即流入撇爾斯爐提鉛。撇爾斯爐鉛含銀之礦質，需用鉛質，即以不潔之鉛加入可也。鉛既提銀後，所有含錫之鉛養，置於撇爾斯爐錬之。各爐同法料理，所出之渣居十分之五，石灰石居十分之二，鉛養與少鉛渣滓居十分之三。此次傾出之鉛，置於拍聽生鎔罐，乘熱掉之。各等鉛養，尚有不盡提之銀，再置拍聽生罐提之，方爲細到。含錫鉛養内，所得硬鉛，等數不一。

有一種硬鉛，百分內有十八分錫，有十分之銻，有二分之鉮。提去銀之含銻鉛養，置撇爾斯爐鎔之，與渣滓，並加百分之十石灰石。計二十四小時，可料理一百擔，至一百五十擔之數。硬鉛澄定須掉之，內含百分料之十分銻，三分鉮，一分錫。每一清提爐，派正工一人，副工二人。勿賴孛地方用拍聽生提銀法，令銀結濃，須將鎔鉛熱度，高於銀鎔度，則鉛結顆粒沈下。將鉛顆粒撈去，則罐內之料銀爲多矣。此拍聽生鎔罐底厚二寸又·三六，至二寸·七六，罐邊厚一寸又·九，上口徑五尺，底徑二尺九寸，可盛十五噸料。各罐各有火栅，一排有十六罐，分兩班人料理，每班料理八罐。每罐銀質結濃份數，有一定之限，逐日試驗，一面撈去鉛顆粒，一面加入鉛生料。加生料時，銀之分劑，與罐內銀分劑同，以鉛顆粒撈去，而銀質亦帶出也。上等鉛含銀百分之一五至二，含銀少者百分之·〇〇一八。從一至四之罐，浮沫取出，另行澄定；從五至八之罐，浮沫取出，亦另行澄定。從九至十五亦然。當工夫得半之時，測驗各罐，第一罐含銀百分之一·〇七，第二罐含銀百分之〇·八〇，第三罐含銀〇·四二，第四罐含銀〇·三三，第五罐含銀〇·三〇，第六罐含銀〇·二六，第七罐含銀〇·一八，第八罐含銀〇·一一，第九罐含銀〇·〇八，第十罐含銀〇·〇四，第十一罐含銀〇·〇二，第十二罐含銀〇·〇一二，第十三罐含銀〇·〇〇七，第十四罐含銀〇·〇〇·五，第十五罐含銀〇·〇〇一五，第十六罐含銀〇·〇〇一。次等鉛含銅百分內不過〇·〇五，鐵〇·二，鉮銻極微，燒料則木煤與小焦煤同用，每十六罐有一管火之工，每兩罐二人管理，一人用漏杓撈鉛。弗賴孛剋骨灰盃法。哈脱用新石灰泥四十八擔，合爛泥半擔成之。

石灰泥有三等，其分劑如下：

	一號	二號	三號
鈣養炭二養	五〇	六八	六六
鎂養炭二養	一三	二七	六
鐵養炭二養	二	二	二
泥	一四	三	二五

遇有鐵硫礦料，須小心除去。哈脱由風洞到爐底，不可過於七寸·八，爐頂用禦火料搪之。禦火之料，即泥一分劑，矽養二二分劑其潮濕哈脱上，堆以一二百擔之鉛，以木屑及木片蓋之，乃閉爐頂，而以爛泥彌其隙縫，即生火，用吹風具鼓風入內，約十六小時至十八小時許，鉛乃烊而流下，由是熱度漸漸加高，鉛又漸漸加至七百擔爲足數，一遇有鉛養即取出，俟其底存鉛，含銀有百分之六十分至八十分數，乃將此帶鉛之銀取出，提由略小之爐，如紅鉛養含銀不及〇·〇二者，可售去之，有謂鉛內有鉍〇·二數，即不至成紅鉛養，末層結濃之鉛，與銀澄定於哈脱，有一黑點，即表明有鉍，應將此黑塊取出，而提其鉍，哈脱此處，本早縷空以爲鉛流下之洞，每爐以二人管之，每擔鉛給工價一本士有奇，鍊七百擔鉛工夫，需一百二十小時至一百四十小時，所得之銀冲於水內，令成細屑，銀成色居九九，復將銀送至哈爾斯孛里克地方，提取銀內之赤金。

烊化澄定塊：結濃銅澄定塊，送哈爾斯孛里克净烘之，塊內不免有硫居百分之一，由細篩篩過，擇塊之略大者，敲碎再烘，已烘之澄定料，置於硫强酸，化烊之，硫强酸置在襯硬鉛之木桶，此即成銅養硫養三，結成顆粒塊，復用净提法，將顆粒塊磨細，置水內，用襯棉花衣之篩而漉之，篩下所出，即清潔緑礬水，曬乾即爲净銅養硫養三，其餘不結之銅養硫養三，即以爛鐵投入，令硫化合鐵而銅乃出，已烊銅養硫養三，水未結顆粒前，令流過銅片，可留住所流之銀，其沈下之質，有鉛並銀，送撇爾刻，與鉛礦提出之鉛質相和，以加濃爐內鉛含之銀。

含銀銅礦質濕提法：有銅硫二鐵硫二硫質，因受空氣與潮濕，變爲銅養硫養三，置於水以化烊之，以鐵加入，則銅即分出，如礦質內並含銀者，銅多鉛少，料理較難，常法如下。一稽福瑞爾法，將澄定料添以養氣而烘提之，由是得銅養，並銀養硫養三，將銀養硫養三化於水，由銅片上冲過，使硫養三與銅相併，而銀乃放出，其銅養用火鍊法，併其餘渣滓而鎔鍊之。二凹瑞斯丁法，將澄定料令受養氣，并令得緑氣烘提，即得銅養與銀緑，銀緑烊化於鹽滷，在銅片上流過，俾分出其銀，銅養用鎔提法，由其渣滓鎔提之。三郎茂法或狠特生法，將礦質和食鹽先烘，以清水，及淡鹽强酸化出其銅與銀，銅則爛，鐵分出之，銀則用克勞特法提出之。四克勞特法，將銅銀緑水，用鋅碘化分銀碘，此以鋅分銀法。以上四法，皆於三圖表明。

稽福瑞爾法器具，已烘之料，全置於甲櫃，櫃有活底，由二字管灌以沸水，在三字箭底出水管流出，即將二字管機捩旋塞，再由一字管灌以含酸沸水，則甲櫃銀養硫養三水流至長櫃，櫃分乙丙兩間，又流至澄分櫃如丁，丁櫃有活底，底置銲藥銅，並排列銅條，水内之銀，即在此澄分，其水流至戊槽，槽底鋪有數層銅皮，由是流至己櫃，櫃内亦有銅片，提出銀質之水，隨庚槽流至鉛盤，以儲他用，澄分之銀，尚有銅質，置於辛櫃，加以硫强酸，令硫與銅相合，爲銅養硫養三，以沸水洗之，而銀乃净，流質即於丑管溢出，流至寅櫃，櫃内有銅，復流至有爛鐵之櫃，由卯口流出，通至鉛櫃，其銀澆成磚，再提之。

以緑提金：潑拉得納創用緑氣提金礦，以緑氣能合金爲金緑，能不與相雜之土質，或金類養相凝。先將礦質壓碎，與食鹽同烘，每噸礦質，用五磅至九磅之鹽，凡礦雜有鉛鉍或銀，即各與緑相併。如有鐵硫二即先變爲鐵養硫養三，置烘爐加熱，變成鐵二養三。與賤金類相併之緑質，在水内易爲消化。所澄定者，置於抹黑柏油之大木桶，令與緑相併，於是赤金成金緑，而鐵二養三如故焉。金緑消化於沸水，以鐵養硫養三在他木桶澄分之。其不消化而澄定者，與鈉養硫二養三水相併。欲取銀絲，可以鈣硫澄分之，在空氣内，鎔成塊焉。緑氣與金相併法，有醵貲以集公司爲之，而得成效甚少。美國彌核斯初以爲緑氣合金，應用大壓力，而不知金礦不用壓力，與用重壓力者，其效相同。堅斯蘭之芒卯根處，有用緑提金之廠，天下所指爲最大者。麥德穆脱及特斐爾得云，每噸礦質，提金中數，可得五兩。每一星期，可料理一千五百噸礦質。法將礦質烘乾，置軋輪軋碎，復烘之，與鈣緑硫强酸，在滚箭滚鍊。每料理一噸，需英銀三喜林。礦質先烘二小時半，在五尺半長花鼓木桶鍊之。各箭每容礦質一噸，鈣緑三十磅，硫强酸三十三磅，水八十軋倫。緑氣用壓力，最大每方寸不過二十磅，箭緩旋二小時之久，傾於沙簏過，再於木炭漉之，所得金緑水，另行提取。金之炭，置於倒燄爐鍊取餘金。

鎳鈷礦質濕鍊法：鎳與鈷從雜質一料或鉮養三，澄定料提出。先將礦烘之，令其化散硫與鉮或銻，令所含之鐵與鎳鈷及他金類，皆成含養之物。在高熱度内所得鐵二養三難在强酸消化，其他含養物，則易消化。烘乾之質，屢次與鹽强酸，或淡硫强酸相和，所得澄定物之鎳鈷甚微，大半爲鐵二養三，而鐵亦有化烊去者。酸流質如有鉛鉍或銅，可用輕硫澄分之。常例分銅工夫，則置爲後矣。鉍與鹽强酸相併，可以清水冲净之。次層工夫，將澄分鐵質、流質所有鐵養，仔細加以鈣緑，令變鐵二養三，再加鈣養。即石灰。所以分鐵質，如有鉮即分鐵養鉮養五出來。流質熱度過桑剔瑢留表四十度者，鎳與鈷及鐵，亦能澄分出來。有時澄分不用鈣養，恐其流質與硫强酸相併，而成鈣養硫養三也。因而用鈉養，或鈉養炭養二。凡加澄分料時，須仔細依照一定分劑。若分劑過限，澄分一質而有餘力，恐更澄分他質也。鍊法之次層，既將銅澄分而後澄分他質。法將含銅之水燒熱，至桑剔瑢留表七十度，仔細加料，用鈣養炭養二，或用混石灰水，或用鈉養水。若加料過多，恐鎳亦爲澄分，致有夾雜不純。先取一杓，加以鉀二衰三鐵試之，視其銅已澄分者，乃續澄分夫鈷，仔細加鈣緑而澄分之。加鈣緑之前，其流質試須不鹻不酸，乘熱加清水，不可過多。倘鈣緑加多，澄分物不免帶鎳。以是仔細試驗，免此弊端。於是澄分其鎳，或加鈣養炭養二，或混厚石灰水，或鈉養水。澄分者爲含水鎳，用沙漉分出，令乾，與鈉養炭養同燒，以分其内鈣養硫養三，然後以含酸水洗之，烘乾，與炭物鍊成鎳塊。以上分法，全恃數金類與數種化藥料相併而澄分，而其分之前後，視所加之料分劑多寡。英國鍊金類法如下：細礦質三百擔，或用司貝斯，如上表甲，此料已烘透，置於缸内，加鹽强酸，灌以水汽，令燒沸十二小時之久，任自澄定，流至丙桶。以水汽灌於丙桶，候流質沸滚加鈣緑，令其内所含之鐵飽受養氣，任全料沸滚三小時之久，則鐵與鉮澄下。如流質本無鐵，則加以鐵流質，流過丁沙漉處，至埋地之戊櫃，由戊櫃流至己櫃，與輕硫相併。櫃相連之鉛蒸具三副，即爲製輕硫用。己櫃銅既澄分，鎳與鈷之流質，經過庚沙漉處，流至第二副埋地之辛櫃，乃至癸櫃，挨次加鐵，與鈣養炭養三、即白礦粉。鈣緑及水，皆由櫃上各桶注下。先令銅澄分，此銅或由沙漉處滲下者，於是提取其鐵，續將水汽灌入，逐出輕硫，令流質流至丑處儲之。復至寅分櫃，併鈣緑燒熱之，至四十熱度，鈷變鈷緑而澄分。流質之含鎳者，流至辰櫃，加以混石灰水，鎳變爲含水鎳養而澄分也。其餘流質可廢去。含養鎳灌至壓櫃，任水瀝去。鎳養即置於覆釜式爐頂烘之，研碎，與木炭相和，在鑄罐烘八小時至十二小時之久，可得麤粒粉。或將鎳養與乾麵粉漿調和，烘成立方塊，與木炭併和，置鑄罐，令熱度高於銅之鎔度，鎳養即因炭及乾面成焦炭而變爲净鎳。鎳不融化，仍爲立方式。鈷養由分櫃至缸内，與上相似鍊法，提去夾雜之鎳。至出售時，鈷尚爲鈷養。鍊金類法各不同。一千八百五十一年，英國家鍊金類學堂，講論歷鍊。八十年又加考究，往礦地歷鍊。德國薩克遜内省之弗賴孛克地方，山學館即在礦務山地，先在礦内論礦學並鍊法，乃親率學生至山地諸礦，歷鍊操作。美國紐約克礦務館，跑斯敦礦務館，講論礦學之理，並學生親自歷鍊操作。館內自有鍊金類汽機，惟略小耳。三者以美爲上，理與法兼到。以是礦務大學堂，不應設於山僻野地，學生見識，知所得兼知所失，工夫可以長進。英國礦務學堂亦漸用此法，添置機器，如首圖，爲舂碎石英之用，並聚合貴金類具，高十二尺，每日可舂一噸半至二噸。有此具可測各種礦質輭硬若何。聚合金類具，亦可知聚合金銀質若何繁難處，鍊之合度與否，以估法定之。

又第一〇章《金類出數》 一千八百八十九年，巴黎斯賽會內，有一表單，表明八十七年分，天下各國所出金類數如下：

	噸	值價福郎克
豬鐵	二千二百七十二萬一千	十一萬五千五百二十九萬七千
銀	三千三百八十三	七千〇五萬
金	一百五十八	六十二千九百六十萬
銅	二十九萬一千	三十二千四百九十萬八千
鉛	四十七萬四千	十八千〇七十八萬五千
鋅	三十三萬三千	十二千九百七十九萬五千
錫	三萬五千	九千五百十二萬三千
汞	三千七百九十四	一千九百七十八萬

是年天下所出之煤，有四十三千五百〇二萬四千噸，值價三十萬萬〇六十五萬二千福郎克。

一千八百八十七年，韋爾斯論近年生意窒礙，大都金類價跌，鍊工費減所致。七十年分所產豬鐵，一千一百五十六萬五千噸；七十二年，加至一千四百三十四萬五千噸；至七十九年，產數相等。其後五年，約產鐵中數，有一千八百萬噸。八十八年加至二千一百〇六萬三千噸，幾倍於七十九年之數。英國七十年至八十四年所產之數，歲有增加，幾至倍半。他國則所加幾二倍有奇。由是天下豬鐵，價值大減。美國一千八百七十年，豬鐵每噸值洋四十五元，八十五年，只值洋十六元。英國七十二年，豬鐵價銀四磅十七喜林，八十年每噸值銀二磅十喜林，八十七年每噸價銀三十七喜林二般子，八十八年價銀三十三喜林，七十四年倍生麥鋼軌每噸值銀十二磅，八十七年鋼軌價四磅。十餘年來，工藝加精，出數加多。七十年分，每工人出鐵一百九十四噸；八十四年，每人出鐵二百六十一噸。時正盛行鋼，擠水一千七百噸之船，以鋼代鐵，可省料百分之十七分。鋼船較更靈捷，且經久。鐵路軌道用鋼，較更經久，可三倍。鐵軌每八年或十二年須更換，若軌係鋼造，可二十四年一換。大英一統鐵路，每年添補鋼軌，祇二十萬噸，若用鐵軌，每年添補須五十萬噸。他項金類價值不一，如銅於一千八百七十三年，與八十五年較，出產增加至倍。美國、西班牙、葡萄牙銅價最低，美國每磅值銀九分半。前五年，每磅值銀二角五分。八十七年，智利銅條，每噸值英銀四十磅。以工價不敷，銅礦閉歇。有壟斷者出，廣處搜括，囤積居奇，初果獲利，銅價每噸增至八十磅。嗣向大銅礦立合同，定每年十五萬噸，價付英銀九百萬磅。欲常佔其利，不得不向其餘不售之礦，全數買到，不謂銷路不旺，銅多居積，各礦廠收舊銅鎔冶，以補礦產之不足，而各業之用銅者，均改用鋼鐵。於是壟斷之巴黎公司，存貨山積，銷路日減，乃遂倒歇。八十九年，每噸銅只值銀三十九磅，嗣後銅價漸復。九十年，銅價增至五十七磅。一千八百八十年至八十五年，天下鉛礦出產，百分增加三十分。是年，英國鉛礦料理不順，每噸現價銀十三磅。鎳之一質，本無多出產，而用處甚少，兹每年出有八九百噸。太平洋紐開列度尼亞島，並喀納塔省鎳礦甚富。八十七年，每磅價銀二喜林三般子，現值三喜林。本稀少，七十二年，每噸價銀一百五十九磅。七十八年，澳大利亞錫礦大旺，價跌至五十二磅。計自七十八年以後，澳礦所出漸少，新嘉坡一帶，產錫日增，銷路漸廣。八十七年正月，每噸英銀一百十磅。八十八年，價一百六十七磅，現值九十五磅。澆錫鐵皮即洋鐵。因鐵價便宜，機器精巧，較十五年前，價減一半。七十二年，每箱價銀二十六喜林。八十七年，十三喜林。九十年，十五喜林六般子。汞於七十四年時，每瓶英銀二十六磅。八十四年，跌至五磅二喜林。八十八年，加至十磅七喜林。以舊金山出多，價值大減。每年出產，多至八萬瓶，近銷路亦窒，因提銀不甚用，今用鉛提銀。銀市大減，尤於貿易攸關。七十二年至八十五年，天下所產銀，自五千〇二十七萬五千兩，至九千五百九十萬〇八千兩，數年內價跌殊甚。現在每兩值四喜林三般子，然計其工費，每出產銀一兩，不過一喜林八般子，以是銀價仍不能漲加。幸美國家搜買現銀，以挽救市面，而究未能持久也。國家派員查金銀彼此相關價值。金銀由礦提鍊，約有四法，兹將四法費用，酌其中數，如下表：

號	得銀法	所得兩數	每兩净銀費用 喜林	般子
一	提净金	五〇八〇〇〇	〇	二半
二	鉛内提銀	三〇七二六〇〇〇	二	〇
三	由銅並含銅礦質提銀	七二〇〇〇〇	一	一
四	銀礦鍊銀	四九九二〇七三三	一	五
	總數	八八三五四七三三	一	八

上表各數，美國鑄錢廠總辦以爲所派之數過少，一千八百八十七年，論美國貴金類出産頗訾此表之謬，由是鏗薄行文美國産金銀各礦廠，請其詳覈各費，由是得提鍊工費中數。每兩銀所費二喜林一般子有半，與上表相差不多。表内原不過約略計之，而竟差不多，是可異也。由是書觀之，金類用處甚大，鍊金類者，非專鍊礦圖利，正以用處甚繁也。日後精益求精，不於鎔煉工夫加求，而在試驗金類雜質類各性情，或與熱度相關，或勉强錘磨，或加外物徵驗。有謂此種工夫，應歸格致家，而抑知鍊金類之人，專求此事，以獨知此中曲折。取法鍊法，並令某金類之性，合於某地步用處，有不能推諉於格致家者乎？

李鴻章《李文忠公奏稿》卷四〇《請減出口煤税片光緒七年四月二十三日》

再，據候選道唐廷樞稟稱：開辦礦務局以來，購備機器，延訂洋匠工司，及買地築路挑河經費，約共用銀七十餘萬兩。成本既重，煤價亦因之而昂，若再加現定之税額，即難敵外洋之煤，其勢必不能暢銷，而關税亦鮮有實獲。與其税重而少所收，不若減輕而多所納。中國原定洋貨税則過輕，土貨税則較重，以致華商疲累，難與洋商頡頏。查西洋各國通例，於外來進口貨税，無一不重於本國，出口貨税，無一不輕，所以徵外人之利，而護本國之商。斟酌損益，實有至理。乃中國初定約時，爲外人所蒙，轉使外洋進口之貨税輕，内地出口之貨税重，不啻抑華商而護洋商。此通商後數十年之流弊，隱受厥累，而不覺者也。即以煤斤而論，洋煤每噸税銀五分，土煤每擔税銀四分，合之一噸，實有六錢七分二釐。若加復進口半税，已合每噸銀一兩有奇，盈絀懸殊至二十倍之多。前兩江督臣沈葆楨於臺灣基隆開煤時，奏准土煤每噸徵税一錢，較洋煤業已加重。嗣湖北用機器開采，亦奉諭旨，準照臺灣税則在案。揆從前嚴定土煤税章之意，或恐煤税減輕，則土煤出口日多，内地煤價必長，故特重其税以示限制。惟是土法采煤只能售於近地，若從陸路車運出口，脚價太重，斷不合算。況其所采浮面之煤，實不足供輪船製造等用，如直隸西山等處煤産專濟五城内外之需，並無轉運來津者，是其明證。似多運出口一節，本可無慮。今開平煤礦全用西法，每日出至五六百噸之多，據洋師測量，足供六十年采取，除運往要口分供各局及中外輪船之用，並可兼顧内地民間日用。刻下運道疏通，脚價既省，若再將税則減輕，煤之售價必廉，可以暢銷無滯，而運售於各局者，不致再用洋商昂貴之煤，其有裨於公款不少，等情前來。臣復飭津海關查取歷年洋煤、土煤進口數目，開具清摺，自同治十年起，至光緒六年，止洋煤進口計八萬一千五百餘噸，土煤進口僅五千五百餘噸，而出口土煤則天津向所未有，蓋由税則厚薄不一，土煤壅滯難銷，遂使厚利爲洋商所壟斷。若不變通，設法更定章程，殊非通籌理財之大計。合無仰懇天恩，俯準開平出口煤斤，援臺灣、湖北之例，每噸徵收税銀一錢，以恤華商而敵洋煤，庶風氣日開，利源日旺，而關税亦必日有起色矣。理合附片具陳，伏乞聖鑒訓示。謹奏。

劉錦藻《清朝續文獻通考》卷四四《征榷考一六·坑冶》〔光緒十九年〕又出使俄國大臣許景澄奏略稱：「甘肅新疆南路以和闐州爲極邊，其地南界印度，通後藏境内大山，自葉爾羌分支東行，綿亘二千餘里，西人通稱爲崑崙山，即《漢書·西域傳》所稱南山。漢時，自玉門陽關從鄯善傍南山北波河西行，至莎車，爲出西域之南道。自唐而後，鄯善以西諸國皆淪入沙磧，其道遂塞，故情形莫得而詳。光緒十年，俄國武員普舌瓦爾斯基，始自羅布泊西南，沿河以達克里雅所屬之策爾滿地方，再循山之北麓迆邐以至和闐，正與漢之南道相合。歸而作記，稱崑崙山金礦之旺。十六年，俄國地理會復遣礦學人博達格達諾委翅前往該處，詳測金礦所在，著有圖説，俄人祕之。臣處輾轉覓獲，將其要節譯述。據言：西起哈郎歸山，東抵羅布泊，産金之地就已悉者，有十二處：計自和闐州至克里雅城，得礦三處：曰玉隴哈什河，曰策勒村，曰克里雅；自克里雅以東得鑛五處：曰索爾戛克，曰烏魯克河，曰闊帕，曰莫羅扎河，曰池日干河，均在崑崙山北麓；逾山而南得礦一處：曰坎波拉克。凡九處皆爲該物人親歷。又極東在策爾滿一帶，未經赴採者得礦三處：曰霍達列克，曰託爾肯散，曰阿克塔克。每一處之礦，又各析有數處、十餘處不等，其内索爾戛克、闊帕二處，士民赴採者，約及二千人，日可出金五十餘兩，其金往往售諸印度，若以洋法開採，出金尤必增多，此山内礦地之大略情形。該俄人書又言，大彼得時即聞其地産金，欲自中亞細亞通道，卒不能達。迨回酋阿古柏佔據喀什噶爾，令民所挖礦金，官爲收買，税其千分之二，當時養兵之費，賴以取給。同治十二年，英使福舍至喀城，曾派人赴索爾戛克、闊帕等處，查察金苗。光緒十一年，俄領事□特羅夫曾將産金情形，密報俄外部，謂砂浄質重，實出烏拉嶺暨英美新舊金山之上等情。查新疆邊外，自俄人剪食回部，藩籬久撤，莎車、和闐等處復與英國屬地相接，故南路邊防尤爲扼重。近歲俄兵入帕，益鶩南牧，與英争因都庫什之險，漸有通道西藏之志。和闐南山一帶，地勢適介其衝，山中金穴，尤動彼以可欲，其屢次遣員，名爲考察方輿，實則覬圖利便。又該處與英界轇轕，英人心計絶精，未必無所垂涎。前漠河金礦與俄隔江相望，經李鴻章招商開採，以杜窺伺。今和闐礦産更富，若不早謀措置，難保不句結他族滋生事端。且控馭巖疆，兵力不能不厚。該省餉源動賴各省協濟，稍議增兵，輒苦餉絀，誠能就已開礦地，由官設廠，數年後財用漸裕，可資塞上之餉，騰省中原之輸輓，籌邊之謀莫利於此。惟開採必以查勘礦地爲先務，似應按俄人所述各情，覆加察看，庶於邊情地利，得有确證。」

中華大典·工業典

金屬礦藏與冶煉工業分典　引用書目

說　明

一、本書目，係本分典所使用的基本書籍。選書主要依據《中華大典》通用書目，另據本分典内容的實際情況，有相當部分書籍超出通用書目所列文獻。

二、各書著録順序依次爲：書名，作者，作者時代，出版社、出版時間、版本。

三、各書著録選用通行善本、新整理本或較有影響的版本，盡量吸收現有研究成果。

四、本書目按書名的第一字筆畫字數排序，第一字筆畫字數相同者，則按第一字筆畫「横、竪、撇、點、折」排序。

五、地方志前面加括弧注明年號，以免混淆。

書名	作者	時代	版本
一畫			
一切經音義	釋慧琳	唐	日本元文三年至延亨三年獅谷蓮社刻本
一切經音義	釋玄應	唐	清刻《海山仙館叢書》本
一斑録	鄭光祖	清	清道光《舟車所至叢書》本
二畫			
二林居集	彭紹升	清	清嘉慶味初堂刻本
十八家詩鈔	曾國藩	清	清傳忠書局刻《曾文正公全集》本
十國春秋	吴任臣	清	上海古籍出版社文淵閣《四庫全書》影印本
丁文誠公奏稿	丁寶楨	清	清光緒十九年刻光緒二十五年補刻本
（弘治）八閩通志	陳道、黄仲昭	明	明弘治刻本
（雍正）八旗通志	鄂爾泰	清	上海古籍出版社文淵閣《四庫全書》影印本
三畫			
（淳熙）三山志	梁克家	宋	上海古籍出版社文淵閣《四庫全書》影印本
三山志	梁克家	宋	上海古籍出版社文淵閣《四庫全書》影印本
三國演義	羅貫中	明	明嘉靖元年刻本
三魚堂日記	陸隴其	清	清同治九年浙江書局刻本
三朝名臣言行録	朱熹	宋	《四部叢刊》景宋本

三朝遼事實録	王在晋	明	明崇禎刻本
三體唐詩	周弼	宋	上海古籍出版社文淵閣《四庫全書》影印本
大丹記	魏伯陽	隋	明正統道藏本
大學衍義	真德秀	宋	上海古籍出版社文淵閣《四庫全書》影印本
大學衍義補	丘濬	明	上海古籍出版社文淵閣《四庫全書》影印本
上湖詩文編	汪師韓	清	清光緒十二年汪氏刻《叢睦汪氏遺書》本
小畜集	王禹偁	宋	《四部叢刊》景宋本配呂無黨鈔本
小匏庵詩存	吴仰賢	清	上海古籍出版社《續修四庫全書》本
小腆紀年附考	徐鼒	清	清咸豐十一年刻本
小腆紀傳	徐鼒	清	清光緒金陵刻本
山左金石志	畢沅	清	清嘉慶二年刻本
(成化)山西通志	胡謐	明	民國二十二年景鈔明成化十一年刻本
(雍正)山西通志	覺羅、石麟	清	上海古籍出版社文淵閣《四庫全書》影印本
山東考古録	顧炎武	清	清光緒刻顧亭林遺書補遺本
(嘉靖)山東通志	陸釴	明	明嘉靖刻本
山東鹽法志	莽鵠立	清	清雍正刻本
山海經傳	郭璞	晋	《四部叢刊》景明成化本
山海經箋疏	郝懿行	清	清嘉慶十四年阮氏琅環仙館刻本
山堂考索	章如愚	宋	上海古籍出版社文淵閣《四庫全書》影印本
山堂肆考	彭大翼	明	上海古籍出版社文淵閣《四庫全書》影印本
子史精華	吴襄	清	上海古籍出版社文淵閣《四庫全書》影印本
四畫			
王忠端公文集	王家彦	清	清順治十六年刻本
王荆公文集	王安石	清	民國劉承幹編刻《嘉業堂叢書》沈欽韓注本
王端毅公奏議	王恕	清	上海古籍出版社文淵閣《四庫全書》影印本
天工開物	宋應星	明	中國社會出版社二零零四年排印本
天下郡國利病書	顧炎武	清	上海古籍出版社　年《顧炎武全集》本
天中記	陳耀文	明	上海古籍出版社文淵閣《四庫全書》影印本
天方典禮擇要解	劉智	清	清乾隆五年京江童氏刻本
天仙正理直論增注	伍守陽	明	清光緒重刊《道藏輯要》本

天長縣志　王心　明　明嘉靖刻本
天岳山館文鈔　李元度　清　清光緒六年刻本
元史　脱脱　元　中華書局一九九七年校點本
元史本證　汪輝祖　清　清光緒鑄學齋重刊本
元史續編　胡粹中　明　上海古籍出版社文淵閣《四庫全書》影印本
元和郡縣志　李吉甫　唐　清武英殿《聚珍版叢書》本
元風雅後集　傅存吾　元　《四部叢刊》景高麗仿元刻本
元詩選　顧嗣立　清　上海古籍出版社文淵閣《四庫全書》影印本
元豐九域志　王存　宋　中華書局一九八四年校點本
五代史記注　歐陽修，彭元瑞　宋、清　清道光八年刻本
五音集韻　韓道昭　金　上海古籍出版社文淵閣《四庫全書》影印本
五經説　熊朋來　元　清同治十二年粤東書局重刊《通志堂經解》本
太平治迹統類　彭百川　宋　上海古籍出版社文淵閣《四庫全書》影印本
太平御覽　李昉　宋　《四部叢刊》三編景宋本
太平廣記　李昉　宋　民國景印明嘉靖譚凱讀本
太平寰宇記　樂史　宋　清光緒八年金陵書局刻本
止園筆談　史夢蘭　清　清光緒四年刻本
日下舊聞考　于敏中　清　上海古籍出版社文淵閣《四庫全書》影印本
日知録集釋　黄汝成　清　清道光西谿草廬刻本
中州雜俎　汪价　清　民國十年安陽三怡堂鉛印本
内閣奏題稿　趙志皋　明　清順治七年刻本
水心集　葉適　宋　《四部叢刊》景明刻本
水陸路程便覽　黄汴　明　明刻《士商必要》本
水曹清暇録　汪啓淑　清　清乾隆五十七年汪氏飛鴻堂刻本
水經注　酈道元　南北朝　清武英殿《聚珍版叢書》本
水經注集釋訂譌　沈炳巽　清　上海古籍出版社文淵閣《四庫全書》影印本
水經注箋　朱謀㙔　明　明萬曆四十三年李長庚刻本
午亭文編　陳廷敬　清　上海古籍出版社文淵閣《四庫全書》影印本
毛詩注疏　毛亨注、鄭玄箋、孔穎達疏　漢、唐　清嘉慶阮元刻十三經注疏本
壬癸藏札記　陳康祺　清　清光緒刻本

壬寅消夏録	端方	清	上海古籍出版社《續修四庫全書》本
升菴集	楊慎	明	上海古籍出版社文淵閣《四庫全書》影印本
仁獄類編	余懋學	明	明萬曆直方堂刻本
介石堂集	郭起元	清	清乾隆刻本
今文尚書經説考	陳喬樅	清	清刻《左海續集》本
今古奇觀	抱甕老人	明	清初刊本
分類補注李太白詩	楊齊賢	宋	《四部叢刊》景明刻本
六典通考	閻鎮珩	清	清光緒刻本
六研齋二筆	李日華	明	上海古籍出版社文淵閣《四庫全書》影印本
六研齋筆記	李日華	明	明刻清乾隆修補本
六家詩名物疏	馮復京	明	上海古籍出版社文淵閣《四庫全書》影印本
六藝之一録	倪濤	清	上海古籍出版社文淵閣《四庫全書》影印本
文武諸司衙門官制	陶承慶	明	明萬曆刻本
文忠集	周必大	宋	上海古籍出版社文淵閣《四庫全書》影印本
文章正宗	真德秀	宋	上海古籍出版社文淵閣《四庫全書》影印本
文章辨體	吴訥	明	明天順刻本
文章辨體彙選	賀復徵	明	上海古籍出版社文淵閣《四庫全書》影印本
文編	唐順之	明	上海古籍出版社文淵閣《四庫全書》影印本
文獻通考	馬端臨	宋	中華書局二〇一一年裴汝誠校點本
方輿勝覽	祝穆	宋	上海古籍出版社文淵閣《四庫全書》影印本
方麓集	王樵	明	上海古籍出版社文淵閣《四庫全書》影印本
户科史書	户科	清	中國第一歷史檔案館
五畫			
玉芝堂談薈	徐應秋	明	上海古籍出版社文淵閣《四庫全書》影印本
玉海	王應麟	宋	上海古籍出版社文淵閣《四庫全書》影印本
玉笙樓詩録	沈壽榕	清	清光緒九年刻增修本
未軒文集	黄仲昭	明	上海古籍出版社文淵閣《四庫全書》影印本
正字通	張自烈	明	清康熙二十四年清畏堂刻本
甘莊恪公全集	甘汝來	清	清乾隆賜福堂刻本
〔乾隆〕甘肅通志	許容	清	上海古籍出版社文淵閣《四庫全書》影印本

甘露園短書	陳汝錡	明	明萬曆刻清康熙重修本
世經堂集	徐階	明	明萬曆間徐氏刻本
古今小品	陳大定	明	清道光九年刻本
古今考	魏了翁	宋	上海古籍出版社文淵閣《四庫全書》影印本
古今遊名山記	何鏜	明	明嘉靖四十四年廬陵吴炳刻本
古今説海	陸楫	明	上海古籍出版社文淵閣《四庫全書》影印本
古今錢略	倪模	清	清光緒倪文蔚刻本
古今韻會舉要	黄公紹、熊忠	元	上海古籍出版社文淵閣《四庫全書》影印本
古文苑	章樵	宋	《四部叢刊》景宋本
古文參同契箋註集解	蔣一彪	明	明崇禎毛氏汲古閣刻《津逮秘書》本
古文龍虎經注疏	王道	宋	明正統道藏本
古事苑定本	鄧志謨	清	清康熙蘭雪堂刻本
古泉匯	李佐賢	清	同治三年利津李氏石泉書屋刻本
古微堂集	魏源	清	清宣統元年國學扶輪社刻本
古歡堂集	田雯	清	上海古籍出版社文淵閣《四庫全書》影印本
古穰集	李賢	明	上海古籍出版社文淵閣《四庫全書》影印本
本草衍義	寇宗奭	宋	上海中醫書局中華民國十九年鉛印本
本草乘雅半偈	盧之頤	明	上海古籍出版社文淵閣《四庫全書》影印本
本草從新	吴儀洛	清	上海古籍出版社《續修四庫全書》本
本草綱目	李時珍	明	人民衛生出版社一九八二年版
本朝分省人物考	過庭訓	明	明天啓刻本
本經逢原	張璐	清	清光緒宣統間刻民國校補《醫學初階》本
左文襄公奏疏 續編	左宗棠	清	清刻本
左司筆記	吴暻	清	清鈔本
石田先生文集	馬祖常	元	中華書局一九九九年影印《古逸叢書》本
石倉歷代詩選	曹學佺	明	上海古籍出版社文淵閣《四庫全書》影印本
石渠餘紀	王慶雲	清	清光緒十六年龍璋刻本
石匱書	張岱	清	清鈔本
石藥爾雅	梅彪	唐	清《別下齋叢書》本
右編	唐順之	明	明萬曆刻本

平妖傳	羅貫中、馮夢龍	明	明刻墨憨齋批點本
平定兩金川方略	阿桂	清	上海古籍出版社文淵閣《四庫全書》影印本
平定教匪紀略	托津	清	清嘉慶武英殿刻本
平寇志	彭孫貽	清	清康熙活字本
北史	李延壽	唐	中華書局一九七四年校點本
北窗炙輠録	施德操	宋	清刻《奇晋齋叢書》本
申齋集	劉岳申	元	上海古籍出版社文淵閣《四庫全書》影印本
史評小品	江用世	明	明末刻本
〔雍正〕四川通志	黄廷桂	清	上海古籍出版社文淵閣《四庫全書》影印本
〔寶慶〕四明志	羅濬	宋	宋刻本
〔延祐〕四明志	袁桷	元	上海古籍出版社文淵閣《四庫全書》影印本
四知堂文集	楊錫紱	清	清嘉慶十一年楊有涵等刻本
四鎮三關志	劉效祖	明	明萬曆四年刻本
仙佛合宗語録	伍守陽	明	清光緒重刊《道藏輯要》本
仙苑編珠	王松年	唐	明正統道藏本
〔寶祐〕仙溪志	趙與泌	宋	清鈔本
白耷山人詩文集	閻爾梅	清	清康熙刻本
印章集説	甘暘	明	清道光海虞顧氏刻本
册府元龜	王欽若	宋	上海古籍出版社文淵閣《四庫全書》影印本
半行庵詩存稿	貝青喬	清	清同治五年葉廷琯等刻本
半蕪園集	黄石麟	清	清康熙六十一年黄承炅等刻本
〔光緒〕永嘉縣志	王棻	清	清光緒八年刻本
司農奏議	趙世卿	明	明崇禎七年趙濬初刻本
弘簡録	邵經邦	明	清康熙刻本
出使日記續刻	薛福成	清	清光緒二十四年刻本
出使英法義比四國日記	薛福成	清	清光緒十八年刻本
出使美日秘國日記	崔國因	清	清光緒二十年刻本
六畫			
刑律	雷夢麟	明	嘉靖四十二年刻本
圭峰集	羅玘	清	上海古籍出版社一九九一年《四庫明人文集叢刊》本

〔萬曆〕吉安府志	余之禎	明	明萬曆十三年刻本
〔光緒〕吉林通志	李桂林	清	清光緒十七年刻本
地理新書	佚名	金	金刻本
芝園定集	張時徹	明	明嘉靖刻本
〔乾隆〕西安府志	嚴長明	清	清乾隆刊本
西河集	毛奇齡	清	上海古籍出版社文淵閣《四庫全書》影印本
西夏書事	吴廣成	清	清道光五年小峴山房刻本
西域水道記	徐松	清	稿本
西域聞見録	椿園	清	清《青照堂叢書》本
西堂詩集	尤侗	清	清康熙刻本
西湖遊覽志餘	田汝成	明	上海古籍出版社文淵閣《四庫全書》影印本
西園聞見録	張萱	明	中華全國圖書館文獻縮微複製中心影印本
西溪集	沈遘	宋	《四部叢刊》三編景明翻宋刻本
西溪叢語	姚寬	宋	中華書局一九九三年校點本
西學考略	丁韙良	清	清光緒九年同文館鉛印本
百柱堂全集	王柏心	清	清光緒十九年刻本
存硯樓文集	儲大文	清	上海古籍出版社文淵閣《四庫全書》影印本
至正集	許有壬	元	上海古籍出版社文淵閣《四庫全書》影印本
朱太復乙集	朱長春	明	明萬曆刻本
〔嘉靖〕延平府志	鄭慶雲	明	明嘉靖刻本
伊江筆録	吴熊光	清	清光緒廣雅書局刻本
全宋詩	北京大學古文獻研究所		北京大學出版社一九九八年版
全唐文	董誥	清	清嘉慶内府刻本
全唐詩	曹寅	清	上海古籍出版社文淵閣《四庫全書》影印本
全唐詩録	徐倬	清	上海古籍出版社文淵閣《四庫全書》影印本
全蜀藝文志	周復俊	明	上海古籍出版社文淵閣《四庫全書》影印本
合併黄離草	郭正域	明	明萬曆刻本
危學士全集	危素	元	清乾隆二十三年刻本
名山藏	何喬遠	明	明崇禎刻本
名臣碑傳琬琰集	杜大珪	宋	宋刻元明遞修本

名臣經濟録	黄訓	明	上海古籍出版社文淵閣《四庫全書》影印本
交山平寇本末	夏駰	清	清康熙十一年刻本
江西考古録	王謨	清	清乾隆問松園刻本
〔康熙〕江西通志	謝旻	清	上海古籍出版社文淵閣《四庫全書》影印本
〔乾隆〕江南通志	趙宏恩	清	上海古籍出版社文淵閣《四庫全書》影印本
安雅堂未刻稿	宋琬	清	清乾隆三十一年刻本
那文毅公奏議	那彦成	清	清道光十四年刻本
七畫			
〔嘉定〕赤城志	陳耆卿	宋	上海古籍出版社文淵閣《四庫全書》影印本
折獄便覽	佚名	清	清咸豐刻《宦海指南》本
折獄龜鑑	鄭克	宋	民國十年上海博古齋影印《墨海金壺》本
抑菴文後集	王直	明	上海古籍出版社文淵閣《四庫全書》影印本
抑菴文集	王直	明	上海古籍出版社文淵閣《四庫全書》影印本
志遠齋史話	楊以貞	清	清光緒二十年始豐張氏刻《暢園叢書》本
李文忠公奏稿	李鴻章	清	民國影印金陵原刊本
李詩選注	朱諫	明	明隆慶刻本
甫田集	文徵明	明	上海古籍出版社文淵閣《四庫全書》影印本
酉陽雜俎	段成式	唐	中華書局一九八一年校點本
吴文正集	吴澄	元	上海古籍出版社文淵閣《四庫全書》影印本
吴都文粹續集	錢穀	明	上海古籍出版社文淵閣《四庫全書》影印本
吴詩集覽	吴偉業	清	清乾隆四十年凌雲亭刻本
〔嘉泰〕吴興志	談鑰	宋	民國《吴興叢書》本
吴興藝文補	董斯張	明	明崇禎六年刻本
見聞隨筆	馮甦	清	清嘉慶二十一年刻《台州叢書》本
别雅	吴玉搢	清	上海古籍出版社文淵閣《四庫全書》影印本
兵録	何汝賓	明	明崇禎刻本
何文簡疏議	何孟春	明	上海古籍出版社文淵閣《四庫全書》影印本
佐雜譜	李庚乾	清	清光緒刊本
删後詩存	陳梓	清	清嘉慶二十年胡氏敬義堂刻本
辛卯侍行記	陶保廉	清	清光緒二十三年養樹山房刻本

冶金録	趙元益	清	清末江南製造總局刻本
忘山廬日記	孫寶瑄	清	鈔本
沅湘耆舊集	鄧顯鶴	清	清道光二十三年鄧氏南邨草堂刻本
〔乾隆〕汾州府志	戴震	清	清乾隆三十六年刻本
汾州府志	戴震	清	清乾隆三十六年刻本
汴京遺蹟志	李濂	明	上海古籍出版社文淵閣《四庫全書》影印本
宋九朝編年備要	陳均	宋	宋紹定刻本
宋元資治通鑑	王宗沐	明	明萬曆吳中珩刻本
宋氏家規部	宋詡	明	明刻本
宋文鑑	呂祖謙	宋	《四部叢刊》景宋刊本
宋史	脱脱	元	中華書局一九七七年校點本
宋史全文	佚名	元	上海古籍出版社文淵閣《四庫全書》影印本
宋史新編	柯維騏	明	明嘉靖四十三年杜晴江刻本
宋通鑑長編紀事本末	楊仲良	宋	清嘉慶《宛委別藏》本
初學記	徐堅	唐	中華書局二〇〇四年校點本
妙貫堂餘譚	裘君弘	清	清康熙刻本

八畫

武備志	茅元儀	明	明天啓刻本
武編	唐順之	明	明刻本
〔嘉靖〕青州府志	馮惟訥	明	明嘉靖刻本
青海志	康敷鎔	清	鈔本
抱朴子內外篇	葛洪	晉	《四部叢刊》景明本
抱經堂文集	盧文弨	清	清乾隆六十年刻本
范石湖詩集注	沈欽韓	清	清光緒刻《功順堂叢書》本
林文忠公政書	林則徐	清	清光緒三山林氏刻《林文忠公遺集》本
松心詩録	張維屏	清	清咸豐四年趙惟濂羊城刻本
松陵集	陸龜蒙	唐	民國刻本
述異記	任昉	南北朝	明刻《漢魏叢書》本
東田遺稿	張羽	明	上海古籍出版社文淵閣《四庫全書》影印本
東江家藏集	顧清	明	上海古籍出版社文淵閣《四庫全書》影印本

東里别集	楊士奇	明	上海古籍出版社文淵閣《四庫全書》影印本
東坡先生物類相感志	釋贊寧	宋	明鈔本
東坡詩集	蘇軾	宋	《四部叢刊》景宋本
東林列傳	陳鼎	清	上海古籍出版社文淵閣《四庫全書》影印本
東林書院志	高廷珍	清	清雍正十一年刻本
東華録	蔣良騏	清	清乾隆刻本
東華録	王先謙	清	清光緒十年長沙王氏刻本
東華續録(光緒朝)	朱壽朋	清	清宣統元年上海集成圖書公司鉛印本
東華續録(咸豐朝)	王先謙	清	清光緒十年長沙王氏刻本
東華續録(乾隆朝)	王先謙	清	清光緒十年長沙王氏刻本
東華續録(道光朝)	王先謙	清	清光緒十年長沙王氏刻本
東雅堂昌黎集注	韓愈，廖瑩中	宋	上海古籍出版社文淵閣《四庫全書》影印本
東溪試茶録	宋子安	宋	宋咸淳九年刻《百川學海》本
事物考	王三聘	明	明嘉靖四十二年刻本
事物異名録	厲荃	清	清乾隆刻本
事類備要	謝維新	宋	上海古籍出版社文淵閣《四庫全書》影印本
事類賦	吴淑	宋	宋紹興十六年刻本
刺字統纂	孟樨	清	清同治八年棠蔭山房刻本
兩山墨談	陳霆	明	明嘉靖十八年李檗刻本
兩宋名賢小集	陳思	清	上海古籍出版社文淵閣《四庫全書》影印本
兩浙名賢録	徐象梅	明	明天啓刻本
兩浙輶軒續録	潘衍桐	清	清光緒刻本
兩朝從信録	沈國元	明	明崇禎刻本
兩朝憲章録	吴瑞登	明	明萬曆刻本
卓氏藻林	卓明卿	明	明萬曆八年刻本
尚書日記	王樵	明	上海古籍出版社文淵閣《四庫全書》影印本
尚書今古文集解	劉逢禄	清	清《皇清經解續編》本
尚書句解	朱祖義	元	清《通志堂經解》本
尚書注疏	阮元	清	清嘉慶阮刻十三經注疏本
尚書集注述疏	簡朝亮	清	清光緒讀書堂刻本

尚書集傳纂疏　陳櫟　元　上海古籍出版社文淵閣《四庫全書》影印本
尚書箋　王闓運　清　清光緒刻《湘綺樓全書》本
尚書精義　黄倫　宋　上海古籍出版社文淵閣《四庫全書》影印本
尚書纂傳　王天與　元　上海古籍出版社文淵閣《四庫全書》影印本
明一統志　李賢　明　上海古籍出版社文淵閣《四庫全書》影印本
明大司馬盧公年譜　盧安節　清　清光緒重刻《明大司馬盧公集》本
明大政紀　雷禮　明　明萬曆刻本
明太祖實録　張輔　明　鈔本
明太宗實録　姚廣孝　明　鈔本
明世宗實録　張溶　明　鈔本
明史　張廷玉　清　中華書局一九七四年校點本
明史考證攟逸　王頌蔚　清　民國劉承幹編刻《嘉業堂叢書》本
明史紀事本末　谷應泰　清　中華書局一九七七年校點本
明史竊　尹守衡　明　明崇禎刻本
明列卿紀　雷禮　明　明萬曆徐鑑刻本
明名臣言行録　徐開任　清　清康熙刻本
明名臣言行録　徐咸　明　明嘉靖刻本
明武宗實録　佚名　明　鈔本
明季甲乙彙編　東村八十一老人　明　舊鈔本
明季烈臣傳　佚名　清　清鈔本
明政要　婁性　明　明嘉靖五年戴金刻本
明政統宗　涂山　明　明萬曆刻本
明律釋義　應檟　明　明嘉靖刻本
明宣宗實録　佚名　明　鈔本
明紀　陳鶴　清　清同治十年江蘇書局刻本
明留臺奏議　朱吾弼　明　明萬曆三十三年刻本
明書　傅維鱗　清　清刻《畿輔叢書》本
明通紀法傳全録　陳建　明　明崇禎九年刻本
明通紀集要　陳建　明　明崇禎刻本
明通鑑　夏燮　清　中華書局一九八〇年校點本

明從信録	沈國元	明	明末刻本
明詔令	佚名	明	明刻增修本
明詔制	孔貞運	明	明崇禎七年刻本
明疏鈔	孫旬	明	明萬曆孫旬輯刻本
明疏議輯略	張瀚	明	明嘉靖刻本
明會典	申時行	明	明萬曆內府刻本
明會要	龍文彬	清	清光緒十三年永懷堂刻本
明詩紀事	陳田	清	清陳氏聽詩齋刻本
明詩綜	朱彝尊	清	上海古籍出版社文淵閣《四庫全書》影印本
明經世文編	陳子龍	明	明崇禎平露堂刻本
明經世文編	陳子龍	明	明崇禎平露堂刻本
明經濟文録	萬表	明	明嘉靖刻本
明嘉隆疏鈔	張鹵	明	明萬曆刻本
明輔世編	唐鶴徵	明	明崇禎十五年陳睿謨刻本
明熹宗實録	佚名	明	鈔本
明憲宗實録	張懋	明	鈔本
明獻徵録	焦竑	明	明萬曆四十四年徐象橒曼山館刻本
明續紀三朝法傳全録	高汝栻	明	明崇禎九年刻本
明鑑會纂	朱國標	清	清乾隆二十七年刻本
典故紀聞	余繼登	明	清光緒王灝輯刻《畿輔叢書》本
忠肅集	于謙	明	上海古籍出版社文淵閣《四庫全書》影印本
牧津	祁承㸁	明	明天啓四年刻本
牧齋初學集	錢謙益	清	《四部叢刊》景明崇禎本
物理小識	方以智	清	清光緒寧靜堂刻本
佩文韻府	張玉書	清	上海古籍出版社文淵閣《四庫全書》影印本
金丹大成集	蕭廷芝	宋	明正統道藏本
金丹要訣	伍守陽	明	清光緒重刊《道藏輯要》本
金華徵獻略	王崇炳	清	清雍正十年刻本
〔至大〕金陵新志	張鉉	元	上海古籍出版社文淵閣《四庫全書》影印本
金壺七墨	黄鈞宰	清	清同治十二年刻本

朋僚函稿	李鴻章	清	清光緒本
周易參同契通真義	彭曉	五代	民國《續金華叢書》本
周易參同契發揮	俞琰	宋	明洪武十三年張本真刻本
周易參同契解	陳顯微	宋	明正統道藏本
周禮政要	孫詒讓	清	清光緒二十八年瑞安普通學堂刻本
夜航船	張岱	清	清鈔本
(乾隆)府廳州縣圖志	洪亮吉	清	清嘉慶八年刻本
浄德集	吕陶	宋	清武英殿《聚珍版叢書》本
炎徼紀聞	田汝成	明	清道光錢氏守山閣刻《指海》本
河上楮談	朱孟震	明	明萬曆刻本
河東先生集	柳宗元	唐	宋刻本
(雍正)河南通志	王士俊	清	上海古籍出版社文淵閣《四庫全書》影印本
河源紀略	紀昀	清	上海古籍出版社文淵閣《四庫全書》影印本
治平彙要	楊潮觀	清	清雍正七年文聚樓刻本
性命圭旨	佚名	明	清康熙刻本
空同集	李夢陽	明	上海古籍出版社文淵閣《四庫全書》影印本
郎潛紀聞	陳康祺	清	清光緒刻本
(正德)建昌府志	夏良勝	明	明正德刻本
建炎以來朝野雜記	李心傳	宋	清武英殿《聚珍版叢書》本
建炎以來繫年要録	李心傳	宋	上海古籍出版社文淵閣《四庫全書》影印本
(嘉靖)建寧府志	謝純	明	明嘉靖刻本
居易初集	經元善	清	清光緒二十七年澳門刻本
居易録	王士禛	清	上海古籍出版社文淵閣《四庫全書》影印本
弢園文録外編	王韜	清	清光緒九年本
孟鄰堂文鈔	楊椿	清	清嘉慶二十四年刻本
孤樹裒談	李默	明	明刻本
陔餘叢考	趙翼	清	清乾隆五十五年湛貽堂刻本
(正德)姑蘇志	王鏊	明	上海古籍出版社文淵閣《四庫全書》影印本
始興記	王韶之	晉	中華書局一九八五年影印《叢書集成》本

九畫

春在堂詩編	俞樾	清	清光緒二十五年刻《春在堂全書》本
春秋繁露義證	蘇輿	清	清宣統刊本
城守籌略	錢栴	明	明崇禎十七年錢默當刻本
政餘筆録	蔣鳴玉	清	清順治刻本
荆川集	唐順之	明	《四部叢刊》景明本
荆川稗編	唐順之	明	上海古籍出版社文淵閣《四庫全書》影印本
茶香室四鈔	俞樾	清	清光緒二十五年刻《春在堂全書》本
茶香室續鈔	俞樾	清	清光緒二十五年刻《春在堂全書》本
茶箋	聞隆	明	清《古今圖書集成》本
胡文穆公文集	胡廣	明	清乾隆十五年刻本
南北史合注	李清	清	上海古籍出版社《續修四庫全書》本
南安府志	劉節	明	明嘉靖刻本
南村隨筆	陸廷燦	清	清雍正十三年陸氏壽椿堂刻本
〔大德〕南海志	陳大震	元	元大德刻本
〔正德〕南康府志	陳霖	明	明正德刻本
南渡録	李清	清	清鈔本
〔嘉靖〕南寧府志	方瑜	明	明嘉靖四十三年刻本
南齋先生魏文靖公摘稿	魏驥	明	明弘治刻本
柳亭詩話	宋長白	清	清康熙天茁園刻本
咸賓録	羅曰褧	明	明萬曆十九年刻本
貞觀政要	吴兢	唐	上海古籍出版社二〇〇七年校點本
則例便覽	沈書城	清	清乾隆五十六年刻本
昭代芳摹	徐昌治	明	明崇禎九年徐氏知問齋刻本
昭代典則	黄光昇	明	明萬曆二十八年周曰校萬卷樓刻本
毗陵人品記	毛憲	明	明萬曆刻本
〔嘉靖〕思南府志	洪价	明	明嘉靖刻本
思軒文集	王偀	明	明弘治刻本
香山縣志	陳澧	清	清光緒刻本
香祖筆記	王士禛	清	上海古籍出版社文淵閣《四庫全書》影印本

秋澗先生大全文集	王惲	元	《四部叢刊》景明弘治本
〔光緒〕重修安徽通志	何紹基	清	清光緒四年刻本
重修政和經史證類備用本草	唐慎微	宋	《四部叢刊》景金泰和晦明軒刻本
〔咸淳〕重修毗陵志	史能之	宋	明初刻本
重修廣韻	陳彭年	宋	《四部叢刊》景宋本
〔乾隆〕皇輿西域圖志	傅恒等	清	上海古籍出版社文淵閣《四庫全書》影印本
泉志	洪遵	宋	明萬曆刻《秘册匯函》本
禹貢長箋	朱鶴齡	清	上海古籍出版社文淵閣《四庫全書》影印本
禹貢錐指	胡渭	清	上海古籍出版社文淵閣《四庫全書》影印本
俟庵集	李存	元	上海古籍出版社文淵閣《四庫全書》影印本
後漢書集解	王先謙	清	民國王氏虚受堂刻本
後漢書疏證	沈欽韓	清	清光緒二十六年浙江官書局刻本
後鑑録	毛奇齡	清	上海古籍出版社《續修四庫全書》本
弇州史料	王世貞	明	明萬曆四十二年刻本
弇州四部稿	王世貞	明	明萬曆刻本
食物本草	盧和	明	明錢塘胡文焕校刻本
脉望	趙台鼎	明	明陳眉公家藏秘笈續函本
急就篇	史游	漢	《四部叢刊續編》景明鈔本
度支奏議	畢自嚴	明	明崇禎刻本
客座新聞	沈周	明	清鈔本
神仙九丹經	太清真人	南北朝	明正統道藏本
神仙傳	葛洪	晋	上海古籍出版社文淵閣《四庫全書》影印本
神異經	東方朔	漢	明《漢魏叢書》本
神農本草經疏	繆希雍	清	上海古籍出版社文淵閣《四庫全書》影印本
神農本經會通	滕弘	明	明萬曆滕萬里刻本
〔雍正〕陝西通志	沈青峰	清	上海古籍出版社文淵閣《四庫全書》影印本
姚文敏公遺稿	姚夔	明	明弘治姚璽刻本
癸巳存稿	俞正燮	清	清《連筠簃叢書》本
約章成案匯覽	顔世清	清	清光緒上海點石齋石印本

十畫

泰山紀勝	孔貞瑄	清	清康熙刻《説鈴》本

泰雲堂集	孫爾準	清	清道光刻本
秦漢書疏	吴國倫	明	明嘉靖三十七年刻本
素園石譜	林有麟	明	明萬曆刻本
華夷花木鳥獸珍玩考	慎懋官	明	明萬曆九年刻本
華野疏稿	郭琇	清	上海古籍出版社文淵閣《四庫全書》影印本
華陽國志	常璩	晋	《四部叢刊》景明鈔本
莆陽文獻列傳	鄭岳	明	明萬曆刻本
晋溪本兵敷奏	王瓊	明	明嘉靖二十三年刻本
桂陽直隸州志	王闓運	清	清同治七年刻本
郴州志	胡漢	明	明萬曆刻本
〔嘉慶〕郴州總志	朱偓	清	清嘉慶二十五年刻本
格物中法	劉岳雲	清	清同治劉氏家刻本
格物通	湛若水	明	上海古籍出版社文淵閣《四庫全書》影印本
格致古微	王仁俊	清	清光緒王氏家刻本
格致草	熊明遇	明	清書林友于堂刻本
格致鏡原	陳元龍	清	上海古籍出版社文淵閣《四庫全書》影印本
連雲書屋存稿	焦和生	清	清嘉慶二十年刻本
殊域周咨録	嚴從簡	明	明萬曆刻本
柴菴疏集	吴甡	明	清初刻本
時務通考	杞廬主人	清	清光緒二十三年點石齋石印本
秘閣元龜政要	佚名	明	明鈔本
倘湖樵書	來集之	清	清康熙倘湖小築刻本
倪文貞奏疏	倪元璐	明	上海古籍出版社文淵閣《四庫全書》影印本
倪文僖集	倪謙	明	清丁丙輯刊《武林往哲遺著》本
〔同治〕徐州府志	劉庠	清	清同治十三年刻本
徐愚齋自叙年譜	徐潤	清	民國十六年香山徐氏鉛印本
徐霞客遊記	徐弘祖	明	清嘉慶十三年葉廷甲增校本
翁山文外	屈大均	清	清康熙刻本
留青日札	田藝蘅	明	明萬曆重刻本
記纂淵海	潘自牧	宋	上海古籍出版社文淵閣《四庫全書》影印本

郭侍郎奏疏　郭嵩燾　清　清光緒十八年刻本
病逸漫記　陸釴　明　民國二十九年上海商務印書館涵芬樓景明刊《歷代小史》本
唐大詔令集　宋敏求　宋　民國烏程張氏刊《適園叢書》本
唐六典　李林甫　唐　中華書局一九九二年陳仲夫註解本
唐宋八大家文鈔　茅坤　明　上海古籍出版社文淵閣《四庫全書》影印本
唐明律合編　薛允升　清　民國退耕堂徐氏刊本
唐書合鈔　沈炳震　清　清嘉慶十八年海寧查世倓刻本
唐愚士詩　唐之淳　明　上海古籍出版社文淵閣《四庫全書》影印本
唐會要　王溥　宋　上海古籍出版社一九九一年校點本
唐詩歸　鍾惺　明　明刻本
〔雍正〕浙江通志　嵇曾筠　清　上海古籍出版社文淵閣《四庫全書》影印本
海内奇觀　楊爾曾　明　明萬曆三十七年夷白堂刻本
海防要覽　丁日昌　清　清光緒十年敦懷書屋刻本
海國圖志　魏源　清　清光緒二年魏光壽平慶涇固道署重刻本
海録碎事　葉廷珪　宋　上海古籍出版社文淵閣《四庫全書》影印本
浪跡叢談　梁章鉅　清　清道光二十七年刻本
浚谷集　趙時春　明　明萬曆八年周鑑刻本
悟真篇注疏　翁葆光　宋　明正統道藏本
悦親樓詩集　祝德麟　清　清嘉慶二年姑蘇刻本
家藏集　吴寬　明　《四部叢刊》景明正德本
容春堂集　邵寶　明　上海古籍出版社文淵閣《四庫全書》影印本
陶文毅公全集　陶澍　清　清道光刻本
陶樓文鈔　黄彭年　清　民國十二年刻本
陶廬雜録　法式善　清　清嘉慶二十二年陳預刻本
通志　鄭樵　宋　上海古籍出版社文淵閣《四庫全書》影印本
通典　杜佑　唐　清武英殿刻本
通俗編　翟灝　清　清乾隆十六年翟氏無不宜齋刻本
通雅　方以智　清　上海古籍出版社文淵閣《四庫全書》影印本
通鑑紀事本末　袁樞　宋　《四部叢刊》景宋刻大字本
通鑑紀事本末前編　沈朝陽　明　明萬曆四十五年唐世濟刻本

通鑑綱目	朱熹	宋	上海古籍出版社文淵閣《四庫全書》影印本
通鑑綱目三編	張廷玉	清	上海古籍出版社文淵閣《四庫全書》影印本
通鑑綱目續編	商輅	明	上海古籍出版社文淵閣《四庫全書》影印本
通鑑輯覽	傅恒	清	上海古籍出版社文淵閣《四庫全書》影印本
通鑑續編	陳桱	元	上海古籍出版社文淵閣《四庫全書》影印本
能改齋漫録	吴曾	宋	上海古籍出版社文淵閣《四庫全書》影印本
純常子枝語	文廷式	清	民國三十二年刻本
十一畫			
授時通考	鄂爾泰	清	清《武英殿聚珍版叢書》本
〔嘉靖〕萊蕪縣志	陳甘雨	明	明嘉靖刻本
黄山志	閔麟嗣	清	清康熙自刻本
黄帝九鼎神丹經訣	佚名	唐	明正統道藏本
菽園雜記	陸容	明	中華書局一九八五年校點本
乾坤清氣集	偶桓	明	上海古籍出版社文淵閣《四庫全書》影印本
〔乾隆〕梧州府志	史鳴皐	清	清同治十二年刊本
梅巖小稿	張旭	明	明正德元年刻本
堅瓠集	褚人穫	清	清康熙刻本
帶經堂詩話	王士禛	清	清乾隆二十七年刻本
盛世危言新編	鄭觀應	清	清光緒二十三年成都刻本
雪泥書屋雜志	牟庭相	清	清咸豐安吉官署刻本
虚白齋存稿	吴壽昌	清	清乾隆五十五年刻本
常郡八邑藝文志	盧文弨	清	清光緒十六年刻本
〔嘉靖〕常德府志	陳洪謨	明	明嘉靖刻本
野航史話	茅元儀	明	明末刻本
野語	程岱葊	清	清道光十二年刻二十五年增修本
婁東詩派	汪學金	清	清嘉慶九年詩志齋刻本
鄂爾泰奏稿	鄂爾泰	清	清鈔本
國榷	談遷	清	清鈔本
崑山人物傳	張大復	明	明刻清雍正二年重修本
船山詩草	張問陶	清	清嘉慶二十年刻道光二十九年增修本

欲焚草　胡忻　明　清康熙四十二年胡恒升刻本
猗覺寮雜記　朱翌　宋　清乾隆嘉慶間鮑廷博輯刻《知不足齋叢書》本
〔嘉靖〕許州志　張良知　明　明嘉靖刻本
庾子山集　庾信　南北朝　上海古籍出版社文淵閣《四庫全書》影印本
庾開府集箋注　吴兆宜　清　上海古籍出版社文淵閣《四庫全書》影印本
康輶紀行　姚瑩　清　清同治刻本
庸庵文編　薛福成　清　清光緒刻《庸庵全集》本
鹿洲初集　藍鼎元　清　上海古籍出版社文淵閣《四庫全書》影印本
〔嘉慶〕清一統志　穆彰阿　清　《四部叢刊》續編景舊鈔本
清仁宗實録　曹振鏞　清　清鈔本
清文宗實録　賈楨　清　清鈔本
清文録續編　李祖陶　清　清同治刻本
清文獻通考　官修　清　上海古籍出版社文淵閣《四庫全書》影印本
清世宗實録　鄂爾泰　清　鈔本
清光緒新法令　端方　清　清宣統上海商務印書館刊本
清先正事略　李元度　清　清同治刻本
〔崇禎〕清江縣志　秦鏞　明　明崇禎刻本
清刪除新律例　刑部　清　清光緒上海書局刊本
清奏議　仁和琴川居士　清　上海古籍出版社《續修四庫全書》本
清律例　三泰　清　上海古籍出版社文淵閣《四庫全書》影印本
清律例總類　朱軾　清　清雍正內府刻本
清律集解附例　朱軾　清　清雍正內府刻本
清宣宗實録　文慶　清　鈔本
清宣統政紀　歐家廉　清　清鈔本
清柔遠記　王之春　清　清光緒十七年廣雅書局刻本
清高宗實録　慶桂　清　鈔本
清通志　官修　清　上海古籍出版社文淵閣《四庫全書》影印本
清通典　官修　清　上海古籍出版社文淵閣《四庫全書》影印本
清現行刑律　沈家本　清　清宣統二年排印本
清現行新律例　沈家本　清　清宣統元年法律館鉛印本

清聖祖實録	馬齊	清	鈔本
清會典	允祹	清	上海古籍出版社文淵閣《四庫全書》影印本
清會典則例	允祹	清	上海古籍出版社文淵閣《四庫全書》影印本
清詩人徵略二編	張維屏	清	清道光二十二年刻本
清經世文三編	陳忠倚	清	清光緒石印本
清經世文編	賀長齡	清	清光緒十二年思補樓重校本
清經世文續編	葛士濬	清	清光緒石印本
清德宗實録	世續	清	鈔本
清藩部要略	祁韻士	清	清道光筠淥山房刻本
清續文獻通考	劉錦藻	清	商務印書館一九三六年影印《十通》本
淮南鴻烈解	劉安	漢	《四部叢刊》景宋鈔本
淡然軒集	余繼登	明	上海古籍出版社文淵閣《四庫全書》影印本
張三豐先生全集	李西月	清	清道光刻本
張文襄公奏議	張之洞	清	民國刻《張文襄公全集》本
張丘建算經	甄鸞	南北朝	中華書局一九六三年錢寶琮校點本
張東海詩文集	張弼	明	明正德十三年周文儀福建刻本
張季子詩録	張謇	清	民國三年鉛印本
隋書	魏徵	唐	中華書局一九七五年校點本
陽明先生年譜	錢德洪	明	明嘉靖四十三年毛汝麒刻本
紺珠集	朱勝非	宋	上海古籍出版社文淵閣《四庫全書》影印本
〔萬曆〕紹興府志	張元忭	明	明萬曆刻本
巢經巢詩文集	鄭珍	清	民國刊《遵義鄭徵君遺著》本
十二畫			
越嶠書	李文鳳	明	明藍格鈔本
揚子雲集	揚雄	漢	上海古籍出版社文淵閣《四庫全書》影印本
博物要覽	谷應泰	清	清函海本
揭文安公文粹	揭傒斯	元	清刻《粤雅堂叢書》本
壺天録	百一居士	清	清光緒《申報館叢書》本
壺園詩外集	徐寶善	清	清道光二十三年徐志導等刻本
萬山綱目	李誠	清	清光緒二十六年長沙刻本

萬姓統譜	凌迪知	明	上海古籍出版社文淵閣《四庫全書》影印本
萬曆武功録	瞿九思	明	明萬曆刻本
萬曆野獲編	沈德符	明	清道光七年姚氏刻同治八年補修本
萬曆疏鈔	吴亮	明	明萬曆三十七年刻本
敬由編	竇子偁	明	明萬曆三十九年刻本
敬事草	沈一貫	明	明刻本
敬軒文集	薛瑄	明	上海古籍出版社文淵閣《四庫全書》影印本
敬業堂詩集	查慎行	清	《四部叢刊》景清康熙本
椒邱文集	何喬新	明	上海古籍出版社文淵閣《四庫全書》影印本
〔嘉靖〕惠州府志	楊宗甫	明	明嘉靖刻本
〔嘉靖〕惠安縣志	張岳	明	明嘉靖刻本
粟香隨筆	金武祥	清	清光緒刻本
棗林雜俎	談遷	清	中華書局二〇〇六年校點本
雲仙雜記	馮贄	唐	《四部叢刊》續編景明本
〔康熙〕雲南府志	謝儼	清	清康熙刊本
〔雍正〕雲南通志	鄂爾泰	清	上海古籍出版社文淵閣《四庫全書》影印本
雲笈七籤	張君房	宋	《四部叢刊》景明正統道藏本
雲氣占候	汗宗沂	清	清光緒漸西村舍彙刊本
雲麓漫鈔	趙彦衛	宋	中華書局一九五八年校點本
〔乾隆〕雅州府志	曹掄彬	清	清乾隆四年刊本
掌中宇宙	盧翰	明	明萬曆刻本
最樂堂文集	喬光烈	清	清乾隆二十一年刻本
景文集	宋祁	宋	清武英殿《聚珍版叢書》本
〔乾隆〕貴州通志	鄂爾泰	清	清乾隆六年刻嘉慶修補本
無邪堂答問	朱一新	清	清光緒二十一年廣雅書局刻本
無夢園初集	陳仁錫	明	明崇禎六年刻本
智囊補	馮夢龍	明	明積秀堂刻本
程侍郎遺集	程恩澤	清	清刻《粤雅堂叢書》本
程賦統會	劉斯樞	清	清康熙刻本
策要	梁寅	元	清嘉慶《宛委别藏》本

筆精	徐㶿	明	上海古籍出版社文淵閣《四庫全書》影印本
〔光緒〕順天府志	張之洞	清	清光緒十二年刻本
集玉山房稿	葛昕	明	上海古籍出版社文淵閣《四庫全書》影印本
集韻	丁度	宋	上海古籍出版社文淵閣《四庫全書》影印本
粵西詩文載	汪森	清	上海古籍出版社文淵閣《四庫全書》影印本
粵西叢載	汪森	清	上海古籍出版社文淵閣《四庫全書》影印本
御選唐詩	陳廷敬	清	上海古籍出版社文淵閣《四庫全書》影印本
詞林海錯	夏樹芳	明	明萬曆刻本
詒美堂集	祝以豳	明	明天啓刻本
普濟方	朱橚	明	上海古籍出版社文淵閣《四庫全書》影印本
道園學古録	虞集	元	《四部叢刊》景明景泰翻元小字本
道樞	曾慥	宋	明正統道藏本
〔嘉慶〕湖北通志檢存稿	章學誠	清	民國劉氏嘉業堂刻《章氏遺書》本
〔光緒〕湖南通志	曾國荃	清	清光緒十一年刻本
湖海文傳	王昶	清	清道光十七年經訓堂刻本
温州府志	湯日昭	明	明萬曆刻本
淵鑑類函	張英	清	上海古籍出版社文淵閣《四庫全書》影印本
滋溪文稿	蘇天爵	元	民國烏程張氏刻《適園叢書》本
湧幢小品	朱國禎	明	明天啓二年刻本
寒支集	李世熊	清	清初檀河精舍刻本
費文憲公摘稿	費宏	明	明嘉靖刻本
費隱與知録	鄭復光	清	清道光活字本
媚幽閣文娱二集	鄭元勳	明	明崇禎刻本
登壇必究	王鳴鶴	清	清刻本
十三畫			
瑞芝山房集	鮑應鰲	明	明崇禎刻本
〔正德〕瑞州府志	熊相	明	明正德刻本
聖典	朱睦㮮	明	明萬曆刻本
〔乾隆〕鄞縣志	錢維喬	清	清乾隆五十三年刻本
蒙古王公功績表傳	官修	清	上海古籍出版社文淵閣《四庫全書》影印本

〔光緒〕蒙古志	姚明煇	清	清光緒三十三年刊本
楚寶	周聖楷	明	明崇禎十四年刻本
楊文恪公文集	楊廉	明	明刻本
楊文弱先生集	楊嗣昌	明	清初刻本
楊文懿公文集	楊守陳	明	明弘治十二年楊茂仁刻本
歲寒集	孫瑀	明	明嘉靖七年孫啴刻本
愚齋存稿	盛宣懷	清	民國刻本
暇老齋雜記	茅元儀	明	清光緒李文田家鈔本
罪惟録	查繼佐	清	《四部叢刊》三編景手稿本
蜀中廣記	曹學佺	明	上海古籍出版社文淵閣《四庫全書》影印本
蜀故	彭遵泗	清	清乾隆刻補修本
蜀都碎事	陳祥裔	清	清康熙漱雪軒刻本
嵩書	傅梅	明	明萬曆刻本
嵩渚文集	李濂	明	明嘉靖刻本
嵩陽石刻集記	葉封	清	上海古籍出版社文淵閣《四庫全書》影印本
筠齋漫録	黄學海	明	明萬曆三十年刻本
〔嘉泰〕會稽志	施宿	宋	上海古籍出版社文淵閣《四庫全書》影印本
〔萬曆〕會稽縣志	張元忭	明	明萬曆刊本
詩集傳名物鈔	許謙	元	上海古籍出版社文淵閣《四庫全書》影印本
詩繹	張應昌	清	清同治八年秀芷堂刻本
資治通鑑後編	徐乾學	清	上海古籍出版社文淵閣《四庫全書》影印本
資治通鑑補	嚴衍	清	清光緒二年盛氏思補樓活字印本
靖海志	彭孫貽	清	清鈔本
新列國志	馮夢龍	明	上海古籍出版社一九八七年排印本
新安文獻志	程敏政	明	上海古籍出版社文淵閣《四庫全書》影印本
〔淳熙〕新安志	羅願	宋	清嘉慶十七年刻本
新法算書	徐光啓	明	上海古籍出版社文淵閣《四庫全書》影印本
新唐書	歐陽修、宋祁	宋	中華書局一九七五年校點本
新集至治條例	佚名	元	元刻本
新斠注地理志	錢坫	清	清同治十三年刻本

新齊諧	袁枚	清	清嘉慶間刻隨園三十種本
新增刑案匯覽	潘文舫	清	清光緒紫英山房刻本
新增格古要論	曹昭、王佐	明	清光緒二十二年重刻《惜陰軒叢書》本
新雕皇朝類苑	江少虞	宋	日本元和七年活字印本
新疆識略	松筠	清	清道光元年武英殿刻本
雍大記	何景明	明	明嘉靖刻本
雍正上諭內閣	胤禛	清	上海古籍出版社文淵閣《四庫全書》影印本
滇考	馮甦	清	上海古籍出版社文淵閣《四庫全書》影印本
滇南礦廠圖略	吴其濬	清	清鈔本
滇略	謝肇淛	明	上海古籍出版社文淵閣《四庫全書》影印本
溪蠻叢笑	朱輔	明	上海古籍出版社文淵閣《四庫全書》影印本
滄溟集	李攀龍	明	上海古籍出版社文淵閣《四庫全書》影印本
[乾隆]福州府志	魯曾煜	清	清乾隆十九年刊本
群書通要	佚名	元	清嘉慶刻《宛委別藏》本
群書會元截江網	佚名	宋	上海古籍出版社文淵閣《四庫全書》影印本
經典集林	洪頤煊	清	民國《問經堂叢書》本
經典釋文考證	盧文弨	清	清乾隆常州龍城書院刻本
經略復國要編	宋應昌	明	民國影印明萬曆刻本
經濟類編	馮琦	明	上海古籍出版社文淵閣《四庫全書》影印本
經籍籑詁	阮元	清	清嘉慶阮氏琅嬛仙館刻本
十四畫			
嘉靖事例	范欽	明	明鈔本
爾雅注	郭璞	晉	《四部叢刊》景宋本
爾雅疏	邢昺	宋	清阮元刻十三經注疏本
爾雅新義	陸佃	宋	清嘉慶十三年陸氏三間草堂刻本
閩中金石志	馮登府	清	民國希古樓刻本
閩中理學淵源考	李清馥	清	上海古籍出版社文淵閣《四庫全書》影印本
閩粵巡視紀略	杜臻	清	清康熙三十八年刻本
圖書編	章潢	明	上海古籍出版社文淵閣《四庫全書》影印本
稱謂録	梁章鉅	清	清光緒刻本

管子	管了	春秋	《四部叢刊》景宋本
銅鼓書堂遺稿	查禮	清	清乾隆查淳刻本
疑獄箋	陳芳生	清	清康熙刻本
疑耀	張萱	明	明萬曆三十六年刻本
説文通訓定聲	朱駿聲	清	清道光二十八年刻本
説文解字	許慎	漢	中華書局一九六三年影印本
説文解字句讀	王筠	清	清刻本
説文解字義證	桂馥	清	清同治刻本
説略	顧起元	明	上海古籍出版社文淵閣《四庫全書》影印本
廣西名勝志	曹學佺	明	明崇禎刻《大明一統名勝志》本
〔雍正〕廣西通志	金鉷	清	上海古籍出版社文淵閣《四庫全書》影印本
廣州人物傳	黄佐	明	清道光同治間伍崇曜刻《嶺南遺書》本
〔光緒〕廣州府志	史澄	清	清光緒五年刊本
廣志繹	王士性	明	清康熙十五年刻本
〔道光〕廣東通志	阮元	清	清道光二年刻本
廣陽雜記	劉獻廷	清	清同治四年鈔本
廣博物志	董斯張	明	上海古籍出版社文淵閣《四庫全書》影印本
廣雅	張揖	三國	明刻本
廣雅疏證	王念孫	清	清嘉慶元年刻本
廣輿記	陸應陽	明	清康熙刻本
〔同治〕韶州府志	歐樾華	清	清同治刊本
端肅奏議	馬文升	明	上海古籍出版社文淵閣《四庫全書》影印本
齊東野語	周密	宋	上海古籍出版社二〇一二年黄益元校點本
〔至元〕齊乘	于欽	元	清乾隆四十六年刻本
鄭開陽雜著	鄭若曾	明	上海古籍出版社文淵閣《四庫全書》影印本
漢書	班固	漢	中華書局一九七四年校點本
漢書地理志補注	吳卓信	清	清道光刻本
漢書注校補	周壽昌	清	清光緒十年周氏思益堂刻本
漢書補注	王先謙	清	清光緒刻本
漢書疏證	沈欽韓	清	清光緒二十六年浙江官書局刻本

漢魏六朝一百三家集	張溥	明	上海古籍出版社文淵閣《四庫全書》影印本
滿洲源流考	阿桂	清	上海古籍出版社文淵閣《四庫全書》影印本
漉籬集	卓發之	明	明崇禎傳經堂刻本
寧波府簡要志	黄潤玉	明	清鈔本
〔乾隆〕寧夏府志	楊浣雨	清	清嘉慶刊本
〔嘉靖〕寧夏新志	管律	明	明嘉靖刻本
肇域志	顧炎武	清	清鈔本
〔道光〕肇慶府志	江藩	清	清光緒重刻道光本
綱目續麟	張自勳	明	上海古籍出版社文淵閣《四庫全書》影印本
綸扉奏草	葉向高	明	明刻本
十五畫			
撫畿奏疏	汪應蛟	明	明刻本
增修埤雅廣要	陸佃、牛衷	宋、明	明萬曆三十八年孫弘範刻本
甌北先生年譜	佚名	清	清光緒三年重刻《甌北全集》本
甌北集	趙翼	清	清嘉慶十七年湛貽堂刻本
歐陽文粹	歐陽修	宋	上海古籍出版社文淵閣《四庫全書》影印本
遼史拾遺	厲鶚	清	上海古籍出版社文淵閣《四庫全書》影印本
遼史紀事本末	李有棠	清	清光緒二十九年李栘鄂樓刻本
〔嘉靖〕遼東志	畢恭	明	明嘉靖十六年刻本
震澤集	王鏊	明	上海古籍出版社文淵閣《四庫全書》影印本
〔乾隆〕震澤縣志	陳和志	清	清光緒重刊本
賞雨茅屋詩集	曾燠	清	清嘉慶刻增修本
墨娥小録	佚名	元末明初	中國書店一九五九年影印明隆慶刊本
黎文僖公集	黎淳	明	明嘉靖刻本
篁墩集	程敏政	明	明正德二年刻本
篆刻針度	陳克恕	清	清乾隆刻本
篆鏤心得	孔繼浩	清	清鈔本
諸史考異	洪頤煊	清	清光緒十五年廣雅書局刻本
諸司職掌	佚名	明	明刻本
諸夷考	游樸	明	明萬曆二十年刻本

諸真玄奥集成	涵蟾子	明	明萬曆刻《道書全集》本
遵生八牋	高濂	明	明萬曆刻本
〔道光〕遵義府志	鄭珍	清	清道光刻本
〔嘉靖〕潮州府志	郭春震	明	明嘉靖二十六年刻本
〔乾隆〕潮州府志	周碩勳	清	清光緒十九年重刊本
潛邱札記	閻若璩	清	上海古籍出版社文淵閣《四庫全書》影印本
澗于集	張佩綸	清	民國十五年澗于草堂刻本
緝齋文集	蔡新	清	清乾隆刻本
〔雍正〕畿輔通志	李衛	清	上海古籍出版社文淵閣《四庫全書》影印本
十六畫			
駢字類編	吴士玉	清	上海古籍出版社文淵閣《四庫全書》影印本
駢志	陳禹謨	明	上海古籍出版社文淵閣《四庫全書》影印本
燕日堂録七種	廖志灝	清	清康熙刻本
薛文清公年譜	楊鶴	明	明萬曆間沁水張銓刻本
頤綵堂文集	沈叔埏	清	清嘉慶二十三年沈維鐈武昌刻本
薜箖吟館鈔存	柏葰	清	清同治三年鍾濂寫刻本
樸學齋文録	宋翔鳳	清	清嘉慶二十五年《浮谿精舍叢書》本
樸學齋詩稿	林佶	清	乾隆九年林氏家刻本
檇李詩繫	沈季友	清	上海古籍出版社文淵閣《四庫全書》影印本
樵史	陸應陽	明	清書三味樓刻本
整菴存稿	羅欽順	明	上海古籍出版社文淵閣《四庫全書》影印本
歷世真仙體道通鑑	趙道一	元	明正統道藏本
歷代刑法考	沈家本	清	民國沈寄簃先生遺書本
歷代名臣奏議	黄淮	明	上海古籍出版社文淵閣《四庫全書》影印本
歷代制度詳説	吕祖謙	宋	民國續金華叢書本
歷代賦彙	陳元龍	清	上海古籍出版社文淵閣《四庫全書》影印本
〔乾隆〕歷城縣志	李文藻	清	清乾隆三十六年刻本
霏雪録	劉績	明	明弘治刻本
冀越集記	熊太古	元	清乾隆四十七年吴翌鳳鈔本
曉讀書齋雜録	洪亮吉	清	清道光二十二年刻本

嘯餘譜	程明善	明	明萬曆刻本
穆堂類稿	李紱	清	清道光十一年奉國堂刻本
篷窗附録	沈兆澐	清	清咸豐刻本
學統	熊賜履	清	清康熙二十四年刻本
〔嘉靖〕衡州府志	楊珮	明	明嘉靖刻本
錢神志	李世熊	清	清同治十年活字本
錢通	胡我琨	明	上海古籍出版社文淵閣《四庫全書》影印本
錦繡萬花谷	佚名	宋	上海古籍出版社文淵閣《四庫全書》影印本
錦繡萬花谷後集	佚名	宋	上海古籍出版社文淵閣《四庫全書》影印本
獨學廬稿	石韞玉	清	清寫刻獨學廬全稿本
龍龕手鑑	行均	遼	高麗大藏本
澠水燕談録	王闢之	宋	上海古籍出版社二〇一二年校點本
澹靜齋詩文鈔	龔景瀚	清	清道光二十年恩錫堂刻《澹静齋全集》本
濂亭集	張裕釗	清	清光緒八年查氏木漸齋蘇州刻本
憲章録	薛應旂	明	明萬曆二年刻本
寰有詮	傅汎際譯	明	明崇禎刻本
禪寄筆談	陳師	明	明萬曆二十一年陳氏自刻本

十七畫

擬明史稿	湯斌	清	清康熙二十七年刻本
韓大中丞奏議	韓文綺	清	清道光刻本
霞外攟屑	平步青	清	民國六年刻《香雪崦叢書》本
霞光集	沈鍾	清	清刻本
嶺外代答	周去非	宋	上海古籍出版社文淵閣《四庫全書》影印本
嶺南雜記	吴震方	清	清乾隆龍威秘書本
魏書	魏收	南北朝	中華書局一九九七年校點本
輿地紀勝	王象之	宋	清影宋鈔本
輿地廣記	歐陽忞	宋	清黄丕烈《士禮居叢書》景宋本
〔弘治〕徽州府志	汪舜民	明	明弘治刻本
甂甀洞續稿	吴國倫	明	明萬曆刻本
謙齋文録	徐溥	明	上海古籍出版社文淵閣《四庫全書》影印本

〔萬曆〕應天府志　陳舜仁　明　明萬曆刻增修本
鴻猷録　高岱　明　嘉靖四十四年高思誠刻本
〔道光〕濟南府志　成瓘　清　清道光二十年刻本
甓湖草堂集　吴世杰　清　清康熙刻本

十八畫

〔正德〕瓊臺志　唐胄　明　明正德刻本
職官分紀　孫逢吉　宋　上海古籍出版社文淵閣《四庫全書》影印本
藝文類聚　歐陽詢　唐　上海古籍出版社文淵閣《四庫全書》影印本
藴愫閣詩集　盛大士　清　清道光元年刻本
醫貫　趙獻可　明　清康熙天蓋樓刻本
醫貫砭　徐人椿　清　清乾隆半松齋刻本
瞿文懿公集　瞿景淳　明　明萬曆瞿汝稷刻本
歸田類稿　張養浩　元　上海古籍出版社文淵閣《四庫全書》影印本
〔嘉定〕鎮江志　盧憲　宋　清道光二十二年丹徒包氏刻本
翻譯名義集　釋法雲　宋　《四部叢刊》景宋刊本
顔山雜記　孫廷銓　清　清康熙五年刻本

十九畫

〔同治〕蘇州府志　馮桂芬　清　清光緒九年刊本
礦學心要新編　宋賡平　清　清光緒二十八年蜀西廣石山房刻本
關中勝蹟圖志　畢沅　清　上海古籍出版社文淵閣《四庫全書》影印本
嚴石溪詩稿　嚴怡　明　明萬曆五年劉效祖刻本
羅浮倚鶴山人詩草　鄭官應　清　上海古籍出版社《續修四庫全書》本
識病捷法　繆存濟　明　明萬曆刻本
廬山志　毛德琦　清　清康熙五十九年順德堂刻本
廬公奏議　盧象昇　明　清道光九年刻本
韻府拾遺　官修　清　上海古籍出版社文淵閣《四庫全書》影印本
類林雜説　王朋壽　金　民國劉承幹編刻《嘉業堂叢書》本
類音　潘耒　清　清雍正遂初堂刻本
類雋　鄭若庸　明　明萬曆六年汪珙刻本
類説　曾慥　宋　上海古籍出版社文淵閣《四庫全書》影印本

類篇	司馬光	宋	上海古籍出版社文淵閣《四庫全書》影印本
懷清堂集	湯右曾	清	上海古籍出版社文淵閣《四庫全書》影印本
懷麓堂集	李東陽	明	上海古籍出版社文淵閣《四庫全書》影印本
繹史	馬驌	清	上海古籍出版社文淵閣《四庫全書》影印本
繪事瑣言	迮朗	清	清嘉慶刻本
二十畫			
蘭雪堂集	王心一	明	清乾隆刻本
籌遼碩畫	程開祜	明	民國國立北平圖書館善本叢書景明萬曆本
釋名疏證補	王先謙	清	清《經訓堂叢書》本
〔乾隆〕騰越州志	屠述濂	清	清光緒二十三年重刊本
二十一畫			
權制	陳澹然	清	清光緒二十六年徐崇立刻本
鐵崖樂府	楊維楨	清	清乾隆聊桂堂刻樓卜瀍注本
鐵橋漫稿	嚴可均	清	清道光十八年四録堂刻本
顧亭林先生詩集	顧炎武	清	清光緒二十三年徐氏味静齋刻本
蠡勺編	凌揚藻	清	清刻《嶺南遺書》本
續山東考古録	葉圭綬	清	清咸豐元年刻本
續文獻通考	嵇璜	清	上海古籍出版社文淵閣《四庫全書》影印本
續文獻通考	王圻	明	明萬曆三十年松江府刻本
續文獻通考補	朱奇齡	清	清鈔本
續古文辭類纂	王先謙	清	清光緒虚受堂刻本
續通典	嵇璜	清	上海古籍出版社文淵閣《四庫全書》影印本
續資治通鑑	畢沅	清	嘉慶六年遞刻本
續資治通鑑長編	李燾	宋	上海古籍出版社文淵閣《四庫全書》影印本
續漢書辨疑	錢大昭	清	清廣雅書局刻本
續黔書	張澍	清	清嘉慶刻本
二十二畫			
聽雨樓隨筆	王培荀	清	清道光二十五年刻本
讀史方輿紀要	顧祖禹	清	中華書局二〇〇五年排印本
讀史提要録	夏之蓉	清	清乾隆三十七年刻本

讀白華草堂詩初集	黄釗	清	清道光刻本
讀例存疑	薛允升	清	清光緒刊本
讀律瑣言	雷夢麟	明	嘉靖四十二年刻本
讀書記數略	宫夢仁	清	上海古籍出版社文淵閣《四庫全書》影印本

二十三畫

欒城集	蘇轍	宋	《四部叢刊》景明嘉靖蜀藩活字本

二十四畫

鹽法議略	王守基	清	清同治光緒間潘氏刻《滂喜齋叢書》本
〔嘉靖〕贛州府志	董天錫	明	明嘉靖刻本

圖書在版編目(CIP)數據

中華大典·工業典·金屬礦藏與冶煉工業分典/《中華大典》工作委員會,《中華大典》編纂委員會編. —上海：上海古籍出版社，2016.12
ISBN 978-7-5325-7946-4

Ⅰ.①中… Ⅱ.①中… ②中… Ⅲ.①百科全書—中國②金屬工業—工業史—中國③冶金工業—工業史—中國 Ⅳ.①Z227②F426.4③F426.3

中國版本圖書館 CIP 數據核字(2016)第 018456 號

ISBN 978-7-5325-7946-4

中華大典·工業典·金屬礦藏與冶煉工業分典(全三册)

編纂：《中華大典》工作委員會
《中華大典》編纂委員會
出版：上海世紀出版股份有限公司
上海古籍出版社
(上海瑞金二路二七二號 郵政編碼 二〇〇〇二〇)
(1)網址：www.guji.com.cn
(2)E-mail：guji1@guji.com.cn
(3)易文網網址：www.ewen.co
印刷：中華商務聯合印刷有限公司
發行：上海世紀出版股份有限公司發行中心
開本：七八七×一〇九二毫米 十六開
印張：一五七·五 字數：四八三〇千字
二〇一六年十二月第一版 二〇一六年十二月第一次印刷
ISBN 978-7-5325-7946-4/K·2152
定價：一一八〇圓